第二册目録

職官管理法總部

先秦部

銓選分部

論說

《荀子·哀公篇》 魯哀公問於孔子曰：請問取人。孔子對曰：無取健，無取詌，無取口啍。健，貪也；詌，亂也；口啍，誕也。故弓調而後求勁焉，馬服而後求良焉，士信慤而後求知能焉。士不信慤而有多知能，譬之其豺狼也，不可以身尒也。語曰：桓公用其賊，文公用其盜。故明主任計不信怒，闇主信怒不任計。計勝怒則彊，怒勝計則亡。

《墨子·尚賢》 今王公大人中實將欲治其國家，欲脩保而勿失，胡不察尚賢爲政之本也？且以尚賢爲政之本者，亦豈獨子墨子之言哉。此聖王之道，先王之書距年之言也。傳曰：求聖君哲人，以裨輔而身，《湯誓》云：聿求元聖，與之戮力同心，以治天下。則此言聖之不失以尚賢使能爲政也。故古者聖王唯能審以尚賢使能爲政，無異物雜焉，天下皆得其利。古者舜耕厤山，陶河瀕，漁雷澤，堯得之服澤之陽，舉以爲天子，與接天下之政，治天下之民。伊摯，有莘氏女之私臣，親爲庖人，湯得之，舉以爲己相，與接天下之政，治天下之民。傅說被褐帶索，庸築乎傅岩，武丁得之，舉以爲三公，與接天下之政，治天下之民。此何故始賤卒而貴，始貧卒而富？則王公大人明乎以尚賢使能爲政。是以民無饑而不得食，寒而不得衣，勞而不得息，亂而不得治者。

《管子·五輔》 民知禮矣，而未知務，然後布法以任力，任力有五務，五務者何？曰：君擇臣而任官，大夫任官辯事，官長任事守職，士修身功材，庶人耕農樹藝。君擇臣而任官，則事不煩亂。大夫任官辯事，則舉措時。官長任事守職，則動作和。士修身功材，則賢良發。庶人耕農樹藝，則財用足。故曰：凡此五者，力之務也。

《晏子春秋·内篇問上·景公問善為國家者何如晏子對以舉賢官能》

景公問晏子曰：莅國治民，善爲國家者何如？

晏子對曰：舉賢以臨國，官能以敕民，則其道也。舉賢官能，則民與若矣。

公曰：雖有賢能，吾庸知乎？

晏子對曰：賢而隱，庸爲賢乎，吾君亦不務乎是，故不知也。

公曰：請問求賢。

對曰：觀之以其游，說之以其行，君無以靡曼辯辭定其行，無以毀譽非議定其身，如此，則不爲行以揚聲，不掩欲以榮君。故通則視其所舉，窮則視其所不爲，富則視其所不取。夫上士，難進而易退也；其次，易進易退也；其下，易進難退也。以此數物者取人，其可乎。

《鄧析子·轉辭篇》 夫任臣之法，闇則不任也，慧則不從也，仁則不親也，勇則不近也，信則不信也。不以人用人，故謂之神。

《吕氏春秋·孟春紀·去私》 天無私覆也，地無私載也，日月無私燭也，四時無私行也，行其德而萬物得遂長焉。

黄帝言曰：聲禁重，色禁重，衣禁重，香禁重，味禁重，室禁重。

堯有子十人，不與其子而授舜；舜有子九人，不與其子而授禹；至公也。

晉平公問於祁黄羊曰：南陽無令，其誰可而爲之？祁黄羊對曰：解狐可。平公曰：解狐非子之讎邪？對曰：君問可，非問臣之讎也。平公曰：善。遂用之。國人稱善焉。居有間，平公又問祁黄羊曰：國無尉，其誰可而爲之？對曰：午可。平公曰：午非子之子邪？對曰：君問可，非問臣之子也。平公曰：善。又遂用之。國人稱善焉。孔子聞之曰：善哉，祁黄羊之論也，外舉不避讎，内舉不避子。祁黄羊可謂公矣。

《吕氏春秋·離俗覽·舉難》 八曰舉難。以全舉人固難，物之情也。人傷堯以不慈之名，舜以卑父之號，禹以貪位之意，湯、武以放弒之謀，五伯以侵奪之事。由此觀之，物豈可全哉？故君子責人則以人，自責則以義。責人以人則易足，易足則得人；自責以義則難爲非，難爲非則行飾；故任天地而有餘。不肖者則不然，責人則以義，自責則以人。

責人以義則難瞻，難瞻則失親；自責以人則易爲，易爲則行苟；故天下之大而不容也，身取危，國取亡焉，此桀、紂、幽、厲之行也。尺之木必有節目，寸之玉必有瑕瓋。先王知物之不可全也，故擇物而貴取一也。

季孫氏劫公家。孔子欲諭術則見外，於是受養而便説，魯國以訾。孔子曰：龍食乎清而游乎清，螭食乎清而游乎濁，魚食乎濁而游乎濁。今丘上不及龍，下不若魚，丘其螭邪。夫欲立功者，豈得中繩哉？救溺者濡，追逃者趨。魏文侯弟曰季成，友曰翟璜。文侯欲相之而未能决，以問李克。李克對曰：君欲置相，則問樂騰與王孫苟端孰賢？文侯曰：善。以王孫苟端爲不肖，翟璜進之；以樂騰爲賢，季成進之；故相季成。凡聽於主，言人不可不慎。季成，弟也，翟璜，友也，而猶不能知，何由知樂騰與王孫苟端哉？疏賤者知，親習者不知，理無自然。自然而斷相過，李克之對文侯也亦過。雖皆過，譬之若金之與木，金雖柔猶堅於木。孟嘗君問於白圭曰：魏文侯名過桓公，而功不及五伯，何也？白圭對曰：文侯師子夏，友田子方，敬段干木，此名之所以過桓公也。卜相曰成與璜孰可？此功之所以不及五伯也。相也者，百官之長也。擇者欲其博也。今擇而不去二人，與用其讎亦遠矣。且師友也者，公可也；戚愛也者，私安也。以私勝公，衰國之政也。然而名號顯榮者，三士羽之也。

甯戚欲干齊桓公，窮困無以自進，於是爲商旅將任車以至齊，暮宿於郭門之外。桓公郊迎客，夜開門，辟任車，爝火甚盛，從者甚衆。甯戚飯牛居車下，望桓公而悲，擊牛角疾歌。桓公聞之，撫其僕之手曰：異哉，之歌者非常人也。命後車載之。桓公反，至，從者以請。桓公賜之衣冠，將見之。甯戚見，説桓公以治境内。明日復見，説桓公以爲天下。桓公大説，將任之。群臣爭之曰：客，衛人也。衛之去齊不遠，君不若使人問之，而固賢者也，用之未晚也。桓公曰：不然。問之，患其有小惡，以人之小惡，亡人之大美，此人主之所以失天下之士也已。凡聽必有以矣。今聽而不復問，合其所以也。且人固難全，權而用其長者。當舉也，桓公得之矣。

（唐）杜佑《通典》卷一六《選舉·雜議論上》　齊景公問晏子任人，對曰：地不同宜，任之一種，責其俱生，不可得也。人不同能，而任之一事，不可責遍成。責焉無已，智者不能給；求焉無餍，天地不能贍也。

（宋）程頤《伊川易傳》卷一《泰卦·初九拔茅茹以其彙征吉》　初以陽爻居下，是有剛明之才而在下者也。時之否，則君子退而窮處。時既泰，則志在上進也。君子之進，必與其朋類相牽援如茅之根然，拔其一則牽連而起矣。茹根之相牽連者，故以爲象彙類也。賢者以其類進同志以行其道，是以吉也。君子之進，必以其類，不唯志在相先樂於與善，實乃相賴以濟，故君子小人未有能獨立不賴朋類之助者也。自古君子得位則天下之賢萃於朝廷，同志協力以成天下之泰。小人在位則不肖者並進，然後其黨勝而天下否矣。蓋各從其類也。

（宋）陳經《尚書詳解》卷四〇《周官·周書》　推賢讓能，庶官乃和，不和政厖。舉能其官，惟爾之能，稱匪其人，惟爾不任。

此又戒之以相遜。凡人所能遜者，以其有樂善之心。人之所以不能遜者，以其有忌賢嫉能之心。人而有忌嫉之心，則人亦將忌我而嫉我矣。彼此相忌相嫉，安有和乎。人而有推賢讓能之心，則人亦將遜我矣。如禹、稷、皋陶更相汲引，不爲比周。如晉范宣子讓，其下皆讓，安有不和乎。至于不和，則在官無善政，而政多雜矣。天下之事，善惡無不在己。使卿士所舉之人而能其官，則爾卿士亦有能焉。所舉之非其人，是爾之不任其責也。善不善所舉也，在人而舉之者，在我是亦己之善不善也。爲卿士者豈可不謹于舉人乎。

（明）丘濬《大學衍義補》卷一一《治國平天下之要·正百官·崇推薦之道》　《周官》曰：推賢讓能，庶官乃和，不和政厖。舉能其官，惟爾之能。稱匪其人，惟爾不任。

王安石曰：道二：義、利而已。推賢讓能所以爲義，大臣出於義則莫不出於義，此庶官所以不爭而和。蔽賢害能所以爲利，大臣出於利則莫不出於利，此庶官所以爭而不和。庶官不和，則政必雜亂而不理矣。稱亦舉也。所舉之人能脩其官，是亦爾之所能。舉非其人，是亦爾不勝任。古者大臣以人事君，其責如此。

臣按：有虞之朝，命禹爲百揆，而禹則遜之。稷、契、皋陶命垂爲共工，而垂則遜之。殳斨伯與益之遜於朱虎熊羆，伯夷遜於夔龍。噫，君以其人爲賢能而用之，而其人不自賢，不自能，而推之賢，讓之能，其相與和穆也如此。此百官和於朝，而庶績所以咸熙也歟。成王仰惟唐虞建官之意，而時若之，而以推賢讓能望其臣，盖欲其效虞廷之九官濟濟相讓也。而又戒之曰：舉能其官，惟爾之能。稱匪其人，惟爾不任。其切望之也深矣。

綜　述

《尚書正義》卷二《虞書·堯典》　帝曰：疇咨若時？登庸。疇，誰。庸，用也。誰能咸熙庶績，順是事者，將登用之。疇，直由反。放齊曰：胤子朱啓明。帝曰：吁，嚚訟，可乎？放齊，臣名。胤，國。子，爵。朱，名。啓，開也。吁，疑怪之辭。言不忠信爲嚚，又好争訟，可乎，言不可。放，方往反，註同。胤，引信反，馬云：嗣也。吁，況于反，徐往付反，一音于。嚚，魚巾反。訟，才用反，馬本作庸。好，呼報反，下註同。争，鬬也。帝曰：疇咨若予采？采，事也。復求誰能順我事者。予音餘，又羊汝反。采，七在反，馬云：官也。復，扶又反。驩兜曰：都，共工方鳩僝功。驩兜，臣名。都，於，歎美之辭。共工，官稱。鳩，聚。僝，見也。歎共工能方方聚見其功。驩，呼端反。兜，丁侯反。共音恭，註同。僝，仕簡反，徐音撰，馬云：具也。於音烏。稱，尺證反。帝曰：吁，静言庸違，象恭滔天。静，謀。滔，漫也。言共工自爲謀言，起用行事而違背之，貌象恭敬而心傲很，若漫天。言不可用。滔，吐刀反。漫，末旦反，下同，又末寒反。背音佩。傲，五報反，下同。很，恨懇反。帝曰：咨，四岳，四岳，即上羲和之四子，分掌四岳之諸侯，故稱焉。湯湯洪水方割，湯湯，流貌。洪，大。割，害也。言大水方方爲害。湯音傷。洪音户工反。蕩蕩懷山襄陵，浩浩滔天。蕩蕩，言之奔突有所滌除。懷，包。襄，上也。包山上陵，浩浩盛大，若漫天。浩，胡老反。滌，大歷反。上，時掌反。下民其咨，有能俾乂。俾，使。乂，治也。言民咨嗟憂愁，病水困苦，故問四岳，有能治者將使之。俾，必爾反。僉曰：於，鯀哉。僉，皆也。鯀，崇伯之名。朝臣舉之。僉，七廉反，又七劍反。於音烏。鯀，故本反，馬云：禹父也。朝，直遥反。帝曰：吁，咈哉，方命圮族。凡言吁者皆非帝意。咈，戾。圮，毁。族，類也。言鯀性很戾，好此方名，命而行事，輒毁敗善類。咈，扶弗反，忿戾也。方如字，馬云：方，放也。徐云：鄭、王音放。圮音皮美反。戾音力計反。岳曰：异哉，試可乃已。异，已也。已，退也。言餘人盡已，唯鯀可試，無成乃退。异，徐云：鄭音異，孔、王音怡。帝曰：往，欽哉。勑鯀往治水，命使敬其事。堯知其性很戾圮族，未明其所能，而據衆言可試，故遂用之。九載，績用弗成。載，年也。三考九年，功用不成，則放退之。

疏：帝曰疇咨若予至九載績用弗成。正義曰：史又序堯事。堯任羲和，衆功已廣，及其末年，羣官有闕，復求賢人，欲任用之。帝曰：誰乎？咨嗟。嗟人之難得也。有人能順此咸熙庶績之事者，我將登而用之。有臣放齊者對帝曰：有胤國子爵之君，其名曰朱，其人心志開達，性識明悟。言此人可登用也。帝疑怪歎之曰：吁，此人既頑且嚚，又好争訟，豈可用乎？言不可也。史又記堯復求人。帝曰：誰乎？咨嗟。嗟人之難得也。今有人能順我事者否乎？言有即欲用之也。有臣驩兜者對帝曰：嗚乎，歎有人之大賢也。帝臣共工之官者，此人於所在之方能立事業，聚見其功。言此人可用也。帝亦疑怪之曰：吁，此人自作謀計之言，及起用行事而背違之，貌象恭敬而心傲很，若漫天。言此人不可用也。頻頻求人，無當帝意。於是洪水爲災，求人治之。帝曰：咨嗟，嗟水災之大也，呼掌岳之官而告以須人之意。汝四岳等，今湯湯流行之水，所在方方爲害。又其勢奔突蕩蕩然，滌除在地之物，包裹高山，乘上丘陵，浩浩盛大，勢若漫天。在下之人其皆咨嗟，困病其水矣。有能治者將使治之。羣臣皆曰：嗚呼，歎其有人之能。惟鯀堪能治之。帝又疑怪之曰：吁，其人心很戾哉。好此方直之名，命而行事，輒毁敗善類。言其不可使也。朝臣已共薦舉，四岳又復然之。岳曰：帝若謂鯀爲不可，餘人悉皆已哉。言不及鯀也。惟鯀一人試之可也。試若無功，乃黜退之。言洪水必須速治，餘人不復及鯀，故勸帝用之。帝以羣臣固請，不得已而用之。乃告勑鯀曰：汝往治水，當敬其事哉。鯀治水九載，已經三考而功用不成。言帝實知人，而朝無賢臣，致使水害未除，待舜乃治。此經三言求人，未必一時之事，但歷言朝臣不賢，爲求舜張本故也。傳疇誰至用之。正義曰：疇，誰，《釋詁》文。庸聲近用，故爲用也。馬融以羲和爲卿官堯之末年，皆以老死，庶績多闕。故求賢順四時之職，欲用以代羲和。孔於下傳云：四岳，即上羲和之四子。帝就羲和求賢，則所求者別代他官，不代羲氏、和氏。孔以羲和掌天地之官，正在敬順昊天，告時授事而已，其施政者乃是百官之事，非復羲和之職。但羲和告時授事，流行百官，使百官庶績咸熙，今云咸熙庶績，順是事者，指謂求代百官之闕，非求代羲和也。此經文承庶績之下而言順是事者，故孔以文勢次之，此言誰能咸熙庶績，順是事者，將登用之，蓋求卿士用任也。計堯即位至洪水之時六十餘年，百官有闕，皆應求代。求得賢者，則史亦不録。不當帝意，乃始録之，爲求舜張本。故惟帝求一人，放齊以一人對之，非六十餘年止求一人也。堯以聖德在位，庶績咸熙，蓋應久矣。此繼咸熙之下，非知早晚求之，史自歷序其事，不必與治水同時也。計四岳職掌天地，當是朝臣之首。下文求治水者，帝咨四岳，此不言咨四岳者，帝求賢者固當博訪朝臣，但史以有岳對者言咨。四岳，此不言咨者，但此無岳對，故不言耳。傳放齊至不可。正義曰：以放齊舉人對帝，故知臣名，爲名爲字，不可得知。傳言名者，辯此是爲臣之名號耳，未必是臣之名也。夏王仲康之時，胤侯命掌六師，《顧命》陳寶有胤之舞衣，故知古有胤國。胤既是國，自然子爲爵，朱爲名也。馬融、鄭玄以爲帝之胤子曰朱也。求官而薦太子，太子下愚以爲啓明，揆之人情，必不然矣。啓之爲開，書傳通訓，言此人心志開解而明達。吁者必有所嫌而爲此聲，故以爲疑怪之辭。僖二十四年《左傳》曰：口不道忠信之言爲嚚。是言不忠信爲嚚也其人心既頑嚚，又好争訟，此實不可，而帝云可乎，故吁聲而反之。可乎，言不可也。唐堯聖明之主，應任賢哲，放齊聖朝之臣，當非庸品，人有善惡，無容不知，稱嚚訟以爲啓明，舉愚臣以對聖帝，何哉？將以知人不易，人不易知，密意深心，固難照察。胤子矯飾容貌，但以惑人，放齊内少鑒明，未能圓備，謂其實可任用，故承意舉之。以帝堯之聖，乃知其嚚訟之事，放齊所不知也。驩兜薦舉共工，以爲比周之惡，謂之四凶，投之遠裔。放齊舉胤子，不爲凶人者，胤子雖有嚚訟之失，不至滔天之罪，放齊謂之實賢，非是苟爲阿比。驩兜則志不在公，私相朋黨，共工行背其言，心反於貌，其罪並深，俱被流放，其意異於放齊舉胤子故也。傳采事至事者正義曰：采，事，《釋詁》文。上已求順時，不得其人，故復求順我事者。順時順事其義一也。史以上承庶績之下，故言順時，謂順是庶績之事，此不可復同前文，故變言順我帝事，其意亦如前經，當求卿士之任也。順我事之下亦宜有登用之言，上文已具，故於此略之。傳驩兜至其功。正義曰：驩兜亦舉人對帝，故知臣名。都，於，《釋詁》文。於即嗚字，歎之辭也。將言共工之善，故先嘆美之。《舜典》命垂作共工，知共工是官稱。鄭以爲其人名氏未聞。先祖居此官。故以官氏也。計稱人對帝。不應舉先世官名。孔直云官稱，則其人於時居此官也。時見居官，則是已被任用，復舉之者，帝求順事之人，欲置之上位，以爲大臣，所欲尊於共工，故舉之也。鳩，聚，《釋詁》文。僝然，見之狀，故爲見。歎共工能方方聚見其功，謂每於所在之方，皆能聚集善事，以見其功，言可用也。若能共工實有見功，則是可任用之人，帝言其庸違滔天不可任者，共工言是行非，貌恭心很，取人之功以爲己功，其人非無見功，但功非己有。《左傳》説驩兜云醜類惡物，是與比周；天下之人謂之渾敦，言驩兜以共工比周，妄相薦舉，知所言見功非其實功也。傳静謀至可用。正義曰：静，謀，《釋詁》文。滔者，漫浸之名，浸必漫其上，故滔爲漫也。共工險僞之人，自爲謀慮之言皆合於道，及起用行事而背違之，言其語是而行非也。貌象恭敬而心傲很，其侮上陵下，若水漫天，言貌恭而心很也。行與言違，貌恭心反，乃是大佞之人，不可任用也。明君聖主莫先於堯，求賢審官王政所急，乃有放齊之不識是非，驩兜之朋黨惡物，共工之巧言令色，崇伯之敗善亂常，聖人之朝不才揔萃，雖曰難之，何其甚也。此等諸人，才實中品，亦雖行有不善，未爲大惡，故能仕於聖代，致位大官。以帝堯之末，洪水爲災，欲責非常之功，非復常人所及，自非聖舜登庸，大禹致力，則滔天之害未或可平。以舜禹之成功，見此徒之多罪。勳業既謝，愆釁自生，爲聖所誅，其咎益大。且虞史欲盛彰舜德，歸過前人，《春秋》史克以宣公比堯，辭頗增甚，知此等並非下愚，未有大惡。其爲不善，惟帝所知，將言求舜，以見帝之知人耳。傳四岳至稱焉。正義曰：上列羲和所掌云宅嵎夷、朔方，言四子居治四方，主於外事。岳者，四方之大山。今王朝大臣皆號稱四岳，是與羲和所掌其事爲一，以此知四岳，即上羲和之四子也。又解謂之岳者，以其分掌四岳之諸侯，故稱焉。《舜典》稱巡守至于岱宗，肆覲東后，《周官》説巡守之禮云，諸侯各朝於方岳之下，是四方諸侯分屬四岳也。計堯在位六十餘年，乃命羲和蓋應早矣。若使成人見命，至此近將百歲，故馬、鄭以爲羲和皆死。孔以爲四岳即是羲和至今仍得在者。以羲和世掌天地，自當父子相承，不必仲叔之身皆悉在也。《書傳》雖出自伏生，其常聞諸先達，虞傳雖説《舜典》之四岳尚有羲伯、和伯，是仲叔子孫世掌岳事也。傳湯湯至爲害正義曰：

湯湯，波動之狀，故爲流貌。洪，大，《釋詁》文。刀害爲割，故割爲害也。言大水方方爲害謂其偏害四方也。傳蕩蕩至漫天。正義曰：蕩蕩，廣平之貌，言水勢奔突有所滌除，謂平地之水，除地上之物，爲水漂流，無所復見，蕩然惟有水耳。懷，藏，包裹之義，故懷爲包也。《釋言》以襄爲駕，駕乘牛馬皆車在其上，故襄爲上也。包山謂遶其傍，上陵謂乘其上，平地已皆蕩蕩，又復遶山上陵，故爲盛大之勢，摠言浩浩盛大若漫天然也。天者無上之物，漫者加陵之辭，甚其盛大，故云若漫天也。傳俾，使，乂，治也正義曰：俾，使、乂，治，《釋詁》文。傳僉皆至舉之。正義曰：僉，皆，《釋詁》文。《周語》云有崇伯鯀，即鯀是崇君；伯，爵；故云鯀，崇伯之名。帝以岳爲朝臣之首，故特言四岳，其實求能治者，普問朝臣，不言岳對而云皆曰，乃衆人舉之，非獨四岳，故言朝臣舉之。傳凡言至善類。正義曰：自上以來三經求人，所舉者帝言其惡，而辭皆稱吁，故知凡言吁者皆非帝之所當意也。咈者相乖詭之意，故爲戾也。圮，毁，《釋詁》文。《左氏》稱非我族類，其心必異，族、類義同，故族爲類也。言鯀性很戾，多乖異衆人，好此方直之名，內有姦回之志，命而行事輒毁敗善類。何則？心性很戾，違衆用己，知善不從，故云毁敗善類。《詩》稱貪人敗類，與此同。鄭、王以方爲放，謂放棄教命。《易·坤卦》六二直、方、大，是直方之事爲人之美名。此經云方，故依經爲說。傳异，已。已，退也。正義曰：异聲近已，故爲已也。已訓爲止，是停住之意，故爲退也。傳勑鯀至用之。正義曰：傳解鯀非帝所意而命使之者，堯知其性很戾圮族，未明其所能。夫管氏之好奢尚僭，翼贊霸圖；陳平之盗嫂受金，弼諧帝業，然則人有性雖不善，才堪立功者。而衆皆據之言鯀可試，冀或有益，故遂用之。孔之此說，據迹立言，必其盡理而論，未是聖人之實。何則？禹稱帝德廣運，乃聖乃神，夫以聖神之資，聰明之鑒，既知鯀性很戾，何故使之治水者？馬融云：堯以大聖，知時運當然，人力所不能治，下民其咨，亦當憂勞。屈己之是，從人之非，遂用於鯀。李顒云：堯雖獨明於上，衆多不達於下，故不得不副倒懸之望，以供一切之求耳。傳載年至退之。正義曰：《釋天》云：載，歲也。夏曰歲，商曰祀，周曰年，唐虞曰載。李巡云：各自紀事，示不相襲也。孫炎曰：歲，取歲星行一次也。祀，取四時祭祀一訖也。年，取禾穀一熟也。載，取萬物終而更始；是載者年之别名，故以載爲年也。《舜典》云：三載考績，三考，黜陟幽明。是三考，九年也。功用不成，水害不息，故放退之，謂退使不復治水。至明年得舜，乃殛之羽山。《周禮·太宰職》云：歲終則令百官各正其治，而詔王廢置。三年則大計羣吏之治而誅賞。然則考課功績必在歲終，此言功用不成，是九年歲終三考也。下云朕在位七十載，而求得虞舜歷試三載，即數登用之年，至七十二年爲三載，即知七十載者與此異年，此時堯在位六十九年。鯀初治水之時，堯在位六十一年。若然，鯀既無功，早應黜廢。而待九年無成始退之者，水爲大災，天之常運；而百官不悟，謂鯀能治水，及遣往治，非無小益，下人見其有益，謂鯀實能治之。日復一日，以終三考，三考無成，衆人乃服，然後退之，故至九年。《祭法》云：鯀障洪水而殛死，禹能脩鯀之功。然則禹之大功，顧亦因鯀，是治水有益之驗。但不能成功，故誅殛之耳。若然，灾以運來，時不可距，假使興禹，未必能治。何以治水之功不成而便殛鯀者？以鯀性傲很，帝所素知，又治水無功，法須貶黜，先有很戾之惡，復加無功之罪，所以殛之羽山，以示其罪。若然，禹既聖人，當知洪水時未可治，何以不諫父者？梁主以爲舜之怨慕，由己之私；鯀之治水，乃爲國事。上令必行，非禹能止。時又年小，不可干政也。

《尚書正義》卷三《虞書·舜典》 三載考績，三考，黜陟幽明，三年有成，故以考功。九歲則能否幽明有别，黜退其幽者，升進其明者。黜，丑律反。庶績咸熙。分北三苗。考績法明，衆功皆廣。三苗幽闇，君臣善否，分北流之，不令相從。善惡明。北如字，又音佩。令，力呈反。

疏：三載至三苗。正義曰：自此以下史述舜事，非帝語也。言帝命羣官之後，經三載乃考其功績，經三考則九載。黜陟幽明，明者升之，闇者退之。羣官懼黜思升，各敬其事，故得衆功皆廣。前流四凶時，三苗之君竄之西裔，更紹其嗣，不滅其國。舜即政之後，三苗復不從化，是闇當黜之。其君臣有善有惡，舜復分北流其三苗。北，背也。善畱惡去，使分背也。傳三年至明者。正義曰：三年一閏，天道成，人亦可以成功，故以三年考校其功之成否也。九年三考，則人之能否可知，幽明有别。黜退其幽者，或奪其官爵，或徙之遠方。升進其明者，或益其土地，或進其爵位也。傳考績至惡明。正義曰：考績法明，人皆自勵，故得衆功皆廣也。分北三苗即是黜幽之事，故於考績之下言其流之。分謂別之。云北者，言相背，必善惡不同。故知三苗幽闇，宜黜其君臣，乃有善否，分背流之，不令相從。俱從之則善從惡，俱不徙則惡從善，言善惡不使相從，言舜之黜陟善惡明也。鄭玄以爲流四凶者，卿爲伯子，大夫爲男，降其位耳，猶爲國君，故以三苗爲西裔諸侯，猶爲惡，乃復分北流之，謂分北西裔之三苗也。孔傳竄三苗爲誅也，其身無復官爵，必非黜陟之限，其所分北，非彼竄者。王肅云：三苗之民有赦宥者，復不從化，不令相從，分北流之。禹繼鯀爲崇伯，王肅意彼赦宥者復繼爲國君，至不復從化，故分北流之。三苗未必絶後，傳意或如肅言。

《尚書正義》卷一八《周書·周官》推賢讓能，庶官乃和，不和政厖。賢能相讓，俊乂在官，所以和諧。厖，亂也。厖，武江反。舉能其官，惟爾之能。稱匪其人，惟爾不任。所舉能修其官，惟亦汝之功能。舉非其人，亦惟汝之不勝其任。勝音升。

《尚書正義》卷一八《周書·周官》位不期驕，禄不期侈。貴不與驕期而驕自至，富不與侈期而侈自來，驕侈以行己，所以速亡。恭儉惟德，無載爾偽。言當恭儉，惟以立德，無行姦偽。作德，心逸日休。作偽，心勞日拙。爲德，直道而行，於心逸豫而名且美。爲偽，飾巧百端，於心勞苦而事日拙，不可爲。居寵思危，罔不惟畏，弗畏入畏。言雖居貴寵，當思危，懼無所不畏。若乃不畏，則入可畏之刑。推賢讓能，庶官乃和，不和政厖。賢能相讓，俊乂在官，所以和諧。厖，亂也。厖，武江反。舉能其官，惟爾之能。稱匪其人，惟爾不任。所舉能修其官，惟亦汝之功能。舉非其人，亦惟汝之不勝其任。勝音升。王曰：嗚呼，三事暨大夫，敬爾有官，亂爾有政，歎而勑之，公卿已下，各敬居汝所有之官，治汝所有之職。以佑乃辟。永康兆民，萬邦惟無斁。言當敬治官政，以助汝君，長安天下兆民，則天下萬國惟乃無厭我周德。斁音亦。長，直良反。厭，於豔反。

疏：傳爲德至可爲。正義曰：爲德者自得於已，直道而行，無所經營，於心逸豫，功成則譽顯，而名益美也。爲偽者行違其方，枉道求進，思念欺巧，於心勞苦，詐窮則道屈，而事日益拙也。以此故，偽不可爲。申說無載爾偽也。

《禮記正義》卷一一《王制》凡官民材，必先論之。論，謂考其德行道藝。行，下孟反。論辨，然後使之。辨，謂考問得其定也。《易》曰：問以辨之。任事，然後爵之。爵，謂正其秩次。任，而鴆反。位定，然後禄之。與之以常食。與如字，又音預。

疏：凡官至禄之。正義曰：此一節論擇賢材任以爵禄之事，各隨文解之。註辨謂至辨之。正義曰：辨，謂考問得其定也者，謂官其人，必先論量德行道藝。今論量考問，事已分辨，得其定實，故云辨，謂考問得其定也。引《易》曰問以辨之，是《易·文言》文。任事然後爵之。正義曰：爵，謂正其秩次，言雖考問，知其實有德行道藝，未明其幹能，故試任以事，事又幹了，然後正其秩次。除授位定，然後與之以禄。

爵人於朝，與士共之。刑人於市，與衆弃之。必共之者，所以審慎之也。《書》曰：克明德慎罰。是故公家不畜刑人，大夫弗養，士遇之塗，弗與言也。屏之四方，唯其所之，不及以政，亦弗故生也。屏猶放去也。已施刑則放之棄之，役賦不與，亦不授之以田，困乏又無賙餼也。《虞書》曰五流有宅，五宅三居是也。周則墨者使守門，劓者使守關，宮者使守內，刖者使守囿，髡者使守積。畜，許六反。涂音徒，本又作塗。屏，必政反。去，羌吕反。賙音周。餼，許既反。有宅，王肅註《尚書》如字，鄭音知嫁反，懲艾也，下同。劓，魚氣反。刖，五刮反，又音月。囿音又。髡，五忽反，本又作完，音同，徐户官反。積，子智反。疏：爵人至生也。正義曰：此一節論爵人及刑人之事，各依文解之。此云爵人於朝，謂殷法也。周則天子特假祖廟而拜授之，故《洛誥》云烝祭歲，文王騂牛一，武王騂牛一，時册命周公，故特祭文、武。若諸侯爵人，因嘗祭之日，故《祭統》云祭之日一獻，君降立于阼階之南，南鄉，所命北面是也。刑人於市，與衆棄之者，亦謂殷法，謂貴賤皆刑於市，周則有爵者刑於甸師氏也。是故公家不畜刑人者，既與衆棄之，以是之故，天子諸侯之家不畜刑人也。大夫不得育養，士遇刑人於塗，弗與言也，謂逢遇於塗，不與之言。屏之四方，惟其所之者，屏猶放去也，謂已施刑暴，故放逐棄去，使嚮四方，量其罪之輕重，合所之適處而居之。既是罪人被放，不干及以政教之事，謂不以王政賦役駈使，非但不使，意在亦不欲使生，困乏又無賙餼，直放之化外，任其自死自生也。註役賦至守積。正義曰：役賦不與，謂役賦之事，不干與於刑人，解經不及以政。云亦不授之以田，困乏又無賙餼也者，解經亦弗故生也。田里所以安其身，賙餼所以養其命，皆是爲生之具，今並不與，是不故欲使其生也。云《虞書》曰五流有宅，五宅三居是也者，證經屏之四方。此云《虞書》者，《舜典》文。鄭註云宅讀曰咤，懲刈之器，謂五刑之流皆有器。懲刈五咤者，是五種之器，謂桎一梏二拲二。三居謂周之夷服、鎮服、蕃服。云周則墨者使守門以下，是《周禮·掌戮》文。按《掌戮》墨者使守門，註云黥者無妨於禁御；云劓者使守關，註云截鼻亦無妨以貌醜遠之；云宮者使守內，註云以人道絶也；云刖者使守囿，註云斷足驅衛禽獸，無急行；云髡者使守積，註云王之同族，不宮之者髡頭而已。守積，積在隱者宜也。引之者，欲明周家畜刑人，異於夏殷法也。

諸侯之於天子也，比年一小聘，三年一大聘，五年一朝。比年，每歲也。小聘使大夫，大聘使卿，朝則君自行。然此大聘與朝，晋文霸時所制也。虞夏之制，諸侯歲朝。周之制，侯、甸、男、采、衛、要服六者，各以其服數來朝。一朝，直遥反。數，色角反，又所具反。天子五年一巡守。天子以海内爲家，時一巡省之。五年者，虞、夏之制也。周則十二歲一巡守。守，手又反，本又作狩，後巡守皆同。省，色景反。

疏：諸侯至一朝。正義曰：此一經論諸侯遣卿大夫聘問及自親朝之事。註小聘至來朝。正義曰：知小聘使大夫者，按《聘禮記》云小聘曰問，三介，大聘使卿，爲介有五人，其小聘唯三介，故知小聘使大夫。云此大聘與朝，晋文霸時所制也者，按昭三年《左傳》，鄭子大叔曰文、襄之霸也，其務不煩諸侯，令諸侯三歲而聘，五歲而朝，故云晋文霸時所制。而晋文霸時，亦應有比年大夫之聘，但子大叔畧而不言，此亦據傳文，直云大聘與朝，不云比年小聘。按《左傳》文三年聘，五年朝，諸侯相朝之法，今此經文云諸侯之於天子，三年一大聘，五年一朝，則文、襄之制，諸侯朝天子，與自相朝同也。如鄭此註，唯據文、襄，故鄭云此晋文霸時所制。又鄭《駁異義》云：《公羊》説比年一小聘，三年一大聘，五年一朝，以爲文、襄之制。録《王制》者，記文、襄之制耳，非虞夏及殷法也。熊氏或以此爲虞夏法，或以爲殷法，文義雜亂，不復相當，曲爲解説，其義非也。云虞夏之制，諸侯歲朝者，按《尚書·堯典》云五載一巡守，羣后四朝，鄭註云巡守之年，諸侯朝於方岳之下，其間四年，四方諸侯分來朝於京師，歲徧是也。按《孝經》註諸侯五年一朝天子，天子亦五年一巡守。熊氏以爲虞、夏制法，諸侯歲朝，分爲四部，四年又徧，摠是五年一朝，天子乃巡守，故云諸侯五年一朝天子，天子亦五年一巡守。按鄭註《尚書》四方諸侯分來朝於京師，歲徧，則非五年乃徧。又《孝經》之註，多與鄭義乖違，儒者疑非鄭註，今所不取，熊氏之説非也。虞夏之制，但有歲朝之文。其諸侯自相朝聘及天子之事則無文，不可知也。鄭此註虞夏之制，即云周之制，不云殷者，虞夏及周，經有明文，故指而言之，殷則經籍不見，故不言也。按《春秋》文十五年《左傳》云：諸侯五年再相朝，以脩王制，古之制也。按《鄭志》孫皓問云：諸侯五年再相朝，不知所合典禮。鄭答云：古者據時而道前代之言，唐虞之禮，五載一巡守。夏、殷之時，天子蓋六年一巡守，諸侯間而朝天子。其不朝者朝罷朝，五年再朝，似如此制，禮典不可得而詳。如《鄭志》之言，則夏、殷天子六年一巡守，其間諸侯分爲五部，每年一部來朝天子，朝罷還國，其不朝者朝罷朝諸侯，至後年不朝者，往朝天子而還，前年朝者，今既不朝，又朝罷朝諸侯，是再相朝也，故鄭云朝罷朝也。如鄭之意，此爲夏、殷之禮。而鄭又云虞、夏之制，諸侯歲朝，以夏與虞同，與《鄭志》乖者，以羣后四朝，文在《堯典》。《堯典》是虞、夏之書，故連言夏，其實虞也。故《鄭志》云：唐虞之禮，五載一巡守。今知諸侯歲朝，唯指唐虞也。其夏、殷朝天子，及自相朝，其禮則然，其聘天子及自相聘，則無文也。云周之制以下，《周禮·大行人》文。故《大行人》云：侯服歲壹見，甸服二歲壹見，男服三歲壹見，采服四歲壹見，衛服五歲壹見，要服六歲壹見。是六者各以其服數來朝，皆當方分爲四部分，隨四時而來。鄭註《大行人》云朝貢之歲，四方各四分，趨四時而來，是方別各爲四分也。近東者，朝春近南者，宗夏近西者，覲秋近北者，遇冬故韓侯是北方諸侯而近於西，故稱韓侯入覲。鄭云秋見天子曰覲。又鄭註《明堂位》云：魯在東方，朝必以春，魯於東方，近東故也。以此言之，則侯服朝者，東方以秋，南方以冬，西方以春，北方以夏，以其近京師，舉此一隅，自外可知悉。按《大宗伯》云春見曰朝，註云朝猶朝也，欲其來之早；夏見曰宗，註云宗，尊也，欲其尊王；秋見曰覲，註云覲之言勤也，欲其勤王之事；冬見曰遇，註云遇，偶也，欲其若不期而俱至；時見曰會，註云時見者，言無常期，諸侯有不順服者，王將有征討之事，即《春秋左傳》云有事而會也；殷見曰同，註云殷，衆也，十二歲王如不巡守，則六服盡朝，四方四時分來，歲終則徧。每當一時一方摠來，不四分也。此六者諸侯朝王之禮。又諸侯有聘問王之禮，故《宗伯》云時聘曰問，註云時聘者，亦無常期，天子有事乃聘之焉；殷覜曰視，註云殷覜，謂一服朝之歲，以朝者少，諸侯乃使卿以大禮衆聘焉。一服朝在元年、七年、十一年。其諸侯自相朝，則《大行人》云凡諸侯之邦交，歲相問也，殷相聘也，世相朝也，註云小聘曰問。殷，中也。久無事，又於殷朝者，及而相聘也。父死子立曰世。凡君即位，大國朝焉，小國聘焉。鄭知久無事而相聘者，按昭九年《左傳》稱孟僖子如齊，殷聘禮也。知凡君即位，大國朝焉，小國聘焉者，以襄元年邾子來朝，衛子叔晋知武子來聘，《左傳》云凡諸侯即位，小國朝之，大國聘焉。邾是小國，故稱朝。衛晋是大國，故稱聘。若俱是敵國，亦得來聘朝，故《司儀》云諸侯相爲賓是也。若已初即位，亦朝聘大國，故文公元年公孫敖如齊，《左傳》云凡君即位，卿出並聘。若已是小國，則往朝大國，故文十一年曹伯來朝，《左傳》云即位而來見也。其天子亦有使大夫聘諸侯之禮，故《大行人》云間問以諭諸侯之志，歲徧存，三歲徧覜，五歲徧省，間年一聘，以至十一歲。按昭十三年《左傳》云：歲聘以志業，間朝以講禮，再朝而會以示威，再會而盟以顯昭明。賈逵、服虔皆以爲朝天子之法，崔氏以爲朝霸主之法，鄭康成以爲不知何代之禮，故《異義》云：《公羊》說諸侯比年一小聘，三年一大聘，五年一朝天子。《左氏》說十二年之間八聘、四朝、再會、一盟。許慎謹按：《公羊》說，虞、夏制。《左氏》說，周禮。傳曰三代不同物，明古今異說。鄭駁之云：三年聘，五年朝，文、襄之霸制。《周禮·大行人》諸侯各以服數來朝，其諸侯歲聘間朝之屬，說無所出。晋文公强盛諸侯耳，非所謂三代異物也。是鄭以歲聘間聘朝，文無所出，不用其義也。言晋文公但强盛諸侯耳，何能制禮？而云三代異物乎？是難許慎之辭也。《異義》：朝名，《公羊》說諸侯四時見天子，及相聘皆曰朝。以朝時行禮，卒而相逢於路曰遇。《古周禮》說春曰朝，夏曰宗，秋曰覲，冬曰遇。許慎按：《禮》有覲經，《詩》曰：韓侯入覲。《書》曰：江漢朝宗于海。知有朝覲宗遇之禮。從《周禮》說。鄭駁之云：此皆有似不爲古昔。按《覲禮》曰：諸侯前朝，皆受舍于朝。朝通名。如鄭此言，《公羊》言其摠號，《周禮》指其別名。《異義》：天子聘諸侯。《公羊》說天子無下聘義。《周禮》說間問以諭諸侯之志。許慎謹按：禮，臣疾，君親問之。天子有下聘之義。從《周禮》說。鄭無駁，與許慎同也。註五年至巡守。正義曰：知五年是虞、夏之制者，《堯典》云五載一巡守，此正謂虞也。以虞、夏同科，連言夏耳。若夏與殷，依《鄭志》，當六年一巡守也。云周則十二歲一巡守者，《大行人》云十有二歲，王巡守殷國，故知周制十二年也。按《白虎通》云：所以巡守者何？巡者循也，守者收也。爲天子循行守土，收民道德大平，恐遠近不同化，幽隱不得其所者，故必親自行之，謙敬重民之至也。所以不歲巡守何？爲大煩。過五年，爲其大疏。因天道三歲一閏，天道小備，五歲再閏，天道大備，故五年一巡守。以此言之，夏、殷六歲者，取半一歲之律吕也。周十二歲者，象歲星一周也。

《禮記正義》卷二四《禮器》 是故昔先王尚有德，尊有道，任有能，舉賢而置之，聚衆而誓之。古者將有大事，必選賢誓衆，重事也。

《禮記正義》卷五九《深衣》 儒有内稱不辟親，外舉不辟怨；程功積事，推賢而進達之，不望其報；君得其志，苟利國家，不求富貴。其舉賢援能有如此者。君得其志者，君所欲爲，賢臣成之。辟音避，下同。怨，於元反，又於願反。推賢而進達之，舊至此絶句，皇以達之連下爲句。

疏：儒有内稱至此者。此明儒者舉賢能之事。儒有内稱不避親者，稱，舉也。不辟親，舉人以理，若祁奚舉子祁午，是不辟親。外舉不辟怨者，若祁奚舉讎人解狐也。按襄三年《左傳》云：祁奚請老致仕，晋侯問嗣焉。稱解狐，其讎也，將立之而卒。又問焉，對曰：午也可。稱其讎，不爲諂。立其子，不爲比。但審知其賢，故不辟也。程功積事，推賢而進達之，舊至此絶句，皇氏以達之連下爲句。言儒者欲舉人之時，必程效其功，積累其事，知其事堪可，乃推而進達之，不妄舉人也。不望其報者，言雖進達賢人於君，不求望其報也。君得其志，苟利國家，不求富貴者，君得其志者，謂君任此儒者輔助其君，使君得其志意，所欲皆成，此儒者推賢達士無所求爲，唯苟在利益國家，不於身上自求富貴也。其舉賢援能有如此者，言儒者進達引能，有如此在上諸事也。

《禮記正義》卷五九《儒行》 哀公命席，爲孔子布席於堂，與之坐也。君適其臣，升自阼階，所在如主。孔子侍，曰：儒有席上之珍以待聘，夙夜強學以待問，懷忠信以待舉，力行以待取。其自立有如此者。席，猶鋪陳也，鋪陳往古堯、舜之善道，以待見問也。大問曰聘。舉，見舉用也。取，進取位也。

《漢書》卷一九上《百官公卿表》 《易》叙宓羲、神農、（皇）〔黄〕帝作教化民，而傳述其官，以爲宓羲龍師名官，神農火師火名，黄帝雲師雲名，少昊鳥師鳥名。自顓頊以來，爲民師而命以民事，有重黎、句芒、祝融、后土、蓐收、玄冥之官，然已上矣。書載唐虞之際，命羲和四子順天文，授民時；咨四岳，以舉賢材，揚側陋；十有二牧，柔遠能邇；禹作司空，平水土；棄作后稷，播百穀；卨作司徒，敷五教；咎繇作士，正五刑；垂作共工，利器用；益作朕虞，育草木鳥獸；伯夷作秩宗，典三禮；夔典樂，和神人；龍作納言，出入帝命。夏、殷亡聞焉，周官則備矣。天官冢宰，地官司徒，春官宗伯，夏官司馬，秋官司寇，冬官司空，是爲六卿，各有徒屬職分，用於百事。太師、太傅、太保，是爲三公，蓋參天子，坐而議政，無不總統，故不以一職爲官名。又立三少爲之副，少師、少傅、少保，是爲孤卿，與六卿爲九焉。記曰三公無官，言有其人然後充之，舜之於堯，伊尹於湯，周公、召公於周，是也。或説司馬主天，司徒主人，司空主土，是爲三公。四岳謂四方諸侯。

（唐）杜佑《通典》卷一三《選舉·歷代制上》 《周官·大司徒職》：以鄉三物教萬民，而賓興之：一曰六德，二曰六行，三曰六藝。並《具學篇中》。詩、書、禮、樂，謂之四術。四術既脩，九年大成。凡士之有善，鄉先論士之秀者，升諸司徒，曰選士；司徒論選士之秀者而升諸學，曰俊士；既升而不征者，曰造士；大樂正論造士之秀者升諸司馬，曰進士。司馬論進士之賢者及鄉老、群吏獻賢能之書于王，王再拜受之，登於天府，藏於祖廟，內史書其貳而行焉。書其貳，謂寫其副本。在其職也，則鄉大夫、鄉老舉賢能而賓其禮，司徒教三物而興諸學，司馬辯官材以定其論，太宰詔廢置而持其柄，內史贊與奪而貳於中，司士掌其版而知其數。論定然後官之，任官然後爵之，位定然後禄之。蓋擇材取士如此之詳也。

（元）馬端臨《文獻通考》卷二八《選舉考·舉士》 《周官》：大司徒以鄉三物教萬民而賓興之：一曰六德，知、仁、聖、義、忠、和；二曰六行，孝、友、睦、婣、任、恤；三曰六藝，禮、樂、射、御、書、數。物，猶事也。興，猶舉也。民三事教成，鄉大夫舉其賢者、能者，以飲酒之禮賓客之，既則獻其書於王。

鄉大夫三年則大比，考其德行道藝，而興賢者、能者。鄉老及鄉大夫帥其吏，與其衆寡，以禮禮賓之。鄭司農云：興賢，若今舉孝廉；興能，若今舉茂材。厥明，鄉老及鄉大夫群吏，獻賢、能之書於王，王再拜受之，登於天府，內史貳之。天府，掌祖廟之寶藏者。內史，副寫其書者，當詔王爵禄之時。退而以鄉射之禮五物詢衆庶：一曰和，二曰容，三曰主皮，四曰和容，五曰興舞。當射之時，民必觀焉，因詢之也。此謂使民興賢，出使長之；使民興能，入使治之。

《王制》：命鄉論秀士，升之司徒，曰選士。詳見《學校考》。

州長各掌其州之教治政令之法。正月之吉，各屬其州之民而讀法，以考其德行道藝而勸之，以糾其過惡而戒之。若以歲時祀祭州社，則屬其民讀法，亦如之。三年大比，則大考州里，以贊鄉大夫廢興。

黨正各掌其黨之政令教治。及四時之孟月吉日，則屬民而讀邦法，以糾戒之。以四孟月朔日讀法者，彌親民者於教亦彌數。春秋祭禜，亦如之。正歲，屬民讀法而書其德行道藝。以歲時涖校比。及大比，亦如之。

族師各掌其族之戒令政事。月吉，則屬民而讀邦法，書其孝悌睦婣有學者。

閭胥各掌其閭之徵令。凡春秋之祭祀、役政、喪紀之數，聚衆庶，既比則讀法，書其敬敏任恤者。

《禮書》曰：閭胥聚民無常時，族師屬民有常月。族師歲屬以月吉與春秋，黨正歲屬以孟吉與正歲，州長歲屬以正月之吉與春秋，然後鄉大夫三年大比之，以卑者其職煩，尊者其事簡也。由黨正而下，有所讀有所書；州長則有所讀無所書，而有所考；鄉大夫則考而興之，無所讀。敬敏任恤，易知者也，故閭師書之。孝悌睦婣有學，難知者也，故族師書之。德行則非特孝悌也，道藝則非特有學也，故党正書之。書之者易，考之、興之者難，故書之止於黨正，考之在州長，興之在鄉大夫，以卑者其責輕，尊者其任重也。凡此皆教之有其術，養之有其漸。方其在學也，一年視離經辨志，三年視敬業樂群，五年視博習親師，七年視論學取友，謂之小成，九年知類通達，強立而不反，謂之大成，此中年考校之法也。大胥掌學士之版，春合舞，秋合聲，於其合聲，則頒次其所學而辨異之。諸子掌國子之倅，春合諸學，秋合諸射，以考其藝而進退之，比年考校之法也。學之考校如此，鄉之考察又如彼，所掌非一人，所積非一日，此人人所以莫不激昂奮勵，以趨上之所造也。

遂大夫各掌其遂之政令。三歲大比，則率其吏而興甿，明其有功者，屬其地治者。興甿，舉民賢能，如六鄉之所爲也。屬，猶聚也。又因舉吏治功者，而聚敕其餘以治職事。

按：六鄉之外爲六遂。遂大夫之職，猶鄉大夫之職也。州長以下之職，猶縣正以下之職也。然勵教化、興賢能之事，鄉詳而遂略。先儒謂鄉以教爲主，遂以耕爲主，豈遂民不可教而鄉民不可耕邪？蓋亦當互文以推之。

《國語》齊桓公内正之法：正月之朝，鄉長復事。君親問焉，曰：於子之鄉，有居處好學慈孝於父母聰慧質仁發聞於鄉里者，有則以告。有而不以告，謂之蔽明，其罪五。有司已於事而竣。公又問焉，曰：於子之鄉，有不慈孝于父母、不長弟于鄉里、驕躁淫暴、不用上令者，有則以告。有而不以告，謂之不比，其罪有五。有司已於事而竣。是故鄉長退而修德進賢，公親見之，遂使役官。及五屬大夫復事，公問之如初。五屬大夫於是退而修屬，屬退而修縣，縣退而修鄉，鄉退而修卒，卒退而修邑，邑退而修家。是故匹夫有善，可得而舉也；匹夫有不善，可得而誅也。

因讀《國語》此章，而參以《王制》所言司徒俊選之事，然後知古之聖賢，其於化民成俗，選賢與能二事，視其賢愚升沈，舉切吾身，故其爲法甚備。其教人也，不特上賢以崇德，而必欲簡不肖以絀惡；其舉人也，不特進賢受上賞，而必欲蔽賢蒙顯戮。蓋賞罰相須而行，則始不視爲具文。後世非不立學校也，而未聞有不帥教之罰，蓋姑選其能者，而無能之人則聽其自爲不肖而已。非不興選舉也，而未聞有蔽賢之戮，蓋姑進其用者，而未用之人則聽其自爲不遇而已。其教之也不備，其選之也不精，宜人才之所以日衰也。雖然，惟其教訓之法不備，所以選舉之塗不精。士生斯世，蓋自爲材而未嘗有所賴於上之人，則所謂焉知賢才而舉之，何以識其不才而舍之，而蔽賢之罰亦無所施矣。

（明）朱健《古今治平略·三代貢舉》 《周官·大司徒》以鄉三物教民而賓興之，鄉大夫受教法于司徒，退頒于鄉吏，使各教其所治，以考其德行，察其道藝，至三年則鄉大夫大比，考其德行道藝，而興賢者能者，此謂使民興賢，出使長之。使民興能，人使治之也。遂大夫三歲大比，率其吏而興，氓亦如之。是以凡士鄉先論其秀者。升諸司徒，曰選士。司徒論選士之秀者，而升諸學，曰俊士。既升而不征者，曰造士。大樂正論造士之秀者，升諸司馬，曰進士。大略當其時，仕進有二道，有繇鄉學而進者，而繇國學而進者。鄉學則掌于鄉大夫而用之在大司徒，國學則掌于大樂正而用之在大司馬。繇選士而爲造士，是鄉學所進者，則用之爲鄉遂吏。繇俊士而爲進士，是國學所進者，則論辨之爲大夫士。此其大較也。至于在内則有國子之選舉，諸子所謂春合諸學，秋合諸射，以考其藝而進退之者，是也。在外則有諸侯之獻貢，《射義》所謂諸侯歲貢士于天子，天子試之于射宫是也。夫論成周選舉之法，孰不知鄉舉里選之爲公論。三年大比之法，孰不知德行道藝之爲重。然亦思周之選舉不屬他官而屬之教官者，夫豈無意歟。蓋必有以教之于平時，斯可以興之于異日。既有以書之于每歲，斯可以考之于三年。平日之教者以此，則今日之興者亦以此，平日之書者以此，則今日之考者亦以此，教之之初已爲賓興之地，興之之日尚何負于賓禮之隆哉。大哉，成周之教。不獨六鄉爲然也。宫正之糾宫衛，師氏保氏之教國子，無往而不爲德行道藝也，而況于三年賓興之選乎。然鄉大夫既以大比而賓興矣。又曰，退而以鄉射五物詢衆庶者，蓋將以是而示人之激昂，而爲賓興之繼也。鄉大夫以射禮而詢衆庶，則六鄉之民又將因射而知自勉矣。故又曰比謂使民興賢，是民自知其賢而興之矣。出而使之爲長，則民豈有不服者哉。使民興能，是民自知其能而興之也，入而使治其事，則事豈有不理者哉。賢能之興，皆出于民，此鄉舉里選之所以爲公也。以所興之人而還以長之，必能興利除害，而與民相周旋。以所興之人而還以治之，必能趨事赴功，而與民相勸助。故入而在官府治事者，此人也。出而在比閭爲長者，此人也。則是在官臨民者，孰非德行道藝之人哉。後世選舉之法壞，人自科目始。吁，科目豈能壞人，亦教之者有以壞人也。鄭司農謂興賢若漢舉孝廉，興能若漢舉茂才，不知漢平時所教者果孝廉茂才否。夫教之以利禄之學，則所舉者皆利禄。教之以詞章之學，則所舉者皆詞章。所教在此，所學在此，則所舉在此。科目未足壞人才，而教化已先壞人心術矣。後世言者，非不知鄉舉里選之爲可復，然平時無德行道藝之教，而一旦欲行德行道藝之選，豈不迂哉。

紀事

《尚書正義》卷三《虞書·舜典》 舜曰：咨，四岳，有能奮庸熙帝之載，奮，起。庸，功。載，事也。訪羣臣有能起發其功，廣堯之事者。言舜曰以別堯。奮，弗運反。使宅百揆，亮采惠疇？亮，信。惠，順也。求其人使居百揆之官，信立其功，順其事者誰乎？僉曰：伯禹作司空。四岳同辭而對，禹代鯀爲宗伯，入爲天子司空。治洪水有成功，言可用之。帝曰：俞，咨，禹，汝平水土，惟時懋哉。然其所舉，稱禹前功以命之。懋，勉也。惟居是百揆，勉行之。俞，以朱反。懋音茂，王云：勉也。馬云：美也。禹拜稽首，讓于稷、契暨皋陶。居稷官者棄也。契、皋陶，二臣名。稽首，首至也。稽音啓。稽首，首至地，臣事君之禮。契，息列反。陶音遥。帝曰：俞，汝往哉。然其所推之賢，不許其讓，敕使往宅百揆。

疏： 舜曰至往哉。正義曰：舜本以百揆攝位，今既即政，故求置其官。曰：咨嗟，四岳等，汝於羣臣之內，有能起發其功，廣大帝堯之事者，我欲使之居百揆之官。在官而信立其功，於事能順者，其是唯乎？四岳皆曰：伯禹作司空，有成功，惟此人可用。帝曰：然。然其所舉得人也。乃咨嗟勑禹：汝本平水土，實有成功，惟當居是百揆而勉力行哉。禹拜稽首，讓于稷、契與皋陶。帝曰：然。然其所讓實賢也。汝但往居此職。不許其讓也。傳奮起至別堯。正義曰：奮是起動之意，故爲起也。《釋詁》云：庸，勞也。勞亦功也。鄭玄云：載，行也。王肅云：載，成也。孔以載爲事也，各自以意訓耳。舜受堯禪，當繼行其道。行之在於任臣，百揆臣之最貴，求能起發其功，廣大帝堯之事者，欲任之。舜既即位，可以稱帝，而言舜曰者，承堯事下，言舜曰以別堯，於此一別，以下稱帝也。傳亮信至誰乎正義曰：亮，信，《釋詁》文。惠，順，《釋言》文。上云舜納於百揆，百揆是官名，故求其人，使居百揆之官。居官則當信立其功，能順其事者誰乎？此官任重，當統羣職繼堯之功，故歷言所順而後始問誰乎，異於餘官先言疇也。傳四岳至用之。正義曰：僉訓爲皆，故云四岳皆同辭而對也。《國語》云：有崇伯鯀，堯殛之於羽山。賈逵云：崇，國名。伯，爵也。禹代鯀爲崇伯，入爲天子司空，以其伯爵，故稱伯禹。言人之賢而舉其爲官，知禹治洪水自成功，言可用也。傳然其至行之。正義曰：禹平水土，往前之事，嫌其今復命之令平水土，故云稱禹前功以命之。懋，勉，《釋詁》文。傳居稷至首至地正義曰：下文帝述三人，遂變稷爲棄，故解之居稷官者棄也。獨稱官者，出自禹意耳，不必著義。鄭云：時天下賴后稷之功，故以官名通稱。或當然也。經因稷、契名單，共文言暨皋陶，爲文勢耳。三人爲此次者，蓋以官尊卑爲先後也。《周禮·太祝》：辨九拜，一曰稽首。稽首爲敬之極，故爲首至地。稽首是拜內之別名，爲拜乃稽首，故云拜稽首也。

《春秋左傳正義》僖公二十五年 晋侯問原守於寺人勃鞮。勃鞮，披也。守，手又反。勃，步忽反。鞮，丁兮反。對曰：昔趙衰以壺飧從徑，餒而弗食。言其廉且仁，不忘君也。徑，猶行也。飧音孫。從，才用反，舊如字。徑，古定反。一讀以壺飧從，絶句，讀徑爲經，連下句，垂於杜意。餒，如罪反，餓也。

《春秋左傳正義》僖公二十七年 狐偃曰：楚始得曹，而新昏於衛，若伐曹、衛，楚必救之，則齊、宋免矣。前年楚使申叔侯戍穀以偪齊。於是乎蒐于被廬，晋常以春蒐禮，改政令，敬其始也。被廬，晋地。蒐，所求反。被，皮義反。廬，力居反。作三軍，閔元年晋獻公作二軍，今復大國之禮。謀元帥。中軍帥。帥，所類反，註同。

疏： 謀元帥。正義曰：元，長也。謂將帥之長。軍行則重者居中，故晋以中軍爲尊，而上軍次之。其二軍則上軍爲尊，故閔元年晋侯作二軍，公將上軍。

趙衰曰：郤縠可。臣亟聞其言矣，說禮、樂而敦《詩》、《書》。《詩》、《書》，義之府也；禮、樂，德之則也。德、義，利之本也。

疏： 說禮至本也。正義曰：說謂愛樂之，敦謂厚重之。《詩》之大旨，勸善懲惡。《書》之爲訓，尊賢伐罪，奉上以道，禁民爲非之謂義，《詩》、《書》，義之府藏也。禮者，謙卑恭謹，行歸於敬。樂者，欣喜歡娛，事合於愛。揆度於內，擧措得中之謂德。禮、樂者，德之法則也。心說禮、樂，志重《詩》、《書》，遵禮、樂以布德，習《詩》、《書》以行義，有德有義，利民之本也。《晉語》云：文公問元帥於趙衰，對曰：郤縠可，年五十矣，守學彌惇。夫好先王之法者，德義之府也。夫德義，生民之本也。能敦篤，不忘百姓。請使郤縠。公從之。

《夏書》曰：賦納以言，明試以功，車服以庸。《尚書·虞夏書》也。賦納以言，觀其志也；明試以功，考其事也；車服以庸，報其勞也。賦，猶取也。庸，功也。縠，本又作縠，同，胡木反。亟，欺冀反，數也。説音悦。君其試之。

疏：夏書至試之。正義曰：《夏書》言用臣之法。賦，取也。取人納用以其言，察其言觀其志也。分明試用以其功，考其功觀其能也。而賜之車服，以報其庸。庸亦功也。知其有功乃賜之。古人之法如此，君其試用之。註《尚書》至功也。正義曰：此古文《虞書·益稷》之篇。漢、魏諸儒不見古文，因伏生之謬，從《堯典》至《胤征》凡二十篇揔名曰《虞夏書》，以與禹對言。故傳通謂《大禹謨》以下皆爲《夏書》也。古本作敷納以言，明庶以功。敷作賦，庶作試，師受不同，古字改易耳。賦税者，取受之義，故爲取也。庸，功，《釋詁》文。《舜典》云敷奏以言，明試以功，車服以庸。文雖略同，此引《夏書》，非《舜典》也。

《春秋左傳正義》僖公三十三年 先軫曰：匹夫逞志於君，謂不顧而唾。而無討，敢不自討乎？免胄入狄師，死焉。狄人歸其元，元，首。面如生。言其有異於人。初，臼季使過冀，見冀缺耨，其妻饁之。臼季，胥臣也。冀，晉邑。耨，鋤也。野饋曰饁。臼，其九反。使，所吏反。過，古禾反，又古臥反。耨，乃豆反，鉏田也。饁，于輒反，《字林》于劫反。鋤，本又作鉏，仕居反。饋，其位反，餉也。

疏：註臼季至曰饁。正義曰：《世本》云：垂作耨。《釋器》云：斪斸謂之定。李巡曰：鋤也。《廣雅》云：定謂之耨。《呂氏春秋》云：耨柄尺，此其度也；其耨六寸，所以間稼也。高誘註云：耨，耘苗也。六寸，所以入苗間也。《釋名》云：耨，鋤，薅禾也。《釋詁》云：饁，饋也。孫炎曰：饁，野之饋也。

敬，相待如賓。與之歸，言諸文公曰：敬，德之聚也。能敬必有德，德以治民，君請用之。臣聞之，出門如賓，如見大賓。承事如祭，常謹敬也，仁之則也。公曰：其父有罪，可乎？缺父冀芮欲殺文公，在二十四年。芮，如鋭反。殺音試，或如字。對曰：舜之罪也殛鯀，其擧也興禹。禹，鯀子。殛，紀力反，誅也。鯀，古本反，禹父也。管敬仲，桓之賊也，實相以濟。《康誥》曰：父不慈，子不祗，兄不友，弟不共，不相及也。《康誥》，周書。祗，敬。實相，息亮反。不共音恭。

疏：康誥至及也。正義曰：此雖言《康誥》曰，直引《康誥》之意耳，非《康誥》之全文也。彼云子弗祗服厥父事，大傷厥考心。于父不能字厥子，乃疾厥子。于弟弗念天顯，乃弗克恭厥兄。兄亦不念鞠子哀，大不友于弟。曰乃其速由文王作罰，刑茲無赦。其意言不慈不祗，不友不恭，各用文王之法刑之，不是罪子又罪父，刑弟復刑兄，是其不相及也。

《詩》曰：采葑采菲，無以下體。君取節焉可也。《詩》，國風也。葑菲之菜，上善下惡，食之者不以其惡而棄其善。言可取其善節。葑，芳逢反。菲，芳匪反。疏：註詩國至善節。正義曰：彼毛傳曰葑，須也。菲，芴也。《釋草》云須葑，孫炎曰：須，一名葑。鄭玄《坊記》註云葑，蔓菁也。《釋草》又云菲，芴也。孫炎曰葍類也。陸機《毛詩義疏》云葑，蔓菁。幽州人或謂之芥也。菲似葍，莖麤葉厚而長有毛。三月中烝煑爲茹，滑美，又可以爲羹是也。此二菜，其根有惡，詩故云上善下惡，食之者取善節也。

文公以爲下軍大夫。反自箕，襄公以三命命先且居將中軍，且居，先軫之子，其父死敵，故進之。且，子徐反。將，子匠反。

疏：註且居至進之。正義曰：且居父在之時已將上軍，以父死敵，故進之。

《春秋左傳正義》文公十八年 昔高陽氏有才子八人，蒼舒、隤敳、檮戭、大臨、尨降、庭堅、仲容、叔達，齊、聖、廣、淵、明、允、篤、誠，天下之民謂之八愷。高辛氏有才子八人，伯奮、仲堪、叔獻、季仲、伯虎、仲熊、叔豹、季貍，忠、肅、共、懿、宣、慈、惠、和，天下之民謂之八元。此十六族也，世濟其美，不隕其名。以至於堯，堯不能擧。舜臣堯，擧八愷，使主后土，以揆百事，莫不時序，地平天成。擧八元，使布五教于四方，父義、母慈、兄友、弟共、子孝，內平外成。

《春秋左傳正義》襄公三年　祁奚請老，老，致仕。晉侯問嗣焉。嗣，續其職者。稱解狐，其讎也，將立之而卒。解狐卒。解音蟹。讎也。正義曰：讎者，相負挾怨之名。奚負狐、狐負奚，皆謂之讎。此是奚負狐也，不是舉之以解怨，故下云稱其讎，不爲諂也。又問焉，對曰：午也可。午，祁奚子。於是羊舌職死矣。晉侯曰：孰可以代之？對曰：赤也可。赤，職之子伯華。於是使祁午爲中軍尉，羊舌赤佐之。各代其父。君子謂祁奚於是能舉善矣。稱其讎，不爲諂；立其子，不爲比；舉其偏，不爲黨。諂，媚也。偏，屬也。諂，他檢反。比，毗志反。

疏：稱其至爲黨。正義曰：設令他人稱其讎，則諂以求媚也；立其子，則心在親比也；舉其偏，則情相阿黨也。今祁奚以其人實善，故舉薦之。人見彼善，知奚不諂、不比、不黨也。諂者，阿順曲從以求彼意，故以諂爲媚。媚，愛也，言爲諂以求愛也。偏者，半廂之名，故傳多云東偏西偏。軍師屬己，分之别行，謂之偏師。傳云彘子以偏師陷。是偏爲廂屬之名也。祁奚爲中軍尉，羊舌職佐之。職屬祁奚，復舉其子，是舉其偏屬也。

《商書》曰：無偏無黨，王道蕩蕩。《商書·洪範》也。蕩蕩，平正無私。其祁奚之謂矣，解狐得舉，未得位，故曰得舉。祁午得位，伯華得官，建一官而三物成，一官，軍尉。物，事也。

疏：建一官而三物成。正義曰：尉、佐同掌一事，故爲建一官也。三事成者，成其得舉、得位、得官也。官、位一也，變文相辟耳。服虔云：所舉三賢，各能成其職事。案解狐得舉而死，身未居職，何成事之有？

能舉善也夫。唯善，故能舉其類。《詩》云：惟其有之，是以似之。祁奚有焉。《詩·小雅》。言唯有德之人，能舉似己者。也夫音扶，絶句。一讀以夫爲下句首。

疏：詩云至似之。正義曰：此《小雅·裳裳者華》之篇也。其卒章云：右之右之，君子有之。維其有之，是以似之。

《春秋左傳正義》襄公九年　秦景公使士雃乞師于楚，將以伐晉，楚子許之。子囊曰：不可。當今吾不能與晉争。晉君類能而使之，隨所能。雅，苦田反。舉不失選，得所選。選，息戀反，註同。官不易方。方猶宜也。其卿讓於善，讓勝己者。其大夫不失守，各任其職。其士競於教，奉上命。其庶人力於農穡，種曰農，收曰穡。

疏：註種曰農，收曰穡。正義曰：農是力田之名。《詩》毛傳云：種之曰稼，斂之曰穡。稼者，言如嫁女之有所生也。穡，愛也，言愛惜而收斂之也。此文穡無所對，故以農爲種名。其實農是營田之名，種曰稼也。

商工皁隸，不知遷業。四民不雜。

疏：註四民不雜。正義曰：《齊語》：四民者，士、農、工、商。此傳言其士競於教，是説士也；庶人力於農穡，是説農也。士農已訖，唯有士商在耳。故以皁隸賤官足成其句。杜言四民不雜，通上士庶爲四，非以皁隸工商爲四也。

韓厥老矣，知罃稟焉以爲政。代將中軍。范匄少於中行偃而上之，使佐中軍。使匄佐中軍，偃將上軍。少，詩照反，下同。中行，户郎反。韓起少於欒黶，而欒黶、士魴上之，使佐上軍。黶、魴讓起，起佐上軍。黶將下軍，魴佐之。黶，於斬反。魏絳多功，以趙武爲賢而爲之佐。武，新軍將。將，子匠反。君明臣忠，上讓下競。尊官相讓，勞職力競。當是時也，晉不可敵，事之而後可。君其圖之。

《春秋左傳正義》昭公二十八年　秋，晉韓宣子卒，魏獻子爲政，獻子，魏舒。豺，本又作豺，同，仕皆反。喪，息浪反。分祁氏之田以爲七縣，七縣，鄔、祁、平陵、梗陽、塗水、馬首、盂也。梗，古杏反。盂，音于，下文同。分羊舌氏之田以爲三縣。銅鞮、平陽、楊氏。鞮，丁兮反。司馬彌牟爲鄔大夫，太原鄔縣。賈辛爲祁大夫，太原祁縣。司馬烏爲平陵大夫，魏戊爲梗陽大夫，戊，魏舒庶子。梗陽，在太原晉陽縣南。戊音茂。知徐吾爲塗水大夫，徐吾，知盈孫。塗水，太原榆次縣。知音智。次，資利反，又如字。韓固爲馬首大夫，固，韓起孫。孟丙爲盂大夫，太原盂縣。樂霄爲銅鞮大夫，上黨銅鞮縣。霄音消。趙朝爲平陽大夫，朝，趙勝曾孫。平陽，平陽縣。朝如字。僚安爲楊氏大夫。平陽楊氏縣。

疏：分祁至氏大夫。正義曰：此祁氏與羊舌氏之田，舊是私家采邑，二族既滅，其田歸公，分爲十縣。爲公邑，故選置大夫也。傳文先祁後羊舌，故依下文選置大夫之次，上七縣爲祁氏之田，下三縣爲羊舌氏之田。且五年傳謂伯石爲楊石，明楊氏是羊舌之田也。《家語》與《史記》皆謂羊舌赤爲銅鞮伯華，是銅鞮亦羊舌邑也。平陽之次在銅鞮楊氏之間，知亦羊舌邑也。

謂賈辛、司馬烏爲有力於王室，二十二年，辛、烏帥師納敬王。僚，力彫反。

疏：註二十至敬王。正義曰：二十二年傳曰：晉籍談、荀躒、賈辛、司馬督帥師軍于陰，于侯氏，于谿泉，次于社。賈辛軍谿泉，司馬督次于社。督即烏也。此衆軍並爲伐子朝，欲納敬王。

故舉之；謂知徐吾、趙朝、韓固、魏戊，餘子之不失職、能守業者也；卿之庶子爲餘子。

疏：註卿之至餘子。正義曰：宣二年傳云：官卿之適以爲公族。又官其餘子，亦爲餘子；其庶子爲公行。註云餘子，適子之母弟也；庶子，妾子也。彼適庶分爲三等，故餘子與庶子爲異，此無所對，故摠謂庶子爲餘子也。此四人之内，當有妻生、妾生者也。知徐吴、韓固是卿之孫也，趙朝卿之曾孫也。而並稱餘子者，言其父祖是餘子，就餘子子孫之内，選其賢者而用之，此四人不失常職，能守其父祖之業者也。

其四人者，皆受縣而後見於魏子，以賢舉也。四人，司馬彌牟、孟丙、樂霄、僚安也。受縣而後見，言采衆而舉，不以私也。見，賢遍反，註及下，見魏子並同。魏子謂成鱄：鱄，晉大夫。鱄音剸，又市轉反，又音附。吾與戊也縣，人其以我爲黨乎？對曰：何也，戊之爲人也，遠不忘君，遠，疏遠也。近不偪同；不偪同位。偪，彼力反。居利思義，不苟得。在約思純，無濫心。有守心而無淫行，雖與之縣，不亦可乎。

疏：對曰至可乎。正義曰：遠不忘君，言職雖疏遠而心在公室，常忠敬也。近不偪同，言親近有寵，不偪迫同位，常謙共也。居利思義，臨財不苟得，思義可取，乃取之也。在約思純，處貧匱而思純，固無叨濫之心也。有守善之心，而無淫邪之行，雖則親子而與之縣，不亦可乎。

昔武王克商，光有天下，光，大也。行，下孟反。其兄弟之國者十有五人，姬姓之國者四十人，皆舉親也。夫舉無他，唯善所在，親疏一也。

疏：昔武至親也。正義曰：由武王克商得封建諸國，歸功於武王耳。此十五國或有在後封者，非武王之時盡得封也。《尚書·康誥》之篇，周公營洛之年，始封康叔于衛。《洛誥》之篇，周公致政之年，始封伯禽于魯。明知武王之時，兄弟未盡封也。僖二十四年傳稱周公弔二叔之不咸，故封建親戚以藩屏周。亦以周公爲制禮之主，故歸功於周公耳，非盡周公封也。九年傳曰文、武、成、康之封建母弟，則康王之世尚有封國，宣王方始封鄭，非獨武王、周公封諸國也。僖二十四年傳數文之昭也有十六國。此言武王兄弟之國十五人者，人異故説異耳，非武王封十五，周公始加一也。以魯、衛驗之，知周公所加非唯一耳。

《詩》曰：唯此文王，帝度其心。莫其德音，其德克明。克明克類，克長克君。王此大國，克順克比。比于文王，其德靡悔。既受帝祉，施于孫子。《詩·大雅》。美文王能王大國，受天福，施及子孫。唯此文王，《詩》作唯此王季。度，待洛反，下及註同。莫，亡白反，又如字；《爾雅》云，貊，莫，安，定也。下及註同。長，丁丈反，下及註同。王此，于況反，註能王同。祉音恥。施，以豉反，註同。

疏：詩曰至孫子。正義曰：《詩·大雅·皇矣》之篇，美文王之德也。唯此文王之身爲天帝所佑，天帝開度其心，令其有揆度之惠，所度前事莫不皆得其中也。又使之莫然安静，其德教之善音，施之於人則皆應和之也。又能有監昭在下之明，又能有勤施無私之善，又能教誨不倦，有爲人師長之德，又能賞善刑惡，有爲人君上之度。既有人君之德，故爲人君王此周之大邦也。其施教令，能使國人徧服而順之；既爲國人順服，又能擇人之善者，比方其善，乃從而用之。以此文王之德比于上世，有能經緯天地文德之王如堯舜之輩。其此詩人稱比較于文王之九德，其德皆是無爲人所悔吝者，言文王之德堪比，或以爲比于前世文德之王，義亦通也。以此之故，既受天之祉福，施及于後世之子孫，得使長王天下也。此章文次如此者，德皆天之所授，故先言帝度其心，明以下皆蒙帝文也。德由心起，故先言心能度物也。心既能度，然後能施爲政教，故次莫其德音，言變政教清静也。爲君所以施政，故先言政教清静，乃論身内之德。故次能明，能善。其明與善，還是德音之事，施之於人有照臨之明，勤心之善耳。心能施而無私，乃可爲人君長，故次克長克君。長即師也。《學記》曰：能爲師，然後能爲長。能爲長，然後能爲君。故先長後君也。既言堪爲人君，即説爲君之事，故言王此大邦也。既爲大邦之君，能使國人順服，故次克順也。民既順服，又須擇善用之，故次克比也。比于文王，其德無所可恨，故言受天之福，澤流後世，以結之。此傳言唯此文王，《毛詩》作維此王季。經涉亂罹，師有異讀，後人因而兩存，不敢追改。今王肅註《毛詩》及《韓詩》亦作唯此文王。鄭註《毛詩》作維此王季。故解比于文王，言王季之德可以比于文王也。劉炫云：此作唯此文王，不可以文王之德，還自比文王，故知比于文王，可以比于上代文德之王也。

心能制義曰度，帝度其心。

疏：心能制義曰度。正義曰：心能制斷時事，使合於義，是爲善揆度也。言預度未來之事皆得中也。

德正應和曰莫，莫然清静。應，應對之應，下如字，又胡臥反。

疏：德正應和曰莫。正義曰：《毛詩》莫作貊。《樂記》引此詩亦作莫。《釋詁》云貉、嗼、安，定也。郭璞云皆静定。《毛傳》云貊，静也。其德既正，爲政清静，故有所施，爲民皆應和，《易·繫辭》曰：君子居其室，出其言善，則千里之外應之。即此義也。莫是清静之意，故杜云莫然清静。

照臨四方曰明，勤施無私曰類，施而無私，物得其所，無失類也。施，式豉反，註及下同。

疏：註施而無私至類也。正義曰：勤行施惠，情無偏私，物皆得所，是無失類也。鄭玄云類，善也。無失類者，不失善之類也。

教誨不倦曰長，教誨長人之道。賞慶刑威曰君，作威作福，君之職也。

疏：賞慶刑威曰君。正義曰：人君執賞罰之柄，以賞慶人，以刑威物，是爲君之道。

慈和偏服曰順，唯順，故天下偏服。偏音遍，註同。

疏：慈和偏服曰順。正義曰：人君執慈心以惠下，用和善以接物，則天下偏服而順從之，故爲順也。《易·繫辭》云：天之所助者，順。故杜云唯順，故天下偏服。

擇善而從之曰比，比方善事，使相從也。經緯天地曰文。經緯相錯，故織成文。

疏：經緯天地曰文。正義曰：《易》稱：聖人先天而天弗違，後天而奉天時。言德能順天，隨天所爲，如經緯相錯，織成文章，故爲文也。

九德不愆，作事無悔，九德，上九曰也。皆無愆過，則動無悔吝。吝，力刃反。故襲天禄，子孫賴之。襲，受也。主之舉也，近文德矣，所及其遠哉。舉魏戊等，勤施無私也。其四人者，擇善而從，故曰近文德，所及遠也。近，附近之近。

疏：註近文德所及遠。正義曰：成鱄引此詩者，唯欲取克類、克比二事，同於文王，故云近文德矣。文王以有此德，故得施于子孫。魏子既近文德，亦將所及遠也。

賈辛將適其縣，見於魏子。魏子曰：辛來，昔叔向適鄭，鬷蔑惡，貌醜。鬷，音子工反。欲觀叔向，從使之收器者，從，隨也。隨使人應斂俎豆者。

疏：從使之收器者。正義曰：下云叔向將飲酒，將欲舉爵而飲；比則飲猶未畢，使者擬收器耳，未即收也。

而往，立於堂下，一言而善。叔向將飲酒，聞之，曰：必鬷明也。素聞其賢，故聞其言而知之。

疏：一言而善。正義曰：舊説云一言者，謂設由上，徹由下。

下，執其手以上，曰：昔賈大夫惡，賈國之大夫。惡亦醜也。上，時掌反，下并註同。取妻而美，三年不言不笑，御以如皋，爲妻御之皋澤。娶，七住反。爲，于僞反。

疏：御以如皋。正義曰：《詩》云：鶴鳴于九皋。是皋爲澤也。如，往也。爲妻御車以往澤也。

射雉，獲之，其妻始笑而言。賈大夫曰：才之不可以已。我不能射，女遂不言不笑夫。今子少不颺，顔貌不揚顯。射雉，食亦反。女音汝，下同。夫音扶。颺音揚。子若無言，吾幾失子矣。言不可以已也如是，遂如故知。今女有力於王室，吾是以舉女。因賈辛有功而後舉之，言人不可無能。幾音祈。

疏：遂如故知。正義曰：遂如故舊相知。

行乎，敬之哉，毋墮乃力。墮，損也。毋音無。墮，許規切。仲尼聞魏子之舉也，以爲義，曰：近不失親，謂舉魏戊。遠不失舉，以賢舉。可謂義矣。又聞其命賈辛也，以爲忠，先賞王室之功，故爲忠。《詩》曰永言配命，自求多福，忠也。《詩·大雅》。永，長也。言能長配天命，致多福者，唯忠。

疏：詩曰至忠也。正義曰：《詩·大雅·文王》之篇也。言王者長自言，我之所爲配上天之命而行之，是自家衆多之福使歸已。此詩之意，言忠則然也。言魏子能忠，必有多福歸之。

魏子之舉也義，其命也忠，其長有後於晉國乎。

《禮記正義》卷一〇《檀弓下》 趙文子與叔譽觀乎九原。叔譽，叔向也，晉羊舌大夫之孫，名。譽音預。向，許亮反。肸，許乙反。文子曰：死者如可作也，吾誰與歸？作，起也。叔譽曰：其陽處父乎？陽處父，襄公之大傅。父音甫，註同。傅音賦。文子曰：行并植於晉國，不没其身，其知不足稱也。并猶專也，謂剛而專已，爲狐射姑所殺。没，終也。植或爲特。行，舊下孟反，皇如字。并，必正反，註同。植，直吏反，又時力反，註同。知音智，射音亦，又音夜。其舅犯乎？文子曰：見利不顧其君，其仁不足稱也。謂久與文公辟難，至將反國，無安君之心，及河授璧，詐請亡，要君以利是也。難，乃旦反。要，一遥反。我則隨武子乎？利其君，不忘其身。謀其身，不遺其友。武子，士會也，食邑於隨、范，字季。晉人謂文子知人。見其所善於前，則知其來所舉。文子其中退然如不勝衣，中，身也。退，柔和貌。《鄉射記》曰：居二寸以爲侯中。退或爲妥。追然音退，本亦作退。勝音升。妥，他果反。其言吶吶然如不出其口。吶吶，舒小貌。吶，如悦反，徐似劣反。所舉於晉國管庫之士七十有餘家，管庫之士，府史以下，官長所置也。舉之於君，以爲大夫、士也。管，鍵也。庫，物所藏。長，丁丈反。鍵，其展反，徐其偃反，籥也。生不交利，廉也。死不屬其子焉。潔也。屬音燭。

《禮記正義》卷四三《雜記下》 孔子曰：管仲遇盜，取二人焉，上以爲公臣，曰：其所與遊，辟也，可人也。言此人可也，但居惡人之中，使之犯法。上，時掌反。辟，匹亦反。管仲死，桓公使爲之服。官於大夫者之爲之服也，自管仲始也，有君命焉爾也。亦記失禮所由也，善桓公不忘賢者之舉。官，猶仕也。此仕於大夫，更升於公，與違大夫之諸侯同爾，禮不反服。

疏：孔子至爾也。正義曰：此二節明大夫之臣雖仕於公，反服大夫之服。孔子論説管仲之事，故云孔子曰。管仲遇盜，取二人焉者，謂管仲逢遇羣盜，於此盜中，簡取二人焉。上以爲公臣者，謂管仲薦上此二人，以爲桓公之臣。曰：其所與遊，辟也，可人也者，此管仲薦此盜人之辭，言此盜人所與交遊是邪辟之人，故犯法爲盜。可人也者，謂其人性行是堪可之人也，可任用之。管仲死，桓公使爲之服者，謂管仲之死，桓公使此二人著服也。宦於大夫者之爲之服也，自管仲始也者，言依禮仕宦於大夫、升爲公臣，不合爲大夫著服。今此二人，是仕宦於大夫、升爲公臣者之爲大夫而著服也。從管仲爲始，言自此以後，升爲公臣，皆服官於大夫之服也。有君命焉爾也者，言此二人，所以爲管仲著服者，有桓公之命使之焉爾。作記之者亦記失禮所由，又記桓公不忘賢者之舉也。

《國語·齊語》 桓公自莒反於齊，使鮑叔爲宰，辭曰：臣，君之庸臣也。君加惠於臣，使不凍餒，則是君之賜也。若必治國家者，則非臣之所能也。若必治國家者，則其管夷吾乎，臣之所不若夷吾者五：寬惠柔民，弗若也；治國家不失其柄，弗若也；忠信可結於百姓，弗若也；制禮義可法於四方，弗若也；執枹鼓立於軍門，使百姓皆加勇焉，弗若也。桓公曰：夫管夷吾射寡人中鉤，是以濱於死。鮑叔對曰：夫爲其君動也。君若宥而反之，夫猶是也。桓公曰：若何？鮑子對曰：請諸魯。桓公曰：施伯，魯君之謀臣也，夫知吾將用之，必不予我矣。若之何？鮑子對曰：使人請諸魯，曰：寡君有不令之臣在君之國，欲以戮之於群臣，故請之。則予我矣。桓公使請諸魯，如鮑叔之言。

莊公以問施伯，施伯對曰：此非欲戮之也，欲用其政也。夫管子，天下之才也，所在之國，則必得志於天下。令彼在齊，則必長爲魯國憂矣。莊公曰：若何？施伯對曰：殺而以其屍授之。莊公將殺管仲，齊使者請曰：寡君欲親以爲戮，若不生得以戮於群臣，猶未得請也。請生之。於是莊公使束縛以予齊使，齊使受之而退。比至，三釁、三浴之。桓公親逆之于郊，而與之坐而問焉。

《國語·魯語上》 晉文公解曹地以分諸侯。僖公使臧文仲往，宿於重館，重館人告曰：晉始伯而欲固諸侯，故解有罪之地以分諸侯。諸侯莫不望分而欲親晉，皆將争先；晉不以固班，亦必親先者，吾子不可以不速行。魯之班長而又先，諸侯其誰望之？若少安，恐無及也。從之，獲地於諸侯爲多。反，既復命，爲之請曰：地之多也，重館人之力也。臣聞之曰：善有章，雖賤賞也；惡有釁，雖貴罰也。今一言而辟境，其章大矣，請賞之。乃出而爵之。

《國語·晉語五》 趙宣子言韓獻子於靈公，以爲司馬。河曲之役，趙孟使人以其乘車幹行，獻子執而戮之。衆咸曰：韓厥必不没矣。其主朝升之，而暮戮其車，其誰安之。宣子召而禮之，曰：吾聞事君者比而不黨。夫周以舉義，比也；舉以其私，黨也。夫軍事無犯，犯而不隱，義也。吾言女於君，懼女不能也。舉而不能，黨孰大焉。事君而黨，吾何以從政？吾故以是觀女。女勉之。苟從是行也。臨長晉國者，非女其誰？皆告諸大夫曰：二三子可以賀我矣。吾舉厥也而中，吾乃今知免於罪矣。

《國語・楚語上》　椒舉娶於申公子牟，子牟有罪而亡，康王以爲椒舉遣之，椒舉奔鄭，將遂奔晉。蔡聲子將如晉，遇之於鄭，饗之以璧侑，曰：子尚良食，二先子其皆相子，尚能事晉君以爲諸侯主。辭曰：非所願也。若得歸骨於楚，死且不朽。聲子曰：子尚良食，吾歸子。椒舉降三拜，納其乘馬，聲子受之。

《韓非子・外儲説左上》　王登爲中牟令，上言於襄主曰：中牟有士曰中章、胥己者，其身甚修，其學甚博，君何不舉之？主曰：子見之，我將爲中大夫。相室諫曰：中大夫，晉重列也，今無功而受，非晉臣之意。君其耳而未之目邪？襄主曰：我取登既耳而目之矣，登之所取又耳而目之，是耳目人絶無已也。王登一日而見二中大夫，予之田宅，中牟之人棄其田耘、賣宅圃，而隨文學者邑之半。

《韓非子・外儲説左下》　中牟無令，晉平公問趙武曰：中牟，三國之股肱，邯鄲之肩髀，寡人欲得其良令也，誰使而可？武曰：邢伯子可。公曰：非子之讎也？曰：私讎不入公門。公又問曰：中府之令誰使而可？曰：臣子可。故曰：外舉不避讎，内舉不避子。趙武所薦四十六人，及武死，各就賓位，其無私德若此也。

《韓非子・外儲説左下》　平公問叔向曰：群臣孰賢？曰：趙武。公曰：子党於師人。曰：武立如不勝衣，言如不出口，然所舉士也數十人，皆得其意，而公家甚賴之，及武子之生也不利於家，死不托於孤，臣敢以爲賢也。

解狐薦其讎於簡主以爲相，其讎以爲且幸釋己也，乃因往拜謝，狐乃引弓送而射之，曰：夫薦汝公也，以汝能當之也。夫讎汝，吾私怨也，不以私怨汝之故擁汝於吾君。故私怨不入公門。

一曰。解狐舉邢伯柳爲上党守，柳往謝之曰：子釋罪，敢不再拜。曰：舉子公也，怨子私也，子往矣，怨子如初也。

《韓非子・外儲説左下》　陽虎去齊走趙，簡主問曰：吾聞子善樹人。虎曰：臣居魯，樹三人，皆爲令尹，及虎抵罪於魯，皆搜索於虎也。臣居齊，薦三人，一人得近王，一人爲縣令，一人爲候吏，及臣得罪，近王者不見臣，縣令者迎臣執縛，候吏者追臣至境上，不及而止。虎不善樹人。主俛而笑曰：夫樹橘柚者，食之則甘，嗅之則香；樹枳棘者，成而刺人；故君子慎所樹。

《吕氏春秋・孝行覽・慎人》　百里奚之未遇時也，亡虢而虜晉，飯牛於秦，傳鬻以五羊之皮。公孫枝得而説之，獻諸繆公，三日，請屬事焉。繆公曰：買之五羊之皮而屬事焉，無乃天下笑乎？公孫枝對曰：信賢而任之，君之明也；讓賢而下之，臣之忠也；君爲明君，臣爲忠臣。彼信賢，境内將服，敵國且畏，夫誰暇笑哉？繆公遂用之。謀無不當，舉必有功，非加賢也。使百里奚雖賢，無得繆公，必無此名矣。今焉知世之無百里奚哉？故人主之欲求士者，不可不務博也。

（漢）孔鮒《孔叢子》卷上《抗志》　子思自齊反衛，衛君館而問曰：衛敬公先生魯國之士、然不以衛之褊小，猶步玉趾而慰存之，願有賜於寡人也。子思曰：臣羈旅於此，而辱君之威尊亟臨蓽門，其榮多矣欲報君以財幣，則君之府藏已盈而伋又貧。欲報君以善言，恐未合君志而徒言不聽也，顧未有可以報君者，唯進賢爾。衛君曰：賢固寡人之所願也，子思曰未審君之願將何以爲君曰必用以治政，子思曰：君弗能也，君曰何故，答曰衛國非無賢才之士，而君未有善政，是賢才不見用故也，君曰雖然，願聞先生所以爲賢者，答曰君將以名取士耶，以實取士耶，君曰必以實，子思曰衛之東境有李音者，賢而有實者也，君曰其父祖何也，答曰世農夫也，衛君乃胡盧大笑，曰寡人不好農，農夫之子無所用之，且世臣之子未悉官之。子思曰：臣稱李音，稱其賢才也，周公大聖，康叔大賢，今魯衛之君未必皆同其祖考，李音父祖雖善農，則音亦未必與之同也，君言世臣之子未悉官之，則臣所謂有賢才而不見用果信矣，臣之問君，固疑君之取士不以實也，今君不問李音之所以爲賢才，而聞其世農夫因笑而不愛，則君取士果信名而不由實者也，衛君屈而無辭。

《戰國策・齊策三・淳于髡一日而見七人於宣王》　淳于髡一日而見

七人於宣王。王曰：子來，寡人聞之，千里而一士，是比肩而立；百世而一聖，若隨踵而至也。今子一朝而見七士，則士不亦衆乎？淳于髡曰：不然。夫鳥同翼者而聚居，獸同足者而俱行。今求柴葫、桔梗於沮澤，則累世不得一焉。及之睪黍、梁父之陰，則郤車而載耳。夫物各有疇，今髡賢者之疇也。王求士於髡，譬若挹水於河，而取火於燧也。髡將復見之，豈特七士也。

《戰國策・楚策三・蘇子謂楚王》 蘇子謂楚王曰：仁人之於民也，愛之以心，事之以善言。孝子之於親也，愛之以心，事之以財。忠臣之於君也，必進賢人以輔之。今王之大臣父兄，好傷賢以爲資，厚賦斂諸臣百姓，使王見疾於民，非忠臣也。大臣播王之過於百姓，多賂諸侯以王之地，是故退王之所愛，亦非忠臣也，是以國危。臣願無聽群臣之相惡也，慎大臣父兄；用民之所善，節身之嗜欲，以百姓。人臣莫難於無妒而進賢。爲主死易，垂沙之事，死者以千數。爲主辱易，自令尹以下，事王者以千數。至於無妒而進賢，未見一人也。故明主之察其臣也，必知其無妒而進賢也。賢之事其主也，亦必無妒而進賢。夫進賢之難者，賢者用且使己廢，貴且使己賤，故人難之。

（漢）韓嬰《韓詩外傳》卷二 楚莊王聽朝罷晏，樊姬下堂而迎之，曰：何罷之晏也，得無飢倦乎？莊王曰：今日聽忠賢之言，不知飢倦也。樊姬曰：王之所謂忠賢者，諸侯之客歟？國中之士歟？莊王曰：則沈令尹也。樊姬掩口而笑。王曰：姬之所笑者何也？姬曰：妾得侍於王，尚湯沐，執巾櫛，振衽席，十有一年矣。然妾未嘗不遣人之梁鄭之間，求美人而進之於王也。與妾同列者十人，賢於妾者二人。妾豈不欲擅王之愛，專王之寵哉？不敢以私願蔽衆美也，欲王之多見，則知人能也。今沈令尹相楚數年矣，未嘗見進賢而退不肖也，又焉得爲忠賢乎？莊王旦朝，以樊姬之言告沈令尹。令尹避席，而進孫叔敖。叔敖治楚三年，而楚國霸。楚史援筆而書之於策曰：楚之霸，樊姬之力也。詩曰：百爾所思，不如我所之。樊姬之謂也。

（漢）韓嬰《韓詩外傳》卷七 昔者，衛大夫史魚病且死，謂其子曰：我數言蘧伯玉之賢而不能進，彌子瑕不肖而不能退。爲人臣，生不能進賢而退不肖，死不當治喪正堂，殯我於室，足矣。衛君問其故，子以父言聞，君造然召蘧伯玉而貴之，而退彌子瑕，從殯於正堂，成禮而後去。生以身諫，死以屍諫，可謂直矣。《詩》曰：靖共爾位，好是正直。

（漢）韓嬰《韓詩外傳》卷七 齊有隱士東郭先生、梁石君，當曹相國爲齊相也。客謂匱生曰：夫東郭先生梁石君，世之賢也，隱於深山，終不詘身下志以求仕者也。吾聞先生得謁曹相國，願先生爲之先。臣里母相善，婦見疑盜肉，其姑去之，恨而告於里母，里母曰：安行，今令姑呼汝。即束蘊請火，去婦之家，曰：吾犬爭肉相殺，請火治之。姑乃直使人追去婦，還之。故里母非談說之士，束蘊請火，非還婦之道也。然物有所感，事有可適，何不爲之先？匱生曰：愚恐不及，然請盡力爲東郭先生、梁石君束蘊請火。於是乃見曹相國，曰：臣之里，有夫死三日而嫁者，有終身不嫁者，則自爲娶，將何娶焉？相國曰：吾亦娶其終身不嫁者耳。匱生曰：齊有隱士東郭先生、梁石君，世之賢士也，隱於深山，終不詘身下志以求仕。相國娶婦，欲娶其不嫁者，取臣獨不取其不仕之臣耶？於是曹相國因匱生束帛安車迎東郭先生、梁石君，厚客之。《詩》曰：既見君子，我心則降。

（漢）韓嬰《韓詩外傳》卷九 魏文侯問於解狐曰：寡人將立西河之守，誰可用者？解狐對曰：荊伯柳者，賢人，殆可。文侯曰：是非子之讎也？對曰：君問可，非問讎也。文侯將以荊伯柳爲西河守。荊伯柳問左右，誰言我於吾君。左右皆曰：解狐。荊伯柳見解狐而謝之曰：子乃寬臣之過也，言於君，謹再拜謝。解狐曰：言子者，公也；怨子者，吾私也。公事已行，怨子如故。張弓射之，走十步而没，可謂勇矣。詩曰：邦之司直。

（漢）韓嬰《韓詩外傳》卷九 傳曰：昔戎將由余使秦，秦繆公問以得失之要，對曰：古有國者未嘗不以恭儉也，失國者未嘗不以驕奢也。由余因論五帝三王之所以衰，及至布衣之所以亡。繆公然之，於是告內史王廖曰：鄰國有聖人，敵國之憂也。由余聖人也，將奈之何？王廖曰：夫戎王居僻陋之地，未嘗見中國之聲色。君其遺之女樂以淫其志，亂其政，其臣下必疎。因爲由余請緩期，使其君臣有間，然後可圖。繆公曰：善。乃使王廖以女樂二列遺戎王，爲由余請期。戎王大悅，許之。於是張酒聽樂，日夜不休，終歲淫縱，牛馬多死。由余歸，數諫不聽，去之秦。

秦繆公迎而拜之上卿。遂幷國十二，辟地千里。

（漢）韓嬰《韓詩外傳》卷一〇　昔者太公望、周公旦受封而見。太公問周公何以治魯，周公曰：尊尊親親。太公曰：魯從此弱矣。周公問太公曰：何以治齊？太公曰：舉賢尚功。周公曰：後世必有劫殺之君矣。後齊日以大，至於霸，二十四世而田氏代之。魯日以削，三十四世而亡。由此觀之，聖人能知微矣。詩曰：惟此聖人，瞻言百里。

（漢）劉向《新序》卷三《雜事》　燕易王時，國大亂，齊閔王興師伐燕，屠燕國，載其寶器而歸。易王死，及燕國復，太子立爲燕王，是爲燕昭王。昭王賢，即位卑身厚幣，以招賢者。謂郭隗曰：齊因孤國之亂，而襲破燕，孤極知燕小力少，不足以報，然得賢士與共國，以雪先王之醜，孤之願也。先生視可者得身事之。隗曰：臣聞古人之君，有以千金求千里馬者，三年不能得，馬已死，買其骨五百金，反以報君。君大怒曰：所求者生馬，安用死馬捐五百金。涓人對曰：死馬且市之五百金，況生馬乎？天下必以王爲能市馬，馬今至矣。於是不期年，千里馬至者二。今王誠欲必致士，請從隗始。隗且見事，況賢於隗者乎？豈遠千里馬哉？於是昭王爲隗築宮而師之。樂毅自魏往，鄒衍自齊往，劇辛自趙往，士爭走燕。燕王吊死問孤，與百姓同甘苦二十八年，燕國殷富，士卒樂軼輕戰。於是遂以樂毅爲上將軍，與秦楚三晋合謀以伐齊。樂毅之筴，得賢之功也。

（漢）劉向《説苑》卷二《至公》　子貢問孔子曰：今之人臣孰爲賢？孔子曰：吾未識也，往者齊有鮑叔，鄭有子皮，賢者也。子貢曰：然則齊無筦仲，鄭無子産乎？子曰：賜，汝徒知其一，不知其二，汝聞進賢爲賢耶？用力爲賢耶？子貢曰：進賢爲賢？子曰：然，吾聞鮑叔之進筦仲也，聞子皮之進子産也，未聞筦仲子産有所進也。

（漢）劉向《説苑》卷二《臣術》　田子方渡西河，造翟黄，翟黄乘軒車，載華蓋黄金之勒，約鎮簟席，如此者其駟八十乘，子方望之以爲人君也，道狹下抵車而待之，翟黄至而睹其子方也，下車而趨，自投下風，曰：觸。田子方曰：子與，吾向者望子疑以爲人君也，子至而人臣也，將何以至此乎？翟黄對曰：此皆君之所以賜臣也，積三十歲故至於此，時以間暇祖之曠野，正逢先生。子方曰：何子賜車轝之厚也？翟黄對曰：昔者西河無守，臣進吴起，而西河之外，寧鄰無令，臣進西門豹；而魏無趙患，酸棗無令，臣進北門可；而魏無齊憂，魏欲攻中山，臣進樂羊而中山拔；魏無使治之臣，臣進李克而魏國大治。是以進此五大夫者，爵禄倍以故至於此。子方曰：可，子勉之矣，魏國之相不去子而之他矣。翟黄對曰：君母弟有公孫季成者，進子夏而君師之，進段幹木而君友之，進先生而君敬之，彼其所進，師也，友也，所敬者也，臣之所進者，皆守職守禄之臣也，何以至魏國相乎？子方曰：吾聞身賢者賢也，能進賢者亦賢也，子之五舉者盡賢，子勉之矣，子終其次也。

（漢）劉向《説苑》卷二《臣術》　齊威王遊於瑶台，成侯卿來奏事，從車羅綺甚衆，王望之謂左右曰：來者何爲者也？左右曰：成侯卿也。王曰：國至貧也，何出之盛也？左右曰：與人者有以責之也，受人者有以易之也。王試問其説，成侯卿至，上謁曰：忌也。王不應。又曰：忌也。王不應。又曰：忌也。王曰：國至貧也，何出之盛也？成侯卿曰：赦其死罪，使臣得言其説。王曰：諾。對曰：忌舉田居子爲西河而秦梁弱，忌舉田解子爲南城，而楚人抱羅綺而朝，忌舉黔涿子爲冥州，而燕人給牲，趙人給盛，忌舉田種首子爲即墨，而於齊足究，忌舉北郭刁勃子爲大士，而九族益親，民益富，舉此數良人者，王枕而臥耳，何患國之貧哉？

（漢）劉向《新序》卷五《雜事》　寧戚欲干齊桓公，窮困無以自進，於是爲商旅，賃車以適齊，暮宿於郭門之外。桓公郊迎客，夜開門，辟賃車者執火甚盛從者甚衆，寧戚飯牛於車下，望桓公而悲，擊牛角，疾商歌。桓公聞之，執其僕之手曰：異哉，此歌者非常人也。命後車載之。桓公反至，從者以請。桓公曰：賜之衣冠，將見之。寧戚見，説桓公以合境內。明日復見，説桓公以爲天下，桓公大説，將任之。群臣爭之曰：客衛人，去齊五百里，不遠，不若使人問之，固賢人也，任之未晚也。桓公曰：不然，問之，恐有小惡，以其小惡，忘人之大美，此人主所以失天下之士也。且人固難全，權用其長者。遂舉大用之，而授之以爲卿。當此舉也，桓公得之矣，所以霸也。

（漢）劉向《説苑》卷八《尊賢》　齊景公問於孔子曰：秦穆公其國小，處僻而霸，何也？對曰：其國小而志大，雖處僻而其政中，其舉果，其謀和，其令不偷；親舉五羖大夫於係縲之中，與之語三日而授之政，以此取之，雖王可也，霸則小矣。

（漢）劉向《説苑》卷一四《至公》 晋文公問於咎犯曰：誰可使爲西河守者？咎犯對曰：虞子羔可也。公曰：非汝之讎也？對曰：君問可爲守者，非問臣之讎也。羔見咎犯而謝之曰：幸赦臣之過，薦之於君，得爲西河守。咎犯曰：薦子者公也，怨子者私也，吾不以私事害公事，子其去矣，顧吾射子也。

（漢）劉向《説苑》卷一四《至公》 楚令尹虞丘子復於莊王曰：臣聞奉公行法，可以得榮，能淺行薄，無望上位，不名仁智，無求顯榮，才之所不著，無當其處。臣爲令尹十年矣，國不加治，獄訟不息，處士不升，淫禍不討，久踐高位，妨群賢路，尸禄素餐，貪欲無猒，臣之罪當稽於理，臣竊選國俊下里之士孫叔敖，秀羸多能，其性無欲，君舉而授之政，則國可使治而士民可使附。莊王曰：子輔寡人，寡人得以長於中國，令行於絶域，遂霸諸侯，非子如何？虞丘子曰：久固禄位者，貪也；不進賢達能者，誣也；不讓以位者，不廉也；不能三者，不忠也。爲人臣不忠，君王又何以爲忠？臣願固辭。莊王從之，賜虞子采地三百，號曰國老，以孫叔敖爲令尹。少焉，虞丘子家干法，孫叔敖執而戮之。虞丘子喜，入見於王曰：臣言孫叔敖果可使持國政，奉國法而不黨，施刑戮而不骫，可謂公平。莊王曰：夫子之賜也已。

（漢）劉向《説苑》卷一四《至公》 趙宣子言韓獻子於晋侯曰：其爲人不黨，治衆不亂，臨死不恐。晋侯以爲中軍尉。河曲之役，趙宣子之車幹行，韓獻子戮其僕，人皆曰：韓獻子必死矣，其主朝昇之，而暮戮其僕，誰能待之。役罷，趙宣子觴大夫，爵三行曰：二三子可以賀我。二三子曰：不知所賀。宣子曰：我言韓厥於君，言之而不當，必受其刑。今吾車失次而戮之僕，可謂不黨矣。是吾言當也。二三子再拜稽首曰：不惟晋國適享之，乃唐叔是賴之，敢不再拜稽首乎？

《史記》卷一《五帝本紀》 〔黄帝〕舉風后、力牧、常先、大鴻以治民。

《史記》卷五《秦本紀》 百里傒亡秦走宛，楚鄙人執之。繆公聞百里傒賢，欲重贖之，恐楚人不與，乃使人謂楚曰：吾媵臣百里傒在焉，請以五羖羊皮贖之。楚人遂許與之。當是時，百里傒年已七十餘。繆公釋其囚，與語國事。謝曰：臣亡國之臣，何足問。繆公曰：虞君不用子，故亡，非子罪也。固問，語三日，繆公大説，授之國政，號曰五羖大夫。百里傒讓曰：臣不及臣友蹇叔，蹇叔賢而世莫知。臣常游困於齊而乞食銍人，蹇叔收臣。臣因而欲事齊君無知，蹇叔止臣，臣得脱齊難，遂之周。周王子穨好牛，臣以養牛干之。及穨欲用臣，蹇叔止臣，臣去，得不誅。事虞君，蹇叔止臣。臣知虞君不用臣，臣誠私利禄爵，且留。再用其言，得脱，一不用，及虞君難：是以知其賢。於是繆公使人厚幣迎蹇叔，以爲上大夫。

《史記》卷四三《趙世家》 烈侯好音，謂相國公仲連曰：寡人有愛，可以貴之乎？公仲曰：富之可，貴之則否。烈侯曰：然。夫鄭歌者槍、石二人，吾賜之田，人萬畝。公仲曰：諾。不與。居一月，烈侯從代來，問歌者田。公仲曰：求，未有可者。有頃，烈侯復問。公仲終不與，乃稱疾不朝。番吾君自代來，謂公仲曰：君實好善，而未知所持。今公仲相趙，於今四年，亦有進士乎？公仲曰：未也。番吾君曰：牛畜、荀欣、徐越皆可。公仲乃進三人。及朝，烈侯復問：歌者田何如？公仲曰：方使擇其善者。牛畜侍烈侯以仁義，約以王道，烈侯逌然。明日，荀欣侍，以選練舉賢，任官使能。明日，徐越侍，以節財儉用，察度功德。所與無不充，君説。烈侯使使謂相國曰：歌者之田且止。官牛畜爲師，荀欣爲中尉，徐越爲内史，賜相國衣二襲。

《史記》卷四四《魏世家》 魏文侯謂李克曰：先生嘗教寡人曰家貧則思良妻，國亂則思良相。今所置非成則璜，二子何如？李克對曰：臣聞之，卑不謀尊，疏不謀戚。臣在闕門之外，不敢當命。文侯曰：先生臨事勿讓。李克曰：君不察故也。居視其所親，富視其所與，達視其所舉，窮視其所不爲，貧視其所不取，五者足以定之矣，何待克哉。文侯曰：先生就舍，寡人之相定矣。李克趨而出，過翟璜之家。翟璜曰：今者聞君召先生而卜相，果誰爲之？李克曰：魏成子爲相矣。翟璜忿然作色曰：以耳目之所覩記，臣何負於魏成子？西河之守，臣之所進也。君内以鄴爲憂，臣進西門豹。君謀欲伐中山，臣進樂羊。中山以拔，無使守之，臣進先生。君之子無傅，臣進屈侯鮒。臣何以負於魏成子。李克曰：

且子之言克於子之君者，豈將比周以求大官哉？君問而置相非成則璜，二子何如？克對曰：君不察故也。居視其所親，富視其所與，達視其所舉，窮視其所不爲，貧視其所不取，五者足以定之矣，何待克哉。是以知魏成子之爲相也。且子安得與魏成子比乎？魏成子以食禄千鍾，什九在外，什一在內，是以東得卜子夏、田子方、段干木。此三人者，君皆師之。子之所進五人者，君皆臣之。子惡得與魏成子比也？翟璜逡巡再拜曰：璜，鄙人也，失對，願卒爲弟子。

《史記》卷四七《孔子世家》 孔子之去魯凡十四歲而反乎魯。魯哀公問政，對曰：政在選臣。季康子問政，曰：舉直錯諸枉，則枉者直。

《史記》卷六二《管晏列傳》 管仲夷吾者，潁上人也。《索隱》：潁，水名。地理志潁水出陽城。漢有潁陽、臨潁二縣，今亦有潁上縣。《正義》韋昭云：夷吾，姬姓之後，管嚴之子敬仲也。少時常與鮑叔牙游，鮑叔知其賢。管仲貧困，常欺鮑叔，《索隱》：《吕氏春秋》：管仲與鮑叔同賈南陽，及分財利，而管仲嘗欺鮑叔，多自取。鮑叔知其有母而貧，不以爲貪也。鮑叔終善遇之，不以爲言。已而鮑叔事齊公子小白，管仲事公子糾。及小白立爲桓公，公子糾死，管仲囚焉。鮑叔遂進管仲。《正義》：《齊世家》云：鮑叔牙曰：君將治齊，則高傒與叔牙足矣。君且欲霸王，非管夷吾不可。夷吾所居國國重，不可失也。於是桓公從之。韋昭云：鮑叔，齊大夫，姒姓之後，鮑叔之子叔牙也。管仲既用，任政於齊，《正義》：《管子》云：相齊以九惠之教，一曰老，二曰慈，三曰孤，四曰疾，五曰獨，六曰病，七曰通，八曰賑，九曰絶也。齊桓公以霸，九合諸侯，一匡天下，管仲之謀也。

管仲曰：吾始困時，嘗與鮑叔賈，正義音古。分財利多自與，鮑叔不以我爲貪，知我貧也。吾嘗爲鮑叔謀事而更窮困，鮑叔不以我爲愚，知時有利不利也。吾嘗三仕三見逐於君，鮑叔不以我爲不肖，知我不遭時也。吾嘗三戰三走，鮑叔不以我怯，知我有老母也。公子糾敗，召忽死之，吾幽囚受辱，鮑叔不以我爲無恥，知我不羞小節而恥功名不顯于天下也。生我者父母，知我者鮑子也。

鮑叔既進管仲，以身下之。子孫世禄於齊，有封邑者十餘世，常爲名大夫。天下不多管仲之賢而多鮑叔能知人也。

《史記》卷六八《商君列傳》 商君者，衛之諸庶孽公子也，名鞅，姓公孫氏，其祖本姬姓也。鞅少好刑名之學，事魏相公叔座爲中庶子。公叔座知其賢，未及進。會座病，魏惠王親往問病，曰：公叔病有如不可諱，將柰社稷何？公叔曰：座之中庶子公孫鞅，年雖少，有奇才，願王舉國而聽之。王嘿然。王且去，座屏人言曰：王即不聽用鞅，必殺之，無令出境。王許諾而去。公叔座召鞅謝曰：今者王問可以爲相者，我言若，王色不許我。我方先君後臣，因謂王即弗用鞅，當殺之。王許我。汝可疾去矣，且見禽。鞅曰：彼王不能用君之言任臣，又安能用君之言殺臣乎？卒不去。惠王既去，而謂左右曰：公叔病甚，悲乎，欲令寡人以國聽公孫鞅也，豈不悖哉。公叔既死，公孫鞅聞秦孝公下令國中求賢者，將修繆公之業，東復侵地，迺遂西入秦，因孝公寵臣景監以求見孝公。孝公既見衛鞅，語事良久，孝公時時睡，弗聽。罷而孝公怒景監曰：子之客妄人耳，安足用邪。景監以讓衛鞅。衛鞅曰：吾説公以帝道，其志不開悟矣。後五日，復求見鞅。鞅復見孝公，益愈，然而未中旨。罷而孝公復讓景監，景監亦讓鞅。鞅曰：吾説公以王道而未入也。請復見鞅。鞅復見孝公，孝公善之而未用也。罷而去。孝公謂景監曰：汝客善，可與語矣。鞅曰：吾説公以霸道，其意欲用之矣。誠復見我，我知之矣。衛鞅復見孝公。公與語，不自知厀之前於席也。語數日不厭。景監曰：子何以中吾君？吾君之驩甚也。鞅曰：吾説君以帝王之道比三代，而君曰：久遠，吾不能待。且賢君者，各及其身顯名天下，安能邑邑待數十百年以成帝王乎？故吾以彊國之術説君，君大説之耳。然亦難以比德於殷周矣。

《史記》卷七九《范雎蔡澤列傳》 魏人鄭安平聞之，乃遂操范雎亡，伏匿，更名姓曰張禄。當此時，秦昭王使謁者王稽於魏。鄭安平詐爲卒，侍王稽。王稽問：魏有賢人可與俱西游者乎？鄭安平曰：臣里中有張禄先生，欲見君，言天下事。其人有仇，不敢晝見。王稽曰：夜與俱來。鄭安平夜與張禄見王稽。語未究，王稽知范雎賢，謂曰：先生待我於三亭之南。與私約而去。

（漢）趙煜《吴越春秋》卷二《闔閭内傳》 孫子者，名武，吴人也，善爲兵法。辟隱深居，世人莫知其能。胥乃明知鑒辯，知孫子可以折衝銷敵，乃一旦與吴王論兵，七薦孫子。吴王曰：子胥托言進士，欲以自納。而召孫子，問以兵法，每陳一篇，王不知口之稱善。

《孔子家語》卷三《賢君》 子貢問於孔子曰：今之人臣，孰爲賢？子曰：吾未識也，往者齊有鮑叔，鄭有子皮，則賢者矣。子貢曰：齊無管仲，鄭無子產。子曰：賜，汝徒知其一，未知其二也。汝聞用力爲賢乎？進賢爲賢乎？子貢曰：進賢賢哉。子曰：然，吾聞鮑叔達管仲，子皮達子產，未聞二子之達賢己之才者也。

考績分部

論　説

（元）吴澄《書纂言》卷一《虞書·堯典》　五載一巡，守羣后四朝。

鄭氏曰：巡守之年，諸侯各朝于方岳，其間四年，則諸侯来朝于京師。蔡氏曰：五載之内，天子巡守者一，諸侯来朝者四。蓋巡守之明年，東方諸侯来朝又明年，南方諸侯来朝又明年，西方諸侯来朝又明年，北方諸侯来朝又明年，則天子復巡守天子諸侯。雖有尊卑而一往一来，禮無不答，是以上下交通而遠近協和也。

（元）吴澄《書纂言》卷一《虞書·堯典》　三載考績，三考黜陟幽明，庶績咸熙。考，核實也。三考，九載也。黜，貶，退也。陟，升，進也。幽謂暗于其事而墮廢所職者，明謂明于其事而脩舉所職者。考績至三，歷年至九，則人之賢否、事之得失畢見，故黜其幽，陟其明，考核精，賞罰當，人人勉力事功，是以庶績咸熙也。帝既咨命羣臣史因述其考績黜陟之法，于後而并及其效如此。且于堯舜二帝在位之事，皆以庶績咸熙四字終之，辭雖簡而所該則大矣。

（明）丘濬《大學衍義補》卷一一《治國平天下之要·正百官·嚴考課之法》　《舜典》三載考績，三考黜陟幽明，庶績咸熙。

蔡沈曰：考，核實也。三考，九載也。九載則人之賢否、事之得失可見，於是陟其明而黜其幽，賞罰明信，人人力於事功，此所以庶績咸熙也。

臣按：此萬世考課之祖。夫三年者，天道一變之節也。至於九年，則三變矣。天道至於三變，則人事定矣。蓋人之立心行事，未必皆有恒也。鋭於前者或退於後，勤於始者或怠於終。今日如此，而明日未必皆如此，此事則然，而他事則未必然。暫則可以眩惑乎人，久則未有不敗露者也。爲政於三年六年不變，固可見其槩矣。安知其後何如哉？必至於九年之久而不變，則終不變矣，於是從而黜陟之。聖人立法緩而詳，詳而盡，真可以爲萬世法也。豈但使一世之庶績咸熙而已哉。萬世用之，而萬世咸熙矣。帝世立此法以來，後世多不能遵用，或以一年爲一考，或以三十月爲一考，或以六期爲斷，或以三年爲斷，未有若我朝本帝世考績之法，以爲一代之法，百世相承者也。

（明）丘濬《大學衍義補》卷一一《治國平天下之要·正百官·嚴考課之法》　《周官》：六年五服一朝，又六年十二年也。王乃時巡，考制度於四岳，諸侯各朝於方岳，大明黜陟。

蔡沈曰：五服，侯甸男采衛也。六年一朝，會京師。十二年，王一巡狩。時巡者，猶舜之四仲巡狩也。考制度者，猶舜之協時月正日，同律度量衡等事也。諸侯各朝方岳者，猶舜之肆覲東后也。大明黜陟者，猶舜之黜陟幽明也。疏數異時，繁簡異制，帝王之治，因時損益者，可見矣。

臣按：今制，三年，方面及府州縣官一朝覲，即此六年五服一朝之制也。但周有巡狩之制，而諸侯朝以六年，而今則三年一朝耳。來朝之臣各以其所治須知之事造册，以獻於朝廷，是考制度之餘意也。政績舉者，有賞擢之典，否則廢黜焉。是亦大明黜陟也。斯制也，一見於《虞書》，後千載餘，復見於《周官》。周至於今日，幾三千年矣，僅再見焉。漢唐宋皆無之，嗚呼，此聖祖制治保邦，所以卓冠乎百王也歟。

《周禮·太宰》：歲終則令百官府各正其治，受其會，大計也。聽其致事，聽其事來至者之功狀。而詔王奏白於王。廢置，有功者置之，進其爵，無功者廢之，退其爵。三歲則大計羣吏之治，而誅賞之。

臣按：《周禮》月終則有月要，旬終則有日成，則是日月皆有考也。至於一歲之終，則有歲會，則是一歲有考也。於是歲終大計，則聽其所致之事，詔王行廢置之法。然猶各計其所治之當廢當置者，而未行誅賞也。至於三年之久，則大計羣吏之治，相與比較，而行誅賞之法焉。其考以日也，宰夫受之，考以月也，小宰受之。考以歲也，大宰受之。每歲而詔于王，至於三歲，則誅其幽而賞其明。此三代盛時考核嚴而會計當。上下相維，體統不紊也，其以此歟。

小司徒，歲終則考其屬官之治成，治事之計。而誅賞。令群吏正要，會而致事。

小司冦，歲終乃命其屬入會，會計之狀。乃致事。謂致事與王。

臣按：先儒謂成周六卿，先考其屬官，而後倡牧伯。牧伯從而考諸侯。考課既備，然後上之天子。故周官六卿，每歲則詔王計羣吏之治，而誅賞之。西漢課郡國守相，而丞相九卿則雜考郡國之計書。至天子則受丞相之要。漢去古未遠，故猶有古意。今制，內外諸司各自考其官屬，然後達於吏部，吏部定其殿最，聞於朝廷，以行黜陟，亦是此意。

綜　述

（唐）杜佑《通典》卷五四《禮・沿革・吉禮・巡狩》　唐虞天子五載一巡狩。晏子對齊景公曰：天子適諸侯曰巡狩。《白虎通》曰：巡者，循也。狩者，牧也。爲天下循行守牧民也。道德太平，恐遠近不同化，幽隱有不得所者，故親行之。行禮謹敬，重人之至也。鄭玄云：諸侯爲天子守土，時一巡省之。《書》曰五載一巡狩。所以必五年者，因天道時有所生，歲有所成，三歲一閏，天道小備，五歲再閏，天道大備也。歲二月，東巡狩，至於岱宗，柴，岱宗，東嶽也。特謂太山爲岱宗者，以其處東北，居寅丑之間，萬物終始之地，陰陽交代之所，爲衆山之宗，故云岱宗也。望秩於山川。張守節云：乃以秩望祭東方諸侯境內名山大川也。言秩者，五嶽視三公，四瀆視諸侯也。群后四朝，孔安國曰：各會朝於方岳之下，凡四處，故曰四朝也。堯舜同道，舜攝則然，堯又可知也。肆覲東后，遂見東方之諸侯。協時月正日，同律度量衡，時，四時也。月，十二月也。日，三百六十日也。律，法制也。度，丈尺也。量，斗斛也。衡，斤兩也。鄭玄曰：協正四時之月數日名，備其失誤。其節氣晦朔，恐諸侯有不同，故因巡狩而合正之。修五禮吉、凶、賓、軍、嘉禮。五玉五等諸侯之瑞也。執之曰瑞，陳列之曰玉。三帛二生一死贄。三帛，纁、玄、黄，三孤所執也。二生，羔，雁，卿大夫所執也。一死者，雉，士所執爲禮焉。五月，巡狩至南嶽；衡山也。八月，巡狩至西嶽；華山也。十一月，巡狩至北嶽：恒山也。皆如岱宗之禮。《白虎通》曰：二月、八月，晝夜分；五月、十一月，陰陽終也。歸，格于藝祖，用特。孔安國曰：巡狩四嶽，然後歸，告至文祖之廟。藝，文也。言祖則考著。特，一牛也。鄭玄注《尚書》云：每歸用特者，明每一嶽即歸也。如《尚書》、《王制》之文，所以不一嶽之後而云歸者，因明四嶽禮同，使其文相次，是以終巡狩之後乃始云歸耳。

（宋）王應麟《玉海》卷一〇八《選舉・考課・舜三載考績》　《舜典》：三載考績，三考黜陟幽明。孔氏《傳》三年有成，故以考功。益、稷、臯陶方祇厥叙。注：臯陶敬行其九德考績之次序於四方。

《尚書正義》卷一七《周書・立政》　三有宅考績法。

（唐）杜佑《通典》卷五四《禮・沿革・吉禮・巡狩》　夏后氏因之。王肅云：天子五年一巡狩。鄭玄云：五年者，虞夏之制也。

（漢）趙煜《吴越春秋》卷四《越王無余外傳第六》　三載考功，五年政定。

《周禮注疏》卷二《天官冢宰・大宰》　大宰之職：以八法治官府：一曰官屬，以舉邦治。二曰官職，以辨邦治。三曰官聯，以會官治。四曰官常，以聽官治。五曰官成，以經邦治。六曰官法，以正邦治。七曰官刑，以糾邦治。八曰官計，以弊邦治。【略】

小宰之職：以聽官府之六計弊群吏之治：一曰廉善，二曰廉能，三曰廉敬，四曰廉正，五曰廉法，六曰廉辨。

《尚書正義》卷一八《周書・周官》　六年，五服一朝。五服，侯、甸、男、采、衛。六年一朝會京師。又六年，王乃時巡，考制度于四岳。周制十二年一巡守，春東、夏南、秋西、冬北，故曰時巡。考正制度禮法于四岳之下，如虞帝巡守然。諸侯各朝于方岳，大明黜陟。覲四方諸侯，各朝于方岳之下，大明考績黜陟之法。

疏：六年至黜陟。正義曰：此篇説六卿職掌，皆與《周禮》符同，則六年，五服一朝亦應是《周禮》之法，而《周禮》無此法也。《周禮・大行人》云：侯服歲一見，其貢祀物。甸服二歲一見，其貢嬪物。男服三歲一見，其貢器物。采服四歲一見，其貢服物。衛服五歲一見，其貢材物。要服六歲一見，其貢貨物。先儒説《周禮》者，皆云見謂來朝也。必如所言，則周之諸侯各以服數來朝，無六年一朝之事。昭十三年《左傳》叔向云：明王之制，使諸侯歲聘以志業，間朝以講禮，再朝而會以示威，再會而盟以顯昭明。自古已來，未之或失也。存亡之道，恒由是興。説《左傳》者以爲三年一朝、六年一會、十二年而盟，事與《周禮》不同。謂之前代明王之法，先儒未嘗措意，不知異之所由。計彼六年一會，與此六年，五服一朝事相當也。再會而盟，與此十二年王乃時巡，諸侯各朝於方岳亦相當也。叔向盛陳此法，以懼齊人使盟，若周無此禮，叔向妄説，齊人當以辭拒之，何所畏懼而敬以從命乎？且云自古以來，未之或失，則當時猶尚行之，不得爲前代之法，脅當時之人明矣。明周有此法，《禮》文不具爾。《大行人》所云，見者皆言貢物，或可因貢而見，何必見者皆是君自朝乎？遣使貢物亦應可矣。《大宗伯》云：時見曰會，殷見曰同。時見、殷見不云年限，時見曰會何必不是再朝而會乎？殷見曰同何必不是再會而盟乎？周公制禮若無此法，豈成王謬言，叔向妄説也？計六年大集，應六服俱來，而此文惟言五服。孔以五服爲侯、甸、男、采、衛，蓋以要服路遠，外逼四夷，不必常能及期，故寬言之而不數也。傳周制至守然。正義曰：《周禮・大行人》云十有二歲王巡守殷國，是周制十二年一巡守也。如《舜典》所云春東、夏南、秋西、冬北以四時巡行，故曰時巡。考正制度禮法于四岳之下，如虞帝巡守，然據《舜典》，同律度量衡已下皆是也。

《周禮注疏》卷二《天官冢宰・大宰》 以八灋治官府：一曰官屬，以舉邦治；二曰官職，以辨邦治；三曰官聯，以會官治；四曰官常，以聽官治；五曰官成，以經邦治；六曰官灋，以正邦治；七曰官刑，以糾邦治；八曰官計，以弊邦治。百官所居曰府。弊，斷也。鄭司農云：官屬謂六官，其屬各六十。若今博士、大史、大宰、大祝、大樂屬大常也。《小宰》職曰：以官府之六屬舉邦治，一曰天官，其屬六十是也。官職謂六官之職，《小宰》職曰：以官府之六職辨邦治，一曰治職，二曰教職，三曰禮職，四曰政職，五曰刑職，六曰事職，官聯謂國有大事，一官不能獨共，則六官共舉之。聯，讀爲連，古書連作聯。聯謂連事通職，相佐助也。《小宰》職曰：以官府之六聯合邦治，一曰祭祀之聯事，二曰賓客之聯事，三曰喪荒之聯事，四曰軍旅之聯事，五曰田役之聯事，六曰斂弛之聯事。官常謂各自領其官之常職，非連事通職所共也。官成謂官府之成事品式也。《小宰》職曰：以官府之八成經邦治，一曰聽政役以比居，二曰聽師田以簡稽，三曰聽閭里以版圖，四曰聽稱責以傅別，五曰聽禄位以禮命，六曰聽取予以書契，七曰聽賣買以質劑，八曰聽出入以要會。官法謂職所主之法度，官職主祭祀、朝覲、會同、賓客者，則皆自有其法度。《小宰》職曰：以灋掌祭祀、朝覲、會同、賓客之戒具。官刑謂司刑所掌墨辠、劓辠、宮辠、刖辠、殺辠也。官計謂三年則大計羣吏之治而誅賞之。玄謂官刑，《司寇》之職五刑，其四曰官刑，上能糾職。官計謂《小宰》之六計，所以斷羣吏之治。灋，古法字。聯，音連。弊，必世反，鄭蒲計反，徐、劉府世反。斷，丁亂反，下同。弛，尹氏反。比，毗志反，鄭，房利反。稽，古奚反，鄭又音啓。版，音板。傅，別音附，下彼列反。契，苦計反。劑，子隨反。《爾雅》云：劑，翦齊也。要，於妙反，徐於召反，後不音者放此。朝，直遥反。凡言朝覲皆同。辠，古罪字。劓，魚冀反。刖，音月，又五刮反。

疏：以八至邦治。釋曰：此八灋雖不云建，亦有建義，故鄭注《大史》職云六典八灋八則，冢宰所建，以治百官，大史又建焉是也。上六典云治邦國，此八灋云治官府。官府，在朝廷之官府也。一曰官屬，以舉邦治，以下皆單言邦，據王國而言之。言官屬者，謂六官各有六十官之屬也。長官有屬官，官事得舉，故云以舉邦治。二曰官職，以辨邦治者，謂六官各有職，若天官治職之等，官各有職。辨，別也，官事有分別，故云以辨邦治也。三曰官聯，以會官治者，聯即連也。一官不能獨共，則衆官共舉之，然後事得合會，故云以會官治。四曰官常，以聽官治者，官常非連事通職，各自於當官常職而聽治之，故云以聽官治也。五曰官成，以經邦治者，官成者，謂官自有成事品式，依舊行之，以經紀邦治也。六曰官法，以正邦治者，官法謂當職所主舊灋度，將此灋度，是正邦之治政也。七曰官刑，以糾邦治者，言官刑非尋常五刑，謂官中之刑，以糾察邦治。八曰官計，以弊邦治者，官計謂平治官府之計也。弊，斷也，謂就計會之中有失者斷之，故云弊邦治也。此八灋皆云邦治，官常、官聯二者不云邦而云官者，其官聯言官，欲取會合衆官，乃始得治；官常言官，欲取官有常職，各自治其官。故二者不言邦而云官也。及小宰還從治。注百官至之治。釋曰：言百官所居曰府者，欲以官府爲一事，解與上府史之府別，彼府主藏文書，此府是百官所居處，皆是府聚之義也。鄭司農引官屬謂六官其屬各六十，下引《小宰》所云者是也。云若今博士云云，屬大常也者，司農據《漢百官年表》，漢始，叔孫通爲奉常，後改爲大常博士。官刑，先鄭謂司刑所掌墨辠、劓辠、官辠、刖辠、殺辠，此是正五刑，施于天下，非爲官中之刑，故後鄭不從之也。官計謂三年大計羣吏之治而誅賞者，此爲三年一考乃一計之，此官計每歲計之，故後鄭亦不從之。玄謂官刑，《司寇》之職五刑，其四曰官刑，上能糾職，是專施于官府之中，於義爲當也。官計謂小宰之六計，所以斷羣吏之治，羣吏之治即是官中之計，於義亦當矣，故引破司農也。【略】

三歲，則大計羣吏之治，而誅賞之。事夕則聽之：大無功，不徒廢，必罪之；大有功，不徒置，必賞之。鄭司農云：三載考績。

疏：三歲至賞之。釋曰：三年一閏，天道小成，則大計會百官羣吏之治功文書。上計當年，已有廢成。今三年上大計，大無功，不徒廢，更加罪；大有功，不徒置，更加賞也。注鄭司至考績。釋曰：此《尚書·舜典》文。彼云三載考績，黜陟幽明。彼三年一考，與此同，故引證三歲大計也。

《周禮注疏》卷三《天官冢宰·小宰》　以聽官府之六計，弊羣吏之治：一曰廉善，二曰廉能，三曰廉敬，四曰廉正，五曰廉灋，六曰廉辨。聽，平治也。平治官府之計有六事。弊，斷也。既斷以六事，又以廉爲本。善，善其事，有辭譽也。能，政令行也。敬，不解于位也。正，行無傾邪也。法，守法不失也。辨，辨然不疑惑也。杜子春云：廉辨或爲廉端。弊，必世反。治也，如字，下文治其弛舍同。斷，丁亂反，下同。解，佳賣反。邪，似嗟反。

疏：以聽至廉辨。釋曰：言六計弊羣吏之治者，六計謂善、能、敬、正、法、辨，六者不同，既以廉爲本，又計其功過多少而聽斷之，故云六計弊羣吏之治也。注聽平至廉端。釋曰：云皆以廉爲本者，此經六事，皆先言廉，後言善、能之等，故知將廉爲本。廉者，絜不濫濁也。云善，善其事，有辭譽也者，謂有善事，四方令聞辭譽也。云能政令行也者，謂雖無辭譽，所行政令得行也。云敬不解于位也者，謂敬其職位，恪居官次也。云正行無傾邪也者，以其行正直言，公正無私也。云法，守法不失也者，謂依法而行，無有錯失也。云辨，辨然不疑惑也者，謂其人辨然於事分明，無有疑惑之事也。杜子春云廉辨或爲廉端者，經本或爲廉端，後鄭不從者，若爲端，端亦正，與廉正爲重，故不從。引之在下者，不苟違之，亦得爲一義故也。

《周禮注疏》卷一一《地官司徒·小司徒》　歲終，則攷其屬官之治成而誅賞，治成，治事之計。治，直吏反，注治成反下文同。

疏：歲終至誅賞。釋曰：歲終者，謂周之歲終，建亥之月。則考其屬官之治成者，屬官謂教官六十。成謂計簿。正所治計會文書，而誅賞者，據其考狀，有罪則誅責之，有功則賞之。注治成治事之計。釋曰：知治成是治事之計者，案《宰夫》職歲計言會，月計言要，日計言成，故知此成是治事之計也。

令羣吏正要會而致事。

疏：釋曰：云令羣吏正要會者，羣吏謂當職六十官。此亦是歲終之時正要會而致事者。上經成據日小成之計，此言要會，謂是月計、歲計揔爲簿書，而致其事之功狀，以待考也。【略】

及大比六鄉四郊之吏，平教治，正政事，攷夫屋及其衆寡、六畜、兵器，以待政令。四郊之吏，吏在四郊之内主民事者。夫三爲屋，屋三爲井，出地貢者三三相任。

疏：及大至政令。釋曰：言及大比者，亦是三年大校比户口。云六鄉四郊之吏者，謂是六鄉之内，比長、閭胥已上，布列在於四郊。云平教治者，以其三年大比之時，大黜陟之禮，故斷其教治文書。正政事者，復須正直其政事公狀。考夫屋者，考練其三夫爲屋，出地貢之時以相保任，不得隱誤。及其衆寡者，謂人民多少。六畜兵器者，謂民之資生及征伐之器。以待政令者，以待國家政令，所須則供之也。注四郊至相任。釋曰：四郊之吏，吏在四郊之内主民事者，遠郊之外爲六遂，内爲六鄉。六鄉之民非直在城中，亦在四郊，故比長、閭胥六鄉之吏等布在四郊之吏，主民事者也。云三夫爲屋，屋三爲井者，鄉遂之吏既不爲井田，而爲溝洫之法，今云夫三爲屋、屋三爲井者，以其溝洫雖爲貢，出貢之時，亦三三相保任以出穀税，故鄭云出地貢者三三相任也。一井之内九夫，三夫爲屋，是一屋三夫，自相保任，故云三三相任，據一井而言也。似一井田之法亦八家勸一夫，税入於公，相保任以出穀者也。

《周禮注疏》卷一一《地官司徒·鄉師》　歲終，則攷六鄉之治，以詔廢置。

疏：釋曰：云歲終者，謂周之季冬。云則攷六鄉之治者，謂鄉師責其治政文書，考其功過。云以詔廢置者，有功則置之，有過則廢之，詔告也。告王與冢宰廢置之。

《周禮注疏》卷一二《地官司徒·鄉大夫》　三年則大比，攷其德行、道藝，而興賢者、能者，鄉老及鄉大夫帥其吏與其衆寡，以禮禮賓之。賢者，有德行者。能者，有道藝者。衆寡，謂鄉人之善者無多少也。鄭司農云：興賢者，謂若今舉孝廉。興能者，謂若今舉茂才。賓，敬也，敬所舉賢者、能者。玄謂變舉言興者，謂合衆而尊寵之，以鄉飲酒之禮，禮而賓之。

疏：三年至賓之。釋曰：三年一閏，天道小成，則大案比當鄉之内。云考其德行道藝者，德行謂六德六行，道藝謂六藝。云而興賢者，則德行之人也。能者則道藝之人也。云鄉老及鄉大夫帥其吏者，謂州長以下。云與其衆寡者，謂鄉中有賢者，皆集在庠學。云以禮禮賓之者，以，用也。用鄉飲酒之禮，以禮賢者、能者，賓客之舉。注賢者至賓之。釋曰：云賢者有德行者，欲見賢與德行爲一，在身爲德，施之爲行，内外兼備即爲賢者也。云能者有道藝者，鄭亦見道藝與能爲一。上注云能者，政令行，以其身有道藝，則政教可行是能者也。云衆寡，謂鄉人之善者無多少也者，案《鄉飲酒》，堂上堂下皆有衆賓，不言其數，此經衆寡兩言，無問多少，皆來觀禮，故云無多少也。鄭司農云若今舉孝廉及茂才者，孝悌、廉絜，人之德行，故以孝廉況賢者。茂才則秀才也，才，人之技藝，故以況能者也。玄謂變舉言興者，案《禮記·文王世子》云：或以事舉，或以言揚。故今責人皆稱舉，今變舉言興。云謂合衆而尊寵之者，合衆即此經云鄉老及鄉大夫已下是也。云鄉飲酒之禮者，則《儀禮》篇飲酒賓舉之法是也。【略】

歲終，則令六鄉之吏皆會政致事。會，計也。致事，言其歲盡文書。

疏：年終至致事。釋曰：年終將考其得失，則令六鄉之吏州長之官，皆計會教政之功狀，致其所掌之事於鄉大夫。鄉大夫以下，致與大司農，然後考之。

正歲，令羣吏攷灋于司徒以退，各憲之於其所治之國。

疏：釋曰：正歲，建寅之月，鄉大夫令州長已下羣吏，令使考法於司徒，正謂受而考量行之，故云以退，各憲之於其所治。憲者，表縣之也。【略】

歲終，則會政致事。

《周禮注疏》卷一二《地官司徒·州長》 三年大比，則大攷州里，以贊鄉大夫廢興。廢興，所廢退、所興進也。鄭司農云：贊，助也。

疏：三年至廢興。釋曰：州長至三年大案比之日則大考州里者，謂年年考詁，至三年則大考之。言大者，時有黜陟廢興故也。

《周禮注疏》卷一三《地官司徒·縣師》 縣師，掌邦國、都鄙、稍甸、郊里之地域，而辨其夫家、人民、田萊之數，及其六畜、車輦之稽。三年大比，則以攷羣吏，而以詔廢置。郊里，郊所居也。自邦國以及四郊之内，是所主數周天下也。萊，休不耕者。郊内謂之易，郊外謂之萊，善言近。比，毗志反，後放此。

疏：縣師至廢置。釋曰：云掌邦國，據畿外諸侯言。都鄙，據畿内五百里、四百里大都小都言。稍，據三百里家邑言。甸，據二百里六遂言。郊里，據從遠郊至國中六鄉之民也，從外向内而説之。言地域者，從邦國至六鄉，各有地域廣狹。云而辨其夫家人民田萊之數者，夫家猶言男女，人民謂奴婢，田萊見田及荒不耕者之萊。其數皆知，故云之數也。云及其六畜車輦之稽者，六畜，馬牛羊豕犬雞。車，所以駕馬，輦，人挽行之。稽，計也，謂所計之數皆知之。云三年大比，則以攷羣吏而以詔廢置者，古者亦三年一大案且户口，則考校主民之羣吏，校其功過，以詔告在上。有功者置之以進爵位，有過者廢退之。注郊里至言近。釋曰：云郊里，郊所居也者，謂六鄉之民，布在國中，外至遠郊，故有居在郊者也。案《遺人》云鄉里之委積，又云郊里之委積。彼云鄉里據國中，云郊里據在郊，與此同也。必知鄉民有居在郊者，見《比長》云：徙于國中及郊，則從而授之。若徙于他，則爲之旌節而行之。國中及郊不云他，明郊與國中同是鄉民也。云自邦國以及四郊之内是所主數者，其義若《閭師》耳。云周天下也者，邦國則六服，四郊則兼國中，故云周徧天下也。云萊，休不耕者，《詩》云田卒汙萊，注云：下者汙，高者萊。是萊謂草萊之萊，若上地萊五十畮之類也。云郊内謂之易，郊外謂之萊，善言近者，郊外言萊，即此經田萊，據郊而言，《遂人》亦云萊五十畮百畮之類，是萊爲草萊穢汙之稱也。郊内謂之易，無文。案《大司徒》云凡造都鄙，制其地域，云上地不易、中地一易、下地再易，司徒主六鄉，則六鄉之地從易可知。不言萊直言易者，善言近也。

《周禮注疏》卷一五《地官司徒·遂大夫》 三歲大比，則帥其吏而興甿，明其有功者，屬其地治者。興甿，舉民賢者、能者，如六鄉之爲也。興猶舉也，屬，猶聚也。又因舉吏治有功者，而聚勑其餘以職事。比，毗志反，下徵比及注同。屬，音燭，聚也，注同。治，直吏反。

疏：三歲至治者。釋曰：云三歲大比已下，若鄉大夫三歲大比興賢者能者，其義同，變之耳。云帥其吏者，則遂大夫已下，縣正至鄰長。注興甿至職事。釋曰：云興甿，舉民賢者能者，如六鄉之爲也者，此文不具，故鄭就鄉大夫解之。彼以鄉飲酒興賢能者，厥明，獻賢能之書於王，王拜而受之，登於天府，内史貳之。此職亦然也。云興猶舉也，屬猶聚也者，謂當興舉之時，因舉治民之吏，鄰長以上吏之有功者而升之。又聚其地治鄰長以上，勑之以職事，使之不慢也。

《禮記正義》卷一一《王制》　諸侯之於天子也，比年一小聘，三年一大聘，五年一朝。比年，每歲也。小聘使大夫，大聘使卿，朝則君自行。然此大聘與朝，晋文霸時所制也。虞夏之制，諸侯歲朝。周之制，侯、甸、男、采、衛、要服六者，各以其服數來朝。一朝，直遥反。數，色角反，又所具反。天子五年一巡守。天子以海内爲家，時一巡省之。五年者，虞、夏之制也。周則十二歲一巡守。守，手又反，本又作狩，後巡守皆同。省，色景反。

疏：諸侯至一朝。正義曰：此一經論諸侯遣卿大夫聘問及自親朝之事。注小聘至來朝。正義曰：知小聘使大夫者，按《聘禮記》云小聘曰問，三介，大聘使卿，爲介有五人，其小聘唯三介，故知小聘使大夫。云此大聘與朝，晋文霸時所制也者，按昭三年《左傳》，鄭子大叔曰文、襄之霸也，其務不煩諸侯，令諸侯三歲而聘，五歲而朝，故云晋文霸時所制。而晋文霸時，亦應有比年大夫之聘，但子大叔畧而不言，此亦據傳文，直云大聘與朝，不云比年小聘。按《左傳》文三年，聘，五年朝，則諸侯相朝之法，今此經文云諸侯之於天子，三年一大聘，五年一朝，則文、襄之制，諸侯朝天子，與自相朝同也。如鄭此注，唯據文、襄，故鄭云此晋文霸時所制。又鄭《駁異義》云：《公羊》説比年一小聘，三年一大聘，五年一朝，以爲文、襄之制。録《王制》者，記文、襄之制耳，非虞夏及殷法也。熊氏或以此爲虞夏法，或以爲殷法，文義雜亂，不復相當，曲爲解説，其義非也。云虞夏之制，諸侯歲朝者，按《尚書·堯典》云五載一巡守，羣后四朝，鄭注云巡守之年，諸侯朝於方岳之下，其間四年，四方諸侯分來朝於京師，歲徧是也。按《孝經》注諸侯五年一朝天子，天子亦五年一巡守。熊氏以爲虞、夏制法，諸侯歲朝，分爲四部，四年又徧，摠是五年一朝，天子乃巡守，故云諸侯五年一朝天子，天子亦五年一巡守。按鄭注《尚書》，四方諸侯分來朝於京師，歲徧，則非五年乃偏。又《孝經》之注，多與鄭義乖違，儒者疑非鄭注，今所不取，熊氏之説非也。虞夏之制，但有歲朝之文，其諸侯自相朝聘及天子之事則無文，不可知也。鄭此注虞夏之制，即云周之制，不云殷者，虞夏及周，經有明文，故指而言之，殷則經籍不見，故不言也。按《春秋》文十五年《左傳》云：諸侯五年再相朝，以脩王命，古之制也。按《鄭志》孫皓問云：諸侯五年再相朝，不知所合典禮。鄭答云：古者據時而道前代之言，唐虞之禮，五載一巡守。夏、殷之時，天子蓋六年一巡守，諸侯間而朝天子。其不朝者朝罷朝，五年再朝，似如此制，禮典不可得而詳。如《鄭志》之言，則夏、殷天子六年一巡守，其間諸侯分爲五部，每年一部來朝天子，朝罷還國，其不朝者朝罷朝諸侯，至後年不朝者，往朝天子而還，前年朝者，今既不朝，又朝罷朝諸侯，是再相朝也，故鄭云朝罷朝也。如鄭之意，此爲夏、殷之禮。而鄭又云虞、夏之制，諸侯歲朝，以夏與虞同，與《鄭志》乖者，以羣后四朝，文在《堯典》。《堯典》是虞、夏之書，故連言夏，其實虞也。故《鄭志》云：唐虞之禮，五載一巡守。今知諸侯歲朝，唯指唐虞也。其夏、殷朝天子，及自相朝，其禮則然，其聘天子及自相聘，則無文也。云周之制以下，《周禮·大行人》文。故《大行人》云：侯服歲壹見，甸服二歲壹見，男服三歲壹見，采服四歲壹見，衛服五歲壹見，要服六歲壹見。是六者各以其服數來朝，皆當方分爲四部，分隨四時而來。鄭注《大行人》云朝貢之歲，四方各四分，趨四時而來，是方别各爲四分也。近東者朝春，近南者宗夏，近西者覲秋，近北者遇冬，故韓侯是北方諸侯而近於西，故稱韓侯入覲。鄭云秋見天子曰覲。又鄭注《明堂位》云：魯在東方，朝必以春，魯於東方，近東故也。以此言之，則侯服朝者，東方以秋，南方以冬，西方以春，北方以夏，以其近京師，舉此一隅，自外可知悉。按《大宗伯》云春見曰朝，注云朝猶朝也，欲其來之早；夏見曰宗，注云宗，尊也，欲其尊王；秋見曰覲，注云覲之言勤也，欲其勤王之事；冬見曰遇，注云遇，偶也，欲其若不期而俱至；時見曰會，注云時見者，言無常期，諸侯有不順服者，王將有征討之事，即《春秋左傳》云有事而會也；殷見曰同，注云殷，衆也，十二歲王如不巡守，則六服盡朝，四方四時分來，歲終則偏。每當一時一方摠來，不四分也。此六者諸侯朝王之禮。又諸侯有聘問王之禮，故《宗伯》云時聘曰問，注云時聘者，亦無常期，天子有事乃聘之焉；殷覜曰視，注云殷覜，謂一服朝之歲，以朝者少，諸侯乃使卿以大禮衆聘焉。一服朝在元年、七年、十一年。其諸侯自相朝，則《大行人》云凡諸侯之邦交，歲相問也，殷相聘也，世相朝也，注云小聘曰問。殷，中也。久無事，又於殷朝者，及而相聘也。父死子立曰世。凡君即位，大國朝焉，小國聘焉。鄭知久無事而相聘者，按昭九年《左傳》稱孟僖子如齊，殷聘禮也。知凡君即位，大國朝焉，小國聘焉者，以襄元年邾子來朝，衛子叔晋知武子來聘，《左傳》云凡諸侯即位，小國朝之，大國聘焉。邾是小國，故稱朝。衛晋是大國，故稱聘。若俱是敵國，亦得來聘朝，故《司儀》云諸侯相爲賓是也。若已初即位，亦朝聘大國，故文公元年公孫敖如齊，《左傳》云凡君即位，卿出並聘。若已是小國，則往朝大國，故文十一年曹伯來朝，《左傳》云即位而來見也。其天子亦有使大夫聘諸侯之禮，故《大行人》云間問以諭諸侯之志，歲徧存，三歲徧覜，五歲徧省，間年一聘，以至十一歲。按昭十三年《左傳》云：歲聘以志業，間朝以講禮，再朝而會以示威，再會而盟以顯昭明。賈逵、服虔皆以爲朝天子之法，崔氏以爲朝霸主之法，鄭康成以爲不知何代之禮，故《異義》云：《公羊》説諸侯比年一小聘，三年一大聘，五年一朝天子。《左氏》説十二年之間八聘、四朝、再會、一盟。許慎謹按：《公羊》説，虞、夏制。左氏説，周禮。傳曰三代不同物，明古今異説。鄭駁之云：三年聘，五年朝，文、襄之霸制。《周禮·大行人》諸侯各以服數來朝，其諸侯歲聘間朝之屬，説無所出。晋文公强盛諸侯耳，非所謂三代異物也。是鄭以歲聘間聘朝，文無所出，不用其義也。言晋文公但强盛諸侯耳，何能制禮？而云三代異物乎？是難許慎之辭也。《異義》：朝名，《公羊》説諸侯四時見天子，及相聘皆曰朝。以朝時行禮，卒而相逢於路曰遇。《古周禮》説春曰朝，夏曰宗，秋曰覲，冬曰遇。許慎按：《禮》有覲經，《詩》曰：韓侯入覲。《書》曰：江漢朝宗于海。知有朝覲宗遇之禮。從《周禮》説。鄭駁之云：此皆有似不爲古昔。按《覲禮》曰：諸侯前朝，皆受舍于朝。朝通名。如鄭此言，《公羊》言其摠號，《周禮》指其别名。《異義》：天子聘諸侯。《公羊》説天子無下聘義。《周禮》説間問以諭諸侯之志。許慎謹按：禮，臣疾，君親問之。天子有下聘之義。從《周禮》説。鄭無駁，與許慎同也。注五年至巡守。正義曰：知五年是虞、夏之制者，《堯典》云五載一巡守，此正謂虞也。以虞、夏同科，連言夏耳。若夏與殷，依《鄭志》，當六年一巡守也。云周則十二歲一巡守者，《大行人》云十有二歲，王巡守殷國，故知周制十二年也。按《白虎通》云：所以巡守者何？巡者，循也，守者，收也。爲天子循行守土，收民道德大平，恐遠近不同化，幽隱不得其所者，故必親自行之，謙敬重民之至也。所以不歲巡守何？爲大煩。過五年，爲其大疏。因天道三歲一閏，天道小備，五歲再閏，天道大備，故五年一巡守。以此言之，夏、殷六歲者，取半一歲之律吕也。周十二歲者，象歲星一周也。

（唐）杜佑《通典》卷一五《選舉·考績》　周制，三載考績，三考黜陟。其訓曰：三歲而小考其功也。小考者，正職而行事也。九歲而大考有功也。大考者，黜無職而賞有功也。

（唐）杜佑《通典》卷五四《禮·沿革·吉禮·巡狩》　周制，十二年一巡狩。《大行人》云：十有二歲，王巡狩殷國。殷，衆也，謂當方諸侯。周以木德王，歲星是木王之星，十二歲一周，以木象之。故梁崔靈恩云取歲星一周天道之備數。天子將巡狩，類乎上帝，宜乎社，造乎禰。帝謂五精之帝，所配祭南郊者，謂靈威仰也。類、宜、造，皆祭名也。按《曾子問》諸侯適天子，告祖禰。此不言祖者，《白虎通》云：七廟皆告之，獨言禰者，辭時先從禰，後至祖以上，遂行，不敢留尊者之命故也。職方氏先戒四方諸侯曰：各修平乃守，考乃職事，無敢不敬戒，國有大刑。乃猶汝也。守謂國境之内。職事，所當供具。及王之所行，先道，帥其屬而巡戒令。先道，先由王所從道，居前，行其前日所戒之令。大馭掌犯軷之禮。謂祖道也。土訓氏夾王車而行，以待王問九州形勢，所謂以道地圖。山川所宜。所謂以詔地事。誦訓氏亦夾王車，以所識久遠之事以告王；誦訓所謂掌道方志以詔觀事。若魯有大庭氏之庫，殽之二陵也。又掌道方慝，方慝，四方言語所惡。以詔辟忌，以知地俗。辟音避。

乘金輅，建大旂，《巾車》云：金輅，鉤，樊纓九就，建大旂以賓。歲二月，東巡狩，至於岱宗，柴而望祀山川，燔柴告感生之天帝。覲諸侯。覲，見也。其方之諸侯，先於境首待之。《祭義》云：天子巡狩，諸侯待於境。所過山川，則使祝宗先以三等璋瓚，皆以黃金爲鼻流，酌鬱鬯以禮神。次乃校人殺黃駒以祭之。《玉人》云：大璋中璋九寸，邊璋七寸，射四寸，厚寸。黃金勺，青金外，朱中，鼻寸，衡四寸，有繅。天子以巡狩，宗祝以前馬。鄭玄云：鼻，勺流也。衡，謂勺徑也。於大山川則用大璋，加文飾也。於中山川用中璋，殺文飾也。於小山川用邊璋，半文飾也。又《校人》云：凡將事於四海山川，則殺黃駒。鄭玄曰：謂王巡狩過大山川也。每宿舍，掌舍設梐枑再重，謂行馬。再重者，以周衛有外內列。枑音互。其外，則土方氏又設蕃籬。《土方氏》云：王巡狩則樹王舍。鄭玄云：爲之蕃籬。既至方嶽，先問百年，就見之。若未滿百年，八十九十者，路經其門則見之，不然則不。《祭義》所謂東行西行弗敢過。天子乃令太師采人歌謠之詩，以樂播而陳之，以觀人風俗，以審其善惡。所謂命太師陳詩以觀人風也。命典市之官，陳百物之貴賤，以觀人之所好惡。所謂命市納賈以觀人之所好惡，志淫好僻。故鄭云：淫則侈物貴，人之志淫邪，則所好者不正也。又命典禮之官，考校四時節氣，月之晦朔，甲乙等日，及候氣之律吕，所用禮樂、宫室、車旗等制度，君臣上下之衣服，皆以王者所頒制度考校之。所謂命典禮考時月定日，同律禮樂，制度衣服，正之。注云：同，陰律也。諸侯封內有名山大川，不舉而祭之者，爲不敬；不敬者，君削其地。有祭宗廟不順昭穆者，爲不孝；不孝者，君絀以爵。不順，謂若逆昭穆者。以宗廟可以表官爵，故絀之。變禮易樂者，爲不從；不從者，君流。流，放也。革制度衣服者，爲畔；畔者，君討。有功德於人者，加地進律。律，法度也。其諸侯待王之牢禮以一犢。《掌客》云：王巡狩殷國，則國君膳以牲犢。又《郊特牲》云：天子適諸侯，諸侯膳用犢，貴誠之義也。天子牲孕弗食也。

既黜陟諸侯，乃與之相見於方岳之下，築壇，與《覲禮》壇制同。鄭玄注《司儀》職引覲禮制，王巡狩殷國而同，則其爲宫亦如此歟是也。其壇外爲土埒，方三百步，開四門。壇方九十六尺，高四尺，上爲堂，下爲三等，謂之三成，成每等高一尺。其堂上置司盟之神位，謂之方明。《覲禮》云：諸侯覲於天子，爲宫方三百步，開四門。壇十有二尋，深四尺，加方明於其上。鄭玄云：宫謂壝土爲埒，以象牆壁。八尺曰尋，十二尋則方九十六尺也。深謂高也，從上向下曰深。方明者，上下四方神明之象也。會同而盟，明神監之。天之司盟有象者，猶宗廟之有主乎。其方明狀，具《朝覲》篇。《司儀》職云：其壇三成，宫旁一門。鄭玄云：成猶重也。三重者，下差之爲三等，每面丈二尺也。見諸侯之時，據鄭注《司儀》及《覲禮》，諸侯之上介，各以其君之旂，置於宫內，以表立位之處。乃詔王升壇，訖，諸侯皆就其旂而立其位。鄭按《明堂位》，諸公中階之前，北面東上；諸侯阼階之東，西面北上；諸伯西階之西，東面北上；諸子門東，北面東上，諸男門西，北面東上。王乃於壇上揖之，以定其位。其揖之節有三儀：與王無親者，推手小下之；《司儀》所謂土揖庶姓。與王婚姻之親者，平推手揖之；所謂時揖異姓。與王同姓者，推手小舉之。所謂天揖同姓。王既揖定其位，諸侯乃進，升壇奠玉。又按《司儀》職及鄭注云：公於上等奠桓珪玉，陳擯者五人禮之。侯、伯於中等奠信珪、躬珪玉，陳擯者四人禮之。子、男於下等奠穀璧、蒲璧玉，陳擯者三人禮之。諸侯各奠玉訖，降拜，又升，成拜。訖，擯者乃延諸侯升堂，授王玉。訖，乃以璧琮行享禮，謂之將幣。《玉人》云璧琮九寸，諸侯以享天子是也。諸侯既朝見王訖，乃退而自相與盟，王宫之伯臨之，其神主於月，必因以祭之。《覲禮》云：祭天燔柴，祭山丘陵升，祭川沈，祭地瘞。鄭注云：升沈必就祭者也。就祭則是謂王巡狩，諸侯之盟祭也。

其餘：五月，南巡狩，至於南嶽，如東巡狩之禮；八月，西巡狩，至於西嶽，如南巡狩之禮；十有一月，北巡狩，至於北嶽，如西巡狩之禮。巡狩之月皆用正歲之仲月者，以王者考禮正刑，當得其中，春秋分，晝夜均，冬夏至，陰陽終，欲取終平之義，故唐虞以還，皆用仲月也。巡狩訖，卻歸，每廟用一牛以告至，謂之歸格於祖禰用特。特，一牛。

《管子·立政》 分國以爲五鄉，鄉爲之師，分鄉以爲五州，州爲之長。分州以爲十里，里爲之尉。分里以爲十游，游爲之宗。十家爲什，五家爲伍，什伍皆有長焉。築障塞匿，一道路，博出入，審閭閈，慎筦鍵，筦藏于里尉。置閭有司，以時開閉。閭有司觀出入者，以復于里尉。凡出入不時，衣服不中，圈屬群徒，不順于常者，閭有司見之，復無時。若在長家子弟臣妾屬役賓客，則里尉以譙于游宗，游宗以譙于什伍，什伍以譙於長家，譙敬而勿復。一再則宥，三則不赦。凡孝悌忠信、賢良俊材，若在長家子弟臣妾屬役賓客，則什伍以復于游宗，游宗以復于里尉。里尉以復於州長。州長以計于鄉師。鄉師以著于士師。

《管子·君臣上》 上惠其道，下敦其業，上下相希，若望參表，則邪者可知也。吏嗇夫任事，人嗇夫任教。教在百姓，論在不撓。賞在信誠，體之以君臣。其誠也，以守戰。如此，則人嗇夫之事究矣。吏嗇夫盡有訾程事律，論法辟，衡權斗斛，文劾不以私論，而以事爲正。如此，則吏嗇夫之事究矣。人嗇夫成教，吏嗇夫成律之後，則雖有敦愨忠信者，不得善也。而戲豫怠傲者，不得敗也。如此，則人君之事究矣。

《荀子·王霸篇》 君者，論一相，陳一法，明一指，以兼覆之，兼炤之，以觀其盛者也。相者，論列百官之長，要百事之聽，以飾朝廷臣下百吏之分，度其功勞，論其慶賞，歲終奉其成功以效於君。當則可，不當則廢。故君人勞于索之，而休於使之。

《商君書·禁使》 或曰：人主執虚後以應，則物應稽驗，稽驗則奸得。臣以爲不然。夫吏專制決事於千里之外，十二月而計書以定事，以一歲別計，而主以一聽見所疑焉，不可蔽，員不足。夫物至，則目不得不見；言薄，則耳不得不聞。故物至則辨，言至則論。故治國之制，民不得避罪，如目不能以所見遁心。今亂國不然，恃多官衆吏。吏雖衆，事同體一也。夫事同體一者，相監不可。且夫利異而害不同者，先王所以爲保也。故至治，夫妻交友不能相爲棄，惡蓋非而不害於親，民人不能相爲隱。上與吏也，事合而利異者也。今夫騶虞，以相監不可事，合而利異者也。□□□□□□□□□□□□□□若使馬，馬能焉，則騶虞無所逃其惡矣，利異也。利合而惡同者，父不能以問子，君不能以問臣。吏之與吏，利合而惡同也。

《禮記正義》卷一五《月令》 命司徒巡行縣鄙，命農勉作，毋休于都。急趍於農也。縣鄙，鄉遂之屬，主民者也。《王居明堂禮》曰：毋宿于國。今《月令》休爲伏。

《孟子注疏》卷一二下《告子章句下》 孟子曰：五霸者，三王之罪人也。五霸者，大國秉直道以率諸侯，齊桓、晉文、秦穆、宋襄、楚莊是也。三王：夏禹、商湯、周文王是也。今之諸侯，五霸之罪人也。今之大夫，今之諸侯之罪人也。謂當孟子之時諸侯及大夫也。諸侯，臣，摠謂之大夫。罪人之事，下别言之。天子適諸侯曰巡狩，諸侯朝於天子曰述職。春省耕而補不足，秋省斂而助不給。入其疆，土地辟，田野治，養老尊賢，俊傑在位，則有慶，慶以地。入其疆，土地荒蕪，遺老失賢，掊克在位，則有讓。一不朝則貶其爵，再不朝則削其地，三不朝則六師移之。是故天子討而不伐，諸侯伐而不討。五霸者，摟諸侯以伐諸侯者也。故曰五霸者，三王之罪人也。巡狩、述職，皆以助人民。慶，賞也。養老尊賢，能者在位，賞之以地，益其地也。掊克不良之人在位，則責讓之。不朝而至三，則討之以六師，移之，就之也。討者，上討下也。伐者，敵國相征伐也。五霸強摟牽諸侯以伐諸侯，不以王命也，於三王之法，乃爲之罪人也。【略】

疏：孟子至罪人也。正義曰：此章言王道浸衰，轉爲罪人，孟子傷之，是以博思古法，匡時君也。孟子曰：五霸者，三王之罪人也至五霸之罪人也者，又至今之諸侯之罪人也，孟子言齊桓、晉文、秦穆、宋襄、楚莊五霸者，乃爲夏禹、商湯、周之罪人也；今之諸侯，謂孟子時之諸侯，乃爲五霸者之罪人也；今之大夫，亦謂孟子時之大夫，乃爲今之時諸侯之罪人也。自天子適諸侯至三王之罪人也者，此一段是孟子自解五霸爲三王之罪人也。天子適諸侯曰巡守至助不給，已説在《惠王篇》，言入其疆，謂古天子行巡守之禮，巡諸侯所守之地，至入其諸侯疆境，見其土地開辟而不蕪，田野耕治而不荒，又能養其耆老，尊敬賢者，有俊傑之才能在位行政事。如此，則有慶賞，以其慶賞益其地也。入其封彊，見土地荒蕪而不開辟，又遺棄其耆老，失其賢人，惟以掊克多取聚斂之臣在其位，以殘民。如此，則有責讓。不特責讓之，又其一不朝覲述所職，則貶損其爵；至二不朝，則削減其土地；以至三不朝，則命六師以移易其位也，以其不能保安社稷也。是故天子於諸侯，有其罪則討，而不行兵征伐。諸侯之於諸侯，則行兵征伐而不討。蓋彼有罪，而布令陳辭以責之，是謂討也；彼有罪而用兵行師以加之，是謂伐也。且五霸者，牽率諸侯者也，故曰五霸者，三王之罪人也。以其五霸擅自專權，不待天子錫之弓矢然後征，錫之鈇鉞然後殺者也，特牽率諸侯以伐諸侯而已，是則豈非三王之罪人歟？故齊桓率諸侯以伐蔡，晉文率諸侯以滅曹，秦穆率諸侯以伐晉，宋襄率諸侯以伐楚，楚莊率諸侯以伐陳，是摟諸侯以伐諸侯者也。

（清）孫楷《秦會要訂補》卷一四《職官上》 上計之制，六國亦有之。魏文侯時，東陽上計，錢布十倍。見《新序·雜事篇》。又西門豹爲鄴令，期年上計。見《韓非子·外儲説左篇》。又趙襄子之時，以任登爲中牟令，上計，言于襄子云云。見《呂氏春秋·知度篇》。

紀事

《尚書正義》卷二《虞書·堯典》 帝曰：疇咨若時？登庸。疇，誰。庸，用也。誰能咸熙庶績，順是事者，將登用之。疇，直由反。放齊曰：胤子朱啓明。帝曰：吁，嚚訟，可乎？放齊，臣名。胤，國。子，爵。朱，名。啓，開也。吁，疑怪之辭。言不忠信爲嚚，又好争訟，可乎。言不可。放，方往反，注同。胤，引信反，馬云：嗣也。吁，況于反，徐往付反，一音于。嚚，魚巾反。訟，才用反，馬本作庸。好，呼報反，下注同。争，鬭也。帝曰：疇咨若予采？采，事也。復求誰能順我事者。予音餘，又羊汝反。采，七在反，馬云：官也。復，扶又反。驩兜曰：都，共工方鳩僝功。驩兜，臣名。都，於，歎美之辭。共工，官稱。鳩，聚。僝，見也。歎共工能方方聚見其功。驩，呼端反。兜，丁侯反。共音恭，注同。僝，仕簡反，徐音撰，馬云：具也。於音烏。稱，尺證反。帝曰：吁，静言庸違，象恭滔天。静，謀。滔，漫也。言共工自爲謀言，起用行事而違背之，貌象恭敬而心傲很，若漫天。言不可用。滔，吐刀反。漫，末旦反，下同，又末寒反。背音佩。傲，五報反，下同。很，恨懇反。帝曰：咨，四岳，四岳，即上羲和之四子，分掌四岳之諸侯，故稱焉。湯湯洪水方割，湯湯，流貌。洪，大。割，害也。言大水方方爲害。湯音傷。洪音户工反。蕩蕩懷山襄陵，浩浩滔天。蕩蕩，言之奔突有所滌除。懷，包。襄，上也。包山上陵，浩浩盛大，若漫天。浩，胡老反。滌，大歷反。上，時掌反。下民其咨，有能俾乂。俾，使。乂，治也。言民咨嗟憂愁，病水困苦，故問四岳，有能治者將使之。俾，必爾反。僉曰：於，鯀哉。僉，皆也。鯀，崇伯之名。朝臣舉之。僉，七廉反，又七劍反。於音烏。鯀，故本反，馬云：禹父也。朝，直遥反。帝曰：吁，咈哉，方命圮族。凡言吁者皆非帝意。咈，戾。圮，毁。族，類也。言鯀性很戾，好此方名，命而行事，輒毁敗善類。咈，扶弗反，忿戾也。方如字，馬云：方，放也。徐云：鄭、王音放。圮音皮美反。戾音力計反。岳曰：异哉，試可乃已。异，已也。已，退也。言餘人盡已，唯鯀可試，無成乃退。异，徐云：鄭音異，孔、王音怡。帝曰：往，欽哉。勑鯀往治水，命使敬其事。堯知其性很戾圮族，未明其所能，而據衆言可試，故遂用之。九載，績用弗成。載，年也。三考九年，功用不成，則放退之。

疏：帝曰疇咨若予至九載績用弗成。正義曰：史又序堯事。堯任羲和，衆功已廣，及其末年，羣官有闕，復求賢人，欲任用之。帝曰：誰乎？咨嗟。嗟人之難得也。有人能順此咸熙庶績之事者，我將登而用之。有臣放齊者對帝曰：有胤國子爵之君，其名曰朱，其人心志開達，性識明悟。言此人可登用也。帝疑怪歎之曰：吁，此人既頑且嚚，又好争訟，豈可用乎？言不可也。史又記堯復求人。帝曰：誰乎？咨嗟。嗟人之難得也。今有人能順我事者否乎？言有即欲用之也。有臣驩兜者對帝曰：嗚乎，歎有人之大賢也。帝臣共工之官者，此人於所在之方能立事業，聚見其功。言此人可用也。帝亦疑怪之曰：吁，此人自作謀計之言，及起用行事而背違之，貌象恭敬而心傲很，若漫天。言此人不可用也。頻頻求人，無當帝意。於是洪水爲災，求人治之。帝曰：咨嗟，嗟水災之大也，呼掌岳之官而告以須人之意。汝四岳等，今湯湯流行之水，所在方方爲害。又其勢奔突蕩蕩然，滌除在地之物，包裹高山，乘上丘陵，浩浩盛大，勢若漫天。在下之人其皆咨嗟，困病其水矣。有能治者將使治之。羣臣皆曰：嗚呼，歎其有人之能。惟鯀堪能治之。帝又疑怪之曰：吁，其人心很戾哉。好此方直之名，命而行事，輒毁敗善類。言其不可使也。朝臣已共薦舉，四岳又復然之。岳曰：帝若謂鯀爲不可，餘人悉皆已哉，言不及鯀也。惟鯀一人試之可也。試若無功，乃黜退之。言洪水必須速治，餘人不復及鯀，故勸帝用之。帝以羣臣固請，不得已而用之。乃告勑鯀曰：汝往治水，當敬其事哉。鯀治水九載，已經三考而功用不成。言帝實知人，而朝無賢臣，致使水害未除，待舜乃治。此經三言求人，未必一時之事，但歷言朝臣不賢，爲求舜張本故也。傳疇誰至用之。正義曰：疇，誰，《釋詁》文。庸聲近用，故爲用也。馬融以羲和爲卿官堯之末年，皆以老死，庶績多闕。故求賢順四時之職，欲用以代羲和。孔於下傳云：四岳，即上羲和之四子。帝就羲和求賢，則所求者别代他官，不代羲氏、和氏。孔以羲和掌天地之官，正在敬順昊天，告時授事而已，其施政者乃是百官之事，非復羲和之職。但羲和告時授事，流行百官，使百官庶績咸熙，今云咸熙庶績，順是事者，指謂求代百官之闕，非求代羲和也。此經文承庶績之下而言順是事者，故孔以文勢次之，此言誰能咸熙庶績，順是事者，將登用之，蓋求卿士用任也。計堯即位至洪水之時六十餘年，百官有闕，皆應求代。求得賢者，則史亦不録。不當帝意，乃始録之，爲求舜張本。故惟帝求一人，放齊以一人對之，非六十餘年止求一人也。堯以聖德在位，庶績咸熙，蓋應久矣。此繼咸熙之下，非知早晚求之，史自歷序其事，不必與治水同時也。計四岳職掌天地，當是朝臣之首。下文求治水者，帝咨四岳，此不言咨四岳者，帝求賢者固當博訪朝臣，但史以有岳對者言咨。四岳，此不言咨者，但此無岳對，故不言耳。

傳放齊至不可。正義曰：以放齊舉人對帝，故知臣名，爲名爲字，不可得知。傳言名者，辯此是爲臣之名號耳，未必是臣之名也。夏王仲康之時，胤侯命掌六師，《顧命》陳寶有胤之舞衣，故知古有胤國。胤既是國，自然子爲爵，朱爲名也。馬融、鄭玄以爲帝之胤子曰朱也。求官而薦太子，太子下愚以爲啓明，揆之人情，必不然矣。啓之爲開，書傳通訓，言此人心志開解而明達。吁者必有所嫌而爲此聲，故以爲疑怪之辭。僖二十四年《左傳》曰：口不道忠信之言爲嚚。是言不忠信爲嚚也，其人心既頑嚚，又好爭訟，此實不可，而帝云可乎，故吁聲而反之。可乎，言不可也。唐堯聖明之主，應任賢哲，放齊聖朝之臣，當非庸品，人有善惡，無容不知，稱嚚訟以爲啓明，舉愚臣以對聖帝，何哉？將以知人不易，人不易知，密意深心，固難照察。胤子矯飾容貌，但以惑人，放齊內少鑒明，未能圓備，謂其實可任用，故承意舉之。以帝堯之聖，乃知其嚚訟之事，放齊所不知也。驩兜薦舉共工，以爲比周之惡，謂之四凶，投之遠裔。放齊舉胤子，不爲凶人者，胤子雖有嚚訟之失，不至滔天之罪，放齊謂之實賢，非是苟爲阿比。驩兜則志不在公，私相朋黨，共工行背其言，心反於貌，其罪並深，俱被流放，其意異於放齊舉胤子故也。傳采事至事者。正義曰：采，事，《釋詁》文。上已求順時，不得其人，故復求順我事者。順時順事其義一也。史以上承庶績之下，故言順時，謂順是庶績之事，此不可復同前文，故變言順我帝事，其意亦如前經，當求卿士之任也。順我事之下亦宜有登用之言，上文已具，故於此略之。傳驩兜至其功。正義曰：驩兜亦舉人對帝，故知臣名。都，於，《釋詁》文。於即嗚字，歎之辭也。將言共工之善，故先嘆美之。《舜典》命垂作共工，知共工是官稱。鄭以爲其人名氏未聞。先祖居此官，故以官氏也。計稱人對帝，不應舉先世官名。孔直云官稱，則其人於時居此官也。時見居官，則是已被任用，復舉之者，帝求順事之人，欲置之上位，以爲大臣，所欲尊於共工，故舉之也。鳩，聚，《釋詁》文。僝然，見之狀，故爲見。歎共工能方方聚見其功，謂每於所在之方，皆能聚集善事，以見其功，言可用也。若能共工實有見功，則是可任用之人，帝言其庸違滔天不可任者，共工言是行非，貌恭心很，取人之功以爲己功，其人非無見功，但功非己有。《左傳》說驩兜云醜類惡物，是與比周；天下之人謂之渾敦，言驩兜以共工比周，妄相薦舉，知所言見功非其實功也。傳靜謀至可用。正義曰：靜，謀，《釋詁》文。滔者，漫浸之名，浸必漫其上，故滔爲漫也。共工險僞之人，自爲謀慮之言皆合於道，及起用行事而背違之，言其語是而行非也。貌象恭敬而心傲很，其侮上陵下，若水漫天，言貌恭而心很也。行與言違，貌恭心反，乃是大佞之人，不可任用也。明君聖主莫先於堯，求賢審官王政所急，乃有放齊之不識是非，驩兜之朋黨惡物，共工之巧言令色，崇伯之敗善亂常，聖人之朝不才揔萃，雖曰難之，何其甚也。此等諸人，才實中品，亦雖行有不善，未爲大惡，故能仕於聖代，致位大官。以帝堯之末，洪水爲災，欲責非常之功，非復常人所及，自非聖舜登庸，大禹致力，則滔天之害未或可平。以舜禹之成功，見此徒之多罪。勳業既謝，愆釁自生，爲聖所誅，其咎益大。且虞史欲盛彰舜德，歸過前人，《春秋》史克以宣公比堯，辭頗增甚，知此等並非下愚，未有大惡。其爲不善，惟帝所知，將言求舜，以見帝之知人耳。傳四岳至稱焉。正義曰：上列羲和所掌云宅嵎夷、朔方，言四子居治四方，主於外事。岳者，四方之大山。今王朝大臣皆號稱四岳，是與羲和所掌其事爲一，以此知四岳，即上羲和之四子也。又解謂之岳者，以其分掌四岳之諸侯，故稱焉。《舜典》稱巡守至于岱宗，肆覲東后，《周官》說巡守之禮云，諸侯各朝於方岳之下，是四方諸侯分屬四岳也。計堯在位六十餘年，乃命羲和蓋應早矣。若使成人見命，至此近將百歲，故馬、鄭以爲羲和皆死。孔以爲四岳即是羲和至今仍得在者。以羲和世掌天地，自當父子相承，不必仲叔之身皆悉在也。《書》傳雖出自伏生，其常聞諸先達，虞傳雖說《舜典》之四岳尚有羲伯、和伯，是仲叔子孫世掌岳事也。傳湯湯至爲害。正義曰：湯湯，波動之狀，故爲流貌。洪，大，《釋詁》文。刀害爲割，故割爲害也。言大水方方爲害，謂其徧害四方也。傳蕩蕩至漫天。正義曰：蕩蕩，廣平之貌，言水勢奔突有所滌除，謂平地之水，除地上之物，爲水漂流，無所復見，蕩然惟有水耳。懷，藏，包裹之義，故懷爲包也。《釋言》以襄爲駕，駕乘牛馬皆車在其上，故襄爲上也。包山謂遶其傍，上陵謂乘其上，平地已皆蕩蕩，又復遶山上陵，故爲盛大之勢，揔言浩浩盛大若漫天然也。天者無上之物，漫者加陵之辭，甚其盛大，故云若漫天也。傳俾，使，乂，治也。正義曰：俾，使，乂，治，《釋詁》文。傳僉皆至舉之。

正義曰：僉，皆，《釋詁》文。《周語》云有崇伯鯀，即鯀是崇君；伯，爵；故云鯀，崇伯之名。帝以岳爲朝臣之首，故特言四岳，其實求能治者，普問朝臣，不言岳對而云皆曰，乃衆人舉之，非獨四岳，故言朝臣舉之。傳凡言至善類。正義曰：自上以來三經求人，所舉者帝言其惡，而辭皆稱吁，故知凡言吁者皆非帝之所當意也。咈者相乖詭之意，故爲戾也。圮，毀，《釋詁》文。《左氏》稱非我族類，其心必異，族、類義同，故族爲類也。言鯀性很戾，多乖異衆人，好此方直之名，内有姦回之志，命而行事輒毀敗善類。何則？心性很戾，違衆用已，知善不從，故云毀敗善類。《詩》稱貪人敗類，與此同。鄭、王以方爲放，謂放棄教命。此經云方，故依經爲説。《易・坤卦》六二直、方、大，是直方之事爲人之美名。傳异，已。已，退也。正義曰：异聲近已，故爲已也。已訓爲止，是停住之意，故爲退也。傳勑鯀至用之。正義曰：傳解鯀非帝所意而命使之者，堯知其性很戾圮族，未明其所能。夫管氏之好奢尚僭，翼贊霸圖；陳平之盗嫂受金，弼諧帝業，然則人有性雖不善，才堪立功者。而衆皆據之言鯀可試，冀或有益，故遂用之。孔之此説，據迹立言，必其盡理而論，未是聖人之實。何則？禹稱帝德廣運，乃聖乃神，夫以聖神之資，聰明之鑒，既知鯀性很戾，何故使之治水者？馬融云：堯以大聖，知時運當然，人力所不能治，下民其咨，亦當憂勞。屈己之是，從人之非，遂用於鯀。李顒云：堯雖獨明於上，衆多不達於下，故不得不副倒懸之望，以供一切之求耳。傳載年至退之。正義曰：《釋天》云：載，歲也。夏曰歲，商曰祀，周曰年，唐虞曰載。李巡云：各自紀事，示不相襲也。孫炎曰：歲，取歲星行一次也。祀，取四時祭祀一訖也。年，取禾穀一熟也。載，取萬物終而更始；是載者年之別名，故以載爲年也。《舜典》云：三載考績，三考，黜陟幽明。是三考，九年也。功用不成，水害不息，故放退之，謂退使不復治水。至明年得舜，乃殛之羽山。《周禮・太宰》職云：歲終則令百官各正其治，而詔王廢置。三年則大計羣吏之治而誅賞。然則考課功績必在歲終，此言功用不成，是九年歲終三考也。下云朕在位七十載，而求得虞舜歷試三載，即數登用之年，至七十二年爲三載，即知七十載者與此異年，此時堯在位六十九年。鯀初治水之時，堯在位六十一年。若然，鯀既無功，早應黜廢。而待九年無成始退之者，水爲大災，天之常運；而百官不悟，謂鯀能治水，及遣往治，非無小益，下人見其有益，謂鯀實能治之。日復一日，以終三考，三考無成，衆人乃服，然後退之，故至九年。《祭法》云：鯀障洪水而殛死，禹能脩鯀之功。然則禹之大功，顧亦因鯀，是治水有益之驗。但不能成功，故誅殛之耳。若然，灾以運來，時不可距，假使興禹，未必能治。何以治水之功不成而便殛鯀者？以鯀性傲很，帝所素知，又治水無功，法須貶黜，先有很戾之惡，復加無功之罪，所以殛之羽山，以示其罪。若然，禹既聖人，當知洪水時未可治，何以不諫父者？梁主以爲舜之怨慕，由己之私；鯀之治水，乃爲國事。上令必行，非禹能止。時又年小，不可干政也。

《春秋左傳正義》僖公十三年　傳十三年，春，齊侯使仲孫湫聘于周，且言王子帶。前年王子帶奔齊，言欲復之。事畢，不與王言。不言子帶事。歸復命曰：未可。王怒未怠，其十年乎？不十年，王弗召也。夏，會于鹹，淮夷病杞故，且謀王室也。秋，爲戎難故，諸侯戍周。齊仲孫湫致之。戍，守也。致，諸侯戍卒于周。爲，于僞反，下注欲爲同。難，乃旦反。卒，子忽反。冬，晉荐饑，麥，禾皆不熟。荐，在薦反，重也。饑音飢。

疏：晉荐饑。正義曰：《釋天》云：穀不熟爲饑，仍饑爲荐。李巡曰：穀不成熟曰饑，連歲不熟曰荐。

《春秋左傳正義》襄公二十四年　穆叔如周聘，且賀城。王嘉其有禮也，賜之大路。大路，天子所賜車之揔名。

《春秋左傳正義》襄公二十六年　晉韓宣子聘于周，王使請事。問何事來聘。對曰：晉士起將歸時事於宰旅，無他事矣。起，宣子名。禮：諸侯大夫入天子國稱士。時事，四時貢職。宰旅，冢宰之下士。言獻職貢於宰旅，不敢斥尊。

疏：注起宣至斥尊。正義曰：《周禮》大國之卿三命。天子上士亦三命。《曲禮》云：列國之大夫入天子之國曰某士。是諸侯大夫入天子之國，禮法當稱士也。以其人官卑，故下士獨得旅稱。《周禮》大宰之屬官有旅下士三十有二人，是知宰旅爲冢宰之下士也。劉炫云：知時事四時貢職者，《小行人》云：春入貢，秋獻功，王親受之。鄭玄云：貢謂六服所貢，功謂考績之功。是諸侯大夫貢時事之義也。

《晏子春秋·內篇問上·景公問得賢之道晏子對以舉之以語考之以事》 景公問晏子曰：取人得賢之道何如？

晏子對曰：舉之以語，考之以事，能諭，則尚而親之，近而勿辱以取人，則得賢之道也。是以明君居上，寡其官而多其行，拙于文而工於事，言不中不言，行不法不爲也。

（漢）劉安《淮南子》卷一八《人間訓》 〔魏文侯時〕解扁爲東封，上計而入三倍，有司請賞之。文侯曰：吾土地非益廣也，人民非益衆也，入何以三倍？對曰：以冬伐木而積之，於春浮之河而鬻之。文侯曰：民春以力耕，暑以強耘，秋以收斂。冬間無事，以伐林而積之，負軛而浮之河，是用民不得休息也。民以敝矣，雖有三倍之入，將焉用之？此有功而可罪者也。

《韓非子·外儲説左下》 西門豹爲鄴令，清克潔愨，秋毫之端無私利也，而甚簡左右。左右因相與比周而惡之，居期年，上計，君收其璽。豹自請曰：臣昔者不知所以治鄴，今臣得矣，願請璽復以治鄴，不當，請伏斧鑕之罪。文侯不忍而復與之，豹因重斂百姓，急事左右，期年，上計，文侯迎而拜之，豹對曰：往年臣爲君治鄴，而君奪臣璽，今臣爲左右治鄴，而君拜臣，臣不能治矣。遂納璽而去，文侯不受，曰：寡人曩不知子，今知矣，願子勉爲寡人治之。遂不受。

《韓非子·外儲説右下》 田嬰相齊，人有説王者曰：終歲之計，王不一以數日之間自聽之，則無以知吏之奸邪得失也。王曰：善。田嬰聞之，即遽請于王而聽其計，王將聽之矣，田嬰令官具押券斗石參升之計，王自聽計，計不勝聽，罷食，後復坐，不復暮食矣。田嬰復謂曰：群臣所終歲日夜不敢偷怠之事也，王以一夕聽之，則群臣有爲勸勉矣。王曰：諾。俄而王已睡矣，吏盡揄刀削其押券升石之計。王自聽之，亂乃始生。

《韓非子·難二》 李兑治中山，苦陘令上計而入多。李兑曰：語言辨，聽之説，不度于義，謂之窕言。無山林澤谷之利而入多者，謂之窕貨。君子不聽窕言，不受窕貨，子姑免矣。

（漢）劉向《新序》卷一《雜事》 趙文子問于叔向曰：晋六將軍，庸先亡乎？對曰：其中行氏乎。文子曰：何故先亡？對曰：中行氏之爲政也，以苛爲察，以欺爲明，以刻爲忠，以計多爲善，以聚斂爲良。譬之其猶鞟革者也，大則大矣，裂之道也，當先亡。

（漢）劉向《新序》卷二《雜事》 魏文侯出遊，見路人反裘而負芻。文侯曰：胡爲反裘而負芻。對曰：臣愛其毛。文侯曰：若不知其裏盡，而毛無所恃耶？明年，東陽上計錢布十倍，大夫畢賀。文侯曰：此非所以賀我也。譬無異夫路人反裘而負芻也，將愛其毛，不知其裏盡，毛無所恃也。今吾田不加廣，士民不加衆，而錢十倍，必取之士大夫也。吾聞之下不安者，上不可居也，此非所以賀我也。

（漢）劉向《説苑》卷七《政理》 晏子治東阿三年，景公召而數之曰：吾以子爲可，而使子治東阿，今子治而亂，子退而自察也，寡人將加大誅於子。晏子對曰：臣請改道易行而治東阿，三年不治，臣請死之。景公許之。於是明年上計，景公迎而賀之曰：甚善矣。子之治東阿也。晏子對曰：前臣之治東阿也，屬托行，貨賂至，並會賦斂，倉庫少內，便事左右，陂池之魚，入于權家。當此之時，饑者過半矣，君乃反迎而賀臣，愚不能復治東阿，願乞骸骨，避賢者之路，再拜便辟。景公乃下席而謝之曰：子強復治東阿，東阿者，子之東阿也，寡人無復與焉。

《史記》卷三三《魯周公世家》 周公卒，子伯禽固已前受封，是爲魯公。魯公伯禽之初受封之魯，三年而後報政周公。周公曰：何遲也？伯禽曰：變其俗，革其禮，喪三年然後除之，故遲。太公亦封於齊，五月而報政周公。周公曰：何疾也？曰：吾簡其君臣禮，從其俗爲也。及後聞伯禽報政遲，乃歎曰：嗚呼，魯後世其北面事齊矣。夫政不簡不易，民不有近；平易近民，民必歸之。

《史記》卷七九《范雎列傳》 昭王召王稽，拜爲河東守，三歲不上計。

《吕氏春秋·審分覽·知度》 趙襄子之時，以任登爲中牟令，上計，言於襄子曰：中牟有士曰膽、胥己，請見之。襄子見而以爲中大夫。相國曰：意者君耳而未之目邪？爲中大夫若此其見也，非晋國之故。襄子曰：吾舉登也，已耳而目之矣。登所舉，吾又耳而目之，是耳目人終無已也。遂不復問，而以爲中大夫。襄子何爲任人，則賢者畢力。

官階與俸禄分部

論説

（明）丘濬《大學衍義補》卷六《治國平天下之要・正百官・頒爵禄之制》

《周書》武成曰：列爵惟五，分土惟三。

蔡沈曰：列爵惟五，公侯伯子男也；分土惟三，公侯百里，伯七十里，子男五十里之三等也。

臣按：封爵之制，自唐虞時已别爲五等。曰公、侯、伯、子、男。觀《虞書》所謂輯五瑞，修五玉。解者謂瑞玉爲五等，諸侯所執之圭璧可見矣。

《周禮》：天官大宰以八柄詔王馭羣臣，一曰爵，以馭其貴。二曰禄，以馭其富。

春官内史掌王之八枋枋與柄同。之法，以詔王治。一曰爵，二曰禄。

夏官司士以德詔爵，有德者，告于王而爵之。以功詔禄，有功者，告于王而禄之。以能詔事，有才能者，告于王俾以治事。以久奠食，食，餼廩也。以任事之久而定之。

臣按：公侯伯子男，孤卿大夫士，爵也。天子之田至君十卿禄，禄也。爵以貴之，臣非得君之爵，則無以爲榮。禄以富之，臣非得君之禄，則無以爲養。是爵禄者，天子所操之柄。所以崇德報功，而使之盡心任力，礪世磨鈍，而使之趨事赴功者也。其柄必出於上，非人臣所得專也。故《周禮》天官之大宰、内史，夏官之司士，其於爵禄，惟以詔告于王而已，非敢自專其柄也。以此爲防，惟恐司其事者或有所專擅。後世乃有非所攸司而手握王爵，口銜天語者，安得不罹凶國害家之禍哉。

孟子曰：天子一位，公一位，侯一位，伯一位，子、男同一位，凡五等也。君一位，卿一位，大夫一位，上士一位，中士一位，下士一位，凡六等。

朱熹曰：此班爵之制也。五等通於天下，六等施於國中。

天子之制，地方千里，公侯皆方百里，伯七十里，子男五十里，凡四等。不能五十里，不達於天子，附於諸侯，曰附庸。因大國以姓名，通謂之附庸。天子之卿受地，視比也。侯，大夫受地視伯，元士受地視子男。不言中下士，視附庸也。大國地方百里，次國七十里，小國五十里。君十卿禄，卿禄四四倍之也。大夫。次國卿禄三大夫，小國二大夫。大夫倍上士，上士倍中士，中士倍下士，下士與庶人在官者同禄。禄足以代其耕也。次國小國皆同。

朱熹曰：此班禄之制也。君以下所食之禄，皆助法之公田，藉農夫之力以耕而收其租。士之無田與庶人在官者，則但受禄於官，如田之入而已也。

臣按：孟子言班爵禄之制，與《周禮・王制》不同。《周禮》諸公之地，封疆方五百里，侯四百里，伯三百里，子二百里，男百里，而孟子則通天子而言。公侯皆方百里，伯七十里，子男五十里。《王制》王者之制禄爵，公侯伯子男凡五等，而孟子則通天子言，而以子男同一位，而爲五等。諸侯之上大夫卿，下大夫，上士，中士，下士，凡五等。而孟子則兼君言，而通以爲六等。與夫王朝卿大夫士，分地受禄之制，亦有不同者焉。孟子固先自言，其詳不可得聞矣。此蓋其畧爾。先儒亦謂其不可考。闕之可也。臣姑載之于篇，而微考其所以與二書不同者，以見成周所頒爵禄之制，其大畧有如此者。

《洪範》：凡厥正人，既富禄之也。方穀。善也。汝弗能使有好于而家，時人斯其辜。

蔡沈曰：在官之人，有禄可仰，然後可責其爲善。廩禄不繼，衣食不給，不能使其和好于而家，則是人將陷于罪戾矣。又曰：必富之而後責其善者，聖人設教，欲中人以上皆可能也。

臣按：漢張敞、蕭望之言于其君曰：倉廩實而知禮節，衣食足而知榮辱。今小吏俸率不足，常有憂父母妻子之心。雖欲案身爲廉，其勢不能。宋夏竦亦曰：爲國者皆患吏之貪，而不知去貪之道也；皆欲吏之清，而不知致清之本也。臣以爲去貪致清者，在乎厚其禄、均其俸而已。夫衣食闕於家，雖嚴父慈母不能制其子，況君長能檢其臣乎？凍餒切於身，雖巢由夷齊不能固其節，況凡人能守清白乎？二臣之言，其庶幾《洪範》之意歟。

《王制》：曰夫圭田無征。

孟子曰：卿以下必有圭田。圭田五十畝。

朱熹曰：此世祿常制之外，又有圭田，所以厚君子也。圭，潔也。所以奉祭祀也。

臣按：三代盛時，所以優待君子者，如此其厚。唐宋之職田，蓋其遺意也。

《禮記正義》卷一三《王制》 司馬辨論官材，辨其論，官其材，觀其所長。其論如字，舊刀困反。論進士之賢者，以告於王，而定其論。各署其所長。論定，然後官之。使之試守。任官，然後爵之。命之。任，而金反，下注同。位定，然後祿之。大夫廢其事，終身不仕，死以士禮葬之。以不任大夫也。有發，則命大司徒教士以車甲。乘兵車衣甲之儀。有發，謂有軍師發卒。衣，於既反。卒，子忽反。凡執技論力，適四方，贏股肱，決射御。謂擐衣出其臂脛，使之射御，決勝負，見勇力。技，其綺反，本或伎，後同。贏，本又作羸，力果反。肱，古弘反。擐，舊音患，今讀宜，音宣，依字作揎，《字林》云揎，揎臂也，先全反。脛，胡定反。見，賢遍反。凡執技以事上者，祝、史、射、御、醫、卜及百工。言技謂此七者。凡執技以事上者，不貳事，不移官，欲專其事，亦爲不德。出鄉不與士齒。賤也。於其鄉中則齒，親親也。仕於家者，出鄉不與士齒。亦賤。

疏：司馬至士齒。正義曰：此一節主論司馬之官用其人，及發兵論射御，及居官黜退之事。司馬辨論官材，大樂正論造士之秀者，以告於王，王必以樂正所論之狀，授與司馬，司馬得此所論之狀，乃更論辨之，觀其材能高下，知其堪任何官，是準擬其官以其材，故云官材也。論進士之賢者，謂司馬辨論之後，不堪者屏退，論量進士賢者以告於王，告王之時，而正其論，各署其所長。若長於禮者，署擬於禮官。長於樂者，署擬於樂官。論定然後官之者，謂既論擬定，然後試之以所能之官。任官然後爵之者，謂堪任此官，然後爵命之。位定然後祿之者，謂既受爵命，使有職位，然後與之以祿。注以不任大夫也。正義曰：以經云大夫廢其事，故知不堪任大夫也。致仕而退，死得以大夫禮葬，故《論語》註云大夫退，死，葬以士禮。致仕，以大夫禮葬是也。有發至車甲，有發謂國有軍旅，以發士卒，是司馬之事，王則命大司徒教此士卒以車甲之事，謂教以乘兵車及衣甲之儀容。必司徒者，以司徒主衆，又主教，故與司馬相參也。注有發至發卒。正義曰：知發是發卒者，以經云教士以車甲，故知發謂軍師發卒也。凡執至士齒。執技之事，凡有三條：上條論課試武夫技藝之事；中條論執技之人，并射御之外祝史醫卜之等；下條論執技之人，不得更爲二事，以其賤，故出鄉不與士齒。凡執技論力，適四方，贏股肱，決射御者，言此既無道藝，惟論力以事上，故適往四方境界之外，則使之擐露臂脛，角材力，決射御勝負，見勇武。注言技謂此七者。正義曰：七者謂祝一、史二、射三、御四、醫五、卜六、百工七。射御前經以顯，此重云者，上論所試之時，此論與祝、史、醫、卜並列見其色目。注欲專其事，亦爲不德。正義曰：所以不貳事，不移官者，欲使專一其所有之事，非但欲使專事，亦爲技藝賤薄，不是道德之事，故不許之。

《禮記正義》卷五一《坊記》 子云：有國家者，貴人而賤祿，則民興讓；尚技而賤車，則民興藝。言人君貴尚賢者、能者，而不吝於班祿賜車服，則讓道興。賢者、能者，人所服也。技，猶藝也。技，其綺反，注同。吝，力刃反，又力鎮反。故君子約言，小人先言。言人尚德不尚言也。約與先互言爾。君子約則小人多矣，小人先則君子後矣。《易》曰：君子以多識前言往行，以畜其德。行，下孟反。畜，勑六反。

疏：子云至先言。正義曰：此一節明尚賢能、重言行之事。君子約言者，省約其言，則小人多言也。小人先言者，小人行在於後，必先用其言。君子則後言先行其行，二者相互也。

綜述

（唐）杜佑《通典》卷一九《職官・封爵》 黄帝，方制萬里，爲萬國，各百里。唐虞夏，建國凡五等，曰公、侯、伯、子、男。

（唐）杜佑《通典》卷三六《職官・秩品》 唐官數闕。《尚書》曰：唐虞建官惟百。而鄭玄云：虞官六十，唐官未聞。堯舜同道，或皆六十，並屬官而言，則皆有百。

虞官六十。《明堂位》曰有虞氏官五十，而鄭注云六十。夏官一百二十。《明堂位》曰：夏后氏官百。又《尚書》云夏商官倍，則當有二百矣。而鄭云百二十，今依鄭說。

（唐）杜佑《通典》卷一九《職官·封爵》 殷，公、侯、伯三等。公百里，侯七十里，伯五十里。

（唐）杜佑《通典》卷三六《職官·秩品》 殷官二百四十。《明堂位》曰殷官二百，而鄭云二百四十，今依鄭說。

右自殷以上官名制度，俱在《歷代官制篇》。按列國之官，並不在其數。

《周禮注疏》卷二《天官冢宰·大宰》 以八柄詔王馭羣臣：一曰爵，以馭其貴；二曰禄，以馭其富；三曰予，以馭其幸；四曰置，以馭其行；五曰生，以馭其福；六曰奪，以馭其貧；七曰廢，以馭其罪；八曰誅，以馭其過。柄，所秉執以起事者也。詔，告也，助也。爵謂公、侯、伯、子、男、卿、大夫、士也。《詩》云誨爾序爵，言教王以賢否之第次也。班禄所以富臣下。《書》曰：凡厥正人，既富方穀。幸謂言行偶合於善，則有以賜予之，以勸後也。生猶養也。賢臣之老者，王有以養之。成王封伯禽於魯，曰生以養周公，死以爲周公後是也。五福，一曰壽。奪謂臣有大罪，没入家財者。六極，四曰貧。廢猶放也，舜殛鯀于羽山是也。誅，責讓也。《曲禮》曰齒路馬有誅。凡言馭者，所以敺之內之於善。柄，兵命反。行，下孟反，注同。殛，紀力反。鯀，古本反。敺，起俱反。

疏：以八柄至其過。釋曰：大宰以此八柄詔告于王馭羣臣，餘條皆不言詔，獨此與下八統言詔王者，餘並羣臣職務常所依行，歲終致事，乃考知得失，此乃王所操持，王不獨執，羣臣佐之而已，故特言詔也。言馭者，此八者皆是敺羣臣入善之事，故皆言馭也。一曰爵，以馭其貴者，《司士》云：以德詔爵，有賢乃受爵，是馭之以貴也。二曰禄，以馭其富者，《司士》云：以功詔禄，禄所以富臣下，故云以馭其富。三曰予，以馭其幸，謂言語偶合于善，有以賜予之，故云以馭其幸。四曰置，以馭其行者，有賢行，則置之于位，故云以馭其行。五曰生，以馭其福者，生猶養也。臣有大勳勞者，使子孫享養之，是福祐之道也，故云以馭其福。七曰六曰奪，以馭其貧者，謂臣有大罪，身殺奪其家資，故云以馭其貧。七曰廢，以馭其辠者，廢，放也。謂臣有大罪，若不忍刑殺，放之以遠，故云以馭其辠。八曰誅，以馭其過者，臣有過失，非故爲之者，誅，責也，則以言語責讓之，故云以馭其過也。此經八事，自五曰已上，皆是善事，則大善者在前，小善者在後。自六曰已下，皆是惡事，則大惡者在前，小惡者在後。案《內史》亦言此八柄之事，唯一曰爵，二曰禄與此同，三曰廢，四曰置，五曰殺，六曰生，七曰予，八曰奪，文亂，與此不同者，彼欲視事起無常，故所言不次也。又彼變誅言殺，欲見爲惡不止則殺之；或可見此過失，則圜土之刑人也，出圜土則殺之，故《內史》變誅言殺也。且此中爵與禄、廢與置皆別文，以王德爲大，能明辨之，四者設文有別。八則中，爵禄及廢置皆共文者，以其德小，不能辨故也。注柄所至於善。釋曰：柄者謂八者若斧斤之柄，人所秉執以起事，故以柄言之也。云爵謂公侯已下者，欲見周法爵及命士。不言孤者，卿中含之，故《考工記》云：中有九室，九卿朝焉。九卿謂三孤六卿，是卿中含孤也。引《詩》誨爾序爵者，《大雅·桑柔》詩，序，是先後次第之言。誨，教也。故鄭云言教王以賢否之第次也。又引《書》者，是《尚書·洪範》之文。云凡厥正人，既富方穀者，厥，其也。方，道也。穀，善也。凡其正直之人，既以爵禄富之，又以善道接之、引之者，證以馭其富也。云成王封伯禽於魯，曰生以養周公，死以爲周公後是也者，此並文公十三年《公羊傳》文。彼云周公拜乎前，魯公拜乎後，曰生以養周公，死以爲周公主。此云爲周公後，不同者，鄭以義言之。又云五福，一曰壽者，此亦《洪範》文。引之者，證賢臣老養之，是五福一曰壽，故曰以馭其福也。云六極，四曰貧，亦《洪範》文。引之者，證大罪奪之家資，以馭其貧也。云廢猶放也，舜殛鯀于羽山者，鯀治水九載，績用不成。殛，誅也。羽山，東裔也。云《曲禮》曰齒路馬有誅者，齒謂年之。路馬，君之所乘馬。輒年之則有誅責。引之者，證誅爲言語責之，非有刑罪也。

《周禮注疏》卷三一《夏官司馬·司士》 司士掌羣臣之版，以治其政令，歲登下其損益之數，辨其年歲與其貴賤，周知邦國都家縣鄙之數，卿大夫士庶子之數，損益，謂用功過黜陟者。縣鄙，鄉遂之屬。故書版爲班，鄭司農云：班，書或爲版。版，名籍。版，音板。

疏：司士至之數。釋曰：云掌羣臣之版者，謂畿內朝廷及鄉遂都鄙羣臣名籍。云以治其政令者，即損益之數，辨其年歲貴賤之等是也。云歲登下其損益之數者，三年黜陟者是也。云辨其年歲者，知羣臣在任及年齒多少也。云與其貴賤者，大夫已上貴士已下賤也。云周知邦國都家者，邦國謂周之千七百七十三國也。都家，謂天子畿内三等采地，大都、小都、家邑是也。先邦國後都家者，尊諸侯故也。亦如《大宰》云布治于邦國都鄙，亦先邦國也。縣鄙者，謂去王國百里外六遂之中也。不言六鄉者，舉遠以包近。云卿大夫士者，即謂朝廷及邦國都家縣鄙之臣。數，摠言之也。云士庶子者，亦如《宫伯》，卿大夫之子，謂適子、庶子其支庶宿衛王宫者也。云之數者，邦國已下摠結之也。注損益至名籍。釋曰：云損益謂用功過黜陟者，即三年大比，以功過黜陟者也。云縣鄙鄉遂之屬者，縣鄙屬遂，故云之屬。其中兼鄉中之州黨，故鄉遂並言也。

以詔王治。告王所當進退。治，直吏反，下注治處同。

疏：注告王所當進退。釋曰：知詔王治是告王所當進退者，司士掌羣臣之數，只爲賞罰進退以勗勵之，故知告王治，唯謂進退之也。

以德詔爵，以功詔禄，以能詔事，以久奠食。德謂賢者。食，稍食也。賢者既爵乃禄之，能者事成乃食之。《王制》曰：司馬辨論官材，論進士之賢者以告於王，而定其論，論定然後官之，任官然後爵之，位定然後禄之。奠，音定。乃食，音嗣。其論，魯頓反，下同。又如字。任，音壬。

疏：以德至奠食。釋曰：云以德詔爵，以功詔禄者，據賢者試功之後，其德堪用，乃詔王授之以正爵。有功，乃詔王授之以正禄也。云以能詔事，以久奠食者，奠，定也。據能者先試之以事，事成乃定以稍食。其能堪用，乃後亦詔授之以正爵禄。注德謂至禄之。釋曰：云德謂賢者，即《大司徒》云以鄉三物教萬民而賓興之。三物，謂六德、六行、六藝。有六德六行，即爲賢者。有六藝，即爲能者。《鄉大夫》云：三年則大比，而興賢者、能者。鄭云：賢者，有德行者。能者，有道藝者。云食，稍食也者，月給食，不并給，故云稍食也。云賢者既爵乃禄之者，以經先云以德詔爵，後云詔禄也。云能者事成乃食之者，以經先云詔事，久乃定之以食也。此二者互見其事。自古以事任之者，皆試乃爵之。則賢者有先試之以事，乃後詔爵。能者既試有功，亦授之以爵。所以賢者先言正爵、能者先言試事者，欲見尊敬賢者，故先言正爵，卑退能者，先言試事。故鄭云賢者既爵乃禄之能者，事成乃食之也。引《王制》者，欲見能者須試乃授正爵之義。云辨論官材者，司馬使司士分辨其論官其材之法。云論進士之賢者以告於王，而定其論者，云進士者，謂學中之造士業成，可進受官爵，升之於司馬，則曰進士。司馬乃試論量，考知賢者，告王，乃定其論。云論定然後官之者，謂試官也。云任官然後爵之者，謂正爵也。云位定然後禄之者，謂正禄也。此即先試乃爵之事也。

（唐）杜佑《通典》卷一九《職官·官品》 周官九命。

（唐）杜佑《通典》卷一九《職官·封爵》 周，公、侯、伯、子、男五等。公、侯百里，伯七十里，子、男五十里。周公居攝改制，大其封。公五百里，侯四百里，伯三百里，子二百里，男百里。

（唐）杜佑《通典》卷一九《職官·禄秩》 周制：自天子至下士，凡六等。諸侯國君十卿禄，食二千八百八十人。卿四大夫禄，食二百八十八人。大夫倍上士，食七十二人。上士倍中士，食三十六人。中士倍下士，食十八人。下士與庶人在官者同。食九人。庶人在官，爲未命爲士者。次國小國同。

（唐）杜佑《通典》卷三五《職官·禄秩》 周班爵禄之制，天子一位，公一位，侯一位，伯一位，子男同一位，凡五等也。君一位，卿一位，大夫一位，上士一位，中士一位，下士一位，凡六等。大國君十卿禄，卿禄四大夫，大夫倍上士，上士倍中士，中士倍下士，下士與庶人在官者同禄。趙岐曰：庶人在官者，未命爲士者。次國君十卿禄，卿禄三大夫，大夫倍上士，上士倍中士，中士倍下士，下士與庶人在官者同禄。小國君十卿禄，卿禄二大夫，大夫倍上士，上士倍中士，中士倍下士，下士與庶人在官者同禄。皆禄足以代耕也。卿禄於君禄皆十分之一，大夫於卿各相加。士不得耕，以禄代耕也。及乎周衰，諸侯惡其害己而去其籍。諸侯恣行，惡其法度之害己，而滅去其籍。故今《周禮》司禄之官闕其職也。故其詳不可得而聞矣，茲蓋其略也。《孟子》。天子之三公之田視公侯，天子之卿視伯，天子之大夫視子男，天子之元士視附庸。視，比也。諸侯之下士禄食九人，中士食十八人，上士食三十六人，下大夫食七十二人，卿食二百八十八人，君食二千八百八十人。次國之卿食二百一十六人，君食二千一百六十人。小國之卿食百四十四人，君食千四百四十人。次國之卿命於君者，亦如小國之卿。凡制農田百畝，百畝之分，上農夫食九人，其次食八人，其次食七人，其次食六人。下農夫食五人。庶人在官者，其禄以是爲差。農夫皆受田於公，田肥墽有五等，收入不同也。庶人在官者，謂府史之屬，官長所除，不命於天子國君者。分或爲糞。墩，古教反。故諸侯之下士視上農夫，禄足以代耕也。

《禮記·王制》。

（唐）杜佑《通典》卷三五《職官·職田公廨田》 古者自卿以下必有圭田，圭田五十畝，餘夫二十五畝。孟子言古者卿以下至於士，皆受田五十畝，所以供祭祀。圭，潔也。士田謂之圭田，所謂惟士無田則亦不祭，言絀士無潔田也。井田之民養公田者，受百畝，圭田半之，故五十畝。餘夫者，一家一人受田，其餘老小尚有餘力者，受二十五畝，半於圭田，謂之餘夫也。受田者田萊多少，有上中下。《周禮》曰餘夫亦如之，亦如上中下之制也。故《王制》曰公田藉而不税，藉之言借也，借民力治公田，美惡取於此，不税民之所自治也。孟子曰：夏后氏五十而貢，殷人七十而助，周人百畝而徹。是也。夫圭田無征，是也。夫猶治也。征，税也。治圭田者不税，所以厚賢也。此則《周禮》之士田，以任近郊之地，税什一也。凡藉田之法，以一里之田凡九頃，分授八夫，則家得一頃。其餘一頃，以八十畝均付八家，以爲公田，家得十畝。借民力而治之，公則好惡取於是，不復侵人所自治之田也。故《詩》曰：雨我公田，遂及我私。其餘二十畝，二家共得五畝，以爲廬舍。

（唐）杜佑《通典》卷三六《職官·秩品》 周官有九儀之命，正邦國之位。九命作伯，上公有功德者，加命爲二伯，得專征伐五侯九伯者也。蓋長諸侯爲方伯。八命作牧，侯伯有功德者，加命得專征伐於諸侯。又云：一州之牧也。王之三公亦八命。七命賜國，王之卿六命，出封加一等者。鄭司農云：出就侯伯之國。六命賜官，鄭司農云：子男入爲卿，理一官也。鄭玄謂此王六命之卿。賜官者，得自置其臣，治家邑如諸侯。五命賜則，則者，地未成國之名也。王之下大夫四命，出封加一等，五命，賜之以方百里、二百里之地也。方三百里以上爲成國。王莽時以二十五成爲則，方五十里，與夏五十里國同。四命受器，受祭器，爲上大夫也。鄭玄謂此公之孤，始得有祭器者也。三命受位，受下大夫之位也。鄭玄謂此列國之卿，始有列位於王，爲王臣。再命受服，受祭衣服，爲上士也。鄭玄謂此受玄冕之服，列國之大夫再命。一命受職。始命爲正吏，謂列國公侯伯之士也。於子男爲大夫。一云受職事。

右內外官六萬三千六百七十五人。內二千六百四十三人，外諸侯國官六萬一千三十二人。內職掌府、史、胥、徒、賈人、工人，庶子、罪閩蠻夷貉等五隸、醫人、圉人、虎士、視瞭力召反。及奚、漿、籩、醢、醯、鹽、羃、酒、祧，舂、抌、饎、稿等。抌音肉。饎音熾，熟食也。《爾雅》云酒食也。女職一萬五千九百五十人。都計內外官及內職掌人七萬九千六百二十五人。其旄人、舞者及太祝、巫覡、閽人每門及囿、每宮等官職，並冬官人數及外職掌人並闕。按《帝王世紀》云：湯受命，有三千餘國。又按《王制》云：殷時天下諸侯國千七百七十三。當是殷氏政衰，諸侯相並，季末之時所存之國耳。大國二百四十九，次國五百一，小國一千二十三。大國次國則皆三卿、五下大夫、二十七上士。唯小國二卿，其大夫與士如大國、次國之數。大凡列國卿、大夫、士，有六萬一千三十二人。及周初，有千八百國，列國卿、大夫、士大約與殷不異。罷侯置守，郡縣官吏，百姓所奉，豈非勤乎。

周制，非二王之後，列土諸侯其爵無至公者也。當周之世，有功之臣無如太公、周公者，然封爵皆爲侯。《詩》云穆穆魯侯，又曰齊侯之子，是也。而春秋有虞公、虢公、州公者，或因殷之舊爵，或嘗爲天子之官，子孫因其號耳，非周之典制也。故天子三公八命，卿六命，大夫四命，上士三命，中士再命，下士一命。天子三公加命，則爲方伯，九命；卿加一命，則出爲侯伯，七命；大夫加一命，則出爲子男，五命；天子元士出封爲附庸，加一命，爲四命。大夫以下德盛者，出則爵命並加。士則德未周備，但得進命，不進爵也。是以卿出則爲侯、伯，大夫出則爲子、男，皆爵命並進。士出爲附庸，但得進命，故附庸之君猶稱名，與士同。故《春秋傳》云：附庸之君，名也。二王之後，本非出加之例，直以承祀先代，故九命爲上公。其有功之臣，皆爲侯伯七命而已。若王之子弟及異姓之有大功德，而封爵不過侯，但得進地。故齊魯之國，皆以侯爵而受上公之地五百里之封。若列土侯伯有賢能之德而又有功者，則加一命爲牧，故《春官》之職云八命作牧。子男之君則五命，上公之孤四命，卿三命，大夫再命，士一。大國之卿三命，大夫再命。次國之卿三命，大夫再命，士一命。小國之卿再命，大夫一命，其士不命。凡士一命而受爵。周禮爵及命士，故云一命而受爵。有受爵有受命者必有職，故《周禮》云一命受職，明一命之士職爵俱有也。再命受服於君，不自爲也。然則一命者，其服自爲也。一命尚受職，再命不言自明耳。三命受車馬，三命謂侯伯之卿也。再命已受服於君，則三命之卿受服不疑矣，而復別受車馬於君，故《曲禮》云夫爲人子，三賜不及車馬，明其三命得受車馬之義。然三命之卿則有命於天子之禮，故《周禮》云三命受位，明諸侯之卿受三命者，皆有列位於王朝也。則小國之卿再命者，雖得命於天子，於王朝未有列位也。

三命之卿始受車馬，則再命以下車馬自爲之也。若君特賜者，不在其例。四命受器，謂公之孤卿受祭器於公。四命始受器，三命以下皆自爲之也，故《禮記》云有田禄者先爲祭器。三命以上既受祭服，四命者受服亦可明矣。三命之卿尚有列位於王，四命亦可知也。凡次國之君不過七命，小國之君不過五命。凡自稱者，伯曰天子之臣。分陝之伯。諸侯之於天子，曰某土之守臣某。守音手又反。在邊邑，曰某屏之臣某。公子曰臣孽。孽音五葛反。士曰傳遽之臣，於大夫曰外私。傳遽，以車馬給使者也。士臣於大夫者，曰私人也。傳音丁戀反。列國之大夫入天子之國，曰某士，亦謂諸侯之卿也。三命以下，天子士也。某士者，若晋韓起聘於周，儐者曰晋士起也。自稱曰陪臣某。陪，重也。於外曰子。子，有德之稱也。《魯春秋》曰高子來盟。於某國，曰寡君之老。使自稱曰某。使謂使人於諸侯也。某，名也。

《禮記正義》卷一五《月令》 命太尉贊桀俊，遂賢良，舉長大。助長氣也。贊猶出也。桀俊，能者也。遂猶進也。三王之官有司馬，無大尉，秦官則有大尉。今俗人皆云周公作《月令》，未通於古。長大，如字，下繼長同，或丁丈反，非也。行爵出禄，必當其位。使順之也。當，丁浪反。【略】

疏：乃命樂師，習合禮樂。正義曰：不云是月者，以承上是月立夏之文也。至行爵出禄，必當其位，皆立夏之日處分之所爲，猶如立春之後，云命相布德施惠，皆同時之事，故不云是月也。

《禮記正義》卷一七《月令》 收禄秩之不當，供養之不宜者，天氣殺而萬物咸藏，可以去之也。禄秩之不當，恩所增加也。供養之不宜，欲所貪耆熊蹯之屬非常食。當，丁浪反，注同。供養，九用反；下餘亮反，注同。去，起吕反。耆，市志反。熊，乎弓反。蹯音煩。

疏：收禄至宜者。正義曰：春夏陽氣寬施，許人主從時，雖禄秩不當，亦所權許。今秋陰氣急斂，禁罰必當，是春夏所權置者，今悉收停之也。禄秩不當，謂彼人不應得禄，而王恩私與之者；供養不宜，謂非常之膳，求不可得者也。

是月也，天子乃以犬嘗稻，先薦寢廟。稻始孰也。

《春秋左傳正義》文公六年 委之常秩。委，任也。常秩，官司之常職。

疏：注委任至常職。正義曰：設官分職，當委任責成，故言委之。常秩謂職掌位次，故爲官司之常職。

《春秋左傳正義》昭公六年 猶不可禁禦，是故閑之以義，閑，防也。糾之以政，糾，舉也。行之以禮，守之以信，奉之以仁，奉，養也。制爲禄位，以勸其從，勸從教。嚴斷刑罰，以威其淫。淫，放也。

疏：閑之至其淫。正義曰：義者，宜也，合於事宜。閑謂防衛也。閑之以義，曰衛之使合於事宜者也。政者，正也，齊正在下。糾謂舉治也，糾之以政，舉治之使從於齊正也。禮當勉力履行，故行之以禮也。信當守而勿失，故守之以信也。仁心所以養物，故奉之以仁也。位以序德，禄以酬勤，有德能勤，則居官食禄，制爲禄位，以勸其從順教令也。其有犯罪則制之刑罰，故嚴斷刑罰，以威其驕淫放佚也。嚴斷，言其不放舍也。對文則加罪爲刑，收贖爲罰；散則刑、罰通也。閑之以下，皆言在上位者行此事治民也。

《韓非子·定法》 問者曰：主用申子之術，而官行商君之法，可乎？對曰：申子未盡於法也。申子言：治不踰官，雖知弗言。治不踰官，謂之守職也可；知而弗言，是謂過也。人主以一國目視，故視莫明焉；以一國耳聽，故聽莫聰焉。今知而弗言，則人主尚安假借矣。商君之法曰：斬一首者爵一級，欲爲官者爲五十石之官；斬二首者爵二級，欲爲官者爲百石之官。官爵之遷與斬首之功相稱也。今有法曰：斬首者令爲醫匠，則屋不成而病不已。夫匠者手巧也，而醫者齊藥也；而以斬首之功爲之，則不當其能。今治官者，智能也；今斬首者，勇力之所加也。以勇力之所加而治智能之官，是以斬首之功爲醫匠也。故曰：二子之於法術皆未盡善也。

《商君書·境内》 四境之内，丈夫女子皆有名於上者著，死者削。其有爵者，乞無爵者以爲庶子，級乞一人。其無役事也，其庶子役其大夫，月六日；其役事也，隨而養之軍。爵，自一級已下至小夫，命曰校徒操出。公爵，自二級已上至不更，命曰卒。其戰也，五人來簿爲伍；一人羽而輕，其四人能人得一首，則復夫勞爵。其縣過三日，有不致士大夫勞爵，能五人一屯長，百人一將。其戰，百將屯長不得斬首；得三十三首以上，盈論，百將屯長賜爵一級。五百，主短兵五十人。二五百，主將之，主短兵百。千石之令，短兵百人。八百之令，短兵八十人。七百之令，短兵七十人。六百之令，短兵六十人。國封尉，短兵千人。將短兵四千人。戰及死事，而〔到〕短兵能一首則優。能攻城圍邑，斬首八千已上，則盈論；野戰斬首二千，則盈論。吏自操及校以上，大將盡賞行間之吏也。故爵公士也，就爲上造也。故爵上造，就爲簪褭，就爲不更，故爵就爲大夫。爵吏而爲縣尉，則賜虜六加五千六百。爵大夫而爲國治，就爲大夫。故爵大夫，就爲公。大夫大夫就爲公乘，就爲五大夫，則税邑三百家。故爵五大夫，皆有賜邑三百家，有賜税三百家。爵五大夫有税邑六百家者，受客大將御參，皆賜爵三級。故客卿相論盈，就正卿。就爲大庶長，故大庶長就爲左更。故四更也，就爲大良造。以戰故，暴首三，乃校三日，將軍以不疑致士大夫勞爵。夫勞爵，其縣四尉，訾由丞尉，能得爵首一者，賞爵一級，益田一頃，益宅九畝。一除庶子一人，乃得人兵官之吏。

其獄法：高爵訾下爵級。高爵能無給，有爵人隸僕。爵自二級以上，有刑罪則貶爵。自一級以下，有刑罪則已小失死。以上至大夫，其官級一等，其墓樹級一樹。

其攻城圍邑也，國司空訾莫城之廣厚之數；國尉分地，以徒校分積尺而攻之，爲期曰：先已者，當爲最啓；後已者，訾爲最殿；再訾則廢。內通則積薪，積薪則燔柱陷隊之士，面十八人。陷隊之士知疾鬥不得，斬首隊五人，則陷隊之士，人賜爵一級。死，則一人後；不能死之千人，環睹諫黥劓於城下。國尉分地，以中卒隨之。將軍爲木臺，與國正監與王御史參望之。其先入者，舉爲最啓；其後入者，舉爲最殿。其陷隊也，盡其幾者；幾者不足，乃以欲級益之。

紀事

《論語・為政》 子張學干祿。子曰：多聞闕疑，慎言其餘，則寡尤；多見闕殆，慎行其餘，則寡悔。言寡尤，行寡悔，祿在其中矣。

《論語・雍也》 子華使于齊，冉子爲其母請粟。子曰：與之釜。請益。曰：與之庾。冉子與之粟五秉。子曰：赤之適齊也，乘肥馬，衣輕裘。吾聞之也：君子周急不繼富。原思爲之宰，與之粟九百，辭。子曰：毋，以與爾鄰里鄉黨乎。

《論語・衛靈公》 子曰：君子謀道不謀食。耕也，餒在其中矣；學也，祿在其中矣。君子憂道不憂貧。

《呂氏春秋・孟冬紀・異寶》 五員亡，荊急求之，登太行而望鄭曰：蓋是國也，地險而民多知，其主俗主也，不足與舉。去鄭而之許，見許公而問所之。許公不應，東南嚮而唾。五員載拜受賜曰：知所之矣。因入吳。過於荊，至江上，欲涉。見一丈人，刺小船，方將漁，從而請焉。丈人度之，絶江，問其名族，則不肯告，解其劍以予丈人，曰：此千金之劍也，願獻之丈人。丈人不肯受，曰：荊國之法，得五員者，爵執圭，祿萬檐，金千鎰。昔者，子胥過，吾猶不取，今我何以子之千金劍爲乎？五員過於吳，使人求之江上，則不能得也，每食必祭之，祝曰：江上之丈人。天地至大矣，至衆矣，將奚不有爲也？而無以爲。爲矣，而無以爲之。名不可得而聞，身不可得而見，其惟江上之丈人乎？

《戰國策・齊策四・齊人見田駢》 齊人見田駢，曰：聞先生高議，設爲不宦，而願爲役。田駢曰：子何聞之？對曰：臣聞之鄰人之女。田駢曰：何謂也？對曰：臣鄰人之女，設爲不嫁，行年三十而有七子，不嫁則不嫁，然嫁過畢矣。今先生設爲不宦，訾養千鍾，徒〔八〕百人，不宦則然矣，而富過畢也。田子辭。

《孟子注疏》卷四下《公孫丑章句下》 孟子致爲臣而歸。辭齊卿而歸其室也。王就見孟子曰：前日願見而不可得，謂未來仕齊也。遥聞孟子之賢，而不能得見之。得侍同朝，甚喜。來就爲卿，君臣同朝，得相見，故喜之也。今又棄寡人而歸，今致爲臣，棄寡人而歸。不識可以繼此而得見乎？不知可以續今日之後，遂使寡人得相見否乎？對曰：不敢請耳，固所願也。孟子對王，言不敢自請耳，固心之所願也。孟子意欲使王繼今當自來謀也。他日，王謂時子曰：我欲中國而授孟子室，養弟子以萬鍾，使諸大夫國人皆有所矜式，子盍爲我言之？時子，齊臣也。王欲於國中而爲孟子築室，使教養一國君臣之子弟，與之萬鍾之祿。中國者，使學者遠近均也。矜，敬也。式，法也。欲使諸大夫國人皆敬法其道。盍，何不也，謂時子何不爲我言之於孟子，知肯就之否？時子因陳子而以告孟子。陳子，孟子弟子陳臻也。陳子以時子之言告孟子，孟子曰：然。夫時子惡知其不可也？如使予欲富，辭十萬而受萬，是爲欲富乎？孟子曰：如是，夫時子安能知其不可乎？時子以我爲欲富，故以祿誘我，我往者饗十萬鍾之禄，以大道不行，故去耳。今更當受萬鍾，是爲欲富乎？距時子之言，所以有是云也。季孫曰：異哉，子叔疑。二子，孟子弟子也。季孫知孟子意不欲，而心欲使孟子就之，故曰：異哉，弟子之所聞也，子叔心疑惑之。亦以爲可就之矣。使已爲政，不用，則亦已矣。又使其子弟爲卿。人亦孰不欲富貴？而獨於富貴之中，有私龍斷焉。孟子解二子之異意疑心。曰：齊王使我爲政，不用，則亦自止矣。今又欲以其子弟故，使我爲卿，而與我萬鍾之禄。人亦誰不欲富貴乎？是猶獨於富貴之中，有此私登龍斷之類也，我則恥之。古之爲市也，以其所有易其所無者，有司者治之耳。有賤丈夫焉，必求龍斷而登之，以左右望而罔市利，人皆以爲賤，故從而征之。征商自此賤丈夫始矣。古者市置有司，但治其爭訟，不征税也。賤丈夫，貪人可賤者也。入市則求龍斷而登之，龍斷，謂堁斷而高者也。左右占視望，見市中有利，罔羅而取之，人皆賤其貪者也，故就征取其利。後世緣此，遂征商人。孟子言我苟貪萬鍾，不恥屈道，亦與此賤丈夫何異也。古者，謂周公以前，《周禮》有關市之征也。

疏：孟子致爲臣而歸至自此賤丈夫始矣。正義曰：此章指言君子正身行道，道之不行，命也。不爲利回也。孟子致爲臣而歸，是孟子辭齊卿而歸處於室也。王就見孟子曰：前日願見而不可得至不識可以繼此而得見乎，是齊王見孟子辭齊卿而歸於室，乃就孟子之室而見孟子曰：前日未仕齊時，聞孟子之賢，願見之，而不能得見，後得侍於我而爲之卿，遂得同朝相見，故甚喜之。今乃又棄去寡人而歸處於室，我不知可以繼今日之後，而使寡人得相見否？故以此問孟子。孟子對曰不敢請耳，固所願也。孟子意欲使王繼今日之後，當自來就見，故云不請見，固我心之所願也。他日，王謂時子曰：我欲中國而授孟子室至盍爲我言之。時子，齊王之臣也，言自見孟子已往。他日齊王又謂其臣時子曰：我今欲以中國授孟子，爲築其室，教養一國之子弟，故賜予以萬鍾之禄，使其諸大夫與一國之人皆有所敬法，時子何不爲我以此言説之。時子因陳子而以告孟子，陳子，陳臻也，是孟子弟子也。時子於是因陳臻而以齊王之言使陳臻告於孟子也。陳子以時子之言告孟子至是爲欲富乎，是陳子乃以時子所告齊王之言而告於孟子，孟子乃答之曰：然如是也，夫時子又安知其有不可也？如使我欲富其禄，我以辭去十萬之禄而受其萬，是以爲我欲其富乎？云乎者，是不爲欲富也。孟子欲以此言距時子也。季孫曰：異哉，子叔疑，季孫、子叔二子皆孟子弟子也，季孫知孟子意不欲遂時子之言，而心尚欲孟子就之，故但言異哉，弟子之所聞也，子叔疑之，亦以爲可就。使已爲政，不用，則亦已矣，又使其子弟爲卿至有私龍斷焉者，孟子又言齊王使己爲政之道，既以不得用，則我亦以辭之而止於其室矣；又欲以子弟之教，而使我爲卿，以與我萬鍾之禄。人亦誰不欲其富貴乎？然以此者，是亦猶獨於富貴之中，私登龍斷之類也。以其恥之，所以言然。古之爲市也，以其所有易其所無者，至自此賤丈夫始矣者，孟子又言古之所以爲市者，以其有無相貿易耳，有司者但治其爭訟而不征税也，有賤丈夫，則必求丘龍堁斷之高者而登之，以左右占望，見市中有利，罔羅而取之，人皆以爲賤丈夫焉，故後世亦從而征取其市中之税。以其所以征商之税於後世者，亦自此賤丈夫登龍斷而罔市利爲之始矣，故曰故從而征之，征商自此賤丈夫始矣。《周禮》有司關、司市，是有司者也。註云古者，謂周公前，《周禮》有關市之征。正義曰：此葢前篇説之詳矣，此不復説。

《孟子注疏》卷六下《滕文公章句下》 曰：仲子，齊之世家也，兄戴，蓋禄萬鍾。以兄之禄爲不義之禄而不食也，以兄之室爲不義之室而不居也，避兄離母，處於於陵。

《史記》卷四七《孔子世家》 孔子遂適衛，主於子路妻兄顔濁鄒家。衛靈公問孔子：居魯得禄幾何？對曰：奉粟六萬。衛人亦致粟六萬。居頃之，或譖孔子於衛靈公。靈公使公孫余假一出一入。孔子恐獲罪焉，居十月，去衛。

《墨子·貴義》 子墨子仕人于衛，所仕者至而反。子墨子曰：何故反？對曰：與我言而不當。曰待女以千盆。授我五百盆，故去之也。子墨子曰：授子過千盆，則子去之乎？對曰：不去。子墨子曰：然則，非爲其不審也，爲其寡也。

《戰國策·楚策一·威王問于莫敖子華》 莫敖子華對曰：昔令尹子文淄帛之衣以朝，鹿裘以處；未明而立於朝，日晦而歸食；朝不謀夕，無一月之積。故彼廉其爵，貧其身，以憂社稷者，令尹子文是也。

昔者葉公子高身獲于表薄，而財于柱國，定白公之禍，甯楚國之事，恢先君以揜方城之外，四封不侵，名不挫于諸侯。當此之時也，天下莫敢以兵南鄉，葉公子高食田六百畛。故彼崇其爵，豐其祿，以憂社稷者，葉公子高是也。

《史記》卷三四《燕召公世家》 燕噲既立，齊人殺蘇秦。蘇秦之在燕，與其相子之爲婚，而蘇代與子之交。及蘇秦死，而齊宣王復用蘇代。燕噲三年，與楚、三晋攻秦，不勝而還。子之相燕，貴重，主斷。蘇代爲齊使於燕，燕王問曰：齊王奚如？對曰：必不霸。燕王曰：何也？對曰：不信其臣。蘇代欲以激燕王以尊子之也。於是燕王大信子之。子之因遺蘇代百金，而聽其所使。

鹿毛壽謂燕王：不如以國讓相子之。人之謂堯賢者，以其讓天下於許由，許由不受，有讓天下之名而實不失天下。今王以國讓於子之，子之必不敢受，是王與堯同行也。燕王因屬國於子之，子之大重。或曰：禹薦益，已而以啓人爲吏。及老，而以啓人爲不足任乎天下，傳之於益。已而啓與交黨攻益，奪之。天下謂禹名傳天下於益，已而實令啓自取之。今王言屬國於子之，而吏無非太子人者，是名屬子之而實太子用事也。王因收印自三百石吏已上而效之子之。子之南面行王事，而噲老不聽政，顧爲臣，國事皆決於子之。

《史記》卷四四《魏世家》 魏文侯謂李克曰：先生嘗教寡人曰家貧則思良妻，國亂則思良相。今所置非成則璜，二子何如？李克對曰：臣聞之，卑不謀尊，疏不謀戚。臣在闕門之外，不敢當命。文侯曰：先生臨事勿讓。李克曰：君不察故也。居視其所親，富視其所與，達視其所舉，窮視其所不爲，貧視其所不取，五者足以定之矣，何待克哉。文侯曰：先生就舍，寡人之相定矣。李克趨而出，過翟璜之家。翟璜曰：今者聞君召先生而卜相，果誰爲之？李克曰：魏成子爲相矣。翟璜忿然作色曰：以耳目之所覩記，臣何負於魏成子？西河之守，臣之所進也。君內以鄴爲憂，臣進西門豹。君謀欲伐中山，臣進樂羊。中山以拔，無使守之，臣進先生。君之子無傅，臣進屈侯鮒。臣何以負於魏成子。李克曰：且子之言克於子之君者，豈將比周以求大官哉？君問而置相非成則璜，二子何如？克對曰：君不察故也。居視其所親，富視其所與，達視其所舉，窮視其所不爲，貧視其所不取，五者足以定之矣，何待克哉。是以知魏成子之爲相也。且子安得與魏成子比乎？魏成子以食祿千鍾，什九在外，什一在內，是以東得卜子夏、田子方、段干木。此三人者，君皆師之。子之所進五人者，君皆臣之。子惡得與魏成子比也？翟璜逡巡再拜曰：璜，鄙人也，失對，願卒爲弟子。

《史記》卷七九《范雎列傳》 范雎日益親，復說用數年矣，因請閒說曰：臣居山東時，聞齊之有田文，不聞其有王也；聞秦之有太后、穰侯、華陽、高陵、涇陽，不聞其有王也。夫擅國之謂王，能利害之謂王，制殺生之威之謂王。今太后擅行不顧，穰侯出使不報，華陽、涇陽等擊斷無諱，高陵進退不請。四貴備而國不危者，未之有也。爲此四貴者下，乃所謂無王也。然則權安得不傾，令安得從王出乎？臣聞善治國者，乃內固其威而外重其權。穰侯使者操王之重，決制於諸侯，剖符於天下，政適伐國，莫敢不聽。戰勝攻取則利歸於陶，國弊御於諸侯；戰敗則結怨於百姓，而禍歸於社稷。詩曰木實繁者披其枝，披其枝者傷其心；大其都者危其國，尊其臣者卑其主。崔杼、淖齒管齊，射王股，擢王筋，縣之於廟梁，宿昔而死。李兑管趙，因主父於沙丘，百日而餓死。今臣聞秦太后、穰侯用事，高陵、華陽、涇陽佐之，卒無秦王，此亦淖齒、李兑之類也。且夫三代所以亡國者，君專授政，縱酒馳騁弋獵，不聽政事。其所授者，妒賢嫉能，御下蔽上，以成其私，不爲主計，而主不覺悟，故失其國。今自有秩以上至諸大吏，下及王左右，無非相國之人者。見王獨立於朝，臣竊爲王恐，萬世之後，有秦國者非王子孫也。昭王聞之大懼，曰：善。於是廢太后，逐穰侯、高陵、華陽、涇陽君於關外。秦王乃拜范雎爲相。收穰侯之印，使歸陶，因使縣官給車牛以徙，千乘有餘。到關，關閱其寶器，寶器珍怪多於王室。

《史記》卷六《秦始皇本紀》 十一年，王翦、桓齮、楊端和攻鄴，取九城。王翦攻閼與、橑楊，皆并爲一軍。翦將十八日，軍歸斗食以下，什推二人從軍。取鄴安陽，桓齮將。十二年，文信侯不韋死，竊葬。其舍人臨者，晋人也逐出之；秦人六百石以上奪爵，遷；五百石以下不臨，遷，勿奪爵。自今以來，操國事不道如嫪毐、不韋者籍其門，視此。

《國語・晋語八》 秦后子來仕，其車千乘。楚公子干來仕，其車五乘。叔向爲太傅，實賦祿，韓宣子問二公子之祿焉，對曰：大國之卿，一旅之田，上大夫，一卒之田。夫二公子者，上大夫也，皆一卒可也。宣子曰：秦公子富，若之何其鈞之？對曰：夫爵以建事，禄以食爵，德以賦之，功庸以稱之，若之何以富賦禄也。夫絳之富商，韋藩木楗以過於朝，唯其功庸少也，而能金玉其車，文錯其服，能行諸侯之賄，而無尋尺之禄，無大績於民故也。且秦、楚匹也，若之何其回於富也。乃均其禄。

雜録

《周易正義》卷三《大畜》 ䷙乾下艮上。大畜：利貞。不家食，吉。利涉大川。

疏：正義曰：謂之大畜者，乾健上進，艮止在上，止而畜之，能止剛健，故曰大畜。《彖》云：能止健，大正也。是能止健，故爲大畜也。小畜則巽在乾上，以其巽順，不能畜止乾之剛，故云小畜也。此則艮能止之，故爲大畜也。利貞者，人能止健，非正不可，故利貞也。不家食吉者，已有大畜之資，當須養順賢人，不使賢人在家自食，如此乃吉也。利涉大川者，豐則養賢，應於天道，不憂險難，故利涉大川。

《尚書正義》卷一〇《商書·説命下》 乃曰：予弗克俾厥后惟堯舜，其心愧恥，若撻于市。言伊尹不能使其君如堯舜，則恥之，若見撻于市，故成其能。俾，必爾反。撻，他達反。一夫不獲，則曰時予之辜。伊尹見一夫不得其所，則以爲己罪。佑我烈祖，格于皇天。言以此道左右成湯，功至大天，無能及者。爾尚明保予，罔俾阿衡，專美有商。汝庶幾明安我事，則與伊尹同美。阿，烏何反。惟后非賢不乂，惟賢非后不食。言君須賢治，賢須君食。治，直吏反。其爾克紹乃辟于先王，永綏民。能繼汝君於先王，長安民，則汝亦有保衡之功。辟，必亦反。説拜稽首，曰：敢對揚天子之休命。對，答也。答受美命而稱揚之。

《禮記正義》卷五一《坊記》 子云：君子辭貴不辭賤，辭富不辭貧，則亂益亡。亡，無也。子云，自此以下，本或作子曰。故君子與其使食浮於人也，寧使人浮於食。食，謂禄也。在上曰浮。禄勝己則近貪，己勝禄則近廉。近，附近之近。子云：觴酒豆肉，讓而受惡，民猶犯齒。衽席之上，讓而坐下，民猶犯貴。朝廷之位，讓而就賤，民猶犯君。犯，猶僭也。齒，年也。禮：六十以上，籩豆有加。貴，秩異者。觴音傷。衽，而審反，又而鴆反。上，時掌反。《詩》云：民之無良，相怨一方。受爵不讓，至于已斯亡。良，善也。言無善之人，善遥相怨，貪爵禄，好得無讓，以至亡已。好，呼報反。子云：君子貴人而賤己，先人而後己，則民作讓，故稱人之君曰君，自稱其君曰寡君。寡君，猶言少德之君，言之謙。子云：利禄先死者而後生者，則民不偝；先亡者而後存者，則民可以託。言不偷於死亡，則於生存信。偝音佩，下及註同。偷音偷，本亦作偷。《詩》云：先君之思，以畜寡人。此衛夫人定姜之詩也。定姜無子，立庶子衎，是爲獻公畜孝也。獻公無禮於定姜，定姜作詩，言獻公當思先君定公，以孝於寡人。畜，許六反，註同，毛《詩》作勗。定姜之詩，此是《魯詩》，《毛詩》爲莊姜。衎，苦旦反。以此坊民，民猶偝死而號無告。死者見偝，其家之老弱號呼稱寃。無所告，無理也。號，户羔反，注同。寃，於苑反。

疏：子云至無告。正義曰：此一節明坊人偝死嚮生之事。利禄先死者而後生者，謂財利榮禄之事，假合死之與生並合俱得，君上先與死者而後生者。則民不偝者，謂在上以此化民，則民皆不偝於死者。先亡者而後存者，亡，謂身爲國事亡在外。存，謂存在於國内。若君有利禄，先與在外亡者而後與國内存者。則民可以託者，謂在上以此化民，民皆仁厚，皆可以大事相付託也。《詩》云：先君之思，以畜寡人者，此《邶風·燕燕》之篇，衛莊姜送歸妾之詩。言歸妾戴嬀思念先君莊公，以婦道勗勉寡人。寡人，莊姜自謂。此《記》引《詩》以勗爲畜，鄭又以爲衛定公大夫定姜之詩。定姜無子，立庶子衎，是爲獻公。獻公無禮於定姜，欲令獻公當思念先君，以畜孝於寡人。民猶偝死，而號無告者，言民猶尚偝棄死者，其生者老弱號呼，無所控告。注言不偷於死亡，則於生存信。正義曰：偷，謂苟且。言人既不苟且棄偝於死亡，則於生存在者不棄薄信著矣。注此衛至寡人。正義曰：云此衛夫人定姜之詩，獻公無禮於定姜者，案襄十四年《左傳》云：衛獻公出奔，使告宗廟以無罪。夫人定姜曰：余以巾擳事先君，而暴妾使余，若何無罪？是無禮之事，與《詩》注不同者，案《鄭志》答曰炅模云：注《記》時就盧君，後得《毛傳》乃改之。凡注與《詩》不同，皆倣此。

《禮記正義》卷五四《表記》 子曰：事君，大言入則望大利，小言入則望小利。大言，可以立大事也。小言，可以立小事也。入，爲君受之。利，禄賞也。入，或爲人。爲君，于偽反。故君子不以小言受大禄，不以大言受小祿。言臣受祿，各用其德能也。《易》曰：不家食吉。此《大畜·彖》辭也。《象》曰：不家食吉，養賢也。言君有大畜積，不與家食之而已。必以祿賢者，賢有大小，祿有多少。畜，勑六反，下同。彖，吐亂反。

疏：子曰至食吉。正義曰：此一節廣事君之道，依言大小而受祿。大言入則望大利者，入，猶受也。利，祿也。大言，謂立大事之言，進入於君，君所受納，如此乃望大祿。小言入則望小利者，小言，謂立小事之言。小言進入受於君，則唯望小利也。故君子不以小言受大祿，不以大言受小祿，言臣祿各以其德能相稱。若小言受大祿則臣濫，若大言受小祿則君重財而薄德也。《易》曰：不家食吉，此《大畜》卦辭也。案：《易·大畜》：利貞，不家食吉，利涉大川。不家食吉者，言君有大畜積，不唯與家人食之而已，當與賢人食之，故得吉。此《大畜》，乾下艮上之卦，注云：自九三至上九，有頤象居外，是不家食吉，而養賢。引之者，證君有祿而養賢，賢有大小，故祿亦有多少。

《禮記正義》卷五九《儒行》 儒有居處齊難，其坐起恭敬；言必先信，行必中正。道塗不爭險易之利，冬夏不爭陰陽之和。愛其死以有待也，養其身以有爲也。其備豫有如此者。齊難，齊莊可畏難也。行不爭道，止不選處，所以遠鬬訟。齊，側皆反，注同。難，乃旦反，注同。行，皇如字，舊下孟反。夏，户嫁反。爲，于僞反。處，昌慮反。遠，于萬反。儒有不寶金玉，而忠信以爲寶；不祈土地，立義以爲土地；不祈多積，多文以爲富；難得而易祿也，易祿而難畜也。非時不見，不亦難得乎？非義不合，不亦難畜乎？先勞而後祿，不亦易祿乎？其近人有如此者。祈，猶求也。立義以爲土地，以義自居也。難畜，難以非義久留也。勞，猶事也。積，或爲貨。積，子賜反，又如字。易，以豉反，又如字。畜，許六反。見，賢遍反。近，附近之近，下可近同。【略】

疏：【略】儒有居處齊難者，此明儒者先以善道豫防，備患難之事。居處齊難者，凡所居處容貌，齊莊可畏難也。貌既如此，人則無由慢之也。道塗不爭險易之利者，塗，路也。君子行道路，不與人爭平易之地，而避險阻以利己也。冬夏不爭陰陽之和者，冬溫夏涼，是陰陽之和，處冬日暖處則暄，夏日陰處則涼。此並爲世人所競，唯儒者讓而不爭也。故注云：行不爭道，止不選處，所以遠鬬訟也。愛其死以有待也者，此解不爭也。言愛死以待明時，養其身以有爲也者，言養身爲行道德也。其豫備有如此者，言儒者先行善道，豫防患害，有如此在諸事上也。儒有不寶金玉，而忠信以爲寶者，此解經明儒者懷忠信仁義之事也。儒有不寶金玉，而忠信以爲寶者，言儒懷忠信仁義以與人交，不貪金玉利祿以與人競，人則親而近之。不祈土地，立義以爲土地者，言儒者祈土之福，以義自居，故云以爲土地。不祈多積，多文以爲富者，積積聚財物也。儒以多學文章技藝爲富，不求財積以利其身也。難得而易祿也，非道之世則不仕，是難得也。先事後食，是易祿也。易祿而難畜也者，無義則去，是難畜也。非時不見，不亦難得乎者，非時，謂非明時則不見，是不亦難得乎。非義不合，不亦難畜乎者，君有義而與之合，無義則去，是難畜也。其近人有如此者，言儒者親近於人，有如此在上之諸事也。儒有委之以貨財者，此明儒者之行有異於衆，挺特而立，不與同羣之事。

假寧與致仕分部

綜　述

《禮記正義》卷一《曲禮上》 人生十年曰幼，學。名曰幼，時始可學也。《內則》曰：十年出就外傅，居宿於外，學書計。二十曰弱，冠。三十曰壯，有室。有室，有妻也。妻稱室。冠，古亂反。四十曰強，而仕。五十曰艾，服官政。艾，老也。艾，五蓋反，謂蒼艾色也；一音刈，治也。六十曰耆，指使。指事使人也。六十不與服戎，不親學。耆，渠夷反，賀瑒云：至也，至老境也。與音預。七十曰老，而傳。傳家事，任子孫，是謂宗子之父。傳，直專反。沈，直戀反。八十、九十曰耄。耄，惛忘也。《春秋傳》曰：謂老將知，耄又及之。旄，本又作耄，同，亡報反，注同。本或作八十曰耊，九十曰旄，後人妄加之。惛音昏，一音呼困反。忘，亡亮反，又如字。知音智。七年曰悼。悼，憐愛也。悼，徒報反。悼與耄，雖有罪，不加刑焉。愛幼而尊老。百年曰期頤。期猶要也。頤，養也。不知衣服食味，孝子要盡養道而已。頤，羊時反。要，於遥反，又如字，下同。養道，羊尚反，又如字。大夫七十而致事。致其所掌之事於君而告老。若不得謝，謝猶聽也。君必有命，勞苦辭謝之，其有德尚壯，則不聽耳。聽，吐丁反，後可以意求，皆不音。勞如字，又力報反。則必賜之几杖，行役以婦人，適四方，乘安車，自稱曰老夫，几杖、婦人、安車，所以養其身體也。安車，坐乘，若今小車也。老夫，老人稱也。亦明君貪賢。《春秋傳》曰：老夫耄矣。於其國則稱名。君雖尊異之，自稱猶若臣。越國而問焉，必告之以其制。鄭國來問，必問於老者以答之。制，法度。

疏：人生至其制。正義曰：此一節明人幼而從學，至於成德，終始之行，皆遵禮制，各隨文解之。人生十年曰幼，學者，謂初生之時至十歲。依《內則》，子生八年始教之讓，九年教之數目，十年出就外傅，居宿於外，學書計，故以十年爲節也。幼者，自始生至十九時，故《檀弓》云：幼名者，三月爲名稱幼。冠禮云：棄爾幼志。是十九以前爲幼。《喪服傳》云：子幼。鄭康成云：十五已下，皆別有義。今云十年曰幼，學，是十歲而就業也。二十曰弱，冠者，二十成人，初加冠，體猶未壯，故曰弱也。至二十九，通得名弱冠，以其血氣未定故也。不曰人生，並承上可知也。今謂庶人及士之子，若卿大夫十五以上則冠，故《喪服》云大夫爲昆弟之長殤是也。其冠儀與士同，故《郊特牲》云無大夫冠禮是也。其大夫之子亦二十而冠，其諸侯之子亦二十而冠，天子之子則十二而冠。若天子諸侯之身，則皆十二而冠。其釋在《冠義》。三十曰壯，有室者，三十而立，血氣已定，故曰壯也。壯有妻，妻居室中，故呼妻爲室。若通而言之，則宮室通名，故《爾雅》云：宮謂之室，室謂之宮。別而言之，論其四面穹隆則宮，因其貯物充實則曰室，室之言實也。今不云有妻而云有室者，妻者，齊也，齊爲狹局，云室者，含妾媵，事類爲廣。案《媒氏》云：男三十，女二十。鄭康成云：二三者，天地相承覆之數也。《易》曰：參天兩地而地而奇數焉。《白虎通》云：男三十筋骨堅強，任爲人父。女二十肌膚充盛，任爲人母，合爲五十，應大衍之數，生萬物也。四十曰強，而仕者，三十九以前通曰壯，壯久則強，故四十曰強。強有二義，一則四十不惑，是智慮強；二則氣力強也。五十曰艾，服官政者，四十九以前通曰強，年至五十，氣力已衰，髮蒼白，色如艾也。五十是知天命之年，堪爲大夫服事也。大夫得專事其官政，故曰服官政也。鄭康成注《孝經》云：張官設府謂之卿大夫。即此之謂也。熊氏云：案《中候·運衡》云年耆既艾，注云：七十曰艾。言七十者，以時堯年七十，故以七十言之。又《中候·準讖哲》云：仲父年艾，誰將逮政。注云七十曰艾者，云誰將逮政，是告老致政，致政當七十之時，故以七十曰艾。六十曰耆，指使者，賀瑒云：耆，至也，至老之境也。六十耳順，不得執事，但指事使人也。鄭注《射義》云：耆耋皆老也。注六十至不親學。正義曰：此《王制》文。引之者，證不自使也。七十曰老，而傳者，六十至老境而未全老，七十其老已至，故言老也。既年已老，則傳徙家事，付委子孫，不復指使也。注傳家至之父。正義曰：然庶子年老，亦得傳付子孫，而鄭唯云謂宗子者，爲《喪服》有宗子孤爲殤，鄭云：言孤，有不孤者，謂父有廢疾，若七十而老，子代主宗事者也。鄭今欲會成《喪服》義，故引宗子之父也。又一云宗子並謂五宗也。

五宗之子並是傳祭之身，故指之也。庶子乃授家事於子，非相傳之事，此既云傳，故鄭知非庶子也。必爲宗子父者，以經言傳，傳者，上受父祖之事，下傳子孫，子孫之所傳家事，祭事爲重，若非宗子，無由傳之。但七十之時，祭祀之事猶親爲之，其視濯溉則子孫，故《序卦》注云謂父退居田里，不能備祭宗廟，長子當親視滌濯鼎俎是也。若至八十，祭亦不爲，故《王制》云：八十齊喪之事不及也。注云：不齊，則不祭也。八十、九十曰耄，耄者，僻謬也。人或八十而耄，或九十而耄，故並言二時也。注耄惛至及之。正義曰：耄，惛忘也者，惛忘即僻謬也。所引《春秋》，案《左傳》昭元年，周景王使劉定公勞晉趙孟，定公勸趙孟纂禹之績，廣樹之功。趙孟對云：老夫罪戾，朝不謀夕。劉子歸語王曰：諺所謂老將知而耄及之者，其趙孟之謂乎？引之者，證老爲耄。七年曰悼者，悼，憐愛也。未有識慮，甚可憐愛也。年七歲而在九十後者，以其同不加刑，故退而次之也。悼與耄，雖有罪，不加刑焉者，幼無識慮，則可憐愛，老已耄而可尊敬，雖有罪，而同不加其刑辟也。《周禮·司刺》有三赦，一曰幼弱，二曰老耄，三曰惷愚。鄭注云：若今時律令，未滿八歲，八十以上，非手殺人，他皆不坐。故司刺有三赦，皆放免不坐也。百年曰期頤者，期，要也；頤，養也。人年百歲，不復知衣服飲食寒煖氣味，故人子用心，要求親之意而盡養道也。頤，養也，《易·序卦》文。大夫七十而致事者，七十曰老，在家則傳家事於子孫，在官致所掌職事還君，退還田里也。不云置而云致者，置是廢絶，致是與人，明朝廷必有賢代己也。《白虎通》云：臣年七十懸車致仕者，臣以執事趨走爲職，七十耳目不聰明，是以退老去避賢也，所以長廉遠恥。懸車，示不用也。致事，致職於君。君不使退而自去者，尊賢也。若不得謝者，謝猶聽許也。君若許其罷職，必辭謝云：在朝日久，劬勞歲積。是許其致事也。今不得聽，是其有德尚壯，猶堪掌事，不聽去也，則必賜之几杖者。熊氏云：既不聽致事，則《祭義》云七十杖於朝是也。聽致事，則《王制》云七十杖於國，八十杖於朝是也。案書傳云：七十杖於朝。鄭注云：朝當爲國者，以其下有八十杖於朝，故以朝當爲國也。與《王制》同，並謂聽致事也。行役以婦人者，行役，謂本國巡行役事。婦人能養人，故許自隨也。適四方，乘安車者，適四方，謂遠聘異國時。乘安車，安車，小車也，亦老人所宜。然此養老之具，在國及出，皆得用之。今言行役婦人，四方安車，則相互也，從語便，故離言之耳。自稱曰老夫者，若此老臣行役及適四方，應與人語，其自稱爲老夫，言己是老大夫也。必稱老者，明君貪賢之故，而臣老猶在其朝也。注几杖至耄矣。正義曰：安車，坐乘，若今小車者，古者乘四馬之車立乘。此臣既老，故乘一馬小車坐乘也。庾蔚云：漢世駕一馬而坐乘也。熊氏云：案《書傳略説》云：致仕者以朝，乘車輲輪。鄭云：乘車，安車。言輲輪，明其小也。《春秋》傳曰：老夫耄矣者，引《左傳》，證老臣對他國人自稱老夫也。此是《春秋》隱四年衛石碏辭也。石碏子厚與衛州吁遊，吁弑其異毋兄完而自立，未能和民，欲結強援，時陳侯有寵於周桓王，州吁與石厚往陳，欲因陳自達於周，而石碏遣人告陳曰：衛國褊小，老夫耄矣，無能爲也。此二人者，實弑寡君，敢即圖之。於其國則稱名者，於其國，謂自與其君言也，雖老，猶自稱名也。注君雖尊異之，自稱猶若臣者，案《玉藻》云上大夫曰下臣，《士相見禮》云士大夫於他邦之君曰外臣，是上大夫於己君自稱爲下臣，於他國君自稱爲外臣。又《玉藻》云下大夫自名，又鄭注《玉藻》云下大夫自名，於他國則曰外臣某，其是下大夫於己君稱名，於他國曰外臣某。此既自稱老夫，宜是上大夫，而稱名從下大夫者，既被君尊異，故臣亦謙退，從下大夫之例而稱名也。且《玉藻》所云，是其從下大夫例，然臣於君，單稱名無嫌也。越國而問焉，必告之以其制者，越國猶他國也，若他國來問己國君之政，君雖已達其事，猶宜問於老賢，老賢則稱國之舊制以對他國之問也。

紀事

《春秋左傳正義》隱公三年　去順效逆，所以速禍也。君人者，將禍是務去，而速之，無乃不可乎。弗聽。其子厚與州吁游，禁之，不可。桓公立，乃老。老，致仕也。四年經書州吁弑其君，故傳先經以始事。去，起呂反，下同。弑音試。先，悉薦反。

疏：去順效逆。正義曰：州吁於逆則少陵長，於順則弟不敬，是去順效逆也。六順、六逆，因事廣言，非謂州吁徧犯之也。注老致至始事。

正義曰：《禮》：七十而致事，言還其所掌之事於君也。傳之初始有此，故言傳先經以始事。餘不注，從可知也。

《春秋左傳正義》襄公三年　祁奚請老，老，致仕。晉侯問嗣焉。嗣，續其職者。稱解狐，其讎也，將立之而卒。解狐卒。解音蟹。讎也。又問焉，對曰：午也可。午，祁奚子。於是羊舌職死矣。晉侯曰：孰可以代之？對曰：赤也可。赤，職之子伯華。於是使祁午爲中軍尉，羊舌赤佐之。各代其父。君子謂祁奚於是能舉善矣。稱其讎，不爲諂；立其子，不爲比；舉其偏，不爲黨。諂，媚也。偏，屬也。諂，他檢反。比，毗志反。

疏：稱其至爲黨。正義曰：設令他人稱其讎，則諂以求媚也；立其子，則心在親比也；舉其偏，則情相阿黨也。今祁奚以其人實善，故舉薦之。人見彼善，知奚不諂、不比、不黨也。諂者，阿順曲從以求彼意，故以諂爲媚。媚，愛也，言爲諂以求愛也。偏者，半廂之名，故傳多云東偏西偏。軍師屬己，分之別行，謂之偏師。傳云彘子以偏師陷。是偏爲廂属之名也。祁奚爲中軍尉，羊舌職佐之。職屬祁奚，復舉其子，是舉其偏屬也。

《春秋左傳正義》襄公七年　冬，十月，晉韓獻子告老。公族穆子有廢疾，穆子，韓厥長子，成十八年爲公族大夫。長，丁丈反，下師長同。將立之。代厥爲卿。辭曰：《詩》曰：豈不夙夜，謂行多露。《詩》言雖欲早夜而行，懼多露之濡己。義取非禮不可妄行。

疏：《詩》曰至多露。正義曰：《詩・國風・召南・行露》之首章也。言人行者，豈不欲早夜而行乎？謂早夜而行，則多露濡己。義取非禮不可以妄行。穆子引之，言非其才，不可以妄居官位。

《春秋左傳正義》昭公十年　晏子謂桓子：必致諸公。讓，德之主也，讓之謂懿德。凡有血氣，皆有争心，故利不可强，不可强取。争，争鬭之争。强，其丈反，注同。思義爲愈。義，利之本也，蘊利生孽。姑使無蘊乎。蘊，畜也。孽，妖害也。蘊，紆粉反。孽，魚列反。畜，勑六反。可以滋長。桓子盡致諸公，而請老于莒。莒，齊邑。長，丁丈反。桓子召子山，子山、子商、子周，襄三十一年子尾所逐羣公子。私具幄幕器用，從者之衣屨，私具，不告公。幄，於角反。幕音莫。從，才用反。屨，九具反。而反棘焉。棘，子山故邑。齊國西安縣東有戟里亭。子商亦如之，而反其邑。子周亦如之，而與之夫于。子周本無邑，故更與之。濟南於陵縣西北有于亭。反子城、子公、公孫捷，三子，八年子旗所逐。而皆益其禄。凡公子、公孫之無禄者，私分之邑。桓子以己邑分之。國之貧約孤寡者，私與之粟。曰：《詩》云陳錫載周，能施也。《詩・大雅》言文王能布陳大利，以賜天下，行之周徧。載，如字。《詩》作哉。毛云：哉，載也。鄭云：始也。施，始豉反，下注同。徧音遍。桓公是以霸。齊桓公亦能施以致霸。

秦漢部

銓選分部

舉選

論説

（漢）劉安《淮南子》卷三《天文訓》　丙子受制則舉賢良，賞有功，立封侯，出貨財。

（漢）劉安《淮南子》卷一〇《繆稱訓》　凡人各賢其所説，而説其所快。世莫不舉賢，或以治，或以亂。非自遁，求同乎己者也。己未必得賢，而求與己同者，而欲得賢，亦不幾矣。使堯度舜，則可；使桀度堯，是猶以升量石也。今謂狐狸，則必不知狐，又不知狸。非未嘗見狐者，必未嘗見狸也，狐、狸非異，同類也，而謂狐狸，則不知狐、狸。是故謂不肖者賢，則必不知賢；謂賢者不肖，則必不知不肖者矣。

（漢）劉安《淮南子》卷一一《齊俗訓》　昔太公望、周公旦受封而相見，太公問周公曰：何以治魯？周公曰：尊尊親親。太公曰：魯從此弱矣。周公問太公曰：何以治齊？太公曰：舉賢而上功。周公曰：後世必有劫殺之君。其後，齊日以大，至於霸，二十四世而田氏代之；魯日以削，至三十二世而亡。故《易》曰：履霜堅冰至。聖人之見，終始微言。故糟丘生乎象櫡，炮烙生乎熱斗。

（漢）劉安《淮南子》卷一五《兵略訓》　故德義足以懷天下之民，事業足以當天下之急，選舉足以得賢士之心，謀慮足以知強弱之勢，此必勝之本也。

（漢）劉安《淮南子》卷一五《兵略訓》　權勢必形，吏卒專精，選良用才，官得其人，計定謀決，明於死生，舉錯得失，莫不振驚。故攻不待衝隆雲梯而城拔，戰不至交兵接刃而敵破，明於必勝之攻也。

（漢）劉安《淮南子》卷二〇《泰族訓》　故聖主者舉賢以立功，不肖主舉其所與同。文王舉太公望、召公奭而王，桓公任管仲、隰朋而霸，此舉賢以立功也。夫差用太宰嚭而滅，秦任李斯、趙高而亡，此舉所與同。故觀其所舉，而治亂可見也；察其黨與，而賢不肖可論也。

（漢）徐幹《中論》卷下《譴交》　民之好交游也，不及聖王之世乎？古之不交游也，將以自求乎？昔聖王之治其民也，任之以九職，糾之以八刑，導之以五禮，訓之以六樂，教之以三物，習之以六容。使民勞而不至於困，逸而不至於荒。當此之時，四海之内，進德脩業，勤事而不暇，詎敢淫心舍力，作爲非務以害休功者乎？自王公至於列士，莫不成正畏，相厥職有恭，不敢自暇自逸。故《春秋外傳》曰：天子大采朝日，與三公九卿，祖識地德。日中考政，與百官之政事師尹。惟旅牧相，宣序民事，少采夕月，與太史司載，糾虔天刑，日入，監九御潔奉禘郊之粢盛，而後即安。諸侯朝修天子之業命，晝考其國職，夕省其典刑，夜警其百工，使無慆淫，而後即安。卿大夫朝考其職，晝講其庶政，夕序其業，夜庀其家事，而後即安。士朝而受業，晝而講貫，夕而習復，夜而計過，無憾，而後即安。正歲使有司令於官府曰：各修乃職，考乃法，備乃事，以聽王命，其有不恭，則邦有大刑。由此觀之，不務交游者，非政之惡也，心存於職業而不遑也。且先王之教，官既不以交游導民，而鄉之考德，又不以交游舉賢，是以不禁其民，而民自舍之。及周之衰，而交游興矣。

問者曰：吾子著書，稱君子之有交，求賢交也。今稱交非古也，然則古之君子無賢交歟？曰：異哉，子之不通於大倫也。若夫不出戶庭，坐於空室之中，雖魑魅魍魎，將不吾覿，而況乎賢人乎？今子不察吾所謂交游之實，而難其名，名有同而實異者矣，名有異而實同者矣。故君子於是倫也，務於其實，而無譏其名。吾稱古之不交游者，不謂嚮屋漏而居也；今之好交游者，非謂長沐雨乎中路者也。古之君子，因王事之閒，則奉贄以見其同僚及國中之賢者，其於宴樂也，言仁義而不及名利。君子未命者，亦因農事之隙，奉贄以見其鄉黨同志。及夫古之賢者亦然，則何爲其不獲賢交哉。非有釋王事，廢交業，遊遠邦，曠年歲者也。故古之交也近，今之交也遠；古之交也寡，今之交也衆；古之交也爲求賢，今之交也爲名利而已矣。

《文選》卷四五（漢）楊雄《設論·解嘲并序》　當今縣令不請士，郡守不迎師，群卿不揖客，將相不俛眉；言奇者見疑，行殊者得辟。是以欲談者卷舌而同聲，欲步者擬足而投跡。嚮使上世之士，處乎今世，策非甲科，行非孝廉，舉非方正，獨可抗疏，時道是非，高得待詔，下觸聞罷，又安得青紫？

《宋書》卷九四《恩倖傳》　漢末喪亂，魏武始基，軍中倉卒，權立九品，蓋以論人才優劣，非爲世族高卑。因此相沿，遂爲成法。自魏至晉，莫之能改，州都郡正，以才品人，而舉世人才，升降蓋寡。徒以馮藉世資，用相陵駕，都正俗士，斟酌時宜，品目少多，隨事俯仰，劉毅所云下品無高門，上品無賤族者也。歲月遷譌，斯風漸篤，凡厥衣冠，莫非二品，自此以還，遂成卑庶。周、漢之道，以智役愚，臺隸參差，用成等級；魏晉以來，以貴役賤，士庶之科，較然有辨。夫人君南面，九重奥絶，陪奉朝夕，義隔卿士，階闥之任，宜有司存。

（唐）歐陽詢《藝文類聚》卷五三《治政部·薦舉》　梁丘遲答舉秀才啓曰：方今八友盈庭，五承在幄，七教畢脩，九功具舉，猶乃物色關屠，夢想巖釣，故已天不愛寶，野無遺賢，輒仰宣皇猷，俯罄愚蔽，覘察衡閣，詢事茅草，如有片言入善，一介可題，謹聞絳闕，恭奏青蒲。

（宋）洪邁《容齋續筆》卷三《薦士稱字著年》　漢、魏以來諸公上表薦士，必首及本郡名，次著其年，又稱其字。如漢孔融《薦禰衡表》云云處士平原禰衡，年二十四，字正平，齊任昉爲蕭揚州作《薦士表》云祕書丞琅邪王暕，年二十一，字思晦，前候官令東海王僧孺，年三十五，字僧孺是也。唐以來乃無此式。

（宋）洪邁《容齋續筆》卷一〇《曹參不薦士》　曹參代蕭何爲漢相國，日夜飲酒不事事，自云：高皇帝與何定天下，法令既明，遵而勿失，不亦可乎。是則然矣，然以其時考之，承暴秦之後，高帝創業尚淺，日不暇給，豈無一事可關心者哉？其初相齊，聞膠西蓋公善治黄、老言，使人厚幣請之。蓋公爲言治道貴清淨而民自定。參於是避正堂以舍之，其治要用黄、老術。故相齊九年，齊國安集。然入相漢時，未嘗引蓋公爲助也。齊處士東郭先生、梁石君隱居深山，蒯徹爲參客，或謂徹曰：先生之於曹相國，拾遺舉過，顯賢進能，二人者，世俗所不及，何不進之於相國乎？徹以告參，參皆以爲上賓。徹善齊人安其生，嘗干項羽，羽不能用其策。羽欲封此兩人，兩人卒不受。凡此數賢，參皆不之用，若非史策失其傳，則參不薦士之過多矣。

（宋）章如愚《羣書考索續集》卷三八《官制門·選舉·鄉評》　人之實行能掩於人之所不知，而不能逃乎鄉黨之公議。故古之論秀必本於鄉。而漢之取士，猶有鄉舉里選之遺意也。武帝求賢良，國人共推公孫弘以充賦，萬石君家以孝謹聞郡國，特以其子爲郎中令。一推兒寬則曰知之久矣，一言蕭望之則曰此東海蕭生耶，一薦龔勝則曰固已聞其名。其令聞美譽固已素著於鄉，而達於朝廷之上，蓋如是，其不可掩也。至於酈食其家貧落薄縣中謂之狂生，韓信家貧無行，不得推擇爲吏。陳湯丐貸無節，不爲鄉里所稱公議之在鄉里，昭昭乎不可泯没，安能掩其所不知，而用之欺君哉。是故能自持於鄉者，然後州縣拔爲幹佐。曹吏能自立於州縣者，然後五府辟爲曹掾。能自效於五府者，然後朝廷所選用。其初皆本於鄉里公譽也。是以高祖之初，郡縣各置三老，相帥爲善，而又設爲孝廉之科以取士，其殆有意於鄉舉里選之舊乎？

（明）梅鼎祚《東漢文紀》卷一三《張衡·論舉孝廉疏》　侍中張衡上疏曰：自初舉孝廉，到今二百年，必先孝行，行有餘力，乃草文法耳。今詔書一以能誦章句、結奏案爲限，雖有至孝，不當其科，所謂損本而求末者也。自改試以來，累有妖星震裂之災，是天意不安於此法故也。

綜　述

《史記》卷一〇《孝文本紀》　〔二年〕十二月望，日又食。上曰：朕聞之，天生蒸民，爲之置君以養治之。人主不德，布政不均，則天示之以菑，以誡不治。乃十一月晦，日有食之，適見于天，菑孰大焉。朕獲保宗廟，以微眇之身託于兆民君王之上，天下治亂，在朕一人，唯二三執政猶吾股肱也。朕下不能理育羣生，上以累三光之明，其不德大矣。令至，其悉思朕之過失，及知見思之所不及，匄以告朕。及舉賢良方正能直言極諫者，以匡朕之不逮。因各飭其任職，務省繇費以便民。朕既不能遠德，故憪然念外人之有非，是以設備未息。今縱不能罷邊屯戍，而又飭兵厚衛，其罷衛將軍軍。太僕見馬遺財足，餘皆以給傳置。

《史記》卷一一二《平津侯主父列傳》　建元元年，天子初即位，招賢良文學之士。是時弘年六十，徵以賢良爲博士。使匈奴，還報，不合上意，上怒，以爲不能，弘迺病免歸。

元光五年，有詔徵文學，菑川國復推上公孫弘。弘讓謝國人曰：臣已嘗西應命，以不能罷歸，願更推選。國人固推弘，弘至太常。太常令所徵儒士各對策，百餘人，弘第居下。策奏，天子擢弘對爲第一。召入見，狀貌甚麗，拜爲博士。

《史記》卷一二一《儒林列傳》　公孫弘爲學官，悼道之鬱滯，乃請曰：丞相御史言：制曰蓋聞導民以禮，風之以樂。婚姻者，居屋之大倫也。今禮廢樂崩，朕甚愍焉。故詳延天下方正博聞之士，咸登諸朝。其令禮官勸學，講議洽聞興禮，以爲天下先。太常議，與博士弟子，崇鄉里之化，以廣賢材焉。謹與太常臧、博士平等議曰：聞三代之道，鄉里有教，夏曰校，殷曰序，周曰庠。其勸善也，顯之朝廷；其懲惡也，加之刑罰。故教化之行也，建首善自京師始，由內及外。今陛下昭至德，開大明，配天地，本人倫，勸學脩禮，崇化厲賢，以風四方，太平之原也。古者政教未洽，不備其禮，請因舊官而興焉。爲博士官置弟子五十人，復其身。太常擇民年十八已上，儀狀端正者，補博士弟子。郡國縣道邑有好文學，敬長上，肅政教，順鄉里，出入不悖所聞者，令相長丞上屬所二千石，二千石謹察可者，當與計偕，詣太常，得受業如弟子。一歲皆輒試，能通一藝以上，補文學掌故缺；其高弟可以爲郎中者，太常籍奏。即有秀才異等，輒以名聞。其不事學若下材及不能通一藝，輒罷之，而請諸不稱者罰。臣謹案詔書律令下者，明天人分際，通古今之義，文章爾雅，訓辭深厚，恩施甚美。小吏淺聞，不能究宣，無以明布諭下。治禮次治掌故，以文學禮義爲官，遷留滯。請選擇其秩比二百石以上，及吏百石通一藝以上，補左右內史、大行卒史；比百石已下，補郡太守卒史：皆各二人，邊郡一人。先用誦多者，若不足，乃擇掌故補中二千石屬，文學掌故補郡屬，備員。請著功令。佗如律令。制曰：可。自此以來，則公卿大夫士吏斌斌多文學之士矣。

《漢書》卷一上《高帝紀》　〔二年二月〕舉民年五十以上，有脩行，能帥衆爲善，置以爲三老，鄉一人。擇鄉三老一人爲縣三老，與縣令丞尉以事相教，復勿繇戍。

《漢書》卷二《惠帝紀》　〔惠帝四年〕春正月，舉民孝弟力田者復其身。

《漢書》卷四《文帝紀》　〔十五年〕九月，詔諸侯王公卿郡守舉賢良能直言極諫者，上親策之，傅納以言。

《漢書》卷六《武帝紀》　建元元年冬十月，詔丞相、御史、列侯、中二千石、二千石、諸侯相舉賢良方正直言極諫之士。丞相綰奏：所舉賢良，或治申、商、韓非、蘇秦、張儀之言，亂國政，請皆罷。奏可。

《漢書》卷六《武帝紀》　元光元年冬十一月，初令郡國舉孝廉各一人。

《漢書》卷六《武帝紀》　元朔元年冬十一月，詔曰：公卿大夫，所使總方略，壹統類，廣教化，美風俗也。夫本仁祖義，褒德祿賢，勸善刑暴，五帝三王所繇昌也。朕夙興夜寐，嘉與宇內之士臻於斯路。故旅耆老，復孝敬，選豪俊，講文學，稽參政事，祈進民心，深詔執事，興廉舉孝，庶幾成風，紹休聖緒。夫十室之邑，必有忠信；三人並行，厥有我師。今或至闔郡而不薦一人，是化不下究，而積行之君子雍於上聞也。二千石官長紀綱人倫，將何以佐朕燭幽隱，勸元元，厲蒸庶，崇鄉黨之訓哉？且進賢受上賞，蔽賢蒙顯戮，古之道也。其與中二千石、禮官、博士議不舉者罪。有司奏議曰：古者，諸侯貢士，壹適謂之好德，再適謂之賢賢，三適謂之有功，乃加九錫；不貢士，壹則黜爵，再則黜地，三而黜爵地畢矣。夫附下罔上者死，附上罔下者刑，與聞國政而無益於民者斥，在上位而不能進賢者退，此所以勸善黜惡也。今詔書昭先帝聖緒，令二千石舉孝廉，所以化元元，移風易俗也。不舉孝，不奉詔，當以不敬論。不察廉，不勝任也，當免。奏可。

《漢書》卷六《武帝紀》　〔五年〕夏六月，詔曰：蓋聞導民以禮，風之以樂，今禮壞樂崩，朕甚閔焉。故詳延天下方聞之士，咸薦諸朝。其令禮官勸學，講議洽聞，舉遺興禮，以爲天下先。太常其議予博士弟子，崇鄉黨之化，以厲賢材焉。

《漢書》卷六《武帝紀》〔元狩六年〕六月，詔曰：日者有司以幣輕多姦，農傷而末衆，又禁（以）〔兼〕并之塗，故改幣以約之。稽諸往古，制宜於今。廢期有月，而山澤之民未諭。夫仁行而從善，義立則俗易，意奉憲者所以導之未明與？將百姓所安殊路，而撟虔吏因乘勢以侵蒸庶邪？何紛然其擾也。今遣博士大等六人分循行天下，存問鰥寡廢疾，無以自振業者貸與之。諭三老孝弟以爲民師，舉獨行之君子，徵詣行在所。朕嘉賢者，樂知其人。廣宣厥道，士有特招，使者之任也。詳問隱處亡位，及冤失職，姦猾爲害，野荒治苛者，舉奏。郡國有所以爲便者，上丞相、御史以聞。

《漢書》卷六《武帝紀》〔元封五年夏四月〕初置刺史部十三州。名臣文武欲盡，詔曰：蓋有非常之功，必待非常之人，故馬或奔踶而致千里，士或有負俗之累而立功名。夫泛駕之馬，跅弛之士，亦在御之而已。其令州郡察吏民有茂材異等可爲將相及使絶國者。

《漢書》卷七《昭帝紀》〔始元元年閏九月〕，遣故廷尉王平等五人持節行郡國，舉賢良，問民所疾苦、冤、失職者。

《漢書》卷七《昭帝紀》〔始元〕二年春正月，大將軍光、左將軍桀皆以前捕斬反虜重合侯馬通功封，光爲博陸侯，桀爲安陽侯。以宗室毋在位者，舉茂才劉辟彊、劉長樂皆爲光禄大夫，辟彊守長樂衛尉。

《漢書》卷七《昭帝紀》〔始元五年六月〕詔曰：朕以眇身獲保宗廟，戰戰栗栗，夙興夜寐，修古帝王之事，通保傅，傳《孝經》、《論語》、《尚書》，未云有明。其令三輔、太常舉賢良各二人，郡國文學高第各一人。賜中二千石以下至吏民爵各有差。

《漢書》卷七《昭帝紀》〔始元六年〕二月，詔有司問郡國所舉賢良文學民所疾苦。

《漢書》卷七《昭帝紀》〔元鳳元年〕三月，賜郡國所選有行義者涿郡韓福等五人帛，人五十匹，遣歸。詔曰：朕閔勞以官職之事，其務修孝弟以教鄉里。令郡縣常以正月賜羊酒。有不幸者賜衣被一襲，祠以中牢。

《漢書》卷八《宣帝紀》〔本始元年〕夏四月庚午，地震。詔内郡國舉文學高第各一人。

《漢書》卷八《宣帝紀》〔本始四年〕夏四月壬寅，郡國四十九地震，或山崩水出。詔曰：蓋災異者，天地之戒也。朕承洪業，奉宗廟，託于士民之上，未能和羣生。乃者地震北海、琅邪，壞祖宗廟，朕甚懼焉。丞相、御史其與列侯、中二千石博問經學之士，有以應變，輔朕之不逮，毋有所諱。令三輔、太常、内郡國舉賢良方正各一人。律令有可蠲除以安百姓，條奏。被地震壞敗甚者，勿收租賦。

《漢書》卷八《宣帝紀》〔地節三年三月〕令内郡國舉賢良方正可親民者。

《漢書》卷八《宣帝紀》〔地節三年〕冬十月，詔曰：乃者九月壬申地震，朕甚懼焉。有能箴朕過失，及賢良方正直言極諫之士以匡朕之不逮，毋諱有司。朕既不德，不能附遠，是以邊境屯戍未息。今復飭兵重屯，久勞百姓，非所以綏天下也。其罷車騎將軍、右將軍屯兵。

《漢書》卷八《宣帝紀》〔地節三年〕十一月，詔曰：朕既不逮，導民不明，反側晨興，念慮萬方，不忘元元。唯恐羞先帝聖德，故並舉賢良方正以親萬姓，歷載臻茲，然而俗化闕焉。傳曰：孝弟也者，其爲仁之本與。其令郡國舉孝弟有行義聞于鄉里者各一人。

《漢書》卷八《宣帝紀》〔元康元年〕秋八月，詔曰：朕不明六藝，鬱于大道，是以陰陽風雨未時。其博舉吏民，厥身修正，通文學，明於先王之術，宣究其意者，各二人，中二千石各一人。

《漢書》卷八《宣帝紀》〔元康四年春正月〕遣大中大夫彊等十二人循行天下，存問鰥寡，覽觀風俗，察吏治得失，舉茂材異倫之士。

《漢書》卷八《宣帝紀》〔神爵四年夏四月〕令内郡國舉賢良可親民者各一人。

《漢書》卷八《宣帝紀》〔黄龍元年〕夏四月，詔曰：舉廉吏，誠欲得其真也。吏六百石位大夫，有罪先請，秩禄上通，足以效其賢材，自今以來毋得舉。

《漢書》卷九《元帝紀》〔初元二年三月〕詔罷黄門乘輿狗馬，水衡禁囿、宜春下苑、少府佽飛外池、嚴籞池田假與貧民。詔曰：蓋聞賢聖在位，陰陽和，風雨時，日月光，星辰静，黎庶康寧，考終厥命。今朕恭承天地，託于公侯之上，明不能燭，德不能綏，災異並臻，連年不息。乃二月戊午，地震于隴西郡，毁落太上皇廟殿壁木飾，壞敗豲道縣城郭官寺及民室屋，壓殺人衆。山崩地裂，水泉湧出。天惟降災，震驚朕師。治有大虧，咎至於斯。夙夜兢兢，不通大變，深惟鬱悼，未知其序。間者歲數不登，元元困乏，不勝饑寒，以陷刑辟，朕甚閔之。郡國被地動災甚者無出租賦。赦天下。有可蠲除減省以便萬姓者，條奏，毋有所諱。丞相、御史、中二千石舉茂材異等直言極諫之士，朕將親覽焉。

《漢書》卷九《元帝紀》〔初元三年〕六月，詔曰：蓋聞安民之道，本繇陰陽。間者陰陽錯謬，風雨不時。朕之不德，庶幾羣公有敢言朕之過者，今則不然。媮合苟從，未肯極言，朕甚閔焉。永惟烝庶之饑寒，遠離父母妻子，勞於非業之作，衛於不居之宮，恐非所以佐陰陽之道也。其罷甘泉、建章宮衛，令就農。百官各省費。條奏毋有所諱。有司勉之，毋犯四時之禁。丞相御史舉天下明陰陽災異者各三人。於是言事者衆，或進擢召見，人人自以得上意。

《漢書》卷九《元帝紀》〔永光元年〕二月，詔丞相、御史舉質樸敦厚遜讓有行者，光禄歲以此科第郎、從官。

《漢書》卷九《元帝紀》〔永光二年〕三月壬戌朔，日有蝕之。詔曰：朕戰戰栗栗，夙夜思過失，不敢荒寧。惟陰陽不調，未燭其咎。婁敕公卿，日望有效。至今有司執政，未得其中，施與禁切，未合民心。暴猛之俗彌長，和睦之道日衰，百姓愁苦，靡所錯躬。是以氛邪歲增，侵犯太陽，正氣湛掩，日久奪光。乃壬戌，日有蝕之。天見大異，以戒朕躬，朕甚悼焉。其令内郡國舉茂材異等賢良直言之士各一人。

《漢書》卷九《元帝紀》〔建昭四年〕夏四月，詔曰：朕承先帝之休烈，夙夜栗栗，懼不克任。間者陰陽不調，五行失序，百姓饑饉。惟烝庶之失業，臨遣諫大夫博士賞等二十一人循行天下，存問耆老鰥寡孤獨乏困失職之人，舉茂材特立之士。相將九卿，其帥意毋怠，使朕獲觀教化之流焉。

《漢書》卷一〇《成帝紀》〔建始二年〕二月，詔三輔内郡舉賢良方正各一人。

《漢書》卷一〇《成帝紀》〔建始三年〕冬十二月戊申朔，日有蝕之。夜，地震未央宫殿中。詔曰：蓋聞天生衆民，不能相治，爲之立君以統理之。君道得，則草木昆蟲咸得其所；人君不德，謫見天地，災異婁發，以告不治。朕涉道日寡，舉錯不中，乃戊申日蝕地震，朕甚懼焉。公卿其各思朕過失，明白陳之。女無面從，退有後言。丞相、御史與將軍、列侯、中二千石及内郡國舉賢良方正能直言極諫之士，詣公車，朕將覽焉。

《漢書》卷一〇《成帝紀》〔河平四年〕三月癸丑朔，日有蝕之。遣光禄大夫博士嘉等十一人行舉瀕河之郡水所毁傷困乏不能自存者，財振貸。其爲水所流壓死，不能自葬，令郡國給棺櫝葬埋。已葬者與錢，人二千。避水它郡國，在所冗食之，謹遇以文理，無令失職。舉惇厚有行能直言之士。

《漢書》卷一〇《成帝紀》〔陽朔元年〕九月，奉使者不稱。詔曰：古之立太學，將以傳先王之業，流化於天下也。儒林之官，四海淵原，宜皆明於古今，温故知新，通達國體，故謂之博士。否則學者無述焉，爲下所輕，非所以尊道德也。工欲善其事，必先利其器。丞相、御史其與中二千石、二千石雜舉可充博士位者，使卓然可觀。

《漢書》卷一〇《成帝紀》〔鴻嘉二年三月〕詔曰：古之選賢，傅納以言，明試以功，故官無廢事，下無逸民，教化流行，風雨和時，百穀用成，衆庶樂業，咸以康寧。朕承鴻業十有餘年，數遭水旱疾疫之災，黎民婁困於飢寒，而望禮義之興，豈不難哉。朕既無以率道，帝王之道日以陵夷，意乃招賢選士之路鬱滯而不通與，將舉者未得其人也？其舉敦厚有行義能直言者，冀聞切言嘉謀，匡朕之不逮。

《漢書》卷一〇《成帝紀》〔永始〕三年春正月己卯晦，日有蝕之。詔曰：天災仍重，朕甚懼焉。惟民之失職，臨遣大中大夫嘉等循行天下，存問耆老，民所疾苦。其與部刺史舉惇樸遜讓有行義者各一人。

《漢書》卷一〇《成帝紀》〔元延元年〕秋七月，有星孛于東井。詔曰：乃者，日蝕星隕，謫見于天，大異重仍。在位默然，罕有忠言。今孛星見于東井，朕甚懼焉。公卿大夫、博士、議郎其各悉心，惟思變意，明以經對，無有所諱；與内郡國舉方正能直言極諫者各一人，北邊二十二郡舉勇猛知兵法者各一人。

《漢書》卷一一《哀帝紀》〔建平元年〕二月，詔曰：蓋聞聖王之治，以得賢爲首。其與大司馬、列侯、將軍、中二千石、州牧、守、相舉孝弟惇厚能直言通政事，延于側陋可親民者，各一人。

《漢書》卷一一《哀帝紀》〔建平四年〕冬，詔將軍、中二千石舉明兵法有大慮者。

《漢書》卷一一《哀帝紀》元壽元年春正月辛丑朔，日有蝕之。詔曰：朕獲保宗廟，不明不敏，宿夜憂勞，未皇寧息。惟陰陽不調，元元不贍，未睹厥咎。婁敕公卿，庶幾有望。至今有司執法，未得其中，或上暴虐，假勢獲名，溫良寬柔，陷於亡滅。是故殘賊彌長，和睦日衰，百姓愁怨，靡所錯躬。乃正月朔，日有蝕之，厥咎不遠，在余一人。公卿大夫其各悉心勉帥百寮，敦任仁人，黜遠殘賊，期於安民。陳朕之過失，無有所諱。其與將軍、列侯、中二千石舉賢良方正能直言者各一人。大赦天下。

《漢書》卷一二《平帝紀》〔元始元年〕夏五月丁巳朔，日有蝕之。大赦天下。公卿、將軍、中二千石舉敦厚能直言者各一人。

《漢書》卷一二《平帝紀》〔元始二年〕秋，舉勇武有節明兵法，郡一人，詣公車。

《漢書》卷一二《平帝紀》〔元始二年〕冬，中二千石舉治獄平，歲一人。

《漢書》卷一二《平帝紀》〔元始五年春正月〕徵天下通知逸經、古記、天文、曆算、鍾律、小學、史篇、方術、本草及以五經、論語、孝經、爾雅教授者，在所爲駕一封軺傳，遣詣京師。至者數千人。

《漢書》卷二四下《食貨志》昭帝即位六年，詔郡國舉賢良文學之士，問以民所疾苦，教化之要。皆對願罷鹽鐵酒榷均輸官，毋與天下爭利，視以儉節，然後教化可興。弘羊難，以爲此國家大業，所以制四夷，安邊足用之本，不可廢也。乃與丞相千秋共奏罷酒酤。

《漢書》卷四五《息夫躬傳》遂下詔曰：間者災變不息，盜賊衆多，兵革之徵，或頗著見。未聞將軍惻然深以爲意，簡練戎士，繕修干戈。器用盬惡，孰當督之。天下雖安，忘戰必危。將軍與中二千石舉明習兵法有大慮者各一人，將軍二人，詣公車。

《漢書》卷五八《公孫弘傳》武帝初即位，招賢良文學士，是時弘年六十，以賢良徵爲博士。使匈奴，還報，不合意，上怒，以爲不能，弘乃移病免歸。元光五年，復徵賢良文學，菑川國復推上弘。弘謝曰：前已嘗西，用不能罷，願更選。國人固推弘，弘至太常。上策詔諸儒：

制曰：蓋聞上古至治，畫衣冠，異章服，而民不犯；陰陽和，五穀登，六畜蕃，甘露降，風雨時，嘉禾興，朱中生，山不童，澤不涸；麟鳳在郊藪，龜龍游於沼，河洛出圖書；父不喪子，兄不哭弟；北發渠搜，南撫交阯，舟車所至，人迹所及，跂行喙息，咸得其宜。朕甚嘉之，今何道而臻乎此？子大夫修先聖之術，明君臣之義，講論洽聞，有聲乎當世，〔敢〕問子大夫：天人之道，何所本始？吉凶之效，安所期焉？禹湯水旱，厥咎何由？仁義禮知四者之宜，當安設施？屬統垂業，物鬼變化，天命之符，廢興何如？天文地理人事之紀，子大夫習焉。其悉意正議，詳具其對，著之于篇，朕將親覽焉，靡有所隱。

弘對曰：臣聞上古堯舜之時，不貴爵賞而民勸善，不重刑罰而民不犯，躬率以正而遇民信也；末世貴爵厚賞而民不勸，深刑重罰而姦不止，其上不正，遇民不信也。夫厚（當）〔賞〕重刑未足以勸善而禁非，必信而已矣。是故因能任官，則分職治；去無用之言，則事情得；不作無用之器，即賦斂省；不奪民時，不妨民力，則百姓富；有德者進，無德者退，則朝廷尊；有功者上，無功者下，則羣臣逡；罰當罪，則姦邪止；賞當賢，則臣下勸：凡此八者，治之本也。故民者，業之即不争，理得則不怨；有禮則不暴，愛之則親上，此有天下之急者也。故法不遠義，則民服而不離；和不遠禮，則民親而不暴。故法之所罰，義之所去也；和之所賞，禮之所取也。禮義者，民之所服也，而賞罰順之，則民不犯禁矣。故畫衣冠，異章服，而民不犯者，此道素行也。

臣聞之，氣同則從，聲比則應。今人主和德於上，百姓和合於下，故心和則氣和，氣和則形和，形和則聲和，聲和則天地之和應矣。故陰陽和，風雨時，甘露降，五穀登，六畜蕃，嘉禾興，朱草生，山不童，澤不涸，此和之至也。故形和則無疾，無疾則不夭，故父不喪子，兄不哭弟。德配天地，明並日月，則麟鳳至，龜龍在郊，河出圖，洛出書，遠方之君莫不説義，奉幣而來朝，此和之極也。

臣聞之，仁者愛也，義者宜也，禮者所履也，智者術之原也。致利除害，兼愛無私，謂之仁；明是非，立可否，謂之義；進退有度，尊卑有分，謂之禮；擅殺生之柄，通［壅］塞之塗，權輕重之數，論得失之道，使遠近情僞必見於上，謂之術：凡此四者，治之本，道之用也，皆當設施，不可廢也。得其要，則天下安樂，法設而不用；不得其術，則主蔽於上，官亂於下。此事之情，屬統垂業之本也。

臣聞堯遭鴻水，使禹治之，未聞禹之有水也。若湯之旱，則桀之餘烈也。桀紂行惡，受天之罰；禹湯積德，以王天下。因此觀之，天德無私親，順之和起，逆之害生。此天文地理人事之紀。臣弘愚戇，不足以奉大對。

時對者百餘人，太常奏弘第居下。策奏，天子擢弘對爲第一。召入見，容貌甚麗，拜爲博士，待詔金馬門。

《漢書》卷六五《東方朔傳》 東方朔字曼倩，平原厭次人也。武帝初即位，徵天下舉方正賢良文學材力之士，待以不次之位，四方士多上書言得失，自衒鬻者以千數，其不足采者輒報聞罷。朔初來，上書曰：臣朔少失父母，長養兄嫂。年十三學書，三冬文史足用。十五學擊劍。十六學詩書，誦二十二萬言。十九學孫吴兵法，戰陣之具，鉦鼓之教，亦誦二十二萬言。凡臣朔固已誦四十四萬言。又常服子路之言。臣朔年二十二，長九尺三寸，目若懸珠，齒若編貝，勇若孟賁，捷若慶忌，廉若鮑叔，信若尾生。若此，可以爲天子大臣矣。臣朔昧死再拜以聞。

《漢書》卷六六《田千秋傳》 始元六年，詔郡國舉賢良文學士，問以民所疾苦，於是鹽鐵之議起焉。

《漢書》卷八五《谷永傳》 建始三年冬，日食地震同日俱發，詔舉方正直言極諫之士，太常陽城侯劉慶忌舉永待詔公車。

《漢書》卷九九中《王莽傳》 〔始建國〕三年，莽曰：百官改更，職事分移，律令儀法，未及悉定，且因漢律令儀法以從事。令公卿大夫諸侯二千石舉吏民有德行通政事能言語明文學者各一人，詣王路四門。

《漢書》卷九九中《王莽傳》 〔天鳳三年七月〕戊子晦，日有食之。大赦天下。復令公卿大夫諸侯二千石舉四行各一人。

《後漢書》卷一下《光武帝紀》 〔建武六年〕秋九月庚子，赦樂浪謀反大逆殊死已下。丙寅晦，日有食之。冬十月丁丑，詔曰：吾德薄不明，寇賊爲害，彊弱相陵，元元失所。詩云：日月告凶，不用其行。永念厥咎，内疚於心。其勅公卿舉賢良、方正各一人；百僚並上封事，無有隱諱；有司修職，務遵法度。

《後漢書》卷一下《光武帝紀》 〔建武六年〕冬十月丁丑，詔曰：吾德薄不明，寇賊爲害，彊弱相陵，元元失所。詩云：日月告凶，不用其行。永念厥咎，内疚於心。其勅公卿舉賢良、方正各一人；百僚並上封事，無有隱諱；有司修職，務遵法度。

《後漢書》卷一下《光武帝紀》 〔建武七年三月〕癸亥晦，日有食之，避正殿，寢兵，不聽事五日。詔曰：吾德薄致災，謫見日月，戰慄恐懼，夫何言哉。今方念愆，庶消厥咎。其令有司各修職任，奉遵法度，惠茲元元。百僚各上封事，無有所諱。其上書者，不得言聖。夏四月壬午，詔曰：比陰陽錯謬，日月薄食。百姓有過，在予一人，大赦天下。公、卿、司隸、州牧舉賢良、方正各一人，遣詣公車，朕將覽試焉。

《後漢書》卷一下《光武帝紀》 〔建武七年〕夏四月壬午，詔曰：比陰陽錯謬，日月薄食。百姓有過，在予一人，大赦天下。公、卿、司隸、州牧舉賢良、方正各一人，遣詣公車，朕將覽試焉。

《後漢書》卷二《顯宗孝明帝紀》 〔永平九年〕夏四月甲辰，詔郡國以公田賜貧人各有差。令司隸校尉、部刺史歲上墨綬長吏視事三歲已上理狀尤異者各一人，與計偕上。及尤不政理者，亦以聞。

《後漢書》卷三《肅宗孝章帝紀》 〔建初元年〕三月甲寅，山陽、東平地震。己巳，詔曰：朕以無德，奉承大業，夙夜慄慄，不敢荒寧。而災異仍見，與政相應。朕既不明，涉道日寡；又選舉乖實，俗吏傷人，官職秏亂，刑罰不中，可不憂與。昔仲弓季氏之家臣，子游武城之小宰，孔子猶誨以賢才，問以得人。明政無大小，以得人爲本。夫鄉舉里選，必累功勞。今刺史、守相不明真僞，茂才、孝廉歲以百數，既非能顯，而當授之政事，甚無謂也。每尋前世舉人貢士，或起甽畝，不繫閥閲。敷奏以言，則文章可采；明試以功，則政有異迹。文質彬彬，朕甚嘉之。其令太傅、三公、中二千石、二千石、郡國守相舉賢良方正、能直言極諫之士各一人。夏五月辛酉，初舉孝廉、郎中寬博有謀，任典城者，以補長、相。

《後漢書》卷三《肅宗孝章帝紀》〔建初〕五年春二月庚辰朔，日有食之。詔曰：朕新離供養，愆咎衆著，上天降異，大變隨之。《詩》不云乎：亦孔之醜。又久旱傷麥，憂心慘切。公卿已下，其舉直言極諫、能指朕過失者各一人，遣詣公車，將親覽問焉。其以巖穴爲先，勿取浮華。

《後漢書》卷三《肅宗孝章帝紀》〔元和二年〕五月戊申，詔曰：乃者鳳皇、黄龍、鸞鳥比集七郡，或一郡再見，及白烏、神雀、甘露屢臻。祖宗舊事，或班恩施。其賜天下吏爵，人三級；高年、鰥、寡、孤、獨帛，人一匹。經曰：無侮鰥寡，惠此煢獨。加賜河南女子百户牛酒，令天下大酺五日。賜公卿已下錢帛各有差；及洛陽人當酺者布，户一匹，城外三户共一匹。賜博士員弟子見在太學者布，人三匹。令郡國上明經者，口十萬以上五人，不滿十萬三人。

《後漢書》卷四《孝和帝紀》〔永元五年〕三月戊子，詔曰：選舉良才，爲政之本。科別行能，必由鄉曲。而郡國舉吏，不加簡擇，故先帝明勑在所，令試之以職，乃得充選。又德行尤異，不須經職者，別署狀上。而宣布以來，出入九年，二千石曾不承奉，恣心從好，司隸、刺史訖無糾察。今新蒙赦令，且復申勑，後有犯者，顯明其罰。在位不以選舉爲憂，督察不以發覺爲負，非獨州郡也。是以庶官多非其人。下民被姦邪之傷，由法不行故也。

《後漢書》卷四《孝和帝紀》〔永元六年三月〕丙寅，詔曰：朕以眇末，承奉鴻烈。陰陽不和，水旱違度，濟河之域，凶饉流亡，而未獲忠言至謀，所以匡救之策。寤寐永歎，用思孔疚。惟官人不得於上，黎民不安于下，有司不念寬和，而競爲苛刻，覆案不急，以妨民事，甚非所以上當天心，下濟元元也。思得忠良之士，以輔朕之不逮。其令三公、中二千石、二千石、内郡守相舉賢良方正、能直言極諫之士各一人。昭巖穴，披幽隱，遣詣公車，朕將悉聽焉。帝乃親臨策問，選補郎吏。

《後漢書》卷四《孝和帝紀》〔永元七年〕夏四月辛亥朔，日有食之。帝引見公卿問得失，令將、大夫、御史、謁者、博士、議郎、郎官會廷中，各言封事。詔曰：元首不明，化流無良，政失於民，謫見于天。深惟庶事，五教在寬，是以舊典因孝廉之舉，以求其人。有司詳選郎官寬博有謀才任典城者三十人。既而悉以所選郎出補長、相。

《後漢書》卷四《孝和帝紀》〔永元十三年冬十一月〕丙辰，詔曰：幽、幷、涼州户口率少，邊役衆劇，束脩良吏，進仕路狹。撫接夷狄，以人爲本。其令緣邊郡口十萬以上歲舉孝廉一人，不滿十萬二歲舉一人，五萬以下三歲舉一人。

《後漢書》卷四《孝和帝紀》〔永元十四年〕是歲，初復郡國上計補郎官。上計，今計吏也。《前書》音義曰：舊制，使郡丞奉歲計，武帝元朔中令郡國舉孝廉各一人與計偕，拜爲郎中。中廢，今復之。

《後漢書》卷五《孝安帝紀》〔永初元年〕三月癸酉，日有食之。詔公卿内外衆官、郡國守相，舉賢良方正、有道術之士，明政術、達古今、能直言極諫者，各一人。

〔永初二年〕六月，京師及郡國四十大水，大風，雨雹。

秋七月戊辰，詔曰：昔在帝王，承天理民，莫不據琁機玉衡，以齊七政。朕以不德，遵奉大業，而陰陽差越，變異並見，萬民飢流，羌貊叛戾。夙夜克己，憂心京京。閒令公卿郡國舉賢良方正，遠求博選，開不諱之路，冀得至謀，以鑒不逮，而所對皆循尚浮言，無卓爾異聞。其百僚及郡國吏人，有道術明習灾異陰陽之度琁機之數者，各使指變以聞。二千石長吏明以詔書，博衍幽隱，朕將親覽，待以不次，冀獲嘉謀，以承天誡。

《後漢書》卷五《孝安帝紀》〔永初二年〕秋七月戊辰，詔曰：昔在帝王，承天理民，莫不據琁機玉衡，以齊七政。朕以不德，遵奉大業，而陰陽差越，變異並見，萬民飢流，羌貊叛戾。夙夜克己，憂心京京。閒令公卿郡國舉賢良方正，遠求博選，開不諱之路，冀得至謀，以鑒不逮，而所對皆循尚浮言，無卓爾異聞。其百僚及郡國吏人，有道術明習灾異陰陽之度琁機之數者，各使指變以聞。二千石長吏明以詔書，博衍幽隱，朕將親覽，待以不次，冀獲嘉謀，以承天誡。

《後漢書》卷五《孝安帝紀》〔永初二年〕九月庚子，詔王〔主〕〔國〕官屬墨綬下至郎、謁者，其經明任博士，居鄉里有廉清孝順之稱，才任理人者，國相歲移名，與計偕上尚書，公府通調，令得外補。

《後漢書》卷五《孝安帝紀》〔永初五年閏三月〕戊戌，詔曰：朕以不德，奉郊廟，承大業，不能興和降善，爲人祈福。灾異蜂起，寇賊縱橫，夷狄猾夏，戎事不息，百姓匱乏，疲於徵發。重以蝗蟲滋生，害及成麥，秋稼方收，甚可悼也。朕以不明，統理失中，亦未獲忠良以毗闕政。傳曰：顛而不扶，危而不持，則將焉用彼相矣。公卿大夫將何以匡救，濟斯艱戹，承天誡哉？蓋爲政之本，莫若得人，褒賢顯善，聖制所先。濟濟多士，文王以寧。思得忠良正直之臣，以輔不逮。其令三公、特進、侯、中二千石、二千石、郡守、諸侯相舉賢良方正、有道術、達於政化、能直言極諫之士各一人，及至孝與衆卓異者，并遣詣公車，朕將親覽焉。

《後漢書》卷五《孝安帝紀》〔永初五年〕秋七月己巳，詔三公、特進、九卿、校尉，舉列將子孫明曉戰陳任將帥者。

《後漢書》卷五《孝安帝紀》〔元初元年〕夏四月丁酉，大赦天下。京師及郡國五旱、蝗。詔三公、特進、列侯、中二千石、二千石、郡守舉敦厚質直者，各一人。

《後漢書》卷五《孝安帝紀》〔建光元年夏四月〕己巳，令公、卿、特進、侯、中二千石、二千石、郡國守相，舉有道之士各一人。

《後漢書》卷五《孝安帝紀》〔建光元年冬十一月〕癸卯，詔三公、特進、侯、卿、校尉，舉武猛堪將帥者各五人。

《後漢書》卷五《孝安帝紀》〔元初〕六年春二月乙巳，京師及郡國四十二地震，或坼裂，水泉涌出。壬子，詔三府選掾屬高第，能惠利牧養者各五人，光禄勳與中郎將選孝廉郎寬博有謀，清白行高者五十人，出補令、長、丞、尉。

《後漢書》卷五《孝安帝紀》〔延光元年八月〕己亥，詔三公、中二千石，舉刺史、二千石、令、長、相，視事一歲以上至十歲，清白愛利，能敕身率下，防姦理煩，有益於人者，無拘官簿。刺史舉所部，郡國太守相舉墨綬，隱親悉心，勿取浮華。

《後漢書》卷五《孝安帝紀》〔延光二年春正月〕詔選三署郎及吏人能通《古文尚書》、《毛詩》、《穀梁春秋》各一人。

《後漢書》卷五《孝安帝紀》〔延光二年〕八月庚午，初令三署郎通達經術任牧民者，視事三歲以上，皆得察舉。

《後漢書》卷六《孝順帝紀》〔延光四年，順帝即位。十二月甲申〕（其）令郡國守相視事未滿歲者，一切得舉孝廉吏。漢法，視事滿歲乃得舉。今帝新即位，施恩惠，雖未滿歲，得令舉人。【略】辛亥，詔公卿、郡守、國相，舉賢良方正、能直言極諫之士各一人。

《後漢書》卷六《孝順帝紀》〔永建元年十月〕丁亥，司空陶敦免。鮮卑犯邊。庚寅，遣黎陽營兵出屯中山北界。告幽州刺史，其令緣邊郡增置步兵，列屯塞下。調五營弩師，郡舉五人，令教習戰射。

《後漢書》卷六《孝順帝紀》〔陽嘉元年冬十一月〕辛卯，初令郡國舉孝廉，限年四十以上，諸生通章句，文吏能牋奏，乃得應選；其有茂才異行，若顔淵、子奇，不拘年齒。

《後漢書》卷六《孝順帝紀》〔陽嘉元年閏十二月〕丁亥，令諸以詔除爲郎，年四十以上課試如孝廉科者，得參廉選，歲舉一人。戊子，客星出天苑。辛卯，詔曰：閒者以來，吏政不勤，故灾咎屢臻，盜賊多有。退省所由，皆以選舉不實，官非其人，是以天心未得，人情多怨。書歌股肱，詩刺三事。今刺史、二千石之選，歸任三司。其簡序先後，精覈高下，歲月之次，文武之宜，務存厥衷。

《後漢書》卷六《孝順帝紀》〔永和三年九月〕丙戌，令大將軍、三公各舉故刺史、二千石及見令、長、郎、謁者、四府掾屬剛毅武猛有謀謨任將帥者各二人，特進、卿、校尉各一人。

《後漢書》卷六《孝順帝紀》漢安元年春正月癸巳，宗祀明堂，大赦天下，改元漢安。二月丙辰，詔大將軍、公、卿舉賢良方正、能探賾索隱者各一人。

《後漢書》卷六《孝順帝紀》〔漢安元年十一月〕癸卯，詔大將軍、三公選武猛試用有效驗任爲將校者各一人。

《後漢書》卷六《孝沖帝紀》建康元年立爲皇太子，其年八月庚午，即皇帝位，年二歲。尊皇后曰皇太后。太后臨朝。丁丑，以太尉趙峻爲太傅；大司農李固爲太尉，參録尚書事。九月丙午，葬孝順皇帝于憲陵，廟曰敬宗。是日，京師及太原、鴈門地震，三郡水涌土裂。庚戌，詔三公、特進、侯、卿、校尉，舉賢良方正、幽逸修道之士各一人，百僚皆上封事。

《後漢書》卷六《孝沖帝紀》〔建康元年九月〕庚戌，詔三公、特進、侯、卿、校尉，舉賢良方正、幽逸修道之士各一人，百僚皆上封事。

《後漢書》卷六《孝質帝紀》〔本初元年〕夏四月庚辰，令郡國舉明經，年五十以上、七十以下詣太學。自大將軍至六百石，皆遣子受業，歲滿課試，以高第五人補郎中，次五人太子舍人。又千石、六百石、四府掾屬、三署郎、四姓小侯先能通經者，各令隨家法，其高第者上名牒，當以次賞進。

《後漢書》卷七《孝桓帝紀》〔本初元年秋七月〕丙戌，詔曰：孝廉、廉吏皆當典城牧民，禁姦舉善，興化之本，恆必由之。詔書連下，分明懇惻，而在所翫習，遂至怠慢，選舉乖錯，害及元元。頃雖頗繩正，猶未懲改。方今淮夷未殄，軍師屢出，百姓疲悴，困於徵發。庶望羣吏，惠我勞民，蠲滌貪穢，以祈休祥。其令秩滿百石，十歲以上，有殊才異行，乃得參選。臧吏子孫，不得察舉。杜絕邪僞請託之原，令廉白守道者得信其操。各明守所司，將觀厥後。

《後漢書》卷七《孝桓帝紀》〔建和元年〕夏四月庚寅，京師地震。詔大將軍、公、卿、校尉舉賢良方正、能直言極諫者各一人。又命列侯、將、大夫、御史、謁者、千石、六百石、博士、議郎、郎官各上封事，指陳得失。又詔大將軍、公、卿、郡、國舉至孝篤行之士各一人。

《後漢書》卷七《孝桓帝紀》〔建和三年〕六月庚子，詔大將軍、三公、特進、侯，其與卿、校尉舉賢良方正、能直言極諫之士各一人。

《後漢書》卷七《孝桓帝紀》〔永興二年二月〕癸卯，京師地震，詔公、卿、校尉舉賢良方正、能直言極諫者各一人。詔曰：比者星辰謬越，坤靈震動，災異之降，必不空發。勑己修政，庶望有補。其輿服制度有踰侈長飾者，皆宜損省。郡縣務存儉約，申明舊令，如永平故事。

《後漢書》卷七《孝桓帝紀》〔延熹八年春正月〕丙申晦，日有食之。詔公、卿、校尉舉賢良方正。

《後漢書》卷七《孝桓帝紀》〔延熹九年〕春正月辛（亥）〔卯〕朔，日有食之。詔公、卿、校尉、郡國舉至孝。

《後漢書》卷七《孝桓帝紀》〔永康元年五月〕壬子晦，日有食之。詔公、卿、校尉舉賢良方正。

《後漢書》卷八《孝靈帝紀》〔建寧元年〕五月丁未朔，日有食之。詔公卿以下各上封事，及郡國守相舉有道之士各一人；又故刺史、二千石清高有遺惠，爲衆所歸者，皆詣公車。

《後漢書》卷八《孝靈帝紀》〔光和三年〕六月，詔公卿舉能通《〔古文〕尚書》、《毛詩》、《左氏》、《穀梁春秋》各一人，悉除議郎。

《後漢書》卷八《孝靈帝紀》〔中平元年三月〕詔公卿出馬、弩，舉列將子孫及吏民有明戰陣之略者，詣公車。

《後漢書》卷九《孝獻帝紀》〔建安五年〕九月庚午朔，日有食之。詔三公舉至孝二人，九卿、校尉、郡國守相各一人。皆上封事，靡有所諱。

《後漢書》卷二五《魯丕傳》建初元年，肅宗詔舉賢良方正，大司農劉寬舉丕。時對策者百有餘人，唯丕在高第，除爲議郎，遷新野令。視事朞年，州課第一，擢拜青州刺史。

《後漢書》卷三二《樊準傳》永元十五年，和帝幸南陽，準爲郡功曹，召見，帝器之，拜郎中，從車駕還宮，特補尚書郎。鄧太后臨朝，儒學陵替，準乃上疏曰：臣聞賈誼有言，人君不可以不學。故雖大舜聖德，孳孳爲善；成王賢主，崇明師傅。及光武皇帝受命中興，羣雄崩擾，旌旗亂野，東西誅戰，不遑啓處，然猶投戈講藝，息馬論道。至孝明皇帝，兼天地之姿，用日月之明，庶政萬機，無不簡心，而垂情古典，游意經藝，每饗射禮畢，正坐自講，諸儒並聽，四方欣欣。雖闕里之化，矍相之事，誠不足言。又多徵名儒，以充禮官，如沛國趙孝、琅邪承宮等，或安車結駟，告歸鄉里；或豐衣博帶，從見宗廟。其餘以經術見優者，布在廊廟。故朝多皤皤之良，華首之老。每讌會，則論難衎衎，共求政化。詳覽羣言，響如振玉。朝者進而思政，罷者退而備問。小大隨化，雍雍可嘉。朝門羽林介胄之士，悉通孝經。博士議郎，一人開門，徒衆百數。化自聖躬，流及蠻荒，匈奴遣伊秩訾王大車且渠來入就學。八方肅清，上下無事。是以議者每稱盛時，咸言永平。

今學者蓋少，遠方尤甚。博士倚席不講，儒者競論浮麗，忘謇謇之忠，習諓諓之辭。文吏則去法律而學詆欺，銳錐刀之鋒，斷刑辟之重，德陋俗薄，以致苛刻。昔孝文竇后性好黄老，而清静之化流景武之閒。臣愚以爲宜下明詔，博求幽隱，發揚巖穴，寵進儒雅，有如孝、宫者，徵詣公車，以俟聖上講習之期。公卿各舉明經及舊儒子孫，進其爵位，使纘其業。復召郡國書佐，使讀律令。如此，則延頸者日有所見，傾耳者月有所聞。伏願陛下推述先帝進業之道。

太后深納其言，是後屢舉方正、敦樸、仁賢之士。

《後漢書》卷三七《丁鴻傳》 時大郡口五六十萬舉孝廉二人，小郡口二十萬并有蠻夷者亦舉二人，帝以爲不均，下公卿會議。鴻與司空劉方上言：凡口率之科，宜有階品，蠻夷錯雜，不得爲數。自今郡國率二十萬口歲舉孝廉一人，四十萬二人，六十萬三人，八十萬四人，百萬五人，百二十萬六人。不滿二十萬二歲一人，不滿十萬三歲一人。帝從之。

《後漢書》卷四四《胡廣傳》 時尚書令左雄議改察舉之制，限年四十以上，儒者試經學，文吏試章奏。廣復與敞、虔上書駁之，曰：臣聞君以兼覽博照爲德，臣以獻可替否爲忠。書載稽疑，謀及卿士；詩美先人，詢于芻蕘。國有大政，必議之於前訓，諮之於故老，是以慮無失策，舉無過事。竊見尚書令左雄議郡舉孝廉，皆限年四十以上，諸生試章句，文吏試牋奏。明詔既許，復令臣等得與相參。竊惟王命之重，載在篇典，當令縣於日月，固於金石，遺則百王，施之萬世。《詩》云：天難諶斯，不易惟王。可不慎與。蓋選舉因才，無拘定制。六奇之策，不出經學；鄭、阿之政，非必章奏。甘、奇顯用，年乖彊仕；終、賈揚聲，亦在弱冠。漢承周、秦，兼覽殷、夏，祖德師經，參雜霸軌，聖主賢臣，世以致理，貢舉之制，莫或回革。今以一臣之言，剗戾舊章，便利未明，衆心不猒。矯枉變常，政之所重，而不訪台司，不謀卿士。若事下之後，議者剝異，異之則朝失其便，同之則王言已行。臣愚以爲可宜下百官，參其同異，然後覽擇勝否，詳採厥衷。敢以瞽言，冒干天禁，惟陛下納焉。帝不從。

《後漢書》卷四五《周景傳》 景字仲饗。辟大將軍梁冀府，稍遷豫州刺史、河内太守。好賢愛士，其拔才薦善，常恐不及。每至歲時，延請舉吏入上後堂，與共宴會，如此數四，乃遣之。贈送什物，無不充備。既而選其父兄子弟，事相優異。常稱曰：臣子同貫，若之何不厚。先是司徒韓演在河内，志在無私，舉吏當行，一辭而已，恩亦不及其家。曰：我舉若可矣，豈可令偏積一門。故當時論者議此二人。

《後漢書》卷六一《左雄傳》 雄又上言：郡國孝廉，古之貢士，出則宰民，宣協風教。若其面牆，則無所施用。孔子曰四十不惑，禮稱强仕。請自今孝廉年不滿四十，不得察舉，皆先詣公府，諸生試家法，文吏課牋奏，副之端門，練其虚實，以觀異能，以美風俗。有不承科令者，正其罪法。若有茂才異行，自可不拘年齒。帝從之，於是班下郡國。明年，有廣陵孝廉徐淑，年未及舉，臺郎疑而詰之。對曰：詔書曰有如顔回、子奇，不拘年齒，是故本郡以臣充選。郎不能屈。雄詰之曰：昔顔回聞一知十，孝廉聞一知幾邪？淑無以對，乃譴却郡。於是濟陰太守胡廣等十餘人皆坐謬舉免黜，唯汝南陳蕃、潁川李膺、下邳陳球等三十餘人得拜郎中。自是牧守畏慄，莫敢輕舉。迄于永（嘉）〔憙〕，察選清平，多得其人。

《宋書》卷四〇《百官志》 漢武元封四年，令諸州歲各舉秀才一人。

（唐）杜佑《通典》卷一三《選舉・歷代制上》 元光元年，舉賢良，董仲舒對曰：今之郡守、縣令，民之師帥，所使承流而宣化也。故師帥不賢，則主德不宣，恩澤不流。今吏既無教訓於下，或不承用主上之法，暴虐百姓，與姦爲市，言小吏有爲姦欺者，守令不舉，乃反與之交易求利也。貧窮孤弱，冤苦失職，甚不稱陛下之意。夫長吏多出於郎中、中郎，吏二千石子弟選郎吏，又以富貲，未必賢也。且古所謂功者，以任官稱職爲差，非謂積日累久也。故小材雖累日，不離於小官；賢材雖未久，不害爲輔佐。是以有司竭力盡智，務治其業而以赴功。今則不然，累日以取貴，積久以致官，是以廉恥貿亂，賢不肖混淆也。請令諸侯、列卿、郡守、二千石，各擇其吏民之賢者，歲貢各二人以給宿衛，且以觀大臣之能；所貢賢者有賞，不肖者有罰。夫如是，諸侯、吏二千石皆盡心於求賢，天下之士可得而官使也。授之以官，以使其材也。無以日月爲功，實試賢能爲上，量材而授官，録德而定位，録，謂存視也。則廉恥殊路，賢不肖異處矣。帝於是令郡國舉孝廉各一人。孝，謂善事父母。廉，謂清潔廉隅。又制：郡國口二十萬以上歲察一人，四十萬以上二人，六十萬三人，八十萬四人，百萬五人，百二十萬六人；不滿二十萬，二歲一人；不滿十萬，三歲一人。限以四科：一曰德行高妙，志節清白；二曰學通行修，經中博士；三曰明習法令，足以決疑，能按章覆問，文中御史；四曰剛毅多略，遭事不惑，明足決斷，材任三輔縣令。至五年，又詔徵吏人有明當代之務，習先聖之術者，縣次給食，令與計偕。計者，上計簿使也。郡國每歲遣詣京師上之。偕者，俱也。令所徵之人與上計者俱來，而縣次給之食也。

（唐）杜佑《通典》卷一三《選舉・歷代制上》　孝元帝永光元年二月，詔丞相、御史舉質朴、敦厚、遜讓、有行者，光禄歲以此科第郎、從官。始令丞相、御史舉此四科人，以擢用之，而見在郎及從官，又令光禄每歲依此科考校，定其第高下，知其人賢否也。又詔列侯舉茂材。諫大夫張勃舉太官獻丞陳湯，獻丞，主貢獻物。湯有罪，勃坐削户二百。會薨，故賜謚曰繆侯。以其所舉不得人，故加惡謚。繆者，妄也。其爲勸勵也如是，故官得其材，位必久安。爲吏者長子孫，居官者以爲姓號。三代以降，斯之爲盛。

（唐）杜佑《通典》卷一三《選舉・歷代制上》　後漢光武建武十二年詔：三公舉茂才各一人，廉吏各二人；左右將軍歲察廉吏各二人；光禄歲舉郎、茂才、四行各一人，察廉吏三人；中二千石歲察廉吏各一人；廷尉、大司農二人；將兵將軍歲察廉吏各二人；監御史、司隸、州牧歲舉茂才各一人。改前漢常侍曹尚書爲吏曹尚書。其時，選舉於郡國屬功曹，於公府屬東西曹，於天臺屬吏曹尚書，亦曰選部，而尚書令總之。其所進用，加以歲月先後之次。凡郡國守相，視事未滿歲，不得察舉孝廉、廉吏；以其未久，不周知也。所徵舉率皆特拜，不復簡試。士或矯飾，謗議漸生。

（唐）杜佑《通典》卷一三《選舉・歷代制上》　陽嘉元年，尚書令左雄議改察舉之制，限年四十以上，儒者試經學，文吏試章奏。如有顏回、子奇之類，不拘年齒。尚書僕射胡廣、尚書郭虔等駁之曰：選舉因才，無拘定制。六奇之策，不出經學；鄭、阿之政，非必章奏。甘、奇著用，年乖强仕；終、賈揚聲，亦在弱冠。漢承周、秦，兼覽殷、夏，祖德師經，參雜霸軌，聖主賢臣，代以致理，貢舉之制，莫或迴革。今以一臣之言，不可滅戾舊章。竟從雄議。於是雄上言：郡國孝廉，古之貢士，出則宰人，宣協風教。若其面牆，則無所施用。孔子曰四十不惑，《禮》稱强仕。請自今孝廉年不滿四十，不得察舉。皆先詣公府，諸生試家法，儒有一家之學，故曰家法。文吏課牋奏，副之端門，練其虚實，以觀異能，以美風俗。有不承科令者，正其罪法。若有茂才異行，自可不拘年齒。帝從之，於是班下郡國。明年，有廣陵孝廉徐淑，年未及舉，臺郎疑而詰之，對曰：詔書：有如顏回、子奇，不拘年齒。是故本郡以臣充選。郎不能屈。雄詰之：昔顏回聞一知十，孝廉聞一知幾？淑無以對，乃遣還郡。於是濟陰太守胡廣等十餘人皆坐謬舉免黜，唯汝南陳蕃、潁川李膺、下邳陳球等三十餘人得拜郎中。自是牧守畏慄，莫敢輕舉。雄在尚書，迄于永憙，十餘年間，察選清平，多得其人。

（元）馬端臨《文獻通考》卷二八《選舉考・舉士》　漢高祖十一年，詔曰：蓋聞王者莫高於周文，伯者莫高於齊桓，皆待賢人而成名。今天下賢者智慧豈特古之人乎？患在人主不交故也，士奚由進。今吾以天之靈，賢士大夫定有天下，以爲一家，欲其長久，世世奉宗廟亡絶也。賢人既與我共平之矣，而不與吾共安利之，可乎？賢士大夫有肯從我遊者，吾能尊顯之。佈告天下，使明知朕意。御史大夫昌下相國，相國酇侯下諸侯，王御史中執法下郡守，其有意稱明德者，必身勸，爲之駕，有賢者，郡守身自往勸勉。令至京師，駕車遣之。遣詣相國府，署行、義、年。行狀年紀也。有而弗言，覺，免。年老癃病，勿遣。

文帝十五年，詔諸侯王、公卿、郡守舉賢良能直言極諫者。詳見《賢良方正考》。

孝武元光元年冬，初令郡國舉孝廉各一人。

元朔五年，制詔補博士弟子。郡國縣官有好文學，敬長上，肅政教，順鄉里，出入不悖，所聞，令相長丞上屬所二千石。二千石謹察可者，令與計偕，詣太常，得受業如弟子。

按：漢制，郡國舉士，其目大概有三：曰賢良、方正也，孝廉也，博士弟子也。然是三者，在後世則各自爲科目，其與鄉舉里選，又自殊塗矣，故姑載其立法之始，略見於此，而其詳各見本考。

元光五年，徵吏民有明當世之務，習先聖之術者，縣次續食，令與計偕。計者，上計簿使也，郡國每歲遣詣京師上之。偕者，俱也。令所徵之人與計者偕來，而縣次給之食也。

先時，董仲舒對策曰：臣愚以爲使列侯、郡守、二千石各擇其吏民之賢者，歲貢各二人以給宿衛，且以觀大臣之能，所貢賢者有賞，不肖者有罰。夫如是，諸侯、吏二千石皆盡心於求賢，天下之士可得而官使也。後遂令州郡舉茂材、孝、廉，皆自仲舒發之。

元朔元年，詔曰：公卿、大夫，所使總方略，壹統類，廣教化，美風俗也。夫本仁祖義，褒德禄賢勸，善刑暴，五帝三王所由昌也。朕夙興夜寐，嘉與宇內之士臻於斯路。故旅耆老，復孝敬，選豪俊，講文學，稽參政事，祈進民心，深詔執事，興廉舉孝，庶幾成風，紹休聖緒。夫十室之邑，必有忠信；三人並行，必有我師。今或闔郡不薦一人，是化不下究，而積行之君子壅於上聞也。二千石官長紀綱人倫，將何以佐朕燭幽隱，勸元元，厲蒸庶，崇鄉黨之訓哉？且進賢受上賞，蔽賢蒙顯戮，古之道也。其與中二千石、禮官、博士議不舉者罪。有司奏議曰：古者，諸侯貢士，壹適謂之好德，適，得其人。再適謂之賢賢，三適謂之有功，乃加九錫；不貢士，壹則黜爵，再則黜地，三則黜爵地畢矣。夫附下罔上者死，附上罔下者刑，與聞國政而無益於民者斥，在上位而不能進賢者退，此所以勸善黜惡也。今詔書紹先帝聖緒，令二千石舉孝廉，所以化元元，移風易俗也。不舉孝，不奉詔，當以不敬論。不察廉，不勝任也，當免。奏可。

按：齊桓公內政之法，與漢高皇、孝武二詔俱爲舉賢設也。觀其辭旨，皆以爲人才之遺佚，咎在公卿之蔽賢，至立法以論其罪。後來之法，嚴繆舉之罰而限其塗轍者有之矣，未有嚴不舉之罰而責以薦揚者也。蓋古之稱賢能者，皆不求聞達之士，而後世之干薦舉者，皆巧於奔競之人，故法之相反如此。國家待士之意固薄，而士之不自重，深可慨也。

制：郡國口二十萬以上，歲察一人，四十萬以上二人，六十萬三人，八十萬四人，百萬五人，百二十萬六人；不滿二十萬，二歲一人；不滿十萬，三歲一人。限以四科：一曰德行高妙，志節清白；二曰學通行修，經中博士；三曰明習法令，足以決疑，能按章覆問，文中御史；四曰剛毅多略，遭事不惑，明足決斷，材任三輔縣令。

孝昭元始五年，詔舉郡國文學高第各一人。

元鳳元年，賜郡國所選有行義者涿郡韓福等五人帛，人五十疋，遣歸。

孝宣本始元年，地震。詔內郡國舉文學高第各一人。

地節三年，詔令郡國舉孝悌、有行義聞於鄉里者各一人。

元康元年，詔博舉吏民厥身修正，通文學，明於先王之術，宣究其意者各二人，中二千石各一人。

元康四年，詔遣大中大夫循行天下，舉茂材異倫之士。

孝元初元三年，詔丞相、御史舉天下明陰陽災異者各三人。

建昭四年，臨遣諫大夫、博士循行天下，舉茂材特立之士。

孝成河平四年，日食。遣光禄大夫、博士行瀕河之郡，舉淳厚有行能直言之士。

陽朔二年，奉使者不稱。詔丞相、御史其與中二千石、二千石雜舉可充博士位者，使卓然可觀。

鴻嘉二年，詔舉淳厚有行義能直言者，冀聞切言嘉謀，正朕之不逮。

永始二年，日食。臨遣大中大夫循行天下，與部刺史舉淳樸遜讓有行義者各一人。

元延元年，詔以日食星隕，北邊二十二郡舉勇猛知兵法者各一人。

哀帝建平元年，詔大司馬、列侯、將軍、中二千石、州牧、守相舉孝悌淳厚能直言通政事，延於側陋可親民者各一人。

四年，詔將軍、中二千石舉明兵法有大慮者。

孝平元始元年，以日食，詔公卿、將軍、中二千石舉淳厚能直言者各一人。

二年，詔舉武勇有節明兵法，郡一人，詣公車。冬，詔中二千石舉治獄平，歲一人。

五年，召天下通知逸經、古記、天文、曆算、鍾律、小學、《史篇》、方術、《本草》及以《五經》《論語》《孝經》《爾雅》教授者，在所爲駕一封軺傳，遣詣京師，至者數千人。

東漢之制：選舉於郡國屬功曹，於公府屬東西曹，於天臺屬吏曹尚書，亦曰：選部。凡郡國守相，視事未滿歲，不得察舉孝廉。以其未久，不周知也。東漢舉士，多以孝廉，詳見本考。

建武六年，詔舉賢良、方正各一人。以後並見本考。

建武十二年，詔三公舉茂材各一人，光禄勳歲舉茂材、四行各一人，監察御史、司隸、州牧歲舉茂材一人。四行，謂淳厚、質樸、謙遜、節儉也。

章帝時，所徵舉率皆特拜，不復簡試。士或矯飾，謗議漸生，乃詔曰：夫鄉舉里選，必累功勞。今刺史、守相不明真偽，茂材、孝廉歲以百數，既非能著，而當授之政事，甚無謂也。餘見《孝廉考》。

時陳事者多言郡國貢舉率非功次，故守職益懈而吏事浸疏，咎在州郡。有詔下公卿朝臣議，大鴻臚韋彪上議曰：夫國以簡賢爲務，賢以孝行爲首。孔子曰：事親孝，故忠可移於君。夫人才行少能相兼，孟公綽優於趙、魏老，而不可以爲滕、薛大夫。忠孝之人，持心近厚；鍛煉之吏，持心近薄。三代所以直道而行者，在其所以磨之故也。士宜以才行爲先，不可純以閥閱。然其要在於選二千石，二千石賢，則貢舉皆得其人矣。帝深納之。

元和二年，令郡國上明經者，口十萬以上五人，不滿十萬三人。

安帝建光元年，令公卿、特進、中二千石、二千石、郡國守相舉有道之士各一人。

元初元年，詔三公、特進、列侯、中二千石、二千石、郡守舉淳厚質直各一人。

陳忠上疏曰：嘉謀異策，宜輒納用。若有道之士對問高者，宜垂省覽，以廣直言之路。書御，有詔拜有道高第士沛國施延爲侍中。

永初二年，詔曰：間者公卿郡國舉賢良方正，遠求博選，開不諱之路，冀得至謀，以鑒不逮，而所對皆循尚浮言，無卓爾異聞。其有百僚及郡國吏人，有道術、明習災異陰陽之度璿璣之數者，各使指變以聞。二千石長吏明以詔書，博衍幽隱，朕將親覽，待以不次。

順帝陽嘉元年，除郡國耆儒十九人補郎、舍人。二年，又除京師耆儒年六十以上四十八人補郎、舍人，及諸王國郎。

順帝永嘉元年，尚書令左雄議改察舉之法，限年四十以上，儒者試經學，文吏試章奏。胡廣駁之。詔從雄議。詳見《孝廉門》。

先公曰：公府，三公府也。端門，太微垣，左右執法所舍，即御史府，猶近世御史臺。覆試，進士之法也，試之公府，而覆之端門，此所以牧守不敢輕舉而察選清平也。是法也，胡廣首駁其非，帝不從，既行而廣出爲濟陰太守，首坐繆舉之罰，蓋公正之法，庸回者之所不便也。左伯豪在當世，風節剛勁，舉雄者虞詡也，雄所舉者周舉也。觀舉雄者，與雄所舉者，雄之爲人可知矣；得雄之爲人，雄之爲法可知矣。范史推其效驗，至於傾而未頽，決而未潰，皆仁人君子心力之所爲，而陳蕃、李膺之徒，皆在雄法中所得之人。其坐繆舉者，胡廣輩爾。

靈帝建寧元年，詔郡國守相舉有道之士各一人。

范曄論曰：漢初，詔舉賢良、方正，州郡察孝廉、秀才，斯亦貢士之方也。中興以後，復增淳樸、有道、賢能、直言、獨行、高節、質直、清白、淳厚之屬，榮路既廣，觖望難裁。自是竊名偽服，浸以流競，權門貴仕，請謁繁興。自左雄任事，限年試才，雖頗有不密，固亦因識時宜，而黄瓊、胡廣、張衡、崔瑗之徒，泥滯舊方，互相詭駁。循名者屈其短，算實者挺其效，故雄在尚書，天下莫敢妄選，十餘年間，稱爲得人，斯亦效實之證乎。順帝始以童弱反政，而號令自出，知能任使，故士得用情，天下喁喁，仰其風采。遂乃備元纁玉帛，以聘南陽樊英，天子降寢殿，設壇席，尚書奉引，延問得失，急登賢之舉，虚降己之禮。於是處士鄙生，忘其拘儒，拂巾衽褐，以企旌車之招矣。至乃英能承風，俊乂咸事，若李固、周舉之淵謨弘深，左雄、黄瓊之政事正固，桓焉、楊厚以儒學進，崔瑗、馬融以文章顯，吴祐、蘇章、種暠、欒巴牧民之良幹，龐參、虞詡將帥之宏規，王龔、張皓虚心以推士，張綱、杜喬直道以糾違，郎顗陰陽詳密，張衡機術特妙，東京之士，於兹盛焉。向使廟堂納其高謀，疆埸宣其智力，帷幄容其謇辭，舉措稟其成式，則武、宣之軌，豈其遠而？《詩》云：靡不有初，鮮克有終。可爲恨哉。逮孝桓之時，碩德繼興，陳蕃、楊秉，處稱賢宰；皇甫、張、段，出號名將；王暢、李膺，彌縫衮闕；朱穆、劉陶，獻替匡時；郭有道獎鑒人倫，陳仲弓弘道下邑。其餘宏儒遠智，高心潔行，激揚風流者，不可勝言。而斯道莫振，文武陵墜，在朝者以正議嬰戮，謝事者以黨錮致災。往車雖折，而來軫方遒，所以傾而未顛，決而未潰，豈非仁人君子心力之爲乎？

（元）馬端臨《文獻通考》卷三六《選舉考·舉官》 光武建武十二年，詔三公舉茂材各一人、廉吏各一人，左右將軍歲察廉吏各二人，光禄歲舉郎茂材四行各一人、察廉吏三人，中二千石歲察廉吏一人，監御史、司隸、州牧歲舉茂材各一人。改前漢常侍曹尚書爲吏部尚書，其所進用，加以歲月先後之次。又詔三公以四科辟召。見《辟舉門》。

（明）朱健《古今治平略·兩漢貢舉》 漢制舉士策于天子者曰賢良方正，察于州郡者曰孝廉茂才，升于學較者曰博士弟子，下至上書射策論列時政及掾吏稱職公府辟召亦得以自奮其間。大則取其行，次則取其學，又次則舉其言，又次則取其能。大抵當時文網希闊，搜羅俊彦，由人主意爲之，初無定額。至其後，諸帝因日蝕、地震、山崩、川竭諸天地大變，輒詔郡國舉士以咨缺失，率以爲常，而其有要任特使，皆各標其目，而令舉之于是。又有所謂三老、孝弟力田、直諫、下詔特舉、童子、武勇，及任子、入貲、從軍良家子諸目不一。大抵漢之取士，隨時設目，蓋非一科，其行之最久而得人爲多者，在學較則有明經，在郡國則有孝廉賢良茂才而已。孝廉、賢良始于文帝，茂才、明經始于武帝。四者之科，終漢世不變，而公卿大夫多由此途出。然愚以爲，碩人宏博之才，要非科目所能得，限人以科目之選，則所得豈復有異能之士哉。蓋明經止于一藝，以射策爲甲乙，非有深探聖人之旨。賢良止于對策，以迂緩而不切，非有直言極諫之實。是以業明經者，惟志于青紫之得對。賢良者，或雜以申韓之言。陳湯舉茂才，而有不奔父喪之罪。徐淑舉孝廉，而不逃冒年之責。以科目取人，而得人若是。其有卓然不羣之才出其中者，特幸耳。雖然漢猶不專倚于科目也，鄉里有推舉之事，而州郡有辟舉之召，故事之修于鄉者，雖不繇科目以進，而辟書踵門選拔州縣等而上之，與科目之士同于擢用，此後世之所未講也。

紀事

《史記》卷五六《陳丞相世家》 漢王聞之，愈益幸平。遂與東伐項王。至彭城，爲楚所敗。引而還，收散兵至滎陽，以平爲亞將，屬於韓王信，軍廣武。

絳侯、灌嬰等咸讒陳平曰：平雖美丈夫，如冠玉耳，其中未必有也。臣聞平居家時，盜其嫂；事魏不容，亡歸楚；歸楚不中，又亡歸漢。今日大王尊官之，令護軍。臣聞平受諸將金，金多者得善處，金少者得惡處。平，反覆亂臣也，願王察之。漢王疑之，召讓魏無知。無知曰：臣所言者，能也；陛下所問者，行也。今有尾生、孝己之行而無益處於勝負之數，陛下何暇用之乎？楚漢相距，臣進奇謀之士，顧其計誠足以利國家不耳。且盜嫂受金又何足疑乎？漢王召讓平曰：先生事魏不中，遂事楚而去，今又從吾游，信者固多心乎？平曰：臣事魏王，魏王不能用臣説，故去事項王。項王不能信人，其所任愛，非諸項即妻之昆弟，雖有奇士不能用，平乃去楚。聞漢王之能用人，故歸大王。臣躶身來，不受金無以爲資。誠臣計畫有可采者，（顧）〔願〕大王用之；使無可用者，金具在，請封輸官，得請骸骨。漢王乃謝，厚賜，拜爲護軍中尉，盡護諸將。諸將乃不敢復言。

《史記》卷八四《屈原賈生列傳》 賈生名誼，雒陽人也。年十八，以能誦詩屬書聞於郡中。吴廷尉爲河南守，聞其秀才，召置門下，甚幸愛。孝文皇帝初立，聞河南守吴公治平爲天下第一，故與李斯同邑而常學事焉，乃徵爲廷尉。廷尉乃言賈生年少，頗通諸子百家之書。文帝召以爲博士。

《史記》卷九二《淮陰侯列傳》 漢王之入蜀，信亡楚歸漢，未得知名，爲連敖。坐法當斬，其輩十三人皆已斬，次至信，信乃仰視，適見滕公，曰：上不欲就天下乎？何爲斬壯士。滕公奇其言，壯其貌，釋而不斬。與語，大説之。言於上，上拜以爲治粟都尉，上未之奇也。

信數與蕭何語，何奇之。至南鄭，諸將行道亡者數十人，信度何等已數言上，上不我用，即亡。何聞信亡，不及以聞，自追之。人有言上曰：丞相何亡。上大怒，如失左右手。居一二日，何來謁上，上且怒且喜，罵何曰：若亡，何也？何曰：臣不敢亡也，臣追亡者。上曰：若所追者誰何？曰：韓信也。上復罵曰：諸將亡者以十數，公無所追；追信，詐也。何曰：諸將易得耳。至如信者，國士無雙。王必欲長王漢中，無所事信；必欲爭天下，非信無所與計事者。顧王策安所决耳。王曰：吾亦欲東耳，安能鬱鬱久居此乎？何曰：王計必欲東，能用信，信即留；不能用，信終亡耳。王曰：吾爲公以爲將。何曰：雖爲將，信必不留。王曰：以爲大將。何曰：幸甚。於是王欲召信拜之。何曰：王素慢無禮，今拜大將如呼小兒耳，此乃信所以去也。王必欲拜之，擇良日，齋戒，設壇場，具禮，乃可耳。王許之。諸將皆喜，人人各自以爲得大將。至拜大將，乃韓信也，一軍皆驚。

信拜禮畢，上坐。王曰：丞相數言將軍，將軍何以教寡人計策？信謝，因問王曰：今東鄉争權天下，豈非項王邪？漢王曰：然。曰：大王自料勇悍仁彊孰與項王？漢王默然良久，曰：不如也。信再拜賀曰：惟信亦爲大王不如也。然臣嘗事之，請言項王之爲人也。項王喑噁叱咤，千人皆廢，然不能任屬賢將，此特匹夫之勇耳。項王見人恭敬慈愛，言語嘔嘔，人有疾病，涕泣分食飲，至使人有功當封爵者，印刓敝，忍不能予，此所謂婦人之仁也。項王雖霸天下而臣諸侯，不居關中而都彭城。有背義帝之約，而以親愛王，諸侯不平。諸侯之見項王遷逐義帝置江南，亦皆歸逐其主而自王善地。項王所過無不殘滅者，天下多怨，百姓不親附，特劫於威彊耳。名雖爲霸，實失天下心。故曰其彊易弱。今大王誠能反其道：任天下武勇，何所不誅。以天下城邑封功臣，何所不服。以義兵從思東歸之士，何所不散。且三秦王爲秦將，將秦子弟數歲矣，所殺亡不可勝計，又欺其衆降諸侯，至新安，項王詐阬秦降卒二十餘萬，唯獨邯、欣、翳得脱，秦父兄怨此三人，痛入骨髓。今楚彊以威王此三人，秦民莫愛也。大王之入武關，秋豪無所害，除秦苛法，與秦民約，法三章耳，秦民無不欲得大王王秦者。於諸侯之約，大王當王關中，關中民咸知之。大王失職入漢中，秦民無不恨者。今大王舉而東，三秦可傳檄而定也。於是漢王大喜，自以爲得信晚。遂聽信計，部署諸將所擊。

《史記》卷一〇二《張釋之馮唐列傳》　張廷尉釋之者，堵陽人也，字季。有兄仲同居。以訾爲騎郎，事孝文帝，十歲不得調，無所知名。釋之曰：久宦減仲之產，不遂。欲自免歸。中郎將袁盎知其賢，惜其去，乃請徙釋之補謁者。

《史記》卷一〇四《田叔列傳》　孝文帝既立，召田叔問之曰：公知天下長者乎？對曰：臣何足以知之。上曰：公，長者也，宜知之。叔頓首曰：故雲中守孟舒，長者也。是時孟舒坐虜大入塞盗劫，雲中尤甚，免。上曰：先帝置孟舒雲中十餘年矣，虜曾一入，孟舒不能堅守，毋故士卒戰死者數百人。長者固殺人乎？公何以言孟舒爲長者也？叔叩頭對曰：是乃孟舒所以爲長者也。夫貫高等謀反，上下明詔，趙有敢隨張王，罪三族。然孟舒自髡鉗，隨張王敖之所在，欲以身死之，豈自知爲雲中守哉。漢與楚相距，士卒罷敝。匈奴冒頓新服北夷，來爲邊害，孟舒知士卒罷敝，不忍出言，士争臨城死敵，如子爲父，弟爲兄，以故死者數百人。孟舒豈故驅戰之哉。是乃孟舒所以爲長者也。於是上曰：賢哉孟舒。復召孟舒以爲雲中守。

《漢書》卷三七《田叔傳》　孝文帝初立，召叔問曰：公知天下長者乎？對曰：臣何足以知之。上曰：公長者，宜知之。叔頓首曰：故雲中守孟舒，長者也。是時孟舒坐虜大入雲中免。上曰：先帝置孟舒雲中十餘年矣，虜常一入，孟舒不能堅守，無故士卒戰死者數百人。長者固殺人乎？叔叩頭曰：夫貫高等謀反，天子下明詔，趙有敢隨張王者罪三族，然孟舒自髡鉗，隨張王，以身死之，豈自知爲雲中守哉。漢與楚相距，士卒罷敝，而匈奴冒頓新服北夷，來爲邊寇，孟舒知士卒罷敝，不忍出言，士争臨城死敵，如子爲父，以故死者數百人，孟舒豈敺之哉。是乃孟舒所以爲長者。於是上曰：賢哉孟舒。復召以爲雲中守。

《漢書》卷四八《賈誼傳》　賈誼，雒陽人也，年十八，以能誦詩書屬文稱於郡中。河南守吴公聞其秀材，召置門下，甚幸愛。文帝初立，聞河南守吴公治平爲天下第一，故與李斯同邑，而嘗學事焉，徵以爲廷尉。廷尉乃言誼年少，頗通諸家之書。文帝召以爲博士。

《漢書》卷五〇《張釋之傳》　張釋之字季，南陽堵陽人也。與兄仲同居，以貲爲騎郎，事文帝，十年不得調，亡所知名。釋之曰：久宦減仲之產，不遂。欲免歸。中郎將爰盎知其賢，惜其去，乃請徙釋之補謁者。

《漢書》卷五二《韓安國傳》　安國爲人多大略，知足以當世取舍，而出於忠厚。貪耆財利，然所推舉皆廉士賢於己者。於梁舉壺遂、臧固、至它，皆天下名士，士亦以此稱慕之，唯天子以爲國器。

《漢書》卷五六《董仲舒傳》　武帝即位，舉賢良文學之士前後百數，而仲舒以賢良對策焉。【略】

制曰：朕獲承至尊休德，傳之亡窮，而施之罔極，任大而守重，是以夙夜不皇康寧，永惟萬事之統，猶懼有闕。故廣延四方之豪儁，郡國諸侯公選賢良修絜博習之士，欲聞大道之要，至論之極。今子大夫褎然爲舉首，朕甚嘉之。子大夫其精心致思，朕垂聽而問焉。

蓋聞五帝三王之道，改制作樂而天下洽和，百王同之。當虞氏之樂莫盛於韶，於周莫盛於勺。聖王已没，鐘鼓筦絃之聲未衰，而大道微缺，陵夷至虖桀紂之行，王道大壞矣。夫五百年之間，守文之君，當塗之士，欲則先王之法以戴翼其世者甚衆，然猶不能反，日以仆滅，至後王而後止，豈其所持操或誖繆而失其統與？固天降命不可復反，必推之於大衰而後息與？烏虖，凡所爲屑屑，夙興夜寐，務法上古者，又將無補與？三代受命，其符安在？災異之變，何緣而起？性命之情，或夭或壽，或仁或鄙，習聞其號，未燭厥理。伊欲風流而令行，刑輕而姦改，百姓和樂，政事宣昭，何脩何飭而膏露降，百穀登，德潤四海，澤臻中木，三光全，寒暑平，受天之祜，享鬼神之靈，德澤洋溢，施虖方外，延及羣生？

子大夫明先聖之業，習俗化之變，終始之序，講聞高誼之日久矣，其明以諭朕。科别其條，勿猥勿并，取之於術，慎其所出。乃其不正不直，不忠不極，枉于執事，書之不泄，興于朕躬，毋悼後害。子大夫其盡心，靡有所隱，朕將親覽焉。

仲舒對曰：陛下發德音，下明詔，求天命與情性，皆非愚臣之所能及也。臣謹案春秋之中，視前世已行之事，以觀天人相與之際，甚可畏也。國家將有失道之敗，而天乃先出災害以譴告之，不知自省，又出怪異以警懼之，尚不知變，而傷敗乃至。以此見天心之仁愛人君而欲止其亂也。自非大亡道之世者，天盡欲扶持而全安之，事在彊勉而已矣。彊勉學問，則聞見博而知益明；彊勉行道，則德日起而大有功：此皆可使還至而（立）有效者也。《詩》曰夙夜匪解，《書》云茂哉茂哉，皆彊勉之謂也。

道者，所繇適於治之路也，仁義禮樂皆其具也。故聖王已没，而子孫長久安寧數百歲，此皆禮樂教化之功也。王者未作樂之時，乃用先王之樂宜於世者，而以深入教化於民。教化之情不得，雅頌之樂不成，故王者功成作樂，樂其德也。樂者，所以變民風，化民俗也；其變民也易，其化人也著。故聲發於和而本於情，接於肌膚，臧於骨髓。故王道雖微缺，而筦絃之聲未衰也。夫虞氏之不爲政久矣，然而樂頌遺風猶有存者，是以孔子在齊而聞韶也。夫人君莫不欲安存而惡危亡，然而政亂國危者甚衆，所任者非其人，而所繇者非其道，是以政日以仆滅也。夫周道衰於幽厲，非道亡也，幽厲不繇也。至於宣王，思昔先王之德，興滯補弊，明文武之功業，周道粲然復興，詩人美之而作，上天祐之，爲生賢佐，後世稱誦，至今不絶。此夙夜不解行善之所致也。孔子曰人能弘道，非道弘人也。故治亂廢興在於己，非天降命不可得反，其所操持誖謬失其統也。

臣聞天之所大奉使之王者，必有非人力所能致而自至者，此受命之符也。天下之人同心歸之，若歸父母，故天瑞應誠而至。《書》曰白魚入于王舟，有火復于王屋，流爲烏，此蓋受命之符也。周公曰復哉復哉，孔子曰德不孤，必有鄰，皆積善絫德之效也。及至後世，淫佚衰微，不能統理羣生，諸侯背畔，殘賊良民以争壤土，廢德教而任刑罰。刑罰不中，則生邪氣；邪氣積於下，怨惡畜於上。上下不和，則陰陽繆盭而妖孽生矣。此災異所緣而起也。

臣聞命者天之令也，性者生之質也，情者人之欲也。或夭或壽，或仁或鄙，陶冶而成之，不能粹美，有治亂之所生，故不齊也。孔子曰：君子之德風（也），小人之德中（也），中上之風必偃。故堯舜行德則民仁壽，桀紂行暴則民鄙夭。夫上之化下，下之從上，猶泥之在鈞，唯甄者之所爲；猶金之在鎔，唯冶者之所鑄。綏之斯俫，動之斯和，此之謂也。

臣謹案《春秋》之文，求王道之端，得之於正。正次王，王次春。春者，天之所爲也；正者，王之所爲也。其意曰，上承天之所爲，而下以正其所爲，正王道之端云爾。然則王者欲有所爲，宜求其端於天。天道之大者在陰陽。陽爲德，陰爲刑；刑主殺而德主生。是故陽常居大夏，而以生育養長爲事；陰常居大冬，而積於空虛不用之處。以此見天之任德不任刑也。天使陽出布施於上而主歲功，使陰入伏於下而時出佐陽；陽不得陰之助，亦不能獨成歲。終陽以成歲爲名，此天意也。王者承天意以從事，故任德教而不任刑。刑者不可任以治世，猶陰之不可任以成歲也。爲政而任刑，不順於天，故先王莫之肯爲也。今廢先王德教之官，而獨任執法之吏治民，毋乃任刑之意與。孔子曰：不教而誅謂之虐。虐政用於下，而欲德教之被四海，故難成也。

臣謹案，春秋謂一元之意，一者萬物之所從始也，元者辭之所謂大也。謂一爲元者，視大始而欲正本也。春秋深探其本，而反自貴者始。故爲人君者，正心以正朝廷，正朝廷以正百官，正百官以正萬民，正萬民以正四方。四方正，遠近莫敢不壹於正，而亡有邪氣奸其間者。是以陰陽調而風雨時，羣生和而萬民殖，五穀孰而中木茂，天地之間被潤澤而大豐美，四海之内聞盛德而皆徠臣，諸福之物，可致之祥，莫不畢至，而王道終矣。

孔子曰：鳳鳥不至，河不出圖，吾已矣夫。自悲可致此物，而身卑賤不得致也。今陛下貴爲天子，富有四海，居得致之位，操可致之勢，又有能致之資，行高而恩厚，知明而意美，愛民而好士，可謂誼主矣。然而天地未應而美祥莫至者，何也？凡以教化不立而萬民不正也。夫萬民之從利也，如水之走下，不以教化隄防之，不能止也。是故教化立而姦邪皆止者，其隄防完也；教化廢而姦邪並出，刑罰不能勝者，其隄防壞也。古之王者明於此，是故南面而治天下，莫不以教化爲大務。立大學以教於國，設庠序以化於邑，漸民以仁，摩民以誼，節民以禮，故其刑罰甚輕而禁不犯者，教化行而習俗美也。

聖王之繼亂世也，埽除其迹而悉去之，復修教化而崇起之。教化已明，習俗已成，子孫循之，行五六百歲尚未敗也。至周之末世，大爲亡道，以失天下。秦繼其後，獨不能改，又益甚之，重禁文學，不得挾書，棄捐禮誼而惡聞之，其心欲盡滅先王之道，而顓爲自恣苟簡之治，故立爲天子十四歲而國破亡矣。自古以倈，未嘗有以亂濟亂，大敗天下之民如秦者也。其遺毒餘烈，至今未滅，使習俗薄惡，人民嚚頑，抵冒殊扞，孰爛如此之甚者也。孔子曰：腐朽之木不可彫也，糞土之牆不可圬也。今漢繼秦之後，如朽木糞牆矣，雖欲善治之，亡可柰何。法出而姦生，令下而詐起，如以湯止沸，抱薪救火，愈甚亡益也。竊譬之琴瑟不調，甚者必解而更張之，乃可鼓也；爲政而不行，甚者必變而更化之，乃可理也。當更張而不更張，雖有良工不能善調也；當更化而不更化，雖有大賢不能善治也。故漢得天下以來，常欲善治而至今不可善治者，失之於當更化而不更化也。古人有言曰：臨淵羡魚，不如（蛛）〔退〕而結網。今臨政而願治七十餘歲矣，不如退而更化；更化則可善治，善治則災害日去，福禄日來。《詩》云：宜民宜人，受禄于天。爲政而宜於民者，固當受禄于天。夫仁誼禮知信五常之道，王者所當脩飭也；五者脩飭，故受天之祐，而享鬼神之靈，德施于方外，延及羣生也。

天子覽其對而異焉，乃復册之曰：

制曰：蓋聞虞舜之時，游於巖郎之上，垂拱無爲，而天下太平。周文王至於日昃不暇食，而宇内亦治。夫帝王之道，豈不同條共貫與？何逸勞之殊也？

蓋儉者不造玄黄旌旗之飾。及至周室，設兩觀，乘大路，朱干玉戚，八佾陳於庭，而頌聲興。夫帝王之道豈異指哉？或曰良玉不瑑，又曰非文無以輔德，二端異焉。

殷人執五刑以督姦，傷肌膚以懲惡。成康不式，四十餘年天下不犯，囹圄空虚。秦國用之，死者甚衆，刑者相望，秏矣哀哉。

烏虖，朕夙寤晨興，惟前帝王之憲，永思所以奉至尊，章洪業，皆在力本任賢。今朕親耕藉田以爲農先，勸孝弟，崇有德，使者冠蓋相望，問勤勞，恤孤獨，盡思極神，功烈休德未始云獲也。今陰陽錯繆，氛氣充塞，羣生寡遂，黎民未濟，廉恥貿亂，賢不肖渾（淆）〔殽〕，未得其真，故詳延特起之士，（意）庶幾乎。今子大夫待詔百有餘人，或道世務而未濟，稽諸上古之不同，考之于今而難行，毋乃牽於文繫而不得騁（歟）〔與〕？將所繇異術，所聞殊方與？各悉對，著于篇，毋諱有司。明其指略，切磋究之，以稱朕意。

仲舒對曰：

臣聞堯受命，以天下爲憂，而未以位爲樂也，故誅逐亂臣，務求賢聖，是以得舜、禹、稷、卨、咎繇。衆聖輔德，賢能佐職，教化大行，天下和洽，萬民皆安仁樂誼，各得其宜，動作應禮，從容中道。故孔子曰如有王者，必世而後仁，此之謂也。堯在位七十載，乃遜于位以禪虞舜。堯崩，天下不歸堯子丹朱而歸舜。舜知不可辟，乃即天子之位，以禹爲相，因堯之輔佐，繼其統業，是以垂拱無爲而天下治。孔子曰韶盡美矣，又盡善（也）〔矣〕，此之謂也。至於殷紂，逆天暴物，殺戮賢知，殘賊百姓。伯夷、太公皆當世賢者，隱處而不爲臣。守職之人皆奔走逃亡，入于河海。天下秏亂，萬民不安，故天下去殷而從周。文王順天理物，師用賢聖，是以閎夭、大顛、散宜生等亦聚於朝廷。受施兆民，天下歸之，故太公起海濱而即三公也。當此之時，紂尚在上，尊卑昏亂，百姓散亡，故文王悼痛而欲安之，是以日昃而不暇食也。孔子作《春秋》，先正王而繫萬事，見素王之文焉。繇此觀之，帝王之條貫同，然而勞逸異者，所遇之時異也。孔子曰武盡美矣，未盡善也，此之謂也。

臣聞制度文采玄黄之飾，所以明尊卑，異貴賤，而勸有德也。故《春秋》受命所先制者，改正朔，易服色，所以應天也。然則宫室旌旗之制，有法而然者也。故孔子曰：奢則不遜，儉則固。儉非聖人之中制也。臣聞良玉不瑑，資質潤美，不待刻瑑，此亡異於達巷黨人不學而自知也。然則常玉不瑑，不成文章；君子不學，不成其德。

臣聞聖王之治天下也，少則習之學，長則材諸位，爵禄以養其德，刑罰以威其惡，故民曉於禮誼而恥犯其上。武王行大誼，平殘賊，周公作禮樂以文之，至於成康之隆，囹圄空虛四十餘年，此亦教化之漸而仁誼之流，非獨傷肌膚之效也。至秦則不然。師申商之法，行韓非之説，憎帝王之道，以貪狼爲俗，非有文德以教訓於（天）下也。誅名而不察實，爲善者不必免，而犯惡者未必刑也。是以百官皆飾（空言）虛辭而不顧實，外有事君之禮，内有背上之心，造僞飾詐，趣利無恥；又好用憯酷之吏，賦斂亡度，竭民財力，百姓散亡，不得從耕織之業，羣盗並起。是以刑者甚衆，死者相望，而姦不息，俗化使然也。故孔子曰導之以政，齊之以刑，民免而無恥，此之謂也。

今陛下并有天下，海内莫不率服，廣覽兼聽，極羣下之知，盡天下之美，至德昭然，施於方外。夜郎、康居，殊方萬里，説德歸誼，此太平之致也。然而功不加於百姓者，殆王心未加焉。曾子曰：尊其所聞，則高明矣；行其所知，則光大矣。高明光大，不在於它，在乎加之意而已。願陛下因用所聞，設誠於内而致行之，則三王何異哉。

陛下親耕藉田以爲農先，夙寤晨興，憂勞萬民，思惟往古，而務以求賢，此亦堯舜之用心也，然而未云獲者，士素不厲也。夫不素養士而欲求賢，譬猶不（瑑）〔琢〕玉而求文采也。故養士之大者，莫大（虐）〔虖〕太學；太學者，賢士之所關也，教化之本原也。今以一郡一國之衆，對亡應書者，是王道往往而絶也。臣願陛下興太學，置明師，以養天下之士，數考問以盡其材，則英俊宜可得矣。今之郡守、縣令，民之師帥，所使承流而宣化也；故師帥不賢，則主德不宣，恩澤不流。今吏既亡教訓於下，或不承用主上之法，暴虐百姓，與姦爲市，貧窮孤弱，冤苦失職，甚不稱陛下之意。是以陰陽錯繆，氛氣充塞，羣生寡遂，黎民未濟，皆長吏不明，使至於此也。

夫長吏多出於郎中、中郎，吏二千石子弟選郎吏，又以富訾，未必賢也。且古所謂功者，以任官稱職爲差，非（所）謂積日絫久也。故小材雖絫日，不離於小官；賢材雖未久，不害爲輔佐。是以有司竭力盡知，務治其業而以赴功。今則不然。（累）〔絫〕日以取貴，積久以致官，是以廉恥貿亂，賢不肖渾殽，未得其真。臣愚以爲使諸列侯、郡守、二千石各擇其吏民之賢者，歲貢各二人以給宿衛，且以觀大臣之能；所貢賢者有賞，所貢不肖者有罰。夫如是，諸侯、吏二千石皆盡心於求賢，天下之士可得而官使也。徧得天下之賢人，則三王之盛易爲，而堯舜之名可及也。毋以日月爲功，實試賢能爲上，量材而授官，録德而定位，則廉恥殊路，賢不肖異處矣。陛下加惠，寬臣之罪，令勿牽制於文，使得切磋究之，臣敢不盡愚。

《漢書》卷五七上《司馬相如傳》 蜀人楊得意爲狗監，侍上。上讀《子虛賦》而善之，曰：朕獨不得與此人同時哉。得意曰：臣邑人司馬相如自言爲此賦。上驚，乃召問相如。相如曰：有是。然此乃諸侯之事，未足觀，請爲天子游獵之賦。上令尚書給筆札，相如以子虛，虛言也，爲楚稱；烏有先生者，烏有此事也，爲齊難；亡是公者，亡是人也，欲明天子之義。故虛藉此三人爲辭，以推天子諸侯之苑囿。其卒章歸之於節儉，因以風諫。奏之天子，天子大説。

《漢書》卷五九《張安世傳》 嘗有所薦，其人來謝，安世大恨，以爲舉賢達能，豈有私謝邪？絶勿復爲通。有郎功高不調，自言，安世應曰：君之功高，明主所知。人臣執事，何長短而自言乎。絶不許。已而郎果遷。莫府長史遷，辭去之官，安世問以過失。長史曰：將軍爲明主股肱，而士無所進，論者以爲譏。安世曰：明主在上，賢不肖較然，臣下自修而已，何知士而薦之？其欲匿名迹遠權勢如此。

《漢書》卷六四上《朱買臣傳》 後數歲，買臣隨上計吏爲卒，將重車至長安，詣闕上書，書久不報。待詔公車，糧用乏，上計吏卒更乞匄之。會邑子嚴助貴幸，薦買臣。召見，説春秋，言楚詞，帝甚説之，拜買臣爲中大夫，與嚴助俱侍中。

《漢書》卷六八《霍光傳》　初，霍氏奢侈，茂陵徐生曰：霍氏必亡。夫奢則不遜，不遜必侮上。侮上者，逆道也。在人之右，衆必害之。霍氏秉權日久，害之者多矣。天下害之，而又行以逆道，不亡何待。乃上疏言霍氏泰盛，陛下即愛厚之，宜以時抑制，無使至亡。書三上，輒報聞。其後霍氏誅滅，而告霍氏者皆封。人爲徐生上書曰：臣聞客有過主人者，見其竈直突，傍有積薪，客謂主人，更爲曲突，遠徙其薪，不者且有火患。主人嘿然不應。俄而家果失火，鄰里共救之，幸而得息。於是殺牛置酒，謝其鄰人，灼爛者在於上行，餘各以功次坐，而不録言曲突者。人謂主人曰：鄉使聽客之言，不費牛酒，終亡火患。今論功而請賓，曲突徙薪亡恩澤，燋頭爛額爲上客耶？主人乃寤而請之。今茂陵徐福數上書言霍氏且有變，宜防絶之。鄉使福説得行，則國亡裂土出爵之費，臣亡逆亂誅滅之敗。往事既已，而福獨不蒙其功，唯陛下察之，貴徙薪曲突之策，使居焦髮灼爛之右。上乃賜福帛十疋，後以爲郎。

《漢書》卷六九《辛慶忌傳》　成帝初，徵爲光禄大夫，遷左曹中郎將，至執金吾。始武賢與趙充國有隙，後充國家殺辛氏，至慶忌爲執金吾，坐子殺趙氏，左遷酒泉太守。歲餘，大將軍王鳳薦慶忌前在兩郡著功迹，徵入，歷位朝廷，莫不信鄉。質行正直，仁勇得衆心，通於兵事，明略威重，任國柱石。父破羌將軍武賢顯名前世，有威西夷。臣鳳不宜久處慶忌之右。乃復徵爲光禄大夫、執金吾。數年，坐小法左遷雲中太守，復徵爲光禄勳。時數有災異，丞相司直何武上封事曰：虞有宫之奇，晋獻不寐；衛青在位，淮南寢謀。故賢人立朝，折衝厭難，勝於亡形。司馬法曰：天下雖安，忘戰必危。夫將不豫設，則亡以應卒；士不素厲，則難使死敵。是以先帝建列將之官，近戚主內，異姓距外，故姦軌不得萌動而破滅，誠萬世之長册也。光禄勳慶忌行義修正，柔毅敦厚，謀慮深遠。前在邊郡，數破敵獲虜，外夷莫不聞。乃者大異並見，未有其應。加以兵革久寢。春秋大災未至而豫禦之，慶忌宜在爪牙官以備不虞。其後拜爲右將軍諸吏散騎給事中，歲餘徙爲左將軍。

《漢書》卷七二《兩龔傳》　兩龔皆楚人也，勝字君賓，舍字君倩。二人相友，並著名節，故世謂之楚兩龔。少皆好學明經，勝爲郡吏，舍不仕。

久之，楚王入朝，聞舍高（明）〔名〕，聘舍爲常侍，不得已隨王，歸國固辭，願卒學，復至長安。而勝爲郡吏，三舉孝廉，以王國人不得宿衛補吏。再爲尉，壹爲丞，勝輒至官乃去。州舉茂材，爲重泉令，病去官。大司空何武、執金吾閻崇薦勝，哀帝自爲定陶王固已聞其名，徵爲諫大夫。引見，勝薦龔舍及亢父甯壽、濟陰侯嘉，有詔皆徵。勝曰：竊見國家徵醫巫，常爲駕，徵賢者宜駕。上曰：大夫乘私車來邪？勝曰：唯唯。有詔爲駕。龔舍、侯嘉至，皆爲諫大夫。甯壽稱疾不至。

《漢書》卷七六《王尊傳》　起家，復爲護羌將軍轉校尉，護送軍糧委輸。而羌人反，絶轉道，兵數萬圍尊。尊以千餘騎奔突羌賊。功未列上，坐擅離部署，會赦，免歸家。

涿郡太守徐明薦尊不宜久在閭巷，上以尊爲郿令，遷益州刺史。

《漢書》卷七八《蕭望之傳》　蕭望之字長倩，東海蘭陵人也，徙杜陵。家世以田爲業，至望之，好學，治齊詩，事同縣后倉且十年。以令詣太常受業，復事同學博士白奇，又從夏侯勝問論語、禮服。京師諸儒稱述焉。

是時大將軍霍光秉政，長史丙吉薦儒生王仲翁與望之等數人，皆召見。

《漢書》卷七九《馮奉世傳》　成帝立，有司奏野王王舅，不宜備九卿。以秩出爲上郡太守，加賜黄金百斤。朔方刺史蕭育奏封事，薦言野王行能高妙，內足與圖身，外足以慮化。竊惜野王懷國之寶，而不得陪朝廷與朝者並。野王前以王舅出，以賢復入，明國家樂進賢也。上自爲太子時聞知野王。會其病免，復以故二千石使行河隄，因拜爲琅邪太守。

《漢書》卷八一《匡衡傳》　匡衡字稚圭，東海承人也。父世農夫，至衡好學，家貧，庸作以供資用，尤精力過絶人。諸儒爲之語曰：無説詩，匡鼎來；匡説詩，解人頤。

衡射策甲科，以不應令除爲太常掌故，調補平原文學。學者多上書薦衡經明，當世少雙，令爲文學就官京師；後進皆欲從衡平原，衡不宜在遠方。事下太子太傅蕭望之、少府梁丘賀問，衡對詩諸大義，其對深美。望之奏衡經學精習，説有師道，可觀覽。宣帝不甚用儒，遣衡歸官。而皇太子見衡對，私善之。

會宣帝崩，元帝初即位，樂陵侯史高以外屬爲大司馬車騎將軍，領尚書事，前將軍蕭望之爲副。望之名儒，有師傅舊恩，天子任之，多所貢薦。高充位而已，與望之有隙。長安令楊興説高曰：將軍以親戚輔政，貴重於天下無二，然衆庶論議令問休譽不專在將軍者何也？彼誠有所聞也。以將軍之莫府，海內莫不卬望，而所舉不過私門賓客，乳母子弟，人情(以)〔忽〕不自知，然一夫竊議，語流天下。夫富貴在身而列士不譽，是有狐白之裘而反衣之也。古人病其若此，故卑體勞心，以求賢爲務。傳曰：以賢難得之故因曰事不待賢，以食難得之故而曰飽不待食，或之甚者也。平原文學匡衡材智有餘，經學絶倫，但以無階朝廷，故隨牒在遠方。將軍誠召置莫府，學士歙然歸仁，與參事議，觀其所有，貢之朝廷，必爲國器，以此顯示衆庶，名流於世。高然其言，辟衡爲議曹史，薦衡於上，上以爲郎中，遷博士，給事中。

《漢書》卷八二《王商傳》　王商字子威，涿郡蠡吾人也，徙杜陵。商父武，武兄無故，皆以宣帝舅封。無故爲平昌侯，武爲樂昌侯。語在《外戚傳》。

商少爲太子中庶子，以肅敬敦厚稱。父薨，商嗣爲侯，推財以分異母諸弟，身無所受，居喪哀慼。於是大臣薦商行可以厲羣臣，義足以厚風俗，宜備近臣。繇是擢爲諸曹侍中中郎將。

《漢書》卷八五《谷永傳》　谷永字子雲，長安人也。父吉，爲衛司馬，使送郅支單于侍子，爲郅支所殺，語在《陳湯傳》。永少爲長安小史，後博學經書。建昭中，御史大夫繁延壽聞其有茂材，除補屬，舉爲太常丞，數上疏言得失。

《漢書》卷八六《何武傳》　武爲人仁厚，好進士，獎稱人之善。爲楚內史厚兩龔，在沛郡厚兩唐，及爲公卿，薦之朝廷。此人顯於世者，何侯力也，世以此多焉。

《漢書》卷八七上《揚雄傳》　先是時，蜀有司馬相如，作賦甚弘麗溫雅，雄心壯之，每作賦，常擬之以爲式。又怪屈原文過相如，至不容，作離騷，自投江而死，悲其文，讀之未嘗不流涕也。以爲君子得時則大行，不得時則龍蛇，遇不遇命也，何必湛身哉。乃作書，往往摭離騷文而反之，自峪山投諸江流以弔屈原，名曰《反離騷》；又旁離騷作重一篇，名曰《廣騷》；又旁惜誦以下至懷沙一卷，名曰《畔牢愁》。《畔牢愁》、《廣騷》文多不載，獨載《反離騷》。【略】孝成帝時，客有薦雄文似相如者，上方郊祠甘泉泰畤、汾陰后土，以求繼嗣，召雄待詔承明之庭。

《漢書》卷八九《循吏傳・黄霸》　會宣帝即位，在民間時知百姓苦吏急也，聞霸持法平，召以爲廷尉正，數決疑獄，庭中稱平。守丞相長史，坐公卿大議廷中知長信少府夏侯勝非議詔書大不敬，霸阿從不舉劾，皆下廷尉，繫獄當死。霸因從勝受尚書獄中，再踰冬，積三歲乃出，語在勝傳。勝出，復爲諫大夫，令左馮翊宋畸舉霸賢良。勝又口薦霸於上，上擢霸爲揚州刺史。

《漢書》卷八九《循吏傳・朱邑》　是時張敞爲膠東相，與邑書曰：明主游心太古，廣延茂士，此誠忠臣竭思之時也。直敞遠守劇郡，馭於繩墨，匈臆約結，固亡奇也。雖有，亦安所施？足下以清明之德，掌周稷之業，猶飢者甘糟糠，穰歲餘粱肉。何則？有亡之勢異也。昔陳平雖賢，須魏倩而後進；韓信雖奇，賴蕭公而後信。故事各達其時之英俊，若必伊尹、吕望而後薦之，則此人不因足下而進矣。邑感敞言，貢薦賢士大夫，多得其助者。

《東觀漢記》卷九《傳四・寇恂》　更始時，大司馬朱鮪在雒陽。上欲南定河內，問禹曰：諸將誰可使守河內者？禹曰：寇恂文武備足，有牧民禦衆之才。河內富實，南迫雒陽，非寇恂莫可使也。上拜寇恂爲河內太守，行大將軍事。《御覽》卷四四二

《東觀漢記》卷一〇《傳五・吴漢》　上既破邯鄲，誅王郎，召鄧禹宿，夜語曰：吾欲北發幽州突騎，諸將誰可使者？禹曰：吴漢可。吴漢與鄧弘俱客蘇弘，稱道之。禹數與語，其人勇鷙有智謀，諸將鮮能及者。上於是以漢爲大將軍。漢遂斬幽州牧苗曾，上以禹爲知人。《御覽》卷四四二

《東觀漢記》卷一三《傳八・伏湛》　南陽太守杜詩上疏薦伏惠公曰：竊見故大司徒陽都侯伏惠公自行束脩，訖無毁玷，篤信好學，守死善道，經爲人師，行爲儀錶，秉節持重，有不可奪。衆賢百姓，鄉望德義。微過斥退，久不復用，識者滑惜，儒士痛心。湛容貌堂堂，國之光

輝，智略謀慮，朝之淵藪。齠齔勵志，白首不衰。實足以先後王室，名足以光示遠人。武公、莊公所以砥礪蕃屏，勸進忠信，令四方諸侯咸樂回首，仰望京師。柱石之臣，宜居輔弼，出入禁門，補闕拾遺。《御覽》卷六三一

《東觀漢記》卷一六《傳十一・陳寵》 陳寵，字昭公，沛人，爲尚書。寵性純淑，周密重慎，時所表薦，輒自手書削草，人莫得知。常言人臣之義，苦不畏慎。自在樞機，謝遣門人，不復教授，絶知友之路。《御覽》卷四三〇

《後漢書》卷二五《魯恭傳》 恭再在公位，選辟高第，至列卿郡守者數十人。而其耆舊大姓，或不蒙薦舉，至有怨望者。恭聞之，曰：學之不講，是吾憂也。諸生不有鄉舉者乎？終無所言。

《後漢書》卷二六《韋彪傳》 是時陳事者，多言郡國貢舉率非功次，故守職益懈而吏事寖疏，咎在州郡。有詔下公卿朝臣議。彪上議曰：伏惟明詔，憂勞百姓，垂恩選舉，務得其人。夫國以簡賢爲務，賢以孝行爲首。孔子曰：事親孝故忠可移於君，是以求忠臣必於孝子之門。夫人才行少能相兼，是以孟公綽優於趙、魏老，不可以爲滕、薛大夫。忠孝之人，持心近厚；鍛鍊之吏，持心近薄。三代之所以直道而行者，在其所以磨之故也。士宜以才行爲先，不可純以閥閱。然其要歸，在於選二千石。二千石賢，則貢舉皆得其人矣。帝深納之。

《後漢書》卷三二《樊宏傳》 永平元年，拜長水校尉，與公卿雜定郊祠禮儀，以讖記正五經異説。北海周澤、琅邪承宮並海內大儒，儵皆以爲師友而致之於朝。上言郡國舉孝廉，率取年少能報恩者，耆宿大賢多見廢棄，宜勑郡國簡用良俊。又議刑辟宜須秋月，以順時氣。顯宗並從之。

《後漢書》卷三六《張陵傳》 陵字處沖，官至尚書。元嘉中，歲首朝賀，大將軍梁冀帶劍入省，陵呵叱令出，勑羽林、虎賁奪冀劍。冀跪謝，陵不應，即劾奏冀，請廷尉論罪，有詔以一歲俸贖，而百僚肅然。

初，冀弟不疑爲河南尹，舉陵孝廉。不疑疾陵之奏冀，因謂曰：昔舉君，適所以自罰也。陵對曰：明府不以陵不肖，誤見擢序，今申公憲，以報私恩。不疑有愧色。

《後漢書》卷三九《周磐傳》 周磐字堅伯，汝南安成人，徵士燮之宗也。祖父業，建武初爲天水太守。磐少游京師，學古文尚書、洪範五行、左氏傳，好禮有行，非典謨不言，諸儒宗之。居貧養母，儉薄不充。嘗誦詩至汝墳之卒章，慨然而歎，乃解韋帶，就孝廉之舉。

《後漢書》卷四四《胡廣傳》 廣少孤貧，親執家苦。長大，隨輩入郡爲散吏。太守法雄之子真，從家來省其父。真頗知人。會歲終應舉，雄勑真助〔其〕求〔其〕才。雄因大會諸吏，真自於牖間密占察之，乃指廣以白雄，遂察孝廉。既到京師，試以章奏，安帝以廣爲天下第一。旬月拜尚書郎，五遷尚書僕射。

《後漢書》卷五三《申屠蟠傳》 家貧，傭爲漆工。郭林宗見而奇之。同郡蔡邕深重蟠，及被州辟，乃辭讓之曰：申屠蟠稟氣玄妙，性敏心通，喪親盡禮，幾於毁滅。至行美義，人所鮮能。安貧樂潛，味道守真，不爲燥濕輕重，不爲窮達易節。方之於邕，以齒則長，以德則賢。

《後漢書》卷五六《种暠傳》 种暠字景伯，河南洛陽人，仲山甫之後也。父爲定陶令，有財三千萬。父卒，暠悉以賑卹宗族及邑里之貧者。其有進趣名利，皆不與交通。始爲縣門下史。時河南尹田歆外甥王諶，名知人。歆謂之曰：今當舉六孝廉，多得貴戚書命，不宜相違，欲自用一名士以報國家，爾助我求之。明日，諶送客於大陽郭，遥見暠，異之。還白歆曰：爲尹得孝廉矣，近洛陽門下史也。歆笑曰：當得山澤隱滯，（近）〔迺〕洛陽吏邪？諶曰：山澤不必有異士，異士不必在山澤。歆即召暠於庭，辯詰職事。暠辭對有序，歆甚知之，召署主簿，遂舉孝廉，辟太尉府，舉高第。

《後漢書》卷六一《黄瓊傳》 頃之，遷尚書令。瓊以前左雄所上孝廉之選，專用儒學文吏，於取士之義，猶有所遺，乃奏增孝悌及能從政者爲四科，事竟施行。又雄前議舉吏先試之於公府，又覆之於端門，後尚書張盛奏除此科。瓊復上言：覆試之作，將以澄洗清濁，覆實虚濫，不宜改革。帝乃止。

《後漢書》卷六一《黄琬傳》 〔黄琬〕稍遷五官中郎將。時陳蕃爲光禄勳，深相敬待，數與議事。舊制，光禄舉三署郎，以高功久次才德尤異者爲茂才四行。時權富子弟多以人事得舉，而貧約守志者以窮退見遺，京師爲之謡曰：欲得不能，光禄茂才。於是琬、蕃同心，顯用志

士，平原劉醇、河東朱山、蜀郡殷參等並以才行蒙舉。蕃、琬遂爲權富郎所見中傷，事下御史〔中〕丞王暢、侍御史刁韙。韙、暢素重蕃、琬，不舉其事，而左右復陷以朋黨。暢坐左轉議郎而免蕃官，琬、韙俱禁錮。

《後漢書》卷六四《吴祐傳》 後舉孝廉，將行，郡中爲祖道，祐越壇共小史雍丘黄真歡語移時，與結友而別。功曹以祐倨，請黜之。太守曰：吴季英有知人之明，卿且勿言。真後亦舉孝廉，除新蔡長，世稱其清節。

《後漢書》卷六四《史弼傳》 弼爲政特挫抑彊豪，其小民有罪，多所容貸。遷河東太守，被一切詔書當舉孝廉。弼知多權貴請託，乃豫勑斷絶書屬。中常侍侯覽果遣諸生齎書請之，并求假鹽税，積日不得通。生乃説以它事謁弼，而因達覽書。弼大怒曰：太守忝荷重任，當選士報國，爾何人而僞詐無狀。命左右引出，楚捶數百，府丞、掾史十餘人皆諫於廷，弼不對。遂付安邑獄，即日考殺之。侯覽大怨，遂詐作飛章下司隸，誣弼誹謗，檻車徵。吏人莫敢近者，唯前孝廉裴瑜送到崤澠之閒，大言於道傍曰：明府摧折虐臣，選德報國，如其獲罪，足以垂名竹帛，願不憂不懼。弼曰：誰謂荼苦，其甘如薺。昔人刎頸，九死不恨。及下廷尉詔獄，平原吏人奔走詣闕訟之。又前孝廉魏劭毁變形服，詐爲家僮，瞻護於弼。弼遂受誣，事當弃市。劭與郡人賣郡邸，行賂於侯覽，得減死罪一等，論輸左校。時人或譏曰：平原行貨以免君，無乃蚩乎。陶丘洪曰：昔文王牖里，閎、散懷金。史弼遭患，義夫獻寶。亦何疑焉，於是議者乃息。

《後漢書》卷六六《陳蕃傳》 時零陵、桂陽山賊爲害，公卿議遣討之，又詔下州郡，一切皆得舉孝廉、茂才。蕃上疏駮之曰：昔高祖創業，萬邦息肩，撫養百姓，同之赤子。今二郡之民，亦陛下赤子也。致令赤子爲害，豈非所在貪虐，使其然乎？宜嚴勑三府，隱覈牧守令長，其有在政失和，侵暴百姓者，即便舉奏，更選清賢奉公之人，能班宣法令情在愛惠者，可不勞王師，而羣賊弭息矣。又三署郎吏二千餘人，三府掾屬過限未除，但當擇善而授之，簡惡而去之。豈煩一切之詔，以長請屬之路乎。以此忤左右，故出爲豫章太守。

《後漢書》卷七九下《儒林傳·謝該》 仕爲公車司馬令，以父母老，託疾去官。欲歸鄉里，會荊州道斷，不得去。少府孔融上書薦之曰：臣聞高祖創業，韓、彭之將征討暴亂，陸賈、叔孫通進説詩書。光武中興，吴、耿佐命，范升、衛宏脩述舊業，故能文武並用，成長久之計。陛下聖德欽明，同符二祖，勞謙戹運，三年乃讙。今尚父鷹揚，方叔翰飛，王師電鷙，羣凶破殄，始有櫜弓臥鼓之次，宜得名儒，典綜禮紀。竊見故公車司馬令謝該，體曾、史之淑性，兼商、偃之文學，博通羣蓺，周覽古今，物來有應，事至不惑，清白異行，敦悦道訓。求之遠近，少有疇匹。若乃巨骨出吴，隼集陳庭，黄能入寢，亥有二首，非夫洽聞者，莫識其端也。雋不疑定北闕之前，夏侯勝辯常陰之驗，然後朝士益重儒術。今該實卓然比跡前列，閒以父母老疾，弃官欲歸，道路險塞，無由自致。猥使良才抱樸而逃，踰越山河，沈淪荊楚，所謂往而不反者也。後日當更饋樂以釣由余，剋像以求傳説，豈不煩哉？臣愚以爲可推録所在，召該令還。楚人止孫卿之去國，漢朝追匡衡於平原，尊儒貴學，惜失賢也。書奏，詔即徵還，拜議郎。以壽終。

《後漢書》卷八〇下《文苑傳·禰衡》 衡始弱冠，而融年四十，遂與爲交友。上疏薦之曰：臣聞洪水横流，帝思俾乂，旁求四方，以招賢俊。昔孝武繼統，將弘祖業，疇咨熙載，羣士響臻。陛下叡聖，纂承基緒，遭遇戹運，勞謙日昃。惟岳降神，異人並出。竊見處士平原禰衡，年二十四，字正平，淑質貞亮，英才卓礫。初涉蓺文，升堂覩奥，目所一見，輒誦於口，耳所瞥聞，不忘於心。性與道合，思若有神。弘羊潛計，安世默識，以衡準之，誠不足怪。忠果正直，志懷霜雪，見善若驚，疾惡若讎。任座抗行，史魚厲節，殆無以過也。鷙鳥累伯，不如一鶚。使衡立朝，必有可觀。飛辯騁辭，溢氣坌涌，解疑釋結，臨敵有餘。昔賈誼求試屬國，詭係單于；終軍欲以長纓，牽致勁越。弱冠慷慨，前世美之。近日路粹、嚴象，亦用異才擢拜臺郎，衡宜與爲比。如得龍躍天衢，振翼雲漢，揚聲紫微，垂光虹蜺，足以昭近署之多士，增四門之穆穆。鈞天廣樂，必有奇麗之觀；帝室皇居，必蓄非常之寶。若衡等輩，不可多得。激楚、楊阿，至妙之容，臺牧者之所貪；飛兔、騕褭，絶足奔放，良、樂之所急。臣等區區，敢不以聞。

（漢）王符《潛夫論》卷四《述赦》　昔孝明帝時，制舉茂才，過闕謝恩，賜食事訖，問何異聞，對曰：巫有劇賊九人，刺史數以竊郡，訖不能得。帝曰：汝非部南郡從事邪？對曰：是。帝乃振怒，曰：賊發部中而不能擒，然材何以爲茂？捶數百，便免官，而切讓州郡，十日之間，賊即伏誅。

（漢）應劭《風俗通義》卷五《十反》　宗正南陽劉祖奉爲郡屬曹吏，左騎校尉薛丞君卓爲户曹史，太守公孫慶當祠章陵，舊俗常以衣冠子孫，容止端嚴，學問通覽，任顧問者，以爲御史，時功曹白用劉祖，祖曰：既託帝王肺腑，過聞前訓，不能備光輝胥附之任，而身當側身陪乘，執策握革，有死而已，無能爲役。薛丞因前自白：今明公垂出，未有御者，雖云不敏，敢充人乏。周旋進退，補察時闕，言出成謨，大見敬重；亦以祖爲高，歲盡，俱舉孝廉。

（漢）應劭《風俗通義》卷五《十反》　河内太守府廬江周景仲嚮，每舉孝廉，請之上堂，家人宴飲，皆令平仰，言笑晏晏，如是三四；臨發，贈以衣齊，皆出自中。子弟中外，過歷職署，踰於所望，曰：移臣作子，於之何有。河内太守司徒潁川韓演伯南，舉孝廉，唯臨辭，一與相見，無所寵拔，曰：我已舉若，豈可令恩偏積於一門乎？

謹按：《春秋左氏傳》：夫舉無他也，唯善所在，親疏一也。祈奚稱其讎不爲諂，立其子不爲比，舉其偏不爲黨，建一官而三物成，晋國賴之，君子歸焉。蓋人君者，闢門開窗，號咷博求，得賢而賞，聞善若驚無適也，無莫也。周不綜臧否，而務藴崇之，韓演不唯善是務，越此一概。夫不擇而彊用之，與可用而敗之，其罪一也。

（唐）杜佑《通典》卷一三《選舉・歷代制上》　後黄瓊爲尚書令，以雄前所上孝廉之選，專用儒學、文吏，於取士之義猶有所違，乃奏增孝悌及能從政者，爲四科。范曄曰：漢初詔舉賢良、方正，州郡察孝廉、秀才，斯亦貢士之方也。中興以後，復增敦朴、有道、賢能、直言、獨行、高節、質直、清白、敦厚之屬。榮路既廣，自是竊名僞服，浸以流競。權門貴仕，請謁繁興。自左雄任事，限年試才，雖頗有不密，固亦因識時宜。而黄瓊、胡廣、張衡、崔瑗之徒，泥滯舊方，互相詭駁，循名者屈其短，算實者挺其效。雄在尚書，天下不敢謬選，十餘年間，稱爲得人，斯亦效實之徵乎？舊典，選舉委任三府，三府有選，參議掾屬。咨其行狀，度其器能，受試任用，責以成功。名無可察，然後付之尚書之舉刺，請下廷尉，覆案虚實，行其誅罰。

（宋）洪邁《容齋續筆》卷六《漢舉賢良》　漢武帝建元元年，詔舉賢良方正直言極諫之士。丞相綰奏：所舉賢良，或治申、商、韓非、蘇秦、張儀之言，亂國政，請皆罷。奏可。是時對者百餘人，帝獨善莊助對，擢爲中大夫。後六年，當元光元年，復詔舉賢良，於是董仲舒等出焉。《資治通鑑》書仲舒所對爲建元。按：策問中云朕親耕籍田，勸孝弟，崇有德，使者冠蓋相望，問勤勞，恤孤獨，盡思極神，對策曰：陰陽錯繆，氛氣充塞，羣生寡遂，黎民未濟，必非即位之始年也。

賣官

綜述

（唐）杜佑《通典》卷一一《食貨・鬻爵》　漢孝文時，晁錯説上曰：欲人務農，在於貴粟；貴粟之道，在於使人以粟爲賞罰。今募天下入粟縣官，得以拜爵，得以除罪。如此，富人有爵，農人有錢，粟有所渫。渫，散也，先列反。夫能入粟以受爵，皆有餘者也；取於有餘以供上用，則貧人之賦可損，所謂以有餘補不足，令出而人利者也。順於人心，所補者三：一曰主用足，二曰民賦少，三曰勸農功。爵者，上之所擅，出於口而無窮；粟者，人之所種，生於地而不乏。夫得高爵與免罪，人之所甚欲也。使天下入粟於邊，以受爵免罪，不過三歲，塞下之粟必多矣。於是從錯言，令人入粟邊，六百石爵上造，第二等爵。稍增至四千石爲五大夫，第九等爵。萬二千石爲大庶長，第十八等爵。各以多少級數爲差。錯復奏言：陛下幸使天下入粟塞下以拜爵，甚大惠也。竊恐塞卒之食，不足用大渫天下粟。邊食足以支五歲，可令入粟郡縣矣。入諸郡縣，以備凶災。足支一歲以上，可時赦，勿收農人租。如此，德澤加於萬人矣。從之。

孝景時，上郡以西旱，復修賣爵令，而裁其價以招人，裁謂減省。及徒復作，得輸粟於縣官以除罪。

孝武元朔元年，外事四夷，内興功利，國用空竭，乃募人能入奴婢得以終身復，爲郎增秩及入羊爲郎，始於此。五年，有司議，令人得買爵及贖禁錮，免臧罪；請置賞官，名曰武功爵。茂陵中書有武功爵：一級曰造士，二級曰閑輿衛，三級曰良士，四級曰元戎士，五級曰官首，六級曰秉鐸，七級曰千夫，八級曰樂卿，九級曰執戎，十級曰政戾庶長，十一級曰軍衛，此武帝所制以寵軍功也。顔師古云：此下云級十七萬，凡直三十餘萬金。所引茂陵書止十一級，則計數不足，與本文乖矣。或者茂陵書説之不盡乎。級十七萬，凡直三十餘萬金。諸買武功爵官首者，試補吏，先除千夫，如五大夫。五大夫，舊二十等爵之第九級也，至此以上，始免徭役，故每先選以爲吏。千夫者，武功十一等爵之第七也，亦得免役，今則先除爲吏，比於五大夫也。其有罪，又減二等。爵得至樂卿，樂卿者，武功爵第八，言買爵唯得至第八。以崇軍功。軍功多用超等，大者封侯、卿大夫，小者郎。吏道雜而多端，則官職耗廢矣。元鼎初，豪富皆争匿財，不助縣官，唯卜式數求入財。天子乃超拜式爲中郎，賜爵左庶長，田十頃，告天下，以風百姓。始令吏得入粟補官，郎至六百石。後桑弘羊請令民得入粟補官及罪人贖。令民能入粟甘泉各有差，以復終身。所忠又言：世家子弟富人或鬥雞走狗，弋獵博戲，亂齊人。乃徵諸犯令，相引數千人，名曰株送徒，入財者得補郎。

後漢孝安永初三年，天下水旱，用度不足，三公奏請，令吏人入穀得關内侯。

靈帝懸鴻都之牓，開賣官之路，公卿以降，悉有等差。廷尉崔烈入錢五百萬，以買司徒。其子鈞曰：大人不當爲三公，論者嫌其銅臭。則刺史二千石遷除，皆責助理宫室錢，大都至二三千萬。錢不畢，至自殺。羊續爲太尉，時拜三公者，皆輸東園禮錢千萬，令中使督之，名爲左騶。其所往，輒迎致禮，厚加贈賂。續乃坐使人於單席上，舉緼袍以示之。

考績分部

綜述

（漢）董仲舒《春秋繁露》卷七《考功名》　考績之法，考其所積也。天道積聚衆精以爲光；聖人積聚衆善以爲功。故日月之明，非一精之光也；聖人致太平，非一善之功也。明所從生，不可爲源，善所從出，不可爲端，量勢立權，因事制義。故聖人之爲天下興利也，其猶春氣之生草也，各因其生小大，而量其多少；其爲天下除害也，若川瀆之寫於海也，各順其勢傾側，而制於南北；故異孔而同歸，殊施而鈞德，其趣於興利除害，一也。是以興利之要，在於致之，不在於多少；除害之要，在於去之，不在於南北。考績絀陟，計事除廢，有益者謂之公，無益者謂之煩，擥名責實，不得虛言，有功者賞，有罪者罰，功盛者賞顯，罪多者罰重，不能致功，雖有賢名，不予之賞，官職不廢，雖有愚名，不加之罰，賞罰用於實，不用於名，賢愚在於質，不在於文。故是非不能混，喜怒不能傾，姦軌不能弄，萬物各得其冥，則百官勸職，争進其功。

考試之法：大者緩，小者急；貴者舒，而賤者促。諸侯月試其國，州伯時試其部，四試而一考，天子歲試天下，三試而一考，前後三考而絀陟，命之曰計。

考試之法，合其爵禄，并其秩，積其日，陳其實，計功量罪，以多除少，以名定實，先内弟之，其先比二三分，以爲上中下，以考進退，然後外集，通名曰進退，增減多少，有率爲弟，九分三三列之，亦有上中下，以一爲最，五爲中，九爲殿，有餘歸之於中，中而上者有得，中而下者有負，得少者，以一益之，至於四，負多者，以四減之，至於一，皆逆行，三四十二，而成於計，得滿計者絀陟之，次次每計，各逐其弟，以通來數，初次再計，次次四計，各不失故弟，而亦滿計絀陟之。

初次再計，謂上弟二也，次次四計，謂上弟三也，九年爲一弟，二得九，并去其六，爲置三弟，六六得等，爲置二，并中者得三，盡去之，並三三計，得六，并得一計，得六，此爲四計也。絀者亦然。

（漢）桓寬《鹽鐵論》卷六《除狹》　大夫曰：賢者處大林，遭風雷而不迷。愚者雖處平敞大路，猶暗惑焉。今守、相親剖符贊拜，莅一郡之衆，古方伯之位也。受命專制，宰割千里，不御於内；善惡在於己，己不能故耳，道何狹之有哉？

賢良曰：古之進士也，鄉擇而里選，論其才能，然後官之，勝職任然後爵而禄之。故士修之鄉曲，升諸朝廷，行之幽隱，明足顯著。疏遠無失士，小大無遺功。是以賢者進用，不肖者簡黜。今吏道雜而不選，富者以財賈官，勇者以死射功。戲車鼎躍，咸出補吏，累功積日，或至卿相。垂青繩，擐銀龜，擅殺生之柄，專萬民之命。弱者，猶使狼將羊也，其亂必矣。强者，則是予狂夫利劍也，必妄殺生也。是以往者，郡國黎民相乘而不能理，或至鋸頸殺不辜而不能正。執綱紀非其道，蓋博亂愈甚。古者，封賢禄能，不過百里；百里之中而爲都，彊垂不過五十，猶以爲一人之身，明不能照，聰不得達，故立卿、大夫、士以佐之，而政治乃備。今守、相或無古諸侯之賢，而莅千里之政，主一郡之衆，施聖主之德，擅生殺之法，至重也。非仁人不能任，非其人不能行。一人之身，治亂在己，千里與之轉化，不可不熟擇也。故人主有私人以財，不私人以官，懸賞以待功，序爵以俟賢，舉善若不足，黜惡若仇讎，固爲其非功而殘百姓也。夫輔主德，開臣途，在於選賢而器使之，擇練守、相然後任之。

（漢）班固《白虎通義·考黜》　諸侯所以考黜何？王者所以勉賢抑惡，重民之至也。《尚書》曰：三載考績，三考黜陟。

禮記九錫，車馬、衣服、樂〔則〕、朱户、納陛、虎賁、鈇鉞、弓矢、秬鬯，皆隨其德，可行而賜（車馬）。能安民者賜（車馬）〔能富民者賜〕衣服，能使民和樂者賜以樂〔則〕，民衆多者賜以朱户，能進善者賜以納陛，能退惡者賜以虎賁，能誅有罪者賜以鈇鉞，能征不義者賜以弓矢，孝道備者賜以秬鬯。以先後與施行之次自不相踰，相爲本末然。安民然後富（貴）〔足〕，〔富足〕而後樂，樂而後衆，乃多賢，〔多〕賢乃能進善，進善乃能退惡，退惡乃能斷刑。内能正己，外能正人，内外行備，孝道乃生。能安民，故賜車馬，以著其功德，安其身。能使人富足衣食，倉廩實，故賜衣服以彰其體。能使民和樂，故賜之樂〔則〕以事其先也。《禮》曰：夫賜樂者，（不）得以時王之樂事其宗廟也。朱盛色，户所以紀民數也。故民衆多賜朱户也。古者人君下賢，降階一等而禮之，故進賢賜之納陛以優之也。既能進善，當能戒惡，故賜虎賁。虎賁者、所以戒不虞而距惡。距惡當斷刑，故賜之鈇鉞，鈇鉞、所以斷大刑。刑罰既中，則能征不義。故賜〔之〕弓矢，弓矢、所以征不義，伐無道也。圭瓚秬鬯，宗廟之盛禮。故孝道備而賜之秬鬯，所以極著孝道。孝道純備，故内和外榮，玉以象德，金以配情，芬香條鬯，以通神靈。玉飾其本，君子之性；金飾其中，君子之道。君子有黄中通理之道美素德。金者、精和之至也，玉者、德美之至也，鬯者、芬香之至也。君子有玉瓚秬鬯（乎車）者以配道德也。其至矣，合天下之極美以通其志也，其唯玉瓚秬鬯乎？車者、謂有赤有青之蓋，朱輪，特能居前，左右寢（米庶）〔麋〕也。以其進止有節，德綏民，路車乘馬以安其身。言成章，行成規，卷龍之衣服表顯其德。長於教誨，内懷至仁，則賜時王樂以化其民。尊賢達德，動作有禮，賜之納陛以安其體。居處修治，房内節，男女時配，貴賤有别，則賜朱户以明其德列。威武有矜，嚴仁堅強，賜以虎賁，以備非常。喜怒有節，誅伐刑，賜以鈇鉞，使得專殺。好惡無私，執義不傾，賜以弓矢，使得專征。孝道之美，百行之本也。故賜以玉瓚，得專爲暢也。故《王制》曰：賜之弓矢，然後專殺。又曰：賜圭瓚然後爲暢，未賜者，資暢於天子。《王度記》曰：天子鬯，諸侯薰，大夫芑蘭，士蕭，庶人艾。車馬、衣服、樂〔則〕三等者賜與其物。《禮》：天子賜（諸）侯（民）〔氏〕（服車）〔車服〕，路先設，路下四亞之。又曰：諸公奉（選）〔篋〕服。《王制》曰：天子賜諸侯樂則以柷將之。《詩》曰：君子來朝，何錫與之？雖無與之，路車乘馬。又何以與之？玄衮及黼。《書》曰：明試以功，車服以庸。朱户、納陛、虎賁者，皆與之制度，而鈇鉞、弓矢、玉瓚，皆與之物，各因其宜也。秬者，黑黍，一稃二米。鬯者、以百草之香鬱金合而釀之，成爲鬯。陽達於墻屋，〔陰〕入于淵泉，所以灌地降神也。玉瓚者、器名也，所以灌鬯之器也。以圭飾其柄，灌鬯貴玉（器）〔氣〕也。

所以三歲一考績何？三年有成，故於是賞有功，黜不肖。《尚書》曰：三載考績，三考黜陟。何以知始考輒黜之？《尚書》曰：三年一考，少黜以地。《書》所言三考黜〔陟〕者，謂爵土異也。小國考之有功，增土進爵，後考無功削黜，後考有功，上而賜之矣。五十里不過五賜而進爵土，七十里不過七賜而進爵土。能有小大，行有進退也。一説：盛德始封百里者，賜三等，得征伐，專殺，斷獄。七十里伯始封，賜二等，至虎賁百人。後有功，賜弓矢。復有功，賜秬鬯，增爵爲侯，益土百里。復有功，入爲三公。五十里子男始封，賜一等，至樂〔則〕。復有功，稍賜至虎賁，增爵爲伯。復有功，稍賜至秬鬯，增爵爲侯。未賜鈇鉞者，從大國連率方伯而斷獄。受命之（五）〔王〕，致太平之主，美群臣上下之功，故盡封之。及中興征伐，大功皆封，所以（著）〔褒〕大功〔也〕。盛德之士亦封之，所以尊有德也。以德封者必試之（必）〔爲〕附庸三年，有功，因而封〔之〕五十里。元士有功者亦爲附庸，世其位。大夫有功成封五十里，卿功成封七十里，公功成封百里。士有功德，遷爲大夫。大夫有功德，遷爲卿。卿有功德，遷爲公。故爵主有德，封主有功也。諸侯有九賜習其賜者何？子之能否，未可知也。或曰得之，但未得行其習以專也。三年有功，則皆得用之矣。二考無功，則削其地而賜自并（知）〔之〕，明本非其身所得也。身得之者得以賜，當稍黜之。爵所以封賢也。三公功成當封而死，得立其子爲附庸。賢者之體，能有一也，不二矣。一削爲七十里侯，再削爲七十里伯，三削爲寄公。七十里伯，一削爲五十里伯，（一）〔二〕削爲五十里子，三削地盡。五十里子，一削爲三十里子，再削爲三十里男，三削地盡。五十里男，一削爲三十里男，再削爲三十里附庸，三削爵盡。所以至三削何？禮成於三，三三而不改，雖（反）〔百〕無益也。《尚書》曰：三考黜陟。先削地、後黜爵者何？爵者、尊號也，地者、人所任也。今不能治廣土衆民，故先削其土地也。故《王制》曰：宗廟有不順者，君黜以爵。山川神衹有不舉者，君削以地。明爵土不相隨也。或曰：惡人貪（狼）〔狠〕重土，故先削其所重者以懼之也。諸侯始封，爵土相隨者何？君子重德薄刑，賞疑從重。《詩》云：三曰叔父，建爾元子，俾侯于魯。君幼稚，唯考不黜者何？君子不備責童子也。禮八十〔九十〕曰耄，（九十）〔七年〕曰悼。悼與耄，雖有罪不加刑焉。二王後不貶黜者何？尊賓客，重先王也。以其（當）〔尚〕公也。罪惡足以絶之即絶，更立其次。周公誅禄甫，立微子。妻父母不削，己昆弟削而不黜何？非以賢能得之也。至於老小，但令得大夫受其罪而已。諸侯喑聾跛躄惡疾不免黜者何？尊人君也。《春秋》曰：甲戌己丑，陳侯鮑卒。《傳》曰：甲戌之日亡，己丑之〔日〕死而得。有狂易之病，蜚亡而死，由不絶也。世子有惡疾廢者何？以其不可承先祖也。故《春秋傳》曰：兄（弟）何以不立？〔有〕疾也。何疾〔爾〕？惡疾也。

（明）丘濬《大學衍義補》卷一一《治國平天下之要·正百官·嚴考課之法》 漢法以六條察二千石，歲終奏事舉殿最。漢郡守辟除令長得自課第，刺史得課郡國守相，而丞相御史得雜考郡國之計書，天子則受丞相之要。

臣按：漢考課之法，史所不載，惟歲竟丞相課其殿最奏行賞罰，見於《丙吉傳》。尹翁歸為扶風，盗賊課常為三輔最；韓延壽為東郡太守，斷獄大減，為天下最；陳萬年、鄭昌皆以守相高第，入為右扶風；義縱、朱博皆以縣令高第，入為長安令；散見於各人之傳。由是以觀其一代考課之典，必有成法可知矣。

武帝時，董仲舒對策曰：古所謂功者，以任官稱職為差，非謂積日累久也。故小材雖累日，不離於小官，賢材雖未久，不害為輔佐，是以有司竭力盡知，務治其業而以赴功。今則不然，累日以取貴，積久以致官，是以廉恥貿亂，賢不肖渾淆，未得其真。

胡寅曰：後世治不及古者，其大有三。人君之取士、用人、任官不師先王也，取士莫善於鄉舉里選，莫不善於程其詞章也；用人莫善於因人任職，莫不善於用非其所長也；任官莫善於久居不徙，莫不善於轉易無方也。莫善焉者，古皆行之，莫不善焉者，後世皆蹈之。自漢魏以來，董子所謂是者蔑不復舉，所謂不是者附益增損以為典常，廉恥道喪愚不肖居人上，為斯民病，豈有量哉？必也略法先王盡蠲宿弊，明君賢相斷而行之，其庶幾乎徧得賢才，森布中外，致君堯舜而措俗成康乎。

臣按：仲舒所謂積日累久以為功，是即《周官》司士以久奠食者也。然司士詔王，必先之以德詔爵，以功詔禄，以能詔事，而後及於以久奠食焉。後世累日以取貴，積久以致官，則不復考其德功與能，惟以日月先後為斷。是則古人所以詔王者有三，而今世僅用其一也。以是用人任官，而欲其廉恥不貿亂、賢不肖不渾淆，難矣。然則天下之大，官職之多，奚啻千萬，不斷以歲月而欲一一別其稱否，其道何繇？曰立為考校之法。就積日累久之中而分德功與能之目，常才則循夫一定之資，異才則有不次之擢。如董子之策，小才雖累日不離於小官，賢才雖未久不害為輔佐。則人知所興起，莫不竭力盡知，務治其業以赴功，而廉恥不至貿亂、賢不肖不至於渾淆，而國家之政務無不脩舉矣。

宣帝始親政事，自丞相以下各奉職奏事，敷奏其言，考試功能。侍中尚書功勞當遷，及有異善厚加賞賜；二千石有治理效，輒以璽書勉勵。公卿闕，則選諸所表以次用之。又詔令郡國歲上繫囚，以掠笞若瘐死者所坐各縣爵里，丞相御史課殿最以聞。

黄龍元年詔曰：上計簿，具文而已，務為欺謾，以避其課。三公不以為意，朕將何任？御史察計簿，疑非實者按之，使真偽毋相亂。

臣按：漢宣帝，綜核名實之主也，故於考課之法特嚴。考試功能有治理效，輒以璽書勉勵，選用所表。郡國上繫囚，有笞掠瘐死者，又詔丞相御史課殿最。然猶恐其上計簿具文欺謾，又使御史按之，使其毋以偽亂真。噫，善有賞，惡有罰，而又命御史按之，恐其具文。宣帝如此綜核，而在當時王成猶以偽增户口受賞，人偽之難防也如此，況漫不加意者乎。本朝在京官考滿，吏部既考之，而都察院又覈其實，在外則州若府及藩司既考，而又考之於憲司，是亦漢人命御史察其非實，毋使真偽相亂之意。

東漢之制，太尉掌四方兵事功課，歲盡即奏其殿最而行賞罰。司徒掌人民事功課，歲盡則奏其殿最而行賞罰。司空掌水土事功課，歲盡則奏其殿最而行賞罰。

臣按：此東漢考課之事，所謂太尉、司徒、司空者，漢世之三公也。各於歲盡而奏其殿最，以行其賞罰，則失於太驟，非復有虞三載一考之制矣。

漢制，州牧奏二千石長吏不任位者，事皆下三公，三公遣掾吏按驗，然後黜退。光武時用明察，不復委任三府，而權歸刺舉之吏。朱浮上疏曰：陛下不用舊典，信刺舉之官，黜鼎輔之任，至於有所敷奏便加退免。

覆案不闗三府，罪譴不蒙澄察，陛下以使者為腹心，使者以從事為耳目，是謂尚書之平決於百石之吏。故羣下苛刻，各自為能，兼以私情容長增愛，故有罪者心不厭服，無咎者坐被空文，非所以經盛衰貽後王也。

臣按：考課之法先委之長吏，然後以達大臣，必須按驗得失，然後上聞，以憑黜陟，則吏之臧否咸當其實，而人知所勸懲也。苟惟長吏之言是信固不可，而不信之亦不可，此為治所以貴乎得人，而綜核名實，而信賞必罰也。仰惟本朝三年一朝覲，天下布政、按察諸司府州縣官吏各賫須知文册來朝，六部、都察院行查，其所行事件有未完報者，當廷劾奏之以行黜陟。近歲為因選調積滯，設法以疏通之，輒憑廵按御史開具揭帖以進退天下官僚，不復稽其實蹟、録其罪狀，立為老疾、罷軟、貪暴、素行不謹等名以黜退之，殊非祖宗初意。按舊制，官員考滿，給由到部，考得平常及不稱職者亦皆復任，必待九年之久、三考之終，然後黜降焉。其有緣事降職除名，亦許其伸理，雖當臨刑，亦必覆奏。其愛惜人才而不輕棄絶之如此，可謂仁之至義之盡矣。彼哉何人立為此等名目，其所謂素行不謹者尤為無謂，則是不復容人改過遷善。凡經書所謂改過不吝，過則勿憚改，皆非矣。夫人自幼至壯，自壯至老，其所存所行安能事事盡善而無過舉哉？不仕則已，一履外任，稍為人所憎疾，則雖有顏閔之行，有所不免矣。竊觀漢時長吏不任位者，三公遣掾吏案驗，然後黜退。其後不任三府而權歸刺舉之吏，朱浮謂有罪者心不厭服，無咎者坐被空文。意當時長吏雖心不厭服，然猶有罪可名，雖被空文，然猶有文可考。今則加以空名，如死後節惠之謚，受此曖昧不明之惡聲，以至於没齒賫恨。況貪者未必暴，暴者未必貪，老疾未必老疾，罷軟未必罷軟，素行不謹不知何所指名，又何以厭服其心哉？宋韓億為執政，每見天下諸路攟拾官吏小過，輒不懌，曰：天下太平，聖主之心，雖草木昆蟲皆欲使之得所。仕者，大則望為公卿，次亦望為侍從，下亦望為京朝官，奈何錮之於聖世？嗚呼，禁錮人於聖世，固非太平美事，然使天下失職之人布滿郡縣，亦豈朝廷之福哉？伊尹曰：一夫不獲，時予之辜，當道君子尚慎思之。

（漢）王符《潛夫論》卷二《考績》　凡南面之大務，莫急於知賢；知賢之近途，莫急於考功。功誠考則治亂暴而明，善惡信則直賢不得見障蔽，而佞巧不得竄其姦矣。

夫劍不試則利鈍闇，弓不試則勁撓誣，鷹不試則巧拙惑，馬不試則良駑疑。此四者之有相紛也，由不考試故得然也。今群臣之不試也，其禍非直止於誣、闇、疑、惑而已，又必致於怠慢之節焉。設如家人有五子十孫，父母不察精懊，則勤力者懈弛，而惰慢者遂非也，耗業破家之道也。父子兄弟，一門之計，猶有若此，則又況乎群臣總猥治公事者哉？《傳》曰：善惡無彰，何以沮勸？是故大人不考功，則子孫惰而家破窮；官長不考功，則吏怠傲而姦宄興；帝王不考功，則直賢抑而□偽勝。故《書》曰：三載考績，黜陟幽明。蓋所以昭賢愚而勸能否也。

聖王之建百官也，皆以承天治地，牧養萬民者也。是故有號者必稱於典，名理者必效於實，則官無廢職，位無非人。夫守相令長，效在治民；州牧刺史，在憲聰明；九卿分職，以佐三公；三公總統，典和陰陽：皆當考治以效實爲王休者也。侍中、大夫、博士、議郎，以言語爲職，諫諍爲官，及選茂才、孝廉、賢良方正、惇樸、有道、明經、寬博、武猛、治劇，此皆名自命而號自定，群臣所當盡情竭慮稱君詔也。

今則不然，令長守相不思立功，貪殘專恣，不奉法令，侵冤小民。州司不治，令遠詣闕上書訟訴。尚書不以責三公，三公不以讓州郡，州郡不以討縣邑，是以凶惡狡猾易相冤也。侍中、博士諫議之官，或處位歷年，終無進賢嫉惡拾遺補闕之語，而貶黜之憂。群僚舉士者，或以頑魯應茂才，以桀逆應至孝，以貪饕應廉吏，以狡猾應方正，以諛諂應直言，以輕薄應敦厚，以空虛應有道，以嚚闇應明經，以殘酷應寬博，以怯弱應武猛，以愚頑應治劇，名實不相副，求貢不相稱。富者乘其材力，貴者阻其勢要，以錢多爲賢，以剛強爲上。凡在位所以多非其人，而官聽所以數亂荒也。

古者諸侯貢士，一適謂之好德，載適謂之尚賢，三適謂之有功，則加之賞。其不貢士也，一則黜爵，載則黜地，三黜則爵土俱畢。附下罔上者死，附上罔下者刑，與聞國政而無益於民者斥，在上位而不能進賢者逐。其受事而重選舉，審名實而取賞罰也如此。故能別賢愚而獲多士，成教化而安民氓。三代於世，皆致太平。聖漢踐祚，載祀四八，而猶未者，教不假而功不考，賞罰稽而赦贖數也。諺曰：曲木惡直繩，重罰惡明證。此群臣所以樂總猥而惡考功也。

夫聖人爲天口，賢人爲聖譯。是故聖人之言，天之心也。賢者之所説，聖人之意也。先師京君，科察考功，以遺賢俊，太平之基，必自此始，無爲之化，必自此來也。

是故世主不循考功而思太平，此猶欲舍規矩而爲方圓，無舟楫而欲濟大水，雖或云縱，然不知循其慮度之易且速也。群僚師尹，咸有典司，各居其職，以責其效；百郡千縣，各因其前，以謀其後；辭言應對，各緣其文，以□其實，則奉職不解，而陳言者不得誣矣。《書》云：賦納以言，明試以功，車服以庸，誰能不讓？誰能不敬應？此堯、舜所以養黎民而致時雍也。

（漢）荀悦《申鑒》卷二《時事》 誰毀誰譽，譽其有試者，萬事之概量也，目兹舉者試其事，處斯職者考其績，賞罰失實，以惡反之，人焉飾哉。語曰，盜跖不能盜田尺寸，寸不可盜，況尺乎。夫事驗，必若土田之張於野也，則爲私者寡矣，四布於野不可隱者喻惡不可掩也。若亂之墜於澳也，則可信者解矣。亂，朱子曰舟之截流横渡者澳厓內，近水之舟登於陸不可信者，喻善不可僞也。故有事考功，有言考用，動則考行，静則考守。此一首所謂明考試也。

任用權限與迴避分部

綜述

《漢書》卷二四下《食貨志》　孝惠、高后時，爲天下初定，復弛商賈之律，然市井子孫亦不得（宦爲吏）〔爲官吏〕。

《後漢書》卷七《孝桓帝紀》　〔太初元年秋七月丙戌詔：〕臧吏子孫，不得察舉。杜絶邪僞請託之原，令廉白守道者得信其操。

（唐）杜佑《通典》卷一三《選舉·歷代制上》　其後綱紀隳紊，凡所選用，莫非情故。時議以州郡相阿，人情比周，乃制婚姻之家及兩州之人不得相臨。遂復有三互法，三互，謂婚姻之家及兩州不得交互爲官。是時史弼遷山陽太守，其妻鉅野薛氏女，以三互自上，轉拜平原相是也。禁網益密，選用彌艱。幽冀二州久闕，而公府限以三互，經時不補。議郎蔡邕上言曰：伏見幽冀舊壤，鎧馬所出，比年兵飢，漸至空耗，闕職經時，吏人延屬。而三府選舉，逾月不定，以避三互。十二州有禁，當取二州而已。又二州之士，或復限以歲月，狐疑淹遲，以失事會。愚以爲三互之禁，禁之薄者。但申以威靈，明其憲令，在任之人，豈不戒懼，而坐設三互，自生留閡邪？昔韓安國起自徒中，朱買臣出於幽賤，並以才宜，還守本邦。豈復顧循三互，繼以末制者乎？臣願蠲除近禁，其諸州刺史器用可授者，無拘日月、三互，以差厥中。靈帝不省。是時諸博士試甲乙科，争第高下，更相告訟，頗行賄賂，改蘭臺漆書之經，以合其私文者。帝乃詔諸儒讎定《五經》，而鐫石以刊其文，使蔡邕等書爲古文、篆、隸三體，立於太學門，謂之石經。由是争者乃息。凡學士不得有金痍、痼疾，督書其版，舉主保之。其督郵版狀曰：生事愛敬，喪没如禮。通《易》、《尚書》、《孝經》、《論語》，兼綜載籍，窮微闡奥。師事某官，見授門徒五十人以上。隱居樂道，不求聞達。身無金痍、痼疾。三十六屬，不與妖惡，交通王侯賞賜。行應四科，經任博士。下署某官、某甲保舉。順帝諱保，改稱守。沈既濟曰：初順帝推心虚己，延企天下之士，以玄纁玉帛徵魯陽樊英。既至，天子爲降寢殿，設壇席，待如神明。尚書奉引，延問得失。英所對唯常言，無宏謨博略可以動觀聽。繇是流俗諠囂，以爲處士純盜虚聲，聾俗而已，物議不允。是時閹宦秉政，姻黨遍天下，故士君子羞爲儕偶。太學諸生三萬餘人，郭泰、賈彪爲之冠，李、杜、陳、范爲其徒，更相褒重，危言高論，横議得失，朝廷政刑必品裁之。公卿皆畏，迎門倒屣，折節自下。議者咸以爲文儒復興，唯申屠蟠曰：不然。當戰國間，處士干時，列國之君，至有擁篲爲前驅者，卒致焚書坑儒之禍，兹其兆矣。既而群士以善惡相驅，或譏誣相加，一彼一此，連爲鉤黨。而閹豎等構成釁故，乃誣告群士以交結訕謗，圖爲不軌。靈帝震怒，悉令逮捕之。於是遂有黨錮之獄。始自周福、房植，成於李膺、張儉，名士死獄中者百餘人。其支黨因緣或詞濫而誅徙禁廢者六七百人。從古以來，諸生之盛莫如是，善人喪敗亦莫如是。昔仲尼有言曰：人而不仁，疾之以甚，亂也。是以君子之道，貴闇然而日彰。故衣錦尚褧，惡其昭昭也。嗟乎，申屠子龍其知言歟？

紀事

《漢書》卷三六《劉歆傳》　其言甚切，諸儒皆怨恨。是時名儒光禄大夫龔勝以歆移書上疏深自罪責，願乞骸骨罷。及儒者師丹爲大司空，亦大怒，奏歆改亂舊章，非毁先帝所立。上曰：歆欲廣道術，亦何以爲非毁哉？歆由是忤執政大臣，爲衆儒所訕，懼誅，求出補吏，爲河内太守。以宗室不宜典三河，徙守五原，後復轉在涿郡，歷三郡守。

《漢書》卷七二《貢禹傳》　孝文皇帝時，貴廉絜，賤貪汙，賈人贅壻及吏坐贓者皆禁錮不得爲吏。

《漢書》卷七九《馮野王傳》　數年，御史大夫李延壽病卒，在位多舉野王。上使尚書選第中二千石，而野王行能第一。上曰：吾用野王爲三公，後世必謂我私後宫親屬，以野王爲比。乃下詔曰：剛彊堅固，確然亡欲，大鴻臚野王是也。心辨善辭，可使四方，少府五鹿充宗是也。廉絜節儉，太子少傅張譚是也。其以少傅爲御史大夫。上繇下第而用譚，越次避嫌不用野王，以昭儀兄故也。野王乃歎曰：人皆以女寵貴，我兄弟獨以賤。野王雖不爲三公，甚見器重，有名當世。

《後漢書》卷三八《馮緄傳》　頃之，拜將作大匠，轉河南尹。上言舊典，中官子弟不得爲牧人職，帝不納。復爲廷尉。時山陽太守單遷以罪繫獄，緄考致其死。遷，故車騎將軍單超之弟，中官相黨，遂共誹章誣緄，坐與司隸校尉李膺、大司農劉祐俱輸左校。應奉上疏理緄等，得免。後拜屯騎校尉，復爲廷尉，卒於官。

《後漢書》卷四二《光武十王傳·東平憲王蒼》 自漢興以來，宗室子弟無得在公卿位者。

《後漢書》卷五四《楊秉傳》 是時宦官方熾，任人及子弟爲官，布滿天下，競爲貪淫，朝野嗟怨。秉與司空周景上言：內外吏職，多非其人，自頃所徵，皆特拜不試，致盜竊縱恣，怨訟紛錯。舊典，中臣子弟不得居位秉埶，而今枝葉賓客布列職署，或年少庸人，典據守宰，上下忿患，四方愁毒。可遵用舊章，退貪殘，塞灾謗。請下司隸校尉、中二千石、二千石、城門五營校尉、北軍中候，各實覈所部，應當斥罷，自以狀言，三府廉察有遺漏，續上。帝從之。

《後漢書》卷六〇下《蔡邕傳》 初，朝議以州郡相黨，人情比周，乃制婚姻之家及兩州人士不得對相監臨。至是復有三互法，禁忌轉密，選用艱難。幽冀二州，久缺不補。邕上疏曰：伏見幽、冀舊壤，鎧馬所出，比年兵飢，漸至空耗。今者百姓虛縣，萬里蕭條，闕職經時，吏人延屬，而三府選舉，踰月不定。臣經怪其事，而論者云避三互。十一州有禁，當取二州而已。又二州之士，或復限以歲月，狐疑遲淹，以失事會。愚以爲三互之禁，禁之薄者，今但申以威靈，明其憲令，在任之人豈不戒懼，而當坐設三互，自生留閡邪？昔韓安國起自徒中，朱買臣出於幽賤，並以才宜，還守本邦。又張敞亡命，擢授劇州。豈復顧循三互，繼以末制乎？三公明知二州之要，所宜速定，當越禁取能，以救時敝；而不顧争臣之義，苟避輕微之科，選用稽滯，以失其人。臣願陛下上則先帝，蠲除近禁，其諸州刺史器用可換者，無拘日月三互，以差厥中。書奏不省。

（宋）錢文子《補漢兵志·材官騎士》 而諸侯王不得領庫兵、飭武備。《燕王旦傳》旦詐言以武帝時受詔，得職吏事、修武備備非常。於是下令羣臣曰：寡人親奉明詔，職吏事，領庫兵，飭武備。案諸侯王不得領庫兵，蓋七國敗後稍禁抑之。

官階與俸禄分部

論說

（漢）劉安《淮南子》卷九《主術訓》　權勢者，人主之車輿，爵禄者，人臣之轡銜也。是故人主處權勢之要，而持爵禄之柄，審緩急之度，而適取予之節，是以天下盡力而不倦。夫臣主之相與也，非有父子之厚，骨肉之親也，而竭力殊死，不辭其軀者，何也？勢有使之然也。昔者豫讓，中行文子之臣。智伯伐中行氏，并吞其地，豫讓背其主而臣智伯。智伯與趙襄子戰于晉陽之下，身死爲戮，國分爲三。豫讓欲報趙襄子，漆身爲厲，吞炭變音，擿齒易貌。夫以一人之心而事兩主，或背而去，或欲身徇之，豈其趨舍厚薄之勢異哉？人之恩澤使之然也。紂兼天下，朝諸侯，人迹所及，舟檝所通，莫不賓服。然而武王甲卒三千人，禽之於牧野。豈周民死節，而殷民背叛哉？其主之德義厚而號令行也。夫疾風而波興，木茂而鳥集，相生之氣也。是故臣不得其所欲於君者，君亦不能得其所求於臣也。君臣之施者，相報之勢也。是故臣盡力死節以與君，君計功垂爵以與臣。是故君不能賞無功之臣，臣亦不能死無德之君。

（漢）桓寬《鹽鐵論》卷八《疾貪》　賢良曰：古之制爵禄也，卿大夫足以潤賢厚，士足以優身及黨，庶人爲官者，足以代其耕而食其禄。今小吏禄薄，郡國繇役，遠至三輔，粟米貴，不足相贍。常居則匱於衣食，有故則賣畜粥業。非徒是也，繇使相遣，官庭攝追，小計權吏，行施乞貸，長吏侵漁，上府下求之縣，縣求之鄉，鄉安取之哉？語曰：貨賂下流，猶水之赴下，不竭不止。今大川江河飲巨海，巨海受之，而欲谿谷之讓流潦；百官之廉，不可得也。夫欲影正者端其表，欲下廉者先之身。故貪鄙在率不在下，教訓在政不在民也。

（漢）班固《白虎通義・德論上・爵》　天子者，爵稱也。爵所以稱天子者何？王者、父天母地，爲天之子也。故《援神契》曰：天覆地載，謂之天子，上法斗極。《鉤命訣》曰：天子，爵稱也。帝王之德有優劣，所以俱稱天子者何？以其俱〔受〕命於天，而（王）〔主〕治五千里內也。《尚書》曰：天子作民父母，以爲天下王。何以知帝亦稱天子也？以法天下也。《中候》曰：天子臣放勛。《書・無逸篇》曰：厥兆天子爵。何以言皇亦稱天子也？以其言天覆地載，俱王天下也。故《易》曰：伏羲氏之王天下也。

爵有五等，以法五行也。或三等者，法三光也。或法三光，或法五行何？質家者據天，故法三光。文家者據地，故法五行。《含文嘉》曰：殷爵三等，周爵五等。各有宜也。《王制》曰：王者之制禄爵，凡五等，謂公、侯、伯、子、男。此周制也。所以名之爲公、侯者何？公者，通也，公正無私之意也。侯者，候也，候逆順也。《春秋傳》曰：王者之後稱公，其餘人皆千乘，象雷震百里所潤同。大國稱侯，小國稱伯、子、男也。《王制》曰：公、侯田方百里，伯七十里，子、男五十里。伯者，百也。子者，孳也，孳孳無已也。男者，任也。人皆五十里，差次功德。小者不滿爲附庸。附庸者，附大國以名通也。

百里兩爵，公侯共之。七十里一爵，五十里復兩爵何？公者，加尊二王之後，侯者，百里之正爵。士上可有次，下可有第，中央故無二。〔十五〕〔五十〕里有兩爵者，所以加勉進人也。小國下爵，猶有尊卑，亦以勸人也。

殷爵三等，謂公、侯、伯也。所以合子男從伯者何？王者受命，改文從質，無虛退人之義，故上就伯也。《尚書》曰：侯甸任衛作國伯。謂殷也。《春秋傳》曰：合伯、子、男以爲一爵。或曰：合從子，貴中也。以《春秋》名鄭忽，忽者，鄭伯也。此未踰年之君，當稱子，嫌爲改赴。故名之也。

地有三等不變，至爵獨變何？地比爵爲質，故不變。王者有改道之文，無改道之實。所以令公居百里，侯居七十里，何也？封賢極於百里。其政也，不可空退人，示優賢之義，欲褒尊而上之。何以知殷家侯人不過七十里者也？曰：士上有三等，有百里，有七十里，有五十里。其地半者其數倍，制地之理體也，多少不相配。

公卿大夫者何謂也？內爵稱也。曰：公卿大夫何？爵者，盡也，各量其職，盡其才也。公之爲言公正無私也，卿之爲言章善明理也。大夫之爲言大扶，扶進人者也。故《傳》曰：進賢達能，謂之大夫也。士者，事也，任事之稱也。故《傳》曰：〔通〕古今，辯然否，謂之士。《禮》曰：四十強而仕。不言爵爲士。至五十爵爲大夫。何以知士非爵，何以知卿爲爵也？以大夫知卿亦爵也。何以知公爲爵也？《春秋傳》曰：諸侯四佾，諸公六佾。合而言之，以是知公卿爲爵。内爵所以三等何？亦法三光也。所以不變質文何？内者爲本，故不改内也。諸侯所以無公爵者，下天子也。故《王制》曰：上大夫，下大夫，上士，中士，下士，凡五等。此謂諸侯臣也。大夫但有上下，何？明卑者多也。爵皆一字也，大夫獨兩字何？《春秋傳》曰：大夫無遂事。以爲大夫職在之適四方，受君之法，施之於民，故獨兩字言之。或曰：大夫，爵之下者也。稱大夫，明從大夫以上受下施，皆大自著也。天子之士獨稱元士何？士賤，不得體君之尊，故加元以別諸侯之士也。《禮經》曰：士見大夫。諸侯之士。《王制》曰：王者八十一元士。

天子爵連言天子，諸侯爵不連言王侯何？即言王侯，以王者同稱，爲衰弱僭差生篡弑，猶不能爲天子也。故連言天子也。或曰：王者天爵，王者不能（生）〔王〕諸侯，故不言王侯。諸侯人事自著，故不著也。

王者太子亦稱士何？舉從下升，以爲人無生得貴者，莫不由士起。是以舜時稱爲天子，必先試於士。《禮・士冠經》：天子之元子，士也。

婦人無爵何？陰卑無外事。是以有三從之義：未嫁從父，既嫁從夫，夫死從子。故夫尊於朝，妻榮於室，隨夫之行。故《禮・郊特牲》曰：婦人無爵，坐以夫之齒。《禮》曰：生無爵，死無謚。《春秋》録夫人皆有謚，夫人何以知非爵也？《論語》曰：邦君之妻，君稱之曰夫人，國人稱之曰君夫人。即令是爵，君稱之與國人稱之不當異也。

庶人稱匹夫者，匹，偶也。與其妻爲偶，陰陽相成之義也。一夫一婦成一室。明君人者，不當使男女有過時無匹偶也。《論語》曰：匹夫匹婦之爲諒也。

爵人於朝者，示不私人以官，與衆共之義也。封諸侯於廟者，示不自專也。明法度皆祖之制也，舉事必告焉。《王制》曰：爵人於朝，與衆共之也。《詩》云：王命卿士，南仲太祖。《禮・祭統》曰：古者明君爵有德，必於太祖。君降立於阼階南面向，所命北向，史由君右執策命之。

大夫功成未封而死，不得追爵賜之者，以其未當股肱也。《春秋穀梁傳》曰：追賜死者，非禮也。《王制》曰：葬從死者，祭從生者。所以追孝繼養也。葬從死者何？子無爵父之義也。《禮・中庸記》曰：父爲大夫，子爲士，葬以大夫，祭以士。子爲大夫，父爲士，祭以大夫，葬以士也。

父在稱世子何？繫於君也。父没稱子某者何？屈於尸柩也。既葬稱小子者，即尊之漸也。踰年稱公者，緣民之心不可一日無君也。緣終始之義，一年不可有二君也。故踰年即位，所以繫民臣之心也，然後爵者，緣孝子之心，未忍安吉〔也〕。故《春秋》魯僖公三十三年十二月乙巳，薨于小寢。文公元年春王正月，公即位。四月丁巳，葬我君僖公。《韓詩内傳》曰：諸侯世子三年喪畢，上受爵命於天子。所以名之爲世子何？言欲其世世不絶也。何以知天子子亦稱世子也？《春秋傳》曰：公會世子于首止。或曰：天子之子稱太子。《尚書》曰：太子發升于舟也。或曰：諸侯之稱代子。則《傳》曰：晋有太子申生。鄭有太子華。齊有太子光。由是觀之，周制：太子、代子亦不定也。漢制：天子稱皇帝。其嫡嗣稱皇太子，諸侯王之嫡稱代子，後代咸因之。世子三年喪畢，必上受爵命於天子何？明爵士者天子之所有也，臣無自爵之義。童子當受父爵命，使大夫就其國命之。明王者不與童子爲禮也。以《春秋》魯成公幼少，與諸侯會，公不見之，《經》不以魯恥。明不與童子爲禮也。世子上受爵命，衣士服何？謙不敢自專也。故《詩》曰韎韐有奭，世子始行也。

天子大斂之後稱王者，明士不可一日無君也。故《尚書》曰：王麻冕黼裳。此斂之後也。何以知王從死後加王也？以《尚書》言迎子釗，不言迎王。王者既殯而即繼體之位何？緣民臣之心不可一日無君。故先君不可得見，則後君繼體矣。《尚書》曰：再拜興對，乃受同瑁也。明爲繼體君也。緣始終之義，一年不可有二君也。故《尚書》曰：王釋冕喪服。吉冕受同，稱王以接諸侯。明己繼體爲君也。釋冕藏同反喪，明未稱王以統事也。不曠年無君，故逾年乃即位改元。名元年，年以紀事，君名其事矣，而未發號令也。何以言踰年即位謂改元位？《春秋傳》曰：以諸侯踰年即位，亦知天子踰年即位也。《春秋》曰：元年春王正月，公即位。改元位也，王者改元年，即事天地；諸侯改元，即事社稷。《王制》曰：夫喪三年不祭，唯祭天地社稷，爲越紼而行事。《春秋傳》曰：天子三年然後稱王者，謂稱王統事發號令也。《尚書》曰：高宗諒陰三年。是也。《論語》：君薨，百官總己聽於冢宰三年。緣孝子之心，則三年不當也。故三年除喪，乃即位統事，即位踐祚爲主，南面朝臣下，稱王以發號令也。故天子諸侯凡三年即位，終始之義乃備，所以諒陰三年，卒孝子之道。故《論語》曰：古之人皆然，君薨，百官總己聽於冢宰三年。所以聽於冢宰三年者何？以爲冢宰職在制國之用，是以由之也。故《王制》曰：大冢宰制國用。所以名之爲冢宰何？冢者，大也。宰者，制也。大制事也。故《王度記》曰：天子冢宰一人，爵禄如天子之大夫。或曰冢宰視卿，《周官》所云也。

（漢）王符《潛夫論》卷四《班禄》 太古之時，烝黎初載，未有上下，而自順序，天未事焉，君未設焉。後稍矯虔，或相陵虐，侵漁不止，爲萌巨害。於是天命聖人使司牧之，使不失性，四海蒙利，莫不被德，僉共奉戴，謂之天子。

故天之立君，非私此人也，以役民也，蓋以誅暴除害利黎元也。是以人謀鬼謀，能者處之。《詩》云：皇矣上帝，臨下以赫。監觀四方，求民之瘼。惟此二國，其政不獲。惟此四國，爰究爰度。上帝指之，憎其式廓。乃睠西顧，此惟與宅。蓋此言也，言夏、殷二國之政不得，乃用奢夸廓人，上帝憎之，更求民之瘼，聖人與天下四國究度而使居之也。前招良人，疾奢夸廓，無紀極也，乃惟度法象，明著禮秩，爲優憲藝，縣之無窮。故傳曰：制禮，上物不過十二，天之道也。是以先聖籍田有制，供神有度，奉己有節，禮賢有數，上下大小、貴賤親疏皆存等威，階級衰殺，各足禄其爵位，公私達其等級，禮行德義。

當此之時也，九州之內，合三千里，爾八百國。其班禄也，以上農爲正，始於庶人在官者，禄足以代耕，蓋食九人。諸侯下士亦然。中士倍下士，食十八人。上士倍中士，食三十六人。大夫倍之，食七十二人。小國之卿，二於大夫。次國之卿，三於大夫。大國之卿，四於大夫，食二百八十八人。君各什其卿。天子三公采視公侯，蓋方百里。卿采視伯，方七十里。大夫視子男，方五十里。元士視附庸，方三十里。功成者封。是故官政專公，不慮私家；子弟事學，不於財利，閉門自守，不與民交争，而無飢寒之道而不陷；臣養優而不隘，吏愛官而不貪，民安静而強力，此則太平之基立矣。乃惟慎貢選，明黜陟，官得其人，人任其職；欽若昊天，敬授民時，同我婦子，饁彼南畝；上務節禮，正身示下，下悦其政，各樂竭己奉戴其上。是以天地交泰，陰陽和平，民無姦匿，機衡不傾，德氣流布而頌聲作也。

其後忽養賢而鹿鳴思，背宗族而采蘩怨，履畝税而碩鼠作，賦斂重而譯告通，班禄頗而傾甫賴，行人定而緜蠻諷，故遂耗亂衰弱。

及周室微而五伯作，六國弊而暴秦興，背義理而尚威力，滅典禮而行貪叨，重賦斂以厚己，強臣下以弱枝，文德不獲封爵，列侯不獲。是以賢者不能行禮以從道，品臣不能無枉以從利。君又驟赦以縱（賦）〔賊〕，民無恥而多盜竊。

何者？咸氣加而化上風，患害切而迫飢寒，此臧紇所以不能詰其盜者也。《詩》云：大風有隧，貪人敗類。爾之教矣，民斯效矣。是故先王將發號施令，諄諄如也，唯恐不中而道於邪，故作典以爲民極，上下共之，無有私曲，三府制法，未聞赦彼有罪，獄貨惟寶者也。

是故明君臨衆，必以正軌，既無厭有，務節禮而厚下，復德而崇化，使皆阜於養生而競於廉恥也。是以官長正而百姓化，邪心黜而姦匿絶，然後乃能協和氣而致太平也。《易》曰：聖人養賢以及萬民。君以臣爲本，基厚，然後高能可崇也；馬肥，然後遠能可致也。人君不務此而欲致太平，此猶薄趾而望高牆，驥瘠而責遠道，其不可得也必矣。

（漢）荀悦《申鑒》卷二《時事》 或問禄，曰：古之禄也備，漢之禄也輕。夫禄必稱位，一物不稱，非制也。公禄貶則私利生，言月俸貶損則賄路行矣。私利禄，則廉者匱而貪者豐也。夫豐貪生私，匱廉貶公，是亂也。先王重之，曰：禄可增乎？曰：民家財愆，增之宜矣。或曰：今禄如何？曰：時匱也，禄依食，食依民，參相澹。必也正貪禄，省閑冗，與時消息，昭惠恤下，損益以度可也。此一首所謂議禄也。

（漢）荀悦《前漢紀》卷五《孝惠一》 荀悦曰：先王之制禄也，

下足以代耕，上足以充祀。故食禄之家，不與下民争利，所以厲其公義，塞其私心。其或犯逾之者，則繩以政法，是以君子勸慕，小人無怨。若位苟禄薄，外而不充，憂匱是恤，所求不贍，則私利之智萌矣。放而聽之，則貪利之心濫矣。以法繩之，則下情怨矣。故位必稱德，禄必稱爵，故一物而不稱，則亂之本也。今漢之賦禄薄，而吏非員者衆，在位者貪於財產，規奪官民之利，則殖貨無厭。奪民之利，不以爲耻，是以清節毁傷，公義損闕，富者比公室，貧者匱朝夕，非所爲濟俗也。然古今異制，爵賦不同，禄亦如之，雖不及古，度時有可嘉也。

（漢）徐幹《中論》卷上《爵禄》 或問：古之君子貴爵禄歟？曰：然。諸子之書稱爵禄非貴也，資財非富也，何謂乎？曰：彼遭世之亂，見小人富貴而有是言，非古也。古之制爵禄也，爵以居有德，禄以養有功：功大者其禄厚，德遠者其爵尊；功小者其禄薄，德近者其爵卑。是故觀其爵則别其人之德也，見其禄則知其人之功也，不待問之。古之君子貴爵禄者蓋以此也，非以黼黻華乎其身，芻豢之適於其口也；非以美色悦乎其目，鐘鼓之樂乎其耳也。孔子曰：邦有道，貧且賤焉，耻也。明王在上，序爵班禄而不以逮也，君子以爲至羞，何賤之有乎？先王將建諸侯而錫爵禄也，必於清廟之中，陳金石之樂，宴賜之禮，宗人擯相，内史作策也。其頌曰：文王既勤止，我應受之。敷時繹思，我徂維求定，時周之命於繹思。由此觀之，爵禄者先王之所重也，非所輕也。故《書》曰：無曠庶官，天工人其代之。

爵禄之賤也，由處之者不宜也，賤其人斯賤其位矣；其貴也，由處之者宜之也，貴其人斯貴其位矣。《詩》云：君子至止，黻衣繡裳。佩玉鏘鏘，壽考不忘。黻衣繡裳，君子之所服也，愛其德，故美其服也。暴亂之君子，非無此服也，而民弗美也，位亦如之。昔周公相王室以君天下，聖德昭聞，王勛弘大，成王封以少昊之墟，地方七百里，錫之山川土田附庸，備物典策，官司彝器，龍旂九旒，祀帝於郊。太公亮武王克商寧亂，王封之爽鳩氏之墟，東至於海，西至於河，南至於穆陵，北至於無棣，五侯九伯，汝實征之，世祚太師，撫寧東夏。當此之時，孰謂富貴不爲榮寵者乎？自時厥後，文武之教衰，黜陟之道廢，諸侯僭恣，大夫世位，爵人不以德，禄人不以功，竊國而貴者有之，竊地而富者有之，姦邪得願，仁賢失志，於是則以富貴相詬病矣。故孔子曰：邦無道，富且貴焉，耻也。然則富貴美惡，存乎其世也。

《易》曰：聖人之大寶曰位。何以爲聖人之大寶曰位？位也者，立德之機也；勢也者，行義之杼也。聖人蹈機握杼，織成天地之化，使萬物順焉，人倫正焉，六合之内，各竟其願，其爲大寶，不亦宜乎。故聖人以無勢位爲窮，百工以無器用爲困，困則其資亡，窮則其道廢，故孔子栖栖而不居者，蓋憂道廢故也。《易》曰：井渫不食，爲我心惻。可用汲，王明，並受其福。夫登高而建旌，則其所視者廣矣；順風而振鐸，則其所聞者遠矣。非旌色之益明、鐸聲之益遠也，所託者然也。况居富貴之地，而行其政令者也？故舜爲匹夫，猶民也，及其受終於文祖，稱曰予一人，則西王母來獻白環；周公之爲諸侯，猶臣也，及其踐明堂之祚，負斧扆而立，則越裳氏來獻白雉。故身不尊則施不光，居不高則化不博。《易》曰：豐，亨，無咎。王假之，勿憂，宜日中。身尊居高之謂也。斯事也，聖人之所務也。

雖然，求之有道，得之有命。舜、禹、孔子可謂求之有道矣；舜禹得之，孔子不得之，可謂有命矣。非惟聖人，賢者亦然。稷、契、伯益、伊尹、傅説得之者也，顔淵、閔子騫、冉耕、仲弓不得者也。故良農不患壃場之不修，而患風雨之不節；君子不患道德之不建，而患時世之不遇。《詩》曰：駕彼四牡，四牡項領。我瞻四方，蹙蹙靡所騁。傷道之不遇也。豈一世哉，豈一世哉。

（清）顧炎武《日知録》卷一一《漢禄言石》 古時制禄之數，皆用斗斛。《左傳》言：豆、區、釜、鍾，各自其四，以登於釜。《論語》：與之釜，與之庾。《孟子》：養弟子以萬鍾。皆量也。漢承秦制，始以石爲名。原註：《韓非子》：王因收吏璽，自三百石已上，皆效之。子之是時即以石制禄。《史記·燕世家》同。（趙氏曰）石本權衡之數也。漢《律曆志》二十四銖爲兩，十六兩爲斤，三十斤爲鈞，四鈞爲石。是石乃權之權數。至十龠爲合，十合爲升，十升爲斗，十斗爲斛，則斛乃量之極數。乃俗以五斗爲斛，兩斛爲石，是以權之極數爲量之極數，殊歧誤。然漢時米穀之量，已以石計，如二千石、六百石之類是也。又《管子·禁藏篇》，民率三十畝，畝取一石，則人有三十石。《國策》：燕噲讓國子之，自吏三百石以上，悉予之。又《漢書·食貨志》：李悝之論曰：一夫田百畝，每畝歲收一石半云云，則斗斛之以石計，自春秋、戰國時已然。又案古時一石重一百二十斤，與一斛之數不甚相遠。古時十斗爲斛，一斛即是一石。後世五斗爲斛，兩斛爲一石，宋時已然。故有中二千石、二千石、比二千石，千石、比千石，六百石、比六百石，四百石、比四百石，三百石、比三百石，二百石、比二百石，百石，而三公號萬石。百二十斤爲石，是以權代量。然考《續漢・百官志》所載月奉之數，則大將軍、三公奉月三百五十斛，以至斗食奉月十一斛，又未嘗不用斛。所謂二千石以至百石者，但以爲品級之差而已。原註：《汲黯傳》注：如淳曰：真二千石，月得百五十斛，歲凡得千八百石耳。二千石，月得百二十斛，歲幾得一千四百四十石耳。今人以十斗爲石，本於此。不知秦時所爲金人十二，重各千石，撞萬石之鍾，縣石鑄鍾虡，衡石程書之類，皆權也，非量也。惟《白圭傳》，穀長石斗，《淳于髡傳》一斗亦醉，一石亦醉，對斗言之，是移權之名於量爾。

綜述

（唐）杜佑《通典》卷三六《職官・秩品》　秦制爵二十等，以賞功勞。其十八等，自大庶長以下又似官也。

右具《封爵篇》。其帥人皆更卒也。有功賜則在軍吏之例。自公大夫以上，令丞與亢禮。言從公大夫以上人，與令丞亢禮。亢，當也，言高下相當，無所卑屈。

（漢）衛宏《漢官舊儀》卷上　中常侍，宦者，秩千石。得出入臥內禁中諸宮。【略】

御史，員四十五人，皆六百石。【略】

尚書四人，爲四曹。侍曹尚書，按：《前漢書》師古注引此文，侍上有常字，與《續漢書志》合。主丞相、御史事；二千石曹尚書，主刺史、二千石事；民曹尚書，主庶民上書事；客曹尚書，主外國四夷事。成帝初置尚書，員五人，有三公曹，主斷獄。【略】

左曹日上朝謁，秩二千石。

右曹日上朝謁，秩二千石。

黄門郎屬黄門令，日暮入對青鏁門拜，名曰夕郎。

五官中郎將，秩比二千石，主五官郎中。

左、右中郎將，秩比二千石，主謁者、常侍侍郎，以貲進。本注曰：左主謁者，右主常侍侍郎。【略】

郎中令主郎中。按：《漢書》注主郎內諸官。左車將主左車郎，右車將主右車郎，左户將主左户郎，右户將主右户郎，按：《漢書》如淳注引《漢儀注》與此文同。秩皆比千石，獨郎中令比二千石。按：郎中令，武帝太初元年更名光禄勳。此文前後皆言光禄勳，獨此條言郎中令，杜預所謂史駁文也。又《續漢書・百官志》：光禄勳，卿一人，中二千石。此云比二千石，疑有誤，或漢初未更官名時舊制耳。【略】

右中二千石、二千石四官，按：少府、光禄勳、執金吾、衛尉四官，《續漢志》皆中二千石。此云中二千石、二千石者，蓋西漢時初制。奉宿衛，各領其屬，斷其獄。

期門騎者，隴西工射獵人及能用五兵材力三百人，行出會期門下，從射獵，無員，秩比郎從官，名曰期門騎。置僕射一人，秩六百石。騎持五旗別外內。王莽更名虎賁郎，按：《百官公卿表》：平帝元始元年更名虎賁郎。遷補吏署。【略】

漢初置相國史，秩五百石。後罷，并爲丞相史。

丞相府司直一人，秩二千石，職無不監。武帝初置，曰馬直官，今省。按：馬直官當作司直官。《百官志》本注曰：世祖以武帝故事，置司直，居丞相府助督録諸州，建武十八年省。【略】

丞相初置，吏員十五人，皆六百石，分爲東、西曹。東曹九人，出督州爲刺史。西曹六人，其五人往來白事東廂爲侍中，一人留府曰西曹，領百官奏事。長安給騎亭長七十人，六月一更倉頭廬兒。出入大車駟馬，前後大車、駢車，中二千石屬官以次送從。

丞相、太尉、大將軍史，秩四百石。按：《漢書》如淳注引《漢儀注》與此文同。【略】

丞相司置諫大夫，秩六百石。丞相少史，秩四百石，次三百石、百石。書令史斗食，缺，試中二十書佐高第補，因爲騎史。武帝元狩六年，丞相吏員三百八十二人：史二十人，秩四百石；少史八十人，秩三百石；屬百人，秩二百石；屬史百六十二人，秩百石。皆從同秩補。以爲有權衡之量，不可欺以輕重；有丈尺之度，不可欺以長短。官事至重，古法雖聖猶試，故令丞相設四科之辟，以博選異德名士，稱才量能，不宜者還故官。第一科曰德行高妙，志節清白。二科曰學通行修，經中博士。三科曰明曉法令，足以決疑，能案章覆問，文中御史。四科曰剛毅多略，遭事不惑，明足以照姦，勇足以決斷，才任三輔令。按：《藝文類聚》引此文輔下有劇字。皆試以能，信然後官之。第一科補西曹南閤祭酒，二科補議曹，三科補四辭八奏，四科補賊決。其以詔使案事御史爲駕一封，行赦令駕二封，皆特自奏事，各以所職劾中二千石以下。選中二十書佐試補令史，令史皆斗食，遷補御史令史。其欲以秩留者，許之。歲舉秀才一人，廉吏六人。【略】

武帝元封五年，初分十三州，刺史假印綬，有常治所。按：《漢志》書太守、都尉之治，而刺史無有，故沈約、劉昭皆以爲傳車周流，無常治所。但刺史行部，必待秋分，則秋分以前當居何所耶？《漢書・朱博傳》：博遷冀州刺史，敕告吏民：欲言二千石墨綬長吏者，使者行部還，詣治所。師古曰：治所，刺史所止理事處。是刺史本有治所，《漢志》特略而不載耳，《舊儀》所云可取證也。奏事各有常會，擇所部二千石卒史與從，傳食比二千石所傳。刺史奏幽隱奇士，拜爲三輔縣令，比四百石。居後六卿，一切舉試守令，取徵事。本注曰：徵事，比六百石。皆故吏二千石不以臧罪免，降秩爲徵事。【略】

廷尉正、監，平物故，以御史高第補之。御史少史行事如御史，少史有所爲，即少史屬得守御史，行事如少史。少史秩比六百石。御史少史物故，以功次徵丞相史守御史少史。所代到官視事，得留罷中二千石詹事、水衡都尉。

（漢）衛宏《漢官舊儀》卷下 太傅一人，真二千石，禮如師。亡新更爲太子師，中庶子五人，職如侍中，秩六百石。【略】

庶子舍人，按：《續漢書・百官志》太子庶子、太子舍人爲兩官。此書庶子已別見後條，此條庶子二字疑當作太子。四百人，按：四百人三字疑衍。如郎中，秩比二百石，無員，多至四百人。亡新改名爲翼子。

率更令，秩千石，主庶子舍人更直。亡新改爲中更。丞一人，秩四百石。

家令，秩千石，主倉獄。亡新改爲中更。

家府，比二千石。

僕，秩千石，主馬。

庶子，秩比四百石，如中郎，無員。亡新改爲中翼子。

衛率，秩比千石。丞一人，主門衛。

食官令，秩六百石。丞一人。

中盾，秩四百石，主周衛徼循。【略】

帝子爲王。王國置太傅、相、中尉各一人，秩二千石，以輔王。僕一人，秩千石。郎中令，秩六百石，置官如漢官吏。郎、大夫、四百石以下自調除。國中漢置內史一人，秩二千石，治國如郡太守、都尉職事，調除吏屬。相、中尉、傅不得與國政，輔王而已。當有爲，移書告內史。內史見傅、相、中尉，禮如都尉。太守、按：太守當作太傅。相置長史，中尉及內史令置丞一人，皆六百石。成帝時，大司空何武奏罷內史，相如太守，中尉如都尉，參職。是後相、中尉爭權，與王遞相奏，常不和。【略】

縣户口滿萬，置六百石令，多者千石。户口不滿萬，置四百石、三百石長。大縣兩尉，小縣一尉，丞一人。三百石丞、縣長黄綬，皆大冠。亡新令長爲宰，皆小冠，號曰夫子。亡新時有五百石，八百石。府下置詔獄。本注曰：府，河南府也。鄧展曰：舊洛陽有兩獄。【略】

漢承秦爵二十等，以賜天下。爵者，禄位也。

公士，一爵。賜爵一級爲公士，謂爲國君列士也。

上造，二爵。賜爵二級爲上造，上造乘兵車也。

簪褭，三爵。賜爵三級爲簪褭。

不更，四爵。賜爵四級爲不更，不更主一車四馬。

大夫，五爵。賜爵五級爲大夫，大夫主一車，屬三十六人。

官大夫，六爵。賜爵六級爲官大夫，官大夫領車馬。

公大夫，七爵。賜爵七級爲公大夫，公大夫領行伍兵。

公乘，八爵。賜爵八級爲公乘，與國君同車。

五大夫，九爵。賜爵九級爲五大夫。以上次年德爲官長將率。秦制爵等，生以爲禄位，死以爲號謚。按：《百官志》注引荀綽《晋百官表注》曰：自公士至五大夫，皆軍吏也。自左庶長至大庶長，皆卿大夫，皆軍將也。此條所云官長、將率、禄位、謚號，非顯指軍吏之辭，似當在二十爵一條下，爲總結之文，或者錯簡在此耳。

左庶長，十爵。

右庶長，十一爵。

左更，十二爵。

中更，十三爵。

右更，十四爵。

少上造，十五爵。

大上造，十六爵。

駟車庶長，十七爵。

大庶長，十八爵。

侯，十九爵。按：侯當作關内侯。《前漢書》十九關内侯師古曰：言有侯號，而居京畿，無國邑。

列侯，二十爵。

《漢書》卷一九上《百官公卿表》 師古曰：漢制，三公號稱萬石，其俸月各三百五十斛穀。其稱中二千石者月各百八十斛，二千石者百二十斛，比二千石者百斛，千石者九十斛，比千石者八十斛，六百石者七十斛，比六百石者六十斛，四百石者五十斛，比四百石者四十五斛，三百石者四十斛，比三百石者三十七斛，二百石者三十斛，比二百石者二十七斛，一百石者十六斛。【略】

相國、丞相，皆秦官，金印紫綬，掌丞天子助理萬機。秦有左右，高帝即位，置一丞相，十一年更名相國，緑綬。孝惠、高后置左右丞相，文帝二年復置一丞相。有兩長史，秩千石。哀帝元壽二年更名大司徒。武帝元狩五年初置司直，秩比二千石，掌佐丞相舉不法。

太尉，秦官，金印紫綬，掌武事。武帝建元二年省。元狩四年初置大司馬，以冠將軍之號。宣帝地節三年置大司馬，不冠將軍，亦無印綬官屬。成帝綏和元年賜大司馬金印紫綬，置官屬，禄比丞相，去將軍。哀帝建平二年復去大司馬印綬、官屬，冠將軍如故。元壽二年復賜大司馬印綬，置官屬，去將軍，位在司徒上。有長史，秩千石。

御史大夫，秦官，位上卿，銀印青綬，掌副丞相。有兩丞，秩千石。一曰中丞，在殿中蘭臺，掌圖籍祕書，外督部刺史，内領侍御史員十五人，受公卿奏事，舉劾按章。成帝綏和元年更名大司空，金印紫綬，禄比丞相，置長史如中丞，官職如故。哀帝建平二年復爲御史大夫，元壽二年復爲大司空，御史中丞更名御史長史。侍御史有繡衣直指，出討姦猾，治大獄，武帝所制，不常置。

太傅，古官，高后元年初置，金印紫綬。後省，八年復置。後省，哀帝元壽二年復置。位在三公上。

太師、太保，皆古官，平帝元始元年皆初置，金印紫綬。太師位在太傅上，太保次太傅。

前後左右將軍，皆周末官，秦因之，位上卿，金印紫綬。漢不常置，或有前後，或有左右，皆掌兵及四夷。有長史，秩千石。

奉常，秦官，掌宗廟禮儀，有丞。景帝中六年更名太常。屬官有太樂、太祝、太宰、太史、太卜、太醫六令丞，又均官、都水兩長丞，又諸廟寢園食官令長丞，有廱太宰、太祝令丞，五時各一尉。又博士及諸陵縣皆屬焉。景帝中六年更名太祝爲祠祀，武帝太初元年更曰廟祀，初置太卜。博士，秦官，掌通古今，秩比六百石，員多至數十人。武帝建元五年初置《五經》博士，宣帝黄龍元年稍增員十二人。元帝永光元年分諸陵邑屬三輔。王莽改太常曰秩宗。

郎中令，秦官，掌宫殿掖門户，有丞。武帝太初元年更名光禄勳。屬官有大夫、郎、謁者，皆秦官。又期門、羽林皆屬焉。大夫掌論議，有太中大夫、中大夫、諫大夫，皆無員，多至數十人。武帝元狩五年初置諫大夫，秩比八百石，太初元年更名中大夫爲光禄大夫，秩比二千石，太中大夫秩比千石如故。郎掌守門户，出充車騎，有議郎、中郎、侍郎、郎中，皆無員，多至千人。議郎、中郎秩比六百石，侍郎比四百石，郎中比三百石。中郎有五官、左、右三將，秩皆比二千石。郎中有車、户、騎三將，秩皆比千石。謁者掌賓讚受事，員七十人，秩比六百石，有僕射，秩比千石。期門掌執兵送從，武帝建元三年初置，比郎，無員，多至千人，有僕射，秩比千石。平帝元始元年更名虎賁郎，置中郎將，秩比二千石。羽林掌送從，次期門，武帝太初元年初置，名曰建章營騎，後更名羽林騎。又取從軍死事之子孫養羽林，官教以五兵，號曰羽林孤兒。羽林有令丞。宣帝令中郎將、騎都尉監羽林，秩比二千石。僕射，秦官，自侍中、尚書、博士、郎皆有。古者重武官，有主射以督課之，軍屯吏、騶、宰、永巷宮人皆有，取其領事之號。【略】

廷尉，秦官，掌刑辟，有正、左右監，秩皆千石。景帝中六年更名大理，武帝建元四年復爲廷尉。宣帝地節三年初置左右平，秩皆六百石。哀帝元壽二年復爲大理。王莽改曰作士。【略】

自太常至執金吾，秩皆中二千石，丞皆千石。【略】

自太子太傅至右扶風，皆秩二千石，丞六百石。【略】

城門校尉掌京師城門屯兵，有司馬、十二城門候。中壘校尉掌北軍壘門内，外掌西域。屯騎校尉掌騎士。步兵校尉掌上林苑門屯兵。越騎校尉掌越騎。長水校尉掌長水宣曲胡騎。又有胡騎校尉，掌池陽胡騎，不常置。射聲校尉掌待詔射聲士。虎賁校尉掌輕車。凡八校尉，皆武帝初置，有丞、司馬。自司隸至虎賁校尉，秩皆二千石。西域都護加官，宣帝地節二年初置，以騎都尉、諫大夫使護西域三十六國，有副校尉，秩比二千石，丞一人，司馬、候、千人各二人。戊己校尉，元帝初元元年置，有丞、司馬各一人，候五人，秩比六百石。

奉車都尉掌御乘輿車，駙馬都尉掌駙馬，皆武帝初置，秩比二千石。侍中、左右曹、諸吏、散騎、中常侍，皆加官，所加或列侯、將軍、卿大夫、將、都尉、尚書、太醫、太官令至郎中，亡員，多至數十人。侍中、中常侍得入禁中，諸曹受尚書事，諸吏得舉法，散騎騎並乘輿車。給事中亦加官，所加或大夫、博士、議郎，掌顧問應對，位次中常侍。中黄門有給事黄門，位從將大夫。皆秦制。

爵：一級曰公士，二上造，三簪裊，四不更，五大夫，六官大夫，七公大夫，八公乘，九五大夫，十左庶長，十一右庶長，十二左更，十三中更，十四右更，十五少上造，十六大上造，十七駟車庶長，十八大庶長，十九關内侯，二十徹侯。皆秦制，以賞功勞。徹侯金印紫綬，避武帝諱，曰通侯，或曰列侯，改所食國令長名相，又有家丞、門大夫、庶子。

諸侯王，高帝初置，金璽盭綬，掌治其國。有太傅輔王，内史治國民，中尉掌武職，丞相統衆官，羣卿大夫都官如漢朝。景帝中五年令諸侯王不得復治國，天子爲置吏，改丞相曰相，省御史大夫、廷尉、少府、宗正、博士官，大夫、謁者、郎諸官長丞皆損其員。武帝改漢内史爲京兆尹，中尉爲執金吾，郎中令爲光禄勳，故王國如故。損其郎中令，秩千石；改太僕曰僕，秩亦千石。成帝綏和元年省内史，更令相治民，如郡太守，中尉如郡都尉。

監御史，秦官，掌監郡。漢省，丞相遣史分刺州，不常置。武帝元封五年初置部刺史，掌奉詔條察州，秩六百石，員十三人。成帝綏和元年更名牧，秩二千石。哀帝建平二年復爲刺史，元壽二年復爲牧。

郡守，秦官，掌治其郡，秩二千石。有丞，邊郡又有長史，掌兵馬，秩皆六百石。景帝中二年更名太守。

郡尉，秦官，掌佐守典武職甲卒，秩比二千石。有丞，秩皆六百石。景帝中二年更名都尉。

關都尉，秦官。農都尉、屬國都尉，皆武帝初置。

縣令、長，皆秦官，掌治其縣。萬户以上爲令，秩千石至六百石。減萬户爲長，秩五百石至三百石。皆有丞、尉，秩四百石至二百石，是爲長吏。百石以下有斗食、佐史之秩，是爲少吏。大率十里一亭，亭有長。十亭一鄉，鄉有三老、有秩、嗇夫、游徼。三老掌教化。嗇夫職聽訟，收賦税。游徼徼循禁賊盗。縣大率方百里，其民稠則減，稀則曠，鄉、亭亦如之，皆秦制也。列侯所食縣曰國，皇太后、皇后、公主所食曰邑，有蠻夷曰道。凡縣、道、國、邑千五百八十七，鄉六千六百二十二，亭二萬九千六百三十五。

凡吏秩比二千石以上，皆銀印青綬，光禄大夫無。秩比六百石以上，皆銅印黑綬，大夫、博士、御史、謁者、郎無。其僕射、御史治書尚符璽者，有印綬。比二百石以上，皆銅印黄綬。成帝陽朔二年除八百石、五百石秩。綏和元年，長、相皆黑綬。哀帝建平二年，復黄綬。吏員自佐史至丞相，十二萬二百八十五人。

《漢書》卷九九中《王莽傳》〔天鳳三年〕五月，莽下吏禄制度，曰：予遭陽九之阸，百六之會，國用不足，民人騷動，自公卿以下，一月之禄十緵布二匹，或帛一匹。予每念之，未嘗不戚焉。今阸會已度，府帑雖未能充，略頗稍給，其以六月朔庚寅始，賦吏禄皆如制度。四輔公卿大夫士，下至輿僚，凡十五等。僚禄一歲六十六斛，稍以差增，上至四輔而爲萬斛云。莽又曰：普天之下，莫非王土；率土之賓，莫非王臣。蓋以天下養焉。《周禮》膳羞百有二十品，今諸侯各食其同、國、則；辟、任、附城食其邑；公、卿、大夫、元士食其采。多少之差，咸有條品。

歲豐穰則充其禮，有災害則有所損，與百姓同憂喜也。其用上計時通計，天下幸無災害者，太官膳羞備其品矣；即有災害，以什率多少而損膳焉。東嶽太師立國將軍保東方三州一部二十五郡；南嶽太傅前將軍保南方二州一部二十五郡；西嶽國師寧始將軍保西方一州二部二十五郡；北嶽國將衛將軍保北方二州一部二十五郡；大司馬保納卿、言卿、仕卿、作卿、京尉、扶尉、兆隊、右隊、中部左洎前七部；大司徒保樂卿、典卿、宗卿、秩卿、翼尉、光尉、左隊、前隊、中部、右部，有五郡；大司空保予卿、虞卿、共卿、工卿、師尉、列尉、祈隊、後隊、中部洎後十郡；及六司，六卿，皆隨所屬之公保其災害，亦以十率多少而損其禄。郎、從官、中都官吏食禄都內之委者，以太官膳羞備損而爲節。諸侯、辟、任、附城、羣吏亦各保其災害。幾上下同心，勸進農業，安元元焉。莽之制度煩碎如此，課計不可理，吏終不得禄，各因官職爲姦，受取賕賂以自共給。

（漢）應劭《漢官儀》卷上　太保，俸月三百五十斛。《唐六典》一。

中二千石，俸月百八十斛。《史記·外戚世家》索隱。

二千石，其俸月百二十斛。《史記·外戚世家》索隱。

斗食月俸十一斛，佐史月俸八斛。《漢書·百官公卿表》注、《通典·職官》

案：引皆作《漢官名秩簿》。

張敞、蕭望之言曰：夫倉廪實而知禮節，衣食足而知榮辱。今小吏俸率不足，常有憂父母妻子之心，雖欲潔身爲廉，其勢不能。請以什率增天下吏俸。宣帝乃益天下吏俸什二。《通典·職官》。

（漢）佚名《漢官》　太傅，長史一人，秩千石，掾屬二十四人，令史、御屬二十二人。【略】

太常，員吏八十五人，其十二人四科，十五人佐，五人假佐，十三人百石，十五人騎吏，九人學事，十六人守學事。【略】

太祝，員吏四十一人，其二人百石，二人斗食，二十二人佐，二人學事，四人守學事，九人有秩。百五十人祝人，宰二百四十二人，屠者六十人。

太宰，明堂丞一人，二百石。員吏四十二人，其二人百石，二人斗食，二十三人佐，九人有秩，二人學事，四人守學事。宰二百四十二人，屠者七十三人，衛士一十五人。

太予樂令，員吏二十五人，其二人百石，一人斗食，七人佐，十人學事，四人守學事。樂人八佾舞三百八十人。【略】

先帝陵，每陵食監一人，秩六百石。監丞一人，三百石。中黄門八人，從官二人。

光禄勳，員吏四十四人，其十人四科，三人百石，二人斗食，二人佐，六人騎吏，八人學事，十三人守學事，一人官醫。衛士八十一人。【略】

太中大夫，二十人，秩比二千石。

中散大夫，三十人，秩比二千石。【略】

謁者三十人，其二人公府掾，六百石持使也。

衛尉，員吏四十一人，其九人四科，二人二百石，文學三人百石，十二人斗食，二人佐，十三人學事，一人官醫。衛士六十人。【略】

太僕，員吏七十人，其七人四科，一人二百石，文學八人百石，六人斗食，七人佐，六人騎吏，三人假佐，三十一人學事，一人官醫。【略】

廷尉，員吏百四十人，其十一人四科，十六人二百石廷吏，文學十六人百石，十三人獄史，二十七人佐，二十六人騎吏，三十人假佐，一人官醫。

大鴻臚，員吏五十五人，其六人四科，二人二百石，文學六人百石，一人斗食，十四人佐，六人騎吏，十五人學事，五人官醫。

大行，員吏四十人。其四人四科，五人二百石，文學五人百石，九人斗食，六人佐，六人學事，十二人守學事。

太僕、廷尉、大鴻臚。右三官，司徒所部。案：此條引作《漢官目録》。

宗正，員吏四十一人，其六人四科，一人二百石，四人百石，三人佐，六人騎吏，二人法家，十八人學事，一人官醫。

諸公主，主簿一人，秩六百石。僕一人，秩六百石。私府長一人，秩六百石。家丞一人，三百石。直吏三人，從官三人。

大司農，員吏百六十四人，其十八人四科，九人斗食，十六人二百石，文學二十人百石，二十五人佐，七十五人學事，一人官醫。【略】

廩犧，丞一人，三百石。員吏四十人，其十一人斗食，十七人佐，七人學事，五人守學事，皆河南屬縣給吏者。

雒陽市，市長一人，秩四百石。丞一人，二百石，明法補。員吏三十六人，十三人百石嗇夫，十一人斗食，十二人佐。又有檝櫂丞，三百石，别治中水官，主水渠，在馬市東，有員吏六人。

少府，員吏三十四人，其一人四科，二人二百石，五人百石，四人斗食，三人佐，六人騎吏，十三人學事，一人官醫。【略】

守宫，員吏六十九人。外官丞二百石，公府吏府也。【略】

執金吾，員吏二十九人，其十人四科，一人二百石，文學三人百石，二人斗食，十三人佐學事，注緹騎。執金吾緹騎二百人，五百二十人。【略】

河南尹，員吏九百二十七人，十二人百石。諸縣有秩三十五人，官屬掾史五人，四部督郵吏部掾二十六人，案獄仁恕三人，監津渠漕水掾二十五人，百石卒吏二百五十人，文學守助掾六十人，書佐五十人，脩行二百三十人，幹小史二百三十一人。

雒陽令，秩千石，丞三人四百石，孝廉左尉四百石，孝廉右尉四百石。員吏七百九十六人，十三人四百石。鄉有秩、獄史五十六人，佐史、鄉佐七十七人，斗食、令史、嗇夫、假五十人，官掾史、幹小史二百五十人，書佐九十人，脩行二百六十人。

鄉户五千，則置有秩。

《後漢書》志二四《百官》 長史一人，千石。本注曰：署諸曹事。

掾史屬二十四人。本注曰：《漢舊注》東西曹掾比四百石，餘掾比三百石，屬比二百石，故曰公府掾，比古元士三命者也。或曰，漢初掾史辟，皆上言之，故有秩比命士。其所不言，則爲百石屬。其後皆自辟除，故通爲百石云。西曹主府史署用。東曹主二千石長吏遷除及軍吏。户曹主民户、祠祀、農桑。奏曹主奏議事。辭曹主辭訟事。法曹主郵驛科程事。尉曹主卒徒轉運事。賊曹主盜賊事。决曹主罪法事。兵曹主兵事。金曹主貨幣、鹽、鐵事。倉曹主倉穀事。黄閤主簿録省衆事。

令史及御屬二十三人。本注曰：《漢舊注》公令史百石，自中興以後，注不説石數。御屬主爲公御。閤下令史主閤下威儀事。記室令史主上章表報書記。門令史主府門。其餘令史，各典曹文書。

《後漢書》志二四《百官》 長史一人，千石。掾屬三十一人。令史及御屬三十六人。本注曰：世祖即位，以武帝故事，置司直，居丞相府，助督録諸州，建武十八年省也。

《後漢書》志二四《百官》 屬長史一人，千石。掾屬二十九人。令史及御屬四十二人。

《後漢書》志二四《百官》 長史、司馬皆一人，千石。本注曰：司馬主兵，如太尉。從事中郎二人，六百石。本注曰：職參謀議。掾屬二十九人。令史及御屬三十一人。本注曰：此皆府員職也。又賜官騎三十人，及鼓吹。

其領軍皆有部曲。大將軍營五部，部校尉一人，比二千石；軍司馬一人，比千石。部下有曲，曲有軍候一人，比六百石。曲下有（純）〔屯〕，（純）〔屯〕長一人，比二百石。

《後漢書》志二五《百官》 太常，卿一人，中二千石。本注曰：掌禮儀祭祀，每祭祀，先奏其禮儀；及行事，常贊天子。每選試博士，奏其能否。大射、養老、大喪，皆奏其禮儀。每月前晦，察行陵廟。丞一人，比千石。本注曰：掌凡行禮及祭祀小事，總署曹事。其署曹掾史，隨事爲員，諸卿皆然。

太史令一人，六百石。本注曰：掌天時、星曆。凡歲將終，奏新年曆。凡國祭祀、喪、娶之事，掌奏良日及時節禁忌。凡國有瑞應、災異，掌記之。丞一人。明堂及靈臺丞一人，二百石。本注曰：二丞，掌守明堂、靈臺。靈臺掌候日月星氣，皆屬太史。

博士祭酒一人，六百石。本僕射，中興轉爲祭酒。博士十四人，比六百石。本注曰：《易》四，施、孟、梁丘、京氏。《尚書》三，歐陽、大小夏侯氏。《詩》三，魯、齊、韓氏。《禮》二，大小戴氏。《春秋》二，《公羊》嚴、顔氏。掌教弟子。國有疑事，掌承問對。本四百石，宣帝增秩。

太祝令一人，六百石。本注曰：凡國祭祀，掌讀祝，及迎送神。丞一人。本注曰：掌祝小神事。

太宰令一人，六百石。本注曰：掌宰工鼎俎饌具之物。凡國祭祀，掌陳饌具。丞一人。

大（子）〔予〕樂令一人，六百石。本注曰：掌伎樂。凡國祭祀，掌請奏樂，及大饗用樂，掌其陳序。丞一人。

高廟令一人，六百石。本注曰：守廟，掌案行掃除。無丞。

世祖廟令一人，六百石。本注曰：如高廟。

先帝陵，每陵園令各一人，六百石。本注曰：掌守陵園，案行掃除。丞及校長各一人。本注曰：校長，主兵戎盜賊事。

先帝陵，每陵食官令各一人，六百石。本注曰：掌望晦時節祭祀。

右屬太常。本注曰：有祠祀令一人，後轉屬少府。有太卜令，六百石，後省并太史。

《後漢書》志二五《百官》光禄勳，卿一人，中二千石。本注曰：掌宿衛宫殿門户，典謁署郎更直執戟，宿衛門户，考其德行而進退之。郊祀之事，掌三獻。丞一人，比千石。

五官中郎將一人，比二千石。本注曰：主五官郎。五官中郎，比六百石。本注曰：無員。五官侍郎，比四百石。本注曰：無員。五官郎中，比三百石。本注曰：無員。凡郎官皆主更直執戟，宿衛諸殿門，出充車騎。唯議郎不在直中。

左中郎將，比二千石。本注曰：主左署郎。中郎，比六百石。侍郎，比四百石。郎中，比三百石。本注曰：皆無員。

右中郎將，比二千石。本注曰：主右署郎。中郎，比六百石。侍郎，比四百石。郎中，比三百石。本注曰：皆無員。

虎賁中郎將，比二千石。本注曰：主虎賁宿衛。左右僕射、左右陛長各一人，比六百石。本注曰：僕射，主虎賁郎習射。陛長，主直虎賁，朝會在殿中。虎賁中郎，比六百石。虎賁侍郎，比四百石。虎賁郎中，比三百石。節從虎賁，比二百石。本注曰：皆無員。掌宿衛侍從。自節從虎賁久者轉遷，才能差高至中郎。

羽林中郎將，比二千石。本注曰：主羽林郎。羽林郎，此三百石。本注曰：無員。掌宿衛侍從。常選漢陽、隴西、安定、北地、上郡、西河凡六郡良家補。本武帝以便馬從獵，還宿殿陛巖下室中，故號巖郎。

羽林左監一人，六百石。本注曰：主羽林左騎。丞一人。

羽林右監一人，六百石。本注曰：主羽林右騎。丞一人。

奉車都尉，比二千石。本注曰：無員。掌御乘輿車。

駙馬都尉，比二千石。本注曰：無員。掌駙馬。

騎都尉，比二千石。本注曰：無員。本監羽林騎。

光禄大夫，比二千石。本注曰：無員。凡大夫、議郎皆掌顧問應對，無常事，唯詔令所使。凡諸國嗣之喪，則光禄大夫掌弔。

太中大夫，千石。本注曰：無員。

中散大夫，六百石。本注曰：無員。

諫議大夫，六百石。本注曰：無員。

議郎，六百石。本注曰：無員。

謁者僕射一人，比千石。本注曰：爲謁者臺率，主謁者，天子出，奉引。古重習武，有主射以督録之，故曰僕射。常侍謁者五人，比六百石。本注曰：主殿上時節威儀。謁者三十人。其給事謁者，四百石。其灌謁者郎中，比三百石。本注曰：掌賓贊受事，及上章報問。將、大夫以下之喪，掌使弔。本員七十人，中興但三十人。初爲灌謁者，滿歲爲給事謁者。

右屬光禄勳。本注曰：職屬光禄者，自五官將至羽林右監，凡七署。自奉車都尉至謁者，以文屬焉。舊有左右曹，秩以二千石，上殿中，主受尚書奏事，平省之。世祖省，使小黄門郎受事，車駕出，給黄門郎兼。有請室令，車駕出，在前請所幸，徼車迎白，示重慎。中興但以郎兼，事訖罷，又省車、户、騎凡三將，及羽林令。

《後漢書》志二五《百官》衛尉，卿一人，中二千石。本注曰：掌宫門衛士，宫中徼循事。丞一人，比千石。

公車司馬令一人，六百石。本注曰：掌宫南闕門，凡吏民上章，四方貢獻，及徵詣公車者。丞、尉各一人。本注曰：丞選曉諱，掌知非法。尉主闕門兵禁，戒非常。

南宫衛士令一人，六百石。本注曰：掌南宫衛士。丞一人。

北宫衛士令一人，六百石，本注曰：掌北宫衛士。丞一人。

左右都候各一人，六百石。本注曰：主劒戟士，徼循宫，及天子有所收考。丞各一人。

宫掖門，每門司馬一人，比千石。木注曰：南宫南屯司馬，主平城門；（北）宫門蒼龍司馬，主東門；玄武司馬，主玄武門；北屯司馬，主北門；北宫朱爵司馬，主南掖門；東明司馬，主東門；朔平司馬，主北門：凡七門。凡居宮中者，皆有口籍於門之所屬。宮名兩字，爲鐵印文符，案省符乃内之。若外人以事當入，本（宮）〔官〕長史爲封棨傳；其有官位，出入令御者言其官。

《後漢書》志二五《百官》 太僕，卿一人，中二千石。本注曰：掌車馬。天子每出，奏駕上鹵簿用；大駕則執馭。丞一人，比千石。

考工令一人，六百石。本注曰：主作兵器弓弩刀鎧之屬，成則傳執金吾入武庫，及主織綬諸雜工。左右丞各一人。

車府令一人，六百石。本注曰：主乘輿諸車。丞一人。

未央廄令一人，六百石。本注曰：主乘輿及廄中諸馬。長樂廄丞一人。

右屬太僕。本注曰：舊有六廄，皆六百石令，中興省約，但置一廄。後置左駿令、廄，別主乘輿御馬，後或并省。又有牧師菀，皆令官，主養馬，分在河西六郡界中，中興皆省，唯漢陽有流馬菀，但以羽林郎監領。

《後漢書》志二五《百官》 廷尉，卿一人，中二千石。本注曰：掌平獄，奏當所應。凡郡國讞疑罪，皆處當以報。正、左監各一人。左平一人，六百石。本注曰：掌平決詔獄。

《後漢書》志二五《百官》 大鴻臚，卿一人，中二千石。本注曰：掌諸侯及四方歸義蠻夷。其郊廟行禮，贊導，請行事，既可，以命羣司。諸王入朝，當郊迎，典其禮儀。及郡國上計，匡四方來，亦屬焉。皇子拜王，贊授印綬。及拜諸侯、諸侯嗣子及四方夷狄封者，臺下鴻臚召拜之。王薨則使弔之，及拜王嗣。丞一人，比千石。

大行令一人，六百石。本注曰：主諸郎。丞一人。治禮郎四十七人。

《後漢書》志二六《百官》 宗正，卿一人，中二千石。本注曰：掌序録王國嫡庶之次，及諸宗室親屬遠近，郡國歲因計上宗室名籍。若有犯法當髡以上，先上諸宗正，宗正以聞，乃報決。丞一人，比千石。

諸公主，每主家令一人，六百石。丞一人，三百石。本注曰：其餘屬吏增減無常。

《後漢書》志二六《百官》 大司農，卿一人，中二千石。本注曰：掌諸錢穀金帛諸貨幣。郡國四時上月旦見錢穀簿，其逋未畢，各具別之。邊郡諸官請調度者，皆爲報給，損多益寡，取相給足。丞一人，比千石。部丞一人，六百石。本注曰：部丞主帑藏。

太倉令一人，六百石。本注曰：主受郡國傳漕穀。丞一人。

平準令一人，六百石。本注曰：掌知物賈，主練染，作采色。丞一人。

導官令一人，六百石。本注曰：主舂御米，及作乾精。導，擇也。丞一人。

右屬大司農。本注曰：郡國鹽官、鐵官本屬司農，中興皆屬郡縣。又有廩犧令，六百石，掌祭祀犧牲鴈鶩之屬。及雒陽市長、滎陽敖倉官，中興皆屬河南尹。餘均輸等皆省。

《後漢書》志二六《百官》 少府，卿一人，中二千石。本注曰：掌中服御諸物，衣服寶貨珍膳之屬。丞一人，比千石。

太醫令一人，六百石。本注曰：掌諸醫。藥丞、方丞各一人。本注曰：藥丞主藥。方丞主藥方。

太官令一人，六百石。本注曰：掌御飲食。左丞、甘丞、湯官丞、果丞各一人。本注曰：左丞主飲食。甘丞主膳具。湯官丞主酒。果丞主果。

守宮令一人，六百石。本注曰：主御紙筆墨，及尚書財用諸物及封泥。丞一人。

上林苑令一人，六百石。本注曰：主苑中禽獸。頗有民居，皆主之。捕得其獸送太官。丞、尉各一人。

侍中，比二千石。本注曰：無員。掌侍左右，贊導衆事，顧問應對。法駕出，則多識者一人參乘，餘皆騎在乘輿車後。本有僕射一人，中興轉爲祭酒，或置或否。

中常侍，千石。本注曰：宦者，無員。後增秩比二千石。掌侍左右，從入内宮，贊導内衆事，顧問應對給事。

黄門侍郎，六百石。本注曰：無員。掌侍從左右，給事中，關通中外。及諸王朝見於殿上，引王就坐。

小黄門，六百石。〔本注曰〕：宦者，無員。掌侍左右，受尚書事。上在内宮，關通中外，及中宮已下衆事。諸公主及王太妃等有疾苦，則使問之。

黃門令一人，六百石。本注曰：宦者。主省中諸宦者。丞、從丞各一人。本注曰：宦者。從丞主出入從。

黃門署長、畫室署長、玉堂署長各一人。丙署長七人。皆四百石，黃綬。本注曰：宦者。各主中宮別處。

中黃門冗從僕射一人，六百石。本注曰：宦者。主中黃門冗從。居則宿衛，直守門户；出則騎從，夾乘輿車。

中黃門，比百石。本注曰：宦者，無員。後增比三百石。掌給事禁中。

掖庭令一人，六百石。本注曰：宦者。掌後宮貴人采女事。左右丞、暴室丞各一人。本注曰：宦者。暴室丞主中婦人疾病者，就此室治；其皇后、貴人有罪，亦就此室。

永巷令一人，六百石。本注曰：宦者。典官婢侍使。丞一人。本注曰：宦者。

御府令一人，六百石。本注曰：宦者。典官婢作中衣服及補浣之屬。丞、織室丞各一人。本注曰：宦者。

祠祀令一人，六百石。本注曰：典中諸小祠祀。丞一人。本注曰：宦者。

鉤盾令一人，六百石。本注曰：宦者。典諸近池苑囿遊觀之處。丞、永安丞各一人，三百石。本注曰：宦者。永安，北宮東北別小宮名，有園觀。苑中丞、果丞、鴻池丞、南園丞各一人，二百石。本注曰：苑中丞主苑中離宮。果丞主果園。鴻池，池名，在雒陽東二十里。南園在雒水南。濯龍監、直里監各一人，四百石。本注曰：濯龍亦園名，近北宮。直里亦園名也，在雒陽城西南角。

中藏府令一人，六百石。本注曰：掌中幣帛金銀諸貨物。丞一人。

內者令一人，六百石。本注曰：掌〔宮〕中布張諸（衣）〔褻〕物。左右丞各一人。

尚方令一人，六百石。本注曰：掌上手工作御刀劒諸好器物。丞一人。

尚書令一人，千石。本注曰：承秦所置，武帝用宦者，更爲中書謁者令，成帝用士人，復故。掌凡選署及奏下尚書曹文書衆事。

尚書僕射一人，六百石。本注曰：署尚書事，令不在則奏下衆事。

尚書六人，六百石。本注曰：成帝初置尚書四人，分爲四曹：常侍曹尚書主公卿事；二千石曹尚書主郡國二千石事；民曹尚書主凡吏上書事；客曹尚書主外國夷狄事。世祖承遵，後分二千石曹，又分客曹爲南主客曹、北主客曹，凡六曹。左右丞各一人，四百石。本注曰：掌録文書期會。左丞主吏民章報及騶伯史。右丞假署印綬，及紙筆墨諸財用庫藏。侍郎三十六人，四百石。本注曰：一曹有六人，主作文書起草。令史十八人，二百石。本注曰：曹有三，主書。後增劇曹三人，合二十一人。

符節令一人，六百石。本注曰：爲符節臺率，主符節事。凡遣使掌授節。尚符璽郎中四人。本注曰：舊二人在中，主璽及虎符、竹符之半者。符節令史，二百石。本注曰：掌書。

御史中丞一人，千石。本注曰：御史大夫之丞也。舊別監御史在殿中，密舉非法。及御史大夫轉爲司空，因別留中，爲御史臺率，後又屬少府。治書侍御史二人，六百石。本注曰：掌選明法律者爲之。凡天下諸讞疑事，掌以法律當其是非。侍御史十五人，六百石。本注曰：掌察舉非法，受公卿羣吏奏事，有違失舉劾之。凡郊廟之祠及大朝會、大封拜，則（一）〔二〕人監威儀，有違失則劾奏。

蘭臺令史，六百石。本注曰：掌奏及印工文書。

右屬少府。本注曰：職屬少府者，自太醫、上林凡四官。自侍中至御史，皆以文屬焉。承秦，凡山澤陂池之税，名曰禁錢，屬少府。世祖改屬司農，考工轉屬太僕，都水屬郡國。孝武帝初置水衡都尉，秩比二千石，別主上林苑有離宮燕休之處，世祖省之，并其職於少府。每立秋貙劉之日，輒暫置水衡都尉，事訖乃罷之。少府本六丞，省五。又省湯官、織室令，置丞。又省上林十池監，胞人長丞，宦者、昆臺、佽飛三令，二十一丞。又省水衡屬官令、長、丞、尉二十餘人。章和以下，中官稍廣，加嘗藥、太官、御者、鉤盾、尚方、考工、別作監，皆六百石，宦者爲之，轉爲兼副，或省，故録本官。

《後漢書》志二七《百官》　執金吾一人，中二千石。本注曰：掌宮外戒司非常水火之事。月三繞行宮外，及主兵器。吾猶禦也。丞一人，比千石。緹騎二百人。本注曰：無秩，比吏食奉。

武庫令一人，六百石。本注曰：主兵器。丞一人。

右屬執金吾。本注曰：本有式道、左右中候三人，六百石。車駕出，掌在前清道，還持麾至宫門，宫門乃開。中興但一人，又不常置，每出，以郎兼式道候，事已罷，不復屬執金吾。又省中壘、寺互、都船令、丞、尉及左右京輔都尉。

《後漢書》志二七《百官》 太子太傅一人，中二千石。本注曰：職掌輔導太子。禮如師，不領官屬。

《後漢書》志二七《百官》 太長秋一人，二千石。本注曰：承秦將行，宦者。景帝更爲大長秋，或用士人。中興常用宦者，職掌奉宣中宫命。凡給賜宗親，及宗親當謁見者關通之，中宫出則從。丞一人，六百石。本注曰：宦者。

中宫僕一人，千石。本注曰：宦者。主馭。本注曰：太僕，秩二千石，中興省太，減秩千石，以屬長秋。

中宫謁者令一人，六百石。本注曰：宦者。中宫謁者三人，四百石。本注曰：宦者。主報中章。

中宫尚書五人，六百石。本注曰：宦者。主中文書。

中宫私府令一人，六百石。本注曰：宦者。主中藏幣帛諸物，裁衣被補浣者皆主之。丞一人。本注曰：宦者。

中宫永巷令一人，六百石。本注曰：宦者。主宫人。丞一人。本注曰：宦者。

中宫黄門冗從僕射一人，六百石。本注曰：宦者。主中黄門冗從。

中宫署令一人，六百石。本注曰：宦者。主中宫清署天子數。女騎六人，丞、復道丞各一人。本注曰：宦者。復道丞主中閣道。

中宫藥長一人，四百石。本注曰：宦者。

右屬大長秋。本注曰：承秦，有詹事一人，位在長秋上，亦宦者，主中諸官。成帝省之，以其職并長秋。是後皇后當法駕出，則中謁、中宦者職吏權兼詹事奉引，訖罷。宦者誅後，尚書選兼職吏一人奉引云。其中長信、長樂宫者，置少府一人，職如長秋，及餘吏皆以宫名爲號，員數秩次如中宫。本注曰：帝祖母稱長信宫，故有長信少府，長樂少府，位在長秋上，及職吏皆宦者，秩次如中宫。長樂又有衛尉，僕爲太僕，皆二千石，在少府上。其崩則省，不常置。

《後漢書》志二七《百官》 太子少傅，二千石。本注曰：亦以輔導爲職，悉主太子官屬。

太子率更令一人，千石。本注曰：主庶子、舍人更直，職似光禄。

太子庶子，四百石。本注曰：無員，如三署中郎。

太子舍人，二百石。本注曰：無員，更直宿衛，如三署郎中。

太子家令一人，千石。本注曰：主倉穀飲食，職似司農、少府。

太子倉令一人，六百石。本注曰：主倉穀。

太子食官令一人，六百石。本注曰：主飲食。

太子僕一人，千石。本注曰：主車馬，職如太僕。

太子廄長一人，四百石。本注曰：主車馬。

太子門大夫，六百石。本注曰：《舊注》云職比郎將。舊有左右户將，别主左右户直郎，建武以來省之。

太子中庶子，六百石。本注曰：員五人，職如侍中。

太子洗馬，比六百石。本注曰：《舊注》云員十六人，職如謁者。太子出，則當直者在前導威儀。

太子中盾一人，四百石。本注曰：主周衛徼循。

太子衛率一人，四百石。本注曰：主門衛士。

《後漢書》志二七《百官》 將作大匠一人，二千石。本注曰：承秦，曰將作少府，景帝改爲將作大匠。掌修作宗廟、路寢、宫室、陵園木土之功，并樹桐梓之類列于道側。丞一人，六百石。

左校令一人，六百石。本注曰：掌左工徒。丞一人。

右校令一人，六百石。本注曰：掌右工徒。丞一人。

《後漢書》志二七《百官》 城門校尉一人，比二千石。本注曰：掌雒陽城門十二所。

司馬一人，千石。本注曰：主兵。城門每門候一人，六百石。

《後漢書》志二七《百官》 北軍中候一人，六百石。本注曰：掌監五營。

屯騎校尉一人，比二千石。本注曰：掌宿衛兵。司馬一人，千石。

越騎校尉一人，比二千石。本注曰：掌宿衛兵。司馬一人，千石。

步兵校尉一人，比二千石。本注曰：掌宿衛兵。司馬一人，千石。

長水校尉一人，比二千石。本注曰：掌宿衛兵。司馬、胡騎司馬各一人，千石。本注曰：掌宿衛，主烏桓騎。

射聲校尉一人，比二千石。本注曰：掌宿衛兵。司馬一人，千石。

右屬北軍中候。本注曰：舊有中壘校尉，領北軍營壘之事。有胡騎、虎賁校尉，皆武帝置。中興省中壘，但置中候，以監五營。胡騎并長水。虎賁主輕車，并射聲。

凡中二千石，丞比千石。真二千石，丞、長史六百石。比二千石，丞比六百石。令、相千石，丞、尉四百石；其六百石，丞、尉三百石。長、相四百石及三百石，丞、尉皆二百石。諸侯、公主家丞，秩皆比百石。諸邊鄣塞尉、諸陵校尉長，皆二百石。有常例者不署秩。

《後漢書》志二七《百官》 司隸校尉一人，比二千石。本注曰：孝武帝初置，持節，掌察舉百官以下，及京師近郡犯法者。元帝去節，成帝省，建武中復置，并領一州。從事史十二人。本注曰：都官從事，主察舉百官犯法者。功曹從事，主州選署及衆事。別駕從事，校尉行部則奉引，録衆事。簿曹從事，主財穀簿書。其有軍事，則置兵曹從事，主兵事。其餘部郡國從事，每郡國各一人，主督促文書，察舉非法，皆州自辟除，故通爲百石云。假佐二十五人。本注曰：主簿録閤下事，省文書。門亭長主州正。門功曹書佐主選用。《孝經》師主監試經。《月令》師主時節祠祀。律令師主平法律。簿曹書佐主簿書。其餘都官書佐及每郡國，各有典郡書佐一人，各主一郡文書，以郡吏補，歲滿一更。司隸所部郡七。

河南尹一人，主京都，特奉朝請。其京兆尹、左馮翊、右扶風三人，漢初都長安，皆秩中二千石，謂之三輔。中興都雒陽，更以河南郡爲尹，以三輔陵廟所在，不改其號，但減其秩。其餘弘農、河內、河東三郡。其置尹，馮翊、扶風及太守丞奉之本位，在《地理志》。

《後漢書》志二八《百官》 外十二州，每州刺史一人，六百石。本注曰：秦有監御史，監諸郡，漢興省之，但遣丞相史分刺諸州，無常官。孝武帝初置刺史十三人，秩六百石。成帝更爲牧，秩二千石。建武十八年，復爲刺史，十二人各主一州，其一州屬司隸校尉。諸州常以八月巡行所部郡國，録囚徒，考殿最。初歲盡詣京都奏事，中興但因計吏。【略】

凡州所監都爲京都，置尹一人，二千石，丞一人。每郡置太守一人，二千石，丞一人。郡當邊戍者，丞爲長史。王國之相亦如之。每屬國置都尉一人，比二千石，丞一人。【略】

屬官，每縣、邑、道，大者置令一人，千石；其次置長，四百石；小者置長，三百石；侯國之相，秩次亦如之。本注曰：皆掌治民，顯善勸義，禁姦罰惡，理訟平賊，恤民時務，秋冬集課，上計於所屬郡國。

《後漢書》志二八《百官》 鄉置有秩、三老、游徼。本注曰：有秩，郡所署，秩百石，掌一鄉人；其鄉小者，縣置嗇夫一人。

《後漢書》志二八《百官》 使匈奴中郎將一人，比二千石。本注曰：主護南單于。置從事二人，有事隨事增之，掾隨事爲員。護羌、烏桓校尉所置亦然。

《後漢書》志二八《百官》 護羌校尉一人，比二千石。本注曰：主西羌。

《後漢書》志二八《百官》 護烏桓校尉一人，比二千石。本注曰：主烏桓胡。

《後漢書》志二八《百官》 皇子封王，其郡爲國，每置傅一人，相一人，皆二千石。本注曰：傅主導王以善，禮如師，不臣也。相如太守。有長史，如郡丞。

漢初立諸王，因項羽所立諸王之制，地既廣大，且至千里。又其官職傅爲太傅，相爲丞相，又有御史大夫及諸卿，皆秩二千石，百官皆如朝廷。國家唯爲置丞相，其御史大夫以下皆自置之。至景帝時，吴、楚七國恃其國大，遂以作亂，幾危漢室。及其誅滅，景帝懲之，遂令諸王不得治民，令內史主治民，改丞相曰相，省御史大夫、廷尉、少府、宗正、博士官。武帝改漢內史、中尉、郎中令之名，而王國如故，員職皆朝廷爲署，不得自置。至（漢）成帝省內史治民，更令相治民，太傅但曰傅。

中尉一人，比二千石。本注曰：職如郡都尉，主盜賊。郎中令一人，僕一人，皆千石。本注曰：郎中令掌王大夫、郎中宿衛，官如光禄勳。自省少府，職皆并焉。僕主車及馭，如太僕。本（注）曰太僕，比二千石，武帝改，但曰僕，又皆減其秩。治書，比六百石。本注曰：治書本尚書更名。大夫，比六百石。本注曰：無員。掌奉王使至京都，奉璧賀正月，及使諸國。本皆持節，後去節。謁者，比四百石。本注曰：掌冠長冠。本員十六人，後減。禮樂長。本注曰：主樂人。衛士長。本注曰：主衛士。醫工長。本注曰：主醫藥。永巷長。本注曰：宦者，主宫中婢使。祠祀長。本注曰：主祠祀。皆比四百石。郎中，二百石。本注曰：無員。

《後漢書》志二八《百官》 列侯，所食縣爲侯國。本注曰：承秦爵二十等，爲徹侯，金印紫綬，以賞有功。功大者食縣，小者食鄉、亭，得臣其所食吏民。後避武帝諱，爲列侯。武帝元朔二年，令諸王得推恩分衆子土，國家爲封，亦爲列侯。舊列侯奉朝請在長安者，位次三公。中興以來，唯以功德賜位特進者，次車騎將軍；賜位朝侯，次五校尉；賜位侍祠侯，次大夫。其餘以肺附及公主子孫奉墳墓於京都者，亦隨時見會，位在博士、議郎下。

諸王封者受茅土，歸以立社稷，禮也。列土、特進、朝侯賀正月執璧云。

每國置相一人，其秩各如本縣。本注曰：主治民，如令、長，不臣也。但納租于侯，以户數爲限。其家臣，置家丞、庶子各一人。本注曰：主侍侯，使理家事。列侯舊有行人、洗馬、門大夫，凡五官。中興以來，食邑千户已上置家丞、庶子各一人，不滿千户不置家丞，又悉省行人、洗馬、門大夫。

《後漢書》志二八《百官》 關内侯，承秦賜爵十九等，爲關内侯，無土，寄食在所縣，民租多少，各有户數爲限。

《後漢書》志二八《百官》 百官受奉例：大將軍、三公奉，月三百五十斛。中二千石奉，月百八十斛。二千石奉，月百二十斛。比二千石奉，月百斛。千石奉，月八十斛。六百石奉，月七十斛。比六百石奉，月五十斛。四百石奉，月四十五斛。比四百石奉，月四十斛。三百石奉，月四十斛。比三百石奉，月三十七斛。二百石奉，月三十斛。比二百石奉，月二十七斛。一百石奉，月十六斛。斗食奉，月十一斛。佐史奉，月八斛。凡諸受奉，皆半錢半穀。

（唐）杜佑《通典》卷一九《職官・官品》 漢自中二千石至百石，凡十六等。

後漢自中二千石至斗食，凡十三等。

（唐）杜佑《通典》卷一九《職官・禄秩》 漢制：自中二千石至百石，凡十二等。中二千石，月俸百八十斛。二千石，百二十斛。比二千石，百斛。千石，八十斛。六百石，七十斛。比六百石，六十斛。四百石，五十斛。比四百石，四十五斛。三百石，四十斛。比三百石，三十七斛。二百石，三十斛。比二百石，二十七斛。百石，十六斛。

後漢大將軍、三公俸各三百五十斛，凡諸受俸，皆半錢半穀。延平中定制：中二千石，月俸錢九千，米七十二斛。真二千石，錢六千五百，米三十六斛。比二千石，錢五千，米三十四斛。千石，錢四千，米三十斛。六百石，錢三千五百，米二十一斛。四百石，錢二千五百，米十五斛。三百石，錢二千，米十二斛。二百石，錢一千，米九斛。百石。錢八百，米四斛八斗。臘及立春，更班賜有差。

（唐）杜佑《通典》卷三五《職官・俸禄・禄秩》 漢制禄秩，自中二千石至百石各有等差。宣帝又益天下吏百石以下俸十五。《漢書》曰：若食一斛，則益五斗。又應劭《漢書》曰：張敞、蕭望之言曰：夫倉廩實而知禮節，衣食足而知榮辱，今小吏俸率不足，常有憂父母妻子之心，雖欲潔身爲廉，其勢不能。請以什率增天下吏俸。宣帝乃益天下吏俸什二。而《漢書》言十五，兩存其說。至成帝陽朔二年，除八百石、五百石秩。除八百就六百，除五百就四百。綏和二年，又益吏三百石以下俸。凡吏比二千石以上年老致仕者，三分故禄，以一與之，終其身。其時亦有俸錢之差，但本史文不具耳。故元帝時貢禹上書曰：臣爲諫大夫，秩八百石，俸錢月九千二百，廩食太官。又拜爲光禄大夫，秩二千石，俸錢月萬二千。禄賜愈多，家日以益富。中二千石，月俸百八十斛。二千石，百二十斛。比二千石，百斛。千石，九十斛。比千石，八十斛。六百石，七十斛。比六百石，六十斛。四百石，五十斛。比四百石，四十五斛。三百石，四十斛。比三百石，三十七斛。二百石，三十斛。比二百石，二十七斛。百石。十六斛。自四百石至二百石爲長吏。吏，理也。主理其縣内。百石以下有斗食佐史之秩，顔師古曰：《漢官名秩簿》云，斗食月俸一十斛，佐史月俸八斛也。一説，斗食者，歲俸不滿百石，計日而食一斗二升，故云斗食也。是爲小吏。本史王莽詔曰：

自公卿以下，一月之禄十緵布二疋，或帛一疋，予每之念。今僚禄一歲六十六斛，稍以差增，上至四輔而爲萬斛。孟康曰：緵，八十縷也。

後漢大將軍、三公俸，月三百五十斛。《風俗通》曰：漢制，三公一歲共食萬石。按此則有出，出蓋舉大數也。至建武二十六年，增百官俸，其千石以上減於西京舊制，六百石以下增於舊秩。本史永初四年，又減百官及州郡縣俸，各有差。凡諸受俸，皆取半錢半穀。延平中，定制：中二千石，月俸錢九千，米七十二斛。真二千石，錢六千五百，米三十六斛。比二千石，錢五千，米三十四斛。千石，錢四千，米三十斛。六百石，錢三千五百，米二十一斛。四百石，錢二千五百，米十五斛。三百石，錢二千，米十二斛。二百石，錢一千，米九斛。一百石，錢八百，米四斛八斗。凡中二千石，丞比千石；真二千石，丞、長史六百石；比二千石，丞比六百石。令、相千石者，丞、尉皆四百石；其六百石者，丞、尉皆三百石。長、相四百石及三百石者，丞、尉皆二百石。諸侯公主家丞秩皆比三百石。諸邊障塞尉、諸陵校尉長皆二百石。有常例者不署秩。本志。大將軍、三公臘賜錢各二十萬，牛肉二百斤，粳米二百斛。特進侯以下各有差。立春之日，遣使者賜文官司徒、司空帛三十疋，九卿十五疋，武官太尉、大將軍各六十疋，執金吾諸校尉各三十疋。武官倍文官。《漢官儀》。獻帝建安八年，頒賜三公以下金帛。由是三年一賜，以爲常制。本史。

（唐）杜佑《通典》卷三六《職官·秩品》　漢官秩差次：二漢並有秦二十等爵，然以爲功勞之賞，非恒秩也。丞相、太尉、司徒、司空、諸將軍及諸侯王國官，不在此目。

中二千石：月百八十斛。王莽改曰卿。御史大夫　太常　光禄勳　衛尉　太僕　廷尉　大鴻臚　宗正　大司農　少府　執金吾

二千石：月百二十斛。亦曰真二千石。王莽改爲上大夫。太子太傅、少傅　將作大匠　太子詹事大長秋　典屬國　水衡都尉　京兆尹　左馮翊　右扶風　司隷校尉　城門校尉　中壘校尉　屯騎校尉　步兵校尉　越騎校尉　長水校尉　胡騎校尉　射聲校尉　虎賁校尉　州牧　郡太守

比二千石：月百斛。王莽改爲中大夫。丞相司直　光禄大夫　光禄中郎　五官左右三將　光禄虎賁中郎將　光禄中郎將騎都尉　西域都護副校尉　奉車都尉　駙馬都尉　郡尉

千石：月九十斛。王莽改爲下大夫。丞相長史　大司馬長史　御史中丞　更名御史長史。前後左右將軍長史　太常丞　光禄勳丞　衛尉丞　太僕丞　廷尉左右監　大鴻臚丞　宗正丞　大司農丞　少府丞　執金吾丞　太子衛率　萬户以上縣令

比千石：月八十斛。光禄太中大夫　光禄郎中車户騎三將　光禄謁者僕射　光禄虎賁郎

八百石：成帝除八百石秩。太子家令

比八百石：光禄勳諫大夫

六百石：月七十斛。王莽改曰元士。衛尉公車司馬令　衛士令　旅賁令　廷尉左右平　太子門大夫　太子庶子　將作大匠丞　太子詹事丞　水衡都尉丞　京兆君丞　左馮翊丞　右扶風丞　州刺史　郡丞　郡長史　郡尉丞　次萬户以上縣令

比六百石：月六十斛。太常太卜博士　光禄議郎、中郎　光禄謁者掌賓讚受事員　西域都護丞、司馬、候　戊己校尉丞、司馬、候

五百石：成帝除五百石秩。王莽復置，改爲命士。減萬户縣長

四百石：月五十斛。自四百石至二百石爲長吏。王莽改爲中士。太子中盾

比四百石：月四十五斛。光禄侍郎

萬户以上縣丞　次萬户以上縣丞　減萬户縣丞

三百石：月四十斛。王莽改爲下士。次減萬户縣長

比三百石：月三十七斛。光禄郎中

二百石：月三十斛。萬户以上縣尉　次萬户以上縣尉　減萬户縣尉

百石：月十六斛。自百石以下有斗食佐史之秩，爲少吏。王莽改百石秩曰庶士。

右漢吏員，自佐史至丞相，凡十三萬二百八十五人，哀帝時官數。命數未詳。漢魏以降，逮於周隋，既多無注解，或傳寫訛舛，有義理難明，雖研覈莫辨。今但約其本史，聊存一代之制。他皆類此，覽之者幸察焉。

後漢官秩差次：此制初因其舊，以後錢穀兼給，其舊數增減不同，事具《禄秩篇》。其太傅、三公、大將軍、驃騎大將軍，並不在此目。

中二千石：月百八十斛。太常　光禄勳　衛尉　太僕　廷尉　大鴻臚　宗正　大司農　少府　執金吾注云比二千石。太子太傅　河南尹　京兆尹　左馮翊　右扶風

二千石：月百二十斛。度遼將軍　大長秋　太子少傅　將作大匠　司隸校尉　州牧　凡州所監都爲京都，置尹　郡太守　皇子封王國傅、相　皇子封王國御史大夫及諸卿

比二千石：月百斛。都護將軍　大將軍營五部校尉　光禄五官中郎將　光禄左中郎將　光禄右中郎將　光禄虎賁中郎將　光禄羽林中郎將　光禄奉車都尉　光禄駙馬都尉　光禄騎都尉　光禄大夫　少府侍中《漢官秩》云千石。　少府中常侍　城門校尉　北軍屯騎校尉　北軍越騎校尉　北軍步兵校尉　北軍長水校尉　北軍射聲校尉　每王屬國都尉　護烏桓校尉　護羌校尉　皇子封王國中尉

千石：月八十斛。太傅長史　太尉長史　司徒長史　司空長史　大將軍長史　光禄太中大夫注云：秩比二千石。　廷尉正、左監　少府中常侍　少府尚書令　少府御史中丞　太子家令　大長秋中宮僕　太子率更令　太子僕　城門司馬平城門屯司馬　北軍屯騎校尉司馬　北軍越騎校尉司馬　北軍步兵校尉司馬　北軍長水校尉司馬、胡騎司馬　北軍騎射聲校尉司馬　右扶風、京兆每大縣令　雒陽令　皇子封王國郎中令、僕

比千石：大將軍軍司馬　太常丞　光禄丞　光禄謁者僕射　衛尉丞　衛尉宮掖門司馬　太僕丞　鴻臚丞　宗正丞　司農丞　少府丞　使匈奴中郎將　執金吾丞注云：《漢官秩》云六百石。

六百石：月七十斛。大將軍從事中郎　度遼將軍長史　度遼將軍司馬　太常贊饗　太常太史令　太常博士祭酒　太常太祝令　太常太宰令　太常大予樂令　太常高廟令　太常光武廟令　太常前帝陵每陵園令　太常先帝陵每陵食官令　光禄左右僕射　左右陛長　光禄羽林左監　光禄羽林右監　光禄中散大夫注云秩比二千石。　光禄諫議大夫　光禄議郎　光禄常侍謁者公府掾　衛尉公車司馬令　衛尉南宮衛士令　衛尉北宮衛士令　衛尉左右都候　太僕考功令　太僕車府令　太僕未央廄令　太僕承華廄令　廷尉左平　鴻臚大行令　宗正諸公主每主家令　宗正諸公主每主主簿、僕、私府長　大司農部丞　大司農太倉令　大司農平準令　大司農導官令　少府太醫令　少府太官令　少府守宮令　少府上林苑令　少府給事黄門侍郎　少府小黄門侍郎　少府小黄門令　少府中黄門冗從僕射　少府掖庭令　少府永巷令　少府御府令　少府祠祀令　少府鉤盾令　少府濯龍監　少府中藏府令　少府内者令　少府尚方令　少府尚書僕射　少府尚書　少府符節令　少府治書侍御史　少府侍御史　執金吾武庫令　大長秋丞　大長秋中宮謁者令　大長秋中宮尚書　大長秋中宮私府令注曰秩千石。　大長秋中宮永巷令　大長秋中宮黄門冗從僕射　大長秋中宮署令　太子倉令　太子食官令　太子門大夫　太子中庶子　將作丞　將作左校令　將作右校令　城門每門候　北軍中候　州刺史　右扶風京兆每次縣令　護烏桓校尉擁節長史、司馬　護羌校尉擁節長史、司馬

比六百石：月六十斛。又云五十斛。大將軍曲軍候　光禄五官中郎　光禄左中郎　光禄右中郎　光禄虎賁中郎　光禄常侍謁者　太子洗馬　皇子封王國治書

四百石：月五十斛。又云四十五斛。光禄給事謁者　少府太官丞　少府黄門署長、畫室署長、玉堂署長、丙署長　少府直里監　少府尚書左右丞　少府侍郎　大司農雒陽市長　大長秋中宮藥長　太子庶子　太子廄長　太子中盾　太子衛率　右扶風京兆每次縣長　雒陽縣丞　皇子封王國禮樂長、衛士長、醫工長、永巷長、祠祀長

比四百石：月四十五斛。《後漢・百官志》云四十斛。太尉東西曹掾　光禄五官侍郎　光禄左侍郎　光禄右侍郎　光禄虎賁侍郎　皇子封王國謁者

三百石：月四十斛。太常先帝陵每陵食監丞　宗正諸公主每主家丞　少府鉤盾丞　永安丞　鴻臚大行治禮郎　廩犧令丞　檝櫂丞　右扶風、京兆每小縣長　侯國相

比三百石：月三十七斛。太尉諸曹餘掾　光禄五官郎中　光禄左郎中　光禄右郎中　光禄虎賁郎中　光禄羽林郎　光禄灌謁者郎中　少府中黄門

二百石：月三十斛。太常太史丞、明堂及靈臺丞　衛尉吏　太僕吏　少府吏一人二百石。　少府苑中丞、果丞、鴻池丞、南園丞　少府令史　少府符節令史　廷尉吏　鴻臚吏　宗正吏一人二百石。　大司農吏　大司農雒陽市丞　執金吾吏　太子舍人　河南尹員吏　皇子封王國郎中

比二百石：月二十七斛。大將軍屯長　太尉屬　光禄節從虎賁

百石：月十六斛。太尉令史中興以後不説石數。　太常吏　太常太祝吏　太常太宰吏　太常大予樂吏　光禄吏　衛尉文學吏　太僕文學吏　少府

吏五人百石。 少府蘭臺令史 廷尉文學吏 鴻臚文學吏 宗正文學吏四人百石。 大司農文學吏 大司農雒陽市吏 執金吾文學吏 司隸校尉州功曹從事、別駕從事、簿曹從事、兵曹從事 其餘部郡國從事每郡有之。州曹諸掾 河南尹百石卒史 雒陽員吏 鄉有秩、三老

斗食：月十一斛。 太常明堂員吏 太常大予樂令員吏 光禄勳卿員吏 衛尉卿員吏 太僕卿員吏 大鴻臚卿員吏 大司農雒陽市吏 少府卿員吏 執金吾員吏 雒陽令員吏

佐史：月八斛。 太常佐 太常太祝佐 太常明堂佐 光禄佐 衛尉佐 太僕佐 廷尉佐 大鴻臚佐 大鴻臚大行令佐 宗正佐 大司農佐 雒陽市佐 執金吾佐 少府佐 雒陽縣佐史

右内外文武官七千五百六十七人，一千五十五人内，六千五百一十二人外。内外諸色職掌人一十四萬五千四百一十九人，一萬四千二百二十五人内職掌：令史、御屬、從事、書佐、員吏、待詔、卒騎、治禮郎、假佐、官騎及鼓吹、宰者、屠者、士衛、緹騎、導從、領士、烏桓騎等。一十三萬一千一百九十四人外職掌：員吏、書佐、假佐、亭長、鄉有秩、三老、游徼、家什等。都計内外官及職掌人十五萬二千九百八十六人。其鄉有里魁，里數及命數未詳。

紀事

《史記》卷四九《外戚世家》 武帝時，幸夫人尹婕妤。邢夫人號娙娥，衆人謂之娙何。娙何秩比中二千石，索隱按：崔浩云中猶滿也。漢制九卿已上秩一歲滿二千斛。又《漢官儀》云中二千石俸月百八十斛。容華秩比二千石，索隱按：二千石是郡守之秩。《漢官儀》云其俸月百二十斛。又有真二千石者，如淳云諸侯王相在郡守上，秩真二千石。《漢律》真二千石俸月二萬。按是二萬斗也，則二萬斗亦是二千石也。崔浩云列卿已上秩石皆正二千石。按此則是真二千石也。其云中二千石，亦不滿二千，蓋千八九百耳。此崔氏之説，今兼引而解之。 婕妤秩比列侯。常從婕妤遷爲皇后。

《史記》卷一二〇《汲黯列傳》 令黯以諸侯相秩居淮陽。七歲而卒。集解如淳曰：諸侯王相在郡守上，秩真二千石。律，真二千石俸月二萬，二千石月萬六千。

《漢書》卷二《惠帝紀》 吏所以治民也，能盡其治則民賴之，故重其禄，所以爲民也。今吏六百石以上父母妻子與同居，及故吏嘗佩將軍都尉印將兵及佩二千石官印者，家唯給軍賦，他無有所與。

《漢書》卷八《宣帝紀》 〔神爵三年〕秋八月，詔曰：吏不廉平則治道衰。今小吏皆勤事，而奉禄薄，欲其毋侵漁百姓，難矣。其益吏百石以下奉十五。如淳曰：律，百石奉月六百。韋昭曰：若食一斛，則益五斗。

《漢書》卷一〇《成帝紀》 〔陽朔二年〕夏五月，除吏八百石、五百石秩。

《漢書》卷一〇《成帝紀》 〔綏和元年〕夏四月，以大司馬票騎（大）將軍（根）爲大司馬，罷將軍官。御史大夫爲大司空，封爲列侯。益大司馬、大司空奉如丞相。如淳曰：律，丞相、大司馬大將軍奉錢月六萬，御史大夫奉月四萬也。

《漢書》卷一〇《成帝紀》 〔綏和元年〕十二月，罷部刺史，更置州牧，秩二千石。

《漢書》卷一一《哀帝紀》 〔綏和二年六月〕益吏三百石以下奉。

《漢書》卷一二《平帝紀》 〔元始元年春正月〕天下吏比二千石以上年老致仕者，參分故禄，以一與之，終其身。

《漢書》卷一二《平帝紀》 〔元始元年〕二月，置羲和官，秩二千石；外史、閭師，秩六百石。

《漢書》卷四六《萬石君傳》 孝景季年，萬石君以上大夫禄歸老于家，以歲時爲朝臣。

《漢書》卷五〇《汲黯傳》 令黯以諸侯相秩居淮陽。如淳曰：諸侯王相在郡守上，秩真二千石。律，真二千石月得百五十斛，歲凡得千八百石耳。二千石月得百二十斛，歲凡得一千四百四十石耳。居淮陽十歲而卒。

《漢書》卷六五《東方朔傳》 對曰：臣朔生亦言，死亦言。朱儒長三尺餘，奉一囊粟，錢二百四十。臣朔長九尺餘，亦奉一囊粟，錢二百四十。朱儒飽欲死，臣朔飢欲死。臣言可用，幸異其禮；不可用，罷之，無令但索長安米。

《漢書》卷七二《貢禹傳》 頃之，禹上書曰：臣禹年老貧窮，家訾不滿萬錢，妻子穅豆不贍，裋褐不完。有田百三十畝，陛下過意徵臣，

臣賣田百畝以供車馬。至，拜爲諫大夫，秩八百石，奉錢月九千二百。廩食太官，又蒙賞賜四時雜繒緜絮衣服酒肉諸果物，德厚甚深。疾病侍醫臨治，賴陛下神靈，不死而活。又拜爲光禄大夫，秩二千石，奉錢月萬二千。禄賜愈多，家日以益富，身日以益尊，誠非中茅愚臣所當蒙也。

《後漢書》卷一下《光武帝紀》〔建武〕二十六年〔春〕正月，詔有司增百官奉。其千石已上，減於西京舊制；六百石已下，增於舊秩。《續漢志》曰：大將軍、三公奉月三百五十斛，秩中二千石奉月百八十斛，二千石月百二十斛，比二千石月百斛，千石月九十斛，比千石月八十斛，六百石月七十斛，比六百石月五十五斛，四百石月五十斛，比四百石月四十五斛，三百石月四十斛，比三百石月三十七斛，二百石月三十斛，比二百石月二十七斛，百石月十六斛，斗食月十一斛，佐史月八斛。凡諸受奉，錢穀各半。

《後漢書》卷五《孝安帝紀》〔永初四年春正月〕丙午，詔減百官及州郡縣奉各有差。

《後漢書》卷六《孝順帝紀》〔漢安二年冬十月〕甲辰，減百官奉。

《後漢書》卷七《孝桓帝紀》〔延熹三年九月〕丁亥，詔無事之官權絶奉，豐年如故。

《後漢書》卷三九《趙咨傳》咨在官清簡，計日受奉，豪黨畏其儉節。視事三年，以疾自乞，徵拜議郎。

《後漢書》卷五四《楊秉傳》秉字叔節，少傳父業，兼明《京氏易》，博通書傳，常隱居教授。年四十餘，乃應司空辟，拜侍御史，頻出爲豫、荊、徐、兗四州刺史，遷任城相。自爲刺史、二千石，計日受奉，餘禄不入私門。故吏齎錢百萬遺之，閉門不受。以廉潔稱。

《後漢書》卷六一《左雄傳》臣愚以爲守相長吏，惠和有顯効者，可就增秩，勿使移徙，非父母喪不得去官。其不從法禁，不式王命，錮之終身，雖會赦令，不得齒列。若被劾奏，亡不就法者，徙家邊郡，以懲其後。鄉部親民之吏，皆用儒生清白任從政者，寬其負筭，增其秩禄，吏職滿歲，宰府州郡乃得辟舉。

《後漢書》卷六七《黨錮傳·羊陟》羊陟字嗣祖，太山梁父人也。家世冠族。陟少清直有學行，舉孝廉，辟太尉李固府，舉高第，拜侍御史。會固被誅，陟以故吏禁錮歷年。復舉高第，再遷冀州刺史。奏案貪濁，所在肅然。又再遷虎賁中郎將、城門校尉，三遷尚書令。時太尉張顥、司徒樊陵、大鴻臚郭防、太僕曹陵、大司農馮方並與宦豎相姻私，公行貨賂，並奏罷黜之，不納。以前太尉劉寵、司隸校尉許冰、幽州刺史楊熙、涼州刺史劉恭、益州刺史龐艾清亮在公，薦舉升進。帝嘉之，拜陟河南尹。計日受奉，常食乾飯茹菜，禁制豪右，京師憚之。

假寧與致仕分部

論說

（漢）班固《白虎通義・致仕》　臣七十懸車致仕者，臣以執事趨走爲職，七十陽道極，耳目不聰明，跂踦之屬，是以退去，避賢者，所以長廉恥也，懸車示不用也。致仕者，致其事於君，君不使自去者，尊賢者也。故《曲禮》大夫七十而致仕。《王制》曰：七十致政。（鄉）〔卿〕大夫老，有盛德者留，賜之几杖，不備之以筋力之禮。在家者三分其禄，以一與之，所以厚賢也。人年七十，臥非人不溫，適四方，乘安車，與婦人俱，自稱曰老夫。《曲禮》曰：大夫致仕，若不得謝，則必賜之几杖。《王〔度〕記》曰：臣致仕於君者，養之以其禄之半。几杖所以扶助衰也。故《王制》曰：五十杖於家，六十杖於鄉，七十杖於國，八十杖於朝。臣老歸，年九十，君欲有問，則就其室，以珎從，明尊賢也。故《禮・祭義》曰：八十不俟朝，於君問就之。大夫老歸，死以大夫禮葬，車馬衣服如之何？曰：盡如故也。

綜述

（漢）應劭《風俗通義》卷四《過譽》　漢典，吏病百日，應免。

《後漢書》志五《禮儀》　冬至前後，君子安身靜體，百官絕事，不聽政，擇吉辰而後省事。【略】日夏至禮亦如之。

（唐）徐堅《初學記》卷二〇《政理部・假第六》　敘事：急，告，寧，皆休假名也。《釋名》曰：急，及也，言操切之使相逮及也。李斐《漢書》曰：告，請也，言請休謁也；寧，安也，告曰寧也。漢律：使二千石有予告，有賜告。予告者，在官有功最，法所當得者也。賜告者，病滿三月當免。天子優賜其告，使得印綬將官屬歸家理疾。至成帝時，郡二千石賜告不得歸家。自馮野王始也，休假亦曰休沐。漢律：吏五日得一下沐，言休息以洗沐也。

（唐）杜佑《通典》卷八〇《禮・沿革・凶禮・總論喪期》　安帝初，長吏多避事棄官，乃令：自非父母服，不得去職。是後吏又守職居官，不行三年喪服矣。建光元年，尚書孟布奏：宜復如建武、永平故事，謂光武、明帝時。絕刺史二千石告寧及父母喪服。又從之。至桓帝永興二年，復令刺史、二千石行三年服。永壽二年，又使中常侍已下，行三年服。至延熹二年，又皆絕之。

（清）趙翼《陔餘叢考》卷一六《漢時大臣不服父母喪》　漢自孝文帝遺詔以日易月，遂著爲令，凡公卿大臣皆不行父母喪。《漢書・翟方進傳》：方進遭母憂，自以備位宰相，不敢踰制，遂三十六日而除，即起視事是也。其有欲行喪者，則必須奏請。《後漢書・趙熹傳》：熹遭母憂，乞身行喪，明帝不許，遣使者爲釋服。《桓焉傳》：焉爲太傅，以母憂自乞，詔以大夫行喪，逾年即奪服。《桓郁傳》：郁亦以母憂乞身，詔以侍中行服。鄧騭遭母憂，乞身行服，章連上，乃許也。直至元初中，始改令持服。《劉愷傳》：舊制，公卿、二千石、刺史不得行三年喪，由是並廢喪禮。元初中，鄧太后朝，詔長吏以下不爲親行服者，不得典城選舉。其時有上言牧守宜同此制者，詔下公卿議，多以爲不便。愷獨奏曰：刺史一州之表，二千石千里之師，謂宜以身先之，而議者謂不便，是猶濁其源而欲清其流也。太后乃從之。然《趙岐傳》：岐爲司空掾，議二千石得去官爲親行服。又《荀爽傳》：爽奏曰：孝文皇帝過自謙抑，故遺詔以日易月。今公卿大臣，政教所瞻，而父母喪不得奔赴，何以教天下？是元初以後行喪之制又廢。考安帝建光元年復斷大臣二千石以上行三年喪，桓帝永興二年又聽刺史、二千石行喪服，延熙二年復斷此制，是終漢之世，行喪不行喪迄無定制。惟其有不服喪之制，而士大夫有獨行己見持服三年者，遂以之得名。如《銚期傳》：期父卒，服喪三年，鄉里稱之是也。並有以兄弟喪而去官者，如楊仁爲什邡令，以兄喪去官；譙元爲太常丞，以弟服去官是也。《晉書》：鄭默爲大鴻臚，遭母喪，舊制既葬還職。默懇終喪，遂改法定令。大臣終喪自默始。又華廙都督河北諸軍事，父病輒還，仍遭喪。舊例葬訖復任，廙固辭迕旨。是晉時大臣亦不行三年喪，至鄭默奏請，始定終喪之制也。

紀　事

《史記》卷一二〇《汲鄭列傳》 黯多病，病且滿三月，上常賜告者數，終不愈。最後病，莊助爲請告。上曰：汲黯何如人哉？助曰：使黯任職居官，無以踰人。然至其輔少主，守城深堅，招之不來，麾之不去，雖自謂賁育亦不能奪之矣。上曰：然。古有社稷之臣，至如黯，近之矣。

《漢書》卷一上《高帝紀》 高祖嘗告歸之田。服虔曰：告音如嗥呼之嗥。李斐曰：休謁之名，吉曰告，凶曰寧。孟康曰：古者名吏休假曰告。告又音嚳。漢律，吏二千石有予告，有賜告。予告者，在官有功最，法所當得也。賜告者，病滿三月當免，天子優賜其告，使得帶印綬將官屬歸家治病。至成帝時，郡國二千石賜告不得歸家。至和帝時，予賜皆絶。師古曰：告者，請謁之言，謂請休耳。或謂之謝，謝亦告也。假爲嗥嚳二音，並無别義，固當依本字以讀之。《左氏傳》曰韓獻子告老，《禮記》曰若不得謝。《漢書》諸云謝病皆同義。呂后與兩子居田中，有一老父過請飲，呂后因餔之。

《漢書》卷四《文帝紀》 〔後元〕七年夏六月己亥，帝崩于未央宫。遺詔曰：朕聞之，蓋天下萬物之萌生，靡不有死。死者天地之理，物之自然，奚可甚哀。當今之世，咸嘉生而惡死，厚葬以破業，重服以傷生，吾甚不取。且朕既不德，無以佐百姓；今崩，又使重服久臨，以罹寒暑之數，哀人父子，傷長老之志，損其飲食，絶鬼神之祭祀，以重吾不德，謂天下何。朕獲保宗廟，以眇眇之身託于天下君王之上，二十有餘年矣。賴天之靈，社稷之福，方内安寧，靡有兵革。朕既不敏，常畏過行，以羞先帝之遺德；惟年之久長，懼于不終。今乃幸以天年得復供養于高廟，朕之不明與嘉之，其奚哀念之有。其令天下吏民，令到出臨三日，皆釋服。無禁取婦嫁女祠祀飲酒食肉。自當給喪事服臨者，皆無踐。(姪)〔絰〕帶無過三寸。無布車及兵器。無發民哭臨宫殿中。殿中當臨者，皆以旦夕各十五舉音，禮畢罷。非旦夕臨時，禁無得擅哭(臨)。以下，服大紅十五日，小紅十四日，纖七日，釋服。它不在令中者，皆以此令比類從事。

《漢書》卷一二《平帝紀》 天下吏比二千石以上年老致仕者，參分故祿，以一與之，終其身。

《漢書》卷四六《萬石傳》 建老白首，萬石君尚無恙。每五日洗沐歸謁親，入子舍，竊問侍者，取親中帬廁牏，身自澣洒，復與侍者，不敢令萬石君知之，以爲常。

《漢書》卷四六《周仁傳》 仁爲人陰重不泄。常衣弊補衣溺袴，期爲不潔清，以是得幸，入卧内。於後宫祕戲，仁常在旁，終無所言。上時問人，仁曰：上自察之。然亦無所毁，如此。景帝再自幸其家。家徙陽陵。上所賜甚多，然終常讓，不敢受也。諸侯羣臣賂遺，終無所受。武帝立，爲先帝臣重之。仁乃病免，以二千石祿歸老，子孫咸至大官。

《漢書》卷四六《張毆傳》 老篤，請免，天子亦寵以上大夫祿，歸老于家。家陽陵。子孫咸至大官。

《漢書》卷五〇《汲黯傳》 黯多病，病且滿三月，上常賜告者數，終不瘉。最後，嚴助爲請告。

《漢書》卷五〇《鄭當時傳》 當時以任俠自喜，脱張羽於阸，聲聞梁楚間。孝景時，爲太子舍人。每五日洗沐，常置驛馬長安諸郊，請謝賓客，夜以繼日，至明旦，常恐不徧。當時好黄老言，其慕長者，如恐不稱。自見年少官薄，然其知友皆大父行，天下有名之士也。

《漢書》卷六〇《杜延年傳》 是時四夷和，海内平，延年視事三歲，以老病乞骸骨，天子優之，使光祿大夫持節賜延年黄金百斤、(牛)酒，加致醫藥。延年遂稱(疾)〔病〕篤。賜安車駟馬，罷就第。

《漢書》卷六六《楊惲傳》 郎官故事，令郎出錢市財用，給文書，乃得出，名曰山郎。移病盡一日，輒償一沐，或至歲餘不得沐。其豪富郎，日出游戲，或行錢得善部。貨賂流行，傳相放效。惲爲中郎將，罷山郎，移長度大司農，以給財用。其疾病休謁洗沐，皆以法令從事。

《漢書》卷七一《疏廣傳》 在位五歲，皇太子年十二，通《論語》、《孝經》。廣謂受曰：吾聞知足不辱，知止不殆。功遂身退，天之道也。今仕(宧)〔官〕至二千石，宧成名立，如此不去，懼有後悔，豈如父子相隨出關，歸老故鄉，以壽命終，不亦善乎？受叩頭曰：從大人議。即日父子俱移病。滿三月賜告，廣遂稱篤，上疏乞骸骨。上以其年篤老，皆許之，加賜黄金二十斤，皇太子贈以五十斤。公卿大夫故人邑子設祖道，供張東都門外，送者車數百兩，辭決而去。及道路觀者皆曰：賢哉二大夫，或歎息爲之下泣。廣既歸鄉里，日令家共具設酒食，請族人故舊賓客，與相娛樂。數問其家金餘尚有幾所，趣賣以共具。居歲餘，廣子孫竊謂其昆弟老人廣所愛信者曰：子孫幾及君時頗立產業基阯，今日飲食（廢）〔費〕且盡。宜從丈人所，勸說君買田宅。老人即以閒暇時爲廣言此計，廣曰：吾豈老誖不念子孫哉？顧自有舊田廬，令子孫勤力其中，足以共衣食，與凡人齊。今復增益之以爲贏餘，但教子孫怠墯耳。賢而多財，則損其志；愚而多財，則益其過。且夫富者，衆人之怨也；吾既亡以教化子孫，不欲益其過而生怨。又此金者，聖主所以惠養老臣也，故樂與鄉黨宗族共饗其賜，以盡吾餘日，不亦可乎。於是族人說服。皆以壽終。

《漢書》卷七一《于定國傳》 永光元年，春霜夏寒，日青亡光，上復以詔條責曰：郎有從東方來者，言民父子相棄。丞相、御史案事之吏匿不言邪？將從東方來者加增之也？何以錯繆至是？欲知其實。方今年歲未可預知也，即有水旱，其憂不細。公卿有可以防其未然，救其已然者不？各以誠對，毋有所諱。定國惶恐，上書自劾，歸侯印，乞骸骨。上報曰：君相朕躬，不敢怠息，萬方之事，大録于君。能毋過者，其唯聖人。方今承周秦之敝，俗化陵夷，民寡禮誼，陰陽不調，災咎之發，不爲一端而作，自聖人推類以記，不敢專也，況於非聖者乎。日夜惟思所以，未能盡明。經曰：萬方有罪，罪在朕躬。君雖任職，何必顓焉？其勉察郡國守相（郡）〔羣〕牧，非其人者毋令久賊民。永執綱紀，務悉聰明，强食慎疾。定國遂稱篤，固辭。上乃賜安車駟馬，黄金六十斤，罷就第。數歲，七十餘薨，謚曰安侯。

《漢書》卷七二《貢禹傳》 頃之，禹上書曰：臣禹年老貧窮，家訾不滿萬錢，妻子穅豆不贍，裋褐不完。有田百三十畝，陛下過意徵臣，臣賣田百畝以供車馬。至，拜爲諫大夫，秩八百石，奉錢月九千二百。廩食太官，又蒙賞賜四時雜繒緜絮衣服酒肉諸果物，德厚甚深。疾病侍醫臨治，賴陛下神靈，不死而活。又拜爲光禄大夫，秩二千石，奉錢月萬二千。禄賜愈多，家日以益富，身日以益尊，誠非中茅愚臣所當蒙也。伏自念終亡以報厚（恩）〔德〕，日夜慙愧而已。臣禹犬馬之齒八十一，血氣衰竭，耳目不聰明，非復能有補益，所謂素餐尸禄洿朝之臣也。自痛去家三千里，凡有一子，年十二，非有在家爲臣具棺椁者也。誠恐一旦蹎仆氣竭，不復自還，洿席薦於宮室，骸骨棄捐，孤魂不歸。不勝私願，願乞骸骨，及身生歸鄉里，死亡所恨。

《漢書》卷七二《龔勝傳》 上復徵爲光禄大夫。勝常稱疾臥。數使子上書乞骸骨，會哀帝崩。初，琅邪邴漢亦以清行徵用，至京兆尹，後爲太中大夫。王莽秉政，勝與漢俱乞骸骨。自昭帝時，涿郡韓福以德行徵至京師，賜策書束帛遣歸。詔曰：朕閔勞以官職之事，其務修孝弟以教鄉里。行道舍傳舍，縣次具酒肉，食從者及馬。長吏以時存問，常以歲八月賜羊一頭，酒二斛。不幸死者，賜複衾一，祠以中牢。於是王莽依故事，白遣勝、漢。策曰：惟元始二年六月庚寅，光禄大夫、太中大夫耆艾二人以老病罷。太皇太后使謁者僕射策詔之曰：蓋聞古者有司年至則致仕，所以恭讓而不盡其力也。今大夫年至矣，朕愍以官職之事煩大夫，其上子若孫若同產、同產子一人。大夫其修身守道，以終高年。賜帛及行道舍宿，歲時羊酒衣衾，皆如韓福故事。所上子男皆除爲郎。於是勝、漢遂歸老于鄉里。漢兄子曼容亦養志自修，爲官不肯過六百石，輒自免去，其名過出於漢。

《漢書》卷七二《龔舍傳》 初，龔舍以龔勝薦，徵爲諫大夫，病免。復徵爲博士，又病去。頃之，哀帝遣使者即楚拜舍爲太山太守。舍家居在武原，使者至縣請舍，欲令至廷拜授印綬。舍曰：王者以天下爲家，何必縣官？遂於家受詔，便道之官。既至數月，上書乞骸骨。上徵舍，至京兆東湖界，固稱病篤。天子使使者收印綬，拜舍爲光禄大夫。數賜告，舍終不肯起，乃遣歸。

《漢書》卷七三《韋賢傳》 賢爲人質朴少欲，篤志於學，兼通《禮》、《尚書》，以《詩》教授，號稱鄒魯大儒。徵爲博士，給事中，進授昭帝《詩》，稍遷光禄大夫詹事，至大鴻臚。昭帝崩，無嗣，大將軍霍光與公卿共尊立孝宣帝。帝初即位，賢以與謀議，安宗廟，賜爵關內侯，食邑。徙爲長信少府。以先帝師，甚見尊重。本始三年，代蔡義爲丞相，封扶陽侯，食邑七百戶。時賢七十餘，爲相五歲，地節三年以老病乞骸骨，賜黄金百斤，罷歸，加賜弟一區。丞相致仕自賢始。年八十二薨，謚曰節侯。

《漢書》卷七九《馮野王傳》　是時，成帝長舅陽平侯王鳳爲大司馬大將軍，輔政八九年矣，時數有災異，京兆尹王章譏鳳顓權不可任用，薦野王代鳳。上初納其言，而後誅章，語在《元后傳》。於是野王懼不自安，遂病，滿三月賜告，與妻子歸杜陵就醫藥。大將軍鳳風御史中丞劾奏野王賜告養病而私自便，持虎符出界歸家，奉詔不敬。杜欽時在大將軍莫府，欽素高野王父子行能，奏記於鳳，爲野王言曰：竊見令曰，吏二千石告，過長安謁，如淳曰：謁者，自白得告也。律，吏二千石以上告歸歸寧，道不過行在所者，便道之官無辭。不分別予賜。如淳曰：予，予告也。賜，賜告也。今有司以爲予告得歸，賜告不得，是一律兩科，失省刑之意。夫三最予告，令也；師古曰：在官連有三最，則得予告也。病滿三月賜告，詔恩也。令告則得，詔恩則不得，失輕重之差。又二千石病賜告得歸有故事，不得去郡亡著令。如淳曰：律施行無不得去郡之文也。傳曰：賞疑從予，所以廣恩勸功也；罰疑從去，所以慎刑，闕難知也。今釋令與故事而假不敬之法，甚違闕疑從去之意。即以二千石守千里之地，任兵馬之重，不宜去郡，將以制刑爲後法者，則野王之罪，在未制令前也。刑賞大信，不可不慎。鳳不聽，竟免野王。郡國二千石病賜告不得歸家，自此始。

《漢書》卷八一《張禹傳》　爲相六歲，鴻嘉元年以老病乞骸骨，上加優再三，乃聽許。賜安車駟馬，黄金百斤，罷就第，以列侯朝朔望，位特進，見禮如丞相，置從事史五人，益封四百户。天子數加賞賜，前後數千萬。

《漢書》卷八三《薛宣傳》　及日至休吏，師古曰：冬夏至之日不省官事，故休吏。賊曹掾張扶獨不肯休，坐曹治事。宣出教曰：蓋禮貴和，人道尚通。日至，吏以令休，所繇來久。曹雖有公職事，家亦望私恩意。掾宜從衆，歸對妻子，設酒肴，請鄰里，壹笑相樂，斯亦可矣。扶慙愧。官屬善之。

《漢書》卷八四《翟方進傳》　及後母終，既葬三十六日，除服起視事，以爲身備漢相，不敢踰國家之制。

《漢書》卷八五《谷永傳》　永所居任職，爲北地太守歲餘，衛將軍商薨，曲陽侯根爲票騎將軍，薦永，徵入爲大司農。歲餘，永病，三月，有司奏請免。故事，公卿病，輒賜告，至永獨即時免。

《後漢書》卷一五《李通傳》　通布衣唱義，助成大業，重以寧平公主故，特見親重。然性謙恭，常欲避權埶。素有消疾，自爲宰相，謝病不視事，連年乞骸骨，帝每優寵之。令以公位歸第養疾，通復固辭。積二歲，乃聽上大司空印綬，以特進奉朝請。有司奏請封諸皇子，帝感通首創大謀，即日封通少子雄爲召陵侯。每幸南陽，常遣使者以太牢祠通父冢。

《後漢書》卷一九《耿恭傳》　恭母先卒，及還，追行喪制，有詔使五官中郎將齎牛酒釋服。奪情不令追服。

《後漢書》卷二三《竇融傳》　融復乞骸骨，輒賜錢帛，太官致珍奇。及友卒，帝愍融年衰，遣中常侍、中謁者即其臥內強進酒食。

《後漢書》卷二六《趙憙傳》　永平元年，封節鄉侯。三年春，坐考中山相薛脩事不實免。其冬，代竇融爲衛尉。八年，代虞延行太尉事，居府如真。後遭母憂，上疏乞身行喪禮，顯宗不許，遣使者爲釋服，賞賜恩寵甚渥。

《後漢書》卷二七《鄭均傳》　元和元年，詔告廬江太守、東平相曰：議郎鄭均，束脩安貧，恭儉節整，前在機密，以病致仕，守善貞固，黄髮不怠。又前安邑令毛義，躬履遜讓，比徵辭病，淳絜之風，東州稱仁。書不云乎：章厥有常，吉哉。其賜均、義穀各千斛，常以八月長吏存問，賜羊酒，顯茲異行。明年，帝東巡過任城，乃幸均舍，勑賜尚書禄以終其身，故時人號爲白衣尚書。

《後漢書》卷三七《桓焉傳》　焉字叔元，少以父任爲郎。明經篤行，有名稱。永初元年，入授安帝，三遷爲侍中步兵校尉。永寧中，順帝立爲皇太子，以焉爲太子少傅，月餘，遷太傅，以母憂自乞，聽以大夫行喪。踰年，詔使者賜牛酒，奪服，即拜光禄大夫，遷太常。

《後漢書》卷三九《劉愷傳》　視事五歲，永寧元年，稱病上書致仕，有詔優許焉，加賜錢三十萬，以千石禄歸養，河南尹常以歲八月致羊酒。時安帝始親政事，朝廷多稱愷之德，帝乃遣問起居，厚加賞賜。會馬英策罷，尚書陳忠上疏薦愷曰：臣聞三公上則台階，下象山岳，股肱元首，鼎足居職，協和陰陽，調訓五品，考功量才，以序庶僚，遭烈風不迷，遇迅雨不惑，位莫重焉。而今上司缺職，未議其人。臣竊差次諸卿，考合衆議，咸稱太常朱倀、少府荀遷。臣父寵，前忝司空，倀、遷並爲掾屬，具知其能。倀能説經書而用心褊狹，遷嚴毅剛直而薄於藝文。伏見前司徒劉愷，沈重淵懿，道德博備，克讓爵土，致祚弱弟，躬浮雲之志，兼浩然之氣，頻歷二司，舉動得禮。以疾致仕，側身里巷，處約思純，進退有度，百僚景式，海内歸懷。往者孔光、師丹，近世鄧彪、張酺，皆去宰相，復序上司。誠宜簡練卓異，以厭衆望。書奏，詔引愷拜太尉。

《後漢書》卷四四《鄧彪傳》 彪在位清白，爲百僚式。視事四年，以疾乞骸骨。元和元年，賜策罷，贈錢三十萬，在所以二千石奉終其身。又詔太常四時致宗廟之胙，河南尹遣丞存問，常以八月旦奉羊、酒。

《後漢書》卷四六《陳忠傳》 元初三年有詔，大臣得行三年喪，服闋還職。忠因此上言：孝宣皇帝舊令，人從軍屯及給事縣官者，大父母死未滿三月，皆勿徭，令得葬送。請依此制。太后從之。至建光中，尚書令祝諷、尚書孟布等奏，以爲孝文皇帝定約禮之制，光武皇帝絶告寧之典，貽則萬世，誠不可改。宜復建武故事。忠上疏曰：臣聞之《孝經》，始於愛親，終於哀戚。上自天子，下至庶人，尊卑貴賤，其義一也。夫父母於子，同氣異息，一體而分，三年乃免於懷抱。先聖緣人情而著其節，制服二十五月，是以《春秋》臣有大喪，君三年不呼其門，閔子雖要絰服事，以赴公難，退而致位，以究私恩，故稱君使之非也，臣行之禮也。周室陵遲，禮制不序，《蓼莪》之人作詩自傷曰：瓶之罄矣，惟罍之恥。言己不得終竟子道者，亦上之恥也。高祖受命，蕭何創制，大臣有寧告之科，合於致憂之義。建武之初，新承大亂，凡諸國政，多趣簡易，大臣既不得告寧，而羣司營禄念私，鮮循三年之喪，以報顧復之恩者。禮義之方，實爲彫損。大漢之興，雖承衰敝，而先王之制，稍以施行。故藉田之耕，起於孝文；孝廉之貢，發於孝武；郊祀之禮，定於元、成；三雍之序，備於顯宗；大臣終喪，成乎陛下。聖功美業，靡以尚茲。孟子有言：老吾老以及人之老，幼吾幼以及人之幼，天下可運於掌。臣願陛下登高北望，以甘陵之思，揆度臣子之心，則海内咸得其所。宦豎不便之，竟寢忠奏而從諷、布議，遂著于令。

《後漢書》卷四七《班超傳》 超自以久在絶域，年老思土。十二年，上疏曰：臣聞太公封齊，五世葬周，狐死首丘，代馬依風。夫周齊同在中土千里之間，況於遠處絶域，小臣能無依風首丘之思哉？蠻夷之俗，畏壯侮老。臣超犬馬齒殲，常恐年衰，奄忽僵仆，孤魂弃捐。昔蘇武留匈奴中尚十九年，今臣幸得奉節帶金銀護西域，如自以壽終屯部，誠無所恨，然恐後世或名臣爲没西域。臣不敢望到酒泉郡，但願生入玉門關。臣老病衰困，冒死瞽言，謹遣子勇隨獻物入塞。及臣生在，令勇目見中土。而超妹同郡曹壽妻昭亦上書請超曰：

妾同產兄西域都護定遠侯超，幸得以微功特蒙重賞，爵列通侯，位二千石。天恩殊絶，誠非小臣所當被蒙。超之始出，志捐軀命，冀立微功，以自陳效。會陳睦之變，道路隔絶，超以一身轉側絶域，曉譬諸國，因其兵衆，每有攻戰，輒爲先登，身被金夷，不避死亡。賴蒙陛下神靈，且得延命沙漠，至今積三十年。骨肉生離，不復相識。所與相隨時人士衆，皆已物故。超年最長，今且七十。衰老被病，頭髮無黑，兩手不仁，耳目不聰明，扶杖乃能行。雖欲竭盡其力，以報塞天恩，迫於歲暮，犬馬齒索。蠻夷之性，悖逆侮老，而超旦暮入地，久不見代，恐開姦宄之源，生逆亂之心。而卿大夫咸懷一切，莫肯遠慮。如有卒暴，超之氣力不能從心，便爲上損國家累世之功，下弃忠臣竭力之用，誠可痛也。故超萬里歸誠，自陳苦急，延頸踰望，三年於今，未蒙省録。

妾竊聞古者十五受兵，六十還之，亦有休息不任職也。緣陛下以至孝理天下，得萬國之歡心，不遺小國之臣，況超得備侯伯之位，故敢觸死爲超求哀，匄超餘年。一得生還，復見闕庭，使國永無勞遠之慮，西域無倉卒之憂，超得長蒙文王葬骨之恩，子方哀老之惠。《詩》云：民亦勞止，汔可小康，惠此中國，以綏四方。超有書與妾生訣，恐不復相見。妾誠傷超以壯年竭忠孝於沙漠，疲老則便捐死於曠野，誠可哀憐。如不蒙救護，超後有一旦之變，冀幸超家得蒙趙母、衛姬先請之貸。妾愚戇不知大義，觸犯忌諱。書奏，帝感其言，乃徵超還。

超在西域三十一歲。十四年八月至洛陽，拜爲射聲校尉。超素有匈脅疾，既至，病遂加。帝遣中黄門問疾，賜醫藥。其年九月卒，年七十一。朝廷愍惜焉，使者弔祭，贈賵甚厚。

《後漢書》卷七九上《儒林傳・牟長》 長自爲博士及在河内，諸生講學者常有千餘人，著録前後萬人。著《尚書章句》，皆本之歐陽氏，俗號爲《牟氏章句》。復徵爲中散大夫，賜告一歲，卒於家。

魏晉南北朝部

銓選分部

總敘

論說

《三國志》卷一《魏志·武帝紀》〔建安十九年〕十二月，公至孟津。天子命公置旄頭，宫殿設鍾虡。乙未，令曰：夫有行之士未必能進取，進取之士未必能有行也。陳平豈篤行，蘇秦豈守信邪？而陳平定漢業，蘇秦濟弱燕。由此言之，士有偏短，庸可廢乎。有司明思此義，則士無遺滯，官無廢業矣。又曰：夫刑，百姓之命也，而軍中典獄者或非其人，而任以三軍死生之事，吾甚懼之。其選明達法理者，使持典刑。於是置理曹掾屬。

《三國志》卷一《魏志·武帝紀》《魏書》曰：初置衛尉官。〔建安二十二年〕秋八月，令曰：昔伊摯、傅説出於賤人，管仲，桓公賊也，皆用之以興。蕭何、曹參，縣吏也，韓、陳平負汙辱之名，有見笑之恥，卒能成就王業，聲著千載。吴起貪將，殺妻自信，散金求官，母死不歸，然在魏，秦人不敢東向，在楚則三晉不敢南謀。今天下得無有至德之人放在民間，及果勇不顧，臨敵力戰；若文俗之吏，高才異質，或堪爲將守；負汙辱之名，見笑之行，或不仁不孝而有治國用兵之術：其各舉所知，勿有所遺。

（晋）葛洪《抱朴子》卷一一《貴賢》 抱朴子曰：舍輕艘而涉無涯者，不見其必濟也；無良輔而羡隆平者，未聞其有成也。鴻鸞之凌虚者，六翮之力也；淵虬之天飛者，雲霧之偕也。故招賢用才者，人主之要務也；立功立事者，髦俊之所思也。若乃樂治定而忽智士者，何異欲致遠途而棄騏騄哉。

夫拔丘園之否滯，舉遺漏之幽人，職盡其才，禄稱其功者，君所以待賢者也；勤夙夜之在公，竭心力於百揆，進善退惡，知無不爲者，臣所以報知己也。世有隱逸之民，而無獨立之主者，士可以嘉遁而無憂，君不可以無臣而致治。是以傅説、吕尚不汲汲於聞達者，道德備則輕王公也。而殷高、周文乃夢想乎得賢者，建洪勳必須良佐也。

患於生乎深宫之中，長乎婦人之手，不識稼穡之艱難，不知憂懼之何理，承家繼體，蔽乎崇替。所急在乎侈靡，至務在乎游晏，般於畋獵，湎於酣樂，聞淫聲則驚聽，見豔色則改視。役聰用明，止此二事。鑒澄人物，不以經神，唯識玩弄可以悦心志，不知奇士可以安社稷。犀象珠玉，無足而至自萬里之外；定傾之器，能行而淪乎四境之内。二豎之疾既據而募良醫，棟橈之禍已集而思謀夫，何乎火起乃穿井，覺饑而占田哉。夫庸隸猶不可以不拊循而卒盡其力，安可以無素而暴得其用哉？

（晋）葛洪《抱朴子》卷一二《任能》 或曰：尾大於身者，不可掉；臣賢於君者，不可任。故口不容而強吞之者，必哽；才非匹而安仗之者，見輕。

抱朴子曰：詭哉言乎。昔者荊子總角而攝相事，實賴二十五老，臻乎惠康。子賤起家而治大邦，實由勝己者多，而招其弘益。齊桓殺兄而立，鳥獸其行，被髮彝酒，婦閭三百，委政仲父，遂爲霸宗；夷吾既終，禍亂亟起。魯用季子二十餘年，内無粃政，外無侵削；人之亡没，殄瘁響集。豈非才所不逮，其功如彼；自任其事，其禍如此乎。

漢高決策於玄幃，定勝乎千里，則不如良、平；治兵多而益善，所向無敵，則不如信、布；兼而用之，帝業克成。故疾步累趨，未若托乘乎逸足；尋飛逐走，未若假伎乎鷹犬。夫勁弩難彀，而可以摧堅逮遠；大舟難乘，而可以致重濟深；猛將難御，而可以折衝拓境；高賢難臨，而可以攸叙彝倫。

昔魯哀庸主也，而仲尼上聖，不敢不盡其節；齊景下才也，而晏嬰大賢，不敢不竭其誠。豈有人臣當與其君校智力之多少，計局量之優劣，必須堯舜乃爲之役哉。何事非君？何使非民？恥令其君不及唐虞，此亦達者之用心也。

（晉）葛洪《抱朴子》卷一三《欽士》 抱朴子曰：由余在戎，而秦穆惟憂。楚殺得臣，而晉文乃喜。樂毅出而燕壞，種蠡入而越霸。破國亡家，失士者也。豈徒有之者重，無之者輕而已哉。柳惠之墓，猶挫元寇之鋭，況於坐之於朝廷乎？干木之隱，猶退踐境之攻，況於置之於端右乎？郅都之象，使勁虜振慴。孔明之尸，猶令大國寢鋒。以此禦侮，則地必不侵矣；以此率師，則主必不辱矣。

是以明主旅束帛於窮巷，揚滯羽於瘁林，飛翹車於河梁，闢四門而不倦，不吝金璧，不遠千里，不憚屈己，不恥卑辭，而以致賢爲首務，得士爲重寶。舉之者受上賞，蔽之者爲竊位。

故公旦執贄於白屋，秦邵拜昌於張生。鄒子涉境，而燕君擁篲；莊周未食，而趙惠竦立。晉平接亥唐，腳痺而坐不敢正；齊任之造稷丘，雖頻繁而不辭其勞。楚王受笞於保申，□簡去甲於公盧，彼雖降高抑滿，以貴下賤，終亦並目以遠其明，假耳以廣其聰。龍騰虎踞，宜其然也。

（晉）葛洪《抱朴子》卷一五《審舉》 抱朴子曰：華、霍所以能崇極天之峻者，由乎其下之厚也；唐、虞所以能臻巍巍之功者，實賴股肱之良也。雖有孫陽之手，而無騏驥之足，則不得致千里矣。雖有稽古之才，而無宣力之佐，則莫緣凝庶績矣。人君雖明並日月，神鑒未兆，然萬機不可以獨統，曲碎不可以親總，必假目以遐覽，借耳以廣聽，誠須有司，是康是贊。

故聖君莫不根心招賢，以舉才爲首務，施玉帛於丘園，馳翹車於巖藪，勞於求人，逸於用能，上自槐棘，降逮皂隸，論道經國，莫不任職。恭己無爲，而治平刑措；而化洽無外，萬邦咸寧。設官分職，其猶構室，一物不堪，則崩橈之由也。然夫貢舉之士，格以四科，三事九列，是之自出，必簡標穎拔萃之俊，而漢之末葉，桓靈之世，柄去帝室，政在奸臣，網漏防潰，風頹教沮，抑清德而揚諂媚，退履道而進多財。力競成俗，苟得無恥，或輸自售之寶，或賣要人之書，或父兄貴顯，望門而辟命；或低頭屈膝，積習而見收。

夫銓衡不平，則輕重錯謬；斗斛不正，則少多混亂；繩墨不陳，則曲直不分，準格傾側，則滓雜實繁。以之治人，則虐暴而豺貪，受取聚斂，以補買官之費；立之朝廷，則亂劇於棼絲。引用駑庸，以爲黨援，而望風向草偃，庶事之康，何異懸瓦礫而責夜光，弦不調而索清音哉。何可不澄濁飛沉，沙汰臧否，嚴試對之法，峻貪夫之防哉。殄瘁攸階，可勿畏乎？

古者諸侯貢士，適者謂之有功，有功者增班進爵；貢士不適者謂之有過，有過者黜位削地。猶復不能令詩人謐大車素餐之刺，山林無伐檀罝兔之賢。況舉之無非才之罪，受之無負乘之患。衡量一失其格，多少安可復損乎？夫孤立之翹秀，藏器以待賈；瑣碌之輕薄，人事以邀速。夫唯待價，故頓淪於窮瘁矣；夫唯邀速，故佻竅而騰躍矣。

蓋鳥鴟屯飛，則鴛鳳幽集；豺狼當路，則麒麟遐遁。舉善而教，則不仁者遠矣；奸僞榮顯，則英傑潛逝。高概恥與闒茸爲伍，清節羞入饕餮之貫。舉任並謬，則群賢括囊；群賢括囊，則凶邪相引；凶邪相引，則小人道長；小人道長，則檮杌比肩。頌聲所以不作，怨嗟所以嗷嗷也。

高幹長材，恃能勝己，屈伸默語，聽天任命，窮通得失，委之自然，亦焉得不墮多黨者之後，而居有力者之下乎？逸倫之士，非禮不動，山峙淵渟，知之者希，馳逐之徒，蔽而毀之，故思賢之君，終不知奇才之所在，懷道之人，願效力而莫從。雖抱稷卨之器，資邈世之量，遂沈滯詣死，不得登叙也。而有黨有力者，紛然鱗萃，人乏官曠，致者又美，亦安得不拾掇而用之乎？

靈獻之世，閹官用事，群奸秉權，危害忠良。臺閣失選用於上，州郡輕貢舉於下。夫選用失於上，則牧守非其人矣；貢舉輕於下，則秀孝不得賢矣。故時人語曰：舉秀才，不知書；察孝廉，父別居。寒素清白濁如泥，高第良將怯如雞。又云：古人欲達勤誦經，今世圖官免治生。蓋疾之甚也。

于時懸爵而賣之，猶列肆也；争津者買之，猶市人也。有直者無分而徑進，空拳者望途而收跡。其貨多者其官貴，其財少者其職卑。故東園積賣官之錢，崔烈有銅臭之嗤。上爲下效，君行臣甚。故阿佞幸，獨談親容。桑梓議主，中正吏部，並爲魁儈，各責其估。清貧之士，何理有望哉，是既然矣。又邪正不同，譬猶冰炭；惡直之人，憎於非黨。刀尺顛到者，則恐人之議己也；違不由道者，則患言論之不美也。乃共構合虛誣，中傷清德，瑕累橫生，莫敢救拔。

於是曾閔獲商臣之謗，孔墨蒙盜蹠之垢。懷正居貞者，填笮乎泥濘之中，而狡猾巧僞者，軒翥乎虹霓之際矣。而凡夫淺識，不辯邪正，謂守道者爲陸沈，以履徑者爲知變。俗之隨風而動，逐波而流者，安能復身於德行，苦思於學問哉。是莫不棄檢括之勞，而赴用賂之速矣。斯誠有漢之所以傾，來代之所宜深鑒也。

或曰：吾子論漢末貢舉之事，誠得其病也。今必欲戒既往之失，避傾車之路，改有代之弦調，防法氈之或變，令濮上《巴人》，反安樂之正音，腠理之疾，無退走之滯患者，豈有方乎？士有風姿豐偉，雅望有餘，而懷空抱虛，幹植不足，以貌取之，則不必得賢，徐徐先試，則不可倉卒。將如之何？

抱朴子答曰：知人則哲，上聖所難。今使牧守皆能審良才於未用，保性履之始終，誠未易也。但共遣其私情，竭其聰明，不爲利欲動，不爲屬托屈。所欲舉者，必澄思以察之，博訪以詳之，修其名而考其行，校同異以備虛飾。令親族稱其孝友，邦閭歸其信義。嘗小仕者，有忠清之效，治事之幹，則寸錦足以知巧，刺鼠足以觀勇也。

又，秀孝皆宜如舊試經答策，防其罪對之奸，當令必絕其不中者勿署，吏加罰禁錮。其所舉書不中者，刺史太守免官，不中左遷。中者多不中者少，後轉不得過故。若受賕而舉所不當，發覺有驗者除名，禁錮終身，不以赦令原，所舉與舉者同罪。今試用此法，治一二歲之間，秀孝必多不行者，亦足以知天下貢舉不精之久矣。過此，則必多修德而勤學者矣。又，諸居職，其犯公坐者，以法律從事；其以貪濁贓汙爲罪，不足死者，刑竟及遇赦，皆宜禁錮終身，輕者二十年。如此，不廉之吏，必將化爲夷齊矣。若乃臨官受取，金錢山積，發覺則自恤得了，免退則旬日復用者，曾史亦將變爲盜跖矣。如此，則雖貢士皆中，不辭於官長之不良。

或曰：能言不必能行，今試經對策雖過，豈必有政事之才乎？

抱朴子答曰：古者猶以射擇人，況經術乎？如其舍旃，則未見餘法之賢乎此也。夫豐草不秀瘠土，巨魚不生小水，格言不吐庸人之口，高文不墮頑夫之筆。故披《洪範》而知箕子有經世之器，覽九術而見范生懷治國之略，省夷吾之書，而明其有撥亂之幹，視不害之文，而見其精霸王之道也。今孝廉必試經無脱謬，而秀才必對策無失指，則亦不得暗蔽也。良將高第取其膽武，猶復試之以策，況文士乎？假令不能必盡得賢能，要必愈於了不試也。

今且令天下諸當在貢舉之流者，莫敢不勤學。但此一條，其爲長益風教，亦不細矣。若使海內畏妄舉之失，凡人息僥倖之求，背競逐之末，歸學問之本，儒道將大興，而私貨必漸絶，奇才可得而役，庶官可以不曠矣。

或曰：先生欲急貢舉之法，但禁錮之罪，苛而且重，懼者甚衆。夫急轡繁策，伯樂所不爲；密防峻法，德政之所恥。

抱朴子曰：夫骨填肉補之藥，長於養體益壽，而不可以救暍溺之急也。務寬含垢之政，可以蒞敦御朴，而不可以拯衰弊之變也。虎狼見逼，不揮戈奮劍，而彈琴詠詩，吾未見其身可保也。燎火及室，不奔走灌注，而揖讓盤旋，吾未見其焚之自息也。今與知欲責策者論此，是與跖議捕盜也。

抱朴子曰：今普天一統，九垓同風，王制政令，誠宜齊一。夫衡量小器，猶不可使往往有異，況人士之格，而可參差而無檢乎？江表雖遠，密邇海隅，然染道化，率禮教，亦既千餘載矣。往雖暫隔，不盈百年，而儒學之事，亦不偏廢也。惟以其土宇褊於中州，故人士之數，不得鈞其多少耳。及其德行才學之高者，子游仲任之徒，亦未謝上國也。

昔吴土初附，其貢士見偃以不試。今太平已近四十年矣，猶復不試，所以使東南儒業衰於在昔也。此乃見同於左衽之類，非所以別之也。且夫君子猶愛人以禮，況爲其愷悌之父母邪。法有招患，令有損化，其此之謂也。今貢士無復試者，則必皆修飾馳逐，以競虛名，誰肯復開卷受書哉？所謂饒之適足以敗之者也。

自有天性好古，心悦藝文。學不爲禄，味道忘貧，若法高卿周生烈者。學精而不仕，徇乎榮利者，萬之一耳。至於甯越倪寬黄霸之徒，所以強自篤勵於典籍者，非天性也，皆由患苦困瘁，欲以經術自拔耳。向使非漢武之世，則朱買臣嚴助之屬，亦未必讀書也。今若取富貴之道，幸有易於學者，而復素無自然之好，豈肯復空自勤苦，執灑埽爲諸生，遠行尋師問道者乎？

兵興之世，武貴文寢，俗人視儒士如僕虜，見經誥如芥壤者，何哉？

由於聲名背乎此也。夫不用譬猶售章甫於夷越，徇髯蛇於華夏矣。今若遐邇一例，明考課試，則必多負笈千里，以尋師友，轉其禮賂之費，以買記籍者，不俟終日矣。

抱朴子曰：才學之士堪秀孝者，已不可多得矣。就令其人若桓靈之世，舉吏不先以財貨，便安臺閣主者，則雖諸經兼本解，於問無不對，猶見誣枉，使不得過矣。常追恨於時執事，不重爲之防。

余意謂新年當試貢舉者，今年便可使儒官才士，豫作諸策，計足周用。集上禁其留草殿中，封閉之；臨試之時，亟賦之。人事因緣於是絶。當答策者，皆可會著一處，高選臺省之官親監察之。又嚴禁其交關出入，畢事乃遣。違犯有罪無赦。如此，屬托之翼窒矣。夫明君恃己之不可欺，不恃人之不欺己也。亦何恥於峻爲斯制乎？若試經法立，則天下可以不立學官，而人自勤樂矣。

案四科亦有明解法令之狀，今在職之人，官無大小，悉不知法令。或有微言難曉，而小吏多頑，而使之決獄，無以死生委之，以輕百姓之命，付無知之人也。作官長不知法，爲下吏所欺而不知，又決其口筆者，憒憒不能知食法，與不食不問，不以付主者。或以意斷事，蹉跌不慎法令，亦可令廉良之吏，皆取明律令者試之如試經，高者隨才品叙用。如此，天下必少弄法之吏，失理之獄矣。

（唐）杜佑《通典》卷一六《選舉・雜議論上》 孝明帝時，清河王懌以官人失序，上表曰：孝文帝制，出身之人，本以門品高下有恒，若準資蔭，自公卿令僕之子，甲乙丙丁之族，上則散騎祕著，下逮御史長兼，皆條例昭然，文無虧没。自此，或身非三事之子，解褐公府正佐；地非甲乙之類，而得上宰行僚。自茲以降，亦多乖舛。且參軍事專非出身之職，今必釋褐而居，祕著本爲起家之官，今或遷轉以至：斯皆仰失先準，有違明令，非所謂式遵遺範，奉順成規。此雖官人之失，相循已久，然推其彌漫，抑亦有由。何者？信一人之明，當九流之廣，必令該鑑氏族，辨照人倫，才識有限，固難審悉。所以州置中正之官，清定門冑，品藻高卑，四海畫一，專尸衡石，任實不輕。故自置中正以來，暨於太和之日，莫不高擬其人，妙盡茲選，皆須名位重於鄉國，才德允於具瞻，然後可以品裁州郡，綜覈人物。今之所置，多非其人。乞明爲敕制，使官人選才，備依先旨，無令能否乖方，違才易務；并革選中正，一依前軌。庶清源有歸，流序允穆。靈太后詔依表施行，而終不能用。

綜　述

《陳書》卷二《高祖紀》 〔永定〕二年春正月乙未，詔曰：夫設官分職，因事重輕，羽儀車馬，隨時隆替，晋之五校，鳴笳啓途，漢之九卿，傳呼竝迾，虞官夏禮，豈曰同科，殷朴周文，固無恆格。朕膺茲寶歷，代是天工，留念官方，庶允時衷。梁天監中，左右驍騎領朱衣直閤，竝給儀從，北徐州刺史（唱）〔昌〕義之（初）首爲此職。亂離歲久，朝典不存，後生年少，希聞舊則。今去左右驍騎，宜通文武，文官則用腹心，武官則用功臣，所給儀從，同太子二衛率。此外衆官，尚書詳爲條制。

（唐）杜佑《通典》卷一四《選舉・歷代制中》 魏文帝爲魏王時，三方鼎立，士流播遷，四人錯雜，詳覈無所。延康元年，吏部尚書陳群以天朝選用不盡人才，乃立九品官人之法，州郡皆置中正，以定其選，擇州郡之賢有識鑒者爲之，區別人物，第其高下。又制：郡口十萬以上，歲察一人，其有秀異，不拘户口。初，曹公時，魏府初建，以毛玠、崔琰爲東曹掾史，銓衡人物，選用先尚勤儉。於是天下士人皆砥礪名節，務從約損。和洽言於公曰：天下大器，在位與人，不可以一節檢也。儉素過中，自以處身則可，以此格物，所失或多。今朝廷之儀，吏有著新衣、乘好車者，不謂之廉潔。至令士大夫故汚辱其衣，藏其輿服，朝府大吏或自挈壺飧，以入官寺。夫立教觀俗，貴處中庸，爲可繼也。今崇一概難堪之行，以檢殊塗，勉而爲之，必有疲瘁。古之大教，務在通人情而已。凡激詭之行，則容僞矣。其武官之選，俾護軍主之。黄初三年，始除舊漢限年之制，令郡國貢舉，勿拘老幼，儒通經術，吏達文法，到皆試用。

自明帝太和之後，俗用浮靡，遞相標目，而夏侯、諸葛、何、鄧之儔，有四聰八達之稱，帝深所嫉之。於是，惡士大夫之有名聲者，或禁錮廢黜以懲之。吏部尚書盧毓奏曰：古者敷奏以言，明試以功。今考績之法久廢，而毁稱相進退，故真僞混雜也。帝遂詔散騎常侍劉劭作都官考課之法，以考覈百官。具《考績篇》。

齊王嘉平初，曹爽既誅，司馬宣王秉政，詳求理本。中護軍夏侯玄言曰：夫官才用人，國之柄也。故銓衡專於臺閣，上之分也；孝行考乎閭巷，優劣任之鄉人，下之叙也。夫欲清教審選，在明其分叙，不使相涉而已。今令中正但考行倫輩，輩當行均，斯可官矣。行有大小，比有高下，則所任之次亦渙然別矣。奚必使中正干銓衡之機於下，而執機柄者有所委仗於上，上下交侵，以生紛錯哉？且衆職之屬，各有官長，但使官長各以其屬能否獻之；臺閣則據官長能否之第，參以鄉閭德行之次，擬其倫比，勿使偏頗；中正則唯考行跡，別其高下，審定輩類，勿使升降，而總之於臺閣。官長所第，中正輩擬，比隨次率而用之。如其不稱，責負在外。則內外相參，得失有所，庶可靜風俗而審官才矣。兼請除重設之官，定服制之等。宣王辭不能改，請俟於他賢。按，九品之制，初因後漢建安中天下兵興，衣冠士族多離本土，欲徵源流，慮難委悉，魏氏革命，州郡縣俱置大小中正，各取本處人任諸府公卿及臺省郎吏有德充才盛者爲之，區別所管人物，定爲九等。其有言行修著，則升進之，或以五升四，以六升五；儻或道義虧闕，則降下之，或自五退六，自六退七矣。是以吏部不能審定覈天下人才士庶，故委中正銓第等級，憑之授受，謂免乖失及法弊也。唯能知其閥閱，非復辨其賢愚，所以劉毅云：下品無高門，上品無寒士。南朝至於梁、陳，北朝至於周、隋，選舉之法，雖互相損益，而九品及中正至開皇中方罷。討其根本，陳壽《魏志》言之太略，故詳辯之也。蜀先主既没，諸葛孔明秉政，懲惡舉善，量材授任，不計資叙。時犍爲郡守李嚴以楊洪爲功曹，嚴未去郡，而洪已爲蜀郡守；洪門下書佐何祇有才策，洪未去郡，而祇已爲廣漢郡守。後李嚴、廖立皆得罪於亮，或廢或徙，聞亮卒，垂泣發疾，以至於死也。

晉依魏氏九品之制，內官吏部尚書、司徒、左長史，外官州有大中正，郡國有小中正，皆掌選舉。若吏部選用，必下中正，徵其人居及父祖官名。

武帝泰始初，又議考課，具《課績篇》。散騎常侍傅玄、皇甫陶以爲政教頹弊，風俗不淳，上疏曰：臣聞先王之臨天下也，明其大教，長其義節，道化崇於上，清議行於下，上下相奉，人懷義心。亡秦蕩滅先王之制，以法術相御，而義心亡矣。近者魏武好法術，而天下貴刑名；魏文慕通達，而天下賤守節。其後綱維不攝，而虛無放誕之論盈於朝野，使天下無復清議，而亡秦之病復發於今。陛下聖德，化鄰唐、虞，唯未舉清遠有禮之臣以敦風節，未退虛鄙以懲不恪也。帝乃使玄草詔進之。

玄奏曰：臣聞先王分士農工商以經國制事，各一其業，而殊其務。自士以上子弟，則爲之立太學以教之，選明師以訓之，隨才優劣以授用之。農以豐其食，工以足其器，商賈以通其貨。故雖天下之大，兆庶之衆，而無游人在其間。漢魏不定其分，百官子弟不修經藝而務交遊，未知蒞事而坐享天禄，農工之業多廢，或逐淫利而離其事，徒繫名於太學，然不聞先王之風。今聖政資始，而漢魏之失未改，散官衆而學校未設，游手多而親農者少，工器不盡其宜。臣以爲宜亟定其制。前皇甫陶上事，欲令賜拜散官皆課使親耕，天下享足食之利。禹、稷躬稼，祚崇後代，是以《明堂》、《月令》著帝籍之制。伊尹，古之名臣，耕於有莘；晏嬰，齊之大夫，避莊公之難，亦耕於海濱。昔者聖帝明王，賢佐俊士，皆嘗從事於耕農矣。王人賜官，冗散無事者，不督使學，則當使耕，無緣放之使坐食百姓也。今文武之官既衆，而拜賜不在職者又多，加以服役爲兵，不得耕稼，當農者之半，南面食禄者參倍於前。使冗散之官爲農，而收其租税，家得其實，而天下之穀可以無乏矣。夫家足食，爲子則孝，爲父則慈，爲兄則友，爲弟則悌。天下足食，則仁義之教可不令而行也。夫士農工商之分，不可斯須而廢。若未能精其防制，計天下文武之官足爲副貳者使學，其餘皆歸之於農。若百工商賈有長者，亦歸之農。務農若此，何有不贍乎。《虞書》曰：三載考績，三考黜陟幽明。是爲九年之後乃有遷叙也。故居官久，則念立慎終之化；不久，則競爲一切之政。六年之限，日月淺近，不周黜陟。陶之所上，義合古制。惟陛下裁之。武帝甚善之而終不能用。山濤爲吏部尚書十有餘年，每官闕，輒啓擬數人。曰：侍中彭權遷，當選代。按，雍州刺史郭奕，高簡有雅量，在兵間，少不盡下情；處朝廷，足以肅正左右。衛將軍王濟，才高美茂，後來之冠。此二人，誠顧問之秀。聖意儻惜濟主兵者，驍騎將軍荀愷，智器明敏，其典宿衛，終不減濟。博士祭酒庾純，強正有學義，亦堪此選。國學初建，王、荀已亡，純能其事，宜當小留，粗立其制，不審宜爾有當聖旨者不？又尚書令闕，宜得其人。征南大將軍祜，體義立正，可以肅整朝廷。又云：有疾苦者，大將軍雖不整正，須筋力戎馬閒，猶宜得健者。征北大將軍瓘，貞正静一；中書監勖，達練物事。三人皆人彦，不審有可參舉者不？皆隨帝意所欲然後明奏。而帝之用者，或非舉首，衆情不察，以濤輕重任意，或譖之於帝，故帝手詔戒濤曰：夫用人惟才，不遺疏遠單賤，天下便化矣。而濤行之自若，一年之後，衆情乃服。濤所奏甄拔人物，各爲題目，時稱《山公啓事》。又，王戎字濬沖，遷尚書左僕射，領吏部。戎始爲甲午制，凡選舉皆先理百姓，然後授用。司隸傅咸奏戎曰：書稱三載考績，三考黜陟幽明。今内外群官，居職未周，而戎奏還，既未定其優劣，且送故迎新，相繼道路，欺巧由生，傷農害政。戎不仰依堯、舜典謨，而驅扇浮華，虧敗風俗，非徒無益，乃有大損。宜免戎官。戎與賈、郭通親，竟得不坐。

於時雖風教頹失而無典制，然時有清議，尚能勸俗。陳壽居喪，使女奴丸藥，積年沈廢；郤詵篤孝，以假葬違常，降品一等。其爲懲勸也如是。

其後，中正任久，愛憎由己，而九品之法漸弊。遂計官資以定品格，天下惟以居位者爲貴。尚書僕射劉毅以九品者，始因魏初喪亂，是軍中權時之制，非經久之典也，因用土斷，復古鄉舉里選之法，上疏曰：夫九品有八損，而官才有三難，皆興替之所由也。人物難知，一也；愛憎難防，二也；情僞難明，三也。今之中正定九品，高下任意，榮辱在手，操人主威福，奪天朝權勢，愛惡隨心，情僞由己，上品無寒門，下品無勢族。公無考校之負，私無告訴之忌。損政之道一也。置州都者，本取州里清議咸所歸服，將以鎮異同，一言議。不謂一人之身，了一州之才，一人不審，遂爲坐廢。若然，雖宣尼之聖，莫不有過，則可廢，何獨責於中人哉？使是非之論横於州里，嫌隙之讎結於大臣。損政之道二也。本立格制，謂人倫有序，若貫魚成次，才德優劣，倫輩有首尾也。今之中正，坐徇其私，推貴異之器，使在凡品之下；負戴不肖，越在成人之首。損政之道三也。委以一國之重，而無賞罰之防，使得縱横，無所顧憚。諸受枉者，抱怨積久，獨不蒙天地無私之德，長壅蔽於邪人之銓。損政之道四也。古先政教，崇鄉黨之義，故得天下之人退而修本。今一國之士，多者千數，或流徙異邦，或給事殊方，猶不識其面，況能盡其才乎。而中正知與不知，將定品狀，必采聲於臺府，納毁於流言。任己則有不識之弊，聽受則有彼此之偏。所知者以愛憎奪其平，所不知者以人事亂其度。既無鄉老紀行之議，又非朝廷考績之課，遂使爲官之人，棄近求遠，背本趨末。損政之道五也。凡所以立品設狀者，求人才而論功報也。今於限當報，雖職之高，還附卑品，無績於官，而獲高叙，是爲抑功實而崇虚名也。損政之道六也。凡官不同事，人不同能。今九品不狀才能之所宜，而以九等爲例。以品取人，或非才能之所長；以狀取人，則爲本品之所限。若狀得其實，猶品狀相妨，況不實者乎？損政之道七也。前九品詔書，善惡必書，以爲褒貶。今之九品，所下不彰其罪，所上不列其善，廢褒貶之義，任愛憎之斷，天下之人焉得不懈於德行而鋭於人事乎？損政之道八也。職名中正，實爲姦府；事名九品，而有八損。臣以爲宜罷中正，除九品，棄魏氏之弊法，立一代之美制。司空衛瓘又表請除九品，復古鄉議里選。

時始平王文學李重復上疏曰：九品始於喪亂軍中之政，誠非經國不刊之法也。且檢防轉碎，徵形失實，故朝野之論，僉謂驅動風俗，爲弊已甚。晋承魏氏凋弊之跡，人物播越，仕無常朝，人無定處，郎吏蓄於軍府，豪右聚於都邑，事體駁錯，與古不同。謂九品既除，宜先開移徙，聽相并就。且明貢舉之法，不濫於境外，則冠帶之倫將不分而自均，即土斷之實行矣。若使人思反本，修之於鄉，華競自息，而禮義日崇矣。及劉頌爲吏部尚書，復建九班之制，令百官在職少遷。時賈、郭專朝，仕者務速進，故皆不行。孫氏有江東，選曹尚書主選舉。吴郡暨豔性峭刻，好清議，爲尚書，以郎署混淆，多非其人，豔欲激濁揚清，别其善否，乃覈選三署，皆貶高就下，降損數等。其居位貪婪、志節卑污者，皆以爲軍吏，置之營府。於是，怨聲囂然，競言豔用私情，虧公法，豔坐自殺。

東晋元帝制，揚州歲舉二人，諸州各一人。時以天下喪亂，務存慰勉，遠方孝、秀，不復策試，到即除署。既經略粗定，乃詔試經，有才不中舉者，免其太守。其後孝、秀莫敢應命，有送至京師，皆以疾辭。太興三年，尚書孔坦議請普延五歲，許其講習。乃詔孝廉申至七年，而秀才如故。

宋制，丹陽、吴、會稽、吴興四郡歲舉二人，餘郡各一人。凡州秀才、郡孝廉，至皆策試，天子或親臨之。及公卿所舉，皆屬于吏部，叙才銓用。凡舉得失，各有賞罰。失者，其人加禁錮，年月多少，隨群議制。初，廢帝榮陽王時，以蔡廓爲吏部尚書。録尚書徐羨之謂中書令傅亮曰：黄門以下悉委蔡，吾徒不復厝懷，自此以上，故宜共參同異。廓聞之曰：我不能爲徐羨之署紙尾也。遂辭不拜。選案黄紙，録尚書與吏部尚書連名，故廓云署紙尾也。按，宋黄門，第五品也。

文帝元嘉中，限年三十而仕，郡縣以六周而代，刺史或十餘年。

及孝武即位，仕者不復拘老幼，守宰以三周爲滿。時中軍録事參軍周朗上疏曰：今爲政者，宜以二十五家選一長，百家置一師。男子十三至十七，皆令學經；十八至二十，皆令習武。訓以書記圖緯，忠孝仁義之禮，廉讓恭勤之則；授以兵經戰略，軍部舟騎之容，挽強擊刺之法。習經者五年有成，而言之司徒；習武者三年能藝，亦升之司馬。若七年而經不明，五年而勇不達，即更求其言行，考其事業，必不足取者，雖公卿子弟，長歸農畝，終身不得爲吏。兼述農桑生植之本及禮教刑政之端。帝省之，不悦。

左衛將車謝莊以其時搜才路狹，又上表曰：九服之曠，九流之難，提鈞懸衡，委之選部。一人之鑒易限，而天下之才難源。以易限之鑒，照難源之才，使國罔遺授，野無滯器，其可得乎？請普令大臣，各舉所知，以付尚書銓用。不從。帝又不欲重權在下，乃分吏部，置兩尚書以散其權。裴子野曰：官人之難，先王言之尚矣。居家視其孝友，鄉黨察其誠信，出入觀其志義，憂難取其智謀。煩之以事，以求其理；臨之以利，以察其廉。周禮，始於學校，論之州里，告諸六事，而後貢於王庭。其在漢家，尚猶然也。州郡積其功能，然後爲五府所辟；五府舉其掾屬，而升之於朝；三公參其得失，除署，尚書奏之天子。一人之身，所閲者衆；一賢之進，其課也詳。故能官得其才，鮮有敗事。魏晉易是，而所失弘多。夫厚貌深衷，險如谿壑；擇言觀行，猶懼弗周。況今萬品千群，俄折乎一面；庶僚百位，專斷於一司。於是囂風遂行，不可止也。已擊轂擁袂，填彼寺臺，求者干進，以務必得，加之以諂黷。吏曹按閥閲而選舉，不遑訪采於鄉邑。父誨其子曰：不索何獲。兄勵其弟曰：努力窺窬。無廉恥之風，謹愿之操。官邪國敗，而不可紀綱。假使龍作納言，舜居南面，而治致平章，不可必也，況後之官人者哉。孝武雖分曹爲兩，不能反之於周、漢，朝三暮四，其病愈甚也。

齊尚書都令史駱宰議策秀才格，五問並得爲上，四、三爲中，二爲下，一不合與第。謝超宗議以爲：片辭折獄，寸言挫衆，魯史褒貶，孔論興替，皆無俟繁而後秉裁。夫表事之深，析理之會，豈必委牘方切理道。非患對不盡問，患以常文弗奇。必使一通峻正，寧劣五通而常；與其俱奇，一亦宜采。詔從宰議。因習宋代限年之制。然而鄉舉里選，不覈才德，其所進取，以官婚冑籍爲先，遂令甲族以二十登仕，後門以三十試吏，故有增年矯貌，以圖進者。其時士人皆厚結姻援，奔馳造請，浸以成俗。

至和帝時，梁武帝爲丞相，上表曰：前代選官，皆立選簿，應在貫魚，自有銓次，冑籍升降，行能臧否，或素定懷抱，或得之餘論，故得簡通賓客，無俟掃門。頃代陵夷，九流乖失，其有勇退忌進、懷質抱真者，選部或以未經朝謁，難於進用；或有晦善藏聲、自埋衡蓽者，又以名不表著，絶其階緒。必須書刺投狀，然後彈冠，則是驅迫廉撝，奬成澆競。愚謂自今選曹，宜精隱覈，依舊立簿，使冠屨無爽，名實不違，庶人識涯涘，造請自息。且聞中閒立格，甲族以二十登仕，後門以過立試吏，求之愚懷，抑有未達。何者？設官分職，惟才是務。若限歲登朝，必增年就官，故貌實幼童，籍已踰立。滓穢名教，於斯爲甚。乃施行。

梁初無中正制，年二十有五方得入仕。天監中又制：凡九流常選，年未三十，不通一經者，不得爲官。若有才同甘、顔，勿限年次。至七年，州置州重，郡置郡宗，鄉置鄉豪，各一人，專典搜薦，無復膏粱寒素之隔。普通七年，詔凡州歲舉二人，大郡一人。敬帝太平二年，復令諸州各置中正，仍舊訪選舉，皆須中正押上，然後量授，不然則否。

陳依梁制，凡年未三十，不得入仕。唯經學生策試得第，諸州迎主簿，西曹左奏及嘗爲挽郎，得未壯而仕。諸郡唯正王爲丹陽尹經迎得出身者亦然，庶姓尹則否。有高才、異行、殊勳，別降恩旨叙用者，不在常例。凡選無定時，隨闕則補。官有清濁，以爲升降，從濁得清，則勝於遷。若有遷授，吏部先爲白牒，列數十人名，尚書與參掌者共署奏。敕或可或否。其可者，則下於選曹，量貴賤，別内外，隨才補用。以黄紙録名，八座通署，奏可，乃出以付於典名。典名書其名帖鶴頭板，脩容整儀，送所授之家。其別發詔除者，即宜付詔局，詔局草奏聞。敕可，黄紙寫出門下。門下答詔，請付外施行。又畫可，付選司行召。得官者，不必皆待召到。但聞詔出，明日，即入謝後，詣尚書，上省拜受。若拜王公，則臨軒。凡拜官，皆在午後。初，武帝承侯景喪亂之後，綱維頽壞，制度未立，百官無復考校殿最之法，但更年互遷，驟班進秩，法無可稱者。後徐陵、孔奂繼爲吏部尚書，差有其序。

後魏州郡皆有中正掌選舉，每以季月，與吏部銓擇可否。其秀才對策，第居中上，表叙之。成帝和平三年，詔曰：今選舉之官，多不以次，令班白處後，晚進居先，豈所謂彝倫攸叙者也。諸曹選補，宜各書勞舊才能。初，崔浩爲冀州大中正，薦冀、定、相、幽、并五州士數十人，各起家爲郡守。景穆帝謂浩曰：先召之人，亦州郡選也，在職已久，勤勞未答。今可先補前召，外任郡縣；以新召者代爲郎吏。又守令宰人，宜使更事者。浩固争而遣之。高允聞之，謂東宮博士管恬曰：崔公其不免乎。苟逞其非，而校勝於上，何以能濟。又李孝伯，趙郡人。父曾，理鄭氏《禮》、《左氏春秋》，郡三辟功曹不就，門人勸之，曾曰：功曹之職，雖曰鄉選高第，猶是郡吏耳，北面事人，亦何容易。任郡主簿，到官月餘日，乃嘆曰：梁叔敬有云：州郡之職，徒勞人耳。道之不行，身之憂也。遂還家。又郭祚爲吏部尚書，持身潔清，重惜官位，至於銓授，假令得人，必徘徊久之，然後下筆，即云：此人便以貴矣。由是事頗爲稽滯，當時每招怨讟。然所拔用者，量材稱職，時又以此歸之。其後，中正所銓，但在門第，吏部彝倫，仍不才舉。至孝文帝，勵精求理，內官通班以上，皆自考覈，以爲黜陟。具《考績篇》。宣武帝詔：庶族子弟，年未十五，不聽入仕。任城王澄從幸鄴宫，除吏部尚書。及幸代，車駕自北巡，留澄銓簡舊臣。初，魏自公侯以下，迄於選臣，動有萬數，冗散無事。澄品爲三等，量其優劣，盡其能否之用，咸無怨者。又，皇甫光兄子瑒爲吏部郎，性貪婪，鬻賣吏官，皆有定價。自太和以前，精選中正，德高鄉國者充。其邊州小郡，人物單鮮者，則併附他州。其在僻陋者，則闕而不置。當時稱爲簡當，頗謂得人。及宣武、孝明之時，州無大小，必置中正，既不可悉得其人，故或有蕃落庸鄙操銓覈之權，而選叙頹紊。至正始元年冬，乃罷諸郡中正。時有以雜類冒登清流，遂令在位者皆五人相保，無人任據者，奪官還役。

初，孝明嗣位幼沖，靈太后臨朝。征西將軍、冀州大中正張彝之子仲瑀上封事，事銓別選格，排抑武夫，不使在清品。於是武夫怨怒，聲誼道路，乃懸牓於衢，會期屠害。彝父子不以爲懷。神龜二年，羽林、虎賁相率千餘人，至尚書省詬詈，求彝長子、尚書郎始均不獲，以瓦礫投擊臺門，聲如雷霆，京師懾震，莫敢討遏。遂聚火就焚其第，拽彝於庭，捶辱恣心，而呼聲動京邑。其子叩頭流血，爲父請命，羽林乃執始均，生投火中，灼爲煨燼。仲瑀被創以竄免，彝信宿而死。既而詔斬其尤兇者八人，餘大赦以安之。天下冤痛，聞者驚駭。靈太后於是乃命武官得依資入選。既而官員少而應調者多，選曹無以處之。

及崔亮爲吏部尚書，乃奏爲格制，官不問愚賢，以停解日月爲斷，雖復官須此人，停日後者終不得取；庸才下品，年月久者則先擢用。時沈滯者皆稱其能。時亮外甥、司空諮議劉景安書規亮曰：殷、周以鄉塾貢士，兩漢由州郡舉才，魏晉因循，又置中正。諦觀在昔，莫不審舉，雖未盡美，足應十收六七。朝廷貢才，止求其文，不取其理；察孝廉惟論章句，不及理道；立中正不考人才行業，空辨姓氏高下。至於取士之途不溥，沙汰之理未精。而舅屬當銓衡，宜須改張易調，如之何反爲停年格以限之？天下士誰復修厲名行哉。亮答書曰：汝所言乃有深致。吾昨爲此格，有由而然。今已爲汝所怪，千載之後，誰知我哉。可静念吾言。吾兼正六爲吏部郎，三爲尚書，銓衡所宜，頗知之矣。但古今不同，時宜須異。何者？昔有中正，品其才第，上之尚書，據狀，量人授職，此乃與天下群賢共爵人也。吾謂當爾之時，無濫舉矣，而汝猶云十收六七。況今日之選，專歸尚書，以一人之鑒，照察天下，劉毅所云一吏部、兩郎中而欲究鑒人物，何異以管窺天而求其溥哉。今勳人甚多，又羽林入選，武夫崛起，而不解書計，唯可彍弩前驅，指蹤捕噬而已。忽令佩組乘軒，求其烹鮮之效，未嘗操刀，而使剸割。又武人至多，官員至少，不可周溥。設令十人共一官，猶無官可授，況一人冀一官，何由可不怨哉？吾近面執，不宜使武人入選，請賜其爵，厚其禄。既不見從，是以權立此格，限以停年耳。昔子產鑄刑書以救弊，叔向譏之以正法，何異汝以禮法難權宜哉。仲尼云：德我者《春秋》，罪我者亦《春秋》。吾之此指，其由是也。但令當來君子，知吾意焉。後甄琛、元脩義、城陽王徽相繼爲吏部尚書，利其便己，踵而行之。自是賢愚同貫，涇渭無別。魏之失才，從亮始也。

及辛雄爲尚書右丞，轉吏部郎中，上疏曰：自神龜以來，專以停年爲選。士無善惡，歲久先叙；職無劇易，名到授官。執案之吏，以差次日月爲功能；銓衡之人，以簡得老舊爲平直。且庸劣之人，莫不貪鄙。委斗筲以共理之重，託碩鼠以百里之命，皆貨賄是求，肆心縱意。禁制雖煩，不勝其欲。致令徭役不均，發調違謬，聚斂盈門，囚執滿道。蓋助陛下理天下者，唯在守令，最須簡置，以康國道。但郡縣選舉，由來所輕，貴遊俊才，莫肯居此。宜改其弊，以定官方。請上等郡縣爲第一清，中等爲第二清，下等爲第三清。選補之法，妙盡才具，如不可並，後地先才，不得拘以停年，竟無銓革。三載黜陟，有稱者補在京名官，如前代故事，不歷郡縣不得爲內職。則人思自勉，上下同心，枉屈可申，強暴自息。書奏，會帝崩。及孝莊帝初，詔求德行、文藝、政事強直者，縣令、郡守、刺史皆叙其志業，具以表聞。得三人以上，縣令、太守、刺史賞一階；舉非其人者，黜一階。凡官，郡守、縣令六年爲滿，滿後六年乃叙。

北齊選舉，多沿後魏之制，凡州縣皆置中正。其課試之法，中書策秀才，集書策貢士，考功郎中策廉良。天子常服，乘輿出，坐於朝堂中楹，秀孝各以班草對。字有脱誤者，呼起立席後；書有濫劣者，飲墨水一升；文理孟浪者，奪席脱容刀。

初，東魏元象中，文襄王高澄秉政，攝吏部尚書，乃革後魏崔亮年勞之制，務求才實。自遷鄴以後，掌大選知名者，不過數四。文襄年少高朗，其弊也疏；袁聿脩沈密謹厚，所傷者細；楊遵彦風流辯給，所取失於浮華；唯辛術貞明簡實，新舊參舉，管庫必擢，門閥不遺，衡鑒之美，一人而已。

至孝昭帝皇建二年，詔：内外執事官從五品以上、三府主簿録事參軍、諸王文學、侍御史、廷尉三官、尚書郎中、中書舍人，每在二年之内，各舉一人。或夙在朝倫，沈屈未用；或先官後進，今見停散；或白屋之人，巾褐未釋。其高才良器，允文允武，理識深長，幹具通濟，操履凝峻，學業宏贍，諸如此輩，隨取一長，無待兼資，方充舉限。表薦之文，指論事實，隨能量用，必陳所堪，不得高談，謬加褒飾。所舉之人，止在一職。三周之内，有犯死罪以下、刑年以上，舉主準舉人之犯，各罰其金；自鞭以下，舉主勿論。若未經三載而更餘轉，通計後官日月，合滿三周。凡所舉人，必主事立功，裨益時政，不限年之遠近。舉主之賞，亦當非次；被舉之人，别當擢授。其違限不舉，依式罰金。又擁旄作鎮，任總百城，分符共理，職司千里，凡其部統，理宜委悉刺史，於所管之内，下郡太守、縣令、丞、尉、府佐、録事參軍以降，州官州都、主簿以下，但霑在吏職及前爲官并白人等，並聽表薦。太守則曹掾以下及管内之人，亦聽表舉。其大州、中州、下州，畿内，上郡、中郡，並三年之内各舉一人。其不入品州并自餘郡守，不在舉限。

昔三代以前，天下列國有三卿、五大夫、二十七士。大國三卿，二卿命於天子，一卿命於其君；小國三卿，一卿命於天子，二卿命於其君。公、侯、伯之大夫再命，子、男之大夫一命，其士以下不命，皆國君專之。漢初，王侯國百官皆如漢朝，唯丞相命於天子，其御史大夫以下皆自置。及景帝懲吴、楚之亂，殺其制度，罷御史大夫以下官。至武帝，又詔：凡王侯吏職秩二千石者，不得擅補。其州郡佐吏，自别駕、長史以下，皆刺史、太守自辟。歷代因而不革。洎北齊武平中，後主失政，多有佞倖，乃賜其賣官，分占州郡，下及鄉官，多降中旨，故有敕用州主簿、郡功曹者。自是之後，州郡辟士之權，浸移於朝廷。以故外吏不得精覈，由此起也。

後周以吏部中大夫一人掌選舉，吏部下大夫一人以貳之。初霸府時，蘇綽爲六條詔書，其四曰擢賢良。綽深思本始，懲魏、齊之失，罷門資之制。其所察舉，頗加精慎。及武帝平齊，廣收遺逸，乃詔山東諸州舉明經幹理者，上縣六人，中縣五人，下縣四人。至宣帝大成元年，詔州舉高才博學者爲秀才，郡舉經明行脩者爲孝廉，上州、上郡歲一人。其刺史僚佐州吏則自署，府官則命於朝廷。

（唐）杜佑《通典》卷一六《選舉·雜議論上》 魏文帝時詔曰：選舉莫取有名。名如畫地作餅，不可啖也。吏部尚書盧毓對曰：名不足以致異人，而可以得常士。常士畏教慕善，然後有名。其後士人多務進趨，廉遜道闕。時劉寔乃著《崇讓論》以矯之，其辭曰：

古之聖王之化天下，所以貴讓者，欲以出賢才，息争競也。夫人情莫不皆欲己之賢，故勸令讓賢以自明賢，豈假讓不賢哉。故讓道興，賢能之人不求而自出矣，至公之舉自立矣，百官之副亦先具矣。一官闕，擇衆官所讓最多者而用之，審之道也。在朝之士相讓於上，草廬之人咸皆化之，推能讓賢之風從此生矣。爲一國所讓，則一國士也；天下所共推，則天下士也。推讓之風行，則賢與不肖殊矣。此道之行，在上者無所用其心，因成清議，隨之而已。賢人相讓於朝，大才之人恒在大官，小人不争於野，天下無事矣。以賢才化無事，至道興矣。已仰其成，復何與焉。孔子曰，能以禮讓爲國乎，則不難也。

在朝之人不務相讓久矣，天下化之。自魏代以來，登進辟命之士，及縣在職之吏，臨見授叙，雖自辭不能，終莫肯讓有勝己者。夫推讓之風息，争競之心生。孔子曰，上興讓則下不争也。議者僉然言，代少高名之才，朝廷不有大才之人可以爲大官者。山澤人小官吏亦復云，朝廷之士雖大官名德，皆不及往時人也。余以爲此二言皆失之矣。非時獨乏賢也，時不貴讓。一人有先衆之稱，毁必隨之，名不得成使之然也。雖令稷、契復存，亦不復能全其名矣。能否混雜，優劣不分，士無素定之價，官職有闕，主選之吏不知所用，但按官次而舉之。同才之人先用者，非勢家之子，則必爲有勢者之所念也。非能獨賢，因其先用之資而復遷之無已，不勝其任之病發矣。

所以見用不息者，由讓道廢，因資用人之有失久矣。故自漢、魏以來，時開大舉，令衆官各舉所知，唯才所任，不限階次，如此者甚數矣。其所舉必有當者，不聞時有擢用，不知何誰最賢故也。所舉必有不當者，而罪不加，不知何誰最不肖也。所以不可得知，由當時之人莫肯相推，賢愚之名不別，令其如此。舉者知在上者察不能審，故敢漫舉而進之。或舉所賢，因及所念，一頓而至，人數猥多，言所舉賢，加之高狀，相似如一，難得而分矣。雖舉者不能盡忠之罪，亦由上開聽察之路濫，令其爾也。才高守道之士日退，馳走於有勢之門日多矣。雖國有典刑，弗能禁矣。

夫讓不興之弊，非徒賢人在下位，不得時進也，國之良臣荷重任者，亦將以漸受罪退矣。何以知其然也？孔子以爲顔氏之子不貳過耳，明非聖人皆有過。寵貴之地，欲之者多矣，惡賢能塞其路，過而毁之者亦多矣。夫謗毁之生，非徒空設，必因人之微過而甚之者也。毁謗之言數聞，在上者雖欲弗納，不能不杖所聞，因事之來而微察之，察之無已，其驗至矣。得其驗，安得不理其罪。若知而縱之，主威日衰，令之不行，自此始矣。知而皆理之，受罪退者稍多，大臣有不自固之心。夫賢才不進，貴臣日疏，此有國者之深憂也。

竊以爲改此俗甚易耳。何以知之？夫一時在官之人，雖雜有凡猥之才，其中賢明者亦多矣，豈可謂皆不知讓賢爲貴邪。直以其時皆不讓，習以成俗，故遂不爲耳。人臣初除，皆通表上聞，名之謝章，所由來尚矣。原謝章之本意，欲進賢能以謝國恩也。昔舜以禹爲司空，禹拜稽首，讓於稷、契及咎繇；使益爲虞官，讓於熊、羆；使伯夷典三禮，讓於夔龍。唐虞之時，衆官初除，莫不皆讓也。謝章之義，蓋取於此。《書》記之者，欲以永代作則。季代所用，不能讓賢，虚謝見用之恩而已。相承不變，習俗之失也。

夫叙用之官得通章表者，其讓賢推能，乃通其章；其不能有所讓，徒費簡紙者，皆絶不通。人臣初除，各思推賢能而讓之矣，讓文付主者掌之。三司有闕，擇三司所讓最多者而用之。此爲一公闕，三公已先選之矣。且主選之吏，不必任公而選三公，不如令三公自共選一公爲詳也。四征闕，擇四征所讓最多者而用之。此爲一征闕，四征已先選之矣，必詳於停闕而令主者選四征也。尚書闕，擇尚書所讓最多者而用之。此爲令諸尚書共選一尚書，詳於臨闕令主者選八尚書也。郡守闕，擇衆郡所讓最多者而用之，詳於任主者，此爲令百郡守共選一郡守也。夫以衆官百郡之讓，與主者共相比，不可同歲而論也。賢愚皆讓，百姓耳目盡爲國耳目。夫人情爭則欲毁己所不知，讓則競推於勝己。故代爭則毁譽交錯，優劣不分，難得而讓也。夫貴讓則賢智明出，能否之美歷歷相次，不可得亂也。當此時也，能退身修己者，讓之者多矣。雖賢智欲守貧賤，不可得也。馳騖進取而欲人見讓，猶卻行而求前也。夫如此，愚智咸知進身求通，非修之於己則無由進矣。遊外求者，於此相隨而歸矣。浮聲虚論，不禁而自止矣。人無所用其心，任衆人議，而天下自化。讓可以致此，豈可不務之哉。

晋始平王文學李重又以爲等級繁多，又外官輕而内官重，使風俗大弊，宜釐改，重外選，簡階級，使官久。議曰：古之聖王，建官垂制，所以體國經野。自帝王以下，代有增損：舜命九官，周分六職，秦采古制，漢仍秦舊，倚丞相，任九卿。雖置五曹尚書令僕射之職，始於掌封奏以宣外内，事任尚輕，而郡守牧人之官重，故漢宣稱所與爲理唯良二千石，其有殊政者，或賜爵進秩，諒得爲理大體，所以遠比三代也。及於東京，尚書雖漸優重，然令、僕出爲郡守，鍾離意、黄香、胡廣是也；郡守入爲三公，虞延、第五倫、桓虞、鮑昱是也。近自魏朝名守杜畿、滿寵、田國讓（國諱改稱字。）胡質等，居郡或十餘年，或二十年，或加秩假節而不去郡，此亦古人苟善其事，雖没代不徙官之義也。漢魏以來，内官之貴，於今最崇，而百官等級遂多，遷補轉徙如流，能否無以著，黜陟不得彰，此爲理之大弊也。夫階級繁多而冀官久，官不久而冀理功成，不可得也。《虞書》云：三考黜陟幽明。《周官》：三年大計群吏之理，而行其誅賞。漢法，官人或不真秩。魏初，用輕資以先試守。臣以爲今宜大并群官等級，使同班者不得復稍遷；又簡法外議罪之制，明試守左遷之例，則官人之理盡，士必量能而受爵矣。居職者日久，則政績可考，人心自定，務求諸己也。帝雖善之，竟不能行。

齊左僕射王儉請解領選，謂褚彦回曰：選曹之始，近自漢末。今若反古，使州郡貢計，三府辟士，與衆共之，猶賢一人之意。古者選衆，今則不然，奇才絶智所以見遺於草澤也。彦回曰：誠如卿言。但行之已久，卒難爲改也。

梁尚書左僕射沈約論曰：漢末喪亂，魏武始創，軍中倉卒，權立九品。蓋以論人才優劣，非謂代族高卑。因此相沿，遂爲成法。自魏至晋，莫之能改。州都、郡正，以才品人，而舉代人才，升降蓋寡，徒以憑籍代資，用相凌駕。都正俗士，斟酌時宜，品目少多，隨事俯仰，劉毅所云下品無高門，上品無賤族也。歲月遷訛，斯風漸篤，凡厥衣冠，莫非二品，自此以還，遂成卑庶。周漢之道，以智役愚，臺隸參差，用成等級。魏晋以來，以貴役賤，士庶之科，較然有辨。夫人君南面，九重奥絶，陪奉朝夕，義隔卿士，階闥之任，宜有司存。

武帝天監中，約又上疏曰：頃自漢代，本無士庶之別，自非仕宦，不至京師，罷公卿牧守，並還鄉里，小人瞻仰，以成風俗。且黌校棋布，傳經授業，學優而仕，始自鄉邑，本於小吏幹佐，方至文學功曹，積以歲月，乃得察舉。人才秀異，始爲公府所辟，遷爲牧守，入作台司。漢之得人，於斯爲盛。今之士人，並聚京邑，其有守土不遷，非直愚賤。且當今士子繁多，略以萬計，常患官少才多，無地以處。秀才自別是一種任官，非若漢代取人之例也。假使秀才對五問可稱，孝廉答一策能過，此乃雕蟲小道，非關理功得失。以此求才，徒虚語耳。鴻臚卿裴子野又論曰：《書》云貴貴，爲其近於君也。天下無生而貴者，是故道義可尊，無擇負販；苟非其人，何取代族。周衰禮壞，政出臣下，卿士大夫自相繼及，非夫嗣嫡，猶等家臣。且徒步匹夫，見禮侯伯，軾閭擁篲，無絶於時。其後四方豪勢之家，門客千數，卑身折節，比食同袍，雖相傾倚，亦成風俗。迄於二漢，尊儒重道，朝廷州里，學行是先，雖名公子孫，還齊布衣之士，士庶雖分，而無華素之隔。有晋以來，其流稍改，草澤高士，猶厠清塗，降及季年，專稱閥閲。自是三公之子，傲九棘之家，黄散之孫，蔑令長之室，轉相驕矜，互爭銖兩，所論必門户，所議莫賢能。苟且之俗成，傲慢之禍作，非所以敦弘退讓，勵德興化之道也。宋明帝聰博，好文史，才思朗捷，省讀書奏，號七行俱下。每國有禎祥及行幸讌集，輒陳詩展義，且以命朝臣。其戎士武夫，則託請不暇，困於課限，或買以應詔焉。於是天下向風，人自藻飾，雕蟲之藝，盛於時矣。又論曰：古者四始六義，總而爲詩。既形四方之風，且彰君子之志，勸美懲惡，王化本焉。而後之作者，思存枝葉，繁華蘊藻，用以自通。若夫悱惻芳芬，《楚騒》爲之祖；靡漫容與，相如扣其音。由是隨聲逐響之儔，棄指歸而無執，賦歌詩頌，百揆五車。蔡邕等之俳優，楊雄悔爲童子，聖人不作，《雅》《鄭》誰分。其五言爲詩家，則蘇、李自出，曹、劉偉其風力，潘、陸固其枝柯，爰及江左，稱彼顔、謝，箴繡鞶帨，無取廟堂。宋初迄於元嘉，多爲經史；大明之代，實好斯文。高才逸韻，頗謝前哲，波流同尚，滋有篤焉。自是閭閻少年，貴游總角，罔不擯落六藝，吟詠情性。學者以博依爲急務，謂章句爲專魯，淫文破典，斐爾爲曹，無被於管絃，非止乎禮義，深心主卉木，遠致極風雲，其興浮，其志弱，巧而不要，隱而不深，討其宗途，亦有宋之遺風也。若季子聆音，則非興國；鯉也趨室，必有不敦。荀卿有言：亂代之徵，文章匿綵。而斯豈近之乎？蕭子顯曰：自宋以來，謝靈運、顔延年以文章彰於代，謝莊、袁淑又以才藻係之，朝廷之士及閭閻衣冠，莫不仰其風流，競爲詩賦之事。五經文句，無復通其義者。

後魏孝文帝時，高祐上疏云：今之選舉，不采識理之優劣，專簡年勞之多少，斯非盡才之謂。宜停此薄藝，棄彼巧勞，唯才是取，官方斯穆。又勳舊之臣，雖年勤可録，而才非撫人，則可加之以爵賞，不宜委之以方任。所謂王者可私人以財，不私人以官。帝善之。

韓麒麟子顯宗上言：前代取士，必先正名，故有賢良方正之稱。今州郡貢察，徒有秀、孝之名，而無秀、孝之實。而朝廷但檢其有門地，不復彈坐。如此則可別貢門地以叙士人，何假置秀、孝之名也。夫門地者，是其父祖之遺烈，亦何益於皇家。苟有奇才，雖屠釣奴虜之賤亦用之；苟非其人，雖三后之胤，自墜於卑隸矣。或云，代無奇才，不若取士於門。此亦失矣。豈可以代無周召，便廢宰相而不置哉。但當校其寸長銖重者，即先叙之，則賢才無遺矣。

孝明帝時，清河王懌以官人失序，上表曰：孝文帝制，出身之人，本以門品高下有恒，若準資蔭，自公卿令僕之子，甲乙丙丁之族，上則散騎祕著，下逮御史長兼，皆條例昭然，文無虧没。自此，或身非三事之子，解褐公府正佐；地非甲乙之類，而得上宰行僚。自兹以降，亦多乖舛。且參軍事專非出身之職，今必釋褐而居，祕著本爲起家之官，今或遷轉以至：斯皆仰失先準，有違明令，非所謂式遵遺範，奉順成規。此雖官人之失，相循已久，然推其彌漫，抑亦有由。何者？信一人之明，當九流之廣，必令該鑑氏族，辨照人倫，才識有限，固難審悉。所以州置中正之官，清定門胄，品藻高卑，四海畫一，專尸衡石，任實不輕。故自置中正以來，暨於太和之日，莫不高擬其人，妙盡茲選，皆須名位重於鄉國，才德允於具瞻，然後可以品裁州郡，綜覈人物。今之所置，多非其人。乞明爲敕制，使官人選才，備依先旨，無令能否乖方，違才易務；并革選中正，一依前軌。庶清源有歸，流序允穆。靈太后詔依表施行，而終不能用。

薛琡爲吏部郎中。先是，崔亮奏立停年之格，不簡人才，專問勞舊。琡乃上書曰：若使選曹唯取年勞，不簡賢否，便即義均行鴈，次若貫魚，勘簿呼名，一吏足矣。數人而用，何謂銓衡？今請郡縣之職，吏部先盡擇才，務取廉平淳直，素行有聞，并學通古今，曉達理體者，以應其選。不拘入職遠近，年勳多少。其積勞之中，有才堪牧人者，先在用之限。其餘不堪者，既壯藉其力，豈容老而棄之，將佐丞尉，去人積遠，小小當否，未爲多失，宜依次補序，以酬其勞。書奏，不報。徐因引見，復陳言曰：漢朝常令三公大臣，舉賢良方正、有道直言之士，以爲長吏，監撫黎元。自晉末以來，此風遂替。今四方初定，務在養人。臣請依漢氏，更立四科，令三公宰貴各薦時賢，以補郡縣。明立條格，防其阿黨之端。詔下公卿議之，亦寢矣。

後周樂遜上疏論選舉曰：選曹賞録勳賢，補擬官爵，必宜與衆共之，有明揚之授。使人得盡心，如睹白日。其材有升降，其功有厚薄，禄秩所加，無容不審。即如州郡選置，猶集鄉閭，況天下選曹，不取人物。若方州列郡，自可內除。此外付選曹銓叙者，既非機事，何足可密？人生處代，以榮禄爲重，修身履行，以慕聲名。然逢時既難，失時爲易。其選置之日，宜令衆心明白，然後呈奏。使功勤見知，品物稱悦。

（元）馬端臨《文獻通考》卷二八《選舉考·舉士》 魏文帝時，三方鼎立，士流播遷，四民錯雜，詳覆無所。延康元年，尚書陳群以爲天朝選用不盡人才，乃立九品官人之法。州郡皆置中正，以定其選，擇州郡之賢有識鑒者爲之，區別人物，第其高下。又制郡口十萬以上，歲察一人，其有秀異，不拘户口。其武官之選，俾護軍主之。

州、郡、縣俱置大小中正，各取本處人任諸府公卿及臺省郎吏有德充才盛者爲之，區別所管人物，定爲九等。其有言行修著則升進之，或以五升四，以六升五；倘或道義虧缺則降下之，或自五退六，自六退七矣。是以吏部不能審定，覈天下人才士庶，故委中正銓第等級，憑之授受，謂免乖失。及法弊也，唯能知其閥閲，非復辨其賢愚，所以劉毅云：下品無高門，上品無寒士。南朝至於梁、陳，北朝至於周、隋，選舉之法，雖互相損益，而九品及中正，至開皇中方罷。

黄初三年，詔曰：今之計、考，古之貢士也，十室之邑，必有忠信，若限年然後取士，是吕尚、周晉不顯於前世也。其令郡國所選勿拘老幼，儒通經術，吏達文法，到皆試用。有司糾故不以實者。

齊王嘉平初，曹爽既誅，司馬宣王秉政，詳求理本。中護軍夏侯玄言曰：夫官才用人，國之柄也，故銓衡專於臺閣，上之分也；孝行考乎閭巷，優劣任之鄉人，下之叙也。夫欲清教審選，在明其分叙，不使相涉而已。今令中正但考行倫輩，倫輩當行均，斯可官矣。行有大小，比有高下，則所任之次，渙然別矣。奚必使中正幹銓衡之機於下，而執機柄者有所委仗於上，上下交侵，以生紛錯哉。且衆職之屬，各有官長，但使官長各以其屬能否獻之臺閣，則據官長能否之第，參以鄉閭德行之次，擬其倫比，勿使偏頗。中正則唯考行跡，別其高下，審定輩類，勿使升降，而總之於臺閣。官長所第，中正所輩擬，比隨次率而用之，如其不稱，責負在外。則內外相參，得失有所，庶可靜風俗而審官才矣。兼請除重設之官，定服制之等。宣王辭不能改，請俟於他賢。

晉武帝泰始五年，詔州郡舉勇猛秀異之才。

散騎常侍傅元、皇甫陶以爲政教頹敝，風俗不淳，上疏曰：近者魏武好法術，而天下貴刑名；魏文慕通達，而天下賤守節。其後綱維不攝，而虛無放誕之論盈於朝野，使天下無復清議，而亡秦之病復發於今。陛下聖德，化鄰唐、虞，唯未舉清遠有禮之臣以敦風節，未退虛鄙以懲不恪也。帝乃使玄草詔進之。玄奏曰：臣聞先王分士農工商以經國制事，各一其業而殊其務。自士以上子弟，則爲之立太學以教之，選明師以訓之，各隨才優劣以之授用。農以豐其食，工以足其器，商賈以通其貨。故雖天下之大，兆庶之衆，而無遊人在其間。漢、魏不定其分，百官子弟不修經藝而務交遊，未知蒞事而坐享天禄；農工之業多廢，或逐淫利而離其事；徒繫名於太學，然不聞先王之風。今聖政滋始，而漢魏之失未改，散官衆而學校未設，遊手多而親農者少，工器不盡其宜。臣以爲宜亟定其制。前皇甫陶上事，欲令賜拜散官皆課使親耕，天下享足食之利。禹、稷躬稼，祚崇後代，是以《明堂》、《月令》著帝籍之制。伊尹古之名臣，耕於有莘；晏嬰齊之大夫，避莊公之難，亦耕於海濱。昔者聖帝明王，賢佐俊士，皆嘗從事於耕農矣。王人賜官，冗散無事者，不督使學，則當使耕，無緣放之，使坐食百姓也。今文武之官既衆，而賜拜不在職者又多，加服役爲兵，不得耕稼，當農者之半，南面食禄者參倍於前。使冗散之官爲農，收其租稅，家得其實，而天下之穀可以無乏矣。《虞書》曰：三載考績，三考黜陟幽明。是爲九年之後乃有遷叙也。故居官久，則念立慎終之化；不久，則競爲一切之政。六年之限，日月淺近，不周黜陟。陶之所上，義合古制，惟陛下裁之。武帝甚善而終不能用。於時雖風教頹失而無典制，然時有清議，尚能勸俗。陳壽居喪，使女奴丸藥，積年沈廢；郤詵篤孝，以假葬違常，降品一等，其爲懲勸如是。其後中正任久，愛憎由己，而九品之法漸弊，遂計官資以定品格，天下惟以居位者爲貴。尚書僕射劉毅以九品者始因魏初喪亂，是軍中權時之制，非經久之典也，宜用土斷，復古鄉舉里選之法。上疏曰：夫九品有八損，而官才有三難，皆興替之所由也。人物難知，一也；愛憎難防，二也；情僞難明，三也。今之中正，定九品，高下任意，榮辱在手，操人主威福，奪天朝權勢，愛惡隨心，情僞由己，上品無寒門，下品無世族，公無考校之負，私無告訴之忌，損政之道一也。置州郡者，本取州里清議，咸所歸服，將以鎮異同，一言議，不謂一人之身，了一州之才。一人不審，遂爲坐廢，若然，雖宣尼之聖，莫不有過，則可廢何獨責於中人哉？使是非之論，横於州里，嫌隙之讎，結於大臣，損政之道二也。本立格制，謂人倫有序，若貫魚成次；才德優劣，倫輩有首尾也。今之中正，坐徇其私，推貴異之器，使在九品之下，負載不肖，越在成人之首，損政之道三也。委以一國之重，而無賞罰之防，使得縱横，無所顧憚。諸受枉者抱怨積久，獨不蒙天地無私之德，長壅蔽於邪人之銓，損政之道四也。古先政教，崇鄉黨之義，故得天下之人，退而修本。今一國之士，多者千數，或流徙異邦，或給事殊方，猶不識其面，况能盡其才乎？而中正知與不知，將定品狀，必采聲於臺府，納毁於流言。任己則有不識之弊，聽受則有彼此之偏，所知以愛憎奪其平，所不知者以人事亂其度，既無鄉老紀行之議，又非朝廷考績之課，遂使爲官之人，棄近求遠，背本趨末，損政之道五也。凡所以立品設狀者，求人才而論功報也。今於限當報，雖職之高，還附卑品，無績於官，而獲高叙，是爲抑功實而崇虚名也，損政之道六也。凡官不同事，人不同能，今九品不狀才能之所宜，而以九等爲例。以品取人，或非才能之所長；以狀取人，則爲本品之所限。若狀得其實，猶品狀相妨，况不實者乎。損政之道七也。前九品詔書，善惡必書，以爲褒貶。今之九品，所下不章其罪，所上不列其善，廢褒貶之義，任愛憎之斷，天下之人焉得不懈於德行而鋭於人事乎。損政之道八也。職名中正，實爲奸府；事名九品，而有八損。臣以爲宜罷中正，除九品，棄魏氏之弊法，立一代之美制。

按：魏晋以來，雖立九品中正之法，然仕進之門則與兩漢一而已。或公府辟召，或郡國薦舉，或由曹掾積累而升，或由世冑承襲而用，大率不外此三四塗轍。然諸賢之説，多欲廢九品，罷中正，何也？蓋鄉舉里選者，采毁譽於衆多之論，而九品中正者，寄雌黄於一人之口。且兩漢如公府辟掾屬，州郡選曹僚，皆自薦舉而自試用之，若非其人，則非特累衡鑒之明，抑且失侍毗之助，故終不敢十分徇其私心。至中正之法行，則評論者自是一人，擢用者自是一人，評論所不許，則司擢用者不敢違其言，擢用或非其人，則司評論者本不任其咎。體統脈絡，各不相關，故徇私之弊，無由懲革。又必限以九品，專以一人，其法太拘，其意太狹，其跡太露，故趨勢者不暇舉賢，如劉毅所謂上品無寒門，下品無世族是也。畏禍者不敢疾惡，如孫秀爲琅琊郡吏，求品於清議王戎從弟衍，衍將不許，戎勸品之，及秀得志，朝士有怨者皆被害，戎、衍獨免是也。快恩讎者得以自恣，如何劭初亡，袁粲吊劭子岐，岐辭以疾，粲曰：今年决下婢子品是也。又如陳壽遭父喪，有疾，使婢丸藥，客見之，鄉里以爲貶，坐是沈滯累年。謝惠連愛幸會稽郡吏杜德靈，及居父憂，贈以五言詩十餘首，坐廢，不豫榮伍。尚書僕射殷景仁愛其才，乃白文帝，言：臣小兒時，便見此文，而論者云是惠連，其實非也。文帝曰：若此，便應通之。元嘉七年，乃始爲彭城王義康參軍。閻纘父卒，繼母不慈，纘恭事彌謹，而母疾之愈甚，乃誣纘盜父時金寶，訟於有司，遂被清議十餘年。纘孝謹不怠，母後意解，更移中正，乃得復品。以此三事觀之，其法甚嚴，然亦太拘。蓋人之履行稍虧者，一入品目，遂永不可以拔拭湔滌，則天下無全人矣。況中正所品者未必皆當乎。固不若采之於無心之鄉評，以詢其履行，試之以可見之職業，而驗其才能，一如兩漢之法也。

東晉元帝制：揚州歲舉二人，諸州各一人。時以天下喪亂，務存慰勉，遠方孝、秀，不復策試，到即除署。既經略粗定，乃詔試經，有不中科，刺史、太守免官。其後，孝、秀莫敢應命，有送至京師，皆以疾辭。太興三年，尚書孔坦議請普延五歲，許其講習。乃詔孝廉申至七年，而秀才如故也。

按：孝廉諸科，自東漢以來，皆有策試之事。夫以文墨小技，而定其優劣，已不足以稱其科名矣。今觀東晉之事，則應舉者皆不能試之人，且以孝廉、秀才自名，而必遲以五歲，待其講習，乃能預於試，不亦有靦面目乎？然觀惠帝永寧初，王接舉秀才，報友人書曰：今世道交喪，將遂剝亂，而智識之士鉗口韜筆，非榮此行，欲極陳所言，冀有覺悟。會是歲三王舉義，惠帝復阼，以國有大慶，天下秀才、孝廉，一皆不試，接以爲恨。然則上下相蒙，姑息具文，其來久矣，宜其皆欲僥倖於不試也。

宋制：丹陽、吴、會稽、吴興四郡，歲舉二人，餘郡各一人。凡州秀才，郡孝廉至，皆策試，天子或親臨之。及公卿所舉，皆屬於吏部，序才銓用。凡舉得失，各有賞罰，失者其人加禁錮，年月多少，隨郡議制。

文帝元嘉中，限年三十而仕。孝武即位，仕者不拘長幼。詳見《舉官門》。

齊尚書都令史駱宰議策秀才格，五問並得爲上，四三爲中，二爲下，一不合與第。謝超宗以爲片辭折獄，寸言挫衆，魯史褒貶，孔論興替，皆無俟繁而後秉裁。夫表事之深，析理之會，豈必委牘方切理道，非患對不盡問，患以常文弗奇，必使一通峻正，寧劣五通而常，與其俱奇，必使一亦宜采。詔從宰議。因習宋代限年之制，然而鄉舉里選，不覈才德，其所進取以官婚、胄籍爲先。遂令甲族以二十登仕，後門以三十試吏，故有增年矯貌以圖進者。其時士人皆厚結姻援，奔馳造請，浸以成俗。至和帝時，梁武帝爲丞相，上表曰：前代選官，皆立選簿，應在貫魚，自有銓次。胄籍升降，行能臧否，或素定懷抱，或得之餘論，故得簡通賓客，無俟掃門。頃代陵夷，九流乖失。其有勇退忌進，懷質抱直者，選部或以未經朝謁，難於進用。或有晦善藏聲，自埋衡泌者，又以名不表著，絶其階緒。必須書刺投狀，然後彈冠，則是驅迫廉撝，獎成澆競。愚謂自今選曹宜精隱覈，依舊立簿，使冠履無爽，名實不違，庶人識涯涘，造請自息。且聞中間立格，甲族以二十登仕，後門以過立試吏，求之愚懷，抑有未達。何者？設官分職，惟才是務。若限歲登朝，必增年就官，故貌實幼童，籍已逾立，滓穢名教，於斯爲甚。乃施行。

梁初，無中正制，年二十五方得入仕。天監中，又制九流常選，年未三十不通一經者，不得爲官。若有才同甘、顔，勿限年次。至七年，州置州重，郡置郡崇，鄉置鄉豪，各一人，專典搜薦，無復膏粱寒素之隔。普通七年，詔凡州歲舉二人，大郡一人。

敬帝太平二年，復令諸州各置中正，仍舊選舉，皆須中正押上，然後量授，不然則否。

尚書左僕射沈約論曰：漢末喪亂，魏武始創，軍中倉卒，權立九品。蓋以論人才優劣，非謂代族高卑。因此相沿，遂爲成法。自魏至晉，莫之能改，州都郡正，以才品人，而舉代人才，升降蓋寡。徒以憑籍代資，用相凌駕，都正俗士，斟酌時宜，品目多少，隨事俯仰，劉毅所云下品無高門，上品無賤族也。歲月遷訛，斯風漸篤，凡厥衣冠，莫非二品，自此已還，遂成卑庶。周、漢之道，以智役愚，臺隸參差，用成等級。魏晉以來，以貴役賤，士庶之科，較然有辨。夫人君南面，九重懸絶，陪奉朝夕，義隔鄉士，階闥之任，宜有司存。武帝天監中，約又上疏曰：頃自漢代，本無士庶之别，自非仕宦，不至京師，罷公卿、牧守，並還鄉里，小人瞻仰，以成風俗。且庠校棊布，傳經授受，學優而仕，始自鄉邑。本於小吏幹佐，方至文學、功曹，積以歲月，乃得察舉人才秀異，始爲公府所辟，遷爲牧守，入作臺司。漢之得人，於斯爲盛。今之士人，並聚京邑，其有守土不遷，見謂愚賤。且當今士子繁多，略以萬計，常患官少才多，無地以處。秀才自别是一種任官，非若漢代取人之例也。假使秀才對五問可稱，孝廉答一策能過，此乃雕蟲小道，非關理功得失，以此求才，徒虛語耳。鴻臚卿裴子野又論曰：《書》云：貴貴，爲其近於君也。天下無生而貴者，是故道義可尊，無擇負販，苟非其人，何取代族？周衰禮壞，政出臣下，卿士大夫，自相繼及，非夫嗣嫡，猶等家臣。且徒步匹夫，見禮侯伯，式閭擁篲，無絶於時。其後四方豪勢之家，門客千數，卑身折節，比食同袍，雖相傾倚，亦成風俗。迄於二漢，尊儒重道，朝廷州里，學行是先。雖名公子孫，還齊布衣之士，士庶雖分，而無華素之隔。有晉以來，其流稍改，草澤高士，猶廁清塗。降及季年，專稱閥閲。自是三公之子，傲九棘之家；黄散之孫，蔑令長之室。轉令互争銖兩，所論必門户，所議莫賢能。苟且之俗成，傲慢之禍作，非所以敦弘退讓、厲德興化之道也。陳依梁制，凡年未三十，不得入仕，唯經學生策試得第、諸州迎主簿、西曹左奏及嘗爲挽郎，得未壯而仕。詳見《舉官門》。

後魏州郡皆有中正掌選舉，每以季月與吏部銓擇可否。其秀才對策第居中上表叙之。詳見《舉官門》。

韓麒麟子顯宗上言：前代取士，必先正名，故有賢良、方正之稱。今州郡貢察，徒有秀、孝之名，而無秀、孝之實。而朝廷但檢其有門地，不復彈坐。如此，則可別貢門地，以叙士人，何假置秀、孝之名？或云，代無奇才，不若取士於門，此亦失矣。豈可以代無周、召，便廢宰相而不置哉？但當較其寸長銖重者，即先叙之，則賢才無遺矣。

正始元年冬，乃罷諸郡中正。詳見《舉官門》。

北齊選舉多沿後魏之制，凡州縣皆置中正。其課試之法：中書策秀才，集書策貢士，考功郎中策廉良。天子常服，乘輿出，坐於朝堂中楹。秀、孝各以班草對。字有脱誤者，呼起立席後；書有濫劣者，飲墨水一升；文理孟浪者，奪席脱容刀。

周武帝既平齊，廣收遺佚。乃詔山東諸州舉明經幹理者，上縣六人，中縣五人，下縣四人。至宣帝太成元年，詔州舉高才博學爲秀才，郡舉經明行修者爲孝廉，上州、上郡歲一人。

（明）朱健《古今治平略·魏晉南北朝貢舉》 魏吏部尚書陳羣立九品官人之法，州郡皆置中正以定其選。又制郡口十萬以上，歲察孝廉一人，其有秀異不拘户口。黄初三年詔：令郡國所選，勿拘老幼。大抵儒通經術，吏達文法，到皆試用。晉武帝泰始四年詔：公卿及郡國守相舉賢良方正直言之士。大抵當時沿魏九品之制，州郡皆置中正品第人物，士人浸以門資閥閲爲序，所引用者概可知也。東晉元帝制：揚州歲舉二人，諸州各一人。時遠方孝秀不復策試，到即除署。尚書陳頵以爲宜漸循舊，試以經策。于是帝申明舊制，皆令試經。太興三年，秀孝多不敢行，其有到者並託疾。于是始令孝廉申至。七年而秀才如故。宋制：凡州舉秀才，郡舉孝廉，至皆策試，天子或親臨之。凡舉得失，各有賞罰，齊因習宋代限年之制。然而鄉舉里選，不覈才德，其所進取，以官壻胄籍爲先。梁初，無中正七年州置州正，郡置郡崇，鄉置鄉豪，各一人。專典搜薦，無復膏粱寒素之隔。普通七年詔：凡州歲貢二人，大郡一人。敬帝太平二年，復令諸州置中正。陳依梁制，限年入仕。後魏州郡皆有中正掌選舉。北齊選舉多沿後魏之制，凡州縣皆置中正。其課試之法，中書策秀才，集書策貢士，考功郎中策廉良，天子常服乘輿出座于朝堂中楹，秀孝各以班草對。周武帝既平齊，廣收遺佚，乃詔山東諸州舉明經幹理者。至宣帝大成中，詔州舉高才博學者爲秀才，郡舉明經修行者爲孝廉。至隋煬好文詞，實始制進士科，專以詩賦取士，不復關行能，而貢舉之弊極矣。

《魏書》卷七下《高祖紀》〔太和十六年秋七月〕壬戌，詔曰：王者設官分職，垂拱責成，振網舉綱，衆目斯理。朕德謝知人，豈能一見鑒識，徒乖爲君委授之義。自今選舉，每以季月，本曹與吏部銓簡。

九品中正

綜　述

《晉書》卷三六《衛瓘傳》 瓘以魏立九品，是權時之制，非經通之道，宜復古鄉舉里選。與太尉亮等上疏曰：昔聖王崇賢，舉善而教，用使朝廷德讓，野無邪行。誠以閭伍之政，足以相檢，詢事考言，必得其善，人知名不可虛求，故還修其身。是以崇賢而俗益穆，黜惡而行彌篤。斯則鄉舉里選者，先王之令典也。自茲以降，此法陵遲。魏氏承顛覆之運，起喪亂之後，人士流移，考詳無地，故立九品之制，粗且爲一時選用之本耳。其始造也，鄉邑清議，不拘爵位，褒貶所加，足爲勸勵，猶有鄉論餘風。中間漸染，遂計資定品，使天下觀望，唯以居位爲貴，人棄德而忽道業，争多少於錐刀之末，傷損風俗，其弊不細。今九域同規，大化方始，臣等以爲宜皆蕩除末法，一擬古制，以土斷定，自公卿以下，皆以所居爲正，無復懸客遠屬異土者。如此，則同鄉鄰伍，皆爲邑里，郡縣之宰，即以居長，盡除中正九品之制，使舉善進才，各由鄉論。然則下敬其上，人安其教，俗與政俱清，化與法並濟。人知善否之教，不在交遊，即華競自息，各求於己矣。今除九品，則宜準古制，使朝臣共相舉任，於出才之路既博，且可以厲進賢之公心，覈在位之明闇，誠令典也。武帝善之，而卒不能改。

《晋書》卷四五《劉毅傳》 毅以魏立九品，權時之制，未見得人，而有八損，乃上疏曰：臣聞：立政者，以官才爲本，官才有三難，而興替之所由也。人物難知，一也；愛憎難防，二也；情僞難明，三也。今立中正，定九品，高下任意，榮辱在手。操人主之威福，奪天朝之權勢。愛憎決於心，情僞由於己。公無考校之負，私無告訐之忌。用心百態，求者萬端。廉讓之風滅，苟且之俗成。天下訩訩，但争品位，不聞推讓，竊爲聖朝恥之。

夫名狀以當才爲清，品輩以得實爲平，安危之要，不可不明。清平者，政化之美也；枉濫者，亂敗之惡也，不可不察。然人才異能，備體者寡。器有大小，達有早晚。前鄙後修，宜受日新之報；抱正違時，宜有質直之稱；度遠闕小，宜得殊俗之狀；任直不飾，宜得清實之譽；行寡才優，宜獲器任之用。是以三仁殊塗而同歸，四子異行而均義。陳平、韓信笑侮於邑里，而收功於帝王；屈原、伍胥不容於人主，而顯名於竹帛，是篤論之所明也。

今之中正，不精才實，務依黨利；不均稱尺，務隨愛憎。所欲與者，獲虚以成譽；所欲下者，吹毛以求疵。高下逐强弱，是非由愛憎。隨世興衰，不顧才實，衰則削下，興則扶上，一人之身，旬日異狀。或以貨賂自通，或以計協登進，附託者必達，守道者困悴。無報於身，必見割奪；有私於己，必得其欲。是以上品無寒門，下品無勢族。暨時有之，皆曲有故。慢主罔時，實爲亂源。損政之道一也。

置州都者，取州里清議，咸所歸服，將以鎮異同，一言議。不謂一人之身，了一州之才，一人不審便坐之。若然，自仲尼以上，至于庖犧，莫不有失，則皆不堪，何獨責于中人者哉。若殊不修，自可更選。今重其任而輕其人，所立品格，還訪刁攸。攸非州里之所歸，非職分之所置。今訪之，歸正於所不服，決事於所不職，以長讒構之源，以生乖争之兆，似非立都之本旨，理俗之深防也。主者既善刁攸，攸之所下而復選以二千石，已有數人。劉良上攸之所下，石公罪攸之所行，駁違之論横於州里，嫌讎之隙結於大臣。夫桑妾之訟，禍及吳楚；鬭雞之變，難興魯邦。況乃人倫交争而部黨興，刑獄滋生而禍根結。損政之道二也。

本立格之體，將謂人倫有序，若貫魚成次也。爲九品者，取下者爲格，謂才德有優劣，倫輩有首尾。今之中正，務自遠者，則抑割一國，使無上人；穢劣下比，則拔舉非次，并容其身。公以爲格，坐成其私。君子無大小之怨，官政無繩姦之防。使得上欺明主，下亂人倫。乃使優劣易地，首尾倒錯。推貴異之器，使在凡品之下；負戴不肖，越在成人之首。損政之道三也。

陛下踐阼，開天地之德，弘不諱之詔，納忠直之言，以覽天下之情，太平之基，不世之法也。然賞罰，自王公以至於庶人，無不加法。置中正，委以一國之重，無賞罰之防。人心多故，清平者寡，故怨訟者衆。聽之則告訐無已，禁絶則侵枉無極，與其理訟之煩，猶愈侵枉之害。今禁訟訴，則杜一國之口，培一人之勢，使得縱横，無所顧憚。諸受枉者抱怨積直，獨不蒙天地無私之德，而長壅蔽于邪人之銓。使上明不下照，下情不上聞。損政之道四也。

昔在前聖之世，欲敦風俗，鎮静百姓，隆鄉黨之義，崇六親之行，禮教庠序以相率，賢不肖於是見矣。然鄉老書其善以獻天子，司馬論其能以官於職，有司考績以明黜陟。故天下之人退而修本，州黨有德義，朝廷有公正，浮華邪佞無所容厝。今一國之士多者千數，或流徙異邦，或取給殊方，面猶不識，況盡其才力。而中正知與不知，其當品狀，采譽於臺府，納毁於流言。任己則有不識之蔽，聽受則有彼此之偏。所知者以愛憎奪其平，所不知者以人事亂其度；既無鄉老紀行之譽，又非朝廷考績之課；

遂使進官之人，棄近求遠，背本逐末。位以求成，不由行立，品不校功，黨譽虛妄。損政五也。

凡所以立品設狀者，求人才以理物也，非虛飾名譽，相爲好醜。雖孝悌之行，不施朝廷，故門外之事，以義斷恩。既以在官，職有大小，事有劇易，各有功報，此人才之實效，功分之所得也。今則反之，於限當報，雖職之高，還附卑品，無績於官，而獲高叙，是爲抑功實而隆虛名也。上奪天朝考績之分，下長浮華朋黨之士。損政六也。

凡官不同事，人不同能，得其能則成，失其能則敗。今品不狀才能之所宜，而以九等爲例。以品取人，或非才能之所長；以狀取人，則爲本品之所限。若狀得其實，猶品狀相妨，繫縶選舉，使不得精於才宜。況今九品，所疏則削其長，所親則飾其短。徒結白論，以爲虛譽，則品不料能，百揆何以得理，萬機何以得修？損政七也。

前九品詔書，善惡必書，以爲褒貶，當時天下，少有所忌。今之九品，所下不彰其罪，所上不列其善，廢褒貶之義，任愛憎之斷，清濁同流，以植其私。故反違前品，大其形勢，以驅動衆人，使必歸己。進者無功以表勸，退者無惡以成懲。懲勸不明，則風俗污濁，天下人焉得不解德行而鋭人事？損政八也。

由此論之，選中正而非其人，授權勢而無賞罰，或缺中正而無禁檢，故邪黨得肆，枉濫縱横。雖職名中正，實爲姦府；事名九品，而有八損。或恨結於親親，猜生於骨肉，當身困于敵讎，子孫離其殃咎。斯乃歷世之患，非徒當今之害也。是以時主觀時立法，防姦消亂，靡有常制，故周因於殷，有所損益。至于中正九品，上聖古賢皆所不爲，豈蔽於此事而有不周哉，將以政化之宜無取於此也。自魏立以來，未見其得人之功，而生讎薄之累。毁風敗俗，無益於化，古今之失，莫大於此。愚臣以爲宜罷中正，除九品，棄魏氏之弊法，立一代之美制。疏奏，優詔答之。後司空衛瓘等亦共表宜省九品，復古鄉議里選。帝竟不施行。

《晉書》卷四六《李重傳》 李重字茂曾，江夏鍾武人也。父景，秦州刺史，都亭定侯。重少好學，有文辭；早孤，與羣弟居，以友愛著稱。弱冠爲本國中正，遜讓不行。後爲始平王文學，上疏陳九品曰：先王議制，以時因革，因革之理，唯變所適。九品始於喪亂，軍中之政，誠非經國不刊之法也。且其檢防轉碎，徵刑失實，故朝野之論，僉謂驅動風俗，爲弊已甚。而至於議改，又以爲疑。臣以革法創制，當先盡開塞利害之理，舉而錯之，使體例大通而無否滯亦未易故也。古者諸侯之治，分土有常，國有定主，人無異望，卿大夫世禄，仕無出位之思，臣無越境之交，上下體固，人德歸厚。秦反斯道，罷侯置守，風俗淺薄，自此來矣。漢革其弊，斟酌周秦，並建侯守，亦使分土有定，而牧司必各舉賢，貢士任之鄉議，事合聖典，比蹤三代。方今聖德之隆，光被四表，兆庶顒顒，欣覩太平。然承魏氏彫弊之跡，人物播越，仕無常朝，人無定處，郎吏蓄於軍府，豪右聚於都邑，事體駁錯，與古不同。謂九品既除，宜先開移徙，聽相并就。且明貢舉之法，不濫於境外，則冠帶之倫將不分而自均，即土斷之實行矣。又建樹官司，功在簡久。階級少，則人心定；久其事，則政化成而能否著，此三代所以直道而行也。以爲選例九等，當今之要，所宜施用也。聖王知天下之難，常從事於其易，故寄隱括於閭伍，則邑屋皆爲有司。若任非所由，事非所覈，則雖竭聖智，猶不足以贍其事。由此而觀，誠令二者既行，即人思反本，修之於鄉，華競自息，而禮讓日隆矣。

《晉書》卷四八《段灼傳》 灼前後陳事，輒見省覽。然身微宦孤，不見進序，乃取長假還鄉里。臨去，遣息上表曰：【略】其二曰：士之立業，行非一概。吴起貪官，母死不歸，殺妻求將，不孝之甚。然在魏，使秦人不敢東向；在楚，則三晋不敢南謀。曾參、閔騫，誠孝子也，不能宿夕離其親，豈肯出身致死，涉危險之地哉。今大晋應期運之所授，齊聖美於有虞，而吴人不臣，稱帝私附，此亦國之羞也。陛下誠欲致熊羆之士，不二心之臣，使奮威淮浦、震服蠻荊者，故宜疇咨博采，廣開貢士之路，薦巖穴，舉賢才，徵命考試，匪俊莫用。今臺閣選舉，塗塞耳目，九品訪人，唯問中正。故據上品者，非公侯之子孫，則當塗之昆弟也。二者苟然，則蓽門蓬户之俊，安得不有陸沈者哉。

《宋書》卷九四《恩倖傳》 夫君子小人，類物之通稱。蹈道則爲君子，違之則爲小人。屠釣，卑事也，版築，賤役也，太公起爲周師，傅説去爲殷相。非論公侯之世，鼎食之資，明揚幽仄，唯才是與。逮于二漢，茲道未革，胡廣累世農夫，伯始致位公相；黄憲牛醫之子，叔度名重京師。且任子居朝，咸有職業，雖七葉珥貂，見崇西漢，而侍中身奉奏事，又分掌御服，東方朔爲黄門侍郎，執戟殿下。郡縣掾史，並出豪家，負戈宿衛，皆由勢族，非若晚代，分爲二塗者也。漢末喪亂，魏武始基，軍中倉卒，權立九品，蓋以論人才優劣，非爲世族高卑。因此相沿，遂爲成法。自魏至晋，莫之能改，州都郡正，以才品人，而舉世人才，升降蓋寡。徒以憑藉世資，用相陵駕，都正俗士，斟酌時宜，品目少多，隨事俯仰，劉毅所云下品無高門，上品無賤族者也。歲月遷譌，斯風漸篤，凡厥衣冠，莫非二品，自此以還，遂成卑庶。周、漢之道，以智役愚，臺隸參差，用成等級；魏晋以來，以貴役賤，士庶之科，較然有辨。夫人君南面，九重奥絶，陪奉朝夕，義隔卿士，階闥之任，宜有司存。既而恩以倖生，信由恩固，無可憚之姿，有易親之色。孝建、泰始，主威獨運，官置百司，權不外假，而刑政糾雜，理難徧通，耳目所寄，事歸近習。賞罰之要，是謂國權，出内王命，由其掌握，於是方塗結軌，輻湊同奔。人主謂其身卑位薄，以爲權不得重。曾不知鼠憑社貴，狐藉虎威，外無逼主之嫌，内有專用之功，勢傾天下，未之或悟。挾朋樹黨，政以賄成，鈇鉞創痏，構於筵笫之曲，服冕乘軒，出乎言笑之下，南金北毳，來悉方艚，素縑丹魄，至皆兼兩，西京許、史，蓋不足云，晋朝王、庾，未或能比。及太宗晚運，慮經盛衰，權幸之徒，慴憚宗戚，欲使幼主孤立，永竊國權，構造同異，興樹禍隙，帝弟宗王，相繼屠剿。民忘宋德，雖非一塗，寶祚夙傾，實由於此。

《梁書》卷四九《文學傳·鍾嶸》　昔九品論人，七略裁士，校以賓實，誠多未值。

《魏書》卷二一上《廣陵王羽傳》　後高祖臨朝堂，謂羣臣曰：兩儀既闢，人生其間，故上天不言，樹君以代。是以《書》稱三考之績，《禮》云考成之章。自皇王以降，斯道靡易。朕以寡德，猥荷洪基，思與百辟，允釐庶務。然朕識乏知人，不能使朝絶素餐之譏，野無考盤之刺，夙宵寤寐，載懷怵惕。卿等皆是朝賢國彦，匡弼是寄，各率乃心，以旌考績之義。如乖忠正，國有常刑，賢者雖疏必進，不肖者雖親必黜。顧謂羽曰：上下二等，可爲三品，中等但爲一品。所以然者，上下是黜陟之科，故旌絲髮之美，中等守本，事可大通。羽先呈廷尉五局司直。高祖曰：夫刑獄之難，實惟自古，必也斷訟，夫子所稱。然五局所司，專主刑獄，比聞諸風聽，多論五局不精。知人之難，朕豈獨決，當與羣臣同之。卿等各陳所聞。高祖謂羽及少卿鄧述曰：五局司直，卿等以何爲品？羽對曰：諸司直並簡聖心。往者，百官初置，擢爲獄官，聽訟察辭，無大差越。所以爲二等者，或以視事甫爾，以見機遲速，朝廷既有九品之制，故計其絲髮之差，以爲品第。統論所得，大得相似。高祖曰：朕頃年以其人識見可取，故簡司獄官，小優劣不足爲差。然廷尉所司，人命之本事，須心平性正、抑强哀弱、不避貴勢、直情折獄者可爲上等。今正欲聽採風謡，虚實難悉，正欲不採，事無所據。然人言惡者未必是惡，言善者不必是善。所以然者，或斷訟不避豪貴，故人以爲惡；或將勢抑賤，貴人以爲好。然闕朕之聽，皆貴者言，是以遲迴三復，良由於此。局事須冰清玉潔，明揚褒貶。卿等既是親典，邪正得失，悉所具之，可精辨以聞。鄧述對曰：陛下行賞得人，餘者甘心；若賞不盡能，無以勸勵。如臣愚見，願不行賞。高祖曰：朕昔置此官，許三年考績，必行賞罰。既經今考，若無黜陟，恐正直者莫肯用心，邪曲者無以改肅。自非釋之于公，何能盡其至理。雖不可精其微致，且望粗有殿最。諸尚書更與羣官善量所以。

察舉

綜述

《三國志》卷二《魏志·文帝紀》　〔黄初〕二年春正月，郊祀天地、明堂。甲戌，校獵至原陵，遣使者以太牢祠漢世祖。乙亥，朝日于東郊。初令郡國口滿十萬者，歲察孝廉一人；其有秀異，無拘户口。

《三國志》卷二《魏志·文帝紀》　〔黄初〕三年春正月丙寅朔，日有蝕之。庚午，行幸許昌宫。詔曰：今之計、（考）〔孝〕，古之貢士也；十室之邑，必有忠信，若限年然後取士，是吕尚、周晋不顯於前世也。其令郡國所選，勿拘老幼；儒通經術，吏達文法，到皆試用。有司糾故不以實者。

《三國志》卷二《魏志·文帝紀》〔黄初四年〕夏五月，有鵜鶘鳥集靈芝池，詔曰：此詩人所謂污澤也。曹詩刺恭公遠君子而近小人，今豈有賢智之士處於下位乎？否則斯鳥何爲而至？其博舉天下儁德茂才、獨行君子，以答曹人之刺。

《三國志》卷三《魏志·明帝紀》〔太和二年〕六月，詔曰：尊儒貴學，王教之本也。自頃儒官或非其人，將何以宣明聖道？其高選博士，才任侍中常侍者。申敕郡國，貢士以經學爲先。

《三國志》卷三《魏志·明帝紀》〔太和二年〕冬十月，詔公卿近臣舉良將各一人。

《三國志》卷三《魏志·明帝紀》〔太和〕四年春二月壬午，詔曰：世之質文，隨教而變。兵亂以來，經學廢絶，後生進趣，不由典謨。豈訓導未洽，將進用者不以德顯乎？其郎吏學通一經，才任牧民，博士課試，擢其高第者，亟用；其浮華不務道本者，皆罷退之。

《三國志》卷三《魏志·明帝紀》〔太和四年十二月〕丙寅，詔公卿舉賢良。

《三國志》卷三《魏志·明帝紀》青龍元年春正月甲申，青龍見郟之摩陂井中。二月丁酉，幸摩陂觀龍，於是改年；改摩陂爲龍陂，賜男子爵人二級，鰥寡孤獨無出今年租賦。三月甲子，詔公卿舉賢良篤行之士各一人。

《晉書》卷三《武帝紀》〔陈留王咸熙二年〕十一月，初置四護軍，以統城外諸軍。乙未，令諸郡中正以六條舉淹滯：一曰忠恪匪躬，二曰孝敬盡禮，三曰友于兄弟，四曰潔身勞謙，五曰信義可復，六曰學以爲己。

《晉書》卷三《武帝紀》〔泰始四年十一月〕己未，詔王公卿尹及郡國守相，舉賢良方正直言之士。

《晉書》卷七《成帝紀》〔咸和五年三月〕癸未，詔舉賢良直言之士。

《晉書》卷七《成帝紀》〔咸和六年〕三月壬戌朔，日有蝕之。癸未，詔舉賢良直言之士。

《晉書》卷七《成帝紀》〔咸和七年〕冬十一月壬子朔，進太尉陶侃爲大將軍。詔舉賢良。

《晉書》卷九《簡文帝紀》〔咸安二年〕三月丁酉，詔曰：朕居阿衡三世，不能濟彼時雍，乃至海西失德，殆傾皇祚。賴祖宗靈祇之德，皇太后淑體應期，藩輔忠賢，百官勠力，用能蕩氛霧於昊蒼，耀晨輝於宇宙。遂以眇身，託于王公之上，思賴羣賢，以弼其闕。夫敦本息末，抑絶華競，使清濁異流，能否殊貫，官無秕政，士無謗讟，不有懲勸，則德禮焉施？且強寇未殄，勞役未息，自非軍國戎祀之要，其華飾煩費之用皆省之。夫肥遁窮谷之賢，滑泥揚波之士，雖抗志玄霄，潛默幽岫，貪屈高尚之道，以隆協贊之美，孰與自足山水，棲遲丘壑，徇匹夫之潔，而忘兼濟之大邪？古人不借賢於曩代，朕所以虚想於今日。内外百官，各勤所司，使善無不達，惡無不聞，令詩人無素餐之刺，而吾獲虚心之求焉。

（唐）杜佑《通典》卷一四《選舉·歷代制中》東晉元帝制，揚州歲舉二人，諸州各一人。時以天下喪亂，務存慰勉，遠方孝、秀，不復策試，到即除署。既經略粗定，乃詔試經，有才不中舉者，免其太守。其後孝、秀莫敢應命，有送至京師，皆以疾辭。太興三年，尚書孔坦議請普延五歲，許其講習。乃詔孝廉申至七年，而秀才如故。

《宋書》卷二《武帝紀》〔安帝義熙七年〕先是諸州郡所遣秀才、孝廉，多非其人，公〔劉裕〕表天子，申明舊制，依舊策試。

《宋書》卷六《孝武帝紀》孝建元年春正月己亥朔，車駕親祠南郊，改元，大赦天下。壬寅，以丹陽尹蕭思話爲安北將軍、徐州刺史。甲辰，護軍將軍劉義綦遷職，以尚書令何尚之爲左光禄大夫、護軍將軍。戊申，詔曰：首食尚農，經邦本務，貢士察行，寧朝當道。内難甫康，政訓未洽，衣食有仍耗之弊，選造無觀國之美。昔衛文勤民，高宗恭默，卒能收賢巖穴，大殷季年。朕每側席疚懷，無忘鑒寐。凡諸守莅親民之官，可詳申舊條，勤盡地利。力田善蓄者，在所具以名聞。褒甄之科，精爲其格。四方秀孝，非才勿舉，獻答允值，即就銓擢。若止無可採，猶賜除署；若有不堪酬奉，虚竊榮薦，遣還田里，加以禁錮。尚書百官之元本，庶績之樞機，丞郎列曹，局司有在。而頃事無巨細，悉歸令僕，非所以衆材成構，羣能濟業者也。可更明體制，咸責厥成，糾覈勤惰，嚴施賞罰。

《宋書》卷六《孝武帝紀》〔大明〕六年春正月己丑，湘州刺史建安王休仁加平南將軍。辛卯，車駕親祠南郊。是日，又宗祀明堂。大赦天下。孝子、順孫、義夫、悌弟，賜爵一級，慈姑、節婦及孤老、六疾，賜帛五匹，穀十斛。下四方旌賞茂異，其有懷真抱素，志行清白，恬退自守，不交當世，或識通古今，才經軍國，奉公廉直，高譽在民，具以名奏。

《宋書》卷七《前廢帝紀》〔永光元年八月〕乙亥，詔曰：昔凝神佇逸，磻溪讚道，湛慮思才，傅巖毗化。朕位御三極，風澄萬宇，資鈇電斷，正卯斯戮。思所以仰宣遺烈，俯弘景祚，每結夢庖鼎，瞻言板築，有劬日昃，無忘昧旦。可甄訪郡國，招聘閭部：其有孝性忠節，幽居遯棲，信誠義行，廉正表俗，文敏博識，幹事治民，務加旌舉，隨才引擢。庶官克順，彝倫咸叙。主者精加詳括，稱朕意焉。

《宋書》卷九《後廢帝紀》〔泰豫元年六月壬辰〕又詔曰：夫寢夢期賢，往誥垂美，物色求良，前書稱盛。朕以沖昧，嗣膺寶業，思仰述聖猷，勉弘政道，興言多士，常想得人。可普下牧守，廣加搜採。其有孝友聞族，義讓光閭，或匿名屠釣，隱身耕牧，足以整厲澆風，扶益淳化者，凡厥一善，咸無遺逸。虛輪佇帛，佚聞嘉薦。

《宋書》卷一〇《順帝紀》〔昇明元年〕九月己丑，詔曰：昔聖王既没，淳風已衰，龜書永湮，龍圖長祕。故三代之末，德刑相擾，世淪物競，道陂人諛。然猶正士比轂，奇才接軫。朕襲運金樞，纂靈瑶極，負扆巡政，日晏忘疲，永言興替，望古盈慮。姬、夏典載，猶傳緗帙，漢、魏餘文，布在方册。故元封興茂才之制，地節栁獨行之品。振維務本，存乎得人。今可宣下州郡，搜揚幽仄，摽采鄉邑，隨名薦上。朕將親覽，甄其茂異。庶野無遺彦，永激遐芬。

（唐）杜佑《通典》卷一四《選舉·歷代制中》宋制，丹陽、吴、會稽、吴興四郡歲舉二人，餘郡各一人。凡州秀才、郡孝廉，至皆策試，天子或親臨之。及公卿所舉，皆屬于吏部，叙才銓用。凡舉得失，各有賞罰。失者，其人加禁錮，年月多少，隨群議制。初，廢帝滎陽王時，以蔡廓爲吏部尚書。録尚書徐羡之謂中書令傅亮曰：黄門以下悉委蔡，吾徒不復厝懷，自此以上，故宜共參同異。廓聞之曰：我不能爲徐羡之署紙尾也。遂辭不拜。選案黄紙，録尚書與吏部尚書連名，故廓云署紙尾也。按，宋黄門，第五品也。

（唐）杜佑《通典》卷一四《選舉·歷代制中》齊尚書都令史駱宰議策秀才格，五問並得爲上，四、三爲中，二爲下，一不合與第。謝超宗議以爲：片辭折獄，寸言挫衆，魯史褒貶，孔論興替，皆無俟繁而後秉裁。夫表事之深，析理之會，豈必委牘方切理道。非患對不盡問，患以常文弗奇。必使一通峻正，寧劣五通而常；與其俱奇，一亦宜采。詔從宰議。因習宋代限年之制。然而鄉舉里選，不覈才德，其所進取，以官婚胄籍爲先，遂令甲族以二十登仕，後門以三十試吏，故有增年矯貌，以圖進者。其時士人皆厚結姻援，奔馳造請，浸以成俗。

《梁書》卷二《武帝紀》〔天監〕四年春正月癸卯朔，詔曰：今九流常選，年未三十，不通一經，不得解褐。若有才同甘、顔，勿限年次。

《梁書》卷二《武帝紀》〔天監八年〕五月壬午，詔曰：學以從政，殷勤往哲，禄在其中，抑亦前事。朕思闡治綱，每敦儒術，軾閭闢館，造次以之。故負袟成風，甲科間出，方當置諸周行，飾以青紫。其有能通一經、始末無倦者，策實之後，選可量加叙録。雖復牛監羊肆，寒品後門，並隨才試吏，勿有遺隔。

《梁書》卷二《武帝紀》〔天監〕十四年春正月乙巳朔，皇太子冠，赦天下，賜爲父後者爵一級，王公以下班賚各有差，停遠近上慶禮。丙午，安左將軍、尚書令王瑩進號中權將軍。以鎮西將軍始興王憺爲中撫將軍。辛亥，輿駕親祠南郊。詔曰：朕恭祇明祀，昭事上靈，臨竹宫而登泰壇，服裘冕而奉蒼璧，柴望既升，誠敬克展，思所以對越乾元，弘宣德教；而缺于治道，政法多昧，實佇羣才，用康庶績。可班下遠近，博採英異。若有確然鄉黨，獨行州閭，肥遁丘園，不求聞達，藏器待時，未加收採；或賢良方正，孝悌力田，並即騰奏，具以名上。當擢彼周行，試以邦邑，庶百司咸事，兆民無隱。又世輕世重，隨時約法，前以劓墨，用代重辟，猶念改悔，其路已壅，並可省除。

《梁書》卷三《武帝紀》〔普通三年〕五月壬辰朔，日有蝕之，既。癸巳，赦天下，並班下四方，民所疾苦，咸即以聞，公卿百僚各上封事，連率郡國舉賢良、方正、直言之士。

《梁書》卷三《武帝紀》〔太清二年〕夏四月丙子，詔在朝及州郡

各舉清人任治民者，皆以禮送京師。【略】

〔五月〕癸丑，詔曰：爲國在於多士，寧下寄于得人。朕暗於行事，尤闕治道，孤立在上，如臨深谷。凡爾在朝，咸思匡救，獻替可否，用相啓沃。班下方岳，傍求俊乂，窮其屠釣，盡其巖穴，以時奏聞。

《梁書》卷六《敬帝紀》〔太平二年春正月壬寅〕是日，又詔諸州各置中正，依舊訪舉。不得輒承單狀序官，皆須中正押上，然後量授。詳依品制，務使精實。其荊、雍、青、兖雖暫爲隔閡，衣冠多寓淮海，猶宜不廢司存。會計罷州，尚爲大郡，人士殷曠，可別置邑居。至如分割郡縣，新號州牧，並係本邑，不勞兼置。其選中正，每求耆德該悉，以他官領之。

《隋書》卷二六《百官志》 陳依梁制，年未滿三十者，不得入仕。唯經學生策試得第，諸州光迎主簿，西曹左奏及經爲挽郎得仕。其諸郡，唯正王任丹陽尹經迎得出身，庶姓尹則不得。必有奇才異行殊勳，別降恩旨叙用者，不在常例。其相知表啓通舉者，每常有之，亦無年常考校黜陟之法。既不爲此式，所以勤惰無辨。凡選官無定期，隨闕即補，多更互遷官，未必即進班秩。其官唯論清濁，從濁官得微清，則勝於轉。若有遷授，或由别勑，但移轉一人爲官，則諸官多須改動。其用官式，吏部先爲白牒，録數十人名，吏部尚書與參掌人共署奏。勑或可或不可。其不用者，更銓量奏請。若勑可，則付選，更色別，量貴賤，內外分之，隨才補用。以黄紙録名，八座通署，奏可，即出付典名。而典以名帖鶴頭板，整威儀，送往得官之家。其有特發詔授官者，即宣付詔誥局，作詔章草奏聞。勑可，黄紙寫出門下。門下答詔，請付外施行。又畫可，付選司行召。得詔官者，不必皆須待召。但聞詔出，明日，即與其親入謝後，詣尚書，上省拜受。若拜王公則臨軒。

《魏書》卷三《太宗紀》〔永興五年二月〕庚午，姚興遣使來聘。詔分遣使者巡求儁逸，其豪門強族爲州閭所推者，及有文武才幹、臨疑能决，或有先賢世胄、德行清美、學優義博、可爲人師者，各令詣京師，當隨才叙用，以贊庶政。

《魏書》卷四上《世祖紀》〔延和元年十二月〕先是，辟召賢良，而州郡多逼遣之。詔曰：朕除僞平暴，征討累年，思得英賢，緝熙治道，故詔州郡搜揚隱逸，進舉賢俊。古之君子，養志衡門，德成業就，才爲世使。或雍容雅步，三命而後至；或棲棲遑遑，負鼎而自達。雖徇尚不同，濟時一也。諸召人皆當以禮申諭，任其進退，何逼遣之有也。此刺史、守宰宣揚失旨，豈復光益，乃所以彰朕不德。自今以後，各令鄉閭推舉，守宰但宣朕虛心求賢之意。既至，當待以不次之舉，隨才文武，任之政事。其明宣敕，咸使聞知。

《魏書》卷七上《高祖紀》〔延興二年〕六月，安州民遇水雹，丐租賑恤。丙申，詔曰：頃者州郡選貢，多不以實，碩人所以窮處幽仄，鄙夫所以超分妄進，豈所謂旌賢樹德者也。今年貢舉，尤爲猥濫。自今所遣，皆門盡州郡之高，才極鄉閭之選。

《魏書》卷七下《高祖紀》〔太和十五年八月〕己亥，詔諸州舉秀才，先盡才學。

《魏書》卷七下《高祖紀》〔太和十九年十月〕辛酉，詔州郡諸有士庶經行修敏、文思遒逸，才長吏治、堪幹政事者，以時發遣。

《魏書》卷七下《高祖紀》〔太和二十年三月〕丁丑，詔諸州中正各舉其鄉之民望，年五十以上守素衡門者，授以令長。

《魏書》卷八《世宗紀》〔正始二年夏四月〕乙丑，詔曰：任賢明治，自昔通規，宣風贊務，實惟多士。而中正所銓，但存門第，吏部彝倫，仍不才舉。遂使英德罕昇，司務多滯。不精厥選，將何考陟？八座可審議往代貢士之方，擢賢之體，必令才學並申，資望兼致。

《魏書》卷一一三《官氏志》 正始元年十一月，罷郡中正。

《魏書》卷一一三《官氏志》〔正光元年〕十二月，罷諸州中正，郡縣定姓族，後復。

（唐）杜佑《通典》卷一六《選舉·雜議論上》 孝明帝時，清河王懌以官人失序，上表曰：孝文帝制，出身之人，本以門品高下有恒，若準資蔭，自公卿令僕之子，甲乙丙丁之族，上則散騎祕著，下逮御史長兼，皆條例昭然，文無虧没。自此，或身非三事之子，解褐公府正佐；地非甲乙之類，而得上宰行僚。自茲以降，亦多乖舛。且參軍事專非出身之職，今必釋褐而居，祕著本爲起家之官，今或遷轉以至：斯皆仰失先準，有違明令，非所謂式遵遺範，奉順成規。此雖官人之失，相循已久，然推其彌漫，抑亦有由。何者？信一人之明，當九流之廣，必令該鑑氏族，辨照人倫，才識有限，固難審悉。所以州置中正之官，清定門冑，品藻高卑，四海畫一，專尸衡石，任實不輕。故自置中正以來，暨於太和之日，莫不高擬其人，妙盡茲選，皆須名位重於鄉國，才德允於具瞻，然後可以品裁州郡，綜覈人物。今之所置，多非其人。乞明爲敕制，使官人選才，備依先旨，無令能否乖方，違才易務；并革選中正，一依前軌。庶清源有歸，流序允穆。靈太后詔依表施行，而終不能用。

《北齊書》卷六《孝昭帝紀》〔皇建元年八月〕壬辰，詔分遣大使巡省四方，觀察風俗，問人疾苦，考求得失，搜訪賢良。

（唐）杜佑《通典》卷一四《選舉・歷代制中》至孝昭帝皇建二年，詔：內外執事官從五品以上，三府主簿録事參軍、諸王文學、侍御史，廷尉三官，尚書郎中、中書舍人，每在二年之內，各舉一人。或夙在朝倫，沈屈未用；或先官後進，今見停散；或白屋之人，巾褐未釋。其高才良器，允文允武，理識深長，幹具通濟，操履凝峻，學業宏贍，諸如此輩，隨取一長，無待兼資，方充舉限。表薦之文，指論事實，隨能量用，必陳所堪，不得高談，謬加褒飾。所舉之人，止在一職。三周之內，有犯死罪以下、刑年以上，舉主準舉人之犯，各罰其金；自鞭以下，舉主勿論。若未經三載而更餘轉，通計後官日月，合滿三周。凡所舉人，必主事立功，裨益時政，不限年之遠近。舉主之賞，亦當非次；被舉之人，別當擢授。其違限不舉，依式罰金。又擁旄作鎮，任總百城，分符共理，職司千里，凡其部統，理宜委悉刺史，於所管之內，下郡太守、縣令、丞、尉，府佐，録事參軍以降，州官州都、主簿以下，但霑在吏職及前爲官并白人等，並聽表薦。太守則曹掾以下及管內之人，亦聽表舉。其大州、中州、下州，畿內，上郡、中郡，並三年之內各舉一人。其不入品州并自餘郡守，不在舉限。

《北齊書》卷七《武成帝紀》〔大寧元年冬十一月〕庚申，詔大使巡行天下，求政善惡，問人疾苦，擢進賢良。

《北齊書》卷四四《儒林傳》高祖生於邊朔，長於戎馬之間，因魏氏喪亂之餘，屬尒朱殘酷之舉，文章咸盪，禮樂同奔，弦歌之音且絕，俎豆之容將盡。及仗義建旗，掃清區縣，以正君臣，以齊上下；至乎一人播越，九鼎潛移，文武神器，顧眄斯在；猶且援立宗支，重安社稷，豈非蹋名教之地，漸仁義之風與？

屬疆場多虞，戎車歲駕，雖庠序之制有所未遑，而儒雅之道遽形心慮。魏天平中，范陽盧景裕同從兄禮於本郡起逆，高祖免其罪，置之賓館，以經教授太原公以下。及景裕卒，又以趙郡李同軌繼之，二賢並大蒙恩遇，待以殊禮。同軌之亡，復徵中山張雕、渤海李鉉、刁柔、中山石曜等遞爲諸子師友。及天保、大寧、武平之朝，亦引進名儒，授皇太子諸王經術。

然爰自始基，暨於季世，唯濟南之在儲宮，性識聰敏，頗自砥礪，以成其美，自餘多驕恣傲狠，動違禮度，日就月將，無聞焉爾。鏤冰雕朽，迄用無成，蓋有由也。夫帝子王孫，禀性淫逸，況義方之情不篤，邪僻之路競開，自非得自生知，體包上智，而內有聲色之娛，外多犬馬之好，安能入便篤行，出則友賢者也。徒有師傅之資，終無琢磨之實。下之從化，如風靡草，是以世冑之門，罕聞強學。若使貴遊之輩，飾以明經，可謂稽山竹箭，加之以括羽，俯拾青紫，斷可知焉。而齊氏司存，或失其守，師、保、疑、丞皆賞勳舊，國學博士徒有虛名，唯國子一學，生徒數十人耳。欲求官正國治，其可得乎？冑子以通經仕者唯博陵崔子發、廣平宋遊卿而已，自外莫見其人。

幸朝章寬簡，政網疏闊，遊手浮惰，十室而九。故橫經受業之侶，遍於鄉邑；負笈從宦之徒，不遠千里。伏膺無怠，善誘不倦。入閭里之內，乞食爲資；憩桑梓之陰，動逾千數。燕、趙之俗，此衆尤甚。齊制：諸郡並立學，置博士助教授經，學生俱差逼充員，士流及豪富之家皆不從調。備員既非所好，墳籍固不關懷，又多被州郡官人驅使。縱有遊惰，亦不檢治，皆由上非所好之所致也。諸郡俱得察孝廉，其博士、助教及遊學之徒通經者，推擇充舉。射策十條，通八以上，聽九品出身，其尤異者亦蒙抽擢。

《周書》卷二《文帝紀》〔大統〕十一年春三月，令曰：古之帝王所以外建諸侯內立百官者，非欲富貴其身而尊榮之，蓋以天下至廣，非一人所能獨治，是以博訪賢才，助己爲治。若其知賢也，則以禮命之。其人聞命之日，則慘然曰：凡受人之事，任人之勞，何捨己而從人。又自勉曰：天生儁士，所以利時。彼人主者，欲與我爲治，安可苟辭。於是降心而受命。及居官也，則晝不甘食，夜不甘寢，思所以上匡人主，下安百姓；不遑恤其私而憂其家，故妻子或有饑寒之弊而不顧也。於是人主賜之以俸禄，尊之以軒冕，而不以爲惠也。賢臣受之，亦不以爲德也。位不虛加，禄不妄賜。爲人君者，誠能以此道授官，爲人臣者，誠能以此情受位，則天下之大，可不言而治矣。昔堯、舜之爲君，稷、契之爲臣，用此道也。及後世衰微，此道遂廢，乃以官職爲私恩，爵禄爲榮惠。人君之命官也，親則授之，愛則任之。人臣之受位也，可以尊身而潤屋者，則迂道而求之；損身而利物者，則巧言而辭之。於是至公之道没，而姦詐之萌生。天下不治，正爲此矣。今聖主中興，思去澆偽。諸在朝之士，當念職事之艱難，負闕之招累，夙夜兢兢，如臨深履薄。才堪者，則審己而當之；不堪者，則收短而避之。使天官不妄加，王爵不虛受，則淳素之風，庶幾可反。

《周書》卷三《孝閔帝紀》〔元年八月〕甲午，詔曰：帝王之治天下，罔弗博求衆才，以乂厥民。今二十四軍宜舉賢良堪治民者，軍列九人。被舉之人，於後不稱厥任者，所舉官司，皆治其罪。

《周書》卷五《武帝紀》〔建德三年二月〕丙午，令六府各舉賢良清正之人。

《周書》卷六《武帝紀》〔建德四年冬閏十月〕詔諸畿郡各舉賢良。

《周書》卷六《武帝紀》〔建德六年〕三月壬午，詔山東諸州，各舉明經幹治者二人。若奇才異術，卓爾不羣者，弗拘多少。

《周書》卷六《武帝紀》〔建德六年秋七月〕己丑，詔山東諸州舉有才者，上縣六人，中縣五人，下縣四人，赴行在所，共論治政得失。

《周書》卷六《武帝紀》〔建德六年九月〕壬辰，詔東土諸州儒生，明一經已上，並舉送，州郡以禮發遣。

《周書》卷七《宣帝紀》〔宣政元年八月壬申〕詔制九條，宣下州郡：一曰，決獄科罪，皆准律文；二曰，母族絶服外者，聽婚；三曰，以杖決罰，悉令依法；四曰，郡縣當境賊盗不擒獲者，竝仰録奏；五曰，孝子順孫義夫節婦，表其門閭，才堪任用者，即宜申薦；六曰，或昔經驅使，名位未達，或沉淪蓬蓽，文武可施，宜竝採訪，具以名奏；七曰，偽齊七品以上，已勑收用，八品以下，爰及流外，若欲入仕，皆聽預選，降二等授官；八曰，州舉高才博學者爲秀才，郡舉經明行修者爲孝廉，上州、上郡歲一人，下州、下郡三歲一人；九曰，年七十以上，依式授官，鰥寡困乏不能自存者，竝加稟恤。

《周書》卷八《静帝紀》大定元年春正月壬午，詔曰：朕以不天，夙遭極罰。光陰遄速，遽及此辰。窮慕纏綿，言增號絶。踰祀革號，憲章前典，可改大象三年爲大定元年。乙酉，歲星逆行，守右執法；熒惑掩房北第一星。丙戌，詔曰：帝王設官，惟才是務，人臣報國，薦賢爲重。去歲已來，屢有妖寇，宰臣英算，咸得清蕩。逆亂之後，兵車始輯，遐邇勞役，生民未康。居官之徒，致治者寡。斯故上失其道，以至於茲，亦由下有幽人，未展其力。今四海寧一，八表無塵，元輔執鈞，垂風揚化。若使天下英傑，盡升於朝，銓衡陟降，量才而處，垂拱無爲，庶幾可至。於是遣戎秩上開府以上，職事下大夫以上，外官刺史以上，各舉清平勤幹者三人。被舉之人，居官三年有功過者，所舉之人，隨加賞罰。

紀事

《三國志》卷二五《魏志·楊阜傳》後詔大議政治之不便於民者，阜議以爲：致治在於任賢，興國在於務農。若舍賢而任所私，此忘治之甚者也。廣開宫館，高爲臺榭，以妨民務，此害農之甚者也。百工不敦其器，而競作奇巧，以合上欲，此傷本之甚者也。孔子曰：苛政甚於猛虎。今守功文俗之吏，爲政不通治體，苟好煩苛，此亂民之甚者也。當今之急，宜去四甚，並詔公卿郡國，舉賢良方正敦樸之士而選用之，此亦求賢之一端也。

《晉書》卷二八《五行志》成帝咸和六年正月丁巳，會州郡秀孝於樂賢堂，有麐見於前，獲之。孫盛以爲吉祥。夫秀孝，天下之彦士；樂賢堂，所以樂養賢也。自喪亂以後，風教陵夷，秀孝策試，乏四科之實。麐興於前，或斯故乎？

《晉書》卷四一《魏舒傳》年四十餘，郡上計掾察孝廉。宗黨以舒無學業，勸令不就，可以爲高耳。舒曰：若試而不中，其負在我，安可虛竊不就之高以爲己榮乎。於是自課，百日習一經，因而對策升第。除灑池長，遷浚儀令，入爲尚書郎。時欲沙汰郎官，非其才者罷之。舒曰：吾即其人也。樸被而出。同僚素無清論者咸有愧色，談者稱之。

《晉書》卷四四《鄭袤傳》 初，帝以貴公子當品，鄉里莫敢與爲輩，求之州內，于是十二郡中正僉共舉默。文帝與袤書曰：小兒得廁賢子之流，愧有竊賢之累。及武帝出祀南郊，詔使默驂乘，因謂默曰：卿知何以得驂乘乎？昔州里舉卿相輩，常愧有累清談。遂問政事，對曰：勸穡務農，爲國之基。選人得才，濟世之道。居官久職，政事之宜。明慎黜陟，勸戒之由。崇尚儒素，化導之本。如此而已矣。帝善之。

《晉書》卷四四《華表傳》 初，恒爲州大中正，鄉人任讓輕薄無行，爲恒所黜。及讓在峻軍中，任勢多所殺害，見恒輒恭敬，不肆其虐。鍾雅、劉超之死，亦將及恒，讓盡心救衛，故得免。

《晉書》卷四六《李重傳》 太熙初，遷廷尉平。駁廷尉奏邯鄲醉等，文多不載。再遷中書郎，每大事及疑議，輒參以經典處決，多皆施行。遷尚書吏部郎，務抑華競，不通私謁，特留心隱逸，由是羣才畢舉，拔用北海西郭湯、琅邪劉珩、燕國霍原、馮翊吉謀等爲祕書郎及諸王文學，故海內莫不歸心。時燕國中正劉沈舉霍原爲寒素，司徒府不從，沈又抗詣中書奏原，而中書復下司徒參論。司徒左長史荀組以爲：寒素者，當謂門寒身素，無世祚之資。原爲列侯，顯佩金紫，先爲人間流通之事，晚乃務學，少長異業，年踰始立，草野之譽未洽，德禮無聞，不應寒素之目。重奏曰：案如癸酉詔書，廉讓宜崇，浮競宜黜。其有履謙寒素靖恭求己者，應有以先之。如詔書之旨，以二品繫資，或失廉退之士，故開寒素以明尚德之舉。司徒總御人倫，實掌邦教，當務峻準評，以一風流。然古之厲行高尚之士，或棲身巖穴，或隱跡丘園，或克己復禮，或耄期稱道，出處默語，唯義所在。未可以少長異操，疑其所守之美，而遠同終始之責，非所謂擬人必於其倫之義也。誠當考之於邦黨之倫，審之於任舉之主。沈爲中正，親執銓衡。陳原隱居求志，篤古好學，學不爲利，行不要名，絕跡窮山，韞韣道藝，外無希世之容，內全遁逸之節，行成名立，搢紳慕之，委質受業者千里而應，有孫孟之風，嚴鄭之操。始舉原，先諮侍中、領中書監華，前州大中正、後將軍嬰，河南尹軼。去三年，諸州還朝，幽州刺史許猛特以原名聞，擬之西河，求加徵聘。如沈所列，州黨之議既舉，又刺史班詔表薦，如此而猶謂草野之譽未洽，德禮無聞，舍所徵檢之實，而無明理正辭，以奪沈所執。且應二品，非所求備。但原定志窮山，修述儒道，義在可嘉。若遂抑替，將負幽邦之望，傷敦德之教。如詔書所求之旨，應爲二品。詔從之。

《晉書》卷五一《王接傳》 永寧初，舉秀才。友人滎陽潘滔遺接書曰：摯虞、卞玄仁並謂足下應和鼎味，可無以應秀才行。接報書曰：今世道交喪，將遂剝亂，而識智之士鉗口韜筆，禍敗日深，如火之燎原，其可救乎？非榮斯行，欲極陳所見，冀有覺悟耳。是歲，三王義舉，惠帝復阼，以國有大慶，天下秀孝一皆不試，接以爲恨。除中郎，補征虜將軍司馬。

《晉書》卷五二《郤詵傳》 泰始中，詔天下舉賢良直言之士，太守文立舉詵應選。

《晉書》卷五五《夏侯湛傳》 少爲太尉掾。泰始中，舉賢良，對策中第，拜郎中，累年不調，乃作抵疑以自廣。

《晉書》卷五七《馬隆傳》 馬隆字孝興，東平平陸人。少而智勇，好立名節。魏兗州刺史令狐愚坐事伏誅，舉州無敢收者。隆以武吏託稱愚客，以私財殯葬，服喪三年，列植松柏，禮畢乃還，一州以爲美談。署武猛從事。

泰始中，將興伐吳之役，下詔曰：吳會未平，宜得猛士以濟武功。雖舊有薦舉之法，未足以盡殊才。其普告州郡，有壯勇秀異才力傑出者，皆以名聞，將簡其尤異，擢而用之。苟有其人，勿限所取。兗州舉隆才堪良將。稍遷司馬督。

《晉書》卷六〇《索靖傳》 索靖字幼安，敦煌人也。累世官族，父湛，北地太守。靖少有逸羣之量，與鄉人氾衷、張甝、索紾、索永俱詣太學，馳名海內，號稱敦煌五龍。四人並早亡，唯靖該博經史，兼通內緯。州辟別駕，郡舉賢良方正，對策高第。

《晉書》卷七〇《甘卓傳》 中興初，以邊寇未靜，學校陵遲，特聽不試孝廉，而秀才猶依舊策試。卓上疏以爲：答問損益，當須博通古今，明達政體，必求諸墳索，乃堪其舉。臣所忝州往遭寇亂，學校久替，人士流播，不得比之餘州。策試之由，當藉學功，謂宜同孝廉例，申與期限。疏奏，朝議不許。卓於是精加隱括，備禮舉桂陽谷儉爲秀才。儉辭不獲命，州厚禮遣之。諸州秀才聞當考試，皆憚不行，惟儉一人到臺，遂不復策試。儉恥其州少士，乃表求試，以高第除中郎。

《晉書》卷七一《陳頵傳》 太興初，以疾徵。久之，白衣兼尚書，因陳時務，以爲昔江外初平，中州荒亂，故貢舉不試。宜漸循舊，搜揚隱逸，試以經策。又馬隆、孟觀雖出貧賤，勳濟甚大，以所不習，而統戎事，鮮能以濟。宜開舉武略任將率者，言問核試，盡其所能，然後隨才授任。舉十得一，猶勝不舉，況或十得二三。日磾降虜，七世內侍；由余戎狄，入爲秦相。豈藉華宗之族，見齒於奔競之流乎。宜引幽滯之儁，抑華校實，則天清地平，人神感應。

《晉書》卷七八《孔坦傳》 先是，以兵亂之後，務存慰悅，遠方秀孝到，不策試，普皆除署。至是，帝申明舊制，皆令試經，有不中科，刺史、太守免官。太興三年，秀孝多不敢行，其有到者，並託疾。帝欲除署孝廉，而秀才如前制。坦奏議曰：臣聞經邦建國，教學爲先，移風崇化，莫尚斯矣。古者且耕且學，三年而通一經，以平康之世，猶假漸漬，積以日月。自喪亂以來，十有餘年，干戈載揚，俎豆禮戢，家廢講誦，國闕庠序，率爾責試，竊以爲疑。然宣下以來，涉歷三載，累遇慶會，遂未一試。揚州諸郡，接近京都，懼累及君父，多不敢行。其遠州邊郡，掩誣朝廷，冀於不試，冒昧來赴，既到審試，遂不敢會。臣愚以不會與不行，其爲闕也同。若當偏加除署，是爲肅法奉憲者失分，僥倖投射者得官，積風傷教，懼於是始。

夫王言如絲，其出如綸，臨事改制，示短天下，人聽有惑，臣竊惜之。愚以王命無貳，憲制宜信。去年察舉，一皆策試。如不能試，可不拘到，遣歸不署。又秀才雖以事策，亦汜問經義，苟所未學，實難闇通，不足復曲碎垂例，違舊造異。謂宜因其不會，徐更革制。可申明前下，崇修學校，普延五年，以展講習，鈞法齊訓，示人軌則。夫信之與法，爲政之綱，施之家室，猶弗可貳，況經國之典而可翫黷乎。

帝納焉。聽孝廉申至七年，秀才如故。

《晉書》卷八一《劉胤傳》 劉胤字承胤，東萊掖人，漢齊悼惠王肥之後也。美姿容，善自任遇，交結時豪，名著海岱間，士咸慕之。舉賢良，辟司空掾，並不就。

《晉書》卷九一《儒林傳・虞喜》 咸和末，詔公卿舉賢良方正直言之士，太常華恒舉喜爲賢良。會國有軍事，不行。咸康初，內史何充上疏曰：臣聞二八舉而四門穆，十亂用而天下安，徽猷克闡，有自來矣。方今聖德欽明，思恢遐烈，旌輿整駕，俟賢而動。伏見前賢良虞喜天挺貞素，高尚邈世，束脩立德，皓首不倦，加以傍綜廣深，博聞強識，鑽堅研微有弗及之勤，處靜味道無風塵之志，高枕柴門，怡然自足。宜使蒲輪紓衡，以旌殊操，一則翼贊大化，二則敦勵薄俗。疏奏，詔曰：尋陽翟湯、會稽虞喜並守道清貞，不營世務，耽學高尚，操擬古人。往雖徵命而不降屈，豈素絲難染而搜引禮簡乎。政道須賢，宜納諸廊廟。其並以散騎常侍徵之。又不起。

《晉書》卷一一七《姚興載記》 興令郡國各歲貢清行孝廉一人。

《宋書》卷九三《隱逸傳・劉凝之》 劉凝之字志安，小名長年，南郡枝江人也。父期公，衡陽太守，兄盛公，高尚不仕。

凝之慕老萊、嚴子陵爲人，推家財與弟及兄子，立屋於野外，非其力不食，州里重其德行。州三禮辟西曹主簿，舉秀才，不就。妻梁州刺史郭銓女也，遣送豐麗，凝之悉散之親屬。妻亦能不慕榮華，與凝之共安儉苦。夫妻共乘薄笨車，出市買易，周用之外，輒以施人。爲村里所誣，一年三輸公調，求輒與之。有人嘗認其所著屐，笑曰：僕著之已敗，令家中覓新者備君也。此人後田中得所失屐，送還之，不肯復取。元嘉初，徵爲祕書郎，不就。

《南齊書》卷三六《謝超宗傳》 泰始初，爲建安王司徒參軍事，尚書殿中郎。三年，都令史駱宰議策秀才考格，五問竝得爲上，四、三爲中，二爲下，一不合與第。超宗議以爲片辭折獄，寸言挫衆，魯史褒貶，孔論興替，皆無俟繁而後秉裁。夫表事之淵，析理之會，豈必委牘方切治道。非患對不盡問，患以恒文弗奇。必使一通峻正，寧劣五通而常；與其俱奇，必使一亦宜採。詔從宰議。

《南史》卷一九《謝超宗傳》 泰始中，爲尚書殿中郎。三年，都令史駱宰議策秀孝格，五問並得爲上，四三爲中，二爲下，一不第。超宗議不同，詔從宰議。

《魏書》卷六〇《韓麒麟傳》 顯宗又上言曰：進賢求才，百王之所先也。前代取士，必先正名，故有賢良、方正之稱。今之州郡貢察，徒有秀、孝之名，而無秀、孝之實。而朝廷但檢其門望，不復彈坐。如此，則可令別貢門望，以叙士人，何假冒秀、孝之名也？夫門望者，是其父祖之遺烈，亦何益於皇家？益於時者，賢才而已。苟有其才，雖屠釣奴虜之賤，聖皇不耻以爲臣；苟非其才，雖三后之胤，自墜於皁隸矣。是以大才受大官，小才受小官，各得其所，以致雍熙。議者或云，今世等無奇才，不若取士於門。此亦失矣。豈可以世無周邵，便廢宰相而不置哉？但當校其有寸長銖重者，即先叙之，則賢才無遺矣。

《北齊書》卷四四《儒林傳・馬敬德》 馬敬德，河間人也。少好儒術，負笈隨大儒徐遵明學《詩》、《禮》，略通大義而不能精。遂留意於《春秋左氏》，沉思研求，晝夜不倦，解義爲諸儒所稱。教授於燕、趙間，生徒隨之者衆。河間郡王每於教學追之，將舉爲孝廉，固辭不就。乃詣州求舉秀才，舉秀才例取文士，州將以其純儒，無意推薦。敬德請試方略，乃策問之，所答五條，皆有文理。乃欣然舉送至京。依秀才策問，唯得中第，乃請試經業，問十條並通。擢授國子助教，遷太學博士。

《北齊書》卷四五《文苑傳・樊遜》 梁州刺史劉殺鬼以遜兼録事參軍，仍舉秀才。尚書案舊令，下州三載一舉秀才，爲五年已貢開封人鄭祖獻，計至此年未合。兼别駕王聰抗議，右丞陽斐不能却。尚書令高隆之曰：雖遜才學優異，待明年仕非遠。遜竟還本州。八年，轉兼長史，從軍南討。軍還，殺鬼移任潁川，又引遜兼潁州長史。天保元年，本州復召舉秀才。二年春，會朝堂對策罷，中書郎張子融奏入。至四年五月，遜與定州秀才李子宣等以對策三年不調，被付外，上書請從聞罷，詔不報。

《周書》卷三六《王士良傳》 孝昭即位，遣三道使搜揚人物。士良與尚書令趙郡王高叡、太常卿崔昂分行郡國，但有一介之善者，無不以聞。

薦舉

綜述

《晉書》卷三《武帝紀》 〔泰始五年〕十二月，詔州郡舉勇猛秀異之才。

《晉書》卷三《武帝紀》 〔泰始七年〕六月，詔公卿以下舉將帥各一人。

《晉書》卷三《武帝紀》 〔泰始八年二月〕詔内外羣官舉任邊郡者各三人。

《晉書》卷三《武帝紀》 〔太康九年〕五月，義陽王奇有罪，黜爲三縱亭侯。詔内外羣官舉守令之才。

《宋書》卷五《文帝紀》 〔元嘉十二年夏四月〕丙辰，詔曰：周宗以寧，實由多士，漢室之隆，亦資得人。朕寐寤樂賢，爲日已久，而則哲難階，明揚莫効。用令遺才在野，管庫虚朝，永懷前載，慚德深矣。夫舉爾所知，宣尼之篤訓，貢士任官，先代之成准。便可宣敕内外，各有薦舉。當依方銓引，以觀厥用。

《宋書》卷八《明帝紀》 〔泰始二年十一月壬辰〕又詔曰：夫秉機詢政，立教之攸本；舉賢聘逸，弘化之所基。故負鼎進策，殷代以康；釋釣作輔，周祚斯乂。朕甫承大業，訓道未敷，雖側席忠規，竚夢巖築，而良圖莫薦，奇士弗聞，永鑒通古，無忘宵寐。今藩隅克晏，敷化維始，屢懷存治，實望箴闕。王公卿尹，羣僚庶官，其有嘉謀直獻，匡俗濟時，咸切事陳奏，無或依隱。若乃林澤貞栖，丘園耿潔，博洽古今，敦崇孝讓，四方在任，可明書搜揚，具即以聞，隨就褒立。

《宋書》卷八《明帝紀》 〔泰始五年九月〕己未，詔曰：夫箕、潁之操，振古所貴，沖素之風，哲王攸重。朕屬横流之會，接難晦之辰，龕暴剪亂，日不暇給。今雖關、隴猶靄，區縣澄氛，偃武修文，於是乎在。思崇廉耻，用静馳薄，固已物色載懷，寢興竚歎。其有貞栖隱約，息事衡樊，鑿坏遺榮，負釣辭聘，志恬江海，行高塵俗者，在所精加搜括，時以名聞。將賁園矜德，茂昭厥禮。羣司各舉所知，以時授爵。

《南齊書》卷三《武帝紀》 永明元年春正月辛亥，車駕祠南郊，大赦，改元。壬子，詔內外羣僚各舉朕違，肆心規諫。又詔王公卿士，各舉所知，隨方登叙。

《南齊書》卷三《武帝紀》〔永明八年〕夏四月戊辰，詔公卿已下各舉所知，隨才授職。進得其人，受登賢之賞；薦非其才，獲濫舉之罰。

《南齊書》卷四《鬱林王紀》 隆昌元年春正月丁未，改元，大赦。【略】又詔王公以下各舉所知。

《南齊書》卷六《明帝紀》〔建武〕二年春正月辛未，詔京師繫囚殊死，可降爲五歲刑，三署見徒五歲以下，悉原散。王公以下，各舉所知。隨王公卿士，內外羣僚，各舉朕違，肆心極諫。

《梁書》卷二《武帝紀》〔天監〕五年春正月丁卯朔，詔曰：在昔周、漢，取士方國。頃代凋訛，幽仄罕被，人孤地絶，用隔聽覽，士操淪胥，因茲靡勸。豈其岳瀆縱靈，偏有厚薄，寔由知與不知、用與不用耳。朕以菲德，君此兆民，而兼明廣照，屈於堂戶，飛耳長目，不及四方，永言愧懷，無忘旦夕。凡諸郡國舊族邦內無在朝位者，選官搜括，使郡有一人。

《梁書》卷二《武帝紀》〔天監七年二月〕庚午，詔於州郡縣置州望、郡宗、鄉豪各一人，專掌搜薦。

《梁書》卷三《武帝紀》〔普通七年〕夏四月乙酉，太尉臨川王宏薨。南州津改置校尉，增加俸秩。詔在位羣臣，各舉所知，凡是清吏，咸使薦聞，州年舉二人，大郡一人。

《陳書》卷三《世祖紀》〔天嘉元年〕秋七月甲寅，詔曰：朕以眇身，屬當大寶，負荷至重，憂責實深，而庶績未康，胥怨猶結，佇咨賢良，發於夢想，每有一言入聽，片善可求，何嘗不襃獎抽揚，緘書紳帶。而傅巖虛往，穹谷尚淹，蒲幣空陳，旌弓不至。豈當有乖則哲，使草澤遺才？將時運澆流，今不逮古？側食長懷，寢興增歎。新安太守陸山才有啓，薦梁前征西從事中郎蕭策，梁前尚書中兵郎王暹，竝世冑清華，羽儀著族，或文史足用，或孝德可稱，竝宜登之朝序，擢以不次。王公已下，其各進舉賢良，申薦淪屈，庶衆才必萃，大廈可成，使棫樸載哥，由庚在詠。

《陳書》卷六《後主紀》〔太建十四年三月〕癸亥，詔曰：夫體國經野，長世字甿，雖因革儻殊，弛張或異，至於旁求俊乂，爰逮側微，用適和羹，是隆大廈，上智中主，咸由此術。朕以寡薄，嗣膺景祚，雖哀疚在躬，情慮惛舛，而宗社任重，黎庶務殷，無由自安拱默，敢忘康濟，思所以登顯髦彥，式備周行。但空勞宵夢，屢勤史卜，五就莫來，〔五〕〔八〕能不至。是用〔甲〕〔申〕旦凝慮，景夜損懷。豈以食玉炊桂，無因自達？將懷寶迷邦，咸思獨善？應內外衆官九品已上，可各薦一人，以會彙征之旨。且取備實難，舉長或易，小大之用，明言所施，勿得南箕北斗，名而非實。其有負能仗氣，擯壓當時，著賓戲以自憐，草客嘲以慰志，人生一世，逢遇誠難，亦宜去此幽谷，翔茲天路，趨銅馳以觀國，望金馬而來庭，便當隨彼方圓，飭之矩矱。

《魏書》卷七上《高祖紀》〔延興二年秋七月〕壬寅，詔州郡縣各遣二人才堪專對者，赴九月講武，當親問風俗。

《魏書》卷七下《高祖紀》〔太和十七年九月戊辰〕孝悌廉義、文武應求者，皆以名聞。

《魏書》卷七下《高祖紀》〔太和十八年春正月癸亥〕孝悌廉義、文武應求者，皆以名聞。

《魏書》卷七下《高祖紀》〔太和十八年十一月辛未朔〕孝義廉貞、文武應求者，具以名聞。

《魏書》卷七下《高祖紀》〔太和十八年十二月丁卯〕孝悌廉義、文武應求，具以名聞。

《魏書》卷七下《高祖紀》〔太和十九年〕夏四月壬子，詔濟州、東郡、滎陽及河南諸縣車駕所經者，百年以上賜假縣令，九十以上賜爵三級，八十以上賜爵二級，七十以上賜爵一級；孤老鰥寡不能自存，賜以穀帛；孝悌廉義、文武應求者具以名聞。

《魏書》卷七下《高祖紀》〔太和二十一年五月庚寅〕其孝友德義、文學才幹，悉仰貢舉。

《魏書》卷九《肅宗紀》〔孝昌元年三月〕甲戌，詔曰：選衆而舉，其來自昔。朕纘承大業，綜理萬幾，求賢致治，心焉若渴。知人則哲，振古所難，宜博訪公卿，採茲聲實。可令第一品以下五品以上，人各薦其所知，不限素身居職。必使精辯器藝，具注所能，然後依牒簡擢，隨才收叙，庶濟濟之美，無替往時，謇謇之直，有申茲歲。

《魏書》卷一〇《孝莊紀》〔建義元年五月〕壬午，詔求德行、文藝、政事強直者，縣令、太守、刺史皆叙其志業，具以表聞。得三人以上，縣令、太守、刺史賞一階；舉非其人，亦黜一階。又以舊叙軍勳不過征虜，自今以後宜依前式以上，餘階積而爲品。其從輿駕北來之徒，不在此例。悉不聽破品受階，破階請帛。

《魏書》卷一二《孝静紀》〔天平〕三年春正月癸卯朔，饗羣臣於前殿。戊申，詔百官舉士，舉不稱才者兩免之。

《北齊書》卷六《孝昭帝紀》〔皇建二年〕二月丁丑，詔內外執事之官從五品已上及三府主簿録事參軍、諸王文學、侍御史、廷尉三官、尚書郎中、中書舍人，每二年之內各舉一人。

《北齊書》卷八《後主帝紀》〔天統三年春正月〕戊戌，太上皇帝詔京官執事散官三品已上各舉三人，五品已上各舉二人；稱事七品已上及殿中侍御史、尚書都、檢校御史、主書及門下録事各舉一人。

《周書》卷三《孝閔帝紀》〔元年八月〕甲午，詔曰：帝王之治天下，罔弗博求衆才，以乂厥民。今二十四軍宜舉賢良堪治民者，軍列九人。被舉之人，於後不稱厥任者，所舉官司，皆治其罪。

紀事

《三國志》卷九《魏志・夏侯玄傳》太傅司馬宣王問以時事，玄議以爲：夫官才用人，國之柄也，故銓衡專於臺閣，上之分也，孝行存乎閭巷，優劣任之鄉人，下之叙也。夫欲清教審選，在明其分叙，不使相涉而已。何者？上過其分，則恐所由之不本，而干勢馳騖之路開；下踰其叙，則恐天爵之外通，而機權之門多矣。夫天爵下通，是庶人議柄也；機權多門，是紛亂之原也。自州郡中正品度官才之來，有年載矣，緬緬紛紛，未聞整齊，豈非分叙參錯，各失其要之所由哉。若令中正但考行倫輩，倫輩當行均，斯可官矣。何者？夫孝行著於家門，豈不忠恪於在官乎？仁恕稱於九族，豈不達於爲政乎？義斷行於鄉黨，豈不堪於事任乎？三者之類，取於中正，雖不處其官名，斯任官可知矣。行有大小，比有高下，則所任之流，亦涣然明别矣。奚必使中正干銓衡之機於下，而執機柄者有所委仗於上，上下交侵，以生紛錯哉？且臺閣臨下，考功校否，衆職之屬，各有官長，旦夕相考，莫究於此；閭閻之議，以意裁處，而使匠宰失位，衆人驅駭，欲風俗清静，其可得乎？天臺縣遠，衆所絶意。所得至者，更在側近，孰不脩飾以要所求？所求有路，則脩己家門者，已不如自達于鄉黨矣。自達鄉黨者，已不如自求之於州邦矣。苟開之有路，而患其飾真離本，雖復嚴責中正，督以刑罰，猶無益也。豈若使各帥其分，官長則各以其屬能否獻之臺閣，臺閣則據官長能否之第，參以鄉閭德行之次，擬其倫比，勿使偏頗。中正則唯考其行迹，别其高下，審定輩類，勿使升降。臺閣總之，如其所簡，或有參錯，則其責負自在有司。官長所第，中正輩擬，比隨次率而用之，如其不稱，責負在外。然則內外相參，得失有所，互相形檢，孰能相飾？斯則人心定而事理得，庶可以静風俗而審官才矣。

《三國志》卷一三《魏志・華歆傳》三府議：舉孝廉，本以德行，不復限以試經。歆以爲喪亂以來，六籍墮廢，當務存立，以崇王道。夫制法者，所以經盛衰。今聽孝廉不以經試，恐學業遂從此而廢。若有秀異，可特徵用。患於無其人，何患不得哉？帝從其言。

《三國志》卷二七《魏志・王昶傳》青龍四年，詔欲得有才智文章，謀慮淵深，料遠若近，視昧而察，籌不虚運，策弗徒發，端一小心，清脩密静，乾乾不解，志尚在公者，無限年齒，勿拘貴賤，卿校已上各舉一人。太尉司馬宣王以昶應選。

（唐）歐陽詢《藝文類聚》卷五七《雜文部・連珠》魏王粲儆《連珠》曰：臣聞明主之舉士，不待近習；聖君之用人，不拘毀譽。故呂尚一見而爲師，陳平烏集而爲輔。

（唐）杜佑《通典》卷一四《選舉・歷代制中》魏文帝爲魏王時，三方鼎立，士流播遷，四人錯雜，詳覈無所。延康元年，吏部尚書陳群以天朝選用不盡人才，乃立九品官人之法，州郡皆置中正，以定其選，擇州郡之賢有識鑒者爲之，區别人物，第其高下。又制：郡口十萬以上，歲察一人，其有秀異，不拘户口。

《三國志》卷四三《蜀志·吕凱傳》 及丞相亮南征討闓，既發在道，而闓已爲高定部曲所殺。亮至南，上表曰：永昌郡吏吕凱、府丞王伉等，執忠絶域，十有餘年，雍闓、高定偪其東北，而凱等守義不與交通。臣不意永昌風俗敦直乃爾。以凱爲雲南太守，封陽遷亭侯。

《三國志》卷六一《吴志·陸凱傳》 予連從荆、揚來者得凱所諫皓二十事，博問吴人，多云不聞凱有此表。又按其文殊甚切直，恐非皓之所能容忍也。或以爲凱藏之篋笥，未敢宣行，病困，皓遣董朝省問欲言，因以付之。虚實難明，故不著于篇，然愛其指擿皓事，足爲後戒，故鈔列于凱傳左云。

皓遣親近趙欽口詔報凱前表曰：孤動必遵先帝，有何不平？君所諫非也。又建業宫不利，故避之，而西宫室宇摧朽，須謀移都，何以不可徙乎？

凱上疏曰：【略】先帝簡士，不拘卑賤，任之鄉閭，效之於事，舉者不虚，受者不妄。今則不然，浮華者登，朋黨者進，是不遵先帝十四也。

《晋書》卷五二《華譚傳》 又策曰：昔帝舜以二八成功，文王以多士興周。夫制化在於得人，而賢才難得。今大統始同，宜搜才實。州郡有貢薦之舉，猶未獲出羣卓越之倫。將時無其人？有而致之未得其理也？對曰：臣聞興化立法，非賢無以光其道；平世理亂，非才無以宣其業。上自皇羲，下及帝王，莫不張皇綱以羅遠，飛仁風以被物。故得賢則教興，失人則政廢。今四海一統，萬里同風，州郡貢秀孝，臺府簡良才，以八紘之廣，兆庶之衆，豈當無卓越儁逸之才乎。譬猶南海不少明月之寶，大宛不乏千里之駒也。異哲難見，遠數難覩，故堯舜太平之化，二八由舜而甫顯；殷湯革王之命，伊尹負鼎而方用。當今聖朝禮亡國之士，接遐裔之人，或貂蟬於帷幄，或剖符於千里，巡狩必有吕公之遇，宵夢必有巖穴之感。賢儁之出，可企踵而待也。

時九州秀孝策無逮譚者。譚素以才學爲東土所推。同郡劉頌時爲廷尉，見之歎息曰：不悟鄉里乃有如此才也。博士王濟於衆中嘲之曰：五府初開，羣公辟命，採英奇於仄陋，拔賢儁於巖穴。君吴楚之人，亡國之餘，有何秀異而應斯舉？譚答曰：秀異固産於方外，不出於中域也。是以明珠文貝，生於江鬱之濱；夜光之璞，出乎荆藍之下。故以人求之，文王生於東夷，大禹生於西羌。子弗聞乎？昔武王克商，遷殷頑民於洛邑，諸君得非其苗裔乎？濟又曰：夫危而不持，顛而不扶，至於君臣失位，國亡無主，凡在冠帶，將何所取哉。答曰：吁，存亡有運，興衰有期，天之所廢，人不能支。徐偃修仁義而失國，仲尼逐魯而逼齊，段干偃息而成名，諒否泰有時，曷人力之所能哉。濟甚禮之。

《晋書》卷六八《賀循傳》 賀循字彦先，會稽山陰人也。其先慶普，漢世傳禮，世所謂慶氏學。族高祖純，博學有重名，漢安帝時爲侍中，避安帝父諱，改爲賀氏。曾祖齊，仕吴爲名將。祖景，滅賊校尉。父邵，中書令，爲孫皓所殺，徙家屬邊郡。

循少嬰家難，流放海隅，吴平，乃還本郡。操尚高厲，童齔不羣，言行進止，必以禮讓。國相丁乂請爲五官掾。刺史嵇喜舉秀才，除陽羨令，以寬惠爲本，不求課最。後爲武康令，俗多厚葬，及有拘忌迴避歲月，停喪不葬者，循皆禁焉。政教大行，鄰城宗之。然無援於朝，久不進序。著作郎陸機上疏薦循曰：伏見武康令賀循德量邃茂，才鑒清遠，服膺道素，風操凝峻，歷試二城，刑政肅穆。前蒸陽令郭訥風度簡曠，器識朗拔，通濟敏悟，才足幹事。循守下縣，編名凡悴；訥歸家巷，棲遲有年。皆出自新邦，朝無知己，居在遐外，志不自營，年時倏忽，而邈無階緒，實州黨愚智所爲恨恨。臣等伏思臺郎所以使州，州有人，非徒以均分顯路，惠及外州而已。誠以庶士殊風，四方異俗，壅隔之害，遠國益甚。至于荆、揚二州，户各數十萬，今揚州無郎，而荆州江南乃無一人爲京城職者，誠非聖朝待四方之本心。至於才望資品，循可尚書郎，訥可太子洗馬、舍人。此乃衆望所積，非但企及清塗，苟充方選也。謹條資品，乞蒙簡察。久之，召補太子舍人。

《晋書》卷九一《儒林傳·虞喜》 咸康初，内史何充上疏曰：臣聞二八舉而四門穆，十亂用而天下安，徽猷克闡，有自來矣。方今聖德欽明，思恢遐烈，旌輿整駕，俟賢而動。伏見前賢良虞喜天挺貞素，高尚邈世，束脩立德，皓首不倦，加以傍綜廣深，博聞強識，鑽堅研微有弗及之勤，處静味道無風塵之志，高枕柴門，怡然自足。宜使蒲輪紆衡，以旌殊操，一則翼贊大化，二則敦勵薄俗。疏奏，詔曰：尋陽翟湯、會稽虞喜並守道清貞，不營世務，耽學高尚，操擬古人。往雖徵命而不降屈，豈素絲難染而搜引禮簡乎。政道須賢，宜納諸廊廟，其並以散騎常侍徵之。又不起。

《晉書》卷一〇五《石勒載記》 勒清定五品，以張賓領選。復續定九品。署張班爲左執法郎，孟卓爲右執法郎，典定士族，副選舉之任。令羣僚及州郡歲各舉秀才、至孝、廉清、賢良、直言、武勇之士各一人。

《晉書》卷一一八《姚興載記》 興如三原，顧謂羣臣曰：古人有言，關東出相，關西出將，三秦饒儁異，汝潁多奇士。吾應天明命，跨據中原，自流沙已東，淮漢已北，未嘗不傾己招求，冀匡不逮。然明不照下，弗感懸魚。至於智效一官，行著一善，吾歷級而進之，不使有後門之歎。卿等宜明揚仄陋，助吾舉之。梁喜對曰：奉旨求賢，弗曾休倦，未見儒亮大才王佐之器，可謂世之乏賢。興曰：自古霸王之起也，莫不將則韓吴，相兼蕭鄧，終不採將於往賢，求相於後哲。卿自識拔不明，求之不至，奈何厚誣四海乎。羣臣咸悦。

《宋書》卷六一《江夏文獻王義恭傳》 時詔內外百官舉才，義恭上表曰：臣聞雲和備樂，則繁會克諧，驊騮驂服，則致遠斯效。陛下順簡賁化，文明在躬，玉衡既正，泰階載一，而猶發慮英髦，垂情仄陋，幽谷空同，顯著揚歷。是以潛虬聳鱗，佇利見之期；翔鳳弭翼，應來儀之感。

竊見南陽宗炳，操履閑遠，思業貞純，砥節丘園，息賓盛世，貧約而苦，內無改情，軒冕屢招，確爾不拔。若以蒲帛之聘，感以大倫之美，庶投竿釋褐，翻然來儀，必能毗燮九官，宣贊百揆。尚書金部郎臣徐森之，臣府中直兵參軍事臣王天寶，並局力允濟，忠諒款誠。往年逆臣叛逸，華陽失守，森之全境寧民，績章危棘。前者經略伊、瀍，元戎喪旅，天寶北勤河朔，東據營丘，勳勇既昭，心事兼竭。雖蒙褒叙，未盡才宜，並可授以邊藩，展其志力。交阯遼邈，累喪藩將，政刑每闕，撫莅惟艱。南中夐遠，風謠迥隔，蠻獠狡竊，邊氓荼炭，實須練實，以綏其難。謂森之可交州刺史，天寶可寧州刺史，庶足威懷荒表，肅清遐服。昔魏戊之賢，功存薦士；趙武之明，事彰管庫。臣識愧前良，理謝先哲，率舉所知，仰酬採訪，退懼瞽言，無足甄奬。

《宋書》卷七〇《袁淑傳》 時索虜南侵，遂至瓜步，太祖使百官議防禦之術，淑上議曰：臣聞函車之獸，離山必斃；絶波之鱗，宕流則枯。羯寇遺醜，趨致畿甸，蟻萃螽集，聞已崩殪。天險巖曠，地限深遐，故全魏戢其圖，盛晉輟其議，情屈力殫，氣挫勇竭，諒不虞於來臨，本無怵於能濟矣。乃者變定攜遠，阻違授律，由將有弛拙，故士少鬭志。圍潰之衆，匪寇傾淪，攻制之師，空自班散，濟西勁騎，急戰蹔旅，淮上訓卒，簡備靡旗。是由綏整寡衷，戎昭多昧，遂使潞子入患，伊川來擾，紛殄姬風，泯毒禹績，騰書有渭陰之迫，懸烽均咸陽之警。然而切揣虛實，伏匿先彰，校索伎能，譎詭既顯。綿地千里，彌行阻深，表裏躓硋，後先介逼。捨陵衍之習，競湍沙之利。今虹見萍生，土膏泉動，津陸陷溢，痁禍洊興，蒻藁已單，米粟莫係，水宇衿帶，進必傾覆，河隥扁固，退亦墮滅。所謂栖烏於烈火之上，養魚於叢棘之中。

或謂損緩江右，寬繕淮內。竊謂拯扼閩城，舊史爲允，棄遠涼土，前言稱非。限此要荒，猶弗委割。況聯被京國，咫尺神甸，數州摧掃，列邑殲痍，山淵反覆，草木塗地。今丘賦千乘，井算萬集，肩摩倍於長安，締袂百於臨淄，什一而籍，實慊氓願，履畝以税，既協農和。户競戰心，人含鋭志，皆欲贏糧請奮，釋緯乘城。謂宜懸金鑄印，要壯果之士，重幣甘辭，招摧决之將，舉薦板築之下，抽登臺阜之間，賞之以焚書，報之以相爵，俄而昭才賀闕，異能間至。

《南齊書》卷五四《高逸傳·沈驎士》 永明六年，吏部郎沈淵、中書郎沈約又表薦驎士義行，曰：吴興沈驎士，英風夙挺，峻節早樹，貞粹稟於天然，綜博生乎篤習。家世孤貧，藜藿不給，懷書而耕，白首無倦，挾琴採薪，行歌不輟。長兄早卒，孤姪數四，攝厄鞠稚，吞苦推甘。年踰七十，業行無改。元嘉以來，聘召仍疊，玉質踰潔，霜操日嚴。若使聞政王庭，服道槐掖，必能孚朝規於邊鄙，播聖澤於荒垂。詔又徵爲太學博士，建武二年，徵著作郎，永元二年，徵太子舍人，竝不就。

《梁書》卷三八《朱异傳》 舊制，年二十五方得釋褐。時异適二十一，特敕擢爲揚州議曹從事史。尋有詔求異能之士，五經博士明山賓表薦异曰：竊見錢唐朱异，年時尚少，德備老成，在獨無散逸之想，處闇有對賓之色，器宇弘深，神表峯峻。金山萬丈，緣陟未登；玉海千尋，窺映不測。加以珪璋新琢，錦組初構，觸響鏗鏘，值采便發。觀其信行，非惟十室所稀，若使負重遥途，必有千里之用。高祖召見，使説孝經、周易義，甚悦之，謂左右曰：朱异實異。後見明山賓，謂曰：卿所舉殊得其人。仍召异直西省，俄兼太學博士。

（明）梅鼎祚《梁文紀》卷三《簡文帝·昭明太子集序》 剖美玉於荊山，求明珠於枯岸，賞無繆實，舉不失才，巖穴知歸，屠釣棄業。

（唐）釋道宣《廣弘明集》卷二〇梁簡文帝《大法頌》 廣修璧水，洞啓膠庠，輕軺徵聘，旌帛搜揚。

（宋）李昉等《文苑英華》卷七七二梁簡文帝《帝德上·南郊頌》 屠羊釣壑之士，厭洗耳而襲簪佩；版築藏巖之逸，去燥轂而紆珩組。異人俊乂，既間出而在官；世鏡河仙，亦雍容而廊廟。蹇蹇同於多士，諤諤比乎得人。

《陳書》卷六《後主紀》 至於禮樂刑政，咸遵故典，加以深弘六藝，廣闢四門，是以待詔之徒，争趨金馬，稽古之秀，雲集石渠。

《陳書》卷六《後主紀》〔至德〕四年春正月甲寅，詔曰：堯施諫鼓，禹拜昌言，求之異等，久著前無，舉以淹滯，復聞昔典，斯乃治道之深規，帝王之切務。朕以寡昧，丕承鴻緒，未明虚己，日旰興懷，萬機多紊，四聰弗（遠）〔達〕，思聞蹇諤，採其謀計。王公已下，各薦所知，旁詢管庫，爰及輿皁，一介有能，片言可用，朕親加聽覽，佇於啓沃。

《魏書》卷六〇《韓麒麟傳》 高祖曾詔諸官曰：自近代已來，高卑出身，恒有常分。朕意一以爲可，復以爲不可。宜相與量之。李沖對曰：未審上古已來，置官列位，爲欲爲膏粱兒地，爲欲益治讚時？高祖曰：俱欲爲治。沖曰：若欲爲治，陛下今日何爲專崇門品，不有拔才之詔？高祖曰：苟有殊人之伎，不患不知。然君子之門，假使無當世之用者，要自德行純篤，朕是以用之。沖曰：傅巖、吕望，豈可以門見舉？高祖曰：如此濟世者希，曠代有一兩人耳。沖謂諸卿士曰：適欲請諸賢救之。祕書令李彪曰：師旅寡少，未足爲援，意有所懷，不敢盡言於聖日。陛下若專以門地，不審魯之三卿，孰若四科？高祖曰：猶如向解。顯宗進曰：陛下光宅洛邑，百禮唯新，國之興否，指此一選。臣既學識浮淺，不能援引古今，以證此議，且以國事論之。不審中、祕書監令之子，必爲祕書郎，頃來爲監、令者，子皆可爲不？高祖曰：卿何不論當世膏腴爲監、令者？顯宗曰：陛下以物不可類，不應以貴承貴，以賤襲賤。高祖曰：若有高明卓爾、才具儁出者，朕亦不拘此例。

《北齊書》卷四《文宣帝紀》〔武定八年〕夏五月辛亥，帝如鄴。甲寅，進相國，總百揆，封冀州之渤海長樂安德武邑、瀛州之河間高陽章武、定州之中山常山博陵十郡，邑二十萬户，加九錫，殊禮，齊王如故。魏帝遣兼太尉彭城王韶、司空潘相樂册命曰：【略】王求賢選衆，草萊以盡，陳力就列，罔非其人，是用錫王納陛以登。

《周書》卷三八《薛憕傳》 憕早喪父，家貧，躬耕以養祖母，有暇則覽文籍。時人未之奇也。江表取人，多以世族。憕既羇旅，不被擢用。然負才使氣，未嘗趣世禄之門。左中郎將京兆韋潛度謂憕曰：君門地非下，身材不劣，何不《敝衣》裾數參吏部？憕曰：世冑躡高位，英俊沉下僚，古人以爲歎息。竊所未能也。潛度告人曰：此年少極慷慨，但不遭時耳。

賣官

綜述

《晉書》卷二六《食貨志》 帝出自侯門，居貧即位，常曰：桓帝不能作家，曾無私蓄。故於西園造萬金堂，以爲私藏。復寄小黄門私錢，家至巨億。於是懸鴻都之牓，開賣官之路，公卿以降，悉有等差。廷尉崔烈入錢五百萬以買司徒，刺史二千石遷除，皆責助治宮室錢，大郡至二千萬錢，不畢者或至自殺。獻帝作五銖錢，而有四道連於邊緣。有識者尤之曰：豈京師破壞，此錢四出也。

（唐）杜佑《通典》卷一一《食貨·鬻爵》 晉武帝太康三年，問劉毅曰：卿以吾可方漢何主也？對曰：桓靈之主。帝曰：吾雖德不及古人，猶克己爲理，南平吴會，一同天下。方之桓靈，不亦甚乎？對曰：桓靈賣官，錢入官庫。陛下賣官，錢入私門。以此言之，乃不如也。後魏莊帝初，承喪亂之後，倉廩虛罄，遂班入粟之制。輸粟八千碩，賞散侯；六千碩，散伯；四千碩，散子；三千碩，散男。職人輸七百碩，賞一大階，授以實官。白人輸五百碩，聽依第出身；千碩，加一大階。諸沙門有輸粟四千碩入京倉者，授本州統，各有差。

《魏書》卷九《肅宗紀》〔孝昌三年〕二月丁酉，詔曰：關隴遭罹寇難，燕趙賊逆憑陵，蒼生波流，耕農靡業，加諸轉運，勞役已甚，州倉儲實，無宜懸匱，自非開輸賞之格，何以息漕運之煩。凡有能輸粟入瀛、定、岐、雍四州者，官斗二百斛賞一階；入二華州者，五百石賞一階。不限多少，粟畢授官。

《魏書》卷一一〇《食貨志》 莊帝初，承喪亂之後，倉廩虛罄，遂班入粟之制。輸粟八千石，賞散侯；六千石，散伯；四千石，散子；三千石，散男。職人輸七百石，賞一大階，授以實官。白民輸五百石，聽依第出身，一千石，加一大階；無第者輸五百石，聽正九品出身，一千石，加一大階。諸沙門有輸粟四千石入京倉者，授本州統，若無本州者，授大州都；若不入京倉，入外州郡倉者，三千石，畿郡都統，依州格；若輸五百石入京倉者，授本郡維那，其無本郡者，授以外郡；粟入外州郡倉七百石者，京倉三百石者，授縣維那。

《北齊書》卷八《幼主紀》 又好不急之務，曾一夜索蠍，及旦得三升。特愛非時之物，取求火急，皆須朝徵夕辦，當勢者因之，貸一而責十焉。賦斂日重，徭役日繁，人力既殫，帑藏空竭。乃賜諸佞幸賣官，或得郡兩三，或得縣六七，各分州郡，下逮鄉官亦多降中旨，故有敕用州主簿，敕用郡功曹。於是州縣職司多出富商大賈，競爲貪縱，人不聊生。爰自鄴都及諸州郡，所在徵税，百端俱起。

紀事

《晉書》卷四五《劉毅傳》 帝嘗南郊，禮畢，喟然問毅曰：卿以朕方漢何帝也？對曰：可方桓靈。帝曰：吾雖德不及古人，猶克己爲政。又平吴會，混一天下。方之桓靈，其已甚乎。對曰：桓靈賣官，錢入官庫；陛下賣官，錢入私門。以此言之，殆不如也。帝大笑曰：桓靈之世，不聞此言。今有直臣，故不同也。

《宋書》卷八三《吴喜傳》 南賊未平，唯以軍糧爲急，西南及北道斷不通，東土新平，商運稀簡，朝廷乃至鬻官賣爵，以救災困，斗斛收斂，猶有不充。

考績分部

論説

（三國）諸葛亮《諸葛亮集》卷三《便宜十六策·考陟》 考黜之政，謂遷善黜惡。明主在上，心昭於天，察知善惡，廣及四海，不敢遺小國之臣，下及庶人，進用賢良，退去貪懦，明良上下，企及國理，衆賢雨集，此所以勸善黜惡，陳之休咎。故考黜之政，務知人之所苦。

其苦有五：或有小吏因公爲私，乘權作奸，左手執戈，右手治生；内侵於官，外采於民，此所苦一也。或有過重罰輕，法令不均，無罪被辜，以致滅身；或有重罪得寬，扶強抑弱，加以嚴刑，枉責其情，此所苦二也。或有縱罪惡之吏，害告訴之人，斷絶語辭，蔽藏其情，掠劫亡命，其枉不常，此所苦三也。或有長吏數易守宰，兼佐爲政，阿私所親，枉克所恨，逼切爲行，偏頗不承法制，更因賦斂，傍課采利，送故待新，夤緣徵發，詐僞儲備，以成家産，此所苦四也。或有縣官慕功，賞罰之際，利人之事，買賣之費，多所裁量，專其價數，民失其職，此所苦五也。凡此五事，民之五害。有如此者，不可不黜，無此五者，不可不遷。故《書》云：三載考績，黜陟幽明。

《三國志》卷九《魏志·夏侯尚傳》 太傅司馬宣王問以時事，玄議以爲：夫官才用人，國之柄也，故銓衡專於臺閣，上之分也，孝行存乎閭巷，優劣任之鄉人，下之叙也。夫欲清教審選，在明其分叙，不使相涉而已。何者？上過其分，則恐所由之不本，而干勢馳騖之路開；下踰其叙，則恐天爵之外通，而機權之門多矣。夫天爵下通，是庶人議柄也；機權多門，是紛亂之原也。自州郡中正品度官才之來，有年載矣，緬緬紛紛，未聞整齊，豈非分叙參錯，各失其要之所由哉。若令中正但考行倫輩，（倫）輩當行均，斯可官矣。何者？夫孝行著於家門，豈不忠恪於在官乎？仁恕稱於九族，豈不達於爲政乎？義斷行於鄉黨，豈不堪於事任乎？三者之類，取於中正，雖不處其官名，斯任官可知矣。行有大小，比有高下，則所任之流，亦涣然明别矣。奚必使中正干銓衡之機於下，而執機柄者有所委仗于上，上下交侵，以生紛錯哉？且臺閣臨下，考功校否，衆職之屬，各有官長，旦夕相考，莫究於此；閭閻之議，以意裁處，而使匠宰失位，衆人驅駭，欲風俗清靜，其可得乎？天臺縣遠，衆所絶意。所得至者，更在側近，孰不脩飾以要所求？所求有路，則脩己家門者，已不如自達于鄉黨矣。自達鄉黨者，已不如自求之於州邦矣。苟開之有路，而患其飾真離本，雖復嚴責中正，督以刑罰，猶無益也。豈若使各帥其分，官長則各以其屬能否獻之臺閣，臺閣則據官長能否之第，參以鄉閭德行之次，擬其倫比，勿使偏頗。中正則唯考其行迹，别其高下，審定輩類，勿使升降。臺閣總之，如其所簡或有參錯，則其責負自在有司。官長所第，中正〔所〕輩，擬比隨次，率而用之，如其不稱，責負在外。然則内外相參，得失有所，互相形檢，孰能相飾？斯則人心定而事理得，庶可以靜風俗而審官才矣。又以爲：古之建官，所以濟育羣生，統理民物也，故爲之君長以司牧之。司牧之主，欲一而專，一則官任定而上下安，專則職業脩而事不煩。夫事簡業脩，上下相安而不治者，未之有也。先王建萬國，雖其詳未可得而究，然分疆畫界，各守土境，則非重累羈絆之體也。下考殷、周五等之叙，徒有小大貴賤之差，亦無君官臣民而有二統互相牽制者也。夫官統不一，則職業不脩；職業不脩，則事何得而簡？事之不簡，則民何得而靜？民之不靜，則邪惡並興，而姦僞滋長矣。先王達其如此，故專其職司而一其統業。始自秦世，不師聖道，私以御職，姦以待下；懼宰官之不脩，立監牧以董之，畏督監之容曲，設司察以糾之；宰牧相累，監察相司，人懷異心，上下殊務。漢承其緒，莫能匡改。魏室之隆，日不暇及，五等之典，雖難卒復，可麤立儀準以一治制。今之長吏，皆君吏民，横重以郡守，累以刺史。若郡所攝，唯在大較，則與州同，無爲再重。宜省郡守，但任刺史；刺史職存則監察不廢，郡吏萬數，還親農業，以省煩費，豐財殖穀，一也。大縣之才，皆堪郡守，是非之訟，每生意異，順從則安，直己則爭。夫和羹之美，在於合異，上下之益，在能相濟，順從乃安，此琴瑟一聲也，蕩而除之，則官省事簡，二也。又幹郡之吏，職監諸縣，營護黨親，鄉邑舊故，如有不副，而因公掣頓，民之困弊，咎生于此，若皆并合，則亂原自塞，三也。今承衰弊，民人彫落，賢才鮮少，任事者寡，郡縣良吏，往往非一，郡受縣成，其劇在下，而吏之上選，郡當先足，此爲親民之吏，專得底下，吏者民命，而常頑鄙，今如并之，吏多選清良者造職，大化宣流，民物獲寧，四也。制使萬户之縣，名之郡守，五千以上，名之都尉，千户以下，令長如故，自長以上，考課遷用，轉以能升，所牧亦增，此進才効功之叙也，若經制一定，則官才有次，治功齊明，五也。若省郡守，縣皆徑達，事不擁隔，官無留滯，三代之風，雖未可必，簡一之化，庶幾可致，便民省費，在於此矣。又以爲：文質之更用，猶四時之迭興也，王者體天理物，必因弊而濟通之，時彌質則文之以禮，時泰侈則救之以質。今承百王之末，秦漢餘流，世俗彌文，宜大改之以易民望。今科制自公、列侯以下，位從大將軍以上，皆得服綾錦、羅綺、紈素、金銀飾鏤之物，自是以下，雜綵之服，通于賤人，雖上下等級，各示有差，然朝臣之制，已得侔至尊矣，玄黄之采，已得通於下矣。欲使市不鬻華麗之色，商不通難得之貨，工不作彫刻之物，不可得也。是故宜大理其本，準度古法，文質之宜，取其中則，以爲禮度。車輿服章，皆從質樸，禁除末俗華麗之事，使幹朝之家，有位之室，不復有錦綺之飾，無兼采之服，纖巧之物，自上以下，至于樸素之差，示有等級而已，勿使過一二之覺。若夫功德之賜，上恩所特加，皆表之有司，然後服用之。夫上之化下，猶風之靡草。樸素之教興於本朝，則彌侈之心自消於下矣。

《三國志》卷一六《魏志·杜恕傳》　時又大議考課之制，以考內外衆官。恕以爲用不盡其人，雖（才且）〔文具〕無益，所存非所務，所務非世要。上疏曰：

《書》稱明試以功，三考黜陟，誠帝王之盛制。使有能者當其官，有功者受其禄，譬猶烏獲之舉千鈞，良、樂之選驥足也。（雖）〔然〕歷六代而考績之法不著，關七聖而課試之文不垂，臣誠以爲其法可粗依，其詳難備舉故也。語曰：世有亂人而無亂法。若使法可專任，則唐、虞可不須稷、契之佐，殷、周無貴伊、吕之輔矣。今奏考功者，陳周、漢之（法）〔云〕爲，綴京房之本旨，可謂明考課之要矣。於以崇揖讓之風，興濟濟之治，臣以爲未盡善也。其欲使州郡考士，必由四科，皆有事効，然後察舉，試辟公府，爲親民長吏，轉以功次補郡守者，或就增秩賜爵，此最考課之急務也。臣以爲便當顯其身，用其言，使具爲課州郡之法，法具施行，立必信之賞，施必行之罰。至於公卿及內職大臣，亦當俱以其職考課之也。

古之三公，坐而論道，內職大臣，納言補闕，無善不紀，無過不舉。且天下至大，萬機至衆，誠非一明所能徧照。故君爲元首，臣作股肱，明其一體相須而成也。是以古人稱廊廟之材，非一木之枝；帝王之業，非一士之略。由是言之，焉有大臣守職辨課可以致雍熙者哉。且布衣之交，猶有務信誓而蹈水火，感知己而披肝膽，徇聲名而立節義者；況於束帶立朝，致位卿相，所務者非特匹夫之信，所感者非徒知己之惠，所狥者豈聲名而已乎。

諸蒙寵禄受重任者，不徒欲舉明主於唐、虞之上而已；身亦欲廁稷、契之列。是以古人不患於念治之心不盡，患於自任之意不足，此誠人主使之然也。唐、虞之君，委任稷、契、夔、龍而責成功，及其罪也，殛鯀而放四凶。今大臣親奉明詔，給事目下，其有夙夜在公，恪勤特立，當官不撓貴勢，執平不阿所私，危言危行以處朝廷者，自明主所察也。若尸禄以爲高，拱默以爲智，當官苟在於免負，立朝不忘於容身，絜行遜言以處朝廷者，亦明主所察也。誠使容身保位，無放退之辜，而盡節在公，抱見疑之勢，公義不脩而私議成俗，雖仲尼爲（謀）〔課〕，猶不能盡一才，又況於世俗之人乎。今之學者，師商、韓而上法術，競以儒家爲迂闊，不周世用，此最風俗之流弊，創業者之所致慎也。

後考課竟不行。

《三國志》卷二一《魏志·劉廙傳》　注：《廙别傳》載廙表論治道曰：昔者周有亂臣十人，有婦人焉，九人而已，孔子稱才難，不其然乎。明賢者難得也。況亂弊之後，百姓凋盡，士之存者蓋亦無幾。股肱大職，及州郡督司，邊方重任，雖備其官，亦未得人也。此非選者之不用意，蓋才匱使之然耳。況於長吏以下，群職小任，能皆簡練備得其人也？其計莫如督之以法。不爾而數轉易，往來不已，送迎之煩，不可勝計。轉易之間，輒有姦巧，既於其事不省，而爲政者亦以其不得久安之故，知惠益不得成於己，而苟且之可免於患，皆將不念盡心於卹民，而夢想於聲譽，此非所以爲政之本意也。今之所以爲黜陟者，近頗以州郡之毁譽，聽往來之浮言耳。（亦）〔非〕皆得其事實而課其能否也？長吏之所以爲佳者，奉法也，憂公也，卹民也。此三事者，或州郡有所不便，往來者有所不安。而長吏執之不已，於治雖得計，其聲譽未爲美；屈而從人，於治雖失計，其聲譽必集也。長吏皆知黜陟之在於此也，亦何能不去本而就末哉？以爲長吏皆宜使小久，足使自展。歲課之能，三年總計，乃加黜陟。課之皆當以事，不得依名。事者，皆以户口率其墾田之多少，及盗賊發興，民之亡叛者，爲得負之計。如此行之，則無能之吏，脩名無益；有能之人，無名無損。法之一行，雖無部司之監，姦譽妄毁，可得而盡。

《三國志》卷二一《魏志・劉劭傳》　景初中，受詔作《都官考課》。劭上疏曰：百官考課，王政之大較，然而歷代弗務，是以治典闕而未補，能否混而相蒙。陛下以上聖之宏略，愍王綱之弛頽，神慮内鑒，明詔外發。臣奉恩曠然，得以啓矇，輒作《都官考課》七十二條，又作《説略》一篇。臣學寡識淺，誠不足以宣暢聖旨，著定典制。又以爲宜制禮作樂，以移風俗，著《樂論》十四篇，事成未上，會明帝崩，不施行。正始中，執經講學，賜爵關内侯。凡所選述，《法論》、《人物志》之類百餘篇。卒，追贈光禄勳。

《三國志》卷二一《魏志・傅嘏傳》　時散騎常侍劉劭作考課法，事下三府。嘏難劭論曰：蓋聞帝制宏深，聖道奥遠，苟非其才，則道不虚行，神而明之，存乎其人。暨乎王略虧頽而曠載罔綴，微言既没，六籍泯玷。何則？道弘致遠而衆才莫晞也。案劭考課論，雖欲尋前代黜陟之文，然其制度略以闕亡。禮之存者，惟有周典，外建侯伯，藩屏九服，内立列司，筦齊六職，土有恒貢，官有定則，百揆均在，四民殊業，故考績可理而黜陟易通也。大魏繼百王之末，承秦、漢之烈，制度之流，靡所脩采。自建安以來，至于青龍，神武撥亂，肇基皇祚，掃除凶逆，芟夷遺寇，旌旗卷舒，日不暇給。及經邦治戎，權法並用，百官羣司，軍國通任，隨時之宜，以應政機。以古施今，事雜義殊，難得而通也。所以然者，制宜經遠，或不切近，法應時務，不足垂後。夫建官均職，清理民物，所以立本也；循名考實，糾勵成規，所以治末也。本綱末舉而造制未呈，國略不崇而考課是先，懼不足以料賢愚之分，精幽明之理也。昔先王之擇才，必本行於州閭，講道於庠序，行具而謂之賢，道脩則謂之能。鄉老獻賢能于王，王拜受之，舉其賢者，出使長之，科其能者，入使治之，此先王收才之義也。方今九州之民，爰及京城，未有六鄉之舉，其選才之職，專任吏部。案品狀則實才未必當，任薄伐則德行未爲叙，如此則殿最之課，未盡人才。述綜王度，敷贊國式，體深義廣，難得而詳也。

《三國志》卷二四《魏志・崔林傳》　散騎常侍劉劭作《考課論》，制下百僚。林議曰：案《周官》考課，其文備矣，自康王以下，遂以陵遲，此即考課之法存乎其人也。及漢之季，其失豈在乎佐吏之職不密哉？方今軍旅，或猥或卒，備之以科條，申之以内外，增減無常，固難一矣。且萬目不張舉其綱，衆毛不整振其領。皋陶仕虞，伊尹臣殷，不仁者遠。五帝三王未必如一，而各以治亂。《易》曰：易簡，而天下之理得矣。太祖隨宜設辟，以遺來今，不患不法古也。以爲今之制度，不爲疏闊，惟在守一勿失而已。若朝臣能任仲山甫之重，式是百辟，則孰敢不肅？

《三國志》卷二七《魏志・王昶傳》　嘉平初，太傅司馬宣王既誅曹爽，乃奏博問大臣得失。昶陳治略五事：其一，欲崇道篤學，抑絶浮華，使國子入太學而脩庠序；其二，欲用考試，考試猶準繩也，未有舍準繩而意正曲直，廢黜陟而空論能否也；其三，欲令居官者久於其職，有治績則就增位賜爵；其四，欲約官實禄，勵以廉恥，不使與百姓争利；其五，欲絶侈靡，務崇節儉，令衣服有章，上下有叙，儲穀畜帛，反民於樸。詔書褒讚。因使撰百官考課事，昶以爲唐虞雖有黜陟之文，而考課之法不垂。周制冢宰之職，大計羣吏之治而誅賞，又無校比之制。由此言之，聖主明於任賢，略舉黜陟之體，以委達官之長，而總其統紀，故能否可得而知也。其大指如此。

《晉書》卷三四《杜預傳》　泰始中，守河南尹。預以京師王化之始，自近及遠，凡所施論，務崇大體。受詔爲黜陟之課，其略曰：臣聞上古之政，因循自然，虚己委誠，而信順之道應，神感心通，而天下之理得。逮至淳樸漸散，彰美顯惡，設官分職，以頒爵禄，弘宣六典，以詳考察。然猶倚明哲之輔，建忠貞之司，使名不得越功而獨美，功不得後名而獨隱，皆疇咨博詢，敷納以言。及至末世，不能紀遠而求於密微，疑諸心而信耳目，疑耳目而信簡書。簡書愈繁，官方愈僞，法令滋章，巧飾彌多。昔漢之刺史，亦歲終奏事，不制算課，而清濁粗舉。魏氏考課，即京房之遺意，其文可謂至密。然由於累細以違其體，故歷代不能通也。豈若申唐堯之舊，去密就簡，則簡而易從也。夫宣盡物理，神而明之，存乎其人。去人而任法，則以傷理。今科舉優劣，莫若委任達官，各考所統。在官一年以後，每歲言優者一人爲上第，劣者一人爲下第，因計偕以名聞。如此六載，主者總集採案，其六歲處優舉者超用之，六歲處劣舉者奏免之，其優多劣少者敘用之，劣多優少者左遷之。今考課之品，所對不鈞，誠有難易。若以難取優，以易而否，主者固當準量輕重，微加降殺，不足復曲以法盡也。《己丑詔書》以考課難成，聽通薦例。薦例之理，即亦取於風聲。六年頓薦，黜陟無漸，又非古者三考之意也。今每歲一考，則積優以成陟，累劣以取黜。以士君子之心相處，未有官故六年六黜清能，六進否劣者也。監司將亦隨而彈之。若令上下公相容過，此爲清議大穨，亦無取於黜陟也。

《晉書》卷四六《劉頌傳》　頌在郡上疏曰：【略】今閻閻少名士，官司無高能，其故何也？清議不肅，人不立德，行在取容，故無名士。下不專局，又無考課，吏不竭節，故無高能。無高能，則有疾世事；少名士，則後進無準，故臣思立吏課而肅清議。夫欲富貴而惡貧賤，人理然也。聖王大諳物情，知不可去，故直同公私之利，而詭其求道，使夫欲富者必先由貧，欲貴者必先安賤。安賤則不矜，不矜然後廉恥厲；守貧者必節欲，節欲然後操全。以此處務，乃得盡公。盡公者，富貴之徒也；爲無私者終得其私，故公私之利同也。今欲富者不由貧自得富，欲貴者不安賤自得貴，公私之塗既乖，而人情不能無私，私利不可以公得，則恒背公而橫務。是以風節日積，公理漸替，人士富貴，非軌道之所得。以此爲政，小大難期。然教積來既久，難反一朝。又世放都靡，營欲比肩，羣士渾然，庸行相似，不可頓肅，甚殊黜陟也。且教不求盡善，善在抑尤，同侈之中，猶有甚泰。使夫昧適情之樂者，捐其顯榮之貴，俄在不鮮之地；約己潔素者，蒙儉德之報，列于清官之上。二業分流，令各有蒙。然俗放都奢，不可頓肅，故臣私慮，願先從事於漸也。

《晉書》卷四七《傅咸傳》　時朝廷寬弛，豪右放恣，交私請託，朝野溷淆。咸奏免河南尹澹、左將軍倩、廷尉高光、兼河南尹何攀等，京肅然，貴戚懾伏。咸以聖人久於其道，天下化成。是以唐虞三載考績，九年黜陟。其在《周禮》，三年大比。孔子亦云，三年有成。而中間以來，長吏到官，未幾便遷，百姓困於無定，吏卒疲於送迎。時僕射王戎兼吏部，咸奏：戎備位台輔，兼掌選舉，不能謐靜風俗，以凝庶績，至令人心傾動，開張浮競。中郎李重、李義不相匡正。請免戎等官。詔曰：政道之本，誠宜久於其職，咸奏是也。戎職在論道，吾所崇委，其解禁止。御史中丞解結以咸劾戎爲違典制，越局侵官，干非其分，奏免咸官。詔亦不許。

《晉書》卷九〇《良吏傳·序》　有晉肇茲王業，光啓霸圖，授方任能，經文緯武。泰始受禪，改物君臨，纂三葉之鴻基，膺百王之大寶，勞心庶績，垂意黎元，申敕守宰之司，屢發憂矜之詔，辭旨懇切，誨諭殷勤，欲使直道正身，抑末敦本。當此時也，可謂農安其業，吏盡其能者歟。而帝寬厚足以君人，明威未能厲俗，政刑以之私謁，賄賂於此公行，結綬者以放濁爲通，彈冠者以苟得爲貴，流遁忘反，寖以爲常。劉毅抗賣官之言，當時以爲矯枉，察其風俗，豈虛也哉。爰及惠懷，中州鼎沸，逮於江左，晉政多門，元帝比少康之隆，處仲爲梗，海西微昌邑之罪，元子亂常，既權偪是憂，故羈縻成俗。莅職者爲身擇利，銓綜者爲人擇官，下僚多英儁之才，勢位必高門之胄，遂使良能之績僅有存焉。雖復茂弘以明允贊經綸，安石以時宗鎮雅俗，然外虞孔熾，內難方殷，而匡救彌縫，方免傾覆，弘風革弊，彼則未遑。今采其政績可稱者，以爲《良吏傳》。

（明）丘濬《大學衍義補》卷一一《治國平天下之要·正百官·嚴考課之法》　晉武帝時，杜預承詔爲黜陟之課，其畧曰：古者設官分職以頒爵禄，弘宣六典，以詳考察。然猶倚明哲之輔，疇咨博訪，敷奏以言，及至末代，疑諸心而信耳目，疑耳目而信簡書。簡書愈煩，官方愈僞，法令滋彰，巧飾彌多。今莫若委任達官，各考所統。在官一年以後，每歲言優者人爲上第，劣者一人爲下第，因計偕以名聞。如此六載，王者總集採按，其六歲處優舉者超用之，六歲處劣舉者奏免之，其優多劣少者敘用之，劣多優少者左遷之。

臣按：杜預此注亦是以六年爲滿，考非復有虞之制也。然每歲達官各考所統，六年而後黜陟之，其法亦善。蓋明著奏牘以上聞，視彼後世暗加詢訪，而無案牘可稽，得於風聞，而無實蹟可驗者，固爲優也。

《魏書》卷二一上《高陽王傳》 世宗行考陟之法，雍表曰：

竊惟三載考績，百王通典。今任事上中者，三年昇一階，散官上第者，四載登一級。閑冗之官，本非虛置，或以賢能而進，或因累勤而舉。如其無能，不應忝茲高選。既其以能進之朝伍，或任官外戍，遠使絶域，催督逋懸，察檢州鎮，皆是散官，以充劇使。及於考陟，排同閑伍。檢散官之人，非才皆劣，稱事之輩，未必悉賢。而考閑以多年，課煩以少歲，上乖天澤之均，下生不等之苦。又尋景明之格，無折考之文；正始之奏，有與奪之級。明參差之考，非聖慈之心；改典易常，乃有司之意。又尋考級之奏，委於任事之手；涉議科勤，絶於散官之筆。遂使在事者得展自勤之能，散輩者獨絶披衿之所。抑以上下之閑，限以旨格之判，致使近侍禁職，抱槩屈之辭；禁衛武夫，懷不申之恨。欲克平四海，何以獲諸。又散官在直，一玷成尤；銜使愆失，差毫即坐。徽纆所逮，未以事閑優之；節慶之賚，不以禄微加賞。罪殿之犯，未殊任事；考陟之機，推年不等。臣聞君舉必書，書而不法，後代何觀。《詩》云：王事靡盬，不遑啓處，又曰：豈不懷歸，畏此簡書。依依楊柳，以叙治兵之役；霏霏雨雪，又申振旅之勤。若折往來日月，便是《采薇》之詩廢，《杕杜》之歌罷。又任事之官，吉凶請假，定省掃拜，動歷十旬，或因患重請，動輒經歲。征役在途，勤泰百倍。苦樂之勢，非任事之倫；在家私閑，非理務之日。論優語劇，先宜折之。

武人本挽上格者爲羽林，次格者爲虎賁，下格者爲直從。或累紀征戍，靡所不涉；或帶甲連年，負重千里；或經戰損傷；或年老衰竭。今試以本格，責其如初，有爽於先，退階奪級。此便責以不衰，理未通也。又蕃使之人，必抽朝彦。或歷嶮千餘，或履危萬里，登有死亡之憂，咸懷不返之戚，魂骨奉忠，以尸將命。先朝賞格，酬以爵品；今朝改式，止及階勞。折以代考，有乖使望。非所以奬勵《皇華》而敦崇《四牡》者也。

復尋正始之格：汎後任事上中者，三年升一階；汎前任事上中者，六年進一級。三年一考，自古通經。今以汎前六年昇一階，檢無愆犯，倍年成級。以此推之，明以汎代考。新除一日，同霑階榮，下第之人因汎上陟，上第之士由汎而退。

臣又見部尉資品，本居流外，刊諸明令，行之已久。然近爲里巷多盗，以其威輕不肅，欲進品清流，以壓姦宄。甄琛啓云：爲法者施而觀之，不便則改。竊謂斯言有可採用，聖慈昭覽，更高宰尉之秩。

今考格始宣，懷怨者衆，臣竊觀之，亦謂不可，有光國典，改之何難。

《魏書》卷五九《蕭寶夤傳》 正光二年，徵爲車騎大將軍、尚書左僕射。善於吏職，甚有聲名。四年，上表曰：

臣聞《堯典》有黜陟之文，《周書》有考績之法，雖其源難得而尋，然條流抑亦可知矣。大較在于官人用才，審於所莅；練迹校名，驗於虛實。豈不以臧否得之餘論，優劣著於歷試者乎？既聲窮於月旦，品定於黄紙，用效於名輩，事彰於臺閣，則賞罰之途，差有商準；用捨之宜，非無依據。雖復勇進忘退之儔，奔競於市里；過分亡涯之請，馳騖於多門；猶且顧其聲第，慎其與奪。器分定於下，爵位懸於上，不可妄叨故也。

今竊見考功之典，所懷未喻，敢竭無隱，試陳萬一。何者？竊惟文武之名，在人之極地；德行之稱，爲生之最首。忠貞之美，立朝之譽，仁義之號，處身之端，自非職惟九官，任當四岳，授曰爾諧，讓稱俞往，將何以克厭大名，允茲令問。自比已來，官罔高卑，人無貴賤，皆飾辭假説，用相褒舉。涇渭同波，薰蕕共器，求者不能量其多少，與者不復覈其是非。遂使冠履相貿，名與實爽，謂之考功，事同汎陟，紛紛漫漫，焉可勝言。

又在京之官，積年一考。其中或所事之主遷移數四，或所奉之君身名廢絶，或具僚離索，或同事凋零，雖當時文簿，記其殿最，日久月深，駁落都盡，人有去留，誰復掌其勤墮？或停休積稔，或分隔數千，累年之後，方求追訪聲迹，立其考第。無不苟相悦附，共爲脣齒，飾垢掩疵，妄加丹素，趣令得階而已，無所顧惜。賢達君子，未免斯患；中庸已降，夫復何論。官以求成，身以請立，上下相蒙，莫斯爲甚。

又勤恤人隱，咸歸守令，厥任非輕，所責實重。然及其考課，悉以六載爲程，既而限滿代還，復經六年而敘。是則歲周十二，始得一階。於東西兩省、文武閑職、公府散佐、無事冗官，或數旬方應一直，或朔望止於暫朝，及其考日，更得四年爲限。是則一紀之中，便登三級。彼以實勞劇任，而遷貴之路至難；此以散位虚名，而升陟之方甚易。何内外之相懸，令厚薄之如是。

又聞之，聖人大寶曰位，何以守位曰仁。孟子亦曰：仁義忠信天爵也，公卿大夫人爵也。古之人修其天爵而人爵從之。故雖文質異時，污隆殊世，莫不寶兹名器，不以假人。是以賞罰之柄，恒自持也。至乃周之藹藹，五叔無官；漢之察察，館陶徒請。豈不重骨肉、私親親？誠以賞罰一差，則無以懲勸；至公暫替，則覬覦相欺。故至慎至惜，殷勤若此。況乎親非肺腑，才乖秀逸；或充單介之使，始無汗馬之勞；或説興利之規，終慚十一之潤。皆虚張無功，妄指羸益，坐獲數階之官，藉成通顯之貴。於是巧詐萌生，僞辯鋒出，役萬慮以求榮，開百方而逐利。握樞秉鈞者，亦知其若斯，但抑之則其流已注，引之則有何紀極。

夫琴瑟在於必和，更張求其適調。去者既不可追，來者猶或宜改。按《周官》太宰之職：歲終，則令官府各正所司，受其會計，聽其致事，而詔於王；三歲，則大計羣吏之治而誅賞之。愚謂：今可粗依其準，見居官者，每歲終，本曹皆明辨在官日月，具覈才行能否，審其實用而注其上下，游辭宕説，無一取焉。列上尚書，覆其合否。如有紕謬，即正而罰之，不得方復推詰委否，容其進退。既定其優劣，善惡交分。庸短下第，黜凡以明法；幹務忠清，甄能以記賞。總而奏之。經奏之後，考功曹别書於黄紙、油帛。一通則本曹尚書與令、僕印署，留於門下；一通則以侍中、黄門印署，掌在尚書。嚴加緘密，不得開視。考績之日，然後對共裁量。如此，則少存實録，薄止姦回。其内外考格，裁非庸管，乞求博議，以爲畫一。若殊謀異策，事關廢興，遐邇所談，物無異議者，自可臨時斟酌，匪拘恒例。至如援流引比之訴，貪榮求級之請，如不限以關鍵，肆其傍通，則蔓草難除，涓流遂積，穢我彝章，撓兹大典。謂宜明加禁斷，以全至治，開返本之路，杜澆弊之門。如斯，則吉士盈朝，薪槱載煥矣。

《魏書》卷六七《崔鴻傳》 延昌二年，將大考百僚，鴻以考令於體例不通，乃建議曰：竊惟王者爲官求才，使人以器，黜陟幽明，揚清激濁，故績效能官，才必稱位者朝昇夕進，年歲數遷，豈拘一階半級，闔以□僚等位者哉？二漢以降，太和以前，苟必官須此人，人稱此職，或超騰昇陟，數歲而至公卿，或長兼、試守稱允而遷進者，披卷則人人而是，舉目則朝貴皆然。故能時收多士之譽，國號豐賢之美。竊見景明以來考格，三年成一考，一考轉一階。貴賤内外萬有餘人，自非犯罪，不問賢愚，莫不上中，才與不肖，比肩同轉。雖有善政如黄龔，儒學如王鄭，史才如班馬，文章如張蔡，得一分一寸必爲常流所攀，選曹亦抑爲一概，不曾甄别。琴瑟不調，改而更張，雖明旨已行，猶宜消息。世宗不從。

綜述

（唐）杜佑《通典》卷一五《選舉·考績》 魏明帝時，以士人毁稱是非，混雜難辨，遂令散騎常侍劉劭作《都官考課之法》七十二條，考覈百官。其略欲使州郡考士，必由四科，皆有效，然後察舉，或辟公府爲親人長吏，轉以功次補郡守者，或就秩而加賜爵焉。至於公卿及内職大臣，率考之。事下三府。

是時大議考課之制，散騎黄門侍郎杜君務伯名恕。以爲，用不盡其人，雖文具無益。上疏曰：《書》稱明試以功，三考黜陟，帝王之盛制。然歷六代而考績之法不著，關七聖而課試之要未立。臣誠以爲其法可粗依，其詳難備舉故也。語曰：世有亂人而無亂法。若使法可專任，則唐虞可不須稷契之佐，殷周無貴伊吕之輔矣。今奏考功者，陳周、漢之云爲，掇京房之本旨，可謂明考課之要；至於崇揖讓之風，興濟濟之理，臣以爲未盡善也。古之三公，坐而論道，内職大臣，納言補闕，無善不紀，無過不舉。且天下至大，萬機至衆，誠非一明所能徧照。故君爲元首，臣爲股肱，明一體相資而成也。後考課竟不行。

（唐）歐陽詢《藝文類聚》卷四八《職官部·尚書》《王昶考課事》：尚書、侍中考課，一曰掌建六材，以考官人；二曰綜理萬機，以考庶績；三曰進視唯允，以考説言；四曰出納王命，以考賦政；五曰罰法，以考典刑。

（唐）虞世南《北堂書鈔》卷五三《設官部·諸卿》 掌建邦治，以考事典，經綸國體，以考留獄。王昶課事云：卿考課，一曰掌見邦國制治；二曰九卿時叙，以考事典；三曰經綸國體，以考奏議；四曰共屬衆職，以考總攝；五曰明慎用刑，以考留獄也。

（元）馬端臨《文獻通考》卷三九《選舉・考課》　魏明帝時，以士人毀稱是非，混雜難辨，進令散騎常侍劉劭作都官考課之法七十二條，考覈百官。其略欲使州郡考士，必由四科，皆有效，然後察舉。或辟公府爲親人長吏，轉以功次補郡守者，或就秩而加賜爵焉。至於公卿及內職大臣，率考之。事下三府。是時，大議考課之制，散騎黄門侍郎杜恕以爲用不盡其人，雖文具無益，上疏曰：《書》稱明試以功，三考黜陟，帝王之盛制。然歷六代而考績之法不著，關七聖而課試之要未立，臣誠以爲其法可粗依，其詳難備舉故也。語曰：世有亂人而無亂法。若使法可專任，在唐、虞可不須稷、契之佐，殷、周無貴伊、吕之輔矣。今奏考功者，陳周、漢之云爲，掇京房之本旨，可謂明考課之要。至於崇揖讓之風，興濟濟之理，臣以爲未盡善也。古之三公，坐而論道，內職大臣，納言補闕，無善不紀，無過不舉。且天下至大，萬幾至衆，誠非一明所能偏照，故君爲元首，臣爲股肱，明一體相資而成也。後考課竟不行。

《晉書》卷三《武帝紀》〔泰始四年〕六月丙申朔，詔曰：郡國守相，三載一巡行屬縣，必以春，此古者所以述職宣風展義也。見長吏，觀風俗，協禮律，考度量，存問耆老，親見百年。録囚徒，理寃枉，詳察政刑得失，知百姓所患苦。無有遠近，便若朕親臨之。敦喻五教，勸務農功，勉勵學者，思勤正典，無爲百家庸末，致遠必泥。士庶有好學篤道，孝弟忠信，清白異行者，舉而進之；有不孝敬於父母，不長悌於族黨，悖禮棄常，不率法令者，糾而罪之。田疇闢，生業修，禮教設，禁令行，則長吏之能也。人窮匱，農事荒，姦盗起，刑獄煩，下陵上替，禮義不興，斯長吏之否也。若長吏在官公廉，慮不及私，正色直節，不飾名譽者，及身行貪穢，諂黷求容，公節不立，而私門日富者，並謹察之。揚清激濁，舉善彈違，此朕所以垂拱總綱，責成於良二千石也。於戲戒哉。【略】十二月，班五條詔書於郡國：一曰正身，二曰勤百姓，三曰撫孤寡，四曰敦本息末，五曰去人事。

《晉書》卷六《元帝紀》〔太興元年〕秋七月戊申，詔曰：王室多故，姦凶肆暴，皇綱弛墜，顛覆大猷。朕以不德，統承洪緒，夙夜憂危，思改其弊。二千石令長當祗奉舊憲，正身明法，抑齊豪強，存恤孤獨，隱實户口，勸課農桑。州牧刺史當互相檢察，不得顧私虧公。長吏有志在奉公而不見進用者，有貪惏穢濁而以財勢自安者，若有不舉，當受故縱蔽善之罪，有而不知，當受闇塞之責。各明慎奉行。

《晉書》卷二六《食貨志》　元帝爲晉王，課督農功，詔二千石長吏以入穀多少爲殿最。

《晉書》卷一〇六《石季龍載記》〔咸康二年〕下書曰：三載考績，黜陟幽明，斯則先王之令典，政道之通塞。魏始建九品之制，三年一清定之，雖未盡弘美，亦縉紳之清律，人倫之明鏡。從爾以來，遵用無改。先帝創臨天下，黄紙再定。至於選舉，銓爲首格。自不清定，三載于茲。主者其更銓論，務揚清激濁，使九流咸允也。吏部選舉，可依晉氏九班選制，永爲揆法。選舉，經中書，門下宣示三省，然後行之。其著此詔書于令。銓衡不奉行者，御史彈坐以聞。

（唐）杜佑《通典》卷一五《選舉・考績》　晉武帝泰始初，務崇理本，詔河南尹杜君元凱爲黜陟之課，其略曰：臣聞上古之政，因循自然。虚己委誠，而信順之道應；神感心通，而天下之理得。其後淳樸漸散，彰美顯惡，設官分職，以頌爵禄，弘宣六典，以詳考察。然猶倚明哲之輔，建忠貞之司，使名不得越功而獨美，功不得後名而獨隱，皆疇咨博訪，敷納以言。及至末代，不能紀遠而求於密微，疑諸心而信耳目，疑耳目而信簡書。簡書愈繁，官方愈僞，法令滋彰，巧飾彌多。昔漢之刺史，亦歲終奏事，不制算課，而清濁粗舉。魏氏考課，即京房之遺意，其文可謂至密。然由於累細，故歷代不能通也。豈若申唐堯之舊典，去密就簡，則簡而易從也。今科舉優劣，莫若委任達官，各考所統。在官一年以後，每歲言優者一人爲上第，劣者一人爲下第，因計偕以名聞。如此六載，主者總集采案，其六歲處優舉者超用之，六歲處劣舉者奏免之，其優多劣少者叙用之，劣多優少者左遷之。今考課之品，所對不均，誠有難易。若以難取優，以易而否，主者固當准量輕重，微加降殺，不足復曲以法盡也。

（唐）杜佑《通典》卷三三《職官・州郡下・縣令》　晉制，大縣令有治績，官報以大郡。山公啓事曰：温令許奇等，並見能名，雖在職各日淺，宜顯報大郡，以勸天下。詔曰：按其資歷，悉自足爲郡守，各以在職日淺，則宜盡其政績，不宜速他轉也。不經宰縣，不得入爲臺郎。

（元）馬端臨《文獻通考》卷三九《選舉·考課》　晉武帝泰始初，務崇理本，詔河南尹杜預爲黜陟之課，其略曰：臣聞上古之政，因循自然，虛己委誠，而信順之道應，神感心通，而天下之理得。其後敦樸漸散，彰美顯惡，設官分職，以頒爵禄，弘宣六典，以詳考察。然獨倚明折之輔，建忠貞之司，使名不得越功而獨美，功不得後名而獨隱，皆疇咨博訪，敷納以言。及至末代，不能紀遠而求於密微，疑諸心而信耳目，疑耳目而信簡書。簡書愈繁，官方愈僞，法令滋彰，巧飾彌多。昔漢之刺史，亦歲終奏事，不制算課，而清濁粗舉。魏氏考課，即京房之遺意，其文可謂至密。然由於累細，故歷代不能通也。豈若申唐堯之舊典，去密就簡，則簡而易從也。今科舉優劣，莫若委任達官，各考所統。在官一年以後，每歲言優者一人爲上第，劣者一人爲下第，因計偕以名聞。如此六載，主者總集採按，其六歲處優舉者超用之，六歲處劣舉者奏免之，其優多劣少者叙用之，劣多優少者左遷之。今考課之品，所對不均，誠有難易。若以難取優，以易而否，主者固當准量輕重，微加降殺，不足復曲以法書也。

《宋書》卷五《文帝紀》　〔元嘉二十年〕冬十二月庚午，以始興內史檀和之爲交州刺史。壬午，詔曰：國以民爲本，民以食爲天。故一夫輟稼，饑者必及。倉廩既實，禮節以興。自頃在所貧罄，家無宿積。賦役暫偏，則人懷愁墊；歲或不稔，而病乏比室。誠由政德弗孚，以臻斯弊；抑亦耕桑未廣，地利多遺。宰守微化導之方，萌庶忘勤分之義。永言弘濟，明發載懷。雖制令亟下，終莫懲勸，而坐望滋殖，庸可致乎。有司其班宣舊條，務盡敦課。遊食之徒，咸令附業，考覈勤惰，行其誅賞，觀察能殿，嚴加黜陟。古者躬耕帝籍，敬供粢盛，仰瞻前王，思遵令典。便可量處千畝，考卜元辰。朕當親率百辟，致禮郊甸，庶幾誠素，將被斯民。

（唐）杜佑《通典》卷二〇《職官·司徒》　宋制：司徒金章紫綬，進賢三梁冠，佩山玄玉。掌治民事，郊祀則省牲，視滌濯，大喪安梓宮。凡四方功課，歲盡則奏其殿最而行賞罰，亦與丞相并置。

（元）馬端臨《文獻通考》卷三九《選舉·考課》　宋文帝元嘉時，守宰以六期爲斷。及宋末，以治民之官六年過久，乃以三年爲斷，謂之小滿。

（明）梅鼎祚《宋文紀》卷三《行幸考績詔七年十月》　賞慶刑威，奄國彝軌，黜幽升明，闢謩恒憲，故採言聆風，式觀侈質，貶爵加地。于是乎在今類帝宜社，親巡江甸，因覲嶽守，躬求民瘼，思弘明試之典，以申考績之義。行幸所經，涖民之職，功宣于聽，即加甄賞，若廢務亂民，隨僁議罰，主者詳察以聞。

《南齊書》卷三《武帝紀》　〔永明元年〕三月癸丑，詔曰：宋德將季，風軌陵遲，列宰庶邦，彌失其序，遷謝遄速，公私凋弊。泰運初基，草昧惟始，思述先範，永隆治根，莅民之職，一以小滿爲限。其有聲績剋舉，厚加甄異；理務無庸，隨時代黜。

《南齊書》卷三《武帝紀》　〔永明三年春正月辛卯〕又詔守宰親民之要，刺史案部所先，宜嚴課農桑，相土揆時，必窮地利。若耕蠶殊衆，足厲浮墮者，所在即便列奏。其違方驕矜，佚事妨農，亦以名聞。將明賞罰，以勸勤怠。校覈殿最，歲竟考課，以申黜陟。

《南史》卷七〇《循吏傳·序》　宋武起自匹庶，知人事艱難，及登庸作宰，留心吏職。而王略外舉，未遑內務，奉師之費，日耗千金。播茲寬簡，雖所未暇，而黜己屏欲，以儉御身，左右無幸謁之私，閨房無文綺之飾。故能戎車歲駕，邦甸不擾。文帝幼而寬仁，入纂大業，及難興陝服，六戎薄伐，興師命將，動在濟時。費由府實，事無外擾。自此方內晏安，甿庶蕃息，奉上供徭，止於歲賦，晨出暮歸，自事而已。守宰之職以六朞爲斷，雖没世不徙，未及曩時，而人有所係，吏無苟得，家給人足，即事雖難，轉死溝渠，於時可免。凡百户之鄉，有市之邑，歌謠舞蹈，觸處成羣，蓋宋世之極盛也。暨元嘉二十七年，舉境外捍，於是傾資掃蓄，猶有未供，深賦厚斂，天下騷動。自茲迄于孝建，兵連不息。以區區江東，蕞爾迫隘，荐之以師旅，因之以凶荒，向時之盛，自此衰矣。晉世諸帝多處內房，朝宴所臨，東西二堂而已。孝武末年，清暑方構，及永初受命，無所改作，所居唯稱西殿，不制嘉名，文帝因之，亦有合殿之稱。及孝武承統，制度滋長，犬馬餘菽粟，土木衣綈繡。追陋前規，更造正光、玉燭、紫極諸殿。彫欒綺節，珠窗網户，嬖女幸臣，賜傾府藏，竭四海不供其欲，殫人命未快其心。明皇繼祚，彌篤浮侈，恩不卹下，以至横流。莅人之官，遷變歲屬，突不得黔，席未暇暖，蒲、密之化，事未易階。豈徒吏不及古，人乖於昔，蓋由爲上所擾，致化莫從。

齊高帝承斯奢縱，輔立幼主，思振人瘼，風移百城。爲政未朞，擢山陰令傅琰爲益州刺史，乃損華反樸，恭己南面，導人以躬，意存勿擾。以山陰大邑，獄訟繁滋，建元三年，别置獄丞，與建康爲比。永明繼運，垂心政術，杖威善斷，猶多漏網，長吏犯法，封刃行誅。郡縣居職，以三周爲小滿。水旱之災，輒加振卹。十許年中，百姓無犬吠之驚，都邑之盛，士女昌逸，歌聲舞節，袨服華粧。桃花渌水之間，秋月春風之下，無往非適。明帝自在布衣，達于吏事，及居宸扆，專務刀筆。未嘗枉法申恩，守宰由斯而震。屬以魏軍入伐，疆埸大擾，兵車連歲，不遑啓居，軍國糜耗，從此衰矣。繼以昏亂，政由羣孽，賦調雲起，傜役無度。守宰多倚附權門，互長貪虐，裒刻聚斂，侵擾黎甿。天下摇動，無所措其手足。

梁武在田，知人疾苦，及定亂之始，仍下寬書。東昏時雜調咸悉除省，於是四海之内始得息肩。及踐皇極，躬覽庶事，日昃聽政，求瘼卹隱。乃命輶軒以省方俗，置肺石以達窮人。務己所先，事唯急病。元年，始去人貲，計丁爲布。在身服浣濯之衣，御府無文錦之飾。太官常膳，唯以菜蔬，圓案所陳，不過三盞，蓋以儉先海内也。故每選長吏，務簡廉平，皆召見於前，親勗政道。始擢尚書殿中郎到溉爲建安内史，左户侍郎劉鬷爲晋安太守。溉等居官，並以廉潔著。又著令：小縣有能，遷爲大縣令，大縣有能，遷爲二千石。於是山陰令丘仲孚有異績，以爲長沙内史，武康令何遠清公，以爲宣城太守。剖符爲吏者，往往承風焉。斯亦近代獎勸之方也。

《魏書》卷五《高宗紀》〔太安五年〕九月戊辰，詔曰：夫褒賞必於有功，刑罰審於有罪，此古今之所同，由來之常式。牧守莅民，侵食百姓，以營家業，王賦不充，雖歲滿去職，應計前逋，正其刑罪。而主者失於督察，不加彈正，使有罪者優游獲免，無罪者妄受其辜，是啓姦邪之路，長貪暴之心，豈所謂原情處罪，以正天下。自今諸遷代者，仰列在職殿最，案制治罪。克舉者加之爵寵，有愆者肆之刑戮，使能否殊貫，刑賞不差。主者明爲條制，以爲常楷。

《魏書》卷七上《高祖紀》〔延興二年〕十有二月庚戌，詔曰：《書》云：三載一考，三考黜陟幽明。頃者已來，官以勞升，未久而代，牧守無恤民之心，競爲聚斂，送故迎新，相屬於路，非所以固民志，隆治道也。自今牧守温仁清儉、克己奉公者，可久於其任。歲積有成，遷位一級。其有貪殘非道，侵削黎庶者，雖在官甫爾，必加黜罰。著之於令，永爲彝準。【略】

〔延興三年春正月〕甲戌，詔縣令能静一縣劫盗者，兼治二縣，即食其禄；能静二縣者，兼治三縣，三年遷爲郡守。二千石能静二郡，上至三郡，亦如之，三年遷爲刺史。

《魏書》卷七下《高祖紀》〔太和十五年冬十一月〕乙亥，大定官品。戊寅，考諸牧守。詔假通直散騎常侍李彪、假散騎侍郎蔣少遊使蕭賾。丙戌，初罷小歲賀。丁亥，詔二千石考在上上者，假四品將軍，賜乘黄馬一匹；上中者，五品將軍；上下者，賜衣一襲。【略】

〔太和十八年〕九月壬申朔，詔曰：三載考績，自古通經；三考黜陟，以彰能否。今若待三考然後黜陟，可黜者不足爲遲，可進者大成賒緩。是以朕今三載一考，考即黜陟，欲令愚滯無妨於賢者，才能不壅於下位。各令當曹考其優劣，爲三等。六品以下，尚書重問；五品以上，朕將親與公卿論其善惡。上上者遷之，下下者黜之，中中者守其本任。壬午，帝臨朝堂，親加黜陟。

《魏書》卷九《肅宗紀》〔孝昌元年二月〕壬寅，詔曰：勸善黜惡，經國茂典。其令每歲一終，郡守列令長，刺史列守相，以定考課，辯其能否。若有濫謬，以考功失衷論。

《魏書》卷一〇《孝莊紀》〔建義元年五月〕壬午，詔求德行、文藝、政事强直者，縣令、太守、刺史皆叙其志業，具以表聞。得三人以上，縣令、太守、刺史賞一階；舉非其人，亦黜一階。又以舊叙軍勳不過征虜，自今以後宜依前式以上，餘階積而爲品。其從輿駕北來之徒，不在此例。悉不聽破品受階，破階請帛。

《魏書》卷六四《郭祚傳》祚奏曰：謹案前後考格雖班天下，如臣愚短，猶有未悟。今須定職人遷轉由狀，超越階級者即須量折。景明初考格，五年者得一階半。正始中，故尚書、中山王英奏考格，被旨：但可正滿三周爲限，不得計殘年之勤。又去年中，以前二制不同，奏請裁決。旨云：黜陟之體，自依舊來恒斷。今未審從舊來之旨，爲從景明之斷，爲從正始爲限？景明考法，東西省文武閑官悉爲三等，考同任事，而前尚書盧昶奏上第之人三年轉半階。今之考格，復分爲九等，前後不同，參差無準。詔曰：考在上中者，得汎以前，有六年以上遷一階，三年以上遷半階，殘年悉除。考在上下者，得汎以前，六年以上遷半階，不滿者除。其得汎以後考在上下者，三年遷一階。散官從盧昶所奏。

祚又奏言：考察令：公清獨著，德績超倫，而無負殿者爲上上，一殿爲上中，二殿爲上下，累計八殿，品降至九。未審今諸曹府寺，凡考：在事公請，然才非獨著；績行稱務，而德非超倫；幹能粗可，而守平堪任；或人用小劣，處官濟事，并全無負殿之徒爲依何第？景明三年以來，至今十有十一載，準限而判，三應昇退。今既通考，未審爲十年之中通其殿最，積以爲第，隨前後年斷，各自除其善惡而爲昇降？且負注之章，數成殿爲差，此條以寡愆爲最，多戾爲殿。未審取何行是寡愆？何坐爲多戾？結累品次，復有幾等？諸文案失衷，應杖十者爲一負。罪依律次，過隨負記。十年之中，三經肆眚，赦前之罪，不問輕重，皆蒙宥免。或爲御史所彈，案驗未周，遇赦復任者，未審記殿得除以不？詔曰：獨著、超倫及才備、寡咎，皆謂文武兼上上之極言耳。自此以降，猶有八等，隨才爲次，令文已具。其積負累殿及守平得濟，皆含在其中，何容別疑也。所云通考者，據總多年之言，至於黜陟之體，自依舊來年斷，何足復請。其罰贖已決之殿，固非免限，遇赦免罪，惟記其殿，除之。

《魏書》卷一一〇《食貨志》 天興初，制定京邑，東至代郡，西及善無，南極陰館，北盡參合，爲畿內之田；其外四方四維置八部帥以監之，勸課農耕，量校收入，以爲殿最。【略】魏初不立三長，故民多蔭附。蔭附者皆無官役，豪強徵斂，倍於公賦。十年，給事中李沖上言：宜準古，五家立一隣長，五隣立一里長，五里立一黨長，長取鄉人強謹者。隣長復一夫，里長二，黨長三。所復復征戍，餘若民。三載亡愆則陟用，陟之一等。

（唐）杜佑《通典》卷一五《選舉·考績》 後魏孝文帝太和中，詔曰：三載考績，自古通經；三考黜陟，以彰能否。今若待三考然後黜陟，可黜者不足爲遲，可進者大成賒緩。是以朕今三載一考，考即黜陟，欲令愚滯無妨於賢者，才能不壅於下位。各令當曹，考其優劣爲三等。六品以下，尚書重問；五品以上，朕將親與公卿論其善惡。上上者遷之，下下者黜之，中中者守其本任。時否臧必舉，賞罰大行，其薄賞者猶賜車馬器服，以申獎勸。後帝臨朝堂，顧謂録尚書兼廷尉卿、廣陵王羽曰：凡考績，上下二等，可爲三品；中等，但爲一品。所以然者，上下是黜陟之科，故旌絲髮之美惡；中等守本，事可大通。帝又謂尚書等曰：卿等在任，年垂二周，未嘗進一賢，退一不肖，此二事罪之大者。謂羽曰：汝居樞端之任，在職以來，功勤之績不聞於朝，阿黨之音頻干朕聽。今黜汝録尚書、廷尉，但居特進、太保。自尚書令、僕射以下，凡黜退二十餘人，皆略舉遺闕。諸如此黜官者，令一年之後，任官如初。

宣武帝時，太尉、侍中、高陽王雍上表曰：竊惟三載考績，百王通典。今任事上中者，三年升一階；散官上第者，四載登一級。閒冗官本非虛置，或以賢能而進，或因累勤而舉。如其無能，不應忝兹高選。以勤以能，進之朝伍，或征官外戍，遠使絶域，催督逋懸，察檢卅鎮，皆是散官，以充劇使。乃於考陟，排同閒伍。檢散官之人，才非皆劣，稱事之輩，未必悉賢。而考閒以多，課煩以少，上乖天澤之均，下生不等之苦。復尋正始之格，汎後任事上中者，三年升一階；汎前任事上中者，六年進一級。三年一考，自古通經。今以汎前六年升一階，檢無愆犯，倍年成級。以此推之，明以汎代考也。

徐州刺史蕭寶夤又論曰：方今守令，厥任非輕。及考課，悉以六載爲程，既而限滿代還，復經六年而叙。是則歲周十二，始得一階。於東西兩省、文武閒職、公府散佐、無事冗官，或數旬方應一直，或弦朔止於暫朝，及其考日，更得四年爲限。是則一紀之內，便登三級。彼以實勞劇任，而遷貴之路至難；此以散位虛名，而升陟之方甚易。何內外之相懸，令厚薄之如是？

孝明帝延昌二年，又將大考百僚。散騎常侍、領三公郎中崔鴻以考令於體例不通，乃建議曰：竊惟王者爲官求才，使人以器，黜陟幽明，揚清激濁。故績效能官、才必稱位者，朝升夕進，年歲數遷。豈拘一階半級，闕以同僚等位者哉。二漢以降，太和以前，苟必官須此人，人稱其職，或超騰轉陟，數歲而至公卿，或長兼試守，稱允而遷進者，披卷則人人而是，舉目則朝貴皆然。故能時收多士之稱，國號豐賢之美。竊見景明以來考格，三年成一考，轉一階。貴賤內外，萬有餘人，自非犯罪，不問賢愚，莫不上中，才與不肖，比肩同轉。雖有善政如龔、黃，儒學如王、鄭，史才如班、馬，文章如張、蔡，得一分一寸，必爲常流所攀，選曹亦抑爲一概，不曾甄別。琴瑟不調，改而更張，雖明旨已行，猶宜消息。時不從。

（元）馬端臨《文獻通考》卷三九《選舉・考課》 後魏孝文帝太和中，詔曰：三載考績，自古通經；三考黜陟，以彰能否。今若待三考然後黜陟，可黜者不足爲遲，可進者大成賒緩。是以朕今三載一考，考即黜陟，欲令愚滯無妨於賢者，才能不壅於下位。各令當曹，考其優劣爲三等。六品以下，尚書重問；五品以上，朕將親與公卿論其善惡。上上者遷之，下下者黜之，中中者守其本任。時否臧必舉，賞罰大行，其薄賞者猶錫車馬器服，以申奬勸。後帝臨朝堂，顧謂録尚書兼廷尉卿廣陵王羽曰：凡考績上下二等，可爲三品，中等但爲一品。所以然者，上下是黜陟之科，故旌絲髮之美惡，中等守本，事理大通。帝又謂尚書等曰：卿等在任，年垂二周，未嘗進一賢，退一不肖。此二事罪之大者。謂羽曰：汝居樞端之任，在職以來，功勤之績不聞於朝，阿黨之音頻干朕聽。今出汝録尚書、廷尉，但居特進、太保。自尚書令、僕射以下凡黜退二十餘人，皆略舉遺闕。諸如此黜官者，令一年之後任官如初。

宣武帝時，太尉、侍中、高陽王雍上表曰：竊惟三載考績，百王通典。今任事上中者，三年升一階；散官上第者，四載登一級。閑冗官本非虛置，或以賢能而進，或因累勤而舉，如其無能，不應忝茲高選。以勤以能，進之朝伍，或征官外戍，遠使絶域，催督逋懸，察檢州鎮，皆是散官，以充劇使。乃於考陟，排同閑伍。檢散官之人，才非皆劣；稱事之輩，未必悉賢。而考閑以多，課煩以少，上乖天澤之均，下生不等之苦。復尋正始之格，汎後任事上中者，三年升一階，汎前任事上中者，六年進一級。三年一考，自古通經。今以汎前六年升一階，檢無愆犯，倍年成級。以此推之，明以汎代考也。徐州刺史蕭寶寅又論曰：方今守令，厥任非輕，及考課悉以六載爲程，既而限滿代還，復經六年而叙。是則歲周十二，始得一階。於東西兩省、文武閒職、公府散佐、無事冗官，或數旬方應一直，或弦朔止於暫朝，及其考日，更得四年爲限。是則一紀之內，便登三級。彼以實勞劇任，而遷貴之路至難；此以散位虛名，而升陟之方甚易。何內外之相懸，令厚薄之如是。

孝明帝延昌二年，又將大考百寮，散騎常侍、領三公郎中崔鴻以考令於體例不通，乃建議曰：竊惟王者爲官求才，使人以器，黜陟幽明，揚清激濁，故績效能官，才必稱位者，朝升夕進，年歲數遷，豈拘一階半級，闕以同寮等位者哉。二漢以降，太和以前，苟必官須此人，人稱其職，或超騰轉陟，數歲而至公卿，故能時收多士之稱，國號豐賢之美。竊見景明以來考格，三年成一考，轉一階。貴賤內外萬有餘人，自非犯罪，不問賢愚，莫不上中，才與不肖，比肩同轉。雖有善政如龔、黃，儒學如王、鄭，才史如班、馬，文章如張、蔡，得一分一寸，必爲常流所攀，選曹亦抑爲一概，不曾甄別。琴瑟不調，改而更張，雖明旨已行，猶宜消息。時不從。

《虞書》言三載考績，三考黜陟幽明，此古帝王考課之法。董仲舒言：古之所謂功者，以任官稱職爲差，非謂積日累久也。故小才雖累日，不離於小官；賢才雖未久，不害爲輔佐。今則不然，累日以取貴，積久以致官，是以廉恥貿亂，賢不肖渾淆，未得其真。此後世年勞之法，二法雖相似，而其意實相反。考課是以日月驗其職業之修廢，年勞是以日月計其資格之深淺。後世之所謂考課者，皆年勞之法耳。故賢者當陟，或反以資淺而抑之；不肖者當黜，或反以年深而升之。故考課之法行，則庸愚畏之；年勞之法行，則庸愚便之。崔鴻所言，即崔亮所行也。亮奏立停年之格，見《舉官門》。

《隋書》卷九《禮儀志》 後齊正日，侍中宣詔慰勞州郡國使。詔牘長一尺三寸，廣一尺，雌黃塗飾，上寫詔書三。計會日，侍中依儀勞郡國計吏，問刺史太守安不，及穀價麥苗善惡，人間疾苦。又班五條詔書於諸州郡國使人，寫以詔牘一枚，長二尺五寸，廣一尺三寸，亦以雌黃塗飾，上寫詔書。正會日，依儀宣示使人，歸以告刺史二千石。一曰，政在正身，在愛人，去殘賊，擇良吏，正決獄，平徭賦。二曰，人生在勤，勤則不匱，其勸率田桑，無或煩擾。三曰，六極之人，務加寬養，必使生有以自救，没有以自給。四曰，長吏華浮，奉客以求小譽，逐末捨本，政之所疾，宜謹察之。五曰，人事意氣，干亂奉公，外內溷淆，綱紀不設，所宜糾劾。正會日，侍中黄門宣詔勞諸郡上計。勞訖付紙，遣陳土宜。字有脱誤者，呼起席後立。書迹濫劣者，飲墨水一升。文理孟浪，無可取者，奪容刀及席。既而本曹郎中，考其文迹才辭可取者，録牒吏部，簡同流外三品叙。

《周書》卷二三《蘇綽傳》　太祖甚重之，常置諸座右。又令百司習誦之。其牧守令長，非通六條及計帳者，不得居官。

紀事

《三國志》卷一六《魏志・杜畿傳》　畿在河東十六年，常爲天下最。

《三國志》卷三五《蜀志・諸葛亮傳》　注：《漢晋春秋》曰：或勸亮更發兵者，亮曰：大軍在祁山、箕谷，皆多於賊，而不能破賊爲賊所破者，則此病不在兵少也，在一人耳。今欲減兵省將，明罰思過，校變通之道於將來；若不能然者，雖兵多何益。自今已後，諸有忠慮於國，但勤攻吾之闕，則事可定，賊可死，功可蹻足而待矣。於是考微勞，甄烈壯，引咎責躬，布所失於天下，厲兵講武，以爲後圖，戎士簡練，民忘其敗矣。

《三國志》卷五二《吴志・步騭傳》　又曰：丞相顧雍、上大將軍陸遜、太常潘濬，憂深責重，志在謁誠，夙夜兢兢，寢食不寧，念欲安國利民，建久長之計，可謂心膂股肱，社稷之臣矣。宜各委任，不使他官監其所司，責其成效，課其負殿。此三臣者，思慮不到則已，豈敢專擅威福欺負所天乎？

《三國志》卷六一《吴志・陸凱傳》　皓遣親近趙欽口詔報凱前表曰：孤動必遵先帝，有何不平？君所諫非也。又建業宫不利，故避之，而西宫室宇摧朽，須謀移都，何以不可徙乎？凱上疏曰：【略】先帝時，居官者咸久於其位，然後考績黜陟。今州縣職司，或莅政無幾，便徵召遷轉，迎新送舊，紛紜道路，傷財害民，於是爲甚，是不遵先帝十九也。

《晋書》卷三《武帝紀》〔泰始五年二月〕丁亥，詔曰：古者歲書羣吏之能否，三年而誅賞之。諸令史前後，但簡遣疏劣，而無有勸進，非黜陟之謂也。其條勤能有稱尤異者，歲以爲常。吾將議其功勞。

《晋書》卷三《武帝紀》〔太康〕九年春正月壬申朔，日有蝕之。詔曰：興化之本，由政平訟理也。二千石長吏不能勤恤人隱，而輕挾私故，興長刑獄，又多貪濁，煩撓百姓。其敕刺史二千石糾其穢濁，舉其公清，有司議其黜陟。令内外羣官舉清能，拔寒素。

《晋書》卷三三《何曾傳》　臣聞諸郡守，有年老或疾病，皆委政丞掾，不恤庶事。或體性疏怠，不以政理爲意。在官積年，惠澤不加於人。然於考課之限，罪亦不至詘免。故得經延歲月，而無斥罷之期。臣愚以爲可密詔主者，使隱核參訪郡守，其有老病不隱親人物，及宰牧少恩，好修人事，煩撓百姓者，皆可徵還，爲更選代。頃之，遷散騎常侍。

《晋書》卷四二《王渾傳》　帝嘗訪渾元會問郡國計吏方俗之宜，渾奏曰：陛下欽明聖哲，光于遠近，明詔沖虛，詢及芻蕘，斯乃周文疇咨之求，仲尼不恥下問也。舊三朝元會前計吏詣軒下，侍中讀詔，計吏跪受。臣以詔文相承已久，無他新聲，非陛下留心方國之意也。可令中書指宣明詔，問方土異同，賢才秀異，風俗好尚，農桑本務，刑獄得無寃濫，守長得無侵虐。其勤心政化興利除害者，授以紙筆，盡意陳聞。以明聖指垂心四遠，不復因循常辭。且察其答對文義，以觀計吏人才之實。又先帝時，正會後東堂見征鎮長史司馬、諸王國卿、諸州别駕。今若不能别見，可前詣軒下，使侍中宣問，以審察方國，於事爲便。帝然之。又詔渾録尚書事。

《晋書》卷六〇《解系傳》　解系字少連，濟南著人也。父脩，魏琅邪太守、梁州刺史，考績爲天下第一。武帝受禪，封梁鄒侯。

《晋書》卷六一《劉耽傳》　耽字敬道。少有行檢，以義尚流稱，爲宗族所推。博學，明習詩、禮、三史。歷度支尚書，加散騎常侍。在職公平廉慎，所莅著績。桓玄，耽女壻也。

《晋書》卷七一《陳頵傳》　陳頵字延思，陳國苦人也。少好學，有文義。父訢立宅起門，顛曰：當使容馬車。訢笑而從之。仕爲郡督郵，檢獲隱匿者三千人，爲一州尤最。太守劉享拔爲主簿，州辟部從事，乘馬車還家，宗黨榮之。

《晉書》卷七七《諸葛恢傳》 太興初，以政績第一，詔曰：自頃多難，官長數易，益有諸弊，雖聖人猶久於其道，然後化成，況其餘乎。漢宣帝稱與我共安天下者，其惟良二千石，斯言信矣。是以黄霸等或十年，或二十年而不徙，所以能濟其中興之勳也。賞罰黜陟，所以明政道也。會稽内史諸葛恢莅官三年，政清人和，爲諸郡首，宜進其位班，以勸風教。今增恢秩中二千石。

《晉書》卷九〇《良吏傳·杜軫》 察孝廉，除建寧令，導以德政，風化大行，夷夏悦服。秩滿將歸，羣蠻追送，賂遺甚多，軫一無所受，去如初至。又除池陽令，爲雍州十一郡最。百姓生爲立祠，得罪者無怨言。累遷尚書郎。

《宋書》卷五《文帝紀》 〔元嘉三年五月〕詔曰：夫哲王宰世，廣達四聰，猶巡嶽省方，採風觀政。所以情僞必審，幽遐罔滯，王澤無擁，九臯有聞者也。朕以寡薄，猥纂洪緒。雖永念治道，志存昧旦，顧言傳巖，發想宵寐，而丘園之秀，藏器未臻，物情民隱，尚隔視聽。乃眷區域，輟寢忘飡。今氛祲祛蕩，宇内寧晏，旌賢弘化，於是乎始。可遣大使巡行四方。其宰守稱職之良，閭蓽一介之善，詳悉列奏，勿或有遺。若刑獄不卹，政治乖謬，傷民害教者，具以事聞。其高年、鰥寡、幼孤、六疾不能自存者，可與郡縣優量賑給。博採輿誦，廣納嘉謀，務盡銜命之旨，俾若朕親覽焉。

《宋書》卷八《明帝紀》 〔泰始元年十二月〕癸酉，詔曰：朕戡亂寧民，屬膺景祚。鴻制初造，革道惟新。而國故頻罹，仁澤偏壅。每鑒寐疚心，罔識攸濟。巡方問俗，弘政所先，可分遣大使，廣求民瘼，考守宰之良，採衡閭之善。若獄犴淹枉，傷民害教者，具以事聞。鰥寡孤獨，癃殘六疾，不能自存者，郡縣優量賑給。貞婦孝子，高行力田，詳悉條奏。務詢輿誦，廣納嘉謀，每盡皇華之旨，俾若朕親覽焉。

《宋書》卷九《後廢帝紀》 〔泰豫元年〕六月壬辰，詔曰：夫興王經制，實先民隱，方求廣教，刑於四維。朕以煢眇，夙膺寶歷，永言民政，未接聽覽，眷言乃顧，無忘鑒寐。可遣大使分行四方，觀採風謠，問其疾苦。令有怫民，法不便俗者，悉各條奏。若守宰威恩可紀，廉勤允著，依事騰聞。如獄訟誣枉，職事紕繆，惰公存私，害民利己者，無或隱昧。廣納芻輿之議，博求獻藝之規。巡省之道，務令精洽，深簡行識，俾若朕親覽焉。

《宋書》卷九二《良吏傳·王歆之》 元嘉九年，豫州刺史長沙王義欣上言：所統威遠將軍、北譙梁二郡太守關中侯申季歷，自奉職邦畿，于茲五年，信惠並宣，威化兼著，外清姦暴，内輯民黎，役賦均平，閭井齊肅，綏穆初附，招攜荒遠，郊境之外，仰澤懷風，爵賞之授，績能是顯，宜升階秩，以崇獎勸。進號寧朔將軍。

《南齊書》卷六《明帝紀》 〔建武二年春正月〕己卯，詔京師二縣有毁發墳壠，隨宜脩理。又詔曰：食惟民天，義高姬載，蠶實生本，教重軒經。前哲盛範，後王茂則，布令審端，咸必由之。朕肅扆巖廊，思弘風訓，深務八政，永鑒在勤，静言日昃，無忘寢興。守宰親民之主，牧伯調俗之司，宜嚴課農桑，罔令游惰，揆景肆力，必窮地利，固脩堤防，考校殿最。若耕蠶殊衆，具以名聞；游怠害業，即便列奏。主者詳爲條格。

《梁書》卷二《武帝紀》 〔天監〕十五年春正月己巳，詔曰：觀時設教，王政所先，兼而利之，寔惟務本，移風致治，咸由此作。頃因革之令，隨事必下，而張弛之要，未臻厥宜，民瘼猶繁，廉平尚寡，所以竚旒纊而載懷，朝玉帛而興歎。可申下四方，政有不便於民者，所在具條以聞。守宰若清潔可稱，或侵漁爲蠹，分别奏上，將行黜陟。長吏勸課，躬履堤防，勿有不脩，致妨農事。關市之賦，或有未允，外時參量，優減舊格。

《梁書》卷一〇《夏侯詳傳》 劭爲刺史，又補主簿。頃之，爲新汲令，治有異績，刺史段佛榮班下境内，爲屬城表。轉治中從事史，仍遷别駕。歷事八將，州部稱之。

《陳書》卷五《宣帝紀》 〔太建四年〕九月庚子朔，日有蝕之。辛亥，大赦天下。又詔曰：舉善從諫，在上之明規；進賢謁言，爲臣之令範。朕以寡德，嗣守寶圖，雖世襲隆平，治非寧一。辨方分職，旰食早衣；傍闕争臣，下無貢士。何其闕爾，鮮能抗直。豈余獨運，匪薦讜言。

置鼓公車，罕論得失；施石象魏，莫陳可否。朱雲摧檻，良所不逢；禽息觸楹，又爲難值。至如衣褐以見，檐簦以遊，或耆艾絶倫，或妙年異等，干時而不偶，左右莫之譽，黑貂改弊，黄金且殫，終其滯淹，可爲太息。又貴爲百辟，賤有十品，工拙竝騖，勸沮莫分，街謠徒擁，廷議斯闕。寔朕之弗明，而時無獻替。永言至治，何廼爽歟？外可通示文武：凡厥在位，風化乖殊，朝政紕蠹，正色直辭，有犯無隱。兼各舉所知，隨才明試。其莅政廉穢，在職能否，分别矢言，俟茲黜陟。

《陳書》卷三四《文學傳・褚玠》 時舍人曹義達爲高宗所寵，縣民陳信家富於財，諂事義達，信父顯文恃勢横暴。玠乃遣使執顯文，鞭之一百，於是吏民股慄，莫敢犯者。信後因義達譖玠，竟坐免官。玠在任歲餘，守禄俸而已，去官之日，不堪自致，因留縣境，種蔬菜以自給。或嗤玠以非百里之才，玠答曰：吾委輸課最，不後列城，除殘去暴，姦吏局蹐。若謂其不能自潤脂膏，則如來命。以爲不達從政，吾未服也。時人以爲信然。

《魏書》卷三《太宗紀》 〔永興三年二月〕己亥，詔北新侯安同等持節循行并、定二州及諸山居雜胡、丁零，問其疾苦，察舉守宰不法；其寃窮失職、强弱相陵、孤寒不能自存者，各以事聞。【略】〔泰常〕二年春二月丙午，詔曰：九州之民，隔遠京邑，時有壅滯，守宰至不以聞。今東作方興，或有貧窮失農務者。其遣使者巡行天下，省諸州，觀民風俗，問民疾苦，察守宰治行。諸有不能自申，皆因以聞。

《魏書》卷四上《世祖紀》 〔太延元年〕十有二月甲申，詔曰：操持六柄，王者所以統攝；平政理訟，公卿之所司存；勸農平賦，宰民之所專急；盡力三時，黔首之所克濟。各修其分，謂之有序，今更不然，何以爲治？越職侵局，有紊綱紀；上無定令，民知何從？自今以後，亡匿避難，羈旅他鄉，皆當歸還舊居，不問前罪。民相殺害，牧守依法平決，不聽私輒報復，敢有報者，誅及宗族；隣伍相助，與同罪。州郡縣不得妄遣吏卒，煩擾民庶。若有發調，縣宰集鄉邑三老計貲定課，裒多益寡，九品混通，不得縱富督貧，避强侵弱。太守覆檢能否，覈其殿最，列言屬州。刺史明考優劣，抑退姦吏，升進貞良，歲盡舉課上臺。牧守荷治民之任，當宣揚恩化，奉順憲典，與國同憂，直道正身，肅居官次，不亦善乎？

《魏書》卷七上《高祖紀》 〔延興五年春二月〕癸丑，詔定考課，明黜陟。

《魏書》卷七下《高祖紀》 〔太和十五年十一月〕乙亥，大定官品。戊寅，考諸牧守。

《魏書》卷八《世宗紀》 〔太和二十三年〕六月乙卯，分遣侍臣巡行郡國，問民疾苦，考察守令，黜陟幽明，文武應求、道著丘園者，皆加褒禮。

《魏書》卷八《世宗紀》 〔景明二年〕六月丁亥，考諸州刺史，加以黜陟。

《魏書》卷八《世宗紀》 〔延昌元年〕十有二月己巳，詔守宰爲御史所彈遇赦免者、及考在中第，皆代之。

《魏書》卷八《世宗紀》 〔延昌三年〕八月甲申，帝臨朝堂，考百司而加黜陟。

《魏書》卷九《肅宗紀》 〔熙平二年正月〕庚寅，詔遣大使巡行四方，問疾苦，恤孤寡，黜陟幽明。又詔：選曹用人，務在得才，廣求栖遁，共康治道。州鎮城隍，各令嚴固。齊會聚集，糾執妖讀。囹圄皆令造屋，桎梏務存輕小。工巧浮进，不得隱藏。絹布繒綵，長短合式。偷竊軍階，亦悉沙汰。籍貫不實，普使糾案，聽自歸首，逋違加罪。詔中尉元匡考定權衡。

《魏書》卷一一《廢出三帝紀・後廢帝安定王》 〔中興元年〕十有一月己巳，詔曰：王度創開，彝倫方始，所班官秩，不改舊章。而無識之徒，因茲僥倖，謬增軍級，虚名顯位，皆言前朝所授，理難推抑。自非嚴爲條制，無以防其僞竊。諸有虚增官號，爲人發糾，罪從軍法。若入格檢覈無名者，退爲平民，終身禁錮。

《魏書》卷一五《常山王暉傳》 肅宗初，徵拜尚書左僕射，詔攝吏部選事。上疏曰：臣聞治人之本，實委牧守之官。得其才則政平物理，失其人則訟興怨結。自非察訪善惡，明加貶賞，將何以黜彼貪怠，陟此清勤也。竊以大使巡省，必廣迎送之費；御史馳糾，頗回威濫之刑。且暫爾往還，理不委悉，縱有簡舉，良未平當。愚謂宜令三司、八座、侍中、黃門，各布耳目，外訪州鎮牧將治人，守令能不。若德教有方，清白獨著，宜以名聞，即加褒陟。若治績無効，貪暴遠聞，亦便示牒，登加貶退。如此則不出庭户，坐知四方，端委垂拱，明賞審罰矣。又表以御史之職，鷹鸇是任，必逞爪牙，有所噬搏。若選後生年少、血氣方剛者，恐其輕肆勁直，傷物處廣。愚謂宜簡宿官經事、忠良平慎者爲之。詔付外，依此施行。

《魏書》卷一九中《任城王澄傳》　初，正始之末，詔百司普昇一級，而執事者不達旨意，刺史、守、令限而不及。澄奏曰：竊惟雲構鬱起，澤及百司，企春望榮，内外同慶。至於賞陟，不及守宰，爾來十年，寃訟不絶。封回自鎮遠、安州入爲太尉長史，元匡自征虜、恒州入作宗卿，二人遷授，並在先詔。應蒙之理，備在於斯。兼州佐停私之徒，陪臣郡丞之例，尚蒙天澤下降，榮及當時。然參佐之來，皆因府主，今府主不霑，佐官獨預，棄本賞末，愚謂未允。今計刺史、守、宰之官，請準回、匡，悉同汎限，上允初旨百司之章，下覆訟者元元之心。詔曰：自今已後，内外之事，嘗經先朝者，不得重聞。澄奏曰：臣聞堯懸諫諍之鼓，舜置誹謗之木，皆所以廣耳目於芻蕘，達四聰於天下。伏惟太祖開基，化隆自遠，累聖相承，於今九帝。重光疊照，汚隆必同，與奪隨時，道無恒體。思過如渴，言重千金，故稱無諱之朝，邁蹤三、五。高祖沖年纂曆，文明協統，變官易律，未爲違典。及慈聖臨朝，母儀宇縣，爰發慈令，垂心滯獄，深枉者仰日月於九泉，微屈者希曲照於盆下。今乃格以先朝，限以一例，斯誠奉遵之本心，實乖元元之至望。在于謙挹，有乖舊典。謹尋抱枉求直，或經累朝。毫釐之差，正之宜速；謬若千里，駟馬弗追。故禮有損益，事有可否，父有諍子，君有諫臣，琴瑟不調，理宜改作。是以防川之論，小決則通；鄉校之言，擁則敗國。矧伊陳屈，而可抑以先朝。且先朝屈者，非故屈之，或有司愛憎，或執事濁僻，空文致法，以誤視聽。如此寃塞，彌在可哀。僭之與濫，寧失不經，乞收今旨，還依前詔。詔曰：省奏，深體毗贊之情，三皇異軌，五代殊風，一時之制，何必詮改。必謂虚文設旨，理在可申者，何容不同來執。可依往制。【略】

澄當官而行，無所回避。又奏墾田授受之制八條，甚有綱貫，大便於時。前來尚書文簿，諸曹須，則出借。時公車署以理寃事重，奏請真案。澄執奏以尚書政本，特宜遠慎，故凡所奏事，閣道通之，蓋以祕要之切，防其宣露，寧有古制所重，今反輕之，内猶設禁，外更寬也。宜繕寫事意，以付公車。詔從之。西域嚈噠、波斯諸國各因公使，並遺澄駿馬一匹。澄請付太僕，以充國閑。詔曰：王廉貞之德，有過楚相，可敕付厩，以成君子大哉之美。

御史中尉東平王匡奏請取景明元年以來，内外考簿、吏部除書、中兵勳案并諸殿最，欲以案校竊階盜官之人，靈太后許之。澄表曰：

臣聞三季之弊，由於煩刑；火德之興，在於三約。是以老聃云法令滋彰，盜賊多有，又曰其政察察，其民缺缺，又曰天網恢恢，疏而不漏。是故欲求治本，莫若省事清心。昔漢文斷獄四百，幾致刑措，省事所致也。蕭曹爲相，載其清静畫一之歌，清心之本也。今欲求之於本，宜以省事爲先，使在位羣官，纂蕭曹之心，以毗聖化。如此，則上下相安，遠近相信，百司不怠，事無愆失。豈宜擾世教以深文，烹小鮮以煩手哉。

臣竊惟景明之初暨永平之末，内外羣官三經考課。逮延昌之始，方加黜陟。五品以上，引之朝堂，親決聖目；六品以下，例由敕判。自世宗晏駕，大宥三行，所以蕩除故意，與物更始。革世之事，方相窮覈，以臣愚見，謂爲不可。

又尚書職分，樞機出納。昔魏明帝卒至尚書門，陳矯亢辭，帝慚而返。夫以萬乘之重，非所宜行，猶屈一言，慚而回駕，羣官百司，而可相亂乎？故陳平不知錢穀之數，邴吉不問僵道之死，當時以爲達治，歷代用爲美談。但宜各守其職，思不出位，潔己以勵時，靖恭以致節。又尋御史之體，風聞是司，至於冒勳妄考，皆有處別，若一處有風謠，即應攝其一簿，研檢虚實，若差舛不同，僞情自露，然後繩以典刑，人孰不服。豈有移一省之案，取天下之簿，尋兩紀之事，窮革世之尤，如此求過，誰堪其罪。斯實聖朝所宜重慎也。

靈太后納之，乃止。

《魏書》卷二一上《廣陵王羽傳》　羽奏：外考令文，每歲終，州鎮列牧守治狀。及至再考，隨其品第，以彰黜陟。去十五年中，在京百僚，盡已經考爲三等。此年便是三載，雖外有成令，而内令未班。内外考察，理應同等。臣輒推準外考，以定京官治行。詔曰：雖内考未宣，績已久著，故《明堂》、《月令》載公卿大夫論考屬官之治，職區分著。三公。疑尚書三載殿最之義，此之考內，已爲明矣。但論考之事，理在不輕，問績之方，應關朕聽，輒爾輕發，殊爲躁也。每考之義，應在年終，既云此年，何得春初也。今始維夏，且待至秋後。

高祖臨朝堂議政事，謂羽曰：遷都洛陽，事格天地，但汝之迷，徒未開沉鄣耳。朕家有四海，往來何難。朕初發洛陽，教示永壽，皆謂分別。比自來後，諸處分之事，已差前敕。今舉大功，寧爲虛費？且朕無周召之弟，豈容晏安日逸。今便北巡，遷留之事，當稱朕懷。

後高祖臨朝堂，謂羣臣曰：兩儀既闢，人生其間，故上天不言，樹君以代。是以《書》稱三考之績，《禮》云考成之章。自皇王以降，斯道靡易。朕以寡德，猥荷洪基，思與百辟，允釐庶務。然朕識乏知人，不能使朝絶素餐之譏，野無《考盤》之刺，夙宵痛寐，載懷怵惕。卿等皆是朝賢國彥，匡弼是寄，各率乃心，以旌考績之義。如乖忠正，國有常刑，賢者雖疏必進，不肖者雖親必黜。顧謂羽曰：上下二等，可爲三品，中等但爲一品。所以然者，上下是黜陟之科，故旌絲髮之美，中等守本，事可大通。

羽先呈廷尉五局司直。高祖曰：夫刑獄之難，實惟自古，必也斷訟，夫子所稱。然五局所司，專主刑獄，比聞諸風聽，多論五局不精。知人之難，朕豈獨決，當與羣臣同之。卿等各陳所聞。高祖謂羽及少卿鄧述曰：五局司直，卿等以何爲品？羽對曰：諸司直並簡聖心。往者，百官初置，擢爲獄官，聽訟察辭，無大差越。所以爲二等者，或以視事甫爾，或以見機遲速，朝廷既有九品之制，故計其絲髮之差，以爲品第。統論所得，大得相似。高祖曰：朕頃年以其人識見可取，故簡司獄官，小優劣不足爲差。然廷尉所司，人命之本事，須心平性正，抑強哀弱，不避貴勢，直情折獄者可爲上等。今正欲聽採風謠，虛實難悉，正欲不採，事無所據。然人言惡者未必是惡，言善者不必是善。所以然者，或斷訟不避豪貴，故人以爲惡；或將勢抑賤，貴人以爲好。然關朕之聽，皆貴者言，是以遲迴三復，良由於此。局事須冰清玉潔，明揚褒貶。卿等既是親典，邪正得失，悉所具之，可精辨以聞。鄧述對曰：陛下行賞得人，餘者甘心；若賞不盡能，無以勸勵。如臣愚見，願不行賞。高祖曰：朕昔置此官，許三年考績，必行賞罰。既經今考，若無黜陟，恐正直者莫肯用心，邪曲者無以改肅。自非釋之于公，何能盡其至理。雖不可精其微致，且望粗有殿最。諸尚書更與羣官善量所以。

高祖謂尚書等曰：朕仰纂乾構，君臨萬宇。往者稽古典章，樹茲百職。然尚書之任，樞機是司，豈惟總括百揆，緝和人務而已，朕之得失，實在於斯。自卿等在任，年垂二周，未嘗言朕之一失，獻可否之片規，又不嘗進一賢而退一不肖，此二事罪之大者。高祖又謂羽曰：汝之淺薄，固不足以況晋之巨源。考之今世，民斯下矣。汝始爲廷尉，及初作尚書，內外瞻望，以吾有弟。自往秋南旆之後，近小人，遠君子，在公阿黨，虧我皇憲，出入無章，動乖禮則。計汝所行，應在下下之第。高祖又謂羽曰：汝既是宸極之弟，而居樞端之任。汝自在職以來，功勤之績，不聞於朝；阿黨之音，頻干朕聽。汝之過失，已備積於前，不復能別叙。今黜汝録尚書、廷尉，但居特進、太保。又謂尚書令陸叡曰：叔翻在省之初，甚有善稱，自近以來，偏頗懈怠。豈不由卿等隨其邪偽之心，不能相導以義，雖不成大責，已致小罰。今奪卿尚書令禄一周。謂左僕射元贊曰：卿夙德老成，久居機要，不能光贊物務，獎勵同僚，賊人之謂，豈不在卿。計叔翻之黜，卿應大辟，但以咎歸一人，不復相罪。又爲少師，未允所授，今解卿少師之任，削禄一周。詔吏部尚書澄曰：叔父既非端右，又非座元，豈宜濫歸衆過也。然觀叔父神志驕傲，少保之任，似不能存意。可解少保。謂長兼尚書于果曰：卿履歷卑淺，超昇名任，不能勤謹夙夜，數辭以疾。長兼之職，位亞正員，今解卿長兼，可光禄大夫、守尚書，削禄一周。又謂守尚書尉羽曰：卿在集書，殊無憂存左史之事，今降爲長兼常侍，亦削禄一周。又謂守尚書盧淵曰：卿始爲守尚書，未合考績。然卿在集書，雖非高功，爲一省文學之士，嘗不以左史在意，如此之咎，罪無所歸。今降卿長兼王師，守常侍、尚書如故，奪常侍禄一周。謂左丞公孫良、右丞乞伏義受曰：二丞之任，所以協贊尚書，光宣出納，而卿等不能正心直言，規佐尚書，論卿之罪，進合大辟。但以尚書之失，事鍾叔翻，故不能别致貶責。二丞可以白衣守本官，冠服禄恤，盡皆削奪。若三年有成，還復本任；如其無成，則永歸南畝。又謂散騎常侍元景曰：卿等自任集書，合省逋墮，致使王言遺滯，起居不修，如此之咎，責在於卿。今降爲中大夫、守常侍，奪禄一周。謂諫議大夫李彥曰：卿雖處諫議之官，實人不稱職，可去諫議，退爲元士。又謂中庶子游肇等曰：自建承華，已經一稔，然東宮之官，無直言之士，雖未經三載，事須考黜。肇及中舍人李平識學可觀，可爲中；安樂王詮可爲下中，解東華之任，退爲員外散騎常侍；馮夙可爲下下，免中庶子，免爵兩任，員外常侍如故；中舍人閭賢保可爲下下，退爲武騎常侍。又謂公孫良曰：頃年用人，多乖觀才之授。實是武人，而授以文官，黜同大例，於理未均。諸如此比，黜官如初。

《魏書》卷四〇《陸俟傳》 俟少聰慧，有策略。太宗踐阼，拜侍郎，遷內侍，襲爵關內侯，轉龍驤將軍、給事中，典選部蘭臺事。當官而行，無所屈橈。世祖親征赫連昌，詔俟督諸軍鎮大磧，以備蠕蠕。車駕還，復典選部蘭臺事。與西平公安頡督諸軍攻虎牢，克之，賜爵建業公，拜冀州刺史，仍本將軍。時考州郡治功，唯俟與河內太守丘陳爲天下第一。

《魏書》卷四〇《陸凱傳》 凱，字智君，謹重好學。年十五，爲中書學生，拜侍御中散，轉通直散騎侍郎，遷太子庶子、給事黃門侍郎。凱在樞要十餘年，以忠厚見稱，希言屢中，高祖嘉之。後遇患，頻上書乞骸骨，詔不許，敕太醫給湯藥。除正平太守，在郡七年，號爲良吏。

《魏書》卷四三《房景伯傳》 景伯督切屬縣捕擒之，即署其子爲西曹掾，命喻山賊。賊以景伯不念舊惡，一時俱下，論者稱之。舊守令六年爲限，限滿將代，郡民韓靈和等三百餘人表訴乞留，復加二載。後遷太尉中郎、司徒諮議參軍、輔國將軍、司空長史。以母疾去官。

《魏書》卷四五《韋崇傳》 遷洛，以崇爲司州中正，尋除右將軍，咸陽王禧開府從事中郎，復爲河南邑中正。崇頻居衡品，以平直見稱。出爲鄉郡太守，更滿應代，吏民詣闕乞留，復延三年。在郡九年，轉司徒諮議。

《魏書》卷五七《崔挺傳》 北海王詳爲司徒、録尚書事，以挺爲司馬，挺固辭不免。世人皆歎其屈，而挺處之夷然。於後詳攝選，衆人競稱考第，以求遷叙，挺終獨無言。詳曰：崔光州考級並未加授，宜投一牒，當爲申請。蘧伯玉耻獨爲君子，亦何故默然？挺對曰：階級是聖朝大例，考課亦國之恒典。下官雖慚古賢不伐之美，至於自衒求進，竊以羞之。詳大相稱歎。自爲司馬，詳未曾呼名，常稱州號，以示優禮。

《魏書》卷六〇《韓顯宗傳》 又謂顯宗曰：見卿所撰《燕志》及在齊詩詠，大勝比來之文。然著述之功，我所不見，當更訪之監、令。校卿才能，可居中第。又謂程靈虬曰：卿比顯宗復有差降，可居下上。

《魏書》卷六三《王肅傳》 高祖崩，遺詔以肅爲尚書令，與咸陽王禧等同爲宰輔，徵肅會駕魯陽。肅至，遂與禧等參同謀謨。自魯陽至於京洛，行途喪紀，委肅參量，憂勤經綜，有過舊戚。禧兄弟並敬而昵之，上下稱爲和輯。唯任城王澄以其起自羇遠，一旦在己之上，以爲憾焉。每謂人曰：朝廷以王肅加我上尚可，從叔廣陽，宗室尊宿，歷任內外，云何一朝令肅居其右也？肅聞其言，恒降而避之。尋爲澄所奏劾，稱肅謀叛，言尋申釋。詔肅尚陳留長公主，本劉昶子婦彭城公主也，賜錢二十萬、帛三千匹。肅奏：考以顯能，陟由績著，昇明退闇，於是乎在。自百僚曠察，四稔于茲，請依舊式考檢能否。從之。

《魏書》卷七一《江文遥傳》 文遥，少有大度，輕財好士，士多歸之。道遷之圖楊靈珍也，文遥奮劍請行，遂手斬靈珍。正始二年，除步兵校尉。遭父憂解官。永平初，襲封，拜前軍。出爲咸陽太守。勤於禮接，終日坐廳事，至者見之，假以恩顏，屏人密問。於是民所疾苦、大盜姓名、姦猾吏長，無不知悉，郡中震肅，姦劫息止，治爲雍州諸郡之最。

《魏書》卷七六《盧同傳》 肅宗世，朝政稍衰，人多竊冒軍功。同閲吏部勳書，因加檢覆，覈得竊階者三百餘人。同乃表言：

竊見吏部勳簿，多皆改換。乃校中兵奏按，並復乖舛。臣聊爾揀練，已得三百餘人，明知隱而未露者，動有千數。愚謂罪雖恩免，猶須刊定。請遣一都令史與令僕省事各一人，總集吏部、中兵二局勳簿，對勾奏按。若名級相應者，即於黃素楷書大字，具件階級數，令本曹尚書以朱印印之。明造兩通，一關吏部，一留兵局，與奏按對掌。進則防揩洗之僞，退則無改易之理。從前以來，勳書上省，唯列姓名，不載本屬，致令竊濫之徒輕爲苟且。今請征職白民，具列本州、郡、縣、三長之所；其實官正職者，亦列名貫，別録歷階。仰本軍印記其上，然後印縫，各上所司，統將、都督並皆印記，然後列上行臺。行臺關太尉，太尉檢練精實，乃始關刺省重究括，然後奏申。奏出之日，黄素朱印，關付吏部。

頃來非但偷階冒名，改换勳簿而已，或一階再取，或易名受級，凡如此者，其人不少。良由吏部無簿，防塞失方。何者？吏部加階之後，簿不注記，緣此之故，易生僥倖。自今叙階之後，名簿具注加補日月，尚書印記，然後付曹。郎中别作抄目，印記一如尚書，郎中自掌，遞代相付。此制一行，差止姦罔。

詔從之。同又奏曰：

臣頃奏以黄素爲勳，具注官名、户屬及吏部换勳之法，事目三條，已蒙旨許。臣伏思黄素勳簿，政可粗止姦僞，然在軍虚詐，猶未可盡。請自今在軍閲簿之日，行臺、軍司、監軍、都督各明立文按，處處記之。斬首成一階已上，即令給券。一紙之上，當中大書，起行臺、統軍位號，勳人甲乙。斬三賊及被傷成階已上，亦具書於券。各盡一行，當行豎裂。其券前後皆起年號日月，破某處陳，某官某勳，印記爲驗。一支付勳人，一支付行臺。記至京，即送門下，别函守録。

又自遷都以來，戎車屢捷，所以征勳轉多，叙不可盡者，良由歲久生姦，積年長僞，巧吏階緣，偷增遂甚。請自今爲始，諸有勳簿已經奏賞者，即廣下遠近，云某處勳判，咸令知聞。立格酬叙，以三年爲斷。其職人及出身，限内悉令銓除；實官及外號，隨才加授。庶使酬勤者速申，立功者勸，事不經久，僥倖易息。或遭窮難，州無中正者，不在此限。

又勳簿之法，征還之日即應申送。頃來行臺、督將，至京始造，或一年二歲方上勳書。姦僞之原，實自由此。於今以後，軍還之日便通勳簿，不聽隔月。

詔復依行。

《魏書》卷九四《閹官傳·段霸》 霸少以謹敏見知，稍遷至中常侍、中護軍將軍、殿中尚書，領壽安少府，賜爵武陵公。出爲安東將軍、定州刺史。世祖親考内外，大明黜陟。前定州治中張渾屯告霸前在定州濁貨貪穢，便道致財，歸之鄉里。召霸引對，霸不首引。

《北齊書》卷四《文宣帝紀》 〔天保元年五月〕辛未，遣大使於四方，觀察風俗，問民疾苦，嚴勒長吏，厲以廉平，興利除害，務存安静。若法有不便於時，政有未盡於事者，具條得失，還以聞奏。

《周書》卷二《文帝紀》 〔大統〕十一年春三月，令曰：

古之帝王所以外建諸侯内立百官者，非欲富貴其身而尊榮之，蓋以天下至廣，非一人所能獨治，是以博訪賢才，助己爲治。若其知賢也，則以禮命之。其人聞命之日，則慘然曰：凡受人之事，任人之勞，何捨己而從人。又自勉曰：天生儁士，所以利時。彼人主者，欲與我爲治，安可苟辭。於是降心而受命。及居官也，則晝不甘食，夜不甘寢，思所以上匡人主，下安百姓；不遑恤其私而憂其家，故妻子或有饑寒之弊而不顧也。於是人主賜之以俸禄，尊之以軒冕，而不以爲惠也。賢臣受之，亦不以爲德也。位不虚加，禄不妄賜。爲人君者，誠能以此道授官，爲人臣者，誠能以此情受位，則天下之大，可不言而治矣。昔堯、舜之爲君，稷、契之爲臣，用此道也。及後世衰微，此道遂廢，乃以官職爲私恩，爵禄爲榮惠。人君之命官也，親則授之，愛則任之。人臣之受位也，可以尊身而潤屋者，則迂道而求之；損身而利物者，則巧言而辭之。於是至公之道没，而姦詐之萌生。天下不治，正爲此矣。

今聖主中興，思去澆僞。諸在朝之士，當念職事之艱難，負闕之招累，夙夜兢兢，如臨深履薄。才堪者，則審己而當之；不堪者，則收短而避之。使天官不妄加，王爵不虚受，則淳素之風，庶幾可反。冬十月大閲於白水，遂西狩岐陽。

《周書》卷一一《叱羅協傳》 保定二年，追論平蜀功，别封一子縣侯。又於蜀中食邑一千户，入其租賦之半。晋公護以協竭忠於己，每提獎之，頻考上中，賞以粟帛。

《周書》卷一七《王德傳》 德雖不知書，至於斷決處分，良吏無以過也。涇州所部五郡，而德常爲最。

《周書》卷三四《楊敷傳》 五年，轉司木中大夫、軍器副監。敷明習吏事，所在以勤察著名，每歲奏課居最，累獲優賞。進位驃騎大將軍、開府儀同三司。

《周書》卷三五《鄭孝穆傳》 大統五年，行武功郡事，遷使持節、本將軍，行岐州刺史、當州都督。在任未幾，有能名。就加通直散騎常侍。王羆時爲雍州刺史，欽其善政，遣使貽書，盛相稱述。先是，所部百姓，久遭離亂，饑饉相仍，逃散殆盡。孝穆下車之日，户止三千。留情綏

撫，遠近咸至，數年之內，有四萬家。每歲考績，爲天下最。太祖嘉之，賜書曰：知卿莅職近畿，留心治術。凋弊之俗，禮教興行；厭亂之民，襁負而至。昔郭伋政成并部，賈琮譽重冀方，以古方今，彼有慙德。於是徵拜京兆尹。

《周書》卷三五《崔謙傳》 天和元年，授江陵總管。三年，遷荊州總管、荊淅等十四州南陽平陽等八防諸軍事、荊州刺史。州既統攝遐長，俗兼夷夏，又南接陳境，東隣齊寇。謙外禦彊敵，內撫軍民，風化大行，號稱良牧。每年考績，常爲天下最，屢有詔褒美焉。

《周書》卷三五《薛善傳》 時預謀者竝賞五等爵，善以背逆歸順，臣子常情，豈容闔門大小，俱叨封邑，遂與弟慎竝固辭不受。太祖嘉之，以善爲汾陰令。善幹用彊明，一郡稱最。太守王羆美之，令善兼督六縣事。

《北史》卷一《魏本紀》 〔神瑞元年〕冬十一月壬午，詔使者巡行諸州，校閱守宰資財，非自家所齎，悉簿爲贓。守宰不如法，聽百姓詣闕告之。

《北史》卷二〇《樓寶傳》 大拔孫寶，字道成，性淳樸，好讀書。明帝時，仕至朔州刺史。時邊事屢興，人多流散，及寶至，稍安集之，殘壞舊宅，皆命葺構，人歸繼路，歲考爲天下最。

雜録

《三國志》卷二《魏志・文帝紀》 〔黄初二年春三月〕丁卯，夫人甄氏卒。戊辰晦，日有食之，有司奏免太尉，詔曰：災異之作，以譴元首，而歸過股肱，豈禹、湯罪己之義乎？其令百官各虔厥職，後有天地之眚，勿復劾三公。

《晉書》卷二四《職官志》 御史中丞，本秦官也。秦時，御史大夫有二丞，其一御史丞，其一爲中丞。中丞外督部刺史，內領侍御史，受公卿奏事，舉劾案章。漢因之，及成帝綏和元年，更名御史大夫爲大司空，置長史，而中丞官職如故。哀帝建平二年，復爲御史大夫。元壽二年，又爲大司空，而中丞出外爲御史臺主。歷漢東京至晉因其制，以中丞爲臺主。

《晉書》卷四七《傅咸傳》 咸上事以爲，按令，御史中丞督司百僚。皇太子以下，其在行馬內，有違法憲者皆彈糾之。雖在行馬外，而監司不糾，亦得奏之。如令之文，行馬之內有違法憲，謂禁防之事耳。宮內禁防，外司不得而行，故專施中丞。今道路橋梁不修，鬪訟屠沽不絶，如此之比，中丞推責州坐，即今所謂行馬內語施於禁防。既云中丞督司百僚矣，何復說行馬之內乎。既云百僚，而不得復說行馬之內者，內外衆官謂之百僚，則通內外矣。司隸所以不復說行馬內外者，禁防之事已於中丞說之故也。中丞、司隸俱糾皇太子以下，則共對司內外矣，不爲中丞專司內百僚，司隸專司外百僚。自有中丞、司隸以來，更互奏內外衆官，惟所糾得無內外之限也。而結一旦橫挫臣，臣前所以不羅縷者，冀因結奏得從私願也。今既所願不從，而敕云但爲過耳，非所不及也，以此見原。臣忝司直之任，宜當正己率人，若其有過，不敢受原，是以申陳其愚。司隸與中丞俱共糾皇太子以下，則從皇太子以下無所不糾也。得糾皇太子而不得糾尚書，臣之闇塞既所未譬。皇太子爲在行馬之內邪，皇太子在行馬之內而得糾之，尚書在行馬之內而不得糾，無有此理。此理灼然，而結以此挫臣。臣可無恨耳，其於觀聽，無乃有怪邪。臣識石公前在殿上脫衣，爲司隸荀愷所奏，先帝不以爲非，于時莫謂侵官；今臣裁糾尚書，而當有罪乎？咸累自上稱引故事，條理灼然，朝廷無以易之。

《梁書》卷二《武帝紀》 〔天監元年閏四月壬寅〕詔曰：成務弘風，肅厲內外，寔由設官分職，互相懲糾。而頃壹拘常式，見失方奏，多容違惰，莫肯執咎，憲網日弛，漸以爲俗。今端右可以風聞奏事，依元熙舊制。

《隋書》卷二六《百官志》 御史臺，梁國初建，置大夫，天監元年，復曰中丞。置一人，掌督司百僚。皇太子已下，其在宮門行馬內違法者，皆糾彈之。雖在行馬外，而監司不糾，亦得奏之。專道而行，逢尚書丞郎，亦得停駐。其尚書令、僕、御史中丞，各給威儀十人。其八人武冠絳韝，執青儀囊在前。囊題云宜官吉，以受辭訴。一人緗衣，執鞭杖，依列行，七人唱呼入殿，引喤至階。一人執儀囊，不喤。屬官治書侍御史二人，掌舉劾官品第六已下，分統侍御史。侍御史九人，居曹，掌知其事，糾察不法。殿中御史四人，掌殿中禁衛内。又有符節令史員。

《魏書》卷四下《世祖紀》太平真君元年春正月己酉，沮渠無諱圍酒泉。辛亥，分遣侍臣巡行州郡，觀察風俗，問民疾苦。

《魏書》卷五《高宗紀》〔太安元年夏六月〕癸酉，詔曰：夫爲治者，因宜以設官，舉賢以任職，故上下和平，民無怨謗。若官非其人，姦邪在位，則政教陵遲，至於凋薄。思明黜陟，以隆治道。今遣尚書穆伏真等三十人，巡行州郡，觀察風俗。入其境，農不墾殖，田畝多荒，則徭役不時，廢於力也；耆老飯蔬食，少壯無衣褐，則聚斂煩數，匱於財也；閭里空虚，民多流散，則綏導無方，疏於恩也；盜賊公行，劫奪不息，則威禁不設，失於刑也；衆謗並興，大小嗟怨，善人隱伏，佞邪當途，則爲法混淆，昏於政也。諸如此比，黜而戮之。善於政者，褒而賞之。其有阿枉不能自申，聽詣使告狀，使者檢治。若信清能，衆所稱美，誣告以求直，反其罪。使者受財，斷察不平，聽詣公車上訴。其不孝父母，不順尊長，爲吏姦暴，及爲盜賊，各具以名上。其容隱者，以所匿之罪罪之。

《北史》卷一《魏本紀》〔天興四年春二月〕丁酉，分命使者巡行州郡，聽察辭訟，糾劾不法。

任用權限與迴避分部

紀事

《晉書》卷六六《劉弘傳》　時荊部守宰多闕，弘請補選，帝從之。弘迺叙功銓德，隨才補授，甚爲論者所稱。乃表曰：被中詔，敕臣隨資品選，補諸缺吏。夫慶賞刑威，非臣所專，且知人則哲，聖帝所難，非臣闇蔽所能斟酌。然萬事有機，豪氂宜慎，謹奉詔書，差所應用。蓋崇化莫若貴德，則所以濟屯，故太上立德，其次立功也。頃者多難，淳朴彌凋，臣輒以徵士伍朝補零陵太守，庶以懲波蕩之弊，養退讓之操。臣以不武，前退於宛，長史陶侃、參軍蒯恒、牙門皮初，勠力致討，蕩滅姦凶，侃恒各以始終軍事，初爲都戰帥，忠勇冠軍，漢沔清肅，實初等之勳也。《司馬法》賞不踰時，欲人知爲善之速福也。若不超報，無以勸徇功之士，慰熊羆之志。臣以初補襄陽太守，侃爲府行司馬，使典論功事，恒爲山都令。詔惟令臣以散補空缺，然沶鄉令虞潭忠誠烈正，首唱義舉，舉善以教，不能者勸，臣輒特轉潭補醴陵令。南郡廉吏仇勃，母老疾困，賊至守衛不移，以致拷掠，幾至隕命。尚書令史郭貞，張昌以爲尚書郎，欲訪以朝議，遁逃不出，昌質其妻子，避之彌遠。勃孝篤著於臨危，貞忠厲於強暴，雖各四品，皆可以訓獎臣子，長益風教。臣輒以勃爲歸鄉令，貞爲信陵令。皆功行相參，循名校實，條列行狀，公文具上。朝廷以初雖有功，襄陽又是名郡，名器宜慎，不可授初，乃以前東平太守夏侯陟爲襄陽太守，餘並從之。陟，弘之壻也。弘下教曰：夫統天下者，宜與天下一心；化一國者，宜與一國爲任。若必姻親然後可用，則荊州十郡，安得十女壻然後爲政哉。乃表陟姻親，舊制不得相監。皮初之勳宜見酬報。詔聽之。

《宋書》卷五一《長沙景王道憐傳》　瑾弟祇字彥期，大明中爲中書郎。太宰江夏王義恭領中書監，服親不得相臨，表求解職。世祖詔曰：昔二王兩謝，俱至崇禮，自今三臺五省，悉同此例。

《宋書》卷五二《謝景仁傳》　義熙五年，高祖以內難既寧，思弘外略，將伐鮮卑。朝議皆謂不可。劉毅時鎮姑孰，固止高祖，以爲：苻堅侵境，謝太傅猶不自行。宰相遠出，傾動根本。景仁獨曰：公建桓、文之烈，應天人之心，匡復皇祚，芟夷姦逆，雖業高振古，而德刑未孚，宜推亡固存，廣樹威略。鮮卑密邇疆甸，屢犯邊垂，伐罪弔民，於是乎在。平定之後，養銳息徒，然後觀兵洛汭，修復園寢，豈有坐長寇虜，縱敵貽患者哉。高祖納之。及北伐，大司馬琅邪王，天子母弟，屬當儲副，高祖深以根本爲憂，轉景仁爲大司馬左司馬，專總府任，右衛將軍，加給事中，又遷吏部尚書。時從兄混爲左僕射，依制不得相臨，高祖啓依僕射王彪之、尚書王劭前例，不解職。

《宋書》卷五五《傅隆傳》　隆少孤，又無近屬，單貧有學行，不好交游。義熙初，年四十，始爲孟昶建威參軍，員外散騎侍郎。坐辭兼，免。復爲會稽征虜參軍。家在上虞，及東歸，便有終焉之志。歷佐三軍，首尾八年。除給事中。尚書僕射、丹陽尹徐羨之置建威府，以爲録事參軍，尋轉尚書祠部郎、丹陽丞，入爲尚書左丞。以族弟亮爲僕射，緦服不得相臨，徙太子率更令，廬陵王義真車騎諮議參軍，出補山陰令。太祖元嘉初，除司徒右長史，遷御史中丞，當官而行，甚得司直之體。轉司徒左長史。

《宋書》卷五八《王球傳》　元嘉四年，起爲義興太守。從兄弘爲揚州，服親不得相臨，加宣威將軍，在郡有寬惠之美，徙太子右衛率。入爲侍中，領冠軍將軍，又領本州大中正，徙中書令，侍中如故。

《梁書》卷二七《到洽傳》　舊制，中丞不得入尚書下舍，洽兄溉爲左民尚書，洽引服親不應有礙，刺省詳決。左丞蕭子雲議許入溉省，亦以其兄弟素篤，不能相別也。

《南史》卷六二《鮑泉傳》　鮑泉字潤岳，東海人也。父幾字景玄，家貧，以母老詣吏部尚書王亮干禄，亮一見嗟賞，舉爲春陵令。後爲明山賓所薦，爲太常丞。以外兄傅昭爲太常，依制緦服不得相臨，改爲尚書郎，終於湘東王諮議參軍。

官階與俸禄分部

綜　述

（唐）杜佑《通典》卷一九《職官・官品》　魏秩次多因漢制，更置九品。晉、宋、齊並因之。梁因之，更置十八班，班多爲貴。陳並因之。

（唐）杜佑《通典》卷三六《職官・秩品》　魏官置九品：自魏以下，並爲九品，其禄秩差次大約亦漢制。已列品第，不可重出。

第一品

黄鉞大將軍　三公　諸國王公侯伯子男爵　大丞相

第二品

諸四征、四鎮、車騎、驃騎將軍　諸大將軍

第三品

侍中　散騎常侍　中常侍　尚書令　左右僕射　尚書　中書監、令　祕書監　諸征、鎮、安、平將軍　光禄大夫　九卿　司隸校尉　京兆、河南尹　太子保、傅　大長秋　太子詹事　中領軍　諸縣侯爵　龍驤將軍　征虜將軍　輔國將軍

第四品

城門校尉　武衛、左右衛、中堅、中壘、驍騎、游騎、前軍、左軍、右軍、後軍、寧朔、建威、建武、振威、振武、奮威、奮武、揚武、廣威、廣武、左右積弩、積射、強弩等將軍　護軍監軍五營校尉　南北東西中郎將　御史中丞　都水使者　州領兵刺史　越騎、烏丸、諸匈奴、護羌蠻夷等校尉　諸鄉侯爵

第五品

給事中　給事黄門侍郎　散騎侍郎　中書侍郎　謁者僕射　虎賁中郎將　符節令　冗從僕射　羽林監　太子中庶子　太子庶子　太子家令　太子率更令、僕　衛率　諸軍司北軍中候　都督護軍　西域校尉　西戎校尉　禮見諸將軍　鷹揚、折衝、輕車、虎烈、宣威、威遠、寧遠、伏波、虎威、凌江等將軍　太學博士　將兵都尉　牙門將　騎督　安夷撫夷護軍　郡國太守、相、內史　州郡國都尉　國子祭酒　諸亭侯爵　州單車刺史

第六品

尚書左右丞　尚書郎中　祕書郎　著作丞郎　治書侍御史　部曹侍御史　諸督軍奉車、駙馬都尉　諸博士　公府長史、司馬　驃騎車騎長史、司馬　廷尉正、監、評　將兵助郡尉置司馬史卒者　諸護軍　太子侍講門大夫　太子中舍人　太子常從虎賁督　司馬督　水衡、典虞、牧官都尉　司鹽都尉　度支中郎將校尉　司竹都尉　材官校尉　驃騎、車騎、衛將軍府從事中郎　四征鎮公府從事中郎　公車令　諸縣署令千石者　千人督校尉　督守殿內將軍　殿內典兵　黄門冗從僕射　諸關內名號侯爵　諸王公友

第七品

期門郎　諸國公謁者　殿中監　諸卿尹丞　諸獄丞　太子保傅丞　詹事丞　諸軍長史司馬秩六百石者　護羌戎蠻夷越烏丸校尉長史、司馬　諸軍諸大將軍正行參軍　諸持節督正行參軍　二品將軍正行參軍　門下督　中書通事舍人　尚書曹典事　中書佐著作　太子洗馬　北軍候丞　城門五營校尉司馬　宜禾伊吾都尉　度支都尉　典農都尉　諸封公保、傅、相、郎中令及中尉、大農　監淮海津都尉　諸國文學　太子食官令、舍人　單于率正　都水參軍　諸縣令相秩六百石以上者　左右都尉　武衛左右衛長史、司馬　京城門候　諸門候副　散牙門將　部曲督　殿中中郎將校尉　尚藥監　食監　太官食監　中署監　南北軍監　中廷御史　禁防御史　小黄門諸署長僕謁者　藥長寺人監　靈芝園監　黄門署丞　中黄門　太中、中散、諫議三大夫　議郎　三臺五都侍御史　太廟令　諸公府掾屬　諸府記室　督主督受除遣者　符璽郎　門下郎　中書主事通事　散騎集書　公主及諸國丞萬户以上典書令及家令

第八品

尚書中書祕書著作及主書主圖主譜史　太常齋郎　京城門郎　四平四安長史司馬三品四品將軍正行參軍　郡國太守相內史中丞長史　西域戎部譯長　諸縣署令千石以上者丞　州郡國都尉司馬　司鹽、司竹監丞　水衡

典虞牧材官都尉司馬　祕書校書郎　東宮摘句郎　諸雜署長史　關谷長　王公妃公主家令　諸部護軍司馬　王郡公諸雜署令　國子太學助教　諸京城四門學博士　諸國常侍侍郎　殿中都尉司馬　諸部護軍司馬　殿中羽林郎　左右度支中郎將司馬　黄門從官　寺人中郎中　諸雜號宣威將軍以下五品將軍長史、司馬　蘭臺謁者　都水使者令史　門下禁防　金鼓幢麾城門令史　校尉部司馬、軍司馬、假司馬　諸鄉有秩、三老　司馬史從掾　諸州郡防門　尚書中書祕書令史

第九品

蘭臺殿中蘭臺謁者及都水使者書令史　諸縣長令相　關谷塞尉　倉簟河津督監　殿中監典事　左右太官督監內者　總章戲馬監　諸紙署監　王郡公郡諸署長　司理治書　異族封公世子庶子諸王友國謁者大夫諸署丞　諸王太妃及公主家僕丞　公主行夜督郎　太廟令行夜督郎　太子掌固　主事候郎　王官舍人　副散部曲將　武猛中郎將校尉部司馬、軍司馬、假司馬　諸鄉有秩　司徒史從掾　諸州郡防門

右官數及命數未詳。

《晉書》卷二四《職官志》　諸公及開府位從公者，品秩第一，食奉日五斛。太康二年，又給絹，春百匹，秋絹二百匹，緜二百斤。元康元年，給菜田十頃，田騶十人，立夏後不及田者，食奉一年。置長史一人，秩一千石；西東閤祭酒、西東曹掾、户倉賊曹令史屬各一人；御屬閤下令史、西東曹倉户賊曹令史、門令史、記室省事令史、閤下記室書令史、西東曹學事各一人。給武賁二十人，持班劍。給朝車駕駟、安車黑耳駕三各一乘，祭酒掾屬白蓋小車七乘，軺車施耳後户、皁輪犢車各一乘。自祭酒已下，令史已上，皆皁零辟朝服。太尉雖不加兵者，吏屬皆絳服。司徒加置左右長史各一人，秩千石；主簿、左西曹掾屬各一人，西曹稱右西曹，其左西曹令史已下人數如舊令。司空加置導橋掾一人。

諸公及開府位從公加兵者，增置司馬一人，秩千石；從事中郎二人，秩比千石；主簿、記室督各一人；舍人四人；兵、鎧、士曹，營軍、刺姦、帳下都督，外都督，令史各一人。主簿已下，令史已上，皆絳服。司馬給吏卒如長史，從事中郎給侍二人，主簿、記室督各給侍一人。其餘臨時增崇者，則褒加各因其時爲節文，不爲定制。

諸公及開府位從公爲持節都督，增參軍爲六人，長史、司馬、從事中郎、主簿、記室督、祭酒、掾屬、舍人如常加兵公制。

特進，漢官也。二漢及魏晉以加官從本官車服，無吏卒。太僕羊琇遜位，拜特進，加散騎常侍，無餘官，故給吏卒車服。其餘加特進者，唯食其禄賜，位其班位而已，不别給特進吏卒車服，後定令。特進品秩第二，位次諸公，在開府驃騎上，冠進賢兩梁，黑介幘，五時朝服，佩水蒼玉，無章綬，食奉日四斛。太康二年，始賜春服絹五十匹，秋絹百五十匹，緜一百五十斤。元康元年，給菜田八頃，田騶八人，立夏後不及田者，食奉一年。置主簿、功曹史、門亭長、門下書佐各一人，給安車黑耳駕御一人，軺車施耳後户一乘。

左右光禄大夫，假金章紫綬。光禄大夫加金章紫綬者，品秩第二，禄賜、班位、冠幘、車服、佩玉，置吏卒羽林及卒，諸所賜給皆與特進同。其以爲加官者，唯假章綬、禄賜班位而已，不别給車服吏卒也。又卒贈此位，本已有卿官者，不復重給吏卒，其餘皆給。

光禄大夫假銀章青綬者，品秩第三，位在金紫將軍下，諸卿上。漢時所置無定員，多以爲拜假賵贈之使，及監護喪事。魏氏已來，轉復優重，不復以爲使命之官。其諸公告老者，皆家拜此位；及在朝顯職，復用加之。及晉受命，仍舊不改，復以爲優崇之制。而諸公遜位，不復加之，或更拜上公，或以本封食公禄。其諸卿尹中朝大官年老致仕者，及内外之職加此者，前後甚衆。由是或因得開府，或進加金章紫綬，又復以爲禮贈之位。泰始中，唯太子詹事楊珧加給事中光禄大夫。加兵之制，諸所供給依三品將軍。其餘自如舊制，終武、惠、孝懷三世。

光禄大夫與卿同秩中二千石，著進賢兩梁冠，黑介幘，五時朝服，佩水蒼玉，食奉日三斛。太康二年，始給春賜絹五十匹，秋絹百匹，緜百斤。惠帝元康元年，始給菜田六頃，田騶六人，置主簿、功曹史、門亭長、門下書佐各一人。

驃騎已下及諸大將軍不開府非持節都督者，品秩第二，其禄與特進同。置長史、司馬各一人，秩千石；主簿，功曹史，門下督，録事，兵鎧士賊曹，營軍、刺姦、帳下都督，功曹書佐門吏，門下書吏各一人。其假節爲都督者，所置與四征、鎮加大將軍不開府爲都督者同。

四征、鎮、安、平加大將軍不開府、持節都督者，品秩第二，置參佐吏卒、幕府兵騎如常都督制，唯朝會禄賜從二品將軍之例。然則持節、都督無定員，前漢遣使始有持節。光武建武初，征伐四方，始權時置督軍御史，事竟罷。建安中，魏武爲相，始遣大將軍督之。二十一年，征孫權還，夏侯惇督二十六軍是也。魏文帝黄初三年，始置都督諸州軍事，或領刺史。又上軍大將軍曹真都督中外諸軍事，假黄鉞，則總統内外諸軍矣。魏明帝太和四年秋，宣帝征蜀，加號大都督。高貴鄉公正元二年，文帝都督中外諸軍，尋加大都督。及晉受禪，都督諸軍爲上，監諸軍次之，督諸軍爲下；使持節爲上，持節次之，假節爲下。使持節得殺二千石以下；持節殺無官位人，若軍事，得與使持節同；假節唯軍事得殺犯軍令者。江左以來，都督中外尤重，唯王導等權重者乃居之。

三品將軍秩中二千石者，著武冠，平上黑幘，五時朝服，佩水蒼玉，食奉、春秋賜緜絹、菜田、田騶如光禄大夫諸卿制。置長史、司馬各一人，秩千石；主簿，功曹，門下都督，録事，兵鎧士賊曹，營軍、刺姦吏、帳下都督，功曹書佐門吏，門下書吏各一人。

録尚書，案漢武時，左右曹諸吏分平尚書奏事，知樞要者始領尚書事。張安世以車騎將軍，霍光以大將軍，王鳳以大司馬，師丹以左將軍並領尚書事。後漢章帝以太傅趙憙、太尉牟融並録尚書事。尚書有録名，蓋自憙、融始，亦西京領尚書之任，猶唐虞大麓之職也。和帝時，太尉鄧彪爲太傅，録尚書事，位上公，在三公上，漢制遂以爲常，每少帝立則置太傅録尚書事，猶古冢宰總己之義，薨輒罷之。自魏晉以後，亦公卿權重者爲之。

尚書令，秩千石，假銅印墨綬，冠進賢兩梁冠，納言幘，五時朝服，佩水蒼玉，食奉月五十斛。受拜則策命之，以在端右故也。太康二年，始給賜絹，春三十匹，秋七十匹，緜七十斤。元康元年，始給菜田六頃，田騶六人，立夏後不及田者，食奉一年。始賈充爲尚書令，以目疾表置省事吏四人，省事蓋自此始。

僕射，服秩印綬與令同。案漢本置一人，至漢獻帝建安四年，以執金吾榮郃爲尚書左僕射，僕射分置左右，蓋自此始。經魏至晉，迄於江左，省置無恒，置二，則爲左右僕射，或不兩置，但曰尚書僕射。令闕，則左爲省主；若左右並闕，則置尚書僕射以主左事。

列曹尚書，案尚書本漢承秦置，及武帝遊宴後庭，始用宦者主中書，以司馬遷爲之，中間遂罷其官，以爲中書之職。至成帝建始四年，罷中書宦者，又置尚書五人，一人爲僕射，而四人分爲四曹，通掌圖書祕記章奏之事，各有其任。其一曰常侍曹，主丞相御史公卿事。其二曰二千石曹，主刺史郡國事。其三曰民曹，主吏民上書事。其四曰主客曹，主外國夷狄事。後成帝又置三公曹，主斷獄，是爲五曹。後漢光武以三公曹主歲盡考課諸州郡事，改常侍曹爲吏部曹，主選舉祠祀事，民曹主繕修功作鹽池園苑事，客曹主護駕羌胡朝賀事，二千石曹主辭訟事，中都官曹主水火盜賊事，合爲六曹。并令僕二人，謂之八座。尚書雖有曹名，不以爲號。靈帝以侍中梁鵠爲選部尚書，於此始見曹名。及魏改選部爲吏部，主選部事，又有左民、客曹、五兵、度支，凡五曹尚書、二僕射、一令爲八座。及晉置吏部、三公、客曹、駕部、屯田、度支六曹，而無五兵。咸寧二年，省駕部尚書。四年，省一僕射，又置駕部尚書。太康中，有吏部、殿中及五兵、田曹、度支、左民爲六曹尚書，又無駕部、三公、客曹。惠帝世又有右民尚書，止於六曹，不知此時省何曹也。及渡江，有吏部、祠部、五兵、左民、度支五尚書。祠部尚書常與右僕射通職，不恒置，以右僕射攝之，若右僕射闕，則以祠部尚書攝知右事。

左右丞，自漢武帝建始四年置尚書，而便置丞四人。及光武始減其二，唯置左右丞，左右丞蓋自此始也。自此至晉不改。晉左丞主臺内禁令，宗廟祠祀，朝儀禮制，選用署吏，急假；右丞掌臺内庫藏廬舍，凡諸器用之物，及廩振人租布，刑獄兵器，督録遠道文書章表奏事。八座郎初拜，皆沿漢舊制，並集都座交禮，遷職又解交焉。

尚書郎，西漢舊置四人，以分掌尚書。其一人主匈奴單于營部，一人主羌夷吏民，一人主户口墾田，一人主財帛委輸。及光武分尚書爲六曹之後，合置三十四人，秩四百石，并左右丞爲三十六人。郎主作文書起草，更直五日於建禮門内。尚書郎初從三署詣臺試守尚書郎，中歲滿稱尚書郎，三年稱侍郎，選有吏能者爲之。至魏，尚書郎有殿中、吏部、駕部、金部、虞曹、比部、南主客、祠部、度支、庫部、農部、水部、儀曹、三公、倉部、民曹、二千石、中兵、外兵、都兵、別兵、考功、定課，凡二十三郎。青龍二年，尚書陳矯奏置都官、騎兵，合凡二十五郎。每一郎缺，白試諸孝廉能結文案者五人，謹封奏其姓名以補之。及晉受命，武帝罷農部、定課，置直事、殿中、祠部、儀曹、吏部、三公、比部、金部、倉部、度支、都官、二千石、左民、右民、虞曹、屯田、起部、水部、左右主客、駕部、車部、庫部、左右中兵、左右外兵、別兵、都兵、騎兵、左右士、北主客、南主客，爲三十四曹郎。後又置運曹，凡三十五曹，置郎二十三人，更相統攝。及江左，無直事、右民、屯田、車部、別兵、都兵、騎兵、左右士、運曹十曹郎。康穆以後，又無虞曹、二千石二郎，但有殿中、祠部、吏部、儀曹、三公、比部、金部、倉部、度支、都官、左民、起部、水部、主客、駕部、庫部、中兵、外兵十八曹郎。後又省主客、起部、水部，餘十五曹云。【略】

太子太傅、少傅，皆古官也。泰始三年，武帝始建官，各置一人，尚未置詹事，官事無大小，皆由二傅，並有功曹、主簿、五官。太傅中二千石，少傅二千石。其訓導者，太傅在前，少傅在後。皇太子先拜，諸傅然後答之。武帝後以儲副體尊，遂命諸公居之，以本位重，故或行或領。時侍中任愷，武帝所親敬，復使領之，蓋一時之制也。咸寧元年，以給事黄門侍郎楊珧爲詹事，掌宫事，二傅不復領官屬。及楊珧爲衛將軍，領少傅，省詹事，遂崇廣傅訓，命太尉賈充領太保，司空齊王攸領太傅，所置吏屬復如舊。二傅進賢兩梁冠，黑介幘，五時朝服，佩水蒼玉，食奉日三斛。太康二年，始給春賜絹五十匹，秋絹百匹，緜百斤。其後太尉汝南王亮、車騎將軍楊駿、司空衛瓘、石鑒皆領傅保，猶不置詹事，以終武帝之世。惠帝元康元年，復置詹事，二傅給菜田六頃，田騶六人，立夏後不及田者，食奉一年。置丞一人，秩千石；主簿、五官掾、功曹史、主記門下史、録事、户曹法曹倉曹賊曹功曹書佐、門下亭長、門下書佐、省事各一人，給赤耳安車一乘。及愍懷建官，乃置六傅，三太、三少，以景帝諱師，故改太師爲太保，通省尚書事，詹事文書關由六傅。然自元康之後，諸傅或二或三，或四或六，及永康中復不置詹事也。自太安已來置詹事，終孝懷之世。渡江之後，有太傅少傅，不立師保。

《晉書》卷二六《食貨志》 其官品第一至于第九，各以貴賤占田，品第一者占五十頃，第二品四十五頃，第三品四十頃，第四品三十五頃，第五品三十頃，第六品二十五頃，第七品二十頃，第八品十五頃，第九品十頃。而又各以品之高卑蔭其親屬，多者及九族，少者三世。宗室、國賓、先賢之後及士人子孫亦如之。而又得蔭人以爲衣食客及佃客，品第六已上得衣食客三人，第七第八品二人，第九品及舉輦、跡禽、前驅、由基、強弩、司馬、羽林郎、殿中冗從武賁、殿中武賁、持椎斧武騎武賁、持鈒冗從武賁、命中武賁武騎一人。其應有佃客者，官品第一第二者佃客無過五十户，第三品十户，第四品七户，第五品五户，第六品三户，第七品二户，第八品第九品一户。

《隋書》卷二四《食貨志》 晉自中原喪亂，元帝寓居江左，百姓之自拔南奔者，並謂之僑人。皆取舊壤之名，僑立郡縣，往往散居，無有土著。而江南之俗，火耕水耨，土地卑濕，無有蓄積之資。諸蠻陬俚洞，霑沐王化者，各隨輕重，收其賧物，以裨國用。又嶺外酋帥，因生口翡翠明珠犀象之饒，雄於鄉曲者，朝廷多因而署之，以收其利。歷宋、齊、梁、陳，皆因而不改。其軍國所須雜物，隨土所出，臨時折課市取，乃無恒法定令。列州郡縣，制其任土所出，以爲徵賦。

其無貫之人，不樂州縣編户者，謂之浮浪人，樂輸亦無定數，任量，准所輸，終優於正課焉。都下人多爲諸王公貴人左右、佃客、典計、衣食客之類，皆無課役。官品第一第二，佃客無過四十户。第三品三十五户。第四品三十户。第五品二十五户。第六品二十户。第七品十五户。第八品十户。第九品五户。其佃穀，皆與大家量分。其典計，官品第一第二，置三人。第三第四，置二人。第五第六及公府參軍、殿中監、監軍、長史、司馬、部曲督、關外侯、材官、議郎已上，一人。皆通在佃客數中。官品第六已上，并得衣食客三人。第七第八二人。第九品及轝輦、跡禽、前驅、由基強弩司馬、羽林郎、殿中冗從武賁、殿中武賁、持椎斧武騎武賁、持鈒冗從武賁、命中武賁武騎，一人。客皆注家籍。其課，丁男調布絹各二丈，絲三兩，綿八兩，禄絹八尺，禄綿三兩二分，租米五石，禄米二石。丁女並半之。男女年十六已上至六十，爲丁。男年十六，亦半課，年十八正課，六十六免課。女以嫁者爲丁，若在室者，年二十乃爲丁。其男丁，每歲役不過二十日。又率十八人出一運丁役之。其田，畝稅米二斗。蓋大率如此。其度量，斗則三斗當今一斗，稱則三兩當今一兩，尺則一尺二寸當今一尺。

其倉，京都有龍首倉，即石頭津倉也，臺城內倉，南塘倉，常平倉，東、西太倉，東宮倉，所貯總不過五十餘萬。在外有豫章倉、釣磯倉、錢塘倉，並是大貯備之處。自餘諸州郡臺傳，亦各有倉。大抵自侯景之亂，國用常褊。京官文武，月別唯得廩食，多遥帶一郡縣官而取其禄秩焉。揚、徐等大州，比令、僕班。寧、桂等小州，比參軍班。丹陽、吴郡、會稽等郡，同太子詹事、尚書班。高涼、晋康等小郡，三班而已。大縣六班，小縣兩轉方至一班。品第既殊，不可委載。州郡縣禄米絹布絲綿，當處輸臺傳倉庫。若給刺史守令等，先准其所部文武人物多少，由敕而裁。凡如此禄秩，既通所部兵士給之，其家所得蓋少。諸王諸主，出閤就第婚冠所須，及衣裳服飾，并酒米魚鮭香油紙燭等，並官給之。王及主婿外禄者，不給。解任還京，仍亦公給云。

（唐）杜佑《通典》卷三五《職官・俸禄・職田公廨田》 至晋，公卿猶各有菜田及田騶多少之級，然粗舉其制，而史不備書。其餘歷代多闕。

（唐）杜佑《通典》卷三七《職官・秩品》 晋官品：

第一品

公　諸位從公　開國郡公、縣公爵

第二品

特進　驃騎、車騎、衛將軍　諸大將軍　諸持節都督　開國縣侯伯子男爵

第三品

侍中　散騎常侍　中常侍　尚書令、僕射　尚書　中書監、令　祕書監　諸征、鎮、安、平、中軍、鎮軍、撫軍、前後左右、征虜、輔國、龍驤等將軍　光禄大夫　諸卿尹　太子保傅　大長秋　太子詹事　司隸校尉　中領軍　中護軍　縣侯爵

第四品

武衛、左右衛、中堅、中壘、驍騎、游擊、前軍、左軍、右軍、後軍、寧朔、建威、振威、奮威、廣威、建武、振武、揚武、廣武、五營校尉、左右積弩、積射、強弩、奮武等將軍　城門校尉　護軍監軍　東西南北中郎將　州刺史領兵者　護匈奴中郎將　護羌戎夷蠻越烏丸校尉　御史中丞　都水使者　鄉侯爵

第五品

給事中　給事黄門、散騎、中書侍郎　謁者僕射　虎賁中郎將　冗從僕射　羽林監　太子中庶子、庶子、家令、率更令、僕、衛率　諸軍司北軍中候　都督護軍　護匈奴中郎　西域代部護羌烏丸等校尉　禮見諸將軍　鷹揚、折衝、輕車、武牙、威遠、寧遠、虎威、材官、伏波、凌江等將軍　牙門將　騎督　安夷撫夷護軍　郡國太守、相、內史　州郡國都尉　亭侯爵

第六品

尚書左右丞　尚書郎　治書侍御史　侍御史　諸督軍　奉車、駙馬、騎等都尉　諸博士　公府長史、司馬、從事中郎　二品將軍諸大將軍特進都督中護軍長史、司馬　廷尉正、監、平　祕書郎　著作郎　丞郎　黄沙治書侍御史　諸護軍長史、司馬　水衡、典虞、牧官、典牧、司鹽都尉　太子門大夫　度支中郎將校尉都督　材官校尉　王郡公侯郎中令、中尉、大農　王傅師及國將軍　諸縣置令秩千石者　太子侍講門大夫、中舍人、司馬督　太子常從虎賁督千人督校尉　督守殿中將軍　黄門令　黄門冗從僕射　關內名號侯爵

第七品

殿中監　諸卿尹丞　符節御史　獄丞部丞　黄沙典事　太子保傅詹事丞　諸軍長史司馬秩六百石者　護匈奴中郎將護羌戎夷蠻越烏丸校尉長史、司馬　北軍中候丞　城門五營校尉司馬　宜禾伊吾都尉　公府行相郎中令　監淮海津都尉　門下中書通事舍人　尚書典事　太子洗馬、食官令、舍人　黄門中郎將校尉都督　諸縣置令六百石者　左右都候　閶闔門司馬　城門候　尚藥監　大官食監　中署監　小黄門諸署令僕射謁者　藥長寺人監　副牙門將　部曲部督殿中　中黄門尉都尉　黄門諸署丞長史　中黄門　太中、中散、諫議大夫　議郎　關外侯爵

第八品

門下中書主事通事　散騎集書中書尚書祕書著作治書主書主圖主譜令史　郡國相內史丞長史　烏丸西域代部騎馬　四安四平長史、司馬　水

衡、典虞、牧官、典牧、材官、州郡國都尉司馬　司鹽司竹監丞　諸縣令長相　關谷長　諸縣署令千石之丞尉　王郡公侯諸侍郎、諸雜署令　王太妃公主家令　副散督司馬長史　部曲將郡中都尉司馬　羽林郎　黄門從官寺人中郎、郎中　雜號宣威將軍以下

第九品

蘭臺謁者都水黄沙令史　門下散騎中書尚書祕書令史　殿中蘭臺謁者都水黄沙書令史　諸縣署令長相之丞尉　關谷塞護道尉　王郡公侯諸署長司理治書　謁者中大夫署丞　王太妃公主家丞、僕、舍人　副散部曲將武猛中郎將校尉　別部司馬、軍司馬、軍假司馬

右內外文武官六千八百三十六人，內八百九十四人，外五千九百四十二人。內外諸色職掌一十一萬一千八百三十六人，百八十九人內職掌，據史所載數。門亭長、書佐、書吏、卒騶等，其餘色目史闕。一十一萬一千六百四十七人外職掌，王國及州縣職吏散吏鄉里吏等。都計內外官及職掌人一十一萬八千六百七十二人。又每四鄉置一嗇夫，及鄉據大小户口數多少等級置治書史及佐正等數，并命數未詳。

《宋書》卷三九《百官志》　公府長史、司馬，秩千石；從事中郎，六百石；東西曹掾，四百石；他掾三百石；屬二百石。

特進，前漢世所置，前後二漢及魏、晉以爲加官，從本官車服，無吏卒。晉惠帝元康中定位令在諸公下，驃騎將軍上。

驃騎將軍，一人。漢武帝元狩二年，始用霍去病爲驃騎將軍。漢西京制，大將軍、驃騎將軍位次丞相。

車騎將軍，一人。漢文帝元年，始用薄昭爲車騎將軍。魚豢曰：魏世車騎爲都督，儀與四征同。若不爲都督，雖持節屬四征者，與前後左右雜號將軍同。其或散還從文官之例，則位次三司。晉、宋車騎、衛不復爲四征所督也。

衛將軍，一人。漢文帝元年，始用宋昌爲衛將軍。三號位亞三司。漢章帝建初三年，始使車騎將軍馬防班同三司。班同三司自此始也。漢末奮威將軍，晉江右伏波、輔國將軍，並加大而儀同三司。江左以來，將軍則中、鎮、撫、四鎮以上或加大，餘官則左右光禄大夫以上並得儀同三司，自此以下不得也。

持節都督，無定員。前漢遣使，始有持節。光武建武初，征伐四方，始權時置督軍御史，事竟罷。建安中，魏武帝爲相，始遣大將軍督軍。二十一年，征孫權還，夏侯惇督二十六軍是也。魏文帝黄初二年，始置都督諸州軍事，或領刺史。三年，上軍大將軍曹真都督中外諸軍事，假黄鉞，則總統外內諸軍矣。明帝太和四年，晉宣帝征蜀，加號大都督。高貴公正元二年，晉文帝都督中外諸軍，尋加大都督。晉世則都督諸軍爲上，監諸軍次之，督諸軍爲下。使持節爲上，持節次之，假節爲下。使持節得殺二千石以下；持節殺無官位人，若軍事得與使持節同；假節唯軍事得殺犯軍令者。晉江左以來，都督中外尤重，唯王導居之。宋氏人臣則無也。江夏王義恭假黄鉞。假黄鉞，則專戮節將，非人臣常器矣。

征東將軍，一人。漢獻帝初平三年，馬騰居之。征南將軍，一人。漢光武建武中，岑彭居之。征西將軍，一人。漢光武建武中，馮異居之。征北將軍，一人。魚豢曰：四征，魏武帝置，秩二千石。黄初中，位次三公。漢舊諸征與偏裨雜號同。【略】

左光禄大夫，右光禄大夫。二大夫，晉初置。光禄大夫，秦時爲中大夫，漢武太初元年，更名光禄大夫。晉初又置左右光禄大夫，而光禄大夫如故。光禄大夫銀章青綬，其重者加金章紫綬，則謂之金紫光禄大夫。舊秩比二千石。

中散大夫，王莽所置，後漢因之，前漢大夫皆無員，掌論議。後漢光禄大夫三人，中大夫二十人，中散大夫三十人。魏以來復無員。自左光禄大夫以下，養老疾，無職事。中散，六百石。【略】

晉西朝八坐丞郎，朝晡詣都坐朝，江左唯旦朝而已。八坐丞郎初拜，並集都坐，交禮。遷，又解交。漢舊制也。今唯八坐解交，丞郎不復解交也。尚書令千石，僕射尚書六百石，丞郎四百石。【略】

侍中，四人。掌奏事，直侍左右，應對獻替。法駕出，則正直一人負璽陪乘。殿內門下衆事皆掌之。周公戒成王《立政》之篇所云常伯，即其任也。侍中本秦丞相史也，使五人往來殿內東廂奏事，故謂之侍中。漢西京無員，多至數十人，入侍禁中，分掌乘輿服物，下至褻器虎子之屬。武帝世，孔安國爲侍中，以其儒者，特聽掌御唾壺，朝廷榮之。久次者爲僕射。漢東京又屬少府，猶無員。掌侍左右，贊導衆事，顧問應答。法駕

出，則多識者一人負傳國璽，操斬白蛇劍，參乘；餘皆騎，在乘輿車後。光武世，改僕射爲祭酒焉。漢世，與中官俱止禁中。武帝時，侍中莽何羅挾刃謀逆，由是侍中出禁外，有事乃入，事畢即出。王莽秉政，侍中復入，與中官共止。章帝元和中，侍中郭舉與後宮通，拔佩刀驚御，舉伏誅，侍中由是復出外。魏、晋以來，置四人，別加官不主數。秩比二千石。

《宋書》卷四〇《百官志》 給事黄門侍郎，四人。與侍中俱掌門下衆事。郊廟臨軒，則一人執麾。《漢百官表》秦曰給事黄門，無員，掌侍從左右，漢因之。漢東京曰給事黄門侍郎，亦無員，掌侍從左右，關通中外，諸王朝見，則引王就坐。應劭曰：每日莫向青瑣門拜，謂之夕郎。史臣按劉向與子歆書曰：黄門郎，顯處也。然則前漢世已爲黄門侍郎矣。董巴《漢書》曰：禁門曰黄闥，中人主之，故號曰黄門令。然則黄門郎給事黄闥之内，故曰黄門郎也。魏、晋以來員四人，秩六百石。【略】

散騎常侍，四人。掌侍左右。秦置散騎，又置中常侍散騎，並乘輿車後。中常侍得入禁中。皆無員，並爲加官。漢東京初省散騎，而中常侍因用宦者。魏文帝黄初初，置散騎，合於中常侍，謂之散騎常侍，始以孟達補之。久次者爲祭酒散騎常侍，秩比二千石。【略】

奉朝請，無員，亦不爲官。漢東京罷省三公、外戚、宗室、諸侯，多奉朝請。奉朝請者，奉朝會請召而已。晋武帝亦以宗室外戚爲奉車、駙馬、騎都尉，而奉朝請焉。元帝爲晋王，以參軍爲奉車都尉，掾、屬爲駙馬都尉，行參軍、舍人爲騎都尉，皆奉朝請。後省奉車、騎都尉，唯留駙馬都尉、奉朝請。永初已來，以奉朝請選雜，其尚主者唯拜駙馬都尉。三都尉並漢武帝置。孝建初，奉朝請省。駙馬都尉、三都尉秩比二千石。【略】

屯騎校尉。步兵校尉。越騎校尉。長水校尉。射聲校尉。五校並漢武帝置。屯騎、步兵掌上林苑門屯兵；越騎掌越人來降，因以爲騎也；一説取其材力超越也。長水掌長水宣曲胡騎。長水，胡部落名也。胡騎屯宣曲觀下。韋曜曰：長水校尉，典胡騎，厩近長水，故以爲名。長水，蓋關中小水名也。射聲掌射聲士，聞聲則射之，故以爲名。漢光武初改屯騎爲驍騎，越騎爲青巾。建武十五年，復舊。漢東京五校，典宿衛士。自游擊至五校，魏、晋逮于江左，初猶領營兵，並置司馬、功曹、主簿，後省。二中郎將本不領營也。五營校尉，秩二千石。

虎賁中郎將，《周官》有虎賁氏。漢武帝建元三年，始微行出遊，選材力之士執兵從送，期之諸門，故名期門。無員，多至千人。平帝元始元年，更名曰虎賁郎，置中郎將領之。虎賁舊作虎奔，言如虎之奔走也。王莽輔政，以古有勇士孟賁，故以奔爲賁。比二千石。

冗從僕射，漢東京有中黄門冗從僕射，非其職也。魏世因其名而置冗從僕射。

羽林監，漢武帝太初元年，初置建章營騎，亦掌從送次期門，後更名羽林騎，置令、丞。宣帝令中郎將騎都尉監羽林，謂之羽林中郎將。漢東京又置羽林左監、羽林右監，至魏世不改。晋罷羽林中郎將，又省一監，置一監而已。自虎賁至羽林，是爲三將。哀帝省。宋高祖永初初，復置。江右領營兵，江左無復營兵。羽林監六百石。【略】

御史中丞，一人。掌奏劾不法。秦時御史大夫有二丞，其一曰御史丞，其二曰御史中丞。殿中蘭臺祕書圖籍在焉，而中丞居之。外督部刺史，内領侍御史，受公卿奏事，舉劾按章。時中丞亦受奏事，然則分有所掌也。成帝綏和元年，更名御史大夫爲大司空，置長史，而中丞官職如故。哀帝建平二年，復爲御史大夫。元壽二年，復爲大司空。而中丞出外爲御史臺主，名御史長史。光武還曰中丞，又屬少府。獻帝時，更置御史大夫，自置長史一人，不復領中丞也。漢東京御史中丞遇尚書丞郎，則中丞止車執版揖，而丞郎坐車舉手禮之而已。不知此制何時省。中丞每月二十五日，繞行宫垣白壁。史臣按《漢志》執金吾每月三繞行宫城，疑是省金吾，以此事併中丞。中丞秩千石。【略】

謁者僕射，一人。掌大拜授及百官班次。領謁者十人。謁者掌小拜授及報章。蓋秦官也。謁，請也。應氏《漢官》曰，堯以試舜，賓于四門，是其職也。秦世謁者七十人，漢因之。後漢《百官志》，謁者僕射掌奉引。和帝世，陳郡何熙爲謁者僕射，贊拜殿中，音動左右。然則又掌唱贊。有常侍謁者五人，謁者則置三十五人，半減西京也。二漢並隸光禄勳。魏世置謁者十人。晋武帝省僕射，以謁者隸蘭臺。江左復置僕射，後又省。宋世祖大明中，復置。秩比千石。【略】

太子太傅，一人。丞一人。太子少傅，一人。丞一人。傅，古官也。

《文王世子》曰：凡三王教世子，太傅在前，少傅在後，並以輔導爲職。漢高帝九年，以叔孫通爲太子太傅，位次太常。二漢並無丞。魏世無東宫，然則晉氏置丞也。晉武帝泰始五年，詔太子拜太傅、少傅，如弟子事師之禮；二傅不得上疏曲敬。二傅並有功曹、主簿、五官。太傅中二千石，少傅二千石。

太子詹事，一人。丞一人。職比臺尚書令、領軍將軍。詹，省也。漢西京則太子門大夫、庶子、洗馬、舍人屬二傅，率更令、家令、僕、衛率屬詹事。皆秦官也。後漢省詹事，太子官屬悉屬少傅，而太傅不復領官屬。晉初太子官屬通屬二傅。咸寧元年，復置詹事，二傅不復領官屬。詹事二千石。【略】

僕，一人。漢世太子五日一朝，非入朝日，遣僕及中允旦入請問起居，主車馬、親族，職如太僕、宗正。自家令至僕，爲太子三卿。三卿秩千石。

門大夫，二人。漢東京置，職如中郎將，分掌遠近表牋。秩六百石。

中庶子，四人。職如侍中。漢東京員五人，晉減爲四人。秩六百石。【略】

庶子四人，職比散騎常侍、中書監令。晉制也。漢西京員五人，漢東京無員，職如三署中郎。古者諸侯世〔禄，卿大夫之子即爲副倅，謂之國子，天子諸侯〕子有庶子之官，〔以掌教之〕秦因其名也。秩四百石。

舍人，十六人。職如散騎、中書侍郎。晉制也。二漢無員，掌宿衛如三署中郎。

洗馬，八人。職如謁者、祕書郎也。二漢員十六人。太子出，則當直者前驅導威儀。秩比六百石。

太子左衛率，七人。太子右衛率，二人。二率職如二衛。秦時直云衛率，漢因之，主門衛。晉初曰中衛率，泰始分爲左右，各領一軍。惠帝時，愍懷太子在東宫，加置前後二率。成都王穎爲太弟，又置中衛，是爲五率。江左初，省前後二率。孝武太元中又置。皆有丞，晉初置。宋世止置左右二率。秩舊四百石。【略】

刺史，每州各一人。黄帝立四監以治萬國，唐、虞世十二牧，是其職也。周改曰典，秦曰監御史，而更遣丞相史分刺諸州，謂之刺史。刺之爲言猶參覘也。寫書亦謂之刺。漢制不得刺尚書事是也。刺史班行六條詔書，其一條曰，強宗豪右，田宅踰制，以強陵弱，以衆暴寡；其二條曰，二千石不奉詔書，遵承典制，背公向私，旁詔守利，侵漁百姓，聚斂爲姦；其三條曰，二千石不恤疑獄，風厲殺人，怒則加罰，喜則任賞，煩擾苛暴，剥戮黎元，爲百姓所疾，山崩石裂，妖祥譌言；其四條曰，二千石選署不平，苟阿所愛，蔽賢寵頑；其五條曰，二千石子弟恃怙榮勢，請託所監；其六條曰，二千石違公下比，阿附豪強，通行貨賂，割損正令。歲終則乘傳詣京師奏事。成帝綏和元年，改爲牧。哀帝建平二年，復爲刺史。前漢世，刺史乘傳周行郡國，無適所治。後漢世，所治始有定處，止八月行部，不復奏事京師。晉江左猶行郡縣詔，棗據《追遠詩》曰：先君爲鉅鹿太守，迄今三紀。忝私爲冀州刺史，班詔次于郡傳是也。靈帝世，天下漸亂，豪桀各據有州郡，而劉焉、劉虞並自九卿出爲益州、幽州牧，其任漸重矣。官屬有別駕從事史一人，從刺史行部；治中從事史一人，主財穀簿書；兵曹從事史一人，主兵事；部從事史每郡各一人，主察非法；主簿一人，録閤下衆事，省署文書；門亭長一人，主州正門；功曹書佐一人，主選用；《孝經》師一人，主試經；月令師一人，主時節祠祀；律令師一人，平律；簿曹書佐一人，主簿書；典郡書佐每郡各一人，主一郡文書：漢制也。今有別駕從事史、治中從事史、主簿、西曹書佐、祭酒從事史、議曹從事史、部郡從事史，自主簿以下，置人多少，各隨州，舊無定制也。晉成帝咸康中，江州又有別駕祭酒，居僚職之上，而別駕從事史如故，今則無也。別駕、西曹主吏及選舉事，治中主衆曹文書事。西曹，即漢之功曹書佐也。祭酒分掌諸曹兵、賊、倉、户、水、鎧之屬。揚州無祭酒，而主簿治事。荆州有從事史，在議曹從事史下，大較應是魏、晉以來置也。今廣州、徐州有月令從事，若諸州之曹史，漢舊名也。漢武元封四年，令諸州歲各舉秀才一人。後漢避光武諱，改茂才。魏復曰秀才。晉江左揚州歲舉二人，諸州舉一人，或三歲一人，隨州大小，並對策問。晉東海王越爲豫州牧，牧置長史、參軍，庾敳爲長史，謝鯤爲參軍，此爲牧者則無也。牧二千石，刺史六百石。

郡守，秦官。秦滅諸侯，隨以其地爲郡，置守、丞、尉各一人。守治民，丞佐之。郡當邊戍者，丞爲長史。晉江左皆謂之丞。尉典兵，備盜賊。漢景帝中二年，更名守曰太守，尉爲都尉。光武省都尉，後又往往置東部、西部都尉。有蠻夷者，又有屬國都尉。漢末及三國，多以諸部都尉爲郡。晋成帝咸康七年，又省諸郡丞。宋太祖元嘉四年，復置。郡官屬略如公府，無東西曹，有功曹史，主選舉，五官掾，主諸曹事，部縣有都郵、門亭長，又有主記史，催督期會，漢制也，今略如之。諸郡各有舊俗，諸曹名號，往往不同。漢武帝納董仲舒之言，元光元年，始令郡國舉孝廉，制郡口二十萬以上，歲察一人；四十萬以上，二人；六十萬，三人；八十萬，四人；百萬，五人；百二十萬，六人；不滿二十萬，二歲一人；不滿十萬，三歲一人。限以四科，一曰德行高妙，志節清白；二曰學通行修，經中博士；三曰明習法令，足以決疑，能案章覆問，文中御史；四曰剛毅多略，遭事不惑，明足決斷，材任三輔縣令。魏初，更制口十萬以上，歲一人，有秀異，不拘户口。江左以丹陽、吴、會稽、吴興並大郡，歲各舉二人。漢制歲遣上計掾史各一人，條上郡内衆事，謂之階簿，至今行之。太守二千石，丞六百石。

縣令、長，秦官也。大者爲令，小者爲長，侯國爲相。漢制，置丞一人，尉大縣二人，小縣一人。五家爲伍，伍長主之；二五爲什，什長主之；十什爲里，里魁主之；十里爲亭，亭長主之；十亭爲鄉，鄉有鄉佐、三老、有秩、嗇夫、游徼各一人。鄉佐、有秩主賦税，三老主教化，嗇夫主争訟，游徼主姦非。其餘諸曹，略同郡職。以五官爲廷掾，後則無復丞，唯建康有獄丞，其餘衆職，或此縣有而彼縣無，各有舊俗，無定制也。晋江右洛陽縣置六部都尉，餘大縣置二人，次縣、小縣各一人。宋太祖元嘉十五年，縣小者又省之。

諸官府至郡，各置五百者，舊説古君行師從，卿行旅從。旅，五百人也。今縣令以上，古之諸侯，故立四五百以象師從旅從，依古義也。韋曜曰，五百字本爲伍伯。伍，當也。伯，道也。使之導引當道伯中以驅除也。周制五百爲旅，帥皆大夫，不得卑之如此説也。又《周禮》秋官有條狼氏，掌執鞭以趨辟，王出入則八人夾道，公則六人，侯伯則四人，子男則二人，近之矣，名之異爾。又《漢官》中有伯使，主爲諸官驅使辟路於道伯中，故言伯使，此其比也。縣令千石至六百石，長五百石。【略】

太傅。太保。太宰。

太尉。司徒。司空。

大司馬。大將軍。

諸位從公。

右第一品

特進。

驃騎，車騎，衛將軍。

諸大將軍。

諸持節都督。

右第二品

侍中，散騎常侍。

尚書令，僕射，尚書。

中書監，令。祕書監。

諸征、鎮至龍驤將軍。

光禄大夫。

諸卿，尹。

太子二傅。

大長秋。

太子詹事。

領、護軍。

縣侯。

右第三品

二衛至五校尉。

寧朔至五威、五武將軍。

四中郎將。

刺史領兵者。

戎蠻校尉。

御史中丞。都水使者。

鄉侯。

右第四品

給事中。黄門、散騎、中書侍郎。

謁者僕射。
三將，積射、強弩將軍。
太子中庶子，庶子，三卿，率。
鷹揚至陵江將軍。
刺史不領兵者。
郡國太守，內史，相。
亭侯。

右第五品

尚書丞，郎。
治書侍御史，侍御史。
三都尉。
博士。
撫軍以上及持節都督領護長史，司馬。
公府從事中郎將。
廷尉正，監，評。
祕書著作丞，郎。
王國公三卿，師，友，文學。
諸縣署令千石者。
太子門大夫。
殿中將軍，司馬督。
雜號護軍。
關內侯。

右第六品

謁者。
殿中監。
諸卿尹丞。
太子傅詹事率丞。
諸軍長史、司馬六百石者。
諸府參軍。
戎蠻府長史，司馬。
公府掾，屬。
太子洗馬，舍人，食官令。
諸縣令六百石者。

右第七品

內臺正令史。
郡丞。
諸縣署長。
雜號宣威將軍以下。

右第八品

內臺書令史。
外臺正令史。
諸縣署丞，尉。

右第九品。凡新置不見此諸條者，隨秩位所視，蓋□□右所定也。

（唐）杜佑《通典》卷一九《職官・祿秩》 宋制：州郡秩俸，多隨土所出，無有定准。有父母、祖父母年登七十者，並給見錢。其郡縣田祿，以芒種爲斷。此前去官者，則一年秩皆入前人；此後去官者，悉入後人。

梁制：一品秩萬石，二品三品爲中二千石，四品五品秩爲二千石。

（唐）杜佑《通典》卷三五《職官・俸祿・祿秩》 宋氏以來，州郡秩俸及雜供給，多隨土所出，無有定準。永初元年，詔二品清官以上應食祿者，有二親或祖父母年登七十，並給見錢。其郡縣田祿，以芒種爲斷，此前去官者則一年秩祿皆入前人，此後去者悉入後人。元嘉末，又改此制，計月分祿。武帝初即位，制：凡中二千石，加公田一頃。

（唐）杜佑《通典》卷三七《職官・秩品》 宋官品：

第一品
太傅　太保　太宰　太尉　司徒　司空　大司馬　大將軍　諸位從公
第二品
特進　驃騎、車騎、衛將軍　諸大將軍　諸持節都督
第三品
侍中　散騎常侍　尚書令、僕射　尚書　中書監、令　祕書監　諸征、鎮至龍驤將軍光祿大夫　諸卿、尹　太子二傅　大長秋　太子詹事

領、護軍　縣侯爵

第四品

二衛至五校尉　寧朔至五威、五武將軍　四中郎將　刺史領兵者　戎蠻校尉　御史中丞　都水使者　鄉侯爵

第五品

給事中　黄門、散騎、中書侍郎　謁者僕射　三將　積射、强弩將軍　太子中庶子、庶子、三卿、率　鷹揚至凌江將軍　刺史不領兵者　郡國太守、内史、相　亭侯爵

第六品

尚書丞、郎　治書侍御史　侍御史　三都尉　博士　撫軍以上及持節都督領護長史、司馬　公府從事中郎將　廷尉正、監、評　祕書著作丞、郎　王國公三卿、師、友、文學諸縣署令千石者　太子門大夫　殿中將軍、司馬督　雜號護軍　關中侯爵

第七品

謁者　殿中監　諸卿尹丞　太子傅詹事率丞　諸軍長史司馬六百石者　諸府參軍戎蠻府長史、司馬　公府掾、屬　太子洗馬、舍人、食官令　諸縣令六百石者

第八品

内臺正令史　郡丞　諸縣署長　雜號宣威將軍以下

第九品

内臺書令史　外臺正令史　諸縣署丞、尉

右内外文武官六千一百七十二人，八百二十三人内，五千三百四十九人外。内職掌人，門亭長、《孝經》師、月令律令師及書佐等一千四百六十一人，都計内外官及職掌人七千六百三十三人。其京都臺省監寺及府衛等府令史并諸色職掌人，未詳。其州署人各隨州舊定無制，亦不得而知也。命數亦未詳。

（清）趙翼《陔餘叢考》卷二七《按月分俸》　《南史·阮長之傳》：宋以前郡邑官田禄，以芒種爲斷。芒種前去官者，則一年禄悉歸後人。至元嘉末，始改此科，計月分禄。是按月分俸，自宋元嘉末始也。然《封氏聞見記》：准例替人，五月五日以前到者，得職田米。高利自濠州改楚州，欲以米讓前人，乃到處淹泊，候過數日始到。士論稱之。則唐制又不按月也。或此職田米又是俸外所得，另有一例耳。

（唐）杜佑《通典》卷三五《職官·俸禄·禄秩》　齊氏衆官有僮幹之役，而不詳其制。大明五年制，二品清官行僮幹杖，不得出十。張融坐鞭幹錢敬道杖五十，免官。又梁王諶爲吏部郎，坐鞭曹申免官。幹者，若門僕之類也。

（唐）杜佑《通典》卷三七《職官·秩品》　齊官品：未詳。

右内外文武官二千六十三人。九百四十七人内，一千一百一十六人外。州刺史及官屬并太守内史相、縣令相、寧蠻等校尉、中郎將、護軍等。其中書省及令史、司徒府、門下省、尚書祕書曹省、蘭臺諸曹、内外督令史，并太廟、明堂、太祝、太史、廩犧等職吏，本志但有名目，皆附其下。外州佐史、郡縣官屬佐史等名目及數并命數，並未詳。

《隋書》卷二六《百官志》　天監初，武帝命尚書删定郎濟陽蔡法度，定令爲九品。秩定，帝於品下注一品秩爲萬石，第二第三爲中二千石，第四第五爲二千石。至七年，革選，徐勉爲吏部尚書，定爲十八班。以班多者爲貴，同班者，則以居下者爲劣。

丞相、太宰、太傅、太保、大司馬、大將軍、太尉、司徒、司空，爲十八班。

諸將軍開府儀同三司、左右光禄開府儀同三司，爲十七班。尚書令、太子太傅、左右光禄大夫，爲十六班。

尚書左僕射，太子少傅，尚書僕射、右僕射，中書監，特進，領、護軍將軍，爲十五班。

中領、護軍，吏部尚書，太子詹事，金紫光禄大夫，太常卿，爲十四班。

中書令，列曹尚書，國子祭酒，宗正、太府卿，光禄大夫，爲十三班。

侍中，散騎常侍，左、右衛將軍，司徒左長史，衛尉卿，爲十二班。

御史中丞，尚書吏部郎，祕書監，通直散騎常侍，太子左、右二衛率，左、右驍騎，左、右游擊，太中大夫，皇弟皇子師，司農、少府、廷尉卿，太子中庶子，光禄卿，爲十一班。

給事黄門侍郎，員外散騎常侍，皇弟皇子府長史，太僕、大匠卿，太

子家令、率更令、僕，揚州別駕，中散大夫，司徒右長史，雲騎，游騎，皇弟皇子府司馬，朱衣直閤將軍，爲十班。

尚書左丞，鴻臚卿，中書侍郎，國子博士，太子庶子，揚州中從事，皇弟皇子公府從事中郎，太舟卿，大長秋，皇弟皇子府諮議，嗣王府長史，前左右後四軍，嗣王府司馬，庶姓公府長史、司馬，爲九班。

祕書丞，太子中舍人，司徒左西掾，司徒屬，皇弟皇子友，散騎侍郎，尚書右丞，南徐州別駕，皇弟皇子公府掾屬，皇弟皇子單爲二衛司馬，嗣王庶姓公府從事中郎，左、右中郎將，嗣王庶姓公府諮議，皇弟皇子之庶子府長史、司馬，蕃王府長史、司馬，庶姓持節府長史、司馬，爲八班。

五校，東宮三校，皇弟皇子之庶子府中録事、中記室、中直兵參軍，南徐州中從事，皇弟皇子之庶子府、蕃王府諮議，爲七班。

太子洗馬，通直散騎侍郎，司徒主簿，尚書侍郎，著作郎，皇弟皇子府功曹史，五經博士，皇弟皇子府録事、記室、中兵參軍，皇弟皇子荆江雍郢南兗五州別駕，領、護軍長史、司馬，嗣王庶姓公府掾屬，南臺治書侍御史，廷尉三官，謁者僕射，太子門大夫，嗣王庶姓公府中録事、中記室、中直兵參軍，庶姓府諮議，爲六班。

尚書郎中，皇弟皇子文學及府主簿，太子太傅、少傅丞，皇弟皇子湘豫司益廣青衡七州別駕，皇弟皇子荆江雍郢南兗五州中從事，嗣王庶姓荆江雍郢南兗五州別駕，太常丞，皇弟皇子國郎中令、三將，東宮二將，嗣王府功曹史，庶姓公府録事、記室、中兵參軍，皇弟皇子之庶子府、蕃王府中録事、中記室、中直兵參軍，爲五班。

給事中，皇弟皇子府正參軍，中書舍人，建康三官，皇弟皇子北徐北兗梁交南梁五州別駕，皇弟皇子湘豫司益廣青衡七州別駕、中從事，嗣王庶姓湘豫司益廣青衡七州別駕，嗣王庶姓荆江雍郢南兗五州中從事，宗正、太府、衛尉、司農、少府、廷尉、太子詹事等丞，積射、強弩將軍，太子左右積弩將軍，皇弟皇子國大農，嗣王國郎中令，嗣王庶姓公府主簿，皇弟皇子之庶子府蕃王府功曹史，皇弟皇子之庶子府蕃王府録事、記室、中兵參軍，爲四班。

太子舍人，司徒祭酒，皇弟皇子公府祭酒，員外散騎侍郎，皇弟皇子府行參軍，太子太傅少傅五官功曹主簿，二衛司馬，公車令，胄子律博士，皇弟皇子越桂寧霍四州別駕，皇弟皇子北徐北兗梁交南梁五州中從事，嗣王庶姓北徐北兗梁交南梁五州別駕，湘豫司益廣青衡七州中從事，嗣王庶姓公府正參軍，皇弟皇子之庶子府蕃王府曹主簿，武衛將軍，光禄丞，皇弟皇子國中尉，太僕大匠丞，嗣王國大農，蕃王國郎中令，庶姓持節府中録事、中記室、中直兵參軍，北館令，爲三班。

祕書郎，著作佐郎，揚、南徐州主簿，嗣王庶姓公府祭酒，皇弟皇子單爲領護詹事二衛等五官、功曹、主簿，太學博士，皇弟皇子國常侍，奉朝請，國子助教，皇弟皇子越桂寧霍四州中從事，皇弟皇子荆江雍郢南兗五州主簿，嗣王庶姓越桂寧霍四州別駕，嗣王庶姓北徐北兗梁交南梁五州中從事，鴻臚丞，尚書五都令史，武騎常侍，材官將軍，明堂二廟帝陵令，嗣王府庶姓公府行參軍，皇弟皇子之庶子府正參軍，蕃王國大農，庶姓持節府録事、記室、中兵參軍，庶姓持節府功曹史，爲二班。

揚南徐州西曹祭酒從事，皇弟皇子國侍郎，嗣王國常侍，揚南徐州議曹從事，東宮通事舍人，南臺侍御史，太舟丞，二衛殿中將軍，太子二率殿中將軍，皇弟皇子之庶子府蕃王府行參軍，蕃王國中尉，皇弟皇子湘豫司益廣青衡七州主簿，皇弟皇子荆雍郢南兗四州西曹祭酒議曹從事，皇弟皇子江州西曹從事，祭酒議曹祭酒部傳從事，嗣王庶姓越桂寧霍四州中從事，嗣王庶姓荆江雍郢南兗五州主簿，庶姓持節府主簿，汝陰巴陵二國郎中令，太官、太樂、太市、太史、太醫、太祝、東西冶、左右尚方、南北武庫，車府等令，爲一班。

位不登二品者，又爲七班。皇弟皇子府長兼參軍，皇弟皇子國三軍、嗣王國侍郎，蕃王國常侍，揚南徐州文學從事，殿中御史，庶姓持節府除正參軍，太子家令丞，二衛殿中員外將軍，太子二率殿中員外將軍，鎮蠻安遠護軍度支校尉等司馬，皇弟皇子北徐北兗梁交南梁五州主簿，皇弟皇子湘豫司益廣青衡七州西曹祭酒議曹從事，皇弟皇子荆雍郢三州從事史，江州議曹從事，南兗州文學從事，嗣王庶姓湘豫司益廣青衡七州主簿，嗣王庶姓荆雍郢南兗四州西曹祭酒議曹從事，嗣王庶姓江州西曹從事、祭酒部傳從事，勸農謁者，汝陰巴陵二王國大農，郡公國郎中令，爲七班。

皇弟皇子國典書令，嗣王國三軍，蕃王國侍郎，領護詹事五官功曹，皇弟皇子府參軍督護，嗣王府長兼參軍，庶姓公府長兼參軍，庶姓持節府板正參軍，皇弟皇子越桂寧霍四州主簿，皇弟皇子北徐北兗梁交南梁五州西曹祭酒議曹從事，嗣王庶姓北徐北兗梁交南梁五州主簿，嗣王庶姓湘豫司益廣青衡七州西曹祭酒議曹從事，皇弟皇子豫司益廣青五州文學從事，湘衡二州從事，嗣王庶姓荊霍郢三州從事史，江州議曹從事，南兗州文學從事，汝陰巴陵二王國中尉，皇弟皇子之庶子縣侯國郎中令，郡公國大農，縣公國郎中令，爲六班。

皇弟皇子國三令，嗣王國典書令，蕃王國三軍，皇弟皇子公府東曹督護，嗣王府庶姓公府參軍督護，皇弟皇子之庶子長兼參軍，蕃王府長兼參軍，二衛正員司馬督，太子二率正員司馬督，領護主簿，詹事主簿，二衛功曹，太常五官功曹，石頭戍軍功曹，庶姓持節府行參軍，皇弟皇子越桂寧霍四州西曹祭酒議曹從事，皇弟皇子北徐北兗梁交南梁五州文學從事，嗣王庶姓越桂寧霍四州主簿，嗣王庶姓北徐北兗梁交南梁五州西曹祭酒議曹從事，嗣王庶姓豫司益廣青五州文學從事，湘衡二州從事，汝陰巴陵二王國常侍，郡公國中尉，縣侯國郎中令，皇弟皇子府功曹督護，爲五班。

嗣王國三令，蕃王國典書令，嗣王府功曹督護，庶姓公府東曹督護，皇弟皇子之庶子府參軍督護，蕃王府參軍督護，二衛員外司馬督，太子二率員外司馬督，二衛主簿，太常主簿，宗正等十一卿五官功曹，石頭戍軍主簿，庶姓持節府板行參軍，皇弟皇子越桂寧霍四州文學從事，嗣王庶姓越桂寧霍四州西曹祭酒議曹從事，嗣王庶姓北徐北兗梁交南梁五州文學從事，汝陰巴陵二王國侍郎，縣公國中尉，爲四班。

蕃王國三令，皇弟皇子之庶子府蕃王府功曹督護，宗正等十一卿主簿，庶姓持節府長兼參軍，嗣王庶姓越桂寧霍四州文學從事，郡公國侍郎，爲三班。

庶姓持節府參軍督護，汝陰巴陵二王國典書令，縣公國侍郎，爲二班。

庶姓持節府功曹督護，汝陰巴陵二王國三令，郡公國典書令，爲一班。

又著作正令史，集書正令史，尚書度支三公正令史，函典書，殿中外監，齋監，東堂監，尚書都官左降正令史，諸州鎮監，石頭城監，琅邪城監，東宮外監，殿中守舍人，齋監，東宮典經守舍人，上庫令，太社令，細作令，導官令，平水令，太官市署丞，正廚丞，酒庫丞，柒署丞，太樂庫丞，別局校丞，清商丞，太史丞，太醫二丞，中藥藏丞，東冶小庫等三丞，作堂金銀局丞，木局丞，北武庫二丞，南武庫二丞，東宮食官丞，上林丞，湖西塼屯丞，茭若庫丞，紋絹簟席丞，國子典學，材官司馬，宣陽等諸門候，東宮導客守舍人，運署謁者，都水左右二裝五城謁者，石城宣城陽新屯謁者，南康建安晉安伐船謁者，晉安練葛屯主，爲三品蘊位。

又門下集書主事通正令史，中書正令史，尚書正令史，尚書監籍正令史，都正令史，殿中內監，題閤監，婚局監，東宮門下通事守舍人，東宮典書守舍人，東宮內監，殿中守舍人，題閤監，乘黃令，右藏令，籍田令，廩犧令，梅根諸治令，典客館令，太官四丞，庫丞，太樂丞，東冶太庫丞，左尚方五丞，右尚方四丞，東宮衛庫丞，司農左右中部倉丞，廷尉律博士，公府舍人，諸州別署監，山陰獄丞，爲三品勳位。

其州二十三，並列其高下，選擬略視內職。郡守及丞，各爲十班。縣制七班。用人各擬內職云。

又詔以將軍之名，高卑舛雜，命更加釐定。於是有司奏置一百二十五號將軍。以鎮、衛、驃騎、車騎，爲二十四班。內外通用。四征、東南西北。止施外。四中、軍、衛、撫、護，止施內。爲二十三班。八鎮東南西北，止施在外。左右前後，止施在內。爲二十二班。八安東西南北，止施在外。左右前後，止施在內。爲二十一班。四平、東南西北。四翊，左右前後。爲二十班。凡三十五號，爲一品。是爲重號將軍。忠武、軍師，爲十九班。武臣、爪牙、龍騎、雲麾，爲十八班。代舊前後左右四將軍。鎮兵、翊師、宣惠、宣毅，爲十七班。代舊四中郎。十號爲一品。智威、仁威、勇威、信威、嚴威，爲十六班。代舊征虜。智武、仁武、勇武、信武、嚴武，爲十五班。代舊冠軍。十號爲一品，所謂五德將軍者也。輕車、征遠、鎮朔、武旅、貞毅，爲十四班。代舊輔國。凡將軍加大者，唯至貞毅而已。通進一階。優者方得比加位從公。凡督府，置長史司馬諮議諸曹，有録事記室等十八曹。天監七年，更置中録事、中記室、中直兵參軍各一人。寧遠、明威、振遠、電耀、威耀，爲十三班。代舊寧朔。十號爲一品。武威、武騎、武猛、壯武、飈武，爲十二班。電威、馳銳、追鋒、羽騎、突騎，爲十一班。十號爲一品。折衝、冠武、和戎、安壘、猛烈，爲十班。掃狄、雄信、掃虜、武鋭、摧鋒，爲九班。十號爲一品。略遠、貞威、決勝、開遠、光野，爲八班。厲鋒、輕鋭、討狄、蕩虜、蕩夷，爲七班。十號爲一品。武毅、鐵騎、樓船、宣猛、樹功，爲六班。克狄、平虜、討夷、平狄、威戎，爲五班。十號爲一品。伏波、雄戟、長劍、衝冠、雕騎，爲四班。佽飛、安夷、克戎、綏狄、威虜，爲三班。十號爲一品。前鋒、武毅、開邊、招遠、金威，爲二班。綏虜、蕩寇、殄虜、横野、馳射，爲一班。十號爲一品。凡十品，二十四班。亦以班多爲貴。其制品十，取其盈數。班二十四，以法氣序。制簿悉以大號居後，以爲選法自小遷大也。前史所記，以位得從公，故將軍之名，次于台槐之下。至是備其班品，叙於百司之外。其不登二品，應須軍號者，有牙門、代舊建威。期門，代舊建武。爲八班。候騎、代舊振威。熊渠，代舊振武。爲七班。中堅、代舊奮威。典戎，代舊奮武。爲六班。戈船、代舊揚威。繡衣，代舊揚武。爲五班。執訊、代舊廣威。行陣，代舊廣武。爲四班。鷹揚爲三班。陵江爲二班。偏將軍、裨將軍，爲一班。凡十四號，别爲八班，以象八風。所施甚輕。又有武安、鎮遠、雄義，擬車騎。爲二十四班。四撫東南西北，擬四征。爲二十三班。四寧東南西北，擬四鎮。爲二十二班。四威東南西北，擬四安。爲二十一班。四綏東南西北，擬四平。爲二十班。凡十九號，爲一品。安遠、安邊，擬忠武、軍師。爲十九班。輔義、安沙、衛海、撫河，擬武臣等四號。爲十八班。平遠、撫朔、寧沙、航海，擬鎮兵等四號。爲十七班。凡十號，爲一品。翊海、朔野、拓遠、威河、龍幕，擬智威等五號。爲十六班。威隴、安漠、綏邊、寧寇、梯山，擬智武等五號。爲十五班。凡十號，爲一品。寧境、綏河、明信、明義、威漠，擬輕車等五號。爲十四班。安隴、向義、宣節、振朔、候律，擬寧遠等五號。爲十三班。凡十號，爲一品。平寇、定遠、陵海、寧隴、振漠，擬武威等五號。爲十二班。馳義、横朔、明節、執信、懷德，擬電威等五號。爲十一班。凡十號，爲一品。撫邊、定隴、綏關、立信、奉義，擬折衝等五號。爲十班。綏隴、寧邊、定朔、立節、懷威，擬掃狄等五號。爲九班。凡十號，爲一品。懷關、靜朔、掃寇、寧河、安朔，擬略遠等五號。爲八班。揚化、超隴、執義、來化、度嶂，擬厲鋒等五號。爲七班。凡十號，爲一品。平河、振隴、雄邊、横沙、寧關，擬武毅等五號。爲六班。懷信、宣義、弘節、浮遼、鑿空，擬克狄等五號。爲五班。凡十號，爲一品。扞海、款塞、歸義、陵河、明信，擬伏波等五號。爲四班。奉忠、守義、弘信、仰化、立義，擬佽飛等五號。爲三班。凡十號，爲一品。綏方、奉正、承化、浮海、度河，擬先鋒等五號。爲二班。懷義、奉信、歸誠、懷澤、伏義，擬綏虜等五號。爲一班。凡十號，爲一品。大凡一百九號將軍，亦爲十品，二十四班。正施於外國。及大通三年，有司奏曰：天監七年，改定將軍之名，有因有革。普通六年，又置百號將軍，更加刊正，雜號之中，微有移異。大通三年，奏移寧遠班中明威將軍進輕車班中，以輕車班中征遠度入寧遠班中。又置安遠將軍代貞武，宣遠代明烈。其戎夷之號，亦加附擬。選序則依此承用。遂以定制。轉則進一班，黜則退一班。班即階也。同班以優劣爲前後。有鎮、衛、驃騎、車騎同班。四中、四征同班。八鎮同班。八安同班。四平、四翊同班。忠武、軍師同班。武臣、爪牙、龍騎、雲麾、冠軍同班。鎮兵、翊師、宣惠、宣毅四將軍，東南西北四中郎將同班。智威、仁威、勇威、信威、嚴威同班。智武、仁武、勇武、信武、嚴武同班。謂爲五德將軍。輕車、鎮朔、武旅、貞毅、明威同班。【略】凡二百四十號，爲四十四班。

（唐）杜佑《通典》卷三五《職官・俸禄・禄秩》 梁武帝天監初，定九品令。帝於品下注：一品秩爲萬石，第二第三品爲中二千石，第四第五品爲二千石。及侯景之亂，國用常褊，京官文武月别唯得廩食，多遥帶一郡縣官，而取其禄秩焉。揚、徐等大州比令、僕班，揚州督王畿，理在建康，徐州督重鎮，理京口，並外官刺史最重者。尚書令、僕射，官品第三也。寧、桂等小州比參軍班。寧州理建寧，今雲南郡，桂州理始安，今郡，並與外官刺史最輕者。公府參軍，官品第六也。丹陽、吴郡、會稽等郡，同太子詹事、尚書班，丹陽尹理建康，吴郡、會稽即今郡，並列郡重者。詹事、尚書，官品第三也。高涼、晋康等小郡，三班而已。高涼、晋康即今郡，並列郡最輕者。梁武帝定九品後，其内官吏爲十八班，以班多者爲貴，同班者即以居下爲劣，則與品第高下不倫，當是其時更以清濁爲差耳。本史既略，不可詳審焉。大郡六班，小縣兩轉方至一班。品第既殊，不可委載。其州郡縣禄米絹布絲綿，當處輸臺傳倉庫。若給刺史守令等，先準其所部文武人物多少，由敕而裁。凡如此禄秩，既通所部兵士給之，其家得蓋少。諸王諸主出閤就第婚冠所須及衣裳服飾并酒米魚鮭香油紙燭等，並官給之。王及主婿外禄者不給，解任還京仍亦公給。

（唐）杜佑《通典》卷三七《職官・秩品》 梁官品：秩禄之差，亦如前代，更定十八班。

十八班

丞相 太宰 太傅 太保 大司馬 大將軍 太尉 司徒 司空

十七班

諸將軍開府儀同三司 左右光禄開府儀同三司

十六班

尚書令 太子太傅 左右光禄大夫

十五班

尚書左僕射 太子少傅 尚書右僕射 中書監 特進 領、護軍將軍

十四班

中領護軍 吏部尚書 太子詹事 金紫光禄大夫 太常卿

十三班

中書令 列曹尚書 國子祭酒 宗正、太府卿 光禄大夫

十二班

侍中 散騎常侍 左右衛將軍 司徒左長史 衛尉卿

十一班

御史中丞 尚書吏部郎 祕書監 通直散騎常侍 太子左右二衛率 左右驍騎 左右游擊 太中大夫 皇弟皇子師 司農、少府、廷尉卿 太子中庶子 光禄卿

十班

給事黄門侍郎 員外散騎常侍 皇弟皇子府長史 太僕、大匠卿 太子家令、率更令、僕 揚州別駕 中散大夫 司徒右長史 雲騎 游騎 皇弟皇子府司馬 朱衣直閤將軍

九班

尚書左丞 鴻臚卿 中書侍郎 國子博士 太子庶子 揚州中從事 皇弟皇子公府從事中郎 大舟卿 大長秋 皇弟皇子府諮議 嗣王府長史 前左右後四軍及嗣王府司馬 庶姓公府長史、司馬

八班

祕書丞 太子中舍人 司徒左西掾 司徒屬 皇弟皇子友 散騎侍郎 尚書右丞 南徐州別駕 皇弟皇子公府掾屬 皇弟皇子單爲二衛司馬 嗣王庶姓公府從事中郎 左右中郎將 嗣王庶姓公府諮議 皇弟皇子之庶子府長史、司馬 蕃王府長史、司馬 庶姓持節府長史、司馬

七班

五校 東宫三校 皇弟皇子之庶子府中録事、中記室、中直兵參軍 南徐州中從事 皇弟皇子之庶子府蕃王府諮議

六班

太子洗馬 通直散騎侍郎 司徒主簿 尚書侍郎 著作郎 皇弟皇子府功曹史 五經博士 皇弟皇子府録事、記室、中兵參軍 皇弟皇子荊江雍郢南兗五州別駕 領護軍長史、司馬 嗣王庶姓公府掾屬 南臺治書侍御史 廷尉三官 謁者僕射 太子門大夫 庶姓府諮議 嗣王府庶姓公府中録事、中記室、中直兵參軍

五班

尚書郎中 皇弟皇子文學及府主簿 太子太傅少傅丞 太常丞 皇弟皇子湘荊河司益廣青衡七州別駕 皇弟皇子荊江雍郢南兗五州中從事 嗣王庶姓荊江雍郢南兗五州別駕 皇弟皇子國郎中令、三將 東宫二將 嗣王府功曹史 庶姓公府録事、記室、中兵參軍 皇弟皇子之庶子府蕃王府中録事、中記室、中直兵參軍

四班

給事中 皇弟皇子府正參軍 中書舍人 建康三官 皇弟皇子北徐北兗梁交南梁五州別駕 皇弟皇子湘荊河司益廣青衡七州別駕、中從事 嗣王庶姓湘荊河司益廣青衡七州別駕 嗣王庶姓荊江雍郢南兗五州中從事 宗正、太府、衛尉、司農、少府、廷尉、太子詹事等丞 積射、強弩將軍 太子左右積弩將軍 皇弟皇子國大農 嗣王國郎中令 皇弟皇子之庶子府蕃王府功曹史 皇弟皇子之庶子府蕃王府録事、記室、中兵將軍 嗣王府庶姓公府主簿

三班

太子舍人 司徒祭酒 皇弟皇子公府祭酒 員外散騎侍郎 皇弟皇子

府行參軍　太子太傅少傅五官功曹主簿　二衛司馬　公車令　冑子律博士

皇弟皇子越桂寧霍四州別駕　皇弟皇子北徐北兗梁交南梁五州中從事　嗣王庶姓北徐北兗梁交南梁五州別駕　湘荊河司益廣青衡七州中從事　皇弟皇子之庶子府蕃王府主簿　嗣王庶姓公府正參軍　武衛將軍　光禄丞　皇弟皇子國中尉　太僕大匠丞　嗣王國大農　蕃王國郎中令　北館令　庶姓持節府中録事、中記室、中直兵參軍

二班

祕書郎　著作佐郎　揚南徐州主簿　嗣王庶姓公府祭酒　皇弟皇子單爲領護詹事二衛等五官、功曹、主簿　太學博士　皇弟皇子國常侍　奉朝請　國子助教　皇弟皇子越桂寧霍四州中從事　皇弟皇子荊江雍郢南兗五州主簿　嗣王庶姓越桂寧霍四州別駕　嗣王庶姓北徐北兗梁交南梁五州中從事　鴻臚丞　尚書五都令史　武騎常侍　材官將軍　明堂二廟帝陵令　嗣王庶姓公府行參軍　皇弟皇子之庶子府正參軍　蕃王國大農　庶姓持節府録事、記室、中兵參軍　庶姓持節府功曹史

一班

揚南徐州西曹祭酒從事　皇弟皇子國侍郎　嗣王國常侍　揚南徐州議曹從事　東宮通事舍人　南臺侍御史　大舟丞　二衛殿中將軍　太子二率殿中將軍　皇弟皇子之庶子府蕃王府行參軍　蕃王國中尉　皇弟皇子湘荊河司益廣青衡七州主簿　皇弟皇子荊雍郢南兗四州西曹祭酒議曹從事　皇弟皇子江州西曹從事祭酒議曹祭酒部傳從事　嗣王庶姓越桂寧霍四州中從事　嗣王庶姓荊江雍郢南兗五州主簿　庶姓持節府主簿　汝陰巴陵二國郎中令　太官、太樂、太市、太史、太醫、太祝、東西冶、左右尚方、南北武庫、車府等令

位不登二品者，又爲七班。

七班

皇弟皇子府長史參軍　皇弟皇子國三軍　嗣王國侍郎　蕃王國常侍　揚南徐州文學從事　殿中御史　庶姓持節府除正參軍　太子家令丞　二衛殿中員外將軍　太子二率殿中員外將軍　鎮蠻、安遠、護軍、度支校尉等司馬　皇弟皇子北徐北兗梁交南梁五州主簿　皇弟皇子湘荊河司益廣青衡七州西曹祭酒議曹從事　皇弟皇子荊雍郢三州從事史、江州議曹從事、南兗州文學從事　嗣王庶姓湘荊河司益廣青衡七州主簿　嗣王庶姓荊雍郢南兗四州西曹祭酒議曹從事　嗣王庶姓江州西曹從事、祭酒部傳從事、勸農謁者　汝陰巴陵二王國大農　郡公國郎中令

六班

皇弟皇子國典書令　嗣王國三軍　蕃王國侍郎　領護詹事五官功曹　皇弟皇子府參軍督護　嗣王府長兼參軍　庶姓公府長兼參軍　庶姓持節府板正參軍　皇弟皇子越桂寧霍四州主簿　皇弟皇子北徐北兗梁交南梁五州西曹祭酒議曹從事　嗣王庶姓北徐北兗梁交南梁五州主簿　嗣王庶姓湘荊河司益廣青衡七州西曹祭酒議曹從事　皇弟皇子荊河司益廣青五州文學從事、湘衡二州從事　嗣王庶姓荊霍郢三州從事史、江州議曹從事、南兗州文學從事　汝陰巴陵二王國中尉　皇弟皇子之庶子縣侯國郎中令　郡公國大農　縣公國郎中令

五班

皇弟皇子國三令　嗣王典書令　蕃王國三軍　皇弟皇子公府東曹督護　嗣王府庶姓公府參軍督護　皇弟皇子之庶子府長兼參軍　蕃王府長兼參軍　二衛正員司馬督　太子二率正員司馬督　領護主簿　詹事主簿　二衛功曹　太常五官功曹　石頭戍軍功曹　庶姓持節府行參軍　皇弟皇子越桂寧霍四州西曹祭酒議曹從事　皇弟皇子北徐北兗梁交南梁五州文學從事　嗣王庶姓越桂寧霍四州主簿　嗣王庶姓北徐北兗梁交南梁五州西曹祭酒議曹從事　嗣王庶姓荊河司益廣青五州文學從事、湘衡二州從事　汝陰巴陵二王國常侍　郡公國中尉　縣侯國郎中令　皇弟皇子府功曹督護

四班

嗣王國三令　蕃王國典書令　嗣王府功曹督護　庶姓公府東曹督護　蕃王府參軍督護　皇弟皇子之庶子府參軍督護　二衛員外司馬督　太子二率員外司馬督　二衛主簿　太常主簿　石頭戍軍主簿　宗正等十一卿五官功曹　庶姓持節府板行參軍　皇弟皇子越桂寧霍四州文學從事　嗣王庶姓越桂寧霍四州西曹祭酒議曹從事　嗣王庶姓北徐北兗梁交南梁五州文學從事　汝陰巴陵二王國侍郎　縣公國中尉

三班

蕃王國三令　皇弟皇子之庶子府蕃王府功曹督護　宗正等十一卿主簿

庶姓持節府長兼參軍　郡公國侍郎　嗣王庶姓越桂寧霍四州文學從事

二班

庶姓持節府參軍督護　汝陰巴陵二王國典書令　縣公國侍郎

一班

庶姓持節府功曹督護　汝陰巴陵二王國三令　郡公國典書令

三品蘊位

著作正令史　集書正令史　尚書度支三公正令史　函典書、殿中外監、齋監、東堂監、尚書都官左降正令史　諸州鎮監、石頭城監、瑯琊城監、東宮外監、殿中守舍人　齋監、東宮典經守舍人　上庫令　太社令　細作令　導官令　平水令　太官市署丞　正廚丞　酒庫丞　柒署丞　太樂庫丞　别局校丞　清商丞　太史丞　太醫二丞　中藥藏丞　東冶小庫等三丞　作堂金銀局丞　木局丞　北武庫丞　南武庫丞　東宮食官丞　上林丞　湖西塼屯丞　湖東塼屯丞　茭若庫丞　綾絹簟蓆丞　國子典學　材官司馬　宣揚等諸門候　東宮導客守舍人　運署謁者　都水左右二裝五城謁者　石城宣城陽新屯謁者　南康建安晋安伐船謁者　晋安練葛屯主

三品勳位

門下集書主通事正令史　中書正令史　尚書正令史　尚書監籍正令史　都正令史　殿中內監　題閤監　婚局監　東宮門下通事守舍人　東宮典書守舍人　東宮內監、殿中守舍人、題閤監　乘黄令　右藏令　籍田令　廩犧令　梅根諸冶令　典客館令　太官四丞　庫丞　大樂丞　東冶大庫丞　左尚方五丞　右尚方四丞　東宮衛庫丞　司農左右部倉丞　廷尉律博士　公府舍人　諸州别署監　山陰獄丞

其州二十三，並列其高下，選擬略視內職。郡守及丞爲十班，縣制七班，各擬內職。

又詔以將軍之名，高卑舛雜，命更加釐定，置百二十五號。內外通用。

二十四班：鎮衛、驃騎、車騎等將軍。

二十三班：四征東南西北，止施外。四中軍、衛、撫、權，止施內。

二十二班：八鎮東西南北，止施在外；左右前後，止施在內。

二十一班：八安東西南北，止施在外；前後左右，止施在內。

二十班：四平東西南北。四翊左右前後。以上三十五號爲一品，是爲重號將軍。

十九班：忠武　軍師

十八班：武臣　爪牙　龍騎　雲麾代舊前後左右四將軍。

十七班：鎮兵　翊師　宣惠　宣毅代舊四中郎。以上十號爲一品。

十六班：智威　仁威　勇威　信威　嚴威代舊征虜。

十五班：智武　仁武　勇武　信武　嚴武代舊冠軍。以上十號爲一品，所謂五德將軍。

十四班：代舊輔國。凡將軍加大者，唯至貞毅而已，通進一階。優者方得比加位從公。凡督府置長史、司馬、諮議諸曹，有録事、記室等十八曹。天監七年，更置中録事、中記室、中兵參軍各一人。輕車　征遠　鎮朔　武旅　貞毅

十三班：寧遠　明威　振遠　電輝　威輝代舊寧朔。以上十號爲一品。

十二班：武威　武騎　武猛　壯武　飈武

十一班：電威　馳鋭　追鋒　羽騎　突騎以上十號爲一品。

十班：折衝　冠武　和戎　安壘　猛烈

九班：掃狄　雄信　掃虜　武鋭　摧鋒以上十號爲一品。

八班：略遠　貞威　決勝　開遠　光野

七班：厲鋒　輕鋭　討狄　蕩虜　蕩夷以上十號爲一品。

六班：武毅　鐵騎　樓船　宣猛　樹功

五班：剋狄　平虜　討夷　平狄　威戎以上十號爲一品。

四班：伏波　雄戟　長劍　衝冠　雕騎

三班：佽飛　安夷　剋戎　綏狄　威虜以上十號爲一品。

二班：前鋒　武毅　開邊　招遠　金威

一班：綏虜　蕩寇　殄虜　横野　馳射以上十號爲一品。

右十品二十四班，以班多爲貴。

其不登二品應須軍號者，凡十四號，别爲八班。

八班：牙門舊建威。期門舊建武。

七班：候騎舊振威。雄渠舊振武。

六班：中堅舊奮威。典戎舊奮武。

五班：戈船舊揚威。繡衣舊揚武。

四班：執訊舊廣威。行陣舊廣武。

三班：鷹揚

二班：凌江

一班：偏將軍　裨將軍

又有百九號將軍，亦爲十品二十四班，施於外國。

二十四班：武安　鎮遠　雄義擬車騎。

二十三班：四撫東西南北，擬四征。

二十二班：四寧東西南北，擬四鎮。

二十一班：四威東西南北，擬四安。

二十班：四綏東西南北，擬四平。以上十九號爲一品。

十九班：安遠　安邊擬忠武、軍師。

十八班：輔義　安沙　衛海　撫河擬武臣等四號。

十七班：平遠　撫朔　寧沙　航海擬鎮兵等四號。以上十號爲一品。

十六班：翊海　朔野　拓遠　威河　龍幕擬智威等五號。

十五班：威隴　安漠　綏邊　寧寇　梯山擬智武等五號。以上十號爲一品。

十四班：寧境　綏河　明信　明義　威漠擬輕車等五號。

十三班：安隴　向義　宣節　振朔　候律擬寧遠等五號。以上十號爲一品。

十二班：平寇　定遠　凌海　寧隴　振漠擬武威等五號。

十一班：馳義　橫朔　明節　執信　懷德擬電威等五號。以上十號爲一品。

十班：撫邊　定隴　綏關　立信　奉義擬折衝等五號。

九班：綏隴　寧邊　定朔　立節　懷威擬掃狄等五號。以上十號爲一品。

八班：懷關　静朔　掃寇　寧河　安朔擬略遠等五號。

七班：揚化　超隴　執義　來化　度嶂擬厲鋒等五號。以上十號爲一品。

六班：平河　振隴　雄邊　橫沙　寧關擬武毅等五號。

五班：懷信　宣義　弘節　浮遼　鑿空擬剋狄等五號。以上十號爲一品。

四班：捍海　款塞　歸義　陵河　明信擬伏波等五號。

三班：奉忠　守義　弘信　仰化　立義擬佽飛等五號。以上十號爲一品。

二班：綏方　奉正　承化　浮海　度河擬先鋒等五號。

一班：懷義　奉信　歸誠　懷澤　伏義擬綏虜等五號。以上十號爲一品。

右內外官數未詳。天監初年，尚書刪定郎濟陽蔡法度定令爲九品。至七年革選，徐勉爲吏部尚書，又定爲十八班。班多者爲貴，同班者則以居下者爲劣。又置諸將軍之號爲二十四班，亦以班多者爲貴，而九品之制不廢。

《隋書》卷二六《百官志》　陳承梁，皆循其制官，而又置相國，位列丞相上。并丞相、太宰、太傅、太保、大司馬、大將軍，並以爲贈官。定令，尚書置五員，郎二十一員。其餘並遵梁制，爲十八班，而官有清濁。自十二班以上並詔授，表啓不稱姓。從十一班至九班，禮數復爲一等。又流外有七班，此是寒微士人爲之。從此班者，方得進登第一班。其親王起家則爲侍中。若加將軍，方得有佐史，無將軍則無府，止有國官。皇太子冢嫡者，起家封王，依諸王起家。餘子並封公，起家中書郎。諸王子并諸侯世子，起家給事。三公子起家員外散騎侍郎，令僕子起家祕書郎。若員滿，亦爲板法曹，雖高半階，望終祕書郎下。次令僕子起家著作佐郎，亦爲板行參軍。此外有揚州主簿、太學博士、王國侍郎、奉朝請、嗣王行參軍，並起家官，未合發詔。諸王公參佐等官，仍爲清濁。或有選司補用，亦有府牒即授者，不拘年限，去留隨意。在府之日，唯賓遊宴賞，時復修參，更無餘事。若隨府王在州，其僚佐等，或亦得預催督。若其驅使，便有職務。其衣冠子弟，多自修立，非氣類者，唯利是求，暴物亂政，皆此之類。國之政事，並由中書省。有中書舍人五人，領主事十人，書吏二百人。書吏不足，并取助書。分掌二十一局事，各當尚書諸曹，並爲上司，總國內機要，而尚書唯聽受而已。被委此官，多擅威勢。其庶姓爲州，若無將軍者，謂之單車。郡縣官之任代下，有迎新送故之法，餉饋皆百姓出，並以定令。其所制品秩，今列之云。

相國，丞相，太宰，太傅，太保，大司馬，大將軍，太尉，司徒，司空，開府儀同三司，已上秩萬石。巴陵王、汝陰王後，尚書令，已上秩中二千石。品並第一。

中書監，尚書左右僕射，特進，太子二傅，左右光祿大夫，已上中二千石。品並第二。

中書令，侍中，散騎常侍，領、護軍，中領、護軍，吏部尚書，列曹尚書，金紫光禄大夫，光禄大夫，已上並中二千石。左右衛將軍，御史中丞，已上二千石。太后衛尉、太僕、少府三卿，太常、宗正、太府、衛尉、司農、少府、廷尉、光禄、大匠、太僕、鴻臚、太舟等卿，太子詹事，國子祭酒，已上中二千石。揚州刺史，凡單車刺史，加督進一品，都督進二品。不論持節假節，揚州、徐州加督，進二品右光禄已下。加都督，第一品尚書令下。南徐、東揚州刺史，皇弟皇子封國王世子，品並第三。

通直散騎常侍，員外散騎常侍，黄門侍郎，已上二千石。祕書監，中二千石。左右驍騎、左右游擊等將軍，太子中庶子，已上二千石。太子左右衛率，二千石。朱衣直閤，雲騎、游騎將軍，中書侍郎，已上千石。尚書左右丞，尚書、吏部侍郎、郎中，已上六百石。尚書郎中與吏部郎同列，今品同。太子三卿，太中、中散大夫，司徒左右長史，已上千石。諸王師，依秩減之例。國子博士，千石。荊江南兗郢湘雍等州刺史，六州加督，進在第三品東揚州下。加都督，進在第二品右光禄下。嗣王、蕃王、郡公、縣公等世子，品並第四。

祕書丞，明堂、太廟、帝陵等令，已上六百石。散騎侍郎，前左右後軍將軍，左右中郎將，已上千石。大長秋，二千石。太子中舍人、庶子，六百石。豫益廣衡等州，青州領冀州，北兗北徐等州，梁州領南秦州，司南梁交越桂霍寧等十五州，加督，進在第四品雍州下。加都督，進在第三品南徐州下。不言秩。丹陽尹，中二千石。會稽太守，二千石。加督，進在第四品雍州下。加都督，進在第三品南徐州下。諸郡若督及都督，皆以此差次爲例。吴郡吴興二太守，二千石。侯世子，不言秩。皇弟皇子府諮議參軍，八百石。皇弟皇子府板諮議參軍，不言秩。皇弟皇子府長史，千石。皇弟皇子府板長史，不言秩。皇弟皇子府司馬，千石。皇弟皇子府板司馬，不言秩。皇弟皇子公府從事中郎，六百石。品並第五。

通直散騎侍郎，千石。著作郎，六百石。步兵、射聲、長水、越騎、屯騎五校尉，並千石。太子洗馬，六百石。太子步兵、翊軍、屯騎三校尉，並秩同臺校。司徒左西掾屬，並本秩四百石。依減秩例。皇弟皇子友，依減秩例。皇弟皇子公府屬，本秩四百石。依減秩例。五經博士，六百石。子男世子，不言秩。萬户以上郡太守、內史、相，嗣王府、皇弟皇子之庶子府諮議參軍，六百石。板者不言秩。嗣王府、皇弟皇子之庶子府長史、司馬，並八百石。嗣王府官減正王府一階。其板長史、司馬，並不言秩。庶姓公府諮議參軍，六百石。與嗣王府同。其板者並不言秩。庶姓公府長史、司馬，並八百石。其板者並不言秩。嗣王庶姓公府從事中郎，六百石。皇弟皇子府中録事參軍、板府中録事參軍，中記室參軍、板中記室參軍，中直兵參軍、板中直兵參軍，揚州別駕中從事，皇弟皇子南徐荊江南兗郢湘雍州別駕中從事，並不言秩。品並第六。

給事中，六百石。員外散騎侍郎，祕書著作佐郎，並四百石。依減秩例。奉車、駙馬都尉，武賁中郎將，羽林監，冗從僕射，已上並六百石。謁者僕射，千石。南臺治書侍御史，六百石。太子舍人，二百石。依減秩例。太子門大夫，六百石。太子旅賁中郎將、冗從僕射，並秩同臺將。司徒主簿，依減秩例。司徒祭酒，不言秩。領護軍長史、司馬，廷尉正、監、平，並六百石。皇弟皇子府録事記室中兵等參軍、板録事記室中兵等參軍、功曹史、主簿，公府祭酒，並不言秩。皇弟皇子文學，依減秩例。嗣王庶姓公府掾屬，並本秩四百石。依減秩例。太子二傅丞，並六百石。蕃王府諮議參軍，四百石。蕃王府板諮議參軍，不言秩。蕃王府長史、司馬，六百石。板者並不言秩。庶姓持節府諮議參軍，四百石。庶姓非公不持節將軍置長史，六百石。庶姓持節府板諮議參軍，不言秩。庶姓持節府長史、司馬，並六百石。板者皆不言秩。嗣王府、皇弟皇子之庶子、及庶姓公府中録事中記室中直兵參軍、及板中録事中記室中直兵參軍，並不言秩。不滿萬户太守、內史、相，二千石。丹陽會稽吴郡吴興及萬户郡丞，並六百石。建康令，千石。建康正、監、平，秩同廷尉。品並第七。

中書通事舍人，依減秩例。積射、強弩、武衛等將軍，公車令，太子左右積弩將軍，並六百石。奉朝請武騎常侍，依減秩例。太后三卿、十二卿、大長秋等丞，並六百石。左右衛司馬，不言秩。太子詹事丞，胄子律博士，並六百石。皇弟皇子府正參軍、板正參軍、行參軍、板行參軍，嗣王府、皇弟皇子之庶子府録事記室中兵參軍、板録事記室中兵參軍、功曹史、主簿，庶姓非公不持節諸將軍置主簿，庶姓公府録事記室中兵參軍、板録事記室中兵參軍、主簿，嗣王庶姓公府祭酒，蕃王府中録事記室直兵參軍、板中録事記室直兵參軍，庶姓持節府中録事記室直兵參軍、及板中録事記室直兵參軍，太子太傅、五官功曹史、主簿，少傅、五官功曹史、主簿，已上並不言秩。太學博士，六百石。國子助教，司樽郎，安蠻戎越校尉中郎將府等長史，六百石。蠻戎越等府佐無定品。自隨主軍號輕重。小府減大府一階。蠻戎越校尉中郎將等府板長史，不言秩。蠻戎越校尉中郎將等司馬，六百石。板者不言秩。庶姓南徐荊江南兖郢湘雍等州別駕中從事，不言秩。不滿萬户已下郡丞，六百石。五千户已上縣令、相，一千石。皇弟皇子國郎中令、大農、中尉，並六百石。品並第八。

左右二衛殿中將軍，不言秩。南臺侍御史，依秩減例。東宫通事舍人，不言秩。材官將軍，六百石。太子左右二衛率、殿中將軍及丞、嗣王府、皇弟皇子之庶子府正參軍、板正參軍、行參軍、板行參軍，庶姓公府正參軍、板正參軍，蕃王府録事記室中兵等參軍、板録事記室中兵等參軍、功曹史、主簿、正參軍、板正參軍、行參軍、板行參軍，庶姓持節府録事記室中兵等參軍、板録事記室中兵等參軍、功曹史、主簿，庶姓豫益廣衡青冀北兖北徐梁秦司南徐等州別駕中從事史，揚州主簿、西曹及祭酒、議曹二從事，南徐州主簿、西曹、祭酒議曹二從事，皇弟皇子諸州主簿、西曹，已上並不言秩。不滿五千户已下縣令、相，六百石。皇弟皇子國常侍、侍郎，不言秩。嗣王國郎中令、大農、中尉，並四百石。嗣王國常侍，不言秩。蕃王國郎中令、大農、殿中，並二百石。品並第九。

又有戎號擬官，自一品至于九品，凡二百三十七。鎮衛、驃騎、車騎等三號將軍，擬官品第一。比秩中二千石。四中、軍、撫、衛、權。四征、東南西北。八鎮東南西北，左右前後。等十六號將軍，擬官品第二。秩中二千石。八安、左前右後，東南西北。四翊、左前右後。四平東南西北。等十六號將軍，擬官品第三。秩中二千石。忠武、軍師、武臣、爪牙、龍騎、雲麾、冠軍、鎮兵、翊師、宣惠、宣毅等將軍，四中郎將，智、仁、勇、信、嚴等五威、五武將軍，合二十五號，擬官品第四。秩中二千石。輕車、鎮朔、武旅、貞毅、明威等將軍，將軍加大者至此。凡加大，通進一階。寧、安、征、振、宣等五遠將軍，寧蠻校尉，雍州小府、蠻越校尉中郎將，隨府主軍號輕重。若單作，則減刺史一階。若有將軍，減將軍一階。合十八號，擬官品第五。威雄、猛、烈、震、信、略、勝、風、力、光等十威，武猛、略、勝、力、毅、健、烈、威、鋭、勇等十武，猛毅、烈、威、震、鋭、進、智、勝、駿等十猛，壯武、勇、烈、猛、鋭、威、力、毅、志、意等十壯，驍雄、桀、猛、烈、武、勇、鋭、名、勝、迅等十驍，雄猛、威、明、烈、信、武、勇、毅、壯、健等十雄，忠勇、烈、猛、鋭、壯、毅、捍、信、義、勝等十忠，明智、略、遠、勇、烈、威、鋭、毅、勝、進等十明，光烈、明、英、遠、勝、鋭、命、勇、戎、野等十光，飆勇、烈、猛、鋭、奇、決、起、勝、略、出等十飆將軍，平越中郎，廣、梁、南秦、南梁、寧等州小府。西戎、平戎、鎮蠻三校尉等，擬官一百四號，品第六。並千石。龍驤、武視、雲旗、風烈、電威、雷音、馳鋭、追鋭、羽騎、突騎、折衝、冠武、和戎、安壘、超猛、英果、掃虜、掃狄、武鋭、摧鋒、開遠、略遠、貞威、決勝、清野、堅鋭、輕車、拔山、雲勇、振旅等將軍，擬官三十號，品第七。並六百石。超武、鐵騎、樓船、宣猛、樹功、克狄、平虜、稜威、戎昭、威戎、伏波、雄戟、長劍、衝冠、雕騎、佽飛、勇騎、破敵、克敵、威虜等將軍，鎮蠻護軍，西陽、南新蔡、晋熙、廬江郡小府、鎮蠻安遠護軍、度支校尉，隨府主號輕重。若單作，則減太守内史相一階。安遠護軍，度支校尉巴陵郡丞等，擬官二十三號，品第八。並六百石。若有將軍，減一前鋒、武毅、開邊、招遠、金威、破陣、蕩寇、殄虜、横野、馳射等將軍，擬官十號，品第九。並四百石。諸將起自第六品已下，板則無秩。其雖除不領兵，領兵不滿百人，并除此官而爲州郡縣者，皆依本條減秩石。二千石減爲千石，千石降爲六百石。自四百石降而無秩。其州郡縣，自各以本秩論。凡板將軍，皆降除一品。諸依此減降品秩。其應假給章印，各依舊差，不貶奪。

其封爵亦爲九等之差。郡王第一品。秩萬石。嗣王、蕃王、開國郡縣公，第二品。開國郡、縣侯，第三品。開國縣伯，第四品。並視中二千石。開國子，第五品。開國男，第六品。並視二千石。湯沐食侯，第七品。鄉、亭侯，第八品。並視千石。關中、關外侯，第九品。視六百石。

（唐）杜佑《通典》卷三八《職官・秩品》 陳官品：官品禄秩班次，多因梁制。【略】

右承梁制，而又置相國，位列丞相上，并及丞相、太宰、太傅、太保、大司馬、大將軍並以爲贈官。定令尚書置五員，郎二十一員。其餘並遵梁制，爲十八班。官數未詳。大抵其官唯論清濁，從濁得官微清，則勝於轉。自十二班以上，並詔授。表啓不稱姓。從十一班至九班，禮數復爲一等。又流外有七班，此是寒微士人爲之。從此班者，方得進登第一班。

（唐）杜佑《通典》卷一九《職官·官品》　後魏置九品，品各置從，凡十八品。自四品以下，每品分爲上下階，凡三十階。北齊並因之。後周制九命，每命分爲二，以正爲上，凡十八命。

《魏書》卷一一〇《食貨志》　太和八年，始準古班百官之禄，以品第各有差。先是，天下户以九品混通，户調帛二匹、絮二斤、絲一斤、粟二十石；又入帛一匹二丈，委之州庫，以供調外之費。至是，户增帛三匹，粟二石九斗，以爲官司之禄。後增調外帛滿二匹。所調各隨其土所出。其司、冀、雍、華、定、相、泰、洛、豫、懷、兗、陝、徐、青、齊、濟、南豫、東兗、東徐十九州，貢綿絹及絲；幽、平、并、肆、岐、涇、荊、涼、梁、汾、秦、安、營、豳、夏、光、郢、東秦，司州萬年、雁門、上谷、靈丘、廣寧、平涼郡，懷州邵上郡之長平、白水縣，青州北海郡之膠東縣，平昌郡之東武平昌縣，高密郡之昌安高密夷安黔陬縣，泰州河東之蒲坂、汾陰縣，東徐州東莞郡之莒、諸、東莞縣，雍州馮翊郡之蓮芍縣，咸陽郡之寧夷縣，北地郡之三原雲陽銅官宜君縣，華州華山郡之夏陽縣，徐州北濟陰郡之離狐豐縣，東海郡之贛榆襄賁縣，皆以麻布充税。【略】

諸宰民之官，各隨地給公田，刺史十五頃，太守十頃，治中別駕各八頃，縣令、郡丞六頃。更代相付。賣者坐如律。

《魏書》卷一一三《官氏志》　天興元年十一月，詔吏部郎鄧淵典官制，立爵品。【略】

天賜元年八月，初置六謁官，準古六卿，其秩五品。屬官有大夫，秩六品。大夫屬官有元士，秩七品。元士屬官有署令長，秩八品。令長屬官有署丞，秩九品。

九月，減五等之爵，始分爲四，曰王、公、侯、子，除伯、男二號。皇子及異姓元功上勳者封王，宗室及始蕃王皆降爲公，諸公降爲侯，侯、子亦以此爲差。於是封王者十人，公者二十二人，侯者七十九人，子者一百三人。王封大郡，公封小郡，侯封大縣，子封小縣。王第一品，公第二品，侯第三品，子第四品。又制散官五等：五品散官比三都尉，六品散官比議郎，七品散官比太中、中散、諫議三大夫，八品散官比郎中，九品散官比舍人。文官五品已下，才能秀異者總比之造士，亦有五等。武官五品已下堪任將帥者，亦有五等。若百官有闕者，則於中擢以補之。【略】

延興二年五月，詔曰：非功無以受爵，非能無以受禄，凡出外遷者皆引此奏聞，求乞假品。在職有效，聽下附正，若無殊稱，隨而削之。舊制諸鎮將、刺史假五等爵，及有所貢獻而得假爵者，皆不得世襲。【略】

自太祖至高祖初，其内外百官屢有減置，或事出當時，不爲常目，如萬騎、飛鴻、常忠、直意將軍之徒是也。舊令亡失，無所依據。太和中高祖詔羣僚議定百官，著於令，今列於左，勳品、流外位卑而不載矣。【略】

太和十八年十二月，降車、驃將軍，侍中，黄門秩，依魏晉舊事。

十九年八月，初置直齋、御仗左右武官。

二十三年，高祖復次職令，及帝崩，世宗初班行之，以爲永制。

太師　太傅　太保

右三師上公

王

大司馬　大將軍

右二大

太尉　司徒　司空

開國郡公

右第一品

儀同三司　開國縣公　都督中外諸軍事　諸開府　散公

右從第一品

太子太師　太子太傅　太子太保　特進　尚書令　驃騎將軍　車騎將軍二將軍加大者，位在都督中外之下。衛將軍加大者，位在太子太師之上。　四征將軍加大者，位次衛大將軍。　諸將軍加大者　左右光禄大夫

開國縣侯

右第二品

尚書僕射若並置左右，則左居其上，右居其下。中書監　司州牧　四鎮將軍加大者，次衛將軍。

中軍將軍　鎮軍將軍　撫軍將軍

右三將軍

金紫光禄大夫　散侯

右從第二品

吏部尚書　四安將軍　中領軍　中護軍二軍加將軍，則去中，位次撫軍。

太常　光禄　衛尉

右三卿

太子少師　太子少傅　太子少保　中書令　太子詹事　侍中　列曹尚書　四平將軍

太僕　廷尉　大鴻臚　宗正　大司農　太府

右六卿

河南尹　上州刺史　祕書監　諸王師　左右衛將軍　前、左、右、後將軍

光禄大夫銀青者。　開國縣伯

右第三品

散騎常侍　四方郎將　護匈奴、羌、戎、夷、蠻、越中郎將

國子祭酒　御史中尉　大長秋卿　將作大匠　征虜將軍　二大、二公長史若司徒置二長史，左在散騎常侍下，右在中庶子下。　太子左右衛率　武衛將軍　冠軍將軍　護羌、戎、夷、蠻、越校尉　太中大夫　輔國將軍　中州刺史　龍驤將軍　散伯

右從第三品

二大、二公司馬

太常　光禄　衛尉

右三少卿

尚書吏部郎中　給事黄門侍郎　太子中庶子　司空、皇子長史

太僕　廷尉　大鴻臚　宗正　大司農　太府

右六少卿

中常侍　中尹　城門校尉　司空、皇子司馬　從第一品將軍

開府長史　驍騎將軍　游擊將軍

以前上階

鎮遠將軍　安遠將軍　平遠將軍　建義將軍　建忠將軍　建節將軍

立義將軍　立忠將軍　立節將軍　恢武將軍　勇武將軍　曜武將軍　昭武將軍　顯武將軍　從第一品將軍開府司馬　通直散騎常侍　司徒諮議參軍事　中散大夫　下州刺史　上郡太守、内史、相　開國縣子

右第四品

中堅將軍　中壘將軍　尚書左丞　二大、二公諮議參軍事　司州别駕從事史　第二品將軍、始蕃王長史　太子家令　太子率更令　太子僕　中書侍郎　太子庶子　第二品將軍、始蕃王司馬　前、左、右、後軍將軍

以前上階

寧朔將軍　建威將軍　振威將軍　奮威將軍　揚威將軍　廣威將軍

諫議大夫　尚書右丞　司空、皇子諮議參軍事　司州治中從事史　左、右中郎將　建武將軍　振武將軍　奮武將軍　揚武將軍　廣武將軍　從第一品將軍開府諮議參軍事　散子

右從第四品

寧遠將軍　鷹揚將軍　折衝將軍　揚烈將軍　從第二品將軍、二蕃王長史二大、二公從事中郎　祕書丞　皇子友　國子博士　散騎侍郎　太子中舍人　員外散騎常侍　從第二品將軍、二蕃王司馬

以前上階

射聲校尉　越騎校尉　屯騎校尉　步軍校尉　長水校尉　司空、皇子之開府從事中郎　第二品將軍、始蕃王諮議參軍事　開府從事中郎　中郡太守、内史、相　開國縣男

右第五品

伏波將軍　陵江將軍　平漢將軍　第三品將軍、三蕃王長史　二大、二公掾屬　著作郎　通直散騎侍郎　太子洗馬　從第二品將軍、二蕃王諮議參軍事　第三品將軍、三蕃王司馬　奉車都尉

以前上階

太子屯騎校尉　太子步兵校尉　太子翌軍校尉　都水使者　司空、皇子之開府掾屬　領、護長史、司馬　歸義侯　率義侯　順義侯　朝服侯

輕車將軍　威遠將軍　開府掾屬　虎威將軍　洛陽令　中給事中　散男

右從第五品

宣威將軍　明威將軍　從第三品將軍長史　二大、二公主簿　二大、二公録事　皇子郎中令　司空主簿　司空、皇子録事參軍事　從第三品將

軍司馬　第三品將軍、三蕃王諮議參軍事　二大、二公功曹、記室、户曹、倉曹、中兵參軍事　皇子文學　治書侍御史　謁者僕射　從第一品將軍開府録事參軍　司空、皇子功曹、記室、户曹、倉曹、中兵參軍事　皇子功曹史

以前上階

河南郡丞　虎賁中郎將　羽林監　冗從僕射　駙馬都尉　廷尉正、監、評　尚書郎中　中書舍人　從第一品將軍開府功曹、記室、倉曹、户曹、中兵參軍事，功曹史　下郡太守、內史、相　上縣令、相

右第六品

襄威將軍　厲威將軍　第二品將軍、始蕃王録事參軍　二大、二公列曹參軍事　給事中　太子門大夫　皇子大農　騎都尉　符璽郎

以前上階

從第二品將軍、二蕃王録事參軍　皇子主簿　司空、皇子列曹參軍事　第二品將軍、始蕃王功曹、記室、户曹、倉曹、中兵參軍事，功曹史　從第一品將軍開府主簿、列曹參軍事　從第二品將軍、二蕃王功曹、記室、户曹、倉曹、中兵參軍事，功曹史　太子舍人　三卿丞

右從第六品

威烈將軍　威寇將軍　威虜將軍　威戎將軍　威武將軍　四品正從將軍長史司馬　二大、二公祭酒　第三品將軍三蕃王録事參軍　司空皇子之開府祭酒　武烈將軍　武毅將軍　武奮將軍　王、公國郎中令　積弩將軍　積射將軍　員外散騎侍郎　皇子中尉　二大、二公參軍事　二大、二公列曹行參軍　開府祭酒

以前上階

司空、皇子參軍事　司空、皇子列曹行參軍　從第三品將軍録事參軍　第二品將軍、始蕃王主簿、列曹參軍事　從第一品將軍開府列曹行參軍　第三品將軍、三蕃王功曹、記室、户曹、倉曹、中兵參軍，功曹史　從第二品將軍、二蕃王主簿、列曹參軍事　二衛司馬　討寇將軍　討虜將軍　討難將軍　討夷將軍　從第三品將軍功曹、户曹、倉曹、中兵參軍事　詹事丞　列卿丞　祕書郎中　著作佐郎中縣令、相

右第七品

盪寇將軍　盪虜將軍　盪難將軍　盪逆將軍　五品正從將軍長史、司馬　強弩將軍　二大、二公行參軍　司空、皇子行參軍　第二品將軍、始蕃王列曹行參軍　第三品將軍、三蕃王主簿、列曹參軍事　第一品將軍開府行參軍　王、公國大農

以前上階

太學博士　皇子常侍　太常博士　從第二品將軍、二蕃王參軍事　從第二品將軍、二蕃王列曹行參軍　從第三品將軍主簿、列曹參軍事　四品正從將軍録事、功曹、户曹、倉曹、中兵參軍事　司州主簿　奉朝請　國子助教

右從第七品

殄寇將軍　殄虜將軍　殄難將軍　殄夷將軍　第二品將軍、始蕃王行參軍　第三品將軍、三蕃王參軍事　第三品將軍、三蕃王列曹行參軍　四品正從將軍主簿、列曹參軍事　侯、伯國郎中令　司州西曹書佐　殿中將軍　皇子侍郎　大長秋丞

以前上階

侍御史　協律郎　辨章郎　從第二品將軍、二蕃王行參軍　從第三品將軍參軍事　從第三品將軍列曹行參軍　五品正從將軍録事、功曹、户曹、倉曹、中兵參軍事　王、公國中尉　司州祭酒從事　下縣令、相

右第八品

掃寇將軍　掃虜將軍　掃難將軍　掃逆將軍　司州議曹從事史　二大、二公長兼行參軍　公車令　符節令　諸署令千石已上者。　中黄門令　門下録事　尚書都令史　主書令史　殿中侍御史　中謁者僕射　中黄門冗從僕射

以前上階

宮門僕射　侯、伯國大農　司空、皇子長兼行參軍　二大、二公長兼行參軍　皇子上、中、下將軍　皇子中大夫　二率丞　四品正從將軍列曹行參軍　王、公國常侍　厲武將軍　厲鋒將軍　虎牙將軍　虎奮將軍　五品正從將軍主簿、列曹行參軍　司州文學　從第一品將軍、開府長兼行參軍　員外將軍

右從第八品

曠野將軍　橫野將軍　子、男國郎中令　太祝令　諸署令六百石已上者　中黃門　公主家令　皇子典書令　四門小學博士　律博士　校書郎　二大、二公參軍督護　檢校御史

以前上階

王、公國侍郎　侯、伯國中尉　謁者　太子三卿丞　五品正從將軍列曹行參軍　司空、皇子參軍督護　第二品將軍、始蕃王長兼行參軍　從第一品將軍、開府參軍督護　殿中司馬督

右第九品

偏將軍　裨將軍　太子厩長　監淮海津都尉　諸局都尉　皇子典祠令　皇子學官令　皇子典衛令　王公國上中下將軍　王公國中大夫　諸署令不滿六百石者

以前上階

第二品將軍、始蕃王參軍督護　從第二品將軍、二蕃王長兼行參軍　太常、光禄、衛尉、領、護詹事功曹、五官　治禮郎　子、男國大農　小黃門　員外司馬督

右從第九品

前世職次皆無從品，魏氏始置之，亦一代之別制也。【略】

〔永平〕四年七月，詔改宗子羽林爲宗士，其本秩付尚書計其資集，叙從七已下、從八已上官。【略】

永安二年，各詔復置司直十人，視五品，隸廷尉，覆治御史檢劾事。

普泰初，以尒朱世隆爲儀同三師，位次上公。又侍中、黃門、武衛將軍，並增置六人。

（唐）杜佑《通典》卷一九《職官·禄秩》　後魏其禄每季一請。諸宰人之官，各隨近給公田，刺史十五頃，太守十頃，治中、別駕各八頃，縣令、郡丞六頃，更代相付。

（唐）杜佑《通典》卷三五《職官·俸禄·禄秩》　後魏初，無禄秩者。至孝文太和八年，始班俸禄，罷諸商人，以簡民事。户增調三疋、穀二斛九斗，以爲官司之禄，均預調爲二疋之賦。禄行之後，贓滿一疋者死。其禄每季一請，於是百官受禄有差。至十年，議定民官依户給俸。本史又曰：初邊方小郡太守數户而已，一請止六尺絹，歲不滿疋。

（唐）杜佑《通典》卷三八《職官·秩品》　後魏百官：後魏官，初有九品及有從品。每一品之中，又有上中下三等之差。至孝文太和二十三年，改次職令，除其中等，而有上下二等，以爲永制。其今所列者是也。

第一品

太師　太傅　太保　王爵　大司馬　大將軍　太尉　司徒　司空　開國郡公爵

從一品

儀同三司　開國縣公爵　都督中外諸軍事　諸開府　散公爵

第二品

太子太師、太傅、太保　特進　尚書令　驃騎、車騎將軍二將軍加大者，位在都督中外之下。衛將軍加大者，位在太子太師上。四征將軍加大者，位次衛大將軍。　諸將軍加大者　左右光禄大夫　開國縣侯爵

從二品

尚書僕射若並置者則左居上。　中書監　司州牧　四鎮將軍加大者，次衛將軍。　中軍、鎮軍、撫軍將軍三將軍加大者，四鎮同之。　金紫光禄大夫　散侯爵

第三品

吏部尚書　四安將軍　中領軍、中護軍二軍加將軍，則去中，位次撫軍。　太常　光禄勳　衛尉　太子少師、少傅、少保　中書令　太子詹事　侍中　諸曹尚書　四平將軍　太僕　廷尉　大鴻臚　宗正　大司農　太府　河南尹　上州刺史　祕書監　諸王師　銀青光禄大夫　前左右後將軍　左右衛將軍　開國縣伯爵

從三品

散騎常侍　四方中郎將　護匈奴羌戎夷蠻越中郎將　國子祭酒　御史中尉　大長秋卿　將作大匠　征虜將軍　二大二公長史　太子左右衛率　武衛將軍　冠軍將軍　護羌戎夷蠻越校尉　太中大夫　輔國將軍　中州刺史　龍驤將軍　散伯爵

第四品

二大二公司馬　太常、光禄、衛尉三少卿　尚書吏部郎中　給事黃門侍郎　太子中庶子　司空、皇子長史　太僕、廷尉、大鴻臚、宗正、大司

農、太府六少卿　中常侍　中尹　城門校尉　驍騎、游擊將軍　從一品將軍開府長史　司空、皇子司馬

以前上階

鎮遠、安遠、平遠、建義、建忠、建節、立義、立忠、立節、恢武、勇武、曜武、昭武等將軍　從第一品將軍開府司馬　通直散騎常侍　司從諮議參軍　中散大夫　下州刺史　上郡太守、内史、相　開國縣子爵

從四品

中堅、中壘將軍　尚書左丞　二大二公諮議參軍　司州別駕從事史　第二品將軍始蕃王長史　太子家令、率更令、僕　中書侍郎　太子庶子　第二品將軍始蕃王司馬　前左右後軍將軍

以前上階

寧朔、建威、振威、奮威、揚威、廣威等將軍　諫議大夫　尚書右丞　司空、皇子諮議參軍事　司州治中從事史　左右中郎將　建武、振武、奮武、揚武、廣武將軍　從一品將軍開府諮議參軍事　散子爵

第五品

寧遠、鷹揚、折衝、揚烈等將軍　從二品將軍二蕃王長史　二大二公從事中郎　祕書丞　皇子友　國子博士　散騎侍郎　太子中舍人　員外散騎常侍　從二品將軍二蕃王司馬

以前上階

射聲、越騎、屯騎、步兵、長水等校尉　司空、皇子之開府從事中郎　第二品將軍始蕃王諮議參軍　開府從事中郎　中郡太守、内史、相　開國縣男爵

從五品

伏波、凌江、平漢將軍　第三品將軍三蕃王長史　二大二公掾屬　著作郎　通直散騎侍郎　太子洗馬　從二品將軍二蕃王諮議參軍事　第三品將軍三蕃王司馬　奉車都尉

以前上階

太子屯騎、步兵、翊軍校尉　都水使者　司空、皇子之開府掾屬　領護長史、司馬　歸義、率義、順義、朝服侯　輕車、威遠、虎威等將軍　開府掾屬　洛陽令　中給事中散男爵

第六品

宣威、明威將軍　從三品將軍長史　二大二公主簿及録事參軍事　皇子郎中令　司空主簿　司空、皇子録事參軍事　從三品將軍司馬　三品將軍三蕃王諮議參軍事　二大二公功曹、記室、户曹、倉曹、中兵參軍事　皇子文學　治書侍御史　謁者僕射　從一品將軍開府録事參軍　司空皇子功曹、記室、户曹、倉曹、中兵參軍事　皇子功曹史

以前上階

河南郡丞　虎賁中郎將　羽林監　冗從僕射　駙馬都尉　廷尉正、監、評　尚書諸曹郎中　中書舍人　從一品將軍府功曹、記室、户曹、倉曹、中兵參軍事，功曹史　下郡太守、内史、相　上縣令、相

從六品

襄威將軍　厲威將軍　第二品將軍始蕃王録事參軍事　二大二公諸曹行參軍事　給事中　太子門大夫　皇子大農　騎都尉　符璽郎

以前上階

從二品將軍二蕃王録事參軍事　皇子主簿　司空、皇子諸曹行參軍事　第二品將軍始蕃王功曹、記室、户曹、倉曹、中兵參軍事，功曹史　正一品將軍開府主簿、諸曹參軍事　從二品將軍二蕃王功曹、記室、户曹、倉曹、中兵參軍事，功曹史　太子舍人　太常、光禄勳、衛尉丞

第七品

威烈、威寇、威虜、威戎、威武將軍　四品正從將軍長史、司馬　二大二公祭酒　三品將軍三蕃王録事參軍　司空、皇子之開府祭酒　王公國郎中令　武烈、武毅、武奮將軍　積弩、積射將軍　員外散騎侍郎　皇子中尉　二大二公參軍事及諸曹行參軍　開府祭酒　司空、皇子參軍事及諸曹行參軍

以前上階

從三品將軍録事參軍事　二品將軍始蕃王主簿、諸曹行參軍事　從一品將軍開府諸曹行參軍事　三品將軍三蕃王功曹、記室、户曹、倉曹、中兵參軍，功曹史　二品將軍二蕃王主簿、諸曹行參軍事　二衛司馬　討寇、討虜、討難、討夷將軍　從三品將軍功曹、户曹、倉曹、中兵參軍　詹事丞　六卿丞　祕書郎中　著作佐郎　中縣令、相

從七品

蕩寇、蕩虜、蕩難、蕩逆將軍　五品正從將軍長史、司馬　強弩將軍　二大二公行參軍　司空、皇子行參軍　二品將軍始蕃王諸曹行參軍事　二品將軍三蕃王主簿及諸曹行參軍　三品將軍二蕃王主簿、列曹參軍　從一品將軍開府行參軍　王公國大農

以前上階

太學博士　皇子常侍　太常博士　武騎常侍　從二品將軍二蕃王行參軍事及諸曹行參軍事　從三品將軍主簿及諸曹行參軍事　四品正從將軍録事、功曹、倉曹、中兵參軍事　司州主簿　奉朝請　國子助教

第八品

殄寇、殄虜、殄難、殄夷將軍　二品將軍始蕃王行參軍事　三品將軍三蕃王行參軍事及諸曹行參軍事　四品正從將軍主簿及諸曹行參軍事　侯伯國郎中令　司州西曹書佐　殿内將軍　皇子侍郎　大長秋丞

以前上階

侍御史　協律郎　辨章郎　從二品將軍二蕃王行參軍　從三品將軍行參軍事及諸曹行參軍事　五品正從將軍録事、功曹、户曹、倉曹、中兵參軍　王公國中尉　司州祭酒從事史　下縣令、相

從八品

掃寇、掃虜、掃難、掃逆將軍　司州議曹從事史　二大二公長兼行參軍　公車令　符節令　諸署令千石以上者　中黄門令　門下録事　尚書都令史　主書令史　殿中侍御史　中謁者僕射　中黄門冗從僕射

以前上階

宮門僕射　侯伯國大農　司空、皇子長兼行參軍　二大二公長兼行參軍　皇子上中下將軍　皇子中大夫、二率丞　四品正從將軍諸曹行參軍事　王公國常侍　厲武、厲鋒、虎牙、虎賁將軍　五品正從將軍主簿、諸曹行參軍　司州文學　從一品將軍開府長兼行參軍　員外將軍

第九品

曠野、横野將軍　子男國郎中令　太祝令　諸署令六百石以上者　中黄門　公主家令　皇子典書令　四門小學博士　律博士　校書郎　二大二公參軍督護　都水參軍　檢校御史

以前上階

王公國侍郎　侯伯國中尉　謁者　太子三卿丞　五品正從將軍列曹行參軍　司空、皇子參軍督護　二品將軍始蕃王長兼行參軍　從一品將軍開府參軍督護　殿内司馬督

從九品

偏、裨將軍　太子廄長　監淮海津都尉　諸局都尉　皇子典祠、學官令　皇子典衛令　王公國上、中、下將軍　王公國中大夫　諸署令不滿六百石者

以前上階

二品將軍始蕃王參軍督護　從二品將軍二蕃王長兼行參軍　太常光禄衛尉領護詹事功曹、五官、治禮郎　子男國大農　小黄門　員外司馬督

右内外文武官七千七百六十四人，二千三百七十一人内，五千三百九十三人外，州刺史、郡太守、縣令長等。内文學學生三千人，都計内外官及學生一萬七百六十四人。其京城諸司令史及諸色職掌人及外州郡縣屬官并諸色職掌人等並未詳，命數亦未詳。按魏氏之初，法制簡略，設官分職，多因事宜，罕依故實，誠非經遠。既列九品，每品又分爲上中下三等。至孝文帝太和十八年定令，方有倫序。今所録者，以此爲正焉。又按前代職次，皆無從品，魏氏始有之。自四品以下，正從又分爲上下階，亦一代之別制也。

（清）趙翼《陔餘叢考》卷一六《元魏百官無俸》　北魏之制，百官皆無禄，高允在世祖時猶令諸子樵採以自給，至孝文帝始班俸禄，户增調三匹、穀二斛九升，以爲官司之禄。以十月爲首，每季一請。又《于忠傳》高祖以國用不足，百官之禄，四分減一。至忠得政，始復之。是制禄後又有減削也。北齊《文宣紀》自魏孝莊後，百官絶禄。文宣即位，始復給焉。則于忠復額俸之後，孝莊時又停，直至齊文宣再給也。

《隋書》卷二七《百官志》　官一品，每歲禄八百匹，二百匹爲一秩。從一品，七百匹，一百七十五匹爲一秩。

二品，六百匹，一百五十匹爲一秩。從二品，五百匹，一百二十五匹爲一秩。

三品，四百匹，一百匹爲一秩。從三品，三百匹，七十五匹爲一秩。

四品，二百四十匹，六十匹爲一秩。從四品，二百匹，五十匹爲一秩。

五品，一百六十匹，四十匹爲一秩。從五品，一百二十匹，三十匹爲一秩。

六品，一百匹，二十五匹爲一秩。從六品，八十匹，二十匹爲一秩。七品，六十匹，十五匹爲一秩。從七品，四十匹，十匹爲一秩。八品，三十六匹，九匹爲一秩。從八品，三十二匹，八匹爲一秩。九品，二十八匹，七匹爲一秩。從九品，二十四匹，六匹爲一秩。禄率一分以帛，一分以粟，一分以錢。事繁者優一秩，平者守本秩，閑者降一秩。長兼、試守者，亦降一秩。官非執事、不朝拜者，皆不給禄。又自一品已下，至於流外勳品，各給事力。一品至三十人，下至於流外勳品，或以五人爲等，或以四人、三人、二人、一人爲等。繁者加一等，平者守本力，閑者降一等焉。

州、郡、縣制禄之法，刺史、守、令下車，各前取一時之秩。

上上州刺史，歲秩八百匹，與司州牧同。上中、上下各以五十匹爲差。中上降上下一百匹，中中及中下，亦以五十匹爲差。下上降中下一百匹，下中、下下，亦各以五十匹爲差。

上郡太守，歲秩五百匹，降清都尹五十匹。上中、上下各以五十匹爲差。中上降上下四十匹，中中及中下，各以三十匹爲差。下上降中下四十匹，下中、下下各以二十匹爲差。

上上縣，歲秩一百五十匹，與鄴、臨漳、成安三縣同。上中、上下各以十匹爲差。中上降上下三十匹，中中及中下，各以五匹爲差。下上降中下二十匹，下中、下下各以十匹爲差。

州自長史已下，逮于史吏，郡縣自丞已下，逮于掾佐，亦皆以帛爲秩。郡有尉者，尉減丞之半。皆以其所出常調課之。其鎮將，戍主，軍主，副，幢主，副，逮于掾史，亦各有差矣。

諸州刺史、守、令已下，幹及力，皆聽敕乃給。其幹出所部之人。一幹輸絹十八匹，幹身放之。力則以其州、郡、縣白直充。

三師、王、二大、大司馬、大將軍。三公，爲第一品。

開府儀同三司、開國郡公，爲從一品。

儀同三司，太子三師，特進，尚書令，驃騎、車騎將軍，二將軍加大者，在開國郡公下。衛將軍，加大者，在太子太師上。四征將軍，加大者，次衛大將軍。左右光禄大夫，散郡公，開國縣公，爲第二品。

尚書僕射，置二，左居右上。中書監，四鎮，加大者，次四征。中、鎮、撫軍將軍，三將軍，武職罷任者爲之。領軍、加大者，在尚書令下。護軍、翊軍將軍，金紫光禄大夫，散縣公，開國縣侯，爲從二品。

吏部尚書，四安將軍，中領、護，太常、光禄、衛尉卿，太子三少，中書令，太子詹事，侍中，列曹尚書，四平將軍，大宗正、太僕、大理、鴻臚、司農、太府卿，清都尹，三等上州刺史，左右衛將軍，祕書監，銀青光禄大夫，散縣侯，開國縣伯，爲第三品。

散騎常侍，三等中州刺史，司徒左長史，四方中郎將，四護匈奴、羌、戎、夷、蠻越。中郎將，國子祭酒，御史中丞，中侍中，長秋卿，將作大匠，冠軍將軍，太尉長史，領左右將軍，武衛將軍，太子左右衛率，輔國將軍，四護校尉，太中大夫，龍驤將軍，三等上郡太守，散縣伯，爲從第三品。

鎮遠、安遠將軍，太常、光禄、衛尉少卿，尚書，吏部郎中，給事黄門侍郎，太子中庶子，司徒右長史，司空長史，大宗正、太僕、大理、鴻臚、司農、太府少卿，三公府司馬，中常侍，中尹，城門校尉，武騎、雲騎、驍騎，遊擊將軍，已前上階。建忠、建節將軍，通直散騎常侍，諸開府長史，中大夫，三等下州刺史，三等鎮將，諸開府司馬，開國縣子，爲第四品。

中堅、中壘將軍，尚書左丞，三公府諮議參軍事，司州別駕從事史，三等上州長史，太子三卿，前、左、右、後軍將軍，中書侍郎，太子庶子，三等中郡太守，左右備身、刀劍備身、備身、衛仗、直盪等正都督，三等上州司馬，已前上階。振威、奮武將軍，諫議大夫，尚書右丞，諸開府諮議參軍，司州治中從事史，左右中郎將，步兵、越騎、射聲、屯騎、長水校尉，朱衣直閤，直閤將軍，太子騎官備身、内直備身等正都督，三等鎮副將，散縣子，爲從第四品。

廣德、弘義將軍，太子備身、直人、直衛等正都督，領左右，三等中州長史，三公府從事中郎，祕書丞，皇子友，國子博士，散騎侍郎，太子中舍人，員外散騎常侍，三等中州司馬，已前上階。折衝、制勝將軍，主衣都統，尚食、尚藥二典御，太子旅騎、屯衛、典軍校尉，領護府長史司馬，諸開府從事中郎，開國縣男，爲第五品。

伏波、陵江將軍，三等下州長史，三公府掾屬，著作郎，通直散騎侍郎，太子洗馬，左右備身、刀劍備身、御仗、直盪等副都督，左右直長，中尚食、中尚藥典御，三等下州司馬，已前上階。輕車、樓船將軍，駙馬都尉，翊衛正都督，直寢，直齋，奉車都尉，都水使者，諸開府掾屬，崇聖、歸義、歸正、歸命、歸德侯，清都郡丞，治書侍御史，鄴、臨漳、成安三縣令，中給事中，三等下郡太守，大理司直，太子直閤、二衛隊主，太子騎官、内直備身副都督，開國鄉男，散縣男，爲從第五品。

勁武、昭勇將軍，尚書諸曹郎中，中書舍人，三公府主簿，三等上州別駕從事史，四中府三等鎮守長史，三公府録事參軍事，皇子郎中令，三公府功曹、記室、户、倉、中兵參軍事，皇子文學，謁者僕射，已前上階。明威、顯信將軍，太子備身副都督，四中府司馬，武賁中郎將，羽林監，冗從僕射，直入副都督，千牛備身，大理正、監、評，侍御師諸開府録事、功曹、記室、倉、中兵等曹參軍事，三等上州録事參軍事，治中從事史，三等上郡丞，三等上縣令，太子内直監，平準署令，爲第六品。

度遼、横海將軍，直突都督，三等中州別駕從事史，三公府列曹參軍事，給事中，太子門大夫，三等上州功、倉、中兵等參軍事，皇子大農，騎都尉，直後，符璽郎中，三等中州録事參軍事，已前上階。踰岷、越嶂將軍，直衛副都督，三等中州從事史，諸開府主簿、列曹參軍事，三等中州功、倉、中兵等參軍事，太子舍人，三寺丞，太子直前，太子副直監，太子諸隊主，爲從第六品。

戎昭、武毅將軍，勳武前鋒正都督，三公府東西閤祭酒，三等下州別駕從事史，三等上州府主簿、列曹參軍事，三等下州録事參軍事，四中府録事參軍事，王公國郎中令，積弩、積射將軍，員外散騎侍郎，皇子中尉，三公府參軍事、列曹行參軍，已前上階。雄烈、恢猛將軍，翊衛副都督，諸開府東西閤祭酒參軍事，列曹行參軍，三等下州功、倉、中兵參軍事，四中府功、倉、中兵參軍事，三等中州府主簿、列曹參軍事，二衛府司馬，詹事府丞，左右備身五職，三等鎮録事參軍事，六寺丞，祕書郎中，著作佐郎，太子侍醫，太子騎尉，太子騎官備身五職，三等中郡丞，三等中縣令，爲第七品。

揚麾、曜鋒將軍，勳武前鋒副都督，強弩將軍，三公府行參軍，三等上州參軍事，列曹行參軍，三等下州府主簿、列曹參軍事，四中府列曹參軍事，王公國大農，長秋、將作寺丞，太子二率坊司馬，三等鎮倉、中兵參軍事，已前上階。蕩邊、開域將軍，勳武前鋒散都督，太學博士，皇子常侍，太常博士，武騎常侍，左右備身，刀劍備身五職，都將、别、統、軍主、幢主。三等中州參軍事、列曹行參軍，諸開府行參軍，奉朝請，國子助教，公車、京邑二市署令，三等鎮列曹參軍事，三縣丞，侍御史，尚食、尚藥丞，齋帥，中尚食、中尚藥丞，太子直後、二衛隊副，前鋒正都督，太子騎官備身，太子内直備身五職，已見前。諸戍主、軍主，爲從第七品。

静漠、綏戎將軍，協律郎，三等上州行參軍，三等下州參軍事、列曹參軍事，四中府列曹行參軍，侯、伯國郎中令，殿中將軍，皇子侍郎，已前上階。平越、殄夷將軍，刀劍備身五職，已見前。前鋒副都督，太子内直備身，主書，殿中侍御史，太子典膳、藥藏丞，太子齋帥，三等中州行參軍，王、公國中尉，三等鎮鎧曹行參軍，三等下郡丞，三等下縣令，爲第八品。

飛騎、隼擊將軍，三公府長兼左右户行參軍、長兼行參軍，門下録事，尚書都令史，檢校御史，諸署令，諸開府典籤，中謁者僕射，中黄門冗從僕射，已前上階。武牙、武奮將軍，備身御仗五職，宫門署僕射，太子備身五職，侯、伯國大農，皇子上、中、下將軍，皇子上、中大夫，王、公國常侍，諸開府長兼左右户行參軍，諸開府長兼行參軍，員外將軍，勳武前鋒五職，司州及三等上州典籤，太子諸隊副，諸戍諸軍副，清都郡丞，爲從第八品。

清野將軍，子、男國郎中令，諸署内謁者局統，三等上州長兼行參軍，中黄門，太子内坊令，公主家令，皇子防閤，典書令，四門博士，大理律博士，校書郎，三公府參軍督護，都水參軍事，七部尉，諸郡尉，已前上階。横野將軍，王、公國侍郎，侯、伯國中尉，謁者，太子三寺丞，諸開府參軍督護，殿中司馬督，御仗，太子食官，中省，典倉等令，太子備身，平準、公車丞，三等中州典籤，爲第九品。

偏將軍，諸宮教博士，太子司藏、厩牧令，太子校書，諸署別局都尉，諸尉，諸關津尉，三等上州參軍督護，三等中州長兼行參軍，祕書省正字，皇太子三令，王、公國上中下將軍及上中大夫，諸署令，諸縣丞，已前上階。裨將軍，領軍護軍府、太常光禄衛尉寺、詹事府等功曹、五官、奉禮郎，子、男國大農，小黄門，員外司馬督，太學助教，諸幢主，遥途尉，中侍中，省録事，三等下州典籤，尚書、門下、中書等省醫師，爲從第九品。

流内比視官十三等。第一領人酋長，視從第三品。第一不領人酋長，視第四品。第二領人酋長，第一領人庶長，視從第四品。諸州大中正，第二不領人酋長，第一不領人庶長，視第五品。諸州中正，畿郡邑中正，第三領人酋長，第二領人庶長，視從第五品。第三不領人酋長，第二不領人庶長，視第六品。第三領人庶長，視從第六品。第三不領人庶長，視第七品。司州州都主簿，國子學生，視從第七品。諸州州都督簿，司州西曹書佐，清都郡中正、功曹，視第八品。司州列曹從事，諸州西曹書佐，諸郡中正、功曹，清都郡主簿，視從第八品。司州部郡從事，諸州祭酒從事史，視第九品。諸州部郡從事，司州守從事，諸郡主簿，司州武猛從事，視從第九品。

（唐）杜佑《通典》卷一九《職官·禄秩》 北齊官秩，一品每歲八百疋，從一品七百疋，二品六百疋，從二品五百疋，三品四百疋，從三品三百疋，四品二百四十疋，從四品二百疋，五品一百六十疋，從五品一百二十疋，六品一百疋，從六品八十疋，七品六十疋，從七品四十疋，八品三十六疋，從八品三十二疋，九品二十八疋，從九品二十四疋。執事官一品以下，給公田各有差。

（唐）杜佑《通典》卷三五《職官·俸禄·禄秩》 北齊官秩：一品每歲八百疋，二百疋爲一秩。從一品七百疋，一百七十五疋爲一秩。二品六百疋，一百五十疋爲一秩。從二品五百疋，一百二十五疋爲一秩。三品四百疋，一百疋爲一秩。從三品三百疋，七十五疋爲一秩。四品二百四十疋，六十疋爲一秩。從四品二百疋，五十疋爲一秩。五品一百六十疋，四十疋爲一秩。從五品一百二十疋，三十疋爲一秩。六品一百疋，二十五疋爲一秩。從六品八十疋，二十疋爲一秩。七品六十疋，十五疋爲一秩。從七品四十疋，十疋爲一秩。八品三十六疋，九疋爲一秩。從八品三十二疋，八疋爲一秩。九品二十八疋，七疋爲一秩。從九品二十四疋，六疋爲一秩。禄率一分以帛，一分以粟，一分以錢。事繁者優一秩，平者守本秩，閑者降一秩。長兼、試守者，亦降一秩。官非執事、不朝拜者，皆不給禄。州郡縣制禄之法，刺史、守、令下車，各前取一時之秩。上上州刺史，歲秩八百疋，與司州牧同。上中、上下各以五十疋爲差。中上降上下一百疋，中中及中下亦以五十疋爲差。下上降中下一百疋，下中、下下亦各以五十疋爲差。上郡太守，歲秩五百疋，降清都尹五十疋。上中、上下各以五十疋爲差。中上降上下四十疋，中中及中下各以三十疋爲差。下上降中下四十疋，下中、下下各以二十疋爲差。上上縣，歲一百五十疋，與鄴、臨漳、成安三縣同。上中、上下各以十疋爲差。中上降上下三十疋，中中及中下各以五疋爲差。下上降中下二十疋，下中、下下各以十疋爲差。州自長史下逮於史吏，郡縣自丞以下逮於掾佐，亦皆以帛爲秩。郡有尉者，尉減丞之半。皆以其所出常調課給之。自一品以下至流外勳品，各給事力。一品至三十人，下至於流外勳品，或以五人爲等，或以四人、三人、二人、一人爲等。繁者加一等，平者守本力，閑者降一等。諸州刺史、守、令以下，幹及力皆聽敕乃給。其幹出所部之人。一幹輸絹十八疋，幹身放之。力則以其州郡縣白直充。

（唐）杜佑《通典》卷三八《職官·秩品》 北齊職品：

正一品

太師　太傅　太保　王　大司馬　大將軍　太尉公　司徒公　司空公

從一品

開府儀同三司　開國郡公爵

正二品

儀同三司　太子太師、太傅、太保　特進　尚書令　驃騎、車騎將軍二將軍加大者，在開國郡公下。衛將軍加大者，在太子太師上。四征將軍加大者，次衛大將軍。左右光禄大夫　散郡公、開國縣公爵

從二品

尚書僕射　中書監　司州牧　四鎮將軍加大者，次四征。中軍、鎮軍、撫軍將軍　領軍、加大者，次尚書令下。護軍、翊軍將軍　金紫光禄

大夫　散縣公、開國縣侯爵

正三品

吏部尚書　四安將軍　中領軍　中護軍　太常、光禄、衛尉卿　太子少師、少傅、少保　中書令　太子詹事　侍中　諸曹尚書　四平將軍　諸王師　大宗正、太僕、太理、鴻臚、司農、太府卿　清都尹　三等上州刺史　左衛將軍　右衛將軍　祕書監　銀青光禄大夫　散縣侯爵　開國縣伯爵

從三品

散騎常侍　三等中州刺史　司徒左長史　四方中郎將　護匈奴、羌戎、夷、蠻越中郎將　國子祭酒　御史中丞　中侍中　長秋卿　將作大匠　冠軍將軍　太尉長史　領左右將軍　武衛將軍　太子左衛率　太子右衛率　輔國將軍　護匈奴、羌戎、夷、蠻越校尉　太中大夫　龍驤將軍　散縣伯爵　三等上郡太守

正四品

鎮遠、安遠將軍　太常、光禄、衛尉少卿　尚書吏部郎中　給事黄門侍郎　太子中庶子　司徒右長史　司空長史　三公府司馬　中常侍　中尹　城門校尉　虎騎、雲騎、驍騎、游擊等將軍　大宗正、太僕、大理、鴻臚、司農、太府少卿

以前上階

建忠、建節將軍　通直散騎常侍　諸開府長史　中散大夫　三等下州刺史　三等鎮將　諸開府司馬　開國縣子爵

從四品

中堅、中壘將軍　尚書左丞　三公府諮議參軍事　司州別駕從事史　三等上州長史　太子家令、率更令、僕　前左右後軍將軍　中書侍郎　太子庶子　三等中郡太守　左右備身正都督　刀劍備身正都督　備身正都督　御仗正都督　直蕩正都督　三等上州司馬

以前上階

振威、奮威將軍　諫議大夫　尚書右丞　諸開府諮議參軍　司州治中從事史　左右中郎將　步兵、越騎、射聲、屯騎、長水校尉　朱衣直閤　直閤將軍　太子騎官及內直備身正都督　三等鎮副將　散縣子爵

第五品

廣德、弘義將軍　太子備身正都督、直入、直衛正都督　領左右、三等中州長史三公府從事中郎　祕書丞　皇子友　國子博士　散騎侍郎　太子中舍人　員外散騎常侍　三等中州司馬

以前上階

折衝、制勝將軍　主衣都統　尚食、尚藥典御　太子旅騎、屯衛、典軍校尉　領護府長史、司馬　諸開府從事中郎　開國縣男爵

從五品

伏波、凌江將軍　三等下州長史　三公府掾屬　著作郎　通直散騎侍郎　太子洗馬　左右備身刀劍備身副都督　御仗、直蕩副都督　左右直長　中尚藥、中尚食典御　三等下州司馬

以前上階

輕車、樓船將軍　駙馬都尉　翊衛正都督　直寢、直齋　奉車都尉　都水使者　諸開府掾屬　崇聖、歸義、歸正、歸命、歸德侯　清都郡丞　治書侍御史　鄴臨漳成安三縣令　中給事中　三等下郡太守　大理司直　太子直閤、二衛隊主　太子騎官備身副都督、內直備身副都督　開國鄉男爵　散縣男爵

正六品

勁武、昭勇將軍　尚書諸曹郎中　中書舍人　三公府主簿　三等上州別駕從事史　四中府長史　三等鎮長史　三公府録事、功曹、記室、户曹、倉曹、中兵參軍事　皇子文學　謁者僕射　皇子郎中令

以前上階

明威、顯信將軍　太子備身副都督　四中府司馬　虎賁中郎將　羽林監　冗從僕射　直入副都督　千牛備身　大理正、監、評　侍御師　諸開府録事、功曹、記室、户曹、倉曹、中兵參軍事　三等上州録事參軍事、治中從事史　三等上郡丞　三等上縣令　太子內直監　平準署令

從六品

度遼將軍　橫海將軍　直突都督　三等中州別駕從事史　三公府諸曹行參軍事　給事中　太子門大夫　三等上州功曹、倉曹、中兵參軍事　皇子大農　騎都尉　直後　符璽郎中　三等中州録事參軍事

以前上階

踰岷、越障將軍　直衛副都督　三等中州治中從事史　諸開府主簿、諸曹行參軍　太子舍人　三等中州功曹、倉曹、中兵參軍事　三寺丞　太子直前　太子副直監　太子諸隊主

正七品

戎昭、武毅將軍　勳武前鋒正都督　三公府東西閤祭酒　三等下州別駕從事史　三等上州府主簿、諸曹參軍事　三等下州録事參軍事　四中府録事參軍事　王公國郎中令　積弩、積射將軍　員外散騎常侍　皇子中尉　三公府參軍事及諸曹行參軍

以前上階

雄烈、恢猛將軍　翊衛副都督　諸開府東西閤祭酒及參軍事、諸曹行參軍　三等下州功曹、倉曹、中兵參軍事　四中府功曹、倉曹、中兵參軍　三等中州主簿、諸曹參軍事　二衛府司馬　詹事府丞　左右備身五職　三等鎮録事參軍　六寺丞　祕書郎中　著作佐郎　太子侍醫　太子騎尉　太子騎官備身五職都將、別將、統軍、軍主、幢主是也。下同。　三等中郡丞　三等中縣令

從七品

揚麾、耀鋒將軍　勳武前鋒副都督　強弩將軍　三公府行參軍　三等上州參軍事、諸曹行參軍事　三等下州府主簿、諸曹參軍事　四中府諸曹參軍事　王公國大農　長秋寺丞　將作寺丞　太子二率坊司馬　三等鎮倉曹、中兵參軍事

以前上階

蕩邊、開域將軍　勳武前鋒散都督　太學博士　皇子常侍　太常博士　武騎常侍　左右備身五職　三等中州參軍事及諸曹行參軍　諸開府行參軍　奉朝請　國子助教　公車、京邑二市署令　三等鎮諸曹參軍事　三縣丞　侍御史　尚食、尚藥丞　齋帥　中尚食、中尚藥等丞　太子直後、二衛隊副　前鋒正都督　太子騎官備身　太子內直備身五職　諸戍主　諸軍主

正八品

靜漠、綏戎將軍　協律郎　三等上州行參軍　三等下州參軍事、諸曹參軍事　四中府諸曹行參軍　侯伯國郎中令　殿中將軍　皇子侍郎

以前上階

平越、殄夷將軍　刀劍備身五職　前鋒副都督　太子內直備身　主書　殿中侍御史　太子典膳、藥藏丞　太子齋帥　三等中州行參軍　王公國中尉　三公府典籤　三等鎮鎧曹行參軍　三等下郡丞　三等下縣令

從八品

飛騎、隼擊將軍　三公府長兼左右户行參軍及長兼行參軍　門下録事　尚書都令史　檢校御史　諸陵、太廟令　大樂、武庫諸署令　衣冠將軍　太倉、典客、驊騮、鈎盾、鼓吹、守宮、左右尚方、左藏、太官、掖庭、司染、典農、左右龍、左右牝、冶東西、駝牛、司羊諸署令　諸開府典籤　中謁者僕射　中黄門冗從僕射

以前上階

虎牙、虎奮將軍　備身御仗五職　宮門署僕射　太子備身五職　侯伯國大農　皇子上、中、下將軍　皇太子上、中大夫　王公國常侍　諸開府長兼左右户行參軍及長兼行參軍　員外將軍　勳武前鋒五職　司州及三等上州典籤　太子諸隊副　諸戍副　諸軍副　清都郡丞

正九品

清野將軍　子男國郎中令　太祝、導官、太史、太醫、黄藏、衛士、細作諸署令　內謁者局統　三等上州長兼行參軍　中黄門　太子內坊令　公主家令　皇子防閤　皇子典書令　四門博士　大理律博士　校書郎　三公府參軍督護　都水參軍　七部尉　諸郡尉

以前上階

横野將軍　王公國侍郎　侯伯國中尉、謁者　太子三寺丞　諸開府參軍督護　殿中司馬督　御仗　太子食官、中盾、典倉令　太子備身　平準署丞　公車署丞　三等中州典籤

從九品

偏將軍　諸宮教博士　太子司藏、廄牧令　太子校書　諸署別部局都尉及合昌、方城局都尉　諸關津尉　三等上州參軍督護　三等中州長兼行參軍　祕書省正字　皇子典書、典祠、學官、典衛等令　王公國上中下將軍、上中大夫　廩犧、太宰、司儀、左校、中宮僕、奚官、肴藏、清漳、

典寺、乘黄、車府、籍田、華林、甄官諸署令　諸縣丞

以前上階

裨將軍　領護府、太常光禄衛尉三寺、詹事府功曹、五官、治禮郎　子男國大農　小黄門　員外司馬督　太學助教　諸幢主　廷尉中侍中省録事　三等下州典籤　尚書省、門下省、中書省醫師

右内品二千三百二十二人，國子、太學、四門等學生并尚書都令史、門下通事主事等令史五百九十六人，都計文武官及學生、令史等總二千九百一十八人。其諸省臺府，因其繁簡而置吏，有令史、書令史、書史之屬。又各置曹兵，以供其役。其員因繁簡而立。其餘司專其事者，各因事立名，條流甚衆，不可得而具也。其州郡官及命數並未詳。

《隋書》卷二七《百官志》　周太祖初據關内，官名未改魏號。及方隅粗定，改創章程，命尚書令盧辯，遠師周之建職，置三公三孤，以爲論道之官。次置六卿，以分司庶務。其所制班序：

内命，謂王朝之臣。三公九命，三孤八命，六卿七命，上大夫六命，中大夫五命，下大夫四命，上士三命，中士再命，下士一命。

外命，謂諸侯及其臣。諸公九命，諸侯八命，諸伯七命，諸子六命，諸男五命，諸公之孤卿四命，侯之孫卿、公之大夫三命，子男之孤卿，侯伯之大夫、公之上士再命，子男之大夫、公之中士、侯伯之上士一命，公之下士、侯伯之中士下士、子男之士不命。

其制禄秩，下士一百二十五石，中士已上，至於上大夫，各倍之。上大夫是爲四千石。卿二分，孤三分，公四分，各益其一。公因盈數爲一萬石。其九秩一百二十石，八秩至於七秩，每二秩六分而下各去其一，二秩一秩俱爲四十石。凡頒禄，視年之上下。畝至四釜爲上年，上年頒其正。三釜爲中年，中年頒其半。二釜爲下年，下年頒其一。無年爲凶荒，不頒禄。六官所制如此。

制度既畢，太祖以魏恭帝三年，始命行之。所設官名，訖於周末，多有改更。並具《盧傳》，不復重序云。

（唐）杜佑《通典》卷一九《職官・禄秩》　後周制禄秩，下士一百二十五石，中士以上至上大夫各倍之，上大夫是爲四千石，卿二分，孤三分，公四分，各益其一，公因盈數爲一萬石。其九秩一百二十石，八秩至於七秩，每二秩六分而下各去其一，二秩、一秩俱爲四十石。

（唐）杜佑《通典》卷三五《職官・俸禄・禄秩》　後周制禄秩：下士一百二十五石，中士以上至於上大夫，各倍之，上大夫是爲四千石。卿二分，孤三分，公四分，各益其一，公因盈數爲萬石。其九秩一百二十石，八秩至於七秩，每二秩六分而下，各去其一，二秩一秩俱爲四十石。凡頒禄，視年之上下。畝至四釜爲上年，上年頒其正。三釜爲中年，中年頒其半。二釜爲下年，下年頒其一。無年爲凶荒，不頒禄。

（唐）杜佑《通典》卷三九《職官・秩品》　後周官品：六卿屬官之外，内外衆職，亦多參秦漢。

正九命

太師　太傅　太保　王爵　國公　柱國大將軍　大將軍

九命

驃騎大將軍　開府儀軍三司建德四年，改爲開府儀同大將軍，仍增置上開府儀同大將軍。　車騎大將軍　儀同三司建德四年，改爲儀同大將軍，仍增置上儀同大將軍。　雍州牧

正八命

少師　少傅　少保　侯爵　驃騎將軍　左光禄大夫　車騎將軍　右光禄大夫　刺史户三萬以上者

八命

四征將軍　左金紫光禄大夫　中軍、鎮軍、撫軍將軍　右金紫光禄大夫　大都督　刺史二萬户以上者　京兆尹

正七命

大冢宰　大司徒　大宗伯　大司馬　大司寇　大司空　伯爵　四平將軍　左銀青光禄大夫　前後左右四將軍　右銀青光禄大夫　帥都督　柱國大將軍府長史、司馬、司録　刺史萬户以上者

七命

冠軍將軍　太中大夫　輔國將軍　中散大夫　都督　刺史户五千以上者　郡守萬五千户以上者

正六命

小冢宰、小司徒、小宗伯、小司馬、小司寇、小司空等上大夫　子爵

鎮遠將軍　諫議大夫　建忠將軍　諮議大夫　別將開府長史、司馬、司録　刺史户不滿五千以下者　郡守萬户以上者

六命

中堅將軍　左中郎將　寧朔將軍　儀同府、正八命州長史，司馬，司録　右中郎將　郡守户五千以上者　大呼藥

正五命

天官：司會、宗師、左宫伯、御正、御伯、主膳、太府、計部等中大夫　地官：鄉伯、左右遂伯、每方稍伯、每方縣伯、每方畿伯、每方載師、師氏等中大夫　春官：禮部、守廟、典祀、内史、太史、大司樂等中大夫　夏官：軍司馬、職方、吏部、右武伯、兵部、大馭、司右、駕部、武藏等中大夫　秋官：司憲、刑部、蕃部、賓部等中大夫　冬官：工部、匠師、司木、司土、司金、司水等中大夫　男爵　寧遠將軍　左員外常侍　揚烈將軍　右員外常侍　統軍　驃騎車騎將軍府、八命州長史，司馬，司録　柱國大將軍府中郎掾屬　郡守千户以上者　長安、萬年令

五命

伏波將軍　奉車都尉　輕車將軍　奉騎都尉　四征中鎮撫軍將軍府、正七命州長史，司馬，司録　開府中郎掾屬　郡守户不滿一千以下者　縣令户七千以上者　正八命州呼藥

正四命

天官：小宗師、小左宫伯、小御正、小膳部、大醫、小醫、小計部等下大夫　地官：小鄉伯、鄉大夫，每鄉小遂伯、遂大夫，每遂小稍伯、稍大夫，每稍小縣伯、縣大夫，每縣小畿伯、畿大夫，每畿小載師，小師氏、保氏、司倉、司門、司市、虞部等下大夫　春官：小守廟、小典祀、小内史、外史、典命、小史、小司樂、太學博士、太卜、太祝、司車路、夏采等下大夫　夏官：小職方、小吏部、小右武伯、小兵部、小馭、戎馭、齊馭、小司右、戎右、齊右、司射、小駕部、小武藏等下大夫　秋官：小刑部、掌朝、布憲、小蕃部、小賓部、司要、田正、司隸等下大夫　冬官：小匠師、小司木、小司土、小司金、小司水、司玉、司皮、司色、司織、司卉等下大夫　公之孤卿　宣威將軍　虎賁給事　明威將軍　冗從給事　儀同府中郎掾屬　柱國大將軍府列曹參軍　四平前後左右將軍府、七命州長史，司馬，司録　縣令户四千以上者　八命州呼藥　八命州别駕

四命

襄威將軍　給事中　厲威將軍　奉朝請　軍主　開府列曹參軍　冠軍輔國將軍府、正六命州長史，司馬，司録　縣令户三千以上者　正七命州呼藥　正七命州别駕　正八命州治中　七命郡丞

正三命

天官：司會、小宗師、宗正、小右宫伯、右中侍、小御正、主寢、御伯、掌式、小膳部、内膳、外膳、小醫、醫正、瘍醫、太府、玉府、内府、外府、左府、右府、縫工、染工、小計部、掌納、掌出、司内奄等上士　地官：民部吏、小鄉伯、鄉正、州長、每州小遂伯、遂正、小稍伯、稍正、小縣伯、縣正、小畿伯、畿正、小載師、司農、司均、司賦、司役、小師氏，保氏，司諫，司救，司媒，小司倉、小司門、小司市、小虞部等上士　春官：禮部、小守廟、小典祀、司郊、掌次、小内史、著作、小典命、司寂、小史、馮相、保章、小司樂、太學助教、小學博士、樂師、小卜、小祝、小司車路、守陵等上士　夏官：軍司馬、小職方、小吏部、司士、司勳、司録、小右武伯、右虎賁率、右旅賁率、右射聲率、右驍騎率、右羽林率、右游擊率、小兵部、武環率、武候率、司固、道馭、田馭、小司右、賓右、道右、田右、小司射、司仗、小田駕部、左廄、右廄、典牝、典牡、獸醫等上士　秋官：司憲、小刑部、司刺、鄉法、遂法、稍法、縣法、畿法、方憲、小掌朝、掌察、小布憲、小蕃部、小掌交、司匡、小賓部、司儀、東掌客、南掌客、西掌客、北掌客、小司要、小田正、小司隸等上士　冬官：工部、小匠師、内匠、外匠、掌材、小司木、小司土、小司金、鍛工、函工、小司水、典壅、小司玉、小司皮、小司色、小司織、小司卉等上士　侯伯之孤卿　公之大夫　威烈將軍　左員外侍郎　討寇將軍　右員外侍郎　幢主　儀同府、正八命州列曹參軍　鎮遠、建忠、中堅、寧朔將軍府長史，司馬　柱國大將軍參軍　縣令户五百以上者　七命州呼藥　正六命州别駕　正七命州治中　正六命郡丞

三命

蕩寇將軍　武騎常侍　蕩難將軍　武騎侍郎　戍主　開府參軍　驃騎車騎將軍府、八命州列曹參軍　寧遠、揚烈、伏波、輕車將軍府長史　縣令户不滿五百以下者　正六命州呼藥　正六命州治中　六命郡丞

正二命

天官：司會、宗正、右侍、右前侍、右後侍、主寢、司服、給事、掌式、內膳、外膳、典庖、典饎、酒正、餚藏、掌醢、司鼎俎、掌冰、醫正、瘍醫、玉府、內府、外府、左府、右府、縫工、染工、掌納、掌出、小司內、內小臣奄、內司服奄、典婦功奄、巷伯等中士　地官：民部吏、小鄉伯、鄉正、州長、每州小遂伯、遂正、小稍伯、稍正、小縣伯、縣正、小畿伯、畿正、司封、司農、司均、司賦、司役、掌鹽、每地中士、掌遺、典牧、典牛、司諫、司救、司媒、土訓、誦訓、神倉、黍倉、稷倉、稻倉、豆倉、麥倉、米倉、鹽倉、典麴、典舂、典磑、掌節、宮門、城門、司關、均工、平準、泉府、山虞、澤虞、林衡、川衡、掌禽、掌囿、掌炭、掌芻等中士　春官：禮部、司几筵、司樽彝、掌鬱、司鬯、充犧、司雞、司郊、司社、御史、著作、典瑞、典服、司寂、司玄、治禮、司謁、馮相、保章、小學助教、樂師、樂胥、司歌、司鐘磬、司鼓、司吹、司舞、籥章、掌散樂、典夷樂、典庸器、龜占、筮占、夢占、視祲、司巫、喪祝、甸祝、詛祝、神士、典路、司車、司常、守陵、掌墓、職喪等中士　夏官：軍司馬、土方、山師、川師、懷方、訓方、司士、司勳、司録、右虎賁率、右旅賁率、右射聲率、右驍騎率、右羽林率、右游擊率、倅長、司固、司火、司辰、銜枚、司仗、左廏、右廏、典牝、典牡、典駝、典羊、獸醫、司袍襖、司弓矢、司甲、司矟、司刀盾等中士　秋官：司憲、司刺、鄉法、遂法、稍法、縣法、畿法、方憲、掌囚、掌察、司約、司盟、職金、掌璧、司厲、修閭、掌墐、禁殺戮、禁游、禁暴、司寤、掌交、司匡、司儀、東掌客、南掌客、西掌客、北掌客、掌訝、司環、野廬、象胥、掌財賄、司烜、伊耆氏、司調、司柞、司薙、掌犬、司迹、弋禽、捕獸、掌皮、弭妖、翦蠹、庶蠹、掌罪隸、掌夷隸、掌蠻隸、掌戎隸、掌狄隸、掌徒等中士　冬官：工部、內匠、外匠、司量、司準、司度、掌材、車工、角工、彝工、器工、弓工、箭工、盧工、復工、陶工、塗工、典丱、冶工、鑄工、鍛工、函工、雕工、典甀、掌津、舟工、典魚、典瓮、瑻工、磬工、石工、裘工、履工、鞄工、韗工、韋工、膠工、毳工、繢工、漆工、油工、弁工、織絲、織綵、織枲、織組、竹工、籍工、罟工、紙工等中士　子男之孤卿　侯伯之大夫　公之上士　殄寇將軍　強弩司馬　殄難將軍　積弩司馬　四征中鎮撫將軍府、正七命州列曹參軍　正五命郡丞

二命

掃寇將軍　武騎司馬　掃難將軍　武威司馬　四平前左右後將軍府、七命州列曹軍戍副　五命郡丞

正一命

天官：司會旅、宗正、右騎侍、右宗侍、右庶侍、右勳侍、主璽、食醫、外膳、典庖、典饎、酒正、餚藏、掌醢、司鼎俎、掌冰、主藥、正醫、瘍醫、內小臣奄、內司服奄、典婦功奄、巷伯奄等下士　地官：黨正旅、每黨司封、掌鹽、掌壇、典牧、典牛、土訓、誦訓、神倉、稷倉、黍倉、稻倉、豆倉、麥倉、米倉、鹽倉、典麴、典舂、典磑、掌節、宮門、城門、司關、均工、平準、泉府、山虞、澤虞、林衡、川衡、掌禽、掌囿、掌圃、掌炭、掌薪、掌芻等下士　春官：禮部旅、小守廟奄、司几筵、司樽彝、掌鬱、司鬯、充犧、司鷄、司郊、司社、掌次、御史、校書、典瑞、典服、司玄、治禮、司謁、樂胥、司歌、司鐘磬、司鼓、司吹、司舞、籥章、掌散樂、典夷樂、典庸器、龜占、筮占、夢占、視祲、司巫、喪祝、甸祝、詛祝、神士、典路、司車、司常、小夏采、掌幕、職喪等下士　夏官：軍司馬旅、土方、山師、川師、懷方、訓方、右虎賁倅長、右旅賁倅長、右射聲倅長、右驍騎倅長、右羽林倅長、右游擊倅長、武環倅長、武候倅長、司火、司辰、銜枚、右廏閑長、典駝、典羊、獸醫、司袍襖、司弓矢、司矟、司甲、司刀盾等下士　秋官：司憲旅、小刑、掌囚、掌察、司約、司盟、職金、掌璧、司厲、脩閭、掌墐、禁殺戮、禁游、司寤、小蕃司行、掌訝、司環、野廬、象胥、掌貨賄、司烜、伊耆氏、司調、司柞、司薙、掌犬、司迹、弋禽、捕獸、掌皮、弭妖、翦蠹、庶蠹、掌罪隸、掌夷隸、掌蠻隸、掌戎隸、掌狄隸、掌徒等下士　冬官：工部旅、司量、司準、司皮、掌材、車工、角工、彝工、器工、弓工、箭工、盧工、復工、陶工、塗工、典丱、冶工、鑄工、鍛工、函工、

雕工、典壅、掌津、舟工、典魚、典龜、琟工、磬工、石工、裘工、屨工、鞄工、鞾工、韋工、膠工、毳工、繢工、漆工、油工、弁工、織絲、織綵、織枲、織組、竹工、籍工、罟工、紙工等下士　子男之大夫　公之中士　侯伯之上士　曠野將軍　殿中司馬橫野將軍　員外司馬　冠軍輔國將軍府、正六命州列曹參軍

一命

山林都尉　武威將軍　淮海都尉　武牙將軍　鎮遠、建忠、中堅、寧朔、寧遠、揚烈、伏波、輕車將軍府列曹參軍

右按所建六官并徒屬及府史雜色職掌人二萬一千七十三人。二千九百八十九人諸色官，萬八千八十四人府史、學生、算生、書生、醫生、倅長、虎賁、驍騎、羽林、游擊、奉車、馭夫、武環、武候、卜筮、占夢、視祲、相生等人也。其六官之外，兼用秦漢等官及州郡官吏之數，並未詳。按九命之中，分爲正命，若今之上階。謂王朝之官爲內命，謂諸侯及州縣官爲外命。

紀事

《晉書》卷三《武帝紀》〔泰始三年〕九月甲申，詔曰：古者以德詔爵，以庸制祿，雖下士猶食上農，外足以奉公忘私，內足以養親施惠。今在位者祿不代耕，非所以崇化之本也。其議增吏俸。賜王公以下帛各有差。

《晉書》卷九《孝武帝紀》〔太元四年〕三月，大疫。壬戌，詔曰：狡寇縱逸，藩守傾沒，疆埸之虞，事兼平日。其內外衆官，各悉心勠力，以康庶事。又年穀不登，百姓多匱。其詔御所供，事從儉約，九親供給，衆官廩俸，權可減半。凡諸役費，自非軍國事要，皆宜停省，以周時務。

《晉書》卷九《簡文帝紀》〔咸安二年三月〕乙卯，詔曰：往事故之後，百度未充，羣僚常俸，並皆寡約，蓋隨時之義也。然退食在朝，而祿不代耕，非經通之制。今資儲漸豐，可籌量增俸。

《晉書》卷九四《隱逸傳・陶潛》執事者聞之，以爲彭澤令。在縣公田悉令種秫穀，曰：令吾常醉於酒足矣。妻子固請種秔，乃使一頃五十畝種秫，五十畝種秔。素簡貴，不私事上官。郡遣督郵至縣，吏白應束帶見之，潛歎曰：吾不能爲五斗米折腰，拳拳事鄉里小人邪。義熙二年，解印去縣，乃賦歸去來。

《宋書》卷三《武帝紀》〔永初元年夏六月〕戊寅，詔曰：百官事殷俸薄，祿不代耕。雖國儲未豐，要令公私周濟。諸供給昔減半者，可悉復舊。六軍見祿粗可，不在此例。其餘官僚，或自本俸素少者，亦疇量增之。

《宋書》卷三《武帝紀》〔永初〕二年二月己丑，車駕幸延賢堂策試諸州郡秀才、孝廉。揚州秀才顧練、豫州秀才殷朗所對稱旨，並以爲著作佐郎。戊申，制中二千石加公田一頃。

《宋書》卷五《文帝紀》〔元嘉〕二十七年春正月辛未，制交、寧二州假板郡縣，俸祿聽依臺除。辛卯，百濟國遣使獻方物。

二月辛丑，右將軍、豫州刺史南平王鑠進號平西將軍。辛亥，索虜寇汝南諸郡，陳南頓二郡太守鄭琨、汝陽潁川二郡太守郭道隱委守走。索虜攻懸瓠城，行汝南郡事陳憲拒之。以軍興減百官俸三分之一。

三月乙丑，淮南太守諸葛闡求減俸祿同內百官，於是州及郡縣丞尉並悉同減。

《宋書》卷六《孝武帝紀》〔大明〕二年春正月辛亥，車駕祀南郊。壬子，詔曰：去歲東土多經水災。春務已及，宜加優課。糧種所須，以時貸給。丙辰，復郡縣田秩，并九親祿俸。

《宋書》卷六《孝武帝紀》〔大明四年〕冬十月庚寅，遣新除司空沈慶之討沿江蠻。壬辰，制郡縣減祿，並先充公限。

《宋書》卷六《孝武帝紀》〔大明五年〕五月癸亥，制帝室期親，朝官非祿官者，月給錢十萬。

《宋書》卷六《孝武帝紀》〔大明五年八月〕庚寅，制方鎮所假白板郡縣，年限依臺除，食祿三分之一，不給送故。

《宋書》卷六《孝武帝紀》〔大明六年〕二月乙卯，復百官祿。

《宋書》卷七《前廢帝紀》〔永光元年〕二月乙丑，減州郡縣田祿之半。

《宋書》卷八《明帝紀》〔泰始五年〕六月辛未，立晉平王休祐子

宣曜爲南平王。壬申，以安西將軍、郢州刺史蔡興宗爲鎮東將軍。癸酉，以左衛將軍沈攸之爲郢州刺史。以軍興已來，百官斷俸，並給生食。

《宋書》卷一〇《順帝紀》〔昇明元年八月〕丁卯，原除元年以前逋調；復郡縣禄田。

《宋書》卷五四《羊希傳》 玄保兄子希字泰聞，少有才氣。大明初，爲尚書左丞。時揚州刺史西陽王子尚上言：山湖之禁，雖有舊科，民俗相因，替而不奉，熂山封水，保爲家利。自頃以來，頹弛日甚，富強者兼嶺而占，貧弱者薪蘇無託，至漁採之地，亦又如茲。斯實害治之深弊，爲政所宜去絶，損益舊條，更申恒制。有司檢壬辰詔書：占山護澤，強盜律論，贓一丈以上，皆棄市。希以壬辰之制，其禁嚴刻，事既難遵，理與時弛。而占山封水，漸染復滋，更相因仍，便成先業，一朝頓去，易致嗟怨。今更刊革，立制五條。凡是山澤，先常熂爈種養竹木雜果爲林芿，及陂湖江海魚梁鰌鮆場，常加功修作者，聽不追奪。官品第一、第二，聽占山三頃；第三、第四品，二頃五十畝；第五、第六品，二頃；第七、第八品，一頃五十畝；第九品及百姓，一頃。皆依定格，條上貲簿。若先已占山，不得更占；先占闕少，依限占足。若非前條舊業，一不得禁。有犯者，水土一尺以上，並計贓，依常盜律論。停除咸康二年壬辰之科。從之。

《宋書》卷九二《良吏傳・阮長之》 時郡縣田禄，以芒種爲斷，此前去官者，則一年秩禄皆入後人，此後去官者，則一年秩禄皆入前人。始以元嘉末改此科，計月分禄。長之去武昌郡，代人未至，以芒種前一日解印綬。初發京師，親故或以器物贈別，得便緘録，後歸，悉以還之。

《南齊書》卷三《武帝紀》 永明元年春正月辛亥，車駕祠南郊，大赦，改元。壬子，詔內外羣僚各舉朕違，肆心規諫。又詔王公卿士，各舉所知，隨方登叙。詔曰：經邦之寄，寔資莅民，守宰禄俸，蓋有恒准。往以邊虞告警，故沿時損益，今區寓寧晏，庶績咸熙，念勤簡能，宜加優獎。郡縣丞尉，可還田秩。

《南齊書》卷三《武帝紀》〔永明七年春正月〕戊辰，詔曰：諸大夫年秩隆重，禄力殊薄，豈所謂下車惟舊，趨橋敬老。可增俸，詳給見役。

《南齊書》卷三《武帝紀》〔永明八年〕十二月乙丑，以振威將軍陳僧授爲越州刺史。戊寅，詔：尚書丞郎職事繁劇，衈俸未優，可量增賜禄。

《南齊書》卷六《明帝紀》〔建武元年十一月〕甲申，詔曰：邑宰禄薄俸微，不足代耕，雖任土恒貢，亦爲勞費，自今悉斷。

《南齊書》卷六《明帝紀》〔建武三年閏十二月〕戊寅，皇太子冠，賜王公以下帛各有差，爲父後者賜爵一級。斷遠近上禮。又詔：今歲不須光新，可以見錢爲百官供給。

《南齊書》卷七《東昏侯紀》 永元元年春正月戊寅，大赦，改元。詔研策秀、孝，考課百司。辛卯，車駕祠南郊。詔三品清資官以上應食禄者，有二親或祖父母年登七十，並給見錢。

《南齊書》卷二二《豫章文獻王傳》 晉宋之際，刺史多不領南蠻，別以重人居之，至是有二府二州。荊州資費歲錢三千萬，布萬匹，米六萬斛，又以江、湘二州米十萬斛給鎮府，湘州資費歲七百萬，布三千匹，米五萬斛，南蠻資費歲三百萬，布萬匹，綿千斤，絹三百匹，米千斛，近代莫比也。尋給油絡俠望車。

《南齊書》卷二二《豫章文獻王傳》 宋氏以來，州郡秩俸及〔雜〕供給，多隨土所出，無有定准。嶷上表曰：循革貴宜，損益資用，治在(風)〔夙〕均，政由一典。伏尋郡縣長尉俸禄之制，雖有定科，而其餘資給，復由風俗，東北異源，西南各緒，習以爲常，因而弗變，緩之則莫非通規，澄之則靡不入罪。殊非約法明章，先令後刑之謂也。臣謂宜使所在各條公用公田秩石迎送舊典之外，守宰相承，有何供調，尚書精加洗覈，務令優衷。事在可通，隨宜開許，損公侵民，一皆(乙)〔止〕却，明立定格，班下四方，永爲恒制。從之。

《梁書》卷三《武帝紀》〔普通七年〕夏四月乙酉，太尉臨川王宏薨。南州津改置校尉，增加俸秩。

《梁書》卷三《武帝紀》 大通元年春正月乙丑，以尚書左僕射徐勉爲尚書僕射、中衛將軍。詔曰：朕思利兆民，惟日不足，氣象環回，每弘優簡。百官俸禄，本有定數，前代以來，皆多評准，頃者因循，未遑改革。自今已後，可長給見錢，依時即出，勿令逋緩。凡散失官物，不問多少，並從原宥。惟事涉軍儲，取公私見物，不在此例。

《梁書》卷一九《樂藹傳》　子法才，字元備，幼與弟法藏俱有美名。少遊京師，造沈約，約見而稱之。齊和帝爲相國，召爲府參軍，鎮軍蕭穎冑辟主簿。梁臺建，除起部郎。天監二年，藹出鎮嶺表，法才留任京邑，遷金部郎，父憂去官。服闋，除中書通事舍人，出爲本州別駕。入爲通直散騎侍郎，復掌通事，遷尚書右丞。晉安王爲荊州，重除別駕從事史。復徵爲尚書右丞，出爲招遠將軍、建康令。不受俸秩，比去任，將至百金，縣曹啓輸臺庫。

《魏書》卷七上《高祖紀》〔延興三年春正月〕甲戌，詔縣令能靜一縣劫盜者，兼治二縣，即食其祿；能靜二縣者，兼治三縣，三年遷爲郡守。二千石能靜二郡，上至三郡，亦如之，三年遷爲刺史。

《魏書》卷七上《高祖紀》〔太和八年〕六月丁卯，詔曰：置官班祿，行之尚矣。《周禮》有食祿之典，二漢著受俸之秩。逮于魏晉，莫不聿稽往憲，以經綸治道。自中原喪亂，茲制中絕，先朝因循，未遑釐改。朕永鑒四方，求民之瘼，夙興昧旦，至於憂勤。故憲章舊典，始班俸祿。罷諸商人，以簡民事。户增調三匹、穀二斛九斗，以爲官司之祿。均預調爲二匹之賦，即兼商用。雖有一時之煩，終克永逸之益。祿行之後，贓滿一匹者死。變法改度，宜爲更始，其大赦天下，與之惟新。戊辰，武州水泛濫，壞民居舍。

秋七月乙未，行幸方山石窟寺。

八月甲辰，詔曰：帝業至重，非廣詢無以致治；王務至繁，非博採無以興功。先王知其如此，故虛己以求過，明恕以思咎。是以諫鼓置於堯世，謗木立於舜庭，用能耳目四達，庶類咸熙。朕承累聖之洪基，屬千載之昌運，每布遐風，景行前式。承明之初，班下內外，聽人各盡規，以補其闕。中旨雖宣，允稱者少。故變時法，遠遵古典，班制俸祿，改更刑書。寬猛未允，人或異議，思言者莫由申情，求諫者無因自達，故令上明不周，下情壅塞。今制百辟卿士，工商吏民，各上便宜。利民益治，損化傷政，直言極諫，勿有所隱，務令辭無煩華，理從簡實。朕將親覽，以知世事之要，使言之者無罪，聞之者足以爲戒。九月甲午，蕭賾遣使朝貢。戊戌，詔曰：俸制已立，宜時班行，其以十月爲首，每季一請。於是內外百官，受祿有差。

《魏書》卷七下《高祖紀》〔太和十年〕十有一月，議定州郡縣官依户給俸。

《魏書》卷七下《高祖紀》〔太和十九年夏四月〕甲申，減閑官祿以裨軍國之用。

《魏書》卷一二《孝靜紀》〔天平二年冬十有一月〕甲午，文武百官，量事各給祿。

《魏書》卷四四《薛虎子傳》　又上疏曰：臣聞先王建不易之軌，萬代承之；聖主垂不刊之制，千載共仰。伏惟陛下道洽羣生，恩齊造化，仁德所覃，迹超前哲。遠崇古典，留意治方，革前王之弊法，申當今之宜用。定貢賦之輕重，均品秩之厚薄，庶令百辟足以代耕，編户亨其餘畜。巍乎煥焉，不可量也。臣竊尋居邊之民，蒙化日淺，戎馬之所，資計素微。小户者一丁而已，計其徵調之費，終歲乃有七縑。去年徵責不備，或有貨易田宅，質妻賣子，呻吟道路，不可忍聞。今淮南之人，思慕聖化，延頸企足，十室而九。恐聞賦重，更懷進退。非惟損皇風之盛，慮傷慕義之心。且臣所居，與南連接，民情去就，實所諳知。特宜寬省，以招未至。其小郡太守，數户而已。一請止六尺絹，歲不滿匹。既委邊捍，取其必死，邀之士重，何吝君輕。今班制已行，布之天下，不宜忤冒，以亂朝章。但猥藉恩私，備位蕃岳，憂責之地，敢不盡言。書奏，文明太皇太后令曰：俸制已行，不可以小有不平，便虧通式。

《魏書》卷五〇《尉元傳》〔太和十六年〕詔曰：夫尊老尚更，列聖同致；欽年敬德，綿哲齊軌。朕雖道謝玄風，識昧叡則，仰稟先誨，企遵猷旨。故推老以德，立更以元，父焉斯彰，兄焉斯顯矣。前司徒公元、前鴻臚卿明根並以沖德懸車，懿量歸老，故尊公以三，事更以五。雖更、老非官，耄耋罔祿，然況事既高，宜加殊養。三老可給上公之祿，五更可食元卿之俸，供食之味，亦同其例。

《魏書》卷五四《高閭傳》　遷尚書、中書監。淮南王他奏求依舊斷祿，文明太后令召羣臣議之。閭表曰：

天生烝民，樹之以君，明君不能獨理，必須臣以作輔。君使臣以禮，臣事君以忠。故車服有等差，爵命有分秩；德高者則位尊，任廣者則祿重。下者禄足以代耕，上者俸足以行義。庶民均其賦，以展奉上之心；君王聚其材，以供事業之用。君班其俸，垂惠則厚；臣受其禄，感恩則深。於是貪殘之心止，竭効之誠篤，兆庶無侵削之煩，百辟備禮容之美。斯則經世之明典，爲治之至術。自堯舜以來，逮于三季，雖優劣不同，而斯道弗改。自中原崩否，天下幅裂，海内未一，民户耗減，國用不充，俸禄遂廢。此則事出臨時之宜，良非長久之道。

大魏應期紹祚，照臨萬方，九服既和，八表咸謐。二聖欽明文思，道冠百代，動遵禮式，稽考舊章，準百王不易之勝法，述前聖利世之高軌，置立鄰黨，班宣俸禄，事設令行，於今已久，苛慝不生，上下無怨，姦巧革慮，闚覦絶心，利潤之厚，同於天地。以斯觀之，如何可改？

又洪波奔激，則隄防宜厚；姦悖充斥，則禁網須嚴。且飢寒切身，慈母不保其子；家給人足，禮讓可得而生。但廉清之人，不必皆富；豐財之士，未必悉賢。今給其俸，則清者足以息其濫竊，貪者足以感而勸善；若不班禄，則貪者肆其姦情，清者不能自保。難易之驗，灼然可知，如何一朝便欲去俸？淮南之議，不亦謬乎？

詔從閭議。

《北齊書》卷七《武成帝紀》〔大寧四年二月〕壬申，以年穀不登，禁酤酒。己卯，詔減百官食稟各有差。

（唐）杜佑《通典》卷三五《職官·俸禄·職田公廨田》 後魏孝文太和五年，州刺史、郡太守并官節級給公田。

假寧與致仕分部

綜　述

《晉書》卷二四《職官志》　光禄大夫假銀章青綬者，品秩第三，位在金紫將軍下，諸卿上。漢時所置無定員，多以爲拜假賵贈之使，及監護喪事。魏氏已來，轉復優重，不復以爲使命之官。其諸公告老者，皆家拜此位；及在朝顯職，復用加之。及晉受命，仍舊不改，復以爲優崇之制。而諸公遜位，不復加之，或更拜上公，或以本封食公禄。其諸卿尹中朝大官年老致仕者，及内外之職加此者，前後甚衆。由是或因得開府，或進加金章紫綬，又復以爲禮贈之位。泰始中，唯太子詹事楊珧加給事中光禄大夫。加兵之制，諸所供給依三品將軍。其餘自如舊制，終武、惠、孝懷三世。

《晉書》卷二五《輿服志》　三公、九卿、中二千石、二千石、河南尹、謁者僕射，郊廟明堂法出，皆大車立乘，駕駟。前後導從大車駕二，右騑。他出乘安車。其去位致仕告老，賜安車駟馬。

（唐）杜佑《通典》卷六八《禮·沿革·嘉禮·居官歸養父母》　晉武帝泰始中，河南尹庾純自劾奏：與司空賈充共争，酒醉，充遂訶臣卿父在老，不歸供養，爲無天地。臣不服罪自引，而更忿怒厲聲。按《禮》八十月制，誠以衰老之年，變難無常，而臣不惟生育之恩，輸情自歸，求養老父，而懷禄貪榮，久廢定省。充位爲王公，論道興化，以教養責臣是也。而臣聞義不服，黷慢台司，違犯憲度，不可以訓。臣謹自劾，請臺免官，廷尉理罪，大鴻臚削爵土。謹遣丞臣韓微上所佩河南尹章綬、關内侯印綬，伏請罪誅。河南尹功曹史龐札言：臣謹按三王養老，《王制》八十，一子不從政；九十，其家不從政，使夫人子無闕孝養之道，爲臣不虧在公之節也。臣聞先王制禮，垂訓將來，使能者俯就，不能者企及。姬公留周，伯禽之魯，孝子不匱，典禮無愆。今公府議七十時制，八十月制，欲以駁奪，是爲公朝立法，還自越之。司徒右西曹掾劉斌議：《禮》：八十，一子不從政，純有一兄二弟在家，不爲違禮。又《令》九十乃悉歸，純父未九十，不爲違令。詔純免官而已，充復位。孫盛《晉陽秋》論云：若乃冢宰大臣，不以家事辭王事，抑小全大，自非此族，固宜盡陟岵之恩。如匹夫之志，或不可奪，縱見裁抑者，孝子之心，何得忍而不言？純未嘗告誡，非也。

（唐）杜佑《通典》卷八二《禮·沿革·凶禮·皇太子爲太后不終三年服議》　晉武帝泰始十年，武元楊皇后崩，及將遷於峻陽陵，依舊制，既葬，帝及群臣除喪即吉。先是，尚書祠部奏從博士張靖議，皇太子亦從制俱釋服。博士陳逵議，以爲：今制所施，蓋漢文權制，興於有事，非禮之正。皇太子無有國事，自宜終服。詔更詳議。尚書杜元凱以爲：古者天子諸侯三年之喪，始同齊斬，既葬除喪服，諒闇以居，心喪終制，不與士庶同禮。其議並具《喪禮》卷中。禮官博士張靖等議，以爲：孝文權制三十六日之服，以日易月，道有污崇，禮不得全，皇太子亦宜割情除服。博士陳逵等議，以爲：三年之喪，人子所以自盡，故聖人制禮，自上達下。是以今制，將吏諸遭父母喪，皆假寧二十五月。敦崇孝道，所以風化天下。

《魏書》卷九《肅宗紀》　〔正光四年〕秋七月辛亥，詔曰：達尊斯在，齒預一焉，崇敬黄耇，先代通訓。故方叔以元老處位，充國緣自强見留。雖七十致仕，明乎典故，然以德尚壯，許其縶維。今庶僚之中，或年迫懸車，循禮宜退。但少收其力，老棄其身，言念勤舊，眷然未忍。或戴白在朝，未嘗外任；或停私歷紀，甫受考級；如此之徒，雖滿七十，聽其莅民，以終常限。或新解郡縣，或外佐始停，已滿七十，方求更叙者，吏部可依令不奏。其有高名俊德、老成髦士、灼然顯達、爲時所知者，不拘斯例。若才非秀異，見在朝官，依令合解者，可給本官半禄，以終其身。使辭朝之叟，不恨歸於閭巷矣。

紀　事

《三國志》卷四七《吴志·吴主傳》　〔嘉禾〕六年春正月，詔曰：

夫三年之喪，天下之達制，人情之極痛也；賢者割哀以從禮，不肖者勉而致之。世治道泰，上下無事，君子不奪人情，故三年不逮孝子之門。至於有事，則殺禮以從宜，要經而處事。故聖人制法，有禮無時則不行。遭喪不奔非古也，蓋隨時之宜，以義斷恩也。前故設科，長吏在官，當須交代，而故犯之，雖隨糾坐，猶已廢曠。方事之殷，國家多難，凡在官司，宜各盡節，先公後私，而不恭承，甚非謂也。中外羣僚，其更平議，務令得中，詳爲節度。顧譚議，以爲奔喪立科，輕則不足以禁孝子之情，重則本非應死之罪，雖嚴刑益設，違奪必少。若偶有犯者，加其刑則恩所不忍，有減則法廢不行。愚以爲長吏在遠，苟不告語，勢不得知。比選代之間，若有傳者，必加大辟，則長吏無廢職之負，孝子無犯重之刑。將軍胡綜議，以爲喪紀之禮，雖有典制，苟無其時，所不得行。方今戎事，軍國異容，而長吏遭喪，知有科禁，公敢干突，苟念聞憂不奔之恥，不計爲臣犯禁之罪，此由科防本輕所致。忠節在國，孝道立家，出身爲臣，焉得兼之？故爲忠臣不得爲孝子。宜定科文，示以大辟，若故違犯，有罪無赦。以殺止殺，行之一人，其後必絶。丞相雍奏從大辟。其後吴令孟宗喪母奔赴，已而自拘於武昌以聽刑。陸遜陳其素行，因爲之請，權乃減宗一等，後不得以爲比，因此遂絶。

《晉書》卷二〇《禮志》　侍中尚書令司空魯公臣賈充、侍中尚書僕射奉車都尉大梁侯臣盧欽、尚書新沓伯臣山濤、尚書奉車都尉平春侯臣胡威、尚書劇陽子臣魏舒、尚書堂陽子臣石鑒、尚書豐樂亭侯臣杜預稽首言：禮官參議博士張靖等議，以爲孝文權制三十六日之服，以日易月，道有污隆，禮不得全，皇太子亦宜割情除服。博士陳逵等議，以爲三年之喪，人子所以自盡，故聖人制禮，自上達下。是以今制，將吏諸遭父母喪，皆假寧二十五月。敦崇孝道，所以風化天下。皇太子至孝著于內，而衰服除于外，非禮所謂稱情者也。宜其不除。

《晉書》卷三三《王祥傳》　武帝踐阼，拜太保，進爵爲公，加置七官之職。帝新受命，虚己以求讜言。祥與何曾、鄭沖等耆艾篤老，希復朝見，帝遣侍中任愷諮問得失，及政化所先。祥以年老疲耄，累乞遜位，帝不許。御史中丞侯史光以祥久疾，闕朝會禮，請免祥官。詔曰：太保元老高行，朕所毗倚以隆政道者也。前後遜讓，不從所執，此非有司所得議也。遂寢光奏。祥固乞骸骨，詔聽以睢陵公就第，位同保傅，在三司之右，禄賜如前。詔曰：古之致仕，不事王侯。今雖以國公留居京邑，不宜復苦以朝請。其賜几杖，不朝，大事皆諮訪之。賜安車駟馬，第一區，錢百萬，絹五百匹，牀帳簟褥，以舍人六人爲睢陵公舍人，置官騎二十人。以公子騎都尉肇爲給事中，使常優游定省。又以太保高潔清素，家無宅宇，其權留本府，須所賜第成乃出。

《晉書》卷三三《鄭沖傳》〔泰始〕九年，沖又抗表致仕。詔曰：太傅韞德深粹，履行高潔，恬遠清虚，確然絶世。艾服王事，六十餘載，忠肅在公，慮不及私。遂應衆舉，歷登三事。仍荷保傅之重，綢繆論道之任，光輔奕世，亮茲天工，迪宣謀猷，弘濟大烈，可謂朝之儁老，衆所具瞻者也。朕昧于政道，庶事未康，挹仰耆訓，導揚厥蒙，庶賴顯德，緝熙有成。而公屢以年高疾篤，致仕告退。惟從公志，則朕孰與諮謀？譬彼涉川，罔知攸濟。是用未許，迄于累載。而高讓彌篤，至意難違，覽其盛指，俾朕憮然。夫功成弗有，上德所隆，成人之美，君子與焉。豈必遂朕憑賴之心，以枉大雅進止之度哉。今聽其所執，以壽光公就第，位同保傅，在三司之右。公宜頤精養神，保衛太和，以究遐福。其賜几杖，不朝。古之哲王，欽祇國老，憲行乞言，以彌縫其闕。若朝有大政，皆就諮之。又賜安車駟馬，第一區，錢百萬，絹五百匹，牀帷簟褥，置舍人六人，官騎二十人。以世子徽爲散騎常侍，使常優游定省。禄賜所供，策命儀制，一如舊典而有加焉。

《晉書》卷三五《陳騫傳》　騫少有度量，含垢匿瑕，所在有績。與賈充、石苞、裴秀等俱爲心膂，而騫智度過之，充等亦自以爲不及也。累處方任，爲士庶所懷。既位極人臣，年踰致仕，思欲退身。咸寧三年，求入朝，因乞骸骨。賜衮冕之服，詔曰：騫元勳舊德，統乂東夏，方弘遠績，以一吴會，而所苦未除，每表懇切，重勞以方事。今聽留京城，以前太尉府爲大司馬府，增置祭酒二人，帳下司馬、官騎、大車、鼓吹皆如前，親兵百人，廚田十頃，廚園五十畝，廚士十人，器物經用皆留給焉。又給乘輿輦，出入殿中加鼓吹，如漢蕭何故事。騫累稱疾辭位，詔曰：騫履德論道，朕所諮詢。方賴謀猷，以弘庶績，宜時視事。可遣散騎常侍諭意。騫輒歸第，詔又遣侍中敦諭還府。遂固請，許之，位同保傳，在三司之上，賜以几杖，不朝，安車駟馬，以高平公還第。帝以其勳舊耆老，禮之甚重。又以騫有疾，聽乘輿上殿。

《晉書》卷三六《衛瓘傳》　宣尚公主，數有酒色之過。楊駿素與瓘不平，駿復欲自專權重，宣若離婚，瓘必遜位，於是遂與黄門等毁之，諷帝奪宣公主。瓘慚懼，告老遜位。乃下詔曰：司空瓘年未致仕，而遜讓歷年，欲及神志未衰，以果本情，至真之風，實感吾心。今聽其所執，進位太保，以公就第。給親兵百人，置長史、司馬、從事中郎掾屬；及大車、官騎、麾蓋、鼓吹諸威儀，一如舊典。給厨田十頃、園五十畝、錢百萬、絹五百匹；牀帳簟褥，主者務令優備，以稱吾崇賢之意焉。有司又奏收宣付廷尉，免瓘位，詔不許。

《晉書》卷四一《魏舒傳》　舒三娶妻皆亡，是歲自表乞假還本郡葬妻，詔賜葬地一頃，錢五十萬。【略】

以年老，每稱疾遜位。中復暫起，署兗州中正，尋又稱疾。尚書左丞郤詵與舒書曰：公久疾小差，視事是也，唯上所念。何意起訖還臥，曲身迴法，甚失具瞻之望。公少立巍巍，一旦棄之，可不惜哉。舒稱疾如初。

後以災異遜位，帝不聽。後因正旦朝罷還第，表送章綬。帝手詔敦勉，而舒執意彌固，乃下詔曰：司徒、劇陽子舒，體道弘粹，思量經遠，忠肅居正，在公盡規。入管銓衡，官人允叙；出贊袞職，敷弘五教。惠訓播流，德聲茂著，可謂朝之俊乂者也。而屢執沖讓，辭旨懇誠，申覽反覆，省用憮然。蓋成人之美，先典所與，難違至情。今聽其所執，以劇陽子就第，位同三司，禄賜如前。几杖不朝，賜錢百萬，牀帳簟褥自副。以舍人四人爲劇陽子舍人，置官騎十人。使光禄勳奉策，主者詳案典禮，令皆如舊制。於是賜安車駟馬，門施行馬。舒爲事必先行而後言，遜位之際，莫有知者。時論以爲晉興以來，三公能辭榮善終者，未之有也。司空衛瓘與舒書曰：每與足下共論此事，日日未果，可謂瞻之在前，忽焉在後矣。

《晉書》卷四一《李憙傳》　遷尚書僕射，拜特進、光禄大夫，以年老遜位。詔曰：光禄大夫、特進李憙，杖德居義，當升台司，毗亮朕躬，而以年尊致仕。雖優游無爲，可以頤神，而虚心之望，能不憮然。其因光禄之號，改假金紫，置官騎十人，賜錢五十萬，禄賜班禮，一如三司，門施行馬。

《晉書》卷四一《劉寔傳》　惠帝崩，寔赴山陵。懷帝即位，復授太尉。寔自陳年老，固辭，不許。左丞劉坦上言曰：夫堂高級遠，主尊相貴。是以古之哲王莫不師其元臣，崇養老之教，訓示四海，使少長有禮。七十致仕，亦所以優異舊德，厲廉高之風。太尉寔體清素之操，執不渝之潔，懸車告老，二十餘年，浩然之志，老而彌篤。可謂國之碩老，邦之宗模。臣聞老者不以筋力爲禮，寔年踰九十，命在日制，遂自扶輿，冒險而至，展哀山陵，致敬闕庭，大臣之節備矣。聖詔殷勤，必使寔正位上台，光飪鼎實，斷章敦喻，經涉二年。而寔頻上露板，辭旨懇誠。臣以爲古之養老，以不事爲優，不以吏之爲重，謂宜聽寔所守。

《晉書》卷四五《劉毅傳》　後司徒舉毅爲青州大中正，尚書以毅懸車致仕，不宜勞以碎務。陳留相樂安孫尹表曰：禮，凡卑者執勞，尊者居逸，是順叙之宜也。司徒魏舒、司隸校尉嚴詢與毅年齒相近，往者同爲散騎常侍，後分授外内之職，資塗所經，出處一致。今詢管四十萬户州，兼董司百僚，總攝機要，舒所統殷廣，兼執九品，銓十六州論議，主者不以爲劇。毅但以知一州，便謂不宜累以碎事，於毅太優，詢、舒太劣。若以前聽致仕，不宜復與遷授位者，故光禄大夫鄭袤爲司空是也。夫知人則哲，惟帝難之。尚可復委以宰輔之任，不可諮以人倫之論，臣竊所未安。昔鄭武公年過八十，入爲周司徒，雖過懸車之年，必有可用。毅前爲司隸，直法不撓，當朝之臣，多所按劾。諺曰：受堯之誅，不能稱堯。直臣無黨，古今所悉。是以汲黯死於淮陽，董仲舒裁爲諸侯之相。而毅獨遭聖明，不離輦轂，當世之士咸以爲榮。毅雖身偏有風疾，而志氣聰明，一州品第，不足勞其思慮。毅疾惡之心小過，主者必疑其論議傷物，故高其優禮，令去事實，此爲机閣毅，使絶人倫之路也。臣州茂德惟毅，越毅不用，則清談倒錯矣。

《晉書》卷五〇《庾峻傳》　臣愚以爲古者大夫七十懸車，今自非元功國老，三司上才，可聽七十致仕，則士無懷禄之嫌矣。其父母八十，可聽終養，則孝莫大於事親矣。吏歷試無績，依古終身不仕，則官無秕政矣。能小而不能大，可降還涖小，則使人以器矣。人主進人以禮，退人以禮，人臣亦量能受爵矣。其有孝如王陽，臨九折而去官，潔如貢禹，冠一免而不著，及知止如王孫，知足如疏廣，雖去列位而居東野，與人父言，依於慈，與人子言，依於孝。此其出言合於國檢，危行彰於本朝。去勢如脱屣，路人爲之隕涕；辭寵如金石，庸夫爲之興行。是故先王許之，而聖人貴之。

《晉書》卷六八《紀瞻傳》　瞻以久病，請去官，不聽，復加散騎常侍。及王敦之逆，帝使謂瞻曰：卿雖病，但爲朕臥護六軍，所益多矣。乃賜布千匹。瞻不以歸家，分賞將士。賊平，復自表還家，帝不許，固辭不起。詔曰：瞻忠亮雅正，識局經濟，屢以年耆病久，逡巡告誠。朕深明此操，重違高志，今聽所執，其以爲驃騎將軍，常侍如故。服物制度，一按舊典。遣使就拜，止家爲府。

《晉書》卷七五《王述傳》　太和二年，以年迫懸車，上疏乞骸骨，曰：臣曾祖父魏司空昶白牋於文皇帝曰：昔與南陽宗世林共爲東宮官屬。世林少得好名，州里瞻敬。及其年老，汲汲自勵，恐見廢棄，時人咸共笑之。若天假其壽，致仕之年，不爲此公婆娑之事。情旨慷慨，深所鄙薄。雖是牋書，乃實訓誡。臣忝端右，而以疾患禮敬廢替，猶謂可有差理。日復一日，而年衰疾痼，永無復瞻華幄之期。乞奉先誡，歸老丘園。不許。述竟不起。

《晉書》卷七七《陸曄傳》　咸和中，求歸鄉里拜墳墓。有司奏，舊制假六十日。侍中顔含、黄門侍郎馮懷駁曰：曄内蘊至德，清一其心，受託付之重，居台司之位，既蒙詔許歸省墳塋，大臣之義本在忘己，豈容有期而反，無期必違。愚謂宜還自還，不須制日。帝從之，曄因歸。

《晉書》卷七九《謝玄傳》　玄既還，遇疾，上疏解職，詔書不許。玄又自陳，既不堪攝職，慮有曠廢。詔又使移鎮東陽城。玄即路，於道疾篤，上疏曰：

臣以常人，才不佐世，忽蒙殊遇，不復自量，遂從戎政。驅馳十載，不辭鳴鏑之險，每有征事，輒請爲軍鋒，由恩厚忘軀，甘死若生也。冀有毫釐，上報榮寵。天祚大晉，王威屢舉，實由陛下神武英斷，無思不服。亡叔臣安協贊雍熙，以成天工。而雰霧尚翳，六合未朗，遺黎塗炭，巢窟宜除，復命臣荷戈前驅，董司戎首。冀仰憑皇威，宇宙寧一，陛下致太平之化，庸臣以塵露報恩，然後從亡叔臣安退身東山，以道養壽。此誠以形于文旨，達于聖聽矣。臣所以區區家國，實在於此。不謂臣愆咎夙積，罪鍾中年，上延亡叔臣安，亡兄臣靖，數月之間，相係殂背，下逮稚子，尋復夭昏。哀毒兼纏，痛百常情。臣不勝禍酷暴集，每一慟殆弊。所以含哀忍悲，期之必存者，雖哲輔傾落，聖明方融，伊周嗣作，人懷自厲，猶欲申臣本志，隆國保家，故能豁其情滯，同之無心耳。

去冬奉司徒道子告括囊遠圖，逮問臣進止之宜。臣進不達事機，以蹙境爲恥，退不自揆，故欲順其宿心。豈謂經略不振，自貽斯戾。是以奉送章節，待罪有司，執徇常儀，實有愧心。而聖恩赦過，黷法垂宥，使抱罪之臣復得更名於所司。木石猶感，而況臣乎。顧將身不良，動與釁會，謙德不著，害盈是荷，先疾既動，便至委篤。陛下體臣疢重，使還藩淮側。甫欲休兵靜衆，綏懷善撫，兼苦自療，冀日月漸瘳，繕甲俟會，思更奮迅。而所患沈頓，有增無損。今者惙惙，救命朝夕。臣之平日，率其常矩，加以匪懈，猶不能令政理弘宣，況今内外天隔，永不復接，寧可臥居重任，以招患慮。

追尋前事，可爲寒心。臣之微身，復何足惜，區區血誠，憂國實深。謹遣兼長史劉濟重奉送節蓋章傳。伏願陛下垂天地之仁，拯將絶之氣，時遣軍司鎮慰荒雜，聽臣所乞，盡醫藥消息，歸誠道門，冀神祇之祐。若此而不差，修短命也。使臣得及視息，瞻覩墳柏，以此之盡，公私真無恨矣。伏枕悲慨，不覺流涕。

（宋）李昉等《太平御覽》卷六三四《治道部·急假》　伏見内外衆官，陳假紛紜，煩黷無已。舊有急假，一月五急，一年之中，六十日爲限，不問虚實，相率如此；誣罔視聽，煩穢官曹，舉世行之，不以爲非。急假之制，唯以父母妻子爲辭，而伯叔兄弟，制所不及，長偷薄之風，傷敦睦之化。臣謂宜去病解之故，制一年令賜表假日，隨其所欲之適，任其取日多少。假寧令曰：諸内外官五月給田假，九月給受衣假，爲兩番，各十五日。田假若風土異宜，種收不等，通隨給之。又曰：諸百官九品私家附廟，除程給假五日，四時祭祀，各給假四日。並課主祭者。去任所三百里内亦給程。若在京都除祭者，仍各依朝參例。又曰：諸文武官若流外已上者，父母在，三年給定假三十日。其拜墓，五年一假十日，並除程。若已經還家者，計還後給。其五品已上，所司審勘，於事每闕者奏，不得輒自奏請。親冠假三日，五服內親冠給假一日，並不給程。又曰：諸婚給假九日，除程，周親婚嫁五日，大功五日，小功已下一日，並不給程。以下無主者，百里內除程者，本服周親已上疾病危篤，遠行久別及諸急難，並量給假。

（南朝宋）鮑照《鮑明遠集》卷九《請假啓二首》　臣啓：臣居家乏治，上漏下濕。暑雨將降，有懼崩壓。比欲完葺，私寡功力，板插綯塗，必須躬役。冒欲請假三十日，伏願天恩，賜垂矜許。千啓復追悚息，謹啓。

又

臣啓：臣所患彌留，病顧沈痼。自近蒙歸，頻更頓處，日夜間困或數四。委然一斃，瞻景待化。加以凶衰，嬰遘慘悼。終鮮兄弟，仲由所哀。臣實百罹，孤苦風雨。天倫同氣，實惟一妹，存沒永訣，不獲計見，封瘞泉壤，臨送感恨，情痛兼深。臣母年老，經離憂傷，服麓食淡，羸耗增疾。心計焦迫，進退罔躓。冒乞申假百日，伏願天慈，賜垂矜許。臣違福履，身事屯悴，歎息和景，掩淚春風，執啓涕結，伏追惶悚。謹啓。

《宋書》卷六〇《范泰傳》　泰初爲太學博士，衛將軍謝安、驃騎將軍會稽王道子二府參軍。荊州刺史王忱，泰外弟也，請爲天門太守。忱嗜酒，醉輒累旬，及醒，則儼然端肅。泰謂忱曰：酒雖會性，亦所以傷生。游處以來，常欲有以相戒，當卿沈湎，措言莫由，及今之遇，又無假陳說。忱嗟歎久之，曰：見規者衆矣，未有若此者也。或問忱曰：范泰何如謝邈？忱曰：茂度慢。又問：何如殷覬？忱曰：伯通易。忱常有意立功，謂泰曰：今城池既立，軍甲亦充，將欲掃除中原，以申宿昔之志。伯通意銳，當令擁戈前驅。以君持重，欲相委留事，何如？泰曰：百年逋寇，前賢挫屈者多矣。功名雖貴，鄙生所不敢謀。會忱病卒。召泰爲驃騎諮議參軍，遷中書侍郎。時會稽王世子元顯專權，內外百官請假，不復表聞，唯籤元顯而已。泰建言以爲非宜，元顯不納。

《宋書》卷六〇《王韶之傳》　又駁員外散騎侍郎王寔之請假事曰：伏尋舊制，羣臣家有情事，聽併急六十日。太元中改制，年賜假百日。又居在千里外，聽併請來年限，合爲二百日。此蓋一時之令，非經通之旨。會稽雖塗盈千里，未足爲難，百日歸休，於事自足。若私理不同，便應自表陳解，豈宜名班朝列，而久淹私門。臣等參議，謂不合開許。或家在河、洛及嶺、沔、漢者，道阻且長，猶宜別有條品，請付尚書詳爲其制。從之。

《宋書》卷六七《謝靈運傳》　太祖登祚，誅徐羨之等，徵爲祕書監，再召不起，上使光祿大夫范泰與靈運書敦獎之，乃出就職。使整理祕閣書，補足遺闕。又以晉氏一代，自始至終，竟無一家之史，令靈運撰《晉書》，粗立條流。書〔竟不就。尋遷侍中，日夕引見，賞遇甚厚。靈運詩書皆兼獨絶，每文竟，手自寫之，文帝稱爲二寶。既自以名輩，才能應參時政，初被召，便以此自許，既至，文帝唯以文義見接，每侍上宴，談賞而已。王曇首、王華、殷景仁等，名位素不踰之，並〕見任遇，靈運意不平，多稱疾不朝直。穿池植援，種竹樹堇，驅課公役，無復期度。出郭游行，或一日百六七十里，經旬不歸，既無表聞，又不請急。上不欲傷大臣，諷旨令自解。靈運乃上表陳疾，上賜假東歸。

《宋書》卷九五《索虜傳》　二十年，燾以國授其太子，下書曰：朕承祖宗重光之緒，思闡洪基，恢隆萬世。自經營天下，平暴除逆，掃清不順，武功既昭，而文教未闡，非所以崇太平之治也。今者域內安逸，百姓富昌，軍國異容，宜定制度，爲萬世之法。夫陰陽有往復，四時有代序，授子任賢，安全相附，所以休息疲勞，式固長久，成其祿福，古今不易之典也。諸朕功臣，勤勞日久，皆當致仕歸第，雍容高爵，頤神養壽，朝請隨時，饗宴朕前，論道陳謀而已，不須復親有司苦劇之職。其令皇太子副理萬機，總統百揆，更舉賢良，以被列職，皆取後進明能，廣啓選才之路，擇人授任而黜陟之。故孔子曰：後生可畏，焉知來者之不如今。主者明爲科制，宣勅施行。

《南齊書》卷六《明帝紀》　永明中，御史中丞沈淵表百官年登七十，皆令致仕，竝窮困私門。庚子，詔曰：日者百司耆齒，許以自陳，東西二省，猶沾微俸，辭事私庭，榮祿兼謝，興言愛老，實有矜懷。自縉紳年及，可一遵永明七年以前銓叙之科。

《南齊書》卷三一《張岱傳》　隨王誕於會稽起義，以岱爲建威將軍，輔國長史，行縣事。事平，爲司徒左西曹。母年八十，籍注未滿，岱便去官從實還養，有司以岱違制，將欲糾舉。宋孝武曰：觀過可以知仁，不須案也。

《南齊書》卷三四《虞玩之傳》 玩之以久（官年）〔宦衰〕疾，上表告退，曰：臣聞負重致遠，力窮則困，竭誠事君，智盡必傾，理固然也。四十仕進，七十懸車，壯則驅馳，老宜休息。臣生於晉，長於宋，老於齊，世歷三代，朝市再易。臣以宋元嘉二十八年爲王府行佐，於茲三十年矣。自頃以來，衰耗漸篤。爲性不懶惰，而倦怠頓來。耳目本聰明，而聾瞶轉積。脚不支身，喘不緒氣。景刻不推，朝晝不保。大功兄弟，四十有二人，通塞壽夭，唯臣獨存。朝露末光，寧堪長久。且知足不辱，臣已足矣。稟命飢寒，不求富貴，銅山由命，臣何恨焉，久甘之矣。直道事人，不免縲紲，屬遇聖明，知其非罪，臣之幸厚矣。授命於道消之晨，効節於百揆之日，臣忠之効也。慶降於文明之初，荷澤於天飛之運，臣命之偶也。不謀巧宦而位至九卿，德慙李陵而忝居門下。堯舜無窮，臣亦通矣。年過六十，不爲夭矣。榮期之三樂，東平之一善，臣俱盡之矣。經昏踐亂，涉艱履危，仰聖德以求全，憑賢輔以申節，未嘗厭屈於勳權，畏溺於狐鼠，臣立身之本，於斯不虧。在其壯也，當官不讓。及其衰矣，豪露靡因。伏願慈臨，賜臣骸骨。非爲希高慕古，愛好泉林。特以丁運孤貧，養禮多闕，風樹之感，夙自纏心，庶天假其辰，得二三年閒，掃守丘墓，以此歸全，始終之報遂矣。上省玩之表，許之。

《南齊書》卷三七《虞悰傳》 悰稱疾篤還東，上表曰：臣族陋海區，身微稽〔土〕，（屬）〔猥〕屬興運，荷竊稠私，徒越星紀，終慙報答。衛養乖方，抱疾嬰固，寢瘵以來，倏踰旬朔，頻加醫治，曾未瘳損。惟此朽頓，理難振復，乞解所職，盡療餘辰。詔賜假百日。轉給事中，光禄大夫，尋加正員常侍。

《梁書》卷二五《徐勉傳》 尋加中書令，給親信二十人。勉以疾自陳，求解內任，詔不許，乃令停下省，三日一朝，有事遣主書論決。脚疾轉劇，久闕朝覲，固陳求解，詔乃賚假，須疾差還省。

《梁書》卷三七《謝舉傳》 大同三年，以疾陳解，徙爲右光禄大夫，給親信二十人。其年，出爲雲麾將軍、吳郡太守。先是，何敬容居郡有美績，世稱爲何吳郡，及舉爲政，聲跡略相比。六年，入爲侍中、中書監，未拜，遷太子詹事、翊左將軍，侍中如故。舉父瀹，齊世終此官，累表乞改授，敕不許，久之方就職。九年，遷尚書僕射，侍中、將軍如故。舉雖居端揆，未嘗肯預時務，多因疾陳解，敕輒賜假，並手敕處方，加給上藥。其恩遇如此。其年，以本官參掌選事。

《陳書》卷一九《沈炯傳》 高祖受禪，加通直散騎常侍，中丞如故。以母老表請歸養，詔不許。文帝嗣位，又表曰：臣嬰生不幸，弱冠而孤，母子零丁，兄弟相長。謹身爲養，仕不擇官，宦成梁朝，命存亂世，冒危履險，（自）〔百〕死輕生，妻息誅夷，昆季冥滅，餘臣母子，得逢興運。臣母妾劉，今年八十有一，臣叔母妾丘，七十有五，臣門弟姪故自無人，妾丘兒孫又久亡泯，兩家侍養，餘臣一人。前帝知臣之孤煢，養臣以州里，不欲使頓居草萊，又復矜臣溫凊，所以一年之內，再三休沐。臣之屢披丹款，頻冒宸鑒，非欲苟違朝廷，遠離輦轂。一者以年將六十，湯火居心，每跪讀家書，前懼後喜，溫枕扇席，無復成童。二者職居彝憲，邦之司直，若自虧身禮，何問國章？前德綢繆，始許哀放，內侍近臣，多悉此旨。正以選賢與能，廣求明哲，趦趄荏苒，未始取才。而上玄降戾，奄至今日，德音在耳，墳土遽乾。悠悠昊天，哀此罔極。兼臣私心煎切，彌迫近時，慺慺之祈，轉忘塵觸。伏惟陛下睿哲聰明，嗣興下武，刑于四海，弘此孝治。寸管求天，仰歸帷扆，有感必應，實望聖明。特乞霈然申其私禮，則王者之德，覃及無方，矧彼翔沈，孰非涵養。詔答曰：省表具懷。卿譽馳咸、雒，情深宛、沛。日者理切倚門，言歸異域，復牽時役，遂乖侍養。雖周生之思，每欲弃官，《戴禮》垂文，得遺從政，前朝光宅四海，劬勞萬機，以卿才爲獨步，職居專席，方深委任，屢屈情禮。朕嗣奉洪基，思弘景業，顧茲寡薄，兼纏哀疚，實賴賢哲，同致雍熙，豈便釋簡南闈，解紱東路。當今馮親入舍，荀母從官，用覩朝榮，不虧家禮。尋勑所由，相迎尊累，使卿公私得所，並無廢也。

《陳書》卷二六《徐陵傳》 陵以年老累表求致仕，高宗亦優之，乃詔將作爲造大齋，令陵就第攝事。

《魏書》卷二一上《獻文六王傳・高陽王雍》 又任事之官，吉凶請假，定省掃拜，動歷十旬，或因患重請，動輒經歲。征役在途，勤泰百倍。苦樂之勢，非任事之倫；在家私閑，非理務之日。論優語劇，先宜折之。

《魏書》卷三九《李茂傳》 承弟茂，字仲宗。高宗末，襲父爵，鎮西將軍、敦煌公。高祖初，除長安鎮都將。轉西兗州刺史，將軍如故。入爲光禄大夫，例降爲侯。茂性謙慎，以弟沖寵盛，懼於盈，遂託以老疾，固請遜位。高祖不奪其志，聽食大夫禄，還私第，因居定州之中山。自是優遊里舍，不入京師。景明三年卒，時年七十一。謚曰恭侯。

《魏書》卷四四《羅結傳》 羅結，代人也，其先世領部落，爲國附臣。劉顯之謀逆也，太祖去之。結翼衛鑾輿，從幸賀蘭部。後以功賜爵屈蛇侯。太宗時，除持節、散騎常侍、寧南將軍、河内鎮將。世祖初，遷侍中、外都大官，總三十六曹事。年一百七歲，精爽不衰。世祖以其忠慤，甚見信待，監典後宫，出入臥内，因除長信卿。年一百一十，詔聽歸老，賜大寧東川以爲居業，并爲築城，即號曰羅侯城，至今猶存。朝廷每有大事，驛馬詢訪焉。年一百二十歲，卒。

《魏書》卷五〇《尉元傳》 其年，頻表以老乞身。八月，詔曰：元年尊識遠，屢表告退。朕以公秉德清挹，體懷平隱，仁雅淵廣，謀猷是仗，方委之民政，用康億兆，故頻文累札，仍違沖志。而謙光逾固，三請彌切，若不屈從高謨，復何以成其美德也。已許其致仕，主者可出表付外，如禮申遂。元詣闕謝老，引見於庭，命昇殿勞宴，賜玄冠素服。又詔曰：夫大道凝虚，至德沖挹，故后王法玄猷以御世，聖人崇謙光而降美。是以天子父事三老，兄事五更，所以明孝悌於萬國，垂教本于天下。自非道高識博，孰能處之？是故五帝憲德，三王乞言，若求備一人，同之古哲，叔世之老，孰能克堪？師上聖則難爲其舉，傅中庸則易爲其選。朕既虚寡，德謝曩哲，更、老之選，差可有之。前司徒、山陽郡開國公尉元，前大鴻臚卿、新泰伯游明根並元亨利貞，明允誠素，少著英風，老敷雅迹，位顯台宿，歸終私第。可謂知始知卒，希世之賢也。公以八十之年，宜處三老之重；卿以七十之齡，可充五更之選。於是養三老五更於明堂，國老庶老於階下。高祖再拜三老，親袒割牲，執爵而饋；於五更行肅拜之禮，賜國老、庶老衣服有差。既而元言曰：自天地分判，五行施則，人之所崇，莫重於孝順。然五孝六順，天下之所先，願陛下重之，以化四方。臣既衰老，不究遠趣，心耳所及，敢不盡誠。高祖曰：孝順之道，天地之經，今承三老明言，銘之于懷。明根言曰：夫至孝通靈，至順感幽，故《詩》云：孝悌之至，通於神明，光於四海。如此則孝順之道，無所不格。願陛下念之，以濟黎庶。臣年志朽弊，識見昧然，在於心慮，不敢不盡。高祖曰：五更助三老以言至範，敷展德音，當克己復禮，以行來授。禮畢，乃賜步挽一乘。詔曰：夫尊老尚更，列聖同致；欽年敬德，綿哲齊軌。朕雖道謝玄風，識昧叡則，仰禀先誨，企遵猷旨。故推老以德，立更以元，父焉斯彰，兄焉斯顯矣。前司徒公元、前鴻臚卿明根並以沖德懸車，懿量歸老，故尊公以三，事更以五。雖更、老非官，耋耄罔禄，然況事既高，宜加殊養。三老可給上公之禄，五更可食元卿之俸，供食之味，亦同其例。

《魏書》卷五四《高閭傳》 世宗踐阼，閭累表遜位。詔曰：閭貞幹早聞，儒雅素著，出内清華，朝之儁老，以年及致仕，固求辭任，宜聽解宗伯，遂安車之禮，特加優授，崇老成之秩。可光禄大夫，金印、紫綬。使散騎常侍、兼吏部尚書邢巒就家拜授。及辭，引見於東堂，賜以餚羞，訪之大政。以其先朝儒舊，告老永歸，世宗爲之流涕。詔曰：閭歷官六朝，著勳五紀，年禮致辭，義光進退，歸軒首路，感悵兼懷。安駟籯金，漢世榮貺，可賜安車、几杖、輿馬、繒綵、衣服、布帛，事從豐厚。百僚餞之，猶昔羣公之祖二疏也。

《魏書》卷五五《游明根傳》 明根以年踰七十，表求致仕。詔不許，頻表固請，乃詔曰：明根風度清幹，志尚貞敏，温恭静密，乞言是寄，故抑其高蹈之操，至于再三。表請殷勤，不容違奪，便已許其告辨。可出前後表付外，依禮施行。引明根入見，高祖曰：卿年耆德茂，服勤累朝，歷職内外，並著顯績，逮于耆老，履道不渝，是以釐革之始，委以禮任，遲能迂德，匡贊於朕。然高尚悠邈，便爾言歸，君臣之禮，於斯而畢，眷德思仁，情何可已。夫七十致仕，典禮所稱；位隆固辭，賢者達節。但季俗陵遲，斯道弗繼。卿獨秉沖操，居今行古，有魏以來，首振頹俗，進可以光我朝化，退可以榮慰私門。明根對曰：臣桑榆之年，鍾鳴漏盡，蒙陛下之澤，首領獲全，待盡私庭，下奉先帝陛下大恩，臣之願也。但犬馬之戀，不勝悲塞。因泣不自勝。高祖命之令進，言別殷勤，仍爲流涕。賜青紗單衣、委貌冠、被褥、錦袍等物。

《魏書》卷五八《楊椿傳》 莊帝還宮，椿每辭遜，不許。上書頻乞歸老，詔曰：椿國之老成，方所尊尚，遽以高年，願言致仕，顧懷舊德，是以未從。但告謁頻煩，辭理彌固，以茲難奪，又所重違，今便允其雅志。可服侍中朝服，賜服一具、衣一襲、八尺床帳、几杖，不朝，乘安車，駕駟馬，給扶，傳詔二人，仰所在郡縣，時以禮存問安否。方乖詢訪，良用憮然。椿奉詔於華林園，帝下御座執椿手流涙曰：公，先帝舊臣，實爲元老，今四方未寧，理須諮訪。但高尚其志，決意不留，既難相違，深用悽愴。椿亦歔欷，欲拜，莊帝親執不聽。於是賜以絹布，給羽林衞送，羣公百僚餞於城西張方橋，行路觀者，莫不稱歎。

《魏書》卷七七《辛雄傳》 又爲《禄養論》，稱仲尼陳五孝，自天子至庶人無致仕之文。《禮記》：八十，一子不從政；九十，家不從政。鄭玄注云：復除之。然則，止復庶民，非公卿大夫士之謂。以爲宜聽禄養，不約其年。書奏，肅宗納之。

《魏書》卷一〇八之四《禮志》 延昌二年春，偏將軍乙龍虎喪父，給假二十七月，而虎并數閏月，詣府求上。領軍元珍上言：案《違制律》，居三年之喪而冒哀求仕，五歲刑。龍虎未盡二十七月而請宿衞，依律結刑五歲。三公郎中崔鴻駁曰：三年之喪，二十五月大祥。諸儒或言祥月下旬而禫，或言二十七月，各有其義，未知何者會聖人之旨。龍虎居喪已二十六月，若依王、杜之義，便是過禫即吉之月。如其依鄭玄二十七月，禫中復可以從御職事。《禮》云：祥之日鼓素琴。然則大祥之後，喪事終矣。既可以從御職事，求上何爲不可？若如府判，禫中鼓琴，復有罪乎？求之經律，理實未允。下更詳辨。

珍又上言：案《士虞禮》，三年之喪，期而小祥，又期而大祥，中月而禫。鄭玄云中猶間也，自喪至此，凡二十七月。又《禮》言：祥之日鼓素琴。鄭云：鼓琴者，存樂也。孔子祥後五日，彈琴而不成，十日而成笙歌。鄭注與《鄭志》及踰月可以歌，皆身自逾月可爲。此謂存樂也，非所謂樂。樂者，使工爲之。晉博士許猛《解三驗》曰：案《黍離》、《麥秀》之歌，《小雅》曰君子作歌，惟以告哀，《魏詩》曰心之憂矣，我歌且謠。若斯之類，豈可謂之金石之樂哉？是以徒歌謂之謠，徒吹謂之和。《記》曰：比音而樂之，及干戚羽毛謂之樂。若夫禮樂之施於金石，越於聲音者，此乃所謂樂也。至於素琴以示終，笙歌以省哀者，則非樂矣。《間傳》云：大祥除衰，杖而素縞麻衣，大祥之服也。《雜記》注云：玄衣黄裳，則是禫祭，黄者，未大吉也。《檀弓》云：祥而縞，是月禫，徙月樂。《鄭志》：趙商問，鄭玄答云：祥謂大祥，二十五月。是月禫，謂二十七月，非謂上祥之月也。徙月而樂。許猛《釋六徵》曰：樂者，自謂八音克諧之樂也。謂在二十八月，工奏金石之樂耳。而駁云：大祥之後，喪事終矣。脱如此駁，禫復焉施？又駁云：禫中鼓琴，復有罪乎？然禫則黄裳，未大吉也，鼓琴存樂，在禮所許。若使工奏八音，融然成韻，既未徙月，不罪伊何。又駁云：禫中既得從御職事，求上何爲不可？檢龍虎居喪二十六月，始是素縞麻衣，大祥之中，何謂禫乎？三年沒閏，理無可疑。麻衣在體，冒仕求榮，實爲大尤，罪其焉捨。又省依王、杜，禫祥同月，全乖鄭義。喪凶尚遠，而欲速除，何忽忽者哉？下府愚量，鄭爲得之。何者？《禮記》云：吉事尚近日，凶事尚遠日。又《論語》云：喪與其易寧戚。而服限三年，痛盡終身。中月之解，雖容二義，尚遠寧戚。又檢王、杜之義，起於魏末晉初。及越騎校尉程猗贊成王肅，駁鄭禫二十七月之失，爲六徵三驗，上言於晉武帝曰：夫禮國之大典，兆民所日用，豈可二哉。今服禫者各各不同，非聖世一統之謂。鄭玄説二十七月禫，甚乖大義。臣每難鄭失，六有徵，三有驗，初未能破臣難而通玄説者。如猗之意，謂鄭義廢矣。太康中，許猛上言扶鄭，《釋六徵》、《解三驗》，以鄭禫二十七月爲得，猗及王肅爲失。而博士宋昌等議猛扶鄭爲衷，晉武從之。王、杜之義，於是敗矣。王、杜之義見敗者，晉武知其不可行故也。而上省同猗而贊王，欲虧鄭之成軌，竊所未寧。更無異義，還從前處。

鴻又駁曰：案三年之喪，沒閏之義，儒生學士，猶或病諸。龍虎生自戎馬之鄉，不蒙稽古之訓，數月成年，便懼違緩。原其本非貪榮求位，而欲責以義方，未可便爾也。且三年之喪，再期而大祥，中月而禫。鄭玄以中爲間，王、杜以爲是月之中。鄭亦未爲必會經旨，王、杜豈於必乖聖意。既諸儒探賾先聖，後賢見有不同，晉武後雖從宋昌、許猛之駁，同鄭禫議，然初亦從程猗，贊成王、杜之言。二論得否，未可知也。聖人大祥之後，鼓素琴，成笙歌者，以喪事既終，餘哀之中，可以存樂故也。而樂府必以干戚羽毛，施之金石，然後爲樂，樂必使工爲之。庶民凡品，於祥前鼓琴，可無罪乎？律之所防，豈必爲貴士，亦及凡庶。府之此義，彌不通矣。魯人朝祥而暮歌，孔子以爲踰月則可矣。爾則大祥之後，喪事已終，鼓琴笙歌，經禮所許。龍虎欲宿衛皇宮，豈欲合刑五歲。就如鄭義，二十七月而禫，二十六月十五升、布深衣、素冠、縞紕及黄裳、綵纓以居者，此則三年之餘哀，不在服數之内也。衰經則埋之於地，杖則棄之隱處，此非喪事終乎？府以大祥之後，不爲喪事之終，何得復言素琴以示終也。喪事尚遠日，誠如鄭義。龍虎未盡二十七月而請宿衛，實爲忽忽，於戚之理，合在情責。便以深衣素縞之時，而罪同杖經苦塊之日，於禮憲未允。詳之律意，冒喪求仕，謂在斬焉草土之中，不謂除衰杖之後也。又龍虎具列居喪日月，無所隱冒，府應告之以禮，遣還終月。便幸彼昧識，欲加之罪，豈是遵禮敦風，愛民之致乎？正如鄭義，龍虎罪亦不合刑，忽忽之失，宜科鞭五十。

《北齊書》卷二三《崔瞻傳》　大寧元年，除衛尉少卿，尋兼散騎常侍，聘陳使主。瞻詞韻温雅，南人大相欽服。乃言：常侍前朝通好之日，何意不來？其見重如此。還除太常少卿，加冠軍將軍，轉尚書吏部郎中。因患取急十餘日。舊式，百日不上解官，吏部尚書尉瑾性褊急，以瞻舉指舒緩，曹務繁劇，遂附驛奏聞，因而被代。瞻遂免歸鄉里。

《周書》卷二〇《閻慶傳》　建德二年，抗表致仕，優詔許焉。慶既衰老，恒嬰沉痼。宣帝以其先朝耆舊，特異常倫，乃詔静帝至第問疾。賜布帛千段。醫藥所須，令有司供給。

隋唐五代部

銓選分部

銓選條例

論説

（唐）杜佑《通典》卷一六《選舉・雜議論上》 隋文帝開皇中，持書侍御史李諤以選才失中，上書曰：自魏之三祖，更尚文詞，忽君人之大道，好雕蟲之小藝。下之從上，有同影響，競騁浮華，遂成風俗。江左齊、梁，其弊彌甚，貴賤賢愚，唯務吟詠。遂復遺理存異，尋虚逐微，競一韻之奇，争一字之巧。連篇累牘，不出月露之形；積案盈箱，唯是風雲之狀。代俗以此相高，朝廷據茲擢士。禄利之路既開，愛尚之情愈篤。於是閭里童昏，貴游總角，未窺六甲，先製五言。至如羲皇、舜、禹之典，伊、傅、周、孔之説，不復關心，何嘗入耳。以傲誕爲清虚，以緣情爲勳績，指儒素爲古拙，用詞賦爲君子。故文筆日煩，其政日亂，良由棄大聖之軌範，搆無用以爲用也。捐本逐末，流徧華壤，遞相師祖，澆漓愈扇。及大隋受命，聖道聿興，屏黜輕浮，遏止華僞。自非懷經抱質，志道依仁，不得引領搢紳，參廁纓冕。是以開皇四年，普詔天下，公私文翰，并宜實録。其年九月，泗州刺史司馬幼之上表華豔，付所司理罪。由是公卿大臣，咸知正路，莫不鑽仰墳素，棄絶華綺，擇先王之令典，行大道於茲代。如聞在外州縣，仍踵弊風，選吏舉人，未遵典則。至於宗黨稱孝，鄉曲歸仁，學必典謨，交不苟合，則擯落私門，不加收齒；其學不稽古，逐俗隨時，作輕薄之篇章，結朋黨而稱譽，則選充吏職，舉送天朝。蓋由縣令、刺史，未行風教，猶挾私情，不存公道。臣既忝憲司，職當糾察。若聞風即劾，恐掛網者多，請勒諸司，普加搜訪，有如此者，具狀送臺。

（唐）陸贄《翰苑集》卷二一《中書奏議・論朝官闕員及制史等改轉倫序狀》 右。臣聞於《經》曰：濟濟多士，文王以寧。又曰：無曠庶官，天工人其代之。蓋謂士不可不多，官不可不備。敦付物以能之義，闡恭已無爲之風，此理道得失之所由也。夫聖人之於愛才，不唯側席求思而已，乃復引進以崇其術業，歷試以發其器能，旌善以重其言，優禄以全其操。歲月積久，聲實並豐，列之於朝，則王室尊；分之於土，則藩鎮重。故《詩》序太平之君子，能長育人才；《書》比梓人之理材，既勤樸斲，惟施丹雘，《禮》著造士，《易》尚養賢。蓋以人皆含靈，惟所誘致，如玉之在璞，抵擲則瓦石，追琢則圭璋；如水之發源，壅閼則汙泥，疏濬則川沼。是以書籍所載，歷代同途，祚屬殷昌，必時多雋乂，運鍾衰季，則朝乏英髦。當在衰季之時，咸謂無人足任，及其雄才御寓，淑德應期，賢能相從，森若林會。然則興王之良佐，皆是季代之棄才。在季而愚，當興而智，乃知季代非獨遺賢而不用，其於養育獎勸之道，亦有所不至焉。故曰人皆含靈，唯其誘致。漢高稟大度，故其時多魁傑不羈之材；漢武好英風，故其時壞瑰詭立名之士；漢宣精吏能，故其時萃循良核實之能。迨乎哀、平、桓、靈，昵比小人，疏遠君子，故其時近習操國柄，嬖戚擅朝權。是知人之才性，與時升降，好之則至，獎之則崇，抑之則衰，斥之則絶，此人才消長之所由也。

臣每於中夜，竊自深懼朝之乏人，其患有七：不澄源而防末流，一也；不考實而務博訪，二也；求精太過，三也；嫉惡太甚，四也；程試乖方，五也；取舍違理，六也；循故事而不擇可否，七也。

夫多少相繆，非嘉量不平；輕重相欺，非縣衡不定。用之苟不得其道，則主者實病，而權量無尤。故按名責實者，選吏之權量也。宰相者，主權量之用也。宰相之主吏，猶司府之主財，主吏在序進賢能，主財在平頒秩俸，假使用財失節，則司之者可以改易，而秩俸不可以不頒。主吏乖方，則宰之者可以變更，而賢能不可以不進。其行甚易，其理甚明。頃者命官，頗異於是，常以除吏多少，準量宰相重輕。宰相承寵私，則援引雖濫而必進；宰相見疎忌，則擬議雖當而罕俞。是使羣材仕進之窮通，唯繫輔臣恩澤之薄厚，求諸理道，未謂合宜。夫與奪者，人主之利權；名位者，天下之公器。不以公器徇喜心，不以利權肆忿志，不以寡妨衆，不以人廢官，或其此處有脱誤阻執事而擁羣材。所謂不澄源而防末流之患也。《經》曰：無以小謀亂大作，無以嬖人疾莊士。蓋務大者不拘於小累，謀小者不達於大猷。嬖者或行異於莊，莊者必性殊於嬖，理勢相激，宜其不同。進賢授能，諒君子之事；遏惡揚善，非小人所能。君子以愛才爲心，小人以傷善爲利，愛而引之則近黨，傷而沮之則似公。近黨則不辨而遽疑，似公則不覆而先信，是以大道每隳於橫議，良才常困於中傷。失士啓讒，多由於此。所謂不考實而務博訪之患也。

夫人之器局，有圓方大小之殊；官之典司，有難易閑劇之別。名稱有虛實之異，課績有升降之差。將使官不失才，才不失序，在乎制法以司契，擇人而秉鈞。制之不得厥中，則其法可更，而其契不可亂也；擇之不當所任，則其人可去，而其秉不可奪也。如或事多錯雜，任靡適從，而但役智以求精，勞神而救弊，則所救愈失，所求愈龐。故《書》曰：元首明哉，股肱良哉，庶事康哉。元首叢脞哉，股肱墮哉，庶事隳哉。頃之輔臣，鮮克勝任，過蒙容養，苟備職員，致勞睿思，巨細經慮。每有闕官須補，或緣將命藉才，宰司愼擇上聞，必極當時妙選。聖情未愜，復命別求，執奏既不見從，則又降擇其次。如是至於再，至於三，所選漸高，所得轉下。或斷於獨見，罔徇僉諧；或擢自旁求，不稽公議。權衡失柄，進取多門，等差不倫，聲實相反。此所謂求精太過之患也。

臣聞耀乘之珠，不能無纇；連城之璧，不能無瑕。矧伊有情，寧免愆吝。仲尼至聖也，猶以五十學《易》無太過爲言；顏子殆庶也，尚稱不遠而復無祇悔爲美。況自賢人以降，孰能不有過失哉？珠玉不以瑕纇而不珍，髦彦不以過失而不用，故玄元之教曰：常善救人，則無棄人。文宣亦云：赦小過，舉賢才。齊桓不以射鈎而致嫌，故能成九合之功；秦穆不以一眚而掩德，故能復九敗之辱。前史序項籍之所以失天下，曰：於人之功無所記，於人之過無所遺。管仲論鮑叔牙不可屬國，曰：聞人之過，終身不忘。然則棄瑕録用者，霸王之道；記過遺才者，衰亂之源。夫登進以懋庸，黜退以懲過，二者迭用，理如循環。進而有過則示懲，懲而改修則復進，既不廢法，亦無棄人。雖纖芥必懲，而才用不匱，故能使黜退者克勵以求復，登進者警飭以恪居。上無滯疑，下無蓄怨，俾人於變，以致時雍。陛下英聖統天，威莊肅物，好善既切，計過亦深。一抵譴責之中，永居嫌忌之地。夫以天下士人，皆求宦名，獲登朝班，千百無一，其於修身勵行，聚學蒞官，非數十年間，勢不能致。而以一言忤犯，一事過差，遂從棄捐，沒代不復，則人才不能不乏，風俗不能不偷。此所謂嫉惡太甚之患也。

臣聞君子約言，小人先言。君子之道闇然而日章，小人之道的然而日亡。孔子曰：始吾於人也，聽其言而信其行；今吾於人也，聽其言而觀其行。又曰：舉直錯諸枉，則民服；舉枉錯諸直，則民不服。然則舉錯不可以不審，言行不可以不稽。呐呐寡言者未必愚，喋喋利口者未必智，鄙樸忤逆者未必悖，承順愜可者未必忠，故明主不以辭盡人，不以意選士。凡制爵禄，與衆共之，先論其材，乃授以職，所舉必試之以事，所言必考之於成，然後苟妄不行，而貞實在位矣。如或好善而不擇所用，悦言而不驗所行，進退隨愛憎之情，離合繫異同之趣，是由捨繩墨而意裁曲直，棄權衡而手揣重輕，雖甚精微，不能無謬。此所謂程試乖方之患也。

天之生物，爲用罕兼，性有所長，必有所短，材有所合，亦有所睽。曲成則品物不遺，求備則觸類皆棄。是以巧梓順輪桷之用，故枉直無廢材；良御適險易之宜，故駑驥無失性。物既若此，人亦宜然，其於行能，固不兼具。前志所謂千年一聖，五百年一賢者，才難不其然乎。夫唯聖人，方體全德，賢之爲目，猶有未周。且以未周之才，彌五百年而有一，造次求備，曷由得人？若夫一至之能，偏稟之性，則中人以上，迭有所長。苟區別得宜，付授當器，各適其性，各宣其能，及乎合以成功，亦與全材無異。但在明鑒大度，御之有道而已。帝王之盛，莫盛唐虞；臣佐之盛，莫盛稷禹。稷禹之比，無非大賢，然猶各任所能，不務兼備。故《尚書》序堯舜命官之美，自稷、禹、伯、益以降，凡二十二人，所命典司，不踰一職。用能平九土，播百穀，敷五教，序五刑，禮樂興和，蠻夷率服，洎鳥獸魚鼈亦罔不寧。蓋由舉得其人，任得其所，鑒擇付授，審之於初，不求責於力分之外，不沮撓於局守之內，是以事極其理，人盡其材，君垂拱於上，臣濟美於下，功焯當代，名施無窮。及其失也，則升降任情，首末異趣，使人不量其器，與人不由其誠。以一言稱愜爲能，而不核虛實；以一事違忤爲咎，而不考忠邪。其稱愜則付任逾涯，不思其所不及；其違忤則責望過當，不恕其所不能。是以職司之內無成功，君臣之際無定分。此所謂取捨違理之患也。

今之議者多曰：内外庶官，久於其任。又曰：官無其任則闕之。是皆誦老生之常談，而不推時變；守舊典之糟粕，而不本事情。徒眩聰明，以撓理化。古者人風既朴，官號未多，但別愚賢，匪論資序。不責人以朝夕之效，不計事於尺寸之差，不以小善而褒升，不以一眚而罪斥。故《虞書》三載考績，三考黜陟幽明。是則必俟九年，方有進退。然其所進者，或自側微，而納於百揆，雖久於任，復何病哉。漢制：部刺史秩六百石，郡守秩二千石。刺史高第者即遷爲郡守，郡守高第者即入爲九卿，從九卿即遷爲亞相、相國。是乃從六百石吏而至台輔。其間所歷者三四轉耳。久在其任，亦未失宜。近代建官漸多，烈級逾密，今縣邑有七等之異，州府有九等之差，同謂省郎，即有前中後行郎中員外五等之殊；並稱諫官，則有諫議大夫、補闕、拾遺三等之别。洎諸臺寺，率類於斯，悉有常資，各須循守。若依唐虞故事，咸以九載爲期，是宜高位常苦於乏人，下寮每嗟於白首。三代爲理，損益不同，豈必樂於變易哉？蓋時勢有不得已也。至如鯀陻洪水，績用靡成，猶終九年，然後殛竄。後代設有如鯀之比者，豈復能九年而始行罰乎？臣固知其必不能也。行罰欲速，而進官欲遲，以此爲稽古之方，是猶卻行而求及前人也。頃者臣因奏事，論及内外序遷，陛下乃言：舊例居官歲月皆久，朕外祖曾作秘書少監，一任經十餘年。董晉將順睿情，遂奏云：臣於大曆中，曾任祠部、司勳二郎中，各經六考。陛下之意，頗爲宜然。以臣蠢愚，實有偏見。凡徵舊例，須辨是非，是者不必渝，非者不必守，況於舊例之中自有舛駁之異哉。先聖之初，權臣用事，其於除授，類多徇情，有一月屢遷，有積年不轉。迨至中歲，君臣構嫌，姑務優游，百事凝滯，其於選授，尤所艱難。始以頗僻失平，繼以疑阻成否，至使彝倫闕敘，庶位多淹，是皆可懲，曷足爲法？夫覈才取吏，有三術焉：一曰拔擢以旌其異能，二曰黜罷以糾其失職，三曰序進以謹其守常。如此則高課者驟升，無庸者亟退，其餘績非出類，守不敗官，則循以常資，約以定限。故得殊才不滯，庶品有倫，參酌古今，此爲中道。而議者暗於通理，一槩但曰宜久其任，得非誦老生之常談，而不推時變者乎？夫列位分官，緝熙帝載，匪唯應務，兼亦養才。是以職事雖有小大閑劇之殊，而俱不可曠缺者，蓋備於時而用耳。故《記》曰：天子以騶虞爲節，樂官備也。唯經邦贊國之任，則非有盛德不可以居。故《記》曰：設四輔及三公，不必備，惟其人。議者昧於明徵，一槩但曰官無其人則闕，得非守舊典之糟粕，而不本事情者乎。今内外羣官，考深合轉，陛下或言其已有次第，須且借留，或謂其未著功勞，何用數改。是乃循默者既以無聞而不進，著課者又有成績而見淹，雖能否或差，而沈滯無異。人之從官，積小成高，至於内列朝行，外登郡守，其於更歷，多已長年。孜孜慎修，計日思進，而又淹逾考限，亟易星霜，顧懷生涯，能不興歎？殊異登延之義，且乖勸勵之方。夫長吏數遷，固非理道，居官過久，亦有弊生。何者？時俗長情，樂新厭舊，有始卒者，其唯聖人；降及中才，罕能無變，其始也砥勵之心必切，其久也因循之意必萌。加以盈無不虧，張無不弛，天地神化且難常全，人之所爲安得皆當？是以分分而度，至丈必差；銖銖而稱，至鈞必謬。蒞職既久，寧無咎愆？或爲姦吏所持，或坐深文所糾，偶以一跌，盡隳前功，至使理行不終，能名中缺，豈非上失其制，而推致以及於斯乎。故聖人愛人之才，慮事之弊，採其英華而使之，當其茂暢而獎之，不滯人於已成之功，不致人於必敗之地。是以鋭不挫而力不匱，官有業而事有終，此理之中庸，故書以爲法。遷輔甚速，則人心苟而職業不固；甚遲，則人心怠而事守浸衰。然則甚速與甚犀，其弊一也。陛下俯徇浮議，謂協典謨，久次當進者，既曰務欲且留，缺員須補者，復曰官不必備。則才彦何由進益，理化孰與交修？此所謂循故事而不擇可否之患也。

伏惟陛下憂勤務理，夢想思賢，體陶唐有虞聰明之德以敷求，法太宗天后英邁之風以拔擢，然而得人之惑，尚愧前朝；底乂之功，未光當代。良以七患未去，三術未行，而又睿察太深，宸嚴太峻，常人才器，曷副天心？故雖獲超升，亦驟從黜廢，人物殘瘁，抑斯之由。而議者莫究致弊之端，但思革弊之策，反以廣於進用爲情故，以梗於除授爲精詳，以避謗爲奉公之誠，以擿瑕爲選士之要，乃至稱毁紛糅，美惡混并。凡有遷升，心遭掎摭，聖德廣納，不時發明，小人多言，益敢陰詐，以是眩惑，自無全人。進用之意轉疑，汲引之途漸隘，舊齒既凋敗幾盡，下位或滯淹罕升。故令官序失倫，人才不長，資望漸薄，砥礪浸微，高卑等衰，殆不相續。臣以竊位，屬當序才，懼曠庶官，亟黷宸扆，昧識不足以周物，微誠不足以動天，徒勤進善之心，轉積妨賢之罪，慚惶交慮，焚灼盈懷。凡除吏者，非謗刺之所生，必怨咎之所聚，宰臣獲戾，多起於茲。屢屢上干，何所爲利？但以待罪鈞轄，職思其憂，兼迫於感恩願效之誠，不得不冒昧言之耳。其於裁擇用捨，惟陛下圖之。謹奏。

（唐）杜佑《通典》卷一七《選舉・雜議論中》 大唐貞觀八年三月，詔進士讀一部經史。二十二年九月，考功員外郎王師明知貢舉，時冀州進士張昌齡、王公理並有俊才，聲振京邑，而師明考其文策全下，舉朝不知所以。及奏等第，太宗怪無昌齡等名，因召師明問之，對曰：此輩誠有詞華，然其體輕薄，文章浮艷，必不成令器。臣若擢之，恐後生相倣傚，有變陛下風雅。帝以爲名言，後並如其言。其年，馬周上書曰：自古郡守、縣令，皆妙選賢德，欲有擢升，必先試以臨人，或從二千石入爲丞相。今朝廷獨重內官，縣令、刺史，頗輕其選，刺史多是武夫、勳人，或京官不能職，方始外出；而折衝、果毅之內，身材強壯者，先入爲中郎將，其次始補州任。邊遠之處，用人更輕，其才堪宰莅，以德行見擢者，十不能一。所以百姓未安，殆由於此。

高宗顯慶初，黃門侍郎劉祥道以選舉漸弊，陳奏。其一曰：

吏部比來取人，傷多且濫：每年入流數過千四百人，是傷多；永徽五年，一千四百三十八人；六年，一千十八人；顯慶元年，一千四百五十人。不簡雜色人即注官，是傷濫。雜色解文：三衛、內外行署、內外番官、親事、帳內、品子任雜掌、伎術、直司、書手、兵部品子、兵部散官、勳官、記室及功曹、參軍、檢校官、屯副、驛長、校尉、牧長。經學時務等比雜色，三分不居其一。經明行修之士猶罕有正人，多取胥徒之流，豈可皆求德行。即知天下共釐百姓之務者，善人少而惡人多。爲國以來四十餘載，尚未刑措，豈不由此。且官人非材者，本因用人之源濫；濫源之所起，復由入流人失於簡擇。今行署等勞滿，唯曹司試判，不簡善惡，雷同注官。但服膺先王之道者，奏第然始付選；趨走几案之閒者，不簡便加禄秩。稽古之業雖信難成，斗筲之材傷於易進。其雜色應入流人，請令曹司試判訖，簡爲四等奏聞。量有材用，兼有景行者爲第一等；身品強壯，及第八上，并兵部所送人不沾第一等，及準例合送兵部者，爲第二等；餘量簡爲第三、第四等。第一等付吏部，第二等付兵部，第三等付主爵，第四等付司勳，並準例處分。其行署等私犯下第公坐下下，雖經赦降，情狀可責者，亦量配三司，不經赦降者，放還本貫。冀入流不濫，官皆得人，非材不取，不至冗雜；且令胥徒之輩知有銓擇，雖復素非廉謹，必將漸自飭勵。

其二曰：

古之選者，爲官擇人，不聞擇人多而官員少。今之選者亦擇人，但擇之無準約。官員有數，入流無限，以有數供無限，人隨歲積，豈得不贍。謹準約所須人，量支年別入流數：今內外文武官一品以下，九品以上，一萬三千四百六十五員，略舉大數，當一萬四千人。人之賦命，自有修促。弱冠而從宦，懸車而致仕，五十年食禄者，罕見其人。壯室而仕，耳順而退，取其中數，不過支三十年。此則一萬四千人，三十年而略盡。若年別入流者五百人，經三十年便得一萬五千人，定須者一萬三千四百六十五人，足充所須之數。況三十年之外，在官者猶多，此便足有贍人，不慮其少。今每年入流者遂至一千四百餘人，應須五百數外，常贍一倍以上。又比來放還者，見停亦千餘人，更復年別新加，實非搜揚之法。

其三曰：

雜色人請與明經、進士通充入流之數，以三分論，每二分取明經、進士，一分取雜色人。

其四曰：

儒爲教化之本，學者之宗，儒教不興，風俗將替。今庠序徧於四海，儒生溢於三學，勸誘之方，理實爲備，而奬進之道，事或未周。但永徽以來，於今八載，在官者以善政粗聞，論事者以一言可采，莫不光被綸旨，超升不次。而儒生未聞恩及，臣故以爲奬進之道未周。

其五曰：

國家富有四海，於今已四十年，百姓官寮未有秀才之舉。未知今人之不如昔，將薦賢之道未至？豈使方稱多士，遂闕斯人。請六品以下，爰及山谷，特降綸言，更審搜訪，仍量爲條例，稍加優奬。不然，赫赫之辰，斯舉遂絕，一代盛事，實爲朝廷惜之。

其六曰：

唐虞三載考績，三考黜陟幽明。兩漢用人，亦久居其職，所以因官命氏，有倉、庾之姓。魏晋以來，事無可紀。今之在任，四考即遷。官人知將秩滿，豈無去就；百姓見官人遷代，必懷苟且。以去就之人，臨苟且百姓，責其移風易俗，必無得理。請四考，依選法就任所加階，至八考滿，然後聽選。嶺南及瘴癘之所，四考不得替者，不在此限例。若計至五品，及有中上以上私犯，中下公坐，下上以下考者，四考滿，依舊置替，得替人依式聽選。還淳反朴，雖未敢期；送故迎新，實減其勞擾。

其七曰：

尚書省二十四司及門下、中書主事等，比來選補，皆取舊任流外有刀筆之人。欲參用經學時務之流，皆以儔類爲恥。前後相承，遂成故事。但禁省崇峻，王言秘密，尚書政本，人物攸歸，而多用胥徒之人，恐未盡銓衡之理。請降進止，稍清其選。

奉敕付所司，集群官詳議。議者多難於改作，事竟不行。

三年七月，上謂宰臣曰：四海之廣，唯在得賢。卿等用人，多作形迹，護避親知，不得盡意，甚爲不取。昔祁奚舉子，古人以爲美談。即使卿等兒姪有才，亦須依例進奉。

乾封二年八月，上引侍臣，責以不進賢良，宰相李安期進曰：臣聞聖帝明王，莫不勞於求賢，逸於任使。且十室之邑，必有忠信，況天下至廣，豈無英彥？但比來公卿有所薦引，即遭囂謗，以爲朋黨，沉屈者未申，而在位者已損，所以人思苟免，競爲緘默。若陛下虛己招納，務於搜訪，不忌親讐，唯能是用，讒毀不入，誰不竭誠？此皆事由陛下，非臣等所能致也。上深然之。

上元元年，劉嶢上疏曰：國家以禮部爲考秀之門，考文章於甲乙，故天下響應，驅馳於才藝，不務於德行。夫德行者可以化人成俗，才藝者可以約法立名，故有朝登甲科而夕陷刑辟，制法守度使之然也。陛下焉得不改而張之。至如日誦萬言，何關理體；文成七步，未足化人。昔子張學干祿，仲尼曰：言寡尤，行寡悔，祿在其中矣。又曰：行有餘力，則以學文。今捨其本而循其末。況古之作文，必諧風雅，今之末學，不近典謨，勞心於卉木之閒，極筆於煙雲之際，以此成俗，斯大謬也。昔之采詩，以觀風俗，詠《卷耳》則忠臣喜，誦《蓼莪》而孝子悲，溫良敦厚，詩教也。豈主於淫文哉。夫人之愛名，如水之務下，上有所好，下必甚焉。陛下若以德行爲先，才藝爲末，必敦德勵行，以佇甲科，豐舒俊才，沒而不齒，陳寔長者，拔而用之，則多士雷奔，四方風動。風動於下，聖理於上，豈有不變者歟。

武太后臨朝，垂拱中，納言魏玄同以爲吏部選舉未盡得人之術，上疏曰：

昔之列國，今之州縣，士無常君，人有定主，自求臣佐，各選英賢，大臣乃命於王朝耳。秦并天下，罷侯置守。漢氏因之，有沿有革：諸侯得自置吏四百石以下，其傅相大官則漢爲置之；州郡掾史、督郵、從事，悉任之於牧守。爰自魏晉，始歸吏部，遞相因循，以迄於今。以刀筆求才，以簿書察行，法之弊久矣。

蓋君子重因循而憚改作，有不得已者，亦當運獨見之明，定卓然之議。如今選司所行者，非上皇之令典，乃近代之權道，所宜遷革，實爲至要。何以言之？夫尺丈之量，所及不永；鍾庾之器，所積不多。非其所及，焉能度之；非其所受，何以容之。況天下之大，士人之眾，而可委之數人之手乎？假使平如權衡，明如水鑑，力有所極，照有所窮，銓綜既多，紊失斯廣。況比居此任，時有非人而徇於勢利者哉。使贓貨交易，同乎市井，加以厚貌深衷，險如丘陵，使百行九流，折之於一面，具僚庶品，專斷於一司，不亦難矣。

且前古以來，亂多理少。武德、貞觀，與今亦異，皇運之初，庶事草創，豈唯日不暇給，亦乃人物稀少。天祚大聖，享國永年，比屋可封，異人閒出，咸以爲有道恥賤，得時無怠，諸色人流，年以千計。群司列位，無復新加，官有常員，人無定限。選集之始，霧積雲屯，擢叙於終，十不收一。淄澠混淆，玉石不分，用捨去留，得失相半。既即事爲弊，致後來滋甚。

夫夏殷以前，制度多闕，周監二代，煥乎可睹。豈諸侯之臣，不皆命於天子；王朝庶官，亦不可專於一職。故穆王以伯冏爲太僕正，命之曰：慎簡乃僚，無以巧言令色便僻側媚，其唯吉士。此則令其自擇下吏之文也。太僕正，中大夫耳，尚以僚屬委之，則三公九卿亦然矣。《周禮》，太宰、內史，並掌爵祿廢置；司徒、司馬，別掌興賢詔事。當是分任於群司，而統之以數職，各自求其小者，而王命其大者也。昔區區宋朝，尚爲裴子野所歎，而況於當今乎。

又夫從政莅官，不可以無學。《書》曰：學古入官，議事以制。《傳》曰：我聞學以從政，不聞以政入學。今貴戚子弟，例早求官，或齠齔之年，已腰銀艾；或童丱之歲，已襲朱紫。弘文、崇賢之生，千牛、輦腳之徒，課試既淺，藝能亦薄，而門閥有素，資蔭自高。夫象賢繼及，古之道也。所謂胄子，必裁諸學，修六禮以節其性，明七教以興其德，少則受業，長而出仕，並由德進，必以才升，然後可以利用賓王，移家事國。少仕則廢學，輕試則無才，於其一流，良足惜也。又勳官三衛流外之徒，不待州縣之舉，直取之於書判，恐非先德行而後言才之義也。

臣竊見制書，每令三品薦士，下至九品，亦令舉人，此聖朝仄席旁求之意也。但以褒貶不甚明，得失無大隔，故人上不憂黜責，下不盡搜揚，苟以應命，莫慎所舉。且惟賢知賢，聖人篤論；伊、皋既舉，不仁咸遠。復患階秩雖同，人才異等，身且濫進，鑒豈知人？今欲務得實才，兼宜擇其舉主。流清以源潔，影端由表正，不詳舉主之行能，而責舉人之庸濫，不可得也。

武太后不納。

天授三年，右補闕薛謙光以其時雖有學校之設，禁防之制，而風俗流弊，皆背本而趨末，矯飾行能，以請託奔馳爲務，上疏曰：

自七國以來，雖雜以縱横，而漢興求士，猶徵百行。是以禮讓之士，砥才毓德，既閭里推高，然後爲府寺所辟。而魏氏取人，好其放達。晉、宋之後，衹重門資，奬爲人求官之風，乖授職惟賢之義。梁、陳之間，特好詞賦，故其俗以詩酒爲重，未嘗以修身爲務。降及隋室，餘風尚存，開皇中李諤奏於文帝曰：昔魏之三祖，更好文詞，忽君人大道，好雕蟲小藝，連編累牘，盈箱積案，獨有月露風雲之狀而已。代俗以之相高，朝廷以茲擢人，故文筆日煩，其政日亂。帝納其言，乃下制禁文筆之爲浮詞者。其年，泗州刺史司馬幼之以表詞不質書罪。於是風俗改勵，政化大行。及煬帝，又變前法，置進士等科，故後生復相倣效，皆以浮虚爲貴。

有唐纂曆，漸革前弊，陛下君臨，樹本崇化。而今之舉人，有乖事實，鄉議決小人之筆，行修無長者之論，策第喧競於州府，祈恩不勝於拜伏。或明制適下，試令搜揚，則驅馳府寺，請謁權貴，陳詩奏記，希咳唾之澤，摩頂至足，冀提攜之恩。故俗號舉人爲覔舉。夫覔者，自求之稱，非人知我之謂也。察辭度材，則人品可見矣。故選曹授職，諠囂於禮闈；州郡貢士，諍訟於陛闥。謗議紛紜，寖成風俗。今夫舉人，詢於鄉閭，歸於里正而已。雖跡虧名教，罪加刑典，或冒籍竊資，邀勳盜級，假其賄賂，即爲無犯鄉閭。

設如才應經邦，唯令試策；武能制敵，只驗彎弧。文擅清奇，則登甲科；藻思小減，則爲不第。以此收人，恐乖事實。何者？樂廣假筆於安仁，靈運詞高於穆之，平津文劣於長卿，子建藻麗於荀彧。若以射策爲官，則潘、謝、曹、馬必居孫、樂之右；協贊機猷，則安仁、靈運亦無裨附之益。由此言之，固不可一概而取也。其武藝亦然。故謀將不長於弓馬，良相寧資於射策。伏願陛下降明制，頒峻科，文則試以理官，武則令其守禦，使僥名濫吹之伍，無所藏其庸謬。

臣謹按吳起臨戰，左右進劍，吳子曰：夫臨難決疑，乃將事也。一劍之任，非將事也。又按諸葛亮臨戎，不親戎服，頓蜀兵於渭南，司馬宣王持劍，勁卒不敢當，此豈弓矢之用乎？又按楊得意誦長卿之文，武帝曰：恨不得與此人同時。及相如至，終於文園令，不以公卿之位處之者，蓋非其任故也。

又按漢法，所舉之主，終身保任。楊雄之坐田儀，責其冒薦；成子之居魏相，酬於得賢。賞罰之令行，則請謁之心絶；退讓之義著，則貪競之路塞矣。仍請寬立年限，容其采訪簡汰，堪用者令試守，以觀能否，參檢行事，以覈是非。稱職者受薦賢之賞，濫舉者抵欺罔之罪，自然舉得才行，而君子之道長矣。

聖曆三年二月，武太后令宰相各舉尚書郎一人，狄仁傑獨薦男光嗣，由是拜地官尚書郎，莅事有聲。太后謂仁傑曰：祁奚内舉，果得人也。長安二年，武太后下求賢令，狄仁傑曰：荆州長史張柬之，其人雖老，真宰相才也。乃召爲洛州司馬。他日，又求賢，仁傑曰：臣前言張柬之。太后曰：已遷之矣。對曰：臣薦之請爲相也，今爲洛州司馬，非用之。又遷秋官侍郎。四年，夏官尚書、靈武大總管姚元之將赴鎮，太后令舉堪爲宰相者。元之對曰：秋官侍郎張柬之沈厚有謀，能斷大事，且其人年老，惟陛下急用之。遂爲相。

開元三年，左拾遺張九齡上書曰：

夫元元之眾，莫不懸命於縣令，宅生於刺史，此其尤親於人者也。是以親人之任，宜得賢才；用人之道，宜重其選。而今刺史、縣令，除京輔近處之州刺史猶擇其人，縣令或備員而已；其餘江、淮、隴、蜀、三河諸處，除大府之外，稍稍非才。但於京官之中，出爲州縣者，或是緣身有累，在職無聲，用於牧宰之閒，以爲斥逐之地；因勢附會，遂忝高班，比其勢衰，亦爲刺史；至於武夫、流外，積資而得官，成於經久，不計有才，諸若此流，盡爲刺史。其餘縣令以下，固不可勝言。蓋甿庶所繫，國家之本。務本之職，反爲好進者所輕，承弊之邑，每遭非才者所擾，而欲天下和洽，固不可得也。古者刺史入爲三公，郎官出宰百里，莫不互有所重，勸其所行。臣竊怪近俗偏輕此任。今朝廷卿士入而不出，於其私情，甚自得計。何則？京華之地，衣冠所聚，子弟之閒，身名所出，從容附會，不勞而成。一出外藩，有異於是。人情進取，豈忘之於私，但法制之不敢違耳，原其本意，固私是欲。今大利於京職，而不在外郡，如此則智能之士，欲利之心，日夜營營，安肯復出爲刺史、縣令？而國家之利，方賴智能之人，此輩既自固而不行，在外者又技癢而求入，如此，則智能之輩常無親人之者，今又未革之以法，無乃甚不可乎。故臣以爲欲理之本，莫若重刺史、縣令，此官誠重，智能者可行。正宜懸以科條，定其資歷：凡不歷都督、刺史，雖有高第者，不得入爲侍郎、列卿；不歷縣令，雖有善政者，亦不得入爲臺郎、給、舍；雖遠處都督、刺史，至於縣令，遞次差降，以爲出入，亦不十年頻任京職，又不得十年盡任外官。如此設科以救其失，則內外通理，萬姓獲安。如積習爲常，遂其私計，天下不可爲理也。

又古之選用賢良，取其稱職，或遥聞而辟召，或一見而任之，是以士修素行，不圖僥倖。今天下未必理於上古，而事務日倍於前，誠爲不正其本而設巧於末。所謂末者，吏部條章，動盈千萬，刀筆之吏，辨析毫釐，節制搶攘，溺於文墨；胥徒之猾，又緣隙而起。臣以爲始造簿書，以備用人之遺忘耳，今反求精於案牘，不急於人才，亦何異遺劍中流，而刻舟以記。去之彌遠，可爲傷心。凡稱吏部之能者，則曰從縣尉與主簿，從主簿與縣丞，斯選曹執文而善知官次者也，唯據其合與不合，而多不論賢與不肖，大略如此，豈不謬哉。陛下若不以吏部尚書、侍郎爲賢，必不授以職事；尚書、侍郎既以賢而受委，豈復不能知人？人之難知，雖自古所慎，而拔十得五，其道可行。今則執以格條，責於謹守，幸其心能自覺者，每選所拔亦有三五人；若又專固者，則亦一人不拔。據資配職，自以爲能，爲官擇人，初無此意，故使時人有平配之議，官曹無得賢之實。故臣以爲選部之法，弊於不變。變法甚易，在陛下渙然行之。假如今之銓衡，欲自爲意，亦限行之以久，動必見疑，遂用因循，益爲浮薄。今若刺史、縣令精覈其人，即每年當管之內，應有合選之色，且先委曲考其才行，堪入品流，然後送臺，臺又推擇，據所用之多少，爲州縣之殿最，一則州縣慎於所舉，必取入官之才；二則吏部因其有成，無多庸人干冒。縱有不任選者，謬起怨端，且猶分謗於外臺，不至諠譁於南省。今則每歲選者動以萬計，京師米物爲之空虛，豈多士若斯，蓋渝濫至此。而欲仍舊致理，難於改制，祇益法之煩碎，賢愚混雜，就中以一詩一判定其是非，適使賢人君子從此遺逸，斯亦明代之闕政，有識之所歎息也。

又天下雖廣，朝廷雖眾，而士之名賢，誠可知也。若使毀稱相亂，聽受不明，事將已矣，無復可說。如知其賢能，各有品第，每一官闕，而不以次用之，則是知而不爲，焉用彼相。借如諸司清要之職，當用第一之人，及其要官闕，時或以下等叨進，以故時議無高無下，唯論得與不得，自然清議不立，名節不修，上善則守志而後時，中人則躁求而易操。其故何哉？朝廷若以令名進人，士子亦以修名獲利，而利之所出，眾則趨焉。已而名利不出於清修，所趨多歸於人事，其小者苟求取得，一變而至阿私；其大者許以分義，再變而成朋黨：斯並教化漸漬，使之必然。故於用人之際，不可不第其高下；若高下有次，不可謬干。夫士必刻意修飾，思齊日眾，刑政自清。此皆興衰之大端，安可不察也。

十七年三月，國子祭酒楊瑒上言：伏聞承前之例，每年應舉常有千數，及第兩監不過一二十人。臣恐三千學徒，虛費官廩；兩監博士，濫縻天禄。臣竊見入仕諸色出身，每歲向二千餘人，方於明經、進士，多十餘倍，自然服勤道業之士不及胥吏，以其效官，豈識先王之禮義。陛下設學校務以勸進之，有司爲限約務以黜退之，臣之微誠，實所未曉。今監司課試，十已退其八九，考功及第，十又不收一二，長以此爲限，恐儒風漸墜，小道將興。若以出身人多，應須諸色都減，豈在獨抑明經、進士也。

上然之。

左監門衛録事參軍劉秩論曰：

王者官人，必視國之要，杜諸户，一其門，安平則尊經術之士，有難則貴介胄之臣。

夏、殷、周選士必於庠序，非其道者莫得仕進，是以誘人也無二，其應之者亦一。及周之末，諸侯異政，取人多方，故商鞅患之，説秦孝公曰：利出一孔者王，利出二孔者強，利出三孔者弱。於是下令：非戰非農，不得爵位。秦卒以是能并吞六國。漢室干戈以定禍亂，貴尚淳質。高后舉孝悌、力田，文景守而不變，故下有常業，而朝稱多士。及孝武察孝廉，置五經博士弟子，雖門開二三，而未失道德也。逮至晚歲，務立功名，鋭意四夷，故權譎之謀設，荊楚之士進，軍旅相繼，官用不足。是以聚斂計料之政生，設險興利之臣起，番係、嚴熊羆等經淮造渠，以通漕運，東郭偃、孔僅建鹽鐵諸利策，富者冒爵射官，免刑除罪。公用彌多，而爲官者徇私，上下並求，百姓不堪剋弊。故巧法慘急之臣進，而見知廢格之法作，杜周、減宣之屬以峻文決理貴，而王温舒之徒以鷹擊敢殺彰。而法先王之術，習俎豆之容者，無所任用，由是精通秀穎之士不遊於學。遊於學者率章句之儒也。是以昭帝之時，霍光問人疾苦，不本之於太常諸生，徵天下賢良文學以訪之，是常道不足以取人也。至於東漢，光武好學，不能施之於政，乃躬自講經。肅宗以後，時或祖效，尊重儒術，不達其意而酌其文；三公尚書雖用經術之士，而不行經術之道。是以元、成以降，迄於東漢，慷慨通方之士寡，廉隅立節之徒衆。無何，漢氏失馭，曹魏僭竊，中正取士，權歸著姓，雖可以鎮伏甿庶，非尚賢之術，蓋尊尊之道。於時聖人不出，賢哲無位，詩道大作，怨曠之端也。洎乎晉、宋、齊、梁，遞相祖習，其風彌盛。捨學問，尚文章；小仁義，大放誕。談莊周、老聃之説，誦楚詞、《文選》之言。六經九流，時曾閲目；百家三史，罕聞於耳。撮群鈔以爲學，總衆詩以爲資。謂善賦者廊廟之人，雕蟲者台鼎之器。下以此自負，上以此選材，上下相蒙，持此爲業，雖名重於當時，而不達於從政。故曰：取人之道，可以敦化。《周書》曰：以言取人，人竭其言；以行取人，人竭其行。取人之道，不可不慎也。原夫詩賦之義，所以達下情，所以諷君上。上下情通而天下亂者，未之有也。近之作者，先文後理，詞治不雅，既不關於諷刺，又不足以見情，蓋失其本，又何爲乎。隋氏罷中正，舉選不本鄉曲，故里閭無豪族，井邑無衣冠，人不土著，萃處京畿，士不飾行，人弱而愚。

夫古者以勳賞功，以才莅職，以才莅職，是以職與人宜；近則以職賞功，是以官與人乖。古者計人而貢士，計吏而用人，故士無不官，官無乏吏；近則官倍於古，士十於官，求官者又十於士，故士無官，後魏羽林士，今之萬騎、軍功是也。官乏禄，吏擾人。古者王畿千里，千里之外，封建諸侯，諸侯之吏，自卿以降，各自舉任。當乎漢室，除保傅將相，餘盡專之。州縣佐史，則皆牧守選辟。夫公卿者，主相之所任也；甸外之官吏者，又諸侯牧守之事也。然則主司之所選者，獨甸内之吏，公卿府之屬耳，豈不寡哉。所選既寡，則焉得不精。近則有封建而無國邑，五服之内，政決王朝；一命拜免，必歸吏部。按名授職，猶不能遺，何暇采訪賢良，搜覈行能耶？時皆共嗤其失，而不知失之所以，故備詳之。

又曰：

夫官有大小，材有短長，長者任之以大官，短者任之以小職，職與人相宜，而功與事並理。是以孟公綽爲趙、魏老則優，不可以爲滕、薛大夫。近之任官，其選之也略，其使之也備，一人之身，職無不蓓，若委游、夏以政事，責冉、季以文學也，何其謬歟。故人失其長，官失其理。

是以三代之制，家有代業，國有代官。孔子曰：醫不三世，不服其藥。史墨曰：古之爲官，代守其業，朝夕思之。一朝失業，死則及焉。是知業不代習，則其事不精。此周之所以得人也。昔羲氏、和氏掌天地，劉氏代擾龍，籍氏代司人，庾氏、庫氏代司出納，制氏代司鑄鐘，即其事也。至後代，以代卿執柄，益私門，卑公室，齊奪於田氏，魯弱於三桓。革代卿之失，而不復代業之制，醫、工、筮、數，其道浸微，蓋爲此也。

故老子曰：聖人常善救人，故無棄人；常善救物，故無棄物。不善用人者，譬若使驥捕鼠，令鷹守肉；驥之捕鼠，終不可獲，而千里之功廢矣；鷹之守肉，死有餘罪，而攫撮之效沒矣。夫裁徑尺之帛，刊方寸之木，不任左右，必求良工者，裁帛、刊木非左右之所能故也。徑尺之帛，方寸之木，薄物也，非良工不能裁之；況帝王之佐，經國之任，可不審擇其人乎？故構大廈者先擇木，然後揀材；理國家者先擇佐，然後守人。大匠構屋，必以大材爲棟梁，小材爲榱橑，苟有所中，尺寸之木無棄，此善理木者也。

洋州刺史趙匡《舉選議》曰：

昔三代建侯，與今事異。理道損益，請自漢言之。漢朝用人，自詔舉之外，其府、寺、郡國屬吏，皆令自署。故天下之士，修身於家，而辟書交至，以此士務名節，風俗用修。魏氏立九品之制，中正司之，於是族大者第高，而寒門之秀屈矣。國朝舉選，用隋氏之制，歲月既久，其法益訛。

夫才智因習就，固然之理。進士者時共貴之，主司褒貶，實在詩賦，務求巧麗，以此爲賢，不唯無益於用，實亦妨其正習；不唯撓其淳和，實又長其佻思。自非識度超然，時或孤秀，其餘溺於所習，悉昧本源。欲以啓導性靈，獎成後進，斯亦難矣。故士林鮮體國之論，其弊一也。又人之心智，蓋有涯分，而九流七略，書籍無窮。主司徵問，不立程限，故修習之時，但務鈔略，比及就試，偶中是期。業無所成，固由於此。故當代寡人師之學，其弊二也。疏以釋經，蓋筌蹄耳。明經讀書，勤苦已甚，其口問義，又誦疏文，徒竭其精華，習不急之業。而當代禮法，無不面牆，及臨人決事，取辦胥吏之口而已。所謂所習非所用，所用非所習者也。故當官少稱職之吏，其弊三也。舉人大率二十人中方收一人，故沒齒而不登科者甚衆，其事難，其路隘也如此。而雜色之流，廣通其路也。此一彼十，此百彼千，援其秩序，無所差降，故受官多底下之人，修業抱後時之歎，待不才者何厚，處有能者何薄。崇末抑本，啓昏窒明，故士子捨學業而趨末伎，其弊四也。收人既少，則争第急切，交馳公卿，以求汲引，毁訾同類，用以争先。故業因儒雅，行成險薄，非受性如此，勢使然也。浸以成俗，虧損國風，其弊五也。大抵舉選人以秋末就路，春末方歸，休息未定，聚糧未辦，即又及秋。事業不得修習，益令藝能淺薄，其弊六也。羈旅往來，縻費實甚，非唯妨闕生業，蓋亦隳其舊產，未及數舉，索然以空，其弊七也。貧窶之士在遠方，欲力赴京師，而所冀無際，以此揆度，遂至沒身。使兹人有抱屈之恨，國家有遺才之闕，其弊八也。官司運江、淮之儲，計五費其四，乃達京邑，芻薪之貴，又十倍四方。而舉選之人，每年攢會，計其人畜，蓋將數萬，無成而歸，十乃七八，徒令關中煩耗，其弊九也。爲官擇人，唯才是待。今選司並格之以年數，合格者，判雖下劣，一切皆收；如未合格而應科目者，纔有小瑕，莫不見棄。故無能之士，禄以例臻；才俊之流，坐成白首。此非古人求賢審官之義，亦已明矣。其弊十也。選人不約本州所試，悉令聚於京師，人既浩穰，文簿繁雜，因此渝濫，其事百端。故俗閒相傳云：入試非正身十有三四，赴官非正身十有二三。此又弊之尤者。

今若未能頓除舉選，以從古制，且稍變易，以息弊源，則官多佳吏，風俗可變。其條例如後：

舉人條例

一、立身入仕，莫先於《禮》，《尚書》明王道，《論語》詮百行，《孝經》德之本，學者所宜先習。其明經通此，謂之兩經舉，《論語》、《孝經》爲之翼助。諸試帖一切請停，唯令策試義及口問。其試策自改問時務以來，經業之人鮮能屬綴，以此少能通者。所司知其若此，亦不於此取人，故時人云：明經問策，禮試而已。所謂變實爲虚，無益於政。今請令其精習，試策問經義及時務各五節，並以通四以上爲第。但令直書事義，解釋分明，不用空寫疏文及務華飾。其十節，總於一道之内問之。餘科準此。其口問諸書，每卷問一節，取其心中了悟，解釋分明，往來問答，無所滯礙，不用要令誦疏，亦以十通八以上爲第。諸科亦準此。外更通《周易》、《毛詩》，名四經舉。加《左氏春秋》，爲五經舉。不習《左氏》者，任以《公羊》、《穀梁》代之。其但習《禮記》及《論語》、《孝經》，名一經舉。既立差等，隨等授官，則能否區分，人知勸勉。

一、明法舉亦請不帖，但策問義并口問，准經業科。

一、學《春秋》者能斷大事，其有兼習《三傳》，參其異同，商推比擬，得其長者，謂之春秋舉。策問經義并口問，並準前。

一、進士習業，亦請令習《禮記》、《尚書》、《論語》、《孝經》并一史。其雜文請試兩首，共五百字以上、六百字以下，試牋、表、議、論、銘、頌、箴、檄等有資於用者，不試詩賦。其理通，其詞雅，爲上；理通詞平，爲次；餘爲否。其所試策，於所習經史内徵問，經問聖人旨趣，史問成敗得失，并時務，共十節。貴觀理識，不用徵求隱僻、詰以名數，爲無益之能。言詞不至鄙陋，即爲第。

一、其有通《禮記》、《尚書》、《論語》、《孝經》之外，更通《道德》諸經、《通玄經》、《孟子》、《荀卿子》、《吕氏春秋》、《管子》、《墨子》、《韓子》，謂之茂才舉。達觀之士，既知經學，兼有諸子之學，取其所長，捨其偏滯，則於理道無不該矣。試策徵問諸書義理，并時務，共二十節。仍與之言論，觀其通塞。

一、其有學兼經史，達於政體，策略深正，其詞典雅者，謂之秀才舉。經通四經，或《三禮》，或三家《春秋》，兼通三史以上，即當其目。其試策，經問聖人旨趣，史問成敗得失，并時務，共二十節。仍與之談論，以究其能。

一、學倍秀才，而詞策同之，談論貫通，究識成敗，謂之宏才舉。以前三科，其策當詞高理備，不可同於進士。其所徵問，每十節通八以上爲第。

一、其史書，《史記》爲一史，《漢書》爲一史，《後漢書》并劉昭所注《志》爲一史，《三國志》爲一史，《晋書》爲一史，李延壽《南史》爲一史，《北史》爲一史。習《南史》者，兼通宋、齊《志》；習北史者，通《後魏》、《隋書》志。自宋以後，史書煩碎冗長，請但問政理成敗所因，及其人物損益關於當代者，其餘一切不問。國朝自高祖以下及睿宗《實録》，并《貞觀政要》，共爲一史。

一、天文律曆，自有所司專習，且非學者卒能尋究，並請不問。唯五經所論，蓋舉其大體，不可不知。

一、每年天下舉人來秋入貢者，今年九月，州府依前科目，先起試其文策，通者注等第訖，試官、本司官、録事、參軍及長吏連押其後。其口問者，題策後云口問通若干。即相連印縫，並依寫解爲先後，不得參差。封題訖，十月中旬送觀察使，觀察使差人都送省司，隨遠近比類，須合程限。省司重考定訖，其入第者，二月内符下諸道，諸州追之，限九月内盡到，到即重試之。其文策，皆勘會書跡詞理，與州試同即收之，僞者送法司推問。其國子監舉人亦準前例。

一、諸色身名都不涉學，昧於廉恥，何以居官？其簡試之時，雖云試經及判，其事苟且，與不試同。請皆令習《孝經》、《論語》。其《孝經》口問五道，《論語》口問十道，須問答精熟，知其義理，並須通八以上。如先習諸經書者，任隨所習試之，不須更試《孝經》、《論語》。其判問以時事，取其理通。必在責其重保，以絶替代。其合外州申解者，依舉選例處分。

一、一經及第人，選日請授中縣尉之類；判入第三等及蔭高，授上縣尉之類。兩經出身，授上縣尉之類；判入第三等及蔭高，授緊縣尉之類。用蔭止於此。其以上當以才進。四經出身，授緊縣尉之類；判入第三等，授望縣尉之類。五經，授望縣尉之類；判入第二等，授畿縣尉之類。明法出身，與兩經同資。進士及《三禮》舉、《春秋》舉，與四經同資。其茂才、秀才，請授畿尉之類。其宏才，請送詞策上中書、門下，請授諫官、史官等。《禮經》舉人，若更通諸家禮論及漢已來禮儀沿革者，請便授太常博士。茂才等三科，爲學既優，並準五經舉人，便授官。其雜色出身人，量書判，授中縣尉之類。判入第三等及蔭高者，加一等。凡蔭除解褐官外，不在用限。

一、其今舉人所習既從簡易，士子趨學必當數倍往時。每年諸色舉人，主司簡擇，常以五百人爲大限，此外任收雜色。

選人條例

一、其前資官及新出身，並請不限選數任集，庶有才不滯，官得其人。

一、不習經史，無以立身；不習法理，無以效職。人出身以後，當宜習法。其判問，請皆問以時事、疑獄，令約律文斷決。其有既依律文，又約經義，文理弘雅，超然出群，爲第一等；其斷以法理，參以經史，無所虧失，粲然可觀，爲第二等；判斷依法，頗有文彩，爲第三等；頗約法式，直書可否，言雖不文，其理無失，爲第四等。此外不收。但如曹判及書題如此則可，不得拘以聲勢文律，翻失其真。故合於理者數句亦收，乖於理者詞多亦捨。其倩人暗判，人閒謂之判羅，此最無恥，請牓示以懲之。

一、其授試官及員外官等，若悉不許選，恐抱才者負屈；若並令集，則僥倖者頗多。當酌事宜，取其折中。請令所在，審加勘責，但無渝濫，並準出身人例，試判送省。授官日，其九品、八品官請同黄衣選人例授官；七品、六品依前資解褐官例；五品、四品依前資第二正官例。其官好惡，約判之工拙也。

一、舊法，四品、五品官不復試判者，以其歷任既久，經試固多，且官班已崇，人所知識，不可復爲僞濫耳。自有兵難，仕進多門，僥倖超擢，不同往日，並請試判。待三五年，舉選路清，然後任依舊法。其曾經登科及有清白狀，并曾任臺省官并諸司長官判史者，已經選擇，並不試，依常例處分。

一、每年天下來冬選人，今秋九月，依舉人召集審勘，責絶其姦濫。試時，長吏親自監臨，皆令相遠，絶其口授及替代。其第四等以上，封送省，皆依舉人例處置。吏部計天下闕員訖，即重考天下所送判，審定等第訖，從上等據本色人數收人，具名下本道觀察使追之，限十月內到，並重試之訖，取州試判，類其書蹤及文體。有僞濫者，準法處分。其合留者，依科目資緒，隨穩便注擬。

一、其兩都選人，不比外州，請令省司自試。隔年先試，一同外州。東都選人，判亦將就上都，考定等第，兼類會人數。明年，依例追集重試之，還以去秋所試，驗其書蹤及詞理。則隔年計會替代，事亦難爲。

一、兵興以來，士人多去鄉土，既因避難，所在寄居，必欲網羅才能，隔年先試。今歸本貫，爲弊更深。其諸色舉選人，並請准所在寄莊寄住處投狀，請試舉人。既不慮僞濫，其選人但勘會符告，並責重保，知非僞濫，即准例處分。

一、宏詞拔萃，以甄逸才；進士、明經，以長學業：並請依常年例。其平選判入第二等，亦任超資授官。

一、諸以廕緒優勞、准敕授官者，如判劣惡者，請授員外官。待稍習法理，試判合留，即依資授正員官。

一、諸合授正員官人，年未滿三十者，請授無職事京官及外州府參軍，不得授職事官。

後論：有司或詰於議者曰：吏曹所銓者四，謂身、言、書、判。今外州送判，則身、言闕矣，如何？對曰：夫身、言者，豈非《洪範》貌、言乎？貌謂舉措可觀，言謂詞説合理，此皆才幹之士方能及此。今所試之判，不求浮華，但令直書是非，以觀理識，於此既蔽，則無貌、言，斷可知矣。書者，非理人之具，但字體不至乖越，即爲知書。判者，斷決百事，真爲吏所切，故觀其判，則才可知矣。彼身、言及書，豈可同爲銓序哉。有司復詰曰：王者之盛，莫逾堯舜，《書》稱敷納以言，爲求才之通軌。今以言爲後，亦有説乎？對曰：夫敷納以言者，謂引用賢良，升於達位，方將詢以庶政，非言無以知之，其唐、虞官百，咨俞無幾；其下小吏，官長自求，各行敷納，事至簡易。今吏曹所習，輒數千人，三銓藻鑑，心目難溥，詶喧競之不暇，又何敷納之有乎？其茂才以上，學業既優，可以言政教，接以談論，近於敷納矣。有司復曰：士有言行不差而闕於文學，或頗有文學而言行未脩。但以諸科取之，無乃未備？對曰：吏曹所銓，必求言行，得之既審，然後授官，則外州遥試，未爲通矣。今銓衡之下，姦濫所萃，紛爭劇於獄訟，僞濫深於市井，法固致此，無如之何。豈若外州先試，兼察其行，苟居宅所在，則鄰伍知之，官司耳目，易爲采聽。古之鄉舉里選，方斯近矣。且今之新法，以學舉者，一經畢收；以判選者，直書可否：可謂易矣。修言行者，心當敦固，不能爲此，餘何足觀。若有志性過人，足存激勸，及躬爲惡行，不當舉用者，則典章已備，但舉而行之耳，故無云焉。有司復曰：其有效官公清，且有能政，以其短於詞判，不見褒昇，無乃闕於事實乎？對曰：苟能如此，最爲公器。使司善狀，國有常規，病在不行耳。但令諸道觀察使，每年終必有褒貶，不得僭濫，則善不蔽矣。問曰：試帖經者，求其精熟，今廢之，有何理乎？對曰：夫人之爲學，帖易於誦，誦易於講。今口問之，令其講釋，若不精熟，如何應對？此舉其難者，何用帖爲。且務於帖，則於義不專，非演智之術，固已明矣。夫帖者，童稚之事，今方授之以職，而待以童稚，於理非宜。有司復曰：舊法，口問並取通六，今令通八，無乃非就易之義乎？答曰：所習者少，當務其精，止於通六，失在鹵莽，是以然耳。復曰：舉人試策，例皆五通，今併爲一，有何理？對曰：夫事尚實則有功，徇虛則益寡。試策五通，多書問目，數立頭尾，徇虛多矣，豈如一策之內并問之乎。

（唐）杜佑《通典》卷一八《選舉·雜議論下》　禮部員外郎沈既濟議曰：

計近代以來，爵禄失之者久矣，其失非他，在四太而已。何者？入仕之門太多，代冑之家太優，禄利之資太厚，督責之令太薄。請徵古制以明之。

管子曰：夫利出一孔者，其國無敵；出二孔者，其兵不屈；出三孔者，不可以加兵；出四孔者，其國必亡。先王知其然，故塞人之養，隘其利途。使人無游事而一其業也。而近代以來，禄利所出數十百孔，故人多歧心，疏瀉漏失而不可轄也。夫入仕者多，則農工益少，農工少則物不足，物不足則國貧。是以言入仕之門太多。

《禮》曰：天子之元子，士也。天下無生而貴者。則雖儲貳之尊，與士伍同。故漢王良以大司徒免歸蘭陵，後光武巡幸，始復其子孫邑中徭役，丞相之子不得蠲户課。而近代以來，九品之家皆不征，其高蔭子弟，重承恩獎，皆端居役物，坐食百姓，其何以堪之。是以言代胄之家太優。

先王制士，所以理物也；置禄，所以代耕也。農工商有經營作役之勞，而士有勤人致理之憂。雖風猷道義，士伍爲貴；其苦樂利害，與農工商等不甚相遠也。後代之士，乃撞鐘鼓，樹臺榭，以極其歡；而農工鞭臀背，役筋力，以奉其養。得仕者如昇仙，不仕者如沈泉。歡娱憂苦，若天地之相遠也。夫上之奉養也厚，則下之徵斂也重。養厚則上覬其欲，斂重則下無其聊。故非類之人，或没死以趣上，構姦以入官，非唯求利，亦以避害也。是以言禄利之資太厚。

語曰：陳力就列，不能者止。昔李膺、周舉爲刺史，守令畏憚，覩風投印綬者四十餘城。夫豈不懷禄而安榮哉？顧漢法之不可偷也。自隋變選法，則雖甚愚之人，蝡蝡然，第能乘一勞，結一課，獲入選叙，則循資授職，族行之官，隨列拜揖，藏俸積禄，四周而罷；因緣侵漁，抑復有焉。其罷之日，必妻孥華楚，僕馬肥腯，而偃仰乎士林之閒。及限又選，終而復始，非爲巨害，至死不黜。故里語謂人之爲官若死然，未有不了而倒還者。爲官如此易，享禄如此厚，上法如此寬，下斂如此重，則人孰不違其害以就其利者乎，是以言督責之令太薄。

既濟以爲當輕其禄利，重其督責，使不才之人，雖虚座設位，置印綬於旁，揖讓而進授之，不敢受。寬其征徭，安其田里，使農商百工各樂其業，雖以官誘之，而莫肯易。如此，則規求之志不禁而息，多士之門不扃而閉。若上不急其令，下不寬其徭，而欲以法術遮列，禁人姦冒，此猶坯土以壅横流也，勢必不止。

夫古今選用之法，九流常叙，有三科而已，曰：德也，才也，勞也。而今選曹，皆不及焉。何以言之？且吏部之本，存乎甲令，雖曰度德居官，量才授職，計勞升秩，其文具矣，然考校之法，皆在書判簿歷、言詞俯仰之閒，侍郎非通神，不可得而知之。則安行徐言，非德也；麗藻芳翰，非才也；累資積考，非勞也。苟執此不失，猶乖得人，況衆流茫茫，耳目有不足者乎。蓋非鑒之不明，非擇之不精，法使然也。先朝數人以下言之詳矣，是以文皇帝病其失而將革焉。夫物盈則虧，法久終弊，雖文武之道，亦與時弛張，五帝三王之所以不相沿也。是以王者觀變以制法，察時而立政。按前代選用，皆州府察舉，及年代久遠，訛失滋深。至於齊、隋，不勝其弊，凡所置署，多由請託。故當時議者以爲，與其率私，不若自舉；與其外濫，不若内收。是以罷州府之權而歸於吏部。此矯時懲弊之權法，非經國不刊之常典。

今吏部之法蹙矣，復宜掃而更之，無容循默，坐守刓弊。伏以爲當今選舉，人未土著，不必本於鄉閭；鑒不獨明，不可專於吏部。謹按詳度古制，折量今宜，謂五品以上及群司長官，俾宰臣進叙，吏部、兵部得參議焉；其六品以下，或僚佐之屬，許州府辟用。則銓擇之任，悉委於四方；結奏之成，咸歸於二部。必先擇牧守，然後授其權：高者先署而後聞，卑者聽版而不命。其牧守、將帥或選用非公，則吏部、兵部得察而舉之。聖主明目達聰，逖聽懸視，罪其私冒不慎舉者，小加譴黜，大正刑典，責成授任，誰敢不勉。夫如是，則接名僞命之徒，非才薄行之人，貪叨賄貨，懦弱姦宄，下詔之日，隨聲而廢。通計大數，十除八九，則人少而員寬，事詳而官審，賢者不奬而自進，不肖者不抑而自退。除隋權道，復古美制，則衆才咸得，而天下幸甚。

或曰：當開元、天寶中，不易吏部之法，而天下砥平，何必外辟，方臻於理？既濟以爲不然。夫選舉者，經邦之一端，雖制之有美惡，而行之由法令。是以州郡察舉，在兩漢則理，在魏、齊則亂；吏部選集，在神龍則紊，在開元、天寶則理。當其時，久承升平，御以法術，慶賞不軼，威刑必齊，由是而理，匪繫吏部而臻此也。向以此時用辟召之法，則其理不益久乎。夫議事以制不以權，當徵其本末，計其遐邇，豈時得時失之可言耶。

或曰：帝王之都，必浩穰輻輳，士物繁合，然後稱其大。若權散郡國，遠人不至，則京邑索矣，如之何？又甚不然。自古至隋，數百千年，選舉之任，皆分郡國。當漢文、景、武帝之時，京師庶富，百廛九市，人不得顧，車不得旋，侈溢之盛，亦云極矣，豈待舉選之士爲其助哉。又夫人有定土，土無賸人，浮冗者多，則地著者少。自隋罷外選，招天下之人聚於京師，春還秋往，烏聚雲合，窮關中地力之産，奉四方游食之資，是以筋力盡於漕運，薪粒方於桂玉，是由斯人索我京邑，而謂誰索乎？且權分州郡，所在辟舉，則四方之人無有遐心，端居尊業，而禄自及；禄苟未及，業常不廢。若仕進外絶，要攢乎京，惜時懷禄，孰肯安堵。必貨鬻田産，竭家贏糧，糜費道路，交馳往復，是驅地著而爲浮冗者也。夫京師之冗，孰與四方之實；一都之繁，孰與萬國之殷。況王者當繁其天下，豈廛閈之中校其衆寡哉。

或曰：仕門久開，入者已衆。若革其法，則舊名常調，不足以致身，使中才之人，進無所容，退無所習，其將安歸乎？既濟以爲，人繫賢愚，業隨崇替，管庫之賢既可以入仕，則士之不肖寧愧乎出流？從古以然，非一代也。故《傳》云：三后之姓，於今爲庶。今士流既廣，不可以強廢，但鍵其舊門，不使新入；峻其宦途，不使濫登。十數年間，新者不來，而舊者耗矣，待其人少，然後省官。夫人之才分，各有餘裕，自爲情欲所汩，而未嘗盡焉，引之則長，縶之則短，在勉而已。故凡士族，皆稟父兄之訓，根聰明之性，蓋以依倚官緒，無湮淪墊溺之虞，故循常不修，名義罕立，此教使然也。若惟善是舉，不才決棄，前見爵禄，後臨塗泥，人懷憤激，孰不騰進。則中品之人，悉爲長材，雖曰慎選，捨之何適。

選舉雜議凡七條

一、或曰：按國家甲令，凡貢舉人，本求才德，不選文詞，故《律》曰：諸貢舉人非其人者，徒。注云：謂德行乖僻者也。居州郡則廉使昇聞，在朝廷則以時黜陟，用茲懲勸，足爲致理。有司因循，不修厥職，浸以訛謬，使其陵頹。今但修舊令，舉舊政，則人服矣，焉用改作？答曰：州郡以德行貢士，禮闈以文詞揀才，試官以帖問求學，銓曹以書判擇吏，俱存甲令，何令宜修？且惟德無形，惟才不器，搏之弗得，聆之弗聞，非在所知，焉能辨用？今禮部、吏部一以文詞貫之，則人斯遠矣。使臣廉舉，但得其善惡之尤者耳，每道累歲，罕獲一人。至如循常諄諄，蚩騃愚鄙者；或身甚廉謹，政爲人蔽者；或善爲姦濫，祕不彰聞者：一州數十人，曷嘗聞焉？若銓不委外，任不責成，不疏其源，以導其流，而以文字選士，循資授職，雖口誦律令，拳操斧鉞，以臨其人，無益也。非改之不可。

二、或曰：昔後漢貢士，諸生試經學，文吏試牋奏。則舉人試文，乃前王典故，而子獨非於今，何也？答曰：漢代所貢，乃王官耳。凡漢郡國每歲貢士，皆拜爲郎，分居三署，儲才待詔，無有常職，故初至必試其藝業，而觀其能否。至於郡國僚吏，皆府主所署，版檄召用，至而授職，何嘗賓貢，亦不試練。其遐州陋邑，一掾一尉，或津官戍吏，皆登銓上省，受試而去者，自隋而然，非舊典也。

三、或曰：若使外州辟召，必是牧守親故，或權勢囑託，或旁鄰交質，多非實才，奈其濫何？答曰：誠有之也。然其濫孰與吏部多？請較其優劣。且州牧郡守，古稱共理，政能有美惡之跡，法令有殿最之科，分憂責成，誰敢濫舉。設如年多人怠，法久弊生，天網恢疏，容其姦謬，舉親舉舊，有囑有情，十分其人，五極其濫，猶有一半，尚全公道。如吏部者，十無一焉。請試言之：凡在銓衡，唯徵書判，至於補授，祇校官資，善書判者何必吏能？美資歷者寧妨貪戾？假使官資盡愜，刀筆皆精，此爲吏曹至公之選，則補授之際，官材匪詳。或性善緝人，則職當主辨；或才堪理劇，則官授散員。或時有相當，亦幸中耳，非吏曹素得而知也。有文無賴者，計日可升；有用無文者，終身不進。況其書判，多是假手，或他人替入，或旁坐代爲，或臨事解衣，或宿期定估，才優者一兼四五，自製者十不二三。況造僞作姦，冒名接腳，又在其外。令史受賂，雖積謬而誰尤？選人無資，雖正名而猶剝。又聞昔時公卿子弟親戚，隨位高低，各有分數，或得一人、二人、三人、四人不在放限者，禮部明經等亦然，俗謂之省例，斯非濫歟？若等爲濫，此百而多者也。

四、或曰：吏部有濫，止由一門；州郡有濫，其門多矣。若等爲濫，豈若杜衆門而歸一門乎？答曰：州郡有濫，雖多門，易改也；吏部有濫，雖一門，不可改也。何者？凡今選法，皆擇才於吏部，述職於州郡。若才職不稱，紊亂無任，責於刺史，則曰：官命出於吏曹，不敢廢也。責於侍郎，則曰：量書判資，考而授之，不保其往也。責於令史，則曰：按由歷出入而行之，不知其他也。黎庶從弊，誰任其咎？若牧守自用，則罪將焉逃。必州郡之濫，獨換一刺史則革矣；如吏部之濫，雖更其侍郎，無益也。蓋九流浩浩，不可得知，法使之然，非主司之過。故云門雖多而易改，門雖一而不可改者，以此。

五、或曰：今人多情，故吾恐許其選吏，必綱紀紊失，不如今日之有倫也。答曰：不假古義，請徵目前以明之。今諸道節度、都團練、觀察、租庸等使，自判官、副將以下，皆使自銓擇，縱其間或有情故，大舉其例，十猶七全。則辟吏之法見行於今，但未及於州縣耳。利害之理，較然可觀，何紀之失，何綱之紊？嚮令諸使僚佐，盡授於選曹，則安獲鎮方隅之重，理財賦之殷也。

六、或曰：頃年嘗見州縣有攝官，皆是牧守所自署置，政多苟且，不議久長，纔始到官，已營生計，迎新送故，勞弊極矣。今令州郡召辟，則其弊亦爾，奈何？答曰：國家職員，皆稟朝命，攝官承乏，苟濟一時，不日不月，必乎停省，人雖流而責不及，績雖著而官不成，便身而行，不苟何待？若職無移奪，命自州邦，所攝之官，便爲己任，上酬知己，下利班榮，爭竭智力，人誰不盡？今常調之人，遠授一職，已數千里赴集，又數千里之官，挈攜妻孥，復往勞苦，必一周而在路，料閒歲而停官，成名非知己之恩，後任可計考而得，此之不苟，而誰爲苟。

七、或曰：今四方諸侯，或有未朝覲者。若天下士人既無常調，久不得禄，人皆怨嗟，必相率去我，入於他境，則如之何？答曰：善哉問乎。夫辟舉法行，則搜羅畢盡，自中人以上，皆有位矣。此禄之不及者，皆下劣無任之人，復何足惜。當今天下凋弊之本，實爲士人太多。何者？凡士人之家，皆不耕而食，不織而衣，使下奉其上不足故也。大率一家有養百口者，有養十口者，多少通計，一家不減二十人，萬家約有二十萬口。今有才者既爲我用，愚劣者盡歸他人，有萬家歸之，內則二十萬人隨之，食其黍粟，衣其縑帛，享其禄廩，役其人庶。我收其賢，彼得其愚；我減浮食之口二十萬，彼加浮食之人二十萬：則我弊益減，而彼人益困。自古興邦制敵之術，莫出於是。唯懼去我之不速也，夫何患焉。

請改革選舉事條

內外文武官五品以上。應非選司注擬者。右請宰相總其進叙，吏部、兵部得參議可否。

吏部尚書、侍郎。右請掌議文官五品以上、除拜六品以下，攢奏兼察舉選用之不公者。諸京司長官及觀察使、刺史舉用僚佐，有才職不稱，背公任私者，得察舉彈奏。非選用濫失，不得舉。凡有所察，郎中剌舉，員外郎判成，侍郎、尚書署之，而後行。諸官長若犯他過，使司自當彈奏，即非吏部所察。故云非選用濫失，不得舉。餘所掌準舊。若官長選用濫失有聞，而吏部不舉，請委御史臺彈之。御史臺不舉，即左右丞彈之。按《六典》，御史有糾不當者，即左右丞得彈奏。

兵部尚書、侍郎。右請掌議武官五品以上、除拜六品以下，攢奏兼察舉選用之不公者。諸軍衛長官及節度、都團練使舉用將校，才職不稱，背公任私者，得察舉彈奏。非選用濫失，不得舉。凡有所察舉及臺省糾彈，如吏部之法。餘所掌準舊。

禮部每年貢舉人。右並請停廢。有別須經藝之士，請於國子監六學中銓擇。國子學、太學、四門學、律學、書學、算學。

兵部舉選。右請停廢。昔隋置折衝府，分鎮天下，所以散兵。及武太后，昇平置武舉，恐人之忘戰。則武官、武選，本末可徵。今內外邦畿，皆有師旅；偏裨將校，所在至多。誠宜設法減除，豈復張門誘入。況若此輩，又非驍雄，徒稱武官，不足守禦，雖習弓矢，不堪戰鬥，而坐享禄俸，規逃王徭。今請悉停，以絕姦利。

京官六品以下。應合選司注擬者。右請各委本司長官自選用，初補稱攝，然後申吏部、兵部，吏部、兵部奏成，乃下敕牒，并符告於本司，是爲正官。考從奏成日計。凡攝官，俸禄各給半。

州府佐官。別駕、少尹、五府司馬、赤令，不在此例。右自長史以下，至縣丞、縣尉，諸州長史、司馬，或雖是五品以上官，亦同六品官法。請各委州府長官自選用，不限土、客。其申報正、攝之制，與京官六品以下同。其邊遠羈縻等州，請兼委本道觀察使，共銓擇補授。

上州省事、市令，中州參軍、博士，下州判司，録事參軍不在此例。中下縣丞以下及關、津、鎮戍官等。右請本任刺史補授訖，申吏部、兵部，吏部、兵部給牒，然後成官，並不用聞奏。其員數不得踰舊制。雖吏部未報，並全給禄俸。若承省牒，在任與正同，去任後不得稱其官。若州司以勞效未著而不申者，請不限年月並聽之。

州縣。右請準舊令，州爲三等，上、中、下。縣爲五等，赤、畿、上、中、下。其餘緊、望、雄、輔之名請廢。夫等級繁多，則仕進淹滯，使其周歷，即務速遷，官非久安，政亦苟且。請減眾級，以懲僥心，則官達可期，群才無壅。

六品以下官資歷。右並請以五周爲滿，唐虞遷官，必以九載。魏晋以後，皆經六周。國家因隋爲四，近又減削爲三。考今三、四則太少，六、九則太多，請限五周，庶爲折中。其遷轉資歷，請約修舊制。修舊制，謂遷轉資次也。但以一官亦滿，即任召用，並無選數。若才行理績有尤異者，請聽超遷。每長官代換，其舊僚屬若有負犯及不稱職者，請任便替；若無負犯，皆待考滿，未滿者不得替。

諸道使管內之人及州縣官屬，有政理尤異，識略宏通，行業精修，藝能超絶及懷才未達，隱德丘園，或堪充內官，不稱州縣者；並申送吏部。將校偏裨有兵謀武藝，或堪充宿衛，或可爲統帥者。右請不限少多，各令長官具述才行謀略，舉送朝廷，皆申上。吏部、兵部各設官署以處之，審量才能，銓第高下，每官職有闕及別須任使，則隨才擢用。如漢光祿勳領三署郎。稱舉者，舉主加階進爵；得賢俊者，遷其官。若自用僚屬，雖得賢不賞。

禁約雜條

一、諸使及諸司州府長官舉用僚屬，請明書事跡、德行、才能，請授某官某職，皆先申吏部、兵部，若諸使奏官兼帶職掌者，即以職掌分其文武，不計本官。帶州縣職，即申吏部；帶軍職，即申兵部。吏部、兵部謄其詞而奏，云得某使、某曹司、某州府狀稱。以元狀人入，按每使、每司、每州，各爲一簿。

一、所舉官吏在任日，有行跡乖謬，不如舉狀及犯罪至徒以上者，請兼坐舉主，其所犯人，自依常法本條處分。一人奪祿一年，諸使無祿者，準三品官以料錢折納，依時估計。二人奪賜，無賜者貶其色，降紫從緋，降緋從綠，降綠從碧。三人奪階及爵，有爵無階、有階無爵者，加奪賜及勳。四人解見任職事官，已上任者，並追解之。五人貶官，節度、觀察使降爲刺史，刺史降爲上佐，皆以邊州。六人除名。雖六人以上，罪止除名。有犯贓罪至流以上者，倍論之。倍，謂一人從二人之法，二人從四人之法，三人從六人之法。罪止三人。若舉用後，續知過謬，具狀申述及自按劾者，請勿論。此謂所知不審，舉用失誤者。

一、所舉官有因姦納賂而舉者，有親故非才而舉者，有容受囑託而舉者，有明知不善而故舉者。有犯一科，請皆以罔上論，不在官贖限。囑託舉者，兩俱爲首，規求者爲從。

評曰：

夫人生有欲，無君乃亂。君不獨理，故建庶官。昔在唐、虞，皆訪於眾，則舜舉八元、八凱，四岳之舉夔龍、稷、契，此蓋用人之大略也。降及三代，擇於鄉庠，然後授任，其制漸備。秦漢之道，雖不師古，閭塾所推，猶本乎行。而郡國佐史，並自奬擢，備嘗試効，乃登王朝；內官有僚屬者，亦得徵求俊彦。暨於東漢，初置選職，推擇之制，尚習前規，左雄議以限年，其時不敢謬舉，所以二漢號爲多士。魏晋設九品，置中正，蓋論閥閲，罕考行能，選曹之任，益爲崇重。州郡之刺史、太守，內官之卿、尹、大夫，咸吏部所署，而辟召及鄉里之舉，舊式不替。永嘉之後，天下幅裂，三百餘祀，方遂混同，中間各承正號，凡有九姓，大抵不變魏晋之法，皆亂多理少，諒無足可稱。夫文質相矯，有如循環，教化所由，興衰是繫。自魏三主俱好屬文，晋、宋、齊、梁風流彌扇，體非典雅，詞尚綺麗，澆訛之弊，極於有隋。且三代以來，憲章可舉，唯稱漢室；繼漢之盛，莫若我唐。惜乎當創業之初，承文弊之極，可謂遇其時矣，群公不議救弊以質，而乃因習尚文，風教未淳，慮由於此。

緬徵往昔，論選舉者，無代無之，或云官繁人困，要省吏員，或云等級太多，患在速進，或云守宰之職，所擇殊輕，或云以言取人，不如求行：是皆能知其失，而莫究所失之由。何者？按秦法，唯農與戰始得入官。漢有孝悌、力田、賢良、方正之科，乃時令徵辟；而常歲郡國率二十萬口貢止一人，約計當時推薦，天下纔過百數，則考精擇審，必獲器能。自茲厥後，轉益煩廣。我開元、天寶之中，一歲貢舉，凡有數千；而門資、武功、藝術、胥吏，眾名雜目，百户千途，入爲仕者，又不可勝紀，比於漢代，且增數十百倍。安得不重設吏職，多置等級，遞立選限以抑之乎？常情進趨，共慕榮達，升高自下，由邇陟遐，固宜驟歷方至，何暇淹留著績。秦氏列郡四十，兩漢郡國百餘，太守入作公卿，郎官出宰縣邑，便宜從事，闕略其文，無所可否，責以成效，寄委斯重，酬奬亦崇。今之剖符三百五十，郡縣差降，復爲八九，邑之俊乂，不得有之；事之利病，不得專之。八使十連，舉動咨稟，地卑禮薄，勢下任輕，誠曰徒勞難階，超擢容易而授，理固然也。

始後魏崔亮爲吏部尚書，無問賢愚，以停解日月爲斷，時沉滯者皆稱其能，魏之失才，實從亮始。洎隋文帝，素非學術，盜有天下，不欲權分，罷州郡之辟，廢鄉里之舉，內外一命，悉歸吏曹；纔廁班列，皆由執政。則執政參吏部之職，吏部總州郡之權，罔徵體國推誠、代天理物之本意，是故銓綜失叙，受任多濫。豈有萬里封域，九流叢湊，掄才授職，仰成吏曹，以俄頃之周旋，定才行之優劣，求無其失，不亦謬歟。爾後有司尊賢之道，先於文華；辨論之方，擇於書判。靡然趨尚，其流猥雜。所以閲經號爲倒拔，徵詞同乎射覆，置循資之格，立選數之制，壓例示其定限，平配絶其踰涯，或糊名考覈，或十銓分掌。苟濟其末，不澄其源，則吏部專總，是作程之弊者；文詞取士，是審才之末者；書判，又文詞之末也。

凡爲國之本，資乎人甿；人之利害，繫乎官政。欲求其理，在久其任；欲久其任，在少等級；欲少等級，在精選擇；欲精選擇，在減名目。俾士寡而農工商衆，始可以省吏員，始可以安黎庶矣。誠宜斟酌理亂，詳覽古今，推仗至公，矯正前失，或許辟召，或令薦延，舉有否臧，論其誅賞，課績以考之，升黜以勵之，拯斯刓弊，其效甚速，實爲大政，可不務乎。

（唐）白居易《白氏長慶集》卷六三《策林・審官量才授職則政成事舉》 官既備而事未舉，才既用而政未成者，由官與才不相得也。且官有大小繁簡之殊，才有短長能否之異，稱其任則政立，枉其能則事乖。故先王立庶官而後求人，使乎各司其局也。辯衆才而後入仕，使乎各盡其能也。如此則官雖省，才雖半，可得而理矣。若以短任長，以大授小，委其不可而望其可，強其不能而責其能，如此則官雖能，才雖倍，無益於理矣。故曰任小能於大事者，猶狸搏虎而刀伐木也；展長才於短用者，猶驥捕鼠而斧剪毛也。所不相及，豈不宜哉。王者誠能量衆才之短長，審庶官之小大，俾操鑿枘者無圓方之謬，備輪轅者適曲直之宜，自然人盡其能，職修其要，彝倫日叙，庶績日凝，又何患乎事不舉而政未成哉。

（唐）白居易《白氏長慶集》卷六三《策林・大官乏人由不慎選小官也》 問：國家台袞之才，臺省之器，胡然近日稍乏其人？將欲救之，其故安在？

臣伏見國家公卿、將相之具，選於丞郎、給舍；丞郎、給舍之才，選於御史、遺補、郎官；御史、遺補、郎官之器，選於秘著、挍正、畿赤簿尉。雖未盡是，十常六七焉。然則畿赤之吏，不獨以府縣之用求之，秘著之宦，不獨不以挍勘之用取之，其所責望者，乃丞郎之椎輪，公卿之濫觴也。則選用之際，宜得其人。臣竊見近日秘著、挍正，或以門地授，畿赤簿尉，唯以資序求。不商較其器能，不研覈其才行，至使頃年以來，臺官空不知所取，省郎闕不知所求，豈直乏賢，誠亦廢事。且以資序得者，僅能參於簿領，以門地進者，或未任於鉛黃，臣恐台袞之才、臺省之器，十年以後稍乏其人。又頃者有司懲趨競之流，塞徼倖之路，俾進士非科第者不授挍正，挍正欠資考者不署畿官，立而爲文，權以救弊，蓋一時之制，非可久之術。今者有司難於掄材，易於注擬，因循勿改，守以爲常，至使兩畿之中，數縣之外，雖資序皆當其任，而名實莫得而聞，故每臺省缺員，曾莫敢議，則守文之弊，一至於斯。伏願思以後難，革其前失，正丞郎椎輪之本，疏公卿濫觴之源。如此則良能之才必足用矣，要劇之職不乏人矣。

（唐）白居易《白氏長慶集》卷六三《策林・革吏部之弊》 問：吏部之弊，爲日久矣。今吏多於員，其故何因？官不得人，其由何在，奸僞日起，其計何生？馳騖日滋，其風何自？欲使吏與員而相得，名與實而相符，趨競巧濫之弊銷，公平政理之道長，妍媸者不能欺於藻鏡，錙銖者不敢詐於銓衡，豈無良謀，以救其弊？

臣伏見吏部之弊，爲日久矣，時皆共病，不知其然，臣請備而言之。臣聞古者計户以貢士，量官而署吏，故官不乏吏，士不乏官，士吏官員必相參用。今則官倍於古，吏倍於官，入色者又倍於吏也。此由每歲假文武而筮仕者衆，冒資廕而出身者多，故官不得人，員不充吏，是以争求日至，奸濫日生，斯乃爲弊之一端也。臣又聞古者州郡之吏，牧守選而舉之，府寺之寮，公卿辟而署之，其餘者乃歸有司。有司所領既少，則所選必精，此前代所以得人也。今則內外之官，一命以上，歲羨千數，悉委吏曹。吏曹案資署官，猶懼不給，則何暇考察名實，區別否臧者乎？至使近代以來，寖而成弊，真僞争進，共徵循資之書，賢愚莫分，同限停年之格，才能者淹滯而不振，巧詐者因緣以成奸，此又爲弊之一端也。今若使内外師長者各選其人，分署其吏，則庶乎官得其才矣；使諸色入仕者量省其數，或間以年，則庶乎士不乏官矣。官得其才，則公平政理之道所由長也；士不乏官，則趨競巧濫之弊所由銷也。矧又減銓衡之偏重，則力不撓而易平矣；分藻鏡之獨鑒，則照不疲而易明矣。與夫千品折於一面，百職斷於一心，功相萬也。得失相懸，豈不遠矣。臣以爲芟煩剗弊，莫尚於斯。

（唐）李絳《李相國論事集》卷五《論任賢事》 上御浴堂北廊，召學士李絳對，上從容言曰：朕觀前王，任多賢才，所以理。即今日都無賢才可任，何故也？絳對曰：自古及今帝王，未有不任賢則理，用邪則亂，明著史傳，不敢備陳。夫聖王理當代之人，祇選當時之賢，極其才分，便可致理，豈借賢於異代以理今日之人？近代北齊任楊遵彦則理，用高阿那肱則亂。隋代任高熲則理，用楊素則亂。國家任房玄齡、杜如晦、魏徵、王珪、姚崇、宋璟則理，用李義甫、許敬宗、李林甫、楊國忠則亂。事狀横於目前，理亂存於史策。夫致賢之路歷代不同，大凡王者不以至尊輕待臣下，不以己能蓋於凡器，折節下士，卑躬禮賢，天下仰知聖意，賢能之人方出，是巖穴無晦迹之儔，朝廷有佐時之器矣。上曰：何以知其必賢而任之乎？對曰：聖問至當，誠爲難知。堯舜亦以知人爲難，况近代澆薄，真僞不分，固不易知也。然以事小驗之，必十得七八矣。任官清廉無貪穢之跡，當時堅正，無阿容之私，章疏諫諍，無希望依違之苟、左右獻納；無邪佞愉悦之辭，言必及遠大，行不顧財利。如此則可謂近於賢矣。若言必諂諛，動關名利，但攻人之短，不揚人之美，求己之售，不望己之分，觀望主意以希合爲心，逢迎君意以恩幸爲志，爲主招怨，爲身圖利，斯可謂之小人也。驗之以行事，參之以輿議，然後用之，委用之後，名實相副則當任之，既任之則當久之，使代天下之績久而化成，然後聖君垂拱而天下治矣。賢者行理端直，身寡黨援，拔擢賢彦則小人怨謗，杜塞邪徑則姦人搆陷，制度畫一則貴戚毀傷，忠正進用則諛佞攻擊。夫用賢豈容易哉？自非聖主明君懸鑒情僞，不使毁謗得行，疑似生隟，盡其才器，極其智用，然後政化可得而興。故齊桓公任管夷吾，尊之以仲父，而齊國大理，是任之不疑也。管仲對桓公曰：既任君子，而以小人參之，此最害霸也。古人以求賢不至，則賢者不出，故喻以蝸蚓之餌以求吞舟之鱗，設釜鍾之禄以致濟代之器，不可得也。陛下但以數事驗之以言，校之以實，採之於衆，任之以權，則賢不肖得矣。伏惟聖智詳察。上曰：卿言得之，盡於此矣。

（唐）李德裕《會昌一品集》卷一六《論用兵·潞磁等四州縣令録事參軍狀》 右，緣地貧俸薄，無人情願，多是假攝，破害疲甿。望委吏部於今年選人中，揀幹濟曾有績効人，稍優一兩任注擬。其俸料待勘數到，續請商量奏聞。

以前並是積久之弊，且要改張。所冀刺史得主兵權，免受牽制。官人皆由選擇，可委緝綏，既無軍鎮干侵，自然得施教化。臣等商量如前，未審可否？

《舊唐書》卷八一《劉祥道傳》 祥道少襲父爵。永徽初，歷中書舍人、御史中丞、吏部侍郎。顯慶二年，遷黄門侍郎，仍知吏部選事。祥道以銓綜之術猶有所闕，乃上疏陳其得失。其一曰：

今之選司取士，傷多且濫：每年入流數過一千四百，傷多也；雜色入流，不加銓簡，是傷濫也。經明行修之士，猶或罕有正人，多取胥徒之流，豈能皆有德行。即知共釐務者，善人少而惡人多。有國以來，已四十載，尚未刑措，豈不由此乎。但服膺先王之道者，奏第然始付選；趨走几案之間者，不簡便加禄秩。稽古之業，雖則難知，斗筲之材，何其易進？其雜色應入流人，望令曹司試判訖，簡爲四等奏聞。第一等付吏部，第二等付兵部，次付主爵，次付司勳。其行署等私犯公坐情狀可責者，雖經赦降，亦量配三司；不經赦降者，放還本貫。冀入流不濫，官無冗雜，且令胥徒之輩，漸知勸勉。

其二曰：

古之選者，爲官擇人，不聞取人多而官員少。今官員有數，入流無限，以有數供無限，遂令九流繁總，人隨歲積。謹約準所須人，量支年別入流者。今内外文武官一品以下，九品已上，一萬三千四百六十五員，略舉大數，當一萬四千人。壯室而仕，耳順而退，取其中數，不過支三十年。此則一萬四千人，三十年而略盡。若年别入流者五百人，經三十年便得一萬五千人，定須者一萬三千四百六十五人，足充所須之數。况三十年之外，在官者猶多，此便有餘，不慮其少。今年常入流者，遂逾一千四百，計應須數外，其餘兩倍。又常選放還者，仍停六七千人，更復年别新加，實非處置之法。

其三曰：

儒爲教化之本，學者之宗，儒教不興，風俗將替。今庠序遍於四海，儒生溢於三學，誘掖之方，理實爲備，而奬進之道，事或未周。但永徽已來，于今八載，在官者以善政粗聞，論事者以一言可採，莫不光被綸音，超升不次。而儒生未聞恩及，臣故以爲奬進之道未周。

其四曰：

國家富有四海，已四十年，百姓官僚，未有秀才之舉。豈今人之不如昔人，將薦賢之道未至？寧可方稱多士，遂閒斯人。望六品已下，爰及山谷，特降綸言，更審搜訪，仍量爲條例，稍加優奬。不然，赫赫之辰，斯舉遂絶，一代盛事，實爲朝廷惜之。

其五曰：

唐、虞三載考績，黜陟幽明。兩漢用人，亦久居其職。所以因官命氏，有倉、庾之姓。魏、晋以來，事無可紀。今之在任，四考即遷。官人知將秩滿，必懷去就；百姓見有遷代，能無苟且。以去就之人，臨苟且之輩，責以移風易俗，其可得乎。望經四考，就任加階，至八考滿，然後聽選。還淳反樸，雖未敢必期；送故迎新，實稍减勞弊。

其六曰：

尚書省二十四司及門下中書都事、主書、主事等，比來選補，皆取舊任流外有刀筆之人。縱欲參用士流，皆以儔類爲恥，前後相承，遂成故事。但掖省崇峻，王言祕密，尚書政本，人物攸歸，而多用胥徒，恐未盡銓衡之理。望有釐革，稍清其選。

《舊唐書》卷一五三《劉迺傳》　劉迺字永夷，洺州廣平人。高祖武幹，武德初拜侍中，即中書侍郎林甫從祖兄子也。父如璠，昫山丞，以迺貴贈民部郎中。迺少聰穎志學，暗記《六經》，日數千言。及長，文章清雅，爲當時推重。天寶中，舉進士，尋丁父艱，居喪以孝聞。既終制，從調選曹。迺常以文部選才未爲盡善，遂致書於知銓舍人宋昱曰：

《虞書》稱：知人則哲，能官人則惠。巍巍唐、虞，舉以爲難。今夫文部，既始之以掄材，終之以授位，是則知人官人，斯爲重任。昔在禹、稷、皋陶之衆聖，猶曰載采有九德，考績以九載。近代主司，獨委一二小冢宰，察言於一幅之判，觀行於一揖之内，古今遲速，何不侔之甚哉。夫判者，以狹詞短韻，語有定規爲體，亦猶以一小冶而鼓衆金，雖欲爲鼎爲鏞，不可得也。故曰判之在文，至局促者。夫銓者，必以崇衣冠，自媒耀爲賢，斯又士之醜行，君子所病。若引文公、尼父登之於銓廷，則雖圖書《易象》之大訓，以判體挫之，曾不及徐、庾。雖有至德，以喋喋取之，曾不若嗇夫。嗚呼，彼干霄蔽日，誠巨樹也，當求尺寸之材，必後於椓杙。龍吟武嘯，誠希聲也，若尚頰舌之感，必下於蛙黽。觀察之際，猶不悲夫。執事慮過龜策，文合雅誥，豈拘以瑣瑣故事，曲折因循哉？誠能先資以政事，次徵以文學，退觀其理家，進察其臨節，則庬鴻深沉之事，亦可以窺其門户矣。

（宋）王溥《唐會要》卷六七《左春坊》　太和四年十一月，左庶子孫革奏：當司典膳等五局郎，伏以青宫列局，護翼元良，必用卿相子弟，先擇文學端士。國朝不忘慎選，冀得其人，或揚歷清資，或致位丞相。今以年月浸久，漸至訛替，緣其俸禄稍厚，近年時有流外出身者僥求授任。稽諸故事，未嘗聞流外得廁此官，若不約絶，實玷流品。當司有司經局校書正字品秩至卑，而文學之人競趨求者，蓋以必取其人無有塵雜故也。今五局郎資序，本是清品，若使流外不已，則此司官屬，漸成蕪蔓。伏請自今以後，吏部不得更注擬流外人。其見任官中有流外者，許臣具名銜牒吏部，至注官日注替。

（宋）王溥《唐會要》卷七四《選部·論選事》　武德五年，太僕卿張道源上表，以吏曹文簿繁密，易生姦欺，請議减之。高祖下其議，百寮無同者，唯太史傅奕言道源議至當，迫於衆議，事竟不行。

貞觀元年正月，侍中攝吏部尚書杜如晦上言曰：比者，吏部擇人，唯取言辭刀筆，不悉才行。數年之後，惡跡始彰，雖加刑戮，而百姓已受其弊。上曰：如何可以得人？如晦對曰：兩漢取人，皆行著州閭，然後入用。今每年選集，尚數千人，厚貌飾詞，不可悉知，選司但配其階品而已，所以不能得才。魏徵亦曰：知人之事，自古爲難，故考績黜陟，察其善惡。今欲求人，必須審訪，才行兼美，始可任用。上將依古法，令本州辟召，會功臣將行世封，其事遂止。

二十年，黄門侍郎褚遂良上表曰：貞觀初，杜淹爲御史大夫，檢校選事。此人至誠在公，實稱所使。凡所採訪七十餘人，比並聞其嘉聲，積久研覆，一人之身，或經百問，知其器能，以此進舉。身既染疾，伏枕經年，將臨屬纊，猶進名不已，陛下悉擢用之，並有清廉幹用，爲衆所欽望。大唐得人，於斯爲美。陛下任一杜淹，得七十餘人，天下稱之，此則偏委忠良，不必衆舉之明效也。

顯慶二年，黄門侍郎知吏部選事劉祥道上疏曰：今之選司取士，傷多且濫：每年入流數過一千四百人，是傷多也；雜色入流，不加銓簡，是傷濫也。古之選者，不聞爲官擇人，取人多而官員少也。今官員有數，而入流無限，以有數供無限，遂令九流繁總，人隨歲積。謹約准所須人，量支年别入流者。令内外文武官一品以下，九品以上，一萬三千四百六十五員，舉大數當一萬四千人，壯室而任，耳順而退，取其中數，不過支三十年。此則一萬四千人，支三十年而略盡。若年别入流者五百人，三十年便得一萬五千人定數，頃者一萬三千四百六十五人，足充所須之數。況三十年之外，在官者猶多，此便有餘，不慮其少。今年當入流者，遂踰一千四百，計應須數外，常餘兩倍。又常選者仍停六七千人，更復年别新加，實非處置之法。望請釐革，稍清其選。中書令杜正倫亦言：入流者多，爲政之弊，公卿以下，憚於改作。事竟不行。

蘇氏議曰：冕每讀國史，未嘗不廢卷歎息，況今河西隴右，虜盜其境，河北河南關中，止計官員大數，比天寶中，三分減一，入流之人，比天寶中，三分加一。自然須作法造令，增選加考，設格檢勘，選司試能，嗟乎，士子三年守官，十年待選，欲吏有善稱，野無遺賢，不可得也，若比祥道所述，豈只十倍，不更弊乎。

開耀元年四月十一日：敕，吏部兵部選人漸多，及其銓量，十放六七，既疲於來往，又虚費資糧。宜付尚書省，集京官九品已上詳議。崇文館直學士崔融議曰：今皇家兩曹妙選，三官備設，收其杞梓，搴其蕭稂，其有疾狀犯贓私罪當懲貶者，此等既未合得，伏望許同選例，録以選勞。又選人每年長名，常至正月半後，伏望速加銓簡。促以程期，因其物情，亦何疲於來往，順其人欲，亦何費於資糧。又所銓簡，以德行爲上，功狀次之，折衷之方，庶幾此道。尚書右僕射劉仁軌奏曰：謹詳衆議，條目雖廣，其大略不越數途。多欲使常選之流，及負譴之類，遞立年限，如令赴集，便是擁自新之路，塞取進之門。或請增置具僚，廣授官之數，加習藝業，峻入仕之途，亦恐非勸奬之通規，乖省員之茂躅。徒云變更，實恐紛擾。但昇平日久，人物滋殖，解巾從事，抑有多人。頃歲以來，據員多闕，臨時雖有權攝，終是不能總備。望請尚書侍郎依員補足，高班卑品，准式分銓。分銓則留放速了，限速則公私無滯。應選者暫集，遠近無聚糧之勞；合退者早歸，京師無索米之弊。既循舊規，且順人情。如更有不便，隨事釐革。其殿員及初選，及選淺自知未合得官者等色，情願不集，即同選部曹司商量，望得久長安穩。

垂拱元年七月，鸞臺侍郎兼天官侍郎魏元同，以吏部選舉不得其人，上表曰：漢諸侯得自置吏四百石以下，其傅相大官則漢爲之置，州郡掾吏，督郵從事悉任之牧守。爰自魏晉，始歸吏部，遞相祖襲，以迄於今。用刀筆以量才，案簿書而察行，法令之弊，由來久矣。蓋君子重因循而憚改作，有不得已者，亦當運獨見之明，定卓然之議。如今選司所行者，非上皇之令典，乃近代之權道，所宜遷革，實爲至要。且天下之大，士人之衆，而可委之數人之手乎？假如平如權衡，明如水鏡，力有所極，照有所窮，銓綜既多，紊失斯廣。又以比居此任，時有非人，情故既行，何所不至。悠悠風塵，此焉奔競，擾擾遊宦，同乎市井。加以厚貌深衷，險如溪壑，擇言觀行，猶懼不勝，今使考行究能，折衷於一面，百寮庶職事斷於一司，不亦難乎？況今諸色入流，歲有千計，群司列位，無復新加，官有常員，人無定限，選集之始，霧積雲屯，擢敘於終，十不收一。淄澠既混，玉石難分，用舍去就，得失相半。周穆王以伯冏爲太僕正，命之曰：慎簡乃寮，無以巧言亂色，便僻側媚，其唯吉士。此則命其自擇下吏之文也。太僕正，中大夫耳，尚以寮屬委之，則三公九卿，亦必然矣。夫委任責成，君之體也。所委者衆，所用者精，故能得濟濟之多士，盛芃芃之棫樸。裴子野有言曰：官人之難，先王言之尚矣。居家觀其孝友，鄉黨取其誠信，出入觀其志義，憂難取其知謀，煩之以事以觀其能，臨之以義以察其度。始於學校，掄於州里，告諸六事，而後貢之於王庭。其在漢家，尚猶然矣。州郡積其功能，而爲五府所辟，五府舉其掾屬，而升於朝廷，三公得參除署，尚書奏之天子。一人之身所關者衆，一賢之進其課也詳，故能官得其人，鮮有敗事。晉魏反是，所失宏多，子野所論，蓋區區之宋耳？猶謂不勝其弊，而況於當今乎？今不待州縣之舉，直取於書判，恐非先德行而後言語之意也。臣又聞《漢書》，張耳陳餘之賓客斯役，皆天下俊傑。彼之蕞爾，猶能若斯，況以今國家而不建長久之策，爲無窮之根，盡得賢取士之術，而但顧望魏晉之遺風，留意周隋之末事，臣竊惑之。伏願依周漢之規，以分吏部之選，即望所用精詳，鮮於差失。

祕書省正字陳子昂上疏曰：臣伏見陛下憂勤政治，而未以刺史縣令爲念。臣何以知陛下未以刺史縣令爲念？竊見吏部選人，補縣令，如補一縣尉耳，但以資次考第，從官游歷即補之。不論賢良德行，何能以化民，而拔擢見補者。縱使吏部侍郎時有知此弊，而欲超越用人，則天下小人已囂然相謗矣。所以然者，習於常也。所以天下庸流皆任縣令，庸流一雜，賢不肖莫分。但以資次爲選，不以才能得職，所以天下凌遲，百姓無由知陛下聖德勤勞夙夜之念，但以愁怨，以爲天子之令使如是也。自有國以來，此弊最深，而未能除也。神龍元年，李嶠韋嗣立同居選部，多引用權勢，求取聲望，因請置員外官一千餘員。由是僥倖者趨進，其員外官悉依形勢，與正官爭事，百司紛競，至有相毆擊者。及嶠復入相，乃深悟之，見朝野喧議，乃上疏曰：自寶命中興，鴻恩溥被，唯以爵賞爲惠，不擇才能任官。授職加階，朝遷夕改，正闕不足，加以員外，非復求賢助治，多是爲人擇官，接武隨肩，填曹溢府，無益政化，虛請俸禄。在京則府庫爲之殫竭，在外則黎庶被其侵漁。伏願微惜班榮，稍減除授，使匪服之議不興於聖朝，能官之謠復光於曩載。

上元元年，劉嶢上疏曰：臣聞《論語》有曰，爲政以德，譬如北辰。《詩》曰，愷悌君子，民之父母。豈有使父養子，而憂不得所者哉？今國家以吏部爲銓衡，以侍郎爲藻鑑。鏡所鑑者貌也，妍媸可知；衡所平者法也，年勞可驗。至於心之善惡，何以取之？取之不精，必貽後患。今選曹以檢勘爲公道，以書判爲得人。夫書判者，以觀其智也，知及之，仁不能守之，可使從政者歟？不可使之而或任之，是貽患於天下也。如有德行侔於甲科，書判不能中的，其可舍之乎？況於書判，借人者衆矣。求士本於鄉閭者，可謂至矣。且人不孝於其親者，豈有忠於君乎？不友於兄弟者，豈肯順於長乎？不恤於孤遺者，豈肯恤百姓乎？不義而取財者，豈有不犯贓乎？不直而好訟者，豈肯守恆乎？強悖而任氣者，其肯惠和乎？博奕而畋遊者，其肯貞廉乎？不以辱爲辱者，其肯敬慎乎？薦士無此病，則可任之以官也。

開元三年，左拾遺張九齡上疏曰：古之選用，取其聲稱，或遥聞辟召，或一見任之，是以士修素行，而流品不雜。臣以爲吏部始造簿書，以備人之遺忘，今反求精於案牘，不急於人才，亦何異遺劍中流，而刻舟以記。去之彌遠，可爲傷心。凡有稱吏部之能者，則曰從縣尉於主簿，從主簿於縣丞。斯選曹執文而善知官次者也，唯論合與不合，不論賢與不賢。大略如此，豈不謬哉？臣以爲選部之弊，在不變法，變法之易，在陛下涣然行之。夫以一詩一判，定其是非，適使賢人君子從此遺逸，斯亦明代之闕政，有識者之所嘆息也。

十三年十二月，封嶽迴，以選限漸迫，宇文融上策，請吏部置十銓。禮部尚書蘇頲，刑部尚書韋抗，工部尚書盧從愿，右散騎常侍徐堅，御史中丞宇文融，朝集使蒲州刺史崔林，魏州刺崔沔、荊州長史韋虛心，鄭州刺史賈曾，懷州刺史王邱等十人。當時牓詩云：員外郤題銓裏牓，尚書不得數中分。尚書裴漼，員外郎張均。其年，太子左庶子吳兢上表諫曰：臣聞《易》稱君子思不出其位，言各止其所，不侵官也。此實百王準的。伏見敕旨，令刑部尚書韋抗等十人分掌吏部銓選，及試判將畢，遽召入禁中決定，雖有吏部尚書及侍郎，皆不得參議其事。議者皆以陛下曲受讒言，不信於有司也。然則居上臨民之道，經邦緯俗之規，必在推誠，方能感物。抑又聞欲用天下之智力者，莫若使天下信之也，故漢光武置赤心於人腹，良有旨哉。昔魏明帝嘗卒至尚書省，尚書令陳矯跪問曰：陛下欲何之？帝曰：欲案行省司文簿。矯曰：此是臣之職分，非陛下所宜臨。若臣不稱職，則宜就黜退，陛下宜還宫。帝慚，迴車而反。又陳平、丙吉者，漢家之宰相，尚不對錢穀之數，不問路死之人，故知自天子至於卿士，守其職分，而不可侵越也。況我大唐萬乘之君，卓絶千古之上，豈得下行選曹之事，頓取怪於朝野乎？凡是選人書判，並請委之有司，仍停此十銓分選，依舊以三銓爲定。

天寶十載，吏部選才多濫，選人劉迺獻議於知銓舍人宋昱曰：《虞書》稱知人則哲，能官人。則巍巍唐虞舉以爲難。今夫吏部既始之以掄才，終之以授位，是則知人官人，斯爲重任。昔在禹、稷、皋陶之衆聖，猶曰載采采有九德，考績以九載。近代主司，獨委一二小冢宰，察言於一幅之判，觀行於一揖之內，古今遲速，何不侔之甚哉。夫判者，以狹辭短韻，語有定規爲體，猶以一小冶而鼓衆金，雖欲爲鼎爲鏞，不可得也。故曰判之在文，至局促者。夫銓者，必以崇文冠首，媒耀爲賢，斯固士之醜行，君子所病。若引周公、尼父於銓庭，則雖圖書《易象》之大訓，以判體措之，曾不及徐庾。雖有淵默罕言之至德，以喋喋取之，曾不若嗇夫。嗚呼，彼干霄蔽日，誠巨樹也，當求尺寸之材，必後於椽杙。龍吟虎嘯，誠希聲也，若尚頰舌之感，必下於鼁黽。觀察之際，能不悲夫？孰事慮過龜策，文含雅誥，豈拘以瑣瑣故事，曲折因循哉？誠能先咨以政事，次徵以文學，退觀其治家，進察其臨節，則龐鴻深沈之士，亦可以窺其門戶矣。

貞元四年八月，吏部奏：伏以艱難以來，年月積久，兩都士類散在遠方，三庫敕甲，又經失墜。因此人多罔冒，吏或詐欺。分見官者，謂之擘名；承已死者，謂之接腳，乃至制敕旨甲，皆被改張毀裂。如此之色，其類頗多。比來因循，遂使滋長，所以選集加衆，真僞混然，實資檢責，用甄涇渭，謹具由歷狀樣如前。伏望委諸州府縣，於界內應有出身以上，便令依樣通狀，限敕牒到一月內畢，務令盡出，不得遺漏。其敕令度支急遞送付州府，州司待納狀畢，以州印印狀尾，表縫相連，星夜送觀察使。使司定判官一人，專使勾當都封印，差官給驛，遞驢送省。至上都五百里內，十二月上旬到，千里外，中旬到，每遠校一千里外，即加一旬，雖五千里外，一切正月下旬到。盡黔中嶺南，應不合北選人，不納文狀限，其狀直送吏曹，不用都司發。人到日，所司造姓攢勘合，即奸僞必露，冤抑可明，如須盤問，即下所在州府責狀。其隱漏未盡，及在遠不及期限者，亦任續通，依前觀察使與送所在勘責，必有灼然踰濫，事跡著明，據輕重作條件商量聞奏。庶稍澄流品，永息踰濫。敕旨，依奏。

六年二月詔：吏部續流選人新授官者，至來年二月之任。初，吏部侍郎劉滋、李紓，以去冬選人無缺員，乃奏請代貞元五年授官計日成考者三百五十員，令至今年八月之任。議者非之，於是諫議大夫韓章抗疏曰：竊見去年選授官者，多以六月七月方至任所，扶老攜幼，不遠數千里，以就一官，到纔經年，遂見停替。又見在留中人多者，有注貞元四年闕者，准格，至來年正月赴任。其續流人注五年缺者，遽以今年八月便任，一等用闕，兩等授官，五年闕者授替在前，四年闕者授仍在後。事皆非允，理實可矜。今制命已行，難於改易，其所授官人，請令至來年二月赴任。從之。

元和八年十二月，吏部奏：比遠州縣官，請量減選，四選五選六選請減一選，七選八選請減兩選，十選十一選十二選各請減三選。伏以比遠處都七十五州，選人試後，懼不及限者，即狀請注擬，雖有此例，每年不過一百餘人。其比遠州縣，皆是開元天寶中仁風樂土，今者或以俸錢減少，或以地在遠方，凡是平流，從前不注，至若勸課耕種，歸懷逃亡。其所擇才，急於近地，有司若不注授，所在唯聞假攝，編甿益困，田土益荒，請減前件選。敕旨，宜依。

十一年九月，中書門下奏：字人之官，從古所重，遂許聞薦，冀得循良。其或不依節文，虛指事跡，既開謬舉之路，是扇倖求之風。望自今已後，所舉人事跡與節文不同，及檢勘無據，並到官後不稱職，及有負犯等事，並請量輕重坐其舉主，輕則削奪，重則貶謫。伏以前後敕文，雖有條約，比來銓覈，多務因循。今重申明，所期畫一。其舉人到省後，所司檢勘，如與節文不同，仰具事由並舉主名銜申中書門下，如所司鹵莽，便與判成，察知事狀違越，則所司與舉主同坐。從之。

寶曆二年十二月，吏部奏：伏以吏部每年集人，及定留放，至於注擬，皆約闕員。近者入仕歲增，申闕日少，實由諸道州府所奏悉行，致令選司士子無闕，貧弱者凍餒滋甚，留滯者喧訴益繁。至有待選十餘年，裹糧千餘里，累駮之後，方敢望官，注擬之時，別遇敕授，私惠行於外府，怨謗歸於有司。特望明立節文，令自今以後，諸司諸使天下州府，選限內不得奏六品以下官。敕旨，依奏。

太和七年五月敕節文：縣令、録事、參軍，如在任績效明著，兼得上下考及清白狀陟狀者，許非時放選，仍優與處分。其餘官見任，得上下考，與減三選。如本官兩選以下者同，非時人例處分。

開成二年四月，中書門下奏：天下之治，在能官人。古今以還，委重吏部，自循資授任，衡鏡失權，立格去留，簿書得計。比緣今年三月，選事方畢，四月已後，方修來年格文，五月頒下，及到遠地，已及秋期。今請起今月與下長定格，所在府州，榜門曉示。其前資官，取本任解黄衣，本貫解一千里内三月十日解到省，二千里三千里遞加十日，並本州齎送，選人發解訖，任各歸家。其年七月十五日，齊於所住府，看吏部長榜，定留放。其得留人，並限其年十二月十日齊到省試注唱，正月内銓門開，永爲定例。如其年合用闕少，選人文書無違犯可較，則於本色闕内先集選深人年長人，其餘既無缺可集，南曹但爲判成榜示所住州府，許次年取本住州府公驗，便依限赴集，更不重取本住本貫解。舊格已久，不便更改，事遂不行。

四年四月敕：吏部去冬眾錯，及長名駁放選人等，如聞經冬在京，窮悴頗甚，街衢接訴，有可哀矜。宜委吏部檢勘，條流銓轄。如非踰濫，正身不到，欠考欠選，大段瑕病之外，即與重收，以比遠殘闕注擬，不得用平留闕。如員闕不相當，不唱不伏官者，便任冬集，不復更論訴限。如未經中書門下陳狀，敕下後，不得續收。今冬已後，不得以爲例。

會昌六年五月赦書節文：吏部三銓選士，祇憑資考，多匪實才，許觀察使、刺史，有奇績異政之士，聞薦試用。

大中六年五月敕：大功以上親，連任停解，如已得資者，依本官選數集，如未得資，及未上，並同非時人例放選。

天祐二年四月敕：應天下府州令録，並委吏部三銓注擬，自四月十一日以後，中書並不除授，或諸道薦奏量留，即度可否施行。

（宋）王溥《唐會要》卷八二《甲庫》 元和八年五月，吏部侍郎楊於陵奏：臣伏以銓選之司，國家重務，根本所繫，在於簿書。承前諸色甲敕等，緣歲月滋深，文字凋缺，假冒踰濫，難於辨明，因循廢闕，爲弊恐甚。若據見在卷數，一時修寫，計其功直，煩費甚多。竊以大曆以前，歲序稍遠，選人甲歷，磨勘漸稀。其貞元二十一年以後，敕旨尚新，未至訛謬。縱須論理，請待他時。臣今商量，從大曆十年至貞元二十年，都三十年，其閒出身及仕宦之人要檢覆者，多在此限之內，且據數修寫，冀得精詳。今冬選曹，便獲深益。其大曆十年向前甲敕，請待此一件修畢，續條貫補緝。臣内省庸薄，又忝選司，庶效涓埃，以裨朝典。謹具量補年月，及應須差選官吏，并所給用紙筆雜功費用，分析如前。勅旨，依奏。

（宋）李昉等《文苑英華》卷七六五《選舉·吏部兵部選人議崔融開**耀五年》** 議曰：太極生而兩儀見，聖人作而萬物覩。仰以觀法於天，夫君人者，以天下之目視，以天下之耳聽，以天下之智慮，以天下之力動，故號令能究，而臣情得上聞。八千年之初，不可得而詳矣，夫二十四氣之後，請推揚而陳之。軒轅氏之立議明臺，斯所以上官於賢也；陶唐氏之清問衢室，斯所以下聽於人也。以大舜之德也，而有告善之旌；以大禹之功也，而有欲諫之鼓。然則三皇垂策而下濟，五帝繁一作擊手而上行，唐、虞按轡而光宅，禹、湯驅馳而奄甸：雖步驟之道不同，而啓沃之情一貫，可不務乎。今天皇垂衣裳，負黼扆，獨得千年之景運，猶懼一物之未安；發德音，採輿議，憂選司之或爽，慮考績之弗明：此天皇堯舜之用心也。

有司伏奉明旨，以吏部、兵部選人，每年萬人已上，及其銓量，十放六七，疲於來往，虛費資糧者，愚臣敢不悉以陳之？夫唐、虞稽古，建官惟百，舉八才，命四子，上有以明其化，下有以晏其風：康哉之歌，於是乎出；郁乎之德，於此自興。夏、商倍之，亦克用乂，濟濟多士，文王以寧。自周道無章，秦原競逐，張官設府，班員積於簡書；選眾舉才，受垂疑一於典憲。降及漢、魏，下逮周、隋，豈其然歟？無聞一作問焉爾。皇家再造區夏，重張宸極，四神驟雨而來遊，五聖奔星而下降，禮明樂備，天平地成。八百餘國之君長，襲賓廷之冠帶；七十二代之帝王，仰仙閭之軌躅。量其土宇，固可頓豎亥而迷大章；筭其臣人，固已聾容成而驚隸首。室多忠信，家盡孝慈，老夫不知帝力，童子羞論霸道。文也武也，左之右之，實蕃有徒，不可勝既。出門無咎，適顯於明時；比屋可封，何驚於聖俗？誠望博謀俊德，敷求哲人，兩曹妙選，三官備設，然後收其杞梓，搴其蕭稂。其有狀犯贓私，罪當懲貶，案覆已定，景跡具存者：此等既未合得官，遠來徒爲勞費，伏望許同選例，限以歲年。諸色入流，每年參選，資品未著，伎藝未工：此等自知未合得官，情願更加修習，伏望許同選例，録以選勞。闕疑外諸州，道理迢遞，河洛之邑，天地所中，伏望詔東西二曹，兩都分簡。留放既畢，同赴京師，選人每年長名，常至正月半後，伏望速加銓簡，促以程期。夫然，有署者不來，無德者不至，來者就而簡之，至者速而遣之：因其物情，亦何疲於來往？順其人欲，亦何費於資糧？

入官考績，先憑善最，比來乃有不論德行，惟據功夫，獎勸之道，未爲折衷者，愚臣敢不明目以論之？《書》不云乎：三考黜陟，唐帝、虞帝之遺烈燦焉；《禮》有之矣：百官會計，文王、武王之彝典存焉。京房進課式之言，漢王之所未暇；盧毓苦真僞之雜，魏后竟以施行：盡善之文，明詔攸在。至如不論德行，惟據功夫者，此由外州郡牧，未盡得賢，監司長官，時有其濫，褒貶不遵令式，高下隨其愛憎，至公外爽，曲私內結。伏望播告天下，申明舊章：其有德有行，府寮共推者，雖有公坐小失，重加褒進之；無才無識，朝廷罕稱者，雖有公事微效，量加抑退之；德行雖不能茂，因之以勤勞者，亦量加褒進之。然後命繡衣驄馬，糾舉內外，隨狀推科，以情案察，刑茲無赦，令在必行。夫然，德行爲上，功夫次之，折衷之方，庶幾此道。微臣等才謝知今，學慙半古，海內無事，君子盈朝，天下有道，庶人何議？謹議。

（宋）李昉等《文苑英華》卷七六五《吏部議蔣防**》** 議曰：吏部擇才用之地，職在辨九流之清濁，擇四科之邪正，推忠良而進英傑，舉廉直而黜不職。夫天生萬民，樹之以元后；元后不能以獨任，故委之以羣吏；羣吏不能以自達，故繫之以選部。選部者，風化之本源，人倫之砥礪也。《書》曰：知人則哲，能官人，安民則惠。哲與惠，其選部之志歟。所謂羣吏者，君之耳目。君以衆耳聽天下之哀樂，則無遠不聞矣；君以衆目視天下之得失，則無遠不見矣。若以耳不爲君之聰，目不爲君之明，非羣吏之過，抑亦選部之過，其故何也？背輪轅之用，雜賢愚之跡，以至於此也。夫聖人求賢良而授之政事，非徒貴賢良之德義，蓋重元元之性命也。今之有司，罕通其意。每歲調天下之士，但考其書判，據其資爲之品第，授之禄秩。先訪私家利便，次論俸錢之厚薄。多士盈庭而自售，若衆賈之徒市焉。豈銓綜人物，品藻英髦之所在也。是以天下百姓未臻於和樂者，職此之由矣。夫以一鏡之明，而照天下之形者，固難盡其妍媸，以一衡之平，而稱天下之輕重者，固難定其毫釐矣。

今每歲選人，請委州府長史先研其跡行，次考其渝濫。曾理務者，以恪勤廉慎爲一科；處丘園者，以孝悌貞良爲一科。著此二科，然後申送主司，按其詞而閲其材。材與行必良，則試之以理要，可觀則從而禄之，其郡府長史當校其殊考。若材行相反，朋黨相資，則從而黜之，其郡府長史亦書以下考擇材。如此則天下之共公於選吏，吏部郎亦不敢私於天下矣。俾夫人顧行，行顧材，材顧禄，禄無虚授，人無苟得，廉恥之化行，貪競之風息矣。恭聞十目所視，十手所指，猶是非可辨，賢愚可驗。況用天下之目乎，況用天下之手乎？率是道而寮寀不得其人，風俗不致和平者未之有也。謹議。

（宋）李昉等《文苑英華》卷七六五《選舉·兵部議蔣防**》** 議曰：弧矢之利，以威天下，其來尚矣。仲尼有云：不教民戰，是謂棄之。蓋用仁義爲之本，籌略爲之次，果敢爲之末。故田齊之技擊，不可以遇魏之武卒；魏之武卒，不可以直秦之鋭士；秦之鋭士，不可以當桓文之節制；桓文之節制，不可以敵湯武之仁義。所謂善師者不陣，善陣者不戰，蓋有自矣。今之有司，不曾端其本，而徒襲其末。取天下之士，以懸的布埒爲之標準，捨矢之中否，跨馬之遲速，以貌第其人，升降其秩。豈暇全武之七德，射之五善者歟。及國家有邊境之虞，則被之以甲冑，授之以弓矢，駈以就役。當數倍之師，不能屠名城克強敵者何也？在司武之不經，擇士之無本矣。孫吴者，兵家之首足，不可不行也。今孫吴之術，卷而不張，徒以干戈爲擇士之器，何異夫無首而冠，肘足而履哉。今請天下應兵部舉選者，各習兵書一藝，然後試以弓矢，復其武弁，所謂智勇兼資，材略並運。仁義之師，復行於湯武之代，豈惟式遏寇虐，震怛戎虜者哉。謹議。

（宋）王欽若等《册府元龜》卷六二九《銓選部·條制》 〔開耀元年四月〕尚書右僕射劉仁軌：謹詳衆議，條目雖廣，其大略不越數途。多欲使嘗選之流，及負譴之類，遞立年限，如不令赴集，便是壅自新之路，塞取俊之門。或請增置具僚，廣授官之數，加習藝業，峻入仕之科，亦恐非宏獎之通規，乖省員之茂躅，徒云變更，實恐紛擾。但昇平日久，人物滋植，解巾從事，抑有多人。頃歲以來，據員多闕，臨時雖有權攝，終是不能總備。望請尚書侍郎依員補足，高班畢品准試。分銓則留放速了，限速則公私無滯。應選者暫集，遠近無聚糧之勞；合退者早歸，京師無索米之弊。既循舊軌，且順人情。如更有不便，隨事釐革。其殿負及初選，其選踐自知未合得官等色，情願不集，即同選勞，曹司商量，久長安穩。

（宋）王欽若等《册府元龜》卷六三二《銓選部·條制》〔天祐〕三年四月，吏部奏：比者格式申送員闕選人，多有重疊。皆是兩人同到本道，致使磨勘之際，各有争論。蓋是選人指闕之時，妄稱事故，銓司無因得知，具狀須與注擬。如到任替闕參差，請准舊條殿選。除此外如是格式申送員闕，仰且穩便去處請官，不得更妄指射諸道假滿拋官、不到任、不放上、停官不赴任員闕，及違程不及限等員闕。冀其畫一，免誤銓司公事者。制曰：比者吏部注官，只憑格式送闕。近以諸州不申闕解，且從權指揮。選人指射之時，既不詳審；銓司注唱之際，遂使交加。頗屬弊訛，頻起論訟，所司釐革，合議允從。

綜述

《隋書》卷二《高祖紀》〔開皇十三年〕十一月壬戌，制州縣佐吏，三年一代，不得重任。

（唐）劉肅《大唐新語》卷一〇《釐革》　隋制：員外郎、監察御史亦吏部注，誥詞即尚書、侍郎爲與之。自貞觀已後，員外郎盡制授。則天朝，御史始制授。肅宗于靈武即大位，以強寇在郊，始令中書以功狀除官，非舊制也。

（唐）杜佑《通典》卷一四《選舉·歷代制中》　隋文帝開皇七年制，諸州歲貢三人，工商不得入仕。開皇十八年，又詔：京官五品以上及總管、刺史，並以志行脩謹、清平幹濟二科舉人。牛弘爲吏部尚書，高構爲侍郎，最爲稱職。當時之制，尚書舉其大者，侍郎銓其小者，則六品以下官吏，咸吏部所掌。自是，海内一命以上之官，州郡無復辟署矣。自後魏末、北齊以來，州郡僚佐已多爲吏部所授，至隋一切歸在省司。牛弘嘗問劉炫曰：按《周禮》，士多而府史少，今吏百倍於前，判官減即不濟，其故何也？炫對曰：古人委任責成，歲終考其殿最，案不重校，文不繁悉，府史之任，掌要目而已。今之文簿，常慮覆理，鍛鍊若不密，萬里追證百年舊案。故諺云：老吏抱案死。今古不同，若此之相懸也。事繁政弊，職此之由。弘又問：魏、齊之時，令史從容而已，今則不遑寧舍，其事何由？炫對曰：往者，州唯置綱紀，郡置守、丞，縣唯令而已，其所具僚，則長官自辟，受詔赴任，每州不過數十。今則不然，大小之官，悉由吏部，纖介之跡，皆屬考功，所以繁也。省官不如省事，省事不如清心，官事不省而欲從容，其可得乎。弘甚善其言而不能用之。

（元）馬端臨《文獻通考》卷三六《選舉考·舉官》　隋文帝開皇七年，制：諸州歲貢三人，工商不得入仕。開皇十八年，詔京官五品以上及總管、刺史，並以志行修謹、清平幹濟二科舉人。牛弘爲吏部尚書，高構爲侍郎，選舉先德行而後文材，最爲稱職。當時之制，尚書舉其大者，侍郎銓其小者，則六品以下官咸吏部所掌。自是海内一命以上之官，州郡無復辟署矣。

牛弘問於劉炫曰：魏、齊之時，令史從容而已，今則不遑寧處，其事何由？炫曰：往者，州唯置紀綱，郡置守丞，縣唯令而已。其所事具僚，則長官自辟，受詔赴任，每州不過數十。今則不然，大小之官，悉是吏部，纖介之跡，皆屬考功，所以繁也。省官不如省事，省事不如清心。官事不省，而欲從容，其可得乎？弘甚善其言而不能行。

自後周以降，選無清濁。及盧愷攝吏部尚書，與侍郎薛道衡、陸彦師等甄別物類，頗爲清簡，而譖愬紛紜，愷及道衡皆除名。

沈既濟曰：選法之難行，久矣。夫天産萬類，美寡而惡衆；人分九流，君子孤而小人群。雖消長迭有，而善惡不常，此古今之通理然也。將退不肖而懲其濫，必懸法以示人，而俾人知懼，舉善以勸，而不仁自遠，可以陰騭而潛移之，故難明斥其惡而強擠也，暨黶、張彝皆以不及是而敗，悲夫，斯理甚明，蓋非英明之君，不可以語焉。故崔、毛當魏武而政舉，盧、薛值隋文而身墜，時難不其然乎。

煬帝制：百官不得計考增級，其功德行能有昭然者乃擢之。

大業三年，始置吏部侍郎一人，分掌尚書職事。時武夫參選，多授文職，八年，詔曰：頃自班朝治人，乃由勳叙，拔之行陣，起自勇夫，蠹政害人，寔由於此。自後諸授勳官，並不得授文官職事。

帝自江都幸涿郡，御龍舟渡河入永濟渠，敕選部、門下、内史、御史四司於船前選補。受選者三千餘人，徒步隨船三千餘里，不得處分，死者什一二。

致堂胡氏曰：甚矣，美才難得，而凡馬之衆也。夫自江都至涿郡，隨舟徒行，自東南而極北，逖矣。而受選之士三千餘人，甘於重趼逐逐而不去，以至死亡者，於以見此三千餘人皆恣睢嵬瑣之流耳。委以章綬，錯諸百姓之上，處於庶務之間，决知其不免於瘝曠之負也。故善爲天下者，如漢光武、唐太宗皆減省吏員，而賢才是擇，唯恐其壅於上聞也。專顧己私者，不爲官擇人，入仕者數倍於員闕，以收其虚譽；而嶄然見頭角者，則消磨汰斥之，惟恐其與己軋也。於是服膺官使，新故更代，往往恣睢嵬瑣之流，而天下之禍亂起矣。

（唐）長孫無忌《唐律疏議》卷二《名例・以理去官》 諸以理去官，與見任同。解雖非理，告身應留者，亦同。

疏議曰：謂不因犯罪而解者，若致仕、得替、省員、廢州縣之類，應入議、請、減、贖及蔭親屬者，並與見任同。

注：解雖非理，告身應留者，亦同。

疏議曰：解雖非理者，謂責情及下考解官者；或雖經當、免，降所不至者，亦是告身應留者：並同見任官法。

贈官及視品官，與正官同。視六品以下，不在蔭親之例。

疏議曰：贈官者，死而加贈也。令云：養素丘園，徵聘不赴，子孫得以徵官爲蔭。並同正官。視品官，依《官品令》：薩寶府薩寶、祆正等，皆視流内品。若以視品官當罪、減、贖，皆與正官同。

注：視六品以下，不在蔭親之例。

疏議曰：視品稍異正官，故不許蔭其親屬。其薩寶既視五品，聽蔭親屬。

用蔭者，存亡同。

疏議曰：應取議、請、減蔭親屬者，親雖死亡，皆同存日，故曰存亡同。

若藉尊長蔭而犯所蔭尊長，

疏議曰：尊長，謂祖父母、父母、伯叔父母、姑、兄姊是也。

及藉所親蔭而犯所親祖父母、父母者，並不得爲蔭。

疏議曰：所親，謂旁親，非祖父母、父母及子孫，但旁蔭己身者，尊長、卑幼皆是。假如藉伯叔母蔭而犯伯叔母之祖父母、父母，藉姪蔭而犯姪之父母之類，並不得以蔭論。文稱犯夫及義絶者，得以子蔭，婦犯夫既得用子蔭，明夫犯婦亦取子蔭可知。其子孫例别生文，不入所親之限。即取子孫蔭者，違犯父、祖教令及供養有闕，亦得以蔭贖論。若取父蔭而犯祖者，不得爲蔭。若犯父者，得以祖蔭。

即毆告大功尊長、小功尊屬者，亦不得以蔭論。

疏議曰：大功尊長、小功尊屬，不睦條中已具釋訖。若其毆告，亦不得蔭贖。

其婦人犯夫及義絶者，得以子蔭。雖出，亦同。

疏議曰：婦人犯夫，及與夫家義絶，并夫在被出，並得以子蔭者，爲母子無絶道故也。

其假版官犯流罪以下，聽以贖論。

疏議曰：假版授官，不著令、式，事關恩澤，不要耆年，聽以贖論，不以假版官當罪。其準律不合贖者，處徒以上，版亦除削。

《唐六典》卷二《尚書吏部》 吏部尚書、侍郎之職，掌天下官吏選授、勳封、考課之政令。凡職官銓綜之典，封爵策勳之制，權衡殿最之法，悉以咨之。其屬有四：一曰吏部，二曰司封，三曰司勳，四曰考功；尚書、侍郎總其職務而奉行其制命。凡中外百司之事，由於所屬，皆質正焉。凡選授之制，每歲孟冬，以三旬會其人：去王城五百里之内，集於上旬；千里之内，集於中旬；千里之外，集於下旬。以三銓分其選：一曰尚書銓，二曰中銓，三曰東銓。以四事擇其良：一曰身，二曰言，三曰書，四曰判。每試判之日，皆平明集於試場，識官親送，侍郎出問目，試判兩道。或有糊名，學士考爲等第。或有試雜文，以收其俊乂。以三類觀其異：一曰德行，二曰才用，三曰勞效。德鈞以才，才鈞以勞。其優者擢而升之，否則量以退焉。所以正權衡，明與奪，抑貪冒，進賢能也。然後據其狀以覈之，量其資以擬之。五品已上以名聞，送中書門下，聽制授焉。六品已下常參之官，量資注定；其才識頗高，可擢爲拾遺、補闕、監察御史者，亦以名送中書門下，聽敕授焉。其餘則各量資注擬。若都畿、清望，曆職三任，經十考已上者，得隔品授之。不然則否。謂監察御史、左・

右拾遺、大理評事、畿縣丞·簿·尉三任十考已上，有隔品授者。凡出身非清流者，不注清資之官。謂從流外及視品出身者。其中書主書、門下録事，尚書郡事，歷任考詞，使狀有清幹及德行、言語，兼書、判、吏用，經十六考已上者，聽擬寺·監丞、左·右衛及金吾長史。凡注官皆對面唱示。若官、資未相當及以爲非便者，聽至三注。三注不伏注，至冬檢舊判注擬。凡伎術之官，皆本司銓注訖，吏部承以附甲焉。謂秘書、殿中、太僕寺等伎術之官，唯得本司遷轉，不得外叙。若本司無闕者，聽授散官，有闕先授。若再經考滿者，亦聽外叙。凡同事聯事及勾檢之官，皆不得注大功已上親。凡皇親及諸軍功，兼注員外官。其内外員外官及檢試官，本司長官量閑劇取資歷清正舊人分判曹事，自外則不判。若長官及别駕、長史、司馬等官，則不在此例。凡注官階卑而擬高則曰守，階高而擬卑則曰行。凡三銓注擬訖，皆當銓團甲以過左、右丞相。若中銓、東銓，則亦先過尚書訖，乃上門下省。給事中讀，黄門侍郎省，侍中審，然後進甲以聞。若尚書、丞相、門下批官不當者，則改注，亦有重執而上者。凡大選終季春之月。若有選人身在軍旅，則軍中試書、判，封送吏部而注擬。亦或春中不解而後集，謂之春選。若優勞人有敕即與處分及即與官者，並聽非時選，一百日内注擬畢。所以定九流之品格，補萬方之闕政，官人之道備焉。

《唐六典》卷四《尚書禮部》　凡選授之制，每歲孟冬，以三旬會其人：去王城五百里，集於上旬；千里之内，集於中旬；千里之外，集於下旬。以三銓領其事：一曰尚書銓，二曰東銓，三曰西銓。尚書爲中銓，兩侍郎分爲東、西銓。以五等閲其人，一曰長朵，二曰馬射，三曰馬槍，四曰步射，五曰應對。以三奇拔其選：一曰驍勇，二曰材藝，三曰可爲統領之用。其尤異者，登而任之，否則量以退焉。然後據其狀以覈之，考其能以進之。所以録深功，拔奇藝，備軍國，綜勳賢也。五品已上，皆奏聞而制授焉；六品已下，則量資注擬。其在軍鎮要籍不得赴選，委節度使銓試，具等第以申焉。其三奇、五等之選有殊尤者，得令宿衛。其宿衛皆帶本官以充。其選人有自文資入者，取少壯六尺已上，材藝超絶；考試不堪，還送吏部。凡官階注擬，團甲進甲，皆如吏部之制。凡大選終於季春之月。所以審名實之銓綜，備戎仗之物數，以戒軍令，而振國容焉。

（唐）劉肅《大唐新語》卷一〇《釐革》　國初因隋制，以吏部典選，主者將視其人，覈之吏事。始取州、縣、府、寺疑獄，課其斷决，而觀其能否。此判之始焉。後日月淹久，選人滋多，案牘淺近，不足爲准。乃採經籍古義，以爲問目。其後官員不充，選人益衆，乃徵僻書隱義以試之，唯懼選人之能知也。遒麗者號爲高等，拙弱者號爲藍羅，至今以爲故事。開元中，裴光庭爲吏部，始循資格，以一賢愚。遵平轍者喜其循常，負材用者受其抑屈。宋璟固争不得。及光庭卒，有司定謚，其用循資格非獎勸之道，謚爲克平。《周禮》：大司徒掌選士之道。春秋之時，卿士代禄，選士之制闕焉。秦承國制，所資武力，任事者皆刀筆俗吏，不由禮義，以至於亡。漢因秦制，未遑條貫。漢高祖十一年，始下求賢之詔。武帝元光元年，始令郡國舉孝廉各一人，貢舉之法，起於此矣。元帝令光禄勳舉四科，以吏事。後漢令郡國舉孝廉。魏、晋、宋、齊，互有改易。隋煬帝改置明、進二科。國家因隋制，增置秀才、明法、明字、明算，並前爲六科。武德則以考功郎中試貢士。貞觀則以考功員外掌之。士族所趣，唯明、進二科而已。古唯試策，貞觀八年加進士試經史。調露三年，考功員外劉思立奏，二科並帖經。開元二十四年，李昂爲考功，性剛急，不容物，乃集進士，與之約曰：文之美惡，悉知之矣。考校取舍，存乎至公。如有請託於人，當悉落之。昂外舅嘗與進士李權鄰居，相善，爲言之於昂。昂果怒，集貢士數權之過。權曰：人或猥知，竊聞之於左右，非求之也。昂因曰：觀衆君子之文，信美矣。然古人有言，瑜不掩瑕，忠也。其有詞或不安，將與衆詳之，若何？衆皆曰：唯。及出，權謂衆人曰：向之斯言，意屬吾也。昂與此任，吾必不第矣。文何籍爲？乃陰求瑕。他日，昂果摘權章句小疵，牓於通衢以辱之。權引謂昂曰：禮尚往來，來而不往，非禮也。鄙文之不臧，既得而聞矣。而執事有雅什，嘗聞于道路，愚將切磋，可乎？昂怒而應曰：有何不可。權曰：耳臨清渭洗，心向白雲閑。豈執事辭乎？昂曰：然。權曰：昔唐堯衰怠，厭卷天下，將禪許由。由惡聞，故洗耳。今天子春秋鼎盛，不揖讓於足下，而洗耳何哉？昂聞，惶駭，訴於執政，以權不遜，遂下權吏。初，昂以强愎不受屬請，及有吏請，求者莫不允從。由是庭議，以省郎位輕，不足以臨多士。乃使吏部侍郎掌焉。憲司以權言不可窮竟，乃寢罷之。

（唐）杜佑《通典》卷一五《選舉·歷代制下》　其選授之法，亦同循前代。凡諸王及職事正三品以上，若文武散官二品以上及都督、都護、上州刺史之在京師者，册授。諸王及職事二品以上，若文武散官一品，並臨軒册授；其職事正三品，散官二品以上及都督、都護、上州刺史，並朝堂册。訖，皆拜廟。册用竹簡，書用漆。五品以上皆制授。六品以下、守五品以上及視五品以上，皆敕授。凡制、敕授及册拜，皆宰司進擬。自六品以下旨授。其視品及流外官，皆判補之。凡旨授官，悉由於尚書，文官屬吏部，武官屬兵部，謂之銓選。唯員外郎、御史及供奉之官，則否。供奉官，若起居、補闕、拾遺之類，雖是六品以下官，而皆敕授，不屬選司。開元四年，始有此制。

凡吏部、兵部文武選事，各分爲三銓，尚書典其一，侍郎分其二。文選，舊制尚書掌六品、七品選，侍郎掌八品、九品選。景雲初，宋璟爲吏部尚書，始通其品員而分典之，遂以爲常。凡選，始於孟冬，終於季春。先時，五月頒格於郡縣，示人科限而集之。初，皆投狀於本郡或故任所，述罷免之由而上尚書省，限十月至省。乃考覈資緒、郡縣鄉里名籍、父祖官名、内外族姻、年齒形狀、優劣課最、譴負刑犯，必具焉。以同流者五五爲聯，以京官五人爲保，一人爲識，皆列名結欵，不得有刑家之子、工賈殊類及假名承僞、隱冒升降之徒。應選者有知人之詐冒而糾得三人以上者，優以授之。其試之日，除場援棘，譏察防檢，如禮部舉人之法。

其擇人有四事：一曰身，取其體貌豐偉。二曰言，取其詞論辯正。三曰書，取其楷法遒美。四曰判，取其文理優長。四事可取，則先乎德行；德均以才，才均以勞。其六品以降，計資量勞而擬其官；五品以上，不試，列名上中書、門下，聽制敕處分。凡選，始集而試，觀其書判；已試而銓，察其身、言；已銓而注，詢其便利，而擬其官。已注而唱示之，不厭者得反通其辭，他日，更其官而告之如初。又不厭者，亦如之。三唱而不服，聽冬集。服者以類相從，攢之爲甲，先簡僕射，乃上門下省，給事中讀之，黄門侍郎省之，侍中審之。不審者，皆得駁下。既審，然後上聞，主者受旨而奉行焉。各給以符，而印其上，謂之告身。其文曰尚書吏部告身之印。自出身之人，至於公卿，皆給之。武官，則受於兵部。兵部武選亦然，課試之法如舉人之制，取其軀幹雄偉，應對詳明，有驍勇材藝及可爲統帥者。若文吏求爲武選，取身長六尺以上，籍年四十以下，強勇可以統人者。武夫求爲文選，取書判精工，有理人之才而無殿犯者。凡官已受成，皆殿庭謝恩。其黔中、嶺南、閩中郡縣之官，不由吏部，以京官五品以上一人充使就補，御史一人監之，四歲一往，謂之南選。凡居官以年爲考，六品以下四考爲滿。武德初，因隋舊制，以十一月起選，至春則停。至貞觀二年，劉林甫爲吏部侍郎，以選限既促，多不究悉，遂奏四時聽選，隨到注擬，當時以爲便。十九年十一月，馬周爲吏部尚書，以吏部四時提衡，略無休暇，遂請取所由文解，十月一日起省，三月三十日畢。

自高宗麟德以後，承平既久，人康俗阜，求進者衆，選人漸多。總章二年，裴行儉爲司列少常伯，始設長名姓歷牓，引銓注之法，又定州縣官資高下升降，以爲故事。其後莫能革焉。至玄宗開元中，行儉子光庭爲侍中，以選人既無常限，或有出身二十餘年而不獲禄者，復作循資格，定爲限域。凡官罷滿以若干選而集，各有差等，卑官多選，高官少選，賢愚一貫，必合乎格者，乃得銓授。自下升上，限年躡級，不得踰越。久淹不收者，皆荷之，謂之聖書。雖小有常規，而掄材之方失矣。此起於後魏崔亮停年之制也。其有異才高行，聽擢不次，然有其制，而無其事。有司但守文奉式，循資例而已。

初，吏部選才，將親其人，覆其吏事，始取州縣案牘疑議，試其斷割，而觀其能否，此所以爲判也。按：顯慶初，黄門侍郎劉祥道上疏曰：今行署等勞滿，唯曹司試判，不簡善惡，雷同注官。此則試判之所起也。後日月寢久，選人猥多，案牘淺近，不足爲難，乃采經籍古義，假設甲乙，令其判斷。既而來者益衆，而通經正籍又不足以爲問，乃徵僻書、曲學、隱伏之義問之，惟懼人之能知也。佳者登於科第，謂之入等；其甚拙者謂之藍縷，各有升降。選人有格限未至，而能試文三篇，謂之宏詞；試判三條，謂之拔萃，亦曰超絶。詞美者，得不拘限而授職。

初州縣混同，無等級之差，凡所拜授，或自大而遷小，或始近而後遠，無有定制。其後選人既多，叙用不給，遂累增郡縣等級之差，郡自輔至下凡八等，縣自赤至下凡八等。其折衝府亦有差等。按格、令，内外官萬八千八十五員。而合入官者，自諸館學生以降，凡十二萬餘員。弘文、崇文館學生五十員，國子、太學、四門、律、書、算凡二千二百一十員，州縣學生六萬七百一十員；兩京崇玄館學生二百員，諸州學不計；太史曆生三十六員，天文生百五十員，太醫童、針、呪諸生二百一十一員，太卜筮生三十員；千牛備身八十員，備身二百五十六員，進馬十六員，齋郎八百六十二員，諸三衛監門直長三萬九千四百六十二員；諸屯主、副千九百八十四員，諸折衝府録事、府、史千七百八十二員，校尉三千五百六十四員，執仗、執乘每府六十四員，親事、帳内一萬員，集賢院御書手一百員；翰林藥童數百員，諸臺、省、寺、監、軍、衛、坊、府之胥吏，及上州市令、錄事，省司補授者約六千餘員。其外文武貢士及應制、挽郎、輦腳、軍功、使勞、徵辟、奏薦、神童、陪位，諸以親蔭并藝術百司雜直，或恩賜出身受職不爲常員者，不可悉數。大率約八、九人爭官一員。

初，武德中，天下兵革方息，萬姓安業，士不求祿，官不充員，吏曹乃移牒州府，課人應集，至則授官，無所退遣。四五年間，求者漸多，方稍有沙汰。

貞觀時，京師穀貴，始分人於洛州選集，參選者七千人，而得官者六千人。時太宗謂吏部尚書杜如晦曰：今吏部取人，獨舉其言辭刀筆，而不詳才行，或授職數年，然後罪彰，雖刑戮繼及，而人已弊矣。如之何？對曰：昔兩漢取人，必本於鄉閭選之，然後入官，是以稱漢爲多士。今每歲選集，動踰數千人，厚貌飾辭，何可知也。選曹但校其階品而已。若掄才辨行，未見其術。上由是將依漢法，令本州辟召，會功臣議行封建，事乃寢。他日，上又曰：夫古今致理，在於得賢。今公等不能知，朕不偏識，日月其逝，而人遠矣。吾將使人自舉，如之何？魏徵曰：知人則智，自知者明。知人誠難矣，而自知豈易乎？且自媒自衒，士女之醜行，是長澆競也。不可。復寢。是時，吏部之法行始二十餘年，雖已爲弊矣，而未甚滂流，故公卿輔弼或有未之覺者。貞觀十七年，吏部侍郎高季輔知選，凡所銓綜，時稱允愜，十八年獨知選事，太宗賜金背鏡一面，以表其清鑒焉。太宗初知其微而未及更，因循至於永徽中，官紀已紊，迨麟德之後，不勝其弊。

及武太后臨朝，務悅人心，不問賢愚，選集者多收之，職員不足，乃令吏部大置試官以處之，故當時有車載、斗量之謠。又以鄧玄挺、有唐以來，掌選之失，無如玄挺者。時患消渴疾，選人因目爲鄧渴，作《鄧渴詩》以謗之。許子儒爲侍郎，無所藻鑑，委成令史，依資平配。其後，諸門入仕者猥衆，不可禁止，有僞立符告者，有接承他名者，有遠人無親而買保者，有試判之日求人代作者，如此假濫，不可悉數。武太后又以吏部選人多不實，乃令試日自糊其名，暗考以定等第。糊名自此始也。有司不能詳求故實，劃革其弊，神功元年敕：自今以後，本色出身，解天文者，進官不得過太史令；音樂者，不得過太樂、鼓吹署令；醫術者，不得過尚藥奉御；陰陽卜筮者，不得過太卜令；解造食者，不得過司膳署令。有從勳官、品子、流外、國官、參佐、視品等出身者，自今以後，不得任京清要等官；若累限應至三品，不須進階，每一階酬勳兩轉。而乃繁設等級，遞立選防，苟以抑之。

及神龍以來，復置員外官二千餘人，兼超授閹官爲員外官者又千餘人。時李嶠居選部，引用權勢，以取聲名，故爾其員外官悉憑恃與正官紛競，至相毆擊者。及嶠復入相，乃深悟之，上疏請惜班榮，稍減除授。時中宮用事，恩澤橫出，除官有不由宰司，特敕斜封便拜。於是內外盈溢，居無廨署，時人謂之三無坐處，言宰相、御史及員外官也。時以鄭愔爲吏部侍郎，大納貨賄，留人過多，無闕注擬，逆用三年闕員，於是綱紀大紊。

及先天以後，宋璟爲尚書，李乂、盧從愿爲侍郎，方革前弊，量闕留人。雖資高考深而非才實者，並罷選。當時選者十不收一，由是吏曹之職復理矣。自有唐以來，居吏部者，唯馬載、裴行儉、崔玄暐、韋嗣立最爲稱職。

開元十三年，玄宗又以吏部選試不公，乃置十銓試人。禮部尚書蘇頲，刑部尚書韋抗，工部尚書盧從愿，右常侍徐堅，御史中丞宇文融，朝集使、蒲州刺史崔琳，魏州刺史崔沔，荊州長史韋虛心，鄭州刺史賈曾，懷州刺史王丘，各掌其一。時左庶子吳兢上表，諫曰：《易》稱君子思不出其位，言各止其所，不侵官也。此實百王準的。伏見敕旨令韋抗等十人，分掌吏部銓選，及試判將畢，遽召入禁中決定。雖有吏部尚書及侍郎，皆不得參其事。議者皆以陛下曲受讒言，不信於有司也。然則居上臨人之道，經邦緯俗之規，必在推誠，方能感物。抑又聞用天下之智力者，莫若使天下信之，故漢光武置赤心於人腹，良有旨哉。昔魏明帝嘗卒至尚書省，尚書令陳矯跪問曰：陛下欲何之？帝曰：欲按行省司文簿。矯曰：此是臣之職分，非陛下所宜臨。若臣不稱職，則就黜退，陛下宜即還宮。帝慚而返。又，陳平、丙吉者，漢家之宰相也，尚不對錢穀之數，不問鬥死之人。故知自古天子至于卿士，守其職分，而不可輒有侵越也。況我大唐萬乘之君，卓絶千古之上，豈得下行選事，頓取怪於朝野乎？凡是選人書判，並請委之有司，仍停此十銓分選，依舊以三銓爲定也。明年，復故。二十三年七月，吏部尚書李暠奏曰：伏見告身印與曹印文同，行用參雜，難以區分，請準司勳、兵部印文，加告身兩字。從之。

至天寶八載六月，敕旨授官宜立攢符，下諸郡府。十一載，楊國忠爲吏部尚書，以肺腑爲相，懼招物議，取悅人心，乃以選人非超絶當留及藍縷當放之外，其餘常選，從年深者率留，故惷愚廢滯者咸荷焉。其明年，三銓注官，皆自專之，於尚書都堂與左相相偶唱注，二旬而畢，不復經門下省審，侍郎不得參其議。

其內常參官八品以上及外官五品以上正員并停使郎官御史丁憂廢省者，舊制中書、門下便除授，貞元四年正月制春秋舉薦。至五年六月，敕：在外者，委諸道觀察使及州府長史；其在京城者，委中書、門下、尚書省、御史臺。常參清官并諸使三品以上官，左右庶子，少詹事，少卿，監，司業，少尹，諭德，國子博士，長安、萬年縣令，著作郎，郎中，中允，中舍人，祕書太常丞，贊善，洗馬等，每年一度薦聞。至八年正月，敕：比來所舉，人數頗多，自今以後，中書、門下兩省及御史臺五品以上，尚書省四品以上，諸司三品以上，應合舉人，各令每人薦不得過兩人。餘官，不得過一人。至九年十一月，敕：每年冬薦官，吏部準式檢勘，成者宜令尚書左右丞、本司侍郎引於都堂，訪以理術兼商量時務狀，考其理識通者及考第事，疏定爲三等，并舉主名録奏。試日，仍令御史一人監試。

（唐）李肇《唐國史補》卷下 郎官故事：吏部郎中二廳，先小銓，次格式；員外郎二廳，先南曹，次廢置。刑部分四覆，户部分兩賦，其制尚矣。

《舊唐書》卷四三《職官志》 郎中二員，並從五品上。龍朔爲司列大夫，咸亨、光宅並隨曹改也。員外郎二員。並從六品上。令史三十人，書令史六十人，亭長八人，掌固十二人。郎中一人掌考天下文吏之班秩階品。凡叙階二十有九，品在都序，自一品至九品，品有上下，凡散官四品已下，九品已上，並於吏部當番上下。其應當番四十五日。若都省須人送符，諸司須人者，並兵部、吏部散官上，經兩番已上，聽簡入選。不第者，依番名不過五六也。凡叙階之法，有以封爵，有以親戚，有以勳庸，有以資蔭，有以秀孝，有以勞考，有除免而復叙者，皆循法以申之，無或枉冒。凡應入三品五品者，皆待別制而進之，不然則否。凡文武百僚之班序，官同者先爵，爵同者先齒。凡京司有常參官、謂五品以上職事官、八品已上供奉官、員外郎、監察御史、太常博士。供奉官、兩省自侍中、中書令已下，盡名供奉官。諸司長官、清望官、四品已下八品已上清官。每日以六品已上清官兩人，待制於衙。供奉官、宿衛官不在此例。凡授四品已下清望官，才職相當，不應進讓。凡職事官應覲省及移疾，不得過程。年七十已上，應致仕，若齒力未衰，亦聽釐務。凡官人身及同居大功已上親，自執工商，家專其業，及風疾、使酒，皆不得入仕。凡內外官有清白著聞，應以名薦，則中書門下改授，五品已上；量加升進，六品已下，有付吏部即量等第遷轉。若第二第三等人，五品已上，改日稍優之。六品已下，秩滿聽選，不在放限。其嶺南、黔中，三年一置選補使，號爲南選。凡天下官吏，各有常員。凡諸司置直，皆有定數。諸司諸色有品直官。內外官吏，則有假寧之節，行李之命。簿書景迹，功賞殿最，具員皆與員外郎分掌之。郎中一人掌小銓，亦分爲九品，通謂之行署。以其在九流之外，故謂之流外銓，亦謂之小選。其校試銓注，與流內銓略同。其吏部、兵部、禮部、考功、都省、御史臺、中書、門下，謂之前八司，其餘則曰後行。凡擇流外，取工書、計，兼頗曉時務。三事中，有一優長，則在叙限。每經三考轉選，量其才能而進之，不則從舊任。小銓，舊委郎中專知。開元二十五年，又敕銓試訖留放，皆尚書侍郎定之也。員外郎一人掌判南遭。曹在選曹之南，故謂之南曹。每歲選人，有解狀、簿書、資歷、考課，必由之以覈其實，乃上三銓。其三銓進甲則署焉。員外郎一人掌判曹務。凡預太廟齋郎帖試，如貢舉之制。

（宋）王溥《唐會要》卷七四《選部・論選事》 舊制，內外官皆吏部啓奏授之，大則署置三公，小則綜覈流品。自隋已降，職事五品已上官，中書門下訪擇奏聞，然後下制授之。唐承隋制，初則尚書銓掌六品、七品選，侍郎銓掌八品選，三年一大集，每年一小集。其後，尚書侍郎通掌六品以下選，其員外郎、監察御史，亦吏部唱訖，尚書侍郎爲之典選。自貞觀以後，員外郎乃制授之。又至則天朝，以吏部權輕，監察亦制授之。其銓綜也，南曹綜覈之，廢置與奪之，銓曹注擬之，尚書僕射兼書之，門下詳覆之，覆成而後過官。至肅宗即位靈武，強寇在郊，始命中書以功狀除官，非舊制也，

（宋）王溥《唐會要》卷七四《選部・吏曹條例》 總章二年四月一日，司列少常伯裴行儉，始設長名牓，引銓注期限等法，又定州縣升降官資高下，以爲故事，仍撰譜十卷。

其年十一月，吏部侍郎李敬元，委事於員外郎張仁禕，仁禕有識略吏幹，始造姓歷，改修狀樣銓歷等程式。敬元用仁禕之法，銓綜式序。仁禕感國士見委，竟以心勞嘔血而死。

開元十八年四月十一日，侍中兼吏部尚書裴光庭奏用循資格。至二十一年，光庭薨，中書令蕭嵩與光庭不協，以循資格取士不廣，因奏事言之。六月二十八日詔：古者諸侯舉士，必本於鄉曲；府庭署吏，亦先於行能，所以人自檢修，官無敗政。及乎魏承漢弊，權立九品，今之吏部，用是因循，入仕寖多，爲法轉密，然於濟理求才，未聞深識，持衡取士，徒具繁文。朕寤寐永懷，每以惆悵。夫琴瑟不調者，改而更張，法令不便者，義復何異？頃者有司限數，及拘守循資，遂令銓衡不得揀拔，天下賢俊，屈滯頗多。凡人三十始可出身，四十乃得從事，更造格限，分品爲差，若如所制之文，六十尚不離一尉，有才能者，始得如此，稍敦樸者，遂以終身。由是取人，豈爲明恕？自今以後，選人每年總令赴集，仍舊以三月三十日爲限。其中有才優業異，操行可明者，一委吏部臨時擢用，貴於取實，何限常科？雖遠郡下僚，名迹稍著，亦須甄拔，令其勸勉。俾人思爲善之利，俗知進取之途。朕所責成，實在吏部，可舉其大略，令有所依。比者流外奏申，乃引過門下，簿書堆盈於瑣闥，胥吏填委於掖垣，豈是合宜，過爲煩碎。自今以後，亦宜依舊。

二十八年八月，以考功貢院地置吏部南院。以置選人文書，或謂之選院，其選院本銓之內，至是移出之。東都至二十一年七月，以太常園置之。

二十二年七月六日，吏部尚書李嵩奏曰：伏見告身印與曹印文同，行用參雜，難以區分，望請准司勳兵部印文，加告身兩字。從之。

二十四年十二月二十四日敕：王子未出閤者，侍講、侍讀、侍文、侍書並取見任官充，經三周年放選，與處分。習藝館諸色內教，通取前資及常選人充，經二年已上，選日，各於本色量減兩選與處分。左右衛三衛及五品以上子弟，經七年，雜衛三衛經八年，勳官經九年，並放選，與處分。

貞元二年三月，吏部奏：伏准今年二月十三日敕，除臺省常參官，餘六品已下，並准舊例，都付本司處分者。其六品以下選人中，有人才書判，無闕相當，承前准格，皆送中書門下。又立功狀奏請，要有褒揚等令，並委本司注擬，即不同常格選人。若無闕相當，一一令待續闕。事即停滯，必招喧訴，應緣功狀，及非時與官，合授正員額，並選限內無闕注擬者。伏請量事計日，用成三考闕。如臨時人數稍多，注擬不足，灼然須處置發遣，即請兼用兩考以上得資闕，並量人才資序注擬訖，准敕送中書門下詳定可否。其六品以下有官資稍高，合入五品，縱非五品，亦請依前送名。敕旨：兩考闕不在用限，其三考闕，如非當年准格令用，除別敕授官人外，亦不在用限。如闕員不足選人，事須處分者，臨時奏聽進止，餘例依。其年三月敕旨：五品官，准式不合選補，使注擬，宜付吏部檢勘訖，送中書門下，其據資叙，卻合授六品已下官，任便處分。

其年五月，吏部奏：伏准貞元元年七月二十五日敕，諸州府及京五品已上官停，使下郎官御史等，宜付所司。作條件聞奏者，緣諸色功優，非時授官，闕員稍多，請作節限許集。上州刺史、兩府少尹、四赤令停替後，請許一月內於都省陳牒納文狀畢，檢勘同具由歷，每至月終，送名中書門下，仍請不試。太原、河中、鳳翔、江陵、成都、興元府少尹赤令、及京兆鴿赤令，中下州刺史，諸使下停減郎官御史等停官，當年並聽集。六品以下常參官以理去任者，當年聽集，具員官京兆府先申中書門下省，檢勘未成失文歷者，其中先東西在遠，不及選集，並請依後件合集人限，所在陳牒，隨例赴集。選人有明經、進士、道舉、明法出身，無出身人有經制舉，宏詞拔萃及第，判入等清白狀，並有上下考校奏成，及孝義名聞，制及敕褒獎者，或曾任郎官、御史、起居、補闕、拾遺、太常博士、兩府判司、兩府畿赤官、使下郎官、觀察使、節府、都團練、都防禦、度支、水陸運鹽鐵使、留守判官、支使推官、書記等，制敕分明。貞元元年十二月已前離任者，一切聽集，並六府少尹鴿赤令，並不在試例。應未及一考已下，被替丁憂服滿，廢省，患解侍親，並隔絕不上州府縣升降等官，並聽當集，緣未得資望，准六品已下選人例。所試狀縱入下等，望臨時據人材定留放。其違程不上人，經免殿者，聽集，仍卻還本道本色官。應准格未合集人，其中有文詞宏贍，學術精通，灼然爲人所知，亦任於所在府州陳狀，本州長官，精加選擇，堪奬拔者，具解申送，依例赴集，至省審加考覈。有才實相副，別狀送名，如有踰濫，其本州署申解牒，本判官量事科罰。四品官中，有衰疾情願任致仕官者，但是正員官，不限考數，任於所在州府陳牒，依合集人狀樣通由歷，准前送本道察觀察使上省，不用身到禮部。附學官先及第人薦闕吏部者，並聽集，准例試狀定留放。應集合試官，並望准舊例狀一道，仍准建中二年格例。及大曆十一年六月敕：請條委左右僕射兵部尚書侍郎同考試，其狀考入上等，具名所試狀，依限送中書門下，其考入下等者，任還。

十一年十月，罷吏部兵部司封司勳寫急獲告身，凡九十員。

二十三年五月，齊抗乙太常卿代鄭餘慶爲中書侍郎平章事。先時，每歲吏部選人試判，別奏官考覆，第其上下。既考，中書門下覆奏，擇官覆定，寖以爲例。抗爲相，乃奏言吏部尚書已是朝廷精選，不宜別差考官重覆。其年他官考判訖，俾吏部侍郎自覆。明年，遂不置考判官，蓋因抗所論奏也。

太和六年八月敕旨：凡權知授官，皆緣本資稍優，未合便得藉才，不遽擢用，故且權知。若通計五考，即便同正授，極爲僥倖。自今以後，應請州府五品長馬權知正授，通計六考滿停，其勒留官如有未滿六考，停給課料者，便准此卻與支給。

四年五月，中書門下奏：准太和元年九月敕，釐革兩畿及諸州縣官，唯山劍三川峽內，及諸州比遠，許奏縣令録事參軍，其餘並停。自敕下以來，諸道並有奏請，如滄景德棣，敕後已三數員，伏以敕令頒行，不合違越，苟有便宜，則須改張。自今以後，山劍三川峽內及諸道比遠州縣官，出身及前資正員官人中，每道除令録事外，望各許奏三數員。如河北諸道滄景德棣之類，經破蕩之後，及靈夏邠寧鱗坊等州，全無俸料，有出身及正員官，悉不肯去。吏部從前多不注擬，如假攝有勞，望許於諸色人中量事奏三數員，其餘勒約及期限，並請依太和元年九月十九日敕處分。從之。

其年七月，吏部應遠道州縣課料錢元額，計料支給，不得更欠折，當司據料前錢定數，牒示選人使知委。敕旨，宜依。

五年六月敕：南曹檢勘，廢置詳斷，選人儻有屈事，足以往覆辨明。近年以來，不問有理無理，多經中書門下接訴，致令有司失職，莫知所守。選人踰分，唯望哀矜，若無條約，恐更滋甚。起今以後，其被駮選人，若已依期限，經廢置詳斷不成，自謂有屈，任經中書門下陳狀。狀到吏部後，銓曹及廢置之吏，更爲詳斷，審其事理，可收即收。如數至三人已上，廢置郎官請牒都省罰直，如至十人已上，具事狀申中書門下處分。如未經廢置詳斷，公然越訴，或有已經詳斷不錯，輒更有投論者，選人量殿兩選，當日具格文榜示，冀無冤濫，亦免倖求。

八年正月敕，吏部疏理諸色入仕人等，令勘會諸司流外令史、府史、掌固、禮生、楷書、醫工及諸司流外令史等，總一千九百七十二員，六百五十七員請權停，一千三百一十五員請令諸司守缺，除見在外，以後不得更置。委御史臺察訪。

開成二年六月，吏部南曹奏：准今年五月敕《長定選格》加置南曹郎一人，別制印一面。敕旨，依奏。

會昌五年七月敕：應在京百司官典優成授官人等，既云趨吏執舉，簿書優成，命官須居散秩，近日僭越殊甚，條紊舊規，累資或至於登朝，班序豈容於雜類？自今以後，如有改轉官，宜止於中下州長史司馬，但不令登朝，事貴得體，永爲常式。

天祐三年四月十九日，吏部奏：今後選人，如是格式申送員闕，任其穩便去處請官，不得妄指射諸道。假滿拋官不到任，停留官元闕及違程不上月限等闕。從之。

（宋）王溥《唐會要》卷七五《選部·選限》　武德初，因隋舊制，以十一月起選，至春即停。至貞觀二年，劉林甫爲吏部侍郎，以選限既促，選司多不究悉，遂奏四時聽選，隨到注擬，當時以爲便。

貞觀十九年十一月，馬周爲吏部尚書，以吏部四時持衡，略無暇休，遂奏請取所由文解，十月一日赴省，三月三十日銓畢。按工部侍郎韋述《唐書》云，貞觀八年，唐皎爲吏部侍郎，以選集無限，隨到補職。時漸太平，選人稍眾，請以冬初，一時大集，終季春而畢，至今行用之。諸史又云是馬周，未知孰是，兩存焉。

開元二十年正月二十二日，吏部尚書裴光庭奏：文武選人，承前三月三十日始畢，比團甲已至夏末，自今已後，並正月三十日內團甲，二月內畢。至二十一年六月二十八日，蕭嵩奏：吏部選人，請准舊例，至三月三十日團甲畢。

貞元八年春，中書侍郎平章事陸贄，始復令吏部每年集選人。舊事，吏部常每年集人，其後遂三數年一置選，選人併至，文書多，不可尋勘，真僞紛雜，吏因得大爲奸巧。選人一蹉跌，或十年不得官，而官之闕者，或累歲無人。贊令吏部分内外官爲三分，計闕集人，歲以爲常，其弊十去七八，天下稱之。

十五年六月敕：吏部奏：選人依前三月三十日已前團奏畢，其流外兵部、禮部舉人等，專委郎官，恐不詳審，共爲取捨，適表公平。每至流放之時，皆尚書侍郎對定，既上下檢察，務在得人。

元和四年三月二十五日敕：今後宗正寺修選圖譜官，知匭使判官，至考滿日，各宜減兩選也。

（唐）王溥《唐會要》卷八二《甲庫》　〔太和〕五年六月敕：應選人及冬集人于案，門下省檢勘畢後，比來更差南曹令史收領，卻納門下甲庫，在於公事，頗甚煩勞。自今已後，請勅吏部過選院，本令史便自分付甲庫，以備他年檢勘。仍請門下省勒甲庫令史，每過選時，常加檢點收拾，明立文案，據官吏等遞相分付，不得妄有破除。南曹申請之時，如有稱失落欠少，本令史及專知官准檢報，揩改違越條例處分。

（宋）王欽若等《册府元龜》卷六三〇《銓選部·條制》　〔開元六年〕八月詔曰：明經進階，雖著於甲令，儒道敦俗，宜申於舊章。其選人有能仕優則學所業不廢者，當在甄收，以示勸奬。其能奮經外更業者，准初出身例加階。是月敕：嶺南及黔中參選人曹，如文解每限五月三十日到省，八月三十日内簡勘使了，選使及選人限十月三十日到選所，正月三十日内銓注使畢。其嶺南選補使，宜移桂州安置。

（宋）王欽若等《册府元龜》卷六三〇《銓選部·條制》　〔開元〕二十一年六月二十八日制曰：古者諸侯舉士，必本於鄉曲；府庭署吏，亦先於能行。所以人自束脩，官無敗政。及乎魏承漢弊，權立九品，今之吏部，用是因循，久仕漫多，爲法轉密，然於濟理求才，未聞深識，持衡取事，徒立煩文。朕寤寐永懷，每以怊悵。夫琴瑟不調者，改而更張，法令不便者，義復何異？頃者有司限數，及拘守循資，遂令銓衡不得探拔，天下賢俊屈滯頗多。凡人三十始可出身，四十乃得從事，更造格限，分品爲差，若如所制之文，六十尚不離一尉，有才能者，始得如此，稍敦朴者，遂以終身。繇是取人，豈爲明恕？自今以後，選人每年搃令赴集，仍舊以三月三十日爲限。其中有才優業異，操行可明者，一委吏部臨時擢用。貴於取實，何限常科，雖遠郡下僚，名迹稍著，亦須甄拔，令其勸勉。俾人思爲善之利，俗知進取之途。朕所責成，實在吏部，可舉其大略，令有所依。比者流外奏申，乃引過門下，簿書堆盈於瑣闥，胥吏填委於掖垣，豈是事宜，過爲煩碎。自今以後，亦宜依舊。先是，裴光庭爲吏部循資格，光庭薨，蕭嵩爲中書令，與光庭不協，以資格取士不廣，故奏改之。

（宋）王欽若等《册府元龜》卷六三〇《銓選部·條制》　〔天寶〕九載三月十三日勅：吏部取人，必限書判。且文學政事，本自異科，求備一人，百中無一。況古來良宰，豈必文人？又限循資，尤難奬擢。自今以後，簡縣令，但才堪政理。方圓取人，不得限以書判及循資格注擬。諸畿望緊上中每等爲一甲，委中書門下察問選擇堪者，然後奏授大理評事。其朝要子弟中有未歷望畿縣，便授此官，既不守文，又未經事。自今以後，有此色及朝要至親，並不得注擬。

（宋）王欽若等《册府元龜》卷六三〇《銓選部·條制》　〔天寶〕十一載七月詔曰：政理之源，實惟選士；銓綜之道，必在至公。比來文武選人調集者，及於留放，末日引通，或甄鑒匪周，或紀綱不一，以資取捨，詎免流言。須議事以制法，亦因時而革弊。自今以後，吏部選人，宜審定格限頒示，令集銓之日，各量官資書判、狀迹功優，據闕合留，對衆便定。豈惟免淹時日，抑亦共表公平。見收者既無濫升，被放者亦當斂分，則自近及遠，以絶倖求。其有宏詞博學，或書判特優，超越流輩者，不過限以選數聽集。其武部選人，試日校等第功優，亦對衆便從留放。仍永爲常式，並作條件處分。

（宋）王欽若等《册府元龜》卷六三〇《銓選部·條制》　乾元二年三月丙辰制：自來諸州府多有奏請官者，或先無闕員，所司雜授，搜即與替，深紊紀綱。自今以後，州縣官有灼然衰暮，暗弱無政，及犯贓私，切須與替者，仰具事繇聞奏。如緣軍州文要官，吏部任簡擇，並具闕繇聞奏。所奏人皆須具歷任考第甲授日月同奏。

《新唐書》卷四四《選舉志》　旬給假一日。前假，博士考試，讀者千言試一帖，帖三言，講者二千言問大義一條，總三條通二爲第，不及者有罰。歲終，通一年之業，口問大義十條，通八爲上，六爲中，五爲下。併三下與在學九歲、律生六歲不堪貢者罷歸。諸學生通二經、俊士通三經已及第而願留者，四門學生補太學，太學生補國子學。每歲五月有田假，九月有授衣假，二百里外給程。其不帥教及歲中違程滿三十日，事故百日，緣親病二百日，皆罷歸。既罷，條其狀下之屬所，五品以上子孫送兵部，準蔭配色。

每歲仲冬，州、縣、館、監舉其成者送之尚書省；而舉選不繇館、學者，謂之鄉貢，皆懷牒自列于州、縣。試已，長吏以鄉飲酒禮，會屬僚，設賓主，陳俎豆，備管絃，牲用少牢，歌《鹿鳴》之詩，因與耆艾叙長少焉。既至省，皆疏名列到，結款通保及所居，始由户部集閲，而關于考功員外郎試之。

《新唐書》卷四五《選舉志》 凡選有文、武，文選吏部主之，武選兵部主之，皆爲三銓，尚書、侍郎分主之。

凡官員有數，而署置過者有罰，知而聽者有罰，規取者有罰。每歲五月，頒格于州縣，選人應格，則本屬或故任取選解，列其罷免、善惡之狀，以十月會于省，過其時者不叙。其以時至者，乃考其功過。同流者，五五爲聯，京官五人保之，一人識之。刑家之子、工賈異類及假名承僞、隱冒升降者有罰。文書粟錯，隱倖者駁放之；非隱倖則不。

凡擇人之法有四：一曰身，體貌豐偉；二曰言，言辭辯正；三曰書，楷法遒美；四曰判，文理優長。四事皆可取，則先德行；德均以才，才均以勞。得者爲留，不得者爲放。五品以上不試，上其名中書門下；六品以下始集而試，觀其書、判。已試而銓，察其身、言；已銓而注，詢其便利而擬；已注而唱，不厭者得反通其辭，三唱而不厭，聽冬集。厭者爲甲，上于僕射，乃上門下省，給事中讀之，黄門侍郎省之，侍中審之，然後以聞。主者受旨而奉行焉，謂之奏受。視品及流外，則判補。皆給以符，謂之告身。凡官已受成，皆廷謝。

凡試判登科謂之入等，甚拙者謂之藍縷。選未滿而試文三篇，謂之宏辭；試判三條，謂之拔萃。中者即授官。

凡出身，嗣王、郡王，從四品下；親王諸子封郡公者，從五品上；國公，正六品上；郡公，正六品下；縣公，從六品上；侯，正七品上；伯，正七品下；子，從七品上；男，從七品下；皇帝緦麻以上親、皇太后期親，正六品上；皇太后大功、皇后期親，從六品上；皇帝袒免、皇太后小功緦麻、皇后大功親，正七品上；皇后小功緦麻、皇太子妃期親，從七品上。外戚，皆以服屬降二階叙。娶郡主者，正六品上；娶縣主者，正七品上；郡主子，從七品上；縣主子，從八品上。【略】

凡弘文、崇文生，皇緦麻以上親，皇太后、皇后大功以上親，一家聽二人選。職事二品以上、散官一品、中書門下正三品同三品、六尚書等子孫并姪，功臣身食實封者子孫，一蔭聽二人選。京官職事正三品、同中書門下平章事、供奉官三品子孫，京官職事從三品、中書黄門侍郎并供奉三品官、帶四品五品散官子，一蔭一人。

凡勳官選者，上柱國，正六品叙；六品而下，遞降一階。驍騎尉、武騎尉，從九品上叙。

凡居官必四考，四考中中，進年勞一階叙。每一考，中上進一階，上下二階，上中以上及計考應至五品以上奏而别叙。六品以下遷改不更選及守五品以上官，年勞歲一叙，給記階牒。考多者，準考累加。

凡醫術，不過尚藥奉御。陰陽、卜筮、圖畫、工巧、造食、音聲及天文，不過本色局、署令。鴻臚譯語，不過典客署令。凡千牛備身、備身左右，五考送兵部試，有文者送吏部。凡齋郎，太廟以五品以上子孫及六品職事并清官子爲之，六考而滿；郊社以六品職事官子爲之，八考而滿。皆讀兩經粗通，限年十五以上、二十以下，擇儀狀端正無疾者。

武選，凡納課品子，歲取文武六品以下、勳官三品以下五品以上子，年十八以上，每州爲解上兵部，納課十三歲而試，第一等送吏部，第二等留本司，第三等納資二歲，第四等納資三歲；納已，復試，量文武授散官。若考滿不試，免當年資；遭喪免資。無故不輸資及有犯者，放還之。凡捉錢品子，無違負滿二百日，本屬以簿附朝集使，上于考功、兵部。滿十歲，量文武授散官。其視品國官府佐應停者，依品子納課，十歲而試，凡一歲爲一選。自一選至十二選，視官品高下以定其數，因其功過而增損之。

初，武德中，天下兵革新定，士不求禄，官不充員。有司移符州縣，課人赴調，遠方或賜衣續食，猶辭不行。至則授用，無所黜退。不數年，求者寖多，亦頗加簡汰。

貞觀二年，侍郎劉林甫言：隋制以十一月爲選始，至春乃畢。今選者衆，請四時注擬。十九年，馬周以四時選爲勞，乃復以十一月選，至三月畢。

太宗嘗謂攝吏部尚書杜如晦曰：今專以言辭刀筆取人，而不悉其行，至後敗職，雖刑戮之，而民已敝矣。乃欲放古，令諸州辟召。會功臣行世封，乃止。它日復顧侍臣曰：致治之術，在於得賢。今公等不知人，朕又不能徧識，日月其逝，而人遠矣。吾將使人自舉，可乎？而魏徵以爲長澆競，又止。

初，銓法簡而任重。高宗總章二年，司列少常伯裴行儉始設長名牓，引銓注法，復定州縣升降爲八等，其三京、五府、都護、都督府，悉有差次，量官資授之。其後李敬玄爲少常伯，委事於員外郎張仁禕，仁禕又造姓歷，改狀樣、銓歷等程式，而銓總之法密矣。然是時仕者衆，庸愚咸集，有僞主符告而矯爲官者，有接承它名而參調者，有遠人無親而置保者。試之日，冒名代進，或旁坐假手，或借人外助，多非其實。雖繁設等級、遞差選限、增譴犯之科、開糾告之令以遏之，然猶不能禁。大率十人競一官，餘多委積不可遣，有司患之，謀爲黜落之計，以僻書隱學爲判目，無復求人之意。而吏求貨賄，出入升降。至武后時，天官侍郎魏玄同深嫉之，因請復古辟署之法，不報。

初，試選人皆糊名，令學士考判，武后以爲非委任之方，罷之。而其務收人心，士無賢不肖，多所進獎。長安二年，舉人授拾遺、補闕、御史、著作佐郎、大理評事、衛佐凡百餘人。明年，引見風俗使，舉人悉授試官，高者至鳳閣舍人、給事中，次員外郎、御史、補闕、拾遺、校書郎。試官之起，自此始。時李嶠爲尚書，又置員外郎二千餘員，悉用勢家親戚，給俸禄，使釐務，至與正官爭事相毆者。又有檢校、敕攝、判知之官。神龍二年，嶠復爲中書令，始悔之，乃停員外官釐務。

中宗時，韋后及太平、安樂公主等用事，於側門降墨敕斜封授官，號斜封官，凡數千員。內外盈溢，無聽事以居，當時謂之三無坐處，言宰相、御史及員外郎也。又以鄭愔爲侍郎，大納貨賂，選人留者甚衆，至逆用三年員闕，而綱紀大潰。韋氏敗，始以宋璟爲吏部尚書，李乂、盧從愿爲侍郎，姚元之爲兵部尚書，陸象先、盧懷慎爲侍郎，悉奏罷斜封官，量闕留人，雖資高考深，非才實者不取。初，尚書銓掌七品以上選，侍郎銓掌八品以下選。至是，通其品而掌焉。未幾，璟、元之等罷，殿中侍御史崔涖、太子中允薛昭希太平公主意，上言：罷斜封官，人失其所，而怨積於下，必有非常之變。乃下詔盡復斜封別敕官。

玄宗即位，厲精爲治。左拾遺內供奉張九齡上疏言：縣令、刺史，陛下所與共理，尤親於民者也。今京官出外，乃反以爲斥逐，非少重其選不可。又曰：古者或遥聞辟召，或一見任之，是以士脩名行，而流品不雜。今吏部始造簿書，以備遺忘，而反求精於案牘，不急人才，何異遺劍中流，而刻舟以記。於是下詔擇京官有善政者補刺史，歲十月，按察使校殿最，自第一至第五，校考使及户部長官總覈之，以爲升降。凡官，不歷州縣不擬臺省。已而悉集新除縣令宣政殿，親臨問以治人之策，而擢其高第者。又詔員外郎、御史諸供奉官，皆進名敕授，而兵、吏部各以員外郎一人判南曹，由是銓司之任輕矣。其後户部侍郎宇文融又建議置十銓，乃以禮部尚書蘇頲等分主之。太子左庶子吳兢諫曰：《易》稱君子思不出其位，言不侵官也。今以頲等分掌吏部選，而天子親臨決之，尚書、侍郎皆不聞參，議者以爲萬乘之君，下行選事。帝悟，遂復以三銓還有司。

開元十八年，侍中裴光庭兼吏部尚書，始作循資格，而賢愚一概，必與格合，乃得銓授，限年躡級，不得踰越。於是久淹不收者皆便之，謂之聖書。及光庭卒，中書令蕭嵩以爲非求材之方，奏罷之。乃下詔曰：凡人年三十而出身，四十乃得從事，更造格以分寸爲差，若循新格，則六十未離一尉。自今選人才業優異有操行及遠郡下寮名迹稍著者，吏部隨材甄擢之。初，諸司官兼知政事者，至日午後乃還本司視事。兵部、吏部尚書侍郎知政事者，亦還本司分闕注唱。開元以來，宰相位望漸崇，雖尚書知政事，亦於中書決本司事以自便。而左、右相兼兵部、吏部尚書者，不自銓總。又故事，必三銓、三注、三唱而後擬官，季春始畢，乃過門下省。楊國忠以右相兼文部尚書，建議選人視官資、書判、狀迹、功優，宜對衆定留放。乃先遣吏密定員闕，一日會左相及諸司長官於都堂注唱，以誇神速。由是門下過官、三銓注官之制皆廢，侍郎主試判而已。

肅、代以後兵興，天下多故，官員益濫，而銓法無可道者。至德宗時，試太常寺協律郎沈既濟極言其敝曰：

近世爵禄失之者久，其失非他，四太而已。入仕之門太多，世冑之家太優，禄利之資太厚，督責之令太薄。臣以爲當輕其禄利，重其督責。夫古今選用之法，九流常叙，有三科而已，曰德也，才也，勞也；而今選曹，皆不及焉。且吏部甲令，雖曰度德居任，量才授職，計勞升叙，然考校之法，皆在書判簿歷、言辭俯仰之間，侍郎非通神，不可得而知。則安行徐言，非德也；空文善書，非才也；累資積考，非勞也。苟執不失，猶乖得人，況衆流茫茫，耳目有不足者乎？蓋非鑒之不明，非擇之不精，法使然也。王者觀變以制法，察時而立政。按前代選用，皆州、府察舉，至于齊、隋，署置多由請託。故當時議者，以爲與其率私，不若自舉；與其外濫，不若內收。是以罷州府之權，而歸於吏部。此矯時懲弊之權法，非經國不刊之常典。

今吏部之法蹙矣，不可以坐守刓弊。臣請五品以上及羣司長官、宰臣進叙，吏部、兵部得參議焉；六品以下或僚佐之屬，聽州、府辟用。則銓擇之任，委於四方；結奏之成，歸於二部。必先擇牧守，然後授其權。高者先署而後聞，卑者聽版而不命。其牧守、將帥，或選用非公，則吏部、兵部得察而舉之。聖主明目達聰，逖聽遐視，罪其私冒不慎舉者，小加譴黜，大正刑典，責成授任，誰敢不勉？夫如是，則接名僞命之徒，菲才薄行之人，貪叨賄貨，懦弱姦宄，下詔之日，隨聲而廢，通大數，十去八九矣。如是，人少而員寬，事覈而官審，賢者不獎而自進，不肖者不抑而自退。

或曰：開元、天寶中，不易吏部之法，而天下砥平，何必外辟，方臻于理？臣以爲不然。夫選舉者，經邦之一端，雖制之有美惡，而行之由法令。是以州郡察舉，在兩漢則理，在魏、齊則亂。吏部選集，在神龍、景龍則紊，在開元、天寶則理。當其時久承升平，御以法術，慶賞不軼，威刑必齊，由是而理，匪用吏部而臻此也。向以此時用辟召之法，則理不益久乎？

天子雖嘉其言，而重於改作，訖不能用。

初，吏部歲常集人，其後三數歲一集，選人猥至，文簿紛雜，吏因得以爲姦利，士至蹉跌，或十年不得官，而闕員亦累歲不補。陸贄爲相，乃懲其弊，命吏部據內外員三分之，計闕集人，歲以爲常。是時，河西、隴右沒于虜，河南、河北不上計，吏員大率減天寶三之一，而入流者加一，故士人二年居官，十年待選，而考限遷除之法寖壞。憲宗時，宰相李吉甫定考遷之格，諸州刺史、次赤府少尹、次赤令、諸陵令、五府司馬、上州以上上佐、東宮官詹事諭德以下、王府官四品以上皆五考。侍御史十三月，殿中侍御史十八月，監察御史二十五月。三省官、諸道敕補、檢校五品以上及臺省官皆三考，餘官四考，文武官四品以下五考。凡遷，尚書省四品以上、文武官三品以上皆先奏。

唐取人之路蓋多矣，方其盛時，著於令者，納課品子萬人，諸館及州縣學六萬三千七十人，太史曆生三十六人，天文生百五十人，太醫藥童、針呪諸生二百一十一人，太卜卜筮三十人，千牛備身八十人，備身左右二百五十六人，進馬十六人，齋郎八百六十二人，諸衛三衛監門直長三萬九千四百六十二人，諸屯主、副千九百八人，諸折衝府録事、府、史一千七百八十二人，校尉三千五百六十四人，執仗、執乘每府三十二人，親事、帳內萬人，集賢院御書手百人，史館典書、楷書四十一人，尚藥童三十人，諸臺、省、寺、監、軍、衛、坊、府之胥史六千餘人。凡此者，皆入官之門户，而諸司主録已成官及州縣佐史未叙者，不在焉。

至於銓選，其制不一，凡流外，兵部、禮部舉人，郎官得自主之，謂之小選。太宗時，以歲旱穀貴，東人選者集于洛州，謂之東選。高宗上元二年，以嶺南五管、黔中都督府得即任土人，而官或非其才，乃遣郎官、御史爲選補使，謂之南選。其後江南、淮南、福建大抵因歲水旱，皆遣選補使即選其人。而廢置不常，選法又不著，故不復詳焉。

（元）馬端臨《文獻通考》卷三七《選舉考·舉官》　唐制，凡選有文武，文選吏部主之，武選兵部主之，皆爲三銓，尚書、侍郎分主之。凡官員有數，而署置過者有罰，知而聽者有罰，規取者有罰。每歲五月，頒格於州縣，選人應格，則本屬或故任取選解，列其罷免、善惡之狀，以十月會於省，過其時者不叙。其以時至者，乃考其功過。同流者五五爲聯，京官五人保之，一人識之。刑家之子、工賈異類及假名承僞、隱冒升降者有罰。文書乖錯，隱幸者駁放之，非隱幸則不。凡擇人之法有四：一曰身，體貌豐偉；二曰言，言辭辨正；三曰書，楷法遒美；四曰判，文理優長。四事皆可取，則先德行，德均以才，才均以勞。得者爲留，不得者爲放。五品以上不試，上其名中書門下。六品以下始集而試，觀其書、判；已試而銓，察其身、言；已銓而注，詢其便利而擬；已注而唱，不厭者得反通其辭，三唱而不厭，聽冬集。厭者爲甲，上於僕射，乃上門下省，給事中讀之，黄門侍郎省之，侍中審之，然後以聞。主者受旨而奉行焉，謂之奏受。視品及流外則判補，皆給以符，謂之告身。凡官已受成，皆廷謝。凡試判登科，謂之入等，甚拙者謂之藍縷。選未滿而試文三篇，謂之宏辭；試判三條，謂之拔萃。中者即授官。凡出身，嗣王、郡王，從四品下；親王諸子封郡公者，從五品上；國公，正六品上；郡公，正六品下；縣公，從六品上；侯，正七品上；伯，正七品下；子，從七品上；男，從七品下。皇帝緦麻以上親、皇太后期親，正六品上；皇太后大功、皇后期親，從六品上；皇帝袒免、皇太后小功緦麻、皇后大功親，正七品上；皇后小功緦麻、皇太子妃期親，從七品上。外戚，皆以服屬降二階叙。娶郡主者，正六品上；娶縣主者，正七品上；郡主子，從七品上；縣主子，從八品上。凡用蔭，一品子，正七品上；二品子，正七品下；三品子，從七品上；從三品子，從七品下；正四品子，正八品上；從四品子，正八品下；正五品子，從八品上；從五品子，正八品上；從四品子，正八品下；正五品子，從八品上；從五品及國公子，從八品下。凡品子任雜掌及王公以下親事、帳內，勞滿而選者，七品以上子，從九品上叙。其任流外而應入流內，叙品卑者亦如之。九品以上及勳官五品以上子，從九品下叙。三品以上蔭曾孫，五品以上蔭孫。孫降子一等，曾孫降孫一等。贈官降正官一等，死事者與正官同。郡、縣公子，視從五品孫；縣男以上子，降一等；勳官二品子，又降一等。二王後孫，視正三品。凡秀才，上上第，正八品上；上中第，正八品下；上下第，從八品上；中上第，從八品下。明經，上上第，從八品下；上中第，正九品上；上下第，正九品下；中上第，從九品下。進士、明法，甲第，從九品上；乙第，從九品下。弘文、崇文館生及第亦如之。應入五品者以聞。書、算學生，從九品下叙。凡弘文、崇文生，皇帝緦麻以上親，皇太后、皇后大功以上親，一家聽二人選。職事二品以上、散官一品、中書門下正三品同三品、六尚書等子孫並侄，功臣身食實封者子孫，一蔭聽二人選。京官職事正三品、同中書門下平章事、供奉官三品子孫，京官職官從三品、中書黄門侍郎並供奉三品官、帶四品五品散官子，一蔭一人。凡勳官選者，上柱國，正六品叙；六品而下，遞降一階。驍騎尉、武騎尉，從九品上叙。凡居官必四考，四考中中，進年勞一階叙；每一考，中上進一階，上下二階，上中以上及計考應至五品以上，奏而别叙。六品以下遷改不更選及守五品以上官，年勞歲一叙，給記階牒。考多者，准考累加。凡醫術，不過尚藥奉御；陰陽、卜筮、圖畫、工巧、造食、音聲及天文，不過本色局、署令；鴻臚譯語，不過典客署令。凡千牛備身、備身左右，五考送兵部試，有文者送吏部。凡齋郎，太廟以五品以上子孫，及六品職事並清官子爲之，六考爲滿；郊社以六品職事官子爲之，八考而滿。皆讀兩經粗通，限年十五以上、二十以下，擇儀狀端正無疾者。武選，凡納課品子，歲取文武六品以下、勳官三品以下五品以上子，年十八以上，每州爲解上兵部，納課十三歲而試，第一等送吏部，第二等留本司，第三等納資二歲，第四等納資三歲，納已，復試，量文武授散官。若考滿不試，免當年資；遭喪免資。無故不輸資及有犯者，放還之。凡捉錢品子，無違負滿二百日，本屬以簿附朝集使，上於考功、兵部。滿十歲，量文武授散官。其視品國官府佐應停者，依品子納課，十歲而試，凡一歲爲一選。自一選至十二選，視官品高下，以定其數，因其功過而增損之。

高祖武德初，天下兵革新定，士不求禄，官不充員。有司移符州縣，課人赴調，遠方或賜衣續食，猶辭不行。至則授用，無所黜退。不數年，求者浸多，亦頗加簡汰。

舊制，内外官皆吏部啓奏授之，大則署制三公，小則綜覈品流。自隋以降，職事五品以上官，中書門下訪擇奏聞，然後下制授之。唐承隋制，初則尚書銓掌六品、七品選，侍郎銓掌八品選，三年一大集，每年一小集。其後，尚書、侍郎通掌六品以下選，其員外郎、監察御史，亦吏部唱訖，尚書、侍郎爲之典選。自貞觀以後，員外郎乃制授之。又至則天朝，以吏部權輕，監察亦制授之。其銓綜也，南曹綜覈之，廢置予奪之，銓曹注擬之，尚書僕射兼書之，門下詳覆之，覆成而後過官。至肅宗即位靈武，强寇在郊，始命中書以功狀除官，非舊制也。

凡諸王及職事正三品以上，若文武散官二品以上及都督、都護、上州刺史在京師者，册授；諸王及職事二品以上，若文武散官一品，並臨軒册授；其職事正三品、散官二品以上及都督、都護、上州刺史，並朝堂册。訖，皆拜廟。册用竹簡，書用漆。五品以上，皆制授；六品以下、守五品以上，及視五品以上，皆敕授。凡制、敕授及册拜，皆宰司進擬。自六品以下，旨授；其視品及流外官，皆判補之。凡旨授官，悉由於尚書，唯員外郎、御史及供奉之官則否。供奉官若起居、補闕、拾遺之類，雖是六品以下官，而皆敕授，不屬選司。開元四年始有此制。唐取人之路蓋多矣。方其盛時，著於令者：納課品子萬人，諸館及州、縣學六萬三千七十人，太史曆生三十六人，天文生百五十人，太醫藥童、針咒諸生二百一十一人，太卜卜筮三十人，千牛備身八十人，備身左右二百五十六人，進馬十六人，齋郎八百六十二人，諸衛三衛監門直長三萬九千四百六十二人，諸屯生、副千九百八人，諸折衝府録事、府史一千七百八十二人，校尉三千五百六十四人，執仗、執乘每府三十二人，親事、帳内萬人，集賢院御書手百人，史館典書、楷書四十一人，尚藥童三十人，諸台、省、寺、監、軍、衛、坊、府之胥史六千餘人。凡此者，皆入官之門户，而諸司主録以成官及州縣佐史未叙者不在焉。至於銓選，其制不一。凡流外，兵部、禮部舉人，郎官得自主之，謂之小選。太宗時，以歲旱穀貴，東人選者集於洛州，謂之東選。高宗上元二年，以嶺南五管、黔中都督府得即任土人，而官或非其才，乃遣郎官、御史爲選補使，謂之南選。其後江南、淮南、福建大抵因歲水旱，皆遣選補使即選其人。而廢置不常，選法又不著，故不復詳焉。

太宗貞觀五年六月十一日，敕：准貞觀四年正月一日制，春秋舉薦官，中書門下奏：常參官八品以上、外官五品以上正員及額内得替者，並停薦。其使下郎官、御史、丁憂廢省官，在外者，望委諸道觀察使及州府長史；其在京城，委中書、門下、尚書省、御史臺。常參清官並諸使三品以上，左右庶子、詹事、少卿監、司業、少尹、諭德、國子博士、長安萬年縣令、著作郎、中允、中舍、秘書、太常丞，贊善、洗馬等，每年一度聞薦。至六年十二月一日，敕：自今已後，王府官宜停薦，其見任宰相及勳臣子弟，亦不須舉人。至八年：每冬薦官，比來所舉人數頗多，自今以後，中書門下兩省、御史臺五品以上，尚書省四品以上，諸司三品以上，應合舉人，各令每人薦不得過兩人，餘官不得過一人，准前敕處分。至九年十一月二十九日，敕：每年冬薦官，吏部准式檢勘或成者，宜令諸司尚書左右丞、本司侍郎引試都堂，訪以理術，兼商量時務。狀考其理識通者及考第事迹，定爲三等，並舉主姓名録奏。試日，仍令御史一人監試。

按：唐初所謂冬薦，即後來所謂舉狀也。但如國子博士、長安萬年縣令皆有薦人之權，則其途亦廣。然所薦必試而後用，則薦人者亦必審而後發，不至如後來全以請謁囑託而得之者矣。

高宗總章二年，司列少常伯裴行儉始設長名榜，引銓注法，復定州縣升降爲八等，其三京、五府、都督、都護府悉有差次，量官資授之。其後李敬元爲少常伯，委事於員外郎張仁禕，仁禕又造姓歷，改狀樣、銓歷等程式，而銓總之法密矣。然是時仕者衆，庸愚咸集，有僞主符告而矯爲官者，有接承他名而參調者，有遠人無親而置保者。試之日，冒名代進，或旁坐假手，或借人外助，多非其實。雖繁設等級，遞差選限，增讉犯之科，開糾告之令以遏之，然猶不能禁。大率十人競一官，餘多委積不可遣，有司患之，謀爲黜落之計，以僻書隱學爲判目，無復求人之意，而吏求貨賄，出入升降。

黄門侍郎、知吏部選事劉祥道上疏曰：今之選司，取士傷多且濫。每年入流數過一千四百人，是傷多也；雜色入流，不加銓簡，是傷濫也。古之選者，爲官擇人，不聞取人多而官員少也。今官員有數，入流無限，以有數供無限，遂令九流繁總，人隨歲積。謹約在所須人，量支年别入流者，今内外文武官一品以下、九品已上，一萬三千四百六十五員，略舉大數，當一萬四千人。壯室而仕，耳順而退，取其中數，不過支三十年。此則一萬四千人，三十年而略盡。若年别入流者五百人，三十年便得一萬五千人，定須者一萬三千四百六十五人，足充所須之數。況三十年之外，在官者猶多，此便有餘，不慮其少。今每年入流者遂至一千四百餘人，應須數外，恒餘兩倍。又比來放選者，見停亦千餘人，更復年别新加，實非處置之法。望請釐革，稍清其選。中書令杜正倫亦言入流者多，爲政之弊。公卿以下憚於改作，事竟不行。

武后初，試選人皆糊名，後以爲非委任之方，罷之。務收人心，士無賢不肖，多所進奬。職員不足，乃令吏部大置試官以處之，故當時有車載斗量之謡。又以鄧元挺、許子儒爲侍郎，無所藻鑒，委成令史，依資平配。李嶠爲尚書，又置員外郎二千餘員，悉用勢家親戚，給俸禄，使釐務，至與正官相毆者。又有檢校、敕攝、判知之官。

中宗時，韋后及太平、安樂公主等用事，於側門降墨敕斜封授官，號斜封官，凡數千員。內外盈溢，無廳事以居，當時謂三無坐處，言宰相、御史及員外郎也。又以鄭愔爲侍郎，大納貨賂，選人留者甚衆，至逆用三年員闕，而綱紀大潰。韋氏敗，始以宋璟爲吏部尚書，李乂、盧從愿爲侍郎，姚元之爲兵部尚書，陸象先、盧懷慎爲侍郎，悉奏罷斜封官，量闕留人，雖資高考深，非才實者不取。初，尚書銓掌七品以上選，侍郎銓掌八品以下選。至是，通其品而掌焉。未幾，璟、元之等罷，殿中侍御史崔涖、太子中允薛昭希太平公主意，上言：罷斜封官，人失其所，而怨積於下，必有非常之變。乃下詔盡復斜封別敕官。

玄宗即位，勵精爲治，制：凡官不歷州縣者，不擬臺、省。已而悉集新除縣令宣政殿，親臨問以治人之策，而擢其高第者。又詔員外郎、御史、諸供奉官皆進名敕授，而兵、吏部各以員外郎一人判南曹。由是銓司之任輕矣。其後户部侍郎宇文融又建議置十銓，乃以禮部尚書蘇頲等分主之。太子左庶子吴競諫曰：《易》稱君子思不出其位，言不侵官也。今以頲等分掌吏部選，而天子親臨決之，尚書、侍郎皆不聞，議者以爲萬乘之君，下行選事。帝悟，復以三銓還有司。

開元十八年，侍中裴光庭兼吏部尚書。先是，選司注官惟視其人之能否，或不次超遷，或老於下位，有出身二十年不得禄者。又州縣亦無等級，或視大入小，或初近後遠，皆無定制。光庭始奏用循資格，各以罷官若干選而集，官高者選少，卑者選多，無問能否，選滿則注，限年躡級，毋得逾越，非負譴者，皆有升無降。有庸愚沉滯者皆喜，謂之聖書，而才俊之士無不怨嘆。宋璟争之不能得。及光庭卒，中書令蕭嵩以爲非求才之方，奏罷之。詔曰：凡人年三十而出身，四十乃得從事，更造格以分寸爲差，若循新格，則六十未離一尉。自今有異材高行，聽擢不次。然有其制而無其事，有司但守文奉式，循資例而已。

按：自漢董仲舒對策，以謂：古之所謂功者，以任官稱職爲差，非謂積日累久也。然則年勞之説，自西漢以來有之矣，然未嘗專以此爲用人之法。至崔亮之在後魏，裴光庭之在唐，則遂以此立法矣。此法既立之後，庸碌者便於歷級而升，不致沉廢；挺特者不能脱穎以出，遂至邅迴。宋、蕭二公皆以爲非，明皇雖從其言，而卒不能易其法。非特明皇不能易而已，傳之後世，踵而行之，卒不可變。何也？蓋守法之事，庸愚皆能之；知人之明，則賢哲亦不敢以此自詭故也。昔熙寧間，東坡公擬進士御試策曰：古之欲立非常之功者，必有知人之明；苟無知人之明，則循規矩，蹈繩墨，以求寡過。二者審於自知，而安於才分者也。道可講習而知，德可勉强而能，惟知人之明不可學，必出於天資。如蕭何之識韓信，豈有法之可傳者？以諸葛孔明之賢，而短於知人，故失之於馬謖，而孔明亦審於自知，故終身不敢用魏延。我仁祖之在位也，事無大小，一付之於法，人無賢不肖，一付之於公議，事已效而後行，人已試而後用，終不敢求非常之功者，誠以當時大臣不足以與知人之明也。古之爲醫者，聆音察色，洞視五藏，則其治疾也，有剖胸、決脾、洗濯胃腎之變。苟無其術，不敢行其事。今無知人之明，而欲立非常之功，解縱繩墨，以慕古人，則是未能察脉，而欲試華佗之方，其異於操刀而殺人者幾希矣。然則後之論者，雖君相之用人，猶以循規矩蹈繩墨爲主，則知人之事，固難以責之吏部尚書也。

天寶二年，李林甫領吏部尚書，日在政府，選事悉委侍郎宋遥、苗晋卿。御史中丞張倚新得幸於上，遥、晋卿欲附之。時選人集者以萬計，入等者六十四人，倚子奭爲之首，群議沸騰。議沸騰安禄山入言於上，上悉召入等人面試之，奭手持試紙，終日不成一字，時人謂之曳白。遥、晋卿等皆坐貶官。

天寶九載，敕：吏部取人，必限書、判，且文學政事，本自異科，求備一人，百中無一。況古來良宰，豈必文人。又限循資，尤難獎擢。自今已後，簡縣令但才堪政理，方圓取人，不得限以書、判及循資格注擬。諸畿、望、緊、上、中，每等爲一甲。委中書門下察問，選擇堪者，然後奏授。大理評事，緣朝要子弟中有未歷望、畿縣便授此官，既不守文，又未經事。自今後有此色及朝要至親，並不得注擬。

初，諸司官兼知政事者，至日午後乃還本司視事，兵部、吏部尚書侍郎知政事者，亦還本司分闕注唱。開元以來，宰相位望漸崇，雖尚書知政事，亦於中書決本司事以自便。而左右相兼兵部、吏部尚書者，不自銓總。又故事，必三銓、三注、三唱而後擬官，季春始畢，乃過門下省。楊國忠以右相兼吏部尚書，建議選人視官資、書判、狀迹、功優，宜對衆定留放。乃先遣吏密定員闕，一日，會左相及諸司長官於都堂注唱，以誇神速；或於宅中引注，虢國姊妹垂簾觀之，或有老醜者，指名以爲笑，士大夫遭詬恥。故事，兵、吏部注官訖，於門下過，侍中、給事中省，不過者謂之退量。國忠注官，呼左相陳希烈於坐隅，給事中列於前，曰：既對注擬，即是過門下了。侍郎韋見素、張倚皆衣紫，與本曹郎官藩屏外排比案牘，趨走諸事，國忠顧謂簾中曰：兩個紫袍主事何如？楊氏大噱。

先公曰：唐之選格，寬嚴失中。其始立法，始集而試，觀其書、判；已試而銓，察其身、言；已銓而注，詢其便利，而擬其官；已注而唱示之，不厭者得反通其辭，三唱而不厭，聽冬集。厭者爲甲，上於僕射，乃上門下省，給事中讀之，黄門侍郎省之，侍中審之，不審者皆得駁下，既審然後上聞，主者受旨而奉行焉，此其詳也。惟若是，是以有出身二十年不獲禄者。自裴光庭作循資格，謂之聖書，至楊國忠任情廢法，而選法始大壞。然以韓文公之才，猶三選無成，十年如初，不得已，就張建封之辟，然後得禄。蓋嚴則賢愚同滯，寬則賢否混淆，亦法使之然也。

肅宗即位於靈武，以崔涣同中書門下平章事。時京師未復，舉選不至，詔涣爲江淮宣諭選補使。收采遺逸，不以親故自嫌，常曰：抑才虞謗，吾不忍爲。然聽受不甚精，以不職罷。

代宗大曆六年，元載爲宰相，奏：凡别敕除文武六品以下官，乞令吏部、兵部無得檢勘。從之。時載所奏擬多不遵法度，恐爲有司所駁故也。

先公曰：史稱載納賄除吏，恐有司之駮正也。然近世廟堂除官，超資越格，惟意所爲，有司亦曷嘗敢問？是唐之法令猶存耳。

肅、代以後兵興，天下多故，官員益濫，而銓法無可道者。德宗時，試太常寺叶律郎沈既濟極言其弊，曰：近世爵禄，失之者久，其失非他，四太而已：入仕之門太多，世胄之家太優，禄利之資太厚，督責之令太薄。臣以爲當輕其禄利，重其督責。夫古今選用之法，九流常叙，有三科而已：曰德也，才也，勞也。而今選曹皆不及焉。且吏部甲令，雖曰度德居任，量才授職，計勞升叙，然考校之法，皆在書判簿歷、言辭俯仰之間，侍郎非通神，不可得而知。則安行徐言非德也，空文善書非才也，累資積考非勞也。苟執不失，猶乖得人，況衆流茫茫，耳目猶不足者乎。蓋非鑒之不明，非擇之不精，法使然也。王者觀變以制法，察時而立政。按前代選用，皆州府察舉，至於齊、隋，署置多由請托。故當時議者，以爲與其率私，不若自舉；與其外濫，不若内收。是以罷州府之權，而歸於吏部。此矯時懲弊之權法，非經國不刊之常典。今吏部之法蹙矣，不可以坐守刓弊。臣請五品以上及群司長官，俾宰臣進叙，吏部、兵部得參議焉；六品以下或僚佐之屬，聽州府辟用。則銓擇之任，委於四方；結奏之成，歸於二部。必先擇牧守，然後授其權，高者先署而後聞，卑者聽版而不命。其牧守、將帥，或選用非公，則吏部、兵部得察而舉之。聖王明目達聰，逖聽遐視，罪其私冒不慎舉者，小加譴黜，大正刑典，責成授任，誰敢不勉？夫如是，則接名偽命之徒，菲才薄行之人，貪叨賄貨，懦弱奸宄，下詔之日，隨身而廢，通計大數，十去八九矣。如是，人少而員寬，事覈而官審，賢者不獎而自進，不肖者不抑而自退。或曰：開元、天寶中，不易吏部之法，而天下砥平。何必外辟，方臻於理？臣以爲不然。夫選舉者，經邦之一端，雖制之有美惡，而行之由法令。是以州郡察舉，在兩漢則理，在魏、齊則亂；吏部選集，在神龍、景龍則紊，在開元、天寶則理。當其時，久承升平，御以法術，慶賞不軼，威刑必齊，由是而理，匪用吏部而臻此也。況以此時用辟召之法，則理不益久乎？天子雖嘉其言，而重於改作，訖不能用。

既濟《選舉雜議》十條，一：或曰：昔後漢貢士，諸生試經學，文吏試牋奏。則舉人試文，乃前王典故，而子獨非於今，何也？答曰：漢代所貢，乃王官耳。凡漢郡國每歲貢士，皆拜爲郎，分居三署，儲才待詔，無有常職，故初至必試其藝業而觀其能否。至於郡國僚吏，皆府主所署，版檄召用，至而授職，何嘗賓貢，亦不試練。其遐州陋邑，一掾一尉，或津官戍吏，皆登銓上省，受試而去者，自隋而然，非舊典也。四：或曰：吏部有濫，止由一門；州郡有濫，其門多矣。若等爲濫，豈若杜衆門而歸一門乎？答曰：州郡有濫，雖多門，易改也；吏部有濫，雖一門，不可改也。何者？凡令選法，皆擇才於吏部，述職於州郡。若才職不稱，紊亂無任，責於刺史，則曰：官命出於吏曹，不敢廢也。責於侍郎，則曰：量書、判、資考而授之，不保其往也。責於令史，則曰：按由歷出入而行之，不知其他也。黎庶受弊，誰任其咎？若牧守自用，則罪將焉逃？必州郡之濫，獨换一刺史則革矣；如吏部之濫，雖更其侍郎無益也。蓋九流浩浩，不可得知，法使之然，非正司之過。故云門雖多而易改，門雖一而不可改者，以此。

致堂胡氏曰：銓選年格之弊，有志於治天下者，莫不以爲當革，而莫有行之者，豈皆智之不及歟？蓋以自不能無私，而度人之不能公也；自以不能知人，而度人之亦不能知也。故寧付之成法，猶意乎拔十得五而已。縱未可盡革，如沈既濟之論，亦可救其甚弊，俾吏部守案籍、成法，人才之賢否，一不預焉，大則委宰臣叙進，下則聽州府辟舉，其徇私不稱，則吏部覺察，御史按劾，豈有不得人之患哉？雖然，世無不可革之弊。以周、漢良法，魏崔亮、裴光庭一朝而廢之，則崔亮、裴光庭所建，何難改之有？爲政在人，人存則政舉矣。其本則系乎人君有愛民之意與否耳。

初，吏部歲常集人，其後三數歲一集，選人猥至，文簿紛雜，吏因得以爲奸利，士至蹉跌或十年不得官，而闕員亦累歲不補。陸贄爲相，乃懲其弊，命吏部據内外員三分之，計闕集人，歲以爲常。是時，河西、隴右沒於虜，河南、河北不上計，吏員大率減天寶三之一，而入流者加一，故士人二年居官，十年待選，而考限遷除之法浸壞。

帝初任楊炎、盧杞，引植私黨，排陷忠良，天下怨疾。貞元後，懲艾其失，雖置宰相，至除用庶官，必反覆參詰乃得下。及陸贄秉政，始請臺閣長官得自薦其屬，有不職，坐舉者。帝初許之，或言諸司所舉皆親黨，招賂遺，無實才，帝復詔宰相自擇。贄上奏言其非便，帝雖嘉之，然卒停薦士詔。

贄疏言：夫理道之急，在於得人；而知人之難，聖哲所病。聽其言則未保其行，求其行則或遺其才。校勞考則巧偽繁興，而端方之人罕進；徇聲華則趨進彌長，而沉退之士莫勝。自非素與交親，備詳本末，探其志行，閲其器能，然後守道藏用者可得而知，沽名飾貌者不容其偽。故孔子云：視其所以，觀其所由，察其所安，人焉廋哉。夫欲觀視而察之，固非一朝一夕之所能也，是以前代有鄉里舉選之法，長吏辟舉之制，漢制，其州郡佐史，自長吏以下，皆太守、刺史自辟。當時如杜喬則楊震所辟，李膺則胡廣所辟。唐制，採訪、節度官屬，自判官以下，得自辟舉，未報則稱攝，已命則同正。當時如杜甫則嚴武所辟，韓愈則董晉所辟，他皆類此。所以明歷試，廣旁求，證行能，息馳騖也。昔周以伯冏爲太僕，命之曰：慎簡乃僚，罔以巧言令色便辟側媚，其惟吉士。是則古之王朝但命其大官，而大官得自簡僚屬之明驗也。漢朝務求多士，其選不唯公府辟召而已，又有父任、兄任，皆得爲郎。選人之初，雜居三署，臺省有闕，即用補之。是則古之郎官皆以任舉充選，此其明驗也。魏晋以後，暨於國初，採擇庶官，多由選部，唯高位重職，乃由宰相考庶官之有成效者，請而命焉。故晋代山濤爲吏部尚書，中外品員，多所啓授。宋朝以蔡廓爲吏部尚書，先使人謂宰相徐羨之曰：若得行吏部之職則拜，不然則否。羨之答云：黄、散已下悉委。蔡廓猶憤恚，以爲失職，遂不之官。是則黄門、散騎侍郎皆由吏部選授，不必朝廷列位，盡合簡在台司，此其明驗也。國朝之制，庶官五品以上，制敕命之；六品已下，則並旨授。制敕所命者，蓋宰相商議奏可而除拜之也；旨授者，蓋吏部銓材授職，然後上言，詔旨但畫聞以從之，而不可否者也。開元中，吏部注擬選人，奏置循資格限，自起居、遺、補及御史等官，猶並列於選曹銓綜之例，著在格令，至今不刊，未聞常參之官，悉委宰臣選擇，此又近事之明驗也。其後舊典失序，倖臣專朝，捨僉議而重己權，廢公舉而行私惠，是使周行庶品，苟不出時宰之意者，則莫致焉。任衆之道益微，進善之途漸隘。近者，每須任使，常苦乏人，臨事選求，動淹旬朔，姑務應用，難盡當才。豈不以薦舉陵遲，人物衰少，居常則求精太過，有急則備位不充？欲令庶績咸熙，固亦難矣。臣實駑鈍，一無所堪，猥蒙任使，待罪宰相。雖懷竊位之懼，且乏知人之明，自揣庸虚，終難上報。唯廣求才之路，使賢者各以彙征；啓至公之門，令職司皆得自達。臣當謹守法度，考課百官，奉揚聰明，信賞必罰，庶乎人無滯用，朝不乏才，以此爲酬恩之資，以此爲致理之具。爰初受命，即以上陳，求賢審官，粗立綱制。凡是百司之長兼副貳等官，及兩省供奉之職，並因察舉勞效，須加獎任者，並宰臣叙擬以聞，其餘臺省屬僚，請委長官選擇，指陳才實，以狀上聞。一經薦揚，終身保任，各於除書之内，具標舉授之由，示衆以公，明章得失。得賢則進考增秩，失實則奪俸贖金，亟得則褒升，亟失則黜免。非止搜揚下位，亦可閲試大官，前志所謂：達觀其所舉，即此義也。自蒙允許，即以宣行。南宫舉人，纔至十數，或非臺省舊吏，則是使府佐僚，累經薦延，多歷仕任。議其資望，既不愧於班行；考其行能，又未聞於闕敗。而議者遽以騰口，上煩聖聰，道之難行，亦可知矣。陛下勤求理道，務徇物情，因謂舉薦非宜，復委宰臣揀擇。崇任輔弼，博採輿詞，可謂聖德之盛者。然於委任責成之道，聽言考實之方，閑邪存誠，猶恐有闕。所謂委任責成者，將立其事，先擇其人；既得其人，謹謀其始；既謀其始，詳慮其終。終始之間，事必前定，有疑則勿果於用，既用則不復有疑。待終其謀，乃考其事。事愆於素者，革其弊而黜其人；事協於初者，賞其人而成其美，使受賞者無所與遜，見黜者莫得爲辭。夫如是，則苟無其才，孰敢當任？苟當其任，必得竭才，此古之聖王委任責成，無爲而理之道也。所謂聽言考實，虛受廣納，洪接下之規；明目達聰，廣濟人之道。欲知事之得失，不可不聽之於言；欲辨言之真虛，不可不考之於實。言事之得者，勿即謂是，必原其所得之由；言事之失者，勿即謂非，必窮其所失之理。稱人之善者，必詳考行善之迹；論人之惡者，必明辨爲惡之端。凡聽其言，皆考其實；既得其實，又察以情；既盡其情，復稽於衆。衆議、情實，必參相得，然後信其説，奬其誠，如或矯誣，亦寘明罰。夫如是，則言者不壅，聽之不勞，無浮妄亂教之談，無陰邪害善之説，無輕信見欺之失，無潛陷不辯之冤，此古之聖王聽言考實，不出户而知天下之方也。陛下既納臣而用之，旋聞横議而止之，於臣謀不責成，於横議不考實，此乃謀失者得以辭其罪，議曲者得以肆其誣。率是以行，觸類而長，固無必定之計，亦無必實之言。計不定則理道難成，言不實則小人得志，國家所病，常必由之。聖旨以爲外議云：諸司所舉皆有情故，兼受賄賂，不得實才者。臣請陛下當使所言之人，詳陳所犯之狀，某人受賄，某舉有情，陛下然後以事質於臣，臣復以事質於舉主。若便首伏，則據罪抵刑；如或有詞，則付法閱實。謬舉者必行其罰，誣善者亦反其辜，自然憲典克明，邪慝不作。懲一沮百，理之善經，何必貸其奸贓，不加辯詰，私其公議，不出主名，使無辜見疑，有罪獲縱，枉直同貫，人何賴焉。聖旨又以官長舉人，法非穩便，令臣並自揀擇，不可信任諸司者。伏以宰輔，常制不過數人，人之所知，固有限極，必不能偏諳多士，備閱群才。若令悉命群官，理須輾轉詢訪，是則變公舉爲私薦，易明敭以暗投。倘如議者之言，所舉多有情故，舉於君上，且未絶私，薦於宰臣，安肯無詐。失人之弊，必又甚焉。所以承前命官，罕有不涉私謗，雖則秉鈞不一，或自行情，亦由私訪所親，轉爲所賣。其弊非遠，聖鑒明知。今又將徇浮言，專任宰臣除吏，宰臣不偏諳識，踵前須訪於人。若訪於親朋，則是悔其覆車，不易其前轍之失也；若訪於朝列，則是求其私薦，必不如公舉之愈也。二者利害，惟陛下更詳擇焉。恐不如委任長官，謹簡僚屬，所揀既少，所求亦精，得賢有鑒識之名，失實當闇謬之責。人之常性，莫不愛身，況於臺省長官，皆是久當朝選，孰肯徇私妄舉，以傷名取責者乎？所謂臺省長官，即僕射、尚書、左右丞、侍郎及侍御史、大夫、中丞是也。陛下比擇輔相，多亦不出其中。今之宰相，則往日臺省長官也；今之臺省長官，乃將來之宰臣也。但是職名暫異，固非行舉頓殊。豈有爲長官之時，則不能舉一二屬吏，居宰臣之位，則可擇千百具僚？物議悠悠，其惑斯甚。聖人制事，必度物宜，無求備於一人，無責人於不逮，尊者領其要，卑者任其詳。是以人主擇輔臣，輔臣擇庶長，庶長擇僚佐，所任愈崇，故所擇愈少，所試漸下，故所舉漸輕。進不失倫，則杜絶徼求，將務得人，無易於此。是故選自卑遠，始升於朝者，各委長吏任舉之，則下無遺賢矣；寘於周行，既任以事者，於是宰臣序進之，則朝無曠職矣；才德兼茂，歷事不逾者，然後人主將任之，則海内無遺士矣。夫求才貴廣，考課貴精。求廣在於各選所知，長吏之薦擇是也；考精在於按名責實，宰臣之序進是也。求不廣，則下位罕進；下位罕進，則用常乏人；用常乏人，則懼曠庶職；懼曠庶職，則苟取備員，是以考課之法不暇精也。考課不精，則能否無别；能否無别，則砥礪漸衰；砥礪漸衰，則職業不舉；職業不舉，則品格浸微，是以賢能之功不克彰也。皆失於不廣求人之道，而務選士之精；不思考課之行，而望得人之美。是以望得彌失，務精益粗，塞源浚流，未見其可。臣欲詳懲舊説，伏慮聽覽爲煩，粗舉一端，以明其理。往者，則天太后踐祚臨朝，欲收人心，尤務拔擢，洪委任之意，開汲引之門，進用不疑，求訪無倦，非但人得薦士，亦得自舉其才。所薦必行，所舉輒試，其於選士之道，豈不傷於容易哉？然而課責既嚴，進退皆速，不肖者旋黜，才能者驟升，是以當代謂知人之明，累朝賴多士之用。太后不惜爵位，以寵四方豪桀自爲助，雖妄男子，言有所合，輒不次官之；至不稱職，尋亦廢誅不少縱，務取實才真賢，故當時有把推盌脫之語。而一時所得，如姚崇、宋璟輩，皆足以建開元之太平。事見《則天傳》。此乃近於求才貴廣、考課貴精之效也。陛下誕膺寶曆，思致理平，雖好賢之心有踰前哲，而得人之盛未逮往時。蓋由鑒賞獨任於聖聰，搜擇頗難於公舉，但速登延之路，罕施揀覈之方。遂使先進者漸益凋訛，後來者不相接續，施一令則謗沮互起，用一人則瘡痏立成。此乃失於選才太精、制法不一之患也。德宗天資猜忌，用人太精，東省閉閣累月，南臺惟一御史。則天舉用之法，傷易而得人；陛下慎簡之規，太精而失士。是知雖易於舉用，而不易於苟容，則所易者適足廣得人之資，不爲害也；不精於法制，而務精於選才，則所精者適足梗進賢之途，不爲利也。人之才行，自昔罕全，苟有所長，必有所短。若録長補短，則天下無不用之人，責短舍長，則天下無不棄之士。加以情有憎愛，趣有異同，假使聖如伊、周，賢如楊、墨，求諸物議，孰免譏嫌？昔子貢問於孔子曰：鄉人皆好之，何如？子曰：未可也。鄉人皆惡之，何如？子曰：未可也。不如鄉人之善者好之，其不善者惡之。蓋以小人、君子，意必相反，其在小人之惡君子，亦如君子之惡小人。將察其情，在審其聽，聽君子則小人道廢，聽小人則君子道消。今陛下謹選宰臣，必以爲重於庶品；精擇長吏，必以爲愈於末流。及至宰臣獻規，長吏薦士，陛下則但納横議，不稽始謀。是乃任以重者輕其言，待以輕者重其事，且又不辨所毀之虛實，不校所議之短長，人之多言，何所不至。是將使人無所措其手足，豈獨選任之道失其端而已乎。

貞元四年，吏部奏：艱難以來，年月積久，兩都士類，散在遠方，三庫敕甲，又經失墜，因此人多罔冒，吏或詐欺。分見官者謂之擘名，承已死者謂之接腳，乃至制敕旨皆被改張毀裂。如此之色，其類頗多，所以選集加衆，真僞混然。謹具由歷狀樣，乞委觀察使、諸州府縣，於界內應有出身以上，合依樣通狀發到所司攢勘，即奸僞必露，寃抑可明。

貞元九年，御史中丞韋正伯劾奏稱：吏部貞元七年冬京兆府踰濫解送之人，已授官總六十六人。或有不到京銓試，選授官告；又按選格銓狀自書，試日書迹不同，即駁放。殿選違格文者，皆不復驗；及降資不盡，或與注官。伏以承前選曹，乖謬未有如此，遂使衣冠以貧乏待闕，奸濫以賄賂成名，非陛下求才審官之意。由是刑部尚書劉滋以前任吏部尚書，及吏部侍郎杜黃裳皆坐削階。

韓愈《贈張童子序》曰：天下之以明二經舉於禮部者，歲至三千人。始自縣考試定其可舉者，然後升於州若府，其不能中科者，不與是數焉。州若府總其屬之所升，又考試之如縣，加察詳焉，舉其可舉者，然後貢於天子，而升之有司，其不能中科者，不與是數焉，謂之鄉貢。有司總州府之所升而考試之，加察詳焉，第其可進者，以名上於天子而藏之，屬之吏部，歲不及二百人，謂之出身，能在是選者，厥惟艱哉。二經章句僅數十萬言，其傳注在外皆誦之，又約知其大說，繇是舉者或遠至十餘年，然後與乎三千之數，而升於禮部矣；又或遠至十餘年，然後與乎二百之數，而進於吏部矣。班白之老半焉，昏塞不能及者皆不在是限，有終身不得與者焉。

按：如昌黎公之說，則知唐選舉之法，州府所升者試之禮部，禮部所升者試之吏部，其法截然；且禮部所升之士，其中吏部之選十不及一，可謂難矣。然觀御史韋正伯所劾奏，貞元七年冬，京兆府踰濫解送之人，已授官總六十六人，則似未經禮部者徑入吏部。又《會要》稱太和元年中書門下奏：凡未有出身，未有官，如有文學，袛合於禮部應舉；有出身，有官，方合於吏部赴科目選。近年以來，格文差互，多有白身及散官並稱鄉貢者，並赴科目選。及注擬之時，即妄論資次，曾無格例，有司不知所守。則知唐中葉以後，法度大段隳廢紊亂矣。

憲宗時，宰相李吉甫定考遷之格，諸州刺史、四品以上皆五考。見《考課門》。

楊於陵爲吏部侍郎。初，吏部程判，別詔官參考，齊抗當國，罷之。至是，尚書鄭餘慶移疾，乃循舊制。於陵建言：他官但第判能否，不知限員，有司計員爲留遣之格，事不相謀，莫如勿置。於是有詔三考官止較科目選，至常調悉還吏部。又請修甲歷，南曹置簿相檢實，吏不能爲奸。

初，吏部選才，將親其人，覆其吏事，始取州縣案牘疑議，試其斷割，而觀其能否，此所以爲判也。後日月浸久，選人猥多，案牘淺近，不足爲難，乃採經集古義，假設甲乙，令其判斷。既而來者益衆，而通經正籍又不足以爲問，乃徵僻書曲學隱伏之義問之，唯懼人之能知也。張鷟有《龍筋鳳髓判》，《白樂天集》有《甲乙判》，《元微之集》亦有判百餘篇。

容齋洪氏《隨筆》曰：唐銓選以身、言、書、判擇人。既以書爲藝，故唐人無不工楷法；以判爲貴，故無不習熟，而判語必駢儷，今所傳《龍筋鳳髓判》及《白樂天集》《甲乙判》是也。自朝廷至縣邑，莫不皆然，非讀書善文不可也。宰臣每啓擬一事，亦必偶數十語，今鄭畋敕語、堂判猶存。世俗喜道瑣細遺事，參以滑稽，目爲花判。其實乃如此，非若今人握筆据案，只署一字亦可。國初尚有唐餘波，久而革去之，但貌體豐偉，用以取人，未爲至論。

按：唐取人之法，禮部則試以文學，故曰策，曰大義，曰詩賦；吏部則試以政事，故曰身，曰言，曰書，曰判。然吏部所試四者之中，則判爲尤切，蓋臨政治民，此爲第一義，必通曉事情，諳練法律，明辨是非，發摘隱伏，皆可以此覘之。今主司之命題，則取諸僻書曲學，故以所不知而出其所不備；選人之試判，則務爲駢四儷六，引援必故事，而組織皆浮詞。然則所得者，不過學問精通、文章美麗之士耳。蓋雖名之曰判，而與禮部所試詩賦、雜文無以異，殊不切於從政，而吏部所試爲贅疣矣。陵夷至於五代，干戈侵尋，士失素業，於是所謂試判，遂有一詞莫措，傳寫定本，或只書未詳，亦可應舉。蓋判詞雖工，亦本無益，故及其末流，上下皆以具文視之耳。

文宗太和元年八月，敕：諸道、諸軍、諸使應奏判官，並每年冬薦等所奏判官，除新開幕府據元額署外，其向後奏請，如是元闕，即云：闕某職，今奏某人充。如已有，今更奏，即云：某職，某人緣某事停，奏某人替。其前使下臺省官合冬薦者，除府使罷外，既有薦用，當其要籍，不合便稱去職。自今已後，如帶職掌授臺省官，未經兩考者，不在冬薦限；如其實有故罷免者，亦須待授官周歲，然後許冬薦，狀中具言罷免事故。其他據品秩合冬薦者，則依元敕。

太和二年三月，都省奏落下吏部三銓注今春旨甲內超資官洪師敏等六十七人。敕：都省所執是格，銓司所引是例，互相陳列，頗似紛紜。所貴清而能通，亦猶議事以制。今選已滿，方此争論，選人可哀，難更停滯。其三銓已授官，都省落下者，並依舊注，重與團奏，仍限五日內畢。其如官超一資、半資，以今授稍優者，至後選日量事降折。尚書、侍郎注擬不一，致令都省以此興詞，鄭絪、丁公著宜罰一季俸。東銓所落人數較少，楊嗣復罰兩月俸。其今年選格，仍分明標出近例，冀絶徼求。時尚書左丞崔弘景以吏部注擬多不守文，選人中僥倖者衆，糾按其事，落下甲敕選人輩，惜已成之官。經宰相喧訴，故特降此敕。

七年，中書門下奏：今後請京兆、河南尹及天下刺史，各於本府、本道常選人中，擇堪爲縣令、司録、録事參軍人，具課績、才能聞薦。其諸州先申牒觀察使，都加考覆，申送吏部。至選集日，不要就選場更試書判，吏部尚書、侍郎引詣選曹，試時務狀一道，訪以理民之術，及自陳歷仕以來課績，令其一一條對，擇其理識優長者，以爲等第，便以大縣注擬。如刺史所舉併兩人得上下考者，就加爵秩；在任年考已深者，優與進改。其縣令、録事參軍得上下考兼陟狀者，許非時放選。如犯贓至一百貫已下者，舉主量削階秩；一百貫已上者，移守僻遠小郡。觀察使委中書門下奏聽進止。所舉人中兩人善政、一人犯贓，亦得贖免，其犯贓官永不齒録。從之。

昭宗天祐元年，敕：應天下州府令録，並委吏部三銓注擬。自四月十一日以後，中書並不除授。或諸道薦奏量留，即度可否施行。

杜氏《通典》評曰：按秦法，唯農與戰始得入官。漢南孝悌力田、賢良方正之科，乃時令徵辟，而常歲郡國率二十萬口貢止一人。約計當時推薦，天下纔過百數，則考精擇審，必獲器能。自茲厥後，轉益煩廣。我開元、天寶之中，一歲貢舉凡有數千，而門資、武功、藝術、胥吏，衆名雜目，百户千途，入爲仕者又不可勝紀，比於漢代，且增數十百倍，安得不重設吏職，多置等級，遞立選限以抑之乎？常情進趨，共慕榮達，升高自下，由邇陟遐，固宜縣歷方至，何暇淹留著績。秦氏列郡四十，兩漢郡國百餘，太守入作公卿，郎官出宰縣邑，便宜從事，闕略其文，無所可否，責以成效，寄委斯重，酬奬亦崇。今之部符三百五十，郡縣差降，復爲八九，邑之俊乂，不得有之，事之利病，不得專之，八使十連，舉動咨稟，地卑禮薄，事下任輕，誠曰徒勞難階，超擢容易而授，理固然也。始，後魏崔亮爲吏部尚書，無問賢愚，以停解日月爲斷，時沉滯者皆稱其能。魏之失才，實從亮始。洎隋文帝，素非學術，盜有天下，不欲權分，罷州郡之辟，廢鄉里之舉，內外一命，悉歸吏曹，纔廁班列，皆由執政。則執政參吏部之職，吏部總州郡之權，罔懲體國推誠、代天理物之本意，是故銓綜失叙，受任多濫。豈有萬里封域，九流叢湊，掄材受職，仰成吏曹，以俄頃之周旋，定才行之優劣，求無其失，不亦謬歟。爾後有司尊賢之道，先於文華；辨論之方，擇於書判。靡然趨尚，其流猥雜。所以閲經號爲倒拔，徵詞同乎射覆，置循資之格，立選數之制，壓例示其定限，平配絶其踰涯，或糊名考覈，或十銓分掌。苟濟其末，不澄其源，則吏部專總，是作程之弊者；文詞取士，是審才之末者；書判又文詞之末也。凡爲國之本，資乎人甿；人之利害，繫乎官政。欲求其理，在久其任；欲久其任，在少等級；欲少等級，在精選擇；欲精選擇，在減名目。俾士寡而農工商衆，始可以省吏員，始可以安黎庶矣。誠宜斟酌理亂，詳覽古今，推仗至公，矯正前失。或許辟召，或令薦延。舉有否臧，論其誅賞，課績以考之，升黜以勵之。振斯刓弊，其效甚速，實爲大政，可不務乎。

（清）趙翼《陔餘叢考》卷一七《唐制吏部分東選南選》 唐制，吏部分爲三銓：尚書一人曰尚書銓，侍郎二人曰中銓、東銓見《五代史·姚顗傳》。東銓亦曰東選。貞觀元年，以京師穀貴，始分人於雒州置選。至高宗開耀元年，以關外道途遥遠，河雒天下之中，始詔東西二曹兩都分簡，即所謂東選也。《舊唐書·魏知古傳》：帝令知古往東都知吏部尚書主選事，甚稱職，手詔嘉之。又盧懷慎與知古分領東都選，蘇晋與齊澣吏典二都選。代宗廣德二年，命楊綰知東京選，賈至知東都舉，皆見《新唐書》。東選外又有南選，其銓選之地有數處。《舊唐書》高宗上元三年置南選，使簡補交、廣、黔等州官。《百官志》：嶺南、黔中三年一置選補使，號爲南選。如《啖助傳》：仲子陵典黔中選補，乘傳過家。此置選於黔中者也。張九齡爲桂州都督兼嶺西按察選補使，柳澤爲侍御史監嶺南選，徐浩以都官郎中爲嶺南選補使，韋攸爲桂管觀察使，管内邑長三百餘員，由吏部補者十之一，他皆使量才補之。此置選於嶺南者也。至德元載，命崔涣宣慰江南兼知選舉。《舊唐書》：興元二年，劉滋以吏部侍郎往洪州知選舉，時兵荒後，選人不能赴調，乃命滋江南典選，以便江嶺之人。又李峴罷政爲吏部尚書，知江淮選舉，置銓洪州。此置選於江西者也。

（宋）王溥《五代會要》卷一四《吏部》 後唐同光二年正月，中書門下奏：准本朝故事，如封建諸王、内命歸及宰相、翰林學士、中書舍人、諸道節度、觀察、團練、防禦、留後官告，即中書帖吏部官告院，索綾紙、褾軸，下所司修寫印署畢，進入内宣賜。其文武兩班并諸道官員及奏薦將校，敕下後，並合是本道進奏院，或本人自於所司送納朱膠、綾紙價錢，各請出給。今後請除内司大官并侍衛及賞軍功將校轉官外，並請官中不給告敕。從之。

三年正月，敕吏部：今後特恩授官，侍衛軍功改轉，内廷諸司帶職，外來進奉受官，綾紙並宜官給。舊例朱膠一切停廢，禮錢亦不徵取。又慮所司人吏，不辦食直糧課，逐月兩司各支錢四十千。至於臺省禮錢，宜特蠲減，比舊數五分許徵一分，其特恩已下，不得徵納禮錢。仍令中書門下，條流敕畫經過，諸司不得停滯。其官告，若是宣旨除授及品秩合進呈者，准例進内，餘並送納中書門下，點檢給付。敕畫到本司，十通已上官告，限三日内印署，三十通已上限五日，五十通已上，中書門下與限催促。如臨時緩急宣賜，不拘此限。

天成元年七月，中書奏：近奉宣旨：使府判官、州縣官告身敕牒，今後據通數進納，仍令祗候宣賜者。舊例，朝廷命官，除將相外，並不宣賜官告。因僞朝條流，凡准宣授官，即特恩頒賜，今使府判官，皆許本道奏請，或聞多在京師，至於令、録，悉是放敕後，本官自祗吏部出給告敕，中書不便管係。臣等商量，自兩使判官、州縣令録在京除授，即望令於内殿謝官，便辭赴任，不更進納官告。其判司、主簿，不合更許朝對，敕下後望准舊例處分。從之。

二年四月二十四日敕：兵、吏部應出給書寫印署官告，其本曹郎中，令自今後于本官幕次當直，候知印宰相、當制舍人出授即歸，人吏並勒隨本官祇候，仍下度支逐日量破食料。其本行尚書侍郎、左右丞等，每日赴朝遇行敕，旋旋印署發遣，免至公事淹延。

三年十一月，吏部奏：流外官今後祇考年勞，乞不試判。從之。

四年十一月敕：今後應是官告，除准宣破外，其陳乞除官、并追封、追贈、叙封、進封官告，及舉人冬集，綾紙、羅褾軸、錦袋等，宜令並與官破，仍勒各隨色樣尺寸，如法裝修，疾速書寫印署進納。其月敕：應諸道州府令、録等官告敕牒，元是中書進納入内，令閤門宣賜。其判官、主簿官告，舊是所司發遣受恩。今後赴本任，地理遠近，各有程限，比候進納，恐有停滯，況綾紙、褾軸，價錢近已官破，今後所除州縣官告身敕牒，宜令中書門下指揮，不要進納，並委宰臣當面給付。

長興二年閏五月十九日，吏部狀奏：當司制敕甲庫專知官，一例近停廢者。伏緣當司主掌制敕甲庫，與三庫不同，常日檢尋，諸司取證，稍有差繆，所失非輕，無人主持，必虞敗闕。今欲於吏部令史内選差一員句當，又緣公事至重，仍遣別不執行他事，兼乞除本役外，特與減二年勞考者。奉敕：宜依。其中書省、門下省兵部甲庫公事，亦准此。

（宋）王溥《五代會要》卷一七《試攝官》 後唐天成元年十月十六日敕：伏以削平區宇，撫育蒸黎，頃當災歉之餘，未絶瘡痍之苦。緬惟邦本，實繫官常，苟未致於雍熙，則曷寧於宵旰。必在求之良吏，委以親人，儻或因循，遂成勞擾。先朝以選門既撫，攝官尤多，近年以來，銓注無幾，遂至諸道州縣，悉是攝官，既無考課之規，豈守廉勤之節？而況多因薦託，苟徇請求，替罷不常，迎送爲弊。殘民害物，熾然成風，言念所聞，焦勞何已。宜令三司及諸道州府，據見任攝官，如未有正官，具差攝月日，録名申奏。如已後或爲公事及月限已滿，乞行替移，即須具因由，并選差將來攝官歷代職任姓名，聞奏替兑，無得頻有替換。如有内外臣僚，輒行薦託，當舉憲章。

四年正月，敕大理寺：近爲陵臺令冒令冒稱試銜，按法以詐假論。又據《長定格》，選人無出身，未曾任正員官，使虛銜散試官，奏受正員官，及權知、權判等官，未得資自以諸事故解官，並立選集限。敕天下州府，例是攝官，或因勘窮，遂爲詐假，法書中雖云不可，選條内其奈不無。今日已前或有稱試銜者，一切不問，此後並宜禁止。

晋開運元年十二月，中書門下奏：諸司寺監，若無出身，不合一例差署攝官。況自前元無敕命指揮，又不曾具名奏聞。其太常寺太祝、奉禮，逐季祇應詞祭行事，不可缺人。其太常寺已差攝官滿五年者，宜比三傳出身；其餘諸司寺監，今日已差攝官滿五年者，宜比明經出身。今既稱已年滿者，各委本司一月内具所差年月鄉貫三代申奏，下中書追引本司差攝文牒，及親公事文書，點檢不虛，奏覆敕下後，方理選數，仍給與優牒，候合格日赴選。如攝太常寺太祝、奉禮，有已滿三年已上者，亦許一齊奏過。候滿五周年，准前事例施行。其餘諸司寺監攝，未滿五周年者，不在施行。兼今後諸司寺監，不得更差攝官。其太常寺如正官數少，宜許差前資判司主簿及黄衣選人充，仍先具姓名申奏取裁，不得充原額人數。候所攝一任，限三周年爲滿，每年與減一選，候罷攝日，准前給與優牒。候本選合格日，執優牒赴選。從之。

三年五月，敕：省司差攝官員，今日已前任攝滿五年者，宜追驗本司差攝文牒、及親公事文書、并鄉貫三代點檢者，與授初官。起今後，所司如更有闕，須差攝官者，可具所攝鄉貫三代奏聞。

周顯德元年正月一日敕節文：其諸寺監攝官，如滿七周年已上，應奉公事無遺闕，文書灼然者，並與同明經出身。如不滿七周年者，任逐便穩。今後寺監不得以白身署攝。如違，本司官吏並行朝典。其年十一月二十一日敕節文：起今後，諸處州縣官，考限已滿，替人未到間，宜令且守本官，執行公事，仍令依舊請俸，不得擅離任所，州府亦不得差署攝官替下。如有遭憂停任、身故、假滿百日、及非時闕官之時，祇可差人承攝。

六年七月二十三日敕：攝官承之，或久罄于公勤；因時側揚，宜特行于旌録。諸處自前應有攝官，曾經五度者，與一時出身，仍先令所司磨勘。須得親任公事，文書解由分明，每攝須及半年已上，方得充爲任數。仍令所司引驗人材，及考試書判，的然堪録用者，方得施行。

（宋）王溥《五代會要》卷一七《僞官》 後唐同光三年閏十二月敕：初平僞蜀，應僞署官員等，官至太師、太傅及三少并太尉、司徒、司空、侍中、中書令、左右僕射已上，並宜降至六尚書，臨時更約高卑，爲六行次第。階至開府、特進、金紫者，文班降至朝議大夫，武班降至銀青。爵如是舊僞署將相已上，與開國男三是户，餘並不許有封爵。其有功臣名號，並宜削去。如檢校官，至郎中、員外郎、兼侍御史已下。如是僞署節鎮，率先向化，及立功效者，委行營都統緣事迹奬任。如刺史除停罷外，有見任政績可稱者，但許稱使君，不得更有檢校及兼官。其僞署班行正官四品已上，依此降黜。五品已下，如不曾經本朝授官，又無族望可稱者，材智有聞，即許於府縣官中量材任使；如無材智可録者，並宜放歸田里。若西班有稱統軍上將軍者，若本是功臣子孫將相之後，並據人材高下，與諸衛小將軍、率府副率、中郎將，次第授任。如是小將軍已下堪任使者，委西川節度使補衙前押衙已下職。所有歸降官，除軍前任使外，並稱前銜，候續據材行任使。【略】

漢乾祐二年四月，中書門下奏：准吏部南曹鎖宿内選人中，有契丹會同年號歷子解由考牒，未審合各令改就天福年號，爲復別有指揮？奉敕應是僞命文書，不在施行之限者。今有緣晋朝受官，契丹年給解由歷子，若執格敕，又慮有廢身名。凡州縣幕府，曾受契丹僞命者，追毁文書，祇取唐、晋朝出身文書參選，本選外仍殿五選，降三資注擬。凡唐、晋朝諸科及第人，於契丹年號内出給文書，許追毁换給，仍自新給年月日理選。從之。

（宋）王溥《五代會要》卷一七《雜録》 長興二年八月敕：應諸司職掌人吏，前後選授州縣官，考滿日委本處申奏，各追還司職，依舊執行公事。

四年六月十日敕：起今後諸司初除官，勒留職人吏等，並於省員州縣判司簿尉内除授。免侵使見親公事正員，及不支料錢。

（宋）王溥《五代會要》卷二〇《縣令下録事參軍附》 應州縣官所招添至户口課績，自今日已前罷任者，並准晋天福八年三月十日敕施行。其漢乾祐三年七月二十五日敕不行。起今後，罷任縣令、主簿招添到户口，其一千户以下縣，每增添滿二百户，減一選；三千户以下縣，每三百户減一選；其四千以下縣，每四百户減一選；萬户以下縣，每五百户減一選。并所有增添户口及租税，並須分明於歷子解由内録都數。若是減及三選以上，更有增添及户數者，縣令與改服色，已賜緋者與轉官。其主簿與加階轉官

（宋）王溥《五代會要》卷二〇《中外加減官》 梁開平元年四月敕：開封府録事參軍及六曹掾屬，宜各置一員，兩畿赤縣置令、簿、尉各一員。

二年十月，省諸道州府六曹掾屬，存户曹參軍一員，通判六曹。

後唐同光元年十一月，中書門下奏：諸寺、監各請只置大卿、監，少卿、監，祭酒，司業各一員；博士兩員。其餘官屬並請權停。唯太常寺事關大禮，大理寺事關刑法，除太常博士外，許更置丞一員。其王府及東宫官屬，司天五官正、奉御之類，凡不急司存，並請未議除授。其諸司郎中、員外郎，應有雙曹處，且置一員。左右散騎常侍、諫議大夫、給事中、起居郎、起居舍人、補闕、拾遺，各置一半。三院御史，仍委御史中丞條理申奏。即日停罷朝官，仍各録名銜，具罷任月日，留在中書，候見任滿二十五月，並據資品卻與除官。從之。

二年三月敕：其先減省員官，除已別授官外，左散騎常侍李文矩等三十人，宜卻復舊官；太子詹事石戩等五人，宜以本官致仕；將作少監岑保嗣等一十四人，候續敕處分。其年四月，三銓奏：准本朝故事，州府官員，府有司録參軍外，置工曹、倉曹、户曹、法曹、兵曹、士曹六員；州有録事參軍外，亦置六曹。縣置令、丞、主簿各一員，尉三員，分判公事。自後除兩京外，都督府及諸州各置户曹一員，餘四員並省。縣置令、主簿各一員，丞、尉並省。除合格選人外，有郊天行事，人數倍多。况州官事簡，據曹請依舊只置兩員。縣局務繁，請添佐官一員。其閒有尉無簿者，請添置主簿一員。其赤縣、次赤縣、畿縣、次畿縣，並准此。除四京外，其判司只置司户、司法兩員。從之。

四年三月敕：三川、涇、鳳、秦、隴等州縣官置，數目絶多。其上佐官，自少尹以下，依本朝舊制，各具在任員闕申奏。其州准近敕置録事、參軍、司户參軍各一員。縣置縣令、主簿各一員外，録事官並停。其除替選任，一准三銓常式。時初平僞蜀故也。

（宋）王溥《五代會要》卷二〇《量户口定州縣等第》 周廣順三年十一月敕：天下縣邑，素有等差，年代既深，增捐不一。其中有户口雖衆，地望則卑，地望雖高，户口至少，每至調集，不便銓衡。宜立成規，庶協公共。應天下州府及縣，除赤縣、畿縣、次赤、次畿外，其餘三千户以上爲望縣，二千户以上爲緊縣，一千户以上爲上縣，五百户以上爲中縣，不滿五百户爲中下縣。選人資叙合入下縣者，許入中下縣。宜令所司據今年天下縣户口數，定望、緊、上、中、下次第聞奏。吏部格式：據户部今年諸州府所管縣户數目，合定爲望縣者六十四，緊縣七十，上縣一百二十四，中縣六十五，下縣九十七。欲依所定，移報銓曹。從之。

（宋）王溥《五代會要》卷二〇《選事上》 後唐同光二年八月，中書門下奏：吏部三銓下省南曹廢置、甲庫格式、流外銓等司公事，並繫

《長定格》、《循資格》、《十道圖》等格式。前件格文，本朝創立，檢制奸濫，倫叙官資，頗謂精詳，久同遵守。自亂離之後，巧僞滋多，兼同光元年八月，車駕在東京，權判南曹工部員外郎盧重本司起請一卷，益以興復之始，務切懷來，凡有條流，多失根本。以至冬集赴選人，并南郊行事官，及陪位宗子，共一千三百餘人，銓曹檢勘之時，互有援引，去留之際，不絶爭論。若又依違，必長訛濫。望差權判尚書省銓左丞崔沂、吏部侍郎崔貽孫、給事中鄭韜光李光序、吏部員外郎盧損等，同詳定舊《長定格》、《循資格》、《十道圖》，務令簡要，可久施行。從之。

天成二年三月二十四日，銓司奏：據南曹駁放選人，累經銓及，經中書門下論訴，准堂判具新舊過格年限，分析申上者。伏以選人或有出身，或因除授，各拘常例，方赴調集，多因遠地兵戈，兼以私門事故，遂致過格，固非願爲。新條標在七年，舊格容於十載。臣等參詳，其選人過格年限，伏請且依舊格，不問破憂停集本數，過格十年外，不在赴選之限。從之。其年十二月二十九日，中書門下條流：應諸道選人等，選人中有過格年深，無門參選者。准天成二年十月二十三日德音，並委吏部南曹磨勘。如實曾阻兵戈者，許令注擬。如或詐稱不在此限者，凡是選人，專思合格，不肯固踰選限，自滯身名，縱阻干戈，須在州縣有應過格人等，仰吏部南曹子細磨勘。曾阻兵戈州府去處，或曾假攝，即有隨處文牒，一一詣實，即便送銓司，亦須參詳先授告身攝牒，及審驗年貌，方可注擬參銓。注擬自有常規，從前或有宰臣占著好州縣官員闕，不令銓曹注授。今年應是元闕，並送銓曹，候移省之時，若有好闕尚在，必議勘尋。其請託及受囑人等，當行黜責。選人之内，族類甚多，歷任之中，資考備在。應南曹判成人等，仰三銓各據逐人出身，入仕文書，一一比驗年貌，灼然不謬，方與注官。據《長定格》，選人中有隱憂者，遲五選。伏以人倫之貴，孝道爲先，既有負于尊親，定不公于州縣，有傷風教，須峻條章。今後諸色官員内，有隱憂冒榮者，勘責不虚，終身不齒。所有入仕已來告敕，並赴所司焚毁。從之。

（宋）王溥《五代會要》卷二一《選事下》　後唐天成三年正月十七日，吏部格式司申：當司先準敕及堂帖指揮，應焚毁告身勘同及墜失文書等，請重給告身，仍先檢敕甲。如無敕甲，即取同敕甲告身，勘驗同即與出給。若是本朝授官，及同光元年後授官，勘驗同即與告身。如是僞朝授官，勘驗不虚，亦與出給公憑，便同告身例處分者。

伏以再給文書，實爲難重，有司考驗，務在周防。當司近曾申堂，請出給告身公驗，旋具選人出身、歷任行止，牒甲庫永爲證明。奉判申其所進取到選人授官敕甲，或同敕甲告身，勘驗既同，須準前指揮出給。見有敕甲者，便須注出給事由年月日。若不批注，慮恐選人卻爲失墜告身，參選刺檢，敕甲文書浩大，所司難爲一一考驗。如是引驗同敕甲人告身出給，又慮佗後卻將前來失墜告身赴選，甲庫無憑應驗。其同敕甲人告身，欲於後而黏紙，亦須使印批注，仍牒報南曹，以憑將來檢勘者。仍全具出給告身公驗聞奏。

其年五月敕：

先準同光二年十二月敕：北京及河北諸道攝官内，有御署一任，簡牒分明，前銜先有正官告身者，便與據正官資叙，依資授一任官；其無正官告赤者，與黄衣初任官。與兩任已上簡牒分明，兼有正官告赤者，特與超資授一任官；其無正官告赤，亦只有兩任三任簡牒者，與據從黄衣第二任官。從各領取近罷攝任處州府文解任，許非時赴選者。前件攝官等，當任使之際，共副憂勤，及開泰之期，豈宜升降。凡有先皇帝御署，兼朕署攝簡牒，每一任同一任同官，赴任日依資注擬。宜令諸道州府知委，餘準元敕處分。

四年五月十五日敕：今後應前資州縣官，有出身及兩除官，可依常調赴選，兼有莊宗并朕御署，亦準近敕赴選。其一任除官，未入選調，若無定制，難以進身，宜約所守官資序高卑，許令同有出身人合格年限求官。赴京日仍須本道申送其解由、考牒，罷任年月，分明别與除第二任官。兩除後，便準常調選人例。如藉才升擢，不在此限。

長興元年五月敕：應除授州縣官，引見磨勘，須召命官三員爲保，然後奏擬。仍於告身内曁保官名銜，據本官所通三代，并出身、無出身、歷任告赤、逐任考數。若是本朝及僞朝所授者，祇於將來新告身内，一一收豎。如告赤文書，自中興以來，或有失墜，即須於失處州縣投狀，具三代名諱及出身、歷任，請公憑赴京勘會，甲庫同即重與出給。如或公然拆破印縫，不計與人不與人，將來事並合焚毁，其本人當行極典。自茲凡受新命，並依此例施行。其見內外文武朝臣，及諸司職守、諸州府判官，并軍州職員，有曾改名，所授本朝及僞署官告敕牒、歷任文書，亦須送納入官，祇以中興已來文書叙理。其見任州縣及諸色前資官等，所有歷任文書，亦仰速便送納，委所司點勘無違礙，則準前收豎，給與公憑，聽來求事參選。其秦王茂貞墨制官員，並須得本道覆驗，具歷職申奏所司，點勘不虚，亦給與公憑，將來降資授官，仍限一周年內改正。其興元已西，曾受僞蜀爵命，緣地里遥遠，許敕到後一周年爲限，仍各於本罷任處州府投狀，具三代名諱、出身、歷任，一一分析申奏。到日點勘，準前指揮。如出限外，縱有申送文書，並不叙理。兼諸道亦不得以此身名奏薦。如違，罪在本判官，其本人別加嚴斷。

二年正月敕：吏部南曹奏：前齊州臨邑縣令趙諲等十人，納到歷任文書，合給公憑者。其公憑仰所司以綾紙修寫，取本行尚書侍郎列署。已出給者，候將來赴選，依此重給。其年五月六日，中書奏：吏部南曹狀申：準敕換給諸色官員告身公憑。伏緣點檢選人歷任文書中，其間多有違礙事節，若旋具姓名申覆，竊恐人數繁多，互有陳論，遂成壅滯。當曹不敢施行者。中書據南曹所申，逐件條流如後：

一、據申選人納到今任文書，多於解由及歷子內批書考第，準天成四年四月二十一日敕，新格已前，即許施行。自新格已後，多有解由、歷子內批豎考數，本處元不給到考牒，格前特許施行，甚爲優假，格後更聞違越，須重條流。今日已前，有此色選人，宜且與收豎。此後選人如有解由，及批得歷子無考牒者，殿一選；有批得歷子，無解由、考牒，殿兩選；如祇有解由、考牒，不批得歷子，殿三選。如無前項三件文書，並同有過停官。

一、據申諸色選新格下後，批歷子後時及五年者，不在磨勘之限。今有格前罷任，及新格下後罷任者，格下經六年七年，方批入仕歷子，或有全不批歷子，祇給到公憑，今日已前有如此者，特與磨勘施行。此後纔罷任一月內，須批給得解由、歷子，違過一月，殿一選；過三月，不批給得者，亦同有過停官。

一、據申應諸色承出身及童子及第，例是擡年陷歲，兼幼補身應名，引驗之時，多有差異者。今日已前，有此色人，並須引驗辨認，及召保官，委是正身，別無謬妄，則與改正詣實年幾施行。此後更有此色身名，並同謬濫處分。

一、據申河北諸色官員納到告赤文書，例稱本據，元不較考，祇有解由；河東、河北、及鳳翔已西，不如選格，須明告諭，仍令吏部南曹，各寫一本解由、歷子、考牒解狀式樣，徧下諸處。此後並須文書周備。如今後公然違犯，並準前殿選。今日已前，不在此例。

一、據申諸色前資官員告身，今任入歷子，或批到上任月日，或是有名假故，多無觀察使及刺史具銜押署，祇有録事參軍批署者。選處長吏，自此後並須依格文押署，違者本人殿兩選。其今日已前違程式者，宜特與磨勘收豎。

一、據申諸色官員，歷官兩任至五任，文書備足，內有一任至兩任，失墜前任解由或考牒、歷子，又無公憑，及稱元不給得，既別有公據，自此但祇認中興已來所授告身爲定。其已前或有歷任稱失墜，如是傳授他人，有人糾告，其所司點勘彰露，並準累行敕命科罪。今日已前失墜考牒、解由、歷子，如有公憑者，亦與收豎。如無公憑，將來選時，特降資注官。自此後選人更有失墜，則須卻於本處具所失因由，重具批給。如違，準前殿選。

一、據申選人有今任文書備足，祇歷子內批到上任月日，不批得替罷任月日，即別有解由或公據文書，證據分明，今日已前，並準前項指揮收豎。此後更有此色人，並同有過停官。

右奉敕：宜依。吏部南曹具此分明曉諭，及偏下諸道州府，應是選人，各令知委。如守官滿日，未給得解由、歷子、文書隨等，不得便令辭謝。如逐處州府輒有邀難不便，須至出給，罪在本判官并録事參軍。其年九月敕：應進策人等，若是選人，所進內一事可行，與減兩選；兩事減四選；三事已上依資與官。如無選可減，及所欠選數則少，可行事件則多，據等第更優與恩獎。其諸色舉人，不在進策之限。

四年二月，中書門下奏：諸道州府縣官，甚有闕員，前資官皆資考限，所宜振滯，以示推恩。若欠一選者，無選可減，親公事成資考者，宜優與恩命。未有資考者，準格施行。兩選、三選者減一選，四選、五選者減兩選，六選、七選者減三選，八選、九選者減四選，十選、十一選者減五選，十二選者減六選。千牛、進馬、童子、齋郎、挽郎，宜準《元和格》處分。逾年後，竟以選人煩多，喧訴相接，乃追罷此敕。

四年五月，中書奏：準長興元年二月二十一日南郊赦書：準《長定格》，應經學出身人，在任日雪得寃獄，許非時參選，超資注官，仍賜章服。今詳敕凡示寃獄者，所司推鞫定罪不平，迴曲作直，已成案牘，或經長吏慮問，或是讎家訴寃，重經推訊，始見情實，迴死爲生，始名雪寃，仍須元推官典招伏情罪，本處檢案牘事即給與公據，便爲考牒內豎出，候本官滿日，便準近敕非時參選。若活得一人，超一資注官；二人已上，加章服；已有章服，加檢校官。如在任除寃雪獄外，限內徵科了絶，減得一選已上，或招添户口一分已上，並許酬奬。如加至五品已上，許奏聽敕旨。如雖尋得寃獄，徵科違限合殿選者，亦待殿選滿月，與叙雪寃之賞。或逃卻户口，亦降等叙官。如本司小小刑獄，未經別司，縱能外斷，不得援例。從之。

應順天元年閏正月，中書門下奏：準天成二年十二月敕節文：準《長定格》，應經學出身人，一任三考，許入下縣令、下州録事參軍，亦入中下州録事參軍。兩任四考，許入中下縣令、中州録事參軍。兩任六考，許入上縣令、緊州録事參軍。凡爲進取，皆有緣因，或少年便受好官，或暮齒卑任。況孤貧舉士，或年四十，始得經學及第，八年赴調，方受一官，於一任之中，多不成三考，再來赴選，年已蹉跎，有一生不至令、録者。若不改革，何以發揚。自此經學出身，請一任兩考，許入中下縣令、下州録事參軍。敕：其經學出身，一任兩考，元敕入下縣令、下州録事參軍；今後更許入中下縣令、中州下州録事參軍。一任三考者，於人户多處州縣注擬。如於近敕條內，資叙無相當者，即準格循資考入官；其兩任四考者，準兩任五考例入官。餘準格條處分。

晉天福二年四月敕：今後諸州前資官、州縣官等，若是資考已出選門，及一任除官未入選門，并一考前丁憂，及活得寃獄，準元敕，年限滿日，許經中書陳狀，當與檢看事理施行。此外須令並依前後敕格程限，赴吏部參選。或有公材異績，臨時賞擢，不在此限。其年九月，吏部銓奏：奉長興四年五月敕：應諸州府馬步判官，令於前資簿尉、判司正官中選差，近日不多遵守。今後須於前資正官中任使，若滿二周年無遺缺者，與減二選，仍委本州府給與公憑。如欠三選已下者，仍便給與文解赴選。所有自前差攝官，充馬步判官已二年無遺缺者，亦令本州府給與公憑，仍便申奏，更四年後給與文解赴選，此擬初官過一周年者。敕到後，宜令本州府別差前正官充替。清泰二年三月二十四日，敕停廢前資攝正官充馬步判官，其敕已封鎖不行。敕：清泰二年三月已前，諸州府所差馬步判官，有勤績者宜準元敕赴吏部參選，不得於中書陳狀。

二年十二月敕：唐長興二年四月五日節文：應州縣官纔受新命，及到任一考前丁憂，服闋日便與除官者。此後應一考前丁憂州縣官等，服闋後準格赴選，不得於中書陳乞。

開運三年四月，吏部侍郎王易簡奏：伏見禮部貢院，逐年先書板榜，高立省門，用示舉人，俾知狀樣。臣欲請選人文解條例，各下諸州知。委南曹詳定解樣，兼備録《長定格》取解條例，各下諸州，如禮部貢院板樣書寫，立在州院門。每遇選人取解之時，各準條件遵行，仍依板樣給解。從之。

周廣順元年二月，吏部三銓奏：去年冬，南曹判成選人三百八十一人，經十一月二十二日兵火，散失磨勘了歷任文字，或有送納文書未抄及取到南曹失墜公憑，銓司若依格例磨勘，恐選人訴論。今欲祇舉南曹給到失墜公憑，便與施行。從之。其年五月，中書門下奏：據司勳郎中許懸申，權主判吏部格式，選人皆稱直去年十一月內失墜告牒，雖尋舊式，有例檢行，竊緣官員上任日，祇憑告赤簽符，罷任之時，即藉解由歷子。既失官牒，得以檢其敕甲，若無解由，難知真僞。今後請若無解由、歷子、考牒者，候牒本道州府勘尋，有何殿最，候回文與陳狀官員事理同，即依牒申銓取保，再給憑由。從之。

三年五月敕：應前後出選門州縣官內，有十六考叙朝散大夫階次敕令，并歷任中曾升朝及兩使判官、五府少尹，罷任後一周年，與除官。曾任兩藩營田判官、書記、支使、防禦團練判官罷任後一周年，與除官。並許經中書陳狀。選期既近，不得依常選人例，更理減選，仍須批書歷子，請給解由。若是逃失户口，降書考第，及顯有過犯，必行殿降。應諸色人過犯三選已上，及未成資考，丁憂課績，無選可減者，宜令自於吏部南曹投狀，準格磨勘，無違礙，申送中書門下，並與除官。其州縣官恐虧捐年限資序，願歸選門者，亦聽自便。如曾任推巡軍事判官，并諸出選門官，並據見任選數叙理，取解由赴集，依格敕磨勘，送中書門下，於銓司注擬前，先次除官。所有諸色尚選人，今後不得妄有陳乞，及不伏格敕，理論功課。如違，當行舉勘。若特恩除授，擢才委任，不拘此例。

（宋）王溥《五代會要》卷二一《選限》 周顯德五年正月十日敕：

諸道幕府州縣，起今自正月一日後，所授官並以三周年爲限，閏月不在其内。其每年常調選人及諸色求任人，取十一月一日已前至京下納文解及陳乞文狀，委所司依舊例磨勘注授。至十二月上旬中，並了畢，便令赴官，限二月終已前到任。若違程，本處不得放上。且舊官在任，如是無故違限，依格殿選。其有故違程者，須分明出給得所在憑由，許至前冬赴集。今年赴任者，不在此限。其特敕除授，及隨幕判官赴任，不拘日限。

應授官人，至滿日替人未到間，宜且令守本官，主張公事，依舊請俸。州縣亦不得差置攝官替下。如是遭喪、停任、身故、假滿、非時缺官之時，祇可差前資正官及前有出身人承攝。如逐處無正官及有出身人，即選清彊官承攝。仍依正官例支與俸錢，具名聞奏。

其年閏七月，吏部流内銓狀申：

見行條件公事，銓司先準格例，南曹十一月末開宿，判成選人後，先具都數申銓，銓司舉狀，便榜示選人，引納京諸司官使印家狀，及試判紙三度榜引得齊足，方至十二月上旬内，定日鎖銓者。銓司若候南曹十月内開宿引納家狀，慮成淹滯。今後纔南曹鎖宿後，先榜示選人，預納家狀，其合保文狀，使識官司使印，限開曹後兩日内赴銓送納，須得齊足。如限内不納到家狀保狀，試紙人便具姓名落下，不在續納之限。據納到文狀，至十月二十二日已前鎖銓。先準格例，鎖銓後便榜示引驗正身、告赤文書，三引共九日，三度引如不至者，便落下銓司。今後鎖銓日便牒示選人，至次日引驗正身及告赤文書，限三日内三引畢。如不到者便落下。

每年南曹判成，選人中多有託故不赴銓引，銓司準格例伺候，須及三引，計九日不至者，方始落下。今後有此色人，逐引不到，便據姓名落下。先準格，諸色人三引畢後，齎使印保狀赴銓，併合保後，令、録重引驗合保，審其才術者，銓司欲三引後次日，重内引驗令、録，審其才術及合保，如限内不至者，據姓名落下。銓司引驗後，本行準格敕及將銓狀、歷任告赤文書，限三日内點檢，無違礙，具姓名關報，試判注擬。

所有選人，歷任省於未注官已前，寫帖送過院選人所合注使員缺。鎖銓後，便具狀申中書門下，乞降指揮，應選人試判。今欲鎖銓内，預準敕於中書省請印到逐人試紙，候點檢畢，開報名銜齊足。此日便定日試判三場，逐場次日申奏後，限兩日内供納宣黄，次日乞降可否敕命。銓司自前注擬諸色選人，準格三注。每一注内，有不伏官者，限三日内具狀通退，三注共九日者。銓司自今後第一、第二注榜出後，各限次日内具通官文狀，便具姓名落下，第三注畢日開銓，不在開通官之限，三注共五日者。準格，銓司逐年二月二十五日送門下省畢，三月十五日過官畢，三月三十日進黄，移省畢。

三擬畢後，省甲案便於格式司逐旋覆闕入官，過院修寫省歷，至十月十四日已前，牒送門下省畢，銓司門下省押定，牒到取兩日祗候，取判過堂。次日乞降可否堂帖。其黄甲限四日内修寫，句勘印署，至十二月六日牒送門下省。至十二月九日進黄畢。所有銜謝對敭，在格限同内應行内諸司公事，或有干繫，申銓取裁，銓司便準敕格指揮。如銓司難議裁酌，即申堂取裁。

（宋）王溥《五代會要》卷二二《吏曹裁製》 後唐長興二年七月，吏部南曹奏：前守鄆州盧縣令李玭，曾兩任祕書丞，一任國子《毛詩》博士，雖前任有升朝官，今任合准格五選集。敕：應州縣官有曾在朝行及曾佐幕，罷任後准前資朝官賓從例處分。其帶省銜已上，并内供奉裏行，及諸色出選門官，或降授令、録者，罷任日並依出選門例處分，不在更赴常調，便與除官。兼州縣官其間書得十六考者，准格叙加朝散階，仍自此准出選門例處分；如不書得十六考，雖過朝散階，不在此例。

周顯德五年閏七月，吏部南曹狀申：

所行事件，畫一如後：

一、每年十月一日入選限，判曹員外郎准例免常朝。

一、新起請十月一日鎖曹，磨勘選至，至開曹日使具判成名銜榜示，及申中書門下，申銓兼牒門下省。

一、鎖宿内有違礙選人，准久例，至開曹日曉示駁放，及申堂、申銓、牒臺、刺省。課績官准敕經曹投狀。不欠選限及磨勘無違礙者，申送中書門下減選。諸色選人成資考丁憂，及過三年已上，准敕經曹投狀，磨勘無違礙，申中書門下除官。

一、每年及第舉人，自於官誥院納官錢一千，買綾紙五張，並褾軸，於當曹寫印縫縫給，於官誥院卻每人牒送朱膠錢三百到曹，支備銓中及當司公使。

一、官誥院牒送到朱膠錢一千內抽二百文，刺送到都省，充抽貫錢。

一、每年及第舉人，於省內試判二道後，具判申堂，及具成狀申銓團奏，請定冬集。

一、齋郎、挽郎請定冬集者，當曹試判二道後，申堂及申銓請團奏。

一、外州府牒到亡沒官姓名，當曹便牒取官誥文書等，批注亡沒年月。

一、准格，主掌逐年選人歷任家狀一本，以備他年磨勘。

一、出給逐年三旬選人赴任歷子各一道，判曹官員外郎印署、判銓侍郎通押後，當曹使印，繳連新舊告身文書等，當曹出給特敕除官歷子。據本官納到歷任家狀及新舊告身，點檢同，衹是判曹員外郎印押。

一、鎖宿內具判成選人細銜，申銓及牒門下省，當曹句勘，銓司院寫録團奏，選人黄甲無差誤，即判曹員外郎署名，及使印背縫。

一、磨勘三旬選人及非時投狀人等，並准例引驗正身，及取有官三人保明，識官司使印文狀，及句當人狀。如有疾病，於成狀內收暨申送。

（宋）王溥《五代會要》卷二二《雜處置》 後唐天成三年八月，中書舍人劉贊奏：請令選人依舊試判。從之。其年十二月敕：選門官吏，濫進者多。自今已後，并令各録三代家狀鄉里、在朝骨肉，先於南曹印署，納吏部、中書、門下三庫各一本。候得判印狀，即許所司給付新籤告，兼本任處及鄉里，亦具一本納逐處州縣。

四年十月敕：其諸道選人，宜令三銓官員都在省子細磨勘，無違礙後，即具格同商量注擬，連署申奉。仍不得准前於私第注官。不分三銓注官，自此始也。其年十二月敕：三銓公事，官准近敕指揮，仍衹吏部尚書銓印，並宜付中書門下，封送禮部權收管訖奏。

長興元年三月敕：其判成諸色選人，黄甲下後，將歷任文書告身連黏，宜令吏部南曹逐縫使印，都於後面黏紙，具前後歷任文書，都計多少紙數，兼具年月日判成，授官去處繳尾訖，給付本人。慮分假于人故也。其年十月，中書奏：吏部流外銓諸色選人，先條流試判兩節，並以優劣等第申奏。文優者宜超一資注擬，次者依資，又其次者以同類官注擬，理道全疎者，以人户少處州縣同類官中比擬。仍准元敕，業文者任徵引古今，不業文者但據公理判斷。可否不當，罪在有司。兼選人或有元通家狀內鄉貫不實，候將來赴選，並令改正，一一依本屬鄉縣及有無出身，一奏一除官等，宜並不加選限。從之。其年十一月，吏部南曹關試今年及第進士李飛等七十九人，內三禮劉瑩、李詵、李守文，明算宋延美等五人，所試判語皆同。尋勘狀稱晚逼試，偶拾得判草寫浄，實不知判語不合一般者。敕：貢院擢科，考詳所業；南曹試判，激勸校官。劉瑩等既不攻文，合直書其事，豈得相傳槀草，侮瀆公場，載考情由，實爲忝冒及至定期覆試，果聞自擅私歸，且令所司落下，其所給春關，仍各追納放罪，許後放舉。自此南曹凡有及第人試判之時更效此者，准例處分。

二年五月敕：舉選之衆，例自艱辛，曾因兵火之餘，多無敕甲，不有詳延之路，永爲遷棄之人。其失墜告身者，先取本人狀：當授官之日，何人判銓，與何人同官，上任與何人交代？仍勘歷任處州縣。如實，即別取命官人三人保明施行。

三年五月敕：今後合格選人，歷任無違礙者，並仰吏部南曹判成。如文解差繆，不合式樣，罪在發解官吏。其年十二月二日敕：准近敕，應前資朝官及諸道節度、觀察判官，罷任一周年後，許求官。其出選門官，雖准格例送名，未定別與除官年限。自此應除選門官等罷任後，亦宜一周年後，許更除授。仍令於所司投狀磨勘，申送中書門下。

晉天福二年十月敕：選人試判二道。

三年正月敕：今後選舉人文解差謬，過在發解州府官吏，其選人、舉人，亦准格處分。

五年三月，詔令四時聽選，吏部三銓擬官旋奏，不在團甲之限。

漢乾祐二年八月敕：今後諸色選人，年及七十者，宜注優散官；年少未歷資考者，不得任注縣令。

三年七月敕：吏部南曹，今後及已前應有令佐招添點檢出户口，據數須本處合徵税賦錢物數目，於解由、歷子內，一一開坐批書，方得准天福八年三月十日敕條施行。如不合前後敕例，不在施行之限。

周廣順元年十月敕：選部公事，比置三銓，所有闕員選人，分爲三處。每至注擬之際，資叙難得相當。況在今年選人不多，宜令三銓公事併爲一處，委本司長官同共判署施行。

（宋）王溥《五代會要》卷二五《幕府》　後唐同光二年八月八日，中書門下奏：諸道除節度副使及兩使判官除授外，其餘職員并軍事判官，伏以翹車著詠，戔帛垂文，式重弓旌，以光樽俎。由是副知己之薦，成接士之榮，必當備悉行藏，習知才行，允奉幕中之畫，以稱席上之珍。爰自僞梁，頗乖斯義，皆從除授，以佐藩宣。因緣多事之秋，慮爽得人之選，將期推擇，式示更張。今後諸道除節度副使、兩使判官除授外，其餘職員并諸州軍事判官等，並任本道、本州各當辟舉。其軍事判官，仍不在奏官之限。

天成元年八月十一日敕：諸道開置幕府，皆有舊規，奏薦官僚，亦著前式，苟或隳紊，難正澆訛。從前諸道奏請判官，若遇移鎮，便合隨去，若無除授，亦隨府罷。近年流例，有異從來，使府雖遇除移，判官元守舊職。今後若朝廷除授者，即不係使府除移。如是自請充職者，便須隨去，如遇府罷，其職亦罷。又往例，藩鎮帶平章事，奏請判官，殿中已上許奏緋，中丞已上許奏紫。今不帶平章事，亦許同帶平章事例處分。如是防禦團練使奏請判官，自員外郎已下，不在奏緋之限。其所奏判官、州縣官，並須將前任告赤隨奏到京。若是未曾有官，須假試銜者，亦隨奏狀內言並未有官。如是節度、觀察、留後及權知軍州事，並不在奏請判官之限。如刺史要奏州縣官，並須申本道請發表章，不在自奏之限。今日諸道奏請從事，本無官署，妄結虛銜，不計職位高卑，多是請兼朱紫，不惟紊亂，實啓僥求，深蠹彝章，須行釐革。宜令諸道州府，仍下管內諸州，準敕命處分。

（宋）王溥《五代會要》卷二四《樞密院》　梁開平元年五月，改樞密院爲崇政院。始命敬翔爲院使，仍置判官一人。自後不置判官，置副使一人。

二年十一月，置崇政院直學士二員，選有政術、文學者爲之。始以尚書吏部郎中吴藹、尚書兵部郎中李珽充選。其後又改爲直崇政院。

《舊五代史》卷一四八《選舉志》　按《唐典》，凡選授之制，天官

卿掌之，所以正權衡而進賢能也；凡貢舉之政，春官卿掌之，所以覈文行而第儁秀也。洎梁氏以降，皆奉而行之，縱或小有釐革，亦不出其軌轍。今採其事，備紀於後，以志五代審官取士之方也。

梁開平元年七月，勑：近年舉人，當秋薦之時，不親試者號爲拔解，拔解，原本作祓解，考《五代會要》、《文獻通考》俱作拔解，今改正。今後宜止絶。

四月，兵部尚書、權知貢舉姚洎奏：近代設文科、選胄子，所以綱維名教，崇樹邦本也。今在朝公卿親屬、將相子孫，有文行可取者，請許所在州府薦送，以廣疏材之路。從之。案《文獻通考》：唐時知貢舉皆用禮部侍郎，梁開平中，始命兵部侍郎楊涉權知貢舉。此事《薛史》不載。

唐同光二年十月，中書奏，請停舉選一年。勑：舉、選二門，國朝之重事，但要精確，難議權停，宜准常例處分。

天成元年八月，勑：應三京、諸道，今年貢舉人，可依常年取解，仍令隨處量事，津送赴闕。

五年二月九日，勑：近年文士，輕視格條，就試時疏于帖經，案：原本作帖括，今據《五代會要》改正。登第後恥于赴選。宜絶躁求之路，別開奬勸之門。其進士科已及第者，計選數年滿日，許令就中書陳狀，于都堂前各試本業詩賦判文。其中才藝灼然可取者，便與除官，如或事業不甚精者，自許准添選。

晋天福三年三月，翰林學士承旨、兵部侍郎、權知貢舉崔棁奏：臣謬蒙眷渥，叨掌文衡，實憂庸懦之材，不副搜羅之旨，敢不揣摩頑鈍，杜絶阿私，上則顯陛下求賢，次則使平人得路。但以今年就舉，比常歲倍多，科目之中，兇豪甚衆。每駁牓出後，則時有喧張，不自省循，但言屈塞，互相朋扇，各出言詞，或云主司不公，或云試官受賂，實慮上達聖聽，微臣無以自明，晝省夜思，臨深履薄。今臣欲請令舉人落第之後，或不甘心，任自投狀披陳，却請所試，與疏義對證，兼令其日一甲同共校量，若獨委試官，恐未息詞理。儻是實負抑屈，則所司固難逭憲章，如其妄有陳論，則舉人乞痛加懲斷。冀此際免虛遭謗議，亦將來可久遠施行。儻蒙聖造允俞，伏乞降勑處分。從之。

天福五年三月，詔：及第舉人與主司選勝筵宴，及中書舍人鞁鞋接見舉人，兼兵部、禮部引人過堂之日，幕次酒食會客，悉宜廢之。

四月，禮部侍郎張允奏曰：明君側席，雖切旁求；貢士觀光，豈宜濫進。竊窺前代，未設諸科，始以明經，俾昇高第。自有《九經》、《五經》之後，及三《禮》、三《傳》已來，孝廉之科，遂因循而不廢，搢紳之士，亦緘默而無言，以至相承，未能改作。每歲明經一科，少至五百以上，多及一千有餘，舉人如是繁多，試官豈能精當。況此等多不究義，唯攻帖書，文理既不甚通，名第豈可妄與。且常年登科者不少，相次赴選者甚多，州縣之間，必無遺闕，遺闕，原本作貢闕，今據文改正。輦轂之下，須有稽留，怨嗟自此而興，謗讟因茲而起。但今廣場大啓，諸科並存，明經者悉包於《九經》、《五經》之中，無出於三《禮》、三《傳》之內，若無釐革，恐未便宜，其明經一科，伏請停廢。又奏：國家懸科待士，貴務搜揚；責實求才，須除訛濫。童子每當就試，止在念書，背經則雖似精詳，對卷則不能讀誦。及名成貢部，身返故鄉，但尅日以取官，更無心而習業，濫蠲徭役，虛占官名，其童子一科，亦請停廢。勑明經、童子、宏詞、拔萃、明算、道舉、百篇等科並停。

天福七年五月，勑：應諸色進策人等，皆抱材能，方來投獻，宜加明試，俾盡臧謀。起今後應進策條，中書奏覆，勑下，其進策人委門下省試策三道，仍定上、中、下三等。如是元進策內，有施行者，其所試策或上或中者，委門下省給與減選，或出身優牒合格。參選日，其試策上者，委銓司超壹資注擬，其試策中者，委銓司依資注擬。如是所試策或上或中，元進策條並不施行；所試策下，元進策條內有施行者，其本官並仰量與恩賜發遣。若或所試策下，所進策條並不施行，便仰曉示發遣，不得再有投進。餘並准前後勑文處分。

開運元年八月，詔曰：明經、童子之科，前代所設，蓋期取士，良謂通規。爰自近年，暫從停廢，損益之機未見，牢籠之義全虧。將闡斯文，宜依舊貫，庶臻至理，用廣旁求。其明經、童子二科，今後復置。

十一月，工部尚書、權知貢舉竇貞固奏：案《宋史・竇貞固傳》云：貞固擇士平允，時人稱之。進士考試雜文及與諸科舉人入策，歷代已來，皆以三條燭盡爲限，長興二年，改令晝試。伏以懸科取士，有國常規，沿革之道雖殊，公共之情難失。若使就試兩廊之下，兩廊之下，原本脱下字，今據《五代會要》增入。揮毫短景之中，視晷刻而惟畏稽遲，演詞藻而難求妍麗，未見觀光之美，但同款答之由，既非師古之規，恐失取人之道。今欲考試之時，准舊例以三條燭爲限。其進士并諸色舉貢人等，有懷藏書冊入院者，舊例扶出，不令就試，近年以來，雖見懷藏，多是容縱。今欲振舉弛紊，明辨臧否，冀在必行，庶爲定式。

漢乾祐二年，刑部侍郎邊歸讜上言：臣竊見每年貢舉人數甚衆，動引五舉、六舉，多至二千、三千，既事業不精，即人文何取。請勑三京、鄴都、諸道州府長官，合發諸色貢舉人文解者，並須精加考校，事業精研，即得解送，不得濫有舉送，冀塞濫進之門，開與能之路。勑從之。其間條奏未盡處，下貢院録天福五年四月二十七日勑文，告諭天下，依元勑條件施行，如有固違，其隨處考試官員，當准勑條處分。

周廣順二年二月，禮部侍郎趙上交奏：貢院諸科，今欲不試汎義，案：原本作不汎試口義，今從《册府元龜》改正。其口義五十道，改試墨義十道。從之。

三年正月，趙上交趙上交，原本脱趙字，今據《五代會要》增入。奏：進士元試詩賦各一首，帖經二十帖，對義五通，今欲罷帖經、對義，別試雜文二首、試策一道。從之。案《宋史・趙上交傳》：廣順初，拜禮部侍郎，會將試貢士，上交申明條制，頗爲精密。始復餬名考校，擢扈載甲科，及取梁周翰、董淳之流，時稱得士。

其年八月，刑部侍郎、權知貢舉徐台符奏：請別試雜文外，其帖經、墨義，仍依元格。從之。

顯德二年三月，禮部侍郎竇儀奏：請諸科舉人，若合解不解、不合解而解者，監試官爲首罪，勒停見任，舉送長官，奏聞取裁。監試官如受賂，及今後進士，如有倩人述作文字應舉者，許人言告，送本處色役，永不進仕。

唐同光四年三月，中書門下奏議：左拾遺王松、吏部員外郎李慎儀上疏，以諸道州縣，皆是攝官，誅剝生靈，漸不存濟。比者郭崇韜在中書日，未詳本朝故事，妄被閑人獻疑，點檢選曹，曲生異議，或告赤欠少，一事闕違，保內一人不來，五保即須並廢，文書一紙有誤，數任皆不勘詳。其年選人及行事官一千二百五十餘員，得官者才及數十，皆以渝濫爲名，盡被焚毁棄逐，或斃踣於旅店，或號哭於道途。以至二年已來，選人不敢赴集，銓曹無人可注，中書無人可除，去年闕近二千，授官不及六十。伏請特降勑文，宣布遐邇，明往年制置，不自於宸衷，此日焦勞，特頒於睿澤。望以中書條件及王松等所論事節，案：《册府元龜》作王權，考《文獻通考》作王松，《薛史・韋説傳》亦作松，今仍其舊。委銓司點檢，務在酌中，以爲定制。從之。時議者以銓注之弊，非止一朝，搢紳之家，自無甄別，或有伯叔告赤，鬻於同姓之家，隨賂改更，因亂昭穆，至有季父伯舅反拜姪甥者。郭崇韜疾惡太深，奏請釐革，豆盧革、韋説僶俛贊成。或有親舊訊其事端者，革、説曰：此郭漢子之意也。及崇韜誅，韋説即教門人王松上疏奏論，故有此奏。識者非之。

天成四年冬十月丙申，詔曰：本朝一統之時，除嶺南、黔中去京地遠，三年一降選補使，號爲南選外，其餘諸道及京百司諸色選人，每年動及數千，分爲三選，尚爲繁重。近代選人，每年不過數百，何必以一司公事，作三處官方。況有格條，各依資考，兼又明行勑命，務絶阿私，宜新公共之規，俾慎官常之要。其諸道選人，宜令三銓官員，都在省署子細磨勘，無違礙後，即據格同商量注擬，連署申奏，仍不得踵前於私第注官，如此則人吏易可整齊，公事亦無遲滯。

長興元年三月，勑：凡是選人，皆有資考，每至赴調，必驗文書，或不具全，多稱失墜，將明本末，須示規程。其判成諸色選人，黄甲下後，將歷任文書告赤連粘，宜令南曹逐縫使印，都於後面粘紙，粘紙，原本作粮紙，今據《册府元龜》改正。其前後歷任文書，都計多少紙數，仍具年月日，判成授某官。蓋懼其分假於人故也。

其年十月，中書奏：吏部流内銓諸色選人，先條流試判兩節，並委本官優劣等第申奏。文優者宜超一資注擬，其次者宜依資，更次者以同類官注擬，所以勵援毫之作，亦不掩歷任之勞。其或於理道全疏者，以人户少處州縣同類官中比擬，仍准元勑，業文者任徵引古今，不業文者但據公理判斷可否。不當，罪在有司。兼諸色選人，或有元通家狀，不實鄉里名號，將來赴選者，並令改正，一一竪本貫屬鄉縣，兼無出身，一奏一除官等，宜並不加選限。從之。

應順元年閏正月丁卯，中書門下奏：準天成二年十二月勑，長定格應經學出身人，一任三考，許入下縣令、下州録事參軍，亦入中下州録事參軍；兩任四考，許入中下縣令、中州録事參軍；兩任六考，許入上縣令及緊州録事參軍。凡爲進取，皆有因依，或少年便受好官，或暮齒不離卑任。況孤貧舉士，或年四十，始得經學及第，八年合選，方受一官，在任多不成三考，第二選漸向蹉跎，有一生終不至令録者，若無改革，何以發揚。自此經學出身，請一任兩考，許入中下縣令、下州録事參軍者。詔曰：參選之徒，艱辛不一，發身遲滯，到老卑低，宜優未達之人，顯示惟新之澤。其經學出身，一任兩考，元勑入下縣令、下州録事參軍，起今後更許入中下縣令、中州下州録事參軍；一任三考者，於人户多處州縣注擬，如於近勑條内，資叙無相當者，即準格循資考入官；其兩任四考者，準二任五考例入官，餘準格條處分。

晋天福三年正月，詔曰：舉選之流，苦辛備歷，或則耽書歲久，或則守事年深，少有違礙格條，例是不知式樣。式樣，原本作設樣，今據《五代會要》改正。今則方求公器，宜被皇恩，所有選人等，宜令所司，除元駁放及落下事由外，如無違礙，並與施行。仍令所司遍下諸道，起今後文解差錯，過在發解州府官吏。

漢乾祐二年八月，右拾遺高守瓊上言：仕宦年未三十，請不除授縣令。因下詔曰：起今後諸色選人，年七十者宜注優散官；年少未歷資考者，不得注授令録。其年十二月，中書門下奏：應諸出選門官幷歷任内曾升朝及兩使判官，今任却授令録者，並依見任官選數赴集。從之。

周廣順元年二月，詔曰：自前朝廷除官，銓司選授，當其用闕，皆稟舊規。近聞所得官人，或他事阻留，或染疾淹駐，始赴任者既過月限，後之官者遂失期程，以至相沿，漸成非次。是致新官參謝欲上，舊官考秩未終，待滿替移，動逾時月，凋殘一處，新舊二官，在迎送以爲勞，必公私之失緒。今後應諸道州府録事參軍、判司、縣令、主簿等，宜令本州府，以到任月日，旋具申奏及報吏部，此後中書及銓司，以到任月日用闕，永爲定制。

其年十月，詔曰：選部公事，比置三銓，所有員闕選人，分在三處，每至注擬之際，資叙難得相當。況今年選人不多，宜令三銓公事，併爲一處，委本司長官通判，同商量可否施行。今當開泰之期，宜軫單平之衆，自今後合格選人，歷任無違礙者，並仰吏部南曹判成，如文解差錯，不合式樣，罪在發解官吏。《永樂大典》卷一萬六千七百八十三。

（元）馬端臨《文獻通考》卷三五《選舉考・吏道》　凡流外，兵部、禮部舉人，郎官得自主之，謂之小選。

後唐明宗天成四年，中書奏：吏部流外銓諸色選人，試判兩節，並以優劣等第申奏。文優者，宜超一資注擬，次者依資，又其次者與同類官中比擬。仍准元敕，業文者任徵引今古，不業文者但據公理判斷。可否不當，罪在有司。

（元）馬端臨《文獻通考》卷三八《選舉考・舉官》　後唐莊宗同光二年，自唐末喪亂，搢紳之家，或以告敕鬻於族姻，遂亂昭穆，至有舅叔拜甥侄者。選人僞濫者衆，郭崇韜欲革其弊，請令銓司精加考覈。時南郊行事官千二百人，注官者才數十人，塗毁告身者十之九。選人或號泣道路，或餒死逆旅。

明宗天成二年，制：選人或因遠地干戈、私門事故，遂至過格。今後如過格十年外，不在赴集之限。又據《長定格》，選人中有隱憂者殿五選。伏以人倫之貴，孝道爲先，既有負於尊親，定不公於州縣，有傷風化，須峻條章。今後諸色官員内，有隱憂冒榮者，勘責不虚，終身不齒，其入仕告敕，並付所司焚毁。

三年，敕：北京及河北諸道攝官内，有莊宗御署及朕署，便與據正官資叙；其僞朝授官，勘驗不虚，亦同告身例處分。興元以西，曾授僞蜀爵命敕，到後一周年爲限，各於本罷任處投狀分析，申奏點勘，出限不叙理。

中書奏：吏部流外銓諸色選人試判兩節，並不優劣等第與官資。其業文者，任徵引古今；不業文者，但據事理判斷可否，不當罪在有司。吏部南曹關：今年及第進士内，三《禮》劉瑩等五人，所試判語皆同。勘狀稱：晚逼試期，偶拾得判草寫淨，實不知判語不合一般者。敕：貢院擢科，考詳所業；南曹試判，激勸效官。劉瑩等既不攻文，祇合直書其事，豈得相傳稿草，侮瀆公場？及至定期覆試，果聞自懼私歸，宜令所司落下放罪，許再赴舉。其年十月，敕：訪聞每年及第舉人牒試、吏部關試，判題雖有，判語全無，祇見各書未詳，仍或正身不至。如斯乖謬，須議去除。此後關送舉人，委南曹官吏准格考試。如是進士並經學及第人，曾親筆硯，其判語即須緝構文章，辨明治道；如是委無文章，許直書其事，不得祇書未詳。如關試時，正身不到，又無請假文書，卻牒貢院，申奏停落。

按：唐以試判入仕，五季因之，然以此三條觀之，其爲文具可知也。有如流外銓，必胥吏之徒，非以文學進身者，則所對不責其引徵古今，但據事理判斷，誠是也。至於及第進士，而乃一詞莫措，傳寫定本，雷同欺誑，至煩國家立法，明開曾親筆硯、委無文章兩途以處之，則烏取其爲進士乎？況正身多不至，則所謂試者，不過上下相與爲欺耳，可無試也。

長興二年，敕：舉選之衆，例是艱辛，曾因兵火之餘，多無敕甲，不有詳延之路，永爲遐棄之人。其失墜告身者，先取本人狀，當授官之日，何人判銓？與何人同官？上任、罷任與何人交代？仍勘歷任處州縣，如實，則別取命官三人保明施行。

周世宗顯德元年，初令翰林學士、兩省官舉令録。除官之日，署舉者姓名，若貪穢敗官，連坐。

紀事

（唐）温大雅《大唐創業起居注》卷二　〔大業十二年秋七月〕壬寅，遣通議大夫張綸等率師經略稽胡、離石、龍泉、文成等諸郡。丙辰，至于西河，引見民庶等，禮敬耆老，哀撫煢獨，賑貸窮困，擢任賢能，平章獄訟，日昃而罷，罔有所遺。顧謂左右曰：向之五條，惟皇要道，聰明文思，以之建極；孤所以自強不息，爲義兵之先聲也。仍自注授老人七十已上通議、朝請、朝散三大夫等官，教曰：乞言將智，事屬高年，耄耋杖鄉，禮宜優異。老人等年餘七十，匍匐壘壁，見我義旗，懽踰擊壤。筋力之禮，知不可爲，肉帛之資，慮其多闕。式加榮秩，以賙其養。節級並如前授。自外當土豪雋，以資除授各有差。官之大小，並帝自手注，量才叙効，咸得厥宜。口問功能，筆不停輟。所司唯給告身而已，爾後遂爲恒式。帝特善書，工而且疾，真草不拘常體，而草跡韶媚可愛。嘗一日注授千許人官。更案遇得好紙，走筆若飛，食頃而訖。得官人等，不敢取告符，乞賫神筆之跡，遂各分所授官名而去。

(唐)張九齡《曲江集》卷七《敕制·敕處分選人》 敕：朕憫茲下人，不忘瘝寐，庶乎富教，寄在牧宰，所以推擇才能，親加考覈。卿等各膺時用，副朕虛求，亦既得人，佇聞佳政。若能鋭精爲理，聲績有稱，即當待以不次，信斯言之可復。如其政不能舉，行且有遺，豈獨敗於厥躬？必將坐於舉主。此亦明約，不得不然，各宜勉之，以成名節。今賜卿少物，各宜領取，並於朝堂坐食，食訖好去。

(唐)吴兢《貞觀政要》卷一《政體》 貞觀二年，太宗問黄門侍郎王珪曰：近代君臣治國，多劣於前古，何也？對曰：古之帝王爲政，皆志尚清静，以百姓之心爲心。近代則唯損百姓以適其欲，所任用大臣，復非經術之士。漢家宰相，無不精通一經，朝廷若有疑事，皆引經決定，由是人識禮教，治致太平。近代重武輕儒，或參以法律，儒行既虧，淳風大壞。太宗深然其言。自此百官中有學業優長，兼識政體者，多進其階品，累加遷擢焉。

(唐)吴兢《貞觀政要》卷三《擇官》 貞觀三年，太宗謂吏部尚書杜如晦曰：比見吏部擇人，惟取其言詞刀筆，不悉其景行。數年之後，惡跡始彰，雖加刑戮，而百姓已受其弊。如何可獲善人？如晦對曰：兩漢取人，皆行著鄉閭，州郡貢之，然後入用，故當時號爲多士。今每年選集，向數千人，厚貌飾詞，不可知悉，選司但配其階品而已。銓簡之理，實所未精，所以不能得才。太宗乃將依漢時法令，本州辟召，會功臣等將行世封事，遂止。

(唐)吴兢《貞觀政要》卷三《擇官》 貞觀十一年，侍御史馬周上疏曰：治天下者以人爲本。欲令百姓安樂，惟在刺史、縣令。縣令既衆，不能皆賢，若每州得良刺史，則合境蘇息。天下刺史悉稱聖意，則陛下可端拱巖廊之上，百姓不慮不安。自古郡守、縣令，皆妙選賢德，欲有遷擢爲將相，必先試以臨人，或從二千石入爲丞相及司徒、太尉者。朝廷必不可獨重内臣，外刺史、縣令，遂輕其選。所以百姓未安，殆由於此。太宗因謂侍臣曰：刺史朕當自簡擇；縣令詔京官五品已上，各舉一人。

(唐)吴兢《貞觀政要》卷三《擇官》 貞觀十三年，太宗謂侍臣曰：朕聞太平後必有大亂，大亂後必有太平。大亂之後，即是太平之運也。能安天下者，惟在用得賢才。公等既不知賢，朕又不可偏識。日復一日，無得人之理。今欲令人自舉，於事何如？魏徵對曰：知人者智，自知者明。知人既以爲難，自知誠亦不易。且愚暗之人，皆矜能伐善，恐長澆競之風，不可令其自舉。

貞觀十四年，特進魏徵上疏曰：

臣聞知臣莫若君，知子莫若父。父不能知其子，則無以睦一家；君不能知其臣，則無以齊萬國。萬國咸寧，一人有慶，必藉忠良作弼，俊乂在官，則庶績其凝，無爲而化矣。故堯、舜、文、武見稱前載，咸以知人則哲，多士盈朝，元、凱翼巍巍之功，周、召光焕乎之美。然則四岳、九官、五臣、十亂，豈惟生之於曩代，而獨無於當今者哉？在乎求與不求，好與不好耳。何以言之？夫美玉明珠，孔翠犀象，大宛之馬，西旅之獒，或無足也，或無情也，生於八荒之表，塗遥萬里之外，重譯入貢，道路不絶者，何哉？蓋由乎中國之所好也。況從仕者懷君之榮，食君之禄，率之以義，將何往而不至哉？臣以爲與之爲孝，則可使同乎曾參、子騫矣。與之爲忠，則可使同乎龍逄、比干矣。與之爲信，則可使同乎尾生、展禽矣。與之爲廉，則可使同乎伯夷、叔齊矣。

然而今之群臣，罕能貞白卓異者，蓋求之不切，勵之未精故也。若勖之以公忠，期之以遠大，各有職分，得行其道。貴則觀其所舉，富則觀其所養，居則觀其所好，習則觀其所言，窮則觀其所不受，賤則觀其所不爲。因其材以取之，審其能以任之，用其所長，揜其所短。進之以六正，戒之以六邪，則不嚴而自勵，不勸而自勉矣。故《説苑》曰：人臣之行，有六正六邪。行六正則榮，犯六邪則辱。何謂六正？一曰，萌芽未動，形兆未見，昭然獨見存亡之機，得失之要，預禁乎未然之前，使主超然立乎顯榮之處，如此者，聖臣也。二曰，虛心盡意，日進善道，勉主以禮義，諭主以長策，將順其美，匡救其惡，如此者，良臣也。三曰，夙興夜寐，進賢不懈，數稱往古之行事，以厲主意，如此者，忠臣也。四曰，明察成敗，早防而救之，塞其間，絶其源，轉禍以爲福，使君終以無憂，如此者，智臣也。五曰，守文奉法，任官職事，不受贈遺，辭禄讓賜，飲食節儉，如此者，貞臣也。六曰，家國昏亂，所爲不諛，敢犯主之嚴顔，面言主之過失，如此者，直臣也。是謂六正。何謂六邪？一曰，安官貪禄，不務公事，與世浮沉，左右觀望，如此者，具臣也。二曰，主所言皆曰善，主所爲皆曰可，隱而求主之所好而進之，以快主之耳目，偷合苟容，與主爲樂，不顧其後害，如此者，諛臣也。三曰，内實險詖，外貌小謹，巧言令色，妒善嫉賢，所欲進，則明其美，隱其惡，所欲退，則明其過，匿其美，使主賞罰不當，號令不行，如此者，奸臣也。四曰，智足以飾非，辯足以行説，内離骨肉之親，外構朝廷之亂，如此者，讒臣也。五曰，專權擅勢，以輕爲重，私門成党，以富其家，擅矯主命，以自貴顯，如此者，賊臣也。六曰，諂主以佞邪，陷主於不義，朋黨比周，以蔽主明，使白黑無别，是非無間，使主惡布於境内，聞於四鄰，如此者，亡國之臣也。是謂六邪。賢臣處六正之道，不行六邪之術，故上安而下治。生則見樂，死則見思，此人臣之術也。《禮記》曰：權衡誠懸，不可欺以輕重。繩墨誠陳，不可欺以曲直。規矩誠設，不可欺以方圓。君子審禮，不可誣以奸詐。然則臣之情僞，知之不難矣。又設禮以待之，執法以御之，爲善者蒙賞，爲惡者受罰，安敢不企及乎？安敢不盡力乎？

　　國家思欲進忠良，退不肖，十有餘載矣，徒聞其語，不見其人，何哉？蓋言之是也，行之非也。言之是，則出乎公道，行之非，則涉乎邪徑。是非相亂，好惡相攻。所愛雖有罪，不及於刑。所惡雖無辜，不免於罰。此所謂愛之欲其生，惡之欲其死者也。或以小惡棄大善，或以小過忘大功。此所謂君之賞不可以無功求，君之罰不可以有罪免者也。賞不以勸善，罰不以懲惡，而望邪正不惑，其可得乎？若賞不遺疏遠，罰不阿親貴，以公平爲規矩，以仁義爲準繩，考事以正其名，循名以求其實，則邪正莫隱，善惡自分。然後取其實，不尚其華，處其厚，不居其薄，則不言而化，期月而可知矣。若徒愛美錦，而不爲民擇官。有至公之言，無至公之實，愛而不知其惡，憎而遂忘其善。徇私情以近邪佞，背公道而遠忠良，則雖夙夜不怠，勞神苦思，將求至理，不可得也。

　　書奏，甚嘉納之。

（唐）劉肅《大唐新語》卷一〇《釐革》　姜晦爲吏部侍郎，性聰悟，識理體。舊制：吏曹舍宇悉布棘，以防令史爲與選人交通。及晦領選事，盡除之，大開銓門，示無所禁。私引置者，晦輒知之，召問，莫不首伏。初，朝庭以晦改革前規，咸以爲不可。竟銓綜得所，賄賂不行。舉朝歎服。

（唐）劉肅《大唐新語》卷一一《懲戒》　劉思立任考功員外，子憲爲河南尉。思立今日亡，明日選人有索憲闕者。吏部侍郎馬載深咨嗟，以爲名教所不容，乃書其無行，注名籍。朝庭咸曰：直。銓宗流品之奇，可謂振理風俗。其人比出選門，爲衆目所視，衆口所訐，亦趦趄而失步矣。自垂拱之後，斯風大壞，苟且公行，無復曩日之事。

（唐）白居易《白氏長慶集》卷五一《中書制誥・奉天縣公崔鄯可倉部員外郎判度支案制》　勑：奉天縣令崔鄯：大凡南宫郎，無非慎選者也。況地官之屬，有堆案盈几之文，有月計歲會之課，故員外郎不可逾時缺，不待滿歲遷：事劇才難，斷可知矣。而鄯自操白簡，宰赤縣，繩舉違謬，惠養鰥惸，皆有善聲，著於官次，豈能於彼，而不能於此乎？爾宜率廪人，佐計務，決繁析滯，期有可觀。可依前件。

（唐）白居易《白氏長慶集》卷五二《中書制誥・嚴綬可太子少傅制》　勑：東朝保傅，歷代尊崇。漢擇名儒，任先疏廣；晋求耆德，選在山濤。實資六傅之賢，用弘三善之道。檢校司徒兼太子少保嚴綬，文雅成器，恭謙致用。出領重鎮，以帥諸侯；入爲具寮，以長卿士。歷踐中外，備嘗艱虞，殆三十年，勤亦至矣。況理心以體道，知命而安時，是謂教誨之人，可領調護之任。由保遷傅，爾其敬之。可太子少傅。

（唐）白居易《白氏長慶集》卷五三《中書制誥・京兆府司録參軍孫簡可撿校禮部員外郎荊南節度判官浙東判官試大理評事韓佽可殿中侍御史巡官試正字晁朴可試協律郎充推官同制》　勑：某官孫簡等：凡使府之制，量職之輕重以命官，揆時之遠近以進秩，俾等殺有常序，遷次有常程，勞均而名分定矣。簡自登憲司，佐相幕府，暨糾天府，皆有可稱。而佽等亦以文學發身，謀畫效用。荊揚浙右，實籍賓僚，況今之公卿大夫，皆由此塗出，慎爾職事，爾無自輕。可依前件。

《舊唐書》卷一九上《懿宗紀》　〔咸通十二年〕七月辛丑，中書門下奏：

　　准今年六月十二日敕，釐革諸道及在京諸司奏官并請章服事者。其諸道奏州縣官司録、縣令、録事、參軍，或見任公事，敗闕不理，切要替換，及前任實有勞効，并見有闕員，即任各舉所知。每道奏請，仍不得過兩人。其河東、潞府、邠寧、涇原、靈武、鹽夏、振武、天德、鄜坊、滄德、易定、三川等道觀察防禦等使及嶺南五管，每道每年除令、録外，許量奏簿、尉及中下州判司及縣丞共三人。福州不在奏州縣官限。其黔中所奏州縣官及大將管內官，即任準舊例處分。在京諸司及諸道帶職奏官，或非時僉替，考限未滿，並卻與本資官。諸道節度及都團練防禦使下將校奏轉試官及憲御等，令諸節度事每年量許五人，都團練防禦量許三人爲定，不得更於其外奏請。其御史中丞已下，即準敕文條疏，須有軍功，方可授任。自今後如顯立戰伐功勞者，任具事績申奏，如檢勘不虛，當別與商量處分，以外輒不得更有奏請。其幽、鎮、魏三道望且準承前舊例處分。

敕旨從之。

《舊唐書》卷一九下《僖宗紀》 廣明元年春正月乙卯朔，上御宣政殿，制曰：**【略】**吏部選人粟錯及除駁放者，除身名渝濫欠考外，並以比遠殘闕收注。入仕之門，兵部最濫，全無根本，頗壞紀綱。近者武官多轉入文官，依資除授，宜懲僭倖，以辨品流。自今後武官不得轉入文官選改，所冀輪轅各適，秩序區分，其內司不在此限。

《舊唐書》卷二〇下《哀帝紀》 〔天祐二年四月〕丁未，敕：設官分職，各有司存，銓衡既任於吏曹，除授寧煩於宰職。但所司注擬申到，中書過驗酌量，苟或差舛，難可盡定。近年除授，其徒實繁，占選部之闕員，擇公當之優便，遂致三銓注擬之時，皆曠職務。且以宰相之任，提舉百司，唯務公平無私，方致漸臻有道。應天下州府令録，並委吏部三銓注擬。自天祐二年四月十一日已後，中書並不除授，或諸薦奏量留，即度可否施行。庶各司其局，免致紊隳，宰相提綱，永存事體。付所司。

《舊唐書》卷一三八《趙憬傳》 議進用庶官，則曰：異同之論，是非難辨。由考課難於實効，好惡雜於衆聲，所以訪之彌多，得之彌少。選士古今爲難，拔十得五，賢愚猶半。陛下謂臣曰：何必五也？十得二三斯可矣。聖主思賢至是，而宰臣不能進之，臣之罪也。進賢在於廣任用，明殿最，舉大節，棄其小瑕，隨其所能，試之以事，用人之大綱也。

（宋）王溥《唐會要》卷六《雜録》 〔貞元〕十四年，故懷澤縣主壻檢校右贊善大夫竇克構狀言：臣頃以國親，超受寵禄，及縣主薨逝，臣官遂停。臣陪位出身，未授檢校官日，自有本官。伏乞宣付所司，許取前銜婺州司户參軍，隨例調選。

（宋）王溥《唐會要》卷五九《兵部侍郎》 大中五年十月，中書門下兩省奏：應赴兵部武選門官驅使官等，今年新格令守選二年，得驅使官盧華等狀：稱各在省驅使，實緣長官辛苦，事力不濟，所以假此武官。若廢舊格，貧寒不逮。即須漸請停解，公事交見廢闕。敕旨：兩省御史臺人吏，前舊例不選數，許赴集，宜令依舊例放選。

（宋）王溥《唐會要》卷六七《員外官》 神龍元年五月三日敕：內外員外官及檢校試官，宜令本司長官量閒劇取資歷，請與舊人分判曹事，自外並不在判事之限，其長官副貳官，不在此限。

（宋）王溥《唐會要》卷七四《選部·掌選善惡》 貞觀元年，溫彥博爲吏部郎中，知選事，意在沙汰，多所擯抑。而退者不伏，囂訟盈庭，彥博唯騁辭辯，與之相詰，終日喧擾，頗爲識者所嗤。

四年，杜如晦臨終，請委選舉於民部尚書戴胄。遂以檢校吏部尚書，及在銓衡，抑文雅而獎法吏，不適輪轅之用，物議以爲刻。

五年，楊銓爲吏部侍郎，銓叙人倫，稱爲允當。然而抑文雅，進黜吏，觀時任數，頗爲時論所譏。

八年十一月，唐皎除吏部侍郎，嘗引人銓問何方便穩，或云：其家在蜀，乃注與吴。復有云：親老先任江南，即唱之隴右。論者莫能測其意。

十七年，楊師道爲吏部尚書。師道貴公之子，四海人物，未能委練，所署用多非其才，而深抑勢貴，及其親黨，將以避嫌。時論譏之。又其年，吏部尚書高季輔知選，凡所銓綜，時稱允協。十八年，於東都獨知選事，太宗賜金背鏡一面，以表其清鑒焉。

龍朔二年，司列少常伯楊思元，恃外戚之貴，待選流多不以禮，而排斥之，爲選者夏侯彪所訟，而御史中丞郎餘慶彈奏免官。中書令許敬宗曰：固知楊吏部之敗。或問之，敬宗曰：一彪一狼，共著一羊，不敗何待。

總章二年，司列少常伯李敬元，典選累年，銓綜有序，天下稱其能。參選者歲有萬人，每於街衢見之，莫不知其姓名。其被放有訴者，即陳其書判錯失，及身曾負殿，略無差舛，時人服其強記，莫之敢欺。

宏道元年十二月，吏部侍郎魏克己，銓綜人畢，放長榜遂出得留人名，於是衢路諠譁，大爲冬集人援引指擿，貶爲太子中允，遂以中書舍人鄧元挺替焉。元挺無藻鑑之目，又患消渴，選人因號爲鄧渴。

如意元年九月，天官郎中李至遠知侍郎。時有選人姓刁，又有王元忠並被放，乃密與令史相知，減其點畫，刁改爲丁，王元忠改爲士元中。擬授官後，即加文字。至遠一覽便覺曰：今年銓覆數萬人，總識記姓名，安有丁士者，此刁某王某也。遽窮其姦，登時承服，省中以爲神明。

長壽二年九月，許子儒除吏部侍郎，性無藻鑑，所視銓綜，皆委令史縱直，謂直曰：汝平配也。

久視元年七月，顧琮除吏部侍郎，時多權幸，好行囑託。琮性公方，不堪其弊，嘗因官齋至寺，見壁上畫地獄變相，指示同行曰：此亦稱君所爲，何不畫天官掌選耶？

景龍三年，鄭愔與崔湜同執銓管，數外倍留人，及授擬不遍，即探用三考，二百日闕，夏不行，又用兩考，二百日闕，朝注夕改，無復准定。選人得官，乃有三考不得上者，有一人索遠，得校書郎，其或未能處置者，即給公驗，謂之比冬。故選司綱維紊亂，以崔鄭爲口實，自後頗難綱紀。

景雲元年，盧從愿爲吏部侍郎，精心條理，大稱平允。其冒名僞選，及虛增功狀之類，皆能擿發其事。典選六年，頗有聲稱。時人云，前有裴、馬，後有盧、李。謂裴行儉、馬戴、李朝隱。

開元十一年十二月，吏部侍郎崔林，以舊例有遠惡官六七百員，常不用，此冬因選深人，以此闕銓，日對面注，各得穩便，不入長名，用此遠闕都盡。

十八年，蘇晋爲吏部侍郎，而侍郎裴光庭每過官應批退者，但對衆披簿，以朱筆點頭而已。晋遂榜選院云：門下點頭者，更引注擬。光庭以爲侮己，不悦。時有門下主事閻麟之爲光庭心腹，專知吏部過官，每麟之裁定，光庭隨口下筆。時人語曰：麟之手，光庭口。

天寶元年冬選，六十四人判入等。時御史中丞張倚男奭判入高等，有下第者嘗爲薊令，以其事白於安禄山，禄山遂奏之。至來年正月二十一日，遂於勤政樓下，上親自重試，惟二十人比類稍優，餘並下第。張奭不措一詞，時人謂之曳白。吏部侍郎宋遥貶武當郡太守，苗晋卿貶安康郡太守，考官禮部郎中裴朏、起居舍人張烜、監察御史宋昱、左拾遺孟國朝，並貶官。

十一載十一月，楊國忠爲右相，兼吏部尚書，奏請兩京選人，銓日便定留放，無長名，於宅中引注，號國垂簾觀之，或有老病醜陋者，皆指名以笑，雖士大夫亦遭詬恥。故事，兵部注官訖，於門下過，侍中給事中省不過者，謂之退量。國忠注官，呼左相陳希烈於坐隅，給事中列於前曰：既對注擬，即是過門下了。希烈等腹非而已。侍郎韋見素張倚，皆見衣紫與本曹郎官，藩屏外排比案牘，趨走諮事。乃謂簾中楊氏曰：兩箇紫袍主事何如？楊乃大噱。選人鄭昂等，附會其旨焉。二十餘年，人率銓於勤政樓設齋簾，爲國忠立牌於尚書省南，所注吏部三銓選人，務專鞅掌，不能躬親，皆委與令史及孔目官爲之，國忠但押一字，猶不可偏。

貞元九年正月，御史中丞韋貞伯劾奏，稱吏部貞元七年冬以京兆府踰濫解送之人，已授官總六十六人，或有不到京銓試，懸授官告。文按選格銓狀，選人自書，試日書跡不同，即駁放殿選違格文者，皆不覆驗，及降資不盡，或與注官。伏以承前選曹乖誤，未有如此，遂使衣冠以貧乏待缺，姦濫以賄賂成名，非陛下求才審官之意。由是，刑部尚書劉滋以前吏部尚書，及吏部侍郎杜黄裳，皆坐削階。

太和二年三月，都省奏，落下吏部三銓，注今春二月旨甲內超資官洪師敏等六十七人。敕：都省所執是格，銓司所引是例，互相陳列，頗似紛紜，所貴清而能通，亦由議事以制。今選已滿，方此争論，選人可哀，難更停滯。其三銓已授官，都省落下者，並依舊注，重與團奏，仍限五日內畢。其如官超一資半資，以今授稍優者，至後選日，量事降折。尚書侍郎注擬不一，致令省都以此興詞，鄭絪、丁公著宜罰一季俸。東銓所落人數較少，楊嗣復罰兩月俸。其今年選格，仍分明標出近例，冀絶徼求。時尚書左丞崔宏景，以吏部注擬多不守文，選人中僥倖者衆，糾案其事。落下甲敕：選人輩惜已成之官，經宰相喧訴，故特降此勅。

（宋）王溥《唐會要》卷七五《選部·藻鑑》 武德七年，高祖謂吏部侍郎張鋭曰：今年選人之內，豈無才用者，卿可簡試，將來欲縻之好爵。於是遂以張行成、張知運等數人應命，時以爲知人。裴行儉爲吏部侍郎，時李敬元盛稱王勃、楊炯、盧照鄰、駱賓王等，爲之延譽，引以示裴行儉。行儉曰：才名有之，爵禄蓋寡，楊應至令長，餘並鮮能令終。是時蘇味道、王劇未知名，因調選，行儉一見，深禮異之，仍謂曰：有晚生子息，恨不見其成長，二公十數年當居衡石，願記識此輩。其後果如其言，行儉嘗引偏裨將，有程務挺、張虔勖、崔智䛒、王方翼、黨令毗、劉敬同、郭待封、李多祚、黑齒常之，盡爲一時之名將。

證聖元年，劉奇爲吏部侍郎，注張文成、司馬鍠爲監察御史，二人因申屠瑒以謝之。奇正色曰：舉賢自無私，二君何爲見謝。

聖曆二年，吏部侍郎鄭杲注韓復爲太常博士，元希聲京兆士曹，嘗謂人曰：今年掌選，得韓元二子，則吏部不負朝廷矣。

景雲二年，盧從愿爲吏部侍郎，杜暹自婺州參軍調集，補鄭縣尉，後爲户部尚書。從愿自益州長史入朝，暹立在盧上，謂曰：選人定如何？盧曰：亦由僕之藻鑑，遂使明公展千里足也。

開元八年七月，王邱爲吏部侍郎，拔擢山陰尉孫逖，桃林尉張鏡微，湖城尉張普明，進士王泠然、李昂等。不數年，登禮闈，掌綸誥焉。

十一年十二月，吏部侍郎崔林掌銓，收選人盧怡、裴登復於儒卿等十數人，無何，皆入臺省，衆以爲知人。

武德初，李勣得黎陽倉，就食者數十萬人，魏徵、高季輔、杜正倫、郭孝恪，皆客遊其所，一見於衆人之中，即加禮敬。及平武牢，獲鄭州長史戴胄，即釋放，推薦之，當時以爲有知人之鑒。

永徽元年，中書舍人薛元超，好汲引寒微，嘗表薦任希古、高智周、郭正一、王義方、孟利貞十餘人，時論稱美。

聖曆初，狄仁傑爲納言，頗以藻鑑自任，因舉桓彦範、敬暉、崔元暐、張柬之、袁恕己等五人，後皆有大勳。復舉姚元崇等數十人，悉爲公相。

聖曆中，則天令宰相各舉尚書郎一人，仁傑獨薦其子光嗣，由是拜地官員外，莅事有聲，則天謂之曰：祁奚內舉，果得人也。

長安二年，則天令雍州長史薛季昶擇寮吏堪爲御史者，季昶以問録事參軍盧齊卿，舉長安縣尉盧懷慎、季休光，萬年縣尉李乂、崔湜，咸陽縣丞倪若水，盩厔縣尉田崇璧，新豐縣尉崔日用，後皆至大官。

景雲二年，御史中丞韋抗加京畿按察使，舉奏奉天縣尉梁日昇，新豐縣尉王倕，金城縣尉王冰，華原縣尉王燾爲判官，其後皆著名位。

其年，朔方總管張仁愿，奏用監察御史張敬忠、何鸞，長安縣尉寇泚，鄠縣尉王易從，始平縣主簿劉體微，分判軍事，義烏縣尉趙良貞爲隨軍，後皆至大官。

先天元年，侍中魏知古嘗表薦洹水縣令吕太一，蒲州司功參軍齊澣，右內率府騎曹柳澤。及爲吏部尚書，又擢密縣尉宋遥，左補闕袁暉，封希顔，伊闕縣尉陳希烈，後咸居清要。

開元元年，盧齊卿爲幽州刺史，時張守珪爲果毅，特禮接之，謂曰：十年內當知節度。果如其言。

（宋）王溥《唐會要》卷七五《選部・雜處置》 乾封三年十月敕：司戎諸色考滿，又選司諸色考滿入流人，並兼試一經一史，然後授官。

咸亨三年正月十八日，許雍洛二州人任本郡官。

天册元年十月二十二日敕：品藻人物，銓綜士流，委之選曹，責成斯在。且人無求備，用匪一途，理當才地並昇，輪轅兼授，或收其履歷，或取其學行，糊名考判，立格注官，既乖委任之方，頗異銓衡之術。朕厲精思化，側席求賢，必使草澤無遺，方員曲盡，改絃易調，革故鼎新，載想緝熙之崇，式佇清通之效。其常選人自今已後，宜委所司依常例銓注，其糊名入試，及令學士考判，宜停。

神功元年十月敕：選司抑塞者，不須請不理狀，任經御史臺論告，不得輒於選司喧訴。有凌突選司，非理喧悖者，注簿量殿，尤甚者，仍於省門集選人決三十，仍殿五六選。

其年閏十月二十五日敕：八寺丞，九寺主簿，諸監丞簿，城門符寶郎，通事舍人，大理寺司直、評事，左右衛千牛衛、金吾衛、左右率府、羽林衛長史，太子通事舍人，親王掾屬、判司、參軍，京兆、河南、太原判司，赤縣簿尉，御史臺主簿、校書、正字，詹事府主簿、協律郎、奉禮、太祝等，出身入仕，既有殊途，望秩常班，須從甄異。其有從流外及視品官出身者，不得任前官，其中書主書、門下録事、尚書都事七品官中，亦爲緊要，一例不許頗乖勸奬。其考詞有清幹景行，吏用文理者，選日簡擇，取歷十六考已上者，聽量擬左右金吾長史及寺監丞。

聖曆元年二月二十二日敕：選人無故三試三注唱不到者，不在銓試重注之例，其過門下三引不過者，亦不在更注之限。

三年正月三十日敕：監察御史、左右拾遺、赤縣簿尉、大理評事、兩畿縣丞主簿尉，三任已上及内外官經三任十考以上，不改舊品者，選叙日，各聽量隔品處分，餘官必須依次授任，不得超越。

大足元年正月十五日敕：選人應留，不須要論考第，若諸事相似，即先書上考。如書判寥落，又無善狀者，雖帶上考，亦宜量放。

開元二年二月十八日敕：繁劇司闕官，有灼然要籍者，聽牒選司，於應得官人内，據材用資歷相當者先補擬。

三年六月八日敕：吏部銓選，委任尤重，比雖守職，務在循常。既限之以選勞，或失之於求士，宜選日拔擢一二人，不須限資次放。

四年六月十九日敕：六品以下官，令所司補授員外郎御史，併餘供奉，宜進名授敕。

其年七月敕：如聞黔州管内州縣官員多闕，吏部補人，多不肯去，成官已後，或假解，或從征，考滿得資，更別銓選。自餘管蠻獠州，大率亦皆如此。宜令所司，於諸色選人内，即召補，並馳驛發遣，至州，令都府勘到日申所司。如有遲違，牒管内都督決六十，追毁告身，更不須與官。

其年九月十二日敕：諸色選人納紙保後五日内，其保識官各于當司具名品，並所在人州貫頭銜，都爲一牒，報選司。若有僞濫，先用缺，然後准式處分。

十一年四月十五日敕：要官兒子，少年未經事者，不得作縣官親民。

十二年，初定兵吏兩司員外郎專判南曹。

十四年十一月二十五日敕：比來所擬注官，多不慎擇，或以資授，或未適才，宜令吏部每年先於選人内，精加簡試。灼然明閑理法者，留擬其評事已上，仍令大理長官相加簡擇，並不授非其人。

十五年九月敕：今年吏部選人，宜依例糊名試判，臨時考第奏聞。

十七年三月敕：邊遠判官，多有老弱，宜令吏部每年選人内，簡擇强幹堪邊任者，隨缺補授。秩滿，量減三兩選與留，仍加優獎。

天寶四載九月二十一日敕：侍郎銓曹，入宿令史加轉。

八載六月十六日敕旨：授官宜待攢符。

九載三月十三日敕：吏部取人，必限書判，且文學政事，本自異科，求備一人，百中無一。況古來良宰，豈必文人。又限循資，尤難獎擢。自今以後，簡縣令，但才堪政理，方圓取人，不得限以書判，及循資格注擬。諸畿望緊上中，每等爲一甲，委中書門下察問，選擇堪者，然後奏授。大理評事，緣朝要子弟中，有未歷望畿縣便授此官，既不守文，又未經事。自今以後，有此色及朝要至親，並不得注擬。

十一載七月敕：吏部選人書判濫，及雜犯不合得留者，不限選數，並放。除此之外，先後選深人，一概並留。其選深被放人，選淺得留人名，具留放逗留榜，示選人，各令知悉，仍以單狀奏聞，不須更起條目。至十二月二日，吏部尚書楊國忠奏，請兩京選人集銓日，便定留放，無長名。遂詔文部選人調集者，宜審定格限，令集銓日各量官資書判狀跡，功優據闕合留，對衆集便定。其宏詞博學，或書判特優，超越流輩者，不須定以選數，聽集。武部選人集試日，校第功優，亦對衆留放。

十三載三月二十八日敕旨：授官取蜀郡大麻紙一張寫告身。

廣德元年二月敕：諸州府及縣，今後每有闕官，宜委本州府當日牒報本道觀察節度及租庸使，使司具闕由，附便使牒中書門下，送吏部，依闕准式處分。其所闕官，有職務稍重者，委本府長官，於見任及比司官中簡擇，權令勾當，正官到日停，不得更差前資及白身等攝。吏部及制敕所授官，委中書門下及吏部甲，制敕出後三日内下本州，准令式計程外一月不到，任本州報中書門下吏部用闕。如灼然事故，准敕勒留，不在此限。其違限程人，六品已下，本色内殿一兩選，許同會闕不成人例；五品已上，停一二年。其殿選人，諸州諸使不得奏用。

大曆元年二月敕：許吏部選人自相舉，如任官有犯，坐舉主。從吏部侍郎王延昌奏。

十二年五月敕：見任中書門下兩省五品以上，尚書省三品已上子孫，各授官者，一切擬京官，不得擬州縣官。

建中元年正月五日敕：大理法官及太常禮官，宜委吏部每至選時，簡擇才識相當者，與本司商量注擬。

貞元元年正月二十五日敕：宜令清資常參官，每年於吏部選人中各舉一人，堪任縣令、録事參軍者，所司依資注擬，便於甲歷，具所舉官名銜，仍牒御史臺。如到任政理尤異及無贓犯，事跡明著，所司舉録官姓名聞，當議褒貶，仍長名後二十日舉，仍永爲常式。七月，吏部奏：准今年五月敕節文，緣選人淹留多時。理且權宜發遣，請量取建中四年授官，至今計日成三考，用闕注擬。其受替人皆于常例稍屈，亦宜量事優償。委所司選限畢後，具所用闕人名銜聞奏，至選日各減一選。

三年七月，復置吏部小選。

九年十二月制：自今已後，應諸色使行軍司馬、判官、書記、參謀、支使、推官等，使罷者，如是檢校試五品已上，不合於吏部選集，並任准罷使郎官御史例，冬季聞奏。

十三年三月，詔於吏部選人中，簡擇通事舍人。

十九年七月敕：以關輔饑，罷今歲吏部選集。

元和三年正月，吏部奏：准去年六月敕，元和元年下文狀人，但有續闕，即便注擬，元和二年下文狀人，均待有兩季下續闕，至冬末合收用者注擬。伏以非時選集，見在無多，待闕多年，艱辛轉甚。其元年二月十三日已前下文狀，應未得官人，並請依當年平選得選留人例，一時注擬。其十月以後，及今年下文狀人，如元敕即與處分，亦請准前注擬。其餘並請待注平選人畢，有闕相當，便與注擬。如無闕相當，即請許待續闕。敕旨，依奏。

其年三月敕：秘書省、宏文館、崇文館、左右春坊、司經局、校書郎、正字，宜委吏部，自今平流選人中，擇取志行貞進，藝學精通者注擬。

七年十二月，魏博奏：管内州縣官二百五十三員，内一百六十三員見差假攝，九十員請有司注擬。從之。

八年八月，吏部奏：請差定文武官告紙軸之色物，五品已上，用大花異紋綾紙，紫羅裏，檀木軸；六品下朝官，裝寫大花綾紙，及小花綾裏，檀木軸；命婦邑號，許用五色牋，小花諸雜色錦褾，紅牙碧牙軸。其他獨窠綾褾，金銀花牋，紅牙，發鏤軸鈿等，除恩賜外，請並禁斷。敕旨，依奏。

其年九月，刑部奏：准今年七月二十一日敕，諸色左降官等，經五考滿，許量移者，其降貶日授正員官。或無責詞，亦是責授，並請至五考滿，然後許本任處申闕。並餘左降官，緣任處多在遐遠，至考滿日，其申牒稽遲，致使留滯者，其刺史録事參軍等並請與下考。如滿後，雖已申牒，未量移間，其禄料並准天寶、貞元兩度敕文，依舊支給。其本犯十惡等罪，已有正名，請從舊。從之。

其年十一月敕：有司奏，申光蔡三州州縣官，緣給復無税，應支俸料。今量定員額及課料，其六品以下官，仍令吏部于選人中，擇優與注擬，每月課料錢，委所司量與支給。其員外課料等，本額待給復年滿，一切仍舊。

十二年七月詔：入粟助邊，古今通制。如聞定州側近，秋稼未登，念切飢民，不同常例。有人能於定州納粟五百石者，放同優比出身，仍減三選；一千石者，無官便授解褐官，有官者，依資授官；納二千石者，超兩資。如先有出身及官，情願減選者，每三百石與減一選。

十五年二月，中書門下奏：見任正員官充職掌等，比限兩考，及授官經二周年已上，方許奏請，然後與依資改轉。有才在下位者，不免留滯。請自今已後，諸道使應奏請正員官充職掌，經一年者，即依資與改轉。如未周者，即量予同類試官。如此處分，庶將得中。敕旨，依奏。

寶曆二年十一月敕旨：京百司應合帶職事奏正員官者，自今已後，宜於諸司及府縣見任官中選擇，便以本官充職。如見任無相當者，即任於其年選人中奏用，便據資歷與官，不要更待銓試，仍永爲常式。

三年正月，山陵使奏：伏以景陵光陵以來，諸司諸使所差補押當及雜掌官等，皆據舊例，合得減選，其中有無選可減者便放非時選。吏曹緣是承優放選，例多判成，有過格年深，名身踰濫，赴常選不得者，多求減選職掌，圖得非時赴集。因緣優敕，成此倖門，其吏曹爲弊頗甚。今請應差前資官充職掌，並不得取選數已過格人，庶絶奸冒。敕旨，依奏。

太和四年七月，吏部奏：當司兩銓侍郎廳，伏以吏部居文昌首曹，侍郎爲尚書貳職，銓庭所宜順序，廳事固有等衰。舊以尚書廳之次爲中銓，其次爲東銓，自乾元中，侍郎崔器以當時休咎爲虞，奏改中爲西詮，以久次侍郎居左，以新次侍郎居右，因循倒置，議者非之。伏請自今以後，以久次侍郎居西銓，以新除侍郎居東銓。敕旨，依奏。

其年七月，吏部奏：三銓正令史，每銓元置七人，今請依太和元年流外銓起請，置五人，減下兩人。南曹令史一十五人，今請依太和元年流外銓起請節文，減下三人。奉敕：依奏。

五年二月，吏部奏：請量抽太和三年終已來，至今年三月四月以來，得資及計入成三考闕四十五員。伏緣去冬，諸色黄衣參選者，倍多於常年，其間十七人，皆是勳臣貴戚，及常參官子弟，不可任遠處州縣官。三銓以當年合用闕，方圓發遣之外，每銓各有十餘人未得官。今請准元和中及長慶初敕例，據見在人數，量抽前件闕注擬畢，具所用闕聞奏。敕旨，宜依。

其年六月敕：應選人未試以前，南曹駁放後，經廢置詳斷，及准堂判卻收。比來南曹據給帖人數，續到續試，銓司更不考判，便同平留選人例注擬，稍涉僥倖。自今以後，應有此色，並請待正月十日，准格詳斷。限畢都引，試判不及格，並雜犯及續檢勘庫報，並前選子案不同，並駁放，不任更陳狀披訴，及重詳斷之限。

其年五月，吏部奏：准貞元十八年四月一日敕：諸親注得外官，欲赴任，自今已後，每年須先奏聞者，今請至時准敕檢勘聞奏。其諸親薨殁，子弟注得外官，准先後敕合奏聞，起自今已後，請更赴集，更不在重奏限。其給解處審勘，仍於家狀一一具奏諸親等第，如違，駁放。敕旨，依奏。其月五日敕：應選人及冬集人子案，門下省檢勘畢後，比來更差南曹令史收領，卻納門下甲庫，在於公事，頗甚勞擾。自今已後，請勒吏部過院，本令史便自分付甲庫，以備他年檢勘。請門下省勒甲庫令史，每過選照勘收拾，明立文案據，官吏等遞相分付，不得妄有破除。南曹申請之時，如有稱失落欠少，本令史專知官，准勘檢揩改違條流例處分。

七年五月二十五日，中書門下奏：今後請令京兆、河南尹及天下刺史，各於本府本道嘗選人中，揀勘擇堪爲縣令、司録、録事參軍人，具課績才能聞薦。其諸州先申牒觀察使，都加考覈，申送吏部。至選集日，不要就選場更試書判，吏部尚書侍郎引詣銓曹試時務狀一道，訪以理民之術，自陳歷任以來課績，令其一一條對。其治識優長者，以爲等第，便以大縣注擬。如刺史所舉，並兩人得上下考者，就加爵秩，在任年考已深者，優與進改。其縣令、録事得上下考，兼績狀者，許非時放選。如犯贓一百貫以下者，舉主量削階秩，一百貫以上者，移守僻遠小郡。觀察使望委中書門下聽奏進止，所舉人中，如有兩人善政，一人犯贓，亦得贖免。其犯贓官，永不齒録，從之。

開成元年十月中書門下奏：兩畿及兩京奏六品以下官，除敕授外，並吏部注擬，准太和五年正月二十六日敕。中書門下奏：近敕隔絶諸司奏六品以下官，寬免占吏部闕員，亦稍絶邪濫，其兩府司録及尉，知捕賊盜，皆藉幹能，用差專任，吏部所注，或慮與事稍乖。自今已後，京兆府及河南府司録及尉，知捕賊盜，據官資合入者充，其餘並准太和元年九月十九日敕及太和四年五月七日敕處分。

會昌二年四月赦文：准太和元年十二月十八日敕，進士初合格，並令授諸州府參軍及緊縣尉，未經兩考，不許奏職。蓋以科第之人必宏理化，黎元之弊，欲使諳詳。近者，諸州長史漸不遵承，雖注縣寮，多縻使職，苟從知己，不念蒸民，流例寖成，供費不少。況去年選格，改更新條，許本郡奏官，便當府充職一人，從事兩請，料錢虚占，吏曹正員，不親本任公事。其進士宜至合選年，許諸道依資奏授，試官充職，如奏授州縣官，即不在兼職之限。

廣明元年敕：吏部選人粟錯，及長名駁放者，除身名踰濫，及欠選欠考外，並以比遠殘闕注擬。

（宋）王溥《唐會要》卷七五《選部・東都選》 貞觀元年，京師米貴，始分人於洛州置選。

永徽元年，始置兩都舉，禮部侍郎官號，皆以兩都爲名，每歲兩地別放及第。自大曆十二年，停東都舉，是後不置。

開耀元年十月，崇文館直學士崔融議選事曰：關外諸州，道里迢遞，洛河之邑，天地之中，伏望詔東西二曹，兩京都分簡留放，既畢同赴京師。

開元元年十二月，遣黄門監魏知古、黄門侍郎盧懷慎，往東都分知選事，便令擬宋璟爲東都留守，攝門監過官。

元和二年九月詔：東都留守趙宗儒，權知吏部，令掌東都選事，銓試畢日停。

太和二年九月敕：吏部今年東都選事，宜令河南尹王播權知侍郎，銓試畢日停。

三年四月敕：東都選事宜權停。

（宋）王溥《唐會要》卷七五《選部・南選》 上元三年八月七日敕：桂廣交黔等州都督府，比來所奏擬土人首領，任官簡擇，未甚得所。自今已後，宜准舊制，四年一度，差強明清正五品已上官，充使選補，仍令御史同往注擬。其有應任五品已上官者，委使人共所管督府，相知具條景行藝能政術堪稱所職之狀奏聞。

大足元年七月二十九日敕：桂廣泉建賀福韶等州縣，既是好處，所有闕官，宜依選例省補。

開元八年八月敕：嶺南及黔中參選吏曹，各文解每限五月三十日到省，八月三十日檢勘使了，選使及選人限十月三十日到選所，正月三十日内銓注使畢。其嶺南選補使，仍移桂州安置。

其年九月敕：應南選人，嶺南每府同一解，嶺北州及黔府管內州，每州同一解，各令所管勘責出身由歷。選數考課優劣等級，作簿書，先申省，省司勘應選人曹名考第，一事以上，明造歷子，選使與本司對勘定訖，便結階定品，署印牒付選使。其每至選時，皆須先定所擬官，使司團奏後，所司但覆同，即憑進畫。應給籤告，所司爲寫，限使奏敕到六十日寫了，差專使送付黔桂等州，州司各送本州府分付。

天寶十三載七月敕：如聞嶺南州縣，近來頗習文儒，自今已後，其嶺南五府管內白身，有詞藻可稱者，每至選補時，任令應諸色鄉貢，仍委選補使准其考試，有堪及第者，具狀聞奏。如有情願赴京者，亦聽。其前資官並常選人等，有詞理兼通，才堪理務者，亦任北選，及授北官。

大曆十四年十二月二日敕：南選已差郎官，固宜專達，自今已後，不須更差御史監臨。

興元元年，敕吏部侍郎劉滋，知洪州選事。時京師寇盜之後，天下蝗旱，穀價翔貴，選人不能赴調，仍命滋江南典選，以便江嶺之人時稱舉職。

其年十一月，嶺南選補使右司郎中獨孤恤奏：伏奉建中四年九月敕，選補條件所注擬官，便給牒放上，至上都赴吏部團奏，給告身。敕旨：准敕處分。

貞元十二年十一月敕：嶺南黔中選，舊例補注訖，給票放上。其俸除手力紙筆團除雜給之外，餘並待奏申敕到後，據上日給付。其福建選補司宜停，其桂廣泉建福賀韶等州，宜依選例稱補。

二年三月，考功員外郎陳歸爲嶺南選補使，選人留放，注官美惡，違背令文，惟意出入，復供求無厭，郵傳患之。監察御史韓參奏劾，得罪配流恩州。

元和二年八月，命職方員外郎王潔充嶺南選補使，監察御史崔元方監焉。

長慶二年正月敕：權停嶺南黔中今年選補。

寶曆二年二月，容管經略使嚴公素奏：當州及普寧等七縣，乞准廣韶賀四州例南選。從之。

太和三年敕：嶺南選補，雖是舊例，遠路行李，未免勞人。當處若有才能，廉使宜委推擇，待兵息事簡，續舉舊章。其南選使，可更停一二年。

七年正月，嶺南五管及黔中等道選補使，宜更權停一二年。

開成二年正月，又權停三年。

五年七月，潮州刺史林郇陽奏：州縣官請同漳汀廣韶桂賀等州吏曹注官。敕旨：潮州是嶺南大郡，與韶州略同，宜下吏部，准韶州例收闕注擬，餘依。

其年十一月，嶺南節度使盧均奏：當道伏以海嶠擇吏與江淮不同，若非諳熟土風，即難搜求民瘼。且嶺中往日之弊是南選，今日之弊是北選。臣當管二十五州，唯韶廣兩州官寮，每年吏部選授，道途遥遠，瘴癘交侵，選人若家事任持，身名真實，孰不自負，無由肯來。更以俸入單微，每歲號爲比遠，若非下司貧弱令史，即是遠處無能之流，比及到官，皆有積債，十中無一，肯識廉恥。臣到任四年，備知情狀，其潮州官吏，伏望特循往例，不令吏部注擬，且委本道求才，若攝官廉慎有聞，依前許觀察使奏正，事堪經久，法可施行。敕旨，依奏。

（宋）王溥《唐會要》卷七五《選部・附甲》 聖曆元年二月敕：文武選人檢甲歷不獲者，宜牒中書門下爲檢。如又不獲，若在曹有官，前後相銜可明者，亦聽爲叙。

開元二年二月敕：諸色出身人銓試訖，應常選者，當年當色各爲一甲，團奏給告牒。過百人已上，分不滿五人附入甲。

十六年五月敕：諸蕃應授內外文武官，及留宿衛長上者，共爲一甲。

其放還蕃者，別爲一甲，仍具形狀年幾同爲一奏。

十九年四月敕：應授官考校叙功累勳，有失錯者，門下省詳覆，有憑即爲改注。

十八年五月十一日敕：附甲授官無闕者，卻牒中書門下改擬。

天寶二年十一月敕：諸州醫學生等，宜隨貢舉人例，申省補署，十年與散官。恐年歲深久，檢勘無憑，仍同流外例附甲。

大曆六年七月，宰臣奏，請自今已後，敕授文武六品以下官，敕出後，附兵部附甲團奏。

貞元五年十二月敕：除常參官及諸使判官等，餘並附所司甲。其兵部選人，亦准此。

八年二月户部奏：內外官應直京內百司及禁中軍，並國親勒留人等。户部侍郎盧徵奏：伏以前件直司諸勒留官等，若勒出便帶職事，及敕留京官，即合以勒出爲上日，外官比敕到爲上日。如本司未經奏聞，即合同赴任官例，准貞元六年二月二十四日敕。待甲出後，省符到任日，支給俸料者，甲出；未帶勒留官簽符，先下州府交替，理例未免喧争。伏請起今以後，並須挾名勒留，敕到任方爲上日，支給料錢。其附甲官有結甲，依前勒留直諸司者，待附甲後，簽到州爲上日，支給課料，冀塞倖求，庶絶論訴。敕旨，宜依。

（宋）王欽若等《册府元龜》卷六九《帝王部・審官》〔開元〕八年勅曰：刺史古之通侯，公卿國之重臣。百揆時叙，必在得賢；萬邦咸寧，期於共理。郎官出宰，抑於前事；方伯登台，聞之往躅。頃來朝士出牧，例非情願，緣沙汰之色，或受此官，縱使超資，尚多懷恥。亦朝廷勳舊，暫鎮外臺，卻任京都，無辭降屈，且希得人，衆以爲榮。爲官擇人，豈合如此。自今已後，諸司清望官闕，先於牧守內精擇都督、刺史等要人，兼向京官中簡授；其臺郎已下除改，亦於上佐縣令中通取。俾中外迭用，賢良靡遺。庶績其凝，九功惟允，即宜銓擇，以副朕懷。

（宋）王欽若等《册府元龜》卷六二一《卿監部・司宗》 文宗太和元年四月宗正寺奏：今年二月十三日，應赴御樓陪位宗子前資見任及常選未出身宗子，據狀共三千二百八十九人。前件陪位宗子等，准赦書節文，仍據始封每王後與一人出身，委宗正卿詳圖譜，取一房最沉翳者充數，具名聞奏者。伏以所赴陪位宗子，緣遇參選時，遠方臻集，并京畿之內，人數至多。若據赦書節文，所放全少，始封王後只有四十八房。今請條流，從長慶元年、四年、寶曆元年三度遇恩。並未霑及者，伏請准寶曆元年正月七日赦書節文，每户下放一人出身。其從寶曆元年已前三度受恩，已曾放出身，撿勘三代名。同者，並不在此限。伏冀沉翳，適霑恩澤，遠訪孤弱，盡獲出身。制可。

（宋）王欽若等《册府元龜》卷六三〇《銓選部・條制》〔開元〕十四年十一月二十五日勅：比來所擬注官，多不慎擇，或以資授，或未適才。宜令吏部每年先於選人內精加簡試，灼然明閑法理者留擬。其評事以上，仍令大理長官相加簡擇，並不得授非其人。

（宋）王欽若等《册府元龜》卷六三〇《銓選部・條制》〔廣德二年〕三月吏部奏劇，准今年二月十三日勅，除臺省常參官餘六品以下，並准舊例，部付本司處分者。其六品以下選人中，有人才書判無闕相當，承前准格皆送中書門下。又立功狀奏請要有褒楊等令，並委本司注擬，即不同常格。選人若無闕相當，一一令侍續闕。事即停滯，必招喧訴，應緣功狀及非時與官，合授正員額內，并選限內無闕注擬者。伏請量事計日，用成三考闕。如臨時人數稍多，注擬不足，灼然須處置發遣。即請兼用兩考以上得資闕，并量人才資叙注擬訖，准勅送中書門下，詳定可否。其六品以下，有官資稍高，合入五品，縱非五品，亦請依前送名。勅旨：兩考闕不在用限，其三考闕如非當年准格，令用除別勅授官人外亦不在用限。如闕員不足選人事須處分者，臨時奏聽進止，餘依二月勅。二月勅，《實録》不載。

（宋）王欽若等《册府元龜》卷六三〇《銓選部・條制》〔貞元四年〕八月吏部奏：伏以艱難以來，年月積久，兩都士庶，散在遠方，三庫勅甲，又經伏墜。因此人多罔冒，吏或詐欺。混見官者，謂之擘名；承已死者，謂之接腳。乃至制勅旨甲，皆被改張毀裂。如此之色，其類頗多。比來因循，遂使滋長，所以選集加衆，真僞混然，實資簡責，用澄涇渭。謹具緜歷狀樣如前，伏望委諸州縣府，於界內應有出身以上，便令依樣通狀，限勅牒到一月內畢，務令盡出，不得遺漏。其勅請令度支急遞送付州府州司，待納狀畢，以州印印狀尾，末縫相連，星夜送觀察使司。定判官一人專使勾當，都封印。差官給驛遞驢送至省上都，五百里內十二月上旬到，千里外中旬到，每遠較一千里外，即加一旬。雖五千里外，一切正月下旬到。盡黔中嶺南，應不合北選人，不納文狀。限其狀直送吏部曹，不用都司發人。到日所司勘會，即姦僞必露，冤抑可明。如須盤問，即下所在州縣責狀。其隱而未盡，及在遠不及期限者，亦任續通，依前觀察使興送所在勘責。必有灼然踰濫事跡著明者，據輕重非條件商量聞奏，庶稍澄流品，永息踰濫。勅旨，依奏。

（宋）王欽若等《册府元龜》卷六三一《銓選部・條制》〔元和八年〕十二月吏部奏：比遠州縣官請量減，四選、五選、六選，請減一選；七選、八選、九選，各請減兩選；十選、十一選、十二選，各減三選。伏以比遠處都七十五州，選人試後懼不及限者，即伏請注擬。雖有此例，每年不過一百餘人。其比遠州縣，皆是開元、天寶中仁風樂土。令者或以俸錢減少，或以地在遠方，凡是平流，從前不注。至若勸課耕種，歸懷逃亡，其所擇才，急於近地。有司若不注授，所在唯聞假攝。編甿益困，田土益荒。請減前件選。敕旨，宜依。

（宋）王欽若等《册府元龜》卷六三一《銓選部・條制》〔寶曆〕九年十二月勅：中書門下吏部各有甲庫，籍天下諸色出身，以防踰濫。諸道應奏諸色官改轉，悉下三庫，以稽其實，委給事中中書舍人吏部格式郎中各與本甲庫官具有無異同，申中書門下，然後進擬。如諸司使所奏不實，或以無爲有，各加懲殿，以絕奸源。

（宋）王欽若等《册府元龜》卷六三一《銓選部・條制》〔太和元年〕十月中書門下奏：應禮部諸色貢舉人及吏部諸色科目選人等，凡未有出身未有官，如有文學，只合於禮部應舉。有出身有官，合於吏部赴科目選。近年以來，格文差舛，多有白身及用散試官並稱鄉貢者，並赴科目選。及注擬之時，即妄論資次，曾無格例，有司不知所守。其宏詞拔萃，學究一經，則有定制，然亦請不在用散試官限。其三《禮》、三《傳》、一史。三史明習律令，第如白身，並令國子監及州府同明經進士薦送。如考試及第，明習律令同明經，一史、三《禮》、三《傳》同進士，三史常年闕送吏部，便授第二任官。如有出身及有正員官，本是吏部常選人，則任於吏部不限選數應科目，三史則超一資授官。如制舉人既諸色人中皆得選試，則無出身官人並可以請不用散試官。從之。

（宋）王欽若等《册府元龜》卷六三一《銓選部・條制》〔太和〕三年二月勅：嶺南選補，雖是舊制，遠路行李，未免勞人。當處若有才能廉，使宜委推擇，待兵息事簡，續舉舊章。其南選使可更停一二年。

（宋）王欽若等《册府元龜》卷六三一《銓選部・條制》〔太和四年〕七月吏部奏當司兩銓侍郎廳，伏以吏部居文昌首曹，侍郎爲尚書二職。銓庭所宜順序，廳事固有等差。舊以尚書聽之次爲中銓，其次爲東銓。自乾元中侍郎崔器以當時休咎爲虞，奏改中銓爲西銓，以久次侍郎居左，以新除侍郎居右。因循倒置，議者非之。伏請今以後，以久次侍郎居西銓，以新除侍郎居東銓。敕旨，依奏。

是月吏部奏：三銓正令史，每銓元置七人。今請依太和元年流外銓起請置五人，減下二人。南曹令史一十五人，今請依太和元年流外銓起請節文，減下三人。奉勅，宜依。

（宋）王欽若等《册府元龜》卷六三一《銓選部・條制》〔太和〕五年二月吏部奏請量抽太和三年終已來至今年三月四月已來得員，及計人成三考闕四十五員。伏緣去冬諸色黄衣參選者，倍多於常年，其間十七人皆是勳臣貴戚及常參官子弟，不可任遠處州縣官。三銓以當年合用闕方員發遣之外，每選各有十餘人未得官。今請准元和中及長慶初勅例，據現在人數，量抽前件闕，注擬畢，具所用闕聞奏。

（宋）王欽若等《册府元龜》卷六三一《銓選部・條制》〔太和五年六月〕是月吏部奏：准貞元十八年四月一日勅，諸親注得外官欲赴任，自今已後，每年須先奏聞者，今請至時准勅簡勘聞奏。其諸親已薨殁，子弟注得外官者，准前後勅合奏聞，起自今已後，請便赴集，更不在重奏限。其給解處審勘責，仍於家狀一一具奏諸親等第，如違駁放。

（宋）王欽若等《册府元龜》卷六三一《銓選部・條制》〔開成二年〕四月中書門下奏：天下之理，在能官人。古人以還，委重吏部。自循資授任，衡鏡失權，立格去留，簿書得計。比緣今年三月選事方畢，四月已後，方修來年格文，五月頒下。及到地遠，已及秋期。今請起今月與下長格，所在州府，牓門曉示。其所資官取本任黄衣本貫解，一千里內三月十日解到省，二千里、三千里遞加十日，並勒本州賫送，選人發解訖，任各歸家。其年七月十五日，齊於所住府，看吏部長榜定留放。其得留人，並限其年十二月十日齊到省試注唱，正月内銓門開，永爲定例。如其年合用闕少，選人文書無違犯可校，則於本色闕内先集選深人年長人。其餘人既無闕可集，南曹俱爲判成，榜示所住州縣府，許次年取本任州府公驗，便依限赴集，更不重取本住本貫解。

（宋）王欽若等《册府元龜》卷六三一《銓選部·條制》〔開成四年〕二月勅吏部：去冬粟錯及長名駮放選人等，如聞經冬在京，窮悴頗甚，街衢接訴，有可哀矜。宜委吏部簡勘，條流銓轄，如非踰濫正身不到欠考欠選大段瑕病之外，即與重收，以比遠殘闕注擬，不得用平留闕。如員闕不相當，一唱不伏官者，便任冬集，不在更論訴限。如未經中書門下陳狀，勅下後不得續收。今年已後，不得以爲例。

（宋）王欽若等《册府元龜》卷六三二《銓選部·條制》〔天祐〕三年四月，吏部奏：比者格式申送員闕選人，多有重疊。皆是兩人同到本道，致使磨勘之際，各有争論。蓋是選人指闕之時，妄稱事故，銓司無因得知，具狀須與注擬。如到任替闕參差，請准舊條殿選。除此外如是格式申送員闕，仰且穩便去處請官，不得更妄指射諸道假滿拋官、不到任、不放上、停官、不赴任員闕，及違程不及限等員闕。冀其畫一，免誤銓司公事者。制曰：比者吏部注官，只憑格式送闕。近以諸州不申闕解，且從權指揮。選人指射之時，既不詳審；銓司注唱之際，遂使交加。頗屬弊訛，頻起論訟，所司釐革，合議允從。

（宋）王欽若等《册府元龜》卷六三二《銓選部·條制》〔天祐三年〕十一月制：應合赴吏部常調選人等，三銓公事，素有條流，近年多不公平，遂致授任重疊。既聞争競，須暫停留。今者元帥梁王，動静推公，周旋陳理，或慮選人羈旅，特請準式施行，兼緣已及深冬，所司未有起請，若或稽滯，必緩程期，功在考詳，務令精當。今年冬常調選人，宜委三銓並準舊例處分。如或踰濫，輒違格文，罪在官曹，非止猾吏。其四鎮管内官員，須候本道申闕到省，方可注擬。

（宋）王欽若等《册府元龜》卷六三八《銓選部·謬濫》劉滋爲刑部尚書，德宗貞元九年，御史中丞韋貞伯劾奏吏部：貞元七年冬，以京兆府踰濫解選，已授官總六十六人。或有不到京銓試，懸受官告，又按選格銓狀，選人自書。試日書跡不同，即駮放。殿選違格文者，不復驗及。降資不盡，或與注官。伏以承前選曹乖謬，未有如此，遂使衣冠以貧乏待闕，奸濫以賄賂成名，非陛下求才審官之意。

（宋）王欽若等《册府元龜》卷六三八《銓選部·謬濫》太和二年閏三月己亥，都省奏：落下吏部三銓甲内，今春注超資官凡六十七人。勅：都省所執是格，銓司所引是例，互相陳列，頗似紛紜。所貴清而能通，亦猶議事以制，今選期已過，方此争論，選人可哀，難更停滯。其三銓已授官都省落下者，並依舊注，重團奏，仍限五日内畢。其中如官超一資半資，比格令已令授稍優者，至後選日，量事降折。尚書侍郎注擬不一，致令都省以此興詞，鄭絪丁公著各罰一季俸。東銓所落人數較少，楊嗣復罰兩月俸。其今年選格，仍分明標出近例，有可行者收入格，不可者於格内書破，則所司有文可守，選人無路倖求。

（宋）宋敏求《唐大詔令集》卷一〇一《政事·官制下·釐革選人敕》朝廷懸爵賞之科，設掄材之政，言其藻鑒，在乎清通。況當求理之時，方切任賢之日，將宣至化，實賴平衡。宜於取捨之閒，必叶公忠之論。如聞羈棲旅食，貧苦選人，守數考而方及選期，望一官而時希寸禄，注唱纔畢，旋又更移，多被逗遛，莫遂便穩。脂膏之地，須因有賄而升，遷避之官，即是孤寒所受。言斯猥弊，乃積歲年，縱有條流，尋亦隳改。況今行在，方溥渥恩，不欲使歎惋栖遲，吁嗟屈滯，歸乎允當，倚在有司。宜令中書門下切在條流，如選人寔有考課堪理繁劇者，臨時注擬，可以甄升。繫生民之慘舒，在銓衡之慎擇，勿令留滯，切速指揮。仍將朕意，宣示百寮及吏部三銓并選人等，各令知悉。中和四年二月。

（宋）宋敏求《唐大詔令集》卷一〇二《政事·舉薦上·求猛士詔》

朕君臨宇宙，司牧黎元，普天之下，罔不率服。蕞爾吐蕃，僻居遐裔，吐谷渾是其鄰國，遂乃奪其土宇。往者暫遣偏裨，欲復渾王故地，義存拯救，事匪稱兵。輒肆昏迷，潛相掩襲，既無備預，頗喪師徒，因茲鴟張，每思狼顧。除凶伐叛，王者所急，前歲將發六軍，問其罪戾。復以小寇，無勞大舉，按甲息兵，庶其改過。不思惠養，更起回邪，敢縱狂惑，專爲寇盜。或改圍鎮戍，或驅抄羊馬，烽燧頻舉，烟塵不息，候隙乘閒，倏來忽往，比者止令鎮遏，未能即事翦除。莫懷寬大之恩，遂長包藏之計，惡盈禍稔，當自覆滅。今欲分命將帥，窮其巢穴，克清荒服，必寄英奇。但秦雍之郊，俗稱勁勇，汾晉之壤，人擅驍雄。宜令關西河東諸州，廣求猛士。在京者令中書門下於廟堂選試，外州委使人與州縣相知揀。有膂力雄果弓馬灼然者，咸宜甄採，即以猛士爲名。儀鳳二年十二月

（宋）洪邁《容齋四筆》卷一〇《吏部循資格》　唐開元十八年四月，以侍中裴光庭兼吏部尚書。先是，選司注官，惟視其人之能否，或不次超遷。或老於下位，有出身二十餘年不得禄者。又州縣亦無等級，或自大入小，或初近後遠，皆無定制。光庭始奏用《循資格》，各以罷官若干選而集，官高者選少，卑者選多，無問能否，選滿則注，即年躡級，毋得踰越，非負譴者皆有陞無降。其庸愚沉滯者皆喜，謂之聖書，而材俊之士，無不怨嘆，宋璟争之，不能得。二十一年，光庭薨，博士孫琬議光庭用《循資格》，失勸奬之道，請謚曰克。是年六月，制自今選人有才業操行，委吏部臨時擢用。雖有此制，而有司以《循資格》便於己，猶踵行之。蓋今日吏部四選，乃其法也。予案元魏肅宗神龜二年，官員既少，應選者多，尚書李韶銓注不行，大致怨嗟，崔亮代之，奏爲格制，不問士之賢愚，專以停解月日爲斷，沉滯者皆稱其能。亮甥劉景安與書曰：商、周以鄉塾貢士，兩漢由州郡薦材，魏、晉中正，雖未盡美，應什收六七。而朝廷貢材，止求其文，不取其理，察孝廉唯論章句，不及治道，立中正不考材行，空辨姓氏。舅屬當銓衡，宜須改張易調，反爲《停年格》以限之，天下士子，誰復脩厲名行哉。洛陽令薛琡上書言：黎元命繫長吏，若選曹惟取年勞，不簡能否，義均行鴈，次若貫魚，執簿呼名，一人足矣，數人而用，何謂銓衡。乞令王公貴人薦賢以補郡縣。詔公卿議之。其後，甄琛等繼亮，利其便己，踵而行之。魏之選舉失人，自亮始也。至孝静帝元象二年，以高澄攝吏部尚書，始改亮年勞之制，銓擢賢能，當是自此一變。光庭又祖亮故智云。然後人罕有談亮、澄事者。

（宋）洪邁《容齋五筆》卷一《唐宰相不歷守令》　唐楊綰、崔祐甫、杜黄裳、李藩、裴垍，皆稱英宰。然考其履歷，皆未嘗爲刺史、縣令。綰初補太子正字，擢右拾遺，起居、中書舍人，禮、吏部侍郎，國子祭酒，太常卿，拜相。祐甫初調壽安尉，歷藩府判官，入爲起居、中書舍人，拜相。黄裳初佐朔方府，入爲侍御史，太子賓客，太常卿，拜相。藩佐東都、徐州府，入爲祕書郎，郎中，給事中，拜相。垍由美原尉，四遷考功員外郎，中書舍人，户部侍郎，拜相。五賢行業，史策書之已詳，玆不復論。然則後之用人，必言踐揚中外，諳熟民情，始堪大用。殆爲隘矣。

（宋）王溥《五代會要》卷一六《國子監》　後唐天成三年正月，中書門下奏：伏以祭酒之資，歷朝所貴，爰從近代，不重此官。況屬聖朝，方勤庶政，須宏雅道，以振時風。望令宰臣一員兼判國子祭酒。敕：宜令宰臣崔協兼判。其年八月十一日，宰臣兼判國子祭酒崔協奏：請國子監每年祇置監生二百員，候解送至十月三十日滿數爲定。又請頒下諸道州府，各置官學，如有鄉黨備諸文行可舉者，録其事實申監司，方與解送。但一身就業，不得影庇門户，兼太學書生，亦依此例，不得因此便取公牒，輒免本户差役。又每年於二百人數內，不繫時節，有投名者，先令學官考試，校其學業深淺，方議收補姓名。敕：宜依。

（宋）王溥《五代會要》卷二二《甲庫》　周顯德五年閏七月，吏部甲庫奏：見行分事，甲庫先有專知官一人，於長興二年停廢，後來於令史內選差一人，承受主掌諸雜制敕，及逐季抄録，關報史館。所有選人受官黄甲，備録關送吏部，出給告身，及具名銜關牒，送格式收附員闕，准格出給新授令、録、判司、主簿籤符。本官每官納朱膠錢一百二十，依除內每貫二百剌送都省，除外供應三銓及本司公使廢置。准敕格，應內外官員亡父追贈，及南曹逐年駁放選人，准《長定格》節文，牒吏部選差五考已上諳事令史五人，共行詳斷。及州縣官名犯廟諱、御名，並准格例改正。

《舊五代史》卷三〇《唐書·莊宗紀》〔同光元年十一月〕戊申，中書門下上言：以朝廷兵革雖寧，支費猶闕，應諸寺監各請置卿、少卿監、祭酒、司業各一員，博士兩員，餘官並停。唯太常寺事關大禮，大理寺事關刑法，除太常博士外，許更置丞一員。其王府及東宮官、司天五官正、奉御之屬，凡關不急司存，凡關不急司存，疑有舛誤，考《五代會要》及《薛史·職官志》並與《莊宗紀》同，今無可校正，姑仍其舊。並請未議除授。其諸司郎中、員外應有雙曹者，且置一員。左右常侍、諫議大夫、給事中、起居郎、起居舍人、補闕、拾遺，各置一半。三院御史仍委御史中丞條理

申奏。其停罷朝官，仍各録名銜，具罷任時日，留在中書，候見任官滿二十五箇月，並據資品，却與除官。其西班上將軍已下，仍望宣示樞密院斟酌施行。從之。時議者以中興之朝，事宜恢廓，驟茲自弱，頓失物情。已西，詔：應隨處官吏、務局員僚、諸軍將校等，如聞前例，各有進獻，直貢章奏，不唯褻黷於朝廷，實且傍滋於誅斂，並宜止絶，以肅化風。又詔：左降均州司馬劉岳，有母年踰八十，近聞身故，準故事許歸，候三年喪服闋，如未量移，即却赴貶州。

（宋）王欽若等《册府元龜》卷六三三《銓選部·條制》〔清泰元年〕七月中書門下言：自今年二月後，諸州奏軍州判官九人行之。擬新詳定勅文，慮在外未知詔，軍事判官宜令本州刺史自選擇舉奏。初且除本職，未得與官，或與刺史連任相隨，顯有勞能，許本刺史以聞，量事獎賞，仍不許横有奏薦。其二月後九人，且與施行。

科舉

論説

（唐）杜佑《通典》卷一六《選舉·雜議論上》 隋文帝開皇中，持書侍御史李諤以選才失中，上書曰：自魏之三祖，更尚文詞，忽君人之大道，好雕蟲之小藝。下之從上，有同影響，競騁浮華，遂成風俗。江左齊、梁，其弊彌甚，貴賤賢愚，唯務吟詠。遂復遺理存異，尋虚逐微，競一韻之奇，争一字之巧。連篇累牘，不出月露之形；積案盈箱，唯是風雲之狀。代俗以此相高，朝廷據茲擢士。禄利之路既開，愛尚之情愈篤。於是閭里童昏，貴游總角，未窺六甲，先製五言。至如羲皇、舜、禹之典，伊、傅、周、孔之説，不復關心，何嘗入耳。以傲誕爲清虚，以緣情爲勳績，指儒素爲古拙，用詞賦爲君子。故文筆日煩，其政日亂，良由棄大聖之軌範，搆無用以爲用也。捐本逐末，流遍華壤，遞相師祖，澆漓愈扇。及大隋受命，聖道聿興，屏黜輕浮，遏止華僞。自非懷經抱質，志道依仁，不得引領搢紳，參廁纓冕。是以開皇四年，普詔天下，公私文翰，并宜實録。其年九月，泗州刺史司馬幼之上表華豔，付所司理罪。由是公卿大臣，咸知正路，莫不鑽仰墳素，棄絶華綺，擇先王之令典，行大道於茲代。如聞在外州縣，仍踵弊風，選吏舉人，未遵典則。至於宗黨稱孝，鄉曲歸仁，學必典謨，交不苟合，則擯落私門，不加收齒；其學不稽古，逐俗隨時，作輕薄之篇章，結朋黨而稱譽，則選充吏職，舉送天朝。蓋由縣令、刺史，未行風教，猶挾私情，不存公道。臣既忝憲司，職當糾察。若聞風即劾，恐掛網者多，請勒諸司，普加搜訪，有如此者，具狀送臺。

（唐）杜佑《通典》卷一七《選舉·雜議論中》 大唐貞觀八年三月，詔進士讀一部經史。二十二年九月，考功員外郎王師明知貢舉，時冀州進士張昌齡、王公理並有俊才，聲振京邑，而師明考其文策全下，舉朝不知所以。及奏等第，太宗怪無昌齡等名，因召師明問之，對曰：此輩誠有詞華，然其體輕薄，文章浮艷，必不成令器。臣若擢之，恐後生相倣傚，有變陛下風雅。帝以爲名言，後並如其言。其年，馬周上書曰：自古郡守、縣令，皆妙選賢德，欲有擢升，必先試以臨人，或從二千石入爲丞相。今朝廷獨重内官，縣令、刺史，頗輕其選，刺史多是武夫、勳人，或京官不能職，方始外出；而折衝、果毅之内，身材強壯者，先入爲中郎將，其次始補州任。邊遠之處，用人更輕，其才堪宰莅，以德行見擢者，十不能一。所以百姓未安，殆由於此。

高宗顯慶初，黄門侍郎劉祥道以選舉漸弊，陳奏。其一曰：吏部比來取人，傷多且濫：每年入流數過千四百人，是傷多；永徽五年，一千四百三十人；六年，一千十八人；顯慶元年，一千四百五十人。不簡雜色人即注官，是傷濫。雜色解文：三衛、内外行署、内外番官、親事、帳内、品子任雜掌、伎術、直司、書手、兵部品子、兵部散官、勳官、記室及功曹、參軍、檢校官、屯副、驛長、校尉、牧長。經學時務等比雜色，三分不居其一。經明行修之士猶罕有正人，多取胥徒之流，豈可皆求德行。即知天下共釐百姓之務者，善人少而惡人多。爲國以來四十餘載，尚未刑措，豈不由此。且官人非材者，本因用人之源濫；濫源之所起，復由入流人失於簡擇。今行署等勞滿，唯曹司試判，不簡善惡，雷同注官。但服膺先王之道者，奏第然始付選；趨走几案之閒者，不簡便加禄秩。稽古之業雖信難成，斗筲之材傷於易進。其雜色應入流人，請令曹司試判訖，簡爲四等奏聞。量有材用，兼有景行者爲第一等；身品強壯，及第八上，并兵部所送人不沾第一等，及準例合送兵部者，爲第二等；餘量簡爲第三、第四等。第一等付吏部，第二等付兵部，第三等付主爵，第四等付司勳，並準例處分。其行署等私犯下第公坐下下，雖經赦降，情狀可責者，亦量配三司，不經赦降者，放還本貫。冀入流不濫，官皆得人，非材不取，不至冗雜；且令胥徒之輩知有銓擇，雖復素非廉謹，必將漸自飭勵。

其二曰：古之選者，爲官擇人，不聞擇人多而官員少。今之選者亦擇人，但擇之無準約。官員有數，入流無限，以有數供無限，人隨歲積，豈得不贍。謹準約所須人，量支年別入流數：今內外文武官一品以下，九品以上，一萬三千四百六十五員，略舉大數，當一萬四千人。人之賦命，自有修促。弱冠而從宦，懸車而致仕，五十年食祿者，罕見其人。壯室而仕，耳順而退，取其中數，不過支三十年。此則一萬四千人，三十年而略盡。若年別入流者五百人，經三十年便得一萬五千人，定須者一萬三千四百六十五人，足充所須之數。況三十年之外，在官者猶多，此便足有賸人，不慮其少。今每年入流者遂至一千四百餘人，應須五百數外，常賸一倍以上。又比來放還者，見停亦千餘人，更復年別新加，實非搜揚之法。

其三曰：雜色人請與明經、進士通充入流之數，以三分論，每二分取明經、進士，一分取雜色人。

其四曰：儒爲教化之本，學者之宗，儒教不興，風俗將替。今庠序遍於四海，儒生溢於三學，勸誘之方，理實爲備，而奬進之道，事或未周。但永徽以來，於今八載，在官者以善政粗聞，論事者以一言可采，莫不光被綸旨，超升不次。而儒生未聞恩及，臣故以爲奬進之道未周。

其五曰：國家富有四海，於今已四十年，百姓官寮未有秀才之舉。未知今人之不如昔，將薦賢之道未至？豈使方稱多士，遂闕斯人。請六品以下，爰及山谷，特降綸言，更審搜訪，仍量爲條例，稍加優奬。不然，赫赫之辰，斯舉遂絕，一代盛事，實爲朝廷惜之。

其六曰：唐虞三載考績，三考黜陟幽明。兩漢用人，亦久居其職，所以因官命氏，有倉、庾之姓。魏晉以來，事無可紀。今之在任，四考即遷。官人知將秩滿，豈無去就；百姓見官人遷代，必懷苟且。以去就之人，臨苟且百姓，責其移風易俗，必無得理。請四考，依選法就任所加階，至八考滿，然後聽選。嶺南及瘴癘之所，四考不得替者，不在此限例。若計至五品，及有中上以上私犯，中下公坐，下上以下考者，四考滿，依舊置替，得替人依式聽選。還淳反朴，雖未敢期；送故迎新，實減其勞擾。

其七曰：尚書省二十四司及門下、中書主事等，比來選補，皆取舊任流外有刀筆之人。欲參用經學時務之流，皆以儔類爲恥。前後相承，遂成故事。但禁省崇峻，王言秘密，尚書政本，人物攸歸，而多用胥徒之人，恐未盡銓衡之理。請降進止，稍清其選。

奉敕付所司，集群官詳議。議者多難於改作，事竟不行。

三年七月，上謂宰臣曰：四海之廣，唯在得賢。卿等用人，多作形跡，護避親知，不得盡意，甚爲不取。昔祁奚舉子，古人以爲美談。即使卿等兒姪有才，亦須依例進奉。

乾封二年八月，上引侍臣，責以不進賢良，宰相李安期進曰：臣聞聖帝明王，莫不勞於求賢，逸於任使。且十室之邑，必有忠信，況天下至廣，豈無英彥？但比來公卿有所薦引，即遭囂謗，以爲朋黨，沉屈者未申，而在位者已損，所以人思苟免，競爲緘默。若陛下虛己招納，務於搜訪，不忌親讎，唯能是用，讒毁不入，誰不竭誠？此皆事由陛下，非臣等所能致也。上深然之。

上元元年，劉嶢上疏曰：國家以禮部爲考秀之門，考文章於甲乙，故天下響應，驅馳於才藝，不務於德行。夫德行者可以化人成俗，才藝者可以約法立名，故有朝登甲科而夕陷刑辟，制法守度使之然也。陛下焉得不改而張之。至如日誦萬言，何關理體；文成七步，未足化人。昔子張學干祿，仲尼曰：言寡尤，行寡悔，祿在其中矣。又曰：行有餘力，則以學文。今捨其本而循其末。況古之作文，必諧風雅，今之末學，不近典謨，勞心於卉木之閒，極筆於煙雲之際，以此成俗，斯大謬也。昔之采詩，以觀風俗，詠《卷耳》則忠臣喜，誦《蓼莪》而孝子悲，溫良敦厚，詩教也。豈主於淫文哉。夫人之愛名，如水之務下，上有所好，下必甚焉。陛下若以德行爲先，才藝爲末，必敦德勵行，以佇甲科，豐舒俊才，沒而不齒，陳寔長者，拔而用之，則多士雷奔，四方風動。風動於下，聖理於上，豈有不變者歟。

武太后臨朝，垂拱中，納言魏玄同以爲吏部選舉未盡得人之術，上疏曰：昔之列國，今之州縣，士無常君，人有定主，自求臣佐，各選英賢，大臣乃命於王朝耳。秦并天下，罷侯置守。漢氏因之，有沿有革：諸侯得自置吏四百石以下，其傅相大官則漢爲置之；州郡掾史、督郵、從事，悉任之於牧守。爰自魏晋，始歸吏部，遞相因循，以迄於今。以刀筆求才，以簿書察行，法之弊久矣。

蓋君子重因循而憚改作，有不得已者，亦當運獨見之明，定卓然之議。如今選司所行者，非上皇之令典，乃近代之權道，所宜遷革，實爲至要。何以言之？夫尺丈之量，所及不永；鍾庾之器，所積不多。非其所及，焉能度之；非其所受，何以容之。況天下之大，士人之衆，而可委之數人之手乎？假使平如權衡，明如水鑑，力有所極，照有所窮，銓綜既多，紊失斯廣。況比居此任，時有非人而徇於勢利者哉。使贓貨交易，同乎市井，加以厚貌深衷，險如丘陵，使百行九流，折之於一面，具僚庶品，專斷於一司，不亦難矣。

且前古以來，亂多理少。武德、貞觀，與今亦異，皇運之初，庶事草刱，豈唯日不暇給，亦乃人物稀少。天祚大聖，享國永年，比屋可封，異人間出，咸以爲有道恥賤，得時無怠，諸色入流，年以千計。群司列位，無復新加，官有常員，人無定限。選集之始，霧積雲屯，擢叙於終，十不收一。淄澠混淆，玉石不分，用捨去留，得失相半。既即事爲弊，致後來滋甚。夫夏殷以前，制度多闕，周監二代，焕乎可睹。豈諸侯之臣，不皆命於天子；王朝庶官，亦不可專於一職。故穆王以伯冏爲太僕正，命之曰：慎簡乃僚，無以巧言令色便僻側媚，其唯吉士。此則令其自擇下吏之文也。太僕正，中大夫耳，尚以僚屬委之，則三公九卿亦然矣。《周禮》，太宰、内史，並掌爵禄廢置；司徒、司馬，别掌興賢詔事。當是分任於群司，而統之以數職，各自求其小者，而王命其大者也。昔區區宋朝，尚爲裴子野所歎，而況於當今乎。

又夫從政莅官，不可以無學。《書》曰：學古入官，議事以制。《傳》曰：我聞學以從政，不聞以政入學。今貴戚子弟，例早求官，或齠齔之年，已腰銀艾；或童丱之歲，已襲朱紫。弘文、崇賢之生，千牛、輦脚之徒，課試既淺，藝能亦薄，而門閥有素，資蔭自高。夫象賢繼及，古之道也。所謂冑子，必裁諸學，修六禮以節其性，明七教以興其德，少則受業，長而出仕，並由德進，必以才升，然後可以利用賓王，移家事國。少仕則廢學，輕試則無才，於其一流，良足惜也。又勳官三衛流外之徒，不待州縣之舉，直取之於書判，恐非先德行而後言才之義也。臣竊見制書，每令三品薦士，下至九品，亦令舉人，此聖朝仄席旁求之意也。但以褒貶不甚明，得失無大隔，故人上不憂黜責，下不盡搜揚，苟以應命，莫慎所舉。且惟賢知賢，聖人篤論；伊、皋既舉，不仁咸遠。復患階秩雖同，人才異等，身且濫進，鑒豈知人？今欲務得實才，兼宜擇其舉主。流清以源潔，影端由表正，不詳舉主之行能，而責舉人之庸濫，不可得也。

武太后不納。

天授三年，右補闕薛謙光以其時雖有學校之設，禁防之制，而風俗流弊，皆背本而趨末，矯飾行能，以請託奔馳爲務，上疏曰：

自七國以來，雖雜以縱横，而漢興求士，猶徵百行。是以禮讓之士，砥才毓德，既閭里推高，然後爲府寺所辟。而魏氏取人，好其放達。晋、宋之後，秖重門資，奬爲人求官之風，乖授職惟賢之義。梁、陳之間，特好詞賦，故其俗以詩酒爲重，未嘗以修身爲務。降及隋室，餘風尚存，開皇中李諤奏於文帝曰：昔魏之三祖，更好文詞，忽君人大道，好雕蟲小藝，連編累牘，盈箱積案，獨有月露風雲之狀而已。代俗以之相高，朝廷以兹擢人，故文筆日煩，其政日亂。帝納其言，乃下制禁文筆之爲浮詞者。其年，泗州刺史司馬幼之以表詞不質書罪。於是風俗改勵，政化大行。及煬帝，又變前法，置進士等科，故後生復相倣效，皆以浮虚爲貴。

有唐纂曆，漸革前弊，陛下君臨，樹本崇化。而今之舉人，有乖事實，鄉議決小人之筆，行修無長者之論，策第喧競於州府，祈恩不勝於拜伏。或明制適下，試令搜揚，則驅馳府寺，請謁權貴，陳詩奏記，希咳唾之澤，摩頂至足，冀提攜之恩。故俗號舉人爲覔舉。夫覔者，自求之稱，非人知我之謂也。察辭度材，則人品可見矣。故選曹授職，諠囂於禮闈；州郡貢士，諍訟於陛闥。謗議紛紜，寖成風俗。今夫舉人，詢於鄉閭，歸於里正而已。雖跡虧名教，罪加刑典，或冒籍竊資，邀勳盜級，假其賄賂，即爲無犯鄉閭。

設如才應經邦，唯令試策；武能制敵，只驗彎弧。文擅清奇，則登甲科；藻思小減，則爲不第。以此收人，恐乖事實。何者？樂廣假筆於安仁，靈運詞高於穆之，平津文劣於長卿，子建藻麗於荀彧。若以射策爲官，則潘、謝、曹、馬必居孫、樂之右；協贊機猷，則安仁、靈運亦無裨附之益。由此言之，固不可一概而取也。其武藝亦然。故謀將不長於弓馬，良相寧資於射策。伏願陛下降明制，頒峻科，文則試以理官，武則令其守禦，使僥名濫吹之伍，無所藏其庸謬。

臣謹按吴起臨戰，左右進劍，吴子曰：夫臨難決疑，乃將事也。一劍之任，非將事也。又按諸葛亮臨戎，不親戎服，頓蜀兵於渭南，司馬宣王持劍，勁卒不敢當，此豈弓矢之用乎？又按楊得意誦長卿之文，武帝曰：恨不得與此人同時。及相如至，終於文園令，不以公卿之位處之者，蓋非其任故也。

又按漢法，所舉之主，終身保任。楊雄之坐田儀，責其冒薦；成子之居魏相，酬於得賢。賞罰之令行，則請謁之心絶；退讓之義著，則貪競之路塞矣。仍請寛立年限，容其采訪簡汰，堪用者令試守，以觀能否，參檢行事，以覈是非。稱職者受薦賢之賞，濫舉者抵欺罔之罪，自然舉得才行，而君子之道長矣。

聖曆三年二月，武太后令宰相各舉尚書郎一人，狄仁傑獨薦男光嗣，由是拜地官尚書郎，莅事有聲。太后謂仁傑曰：祁奚内舉，果得人也。長安二年，武太后下求賢令，狄仁傑曰：荊州長史張柬之，其人雖老，真宰相才也。乃召爲洛州司馬。他日，又求賢，仁傑曰：臣前言張柬之。太后曰：已遷之矣。對曰：臣薦之請爲相也，今爲洛州司馬，非用之。又遷秋官侍郎。四年，夏官尚書、靈武大總管姚元之將赴鎮，太后令舉堪爲宰相者。元之對曰：秋官侍郎張柬之沈厚有謀，能斷大事，且其人年老，惟陛下急用之。遂爲相。

開元三年，左拾遺張九齡上書曰：

夫元元之眾，莫不懸命於縣令，宅生於刺史，此其尤親於人者也。是以親人之任，宜得賢才；用人之道，宜重其選。而今刺史、縣令，除京輔近處之州刺史猶擇其人，縣令或備員而已；其餘江、淮、隴、蜀、三河諸處，除大府之外，稍稍非才。但於京官之中，出爲州縣者，或是緣身有累，在職無聲，用於牧宰之閒，以爲斥逐之地；因勢附會，遂忝高班，比其勢衰，亦爲刺史；至於武夫、流外，積資而得官，成於經久，不計有才，諸若此流，盡爲刺史。其餘縣令以下，固不可勝言。蓋甿庶所繫，國家之本。務本之職，反爲好進者所輕，承弊之邑，每遭非才者所擾，而欲天下和洽，固不可得也。古者刺史入爲三公，郎官出宰百里，莫不互有所重，勸其所行。臣竊怪近俗偏輕此任。今朝廷卿士入而不出，於其私情，甚自得計。何則？京華之地，衣冠所聚，子弟之閒，身名所出，從容附會，不勞而成。一出外藩，有異於是。人情進取，豈忘之於私，但法制之不敢違耳，原其本意，固私是欲。今大利於京職，而不在外郡，如此則智能之士，欲利之心，日夜營營，安肯復出爲刺史、縣令？而國家之利，方賴智能之人，此輩既自固而不行，在外者又技癢而求入，如此，則智能之輩常無親人之者，今又未革之以法，無乃甚不可乎。故臣以爲欲理之本，莫若重刺史、縣令，此官誠重，智能者可行。正宜懸以科條，定其資歷：凡不歷都督、刺史，雖有高第者，不得入爲侍郎、列卿；不歷縣令，雖有善政者，亦不得入爲臺郎、給、舍；雖遠處都督、刺史，至於縣令，遞次差降，以爲出入，亦不十年頻任京職，又不得十年盡任外官。如此設科以救其失，則内外通理，萬姓獲安。如積習爲常，遂其私計，天下不可爲理也。

又古之選用賢良，取其稱職，或遥聞而辟召，或一見而任之，是以士修素行，不圖僥倖。今天下未必理於上古，而事務日倍於前，誠爲不正其本而設巧於末。所謂末者，吏部條章，動盈千萬，刀筆之吏，辨析毫釐，節制搶攘，溺於文墨；胥徒之猾，又緣隙而起。臣以爲始造簿書，以備用人之遺忘耳，今反求精於案牘，不急於人才，亦何異遺劍中流，而刻舟以記。去之彌遠，可爲傷心。凡稱吏部之能者，則曰從縣尉與主簿，從主簿與縣丞，斯選曹執文而善知官次者也，唯據其合與不合，而多不論賢與不肖，大略如此，豈不謬哉。陛下若不以吏部尚書、侍郎爲賢，必不授以職事；尚書、侍郎既以賢而受委，豈復不能知人？人之難知，雖自古所慎，而拔十得五，其道可行。今則執以格條，貴於謹守，幸其心能自覺者，每選所拔亦有三五人；若又專固者，則亦一人不拔。據資配職，自以爲能，爲官擇人，初無此意，故使時人有平配之議，官曹無得賢之實。

故臣以爲選部之法，弊於不變。變法甚易，在陛下渙然行之。假如今之銓衡，欲自爲意，亦限行之以久，動必見疑，遂用因循，益爲浮薄。今若刺史、縣令精覈其人，即每年當管之内，應有合選之色，且先委曲考其才行，堪入品流，然後送臺，臺又推擇，據所用之多少，爲州縣之殿最，一則州縣慎於所舉，必取人官之才；二則吏部因其有成，無多庸人干冒。縱有不任選者，謬起怨端，且猶分謗於外臺，不至諠譁於南省。今則每歲選者動以萬計，京師米物爲之空虚，豈多士若斯，蓋渝濫至此。而欲仍舊致理，難於改制，祇益法之煩碎，賢愚混雜，就中以一詩一判定其是非，適使賢人君子從此遺逸，斯亦明代之闕政，有識之所歎息也。

又天下雖廣，朝廷雖衆，而士之名賢，誠可知也。若使毁稱相亂，聽受不明，事將已矣，無復可説。如知其賢能，各有品第，每一官闕，而不以次用之，則是知而不爲，焉用彼相。借如諸司清要之職，當用第一之人，及其要官闕，時或以下等叨進，以故時議無高無下，唯論得與不得，自然清議不立，名節不修，上善則守志而後時，中人則躁求而易操。其故何哉？朝廷若以令名進人，士子亦以修名獲利，而利之所出，衆則趨焉。已而名利不出於清修，所趨多歸於人事，其小者苟求取得，一變而至阿私；其大者許以分義，再變而成朋黨：斯並教化漸漬，使之必然。故於用人之際，不可不第其高下；若高下有次，不可謬干。夫士必刻意修飾，思齊日衆，刑政自清。此皆興衰之大端，安可不察也。

十七年三月，國子祭酒楊瑒上言：伏聞承前之例，每年應舉常有千數，及第兩監不過一二十人。臣恐三千學徒，虚費官廩；兩監博士，濫縻天禄。臣竊見入仕諸色出身，每歲向二千餘人，方於明經、進士，多十餘倍，自然服勤道業之士不及胥吏，以其效官，豈識先王之禮義。陛下設學校務以勸進之，有司爲限約務以黜退之，臣之微誠，實所未曉。今監司課試，十已退其八九，考功及第，十又不收一二，長以此爲限，恐儒風漸墜，小道將興。若以出身人多，應須諸色都減，豈在獨抑明經、進士也。上然之。

左監門衛録事參軍劉秩論曰：

王者官人，必視國之要，杜諸户，一其門，安平則尊經術之士，有難則貴介胄之臣。

夏、殷、周選士必於庠序，非其道者莫得仕進，是以誘人也無二，其應之者亦一。及周之末，諸侯異政，取人多方，故商鞅患之，説秦孝公曰：利出一孔者王，利出二孔者强，利出三孔者弱。於是下令：非戰非農，不得爵位。秦卒以是能并吞六國。漢室干戈以定禍亂，貴尚淳質。高后舉孝悌、力田，文景守而不變，故下有常業，而朝稱多士。及孝武察孝廉，置五經博士弟子，雖門開二三，而未失道德也。逮至晚歲，務立功名，鋭意四夷，故權譎之謀設，荊楚之士進，軍旅相繼，官用不足。是以聚斂計料之政生，設險興利之臣起，番係、嚴熊羆等經淮造渠，以通漕運，東郭偃、孔僅建鹽鐵諸利策，富者冒爵射官，免刑除罪。公用彌多，而爲官者徇私，上下並求，百姓不堪刓弊。故巧法慘急之臣進，而見知廢格之法作，杜周、减宣之屬以峻文决理貴，而王温舒之徒以鷹擊敢殺彰。而法先王之術，習俎豆之容者，無所任用，由是精通秀穎之士不遊於學，遊於學者率章句之儒也。是以昭帝之時，霍光問人疾苦，不本之於太常諸生，徵天下賢良文學以訪之，是常道不足以取人也。至於東漢，光武好學，不能施之於政，乃躬自講經。肅宗以後，時或祖效，尊重儒術，不達其意而酌其文；三公尚書雖用經術之士，而不行經術之道。是以元、成以降，迄於東漢，慷慨通方之士寡，廉隅立節之徒衆。無何，漢氏失馭，曹魏僭竊，中正取士，權歸著姓，雖可以鎮伏甿庶，非尚賢之術，蓋尊尊之道。於時聖人不出，賢哲無位，詩道大作，怨曠之端也。洎乎晉、宋、齊、梁，遞相祖習，其風彌盛。捨學問，尚文章；小仁義，大放誕。談莊周、老聃之説，誦《楚詞》、《文選》之言。六經九流，時曾閲目；百家三史，罕聞於耳。撮群鈔以爲學，總衆詩以爲資。謂善賦者廊廟之人，雕蟲者台鼎之器。下以此自負，上以此選材，上下相蒙，持此爲業，雖名重於當時，而不達於從政。故曰：取人之道，可以敦化。《周書》曰：以言取人，人竭其言；以行取人，人竭其行。取人之道，不可不慎也。原夫詩賦之義，所以達下情，所以諷君上。上下情通而天下亂者，未之有也。近之作者，先文後理，詞冶不雅，既不關於諷刺，又不足以見情，蓋失其本，又何爲乎。隋氏罷中正，舉選不本鄉曲，故里閭無豪族，井邑無衣冠，人不土著，萃處京畿，士不飾行，人弱而愚。

夫古者以勳賞功，以才莅職，以才蒞職，是以職與人宜；近則以職賞功，是以官與人乖。古者計人而貢士，計吏而用人，故士無不官，官無乏吏；近則官倍於古，士十於官，求官者又十於士，故士無官，後魏羽林士，今之萬騎、軍功是也。官乏祿，吏擾人。古者王畿千里，千里之外，封建諸侯，諸侯之吏，自卿以降，各自舉任。當乎漢室，除保傅將相，餘盡專之。州縣佐史，則皆牧守選辟。夫公卿者，主相之所任也；甸外之官吏者，又諸侯牧守之事也。然則主司之所選者，獨甸內之吏，公卿府之屬耳，豈不寡哉。所選既寡，則焉得不精。近則有封建而無國邑，五服之內，政決王朝；一命拜免，必歸吏部。按名授職，猶不能遣，何暇采訪賢良，搜覈行能耶？時皆共嗤其失，而不知失之所以，故備詳之。

又曰：夫官有大小，材有短長，長者任之以大官，短者任之以小職，職與人相宜，而功與事並理。是以孟公綽爲趙、魏老則優，不可以爲滕、薛大夫。近之任官，其選之也略，其使之也備，一人之身，職無不莅，若委游、夏以政事，責冉、季以文學也，何其謬歟。故人失其長，官失其理。

是以三代之制，家有代業，國有代官。孔子曰：醫不三世，不服其藥。史墨曰：古之爲官，代守其業，朝夕思之。一朝失業，死則及焉。是知業不代習，則其事不精。此周之所以得人也。昔羲氏、和氏掌天地，劉氏代擾龍，籍氏代司人，庾氏、庫氏代司出納，制氏代司鑄鐘，即其事也。至後代，以代卿執柄，益私門，卑公室，齊奪於田氏，魯弱於三桓。革代卿之失，而不復代業之制，醫、工、筮、數，其道浸微，蓋爲此也。

故老子曰：聖人常善救人，故無棄人；常善救物，故無棄物。不善用人者，譬若使驥捕鼠，令鷹守肉：驥之捕鼠，終不可獲，而千里之功廢矣；鷹之守肉，死有餘罪，而攫撮之效沒矣。夫裁徑尺之帛，刊方寸之木，不任左右，必求良工者，裁帛、刊木非左右之所能故也。徑尺之帛，方寸之木，薄物也，非良工不能裁之；況帝王之佐，經國之任，可不審擇其人乎？故構大厦者先擇木，然後揀材；理國家者先擇佐，然後守人。大匠構屋，必以大材爲棟梁，小材爲榱橑，苟有所中，尺寸之木無棄，此善理木者也。

洋州刺史趙匡舉選議曰：昔三代建侯，與今事異。理道損益，請自漢言之。漢朝用人，自詔舉之外，其府、寺、郡國屬吏，皆令自署。故天下之士，修身於家，而辟書交至，以此士務名節，風俗用修。魏氏立九品之制，中正司之，於是族大者第高，而寒門之秀屈矣。國朝舉選，用隋氏之制，歲月既久，其法益訛。

夫才智因習就，固然之理。進士者時共貴之，主司褒貶，實在詩賦，務求巧麗，以此爲賢，不唯無益於用，實亦妨其正習；不唯撓其淳和，實又長其佻思。自非識度超然，時或孤秀，其餘溺於所習，悉昧本源。欲以啓導性靈，獎成後進，斯亦難矣。故士林鮮體國之論，其弊一也。又人之心智，蓋有涯分，而九流七略，書籍無窮。主司徵問，不立程限，故修習之時，但務鈔略，比及就試，偶中是期。業無所成，固由於此。故當代寡人師之學，其弊二也。疏以釋經，蓋筌蹄耳。明經讀書，勤苦已甚，其口問義，又誦疏文，徒竭其精華，習不急之業。而當代禮法，無不面牆，及臨人決事，取辦胥吏之口而已。所謂所習非所用，所用非所習者也。故當官少稱職之吏，其弊三也。舉人大率二十人中方收一人，故沒齒而不登科者甚衆，其事難，其路隘也如此。而雜色之流，廣通其路也。此一彼十，此百彼千，揆其秩序，無所差降，故受官多底下之人，修業抱後時之歎，待不才者何厚，處有能者何薄。崇末抑本，啓昏窒明，故士子捨學業而趨末伎，其弊四也。收人既少，則争第急切，交馳公卿，以求汲引，毁訾同類，用以争先。故業因儒雅，行成險薄，非受性如此，勢使然也。浸以成俗，虧損國風，其弊五也。大抵舉選人以秋末就路，春末方歸，休息未定，聚糧未辦，即又及秋。事業不得修習，益令藝能淺薄，其弊六也。羈旅往來，糜費實甚，非唯妨闕生業，蓋亦隳其舊產，未及數舉，索然以空，其弊七也。貧窶之士在遠方，欲力赴京師，而所冀無際，以此揆度，遂至沒身。使茲人有抱屈之恨，國家有遺才之闕，其弊八也。官司運江、淮之儲，計五費其四，乃達京邑，芻薪之貴，又十倍四方。而舉選之人，每年攢會，計其人畜，蓋將數萬，無成而歸，十乃七八，徒令關中煩耗，其弊九也。爲官擇人，唯才是待。今選司並格之以年數，合格者，判雖下劣，一切皆收；如未合格而應科目者，纔有小瑕，莫不見棄。故無能之士，祿以例臻；才俊之流，坐成白首。此非古人求賢審官之義，亦已明矣。其弊十也。選人不約本州所試，悉令聚於京師，人既浩穰，文簿繁雜，因此渝濫，其事百端。故俗間相傳云：入試非正身十有三四，赴官非正身十有二三。此又弊之尤者。今若未能頓除舉選，以從古制，且稍變易，以息弊源，則官多佳吏，風俗可變。其條例如後：

舉人條例

一、立身入仕，莫先於禮，《尚書》明王道，《論語》詮百行，《孝經》德之本，學者所宜先習。其明經通此，謂之兩經舉，《論語》、《孝經》爲之翼助。諸試帖一切請停，唯令策試義及口問。其試策自改問時務以來，經業之人鮮能屬綴，以此少能通者。所司知其若此，亦不於此取人，故時人云：明經問策，禮試而已。所謂變實爲虛，無益於政。今請令其精習，試策問經義及時務各五節，並以通四以上爲第。但令直書事義，解釋分明，不用空寫疏文及務華飾。其十節，總於一道之內問之。餘科準此。其口問諸書，每卷問一節，取其心中了悟，解釋分明，往來問答，無所滯礙，不用要令誦疏，亦以十通八以上爲第。諸科亦準此。外更通《周易》、《毛詩》，名四經舉。加《左氏春秋》，爲五經舉。不習《左氏》者，任以《公羊》、《穀梁》代之。其但習《禮記》及《論語》、《孝經》，名一經舉。既立差等，隨等授官，則能否區分，人知勸勉。

一、明法舉亦請不帖，但策問義并口問，准經業科。

一、學《春秋》者能斷大事，其有兼習三傳，參其異同，商推比擬，得其長者，謂之春秋舉。策問經義并口問，並準前。

一、進士習業，亦請令習《禮記》、《尚書》、《論語》、《孝經》并一史。其雜文請試兩首，共五百字以上、六百字以下，試牋、表、議、論、銘、頌、箴、檄等有資於用者，不試詩賦。其理通，其詞雅，爲上；理通詞平，爲次；餘爲否。其所試策，於所習經史內徵問，經問聖人旨趣，史問成敗得失，并時務，共十節。貴觀理識，不用徵求隱僻、詰以名數，爲無益之能。言詞不至鄙陋，即爲第。

一、其有通《禮記》、《尚書》、《論語》、《孝經》之外，更通《道德》諸經，《通玄經》、《孟子》、《荀卿子》、《呂氏春秋》、《管子》、《墨子》、《韓子》，謂之茂才舉。達觀之士，既知經學，兼有諸子之學，取其所長，捨其偏滯，則於理道無不該矣。試策徵問諸書義理，并時務，共二十節。仍與之言論，觀其通塞。

一、其有學兼經史，達於政體，策略深正，其詞典雅者，謂之秀才舉。經通四經，或《三禮》，或三家《春秋》，兼通三史以上，即當其目。其試策，經問聖人旨趣，史問成敗得失，并時務，共二十節。仍與之談論，以究其能。

一、學倍秀才，而詞策同之，談論貫通，究識成敗，謂之宏才舉。以前三科，其策當詞高理備，不可同於進士。其所徵問，每十節通八以上爲第。

一、其史書，《史記》爲一史，《漢書》爲一史，《後漢書》并劉昭所注志爲一史，《三國志》爲一史，《晉書》爲一史，李延壽《南史》爲一史，《北史》爲一史。習《南史》者，兼通《宋》、《齊》志；習《北史》者，通《後魏》、《隋書》志。自宋以後，史書煩碎冗長，請但問政理成敗所因，及其人物損益關於當代者，其餘一切不問。國朝自高祖以下及睿宗《實録》，并《貞觀政要》，共爲一史。

一、天文律曆，自有所司專習，且非學者卒能尋究，並請不問。唯五經所論，蓋舉其大體，不可不知。

一、每年天下舉人來秋入貢者，今年九月，州府依前科目，先起試其文策，通者注等第訖，試官、本司官、録事、參軍及長吏連押其後。其口問者，題策後云口問通若干。即相連印縫，並依寫解爲先後，不得參差。封題訖，十月中旬送觀察使，觀察使差人都送省司，隨遠近比類，須合程限。省司重考定訖，其入第者，二月內符下諸道、諸州追之，限九月內盡到，到即重試之。其文策，皆勘會書跡詞理，與州試同即收之，僞者送法司推問。其國子監舉人亦準前例。

一、諸色身名都不涉學，昧於廉恥，何以居官？其簡試之時，雖云試經及判，其事苟且，與不試同。請皆令習《孝經》、《論語》。其《孝經》口問五道，《論語》口問十道，須問答精熟，知其義理，並須通八以上。如先習諸經書者，任隨所習試之，不須更試《孝經》、《論語》。其判問以時事，取其理通。必在責其重保，以絶替代。其合外州申解者，依舉選例處分。

一、一經及第人，選日請授中縣尉之類；判入第三等及蔭高，授上縣尉之類。兩經出身，授上縣尉之類；判入第三等及蔭高，授緊縣尉之類。用蔭止於此。其以上當以才進。四經出身，授緊縣尉之類；判入第三等，授望縣尉之類。五經，授望縣尉之類；判入第二等，授畿縣尉之類。明法出身，與兩經同資。進士及三禮舉、春秋舉，與四經同資。其茂才、秀才，請授畿尉之類。其宏才，請送詞策上中書、門下，請授諫官、史官等。禮經舉人，若更通諸家禮論及漢已來禮儀沿革者，請便授太常博士。茂才等三科，爲學既優，並準五經舉人，便授官。其雜色出身人，量書判，授中縣尉之類。判入第三等及蔭高者，加一等。凡蔭除解褐官外，不在用限。

一、其今舉人所習既從簡易，士子趨學必當數倍往時。每年諸色舉人，主司簡擇，常以五百人爲大限，此外任收雜色。

選人條例

一、其前資官及新出身，並請不限選數任集，庶有才不滯，官得其人。

一、不習經史，無以立身；不習法理，無以效職。人出身以後，當宜習法。其判問，請皆問以時事、疑獄，令約律文斷決。其有既依律文，又約經義，文理弘雅，超然出群，爲第一等；其斷以法理，參以經史，無所虧失，粲然可觀，爲第二等；判斷依法，頗有文彩，爲第三等；頗約法式，直書可否，言雖不文，其理無失，爲第四等。此外不收。但如曹判及書題如此則可，不得拘以聲勢文律，翻失其真。故合於理者數句亦收，乖於理者詞多亦捨。其倩人暗判，人間謂之判羅，此最無恥，請牓示以懲之。

一、其授試官及員外官等，若悉不許選，恐抱才者負屈；若並令集，則僥倖者頗多。當酌事宜，取其折中。請令所在，審加勘責，但無渝濫，並準出身人例，試判送省。授官日，其九品、八品官請同黃衣選人例授官；七品、六品依前資解褐官例；五品、四品依前資第二正官例。其官好惡，約判之工拙也。

一、舊法，四品、五品官不復試判者，以其歷任既久，經試固多，且官班已崇，人所知識，不可復爲僞濫耳。自有兵難，仕進多門，僥倖超擢，不同往日，並請試判。待三五年，舉選路清，然後任依舊法。其曾經登科及有清白狀，并曾任臺省官并諸司長官判史者，已經選擇，並不試，依常例處分。

一、每年天下來冬選人，今秋九月，依舉人召集審勘，責絶其姦濫。試時，長吏親自監臨，皆令相遠，絶其口授及替代。其第四等以上，封送省，皆依舉人例處置。吏部計天下闕員訖，即重考天下所送判，審定等第訖，從上等據本色人數收人，具名下本道觀察使追之，限十月內到，並重試之訖，取州試判，類其書蹤及文體。有僞濫者，準法處分。其合留者，依科目資緒，隨穩便注擬。

一、其兩都選人，不比外州，請令省司自試。隔年先試，一同外州。東都選人，判亦將就上都，考定等第，兼類會人數。明年，依例追集重試之，還以去秋所試，驗其書蹤及詞理。則隔年計會替代，事亦難爲。

一、兵興以來，士人多去鄉土，既因避難，所在寄居，必欲網羅才能，隔年先試。令歸本貫，爲弊更深。其諸色舉選人，並請准所在寄莊寄住處投狀，請試舉人。既不慮僞濫，其選人但勘會符告，並責重保，知非僞濫，即准例處分。

一、宏詞拔萃，以甄逸才；進士、明經，以長學業：並請依常年例。其平選判入第二等，亦任超資授官。

一、諸以廕緒優勞、准敕授官者，如判劣惡者，請授員外官。待稍習法理，試判合留，即依資授正員官。

一、諸合授正員官人，年未滿三十者，請授無職事京官及外州府參軍，不得授職事官。

後論：有司或詰於議者曰：吏曹所銓者四，謂身、言、書、判。今外州送判，則身、言闕矣，如何？對曰：夫身、言者，豈非《洪範》貌、言乎？貌謂舉措可觀，言謂詞說合理，此皆才幹之士方能及此。今所試之判，不求浮華，但令直書是非，以觀理識，於此既蔽，則無貌、言，斷可知矣。書者，非理人之具，但字體不至乖越，即爲知書。判者，斷決百事，真爲吏所切，故觀其判，則才可知矣。彼身、言及書，豈可同爲銓序哉。有司復詰曰：王者之盛，莫逾堯舜，《書》稱敷納以言，爲求才之通軌。今以言爲後，亦有説乎？對曰：夫敷納以言者，謂引用賢良，升於達位，方將詢以庶政，非言無以知之，其唐、虞官百，咨俞無幾；其下小吏，官長自求，各行敷納，事至簡易。今吏曹所習，輒數千人，三銓藻鑑，心目難溥，訩喧競之不暇，又何敷納之有乎？其茂才以上，學業既優，可以言政教，接以談論，近於敷納矣。有司復曰：士有言行不差而闕於文學，或頗有文學而言行未脩。但以諸科取之，無乃未備？對曰：吏曹所銓，必求言行，得之既審，然後授官，則外州遥試，未爲通矣。今銓衡之下，姦濫所萃，紛争劇於獄訟，僞濫深於市井，法固致此，無如之何。豈若外州先試，兼察其行，苟居宅所在，則鄰伍知之，官司耳目，易爲采聽。古之鄉舉里選，方斯近矣。且今之新法，以學舉者，一經畢收；以判選者，直書可否：可謂易矣。修言行者，心當敦固，不能爲此，餘何足觀。若有志性過人，足存激勸，及躬爲惡行，不當舉用者，則典章已備，但舉而行之耳，故無云焉。有司復曰：其有效官公清，且有能政，以其短於詞判，不見褒昇，無乃闕於事實乎？對曰：苟能如此，最爲公器。使司善狀，國有常規，病在不行耳。但令諸道觀察使，每年終必有褒貶，不得僭濫，則善不蔽矣。問曰：試帖經者，求其精熟，今廢之，有何理乎？對曰：夫人之爲學，帖易於誦，誦易於講。今口問之，令其講釋，若不精熟，如何應對？此舉其難者，何用帖爲。且務於帖，則於義不專，非演智之術，固已明矣。夫帖者，童稚之事，今方授之以職，而待以童稚，於理非宜。有司復曰：舊法，口問並取通六，今令通八，無乃非就易之義乎？答曰：所習者少，當務其精，止於通六，失在鹵莽，是以然耳。復曰：舉人試策，例皆五通，今併爲一，有何理？對曰：夫事尚實則有功，徇虚則益寡。試策五通，多書問目，數立頭尾，徇虚多矣，豈如一策之内并問之乎。

（唐）白居易《白居易集》卷五八《奏狀一·論制科人狀·近日内外官除改及制科人等事宜》　右臣伏見内外官近日除改，人心甚驚，遠近之情，不無憂懼，喧喧道路，異口同音。皆云：制舉人牛僧孺等三人，以直言時事，恩獎登科。被落第人怨謗加誣，惑亂中外，謂爲誑妄，斥而遂之，故並出爲關外官。楊於陵以考策敢收直言者，故出爲廣府節度。違貫之同所坐，故出爲果州刺史。裴垍以覆策，又不退直言者，故免内職，除户部侍郎，王涯同所坐，出爲虢州司馬。盧坦以數舉事，爲人所惡，因其彈奏小誤，得以爲名，故黜爲左庶子。王播同之，亦停知雜。臣伏以裴垍、王涯、盧坦，韋貫之等，皆公忠正直，内外咸知；所宜授以要權，致之近地。故比來衆情私相謂曰：引數人者，皆人之望也：若數人進，則必君子之道長；若數人退，則必小人之道行。故卜時事之否臧，在數人之進退也。則數人者，自陛下嗣位已來，並蒙獎用，或任之耳目，或委以腹心。天下人情，日望致理。今忽一旦悉疏棄之，或降於散班，或斥於遠郡。設令有過，猶可優容；況且無瑕，豈宜黜退？所以前月已來，上自朝廷，下至衢路，衆心洶洶，驚懼不安。直道者疚心，直言者杜口。不審陛下得知之否？凡此除改，傳者紛然。皆云：裴垍等不能委曲順時，或以正直忤物，爲人之所媒孽，本非聖意罪之。不審陛下得聞之否？臣未知此説虚實，但獻所聞：所聞皆虚，陛下得不明辯之乎？所聞皆實，陛下得不深慮之乎？虚之與實，皆恐陛下要知。臣若不言，誰當言者？臣今言出身戮，亦所甘心。何者？臣之命至輕，朝廷之事至大故也。臣又聞：君聖則臣忠，上明則下直。故堯之聖也，天下已太平矣；尚求誹謗，以廣聰明。漢文之明也，海内已理矣；賈誼猶比之倒懸，可爲痛哭。二君皆容納之，所以得稱聖明也。今陛下明下詔令，徵求直言；反以爲罪，此臣所以未諭也。陛下視今日之理，何如堯與漢文之時乎？若以爲及之，則誹謗痛哭，尚合容而納之；況徵之直言，索之極諫乎？若以爲未及，則僧孺等之言，固宜然也；陛下縱未能推而行之，又何忍罪而斥之乎？此臣所以爲陛下流涕而痛惜也。德宗皇帝初即位年，亦徵天下直言極諫之士，親自臨試，問以天旱。穆質對云：兩漢故事，三公當免。卜式著議，弘羊可烹。此皆指言當時在權位而有恩寵者。德宗深嘉之，自秕四等拔爲第三等，自畿尉擢爲左補闕；書之國史，以示子孫。今僧孺等對策之中，切直指陳之言，亦未過於穆質；而遽斥之，臣恐非嗣祖宗承耿光之道也。書諸史策，後嗣何觀焉？陛下得不再三省之乎？臣昨在院，與裴垍、王涯等覆策之時，日奉宣令臣等精意考覆。臣上不敢負恩，下不忍負心，唯秉至公，以爲取捨。雖有讎怨，不敢棄之；雖有親故，不敢避之；唯求直言，以副聖意。故皇甫湜雖是王涯外甥，以其言直合收，涯亦不敢以私嫌自避。當時有狀，具以陳奏。不意羣心搆成禍端，聖心以此察之，則或可悟矣。儻陛下察臣肝膽，知臣精誠，以臣此言，可以聽採；則乞俯迴聖賢，特示寬恩：僧孺等准例與官，裴垍等依舊職獎用，使内外人意，歡然再安。若以臣此言，理非允當；以臣覆策，事涉乖宜：則臣等見在四人，亦宜各加黜責。豈可六人同事，唯罪兩人？雖聖造優容，且過朝夕；在臣懼惕，豈可苟安？敢不自陳，以待罪戾？臣今職爲學士，官是拾遺，日草詔書，月請諫紙：臣若默默，惜身不言，豈惟上辜聖恩，實亦下負神道。所以密緘手疏，瀝吐血誠；苟合天心，雖死無恨。無任憂懼激切之至。

（唐）白居易《白居易集》卷六〇《奏狀三·論重考科目人狀·今年吏部應送科目及平判人所試文書等》 右，臣等奉中書門下牒，稱奉進旨，令臣等重考定聞奏者。臣等竊有所見，不敢不奏。伏以今年吏部科第，不置考官，唯遣尚書侍郎二人考試。吏部事至繁劇，考送固難精詳；所送文書，未免瑕病。臣等若苦考覆，退者必多。韓臯累朝舊臣，伏料陛下不能以小事致責。臣等又以朝廷所設科目，雖限文字，其間收採，兼取人材。今吏部只送十人，數且非廣；其中更重黜落，亦恐事體不弘。以臣所見，兼請不考。已得者不妨僥倖，不得者所勝無多；貴收人材，務存大體。伏乞以臣等此狀，宣付宰臣，重賜裁量。伏聽進旨。

元和十五年，十二月十三日，重考定科目官、將仕郎尚書司門員外郎臣白居易等狀奏。

（唐）白居易《白居易集》卷六〇《奏狀三·論重考試進士事宜狀》

右，臣等伏料自欲重試進士已來，論奏者甚衆，伏計煩黷聖聽之外，必以爲或親或故，同爲黨庇。臣今非不知此，但以避嫌事小，隱情責深；所以冒犯天威，不敢不奏。伏希聖鑒，試詳臣言。伏以陛下慮今年及第進士之中，子弟得者僥倖，平人落者受屈，故令重試重考。此乃至公至平，凡是平人，孰不慶幸？況臣等才識淺劣，謬蒙選充考官。自受命已來，夙夜惶懼，實憂愚昧，不副天心。改不盡力竭誠，苦考得失？其間瑕病，纖毫不容；猶期再三，知臣懇盡。然臣等別有愚見，上裨聖聽；反覆思量，輒敢密奏。伏准禮部試進士例：許用書策，兼得通宵。得通宵則思慮必周，用書策則文字不錯。昨重試之日，書策不容一字，木燭只許兩條。迫促驚忙，幸皆成就。若比禮部所試，事校不同。雖詩賦之間，皆有瑕病；在與奪之際，或可矜量。儻陛下垂仁察之心，降特達之命：明示瑕病，以表無私；特全身名，以存大體。如此，則進士等知非而愧恥，其父兄等感激而戴恩。至於有司，敢不懲革？臣等皆蒙寵擢，又忝職司；實願裨補聖明，敢不罄竭肝膽？謹具奏聞，伏待聖裁。謹奏。

長慶元年，四月十日，重考試進士官、朝議郎守尚書主客郎中知制誥臣白居易等奏。

重考試進士官、朝散大夫守中書舍人上輕車都尉臣王起。

綜　述

《隋書》卷二《高祖紀》〔開皇十八年秋七月〕丙子，詔京官五品已上，總管、刺史，以志行修謹、清平幹濟二科舉人。

《隋書》卷三《煬帝紀》〔大業三年夏四月〕甲午，詔曰：天下之重，非獨治所安，帝王之功，豈一士之略。自古明君哲后，立政經邦，何嘗不選賢與能，收採幽滯。周稱多士，漢號得人，常想前風，載懷欽佇。朕負扆夙興，冕旒待旦，引領巖谷，置以周行，冀與羣才共康庶績。而彙茅寂寞，投竿罕至，豈美璞韜采，未值良工，將介石在懷，確乎難拔？永鑒前哲，憮然興歎。凡厥在位，譬諸股肱，若濟巨川，義同舟楫。豈得保茲寵禄，晦爾所知，優游卒歲，甚非謂也。祁大夫之舉善，良史以爲至公，臧文仲之蔽賢，尼父譏其竊位。求諸往古，非無褒貶，宜思進善，用匡寡薄。

夫孝悌有聞，人倫之本，德行敦厚，立身之基。或節義可稱，或操履清潔，所以激貪厲俗，有益風化。強毅正直，執憲不撓，學業優敏，文才美秀，並爲廊廟之用，實乃瑚璉之資。才堪將略，則拔之以禦侮，膂力驍壯，則任之以爪牙。爰及一藝可取，亦宜採録，衆善畢舉，與時無棄。以此求治，庶幾非遠。文武有職事者，五品已上，宜依令十科舉人。有一於此，不必求備。朕當待以不次，隨才升擢。其見任九品已上官者，不在舉送之限。

《唐六典》卷四《尚書禮部》 凡舉試之制，每歲仲冬，率與計偕。其科有六：一曰秀才，（試方略策五條。此科取人稍峻，貞觀已後遂絶。）二曰明經，三曰進士，四曰明法，五曰書，六曰筭。凡正經有九：《禮記》、《左氏春秋》爲大經，《毛詩》、《周禮》、《儀禮》爲中經，《周易》、《尚書》、《公羊春秋》、《穀梁春秋》爲小經。通二經者，一大一小，若兩中經。通三經者，大、小、中各一。通五經者，大經並通。其《孝經》、

《論語》、《老子》並須兼習。凡明經先帖經，然後口試並答策，取粗有文理者爲通。舊制，諸明經試每經十帖、《孝經》二帖、《論語》八帖、《老子》兼注五帖，每帖三言，通六已上，然後試策十條，通七，即爲高第。開元二十五敕：諸明經先帖經，通五已上，然後口試，每經通問大義十條，通六已上，並答時務策三道。凡進士先貼經，然後試雜文及策，文取華實兼舉，策須義理愜當者爲通。舊例帖一小經並注，通六已上；帖《老子》兼注，通三已上，然後試雜文兩道、時務策五條。開元二十五年，依明經帖一大經，通四已上，餘如舊。凡明法試律、令，取識達義理，問無疑滯者爲通。所試律、令，凡每部試十帖。策試十條：律七條，令三條。凡明書試《說文》、《字林》，取通訓詁，兼會雜體者爲通。《說文》六帖，《字林》四帖；兼口試，不限條數。凡明筭試《九章》、《海島》、《孫子》、《五曹》、《張丘建》、《夏侯陽》、《周髀》、《五經》、《綴術》、《緝古》，取明數造術，辨明術理者爲通。《九章》三帖，《五經》等七部各一帖，《綴術》六貼，《緝古》四帖，録大義本條爲問。凡此六科，求人之本，必取精究理實而升爲第。其有博綜兼學，須加甄獎，不得限以常科。開元二十五年敕，明經、進士中，除所試外，明經有兼明五經已上，每經帖十通五已上，口問大義十條，疏義精通，通五已上；進士有兼通一史，試策及口問各十條，通六已上，須加甄獎，所司録名奏聞。其進士唱及第訖，具所試雜文及策，送中書門下詳覆。其明經口問，仍須對同舉人考試。其試弘文、崇文生，自依常式。其弘文、崇文館學生雖同明經、進士，以其資蔭全高，試取粗通文義。弘、崇生習一大經一小經、兩中經者，習《史記》者，《漢書》者，《東觀漢記》者，《三國志》者，皆須讀文精熟，言音典正，策試十道，取粗解注義，經通六，史通三。其試時務策者，皆須識文體，不失問目意，試五得三。皆兼帖《孝經》、《論語》，共十條。太廟齋郎亦試兩經，文義粗通，然後補授，考滿簡試。其郊社齋郎簡試亦如太廟齋郎。其國子監大成十員，取明經及第人聰明灼然者，試日誦千言，並口試，仍策所習業十條通七，然後補充，各授散官，依色令於學內習業，以通四經爲限。其禄俸賜會準非伎術直例給。業成者于吏部簡試，《孝經》、《論語》共試八條，餘經各試八條，間日一試，灼然明練精熟爲通。口試十通九、策試十通七爲第。所加經者，《禮記》、《左傳》、《毛詩》、《周禮》各加兩階，餘經各加一階。及第者放選，優與處分；不第者，三年一簡，九年業不成者，解退，依常選例。業未成年未滿者，不得別選及充餘使。若經事故，應叙日，還令覆上。其先及第人欲加經、及官人請試經者，皆准此。

《唐六典》卷二一《國子監》 凡六學生每歲有業成上於監者，以其業與司業、祭酒試之：明經帖經，口試，策經義；進士帖一中經，試雜文，策時務，徵故事；其明法、明書・筭亦各試所習業。登第者，白祭酒，上于尚書禮部。其試法皆依考功，又加以口試。明經帖限通八已上，明法、明書皆通九已上。主簿掌印，勾檢監事。凡六學生有不率師教者，則舉而免之。其頻三年下第，九年在學及律生六年無成者，亦如之。假違程限及作樂、雜戲亦同。唯彈琴、習射不禁。録事掌受事發辰。

《唐六典》卷四《尚書兵部》 員外郎一人掌貢舉及諸雜請之事。凡應舉之人有謀略、謂閑兵法。才藝、謂有勇技。平射、謂善能令矢發平直。十發五中，五居其次爲上第；三中，七居其次爲下第。筒射，謂善及遠而中。十發四中，六居其次爲上第，三中，七居其次爲下第；不及此者爲不第。皆待命以舉，非有常也。若州、府歲貢，皆孟冬隨朝集使以至省，勘責文狀而引試焉；亦與計科偕。有二科：一曰平射，試射長垛。三十發不出第三院爲第。二曰武舉。其試用有七：一曰射長垛；人中院爲上，入次院爲次上，入外院爲次。二曰騎射；發而並中爲上，或中或不中爲次上，總不中爲次。三曰馬槍；三板、四板爲上，二板爲次上，一板及不中爲次。四曰步射，射草人；中者爲次上，雖中而不法、雖法而不中者爲次。五曰材貌；以身長六尺已上者爲次上，已下爲次。六曰言語；有神彩，堪統領者爲次上，無者爲次。七曰舉重，謂翹關。率以五次上爲第。皆試其高第者以奏聞其科第之優劣，謂平射、筒射之上第者，前資、見任見選，聽減一次上，與官，勳、散衛官、五品已上官子孫，帖仗二年而選。次第者，其應選則據資優與處分，應帖仗則三年而選。庶人之上第亦帖仗，其年比次第；庶人次第，又加二年。武貢之第者，勳官五品已上並三衛執仗、乘，若品子年考已滿者，並放選；勳官六品已上並應宿衛人及品子五考已上者，並授散官，謂軍士戰官；餘並帖仗然後授散官。勳、獲之等級，謂軍士戰功之等級。若牢城苦戰第一等，酬勳三轉，第二、第三等差減一轉。凡破城、陣，以少擊多爲上陣，數略相當爲中陣，以多擊少爲下陣，轉倍以上爲多少。常據賊數以十分率之，殺獲四分已上爲上獲，二分已上爲中獲，一分已上爲下獲。凡上陣上獲第一等酬勳五轉，上陣中獲、中陣上獲第一等酬勳四轉，上陣下獲、中陣中獲、下陣上獲第一等酬勳三轉；其第二、第三等各遞降一轉。中陣下獲、下陣中獲第一等酬勳兩轉，第二、第三等並下陣下獲各酬勳一轉。其雖破城、陣，殺獲不成分者，三等陣各酬勳一轉。其跳盪、降功不在限。凡臨陣對寇，矢石未交，先鋒挺入，賊徒因而破者爲跳盪；其次先鋒受降者爲降功。凡酬功者，見任、前資、常選爲上資，文武散官、衛官、勳官五品已上爲次資，五品子孫、上柱國柱國子、勳官六品已下、諸色有番考人爲下資，白丁、衛士、雜色人爲無資。凡跳盪人，上資加兩階，即優與處分，應入三品、五品，不限官考；次資即優與處分；下資優與處分；無資稍優與處分。其殊功第一等，上資加一階，優與處分，應入三品、五品，減四考；次資優與處分；下資稍優與處分；無資放選。殊功第二等，上資優與處分，次資稍優與處分，下資放選，無資常勳外加三轉。殊功第三等，上資稍優與處分，次資放選，下資應簡日放選，無資常勳外加兩轉。若破國王勝，事愈常格，或斬將搴旗，功效尤異，雖不合格，並委軍將臨時録奏。皆審其實而授叙焉。

（唐）杜佑《通典》卷一四《選舉·歷代制中》　隋文帝開皇七年制，諸州歲貢三人，工商不得入仕。開皇十八年，又詔：京官五品以上及總管、刺史，並以志行脩謹、清平幹濟二科舉人。牛弘爲吏部尚書，高構爲侍郎，最爲稱職。當時之制，尚書舉其大者，侍郎銓其小者，則六品以下官吏，咸吏部所掌。自是，海内一命以上之官，州郡無復辟署矣。自後魏末、北齊以來，州郡僚佐已多爲吏部所授，至隋一切歸在省司。牛弘嘗問劉炫曰：按《周禮》，士多而府史少，今吏百倍於前，判官減即不濟，其故何也？炫對曰：古人委任責成，歲終考其殿最，案不重校，文不繁悉，府史之任，掌要目而已。今之文簿，常慮覆理，鍛鍊若不密，萬里追證百年舊案。故諺云：老吏抱案死。今古不同，若此之相懸也。事繁政弊，職此之由。弘又問：魏、齊之時，令史從容而已，今則不遑寧舍，其事何由？炫對曰：往者，州唯置綱紀，郡置守、丞，縣唯令而已，其所具僚，則長官自辟，受詔赴任，每州不過數十。今則不然，大小之官，悉由吏部，纖介之跡，皆屬考功，所以繁也。省官不如省事，省事不如清心，官事不省而欲從容，其可得乎。弘甚善其言而不能用之。

自後周以降，選無清濁。初盧愷攝吏部尚書，與侍郎薛道衡、陸彦師等，甄別物類，頗爲清簡，而譖愬紛紜，愷及道衡皆除名。禮部員外郎沈既濟曰：異乎，選法之難行久矣。夫天產萬類，美寡而惡衆；人分九流，君子孤而小人群。雖消長迭有，而善惡不常，此古今之通理然也。將退不肖而懲其濫，必懸法以示，而俾人知懼；舉善以勸，而不仁自遠。可以陰騭而濟移之，固難明斥其惡而強擠也。暨豔、張彝皆以不及是而敗，悲夫，斯理甚明，蓋非英明之君，不可以語焉。故崔、毛當魏武而政舉，盧、薛值隋文而身墜。時難，不其然乎？

煬帝始建進士科。又制，百官不得計考增級，其功德行能有昭然者乃擢之。大業三年，始置吏部侍郎一人，分掌尚書職事。時武夫參選，多授文職。大業八年，詔曰：頃自班朝治人，乃由勳叙，拔之行陣，起自勇夫，蠹政害人，寔由於此。自今以後，諸授勳官者，並不得因授文官職事。

（唐）杜佑《通典》卷一五《選舉·歷代制下》　大唐貢士之法，多循隋制。上郡歲三人，中郡二人，下郡一人，有才能者無常數。其常貢之科，有秀才，有明經，有進士，有明法，有書，有算。自京師郡縣皆有學焉。並具《學篇》。每歲仲冬，郡縣館監課試其成者，長吏會屬僚，設賓主，陳俎豆，備管絃，牲用少牢，行鄉飲酒禮，歌《鹿鳴》之詩，徵耆艾、叙少長而觀焉。既餞，而與計偕。其不在館學而舉者，謂之鄉貢。舊令諸郡雖一、二、三人之限，而實無常數。到尚書省，始由户部集閲，而關于考功課試，可者爲第。武德舊制，以考功郎中監試貢舉。貞觀以後，則考功員外郎專掌之。律曰：諸貢舉非其人，謂德行乖僻，不如舉狀者。及應貢舉而不貢舉者，謂才堪利用，蔽而不言也。一人徒一年，二人加一等，罪止徒三年。

初，秀才科等最高，試方略策五條，有上上、上中、上下、中上，凡四等。貞觀中，有舉而不第者，坐其州長，由是廢絶。開元二十四年以後，復有此舉。其時以進士漸難，而秀才本科無帖經及雜文之限，反易於進士。主司以其科廢久，不欲收獎，應者多落之，三十年來無及第者。至天寶初，禮部侍郎韋陟始奏請，有堪此舉者，令官長特薦，其常年舉送者並停。自是士族所趣嚮，唯明經、進士二科而已。其初止試策，貞觀八年，詔加進士試讀經史一部。

至調露二年，考功員外郎劉思立始奏二科並加帖經。其後，又加《老子》、《孝經》，使兼通之。永隆二年，詔明經帖十得六，進士試文兩篇，識文律者，然後試策。

武太后載初元年二月，策問貢人於洛城殿，數日方了。殿前試人自此始。長壽三年制，始令舉人獻歲元會，列於方物前，以備充庭。因左拾遺劉承慶上疏奏：四方珍貢，列爲庭實，而舉人不廁，甚非尊賢之意。上從之。長壽二年，太后自製《臣軌》兩篇，令貢舉習業，停《老子》。

長安二年，教人習武藝，其後每歲如明經、進士之法，行鄉飲酒禮，送於兵部。開元十九年，詔武貢人與明經、進士同行鄉飲酒禮。其課試之制，畫帛爲五規，置之於垛，去之百有五步，內規廣六尺，橛廣六尺，餘四規，每規內兩邊各廣三尺。懸高以三十尺爲限。列坐引射，名曰長垛。弓用一石力，箭重六錢。又穿土爲埒，其長與垛均，綴皮爲兩鹿，歷置其上，馳馬射之，名曰馬射。鹿子長五寸，高三寸。弓用七斗以上力。又斷木爲人，戴方版於頂。凡四偶人，互列埒上，馳馬入埒，運槍左右觸，必版落而人不踣，名曰馬槍。槍長一丈八尺，徑一寸五分，重八斤。其木人上版，方三寸五分。皆以儇好不失者爲上。兼有步射、穿札、翹關、負重、身材、言語之選，通得五上者爲第。其餘復有平射之科，不拘色役，高第者授以官，其次以類升。又制爲土木馬於里閭間，教人習騎。天寶六載正月制：文武之道，既惟並用，宗敬之儀，不可獨闕。其鄉貢武舉人上省，先令謁太公廟。每拜大將及行師剋捷，亦宜告廟。

神龍二年二月，制貢舉人停臣軌，依舊習老子。

開元八年七月，國子司業李元瓘上言：三禮、三傳及《毛詩》、《尚書》、《周易》等，並聖賢微旨。生人教業，必事資經遠，則斯道不墜。今明經所習，務在出身，咸以《禮記》文少，人皆競讀。《周禮》經邦之軌則，《儀禮》莊敬之楷模，《公羊》、《穀梁》，歷代崇習，今兩監及州縣，以獨學無友，四經殆絕。事資訓誘，不可因循。其學生請各量配作業，并貢人參試之，日習《周禮》、《儀禮》、《公羊》、《穀梁》。並請帖十通五，許其入策。以此開勸，即望四海均習，九經該備。從之。二十一年，玄宗新注老子成，詔天下每歲貢士，減《尚書》、《論語》策，而加《老子》焉。二十四年，制移貢舉於禮部，以侍郎掌之。因考功員外郎李昂詆訶進士李權文章，大爲權所陵訐，朝議以郎官地輕，故移於禮部，遂爲永制。二十五年二月，制：明經每經帖十，取通五以上，免舊試一帖；仍按問大義十條，取通六以上，免試經策十條；令答時務策三道，取粗有文理者與及第。其進士停小經，準明經帖大經十帖，取通四以上，然後準例試雜文及策，考通與及第。其明經中有明五經以上，試無不通者；進士中兼有精通一史，能試策十條得六以上者：奏聽進止。其應試進士等，唱第訖，具所試雜文及策，送中書、門下詳覆。禮部侍郎姚奕奏。玄宗方弘道化，至二十九年，始於京師置崇玄館，諸州置道學，生徒有差，京、都各百人，諸州無常員。習《老》、《莊》、《文》、《列》，謂之四子。廕第與國子監同。謂之道舉。舉送、課試與明經同。凡舉司課試之法，帖經者，以所習經掩其兩端，中間開唯一行，裁紙爲帖，凡帖三字，隨時增損，可否不一，或得四、得五、得六者爲通。後舉人積多，故其法益難，務欲落之，至有帖孤章絕句，疑似參互者以惑之。甚者，或上抵其注，下餘一二字，使尋之難知，謂之倒拔。既甚難矣，而舉人則有驅聯孤絕、索幽隱爲詩賦而誦習之，不過十數篇，則難者悉詳矣。其於平文大義，或多牆面焉。

天寶元年，明經停《老子》，加習《爾雅》。十一載，禮部侍郎楊浚始開爲三行，不得帖斷絕、疑似之言也。明經所試一大經及《孝經》、《論語》、《爾雅》，帖各有差；帖既通而口問之，一經問十義，得六者爲通；問通而後試策，凡三條。三試皆通者爲第。進士所試一大經及《爾雅》，舊制，帖一小經并注。開元二十五年，改帖大經，其《爾雅》亦并帖注。帖既通而後試文試賦各一篇，文通而後試策，凡五條。三試皆通者爲第。經策全通爲甲第，通四以上爲乙第。通三帖以下及策全通而帖經文不通四，或帖經通四以上而策不通四，皆爲不第。明法試律令各十帖，試策共十條，律七條，令三條。全通爲甲，通八以上爲乙，自七以下爲不第。書者試《說文》、《字林》凡十帖，《說文》六帖，《字林》四帖。口試無常限，皆通者爲第。算者試《九章》、《海島》、《孫子》、《五曹》、《張丘建》、《夏侯陽》、《周髀》、《五經》、《綴術》、《緝古》，帖各有差，《九章》三帖，《五經》等七部各一帖，《綴術》六帖，《緝古》四帖。兼試問大義，皆通者爲第。凡衆科有能兼學，則加超獎，不在常限。

按令文，科第秀才與明經同爲四等，進士與明法同爲二等。然秀才之科久廢，而明經雖有甲乙丙丁四科，進士有甲乙二科，自武德以來，明經唯有丁第，進士唯乙科而已。先試之期，命舉人謁於先師，有司卜日，宿張於國學，宰輔以下皆會而觀焉。博集群議講論，而退之禮部。閱試之日，皆嚴設兵衛，荐棘圍之，搜索衣服，譏訶出入，以防假濫焉。其進士，大抵千人得第者百一二；明經倍之，得第者十一二。其制詔舉人，不有常科，皆標其目而搜揚之。試之日，或在殿廷，天子親臨觀之。試已，糊其名於中考之，文策高者特授以美官，其次與出身。開元以後，四海晏清，士無賢不肖，恥不以文章達，其應詔而舉者，多則二千人，少猶不減千人，所收百纔有一。禮部員外郎沈既濟曰：初，國家自顯慶以來，高宗聖躬多不康，而武太后任事，參決大政，與天子並。太后頗涉文史，好彫蟲之藝，永隆中始以文章選士。及永淳之後，太后君臨天下二十餘年，當時公卿百辟無不以文章達，因循遐久，寖以成風。以至於開元、天寶之中，上承高祖、太宗之遺烈，下繼四聖治平之化，賢人在朝，良將在邊，家給户足，人無苦窳，四夷來同，海内晏然。雖有宏猷上略無所措，奇謀雄武無所奮。百餘年間，生育長養，不知金鼓之聲，爟燧之光，以至於老。故太平君子唯門調户選，徵文射策，以取禄位，此行己立身之美者也。父教其子，兄教其弟，無所易業，大者登臺閣，小者仕郡縣，資身奉家，各得其足，五尺童子，恥不言文墨焉。是以進士爲士林華選，四方觀聽，希其風采，每歲得第之人，不浹辰而周聞天下。故忠賢雋彦韞才毓行者，咸出於是，而桀姦無良者或有焉。故是非相陵，毁稱相騰，或扇結鉤黨，私爲盟歃，以取科第，而聲名動天下；或鉤摭隱匿，嘲爲篇詠，以列於道路，迭相談訾，無所不至焉。

寶應二年六月，禮部侍郎楊綰奏，諸州每歲貢人，依鄉舉里選，察秀才、孝廉。敕旨：州縣每歲察孝廉，取在鄉閭有孝悌、廉恥之行薦焉。委有司以禮待之，試其所通之學。五經之内，精通一經，兼能對策，達於理體者，並量行業授官。其明經、進士、道舉，並停。旋復故矣。

貞元二年六月，敕：自今以後，其諸色舉選人中，有能習《開元禮》者，舉人同一經例，選人不限選數，許集。問大義一百條，試策三道，全通者超資與官，義通七十條，策通兩道以上者放及第，以下不在放限。其有散、試官能通者，亦依正員例處分。五年五月，敕：自今以後，諸色人中有習三禮者，前資及出身人依科目選例，吏部考試；白身依貢舉例，禮部考試。每經問大義三十條，試策三道。所試大義，仍委主司於朝官、學官中，揀擇精通經術三五人聞奏，主司與同試問。義策全通爲上等，特加超奬；大義每經通二十五條以上，策通兩道以上爲次等，依資與官。如先是員外、試官者，聽依正員例。其諸學生願習《三禮》及《開元禮》者，並聽。仍永爲常式。九年五月，敕：其習《開元禮》人，問大義一百條，試策三道，全通者爲上等；大義通八十條以上，策兩道以上爲次等；餘一切並準《三禮》例處分。仍永爲常式。

其選授之法，亦同循前代。凡諸王及職事正三品以上，若文武散官二品以上及都督、都護、上州刺史之在京師者，册授。諸王及職事二品以上，若文武散官一品，並臨軒册授；其職事正三品，散官二品以上及都督、都護、上州刺史，並朝堂册。訖，皆拜廟。册用竹簡，書用漆。五品以上皆制授。六品以下、守五品以上及視五品以上，皆敕授。凡制、敕授及册拜，皆宰司進擬。自六品以下旨授。其視品及流外官，皆判補之。凡旨授官，悉由於尚書，文官屬吏部，武官屬兵部，謂之銓選。唯員外郎、御史及供奉之官，則否。供奉官，若起居、補闕、拾遺之類，雖是六品以下官，而皆敕授，不屬選司。開元四年，始有此制。

凡吏部、兵部文武選事，各分爲三銓，尚書典其一，侍郎分其二。文選，舊制尚書掌六品、七品選，侍郎掌八品、九品選。景雲初，宋璟爲吏部尚書，始通其品員而分典之，遂以爲常。凡選，始於孟冬，終於季春。先時，五月頒格於郡縣，示人科限而集之。初，皆投狀於本郡或故任所，述罷免之由，而上尚書省，限十月至省。乃考覈資緒、郡縣鄉里名籍、父祖官名、内外族姻、年齒形狀、優劣課最、譴負刑犯，必具焉。以同流者五五爲聯，以京官五人爲保，一人爲識，皆列名結款，不得有刑家之子、工賈殊類及假名承僞、隱冒升降之徒。應選者有知人之詐冒而糾得三人以上者，優以授之。其試之日，除場援棘，譏察防檢，如禮部舉人之法。

其擇人有四事：一曰身，取其體貌豐偉。二曰言，取其詞論辯正。三曰書，取其楷法遒美。四曰判。取其文理優長。四事可取，則先乎德行；德均以才，才均以勞。其六品以降，計資量勞而擬其官；五品以上，不試，列名上中書、門下，聽制敕處分。凡選，始集而試，觀其書判；已試而銓，察其身、言；已銓而注，詢其便利，而擬其官。已注而唱示之，不厭者得反通其辭，他日，更其官而告之如初。又不厭者，亦如之。三唱而不服，聽冬集。服者以類相從，攢之爲甲，先簡僕射，乃上門下省，給事中讀之，黄門侍郎省之，侍中審之。不審者，皆得駁下。既審，然後上聞，主者受旨而奉行焉。各給以符，而印其上，謂之告身。其文曰尚書吏部告身之印。自出身之人，至於公卿，皆給之。武官，則受於兵部。兵部武選亦然，課試之法如舉人之制，取其軀幹雄偉，應對詳明，有驍勇材藝及可爲統帥者。若文吏求爲武選，取身長六尺以上，籍年四十以下，强勇可以統人者。武夫求爲文選，取書判精工，有理人之才而無殿犯者。凡官已受成，皆殿庭謝恩。其黔中、嶺南、閩中郡縣之官，不由吏部，以京官五品以上一人充使就補，御史一人監之，四歲一往，謂之南選。凡居官以年爲考，六品以下四考爲滿。武德初，因隋舊制，以十一月起選，至春則停。至貞觀二年，劉林甫爲吏部侍郎，以選限既促，多不究悉，遂奏四時聽選，隨到注擬，當時以爲便。十九年十一月，馬周爲吏部尚書，以吏部四時提衡，略無休暇，遂請取所由文解，十月一日起省，三月三十日畢。

自高宗麟德以後，承平既久，人康俗阜，求進者衆，選人漸多。總章二年，裴行儉爲司列少常伯，始設長名姓歷牓，引銓注之法；又定州縣官資高下升降，以爲故事。其後莫能革焉。至玄宗開元中，行儉子光庭爲侍中，以選人既無常限，或有出身二十餘年而不獲禄者，復作循資格，定爲限域。凡官罷滿以若干選而集，各有差等，卑官多選，高官少選，賢愚一貫，必合乎格者，乃得銓授。自下升上，限年躡級，不得踰越。久淹不收者，皆荷之，謂之聖書。雖小有常規，而掄材之方失矣。此起於後魏崔亮停年之制也。其有異才高行，聽擢不次，然有其制，而無其事。有司但守文奉式，循資例而已。

初，吏部選才，將親其人，覆其吏事，始取州縣案牘疑議，試其斷割，而觀其能否，此所以爲判也。按：顯慶初，黄門侍郎劉祥道上疏曰：今行署等勞滿，唯曹司試判，不簡善惡，雷同注官。此則試判之所起也。後日月寖久，選人猥多，案牘淺近，不足爲難，乃采經籍古義，假設甲乙，令其判斷。既而來者益衆，而通經正籍又不足以爲問，乃徵僻書、曲學、隱伏之義問之，惟懼人之能知也。佳者登於科第，謂之入等；其甚拙者謂之藍縷，各有升降。選人有格限未至，而能試文三篇，謂之宏詞；試判三條，謂之拔萃，亦曰超絶。詞美者，得不拘限而授職。

初州縣混同，無等級之差，凡所拜授，或自大而遷小，或始近而後遠，無有定制。其後選人既多，叙用不給，遂累增郡縣等級之差，郡自輔至下凡八等，縣自赤至下凡八等。其折衝府亦有差等。按格、令，内外官萬八千八十五員。而合入官者，自諸館學生以降，凡十二萬餘員。弘文、崇文館學生五十員，國子、太學、四門、律、書、算凡二千二百一十員，州縣學生六萬七百一十員；兩京崇玄館學生二百員，諸州學不計；太史曆生三十六員，天文生百五十員，太醫童、針、祝諸生二百一十一員，太卜卜筮生三十員；千牛備身八十員，備身二百五十六員，進馬十六員，齋郎八百六十二員；諸三衛監門直長三萬九千四百六十二員；諸屯主、副千九百八十四員；諸折衝府録事、府、史千七百八十二員，校尉三千五百六十四員，執仗、執乘每府六十四員，親事、帳内一萬員；集賢院御書手一百員；翰林藥童數百員；諸臺、省、寺、監、軍、衛、坊、府之胥吏，及上州市令、録事，省司補授者約六千餘員。其外文武貢士及應制、挽郎、輦脚、軍功、使勞、徵辟、奏薦、神童、陪位，諸以親蔭并藝術百司雜直，或恩賜出身受職不爲常員者，不可悉數。大率約八、九人争官一員。

初，武德中，天下兵革方息，萬姓安業，士不求禄，官不充員，吏曹乃移牒州府，課人應集，至則授官，無所退遣。四五年閒，求者漸多，方稍有沙汰。

貞觀時，京師穀貴，始分人於洛州選集，參選者七千人，而得官者六千人。時太宗謂吏部尚書杜如晦曰：今吏部取人，獨舉其言辭刀筆，而不詳才行，或授職數年，然後罪彰，雖刑戮繼及，而人已弊矣。如之何？對曰：昔兩漢取人，必本於鄉閭選之，然後入官，是以稱漢爲多士。今每歲選集，動踰數千人，厚貌飾辭，何可知也。選曹但校其階品而已。若掄才辨行，未見其術。上由是將依漢法，令本州辟召，會功臣議行封建，事乃寢。他日，上又曰：夫古今致理，在於得賢。今公等不能知，朕不遍識，日月其逝，而人遠矣。吾將使人自舉，如之何？魏徵曰：知人則智，自知者明。知人誠難矣，而自知豈易乎？且自媒自衒，士女之醜行，是長澆競也。不可。復寢。是時，吏部之法行始二十餘年，雖已爲弊矣，而未甚滂流，故公卿輔弼或有未之覺者。貞觀十七年，吏部侍郎高季輔知選，凡所銓綜，時稱允愜，十八年獨知選事，太宗賜金背鏡一面，以表其清鑒焉。太宗初知其微而未及更，因循至於永徽中，官紀已紊，洎麟德之後，不勝其弊。

及武太后臨朝，務悦人心，不問賢愚，選集者多收之，職員不足，乃令吏部大置試官以處之，故當時有車載、斗量之謡。又以鄧玄挺、有唐以來，掌選之失，無如玄挺者。時患消渴疾，選人因目爲鄧渴，作鄧渴詩以謗之。許子儒爲侍郎，無所藻鑑，委成令史，依資平配。其後，諸門入仕者猥衆，不可禁止，有僞立符告者，有接承他名者，有遠人無親而買保者，有試判之日求人代作者，如此假濫，不可悉數。武太后又以吏部選人多不實，乃令試日自糊其名，暗考以定等第。糊名自此始也。有司不能詳求故實，滅革其弊，神功元年敕：自今以後，本色出身，解天文者，進官不得過太史令；音樂者，不得過太樂、鼓吹署令；醫術者，不得過尚藥奉御；陰陽卜筮者，不得過太卜令；解造食者，不得過司膳署令。有從勳官、品子、流外、國官、參佐、視品等出身者，自今以後，不得任京清要等官；若累限應至三品，不須進階，每一階酬勳兩轉。而乃繁設等級，遞立選防，苟以抑之。

及神龍以來，復置員外官二千餘人，兼超授閹官爲員外官者又千餘人。時李嶠居選部，引用權勢，以取聲名，故爾其員外官悉憑恃與正官紛競，至相毆擊者。及嶠復入相，乃深悟之，上疏請惜班榮，稍減除授。時中宮用事，恩澤横出，除官有不由宰司，特敕斜封便拜。於是內外盈溢，居無廨署，時人謂之三無坐處，言宰相、御史及員外官也。時以鄭愔爲吏部侍郎，大納貨賄，留人過多，無闕注擬，逆用三年闕員，於是綱紀大紊。

及先天以後，宋璟爲尚書，李乂、盧從愿爲侍郎，方革前弊，量闕留人。雖資高考深而非才實者，並罷選。當時選者十不收一，由是吏曹之職復理矣。自有唐以來，居吏部者，唯馬載、裴行儉、崔玄暐、韋嗣立最爲稱職。

開元十三年，玄宗又以吏部選試不公，乃置十銓試人。禮部尚書蘇頲、刑部尚書韋抗，工部尚書盧從愿，右常侍徐堅，御史中丞宇文融，朝集使、蒲州刺史崔琳，魏州刺史崔沔，荊州長史韋虛心，鄭州刺史賈曾，懷州刺史王丘，各掌其一。時左庶子吳兢上表，諫曰：易稱君子思不出其位，言各止其所，不侵官也。此實百王準的。伏見敕旨令韋抗等十人，分掌吏部銓選，及試判將畢，遽召入禁中決定。雖有吏部尚書及侍郎，皆不得參其事。議者皆以陛下曲受讒言，不信於有司也。然則居上臨人之道，經邦緯俗之規，必在推誠，方能感物。抑又聞用天下之智力者，莫若使天下信之，故漢光武置赤心於人腹，良有旨哉。昔魏明帝嘗卒至尚書省，尚書令陳矯跪問曰：陛下欲何之？帝曰：欲按行省司文簿。矯曰：此是臣之職分，非陛下所宜臨。若臣不稱職，則就黜退，陛下宜即還宮。帝慚而返。又，陳平、丙吉者，漢家之宰相也，尚不對錢穀之數，不問鬥死之人。故知自古天子至于卿士，守其職分，而不可輒有侵越也。況我大唐萬乘之君，卓絕千古之上，豈得下行選事，頓取怪於朝野乎？凡是選人書判，並請委之有司，仍停此十銓分選，依舊以三銓爲定也。明年，復故。二十三年七月，吏部尚書李暠奏曰：伏見告身印與曹印文同，行用參雜，難以區分，請準司勳、兵部印文，加告身兩字。從之。

至天寶八載六月，敕旨授官宜立攢符，下諸郡府。十一載，楊國忠爲吏部尚書，以肺腑爲相，懼招物議，取悅人心，乃以選人非超絕當留及藍縷當放之外，其餘常選，從年深者率留，故惷愚廢滯者咸荷焉。其明年，三銓注官，皆自專之，於尚書都堂與左相相偶唱注，二旬而畢，不復經門下省審，侍郎不得參其議。

其內常參官八品以上及外官五品以上正員并停使郎官御史丁憂廢省者，舊制中書、門下便除授，貞元四年正月制春秋舉薦。至五年六月，敕：在外者，委諸道觀察使及州府長史；其在京城者，委中書、門下、尚書省、御史臺。常參清官并諸使三品以上官，左右庶子，少詹事，少卿，監，司業，少尹，諭德，國子博士，長安、萬年縣令，著作郎，郎中，中允，中舍人，祕書太常丞，贊善，洗馬等，每年一度薦聞。至八年正月，敕：比來所舉，人數頗多，自今以後，中書、門下兩省及御史臺五品以上，尚書省四品以上，諸司三品以上，應合舉人，各令每人薦不得過兩人。餘官，不得過一人。至九年十一月，敕：每年冬薦官，吏部準式檢勘，成者宜令尚書左右丞、本司侍郎引於都堂，訪以理術兼商量時務狀，考其理識通者及考第事，疏定爲三等，并舉主名録奏。試日，仍令御史一人監試。

（唐）李肇《唐國史補》卷下 李建爲吏部郎中，常言于同列曰：方今俊秀，皆舉進士。使僕得志，當令登第之歲，集于吏部，使尉緊縣，既罷又集，乃尉兩畿，而升于朝。大凡中人，三十成名，四十乃至清列，遲速爲宜。既登第，遂食禄；既食禄，必登朝，誰不欲也？無淹翔以守常限，無紛競以求再捷，下曹得其修舉，上位得其歷試。就而言之，其利甚博。議者多之。【略】

進士爲時所尚久矣。是故俊乂實集其中，由此出者，終身爲聞人。故爭名常切，而爲俗亦弊。其都會謂之舉場，通稱謂之秀才。投刺謂之鄉貢，得第謂之前進士。互相推敬謂之先輩，俱捷謂之同年，有司謂之座主。京兆府考而升者，謂之等第。外府不試而貢者，謂之拔解。將試各相保任，謂之合保。羣居而賦，謂之私試。造請權要，謂之關節。激揚聲價，謂之還往。既捷，列書其姓名於慈恩寺塔，謂之題名會。大醼於曲江亭子，謂之曲江會。籍而入選，謂之春闈。不捷而醉飽，謂之打毷氉。匿名造謗，謂之無名子。退而肄業，謂之過夏。執業而出，謂之夏課。挾藏入試，謂之書策。此是大略也。其風俗繫于先達，其制置存于有司。雖然，賢士得其大者，故位極人臣，常十有二三，登顯列十有六七，而張睢陽、元魯山有焉，劉闢、元脩有焉。

開元二十四年，考功郎中李昂，爲士子所輕詆，天子以郎署權輕，移職禮部，始置貢院。天寶中，則有劉長卿、袁成用分爲朋頭，是時常重東府西監。至貞元八年，李觀、歐陽詹猶以廣文生登第，自後乃羣奔于京兆矣。

貞元十二年，駙馬王士平與義陽公主反目，蔡南史、獨孤申叔播爲樂曲，號義陽子，有《團雪散雲》之歌。德宗聞之怒，欲廢科舉，後但流斥南史、申叔而止。

或有朝客譏宋濟曰：近日白袍子何太紛紛？濟曰：蓋由緋袍子、紫袍子紛紛化使然也。

宋濟老于文場，舉止可笑，嘗試賦，誤失官韻，乃撫膺曰：宋五又坦率矣。由是大著名。後禮部上甲乙名，德宗先問曰：宋五免坦率否？

元和已後，爲文筆則學奇詭于韓愈，學苦澀于樊宗師；歌行則學流蕩于張籍；詩章則學矯激于孟郊，學淺切于白居易，學淫靡于元稹。俱名爲元和體。大抵天寶之風尚黨，大曆之風尚浮，貞元之風尚蕩，元和之風尚怪也。

建中初，金吾將軍裴冀曰：若使禮部先時頒天下曰某年試題取某經，某年試題取某史，至期果然，亦勸學之一術也。

崔元翰爲楊崖州所知，欲拜補闕，懇曰：願得進士，由此獨步場中。然亦不曉呈試，故先求題目爲地。崔敖知之，旭日都堂始開，敖盛氣白侍郎曰：若試《白雲起封中賦》，敖請退。侍郎爲其所中，愕然换其題。是歲二崔俱捷。

熊執易通于《易》理，會建中四年，試《易知險阻論》，執易端坐剖？，傾動場中，乃一舉而捷。

李直方嘗第果實名如貢士之目者，以緑李爲首，楞梨爲副，櫻桃爲三，甘子爲四，蒲桃爲五。或薦荔枝，曰：寄舉之首。又問：栗如之何？曰：取其實事，不出八九。始范曄以諸香品時輩，後侯朱虛撰《百官本草》，皆此類也。其升降義趣，直方多則而效之。

韓愈引致後進，爲求科第，多有投書請益者，時人謂之韓門弟子。愈後官高，不復爲也。

《新唐書》卷四四《選舉志》 唐制，取士之科，多因隋舊，然其大要有三。由學館者曰生徒，由州縣者曰鄉貢，皆升于有司而進退之。其科之目，有秀才，有明經，有俊士，有進士，有明法，有明字，有明算，有一史，有三史，有開元禮，有道舉，有童子。而明經之别，有五經，有三經，有二經，有學究一經，有三禮，有三傳，有史科。此歲舉之常選也。其天子自詔者曰制舉，所以待非常之才焉。

凡學六，皆隸于國子監：國子學，生三百人，以文武三品以上子孫若從二品以上曾孫及勳官二品、縣公、京官四品帶三品勳封之子爲之；太學，生五百人，以五品以上子孫、職事官五品期親若三品曾孫及勳官三品以上有封之子爲之；四門學，生千三百人，其五百人以勳官三品以上無封、四品有封及文武七品以上子爲之，八百人以庶人之俊異者爲之；律學，生五十人，書學，生三十人，算學，生三十人，以八品以下子及庶人之通其學者爲之。京都學生八十人，大都督、中都督府、上州各六十人，下都督府、中州各五十人，下州四十人，京縣五十人，上縣四十人，中縣、中下縣各三十五人，下縣二十人。國子監生，尚書省補，祭酒統焉。州縣學生，州縣長官補，長史主焉。

凡館二：門下省有弘文館，生三十人；東宫有崇文館，生二十人。以皇緦麻以上親，皇太后、皇后大功以上親，宰相及散官一品、功臣身食實封者、京官職事從三品、中書黄門侍郎之子爲之。

凡博士、助教，分經授諸生，未終經者無易業。凡生，限年十四以上，十九以下；律學十八以上，二十五以下。

凡《禮記》、《春秋左氏傳》爲大經，《詩》、《周禮》、《儀禮》爲中經，《易》、《尚書》、《春秋公羊傳》、《穀梁傳》爲小經。通二經者，大經、小經各一，若中經二。通三經者，大經、中經、小經各一。通五經者，大經皆通，餘經各一，《孝經》、《論語》皆兼通之。凡治《孝經》、《論語》共限一歲，《尚書》、《公羊傳》、《穀梁傳》各一歲半，《易》、《詩》、《周禮》、《儀禮》各二歲，《禮記》、《左氏傳》各三歲。學書，日紙一幅，間習時務策，讀《國語》、《説文》、《字林》、《三蒼》、《爾雅》。凡書學，石經三體限三歲，《説文》二歲，《字林》一歲。凡算學，《孫子》、《五曹》共限一歲，《九章》、《海島》共三歲，《張丘建》、《夏侯陽》各一歲，《周髀》、《五經算》共一歲，《綴術》四歲，《緝古》三歲，《記遺》、《三等數》皆兼習之。

旬給假一日。前假，博士考試，讀者千言試一帖，帖三言，講者二千言問大義一條，總三條通二爲第，不及者有罰。歲終，通一年之業，口問大義十條，通八爲上，六爲中，五爲下。併三下與在學九歲、律生六歲不堪貢者罷歸。諸學生通二經、俊士通三經已及第而願留者，四門學生補太學，太學生補國子學。每歲五月有田假，九月有授衣假，二百里外給程。其不帥教及歲中違程滿三十日，事故百日，緣親病二百日，皆罷歸。既罷，條其狀下之屬所，五品以上子孫送兵部，準蔭配色。

每歲仲冬，州、縣、館、監舉其成者送之尚書省；而舉選不繇館、學者，謂之鄉貢，皆懷牒自列于州、縣。試已，長吏以鄉飲酒禮，會屬僚，設賓主，陳俎豆，備管絃，牲用少牢，歌鹿鳴之詩，因與耆艾叙長少焉。既至省，皆疏名列到，結款通保及所居，始由户部集閱，而關于考功員外郎試之。

凡秀才，試方略策五道，以文理通粗爲上上、上中、上下、中上，凡四等爲及第。凡明經，先帖文，然後口試，經問大義十條，答時務策三道，亦爲四等。凡開元禮，通大義百條、策三道者，超資與官；義通七十、策通二者，及第。散、試官能通者，依正員。凡三傳科，《左氏傳》問大義五十條，《公羊》、《穀梁傳》三十條，策皆三道，義通七以上、策通二以上爲第，白身視五經，有出身及前資官視學究一經。凡史科，每史問大義百條、策三道，義通七、策通二以上爲第。能通一史者，白身視五經、三傳，有出身及前資官視學究一經；三史皆通者，獎擢之。凡童子科，十歲以下能通一經及《孝經》、《論語》，卷誦文十，通者予官；通七，予出身。凡進士，試時務策五道、帖一大經，經、策全通爲甲第；策通四、帖過四以上爲乙第。凡明法，試律七條、令三條，全通爲甲第，通八爲乙第。凡書學，先口試，通，乃墨試《説文》、《字林》二十條，通十八爲第。凡算學，録大義本條爲問答，明數造術，詳明術理，然後爲通。試《九章》三條、《海島》《孫子》《五曹》《張丘建》《夏侯陽》《周髀》《五經算》各一條，十通六，《記遺》、《三等數》帖讀十得九，爲第。試綴術、緝古録大義爲問答者，明數造術，詳明術理，無注者合數造術，不失義理，然後爲通。《綴術》七條、《緝古》三條，十通六，《記遺》、《三等數》帖讀十得九，爲第。落經者，雖通六，不第。

凡弘文、崇文生，試一大經、一小經，或二中經，或《史記》、《前、後漢書》、《三國志》各一，或時務策五道。經史皆試策十道。經通六，史及時務策通三，皆帖《孝經》、《論語》共十條通六，爲第。凡貢舉非其人者、廢舉者、校試不以實者，皆有罰。

其教人取士著於令者，大略如此。而士之進取之方，與上之好惡、所以育材養士、招來獎進之意，有司選士之法，因時增損不同。

自高祖初入長安，開大丞相府，下令置生員，自京師至于州縣皆有數。既即位，又詔祕書外省別立小學，以教宗室子孫及功臣子弟。其後又詔諸州明經、秀才、俊士、進士明於理體爲鄉里稱者，縣考試，州長重覆，歲隨方物入貢；吏民子弟學藝者，皆送于京學，爲設考課之法。州、縣、鄉皆置學焉。及太宗即位，益崇儒術。乃於門下別置弘文館，又增置書、律學，進士加讀經、史一部。十三年，東宫置崇文館。自天下初定，增築學舍至千二百區，雖七營飛騎，亦置生，遣博士爲授經。四夷若高麗、百濟、新羅、高昌、吐蕃，相繼遣子弟入學，遂至八千餘人。

高宗永徽二年，始停秀才科。龍朔二年，東都置國子監，明年以書學隸蘭臺，算學隸祕閣，律學隸詳刑。上元二年，加試貢士《老子》策，明經二條，進士三條。國子監置大成二十人，取已及第而聰明者爲之。試書日誦千言，并日試策，所業十通七，然後補其禄俸，同直官。通四經業成，上於尚書，吏部試之，登第者加一階放選。其不第則習業如初，三歲而又試，三試而不中第，從常調。

永隆二年，考功員外郎劉思立建言，明經多抄義條，進士唯誦舊策，皆亡實才，而有司以人數充第。乃詔自今明經試帖粗十得六以上，進士試雜文二篇，通文律者然後試策。

武后之亂，改易舊制頗多。中宗反正，詔宗室三等以下、五等以上未出身，願宿衛及任國子生，聽之。其家居業成而堪貢者，宗正寺試，送監舉如常法。三衛番下日，願入學者，聽附國子學、太學及律館習業。蕃王及可汗子孫願入學者，附國子學讀書。

玄宗開元五年，始令鄉貢明經、進士見訖，國子監謁先師，學官開講問義，有司爲具食，清資五品以上官及朝集使皆往閲禮焉。七年，又令弘文、崇文、國子生季一朝參。及注《老子道德經》成，詔天下家藏其書，貢舉人減《尚書》、《論語》策，而加試《老子》。又敕州縣學生年二十五以下、八品子若庶人二十一以下通一經及未通經而聰悟有文辭、史學者，入四門學爲俊士。即諸州貢舉省試不第，願入學者亦聽。

二十四年，考功員外郎李昂爲舉人詆訶，帝以員外郎望輕，遂移貢舉於禮部，以侍郎主之。禮部選士自此始。

二十九年，始置崇玄學，習《老子》、《莊子》、《文子》、《列子》，亦曰道舉。其生，京、都各百人，諸州無常員。官秩、蔭第同國子，舉送、課試如明經。

天寶九載，置廣文館於國學，以領生徒爲進士者。舉人舊重兩監，後世禄者以京兆、同、華爲榮，而不入學。十二載，乃敕天下罷鄉貢，舉人不由國子及郡、縣學者，勿舉送。是歲，道舉停《老子》，加《周易》。十四載，復鄉貢。

代宗廣德二年，詔曰：古者設太學，教胄子，雖年穀不登，兵革或動，而俎豆之事不廢。頃年戎車屢駕，諸生輟講，宜追學生在館習業，度支給廚米。是歲，賈至爲侍郎，建言歲方艱歉，舉人赴省者，兩都試之。兩都試人自此始。

貞元二年，詔習《開元禮》者舉同一經例，明經習律以代《爾雅》。是時弘文、崇文生未補者，務取員闕以補，速於登第，而用蔭乖實，至有假市門資、變易昭穆及假人試藝者。六年，詔宜據式考試，假代者論如法。初，禮部侍郎親故移試考功，謂之別頭。十六年，中書舍人高郢奏罷，議者是之。

元和二年，置東都監生一百員。然自天寶後，學校益廢，生徒流散。永泰中，雖置西監生，而館無定員。於是始定生員：西京國子館生八十人，太學七十人，四門三百人，廣文六十人，律館二十人，書、算館各十人；東都國子館十人，太學十五人，四門五十人，廣文十人，律館十人，書館三人，算館二人而已。明經停口義，復試墨義十條。五經取通五，明經通六。其嘗坐法及爲州縣小吏，雖藝文可采，勿舉。十三年，權知禮部侍郎庾承宣奏復考功別頭試。

初，開元中，禮部考試畢，送中書門下詳覆，其後中廢。是歲，侍郎錢徽所舉送，覆試多不中選，由是貶官，而舉人雜文復送中書門下。長慶三年，侍郎王起言：故事，禮部已放牓，而中書門下始詳覆。今請先詳覆，而後放牓。議者以起雖避嫌，然失貢職矣。諫議大夫殷侑言：《三史》爲書，勸善懲惡，亞於《六經》。比來史學都廢，至有身處班列，而朝廷舊章莫能知者。於是立史科及三傳科。大和三年，高鍇爲考功員外郎，取士有不當，監察御史姚中立又奏停考功別頭試。六年，侍郎賈餗又奏復之。八年，宰相王涯以爲禮部取士，乃先以牓示中書，非至公之道。自今一委有司，以所試雜文、鄉貫、三代名諱送中書門下。

大抵衆科之目，進士尤爲貴，其得人亦最爲盛焉。方其取以辭章，類若浮文而少實；及其臨事設施，奮其事業，隱然爲國名臣者，不可勝數，遂使時君篤意，以謂莫此之尚。及其後世，俗益媮薄，上下交疑，因以謂按其聲病，可以爲有司之責，捨是則汗漫而無所守，遂不復能易。嗚呼，乃知三代鄉里德行之舉，非至治之隆莫能行也。太宗時，冀州進士張昌齡、王公謹有名於當時，考功員外郎王師旦不署以第。太宗問其故，對曰：二人者，皆文采浮華，擢之將誘後生而弊風俗。其後，二人者卒不能有立。

寶應二年，禮部侍郎楊綰上疏言：

進士科起於隋大業中，是時猶試策。高宗朝，劉思立加進士雜文，明經填帖，故爲進士者皆誦當代之文，而不通經史，明經者但記帖括。又投牒自舉，非古先哲王仄席待賢之道。請依古察孝廉，其鄉閭孝友信義廉恥而通經者，縣薦之州，州試其所通之學，送于省。自縣至省，皆勿自投牒，其到狀、保辨、識牒皆停。而所習經，取大義，聽通諸家之學。每問經十條，對策三道，皆通，爲上第，吏部官之；經義通八，策通二，爲中第，與出身；下第，罷歸。《論語》、《孝經》、《孟子》兼爲一經，其明經、進士及道舉並停。

詔給事中李栖筠、李廙、尚書左丞賈至、京兆尹兼御史大夫嚴武議。栖筠等議曰：

夏之政忠，商之政敬，周之政文，然則文與忠敬皆統人行。且謚號述行，莫美於文，文興則忠敬存焉。故前代以文取士，本文行也，由辭觀行，則及辭焉。宣父稱顏子不遷怒，不貳過，謂之好學。今試學者以帖字爲精通，不窮旨義，豈能知遷怒貳過之道乎？考文者以聲病爲是非，豈能知移風易俗化天下乎？是以上失其源，下襲其流，先王之道莫能行也。夫先王之道消，則小人之道長，亂臣賊子由是生焉。今取士試之小道，而不以遠大，是猶以蝸蚓之餌垂海，而望吞舟之魚，不亦難乎？所以食垂餌者皆小魚，就科目者皆小藝。且夏有天下四百載，禹之道喪而商始興；

商有天下六百祀，湯之法棄而周始興；周有天下八百年，文、武之政廢而秦始并焉。三代之選士任賢，皆考實行，是以風俗淳一，運祚長遠。漢興，監其然，尊儒術，尚名節，雖近戚竊位，彊臣擅權，弱主外立，母后專政，而亦能終彼四百，豈非學行之效邪？魏、晉以來，專尚浮俊，德義不修，故子孫速顛，享國不永也。今綰所請，實爲正論。然自晉室之亂，南北分裂，人多僑處，必欲復古鄉舉里選，竊恐未盡。請兼廣學校，以明訓誘。雖京師州縣皆有小學，兵革之後，生徒流離，儒臣、師氏，禄廩無向。請增博士員，厚其稟稍，選通儒碩生，閒居其職。十道大郡，置太學館，遣博士出外，兼領郡官，以教生徒。保桑梓者，鄉里舉焉；在流寓者，庠序推焉。朝而行之，夕見其利。

而大臣以爲舉人循習，難於速變，請自來歲始。帝以問翰林學士，對曰：舉進士久矣，廢之恐失其業。乃詔明經、進士與孝廉兼行。

先是，進士試詩、賦及時務策五道，明經策三道。建中二年，中書舍人趙贊權知貢舉，乃以箴、論、表、贊代詩、賦，而皆試策三道。大和八年，禮部復罷進士議論，而試詩、賦。文宗從内出題以試進士，謂侍臣曰：吾患文格浮薄，昨自出題，所試差勝。乃詔禮部歲取登第者三十人，苟無其人，不必充其數。是時，文宗好學嗜古，鄭覃以經術位宰相，深嫉進士浮薄，屢請罷之。文宗曰：敦厚浮薄，色色有之，進士科取人二百年矣，不可遽廢。因得不罷。

武宗即位，宰相李德裕尤惡進士。初，舉人既及第，綴行通名，詣主司第謝。其制，序立西階下，北上東向；主人席東階下，西向；諸生拜，主司答拜；乃叙齒，謝恩，遂升階，與公卿觀者皆坐；酒數行，乃赴期集。又有曲江會、題名席。至是，德裕奏：國家設科取士，而附黨背公，自爲門生。自今一見有司而止，其期集、參謁、曲江題名皆罷。德裕嘗論公卿子弟艱於科舉，武宗曰：向聞楊虞卿兄弟朋比貴勢，妨平進之路。昨黜楊知至、鄭朴等，抑其太甚耳。有司不識朕意，不放子弟，即過矣，但取實藝可也。德裕曰：鄭肅、封敖子弟皆有才，不敢應舉。臣無名第，不當非進士。然臣祖天寶末以仕進無他岐，勉彊隨計，一舉登第。自後家不置《文選》，蓋惡其不根藝實。然朝廷顯官，須公卿子弟爲之。何者？少習其業，目熟朝廷事，臺閣之儀，不教而自成。寒士縱有出人之才，固不能閑習也。則子弟未易可輕。德裕之論，偏異蓋如此。然進士科當唐之晚節，尤爲浮薄，世所共患也。

所謂制舉者，其來遠矣。自漢以來，天子常稱制詔道其所欲問而親策之。唐興，世崇儒學，雖其時君賢愚好惡不同，而樂善求賢之意未始少怠，故自京師外至州縣，有司常選之士，以時而舉。而天子又自詔四方德行、才能、文學之士，或高蹈幽隱與其不能自達者，下至軍謀將略、翹關拔山、絶藝奇伎莫不兼取。其爲名目，隨其人主臨時所欲，而列爲定科者，如賢良方正、直言極諫、博通墳典達於教化、軍謀宏遠堪任將率、詳明政術可以理人之類，其名最著。而天子巡狩、行幸、封禪太山梁父，往往會見行在。其所以待之之禮甚優，而宏材偉論非常之人亦時出於其間，不爲無得也。

其外，又有武舉，蓋其起於武后之時。長安二年，始置武舉。其制，有長垛、馬射、步射、平射、筒射、又有馬槍、翹關、負重、身材之選。翹關，長丈七尺，徑三寸半，凡十舉後，手持關距，出處無過一尺，負重者，負米五斛，行二十步，皆爲中第，亦以鄉飲酒禮送兵部。其選用之法不足道，故不復書。

《新唐書》卷四五《選舉志》　武選，凡納課品子，歲取文武六品以下、勳官三品以下五品以上子，年十八以上，每州爲解上兵部，納課十三歲而試，第一等送吏部，第二等留本司，第三等納資二歲，第四等納資三歲；納已，復試，量文武授散官。若考滿不試，免當年資；遭喪免資。無故不輸資及有犯者，放還之。凡捉錢品子，無違負滿二百日，本屬以簿附朝集使，上于考功、兵部。滿十歲，量文武授散官。其視品國官府佐應停者，依品子納課，十歲而試，凡一歲爲一選。自一選至十二選，視官品高下以定其數，因其功過而增損之。

《新唐書》卷四五《選舉志》　初，銓法簡而任重。高宗總章二年，司列少常伯裴行儉始設長名牓，引銓注法，復定州縣升降爲八等，其三京、五府、都護、都督府，悉有差次，量官資授之。其後李敬玄爲少常伯，委事於員外郎張仁禕，仁禕又造姓歷，改狀樣、銓歷等程式，而銓總之法密矣。然是時仕者衆，庸愚咸集，有偽主符告而矯爲官者，有接承它名而參調者，有遠人無親而置保者。試之日，冒名代進，或旁坐假手，或借人外助，多非其實。雖繁設等級，遞差選限，增譴犯之科，開糾告之令以遏之，然猶不能禁。大率十人競一官。餘多委積不可遣，有司患之，謀爲黜落之計，以僻書隱學爲判目，無復求人之意。而吏求貨賄，出入升降。至武后時，天官侍郎魏玄同深嫉之，因請復古辟署之法，不報。

《新唐書》卷四五《選舉志》　初，試選人皆糊名，令學士考判，武后以爲非委任之方，罷之。

（宋）王溥《唐會要》卷五九《尚書省諸司下・兵部尚書》　舊制：凡武舉，每歲孟冬，亦與計偕。有二科：一曰平試，射長垛三十發，不出第一院；二曰武舉，試長垛、騎射、馬槍、步射、材貌言語、翹關舉重，其勳官五品以下，並三衛報仗，乘君品子，半考已滿者，並放選。勳官六品以下者，並應宿衛人，及品子五考已上者，並授散官。餘並帖仗，然後授散官也。

（五代）王定保《唐摭言》卷一《統序科第》　《周禮》，鄉大夫具鄉飲酒之教，考其德行，察其道藝，三年，舉賢者貢于王庭。非夫鄉舉裡選之義源于中乎夫子聖人，始以四科齒門弟子，後王因而范之。漢革秦亂，講求典禮，亦解循塗方轍，以須賢俊，考德行則升孝廉而激浮俗，掄道藝則第雋造而廣人文，故郡國貢士無虛歲矣。由是天下上計集于大司徒府，所以顯五教于萬民者也。我唐沿隋法漢，孜孜矻矻，以事草澤。琴瑟不改，而清濁殊塗；丹漆不施，而豐儉異致。始自武德辛巳歲四月一日，敕諸州學士及早有明經及秀才、俊士、進士，明于理體，爲鄉里所稱者，委本縣考試，州長重覆，取其合格，每年十月隨物入貢。斯我唐貢士之始也。厥有沿革，録之如左。

（五代）王定保《唐摭言》卷一《貢舉釐革並行鄉飲酒》　開元二十五年二月，敕應諸州貢士：上州歲貢三人，中州二人，下州一人；必有才行，不限其數。所宜貢之人解送之日，行鄉飲禮，牲用少牢，以官物充。

（五代）王定保《唐摭言》卷一《會昌五年舉格節文》　公卿百寮子弟及京畿內士人寄客外州府舉士人等修明經、進士業者，並隸名所在監及官學，仍精加考試。所送人數：其國子監明經，舊格每年送三百五十人，今請送三百人；進士，依舊格送三十人；其隸名明經，亦請送二百人；其宗正寺進士，送二十人；其東監同華、河中所送進士，不得過三十人，明經不得過五十人。其鳳翔、山南西道東道、荆南、鄂嶽、湖南、鄭滑、浙西、浙東、鄜坊、宣商、涇邠、江南、江西、淮南、西川、東川、陝虢等道，所送進士不得過一十五人，明經不得過二十人。其河東、陳許、汴、塗泗、易定、齊德、魏博、澤潞、幽孟、靈夏、淄青、鄆曹、兗海、鎮冀、麟勝等道，所送進士不得過一十人，明經不得過十五人。金汝、鹽豐、福建、黔府、桂府、嶺南、安南、邕容等道，所送進士不得過七人，明經不得過十人。其諸支郡所送人數，請申觀察使爲解都送，不得諸州各自申解。諸州府所試進士雜文，據元格併合封送省。准開成三年五月三日敕落下者，今緣自不送所試以來，舉人公然拔解；今諸州府所試，各須封送省司檢勘，如病敗不近詞理，州府妄給解者，試官停見任用闕。

（五代）王定保《唐摭言》卷一《述進士上篇》　永徽已前，俊、秀二科猶與進士並列；咸亨之後，凡由文學一舉於有司者，競集于進士矣。繇是趙傪等嘗删去俊、秀，故目之曰《進士登科記》。古者，閭有序，鄉有庠，以時教行禮而視化焉。其有秀異者，則升于諸侯之學；諸侯歲貢其尤著者，移之于天子，升于太學，故命曰造士，然後命焉。《周禮》：大樂正論造士之秀者以告于王，而升諸司馬；司馬辨論官材，論進士之賢以告于王者，而定其論。論定然後官之，任官然後爵之，位定然後禄之。若列之於科目，則俊、秀盛于漢、魏；而進士，隋大業中所置也。如侯君素、孫伏伽，皆隋之進士也明矣。然彰于武德而甲於貞觀。蓋文皇帝修文偃武，天贊神授，嘗私幸端門，見新進士綴行而出，喜曰：天下英雄入吾彀中矣。若乃光宅四夷，垂祚三百，何莫由斯之道者也。

（五代）王定保《唐摭言》卷一《述進士下篇》　元和中，中書舍人李肇撰《國史補》，其略曰：進士爲時所尚久矣，是故俊乂實在其中。由此而出者，終身爲文人，故爭名常爲時所弊。其都會謂之舉場，通稱謂之秀才，投刺謂之鄉貢，得第謂之前進士，互相推敬謂之先輩，俱捷謂之同年，有司謂之座主，京兆府考而升者謂之等第，外府不試而貢者謂之拔解，將試各相保謂之合保，群居而賦謂之私試，造請權要謂之關節，激揚聲價謂之還往，既捷，列名於慈恩寺塔謂之題名，大宴於曲江亭子謂之曲江會，藉而入選謂之春闈，不捷而醉飽謂之打毷氉，匿名造謗謂之無名子，退而肄業謂之過夏，執業以出謂之夏課，挾藏入試謂之書策，此其大略也。其風俗系于先達，其制置存於有司。雖然，賢者得其大者，故位極人臣，常有十二三；登顯列，十有六七。而元魯山、張睢陽有焉，劉辟、元脩有焉。

（五代）王定保《唐摭言》卷一《散序進士》　進士科始于隋大業中，盛於貞觀、永徽之際；縉紳雖位極人臣，不由進士者，終不爲美，以至歲貢常不減八九百人。其推重謂之白衣公卿，又曰一品白衫；其艱難謂之三十老明經，五十少進士；其負倜儻之才，變通之術，蘇、張之辨説，荊、聶之膽氣，仲由之武勇，子房之籌畫，宏羊之書計，方朔之詼諧，咸以是而晦之。修身慎行，雖處子之不若；其有老死於文場者，亦所無恨。故有詩云：太宗皇帝真長策，賺得英雄盡白頭。獨孤及撰《河南府法曹參軍張從師墓誌》云：從師祖損之，隋大業中進士甲科，位至侍御史諸曹員外郎。損之生法，以碩學麗藻，名動京師，亦舉進士，自監察御史爲會稽令。

（五代）王定保《唐摭言》卷一《兩監》　按《實録》：西監，隋制；東監，龍朔元年所置。開元已前，進士不由兩監者，深以爲恥。《李華員外寄趙七侍御詩》，略曰：昔日蕭邵友，四人纔成童。邵後二年擢第，以冤横貶，卒南中。又郭代公、崔湜、範履冰輩，皆由太學登第。李肇舍人撰《國史補》亦云：天寶中，袁咸用、劉長卿分爲朋頭，是時常重兩監。爾後物態澆漓，稔於世禄，以京兆爲榮美，同華爲利市，莫不去實務華，棄本逐末；故天寶二十載，敕天下舉人不得言鄉貢，皆須補國子及郡學生。廣德二年，制京兆府進士，並令補國子生，斯乃救壓覆者耳。奈何人心既去，雖拘之以法，猶不能勝。矧或執大政者不常其人，所立既非自我，則所守亦不堅矣。由是貞元十年已來，殆絶於兩監矣。貞觀五年已後，太宗數幸國學，遂增築學舍一千二百間，增置學生凡三千二百六十員。無何，高麗、百濟、新羅、高昌、吐蕃諸國酋長，亦遣子弟請入；國學之内，八千餘人；國學之盛，近未有。至永淳已後，乃廢。龍朔二年九月，敕學生在學，各以長幼爲序。初入學皆行束脩之禮，各絹三匹；四門學生，各絹二匹；俊士及律、書、算學，州縣學，各絹一匹。皆有酒脯。其分束脩，三分入博士，二分助教。又每年國子監所管學生，國監試；州縣學生，當州試。並藝業優長者爲試官，仍長官監試。其試者通計一年所授之業，口問大義十條。得八已上爲上，得六已上爲中，得五已下爲下。類三不及，在學九年。會昌五年正月，敕公卿百寮子弟及京畿内士人寄修明經、進士業者，並宜隷名太學；外州寄學及士人並宜隷名所在官學；仍永爲常制。

（五代）王定保《唐摭言》卷一《西監》　元和二年十二月，奏：兩京諸館學生總六百五十員。每館定額如後：兩京學生，五百五十員；國子館，八十員；太學，七十四員；四門館，三百員；廣文館，六十員，律館、算館，各十員。又奏：伏見天寶已前，國學生其數至多，並有員額。至永泰後，西監置五百五十員，東監近置一百員，未定每館員額。今謹具每館定額如前。伏請下禮部准格補置。敕旨：依。

（五代）王定保《唐摭言》卷一《東監》　東監，元和二年十二月，敕東都國子監量置學生一百員：國子館十員，太學十五員，四門五十員，律館十員，廣文館十員，書館三員，算館二員。

（五代）王定保《唐摭言》卷一《鄉貢》　鄉貢里選，盛於中乎。今之所稱，蓋本同而末異也。今之解送，則古之上計也。漢武帝置五經博士，太常選民年十八已上好學者，補弟子；郡國有好文學，敬順於鄉黨者，令與計偕，受業太常，如弟子。一歲輒課通經藝，補文學掌故。上第爲郎。其秀異等，太常以名聞；其下材不事學者，罷之。若等雖舉於鄉，亦由於學。兩漢之制蓋本乎《周禮》者也。有唐貞元已前，兩監之外，亦頗重郡府學生，然其時亦由鄉里所升，直補監生而已。爾後膏粱之族，率以學校爲鄙事。若鄉貢，蓋假名就貢而已。景雲之前，鄉貢歲二三千人，蓋用之鄉貢也。咸亨五年，七世伯祖鸞台鳳閣龍石白水公，時任考功員外郎，下覆試十一人，内張守貞一人鄉貢。開耀二年，劉思立下五十一人，内雍思泰一人。永淳二年，劉廷奇下五十五人，内元求仁一人。光宅元年閏七月二十四日，劉廷奇重試下十六人，内康庭芝一人。長安四年，崔湜下四十一人，李温玉稱蘇州鄉貢。景龍元年，李欽讓稱定州鄉貢附學。爾來鄉貢漸廣，率多寄應者，故不甄別於榜中。信本同而末異也明矣。大曆中，楊綰疏請復舊章，貴全乎實。尋亦寢於公族，垂空言而已。

（五代）王定保《唐摭言》卷一《廣文》　天寶九年七月，詔於國子監別置廣文館，以舉常修進士業者，斯亦救生徒之離散也。始，其春官氏擢廣文生者，名第無高下。貞元八年，歐陽詹第三人，李觀第五人。邇來此類不乏。暨大中之末，咸通、乾符以來，率以爲末第。或曰：鄉貢，賓也；學生，主也。主宜下於賓，故列於後也。大順二年，孔魯公在相位，思矯其弊，故特置吴仁璧于蔣肱之上。明年，公得罪去職，及第者復循常而已。悲夫。

（五代）王定保《唐摭言》卷一《兩都貢舉》　永泰元年，始置兩都貢舉，禮部侍郎官號皆以知兩都爲名，每歲兩地別放及第。自大曆十一年停東都貢舉，是後不置。

（五代）王定保《唐摭言》卷一《試雜文》　進士科與雋、秀同源異派，所試皆答策而已。兩漢之制，有射策、對策二義者何？射者，謂列策於几案，貢人以矢投之，隨所中而對之也。對則明以策問授其人而觀其臧否也。如公孫弘、董仲舒，皆由此而進者也。有唐自高祖至高宗，靡不率由舊章。垂拱元年，吴師道等二十七人及第後，敕批云：略觀其策，並未盡善。若依令式，及第者唯祇一人；意欲廣收其材，通三者並許及第。後至調露二年，考功員外劉思元奏請加試帖經與雜文，文之高者放入策。尋以則天革命，事復因循。至神龍元年方行三場試，故常列詩賦題目於榜中矣。

（五代）王定保《唐摭言》卷一《朝見》　國朝舊式：天下貢士，十一月一日，赴朝見。長壽二年，拾遺劉承之上疏：請元日舉人朝見，列于方物之前。從之。見狀，臺司接覽，中使宣口敕慰諭。建中元年十一月，朝集使及貢士見於宣政殿。兵興已來，四方不上計，內外不會同者，二十五年矣。今計吏至一百七十三人矣。仍令朝集使每日二人待制。

（五代）王定保《唐摭言》卷一《進士歸禮部》　雋、秀等科比，皆考功主之。開元二十四年，李昂員外性剛急，不容物，以舉人皆飾名求稱，摇蕩主司，談毀失實，竊病之而將革焉。集貢士與之約曰：文之美惡悉之矣，考校取舍存乎至公，如有請托于時，求聲於人者，當悉落之。既而昂外舅常與進士李權鄰居相善，乃舉權於昂。昂怒，集貢人，召權庭數之。權謝曰：人或猥知，竊聞於左右，非敢求也。昂因曰：觀衆君子之文，信美矣；然古人云：瑜不掩瑕，忠也。其有詞或不典，將與衆評之若何？皆曰：惟公之命。既出，權謂衆曰：向之言，其意屬吾也。吾誠不第決矣，又何藉焉。乃陰求昂瑕以待之。異日會論，昂果斥權章句之疵以辱之。權拱而前曰：夫禮尚往來，來而不往，非禮也。鄙文不臧，既得而聞矣；而執事昔有雅什，常聞于道路，愚將切磋，可乎？昂怒而嘻笑曰：有何不可。權曰：耳臨清渭洗，心向白雲閒。豈執事之詞乎？昂曰：然。權曰：昔唐堯衰耄，厭倦天下，將禪于許由，由惡聞，故洗耳。今天子春秋鼎盛，不揖讓於足下，而洗耳，何哉？是時國家寧謐，百寮畏法令，兢兢然莫敢跌。昂聞惶駭，蹶起，不知所酬，乃訴於執政，謂權風狂不遜。遂下權吏。初，昂強愎，不受囑請，及有請求者，莫不先從。由是庭議以省郎位輕，不足以臨多士，乃詔禮部侍郎專之矣。

論曰：永徽之後，以文儒亨達，不由兩監者稀矣。于時場籍，先兩監而後鄉貢，蓋以朋友之臧否，文藝之優劣，切磋琢磨，匪朝伊夕，抑揚去就，與衆共之。有如趙、邵、蕭、李，婁、郭、苑、陳，靡不名遂功成，交全契分。洎乎近代，厥道浸微；玉石不分，薰蕕錯雜。長我之望殊缺，遠方之來亦乖。止謂群居，固非瓦合。是生而之者，性也；學而之者，習也。渾金璞玉，又何追琢之勞乎？潢汙行潦，又何板築之置乎？紵衣之獻，彼跡疏而道親也；畫龍之刻，斯面交而心賊也。後之進者，定交擇友，當問道之何如。

（五代）王定保《唐摭言》卷二《京兆府解送》　神州解送，自開元、天寶之際，率以在上十人，謂之等第，必求名實相副，以滋教化之源。小宗伯倚而選之，或至渾化，不然，十得其七八。苟異於是，則往往牒貢院請落由。暨咸通、乾符，則爲形勢吞嚼，臨制近，同及第，得之者互相誇詫，車服侈靡，不以爲僭；仍期集人事，貞實之士不復齒，所以廢置不定，職此之由。

（五代）王定保《唐摭言》卷二《元和元年登科記京兆等第榜叙》　天府之盛，神州之雄，選才以百數爲名，等列以十人爲首，起自開元、天寶之世，大曆、建中之年，得之者搏躍雲衢，階梯蘭省，即六月沖宵之漸也。今所傳者始于元和景戌歲，次叙名氏，目曰《神州等第録》。

（五代）王定保《唐摭言》卷二《廢等第》　開成二年，大尹崔珙判云：選文求士，自有主司。州司送名，豈合差等？今年不定高下，不鎖試官；既絶猜嫌，暫息浮競。差功曹盧宗回主試。除文書不堪送外，便以所下文狀爲先後，試雜文後，重差司録侯雲章充試官，竟不列等第。明年，崔珙出鎮徐方，復置等第。

大中七年，韋澳爲京兆尹，榜曰：朝廷將裨教化，廣設科場，當開元、天寶之間，始專明經、進士；及貞元、元和之際，又益以薦送相高。當時唯務切磋，不分黨甲，絶僥倖請托之路，有推賢讓能之風。等列標名，僅同科第；既爲盛事，固可公行。近日已來，前規頓改，互争强弱，多務奔馳；定高卑於下第之初，決可否於差肩之日；會非考核，盡系經營。奥學雄文，例舍于貞方寒素；增年矯貌，盡取於朋比群强。雖中選者曾不足云，而争名者益熾其事。澳叨居畿甸，合貢英髦；非無藻鑒之心，懼有愛憎之謗。且李膺以不察孝廉去任，胡廣以輕舉茂才免官；況在管窺，實難裁處。況禮部格文，本無等第，府解不合區分。其今年所合送省進士、明經等，並以納策試前後爲定，不在更分等第之限。

（五代）王定保《唐摭言》卷二《置等第》　乾符四年，崔淯爲京兆尹，復置等第。差萬年縣尉公乘億爲試官。試火中寒暑退賦，殘月如新月詩。

（五代）王定保《唐摭言》卷三《點檢文書》　狀元、録事具啓事取人數，主司於其間點請三五人工於八韻、五言者。或文字乖訛，便在點竄矣。大約避廟諱、御名、宰相諱。然三十所制，分爲兩卷，以金銅軸頭、青縹首進上。

（五代）王定保《唐摭言》卷三《關試》　吏部員外，其日于南省試判兩節。諸生謝恩。其日稱門生，謂之一日門生。自此方屬吏部矣。

（宋）洪邁《容齋續筆》卷一二《唐制舉科目》　唐世制舉，科目猥多，徒異其名爾，其實與諸科等也。張九齡以道侔伊、吕策高第，以登科記及會要考之，蓋先天元年九月，明皇初即位，宣勞使所舉諸科九人，經邦治國、材可經國、才堪刺史、賢良方正與此科各一人，藻思清華、興化變俗科各二人。其道侔伊、吕策問殊平平，但云：興化致理，必俟得人；求賢審官，莫先任舉。欲遠循漢、魏之規，復存州郡之選，慮牧守之明，不能必鑒。次及越騎佽飛，皆出畿甸，欲均井田於要服，遵丘賦於革車，并安人重穀，編户農桑之事，殊不及爲天下國家之要道。則其所以待伊、吕者亦狹矣。九齡於神龍二年中材堪經邦科，本傳不書，計亦此類耳。

（明）朱健《古今治平略·唐代貢舉》　唐制取士之科，多因隋舊，然其大要有三：繇學館者曰生徒，由州縣者曰鄉貢，皆升于有司而進退之。其科之目，有秀才，有明經，有俊士，有進士，而又有明法、明字、明算，有一史，有三史，有開元禮，有道舉，有童子舉。而明經之别有五經，有三經，有二經，有一經，有三禮，有三傳，有史科。此歲之常選也。其天子自詔曰：制舉所以待非常之材者也。凡學有六：曰國子、曰太學、曰四門學、曰律學、書算學，而其外之州縣則又自有學。凡館有二：曰弘文、曰崇文。而崇文館每歲仲冬令州縣館監舉諸生之成者送之尚書省。此之謂由學館之生徒也。不由學館者，皆懷牒而自列于州縣。州縣試已則會之以鄉飲酒之禮，歌《鹿鳴》之詩，送于考功而覆試之。此之謂州縣之鄉貢也。所謂制舉者，蓋有司常選之外，天子又自詔四方德行才能文學之士，或高蹈幽隱，與其不能自達者，下至軍謀將略、翹關拔山、絶藝奇技，莫不兼取。其爲名目隨其人主一時所欲而列爲定科，如賢良方正、直言極諫、博通墳典、達于教化、軍謀弘遠、堪任將率、詳明政術、可以理人之類，其名最著，其所以待之之禮甚優，而宏才偉論非常之人亦時出于其間，此之謂天子自詔之科舉也。三者大略如此。而士之進取之方，與上之好惡所以育才養士，招來獎進之意，有司選士之法，因時益損，又各不同焉。合而論之，秀才之試方略，進士之試時務，所以策其才也。明經之帖文，童子之誦文，與夫書學之口試墨義，所以驗其記也。經史三傳諸科，又各問其大義，或百條或五十條，所以審其識也。然《周禮》《儀禮》在所習也，而有所謂《開元禮》者果何爲乎？進士之科，試以策矣。自高宗從劉思立之言，始于策之外復加以雜文，初時試以詩賦矣。至德宗時，用趙贊之言，罷詩賦而易之以箴論表贊，是果合于古乎？至於所取之人，則互有得失，不可一概拘者，如狄仁傑、徐有功以明經舉，而祝欽明、田允積，亦擢明經。杜牧、白居易、楊綰、顔真卿、韋貫之、裴垍以進士舉，而李宗閔、牛僧孺亦舉進士。賢良方正、直言極諫則有裴度、韓休、劉蕡之徒，然賈餗、皇甫鎛則亦以是進。博學宏詞則有陸贄、杜黄裳之徒，然王涯、劉禹錫則亦以是進。武舉武后時始，而《志》

云選法不足道，然以武舉異等中第如郭子儀，遂能成再造之功。任子之選爲輕，然李德裕以元和宰相之後弼襄武宗之治。大抵自隋煬帝以來，風俗浮靡，始有進士之科，而試以律賦，唐室因之。孝廉、秀才之科雖在，而惟明經進士二科最盛，而孝廉衰矣。寶應中雖以楊綰之議詔明經進士與孝廉兼行，而終不足以勝二科也。又其後也。文華之士日盛，進士益重，而明經又稍衰矣。是以鄭覃嫉之于前，李德裕思革于後，而議卒就寢，則歐陽公所謂方其取以詞章，類若浮文而少實，及其臨事設施，奮其事業，隱然爲國名臣者，不可勝數，遂使時君篤意以謂莫此之尚。及其後世俗益媮薄，上下交疑，因以謂按其聲病可以爲有司之責，舍是則汗漫無所守，遂不能復易。乃知三代鄉里德行之舉，非至治莫能行也。雖然，士風所在，唯上之人何如耳。轉移變更，豈無其道。張昌齡、王公謹有時名，而王師旦惡其浮華，不書以第。盧照鄰、駱賓王文章爲時冠，而裴行儉謂其浮躁，抑之使不進。豈不足以勵方來而移風俗哉。何必今日更一令，明日易一法耶。

（清）**趙翼《陔餘叢考》卷二八《殿試》** 唐武后天授元年二月，策問貢舉人于洛陽，數日方畢。此殿試之始也。然其制與後世異。其時舉人皆試于考功員外郎，武后自矜文墨，故於殿陛間行考功主試之事，是殿試即考功之試，非如後世會試再赴殿試也。武后以後，其事仍歸考功，無復殿試。開元中，改命禮部知貢舉，故知貢舉者所放第一即爲狀元，《摭言》記裴思謙以仇士良關節謁禮部侍郎高鍇求狀頭，曰非狀元請侍郎不放是也。穆宗時，始令知貢舉官先以所取及第進士姓名文卷申送中書官，然後放榜，然亦第令禮闈所取試卷具送中書復閱，非另於殿陛再試也。宋太祖開寶五年，禮部試到進士安守亮等，上召對講武殿，始下詔放榜。此殿陛放榜之始。六年，李昉知貢舉，有徐士廉伐鼓訟冤，上乃御講武殿，籍終場舉人再試詩賦，命殿中侍史李瑩等爲考官，得進士二十六人，並昉所取，皆賜及第。則殿試實自宋太祖始。《通考》謂昉所取者仍皆賜及第，《文昌雜録》謂昉所取者覆落十人，責授昉太常少卿。然是科殿試尚合被黜舉人再試，以定去取，非專試知貢舉所取士也。八年又試貢院合格舉人王式等於殿內，以王嗣宗爲首，而王式爲第四。自此省試後再有殿試，遂爲常制。元時無殿試，但省試後再試于翰林國史館耳。洪武中仍復殿試之例。《宋史・范鎮傳》：故事，廷試唱名，過第三，則禮部試第一者，必越次抗聲自陳，得置上列。吳育、歐陽修亦爲之。鎮獨不然，至第七十九人乃聞呼出應，自是此風遂革。

《全唐文》卷三《高祖皇帝・令諸州舉送明經詔》 六經茂典，百王仰則；四學崇教，千載垂範。是以西膠東序，春誦夏弦，説《禮》敦《詩》本仁祖義，建邦立極，咸必由之。自叔世澆訛，雅道淪缺，爰歷歲紀，儒風莫扇。隋季以來，喪亂滋甚，睠言篇籍，皆爲煨燼。周孔之教，闕而不修，庠塾之儀，泯焉將墜。非所以闡揚徽烈，敦尚風範，訓民調俗，垂裕後昆。朕受命膺期，握圖馭宇，思宏至道，冀宣德化，永言墳素，深存講習。所以捃摭遺逸，招集散亡，諸生胄子，特加獎勸。而凋弊之餘，湮替日久，學徒尚少，經術未隆，《子衿》之歎，無忘興寢。方今函夏既清，干戈漸戢，搢紳之業，此則可興。宜下四方諸州，有明一經已上未被升擢者，本屬舉送，具以名聞，有司試策，加階叙用。其吏民子弟，有識性開敏，志希學藝，亦具名狀，申送入京，量其差品，並即配學。明設考課，各使勵精，琢玉成器，庶其非遠，州縣及鄉，各令置學。官僚牧宰，或不存意，普更頒下，早遣立修。夫安上治民，莫善於禮，出忠入孝，自家刑國，揖讓俯仰，登降折旋，皆有節文，咸資端肅。末葉疏惰，隨時將廢，凡厥生民，各宜勉勵。又釋奠之禮，致敬先師，鼓篋之義，以明遜志，比多闕略，更宜詳備。仲春釋奠，朕將親覽，所司具爲條式，以時宣下。

《全唐文》卷一三《高宗・嚴考試明經進士詔》 學者立身之本，文者經國之資，豈可假以虛名，必須徵其實效。如聞明經射策，不讀正經，抄撮義條，纔有數卷。進士不尋史傳，惟誦舊策，共相模擬。本無實才。所司考試之日，曾不簡練，因循舊例，以分數爲限。至於不辨章句，未涉文詞者，以人數未充，皆聽及第。其中亦有明經學業該深者，惟許通六，進士文理華贍者，竟無科甲。銓綜藝能，遂無優劣。試官又加顔面，或容假手，更相囑請，莫憚糾繩。繇是僥倖路開，文儒漸廢，興廉舉孝，因此失人，簡賢任能，無方可致。自今已後，考功試人，明經試帖，取十帖得六已上者；進士試雜文兩首，識文律者：然後並令試策，仍嚴加捉搦。必材藝灼然，合昇高第者，並即依令。其明法并書算貢舉人，亦量準此例，即爲常式。

《全唐文》卷二三《元宗皇帝·命貢舉加老子策制》　老子《道德經》宜令士庶家藏一本，每年貢舉人，量減《尚書》、《論語》策一兩條，準數加《老子》策，俾尊崇道本，宏益化源。今之此勑，亦宜家置一本，每須三省，以識朕懷。

《全唐文》卷二五《元宗皇帝·定禮部試帖經制》　禮部舉人，比來試人，頗非允當。帖經首尾不出，前後復取者也之乎頗相類之處下帖，爲弊已外，須是釐革。禮部起今，每帖前後，各出一行。相類之處，並不須帖。

《全唐文》卷三一《元宗皇帝·條制考試明經進士詔》　致理興化，必在得賢，強識博聞，可以從政。且今之明經進士，則古之孝秀才，近日以來，殊乖本意。進士以聲韻爲學，多昧古今，明經以帖誦爲功，罕窮旨趣，安得爲敦本復古，經明行修？以此登科，非選士取賢之道也。其明經自今已後，每經宜帖十，取通五已上，免舊試一帖。仍案問大義十條，取通六已上，免試經策十條，令荅時務策三首，取粗有文性者與及第。其進士宜停小經，準明經例，帖大經十帖，取通四已上，然後準例試雜文及策，考通與及第。其明經中有明五經以上，試無不通者，進士中兼有精通一史，能試策十條，得六已上者，委所司奏聽進止。其應試進士等唱第訖，具所試雜文及策，送中書門下詳覆。其所問明經大義日，仍須對同舉人考試，庶能否共知，取舍無媿。有功者達，可不勉歟。

《全唐文》卷三三《元宗皇帝·諭嶺南州縣聽應諸色鄉貢舉詔》　如聞嶺南州縣，近來頗習文儒。自今已後，其嶺南五府管內白身有詞藻可稱者，每至選補時，任令應諸色鄉貢舉，仍委去使準式考試。有堪及第者，具狀聞奏。如有願赴京者，亦聽。其前資官并常選人等，有詞理兼通，才堪理務者，亦任此選，及授此官。

《全唐文》卷五四《德宗皇帝·權停貢舉敕》　禮部舉人。自春以來，久愆時雨，念其旅食京邑，資用屢空。其禮部舉人，今年宜權停。

《全唐文》卷五六《憲宗皇帝·試制科舉人制》　朕以寡薄，獲奉睿圖，嚴恭寅畏，不敢暇逸。永惟萬邦之廣，庶務之殷，而燭理未明，體道未至，思欲復三代之盛烈，覿十聖之耿光，是用詳求正言，思繼先志。子大夫等藏器斯久，賁然而來，白駒就維，洪鍾待扣，膺茲獻納，朕甚嘉之。言觀國光，宜有廷試，本將詢事，豈忘臨軒。園邑有期，營奉是切，永言誠感，未暇躬親。爰命公相，洎於卿士，親諭朕意，延訪嘉謀。至於興化之源，才識攸重，練達吏理，詳明儒術，當是三道，副朕旁求，意或開予，靡有所隱，條例所問，畢志盡規。當酌古而參今，使文約而意備，朕將親覽，擇善而行。並宜坐食，食訖就試。

《全唐文》卷五九《憲宗皇帝·處分及第舉人詔》　搆大廈者，必總於羣材；成大川者，必資於百谷。故思理之主，求賢罔遺。所以昭宣令圓，廣大前緒，觀文緝化，其在茲乎。朕以寡昧，獲奉丕業，虛己問政，實始於茲。考言求益，敢不祗若？故命左右輔弼，洎有位之臣，會於中臺，必究其論。閒密以獻，省自朕躬，果獲賢能，副於饑渴。才識兼茂明於體用科人第三次等：元稹、韋惇；第四等：獨孤郁、白居易、曹京伯、韋慶復；第四次等：崔韶、羅讓、崔護、元修、薛存慶、韋珩；第五上等：蕭俛李蟠、沈傳師、柴宿。達於吏理可使從政科第五上等：陳岵等。咸以待問之美，觀光而來。詢以三道之要，復於九變之選，得失之監，粲然可觀。宜膺德茂之異，式睹言揚之舉。其第三次等人，委中書門下優與處分。第四等，第四次等，第五上等，中書門下即與處分。

《全唐文》卷六一《憲宗皇帝·嚴定應試人事例敕》　自今已後，州府所送進士，如迹涉疏狂，兼虧禮教，或曾爲官司科罰，或曾任州府小吏，有一事不合入清流者，雖薄有詞藝，并不得申送入。如舉送以後事發，長吏奏停見任，如已停替者殿二年，本試官及司功官見任及已停替，並量事輕重貶降。仍委御史臺常加察訪。

《全唐文》卷六四《穆宗皇帝·御宣政殿試制科舉人制》　古人有言，嘗引一代之人，以理一代之務。雖雋賢茂彥，不乏於時，然亦在敷納以言，精覈其實。若決川瀆以導其氣，考金石以求其音，使抱忠義者必盡其誠，知古今者必先其慮。朕纂承鴻業，以撫兆人，嘗欲效三代之禮，修烈祖之法。猶念和氣之未洽，休祥之未臻，百姓之未安，五兵之未戢，故詳延修潔之士，庶得聞乎未聞，將以達天地之心，究俗化之變，研安危之慮，探理亂之言。子大夫覃思於六經，馳騖於百氏，得不講求至論，以沃朕心。方直者舉朕之闕，政術者體時之要，慕元遠者卑其論，贍文詞者抑其華。言經者折衷於聖人，以明教化。論將者先之以仁誼，無效縱橫。於戲，子大夫當朕之時，必思自達。且古之翼戴其君者，尚委輅納説，荷擔吐奇，由壺關之言，自南昌而諷刺。況文陛之下，負扆親臨，若藏器不耀，結囊而去，顧朕深志，復何望焉？當體予衷，無懼後害，宜坐食訖就試。

《全唐文》卷六四《穆宗皇帝・處分賢良方正等科舉人制》　朕自郊上元，御端門，發大號，與天下更始。思得賢儁，標明四科，令羣公卿士，暨守土之臣，詳延下位，周於草澤，成列待問，副予虛求。昧爽臨軒，俾究其論，正辭良術，精義宏謀，繹之旬時，深見忠益。言刈其楚，列而第之。賢良方正能直言極諫第三等人龐嚴、第三次等人吕術、第四等人韋曙、姚中立、李瓖、第四次等人崔嘏、崔龜從、任畹、第五上等人韋正貫、崔知白、陳元錫；博通墳典達於教化第四第人李思元；詳明政術可以理人第四次等人崔郢；軍謀宏遠堪任將帥第三等人吴思；第五等人李商卿：咸以懿學茂識，揚於明廷。況當短晷之辰，頗著論思之美，粲然高論，深沃朕心。永言藏器之規，豈忘縶駒之義，寵之命秩，允答嘉猷。其第三等人、第三次等人，委中書門下優與處分。其第四等人、第四次等人、第五上等人，中書門下即與處分。

《全唐文》卷六八《穆宗皇帝・處分賢良方正等科舉人制》　朕深居法宫，高處宸極，嘗慮天下多務，壅於上聞，朝廷大猷，闕於中典。至於伏陛叩顙，造膝犯顔，皆驟遷顯榮，寵以優錫。尤思物不得茂遂，道有所鬱堙，是用虛衷訪賢，側席前殿，緘密以獻，閲自朕躬，切弼予違，無所回忌。第於上下，揚於正朝，吾之不吝，亦可謂信於海内矣。賢良方正能直言極諫科舉人第三等唐伸、韋端符、舒元褒，第四等蕭敞、楊魯士、楊儉、來擇、趙柷裴惲，第四次等韋繇、李昌實、嚴荊、田邑、崔璜，第五上等李溎蕭夷中、馮球、元晦。詳閑吏理達於教化科第五上等韋正貫，軍謀宏遠材任邊將科第三等裴儔，第四次等侯雲章。咸以讜言正詞，兵符教本，應問如響，不窮如泉，著之於篇，爛然盡在。宜膺中鵠之選，用叶縻爵之經。在第三等人，委中書門下優與處分。第四等、第四次等、第五上等，中書門下即與處分。

《全唐文》卷六八《穆宗皇帝・試制舉人敕》　朕聞心術順道，天下可一言而興；聰明壅塗，堂上有千里之遠。故唐虞而降，則考試觀俗；漢魏之際，則詔策求賢。朕纘紹丕圖，撫臨方夏，實懼誠有所偏信，鑒有所未周。乃前歲詔六官九卿方岳尹正有位之士，逮於庶僚，高懸四科，博薦羣彦。將訪衆政之闕，酌至論之中。子大夫庭列儼然，各應其品。是用宵興前殿，永日渴求，條列坦明，咸本經史。固子大夫之所講磨矣，當竭誠慮，無有蘊藏，宜坐食訖就試。

《全唐文》卷七〇《文宗皇帝・試制舉人詔》　志本於道，蓋道以致君爲先；代實生才，蓋才以濟理爲務。不索何以獲其實，不言何以知其志？故帝堯垂詢衆之訓，殷宗首沃心之術，其傳曰：嘉言罔攸伏。又曰：俊人用章。漢魏以還，詔策時作，暨於我唐，遵爲故事。繇是善政惟乂，魁能間出。朕祇荷大寶，勤恤兆人，明不燭於幽暗，惠未流於鰥寡，御朽兢慮，求賢永圖。是以詔命有司，會羣材，列稽疑，延問闕政。子大夫達學通識，儼然來思，操觚濡翰，條誨宿滯，慰我虛佇，必宏嘉猷。故臨軒命書，策以審訪，繼燭俟奏，其悉乃辭。各宜坐食，食畢就試。左散騎常侍馮宿、太常少卿賈餗、庫部郎中龐嚴宜並充考制策官。

《全唐文》卷七一《文宗皇帝・委中書門下處分制科及第人詔》　王者謹天戒，酌人言，叶時凝命，資賢贊理，斯爲令典也。朕以菲德，祇膺大統，歲屬凶旱，人思底寧。庶察弊以勤理，因舉能而詢衆，科别條問，臨軒致誠，載搜尤才，果副虛佇。賢良方正能直言極諫科舉人，第三等裴休、裴素，第三次等李郃，第四等南卓、李甘、杜牧、馬植、鄭亞、崔璵，第四次等崔讜、王式、羅紹京、崔渠、崔慎由、苗愔韋昶、崔慱，第五上等崔渙、韓賓；詳閑吏理達於教化科舉人，第四次第宋昆；軍謀宏遠堪任將帥科舉人，第四次等鄭冠、李栻等：皆直躬遵道，博古知微，敷其遠猷，志在宏益。實能攻朕闕，紹政經，究天人交際之理，極皇王通變之義，指切精洽，粲然可觀。既校才於試可，宜旌能於受禄。其第三等第三次等人，委中書門下優與處分。第四次等第五上等人，中書門下即與處分。

《全唐文》卷七三《文宗皇帝・罷童子科詔》　諸道應薦萬言童子等，朝廷設科取士，門目至多。有官者合詣吏曹，未仕者即歸禮部，此外更或延引，則爲宂長。起今後，不得更有聞薦，俾繇正路，冀絶倖門。

（宋）王溥《五代會要》卷四《鄉飲》　後唐清泰二年九月，中書門下帖：太常以長興二年敕，諸舉人常年薦送，先令行鄉飲酒之禮。宜令太常草定儀注，班下諸州預前肄習。解送舉人之時，便行此禮。其儀速具奏聞。初，長興中，宰臣李愚好古，奏行此禮，累年不暇。至是愚復奏及，觀禮官所定無緒。禮官孫知訓以古禮無次序，不可施行。博士或言梁朝時青州會曾行一度，遂令青州訪舊簿書以聞。竟不能行。

（宋）王溥《五代會要》卷二三《緣舉雜録》　梁開平元年七月敕：近年舉人，當秋薦之時不親試者，號爲拔解。今後宜止絶。四月十一日，兵部尚書姚洎知貢舉，奏：近代設文科，選胄子，所以綱維名教，崇樹邦本也。今在公卿親屬，將相子孫，如有文行可取者，請許所在州府薦送，以廣毓材之路。從之。

乾化元年十二月，以尚書左僕射楊涉知禮部貢舉，非常例出。前代自武德、貞觀之後，但委考功員外郎主之。至開元二十五年，員外郎李昂爲貢士李涯所詆毁，由是中書奏請以禮部侍郎專焉。間或以他官領，多用中書舍人，及諸司四品清資官。惟會昌中命太常卿王起主貢舉，時亦檢校僕射。

後唐同光二年十月，中書奏請停舉、選一年。敕：舉、選二門，國朝之重事，但要精確，難議權停。宜准常例處分。

天成元年八月，敕：應三京、諸道，今年貢舉人，可依常年例取解，仍令隨處量事津送赴闕。

三年七月四日，尚書工部侍郎任贊奏：今後伏請宣下諸州府，所有諸色舉人，不是家在遠方，水陸隔越者，逐處選賓從官僚中藝學精博一人，各於本貫一例分明比試。如非通贍，不許妄給文解。敕：宜令今後諸色人委逐道觀察使，慎擇其詞藝及通經官員，各據所業，考試及格者，即與給解。仍具所試詩賦、帖經通粗數，一一申省。未及格者，不得徇私發解。兼承前諸道舉人，多於京兆府寄應，例以洪固鄉貴胄里爲户，一時失實，事久難明。自此各於本道請解，具言本州縣某鄉某里爲户。如或寄應，須具本貫入狀，不得效洪固貴胄之例。文解到省後，據所稱貫屬州府，户籍内如無名，本人并給解處，官吏必行重責。京百司給解就試，准前指揮，兼下貢院。其本朝舊格，諸色舉人，每年各放幾人及第，至日續更詳酌處分。其年十月三日敕：訪聞每年及第舉人，牒送吏部關試，判題雖有，判語全無，祇見各書未詳，仍或正身不至，如斯乖謬，須議去除。此後應關送舉人，委南曹官吏准格考試，如是進士并經學及第人，曾親筆硯，其判語即須緝搆文章，辨明治道。如是無文章，許直書其事，不得祇書未詳。如關試時正身不到，又無請假字，即牒貢院中奏停落。

四年七月，中書門下奏：

今年及第人，先曾守攝官者，宜令所司於守攝文書内暨出應舉及第年月日，或改名不改名，分各印押。其中曾受正官御署并佐幕者，仍約前任資序，與除一任官。如自中興已來，諸科第人曾受職官，並令所司追納文書，及到日，准今年及第人例處分。已受官者，不在此限。兼勒貢院，將來舉人納家狀内，各分析曾爲官及不曾爲官，改名不改名。其曾爲職官者，先納歷任文書，及第准例指揮。

從之。其年七月敕：今年應新及第人，給春關並於敷政門外宣賜。慮所司邀頡故也。其年十月一日，中書門下條流貢舉人事件如後：

一、應諸道州府解送諸色舉人，須准元敕差有才藝公正官考試及格，然後給解，仍具所試詩賦、義目、帖由送省。如逐州府解内，不暨書前件指揮事節，所司不在引試之限。禮部貢院考試諸色帖經舉人，今後據所業經書對義之時，逐經須將生卷與熟卷中半考試，不得依往例，祇將熟卷試問。

一、今後主司不得受内外官寮書題薦託舉人，及安排考官。如或實在知有才學精博者，任具奏聞。若受書題囑託，致有屈人，其主司與發書人並加黜責，其所舉人别行朝典。三銓南曹亦不得受諸色官員薦託選人。如違，並准前指揮。

一、應諸色落第人，此後所司具所落事由，别張文榜，分明曉示。除諸州府解送舉人外，餘有於河南府寄慶，及宗正寺、國子監生等，亦須准上指揮。其中有依託朝臣者，于解内具言在某官姓名門館，考試及第後，並據姓名覆試。

一、應諸色舉人，至入試之時前，照日内據所納至試紙，本司印署訖，送中書門下，取中書省印印過，卻付所司給散，逐人京試貢院。合請考官、試官，今後選學業精通、廉慎有守者充。如在朝臣門館人，不得奏請。

奉敕：宜依。

長興元年六月，中書門下奏：此後賓貢，每年祇請放一人。兼及第舉人放榜時，並須據才藝高低，從上依資安排，不得以隻科取鼎、島、嶽、斗之名，兼不得呼春官爲恩門、師門，不得自稱門生。除賜宴外，不得輒有率斂，別謀歡會。曾赴舉落第人，不得改名。將來舉人，並依選人例，據地里遠近，於十月中納文解。如違，不在受納之限。從之。

三年正月敕：今後落第舉人，所司已納家狀者，次年便赴貢院就試，並免再取文解，兼下納文解之時，不在拘三旬，但十月內到者，並與收納。其年十二月三十日，禮部貢院奏：准《會要》，長壽二年十月十日，左拾遺劉承慶上疏曰：伏見比年已來，天下諸州府所貢物，已至元日皆陳在御前，唯貢人獨於朝堂列拜。伏請貢人至元日列在貢物之前，以備充庭之禮。制曰：可。近年直至臨鎖院前，赴應天門外朝見。今後請令舉人復赴正仗。仍緣今歲已晚，貢士未齊，欲具見到人點引，牒送四方館，至元日，請令通事舍人一員引伸朝賀，列於貢物之前，或以人數不少，即請祇取諸科解頭一人就列，其餘續到者，候齊日別令朝見。如蒙俞允，當司祇於都省點引習儀。奉敕：宜准元敕處分，餘宜依。

四年二月十六日，禮部貢院奏：今後試舉人日，請令皇城司公幹人，於省門外聽察叫呼稱屈，及知貢院有倖門者，引赴皇城司勘問。如是的實虛妄，請嚴加科斷。兼今年放榜後及第人看畢，便綴行五鳳樓前，列行無蹈謝恩訖，赴國學謝先師。然後與知貢舉官相識期集，祇候敕命，兼過堂及過樞密院。又舊例，侵晨張榜後，知貢院官及考試官已下便出。請今年張榜後，知貢舉官并考試官至晚出。奉敕：宜令敕下後於朝堂謝恩，即赴國學。其試舉人日，宜令御史臺差人，聽其放榜日知貢舉官送出，自此永爲定制。及第舉人過樞密院，宜不施行。

清泰二年九月，禮部貢院奏：奉長興元年敕，進士、五經、九經、明經、五科童子外，諸色科目並停。緣由有明算道舉人，今欲施行。又奉長興三年正月敕：每落第舉人，免取文解。今後欲依元敕格，請並再取解，十月十五日到省畢，違限不收。又奉天成四年敕：諸色舉人入試前五日納試紙，用中書印印訖，付貢院司。緣五科所試場數極多，旋印紙鎖宿內，中書往來不便，請祇用當司印。從之。

三禮三傳附 原闕

開元禮原闕

明經原闕

童子

晉天福五年四月，禮部侍郎張允奏：童子一科，伏請停廢。從之。

開運元年八月，復童子科。

周廣順三年正月，戶部侍郎、權知貢舉趙上交奏：童子凡念書二十四道，今欲添念書，通前五十道。念及三十道者放及第。從之。

顯德二年五月，禮部侍郎、知貢舉竇儀奏：其童子科，請依晉天福五年敕停罷，任改就別科赴舉。從之。

明法

後唐長興二年七月一日敕：其明法科，今後宜與《開元禮》科同，其選數兼赴舉之時，委貢院別奏請，會諸法試官，依格例考試。

晉天福六年五月十五日敕：明法一科，今後宜令五選集合格，注官日優與處分。

周廣順三年正月，戶部侍郎、權知貢舉趙上交奏：明法元帖律令各十五帖，對義二十道。今欲罷帖律令，試墨義六十道。從之。至其年八月，刑部侍郎、權知貢舉徐臺符奏：卻准元格帖律令各十五帖，對墨義二十道。從之。

科目雜録

後唐同光四年正月，五科舉人許維嶽等一百人進狀：伏見新定格文，《三禮》、《三傳》，每科止放兩人。方今《三傳》一科五十餘人，《三禮》三十餘人，《三史》學究一十人。若每年祇放兩人，及一人逐年又添初舉。伏見咸通、長慶年放舉人，元無定式。又同光元年春榜，亦是一十三人。請依元年例放人。敕：從之。

天成二年正月二十七日，尚書禮部貢院奏：五經考試官，先在吏部日，《長定格》合請兩員，數屬貢院，准新定格文，祇令奏請一員，兼充考試。伏緣有今年科目，人數轉多，卻欲依舊，請考試官各一員。如蒙允許，續具所請官名銜申奏。奉敕：宜依。

三年二月十日，禮部貢院奏：當司擾鄉貢九經劉英甫經中書陳狀，請對經義九十道，以代舊格帖經，奉堂判令詳狀處分者。當司伏准格文，九經祇帖九經書各一十帖，并對《春秋》、《禮記》口義各一十道，今准往例，並不曾有應排科講義，九經若便據送到引試排科講義，即恐有違格例者。奉敕：劉英甫請以講議便代帖經，既能鼓篋而來，必有撞鐘之應，宜令禮部貢院考試。其年七月十三日敕：應將來《三傳》、《三禮》、《三史》、《開元禮》、學究等考試，本業畢後，引試對策時，宜令主司於時務中採取要當策題，精加考校，不必拘於對屬。須有文章，但能詞理周通，文字典切，即放及第。如不及此格，雖本業粗通，亦須黜落。應九經、五經、明經帖書文格後，引試對義時，宜令主司於大義汎出經問義五道，於簾下書試，祇令隔簾解說。但不失註疏義理，通二通三，然後便令念疏。如是熟卷，並須全通，仍無失錯。如得入簾，亦須於時務中選策題，精加考校。如粗於筆於筆硯留意者，則任以四六對，仍須理有指歸，言關體要。如不曾於筆硯致功，即許直書其事，申明利害，不得錯使文字。其義問念疏對策，逐件須有去留。

長興四年二月十六日，禮部貢院奏：

新立條件如後：

一、九經、五經、明經呈帖由之時，試官書通不後，有不及格者，喝落後請置筆硯，將所納帖由分明，卻令自閱。或是試官錯書通不，當行改正。如懷疑者，便許請本經當面檢對。如實是錯，即便于帖由上書名而退。

一、五科常年駁榜出，多稱屈塞，今年並明書所對經書墨義，云第幾道不，第幾道粗，第幾道通，任將本經書疏照證。如考試官去留不當，許將狀陳訴，再加考校。如合黜落，妄有披述，當行嚴斷。

一、今年舉人有抱屈落第者，許將狀披訴於貢院官，當與重試。如貢院不理，即詣御史臺論訴。請自試舉人日，令御史臺差人受舉人訴屈文狀，并引本身勘問所論事件。或知貢舉之官及考試之官已下，敢有受貨賂，升擢親朋，屈抑藝能，陰從請託，及不依格去留者，一事有違，請行朝典。

一、懷挾書策，舊例禁止，請自今後入省門搜得文書者，不計多少，准例扶出，殿將來兩舉。

一、遥口受人迴換試處及鈔義題帖書時，諸般相救，准例扶出，請殿將來三舉。

一、藝業未精，准格落下，恥見同人，妄扇屈聲，擬爲將來基址，及他人帖對過場數多者，便生誣玷，或羅織毆罵者，並當收禁，牒送御史臺，請賜勘鞫。如知貢舉官及考試官事涉私徇，屈塞藝士，請行朝典。若虛妄者，請嚴行科斷，牒送本道重處色役，仍永不得入舉場。同保人亦請連坐，各殿三舉。奉敕：宜依。

周廣順二年二月，禮部令郎趙上交奏：貢院諸科，今欲不試汎義，其口義五十道，改試墨義，共十道處分。從之。

三年正月，户部侍郎、權知貢舉趙上交奏：九經舉人元帖經一百二十道，墨義二十道，今欲罷帖經，於諸經墨義對一百五十道。五經元帖經八十帖，墨義二十道，今欲罷帖經，令對墨義一百道。學究元念書二十道，對義五十道。從之。至其年八月，刑部侍郎、權知貢舉徐臺又奏：九經請都對墨義六十道，其帖經對策，依元格。五經亦請對墨義六十道，帖經對策依元格。從之。

（宋）王溥《五代會要》卷二四《諸使雜録》　周廣順元年五月敕：今後諸州府不得奏薦無前資及無官并無出身人。如有奇才異行，亦許具名以聞，便可隨表赴闕。當令有司考試，朕當親覽。

顯德五年四月六日敕：應諸道州府進奉，逐月合請俸料及紙筆等錢，宜令今後于本州公使錢內支給，不得分配人户及州縣門户，如本州公使錢少，不便支給處，祇不要置進奏官，仰於衙前差有名糧職員充，進奏聞院副知。仍二周年替罷，本州優與安排。

《舊五代史》卷一四八《選舉志》　長興元年三月，勅：凡是選人，皆有資考，每至赴調，必驗文書，或不具全，多稱失墜，將明本末，須示規程。其判成諸色選人，黄甲下後，將歷任文書告赤連粘，宜令南曹逐縫使印，都於後面粘紙。

《舊五代史》卷一四八《選舉志》　按唐典，凡選授之制，天官卿掌之，所以正權衡而進賢能也；凡貢舉之政，春官卿掌之，所以覈文行而第雋秀也。洎梁氏以降，皆奉而行之，縱或小有釐革，亦不出其軌轍。今採其事，備紀於後，以志五代審官取士之方也。

梁開平元年七月，勅：近年舉人，當秋薦之時，不親試者號爲拔解，拔解，原本作祓解，考《五代會要》、《文獻通考》俱作拔解，今改正。影庫本粘籤。今後宜止絶。

四月，兵部尚書、權知貢舉姚洎奏：近代設文科、選胄子，所以綱維名教，崇樹邦本也。今在朝公卿親屬、將相子孫，有文行可取者，請許所在州府薦送，以廣疏材之路。從之。案《文獻通考》：唐時知貢舉皆用禮部侍郎，梁開平中，始命兵部侍郎楊涉權知貢舉。此事《薛史》不載。

《舊五代史》卷一四八《選舉志》 唐同光二年十月，中書奏，請停舉選一年。勅：舉、選二門，國朝之重事，但要精確，難議權停，宜准常例處分。

天成元年八月，勅：應三京、諸道，今年貢舉人，可依常年取解，仍令隨處量事，津送赴闕。

五年二月九日，勅：近年文士，輕視格條，就試時疏于帖經，案：原本作帖括，今據《五代會要》改正。《舊五代史考異》。登第後恥于赴選。宜絶躁求之路，別開獎勸之門。其進士科已及第者，計選數年滿日，許令就中書陳狀，于都堂前各試本業詩賦判文。其中才藝灼然可取者，便與除官，如或事業不甚精者，自許准添選。

《舊五代史》卷一四八《選舉志》 晉天福三年三月，翰林學士承旨、兵部侍郎、權知貢舉崔棁奏：臣謬蒙眷渥，叨掌文衡，實憂庸懦之材，不副搜羅之旨，敢不揣摩頑鈍，杜絶阿私，上則顯陛下求賢，次則使平人得路。但以今年就舉，比常歲倍多，科目之中，兇豪甚衆。每駁牓出後，則時有喧張，不自省循，但言屈塞，互相朋扇，各出言詞，或云主司不公，或云試官受賂，實慮上達聖聽，微臣無以自明，晝省夜思，臨深履薄。今臣欲請令舉人落第之後，或不甘心，任自投狀披陳，却請所試，與疏義對證，兼令其日一甲同共校量，若獨委試官，恐未息詞理。儻是實負抑屈，則所司固難逭憲章；如其妄有陳論，則舉人乞痛加懲斷。冀此際免虛遭謗議，亦將來可久遠施行。儻蒙聖造允俞，伏乞降勅處分。從之。

天福五年三月，詔：及第舉人與主司選勝筵宴，及中書舍人鞁鞋接見舉人，兼兵部、禮部引人過堂之日，幕次酒食會客，悉宜廢之。

四月，禮部侍郎張允奏曰：明君側席，雖切旁求；貢士觀光，豈宜濫進。竊窺前代，未設諸科，始以明經，俾昇高第。自有九經、五經之後，及三禮、三傳已來，孝廉之科，遂因循而不廢，搢紳之士，亦緘默而無言，以至相承，未能改作。每歲明經一科，少至五百以上，多及一千有餘，舉人如是繁多，試官豈能精當。況此等多不究義，唯攻帖書，文理既不甚通，名第豈可妄與。且常年登科者不少，相次赴選者甚多，州縣之間，必無遺闕，遺闕，原本作貢闕，今據文改正。影庫本粘籤。輦轂之下，須有稽留，怨嗟自此而興，謗讟因茲而起。但今廣場大啓，諸科並存，明經者悉包於九經、五經之中，無出於三禮、三傳之內，若無釐革，恐未便宜，其明經一科，伏請停廢。又奏：國家懸科待士，貴務搜揚；責實求才，須除訛濫。童子每當就試，止在念書，背經則雖似精詳，對卷則不能讀誦。及名成貢部，身返故鄉，但尅日以取官，更無心而習業，濫蠲徭役，虛占官名，其童子一科，亦請停廢。勅明經、童子、宏詞、拔萃、明算、道舉、百篇等科並停。

天福七年五月，勅：應諸色進策人等，皆抱材能，方來投獻，宜加明試，俾盡臧謀。起今後應進策條，中書奏覆，勅下，其進策人委門下省試策三道，仍定上、中、下三等。如是元進策內，有施行者，其所試策或上或中者，委門下省給與減選，或出身優牒合格。參選日，其試策上者，委銓司超壹資注擬，其試策中者，委銓司依資注擬。如是所試策或上或中，元進策條並不施行；所試策下，元進策條內有施行者，其本官並仰量與恩賜發遣。若或所試策下，所進策條並不施行，便仰曉示發遣，不得再有投進。餘並准前後勅文處分。

開運元年八月，詔曰：明經、童子之科，前代所設，蓋期取士，良謂通規。爰自近年，暫從停廢，損益之機未見，牢籠之義全虧。將闡斯文，宜依舊貫，庶臻至理，用廣旁求。其明經、童子二科，今後復置。

十一月，工部尚書、權知貢舉竇貞固奏：案《宋史・竇貞固傳》云：貞固擇士平允，時人稱之。《舊五代史考異》。進士考試雜文及與諸科舉人入策，歷代已來，皆以三條燭盡爲限，長興二年，改令晝試。伏以懸科取士，有國常規，沿革之道雖殊，公共之情難失。若使就試兩廊之下，兩廊之下，原本脱下字，今據《五代會要》增入。影庫本粘籤。揮毫短景之中，視晷刻而惟畏稽遲，演詞藻而難求妍麗，未見觀光之美，但同款答之由，既非師古之規，恐失取人之道。今欲考試之時，准舊例以三條燭爲限。其進士并諸色舉貢人等，有懷藏書册入院者，舊例扶出，不令就試，近年以來，雖見懷藏，多是容縱。今欲振舉弛紊，明辨臧否，冀在必行，庶爲定式。

漢乾祐二年，刑部侍郎邊歸讜上言：臣竊見每年貢舉人數甚衆，動引五舉、六舉，多至二千、三千，既事業不精，即人文何取。請勅三京、鄴都、諸道州府長官，合發諸色貢舉人文解者，並須精加考校，事業精研，即得解送，不得濫有舉送，冀塞濫進之門，開與能之路。勅從之。其間條奏未盡處，下貢院録天福五年四月二十七日勅文，告論天下，依元勅條件施行，如有固違，其隨處考試官員，當准勅條處分。

周廣順二年二月，禮部侍郎趙上交奏：貢院諸科，今欲不試汎義，案：原本作不汎試口義，今從《册府元龜》改正。《舊五代史考異》。其口義五十道，改試墨義十道。從之。

三年正月，趙上交趙上交，原本脱趙字，今據《五代會要》增入。影庫本粘籤奏：進士元試詩賦各一首，帖經二十帖，對義五通，今欲罷帖經、對義，別試雜文二首、試策一道。從之。案《宋史·趙上交傳》：廣順初，拜禮部侍郎，會將試貢士，上交申明條制，頗爲精密。始復餬名考校，擢扈載甲科，及取梁周翰、董淳之流，時稱得士。《舊五代史考異》。

其年八月，刑部侍郎、權知貢舉徐台符奏：請別試雜文外，其帖經、墨義，仍依元格。從之。

顯德二年三月，禮部侍郎竇儀奏：請諸科舉人，若合解不解、不合解而解者，監試官爲首罪，勒停見任，舉送長官，奏聞取裁。監試官如受賂，及今後進士，如有倩人述作文字應舉者，許人言告，送本處色役，永不進仕。

唐同光四年三月，中書門下奏議：左拾遺王松、吏部員外郎李慎儀上疏，以諸道州縣，皆是攝官，誅剝生靈，漸不存濟。比者郭崇韜在中書日，未詳本朝故事，妄被閑人獻疑，點檢選曹，曲生異議，或告赤欠少，一事闕違，保内一人不來，五保即須並廢，文書一紙有誤，數任皆不勘詳。其年選人及行事官一千二百五十餘員，得官者才及數十，皆以渝濫爲名，盡被焚毁棄逐，或斃踣於旅店，或號哭於道途。以至二年已來，選人不敢赴集，銓曹無人可注，中書無人可除，去年闕近二千，授官不及六十。伏請特降勅文，宣布遐邇，明往年制置，不自於宸衷，此日焦勞，特頒於睿澤。望以中書條件及王松等所論事節，案：《册府元龜》作王權，考《文獻通考》作王松，薛史韋説傳亦作松，今仍其舊。《舊五代史考異》。委銓司點檢，務在酌中，以爲定制。從之。時議者以銓注之弊，非止一朝，搢紳之家，自無甄別，或有伯叔告赤，鬻於同姓之家，隨賂改更，因亂昭穆，至有季父伯舅反拜姪甥者。郭崇韜疾惡太深，奏請釐革，豆盧革、韋説僶俛贊成。或有親舊訊其事端者，革、説曰：此郭漢子之意也。及崇韜誅，韋説即教門人王松上疏奏論，故有此奏。識者非之。

天成四年冬十月丙申，詔曰：本朝一統之時，除嶺南、黔中去京地遠，三年一降選補使，號爲南選外，其餘諸道及京百司諸色選人，每年動及數千，分爲三選，尚爲繁重，近代選人，每年不過數百，何必以一司公事，作三處官方。況有格條，各依資考，兼又明行勅命，務絶阿私，宜新公共之規，俾慎官常之要。其諸道選人，宜令三銓官員，都在省署子細磨勘，無違礙後，即據格同商量注擬，連署申奏，仍不得踵前於私第注官，如此則人吏易可整齊，公事亦無遲滯。

長興元年三月，勅：凡是選人，皆有資考，每至赴調，必驗文書，或不具全，多稱失墜，將明本末，須示規程。其判成諸色選人，黄甲下後，將歷任文書告赤連粘，宜令南曹逐縫使印，都於後面粘紙，粘紙，原本作粮紙，今據《册府元龜》改正。影庫本粘籤。其前後歷任文書，都計多少紙數，仍具年月日，判成授某官。蓋懼其分假於人故也。其年十月，中書奏：吏部流内銓諸色選人，先條流試判兩節，並委本官優劣等第申奏。文優者宜超一資注擬，其次者宜依資，更次者以同類官注擬，所以勵援毫之作，亦不掩歷任之勞。其或於理道全疏者，以人户少處州縣同類官中比擬，仍准元勅，業文者任徵引古今，不業文者但據公理判斷可否。不當，罪在有司。兼諸色選人，或有元通家狀，不實鄉里名號，將來赴選者，並令改正，一一竪本貫屬鄉縣，兼無出身，一奏一除官等，宜並不加選限。從之。

應順元年閏正月丁卯，中書門下奏：準天成二年十二月勅，長定格應經學出身人，一任三考，許入下縣令、下州録事參軍，亦入中下州録事參軍；兩任四考，許入中下縣令、中州録事參軍；兩任六考，許入上縣令及緊州録事參軍。凡爲進取，皆有因依，或少年便受好官，或暮齒不離卑任。況孤貧舉士，或年四十，始得經學及第，八年合選，方受一官，在任多不成三考，第二選漸向蹉跎，有一生終不至令録者，若無改革，何以發揚。自此經學出身，請一任兩考，許入中下縣令、下州録事參軍者。詔曰：參選之徒，艱辛不一，發身遲滯，到老卑低，宜優未達之人，顯示惟新之澤。其經學出身，一任兩考，元勅入下縣令、下州録事參軍，起今後更許入中下縣令、中州下州録事參軍；一任三考者，於人户多處州縣注擬，如於近勅條內，資叙無相當者，即準格循資考入官；其兩任四考者，準二任五考例入官，餘準格條處分。

晋天福三年正月，詔曰：舉選之流，苦辛備歷，或則耽書歲久，或則守事年深，少有違礙格條，例是不知式樣。式樣，原本作設樣，今據五代會要改正。影庫本粘籤今則方求公器，宜被皇恩，所有選人等，宜令所司，除元駁放及落下事由外，如無違礙，並與施行。仍令所司遍下諸道，起今後文解差錯，過在發解州府官吏。

漢乾祐二年八月，右拾遺高守瓊上言：仕宦年未三十，請不除授縣令。因下詔曰：起今後諸色選人，年七十者宜注優散官；年少未歷資考者，不得注授令録。其年十二月，中書門下奏：應諸出選門官并歷任內曾升朝及兩使判官，今任却授令録者，並依見任官選數赴集。從之。

周廣順元年二月，詔曰：自前朝廷除官，銓司選授，當其用闕，皆稟舊規。近聞所得官人，或他事阻留，或染疾淹駐，始赴任者既過月限，後之官者遂失期程，以至相沿，漸成非次。是致新官參謝欲上，舊官考秩未終，待滿替移，動逾時月，凋殘一處，新舊二官，在迎送以爲勞，必公私之失緒。今後應諸道州府録事參軍、判司、縣令、主簿等，宜令本州府，以到任月日，旋具申奏及報吏部，此後中書及銓司，以到任月日用闕，永爲定制。

其年十月，詔曰：選部公事，比置三銓，所有員闕選人，分在三處，每至注擬之際，資叙難得相當。況今年選人不多，宜令三銓公事，併爲一處，委本司長官通判，同商量可否施行。今當開泰之期，宜軫單平之衆，自今後合格選人，歷任無違礙者，並仰吏部南曹判成，如文解差錯，不合式樣，罪在發解官吏。《永樂大典》卷一萬六千七百八十三。

紀事

（五代）王定保《唐摭言》卷八《已落重收》 顧非熊，況之子，滑稽好辯，陵轢氣焰子弟，爲衆所怒。非熊既爲所排，在舉場三十年，屈聲聒人耳。長慶中，陳商放榜，上怪無非熊名，詔有司追榜放及第。時天下寒進，皆知勸矣。詩人劉得仁賀詩曰：愚爲童稚時，已解念君詩，及得高科晚，須逢聖主。

元和九年韋貫之榜，殷堯藩雜文落矣；楊漢公尚書，乃貫之前榜門生，盛言堯藩之屈，貫之爲之重收。或曰：李景讓乙太夫人有疾，報堂請暫省侍，路逢楊虞卿，懇稱班圖源之屈，因而得之也。

貞元中，李繆公先榜落矣；先是出試，楊員外於陵省宿歸第，遇程于省司，詢之所試，程探靴中得賦稿示之，其破題曰：德動天鑒，祥開日華。於陵覽之，謂程曰：公今年須作狀元。翌日雜文無名，於陵深不平；乃於故策子末繕寫，而斥其名氏，攜之以詣主文，從容紿之曰：侍郎今者所試賦，奈何用舊題？主文辭以非也。於陵曰：不止題目，向有人賦次韻腳亦同。主文大驚。於陵乃出程賦示之，主文賞歎不已。於陵曰：當今場中若有此賦，侍郎何以待之？主文曰：無則已，有則非狀元不可也。於陵曰：苟如此，侍郎已遺賢矣。乃李程所作。亟命取程所納，面對不差一字。主文因而致謝，於陵於是請擢爲狀元，前榜不復收矣，或曰出榜重收。

（五代）王定保《唐摭言》卷八《別頭及第》 別頭及第，始於上元二年錢令緒、鄭人政、王悌、崔志恂等四人，亦謂之承優及第。

楊嚴等，會昌四年王起奏五人：楊知至、源重、鄭朴、楊嚴、竇緘，恩旨令送所試雜文會翰林重考覆，續奉進。止楊嚴一人，宜與及第；源重四人落下。時楊知至因以長句呈同年曰：由來梁燕與冥鴻，不合翩翾向碧空；寒谷謾勞鄒氏律，長天獨遇宋都風；此時泣玉情雖異，他日銜環事亦同；三月春光正搖盪，無因得醉杏園中。

（五代）王定保《唐摭言》卷九《敕賜及第》 韋保乂，咸通中以兄在相位，應舉不得，特敕賜及第。擢入內庭。

永寧劉相鄴，字漢藩，咸通中自長春宮判官，召入內庭，特敕賜及第。中外賀緘極眾，惟鄆州李尚書種一章最著，乃福建韋尚書岫之辭也。於是韋佐鄆幕，略曰：用敕代榜，由官入名，仰温樹之煙，何人折桂？泝甘泉之水，獨我登龍。禁門而便是龍門，聖主而永爲座主。又曰：三十浮名，每年皆有；九重知己，曠代所無。相國深所慊鬱，蓋指斥太中的也。

杜昇，父宣猷終宛陵，昇有詞藻，廣明歲，蘇導給事刺劍州，昇爲軍倅；駕幸西蜀，例得召見，特敕賜緋導入內。韋中令自翰長拜主文，昇時已拜小諫，抗表乞就試，從之。登第數日，有敕復前官，並服色。議者榮之。

秦韜玉，出入大閹田令孜之門。車駕幸蜀，韜玉已拜丞郎，判鹺；及小歸公主文，韜玉准敕放及第，仍編入其年榜中。韜玉置書謝新人呼同年，略曰：三條燭下，雖阻文闈，數仞牆邊，幸同恩地。

王彥昌，太原人，家世簪冕，推於鼎甲。廣明歲，駕幸西蜀，恩賜及第，後爲嗣薛王柔判官。昭宗幸石門，時宰臣與學士不及隨駕，柔以京尹判鹺，權中書，事屬近輔，表章繼至，切於批答。柔以彥昌名聞，遂命權知學士，居半載，出拜京尹。又左常侍、大理卿，爲本寺人吏所累，南遷。

（五代）王定保《唐摭言》卷九《表薦及第》　乾寧中，駕幸三峰。殷文圭者，攜梁王表薦及第，仍列於榜內。時楊令公鎮維揚，奄有宣浙，楊汴榛梗久矣。文圭家池州之青陽，辭親間道至行在，無何隨榜爲吏部侍郎裴樞宣諭判官，至大梁以身事叩梁王，王乃上表薦之。文圭復擬飾非，遍投啓事於公卿間，略曰：於菟獵食，非求尺璧之珍；鶢鶋避風，不望洪鐘之樂。既擢第，由宋汴馳過，俄爲多言者所發；梁王大怒，亟遣追捕，已不及矣。自是屢言措大率皆負心，常以文圭爲證，白馬之誅，靡不由此也。

何澤，韶陽曲江人也。父鼎，容管經略，有文稱。澤乾寧中，隨計至三峰行在，永樂崔公，即澤之同年丈人也；聞澤來舉，乃以一絕振之曰：四十九年前及第，同年惟有老夫存；今日殷勤訪我子，穩將鬐鬣上龍門。時主文與奪未分，又會相庭有所阻，因之敗於垂成。後漂泊關外。梁太祖受禪，澤假廣南幕職入貢，敕賜及第。

（五代）王定保《唐摭言》卷一五《雜記》　高祖武德四年四月十一日，敕諸州學士及白丁，有明經及秀才、俊士，明於理體，爲鄉曲所稱者，委本縣考試，州長重覆，取上等人，每年十月隨物入貢。至五年十月，諸州共貢明經一百四十三人，秀才六人，俊士三十九人，進士三十人。十一月引見，敕付尚書省考試；十二月吏部奏付考功員外郎申世寧考試，秀才一人，俊士十四人，所試並通，敕放選與理入官；其下第人各賜絹五疋，充歸糧，各勤修業。自是考功之試，永爲常式。至開元二十四年，以員外郎李昂與舉子矛盾失體，因以禮部侍郎專。

貞觀初放榜日，上私幸端門，見進士于榜下綴行而出，喜謂侍臣曰：天下英雄，入吾彀中矣。進士榜頭，豎黏黄紙四張，以氈筆淡墨袞轉書曰禮部貢院四字；或曰：文皇頃以飛帛書之。或象陰注陽受之狀。

進士舊例于都省考試。南院放榜，張榜牆乃南院東牆也。別築起一堵，高丈餘，外有壖垣，未辨色，即自北院將榜就南院張掛之。元和六年，爲監生郭東里決破棘籬坼裂文榜，因之後來多以虚榜自省門而出，正榜張亦稍晚。

（宋）洪邁《容齋續筆》卷一一《高鍇取士》　高鍇爲禮部侍郎，知貢舉，閲三歲，頗得才實。始，歲取四十人，才益少，詔減十人猶不能滿。此《新唐書》所載也。按《登科記》，開成元年，中書門下奏：進士元額二十五人，請加至四十人。奉敕依奏。是年及二年、三年，鍇在禮部，每舉所放，各四十人。至四年，始令每年放三十人爲定，則《唐書》所云誤矣。《摭言》載鍇第一牓裴思謙以仇士良關節取狀頭，鍇庭譴之。思謙回顧厲聲曰：明年打脊取狀頭。第二年，鍇知舉，誡門下不得受書題。思謙自攜士良一緘入貢院，既而易紫衣趨至階下，白曰：軍容有狀薦裴思謙秀才。鍇接之，書中與求巍峨。鍇曰：狀元已有人，此外可副軍容意旨。思謙曰：卑吏奉軍容處分：裴秀才非狀元請侍郎不放。鍇俛首良久，曰：然則略要見裴學士。思謙曰：卑吏便是也。鍇不得已，遂從之。思謙及第後宿平康里，賦詩云：銀釭斜背解明璫，小語低聲賀玉郎。從此不知蘭麝貴，夜來新惹桂枝香。然則思謙亦疎俊不羈之士耳。鍇徇凶璫之意，以爲舉首，史謂頗得才，實恐未盡然。先是，大和三年，鍇爲考功員外郎，取士有不當，監察御史姚中立奏停考功別頭試，六年，侍郎賈餗又奏復之，事見《選舉志》。

（宋）洪邁《容齋續筆》卷一三《貞元制科》　唐德宗貞元十年，

賢良方正科十六人，裴垍爲舉首，王播次之，隔一名而裴度、崔羣、皇甫鎛繼之。六名之中，連得五相，可謂盛矣。而邪正夐不侔。度、羣同爲元和宰相，而鎛以聚斂賄賂亦居之，度、羣極陳其不可，度恥其同列，表求自退，兩人竟爲鎛所毀而去。且三相同時登科，不可謂無事分，而玉石雜糅，薰蕕同器，若默默充位，則是固寵患失，以私妨公，裴、崔之賢，誼難以處也。本朝韓康公、王岐公、王荊公亦同年聯名，熙寧間，康公、荊公爲相，岐公參政，故有一時同榜用三人之語，頗類此云。

（宋）洪邁《容齋續筆》卷一三《金花帖子》 唐進士登科，有金花帖子，相傳已久，而世不多見。予家藏咸平元年孫僅榜盛京所得小録，猶用唐制，以素綾爲軸，貼以金花，先列主司四人銜，曰：翰林學士給事中楊，兵部郎中知制誥李，右司諫直史館梁，祕書丞直史館朱，皆押字。次書四人甲子，年若干，某月某日生，祖諱某，父諱某，私忌某日。然後書狀元孫僅，其所紀與今正同。别用高四寸綾，闊二寸，書盛京二字，四主司花書于下，黏於卷首，其規範如此，不知以何年而廢也。但此榜五十人，自第一至十四人，惟第九名劉燁爲河南人，餘皆貫開封府，其下又二十五人亦然。不應都人士中選若是之多，疑亦外方人寄名託籍，以爲進取之便耳。四主司乃楊礪、李若拙、梁顥、朱台符，皆只爲同知舉。

（宋）洪邁《容齋三筆》卷一〇《唐夜試進士》 唐進士入舉場得用燭，故或者以爲自平旦至通宵。劉虛白有二十年前此夜中，一般燈燭一般風之句，及三條燭盡之説。按《舊五代史·選舉志》云：長興二年，禮部貢院奏當司奉堂帖夜試進士，有何條格者。敕旨：秋來赴舉，備有常程，夜後爲文，曾無舊制。王道以明規是設，公事須白晝顯行，其進士並令排門齊入就試，至閉門時試畢，内有先了者，上曆畫時，旋令先出，其入策亦須晝試，應諸科對策，並依此例。則晝試進士，非前例也。清泰二年，貢院又請進士試雜文，並點門入省，經宿就試。至晉開運元年，又因禮部尚書知貢舉竇貞固奏，自前考試進士，皆以三條燭爲限，並諸色舉人有懷藏書册不令就試。未知於何時復有更革。白樂天集中奏狀云：進士許用書册，兼得通宵。但不明言入試朝暮也。

（清）趙翼《陔餘叢考》卷二八《禮部知貢舉》 唐初，明經、進士皆考功員外郎主試事。開元二十四年，考功員外郎李昂爲舉人詆訶。帝以員外郎望輕，遂移貢舉於禮部，以侍郎主之。後世禮部知貢舉自此始。然其時知貢舉者即主司，後世知貢舉者但理場務，而主試則别命大臣。按唐制，知貢舉亦有不專用禮部侍郎，而别命他官者。德宗時，蕭昕以禮部尚書知貢舉，則不必侍郎也。又以國子祭酒包佶知貢舉。憲宗時以中書舍人李逢吉知貢舉，穆宗時以中書舍人李宗閔知貢舉，武宗時以太常卿王起知貢舉，宣宗時以中書舍人杜審權知貢舉，五代時亦或以他部尚書、侍郎爲之。此又近代别命大臣主試之始也。又唐時知貢舉大臣有不必進士出身者。《舊唐書·李麟傳》：麟以蔭入仕，不由科第出身。後爲兵部侍郎，知禮部貢舉。又李德裕與李宗閔有隙，杜欲爲釋憾，謂宗閔曰：德裕有文才而不由科第，若使之知貢舉，必喜矣。是唐制非科第出身者亦得主試也。

薦舉

綜述

（元）馬端臨《文獻通考》卷二八《選舉考·舉士》 隋文帝開皇七年制：諸州歲貢三人。工商不得入仕。

杜正玄開皇舉秀才，試策高第。時海内惟正玄一人舉秀才，餘常貢者隨例銓注訖，正元獨不得進止。曹司以策過楊素，素怒曰：周、孔更生，尚不得爲秀才，刺史何忽妄舉此人。素志在試退正玄，乃手題使擬司馬相如《上林賦》、王褒《聖主得賢臣頌》、班固《燕然山銘》、張載《劍閣銘》、《白鸚鵡賦》，曰：我不能爲君住宿，可至未時令就。正玄及時並了，素大驚曰：誠好秀才。其弟正藏亦舉秀才，蘇威監選。時射策甲第者合奏，曹司難爲别奏，抑爲甲科。正藏訴屈，威怒，改爲丙第。正倫亦舉秀才。隋世天下舉秀才不十人，而正玄一門三秀才。

按：常貢者，不分優劣，隨例銓注之人也。舉秀才者，文才傑出，對策高第之人也。隋雖有秀才之科，而上本無求才之意，下亦無能應詔之人，間有一二，則反訶之，且嫉之矣。楊素苛酷俗吏，宜其疾視如此；蘇威儒者也，亦復沮抑正藏。士生斯時，何其不幸邪。

治書侍御史李諤以選才失中，上書曰：自魏之三祖，更尚文詞，忽君人之大道，好雕蟲之小藝。下之從上，有同影響，競騁浮華，遂成風俗。江左齊、梁，其弊彌甚，貴賤賢愚，唯務吟詠。遂復遺理存異，尋虛逐微，競一韻之奇，争一字之巧。連篇累牘，不出月露之形；積案盈箱，惟是風雲之狀。代俗以此相高，朝廷據茲擢士。禄利之路既開，愛尚之情愈篤。於是閭里童昏，貴遊總丱，未窺六甲，先製五言。捐本逐末，流遍華壤，遞相師祖，澆漓愈扇。及大隋受命，聖道聿興。是以開皇四年，普詔天下，公私文翰，並宜實録。其年九月，泗州刺史司馬幼之上表華豔，付所司理罪。由是公卿大臣咸知正路，莫不鑽仰墳素，棄絶華綺，擇先王之令典，行大道於茲代。如聞在外州縣，仍踵弊風，選吏舉人，未遵典則。至於宗黨稱孝，鄉曲歸仁，學必典謨，交不苟合，則擯落私門，不加收齒；其學不稽古，逐俗隨時，作輕薄之篇章，結朋黨而稱譽，則選充吏職，舉送天朝。蓋由縣令、刺史未行風教，猶挾私情，不存公道。臣既忝憲司，職當糾察。若聞風即劾，恐掛網者多，請勅諸司普加搜訪，有如此者，具狀送臺。

煬帝始建進士科。

（唐）王方慶《魏鄭公諫録》卷三《對百官應有堪用者》　太宗曰：百官之内，應有堪用者，朕未能知之，不可造次，爲天下主誠亦難。朕今行一事，則爲天下所觀；出一言即爲天下所聽。用得好人，爲善者皆勸；誤用惡人，不善者競進。賞當其勞，無功者自退；罰當其罪，爲惡者誡懼。故知賞罰不可輕行，用人彌須審悉。公對曰：舉選之事，自古爲難。故考績黜陟，察其善惡。今欲求人，必須先訪其行，審知其善，然後任之。假令此人不能濟事，只是才力不及，不爲大害；誤用惡人，假令強幹，爲患極多。但亂代唯求其材，不顧其行；太平必須材行俱兼，始可任用也。

《舊唐書》卷一〇一《薛登傳》　謙光博涉文史，每與人談論前代故事，必廣引證驗，有如目擊。少與徐堅、劉子玄齊名友善。文明中，解褐閬中主簿。天授中，爲左補闕，時選舉頗濫，謙光上疏曰：

臣聞國以得賢爲寶，臣以舉士爲忠。是以子皮之讓國僑，鮑叔之推管仲，燕昭委兵於樂毅，苻堅託政於王猛。子産受國人之謗，夷吾貪共賈之財，昭王錫輅馬以止讒，永固戮樊世以除譖。處猜嫌而益信，行間毁而無疑，此由默而識之，委而察之深也。至若宰我見愚於宣尼，逢萌被知於文叔，韓信無聞於項氏，毛遂不齒於平原，此失士之故也。是以人主受不肖之士則政乖，得賢良之佐則時泰，故堯資八元而庶績其理，周任十亂而天下和平。由是言之，則士不可不察，而官不可妄授也。何者？比來舉薦，多不以才，假譽馳聲，互相推奬，希潤身之小計，忘臣子之大猷，非所以報國求賢，副陛下翹翹之望者也。

臣竊窺古之取士，實異於今。先觀名行之源，考其鄉邑之譽，崇禮讓以勵己，明節義以標信，以敦朴爲先最，以雕蟲爲後科。故人崇勸讓之風，士去輕浮之行。希仕者必修貞確不拔之操，行難進易退之規。衆議以定其高下，郡將難誣於曲直。故計貢之賢愚，即州將之榮辱；穢行之彰露，亦鄉人之厚顔。是以李陵降而隴西慚，干木隱而西河美。故名勝於利，則小人之道消；利勝於名，則貪暴之風扇。是以化俗之本，須擯輕浮。昔冀缺以禮讓升朝，則晋人知禮；文翁以儒林奬俗，則蜀士多儒。燕昭好馬，則駿馬來庭；葉公好龍，則真龍入室。由是言之，未有上之所好而下不從其化者也。

自七國之季，雖雜縱横，而漢代求才，猶徵百行。是以禮節之士，敏德自修，閭里推高，然後爲府寺所辟。魏氏取人，尤愛放達；晋、宋之後，祇重門資。奬爲人求官之風，乖授職惟賢之義。有梁薦士，雅愛屬詞；陳氏簡賢，特珍賦詠。故其俗以詩酒爲重，不以修身爲務。逮至隋室，餘風尚在，開皇中李諤論之於文帝曰：魏之三祖，更好文詞，忽君人之大道，好雕蟲之小藝。連篇累牘，不出月露之形；積案盈箱，唯是風雲之狀。代俗以此相高，朝廷以茲擢士，故文筆日煩，其政日亂。帝納李諤之策，由是下制禁斷文筆浮詞。其年，泗州刺史司馬幼之以表不典實得罪。於是風俗改勵，政化大行。煬帝嗣興，又變前法，置進士等科。於是後生之徒，復相放效，因陋就寡，赴速邀時，緝綴小文，名之策學，不以指實爲本，而以浮虛爲貴。

有唐纂曆，雖漸革於故非；陛下君臨，思察才於共理。樹本崇化，惟在旌賢。今之舉人，有乖事實。鄉議決小人之筆，行修無長者之論。策第喧競於州府，祈恩不勝於拜伏。或明制纔出，試遣搜敭，驅馳府寺之門，出入王公之第。上啓陳詩，唯希欬唾之澤；摩頂至足，冀荷提攜之恩。故俗號舉人，皆稱覓舉。覓爲自求之稱，未是人知之辭。察其行而度其材，則人品於茲見矣。徇己之心切，則至公之理乖；貪仕之性彰，則廉潔之風薄。是知府命雖高，異叔度勤勤之讓；黄門已貴，無秦嘉耿耿之辭。縱不能抑己推賢，亦不肯待於三命。豈與夫白駒皎皎，不雜風塵，束帛戔戔，榮高物表，校量其廣狹也。是以耿介之士，羞自拔而致其辭；循常之人，捨其疏而取其附。故選司補署，諠然於禮闈；州貢賓王，争訟於階闥。謗議紛合，浸以成風。夫競榮者必有競利之心，謙遜者亦無貪賄之累。自非上智，焉能不移；在於中人，理由習俗。若重謹厚之士，則懷禄者必崇德以修名；若開趨競之門，邀仕者皆戚施而附會。附會則百姓罹其弊，潔己則兆庶蒙其福。故風化之漸，靡不由茲。今訪鄉閭之談，唯祇歸於里正。縱使名虧禮則，罪挂刑章，或冒籍以偷資，或邀勳而竊級，假其不義之賂，則是無犯鄉閭。豈得比郭有道之銓量，茅容望重，裴逸人之賞拔，夏少名高，語其優劣也。

祇如才應經邦之流，唯令試策；武能制敵之例，只驗彎弧。若其文擅清奇，便充甲第，藻思微減，便即告歸。以此收人，恐乖事實。何者？樂廣假筆於潘岳，靈運詞高於穆之，平津文劣於長卿，子建筆麗於荀彧。若以射策爲最，則潘、謝、曹、馬必居孫、樂之右；若使協贊機猷，則安仁、靈運亦無裨附之益。由此言之，不可一概而取也。至如武藝，則趙雲雖勇，資諸葛之指撝；周勃雖雄，乏陳平之計略。若使樊噲居蕭何之任，必失指縱之機；使蕭何入戲下之軍，亦無免主之効。鬭將長於摧鋒，謀將審於料事。是以文泉聚米，知隗囂之可圖；陳湯屈指，識烏孫之自解。八難之謀設，高祖追慚於酈生；九拒之計窮，公輸息心於伐宋。謀將不長於弓馬，良相寧資於射策。豈與夫元長自表，妄飾詞鋒，曹植題章，虚飛麗藻，校量其可否也。伏願陛下降明制，頒峻科。千里一賢，尚不爲少，僥倖冒進，須立隄防。斷浮虚之飾詞，收實用之良策，不取無稽之説，必求忠告之言。文則試以効官，武則令其守禦，始既察言觀行，終亦循名責實，自然僥倖濫吹之伍，無所藏其妄庸。故晏嬰云：舉之以語，考之以事；寡其言而多其行，拙於文而工於事。此取人得賢之道也。其有武藝超絶，文鋒挺秀，有効伎之偏用，無經國之大才，爲軍鋒之爪牙，作詞賦之標準。自可試凌雲之策，練穿札之工，承上命而賦《甘泉》，稟中軍而令赴敵，既有隨才之任，必無負乘之憂。臣謹案吴起臨戰，左右進劍，吴子曰：夫提鼓揮桴，臨難決疑，此將事也。一劍之任，非將事也。謹案諸葛亮臨戎，不親戎服，頓蜀兵於渭南，宣王持劍，卒不敢當。此豈弓矢之用也。謹案楊得意誦長卿之文，武帝曰：恨不得與此人同時。及相如至，終於文園令，不以公卿之位處之者，蓋非其所任故也。

謹案漢法，所舉之主，終身保任。楊雄之坐田儀，責其冒薦；成子之居魏相，酬於得賢。賞罰之令行，則請謁之心絶；退讓之義著，則貪競之路消。自然朝廷無争禄之人，選司有謙撝之士。仍請寬立年限，容其採訪簡汰，堪用者令其試守，以觀能否，參驗行事，以别是非。不實免王丹之官，得人加翟璜之賞，自然見賢不隱，食禄自專。荀彧進鍾繇、郭嘉，劉陶薦李膺、朱穆，勢不云遠。有稱職者受薦賢之賞，濫舉者抵欺罔之罪，自然舉得賢行，則君子之道長矣。

《舊唐書》卷八九《狄仁傑傳》 仁傑常以舉賢爲意，其所引拔桓彦範、敬暉、竇懷貞、姚崇等，至公卿者數十人。初，則天嘗問仁傑曰：朕要一好漢任使，有乎？仁傑曰：陛下作何任使？則天曰：朕欲待以將相。對曰：臣料陛下若求文章資歷，則今之宰臣李嶠、蘇味道亦足爲文吏矣。豈非文士齷齪，思得奇才用之，以成天下之務者乎？則天悦曰：此朕心也。仁傑曰：荊州長史張柬之，其人雖老，真宰相才也。且久不遇，若用之，必盡節於國家矣。則天乃召拜洛州司馬。他日，又求賢，仁傑曰：臣前言張柬之，猶未用也。則天曰：已遷之矣。對曰：臣薦之爲相，今爲洛州司馬，非用之也。又遷爲秋官侍郎，後竟召爲相。柬之果能興復中宗，蓋仁傑之推薦也。

《新唐書》卷四五《選舉志》 太宗嘗謂攝吏部尚書杜如晦曰：今專以言辭刀筆取人，而不悉其行，至後敗職，雖刑戮之，而民已敝矣。乃欲放古，令諸州辟召。會功臣行世封，乃止。它日復顧侍臣曰：致治之術，在於得賢。今公等不知人，朕又不能徧識，日月其逝，而人遠矣。吾將使人自舉，可乎？而魏徵以爲長澆競，又止。

《新唐書》卷一一五《狄光嗣傳》 光嗣，聖曆初，爲司府丞。武后詔宰相各舉尚書郎一人，仁傑薦光嗣，由是拜地官員外郎，以稱職聞。后曰：祁奚內舉，果得人。

（元）馬端臨《文獻通考》卷二九《選舉考·舉士》 唐制，取士之科，多因隋舊，然其大要有三。由學館者曰生徒，由州縣者曰鄉貢，皆升於有司而進退之。其科之目，有秀才，有明經，有進士，有俊士，有明法，有明字，有明算，有一史，有三史，有《開元禮》，有道舉，有童子。而明經之別，有五經，有三經，有二經，有學究一經，有《三禮》，有《三傳》，有史科。此歲舉之常選也。其天子自詔者曰制舉，所以待非常之才焉。舉選不繇館、學者謂之鄉貢，皆懷牒自列於州縣。試已，長吏以鄉飲酒禮會屬僚，設賓主，陳俎豆，備管弦，牲用少牢，歌《鹿鳴》之詩，因與耆艾叙長少焉。既至省，皆疏名列到，結款通保及所居，始由户部集閱，而關於考功員外郎試之。

凡秀才，試方略策五道，以文理通粗爲上上、上中、上下、中上凡四等爲及等。凡明經，先帖文，然後口試，經問大義十條，答時務策三道，亦爲四等。凡《開元禮》，通大義百條、策三道者超資與官，義通七十、策通二者及第，散、試官能通者依正員。凡《三傳》科，《左氏傳》問大義五十條，《公羊》、《穀梁傳》三十條，策皆三道，義通七、策通二以上爲第。能通一史者，白身視五經、《三傳》，有出身及前資官視學究一經。凡史科，每史問大義百條、策三道，義通七、策通二以上爲第。能通一史者，白身視五經、《三傳》，有出身及前資官視學究一經，三史皆通者，獎擢之。凡童子科，十歲以下能通一經及《孝經》、《論語》，卷誦文十，通者予官，通七予出身。凡進士，試時務策五道，帖一大經，經策全通爲甲第；策通四，帖過四以上爲乙第。凡明法，試律七條，令三條，全通爲甲第，通八爲乙第。凡書學，先口試，通，乃墨試《說文》、《字林》二十條，通十八爲第。凡算學，録大義本條爲問答，明數造術，詳明術理，然後爲通。試《九章》三條，《海島》、《孫子》、《五曹》、《張邱建》、《夏侯陽》、《周髀》、《五經算》各一條，十通六，《記遺》、《三等數》帖讀十得九爲第。試《綴術》、《緝古》録大義爲問答者，明數造術，詳明術理，無注者，合數造術，不失義理，然後爲通。《綴術》七條、《緝古》三條，十通六，《記遺》、《三等數》帖讀十得九爲第。落經者，雖通六不第。凡弘文、崇文生，試一大經、一小經，或二中經，或《史記》、《前》、《後漢書》、《三國志》各一，或時務策五道，經、史皆試策十道，經通六，史及時務策通三，皆帖《孝經》、《論語》共十條，通六爲第。凡貢舉非其人者、廢舉者、校試不以實者，皆有罰。其教人取士著於令者，大略如此。而士之進取之方，與士之好惡，所以育材養士、招徠獎進之意，有司選士之法，因時增損不同。初，秀才科等最高，有上上、上中、上下、中上凡四等，貞觀中，有舉而不第者坐其州長，由是廢絶。高宗時，劉祥道上疏言：唐有天下四十年，未有舉秀才者，請自六品以下至草野，審加搜訪，毋令赫赫之辰，斯舉遂絶。開元二十四年以後，復有此舉，其時進士漸難，而秀才本科無帖經及雜文之限，反易於進士。主司以其科廢久，不欲收獎，應者多落之，三十年無及第者。天寶初，禮部侍郎韋陟始奏請有堪此舉者，令官長特薦，其常年舉送者並停。自是士族所趣向，唯明經、進士二科而已。

凡舉司課試之法：帖經者，以所習經掩其兩端，中間開唯一行，裁紙爲帖，凡帖三字，隨時增損，可否不一，或得四，或得五，或得六爲通。後舉人積多，故其法益難，務欲落之，至有帖孤章絶句，疑似參互者以惑之，甚者或上抵其注，下餘一二字，使尋之難知，謂之倒拔。既甚難矣，而舉人則有驅縣孤絶、索幽隱爲詩賦而誦習之，不過十數篇，則難者悉詳矣，其於平文大義，或多牆面焉。

秀才之科久廢，而明經雖有甲、乙、丙、丁四科，進士則甲、乙二科。自武德以來，明經唯有丁第，進士唯有乙科而已。進士大抵千人得第者百一二，明經倍之，得第者十一二。

其制詔舉人不有常科，皆標其目而搜揚之。試之日，或在殿庭，天子親臨觀之，試已，糊其名於中考之文，策高者特授以美官，其次與出身。開元以後，四海晏清，士恥不以文章達，其應詔而舉者多則二千人，少不減千人，所收百纔有一。

高祖即位，詔：諸州明經、秀才、俊士、進士明於理體，爲鄉里稱者，縣考試，州長重覆，歲隨方物入貢。

高宗永徽二年，始停秀才科。

上元二年，加試貢士《老子》策，明經二條、進士三條。

天后表曰：伏以聖緒出自玄元，五千之文，實惟聖教。望請王公以下内外百官皆習老子《道德經》，其明經咸令習讀，一准《孝經》、《論語》，所司臨時策試。從之。

永隆二年，考功員外郎劉思立言：明經多鈔義條，進士唯誦舊策，皆亡實才，而有司以人數充第。乃詔自今明經試帖十得六以上，進士試雜文二篇，通文律者，然後試策。

武后載初元年二月，策問貢人於洛城殿，數日方了。殿前試人自此始。

致堂胡氏曰：漢策問賢良，非試之也，延於大殿，天子稱制，訪以理道，其事重矣。貢士既試於南宫，已精其較選，而又試之殿廡，是以南宫爲不足信邪？其先所第名必從而升降之，殆猶兒戲耳。故先正富文忠公請罷殿試，其説甚當，然未能有行焉，無亦悦其名，以謂親屈帝尊，策天下士，其哀然爲舉首者，天子所親擢歟？夫南宫禮闈遴選文學卿大夫，使司衡鑒，嚴莫甚焉。以是爲未也，重複試之，於是上者或下，後者或先，前日所考，殆成虚設。古者明試以言，豈其若是之勞且玩也？又況事始自僭竊亂淫之武后，可不革哉。

按：致堂之言固善，然武后所試諸路貢士，蓋如後世之省試，非省試之外再有殿試也。唐自開元以前，試士未屬禮部，以考功員外郎主之。武后自詭文墨，故於殿陛間下行員外郎之事。

右補闕薛謙光上疏言：今之舉人有乖事實，或明詔試令搜揚，則驅馳府寺，請謁權貴，陳詩奏記，希咳唾之澤，摩頂至足，冀提攜之恩，故俗號舉人爲覓舉。夫覓者自求之稱，非人知我之謂也。故選曹授職，喧囂於禮闈，州郡貢士，諍訟於階闥，謗議紛紜，寖成風俗。今夫舉人，詢於鄉閭，歸於里正而已。雖跡虧名教，罪加刑典，或冒籍竊資，邀勳盗級，假其賄賂，即爲無犯。設如才應經邦，唯令試策；武能制敵，只驗彎弧。昔漢武見司馬相如賦，恨不同時，及置之朝廷，終文園令，知其不堪公卿之任故也。吴起將戰，左右進劍，起曰：將者提攜桴鼓，臨難決疑，一劍之任，非將事也。然則虚文豈足以佐時，善射豈足以克敵？要在文察其行能，武觀其勇略而已。又漢法所舉之主，終身保任。今宜寬平年限，容其採訪，稱職者受薦賢之賞，濫舉者抵欺罔之罪，自然舉得才行，君子道長矣。

長壽二年，太后自製《臣範》兩卷，令貢舉人習業，停《老子》。

中宗神龍初，制：貢舉人停習《臣範》，依前習《老子》。

玄宗時，詔舉人減《尚書》、《論語》策，而加試《老子》。

按：《六經》孔孟之説，有國家者所當表章，爲士者所當習業也，老氏豈得以並之？武后假聖緒之説，狐媚其君，及其竊位，則復以其所自著所謂《臣範》者同之六籍，以易《老子》。夫麀聚之醜，牝晨之禍，豈足以垂世立範乎。

長壽三年，左拾遺劉承慶上疏曰：伏見比年以來，天下諸州所貢物，至元日皆陳在御前，唯貢人獨於朝堂列拜，則金帛羽毛升於玉階之下，賢良文學棄彼金門之外，恐所謂貴財而賤義，重物而輕人。伏請貢人至元日列在方物之前，以備充庭之禮。制可。

玄宗開元五年，始令鄉貢明經、進士見訖，國子監謁先師，學官開講問義，有司爲具食，清資五品以上官，及朝集使皆往閲禮焉。又令諸州貢舉省試不第，願入學者聽。敕諸州貢士：上州歲三人，中州二人，下州一人。必有才行，不限其數。

開元十七年，國子祭酒楊瑒上言：伏聞承前之例，每年應舉常有千數，及第兩監不過一二十人。臣恐三千學徒虚費官廩，兩監博士濫縻天禄。臣竊見入仕諸色出身，每歲尚二千餘人，方於明經、進士多十餘倍，則是服勤道業之士不及胥吏之得仕也。陛下設學校，務以勸進之；有司爲限約，務以黜退之。臣之微誠，實所未曉。今監司課試，十已退其八九；考功及第，十又不收一二。若長以爲限，恐儒風漸墜，小道將興。若以出身人多，應須諸色都減，豈在獨抑明經、進士也？上然之。瑒又言：主司帖試明經，不務求述作大旨，專取難知，問以孤經絶句或年月日。請自今並帖平文。從之。

洋州刺史趙匡《舉選議》曰：漢朝用人，自詔舉之外，其府寺郡國屬吏，皆令自署，故天下之士脩身於家，而辟書交至，以此士務名節，風俗用修。魏氏立九品之制，中正司之，於是族大者第高，而寒門之秀屈矣。國朝舉選用隋氏之制，歲月既久，其法益訛。夫才智因習就，固然之理。進士者，時共貴之，主司褒貶，實在詩賦，務求巧麗，以此爲賢，溺於所習，悉昧本原，欲以啓導性靈，獎成後進，斯亦難矣。故士林鮮體國之論，其弊一也。又人之心智蓋有涯分，而九流七略，書籍無窮，主司徵問，不立程限，故脩習之時，但務鈔略，比及就試，偶中是期，業無所成，固由於此。故當代寡人師之學，其弊二也。疏以釋經，蓋筌蹄耳。明經讀書，勤勞已甚，既口問義，又誦疏文，徒竭其精華，習不急之業，而當代禮法，無不面牆，及臨人決事，取辦胥吏之口而已，所謂所習非所用，所用非所習者也。故當官少稱職之吏，其弊三也。舉人大率二十人中方收一人，故沒齒而不登科者甚衆，其事難，其路隘也如此，而雜色之流廣通，其路也比一彼十，此百彼千，揆其秩序，無所差降。故受官多底下之人，修業抱後時之嘆，待不才者何厚，處有能者何薄。崇末抑本，啓昏窒明。故士子舍學業而趨末伎，其弊四也。收人既少，則争第急切，交馳公卿，以求汲引，毁訾同類，用以争先。故業因儒雅，行成險薄，非受性如此，勢使然也。浸以成俗，虧損國風，其弊五也。大抵舉選人以秋初就路，春末方歸，休息未定，聚糧未辦，即又及秋。正業不得脩習，益令藝能淺薄，其弊六也。羈旅往來，糜費實甚，非唯妨闕正業，蓋亦隳其舊產，未及數舉，索然以空，其弊七也。貧窶之士，在遠方欲力赴京師，而所冀無際，以此揆度，遂至沒身，使茲人有抱屈之恨，國家有遺才之缺，其弊八也。官司運江、淮之儲，計五費其四，方達京邑，芻薪之貴又十倍四方，而舉選之人每年攢會，計其人畜，蓋將數萬，無成而歸，十乃七八，徒令關中煩耗，其弊九也。爲官擇人，唯才是待。今選司量格，並格之以年數。合格者判雖下劣，一切皆收；如未合格而應科目者，才有小瑕，莫不見棄。故無能之士，禄以例臻，才俊之流，坐成白首，此非古人求賢審官之義，亦已明矣，其弊十也。選人不約本州所試，悉令聚於京師，人既浩穰，文簿繁雜，因此渝濫，其事百端。故俗間相傳云：入試非正身，十有三四；赴官非正身，十有二三。此又弊之尤者。今若未能頓除舉選，以從古制，且稍變易，以息弊源，則官多佳吏，風俗可變。

開元二十四年，考功員外郎李昂爲舉人詆訶，帝以員外郎望輕，遂移貢舉於禮部，以侍郎主之。禮部選士自此始。侍郎親故移試考功，謂之別頭。

開元二十五年，敕曰：進士以聲韻爲學，多昧古今；明經以帖誦爲功，罕窮旨趣。自今明經問大義十條，對時務策三首，進士試大經十帖。

天寶六載，上欲廣求天下之士，命通一藝以上皆詣京師。李林甫恐草野之士對策斥言其姦惡，建言舉人多卑賤愚憒，恐有俚言汙濁聖聽。乃令郡縣長官精加試練，灼然超絶者，具名送省，委尚書覆試，御史中丞監之，取名實相副者聞奏。既而至者皆試以詩、賦、論，遂無一人及第者。林甫乃上表賀野無遺賢。

按：温公《通鑑》載此事於天寶六載，然以《唐登科記》考之，是年進士二十三人，風雅古調科一人，不知何以言無一人及第也。當考。

天寶十二載，敕天下罷鄉貢，舉人不由國子及郡縣學者勿舉送。

十四載，復鄉貢。

肅宗乾元初，中書舍人李揆兼禮部侍郎言：主司取士，多不考實，徒峻其隄防，索其書策，殊不知藝不至者，居文史之囿，亦不能擒其詞藻，深昧求賢之意。及試進士文章日，於庭中設《五經》、諸史及《切韻》本於牀，而引貢士謂之曰：大國選士，但務得才，經籍在茲，請恣尋檢。

舒元輿舉進士，見有司鉤校苛切，既試尚書，雖水、炭、脂炬、飧具皆人自將，吏一唱名乃得入，列棘圍，席坐廡下。因上書言：古貢士未有輕於此者。且宰相、公卿由此出，而有司以隸人待之，誠非所以下賢意；羅棘遮截，疑其爲姦，又非所以求忠直也。

吴氏《能改齋漫録》曰：《杜陽雜編》記舒元輿舉進士，既試，脂炬人皆自將。以余考之，唐制如此耳。故《廣記》云：唐制，舉人試日，既暮，許燒燭三條。韋永貽試日先畢，作詩云：褒衣博帶滿塵埃，獨上都堂納卷回。蓬巷幾時聞吉語，棘籬何日卻重來？三條燭盡鐘初動，七轉丹成鼎未開。殘月漸低人擾擾，不知誰是謫仙才。又云：白蓮千朵照廊明，一片昇平《雅》、《頌》聲。才唱第三條燭盡，南宮風月畫難成。而舊説亦言：舉人試日，已晚，主文權德輿於簾下戲云：三條燭盡，燒殘舉子之心。舉子遽答云：八韻賦成，驚破侍郎之膽。故《國史・竇正固傳》：舊制，夜試以二燭爲限，長興二年，改令晝試。正固以短晝，奏復夜試。周廣順中，竇儀奏復用晝。乃知本朝循周，不許見燭。

代宗廣德二年，賈至爲侍郎，建言：歲方艱歉，舉人赴省者，兩都試之。兩都試人自此始。

寶應二年，禮部侍郎楊綰言：進士科起隋大業中，是時猶試策。高宗朝，劉思立加進士雜文，明經填帖，故爲進士者皆誦當代之文，而不通經史，明經者但記帖括。又投牒自舉，非古先哲王側席待賢之道。請依古察孝廉，其鄉閭孝友信義廉恥而通經者，縣薦之州，州試其所通之學，送於省。自縣至省，皆勿自投牒，其到狀、保辨、識牒皆停。而所習經，取大義，聽通諸家之學。每問經十條，對策三道，皆通爲上第，吏部官之；經義通八、策通二爲中第，與出身；下第，罷歸。《論語》、《孝經》、《孟子》兼爲一經。其明經、進士及道舉並停。詔議之。給事中李栖筠等議曰：三代之選士任賢，皆考實行，是以風俗淳一，運祚長遠。漢興，監其然，尊儒術，尚名節，雖近戚竊位，強臣擅權，弱主外立，母后專政，而亦能終彼四百，豈非學行之效邪？魏、晋以來，專尚浮侈，德義不修，故子孫速顛，享國不永也。今綰所請，實爲正論。然自晋室之亂，南北分裂，人多僑處，必欲復古鄉舉里選，竊恐未盡，請兼廣學校，以明訓誘。雖京師州縣皆立小學，兵革之後，生徒流離，儒臣師氏，禄廪無向。請增博士員，厚其廪稍，選通儒碩生間居其職，十道大郡置太學館，遣博士出外，兼領郡官，以教生徒。保桑梓者，鄉里舉焉；在流寓者，庠序推焉。朝而行之，夕見其利。而衆論以爲舉進士久矣，廢之恐其失業。乃詔明經、進士與孝廉兼行。

江陵項氏曰：風俗之弊，至唐極矣。王公大人巍然於上，以先達自居，不復求士。天下之士，什什伍伍，戴破帽，騎蹇驢，未到門百步，輒下馬奉幣刺，再拜以謁於典客者，投其所爲之文，名之曰求知己。如是而不問，則再如前所爲者，名之曰温卷。如是而又不問，則有執贄於馬前自贊曰：某人上謁者。嗟乎，風俗之弊，至此極矣。此不獨爲士者可鄙，其時之治亂蓋可知矣。

德宗貞元十八年，敕：明經、進士，自今以後，每年考試所收人：明經不得過一百人，進士不得過二十人。如無其人，不必要滿此數。

十九年，敕：禮部舉人，自春以來，久愆時雨，念其旅食京邑，資用屢空，其禮部舉今年宜權停。

博士韓愈上狀曰：伏見今月十日敕，今年諸色選舉宜權停者。道路相傳，皆云以歲之旱，陛下憐憫京師之人，慮其乏食，故權停舉選，以絶其來者，所以省費而足食也。臣伏思之，竊以爲十口之家，益之以一二人，於食未有所費。今京師之人不啻百萬，都計舉者不過五七千人，並其僮僕、畜馬，不當京師百萬分之一，以十口之家計之，誠未爲有所損益。又今年雖旱，去歲大豐，商賈之家必有儲蓄，舉選者皆齎持資用，以有易無，未見其弊。今若暫停舉選，或恐所害實深，一則遠近驚惶，二則人士失業。臣聞古之求雨之詞曰：人失職歟？然則人之失職足以致旱，今緣旱而停舉選，是使人失職而召災也。

憲宗元和時，明經停口義，復試墨義十條，五經取通五，明經通六。其嘗坐法及爲州縣小吏，雖藝文可采，勿舉。

初，開元時，禮部考試畢，送中書門下詳覆，其後中廢。侍郎錢徽所舉送，覆試多不中選，由是貶官，而舉人雜文復送中書門下。長慶三年，侍郎王起言：故事，禮部已放榜，而中書門下始詳覆。今請先詳覆而後放榜。議者以爲起雖避嫌，然失貢職矣。

《錢徽傳》：徽爲禮部侍郎，宰相段文昌以所善楊渾之誘徽求致第籍。渾之者，憑子也，多納古帖、秘畫於文昌。徽不從，文昌怒，即奏徽取士以私，乃詔覆試，徽坐貶。

洪氏《容齋隨筆》曰：唐穆宗長慶元年，禮部侍郎錢徽知舉，放進士鄭朗等三十三人。後以段文昌言其不公，詔中書舍人王起、知制誥白居易重試，駁放盧公亮等十人，貶徽江州刺史。《白公集》有奏狀論此事，大略云：伏料自欲重試進士以來，論奏者甚衆，蓋以禮部進士，例許用書策，兼得通宵，得通宵則思慮必周，用書策則文字不錯。昨重試之日，書策不容一字，木燭只許兩條，迫促驚忙，幸皆成就，若比禮部所試，事校不同。及駁放公亮等敕文，以爲《孤竹管賦》出於《周禮》正經，閱其程試之文，多是不知本末。乃知唐試進士，許挾書及見燭如此。又曰：高鍇爲禮部侍郎知貢舉，閱三歲，頗得才實。始，歲取四十人，才益少，詔減十人，猶不能滿，此《新唐書》所載也。按《登科記》：開成元年，中書門下奏進士元額二十五人，詔加四十人，奉敕依奏。是年及二年、三年，鍇在禮部，每舉所放各四十人，至四年，始令每年放三十人爲定，則《唐書》所云誤矣。《摭言》載鍇第一榜，裴思謙以仇士良關節取狀頭，鍇庭譴之，思謙回顧厲聲曰：明年打脊取狀頭。第二年，鍇知舉，誡門下不得受書題，思謙自攜士良一緘入貢院，既而易紫衣，趍至階下，白曰：軍容有狀薦裴思謙秀才。鍇接之，書中與求巍瓘。鍇曰：狀元已有人，此外可副軍容意旨。思謙曰：卑吏奉軍容處分，裴秀才非狀元請侍郎不放。鍇俯首良久曰：然則略要見裴學士。思謙曰：卑吏便是也。鍇不得已，遂從之。思謙及第後，宿平康里，賦詩云：銀釭斜背解明璫，小語低聲賀玉郎。從此不知蘭麝貴，夜來新惹桂枝香。然則思謙疏俊不羈之士耳，鍇徇凶璫之意，以爲舉首，史謂頗得才實，恐未盡然。先是，太和三年，鍇爲考功員外郎，取士有不當，監察御史姚中立奏停考功別頭試。六年，侍郎賈餗又奏復之，事見《選舉志》。

按：唐科目考校無糊名之法，故主司得以採取譽望，然以錢徽、高鍇之事觀之，權幸之囑託，亦可畏也。東漢及魏、晋以來，吏部尚書司用人之柄，然其時詮曰取行實甄材能，故爲尚書者，必使久於其任，而後足以察識。今唐人禮部所試，不過於寸晷之間，程其文墨之小技，則所謂主司者，當於將試之時，擇士大夫之有學識操守者，俾主其事可矣，不必專以禮部爲之。今高鍇之爲侍郎知貢舉也，至於三年，仇士良之挾勢以私裴思謙也，至於再囑，於是鍇亦不能終拂凶璫以取禍矣。此皆預設與久任之弊也。

元和中，中書舍人李肇撰《國史補》，其略曰：進士爲時所尚久矣，是故俊乂實在其中，由此而出者，終身爲文人，故爭名常爲時所弊。其都會謂之舉場，通稱謂之秀才，投刺謂之鄉貢，得第謂之進士，互相推敬謂之先輩，俱捷謂之同年近年及第，未過關試，皆稱新及第進士，所以韓中丞儀嘗有《知聞近過關試》，儀以一篇紀之曰：短行軸了付三銓，休把新銜惱筆尖。今日便稱前進士，好留春色與明年。有司謂之座主，京兆府考而升之者謂之等第，外府不試而貢者謂之拔解然拔解亦須預託人爲詞賦，非謂白薦。將試各相保謂之合保，群居而賦謂之私試，造請權要謂之關節，激揚聲價謂之還往，既捷，列名於慈恩寺塔謂之題名會，大燕於曲江亭子謂之曲江會曲江大會在關試後，亦謂之關宴。宴後同年各有所之，亦謂之離會。籍而入選謂之春關，不捷而醉飽謂之打毷氉，匿名造謗謂之無名子，退而肄業謂之過夏，執業以出謂之夏課亦謂之秋卷，挾藏入試謂之書策，此其大略也。其風俗繫於先達，其制置存於有司。雖然，賢者得其大者，故位極人臣常有十二三，登顯列十有六七，而元魯山、張睢陽有焉，劉辟、元脩有焉。

永徽之後，以文儒亨達鮮不由兩監者，於時場籍先兩監而後鄉貢，蓋以朋友之臧否、文藝之優劣，切磋琢磨，匪朝伊夕，抑揚去就，與衆共之故也。

天府解送，自開元、天寶之際，率以在上十人謂之等第，必求名實相副，以滋教化之原。小宗伯倚而選之，或至渾化，不然，十得七八，苟異於是，則往往牒貢院請落由。暨咸通、乾符則爲形勢吞嚼，故廢置不定。

同、華解衆推利市，與京兆無異，若首送，無不捷者。

諫議大夫殷侑言：《三史》爲書，勸善懲惡，亞於《六經》。比來史學多廢，至有身處班列，而朝廷舊章莫能知者。於是立史科及《三傳》科。

文宗太和八年，宰相王涯以爲禮部取士乃先以榜示中書，非至公之道。自今一委有司，以所試雜文、鄉貫、三代名諱送中書門下。

唐衆科之目，進士爲尤貴，而得人亦最爲盛，歲貢常不減八九百人。縉紳雖位極人臣，而不由進士者，終不爲美。其推重，謂之白衣公卿，又曰一品白衫；其艱難，謂之三十老明經，五十少進士。先是，進士試詩賦及時務策五道，明經策三道。建中二年，中書舍人趙贊權知貢舉，乃以箴、論、表、贊代詩賦，而皆試策三道。太和八年，禮部復罷進士議論而試詩賦。文宗從內出題以試進士，謂侍臣曰：吾患文格浮薄，昨自出題，所試差勝。乃詔禮部歲取登第者三十人，苟無其人，不必充其數。時文宗好學嗜古，鄭覃以經術位宰相，深嫉進士浮薄，屢請罷之。帝曰：敦厚、浮薄，色色有之。進士科取人二百年矣，不可遽廢。因得不罷。

容齋洪氏《隨筆》曰：唐以賦取士，而韻數多寡、平仄次叙，元無定格。故有三韻者，《花萼樓賦》以題爲韻是也；有四韻者，《蓂莢賦》以呈瑞聖朝，《舞馬賦》以奏之天庭，《丹甑賦》以國有豐年，《泰階六符賦》以元亨利貞，爲韻是也；有五韻者，《金莖賦》以日華川上動爲韻是也；有六韻者，《水止魍魎》《人鏡》、《三統指歸》、《信及豚魚》、《洪鐘待撞》、《君子聽音》、《東郊朝日》、《蠟日祈天》、《宗樂德》、《訓冑子》諸篇是也；有七韻者，《日再中》、《射己之鵠》、《觀紫極舞》、《五聲聽政》諸篇是也；八韻有二平六仄者，《六瑞賦》以儉故能廣，被褐懷玉，《日五色賦》以日麗九華、聖符土德，《徑寸珠賦》以澤浸四荒，非寶遠物爲韻是也；有三平五仄者，《宣耀門觀試舉人》以君聖臣肅，謹擇多士，《懸法象魏》以正月之吉、懸法象魏，《玄酒》以薦天明德，有古遺味，《五色土》以王子畢封，依以建社，《通天臺》以洪臺獨出，浮景在下，《幽蘭》以遠芳襲人，悠久不絶，《日月合璧》以兩耀相合，候之不差，《金柅》以直而能一，斯可制動爲韻是也；有五平三仄者，《金用礪》以商高宗命傅説之官爲韻是也；有六平二仄者，《旗賦》以風卷雲舒，軍容清肅爲韻是也。自太和以後，始以八韻爲常。唐莊宗時，常覆試進士，翰林學士承旨盧質以《后從諫則聖》爲賦題，以堯舜禹湯，傾心求過爲韻。舊例，賦韻四平四仄，質出韻乃五平三仄，大爲識者所誚，豈非是時已有定格乎？國朝太平興國三年九月，始詔自今廣文館及諸州府禮部試進士賦，並以平仄次用韻。其後又有不依次者，至今循之。

九年，中書門下奏：面奉進止，令條流進士數，及減下諸色入仕人等。進士，准太和四年格，及第每年不過二十五人，今請加至四十人；明經，准太和八年敕減下人數外，及第不得過一百一十人，今請再減下十人。

武宗會昌五年，舉格節文：公卿百家子弟及京畿内士人、寄客、外州府舉士人等，修明經、進士業者，並隸名所在監及官學，仍精加考試。所送人數：其國子監明經，舊格每年送三百五十人，今請送二百人，進士依舊格送三十人，其隸名明經亦請送二百人；其宗正寺進士送二十人；其東監、同、華、河中所送進士不得過三十人，明經不得過五十人；其鳳翔、山南西道東道、荊南、鄂嶽、湖南、鄭滑、浙西、浙東、鄜坊、宣商、涇邠、江南、江西、淮南、西川、東川、陜虢等道所送進士不得過一十五人，明經不得過二十人；其河東、陳許汴、徐泗、易定、齊德、魏博、澤潞、幽孟、靈夏、淄青、鄆曹、兗海、鎮冀、麟勝等道所送進士不得過一十人，明經不得過十五人；金汝、鹽豐、福建、黔府、桂府、嶺南、安南、邕容等道所送進士不得過七人，明經不得過十人。其諸支郡所送人數，請申觀察使爲解都送，不得諸州各自申解。諸州府所試進士雜文，據元格並合封送省。准開成三年五月三日敕落下者，今緣自不送所試以來，舉人公然拔解；今諸州府所試，各須封送省司檢勘，如病敗不近詞理，州府妄給解者，試官停見任用闕。

時宰相李德裕尤惡進士。初，舉人既及第，綴行通名，詣主司第謝。其制：序立西階下，北上東向；主人席東階下，西向；諸生拜，主司答拜，乃叙齒，謝恩，遂升階，與公卿觀者皆坐，酒數行，乃赴期集。又有曲江會、題名席。至是，德裕奏：國家設科取士，而附黨背公，自爲門生。自今一見有司而止，其期集、參謁、曲江、題名皆罷。德裕嘗論公卿子弟艱於科舉，武宗曰：向聞楊虞卿兄弟朋比貴勢，妨平進之路。昨黜楊知至、鄭朴等，抑其大甚耳。有司不識朕意，不放子弟即過矣，但取實藝可也。德裕曰：鄭肅、封敖子弟皆有材，不敢應舉。臣無名第，不當非進士，然臣祖天寶末以仕進無他岐，勉彊隨計，一舉登第。自後家不置《文選》，蓋惡其不根藝實。然朝廷顯官，須公卿子弟爲之，何者？少習其業，目熟朝廷事，台閣之儀，不教而自成。寒士縱有出人之才，固不能閑習也，則子弟未易可輕。德裕之論，偏異蓋如此。然進士科當唐之晚節，尤爲浮薄，世所共患也。

宣宗大中元年，禮部侍郎魏扶放及第二十三人，續奏：堪放及第三人封彦卿、崔琢、鄭延休等，皆以文藝爲衆所知，其父皆在重任，不敢選取，其所試詩賦並封進。奉進止：令翰林學士、户部侍郎、知制誥韋琮等考。盡合程度，其月二十三日奉進止：並付所司放及第。有司考試，只合在公，如涉徇私，自有刑典。從今以後，但依常例取捨，不得别有奏聞。

懿宗咸通四年，進士皮日休上疏，請以《孟子》爲學科，曰：臣聞聖人之道不過乎經，經之降者不過乎史，史之降者不過乎子，子不異乎道者《孟子》也。今國家有業莊、列之書者，亦登於科，其誘善也則深，而懸科也未正。伏望命有司去莊、列之書，以《孟子》爲主，有能精通其義者，其科選視明經同。不報。

昭宗天復元年赦文，令中書門下選擇新及第進士中有人在名場，才沾科級，年齒已高者，不拘常例，各授一官。於是禮部侍郎杜德祥奏：揀到新及第進士陳光問年六十九，曹松年五十四，王希禹年七十三，劉象年七十，柯崇年六十四，鄭希顔年五十九。詔光問、松、希禹可秘書省正字，象、崇、希顏可太子校書。

《全唐文》卷二《高祖皇帝・令京官五品以上及諸州總管刺史各舉一人詔》　擇善任能，救民之要術；推賢進士，奉上之良規。自古哲王，宏風闡教，設官分職，惟才是與。然而巖穴幽居，草萊僻陋，被褐懷珠，無因自達。實資選衆之舉，固藉左右之容，義自搜揚，理宜精擢。是以貢士有適，爰致加錫之隆，無益於時，必貽貶黜之咎。末葉澆僞，名實相乖，取非其人，濫居班秩，流品所以未穆，庶職於是隳廢。朕膺圖馭宇，寧濟兆民，思得賢能，用清治本。招選之道，宜革前弊；懲勸之方，式加常典。苟有才藝，所貴適時，潔己登朝，無嫌自進。宜令京官五品以上及諸州總管刺史舉一人，其有志行可録，才用未申，亦聽自己具陳藝能，當加顯擢，授以不次。賞罰之科，並依別格。所司頒下，詳加搜訪，務在奬納，稱朕意焉。

《全唐文》卷六《太宗・令河北淮南諸州舉人詔》　朕以寡薄，嗣守鴻基，實資多士，共康庶政，虛己側席，爲日已久，投竿捨築，罕值其人。自親巡東夏，觀省風俗，興言至治，夕惕兢懷。然則齊、趙、魏、魯，禮義自出；江、淮、吳、會，英髦斯在。山川所感，古今寧殊，載佇風猷，實勞夢想。宜令河北淮南諸州長官，於所部之内，精加訪採。其孝悌淳篤，兼閑時務，儒術該通，可爲師範；文詞秀美，才堪著述；明識治體，可委字民；并志行修立，爲鄉里所推者：舉送雒陽宮。各給傳乘，優禮發遣，當隨其器能，擢以不次。若有老病不堪入朝者，具以名聞，庶巖穴靡遺，俊乂可致，務盡搜揚之道，稱朕意焉。

《全唐文》卷七《太宗・令州縣舉孝廉茂才詔》　朕觀前烈，建國君臨，未有不借忠良，而能濟其功業者也。朕顯承宗祀，獲奉鴻基，側席求賢，有年載矣。而山林莫致，珍玩必臻，豈朕好惡之情，未達於下。其令州縣舉孝廉茂才好學異能卓犖之士。

《全唐文》卷八《太宗・令天下諸州舉人手詔》　高明之天，資星辰以麗象；博厚之地，藉川嶽而成形。況於帝王，體元立極，臨馭萬物，字養生靈者乎。所以致治之君，遠讒佞，近忠良，屈己以伸人，故能成其化；爲亂之主，親不肖，疏賢臣，虐下以恣情，用能成其亂。明君遵彼以興國，暗主行此以亡身。是以馭朽臨冰，銘心自戒。宵興旰食，側席思賢。庶欲博訪邱園，搜採英俊，弼我王道，臻於大化焉。可令天下諸州，明揚側陋，所部之內，不限吏人。其有服道棲仁，澄心礪操，出片言而標物範，備百行以綜人師。質高視於琳琅，人不閒於曾閔，潔志邱園，揚名里閈；或甄明政術，曉達公方。稟木鐸於孔門，受金科於鄭相，奇謀閒發，明略可以佐時，識鑒清通，偉才長於幹國；或含章傑出，命世挺生，麗藻遵文，馳楚澤而方駕，鈎深睹奥，振梁苑以先鳴，業擅專門，詞高載筆；或辨雕春囿，談瑩秋天，發研機於一言，起飛電於三寸，蓄斯奔箭，未遂揚庭：並宜推擇，咸同舉薦，以禮將送，具狀表聞。限以今冬並與考使同赴，庶使棼林之舉，咸矯翼於巖廊，尺木之階，方振鱗於遊霧。翹心俊乂，稱朕意焉。

《全唐文》卷一二《高宗・令州縣舉人詔》　朕受命上元，嗣膺下武，每肅恭旒冕，延想英奇。俯振鷺而企貞臣，仰飛鴻而慕良輔。雲臺側席，玉管屢移，宣室整衣，金壺亟改。寂寥靡覿，鑒寐興懷，比年雖嘗進舉，遂無英俊。猶恐棲巖穴而韜奇，樂邱園而晦影。宜令河南、河北、江淮以南州縣，或緯俗之英，聲馳管樂；或濟時之器，價軼蕭張；學可帝師，材堪棟輔者，必當任之不次。可明加採訪，務盡才傑，州縣以禮發遣。

《全唐文》卷一二《高宗・令百官各舉所知詔》　濟時興國，實佇九功；禦敵安邊，亦資七德。朕端拱宣室，思宏景化，將欲分憂俊乂，共逸巖廊。而比者貢寂英奇，舉非勇傑，豈稱居安慮危之志，處存思亂之心？如不旌賁遠近，則爪牙何寄？宜令京官五品以上，及諸州牧守，各舉所知。或勇冠三軍，翹關拔山之力，智兼百勝，緯地經天之才。蘊奇策於良平，馳國績於衛霍。蹤二起於吴白，軌雙李於牧廣。賞纖善而萬衆悦，罰片惡而一軍懼。如有此色，可精加採訪。各以奏聞。

《全唐文》卷一三《高宗・京官文武三品以上每年各舉所知詔》　京文武職事三品以上官，每年各舉所知。或才蘊廊廟，器均瑚璉，體王佐之嘉猷，資公輔之宏量；或奇謀異算，决勝千里；或投石拔距，勇冠三軍；或謇諤忠亮，志存規諫；或繩違糾慝，不避權豪；或威惠仁明，堪居牧守之重；或公正廉直，足膺令長之任：咸宜搜訪，具録封進。朕當詳覽，量加奬擢。

《全唐文》卷一三《高宗・令雒州舉人詔》　令雒州：明揚仄陋。或孝弟純至，感於神明；或文武兼資，才堪將相；或學藝該博，業標儒首；或藻思宏贍，思擅文宗；或洞曉音律，識均牙曠；或深明歷數，妙同京管者：咸令薦舉。

《全唐文》卷一八《睿宗皇帝・令所司舉人制》　才生於代，必以經邦，官得其人，故能理物。朕恭膺大寶。慎擇庶僚，延佇思英，無忘終食。思欲蕭艾咸採，葑菲不遺，而商山幽曠，渭濱寂寞。夫以貴耳賤目，殊通方之論；捨近謀遠，非應務之術。今四方選舉，羣才輻湊，操斧伐柯，求之不遠。其有能明三經，通大義者；能綜一史，知本末者；通三教宗旨，究精微者；善六書文字，辨聲象者；度雅曲，和六律五音者；習韜略，學孫吳，識天時人事者；暢於詞氣，聰於逐受領，善敷奏吐納者：咸令所司，博採明試，朕親覽焉。

《全唐文》卷二六《元宗皇帝・命諸州舉賢才詔》　致化之道，必於求賢，得人之要，在於徵實。頃雖屬存賁帛，無輟車，而駿骨空珍，真龍罕覿。豈才之難遇，將舉或未精；且人匪易知，取不求備。瑰琦失於俗譽，韜晦嘆於後時，宜其博詢州里，明敭幽側，使管庫無遺，邁軸咸舉。其諸州有抱器懷才不求聞達者，命所在長官訪名奏聞，武勇者具言謀略，文學者指陳藝業，務求實用，以副予懷。

《全唐文》卷三〇《元宗皇帝・舉賢良詔》　每渴賢良，無忘鑒寢。頃雖虛佇，未副旁求。其或才有王霸之略，學究天人之際，知勇堪將帥之選，政能當牧宰之舉者，五品以上清官及軍將都督刺史各舉一人。孝弟力田鄉閭推挹者，本州刺史長官各以名聞。

《全唐文》卷三〇《元宗皇帝・舉孝弟力田詔》　文學、政事，必在考言；孝弟、力田，必須審行。頃從一概，何謂四科？其孝弟力田舉人，宜各自疏比來事迹。爲鄉閭所委者，朕當案覆，別有處分。

《全唐文》卷三一《元宗皇帝・令內外官薦親伯叔及弟兄子姪堪任刺史縣令詔》　朕所求才，待之若渴。既旌於巖穴，亦賁於邱園，片善必收，冀無遺逸。然士人藏器，眾何以知？豈若父子之閒，自相推薦。昔祁奚之舉祁午，謝安之任謝元，良史書之，咸以爲美。賢彥之士，何代無人？寧限嫌疑，致有拘忌。其內外官有親伯叔及弟兄并子姪中，灼然有才術異能，風標節行，通閑政理，據資歷堪充刺史縣令者，各任以名薦，其卑官所舉人，聽於所繇長官通狀，一時録奏，其考試通人任用之後，如後有虧犯典憲，名實不相副者，所舉之人，與其同罰，如政績著聞，終始廉謹，爲眾所知者，其所舉人，與同同賞。

《全唐文》卷三四《元宗皇帝・令內外臣僚各舉縣令聞》　户口安存，在於撫育，移風易俗，莫先令長。知人不易，此選良難，專委吏曹，或未精審。宜令在京五品以上清官，及諸州刺史，及四府上佐，各舉縣令一人，並限勅到十日內，京官封狀進，外官附狀奏。所舉人得官以來，一任之中，能有善政，及不稱所舉，其舉主應須褒貶。

《全唐文》卷三五《元宗皇帝・令本州長官舉人敕》　朕聞以道得人者謂之儒，切問近思者謂之學，故以陽禮教讓，則下不爭，以陰禮教親，則遠無怨，豈非習無不利，教所繇生者乎。朕以厚儒林，闢書殿，討論《易》象，研覈道源，冀淳樸大行，華胥非遠，而承平日久，趨競歲積。謂儒士爲冗列，視之若遺，謂吏職爲要津，救如不及。頃亦開獻書之路，觀揚己之人，闕下之奏徒盈，席上之珍蓋寡。豈宏獎之義，或有未孚。將敦本之人，隱而未見。天下官人百姓，有精於經史，道德可尊。工於著述，文質兼美，宜令本司本州長官，指陳藝業，録狀奏聞。其吏部選人，亦令所司銓擇，各以名薦，朕當明試，自觀其能。若行可甄，待以不次。如妄有褒進，必加明罰。

《全唐文》卷三五《元宗皇帝・停孝弟力田舉人考試詞策敕》　孝弟力田，風化之本，苟有其實，未必求名。比來將此同舉人考試詞策，便與及第，以爲常科。是開僥倖之門，殊乖敦勸之意。自今已後，不得更然。其有孝弟聞於郡邑，力田推於鄉里，兩事兼著，狀跡殊尤者，委所由長官，特以名薦，朕當別有處分。更不須隨考試例申送。

《全唐文》卷四六《代宗皇帝・嚴薦舉詔》　推薦之道，必務於至公；賞罰之閒，亦資於不濫。其諸色舉人等，須有處分，令薦所知。實佇才能，用施政理，自宜慎擇，以副虛懷。古者效官，三歲考績，善惡既著，褒貶斯存。舉之得人，必受旌能之賞，舉之失選，亦加懲過之罰。賞罰之典，期於必行。凡百具僚，宜知朕意。

《全唐文》卷四七《代宗皇帝・令州府觀察等表薦賢才詔》　內外文

武官，及前資官六品已下，並草澤中有碩德專門，茂才異等，知謀經武，諷諫主文者，仰所在州府觀察牧宰，精求表薦。如所繇搜揚未盡，遺逸林閭者，即宜詣闕自舉。親當策試，量能擢用。

《全唐文》卷五二《德宗皇帝・命奏舉人材詔》　中書門下：常參官曾爲牧守，理行有聞者，具名聞奏。與諸薦守宰論政事，知所任者，具名封進。應被舉官等，令御史臺及吏部檢校。勘資次勿令踰越，然後臨試處分。仍永爲常式。

《全唐文》卷五二《德宗皇帝・考選勳賢胄子禁假代詔》　本置兩館學士，皆選勳賢胄子，蓋欲令其講藝，紹習家風。固非開此倖門，墮紊典教。且令式之內，具有條章，考試之時，理須精覈。比聞此色，倖冒頗深，或假市門資，或變易昭穆。殊虧教化之本，但長澆漓之風，未補者務取闕員，已補者自然登第。用廕既已乖實，試藝皆假人，誘進之方，豈當如此。自今已後，所司宜據式文考試，定其升黜，如有假代，並準法處分。

《全唐文》卷六一《憲宗皇帝・訪察薦舉敕》　處分委御史臺諸道觀察使嚴加察訪，不得容貸，其諸司所奏官屬，及有狀論薦。人，亟有贓犯過惡，亦請具名聞奏，量加殿罰。所冀人知所懼，舉不妄行，爲官擇人，得賢報國。

《全唐文》卷七〇《文宗皇帝・更定薦代例詔》　諸道諸軍使應奏判官，并每年冬薦等所奏判官，除新開幕府擬員闕置署外，其向後奏請，如是元闕，即云官某職今奏某人充。如已有今更奏，即云某職某人緣某事停，奏某人替。具前使下臺省官合冬薦者，除府使罷外，既有薦用，當且要籍，豈合數月之閒，便稱去陽。自今已後，如帶職掌授臺省未經兩考者，不在冬薦限。如其中實有事故，其他官據品秩合冬薦者，則依元勅。

《全唐文》卷一五一《許敬宗・舉賢良詔》　門下：高明之天，資星辰以麗象；博厚之地，藉川岳而成形。況於帝王，體元立極，臨馭萬物，字養生民者乎？所以致治之君，遠讒佞，近忠良，屈己以伸人，故能成其治。爲亂之主，親不肖，疏賢臣，虐下以恣情，用能成其亂。明君遵彼而興國，暗主行此而亡身。是以朽壤毁於蓮峰，巨蠹傷於翠葉。蓮峰墜澗，竟無反嶺之期；翠葉隨風，終無歸林之望。故知亡者難以復生，敗者不可重全。所以御朽臨冰，銘心自戒，宵興旰食，側席思賢。庶欲博訪邱園，搜採英俊，弼我王道，臻於太平。可令天下諸州，明揚側陋，所部之內，不限吏民，其有服道栖仁，澄心礪操，出片言而標物範，備百行以綜人師，質高視於琳琅，人不間於曾閔，潔志邱國，揚名里閈；或甄明政術，曉達公方，稟木鐸於孔門，受金科於鄭相，奇謨開發，明略可以佐時，識鑒清通，偉才堪於幹國；或含章傑出，命世挺生，麗藻遒文，馳楚澤而方駕，鉤深睹奧，振梁苑以先鳴，業擅專門，詞高載筆；或辯調春囿，談瑩秋天，發研機於一言，起飛電於三寸，蓋期奔箭，未遂揚廷，並宜推擇，咸同舉薦，以禮將送，具狀奏聞。限以今冬。並與考使同赴。庶擬焚林之舉，咸矯翼於巖廊；尺木之階，方振鱗於遊霧。翹心俊乂，稱朕意焉，主者施行。

《全唐文》卷四七二《陸贄・請許臺省長官舉薦屬吏狀》　今月十七日，顧少連延英對迴，奉宣密旨：卿先奏令臺省長官各舉屬吏，近聞外議云，諸司所舉，皆有情故，兼受賄賂，不得實才。此法甚非穩便，已後除改。卿宜並自揀擇，不可信任諸司者。

臣以闇劣，謬當大任，果速官謗，上貽聖憂，過蒙恩私，曲降慈誨，感戴循省，寢興不寧。緣是密旨特宣，不敢對衆陳謝，祇稟成命，所宜必行。恭惟聖規，又合無隱，苟有未達，安敢勿言？雖知塵煩，固不可已。夫理道之急，在於得人；而知人之難，聖哲所病。聽其言則未保其行，求其行則或遺其才。校勞考則巧偽繁興，而貞方之人罕進；徇聲華則趨競彌表，而沉退之士莫升。自非素與交親，備詳本末，探其志行，閱其器能，然後守道藏用者可得而知，沽名飾貌者不容其偽，故孔子云：視其所以，觀其所由，察其所安，人焉廋哉？夫欲觀視而察之，固非一朝一夕之所能也。是以前代有鄉里舉選之法，長吏辟署之制，所以明歷試，廣旁求，敦行能，息馳騖也。昔周以伯冏爲大僕，命之曰：慎簡乃僚，罔以巧言令色便僻側媚，其惟吉士。是則古之王朝，但命其大官，而大官得自簡僚屬之明驗也。漢朝務求多士，其選不唯公府辟召而已，又有父任兄任，緣得爲郎，選入之初，雜居三署，臺省有闕，即用補之。是則古之郎官，皆以任舉充選，此其明驗也。魏晉已後，暨于國初，採擇庶官，多由選部，唯高位重職，乃由宰相考庶官之有成效者，請而命焉。故晉代山濤爲吏部尚書，中外品員，多所啓授。宋朝以蔡廓爲吏部尚書，廓先使人謂宰相徐羨之曰：若得行吏部之職則拜，不然則否。羨之答云：黄、散已下悉委。蔡廓猶憤恚以爲失職，遂不之官。是則黄門散騎侍郎，皆由吏部選授，不必朝廷，列位盡合，簡在台司，此其明驗也。

國朝之制，庶官五品已上，制敕命之；六品已下，並旨授。制敕所命者，蓋宰相商議奏可而除拜之也。旨授者，蓋吏部銓材署職，然後上言，詔旨但畫聞以從之，而不可否者也。開元中，吏部注擬選人奏置，循資格限自起居、遺、補及御史等官，猶並列於選曹銓綜之例，著在格令至今不刊。未聞常參之官，悉委宰臣選擇，此又近事之明驗也。其後舊典失序，倖臣專朝，捨僉議而重已權，廢公舉而行私惠，是使周行庶品，苟不出時宰之意者，則莫致焉。任重之道益微，進善之途漸隘。近者每須任使，常苦乏人，臨事選求，動淹旬朔，姑務應用，難盡當才。豈不以薦舉凌遲，人物衰少，居常則求精太過，有急則備位不充，欲令庶績咸熙，固亦難矣。臣實駑鈍，一無所堪，猥蒙任使，待罪宰相，惟懷竊位之懼，且乏知人之明。自揣庸虚，終難上報，唯廣求才之路，使賢者各以彙征，啓至公之門，令職司皆得自達。臣當謹守法度，考課百官，奉揚聰明，信賞必罰，庶乎人無滯用，朝不乏才，以此爲酬恩之資，以此爲致理之具。爰初受命，即以上陳，求賢審官，粗立綱制。凡是百司之長，兼副貳等官，及兩省供奉之職，并因察舉勞效，須加奬任者，並宰臣叙擬以聞。其餘臺省屬僚，諉委長官選擇，指陳才實，以狀上聞。一經薦揚，終身保任，各於除書之内，具標舉授之由，示衆以公，明章得失。得賢則進考增秩，失實則奪俸贖金，亟得則褒升，亟失則黜免。非止搜揚下位，亦可閲試大官，前志所謂達觀其所舉，即此義也。自蒙允許，即以宣行，南宫舉人，纔至十數，或非臺省舊吏，則是使府佐僚，累經薦延，多歷事任。議其資望，既不愧於班行；考其行能，又未聞於闕敗。而議者遽以騰口，上煩聖聰，道之難行，亦可知矣。陛下勤求理道，務徇物情，因爲舉薦非宜，復委宰臣揀擇，其爲崇任輔弼，博採輿詞，可謂聖德之盛者。然於委任責成之道，聽言考實之方，閑邪存誠，猶恐有闕。所謂委任責成者，將立其事，先擇其人，既得其人，慎謀其始；既謀其始，詳慮其終。終始之間，事必前定，有疑則勿果於用，既用則不復有疑。待終其謀，乃考其事，事愆於素者，革其弊而黜其人；事協於初者，賞其人而成其美。使受賞者無所與讓，見黜者莫得爲辭。夫如是，則苟無其才，孰敢當任？苟當其任，必得竭才。此古之聖王，委任責成，無爲而理之道也。所謂聽言考實，虚受廣納，宏接下之規；明目達聰，廣濟人之道。欲知事之得失，不可不聽之於言；欲辯言之真虚，不可不考之於實。言事之得者，勿即謂是，必原其所得之由。言事之失者，勿即謂非，必窮其所失之理。稱人之善者，必詳徵行善之跡；論人之惡者，必明辨爲惡之端。凡聽其言，皆考其實；既得其實，又察以情；既盡其情，復稽於衆；衆議情實，必參相得。然後信其説，奬其誠；如或矯誣，亦寘明罰。夫如是，則言者不壅，聽之不勞，無浮妄亂教之談，無陰邪傷善之説，無輕信見欺之失，無潛陷不辯之冤。此古之聖王，聽言考實，不出户而知天下之方也。陛下既納臣言而用之，旋聞横議而止之，於臣謀不責成，於横議不考實，此乃謀失者得以辭其罪，議曲者得以肆其誣。率是以行，觸類而長，固無必定之計，亦無必實之言。計不定則理道難成，言不實則小人得志，國家所病，恒必由之。昔齊桓公將啓霸圖，問管仲以害霸之事。管仲對曰：得賢不能任，害霸也；任賢不能固，害霸也；固始而不能終，害霸也；與賢人謀事，而與小人議之，害霸也。所謂小人者，不必悉懷險詖，故覆邦家，蓋以其意性憸邪，趣尚狹促，以沮議爲出衆，以自異爲不羣，越近利而昧遠圖，効小信而傷大道。故《論語》曰：言必信，行必果，硜硜然小人哉。夫以能信於言，能果於行。唯以硜硜淺近，不克宏通，宣尼猶謂其小人，管仲尚憂其害霸，況又有言行難保，而恣其非心者首。此皆任不責成，言不考實之弊也。

聖旨以謂外議云：諸司所舉，皆有情故，兼受賄賂，不得實才者。臣請陛下當使所言之人，詳陳所犯之狀，某人受賄，某舉有情，陛下然後以事質於臣，臣復以事質於舉主。若使首伏，則據罪抵刑，如或有詞，則付法閲實。謬舉者必行其罰，誣善者亦反其辜，自然憲典克明，邪慝不作，懲一沮百，理之善經。何必貸其姦贓不加辯詰，私其公議，不出主名。使無辜見疑，有罪獲縱，枉直同貫，人何賴焉。聖旨又以官長舉人，法非穩便，令臣並自揀擇，不可信任諸司者。伏以宰輔常制，不過數人，人之所知，固有限極。必不能徧諳多士，備閲羣才。若令悉命羣官，理須展轉詢訪。是則變公舉爲私薦，易明敭以暗投。儻如議者之言，所舉多有情故，舉於君上，且未絶私；薦於宰臣，安肯無詐？失人之弊，必又甚焉。所以承前命官，罕有不涉私謗，雖則秉鈞不一，或自行情，亦由私訪所親，轉爲所賣，其弊非遠，聖鑒明知。今又將徇浮言，專任宰臣除吏，宰臣不偏諳識，踵前須訪於人，若訪於親朋，則是悔其覆車，不易前轍之失也；若訪於朝列，則是求其私薦，必不如公舉之愈也。二者利害，惟陛下更詳擇焉，恐不如委任長官，慎簡僚屬，所簡既少，所求亦精。得賢有鑒識之名，失實當闇謬之責，人之常性，莫不愛身，況於臺省長官，皆是久當朝選，孰肯徇私妄舉，以傷名取責者乎？所謂臺省長官，即僕射、尚書、左右丞、侍郎及侍御史、大夫、中丞是也，陛下比擇輔相，多亦不出其中。今之宰相，則往日臺省長官也；今之臺省長官，乃將來之宰臣也。但是職名暫異，固非行業頓殊，豈有爲長官之時，則不能舉一二屬吏，居宰臣之位，則可擇千百具僚？物議悠悠，其惑斯甚。聖人制事，必度物宜，無求備於一人，無責人於不逮，尊者領其要，卑者任其詳。是以人主擇輔臣，輔臣擇庶長，庶長擇佐僚，所任愈崇，故所擇愈少，所試漸下，故所舉漸輕。進不失倫，選不失類，以類則詳知實行，有倫則杜絶徼求，將務得人，無易於此。是故選自卑遠，始升於朝者，各委長吏任舉之，則下無遺賢矣。寘于周行，既任以事者，於是宰臣序進之，則朝無曠職矣。才德兼茂，歷試不渝者，然後人主倚任之，則海内無遺士矣。夫求才貴廣，考課貴精，求廣在於各舉所知，長吏之薦擇是也；考精在於按名責實，宰臣之序進是也。求不廣則下位罕進。下位罕進則用常乏人，用常乏人則懼曠庶職，懼曠庶職則苟取備員；是以考課之法，不暇精也。考不精則能否無别，能否無别則砥礪漸衰，砥礪漸衰則職業不舉，職業不舉則品格浸微；是以賢能之功，不克彰也。皆失於不廣求人之道，而務選士之精，不思考課之行，而望得人之美，是以望得彌失，務精益麤，塞源浚流，未見其可。

臣欲詳徵舊説，伏恐聽覽爲煩，粗舉一端，以明其理。往者則天太后踐祚臨朝，欲收人心，尤務拔擢，宏委任之意，開汲引之門，進用不疑。求訪無倦，非但人得薦士，亦得自舉其才。所薦必行，所舉輒試，其於選士之道，豈不傷於容易哉。然而課責既嚴，進退皆速，不肖者旋黜，才能者驟升，是以當代謂知人之名，累朝賴多士之用，此乃近於求才貴廣，考課貴精之效也。陛下誕膺寶歷，思致理平，雖好賢之心有踰前哲，而得人之盛，未逮往時。蓋由鑒賞獨任於聖聰，搜擇頗難於公舉，但速登延之路，罕施練覈之方。遂使先進者漸益凋訛，後來者不相接續，施一令則謗沮互起，用一人則瘡痏立成，此乃失於選才太精，制法不一之患也，則天舉用之法，傷易而得人；陛下慎簡之規，太精而失士。是知雖易於舉用，而不易於苟容，則所易者適足廣得人之資，不爲害也；不精於法制，而務精於選才，則所精者適足梗進賢之途，不爲利也。人之才行，自昔罕全，苟有所長，必有所短。若録長補短，則天下無不用之人；責短捨長，則天下無不棄之士。加以情有憎愛，趣有異同，假使聖如伊、周，賢如楊、墨，求諸物議，孰免誚嫌？昔子貢問于孔子曰：鄉人皆好之，何如？子曰：未可也。鄉人皆恐之，何如？子曰：未可也，不如鄉人之善者好之，其不善者惡之。蓋以小人君子，意必相反，其在小人之惡君子，亦如君子之惡小人。將察其情，在審其聽。聽君子則小人道廢，聽小人則君子道消。今陛下慎選宰臣，必以爲重於庶品；精擇長吏，必以爲愈於末流。及至宰臣獻規，長吏薦士，陛下則但納橫議，不稽始謀，是乃任以重者輕其言，待以輕者重其事。且又不辨所毁之虚實，不校所議之短長，人之多言，何所不至。是將使人無所措其手足，豈獨選任之道，失其端而已乎？臣之切言，固非爲己，所惜者致理之道，所感者見遇之恩，輒因陳謝。布露以聞，惟陛下幸察。謹奏。

《舊五代史》卷三三《唐書・莊宗紀》〔同光三年〕八月壬戌，詔諸司人吏，不許諸處奏薦，如有勞績，只許本司奏聞。

恩蔭

綜述

《隋書》卷三《煬帝紀》〔大業五年二月〕庚子，制魏、周官不得爲蔭。

《舊唐書》卷一三《德宗紀》〔貞元十七年〕夏四月丁未，始命駙馬及郡縣主壻無子者，養男不用母蔭。

《舊唐書》卷四二《職官志》　凡九品已上職事，皆帶散位，謂之本品。職事則隨才録用，或從閑入劇，或去高就卑，遷徙出入，參差不定。散位則一切以門蔭結品，然後勞考進叙。

《舊唐書》卷四二《職官志》　武散官舊謂之散位，不理職務，加官而已。後魏及梁，皆以散號將軍記其本階，自隋改用開府儀同三司已下。貞觀年，又分文武，入仕者皆帶散位，謂之本品。

以門資出身者，諸嗣王郡王出身從四品下，親王諸子封郡公者從五品上，國公正六品上，郡公正六品下，縣公從六品上，侯正七品上，伯正七品下，子從七品上，男從七品下。皇帝緦麻以上親、皇太后周親出身六品上。皇太后大功親、皇后周親從六品上。皇帝袒免親、皇太后小功緦麻親、皇后大功親正七品上。皇后小功緦麻親、皇太子妃周親從七品上。其外戚各依服屬降宗親二階叙。諸娶郡主者出身六品上。娶縣主者正七品上。郡主子出身從七品上。縣主子從八品上。一品子正七品上，二品子正七品下，三品子從七品上，從三品子從七品下，正四品子正八品上，從四品子正八品下，正五品子從八品上，從五品及國公子從八品下。三品以上蔭曾孫，五品以上蔭孫，孫降子一等，曾孫降孫一等。

《新唐書》卷四《中宗紀》〔神龍元年〕三月甲申，詔文明後破家者昭洗之，還其子孫蔭。

《新唐書》卷四《中宗紀》〔景龍三年七月〕辛酉，許婦人非緣夫、子封者蔭其子孫。

《新唐書》卷四五《選舉志》　凡用蔭，一品子，正七品上；二品子，正七品下；三品子，從七品上；從三品子，從七品下；正四品子，正八品上；從四品子，正八品下；正五品子，從八品上；從五品及國公子，從八品下。凡品子任雜掌及王公以下親事、帳内勞滿而選者，七品以上子，從九品上叙。其任流外而應入流内，叙品卑者，亦如之。九品以上及勳官五品以上子，從九品下叙。三品以上蔭曾孫，五品以上蔭孫。孫降子一等，曾孫降孫一等。贈官降正官一等，死事者與正官同。郡、縣公子，視從五品孫。縣男以上子，降一等。勳官二品子，又降一等。二王後孫，視正三品。

《新唐書》卷四五《選舉志》　凡弘文、崇文生，皇緦麻以上親，皇太后、皇后大功以上親，一家聽二人選。職事二品以上、散官一品、中書門下正三品同三品、六尚書等子孫幷姪，功臣身食實封者子孫，一蔭聽二人選。京官職事正三品、同中書門下平章事、供奉官三品子孫，京官職事從三品、中書黄門侍郎幷供奉三品官、帶四品五品散官子，一蔭一人。

《新唐書》卷四九《百官志》　武德、貞觀世重資蔭，二品、三品子，補親衛；二品曾孫、三品孫、四品子、職事官五品子若孫、勳官三品以上有封及國公子，補勳衛及率府親衛；四品孫、五品及上柱國子，補翊衛及率府勳衛；勳官二品及縣男以上、散官五品以上子若孫，補諸衛及率府翊衛。

《新唐書》卷五六《刑法志》　故時律，兄弟分居，蔭不相及，而連坐則俱死。同州人房彊以弟謀反當從坐，帝因録囚爲之動容，曰：反逆有二：興師動衆一也，惡言犯法二也。輕重固異，而鈞謂之反，連坐皆死，豈定法耶？玄齡等議曰：禮，孫爲父尸，故祖有蔭孫令，是祖孫重而兄弟輕。於是令：反逆者，祖孫與兄弟緣坐，皆配沒；惡言犯法者，兄弟配流而已。玄齡等遂與法司增損隋律，降大辟爲流者九十二，流爲徒者七十一，以爲律；定令一千五百四十六條，以爲令；又刪武德以來敕三千餘條爲七百條，以爲格；又取尚書省列曹及諸寺、監、十六衛計帳以爲式。

《舊五代史》卷三九《唐書・明宗紀》〔天成三年〕十一月癸酉，日南至，帝御崇元殿受朝賀。甲戌，捧聖指揮使何福進招收到安州作亂兵士五百人，自指揮使已下至節級四十餘人並斬，餘衆釋之。壬午，房知温奏，荆南高季興卒。案：高季興卒，通鑑作十二月丙辰，詳見《通鑑考異》。《舊五代史考異》。中書舍人劉贊奏：請節度使及文班三品已上謝見通喚。從之。是日，以契丹所署平州刺史、光禄大夫、檢校太保張希崇爲汝州刺史，案：《歐陽史》作汝州防禦使，《通鑑》從《薛史》作刺史。《舊五代史考異》。加檢校太傅。己丑，中書奏：今後或有封册，請御正衙。從之。青州奏，節度使霍彦威卒，輟朝三日。詔宰臣王建立權知青州軍州事。庚寅，禮部員外郎和凝奏：應補齋郎並須引驗正身，以防僞濫。舊例，使蔭一任官補一人，今後改官須轉品即可，如無子，許以親姪繼限，念書十卷，試可則補。從之。甲午，以尚書左僕射、同平章事、集賢殿大學士、判三司王建立爲青州節度使、檢校太尉、同平章事。丙申，帝謂侍臣曰：古鐵券如何？趙鳳對曰：帝王誓文，許其子子孫孫長享爵禄。帝曰：先朝所賜，唯朕與郭崇韜、李繼麟三人爾，崇韜、繼麟尋已族滅，朕之危疑，慮在旦夕。於是嗟嘆久之。趙鳳曰：帝王執信，故不必銘金鏤石矣。

《舊五代史》卷四二《唐書·明宗紀》〔長興二年〕五月戊午朔，帝御文明殿受朝。庚申，以三司使、行工部尚書張延朗爲兗州節度使。辛酉，詔：近聞百執事等，或親居內職，或貴列廷臣，或宣達君恩，或勾當公事，經由列鎮，干撓諸侯，指射職員，安排親昵，或潛示意旨，或顯發書題。自今後一切止絶，有所犯者，發薦人貶官，求薦人流配。如逐處長吏自徇人情，只仰被替人詣闕上訴，被替，原本作被贊，今從《五代會要》改正。影庫本粘籤。長吏罰兩月俸，發薦人更加一等，被替人却令依舊。甲子，都官郎中、知制誥崔棁上言，請搜訪宣宗已來野史，以備編修。從之。丁卯，詔：諸州府城郭內依舊禁麴，其麴官中自造，減舊價之半貨賣。應田畝上所徵麴錢並放，鄉村人户一任私造。時甚便之。戊辰，中書奏，應朝臣丁憂者，望加頒賚。從之。丁丑，以祕書監劉岳爲太常卿。己卯，以武德使孟漢瓊爲右衛大將軍、知內侍省，充宣徽北院使。辛巳，以前相州刺史孟鵠爲左驍衛大將軍，相州刺史，原本脱刺史二字，今從《册府元龜》增入。影庫本粘籤。充三司使。甲申，以權知朗州軍州事、守永州刺史馬希範爲洪州節度使、檢校太傅，以權知桂州軍府事、富州刺史馬希彝爲鄂州節度使、檢校司徒。乙酉，以左金吾大將軍薄文爲晋州留後。鴻臚卿柳膺將齋郎文書賣與同姓人柳居則，伏罪，大理寺斷當大辟，緣經赦減死，追奪見任官，終身不齒。詔：應見任前資守選官等，所有本朝及梁朝出身歷任告身，並仰送納，委所在磨勘，換給公憑，只以中興已來官告，及近受文書叙理。其諸色蔭補子孫，如非虛假，不計庶嫡，並宜叙録；如實無子孫，別立人繼嗣，已補得身名者，只許叙蔭一人。叙蔭，原本作緒蔭，今從《五代會要》改正。影庫本粘籤。其不合叙使文書，限百日內焚毁須絶。此後更敢將合焚文書參選求仕，其所犯之人並傳者，並當極法。應合得資蔭出身人，並須依格依令施行。

紀事

《舊唐書》卷五三《李密傳》 李密字玄邃，本遼東襄平人。魏司徒弼曾孫，後周賜弼姓徒何氏。祖曜，周太保、魏國公；父寬，隋上柱國、蒲山公：皆知名當代。徙爲京兆長安人。密以父蔭爲左親侍。

《舊唐書》卷五八《劉弘基傳》 劉弘基，雍州池陽人也。父昇，隋河州刺史。弘基少落拓，交通輕俠，不事家產，以父蔭爲右勳侍。

《舊唐書》卷六四《荊王元景傳》〔貞觀〕十一年，定制元景等爲代襲刺史。詔曰：皇王受命，步驟之迹以殊；經籍所紀，質文之道匪一。雖治亂不同，損益或異，至於設官司以制海內，建藩屏以輔王室，莫不明其典章，義存於致治，崇其賢戚，志在於無疆。朕以寡昧，不承鴻緒，寅畏三靈，憂勤百姓，考明哲之餘論，求經邦之長策。帝業之重，獨任難以成務；天下之曠，因人易以獲安。然則侯伯肇於自昔，州郡始於中代，聖賢異術，沿革隨時，復古則義難頓從，尋今則事不盡理。遂規模周、漢，斟酌曹、馬，採按部之嘉名，參建侯之舊制，共治之職重矣，分土之實存焉。已有制書，陳其至理。繼世垂範，貽厥後昆；維城作固，同符前烈。荊州都督荊王元景、梁州都督漢王元昌、徐州都督徐王元禮、潞州都督韓王元嘉、遂州都督彭王元則、鄭州刺史鄭王元懿、絳州刺史霍王元軌、虢州刺史虢王鳳、豫州刺史道王元慶、鄧州刺史鄧王元裕、壽州刺史舒王元名、幽州都督燕王靈夔、蘇州刺史許王元祥、安州都督吴王恪、相州都督魏王泰、齊州都督齊王祐、益州都督蜀王愔、襄州刺史蔣王惲、揚州都督越王貞、并州都督晋王某、秦州都督紀王慎等，或地居旦、奭，夙聞《詩》、《禮》；或望及間、平，早稱才藝，並爵隆土宇，寵兼車服。誠孝之心，無忘於造次；風政之舉，克著於期月。宜冠恆册，祚以休命。其所任刺史，咸令子孫代代承襲。

尋又罷代襲之制。

《舊唐書》卷七〇《戴胄傳》〔貞觀元年〕于時朝廷盛開選舉，或有詐僞資蔭者，帝令其自首，不首者罪至于死。俄有詐僞者事洩，胄據法斷流以奏之。帝曰：朕下敕不首者死，今斷從流，是示天下以不信。卿欲賣獄乎？胄曰：陛下當即殺之，非臣所及。既付所司，臣不敢虧法。帝曰：卿自守法，而令我失信邪？胄曰：法者，國家所以布大信於天下，言者，當時喜怒之所發耳。陛下發一朝之忿而許殺之，既知不可而置之於法，此乃忍小忿而存大信也。若順忿違信，臣竊爲陛下惜之。帝曰：法有所失，公能正之，朕何憂也。胄前後犯顏執法多此類。所論刑獄，皆事無冤濫，隨方指擿，言如泉涌。

《舊唐書》卷七八《張易之傳》 易之初以門蔭，累遷爲尚乘奉御，年二十餘，白皙美姿容，善音律歌詞。

《舊唐書》卷八四《裴行儉傳》 裴行儉，絳州聞喜人。曾祖伯鳳，周驃騎大將軍、汾州刺史、琅邪郡公。祖定，馮翊郡守，襲封琅邪公。父仁基，隋左光禄大夫，陷於王世充，後謀歸國，事洩遇害，武德中，贈原州都督，謚曰忠。

行儉幼以門蔭補弘文生。貞觀中，舉明經，拜左屯衛倉曹參軍。

《舊唐書》卷九〇《李懷遠傳》 李懷遠，邢州柏仁人也。早孤貧好學，善屬文。有宗人欲以高蔭相假者，懷遠竟拒之，退而歎曰：因人之勢，高士不爲；假蔭求官，豈吾本志？未幾，應四科舉擢第，累除司禮少卿。

《舊唐書》卷九一《桓彦範傳》 桓彦範，潤州曲阿人也。祖法嗣，雍王府諮議參軍、弘文館學士。彦範慷慨俊爽，少以門蔭調補右翊衛。

《舊唐書》卷一〇八《韋顗傳》 〔韋〕益子顗，字周仁，生一歲而孤，事姊稱爲恭孝。性嗜學，尤精陰陽、象緯、經略、風俗之書。善持論，有清譽。少以門蔭補千牛備身，自鄠縣尉判入等，授萬年尉，歷御史、補闕、尚書郎，累遷給事中、尚書左丞、户部侍郎、中丞、吏部侍郎。

《舊唐書》卷一〇八《崔縱傳》 〔崔涣〕子縱，初以蔭補協律郎，三遷爲監察御史。

《舊唐書》卷一一一《房琯傳》 房琯，河南人，天后朝正議大夫、平章事融之子也。琯少好學，風儀沉整，以門蔭補弘文生。

《舊唐書》卷一一二《李峴傳》 峴，樂善下士，少有吏幹。以門蔭入仕，累遷高陵令，政術知名，特遷萬年令、河南少尹、魏郡太守，入爲金吾將軍，遷將作監，改京兆府尹，所在皆著聲績。

《舊唐書》卷一一三《裴冕傳》 裴冕，河東人也，爲河東冠族。天寶初，以門蔭再遷渭南縣尉，以吏道聞。

《舊唐書》卷一一三《裴遵慶傳》 裴遵慶，絳州聞喜人也。代襲冠冕，爲河東著族。遵慶志氣深厚，機鑑敏達，自幼强學，博涉載籍，謹身晦跡，不干當世之務。以門蔭累授潞府司法參軍，時年已老，未爲人所知。

《舊唐書》卷一一七《嚴武傳》 嚴武，中書侍郎挺之子也。神氣雋爽，敏於聞見。幼有成人之風，讀書不究精義，涉獵而已。弱冠以門蔭策名，隴右節度使哥舒翰奏充判官，遷侍御史。

《舊唐書》卷一二四《薛嵩傳》 薛嵩，絳州萬泉人。祖仁貴，高宗朝名將，封平陽郡公。父楚玉，爲范陽、平盧節度使。嵩少以門蔭，落拓不事家産，有膂力，善騎射，不知書。

《舊唐書》卷一二五《張鎰傳》 張鎰，蘇州人，朔方節度使齊丘之子也。以門蔭授左衛兵曹參軍。

《舊唐書》卷一二九《韓滉傳》 韓滉字太沖，太子少師休之子也。少貞介好學，以蔭解褐左威衛騎曹參軍，出爲同官主簿。

《舊唐書》卷一三三《李愬傳》 愬以父蔭起家，授太常寺協律郎，遷衛尉少卿。

《舊唐書》卷一三五《李實傳》 李實者，道王元慶玄孫。以蔭入仕，六轉至潭州司馬。

《舊唐書》卷一四七《杜佑傳》 杜佑字君卿，京兆萬年人。曾祖行敏，荆、益二州都督府長史、南陽郡公。祖愨，右司員外郎、詳正學士。父希望，歷鴻臚卿、恒州刺史、西河太守，贈右僕射。佑以蔭入仕，補濟南郡參軍、剡縣丞。

《舊唐書》卷一五六《于頔傳》 于頔字允元，河南人也，周太師燕文公謹之後也。始以蔭補千牛，調授華陰尉，黜陟使劉灣辟爲判官。

《舊唐書》卷一五八《韋貫之傳》 新羅人金忠義以機巧進，至少府監，蔭其子爲兩館生，貫之持其籍不與，曰：工商之子不當仕。忠義以藝通權倖，爲請者非一，貫之持之愈堅。

《舊唐書》卷一六二《潘孟陽傳》 潘孟陽，禮部侍郎炎之子也。孟陽以父蔭進，登博學宏辭科，累遷殿中侍御史，降爲司議郎。

《舊唐書》卷一八二《王重榮傳》 王重榮，河中人。父縱，鹽州刺史，咸通中有邊功。重榮以父蔭補軍校，與兄重盈俱號驍雄，名讋軍中。

《舊唐書》卷一八七《忠義傳·顏杲卿》 杲卿以蔭受官，性剛直，有吏幹。

《舊唐書》卷一八九《儒學傳·敬播》 敬播，蒲州河東人也。貞觀初，舉進士。俄有詔詣祕書內省佐顏師古、孔穎達修隋史，尋授太子校書。史成，遷著作郎，兼修國史。與給事中許敬宗撰高祖、太宗實録，自創業至于貞觀十四年，凡四十卷，奏之，賜物五百段。太宗之破高麗，名所戰六山爲駐蹕，播謂人曰：聖人者，與天地合德，山名駐蹕，此蓋以鑾輿不復更東矣。卒如所言。時梁國公房玄齡深稱播有良史之才，曰：陳壽之流也。玄齡以顏師古所注《漢書》，文繁難省，令播撮其機要，撰成四十卷，傳於代。尋以撰《實録》功，遷太子司議郎。時初置此官，極爲清望。中書令馬周歎曰：所恨資品妄高，不獲歷居此職。參撰晋書，播與令狐德棻、陽仁卿、李嚴等四人總其類。

會刑部奏言：準律：謀反大逆，父子皆坐死，兄弟處流。此則輕而不懲，望請改從重法。制遣百僚詳議。播議曰：昆季孔懷，天倫雖重，比於父子，性理已殊。生有異室之文，死有別宗之義。今有高官重爵，本蔭唯逮子孫，祚土錫珪，餘光不及昆季。豈有不沾其蔭，輒受其辜，背禮違情，殊爲太甚。必期反茲春令，踵彼秋荼，創次骨於道德之辰，建深文於措刑之日，臣將以爲不可。詔從之。

《新唐書》卷九九《戴胄傳》 時選者盛集，有詭資蔭冒牒取調者，詔許自首；不首，罪當死。俄有詐得者，獄具，胄以法當流。帝曰：朕詔不首者死，而今當流，是示天下不以信，卿賣獄邪？胄曰：陛下登殺之，非臣所及。既屬臣，敢虧法乎？帝曰：卿自守法，而使我失信，奈何？胄曰：法者，布大信於人；言乃一時喜怒所發。陛下以一朝忿將殺之，既知不可而寘於法，此忍小忿、存大信也。若阿忿違信，臣爲陛下惜之。帝大感寤，從其言。胄犯顏據正數矣，參處法意，至析秋豪，隤類指擿，言若泉涌，帝益重之。遷尚書左丞。矜其貧，特詔賜錢十萬。

《新唐書》卷一三八《路嗣恭傳》 路嗣恭字懿範，京兆三原人，始名劍客，以世蔭爲鄠尉。

《新唐書》卷一四四《裴茙傳》 裴茙者，始以蔭爲京兆司録參軍。

《新唐書》卷一四六《李吉甫傳》 吉甫字弘憲，以蔭補左司禦率府倉曹參軍。

《新唐書》卷一四七《魯炅傳》 魯炅，幽州薊人。長七尺餘，略通書史。以蔭補左羽林長上。

《新唐書》卷一五二《張鎰傳》 張鎰字季權，一字公度，國子祭酒後胤五世孫也。父齊丘，朔方節度使、東都留守。鎰以蔭授左衛兵曹參軍

《新唐書》卷一六五《鄭覃傳》 覃以父蔭補弘文校書郎，擢累諫議大夫。

《新唐書》卷一七〇《李景略傳》 李景略，幽州良鄉人。父承悦，檀州刺史、密雲軍使。景略以蔭補幽州府功曹參軍。

《新唐書》卷一七七《鄭薰傳》 鄭薰字子溥，亡鄉里世系。擢進士第，歷考功郎中、翰林學士。出爲宣歙觀察使。前人不治，薰頗以清力自將。牙將素驕，共謀逐出之，薰奔揚州。貶棣王府長史，分司東都。

懿宗立，召爲太常少卿，擢累吏部侍郎。時數大赦，階正議光禄大夫者，得蔭一子，門施戟。於是宦人用階請蔭子，薰却之不肯叙。

《新唐書》卷一九八《儒學傳·敬播》 有司建言：謀反大逆，惟父子坐死，不及兄弟，請更議。詔羣臣大議，播曰：兄弟雖孔懷之重，然比於父子則輕，故生有異室，死有別宗。今高官重爵，本蔭唯逮子孫，而不及昆季，烏得榮隔其蔭，而罪均其罰？詔從播議。

《新唐書》卷二二三《姦臣傳·盧杞》 盧杞字子良。父弈，見忠義傳。杞有口才，體陋甚，鬼貌藍色，不恥惡衣菲食，人未悟其不情，咸謂有祖風節。藉蔭爲清道率府兵曹參軍。

《新唐書》卷二二四《叛臣傳·李錡》 李錡，淄川王孝同五世孫。以父國貞蔭調鳳翔府參軍。

《新五代史》卷三〇《漢臣傳·楊邠》 楊邠，魏州冠氏人也。少爲州掌籍吏，租庸使孔謙領度支，補邠勾押官，歷孟、華、鄆三州糧料院使。事漢高祖爲右都押衙，高祖即位，拜樞密使。

郊出於小吏，不喜文士，與蘇逢吉等內相排忌。逢吉諷李濤上疏罷郊與周太祖樞密使，郊泣訴李太后前，太后怒，罷濤相，加郊中書侍郎兼吏部尚書、同平章事。是時，逢吉、禹珪頗以私賄除吏，多繆。郊爲相，事無大小，必先示郊，郊以爲可，乃入白，而深革逢吉所爲，凡門蔭出身，諸司補吏者，一切罷之。

捐納

論説

（宋）李昉等《文苑英華》卷六〇七《雜上請・請廢在官諸司捉錢令史表》 臣遂良言：古稱君爲元首，臣作股肱。梁棟榱桷，隨能助化，所謂成海取乎細流，崇山由乎積壤。然則爲治之本，在於擇人。不正其原，遂差千里。《周禮》卿大夫之職，考士德行，獻之于王，王拜而受之，登于天府。漢家以明經拜職，或四科辟召，必擇器任使，量才命官。然則市井子孫，不居官吏。大唐制令，憲章古昔，商估之人，亦不居官位。陛下許諸司令史捉公廨本錢，諸司取此色人號爲捉錢令史。不簡性識，寧論書藝？但令身能估販，家足貲財，録牒吏部，便即依補。大率人捉五十貫已下，四十貫已上，任居市肆，恣其販易。每月納利四千。一年凡輸五萬，送利不違，年滿授職。然有國家者嘗笑漢世賣官，今開北路，頗類於此。在京七十餘司，相率司副九人，更一二載後，年別即有六百餘人輸錢授職。伏惟陛下治致升平，任賢爲政，或太學高第，或諸州進士，皆策同片玉，經若懸河，奉先聖之格言，慕昔賢之廉恥，拔十取五，量能授官。然犯禁違公，輒罹刑法。況乎捉錢令史，主於估販，志意分毫之末，耳目廛肆之間。輸錢於官，以獲品秩，荏苒年歲，陛下能不使用之乎？此人習與性成，慣於求利，苟得無恥，豈蹈廉隅？使居其職，何向而可？將來之弊，宜絕本源。臣每周遊民間，爲國視聽，京師僚庶，爰及外官，異口同辭，咸言不便。臣無容静嘿，輕敢表聞。伏願更勅朝臣，遣其詳録，輒煩聽覽，伏深戰慄。謹言。

綜述

（宋）王溥《唐會要》卷六七《試及邪濫官》 元和七年七月敕：入蕃使不得與私覿正員官告，量別支給，以充私覿。舊例，使絶域者，許賣正員官取貲員官，以備私覿。雖優假遠使，殊非典法，故革之。

十二年六月詔：以淮西河北用兵，募人入粟受官，及減選超資。

十五年二月敕：其入回鶻使，宜仍舊與私覿正員官十三員，入吐蕃使與八員。

（宋）王溥《唐會要》卷七五《選部・雜處置》 〔元和〕十二年七月詔：入粟助邊，古今通制，如聞定州側近，秋稼未登，念切飢民，不同常例。有人能於定州納粟五百石者，放同優比出身，仍減三選。一千石者，無官便授解褐官，有官者，依資授官。納二千石者，超兩資，如先有出身及官，情願減選者，每三百石與減一選。

（元）馬端臨《文獻通考》卷三五《選舉考・貲選進納》 唐置公廨本錢，以諸州令史主之，號捉錢令史，每司九人，補於吏部。所主繦五萬錢，以下市肆販易，月納息錢四千，歲滿授官。諫議大夫褚遂良上言：七十餘司，更一二載，捉錢令史六百餘人受職。太學高第、諸州進士，拔十取五，猶有犯禁罹法者，況廛肆之人苟得無恥，不可使其居職。太宗乃罷捉錢令史，復詔給百官俸。又令：文武職事三品以上給親事、帳內。以六品、七品子爲親事，以八品、九品子爲帳內，歲納錢千五百，謂之品子課錢。凡捉錢品子無違負者，滿二百日，本屬以簿附朝集使上於考功、兵部，滿十歲，量文武授散官。

至德二年七月，宣諭使、侍御史鄭叔清奏：承前諸使下召納錢物，多給空名告身，雖假以官，賞其忠義，猶未盡才能。今皆量文武才藝，兼情願穩便，據條格議，同申奏聞，便寫告身。諸道士、女道士、僧、尼如納錢，請准敕迴授餘人，並情願還俗、授官勳邑號等亦聽；如無人迴授及不願還俗者，准法不合畜奴婢、田宅、貲財，既助國納錢，不可更拘常格。其所有貲財，能率十分納三分助國，餘七分並任終身自蔭，身歿之後，亦任迴與近親。又准敕納錢百千文，與明經出身，如曾受業，粗通帖策，修身謹行，鄉曲所知者，量減二十千文；如先經舉送到省落第，灼然有憑，帖策不甚寥落者，減五十千文；若粗識文字者，准元敕處分；未曾讀學，不識文字者，加三十千。應授職事官並勳階號及贈官等，有合蔭子孫者，如户内兼蔭丁、中三人以上免課役者，加一百千文，每加一丁、中，累加三十千文。其商賈准令所在收税，如能據所有貲財十分納四助軍者，便與終身優復；如於敕條外有悉以家產助國，嘉其竭誠，待以非次；如先出身及官資，並量資歷好惡，各據本條格例節級優加擬授；如七十以上情願授致仕官者，每色内量十分減二分錢。時屬幽寇内侮，天下多虞，軍用不充，權爲此制，尋即停罷。

元和十二年，詔：入粟助邊，古今通制。如聞定州側近秋稼方登，念切救人，不同常例。有人能於定州納粟五百石者，放優出身，仍減三選；一千石者，無官便授解褐官，有官者依資授官；二千石者，超兩資。如先有出身及官，情願減選者，每三百石與減一選。又敕：入蕃使不得與私覿正員官告，量別支給，以充私覿。

舊例，使絶域者許賣正員官十員，取貲以備私覿。雖優假遠使，殊非典法，故革之。

十五年，復其制，入回鶻使仍舊與私覿正員官十三員，吐蕃使八員。

紀事

（唐）杜佑《通典》卷一一《食貨・鬻爵》　大唐至德二年七月，宣諭使侍御史鄭叔清奏：承前諸使下召納錢物，多給空名告身，雖假以官，賞其忠義，猶未盡才能。今皆量文武才藝，兼情願穩便，據條格擬同申奏聞，便寫告身。諸道士、女道士、僧、尼如納錢，請準敕迴授餘人，并情願還俗，授官勳邑號等，亦聽。如無人迴授及不願還俗者，準法不合畜奴婢、田宅、資財，既助國納錢，不可更拘常格。其所有資財能率十分納三分助國，餘七分並任終身自蔭，身殁之後，亦任迴與近親。又準敕，納錢百千文，與明經出身，如曾受業，粗通帖策，修身慎行，鄉曲所知者，量減二十千文。如先經舉送，到省落第，灼然有憑，帖策不甚寥落者，減五十千文。若粗識文字者，準元敕處分。未曾讀學，不識文字者，加三十千。應授職事官并勳階邑號及贈官等，有合蔭子孫者，如户内兼蔭丁中三人以上免課役者，加一百千文。每加一丁中，累加三十千文。其商賈，準令所在收税，如能據所有資財十分納四助軍者，便與終身優復。如於敕條外有悉以家產助國，嘉其竭誠，待以非次。如先出身及官資，並量資歷好惡，各據本條格例，節級優加擬授。如七十以上情願授致仕官者，每色内量十分減二分錢。時屬幽寇内侮，天下多虞，軍用不充，權爲此制，尋即停罷。

《新唐書》卷五五《食貨志》　〔貞觀〕十二年，罷諸司公廨本錢，以天下上户七千人爲胥士，視防閤制而收其課，計官多少而給之。十五年，復置公廨本錢，以諸司令史主之，號捉錢令史。每司九人，補於吏部，所主繦五萬錢以下，市肆販易，月納息錢四千，歲滿受官。諫議大夫褚遂良上疏：京七十餘司，更一二載，捉錢令史六百餘人受職。太學高第，諸州進士，拔十取五，猶有犯禁罹法者，況廛肆之人，苟得無恥，不可使其居職。太宗乃罷捉錢令史，復詔給百官俸。

陞補

論説

（唐）陸贄《翰苑集》卷一七《中書奏議・請許臺省長官舉薦屬吏狀》〔興元八年四月〕　夫求才貴廣，考課貴精。求廣在於各舉所知，長吏之薦擇是也；貴精在於按名責實，宰臣之序進是也。求不廣則下位罕進，下位罕進則賞乏人用，常乏人則懼曠庶職，曠庶職則苟取備員，是以考課之法不暇精也。考不精則能否無別，能否無別則砥礪漸衰，砥礪漸衰則職業不舉，職業不舉則品格浸微，是以賢能之功不克彰也。皆失於不廣求人之道。而務選士之精，不思考課之行而望得人之美，是以望得彌失，務精益麤，塞源浚流未見其可。臣欲詳徵舊説，伏恐聽覽爲煩，粗舉一端以明其理。往者，則天太后踐祚臨朝，欲收人心，尤務拔擢，弘委任之意，開汲引之門，進用不疑，求訪無倦，非但人得薦士，亦許自舉其才。所薦必行，所舉輒試，其於選士之道，豈不傷於容易哉。然而課責既嚴，進退皆速，不肖者旋黜，才能者驟升，是以當代謂知人之明，累朝賴多士之用。此乃近於求才貴廣，考課貴精之効也。

（唐）白居易《白氏長慶集》卷六三《策林・議庶官遷次之遲速》

問：先王建官，升降有制，遷次有常，此經久之道也。或云：賞善罰惡者，不踰時月。又曰：爲官吏者，可長子孫。豈今古之制殊乎？不然，何遲速之異如此也？今欲速遷而勸善，恐誘躁求之心；將令久次而望功，慮興滯用之漢。疾徐之制，何以爲中？

臣聞孔子曰：苟有用我者，三年而有成。《舜典》曰：三載考績，三考黜陟幽明。雖聖賢爲政，未及三年，不能成也；雖善惡難知，不過九載，必自著也。由此而論，爲官吏者，不可速遷也，不可久次也。若未三年而遷，則政未立，績未成，且躁求之心生，而馴致之化廢矣。若過九載而不轉，則明不陟，幽不黜，且勸善之法缺，而懲惡之典隳矣。大凡內外之官，其略如此。然則最與天子共理者，莫先於二千石乎？臣竊見近來諸州刺史，有未兩考而遷者，豈爲善成政之速，速於聖賢耶？將有司考察之不精耶？不然，何遷之遽也。又有踰一紀而不轉者，豈善惡未著，莫得而知耶？將有司遺忘而不舉耶？不然，何轉之遲也。臣伏見順宗皇帝詔曰：凡內外之職，四考遞遷。斯實革今之弊，行古之道也。然臣猶以爲吏能有聞者，既以四考遷之，政術無取者，亦宜四考黜之。將欲循其名，辨其實，則在陛下獎糾察之吏，督考課之官。使別其否臧，明知白黑。仍命曰：雖久次者，不得逾於四載，雖速遷者，亦待及於三年。此先王較能之大方，致理之要道也。伏惟陛下試垂意而察焉。

（宋）王溥《唐會要》卷五四《省號上・中書省》 太和三年四月，中書門下奏：內外文武官除授，伏以爲官擇人，實資進選，舉能考績，固切旁求，必當按實循名，聽言觀行。事合先於徇衆，道必惡於自媒，進退之間，風俗所繫。近日人多干競，跡罕貞修，或日詣宰司，自陳功狀；或屢瀆宸扆，曲祈恩波，乏受爵讓能之賢，啓施勞伐善之弊。亦有粗因勞績，已受官榮，及居今任，別無課效，唯引向前事狀，祇希更與遷陞。凡是此流，稍要立制。伏望自今後，應緣官闕，須有除授，先選吏跡有聞，行已務實者，隨才獎用。如有志涉浮躁，事近邀求者，量加擯斥。所覬官修其方，人思勵行。

綜　述

《隋書》卷三《煬帝紀》〔大業二年秋七月〕庚申，制百官不得計考增級，必有德行功能，灼然顯著者，擢之。

（宋）王欽若等《册府元龜》卷六二九《銓選部・條制》 上元三年八月詔：桂、廣、交、黔等州都督府，比來所奏擬士人任官，揀選未甚得所，宜准舊例。至應選補時，差內外官五品以上清正官充使選補，仍令御史同往注擬。其有應任五品以上官者，奏取處分。

（宋）王欽若等《册府元龜》卷六三〇《銓選部・條制》〔開元〕十七年三月制曰：邊遠判官，多有老弱。宜令吏部每年於選人內，揀擇強幹堪邊任者，隨闕補授。秩滿量減三兩選與留，仍加優獎。

（宋）王欽若等《册府元龜》卷六三一《銓選部・條制》〔寶曆二年十二月〕是月吏部又奏：伏以吏部每年集人及定留放，至於注擬，皆約闕員。近者入仕歲增，申闕日少，實由諸道州府所奏悉行，致令選司士子無闕。貧乏者凍餒滋甚，留滯者喧訴益繁，至有待選十餘年，裹糧千餘里，累駁之後，方敢望官。注擬之時，別遇勅授，私惠行於外府，怨謗歸於有司。特望明立節文，令自今已後，諸司諸使天下州府，選限內不得奏六品已下官。

（宋）王欽若等《册府元龜》卷六三一《銓選部・條制》〔文宗太和元年〕九月中書門下奏：諸道應奏州縣官銜散試官及無出身人幕府遷授致仕官，諸京司奏流外諸道進奏官等，兩畿及諸道奏長馬縣令、録事參軍簿尉等，兩京及諸道州府六品已下官，除初授外，並合是吏部注擬。近日優勞資蔭，入仕轉多，每年選集，無闕可授。若容濫請，是啓倖門，遂使平人，不無受屈。今請並停。淮山南、三川、硤內及諸道比遠，雖吏部注擬，不情願赴任者，及元不注擬者，其縣令參軍，長史倚賴，義不容私。如有才術優長，假攝勞效，特許前資見任及有出身人中奏請，每道不得過三五人。如諸道縣令、録事參軍，政事異能決疑，及緝理殘破，若須旌賞者，許所在奏論。然須指事而言，在選限內，亦請准寶曆二年十二月七日勅處分。京諸司流外官並每年繫部闕員，今並不許奏請致仕，酌法循舊，頗越典章。自今請自常參官五品以外官及四品者許致仕，餘停。又幕府遷授章服，貞元、元和之間，使府奏職至侍御史，然後兼省官。至於章服，皆奬時效。人思勸勉，克己慕名。近日奏殿中及戎卒，便請朱紫，數事俱行，其中自緑腰金，皆非典故。請自侍御史後年月足後，便始與省官。至於朱紫，許於本使府有事跡尤異爲衆所知者，然許奏請。唯副使行軍奏職時，如先着緑，便許着緋，餘不在此限。又諸道進奏官舊例皆不奏正官。近既奏請，仍於別道占請有俸禄處，頗乖典制。今量請奏當道官，如資歷已至五品考滿日已前者，望許至考滿日。

（宋）王欽若等《册府元龜》卷六三一《銓選部·條制》〔文宗太和〕四年五月中書門下奏准：太和元年九月十九日勑，釐革兩畿及諸道奏請州縣官，唯山劍、三川、硤內及諸道比遠，許奏縣令、録事、參軍。其餘並停。自勑下以來，諸道累有奏請。如滄、景、德、棣，勑後已與數員，伏以勑令頒行，不合違越；苟有便宜，則須改張。自今已後，山劍、三川、硤內及諸道比遠州縣官，有出身及前資正員官人中，每道除録事外，望各許奏三數員。如河北諸道滄、景、德、棣之類，經破傷之後，及靈夏、邠寧、麟坊、涇原、振武、豐州，全無俸料。有出身人及正員官，悉不肯去，吏部從前多不注擬。如假攝有勞，望許於諸色人中量事。奏三數員，其餘勒約及期限，並依太和元年九月十九日勑處分。

（宋）王溥《五代會要》卷一五《兵部》　後唐同光二年五月二十五日，尚書兵部奏：

重制置收補千牛、進馬事如後：

一、進馬准舊例八員：殿中省進馬四員，太僕寺進馬四員。千牛一十二：左仗六員，右仗六員。准格，取十三已上收補，十五已上出仗，各守三十五月限。

一、准《六典》，千牛備身及太子千牛，皆取三品已上諸司官、四品清官子孫，儀容端正，武藝可稱者補充。今請使二品、三品、四品清官蔭補。左右僕射、太子少師少傅少保、御史大夫、六行尚書、左右常侍、門下侍郎、中書侍郎、太子賓客、太常卿、宗正卿、左右丞、諸行侍郎、秘書監、國子祭酒、節度、統軍上將軍、金吾大將軍已上，並行補子爲太子千牛。請使東宮三品、四品清官蔭補詹事。庶子請使北省二品、南省一品正官蔭補。侍中、中書令、太師、太傅、太保、太尉、司徒、司空、太子太師、太子太傅、太子太保已上，並許補孫。

一、見任兵部尚書、侍郎，並不得收補子孫。凡請使蔭一官，祇許補一員，不得重疊更使舊蔭。應請使皇蔭，一品不得過二十年，二品、三品、四品不得過十年，如過年限，所司不在收補。若是身有殘疾，不在收補之限。

一、准舊例，每入閤皆須赴仗祗候，如三度不到，便除落名姓。

一、應所請補千牛、進馬，先具蔭序品第，於都省投狀，候都省發狀到，當司即引過本行尚書侍郎、郎中、員外郎點檢年貌，及勘會蔭序，引問習試合格，方得收補，呈引過堂。候過堂了，始可申奏。餘請准格施行。從之。

（宋）王溥《五代會要》卷一六《禮部》　後唐天成三年十一月二十一日，尚書禮部員外郎和凝奏：

臣當司管補奏齋郎，今重起請如後：

一、應請補齋郎等，舊例，當司祗憑都省發到狀，便給補牒。旋團甲申奏。伏緣當司已前久無正官，多是諸司權判，或有投判狀多時並不團奏，或有纔投文狀即先團奏，遂致積聚人數不少。自同光二年二月後至今年十月已前，共計二百一下人未曾團奏。今臣點檢，除有礙格條、一官併補兩人三人，并使祖蔭者落下外，猶有一百七十餘人。人數既多，虛謬不少。若取年深者團奏，終成積滯。今欲限一月內，並須正身將已前所受補牒，到當司磨勘後，委是正身及是嫡子，年顏人材不謬者，團甲引過中書門下引驗後，一齊申奏。

一、合使蔭官，請自今後若遇改官，須是轉品，即許更補一人。明言是長子、次子，仍須不得過三人。其所補齋郎，五品已上蔭太廟齋郎，六品蔭郊社齋郎，仍須是嫡子。以姪繼院者，即初補時狀內，言某無子，今以姪某繼院爲子使蔭。

一、應補齋郎等，祇憑都省發狀，便給補牒。請自今後，須得正身齎狀到當司比試呈驗。除三省官外，並引驗告敕，及取保任官狀，委是親子，即給補牒。每年旋於八月上旬，具狀解送赴南曹。仍團奏時，別具子細三代鄉貫，使官蔭狀，齎赴中書門下引驗，候無差謬，即得團甲申奏。

仍每年祇限團甲奏，一年一甲三十人，以爲常式。

一、按《六典》，所補齋郎，並試兩小經，取粗通文義者充。奏補之後，非久爲官，若不達經書，則難通吏理。請自今後，齋郎所投文字狀，並須親書，仍須念得十卷書者，即得補奏。

一、使父皇任官蔭者，並須將前任告敕呈驗，仍取在朝三員清資官充保，及移牒所曾任官臺、省、寺、監，勘有此官及年月日同否，委無虛謬，即得補奏。仍准千牛、進馬例，不得過十年。其所使祖皇任官蔭者，年月深遠，難知子細，今後請不許補奏。從之。

長興二年十月敕：應千牛、進馬、齋郎，遇有員缺，據資蔭合得者，先受官者先與收補，後受官者據月日次第施行。如或徇私，公然越次，本人及官吏當行責罰，仍令御史臺常加察訪。

周廣順元年八月，吏部南曹先爲去年冬集選人年滿，室長季浦、張宗義爲奏補不依年限駁放後，便值兵火，失墜補牒，優牒申中書門下取裁。欲判依選人失墜文書例，出給公憑。奉敕：宜令所司各出給失墜文書公憑，候參選日磨勘理本官選限外，仍各殿兩選。應乾祐元年已來及自今，如有齋郎奏補後，年限滿，合定冬集及改補室長時，有違格條不依年限者，違兩選；違二年，殿三選；二年已上，不在施行之限。

（宋）王溥《五代會要》卷一六《國子監》 〔後唐天成〕五年正月五日，國子監奏：當監舊例，初補監生有束脩錢二千，及第後光學錢一千。竊緣當監諸色舉人及第後，多不於監司出給光學文抄，及不納光學錢，祇守選限年滿，便赴南曹參選。南曹近年磨勘選人，並不收暨司光學文抄爲憑。請今後欲准往例，應諸色舉人及第後，並先于監司出給光學文抄，并納光學錢等，各自所業等第，以備當監逐年公使。奉敕：宜准往例，自今後凡補監生，須令情願於監中修學，則得給牒收補，仍據所業次第，逐季考試申奏。如收補年深，未聞藝業，虛沾補牒，不赴試期，亦委監司具姓名申奏。

清泰三年五月敕：國子監每歲舉人，皆自遠方來集，不詢解送，何辨是非？其附監舉人，並准去年八月一日敕，須取本處文解。如不及第者，次年便許監司解送。若初投名，未曾本處取解者，初舉落第後，監司勿便收補。其淮南、江南、黔、蜀遠人，不拘此例。

周顯德元年十一月敕：國子監所解送廣順三年已前監生人數，宜令禮部貢院收納文解。其今年內新收補監生，並仰落下。今第須是監中受業，方得准令式收補解送。近年有諸州府不得解舉人，即投監請補。

（宋）王溥《五代會要》卷一七《雜録》 周顯德三年十月敕：應諸司寺監，今後收補職役人等，並須人材俊敏，身言可採，書札分明，履行清謹。勒本司關送吏部，引驗人材，校考筆札。其中選者，具引驗可否，連所試書迹，并本州府不係色役迴文，及正身引送中書後，吏部具夾名聞奏。候敕下，勒本司收補，餘依前後格敕處分。每年祇得一度奏補。其諸司寺監舊額人數，仍令所司量公事繁省，於未奏補人數內酌詳增損，別爲定額。

（宋）王溥《五代會要》卷二〇《簿尉》 後唐長興四年五月敕：諸道馬步判官，不得差攝官。如闕人，須於前資正官判司簿尉中，選性行平允者補授。

紀事

（唐）白居易《白氏長慶集》卷四八《中書制誥・辛丘度可工部員外郎，李石可左補闕，李仍叔可右補闕，三人同制》 勅：朝散大夫、右補闕、內供奉、飛騎尉辛丘度等：朕詔丞相，求方略忠讜之士，置於左右，而播等以石暨仍叔應詔。言其爲人厚實謇直，嘗以文行謀畫，〔從〕容於幕府之間，臨事敢言，當官能守，可使束帶，同升諸朝。又言丘度介潔靜專，不交勢利，宜加推獎，以勸其徒。況久次者轉遷，後來者登進，皆適所用，平章可之。可依前件。

（唐）白居易《白氏長慶集》卷四八《中書制誥・海州刺史王元輔加中丞制》 勅：海州刺史王元輔：漢制二千石有政績者，就中加命秩，不即改移，蓋欲使吏久於官，而人安於化也。今元輔爲郡，頗有理名，廉使上聞，奏課居最，宜加中憲，旌而寵焉。庶使與君共理者，聞而知勸。可兼御史中丞。

（唐）白居易《白氏長慶集》卷四八《中書制誥・韋覬可給事中，庾敬休可兵部郎中、知制誥，同制》 勅：職之要莫先乎駁正，文之選莫難於司言，將使朝綱有條，朕命惟允，在二者得人而已。中大夫、使持節蘇州諸軍事、守蘇州刺史、上騎都尉韋覬，精微專直，通乎事典，可使平奏議而坐左曹。朝散大夫守尚書禮部郎中、上柱國庾敬休，温裕端明，飾以辭藻，可使書誥命而專右席。而輪轅鑿枘，各適所宜。夫惟刺史守列城，郎官應列宿，選任倚注，非不榮重，然吾左右前後，方求正人，如覬、敬休，不宜疏遠，亦猶有聲之玉，無纇之珠，不置於珮服掌握之間，皆非其所也。宜自敬謹，無忝吾言。覬可行給事中，散官、勳如故；敬休可尚兵部郎中、知制誥，散官、勳如故。

（唐）白居易《白氏長慶集》卷五〇《中書制誥・韋綬從右丞授禮部尚書，薛放從工部侍郎授刑部侍郎，丁公著從給事中授工部侍郎，三人同制》 勅：尚書右丞韋綬等：朕在東宫時，先皇帝垂慈聖之德，念予沖蒙，選端士通儒，使講貫今古。自禮樂刑政暨君臣父子之道，博我約我，日就月將，俾予今不至牆面，克何丕訓，大揚耿光，實綬、放、公著之力也。故朕嗣位未逾時月，或自郡邸，或自省署，徵擢寵用，爲丞郎給事。官雖超拜，職亦俱舉。師道光而心愈讓，人爵貴而心益恭，宜更褒升，重酬輔導。以綬精粹辯博，有先儒之風，可作秩宗；以放端明慎重，行君子之道，可居憲部；以公著檢敬規度，得有司之體，可貳冬官。於戲，貞百工，平五刑，典三禮，皆重任清秩，予無愛焉。蓋欲表三子道不虚行，而明予一人德無不報也。綬可禮部尚書，放可刑部侍郎，公著可工部侍郎，餘並如故。

（唐）白居易《白氏長慶集》卷五一《中書制誥・李演除左衛上將軍制》 勅：王者法勾陳，設環列，非勳勤之將，信近之臣，則何以久張爪牙，轉致肘腋者也。某官李演，常從德宗皇帝南蒐於梁，籍名功臣，謂之定難。洎出分戎律，入拱宸居，内外周旋，不懈於位，交戟之下，周廬肅然。今之轉遷，示益親信，移領左廣，仍參夏卿。夫八屯之警巡，七萃之勤惰，爾爲其正，盡得察之，宜惜前勞，無隳乃力。可依前件。

（唐）白居易《白氏長慶集》卷五一《中書制誥・西川大將賀若岑等一十二人授御史中丞、殿中、監察及諸州司馬，同制》 勅：丞相鎮蜀，志在憂邊，俾静蕃蠻，實資將校，故加寵任，以責成功。某官某等若干人，類例勳勞，進登班秩。憲官名重，郡佐禄優，參以命之，足爲榮奬。爾宜恭承主帥，慎守封疆，戮力一心，無落戎事。可依前件。

（唐）白居易《白氏長慶集》卷五一《中書制誥・衢州刺史鄭羣可庫部郎中，齊州刺史張士階可祠部郎中，同制》 勅：某官鄭羣等：今之正郎，班望頗重，中外要職，多繇是選。故其所選不得不慎，必循名實，而後命之。羣與士階，久典名郡，謹身化下，有循吏之風。會課陟明，宜當是選。國之大事，在祀與戎，一掌祠曹，一司武庫，各領其要，爾宜敬之。羣可庫部郎中，士階可祠部郎中。

（唐）白居易《白氏長慶集》卷五一《中書制誥・柳經、李褒並泗州判官制》 勅：徵事郎前河南縣尉柳經、儒林郎試太子通事舍人李褒等：瀕淮列城，泗州爲要，控轉輸之路，屯式遏之師。故府有寮，軍有倅，選擇補署，得聞於朝廷。而經等皆有所長，宜當是選，守臣置奏，因而可之。仍加秩命，用示優寵。經可監察御史、充泗州團練副使，散官如故；褒可試太常寺協律郎、充武寧軍節度泗州兵馬留後判官，仍改名銜，散官、勳如故。

《舊唐書》卷七七《楊纂傳》 弘武少修謹，武德初，拜左千牛備身。永徽中，爲吏部郎中。孝敬初爲皇太子，精擇僚寀，以弘武爲中舍人。麟德中，將有事於東岳，弘武自荆州司馬擢拜司戎少常伯。從駕還，高宗特令弘武補授吏部選人五品已上官，由是漸見親委。后母榮國夫人楊氏以與弘武同宗，又稱薦之，俄遷西臺侍郎。乾封二年，與戴至德、李安期等同東西臺三品。及在政事，頗以清簡見稱。總章元年，卒于官，贈汴州刺史，謚曰恭。

《舊五代史》卷三九《唐書・明宗紀》 〔天成三年十一月〕庚寅，禮部員外郎和凝奏：應補齋郎並須引驗正身，以防僞濫。舊例，使蔭一任官補一人，今後改官須轉品即可，如無子，許以親姪繼限，念書十卷，試可則補。從之。

考績分部

論説

（唐）陸贄《翰苑集》卷二二《中書奏議·均節賦税恤百姓第三條論長吏以增户加税、闢田為課績》 夫欲施教化，立度程，必先域人，使之地著。古之王者，設井田之法，以安其業；立五宗之制，以綴其恩。猶懼其未也，又教之族墳墓，敬桑梓，將以固人之志，定人之居，俾皆重遷，然可爲理。厥後又督之以出鄉遊墮之禁，糾之以版圖比閲之方，雖訓導漸微，而檢制猶密，歷代因襲，以爲彝章，其理也必謹於隄防，其亂也必慢於經界。斯道崇替，與時興衰。人主失之，則不可御寰區；守長失之，則不可釐郡邑。理人之要，莫急於兹。頃因兵興，典制弛廢，户板之紀綱罔緝，土斷之條約不明，恣人浮流，莫克禁止。縱之則湊集，整之則驚離，恒懷倖心，靡固本業。是以賦税不一，教令不行，長人者又罕能推忠，恕易地之情，體至公徇國之意。迭行小惠，競誘姦甿，以傾奪鄰境爲智能，以招萃逋逃爲理化。捨彼適此者，既爲新收而獲宥；倏忽往來者，又以復業而見優。唯懷土安居，首末不遷者，則使之日重，斂之日加，是令地著之人，恒代惰游服役，則何異驅之轉徙，教之澆訛。此由牧宰不克弘通，各私所部之過也。及夫廉使奏課，會府考功，但守常規，不稽時變。其所以爲長吏之能者，大約在於四科：一曰户口增加，二曰田野墾闢，三曰税錢長數，四曰徵辦先期。此四者，誠吏職之所崇，然立法齊人，久無不弊。法之所沮，則人飾巧而苟避其網；法之所勸，則人興僞以曲附其文。理之者若不知維御損益之宜，則巧僞萌生，恒因沮勸而滋矣。

夫課吏之法，所貴户口增加者，豈不以撫字得所，人益阜蕃乎？今或詭情以誘其姦浮，苛法以析其親族，苟益户數，務登賞條。所誘者將議薄征，已遽驚散；所析者不勝重税，又漸流亡。州縣破傷，多起於此。長吏相效以爲績，安忍莫懲；齊人相扇以成風，規避轉甚。不究實而務增户口，有如是之病焉。所貴田野墾闢者，豈不以訓導有術，人皆樂業乎？今或牽率黎烝，播植荒廢，約以年限，免其地租。苟農夫不增，而墾田欲廣，新畝雖闢，舊畬反蕪。人利免租，頗亦從令，年限纔滿，復爲汙萊，有益煩勞，無增稼穡。不度力而務闢田野，有如是之病焉。所貴税錢長數者，豈不以既庶而富，人可加賦乎？今或重困疲羸，力求附益，捶骨瀝髓，隳家取財，苟媚聚斂之司，以爲仕進之路，不恤人而務長税數，有如是之病焉。所貴徵辦先期者，豈不以物力優贍，人皆樂輸乎？今或肆毒作威，殘人逞欲，事有常限，因而促之，不量時宜，唯尚強濟，絲不容織，粟不暇舂，矧伊貧虚，能不奔迸，不恕物而務先徵辦，有如是之病焉。然則引人逋逃，蹙人艱窘，唯兹四病，亦有助焉。此由考覈不切事情，而泛循舊轍之過也。

且夫户口增加，田野墾闢，税錢長數，徵辦先期，若不以實事驗之，則真僞莫得而辨，將驗之以實，則租賦須加。所加既出於人，固有受其損者，此州若增客户，彼郡必減居人，增處邀賞，而税數有加，減處懼罪，而税數不降。倘國家所設考課之法，必欲崇於聚斂，則如斯可矣，將有意乎富俗而務理，豈不刺謬歟？當今之要，在於厚人而薄財，損上以益下。下苟利矣，上必安焉，則少損者，所以招大益也。人既厚矣，財必贍焉，則暫薄者，所以成永厚也。臣愚謂宜申命有司，詳定考績，往貴於加者，今務於減焉。假如一州之中，所税舊有定額，凡管幾許百姓，復作幾等差科，每等有若干户人，每户出若干税物，各令條舉，都數年別一申使司，使司詳覆有憑，然後録報户部。若當管之内，人益阜殷，所定税額有餘，任其據户均減，率計減數多少，以爲考課等差。其當管税物通比校，每户十分減三分者爲上課，十分減二分者次焉，十分減一分者又次焉。如或人多流亡，加税見户，比校殿罰，法亦如之。其百姓所出田租，則各以去年應輸之數，便爲定額，每歲據徵，更不勘責檢巡。增闢者勿益其租，廢耕者不降其數，足以誘導墾植，且免妨奪農功，事簡體弘，人必悦勸。每至定户之際，但據雜產校量，田既自有恒租，不宜更入兩税。如此，則吏無苟且，俗變澆浮，不督課而人自樂耕，不防閑而眾皆安土。斯亦當今富人固本之要術，在陛下舉而行之。

（唐）杜佑《通典》卷一五《選舉·考績》 左監門録事參軍劉秩論曰：昔周公使伯禽理魯，三年而後報政。周公曰：何遲？伯禽曰：變其禮，易其俗，難，所以遲。太公理於齊，三月而後報政。周公曰：何疾？曰：因其俗，簡其禮，易，所以速。故孔子論之曰：齊一變至於魯，魯一變至於道。由是而言，勞不甚者理不極，功不積者澤不深。故堯舜三年而考，三考而黜陟，所以能盡其智術也。近古人情敦厖，未淳乎堯舜；禮正樂和，未愈於虞夏；官賢吏能，未稱於殷周。或一年而考，或四考黜陟，或比年而巡狩，或歲時便遷，或旬月升擢令長。今日既上，明日部内有犯名義者即坐之，不其速歟？

（唐）白居易《白氏長慶集》卷六三《策林·請行賞罰以勸舉賢》 問：頃者累下詔旨，令舉所知，獻其狀，莫匪賢能，授以官罕聞政績。將人不易知耶？將容易其舉耶？

臣伏見頃者德宗皇帝頒下詔旨，令舉所知，自是内外百寮歲有聞薦，有司各詳其狀，咸命以官，語其數誠得多士之名，考其才或非盡善之實。何則？得賢由舉擇慎審，慎審由賞罰必行。自十年以來，未聞有司以得所舉賞一人，以失所舉罪一人。則内外之薦，恐未專精，出處之賢，或有違濫，斯所以令陛下尚有未得賢之歎也。伏惟申命所舉，深詔有司，量其短長之材，授以大小之職，然後明察臧否，精考殿最，得人者行進賢之賞，謬舉者坐不當之辜。自然上下精詳，遠近懲勸，謹關梁以相保，責輗輪以相求。俾夫草靡風行，達於上下，天下之耳，盡爲陛下聽，天下之目，盡爲陛下視。明其視則舉不失德，廣其聽則野無遺賢，而後官得其才，事得其序。如此則陛下但凝神端拱，而天下理矣。

（唐）白居易《白氏長慶集》卷六三《策林·牧宰考課，議殿最未精又政不由己》 問：今者勤卹黎元之隱，精求牧宰之才，亦既得人，使之爲政，何以撫字之方尚未副我精求之旨，疲困之俗尚未知我勤卹之心？豈才未稱官？將人不求理？備陳其故，以革其非。

臣聞王者之設庶官，無非共理者也。然則庶官之理同歸，而牧宰之用爲急。蓋以邦之賦役，由之而後均；王之風教，由之而後行，人之性命繫焉，國之安危屬焉。故與夫庶官之寄，輕重不可齊致也。臣伏見陛下勤卹黎元之心至矣，慎擇牧宰之旨深矣，然而黎元之理尚未副陛下勤卹之心，牧宰之政尚未稱陛下慎擇之旨。非人不求理，非才不稱官，以臣所窺，粗知其由矣。臣聞：賢者爲善，不待勸矣。何哉？性不忍爲惡耳。愚者爲不善，雖勸而不遷也。何哉？性不能爲善耳。賢愚之間，謂之中人，中人之心，可上可下，勸之則遷於善，捨之則陷於惡。故曰懲勸之廢也，推中人而墜於小人之域；懲勸之行也，引中人而納諸君子之塗。是知勸沮之道，不可一日無也。況天下牧宰中人者，多去惡遷善，皆得勸沮。伏以方今殿最之法甚備，黜陟之令甚明，然則就備之中，察之者未甚精也，就明之中，奉之者未甚行也。未甚精，則臧否同貫，未甚行，則善惡齊驅。雖有和璞之貞，不能識也；雖有齊竽之濫，何由知之？如此，則豈獨利淫，亦將失善。善苟未勸，淫或未懲，欲望副陛下勤卹之心，稱陛下慎擇之旨，或恐難矣。臣又請以古事驗之。臣聞唐虞之際也，敷求俊乂，而四凶見用，及三考黜陟，而四罪乃彰。則知雖至明也，尚或迷真僞之徒；雖至聖也，不能去考察之法。故其法張則變曲爲直，如蓬生於麻也；其法弛則變香爲臭，使蘭化爲艾也。且聖人之爲理，豈盡得賢而用之乎，豈盡知不肖而去之乎？將在夫秉其樞，操其要，剗邪爲正，削觚爲圓，能使善之必遷，不謂善之盡有，能使惡之必改，不謂惡之盡無。成此功者無他，懲勸之所致也。則考課之法，其可輕乎？臣又見當今牧宰之内，甚有良能，委之理人，亦足成政。所未至者，又有其由。臣聞牧宰，古者五等之國也，於人有父母之道焉，於吏有君臣之道焉，所宜弛張舉措由其心，威福賞罰懸於手，然後能鎮其俗，移其風也。今縣宰之權，受制於州牧，州牧之政，取則於使司，迭相拘持，不敢專達，雖有政術，何由施行？況又力役之限，賦斂之期，以用之費省爲求，不以人之貧富爲度，以上之緩急爲節，不以下之勞逸爲程，縣畏於州，州畏於使，雖有仁惠，何由撫綏？此猶束舟楫而望濟川，絆騏驥而求致遠，臣恐龔黄卓魯復生於今日，亦不能爲理矣。

（宋）王欽若等《册府元龜》卷六三六《銓選部·考課》 〔大中〕六年七月考功奏：近年諸州府及百司官長所書考第，寮屬並不得知，昇黜之間，莫辨當否。自今以後，書考後但請勒各牒於本司本州，懸於本司本州之門三日。其外縣官則當日下縣，如有昇黜不當，便任敷陳。其考第須便改正，然後申省。如勘覆之後，事無乖謬，則論告之人，亦必懲殿。

又准《考課令》：凡官人申考狀，不得過兩紙。刺史縣令，至於賦稅畢集，判斷不滯，户口無逃散，田畝守常額，差科均平，廨宇修飾，館驛如法，道路開通。如此之類，皆是尋常職分，不合計課。自今已後，但云所勾當常行公事，並無敗闕，即得准職分無失。及開田招户、辨獄雪寃，及新制置之事，則任録其事繇申上，亦須簡要，不得繁多。又近年以來，刺史皆自録課績申省，矜衒者則張皇其事，謙退者則緘然不言。自今以後，其巡內刺史，請並委本道觀察使定其考第，然後録申本州，不得自録課績申省。又州府申官人覆得寃獄書殊考者，其元推官人多不懲殿，或云書下考，至時又不提舉。請自今以後，書辨獄官人殊考日，便須書元推官下考。如元推官自以爲屈，任經廉使及臺省陳論。其官人先有殿犯，官長斷云至書考日與下考者，如至時不舉，其本州判官當書下考。其所申到下考，省司校其所犯，如與令式相符，便校定申奏。至勑下後，並須各牒州府。又近日諸州府所申令録課績，至兩考三考以後，並須重具從前功課申省，以冀褒昇。省司或簡勘不精，便可僥倖。自今以後，不得輒更具從前功績申上。又近日諸州府所申考解，皆不指言善最，或漫稱考秩，或廣説門資，既恥令文，實爲繁弊。自今以後，如有此色，並請准令降其考第。

又准《考課令》在中上以上，每進一等，加禄一季，中中者守本禄，中下以上，每退一等，奪禄一季，准令以此懲勸，事在必行。近年以來，與奪幾廢。或有申請之處，則言無本色可支，徒挂簿書，竟無給與。今案《倉庫令》，支給糧禄，皆以當處正倉充；無倉之處則申省，隨近有處支給；又無者聽以税物及和糴屯收等物充。令式昭然，不合隳廢。自今以後，每省司校考畢，符牒到州後，仰當時便具昇降與奪事繇申請。如違令式不舉明者，其所繇官請奪俸禄一季。其已去任官追奪禄事，並請准令式處分。

又准《考課令》官人因加户內及勸田農，並緣餘功進考者，於後事若不實，縱經恩宥，其考皆從追改。追改之事，近皆不行。自今以後，並請准令式處分。其因此得官者，仍請追奪。又諸道所申考解，從前十月二十五日到都省，都省開拆，郎官押尾後，至十一月末方到本司。開拆多時，情故可見。自今以後，伏請准南曹及禮部舉選解例，直送當司開拆。又從前以來，應得考之人，並給考牒，以爲憑據。近年考使容易，給牒不一或一人考牒，數處請給；或數年之後，方始請來。自今以後，校考勑下，其得殊考及上考人，省司便據人數，一時與修寫考牒，請准吏部告身及禮部春官牒，每人各出錢收贖。其得殊考者出一千文，上考者出五百文。其錢便充寫考牒紙筆雜用。以前件事條等，或出於令文，或附以近勑，酌情揣事，不至乖張。謹並條例進上，伏乞宣付中書門下，請更參詳。苟俾至公，乞賜收采。仍請三年一度，准舉選格例修定頒下。

勑：考功所條流校考功事，頗爲詳悉，唯一件難便允從。近日俗尚矜能，人少廉恥，若榜門許其論告，則自此必長紛爭。當否之閒，固有公議。其一件宜落下，餘依奏。

（宋）王欽若等《册府元龜》卷四七五《臺省部・奏議》 後唐盧文紀爲吏部侍郎，天成元年十月丙戌奏：一人御宇，百職交修，則四時無水旱之災，萬國有樂康之詠。頃屬中原多事，三紀不寧，廉平因此而蔑聞，賞罰繇兹而失序。所以梟鸞並起，駘驥難分。有援助者，至濫必容。守孤貞者，雖賢莫進。遂使居官僶俛，奉職因循。唯思避事以偷安，罔效輔時而濟物。伏惟皇帝陛下削平九有，收復八紘，承乾興萬代之基，出震應千年之運。櫛沐風雨，手足胼胝，勤勞大集於聖功，華夏畢歸於睿略。雖遠柔邇伏，咸知臨照之鴻恩，而旰食宵衣，尚念生靈久困。累頒綸綍，典訪芻蕘。恐天災之流行，因皇風之擁隔。臣不揆庸短，輒冒宸聰。臣請告諭內外文武臣寮，凡守一官，責其舉職，公清奉上，勤恪爲心。每歲秋冬，明定考較，將相則希回御筆，班行則悉委司存。外則州牧縣寮，具以真虚比較，儻聞共推異績，便宜特示甄酬。如其衆謂曠官，固可明行黜責。所冀免懷竊位，俱效竭誠。上則輔佐於大君，下則精專於庶務。高卑不濫，功過無私，官既清廉，則民無愁歎，勸課之方得所，則生靈之賦樂輸。故可以進賢良，退不肖，安生聚，見倉箱。使和氣遠孚，德澤廣被。顧惟穹昊，必降休祥，永致太平，竚期混一。臣叨逢明聖，謬列班行。既奉德音，合申所見。

疏下，中書宰臣奏曰：盧文紀踐履清華，昭彰問望，行已每聞於端愨，操心動絶於阿私。以爲將聳效官，莫先較考，欲明書於殿最，冀顯示於勸懲。況將相兩途，尤爲重委，慮無報國，最要聞天。欲迂宸毫，親書常課，誠有塵於聖德，亦是責以佐君，直道不欺，忠規可尚。至於所陳黜陟，並叶規繩。以此責成，庶求良吏，事無疑礙，理可施行。從之。

（宋）王欽若等《册府元龜》卷四七六《臺省部·奏議》 趙遠少帝時爲刑部侍郎，開運二年奏：臣伏覩長興四年五月二十三日勅：州縣官在任日，有覆推刑獄公事，雪得冤獄，活人性命者，准長興元年二月二十一日南郊赦書節文，便許非時參選，特與超資注官，仍賜章服者。宜令諸道州府，凡有雪活冤獄州縣官等，依元勅點簡，給付公憑。本官自齎赴刑部投狀，委刑部據狀追取本道雪活公案參驗。如事理合得元勅，便仰給付優牒。此蓋道弘激勸，務絶罔欺。在酬獎以甚優，期刑殺而無濫。臣詳元勅，只言州縣官員所許加恩，未該内外職掌。臣又詳前後請給優牒人等文案，若繫雪冤屈，本道尋合奏，開例過五年十月，本人方來論請，須卻尋追文案，勞擾公方，於事難明，於理未當。伏惟皇帝陛下體堯仁而御寓，敷舜德以臨民。大闡化條，克脩刑政。旁詢闕典，用整弘綱。功必賞而罪必誅，善者進而能者勸。起今後，但能雪活冤獄，不限在朝職司，亦乞量加旌賞。應關諸道州縣官員，雪活冤獄不虚，委逐處長吏抄略指實案節，先具奏聞。所付本人憑由，官滿到京，便於刑部投狀，不得隔越年歲，方可論訴功勞。庶内外以皆同，使期程而有守。廣亭毒好生之道，盡高低察獄之明者。

（宋）王欽若等《册府元龜》卷六三二《銓選部·條制》 〔天成三年〕七月中書舍人盧詹上言曰：一同分土，五等命官。所以字彼黎民，司其輿賦。至於田徂桑税，夏斂秋徵，或旨限不愆，或簡量增羡。殊非異政，乃是常程。竊見諸州頻奏縣令，多以税輸辦集，便作功勞。諸道纔有表章，朝廷已行恩命。且徵科是縣令之職分，不過合望於甄酬。若一年兩度轉遷，則三載六升陛級，并加寵渥，慮失規程。伏乞止絶薦論，但稽課最，即銓司黜陟，自有等差。貴塞倖門，以循舊制。

（宋）王欽若等《册府元龜》卷六三六《銓選部·考課》 顯德五年閏七月尚書考功奏：奉新勅，起今年正月一日後，授官並以三周年爲月限，閏月不在其内者，當司所書校内外六品下赴選官員考第。今後以一周年校成一考，如欠日不在計限。滿三周年校成三考，如考滿後未有替人，在任更一周年，與成第四考。如欠日不在計限，兼逐年須具到任年月日。自上以來，課績功過，第二考須具經考後課績，不得重疊計功。其未考須具得替年月日，比類升降。自今年正月一日已前授官到任者，欲准格例三十個月書校三考。今年正月一日後來授官到任者，准新勅三周年爲月限，每一周年書校一考，閏月不在其内。所有諸道州府校考申發考帳及當司校奏，各依前後格勅施行。應諸司諸色流内出身人等，准格並須待附申考。

近年不經奏考，便至參選，頗啓倖門。應在司見役人等，自今後逐年起六月初一日後，正身於所司投狀，請申校勞考。省司據狀，卻牒本司勘會，補奏年月日勅、甲頭、姓名、見掌案分公事，牒報省司。將元狀檢勘同，即與准例申校。仍自此後須逐年九月以前校奏了畢，不在更與隔年併書之限。其考牒本無綾紙書寫勅例，今後每年奏下，逐人給省牒一紙，使大張紙書，不在使綾紙及併年都給限。據省校勅之日，有公事在外差出不虚，即本司雜事，須具在職功過，及出外事繇，牒報考功，不得有妨逐年書校。如不與申牒，其雜事令史量情科決，仍殿一選。如無故自不經省投狀請奏校，不在論訴之限者，當司緣新勅促期限。慮恐校考遲違，今後應合校考人，請起自五月一日，正身投狀，限十日畢，至七月三十日以前校奏了畢，餘依元格施行。

（明）丘濬《大學衍義補》卷一一《治國平天下之要·正百官·嚴考課之法》 唐考功之法，考功郎中、員外郎各一人，掌文武百官功過善惡之考法。凡百司之長，歲較其屬功過，差以九等，大合衆而讀之。流内之官叙以四善，一曰德義有聞，二曰清慎明著，三曰公平可稱，四曰恪勤匪懈。自近侍至于鎮防有二十七最。一曰獻可替否，拾遺補闕，為近侍之最。二曰銓衡人物，擢進才良，為選司之最。三曰揚清激濁，褒貶必當，為考較之最。四曰禮制儀式，動合經典，為禮官之最。五曰音律克諧，不失節奏，為樂官之最。六曰決斷不滯，予奪合理，為判事之最。七曰部統有方，警備無失，為宿衛之最。八曰兵士調習，戎裝充備，為督領之最。九曰推鞫得情，處斷平允，為法官之最。十曰讐較精審，明於利害，為較正之最。十一曰承旨敷奏，吐納明敏，為宣納之最。十二曰訓道導有方，生徒充業，為學官之最。十三曰賞罰嚴明，攻戰必勝，為軍將之最。十四曰禮義德行，肅清所部，為政教之最。十五曰詳禄典正，詞理兼舉，為文史之最。十六曰訪察精審，彈舉必當，為糾正之最。十七曰明於勘覆，稽失無隱，為勾簡之最。十八曰職事脩理，供承彊濟，為監掌之最。十九曰功課皆充，丁匠無怨，為役使之最。二十曰耕耨以時，收穫成課，為屯官之最。二十一曰謹於盖藏，明於出納，為倉庫之最。

二十二曰推步盈虛，究理精密，為歷官之最。二十三曰占候醫卜，效驗多著，為方術之最。二十四曰簡察有方，行旅無壅，為關津之最。二十五曰市廛弗擾，姦濫不行，為市司之最。二十六曰牧養肥碩，蕃息滋多，為牧官之最。二十七曰邊境清肅，城隍脩理，為鎮防之最。一最四善為上上，一最三善為上中，一最二善為上下；無最而有二善為中上，無最而有一善為中中，職事粗理，善最不聞為中下；愛憎任情，處斷乖理為下上，背公向私，職務廢闕為下中，居官諂詐，貪濁有狀為下下，此所謂九等也。凡定考皆集於尚書省唱第，然後奏。

臣按：唐考課之法，凡百司之長歲較其屬功過，差以九等，則是以每歲而考之，亦非有虞三載三考之制。然以後世考課之法較之，猶有可取者焉，以其詳於善，而略於最也。蓋善以著其德行，最以著其才術，以善與最相為乘除，分為九等以考中外官。上者加階，其次進禄，其下奪禄，又在下解任，亦庶幾古人黜陟之微意也歟。

綜述

《隋書》卷二《高祖紀》〔開皇十五年十二月〕己丑，詔文武官以四考交代。

《隋書》卷三《煬帝紀》〔大業二年秋七月〕庚申，制百官不得計考增級，必有德行功能，灼然顯著者，擢之。

《隋書》卷三《煬帝紀》〔大業五年正月〕己丑，制民間鐵叉、搭鉤、穳刃之類，皆禁絶之。太守每歲密上屬官景迹。

《北史》卷一一《隋本紀》〔開皇六年二月〕丙戌，制刺史上佐，每歲暮，更入朝上考課。丁亥，發丁男十一萬修築長城，二旬而罷。

（唐）長孫無忌《唐律疏議》卷九《職制・貢舉非其人》 若考校、課試而不以實及選官乖於舉狀，以故不稱職者，減一等。負殿應附而不附，及不應附而附，致考有陞降者，罪亦同。

疏議曰：考校，謂內外文武官寮年終應考校功過者。其課試，謂貢舉之人藝業伎能，依令課試有數。若其官司考、試不以實及選官乖於所舉本狀，以故不稱職者，謂不習典憲，任以法官；明練經史，授之武職之類：各減貢舉非其人罪一等。負殿應附不附者，依令：私坐每一斤爲一負，公罪二斤爲一負，各十負爲一殿。校考之日，負殿皆悉附狀，若故違不附；及不應附而附者，謂蒙別敕放免，或經恩降，公私負殿並不在附限，若犯免官以上及贓賄入己，恩前獄成，仍附景跡，除此等罪，並不合附而故附：致使考校有陞降者，得罪亦同，謂與考校、課試不實罪同，亦減貢舉非其人罪一等。

（唐）杜佑《通典》卷一五《選舉・考績》 大唐考課之法，有德義清慎、公平恪勤各一善，自近侍至於鎮防，並據職事目爲之最，凡二十七焉。一最以上，有四善，爲上上；一最以上，有三善，或無最而有四善，爲上中；一最以上，有二善，或無最而有三善，爲上下；一最以上，有一善，或無最而有二善，爲中上；一最以上，或無最而有一善，爲中中；職事麤理，善最弗聞，爲中下；愛憎任情，處斷乖理，爲下上；背公向私，職務廢闕，爲下中；居官諂詐及貪濁有狀，爲下下。若於善最之外別有可嘉尚，及罪雖成殿而情狀可矜，或雖不成殿而情狀可責者，省校之日，皆聽考官臨事量定。諸州縣官人，撫育有方，户口增益者，各準見户爲十分論，每加一分，刺史、縣令各進考一等。增户口，謂課丁，率一丁同一户法。增不課口者，每五口同一丁例。其有破除者，得相折。其州户口不滿五千，縣户不滿五百者，各準五千五百户法爲分。若撫養乖方，户口減損者，各準增户法，亦每減一分降一等。課及不課，並準上文。其勸課農田能使豐殖者，亦準見地爲十分論，每加二分，各進考一等。此謂永業、口分之外，別能墾起公私荒田者。其有不加勸課以致減損者，謂永業、口分之內有荒廢者。每損一分，降考一等。若數處有功，並應進考者，並聽累加。

貞觀六年，監察御史馬周上疏曰：今流內九品以上，有九等考第，自比年不過中上，未有得上下以上考者。臣謂所設九等，正考當今之官，必不施之於異代也。縱使朝廷實無好人，猶應於見在之內，比校其尤善者，以爲上第，豈容皇朝士人遂無堪上下之考。朝廷獨知貶一惡人可以懲惡，不知褒一善人足以勸善。臣謂宜每年選天下政術尤最者一二人爲上上，其次爲上中，其次爲上下。則中人以上，可以自勸矣。

神龍中，御史中丞盧懷慎上疏曰：臣聞孔子曰：爲邦百年，可以勝殘去殺。又曰：苟有用我者，期月而已，三年有成。故《書》云三載考績，校其功也。子產，賢者也。其爲政尚累年而化成，況其常材乎？竊見比來州縣官佐，下車布政，有多者一二年，少者三五月，遽即遷除，不論課考。或歷時未改，便傾耳而聽，企踵而覩，争求冒進，不顧廉恥，亦何暇宣風布化、求瘼恤人哉。户口流散，百姓凋弊，職爲此也。何則？人知吏之不久，則不從其吏；吏知遷之不遥，又不盡其能。偷安苟且，脂韋而已。又古之爲吏者長子孫，倉氏、庾氏即其後也。臣請都督、刺史、上佐、兩畿縣令等，在任未經四考，不許遷除。察其課效尤異，或錫以車裘，或就加禄秩，或降使臨問，并璽書慰勉。若公卿有闕，則擢以勸能。政績無聞，抵犯貪暴者，放歸田里，以明賞罰。致理救弊，莫過於此。【略】

開元二十五年十二月，命諸道采訪使考課官人善績，三年一奏，永爲常式。至二十七年二月，赦文：三載考績，黜陟幽明，允叶大猷，以勸天下。比來諸道所通善狀，但優仕進之輩，與爲選調之資，責實循名，或乖古義。自今以後，諸道使更不須通善狀。每至三年，朕自擇使臣，觀察風俗，有清白政理著聞者，當别擢用之。

《舊唐書》卷九《玄宗紀》〔天寶三載秋八月〕庚申，内外文武官六品已下自今已後，赴任之後，計載終滿二百日已上，許其成考。

《舊唐書》卷一二《德宗紀》〔大曆十四年〕六月己亥朔，御丹鳳樓，大赦天下，罪無輕重，咸赦除之。内外文武三品已上賜爵一級，四品已下加一階，致仕官同見任，百姓爲户者賜古爵一級。加李正己司徒、太子太傅，崔寧、李勉本官同平章事。天下進獻，事緣郊祀陵廟所須，依前勿闕，餘並停。諸州刺史上佐今後准式入計。諸州刺史、常參官，父在未有官，量與五品致仕官；父亡殁，與追贈。自至德已來别敕，或因人奏，或臨事頒行，差互不同，使人疑惑，中書門下與詳定官決，取堪久長行用者編入格條。

《舊唐書》卷一三《德宗紀》〔貞元六年十一月庚午〕今後刺史、縣令以四考爲限。【略】〔貞元九年〕秋七月乙未，敕縣令以四考爲限，無替者宜至五考。【略】〔貞元九年十一月〕甲辰，制以冬薦官，宜令尚書丞、郎於都堂訪以理術，試時務狀，考其通否及歷任考課事迹，定爲三等，并舉主姓名。仍令御史一人爲監試。如授官後政事能否，委御史臺、觀察使以聞，而殿最舉主。

《舊唐書》卷一五《憲宗紀》〔元和十二年秋七月〕乙酉，敕：今後左降官及責授正員官等，宜從到任經五考滿，許量移；如未滿五考遇恩赦者，從節文處分；如犯十惡大逆、贓賄緣坐，奏取進止。

《舊唐書》卷一八下《宣宗紀》大中元年春正月戊戌朔，宫苑使奏：皇帝致齋行事，内諸宫苑門共九十四所，並令鎖閉，鑰匙進内。候車駕還宫，則請領。從之。戊申，皇帝有事於郊廟，禮畢，御丹鳳門，大赦，改元，制條曰：古者郎官出宰，卿相治郡，所以重親人之官，急爲政之本。自澆風久扇，此道稍消，頡頏清途，便臻顯貴。治人之術，未嘗經心，欲使究百姓艱危，通天下利病，不可得也。爲政之始，思厚儒風，軒墀近臣，蓋備顧問，如其不知人疾苦，何以膺朕眷求？今後諫議大夫、給事中、中書舍人未曾任刺史、縣令，或在任有贓累者，宰臣不得擬議。守宰親人，職當撫字，三載考績，著在格言。貞元年中，屢下明詔，縣令五考，方得改移。近者因循，都不遵守，諸州或得三考，畿府罕及二年。以此字人，若爲成政？道塗郡吏有迎送之勞，鄉里庶民無蘇息之望。自今須滿三十六箇月，永爲常式。

《舊唐書》卷四三《職官志》考功郎中一員，從五品上。龍朔二年改爲司績大夫，咸亨初乃復。考功員外郎一員，從六品上。龍朔改爲司績員外郎，咸亨復。主事三人，從八品上。令史十三人，書令史二十五人，掌固四人。郎中、員外郎之職，掌内外文武官吏之考課。凡應考之官家，具録當年功過行能，本司及本州長官對衆讀，議其優劣，定爲九等考第，各於所由司準額校定，然後送省。内外文武官，量遠近以程之有差，附朝集使送簿至省。每年别敕定京官位望高者二人，其一人監京官考，一人校京官考。又定給事中、中書舍人各一人，其一人監京官考，一人監外官考。郎中判京官考，員外判外官考。其檢覆同者，皆以功過上使。京官則集應考之人對讀注定，外官對朝集使注定。凡考課之法，有四善：一曰德義有聞，二曰清慎明著，三曰公平可稱，四曰恪勤匪懈。善狀之外，有二十七最：其一曰獻可替否，拾遺補闕，爲近侍之最。其二曰銓衡人物，擢盡才良，爲選司之最。其三曰揚清激濁，褒貶必當，爲考校之最。其四曰禮制儀式，動合經典，爲禮官之最。其五曰音律克諧，不失節奏，爲樂官之最。

其六曰決斷不滯，與奪合理，爲判事之最。其七曰都統有方，警守無失，爲宿衛之最。其八曰兵士調習，戎裝充備，爲督領之最。其九曰推鞫得情，處斷平允，爲法官之最。其十曰讎校精審，明爲刊定，爲校正之最。其十一曰承旨敷奏，吐納明敏，爲宣納之最。其十二曰訓導有方，生徒充業，爲學官之最。其十三曰賞罰嚴明，攻戰必勝，爲將帥之最。其十四曰禮義興行，肅清所部，爲政教之最。其十五曰詳録典正，辭理兼舉，爲文史之最。其十六曰訪察精審，彈舉必當，爲糾正之最。其十七曰明於勘覆，稽失無隱，爲勾檢之最。其十八曰職事修理，供承強濟，爲監掌之最。其十九曰功課皆充，丁匠無怨，爲役使之最。其二十曰耕耨以時，收穫成課，爲屯官之最。其二十一曰謹於蓋藏，明於出納，爲倉庫之最。其二十二曰推步盈虚，究理精密，爲曆官之最。其二十三曰占候醫卜，効驗居多，爲方術之最。其二十四曰譏察有方，行旅無壅，爲關津之最。其二十五曰市廛不擾，姦濫不作，爲市司之最。其二十六曰牧養肥碩，蕃息孳多，爲牧官之最。其二十七曰邊境肅清，城隍修理，爲鎮防之最。一最以上，有四善，爲上上。一最以上，有三善，或無最而有四善，爲上中。一最以上，有二善，或無最而有三善，爲上下。一最以上，而有一善，或無最而有二善，爲中上。一最以上，或無最而有一善，爲中中。職事粗理，善最不聞，爲中下。愛憎任情，處斷乖理，爲下上。背公向私，職務廢闕，爲下中。居官諂詐，貪濁有狀，爲下下。若於善最之外，別可加尚，及罪雖成殿，情狀可矜，雖不成殿，而情狀可責者，省校之日，皆聽考官臨時量定。內外官從見任改爲別官者，其年考從日申校，百司量其閑劇，諸州據其上下。進考之人，皆有定限，苟無其功，不要充數。功過於限，亦聽量進。其流外官，本司量其行能功過，立四等考第而勉進之。凡親勳翊衛，皆有考第。考第之中，略有三等。衛主帥，如三衛之考。其監門、校尉、直長，如主帥之考。凡諡議之法，古之通典，皆審其事，以爲旌別。

《舊唐書》卷四四《職官志》 凡醫師、醫工、醫正療人疾病，以其全多少而書之以爲考課。藥園師，以時種蒔收采。【略】

凡諸羣牧，立南北東西四使以分統之。其馬皆印，每年終，監牧使巡按孳數，以功過相除，爲之考課。【略】

京兆、河南、太原牧及都督、刺史掌清肅邦畿，考覈官吏，宣布德化，撫和齊人，勸課農桑，敦敷五教。每歲一巡屬縣，觀風俗，問百年，録囚徒，恤鰥寡，閱丁口，務知百姓之疾苦。部內有篤學異能聞於鄉閭者，舉而進之。有不孝悌，悖禮亂常，不率法令者，糾而繩之。其吏在官公廉正己，清直守節者，必謹而察之。其貪穢諂諛，求名狥私者，亦謹而察之。皆附於考課，以爲褒貶。

（宋）王溥《唐會要》卷五八《考功郎中》 〔貞元六年〕其年六月三日，考功奏准：天寶七載六月勅：內外官初考無赴上日，末考不具得替日，便注破不在校限。是月又奏：諸使下兼憲官及檢校郎官，并諸色官充職掌者，竝仰本使每年具在使功課，兼具考第申省。令以四考爲限。

（宋）王溥《唐會要》卷六二《雜録》 〔天寶〕四載十一月十六日，勅：御史宜依舊制黄卷，書缺失，每歲委知雜御史、長官比類，能否送中書門下改轉，不日褒貶。

（宋）王溥《唐會要》卷六八《刺史上》 〔太和〕七年七月，中書門下奏：應諸州刺史除授序遷，須憑顯效，若非責實，無以勸人。近者受代歸朝，皆望超擢。在郡治績，無由盡知，或自陳制置事條，固難取信。或別求本道薦狀，多是徇情，將明憲章，在覈名實。伏請自今已後，刺史得替代，待去郡一箇月後，委知州上佐及録事參軍，各下諸縣，取耆老百姓等狀。如有興利除害，惠及生民，廉潔奉公，肅清風教者，各具事實申本道觀察使檢勘得實，具以事條録奏，不得少爲文飾。其薦狀仍與觀察使判官連署，如事不可稱者，不在薦限，仍望委度支鹽鐵分巡院內官同訪察，各申報本使録奏。如除授後，訪知所舉不實，觀察判官分巡院官，及知州上佐等，並停見任一二年，不得叙用。如緣在郡贓私事發，別議處分，其觀察使奏取進止。敕旨：依奏。

（宋）王溥《唐會要》卷六九《都督刺史已下雜録》 〔開元〕十七年二月，勅：諸都督刺史上佐等官員缺非安穩者，所授官在京一考已上，宜謹與改轉。

（宋）王溥《唐會要》卷八一《考上》 武德二年二月，上親閲群臣考績，以李綱孫伏伽爲上第。上初受禪，以舞人安叱奴爲散騎侍郎。綱上疏論諫：伏伽亦諫賞獻琵琶弓箭者，及請擇正人爲太子諸王師友，皆言詞激切，故皆陟其考第，以旌寵之。

貞觀三年，尚書右僕射房元齡，侍中王珪，掌內外官考。治書侍御史權萬紀奏其不平，巡按勘問，王珪不伏舉按，上付侯君集推問。秘書監魏徵奏稱，必不可推鞫，且元齡、王珪，國家重臣，俱以忠直任使，其所考者既多，或一人兩人不當，終非有阿私。若即推繩此事，便不可信任，何以堪當重委？假令錯謬有實，未足虧損國家，窮鞫若虛，失委大臣之體。且萬紀比來，恒在考堂，必有乖違，足得論正，當時鑒見，初無陳説，身不得考，方始糾彈，徒發在已瞋怒，非是誠心爲國。無益於上，有損於下。所惜傷於治體，不敢有所阿爲。遂釋不問。

六年監察御史馬周上疏曰：臣竊見流內九品已上，令有等第，而自比年，入多者不過中上，未有得上下以上考者。臣謂令設九等，正考當今之官，必不施之於異代也。縱朝廷實無好人，猶應於見在之內，比校其尤善者，以爲上第，豈容皇朝之士，遂無堪上下之考者？朝廷獨知貶一惡人可以懲惡，不知褒一善人足以勸善。臣謂宜每年選天下政術尤最者一二人爲上上，其次爲上中，其次爲上下，次爲中上，則中人以上，可以自勸。

十一年正月十五日敕：散位一切以門蔭結階品，然後依勞進叙，凡入仕之後，遷代則以四考爲限，四考中中，進年勞一階；每一考上中，進一階；一考上上，進二階。五品已上，非特恩，刺史無進階之令。

上元二年，大理寺丞狄仁傑考中上，考使尚書左僕射劉仁軌以新任不録，大理卿張文瓘稱獨知理司之要，仁軌乃驚問公斷幾何獄。文瓘曰：歲竟，凡斷一萬七千八百人。仁軌乃擢爲上下考。

三年，滕王元嬰爲全州刺史，頗縱驕逸，動作無度，高宗書戒之，極爲至切。又敕之曰：朕以王骨肉至親，不能致王於理，今書王下考，以媿王心。

開耀元年十一月二十三日敕：縣令有聲績可稱，先宜進考，員外郎、侍御史、京兆河南判司，及自餘清望官，先于縣令內簡擇。

開元三年正月五日敕：內外官考滿，所司預補替人，名爲守闕，特宜禁斷，縱後有闕，所由不得令上。

其年六月八日敕：刺史能否，郎官御史出日，較量殿最，定爲五等奏聞，考集日，考使與左右丞戶部長官重詳覆類例，考限內録奏，以憑升黜。

四年四月七日敕：選人既多，比銓注過謝了，皆不及考，遂使每一年選人，即虛破一年闕，在於公私，俱不利便。自今已後，官人初上年，宜聽計年終以來滿一百日，許其成考，仍准遷考例，至來年考時併校，永爲常式。

十四年，御史大夫崔隱甫充校外官考事，舊例，皆委參問，經春未定，隱甫召天下朝集使，一時集省中，一日校考便畢，時人伏其敏斷。

十七年三月，中書舍人張均，其父左丞相説校京官考，時注均考曰：父教子忠，古之善訓，祁奚舉午，義不務私。至如潤色王言，章施帝道，載參墳典，例絶常功，恭聞前烈，尤難信任。豈以嫌疑，敢撓綱紀，考以上下？又刑部尚書盧從愿，頻年充校京官考使，中丞宇文融承恩用事，以檢戶口功，本司校上下考，從愿抑不與之，頗以爲恨，遂密奏從愿廣占良田，至有百頃。上嘗擇宰相，有薦從愿者，以此遂寢。

十八年敕：京官考滿帶禄選，有本司要籍奏留，請不用闕者，所有選數，不須與成勞。

二十二年十二月十三日敕：諸州考使六品已下，朔望日朝，宜准例賜食。

二十八年三月二日敕：先是，內外六品應補授官，四考滿待替爲滿，是日制，令以歲爲滿，不待替，縣令知倉庫供奉伎術及充綱領等，不在此限。至其年十二月十六日敕：內外六品已下官，依舊待替，其無替者，五考滿後停。

天寶二年八月五日：考功奏，准考課令，考前釐事，不滿二百日，不合成考者，釐事謂都論在任日，至考時有二百日，即成考，請假停務，並不合破日。比來多不會令文，以爲不入曹局，即爲不釐事，因此破考。臣等參量，但請俸禄即同釐事，請假不滿百日，停務不至解免，事須卻上其考，併合不破。若有停務逾年，不可更請禄料，兼與成考。敕旨：從之。

八年正月二十三日敕：所校內外官考，准令，京官正月三十日進單數，二月三十日進挾名；外官二月三十日進單數，三月三十日進挾名。自今以後，並了日一時挾名奏，不須更進單數。至六月七日，吏部侍郎李彭年奏：准例，出身已來至合檢覆中間，已叙五品，勘責皆有所憑，今重檢尋，恐爲煩擾。如曾經勘責叙成者，請從五品以下勘檢，其五品已前，但勘考數足，即爲進叙。敕旨，依。

乾元二年二月，御製郭子儀、李光弼、苗晋卿、李麟、李輔國考辭。

寶應元年十月，吏部奏：准今年五月敕，州縣官自今已後，宜令三考一替者，今數州申解，疑三考後爲復，待替到爲復，便勒停請處分者。今望令已校三考官，待替到，如替人不到，請校四考後停。

二年正月，考功奏：請立京外按察司，京察連御史臺，分察使外察，連諸道觀察使，各訪察官吏善惡。其功過稍大，事當奏者，使司案成便奏，每年九月三十日以前，具狀報考功。其功過雖小，理堪懲勸者，按成即報考功，至校考日，參事跡以爲殿最。閏月，考功又奏：内外員外郎官等除，合在定數外，准敕並任其所適，既不入曹，無憑檢考。比來或有申者，即與見在同奏，檢勘之時，成破不一，文案混雜，條流未明。臣等商量，望請自今以後，内外文武員外同正及試官，除合在任外，一切不在申校之限，並聽從授日計考，准中中例叙用。從之。

大曆十三年正月敕：捉獲造僞及光火强盗等賊，合上考者，本州府當申刑部。建中初，嚴震爲興鳳兩州團練使，理行爲山南第一，特賜上下考，封鄖國公。二年六月，門下侍郎平章事盧杞奏：准《六典》，中書舍人、給事中充監中外官考使。依奏，至三年閏正月，復置監考使。

貞元元年九月，以刑部尚書關播、吏部侍郎班宏爲校内外官考使。

其年十二月敕：六品以下，本州申中上考者，納銀錢一千文，市筆墨朱膠等者，元置本五分生利，吏部奏，見有餘。自今以後，其外官京官考錢，並請敕停。依奏。

二年九月，考功奏：校京官外官考使，准舊例差定聞奏。敕：其校考使宜停，其考課付所司准式校定。

三年三月詔：以停減天下官員，其停官計日成考，兩考者，准舊成資，准常式，兩考以下，至來年五月三十日處分。

四年正月敕文：九品已上正員，及額内官得替者，委諸長吏聞薦，見任者三考敕停。

七年八月，考功奏：准《考課令》，諸司官皆據每年功過行能，定其考第。又准開元、天寶以前敕，朝官每司有中上考，亦有中中考，自三十年來，諸司並一例申中上考，且課績之義，不合雷同，事久因循，恐廢朝典。自今以後，諸司朝官，皆須據每年功過行能，仍比類格文，定其升降，以書考第，不得一例申中上考，應諸司長官書考不當。三品已上，具銜牒上中書門下，四品已下，依格令各准所失輕重降考。是月，考功又奏：准諸司官皆據功過定其考等，自至德後，一切悉申中上考，今請覆其能否，以定升降。從之。自諫議大夫、給事中、郎官，有書中中考者，尚書左丞趙憬言：前薦果州刺史韋誕，坐贓廢，請降其考。校考使吏部尚書劉滋，以憬能言其過，奏中上考。

其年十二月，校外官考使奏：准《考課令》，三品以上官及同中書門下平章事考，並奏取裁注云，親王及大都督亦同，伏詳此文，則職位崇重，考績褒貶，不在有司，皆合上奏。今緣諸州觀察、刺史、大都督府長史，及上中下都督都護等，有帶節度使者，方鎮既崇，名禮當異，每歲考績，亦請奏裁。其非節度觀察等州府長官，有帶臺省官者，請不在此限。

八年七月，班宏遷刑部侍郎，兼京官校考使。時右僕射崔寧、兵部侍郎劉乃上下考，宏正議曰：今夷荒靖難，專在節制，尺籍伍符，不校省司，夫上多虚美之名，下開趨競之路，上行阿容，下必朋黨，因削去之。乃謝之曰：迺雖不敏，敢掠一美，以徼二罪乎。

其年十月，以刑部尚書劉滋爲校外官考使，吏部侍郎杜黄裳爲校京官考使，給事中李巽宜監京官考，中書舍人鄭珣瑜宜監外官考。

九年七月制：縣令以四考爲限，無替者宜至五考。

十年二月，刑部奏：准建中元年正月十七日敕，諸州府五品已上正員，及額内上佐，宜四考停。其左降官不在此限者，五品不降，既不許停禄料，六品已下，未復資已經四考者，未量移間，其禄料伏望亦許准給。敕旨：禄料宜准天寶六載七月十四日敕處分，餘依常式。

十四年六月，盧邁自司門郎中遷右諫議，累上表言時事，轉給事中，屬校定考課。邁固讓，以授官日近，未有政績，不敢當上考，時人重之。

元和二年五月，中書門下舉今年正月敕文上言：國家故事，於中書置具員簿，以序内外庶官。爰自近年，因循遂廢，清源正本，莫急於斯。今請京常參官五品已上，前資見任，起元和二年，量定考數，置具員簿。應諸州刺史、次赤府少尹、次赤令、諸陵令、五府司馬及東宫官除左右庶子、王府官四品已下，並請五考。其臺官先定月數，今請侍御史滿十三月，殿中侍御史滿十八月，監察侍御史依前二十五個月，與轉。三省官並三考外，餘官並四考外，其文武官四品已下，並五考商量與改。尚書省四品已上，餘文武官三品已上，緣品秩已崇，不可限以此例，須有進改，並臨時奏聽進止。其權知官，須至兩考，然與正授，未經正授，不得用權知官資改轉。其中緣官闕要人，及緣事須有移者，即不在常格叙遷之限。諸道及諸司副使，行軍司馬、判官、參謀、掌書記、支使、推官、巡官等，有敕充職掌，帶檢校五品已上官，及臺省官，三考與改轉，餘官四考與改轉。

元和七年敕：諸司府參佐檢校試官，從元授官月日計，如是五品已上官，及臺省官，經三十個月外，任與改轉。餘官經二十個月奏改轉。若是未經考使，有故事及停替官，本限之外，更加十個月，即任申奏。

十四年十二月，考功奏：自今以後，應注考狀，但直言某色行能，某色異政，某色樹置，某色勞效，推斷某色獄，糾舉某色事，便書善惡，不得更有虚美閑言。其中以下考，亦各言事狀，然注考，並不得失於褒貶。如違，據所失輕重，准令降書考官考。又奏：自今已後，其有政能卓異，清苦絶倫者，不在止於上下考限。依奏。又奏：據實應二年敕：御史臺分察使，及諸道觀察使，訪察官吏善惡功過，稍大事當奏聞者，每年九月三十日具狀報考功，至校日參驗事蹟，以爲殿最。伏以近日功過，都不見牒報，今後諸司不申報者，州府本判官便與下考，在京諸司追節級糾處，本判官敕課日量事大小黜陟。敕旨，從之。

十五年，刑部郎中權判考功馮宿奏：宰相及三品已上官，故事内校，遂别封以進。翰林學士職居内署，事莫能知，請依前書上考，諫官御史亦請仍舊，並書中上考。

長慶元年正月，考功員外郎李渤書宰相等下考。

太和六年七月敕：今後諸州五品長馬權知者，權知正授通計六考滿停，其勸留官未滿六考，停給課料者，准此卻給。

（宋）王溥《唐會要》卷八二《考下》 大中五年，吏部奏：准今年選格節文，經考停罷者，一選集。准舊格，兩選集，今據格文，一選即當年許集。其京官及外官，如有假故官人等，請准舊格，前兩選集。敕旨：宜依。如是别敕除替，及非因假故者，即許一選集。

六年七月，考功奏：近年諸州府及百司官長，所書考第，寮屬並不得知，升黜之間，莫辨當否。自今已後，書考後，但請勒名牒于本司本州，懸于本司本州之門三日。其外縣官，則當日下縣，如有升黜不當，便任披陳，其考第便須改正，然後得申省。如勘覆之後，事無乖謬，則論告之人，亦必懲殿。又准《考課令》，凡官人申考狀，不得過兩紙三紙。刺史縣令，至於賦税畢集，判斷不滯，户口無逃散，田畝守常額，差科均平，廨宇修飾，館驛如法，道路開通，如此之類，皆是尋常職分，不合計課。自今後，但云所勾當常行公事，並無敗闕，即得准職分無失。及開田招户，辨獄雪冤，及新置之事，則任録其事由申上，亦須簡要，不得繁多。又近年以來，刺史皆自録課績申省，矜衒者則張惶其事，謙退者則緘默不言。自今已後，其巡内刺史，請並委本道觀察使定其考第，然後録申本州，不得自録課績申省。又州府申官人覆得冤獄，書殊考者，其元推官人多不懲殿，或云書考日，當書下考，至時又不提舉。請自今以後，書辨獄官人殊考日便須書元推官下考。如元推官自以爲屈，任經廉使及臺省陳論。其官人先有殿犯，官長斷云至書考日與下考者，如至時不舉，其本州判官當書下考。其所申到下考，省司校其所犯，如與令式相符，便校定申奏。至敕下時後，並須各牒府州。又近日諸州府所申奏録課績，至兩考三考以後，皆重具從前功課申省，以冀褒升。省司或檢勘不精，便有僥倖。自今以後，不得輒更具從前功績申上。又近日諸州府所申考解，皆不指言善最，或漫稱考秩，或廣説門資，既乖令文，實爲繁弊。自今以後，如有此色，並請准令降其考第。

又准《考課令》，在中上以上，每進一等，加禄一季，中中者守本禄，中下以上，每退一等，奪禄一季，准令以此勸懲，事在必行。近年以來，與奪幾廢，或有申請之處，則言無本色可支，徒掛簿書，實無給與。今按《倉庫令》，諸給糧禄，皆以當處正倉充；無倉之處，則申省隨近有處支給；又無者，聽以税物及和糴屯收等物充。令式昭然，不合隳廢。

自令以後，每省司校考畢，符牒到州後，仰當時便具升降與奪事由申請。如違令式，不舉明者，其所由官，請奪俸禄一季。其已去任官，追奪禄事，並請准令式處分。

又准《考課令》，官人因加户口，及勸田農，並緣餘功進考者，於後事若不實，縱經恩宥，其考皆從追改。追改之事，近皆不行。自今以後，並請准令式處分。其因此得官者，仍請追奪。又諸道所申考解，從前十月二十五日到都省，都省開拆郎官押尾後，至十一月末方得到本司。開拆多時，情故可見。自今以後，伏請准南曹及禮部舉選解例，直送當司開拆。又從前以來，應得考之人，並給考牒，以爲憑據。近年考使容易，給牒不一，或一人考牒，數處請給；或數年之後，方始請來。自今以後，校考敕下後，其得殊考及上考人，省司便據人數一時與修寫考牒，請准吏部告身，及禮部春關牒，每人各出錢收贖。其得殊考者，出一千文，上考者，出五百文。其錢便充寫考牒紙筆雜用。以前件事條等，或出於令文，或附以近敕，酌情揣事，不至乖張。謹並條例進上，伏乞宣付中書門下，請更參詳。苟裨至公，乞賜收采，仍請三年一度，准舉選格例修定頒下。敕：考功所條流校考公事，頗謂詳悉，唯一件難便允從。近日俗尚矜能，人少廉恥，若牒門許其論告，則自此必長紛爭。當否之間，固有公議，其一件宜落下，餘依奏。

咸通十四年，考功員外郎王徽，以舊例考簿上中下字朱書，吏緣爲奸，多有揩改，請以墨書。從之。

（宋）王溥《唐會要》卷八三《嫁娶》 貞觀元年二月四日，詔曰：昔周公治定制禮，垂裕後昆，命媒氏之職，以會男女，每以仲春之月，順時行令。蕃育之理既宏，邦家之化攸在。朕恭承天命，爲之父母，永懷亭育，周切於懷。若不申之以婚姻，明之以顧復，便恐中饋之禮斯廢，絶嗣之釁方深。既生怨曠之情，或致淫奔之辱。憲章典故，實所庶幾。宜令有司，所在勸勉，其庶人男女無室家者，並仰州縣官人以禮聘娶。皆任其同類相求，不得抑取。男年二十、女年十五已上，及妻喪達制之後，孀居服紀已除，並須申以婚媾，令其好合。若貧寠之徒，將迎匱乏，仰於親近鄉里富有之家，裒多益寡，使得資送。其鰥夫年六十、寡婦年五十已上，及婦雖尚少而有男女，及守志貞潔，並任其情，無勞抑以嫁娶。刺史縣令以下官人，若能婚姻及時，鰥寡數少，量准户口增多，以進考第。如導勸乖方，失於配偶，准户減少附殿。

（宋）王欽若等《册府元龜》卷六三《帝王部·發號令》 〔天寶〕十三載二月，詔曰：三載黜陟，百王令典，殿冣之迹，廉問攸歸，欲更别遣使臣，慮有煩擾。今載宜委本道採訪使，具官人善惡奏聞，以申勸沮。

（宋）王欽若等《册府元龜》卷六四《帝王部·發號令》 永泰元年正月，制曰：刺史縣令與朕分憂，彫瘵之人切須撫字，一夫不獲，情甚納隍。有能招緝逃亡，平均賦税，增多户口，廣闢田疇，清節有聞，課効尤著者，宜委所在節度觀察具名聞奏，即令案覆超資擢授。其有理無能，政迹涉贓私，必當重加貶奪，永爲殿累。

（宋）王欽若等《册府元龜》卷一五五《帝王部·督吏》 代宗大曆六年四月勅曰：弛張刑政，興化阜俗，使吏無貪汙之跡，下無愁恨之聲，不惟良二千石，亦在郡主簿縣大夫，親其教訓，舉其綱目，條察善惡，惠養困窮，方伯得以考求殿最。故漢置刺史，臨課郡國，周制官刑，糾繩邦理，其義明矣。朕思舉舊典，以清時俗，頻詔長吏，精擇此官。如聞近日猶有姦濫，如未習政事，素無令問，因依請託，尸曠禄位，邪枉附法，懦弱廢官。人弊於下，怨歸於上，閭井減耗，賄賂日聞，豈所謂建明職守共副憂勤者也？又别駕秩位頗崇，若郡守廢闕，掌同其任。舊例補署，或匪其才，既不稱職，則多傷害。自今後，别駕縣令録事參軍有犯贓私，並暗弱老耄疾患不稱其職户口流散者，並委觀察節度等使與本州刺史計會訪察，聞奏與替。其犯贓私者，便禁身推問，具狀聞奏；其疾患者，准式解所職；老耄暗弱及無贓私才不稱職者，量資考改與員外官，餘官准前後勅處分。其刺史不能覺察，觀察節度使具刺史名品聞奏。如觀察節度管内不能勾當，郎官御史出入訪察聞奏。

（宋）王欽若等《册府元龜》卷六三〇《銓選部·條制》 〔開元二年〕十一月詔曰：新豐縣官及温泉監官，經兩度祗承者，與一中上考。

（宋）王欽若等《册府元龜》卷六三〇《銓選部·條制》 〔開元四年〕十二月詔曰：比來兩畿縣令，經一兩考即改。其行苟且，罕在政要。百姓弊於迎送，典吏因而隱欺。自今以後，皆令四考滿，滿日聽依京官例選，仍不得輒續於前勞。

（宋）王欽若等《册府元龜》卷六三〇《銓選部・條制》〔開元十九年〕十二月制曰：設官分職，本資共理，無隔中外，更遞出入。比者考官計年除改，緣其任久，量與遷移，遂長僥求，争次入考。所司情故，公然遣來，若更因循，有損風化。今年考使事了，並勒還州，必政理著聞，當別有處分。其年齒衰暮，疾疢綿積，無別偺違者，宜聽致仕。

（宋）王欽若等《册府元龜》卷六三一《銓選部・條制》〔元和四年〕三月制：今後宗正寺修撰圖譜官、知匭使判官，至考滿日，宜各減兩選。

（宋）王欽若等《册府元龜》卷六三一《銓選部・條制》〔元和〕八年九月，刑部奏：准今年七月二十一日勅，諸色左降官等，經五考滿許量移者，其貶降日授正員官，或無責詞，亦是責授。並請至五考滿，然後許本任處申闕。並餘左降官，緣任處多在遐遠，至考滿日，其申牒稽遲，致使留滯者，其刺史録事參軍等請與下考。如滿後随己申牒，未量移間，其禄料並准天實、貞元兩度勅文，依舊支給。其本犯十惡等罪已有正名，請依舊。從之。

（宋）王欽若等《册府元龜》卷六三一《銓選部・條制》長慶二年三月制曰：如聞近日武班之中，淹滯頗久，又有諸道薦送大將，或随節使歸朝。自今已後，宜令神策六軍使及南衙常參武官，具由歷并前後功績牒送中書門下。若勳伐素高人才特異者，量加奬擢。其常參武官准具員年月日改轉，勿令淹滯。諸道軍府大將監察以上，官者三周年與改轉，大將未曾奏官者，亦准奏請。

（宋）王欽若等《册府元龜》卷六三一《銓選部・條制》〔寶曆六年〕八月制：凡權知授官，皆緣本資稍優，未合便得，藉才擢用，故且權知。若通計五考，即便同正授，極爲僥倖。自今已後，應諸州府五品長馬權知正授，通計六考滿停。其勒留官如有未滿六考停給課科者，便准此卻與支給。

（宋）王欽若等《册府元龜》卷六三五《銓選部・考課》〔開元三年〕六月制：每年十月，委當道按察使較量理行殿最，從第一等至五等奏聞校考，乃吏部長官總詳覆，諸州亦比類定爲五等奏聞。上等爲最，下等爲殿，中間三等，以次定優劣，改轉日憑爲升降。縣令每年選舉人内准前條訪擇補置。在任有術一任申，使狀有兩請兼户口復業帶上考者，選日優與内官。其使狀有一請兼帶上考者，滿日不限選數聽集，優與處分。刺史第一等量與京官。若要在州未可除改者，紫微黄門簡勘聞奏，當加優賞。京官不曾任州縣官者，不得擬爲臺省官。吏部銓選，委任尤重，比雖守職，務在循常。既限之以選勞，或失之於求事，選日拔擢一二千人，不須限以資次，必須究其聲實，不得妄相汲引。自古鄉舉里選，實課人之淑慝。其明經進士擢第者，每年委州長官訪察，行業修謹。書判可觀者，三選聽集。并諸色選人者，若有鄉閭無景行，及書判全弱，選數縱深，亦不在選限。崇化致理，必在得人，奬善勸能，義資師古。皆有煩濫，未聞釐革，循名責實，其道不行。爲人擇官，人蠹猶在，既復政理，不可因循，須加簡勘，以正頽弊。

（宋）王欽若等《册府元龜》卷六三五《銓選部・考課》〔開元〕四年四月七日制：選人既多，比銓注過謝，了皆不及考，遂使每一年選人，即虚破一年，在於公私，俱不利便。自今已後，官人初上年，宜聽通計，年終已來滿二百日，許其成考。仍進遷考例，至來年考時併較。永爲常式。

十一月制曰：撫字之道，在於縣令。不許出使，多不得上考，每年選補，皆不就此官。若不優矜，何以勸奬？其縣令在任，户口增益，界内豐稔，清勤著稱，賦役均平者，先與上考，不在當州考額之限也。

（宋）王欽若等《册府元龜》卷六三五《銓選部・考課》〔開元〕五年正月，行幸東都，勅行幸所經州，宜令紫微黄門察訪刺史上佐政術，定作三等奏聞，仍令於具負内簡上中下，刺史上佐有稱職者條録奏聞，將随才録用。

（宋）王欽若等《册府元龜》卷六三五《銓選部・考課》〔開元〕十一年二月，勅：朱紫貴品皆據考勞，人臣事君忠無二節，至如泛階溥及義取半分，豈獨清官偏得减考？自今已後，泛加階應入五品，以十六考爲定，入三品以三十考爲定。其有明賢宿德及異迹殊狀，雖不逢泛階，或因遷改之次年考與節限同者，咸以名聞，仍爲永例。

（宋）王欽若等《册府元龜》卷六三五《銓選部・考課》〔開元〕

十八年，勅：京官考滿帶禄選，有本司要籍，奏留請不用闕者，選數不須與成勞。

（宋）王欽若等《册府元龜》卷六三五《銓選部·考課》〔開元〕二十二年八月制曰：朕憂於理人，委任牧宰，雖已分命，仍未盡誠。如聞刺史新除，所蒞不過數月，即營入計，無心在州，政教闕如，朝寄安在？自今已後，刺史到任，皆不得當年入考。若聲績稍著，獎拔未遲，何處不安？自彰汲汲，其縣令差使，先亦禁斷。比聞在遠，猶自故違。宜委諸道採訪，申明處分，勿使如此。

（宋）王欽若等《册府元龜》卷六三五《銓選部·考課》〔天寶〕十二年十月制曰：循名責實，所以激羣吏也；懲惡勸善，所以務至公也。苟黜陟之非當，何考課之足徵。其內外文武官員外同正員并判試不釐務者，既無別效，兼有多年。比來因循，或與進考，據額既標節限，緣此遂多踰越，致令課最者見棄，無功者獲升，獎勸之門，殊非允當。自今已後，並不在進考之例。其內外官初效，亦不在與限。臺省官考，各委長官，比類才能功課褒升，不得一例申送，俾僥競息心，功能勵節。

（宋）王欽若等《册府元龜》卷六三六《銓選部·考課》唐德宗建中二年六月，門下侍郎平章事盧杞奏：准《六典》，中書舍人、給事中充監中外官考，使重其事也。今者有知考使，無監考使，伏望依前置監中外官考使。依奏。貞元元年九月，以刑部尚書關播、吏部侍郎班宏，爲校內外官考使。

（宋）王欽若等《册府元龜》卷六三六《銓選部·考課》長慶元年正月制：自今郡守恪奉詔條，清廉可紀，四考與轉。

（宋）王欽若等《册府元龜》卷六三六《銓選部·考課》文宗太和元年正月勅：諸道節度觀察使，去任日宜具交割狀，仍限新人到任一月日，分析聞奏，并報中書門下，據新舊狀磨勘聞奏，以憑殿最。

（宋）王欽若等《册府元龜》卷六三六《銓選部·考課》開成四年六月，河陽節度使李執方奏：管内縣令有繾經一考已替者，失考績黜陟之義，請無犯者留至三考。從之。

（宋）王欽若等《册府元龜》卷六三六《銓選部·考課》宣宗會昌六年五月制：刺史交代之時，非因災沴大郡走失七百户已上，小郡走失百户已上者，三年不得録使，兼不得更與理人官。增加一千户已上者，與超資遷，改仍令觀察使審勘，詣實聞奏。如涉虛妄，本判官重加懲責。

（宋）王欽若等《册府元龜》卷六三六《銓選部·考課》懿宗咸通四年正月，大赦。節文：邦伯之任，郡守之官，比遣頒條，當求共理。近或不終年限非時，多議替移，其政未成，在理難責。自此委中書，待其三考方可再遷，免吏民迎送之勞表。能否升降之道，除煩就省無尚於斯。十四年，考功員外郎王徽，標點以舊例考簿上中下字朱書，吏緣爲姦多有揩，改請以黒書。從之。

（宋）王欽若等《册府元龜》卷六三六《銓選部·考課》昭宗天祐元年四月制：刺史縣令，有勸課農桑，招復户口一倍已上於前者，委本道觀察使條件奏聞，當加進陟。如貪墮不理，害及於人者，速使停替。

《新唐書》卷四五《選舉志》凡居官必四考，四考中中，進年勞一階叙。每一考，中上進一階，上下二階，上中以上及計考應至五品以上奏而别叙。六品以下遷改不更選及守五品以上官，年勞歲一叙，給記階牒。考多者，準考累加。【略】

玄宗即位，厲精爲治。左拾遺内供奉張九齡上疏言：縣令、刺史，陛下所與共理，尤親於民者也。今京官出外，乃反以爲斥逐，非少重其選不可。又曰：古者或遥聞辟召，或一見任之，是以士脩名行，而流品不雜。今吏部始造簿書，以備遺忘，而反求精於案牘，不急人才，何異遺劍中流，而刻舟以記。於是下詔擇京官有善政者補刺史，歲十月，按察使校殿最，自第一至第五，校考使及户部長官總覈之，以爲升降。

《新唐書》卷四六《百官志》考功郎中、員外郎，各一人，掌文武百官功過、善惡之考法及其行狀。若死而傳於史官、謚于太常，則以其行狀質其當不；其欲銘于碑者，則會百官議其宜述者以聞，報其家。其考法，凡百司之長，歲較其屬功過，差以九等，大合衆而讀之。流内之官，叙以四善：一曰德義有聞，二曰清慎明著，三曰公平可稱，四曰恪勤匪懈。善狀之外有二十七最：一曰獻可替否，拾遺補闕，爲近侍之最；二曰銓衡人物，擢盡才良，爲選司之最；三曰揚清激濁，褒貶必當，爲考校之最；四曰禮制儀式，動合經典，爲禮官之最；五曰音律克諧，不失節奏，爲樂官之最；六曰决斷不滯，與奪合理，爲判事之最；七曰部統有方，警守無失，爲宿衛之最；八曰兵士調習，戎裝充備，爲督領之最；九曰推鞫得情，處斷平允，爲法官之最；十曰讎校精審，明於刊定，爲校正之最；十一曰承旨敷奏，吐納明敏，爲宣納之最；十二曰訓導有方，生徒充業，爲學官之最；十三曰賞罰嚴明，攻戰必勝，爲軍將之最；十四曰禮義興行，肅清所部，爲政教之最；十五曰詳録典正，詞理兼舉，爲文史之最；十六曰訪察精審，彈舉必當，爲糾正之最；十七曰明於勘覆，稽失無隱，爲句檢之最；十八曰職事脩理，供承彊濟，爲監掌之最；十九曰功課皆充，丁匠無怨，爲役使之最；二十曰耕耨以時，收穫成課，爲屯官之最；二十一曰謹於蓋藏，明於出納，爲倉庫之最；二十二曰推步盈虛，究理精密，爲曆官之最；二十三曰占候醫卜，效驗多者，爲方術之最；二十四曰檢察有方，行旅無壅，爲關津之最；二十五曰市廛弗擾，姦濫不行，爲市司之最；二十六曰牧養肥碩，蕃息孳多，爲牧官之最；二十七曰邊境清肅，城隍脩理，爲鎮防之最。一最四善爲上上，一最三善爲上中，一最二善爲上下；無最而有二善爲中上，無最而有一善爲中中，職事粗理，善最不聞，爲中下；愛憎任情，處斷乖理，爲下上；背公向私，職務廢闕，爲下中；居官諂詐，貪濁有狀，爲下下。凡定考，皆集於尚書省，唱第然後奏。親王及中書、門下、京官三品以上、都督、刺史、都護、節度、觀察使，則奏功過狀，以覈考行之上下。每歲，尚書省諸司具州牧、刺史、縣令殊功異行，災蝗祥瑞，户口賦役增減，盜賊多少，皆上於考司。監領之官，以能撫養役使者爲功；有耗亡者，以十分爲率，一分爲一殿。博士、助教，計講授多少爲差。親、勳、翊衛，以行能功過爲三等，親、勳、翊衛備身，東宮親、勳、翊衛備身，王府執仗親事、執乘親事及親勳翊衛主帥、校尉、直長、品子、雜任、飛騎，皆上、中、下考，有二上第者，加階。番考別爲簿，以侍郎顓掌之。流外官，以行能功過爲四等：清謹勤公爲上，執事無私爲中，不勤其職爲下，貪濁有狀爲下下。凡考，中上以上，每進一等，加禄一季；中中，守本禄；中下以下，每退一等，奪禄一季。中品以下，四考皆中中者，進一階；一中上考，復進一階；一上下考，進二階；計當進而參有下考者，以一中上覆一中下，以一上下覆二中下。上中以上，雖有下考，從上第。有下下考者，解任。凡制敕不便，有執奏者，進其考。

貞觀初，歲定京官望高者二人，分校京官、外官考，給事中、中書舍人各一人涖之，號監中外官考使。考功郎中判京官考，員外郎判外官考。其後屢置監考、校考、知考使。故事，考簿朱書，吏緣爲姦；咸通十四年，始以墨。

（宋）王應麟《玉海》卷一〇八《選舉・考課・唐六條黜陟》 紀貞觀二十年正月丁丑，遣使二十二人，以六條黜陟于天下。遣大理卿孫伏伽等。先是，八年正月壬寅，遣大臣爲諸道黜陟大使，畿内以李靖爲之，凡十三人分行天下。龍朔三年八月戊申，神龍二年二月丙申，開元二十一年四月乙卯，二十九年十月戊戌，天寶五年三月丙子，至德二載十二月，並遣使黜陟。建中元年正月辛未，遣黜陟使庾何等十一人。神龍中，李傑爲河東黜陟使，課最諸道源乾曜河東奏課最，盧從愿山南、李尚隱關内、倪若水劒南課第一。路敬潛表言青州尹思貞善政。《會要》：貞觀二十年正月，孫伏伽等二十一人，以六條察四方，多所舉刺。太宗命褚遂良等具狀以聞，乃親自臨決牧宰以下進擢者二十人，罪死者七人，黜免數百人。玄宗詔京官有善政者補刺史，歲十月，按察使校殿最自第一至第五校考使及户部長官總覈爲升降。

（元）馬端臨《文獻通考》卷三九《選舉考・考課》 唐考功之法，凡百司之長，歲較其屬功過，差以九等，大合衆而讀之。流内之官，叙以四善：一曰德義有聞，二曰清愼明著，三曰公平可稱，四曰恪勤匪懈。善狀之外，有二十七最：一曰獻可替否，拾遺補闕，爲近侍之最；二曰銓衡人物，擢盡才良，爲選司之最；三曰揚清激濁，褒貶必當，爲考較之最；四曰禮制儀式，動合經典，爲禮官之最；五曰音律克諧，不失節奏，爲樂官之最；六曰決斷不滯，與奪合理，爲判事之最；七曰部統有方，警守無失，爲宿衛之最；八曰兵士調習，戎裝充備，爲督領之最；九曰推鞫得情，處斷平允，爲法官之最；十曰讎校精審，明於刊定，爲校正之最；十一曰承旨敷奏，吐納明敏，爲宣納之最；十二曰訓道有方，生徒充業，爲學官之最；十三曰賞罰嚴明，攻戰必勝，爲軍將之最；十四曰禮義興行，肅清所部，爲政教之最；十五曰詳録典正，詞理兼舉，爲文史之最；十六曰訪察精審，彈舉必當，爲糾正之最；十七曰明於勘覆，稽失無隱，爲句檢之最；十八曰職事修理，供承彊濟，爲監掌之最；十九曰功課皆充，丁匠無怨，爲役使之最；二十曰耕耨以時，收穫成課，爲屯官之最；二十一曰謹於蓋藏，明於出納，爲倉庫之最；二十二曰推步盈虛，究理精密，爲曆官之最；二十三曰占候醫蔔，效驗多著，爲方術之最；二十四曰檢察有方，行旅無壅，爲關津之最；二十五曰市廛弗擾，奸濫不行，爲市司之最；二十六曰牧養肥碩，蕃息孳多，爲牧官之最；二十七曰邊境清肅，城隍修理，爲鎮防之最。一最四善爲上上，一最三善爲上中，一最二善爲上下，無最而有二善爲中上，無最而有一善爲中中，職事粗理，善最不聞爲中下，愛憎任情，處斷乖理爲下上，背公向私，職務廢闕爲下中，居官飾詐，貪濁有狀爲下下。凡定考，皆習於尚書省，唱第然後奏。親王及中書、門下、京官三品以上，都督、刺史、都護、節度、觀察使，則奏功過狀，以覈考行之上下。每歲，尚書省諸司具州牧、刺史、縣令殊功異行，災蝗祥瑞，户口賦役增減，盜賊多少，皆上於考司。監領之官，以能撫養役使者爲功；有耗亡者，以十分爲率，一分爲一殿。博士、助教，計講授多少爲差。親、勳、翊衛，以行能功過爲三等，親、勳、翊衛備身，東宫親、勳、翊衛備身，王府執仗親事、執乘親事及親、勳、翊衛主帥，校尉、直長、品子、雜任、飛騎，皆上、中、下考，有二上第者加階。番考别爲簿，以侍郎顓掌之。流外官以行能功過爲四等，清謹勤公爲上，執事無私爲中，不勤其職爲下，貪濁有狀爲下下。凡考，中上以上，每進一等，加禄一季；中中，守本禄；中下以下，每退一等，奪禄一季。中平以下，四考皆中中者，進一階；一中上考，復進一階；一上下考，進二階；計當進而參有下考者，以一中上覆一中下，以一上下覆二中下。上中以上，雖有下考，從上第。有下下考者，解任。凡制敕不便，有執奏者，進其考。貞觀初，歲定京官望高者二人，分校京官、外官考，給事中、中書舍人各一人涖之，號監中外官考使。考功郎中判京官考，員外郎判外官考。其後屢置監考、校考、知考使。故事，考簿朱書，吏緣爲奸，咸通十四年，始以墨。又制：若於善最之外，别有可加尚，及罪雖成殿而情狀可矜，或不成殿而情狀可責者，省校之日，皆聽考官臨事量定。

（元）馬端臨《文獻通考》卷六一《職官考・巡察按察巡抚等使》

貞觀二十年，遣大理卿孫伏伽等二十二人，以六條巡察四方，多所舉刺。太宗命褚遂良一其類以聞，乃親自臨决牧宰以下，以能官進擢者二十人，罪死者七人，流罪以下免黜數百人。天授二年，發十道存撫使，以右肅政御史中丞知大夫事李嗣真等爲之。時分巡天下者，皆左、右臺官。神龍二年，敕左右臺内外五品已上官，識理通明無屈撓者二十人，分爲十道巡察使，二周年一替，以廉按州郡。景龍二年，置十道按察使，分察天下。至開元八年五月，復置十道按察使，以陸象先、王晙等爲之。貞元八年，以江、淮、荊、襄、陳、宋、河朔水災，遣中書舍人奚陟、左庶子姚齊語、秘書少監雷成、京兆少尹韋武爲諸道宣撫使，賑給災荒，均平賦役，疏決囚繫，懲肅官吏。元和四年，以旱災，復遣左司郎中鄭敬等爲諸道宣撫使。

（元）馬端臨《文獻通考》卷六一《職官考・黜陟使》 貞觀八年，發十八道黜陟大使。二十年，遣大理卿孫伏伽等以六條巡察四方，黜陟官吏。開元二十九年遣使，以崔翹等爲之。天寶五載遣使，以席豫等爲之。至德二載遣使，以虢王等爲之。建中元年，以庾何等爲之。自建中以後省。

（宋）王溥《五代會要》卷一五《考功》 後唐天成元年十月三日，尚書考功條奏格例如後：

一、准考課令，諸司内外文武官九品已上，每年當司長官考其屬官，應考者皆具録一年功過行能，議其優劣，定九等考第。京官，九月三十日已前校定。外官，去京一千五百里内，八月三十日已前校定；三千里内，七月三十日已前校定；五千里内，五月三十日已前校定；七千里内，三月三十日已前校定；萬里内，正月三十日已前校定，本州定訖。京官，十月一日送簿。外官，朝集使送簿限十月二十五日已前到京。考後功過，並入來年。無長官，次官考。縣令已下及關鎮庶官、嶽瀆令並州考。津非隸監者亦州考。

一、准考課令，諸每年考簿集日，考司校勘訖，别爲簿具言功過。京官，三品以上，及同中書門下三品，并平章事奏裁，親王及五大都督府亦同；四品已下及餘外官，並使人量定聞奏，單數仍備狀進，中考並單名録奏。

一、准考課令，諸每年尚書省諸司得州牧、刺史、縣令，政有殊功異行，及祥瑞災蝗，户口賦役增減，當界豐儉，盜賊多少，並録送考司。

一、准考課令，諸官人治迹功過，應附考者，皆須實録。其前任有犯私罪，斷在今任者，同見任法。即改任，應計前任日爲考者，功過並附。其狀不得過兩紙。州縣長官，須言户口田地者，不得過三紙。註考正之最：一最已上有四善爲上上。一最已上有三善，或無最而有四善爲上中。一最已上有二善，或無最而有三善爲上下。一最已上有一善，或無最而有二善爲中上。一最已上，或無最而有一善爲中中，職事粗理，善最不聞爲中下。愛惜任情，處斷乖理爲下上。背公向私，職事廢闕爲下中。居官諂詐，及貪濁有狀之類爲下下。若於善最之外，別有可嘉，及罪雖成殿而情狀可矜，或雖不成殿而情狀可責者，省校之日，皆聽考官臨時詳定。

一、准考課令，諸官人因加户口，及勸課田農，并緣餘功進考者，於後事若不實，縱經恩降，皆從追改。

一、准式，校京官考限來年正月內，外官考限二月內者，所司至三月內申奏了畢。伏以書校內外官考課，逐年申送考簿，各有程期。近年已來，諸道州府及在京諸司所送考解，多是稽違。自今後，所申考簿如違格限，二十日不到，其本判官并録事參軍，伏請各罰一百直，本典句官，請委本道科責。如違一月日已上不申到，本判官伏請罰二百直，録事參軍量殿一選，本直句官請委本道重加懲斷。在京諸司如違格限不關牒到者，其本司人吏牒報御史臺，請行追勘。

一、准格，應所闕縣令計日成四考，餘官計日成三考闕。今後州縣官等，並許終三十箇月成三考。自上官後至年終，但滿一百八十日，便與頭考。次二年即須兩考滿足。如頭考滿足，第二考全足，即許計日成末考，方與三十箇月事理合同。如過月限無替人到，准上條處分者。伏以每年書校官員考課，格限則顯有舊條，授上則難爲定制。但以每月之內，皆有除移，今准格，且以六月內上爲準。

一、應申校內外六品已下赴選官員考課，准格，自上任後但滿一百八十日便與成頭考。年終蜚書考時，須至來年准格書校時併申兩考。如六月已前直至正月到任者，自上任日至校考時頭考日足，即考後功過並入來年。如至書校時，頭考欠日未成資考，亦至來年准格書校時，併申兩考。如六月已後至年終上者，並至准格日收計一考，有剩日不在重使之限。

一、應經考後，合收次年，以一周歲爲限。如未滿一年停替者，但及三百四十日與成，如欠日，不在收計之限。

一、應收末考，但經考後去任時，得及二百日與成，如欠日，不在收計之限。如過月限無替人，並准上條處分。

一、應申校內外赴選官員考課，頭須具經考，已後課績，不得重疊計功。其末考，須得替年月日，比類升降。

一、應申校內外六品已下官員考第，以去京地里遠近，逐年書校，申送考解，各有程期。今後應內外赴選官員考第，既准格依限，逐年比校，即不合更將州府及本司考牒爲據。其有已前罷任官員，不計年限考第，未經省校者，如有州府及本司考詞考牒全備者，欲據在任年月日檢勘，省司給與牒知。如在任之時，州府及本司向來元不曾書校給牒，衹於解由歷子內，批出考數者，欲與檢勘，解由歷子內，不豎過犯，稱在任日並無公事遺闕，證驗分明，亦據在官年月日，給與牒知。如檢勘無憑者，不在給牒之限。其今年各准格赴集選人，便合請給省校考牒，直至南曹受納告敕已前，並許經所司投狀檢勘出給。其考牒又准格須奏下當年內出給。如隔年者，不在行使之限。如或實有事故，次年內請給。自今後當年奏下敕考，許至來年內請給。如更違格限，請一年與殿一選。如至三年外不請給者，所司不在出給之限。其已前校奏下內外赴選官員考課，其間有未曾請給考牒者，並合投狀請給，以備選曹磨勘。如將來選人，今在考第，依前固違格條，不經省司勘校給牒，及已曾奏校下敕考，不請給考牒者，南曹不在檢勘判成之限。

一、應申投內外官員考課文解，須依格限到省。如申發後，其間或有非時事故停任，所司無以得知，請委本判官并録事參軍，專切提舉事由申省，以憑點校録奏。

一、准故事校考舊條，內外官員並校考之時，諸道差朝集使應考，內即差中書舍人、給事中監考。伏自校勘不行，往例盡廢。自今後省校之時，伏請中書門下選差清望官兩員，監校內外官員考課，便同點校申奏。其合經申中書、門下兩省，准例各供宣黄，清守舊規，以爲永制。

一、應申校內外官寮考課，如有過犯，便降書下考。如在任之日，於常課之外，別有異績可稱，比之上下考。如諸道州府及在京諸司故違格例，不具録在任事績功過，依限比較，申牒到省，其本判官并録事參軍，及在京諸司，並請准前殿罰。

一、應諸司諸流外職掌人等，准令本司量其行能功過，立四等考第而勉進之。今伏請准新定格内條件内，逐年依限投狀，各具在職功過，書校考第，檢勘録奏。

一、應諸詞令史及勒留官丁憂，不許有官無官，並一百日後舉追。如願終喪，不在舉限。除丁憂年一考不附奏，次年便許計選數赴集。其丁憂人仍牒考功及南曹，終喪者計三年憂。

一、諸色選人使上考減選，其下考並合殿選，并注令録銓曹勘驗，衹憑考功報檢，多有差錯，今請每年考功申校上考及下考，敕下後，請具單名牒門下省，及申三銓關報南曹，以憑勘會，並須九月已前報畢。從之。

清泰二年五月，尚書考功奏：奉去年五月敕：中外官員，宰臣、節度使已下，並逐年書考。僅千餘員。當司人吏貧乏，乞依三銓例，當司歸司官，逐月支賜紙筆糧錢。敕考功司人吏依三銓例，給與糧錢，春冬衣賜。諸司不得援例。從之。

周廣順二年十二月二十八日敕節文：其省校考牒，如是奏下後滿三年不請給考牒者，宜令考功准先降敕文，不在出給之限。

三年三月十四日敕節文：起今後，諸州府更有功中考簿限格限申到者，本判官并録事參軍各罰五十直，其録事參軍仍殿一選，本句押官典委本州各行科斷。如違程限一月已上不申到者，仍令尚書考功催促，候供申到考帳，依例施行。所有科罰，准前處分。若是校考過時，即與次年依格奏校。又敕：州縣官或特敕除授，或非時省故，停任員闕，除官到任者，緣赴任不拘期限申發，考帳之時，但滿一周年，便與依例書校一考申省。如書校時少欠月日，即與次年附帳申校，不得漏落考第姓名，如或有違，罪本道書考官吏。

顯德五年閏七月，尚書考功奏：奉新敕：起今年正月一日後，授官並以三周年爲限，閏月不在其内者。當司所書校内外六品已下赴選官員考第，今後以一周年校成一考，如欠日不計，限滿三周年，校成三考。如考滿後未有替人，在任更一周年，與成第四考，欠日不在計限。兼遂年月日，自上已來課績功過。第二考須具經考後課績，不在重疊計功。其末考須是具得替年月日，比類升降。自今年正月一日已前授官到任者，准格例三十箇月書校三考。今年正月一日後來授官到任者，准新敕三周年爲月限，每一周年書校一考，閏月不在其内。所有諸道州府校考申發考帳，及當司校奏，各依前後格敕施行。應諸司色流外出身人等，准格，並須待附甲下然後與申考。近年不經奏考，便至參選，頗啓倖門。應在司見役人等，自今後，逐年起六月一日後，正身於所司投狀，請申校勞考。省司據狀，卻牒本司勘會補奏年月日。敕甲頭姓名，見主掌案分公事，牒報省司，將元狀檢勘同，即與准例申校。仍自此後，須逐年九月已前校奏了畢，不在更與隔年併書之限。其考牒本無紙書寫敕例，今後每年奏下，逐人給省牒一紙，使大張紙書及，併年都給限，據省校勘，敕下考牒，方許計考。如書校之日，有公事在外差出，即本司雜事，須具在職功過及出外事由，牒報考功，不得有妨逐年考校。如不與申牒，其雜事令史量情科決，仍殿一選。如無故自不經省投狀請奏校，不在論訴之限者，當司緣敕促期限，慮恐校考遲違，今後應合校考人，請起自五月一日投狀，限十日畢，至七月三十日已前校奏，餘依元格施行。從之。

（宋）王溥《五代會要》卷一七《雜録》 後唐同光三年八月敕：諸寺監人吏授官，從來衹計勞考，年滿起選，方許離司。近日以來，頗隳條制，至司曾無考課，公事尚未諳詳，便求薦論，深爲僥倖。遂使故事都廢，蓋由舊人不存，豈唯勞逸不均，兼致司局曠敗。自今年除勞考滿三銓官，即許赴任，非時不得奏薦。如有主掌任重，勞績可稱，許赴司奏聞，當與減選。或是顯然事迹，在司年深，衹役不任，即許解職赴任。餘依格條處分。

（宋）王溥《五代會要》卷一九《刺史》 後唐同光二年三月，中書門下奏：刺史、縣令，有政績尤異，爲衆所知；或招復户口，能增加賦税者；或辨雪寃獄，能全人命者；或去害物之積弊，立利世之新規，有益時政，爲衆所推者，即仰本處逐件分明聞奏，當議獎擢。或在任貪猥，誅斂生靈，公事不治，爲政怠惰，亦加懲罰。其州縣官任滿三考，即具關申送吏部，格式候敕除銓注，其本道不得差攝官替正授者。從之。

天成元年十二月十九日敕：尚書吏部侍郎裴皡所請刺史三考，方可替移，免有迎送之勞，若非歲月積深，無以彰明臧否。自此至任後政績有聞，即當就加渥澤，如或爲理乖謬，不計月限，便議替除。

三年五月敕：刺史以二十五月爲限，仍以到任日爲數。

（宋）王溥《五代會要》卷一九《縣令上録事參軍附》〔後唐天成三年〕其年八月二十五日及十月十五日敕：條流分事數内一件。縣令化洽一同，位居百里，在專勤課，撫育疲羸，苟或因循，是孤委任。宜令隨處州府長吏，逐縣每年考課，如增添得户税最多者，具名申奏，與加章服酬奬。如稍酷虐，輒恣誅求，減落税額者，並具奏聞，當行朝典。其縣令仍勒州司批給解由歷子之時，具初到任所交得户口，至得替增減數額，分時批鑿。將來除官及參選，委中書、門下併銓曹磨勘，宜令三京及諸道州府准此。

（宋）王欽若等《册府元龜》卷六三二《銓選部・條制》〔乾化〕三年八月勑：諸司人吏授官，從來只繫勞考，年滿赴選，方許離司。近日已來，頗隳條制，到司曾無考課，公事尚未諳詳，便求薦論，深爲僥倖。遂使故事都失，蓋繇舊人不存。豈惟勞逸之罔均，兼致司局之曠敗。自今年除勞考滿三銓注官，即許赴任，非時不得奏薦。如有注掌難重，勞績可稱，許本司奏聞，當與減選。或是顯然事迹，在司年深，齒髮衹役不任，即許解職赴任，餘切依格條處分。

（宋）王欽若等《册府元龜》卷六三二《銓選部・條制》〔同光二年三月〕是月，中書門下奏：賞善罰惡致理之源，選才任能爲政之本。所在刺史縣令有政績尤異爲衆所知，或招復户口能增加賦税者，或辨雪寃獄能活人生命者，及去害物之積弊，立利人之新規，有益於州縣爲衆所推者，即仰大處逐件分明開奏，不得輒加緣飾以爲浮詞，據事狀不虚，則加奨激以勸。能吏如在任貪猥，誅剥生靈，公事不治，爲政怠惰，具事節聞奏，勘覈不虚，當加譴罰，以戒慢官。其州縣官任三考滿，即具闕申送吏部格式，候勑除銓注，本道不得擅差攝官，輒替正授者。從之。

（宋）王欽若等《册府元龜》卷六三二《銓選部・條制》〔天成四年〕十一月勑：應諸道見任州縣官司，在任之時，若時違犯本道非時衙替，宜卻勒赴任，考滿即罷，其本判官當行責罰。

（宋）王欽若等《册府元龜》卷六三二《銓選部・條制》〔天成三年〕七月，中書舍人盧詹上言曰：一同分十五等，命官所以字彼黎民，司其輿賦，至於田租桑税，夏斂秋徵，或旨限不愆，或簡量增羡，殊非異政，乃是常程。竊見諸州頻奏縣令多以税輸辦集，便作功勞，諸道纔有表章，朝廷已行恩命，且徵科是縣令之職分，不過合望於甄酬。若一年兩度轉遷，則三載六昇，階級併加，寵渥慮失規程。伏乞止絶薦論，但稽課最。即銓司黜陟自有等差，貴塞倖門，以循舊制。奉勑：盧詹職居近侍，懇述大綱，案州縣之規程，重國家之恩命，既爲允當，須示聽從。

（宋）王欽若等《册府元龜》卷六三三《銓選部・條制》〔長興二年正月〕是月，勑：少尹上佐以二十五月爲限，其府縣官宜准《長定格》以三十月爲限。其行軍司馬節度副使判官等，並元未定月限。敕旨：諸道行軍節度副使兩使判官已下賓寮，及防禦副使判官推官軍事判官等，若詢前代，固有通規，從知咸自於弓旌，録奏方頒於綸綍。初筵備稱，確畫斯陳。朝廷近以旌賞勳勞，均分員闕，稍或便於任使，不免須議勑除。既當委以裨贊，所宜定其考限。前件職員等，宜令並以三十月爲限。如是隨府，不在此限。

（宋）王欽若等《册府元龜》卷六三三《銓選部・條制》〔長興二年七月〕敕旨：州縣官帶侍御史、殿中侍御史、内供奉監察裏行及省銜者，皆非正秩，尚出銓曹，況曾三度昇朝，豈可一例守選？所宜振發，以勵操修。應州縣官内，有曾在朝行及佐幕，罷任後准前資朝官賓從例處分。其帶省銜已上，并内供奉裏行，及諸已出選門者，或降授令録者，罷任日並依出選門例處分。不在更赴常調，便與除官，兼州縣官其間書得十六考者，准格叙加朝散階，准出選門例處分。如不書得十六考，雖已過朝散階，不在此例。

（宋）王欽若等《册府元龜》卷六三四《銓選部・條制》〔周世宗顯德〕五年正月詔曰：職官攸設，數易則弊生；政理所施，久行則民信。前典有三載考績之義，昔賢垂三年報政之規。將欲化民，莫如師古。諸道幕職州縣官，依舊制以三十箇月爲滿。起今年正月一日後，所授官並以三周年爲月限，閏月不在其内。每年常調選人及諸色求任人，取十月一日已前到京，下納文解及陳乞文狀，委所司依舊例磨勘注授。至十二月上旬終，並須了畢，便令赴官，限二月終以前到任。若違程，仰本處不得放上，且令舊官在任。如是無故違程，依格殿選。其有故違程者，須分明出給得所在憑由，許至前冬赴集。今年赴任者，不在此例。其特勑除授及隨幕判官，赴任不拘時月之限。應授官人至滿日，替人未到間，宜令且守本官，主當公事，依舊請俸，州府亦不得差署攝官替下。如是遭喪停任，身故假滿，非時闕官之時，只可差前資正官及有出身人承攝。如逐處無正官及有出身人，即選清強人承攝，仍依正官例支與俸錢，具名奏聞。

（宋）王欽若等《册府元龜》卷六三四《銓選部・條制》〔廣順元年〕九月勑：朝廷命官，分治州縣，至於招安户口，增益税租。明立賞科，以勸勤吏。近朝釐革，雖有勑文，俱未適中，難仍舊貫。晉代則傷於容易，啓僥倖之門；漢朝則過於艱難，妨進趨之路。既非允當，須議改更。宜令應州縣官所招添到户口課績，自今日已前罷任者，並准天福八年三月十一日勑施行，其漢乾祐三年七月二十五日勑不行。起今後，應罷縣令主簿招添到户口，其一千户已下縣，每增添滿二百户者減一選；三千户已下縣，每三百户減一選；五千户已下縣，每四百户減一選；萬户已下縣每五百户減一選。並所有增添户及租税，並須分明於歷子解由内録都數。若是減及三選已上，更有增添及户數者，縣令與改服色，已賜緋者與轉官，其主簿與加階轉官。

（宋）王欽若等《册府元龜》卷六三四《銓選部・條制》〔廣順〕二年三月，勑：應京諸司職掌赴西京册廟行事八十有六人，宜令吏部南曹別驗出身，歷任行事無遺闕歷子，委無違碍，與各減一選。如有今年冬初合格又已過選者，銓司注官日與加一階。其不該選數已經補奏者，減一年勞。

（宋）王欽若等《册府元龜》卷六三六《銓選部・考課》長興四年五月，中書奏：准天成元年五月二十七日勑：諸使府兩税徵科、詳斷刑獄，校官吏考課，合是觀察判官專判。其一州諸縣徵官糾轄提舉，合是録事參軍本職。今後觀察判官録事參軍，較量所屬州縣官吏，據每年徵科程限、刑獄斷遣、户口增減，據州縣申報，仔細磨勘詣實，然後於本官牒内據事件收竪。如官吏考課一一事實，其判官録事參軍候考滿日，竝與酬奬，別加職任。如考課不實，亦行殿罰。如有水旱災傷處，許奏聽勑旨。從之。

（宋）王欽若等《册府元龜》卷六三六《銓選部・考課》末帝清泰二年四月，宰臣張延朗奏：州縣官徵科賞罰例，縣令録事參軍正官一年依限徵科了絶，加階；二年依限，與試銜；三年總及限，與服色。如攝令一年内了絶，仍攝二年，三年内總及限，與真命。主簿一年二年，如縣令條，三年總了，別任使。本判官一年加階，二年改試銜，三年轉官。本曹官省限内了絶，與試銜轉官。諸節級三年内總了絶，與賞錢三十千，其賞罰依天成四年五月五日勑。從之。

九月，尚書考功上言：今年五月中，翰林學士程遜所上封事内，請自宰相百執事、外鎮節度使、刺史，應係公事官，逐年書考，較其優劣。以前件考課，究尋臺閣，深遠歲年，若議興〔與〕行，宜憑往制，具繇中書門下。宰臣判：設官分職，各有所司。本司自合将條格故實詳參，更簡尋遠勑條奏，定爲悠久。緣本司公事，遂簡尋《唐書》、《六典》、《會要》、《考課令》書考第。從之。

（宋）王欽若等《册府元龜》卷六三六《銓選部・考課》晉高祖天福二年正月，勑：外官内官，陳力實關於共理；或出或處，藉才難執於常規。近覩朝臣，偶除外任，三年替罷之後，再來擬官之時，不計新職之勤勞，惟循舊官之資歷，比藉幹濟，翻成滯淹，宜別立於規繩，貴各期於激勵。宜今後應朝臣中有藉材特除外任者，秩滿無遺闕，將來擬官之時，在外一任，同在朝一任昇進，其就便自求外職，及不是特達選任者，不在此限。

（宋）王欽若等《册府元龜》卷六三六《銓選部・考課》〔天福〕六年五月，詔曰：王者行考績之文，重爲政之本，若存功課，自有旌酬。或仗鉞守方，著安民之術；或剖符刺部，彰恤物之仁。凡著政聲，悉聞朝聽。邇者數州百姓，舉留本部長官，遂涉道途，徑趨京闕，皆陳善治，竝述公清。或指使而方來，或感激而自至，勞煩行役，妨廢耕耘，言念苦辛，倍深軫憫。今後岳牧善政，委倅二官條件奏陳，必當旌別勤勞，審詳課最。如不愆於名實，固無悋於渥恩。

（宋）王欽若等《册府元龜》卷六三六《銓選部・考課》少帝開運元年八月，詔曰：向者朝廷無事，經費尚多，今則師旅方興，支贍尤廣，必資國力，以濟軍需。近以四海災傷，頻年饑饉，賦租減少，筦権虧懸，帑藏不充，公私重困。今歲三時不害，百穀用成，所在流民，漸聞歸業，商旅之人稍衆，山澤之利咸通，郡邑徵科，自然容易，務場課額，必有增盈，較量之間，斷可知矣。牧宰之任，選擢非輕，至於阜俗康民，豐財益國，乃爲本職，固合用心。苟能一一躬親，孜孜臨蒞，必絶滯凝之事，兼除僥倖之門，副我憂勤，顯爾政績，將求課最，須設科條。況藩侯郡守等，皆是良臣，各膺重委，盡傾誠恪，以奉國朝，式當倚注之時，宜示勸懲之道。應天下諸州，各以係省錢穀秋夏徵科爲帳籍，一季一奏，一年賦稅及限，更委在任一年，次年又不稽逋，聽三周年爲滿，三年皆得辦事，即與別議陟遷，如或纔到任所，課績不前，亦當即時罷替。其閒災沴之地，須明具敷陳，審其虚真，别有處分。

於戲，朕纘承大業，于兹三年，虔奉基局，不敢失墜，兢兢業業，若履春冰，小信未孚，咎徵斯降，旱蝗相繼，連歲爲災，兵革未寧，四方多事，下慚黔首，仰愧蒼穹。所賴將相公卿，元戎郡守，或先朝宿舊，或當代英賢，送往事居，始終如一，分憂共治，誠節彌堅，倚賴既深，傾輸亦至，必能爲國盡忠，臨事公勤，不更假於指縱，固自知其陳力。凡百有位，宜體朕懷。

（宋）王欽若等《册府元龜》卷六三六《銓選部·考課》 漢隱帝乾祐二年，太子中允侯仁寶上言：諸州府長吏勸課農桑，隨户人力，勝栽蒔桑棗，小户歲十本至二十本，中户三十至四十，大户五十至一百。如能廣栽，不限本數種訖，本縣令佐親省之計數，得替時，交與受代者，仍於歷子内批書省司，以爲考課。

三年七月，勅：親人之任，務在安民，經國之規，必資徵賦。至於招添户口，增長稅租，減選加階，優有處分，勸能行賞，顯降勅文。邇來論課績者甚多，較虚實則未當，外州批上歷子，南曹磨勘解繇，空收招到編民，莫見新添稅額。蓋有拆居耕種，各立户名，或是避稅逃移，併未歸業。所以虚添農户，無益官租，考課涉名，未盡其善。宜令吏部南曹自今後及已前應有令佐，招添點檢出户口，據數須本處户合徵稅賦物數目，於解繇歷于内一一開坐批書，方得准天福八年三月十日勅條施行，如不合前後勅例，不在施行之限。

（元）馬端臨《文獻通考》卷三九《選舉考·考課》 周世宗顯德五年，尚書考功奏：奉新敕：起今年正月一日後授官，並以三周年爲限，閏月不在其內者。當司所書校内外六品以下赴選官員考第，今後以一周年校成一考，如欠日，不計限，滿三周年校成三考，如考滿後未有替人，在任更一周年，與成第四考，欠日不在計限。兼逐年月日自上以來課績功過，第二考須具經考後課績，不得重疊計功，其末考須是具得替年月日，比類升降。自今年正月一日以前授官到任者，准格例三十個月書校三考；今年正月一日後來授官到任者，准新敕三周年爲月限，每一周年書校一考，閏月不在其內。所有諸道州府校考申發考帳及當司校奏，各依前後格敕施行。

按：周以前皆以三十月爲三考，至是，始令三周年云。

紀　事

《隋書》卷六六《房彦謙傳》 及高祖受禪之後，遂優遊鄉曲，誓無仕心。開皇七年，刺史韋藝固薦之，不得已而應命。吏部尚書盧愷一見重之，擢授承奉郎，俄遷監察御史。後屬陳平，奉詔安撫泉、括等十州，以銜命稱旨，賜物百段，米百石，衣一襲，奴婢七口。遷秦州總管録事參軍。嘗因朝集，時左僕射高熲定考課，彦謙謂熲曰：《書》稱三載考績，黜陟幽明，唐、虞以降，代有其法。黜陟合理，褒貶無虧，便是進必得賢，退皆不肖。如或舛謬，法乃虚設。比見諸州考校，執見不同，進退多少，參差不類。況復愛憎肆意，致乖平坦，清介孤直，未必高名，卑諂巧官，翻居上等。直爲真偽混淆，是非瞀亂。宰貴既不精練，斟酌取捨，曾經驅使者，多以蒙識獲成，未歷臺省者，皆爲不知被退。又四方懸遠，難可詳悉，唯量準人數，半破半成。徒計官員之少多，莫顧善惡之衆寡，欲求允當，其道無由。明公鑒達幽微，平心遇物，今所考校，必無阿枉。脱有前件數事，未審何以裁之？唯願遠布耳目，精加採訪，褒秋毫之善，貶纖介之惡。非直有光至治，亦足標奬賢能。詞氣侃然，觀者屬目。熲爲之動容，深見嗟賞，因歷問河西、隴右官人景行，彦謙對之如響。熲顧謂諸州總管、刺史曰：與公言，不如獨與秦州考使語。後數日，熲言於上，上弗能用。以秩滿，遷長葛令，甚有惠化，百姓號爲慈父。

（唐）王方慶《魏鄭公諫録》卷二《諫西行諸將不得上考疏》 臣聞採尺璧者，棄其微瑕；録大功者，不論細過。西行諸將，雖無大功，君集、萬均克平寇亂，不辱國命，跋涉艱阻，來往二年，考其勤勞，與在家者不異，即使人無怨讟，亦不可勸勉將來。臣愚以謂西行諸將，君集、萬均已外，五品已上，有功勳無罪殿者，其考請更斟酌，匪唯一事得所，足以勸後人也。

（唐）王方慶《魏鄭公諫録》卷五《房玄齡考績不平》 房玄齡、王珪掌内外考績，治書御史權萬紀奏其不平，追案勘問，王珪不伏，太宗付侯君集案之。公奏稱：無阿私，必不可推鞫。太宗大怒，令君集勘當。未奏，太宗問君集，君集奏稱：臣謂魏徵，玄齡、王珪挾私濫考，何得阿黨，固執言不可推。徵答云：玄齡、王珪俱是國家重臣，並以忠正任使，其所考者既多，或一兩人不當，祇是見有左右，終非心有阿私。若即推繩，不相信任，此事便不可信，何以堪當重委。假令錯謬有實，未足虧損國家。窮鞫若虚，失委大臣之體。且萬紀每日常在考堂，必有乖違，足得論正，當時鑒見，一無陳説，身不得考，方始糾彈，徒發在上嗔怒，非是誠心爲國，無益於上，有損於下，所惜傷於正體，不敢有所阿黨。遂釋不問。

（唐）李邕《李北海集》卷二《表·謝書上考表》 臣某言：伏奉今月日聖恩，鑑以薄能，光賜上考，御詞激物，睿獎動時。戴天奚勝，跼地無所。臣某中謝。臣聞荷再造者，遍於有情；勸庶工者，盡於有位：莫不宣其力，竭乃誠，欣赴前儔，恥居後殿者，蓋以萬數。則區區揚化，眇眇納忠，自化彭蠡之魚，更是海濱之鴈。伏惟陛下大和布氣，巨壑流津，宇宙開明，既昭纖草；山河鮮潤，每納昆蟲：豈臣凋枯，復霑雨露？天漢之上，遥記嚴平；宣室之中，興言賈誼。摧羽插翼，忽飛翥於雲霄；暴鰓捷鰭，重游泳於溟渤：豈有循吏，得預詞林？鼷鼠軒墀，鶢鶋鐘鼓，徒驚獎飾，益用慙惶。況乎政術空虚，裦述累積，文高日月，辰象法之不逮；德厚嵩華，羣岳朝之莫階。雖郭隗濫觴，明主有所蓄意；然邵信敦本，微臣不敢負人。慶抃則深，憂懼亦切，無所報國，空以誓心。不任感荷欣惕之至。

（唐）劉肅《大唐新語》卷六《舉賢》 裴景昇爲尉氏尉，以無異效，不居最課。考滿，刺史皇甫亮曰：裴尉苦節若是，豈可使無上考，選司何以甄録也。俗號考終爲送路考，省校無一成者。然敢竭愚思，仰申清德，當冀中也。爲之詞曰：考秩已終，言歸有日。千里無代步之馬，三月乏聚糧之資。食唯半菽，室如懸磬。苦心清節，從此可知。不旌此人，無以激勸。時人咸稱亮之推賢。景昇之考，省知左最，官至青刺。

《舊唐書》卷一三《德宗紀》 〔貞元九年〕十一月乙酉，日南至，上親郊圓丘。是日還宫，御丹鳳樓，制曰：朕以寡德，祇膺大寶，勵精理道，十有五年。夙夜惟寅，罔敢自逸，小大之務，莫不祇勤。皇靈懷顧，宗社垂祐，年穀豐阜，荒服會同，遠至邇安，中外咸若。永惟多祐，實荷玄休。是用虔奉禮章，躬薦郊廟，克展因心之敬，獲申報本之誠。慶感滋深，悚惕惟勵，大福所賜，豈獨在予，思與萬方，均其惠澤，可大赦天下。辛卯，華州潼關鎮國軍、隴右節度使李元諒卒於良原，以其部將阿史那叙統元諒之衆，戍良原。壬寅，河南尹、東都留守裴諝卒。甲辰，制以冬薦官，宜令尚書丞、郎於都堂訪以理術，試時務狀，考其通否及歷任考課事迹，定爲三等，并舉主姓名。仍令御史一人爲監試。如授官後政事能否，委御史臺、觀察使以聞，而殿最舉主。

《舊唐書》卷八〇《褚遂良傳》 時魏王爲太宗所愛，禮秩如嫡。其年，太宗問侍臣曰：當今國家何事最急？中書侍郎岑文本曰：《傳》稱導之以德，齊之以禮，由斯而言，禮義爲急。遂良進曰：當今四方仰德，誰敢爲非？但太子、諸王，須有定分，陛下宜爲萬代法以遺子孫。太宗曰：此言是也。朕年將五十，已覺衰怠。既以長子守器東宫，弟及庶子數將五十，心常憂慮，頗在此耳。但自古嫡庶無良佐，何嘗不傾敗國家。公等爲朕搜訪賢德，以傅儲宫，爰及諸王，咸求正士。且事人歲久，即分義情深，非意窺窬，多由此作。於是限王府官僚不得過四考。

《舊唐書》卷一三六《盧邁傳》 盧邁字子玄，范陽人。少以孝友謹厚稱，深爲叔舅崔祐甫所親重。兩經及第，歷太子正字、藍田尉。以書判拔萃，授河南主簿，充集賢校理。朝臣薦其文行，遷右補闕、侍御史、刑部吏部員外郎。邁以叔父兄弟姊妹悉在江介，屬蝗蟲歲饑，懇求江南上佐，由是授滁州刺史。入爲司門郎中，遷右諫議大夫，累上表言時政得失。轉給事中，屬校定考課，邁固讓，以授官日近，未有政績，不敢當上考，時人重之。遷尚書右丞。

《舊唐書》卷一三八《趙憬傳》 〔貞元〕八年四月，竇參罷黜，憬與陸贄並拜中書侍郎、同中書門下平章事。憬深於理道，常言：爲政之本，在於選賢能，務節儉，薄賦斂，寬刑罰。對揚之際，必以此爲言，乃獻《審官六議》曰：【略】議中外考課官，則曰：漢以數易長吏，謂之弊政。其有能理者，輒增秩賜金，或八九年、十餘年，乃入爲九卿，或遷三輔，功績茂異，遂至丞相，其間不隔數官。今陛下内選庶僚，外委州府，課績高者，不次超升，致理之法，無踰於此。臣愚以爲黜陟且立年限，若所居要重，未當遷移，就加爵秩。其餘進退，令知褒貶之必應，遲速之有常。如課績在中，年考及限，與之平轉，中外迭處，歷試其能，使無苟且之心，又無滯淹之慮。

《舊唐書》卷一八五下《良吏傳・崔隱甫》　隱甫在職強正，無所迴避。自貞觀年李乾祐爲御史大夫，别置臺獄，有所鞫訊，便輒繫之。由是自中丞、侍御史已下，各自禁人，牢扉常滿。隱甫引故事，奏以爲不便，遂掘去之。又憲司故事，大夫已下至監察御史，競爲官政，略無承稟。隱甫一切督責，事無大小，悉令諮決，稍有忤意者，便列上其罪，前後貶黜者殆半，羣僚側目。是冬，敕隱甫校外官考。舊例皆委細參問，經春未定。隱甫召天下朝集使，一時集省中，一日校考便畢，時人伏其敏斷。帝嘗謂曰：卿爲御史大夫，海内咸云稱職，甚副朕之所委也。

（宋）李昉等《太平御覽》卷二一六《職官部・吏部四司郎中員外・吏部郎中》　又曰：李渤，穆宗即位，召爲考功員外郎。十一月定京官考，不避權倖，皆行昇黜。奏曰：宰臣蕭俛、段文昌、崔植是陛下君臨之初用爲輔弼，安危理亂，決在此時。況陛下思天下和平，敬大臣禮切，固未有昵比左右，侈滿自賢之心。而宰相之權，宰相之事，陛下一以付之，實君義臣行，千載一遇之時也。此時若失，他更無時。而俛等上不能推至公，申炯誡，陳先王道德以沃君心，又不能正色匪躬，振舉舊法，復百司之本，如此則教化不立矣。臣聞政之廢興，在於賞罰。俛等作相已來，未聞獎一人德義舉守官奏公者，使天下在官之徒有所勸；又不能黜一人職事不理持禄養交者，使尸禄之徒有所懼。如是則刑法不立矣。邪正莫辨，混然無章，教化不行，賞罰不設，天下之事，復何望哉？一昨陛下畋遊幸驪山，宰相與翰林學士是陛下股肱心腹，宜皆知之。蕭俛等不能先事未形，忘軀懇諫，而使陛下有忽諫之名，流於史册，是陷君於過也。孔子曰：所謂大臣者，以道事君，不可則止。若俛等言行計從，不當如是。若言不行計不從，須奉身速退，不宜尸素於化源。進退戾也，何所避辭。其蕭俛、段文昌、崔植三人並翰林學士杜元穎等，並請考中下。御史大夫李絳、左散騎常侍張惟素、右散騎常侍李益等諫幸驪山，鄭覃等諫畋遊，是皆恐陛下行幸不息，恣情無度。又恐馬有銜橛不測之變，風寒生疾之憂，急奏無所詣，國璽委婦人中倖之手。絳等能率御史諫官論列於朝，有懇激事君之禮。其李絳、張惟素、李益三人，伏請賜上上考外，特與遷官，以彰陛下優忠賞諫之美。其崔元略冠供奉之首，合考上下；緣與于翬上下考，于翬以犯贓處死，准令須降，請賜考中中。大理卿許季同任使于翬韋道沖、韋正牧，皆以犯贓，或左降，或處死，合考中下。然頃者陷劉闢之亂，棄家歸朝，忠節明著，今宜以功補過，請賜考中中。少府監裴通職事修舉，合考中上，以其請追封所生母而捨嫡母，是明罔於君，幽欺其先，請賜考中下。伏以昔者宰夫入寢，擅飲師曠李調，今愚臣守官，請書宰相學士中下考，上愛聖運，下振頹綱，故臣懼不言之爲罪，不懼言之爲罪也。其三品官考，伏緣限在今月内進，輒先具如前。其四品已下官，績具條流聞奏。

（宋）李昉等《文苑英華》卷五八三《宰相雜謝・為李右相謝上上考表孫逖》　臣今日伏奉恩旨，垂賜上上考並辭，捧讀兢惶，戰汗交集。臣謬以庸薄，久塵樞近，承奉明命，述宣聖謨，罪戾猶多，涓埃何補？豈悟天心善誘，宸眷殊常？垂翦拂於德音，踰涯越分；降恩私於考績，超等邁倫。雖承含垢之慈，終多覆餗之懼。無任慙悚之至。

（宋）王欽若等《册府元龜》卷八八《帝王部・赦宥》　自大曆元年十一月十二日昧爽已前，大辟罪已下，已發覺未發覺，已結正未結正，繫囚見徒，罪無輕重，常赦所不免者，咸赦除之。長吏犯贓，不在免限。夫從簡之道，《大易》至言，薄賦之規，前王令範。朕志遵儉約，務欲息人，徵斂無期，誠爲勞弊。天下百姓，除正租庸及軍器所須外，不承正勅，一切不得輒有科率。

國以人爲本，人以農爲業。頃繇師旅，征税殷繁，編户流離，田疇荒廢。永言牧宰，政切親人。其刺史縣令，宜以招輯户口，墾田多少，用爲殿最。每年終委本道按察使、節度等使案覆聞奏，如課績尤異，當加超擢；或政理無聞，必寘科貶。逃亡失業，萍泛無依，特宜招撫，使安鄉井。其逃户復業者，宜給復三年。如百姓先貨賣田宅盡者，宜委州縣取逃死户口田宅，量丁口充給，仍仰縣令親至鄉村，安存處置，務從樂業，以贍資糧。

（宋）王欽若等《册府元龜》卷三一九《宰輔部·褒寵》　源乾曜爲侍中，張説爲中書令。開元十二年，賜上考，親製其詞曰：源乾曜謇謇匪躬，謙謙自牧，正身率下，直道事人。無聞伐己之功，每立致君之節。顧問則出納斯允，左右則啓沃居多。德行可稱，自宜升擢。張説以道佐時，以忠處事，顔雖不犯，嘗聞獻替之誠；言則不諛，自得謀猷之體。政令必俟其增損，圖書又籍其刊削，才望兼著，理合褒升，並考中上。十三年十一月，封東嶽禮畢，以乾曜爲尚書左丞相兼侍中中書令，張説爲尚書右丞相兼中書令。

《新唐書》卷二《太宗紀》〔貞觀二十年正月〕丁丑，遣使二十二人，以六條黜陟于天下。

《新唐書》卷五《玄宗紀》〔開元二十一年〕四月乙卯，遣宣慰使黜陟官吏，決繫囚。

《新唐書》卷一〇六《盧承慶傳》　初，承慶典選，校百官考，有坐漕舟溺者，承慶以失所載，考中下。以示其人，無愠也。更曰非力所及，考中中。亦不喜。承慶嘉之曰：寵辱不驚，考中上。其能著人善類此。

《新唐書》卷一〇六《劉祥道傳》　祥道少襲爵，歷御史中丞。顯慶中，遷吏部黄門侍郎，知選事。既世職，乃釐補敝闕，上疏陳六事：**【略】**五曰：唐、虞三載考績，黜陟幽明。二漢用人，亦久其職。今任官率四考罷，官知秩滿，則懷去就；民知遷徙，則苟且。以去就之官，臨苟且之民，欲移風振俗，烏可得乎？請四考進階，八考聽選，以息迎新送故之弊。

《新唐書》卷一一八《李渤傳》　穆宗立，召拜考功員外郎。歲終，當校考。渤自宰相而下升黜之，上奏曰：宰相俛、文昌、植，陛下即位，倚以責功，安危治亂繫也。方陛下敬大臣，未有昵比左右自驕之心，而天下事一以付之，俛等不推至公，陳先王道德，又不振拔舊典，復百司之本。政之興廢在賞罰。俛等未聞慰一首公，使天下吏有所勸；黜一不職，使尸禄有所懼。士之邪正混然無章。陛下比幸驪山，宰相、學士皆股肱心腹，宜皆知之，不先事以諫，陷君於過。俛與學士杜元穎等請考中下。御史大夫李絳、左散騎常侍張惟素、右散騎常侍李益諫幸驪山，鄭覃等諫畋游，得事君之禮，請考上下。崔元略當考上下，前考于翬不實，翬以賄死，請降中中。大理卿許季同，任翬者，應考中下；然頃陷劉闢，棄家以歸，宜補厥過，考中中。少府監裴通職修舉，考應中上；以封母，捨嫡而追所生，請考中下。奏入，不報。會渤請急，馮宿領考功，以考課令取歲中善惡爲上下，郎中校京官四品以下黜陟之，由三品上爲清望官，歲進名聽内考，非有司所得專。渤舉舊事爲褒貶，違朝廷制，請如故事。渤議遂廢。

《新唐書》卷一二五《張説傳》　開元十七年，説授左丞相，校京官考，注均考曰：父教子忠，古之善訓，王言帝載，尤難以任。庸以嫌疑，而撓紀綱？考上下。當時亦不以爲私。後襲燕國公，累遷兵部侍郎，以累貶饒、蘇二州刺史。久之，復爲兵部侍郎。

《新唐書》卷一二八《齊抗傳》　初，吏部歲考書言，以它官第上下，中書、門下遣官覆實，以爲常。抗以尚書、侍郎皆大臣選，今更覆覈，非任人勿疑之道。禮部侍郎試貢士，其姻舊悉試考功，謂之别頭，皆奏罷之。又省州别駕、田曹司田官、判司雙曹者，減中書吏員。此其稍近治者云。

《新唐書》卷一二九《盧從愿傳》　開元四年，玄宗悉召縣令策於廷，考下第者罷之。從愿坐擬選失實，下遷豫州刺史。政嚴簡，奏課爲天下第一，賚書勞問，賜絹百匹。召爲工部侍郎，遷尚書左丞、中書侍郎，以工部尚書留守東都，代韋抗爲刑部尚書。數充校考使，升退詳確。

《新唐書》卷一四九《班宏傳》　大曆中，擢起居舍人，四遷給事中。李寶臣死，子惟岳匿喪求節度，帝遣宏使成德喻其軍，惟岳厚獻遺，宏不納，還報稱旨，擢刑部侍郎、京官考使。右僕射崔寧署兵部侍郎劉迺爲上下考，宏不從，曰：今軍在節度，雖有尺籍伍符，省署不校也。夫上多虚美，則下趨競；上阿容，則下朋黨。因削之。迺聞，謝曰：敢掠一美以邀二罪乎？進吏部侍郎。

《新唐書》卷一五〇《趙憬傳》　憬精治道，常以國本在選賢、節用、薄賦斂、寬刑罰，懇懇爲天子言之。又陳前世損益、當時之變，獻

《審官六議》。一議相臣，曰：中外知其賢者用之，能者任之，責材之備，爲不可得。二議庶官，曰：臣嘗謂拔十得五，賢愚猶半。陛下曰：何必五也，十二可矣。故廣任用，明殿最，舉大節，略小瑕，隨能試事，用人之大要也。三議京司闕官，曰：今要官闕多，閑官員多。要官以材行，閑官以恩澤，是選拔少，優容衆也。宜補缺員，以育人材。四議考課，曰：今內庶僚，外刺史，課最尤者，擢以不次，善矣。臣謂黜陟宜責歲限，若任要重未當遷者，加爵或秩。其餘進退，宜示遲速之常。若課在中，考如限者，平轉而歷試之，即無苟且之心、滯淹之慮。五議遺滯，曰：陛下委宰輔舉才，不偏知也，則訪之庶僚；又不偏知也，訪之衆人。衆聲囂然，十譽之未信，一毀之可疑。臣謂宜采士論，以譽多者先用，非大故者勿棄。六議藩府官屬，曰：諸使辟署，務得才以重府望，能否已試，則引而置之朝，無俾久滯。帝皆然之，下詔褒答。輔政五年卒，年六十一。

《新唐書》卷一五一《趙宗儒傳》　宗儒第進士，授校書郎，判入等，補陸渾主簿。數月，拜右拾遺、翰林學士。時，父驊遷祕書少監，德宗欲寵其門，使一日並命。再遷司勳員外郎。貞元六年，領考功事。自至德後考績失實，內外悉考中上，殿最混淆，至宗儒，黜陟詳當，無所回憚。右司郎中獨孤良器、殿中侍御史杜倫以過黜考，左丞裴郁、御史中丞盧佋降考中中，凡入中上者，纔五十人。帝聞善之，進考功郎中。

《新唐書》卷一六五《鄭餘慶傳》　時數赦，官多汎階；又帝親郊，陪祠者授三品、五品不計考；使府賓吏，以軍功借賜朱紫率十八；近臣謝、郎官出使，多所賜與。每朝會，朱紫滿廷而少衣緑者，品服大濫，人不以爲貴，帝亦惡之，始詔餘慶條奏懲革。遷尚書左僕射。僕射比非其人，乃餘慶以宿德進，公論浩然歸重。帝患典制不倫，謂餘慶淹該前載，乃詔爲詳定使，俾參裁訂正。餘慶引韓愈、李程爲副，崔郾、陳佩、楊嗣復、庾敬休爲判官，凡損增儀矩，號稱詳衷。

（元）馬端臨《文獻通考》卷三九《選舉考·考課》　高祖武德二年，上親閱群臣考績，以李綱、孫伏伽爲上第。

太宗貞觀三年，尚書右僕射房玄齡、侍中王珪掌內外官考，治書侍御史權萬紀奏其不平，追按勘問。王珪不伏舉按，上付侯君集推問，秘書監魏徵奏稱：必不可推鞫。且玄齡、王珪國家重臣，俱以忠直任使，其所考者既多，或一人兩人不當，終非有阿私。若即推繩此事，便不可信任，何以堪當重委？假令錯謬有實，未足虧損國家；窮鞫若虛，失委大臣之體。且萬紀比來恒在考堂，必有乖違，足得論正；當時鑒見，切無陳説，身不得考，方始糾彈，徒發在上瞋怒，非是誠心爲國。無益於上者，有損於下。所惜傷於理體，不敢有所阿爲。遂釋不問。

六年，監察御史馬周上疏曰：臣竊見流內九品以上，令有等第，而自比年入多者不過中上，未有得上下以上考者。臣謂令設九等，正考當今之官，必不施之於異代也。縱朝廷實無好人，猶應於見在之內比較其尤善者，以爲上第。豈容皇朝之士，遂無堪上下之考者？朝廷獨知貶一惡人，可以懲惡；不知褒一善人，足以勸善。臣謂宜每年選天下政術尤最者一二人，爲上上，其次爲上中，次爲中上，其次爲上下，則中人已上，可以自勸。

高宗時，滕王元嬰爲金州刺史，頗縱驕逸，動作無度。帝戒之，且曰：朕以王骨肉至親，不能致於理，今書王下下考，以愧王心。

司刑太常伯盧承慶嘗考內外官，有一人督運遭風失米，承慶考之曰：監運損糧，考中下。其人容色自若，無言而退。承慶重其雅量，改注曰：非力所及，考中中。其人既無喜色，亦無愧詞。又改曰：寵辱不驚，考上上。

致堂胡氏曰：考士者當較其平素，今以一時容止而進退之，厚貌深情者得以蒙其奸矣。然觀承慶判注之語，則知古者考課有所毁譽，而得之者以爲榮禄，此亦《山公啓事》之餘俗也。後世課最負犯，立爲定目，依式而書，於吏文無謬則善矣，其人有異績美行，無由察録，而貪賊蠹害，幸免按舉者，即以無過著於官簿。賢否混亂，功罪同區，未之有改也。豈非激揚之闕政乎？

中宗神龍中，御史中丞盧懷慎上疏曰：臣聞孔子曰：爲邦百年，可以勝殘去殺。又曰：苟有用我者，期月已可，三年有成。故《書》云三載考績，校其功也。子產，賢者也，其爲政尚累年而化成，況常材乎？竊見比來州縣官佐，下車布政，有多者一二年，少者三五月，遽即遷除，不論課考；或歷時未改，便傾耳而聽，企踵而睹，争求冒進，不顧廉恥，亦何暇宣風布化，求瘼恤人哉。户口流散，百姓凋敝，職爲此也。何則？人知吏之不久，則不從其政；吏知遷之不遥，又不盡其能，偷安苟且，脂韋而已。又古之爲吏者長子孫，倉氏、庾氏即其後也。臣請都督、刺史、上佐、兩畿縣令等，在任未經四考，不許遷除。察其課效尤異，或錫以車裘，或就加禄秩，或降使臨問，並璽書慰勉，若公卿有闕，則擢以勸能。政績無聞，抵犯貪暴者，放歸田里，以明賞罰。致理救弊，莫過於此。

元宗開元三年，敕：內外官考未滿，所司預補替人，名爲守闕，特宜禁斷。縱後有闕，所司不得令上。

二十五年，命諸道採訪使考課官人，善績三年一奏，永爲常式。

二十七年，赦文：三載考績，黜陟幽明，允叶大猷，以勸天下。比來諸道所通善狀，但優仕進之輩，與爲選調之資，責實循名，或乖古義。自今以後，諸道使更不須通善狀，每至三年，朕自擇使臣，觀察風俗，有清白政理著聞者，當别擢用之。

天寶二年，考功奏：准考課令，考前釐事不滿二百日，不成合考者。釐事謂都論在任日至考時，有二百日即成考，請假、停務並不合破日。比來多不會令文，以爲不入曹局，即爲不釐事，因此破考。臣等參量，但請俸禄，即同釐事。請假不滿百日，停務不至解免，事須卻上其考，併合不破。若有停務逾年，不可更請禄科，兼與成考。從之。

肅宗乾元二年，御製郭子儀、李光弼、苗晉卿、李輔國考辭。

代宗寶慶元年，吏部奏：州縣官三考一替，如替人不到，請校四考後停。

二年，考功奏請立京、外按察司。京察連御史臺分察使，外察連諸道觀察使，各訪察官吏善惡。其功過稍大，事當奏者，使司案成便奏，每年九月三十日以前，具狀報考功。其功過雖小，理堪懲勸者，案成即報考功。至校考日，參事迹以爲殿最。

德宗貞元元年，以刑部尚書關播、吏部侍郎班宏爲校內外官考使。七年，考功奏：准諸司皆據功過論其考第，自至德後至今三十年來，一例申中上考。今請覆其能否，以定升降。從之。又言：准《考課令》，三品已上及同中書門下平章事考，並奏取裁，親王及大都督亦同。伏詳此文，則職位崇重，考績褒貶，不在有司，皆合上奏。今緣諸州刺史、大都督府長史及上中下都督、都護等，有帶節度、觀察使者。方鎮既崇，名禮當異，每歲考績，亦請奏裁。其非節度、觀察等州府長官，有帶臺省官者，請不在此限。

憲宗元和二年，中書門下舉今年正月赦文上言：國家故事，於中書直具員簿，以序內外庶官。爰自近年，因循遂廢，清源正本，莫急於斯。今請京、常參官五品以上前資、見任，起元和二年，量定考數，直具員簿。應諸州刺史，次赤府少尹，次赤令、諸陵令、五府司馬，及東宮官除右左庶子、王府官四品已下，並請五考。其臺官先定月數，今請侍御史滿十三月，殿中侍御史滿十八月，監察御史依前一十五個月與轉。三省官並三考外，餘官並四考外，其文武官四品已下並五考商量與改。尚書省四品已上，餘文武官三品已上，緣品秩已崇，不可限以此例，須有進改，並臨時奏聽進止。其權知官，須至兩考，然後正授；未經正授，不得用權知官資改轉。其中緣官闕要人，及緣事須有移者，即不在常格敘遷之限。諸道及諸使、副使、行軍司馬、判官、參謀、掌書記、支使、推官、巡官等，有敕充職掌，帶檢校五品已上官及臺省官，三考與改轉，餘官四考與改轉。

李渤爲考功員外郎，歲終當考校自宰相而下升黜之名第，其考，以宰相段文昌等爲下考。奏入，不報。會渤請急，馮宿領考功，以：《考課令》取歲中善惡爲上下，郎中校京官四品以下黜陟之，由三品以上爲清望官，歲進名聽內考，非有司所得專。渤舉舊事爲褒貶，違朝廷制，請如故事。渤議遂廢。

十四年，考功奏：今後應注考狀，但直言某色行能、某色異政，或樹勞效，或推斷糾舉，便書善惡，不得更有虛美閑言。注考並不得失於褒貶，如違，據所失輕重，准令降書考官考。又准敕：御史臺分察，及諸道觀察使訪察官吏善惡功過，具狀報考功。近日都不見牒報。今後諸司不申報者，州府本判官便與下考。從之。

宣宗大中五年，吏部奏：刺史、縣令如賦税畢集，判斷不滯，户口無逃散，田畝守常額，差科均平，廨宇修飾，館驛如法，道路開通之類，皆是尋常職分，不合計課。自今後但云所勾當常行公事，並無敗闕。唯職分乖缺及開田招户、辨獄雪冤及新制置之事，則任録其由申上，亦須簡要，不得繁多。又近年以來，刺史皆自録課績申省，務衒者則張惶其事，謙退者則緘默不言。今後其巡内刺史，請並委本道觀察使定其考第，然後録申，本州不得自録課績申省。又州府申官人覆得冤獄，書殊考者，其元推官人多不懲殿，或云書考日當書下考，至時又不提舉。請自今以後，書辨獄官人殊考日，便須書元推官下考；如元推官自以爲屈，任經廉使及臺省陳論。其官人先有殿犯，官長斷云至書考日與下考者，如至時不舉，其本判官當書下考。其所申到下考，省司校其所犯，如與令式相符，便校定申奏，至敕下後，並須各牒州府。又近日諸州府所申奏録課績，至兩考、三考以後，皆重具從前功課申省，以冀褒升。省司或檢勘不精，便有僥倖。今後不得更具從前功績申上。又近日諸州府所申考解，皆不指言善最，或漫稱考秩，或廣説門資，既乖令文，實爲繁弊。今後如有此色，並請准令降其考第。從前以來，應得考之人，並給考牒，以爲憑據。近年考使容易，給牒不一。或一人考牒，數處請假；或數年之後，方始來請。自今以後，校考敕下後，其得殊考及上考人，省司便據人數，一時與修寫考牒，請准吏部告身及禮部春闈牒，每人各出錢收贖，其得殊考者出一千文，上考者出五百文，其錢便充寫考牒紙筆雜用。以前件事條等，或出於令文，或附以近敕，酌情揣事，不至乖張。謹並條例進上。奉敕依。

《舊五代史》卷三七《唐書·明宗紀》　〔天成元年十一月〕癸丑，日南至，帝御文明殿受朝賀，杖衞如式。禮部侍郎裴皞上言：諸州刺史經三考方請替移。詔曰：有政聲者就加恩澤，無課最者即便替移。課最，原本作課再，今據《五代會要》改正。

《舊五代史》卷一四九《職官志》　後唐清泰二年秋九月庚申，尚書考功上言：今年五月，翰林學士程遜所上封事內，請自宰相百執事、外鎮節度使、刺史，應係公事官，逐年書考，較其優劣。遂檢尋《唐書》、《六典》、《會要》考課，令書考第。從之。時議者曰：考績之法，唐堯、三代舊制。西漢以刺史六條察郡守，五曹尚書綜庶績，法尤精察，吏有檢繩。漢末亂離，舊章弛廢。魏武於軍中權制品第，議吏清濁，用人按吏，頓爽前規。隋、唐已來，始著於令。漢代郡守，入爲三公，魏、晉之後，政在中書，左右僕射知政事，午前視禁中，午後視省中，三臺百職，無不統攝。以是論之，宰輔憑何較考。自天寶末，權置使務已後，庶事因循，尚書諸司，漸致有名無實，廢墜已久，未知憑何督責。程遜所上，亦未詳本源，其時所司雖有舉明，大都諸官亦無考較之事。

任用權限與迴避分部

綜述

《唐六典》卷六《尚書刑部》 凡鞫獄官與被鞫人有親屬、仇嫌者，皆聽更之。親謂五服内親及大功已上婚姻之家，並授業經師爲本部都督、刺史、縣令，及府佐與府主，皆同换推。

（唐）杜佑《通典》卷一四《選舉·歷代制中》 隋文帝開皇七年制，諸州歲貢三人，工商不得入仕。開皇十八年，又詔：京官五品以上及總管、刺史，並以志行脩謹、清平幹濟二科舉人。牛弘爲吏部尚書，高構爲侍郎，最爲稱職。當時之制，尚書舉其大者，侍郎銓其小者，則六品以下官吏，咸吏部所掌。自是，海内一命以上之官，州郡無復辟署矣。自後魏末、北齊以來，州郡僚佐已多爲吏部所授，至隋一切歸在省司。牛弘嘗問劉炫曰：按《周禮》，士多而府史少，今吏百倍於前，判官减即不濟，其故何也？炫對曰：古人委任責成，歲終考其殿最，案不重校，文不繁悉，府史之任，掌要目而已。今之文簿，常慮覆理，鍛鍊若不密，萬里追證百年舊案。故諺云：老吏抱案死。今古不同，若此之相懸也。事繁政弊，職此之由。弘又問：魏、齊之時，令史從容而已，今則不遑寧舍，其事何由？炫對曰：往者，州唯置綱紀，郡置守、丞，縣唯令而已，其所具僚，則長官自辟，受詔赴任，每州不過數十。今則不然，大小之官，悉由吏部，纖介之跡，皆屬考功，所以繁也。省官不如省事，省事不如清心，官事不省而欲從容，其可得乎。弘甚善其言而不能用之。

《舊唐書》卷四三《職官志》 凡同司聯事勾檢之官，皆不得注大功已上親。【略】凡官人身及同居大功已上親，自執工商，家專其業，及風疾、使酒，皆不得入仕。

（宋）王溥《唐會要》卷五七《尚書省諸司上·尚書省》 故事，叔父兄弟，不許同省爲郎官。格令不載，亦無正敕。貞觀二年十一月，韋叔謙除刑部員外郎。三年四月，韋季武除主爵郎中。其年七月，韋叔諧除庫部郎中。太宗謂曰：知卿兄弟並在尚書省，故授卿此官，欲成一家之美，無辭，稍屈階資也。其後同省者甚多，近日非特恩除拜者，即相迴避。

（宋）王溥《唐會要》卷五七《尚書省諸司上·尚書省》 〔元和〕十三年敕：應同司官，有大功已上親者，非連判及句檢之官長，則不在迴避改授之限。況故事不必，明文具存，其有官署同，職異司，雖父子兄弟，亦無所嫌。起今已後，宜准天寶二年七月敕處分。時刑部員外楊嗣復以父於陵新除户部侍郎，遂以近例避嫌，請出省，宰臣等舉令式奏請，故有是命焉。

《全唐文》卷五〇《德宗皇帝·賈全等不必避嫌詔》 功勞近臣，至親子弟，既處繁劇，或招遏犯。寬宥則撓法，取責則虧恩。不令守官，仍爲至當。賈全等十人，昨緣畿内凋殘，親自選擇，事非常制，不令避嫌。

《全唐文》卷六二《憲宗皇帝·同司官非連判勾簡官不必避嫌敕》 應同司官有大功已上親者，但非連判及勾簡之官並官長，則不在回避改授之限。況國朝故事，不少敕令，明文具存。其官署同職異司，雖父子兄弟，亦無所嫌。起今已後，宜准天寶二年七月六日敕處分。

《全唐文》卷一一一《後唐明宗·七十已上人不得概注散官敕》 耄年爲政蒞事，或有昏蒙，老成之人，安知不可師範？宜令銓司，此後有全不任待者，即别以優散官資注擬。

紀事

《隋書》卷二《高祖紀》 〔開皇四年〕夏四月己亥，敕總管、刺史父母及子年十五已上，不得將之官。

《隋書》卷二《高祖紀》 〔開皇十四年冬閏十月〕乙卯，制外官九品已上，父母及子年十五已上，不得將之官。

《隋書》卷二《高祖紀》 〔開皇十六年〕六月甲午，制工商不得進仕。

（唐）劉肅《大唐新語》卷六《舉賢》 張楚金年十七，與兄越石同以茂才應舉。所司以兄弟不可兩收，將罷越石。楚金辭曰：以順則越石長，以才則楚金不如，請某退。時李勣爲州牧，歎曰：貢才本求才行，相推如此，可雙舉也。令兩人同赴上京，俱擢第，遷刑部尚書。後爲周興搆陷，將刑，仰天歎曰：皇天后土，豈不察忠臣乎？奈何以無辜獲罪。因泣下。市人爲之歔欷。須臾陰雲四塞，若有所感。旋降敕免刑，宣未訖，天開朗，慶雲紛郁。時人感其忠正孝悌之報。

（唐）裴庭裕**《東觀奏記》卷中《宰相舊僚不得任諫官》**　以左拾遺鄭言爲太常博士，鄭朗自御史大夫命相。朗先爲浙西觀察使，言實居幕中。朗建議：以諫官論時政得失，動關宰輔，鄭言必括囊形跡，請移爲博士。至大中十一年，崔慎由自户部侍郎秉政，復以左拾遺杜蔚爲太常博士。蔚亦慎由舊僚也，踵爲故事。至理之代，動循至公，後代方之難矣。

《舊唐書》卷一五《憲宗紀》　〔元和十三年八月〕乙亥，敕應同司官有大功已上親者，但非連判及勾檢之官并官長，則不在迴避改换之限。時刑部員外郎楊嗣復以父於陵除户部侍郎，遂以近例避嫌，請出省，不從，因有是敕。

《舊唐書》卷一七六《楊嗣復傳》　嗣復七八歲時已能秉筆爲文。年二十，進士擢第。二十一，又登博學宏詞科，釋褐祕書省校書郎。遷右拾遺，直史館。以嗣復深於禮學，改太常博士。元和十年，累遷至刑部員外郎。鄭餘慶爲詳定禮儀使，奏爲判官，改禮部員外郎。時父於陵爲户部侍郎，嗣復上言與父同省非便，請换他官。詔曰：應同司官有大功以下親者，但非連判及勾檢之官并官長，則不在迴避之限。如官署同，職司異，雖父子兄弟無所避嫌。

《新唐書》卷一二三《韋巨源傳》　韋巨源與安石同系，後周京兆尹總曾孫。祖貞伯，襲鄖國公，入隋，改舒國。巨源有吏幹，武后時累遷夏官侍郎、同鳳閣鸞臺平章事。其治委碎無大體，句校省中遺隱，下符斂克不少蠲，雖收其利，然下所怨苦。坐李昭德累，貶鄜州刺史。累拜地官尚書。

神龍初，以吏部尚書同中書門下三品。時要官缺，執政以次用其親，巨源秉筆，當除十人，楊再思得其一，試問餘授，皆諸宰相近屬。再思喟然曰：吾等誠負天下。巨源曰：時當爾耳。是時雖賢有德，終莫得進，士大夫莫不解體。會安石爲中書令，避親罷政事。

《新唐書》卷一六三《楊於陵傳》　楊於陵字達夫，本漢太尉震之裔。父太清，倦宦，客河朔，死安禄山之亂。於陵始六歲，間關至江左，逮長，有奇志。十八擢進士，調句容主簿。節度使韓滉剛嚴少許可，獨奇於陵，謂妻柳曰：吾求佳壻，無如於陵賢。因以妻之。辟鄂岳、江西使府。滉居宰相，領財賦，權震中外。於陵隨府罷，避親不肯調，退廬建昌，以文書自娱樂。

《新唐書》卷一六七《崔損傳》　崔損字至無，系本博陵。大曆末，中進士、博學宏辭，補校書郎、咸陽尉。避親，改大理評事。累勞至右諫議大夫。

《新唐書》卷一九七《賈敦頤傳》　賈敦頤，曹州冤句人。貞觀時，數歷州刺史，資廉絜。入朝，常盡室行，車一乘，弊甚，羸馬繩羈，道上不知其刺史也。久之，爲洛州司馬，以公累下獄，太宗貰之，有司執不貰，帝曰：人孰無過，吾去太甚者。若悉繩以法，雖子不得於父，況臣得事其君乎？遂獲原。徙瀛州刺史，州瀕滹沱、滱二水，歲湓溢，壞室廬，寖洳數百里。敦頤爲立堰庸，水不能暴，百姓利之。時弟敦實爲饒陽令，政清静，吏民嘉美。舊制，大功之嫌不連官，朝廷以其兄弟治行相高，故不徙以示寵。

官階與俸禄分部

論說

（唐）白居易《白居易集》卷六四《策林三·議百官職田》　臣伏以職田者，職既不同，田亦異數，内外上下，各有等差：此亦古者公田稍食之制也。國家自多事已來，厥制不舉。故稽其地籍，而田則具存；考以户租，而數多散失。至有品秩等，官署同，廩禄厚薄之相懸，近乎十倍者矣。今欲辨内外之職，均上下之田，不必乎創新規，其在乎舉舊典也。臣謹按：國朝舊典，量品而授地，計田而出租。故地之多少，必視其品之高下；租之厚薄，必視其田之肥墝。如此，則沃瘠而户租均，等列辨而禄食足矣。今陛下求其典，而典存焉；索其田，而田在焉。誠能申明舉而行之，則前弊必自革矣。

（唐）白居易《白居易集》卷六四《策林三·省官，併俸，減使職》

臣聞：古者計人而置官，量賦而制禄。故官之省置，必稽人户之衆寡；禄之厚薄，必稱賦入之少多。俾乎官足以理人，人足以奉吏。吏有常禄，財有常征；財賦吏員，必參相得者也。頃以兵戎屢動，荒沴薦臻，户口流亡，財征減耗；則宜量其官而省之，併其禄而厚之。故官省則事簡，事簡則人安；禄厚則吏清，吏清則俗阜：而天下所由理也。然則知清其吏，而不知厚其禄；則飾詐而不廉矣。知厚其禄，而不知省其官；則財費而不足矣。知省其官，而不知選其能；則事壅而不理矣。此三者，迭爲表裏，相須而成者也。伏惟陛下詳而行之。臣又見：兵興以來，諸道使府，或因權宜而置職，一置而不停；或因暫勞而加俸，一加而無減。至使職多於郡縣之吏，俸優於臺省之官。積習生常，煩費滋甚。今若量其職員，審其禄秩；使衆寡有常數，厚薄得其中。故禄得其中，則費不廣，而下無侵削之患矣。職有常數，則事不煩，而人無勞擾之弊矣。此又利害相懸遠者。伏惟陛下念而救之。

《歷代名賢確論》卷九八《官品廢置》　張唐英論曰：武德定文武官品，並踵開皇之制，天下郡縣多從省併。至貞觀九年，文皇以官多則事煩，遂減内外文武官六百四十三員，而天下役省民安。咸亨天授已後，務廣員品，以收人情，大置試官以處之，及李嶠爲吏部侍郎，欲收衆譽，以取宰相之位，大置員外官二千餘員，又有特置同正員，又有檢校攝判之名，於是官紀大壞，爵禄無准，賢愚爲之一混，府庫爲之一空。開元以來，始裁制度，尚書省以統會衆務，門下省以侍從獻替，中書省以出納制誥，秘書省以總領圖書，御史臺以肅清百寮，殿中丞以供修服膳，内侍省以承旨奉引，又有九寺五監分理羣司，六軍十二衛以嚴武備，而官品有條矣。又分天下爲十道，以統領四方之政，然判司簿尉頗多矣。代宗詔京兆府長安各減丞一員部二員，天下縣各減一員。元和中，李吉甫奏併省吏員，當時天下翕然稱治。

綜述

《隋書》卷二四《食貨志》　自諸王已下，至于都督，皆給永業田，各有差。多者至一百頃，少者至四十畝。其丁男、中男永業露田，皆遵後齊之制。並課樹以桑榆及棗。其園宅，率三口給一畝，奴婢則五口給一畝。丁男一牀，租粟三石。桑土調以絹絁，麻土以布絹。絁以疋，加綿三兩。布以端，加麻三斤。單丁及僕隷各半之。未受地者皆不課。有品爵及孝子順孫義夫節婦，並免課役。京官又給職分田。一品者給田五頃。每品以五十畝爲差，至五品，則爲田三頃，六品二頃五十畝。其下每品以五十畝爲差，至九品爲一頃。外官亦各有職分田。又給公廨田，以供公用。

《隋書》卷二四《食貨志》　開皇八年五月，高熲奏諸州無課調處，及課州管户數少者，官人禄力，乘前已來，恒出隨近之州。但判官本爲牧人，役力理出所部。請於所管户内，計户徵税。帝從之。先是京官及諸州，並給公廨錢，迴易生利，以給公用。至十四年六月，工部尚書、安平郡公蘇孝慈等，以爲所在官司，因循往昔，以公廨錢物，出舉興生，唯利是求，煩擾百姓，敗損風俗，莫斯之甚。於是奏皆給地以營農，迴易取利，一皆禁止。十七年十一月，詔在京及在外諸司公廨，在市迴易，及諸處興生，並聽之。

《隋書》卷二八《百官志》　三師、王、三公，爲正一品。

上柱國、郡王、國公、開國郡縣公，爲從一品。

柱國、太子三師、特進、尚書令、左右光禄大夫、開國侯，爲正二品。

上大將軍、尚書左右僕射、雍州牧、金紫光禄大夫，爲從二品。

大將軍，吏部尚書，太常、光禄、衛尉等三卿，太子三少，納言，内史令，左右衛、左右武衛、左右武候、領左右等大將軍，禮部、兵部、都官、度支、工部尚書，宗正、太僕、大理、鴻臚、司農、太府等六卿，上州刺史，京兆尹，祕書監，銀青光禄大夫，開國伯，爲正三品。

上開府儀同三司，散騎常侍，左右衛、武衛、武候、領左右、監門等將軍，國子祭酒，御史大夫，將作大匠，中州刺史，親王師，朝議大夫，爲從三品。

驃騎將軍，開府儀同三司，太常、光禄、衛尉等三少卿，太子左右衛、宗衛、内等率，尚書，吏部侍郎，給事黄門侍郎，太子左庶子，宗正、太僕、大理、鴻臚、司農、太府等少卿，下州刺史，已前上階。内史侍郎，太子右庶子，通直散騎常侍，左右監門郎將，朝散大夫，開國子，爲正四品。

上儀同三司，尚書左丞，太子左右衛、宗衛、内等副率，左右監門率，上郡太守，雍州别駕，親王府長史，太子家令，率更令、僕，内侍，城門校尉，已前上階。尚書右丞，上鎮將軍，雍州贊務，直閤將軍，親王府司馬，諫議大夫，爲從四品。

車騎將軍，儀同三司，内常侍，祕書丞，國子博士，散騎侍郎，太子内舍人，太子左右監門副率，員外散騎常侍，上州長史，親王府諮議參軍事，開國男，已前上階。尚食、尚藥典御，上州司馬，爲正五品。

著作郎，通直散騎侍郎，中郡太守，直寢，太子洗馬，中州長史，奉車都尉，已前上階。都水使者，治書侍御史，大興、長安令，大理司直，直齋，太子直閤，京兆郡丞，中州司馬，中鎮將，上鎮副，内給事，駙馬都尉，親王友，員外散騎侍郎，爲從五品。

翊軍、翊師將軍，尚書諸曹侍郎，内史舍人，下郡太守，大都督，親王府掾屬，下州長史，已前上階。四征將軍，征東、征南、征西、征北。三將軍，内軍、鎮軍、撫軍。大理正、監、評，千牛備身左右，左右監門校尉，内尚食典御，符璽監，御府監，殿内監，太子内直監，下州司馬，下鎮將，中鎮副，爲正六品。

四平將軍，平東、平南、平西、平北。四將軍，前軍、後軍、左軍、右軍。通事舍人，親王文學，帥都督，左右領軍府長史，太子直寢，親王府主簿，親王府録事參軍事，太子門大夫，給事，上縣令，已前上階。冠軍、輔國二將軍，太子舍人，直後，三寺丞，親王府功曹、記室、倉户曹參軍事，城門直長，太子直齋，太子副直監，太子典内，左右領軍府司馬，下鎮副，爲從六品。

鎮遠、安遠二將軍，員外散騎侍郎，御醫，左右衛、武衛、武候、領左右等府長史，親衛，親王府諸曹參軍事，已前上階。建威、寧朔二將軍，六寺丞，祕書郎，著作佐郎，太子千牛備身，太子備身左右，尚食、尚藥、左右監門等直長，太子通事舍人，左右衛、武衛、武候、領左右等府司馬，都督，太子典膳、藥藏等監，太子齋帥，上戍主，爲正七品。

寧遠、振威二將軍，左右監門府長史，太子左右衛、宗衛等率，左右虞候、左右内率等府長史，符璽、御府、殿内等直長，上州録事參軍事，左右領軍府掾屬，親王府東西閤祭酒，中縣令，上郡丞，太子親衛，將作丞，勳衛，親王府參軍事，上鎮長史，已前上階。伏波、輕車二將軍，太學、太常二博士，武騎常侍，奉朝請，國子助教，親王府諸曹行參軍，太子直後，太子左右監門直長，大興、長安縣丞，太子侍醫，侍御史，太史令，上州諸曹參軍事，左右監門府、太子左右衛、左右宗衛、左右虞候、左右内率等司馬，上鎮司馬，爲從七品。

宣威、明威二將軍，協律郎，都水丞、殿内將軍，太子左右監門率府長史，别將，下縣令，中郡丞，中州録事參軍事，上上州諸曹行參軍事，親王府行參軍，左右領軍府録事參軍事，中鎮長史，太子内坊丞，太子勳衛，已前上階。襄威、厲威二將軍，殿内御史，掖庭、宫闈二令，上署令，公車、郊社、太廟、太祝、平準、太樂、驊騮、武庫、典客、鉤盾、左藏、太倉、左尚方、右尚方、司染、典農、京市、太官、鼓吹。太子左右監門率府司馬，中州諸曹參軍事，左右衛、武衛、武候等府録事參軍事，左右領軍府諸曹參軍事，內尚食丞，中戍主，上戍副，爲正八品。

威戎、討寇二將軍，四門博士，主書，門下録事，尚書都事，監察御史，內謁者監，上關令，中署令，太醫、右藏、黄藏、乘黄、龍廄、衣冠、守宫、華林、上林、掌冶、導官、左校、右校、牛羊、典牧。下郡丞，下州録事參軍事，中州諸曹行參軍，備身，左右衛、武衛、武候、領左右等府諸曹參軍事，左右領軍府諸曹行參軍，太子左右衛、宗衛、率等府録事參軍事，下鎮長史，太子翊衛，已前上階。盪寇、盪難二將軍，親王府長兼行參軍及典籤，員外將軍，統軍，太子三寺丞，中關令，奚官、內僕二令，下署令，諸陵、崇玄、太卜、車府、清商、司儀、肴藏、良醞、掌醢、甄官、廩犧。上津尉，下州諸曹參軍事，左右衛、武衛、武候等府諸曹行參軍，領左右府鎧曹行參軍，左右監門、太子左右衛、宗衛等率，左右虞候、左右內率等府諸曹參軍事，掌船局都尉，上鎮諸曹參軍事，上縣丞，上郡尉，爲從八品。

殄寇、殄難二將軍，太學助教，太子備身，大理寺律博士，諸校書郎，都水參軍事，內史録事，內謁者令，內寺伯，中縣丞，下關令，中津尉，下州諸曹行參軍，上州行參軍，左右監門府鎧曹行參軍，太子左右衛、宗衛、虞候府等諸曹行參軍，太子左右內率府鎧曹行參軍，左右領軍府行參軍，中鎮諸曹參軍事，上鎮士曹行參軍，中郡尉，已前上階。掃寇、掃難二將軍，殿內司馬督，太子食官、典倉、司藏等令，尚食、尚醫、軍主、太史、掖庭、宮闈局等丞，上署丞，太子左右監門率府諸曹參軍事，中州行參軍，左右衛、武衛、武候等府行參軍，上州典籤，下戍主，上關丞，太子典膳、藥藏等局丞，下郡尉，典客署掌客，司辰師，爲正九品。

曠野、橫野二將軍，掖庭局宮教博士，太祝，太子廐牧令，太子校書，下縣丞，中署丞，左右監門率府鎧曹行參軍，下州行參軍，中州典籤，左右監門府、太子左右衛、宗衛、虞候、率府等行參軍，正字，太子內坊丞直，中關、上津丞，下鎮諸曹參軍事，中鎮士曹行參軍，上縣尉，已前上階。偏、裨二將軍，四門助教，書算學博士，奉禮郎，員外司馬督，幢主、奚官、內僕等局丞，下署丞，下州典籤，內謁者局丞，中津丞，中縣尉，太子正字，太史監候，太官監膳，御府局監事，左右校及掖庭監作，太史司曆，諸樂師，爲從九品。

又有流內視品十四等：

行臺尚書令，爲視正二品。

上總管、行臺尚書僕射，爲視從二品。

中總管、行臺諸曹尚書，爲視正三品。

下總管，爲視從三品。

行臺尚書左右丞，爲視從四品。

同州總監、隴右牧總監，爲視從五品。

行臺諸曹侍郎，爲視正六品。

上柱國、嗣王、郡王、柱國府長史、司馬、諮議參軍事，鹽池總監，同州、隴右牧總副監，王、二王後國令，爲視從六品。

上大將軍、大將軍府長史、司馬，上柱國、嗣王、郡王、柱國府掾屬，嗣王文學，公國令，王、二王後大農尉、典衛，爲視正七品。

上開府、開府府長史、司馬，上大將軍、大將軍府掾屬，上柱國、嗣王、郡王、柱國府諸曹參軍事，鹽池總副監，鹽州牧監，諸屯監，國子學生，侯、伯國令，公國大農尉、典衛，雍州薩保，爲視從七品。

上儀同儀同府長史、司馬，上大將軍、大將軍府諸曹參軍事，上柱國、嗣王、郡王、柱國府參軍事、諸曹行參軍、行臺諸監，同州諸監，鹽池四面監，皮毛監，岐州監、同州總監、隴右牧監等丞，諸大冶監，雍州州都主簿，子、男國令，侯、伯國大農尉、典衛，王、二王後國常侍，爲視正八品。

行臺尚書都事，上開府、開府府諸曹參軍事，上大將軍、大將軍府參軍事、諸曹行參軍，上柱國、嗣王、郡王、柱國府行參軍，五岳、四瀆、吴山等令，鹽池四面副監，諸皮毛副監，行臺諸副監，諸屯副監，諸中冶監，諸緣邊交市監，鹽池總監丞，諸州州都主簿，雍州西曹書佐，諸曹從事，京兆郡正功曹，太學生，子、男國大農、典衛，爲視從八品。

開府府法曹行參軍，上儀同、儀同府諸曹參軍事，上大將軍、大將軍府行參軍，上柱國、嗣王、郡王、柱國府典籤，同州諸副監，岐州副監，諸小冶監，鹽州牧監丞，諸大冶監丞，諸緣邊交市副監，諸郡正、功曹，京兆郡主簿，諸州西曹書佐、祭酒從事，雍州部郡從事，公國常侍，王、二王後國侍郎，公主家令，諸州胡二百户已上薩保，爲視正九品。

儀同府法曹行參軍，上開府、開府行參軍，上大將軍、大將軍府典籤，上儀同、儀同府行參軍，上開府府典籤，行臺諸監丞，鹽池四面監丞，皮毛監丞，諸中冶監丞，四門學生，諸郡主簿，諸州部郡從事，雍州武猛從事，大興、長安縣正，功曹，主簿，侯、伯、子、男國常侍，公國侍郎，爲視從九品。

又有流外勳品、二品、三品、四品、五品、六品、七品、八品、九品之差。又視流外，亦有視勳品、視二品、視三品、視四品、視五品、視六品、視七品、視八品、視九品之差。極於胥吏矣，皆無上下階云。

京官正一品，禄九百石，其下每以百石爲差，至正四品，是爲三百石。從四品，二百五十石，其下每以五十石爲差，至正六品，是爲百石。從六品，九十石，以下每以十石爲差，至從八品，是爲五十石。食封及官不判事者，并九品，皆不給禄。其給皆以春秋二季。刺史、太守、縣令，則計户而給禄，各以户數爲九等之差。大州六百二十石，其下每以四十石爲差，至於下下，則三百石。大郡三百四十石，其下每以三十石爲差，至於下下，則百石。大縣百四十石，其下每以十石爲差，至於下下，則六十石。其禄唯及刺史二佐及郡守、縣令。【略】

煬帝即位，多所改革。三年定令，品自第一至于第九，唯置正從，而除上下階。罷諸總管，廢三師、特進官。分門下、太僕二司，取殿内監名，以爲殿内省，并尚書、門下、内史、祕書，以爲五省。增置謁者、司隸二臺，并御史爲三臺。分太府寺爲少府監。改内侍省爲長秋監，國子學爲國子監，將作寺爲將作監，并都水監，總爲五監。改左右衛爲左右翊衛，左右備身爲左右騎衛。左右武衛依舊名。改領軍爲左右屯衛，加置左右禦。改左右武候爲左右候衛。是爲十二衛。又改領左右府爲左右備身府，左右監門依舊名。凡十六府。其朝之班序，以品之高卑爲列。品同則以省府爲前後，省府同則以局署爲前後焉。

尚書省六曹，各侍郎一人，以貳尚書之職。又增左、右丞階，與六侍郎，並正四品，諸曹侍郎，並改爲郎。又改吏部爲選部郎，户部爲人部郎，禮部爲儀曹郎，兵部爲兵曹郎，刑部爲憲部郎，工部爲起部郎，以異六侍郎之名。廢諸司員外郎，而每增一曹郎，各爲二員。都司郎各一人，品同曹郎，掌都事之職。以都事爲正八品，分隸六尚書。諸司主事，並去令史之名。其令史隨曹閑劇而置，每十令史，置一主事，不滿十者，亦置一。以其餘四省三臺，亦皆曰令史，九寺五監諸衛府，則皆曰府史。後又改主客郎爲司蕃郎。尋又每減一郎，置承務郎一人，同員外之職。

舊都督已上，至上柱國，凡十一等，及八郎、八尉、四十三號將軍官，皆罷之。并省朝議大夫。自一品至九品，置光禄、從一品。左右光禄、左正二品，右從二品。金紫、正三品。銀青光禄、從三品。正議、正四品。通議、從四品。朝請、正五品。朝散、從五品。等九大夫，建節、正六品。奮武、從六品。宣惠、正七品。綏德、從七品。懷仁、正八品。守義、從八品。奉誠、正九品。立信從九品。等八尉，以爲散職。開皇中，以開府儀同三司爲四品散實官，至是改爲從一品，同漢、魏之制，位次王公。門下省減給事黄門侍郎員，置二人，去給事之名，移吏部給事郎名爲門下之職，位次黄門下。置員四人，從五品，省讀奏案。廢散騎常侍、通直散騎常侍、諫議大夫、散騎侍郎等常員。改符璽監爲郎，置員二人，爲從六品。加録事階爲正八品。以城門、殿内、尚食、尚藥、御府等五局隸殿内省。十二年，又改納言爲侍内。

内史省減侍郎員爲二人，減内史舍人員爲四人。加置起居舍人員二人，從六品。次舍人下。改通事舍人員爲謁者臺職。減主事員，置四人，加爲正八品。十二年，改内史爲内書。

殿内省置監、正四品。少監、從四品。丞，從五品。各一人，掌諸供奉。又有奉車都尉十二人，掌進御輿馬。統尚食、尚藥、尚衣、尚舍、尚乘、尚輦等六局，各置奉御二人，正五品。皆置直長，以貳之。正七品。尚食直長六人，又有食醫員。尚藥直長四人，又有侍御醫、司醫、醫佐員。尚衣即舊御府也，改名之，有直長四人。尚舍即舊殿中局也，改名之，有直長八人。尚乘局置左右六閑：一左右飛黄閑，二左右吉良閑，三左右龍媒閑，四左右騊駼閑，五左右駃騠閑，六左右天苑閑。有直長十四人，又有奉乘十人。尚輦有直長四人，又有掌輦六人。城門置校尉一人，降爲正五品。後又改校尉爲城門郎，置員四人，從六品。自殿内省隸爲門下省官。

祕書省降監爲從二品，增置少監一人，從四品。增著作郎階爲正五品，減校書郎爲十人。改太史局爲監，進令階爲從五品，又減丞爲一人。置司辰師八人，增置監候爲十人。其後又改監、少監爲令、少令。增祕書郎爲從五品，加置佐郎四人，從六品。以貳郎之職。降著作郎階爲從五品。又置儒林郎十人，正七品。掌明經待問，唯詔所使。文林郎二十人，從八品。掌撰録文史，檢討舊事。此二郎皆上在藩已来直司學士。增校書郎員四十人，加置楷書郎員二十人，從九品。掌抄寫御書。

御史臺增治書侍御史爲正五品。省殿内御史員，增監察御史員十六人，加階爲從七品。開皇中，御史直宿禁中，至是罷其制。又置主簿、録事員各二人。五年，又降大夫階爲正四品，減治書侍御史爲從五品；增侍御史爲正七品，唯掌侍從糾察，其臺中簿領，皆治書侍御史主之。後又增置御史，從九品，尋又省。

謁者臺大夫一人，從四品。五年，改爲正四品。掌受詔勞問，出使慰撫，持節察授，及受寃枉而申奏之。駕出，對御史引駕。置司朝謁者二人以貳之。從五品。屬官有丞一人，主簿、録事各一人等員。又有通事謁者二十人，從六品。即内史通事舍人之職也。次有議郎二十四人，通直三十六人，將事謁者三十人，謁者七十人，皆掌出使。其後廢議郎，通直、將事謁者，謁者等員，而置員外郎八十員。尋詔門下、内史、御史、司隸、謁者五司，監受表，以爲恒式，不復專謁者矣。尋又置散騎郎，從五品，二十人，承議郎、正六品。通直郎，從六品。各三十人，宣德郎、正七品。宣義郎，從七品。各四十人，徵事郎、正八品。將仕郎、從八品。常從郎、正九品。奉信郎，從九品。各五十人，是爲正員。並得禄當品。又各有散員郎，無員無禄。尋改常從爲登仕，奉信爲散從。自散騎已下，皆主出使，量事大小，據品以發之。

司隸臺大夫一人，正四品。掌諸巡察。別駕二人，從五品。分察畿内，一人案東都，一人案京師。刺史十四人，正六品。巡察畿外。諸郡從事四十人，副刺史巡察。其所掌六條：一察品官以上理政能不。二察官人貪殘害政。三察豪強姦猾，侵害下人，及田宅踰制，官司不能禁止者。四察水旱蟲災，不以實言，枉徵賦役，及無災妄蠲免者。五察部内賊盗，不能窮逐，隱而不申者。六察德行孝悌，茂才異行，隱不貢者。每年二月，乘軺巡郡縣，十月入奏。置丞、從六品。主簿、從八品。録事從九品。各一人。後又罷司隸臺，而留司隸從事之名，不爲常員。臨時選京官清明者，權攝以行。

光禄已下八寺卿，皆降爲從三品。少卿各加置二人，爲從四品。諸寺上署令，並增爲正六品，中署令爲從六品，下署令爲正七品。始開皇中，署司唯典掌受納，至是署令爲判首，取二卿判。丞唯知勾檢。令闕，丞判。五年，寺丞並增爲從五品。

太常寺罷太祝署，而留太祝員八人，屬寺。後又增爲十人。奉禮減置六人。太廟署又置陰室丞，守視陰室。改樂師爲樂正，置十人。太卜又省博士員，置太卜卜正二十人，以掌其事。太醫又置醫監五人，正十人。罷衣冠、清商二署。

太僕減驊騮署入殿内。尚乘局改龍厩曰典厩署，有左、右駁阜二厩。加置主乘、司庫、司廪官。罷牛羊署。

大理寺丞改爲勾檢官，增正員爲六人，分判獄事。置司直十六人，降爲從六品，後加至二十人。又置評事四十八人，掌頗同司直，正九品。

鴻臚寺改典客署爲典蕃署。初煬帝置四方館於建國門外，以待四方使者，後罷之，有事則置，名隸鴻臚寺，量事繁簡，臨時損益。東方曰東夷使者，南方曰南蠻使者，西方曰西戎使者，北方曰北狄使者，各一人，掌其方國及互市事。每使者署，典護録事、叙職、叙儀、監府、監置、互市監及副、參軍各一人。録事主綱紀。叙職掌其貴賤立功合叙者。叙儀掌小大次序。監府掌其貢獻財貨。監置掌安置其駝馬船車，并糾察非違。互市監及副，掌互市。參軍事出入交易。

司農但統上林、太倉、鈎盾、導官四署，罷典農、華林二署，而以平準、京市隸太府。

太府寺既分爲少府監，而但管京都市五署及平準、左右藏等，凡八署。京師東市曰都會，西市曰利人。東都東市曰豐都，南市曰大同，北市曰通遠。及改諸令爲監，唯市署曰令。

國子監依舊置祭酒，加置司業一人，從四品，丞三人，加爲從六品。并置主簿、録事各一人。國子學置博士，正五品，助教，從七品，員各一人。學生無常員。太學博士、助教各二人，學生五百人。先是仁壽元年，省國子祭酒、博士，置太學博士員五人，爲從五品，總知學事。至是太學博士降爲從六品。

將作監改大監、少監爲大匠、少匠，丞加爲從六品。統左右校及甄官署。五年，又改大匠爲大監，正四品，少匠爲少監，正五品。十三年，又改監、少監爲令、少令。丞加品至從五品。

少府監置監，從三品，少監，從四品，各一人。丞從五品，二人。統左尚、右尚、内尚、司織、司染、鎧甲、弓弩、掌冶等署。復改監、少監爲令、少令。併司織、司染爲織染署，廢鎧甲、弓弩二署。

都水監改爲使者，增爲正五品，丞爲從七品。統舟楫、河渠二署。舟楫署每津置尉一人。五年，又改使者爲監，四品，加置少監，爲五品。後又改監、少監爲令，從三品，少令，從四品。

長秋監置令一人，正四品，少令一人，從五品，丞二人，正七品。並用士人。改内常侍爲内承奉，置二人，正五品；給事爲内承直，置四人，從五品。並用宦者。罷内謁者官。領掖庭、宫闈、奚官等三署，並參用士人。後又置内謁者員。

十二衛，各置大將軍一人，將軍二人，總府事，并統諸鷹揚府。改驃騎爲鷹揚郎將，正五品；車騎爲鷹揚副郎將，從五品；大都督爲校尉；帥都督爲旅帥；都督爲隊正，增置隊副以貳之。改三衛爲三侍。其直閤將軍，直寢、奉車都尉、駙馬都尉、直齋、别將、統軍、軍主、幢主之屬，並廢。以武候府司辰師員，隸爲太史局官。其軍士，左右衛所領名爲驍騎，左右驍衛所領名豹騎，左右武衛所領名熊渠，左右屯衛所領名羽林，左右禦衛所領名射聲，左右候衛所領名佽飛，而總號衛士。每衛置護軍四人，掌副貳將軍。將軍無則一人攝。尋改護軍爲武賁郎將，正四品，而置武牙郎將六人，副焉，從四品。諸衛皆置長史，從五品。又有録事參軍，司倉、兵、騎、鎧等員。翊衛又加有親侍。鷹揚府，每府置鷹揚郎將一人，正五品，副鷹揚郎將一人，從五品，各有司馬及兵、倉兩司。其府領親、勳、武三侍，非翊衛府，皆無三侍。鷹揚每府置越騎校尉二人，掌騎士，步兵校尉二人，領步兵，並正六品。外軍鷹揚官並同。左右候衛增置察非掾二人，專糾彈之事。五年，又改副郎將並爲鷹擊郎將。

左右領左右府，改爲左右備身府，各置備身郎將一人。又各置直齋二人，以貳之，並正四品，掌侍衛左右。統千牛左右、司射左右各十六人，並正六品。千牛掌執千牛刀宿衛，司射掌供御弓箭。置長史，正六品，録事，司兵、倉、騎，參軍等員，並正八品。有折衝郎將，各三人，正四品，掌

領驍果。又各置果毅郎將三人以貳之，從四品。其驍果，置左、右雄武府雄武郎將，以領之。以武勇郎將爲副員，同鷹揚、鷹擊。有司兵、司騎二局，並置參軍事。

左右監門府，改將軍爲郎將，各置一人，正四品，直閤各六人，正五品。置官屬，並同備身府。又增左右門尉員一百二十人，正六品；置門候員二百四十人，正七品。並分掌門禁守衛。

門下坊減内舍人、洗馬員，各置二人。減侍醫，置二人。改門大夫爲宫門監，正字爲正書。

典書坊改太子舍人爲管記舍人，減置四人。改通事舍人爲宣令舍人，爲八員。家令改爲司府令，内坊承直改爲典直。

左右衛率改爲左右侍率，正四品。改親衛爲功曹，勳衛爲義曹，翊衛爲良曹。罷直齋、直閤員。

左右宗衛率改爲左右武侍率，正四品。

左右虞候開府改爲左右虞候率，正四品，并置副率。

左右内率降爲正五品。千牛備身改爲司仗左右，備身左右改爲主射左右。各員八人。

左右監門率改爲宫門將，降爲正五品。監門直長改爲直事，置六十人。

開皇中，置國王，郡王，國公，郡公，縣公、侯、伯、子、男爲九等者，至是唯留王、公、侯三等。餘並廢之。

王府諸司參軍，更名諸司書佐，屬參軍則直以屬爲名。改國令爲家令。自餘以國爲名者，皆去之。

行宫所在，皆立總監以司之。上宫正五品，中宫從五品，下宫正七品。隴右諸牧，置左、右牧監各一人，以司統之。

罷州置郡，郡置太守。上郡從三品，中郡正四品，下郡從四品。京兆、河南則俱爲尹，並正三品。罷長史、司馬，置贊務一人以貳之。京兆、河南從四品，上郡正五品，中郡從五品，下郡正六品。次置東西曹掾，京兆、河南從五品，上郡正六品，中郡從六品，下郡正七品。主簿，司功、倉、户、兵、法、士曹等書佐，各因郡之大小而爲增減。改行參軍爲行書佐。舊有兵處，則刺史帶諸軍事以統之，至是别置都尉、副都尉。都尉正四品，領

兵，與郡不相知。副都尉正五品。又置京輔都尉，從三品，立府於潼關，主兵領遏。并置副都尉，從四品。又置諸防主、副官，掌同諸鎮。大興、長安、河南、洛陽四縣令，並增爲正五品。諸縣皆以所管閑劇及衝要以爲等級。丞、主簿如故。其後諸郡各加置通守一人，位次太守，京兆、河南，則謂之內史。又改郡贊務爲丞，位在通守下，縣尉爲縣正，尋改正爲户曹、法曹，分司以承郡之六司。河南、洛陽、長安、大興，則加置功曹，而爲三司，司各二人。郡縣佛寺，改爲道場，道觀改爲玄壇，各置監、丞。京都諸坊改爲里，皆省除里司，官以主其事。

帝自三年定令之後，驟有制置，制置未久，隨復改易。其餘不可備知者，蓋史之闕文云。

（唐）杜佑《通典》卷一九《職官・官品》 隋置九品，品各有從。自四品以下，每品分爲上下，凡三十階，自太師始焉，謂之流內。流內自此始焉。煬帝除上下階，唯留正、從各九品。又置視正二品至九品，品各有從，自行臺尚書令始焉，謂之視流內。視流內自此始。

（唐）杜佑《通典》卷三五《職官・俸祿・祿秩》 隋京官正一品，祿九百石。其下每以百石爲差，至正四品，是爲三百石。從四品二百五十石，其下每以五十石爲差，至正六品，是爲一百石。從六品九十石，以下每以十石爲差，至從八品，是爲五十石。食封及官不判事者，并九品，皆不給祿。其給皆以春秋二季。刺史、太守、縣令則計户而給祿，各以户數爲九等之差。大州六百二十石，其下每以四十石爲差，至於下下，則三百石。大郡三百四十石，其下每以三十石爲差，至於下下，則一百石。大縣百四十石，其下每以十石爲差，至於下下，則六十石。其祿唯及刺史二佐及郡守、縣令。本志。

文帝時，嘗以百僚供費不足，臺省府寺咸置廨錢，收息取給。工部尚書蘇孝慈以爲官人争利，非興化之道，上表請罷，從之。公卿以下又給職田各有差。本志。

義寧二年，唐王爲相國，罷外官給祿，每十斛給地二十畝。

（唐）杜佑《通典》卷三五《職官・俸祿・職田公廨田》 隋文帝開皇中，以百僚供費不足，咸置廨錢，收息取利。蘇孝慈上表請罷。於是公卿以下內外官給職分田，一品給五頃，至五品則爲三頃，其下每以五十畝爲差。又給公廨田以供用。

《唐六典》卷二《尚書吏部》 凡叙階二十九：從一品曰開府儀同三司，【略】正二品曰特進，【略】從二品曰光祿大夫，【略】正三品曰金紫光祿大夫，【略】從三品曰銀青光祿大夫，【略】正四品上曰正議大夫，【略】正四品下曰通議大夫，【略】從四品上曰太中大夫，【略】從四品下曰中大夫，【略】正五品上曰中散大夫，【略】正五品下曰朝議大夫，【略】從五品上曰朝請大夫，【略】從五品下曰朝散大夫，【略】正六品上曰朝議郎，【略】正六品下曰承議郎，【略】從六品上曰奉議郎，【略】從六品下曰通直郎，【略】正七品上曰朝請郎，【略】正七品下曰宣德郎，【略】從七品上曰朝散郎，【略】從七品下曰宣義郎，【略】正八品上曰給事郎，【略】正八品下曰徵事郎，【略】從八品上曰承奉郎，【略】從八品下曰承務郎，【略】正九品上曰儒林郎，【略】正九品下曰登仕郎，【略】從九品上曰文林郎，【略】從九品下曰將仕郎。凡散官四品已下、九品已上，並於吏部當番上下。其應當番四十五日。若都省須使人送符及諸司須使人者，並取兵部、吏部散官上。經兩番已上，聽簡入選；不第者依番，多不過六也。凡叙階之法，有以封爵，謂嗣王、郡王初出身，從四品下叙；親王諸子封郡王者，從五品上，國公，正六品上；郡公，正六品下；縣公，從六品上；侯及伯、子、男並遞降一等。若兩應叙者，從高叙也。有以親戚，謂皇親緦麻已上及皇太后周親，正六品上叙；皇太后大功親、皇后周親，從六品上；皇祖免親、皇太后小功緦麻、皇后大功親，正七品上；皇后小功緦麻親、皇太子妃周親，從七品上。其外戚各依本服降二等叙。娶郡主，正六品上；娶縣主，正七品上。郡主子，出身從七品上；縣主子，從八品上叙。有以勳庸，謂上柱國，正六品上叙；柱國已下，每降一等，至騎都尉，從七品下；驍騎尉、飛騎尉，正九品上；雲騎尉、武騎尉，從九品上。有以資蔭，謂一品子，正七品上叙，至從三品子，遞降一等。四品、五品有正、從之差，亦遞降一等；從五品子，從八品下叙。國公子，亦從八品下。三品以上蔭曾孫，五品已上蔭孫；孫降子一等，曾孫降孫一等。贈官降正官一等，散官同職事。若三品帶勳官者，即以勳官品同職事蔭；四品降一等，五品降二等。郡、縣公子，准從五品孫；縣男已上子，降一等。勳官二品子，又降一等。二王後子孫，准正三品蔭。有以秀、孝，謂秀才上上第，正八品上；已下遞降一等，至中上第，從八品下。明經降秀才三等。進士、明法甲第，從九品上；乙第，降一等。若本蔭高者，秀才、明經上第，加本蔭四階；已下遞降一等。明經通二經已上，每一經加一階；及官人通經者，後叙加階亦如之。凡孝義旌表門閭者，出身從九品上叙。有以勞考，謂內外六品已下，四考滿，皆中中考者，因選，進一階；每二中上考，又進兩階；每一上下考，進兩階。若兼有下考，得以上考除之。有除免而復叙者，皆循法以申之，無或枉冒。謂官人犯除名限滿應叙者，文、武三品已上奏聞；正四品於從七品下叙，已下遞降一等，從五品於從八品上叙；六品、七品，從九品上叙；八品、九品，從九品下叙。若出身品高於此法者，仍從高。凡應入三品、五品者，皆待別制而進之，不然則否。謂應入三品者，皆須先在四品已上官，仍限三十考已上、本階正四品上、無痕累者，奏聽進止。應入五品者，皆須先在六品已上官及左右補闕、殿中侍御史、太常博士、詹事司直、京兆河南太原府判司，皆限十六考已上、本階正六品上；伎術官本司無六品官，頻任三政七品者，仍限二十考已上。並所司勘責訖，上中書門下重勘訖，然後奏聞，別制以授焉。

《唐六典》卷三《尚書户部》 凡京司文武職事官皆有防閤，一品九十六人，二品七十二人，三品三十八人，四品三十二人，五品二十四人；六品給庶僕十二人，七品八人，八品三人，九品二人。公主邑士八十人，郡主六十人，縣主四十人，特封縣主三十四人。京官任兩職者，從多給。凡州縣官僚皆有白直，二品四十人，三品三十二人，四品二十四人，五品十六人，六品十人，七品七人，七品佐官六人。八品五人，九品四人。凡州縣官及在外監官皆有執衣以爲驅使，二品十八人，三品十五人，四品十二人，五品九人，六品、七品各六人，八品、九品各三人。執衣並以中男充。凡諸親王府屬並給士力，其品數如白直。其防閤、庶僕、白直、士力納課者，每年不過二千五百，執衣不過一千文。凡州、縣有公廨白直及雜職，其數見州、縣中。兩番上下，執衣，三番上下。邊州無白直、執衣者，取比州充。凡有功之臣賜實封者，皆以課户充准户數，州、縣與國官、邑官執帳共收其租、調，各准配租調遠近，州、縣官司收其腳直，然後付國、邑官司；其丁亦准此，入國、邑者，收其庸。

《唐六典》卷三《尚書户部》 凡京官每年禄：正一品七百石，從一品六百石，正二品五百石，從二品四百六十石，正三品四百石，從三品三百六十石，正四品三百石，從四品二百六十石，正五品二百石，從五品一百六十石，正六品一百石，下以十石爲差，至從七品七十石，正八品六十七石，下以五石爲差，至從九品五十二石。外官降一等。應降等者，正、從一品各以五十石爲一等，二品、三品皆以三十石爲一等，四品、五品皆以二十石爲一等，六品、七品皆以五石爲一等，八品、九品皆以二石五斗爲一等。春、夏二季則春給之，秋、冬二季則秋給之。有閏者不別給。

《唐六典》卷七《尚書工部》 凡在京文武職事官有職分田，一品一十二頃，二品一十頃，三品九頃，四品七頃，五品六頃，六品四頃，七品三頃五十畝，八品二頃五十畝，九品二頃。京兆、河南府及京縣官亦准此。其地子應入前人、後人，皆同外官，具在户部。凡在京諸司有公廨田，司農寺二十六頃，殿中省二十五頃，少府監二十二頃，太常寺二十頃，京兆、河南府各一十七頃，太府寺一十六頃，吏部、户部各一十五頃，兵部及內侍省各一十四頃，中書省及將作監各一十三頃，刑部、大理寺各一十二頃，尚書都省、門下省、太子左春坊各一十頃。工部、光禄寺、太僕寺、秘書省各九頃，禮部、鴻臚寺、都水監、太子詹事府各八頃，御史臺、國子監、京縣各七頃，左右衛、太子家令寺各六頃，衛尉寺、左右驍衛、左右武衛、左右威衛、左右領軍衛、左右金吾衛、左右監門衛、太子右春坊各五頃，太子左右衛率府、太史局各四頃。宗正寺、左右千牛衛、太子僕寺、左右司禦率府、左右清道率府、左右監門率府各三頃，內坊、左右內率府、率更寺各二頃。其有管署、局、子府，各准官品、人數均配。皆視其品命，而審其分給。

（唐）杜佑《通典》卷一九《職官・官品》 大唐自流內以上，並因隋制。又置視正五品、視從七品，以署薩寶及正祓，謂之視流內。又置勳品九品，自諸衛録事及五省令史始焉，謂之流外。流外自此始。勳品自齊梁即有之。

（唐）杜佑《通典》卷一九《職官・禄秩》 大唐定給禄之制，京官正一品，米七百石，錢九千八百。從一品，米六百石。正二品，米五百石，錢八千。從二品，米四百六十石。正三品，米四百石，錢六千一百。從三品，米三百六十石。正四品，米三百石，錢四千二百。從四品，米二百六十石。正五品，米二百石，錢三千六百。從五品，米一百六十石。正六品，米一百石，錢二千四百。從六品，米九十石。正七品，米八十石，錢二千一百。從七品，米七十石。正八品，米六十七石，錢一千六百。從八品，米六十二石。正九品，米五十七石，錢一千三百。從九品，米五十二石。從並同外官，各降一等。其幹力及防閤、庶僕並別給。內外文武官，自一品以下，並給職田。京官諸司及郡縣，又給公廨田，並有差。

（唐）杜佑《通典》卷三五《職官・俸禄・禄秩》 大唐武德中，外官無禄。

貞觀二年制，有上考者乃給禄。其後遂定給禄俸之制：以民地租充之。京官正一品，七百石。從一品，六百石。正二品，五百石。從二品，四百六十石。正三品，四百石。從三品，三百六十石。正四品，三百石。從四品，二百六十石。正五品，二百石。從五品，一百六十石。正六品，一百石。從六品，九十石。正七品，八十石。從七品，七十石。正八品，六十七石。從八品，六十二石。正九品，五十七石。從九品，五十二石。諸給禄者，三師、三公及太子三師、三少，若在京國諸司文武官職事九品以上并左右千牛備身左右、太子千牛，並依官給。其春夏二季春給，秋冬二季秋給。凡京文武官每歲給禄，總一十五萬一千五百三十三石二斗。自至德之後不給。其在外文武官九品以上準官皆降京官一等給。其文武官在京長上者則不降。諸給禄應降等者，正從一品各以五十石爲一等，二品三品皆以三十石爲一等，四品五品皆以二十石爲一等，六品七品皆以五石爲一等，八品九品皆以二石五斗爲一等。其俸錢之制，京司諸官初置公廨，令行署及番官興易，以充其俸。

貞觀十二年，罷公廨，置胥士七千人，取諸州上户爲之。準防閤例而收其課，三歲一更，計員少多而分給焉。

貞觀十五年，以府庫尚虚，敕在京諸司依舊置公廨，給錢充本，置令史、府史、胥士等，令迴易納利，以充官人俸。諫議大夫褚遂良上疏曰：爲理之本，在於擇人，不正其源，遂差千里。往古明經拜職，或四科辟召，必擇器任使，量才命官。然則市井子孫，不居官吏。國家制令，憲章三代，商賈之人，亦不居官位。陛下近許諸司令史捉公廨本錢，諸司取此色人，號爲捉錢令史。不簡性識，寧論書藝，但令身能賈販，家足貲財，録牒吏部，即依補擬。大率人捉五十貫以下，四十貫以上，任居市肆，恣其販易，每月納利四千，一年凡輸五萬，送利不違，年滿授職。然有國家者常笑漢代賣官，今開此路，頗類於彼。在京七十餘司，相率司别九人，更一二載後，年别即有六百餘人輸利受職。伏以陛下理致昇平，任賢爲政，或太學高第，或諸州進士，皆策同片玉，經若懸河，守先聖之格言，慕昔賢之廉恥，拔十取五，量能授官，然犯禁違公，輒罹刑法。況乎捉錢令史，專主賈販，志意分毫之末，耳目廛肆之閒，輸錢於官，以獲品秩，荏苒年歲，國家能不使用之乎？此人習與性成，慣於求利，苟得無恥，豈蹈廉隅，使其居職，何向而可。將來之弊，宜絶本源。臣每周遊之間，爲國視聽，京師庶僚，爰及外官，異口同詞，咸言不便。太宗納之，停諸司捉錢，依舊本府給月俸。

二十一年，復依故制置公廨，給錢爲之本，置令史、府史、胥士等職，賈易收息，以充官俸。

永徽元年，悉廢胥士等，更以諸州租庸腳直充之。其後又令薄賦百姓一年税錢，依舊令高户及典正等掌之，每月收息，以充官俸。其後又以税錢爲之，而罷其息利。

凡京文武正官每歲供給俸食等錢，并防閤、庶僕及雜錢等。總一十五萬三千七百二十貫。員外官不在此數。外官則以公廨田收及息錢等，常食公用之外，分充月料，先以長官定數，其州縣少尹、長史、司馬及丞，各減長官之半。尹、大都督府長史、副都督、别駕及判司準二佐，以職田數爲加減。其參軍及博士減判司、主簿縣尉減縣丞各三分之一。謂内外員外官同正員者，禄料賜會食料一事以上，並同正員。其不同正員者，禄賜食料亦同正員，餘各給半。職田並不給。自乾元之後，以常賦不給，内外官俸禄各減其半。内供奉及裏行不帶本官者，禄俸食料防閤庶僕一事以上，並同正官。帶官者，聽從多處給。若帶外官者，依京官給。食料賜會與京官同。諸檢校及判、試、知等官不帶内外官者，料度一事以上，準員外官同正員例給。若檢校及判、試、知處正官見闕者，兼給雜用。其職田不應入正官者，亦給。其侍御史殿中及監察御史知試並同内供奉裏行例。

儀鳳二年制，内外官俸食、防閤、邑士、白直等，宜令王公以下，率口出錢以充給焉。

調露元年九月，職事五品以上，準舊給仗身。

武太后光宅元年九月，以京官八品九品俸料授薄，諸八品每年給庶僕三人，九品二人。

又有親事、帳内，六品七品子爲親事，八品九品子爲帳内，限年十八以上，舉諸州共率萬人爲之。凡王公以下及文武職事三品以上帶勳官者，則給之。其親事府、帳内府官，附在《王侯篇》。三師、三公、開府儀同三司，一百三十人。其嗣王、郡王，一百八人。上柱國帶二品以上職事，九十五人。帶三品職事，六十九人。柱國帶二品以上職事，七十九人。帶三品職事，六十二人。上護軍帶二品以上職事，七十三人。帶三品職事，五十五人。護軍帶二品以上職事，六十二人。帶三品職事，三十六人。

諸州縣之官，流外九品以上皆給白直：二品，四十人。三品，三十二人。四品，二十四人。五品，十六人。六品，十人。七品，七人。其七品佐官六人。八品，五人。九品。四人。諸州縣官，流內九品以上及在外監官五品以上，皆給執衣：隨身驅使，典執筆硯，其監官於隨近州縣取充。二品，十八人。三品，十五人。四品，十二人。五品，九人。六品、七品，各六人。八品、九品，各三人。關津嶽瀆官並不給。分爲三番，每周而代。不願代者聽之。初以民丁中男充，爲之役使者不得踰境；後皆捨其身而收其課，課入所配之官，遂爲恒制。

鎮戍之官，以鎮戍上、中、下爲差。上鎮將給仗身四人，中下鎮將、上鎮副各三人，中下鎮副各二人，倉曹、兵曹、戍主副各一人。其仗身十五日一時，收資六百四十。

開元十年正月，省王公以下視品官參佐及京官五品以上官仗身職員。

凡京司文武職事官，五品以上給防閤：一品，九十六人。二品，七十二人。三品，四十八人。四品，三十二人。五品，二十四人。六品以下給庶僕：六品，五人。七品，四人。八品，三人。九品，二人。公主，邑士八十人。郡主，六十人。縣主，四十人。特封縣主，三十四人。京官仕兩職者從多給。凡州縣官皆有白直：二品，四十人。三品，三十二人。四品，二十人。五品，十六人。六品，十二人。七品，六人。八品，五人。九品，四人。凡諸親王府屬並給士力，數如白直。其防閤、庶僕、白直、士力納課者，每年不過二千五百，執衣元不過一千文。防閤、庶僕舊制季分，月俸食料雜用即月分。諸官應月給。

開元二十四年六月，乃撮而同之，通謂之月俸。一品月俸料八千，食料千八百，雜用千二百，防閤二十千，通計三十一千。二品月俸六千，食料千五百，雜用一千，防閤十五千五百，通計二十四千。三品月俸五千，食料千一百，雜用九百，防閤十千，通計十七千。四品月俸三千五百，食料七百，雜用七百，防閤六千六百六十七，通計十一千五百六十七。五品月俸三千，食料六百，雜用六百，防閤五千，通計九千二百。六品月俸二千，食料四百，雜用四百，庶僕二千五百，通計五千三百。七品月俸千七百五十，食料三百五十，雜用三百五十，庶僕千六百，通計四千五十。八品月俸千三百五十，食料三百，雜用三百，庶僕六百，通計二千五百五十。九品月俸千五十，食料二百五十，雜用二百，庶僕四百，通計千九百。其數目，國初以來即有，中間色目，或有加減，今方爲定制。員外官帶同正者，不減正員官食料錢，不帶同正者減半。致仕官，建中三年九月敕，所請半禄料及賜物等，並宜從敕出日於本貫及寄住處州府支給。至貞元四年四月敕，其宴會及朔望朝參，並依恒式，自今已後，宜準此。

諸州縣不配防人處，城及食庫門各二人；須守護者，取年十八以上中男及殘疾，據見在數，均爲番第，勿得偏併。每番一旬。每城門各四人，倉庫門各二人。其倉門每萬石加一人，石數雖多，不得過五人。其京兆、河南府及赤縣大門各六人，庫門各三人。其須修理官廨及祗承官人，聽量配驅使。若番上不到應須徵課者，每番閑月不得過一百七十，忙月不得過二百文。滿五旬者，殘疾免課調，中男免雜徭。其州城郭之下户數不登者，通取於他縣。總謂之門夫。其後舉其名而徵其資，以給郡縣之官。其門之多少，課之高下，任土作制，無有常數。

天寶五載制，郡縣白直計數多少，請用料錢，加税以充之，不得配丁爲白直。十四載八月制，兩京文武官九品以上正員官，自今以後，每月給俸食、雜用、防閤、庶僕等，宜十分率加二分，其同正官加一分，仍永爲恒式。乾元元年制，外官給半料與職田，京官不給料，令度支使量閒劇，司給手力課，員外官一切無料。大曆三年，通計京城諸司，每月給手力資錢凡四萬七千五百四十六貫四十八，並以天下青苗錢充。初以常賦不給，乃税人墾田畝十有五錢。資用窘急，不暇成熟，候苗青即征之，故謂之青苗錢。主其任者爲青苗使。貞元四年正月敕，京文武官員及兩京府縣官總三千七百七員，據元給及新加，每月當錢五萬一千四百四貫六百一十七文，一年都當六十一萬六千八百五十五貫四百四文。

天寶七載九月敕，五品以上正員清官、諸道節度使及太守等，並聽當蓄絲竹，以展懽娱，行樂盛時，式覃中外。

至八載六月敕，其南口給使，王公家不過二十人，其職事官一品不得過十人，三品不得過八人，四品不得過六人，五品不得過四人，京文武清官六品七品不得過二人，八品九品不得過一人。百官家蓄絲竹及給使口，並是朝恩，優寵資給，故附於庶僕俸料之後。

（唐）杜佑《通典》卷三五《職官·俸禄·致仕官禄》

大唐令，諸職事官年七十、五品以上致仕者，各給半禄。開元五年十月敕，致仕應請物，令所由送至宅。

（唐）杜佑《通典》卷三五《職官・俸祿・職田公廨田》　大唐凡京諸司各有公廨田：司農寺，給二十六頃。殿中省，二十五頃。少府監，二十二頃。太常寺，二十頃。京兆府、河南府，各十七頃。太府寺，十六頃。吏部、户部各十五頃。兵部、內侍省，各十四頃。中書省、將作監，各十三頃。刑部、大理寺，各十二頃。尚書都省，門下省、太子左春坊，各十一頃。工部，一十頃。光祿寺、太僕寺、祕書省，各九頃。禮部、鴻臚寺、都水監、太子詹事府，各八頃。御史臺、國子監、京縣，各七頃。左右衛、太子家令寺，各六頃。衛尉寺、左右驍衛、左右武衛、左右威衛、左右領軍衛、左右金吾衛、左右監門衛、太子左右春坊，各五頃。太子左右衛率府、太史局，各四頃。宗正寺、左右千牛衛、太子僕寺、左右司禦率府、左右清道率府、左右監門率府，各三頃。內坊、左右內率府、率更府，各二頃。

在外諸司公廨田，亦各有差：大都督府，四十頃。中都督府，三十五頃。下都督、都護府、上州，各三十頃。中州，二十頃。宮總監、下州，各十五頃。上縣，十頃。中縣，八頃。下縣，六頃。上牧監、上鎮，各五頃。下縣及中下牧、司竹監、中鎮、諸軍、折衝府，各四頃。諸冶監、諸倉監、下鎮、上關，各三頃。互市監、諸屯監、上戍、中關及津，各二頃。其津隸都水使者，不給。下關，一頃五十畝。中戍、下戍、嶽瀆，各一頃。

諸京官文武職事各有職分田：一品，十二頃。二品，十頃。三品，九頃。四品，七頃。五品，六頃。六品，四頃。七品，三頃五十畝。八品，二頃五十畝。九品，二頃。並去京城百里內給。其京兆、河南府及京縣官人職分田，亦準此。即百內地少，欲於百里外給者，亦聽之。

諸州及都護府、親王府官人職分之田，亦各有差：二品，十二頃。三品，十頃。四品，八頃。五品，七頃。六品，五頃。京畿縣亦準此。七品，四頃。八品，三頃。九品，二頃五十畝。鎮、戍、關、津、嶽、瀆及在外監官五品，五頃。六品，三頃五十畝。七品，三頃。八品，二頃。九品，一頃五十畝。三衛中郎將、上府折衝都尉，各六頃。中府，五頃五十畝。下府及諸郎將，各五頃。上府果毅都尉，四頃。中府，三頃五十畝。下府，三頃。上府長史、別將，各三頃。中府、下府，各二頃五十畝。親王府典軍，五頃五十畝。副典軍，四頃。千牛備身、備身左右、太子千牛備身，各三頃。諸軍上折衝府兵曹，二頃。中府、下府，各一頃五十畝。其外軍校尉，一頃二十畝。旅帥，一頃。隊正副，各八十畝。皆於領側州縣界內給。其校尉以下在本縣及去家百里內領者，不給。其田亦借民佃植，至秋冬受數而已。

諸職分陸田限三月三十日，稻田限四月三十日，以前上者並入後人，以後上者入前人。其麥田以九月三十日爲限。各前人自耕未種，後人酬其功直；已自種者，準租分法。其價六斗已下者，依舊定，不得過六斗，並取情願，不得抑配。

開元十年六月敕，所置職田，本非古法，爰自近制，是以因循。事有變通，應須刪改。其內外官所給職田地子，從今年九月以後，並宜停給。十八年六月，京官職田，特令準令給受，復用舊制。自大曆以來，關中匱竭，時物騰貴，內官不給。乃減外官職田三分之一，以給京官俸。每歲通計，文武正員、員外官及內侍省、閑廄、五坊、南北衙宿衛并教坊內人家糧等，凡給米七十萬石。

《舊唐書》卷一一《代宗紀》〔永泰二年〕十一月庚申，改黄門侍郎依舊爲門下侍郎。詔曰：春秋以九命作上公，而謂之宰臣者，三公之職。漢制：中書令出納詔命，典司樞密；侍中上殿稱制，參議政事。魏、晉已還，益重其任。職有關於公府，事不係於尚書，雖陳啓沃之謀，未專宰臣之稱，所以委遇斯大，品秩非崇。至于國朝，實執其政，當左輔右弼之寄，總代天理物之名，典領百僚，陶鎔景化。豈可具瞻之地，命數不加，固當進以等威，副其僉屬。其侍中、中書令宜升入正二品，門下、中書侍郎升入正三品。

《舊唐書》卷二〇下《哀帝紀》〔天祐二年〕四月己丑朔。壬辰，敕河南府緱氏縣令宜兼充和陵臺令，仍升爲赤縣。癸巳，敕曰：文武二柄，國家大綱，東西兩班，官職同體。咸匡聖運，共列明廷，品秩相對於高卑，禄俸皆均於厚薄。不論前代，祇考本朝。太宗皇帝以中外臣僚，文武參用，或自軍衛而居臺省，亦由衣冠而秉節旄，足明於武列文班，不令分清濁優劣。近代浮薄相尚，凌蔑舊章，假偃武以修文，競棄本而逐末。雖藍衫魚簡，當一見而便許升堂；縱拖紫腰金，若非類而無令接席。以是顯揚榮辱，分別重輕，遽失人心，盡隳朝體。致其今日，實此之由，須議改更，漸期通濟。文武百官，自一品以下，逐月所給料錢，並須均匀，數目多少，一般支給。兼差使諸道，亦依輪次，既就公平，必期開泰。凡百臣庶，宜體朕懷。

《舊唐書》卷四二《職官志》 高祖發迹太原，官名稱位，皆依隋舊。及登極之初，未遑改作，隨時署置，務從省便。武德七年定令：以太尉、司徒、司空爲三公；尚書、門下、中書、祕書、殿中、内侍爲六省；次御史臺；次太常、光禄、衛尉、宗正、太僕、大理、鴻臚、司農、太府爲九寺；次將作監；次國子學；次天策上將府；次左右衛、左右驍衛、左右領軍、左右武候、左右監門、左右屯、左右領爲十四衛府。東宫，置三師、三少、詹事府、門下典書兩坊；次内坊；次家令、率更、僕三寺；次左右衛率府、左右宗衛率府、左右虞候率府、左右監門率府、左右内率府爲十率府。王公以下置府佐國官。公主置邑司已下。並爲京職事官。州縣、鎮戍、岳瀆、關津爲外職事官。

又以開府儀同三司、從一品。特進、正二品。左光禄大夫、從一品。右光禄大夫、正二品。散騎常侍、從三品。太中大夫、正四品。通直散騎常侍、正四品。中大夫、從四品上。員外散騎常侍、從四品下。中散大夫、正五品上。散騎侍郎、正五品下。通直散騎侍郎、從五品上。員外散騎侍郎、從五品下。朝議郎、承議郎、正六品。通議郎、通直郎、從六品。朝請郎、宣德郎、正七品。朝散郎、宣義郎、從七品。給事郎、徵事郎、正八品。承奉郎、承務郎、從八品。儒林郎、登仕郎、正九品。文林郎、將仕郎，從九品。並爲文散官。

輔國、正二品。鎮軍從二品。二大將軍，冠軍、正三品。雲麾、從三品。忠武、壯武、宣威、明威、信遠、游騎、游擊自正四品上至從五品下。十將軍，爲散號將軍，以加武士之無職事者。改上開府儀同三司爲上輕車都尉，開府儀同三司爲輕車都尉，儀同三司爲騎都尉，秦王、齊王下統軍爲護軍，副統軍爲副護軍，上大都督爲驍騎尉，大都督爲飛騎尉，帥都督爲雲騎尉，都督爲武騎尉，車騎將軍爲游騎將軍。親衛驃騎將軍爲親衛中郎將，其勳衛驃騎準此。親衛車騎將軍爲親衛中郎將，其勳衛、翊衛車騎並準此。監門府郎將爲監門中郎將，領左右郎將準此。諸軍驃騎將軍爲統軍，其秦王、齊王下領三衛及庫直、驅咥直、車騎並準此。諸軍車騎將軍爲別將。其散官文騎尉爲承議郎，屯騎尉爲通直郎，雲騎尉爲登仕郎，羽騎尉爲將仕郎。

武德九年，罷天策上將府。

貞觀元年，改國子學爲國子監，分將作爲少府監，通將作爲三監。八年七月，始以雲麾將軍爲從三品階。九月，以統軍正四品下，別將正五品上。十一年，改令置太師、太傅、太保爲三師。其三公已下，六省、一臺、九寺、三監、十二衛、東宫諸司，並從舊定。又改以光禄大夫爲從二品，金紫光禄大夫爲正三品，銀青光禄大夫爲從三品，正議大夫爲正四品上，通議大夫爲正四品下，太中大夫爲從四品上，中大夫爲從四品下，中散大夫爲正五品上，朝議大夫爲正五品下，朝請大夫爲從五品上，朝散大夫爲從五品下。其六品下，唯改通議郎爲奉議郎，自餘依舊。更置驃騎大將軍，爲從一品武散官；輔國、鎮軍二大將軍，爲從二品武散官；冠軍將軍加大字；及雲麾已下，游擊已上，改爲五品已上武散官。又置昭武、振威、致果、翊麾、宣節、禦武、仁勇、陪戎八校尉副尉，自正六品至從九品，上階爲校尉，下階爲副尉。爲六品已下武散官。

凡九品已上職事，皆帶散位，謂之本品。職事則隨才録用，或從閑入劇，或去高就卑，遷徙出入，參差不定。散位則一切以門蔭結品，然後勞考進叙。《武德令》，職事高者解散官，欠一階不至爲兼，職事卑者，不解散官。《貞觀令》，以職事高者爲守，職事卑者爲行，仍各帶散位。其欠一階，依舊爲兼，與當階者，皆解散官。永徽已來，欠一階者，或爲兼，或帶散官，或爲守，參而用之。其兩職事者亦爲兼，頗相錯亂。其欠一階之兼，古念反。其兩職事之兼，古恬反。字同音異耳。咸亨二年，始一切爲守。

自高宗之後，官名品秩，屢有改易。今録永泰二年官品。其改易品秩者，注於官品之下。若改官名及職員有加減者，則各附之於本職云。

唐初因隋號，武德三年三月，改納言爲侍中，内史令爲中書令，給事郎爲給事中，内書省爲中書省。

貞觀二十三年六月，改民部尚書爲户部尚書。七月，改治書侍御史爲御史中丞，改諸州治中爲司馬，別駕爲長史，治禮郎爲奉禮郎。

顯慶元年，改户部尚書爲度支尚書，侍郎爲度支侍郎。又置驃騎大將軍員，從一品。【略】

正第一品

太師、太傅、太保、太尉、司徒、司空，已上職事官。王。爵。《武德令》有天策上將，九年省。

從第一品

開府儀同三司、文散官。開府儀同三司及特進不帶職事官者，朝參禄俸並同職事，仍隸吏部也。太子太師、太子太傅、太子太保，已上職事官。驃騎大將軍、武散官。嗣王、郡王、國公。爵。

正第二品

特進、文散官。輔國大將軍、武散官。開國郡公、爵。《武德令》唯有公、侯、伯、子、男，貞觀十一年加開國之稱也。上柱國。勳官。《武德令》有尚書令，龍朔二年省。自是正第二品無職事官。

從第二品

尚書左右僕射、太子少師、太子少傅、太子少保、京兆河南太原等七府牧、大都督、揚、幽、潞、陝、靈。大都護、單于、安西。已上職事官。光禄大夫、文散官。鎮軍大將軍、武散官。開國縣公、爵。柱國。勳官。

正第三品

侍中、中書令、吏部尚書、舊班在左相上，《開元令》移在下。門下侍郎、中書侍郎、舊班正四品上，大曆二年升。左右衛、左右驍衛、左右武衛、左右威衛、左右領軍衛、左右金吾衛、左右監門衛、左右羽林軍、左右龍武、左右英武六軍大將軍、左右千牛衛大將軍、自左右衛已下，並爲武職事官。户部禮部兵部刑部工部尚書、《武德令》，禮部次吏部，兵部次之，民部次之。貞觀年改以民部次禮部，兵部次之。則天初又改以户部次吏部，禮部次之，兵部次之。太子賓客、舊兼職無品，《開元前令》定入官品也。太常卿、宗正卿、天寶初昇入正三品也。太子詹事、左右散騎常侍、舊班從三品，廣德年昇。內侍監、唐初舊制，內侍省無三品官，內侍四員，秩四品。天寶十三年十二月，玄宗以中官高力士、袁思藝承恩遇，特置內侍監兩員，秩三品，以授之。中都督、上都護、已上除八大將軍，並爲文職事官。金紫光禄大夫、文散官。冠軍大將軍、武散官。懷化大將軍、顯慶三年置，以授初附首領，仍隸諸衛也。上護軍。勳官。

從第三品

御史大夫、舊班在秘書監九卿下，《開元令》移在上。祕書監、光禄、衛尉、太僕、大理、鴻臚、司農、太府卿、國子祭酒、殿中監、少府監、將作監、諸衛羽林，入正三品。千牛龍武將軍、下都督、上州刺史、京兆河南太原等七尹、舊雍、洛長史從四品上，景雲二年加秩爲從三品也。五大都督府長史、舊從四品上，景雲二年加秩爲從三品。大都護府副都護、舊正四品上，《開元令》加入從三品。親王傅、已上並職事官。諸衛羽林、千牛龍武將軍爲武，餘並爲文。銀青光禄大夫、文散官。開國侯、爵。雲麾將軍、武散官。歸德將軍、顯慶三年置，以授初附首領，仍隸諸衛也。護軍。勳官。《武德令》有天策上將府長史、司馬，九年省也。

正第四品上階

門下侍郎、中書侍郎、舊正四品下階，《開元令》加入上階也。尚書左丞、永昌元年進爲正三品，如意元年復舊。吏部侍郎、武德七年省諸司侍郎，吏部郎中爲正四品上。貞觀三年復置侍郎，其吏部郎中復舊爲五品下。太常少卿、太子左庶子、太子少詹事、太子左右衛、左右司禦、左右清道、左右內率、左右監門率府率、中州刺史、軍器監、武德初爲正三品，七年省，八年復置，九年又省，十年復置北都軍器監。上都護府副都護、上府折衝都尉、《武德令》統軍正四品下，後改爲折衝都尉。《垂拱令》始分爲上中下府，改定官品。自此已上職事官。率及折衝爲武，餘並爲文也。正議大夫、文散官也。開國伯、爵。忠武將軍、武散官。上輕車都尉。勳官。

正第四品下階

尚書右丞、永昌元年進爲從三品，如意元年復舊。諸司侍郎、太子右庶子、左右諭德、左右千牛衛、左右監門衛中郎將、親勳翊衛羽林中郎將、下州刺史、《武德令》，中州刺史，正四品，下州刺史，從四品上。《貞觀令》，一切爲下州，加入正四品下。自此已上職事官。中郎將爲武，餘並爲文也。通議大夫、文散官。壯武將軍。武散官。

從第四品上階

祕書少監、八寺少卿、殿中少監、太子左右衛、司禦、清道、內率、監門副率、太子親勳翊衛中郎將、太子家令、太子率更令、太子僕、內侍、大都護親王府長史、已上職事官。府率、中郎將爲武，餘並爲文。太中大夫、文散官。宣威將軍、武散官。輕車都尉。勳官。

從第四品下階

國子司業、少府少監、將作少匠、京兆河南太原府少尹、大都督府大都護府親王府司馬、上州別駕、已上職事文官、《武德令》，上州別駕正五品上。二十三年爲長史，前上元年，復置別駕，定入從四品也。中府折衝都尉、武職事官。中大夫、文散官。明威將軍。武散官。《武德令》有天策上將府從事中郎，九年省。

正第五品上階

諫議大夫、御史中丞、《武德令》，從五品上。《貞觀令》，加入正五品上，五年又加入四品。如意元年復舊也。國子博士、給事中、中書舍人、太子中允、太子左右贊善大夫、都水使者、萬年長安河南洛陽太原晉陽奉先會昌縣令、武德元年，敕萬年、長安令爲正五品上。七年定令，改爲從五品。貞觀初復舊也。親勳翊衛羽林郎將、中都督府上都護府長史、親王府諮議參軍事、《武德令》，正五品下也。軍器少監、太史少監、親王府典軍、已上職官。郎將、典軍爲武，餘並爲文。永徽令，親王典軍從四品下。《垂拱令》改入五品也。中散大夫、文散官。開國子、爵。定遠將軍、武散官。上騎都尉。勳官。

正第五品下階

太子中舍人、尚食尚藥奉御、太子親勳翊衛郎將、內常侍、中都督上都護府司馬、中州別駕、下府折衝都尉、已上職事官、郎將、折衝爲武，餘並爲文也。朝議大夫、文散官。寧遠將軍。武散官。《武德令》有天策上將軍諮祭酒，九年省。

從第五品上階

尚書左右諸司郎中、《武德令》，吏部郎中正四品上，諸司郎中正五品上。貞觀二年，並改爲從五品上也。祕書丞、《武德令》，正五品上。《永徽令》改也。著作郎、太子洗馬、殿中丞、尚衣尚舍尚乘尚輦奉御、獻陵昭陵恭陵橋陵八陵令、《武德》，諸陵令從七品下，永徽二年加獻、昭二陵令，爲從五品。已後諸陵並相承依獻、昭二陵也。親王府副典軍、下都督府上州長史、下州別駕、已上職事官。典軍爲武，餘並爲文也。朝請大夫、文散官。開國男、爵。游擊將軍、武散官、騎都尉。勳官。舊有太公廟令，武德年七品下，永徽二年加從五品上，開元二十四年省也。

從第五品下階

大理正、太常丞、太史令、內給事、太子典內、舊正六品上，《開元令》改。下都督府上州司馬、《武德令》，上州治中正五品下。貞觀初改。親王友、《武德令》，正五品下也。宮苑總監、上牧監、上府果毅都尉、已上職事官。果毅爲武散，餘並爲文。駙馬都尉、奉車都尉、並武散官。駙馬自近代已來，唯尚公主者授之。奉車，有唐已來無其人。朝散大夫、文散官。游擊將軍。武散官。《武德令》有天策上將府主簿、記室、參軍，九年省。《神龍令》有庫谷、斜谷監也。

正第六品上階

太學博士、《武德令》，從六品上，貞觀年改。太子詹事府丞、太子司議郎、太子舍人、中郡長史、《武德令》，中州別駕從五品上，貞觀年改也。太子典膳藥藏郎、京兆河南太原府諸縣令、武德元年敕，雍州諸縣令階從五品上，七年定令改。親王府掾屬、《武德令》，從五品下也。武庫中尚署令、《武德令》依上署令，從七品下，太極年改武庫令階，開元年改中尚令階。諸衛左右司階、中府果毅都尉、鎮軍兵滿二萬人已上司馬、已上職事官。司階、果毅爲武，餘並爲文也。親勳翊衛校衛、衛官。朝議郎、文散官。昭武校尉、武散官。驍騎尉。勳官。

正第六品下階

千牛備身左右、衛官已上，王公已下高品子孫起家爲之。太子文學、下州長史、武德中，下州別駕，正六品，貞觀二十三年，改爲長史丞。永淳元年，諸州置別駕官。天寶八載停別駕，下郡置長史。後上元二年，諸州置別駕，不廢下府長史也。中州司馬、《武德令》，中州治中，從五品下，《貞觀令》改。內謁者監、中牧監、上牧副監、已上文職事官。上鎮將、武職事官。《武德令》，從四品下也。承議郎、文散官。昭武副尉。武散官。《武德令》有天策上將府諸曹參軍事，九年省也。

從第六品上階

起居郎、起居舍人、尚書諸司員外郎、《武德令》，吏部員外郎正六品上，諸司員外郎正六品下。貞觀二年改。八寺丞、大理司直、國子助教、《武德令》，從七品上。城門符寶郎、通事舍人、祕書郎、《武德令》，正七品上。著作佐郎、《武德令》，正七品下。侍御醫、《武德》、《乾封令》，正七品上。《神龍令》，從六品下。開元改。諸衛羽林長史、兩京市署令、武德四年進爲從五品上，七年定令，復舊也。下州司馬、《武德令》，中下州治中，正六品下。親王文學、主簿、記室、録事參軍、《武德令》，親王府文學已上，並正六品下也。諸州上縣令、已上文職事官。諸率府左右司階、武職事官。鎮軍兵不滿二萬人司馬、文職事官。左右監門校尉、親勳翊衛旅帥、衛官。奉議郎、文散官。振威校尉、武散官。飛騎尉、勳官。

從第六品下階

侍御史、舊從七品上，《垂拱令》改。少府將作國子監丞、太子內直典設宮門郎、太公廟令、司農寺諸園苑監、沙苑監、下牧監、宮苑總監副、互市監、中牧副監、已上文職事官。下府果毅都尉、武職事官。親王府校尉、衛官。通直郎、文散官。振威副尉。武散官。

正第七品上階

四門博士、詹事司直、左右千牛衛長史、尚食尚藥直長、太子左右衛司禦清道率府長史、軍器監丞、諸州中縣令、京兆河南太原府司録參軍事、大都督大都護府録事參軍事、親王府諸曹參軍、已上文職事官。《武德令》，親王府功曹、倉曹、户曹、兵曹參軍事，從五品下，騎曹、鎧曹、田曹、士曹、水曹參軍事等，七品下也。中鎮將、武職事官。《武德令》，從五品下。太子千牛、親勳翊衛隊正副隊正、已上衛官。朝請郎、文散官。致果校尉、武散官。雲騎尉。勳官。

正第七品下階

尚衣尚舍尚乘尚輦直長、太子通事舍人、內寺伯、京兆河南太原府大都督大都護府諸曹參軍、中都督上都護府録事參軍事、諸倉諸冶司竹温湯監、諸衛左右中候、上府別將、《武德令》，別將正五品上，後改爲果毅，聖曆三年復置別將。上府長史、《武德令》，統軍長史正八品下也。上鎮副、《武德令》，從五品下。下鎮將、《武德令》，正六品下。下牧副監、已上職事官。中候、別將、鎮副、鎮將爲武，餘並爲文也。宣德郎、文散官。致果副尉、武散官。《武德令》又有天策上將府參軍事，九年省。又有鹽池鹽井監、諸王百司問事謁者。

從第七品上階

殿中侍御史、《武德》至《乾封令》，並正八品上，垂拱年改。左右補闕、太常博士、太學助教、《武德令》，從八品下也。門下録事、中書主書、尚書都事、九寺主簿、太子詹事主簿、太子左右內率監門率府長史、太子侍醫、太子三寺丞、都水監丞、諸州中下縣令、親王府東西閣祭酒、《武德令》，正六品下。京縣丞、萬年、長安、河南、洛陽、奉先、會昌、太原、晉陽。下都督府上州録事參軍、中都督上都護府諸曹參軍事、中府別將長史、中鎮副、《武德令》，正六品下。已上職事官。別將、鎮副爲武，餘並爲文。左右監門直長、勳衛、太子親衛、已上衛官。朝散郎、文散官。翊麾校尉、武散官。武騎尉。勳官。

從第七品下階

太史丞、監局同。御史臺少府將作國子監主簿、御史臺、國子監主簿，舊正八品，《垂拱令》改。掖庭令、宮闈令、上署令、郊社、太樂、鼓吹、太醫、太官、左藏令、乘黄、典客、上林、太倉、平準、常平、左尚、右尚、典牧。《武德令》有太廟、諸陵、典農、中尚、都水、常平。其左尚、典牧本中署，右尚本下署，開元初改之也。諸州下縣令、天寶五載，一切爲中下縣。諸陵署丞、永徽二年加秩。舊有太廟署丞，武德爲九品，永徽二年加秩，從七品上，開元年省也。司農寺諸園苑副監、《神龍令》有諸冶副監。宮苑總監丞、下都督府諸曹參軍、太子內坊丞、舊正八品上，開元初改。親王國令、舊規，流內正九品，太極年改。公主家令、舊規，流內正八品，太極年改。上州諸參軍事、下府別將長史、下鎮副、《武德令》，從六品下。諸屯監、《武德令》有芳醞監，《神龍令》有漆園監。諸率府左右中候、鎮軍滿二萬人以上諸曹判司、已上職事官。別將、鎮副、中候爲武，餘並爲文也。太子左右監門直長、親王府旅帥、諸折衝府校尉、已上衛官。《武德令》，諸府校尉，正六品下也。宣議郎、文散官。翊麾副尉。武散官。

正第八品上階

監察御史、舊從八品上，《垂拱令》改。協律郎、諸衛羽林龍武軍録事參軍事、中署令、鈎盾、右藏、織染、掌冶，《武德令》有衣冠署令。中州録事參軍事、太醫博士、太子典膳藥藏丞、軍器監主簿、武庫署丞、舊從八品下，開元初改。兩京市署丞、上牧監丞、《武德令》，從八品下，《神龍令》有庫谷、斜谷、太陰伊陽監丞。鎮軍不滿二萬人以上諸曹判司、已上文職事官。翊衛、太子勳衛、親王府執仗執乘親事、已上衛官。給事郎、文散官。宣節校尉。武散官。《武德令》有天策上將府典籤，九年省。

正第八品下階

奚官內僕內府局令、下署令、太卜、廩犧、珍羞、良醞、掌醢、守宮、武器、車府、司儀、崇玄、導官、中右校、左校、甄官、河渠、弩坊、甲坊。《神龍令》又有干、檝二署令也。諸衛羽林龍武諸曹參軍事、中州諸司參軍事、親王府京兆河南太原府大都督大都護府參軍事、《武德令》，親王府參軍，從七品下，雍州行參軍，正八品上。尚藥局司醫、京兆河南太原府諸縣丞、太子內直宮門丞、太公廟丞、諸宮農圃監、互市監丞、司竹副監、司農寺諸園苑監丞、靈臺郎、已上文職事官。諸衛左右司戈、上戍主、已上武職事官。武德令有中鎮長史。備身、衛官。徵事郎、文散官。宣節副尉。武散官。

從第八品上階

左右拾遺、太醫署針博士、四門助教、《武德令》，從九品上。左右千牛衛録事參軍、下州録事參軍、《武德令》有中下州諸司參軍事。諸州上縣丞、中牧監丞、《武德令》，正八品上。京縣主簿、太子左右衛司禦清道率府録事參軍、中都督府上都護府參軍、親王府行參軍、《武德令》、正八品上。京兆河南太原大都督府博士、《武德令》，雍州博士，從八品下。諸倉諸冶司竹温湯監丞、《武德令》有鹽池鹽井監丞，《神龍令》有太和監丞。保章正、已上文職事官。太子翊衛諸府旅帥、已上衛官。《武德》、《乾封令》，諸府旅帥，正七品下。承奉郎、文散官。禦侮校尉。武散官。

從第八品下階

大理評事、律學博士、太醫署丞、醫監、太子左右春坊録事、左右千牛衛諸曹參軍、內謁者、太子左右衛司禦清道率府諸曹參軍事、太子諸署令、掖庭宮闈局丞、太史都水監主簿、太史爲局則省主簿。中書門下尚書都省兵吏部考功禮部主事、舊從九品上，開元二十四年改七司入八品，其省內諸司依舊。上署丞、《武德令》有芳醞監丞。下都督府上州參軍事、中都督府上州博士、諸州中縣丞、諸王府典籤、《武德令》，正八品下。京縣尉、親王國大司農、舊規，流內正第七品，開元初改。公主家丞、舊規，流內正第九品，開元初改。諸屯監丞、上關令、上府兵曹、上鎮倉曹兵曹參軍事、《武德令》有下鎮長史。挈壺正、已上文職事官。中戍主、上戍副、率府左右司戈、已上武職事官。太子備身、親王府隊正、已上衛官。承務郎、文散官。禦侮副尉。武散官。

正第九品上階

校書郎、《永徽令》加入從八品下，《垂拱令》復舊。太祝、太子左右內率監門府録事參軍、太子內方典直、中署丞、典客署掌客、親勳翊衛府羽林兵曹參軍事、岳瀆令、諸津令、下牧監丞、《武德令》，正八品下。《神龍令》有漆園丞，開元前令有沙苑丞。諸州中下縣丞、中郡博士、《武德令》，正九品下。京兆河南太原府諸縣主簿、武庫署監事、已上並文職事官。《武德令》有天策上將府録事。其武庫監事，從九品下，太極年改也。儒林郎、文散官。仁勇校尉。武散官。

正第九品下階

正字、《永徽令》改入上階，《垂拱令》復舊。太子校書、《永徽令》改入上階、《垂拱令》復舊。奚官內僕內府局丞、下署丞、尚食局食醫、尚藥局醫佐、尚乘局奉乘司庫司廩、太史局司辰、典厩署主乘、太子左右內率監門率府諸曹參軍事、太子三寺主簿、詹事府録事、龍朔年署桂坊録事，咸亨年省。太子親勳翊府兵曹參軍事、諸州下縣丞、諸州上縣中縣主簿、中州參軍事、《武德令》，正九品上。下州博士、《武德令》，中下州博士，從九品上，下州博士，從九品下。京兆河南太原府諸縣尉、上牧主簿、諸宮農圃監丞、中關令、中府兵曹、親王國尉、舊規，流內正八品，開元初改。《武德令》有親王府鎮事及司閤。上關丞、《武德令》有上津尉。諸衛左右執戟、中鎮兵曹參軍、下戍主、已上職事官。執戟、戍主爲武，餘並爲文。諸折衝府隊正、衛官。登仕郎、文散官。仁勇副尉。武散官。

從第九品上階

尚書諸司御史臺祕書省殿中省主事、奉禮郎、律學助教、太子正字、弘文館校書、太史司曆、太醫署醫助教、京兆河南太原府九寺少府將作監録事、都督都護府上州録事市令、宮苑總監主簿、中牧監主簿、《永徽令》有監漕。諸州中下縣主簿、上縣中縣尉、下府兵曹、已上並職事文官。文林郎、文散官。陪戎校尉。武散官。

從第九品下階

內侍省主事、國子監親王府録事、太子左右春坊主事、崇文館校書、書學博士、算學博士、門下典儀、太醫署按摩呪禁博士、太卜署博士、太醫署針助教、太醫署醫正、太卜署卜正、太史局監候、親王國丞、舊規，流內正第九品，開元初改從正流內。掖庭局宮教博士、太子諸署丞、太子典食署丞、太子厩牧署典乘、諸監作諸監事計官、太官署監膳、太樂鼓吹署樂正、大理寺獄丞、下州參軍事、《武德令》，中下州行參軍，正九品，下州參軍，從九品上。中州下州醫博士、諸州中縣下縣尉、京縣録事、下牧監主簿、下關令、中關丞、諸衛羽林長上、公主邑司録事、諸津丞、下鎮兵曹參軍、《武德令》有諸橋諸堰丞。諸率府左右執戟、已上職事官。長上、執戟爲武，餘並爲文。親王府隊副、諸折衝府隊副、已上衛官。將仕郎、文散官。陪戎副尉。武散官。

流內九品三十階之內，又有視流內起居，五品至從九品。初以薩寶府、親王國官及三師、三公、開府、嗣郡王、上柱國已下護軍已上勳官帶職事者府官等品。開元初，一切罷之。今唯有薩寶、祆正二官而已。又有流外自勳品以至九品，以爲諸司令史、贊者、典謁、亭長、掌固等品。視流外亦自勳品至九品，開元初唯留薩寶、祆祝及府史，餘亦罷之。

（宋）王溥《唐會要》卷八一《階》舊制：叙階之法，有以封爵，謂嗣王郡王，初出身從四品下叙。親王諸子封郡公者，從五品上。國公縣公侯及伯子男，遞減一等。有以親戚，謂皇帝緦麻已上，及皇太后周親，正六品上叙。皇太后大功親，皇后周親，從六品上。皇帝袒免，皇太后小功緦麻，皇后大功，正七品上。皇后小功緦麻，皇太子妃周親，從七品上。外戚各依本服降二等叙。娶郡主，正六品上。娶縣主，正七品上。郡主子出身，從七品上。縣主子，從八品上叙。有以勳庸，謂上柱國正六品上叙，柱國已下遞減一等。有以資蔭，謂一品子，正七品上叙。至從三品子，遞降一等。四品五品各有從正之差，亦遞降一等。從五品並國公子，八品下叙。三品已上蔭曾孫，五品已上蔭孫，孫降子一等，曾孫降孫一等。贈官降正官一等，散官同職事。若三品帶勳官，即依勳官品，同職事蔭。四品降一等，五品降二等。郡縣公子准從五品孫，縣男已上子，降一等。勳官二品子，又降一等。二王後子孫，准正三品蔭。有以秀孝，謂秀才上上第，正八品上叙，已下遞降一等，至中上第，從八品下。明經降秀才三等。進士明法甲第，從九品上，乙等降一等。若本蔭高，在秀才明經上第加本蔭。四階已下，遞降一等。明經通二經已上，每一經加一階。及官人通經者，後叙加階亦如之。凡孝義旌表門閭者，出身從九品上叙。有以勞考，謂內外六品已下，四考滿皆中中考者，進一階。每中上考，又進一階。每一上下考，進兩階。若兼有下考，得以上考除之。應入三品五品者，皆待別制而進之，不然否。

乾封元年正月十日敕文：內外官九品以下，加一階，七品以上，宜加一階，八品已下，更加勳官一轉。泛階自此始也。至宏道元年十二月四日赦文：見任內外官五品已上經四考，及守五品經三考，六品以下計滿三考，政有清勤，狀無私犯者，各加一階。

蘇氏記曰：乾封以前，未有泛階之恩。應入三品者，以恩舊制特拜入五品者，因選叙計階至朝散大夫已上，奏取進止。每年量多少進取，餘並從本品授官。若滿三計至者，即一切聽加。自乾封已後，有泛階入五品三品。

永淳元年正月，詔曰：比來文武官計至三品，一計至者，多未甄擢，再計至者，隨例必升，賢愚一貫，深乖奬勸。今後一計至已上，有在官清慎，材堪應務者，所司具狀録奏，當與進階。若公正無聞，循默自守，及未經任州縣官，雖再經計至，亦不在加階之限。

萬歲通天元年七月四日制文：武官加階應入五品者，並取出身，歷十三考已上無私犯，進階之時，見居六品及七品已上清官者，應入三品。取出身二十五考已上，亦無私犯，進階之時，見居四品者，自外縱計階應入，並不在進階限。其奇才異行，別效殊功者，不拘此例。至開元十一年二月五日敕：自今以後，泛階應入五品，以十六考爲定。及三品，以三十考爲定。其名賢宿德，及異跡殊狀，雖不逢泛階，或應遷改之次，年考與節限同者，亦以名聞，仍永爲常式。至其月二十八日，內外官承泛階應入五品者，制出日，經三十考，見任四品官，本階正四品上，其考須先已申考訖，階須已授告身，其新考雖未校成，檢勘無勾留私犯，亦許通計爲考。其殿中侍御史、補闕、詹事、司直、京兆河南府判司、太常博士應入品，並同六品官例。

證聖元年，懷州獲嘉縣尉劉知幾上表曰：臣聞君不虛授，臣無虛受，授受無失，是曰能官。又曰：妄受不爲忠，妄施不爲惠，皆聖賢之通論也。惟漢世有賜爵一級，恩澤封侯，此乃曠古殊恩，千載一遇，非是頻煩渥澤，每歲常行者也。今皇家始自文明，迄於證聖，其間不過十餘年耳，海內具寮，九品以上，每歲逢赦，必賜階勳，無功獲賞，徼倖實深。其蠹務當官，尸素尤衆，每論説官途，規求仕進，不希考第取達，唯擬遭遇便遷。或言少一品未脱碧衣，待一階方被朱服，遂乃早求笏帶，先辦衫袍。今日御則天門，必是加勳一轉，明日饗宣陽觀，多應賜給一班。既而如願果諧，依期必獲，得之者自謂己力，受之者不以爲慚。至於朝野宴聚，公私集會，緋服衆於青袍，象板多於木笏，望自今後，稍節私恩，使士林載清，人倫有叙。

聖曆二年三月制：有能通九經者，特授朝大夫。通三經已上者，進兩階，並隨材擢用。神龍元年八月二十一日敕：六品已上官，緣州縣改入上中下階品，與元授不同者，宜依舊任考滿日，依本資選叙，不須改動者。

開元三年八月十七日敕：官不濫昇，才無虛受，惟名與器，不可以假人，左賢右戚，豈資於繆賞。駙馬都尉從五品階，受自先朝，頗虧前式，穠華甫降，紫艾先登，不循舊章，有紊彝典，宜遵古訓，以革踰弊，俾九族無私，千官有叙。自今已後，駙馬階宜依令式，仍借紫金魚袋。

大歷十三年正月，特加朝議郎守門下侍郎平章事常袞九階，爲銀青光禄大夫。

貞元二年十月，庫部郎中知制誥張濛奏：伏准貞元元年十一月制，三品已上，賜爵一級，四品已下，加一階者，臣謹詳制旨，本以三品已上，其階已貴，故賜爵，四品以下，其階未貴，故加階。伏緣請條，不標所限，司封據品，通取職官。其有官是三品已上，階是四品已下者，遂以階叙階，又以官叙階，爵比於官，階等者受賜偏優。臣欲准狀覆成，則慮於比濫，檢條破格，復無以依憑，官既隨用則遷，階乃累考方至，泛恩叙爵，理合從階。若許兼約職官，伏恐競爲覬倖。臣今謹具賜爵例如前，望爲永式。敕旨：依奏。

三年正月，中書舍人高參奏：准貞元二年十月敕：准制，三品已上，賜爵一級，並以三品階爲限者，其有以五品受賜者，並未標格限，所司檢勘不備。其貞元元年十二月制，五品已上賜爵一級，亦請以五品爲限，仍望爲常式。依奏。

六年六月，吏部奏：准格，内外官承泛階應入五品者，制出日，須經一十六考，見任六品官，本階加正六品上，應入三品者，制出日，經三十考，見任四品官，本階加正四品上。自建中元年六月初，有特敕，諸道將士，准制加泛階爵勳等，特許不檢勘注擬，其正員官不在此限。日後有司因循，以例破格，應試官叙階，並不限官品，其中或官是九品，階稱朝議郎，或官是六品，階稱正議大夫，加一泛階，並入三品五品。伏以元敕制令不檢勘，無不限官階之文，若以例判成即階，違格令，請別立條限，漸歸舊章。應將士兼試官叙泛階奏，敕已到令入三品者，矜其勞效，須有優奬，其官階相當，並請不限考數，檢當任一銜有實，許與結叙，其階高官卑者，請准格處分。

十年五月敕：諸軍功狀内，其判官等既各有年限，並諸色文資官，不合軍行。自今以後，更不得叙入戰功。其掌書記及孔目官等，亦宜准此。如有灼然功效可録，任具狀奏聞。

十二年四月，裴延齡自朝請大夫特加銀青光禄大夫。

十五年十二月敕：内侍省自今以後，高品官白身等，官至五品已上，合結朝散大夫等階，及准格母妻合得邑號，並結階累勳階者，並宜當司磨勘，具銜奏來。

元和十三年六月，制書云：舊例皆云三品以上賜爵三品，爲銀青光禄大夫雲麾將軍已上，若職事官雖是三品，散官四品以下，並不得叙爵。但有三品以上散官，雖四品職事官，並合叙爵。其所叙爵，止於郡公。其郡公更蒙賜爵，即聽迴授。其國公及封王，並須特恩，不在叙限。其國公及封王准賜爵，亦聽迴授。其制書中有諸色職掌，臨時處分，其職掌即不限高卑，准制便叙，有司更不得妄授，須三品階例。近日有司起請中，往往有言其叙爵須限職事三品官，此乃深昧典章，紊亂綱紀。其叙階據制書舊例，四品已下階，四品謂正議大夫，忠武將軍，都不繫職事官，内外官叙三品者，皆須文武散官，至四品上。叙五品者，皆須文武散官至六品上。如四品階並是通議大夫、壯武將軍以下，六品階承議郎、昭武副尉以下，雖制書中累加散階，亦在不叙三品五品之限。如一制中累加散階，亦不得先叙一階，至正議大夫、忠武將軍、朝議郎、昭武校尉，因續取制書中所賜，皆叙三品五品，永宜禁斷。如兩制書日月相近，亦准前不得累叙，直須制書出時，以正議大夫、忠武將軍、朝議郎、昭武校尉已成，方得叙三品。縱制書中有優勞合加數階，入三品止於銀青光禄大夫、雲麾將軍，入五品至於朝散大夫、遊擊將軍，不在累叙。金紫光禄大夫、冠軍大將軍以上階，並須特恩，不合累叙。其外命婦封内外官母妻，各視其夫及子散官品令，不得約職事官品。文武五品階爲縣君，四品階爲郡君，三品已上階爲郡夫人，即止。其國夫人須待特恩，不在叙例。如至郡夫人，又有制書賜封，即改爲郡夫人，受新恩履歷而已。

十三年六月，中書省奏：應叙録將士兼試官，加泛階入三品五品，伏准貞元六年六月二十七日吏部所奏，具有科條，近日因循，多不遵守，遂名器具濫，昇進無章，須重申明，冀絶僥倖。自今已後，應叙録入五品三品階者，並請准前敕處分。其正三品以上階，准格式須有特恩，不在用考累叙之限。從之。

會昌四年正月，内侍省奏：内侍省叙階長定格，著紫供奉官，及銜內有賜紫官，叙階不得過金紫光禄大夫。著緋供奉官，及銜內有賜緋官，叙階不得過正議大夫。著緑供奉官，及銜內有賜緑官，叙階不得過朝議郎。敕旨：內侍省官叙階，起今以後，宜依前件，其會昌二年四月准制合與擬階者，便依此處分。其銜內無賜緋官，先校朝散大夫以上階者，宜令仍舊，不得即與改轉。以後如有特恩，敕別宣與改轉者，即不在此限，永爲定規。

（宋）王溥《唐會要》卷九〇《內外官禄》 武德元年十二月，因隋制，文武官給禄。正一品，七百石。從一品，六百石。正二品，五百石。從二品，四百六十石。正三品，四百石。從三品，三百六十石。正四品，三百石。從四品，二百六十石。正五品，二百石。從五品，一百六十石。正六品，一百石。從六品，九十石。正七品，八十石。從七品，七十石。正八品，六十石。從八品，五十石。正九品，四十石。從九品，三十石。並每年給。

貞觀二年二月二十日詔：官人得上考，給一季禄。至三年正月十一日，官得上下考，亦給。其年六月詔官人出使，皆廩其妻子。至十二月詔：外官新任，多有匱乏，準品計日給糧。

八年，中書舍人高季輔上表曰：仕以應務，亦以代耕。外官卑品，猶未得禄，既離鄉井，理必貧煎。但妻子之戀，賢知猶累其懷，飢寒之切，夷惠罕全其行。爲政之道，期於易從。若不恤其匱乏，唯欲勵其清儉，凡在末品，中庸者多，正恐巡察歲出，輶軒繼軌，不能肅其侵漁，何以求其政術。今户口漸殷，廪倉已實，斟量給禄，使得養親，然後督以嚴科，責其報效，則庶官畢力，物議斯允。

永徽元年八月詔：文武五品以上，解官充待者，宜準致仕人例，給半禄。

光宅元年十月二十日敕：諸內外官禄料賜會，二事已上，皆據上日給。新授官未上，所司及承敕使差充使者，禄料並考第。一事已上，並不在與限。如別敕應差使者，京官以敕出日，外官以敕符到日，爲上日。若新授外仍直諸司者，上日同京官。即舊人應替，先別敕定名，充使未迴，兩應給而無正課料者，以當處官料充。職田據新人上日爲斷，不別給舊人。因使應别給者，經一季雖未了，不在給限。其制敕授官，雖敕符先到，未上者，舊人無犯，不在停限。

天寶二年十一月十六日敕：京官兼太守等官，俸料兩給者，宜停其外官。太守兼京官，除準式。親王帶京官、外任官、副大將軍、副使、知軍，及正事京官兼內外官知政事，據文合兼給者，餘並從一處給，任逐穩便。

十四載八月敕，在京文武九品以上正員官，既親於職務，可謂勤心，自今以後，每月給俸食雜用防閤庶僕等，宜十分爲率，加二分，其同正員官，加一分，仍永爲常式。至德二載四月敕：天下郡府及縣官禄，白直品子等課，從今年正月一日以後，並量給一半，事平之後，當續支還。

貞元七年十二月敕：郡主婿授檢校四品京官，户部每月給料錢三十貫文，度支給禄粟一百二十石。縣主婿檢校五品京官，户部每月給料錢一十貫文，度支給禄米一百石。大中三年九月敕：秦州刺史禄粟，每月給五十一石，原州威州刺史禄粟，每月各給四十一石。

（宋）王溥《唐會要》卷九一《內外官料錢上》 武德已後，國家倉庫猶虛，應京官料錢，並給公廨本，令當司令史番官迴易給利，計官員多少分給。

貞觀十二年二月，諫議大夫褚遂良上疏曰：爲政之本，在於擇人。不正其源，遂差千里。漢家以明經拜職，或四科辟召，必擇器任使，量才命官。然則市井子孫，不居官吏。大唐制令，憲章古昔，商賈之人，亦不居官位。陛下近許諸司令史捉公廨本錢，諸司取此色人，號爲捉錢令史。不簡性識，寧論書藝，但令身能估販，家足貲財，録牒吏部，使即依補。大率人捉五十貫已下，四十貫已上，任居市肆，恣其販易。每月納利四千，一年凡輸五萬，送利不違，年滿受職。然有國家者，嘗笑漢代賣官。今開此路，頗類於彼。在京七十餘司，大率司引九人，更一二載後，年别即有六百餘人輸利受職。伏惟陛下治致昇平，任賢爲政，或文學高第，或諸州進士，皆策同片玉，經若懸河，奉先聖之格言，慕昔賢之廉恥，拔十取五，量能授官，然犯禁違公，輒罹刑法。況乎捉錢令史，主於估販，志意分毫之末，耳目廛肆之間，輸錢於官，以獲品秩。荏苒年歲，陛下能不使用之乎。此人習以性成，慣於求利，苟得無恥，莫蹈廉隅，使其居職，從何而可，將來之弊，宜絶本源。臣每周遊人間，爲國視聽，京司寮庶，爰及外官，異口同詞，皆言不便，伏願敕朝臣遣其詳議。上納之。其月二十三日，敕並停，改置胥士七千人，以諸州上户充，准防閤例，輸課二年一替，計官員多少分給之。二十一年二月七日，令在京諸司，依舊置公廨，給錢充本，置令史府史胥士等，迴易取利，以充官人俸。

永徽元年四月二日，廢京官諸司捉錢庶僕胥士，其官人俸料，以諸州租腳價充。

麟德二年八月十九日詔：文武五品已上，同武職班給仗身，以掌閑幕士充之。咸亨元年四月十二日，停給。

乾封元年八月十二日，詔京文武官應給防閤庶僕俸料，始依職事品，其課及賜，各依本品。

儀鳳三年八月二日詔：廩食爲費，同資於上農；歲俸所頒，並課於編户。因地出賦，則沃瘠未均；據丁收物，則勞逸不等。俾之富教，其可得乎。永念於斯，載懷釐創。如文武内外官應給俸料課錢，及公廨料度封户租調等，遠近不均，貴賤有異，輸納簡選，事甚艱難，運送腳錢，損費實廣。公廨出舉迴易，典吏因此侵漁。撫字之方，豈合如此。宜令王公已下，百姓已上，率口出錢，以充防閤庶僕，胥士白直，折衝府仗身，並封户内官人俸食等料，既依户次，貧富有殊，載詳職務，繁簡不類，率錢給用，須有等差，宜具條例，並各逐便。

光宅元年九月，以京官八品九品俸料薄，諸八品每年給庶僕三人，九品二人。

長壽三年三月，豆盧欽望請輟京官九品以上兩月俸物，以助軍。左拾遺王永禮奏曰：陛下富有四海，足以儲畜軍國之用，何藉貧京官九品俸，而令欽望欺奪之，臣切不取。欽望執曰：秦漢皆有税算，以贍軍。永禮不識大體，妄有争議。永禮曰：秦皇漢武税天下，使空虚以事邊，奈何使聖朝倣習也。不知欽望此言，是識大體耶，遂寢不行。

開元六年七月，秘書少監崔沔議州縣官月料錢狀曰：養賢之禄，國用尤先，取之齊民，未爲剝下，何用立本息利，法商求資。皇運之初，務革其弊，託本取利，以繩富家，固乃一切權宜，諒非經通彝典。頃以州縣典吏，並捉官錢，收利數多，破産者衆，散諸編户，本少利輕，民用不休，時以爲便，付本收利，患及於民。然則議國事者，亦當憂人爲謀，恤下立計。天下州縣，積數既多，大抵皆然，爲害不少。且五千之本，七分生利，一年所輸，四千二百，兼算勞費，不啻五千。在於平民，已爲重賦，富户既免其徭，貧户則受其弊，傷民刻下，俱在其中。未若大率群官，通計衆户，據官定料，均户出資。常年發賦之時，每丁量加升尺，以近及遠，損有兼無。合而籌之，所增蓋少，時則不擾，簡而易從，庶乎流亡漸歸，倉庫稍實，則當咸出正賦，罷所新加，天下坦然，十一而税，上下各足，其不遠乎。

十年正月二十一日，令有司收天下公廨錢，其官人料，以萬户税錢充，每月準舊分利數給。至二十二日敕：王公以下，視品官參佐及京官五品已上，每月别給仗身職員錢，悉停。

十六年十一月十五日敕：文武百官俸料錢所給物，宜依時價給。

十八年九月四日，御史大夫李朝隱奏：請籍民一年税錢充本，依舊令高户典正等捉，隨月收利，供官人料錢。

二十二年四月十四日敕：京官兼外州都督、刺史、大都督府長史俸料，並宜兩給。至天寶二年十一月十六日敕：京官兼太守等官俸料兩給者，宜停。其外官太守兼京官，準式。親王帶京官、任外官副大將軍、副大使、知軍及知使事，京官兼外官知使事，據文合兼給者，仍任逐穩便，餘並從一處給。

二十四年六月二十三日敕：百官料錢，宜合爲一色，都以月俸爲名，各據本官，隨月給付。其貯粟宜令入禄數同申，應合減折及申請時限，並依常式。

一品，三十一千。月俸八千，食料一千八百，防閤二十千，雜用一千二百文。

二品，二十四千。月俸六千，食料一千五百，防閤十五千，雜用一千文。

三品，十七千。月俸五千，食料一千一百，防閤十千，雜用九百文。

四品，一十一千八百六十七文。月俸四千五百，食料七百，防閤六千六百文，雜用六百文。

五品，九千二百。月俸三千，食料六百，防閤五千，雜用五百文。

六品，五千三百。月俸二千三百，食料四百，庶僕二千二百，雜用四百文。

七品，四千五百。月俸一千七百五十，食料三百五十，庶僕一千六百，雜用三百五十文。

八品，二千四百七十五文。月俸一千三百，食料三百，庶僕六百二十五文，雜用二百五十文。

九品，一千九百一十七文。月俸一千五十文，食料二百五十，庶僕四百一十七文，雜用二百文。

天寶三載十三日敕：郡縣闕，職錢送納太府寺。自今已後，納當郡，充員外官料錢。不足，即取正官料錢分。若無員外官，當郡分。

五載三月二十日敕：郡縣官人及公廨白直，天下約計一載破十萬丁已上，一丁每月輸錢二百八文，每至月初，當處徵納，送縣來往，數日功程，在於百姓，尤是重役。其郡縣白直，計數多少，請用料錢，加稅充用，其應差丁充白直，望請並停，一免百姓艱辛，二省國家丁壯。

十四載八月四日詔：文武九品以上官員，既親職務，可謂勤心。自今已後，每月給俸食料雜用防閤庶僕等，宜十分率加二分。其同正員官，加一分。仍永爲常式。至德二年已後，内外官並不給料錢，郡府縣官給半禄。

乾元元年，外官給半料，與職田，京官不給料。仍敕度支使量閑劇，分給手力課，員外官一切無料。至二年九月五日詔：京官無俸料，桂玉之費，將何以堪。官取絳州新錢，給冬季料，即仰所由申請，計會支給。且艱難之際，國家是同。頃者，急在軍戎，所以久虧禄俸，眷言憂恤，常愧於懷。今甫及授衣，略爲賙給，庶資時要，宜悉朕懷。大歷十二年四月二十八日，度支奏：加給京百司文武官及京兆府縣官每月料錢等，具件如後。

太師，太傅，太保，太尉，司徒，司空，侍中，中書令，每月各一百二十貫文。中書門下侍郎，各一百貫文。東宮三太，左右僕射，各八十貫文。東宮三少，各七十貫文。六尚書，御史大夫，太常卿，各六十貫文。常侍，宗正卿，太子詹事，國子祭酒，各五十貫文。左右丞及諸司侍郎、給事中，中書舍人，御史中丞，太子賓客，殿中監，祕書監，司農等卿，將作等監，各四十五貫文。太子左右庶子，太常少卿，各四十貫文。諫議，諸司少府少監，各三十五貫文。國子司業，内侍，東宮三卿，各三十貫文。郎中，侍御史，司天監，少詹事，諸王傅，國子博士，諭德，中允，中舍，殿中，祕書，太常，宗正丞，各二十五貫文。殿中侍御史，著作郎，大理正，都水使者，總監，内常侍，給事中，各二十貫文。員外郎，通事起居舍人，王府長史，各十八貫文。監察御史，臺主簿，補闕，王府司馬，司天少監，太子典内，太常博士，主簿，宗正主簿，門下録事，中書主簿，各十五貫文。拾遺，司議，太子文學，祕書，著作佐郎，國子太學，四門，廣文等博士，大理司直，詹事府丞，及諸寺監丞，謁者監，中書門下主事，各十二貫文。洗馬，贊善，諸寺監主簿，詹事府司直，各十貫文。評事，各八貫文。諸校正，各六貫文。諸奉御，九成宮總監，諸王諮議，及諸陵令，各九貫二百文。城門，符寶，國子助教，六局郎，王府掾屬，太常侍醫，文學録事參軍，主簿，記室諸衛及六軍長史，兩市令，諸副總監，武庫署令，太公廟令，各五貫三百文。太子通事舍人，東宮寺丞，太學廣文助教，内坊丞諸直長，内寺伯，千牛衛及諸率府長史，諸陵丞，諸陵署諸王府判司，司竹温泉監，尚書都事，都水及諸總監丞，司天臺丞，太子侍醫，諸司上局署令，及王府國令，苑四面副監，公主邑司令，各四貫一百一十六文。國子四門助教，律、醫學博士，協律郎，内謁者，諸衛六軍左右衛率府等衛佐，諸王府參軍，大農，都省，兵、吏、禮考功主事，春坊録事，司竹副監，諸司中局署令，都水主簿，諸司上局署丞，及監廟邑司丞，司天臺靈臺郎、保章、挈壺正，太醫署針醫監，尚藥局司醫，各四千百七十五文。太祝，奉禮，省中諸行主事，門下典儀，御史臺，殿中、祕書、内侍省、春坊、詹事府主事，諸寺監，諸衛六軍諸司録事，諸司中局署丞，及大理獄丞，諸司府監録事，諸率府録事，殿中省醫佐，食醫奉輦，司庫，司廩，奉乘，鴻臚寺掌客，司儀，太僕寺主乘，内坊典直，司天臺司辰、司歷，監候，内侍省宮教博士，東宮三寺主簿，太常太樂鼓吹丞，醫正，按摩、咒禁、卜筮博士，及針醫、卜助教，國子書算博士，及助教，諸王府國子丞尉，諸總監主簿，各一千九百一十七文。武官左右金吾衛大將軍，各四十五貫文。六軍大將軍，左右金吾將軍，各四十貫文。諸衛大將軍，六軍將軍，各三十貫文。諸衛將軍，各二十五貫文。諸衛及六軍中郎，諸率府率副率，各一十一千五百六十七文。諸衛及六軍郎將，諸王府典軍，副典軍，各九千二百文。諸衛及六軍司陛千牛，及左右備身，各五千三百文。諸衛及六軍中候，太子千牛，各四千一百一十六文。諸衛及六軍司戈，太子備身，各二千四百七十五文。諸衛及六軍執戟及長上，各一千九百一十七文。京兆及諸府尹，各八十貫文。少尹，兩縣令，各五十貫文。奉先、昭應、醴泉等縣令，司録，各四十五貫文。畿令，各四十貫文。判司，兩縣丞，各三十五貫文。兩縣簿、尉，奉先等縣丞，各三十貫文。奉先等主簿、尉，諸畿令，各二十五貫文。畿簿、尉，各二十貫文。參軍，文學博士，録事，各一十貫文。應給百司正員文武官月料錢外，官員准式例合支給料錢如後。

檢校官同中書門下平章事，每月一百一十貫文，准大歷十二年六月七日敕，檢校官同中書門下平章事並同正官例，就一高處給。殿中省進馬，准開元十七年五月十四日敕置，每人准一月納料錢一千九百一十七文。僕寺進馬，與殿中進馬同。内侍省，每月四十五貫文。省監，與諸少監同。度支奏：歲約加一十五萬六千貫文，准舊給都當二十六萬貫文以來，伏望准數，起六月一日給付。敕旨：依。仍令所司起五月一日支給。至六月七日，户部侍郎判度支韓滉奏：准今年四月二十八日恩敕，加給京文武官九品已上正員官月俸，其同中書門下平章事，不帶正官，敕内無額，應檢校官同中書門下平章事，並請同正官例，就一高處給。敕旨：依。至建中三年閏正月四日，中書門下奏：文武百官每月料錢一百貫以上者，三分減一；八十貫已上者，五分減一；六十貫已上者，七分減一；四十貫已上者，十分減一；三十貫以下者，不減。待兵革寧後，豐年無事，即准常式處分，仍舊給。

其年五月，中書門下奏：得蘇州刺史兼御史大夫知臺事李涵，東都河南江淮山南等道轉運使、吏部尚書兼御史大夫劉晏，户部侍郎專判度支韓滉等狀：釐革諸道觀察使、團練使及判官料錢。觀察使，令兼使，不在加給限。每月除刺史正俸料外，每使每月請給一百貫文，雜給准時價不得過五十貫文。都團練副使，每月料錢八十貫文，雜給准時價不得過三十貫文。觀察判官，與都團練判官同。每月料錢五十貫文，支使每月料錢四十貫文，推官每月料錢三十貫文，巡官准觀察推官例，已上每員，每月雜給，准時估不得過二十貫文。如州縣見任官充者，月料雜給減半，刺史知軍事，每人除正俸外，請給七十貫文，如帶別使，不在加限，雜給准時估不得過三十貫文。州縣給料，其大都督府長史，准七府尹例，左右司馬，准上州別駕例，支給料錢。刺史八十貫文，別駕五十五貫文，長史、司馬各五十貫，録事參軍四十貫，判司三十貫，參軍、博士各一十五貫，録事、市令等各一十三貫，縣令四十貫，丞三十貫，簿、尉各二十貫。右謹具條件如前，其舊准令月俸雜料紙筆執衣白直，但納資課等色，並在此數内。其七府准四月二十八日敕文不該者，並請依京兆府例處分。其中州中縣已下，三分減一分，其額内釐務，比正官減半。其州縣官除差充推官巡官及司馬掌軍事外，如更別帶職，亦不在加給限。敕旨：宜依。

十四年正月，宰臣常袞與楊綰同掌樞務，道不同。先是，百官俸料寡薄，綰與袞奏請加之。時滉判度支，袞與滉各騁私懷，所加俸料，厚薄多由己。時諸少列，各定月俸料爲三十五千，滉怒司業張參，惟止給三十千。袞惡少詹事趙甚，遂給二十五千。又太子洗馬視司經局長官，文學爲之貳，袞有親戚任文學者，給十二千，而給洗馬十千。其輕重任情，不通時政，多如此類。

興元元年十二月詔：京百官及畿内官俸料，准元數支給。自巡幸奉天，轉運路阻絶，百官俸料，或至闕絶，至是全給。

貞元二年敕：左右金吾及十六衛將軍，自天寶艱難以後，雖衛兵廢缺，而品秩本高，宜增禄秩，以示優崇，並宜加給料錢，及隨身幹力糧課等。其十六衛各置上將軍一人，秩從一品。左右金吾上將軍俸料，並同六軍統軍。諸衛上將軍，次於統軍，所司條件聞奏。

一十六員諸衛上將軍，左右衛本料各六十千，加糧賜等，每月各糧米六斗，鹽七合五勺，手力七人，資十千五文，私馬五匹，草三百束，料九石七斗五升，隨身十五人，糧米九石，鹽一斗一升二合五勺，春衣布一十五端，絹三十疋，冬衣袍紬一十五疋，絹三十疋，綿三十屯。二員左右金吾上將軍，左右金吾衛，並准上。一十二員左右武衛等，本料五十五千，加糧料等，每月手力五人，資六千五百文，私馬四匹，草三百三十二束，料六石六斗，隨身一十三人，糧米七石八斗，春衣布十三端，絹二十四疋，冬衣袍紬十三疋，絹二十六疋，綿二十四屯。一十六員諸衛大將軍，左右衛左右金吾衛，本料四十千五百，續加，准上，隨衣一人，隨物隨人減料。左右武衛等雜衛，本料三十六千文，續加，每月手力各四人，資二千文，私馬三匹，草一百六十束，料四石九斗五升，隨身十八人，糧米六石，春衣布一十端，絹三十疋，冬衣袍紬十疋，絹三十四疋，綿二十七屯。三十員諸衛將軍，左右衛左右金吾衛，本料三十六千，續加，准上。左右武衛等雜衛，本料二十千，續加，每月手力各三人，資四千五百文，私馬兩匹，草一百一十束，料三石三斗，隨身八人，糧米四石八斗，春衣布八端，絹十六疋，冬衣袍紬八疋，絹十六疋，綿十六屯。六員統軍，本料各六十五千，續加，春冬衣一付，每月糧米六斗，鹽七合五勺，私馬五匹，草糧隨金吾同金吾隨身，餘准諸衛上將軍。六員大將軍，本料六十千文，續加，並准諸衛大將軍。六軍將軍，本料三十千文，續加，准左武等雜衛將軍。射生神策大將軍，本料三十六千文，續加，私馬五匹，草料准上，隨身十四人，七人給衣，不給料，七人給糧米四石三斗，鹽一斗五升，春衣布十四端，絹二十八疋，鞋十四兩，冬衣袍紬十四疋，絹二十八疋，綿二十八屯。射生神策將軍，本料三十千文，續加，私馬三匹，草料准上，隨身十二人，六人給衣不給糧，六人全給，糧米三石六斗，鹽九升，春衣布十二端，絹二十四疋，鞋十二兩，冬衣袍紬十二疋，絹二十四疋，綿二十四屯。

三年六月，中書侍郎同平章事李泌奏：加百官俸料，各具品秩，以定月俸，隨曹署閑劇，加置手力資課雜給等，議者稱之。

四年，中書門下奏：京文武及京兆府縣官，總三千七十七員，據元給及新加，每月當錢五萬一千四百四貫六百十七文，一年都當六十一萬六千八百五十五貫四百四文，舊額三十四萬八千五百貫四百文，新加二十六萬八千三百五十五貫四文。文官一千八百九十員，三太，各二百貫文。三公，各一百八十貫文。侍中，中書令，各一百六十貫文。中書門下侍郎，左右僕射，太子三太，各一百三十貫文。六尚書，御史大夫，太子三少，各一百貫文。常侍，太常、宗正卿，京兆尹，各九十貫文。左右丞，諸司侍郎，給事舍人，御史中丞，太子賓客，詹事，國子祭酒，諸卿監，內侍監，各八十貫文。諫議，庶子，太常、宗正少卿，各七十貫文。司業，少詹事，諸少卿，少監，內侍，各六十五貫文。諭德，諸曹郎中，東宮三卿，各五十貫文。員外郎，起居舍人，侍御史，王府長史，著作郎，太子中舍、中允，國子博士，太常、宗正、殿中、祕書等丞，大理正，都水使者，京都總監，內常侍，各四十貫文。補闕，殿中侍御史，通事舍人，各三十五貫文。拾遺，監察，司天少監，王府司馬，贊善，洗馬，奉御陵令，內給事，典內，太常博士，司舍，太常、宗正，御史臺主簿，中書主書，門下録事，各三十貫文。太子文學，祕書郎，著作佐郎，城門、符寶郎，大學、廣文、四門博士，大理司直、大理，詹事諸寺監丞，內謁者監，中書門下主事，各二十五貫文。評事，國子助教，王府諮議，及司天正，宮正六局郎，諸衛六軍長史，諸寺及詹事主事，詹事司直，太子通事舍人，東宮三寺丞，太子文學，廣文助教，千牛衛及率府長史，七品陵丞，都水丞，諸直長，各二十貫文。四門助教，協律郎，諸衛及六軍衛佐，校書，正字，奉禮，大税尚書都事，九成宮總監，各十六貫文。諸寺監，內侍省，詹事府，司天臺録事主事，各八貫文。王府掾屬，録事參軍，主簿，侍御醫，兩市令，中書武庫署令，武成王廟令，司天丞，各十貫文。內坊丞，內寺主，王府判司，王府國令，諸司上局署令，太子侍醫，公伯邑司，總監丞，司竹温泉監，七品陵廟令，司天臺主簿，各六貫文。律學博士，內謁者，王府參軍，諸司中局署令，王府大農諸司上局署丞，邑司丞，司天靈臺郎、保章、挈壺正，京苑四面監，太常醫博士及監醫，八品陵廟令，尚藥局司醫，司竹温泉監丞，各四貫文。諸司中局署丞，大理獄丞，鴻臚掌客，諸司府監作監事計官屬佐食醫，各二貫文。尚輦，太僕主乘，僕寺典乘，軍衛率府，親勳翊府兵曹，典膳兩令，司天臺司辰、司歷、監候，內坊典直，內侍省宮教博士，太常寺樂正，及醫卜正，九品陵廟丞，苑四面監丞，王府國丞尉，按摩、呪禁、卜筮博士，及針醫助教，諸總監主簿，國子書算及律助教，各一千文。武官八百五十六員，七十二員四品，各十七千三百五十文。一百三十六員五品，各一十千八百文。九十六員六品，各七千九百五十文。九十八員七品，各六千一百七十四文。一百三十六員八品，各三千七百十二文。五百五十八員九品，各二千八百七十五文。並雜給校簿，每貫加五百文支給，京兆府縣官，唯兩縣簿尉加五千文，餘並同大歷十二年四月二十八日敕。右中書門下准去年十一月二十八日敕，京官宜加料錢，准敕商量，謹條件如前。敕旨：依。

十年二月，詔應文武朝官有薨卒者，自今已後，其月俸料宜皆全給，仍更准本官一月俸錢，以爲賻贈。若諸司三品已上官，及尚書省四品官，仍令有司舉舊令聞奏，行弔祭之禮，務從優備。初，左庶子雷咸以是月朔卒，有司以故事計其月俸，以月數給之。上聞之，故有是命。

十五年十二月詔：今年十月三日，權減諸道諸州刺史判軍事料，及專知勾當官加手力課，並減州縣官手力，門倉庫獄囚子驛館廨宇等錢，宜一切卻仍舊。初，獻計者言收諸道軍事錢及手力資課等，當得百數十萬貫，可以助軍，于頔時判度支，又贊成之。及算計大數，止於三十萬貫，而數中更有耗折雜破，纔得十餘萬貫。輿論甚以爲不便，韋臯、張建封又相次奏，言所得甚微，所失體大，又因此人心頗不安，故命復古也。

元和六年閏十二月敕：河東、河中、鳳翔、易定四道，州縣久破，俸給至微，吏曹注官，將同比遠，在於治體，切要均融，宜以户部錢五萬五千貫文，充加四道州縣官課。

七年五月，加賜澤、潞、磁、邢、洺五州府縣官料錢二萬貫文，其年十二月，以麟、坊、邠三州官吏，近邊俸薄，各加賜其料錢。

其年，中書門下奏：國家舊章，依品制俸，官一品，月俸三十千，其餘職田禄米，大約不過千石，自一品以下，多少可知。艱難以來，網禁漸弛，於是增置使額，厚請俸錢。故大曆中，權臣月俸有至九千貫者，列郡刺史無大小，給皆千貫。常袞爲相，始立限約，至李泌又量其閑劇，隨事增加，時謂通濟，理難減削。然有名存職廢，額去俸存，閑劇之間，厚薄頓異，將爲定式，須立常規。制從之。乃命給事中段平仲、中書舍人韋貫之、兵部侍郎許孟容、户部侍郎李絳等，詳定減省，從之。

十二年四月敕：京百官俸料，從五月以後，並宜給見錢，其數内一半充給，元估疋段者，即據時估實數，迴給見錢。

其年十一月敕：工部尚書刑士美以疾未任赴京，宜就東都將息，疾損日赴任，其料錢准上官例，令有司支給。

十三年六月，以德棣滄景四州，頃遭水潦，給復一年，遂定四州官吏俸錢料，刺史每月一百五十千，望緊上縣令，每月四十千，餘有差。

十四年四月，重定淮西州縣俸禄，以蔡州爲緊，刺史月俸一百八十千；申光二州爲中，刺史月俸一百五十千，長史已下有差。

十五年六月，敕曰：朕聞帝王所重者國體，所切者人情。苟得其體，必臻於太和，如失其情，是由於小利。況設官求理，頒禄責功，既有常規，寧宜就減。近者以每歲經費量入不充，外官俸料，據數抽貫。朕再三思度，終所未安。念彼遐方，或從卑官，一家所給，三載言歸。在公當甘於廉潔，受禄又苦於減剋，待我庶吏，豈其然乎。雖憂國之誠，固須贍助，而恤人之慮，將起怨咨。必若水旱爲虞，干戈未戢，事非獲已，人亦何辭。今則幸遇豐登，又方寧謐，九州之内，永絶妖氛，三邊之上，冀除烽警。自宜剋己以足用，安可剝下而爲謀。臨軒載懷，實所增愧。其度支所準五月二日敕，應給用錢，每貫抽五十文，都計一百五十萬貫文，並宜停抽。初，宰相以國用不足，故權請抽減課官，及言事者累陳表章，以爲非便，故復下此詔以罷之。

（宋）王溥《唐會要》卷九二《内外官料錢下》 長慶元年二月敕：司徒兼中書令韓宏疾未全平，尚須在假將息，其俸料宜從敕下日，便令所司支給。

四年五月敕：近日訪聞京城米價稍貴，須有通變，以公濟私，宜令户部應給百官俸料，其中一半合給段疋者，迴給官中所糶粟，每斗折錢五十文，其段疋委别貯，至冬糴粟填納太倉。時人以爲甚便。

太和四年七月敕：吏部奏，應比遠道州縣官課料，請令依元額料計支給，不得更有欠折。敕旨：依奏。

其年七月敕：應外任官帶一品正官京職，縱不知政事，且依俸料，宜付所司，並令兼給。

七年一月，户部侍郎庾敬休奏：應文武九品已上，每月料錢，一半合給段疋絲綿等，伏以自冬涉春，久無雨雪，米價少貴，人心未安，自德音放免逋懸，賑恤貧民，中外群庶，已感皇慈。至於衣冠之家，素乏儲蓄，朝夕取給，猶足爲憂。以臣愚見，若令百官料錢内，一半停給段疋絲綿等，迴給太倉粟，每斗計七十文，在衆庶必見權康，於公家無所虧減。待至麥熟，米價稍賤，即依前卻給段疋等，酌於事理，庶叶變通。敕旨：宜依。

八年八月，劍南東川觀察使楊嗣復奏：管内普合渝三州刺史元請料錢，每月各四十五貫，請各添至六十貫。敕旨：依奏。

九年六月敕：宰相俸料，宜依元和十四年以前舊例，並給見錢。

開成二年八月，户部侍郎李珏奏：京諸司六品以下官，請假往外府，違假不到，本官停給料錢。敕旨：違限停俸料，餘依準令式。

四年三月敕：侍講學士兼太子少師王起，宜兼給料錢。

五年三月，中書門下奏：準今年二月八日赦節文，應京諸司勒留官，令本處剋留手力雜給錢與攝官者，臣等檢詳諸道正官，料錢絶少，雜給手力則多。今正官勒留，亦管公事，俸入多少，事未得中。臣等商議，其料錢雜給等錢，望每貫割留二百文與攝官，其職田禄米，全還正官。從之。

會昌元年，中書門下奏：河東、隴州、鄜坊、邠州等道比遠官，加給課料。河東等道，或興王舊邦，或陪京近地，州縣之職，人合樂爲，祇緣俸課寡薄，官同比遠。伏準元和六年閏十二月十二日及元和七年十二月二十日敕，河東、鳳翔、鄜坊、邠州、易定等道，令户部加給課料錢，共六萬二千五百貫文，吏曹出得平流官數百員，時議以爲至當。自後訪聞户部所給零碎，兼不及時，觀察使以其虚折，皆别將破用，徒有加給，不及官人，近地好官，依前比遠。臣等商議，伏望今日以後，令户部以實物仍及時支遣，諸道並委觀察判官專判此案，隨月加給官人，不得别將破用，如有違越，觀察判官遠貶，觀察使奏取進止。選人官成後，皆於城中舉債，到任填還，致其貪求，罔不由此。其今年河東、隴西、鄜坊、邠州新授比遠官等，望許連狀相保，户部各借兩月之數，加給料錢，至支給時剋下，所冀初官到任，不滯息債，衣食稍足，可責清廉。從之。

（宋）王溥《唐會要》卷九二《内外官職田》 武德元年十二月制：内外官各給職分田，京官一品十二頃，二品十頃，三品九頃，四品七頃，五品六頃，六品四頃，七品三頃五十畝，八品二頃五十畝，九品二頃。雍州及外州官，二品十二頃，三品十頃，四品八頃，五品七頃，六品五頃，七品四頃，八品三頃，九品二頃五十畝。

貞觀十一年三月敕：內外官職田，恐侵百姓，先令官收，慮其禄薄家貧，所以别給地子。去歲緣有水旱，遂令總停。兹聞卑官頗難支濟，事須優恤，使得自資，宜準元敕，給其地子。

景龍四年三月：敕旨頒行天下，凡屬文武官員五品以下，各加田五畝，五品以上，各加田四畝。

開元十年正月，命有司收内外官職田，以給逃還貧民户，其職田以正倉粟畝二升給之。

其年六月敕：所置職田，本非古法，爰自近制，是以因循，事有變通，應須删改。其内外官所給職田地子，從今年九月以後，並宜停給。

十八年三月敕：京官職田，將令準令給受，復用舊制。

十九年四月敕：天下諸州縣，並府鎮戍官等職田頃畝籍帳，仍依允租價對定，無過六斗，地不毛者，畝給二斗。

二十九年二月敕：外官職田，委所司準例倉中受納，納畢一時分付，縣官亦準此。

其年三月敕：京畿地狹，民户殷繁，計丁給田，尚猶不足，兼充百官苗子，固難周濟。其諸司官令分在都者，宜令所司，具作定額，計應受職田，並於都畿給付。其應退地，委採訪使與本州長官給貧下百姓。其應給職田，亦委採訪使與所由長官勘會同給，仍永爲常式。

天寶元年六月敕：如聞河東河北官人職田，既納地租，仍收桑課，田樹兼税，民何以堪。自今以後，官人及公廨職田有桑，一切不得更徵絲課。

十二載十月敕：兩京百官職田，承前佃民自送，道路或遠，勞費頗多。自今已後，其職田去城五十里内者，依舊令佃民自送入城，自餘限十月内便於所管州縣並腳價貯納。其腳價五十里外，每斗各徵二文，一百里外不過三文，並令百官差本司請受。

上元元年十月敕：京官職田，準式並令佃民輸送至京。

廣德二年十月，宰臣等奏：減百司職田租之半，以助軍糧。從之。

大歷二年正月詔：京兆府及畿縣官職田，宜令準外州府縣官例，三分取一分，至十月，減京官職田，一分充軍糧，二分給本官。

十四年八月敕：内外文武官職田及公廨田，準式，州縣每年六月三十日勘造白簿申省，與諸司文解勘會，至十月三十日徵收，給付本官。近來不守常規，多不申報，給付之際，先付清望要官，其閒慢卑官，即被延引不付。自今以後，準式各令送付本官。又準式，職田黄籍，每三年一造，自天寶九載以後，更不造籍，宜各委州縣，每年差專知官巡覆，仍造簿依限申交所司，不得隱漏，及妄破蒿荒，如有違犯，專知官及本典準法科罰。

貞元四年八月敕：準田令，永業田，職事官從一品，郡王，各五十頃。國公若職事官正二品，各四十頃。郡公若職事官從二品，各三十五頃。縣公若職事官從三品，各二十頃。侯若職事官正四品，各十四頃。伯若職事官從四品，各十一頃。

十四年六月，判度支于頔請收百官闕職田，以贍軍須。從之。

元和六年八月詔：百官職田，其數甚廣，今緣水潦，諸處道路不通，宜令所在貯錢，充度支支用。百官卻令據數於太倉請受。

十三年三月詔：百司職田，多少不均，爲弊日久，宜令每司各收職田草粟等數，自長官以下，據多少人作等差，除留闕官外分給。

長慶元年七月敕：百司職田，在京畿諸縣者，訪聞本地多被所由侵隱，抑令貧户佃食蒿荒，百姓流亡，半在於此。宜委京兆府勘會均配，務使公平。

其年十月敕：司兼中書令合屬內官，各依舊外，再加田五畝，七品以下仍舊。

寶歷元年四月制：京百司田散在畿內諸縣，舊制配地出子，歲月已深，佃户至有流亡，官曹多領虛數。今欲據額均入，地盤萬户，供輸百司，盡得隨税出子，逐畝平攤，比量舊制，孰爲允便。宜委京兆府與屯田審勘計會，條流聞奏。

開成二年五月，判國子祭酒事門下侍郎平章事鄭覃奏：太學新置五經博士各一人，屯田素無職田，請依王府官品秩例，賜以祿粟。從之。

會昌六年十月，京兆府奏：諸縣徵納京百司官秩職田斛斗等，伏請從今已後，卻準會昌元年已前舊例，上司官斛斗，勒民户使自送納，所冀輸納簡便，百官各得本分職田，縣司所由，無因隱欺者。並從之。

大中元年十月，屯田奏：應內外官請職田，陸田限三月三十日，水田限四月三十日，麥田限九月三十日，已前上者，入後人，已後上者，入前人。伏以令式之中，並不該閏月，每遇閏月，交替者即公牒紛紜，有司即無定條，莫知所守。伏以公田給使，須準期程，時限未明，實恐遺闕。今請至前件月，遇閏即以十五日爲定式，十五日以前上者，入後人，已後上者，入前人。據今條，其元闕職田，並限六月三十日，春麥限三月三十日，宿麥限十二月三十日，已前上者入新人，已後上者，並入舊人。今亦請至前件月，遇閏即以十五日爲定式，所冀給受有制，永無訴論。敕曰：五歲再閏，固在不刊。二稔職田，須有定制。自此已後，宜依屯田所奏，永爲常式。

（宋）王溥《唐會要》卷九三《諸司諸色本錢上》 武德元年十二月，置公廨本錢，以諸州令史主之，號捉錢令史，每司九人，補於吏部。所主纔五萬錢以下，市肆販易，月納息錢四千文，歲滿授官。

貞觀元年，京師及州縣，皆有公廨田，以供公私之費，其後以用度不足，京官有俸賜而已。諸司置公廨本錢，以番官貿易取息，計員多少爲月料。

十一年，罷諸司公廨本錢，以天下上户七千人爲胥士，視防閤制，而收其課，計官多少而給之。

十二年，復置公廨本錢，諫議大夫褚遂良上疏，言七十餘司，更一二歲，捉錢令史六百餘人受職，太學高第，諸州進士，拔十取五，猶有犯禁罹法者，況廛肆之人，苟得無恥，不可使其居職。太宗乃罷捉錢令史，復給百官俸。又令文武職事三品以上，給親事、帳內，以六品七品子爲親事，以八品九品子爲帳內，歲納錢千五百，謂之品子課錢。凡捉錢品子，無違負者，滿二百日，本屬以簿附朝集使，上於考功兵部，滿十歲，量文武授官。

十八年，以京兆府岐同華邠坊州隙地陂澤可墾者，復給京官職田。

二十一年二月，令在京諸司依舊置公廨本錢，捉以令史府史胥士等，令迴易納利，以充官人俸。至永徽元年，廢之，以天下租腳直爲京官俸料。其後又薄斂一歲税，以高户主之，月收息給俸，尋顓以税錢給之，總十五萬二千七百三十緡。

光宅元年，秘書少監崔沔請計户均出，每丁加升尺，所增蓋少，流亡漸復，倉庫充實，然後取於正賦，罷新加者。至開元十年，中書舍人張嘉貞又陳其不便，遂罷天下公廨本錢，復税户以給百官，籍內外職田。

開元十八年，御史大夫李朝隱奏：請籍百姓一年税錢充本，依舊令高户及典正等捉，隨月收利，將供官人料錢，並取情願自捉，不得令州縣牽捉。

其年，復給京官職田，州縣籍一歲税錢爲本，以高下捉之，月收贏以給外官，復置天下公廨本錢，收贏十之六。

天寶元年，員外郎給料，天下白直，歲役丁十萬，有詔罷之，計數加税以供用。人皆以爲便。自開元後，置使甚衆，每使各給雜錢。

至德二年七月，宣諭使侍御史鄭叔清奏：承前諸使下召納錢物，多給空名告身，雖假以官，賞其忠義，猶未盡才能。今皆量文武才藝，兼情願穩便，據條格議，同申奏聞。

乾元元年敕：長安萬年兩縣，各備錢一萬貫，每月收利，以充和雇。時祠祭及蕃夷賜宴別設，皆長安萬年人吏主辦，二縣置本錢，配納質債户收息，以供費。諸使捉錢者，給牒免徭役，有罪府縣不敢劾治，民間有不取本錢，立虚契，子孫相承爲之。

寶應元年敕：諸色本錢，比來將放與人，或府縣自取，及貧人將捉，非惟積利不納，亦且兼本破除，今請一切不得與官人及窮百姓並貧典吏，揀擇當處殷富幹了者三五人，均使翻轉迴易，仍放其諸色差遣，庶得永存官物，又冀免破家。

大歷六年三月敕：軍器公廨本錢三千貫文，放在人上，取利充使以下食料紙筆，宜於數内收一千貫文，別納店鋪課錢，添公廨收利雜用。

貞元元年四月，禮部尚書李齊運奏：當司本錢至少，廚食闕絶，請準秘書省、大理寺例，取户部闕職官錢二千貫文，充本收利，以助公廚。可之。

其年九月八日敕：自今後，應徵息利本錢，除主保逃亡轉徵鄰近者放免，餘並準舊徵收。其所欠錢，仍任各取當司闕官職田，量事糴貨，充填本數，並已後所舉，不得過二十貫。

十二年，御史中丞王顔奏：簡勘足數十王廚，二十貫文。十六王宅，三百九十二貫八百二十五文。門下省，三千九百七十貫四十文。中書省，五千九百九十八貫文。集賢院，四千四百六十八貫八百文。崇元館，五百貫文。宏文館，七百二十六貫二百文。太清宫，一千貫文。史館，一千三百一十貫四百文。尚書都省，一萬二百一十五貫二百三十八文。吏部尚書銓，三千一百八十二貫二十文。東銓，二千四百四十五貫三百一十文。西銓，二千四百三十三貫六百六十一文。南曹，五百八十貫文。甲庫，二百八十四貫六十五文。功狀院，二千五百貫文。流外銓，三百貫文。急畫，五百貫文。主事，五百貫文。白院，五千六百二十三貫文。考功，一千五百二十六貫一百九十五文。司勳，二百二十八貫文。兵部，六千五百二十貫五百五十二文。户部，六千貫五百五十六文。工倉部，四百二十七貫三百三十文。刑部，六十貫文。禮部，三千五百二十八貫五百三十七文。工部，四千三百二十貫九百五十九文。御史臺，一萬八千五百九十一貫文。東都御史臺，五百貫文。西京觀察使，五千四十六貫八百五文。三衛使，五百貫文。軍器使，二千一百九十一貫一百三十文。監食使，七十四貫五十文。秘書省，四千七十貫文。殿中省，二百三十八貫五百文。太常寺，一萬四千二百五十四貫八百文。太常禮院，一千七百貫文。光禄寺，一百五十六貫文。衛尉寺，一千二百四貫八百七文。宗正寺，一千八百八十四貫文。大理寺，五千九十二貫八百文。大僕寺，三千貫文。鴻臚寺，六千六百五貫一百二十九文。司農寺，五千六百五貫二百八十二文。太倉諸色供，七百八十七貫四百二十四文。太府寺，二千二百八十一貫六百三文。左藏庫將作監，七百貫文。少府監，六百七十八貫七百文。中尚，七百七十貫文。國子監，三千三百八十二貫三百六十文。詹事府，一千七百一十六貫七百三十二文。家令寺，七百八十七貫九百文。僕寺，四百貫文。左春坊，一百八十四貫六百文。右春坊，二百八十貫文。崇文館，八百一十貫文。司天臺，二百八十貫文。皇城留守，一千二百三十四貫八百文。右金吾衛，九千貫文。右金吾引駕仗，三千三百六十九貫文。右街使，一千八百六十貫八百三十文。左金吾衛，九千九貫五百文。左金吾引駕仗，六千一百二十貫文。左街使，三千九百十六貫三百八十文。總監，三千貫文。京兆府，四萬八千八百八十九貫二百二十四文。京兆府御遞院，二千五百貫文。

二十一年正月制：百官及在城諸使息利本錢，徵放多年，積成深弊，宜委中書門下與所司商量其利害，條件以聞，不得擅有禁錢，務令通濟。

其年七月中書門下奏：敕釐革京百司息利本錢，應徵近親及重攤保，並遠年逃亡等，今年四月十七日敕，本利並放訖，其本事須借錢添填，都計二萬五千九百四十三貫六百九十九文。伏以百司本錢，久無疏理，年歲深遠，亡失頗多，食料既虧，公務則廢，事須添借，令可支援。伏望聖恩，許令準數支給，仍請以左藏庫度支除陌錢充。敕旨：宜依。

（宋）王溥《唐會要》卷九三《諸司諸色本錢下》 元和二年六月，中書門下上言：聖政維新，事必歸本，疏理五坊户色役，令府縣卻收，萬民欣喜，恩出望外。臣等敢不釐革舊弊，率先有司，其兩省納課陪廚户及捉錢人，總一百二十四人，望令歸府縣色役。敕旨：從之。

六年四月，御史臺奏：諸使慮有捉利錢户，請同臺省例，如有過犯差遣，並任府縣處置。從之。

其年五月，御史中丞柳公綽奏：請諸司諸使應有捉利錢户，其本司本使給户人牒身，稱準放免雜差遣夫役等，如有過犯，請牒送本司本使科責，府縣不得擅有決罰，仍永爲常式者。臣昨因奉進止，追勘閑廄使下利錢户割耳進狀，劉嘉和訴，被所由分外科配等事由，因勘責劉嘉和所執牒身，所引敕文，檢敕不獲，牒閑廄使勘敕下年月日，又稱遠年文案失落。今據閑廄使利錢案，一使之下已有利錢户八百餘人，訪聞諸使，並同此例，户免夫役者，通計數千家，況犯罪之人，又常僥倖，所稱捉利錢户，先亦不得本錢，百姓利其牒身，情願虛立保契，文牒一定，子孫相承。至如劉嘉和情願充利錢户事由，緣與人毆鬥，打人頭破時，便於閑廄使情願納利錢，得牒身免府縣科決，實亦不得本錢，已具推問奏聞訖，伏奉進止。今臣具條流奏聞者，今請諸司諸使所管官錢户，並依臺省舉本納利人例，諸司諸使更不得妄有準敕給牒身免差遣夫役，及有過犯，許府縣處分。如官典有違，請必科處，使及長官，奏聽進止。其先給牒者，並仰本司本使收毀，入後在人户處收毀不盡，其官典必有科責，其捉錢户原不得本錢者，亦任使不納利。庶得州府不失丁夫，姦人免有僥倖。敕旨：宜依。

九年十一月，户部奏：準八月十五日敕，諸司食利本錢，出放已久，散失頗多，各委本司勘會，其合徵錢數，便充食錢。若數少不充，以除陌五文錢，量其所欠，添本出放者。令準敕各牒諸司勘會。得報，據秘書省等三十二司牒，應管食利本錢物五萬三千九百五十二貫九百五十五文，各隨司被逃亡散失，見在徵數額，與元置不同，今但據元置數額而已。秘書省，三千三百八十四貫五百文。太常寺，六千七百二十二貫六百六文。光禄寺，一千二百九十九貫六十四文。宗正寺，一百十七貫九十五文。衛尉寺，一千二百五十貫九百文。太僕寺，一千九貫五百文。大理寺，五千九百二十四貫七百四十文。鴻臚寺，二千六百六十貫文。司農寺，二千七百三十五貫七百七十文。太府寺，一千五百八貫九百文。殿中省，九百九十貫五百五十文。詹事府，一千一百九十一貫三百七十七文。國子監，二千六百四十四貫二百五十文。少府監，一千三百三十四貫七百三十一文。將作監，一千六百十七貫文。左春坊，一千三百八貫七百七文。右春坊，一千貫文。司天臺，三百八十貫文。家令司，一千八百一十貫七百文。太僕寺，四百三十六貫六百五十文。總監，二千六百七十二貫文。左藏庫，六百二十貫文。尚食局，三百三十八貫文。尚舍局，三百七十四貫三百文。尚輦局，一百貫文。太倉，二千四百十五貫六百八十一文。內中局，六百三十六貫二百文。萬年縣，三千四百貫六百文。長安縣，二千七百四十五貫四百三十三文。左衛，五百四十貫文。左司禦帥府，二百一十貫文。右司禦帥府，一百貫文。敕：宜委御史臺仔細簡勘，具合徵放錢數，及量諸司閒劇人目，加減條流奏聞。

其年十二月敕：比緣諸司食利錢，出舉歲深，爲弊頗甚，已有釐革，別給食錢禦其御史臺奏，所勘責秘書省等三十二司食利本錢數內，有重攤轉保，稱甚困窮者，據所欠本利並放，其本户中納利，如有十倍已上者，既緣輸利歲久，理亦可矜，量準前本利並放。其納經五倍已上，從今年十二月以前，應有欠利並放。起元和十年正月已後，準前計利徵收，其餘人户等，計其倍數，納利非多，不可一例矜放，宜並委本司準前徵納。其諸司所徵到錢，自今以後，仍於五分之中，常抽一分，留添官本，各勒本司以後相承收管，其諸司應見徵納，及續舉放所收利錢，並準今年八月十五日敕，充添修司廨宇什物，及令史驅使官廚料等用。仍委御史臺勾當，每常至年終，勘會處分。其諸司除疏理外，見在本錢，據額更不得破用，如有欠失，即便勒主掌官典所由等據數填賠。其中書門下兩省及尚書省御史臺，應有食利錢外，亦便令準此條流處分。

十年正月，御史臺奏：秘書省等三十二司，除疏理外，見在食利本錢，應見徵納及續舉放，所收利錢，準敕並充添修當司廨宇什物，及令史驅使官廚料等用。準元和九年十二月二十九日敕，仍委御史臺勾當，每至年終，勘會處分，及諸司疏理外，見在本錢，據額不得破用，如有欠失，即便勒主掌官典所由等填陪者。其諸司食利本錢疏理外，合徵收者，請改案額爲元和十年新收置公廨本錢，應緣添修廨宇什物，及令史府史等廚並用，勒本司據見在户名錢數，各置案歷，三官通押，逐委造帳，印訖入案，仍不得侵用本錢，至年終勘會，欠少本利官典，諸節級準法處分。庶官錢免至散失，年額既定，勾當有憑。敕旨：宜依。

十一年八月敕：京城百司諸軍諸使，及諸道應差所由，並召人捉本錢，右御史中丞崔從奏，前件捉錢人等，比緣皆以私錢添雜官本，所防耗折，裨補官利。近日訪聞商販富人，投身要司，依託官本，廣求私利，可徵索者，自充家產，或逋欠者，證是官錢，非理逼迫，爲弊非一。今請許捉錢户添放私本，不得過官本錢，勘責有賸，並請沒官。從之。

其年九月，東都御史臺奏：當臺食利本錢，從貞元十一年至元和十一年，息利十倍以上者，二十五户。從貞元十六年至元和十一年，息利七倍以上者，一百五十六户。從貞元二十年至元和十一年，息利四倍以上者，一百六十八户。伏見去年京畿諸司本錢，並條流甄免，其東都未蒙該及者，竊以淮寇未平，供饋尚切，人力少疲，衣食屢空，及納息利年深，正身既沒，子孫又盡，移徵親族旁支。無支族，散徵諸保人。保人逃死，或所由代納，縱倪旄孤獨，仰無所依，立限踰年，虛繫錢數，公食屢闕，民户不堪。伏乞天恩，同京諸司例，特甄減裁下。敕旨，從奏。

十二年正月，門下省奏，應管食利本錢，總三千四百九十八貫三百二十一文。宰相已下至主録等食利三百七十八貫三百四十餘文。直省院本錢，準建中三年四月十五日敕，以留院入錢置本。中書省奏，當省食利本錢，共五千貫文。宰相以下官至主録等食利錢一千貫。直省院食利本錢，準建中二年四月敕，當院自斂置本。準元和九年十二月九日敕，令勘會疏理，其見在合徵錢，準敕合充添修當司廨宇什物，其省院本錢，緣是當院自斂置本，請便充本添廚等用。敕旨：依奏。

十四年十月，御史中丞蕭俛奏：應諸司諸軍諸使公廨諸色本利錢等，伏緣臣當司及秘書省等三十二司利錢，伏準本年七月十三日赦文，至十倍者，本利並放，展轉攤保；至五倍者，本利並放。緣前件諸司諸使諸軍利錢，節文並不該及，其中有納利百姓，見臣稱訴納利已至十倍者，未蒙一例處分，求臣上達天聽，臣已面陳奏訖。伏以南北諸司，事體無異，納利百姓，皆陛下赤子，若恩澤均及，則雨露無偏。伏望聖慈，特賜放免。敕旨：從奏。

十五年二月詔：內外百官食利錢十倍至五倍以上，節級放免，仍每經十年，即內外百司各賜錢一萬貫充本，據司大小，公事閒劇，及當司貧富，作等第給付。其年八月，賜教坊錢五千貫，充本以收息利。

長慶元年三月敕：添給諸司本錢，準元和十五年五月十一日敕，內外百司，準二月五日赦文，宜共賜錢一萬貫文，以户部錢充，仍令御史臺據司額大小，公事閒劇，爲等第均配。

三年十一月，賜內園本錢一萬貫，軍器使三千貫。

其年十二月，賜五坊使錢五千貫，賜威遠鎮一千貫，以爲食利。

太和元年十二月，殿中省奏：尚食局新舊本錢，總九百八十貫文。伏以尚食貧虛，更無羨餘添給。伏乞聖慈，更賜添本錢二千貫文，許臣別條流方圓諸色改换，收利支用，庶得不失公事。敕旨：賜本錢一千貫文，以户部五文抽貫錢充。

七年八月敕：中書門下省所將本錢，與諸色人給驅使官文牒，於江淮諸道經紀，每年納利，並無元額許置，如聞納利殊少，影射至多，宜並勒停。兩省先給文牒，仍盡追收。其去年所減人數，雖挾名尚執兩省文牒，亦宜收訖聞奏，以後不承正敕，不在更置之限。

開成三年七月敕：尚書省自長慶三年賜本錢後，歲月滋久，散失頗多，或息利數重，經恩放免；或民户逋欠，無處徵收。如聞尚書丞郎官入省日，每事闕供，須議添助，除舊賜本錢徵利收，及吏部告身錢外，宜每月共賜一百貫文，委户部逐月支付。其本錢任準前收利添充給用，仍委都省納勒舊本，及新添錢量多少均配，逐行分析聞奏。

四年六月，上御紫宸殿，宰臣李珏奏，堂廚食利錢一千五百貫文，供宰相香油蠟燭，捉錢官三十人，頗擾百姓。今勘文書堂頭，共有一千餘貫，所收利亦無幾。臣欲總收此錢，用自不盡，假令十年之後，更無此錢，直令户部供給亦得，兩省亦有此錢，臣亦欲商量，共有三百餘人，在外求利，米鹽細碎，非國體所宜。上曰：太細碎。楊嗣復曰：百司食利，實爲煩碎。自貞觀以後，留此弊法，臣等即條流聞奏。乃奏宰臣置廚捉錢官並勒停，其錢並本錢追收，勒堂後驅使官置庫收掌破用，量入計費十年用盡後，即據所須，奏聽進止。敕旨：宜依。

會昌元年正月敕節文：每有過客衣冠，皆求應接行李，苟不供給，必致怨尤。刺史縣令，但取虛名，不惜百姓。宜委本道觀察使條流，量縣大小及道路要僻，各置本錢，逐月收利。或觀察使前任臺省官，不乘館驛者，許量事供給，其錢便以留州留使錢充。每至年終，由觀察使，如妄破官錢，依前科配，並同入己贓論，仍委出使御史糾察以聞。其年四月，河南府奏：當府食利本錢，出舉與人。敕旨：河南府所置本錢，用有名額，既無別賜，所闕則多，宜令改正名額，依舊收利充用。

其年六月，河中、晉、絳、慈、隰等州觀察使孫簡奏：準赦書節文，量縣大小，各置本錢，逐月四分收利，供給不乘驛前觀察使刺史、前任臺省官等，晉、慈、隰三州，各置本錢訖，得絳州申，稱無錢置本，令使司量貸錢二百貫充置本，以當州合送使錢充。敕旨：宜依，仍付所司。

是月，户部奏：準正月九日敕文，放免諸司食利錢，每年别賜錢二萬貫文，充諸司公用。今準長慶三年十二月九日敕，賜諸司食利本錢，共八萬四千五百貫文，四分收利，一年秖當四萬九千九百九十二貫文，今請落下，徵錢驅使官二百文課，並更請於合給錢內四分中落一分，均攤分配。所得新賜錢，均給東都臺省等一十四司，雖落下一分錢，緣置驅使官員，於人户上徵錢，皆被延引，雖有四分收利之名，而無三分得利之實。今請每月合得利錢數外，更添至三百貫文。內侍省據自司報，牒稱省內公用稍廣，利錢比於諸司最多，今請於合得錢外，亦添至三百貫文。兵部吏部尚書等銓一十一司，緣有舊本錢，準敕放免，又有公事，今請每月共與一百五十貫文。臣今於新賜外，更請添賜上件錢，所費不廣，所利至多，則內外諸司，永得優足。伏望聖恩，允臣所奏。敕旨：宜依。

二年正月敕：去年赦書所放食利，秖是外百司食錢，令户部共賜錢訖，若先假以食利爲先，將充公用者，並不在放免。如聞內諸司息利錢，皆以食利爲名，百姓因此，亦求蠲免，宜各委所司，不在放免之限。

《新唐書》卷五五《食貨志》 武德元年，文武官給禄，頗減隋制，一品七百石，從一品六百石，二品五百石，從二品四百六十石，三品四百石，從三品三百六十石，四品三百石，從四品二百六十石，五品二百石，從五品百六十石，六品百石，從六品九十石，七品八十石，從七品七十石，八品六十石，從八品五十石，九品四十石，從九品三十石，皆以歲給之。外官則否。

一品有職分田十二頃，二品十頃，三品九頃，四品七頃，五品六頃，六品四頃，七品三頃五十畝，八品二頃五十畝，九品二頃，皆給百里內之地。諸州都督、都護、親王府官二品十二頃，三品十頃，四品八頃，五品七頃，六品五頃，七品四頃，八品三頃，九品二頃五十畝。鎮戍、關津、岳瀆官五品五頃，六品三頃五十畝，七品三頃，八品二頃，九品一頃五十畝。三衛中郎將、上府折衝都尉六頃，中府五頃五十畝，下府及郎將五頃；上府果毅都尉四頃，中府三頃五十畝，下府三頃；上府長史、别將三頃，中府、下府二頃五十畝；親王府典軍五頃五十畝，副典軍四頃；千牛備身左右、太子千牛備身三頃；折衝上府兵曹二頃，中府、下府一頃五十畝。外軍校尉一頃二十畝，旅帥一頃，隊正、副八十畝。

親王以下又有永業田百頃，職事官一品六十頃，郡王、職事官從一品五十頃，國公、職事官從二品三十五頃，縣公、職事官三品二十五頃，職事官從三品二十頃，侯、職事官四品十二頃，子、職事官五品八頃，男、職事官從五品五頃，六品、七品二頃五十畝，八品、九品二頃。上柱國三十頃，柱國二十五頃，上護軍二十頃，護軍十五頃，上輕車都尉十頃，輕車都尉七頃，上騎都尉六頃，騎都尉四頃，驍騎、飛騎尉八十畝，雲騎、武騎尉六十畝。散官五品以上給同職事官。五品以上受田寬鄉，六品以下受於本鄉。解免者追田，除名者受口分之田，襲爵者不别給。流內九品以上口分田終其身，六十以上停私乃收。

凡給田而無地者，畝給粟二斗。

京司及州縣皆有公廨田，供公私之費。其後以用度不足，京官有俸賜而已。諸司置公廨本錢，以番官貿易取息，計員多少爲月料。

貞觀初，百官得上考者，給禄一季。未幾，又詔得上下考給禄一年，出使者稟其家，新至官者計日給糧。中書舍人高季輔言：外官卑品貧匱，宜給禄養親。自後以地租春秋給京官，歲凡五十萬一千五百餘斛。外官降京官一等，一品以五十石爲一等，二品、三品以三十石爲一等，四品、五品以二十石爲一等，六品、七品以五石爲一等，八品、九品以二石五斗爲一等。無粟則以鹽爲禄。

十一年，以職田侵漁百姓，詔給逃還貧户，視職田多少，每畝給粟二升，謂之地子。是歲，以水旱復罷之。

十二年，罷諸司公廨本錢，以天下上户七千人爲胥士，視防閤制而收其課，計官多少而給之。十五年，復置公廨本錢，以諸司令史主之，號捉錢令史。每司九人，補於吏部，所主繦五萬錢以下，市肆販易，月納息錢四千，歲滿受官。諫議大夫褚遂良上疏：京七十餘司，更一二載，捉錢令史六百餘人受職。太學高第，諸州進士，拔十取五，猶有犯禁罹法者，況廛肆之人，苟得無恥，不可使其居職。太宗乃罷捉錢令史，復詔給百官俸。

十八年，以京兆府、岐、同、華、邠、坊州隙地陂澤可墾者，復給京官職田。

二十二年，置京諸司公廨本錢，捉以令史、府史、胥士。永徽元年，廢之，以天下租脚直爲京官俸料。其後又薄斂一歲稅，以高户主之，月收息給俸。尋顓以稅錢給之，歲總十五萬二千七百三十緡。

一品月俸八千，食料一千八百，雜用一千二百。二品月俸六千五百，食料一千五百，雜用一千。三品月俸五千一百，雜用九百。四品月俸三千五百，食料、雜用七百。五品月俸三千，食料、雜用六百。六品月俸二千，食料、雜用四百。七品月俸一千七百五十，食料、雜用三百五十。八品月俸一千三百，食料三百，雜用二百五十。九品月俸一千五十，食料二百五十，雜用二百。行署月俸一百四十，食料三十。

職事官又有防閤、庶僕：一品防閤九十六人，二品七十二人，三品四十八人，四品三十二人，五品二十四人；六品庶僕十五人，七品四人，八品三人，九品二人。公主有邑士八十人，郡主六十人，縣主四十人。外官以州、府、縣上下中爲差，少尹、長史、司馬及丞減長官之半，參軍、博士減判司三之二，主簿、縣尉減丞三之二，録事、市令以參軍職田爲輕重，京縣録事以縣尉職田爲輕重。羈縻州官，給以土物。關監官，給以年支輕貨。折衝府官則有仗身：上府折衝都尉六人，果毅四人，長史、别將三人，兵曹二人，中、下府各減一人，皆十五日而代。開府儀同三司、特進、光禄大夫同職事官，公廨、雜用不給。員外官、檢校、判、試、知給禄料食糧之半，散官、勳官、衛官減四之一，致仕五品以上給半禄，解官充侍亦如之。四夷宿衛同京官。

天下置公廨本錢，以典史主之，收贏十之七，以供佐史以下不賦粟者常食，餘爲百官俸料。京兆、河南府錢三百八十萬，太原及四大都督府二百七十五萬，中都督府、上州二百四十二萬，下都督、中州一百五十四萬，下州八十八萬；京兆、河南府京縣一百四十三萬，太原府京縣九十一萬三千，京兆、河南府畿縣八十二萬五千，太原府畿縣、諸州上縣七十七萬，中縣五十五萬，中下縣、下縣三十八萬五千；折衝上府二十萬，中府減四之一，下府十萬。

麟德二年，給文官五品以上仗身，以掌閑、幕士爲之。咸亨元年，與職事官皆罷。乾封元年，京文武官視職事品給防閤、庶僕。

百官俸出於租調，運送之費甚廣。公廨出舉，典史有徹垣墉、鬻田宅以免責者。又以雜職供薪炭，納直倍於正丁。儀鳳三年，王公以下率口出錢，以充百官俸食防閤、庶僕、邑士、仗身、封户。

調露元年，職事五品以上復給仗身。光宅元年，以京官八品、九品俸薄，詔八品歲給庶僕三人，九品二人。文武職事三品以上給親事、帳内。以六品、七品子爲親事，以八品、九品子爲帳内，歲納錢千五百，謂之品子課錢。三師、三公、開府儀同三司百三十人；嗣王、郡王百八人；上柱國領二品以上職事九十五人，領三品職事六十九人；柱國領二品以上職事七十三人，領三品職事五十五人；護軍領二品以上職事六十二人，領三品職事三十六人。二品以下又有白直、執衣：二品白直四十人，三品三十二人，四品二十四人，五品十六人，六品十人，七品七人，八品五人，九品四人；二品執衣十八人，三品十五人，四品十三人，五品九人，六品、七品各六人，八品、九品各三人。皆中男爲之。防閤、庶僕，皆滿歲而代。外官五品以上亦有執衣。都護府不治州事亦有仗身：都護四人，副都護、長史、司馬三人，諸曹參軍事二人，上鎮將四人，中下鎮將、上鎮副三人，中、下鎮副各二人，鎮倉曹、關令丞、戍主副各一人，皆取於防人衛士，十五日而代。宿衛官三品以上仗身三人，五品以上二人，六品以下及散官五品以上各一人，取於番上衛士，役而不收課。親王出藩者，府佐史、典軍、副典軍有事力人，數如白直。諸司、諸使有守當及廳子，以兵及勳官爲之。白直、執衣以下分三番，周歲而代，供役不踰境。後皆納課：仗身錢六百四十，防閤、庶僕、白直錢二千五百，執衣錢一千。其後親事、帳内亦納課如品子之數。

州縣典史捉公廨本錢者，收利十之七。富户幸免徭役，貧者破産甚衆。祕書少監崔沔請計户均出，每丁加升尺，所增蓋少；流亡漸復，倉庫充實，然後取於正賦，罷新加者。

開元十年，中書舍人張嘉貞又陳其不便，遂罷天下公廨本錢，復稅户以給百官；籍内外職田，賦逃還户及貧民；罷職事五品以上仗身。

十八年，復給京官職田。州縣籍一歲稅錢爲本，以高户捉之，月收贏以給外官。復置天下公廨本錢，收贏十之六。十九年，初置職田頃畝簿，租價無過六斗，地不毛者畝給二斗。

二十四年，令百官防閤、庶僕俸食雜用以月給之，總稱月俸：一品錢三萬一千，二品二萬四千，三品萬七千，四品萬一千五百六十七，五品九千二百，六品五千三百，七品四千一百，八品二千四百七十五，九品千九百一十七。禄米則歲再給之：一品七百斛，從一品六百斛，二品五百斛，從二品四百六十斛，三品四百斛，從三品三百六十斛，四品三百斛，從四品二百五十斛，五品二百斛，從五品百六十斛，六品百斛，自此十斛爲率，至從七品七十斛，八品六十七斛，自此五斛爲率，至從九品五十二斛。外官降一等。

先是州縣無防人者，籍十八以上中男及殘疾以守城門及倉庫門，謂之門夫。番上不至者，閏月督課，爲錢百七十，忙月二百。至是以門夫資課給州縣官。

二十九年，以京畿地狹，計丁給田猶不足，於是分諸司官在都者，給職田於都畿，以京師地給貧民。是時河南、北職田兼税桑，有詔公廨、職田有桑者，毋督絲課。

天寶初，給員外郎料，天下白直歲役丁十萬，有詔罷之，計數加税以供用，人皆以爲便。

自開元後，置使甚衆，每使各給雜錢。宰相楊國忠身兼數官，堂封外月給錢百萬。幽州平盧節度使安禄山、隴右節度使哥舒翰兼使所給，亦不下百萬。

十二載，國忠以兩京百官職田送租勞民，請五十里外輸于縣倉，斗納直二錢，百里外納直三錢，使百官就請于縣，然縣吏欺盗蓋多，而閑司有不能自直者。

十四載，兩京九品以上月給俸加十之二，同正員加十之一。兵興，權臣增領諸使，月給厚俸，比開元制禄數倍。

至德初，以用物不足，内外官不給料錢，郡府縣官給半禄及白直、品子課。乾元元年，亦給外官半料及職田，京官給手力課而已。上元元年，復令京官職田以時輸送，受加耗者以枉法贓論。其後籍以爲軍糧矣。永泰末，取州縣官及折衝府官職田苗子三之一，市輕貨以賑京官。

大曆元年，斂天下青苗錢，得錢四百九十萬緡，輸大盈庫，封太府左、右藏，鐍而不發者累歲。二年，復給京兆府及畿縣官職田，以三之一供軍饟。增税青苗錢，一畝至三十。權臣月俸有至九十萬者，刺史亦至十萬。楊綰、常衮爲相，增京官正員官及諸道觀察使、都團練使、副使以下料錢。初，檢校官同中書門下平章事者，月給錢十二萬。至是户部侍郎判度支韓滉請同正官，從高而給之。文官一千八百五十四員，武官九百四十二員，月俸二十六萬緡，而增給者居三之一。

先是，州縣職田、公廨田，每歲六月以白簿上尚書省覆實，至十月輸送，則有黄籍，歲一易之。後不復簿上，唯授租清望要官，而職卑者稽留不付，黄籍亦不復更矣。德宗即位，詔黄籍與白簿皆上有司。

建中三年，復減百官料錢以助軍。李泌爲相，又增百官及畿内官月俸，復置手力資課，歲給錢六十二萬六千餘緡，文官千八百九十二員，武官八百九十六員。左右衛上將軍以下又有六雜給：一曰糧米，二曰鹽，三曰私馬，四曰手力，五曰隨身，六曰春冬服。私馬則有芻豆，手力則有資錢，隨身則有糧米、鹽，春冬服則有布、絹、絁、紬、綿，射生、神策軍大將軍以下增以鞋，比大曆制禄又厚矣。州縣官有手力雜給錢，然俸最薄者也。

李泌以度支有兩税錢，鹽錢使有筦榷錢，可以擬經費，中外給用，每貫墊二十，號户部除陌錢。復有闕官俸料、職田錢，積户部，號户部別貯錢。御史中丞專掌之，皆以給京官，歲費不及五十五萬緡。京兆和糴，度支給諸軍冬衣，亦往往取之。減王公以下永業田：郡王、職事官從一品田五十頃，國公、職事官正二品田四十頃，郡公、職事官從二品田三十頃，縣公、職事官正四品田十四頃，職事官從四品田十一頃。尚郡主檢校四品京官者月給料錢三十萬，禄百二十石。尚縣主檢校五品京官者料錢二十萬，禄百石。

自李泌增百官俸，當時以爲不可朘削矣，然有名存而職廢、額去而俸在者。宰相李吉甫建議減之，遂爲常法。

于時祠祭、蕃夷賜宴，別設，皆長安、萬年人吏主辦，二縣置本錢，配納質積户收息以供費。諸使捉錢者，給牒免徭役，有罪府縣不敢劾治。民間有不取本錢，立虚契，子孫相承爲之。嘗有毆人破首，詣閑廄使納利錢受牒貸罪。御史中丞柳公綽奏諸使捉錢户，府縣得捕役，給牒者毁之，自是不得錢者不納利矣。議者以兩省、尚書省、御史臺總樞機，正百寮，而倍稱息利，非馭官之體。

元和九年，户部除陌錢每緡增墊五錢，四時給諸司諸使之餐，置驅使官督之，御史一人覈其侵漁，起明年正月，收息五之一，號元和十年新收置公廨本錢。

初，捉錢者私增公廨本，以防耗失，而富人乘以爲姦，可督者私之，外以逋官錢迫蹙閭里，民不堪其擾。御史中丞崔從奏增錢者不得踰官本。其後兩省捉錢，官給牒逐利江淮之間，鬻茶鹽以橈法。十三年，以職田多少不均，每司收草粟以多少爲差。其後宰相李珏、楊嗣復奏堂廚食利錢擾民煩碎，於是罷堂廚捉錢官，置庫量入計費。

唐世百官俸錢，會昌後不復增減，今著其數：太師、太傅、太保，錢二百萬。太尉、司徒、司空，百六十萬。侍中，百五十萬。中書令，門下中書侍郎，左右僕射，太子太師、太保、太傅，百四十萬。尚書，御史大夫，太子少師、少保、少傅，百萬。節度使，三十萬。都防禦使、副使，監軍，十五萬。觀察使，十萬。左右丞，侍郎，散騎常侍，諫議大夫，給事中，中書舍人，祕書，殿中、內侍監，御史中丞，太常、宗正、大理，司農，太府，鴻臚，太僕，光禄，衛尉卿，國子祭酒，將作，少府監，太子賓客、詹事，諸府尹，大都督府長史，都團練使，副使，上州刺史，八萬。太常、宗正少卿，太子左右庶子，節度副使，刺史知軍事，七萬。六軍統軍，諸府少尹，少監，少卿，國子司業，少詹事，六萬五千。左右衛、金吾衛上將軍，六軍大將軍，六萬。左右驍衛、武衛、威衛、領軍衛、監門衛、千牛衛上將軍，上州別駕，五萬五千。郎中，司天監，太子左右諭德，家令寺、僕寺、率更寺令，親王傅，別敕判官，觀察、團練判官掌書記，上州長史、司馬，五萬。左右衛、金吾衛大將軍，懷化大將軍，諸府、大都督司録參軍事，鵃赤縣令，四萬五千。員外郎，起居郎，通事舍人，起居舍人，著作郎，內常侍，侍御史，殿中侍御史，太常、宗正、殿中、祕書丞，大理正，國子博士，京都宮苑總監監，都水使者，太子中舍，中允，王府長史，歸德將軍，節度推官、支使，防禦判官，上州録事參軍事，畿縣、上縣令，四萬。懷化中郎將，三萬七千。左右驍衛、武衛、威衛、領軍衛、監門衛、千牛衛、殿前左右射生軍、神策軍大將軍，左右衛、金吾衛將軍，三萬六千。補闕，殿中侍御史，諸府、大都督府判官，赤縣丞，三萬五千。懷化郎將，三萬二千。拾遺，司天少監，六局奉御，內常侍，監察御史，御史臺主簿，太常博士，陵署令，大理司直，中書主書，門下録事，太子贊善、典內、洗馬，司議郎，王府司馬，驍衛、武衛、威衛、領軍衛、監門衛、六軍、射生、神策軍將軍，歸德中郎將，觀察防禦團練推官巡官，鵃赤縣丞，兩赤縣主簿，尉，上州功曹參軍以下，上縣丞，三萬。城門郎，祕書郎，著作佐郎，六局直長，十六衛、六軍、諸府、十率府長史，懷化司階，畿縣丞，鵃赤縣主簿，尉，二萬五千。歸德司階，二萬三千。五官正，太常寺協律郎，陵署丞，諸寺監主簿，國子、太學、廣文助教，都水監丞，詹事府司直，太子通事舍人、文學，三寺丞，五局郎，王府諮議參軍，友，畿縣上縣主簿尉，二萬。懷化中候，萬八千。十六衛六軍十率府率、副率、中郎、中郎將，萬七千三百五十。歸德中候，萬七千。四門助教，十六衛佐，祕書省、崇文、弘文館校書郎，正字，太常寺奉禮郎，太祝，郊社、太樂、鼓吹署令，四門助教，京都宮苑總監副監，九成宮總監監，主事，十六衛、六軍衛佐，尚書省都事，萬六千。十六衛、六軍中候，太子內率府千牛，六千一百七十四。內寺伯，懷化司戈，諸府大都督府參軍事，文學，博士，録事，上州參軍事，博士，萬五千。歸德司戈，萬四千。十六衛、六軍、十率府左右郎將，親王府典軍，副典軍，萬三千八百。司戈，內率府備身，僕寺進馬，三千七百一十二。符寶郎，內謁者監，九寺諸監，詹事府丞，太醫署令，太學、廣文、四門博士，中書門下主事，太子文學，侍醫，諸府、都督府醫博士，法直，兩赤縣録事，上州録事，市令，萬三千。懷化執戟長上，萬一千。門下省典儀，侍御醫，司天臺丞，都水監主簿，率府衛佐，諸司主事，御史臺主事，萬二千。司醫，太醫署丞，歸德執戟長上，一萬。醫佐，大理寺評事，太常宗正寺詹事府主簿，寺監，內侍省司天臺左右春坊詹事府録事，主事，八千。司階，千牛備身左右，七千九百九十。京都園苑四面監監，兩京諸市，中尚，武庫，武成王廟署令，王府掾、屬，主簿，記室，録事參軍事，七千。司天臺主簿，靈臺郎，保章正，上局署令，七品陵廟令，京都宮苑總監丞，司竹、溫泉監監，太子內坊丞，王府功曹以下參軍事，親王國令，公主邑司令，六千。奚官、內僕、內府局令，司竹、溫泉副監，五千。書、算、律學博士，內謁者，中局署令，上局署丞，五官挈壺正，京都園苑四面監，九成宮總監副監，醫，針博士，醫監，陵廟令，司竹，溫泉監丞，太子藥藏局丞，王府參軍事，王國大農，公主邑司丞，四千。獄丞，國子監直講，掌客，司儀，中局署丞，監膳，監作，監事，食醫，尚輦，進馬，奉乘，主乘，典乘，司庫，司廩，十六衛、十率府録事，親、勳、翊府兵曹參軍事，司天臺司辰，司曆，監候，内坊典直，宫教博士，樂正，醫正，卜正，按摩、呪禁、卜博士，針、醫、卜、書、算助教，陵廟、太樂、鼓吹署丞，京都園苑四面監，九成宫總監丞，諸總監主簿，太子典膳、内直、典設、宫門局丞，三寺主簿，親王國尉、丞，三千。十六衛、六軍、十率府執戟，長上、左右中郎將，二千八百五十。

《全唐文》卷二七《元宗皇帝·定致仕官俸詔》 養老乞言，人惟求舊，尊儒尚齒，風化攸先。其致仕官所請物，宜令所司專定一官勾當，送至宅。

《全唐文》卷三四《元宗皇帝·停給職田敕》 所置職田，本非古法，爰自近制。是以因循，事有變通，應須删改。其内外所給職田，從今年九月以後，並宜停給。

《全唐文》卷三六《元宗皇帝·定京畿職田敕》 京畿地狹，人户殷繁，計丁給田，尚猶不足，兼充百官苗子，固難周濟。其諸司官令分在都者，宜令所司具作定額，計應受職田，並於都畿給付。其應退地，委採訪使與本州長官給貧下百姓。其應給職田，亦委採訪使與所繇長官勘會同給。仍永爲常式。

《全唐文》卷四六《代宗皇帝·均濟職田俸料詔》 京諸司官等：自艱難已來，不請禄料，職田苗子，又充軍糧，頗聞艱辛，須使均濟。其諸州府縣官及折衝府官職田，據苗子多少，三分每年宜取一分，依當處時價，迴市輕貨。數内破脚差綱部領送上都，納青苗錢庫。其闕官職田，據數盡送。仍青苗錢與本道節度觀察都防禦等使會切勾當，從今年職田並依此數徵收發遣。其送物綱典計數，準輕貨綱典例處分。

《全唐文》卷七六《武宗皇帝·條流百官俸料制》 諸道承乏官等，雖云假攝，當責課程。但霑一半料錢，不獲雜給料例。自此手力紙筆，特委中書門下條流，貴在酌中，共爲均濟。

《全唐文》卷八一《宣宗皇帝·給夏州等四道節度以下官俸敕》 夏州等四道，土無絲蠶，地絶征賦，自節度使以下，俸料賞設，皆克官健衣糧，所以兵占虚名，軍無戰士，緩急寇至，無以支敵。將欲責課，又皆有詞，須有商量，用革前弊。夏州靈武振武節度使宜每月各給料錢廚錢共三百貫文，監軍每月一百五十貫文，别敕判官每月五十貫文，節度副使每月七十貫文，判官掌書記觀察判官每月各五十貫文，推官四十貫文。賞設每道每年給五千貫文，修器械每道給二千貫文。天德軍使料錢廚錢每月共給二百貫文，監軍每月二百貫文，都防禦副使每月五十貫文，判官每月四十貫文，巡官每月三十貫文。賞設每年給三千貫文，修器仗每年一千貫文。如以後依前兵額不實，器仗不修，其本判官重加貶降，主帥别舉處分。其所給料錢等，並以户部錢物充，起十月支給。一年以後，仍每秋一度，差御史一人，點簡兵士器仗聞奏。

《全唐文》卷九三《哀帝·百官逐月支半俸詔》 所有百官俸料，實係國用盈虚。昨自去冬領給全俸，及支遣之後，公帑不充。蓋道途初通，綱運未集，徒掛憂勤之念，尚牽經費之資。若不議均分，則必至懸絶，量其物用，須有指揮。其百官逐月料錢，宜令左藏庫自今年正月支半俸。

（宋）王溥《五代會要》卷一三《中書門下起請雜條附》 梁開平五年二月敕：食人之食者憂人之事，況丞相尊位，參决大政，而堂封未給，且無餐錢，朕甚愧之。宜令日食萬錢之半。

乾化二年十月，加宰相俸至二百千，命豐德庫逐月以見錢給之。【略】

門下侍郎

晋天福五年二月，敕以門下侍郎爲清望正三品。

七年二月敕：門下侍郎班位，宜在左、右散騎常侍之下。其俸給考限，依左、右散騎常侍例。

中書侍郎

晋天福五年二月，敕以中書侍郎爲清望正三品。

（宋）王溥《五代會要》卷二七《諸色料錢上》 梁開平三年正月，詔曰：禄俸所以養賢而勵奉公也，朕今肇建，諸色已畢，郊禋職貢至多，費用差少，其百官俸料，委左藏庫依前例全給。

後唐同光三年二月十九日，租庸院奏：

新定四京及諸道副使、判官已下俸料，請降敕各下逐處支遣。兼除所置副使、判官、掌書記、推官外，如本處更妄稱簡署官員，即勒本道節度使自備請給，不得正破係省錢物。諸道藩鎮，請祇置節度使、副、節度觀察判官、掌書記、推官共五員。節度副使料錢每月四十千，依除實數錢廚料米一石、麪二石內價錢三千；蒿六十束、柴三十束、春服絹一十五疋、冬服絹一十五疋、綿三十兩、私馬二匹草料。節度觀察判官料錢每月三十千，依除實數錢廚料米六斗、麪一石六斗內價錢二千；蒿四十束、柴二十束、春服絹一十二疋、冬服絹一十二疋、綿二十五兩、私馬一匹草料。節度掌書記料錢每月二十五千，依除實數錢廚料米六斗、麪一石二斗內價錢一千五百；蒿三十束、柴一十五束、春服絹一十疋、冬服絹一十疋、綿二十兩、私馬一匹草料。節度推官料錢每月一十五千，依除實數錢廚料米六斗、麪一石二斗內價錢一千五百；蒿三十束、柴一十五束、春服絹一十疋、冬服絹一十疋、綿二十兩、私馬一匹草料。

留守兼判六軍，請置副使、判官、推官三員。副使依節度副使例，判官依觀察判官例，推官依諸道推官例。留守不判六軍，請置判官、推官二員。判官依節度觀察判官例，推官依諸道推官例。四京府請祇置推官一員，如已有判官，即不置推官，其請受准留守推官例，其料錢准百官例折支。所有廚料時服等，即給本色。

右奉敕：宜令諸道節鎮，依舊更置觀察支使一員，其俸料春冬衣賜，仍准掌書記例支遣，餘依租庸院所奏。

（宋）王溥《五代會要》卷二八《諸色料錢下》　後唐同光三年二月十五日，租庸院奏：諸道州縣官兵防禦團練副使、判官等俸料，各據逐處具到事例、文帳內點檢舊來支遣則例，錢數不等，所給折支物色，又加錢數不定，難爲勘會。今除東京管內州縣官見支手支課錢且依舊外，其三京并諸州，於舊日支遣錢數等第，重定則例，兼切循本朝事體。防禦團練副使、判官外，其餘推巡已下職員，皆是本處自要辟請圓融，月俸贍給，亦乞依舊規繩，省司更不支給錢物，謹具如後：

防禦團練副使、判官，副使逐月料錢三十千貫；判官逐月二十千貫；刺史州元兼副使，有者請廢。其軍事判官所有月俸，亦是刺史已俸內支贍。三京少尹支料錢，逐月三十千貫。

赤縣，令每月正授支料錢二十五千貫，考滿并攝比正官支一半；主簿每月正授支料錢一十二千貫，考滿并攝比正官支一半。

畿縣，令每月正授支料錢二十千貫，考滿并攝比正官支一半；主簿每月支料錢一十千貫，考滿并攝比正官支一半。司録參軍每月正授支料錢一十三千貫，考滿并差攝比正官支一半；諸曹判司官每月正授支料錢一十二千貫，考滿并差攝比正官支一半；文學每月正授支料錢五千貫，考滿并差攝比正官支一半；參軍每月正授支料錢五千貫，考滿并差攝比正官支一半。諸州府録事參軍，各依逐州上縣令支；州判司各依逐州上縣主簿支。

一萬户已上縣，令每月正授支料錢二十三千貫，考滿并差攝比正官支一半；主簿每月正授支料錢一十二千五百貫，考滿并差攝比正官支一半。

九千户已上縣，令每月正授支料錢二十二千貫，考滿并差攝比正官支一半；主簿每月正授支料錢一十二千貫，考滿并差攝比正官支一半。

八千户已上縣，令每月正授支二十一千貫，考滿并差攝比正官支一半；主簿每月正授支一十一千五百貫，考滿并差攝比正官支一半。

七千户已上縣，令每月正授支二十千貫，考滿并差攝比正官支一半；主簿每月正授支一十一千貫，考滿并差攝比正官支一半。

六千户已上縣，令每月正授支一十九千貫，考滿并差攝比正官支一半；主簿每月正授支一十千五百貫，考滿并差攝比正官支一半。

五千户已上縣，令每月正授支一十八千貫，考滿并差攝比正官支一半；主簿每月正授支一十千貫，考滿并差攝比正官支一半。

四千户已上縣，令每月正授支一十七千貫，考滿并差攝比正官支一半；主簿每月正授支九千五百貫，考滿并差攝比正官支一半。

三千户已上縣，令每月正授支一十六千貫，考滿并差攝比正官支一半；主簿每月正授支九千貫，考滿并差攝比正官支一半。

二千五百户已上縣，令每月正授支一十五千貫，考滿并差攝比正官支一半；主簿每月正授支八千五百貫，考滿并差攝比正官支一半。

二千户已上縣，令每月正授支一十四千貫，考滿并差攝比正官支一半；主簿每月正授支八千貫，考滿并差攝比正官支一半。

一千五百户已上縣，令每月正授支一十三千貫，考滿并差攝比正官支一半；主簿每月正授支七千五百貫，考滿并差攝比正官支一半。

一千户已上縣，令每月正授支一十二千貫，考滿并差攝比正官支一半；主簿每月正授支七千貫，考滿并差攝比正官支一半。

五百户已上縣，令每月正授支一十一千貫，考滿并差攝比正官支一半；主簿每月正授支六千五百貫，考滿并差攝比正官支一半。

五百户已下縣，令每月正授支一十千貫，考滿并差攝比正官支一半；主簿每月正授支六千貫，考滿并差攝比正官支一半。

右租庸使奏重定料錢則例如前。如諸道舊有取田處，今後不得占留開破，並依百姓例輸税。

奉敕：宜依。

長興二年閏五月，起居郎曹琛奏：文武兩班，或請假歸寧，或臥疾未損，才注班簿，便住料錢。伏乞特降敕命者。敕：今後文武官請准式歸寧假及疾病者，並許支給本官料錢。其月二十四日敕：諸道行軍司馬、副使、判官已下賓寮等，考滿未有替人，宜令並全支俸料，元不在省司給俸者，不在此例。

清泰元年七月敕：洋王從璋、涇王從敏，每月各給料錢一百千，米、麥各五十石，傔人衣糧各五十分，馬五十五匹草粟。二王自方鎮入朝，留洛陽私第，故有是給賜。二年十月，將作監丞、襲封介國公宇文頡奏：蒙恩襲封除官，無襲爵俸給；詔：特給本官俸。晉天福六年二月敕：諸衛上將軍逐月加俸錢二萬。

漢乾祐三年七月十六日敕節文：諸道州府令録、判官、主簿，宜令等第支與俸户，逐户每月納錢五百，與除二税外，免放諸雜差遣，不得更種職田。所定俸户，於中等無色役人户內置，不得差令當直及赴衙參。如有闕額及不逮，明申州府差填，不得衷私替換，若是令録、判司、主簿，除本分人數外，剩占俸户及令當直手力，更納料錢，並許百姓陳告。其陳告人與免户下諸雜差徭，所犯人追毁告身，更加力役。如令佐、録事、參軍內有員闕，州府差攝，亦依例支與俸錢。差攝曹官，不得一例供破。定例如後：三千户已上縣，令逐月一十二千，主簿六千；二千户已上至三千户已下縣，令九千，主簿五千；二千户已下縣，令六千，主簿四千。録事、參軍、判司，依本部內户口取最多縣分例支破。其録事、參軍依縣令例，判司依主簿例。

周廣順元年四月敕：牧守之任，委遇非輕，分憂之務既同，制禄之數宜等。自前有富庶之郡，請給則優，或邊遠之州，俸料素薄。以至遷除之際，擬議亦難，既論資序之高卑，又患禄秩之升降，宜分多益寡，均利同恩，冀無黨偏，以勸勛效。今重定則例：諸州防禦使料錢二百千，禄粟一百石，食鹽五石，馬十匹草粟，元隨三十人衣糧。團練使料錢一百五十千，禄粟七十石，食鹽五石，馬十匹草粟，元隨三十人衣糧。刺史料錢一百千，禄粟五十石，食鹽五石，馬五匹草料，元隨二十人衣糧，仍取今年五月一日後到任者，依前定例支，其已前在任者，所請如故。顯德五年十二月，中書奏：諸道州府縣官及軍事判官，一例逐月各據逐處主户等第，依下項則例所定料錢及米麥等，取顯德六年三月一日後起支，其俸户並停廢。

一萬户以上縣，令逐月料錢二十千，米麥共五石；主簿料錢一十二千，米麥共三石。七千户以上縣，令逐月料錢一十八千，米麥共五石；主簿料錢一十千，米麥共三石。五千户以上縣，令逐月料錢一十五千，米麥共四石；主簿料錢八千，米麥共三石。三千户已上縣，令逐月料錢一十二千，米麥共四石；主簿料錢七千，米麥共三石。不滿三千户縣，令逐月料錢一十千，米麥共三石；主簿料錢六千，米麥共二石。

五萬户已上洲，司録事參軍及兩京司録，每月料錢二十千，米麥共五石；司户、司法每月料錢一十千，米麥共三石。三萬户已上州，司録事參軍每月料錢一十八千，米麥共五石；司户、司法每月料錢八千，米麥共三石。一萬户已上州，司録事參軍每月料錢一十五千，米麥共四石；司户、司法每月料錢七千，米麥共三石。五千户以上州，司録事參軍每月料錢一十二千，米麥共四石；司户、司法每月料錢六千，米麥共二石。不滿五千户州，司録事參軍每月料錢一十千，米麥共三石；司户、司法每月料錢五千，米麥共二石。諸司軍事判官，一例每月料錢一十千，米麥共三石。

右諸州府、京百司、內諸司、州縣官、課户、莊户、俸户、柴炭紙筆户等，望令本州及檢田使臣依前項指揮，勒歸州縣，候施行畢，具户數奏聞。仍差本州判官精細點數後，差使臣覆視，及有人論訴稱有漏落，抵罪在本州判官及干係官典。如今後更有人户願充此等户者，便仰本州勒充軍户，配本州牢城執役。從之。六年十二月詔：諸道州府攝官，起今後支給本所諸官俸錢之半。

《舊五代史》卷一四九《職官志》 梁開平三年三月，詔升尚書令爲正一品。按《唐六典》，尚書令正二品，是時以將授趙州王鎔此官，故升之。【略】

後唐長興元年九月，詔曰：臺轄之司，官資並設，左右貂素來相類，左右揆左右揆，原本作右撥，今從《五代會要》改正。不至相懸，以此比方，豈宜分別。自此宜升尚書右丞官品，與左丞並爲正四品。

右都省

後唐長興四年九月，勅：馮贇有經邦之茂業，宜進位于公台，但緣平章事字犯其父名，不欲斥其家諱，可改同平章事爲同中書門下二品。後至周顯德中，樞密使吳廷祚亦加同中書門下二品，避其諱也。

晉天福五年二月，勅：以門下侍郎、中書侍郎并爲清望正三品。【略】

七年五月，中書門下上言：有司檢尋長興四年八月二十一日勅：準《官品令》，侍中、中書令正三品，按《會要》，大曆二年十一月陞爲正二品；左右常侍從三品，按《會要》，廣德二年五月陞爲正三品；門下中書侍郎正四品，大曆二年十一月陞爲正三品；諫議大夫正五品，按《續會要》，會昌二年十二月陞爲正四品，以備中書門下四品之闕；御史大夫從三品，會昌二年十二月陞爲正三品；御史中丞正五品，亦與大夫同時陞爲正四品。勅：宜各準元勅處分，仍添入令文，永爲定制。又詔：門下侍郎，班在常侍之下，俸禄同常侍。

周顯德五年六月，勅：諫議大夫宜依舊正五品上，仍班位在給事中之下。按《唐典》，諫議大夫四員，正五品上，皆隸門下省，班在給事中之下。至會昌二年十一月，中書門下奏，陞爲正四品下，仍分爲左右，以備兩省四品之闕，故其班亦陞在給事中之上。近朝自諫議大夫拜給事中者，官雖序遷，位則降等，至是以其遷次不倫，故改正焉。

右兩省【略】

晉天福五年二月，以御史中丞爲清望正四品。按《唐典》，御史中丞正五品上，今始陞之。【略】

後唐天成三年五月，詔曰：開府儀同三司，階之極；太師，官之極；封王，爵之極；上柱國，勳之極。勳之極，原本作熏之極，今據《職官分紀》改正。近代已來，文臣官階稍高，便授柱國，歲月未深，便轉上柱國；武資不計何人，初官便授上柱國。官爵非無次第，階勳備有等差，宜自此時，重修舊制。今後凡是加勳，先自武騎尉，經十二轉方授上柱國，永作成規，不令踰越。雖有是命，竟不革前例。

（元）馬端臨《文獻通考》卷六五《職官考・禄秩》 梁開平三年，詔百官俸料委左藏庫依則例全給。

漢乾祐三年敕：諸道州府令、録、判官、主簿，宜令等第支與俸户。逐户每月納錢五百，與除二税外，免放諸雜差遣，不得更種職田。所定俸户，於中等無色役人户内置，不得差令當直及赴衙參。若是令、録、判司、主簿，除本分人數外剩占俸户，及令當直手力更納課錢，並許百姓陳告。

周顯德五年，中書奏：諸道、州、府、縣官及軍事判官並宜則例定料錢及米麥等，以來年支給。其内外官課户、莊户、俸户、柴炭紙筆户等並停。如今後更有人户願充此等户者，仰本州勒充軍户，配本州牢城執役。

（清）嵇璜等《續通典》卷三九《職官・禄秩》 後唐明宗天成中，百官奉錢皆折估，自五月給。

漢隱帝乾祐中，仍後唐制，加其估直。

周世宗顯德五年，詔凡諸色俸户並勒歸州縣。

《全唐文》卷一〇一《梁太祖・給百官俸料詔》 秩俸所以養賢而勵奉公也。兵車未戢，貢賦莫充，朝謁甚勤，禄廩蓋寡。朕今啓建都市，已畢郊禋，職采至多，費用差少。其百官逐月俸料，委左藏庫依前例全給。

《全唐文》卷一一〇《後唐明宗・朝臣假内仍給俸敕》 有禮於君，克勤於國，爲臣所重，自古皆然。其或合朝不朝，即虧匪懈，無病稱病，亦屬自欺。儻異下冰，須資勿藥，卧疾非人情所欲，歸寧光孝治之朝。曹琛所奏文武官請歸寧準式假及實卧病者，並許支給本官料錢，宜依。或有託病不赴朝參，故涉曠怠者，慢於事君，何以食禄，如聞糾奏，當責尤違。

《全唐文》卷一一一《後唐明宗・增大理寺御史臺俸錢敕》 刑法之司，朝廷重委，是以前王應運，必繇獄訟所歸，庶物無冤，然後陰陽式序。豈獨繫於彼相？實亦賴於有司。冀致和平，共期仁壽，宜示優崇之道，以明獎激之方。此後大理寺官員，宜同臺省官吏升進，其法直官比禮直官任使，庶皆知勸，咸切奉公。如有能雪冤疑，則別議超擢。苟舞弄文法，必舉憲章。明懸黜陟之科，貴益公忠之懇。御史臺每月支錢三百貫，充曹司人力紙筆糧課。其大理寺先支錢二十貫文，與臺中比類全少，刑部一司，則未曾支給。宜於兩班罰錢及三京諸道贓罰錢內，每月支錢一百貫文賜兩司。其刑部官吏人力不多，兼使紙筆較少，宜於所賜一貫內，三分支與一分。

紀事

《隋書》卷一《高祖紀》〔開皇元年三月〕庚子，詔曰：自古帝王受終革代，建侯錫爵，多與運遷。朕應籙受圖，君臨海內，載懷沿革，事有不同。然則前帝後王，俱在兼濟，立功立事，爵賞仍行。苟利於時，其致一揆，何謂物我之異，無計今古之殊。其前代品爵，悉可依舊。

《隋書》卷二《高祖紀》〔開皇十四年〕六月丁卯，詔省府州縣，皆給公廨田，不得治生，與人爭利。

（唐）白居易《白居易集》卷四九《中書制誥二·兵部郎中知制誥馮宿，侍御史裴注，義武軍行軍司馬、御史中丞蕭籍，饒州刺史齊照，鄧州刺史渾鐬，並可朝散大夫，同制》敕：某官馮宿等：凡品秩之制有九，自五而上，謂之貴階。而宿司吾言，注持吾憲，籍、照以降，皆著勤由朝議郎一進而及此。此之所以爲貴者，蔭及子，命及妻；豈唯腰白金，服赤芾，從大夫之後而已？寵數既重，思有以稱之。並可朝散大夫。

《舊唐書》卷八《玄宗紀》〔開元〕十年春正月丁巳，幸東都。甲子，省王公已下視品官參佐及京三品已上官伏身職員。乙丑，停天下公廨錢，其官人料以稅户錢充，每月准舊分例數給。戊申，內外官職田，除公廨田園外，並官收，給還逃户及貧下户欠丁田。

《舊唐書》卷一一《代宗紀》〔永泰二年〕五月丙辰，稅青苗地錢使、殿中侍御韋光裔諸道稅地迴，是歲得錢四百九十萬貫。自乾元已來，天下用兵，百官俸錢折，乃議於天下地畝青苗上量配稅錢，命御史府差使徵之，以充百官俸料。每年據數均給之，歲以爲常式。【略】

十一月甲寅，乾陵令於陵署得赤兔以獻。丙辰，詔：古者量其國用，而立稅典，必於經費，由之重輕。公田之籍，可謂通制；履畝而稅，斯誠弊法。所期折中，以便於時。億兆不康，君孰與足？故愛人之體，先以博施；富國之源，必均節用。朕自臨宸極，比屬艱難，嘗欲闡淳朴之風，守沖儉之道，每念黎庶，思致和平。而邊事猶殷，戎車屢駕，軍興取給，皆出邦畿。九伐之師，尚勤王略；千金之費，重困吾人。乃者遵冉有之言，守周公之制，什而稅一，務於行古。今則編户流亡，而墾田減稅，計量入之數，甚倍征之法，納隍之懼，當宁軫懷。慮失三農，憂深萬姓，務從省約，稍冀蠲除，用申勤卹之懷，以救惸嫠之弊。京兆府今年合徵八十二萬五千石數內，宜減放一十七萬五千石，青苗地頭錢宜三分取一。在京諸司官員久不請俸，頗聞艱辛。其諸州府縣官，及折衝府官職田，據苗子多少，三分取一，隨處糶貨，市輕貨以送上都，納青苗錢庫，以助均給百官。

《舊唐書》卷一一《代宗紀》〔大曆三年〕十一月丁亥，幽州留後朱希彩爲幽州長史，充幽州盧龍節度使。癸巳，加廊下百官廚料，增舊五分之一。

《舊唐書》卷一一《代宗紀》〔大曆十二年夏四月〕己酉，加京官料錢，文武班諸司共二千七百九十六員，文官一千八百五十四員，武官九百四十二員，歲加給一十五萬六千貫，并舊給凡二十六萬貫。

《舊唐書》卷一二《德宗紀》〔建中三年春正月〕辛未，詔供御及太子諸王常膳有司宜減省之，於是宰臣上言，減堂廚百官月俸，請三分省一以助軍，從之。

《舊唐書》卷一二《德宗紀》〔貞元二年〕九月，詔：左右金吾及十六衛將軍，故事皆擇勳臣，出鎮方隅，入居侍從。自天寶艱難之後，衛兵雖然廢闕，將軍品秩尤高。此誠文武勳臣出入轉遷之地，宜增祿秩，以示優崇。並宜加給料錢及隨身糧課，仍舉故事，置武班朝參。其廊下食亦宜加給。其十六衛各置上將軍一人，秩從二品；左右金吾上將軍，俸料次於六統軍支給。欲求致理，必藉兼才，文武遞遷，不全限隔。自今內外文武缺官，於文武班中量才望相參叙用。仍依故事，於本衛量置衛兵。

所司條件以聞。

《舊唐書》卷一二《德宗紀》〔貞元三年閏五月〕庚申，詔省州縣官員，上州留上佐、録事、參軍、司户、司士各一員，中州上佐、録事、參軍、司户、司兵各一員，下州上佐、録事、司户各一員，京兆河南兩府司録、判司及四赤丞、簿、尉量留一半，諸赤畿縣留令、丞、尉各一員。時宰相張延賞請減官收俸料以助軍討吐蕃故也。【略】

七月甲寅，渾瑊自盟所來，素服待罪，釋之。乙卯，詔：朕頃緣興師備邊，資用不給，遂權議減官，以務集事。近聞授官者皆已隨牒之任，扶老攜幼，盡室而行。俸禄未請，歸還無所，衣冠之弊，流寓何依？其先敕所減官員，並宜仍舊。初既減員，内外咨怨張延賞，李泌初入相，乃諷諫官論之，乃下此詔。

《舊唐書》卷一三《德宗紀》〔貞元四年春正月〕辛巳，李泌以京官俸薄，請取中外給用除陌錢，及闕官俸外一分職田、額内官俸，及刺史執刀司馬軍事等錢，令户部别庫貯之，以給京官月俸，令御史中丞竇參專掌之。歲得錢三百萬貫，謂之户部别處錢，朝臣歲支不過五十萬，常有二百餘萬以資國用。

《舊唐書》卷一三《德宗紀》〔貞元八年二月〕癸酉，劍南西川節度使韋皋奏請，有當道閑員官吏，增其俸禄，從之。

《舊唐書》卷一三《德宗紀》〔貞元十四年秋七月〕己卯，左右神策置統軍，品秩奉給視六軍統軍例。

《舊唐書》卷一四《憲宗紀》〔元和六年〕六月甲子朔，減教坊樂人衣糧。丁卯，中書門下奏：官省則事省，事省則人清；官煩則事煩，事煩則人濁。清濁之由，在官之煩省。國家自天寶已後，中原宿兵，見在軍士可使者八十餘萬。其餘浮爲商販，度爲僧道，雜入色役，不歸農桑者，又十有五六。則是天下常以三分勞筋苦骨之人，奉七分坐衣待食之輩。今内外官給俸料者不下一萬餘員，其間有職出異名，奉離本局，府寺曠廢，簪組因循者甚衆。況斂財日寡而授禄至多，設官有限而入色無數，九流安得不雜，萬物安得不煩。漢初置郡不過六十，文景醲化，百王莫先，則官少不必政紊，郡多不必事理。今天下三百郡，一千四百縣。故有一邑之地，虚設羣司，一鄉之甿，徒分縣職，所費至廣，所制全輕。伏請敕吏兵部侍郎、郎中、給事中、中書舍人各一人，錯綜利病，詳定廢置，吏員可併省者併省之，州縣可併合者併合之，每年入仕者可停減者停減之。此則利廣而易求，官少而易理，稍減冗食，足寬疲甿。又國家舊章，依品制俸，官一品月俸三十千，其餘職田禄米，大約不過千石，自一品以下，多少可知。艱難已來，禁網漸弛，於是增置使額，厚請俸錢。故大曆中權臣月俸有至九千貫者，列郡刺史無大小給皆千貫。常衮爲相，始立限約，至李泌又量其閑劇，隨事增加，時謂通濟，理難減削。然猶有名存職廢，額去俸存，閑劇之間，厚薄頓異。將爲永式，須立常規。從之。乃命給事中段平仲、中書舍人韋貫之、兵部侍郎許孟容、户部侍郎李絳等詳定減省。

《舊唐書》卷一六《穆宗紀》〔元和十五年六月〕壬辰，詔：帝王所重者國體，所切者人情。苟得其體，必臻於大和；如失其情，是由於小利。況設官求理，頒禄責功，教既有常，寧宜就減。近以每歲經費，量入數少，外官俸料，據數收貫。朕再三思度，終所未安。今則歲屬豐登，兵方偃息，自宜克己以足用，何得剝下以爲謀。臨軒載懷，實所增愧。其今年五月敕應給用錢每貫抽五十文，都計一百五十萬貫，宜併停抽。仍出内庫錢三十七萬五千貫，付度支給用。初，憲宗用兵，擢皇甫鎛爲相，苛斂剝下，人皆咎之，以至譴逐。至是宰臣創抽貫之利，制下，人情不悦，故罷之。

《舊唐書》卷一七上《敬宗紀》〔長慶四年秋七月〕丁卯，敕以穀貴，凡給百官俸内一半合給匹段，今宜給粟，每斗折錢五十文。

《舊唐書》卷一七下《文宗紀》〔大和七年〕壬子，敕應任外官帶一品正京官者，縱不知政事，其俸料宜兼給。

《舊唐書》卷一七下《文宗紀》〔開成元年五月〕庚申，判國子祭酒宰臣鄭覃奏：太學新置五經博士各一人，請依王府官例，賜以禄粟。從之。

《舊唐書》卷一七下《文宗紀》〔開成二年冬十月〕戊戌，詔嘉王運、循王遹、通王諶並可光禄大夫、檢校司空，賜勳上柱國，仍依百官例給料錢。

《舊唐書》卷一八上《武宗紀》〔開成五年五月〕又奏：准今年

二月八日赦文，應京諸司勒留官，令本處剋留手力雜給與攝官者。臣等檢詳，諸道正官料錢絶少，雜給手力即多，今正官勒留，亦管公事，料錢少於雜給，刻下事未得中。臣等商量，其正官料錢雜給等錢，望每貫割留二百文與攝官，餘並如舊。從之。

《舊唐書》卷一一九《常袞傳》 元載之得罪，令袞與劉晏、李涵等鞫之，獄竟，拜袞門下侍郎、同平章事，太清、太微宫使，崇文、弘文館大學士，與楊綰同掌樞務。代宗尤信重綰。綰弘通多可，袞頗務苛細，求清儉之稱，與綰之道不同。先是，百官俸料寡薄，綰與袞奏請加之。時韓滉判度支，袞與滉各騁私懷，所加俸料，厚薄由己。時少列各定月俸爲三十五千，滉怒司業張參，唯止給三十千；袞惡少詹事趙惎，遂給二十五千。太子洗馬，實司經局長官，文學爲之貳，袞有親戚任文學者給十二千，而給洗馬十千。其輕重任情，不通時政，多如此類。

（宋）洪邁《容齋五筆》卷八《白公説俸禄》 白樂天仕宦，從壯至老，凡俸禄多寡之數，悉載於詩，雖波及它人亦然。其立身廉清，家無餘積，可以概見矣。因讀其集，輒叙而列之。其爲校書郎，曰：俸錢萬六千，月給亦有餘。爲左拾遺，曰：月慚諫紙二千張，歲愧俸錢三十萬。兼京兆户曹，曰：俸錢四五萬，月可奉晨昏。廩禄二百石，歲可盈倉囷。貶江州司馬，曰：散員足庇身，薄俸可資家。《壁記》曰：歲廩數百石，月俸六七萬。罷杭州刺史，曰：三年請禄俸，頗有餘衣食。移家入新宅，罷郡有餘資。爲蘇州刺史，曰：十萬户州尤覺貴，二千石禄敢言貧。爲賓客分司，曰：俸錢八九萬，給受無虚月。嵩洛供雲水，朝廷乞俸錢。老宜官冷静，貧賴俸優饒。官優有禄料，職散無羈縻。官銜依口得，俸禄逐身來。爲河南尹，曰：厚俸如何用，閑居不可忘。不赴同州，曰：誠貪俸錢厚，春如身力衰。爲太子少傅，曰：月俸百千官二品，朝廷雇我作閑人。又問俸厚薄，百千隨月至。七年爲少傅，品高俸不薄。其致仕，曰：全家遁此曾無悶，半俸資身亦有餘。俸隨日計錢盈貫，禄逐年支粟滿囷。壽及七十五，俸占五十千。其泛叙曰：歷官凡五六，禄俸及妻孥。料錢隨官用，生計逐年營。形骸僶俛班行内，骨肉勾留俸禄中。其它人者，如陝州王司馬曰：公事閑忙同少尹，俸錢多少敵尚書。劉夢得罷賓客，除祕監，禄俸略同，曰：日望揮金賀新命，俸錢依舊又如何。嘆洛陽、長水二縣令，曰：朱紱洛陽官位屈，青袍長水俸錢貧。其將下世，有《達哉樂天行》，曰：先賣南坊十畝園，次賣東郭五頃田。然後兼賣所居宅，髣髴獲緡二三千。但恐此錢用不盡，即先朝露歸夜泉。後之君子試一味其言，雖日飲貪泉，亦知斟酌矣。觀其生涯如是，東坡云：公廩有餘粟，府有餘帛。殆亦不然。

《新唐書》卷二《太宗紀》 〔貞觀二年〕二月戊戌，外官上考者給禄。【略】六月甲申，詔出使官稟食其家。

《新唐書》卷二《太宗紀》 〔貞觀三年正月〕癸丑，官得上下考者，給禄一年。

《新唐書》卷三《高宗紀》 〔永徽三年〕二月，減百官一月俸，賦雍、同等十五州民錢，以作蓬萊宫。

《新唐書》卷一〇四《高季輔傳》 貞觀初，拜監察御史，彈治不避權要。累轉中書舍人，列上五事，以爲：【略】公侯勳戚之家，邑入、俸稍足以奉養，而貸息出舉，争求什一，下民化之，競爲錐刀，宜加懲革。今外官卑品，皆未得禄，故饑寒之切，夷、惠不能全其行。爲政之道，期於易從，不恤其匱，而須其廉，正恐巡察歲出，輶軒繼軌，而侵漁不息也。宜及户口之繁，倉庾且實，稍加稟賜，使得事父母、養妻子，然後督責其効，則官人畢力矣。

《新唐書》卷一三二《沈既濟傳》 德宗立，鋭于治。建中二年，詔中書、門下兩省，分置待詔官三十，以見官、故官若同正、試、攝九品以上者，視品給俸，至稟餼、幹力、什器、館宇悉有差；權公錢收子，贍用度。既濟諫曰：今日之治，患在官煩，不患員少；患不問，不患無人。兩省官自常侍、諫議、補闕、拾遺四十員，日止兩人待對，缺員二十一員未補。若謂見官不足與議，則當更選其人。若廣聰明以收淹滯，先補其缺，何事官外置官？夫置錢取息，有司之權制，非經治法。今置員三十，大抵費月不減百萬，以息準本，須二千萬得息百萬，配户二百，又當復除其家，且得入流，所損尤甚。今關輔大病，皆言百司息錢毁室破産，積府縣，未有以革。臣計天下財賦耗斁大者唯二事：一兵資，二官俸。自它費十不當二者一。所以黎人重困，杼軸空虚。何則？四方形勢，兵未可去，資費雖廣，不獲已爲之。又益以閑官冗食，其弊奈何？藉舊而置猶可，若之何加焉？事遂寢。

《新唐書》卷一三九《李泌傳》　是時，州刺史月奉至千緡，方鎮所取無藝，而京官禄寡薄，自方鎮入八座，至謂罷權。薛邕由左丞貶歙州刺史，家人恨降之晚。崔祐甫任吏部員外，求爲洪州别駕。使府賓佐有所忤者，薦爲郎官。其當遷臺閣者，皆以不赴取罪去。泌以爲外太重，内太輕，乃請隨官閑劇，普增其奉，時以爲宜。而竇參多沮亂其事，不能悉如所請。泌又白罷拾遺、補闕，帝雖不從，然因是不除諫官，唯用韓皋、歸登。泌因收其公廨錢，令二人寓食中書舍人署。凡三年，始以韋綬、梁肅爲左右補闕。

《新唐書》卷一四二《楊綰傳》　帝善其謀，於是高選州上佐，定上、中、下州，差置兵員，詔郎官、御史分道巡覆。又定府、州官月稟，使優狹相均。始，天下兵興，從權宜，官品同而禄例差。及四方粗定，元載、王縉當國，偷以爲利，因不改，故江淮大州至月千緡，而山劍貧險，雖上州刺史止數十緡。及此始復太平舊制。

《新唐書》卷一四二《崔植傳》　元和中，爲給事中。時皇甫鎛判度支，建言減百官奉稟，植封還詔書。

《新唐書》卷一四六《李吉甫傳》　入對延英，凡五刻罷。帝尊任之，官而不名。吉甫疾吏員廣，繇漢至隋，未有多於今者，乃奏曰：方今置吏不精，流品龐雜，存無事之官，食至重之税，故生人日困，冗食日滋。又國家自天寶以來，宿兵常八十餘萬，其去爲商販、度爲佛老、雜入科役者，率十五以上。天下常以勞苦之人三奉坐待衣食之人七。而内外官仰奉稟者，無慮萬員，有職局重出，名異事離者甚衆，故財日寡而受禄多，官有限而調無數。九流安得不雜？萬務安得不煩？漢初置郡不過六十，而文、景化幾三王，則郡少不必政紊，郡多不必事治。今列州三百、縣千四百，以邑設州，以鄉分縣，費廣制輕，非致化之本。願詔有司博議，州縣有可併併之，歲時入仕有可停停之，則吏寡易求，官少易治。國家之制，官一品，奉三千，職田禄米大抵不過千石。大曆時，權臣月奉至九千緡者，州刺史無大小皆千緡，宰相常衮始爲裁限，至李泌量閑劇稍增之，使相通濟。然有名在職廢，奉存額去，閑劇之間，厚薄頓異，亦請一切商定。乃詔給事中段平仲、中書舍人韋貫之、兵部侍郎許孟容、户部侍郎李絳參閲蠲減，凡省冗官八百員，吏千四百員。

《新唐書》卷一五〇《常衮傳》　先是，百官俸寡狹，議增給之。時韓滉使度支，與衮皆任情輕重。滉惡國子司業張參，衮惡太子少詹事趙惎，皆少給之。太子文學爲洗馬副，衮姻家任文學者，其給乃在洗馬上。其騁私崇怨類此。故事，日出内廚食賜宰相家，可十人具，衮奏罷之。又將讓堂封，它宰相不從，乃止。

《新唐書》卷一六三《孔戣傳》　先是，屬刺史俸率三萬，又不時給，皆取部中自衣食。戣乃倍其俸，約不得爲貪暴，稍以法繩之。

《全唐文》卷六一《憲宗皇帝·停任迪簡等俸料敕》　新授右散騎常侍任迪簡、祕書少監獨孤郁等，如聞疾患日久，未在視事，其俸料等，宜令所司住給。

《全唐文》卷七三《文宗皇帝·給裴度俸料詔》　司徒兼中書令裴度，盛有勳烈，累任臺衡。以疾恙未任謝上，須加優異，用示恩榮。其本官俸料，宜起今日，便付給所司。

《舊五代史》卷三九《唐書·明宗紀》〔天成三年五月〕詔曰：上柱國，勳之極也。近代已來，文臣官階稍高，便授柱國，歲月未深，便轉上柱國。武資初官，便授上柱國。今後凡加勳，先自武騎尉，十二轉方授上柱國，十二轉，（原本作二輔，今據新唐書百官志改正。影庫本粘籤）永作成規，不令踰越。

《舊五代史》卷一一一《周書·太祖紀》〔廣順元年夏四月〕丙辰，詔曰：牧守之任，委遇非輕，分憂之務既同，制禄之數宜等。自前有富庶之郡，請給則優；或邊遠之州，俸料素薄。以至遷除之際，擬議亦難，既論資叙之高低，又患禄秩之升降。所宜分多益寡，均利同恩，冀無黨偏，以勸勳効。今定諸防禦使料錢二百貫，禄粟一百石，食鹽五石，馬十匹草粟，元隨三十人衣糧；團練使一百五十貫，禄粟七十石，鹽五石，馬十匹，元隨三十人；刺史一百貫，禄粟五十石，鹽五石，馬五匹，元隨二十人云。

《舊五代史》卷一一八《周書·世宗紀》〔顯德五年十二月〕丙戌，詔重定諸道州府幕職令録佐官料錢，其州縣官俸户宜停。

假寧與致仕分部

綜　述

《隋書》卷三《煬帝紀》〔大業五年〕冬十月癸亥，詔曰：優德尚齒，載之典訓，尊事乞言，義彰膠序。鬻熊爲師，取非筋力，方叔元老，克壯其猷。朕永言稽古，用求至治，是以厖眉黄髮，更令收叙，務簡秩優，無虧藥膳，庶等臥治，佇其弘益。今歲耆老赴集者，可於近郡處置，年七十以上，疾患沉滯，不堪居職，即給賜帛，送還本郡；其官至七品已上者，量給廩，以終厥身。

《隋書》卷九《禮儀志》　後齊制，新立學，必釋奠禮先聖先師，每歲春秋二仲，常行其禮。每月旦，祭酒領博士已下及國子諸學生已上，太學、四門博士升堂，助教已下、太學諸生階下，拜孔揖顔。日出行事而不至者，記之爲一負。雨霑服則止。學生每十日給假，皆以丙日放之。郡學則於坊內立孔、顔廟，博士已下，亦每月朝云。

隋制，國子寺，每歲以四仲月上丁，釋奠於先聖先師。年別一行鄉飲酒禮。州郡學則以春秋仲月釋奠。州郡縣亦每年於學一行鄉飲酒禮。學生皆乙日試書，丙日給假焉。

《隋書》卷一二《禮儀志》　年高致仕及以理去官，被召謁見，皆服前官從省服。

（唐）徐堅《初學記》卷二〇《政理部·假第六》　叙事：急，告，寧，皆休假名也。《釋名》曰：急，及也，言操切之使相逮及也。告，請也，言請休謁也；寧，安也，告曰寧也。漢李斐《漢書》曰：告，有予告，有賜告。予告者，在官有功最，法所當得者也。漢律：使二千石有予告，有賜告。賜告者，病滿三月當免。天子優賜其告，使得印綬將官屬歸家理疾。至成帝時，郡二千石賜告不得歸家。自馮野王始也，休假亦曰休沐。漢律：吏五日得一下沐，言休息以洗沐也。晋令：急假者，一月五急，一年之中，以六十日爲限。千里內者疾病申延二十日，及道路解故九十五日。此其事也。書記所稱曰歸休，亦曰休急、休澣、取急、請急。又有長假、併假。

事對：賜告、分休，賜告見叙事。《王威別傳》曰：威少爲郡吏。刺史劉表題門上，有能陳便宜益于時，不限厮役賤長以聞。威因陳事，得署州吏，大蠟分休。

荷擔、杖策，謝承《後漢書》曰：許荊，字子張。少喪父，養母孝順。家貧爲吏，無有船車。休假，常單步荷擔上下，清節稱於鄉里。又曰：范丹，字史雲，陳留人也。爲郡功曹。每休假上下，常單步策杖，同類以車牛與之，不取。

祝問疾、吴拜老，謝承《後漢書》曰：祝皓，字子春。志節抗烈，篤于仁義。爲吏歸休，先周旋鄉里，弔死問疾畢，乃還家。又曰：吴馮，字子高，爲州郡吏。休假，先存恤行喪孝子，次瞻病畢，拜覲鄉里耆老先進，然後到家，名昭遠近。

離兵、解職，王隱《晋書》曰：王尼，字季孫。洛中貴盛名士王澄，胡母輔之，李坦等皆與尼交。時尼爲兵，在大將軍幕。澄等持羊酒詣軍門，吏疏名內請入見大將軍。澄等既入，語吏過王尼，炙羊飲酒訖而去，竟不見將軍。將軍聞之，因與尼長假，遂得離兵。《晋起居注》曰：孝武太康元年詔：大臣疾病，假滿三月，解職。

遊集、定省，劉義慶《世説》曰：車武子爲侍中，與東亭諸人期共遊集。車早急出，過詣王子敬，車求去。王問何以忩忩，車答曰：與東亭諸人期共行。王曰：卿何乃作此不急行。車遂不敢去，盡急而還。《宋書》曰：王敬弘子惔之，爲秘書郎。惔之曾請假還家，來定省，敬弘克日，見之，至輒不果。假日將盡，惔之乞求奉辭。敬弘呼前，至閤，復不見。

造渚、還都，張瑩《文士傳》曰：顧榮兼侍中，安慰河北，以前後功封嘉興伯。榮覲中國日弊，乃並求急還南。既造江渚，欣然自得。鄧粲《晋記》曰：郭璞爲王敦參軍，知敦作亂，受假還都，露布以討温嶠爲名。及至建康南坑，殺參軍郭璞。初，桓彝常令璞筮卦；卦成，彝問其故，璞曰：卦與吾同。

《唐六典》卷二《尚書吏部》　內外官吏則有假寧之節，謂元正、冬至各給假七日，寒食通清明四日，八月十五日、夏至及臘各三日。正月七日、十五日、晦日、春秋二社、二月八日、三月三日、四月八日、五月五日、三伏日、七月七日、十五日、九月九日、十月一日、立春、春分、立秋、秋分、立夏、立冬、每旬，並給休假一日。五月給田假，九月給授衣假，爲兩番，各十五日。私家祔廟，各給假五日。四時祭，各四日。父母在三千里外，三年一給定省假三十五日；五百里，五年一給拜掃假十五日，並除程，五品已上並奏聞。冠，給三日；五服內親冠，給假一日，不給程。婚嫁，九日，除程。周親婚嫁，五日；大功，三日；小功，一日，不給程。齊衰周，給假三十日；葬，三日；除服，二日。小功五月，給假十五日；葬，二日；除服，一日。緦麻三月，給假七日；葬及除服皆一日。周已上親皆給程。若聞喪舉哀，並三分減一。私忌給假一日，忌前之夕聽還。五品已上請假出境，皆吏部奏聞。

《唐六典》卷二《尚書吏部》 凡職事官應覲省及移疾，不得過程。謂身有疾病滿百日，若所親疾病滿二百日及當侍者，並解官申省以聞。其應侍人才用灼然、要籍驅使者，令帶官侍養。【略】

年七十以上應致仕，若齒力未衰，亦聽釐務。若請致仕，五品已上，皆上表聞；六品已下，申尚書省奏聞。

（唐）杜佑《通典》卷三三《職官·州郡下·致仕官》 周制，大年七十致仕。

大唐令，諸職事官，七十聽致仕。五品以上上表，六品以下申省奏聞。諸文武選人，六品以下，有老病不堪公務、有勞考及勳績情願結階授散官者，依。其五品以上，籍年雖少，形容衰老者，亦聽致仕。開元五年十月敕，致仕官三品以上，並聽朝朔望。二十五年正月制，曾任五品以上清資官，以理去職者，所司具録名奏；老病不堪釐務者，與致仕官。天寶九載三月敕，如聞六品以下致仕官，四載之後，準格並停。念其衰老，必藉安存，豈限高卑，而恩有差降。應六品以下致仕官，並終其餘年，仍永爲式。

（唐）杜佑《通典》卷七五《禮·沿革·賓禮·天子朝位》 大唐開元六年八月敕：九族既睦，百官有序，至於班列，宜當分位。嗣王實先於主祭，國老有貴於乞言，比在朝儀，尚爲閒雜，非所謂睦親敦舊之義也。嗣王宜與開府儀同三司等致仕官，各居本品之上，用爲永式。

（唐）杜佑《通典》卷一〇八《禮·開元禮纂類·序例·雜制》 給假。凡齊衰周，給假三十日，葬五日，除服三日。齊衰三月、五月，大功九月，並給假二十日，葬三日，除服二日。小功五月，給假十五日，葬二日，除服一日。緦麻三月，給假七日，出降者三日，葬及除服各一日。無服之殤，本品周以上，給五日，大功三日，小功二日，緦麻一日。若聞喪舉哀，其假三分減一。師經受業者，喪給三日。冠給假三日，婚給假九日，除程。周親婚假五日，大功三日，小功一日。周以下，百里內除程。私忌日給假一日，忌前之夕聽還。凡內外官，三年一給定省假三十日，五年一給拜掃假十五日，並除程。凡遭喪被起者，以服內忌日給假三日，大小祥各七日，禫五日，每月朔望各一日，祥禫給程。凡私家祔廟給五日，四時祭給四日。

《舊唐書》卷二《太宗紀》 〔貞觀二年〕九月丙午，詔曰：尚齒重舊，先王以之垂範；還章解組，朝臣於是克終。釋菜合樂之儀，東膠西序之制，養老之義，遺文可覩。朕恭膺大寶，憲章故實，乞言尊事，彌切深衷。然情存今古，世踵澆季，而策名就列，或乖大體。至若筋力將盡，桑榆且迫，徒竭夙興之勤，未悟夜行之罪。其有心驚止足，行堪激勵，謝事公門，收骸閭里，能以禮讓，固可嘉焉。內外文武羣官年高致仕、抗表去職者，參朝之日，宜在本品見任之上。

《舊唐書》卷九《玄宗紀》 開元二十五年春正月壬午，制：朕猥集休運，多謝哲王，然而哀矜之情，小大必慎。自臨寰宇，子育黎烝，未嘗行極刑，起大獄。上玄降鑒，應以祥和，思協平邦之典，致之仁壽之域。自今有犯死刑，除十惡罪，宜令中書門下與法官詳所犯輕重，具狀奏聞。崇德尚齒，三代丕義；敦風勸俗，五教攸先。其曾任五品已上清資官以禮去職者，所司具録名奏，老疾不堪釐務者與致仕。道士、女冠宜隸宗正寺，僧尼令祠部檢校。百司每旬節休假，並不須入曹司，任遊勝爲樂。宣示中外，知朕意焉。

《舊唐書》卷九《玄宗紀》 〔天寶五載〕五月庚申，敕今後每至旬節休假，中書門下文武百僚不須入朝，外官不須衙集。

《舊唐書》卷一二《德宗紀》 〔大曆十四年〕六月己亥朔，御丹鳳樓，大赦天下，罪無輕重，咸赦除之。內外文武三品已上賜爵一級，四品已下加一階，致仕官同見任，百姓爲户者賜古爵一級。加李正己司徒、太子太傅，崔寧、李勉本官同平章事。天下進獻，事緣郊祀陵廟所須，依前勿闕，餘並停。諸州刺史上佐今後准式入計。諸州刺史、常參官，父在未有官，量與五品致仕官；父亡殁，與追贈。

《舊唐書》卷一三《德宗紀》 〔貞元〕五年春正月壬辰朔。乙卯，詔：四序嘉辰，歷代增置，漢崇上巳，晋紀重陽。或説禳除，雖因舊俗，與衆共樂，咸合當時。朕以春方發生，候及仲月，勾萌畢達，天地和同，俾其昭蘇，宜助暢茂。自今宜以二月一日爲中和節，以代正月晦日，備三令節數，內外官司休假一日。

《舊唐書》卷一八《武宗紀》 敕二月十五日玄元皇帝降生日宜爲降聖節，休假一日。

《舊唐書》卷四三《職官志》　內外官吏，則有假寧之節，行李之命。

《舊唐書》卷四三《職官志》　年七十已上，應致仕，若齒力未衰，亦聽釐務。

《舊唐書》卷四三《職官志》　凡致仕之官，五品已上及解官充侍者，各給半祿。

《舊唐書》卷四三《職官志》　凡致仕之臣，與邦之耆老，時巡問亦如之。

《舊唐書》卷四五《輿服志》　諸致仕及以理去官，被召謁見，皆服前官從省服。

《舊唐書》卷四五《輿服志》　自武德已來，皆正員帶闕官始佩魚袋，員外、判試、檢校自則天、中宗後始有之，皆不佩魚。雖正員官得佩，亦去任及致仕即解去魚袋。至開元九年，張嘉貞爲中書令，奏諸致仕許終身佩魚，以爲榮寵，以理去任，亦聽佩魚袋。自後恩制賜賞緋紫，例兼魚袋，謂之章服，因之佩魚袋、服朱紫者衆矣。

（宋）王溥《唐會要》卷二三《寒食拜埽》　貞元四年正月詔：比來常參官，請假往東郊拜埽，多曠廢職事，自今以後，任遣子弟，以申情禮。

元和三年正月敕：朝官寒食拜埽，又要出城，並任假內往來，不須奏聽進止。

長慶三年正月敕：寒食埽墓，著在令文，比來妄有妨阻，朕欲令群下皆遂私誠。自今以後，文武百官，有墓塋域在城外，並京畿內者，任往拜埽，但假內往來，不限日數。有因此出城，假開不到者，委御史臺勾當。仍自今以後，內外官要覲親於外州，及拜埽，並任准令式年限請假。太和三年正月敕：文武常參官拜埽，據令式，五年一給假，宜本司准令式處分。如登朝未經五年，不在給假限。八年八月敕：釐革應緣私事，並不許給公券。令臣等商量，惟寒食拜埽，著在令式，銜恩乘驛，以表哀榮，遽逢聖旨，重頒新命，其應緣私事，及拜埽不出府界，假內往來者，並不在給券限，庶存經制，可久遵行。從之。

開成四年二月，中書門下奏：常參官寒食拜埽，奏進止，准往例給公券者，臣等謹案舊制，承前常參官應爲私事請假，外州往來，並給券牒。

（宋）王溥《唐會要》卷六七《致仕官》　舊制，年七十以上應致仕，若齒力未衰，亦聽釐務。凡請致仕，五品以上奏聞，六品以下由尚書省録奏。

貞觀二年九月一日詔：內外文武群官，年老致仕，抗表去職者，朝參之班，宜在本品見任之上。

顯慶元年四月制：文武官五品以上老及病不因罪解，並五品以上散官以禮停任者，聽同致仕。

開元五年十月十四日敕：致仕官應物，令所由送至宅，三品以上，並聽朝朔望。其年十一月，致仕官子弟無京官者，其在外者，聽一人停官侍養。六年五月二十四日敕：曾任高品官，不緣貶責爲卑品官者，致仕身亡，並聽同高品例。二十年正月七日制：曾任五品以上清資官，以理去職者，所司具録名奏，老病不堪釐務者，與致仕。

天寶九載三月二十三日敕：如聞六品以下致仕官，四載之後，准各並停，念其衰老，必藉安存，豈限其高卑，而恩有差降。應五品下致仕官，並終其餘年，仍永爲常式。

建中三年九月十二日敕：致仕官所請半祿料及賜物等，並宜從敕出日，於本貫及寄住處州府支給。

貞元四年四月，以前左散騎常侍致仕邱爲復舊官。初，爲致仕還鄉，特給祿俸之半。既丁母喪，蘇州疑所給。請於觀察使韓滉，以爲授官致仕，令不理務，特給祿俸，惠養老臣也，不可以在喪爲異，命仍舊給之，唯春秋二時羊酒之直則不給。雖程式無文，見稱折衷，及是爲服除，乃復之。五年三月，以太子少傅兼吏部尚書蕭昕爲太子少師、右武衛上將軍鮑防爲工部尚書、前太子詹事韋建爲祕書監並致仕，仍給半祿及賜帛，其俸料悉絕。上念舊老，特命賜其半焉。致仕官給半祿料，自昕等始也。九年八月，以太子右庶子史館修撰孔述睿爲太子賓客，賜紫金魚袋，致仕。述睿年未七十，以疾免，累表方許，賜帛五十疋，衣一襲。故事，致仕還鄉，不給公乘，上寵儒者，命給公乘遣之。

長慶三年四月敕：尚書左丞孔戣，可守禮部尚書，致仕，乃委所在長吏，歲時親自存問，兼致羊酒。如至都，其芻米什器之類，委河南尹量事供送，務從優禮。筋力未衰，堅請休退，故示優禮。

太和元年四月，檢校右僕射兼太子少傅楊於陵，以左僕射致仕，特恩令全給俸料。上疏云：臣以年力衰退，陳乞休閒。伏蒙聖恩，特賜矜免，授尚書左僕射，致仕，全給俸料。臣伏以朝廷致禄，本爲職勞，衰病乞閑，自宜家食。而半給之俸，近古所行，義誠屬於優賢，事亦兼於養老。以臣慵耄，敢當料程。伏以思維，已爲過幸。今若又踰常制，重啓殊恩，錫端寮之厚俸，爲朽質之私費，循理撫事，情所不安，招損害盈，臣所深懼。伏乞俯迴聖睠，再敕有司，得從半禄之文，斯乃殘年之幸。敕批云：卿早更委任，每著聲猷，累聞告老之辭，勉遂懸車之請，故優廩禄，示以寵勞。謙光有終，雖君子之貞吉；當仁不讓，亦先哲之格言。宜體至懷，即斷來表。明日，又更讓，從之。其年九月敕：請致仕官，近日不限品秩高卑，一例致仕。酌法循舊，頗越典章。自今以後，常參官五品，外官四品者，然後許致仕，餘停。三年四月，右庶子致仕滕珦奏：伏蒙天恩致仕，今欲歸家，鄉在浙東，道途遥遠，官參四品，伏乞特給婺州已來券，庶使衰羸獲安，光榮鄉里。敕旨：滕珦致仕還鄉，家貧路遠，宜假公乘，允其所請。自今以後，更有此類，便爲定例。

（宋）王溥《唐會要》卷八二《休假》 貞觀元年十月，少府監奏：丞閻立德妹喪，准令假給二十日。立德專知羽儀，其作未了，請止給三日。上曰：同氣之情，義不可奪。自喪亂以來，風俗弛壞，宜特敦奬。命依次令給假，差人代之。

永徽三年二月十一日，上以天下無虞，百司務簡，每至旬假，許不視事，以與百僚休沐。四年五月二十一日敕：高祖大武皇帝既開洪業，不可限以常禮，忌日特宜廢務。

太極元年四月敕：遊客官人子弟勒還本貫，十日外杖一百，居停同罪，須覲問即陳牒給假發遣。

開元二十二年六月十七日敕：諸州千秋節，多有聚會，頗成縻費。自今已後，宜聽五日一會，盡其歡宴，餘兩日休假而已。任用當處公廨，不得別有科率。至寶應元年八月三日敕：八月五日，本是千秋節，後改爲天長節，舊給假三日，其前後一日假，權停。至九月一日敕：天成地平節，准乾元元年九月一日敕，休假三日。望准八月三日敕，前後日權停。二十四年二月十一日敕：寒食清明，四日爲假，至大歷十三年二月十五日敕，自今已後，寒食通清明休假五日。至貞元六年三月九日敕，寒食清明，宜准元日節，前後各給三日。二十五年正月七日敕：自今已後，百官每旬節休假，不入曹司。至天寶五載五月九日敕：頃自宴賞，已放入朝，節假常參，未聞申命，公私協慶，千年一時。自今已後，每至旬假休假，中書門下及百官，並不須入朝，亦不須衙集。其年正月，內外官五月給由假，九月給授衣假，分爲兩番，各十五日。其由假若風土異宜，種收不等，通隨便給之。

天寶四載六月十四日敕：頃以鄉閭侍丁，優給孝假，官吏等仍科雜役。天寶初，已遣優矜。如聞比來乃差征鎮，豈有捨其輕而不恤其重，放其役而更苦其身。眷言及此，良用恤然。自今後，將侍丁孝假，不須差行。五載二月十三日，中書奏：大聖祖以二月十五日降生，請同四月八日佛生之時，休假一日。陳希烈奏。

大歷四年七月十三日敕：七月十五日，前後各一日，宜准舊例休假。

貞元五年四月十五日敕：四月十九日，降誕之辰，宜休假一日。二十一年五月，御史臺奏：伏准承前舊例，諸司三品以上長官，請假滿日，正衙參見。其餘品秩卑，自有本司官長，不曾於正衙參假。去年六月，侍御史竇群奏，令尚書省四品、中書門下御史臺五品，同三品例，正衙參假訖。既失舊章，又煩聖聽。今請准例三品以上，假滿日，正衙見。如有違越，請准乾元元年三月敕，每犯奪一月俸，依奏。元和元年八月，御史臺奏：新授常參官，在城未上，及在外未到假故等，准令式，職事官假滿百日，即合停解。其未上官等，並無正文，或滿百日，無憑舉奏。自今已後，如有在城授官，疾病未上者，在外授官，敕到後計水陸程外滿百日者，並請停解。從之。四年四月，貶沈達爲泉州參軍，徐肇爲建州參軍。二人爲率府掾，各請演州愛州婚姻假，御史臺奏州皆萬里之外，量其秩滿，猶有假程，請量黜以懲慢易。七年十一月敕：自今後，遇輟朝日，中書門下宜同假日，不須入。

長慶二年四月，御史臺奏：檢校司空兼太子少傅嚴綬，疾病假滿百日，合停。敕：嚴綬年位俱高，須加優異，宜依舊秩，未要舉停。其年六月，右金吾衛大將軍郭鏦，疾假滿百日，上以仲舅，許未停官。

太和八年九月，御史臺奏：文班常參官，舊例，每月得請兩日事故假。今許請三日，仍不得在盡入衆集，並頭朝等日，一品二品官，如合朝不朝，及盡入衆集不到，臨朝時請假等，並請假舊例，每季終仍具請事故假日，録狀聞奏，兼申中書門下。文武常參官，每月終比，校其中請事故假多人，三品六品，各罰兩人，四品五品，人數稍多，各罰三人，請各奪一月俸。如合罰人數稍多，即從下罰，亦不過兩三人。及三人如實疾患，已連請假十日以上，爲衆所知，不在此限。每至次月，具狀申中書門下。文武常參，應請期年喪假者，除准式假滿，連許請三日事故假，仍五個月内，每朔望日各許請事故假一日。其大功喪假者，准式，假滿連許請事故假兩日，仍三個月朔望日，各許請事故假一日。敕旨：依奏。

會昌元年二月敕：二月十五日，元元皇帝降誕之日，宜爲降聖節，休假一日。二年十二月，御史臺奏：應諸司六品以下官，請外州婚禮，周親以上侍省等假節目，應當司牒諸司諸州府，及節度使、觀察使、度支、鹽鐵、監院等節目，伏以前後敕，文非嚴切，致茲輕犯，蓋未必行。臣等今稍重科條，庶令知懼。敕旨：依奏。

大中四年正月制：設官分局，各有主張，具於在公，責辦斯切。諸州府及縣官到任已後，多請遠假，或言周親疾病，或言將赴婚姻，令式假名，長吏難爲止抑，遂使本曹公事，併委比廳，手力俸錢，盡爲己有，勤勞責罰，則在他人。須有條流，俾其兼濟。其諸州府縣官請出界假故一月以下，即任權差諸廳通判，一月以上，即勾當留官，例其課料等，據數每貫剋二百與見判案官。

咸通十四年正月，御史中丞韋蟾奏：應諸州刺史除授，正衙辭謝後，託故陳牒請假，實爲容易。自今後，如實有故爲衆所知者，三日外，不在陳牒之限。應内外蔭官入京後，合更朝謝，如遇假日，且合在都亭驛，近日多請假便歸私家，既犯條章，頗乖禮敬。自今已後，望准故事，如未朝謝，須於都亭驛俟日。如違越，臺司糾勘。從之。

《新唐書》卷一九《禮樂志》 所司先奏三師、三公致仕者，用其德行及年高者一人爲三老，次一人爲五更，五品以上致仕者爲國老，六品以下致仕者爲庶老。尚食具牢饌。

《新唐書》卷二四《車服志》 開成末，定制：宰相、三公、師保、尚書令、僕射、諸司長官及致仕官，疾病許乘檐，如漢、魏載輿、步輿之制，三品以上官及刺史，有疾暫乘，不得舍驛。

《新唐書》卷四四《選舉志》 旬給假一日。前假，博士考試，讀者千言試一帖，帖三言，講者二千言問大義一條，總三條通二爲第，不及者有罰。歲終，通一年之業，口問大義十條，通八爲上，六爲中，五爲下。併三下與在學九歲、律生六歲不堪貢者罷歸。諸學生通二經、俊士通三經已及第而願留者，四門學生補太學，太學生補國子學。每歲五月有田假，九月有授衣假，二百里外給程。其不帥教及歲中違程滿三十日，事故百日，緣親病二百日，皆罷歸。既罷，條其狀下之屬所，五品以上子孫送兵部，準蔭配色。

《新唐書》卷四八《百官志·御史臺》 凡朝位以官，職事同者先爵，爵同以齒，致仕官居上；職事與散官、勳官合班，則文散官居職事之下，武散官次之，勳官又次之；官同者，異姓爲後。

《全唐文》卷六五《穆宗皇帝·定寒食假詔》 寒食省墓，著在令文。其塋域在京畿者，自今任寒食假内往來，不限日數。若在外州，任准式年限請假。

（宋）王溥《五代會要》卷一二《休假》 後唐天成四年五月四日，度支奏：准敕，中書門下奏朝臣時有乞假覲省者，欲量賜茶藥，奉敕宜依者，切緣諸班官班省司，不見品秩高低，兼未則例，難議施行，各令據官品等第指揮。文班左右常侍、諫議、給事舍人、諸行尚書、太子賓客、諸寺太卿、國子監祭酒詹事、左右丞、諸行侍郎，宜各賜蜀茶三斤。起居拾遺補闕侍御史、殿中監察御史、左右庶子、諸寺少卿、國子監司業、河南少尹、左右諭德、諸行郎中員外郎、太常博士，宜各賜蜀茶二斤，蠟面茶二斤，草豆蔻百枝，肉豆蔻五十枝，青木香一斤半。國子博士、五經博士、兩縣令、著作郎、太常、宗正、殿中丞、諸局奉御、大理正、太子中允洗馬、左右贊善、太子中舍、司天五官正，宜各賜蜀茶二斤，蠟面茶一斤，草豆蔻五十枝，肉豆蔻五十枝，青木香一斤。武班左右金吾上將軍、左右諸衛上將軍，宜各賜蜀茶三斤，蠟面茶二斤，草豆蔻一百枝，肉豆蔻一百枝，青木香二斤。左右諸衛大將軍、左右諸衛將軍，宜各賜蜀茶二斤，蠟面茶二斤，草豆蔻一百枚，肉豆蔻五十枚，青木香一斤半。左右率府副率，宜各賜蜀茶二斤，蠟面茶一斤，草豆蔻五十枚，肉豆蔻五十枚，青木香一斤。奉勅：今後或有臣僚請假覲省，其所賜茶藥，候辭朝之日，於閤門宣賜。至晋天福二年九月，度支奏朝臣請假覲省出入，皆有支賜茶藥，今緣諸庫無見在，伏乞權罷。從之。至五年三月，勅朝臣請假覲省，依天成四年勅，支賜茶藥。

晋天福二年十一月，中書門下奏：按《六典·尚書吏部》凡職事官，應覲省及稱病，不得過程。其應侍人材用灼然要藉驅使者，得帶官侍養。又准雜令：諸外官援給裝束假，去所授官一千里内者四十日，二千里内者五十日，三千里内者六十日，四千里内者七十日，過四千里内八十日，並除程其假内欲赴任者聽之。若有事須早還者，不用此令。若京官身先在外者，裝束假減外官之半，勅准令典處分。

（宋）王溥《五代會要》卷一二《雜録》 天成三年正月，中書門下奏准假寧令，玄元皇帝降聖節休假三日，據《續會要》准會昌元年二月勅，休假一日，伏請准近勅。從之。

（宋）王溥《五代會要》卷一七《致仕官》 後唐長興二年八月勅：應内外致仕官，自此凡要出入，不在拘束之限。

《舊五代史》卷八四《晋書·少帝紀》 〔開運二年八月〕乙亥，詔：諸御史今後除準式請假外，不得以細故小事請假離京；除奉制命差推事及按察外，不得以諸雜細務差出。

《舊五代史》卷一一〇《周書·太祖紀》 内外前任、見任文武官僚致仕官，各與加恩。

《全唐文》卷一〇九《後唐明宗·禁新授官託故請假敕》 設官分職，有國宏圖，授才任能，前王重事。凡繫惟行之命，須遵不易之規。朕以猥紹丕基，務宏至理，臨萬國則每勤聽政，任庶官則切在得人。貴内外之叶和，俾華夷之帖泰。頃自本朝多難，雅道中微，皆尚浮華，罕持廉讓。其有除官蘭省，命秩柏臺，或以人事相疏，或以私讎見訝，稍乖敬奉，遽致棄捐。蓋司長之振威，處君恩於何地？緬思積弊，深所疚懷，方當大定之期，特示維新之制。今後應新授官員，朝謝後可準列隨處上事，司長不得輒以私事阻滯。其所授官仍不得因遭抑挫，託故請假，庶使孤弱遂升遷之路，朝廷無滯壅之端。凡爾羣官，體予深旨。

《全唐文》卷一一〇《後唐明宗·朝臣假内仍給俸敕》 有禮於君，克勤於國，爲臣所重，自古皆然。其或合朝不朝，即虧匪懈，無病稱病，亦屬自欺。儻異下冰，須資勿藥，臥疾非人情所欲，歸寧光孝治之朝。曹琛所奏文武官請歸寧準式假及實臥病者，並許支給本官料錢，宜依。或有託病不赴朝參，故涉曠怠者，慢於事君，何以食禄，如聞糾奏，當責尤違。

紀　事

《隋書》卷三七《李穆傳》 穆上表乞骸骨，詔曰：朕初臨宇内，方藉嘉猷，養老乞言，實懷虚想。七十致仕，本爲常人。至若吕尚以期頤佐周，張蒼以華皓相漢，高才命世，不拘恒禮，遲得此心，留情規訓。公年既耆舊，筋力難煩，今勒所司，敬蠲朝集。如有大事，須共謀謨，別遣侍臣，就第詢訪。

《隋書》卷三九《賀若誼傳》 開皇初，入爲右武候將軍。河間王弘北征突厥，以誼爲副元帥。軍還，轉左武候大將軍。坐事免。歲餘，拜華州刺史，俄轉敷州刺史，改封海陵郡公，復轉涇州刺史。時突厥屢爲邊患，朝廷以誼素有威名，拜靈州刺史，進位柱國。誼時年老，而筋力不衰，猶能重鎧上馬，甚爲北夷所憚。數載，上表乞骸骨，優詔許之。

《隋書》卷四六《張煚傳》 張煚字士鴻，河間鄚人也。父羨，少好學，多所通涉，仕魏爲蕩難將軍。從武帝入關，累遷銀青光禄大夫。周太祖引爲從事中郎，賜姓叱羅氏。歷司職大夫、雍州治中、雍州刺史、儀同三司，賜爵虞鄉縣公。復入爲司成中大夫，典國史。周代公卿，類多武將，唯羨以素業自通，甚爲當時所重。後以年老，致仕于家。及高祖受禪，欽其德望，以書徵之曰：朕初臨四海，思存政術，舊齒名賢，實懷勤佇。儀同昔在周室，德業有聞，雖云致仕，猶克壯年。即宜入朝，用副虚想。及謁見，勅令勿拜，扶升殿，上降榻執手，與之同坐，宴語久之，賜以几杖。

（唐）白居易《白居易集》卷五〇《中書制誥三·王汶加朝散大夫、授左贊善大夫致仕制》 敕：王汶：善修其身，爲時良士；善訓其子，爲國憲臣。況以時制之年，知終請老；不加優秩，何厚吾風？禮：大夫七十而致仕。故吾以朝散、贊善二大夫之爵，加乎爾身。惟秩與年，兩皆得禮。以茲退去，亦足爲榮。可依前件。

（唐）白居易《白居易集》卷六六《判·得乙爲大夫，請致仕。有司詰其未七十。乙稱羸病不任事》 時制未及，尚可俟朝；疾疹所加，固難陳力。乙位參食采，志在懸車。揆以紀年，桑榆之光未暮；驗其羸病，蒲柳之質先零。既稱量力而行，所謂奉身以退。雖髪未種種，告老無乃速歟？而心既諄諄，致政固其宜矣。請高知止，無強不能。

《舊唐書》卷八《玄宗紀》 〔開元十八年閏六月〕辛卯，禮部奏請千秋節休假三日，及村閭社會，並就千秋節先賽白帝，報田祖，然後坐飲，從之。

《舊唐書》卷八《玄宗紀》 〔開元〕二十三年春正月己亥，親耕籍田，上加至九推而止，卿已下終其畝。大赦天下。京文武官及朝集採訪使三品已下加一爵，四品已下加一階，外官賜勳一轉。其才有霸王之略、學究天人之際、及堪將帥牧宰者，令五品已上清官及刺史各舉一人。致仕官量與改職，依前致仕。賜酺三日。

《舊唐書》卷一三《德宗紀》 〔貞元五年夏四月〕乙未，以太子少師蕭昕爲工部尚書，致仕，給半禄、料，永爲常式。初，致仕官只給半禄，無料，上加之以待老臣，半料自昕始也。

《舊唐書》卷一六《穆宗紀》 長慶元年正月己亥朔，上親薦獻太清宮、太廟。是日，法駕赴南郊。日抱珥，宰臣賀於前。辛丑，祀昊天上帝於圓丘，即日還宮，御丹鳳樓，大赦天下。改元長慶。內外文武及致仕官三品已上賜爵一級，四品已下加一階，陪位白身人賜勳兩轉，應緣大禮移仗宿衛御樓兵仗將士，普恩之外，賜勳爵有差。

《舊唐書》卷一九上《懿宗紀》 〔咸通〕十四年春正月丙寅朔。御史中丞韋蟾奏：應諸州刺史除授，正衙辭謝後託故陳牒請假，實爲容易。自今後如實有故爲衆所知者，三日外不在陳牒之限。應內外除官入京，合便朝謝，如遇假日，且合在都亭驛。近日多因請假，便歸私家，既犯條章，頗乖禮敬。自今已後，望準故事，如未朝謝，須於都亭驛。如違越，臺司勘當申奏。從之。

《舊唐書》卷九〇《王及善傳》 及善雖無學術，在官每以清正見知，臨事難奪，有大臣之節。時張易之兄弟恃寵，每內宴，皆無人臣之禮。及善數奏抑之，則天不悦，謂及善曰：卿既高年，不宜更侍遊讌，但檢校閣中可也。及善因病請假月餘，則天都不問之，及善歎曰：豈有中書令而天子得一日不見乎？事可知矣。乃上疏乞骸骨，三上不許。聖曆二年，拜文昌左相，旬日而薨，年八十二。廢朝三日，贈益州大都督，謚曰貞，陪葬乾陵。

《舊唐書》卷一三六《盧邁傳》 將作監元亘當攝太尉享昭德皇后廟，以私忌日不受誓誡，爲御史劾奏，詔尚書省與禮官、法官集議。邁奏狀曰：臣按《禮記》，大夫士將祭於公，既視濯而父母死，猶奉祭。又按唐禮，散齋有大功之喪，致齋有周親喪，齋中疾病，即還家不奉祭事，皆無忌日不受誓誡之文。雖假寧令忌日給假一日，《春秋》之義，不以家事辭王事。今亘以假寧常式，而違攝祭新命，酌其輕重，誓誡則祀事之嚴，校其禮式，忌日乃尋常之制，詳求典據，事緣薦獻，不宜以忌日爲辭。由是亘坐罰俸。

《舊唐書》卷一四六《李自良傳》 貞元十一年五月，自良病，凡六日而卒，匿喪，陽言病甚，數日發喪。先是，都虞候張瑶久在軍，素得士心，嘗請假遷葬，自良未許。至是，説與監軍王定遠謀，乃給瑶假，以大將毛朝陽代瑶，然後遣使告自良病。

《舊唐書》卷一四七《杜佑傳》 歲餘，請致仕，詔不許，但令三五日一入中書，平章政事。每入奏事，憲宗優禮之，不名，常呼司徒。佑城南樊川有佳林亭，卉木幽邃，佑每與公卿讌集其間，廣陳妓樂。諸子咸居朝列，當時貴盛，莫之與比。元和七年，被疾，六月，復乞骸骨，表四上，情理切至，憲宗不獲已許之。詔曰：

宣力濟時，爲臣之懿躅；辭榮告老，行己之高風。況乎任重公台，義深翼贊，秉沖讓之志，堅金石之誠。敦諭既勤，所執彌固，則當遂其衷懇，進以崇名，尚齒優賢，斯王化之本也。

金紫光禄大夫、守司徒、同中書門下平章事、兼充弘文館大學士、太清宮使、上柱國、岐國公、食邑三千户杜佑，巖廊上才，邦國茂器，蘊經通之識，履温厚之姿，寬裕本乎性情，謀猷彰乎事業。博聞強學，知歷代沿革之宜；爲政惠人，審羣黎利病之要。由是再司邦用，累歷藩方，出總戎麾，入和鼎實。聿膺重寄，歷事先朝，左右朕躬，夙夜不懈。命以詔册，登之上公，肅恭在廷，華髮承弁。茲可謂國之元老，人之具瞻者也。朕纘承丕業，思弘景化，選勞求舊，期致時邕，方伸引翼之儀，遽抗懸車之請。而又固辭年疾，乞就休閑，已而復來，星琯屢變，有不可抑，良用耿然。永惟古先哲王，君臣之際，臣有耆艾以求其退，君有優賜以徇其情，乃輟鄧禹敷教之功，仍增王祥輔導之秩，俾養浩然之氣，安於敬止之鄉，庶乎怡神葆和，永綏福履。仍加階級，以厚寵章，可光禄大夫、守太保致仕，宜朝朔望。

《舊唐書》卷一四九《柳冕傳》　事下中書，宰臣召問禮官曰：《語》云，子食於有喪者之側，未嘗飽也。今豈可令皇太子衰服侍膳，至於既葬乎？準令，羣臣齊衰，給假三十日即公除。約於此制，更審議之。張薦曰：請依宋、齊間皇后爲父母服三十日公除例，爲皇太子喪服之節。薦以既公除，詣於正内，則服墨慘，歸至本院，衰麻如故。穆質曰：杜元凱既葬除服之論，不足爲法。臣愚以爲遵三年之制則太重，從三十日之變太輕，唯行古之道，以周年爲定。詔宰臣與禮官定可否。宰臣以穆質所奏問博士，冕對曰：準《禮》，三年喪，無貴賤一也。豈有以父母貴賤而差降喪服之節乎？且《禮》有公門脱齊衰，《開元禮》皇后爲父母服十三月，其稟朝旨，十三日而除；皇太子爲外祖父母服五月，其從朝旨，則五日而除。所以然者，恐喪服侍奉，有傷至尊之意也。故從權制，昭著國章，公門脱衰，義亦在此，豈皆爲金革乎？皇太子今若抑哀公除，墨慘朝覲，歸至本院，依舊衰麻，酌於變通，庶可傳繼。宰臣然其議，遂命太常卿鄭叔則草奏，以冕議爲是。而穆質堅執前義，請依古禮，不妨太子墨衰於内也。宰臣齊映、劉滋參酌羣議，請依叔則之議，制從之。及董晋爲太常卿，德宗謂之曰：皇太子所行周服，非朕本意，有諫官横論之。今熟計之，即禮官請依魏、晋故事，斯甚折衷。明年冬，上以太子久在喪，合至正月晦受吉服，欲以其年十一月釋衰麻，以及新正稱慶。有司皆論不可，乃止。

《舊唐書》卷一八五上《良吏傳·高智周》　高智周，常州晋陵人。少好學，舉進士。累補費縣令，與丞、尉均分俸錢，政化大行，人吏刊石以頌之。尋授祕書郎、弘文館直學士，預撰《瑤山玉彩》、《文館辭林》等，三遷蘭臺大夫。時孝敬在東宫，智周與司文郎中賀凱、司經大夫王真儒等，俱以儒學詔授爲侍讀。總章元年，請假歸葬其父母，因謂所親曰：知進而不知退，取患之道也。乃稱疾去職。

（宋）王溥《唐會要》卷二三《緣祀裁製》　天寶五載五月，專知祠祭使王璵奏：諸色祭官等，並寬縱日久，不懼刑憲。當祭之日，或逢泥雨，或值節序，盡皆請假，曾無形跡。自今以後，臣皆私自察訪，實無事故，妄請假及不肅敬者，録名奏聞，望加貶責。應緣行事或稍後到，小疏遺，望請量事大小，便牒所司，奪其俸禄。敕旨從之。

（宋）王溥《唐會要》卷五三《雜録》　大中十二年七月，除宰相夏侯孜爲劍南節度。時值中元假，十四日三更三點，通事舍人無在館者，宣令捧麻，皆兩省人吏。自後令通事舍人，雖遇假在館俟命。

（宋）王溥《唐會要》卷六〇《御史臺上·御史臺》〔大中〕四年，御史臺奏：應文武常參官，本合朝日，及入閤進朝不到，並連請假故，久闕朝參等，臣今月二十一日，延英面奏進止，以班行務在嚴肅，令臣切加提舉者。臣伏見元和元年，御史中丞武元衡奏，止於禮部、兵部、吏部尚書侍郎郎官等，選舉限内，久廢朝參，雖事在奉公，猶奏請釐革。近者以久絶提舉，稍涉因循，應文武常參官，多妄請假故，不妨人事，無廢宴遊，但務便安，有虧誠敬，以至上勞聖念，俾肅朝行。臣參憲司，親承睿旨，苟或避事，實虞曠官。臣請起自今以後，文武常參官等，除准式假及疾病灼然，爲衆所知外，有以事故請假者，並望許臣舉察録奏。其所陳假牒，請準舊例，每牒不過三日，每月不得再陳牒。如本合朝日，無故一不到，請準常條書罰，再不到，臣請倍罰，頻三朝不到，便請具名銜奏，聽進止。其進朝入閤近例，全合赴班，一不到，準常條已倍書罰，頻兩朝不到，便請具名銜奏聞。所冀臣僚稍加惕厲，班列得以整齊。敕旨：依奏。

（宋）王溥《唐會要》卷六〇《御史臺上·侍御史》〔貞元〕十二年六月，侍御史竇群奏：常參官假滿，惟三品官至王府傅已上，即於正衙參假，其餘不在此限。臣伏見諸司官，或位列通班，職居要劇，其左右丞、諸司侍郎、御史中丞、給事中、中書舍人，並是四品五品清要官，不在參假例。或彌旬曠廢，皆不上聞；或未滿一日，例不舉奏。臣今請尚書省四品官、御史臺五品官、中書門下五品官，請假，並同三品例參假，曠廢必知，勤惰無隱。臣職當彈舉，輒陳事宜。敕旨：依奏。

（宋）王溥《唐會要》卷六一《御史臺中·館驛》 大歷十四年二月二十六日，郎官請假拜埽，宜準開元天寶中舊例，給公乘。

（宋）王溥《唐會要》卷六一《御史臺中·館驛》 〔太和〕八年八月，門下省奏：常參官私事請假，從來準例，並給券牒。今商量，或緣家事乞假，各申私志，須約公費。自今後，應有此色假官，並任私行，門下省不得給公券。如或事出特恩，不在此限。敕旨：依奏。

開成四年二月，門下奏：常參官寒食拜埽，今月七日，延英面奏進止，令準往例給公券者，臣等謹檢舊案，承常參官應爲私事請假，外州往來，給券牒。伏準太和八年八月十日敕，釐革應緣私事，並不許給公券。今臣等商量，唯寒食拜埽，著在令式，銜恩乘驛，用表哀榮，虔奉聖旨，重頒新令，其有拜埽不出府界，假內往來者，並不在給券限。敕旨：依奏。

（宋）王溥《唐會要》卷六九《縣令》 〔開元〕二十八年六月，淮南道採訪使李知柔奏：縣令考滿，准格交付户口食糧。臣近巡按諸州，多有考秩向終，替人未到，請假便去。望每至考滿年，州司不得給假。如有先請假未還，考滿者，勒到百日內卻赴任，准格交户口食糧，違者量殿三數選。敕旨：依奏，諸道亦宜准此。

（宋）王溥《唐會要》卷九二《內外官料錢下》 開成二年八月，户部侍郎李珏奏：京諸司六品以下官，請假往外府，違假不到，本官停給料錢。敕旨：違限停俸料，餘依準令式。

《新唐書》卷一四三《郗士美傳》 郗士美字和夫，兖州金鄉人。父純，字高卿，舉進士、拔萃、制策皆高第，張九齡、李邕數稱之。自拾遺七遷至中書舍人。處事不回，爲宰相元載所忌。時魚朝恩以牙將李琮署兩街功德使，琮恃勢桀横，衆辱京兆尹崔昭于禁中，純曰：此國恥也。即詣載請速處其罪，載不納，遂辭疾還東都，號伊川田父，十年不出。德宗立，崔祐甫輔政，召爲太子左庶子、集賢殿學士，不拜，以老乞身。改詹事，聽致仕。帝召見，褒歎良久，賜金紫，公卿以下咸祖都門，世高其節。

《新唐書》卷一五九《鮑防傳》 初，防與知雜御史竇參遇，導騎不引避，參讁其僕。及爲相，防尹京兆，迫使致仕，授工部尚書。防吒曰：吾與蕭昕子齒，而同昕老，坐宰相餘忿邪。不得志卒，年六十九，贈太子少保，謚曰宣。

《新唐書》卷一六二《薛廷老傳》 鄭注用事，嶺南節度使鄭權附之，悉盜公庫寶貨輸注爲謝。廷老表按權罪，由是中人切齒。又論李逢吉黨張權輿、程昔範不宜居諫争官，逢吉怒。會廷老告滿百日，出爲臨晉令。

《新唐書》卷一八〇《李德裕傳》 元和後數用兵，宰相不休沐，或繼火乃得罷。德裕在位，雖遽書警奏，皆從容裁決，率午漏下還第，休沐輒如令，沛然若無事時。

《舊五代史》卷三《梁書·太祖紀》 開平元年辛巳，有司奏，以降誕之日爲大明節，休假前後各一日。

《舊五代史》卷八《梁書·末帝紀》 是月，文武百官上言，請以九月十二日帝降誕日爲明聖節，休假三日。從之。

《舊五代史》卷九《梁書·末帝紀》 〔貞明四年夏四月〕己巳，以開府儀同三司、守司空兼門下侍郎、同平章事趙光逢爲司徒致仕，兼加食邑五百户，以光逢累上章請老故也。

《舊五代史》卷三六《唐書·明宗紀》 〔天成元年六月〕中書奏：請以九月九日皇帝降誕日爲應聖節，休假三日。從之。

《舊五代史》卷三八《唐書·明宗紀》 〔天成二年春正月〕今後應新授官朝謝後，可準例上事，司長不得輒以私事阻滯。其本官亦不得因遭抑挫，託故請假。

《舊五代史》卷三九《唐書·明宗紀》 〔天成三年春正月〕中書上言：舊制遇二月十五日玄元皇帝降聖節，休假三日。準會昌元年二月勅，休假一日，請準近勅。從之。

《舊五代史》卷四二《唐書·明宗紀》 〔長興二年八月〕己巳，太傅致仕王建立、太子少保致仕朱漢賓皆上章求歸鄉里。詔内外致仕官，凡要出入，不在拘束之限。

《新五代史》卷五五《雜傳・馬縞》　劉岳脩《書儀》，其所增損，皆決於縞。縞又言：縗麻喪紀，所以別親疏，辨嫌疑。《禮》，叔嫂無服，推而遠之也。唐太宗時，有司議爲兄之妻服小功五月，今有司給假爲大功九月，非是。廢帝下其議，太常博士段顒議嫂服給假以大功者，令文也，令與《禮》異者非一，而喪服之不同者五。《禮》，姨舅皆服小功，令皆大功。妻父母壻外甥皆服緦，令皆小功。《禮》、令之不可同如此。右贊善大夫趙咸又議曰：喪，與其易也，寧戚。《儀禮》五服，或以名加，或因尊制，推恩引義，各有所當。據《禮》爲兄之子妻服大功，今爲兄之子母服小功，是輕重失其倫也。以名則兄子之妻疏，因尊則嫂非卑，嫂服大功，其來已久。令，國之典，不可滅也。司封郎中曹琛，請下其議，并以《禮》、令之違者定議。詔尚書省集百官議。左僕射劉昫等議曰：令於喪服無正文，而嫂服給大功假，乃假寧附令，而敕無年月，請凡喪服皆以《開元禮》爲定，下太常具五服制度，附于令。令有五服，自縞始也。

《全唐文》卷一〇九《後唐明宗・給安重誨假敕》　重誨位重禁庭，日親機務，與羣官之有異，在常式以難拘，宜自初聞日共給七日。

《全唐文》卷一一一《後唐明宗・許致仕太傅王建立太子少保朱漢賓還鄉敕》　凡爲食禄，無不盡忠，既以懸車，永期樂道，若妨養性，豈是優賢？況非滯之名，宜遂逍遥之便。宜依。

《全唐文》卷一一六《晋高祖・允梁文矩致仕敕》　昔魏舒人之領袖，以二揆而解官；劉實邦之宗模，自三公而遜位。所以審去就之常分，保始終之令圖，成功退身，盡善盡美。太子少保梁文矩，爲仁由己，以道事君，烈士徇名，久輸忠於象闕；達人知足，堅請老於菟裘。東路角巾，南窗羽扇，爾思高致，朕實嘉之。進登保傅之班，永顯君臣之義。可太子太保致仕。

宋朝部

銓選分部

銓選條例

論説

（宋）包拯《孝肅包公奏議》卷二《選舉·論取士》 臣以孤遠之跡猥荷聖選，擢陛憲府，退思所以爲報，則智識蒙淺，無以副上旨之萬一，敢竭愚見，唯明主裁之。臣伏覩近降詔敕，以官吏陞陟，賢否相溷，世族補蔭，愚智不分，並立新條，以革舊弊，有以見陛下求治垂訓之深旨也。臣聞天下大器也，羣生重畜也。古之聖王御大器、保重畜，蓋各有其道焉。以萬務之無極也，一統於上，豈可以思慮盡之耶？故立三公，設九卿、百執事，以維持之，俾羣材盡力，而百工無曠，則王者正其本，執其要，而天下之大務舉矣。故治亂之原，在求賢取士得其人而已。《漢書》曰：帝王之德莫大於知人。大抵斯人之情皆希榮進，莫不飾正於外，藏邪於內，邪正所藴，淵密難辨，而審之必有術焉。以賢知賢，以能知能，知而用之之謂也。且知人與不知人而任之，乃得失所繫，而安危從之，宜乎取士之際，不可不慎焉。夫三代取士之法，闊略難議。兩漢而下，莫若唐天寶之制，自京師逮郡縣，皆有學焉。每歲仲冬，館學課試，乃與計偕；其不在館學而舉者，謂之鄉貢。並責成有司，唯以得之與否以爲榮辱，得士者陞，失士者黜，孰不公其心以進退乎？其得第者，但謂之選人；有格限未至，而能試文三道者，謂之宏詞；試判三道者，謂之拔萃，中是選者得不限年而授職。復有賢良之科焉，所以區別才行，慎重名器。如是之審也，故當時文物尤盛，比隆三代，基構綿遠，垂三百年，其有繇矣。今之取士則異於是，鄉曲不議其行，禮部不專其任，但糊名謄本，煩以繩檢，復於軒陛，躬臨程試，三題競作，百篇來上，不逾三數日，升降天下士。其考較去留，可謂之精且詳乎？臣亦恐非進賢退不肖之長策也。《周禮》升秀辨官，司徒、司馬、大樂正之職，未聞王者躬其事也。議者謂不若近約唐制，歸諸有司。或曰取捨之柄，當繇人主。曰：盍使禮部考試，定其可否高下，混於奏籍，賜第上前，抑亦無失於國體矣。然後復宏詞、拔萃之科，明立條目，寬限人數，歲一設之。其與選者，比類奏舉之人，以次甄擢而任之，有以得其實才矣。頃年雖復賢良拔萃之科，得人裁一二而已。又罷拔萃之舉，恐未足盡魁梧之選也。且今之仕者，非保任則無以自進。若參以二科而精求之，則取人之路豈不裕乎？而又僉舉之敝，漸不可長，其間或暱於私愛，或迫於勢要，不得已因而舉之者衆，繆濫無別，宜一警革。若至其甚，何所及焉。方今天下多事，邊鄙未寧，政失於寬而弊於姑息，士弛於務而幸於因循，固宜推擇真賢，講求治道，外則黜郡守縣令不才貪懦苛虐之輩，以利於民；內則辨公卿大夫無狀謟佞朋比之者，以肅於朝。杜絶回邪，振張紀律，可使教惇於上，民悦於下，足以導迎和氣，馴致太寧，不亦盛哉！伏望陛下稽前代之成敗，驗當今之得失，政有未順，理有未安，則思而圖之，圖而行之，行而終之，則生靈受其福，而宗社享無疆之休矣。惟陛下鑒其區區，恕其狂直，一賜觀采。

（宋）包拯《孝肅包公奏議》卷二《選舉·請先用舉到官》 臣伏覩近者降敕節文，委中書、樞密院選舉主二十人，令舉堪充知州、通判、知縣各一員者，蓋國家精擇良吏之深旨也。所有內外被舉之人，至今未見擢任。兼訪聞逐路轉運使累有體量到州縣長吏等，其間不才貪猥之尤甚者。欲乞所舉人內先次進用，令往彼衝替。若候人數足日，方議差除，則疲乏之民受害深矣。況幅員至廣，官吏至衆，黷貨暴政十有六七，若不急務用人以革其弊，亦朝廷之深憂，不可不察。

（宋）包拯《孝肅包公奏議》卷二《選舉·請依舊封彌謄録考校舉人》 臣伏覩新定貢舉條制節文，諸州發解，令知州、通判、職官、令録等保明行實，更不封彌謄録者，此乃三代里選之法。蓋朝廷欲先德行而後詞學，責成有司，不欲煩以繩檢，庶取士有以得其實才矣。緣天下郡學自罷聽讀之後，生徒各以散去，一旦詔下，投牒求試者比比皆是，長吏等又安能一一練悉行實哉？不免祇憑逐人遞相保委，然而詐僞猥雜者亦無由辨明，兼每州用試官一員，是天下試官逾三百餘員，必恐未能盡得其人，而悉心於公取也。或緣其雅素，或牽於愛憎，或迫於勢要，或通於賄賂，勢不得已因而陞黜者有矣，又何暇論材藝，較履行哉？洎取舍一謬，則是非紛作，不惟抑絶寒素，竊慮天下因此構起訟端多矣。況封彌謄録行之且久，雖非取士之制，稍協盡公之道。若今來諸州發解舉人，且令仍舊封彌謄録考校，於理甚便。若以敕命方行，難於遽改，即乞特降約束。其逐處試官監試官如稍涉徇私及請託不公，並照常法外重行處置，不然，令別定刑名，庶使官吏等各知警懼。

（宋）包拯《孝肅包公奏議》卷二《選舉・請依舊考試蔭子弟》　臣伏覩先降敕節文，應奏蔭子弟京官年及二十五已上，其選人遇南郊大禮，限半年許令銓投狀，京官每年春季國子監投狀，並著兩制官，於逐處考試。內習詞業者，或論或詩賦；習經業者，各專一經，試墨義等。及格者，與放選，注官及差遣。自敕下之後，天下士大夫之子弟莫不靡然向風，篤於學問，詔書所謂非唯爲國造士，是乃爲臣立家，實誨人育材之本也。近聞有臣寮上言，欲議罷去，是未之熟思爾。且國家推恩之典，其弊尤甚，因循日久，訓擇未精。今詔命方行，遽欲釐革，則務學者日以怠惰，一旦俾臨民政，懵然於其間，不知治道之所出，猶未能操刀而使之割也，所傷實多。其前項條貫，如有聞説未盡事件，欲乞只令有司詳定，依舊頒行。

（宋）李覯《直講李先生文集》卷一一《官人第二》　司士掌群臣之版，以德詔爵，以功詔禄，以能詔事，以久奠食。德，謂賢者，凡賢者能者，皆先試以事，久而有功，然後授之以爵，得禄食也。爵以貴乎人，天下之人共貴之，禄以富乎人，天下之人共富之。高冠大蓋，吏民趨走事之恐不及，天下共貴之也。稟財給穀，農桑賦貢奉之而不暇，天下共富之也。天下共貴之而貴非其人，天下共富之而富非其人，則君命果義乎？衆心果服乎？且人各有能，有不能，孟公綽不可以爲滕薛大夫，裨諶謀於國則否，況其下者乎？苟非試其事，考其功，而遽與之爵禄，則曠天官敗公事何足道哉？《王制》曰：論定然後官之，任官然後爵之，位定然後禄之。所謂官之者，使試守也。堯舜豈不聖？而試臣以職，慎之至也。若是則賢者必用，不肖者必舍，能者必行，否者必藏。嗇夫之印綬不可以幸而得也，奚高位之辱哉？夫位有高卑，禄有厚薄，言其操柄則無所不重。州縣之職，前世以爲徒勞者，而民命繫之，未聞明試其功而居位受禄，一官之效則仕，而後學之有美錦者不使人學制焉。民所以死生貧富顧不重哉？

（宋）李覯《直講李先生文集》卷二一《考能》　言一也，而所由生者異，或生於心，或生於耳。生於心者，帥志而言，言則必形於事；生於耳者，剽人之言，施之事則悖矣。故上不好言則利不在言。言者皆志也，上之好言則言可近利，無志者亦言矣。鈔古書，略今文，變白爲素，析一爲二，以希世願用，一易其褐則言且忘矣，何有於事？而況偶句諧韻，言非其言者，豈足問哉？嗚呼，天下皆以言進，未能不以言取，既取矣，胡不試之以事？事讎於言，然後命以其官可也。《王制》曰：論定然後官之，試此職也。任官然後爵之，以能而命也。如是則無曠官矣。

（宋）曾鞏《曾鞏集》卷三一《劄子・請改官制前預選官習行逐司事務劄子》　臣伏以陛下稽古正名，修定官制，今百工庶務，類别以明，其於講求經畫，皆出聖慮，彌綸之體，固已詳盡。然推行之始，去故取新，竊恐百執事之人，素未諭於其心，習於其耳目，一日之間，或未盡知其任；羣吏萬民，聽治於上者，或未盡知所趨。待夫問而後辨，推而後通，則必有煩阻之患、留滯之虞。若圖之於早，定之於素，則一日之間，官號法制，一新於上，而彝倫庶政，敘行於下，內外遠近，雖易視改聽，而持循安習，無異於常。此臣所以區區之愚，庶有補於萬一也。

今百司庶務，既已類别。若以所分之職、所總之務，因今日之有司，擇可屬以事者，使之區處，自位敘名分，憲令版圖，文移案牘，訟訴期會，總領循行，舉明鈎考，有革有因，有損有益，有舉諸此而施諸彼，有捨諸彼而受諸此，有當警於官，有當布於衆者，自一事已上，本末次第，使更制之前，習勒已定，則命出之日，但在奉行而已。

蓋吏部於尚書，爲六官之首。試即而言之，其所總者選事也。流內銓、三班、西東審官之任，皆當歸之。誠因今日之有司，擇可屬以事者，使之區處。自令、僕射、尚書、侍郎、郎、員外郎，以其位之升降，爲其任之煩簡，使省書審决，某當屬郎、員外郎，某當屬尚書、侍郎，某當屬令、僕射，各以其所屬，預爲科別。如此，則新命之官，不煩而知其任矣；曹局吏員，如三班諸房十有六，諸吏六十有四，其所别之司，所隸之人，不必盡易。惟當合者合之，當析者析之，當損者損之，當益者益之，使諸曹所主，因其舊習。如此，則新補之吏，不諭而知其守矣；憲令版圖，文移案牘，訟訴期會，總領循行，舉明鈎考，其因革損益之不同，與有舉諸此而施諸彼，有捨諸彼而受諸此，有當警於官、布於衆者，皆前事之期，莫不考定。如此，則新出之政，不戒而知其叙矣。夫新命之官，不煩而知其任；新補之吏，不諭而知其守；新出之政，不戒而知其叙。則推行之始，去故取新，所以待之者備矣。其於選事如此，旁至於司封、司勳、考功當隸之者，内服外服、庶工萬事當歸之者，皆推此以通彼，則吏部之任一作仕，不待政出之日，問而後辨，推而後通也。

推吏部之事，以通於百工庶職。如此，則體雖至大，而操之有要；事雖一變，而處之有素。一日之間，官號法制，鼎新於上，而彝倫庶政，叙行於下。内外遠近，雖改視易聽，而持循安習，無異於常。

（宋）司馬光《司馬光奏議》卷二六《再乞資廕人試經義札子熙寧三年二月六日上》 臣先曾起請應資廕出身人初授差遣者，更不試詩，只委審官院流内銓試《孝經》、《論語》大義共三道，仍令主判臣僚更將所對義面加詢問。若義理精通者，特保明聞奏，優與差遣；稍通者，依常調；不通者，且令修學，候一年外再試，必須試中，方得出官。若年四十以上，聽依舊制，只寫狀讀律。自後不蒙朝廷施行。臣今復差知審官院，竊見資廕人初授差遣者，令試詩一首，實爲無益。不惟其間有牆面者假手於人，徒長姦僞，就使自作詩得如曹劉沈宋，其於立身治民，有何所用？古者二帝三王皆立大學之官，以教公卿大夫子弟，其何故哉？蓋以其人將嗣守官業，苟無德行道藝，則必害及於民故也。今若欲使公卿大夫子弟盡肄業於太學，則父兄不常在京師，固難齊一。若但使之習業於家，而考校於初授差遣之際，業不習者不得出官，則不煩勸督，而人人自勉於學矣。此乃事之易行者也。嚮若使之盡通《詩》、《書》禮樂，則中材以下或有所不及。今但使之習《孝經》、《論語》，儻能盡朞年之功，則無不精熟矣。此乃業之易習者也。然《孝經》、《論語》其文雖不多，而立身治國之道，盡在其中。就使學者不能踐履，亦知天下有周公孔子、仁義禮樂。其爲益也，豈可與一首律詩爲比哉？臣竊以爲兹事用力不勤，更張甚易，而爲益稍大，别無所損。伏望聖明詳察，或有可取，乞檢臣前奏，特賜施行，取進止。

（宋）蘇轍《欒城集》卷二一《書一首·上皇帝書》 量民而置官，量官而求吏，其本凡以爲民而已。是以古者即其官以取人，郡縣之職缺而取之於民，府寺之屬缺而取之於郡縣。出以爲守令，入以爲卿相。出入相受，中外相貫，一人去之，一人補之，其勢不容有冗食之吏。

（宋）蘇轍《欒城集》卷二八《西掖告詞六十一首·胡宗愈吏部侍郎》 敕：吏部分列三銓，而長貳各領其一，其爲權任重矣。天下官吏，至於其間，長短有度，輕重有數，而猶患不得其當者，吏撓之也。朕敷求儁良，付之流品，意在是矣。具官某，學術之茂，冠於東南；操履之固，不流世俗，試於封駁，任職不阿。方今吏員冗溢，待次者無算。爾其去留難之吝，寬滯積之歎。毋使吏操其柄，而士失其職。可。

（宋）蘇轍《欒城集》卷四四《御史中丞論時事劄子十首·論吏額不便二事劄子》 臣頃於門下中書後省詳定吏額，文字已具進呈。後來都省吏額房别加改定施行，其間二事最爲不便，人情不悦，是致六曹寺監吏人前後經御史臺論訴者不一。本臺亦曾爲申請，終未見果决行下。臣昔既手綜其事，今又目覩所訴，理難默已，謹具條列如後：

一、自官制以來，六曹寺監吏額累經增添，人溢於事，實爲深弊。臣既詳定，即依先降指揮，取逐司已行兩月生事分定七等，因其分釐以立人數。然是時逐司之吏僅三千人，皆懼見沙汰，不肯供具。臣遂稟白三省執政，言事干衆人，既懷疑懼，文字必難取索。雖或以朝廷威勢逼令盡供，及至裁損，必致紛競，於體不便。不若且據事實立成定額，俟將來吏人年滿轉出或死亡事故，更不補填，及額而止。如此施行，不過十年，自當消盡。雖稍似稽緩，然見在吏人知非身患，必自安心，極爲穩便。當時執政率皆許諾，遂於元祐二年十一月内具狀申尚書省，其略曰：今來參定吏額，本欲稱事立額，量力制禄。唯務人人效實，事務相稱，即非苟要裁損人額及減廪禄。縱人額實有可損，亦俟他日見闕不補，即非便於法行之日徑有減罷。若非朝廷特降指揮，曉諭本意，終恐人情不以爲信，致供報不實，虚陷罪名。尋准當月九日尚書省劄子，奉聖旨依所申。臣等遂備坐出牓，曉示逐司。自此數月之間，文字齊足，方得裁損成書。却被吏額房違廢上件聖旨指揮，將所減人數便行裁撥。失此信令，人情洶洶。又緣此任永壽等得騁其私意，近下人吏惡爲上名所壓者，即爲撥上名於他司。侍郎左選爲下名，欒毅在吏額房，故爲撥上名孔仲卿等於考功之類是也。閑慢司分欲遷入要局者，即自寺監撥入省曹。於大理寺撥任永壽親情信中立等十人入考功之類是也。任情紛亂，弊倖百出。由此舊人多被排斥，以至失所。凡所訴説，前狀已具開陳。下則衆口怨謗，感傷和氣；上則朝廷失此大信，今後雖有號令，誰復聽從？臣今欲乞只依前件聖旨，將所損人額直候他日見闕不補，見在人數且依舊安存。況尚書左選撥到兵部手分，近已准都省指揮發遣，歸元來去處。伏乞檢會此例，一體施行。

一、六曹寺監吏人多係官制以前諸司名額，其請受多少及遷轉出職遲速高下，各各不同。及官制後來分隸逐司，一司之中兼有舊日諸司之吏。臣詳定之日與衆官商量，以謂若將舊日諸司之吏納入今日逐司名額，則其請受遷轉出職，參差不齊，理難均一。蓋將逐司數種體例併爲一法，其勢非薄即厚，非下即高，若不虧官，必至虧私。虧官則默而不言，虧私則不免爭訴，俱爲不便。況今舊司吏人並權新額，請受許從多給，遷補出職皆依舊司，並有見行條貫。若且依此法，可以不勞而定。及吏額房創意改更，務欲一例從新，以顯勞效，遂除見理舊司遷轉已補最上一等名目，見理年選更無遷轉職名之人，即聽依舊條出職。若就遷試補填闕者，令候降到新法施行。所有依舊司遷補出職指揮，更不行用。竊緣舊諸司吏人，根源各别，立法不同，不可概以一法。新法雖工，止於一法而已。以待新法吏人則可，以待舊法吏人則不幸者必衆。求其無訟，不可得矣。見今刑部田舜賢等經臺理訴，勢必難抑。欲乞止依後省所用舊條，庶幾便可止絶。

（宋）蘇轍《欒城集》卷四五《御史中丞論時事劄子八首·乞改舉臺官法劄子》 伏乞檢臣前奏，稱改近制，令臺官得舉陞朝第二任知縣及通判以上各半。若謂知縣資淺，乞依尚書侍郎例，許權察御史。所貴稍存祖宗故事，不致執政自用臺官。雖方今君臣相信，法度可略，而朝廷紀綱不可不經久遠。臣職在臺長，臺中典章，義當固守。

（宋）劉安世《盡言集》卷一《論館職乞依舊召試》 右臣伏見祖宗初定天下，首闢儒館，以育人才，累聖遵業，益加崇奬。處於英俊之地，而厲其名節，觀以古今之書，而開其聰明。稟食大官，不任吏責，所以成就德器，推擇豪傑，名卿賢相多出此途，得人之盛無愧前古。然自近歲以來，寖輕其選，或緣世賞，或以軍功，或酬聚斂之能，或徇權貴之薦，未嘗較試，遂貼職名，漸開僥倖之門，恐非祖宗之意。伏望陛下明詔執政，今後館職無俾輕授，必求文學行誼有聞於時，審察其才，實可長育，然後一依近降條制，召試而命。庶使名器漸重，不容幸得，循致賢能，以備官使。

再奏

右臣近嘗奏請，今後館職，欲乞並依元立條制召試而授，已奉聖旨施行。然臣伏覩所降指揮，尚有未盡，輒復論列，庶幾小補。臣嘗謂祖宗以來，新進入館之人鮮有不試而命者，惟是縉紳宿望始効顯著，或累持使節，或移鎮大藩，欲示優恩，方令貼職。今陛下過聽臣言，追復舊制，雖云大臣奏舉，到館職並依召試，方得除授。而繼云其朝廷特除者不在此限，則是不問人才之如何、資歷之深淺，但非奏舉，皆可直除。名爲更張，弊原尚在。臣愚欲乞特降指揮，依倣故事，約自轉運使以上資序特除者，方得不用此制，庶能塞僥倖之門，重館閣之選。

（宋）劉安世《盡言集》卷一一《論堂除之弊》 臣聞非至簡不足以待天下之繁，非至静不足以制天下之動。故荀卿有言曰：論一相以兼率之，人主之職也。又曰：相者，論列百官之長，要百事之聽，歲中奉其成功，以効於君。推此言之，則人主擇輔臣，輔臣擇庶長，庶長擇佐僚，以次選掄，不容虚授。是以所任愈隆，而所擇愈簡，所擇愈簡，而所得愈精，此堯舜三代之君所以垂衣拱手，不煩事詔，而天下晏然以治者，用此道也。秦漢以來，官失其守，居宰相之位者，或不知其任；在庶長之列者，或不守其官。因循至今，流弊日積。臣請爲陛下詳言之，昔魏晋以來，採擇庶官多由選部，故晋之山濤爲吏部尚書，中員品外往往啓授。宋以蔡廓爲吏部尚書，黄散已下皆得自用，廓猶以爲薄己，遂不之官。唐制五品以上，宰相商議奏可，而除拜者則以制敕命之；六品以下，則吏部銓材授職，然後上言，詔旨畫聞，無所可否，謂之旨授。開元中，吏部置循資格，限自起居遺補及御史等官，猶並立於選曹。其後宰臣專朝，舊典失序，故陸贄抗論，以謂舍朝僉而重己權，廢公舉而行私惠，是使周行庶品，苟不出於時宰之意者，則莫致焉。此乃唐之弊風，不可不革也。臣伏見近來堂除差遣，多取吏部之闕，不問職事之輕重，才品之優劣，爲人擇官，殊失大體。如承議郎王績堂除管勾左廂公事，承奉郎劉敦夫堂除權河南知録，若此之類，名品至卑，吏部選差固不乏使，何煩廊廟一一揀求。臣恐三省之事日益紛紜，執政大臣汩於細務，則朝廷安危之至計，禮樂教化之大原，使天下回心而嚮道者將何暇以及之矣。然則豈所以稱陛下圖任老成，委注輔弼之意哉。伏望聖慈，明敕三省，別議立法。今後除兩制臺省之官、寺監長貳以上並諸路監司，瀕河並邊郡守之類，所繫稍重者，令依舊堂除外，其餘一切歸之吏部。所貴執政事簡，得以留心於遠業，而選部不至失職，漸復舊制，取進止。

再奏

右臣前月十二日上殿，曾具劄子，論列堂除之弊，乞敕三省，別議立法。近日雖降指揮，以在京寺監主簿等數十處送下吏部，而外路知州等闕尚未盡還。臣竊謂朝廷之上宜選大吏，其餘小者，盡可付之有司。今堂除之人日益加多，差除不行，其勢必取於吏部。吏部之闕，日益加少，則孤寒之士所得愈艱，羈旅留滯，動踰歲月。此最更張之所宜先也。臣愚欲望陛下特降睿旨，稍謹堂除之選，仍以元豐八年後來取過外路知州等闕，擇其地望之重者，依舊朝廷差除外，其餘付之有司。如此，則堂中占闕既已不多，吏部差注得行，必無淹滯。伏望聖慈詳酌，早賜施行。

（宋）李燾《續資治通鑑長編》卷四二《太宗至道三年》 其三曰：其艱難選舉，使入官不濫。古者鄉舉里選，爲官擇人，士君子行修於家，推於衆，然後薦之於朝，故政和而民泰，歷代雖有沿革，未嘗遠去此道。隋、唐始有科試，得人之盛，與古爲侔。然終太祖之世，科試未嘗不難，每歲進士不過三十人，經學五十人。重以周祖之後，諸侯不得奏辟，士大夫罕有資廕，故有終身不獲一第，没齒不獲一官者。先帝毓德王藩，睹其如此，臨御之後，不求備以取人，舍短從長，拔十得五，在位將逾二紀，登第亦近萬人，不無俊秀之才，亦有容易而得。臣愚以爲數百年之艱難，故先帝濟之以泛取，二十載之霈澤，陛下宜糾之以舊章。伏望以舉場還有司如故事。至於吏部銓擇官材，亦非帝王躬親之事。比來五品以下，謂之旨授官，今則幕職、州縣而已，京官雖有選限，多不施行，太祖以來，始令後殿引見，因爲常例，以至先朝調選之徒，多求僥倖。臣愚以爲宜以吏部還有司，依格敕注擬。

（宋）李燾《續資治通鑑長編》卷一三二《仁宗慶曆元年》 沔又奏：國朝自景德、祥符間，屢行大禮，旁流慶澤。凡文資自帶職員外郎，武職自諸司副使以上，每遇南郊，及知雜御史、刺史以上，逐年聖節，並許奏蔭子孫弟姪，雖推恩至深，而永式未立。今臣僚之家及皇親、母后外族皆奏薦，略無定數，多至一二十人，少不下五七人，不限才愚，盡居禄位，未離襁褓，已列簪紳。或自田畝而來，或從市井而起，官常之位已著，而僕隸之態猶存。是則將國家有數之品名，給人臣無厭之私惠，故使父兄不敦教訓，子弟不修藝業，俾之從政，徒只害民，若不急爲更張，已見積成弊倖。欲乞今後帶職員外正郎只許蔭叙一名子弟，少卿、給諫與二人，丞郎三人，尚書四人，僕射以上與五人，致仕及物故各更與一人；武職等比類官品；皇親、母后之族及兩府大臣，亦乞約束人數。伏乞特差近上臣僚定其久制，以爲萬世之法。

（宋）李燾《續資治通鑑長編》卷一四五《仁宗慶曆三年》 今於澄革之初，尚有未盡，其甚者，臣見比年外任發運、轉運使、大藩知州等，多以館職授之，不擇人材，不由文學，但依例以爲恩典。朝廷本意，以其當要劇之任，欲假此清職以爲重。然而授者既多，不免冒濫，本欲取重，人反輕之。加又比來館閣之中，大半膏粱之子，材臣幹吏，羞與比肩，亦有得之以爲恥者。假之既不足爲重，得者又不足爲榮，授受之間，徒成兩失。臣欲乞今後任發運、轉運使、知州等，更不依例帖職。若其果有材能，必欲重其職任，則當升拜美官，優其秩禄。況設官之法，本貴量材，隨其器能，自可升擢，豈必盡由儒館，方以爲榮。

（宋）李燾《續資治通鑑長編》卷一五〇《仁宗慶曆四年》 臣亦嘗念國家將帥，既未聞於遠方，而親王素有威望爲敵人所畏者，又以淪謝，且不復聞皇親可以爲朝廷屏翰者。敵必謂王室孤危，無所扶助，本根不固，易以摇動，此誠宜爲敵人之窺測。臣願陛下親擇宗室中年長知書、識道理、曉人事者數人，爲王畿千里内州。慮宗室出外不達民政，或有任性爲事，通判以下難以規正，宜擇方嚴公幹、近上朝臣一人爲同知州。所貴勢均力敵，可以共事而無所乖。俟歷一兩郡，决知可以獨任，則罷同知州，只置通判。又擇其次者數人，爲千里内州郡鈐轄，亦恐未練軍政，職事不舉，其都監、監押未可減省，宜擇歷事廉幹之人，且令供職，乃選良守臣伺察而審處之。其年少官卑，度其堪任差遣者爲畿縣都監、監押，雖年少亦須擇二十以上者，亦選良令長以諫正之，並限二年一替。亦用文武臣僚賞罰以勸沮之。其有勤儉好學、接僚屬有禮、曉習文法、能理民事者，量高下等第，或降獎諭，或賜金帛，或遷官秩。有諸過惡者，亦量小大等第，或罰俸，或贖金，或降官，甚者還黜於宫宅，俾之省過一二年，復遣補外。凡三有過而遂不改者，終身使奉朝請。如此教育選試之，善者必賞，不善者必罰，臣知不數年，當有賢宗室如前漢河間、後漢東平二王者，不爲難矣。内可以藩屏王室，外可以威示四夷，此有國者之急務也，長久之策也。

（宋）李燾《續資治通鑑長編》卷三八二《哲宗元祐元年》 秋七月丙辰朔，尚書省言：舊制：中外學官並試補。近詔尚書、侍郎、左右司郎中、學士、待制、兩省、御史臺官、國子司業各舉二員，宜罷試法。先是，王巖叟言：伏以砥名礪行，以待用於世者，士人之所自處也；養士人之節以成就其美，而風天下之俗者，朝廷之所以處士人也。臣竊見内自太學，外至諸郡學官之制，皆令就試。四方之士，區區於進卷，屑屑於程文，不憚奔馳之遠、留滯之久者，顧豈其心哉？禄仕迫之，有不得已耳。甚非所以重師道，崇儒風，惜士人之節也。《禮》曰：道尊然後民知敬學。孟子曰：人之患，在好爲人師。今立法如此，使人人自求爲師，欲天下之民知敬學，恐不可得。臣愚伏望聖慈令罷此法，一用應詔薦舉之士爲中外學官，以重教導之選，爲天下勸。貼黄稱：如蒙特賜罷試用舉，乞歲令近臣並諸路監司各舉所知，朝廷採察而用之。其武學學官，亦乞依此罷試用舉。於是從巖叟之言也。

（宋）留正《皇宋中興兩朝聖政》卷一九《高宗皇帝·乞均内外任》

〔紹興六年春正月〕乙亥，右諫議大夫趙霈言：比年以來，奔競日滋，廉恥道喪，指臺閣爲要津，笑州縣爲俗吏，僥倖捷徑以圖進身。已參選者，力求堂除。得外任者，謀改京局。故臣僚一遇賜對，則明與陞擢差遣，一有過累，則明與外任差遣。人既知朝廷之輕外任，孰不以内任爲重乎？願明詔大臣，凡任臺省寺監及二年才可任煩劇者，悉補監司郡守之職，任監司郡守及二年才可被陞擢者，悉充省臺寺監之選。劇邑有闕，擇寺監丞有才術者爲之宰，寺監有闕，擇縣令有治績者爲之丞。更出迭入，居中補外，以熄奔競，以興廉恥，使士無入而不出之譏，郡守無雅意本朝之望。疏奏，從之。

（宋）留正《皇宋中興兩朝聖政》卷五三《孝宗皇帝·用人二弊》

〔淳熙元年三月〕庚戌，臣僚言用人之弊，一曰上下之分未嚴，二曰義利之説未明。何謂上下之分未嚴？夫任賢使能，人主之柄，助人主進賢退不肖，大臣之職。近世一官或闕，自衒者紛至，始則悉力以求之，不則設計以取之，示以好惡而莫肯退聽，限以資格而取求不已，未聞朝廷有所懲戒也。何謂義利之説未明？居官司職，義也，背公營私，利也。今中外求官者，惟計職務之繁簡，廩稍之厚薄，既得之則指日而望遷，援例而欲速，公家之事未嘗爲旬月計也。願明詔大臣深思致弊之由，共圖革弊之術，使士風稍振，百官奉職。從之。

（宋）陳傅良《永嘉先生八面鋒》卷三《法舉其略吏制其詳》 古之治任吏而不任法，後之治任法而不任吏。古之人非廢法而不用也，法舉其略，吏制其詳。天下之利害吾知之，吾爲之。上之人不吾禁也，惟知要其成而責其效而已。故天下之事可否廢置，皆制於吏。後之人非廢吏而不用也，吏滿天下，而以律拘之，心知其利而不能以盡爲，明見其害而不能以盡去，尺寸違之，則事未及成，而以失律報罷聞矣。故天下之事可否廢置，皆聽於法。嗚呼，國之有法，猶古人之談兵也；吏之用法，猶今人之用兵也。古人之所談者，亦舉其大要云耳，至於縱横變生，出奇制勝，則用兵者臨事而爲之應。如其以古人之所談者而拘之，則亦敗事而已。管仲之治齊，商鞅之治秦，舉一國之事而聽其施設焉，故其富國彊兵之效亦有可觀。龔遂之守渤海，趙充國之降先零，舉一方之事而從其便宜焉，故其當時便宜之政，撫御之略皆得以濟其所欲。任吏而不任法，其效如此。有天下者，其可以無法而拘吏哉。

選法之弊，其弊在於任法，不在任官。任法而不任官，是故吏部之權不在官而在吏，三尺之法適足以爲胥吏取富之源，而不足以爲朝廷爲官擇人之具。所謂尚書侍郎郎官者，據案執筆，閉目而書紙尾而已。是故今之注擬於吏部，始入官則得簿尉，自簿尉而得令丞，推而上之，則得幕職。

由是法也，又上之至於守貳，由是法也，其宜得者則曰應格，其不宜得者則曰不應格。曰應格，雖貪闒者、披懦者、老耄者、乳臭者、愚無知者、庸無能者皆得之。得者不之愧，與者不之難。曰不應格者，雖其實賢能廉潔才智皆不得也，不得者莫之怨，不與者莫之恤也。吏部者曰：彼不怨不愧，吾事畢矣。如募役焉，書其産之高下，而甲乙之，按其役之久近而勞逸之吁，一吏而閲之可盡矣，賢不肖愚智何别焉？宋以蔡廓爲吏部尚書，廓先使人謂宰相徐羨之曰：若得行吏部之職則拜，不然則否。羨之答曰：黄散以下悉委。廓猶以爲失職，遂不拜。蓋古之吏部，雖黄門散騎，皆由吏部之選授，則當時之爲吏部者，亦豈止取夫若今之所謂應格者而爲黄散耶？愚以爲今之吏部，要當略小法而責大體，使夫小法之有所可否，而無保於大體之利害，則吏部長貳得以出意而自决之。要亦不失夫銓選之本體，而不害夫法之大意，則善矣。

（宋）陳傅良《永嘉先生八面鋒》卷六《法廢則人得肆其情》 子貢欲去告朔之餼羊，孔子以爲不可；齊宣王欲毁明堂，孟子以爲不可。夫具餼羊而不存夫禮，則不如無餼羊；有明堂而不知其政，則不如無明堂。古之人何眷眷於此，而獨以爲不可耶？予嘗論之曰：彼其不知其禮其政，然猶有先王之物存焉，則肆其情者，猶將有所礙也。苟取餼羊而去之，取明堂而毁之，其所以礙人之情者，既不復存，則蕩然無所限制，縱意肆欲，將何所顧忌耶？今夫法之設，以迹絶私也。事私行於無形，而人莫得見其情，故聖人設法，以爲寓公之具。寓公者有具，則戾公者有形矣。春秋之世，諸侯相與，削去《周書》之籍。夫何讎而爲此？直惡夫行私之有形耳。後之君子，不知夫法可以礙行私者之情，以爲任法不若任人。於是取天下之法而罷之，爲用刑之説，則曰無爲刑辟，議事以制可也；爲用人之説，則曰毋拘定制，見賢而用可也。夫使朝廷常清明、大官常得人，則法之所在循之可也，立之亦可也。不幸而有縱情以行私者出焉，前無所顧，後無所忌，喜怒予奪，惟我所欲，則典刑之壞，必於是焉始矣。蓋昔者裴光庭之設循資格，而張九齡極論其弊，及其爲相，一切罷之。其意蓋以獎拔人才，激厲士氣，且使不得執法以徼其士，而權之出於朝廷也。吁！孰知是法之廢，而朝廷始無所守，蕩然得以肆其情耶。

嘗觀明皇開元之初資格未廢之際，以蘇廷碩之能，明皇欲大用，必問宰相，有自工部侍郎而拜中書，其果宜乎？宰相以爲惟賢是用，何資之計，明皇乃敢從之。李元紘之才，公卿交薦籍甚，明皇欲自天官侍郎擢拜尚書，斯未爲驟進也。然宰相以其資薄，止拜侍郎。夫以蘇廷碩、李元紘卒爲宰相，雖使當時擢自衆人以管機政，未爲過也。又况一自工部而拜中書，一自侍郎而拜尚書，非躐等也，然必問大臣，許而後授之，不許則不敢也。蓋其法度，人臣惓惓在於資格，而不敢忽也。及其惑林甫之姦，欲相牛仙客，則自河湟使典擢班尚書，遂不復計資，而九齡雖惓惓盡忠，援故事而且不聽矣。明皇即政之初，其資格雖毫釐必計，而其終也，雖尊卑疏戚，顛倒易置，而有所不恤。豈非資格一廢，彼固得以肆其情而無所礙耶？本朝李定以資淺人臺，事最細也，若未害治也，而宋敏求不奉詔，蘇頌又不奉詔，夫亦審諸此而已耳。用人以資則盛德尊行，魁奇俊偉之士或拘格而遲回焉，張釋之十年不得調，揚子雲官不過執戟，是也。

（宋）陳傅良《永嘉先生八面鋒》卷八《才與法合不患其密》 引繩以正直，欲去繩者，必其不直也；持鑑以照妍醜，欲棄鑑者，必其不妍也；設法以舉賢俊，欲廢法者，必其不賢也。何者？直與繩合則不知有繩，妍與鑑合必不知有鑑，才與法合則亦不知有法。愈密矣則使愈見其寬，愈難矣則使愈見其易。今世賢良之選，欲試以奇篇奥帙，而議者每懼賢良之沮格；進士之舉，欲試以經術詞章，而議者每病進士之難兼；吏部之銓量，欲試以身言書判，而議者每慮選舉之苛碎。此愚所未喻也。魯之儒者舉國，哀公下令，而儒服者一人，切意其下令之初，魯國皆懼，而一人之真儒固自若也。齊之吹竽三百人，齊君好别吹之，而東郭遁去，切意其别吹之初，東郭自懼，而其餘之能吹者固自若也。

（宋）陳傅良《永嘉先生八面鋒》卷九《良法不得其人則弊》 木之生，蟲實蠹之；水之濁，土實渾之；法之弊，人實壞之。賢良取人，未嘗有弊也，自唐散騎以李郃登科，而其法始弊矣。孝廉取人，未始有弊也，自漢廣陵以徐淑應選，而其法始弊矣。詞賦取人，未始有弊也，自崔郾私一杜牧寘異等，而其法始弊矣。銓法取人，未始有弊也，自苗晋卿私一張奭爲第一，而其法始弊矣。昔桑弘羊爲均輸平準之法，末年海内虚耗，户口减半，未幾悉罷其所爲，以從民欲。而劉晏用此，乃能操天下贏貫，而民不困。而張滂、皇甫鎛用之，益不能給。未幾李選特循晏法，乃能增羨三年之後，加於晏者百八十萬。夫均輸平準之法，是太公九府圜法之遺意也，然以弘羊用之則耗，以晏用之則贏，以滂、鏄用之則不給，以李選用之則增衍。信乎法之在天下，得其人則法以人而良，不得其人則法以人而弊也。

（宋）陳傅良《永嘉先生八面鋒》卷一〇《汎取者乃精取之法》 汎取者，專取之法；輕任者，重任之法。吾之所謂汎取者，非無所決擇也，始而求之致其廣，終而拔之致其精，是吾之汎取也。汎取於方取之初，而專取於既取之後也。吾之所謂輕任者，非有所慢易也，始而進之致其略，然後委之致其詳，是吾之輕任者。輕任於始任之初，而重任於必可用之後也。此豈吾之臆説哉？蓋駿骨既市，驥足焉往？九九獲用，奇謀踵至，此固世所共知也。是故論諫者賞，則天下不患無比干；盧墓者旌，則天下不患無曾子；恬退者進，則天下不患無嚴光；清儉者擢，則天下不患無伯夷；明法者升，則任廷尉者不患無于定國、張釋之；愛民者遷，則居郡守者不患無龔遂、黃霸。夫然後賞之旌之、擢之升之、進之遷之，吾恐天下無復有是人也。何者？盛名之下，人不敢居故也。漢高明此説以取人，故其得信、越、平、勃也。不在於得信、越、平、勃之日，而在於販繒屠狗雜進之時。孝武明此説以取人，故其得桑、孔、衛、霍也，不在於得桑、孔、衛、霍之時，而在於賈孺奴虜並用之日。汎取輕任，豈不足以致天下之忠勇賢智哉？求金於沙，則併於沙，斂之而無擇。夫其始之所以斂之者，非不欲擇之也，勢不可也。龔遂黃霸下疑有缺文。

（宋）陳傅良《永嘉先生八面鋒》卷一一《無事時當預求人才》 人君之於人才，不可以宴安而少緩，不可以倉卒而遽求。緩之於宴安則其後必危，求之於倉卒則其危必不可救，此天下之常理也。漢高帝定天下，爲吾勍敵者已亡，而豪傑難制者已誅，於是人才宜可少緩矣。然謂周勃可爲太尉，謂王陵可佐以陳平，其汲汲於人才，尤不啻於戰爭之地也。方文帝時，海内得離戰伐之苦，天下乂安，於是人才亦可少緩。然謂周亞夫緩急可用，而付之景帝，顧命之際，惓惓不忘。武帝時，諸侯守藩，幕北遠遁，於是人才亦可少緩。然援霍光於湮没無聞之中，而責以伊周之業。三君之用人才，當宴安無事之時，兼收並蓄，及一旦欲用，呼吸之間，固已森然在列矣。何倉卒之憂乎？夫周勃、陳平、亞夫、霍光輩，平居衆人，固不能知其必能成功也，而英雄之君獨能收之。故吕氏之變而平勃出，七國之變而亞夫出，主幼國危而霍光出。向使三君不陰察默窺於無事之時，以待一旦之用，而事變之生，乃彷徨四顧，遽擢而急用之，則顛倒狼狽者多矣，其能端坐而責成功乎？明皇開元之初，一何人才之多。及治功已成，意得志滿，謂宴安爲可保，謂倉卒爲不足虞，人才之在天下，一皆因循不復省察。胡雛之亂，鋭兵長驅，已陷東京，而力皇皇於擇將，乃聽張垍之言，遂擢李臣罪亡之餘，一日授以三節度，而見輕於楊國忠，有口打賊之譏。又召封常清入見，問何策以討賊。常清見帝憂甚，則大言以解之曰：計日可取。及帥師出戰，一敗塗坡，潼關失守，兩京遂危，此皆明皇不能求人才於宴安之時，而急急於倉卒之過也。

鄭之垂亡也，君臣相顧，縮手無策，幸而得一人焉。其言曰：吾不早用子。今急而求之，夫向不早用，而今以急求，猶有一人可求也，故賴以濟之。如其無可求，豈不殆哉？

元城云：人主之職，主於用人，苟能平日有術以採聞之，使皆爲我用，則其運用天下，有餘裕矣。兒寬爲廷尉卒史，謂不習事，不主曹，乃之北地視畜牧爾，及爲疑奏，張湯始奇之。上問誰爲之者，湯曰兒寬。上曰：吾故聞之久矣。又蕭望之爲治禮丞上疏，宣帝自在民間聞望之之名，曰：此東海蕭生也耶？且寬身爲廷尉卒史，而廷尉以下皆不知之，而天子深居九重，乃云久聞其名，則武帝之聰明過羣臣遠矣。且宣帝少年，在民間鬬雞走馬，日游三輔，而當時賢人與民疾苦皆知之。神宗時，朝有監司登對者，上問陸賈而對以不知，它日擇人按察，上曰：向不知陸賈者爲誰，朕欲知四方利病，須忠信人。

（宋）陳傅良《永嘉先生八面鋒》卷一一《用人要當自有所見》 用人之道，非一端也。汎觀前代，或以家世，或以人望，或以薦引，或以功業。然其得失常相半焉。格於皇天之後，而有格於上帝之臣，大駐漢中之餘，而有長驅成都之禍。不好文學或成安邊之功，或讀父書乃有殺身之辱，無非家世也。起慰蒼生，而王室遂安；倚以成功，而車戰輒敗；單騎見虜，而罷回紇之兵；決勝千里，而困赤眉之戰，無非人望也。以能謀之國器而得善斷之王佐，以知幾之君子而昧於多材之姦人。築壇之拜，本以追亡街亭之衄，痛以自貶，無非薦引也。佐帝之功，基於治齊，爲相之聲，減於治郡，拔趙定燕者，卒能施名於後世；料敵合變者，不能救患於應侯，無非功業也。是四者雖不足以盡取人之道，而其大要實在於此，然古人以是而得之矣。將襲其迹而用之，其失或在於是。然則如之何而可？曰：家世人望之說不必廢，吾於薦引功業之中，果賢者而用之足矣。所貴乎聖人者，以其一心之明誠，自有所見而不惑於其迹耳。古道不振，人主平日心術雜，爲他物汩亂是非，聾其聽真僞，昏其視賢否，在前懵若無別，一旦思所以擢用人才，以起天下之治，則或者進家世人望之說，而又有人焉從而沮之。大抵進者一、沮者一，擾擾焉於數者之說，而無所適從。嗚呼，孰知夫吾之一心，乃所以爲用人之大本歟？

觀茅容之避雨者，未有知容之賢者也，而郭泰獨知之。非泰之觀異於衆人也，泰求士之心異於衆人也。過冀缺之耕饁者，未有知缺之敬者也，而臼季獨知之者。非季之見異於衆人也，季求士之心異於衆人也。

（宋）陳傅良《永嘉先生八面鋒》卷一二《不可以一節而棄士》　人才之在天下，不可以一節之不善而見棄之也。以一節不善而棄天下之才，則世無全人矣。孔子不以管仲之非禮而廢其仁，孟子不以柳下惠之不恭而貶其和。自非堯舜，安能每事盡善？有始有卒，其惟聖人乎？苟非下愚不可移之資，則其所爲必有是非當否。不以不善掩其善，此聖人取舍之政。以爲法於後世，人主翕受敷施，當何法哉。於人之罪無所忘，天下所以叛楚。一聞人過，終身不忘，管仲知鮑叔不可以爲相。《周書》曰：記人之功，忘人之過，宜爲君者也。蓋昔者嘗切歎唐八司馬，皆天下雄豪偉特之才。如劉禹錫、柳宗元，其所以蘊藏，蓋百分未試其一。故其陵厲軒軒之氣雖幽深憔瘁之中，猶自見於文章議論，而不没其精華，果鋭盤屈，而抵折不得已，而暴露於荒州僻郡之間。蓋亦有大過人者，而程异晚年復進，則唐之財用，遂以沛然。此豈可以一節之不善而遂終棄之耶？

嘗讀《洪範》之書，以爲皇極之道廣大而不狹，寬厚而不苛，而堯舜禹湯文武所以用天下之術，頗可以推見於此。何者？有猷者、有謀略者也。有爲者有膽力者也。有守者、有志節者也。此不可以不念也，故曰有猷有爲有守，汝則念之。雖然有謀略者，或至於詐而不能正；有膽力者，或至於縱而不知法；有志節者，或至於執而不知權。蓋非天下之中道矣，然而苟未麗於惡者，亦不可不愛也。故曰不協於極，不罹於咎，皇則受之。嗟夫，皇極之道，非聖人孰能行？昔者太祖皇帝以大度致天下之士，知趙普之貪、曹翰之横而包含覆蓋，未嘗見於辭色。故趙普、曹翰俱自以爲名臣。自雍熙端拱以後，用法愈詳，責人愈密，蓋其弊至今有二，一曰記其舊惡而不開其自新，二曰録其暫失而不責其後效。

（宋）袁説友《東塘集》卷八《論選舉當求可行》　臣聞之天下之患，莫大於使學者棄難而圖易，因利而求害也。昔之聖人懼人之淺其所習也，於是乎有所謂難者而使之必知，懼人之溺於所謀也，於是乎有所謂利者而使之必貴。聖人非切切然於所可緩也。蓋舉天下棄難而圖易，則其學之難者將使何人而知之。舉天下因利而求害，則其事之利者將使何人而貴之。聖人固不安於此也。嗟夫，君子之學，其亦求至於難者耳，天下之理，其粗著於顯然易見之間，而其妙寓於隱賾難明之際，得其一說者，不若得其說之全；得其一意者，不若得其意之盡。若以一說一意之易而遽止焉，其何貴乎君子之學哉？聖人曰吾必使學者不棄難而圖易，則至難之理彼或可得之矣。天下之事必有利害之殊，世固可以去害而就利，而又豈可因利而就害哉？吾之心將以致某利也，然其致之甚艱，利未及我而害已踵至，則亦爲甚不可。今夫學者固有以某事而致某利也，若以某事而致某害，聖人安得不窮其致害之由而絶之？是二者之說常存於選舉之間，衆人之所忽而不思，而智者每以爲慮，豈非爲學者之所輕重，抑有不可不講者歟？自周家有鄉舉里選之法，而由漢迄唐，其制屢變而不一，以至於我國家所以剔蠹而剗弊者亦靡不至，天下之士率三歲而偕計於鄉邦，又程之南宮，然後天子親策而予之仕。其察之不爲不詳，其官之不爲不審。凡有志於此者，亦莫不激昂淬勵，以求自奮於一日之程。蓋亦以法之可行，此天下所以常行而不倦，雖然事不以法而不生，而法常以事而必變。如今之選舉，其大槩固合乎人情。若其間或有使學者棄難而圖易，因利而就害者，此則不可以不革也。何以言之？士之於言語文章，猶人必有飲食衣服之具。學之必以經，猶衣之必以桑麻，食之必以穀粟也。捨桑麻穀粟而爲衣食，則其用必不可久；捨經而爲學，則其理必不可造。而今之學徒，志於儻來之榮，而不先正其在我者，故以十人求之，而捨經習賦者則已七八矣。彼非惡夫經也，必曰習詞賦者，雖倉猝而可爲，而通乎經者，非累年不可也。知其難而棄之，而不知夫難者蓋理之所會；知其易而圖之，而不知夫易者實理之所闕也。烏有以君子之學而自闕其理哉？噫，言物者恥一物之不知，問字者恥一字之不辨。學焉而不志於通經，亦已惑矣。臣非敢以習賦者之舉不知經也，然其間或有以古人志學之年，一朝挾雕蟲之藝而遽被鄉書，有老儒通經者之所不可得。蓋有徒惑一時綴緝之工，遂以謂過於通經隱奥之説，此其爲大可革也。往者朝廷兩行兼經矣，然不待再舉而又易之，其説則曰詞賦非老儒之便也，是以一變而不復用，不知其以經義進者若果有卓越之論，雖曰賦不及之，要亦宜置高等。況其既通經學，則所謂詞賦者殆不過在不能工巧之失，必非蕪繆而舉不足讀也。苟以如是之説而試之，又安足爲老成者之病哉？故曰棄難而圖易也。臣愚以爲宜申前制，所未盡者，率自今日始。然前日之法，嘗以大經之義二、小經之義一以爲一日之長，則其文或幾於太簡，又安能盡見能否之實？宜於大經之義益以一篇，而其小者則如舊制，庶幾學者有所本而不雜。今川蜀之士來廷試者，蓋肇於辛未之春，以迄於今日而不變，朝廷亦欲使其皆試於廷，以均遠邇之勢，而蜀之士子亦欲觀光上國，或能爲魁選之榮。若以此推之，則亦何害之可云也？而臣嘗得於蜀人之言，皆謂因利而就害者莫過於此。夫蜀之距上都幾萬里，方冬之仲月，固以挈挈而在道，彼以萬里之塗，必有數百千之儲而後可達。然又道路奔衝之勞，疾病安養之事，其貧且無力者必鬻産通貸而後行，或以此而破家者，而往來之久，力疾而歸、抱疾而死者往往有之。彼之心固將以謀利也，而或有破家者，有殞身者，此不亦甚可惻哉。故曰因利而就害者。臣愚以爲宜立一格，有以酬其欲來之心，而絶其就害之路。凡魁蜀之省闈者，其恩列之視大魁略殺一官，而列於二三者，則與廷試之五名者等，庶幾不失蜀人之本心，而深革其遠至之害。然今之來者，固不能卻而使之歸，若因其歸塗增其驛券，亦足以爲寒儒之助。凡此皆能救學士大夫之病，而世之論者遂指爲迂濶而不一言。噫，文章與時高下矣，豈可使之棄難而圖易？君之仁者善養士矣，又豈可使之因利而就害也哉？臣之所言，其亦慮夫可爲而不爲也。

（宋）袁説友《東塘集》卷八《論銓曹當革其弊》　臣聞之天下有常事，聖人有常法；天下有變事，聖人有變法。事之常者可以常法治，而事之變者不可以常法拘也。嗚呼，所貴乎法者以其一定而不易，而聖人乃有常變之異者，獨何歟？蓋聖人能使天下舉無弊事，而不能使天下舉無弊法。結繩之政在堯舜已不可行，井田之制至漢唐已不能用，而必曰法者一定不易得乎哉。大抵事之必有法，猶口之必有言，耳之必有聽，目之必有視。而法之不能無弊者，亦猶言之不能無疵，聽之不能無蔽，視之不能無惑也。今指某事而曰可行也，則必某事之法爲可行。指某事而曰可去也，則必某事之法爲可去。聖人固不能使可行者必不行，可去者必不去。使可行而必不行，則是事之常者復變其法；使可去而必不去，則是事之變者復因其法矣。無故而變其法，法則愈變，而事愈不行。無故而因其法，法則愈因，而弊愈不去。此其爲患，特在於不知法之所以爲常變者，故其弊遂至於此。蓋臣嘗因是以觀自古銓選之法，以爲莫詳於唐。今考其書，所謂一時之制，毋慮數變而立長名之榜，或不變而得平允之稱。如盧從願、裴行儉之徒，皆能熟察士夫之情，而深考銓曹之弊，故其規畫每如人意。後世論銓選者，必以唐爲稱首，豈非遇事之變，而知以變法治歟。然而事之繁夥不可勝計，而法之出入每有不免與事俱靡者，此必有可變之法存於其間，而議者特未之察也。陛下踐阼以來，凡少常伯之臣皆有議法之意，如嚴銓試之格，有以澄入流戒吏胥之姦，有以開公道明保官之令，有以考行實優已試之仕，有以限差注。此皆因時度宜，不拘於一法之立。然有無窮之事者必有無窮之法，其法爲無窮則其弊亦無窮。故臣以謂方今銓曹之法，其可行者有二，而其已弊者有三，何以言之？今天下命士，有不三歲而增者數千人，而吏部之闕常自若也。一闕之注居之者一人，待之者二人，而擬之又一人，遠者七八年，近者三四年，士夫囂然而歸，往往坐食五六年而未仕，此猶不足慮也。然當其調官之日，來者每以數百人，而吏部或無闕以應之，又不過取其尤遠者，使之始得一闕而去，莫不咨嗟歎息。集之都下，若有甚不美者。臣嘗察其調官愈多而得闕愈遠，多爲初官耳。要宜於初官之闕，稍稍立一法以寬之，若徒泥銓試之格，欲更以十而取一，尤足以致仕者之怨。且今之尉職，實先捕盗，固不可以冗員。目之近日邑之有盗者多，非尉吏所可獲，蓋其勢不能獨禦耳，故莫若因其職以益其員。凡一邑悉置兩尉，而東西之職其俸禄皆均，而終更亦以三考。夫既能隆一邑之勢，而吏部之闕亦可一旦而增數百。若復計其待之者，則足以應千人之須，恐或能爲闕少之助，猶愈於坐視其遠而不之救也。既下增置之令，則未擬之初皆爲見次，宜以調官有賞與其試在前列者方得注擬。若再擬之日，則不必較此矣。或曰有一官則一官有廩禄，國家方有乏財之嘆，固不堪此冗也，而邑之弓手猶不足以供一尉，況兼之哉。臣曰不然，邑之下吏其禄少，州縣自足以應之，月不過數十千，且又星分於天下，其所出殆非甚費者，邑之弓手本非不足也，特患於邑之令佐或分以自役，或析以假人。今若革去二弊，而盡歸之尉，更總十之二而增募之，則二尉役之有餘。此法之可行一也。得一官者必已試而仕，其不然者，雖有非常之賞舉不用也，而獨不知前日未試而仕既罷而調者，何不使之必試而後調耶？今之在官者，固非一一皆已試也，必有援賞於未嚴之初以恩例而免者，以年及而免者，以堂除而免者，以嶽祠而免者。若待其解官而來，宜考其已試與否。苟未試也，必不可以不試，亦不以薦剡既充而竟免。如此者，恐不止千餘輩，若以漸而究之，亦可澄調官之選。此法之可行二也。今吏部之法有以區區之賞而得射暗闕者。夫暗闕固不易得也，且又非當出之次，或以佳地而可居，或以待者之有故，是以挾賞以必取。殊不知以名器之公而使吏輩得以金錢而相易，何者？某人而有賞也。囑之某吏曰：吾將取暗闕也。夫某吏者必知闕之孰爲遠孰爲近，故得金者告之必亟，而不得金者吝而不告，亦可疾矣。若削去暗闕之法，止以賞典爲差注之優，庶幾無吏胥之姦。此法之已弊一也。今以選人而陞京秩者，不啻登天之難。凡小官有所挾者，固有必舉之理，而寒素鮮援者，多老死於選調，且天下之人安能盡有所挾哉？古之人將以舉削均天下之勢，然流弊既久，適足爲不平之具，此其爲患，豈特一朝夕之故？是故嘗求其至公之法，以一其勢。凡十考書者，許以改秩，其有舉削者，則如常制，庶幾法無所偏而事當其可。此法之已弊二也。今之改秩者，必待截會之至，方給之鈔，然最大利害者，士夫辛勤百爲而不得舉削之，集其將改之日則歲月已不勝久矣。夫舉主之難全，固有不終朝而存亡者，而吏輩遂得持此以爲受賕之隙。方截會之時賂之，至者可朝會而夕下，其未至者，雖朞月猶未也，豈不勝其弊哉？當是之時，貧無力者多以此而敗事，亦可悲矣。臣以爲凡給鈔者，不必俟截會之至，使其果有罪也，褫而奪之，何晚哉？此法之已弊三也。嗟夫，法之可行者，特患其非果可行，法之已弊者，特患其非果弊也。如曰舉天下以爲可行，則亦何憚而不爲，舉天下以爲已弊，則亦何惜而不革。臣愚以謂：今日銓衡之法，固不能盡去今日之弊，然權其事而爲之，或恐其有得乎此也。

（宋）袁説友《東塘集》卷一二《用人狀》 臣茲者恭覩陛下學念根於至誠，學力期於無倦，添置講員，增益經史，日有定課，夕有訪問，務爲入耳著心之學，不爲故事虛文之舉，中外慶賀如出一辭。臣竊惟自古聖王之治，其端本澄源，所恃以長久者在於親君子遠小人而已。惟《尚書》一經，其言此道最爲詳盡，敢因陛下添講此經，得以少述其略焉。益告舜曰：任賢勿貳，去邪勿疑，以言任君子則貴於專，去小人則貴於決也。禹告舜曰：知人則哲，能官人。安民則惠。又曰：何畏乎巧言令色孔壬？以言能任君子，則不畏於邪佞小人，然後惠及於斯民也。伊尹告太甲曰：逆忠直，遠耆德，比頑童，時謂亂風，邦君有一於身國必亡。以言不親忠直之君子，而比頑童之小人，則亂亡可立至也。傅説告高宗曰：惟治亂在庶官，官不及私昵，惟其能；爵罔及惡德，惟其賢。以言用賢能之君子則治，用私惡之小人則亂也。周公告成王：繼自今立政，其勿以憸人，其惟吉士，用勱相我國家。以言成王初政，當去小人任君子，則能竭力以輔國也。穆王告伯冏曰：慎簡乃僚，毋以巧言令色，便僻側媚，其惟吉士。以言人主左右當選用吉士，而毋用便僻之小人也。凡此數端載之《尚書》，每以親君子遠小人爲安國家利社稷之本。然而自古人主固有始知君子之可親，而終則移而爲親小人者矣；固有貌親君子而心實疎之，至於小人則貌與心俱親者矣；固有君子以拂意而日疎，小人以順旨而日親者矣；固有小人指君子以爲黨，人主終墮其計而遂疎君子者矣；固有毀言日至譖語日聞，而君子則以譖毀而去者矣。是五者之患豈有他哉？蓋君子之事君也以正，正則難入，小人之事君也以順，順則易親。君子難進而易退，故其勢易以疎。小人挾智以固寵，故其勢易以親。君子每責難於君，故率多齟齬。小人則逢君之惡，故樂於聽從。唯賢君聖主見善明，用心剛，知天下之治亂繫於君子小人之用否，爲之取捨進退，使之各當其所，而不相亂；别白區區，使之各定其論，而不能惑。唐虞三代之治，蓋無有越此者。漢元帝用蕭望之，其始亦知親君子矣，一墮小人之謀，卒以洪恭、石顯而衰漢業。唐玄宗相姚、宋，其始亦知親君子矣，一墮小人之謀，卒以林甫、國忠而亂唐室。以是知人主之親君子爲甚難，而尤難於悠久。人主之親小人爲甚易，而尤易於亂亡。漢唐二君其明驗大效，可以概見。蓋小人之足以蕩君心，人君樂得其欲，而不知爲天下害耳，惟能親正直遠邪佞，則可以免患矣。至哉斯言，其深得小人之用心乎。仰惟陛下初政，所及動合人心，其親君子遠小人固已深得其説矣，而臣猶以是爲言者，誠恐自今以往歷日浸遠，時日益異，事日益變，寧不爲陛下長久之慮乎？臣願陛下深究《尚書》一經，其言親君子遠小人如是切至，鑒漢唐二君治亂之所分，觀范祖禹《論小人之情狀》，常軫聖懷分别邪正。外而百僚庶尹，内而左右近侍，凡忠誠正直之臣、道學實德之士，此皆君子也，願陛下視如手足，親如腹心，不以日久而浸疎，不以拂意而輕厭。凡便僻邪佞之輩、虚誕貪譖之徒，此皆小人也，願陛下嫉如仇讎，視如草芥，不以親昵而偏信，不以悦意而愈親。堅此聖心，守此聖鑒，陛下享國萬年而長用此道，毋摇於異議，毋奪於譖言，則《尚書》一經帝所以帝，王所以王，端可齊驅而並駕矣。臣不佞荷陛下開納其言，固常見之行事，兹用感激奮厲，盡瀝肝膽爲陛下一言，惟聖慈留神毋忽焉。

（宋）岳珂《愧郯録》卷九《作邑之制》 今世選人改官，必實歷知縣三年，謂之親民。雖已爲令，既班見，猶不免作邑，或京秩再任後，須入邑闕一次。惟大理評事出宰，特許成資以二年罷，非被朝廷識擢，無不由此塗者。然爲邑有催科撫字之責，有版帳民訟之冗閑，有賦入實窄，鑿空取辦，郡邑不相通融，鮮不受督趣。故士大夫每視爲難，徒以不得已而爲之。議者率謂自南渡後，經總二使出括羡財，盡民力無遺，故邑計類窘束，士莫敢爲。珂嘗攷之，祖宗承平時，見仕者已不願宰邑。其所由來久矣，非特今日也。元豐元年七月，吕公著言：臣伏見審官院流内銓以知縣令闕多，凡選人被舉充職官及轉京官者例差知縣，已被差不通舉辟，不許避免。臣竊以爲當國家有道之時，付之以百里之地，有民人社稷之重，則士子所宜願爲。今乃設一切之令，驅所不欲，與坐殿負犯者無異。此殆郡縣法網太密，而勸别之道不明。吏有盡心奉法治行明白者，未聞有所褎異，一罹微文，則不能自免於譴斥。加以近歲朝廷以更改法度，郡縣之吏或不能奉行，故於常法之外峻其黜典，經赦去官多不原免，積累歲月，坐此殿累者益衆。臣愚以爲長民之官，朝廷所宜寬假，非有贓私顯狀及罷輭尤不勝任者，雖小法無輒替易。仍詔諸路監司牧守，其屬令長奉公愛民，治效尤異者，每歲列薦三二人，閒或奬拔，待以不次。其次如職事修舉，有舉主令轉京官者，特與依諸州教授例，就任改官，許令再任。如此，則勤廉者得以自保，勞能者有所激勸，中才足以勉强，異效不至滯留。上深以爲然，即詔中書立法，而法竟不就。觀公著之論，足究致弊之原，豈是時專坐新法之行，爲令者固難之耶？抑不關乎此也。今固習爲畏塗矣，得無愛君憂國如公著者出此言乎？可爲三嘆。

（宋）岳珂《愧郯録》卷九《書記支使》 銓曹見行之制，凡天下節鎮觀察府書記支使共職，均爲郡職官。所以設名者，徒以爲有無出身之辨耳。珂嘗攷事之始，乾德元年七月，詔曰：管記之任，資序頗優，自前藩鎮薦人，多自初官除授，自今歷兩任以上有文學者，許節度使觀察留後奏充。則是元未嘗與支使爲相代之稱，而所謂有文學而後許辟，蓋已漸有别矣。太平興國六年十月，詔諸道節度州，依舊置觀察支使一員，資考俸料並同掌書記。自今吏部除擬以經學及諸色入仕無出身人充，凡書記支使不得並置。此蓋今制之所繇始，詔語昭然。遡而考之《會要》，太平興國五年閏三月十一日，京兆府户曹參軍顔明遠、徐州節度使推官劉昌言、洛州鷄澤縣主簿張觀、德州將陵縣主簿樂史，並應進士，舉殿試合格，帝惜科第不與，乃除明遠忠正軍，昌言歸德軍，觀忠武軍並爲節度掌書記。則是前乎一年，其制猶未定也。後至淳化三年，則距六年之詔已十有一年，其制疑久定矣。而是年四月五日，滁州軍事判官鮑潣、鄧州録事參軍楊令問、滁州清流縣尉胡咸秩，並鏁廳應舉，各賜及第，以潣爲忠正軍節度掌書記，令問爲本州觀察支使，咸秩爲楚州山陽縣令，則似二官尚不分左右，與初詔若不相符。味潣與令問科甲先後之序，豈非猶於賜第之時有所輕重耶？蓋是時作福之柄，例皆一時出於君上。不如今侍左銓著爲成式，特有司奉行之。故容有此，然初詔之意，迄於今不可變也。

綜　述

（宋）司馬光《司馬光奏議》卷四《十二等分職任差遣札子嘉祐六年閏八月八日上》 臣竊以國家張官置吏，任事久則能否著，能否著則黜陟明，黜陟明則職業修，職業修則萬事理，此古今致治之要術也。今朝廷明知任官不久之弊，然不能變更者，其患有二：一者仕進資塗等級太繁，若不踐歷，無由擢用。二者歲月叙遷有增無減，員少人多，無地而處。此所以熟視日久而無如之何者也。臣嘗不自知其愚賤，私爲陛下慮之。竊以今之所謂官者，古之爵也；所謂差遣者，古之官也。官以任能，爵以疇功。今官爵渾殽，品秩紊亂，名實不副，員數濫溢。是以官吏愈多，而萬事益廢。欲治而清之，莫若於舊官九品之外，别分職任差遣，爲十二等之制，以進退羣臣。謹具條列如左：

一、十二等之制：宰相第一，兩府第二，兩制以上第三，三司副使、知雜御史第四，三司判官、轉運使第五，提點刑獄第六，知州第七，通判第八，知縣第九，幕職第十，令録第十一，判司、簿尉第十二。其餘文武職任差遣，並以此比類爲十二等。若上等有闕，則於次等之中擇才以補之。

一、十二等之中，舊無員數者，並乞以即今人數爲定員。自今有闕則補，不可更增。

一、十二等之人，德行、學術、政事、勇略、錢穀、刑獄、文辭，各隨才授任。其提點刑獄以上，皆無罷滿之期。知州、知縣、縣令四年，餘皆三年爲滿。未滿之間，稱職有功，則改官益禄，賞賜獎諭，仍居舊任。必須上等有闕，然後選擇遷補。其不能稱職者，則移易黜廢。有罪者，貶竄刑誅。

一、同等之人，雖名有尊卑，事有閑劇，地有遠近，治有小大。遇遷補之時，不復以資任相壓，皆合爲一等，選擇進用。

一、提點刑獄以上，伏乞陛下與執政大臣親加詳擇。其知州以下，委之審官院。幕職以下，委之流内銓。遇上等有闕，即於次等之中，取職業修舉，功利及民，累經褒賞，或有舉主數多者。次取常調少過者，以次遷補。

一、應磨勘合改京官人，且依常調差遣。須候上等有闕，即取有功或舉主最多者，以次遷補。其自幕職入知縣者，並改京官。

一、因資蔭得京官者，分監當爲三等。初任皆入下等監，當候中等、上等有闕，亦依簿尉、令録之制，取有功或舉主多者，以次遷補。若知縣有闕，則與幕職混同遷補，但不改官而已。仍自今後以資蔭授官者，須歷簿尉，不得直除京官。

一、應因貪虐不公，或昏懦廢職坐除免停替之人，永不得復舊等差遣。内别無入己贓，曾經叙理得差遣，或降充監當者，五年之外，有舉主五人以上，聽復舊等差遣。

右十二等之制，伏望裁擇。或有可采，乞下公卿大臣詳議，然後施行，取進止。

（宋）宋敏求《春明退朝録》卷中　凡輔臣、宣徽使初入，封三代；爲東宫三少，曾祖爲少保，祖爲少傅，父爲少師。因進官或遇大禮，進加至太師。兩令、國公、使相、節度使，亦封三代。尚書、資政殿大學士、三司使，封二代，至太尉。大學士自如兩府例。學士至待制，封一代，至太尉。餘陞朝官以上至吏部尚書。父歷兩府，贈至師、令、國公。歷兩制、大兩省，贈至大尉。唐相止贈一代，權德輿罷相，爲檢校吏部尚書、興元節度使，自潤州改葬其父於東都亡祖之域。其祖倕，終右羽林軍録事參軍，因表納檢校吏部尚書兼御史大夫，請回贈祖一官。詔不許納官，特贈倕尚書、禮部郎中。德輿在遷祔式假内，公事皆差官服慘服句當，有敕使及别奉詔命，即令權承進止。【略】

吏部流内銓，每除官皆云權、判，正衙謝，復正謝前殿，引選人謝辭，由唐以來，謂之對勑。判銓與選人同入起居畢，判銓於殿廷近北西嚮立，選人謝辭訖，出。判銓官亦謝而出。近止令選人門謝辭，判銓不復入。

（宋）宋敏求《春明退朝録》卷下　交州進奉使，舊多遣兵馬使，或攝管内刺史，或静海節度賓幕之職。及其歸，多加檢校官，或就遷其職，如行軍司馬、副使之類。近皆自稱王官，又亦以王官命之。尚書省舊制，尚書侍郎郎官不得著鞾韈過都堂門。唐兵部、吏部侍郎郎官選限内不朝。今審官東西院、三班院皆預内朝，而流内銓止趨五日起居，疑循舊制也。

（宋）徐度《却掃編》卷上　國朝宰相、樞密使必以侍郎以上爲之，若官舊尊則守本官，官卑則躐遷侍郎。官制行，初相止除大中大夫，崇寧後必超進數官。政和以後，至有徑遷特進者。靖康初，吳少宰敏初相，自中大夫躐遷銀青光禄大夫，引故事自言，於是改大中大夫就職。【略】

國朝參知政事、樞密副使必以諫議大夫爲之，權御史中丞亦然。熙寧中，始有本官帶待制權中丞者。官制後，初拜執政遷中大夫，而中丞不復遷官矣。

（宋）佚名《宋大詔令集》卷五〇《宗室·雜詔·六房擇最年長與官御筆大觀二年八月二十二日》 上皇之孫，於屬雖遠，親親之義，族有戚疏，恩有厚薄，未有仁而遺其親者也。聞上皇之孫未有官者，六房餘三十人，至或貧乏不能自存，爲之惻然。已降指揮，置敦宗院，可令疾速措置聞奏。其六房內，各擇最長、年二十以上，與三班奉職二人，一房及六人以上者加一人，仍並添差監當差遣。

（宋）佚名《宋大詔令集》卷五〇《宗室·雜詔·宗室遷官詔至和三年八月壬子》 朕祗遹行謨，特遵常憲。載惟攷績之令，蓋疇蒞事之勤。況本支茂於皇宗，盤維固於王室，儻用法而削，則傷睦族之恩。苟見勞而遷，且匪徇公之道。又念奉朝既久，樂善不言，常協用於前彝。宜特寬於新制，使尊卑各叙，進官者率以限年。若德業衆稱，加禄者亦有異數，並期祇節，無怠省躬。先朝舊制，皇族在班及十年者，具名取旨，令中書樞密院檢勘。自明堂覃恩後，及十年者，特以名聞，當議依天禧元年正月宗正寺所定年勞次第，各與遷官。其近因特恩遷官者，以更理十年，方依此施行。

（宋）佚名《宋大詔令集》卷一六一《政事·官制·令兩省御史臺官不得以它官轉入詔大中祥符四年八月丙辰》 諫垣近臣，憲府清塗，職在弼違，任當執法。先帝勗其獻納，特改於名稱，歷代委以糾繩，必資於端直，苟非選用，曷以當官。至如軒陛承恩，榮列殊等，靡緣叙進，蓋在才難，矧復就列中宸，策名內省，宣達命令，出入禁闈。祖宗以來，邦國舊制，必由特獎，以示勗勤。昨者報本勤封，禮成慶浹，曠世所遇，固優洽以爲宜。有位例遷，非悠長之垂法，必從區別，以勵忠勤。自今兩省御史臺官，須文學優長、政治尤異者，特加擢拜，遇慶恩不得以它官轉入。其東頭供奉官至閤門祗候，高品至殿頭內供奉，官至崇班，並不得一例遷授，其不預改轉者，當議優與差遣，增其俸給。

（宋）佚名《宋大詔令集》卷一六一《政事·官制·樞密直學士定六員詔大中祥符》 宥密之地，出處深嚴，論思之臣，踐揚清要，雖素由於慎簡，尚未立於定員。矧侍從才難，軒墀望峻，在選賢之攸重，宜著位之有常。樞密直學士自今以六員爲定。

（宋）佚名《宋大詔令集》卷一六一《政事·官制·令川峽官許去本貫三百里外守官詔天禧四年二月庚午》 區域之廣，官師實繁，惟籍貫之所存，在條章而有限。察其情志，寧靡懷思，矧夫致政之人已獲退身之適，使還閭里，足表恩榮。悉用推恩，從遂其便，宜令審官院流內銓，自今群官中川峽中有科名、歷任無贓罪、經薦舉者，三任內許一任去本貫三百里外守官。其年老致仕者，亦許還鄉。

（宋）佚名《宋大詔令集》卷一六一《政事·官制·三司使副未久不得遷易詔景祐元年二月庚申》 眷言會府，專制國財，使領之權總臨於諸部副貳之列，分幹於攸司，名秩頗崇，政務尤劇。凡所更踐，莫匪俊良，故有不時而遷，遂成數易之弊。蓋念幅員至廣，貨利惟繁，必牢籠之得宜，乃用度之無失，非久其職，將瘝厥官。期底定之有同，繄服勞之靡懈，庶使詳研計簿，狎貫事程，寬物力以阜民。謹歲成而濟治，副茲重委，各竭精心。自今三司使副在職未久，毋得非次更易。

（宋）佚名《宋大詔令集》卷一六三《政事·官制·改武選官名詔》 昔在神考，董正治官，肇建文階，以禄多士，聯職合治，各有等差。名實既賓，以克用乂。而武選官稱，循沿末世，有志未就，以迄於今。述而後明，靡敢怠廢。朕夙夜惟念，易而新之，訓迪厥官，自我作古。夫名不正則言不順，言不順則事不成，凡爾有官，尚慎乃止，欽哉成憲。其爾之休，所有武階磨勘遷改請給奏薦等，凡厥恩數，悉如舊章。咨爾有衆，祇於新書，毋忽。

橫行

新官	舊官
通侍大夫	內客省使
正侍大夫	延福宮使
中侍大夫	景福殿使
中亮大夫	客省使
中衛大夫	引進使
拱衛大夫	四方館使

左武大夫	東上閤門使
右武大夫	西上閤門使
中亮郎	客省副使
中衛郎	引進副使
左武郎	東上閤門副使
右武郎	西上閤門副使

右十二階，大夫帶遙郡仍舊，內通事舍人、閤門祇候、看班祇候仍舊。

皇城使以下

新官	舊官
武功大夫	皇城使
武德大夫	宮苑使　左右騏驥使　內藏庫使
武顯大夫	左藏庫使　東作坊使　西作坊使
武節大夫	莊宅使　六宅使　文思使
武略大夫	內園使　洛苑使　如京使　崇儀使
武經大夫	西京左藏庫使
武義大夫	西京作坊使　東西染院使　禮賓使
武翼大夫	供備庫使

右八階，帶遙郡仍舊。

皇城副使以下

新官	舊官
武功郎	皇城副使
武德郎	宮苑副使　左右騏驥副使　內藏庫副使
武顯郎	左藏庫副使　東作坊副使　西作坊副使
武節郎	莊宅副使　六宅副使　文思副使
武略郎	內園副使　洛苑副使　如京副使　崇儀副使
武經郎	西京左藏庫副使
武義郎	西京作坊副使　東西染院副使　禮賓副使
武翼郎	供備庫副使

右八階。

內殿承制以下小使臣

新官	舊官
敦武郎	內殿承制
修武郎	內殿崇班
從義郎	東頭供奉官
秉義郎	西頭供奉官
忠訓郎	左侍禁
忠翊郎	右侍禁
成忠郎	左班殿直
保義郎	右班殿直
承節郎	三班奉職
承信郎	三班借職
進武校尉	三班差使
進義校尉	三班借差

右一十二階。

入內內侍兩省

供奉官	東頭供奉官
左侍禁	西頭供奉官
右侍禁	殿頭
左班殿直	高品
右班殿直	高班
仍舊	黃門
祗候侍禁	祗候殿頭
祗候殿直	祗候高班
祗候黃門內品	祗候高班內品
仍舊	祗候內品
仍舊	貼祗候內品

右一十一階。八階改三階仍舊。

大將等

新官	舊官
進武副尉	大將

進義副尉　　正名軍將
守闕進義副尉　　守闕軍將
右三階。
殿侍
新官
下班祗應
差在京宗室及外州軍祗應稱殿侍，非是。除東西班應奉人依舊外，餘令改作下班祗應。
正任
節度使
觀察留後
觀察使
防禦使
團練使
刺史
右六階，仍舊，不帶持節等。
南班環衛官
諸衛大將軍
諸衛將軍
率府率
率府副率
別無領職，不礙官制，合依舊。
衛官各有三等，上將軍、大將軍、將軍共四十六階。
左右金吾衛
左右驍衛
左右武衛
左右屯衛
左右領軍衛
左右監門衛
左右千牛衛
左右衛
合依舊
率府率、率府副率五等十階。
左右衛司禦率府率
左右衛清道監門內率府率
左右衛司禦清道率府副率
左右監門率府副率
左右內率府副率
合依舊
醫職
和安大夫
成和大夫
成安大夫
成全大夫　　軍器庫使
保和大夫　　西綾錦使
保安大夫　　榷易使
翰林良醫　　翰林醫官使
和安郎
成和郎
成安郎
成全郎　　軍器庫副使
保和郎　　西綾錦副使
保安郎　　榷易副使
翰林醫正　　翰林醫官副使

（宋）**葉夢得《石林燕語》卷二**　國朝選人寄禄官，凡四等七資。留守節察判官、掌書記支使防團判官，留守節察推官、軍事判官，爲兩使職官。防團軍事推官、軍監判官，爲初等職官。司録、縣令、知縣爲令録。軍巡判官、司理、司户、司法、簿尉，爲判司簿尉。其升遷之序，則自判司簿尉舉令録遷令録，舉職官，遷初等職官。自職令薦書及格，皆改京官。不及格而有二薦書，則遷兩使職官，謂之短般；以勞叙賞，謂之循資。崇甯中，鄧樞密洵武建言，以爲名實混淆不正，乃改今七等名。

（宋）李燾《續資治通鑑長編》卷九《太祖開寶元年》 辛酉，令合格選人到京者即赴集，不必限四時，及成甲次，南曹、銓司、門下省三處磨勘注擬，並點檢謝辭等，共給一月限。南曹八日，銓司十五日，門下省七日，著爲定式。若別論理課績，或負過咎，須至諸處勘會者，即依例行遣，仍具事以聞。如無闕員及資考未當注擬者，不在此限。

（宋）李燾《續資治通鑑長編》卷二二《太宗太平興國六年》 癸丑，令内侍省細仗内先衣黄者並衣碧，吏部黄衣選人改爲白衣選人。

（宋）李燾《續資治通鑑長編》卷二八《太宗雍熙四年》 八月乙未，令諸路轉運使及州郡長吏自今並不得擅舉人充部内官，其有闕員即時具奏。前所論薦，多涉親黨，故窒其倖門也。

（宋）李燾《續資治通鑑長編》卷八二《真宗大中祥符七年》 吏部流内銓言，諸州有親屬爲部内官，到任一考以下聽對换，一考以上，請令俟成資日依得替例放罷，從之。

（宋）李燾《續資治通鑑長編》卷八三《真宗大中祥符七年》 庚辰，宗正寺言：太廟齋郎、室長，自今請令預五大饗行事無遺闕者，減一選；全不赴者，殿一選，仍遇恩不得放選注官。從之。

（宋）李燾《續資治通鑑長編》卷一二九《仁宗康定元年》 流内銓言選人試律斷案，多是苟避選限，乞自今止許試一次。從之。

（宋）李燾《續資治通鑑長編》卷一三九《仁宗慶曆三年》 辛酉，國子監言：自今補説書官，請以四人爲定額。及歲所試監生不合格，且留聽讀，三試不中者黜之。仍請立四門學，以士庶人子弟爲生員，以廣招延之路。並從之。

（宋）李燾《續資治通鑑長編》卷一八七《仁宗嘉祐三年》 乙巳，禮部貢院言：近制，不許臣僚門客受恩澤，其出官鎖廳取應，限一次，儻不中，遂廢終身，甚非勸學之意。請自今更不限舉數，其長史、司馬、助教、文學及曾應舉中第者，不理前資，仍與除去進納之名。從之。

（宋）李燾《續資治通鑑長編》卷一九九《仁宗嘉祐八年》 中書奏：舊制，堂後官至員外郎依舊供職。至景祐初，令至員外郎與外任，緣堂後官未至提點皆不願出，遂以所當轉官爲子孫求恩澤，至今沿以爲例。今欲轉至員外郎者，令依舊供職，更不許求恩澤，所有五房提點，例雖次補，亦合擇材。今後如任内職事修舉，年滿日即依舊供職，推恩任用；如弛慢不職，即不俟年滿，止與堂除知州。從之。

（宋）李燾《續資治通鑑長編》卷二九五《神宗元豐元年》 中書言：立大小使臣呈試弓馬藝業出官試格：第一等步射一石，發兩矢，射親十中三，馬射七斗，發三矢，馬上五種武藝，問孫、吴大義十通七，時務邊防策五道，文理優長，律令大義十通七，如中五事以上，與免短使，減一任監當，三事以上免短使，陞半年名次，兩事陞半年，一事陞一季。第二等步射八斗，射親十中二，馬射六斗，馬上三種武藝，孫、吴義十通五，策三道，成文理，律令義十通五，如中五事以上，與免短使，陞半年，三事以上陞半年，兩事陞一季，一事與出官。第三等步射六斗，射親十中一，馬射五斗，馬上兩種武藝，孫、吴義十通三，策三道，成文理，律令義十通三，計算錢穀文書五通三，如中五事以上，陞半年，三事以上陞一季，兩事與出官。從之。

（宋）李燾《續資治通鑑長編》卷四三一《哲宗元祐四年》 庚戌，樞密院言：赴任、替移官，經過無接送人者，遇道路艱阻，量差軍人護送。其不應差而差，並受差者，各以違制論。即雖合差，而輒將帶過，及官司令帶過者，亦准此。從之。

（宋）李燾《續資治通鑑長編》卷四三二《哲宗元祐四年》 癸亥，吏部言：比詔内外官司舉官悉罷，令本部立定合舉官處。今請尚書左選，除榷貨務等仍舊舉官外，左右廂店宅務、文思院、太常寺協律郎、内酒坊、法酒庫、作坊、八作司、通利軍使、準備勾當市舶司、經養撫庫務等；尚書右選，除都大巡河及御廚等仍舊舉官外，法酒庫、内酒坊、街道司、作坊、八作司、便錢博易務、排岸司、都監巡檢、軍使、知縣、監修營房等；侍郎左選，職官令、録、判、司、簿、尉，並鳳翔司竹監、獨員縣城寨主簿、監當、縣尉等；侍郎右選，武學學諭、巡檢、寨主、催綱、押綱、文思院、作坊、八作司等，城寨軍使、知縣、縣尉、巡檢、監押、巡坊、勾當公事、指使、準備差使、部役押隊、退背河埽、催綱、監當等，並從本部注擬。從之。

（宋）李燾《續資治通鑑長編》卷四七六《哲宗元祐七年》 癸亥，

兵部狀：檢準元祐貢舉敕，寺、監長貳，各許奏舉武舉一人。今來御史臺等處牒到祕書少監二員，即係祕書省官。本部看詳，稱省者在寺、監之上，兼逐官亦係少監。今相度祕書省長貳，欲並關報，各許保奏武舉一人。從之。

（宋）李燾《續資治通鑑長編》卷四九一《哲宗紹聖四年》 戊寅，吏部侍郎葉祖洽等言：伏見侍郎左選，準元豐朝旨，類姓置簿。左右選理宜一體，而右選獨無，亦乞置簿拘轄功過。從之。

（宋）李燾《續資治通鑑長編》卷四九二《哲宗紹聖四年》 樞密院言：宗室諸司副使以上，該選將副人資任稍深者，許差非節度州鈐轄及雙員處都闕；無雙員處，即與添差。從之。

（宋）李燾《續資治通鑑長編》卷四九四《哲宗元符元年》 吏部言：官員任滿酬獎應保奏者，自得替日，本州限一月取會勘當全備申監司，本司限十日保明聞奏。內有緣故應展限申奏，即具事因與展限，不得過元限，仍報尚書吏部點檢催促。從之。

（宋）留正《皇宋中興兩朝聖政》卷三《高宗皇帝・詔罷編籍旨揮》〔建炎二年春正月〕辛亥，詔曰：近緣臣僚論列乞以崇寧以來無狀之人編爲一籍，已降旨揮候諫官御史具到，令三省樞密院參酌施行。然念才行難於兼全，一眚不可終廢，當宏大度，咸俾圖新。除參酌到罪惡深重不可復用人外，並許隨材選任。如顯有蹟效可以補前行之失者，因事奏陳，特與湔洗，仍許擢用。

（宋）留正《皇宋中興兩朝聖政》卷一〇《高宗皇帝・贓吏官不帶左右》〔紹興元年九月〕己亥，詔文臣寄禄官依元祐法分左右字，贓罪人更不帶，以示區別。用樞密院編修官楊愿請也，其後選人亦如之。

（宋）留正《皇宋中興兩朝聖政》卷二九《高宗皇帝・不歷郡不除郎》〔紹興十三年五月〕庚申，御筆不曾任守臣不得除郎官。魏杞奏：其間卻有任監司人未審合與不合除授。上曰：監司察州縣者也，事同一體。

（宋）留正《皇宋中興兩朝聖政》卷四七《孝宗皇帝・職事官不除待闕》〔乾道五年八月〕乙未，中書門下省奏白劄子，寺監丞簿學官大理司直密院編修之類，謂之職事官。朝廷所以儲用人才，比年以來，往往差下待闕數政除授猥濫，賢否混淆，何以清流品，何以厚風俗。欲望特降指揮，今後職事官須見闕方得除人。其已差人，卻恐待次之久無闕可授，乞朝廷稍復諸州添差釐務通判簽判教授屬官等闕以處之。他時職事官有闕，卻從朝廷於曾差下人內選擇召用。庶幾內外之職稍均，朝廷紀綱稍正。詔：已差下人，如應赴在半年內，許令赴上，在半年外，人各以資序高下除授一次。其所復添差等闕，今後更不作闕，三者常切遵守。

（宋）王明清《揮麈録》後録卷二 太平興國五年，詔通判得舉選人充京官。運判所舉人數，與提刑等。至熙寧三年，置諸路提舉常平廣惠倉，各添舉員。有旨：今後通判更不舉選人充京官，運判比提刑減人數之半。

唐制，郊祀行慶，止進勳階。五代肆赦，例遷官秩。本朝因之，未暇革也。章聖時，左司諫孫何與起居郎耿望言其非制，上嘉納之，遂定三年磨勘進秩之法。《孫鄰幾家傳》云。

（宋）謝深甫等《慶元條法事類》卷六《職制門・朝參赴選》 敕

職制敕

諸副尉已授在外差遣，應起發若替罷到部而無故違程限者，杖一百。

令

職制令

諸命官及翰林院醫人，乞尋醫侍養、隨侍、隨行指教者，通判路分都監以上，及緣邊主兵之官具奏聽旨。餘所屬勘會，無規避，即放離任訖，保明申在京所屬。隨侍、隨行指教及不因父母疾病乞侍養者，差官交訖放離任。非在任人，所在州施行。滿一年，許朝參赴選。不持服人所侍養親身亡後滿百日，聽朝參。即用恩澤得侍養、隨侍、隨行指教者，各不限年。其小使臣、校尉、承直郎以下，仍於所居州縣給公憑。隨侍、隨行係尊長陳乞者，不給。

諸應參選授差遣而得在外指射者，不限闕數。

諸命官、下班祗應係歸明傜人，乞致仕、尋醫侍養、丁憂、遷葬及應離本處者，並指所詣見任或所在州具奏聽旨，其尋醫侍養者，各不限年聽赴選參班。應就移者，依本法。

諸命官應入川、廣、福建，雖直注亦是。授訖未上同。有期以上親，願不理入遠，而代之者雖官資不同，聽代。

諸命官非八路替而願就八路差注者，聽，仍具所就路，於所在州投狀，本州知州、通判即轉運司。保明非昏耄疾病。朝議大夫以下及大使臣奏，餘申尚書吏部，承直郎以下免試。

諸命官用恩賞注闕而別就選闕者，聽留後任收使，仍於授告勅、宣劄三十日內經所屬自陳。在外者，録報尚書吏部。

諸命官應入川、廣、福建路，如本宗同居緦麻以上親在川、廣、福建路指射，若已授或在任，謂去替者百日以上。聽於未差移前召保官二員申尚書吏部，勘會不虛，權入近地。

諸寄禄官朝議大夫以下及使臣，因祖父母、父母老疾若婚葬願折資監當者，召保官二員，所在官司驗實無縮繫，保明申尚書吏部，許不拘本貫指射。在任人願先解罷者聽。即應入遠地監當，因祖父母、父母老疾，願不理任而入近地者，准此。以上不許舉辟對移，已到任而應避親者，自從本法。其緣邊主兵官及幹辦埽岸並諸河押綱使臣，不用此令。

諸祖父母、父母年七十或篤疾，各無男丁兼侍，若年八十，並前一年內召保官三員，申尚書吏部，應授差遣者，聽指射家便。已曾召保者，至八十免。再召未免試者，聽射殘零闕。在外於所在州投狀，詣闕召保繳申。已所資監當而祖父母、父母老疾者，准此。即應闕陞者，申尚書吏部，其願不理考任折資連併就前任處差遣者，聽，仍許在任自陳。

諸命官應入遠，雖已授勅告、宣劄，有賞該免，或因祖父母、父母老疾及婚葬願折資監當者，限六十日自陳，過滿見闕，限三十日。其監當人願不理任而入近地者，准此。

諸大使臣年六十以上，應在外指射差遣而已射闕者，聽於所在州自陳。本州體量精力衰與不衰，保明申尚書吏部。

諸小使臣、校尉、下班祗應若承直郎以下，初入官及罷任滿三年，非在任丁憂而服闋，若下班祗應、副尉請假在外過三年者，並同。所在州保明正身，初入官人，仍保明年甲。給公憑，赴在京所屬，已給公憑而過一年者，仍召保官二員。即副尉、下班祗應自補授及十年無故不陳乞者，不在參注之限。

諸下班祗應乞尋醫侍養、隨侍、隨行指教在外者，經所在州投狀，勘會無規避，保明報殿前司。若聽者滿一年及所侍親終百日外雖未滿，聽參班。即用恩澤陳乞隨行指教者，准此。

諸副尉在外乞尋醫侍養、隨行、隨侍守墳者，職事無縮繫，非入重格，召保二人，經所在州投狀，用恩澤陳乞及歸明溪洞邊人，雖入重格，准此。驗實申尚書刑部。若聽解罷者，滿三年參部。

諸文學遇赦許注官，降赦日年六十以下堪釐務者，本縣、本州、轉運司次第保明，申尚書吏部，有陞朝官三員奏舉者，聽赴部注權入官。

諸副尉受在外差遣，起發限十日。若河防軍期及有定日立界開場之類，皆不給限。其替罷者，短使同。除程，限三日到部。

諸命官罷任，除程，限一年到闕。川、廣、福建路展一季，水路每程各展兩日，文臣衝替輕者，一年後計。無故違滯，據歲月不支請給，不理磨勘。即已被奏舉，聽所至待報，得報不行，計期准上法。承直郎以下，不用此令。

薦舉令

諸因恩澤授散官助教、文學之類，及門客授官元不理選限者，若太醫、助教，並不在參選之限。

選試令

諸參選而應試者，恩澤文學同。以未鎖院前赴尚書吏部乞試。應試刑法人附試。丁憂服闋及疾故雖投狀在鎖院後，但未引試，聽試。

諸承直郎以下應參選者，歷任有舉者謂改官或充從事郎以上及縣令。共五員，免試，願試者，聽。即已用舉者免試及曾試中注官而各有舉者二員，准此。

軍防令

諸下班祗應初參班，召品官或將校二人保正身，所在官司審驗，遣赴殿前司。

諸初補下班祗應若年及格者，依使臣例，本家具家狀申所在官司，繳赴殿前司。

假寧令

諸承務郎以上及使臣在任，或已授差遣並待差遣限滿應直注人，因病假滿百日者，自落班簿後限一年聽朝參。承直郎以下在任，因病假滿百日者，准此。

諸小使臣校尉同。應赴闕而妄托疾故假滿百日，或累次通滿一百五十日者，所屬並申尚書吏部，仍自落籍後限一年方許朝參。

雜令

諸責保者，官司驗實，保人須年未七十，保初出官者，未六十。非歸明傜人。若緦麻以上親及許相容隱之人保官，仍須無贓罪或私罪徒，非分司、致仕、不理選限及進納流外官。謂見居流外品者。保參選差注者，仍須文武本色。承務郎以上，亦不得以承直郎以下爲保。

式

職制式

文武官射闕狀

具官姓　名

右某，應在外指射差遣，入某路分，係某資序，已待次者，即云見在部待次；就殘零闕者，即云見就殘零闕。今指射某處去替遠近闕，如指射親民闕，即云本處別無產業。如有，即聲説。候有，乞注授一處。其職事相干並統攝官不是應避親，及非塡替許相容隱並緦麻以上親闕。所有新授文書，乞附遞至某州請領。如後異同，甘俟朝典。謹具申尚書吏部，伏候指揮。

年月　日具官姓

雜式

保官狀

保官具官姓名書字二人以上具列。

右某等年未七十，保初出官者，即云年未六十。與某人非緦麻以上親並許相容隱人，無贓罪及私罪徒，不是分司、致仕、不理選限、進納、歸明傜人若流外官，今保某人云云。謂如保初入官人參選者，則云委是正身，年已及格，合該參選；保陞朝官初封妻，則云委是禮婚正室之類。並是詣實，如後異同，甘俟朝典。謹狀

年月　日保官具官姓名書字　　等狀

申明

隨勑申明

職制

紹興五年四月二十三日勑：命官罷任，並權聽從便赴闕，仍放行請給，與理爲磨勘，內小使臣免降罰，候事平日，依舊法施行。

（宋）謝深甫《慶元條法事類》卷一五《選舉門・試換官資》

勑

詐僞勑

諸文武官進武校尉同。乞試換，有違礙而詐匿不言者，徒二年，保官減一等；未施行者，各減二等。

令

選試令

諸武臣試換文資，於《易》、《詩》、《書》、《周禮》、《禮記》各專一經仍兼《論語》、《孟子》，願試詩賦及依法官條試斷案、《刑統》大義者，聽。

諸訓武郎至進武校尉，不曾犯贓、私罪及笞刑經決而願換文資者，聽召保官二員，具家狀，連保狀二本詣登聞鼓院投進乞試。外任人候替罷就試。文資換武職者，准此。即授小使臣後未及三年，授進武校尉後未及五年，三省、樞密院書令史以下授使臣、進武校尉若保甲及試武藝，並進納流外出身人，不用此令。

諸承直郎以下，不曾犯私罪情重及贓罪，年四十以下而願換武職者，聽召保官二員，具家狀，連保狀二本詣登聞鼓院投進乞試，挽弓或蹠弩若射親各合格者，聽換。以官弓弩及箭試斗力訖，願以私弓弩及箭射親者聽，仍不打硾。進納流外出身及元是使臣、進武校尉換授人，不用此令。

諸后妃、親王、公主、內命婦蔭補親屬，如父祖曾任文資，謂朝奉郎以上。或身曾得文解免解同。而願就文資者，聽。餘並於武職內安排。即願換文資者，須不曾犯贓罪及私罪重並被笞刑，聽召保官二員，具家狀，連保狀二本詣登聞鼓院投進乞試，於《易》、《詩》、《書》、《周禮》、《禮記》各專一經仍兼《論語》、《孟子》，願試詩賦者，聽。並取文理通者爲合格。論策准此。

諸命官及未入官人，若殿侍下班祗應謂非諸軍補授者。欲入律學者，赴國子監投家狀。

格

選試格

武臣試換文資：

第一場，願試詩賦者，止試詩賦各一首。本經義二道，《論語》或《孟子》義一道。

第二場，論一首。限五百字以上。

第三場，策一道。

承直郎以下試換武職：

弓，馬射六斗；步射八斗。

弩，蹠二石五斗。

射親，弓十箭二中；弩十箭三中。

后妃、親王、公主、内命婦廕補親屬願試換文資：

第一場，願試詩賦者，止試詩賦各一首。本經義三道，《論語》、《孟子》義各一道。

第二場，論一首。限五百字以上。

第三場，時務策三道。

式

選試式

試換武職射親

射垛四十五步，射帖二尺。

（宋）謝深甫等《慶元條法事類》卷一五《選舉門・試武藝》

勅

職制勅

諸解發呈試武藝人而保奏違限者，杖六十。

詐僞勅

諸試武藝，遣人代名及代之者，各徒二年，保識人知情與同罪，許人告。

令

選試令

諸使臣校尉、下班祗應同。初授恩澤及初參選人未經試而在諸路聽候差使者，遇指使闕，依名次試弓馬差填。不試馬上藝者，試書算行遣。不中者，籍記姓名，別試以次人。三試不中，免試。候再有闕，每差試中者三人，從上差免試者一名。

諸試武藝使臣，射親弓須應法，方許改解發。

諸解發試武藝使臣，限八月後十二月前到闕。

諸乞試武藝人，許經所屬自陳，知州、通判、兵官審驗人材，呈試事藝。若弓弩鬥力及使馬槍皆合格者，保奏。三人以上爲保，内有戰功者，即責所立戰功。連家狀、保狀在前，不及三人處，聽於鄰近州投保，或召本處職員或將校共二人爲保識。各給公憑。朝旨令發遣者，具録。每年以八月後十二月前解發至尚書兵部，仍具起發月日先申。試人執公憑呈驗投納，召保識官一員，賫告身同赴殿前司驗訖收試。其已試中而未解發，或已解發而有事故者，謂疾病、持服、追攝囚禁之類。聽召保官二員於所在自陳勘會，別給公憑，仍保明申部，於三年内赴試。其曾經赴殿前司，以事故換公憑者，仍准上法，別召保識官。即過三年，各不在收試之限。

諸士庶子弟年三十以下十七以上，不曾犯盜及徒，願習射者，所屬自備弓箭及各官給短椿神臂弓，箭用十隻。於州縣官教場從便不時閱習，不得輒有抑勒。每月守令按試，以十分爲率，取二分斗力高射親之人，量給銀楪子激賞。遇春秋教閱，知州比試，取斗力射親及格者一名，於八月後發赴帥司覆驗，通取一路最優者一、二人，保明解發，於十二月前至尚書兵部，按覆具奏。

格

選試格

呈試武藝第一等：

黄樺弓減指箭，步射二石；馬上直背射一石五斗；走馬射一石三斗。

馬黄弩，蹠射四石五斗。

使臣校尉、下班祗應同。在諸路聽候差使試指使：

弓，步射七斗。

馬上藝，一事。

解發士庶子弟武藝斗力：共一十箭，二十箭通二十中者，兩中垛比一中帖，一中紅心比兩中帖。

弓，一石兼射親。

短椿神臂弓，二石四斗兼射親。

賞格

諸色人

告獲試武藝遣人代名及代之者，錢一百貫。

式

選試式

試武藝人家狀

本貫某州縣鄉里，某人爲户（三代爲户者，不言名）。試武藝人姓名，年若干。

一習弓兩石，弩四石五斗，馬射一石五斗，走馬射一石三斗，使馬槍。

一三代：曾祖某；祖某；父某。

一合家口三：（偏侍，則云合家口二。父母俱亡，則云合家口一。）父年若干；亡則不開，母准此。母某氏年若干；（有封邑亦具。）某。

一某有某戰功。（無戰功，即云無戰功。）

右件如前。謹狀

年月　日依常式

試武藝人合保狀

保人試武藝姓名書字。（同保人列於左。）

右某等若干人，互相爲保，並無違礙及某人有某戰功，委是詣實。

謹狀

年月　日保人試武藝姓　名

將校職員保識武藝人狀

保識人具職次姓名書字。（餘倣此列於左。）

右某等委保試武藝某人，於條制並無違礙及某人有某戰功，委是詣實。謹狀

年月　日保識人具職次姓　名　等狀

本處繳奏依常式。

（宋）謝深甫《慶元條法事類》卷一五《選舉門・試刑法》

勅

職制勅

諸外任官就試刑法，還任違限者，加之官限滿不赴法三等。（限外所帶公人、軍人請受傭錢，本官自備。）

詐僞勅

諸外任官乞試刑法詐冒者，（謂本不曾習刑法而乞就試，或雖合就試，已得假離任，無疾故而不赴試，及試而不終場之類。）徒二年。

令

考課令

諸命官試刑法而還任願補填成考任者，聽。仍申尚書吏部。

薦舉令

諸應試刑法官，雖未注官及不在任，並聽奏舉。

選試令

諸承務郎以上及承直郎以下，（未入官人及特奏名人應注官者，並見任外官同。）每歲聽於尚書吏部乞試刑法，（並於未鎖院前投狀。在外者，預於所在官司投狀申部。）其歷任曾犯私罪徒，或入己贓、失入死罪並停替未經任者，不在乞試之限。

諸參諸選而應試者，（恩澤文學同。）以未鎖院前赴尚書吏部乞試，應試刑法人，附試。丁憂服闋及疾故，雖投狀在鎖院後，但未引試，聽試。

諸外任官就試刑法者，以正月一日前除程十五日，方許離任；試畢後榜出，限三日還任。（疾故不就試人，以引試日爲限。）

諸願試刑法者，不得更就尚書吏部試，若已試中選者，不許再試。

諸應試刑法人，於試官合迴避者，不許就試。

格

薦舉格

歲舉試刑法官：侍從官、監司，七人。

旁照法

職制勅

諸之官限滿無故不赴者，罪止杖一百。

（宋）李心傳《建炎以來朝野雜記甲集》卷一二《官制・親王贈官例》　舊制，皇子皆贈三師、二令。元豐改官制，以侍中、中書、尚書令爲三省長官，不爲贈典。乾道中，正丞相官名，削侍中、兩令之位，故魏惠憲王雖孝宗愛子，生止爲使相，薨止贈兩州牧，蓋上意以子弟居師傅官不順，而三省長官已廢，故但以州牧優之。慶元中，嗣秀王以山陵總護之

勞當遷，而官已至太師，乃拜兼中書令，王辭不拜。已而，上有殤子亦贈太師、中書令，追封兗王。不知今官制已無二令之名，此有司失詳考也。

（宋）李心傳《建炎以來朝野雜記甲集》卷一二《官制・廣南攝官》 初，祖宗朝以廣南地遠，利入不足以資正官，故使舉人兩與薦送者，試刑法於漕司，以其合格者攝。兩路正攝凡五十人，月俸人十千，米二斛，滿二年則錫以真命。後又增五十人，號曰待次。崇、觀後，又增五十人，號曰額外。其注擬皆自漕司。建炎初，敕歸吏部，踰年無願就者，吏部請復歸漕司。從之。

（宋）李心傳《建炎以來朝野雜記甲集》卷一二《官制・天聖至嘉泰四選人數》 祖宗時，内外文武官通一萬三千餘員。天聖中，兩制、兩省不及三十員，京朝官不及二千員，三班使臣不及四千員。慶曆中，兩制、兩省至五十員，京朝官二千七百餘員，流内銓選人僅萬計。乾道中，京朝官已三、四千員，選人亦七、八千員。紹熙二年，京朝官四千一百五十九員，合四選凡三萬三千一十六員。慶元二年，京朝官如紹熙之數，選人增至一萬三千六百八十員，大使臣六千五百二十五員，小使臣一萬八千七十員，通四選凡四萬二千有奇。蓋五年之間，所增至九千餘員，可謂官冗矣。嘉泰元年春，左選京官以上三千一百三十三員，選人萬五千二百四員，大使臣以上六千八百五十四員，校尉以上萬二千六百十六員，通四選共三萬七千八百餘員。是五年間，所損僅四千餘員，未知何故？

（宋）李心傳《建炎以來朝野雜記甲集》卷一三《取士・宗室鎖試遷官》 宗室有官鎖試、無官應舉者，唱第日，皆遷一官，若濮王子孫則加一等。舊解省皆七人而取一，淳熙中，詔省試十人乃取一人。又有取應宗子者，榜首得同進士出身，餘補承信郎而已。宣和六年，沈元用榜，宗室始不入五等，至今以爲例焉。

（宋）李心傳《建炎以來朝野雜記甲集》卷一三《取士・初出官人銓試簾試解律》 銓試者，舊有之，凡任子若同進士出身之人皆赴。建炎兵火後，權停。紹興三年始復，無出身人許習經義、詩賦、時議或《刑統》義、斷案。十三年九月，詔兼試二場，惟有出身人試律如故。其任子之在蜀者，舊法，令益、梓兩路漕司輪年分春、秋銓試。乾道二年，從知蜀州楊民望之請，委制置司主之。後又降敕差監試、考試官，惟蜀士同出身之在東南者，則免銓試。故事，春秋再試，十人而取七。乾道二年後，止春試，二人而取一。紹熙末，議者病其寡學，乃請三人而取二。後三年，謝用光爲吏部侍郎，上言：今世禄之家，已留意學問，請復舊制。詔許焉。今蜀中銓試甚寬，凡假手者率費七百緡，又勢要子孫鮮不與選。或謂宜悉赴吏部，然吏部亦不免此，要當如祖宗時先試而後命可也。舊銓試未合格者許堂除。淳熙中，孝宗始嚴其令。八年八月，趙衛公帥瀘，奏其子昱書寫機宜文字，既受敕矣，木蘊之待問在西掖，緣他事以未銓試爲言，遂寢其命。紹熙元年八月，計司業衡又奏：乞中選人就吏部長貳廳前簾試，中，然後許參選。小經義一首，或小賦，或省題詩一首。明年四月，吏部條具如所奏，内同進士出身並恩科人，更不簾試，仍下四川制置司一體施行。從之。黄子由時爲考功郎官，建言：今已增試律義，自不須更簾試。大臣進呈。光宗曰：簾試所以革代筆之弊，正當加嚴，何可廢也。三年八月，謝子肅侍郎又言：銓試不中，四十以上注殘零闕人，乞令郎官就長貳廳寫律一條，俾之解釋，如或不通，未得參注。從之。始，任子降等補文學者與恩科人皆免銓試。孝宗以爲非是，亦命試焉。惟宗室子弟銓試，則試場無雜犯者皆出官，蓋朝廷優天屬之意。廣東西漕司，舊亦有銓試，乾道八年罷之。

（宋）李心傳《建炎以來朝野雜記乙集》卷一四《官制・刑寺得舉外任人改官》 禮部、國子監長貳得舉諸州教授改京官，舊制也。嘉泰元年十一月，言者以爲大理評事止用舉主三員，又評事中亦有已改官者，舉削常是有餘，乞倣此例，令刑部長貳、大理卿少得通舉諸路提刑司檢法官。從之。

（宋）李心傳《建炎以來朝野雜記乙集》卷一四《官制・元豐乾道武臣正任員數多寡》 元豐初，節度、觀察使纔八員，防禦、團練使、刺史共二十員，而宗室不與焉。乾道初，節度、觀察使至四十員，防禦使至遥郡僅二百員，而宗室亦不與焉。趙德莊産端權尚右郎官，嘗請裁酌，後不行。德莊以元年八月建請。

（宋）李心傳《建炎以來朝野雜記乙集》卷一四《官制・隆興至淳熙立改官員數》 祖宗以來，選人改官，亦無定額。元祐中，孫莘老爲吏部侍郎，始定歲百員爲額，後亦不行。紹興後，多不過九十員，少或五十員。二十年八十八人，二十五年六十八人，三十年七十四人，三十二年五十八人。捕盜及職事官，皆不在數。三十二年，孝宗登極，其年遂至百一十三員，言者患之，請爲之限。隆興元年春，詔吏部開具三年舉過員數，措置立額取旨。三月己酉降旨。其夏，遂詔以八十員爲額，内將十員充歷任十二考減舉主，改官人數如不足，並聽闕。四月乙丑降旨。未幾，中書言：今方七月，止闕二員，若積累數年，必多留滯。乃詔吏部，且依常年放行，參照格法，裁減薦員，開具申省。七月戊申降旨。於是議者請舉官補發之數，毋得出一年之限，而諸部長貳及少卿等各舉員數分上下半年薦舉，仍於七十員額内，量添三十員。從之。八月甲申降旨。自是通以百員爲額，後又不行。乾道三年，周表卿權吏部尚書，言其太濫，乞每歲薦舉以百人，監當以三人，四川换給以二十人，立爲定額。其所立員額，如歲終不足，聽闕。如員數有溢出，許於次年施行，仍理爲次年之額，捕盜功賞改官人不在此限。從之。七月己亥降旨。是冬，起居舍人黄仲秉建言：四川見管六十一郡，每歲止得改官二十人，東南共管一百二十九郡，每歲却得百人，除館職、職事官、外路教授磨勘十餘員外，其多寡不均，灼然可見。緣此東南至今止七十餘員，而四川七月内已滿二十員之額，豈無留滯之歎！照得元祐、隆興立定員額，四川係在數内，今來創立防限，將四川置之額外，未見其可。望通以百二十人爲額，並以叙上日爲先後之序。上又從之。十月辛亥降旨。七年冬，虞雍公爲相，建言：吏部供到今年改官員數，已溢三十餘人。詔令引見放行改官，今後更不限定年額。十月甲辰降旨。自虞公去位，上復稍嚴升改之法。淳熙四年，引見改官八十二員，捕盜十二員。五年，引見八十八員，捕盜十二員。六年，引見五十七員，捕盜十一員。七年春，周益公爲吏部尚書，因請以六十爲額。詔侍從同議。王仲行爲兵部尚書，與同列具奏：以三年絶長補短言之，歲不下百員，今既減舉官之數，乞以七十員爲額。許之。二月乙巳降旨。尋又詔增十員，引見並職事改官共六十五員，四川换給十五員，而特旨改官不在其數。四月癸巳降旨。自是不復改。然四川舉官之數，一歲毋慮百五十員，而磨勘之額僅及其半，有溢額者，謂之待班，朝廷知之，或因事降旨，特遣一班，不爲定制。迄今嘉定六年，有待十一年班者，若南士之入蜀者，則舉削既盈，遂歸於南班引見，故無留滯積壓云。

（宋）李心傳《建炎以來朝野雜記乙集》卷一四《官制・咸平至嘉定侍右員數多寡》 今之侍右侍郎，即祖宗時判三班院也。咸平以前，三班院員止三百，或不及。天禧後至二千四百餘員，熙寧後至一萬一千六百九十餘員，而宗室七百七十餘員不與焉。視天禧之間，蓋已五倍矣。以出入籍校之，熙寧八年，入籍者四百八十有餘，其死亡退職者不過二百，此所以歲增而不已也。政和官制，以秉義郎易東、西頭供奉官，忠訓、忠翊郎易左、右侍禁，成忠、保義郎易左、右班殿直。此以上謂之三班。其下又有奉職、借職，則以承節、承信郎易之。今侍右名籍至一萬五千六百餘人，視元豐又增五分之一，蓋三歲一郊，奏補至千七百人，而其他入流者不與焉，此所以猥并而不可止也。

（宋）李心傳《建炎以來朝野雜記乙集》卷一四《官制・舉閤門祗候二事》 凡舉閤門祗候之制，諸路監司、郡守及州鈐轄已上，許歲舉所部廉幹有方略、善弓馬、經兩任親民無遺闕及曾歷邊任者一員，郡守仍員郎正使或右武郎及帶職升朝官以上，乃得薦舉。淳熙新制也。

諸舉充閤門祗候，用舉主七人，内一員職司侍右，試孫、吴兵書大義五道，通時務邊防策一道，文義稍通，三百字以上。送馬軍司，候報弓馬合格，取裁。

（宋）李心傳《建炎以來朝野雜記乙集》卷一四《官制・選人歷任有負犯者改官增舉考》 諸選人改京官，歷任嘗有負犯者，公罪，一犯徒，兩犯杖，四犯笞，並加一考。私罪，笞，亦加一考，仍增舉主一員。杖以上加二考，增舉主二員，或職司一員。即舉主考第及格，而以事論罷者，雖降資亦不理。逮闕，並改次等合入官。

（宋）李心傳《建炎以來朝野雜記乙集》卷一五《取士・淳熙武舉授官新格》 武舉人補官，舊法，榜首保義郎、沿江巡檢。不入等，承節郎、沿邊巡檢、縣尉。第二名以下，承節郎、沿江巡檢、縣尉。不入等，承信郎。淳熙二年，始比文士恩數，榜首補秉義郎，堂除江上或諸軍計議官。第二、第三名，保義郎、諸路帥司準備將領。一任回，轉忠翊郎，不隔磨勘，以比文士，改合入官。第四、第五名，承節郎、諸州兵馬監押。二任回，轉保義郎，不隔磨勘，以比文士，循文林郎。餘人如舊。是歲五月，有忠訓郎張世奕者，自言武舉出身，乞從軍。許之。七年三月，遂立法，願從軍人，令樞密院銓量畢，依新法補官。榜首差三衙或江上諸軍，同正將。第二、第三名同副將，第四名以下同準備將。不願從軍，或雖願從軍而其才不應選者，並依乾道八年以前舊法。八年四月庚戌，又詔武舉人從軍，如有已見利便，許赴主帥陳述。遇有過犯，合加罪責，申樞密院取旨。蓋不盡用階級之制，且使無箠楚之辱也。五月丙戌，又詔武舉從軍人，許先令參部出給料曆，仍用六考關陞資序。既而有言此徒往往自高，不親軍旅。九年五月丙子，有旨，自今職事勤恪者，從主帥保奏陞差，懈惰者按劾。然同將官初無待次，即日可上。又每二考輒復陞差，則雖末名之士，從軍不十年而同統制矣。至於三名以上，轉補秉義郎或忠翊郎者，或改换文資，則遂爲京官，恩數與進士第一人等，又失之僥倖也。其後，議者以爲言，乃詔武舉人毋得鎖試，既又不行。然自淳熙以來，武舉人亦未有卓然可稱者。

（宋）王栐《燕翼詒謀録》卷一《進士特奏》　唐末進士不第，如王仙芝輩唱亂，而敬翔、李振之徒皆進士之不得志者也。蓋四海九州之廣，而歲上第者僅一二十人，苟非才學超出倫輩，必自絶意於功名之塗，無復顧藉。故聖朝廣開科舉之門，俾人人皆有覬覦之心，不忍自棄於盗賊奸宄。開寶二年三月壬寅朔，詔禮部閲貢士十五舉以上曾經終場者，具名以聞。庚戌詔曰：貢士司馬浦等一百六人，困頓風塵，潦倒場屋，學固不講，業亦難專，非有特恩，終成遐棄，宜各賜本科出身。此特奏所由始也。自是士之潦倒不第者，皆覬覦一官，老死不止。至景德二年三月丁巳，因賜李迪等進士第，賜特奏名五舉以上本科六十四人，三《傳》十八人，同學究二十二人，三《禮》四十四人，年老授將作監主簿三十一人。此特奏之名所由立也。至景祐元年正月癸未，詔進士諸科，十取其二。進士三經殿試，諸科五經殿試，或進士五舉年五十、諸科六舉年六十，雖不合格，特奏名。此特奏名所以漸多也。至大中祥符八年二月丙子，則命進士六舉、諸科九舉特奏名，並赴殿試。則又以人多而裁抑之也。況進士入官十倍舊數，多至二十倍，而特奏之多，自是亦如之。英雄豪傑皆汨没消靡其中而不自覺，故亂不起於中國而起於夷狄，豈非得御天下之要術歟。蘇子云：縱百萬虎狼於山林而飢渴之，不知其將噬人。藝祖皇帝深知此理者也，豈漢唐所可仰望哉。

（宋）王栐《燕翼詒謀録》卷一《吏銓試書判》　國初承五季之亂，吏銓書判拔萃科久廢。建隆三年八月，因左拾遺高錫上言，請問法書十條以代試判，詔今後應求仕及選人並試判三道，仍復書判拔萃科。先是諸道州府參選者每年冬集於吏銓，乾德二年正月甲申，詔選人四時參選。待之者甚厚，責之者甚至，真得馭臣之柄矣。後因銓部姑應故事，不分臧否，雖文紕繆、書不成字者，亦令注官。故真宗景德元年八月，令銓司引對，齎所試書判，以備奏御。仁宗即位之初，以諸路闕官，凡守選者並與放選，以示特恩。到景祐元年正月，遂廢書判爲銓試。議者以爲奏補人多令人假手，故更新制。曾不思書判猶如今之簾引，雖有假手，不可代書，若銓試之弊，則又甚矣，雖他人代書可也，省試猶可，況銓試乎？承平時，假手者用薄紙書所爲文，揉成團，名曰紙毬，公然貨賣，亦由朝廷施刑寢寬故也。

（宋）王栐《燕翼詒謀録》卷一《堂吏用士人》　世傳堂吏舊用士人，吕夷簡改用吏人，非也。太祖皇帝以堂吏擅中書事權，多爲奸贓。開寶六年四月癸巳詔，流内銓於前任令録、判司、簿尉，選諳練公事一十五人，補堂後官，三年一替，令録除陞朝官，餘上縣。五月庚辰，以姜寅亮、任能、夏德崇、孔崇煦爲之。此太祖開基立國之宏規也。不特此爾，寇準爲宰相，刑部、大理寺、三司法直副法直官，舊例以令史遷補，準悉用士人。景德二年三月，詔銓司選流内官一任三考無遺闕者引對，試斷案，授之。蓋仰體太祖謹重堂後官之意而推廣之也。然改制之初，不能一掃而清之，新舊雜用，士大夫恥與爲伍。又三年爲任人無固志，舊吏長子孫爲世業，一齊不勝衆楚之咻，太祖皇帝美意數傳之後，寂然無聞，是可恨也。

（宋）王栐《燕翼詒謀録》卷一《吏銓主事用選人》　銓曹吏人奸弊最甚，掌銓者雖聰明過人，皆不能出。真宗朝有以爲言者。咸平三年十二月丁未，詔選判司、簿尉充吏部流内銓南曹主事。所以重士大夫之選，其視待流外者，霄壤不侔矣。

（宋）王栐《燕翼詒謀録》卷二《攝太祝不許》　國初，五品以上任子，有陳乞攝太祝者，雖班初品選人下，然不一二年，經營巧求，即同正員，是與侍從奏補無以異也。至道二年四月乙未，太宗皇帝深懲其弊，乃詔五品以上任子，悉同學究出身，不許攝太祝。自後京選判然，巧求者無所容其奸。

（宋）王栐《燕翼詒謀録》卷三《鎖應不合格》　舊制，命官鎖廳舉，先於所屬選官考試所業，方聽取解至禮部。程文紕繆勒停，不合格者贖銅，永不得應舉。中格庭對，唱第日仍降甲。蓋期待任子者甚厚，非比寒士也。雖欲假手，其可得乎？故當時由此塗出者，皆爲文人。仁宗欲開誘進之路，天聖四年六月辛未，詔免舉所業，下第人免責罰，仍許再應舉。景祐元年，復詔鎖應人不合格除其罪，以試者尚少而申明之也。然自是任子心無所憚，雖實無才能者，亦求試矣。

（宋）王栐《燕翼詒謀録》卷四《駙馬都尉遷官》　國朝武臣正任，十年一遷官。熙寧八年，特詔駙馬都尉七年一遷官，仍著於令。非獨示優，亦所以杜其非理干請也。元豐六年二月癸未，詔吏部七年磨勘。

（宋）王栐《燕翼詒謀録》卷四《堂吏不得為知州》　祖宗重堂後官，更用士人，其叙遷至員外郎者與外任。其後多不願出，惟求子孫恩澤，遂以爲例。仁宗嘉祐八年，中書奏：「今後願留人，雖許供職，其諸房提點並須擇才，候職事修舉方補。如不職，與堂除知州。蓋猶以士流之故優之也。新法既行，增置宰屬，而士流不復爲堂後官，因是朘削。舊制，堂後官外任止於通判，不得爲知州。先是皇祐三年四月，詔堂後官無得佩魚，若士人選用而至提點五房，方許佩魚，以示別也。今雖非士人選用，皆佩之矣。

（宋）王栐《燕翼詒謀録》卷五《中外官三年為任》　仁宗朝，言者以士大夫不安職守，惟務奔競，乞申嚴戒勵。慶曆八年五月丁卯，詔中外官滿二年方許差替，其三年三十月爲任者仍舊。此誠良法也。中興以來，職事官猶計資考，故有須次一兩政者，至於三丞以上至於郎官卿監，有三四年不遷者，故人無苟且之心。近年滿年不遷，則爲人指目，居其位亦恐懼求去，是不諳祖宗典故爾。

（宋）王栐《燕翼詒謀録》卷五《選人改官》　通判舉人改官與太守同，自提舉常平使者列於監司，諸路頓增員數。熙寧元年十二月，始詔通判不得舉人改京官。元豐初，詔改官人五日引一甲，一甲三人，歲以百四十人爲額。至元祐元年四月，罷諸路提舉常平，再命通判歲終舉改官一人，或縣令一人間舉。十二月，以改官員多，吏部侍郎孫覺請歲以百人爲額。從之。紹聖三年，吏部乞以每甲五人引見，不拘數，則是歲有三百餘員也。中興以來，改官人數絶少，歲不過數十人，雖令選人舉官，逐員放散，數亦不增。至紹熙初，號爲頓增，亦僅三十餘員，慶元以後，歲有溢額。蓋孤寒路絶，得舉官五員俱足，而不得者多不破白，勢使然也。

（宋）王栐《燕翼詒謀録》卷五《舉縣令》　舊制，監司、太守舉京官有定數，縣令初不限員數。皇祐二年五月庚午，京西提點刑獄張易舉十六人縣令，乃詔河北、陝西漕舉十二員，憲六員，河東、京東西、淮南漕十員，憲五員，兩浙、江東西、福建、湖南北、廣東西、益、利、梓路漕憲各四員，夔路漕四員，憲二員，六路制置發運使副六員，開封府諸州軍各一員。然立法之初，舉縣令有出身三考，無出身四考，有舉主二人，移注近縣令，任滿無贓私升幕職，再任知縣，再任滿引對，改京官。則是受舉之後，歷知縣兩任六考改官。此天聖七年閏二月甲辰詔書也。至熙寧四年，詔再任知縣縣令人，須有安撫、轉運、提刑、知州、通判奏舉五員，方許再任，內有職司二人者亦聽。政和間，又以州縣增官員復增舉員。中興以來，一循前例，然亦時有增損。

（宋）趙昇《朝野類要》卷一《故事・鎖院》　凡言鎖院者，機密之謂也，故試士、撰麻皆如此。試士則所差官預先入院議題，有司排辦，撰麻則全番或半番快行，節次往學士宅第傳宣，俟傳宣快行來足，學士上馬，朝服修帽，隨簇入院。造赦頭尾則亦然。若別有直宿學士或直院，則出避之，當夜依宣撰述。如不可行者，繳奏之，謂之封還詞頭。若可行則撰畢進呈，關報，閤門宣詞令舍人。令同閤門宣詞，令舍人鎖宿。且當晚御史臺閤門報明日宣麻，則文武百寮赴文德殿聽之。如不可行，則又有執政不押麻之例，即臺諫得以執奏矣。除拜大臣則上旬，后妃中旬，餘官下旬。俗謂下旬剝麻，非也，或偶置之耳。

（宋）趙昇《朝野類要》卷二《舉業・刑法試》　奏補人願試刑法者，兼治兩小經。如中選，即入大理評事，或是刑司檢法官，次第可至刑部尚書。

（宋）趙昇《朝野類要》卷二《舉業・召試》　及第出身次甲人已歷仕者，召試館職，中選即爲祕省官。若武舉人召試閤職，則爲舍人。所試文字，尤精細於常制。

（宋）趙昇《朝野類要》卷三《差除・參選》 吏部四選，尚書左選掌承務郎以上，右選掌武翼郎以上，侍郎左選掌迪功郎以上，右選掌承信郎校尉以上。兵部掌下班祇應進義進勇副尉等，刑部掌進武副尉，所謂參部注授也。

（宋）趙昇《朝野類要》卷三《入仕・脚色》 初入仕，必具鄉貫、户頭、三代名銜、家口、年齒、出身履歷。若注授轉官，則又加舉主有無過犯。崇觀間即云不係元祐黨籍，紹興間即云不係蔡京、童貫、朱勔、王黼等親屬，召保官結罪。慶元間人加即不是僞學，近漸次除去。

《吏部條法・差注門一・總法撮要》 應犯贓私罪情重，並示歷任，及承直郎以下未成考，或無舉主，及停替未成資，並不在選注之限。即成資，後因前任過犯該停替，非犯贓及私罪情重，聽與選闕。應選官，雖應格而曾任所選官，以其職被責罰，未隔任考，不得與選。應以罪不得與選，而指名奏差，及被旨特注應選闕，任滿無礙選過犯，聽與選。贓罪非。應年陸拾以上不注選闕。大使臣唯不選三路。文臣知州資序不拘此法。應奉特旨，或朝旨令吏部與差，若於格法有礙，具所礙條格申都省。者，不得差注在京諸司差遣。應命官犯罪，枉被降等而得改正，若已授闕應已就闕，不許退免，擬定叁日內，許换經使闕壹次。應停替，後未成任而願赴，或已赴而願就注，及願罷者，聽。其因罪責降，而在任該牽復應就移，准此。應命官已授差遣，願對换，資序同，各應差注。須闕期相去壹年内，仍於見任官替期百日前，親身赴部乞審驗，召保貳員。如不是本路，或鄰路壹等合入窠闕，並不許對换，已對换者不得再换，即因罪犯應入遠者，不得换近地。應授闕未上而改闕，滿期過半年者，謂元待壹年而改壹年半之類，許還選，依名次改注。應四選差注，應入遠小者，以去闕下千里外爲遠，州以軍事、縣以下縣爲小處。應本貫臨安府並寄居人，許注授京局窠闕。應參選注闕官，於射闕前契勘本官，委的有無祖產，並妻家田產在所射闕處，取甘伏鐫降文狀申部，方許指射，不得妄作。有祖產並妻家田產乞行退闕。應闕兩人以上指射者，當日擬定名次最高人。應注官，不注寄居及本貫州。其因父祖改用别州軍户貫，及應注帥司監司屬官於置司州，係本貫及本路寄居，或不係寄居及本貫州而有田產物力處亦不注。應文武官，不許注授前任差遣。應宗室注授差遣，大藩節鎮，每州不得過柒員，餘州不得過陸員，萬户縣不得過叁員，餘縣不得過兩員。本縣鎮官兼烟火公事，與縣官通計員數。應四川文武官注授東南郡縣窠闕，大藩節鎮，每州不得過肆員，餘州不得過貳員，萬户縣不得過貳員，不係萬户縣不許差注。應知縣被罷，止許注中下縣。如係蜀士，仍照限員指揮，不得過兩員。應二廣州縣官，以貪黷被按罷，不得再注二廣闕。應用刑慘酷被責人到部，降等注授。無等可降，注遠小，仍不注親民及刑獄差遣。應文武官，丁憂服闕，歷任人陞壹季名次，内文官仍與家便差遣，即服闕後改官者注近地。應獨員課利場務，及三路緣邊，若在京闕，不注老疾昏昧人。應闕不得連注宗室，隔外姓者聽注，即外姓非泛改罷，丁憂事故許赴上。應因病妨拜跪者，不得注闕。應三色官，謂流外、進納、攝官，有舉主貳員，聽與選闕。應使臣，除丁憂停廢外，及拾年以上不到部者，許投狀，召陞朝官貳員，保明無贓濫違礙，與銓選，降壹官注擬。無可降，注邊遠，及貳拾年者並落籍。應選人經歷任，因事勒停已復元官者，理作經任差注。應文學已經注權官壹任，理作經任差注。應循資以上酬賞闕，依選法差注。應判成未授官，或授訖未上而丁憂服闕，參選限叁日與差注，在外射闕，以狀到日名次超陞。應理元名次者依本法。應已注破格闕，而有故退下，在半年内者，再行出闕，伍日限滿，無人願就，依舊作破格差注。應祖父母父母老疾，應入家便人，據狀差注。在外射闕者，以狀到日，於同日參選人下爲名次。應吏職恩科補官人，已授差遣，不許與人對换。應文學遇赦注權入官，降赦日年已陸拾者，許貳年參選。其年陸拾叁歲以上人，依指揮權差破格嶽廟壹次。應文學注權官，壹任回注正官。因罪犯離任，更注權官壹任。贓罪不在注官之限。應選差人，縣尉未獲强盜及殺人兇身，或已獲而人數不及壹半，雖該赦，本州放行批書，並已叁考滿替，或丁憂離任到部，並且與注授初官，合入差遣。應監在京倉庫門透漏經罰，巡轄馬遞鋪得替，比較馬數該殿降，各應入近與遠處，應入遠與遠小處。内巡轄若次任更應殿降，隨所入遠近與監當。應丁憂服闕人，陞半年名次，仍注近地。應差注，除前項聲説外，餘依本法。

《吏部條法・差注門一・總法》 《尚書侍郎左右選通用敕》 諸射闕，依令供具户貫，及寄居州，或有田產物力處。若隱匿不實者，依供家狀不實法，仍許人告。諸射選闕，具歷任功過舉主分數，隱漏不實，及書鋪各徒貳年。書鋪不知情者，减叁等。仍許同射闕人告。諸差注違法，差誤不當，以違制論。不以赦降自首原減。許人越訴。若不超折資序，杖壹佰。其賞罰不當，或應試不試，不應試而試者，杖捌拾。各不以失減。諸人吏定奪差注，下名不當，及受請囑者，加違法差注罪壹等。受贜者自從重。仍許上名，徑赴尚書省陳訴。

《尚書侍郎左右選通用令》諸集注闕，每季首月檢舉，於拾日内注。諸集注人並親批就與不就，内侍郎選唱名問願注處。諸注官判成後限貳日。稱日者不計假。餘條准此。叁拾人以上展壹日。願待次者聽。諸闕，應注者限貳日擬定。侍郎左選集注者即日。選闕叁日。諸待次人並節録歷任，依名次置籍，注闕日，長官審量注所擬闕，郎官銷注闕榜，與擬榜同出。諸非次闕，榜示指射，限伍日依名次注。即經使闕，非同日指射者，以投狀先後。諸射選闕，仍於射闕狀前連具歷任以來功過舉主分數，同書鋪書押，委郎官抽摘點檢。諸應射闕者，非次經使闕，許指叁處，不赴部，許指伍處。從上擬定。即集注前，非次闕未經注者，並集注。同日有非次闕者，依常法。諸闕應選者，雖占射差遣，及預指射人並同選。諸犯贜罪，若私罪情重，稍重非。並未歷任，承直郎已下未成考。或無舉主，因朝廷陞擢，本任無長官，許薦舉者非。及停替未成資，並不在選限。即成資後因前任過犯該停替，謂非犯贜，及私罪情重者。聽與選。諸選官，雖應格，而曾任所選官，以其贜被責罰，謂巡尉限滿不獲盗，及捕賊逗遛，或怯懦不入賊，主兵之官生事怯懦，監當之官失陷虧欠之類。未隔任者，不得與選。諸以罪贜罪非。不得與選，而指名奏差，及被旨特注，應選闕任滿無礙選過犯，聽與選。諸選官次等人已就未注，而應格人願就者，聽。已就者，並限次日注官。諸應奏差及無官可奏者，依選法注。諸年陸拾以上，不注選闕。大使臣唯不選三路。文臣知州資序，不拘此令。諸應選見闕，滿壹月無人就，雖礙别格，聽選本闕。無别格，及有别格而召人，滿壹月聽經任礙選人指射，又滿壹月，雖係次等人，亦聽權入。謂親民權注監當經任人，監當權注初任人之類。曾犯贜罪者，不在此限。諸犯罪減降者，以降至罪名計分差注。諸罪犯不理遺闕，或依無過人例，及該赦降免罰之類，並不理過犯分數。諸衝替差替該赦不理遺闕，或除落更不施行，若得替後衝替而該去官勿論。及犯衝差替，許終本任之類，其差遣並不理分數差注。諸四川人，願參部注授内地闕者，聽。仍與在部官衮理名次差注。諸判成，因官司會問致出限者，聽投狀射闕。諸注闕，各理本資。即親民人，願折資就監當者，理監當。諸注闕不得就應避親處，及填替許相容隱，若有服之親諸闕限員不並注者，謂如初仕，及歸明人之類。雖非本選人，通理爲數。諸已致仕而再入官者，各依元官資擬注。諸短使在外應注闕者，雖未還並擬奏，即疾患射闕，叁日乃擬。過叁拾日未參者，改注。見闕及立界處拾伍日。諸授差遣者，會問刑部、大理寺，如有罪犯，係公罪杖笞已該恩，若去官或覺舉自首原免者，不作公案在寺，且與差注。即後有特旨，謂於注授有妨者。並改正。諸奉特旨或朝旨，令吏部與差，若於格法有礙者，具所礙條格申都省。諸擬注差遣，結銜應帶充添權差監，改就務兼催綱字，與父祖名相犯者，免迴避。諸已就闕，不許退免。擬定叁日内，許换經使闕壹次。即事應會問者，許占壹闕。餘指射人聽别射，其應會問而除程過半月未到者，令别射。諸闕兩人以上指射者，當日擬定名次。最高之人，上名若有違礙應定奪，限日下與決。應取會者，展壹日。即日坐條告示，方擬以次應法之人，如以次人不願等候者，即别行曉示，召在部人指射，内有元指射人未曾别就闕者，亦聽注。其被受取會官司，仍限即時回報。諸注官，不注前任州。在京唯不注前任闕。即前任州官今射縣官謂非倚郭者。及非前任治所，謂兩州兩縣以上差遣，而非駐劄處。或前任甲縣，〔令〕射乙縣雖壹州者。各不因體量過犯離任，聽注。其場務課額叁萬貫以上者，不拘此令。諸注官，不釐務，非。不注寄居及本貫州。因父祖改用别州户貫者同。應注帥司監司屬官，於置司州係本貫及本路寄居者准此。不係寄居及本貫州而有田産物力處，亦不注。宗室同。即本貫開封府者，唯不注本縣。諸川、峽路知州與通判，無通判只有簽判，或職官獨員處同。不並差川、峽人職官判司兵官，謂各貳員以上處。令佐並准此。謂逐色官内，各但有内地官壹員，餘不限員數。監司屬官，每司不得過貳員。諸福建路知通，無通判只有簽判，或職官獨員處同。録事、司理參軍、令佐不得差本路壹州人。諸代父祖兄弟入廣南遠地人，如自合入，若今任因事合入遠小處者，不得用所代折免。諸以過犯入遠及遠小處監當者，雖祖父母父母老疾，不在免限。無兼侍食禄者，降壹年名次，與免川、廣差注。不願者，聽。諸因用刑殘酷被責之人，本部置簿籍記姓名，到部與降等注授。無等可降者，即注遠小處。仍不注親民，及刑獄差遣。諸停替人，不得差注在京諸司差遣。謂停替後，未成任者。諸課利場務，雖非選闕，不注犯贓罪人。本格不注私罪者，仍從本格。諸庫務監官，任内赤曆庫經要切簿書無亡失者，聽差注。諸押香藥綱欠失，及不覺盜，滿壹佰伍拾斤，得户部報者，注遠小處。諸前任二廣州縣官，以貪贓被按罷人，不得再注二廣闕。以寶祐二年二月二十五日聖旨指揮詳定。諸以營葬，乞移替而得旨移替者，如違限不葬，及官司保明失實，並奏劾其違限者，候葬畢，注遠小處。諸闕員應舉官，有見任人去替壹季，及非次闕待報過壹月，創添置闕兩月，計遞傳倍程不舉到，或限内入遞到而礙法應退回，別舉計程往復已在限外者，聽依格差注。諸特旨除授，及占射差遣，並合入家便，或因衝改省並指射者，不得對移。即任滿有酬賞，酬賞等者非。若課利場務，或立界處，及犯罪已發者，准此。諸待次人却叙用，及前任贓罪，若私罪情重，衝替事理重者，參經集注。公罪徒及私罪稍重，衝替事理稍重者，肆集。私罪稍輕，衝替事理輕者，伍集。不就闕，雖有假故，並直注見闕，次近闕，次季闕。願從便注，聽依合入路分，不得改換。原對移者，依本法。即應入家便者，各展壹集。其祖父母父母老疾者，不用此令。諸在外應直注者，並就注，即直注已擬未奏，而有人願就者，聽改。諸不得對移人，自避親若嫌，及因罪犯體量應移者，並聽移。特旨除授者，取裁。諸初補官，年未及格，或年雖已及，銓試呈試中但未經任者，並不得用恩例陳乞差遣。及堂除，雖奉特旨，執奏不行。諸注闕應報別司者，奏鈔還部後，限貳日，速者壹日。特旨注者，以敕黄到部後。諸四川申到奏辟及定差闕内，有不該差注者，雖該定差，而別有除授者，同。即時附籍。押官限壹日具申都省，候得指揮，聽本部出闕。許本貫四川，或係内地而名籍見在四川，及前任四川差遣，雖已參轉運司、本路及他路同。見理名次，而因事到闕無違礙人參部注授。定差闕未指射而轉運司定差闕者，即先注定差人。或同日指射者，准此。壹季無人願就者，並還本處奏辟定差。諸授官未上應退免者，追元給付身文書，批鑿事因，押官用印訖，繳申都省毀抹。諸差注應取會者，官司限當日回報。諸得旨注差遣，而都省下本選取會者，限壹日勘當申。諸到任任滿，〔該〕賞不許較量計理功分；任惡弱水土處，被賞者聽如格。諸授闕未上而改闕，滿期過半年者，許還選，依名次改注。謂元待壹年，而改壹年半以上之類。諸命官參選，並取索印紙並告敕宣劄點檢，如曾權攝職任而不批書任内事因者，並申舉究治。仍候會問圓備，方得注授差遣。諸願就八路射闕者，限叁日報本路。省符到日，方理名次。停替人應參選者，准此。即本路無闕而願歸部，謂元非八路得替人。或八路人受蔭補，應參選而願徑參轉運司注授者，並聽。諸四川人願參部注授内地闕者，聽。仍與在部官衮理名次差注。

《尚書侍郎左右選通用格》　校量功過

功狀　　過犯

轉官惡弱水土，該減年以上酬賞減半，州縣官循資不減。

　　追官，降官，落職不追官，特降，勒停。

右肆拾分武臣減肆年磨勘者，計參拾貳分，不及年者，以年比理。

減叁年磨勘。　　替事理重，

循兩資。　　降監當。

右參拾分

減貳年磨勘。　　衝替事理稍重，

循壹資。　　降遠小處。

右貳拾分

減壹年磨勘。　　私罪杖已下。

高壹在。每任各理。　　公罪徒。

占射差遣。　　衝替事理輕，差替及非時放罷，

以理去官者非。降遠小處。

右拾分

不拘名次、路分。　　公罪杖。

不依名次，指射差遣。

陞壹年名次，注家便，優便。

陞壹年名次，不拘路分。

免短使，陞半年以上名次。　　且與短使，未得與差遣。

先次指射差遣。

右捌分

免短使，陞壹季名次。

免遠。

免試。　公罪笞，
免短使。　罰短使。
不拘路次。
家便、優便。
　右陸分
陞壹年名次。　壹犯罰俸直。再犯，理公罪笞。
　右肆分
　陞壹季名次已下。每季各理。
舉官壹員。
　陞名零日。
　右壹分

《淳祐令》諸品官，因省員廢併衝改，及因事而誤罷任，因誤注授改正者，同。許不依名次路分，在外指射差遣。親民資序人已及貳年，依得替人例。小使臣仍免短使。監當資序人應闕陞，承直郎已下應陞改者，不限到任年月日，並依得替人例。若去替不及半年，本路有闕，許差權補成考任。不願者，聽。即因事誤罷，而替人未到，或被衝改，未授差遣，而後人有故不赴者，聽還舊任。其未到任人，省員廢併衝改者，與依元名次，不拘路分就注。連遇省員廢併衝改者，依在任人法。諸寄祿官，朝議大夫已下及使臣，因祖父母、父母老疾，若婚葬，願折資監當者，召保官貳員，所在官司驗實無縮繫，保明申尚書吏部，許不拘本貫指射。在任人願先解罷者，聽。即應入遠地監當，因祖父母、父母老疾，願不理任而入近地者，准此。以上不許舉辟對移。已到任而應避親者，自從本法。其緣邊主兵官，及幹辦埽岸，並諸河押綱使臣，不用此令。諸命官，應入川、廣、福建，雖直注，亦是。授訖未上，同。有期以上親，願不理入遠而代之者，雖官資不同聽代。諸命官應入川、廣、福建路，如本宗同居緦麻以上親在川、廣、福建路指射，若已授或在任，謂去替百日以上。聽於未差移前召保官貳員，申尚書吏部，勘會不虛，權入近地。諸命官犯罪，枉被降等而得改正，若已授闕而願赴，或已赴而願就注及願罷者，聽。其因罪責降，而在任該牽復應就移者，准此。諸命官已授差遣，願對換者，資序同，而各應差注，須闕期相去壹年內，仍於見任官替百日前，親身赴尚書吏部陳乞審驗，召保官貳員，不以路分聽換。已對換者，不得再換，即因罪犯應入遠者，不許換近地。如授百日已下闕，未滿陸拾日，及過滿見闕，未滿叁拾日者，亦聽。諸命官應入遠，雖已授敕告宣劄，有賞該免，或因祖父母、父母老疾，及婚葬願折資監當者，限陸拾日自陳。過滿見闕，限叁拾日。其監當人，願不理任而入近地者，准此。

《尚書侍郎左右選通用申明》元豐三年三月一日敕：吏部勘會，總稱老弱、老病，或老弱昏昧、或老、或年高老昧，立文不同。今申明：應條內，言年老弱者不須昏病。若稱老病，或昏老者，並相須。柒拾以上，雖無疾病，亦同。其言年老昏昧之類者，但有壹事，即礙差注。建炎四年五月二十八日敕：吏部四選，自來官員注授差遣，乞於伍等路分內指入壹等。今來車駕移蹕兩浙，所有路分遠近不一，除依條合注遠外，餘並不分路分，衮同差注。本所看詳前項指揮，係權宜措置，難以修爲成法，合編節存留，申明照用。紹興三年四月二十日敕：應被責令吏部及送吏部注廣南監當，或遠小處監當人，其有元不曾到部，無名籍照驗者，依所降被責指揮，便行具闕，申尚書省點差。如後來有礙鄉貫三代等，即令本官自陳，從本部具鈔，改本路一般差遣。如隱匿輒上，依避親輒之官法斷罪。本所看詳，上件指揮，當來緣爲有元不曾到部，無名籍照據之人一時申請，止合編節存留，申明照用。紹興三年十一月八日敕：吏部侍郎鄭滋劄子：契勘移蹕兩浙，其路分遠近，理合權宜措置，欲乞以去行在駐蹕處千里外爲遠地，不及千里爲近地。仍乞州以軍事，縣以下縣爲小處。奉聖旨依。紹興六年五月十四日敕：吏部狀，勘會侍郎右選，已申請到指揮，權以去行在駐蹕，以千里外爲遠，州以軍事、縣以下縣爲小處。緣上件指揮，止係侍郎右選申請，尚書左右選今欲依侍郎右選已得指揮施行。奉聖旨依。乾道九年七月一日敕：吏部狀：伏覩尚書左右選、侍郎右選，差注應入遠小者，以去闕下千里外爲遠。州以軍事、縣以下縣爲小處。本部侍郎左選除依已立定格法，川、廣、福建理爲遠地外，有合注小處，並遠小處。今看詳欲依三選差注，州以軍事、縣以下縣爲小處，庶幾均一。奉聖旨依。本所看詳逐件指揮，止是權宜所降，難以立爲成法，合編節存留，申明照用。紹興九年十一月十五日，都省批狀：敕令所申，吏部法稱注官不注前任州，不曾有權攝之文。後批：勘會官員曾權攝處難以注擬。送吏部照會施行。淳熙七年十二月十八日敕：本貫臨安府，並寄居人，許注授京局窠闕。紹興十年六月六日敕：淮南到任任滿該賞，比附任惡弱水土格法減半，理爲功分。循資人不減。淳熙四年五月二十五日敕：京西、利州路州縣官到任，任滿所得酬賞，依淮南已得指揮，比附水土惡弱，減半計理功分。紹興十七年十二月三日，都省劄子：吏部措置四川定差不該闕，許川路到行在官指射，權不引用礙川、峽人同任條法。乾道三年十二月四日敕：川、峽四路轉運司，合使窠闕，更不分川人内地人，只以名次，依格差注。本所看詳，前項指揮，並係權宜措置，難以衝改本條。止合編節存留，申明照用。紹興三十一年正月二十日，都省批狀：招信軍免差官員，寄居待闕。乾道四年十二月二十六日，都省批狀：高郵軍免差寄居待闕官。七年四月九日敕：淮安州免差寄居待闕官。本所看詳前項指揮係是一時所降，難以立爲成法，合編節存留，申明照用。乾道二年五月二十五日敕：廣南、福建、兩浙路通海去處，當職官任滿，批書委無透漏見錢出外界，方許注授差遣。乾道四年八月十七日敕：應監司郡守，按發所部官致降指揮先次放罷，後勘得止係公罪，於法不至差替、衝替、追官勒停，令吏部放行注授。慶元五年十一月二十三日，樞密院劄子：吏部申臣僚奏，竊見今日士大夫饕榮嗜進，恬不退省，年及休致，尚不知止，欲望播告中外，有合引年者，據禮求退。奉聖旨：依。後批：照得其間有曾立戰功，及揀汰離軍，並歸正、歸朝、歸明忠順官等，應合得恩例添差人，如或年及，若行差注，於今來指揮有無違礙，送吏部看詳，申樞密院。本部勘會前項逐色添差，並係恩例優恤戰功歸正等人，節次特與恩例添差不釐務差遣，竊恐難以引用今來所降引年求退指揮。今看詳，伏乞朝廷指揮施行，再準批下，即未見聲說，應以恩例並特添差之人，如或年及，於今降指揮若行差注有無違礙，送吏部逐一分明指定，申本部勘會。除特添差人係朝廷差注外，所有宗室隨龍戚里奉使，並應以恩例添差之人。難以引用。今來引年求退指揮，今指定欲從本部已申事理施行，伏候指揮。右劄付吏部，從指定到事理施行。嘉泰元年七月二十六日敕：臣僚奏：仰惟國家法令所宜遵守，或創例破法，豈可不參酌而訂正之。戰功迹狀明白，方許添差。今有以獲盜比類陳乞添差者，侍左借闕以發遣一時在部滯留之人，其指射不盡之闕自合收還。近來往往打入破格，則自此不用差法定格皆得注授。莫若自今凡借闕差注用不盡闕，仍舊收入未該使闕，不作破格，則内地佳闕，庶得自此循格而注擬，欲望並令吏部措置革絶施行。奉聖旨：依。令三省樞密院吏部常切遵守。嘉泰三年八月空日，都省批下吏部申，淮南轉運副使王璆奏：川路四漕司到部人，攘奪射闕。欲望明詔吏部，今後刷到逐路歲闕，不許在部人陳狀，以他闕對换。本部勘當，已刷到逐路歲闕，不許在部人陳狀，以其他定差闕對换一節，合從所乞施行外，今措置今後已經逐路逐州陳乞在外指射人，更不許就四路運司重行射闕。如已在外指射，却又就運司注擬，後來定差文字到部，或在外指射文字到司，本部及轉運司並行具申朝廷取旨放罷。仍乞下四路運司，常切遵執施行。其轉運司定差，自不當用部闕、堂闕、辟闕外，所有在外指射人，即不許令陳乞定差闕及辟差闕。其因事到闕人，止許陳乞部闕，及見榜歲闕。申省去後，後批：送部，從勘當到事理施行。淳熙二年三月二十三日敕：吏部狀，承淳熙二年二月八日敕，分差建康、鎮江、鄂州、魚關、利州糧料院等闕，奉聖旨並發歸吏部使闕，仍條具差注格法，申尚書省。

今具下項：

一、尚書右選

兩浙西路安撫司指使，兩浙路轉運司準備差使，內安撫司指使大使臣壹員，轉運司準備差使大使臣壹員。

右注無贓罪監當人，仍不以已未經任，依名次高下衮同差注。

兩浙東路安撫司準備差使。壹員。元係本選使闕，續承指揮作準備差遣，欲依舊作準備差使稱呼，並依元差注格法注授。

監贍軍激賞北外酒庫。內大使臣壹員。欲比附本選場務選法注授。

一、尚書左選

諸路安撫司主管機宜文字，諸路轉運司主管文字，淮東、西、湖廣、四川總領所幹辦公事，諸路安撫司主管書寫機宜文字，廣西鹽事司主管官。右並選注通判，次第貳任知縣資序曾經歷任親民人。

諸路安撫司幹辦公事，諸路轉運司幹辦公事，諸路提刑司幹辦公事。

右並選注通判，次知縣資序人。須入知縣人非。

諸路提舉茶鹽司幹辦公事，福建茶事司幹辦公事，福建市舶司幹辦公事。

右並選注第貳任知縣，次初任知縣須入知縣人，非。資序經歷任人，次第叁任監當人。

兩浙路轉運司催促起發行在物斛官。

右並選注承務郎以上、曾任監當任滿人，選人曾歷判司簿尉關陞令録資序以上人。非次限内或同日指射者，先差承務郎以上人。

簽書雅州軍事判官廳公事。

右注第貳任知縣，次酬奬改官合入知縣人，破格注初任知縣資序，次第貳任監當資序人。

通判

淮南　湖北路

右並注知州。次通判人。破格注初任通判，次第貳任知縣資序人。

廣西　四川路

右注第貳任通判，次初任通判人。破格注初任通判，次第貳任知縣資序人。

諸路州軍府教授景定重定。

右選注曾試中詞學兼茂科，曾試中内外學官。先學官，次教官。殿試第壹甲，及省試上拾名。舊法：太學上舍，或公試上叁名，國子監取解上叁名，曾任太學辟廱宗學官爲等次，並不限資序名次。考任年甲過犯，並先注應格數多人。如同日指射者，有應格數均之人，即以應格高下差注。内無可取會及不見得前項因依之人，許令召本色出身官貳員結朝典之罪委保。謂如曾同試中，或曾同在學委識之類。若限内無應格之人，依舊再榜半月，又無應格人，雖磨勘改官唯注知縣人，亦許差次注。太學舊法：曾陞補内舍人，次曾任教授經任人，次進士上舍出身、年叁拾以上、曾歷任人，以上曾犯贓私罪者，不在此限。内節鎮去處，選注承務郎以上官，更不通差選人。

勘會京朝官，各以貳年爲任使叁年已下闕。

諸路通判，各以貳年爲任使肆年已下闕。

一、侍郎左選

監當監門　監臨安府都鹽倉，貳員。監臨安府造船場，監行在和劑局門，監雜買務雜賣場門，監文思院上界門，監文思院下界門。

鑄錢司檢踏官，叁員。瓊州瓊管司主管機宜文字，邕州溪洞司主管機宜文字，湖廣總領所撥發船運官。

今擬差注曾任正格職官差遣任滿及成貳考人，次注曾任正格令録差遣任滿及成貳考人。如榜及壹月無人就，注曾任判司簿尉任滿用舉主關陞人。

監行在諸酒庫，監行在贍軍東酒庫，監行在贍軍北外酒庫，監行在贍軍餘杭庫，監行在贍軍中酒庫。

今擬差注曾任叁萬貫以上場務、課利無虧欠、有舉主壹員以上人，次注曾任判司簿尉、任滿用舉主關陞人。如榜及壹月無人就，注常調關陞有舉主壹員以上人。

勘會以上窠闕，並注無過犯疾病、年未陸拾人。如同日有宗室指射，依縣令法不許陞壓，與在部人衮同差注，並先注應格數多人，如有應格數均之人，即以應格高下差注。以上並乞使陸年闕，不作破格較量選。

縣丞　邛州大邑縣丞兼合同場，漢州綿竹縣丞兼合同場。

準格注奏舉職官、知縣、縣令，並常調職官、知縣，及應入縣令，衮理恩例名次高下，差注較量選。

一、侍郎右選

勘會本選元有準備差使，江南西路轉運司貳員，淮南轉運司貳員，湖北轉運司貳員，廣西轉運司壹員，江東轉運司貳員，湖南轉運司貳員，福建轉運司貳員，共壹拾叁闕。欲依尚書右選已措置事理，依舊從本選使闕。及廣南西路安撫司準備差遣貳員，今降指揮，改作準備差使稱呼。本選依舊使闕。

黎州兵馬監押兼買馬。

欲依本選差格指揮注授。

信州鉛山縣銀銅場，永康軍在城商税兼合同場，係緣邊。行在點檢所烏程瓶場。

欲依興國軍合同場闕法，内永康軍係緣邊。

招信軍天長縣張家埠税兼烟火公事，主管安豐軍榷場往來押發使臣。内小使臣壹員。

欲比附安豐軍花厭面鎮榷場官闕法。

秘書省門，國學公厨。

欲注授經任人。

度牒庫。

欲比附浙西安撫司回易庫闕法。

兩浙轉運司準備差使，内柒員小使臣。兩浙西路安撫司指使，内壹員小使臣。

注無贓罪監當資序人，仍不以已、未經任，並依名次高下衮同差注。

臨安府保安閘。

欲比附嘉興府嘉興縣杉青堰閘闕法。

襄陽府排岸。

欲比附潭州排岸闕法。

福建路安撫司沿海緝捕盜賊。福州荻蘆都巡（寨）〔檢〕緝捕盜賊。

兩浙轉運司催促綱運。

欲依選法。

行在贍軍捌酒庫。内小使臣壹拾陸員。

欲先注親民，次監當年未伍拾人，曾經課利場務，增羨被賞之人。仍不注軍班，及軍功進納補授人。如榜及壹月，無曾經增羨被賞人願就，即依選法差注。三月二十三日，奉聖旨：並依吏部所申。

《尚書侍郎左右選考功通用令》諸在京職任，並管押綱運官，有本轄發遣公據或印紙，聽照用差注。磨勘事節不圓，方許會問。舊不用發遣者，非。

《尚書左右選侍郎右選通用令》諸得假出外人，已辭未見者，不得射闕。諸已注外任差遣者，告示授宣敕告身後，伍日内並赴朝辭。

《尚書左右選通用令》諸參選人待次滿壹年半，丁憂服闋或初出官，若降叙監當，及三路緣邊川、廣、福建路替回貳年，不因罪犯體量而衝改減罷，及折資監當貳年半，父母老疾，應入家便叁年短使出京，及因公事妨射闕者，月日不計。不就闕者，雖在外並於限滿日從上直注經使闕。諸文武官丁憂服闋歷任人，陞壹季名次。持餘服及貳年者同。其未參選，因應舉或召試得及第出身者，准此。内文官仍與家便差遣，即服闋後改官者，注近地。未出官非應舉得及第出身者，不用此令。諸經按察官司體量老疾昏昧者，不得就注。諸在任人牽復合入差遣者，就移鄰路見闕及經使闕，無闕者與待次人通注。

《尚書左選侍郎左右選通用令》諸以恩例陳乞，若特旨及奏差並得家便優便者，不理所入路分。非入近者聽理。

《尚書右選侍郎左右選通用令》諸因病妨拜跪者，未得注闕。諸前任在京倉庫末帳未畢，及法酒庫瓶器未足者，未得注闕。諸三色官有舉主貳員，聽預選。

《尚書侍郎右選考功通用令》諸承直郎已下，換授使臣而就邊遠者，聽入親民。

《尚書侍郎左選通用令》諸未參選人，試刑法雖不入等而應留者，注合入闕。諸得家便優便者，不拘路分通注。諸録事司法參軍，叁經檢法不當斷罰者，注官日與遠小處。諸知州縣令，已參選而考課未到，聽注闕。應降差遣者，雖已赴並追改。諸闕不得連注宗室，隔外姓者聽注。即外姓非泛改罷，丁憂事故許赴上。

《尚書左選侍郎右選通用令》諸應入親民而願理本資就監當，及於應入路分，願以次就遠者，並聽。謂無本等人就者。

《尚書侍郎右選通用令》諸朝旨與差遣而指定路分者，不以名次注擬。諸因鹽事，在任兩經推賞者，與占射差遣人衮理名次差注。諸軍班因轉員換授，限拾日注，願就應入闕，無即添差。其陝西河東路土軍都虞候換授者，不用此令。諸應注軍班武藝出身而無本等者，聽以禁軍武藝補進義校尉已下轉授，及教閲軍人因恩澤換授者充。因恩澤補進義校尉已下轉授者，同。諸軍班因轉員換授者，初任替成資闕。選闕亦聽注。即陝西河東路土軍都虞候換授。無戰功者，不用此令。諸監當人在任應關陞者，就注親民闕。諸注闕者不得連任在京，其奏差及就經使見闕過滿同。餘條稱見闕者，准此。聽兩任。祖父母、父母老疾應指射者，叁任。特旨差者，不理爲數。諸初參選，已召保閤門祇候以上勘當訖，報閤門即年雖及格，長官審察，未堪釐務者，未得與注差遣。諸因犯盜招降或徒伴緣告首補官人，不得差注四川及三路帥司差遣之類。諸曾押綱人，短使者，非。不注沿江監說。曾充下班祗應於都亭驛祗應者，不注北使路闕。諸選官見闕無人就者，應選材武聽取年未伍拾人。餘限年者雖年陸拾伍並聽選。諸參選試中人，曾充武學內舍生壹年者，許選注緣邊闕。上舍生雖不試，亦准此。諸初出官人，年貳拾聽赴選。無出身者，具所習藝業，投家狀試卷乞試，牒馬軍司及侍郎左選，遇科場關試院。候試中注差遣。諸應試不中而年及肆拾，兩試不中而年及叁拾伍者，令寫家狀讀律，注雙員監當。諸使臣除丁憂停廢外，及拾年以上不到部者，許投狀召陞朝官貳員保明無贓濫違礙，與銓選，降壹官注擬。無可降者，注邊遠壹等差遣。若拾年已上不顯存亡，置籍拘管。及貳拾年者，並落籍。

《侍郎左右選通用令》諸計限應直注人，季集日短差出京，及因公事妨射闕，或無合入闕者，不理爲集數。

《尚書左選令》諸非本部注擬之官，而被旨送部，與合入差遣，或因體量負犯到部者，其資序遠近並依本部法。諸鎖廳及第，或賜出身，及特旨與親民，並酬獎改官人，右未經任，並止注監當，仍理親民資序。任滿即理第貳任知縣資序。候關陞通判訖，方許注授通判。諸進士叁人及第者，免遠，第肆第伍人及有官應舉出身並特旨與親民者，入近地，次入遠，再入近地。後並入遠。有歷任者通計。諸自川、廣替回，當遠官處同。入近地兩任，即未成資並福建替回者，壹任，後並入遠，因體量負犯罷，及福建不滿壹年者，入元路分即就知縣。過叁拾日見闕或直注闕者，依福建法。諸應注小處者，依合入遠近，通理名次，願依衝替事理輕人例者，聽。諸叙授散官入遠小處監當者，回日依元得旨與差遣。諸非小處闕，兩經集者，聽注應入小處人。諸降貳等，無等可降亦是。並叙官人，並入次遠。應入次遠者，仍注小處。諸牽復合入資序人，見任次遠移近地，在近地移次遠。諸牽復人元因疾病降等者，到部牒御史臺看驗。在外符監司保明已安者，與差移。諸牽復合入資序人，見任川、廣，與就移鄰路次遠。諸叙官，以元犯應降等而無等可降者，贓罪注合入路分差遣，公私罪與近地。諸官員犯罪，叙充散官降等，若見存官應與差遣者，並遠小處。散官仍監當止。即叙見存官，而係公罪徒、私罪杖已下者，注合入路分。諸親民人，任監當已成資而應直注監當者，改注以次親民。諸獨員課利場務，北使經由處親民，及三路緣邊，若在京闕，不注老疾昏昧之人。諸職田優厚處，非奏辟及占射差遣人，不許連任。其進納及曾犯贓罪，若入小處者，並不注。諸破格窠闕，廣南滿壹月以上，諸路及廣南簽判、知縣、縣丞滿半年以上，各無人願就者，申都省。廣南簽判、知縣闕，如行下轉運司，已滿半年，無定差到人，即再破格曉示，又滿半年無官願就，再申都省。諸選格應取實歷人者，若經任寺監丞以上，及朝廷選任，並依實歷法。

《尚書左選格》選親民官

經朝廷選任，經任寺監丞，考課優等，本職被賞，謂減年以上。曾歷本資。

右以次選

《尚書左選申明》淳熙七年十月二十一日敕：吏部尚書王希呂劄子，契勘四選通用法，諸已就闕，不許退免。擬定叁日內許換經使闕壹次。尚右、侍左、侍右見今遵用，獨尚左或壹月，或拾日，不赴銓量，許其退闕。即是暗衝成法，欲令尚左一體遵用上條施行。奉聖旨：依。

《尚書右選令》諸非選親民闕，叁經集注無人就者，注經任合入監當人。即見闕並立界去替兩月無人就者，注無贓罪降監當人。諸經使闕，朝旨令速注人者，限叁百。責限者依元旨。無人就者，雖礙選並從下直注。即見闕已召非正入人，而壹季無人就者，准此。諸應從下直注者，外任以入門、在京以參選日爲次。同日者以先後爲次。入門與參選同時者，注參選人。父母老疾應注家便，或自八路替回，並服闕及不因罪犯體量而衝改減罷人，並免。在京替末帳未畢者，准此。諸應入小處、遠處、遠小處，而無本等闕者，注經使非選闕。遠處、遠小處，仍去京千里外。其大藩節鎮，並駐泊都監，叁州巡檢，唯叁經集注者，聽注。諸應入遠處者，以前任比類遠近。即前任八路者，注經使壹季鄰路闕。諸闕，榜及半年以上無人願就者，親民闕許本等親民資序不應格人，或經任監當應材武人，依名次高下衮同差注。限滿無人願就，注初任監當材武人。如同日限內有本等應格人願就，即先差應格人。其監當闕，注經任人，次未經任人，依名次差注。同日有應格人願就，即先差應格人。限滿無人就，聽降等監當人指射。諸應降等者，親民人入監當，監當人入遠小處。諸親民監當闕，曉示及半年，無本等人願就者，別作壹榜，限伍日，依破格法差注。如同日有應格人願就，即先差應格人。曾犯贓罪人，非。諸立界選闕，去替兩月無人就者，親民闕聽小處親民及降監當人就。監當闕聽礙選並遠小處人就。即應入雙員，或指定路分監當，不用此令。諸注親民闕，計到任日年柒拾者，改注別闕。諸年柒拾以上到選，而審驗不堪釐務，並已降監當，本任又犯私罪情重，及贓罪，並取裁。即經樞密院肆等以上差遣，及顯有勞效者，仍於狀內貼説。諸閤門祗候、宣贊舍人，並間任在京外任，應外任而閤門奏留者，注優便闕，理爲外任。即自願供職者依常法。諸大使臣，充校尉下班祗應副尉日所得轉官資，減年過犯，通行較量。內轉官減年，並減半轉資，以貳拾分計功差注。諸內侍官年叁拾，非事故責降，到選者與親民。諸內侍官，應入小處或監當而無闕者，與前班通注。諸選內侍官闕，無應格者，不限舉主。諸官應差內侍官權而無人可差者，牒入內（內）侍省。

《尚書右選申明》乾道六年二月五日，樞密院劄子：今後武臣橫行，如願赴部注授之人，照應《大使臣參部格法》差注施行。

《侍郎左選令》諸職官願注知縣常調令録，知令録願就縣丞判司簿尉，及應試人願就殘零闕者，並與本等人通注。即因奏薦特恩，或恩例得循資，並與從事郎監當者，准此。諸新及第出身人，未授官而尋醫侍養，或丁憂及年小未注官者，參選日依元得指揮注擬。諸初及第出身人，定日集注不赴者，候參選注經使闕。其八路人願歸本路射闕者，聽。諸有官應舉及第，願別授差遣者，於本甲上名注擬。同出身者，附出身人之下。諸上舍試中，兩優釋褐，依及第第貳人擬官注授差遣。諸集注定日，先職官，次令丞判司簿尉。諸注官並親赴，若就注及被權差內外幹辦，謂准朝旨，及依條差者。並出京待闕而所射闕未該，欲別指射者，聽家人同書鋪下狀。諸判成者，限貳日注官。遇銓試中多展壹日。先注經使闕，願待闕者，聽。諸應選見闕，壹季無人就，聽應試人指射。仍依選法。諸循資以上酬賞闕，依選法。其係水土惡弱，攝官初授，正官願就者，聽。諸以恩例陳乞差遣者，不許用奏舉闕。若不礙選者，許乞選注處。諸選人經歷任，謂在任成資者。因事勒停已復元官者，理作經任人差注。諸文學已經注權官壹任者，理作經任人差注。諸丁憂服闋歷任人，但曾到任丁憂同。陞壹季名次，持餘服及貳年者，同。其未參選，因應舉或召試得及第出身者，准此。仍與家便差遣。未出官，非應舉得及第出身者，不用此令。諸判成未授官，或授訖未上而丁憂者，服闋參選，限叁日闕會所屬與差注。其在外射闕者，以狀到日爲名次超陞。應理元名次者，依本法。諸應得占射差遣者，指占同。不依名次路分，注合入闕。文書未足，許先占。已占未注者，許換壹次。若願占未使闕者，榜示伍日，上名不就，聽注。其未注而爲非次闕者，候限滿。因事得不依名次者，理投狀日。隔任收使者，理後來下狀日。諸闕，榜及壹季以上，無人願就者，並於月首根刷作破格闕。定日除司法參軍、廣南非。縣令外，不以資序、考第、舉主、路分、年甲專法，許應射闕人指射，以恩例名次高下，衮同集注。其職官縣丞、録事、司理參軍，仍注經任，或歷任壹考以上人。若礙本貫、前任州、三代名諱，及曾犯贓或私罪稍重，並不在破格差注之限。即進獻納人，仍不注職官録參縣丞司理參軍。流外人許破格注司理參軍外，餘亦准此。諸破格窠闕，集注日有應格人願就，即先注應格人。仍於集注日辰時投狀，如不即投狀，集注時，雖稱願就，止與破格人衮同差注。其殘零闕，若集注後再榜拾日，無免試人應就者，方注待殘零闕人。又榜拾日，無人指射，即注待無人願就殘零闕人。內未合注官人，不在差注之限。諸已注破格闕，而有故退下，在半年內者，再行出闕，伍日限滿無人就，依舊作破格差注。諸祖父母、父母老疾應入家便人，據狀差注，仍注簿符本貫，或住止州，勘驗詣實，保明申部勾銷。若親年捌拾以上，歷任人更不會。在外射闕者，以狀到日，於同日參選人下爲名次。諸已判成，而用恩賞改路分，或陞名次者，下狀後滿柒日注官。諸廣南遠地闕，去替叁月。餘路兩月。及經使見闕無人就者，舉官闕依下條。每月剗刷，聽無贓罪、並非前任勒停衝替、事理重、稍重未得與官，及見展殿人。餘依次第注擬。差注仍依本法。有舉主者，許權知通注。若年陸拾以上，及有私罪情重，或三色官並無舉主人，不得權注。殘零闕無舉主者，仍不通注。諸罷舉監當，及下文選注闕，去替壹年剗刷並非次闕，曉示合參選年未陸拾、歷任無贓罪、有舉主、非前任停替合入人，限伍日指射，主判不拘名次，以舉主、考第、出身、勞績、過犯次第，選優者充。餘選注闕，及諸處得旨令選差者，量材注授。以上差擬，仍依本法。安吉州德清、武康，嘉興府崇德縣令，南劍州尤溪、將樂、順昌、劍浦、沙縣，邵武軍光澤、邵武、泰寧、建寧縣尉，選注年伍拾已下無私罪、曾任縣尉無捕盜遺闕，曾獲盜得酬奬，若試武藝得官人。即福建路銀銅鉛錫冶監官，選注無私罪人。諸無官可舉闕，場務監官，去替壹季，並見闕滿，兩月不舉到官者，同。選注年未陸拾合入人。監當本條不指定舉官名者，先選職官，次令録，次判司簿尉。若見闕及主管官闕，到滿叁月已經選注無人就者，每月剗刷，許應試非見展殿人就。職官非主管官令録闕，仍依上條次第通注權知。以上差注賞罰，仍依舉法。諸殘零闕，每月別榜依格注擬。差注，仍依本法。其有贓罪、及前任勒停衝替稍重、或未得與差遣，若見展殿者，並不在注擬之限。諸非廣南人，在部願往廣南路就闕者，依條符本路轉運司，令在本路及湖南、福建諸路人之上。諸江南東、西、荊湖北路職官令佐判司殘零見闕，經使伍日内符本路轉運司就注。諸合入廣南遠地官，授訖未成資離任者，依前差注。衝替稍重，入次遠者，准此。諸授廣南遠地官，已到任因省併及丁憂，雖不成考者，理爲遠官任數。即貳年替罷，有差出假故，或非犯私罪入禁破考者，准此。諸八路官任滿，以酬賞應預射闕者，雖考帳未到，並聽差。諸以奏舉，若恩賞及考任應陞改資序已注八路闕，而以罪不應得者，報本路改差。公罪聽赴任，止理本資，仍闕考功。諸病患拜跪不妨者，與注合入官，即不許乞免謝辭。諸勞績及陳乞朝旨指定與官，於差注妨礙者，覆奏。諸在外應射闕，並移注人，與先注見闕，無見闕即注近闕，係同月滿者依狀内次第。合入路分依本法。諸應注闕而願出京待次者，射闕注擬依在外移注法。諸避親若嫌應對移者，移一般闕次。同縣鎮移本州，同州移鄰州，同路移鄰路。聽注見闕。礙親人願罷而未成資與免試者，依元入路分。諸闕，本等人不就者，雖非應入路分並聽注。因過犯入遠，不得以次就近。諸尋醫侍養年滿者，注元合入路分官，前任已成資者，依得替法。

諸因過犯，特旨與判司者，注合入路分小處司理、司法、司户參軍。兼管同。無即注簿尉。未成考雖不因過犯去官，還依上法差注。諸廢縣爲鎮，合選注闕，監官貳考，尉壹考以上，年未陸拾，歷任無贓罪，非前任勒停衝替事理重、稍重，及流外進納人；諸奏辟注縣尉者，任内弛慢怯懦，雖不經勘罰，並注遠小處。諸試中刑法人，新任闕不滿叁月，非循資以上者，不得改注。應就任改正資序者，依本法。即已就銓試，而授殘零闕者，試中亦准此。諸循資以上酬獎闕，不得舉者，亦不得注充。攝官初授正官，乞注水土惡弱處者，聽。得替，更不酬獎。餘酬獎處，不注有贓罪或私罪稍重人。諸職（田）〔官〕中等以上闕，不注曾犯贓罪，及前任停替，若進納人。諸大理寺保明到試刑法人，堪充職者，差司直或評事，即考第舉主足者，仍改合入官。諸吏職恩科補官人，已授差遣，不許與人對换。諸工匠伎術人，不注流内官。其諸司吏人，不許换攝官。諸勒停叙用與官人，注經使闕。若叙法不至降資者，與降資注遠處。無資可降，注無人就遠處見闕。無見闕，即注遠處無人就殘零闕。諸注官奏訖，應報別司者限貳日，急速限當日。諸文學遇赦，權入官，注簿尉見闕。願權注非見闕者，聽。無即注經使闕，應入家便者，聽注無見闕路分經使闕。不注三路緣邊官。其赦書限年陸拾已下，而降赦日年已陸拾者，許貳年内參選。諸文學注權簿尉者，壹任回與注正官。犯公罪徒，若私罪或體量罪犯離任者，更注權官壹任。贓罪不在注官之限。

《侍郎左選尚書考功通用令》諸判司簿尉，有出身，兩任肆考；無出身，兩任伍考；攝官授正官，後叁任柒考；流外肆任拾考，歷任無贓私罪及公罪徒或曾停替者，與録事參軍。如有上文過犯，即展壹任回。流外人，及拾叁考者，不展。以上非流外人，曾有舉主肆員，或合使貳員，仍通注縣令。因酬獎入令録者，自依酬獎法。流外有贓濫，及諸司驅使散官，三省祗應人出職者，不得入録事參軍。其進納人叁任柒考，曾省試下者，兩任伍考。與令録差監當。因酬獎與職官令録者，准此。有過犯，准上法。

《尚書考功令》諸有出身，兩任肆考；無出身，兩任伍考；攝官授正官，後叁任柒考；流外肆任拾考，與令録。若歷任有贓私罪及公罪徒，並曾停替者，更候壹任回。流外人及拾叁考〔者〕不展。無上文過犯，即與令録。因酬獎入令録者，自依酬獎法。流外人有贓濫，及三省祗應人出職者，不得入令録。其進納人，叁任柒考，曾省試下者，兩任伍考。與令録。有犯，准上法。若歷任有舉主，會問應使舉主關本選。

《淳祐令》諸文學遇赦，許注官。降赦日，年陸拾已下堪釐務者，本縣本州轉運司次第保明申尚書吏部。有陸朝官叁員奏舉者，聽赴部注權入官。諸承直郎已下，經尚書吏部判成，或授訖未上而丁憂者，服闋許在外指射員闕。所在州勘會月日，保明有無罪疾，申尚書吏部。諸承直郎已下，在任因賞及特恩循資者，本任州取射闕狀，申尚書吏部。願罷任者，勘驗無縮繫，聽罷。其幕職官，若轉運司主管帳司之類，並舉縣令人，不用此令。

《侍郎左選格》幕職州縣官：

留守府節度觀察判官，右爲承直郎。

掌書記支使、防禦團練判官，右爲儒林郎。

留守府節度觀察推官、軍事判官，右爲文林郎。

防禦團練軍事推官、軍監判官，右爲從事郎。

司録録事、參軍縣令，右爲從政郎。

知司録、知録事、參軍、知縣令，右爲修職郎。

軍巡判官、司理、司法、司户參軍、主簿縣尉，右爲迪功郎。

差注：

宗室占射，試中上等占射。先次注授。試中中等占射，先次占射。酬賞占射，陳乞占射，試中下等不依名次與再理黄甲免試人衮注。如同日射闕，若再理黄甲免試人，如授敕在當年以後，試中下等人之先，即先差再理黄甲免試人，如授敕在當年以前，試甲下等人之後，即合先差當年以前試甲下等人。免試不依名次，免試依名次。殘零不依名次，殘零依名次。

闕名：

新州、循州、欽州、廉州、邕州、宜州、瓊州、融州、賓州、容州、高州、化州、雷州、昭州、横州、梅州、南寧軍、吉陽軍、萬安軍、南恩州陽春縣、惠州河源縣、漳州龍巖縣、漳浦縣、汀州上杭縣、武平縣、贛州安遠縣、龍南縣。

右爲惡弱水土處。

《侍郎左選申明》乾道九年八月四日敕：選人歷任未及貳考，緣事罷任，非因贓罪勒停衝替稍重，或未得與差遣人，比類依初官。曾經銓試不中，年及肆拾，聽注殘零闕。奉聖旨：依。淳熙十五年五月十六日敕：四川特奏名，如係廷試唱名，方許就部注授。紹熙二年四月十一日，都省批送，下吏部申，新及第因賞循至從事郎未經任人，指射職官窠闕，後批送部指定。本部照得，新及第出身第二、第三、第四、第五人，並因該覃恩出官，試在第一甲、第二甲，並係專降指揮，與職官差遣。所有其餘及第初官人，雖因恩賞循入修職從事郎以上，並係未曾歷任之人，既無專降指揮，難以注授職官差遣。止合依條注司户簿尉，破選破格監當、廣南破格司法差遣，後批：送部從指定到事理施行。慶元元年二月十四日敕：吏部狀，選人過犯因該赦恩除落及免約法，並不曾經取勘却曾經體究，雖不曾伏辯却有供證明白，係涉贓濫之人，本部若不放行參選注授，緣已該大赦，曾經刑寺除落及免約法。若便與放行注授，竊慮收使恩例及理名次在上陞壓無過犯人。欲今後似此罪犯之人，並與注降等合入差遣。如同日指射，差注在無過犯人之下，若贓濫明白之人，亦不許注授所掌財賦及收趁課利去處。奉聖旨：依吏部所申。慶元四年六月十一日敕：今後選人所授差遣，委有私計不便陳乞對换之人，須要遵從條法指揮，仍踏逐本路及鄰路一等合入窠闕，對换施行。如不是本路及鄰路，不許對换。

《侍郎右選令》諸親民監當經使見闕，曉示壹月，或雖非見闕，榜及壹季，各無應格人願就者，作破格，别作一榜曉示，限伍日召人指射。監押巡檢縣尉知寨闕，注監當材武人。內監押仍須經任人。押隊闕，注經任材武校尉以上。無材武人願就，即注親民，次監當不應材武人。經任監當闕，注初任人，初任闕，仍注校尉。內合注材武闕，如無材武人願就，即注經任，次初任不應材武人。如同日有應格人願就，先注應格人。曾犯贓並進納人，各依本法。諸注親民闕，計到任日年柒拾者，改注别闕。諸三經集注而不就闕，或不赴者，並直注。即三路緣邊得替、及應免短使者，展壹集，無陞名次。兩季、叁季又遞展壹集。不依名次指射者，依叁季法。諸經使見闕，聽降等應入人就。同日有本等人就者，注本等人。諸進武校尉在任未成資，非因罪犯體量罷者，聽注經使闕壹次。即未赴任被衝改，或省員廢併者，依元名次别注應入闕。諸敘用人，初注官依降等法。即累任未復本等，聽注經使闕。諸軍功補授應入住程，願赴諸路聽候差使者，聽。諸進武校尉授住程闕，以理去官，並免短使。未成資者，許指射應入使臣經使闕。已授未上者，仍依元名次。諸校尉在任轉承信郎，通不及貳考省罷者，許不依名次、路分，在外指射差遣。諸小使臣校尉，充下班祗應副尉日所得，小使臣充校尉日所得同。轉官資減年過犯，通行校量。內轉官減年，並減半轉資，以貳拾分計功差注。充下班祗應副尉日，無功過印紙照驗者，不許計理功分。諸朝旨速差人闕，召合入人，過叁日不以遠近通注。又伍日，親民闕召經任監當人，監當闕召初任人。又伍日，注本等應直注人，仍先依遠近，即前任停替者，並不注。諸比較賊盗已替而會赦，應降監當者，與合入監當。應奏劾者，免勘。合入近注遠。合入遠小處，即應罰短使者，並免。諸差有心力者，取經任無體量不職，或贓罪及私罪情重人充。差短使雖未經任，曾歷短使幹辦者，亦許差。諸押綱因欠夫撥散舟船，及巡護斗門任內叁經書罰者，降遠小處。諸庫務專副得替轉授使臣，應供末帳者，候畢日與差遣。諸監在京倉庫門而透漏經罰者，應入近，與遠處；應入遠，與遠小處。諸巡轄馬遞鋪得替，比較一界馬數該殿降者，應入近，與遠處；應入遠，與遠小處。宗室女夫聽入近，仍降壹季名次。若次任更應殿降，隨所入遠近與監當。諸差遣以近地、遠地間注。不識字人通注遠近。諸停替人應八路直注者，以展磨勘折短使年月。諸出外待次人違限者，雖未參並直注。諸小使臣應直注者，注經使闕。

諸應直注，及降監當短使已足者，聽在外待次。仍注籍。候有闕與差，應授文書並就給。諸之官違限者，參選日注遠小處。諸應降等者，親民人入監當，監當人入遠小處。諸降等人，依合入遠、近，注小處，經叁季無闕者，以元參選日與本等人理名次。止注集注闕，不許不就。在外者，仍直注。權注集注，亦理壹季。諸應入遠人到選及壹年，非因贓罪及私罪情理稍重，見降入遠者，聽與入近人通理名次，注經使闕。諸降入遠人，經叁季無闕者，遠小許注遠地，遠地注本等非次闕，又經叁季，權入近地經使闕，仍並在本等人之下。諸丁憂服闋人，陞半年名次，仍注近地。

《侍郎右選格》小使臣、校尉、收使恩賞名次高下：

御筆聖旨衝罷人，國信所占射人，押筏指占人，先次占射人，先次注授合入差遣。陣亡占射人，應占射差遣人，不依名路分指射差遣。祖父母、父母老疾人，合與常調衮理名次。

闕名：

新州、循州、欽州、廉州、邕州、宜州、瓊州、融州、賓州、容州、高州、化州、雷州、昭州、橫州、梅州、南寧軍、吉陽軍、萬安軍，

南恩州陽春縣，

惠州河源縣，

漳州龍岩縣、漳浦縣，

汀州上杭縣、武平縣，

贛州安遠縣、龍南縣。

右爲惡弱水土處。

《侍郎右選申明》紹興八年十一月二十三日，尚書省批送下吏部劄子：勘會小使臣差注，依條以遠近地間注。即今本選見依紹興三年十一月八日，申請指揮，以行在壹千里以上州軍爲遠地，不及壹千里爲近地。緣尚書左、右選，侍郎左選，見今皆不分遠近差注。今相度欲除泛濫補官，並停替到部及過犯依條合入遠人外，餘並不分遠近衮理名次差注，庶幾四選事體一同。後批：送吏部照會施行。本所看詳前項指揮，係是權宜申請，不須立法，合編節存留，申明照用。

《尚書侍郎左選通用申明》嘉定三年七月六日，尚書省劄子：臣僚上言，乞下吏部，今後攝官年滿解發改授正官及改秩者，並止許注授二廣差遣。

《尚書侍郎左右選通用申明》嘉定四年八月二十三日，尚書省劄子：吏部申，命官在任有犯，任滿赴部陳乞注授，約罪結絶，刑寺所約罪名，係公罪該赦，及去官勿論釋放，劄付吏部與降等差遣。今後似此之人，一體施行。嘉定五年八月九日，尚書省劄子：對換兩易差遣，先申尚書省點對，不得徑上鈔。嘉定八年二月十八日敕：吏部尚書李大性劄子，檢准令諸川、峽路知州與通判，無通判只有簽判，或職官獨員處同。並不差川、峽人。職官判司兵官謂各貳員以上處。令佐並准此。謂逐色官內，各但有內地官壹員，餘官不限員數。一、紹興十七年十二月三日，尚書省劄子：吏部措置，四川定差不該闕，許川路到行在官指射，權不引用礙川、峽人同任條法。乾道三年十二月四日敕：川、峽四路轉運司各使窠闕，更不分川人、內地人，只以名次，依格差注。一、又令諸福建路知通無通判只有簽判，或職官獨員處，同。録事司理參軍令佐不得差本路一州人。照得吏部見行引用不一，委是未便，欲送檢正都司詳議指定。劄下吏部長貳，敕令所看詳指定，申看詳前項指揮，並係權宜措置，難以衝改本條，止編節存留，申明照用。照得在法：諸川、峽知通職官判司兵官令佐，不並差川、峽人，條法已有。紹興十七年十二月三日，並乾道三年十二月四日貳項指揮衝改權不引用上條外，其福建路知通録事司理令佐，不得差本路一州人之法，未曾承准指揮衝改。緣自今福建與昨來在京日事體不同，是致有今來申請，欲將福建路知通録事司理令佐不得差本路一州人條法，照川、峽路已

降指揮權不引用。奉聖旨：依。嘉定九年五月十九日敕：吏部勘當白劄子，申陳銓曹引例破條之弊，乞下吏部四選遵守條法，不得循習再用前例。如有違犯，承行人同主令並行斷勒。内壹項，應在任遭按劾，與宮觀人在法停替未成資，不在選限。近有到部注選闕者，本部照得在任遭按劾，與宮觀或罷黜人，在法礙選，不應注選闕。如非選注闕合照格法注授。五月十九日，奉聖旨：依。嘉定九年五月二十三日敕：臣僚劄子乞分別某職爲親民，某職不爲親民，著爲定制。本所牒報吏部四選，備據進奏院、浙西安撫司、兩浙轉運司、臨安府等處供：一、知州、通判、知縣，城南北廂諸路提刑提舉茶鹽司，福建茶鹽司幹辦公事，諸路轉運司主管文字幹辦公事，棗陽軍使、雲安軍使、諸州簽判，節度掌書記，觀察支使察判節推防團判官、軍監判官，軍事推官，知録司理，縣丞主簿，點檢所湯鎮酒庫，兼本鎮烟火公事，以上並係親民。一、諸路安撫司參議官主管文字、主管書寫機宜文字、幹辦公事、四川、京、湖、江、淮沿海制置司、廣東、西經略司屬官、江淮坑冶司、湖北鐵冶司、淮東、西、湖廣、四川總領所行宮留守司、福建、廣東市舶司、四川茶馬司、西南兩外宗正司主管、睦宗院屬官、諸州教授、分差監行在榷貨務都茶場、分差監建康府、鎮江府糧料院、監倉庫場務緝捕巡檢準備差使，浙西安撫司回易庫提領犒賞酒庫所主管文字，幹辦公事檢察官，兩浙轉運司主管帳司，船場官，糴買物斛官，點檢所主管文字、幹辦公事檢察官，諸酒庫監官，柴場瓶場都錢庫官，諸路都統司屬官，監當不帶烟火公事，司户、司法，樓店排岸糧料，以上並不係親民。本所欲從諸處供到前項具申朝廷，乞批送吏部重加審訂。照得諸路制置安撫經略司，並係受理一路民詞，四總領所，並四川都大茶馬司，各係拘確諸州財賦，其屬官事權頗重，關係亦多。點檢激賞酒庫所提領，户部犒賞酒庫所主管文字幹辦公事，及分差諸軍糧料院，分差監行在榷貨務，並係朝廷選擇差人。教授係壹都師儒之職。司户、司法，並係州郡委送定奪公事，監鎮帶烟火公事去處，得以受理民訟。並難以令不與親民差遣人注授。今將江淮都大坑冶司主管文字幹辦公事，湖北鐵冶司幹辦公事，福建、廣南市舶司幹辦公事，提點醫藥飯食，諸路轉運司造船場，催促糴買物斛官，西南外宗正司，睦宗院，點檢酒庫所，柴場、糴場、瓶場、都錢庫官，提領犒賞酒庫檢察官，諸州監軍資，排岸糧料，樓店並倉庫場務，應係監當並緝捕盗賊巡轄馬遞鋪，都作院準備差使指使押隊，並爲不係親民差遣。奉聖旨：令吏部四選，將不與親民差遣人，依資格注授，常切遵守。嘉定十五年三月一日敕：吏部看詳，臣僚奏，銓部自今不許文武官於前任州軍注授，得闕之時，隔政□，儻或見次，亦合改差。如不曾到部，所屬辟差之人到任日，本州取索本人今任、前任所受差敕印紙參照。若有礙前任州軍，不許放令赴上。奉聖旨：依。

《侍郎左選申明》嘉定十六年四月九日敕：奉聖旨，選人縣尉未獲陸項指揮，强盗及殺人兇身，在任事發而不獲，或已獲而人數不及一半，雖該赦，本州放行批書，並已成叁考滿替，或丁憂離任到部，並且與注授初任，合入差遣施行。

《尚書侍郎左右選通用申明》嘉定十七年十月二十一日敕：臣僚上言，今後極邊、次邊州縣官，不得差注吏職。奉聖旨：依。將沿溪峒邊州縣官一體施行。寶慶三年十一月二十七日，尚書省劄子：臣僚上言，自今以往選人先任四川、二廣沿邊次邊縣令，曾奏罷者，各不得再注前任差遣。其有已該赦，許依無過人例，正令別入差遣。諸監司州郡，不得巧作名色奏辟，儻或違戾，重加鐫罷。奉聖旨：依。

《侍郎左選申明》紹定元年七月一日，都省批下吏部申，特奏名文學權差破格嶽廟壹次，事後批送吏部證〔得〕，赦條指定申，今具下項，檢准令諸文學遇赦許注官，降赦日年陸拾以下堪釐務者，本縣本州轉運司次第保明，申尚書吏部，有陞朝官叁員奏舉者，聽赴部注權入官。諸文學遇赦權入官，其赦書限年陸拾以下，而降赦日年已陸拾者，許貳年内參選。承寶慶三年十一月六日郊祀大禮赦文内壹項，勘會特奏名文學依法遇赦日年已陸拾者，許貳年内參選，注權入官。其年陸拾叁以上，如有舉主叁員，可權差破格嶽廟壹次，右本部證得條法赦文，並稱文學遇赦年陸拾者，許貳年内參選。若年陸拾叁歲，則不許參選，止權差破格嶽廟壹次。係本部見行遵守。今具條法赦文在前，並指定上件事理，申省候指揮，承後批送吏部證應赦條指揮施行。

《尚書侍郎左右選通用申明》端平二年七月二十七日，都省劄子：臣僚上言，諸路臺部各有僚屬贊畫，窮邊傍塞用武之地，州縣官屬皆須出力，宣勞共事，豈癃老年高之人所能勝任？欲乞行下吏部，自今後兩淮、京、襄，凡初任及再任官差遣，不許年滿陸拾伍以上者注授。奉聖旨：依。端平三年九月三十日，尚書省劄子：臣僚上言，欲自今應文武官在任，經臣僚監司郡守彈按，曾推勘體究贓狀顯著，永不與親民差遣。人雖該恩，特旨改正過名仍許親民，祇許到部初任注祠禄，次任注閑慢差遣，任滿無過方許授親民，及因贓罷任，雖不經根勘，體究伏辯，而情狀難恕者，雖該赦宥，許其理雪，差鄰路監司，取索幹證，從公審覈，結罪保明申省，方許改正。不許徑自陳乞，脱略過犯，僥幸差注。九月二十四日，三省同奉聖旨：依。嘉熙三年八月十四日敕：吏部尚書左選條具，照得在法官員因事放罷，後别任差遣成貳考，方許預選，注授選闕。近有官員放罷後陳乞改正，便經本部乞預選闕，修纂條例所看詳，官員因事放罷，必欲其再任成資，而後許之與選，蓋激其遷善改過。其有元被劾罷，不與親民差遣，後雖引赦改正，亦合照上項成資，方得與選。今本部引用張公亮以壹考有零被罷，不與親民，後來引赦改正，並理前任零考，徑放行選闕，委是破壞成法。合照條令行。所有前後已放行之例，日後不許引用。奉聖旨：依看詳到事理施行。本所看詳上件指揮，雖是尚左條具，緣犯罪停替成資，隔任與選，舊法係是四選通用，即合一體，今聲説存留照用。淳祐二年六月空日，尚書省劄子：勘會文武官，有已注近邊差遣，故意違年，致邊頭多闕官。檢會侍左令，諸之官違限者，依得替人就試，參選日與降資，無資可降者，降壹年名次，注遠小處。劄付吏部照開禧令嚴切遵守，一體施行。

《侍郎左選申明》淳祐三年十月二十八日，都省批下吏部申，今後合闕陞人，不得受告。若該擬闕陞鈔者，並與注授闕陞合入闕，候得闕陞告下，方與具鈔。後批：從所申事理施行。

《尚書侍郎左選通用申明》淳祐十一年二月二十六日，尚書省劄子：茶鹽所申，勘會淮、浙鹽場官，任滿參注，取索印紙，點對逐考及零考所趁鹽課，如總比額虧及叁分以上，申朝廷劄下刑部比類責罰。施行訖，方許放行參注。右劄付吏部遵照施行。

《侍郎左選申明》寶祐四年十二月空日，尚書省劄子：吏部申，准尚書省批下吏部條具郎中張鎮奏，銓曹左選，越法舞文，爲奸之弊，吏部嚴加革絶。開具下項：一、合受破格殘零者，欲注非次經使之闕。照得本部出闕，各有榜限。若出闕，榜滿伍日爲非次闕，陸日以獲爲經使闕。蓋有恩例、資序、考舉，應入注授。若傍及壹季以上，無應格人注授，爲破格闕。再榜拾日爲殘零闕，不以資序、考第、舉主、路分、年甲得以注授。近來多有任滿得替到部，無舉主、無恩例者，合注破格，或入殘零人，先乞注授，却候破格殘零榜限滿日具鈔。今乞朝廷行下，如榜限先應作破格殘零，不許將不應格人先次注授，却候具鈔。一、合入常調破選者，則欲得奏舉專選之官。照得在法，奏舉闕陞人入奏舉之闕，若經任有舉主無過犯人，則入專選闕。考任闕陞無舉主，止合入殘零。及無恩例人，合入破選監當。近來不照格法注授，必欲入奏舉專選之闕。今申嚴之後，如有不應專選格法之人，不許引例廢法注授。一、未應具鈔而日候鈔以文欺。照得此項皆係應入破格殘零，或入闕次榜限未滿，乞先期注授，候榜滿日具鈔。有收使循資恩例告未下，乞先注，而候告下日鈔。有過犯，未曾約法，乞先參，而候約罪到日鈔。或有不得與親民差遣，先期而入親民闕，則曰候親民指揮下日鈔。或有未改正，乞入改正，依無過人合入之闕，乞候改正指揮下日鈔。有參部付身不圓，及印紙寄留批書未曾賫到，乞先參，候印紙或付身到日鈔。有在外指射，中間有欠闕不圓，乞先該差候保明圓備到日鈔等，今乞朝廷行下，應一切候鈔不圓之人，不許越法陳請。十二月十七日，奉聖旨：依吏部條具到事理，常切遵守施行。

《侍郎左選申明》寶祐五年三月七日敕：禮部申准都省批下正奏名趙餉夫劄子。乞照崇苡與龔等例，附第肆等推恩出官。照得餉夫淳祐十年中省試、覆試未通之人，自合再赴後舉覆試，引援陳乞以正就，特其意不過急禄，在朝廷斟酌施行。奉聖旨：依禮部所申，趙餉夫照例補下州文學初任，止許注授嶽廟差遣。仍下吏部，自今遵守施行。

《尚書侍郎右選通用申明》寶祐五年八月一日，尚書省劄子：左司楊瑱劄子，照得軍功捕盗補授人，合赴兵部參注，自有條限。近年功賞冒濫，前此有夤緣放行先示參〔注〕，候本處保明到具鈔。倖門既開，援例者衆，委是破壞格法。欲令兵部應軍功捕盗補授人，及拾年無故不陳乞，不放參注。或諸司申辟，不許放行。仍下宣撫制總監司照應遵守。七月二十四日奉聖旨：依。本所看詳，檢會吏部尚侍右通用令，諸使臣除丁憂停廢外，及拾年以上不到部者，許召陞朝官貳員保明無贓濫違礙，與銓選降壹官注授。無可降者，注邊遠壹等差遣。及貳拾年者並落籍。今詳申請指揮，係軍功拾年無故不陳乞不放參注，諸司申辟不許放行。下宣撫制總監司照應遵守，今聲説照用。

《尚書侍郎左右選通用申明》景定三年四月空日，尚書省劄子：勘會四川文武官，注授東南窠闕，固於條令指揮有礙，念其寄寓，亦當參酌施行。四月十三日，奉聖旨：四川文武官赴部，注授東南郡縣窠闕。謂正闕者。大藩節鎮每州不得過貳員，餘州不得過壹員，每縣萬户以上亦不得過壹員。不及萬户不許差注。令吏部遵守施行。所有堂差通判以下窠闕，每路不許過兩員。辟差窠闕，每路許以伍闕申辟。右劄付吏部遵守。景定三年十二月空日，尚書省劄子：檢會景定三年四月十三日已降指揮，四川文武官赴部，注授東南郡縣窠闕。謂正闕者。大藩節鎮每州不得過貳員，餘州不得過壹員，每縣萬户以上亦不得過壹員。不及萬户不許差注。令吏部遵守施行。所有堂差通判以下窠闕，每路不許過兩員。辟差窠闕每路許以伍闕申辟。竊恐員多闕少，致使淹困，特與優異，須議指揮。照得昨降指揮，以四川有官人當於故鄉取闕，故每路止放上項員數，今既在東南尚多，欲得闕養廉，難已拘已行限員。十二月十日，奉聖旨：每路照舊員額倍添員數，其辟差堂差，皆准此。

《侍郎左選申明》景定三年十一月空日，尚書省劄子：勘會文武官爲内外臺劾罷，自有已降指揮年限放參。若係降罷，亦有節次指揮極詳。或元劾有未許放行參注親民，及遇赦未得放行參注，雖申取朝廷指揮放參，亦未曾律以改正而後授差。所謂改正一節，即是除落過名，在選人則於班改有礙，若應蔭補官則於奏薦有礙，於參注自不相干。近聞部吏將未改正名色，百端邀勒，在部參注人困滯孤寒，肆爲乞覓，莫此爲甚。合議行下，右劄付吏部侍郎左選照今來行下事理，及節次已降指揮，將在部合放參人，並限叁日區處了畢，具申尚書省。如部吏今後輒敢阻抑，定行究治。仰常切遵守。

《吏部條法·差注門二·差注撮要》　京官　應非次闕，初出闕日爲非次，榜滿伍日爲經使非次，半年爲破格。應非次、經使闕，並爲正格。

知州　應知州闕，曉示滿半年，無本等人願就，許注第貳任通判資序。初任通判，各不曾犯贓私罪人。應歷兩任通判終滿，方許入州郡差遣。

通判　應榜示滿半年以上，無本等人願就者，破格差注。應選人改官，實歷知縣叁考滿替，未關陞通判資序，許注破格。若已關陞通判資序，許注正格。應奏補京官，歷任通滿柒考，雖曾實歷知縣滿任，須再任幹官兩考，方與堂除通判。其不曾經任知縣實歷捌考，須有恩例免作邑，方許注小郡通判。應知縣初任已成貳考被罷，次任已通理叁考，到部注簽判，壹任滿方許注破格。如兩考内被罷，情願再作縣叁考，及兩考以上被罷，情願再作縣兩考，並通歷肆考者，到部並注破格。應知縣叁考，滿替後論罷，雖經改正，止許注簽判。候壹任滿，方注破格。應知縣在任，經營圖辟參軍通判、幹官等差遣，候任滿須再令補滿知縣考第，方許注授。若在任貳考丁憂，及朝廷陞擢改差，自依專法，許理爲壹任，聽注破格或差遣。

簽判　應選人兩經作令滿替，實歷玖考，有政聲，無過犯，改官特免再作知縣，止許注簽判，以當知縣履歷。其餘幹官、監當差遣，並不許當知縣履歷。應改官，年及陸拾伍以上，注有通判處簽判。應二廣簽判，不注恩科出身及年陸拾以上人。應改官人年陸拾以上，合注不係選闕知縣。其間有精力已衰人願就簽判者，聽。即不理爲實歷知縣。應知縣初任，已成貳考被罷，次任通理叁考到部，止注簽判。應知縣叁考已滿，因替官未到，或得替後論罷，雖經改正，止注簽判。應奏補京官，初任監當貳考滿替，次任許依格注伍路餘州破格簽判。伍路，謂二廣、兩淮、荊湖北路。餘州，謂不係大藩節鎮州軍。

知縣　應改官，通班後各令試書判，如不通者，且注縣丞。應奏補京官，曾歷兩任，年叁拾以上無過犯，有監司知州薦舉充實歷知縣者，聽注。應使臣試換京官，須歷兩任肆考，方許作邑。應知縣闕，不注年陸拾伍以上，並恩科年伍拾伍人。應緣邊知縣，注年陸拾以下人。應京官知縣，在任已及貳考，不在避親之限。或壹考半以上，以理去官，再補填貳考。應知縣被罷，止許注授中、下縣。其緊、望、上縣，並不許注授。若四川人，仍照限員指揮。應知縣壹考以上被罷者，雖經改正，其零考月日亦不許通理。兩考内被罷者，補貳考，叁考内被罷者，補壹考，方許注簽判。應知縣，舍縣就辟諸幹官差遣到部，衹合仍舊注縣補考。

縣丞　應奏補京官，初任監當貳考滿替，次任依格注丞。應獲盜改官人，初任唯注縣丞。

知縣縣令　應大使臣，注親民資序，武舉出身，或奏補出身，曾經銓試中，年未伍拾伍，有歷任處監司帥守薦舉堪充縣令貳員人。應小使臣，注武舉及奏補出身，曾經銓中，保義郎以上資序，內武舉人歷兩任肆考，奏補人歷叁任陸考，並關陞親民資序，有歷任處監司郡守舉充知縣縣令親民任使貳員，各年未伍拾伍人。應捧香恩澤補官人，不注知縣縣令。

選人　應非次闕，出闕伍日爲非次。應經使闕，非次後壹日爲經使。應破格闕，自出闕首尾榜及叁月爲破格。應殘零闕，破格後榜及拾日爲殘零。應無人願就殘零闕，殘零後再榜拾日爲無人願就殘零闕。應專選監當，自出闕至久榜，更不作破格。應司法，除川、廣外，雖久榜並不作破格。應堂除撥下闕，雖出闕久榜，並不作破格。

教授　應非次，注殿試第壹甲、省試上拾名，太學上舍生公試上叁名、國子監取解上叁名。應經使，注太學內舍，宗學上舍，次注曾任教授經任人，次進士上舍出身，年叁拾以上曾歷任人。應淮、廣榜及柒個月，小郡教授注經任貳考，無恩例，就殘零參選人。

山長　應注有出身應格合入教官，及經任合注教官人。

縣令　應非次，注奏舉關陞文林、從事、從政郎，並先因賞循從政郎以上，後有從事郎並縣令舉主叁員，理作奏舉關陞資序無過犯人。應經使，注承直至從事郎，及用考第常調關陞從政郎，賞循從政、修職郎，有改官，或職令舉主叁員無過犯人。應縣令闕，注年叁拾以上陸拾以下人。如年陸拾以上陸拾伍以下，仍注有佐官處。不注恩科年伍拾伍人。應縣令，除黄甲免試外，不注引年出官人。應縣令被罷，不許復注縣令。餘從本法不注。應縣令，除曾經銓試中，及上肆甲進士出官許注授外，其銓試不中、引年出官，宗室得解免銓出官，同進士並特奏名登仕郎、將仕郎授恩滿貳年免銓出官，四川、兩淮、京、襄、湖北同進士用恩例免銓出官，殁於王事録用之親免銓試出官，童科免銓出官，特科文學免銓，並以恩例免待郊，並待郊出官，特旨免銓試出官人，並不許注授。

縣丞　應非次，注奏舉關陞文林、從事、從政郎，先因賞循從政郎以上，後有從事郎並縣令舉主叁員，理作奏舉關陞資序人。應經使，注承直郎至從事郎，並用考第常調關陞從政郎，賞循從政、修職郎，歷任叁考有改官，或職令舉主貳員以上人。應破格，注迪功郎以上，有恩例不以舉主，歷任壹考以上人。應殘零，注迪功郎以上，無恩例不以舉主，歷任壹考以上人。應恩科年陸拾非責罷人，許注授破格闕。

職官　應非次職官，注曾經奏舉關陞文林從事郎，並先因賞循從事郎以上，後有從事郎舉主叁員，理作奏舉關陞文林、從事郎以上人。應經使職官，注賞循承直郎至從事郎，歷任貳考以上，有改官，或從事郎縣令舉主貳員以上人。應破格職官，注賞循承直郎至從事郎，歷任貳考以上，有改官，或從事郎縣令舉主壹員，有恩例，並奏舉關陞從政郎人。應殘零職官，注賞循承直郎至從事郎，歷任貳考以上，有改官，或從事郎、縣令舉主壹員，無恩例，就殘零參選人。應選人陸拾以上陸拾伍以下，注有通判處。應特科人年陸拾，不注職官。應選人全無舉主，雖是職官資序，及犯贓私並曾任職官不法情罪顯著，並不在注職官之限。若非因職官被罷，祇犯私罪，不曾經覈實改正，亦不許注。

主管帳司　應注奏舉關陞文林、從事、從政郎，並理作奏舉關陞資序人。

録事參軍　應奏舉闕，注奏舉關陞文林、從事、從政郎，並先因賞循從政郎以上，後有從事郎、縣令舉主叁員，理作奏舉關陞資序人。應正格常調闕，注常調關陞從政郎，有舉主貳員，次修職郎以上，歷任貳考，有舉主貳員，有恩例人。應破格常調闕，注迪功郎以上，歷任壹考，有舉主壹員有恩例參選人。應殘零常調闕，注迪功郎以上，歷任壹考，有舉主壹員，無恩例，就殘零參選人。應年陸拾及有過犯並恩科人，及無舉主，並不注。應以司户兼帶仍依本等法差注。內恩科人仍不注。

司理　應非次，注迪功郎以上，歷任叁考，有舉主叁員人。應經使，注迪功郎以上，歷任貳考，有舉主貳員人。應破格，注迪功郎以上，歷任壹考，有舉主壹員，有恩例人。應殘零，注迪功郎以上，歷任壹考，有舉主壹員，無恩例，就殘零參選人。應引年出官並年及陸拾，及有過犯人並不注。應同進士授恩滿貳年，免試出官，依指揮許注。考第舉主依本法。應恩科人，依指揮不注。

司法　應正格，注迪功郎以上，歷任貳考以上，有恩例人。應二廣破格闕，注迪功郎以上，經任貳考無恩例，及初官有恩例人。應以司户兼帶，仍依本格差注。應恩科文學，歷正官貳考以上，方許注授。其有過犯並年陸拾以上，仍依本法不注。應四川文學，初任依指揮注。四川司法，不注内地及二廣司法。應引年出官，並年及陸拾，及有過犯並流外人並不注。應同進士特奏名，將仕郎以上，授恩滿貳年免銓，並特奏名文學以恩例免郊，及待郊出官，歷正官貳考，及歿於王事免銓，奏補宗室得解免銓，依指揮並許注。

司户　應正格，注初官或經任官恩例人。應破格，注初官或經任並流外經任人。應殘零，注初官，或經任並流外經任人。應四川文學初任，依指揮注四川司户，不注内地司户。應京官、選人、大小使臣差注，除前項聲説外，餘依本法。

《吏部條法・差注門二・知州》　《尚書左選令》諸知州軍闕，曉示滿半年無本等人願就者，許注第貳任通判資序，次初任通判，各不曾犯贓私罪者。如同日却有本等人願就者，先差本等人。諸提點刑獄以上資序有犯，到部應降差遣壹等者，注小處知州。諸奉直大夫以上免關陞注知州。諸初任酬奬改官人，實歷未滿叁任，不許注破格知州軍差遣。諸注知州者，定日告示，過中書門下省。諸短使在外人，注闕應過中書門下省者，回日令赴，仍先申本省。

《尚書左選格》

注闕

知州　英德府、郁林州、南恩州、梅州、封州、新州、昭州、貴州、象州、梧州、潯州、高州、藤州、化州、循州、南寧軍、萬安軍、吉陽軍。

右注本等人。

《尚書左選申明》淳祐元年十月空日，尚書省劄子：臣僚奏：自今州郡差遣，非歷兩任通判終滿，不許注授，亦不許帥臣辟差。年及不作縣之人，不許入郡。十月十八日，奉聖旨：並依。令吏部及諸路制閫監司，常切遵守。寶祐陸年正月九日，尚書省劄子：檢正左右司狀：勘會臺臣奏請舍法徇例等事，本司增修舍例守法條，自立爲定式。内壹項：武臣捕盜，及雜色補官，不許入郡守差遣。一、不曾有朝職者，兩任通判，方許入郡。正月七日，奉聖旨：依。

《吏部條法・差注門二・通判》　《尚書左選令》諸通判以下闕，榜示滿半年以上，無本等人願就者，破格差注。謂依破格路分州軍格内闕。若同日有本等人願就，先差本等人。諸注闕以資序者，先第貳任人。應注通判者，仍先知軍。諸理知縣資序，因在任乞尋醫侍養，及折資就監當，依赦牽復。若犯公罪徒以上，或私罪經降罰，雖未經降罰而刑寺有案約定刑名者，遇恩原免亦是。並關陞通判訖，方許注授通判。諸理知縣資序人，須實歷知縣壹任滿，若在任實歷已成貳考，丁憂或避期以上親，及陞擢改差罷任者，許理爲壹任。聽注破格通判或別差遣。諸鎖廳及第或賜出身，及特旨與親民，並酬奬改官，及奏補承務郎以上關陞知縣資序人，不許破格注授通判。

《尚書左選格》

注闕

通判　均州、隨州、郢州、房州、黄州、濠州、安慶府、臺州、處州、徽州、池州、瑞州、袁州、岳州、德安府、興國軍、臨江軍。

右注知州，次通判人。

南安軍。右注本等，次第貳任知縣人。

肇慶府、崇慶府。右注初任知州，次第貳任通判人。

成都府、潼川府、遂寧府、眉州、潮州、邵武軍、歸州、興化軍、建昌軍、道州、郴州、廣德軍、寶慶府、循州、韶州、隆州、成州、西和州、邛州。

右注第貳任通判，次初任通判人。

選闕

通判　真州。右注知州，次通判人。

階州、無爲軍、南劍州、汀州。

右注知州，次通判，次第貳任知縣人。

沅州。右注本等，次第貳任知縣，各年伍拾以下人。

破格差注

注闕

通判　臺州、處州、徽州、池州、瑞州、袁州、岳州、德安府、興國軍、臨江軍。

右注初任通判，次第貳任知縣資序人。

選闕

通判　南劍州、汀州。右注第貳任知縣人，餘依選法差注。

兩浙東路、兩浙西路、江南東路、江南西路、福建路、荊湖南路。

大藩節鎮　右注第貳任通判，次初任通判資序人。注闕同，下文准此。

餘州。右注初任通判，次第貳任知縣資序。

廣南東路、廣南西路、荊湖北路、四川路。

大藩節鎮　右注初任通判，次第貳任知縣資序人。

餘州　右注初任通判，次第貳任知縣資序人。

《尚書左選申明》嘉定六年六月三日敕：吏部狀，承嘉定六年三月二十九日敕，廣東諸司相度，本路梅、新恩、英德、封州簽判，無官願就，許運司將職官資序人定差，或許監司辟差。本部照得：自有條格見行遵守，所有惠州改置通判，省罷簽判。奉聖旨添置通判壹員，省罷簽判。餘依吏部所申，照條格施行。本部契勘，如許從本部使闕，照潮州等通判立定正格，及破格法差注施行。奉聖旨：依。嘉定十三年十二月二十五日敕：吏部看詳，舊法，京官第貳任，許注五路破格知縣，其有雖經舉實歷知縣，任滿不曾闕陞知縣資序，第叁任許授知縣。緣在部有第叁任監當資序人，有實歷知縣舉主，未敢令注知縣，申取朝廷指揮。奉聖旨：應京官奏補出身人，歷任通滿柒考，雖曾實歷知縣滿，須再任幹官兩考，方得與堂除通判差遣。其不曾經任知縣人，實歷捌考，須有恩例免作邑，方許授小郡通判。嘉定十七年二月空日，尚書省劄子：吏部申：兩經作令滿替，無過犯，改官授簽判成貳考替罷，理當實歷知縣壹任，注破格通判。奉聖旨：依。紹定三年八月空日，都省劄子：吏部狀，通判依格注實歷知縣壹任滿替，無過犯違礙闕陞通判，或理第貳任知縣資序人，內有兩淮、京、襄、湖南、北沿邊州軍，並其餘大藩節鎮，或江面去處通判，如到部指射，雖應得格法，亦合親行引審銓量，堪充上件差遣，方證銓法差注。今措置：自後如有用親老恩例，在外指射通判，照差法一體注無過犯本等人。仰所在州軍，須管保明本貫毗近家便州郡，有無癃老疾病違礙，結罪申部施行。右劄付吏部，從所申事理施行。嘉熙三年八月十四日敕：吏部尚書左選具有條例，內壹項，照得昨申請將郢州、均州、無爲軍、房、池、瑞州、興國、臨江、南安軍、岳州通判拾闕，係沿邊江南去處，專注無過人，仍不作破格。節次據官員乞作破格，及注前任無過人，陳詞不已。條例所看詳：諸理知縣資序人，若在任實歷成貳考，丁憂或避期以上親，及陞擢改差罷任者，許理爲壹任，聽注破格通判，及別差遣。今日作邑者，皆憚其難。才及兩考，經營求辟，或作避親緣故脫去。今立爲定格：諸作縣及兩考以上，果有才行爲諸司辟舉者，只得辟知縣資序幹官闕。丁憂以理去官及避期以上親者，自如本注。其避非期以上親，再注知縣補前任月日，方許注破格通判，或別差遣。又看詳：沿邊江面郢、（瑞）、均、房、池、瑞、岳州、無爲、興國、臨江、南安軍通判，要須擇人，不當論資格，專注無過犯人則可，不作破格則不可。合仍舊照法收入破格，許改官作縣滿無過犯人通注。若已曾經闕陞通判資序人並許注授。奉聖旨：依。寶祐元年正月九日，尚書省劄子：檢正左右司狀：勘會臺臣奏請舍法徇例等事，本司增修舍例定法條目，立爲定式。內壹項，選人班改合注邑闕，必實歷叁考，方許作倅。或未書滿，貪緣他闕，及不曾作縣，仍勒令作邑，及補足叁考，方許授倅。正月七日，奉聖旨：依。景定三年六月十五日敕：廣西經略司申，欲自今令邕州通判，就兼添差廣西經略司主管機宜文字，專一管幹經略、轉運兩司分司受給。奉聖旨：依。

《吏部條法·差注門二·簽判》

《尚書侍郎左選通用令》諸二廣簽判闕，不注恩科出身及年陸拾以上人。久榜無人就，雖有指揮，破格差職官選人者准此。

《尚書左選格》注闕

簽判　建康府、江陵府、臨安府、平江府、紹興府、慶元府。

右注通判見闕，經兩集，注第貳任知縣人。

揚州、廬州、安吉州、隆興府、寧國府、鎮江府、鄂州、潭州、贛州、常德府、泉州、廣州、江州、邕州、福州。

右注通判，次第貳任知縣人。

藤州、桂陽軍、梅州、南恩州、封州、復州、昭州、柳州、新州、荊門軍、惠州、南康軍、濠州、峽州、郁林州、英德府、潯州、信陽軍、高州、廣德軍、連州、漢陽軍、梧州、象州、化州、武岡軍、安豐軍、賓州、横州、賀州。

右注第貳任知縣，次酬獎改官合入知縣人。

破格差注

注闕

簽判　建康府、臨安府、平江府、紹興府、慶元府。

右不以見闕，注第貳任知縣資序人。

揚州、廬州、安吉州、隆興府、寧國府。

右注第貳任知縣，内淮南路仍注初任知縣資序人。

選闕

簽判　兩浙東路、兩浙西路、江南東路、江南西路、福建路、荊湖南路。

大藩節鎮　右注第貳任知縣，次初任合入知縣資序人。注闕同，下文准此。

餘州　右注初任知縣，次酬獎改官未經任人。

廣南東路、廣南西路、荊湖北路、淮南東路、淮南西路。

大藩節鎮　右注第貳任知縣，次初任合入知縣資序人。

餘州　右注初任知縣資序，次第貳任監當資序人。

初及第注闕

進士第壹人　右簽書節度，或觀察判官廳公事。

《尚書左選申明》嘉泰元年五月二十八日敕：吏部狀，措置初改官年陸拾伍以上人，止合注授簽判。外有年陸拾以上人，雖合注不係選闕知縣，其間有精力已衰人，若必令作縣，恐出於勉强，事多廢弛不便。今欲將似此等人願注簽判者，聽從便，即不理爲實歷知縣。奉聖旨：依。嘉定十三年九月二十九日敕：臣僚上言，應兩經作令滿替，實歷玖考，有政聲無過犯，舉員及格改官之人，特免再作知縣，其願作知縣者，聽循舊法；其不願者，許授簽判，以當知縣履歷。奉聖旨：依。嘉定十五年十月十一日敕：吏部狀，據通直郎祝寬夫乞照近降指揮，注授幹官簽判差遣。照得幹官職事優閑，若令注授，則亦太濫。（只令）且授簽判，須是無贓私罪犯之人，方許差注。其在部合授簽判人名次並合在下。奉聖旨：今後兩經作令改官之人，並合一體施行。寶慶二年十二月空日，尚書省劄子：臣僚奏：伏覩在法改官，年及陸拾伍以上之人，不許作邑，止與注授簽判。今後改官年及授簽判人，若州軍無通判去處，不得注授。其餘聽從舊法。奉聖旨：依。

《吏部條法·差注門二·軍使》《尚書左選格》

注闕

軍使　右注通判，次第貳任知縣人。

破格差注

選闕

軍使

右注第貳任知縣，次初任知縣，及酬獎改官未經任人。注闕同。

《侍郎右選格》選闕

軍使、知縣　右注保義郎以上經親民人。軍班伎藝流外進納，並恩科出身年伍拾伍人，非。

《吏部條法·差注門二·教授》《尚書侍郎左選通用令》諸注教授而無應格人者，先注承務郎以上官，候滿壹月，方許通差選人。若同日有官指射，即先差承務郎以上官。

《尚書侍郎左選通用格》景定重定

選闕

教授

右注曾試中詞學兼茂科，曾試中内外學官，先學官，次教官。殿試第壹甲及省試上拾名、舊法太學上舍、或公試上叁名、國子監取解上叁名，曾任太學辟廱宗學官，爲等次，並不限資序名次考任年甲過犯，並先注。應格數多人如同日指射，有應格數均之人，即以應格高下差注。内無可取，會及不見得前項因依之人，許令召本色有出身官貳員結朝典之罪委保。謂如曾同試中或曾同在學委識之類。若限内無應格之人，依舊再榜半月，又無應格人，雖磨勘改官唯注知縣人，亦許差。次注太學舊法曾陞補内舍人，次曾任教授經任人，次進士上舍出身年叁拾以上曾歷任人。以上曾犯贓私罪者，不在此限。

《侍郎左選申明》乾道八年五月六日敕：勘會紹興三十二年七月十二日指揮，宗室及第人，今後不許陳乞及注授教授差遣。竊詳殿試第壹甲依格係是合注教官之人，即與其他宗室有出身事體合行優（異）〔與〕。今將宗室及第殿試第壹甲應格之人，許集注教官差遣外，餘不許陳乞及注授。奉聖旨：依。

《尚書侍郎左選通用申明》嘉定十七年正月二十七日敕：吏、禮部詳議，宗室殿試第壹甲，許注教官。後因臣僚奏請，宗室在舍選者，宜證殿試前名，優與差遣，不許注授教官。今參酌事宜，仍舊令注教官，將來注授，止許用本等格名次，不許援宗室恩例攙越。奉聖旨：依。將宗學上舍人與注教官差遣，仍在太學前名陞補內舍人之次。

《侍郎左選申明》端平二年七月十一日，尚書省批下吏部。勘會選人，有因監司郡守按發指揮，不得與親民差遣人。嘉定九年，朝廷分别行下該載教授〔不〕爲親民指揮，內備據臨安府稱：教官乃是師儒之職，不係親民。今措置：欲將選人如係進士出身，一時爲監司郡守按發，不注親民差遣。其刑寺約係公罪免約法，不係贓私，别無不應注教授事節，及非按察永不得與教授差遣人，乞與照本格放行，注授經使遠小教授。若係指揮不得與教授差遣人，即不在注授之數。後批：送吏部，從所申事理施行。淳祐一年正月十日，尚書省劄子：吏部申：選人有出身歷貳考，年叁拾以上無過犯人，赴部參注，雖依格合注教授，緣無免試恩例，止注殘零闕教授，依條不作破格殘零。本部若與放行，則礙破格之條。若不放行，則礙合注之格。欲乞似此陳乞之人，許注授兩淮、川、廣小郡教授，須久榜無人願就已及柒個月以上者。若中州經使教授，不許注授。劄付吏部，從所申事理施行。景定二年四月空日，尚書省劄子：侍御史孫附鳳奏：行下銓曹釐正弊例。書院山長闕，凡有出身人許令之任。特科文學冒注此闕，並令改注簿尉差遣，仍乞行下春官。應省闈奏名之人，須經覆試合格，方許集注。不許以願附特科爲名，冒陳出官。奉御筆：依本所看詳前項指揮，特科冒注山長，並令改注簿尉。續有景定三年九月指揮，特科文學，並令注主學。今聲説照用。

《吏部條法・差注門二・知縣縣令》《尚書侍郎左右選通用令》諸緣邊、次邊知縣、縣令闕，並通差四選官，各依本選法差注。尚書左選如遇合出知縣闕，縣令闕同。並闕三選出闕。如同日有四選官指射者，先差京朝官，次大使臣，次選人，次小使臣。諸捧香恩澤補授人，不注知縣、縣令。破格准此。

《尚書侍郎左選通用令》諸知縣以優等注家便者，仍陞本等名次之上。其繁難縣，許指射應入選闕壹次。不限資序，先次差注。本條專差知州、通判者，非。

《尚書侍郎左右選通用申明》淳熙元年九月十三日，樞密院劄子：樞密院奏勘會近降指揮，緣邊知縣、縣令，並通差文武臣，已修立成法外，右三省樞密院同奉聖旨：兩淮、荊、襄次邊界知縣、縣令闕，今後令吏部依緣邊通差文武臣法差注。

《尚書侍郎右選通用申明》淳熙四年十一月十一日敕：武臣應注知縣、縣令闕，須有舉主貳員，薦舉堪充知縣、縣令親民任使，方許差注。慶元四年九月十二日敕：臣僚奏，邊縣事體與內縣不同。內縣所掌者民事，邊縣自邊防之外，兼主民事。文臣歷陸柒考，用舉主伍員，方畀以邑事。選人爲令，注擬薦員亦有格法。惟武臣保薦銓量徒爲文具。又夤緣幹堂即得。邊邑泛用不更歷之人，以爲民害。自今緣邊知縣，並令吏部先差文臣，次差武臣。一依銓法差注。其武臣須要已關陞曾歷任處監司帥守薦舉貳員，方許差注。銓量之法，亦當審其才能，毋爲文具。自指揮之後，更不堂差。奉聖旨：依。

《尚書左選考功通用申明》嘉泰三年五月二日，都省劄子：臣僚奏：乞將試中刑法人爲評事，已用舉主改秩，又實歷貳考，方許注縣。奉聖旨：依。

《尚書左選申明》開禧三年八月二十四日敕：自今大理評事作縣，並令成資滿罷。

《尚書左選令》諸知縣闕，不注年陸拾伍以上人。恩科出身，年伍拾伍同。許注簽判或縣丞，不理爲實歷知縣。諸江南、荊湖北路知縣闕兩爲直注闕，已經集者，符本路轉運司注。即未申到而有在選人就者，注訖報本路。諸陞朝官知縣見闕，經集注無人就者，通注未陞朝官。諸朝廷選擇知縣下部取闕者，本部具見榜大縣闕次供申所差人，理作堂除。諸承直郎以下，初磨勘改官者，唯注知縣。外路教官許差。雖不拘常制，不得奏差。仍注見闕，無即經使闕，仍許通注見榜知縣、縣丞待次闕。諸獲盜改官人，初任唯注縣丞，第貳任聽注知縣。諸奏補京官，曾歷兩任，材堪治劇，年叁拾以上，有監司知州薦舉充實歷知縣者，聽注知縣。諸應選見闕，滿佰日無人就，知縣闕通差職官令録。監當闕聽參選人指射。仍以狀先後爲次。同日者以官。又滿壹月無人就，以待闕限滿者從下直差。謂先取通判，次知縣，即先差知縣人之類。其親民人直注監當闕者，聽依親民人法。即被差有故應免者，伍日外還依上法直差。諸知縣見闕，應注知縣人者，皆是。餘條稱知縣闕准此。經叁拾日，季闕經壹季，注監當，有舉主叁人，無私罪重及贓罪人，謂非三京赤縣者。又叁拾日，注本等衝替事理輕未應參選人。又叁拾日直注。諸直注知縣闕，限滿日以在選及在任應入遠人通注。同日者注在選人，雖有故未入名次亦准此。見隆降資序者，非。諸知縣闕已直注，而有故退免者，榜示許指射。限伍日依名次注，過限者直注依本法。諸知縣應入遠人，到選拾日，無直注闕，許入諸路。已擬未奏皆爲無闕。諸直注知縣闕，貳拾日無人就者，許初改官權入近地人指射改官。後叁拾日不就者，依次直注。諸四川奏辟及定差選人，令丞闕不該差注者，候侍郎左選具申都省得指揮，聽本選出闕。內定差闕，依本司申到所坐差格出闕。許本貫四川，或雖係內地而名籍見在四川，及前任四川差遣，因事到闕，及新改官應入知縣縣丞人，並應入令丞闕選人，參部通注。同日指射者，先注新改官人。定差闕未指射而轉運司定差到者，即先注定差人，或同日指射者准此。兩月無人指射者，即將在部四川人依令直注。無者還本處奏辟。內定差闕壹季無人指射者，亦還本處定差。

《尚書侍郎左選通用令》諸新改官人應注知縣者，選人注縣令録參司理同。並赴吏部，引試書判，候通中，具申上鈔。若諸司辟差，並從本部行下無干礙監司引試，候通中，申給付身。淳祐十年五月二十四日指揮詳定。

《尚書左選格》選闕

知縣：淮安州監城縣、信州貴溪縣、饒州浮梁縣。

右注通判，次第貳任知縣，次知縣人。

破格差注

選闕

知縣：淮安州監城縣、信州貴溪縣、饒州浮梁縣。

右注初任知縣，次酬奬改官，未經任有舉主人。更不作選闕。

兩浙東路、兩浙西路、江南東路、江南西路、福建路、荊湖南路。

右注初任知縣，次酬奬改官，未經任有舉主人。

廣南東路、廣南西路、荊湖北路、淮南東路、淮南西路。

右注初任酬奬改官未經任，次第貳任監當有舉主人。

注闕

知縣兼兵　右注通判，次知縣人。

破格差注

注闕

知縣兼兵　兩浙東路、兩浙西路、江南東路、江南西路、福建路、荊湖南路。

右注初任知縣，次酬奬改官，未經任有舉主人。

廣南東路、廣南西路、荊湖北路、淮南東路、淮南西路。

右注初任知縣，次酬奬改官，未經任，次第貳任監當有舉主人。

選闕

知縣兼鹽　右注通判，次知縣人。

破格差注

選闕

知縣兼鹽　右注初任知縣，次酬奬改官，未經任人，更不作選闕。

《尚書左選申明》慶元六年正月十七日敕：臣僚劄子奏，竊見堂除知縣，祇是錢塘、仁和、會稽三縣，昨來有就部中主擬，却夤緣理作堂除。近又有名次未當注擬，徑於朝廷陳乞下部直差，攙奪他人當得之闕。遂使銓注之法自此而壞，堂除之例自此而創。伏望特降指揮，除前三邑依舊堂除外，餘知縣闕並令赴部依公注擬，仍不許注擬之後，乞理作堂除。奉聖旨：依。

《尚書右選格》選闕

知縣

右注親民人。軍班技術流外進納，並恩科出身年伍拾伍人，非。候銓量審察訖許差。

《侍郎左選令》諸奏舉職官知縣縣令，以改官舉主循資者注知縣。應再任者，改正資序。即不應循資，及已循資任滿不應改官者，並依非奏舉人法。別領職任非專條許差奏舉人，及職官知縣應循資而不願知縣者，准此。諸職官知縣縣令，以考課循資者注知縣。降資者，不注知縣縣令。諸未成考人不注知縣縣令。監鎮斷杖罪處同。年未叁拾，非有出身及奏舉充者，准此。諸應試人，以年限得免試者，不注縣令、司理、司法參軍。試刑法得占射差遣以上，雖未應使，亦聽注。諸合入縣令人，年陸拾伍以上者，止許注司户參軍、主簿。理令録資序。諸縣令闕不注恩科出身年伍拾伍人。破格准此。諸獨員縣令闕，簿尉兼管同。不注犯贓罪私罪情重，兩犯公罪徒，或前任停替並年陸拾以上，若流外進納及未成考人。諸應入縣令有舉主肆員，或該收使貳員。若宗室袒免親，有本屬長官及監司保明，並通注縣令。即流外人非奏舉入者，雖循資亦不注。諸四川奏辟及定差選人，令丞闕不該差注者，具申都省，候得指揮聽與尚書左選出闕，許本貫四川或雖係内地而名籍見在四川，及前任四川差遣因事到闕，及新改官應入知縣縣丞人，並應入令丞闕選人參部通注。同日指射者，先注新改官人。定差闕未指射而轉運司定差到者，即先注定差人。或同日指射者准此。兩月無人指射者，即將在部四川人依令直注。無者並選本處奏辟定差。

《侍郎左選格》選闕

縣令　右先注奏舉知縣縣令，次從事郎以上，並應入縣令人。

信州上饒縣、饒州樂平縣、吉州萬安縣。

右注職官知縣從政郎，不限舉官。

注闕

縣令　郢州京山縣、信州永豐縣、隆州仁壽縣。

右通注奏舉職官，並職官、知縣、縣令人。

選闕

獨員縣令。簿尉兼管同。

右注職官知縣，次從政、修職、迪功郎，不限舉官。

注殘零闕

《吏部條法·差注門二·縣令縣丞》　右注從政郎以上，次注迪功郎，有出身貳考，無出身叁考，次通注應試從政郎以上，次注應試迪功郎叁考以上。

《侍郎左選申明》慶元六年十月空日，都省批狀：吏部申，指定知縣縣令兼監鹽場闕，祇當以知縣縣令爲主，其鹽場止是帶兼。今後知縣帶兼倉場庫務等，並照條格先注奏舉人。不當作監當選功分不差注。後批：從指定到事理施行。

《侍郎右選格》選闕

縣令　右注親民人。軍班伎術流外進納，並恩科出身年伍拾伍人，非。候銓量審察訖，許差。

《尚書侍郎左選通用格》選闕

汀州武平、上杭知縣。内武平知縣兼兵馬監押陞朝官，兼兵馬都監。

右注知縣人，仍通注經任無過犯選人。

《尚書侍郎右選通用格》選闕

沅州知縣　右注知蠻情，或經親民人，流外軍班，非。知蠻情謂曾經川、廣、福建、荊湖路控扼任使之人，餘格准此。

無應選不限舉主。

《尚書侍郎右選通用申明》嘉定三年十一月一日，尚書省劄子：四川監司帥臣，應沿江邊知縣，四選通差去處，非武舉出身，不許注授及破格奏辟。嘉定五年八月十三日敕：靖州會同、通道縣令闕，差武舉出身保義郎以上、經任親民資序、年未六十，有監司帥守令狀二員人。如遇限滿無人願就，許作破格，差武舉出身、經任監當資序，有舉主二員，年未六十任滿，減四年磨勘。嘉定五年九月二十一日敕：臣僚奏，今後有武臣資格合入兩淮縣令，除武舉人外，其餘當先同文臣任子銓試選中，方許注授。必須先歷武尉一任。奉聖旨：依。

《尚書左選申明》嘉定六年九月十六日敕：知安慶府張嗣古狀，桐城、太湖兩縣選人，右班冒授，不修廉隅，遂致敗壞。欲下吏部，自今專注有舉主改官人。奉聖旨：依。嘉定八年二月三日敕：臣僚奏，自今京官知縣，必以三年爲任。到任已及二年，不在避親之限。或一考半已上，以理去官，再填補二年。如違，御史臺按劾。銓曹常切遵守。奉聖旨：依。嘉定十三年正月九日敕：吏部指定，知縣成考以上避親人，照已降指揮再填二考。如不成考，再歷叁考。其任知縣日丁憂以理去官人，照條許令通理。奉聖旨：依。嘉定八年二月二十四日敕：吏部長貳參酌詳議，四十大縣，望縣、緊縣、上縣，畿、赤縣選闕，作縣放罷人不許差注外，中縣、下縣許令作縣放罷人差注。再議，目今縣分闕，有難易與舊不同處，欲將緊縣内道州寧遠縣、營道縣，復州景陵縣，並降作中縣。其上縣内贛州安遠縣，降作下縣。隨州隨縣、汀州上杭縣、蘄州黄梅縣，並降作中縣。其中縣内有可陞去處，太平州蕪湖縣、福州寧德縣、無爲軍巢縣，並陞作上縣。《九域志》不曾該載處，欲將撫州臨川縣作望縣。處州慶元縣、建昌軍廣昌縣、新城縣，撫州崇仁縣、樂安縣，並作上縣。武崗軍武崗縣，靖州永平縣，德安府雲夢縣，復州玉沙縣，蘄州羅田縣，並作中縣。乞下吏部，照分定縣分高下置籍，遵守差注。候指揮。照得，撫州崇仁縣、樂安縣，建昌軍新城縣，皆係繁劇去處，難以作中縣注授。

《尚書左選申明》景定四年二月空日，尚書省劄子：吏部狀：檢承嘉定十二年正月七日敕節文，臣僚上言，凡知縣以罪罷斥，衹許注中下之縣。雖使照赦，亦衹許注上中之邑。其緊、望之地，雖無同射之人，亦不許差注。所有通理一節，亦必遵照條令施行。三省同奉聖旨：依。又承景定二年四月空日，尚書省劄子：奉聖旨：四川文武官赴部，注授東南郡縣窠闕，謂正闕者。大藩節鎮，每州不得過貳員。餘州不得過壹員。每縣萬户以上，不得過壹員。不及萬户，不許差注。令吏部遵守施行。所有堂差通判以下窠闕，每路不許過兩員。辟差窠闕，每路許以伍闕申辟。右劄付吏部。又承景定二年十二月十七日敕節文，檢會景定三年四月十三日已降指揮，四川限員，竊恐員多闕少，致使淹困，須議指揮。奉聖旨：每路照舊額倍添員數，其辟差、堂差皆准此。勘會應京官蜀士赴部，注授知縣，除不係被罷，照已降限員指揮，萬户縣以上，每縣不得過壹員。不及萬户縣，不許差注。續承指揮，倍添員數。本部照得：知縣被罷，赴部許注中下縣，係是不及萬户縣。今來若令被罷人注授萬户縣，則是在上縣之上，委是有礙元降注授中下縣指揮。本部如遇蜀士被罷知縣到部，合依指揮，令本官注授中下縣，仍會限員，照指揮不得過兩員。申乞朝廷批送今狀下部，以憑遵守。二月二十四日，奉聖旨：依吏部所申事理施行。仍下敕令所編入申明照用。右劄付敕令所。

《尚書侍郎左選通用申明》嘉定九年正月二十七日敕：知潭州、湖南安撫使安丙劄子：潭州湘潭、瀏陽、攸縣叁邑，財賦民訟最繁，即《長沙圖志》參考，湘潭、攸縣，本是注京官。瀏陽亦是京官選人通差，因無人願就，打作破格。闕侍左並注選人。如湘鄉、益陽《圖志》皆爲中邑，見注京官，豈有攸爲上邑？湘潭、瀏陽亦中邑，乃注授選人，資望既淺，率多玩視。欲仍舊差注京官。外有善化、寧鄉兩縣，户口亦繁，欲通注京官。如壹季無京朝官願注，却闕侍左通差選人。奉聖旨：依。

《尚書左選申明》嘉定十二年正月七日敕：臣僚上言，由薦舉而改京秩，必令作邑，明試以功，謂之須入。至於通理之法，著在令甲，非不昭然。今或鐫斥而有不得與親民差遣之旨者，亦得通理前任。明詔吏部，務守成法。凡知縣以罪罷出，衹許注中下之縣。雖照赦亦衹許注中下之邑。其緊、望之地，雖無同射之人，亦不許差注。所有通理一節，乞遵照條令施行。正月七日，三省同奉聖旨：依。景定三年閏九月十三日敕：中書門下省檢會嘉定十二年正月七日指揮節文：臣僚上言，凡知縣以罪罷斥，止許注中下之縣，雖使照赦，亦衹許注（上）中下之邑。其緊、望之地，雖無同射之人，亦不許差注。所有通理一節，亦必遵照條令施行。正月七日，三省同奉聖旨：依。又淳祐二年八月三日，吏部申審大小知縣差注事，朝廷照得緊縣叁拾壹縣，上縣叁拾柒縣，元法並差非知縣被罷人。内上縣闕，如被罷該遇赦恩，方許注授。吏部今次在部中下縣闕，多有殘破去處，無官願就，欲將緊、上兩縣，許知縣被罷不曾該赦人併與通注。批送吏部，將上縣闕權許注被罷已及期非犯贜私人，其緊縣權許注被罷及期非犯贜私而已該遇赦人。候殘破縣分經理復舊，仍遵舊法。契勘得上項批狀指揮，乃淳祐年間朝廷一時權宜行下，近年部吏徑引用上項批狀，衝改前項聖旨指揮，將上、緊縣許注被罷人，委是有戾舊制，合行釐正，須議指揮。閏九月二十三日奉聖旨：令吏部遵依嘉定十二年正月七日聖旨指揮施行，仍仰常切遵守。其淳祐二年八月三日批狀，更不許引用。先具遵稟申，仍下敕令所，編入申明照用。

《尚書侍郎左右選通用申明》嘉定十二年九月三十日，尚書省劄子：臣僚上言，應文武官注授沿邊知縣、縣尉差遣，須年陸拾已下之人，其陸拾已上，並不許差注。奉聖旨：依。

《尚書左選申明》嘉定十四年四月二十六日敕：右選試换京官，如未經任人，照條注監當壹任後，再歷壹任。已經壹任人，仍須更歷貳任。

已經兩任人，仍須更歷壹任以上。凡縣佐郡幕幹官，並許通注。回日有陞陟舉主兩員，許注知縣。內已經壹任，再歷兩任人，與減舉主壹員。奉聖旨：依。又嘉定十七年閏八月二十八日敕：臣僚奏，右選試換京官，出身除武舉進士及曾任在朝職事釐務官，及已曾關陞等人外，其餘須歷任實及陸考，曾經監當場務令佐親民，有舉主、無過犯，注縣。如未及陸考，或已經任及陸考皆不曾任監當親民者，並須更作縣丞壹任，始許作邑。其餘無上件考第資序，而見已在任作邑人任滿，更授簽幕，再幹官壹次，方許作倅。其大使臣換試京官，全未有考第，並曾任閑慢差遣，及非泛名邑，欲理爲實歷監當資序者，却乞檢會嘉定十四年四月二十六日指揮，參證斟酌注授合得差遣。吏部看詳，欲從今來臣僚奏請事理，一併證應注授施行。奉聖旨：依。

《尚書侍郎右選通用申明》寶慶三年十一月二十七日，尚書省劄子節文：臣僚上言，自今以往武臣先任四川、二廣緣邊、次邊縣令，曾按奏罷者，不得再注前任差遣。其有已該赦，許依無過人例之人，止令別入差遣。諸監司州郡不得巧作名色奏辟，儻或違戾，重加鐫罷。奉聖旨：依。

《尚書左選申明》紹定四年十二月五日敕節文：右選換授京官，立爲限制，俾換京之後，須歷兩任肆考，方許作邑。庶幾習熟吏事，不貽害於民，實爲百里之幸。伏候指揮。十一月二十六日奉聖旨：依。紹定六年六月十四日敕：臣僚奏，宗室右選換授京官，歷兩任肆考，方許作邑。竊謂此制獨不推之庶姓右選可乎？內有曾任縣令終滿無過犯人，將來試換京朝官，不必限之以此。其餘並合照紹定四年十一月二十六日已降指揮一體施行。奉聖旨：依。

《尚書侍郎左選通用申明》嘉定十四年閏十二月五日敕：知静江府廣西經略胡榘狀，本府拾縣官下吏部，照格法盡差京官選人，不許諸司妄辟右選。奉聖旨：依。嘉定十五年八月十七日敕：臣僚上言，乞下吏部，自今臺州臨海知縣，許京選通差。奉聖旨：將臺州臨海縣令改差京官。

《侍郎左選申明》紹定三年十月空日，尚書省劄子：臣僚上言，自今縣令，須令曾歷叁考，有縣令以上舉主叁員，前後無公私過犯人，方許注授。不許打作破格，輕爲畀付。或監司帥守有請辟置，亦令吏部契勘合格，方與施行。十月三日奉聖旨：依。右劄付吏部。

《尚書侍郎左右選通用申明》端平元年十月空日，尚書省批下，四川安撫制置司申，利路運判曹有文申乞下有司，自後右選，止許注授關外五州軍並金洋、沔、文、龍州、興元府諸縣縣令外，有利、閬、巴、蓬州，隆慶府諸縣令，依曹有文奏請指揮，專注文臣小（貼）〔帖〕子。近裏州府諸縣，除梓潼、營山兩縣外，其餘右選窠闕，選差左選有材幹官。吏部勘會，曹運判奏請，止將隆慶府專注文臣。今運司引用上件指揮，乞將利、閬、巴、蓬州，隆慶府諸縣縣令專注文臣。朝廷劄付四川制司，契勘詳度，將利州以下利、閬、巴、蓬州，隆慶府諸縣知縣令，專注文臣。其利州以上興元、同慶府沔、文、龍、金、洋、鳳、階、西、和州、天水、大安軍諸縣，照宣撫安丙奏請指揮，許注改官待班人，理爲須入。次依四選法注京朝官，武舉及第人，大使臣，選人，小使臣。如左選無官願就，方許差注右選。所有成都、潼川府、夔州三路管下州郡，內有依條例通差右選縣道准此，許仍舊四選通差。

《尚書侍郎左選通用申明》端平二年四月二十六日，尚書省劄子：今後注擬知縣、縣令，長貳郎官聚廳精加銓量，如有昏謬老疾，或曾過犯，或未練歷，雖條法無礙而難任邑寄，及才之大小與所授縣不相當者，即令別注。

《尚書侍郎左選司勛通用申明》淳祐三年十一月空日，尚書省劄子：今後選人捕盜應改官者，必須任滿無過犯，方許推賞改官，後依條注縣丞，前後兩任伍考，方注知縣。

《尚書左選考功通用申明》淳祐六年正月空日，尚書省劄子：吏部狀，承敕，兵部侍郎兼權給事中趙希塈奏，作縣被罷通理考任注闕條册，劄下都司與吏部長貳同共看詳指定，申吏部申：

一、欲將作縣人除以理去官月日並許通理。都司照得，知縣考任條法詳悉，既無舛訛，自依見行照用。

一、未滿壹考人以罪罷黜，縱經改正，不許陳乞通理。再注知縣亦不許注繁難見闕。必歷叁考方許理任。兩考內及兩考以上放罷，非因贓濫慘酷，曾經追攝伏辯，情理深重，罪狀顯著人，除被罷考內月日不理，並許再行補考。兩考內罷者補貳考，兩考以上罷者補壹考。通理叁考雖足，到部亦未得授通判，且與注簽判諸司幹官壹任。既書叁考，後替官未到，或已得替，因臣僚監司郡守論罷，雖經改正，亦止許注簽判幹官壹任回，方許注通判。如兩考內被罷，情願再作縣叁考；兩考以上放罷，情願再作縣兩考，通前成肆考。雖未經改正，到部並照無過人注通判。

一、其間亦有第壹任、第貳任、第叁任具以罪罷，於第肆任補滿，雖以無過年月補足肆考，到部亦衹許注簽判。都司照得，累犯或公罪已原或無法可約，按章內無贓私實迹而已經改正，具申尚書省參酌施行。其叁經被罷，不許更注知縣。自依本法。

一、知縣未及考，即辟充諸司幹官，規避不復補滿知縣，到部注簽判。任滿回令再注簽判壹任，方許入通判。都司照得，知縣舍縣就辟，不復參部注差，或自到部之人，自合注縣補考，不應聽注簽判。自今知縣辟差去官，須令補足。候任滿方許堂除，及注授通判。

一、知縣本是專官，無兼攝他官之條。近創入幕帖差，坐批邑考。如有此色，並不理爲知縣考任。都司照得，畔官離次，自有常刑。兼權他官，合加責罰。仍不理爲知縣考任。遇赦不許放行通理歷過月日。尚左照得，給事趙侍郎檢據條法，專爲被罷人歷過考任分别通理注授。續吏部王侍郎條具已爲詳允。復參訂如後。

《知縣通理考任條目》：

一、諸作縣以理去官人，其在官月日，不問成考與不成考，並許通理。

一、知縣被罷，未成壹考者，雖經改正，不許通理。

一、知縣壹考以上被罷者，雖經改正，其零考月日，亦不許通理。

一、知縣兩考內被罷者，補貳考；叁考內被罷者，補壹考，方許通理爲任。

一、知縣經營入幕，端坐外臺，虛批邑考，或以兼職全銜公申，委是違法。並許監司互察，臺諫劾奏，有已歷過知縣月日，並不理爲考任。都司擬合令御史臺常切覺察，仍將容庇監司帥守，併議責罰施行。

《知縣注授條目》：

一、照得知縣被罷人，自繁難至上縣，不許注授。止許入中下縣。若在任被罷，止因職事曠弛，按章內絶無贓濫用刑慘酷，或已授而未上，止言前任事再行按罷，到部亦且與參照年限注授中下知縣差遣。都司照得，知縣被罷人，並許入中下縣，若用刑慘酷，贓濫明白之人，自依條法施行。

一、知縣在任因贓濫及用刑慘酷被劾者，其按章內明言違法條，科歛某人錢物，或受某人賄賂，或移易某人錢物入己，或曾追究幹連得實，本處却不曾結録取責伏辯，每經大理寺約法，例以無法可約申上，便行注授，與無過人一同，委爲未當。今後應有似此罪犯人，雖稱無法可約，須令召侍從卿監、郎官保官兩員，保明申部，稱如日後有犯定當連坐文狀，方許注授中下知縣差遣。若因被論之後，曾經朝廷或州郡監司昭雪追究核實，見得先來所按果無實迹，保明具申朝省，行下理寺參政。委是無法可約，或曾經改正之人，却與免召保官，許注中下知縣差遣。都司照得，侍從自來不應與人作保，孤寒之士無力可求，卿監郎官亦恐循習，不索批書，反成文具。止合召本等官兩員委保，依條批書印紙，結罪保明申部。

一、知縣在任被劾降官，未曾叙復，吏部例以年限指揮參注，却恐（大）〔太〕優，今欲將降壹官人，在法既滿壹期叙，亦須候叙復畢日，方許參用限年指揮參注。若降兩官以上，在法既兩期壹叙，亦復候叙壹官畢日參注。其按章內有贓濫慘酷，自依前項詳議指揮施行。若在任因公罪降官，却非被罷者，既是以理去官，又是公罪，特與不拘已未叙復並許參注合入差遣。

一、知縣在任被罷，次任到官又罷黜，雖無不許親民之文，依指揮亦不許注知縣，止注簽判差遣，不得理爲知縣實歷。如壹犯曾經改正，及次任未赴，因述前事彈劾，却非又在被罷，且與更注中下知縣壹次。若前任已成壹考者，再成叁考；已成兩考者，再成兩考，方當理爲知縣壹任。若叁經被罷，不拘已未到官，雖經改正，並不許再注知縣。

《知縣任滿注授條目》一、知縣叁考（細）〔任〕滿人到部，許注授通判屬官差遣。

一、知縣初任，已成貳考被罷，次任壹考，通理補叁考者到部，止注簽判。若前任壹考以上被罷，次任再歷兩考到部，許通注幹官。若次任成兩考，而前犯又曾經得旨改正，有陞陟舉主人，許注屬官。庶幾略有分別。仍各須壹任滿，方許注授通判差遣。

一、知縣叁考已滿，因替官未到，或已得替，因臣僚監司郡守論罷，雖經改正，亦止許注授簽判差遣。候任滿方許注授通判。都司照得，改官舉主伍員，專爲親民設。乃或憚煩縣務而委弃其民，或不自揣量而冒居繁劇，有似此按劾與祠之人，止因昏耄疾病驕騃，别無顯過，或乞與閑慢差遣，及考任已滿被劾與祠者，自依本部條法施行。

一、知縣在任，經營圖辟通判屬官幹官等差遣，候任滿須再令作邑，補滿前任知縣考第月日，方許注授通判差遣。若在任貳考，因丁憂或避期以上親，謂避父祖親、伯叔親、兄弟，餘不在此限。及朝廷陞擢改差之人，自依專法，許理爲壹任，聽注破格通判，或别差遣。謂屬官幹官簽判等差遣。都司照得，作縣滿貳考有聲之人，若非朝廷不次擢用，自合終滿本任，以成其勞績。諸司不應改辟他闕。其考任已滿，及成貳考後丁憂或避期以上親，自依專法。

一、知縣兩考内被罷，情願再作縣叁考。兩考以上被罷，情願再作縣兩考。通前已及肆考者，到部並同無過人注授通判差遣。

一、照得今來劃項陳請，乃是吏部銓法，專爲到部注授，著爲定式。若或不次除擢，或諸司選辟，却合取自朝廷指揮施行。部司照得，作縣考任未滿，或以補滿考任，而未合注授通判之人，不許諸司選辟通判差遣外，其係朝廷除擢，或作縣未滿，曾辟正任通判，不係知縣任内兼權，如已歷過通判壹考以上無過犯以理去官之人，合申取朝廷指揮施行。十一月二十九日，奉聖旨：並依看詳到事理施行。本所看（許）〔詳〕上件指揮，王侍郎條畫内壹項，兩考内罷者補貳考，兩考以上罷者補壹考，通理叁考雖足，且與注簽判諸司幹官。趙尚書條畫分爲兩説，初任已成貳考被罷，次任壹考通理補叁一考者，止注簽判，不言幹官。若前任壹考以上被罷，次任再歷兩考到部，許通理幹官。又壹項，叁考後替官未到，或已得替，因被論罷之人，雖經改正，王侍郎詳議，許注簽判幹官。續趙尚書條畫，止許注簽判，不言幹官。逐項差注不同。本所恐引用疑誤，具申朝廷，乞下都司更切詳議指定。去後，續據吏部尚左詳審，報到淳祐七年八月空日省劄指揮，吏部看詳，知縣壹考以上被罷，再補兩考，許注簽判幹官。兩考以上被罷，次任補滿壹考，及叁考後已得替，或替官未到被罷之人，曾經改正，許令注授簽判幹官。如不曾經改正，止許注簽判。已上並候壹任滿無過犯，方許注通判。敕令所欲從申下都司，更切詳議施行。照得知縣壹考被罷，再補兩考，兩考被罷，再補壹考，及叁考未替被罷，叁色俱是作邑壹任不滿人。今若令再補兩考者獨注幹官，似覺未平。欲上件叁色作邑壹任不滿人，未經改正者並不得注幹官，止是簽判，經改正者許注幹官。仍與並候壹任滿無過犯，方許注通判。庶爲均一。劄付吏部，更切參照回申。候到併其餘通理項目，下敕令所著爲定式。准此。今聲説照用。

《尚書左右選通用申明》淳祐九年二月空日，都省批下：高郵縣闕送吏部，專差改官須入，及武舉出身人。不許差注右選任子。准此。

《侍郎左選申明》淳祐八年五月空日敕：知峽州楊修之到任條畫内壹項，欲自今管下夷陵、宜都、長陽叁縣令，專差文臣公正者爲之。後省看詳，欲從申下吏部，將叁邑縣令專差文臣有舉主者。五月二十五日，奉聖旨：依。

《尚書侍郎左右選司勛通用申明》淳祐十年六月空日，尚書省劄子：臣僚奏，二廣令長從吏銓，不必拘令狀及格，但有考舉無過犯，與入令闕，加以酬賞，或免舉員。既改官人肯授南邑，能勤撫字，亦優升擢。各委監司覈實申。六月一日奉聖旨：依。

《尚書左選申明》淳祐十一年閏十月三十日敕：檢正都司送到吏部狀，承六月七日省劄節文：臣僚上言，今之吏最近民情者，莫若邑令長。不遴其選，何以重百里撫字之寄？紹興初嘗以寺監丞簿爲縣，乾道、淳熙京官注邑，皆以叁年爲任，秩滿間有旌擢。欲自今日如處州青田等邑，係選人闕者尚多，並改令京官注授。除三邊蠻瘴之鄉許選人與武臣通差，其武臣除試縣令中者如舊法，乞下吏部勘會，條具江、浙、福建、湖廣宜改京官去處，特降指揮貼黄，欲將象山縣改爲京官知縣，兼沿海制司幹官繫銜，乞裁酌施行。奉聖旨：依。劄付吏部，本部檢照條令劃項，開具申取指揮小貼子：衢州開化縣、臨安府新城縣、臨安府昌化縣、嚴州遂安縣、饒州浮梁縣、隆興府進賢縣、漳州長泰縣、南劍州順昌縣、池州建德縣、廣州香山縣、惠州海豐縣，已上壹拾壹縣。閏十月二十六日奉聖旨：依。令吏部除定差等闕外，於所具處州軍柒拾伍縣内，選前件壹拾壹闕，揍先來已撥處州青田、衢州常山、嚴州分水、信州永豐、徽州黟縣、福州羅源、閩清、建寧府政和、慶元府象山玖縣，共作貳拾闕，充京官注授。

《吏部條法・差注門二・縣丞》《尚書左選令》諸縣及萬户注丞壹員。諸縣丞闕，如經使後，滿壹月無人就者，闕侍郎左選，通差選人替見任京朝官成資闕，如同日却有京朝官就者，先差京朝官。

《尚書左選格》選闕

縣丞　右注親民人，次新改官合入知縣人，並理爲知縣資序。次第貳任監當有舉主人。

破格差注

選闕

縣丞

兩浙東路、兩浙西路、江南東路、江南西路、福建路、荆湖南路。

右注初任知縣資序，次第貳任監當無舉主人，更不作選闕。

廣南東路、廣南西路、荆湖北路、淮南東路、淮南西路。

右注初任知縣資序，次第貳任監當，及初任監當無舉主人，更不作選闕。

《尚書左選申明》嘉泰三年十一月一日敕：吏部狀，承務郎紀極狀，昨任南劍州劍浦縣尉，任内躬親捕獲强盗，準告改官，係初任知縣資序。伏睹近降指揮，捕盗改官人先授縣丞，次任知縣。竊見京官縣丞，並入非次經使闕。有舉主入經使，無舉主入破格。極今來係無舉主，照得尚左除經使縣丞闕外，别無窠闕可入。合取自朝廷指揮。奉聖旨：權借經使闕壹次。本所看詳上件指揮，雖爲紀極捕盗改官權借經使縣丞闕壹次，竊慮日後有似此陳乞之人，今合編節存留，申明照用。

《侍郎左選令》諸京朝官縣丞闕，尚書左選經使後滿壹月，無人就而闕到者，以奏舉職官知縣、縣令並常調職官知縣及應入縣令人，衮同恩例名次差注。如同日有京朝官就者，即注京朝官。

《侍郎左選格》注闕

縣丞　右通注職官縣令，及奏舉職官，並職官知縣縣令人。

《侍郎左選申明》嘉定十三年二月二十三日，尚書省劄子：臣僚奏，欲將特科年及陸拾，不許注授職官，却許通入破格縣丞差遣。奉聖旨：依。紹定元年七月五日，尚書省劄子：臣僚奏請，吏部法：年滿陸拾，不許入丞闕。今特科人公然注授。欲乞行下應特科人並不注縣丞，祇許注授嶽祠。吏部證得舊法，縣丞不限年甲。嘉定六年十一月三十日指揮，年滿陸拾，不經薦舉，並不許注縣丞。至嘉定十三年二月二十三日指揮，特科年陸拾，不許注職官，却許通入破格縣丞。即是衝改嘉定六年限年指揮。緣特科壹任回，少有不滿陸拾者，今若不許注授，則是頓减拾年仕宦之期。擬將特科文學出官壹任回人，年及陸拾以上，曾經責罷，或年及陸拾柒歲，縱無過犯，並不許注縣丞。右劄付吏部從所申事理施行。淳祐六年五月空日，都省劄子：編修敕令所看詳，恩科年陸拾以上，至柒拾歲人，遇參選，長貳體量，如非疾患昏昧及贓私罪犯，並曾經責罷人，照嘉定十三年二月二十三日指揮，許通入破格縣丞，及主簿監當窠闕。從申劄付吏部施行。照得特科注丞，吏部具至前後指揮，所合修訂歸一。蓋丞爲縣佐官，較之令尉不同。今參酌應特科壹任回，年陸拾以上非責降人，許注破格丞闕。若曾經責罷，及年柒拾人，並不許注。今聲説照用。

《尚書侍郎左選通用申明》嘉定十七年三月十六日敕：吏部看詳，臣僚上言，欲將尚左縣丞闕。證侍左破格月日，同日作破格榜示，如有京官選人同日注授，即先差京官。奉聖旨：依。

《尚書左選申明》嘉熙三年八月十四日敕：吏部尚書左選條具内壹項，照得京官補授，初任止注監當。或兩淮、二廣、湖北破格縣丞差遣壹任滿，理第貳任監當資序，方許通注應幹縣丞。昨有京官留元鈞，初任監當成壹考零，只合注初任闕補考。本官乞通注應幹縣丞。自後京官李惟肖等，歷任壹考，亦援前項體例放行。修纂條例所看詳，京官初任監當，因事改替，未曾成資，到部只合注初任監當，及破格縣丞。所有已放行例，委實礙法，不當引用，合删去。仍照元條行。奉聖旨：依看詳到事理施行。

《侍郎左選申明》淳祐元年十二月二日，尚書省批下吏部狀：竊詳職官參一郡之政，縣丞佐一縣之政，是職官之職重於縣丞也。欲令注授縣丞選人，比附職官，注年陸拾伍以下，不拘舉員，並許破格注授，則入縣丞之闕稍寬。司法並一郡之準繩，司理主一獄之鞫勘，是司法之職繁於司理也。欲令此項同進士出身，用授恩年滿免試人許注司理，庶幾司理之闕稍寬。其司理、司法並照差以格法指揮，注年未陸拾前後無贓私責罷人。縣丞如任子指射，亦須審量人物，其恩科無出身人自依已降指揮施行。後批：送吏部從所申到事理施行。

《吏部條法·差注門二·職官》

《侍郎左選令》諸職官先差本等人，如無本等人願就，即許本色内不限資序，權超折差注。曾犯私罪徒、或贓濫罪者，不許權超。曾有舉主叁員，或合使貳員，前任非停替，願就知縣，並常調令録就判司簿尉者，聽與本等人衮理名次，各理本資。回日却依元資序。通注權知及就縣丞者，准此。諸職官，許合入令録人權知。無人就，注應試職官。又無人就，許應試合入（合）〔令〕録人權知。若合（録）〔入〕縣丞通注職官，及合入録事參軍無人就，許判司簿尉。有出身貳考，無出身叁考以上人權知。又無人就，通注應試職官令録人。又無人就，許應試判司簿尉叁考以上人權知。即判司簿尉許應試人注。内初入官有出身者，須年貳拾餘並貳拾伍以上。諸節度掌書記，觀察支使，每州唯得注壹員。有出身爲掌書記，無出身爲支使。諸入令録人合參選，非攝官進納，年未陸拾，無公罪徒、贓私罪及停替，願用改官，舉主叁狀，注正職官者，聽。諸修職郎以上歷任未及貳考，並不注録事、知録事參軍。諸司理、司法、縣尉，被體量對換，今任得替，資考合入令録者，注録事參軍或監當。任内有舉主無過犯，與通注縣令。諸司户兼録事司法參軍，或録事參軍，兼司户、司法參軍闕，許合入人互注。諸因蔭補陳乞特恩循資，及修職郎以上而無出身，未及貳考者，監當壹任，曾試中或有陞朝官貳人保舉，已成考者，聽注獨員處。願注司理、司法、司户參軍者，與本等人通注，仍理監當。應試而願折資，授殘零闕者，准此。

《尚書考功令》諸人令録入合參選，非攝官進納，年未陸拾，無公罪徒、贓私罪及停替，願用改官，舉主叁員，注職官者，聽。

《侍郎左選格》選闕

職官　右注職官，不入監當人。

注闕

無通判處職官，右注年未陸拾人。

選闕

司理、司法、司户參軍，主簿。右注無應選不限舉官。

注闕

司理參軍　兼管同。

右注年未陸拾無贓罪人，仍先注曾歷刑獄差遣，或曾任司法無失出入人，作壹等依名次差注。次曾試中刑法得推恩人，次律學公試中上、中等應曾推恩人，次銓試斷案入中上等人。以上並謂經任人。次初出官、試中刑法得推恩與經任貳考入，作壹等依名次差注。次經任貳考，與流外出身經任貳考入，作壹等依名次差注。

司法參軍。兼管同。

右注年未陸拾無贓罪人，仍先注曾試中刑法得推恩人，次曾歷刑獄差遣無差失人，與曾任司法人作壹等依名次差注。次銓試斷案入中上等人，以上並謂經任人。次初出官試中刑法得推恩與經任貳考人，謂不緣罪犯罷任者。作壹等依名次差注。次經任貳考，與流外出身經任貳考人，作壹等依名次差注。

轉運司主管帳司。

録事參軍：建康府、臨安府、平江府、婺州、真州、寧國府、徽州、贛州、隆興府、吉州、潭州、廣州、福州、建寧府、閬州、紹興府、江陵府、興元府、成都府、潼州府、遂寧府、襄陽府、静江府、常州、嘉興府、淮安州、揚州、廬州、蘄州、光州、黄州、安慶府、濠州、饒州、信州、衡州、寶慶府、永州、郴州、南劍州、利州、洋州、隆慶府、鄂州、邛州、崇慶府、嘉定府、眉州、漢州、夔州、重慶府、達州、邕州、臨江軍、南平軍。

右通注奏舉職官，並職官知縣縣令人。

注殘零闕。

職官判司　右權注應試人

《侍郎左選申明》淳熙九年七月四日敕：吏部奏，司理窠闕，進納人在法不許差注。緣有本是進納而不以進納爲名，與無出身同者，近年有授司理差遣不一。今看詳，欲將不曾發舉試下，實是進納賑濟而不以進納爲名之人，並依條不注司理。在法，司理注年未陸拾人。却有經任年及陸拾，許注破格司理，是致癃老不任獄事。今欲將破格司理並依元法注年未陸拾人。奉聖旨：依看詳到事理施行。淳熙十三年正月二十四日敕：吏部申，破格録參，依破格司理注年未陸拾人。奉聖旨：依。紹熙元年四月十八日敕：吏部狀，承紹熙元年三月二日敕，諸州司法，不注不曾銓試人。本部照得，應舉得同出身，及特奏名將仕郎以上，自授恩日滿貳年免試，並特奏名文學注權官免試，及攝官年滿免試，流外免試，殁於王事被録用之親免試，奏補宗室曾經得解有幹照者免試。若將前項不應銓試人，一概不與注授，委無分別。今欲乞照見行條法及司法差格許行差注外，所有應銓試不中從條赦聽參選注殘零闕人，遵從指揮，今後不許注授司法。雖破格亦不許注授。奉聖旨：依吏部所申。今後恩科人如年及陸拾，不許注縣尉。餘依見行條法指揮施行。本所看詳，前項指揮係是申明法意事理，難以修立成法。今編節存留，申明照用。紹熙三年八月十四日敕：吏部奏，承敕，户部侍郎馬大同奏，司理與録參令吏部加重其選，須年未陸拾、曾歷任、有舉主、無贓私過犯之人，方許注授。其恩免進納與换補出職者，皆不在此選。吏部今看詳，欲將選闕司理録參，注經任、有舉主、無贓私罪、年未及陸拾癃老之人外，餘照應見行條格指揮差注。除夔路申明外，雖破格並不注年及陸拾之人。奉聖旨：依看詳到事理施行。紹熙二年六月十八日敕：諸州獄官不得注授癃老經責罷人。本所看詳上件指揮，癃老經責罷人，如癃老雖非責罷，或曾經責罷雖非癃老，皆不合差注。今聲説照用。慶元二年七月十二日敕：吏、刑部看詳，曾任職官經按罷，係犯贓私不法，情罪顯著，自本部銓量，不許再注職官。如止是一時按罷，非贓私顯著，及所犯因公罪人，並從舊法差注施行。奉聖旨：依。

《侍郎左選申明》嘉定元年二月十四日敕：江東諸司奏，廣德軍申，昨准指揮，存留通判，今乞以司户兼司法，省減司法員闕，却添置選人判官壹員，以廣德軍判官繫銜。奉聖旨：依。本所看詳，上件指揮，廣德軍添置判官，以司户兼司法，取到吏部侍郎左選稱，見係本部使闕差人，司户兼司法注經任人，不作破格注授。其判官注從事郎以上資序，有舉主貳員以上人。如榜滿壹季，無舉主貳員人注授，方注從事郎以上舉主壹員人。今聲説存留照用。嘉定十三年二月二十三日，尚書省劄子：臣僚奏，欲將特科年及陸拾，不許注授職官，却許通入破格縣丞差遣。奉聖旨：依。嘉定十三年十一月二十九日，尚書省劄子：臣僚上言，應幹獄官闕，不許恩科人注授。奉聖旨：依。嘉定十六年三月二十九日敕：流外人不注司法，其録參司理不以正差破格。並不注無舉主人。嘉定六年七月二十八日敕：今後均州節度推官，注有出身人兼教官職事。嘉定十七年三月十六日敕：吏部看詳，臣僚上言，數内壹項，證得獄官，近制不注年及陸拾以上人，幕職豈可令年陸拾以上昏老人居之？欲自今後應選人年及陸拾伍以上，並不許授職官。雖破格及有通判處，亦不許注所有恩科注職官人。證嘉定十三年二月二十三日已降指揮施行。奉聖旨：依。寶慶元年四月二十九日敕：吏部申，臨安府録事參軍，須實歷叁考，有舉主、無過犯闕陞及格人，方許注授。並不作破格差注。其四川諸路州軍獄官，自今後遵依紹熙二年六月八日指揮，如有責降過犯及無舉主人，並不許注授及定擬。右劄付吏部從所申事理施行。寶慶三年七月十一日敕：臣僚上言，今後諸州軍職幕官，須管注有職狀及格，其或職狀舉主未及格，或以恩賞循資全無舉主，或前任有過犯，並不許注授。奉聖旨：依。紹定元年五月四日敕：選人循至職官，舊法不以有無舉主，徑用資序差注。近有連該恩典循資入職官人猥多，臣僚有請，職幕官須注有職狀人，緣此經任有京狀及令狀者，有司拘文，以非職狀，例不注授，而職狀却可通注令丞。今欲將有京狀及令狀人並許注授。如注職官，有京狀、令狀人在職狀之下。如注令丞，則職狀却在京狀、令狀之下。可以永久遵守。奉聖者：依。端平元年九月空日，都省劄子：吏部申，今後獄官窠闕，除奏舉録參照條差注外，其餘常調理録並一遵舊法，注歷任貳考以上有舉主無贓私責罷及癃老人，其舉主須兩員以上。仍乞照條至榜滿破格日，許注壹考以上有舉主壹員年未陸拾並非恩科進納及流外人。劄付吏部。從所申事理施行。淳祐元年九月空日，尚書省劄子：臣僚上言，乞下吏部注擬獄官，凡有舉，無過人方許注授，依職官縣令例，並要銓量。奉聖旨：依。淳祐元年十二月二日，都省批下吏部狀：竊詳職官參一郡之政，縣丞佐一縣之政，是職官之職重於縣丞也。欲令注授縣丞，選人比附職官注年陸拾伍以下，不拘舉員，並許破格注授。則入縣丞之闕稍寬。司法係一郡之準繩，司理主一獄之鞫勘，是司法之職繁於司理也。欲令此項同進士出身，用授恩年滿免試人許注司理，庶幾司理之闕稍寬。其司理、司法並照差注格法指揮，注年未陸拾前後無贓私責罷人。縣丞如任子指射，亦須審量人物。其恩科無出身人，自依已降指揮施行。後批：送吏部從所申事理施行。淳祐五年六月空日，尚書省劄子：吏部申，自今後除闕陞職官資序人，並職狀及格，理作奏舉闕陞資序人，本等注非次職官外，其循轉職官資序人，須歷任貳考以上，有舉主通及貳員，聽注經使職官。其歷任貳考有舉主壹員之人，及曾經奏舉闕陞從政郎，雖非職官資序，並聽注破格職官。其全無舉主人，雖是職官資序，亦不許注。以上犯贜私罪，並曾任職官不法情罪顯著，不在注職官之限。若非因職官被罷，祇犯私罪，不曾經覈實改正人，亦不許注。劄付吏部，從所申事理施行。

《吏部條法・差注門三・差注撮要》　京官　監司屬官，照淳熙二年三月二十三日指揮，依擬定條具格法差注。

監當　應奏補京官初任唯注監當。應監當闕滿，十日無應選人者，不作選闕。應太平州黄池鎮户部贍軍酒庫兼烟火公事闕，不注未經任人。應泉州市舶務監官闕，不得破選差注初官，仍不通差選人。

應監嘉興府青龍鎮，先注親民資序人及次任京官，更不破選通差。

大使臣　應準備將領，注親民資序，應材武有舉主無贜私罪，年未伍十人。應都監、巡檢，並注年未六十，應材武有舉主親民資序人。如無應格人願就，次注經任監當資序應材武人。親民資序不應格人止許注都監闕。應軍功補授人，歷兩任指使，一任監當，方許注巡檢。應場務監當選闕，並注有舉主、年六十以上，親民或監當資序。不注前任被罷人。應監當排岸作院名次闕，並準備差使緝捕盜賊指使闕，並注無舉主、年六十以上，親民或監當資序人。軍功補授人歷兩任指使方許注監當。巡轄馬遞鋪注識字年未六十人。應金吾（街）〔儀〕仗司，注武功至武翼大夫，次注大使臣兩任親民人。應兩浙東路（皮）〔安〕撫司紹興府餘姚寨官，注親民資序有材武年未六十人。

選人　應檢法官，注選人曾任大理寺斷刑官，次曾任此職二年以上、非因本職過犯離任，次試中刑法經任人。若出闕，至見任人去替一季無應選人就者，注有出身曾任司法任滿無過犯人，不限舉主。應堂除撥下監當、監門、檢踏機宜、湖廣總領所撥發船運官，注正格職官任滿，及成二考人。次注曾任正格令録任滿，及成二考人。如榜及一月無人就，注曾任判司簿尉任滿，用舉主闕陞無過犯年未六十人。應兩浙運司催促綱運官、起發行在物斛官、催促羅買官，注曾歷判司簿尉、常調闕陞令録資序以上、有舉主無過犯、有恩例、年未六十人。應行在諸酒庫，注曾任三萬貫以上場務課利無虧欠、有舉主一員以上、無過犯有恩例人。次注判司簿尉任滿用舉主闕陞人，如榜及一月無人就，注常調闕陞有舉主一員以上、無過犯有恩例、並年未六十人。

監當　應專選監當，注經任有舉主無過犯、年未六十、有恩例人。應諸正格監當，並京選通差監當，注歷任有舉主、前任非停替、年未六十、有恩例人。應破選監當，三萬貫以下。無課利監當同。注經任不以考第、有恩例無舉主人，並初官有恩例人。應破格監當，注經任不以考第、有恩例無舉主，並初官有恩例人。應殘（靈）〔零〕監當。注經任不以考第、無恩例、無舉主、初官無恩例殘零參選人。應鹽場鹽倉支鹽，不注恩科流外進納及雜流補官人。應監當兼民事者，不注進納無舉主人。其無課利及殘零聽注。應初官年三十以上、陸拾以下，許注鹽倉鹽場支鹽經任或成考人，不拘年甲。應曾經論列不與親民差遣人，不許注授鹽司監當，及應幹親民監當。應年未三十人不注監鎮闕。應四川文學初任，依指揮注四川監當，不注内地監當。

簿尉　應正格主簿，注初官或經任有恩例人。應殘零主簿，注初官或經任、無恩例、殘零參選人。應正格縣尉，注初官或經任、有恩例、年未六十人。應殘零縣尉，注初官或經任、無恩例、殘零參選、年未六十人。應慶元府諸縣尉及極邊縣尉，注年未五十人，仍依資格差注。應進納人不注縣尉差遣。應恩科上二等人，不注汀、贛州諸縣尉。恩科文學並不注縣尉。應簿尉相兼處，不注流外攝官。應軍功補文資止注監當。俟及陸考無過，與入簿尉。應四川文學初任，依指揮（正）〔止〕許注四川主簿，不許注内地主簿，及四川内地縣尉。應主學闕，注特奏名文學，其已經任願注者，亦聽。

《吏部條法・差注門五・差注撮要》　材武　應使臣年陸拾以上，射材武闕者，牒馬軍司呈試應格，許注授都監、巡檢寨闕。該差銓量，具申尚書省審察。如試不中，或不願就試者，照格法注監當寨闕。應修武郎以上，及小使臣，因軍功補授、揀汰離軍、年陸拾以上，曾經闕陞親民資序，應材武人，照條免呈試。仍申都省審察，方許指射都監、巡檢寨闕。

如同日有年未陸拾人指射，即先差應格人。內小使臣止許指射巡檢駐泊捉賊闕。應奉使補官資，謂依材武補授者，並不作材武注闕。應修武郎以上，照材武格內項目，如應得逐項材武赴部注授都監、巡檢窠闕。應小使臣，應得材武格內項目材武赴部注授巡檢闕。

移注 應奏舉職官、知縣、縣令，歷任無贓私罪者，與移注。應進納人陸考，有職官或縣令舉主肆員，與移注。應攝官授正官後陸考，有職官或縣令舉主叁員，與移注。應材武移注，除前項聲説外，餘依本法。

《吏部條法·差注門六·差注撮要》 從軍功賞 應軍功守闕進勇副尉至進武校尉，陳乞重疊資級，每壹資許作壹資收使，即已轉至承信郎以上，陳乞捌資格內重疊資級，每壹資比折減叁年磨勘，出給公據付本官收執。應收使借補名目日，所得轉官資公據，每壹官資比折減貳年磨勘。如元非本部給公據者，關報元給官司比折改給。應軍功出身，如不隸軍籍，並要從軍拾年，給至離軍公據，經制司背批，並合同半印公據，申狀赴部陳乞參部注授，正任指使兩任、監當壹任，方許注授巡尉差遣。

陞帶 應諸軍陞帶差遣，並屬朝廷陞帶。

離軍添差 應修武郎以上官，軍功補授，曾經從軍立功，重傷殘廢，揀汰離軍添差任滿回，赴部照條法注授準備差使不釐務窠闕壹次。以後照指揮節次赦文注授。如不能親身赴部，經州軍保明申部差注。仍許指射嶽廟差遣。應小使臣，軍功補授，曾經從軍立功，重傷殘廢，揀汰離軍添差指使，聽候使喚不釐務及嶽廟任滿回，赴部照條法注授指使聽候使喚，及嶽廟不釐務窠闕壹次。如不願者，依格法注授。若不釐務差遣，以後照指揮節次赦文注授。如不能親身赴部經州軍保明申到注差。

親嫌 應大小使臣以上轉官赴部注授差遣，犯府號官稱父祖嫌名及二名偏犯者，皆不避。應大小使臣授差遣，職事相干，或統攝有親戚者，並迴避。應從軍功賞陞帶離軍添差親嫌，除前項聲説外，餘依本法。

《吏部條法·考任門·考任撮要》 應監司郡守在任，不得陳乞通理滿罷。若不因罪犯罷任者，許通計前任考任。應大理評事作縣，並令成資滿罷。應知縣在任成一考以上，不因罪犯體量替移，若誤停替放罷，並省員廢併衝改，或因誤差注而改正別授差遣，願補滿前任者，聽。以理去官人許於次任到任半年限內，申陳通理，補滿前任，理爲考任。應因任被對移者，不理爲任。即已被對移而無實狀者，聽通理爲任。應監當在任成考，因事被罷，許於次任內通理。應職事官，曾任常調差遣月日，並聽通理成考。不因罪犯替移者，仍理爲任。應選人任嶽廟，並候三年滿日罷，仍不理考任。應見任宰相、執政、臺諫子孫，差宮觀嶽廟，理爲考任，仍許通理。應見任宰執、臺諫女婿，已經銓試申選，未經注授，差遣人已有差遣，或見任，或未赴上，願就宮觀嶽廟者聽。仍理考任。應初改官年六十以上人注簽判，不理爲實歷知縣。應承務郎以上奏補出身人，二年成資，如前任未滿，亦許通理爲任。應元係武臣，因鎖應及第，後試換文資者，歷任資序，並許兩考當一考，零考不使。應稱年及半年並季月者，閏月不理。若陞降展殿，許通計。應前任未滿，放於次任陳乞通理。應選人通理前任月日成三考，以後年月不理爲任。應諸州教授，考任並通理。應承直郎以下，衝差替放罷，並不理犯時一考。應有奸贓踰濫，不理犯時考任。應命官閏月到任，次年本月不在理閏之限。應承務郎以上，任宮觀嶽廟，及不釐務差遣，不理考任。見任宰執、臺諫子孫，非。應命官陳乞通理，合於到任半年限內，申本州録報在京所屬。及所補不及一年者，候滿一年替。應文武官申陳考任，除前項聲説外，餘依本法。

《吏部條法·考任門·文武臣通用》 《尚書侍郎左右選考功通用令》 諸淮、浙鹽場監官、兼監同。催煎官，及福建鹽倉監官，並三年爲任。諸四川鹽酒官，並三年爲任。諸在外成資不因罪犯替移者，聽理爲任。知縣依本法。成資謂二年以上，餘條准此。曾對移破考，雖還本任通及二年者，非。諸八路見闕，應指射者許先次差權。如合該差注，其權過月日與理爲在任月日。轉運茶馬司同奏辟官在任成資者，准此。舉主並許收使。係奏辟官亦准此。如不該差注，即候正官到任交割。其舉主更不收使。諸八路權注見闕，舉辟官同。勘當應差者，所權月日聽理爲任，舉主仍許收使。其不應注辟，雖已成資，並不理任。諸待闕應赴而朝廷差權它職者，所權月日聽於新任通理。

《尚書侍郎左右選通用令》 諸川、廣二年替，餘路三年替。本法指定年限者，依本法。諸已授闕而朝旨差出，事畢願赴本任者，聽。有正官見在任者，非。諸稱經歷任，謂二年成資以上。諸稱年、半年，及季、月者，閏月不理。若陞降展殿者，許通計。諸功過稱歷任者，自出身以後准非在任亦是。稱今任者，自授今任至未授別官以前。

《尚書侍郎右選通用令》諸廣南差遣應先轉官，而到任未成資者，不得別有奏舉。若未滿，願奏舉一般差遣，即通任及二年，方許別理考任。酬獎理任，自依本法。

《尚書考功令》諸監司郡守在任，不得陳乞通理。滿罷，若不因罪犯罷者，許通計前任考任。諸在任有假故合補填月日，雖不曾自陳，或不願補填，如印紙內批到成考外羶務月日，許通理成考。諸以考任關陞資序，而因公罪除名者，以其前歷過月日不許理爲考任。諸前任未滿，不因罪犯替移，內選人去替半年以下，承務郎以上及大小使臣去替一季以下者，並許於次任限內陳乞通理。成任外別理爲任。尋醫侍養人，不用此令。其不願別理任者，自依本法。諸職事羶務官，應通理前任月日者，申中書門下省照會。諸在任已成資，知縣非。而尋醫侍養者，並理爲任。諸見任宰相、執政官、臺諫子孫，任內外差遣，改差宮觀嶽廟者，許通理爲任。即已任宮觀嶽廟未滿，而父祖改除罷任，願滿任者，聽。如別授差遣亦許通理。諸武臣試换文資者，聽以换授前兩任當一任。諸因課利虧欠對移者，如於移所收趁增剩卻歸任者，不在展限。諸不因體量負犯罷任人，考第舉主足應磨勘者，依得替法。謂循資成二考罷任，在外指射人。

《侍郎左選尚書考功通用令》諸在任合移職官、知縣、縣令人，若監當者候任滿，餘到任一年施行。前任停替者，授官日准此。

《淳祐令》諸命官移任，已受告敕宣劄者，解罷，守臣任滿，或被改除，須候替人，方許離任。得宮觀及因罪罷者，非。若不因罪犯體量，而新任非過滿及見闕願候替人，或於百日內候考滿者，聽。並申尚書吏部。新任未滿未闕者，不在却乞解罷之限。諸命官下班祗應閏月到任，次年本月謂閏所附之月。成考。若任滿外遇閏者，聽充補填日數。即在考內及前後任補滿成年者，並不在理閏之限。諸非在任官，被旨差緣軍期邊事刑獄，及往水土惡弱處，各理爲在任。餘事無稽違者，以二日折一日。內選人被旨差權正闕，如係錢穀，及趁辦課利及半年以上，准此。正官差出權攝，非。及三年以上者，申尚書省或樞密院。其停替未該參選，並尋醫侍養、丁憂之類者，不在理任之限。諸命官在任，非被旨選差，及不拘常制，若權替不職之人，及充考試官，應副軍期河防危急，推鞫録問檢法驗屍部夫，權繁難縣及捕盜官，並課利場務，謂無正官者，創置同。便糴和糴、煎樁鹽井、坑冶、[illegible]同。按覆農田水利，定奪兩競要切公事，體量敗闕坊場，而緣餘事差出州界，每考通計過百日者，所過月日不理爲考任。自陳通計月日有礙而不爲改差者，非。若事須委官，而所部無官可差，雖差出已滿百日，亦聽差理。仍具事狀保明，申尚書省。諸命官被召赴闕，或試刑法，若應舉而還任，及第出身不願還任者，聽。或在假不滿百日，或乞假離任，並公罪杖，私罪笞，被追攝，願補填成考任者，聽。仍申尚書吏部。無罪被追攝者，雖在禁並理爲考任。諸命官因事被對移者，不理爲考。即已被對移而無實狀者，聽通理。諸命官違法差出月日，不理爲考任。其不妨本職，或不滿十日，並自陳，謂被差未行而申者。而不爲行者聽理。諸縣令佐已差出，而承本縣闕報有飛蝗蝻蟲生發，應還任而托故不還者，其差出月日不理爲任。諸課利場務監官，到任及一年半，比租額一萬貫增三千貫，不及一萬貫，准此。其額每加一萬貫者，所增加五百貫至五千貫止。或十年內虧六年，而能敷年額者，許轉運司保奏再任。應陞資序者，再任日理。諸命官下班祗應不因罪犯體量替移，若誤停替放罷，並省員廢併衙改，或因誤差注而改正別授差遣，願補滿前任者，聽。仍到任半年內申本州録報在京所屬。別條聽補滿前任者，准此。申若聽通理而却不願者，自承告示日限三十日內申陳。已曾差下替人者，非。即所補不及一年者，候滿一年替。其新任應立界比較賞罰者，界滿聽交。諸奉使，若屬官，並謂被旨者。其所差月日，聽理爲資任。諸綱運，被朝旨借差別運官物者，其押綱人往回裝卸及事故月日，並聽補填。

《尚書侍郎左右選通用申明》宣和四年六月二十一日敕：應緣避親嫌之類對移，各合通理爲在任月日。建炎四年九月十八日，都省劄子：檢會建炎二年七月二十七日敕，勘會已降指揮，應在部通判簽判，及京朝官監當闕，並權替成資，二年爲任。七月二十五日，奉聖旨：今後應堂除差遣，並許權替成資，二年爲任。九月十日，奉聖旨：今後選人，依舊替年滿闕。餘並依建炎二年七月二十七日指揮。權替成資。勘會知州監司見任人，如係從官，其替人依舊替年滿闕。右劄付吏部申明行下。又紹興二年十月十八日，樞密院劄子：吏部尚書沈與求劄子，欲乞將大使臣，今後比做堂除人，權替二年成資。奉聖旨：依。今劄付吏部施行。本所看詳，前項指揮並係一時措置，難以著爲成法。理合依舊存留照用。淳熙六年三月八日敕：今後應添差差遣，並以二年爲任。

《尚書左右選考功通用申明》紹興九年五月十二日敕：守臣並以二年爲任。紹熙四年十二月十一日敕：白劄子，緣邊郡守皆用二年承替，送往迎來初無固守之計。欲將極邊今後並三年爲任。奉聖旨：依。本所看詳前項逐件指揮，並係權宜所降。難以修爲永法。止合作申明照用。

《尚書考功申明》紹興四年正月一日敕：吏部相度，欲乞將應被召赴闕官員，計驛程往回合破程限，理爲在任外，所有到闕稟議事月日，改差及還任之人，比附合差出官條法，理爲在任月日。即不得過百日。奉聖旨：應官員被召到闕，稟議事月日，改差及還任之人，許理爲在任月日。即不得過五十日。餘依所乞事理施行。紹興八年十一月十三日敕：今後命官依法差出，計往回七十程以上，除程限一月，過限月日不理爲考任。其七十程以下，依見行法。紹興二十七年四月十三日，奉聖旨：應行在合辟差局務窠闕，如不經辟正，其權過月日並不許理爲在任。淳熙三年三月十六日敕：敕令所狀，准批下吏部申明，乞將命官任内被違法差出，無自陳文字照證者，止豁除差出月日，不與收使。將任滿外零考月日，許用揍填。本所看詳，《尚書考功令》：在任有假故合補填月日，雖不曾自陳，或不願補填，如印紙内批到成考外釐務月日，許通理成考。竊詳假故止爲私事，尚許補填。其被差出，雖有違法，本係緣公，欲依所乞下吏部照應遵守施行。奉聖旨：依。淳熙八年正月二十八日敕：吏部狀，照得管押一萬貫以上綱運，不致疏虞，被差官既許差撥，自合理爲考任。今指定乞將合差押綱官，差出過百日以上，與理爲考任。奉聖旨：依。

《尚書侍郎左右選通用申明》開禧二年十二月二十五日敕：州縣見任官差檄，除實有才業監司帥守公委管幹人外，今後如有求檄告假之人，州縣覈實保明，申監司審實，委無規避，申取朝廷指揮，方得離任。

《尚書侍郎右選考功通用申明》嘉定元年八月十六日敕：吏部狀，欲將諸路州軍起發綱運，照進奏院程限道里遠近，立爲限日。自起綱至交卸，雖在百日之外亦理爲考任。奉聖旨：依。

《尚書侍郎左選考功通用申明》嘉定五年十二月十五日敕：見任宰執臺諫女婿，已經銓試中選，未經注授，差遣人已有差遣，或見在任，或未赴上，願就宮觀嶽廟者，聽。仍理爲考任。合用舉狀，並照子孫例一體施行。

《尚書侍郎左選通用申明》嘉定八年二月二十五日敕：成都潼川府夔州利州路安撫制置使董居誼奏，西蜀沿邊諸縣闕人無官願就，欲令逐路運司，遴選待班人内有材幹精力人姓名，保明本司審量，委堪任使奏差，就權理作改官須入而磨勘轉官，仍自受告日起理。不許諸司旁緣奏辟。奉聖旨：令四川制司將沿邊縣闕，於見任待班人内選辟一次。候班次到日與換給付身，却自改官後起理須入知縣月日。

《尚書侍郎左選考功通用申明》端平元年九月二十七日敕：臣僚上言，今後應文武官，雖因戎事起復，並不理爲資任考第。奉聖旨：依。淳祐元年十一月十一日敕：勘會令八路見闕，應指射者許先次差權，理爲在任月日。端平三年指揮添入淮、襄極邊。照得淮、襄雖在邊，非比川、廣。奉聖旨：除川、廣差注，及奏辟，許以就權月日理爲在任，餘路不許引用。其端平二年四月十一日指揮更不施行。

《尚書侍郎左右選通用申明》景定三年正月十五日敕：四川宣撫司呂文德狀，乞今後堂除部注蜀中州縣等官，如係見闕，責令日下赴上。不許遥受，虚批月日，違期不赴，重作施行。正月九日，奉聖旨：依。

《吏部條法·考任門·承務郎以上》

《尚書侍郎左選考功通用令》諸見任宰相、執政官、臺諫子孫，並差宮觀嶽廟，見在任或未赴上，及銓試中，年及人皆是。仍與理爲考任。諸見任宰相、執政官、臺諫子孫，差宮觀嶽廟者，知縣資序，或通直郎以上，爲宮觀，餘爲嶽廟。知縣資序人不得理(堂)〔當〕實歷知縣。

《尚書左選考功通用令》諸承直郎以下，應就任改官者理任。自改官日即願通計前後月日滿三年罷者，聽。仍不理爲任。諸初改官合入知縣人，監當闕陞知縣資序同。因選擢任在京職事官，而不緣罪犯滿罷者，聽理爲實歷知縣一任，若在職一年以上，非因罪去官，及得外任者，許於後任補滿。諸奏補承務郎以上，任宮觀嶽廟，及不釐務差遣者，並不理爲考任。見任宰執臺諫子孫，非。

《尚書考功令》諸發運轉運司主管文字，提點刑獄司檢法官，以上諸司幹辦公事，同。聽理實歷親民資任。知縣資序人，不用此令。諸轉運判官以上，及提舉常平茶鹽官差遣，隔一等爲權，隔兩等以上爲權發遣公事，知縣資序以上，並二年爲任。未滿又移上項差遣者，聽通理。若資序合入者，川、廣二年，自內地移川、廣，川、廣移內地者，但川、廣在任及半年，同。餘路三年爲任。其初任職司，歷任雖多，並衹理初任職司資序。謂如第三、第四任知州人充提刑之類。諸一路提舉市舶，四川茶馬官，及四川安撫制置司主管機宜，書寫機宜文字，幹辦公事，潼川府路兵馬都鈐轄，及本路安撫司幹辦公事，利州路安撫司幹辦公事，主管書寫機宜文字，同。並聽理爲實歷親民資任。知縣資序人，不用此令。諸知州通判知縣監當人，理本資序者，准此。內地川、廣，並三年。及三京國子監御史臺並監當，不係比較處，並三十個月。宮觀嶽廟，二年爲任。即內地一任五年半，川、廣四年半。無私罪內監當，仍課利虧不及二分者，聽理爲兩任。諸知縣在任實歷已成二考，丁憂或避期以上親，及陞擢改差罷任者，聽理爲一任。諸承務郎以上，監在京倉庫立界處界滿，如幹辦及二十個月，與理爲一任。即炭場監官，五年以上理爲兩任。諸承務郎以上，改移差遣理任年限不同者，聽比折通理成任。謂如前任二年爲任，今任三年爲任，若將今任歷過年月，通理前任所少年月者，以三日作二日之類。諸親民人就監當，本任課利比租額虧一分以上，展一任差遣。若災傷年份，依放稅分數折除。諸職事官，曾任常調差遣月日，並聽通理成考，共及成資。不因罪犯替移者，仍理爲任。諸秘書省官，在省供職月日，聽通理前任月日成資爲任。諸秘書省官，已成任者，聽別理爲任。就任關陞資序者，准此。諸任內雖成資，而因衝替差替，或與小處、遠處差遣者，不理爲任。已滿未代人成資而有負犯罷者，聽理前任。

《淳祐令》諸寄祿官，朝議大夫以下，在任及二年以上，而因事替移應入一等差遣者，謂因不職不和之類。但有事因而不曾勘罰者，皆是。若折資監當，尋醫侍養，隨侍隨行，指教罷任，緣致仕罷任復仕日同。聽補滿前任。雖所補不及一年，並候滿一年罷。即補滿而願外移者，亦聽。仍申尚書吏部。

《尚書左選考功通用申明》乾道七年正月二十八日敕：四川承務郎以上縣丞，以二年爲任。看詳係是權宜所降，合存留照用。淳熙二年五月二十五日敕：今後差注知縣，並以三年爲任。本所看詳前項指揮，緣淳熙元年三月二十五日曾降指揮權以二年爲任，故降上件指揮。今聲說存留照用。慶元三年四月九日敕：吏部狀，衢州申，據承事郎專主奉先聖祠事襲封衍聖公孔文遠狀，准省劄，許權於寄居衢州州學內專主奉先聖祠事，至慶元二年十一月初一日，成三考任滿。緣故父孔搢昨來陳乞五任了當，係是接續，理爲任數所有。文遠已蒙差第一任，更有第二任，乞出給付身施行。本部今欲依本官所乞，每三年理爲一任施行。奉聖旨：依吏部所申。

《尚書左選申明》嘉泰元年五月二十八日敕：吏部狀，措置初改官年六十五以上人，止合注授簽判。外有年六十以上人，雖合注不係選闕知縣，其間有精力已衰人，若必令作縣，恐出於勉強，事多廢弛不便。今欲將似此等人，願注簽判者，聽從便。即不理爲實歷知縣。奉聖旨：依。嘉泰元年五月二十九日敕：吏部狀，勘會在法，小使臣、校尉下班祗應承直郎以下，在任四年，願解罷者，本州勘驗無綰繫，申轉運司，依得替人例解罷訖，申在京所屬。照得上條不曾該載承務郎以上官，在任過滿一年以上，未差替人，許行解罷。本部今欲將承務郎以上官，在任過滿一年以上，未差替官，本州見得別無諸般規避綰繫違礙等事，從本州當職官結罪保明申部，與照應前項條法，候得本部指揮，方許批書離任。奉聖旨：依。本所看詳，上件指揮雖爲承務郎以上，在任過滿一年未差替官，無諸般綰繫違礙，許批書離任，若專監倉庫，及差遣邊外界者，自合照條施行。今聲說照用。

《尚書考功申明》淳熙十一年五月二十四日敕：奏補承務郎以上，任宮觀嶽廟，不理爲任。在淳熙十年十一月十一日以前，許行收使。本所看詳，上件指揮，係分別京官收使宮觀嶽廟考任，難以修爲成法。今編節存留，申明照用。

《尚書左選申明》開禧三年八月二十四日敕：自今大理評事作縣，並令成資滿罷。嘉定八年九月十五日敕：四川總領所奏，魚關糧料院官如已改官作縣人，願就任滿無遺闕，與陞等差遣，許入初等軍監州郡差遣。奉聖旨：今後任滿日從條推賞外，仍與理作曾任通判。嘉定十三年正月九日敕：吏部指定，知縣成一考以上避親人，照已降指揮再填二考。如不成考再歷三考。其任知縣日丁憂以理去官人，照條許令通理。奉聖旨：依。

《尚書侍郎左選通用申明》嘉定十二年正月七日敕：臣僚上言，由薦舉而改京秩，必令作邑，明試以功，謂之須入。至於通理之法，著在令甲，非不昭然。今或鐫斥而有不得與親民差遣之旨者，亦得通理前任。明詔吏部，務守成法。凡知縣以罪罷黜，止許注中下之縣，雖照赦，亦祇許注中下之邑。其緊望之地，雖無同射之人，不許差注。所有通理一節，乞遵照條令施行。嘉定十四年四月二十六日敕：右選試換京官，如未經任人，照條注監當一任，再歷一任。已經一任人，更歷二任。已經兩任人，更歷一任以上。凡縣佐郡幕幹官，並許通注。回日有陞陟舉主兩員，許注知縣。內已經一任再歷兩任人，與減舉主一員。奉聖旨：依。又嘉定十七年閏八月二十八日敕：承嘉定十七年七月二十七日敕，臣僚奏，右選試換京官，出身除武舉進士，及曾任在朝職事釐務官，及已曾關陞等人外，其餘須歷任實及六考，曾經監當場務令佐親民，有舉主，無過犯，注縣。如未及六考，或已經任及六考，皆不曾任監當親民者，並須更作縣丞一任，始許作邑。其餘無上件考第資序，而見已在任作邑人，任滿更授簽幕或幹官一次，方許作倅。其大使臣換授京官，今來全未有考第，並曾任閑慢差遣，及非泛名色，欲理爲實歷監當資序者，卻乞檢會嘉定十四年四月二十六日指揮，參證斟酌注授合行差遣。吏部看詳，欲從今來臣僚奏請事理，一併證應注授施行。奉聖旨：依。嘉定十七年三月十六日敕：吏部看詳，臣僚奏，應官員前任不滿，於今任通理成資者，須在任滿一年替罷，即不許將見任零月日補考離任。如實有親嫌迴避，本州勘驗係是何服屬，無僞冒，知通結朝典罪保明，申部符下，方與離任。如涉僞冒取旨，重作施行。奉聖旨：依。

《吏部條法·考任門·選人》

《侍郎左選令》諸選人任川、廣差遣者，並以三年爲任。諸承直郎以下，注授差遣，許射闕日自陳。願成資二年罷者，聽。到任成資願罷亦聽。並謂歷任已成肆考，或五考者。仍不候替人，許離任。堂除或舉辟定差之類，同。內監當官成資願罷者，如無官物少欠，批書訖，不候替人，亦許離任。若成三考，舉主考第應格者，准此。以上並所屬保明，無規避申。若保明不實，官司從本部具申都省。諸知令録非因事降入人，一任回，內七考入令録人，候及四考。十考人，及六考。無私罪及公罪徒，並非因體量過犯離任者，與令録。流外不入令。循資應入令録者，准此。諸丁憂服闋，並歷任曾經省併舉辟，及朝廷特差職任，並不因體量過犯移任、對換在任及一考人，通理考第及自礙親者，非。與理爲任數，入令録。諸二考罷任者，理爲一任。即川、廣在任五考，理爲兩任。非酬獎處，三考替，無私罪，與陞一季名次。諸國子監學官，並以三年爲任。在職一年以上，通計歷任及三考，本監保明到部，與循資。諸選人經歷任，謂再任成資者。因事勒停，已復元官者，理作經任人差注。諸功賞循資，合通理零考者，依本法。

《尚書侍郎左選考功通用令》諸見任宰相、執政官、臺諫子孫，並差宫觀嶽廟，見在任或未赴上，及銓試中年及人皆是。仍與理爲考任。諸見任宰相、執政官、臺諫子孫，差宫觀嶽廟者，知縣資序或通直郎以上爲宫觀，餘爲嶽廟。知縣資序人不得理當實歷知縣。

《侍郎左選尚書考功通用令》諸選人任嶽廟及不釐務差遣者，並不理爲考任。內嶽廟兼收施利錢，兼本廟市火煙盜賊公事者，非。諸州教授考任並通理，應磨勘者，候任滿赴部投狀。

《尚書考功令》諸選人應通理前任月日，成三考，以後年月，不理爲考。若有舉狀，並聽收使。諸通理前任月日者，並於逐色內通理。承直、儒林、文林、從事郎爲一色。從政、修職郎爲一色。迪功郎爲一色。到任未滿半年非次罷任，雖不自陳，亦與通理。諸就任循正，雖得通理年月，若資序不同，不得通理考第。諸選人帶官別領職任，謂如迪功郎係判司簿尉，任提刑司檢法官之類。就任關陞，依舊在任，未終滿罷，若不因罪犯罷任，雖別授差遣，願補滿前任者，與將前任資序一色月日，通理考任。諸承直郎以下，衝差替放罷，並不理犯時一考。諸兼官於法不許差出者，祇以正官較考。謂有無破考之事，餘條較考，准此。諸令任勒停，非追官者，在任年月與較考。諸散官注權官者，不理爲考。如有舉主，候理考日收使。諸有奸贓踰濫，不理犯時考任。諸武臣鎖應及第，並因試換文資者，歷任資考，並許兩考當一考。零考不使。內試換承務郎以上官，關陞親民者，即依元條勘會功過舉主。諸功賞循資，資雖不同，其零考聽通理。諸酬獎，或特恩循資者，謂非得替酬獎者。從事郎以上，及帶官別領職任，與就任循正資序，不願罷任者，與理本資。通理年月滿替。

《侍郎左選申明》大觀元年正月十九日敕：吏部狀，文林郎前石州離石縣丞梁材狀，授前件差遣成二考，在任減罷，即不係負犯罪移，伏望許材理奏舉資序，或未有體例，乞申明施行。本部勘會，本選自來有例，纔及二考，舉主不足，便作常調。今相度，欲乞今後依條改正，奏舉職官、知縣、縣令資序，在任未成三考者，不爲任滿。止遵守令文施行。奉聖旨：依。嘉泰二年六月二十六日敕：臣僚上言，臣照得銓法，諸恩賞循資者，職官並奏舉縣令，及帶官別領職任人，與就任改正資序，餘取射闕狀，申部移注。諸應循資而不願罷任，及就任得改正資序，各理本資。通理年月滿替。諸酬奬或特恩循資，從事郎以上，及帶官別領職任，與就任循正資序，不願罷任者，與理本資。通理年月滿替。上項法意甚明。今日銓部闕少員多，若因循資，却令罷任，別授新闕，又復待次，則所謂恩賞者，乃反爲責罰矣。欲望特降指揮，應選人已有新任，或已赴上，偶該循資而不願罷任移注者，並免罷任移注，仍各通理本資。通理年月滿替。不得單引餘取射闕狀申部移注之文，抑令罷任。奉聖旨：依。

《侍郎左選尚書考功通用申明》淳熙十三年四月十三日敕：吏部狀，檢准淳熙十三年正月一日慶壽赦恩，應文武官該遇今赦，各與理當三年磨勘，選人比類施行。除一年比類占射外，有二年依條比類各循一資。竊詳上件慶壽赦恩，即與其它恩賞不同。今欲將選人該遇赦恩，在任循轉帶行舊任之人，雖有資序不同月日，並與通理，揍作實考收使。奉聖旨：依。紹熙四年八月四日敕：吏部狀，勘會選人在任，該遇覃恩循轉，除就任准告循正之人，雖有兩色月日，已承淳熙十六年二月二十六日指揮，許令終滿今任，更不破考外，有在任該遇覃恩，所得循資未授告間，偶緣丁憂，罷任之後，雖有兩色月日，係是普恩，即與自陳恩賞循轉之人破考事體不同，欲將丁憂之前所歷過考第，於次任到任半年限内陳乞通理，揍作實考收使。奉聖旨：依。

《尚書考功申明》乾道九年九月十三日，都省批下吏部狀，措置選人被奉聖旨差權正闕差遣，如係錢穀及趁辦課利等事務，若及半年以上，聽依舊法，以二日折一日，理爲在任月日，依條揍考陞改。如係正官，時暫差出權攝差遣，及非被聖旨者，並不在理任之限。淳熙六年三月二十三日敕：吏部狀，勘會《淳熙令》，選人任嶽廟，及不釐務差遣，並不理爲考任。係於淳熙四年四月五日頒降到部，除任嶽廟人有指揮分別前後施行外，欲將選人任不釐務差遣，如未頒降《淳熙令》之前罷任人，依任嶽廟人分別前後指揮，作考第收使。奉聖旨：依。本所看詳，上件指揮，係分別選人收使不釐務考任，難以修爲成法。今編節存留，申明照用。

《尚書侍郎左右選通用申明》嘉定九年五月十九日敕：吏部勘當白劄子，申陳銓曹引例破條之弊。乞下吏部四選，遵守條法，不得循習再用前例。今具下項：一、選人用恩澤改補京官，既依無官人蔭補，即係白身，凡向歷過選人考第不合收使。本部照得，若通理考第，用以注授，或用以磨勘，委是有礙成法。一、應被旨差使屬官理爲資任，此爲已出官者。有未銓試人經營差遣，後來銓中，却將未銓中以前月日理作釐務考第，或揍理磨勘，或陳乞服色，委是冒濫。本所指定，衹合將銓中已注差遣之後被差月日，照用通理。五月十九日奉聖旨：依。嘉定十一年六月三日敕：宗學申，宗學博士、宗學諭，歷過太武學考校月日，將宗學考校月日通理，及一年推賞。吏部勘當，照得如係前任未滿，不因罪犯罷任，許於次年到任半年限内，陳乞通理成考任。奉聖旨：依。嘉定十一年七月二十三日敕：吏部勘當，宗學博士如係選人除到，依國子博士格法，在職一年通歷任，滿三考循一資，滿四考改合入官。宗學諭以選人除到，依國子正録體例格法，在職一年通歷任，滿三考循一資，滿五考改合入官。奉聖旨：依。

《侍郎左選申明》嘉定十一年十月十四日敕：臣僚奏，邊寄之重，縣更數易，率無固心。乞申嚴行下，應邊郡倅貳，及幕屬令佐等官，其有考第舉員已足之人，並須成資，方容受代。奉聖旨：依。嘉定十三年七月九日敕：淮東、兩浙三路鹽場官，奉聖旨：今後歷任考第、舉主及格，到任成一考之人，即與批書離任。

《尚書侍郎左右選考功通用申明》嘉定十五年二月二十三日，尚書省劄子：軍器所監門受給官並以二年爲任。今後選人任滿止循一資。

《尚書侍郎左選通用申明》嘉定十六年八月十一日敕：臣僚上言，今後凡遇差注場務監官，雖在任考舉通理及格，並要兩年成資，方得替罷。奉聖旨：依。

《侍郎左選申明》嘉定十七年三月十六日敕：臣僚奏，應場務監官獨員去處，不許注合通理揍考人。今後遇差注場務監官，雖在任考舉通理及格，並要兩年成資，方得替罷。吏部看詳，欲從臣僚奏請，應場務監官獨員去處，遇選人注授，並要於射闕狀內聲説不是通理捧考人。如是通理捧考，不許注授。應場務監官在任考舉通理及格，須候成資減罷，不許巧作名色，陳乞不候替人，或避親離任。奉聖旨：依。嘉定十七年三月十六日敕：吏部證得，在法選人，前任歷過二年半以上，於次任陳乞通理，合將今任月日，補前任成三考。如前任不及二年半，合將今任月日補前任成三考。所補不及一年，合候滿一年替。其場務監當，應立界比較賞罰去處，界滿聽交。若前任所歷不及一年，或一年以上，或二年，即合將今任年月補滿前任，共成三考。今看詳，欲從臣僚所請，今後選人在任，合通理前任考第，並不許妄作親嫌，陳乞離任。奉聖旨：依。嘉定十七年三月十六日敕：吏部看詳，選人到任實歷一年以上，及二考有零，承指揮按罷，或予祠，犯時零考不許收使。如本任因罪犯替移，不許於次任通理成考任，止合理作本任內考第收使。如曾得旨改正過名，其罪罷以前歷過考第，即與罷任之人一同，合於次任到任半年內通理成考。奉聖旨：依。

《尚書侍郎左選考功通用申明》紹定元年十二月八日，尚書省批狀：吏部申，宗室試換選人，以小使臣歷過考第，於選人上收使，以兩考比折一考。送部從指定到事理施行。

《尚書侍郎左右選考功通用申明》紹定二年七月七日敕：臣僚上言，自今起復士大夫須出特旨。如係監司帥守申辟起復之人，服制內歷過月日並不許作實歷收使。選人受過舉狀，並不理爲放散。奉聖旨：依。嘉熙二年八月十五日敕：臣僚劄子奏，內一項。選人一任四考後得替者，許令陳乞通理三考。零月日則無通理之法。欲自今通理之法，必須滿考，其餘歷過零月不及一考者，並不理。奉聖旨：依。

《尚書侍郎左選考功通用申明》嘉熙四年十月空日，尚書省劄子：吏部申，今後如有見在任之人，若委的有應避之親陳乞離任，依條法指揮，知通連銜結罪，同所避官各具無詐偽結罪狀，召陞朝官保貳員甘伏鐫降保明申部，符下方許批書離任。又照得選人成資離任，依條須在任成二考，並先任考第通實歷及四考以上。除沿邊外，合經本任州軍保明無規避，申部，候本部合得無違礙符下，方許批書離任。劄付吏部，從所申施行。

《侍郎左選考功通用申明》淳祐二年四月十日敕：浙西安撫使趙與篡狀申，辟迪功郎吕彬年以監兩浙西路安撫司贍軍德清正庫繫銜。承直郎趙汝邊，以監兩浙西路安撫司贍軍德清東庫繫銜。通受本路監司舉刺，理爲資任。四月四日奉聖旨：並特依。

《侍郎左選申明》景定二年正月十二日，都省劄子：勘會淮、浙鹽場官，專任收趁支發之責，其昏耄至任，惟事攫朘，鮮廉寡恥，掔削亭丁，盜賣官物。其間或有廉能辦事之人，則不沾薦舉，委無激勸。又一項，辟差之官，挾勢而來，隨司而去，爲補考求舉之計得矣。必須令經任，使之不敢苟且。任事者有賞，不任事者必罰。合議指揮。奉聖旨：今後諸司鹽場官，仰吏部加意銓量，毋注昏耄罷庸之人。仍遍牒浙東西提舉司、浙西安撫司，各應以舉刺旌別淑慝，凡辟闕鹽場官，並令終滿，考其殿最，赴茶鹽所批書，不許隨司解任。其有貪繆不職者，亦須明正其罰。右劄付吏部。照得兩浙鹽場今隸提領兩浙鹽事司，合聲説照用。

《吏部條法・考任門・武臣》

《尚書侍郎右選通用令》諸任三路緣邊州係緣邊而鎮寨係次邊近裏者，同。親民差遣，及雖非親民而任內曾立戰功者，並理爲邊任。諸親民資序人，充河北緣邊諸寨巡防，及榷場文州鎮寨守把，並聽爲邊任。諸都監寨主，因防城之具有毀壞而被罪者，不理爲邊任。諸路將副安撫司准備將領，並以二年爲任。內添差不釐務人，仍不候替人罷。諸路押隊，並以三年爲任。諸部隊將押隊及京畿巡檢若河埽官主管堤岸壩閘封門，同。不得非次替移。諸離軍應與添差者，並以二年爲任。仍不得過一政闕次。諸內藏內軍器庫監門官，並以三年爲任。諸南班節度使下內知客，以三年爲任。諸差充壽慈宮祗應使臣校尉任滿，許令再任。仍聽本宮報所屬出給付身。

《尚書侍郎右選司勳考功通用令》諸使臣任廣南西路惡弱水土州應有酬賞處，過、滿及二年者，別理一任。

《尚書侍郎右選考功通用令》諸指名奏差，及就移充巡河者，並別理一任。諸因差替回者，未得闕陞親民，若在任一年以上差替者，許理爲在任月日。諸軍大小使臣校尉，並與理爲資任。若無朝廷付身者，即以二日當一日。謂二年爲任者，以四年之類。其磨勘住程不在比折之限。諸使臣校尉同。任嶽廟，不許理爲考任。宗室非。

《侍郎右選尚書考功通用令》諸充太皇太后殿皇后閣主管文字，候補承信郎日歸部，若得旨許留祇應者，以四年理爲一任。諸使臣充隨行指使，若本官移任，而新任處亦應破指使者，聽依舊將帶隨行，通理前任月日。

《侍郎右選令》諸校尉，副尉同。以戰功轉使臣，若曾歷任住程差遣，聽爲經任人。諸小使臣闕並二年成資替。本法指定年限者，依本法。

《尚書考功令》諸使臣任川、廣路，在任五年，諸路六年，別無違礙，與理爲兩任。諸使臣因負犯及不職，權行對移，審覆得實者，不理爲任。諸充成都府路添置四將將副部隊將，並與理爲資任。諸皇城司點檢文字，法司使臣，並理爲資任。諸親賢宅、吳王、益王府監門官，許理爲資任。諸樞密院准備差遣、差使、使喚，並以二年爲任。仍各與理爲資任。諸前宰相、執政官身薨，管幹葬事使臣許理爲資任。諸閤門看班祇候，以四年理爲一任。諸有官人充吏職者，不許理爲資任。有專法許理爲資任者，依專法。諸校尉權監當差遣者，改轉使臣理任，落權字。諸副尉押住程綱而改轉使臣者，雖不到部，自授告日，與理爲資任。諸小使臣監國學公廚，與理爲資任。諸司農寺准備使喚，太府寺准備差使，並理爲資任。諸草場監官使臣，界滿二年，至支遣漏底，無積惡少欠，及界內不曾犯公私罪者，與理爲一任。諸臣僚隨行指使，自轉承信郎後，方許依格理任。諸使臣校尉同，應呈試而未經試中，一時特差內外差遣，雖降到特旨理爲資任，許執奏不行。諸武官試換文資承務郎以上官，闕陞親民，聽以歷過武臣考第，兩考當一考。零考不使。

《尚書侍郎右選通用格》資任　親民差遣　邕州、宜州、融州、欽州、廉州、黎州、文州、叙州、江安州、黔州、施州，右理爲邊任。

《尚書考功格》臣僚隨行指使理任。宰執下前任同。應主管幹辦等使臣，並指使，及前任宰執充諸路知州及三路京東路安撫使並都總管下指使。右肆年理爲一任。節度使下指使，正任充三路及京東安撫，並都總管，及殿前馬步軍都指揮使、副都指揮使下指使。右五年理爲一任。諸路知州，並總管鈐轄安撫都巡檢，並殿前馬步軍都虞候，四廂都指揮使下指使，駙馬都尉下指使，右六年理爲一任。南班節度使下內知客。右三年爲任。

《尚書侍郎右選考功通用申明》紹興十五年正月二十九日，樞密院劄子：國信所奏，本所大小通事指使、傳語使臣，多占射外任差遣，遇使人到闕，本所移文抽取前來祇應，往往在外托疾避免。今欲依舊條令，本所差大小通事指使、傳語使臣與臨安府使臣，同共監行在臨安府諸城門。奉聖旨：依奏，特與理爲資任。今後准此。慶元五年十二月五日敕：壽慈宮提舉吳回狀，准尚書省劄子，奉聖旨：慈福宮提舉所、提點所、並提轄造作見祇應使臣、人吏諸色人，並就改差充壽慈宮祇應理任，並依德壽宮、重華宮、慈福宮前後已得指揮體例施行。伏乞依條奏審施行。伏候指揮。奉聖旨：依。

《尚書侍郎右選通用申明》紹興十八年七月十日，樞密院奏：勘會諸路鈐轄，循例陳乞差破隨行指使，即無專一許差條法。奉聖旨：自今後更不差破。紹興三十年十月七日敕：臣僚上言，伏覩故循王妻章氏乞存留一百五十人，永遠在本家照管，並理爲資任。契勘一百五十人中，六十五人係是使臣，若並理爲資任，則端坐衣食，並無替期。累資積考，遂成崇秩。則是悉力於王事遠不逮之。欲將勛舊之家所差借人，立爲定制。奉聖旨：今後勛臣之家合存留在家照管使臣，將校軍兵，各依所降指揮人數以五分之一差破使臣，不許差横行正使，並不得過兩任。奉聖旨：依。

《尚書考功申明》紹興元年三月十四日敕：閤門見供職宣贊舍人已下，各與理爲資任。乾道七年四月二十五日敕：明州制置司水軍大小使臣，依諸軍例許理爲資任。本所看詳，明州已陞爲慶元府，今聲說照用。淳熙元年九月十二日敕：許將四川宣撫及制置司劄子，差充夔州、利州路四將將副部隊將差遣，不曾授到朝省付身之人，依成都府路添置四將將副部隊將條法理爲資任。紹興八年八月十五日，都省劄子：忠訓郎寄班祇候胡師文狀，自充寄班祇候，至今滿十年。乞理爲住程資任一次。將來任滿十年人依此。如任內宣差守皇城門之類，合理任處，兩從其一。奉聖旨：依。紹興五年正月十日敕：承節郎寄班祇候劉百朋狀，在任准宣差守東華門，滿三考，寄班祇候歷四考。伏覩元降聖旨，寄班祇候實歷十年，理爲住程資任一次。百朋逐件差遣，並係理任處。合兩從其一。乞理經任人參選。奉聖旨：依所乞，發遣歸部，與照應元降指揮參選。本所看詳，前項逐件指揮，緣有慶元二年十一月六日指揮，使臣初官，須候呈試中，始得參部，不許作在外就補人理爲資任免試。雖奉特旨許有司執奏。本所已修入考功令訖，如有未經呈試中人，即不合引用。前項指揮令聲説存留照用。慶元三年十月九日敕：臨安府奏，輦轂之下，彈壓之政，弭盗爲先。警捕得人，市偷屏迹，居民安堵。紹興三年守臣梁汝嘉乞增緝捕使臣爲十員，五年指揮理爲合入資任。乾道間，少尹沈復之請增至十二員，理爲資任，任滿比較，如本地分内全無盗賊，與減二年磨勘。如有盗賊將所獲件數比折。所獲數多，與減一年磨勘。未獲數多，即展一年磨勘。若事涉重害，從本府别行申奏賞罰。欲望今後許令本府不以有無拘礙，於大小使臣校副尉内，踏逐選擇果可倚仗之人，具申朝廷指差，理爲資任，任滿比較賞罰，立爲定制。奉聖旨：依。本所看詳，上件指揮，係是權宜所降，難以修爲永法。今編節存留申明照用。

《尚書侍郎右選通用申明》開禧三年正月空日，樞密院劄子：臣僚奏，欲下有司，嚴行禁止。諸路州軍武臣任沿邊差遣者，須令往本任，供本職，住罷抽差兼局，不許規避求去。如有違戾，帥臣監司按劾，重寘典憲。奉聖旨：依。

《尚書侍郎右選考功通用申明》嘉定六年五月一日敕：巡轄馬遞鋪使臣，應交涉兩路兩州去處，今後批書，須經由各州更互保明，方許理爲考任。嘉定九年七月十九日敕：吏部狀，竊見諸處所差香火，或幹辦，或守影堂使臣，有二年爲任者，有三年爲任者，有四年爲任者，並以二年理爲住程。而二年者便可作經任人到部。其三年、四年者，直候任滿，方可注授。事同一體，歷考不均。乞將府第應二年、三年、四年爲任處，通見任並前任宰執下幹辦使臣，今後並以三年爲任。以二年理爲住程，滿三年方爲經任。庶幾事體適中。奉聖旨：依。

《尚書侍郎右選司勛考功通用申明》紹定三年十一月十八日敕：景獻太子府承受下使臣二人，許於内外官司局所人吏，或有官有名目得替待闕，已未到部人内踏逐，指名抽差，相兼祗應。理任年勞酬賞，並依本府使臣前後已得指揮。

《尚書侍郎右選考功申明》紹定五年十一月十五日，尚書省批下：勘會榮文恭王墳所合差主管香火。奉聖旨：令於大小使臣曾經參部人内選辟一員。不妨新任差權。並以三年爲任。

《尚書侍郎左右選通用申明》淳祐五年六月十日敕：今後五書局提舉官下供檢文字，並照府第使臣一體施行。不許進士、宗室、任子差充，歷過考第，關陞改官，不該收使。其右選等人差充，理考自依元降指揮施行。淳祐六年正月空日，尚書省劄子：吏部長貳詳議，知縣在任經營圖辟通判，候任滿須再令作邑，補滿前任知縣考第月日，方許注授通判。都司擬到，作縣考任未滿，或補滿考任未合授通判人，不許諸司選辟。奉聖旨：依。

《吏部條法・改官門・改官撮要》應承直郎至修職郎陸考，迪功郎柒考，有改官舉主伍員，内職司壹員，與磨勘依格改合入官。歷拾貳考以上，減常員舉主壹員。歷拾伍考以上，減職司舉主壹員。應選人歷兩任陸考，舉主未及格，至第叁任如在半年内舉主及格，須再滿壹年通及柒考半，方許磨勘改官。應選人歷兩任止及伍考，舉主却已及格，至赴第叁任及壹考，考第足之後再須滿壹年，通及柒考，方許磨勘改官。應選人歷兩任伍考，舉主未足，至赴第叁任成壹考，舉主及格之後，再須滿壹年，前後通及柒考，方許磨勘改官。應選人歷柒考，已有舉主肆員，到官後舉員及格，須通任半年，方可離任。半年以後足者，即與放行。通及柒考半，方許磨勘改官。應選人在任考第舉主應得條法指揮合該磨勘，如係沿邊從本任監司州軍保明申部，與先次注籍，候正官交割方許離任。其餘監司州軍，亦須保明申部，候部符行下，方許不候替人離任，赴部班改。應選人任國子太學正録武學諭，在職壹年以上，通歷任滿伍考，改合入官。應選人任太學武學博士，在職壹年以上，通歷任滿肆考，改合入官。應選人任宗學博士，依太學博士格法，在職壹年以上，通歷任滿肆考，改合入官。應選人任宗學諭，依國子正録格法，在職壹年以上，通歷任滿伍考，改合入官。應選人任太社籍田令，不以有無出身，到任及壹年，通歷任滿肆考，改合入官。應選人任大理司直，照太社籍田令格法，不以有無出身，到任及壹年，通歷任滿肆考，改合入官。應選人任大理評事，在任及貳年，通歷任滿伍考，有改官舉主叁員，改合入官。應進士及第，第貳、第叁人壹任回，與磨勘改次等合入官。應選人軍功出身，歷任玖考，有改官舉主陸員，與磨勘，改合入官。應選人進納出身，歷任拾考，有改官舉主柒員，與磨勘，改合入官。應選人係奏舉職官知縣縣令人，得替任内有改官舉主兩員，與循壹資。次任如前任，有改官舉主兩員，與磨勘，改合入官。謂奏舉職官知縣、縣令，得替任内有改官舉主兩員，與循文林郎。次任如前任，有改官舉主兩員，與磨勘改官。係減舉主壹員。若次任考舉不如前任，即不應次任如前任改官之法。其前任改官舉主兩員，又係已行收使循資，令别用改官舉主伍員，方許磨勘改官。應選人乞致仕，如曾經關陞，通滿陸考，舉主勞績常調並用。歷任無贓罪者與改轉通直郎。應修職、從政、從事郎，謂因恩賞循轉者。歷乞致仕，照已歷考第，依格改合入官。進納流外出身止與循資。應迪功郎乞致仕，照已歷考第，與依格改合入官。進納陸考，流外肆考，及已任上州判司並與循資。餘守本官致仕。應考舉及格合該改官，歷任内有過犯須經叙改，方許班改。應選人改官，除前項聲説外，餘依本法。

《吏部條法·改官門·考第改官》

《侍郎左選令》諸磨勘人，承直郎資序，及儒林郎係進士、明經、九經出身，改陞朝官。餘改合入官。諸迪功、修職郎，因恩賞循從事郎該改官者，如考任合入從政郎，並依從政郎法。景定重定。諸受供饋及和市有剩利計贓各不滿匹，磨勘者，改次等合入官，仍不越宣教郎。諸合磨勘人，丁憂服闋者，與陞半年名次。若已判成丁憂者，限叁日關會所屬，先次入申引見，已榜甲而投狀者入次申。諸磨勘應改官者，關會出榜，以肆人爲壹甲，伍日以次引見，未及肆人即展至拾日，雖不及亦聽引見，酬奬人附甲。並前壹日引驗取不得唐突狀，引見日事應奏請，及功過别該陞黜者並奏稟。

《侍郎左選尚書考功通用令》諸承直郎至修職郎陸考，迪功郎柒考，有改官舉主伍員，歷拾貳考以上，無贓私罪人與減壹員。内職司壹員，與磨勘。公罪兩犯杖，兩犯笞比壹犯杖。或壹犯徒以上，加壹考。私罪笞，仍加舉主壹員。杖以上加貳考，仍添舉主貳員，或職司壹員。如超折及權官者依本資。已上若曾經改正，與免加展。其所犯雖非前項公私，未經改正者，亦不許磨勘改官。景定重定。諸合磨勘人任滿或成資罷任，謂非因體量過犯者。丁憂服闋，並本任已滿，朝旨抽赴闕者，到部投狀。應就任磨勘者依本法。内曾因公事致私罪徒，情理輕、稍輕，及犯私罪杖以下情重者，録歷任及過犯奏裁。若私罪杖以下情理稍重，或公罪杖以上，若犯公罪徒，會恩自首去官降從笞，並曾停替者，録歷任及過犯申都省。餘依例磨勘引見。其犯私罪徒，或犯姦贓，姦謂元犯至徒者。及緣餘事，到闕不許投狀。諸堂除選人，任大理評事，謂非曾試中刑法第貳等下以上人入者。到寺供職滿貳年，通歷任及伍考，有改官舉主叁員，與改合入官。景定重定。諸進納人陸考，有職官或縣令舉主肆員，與移注。肆任拾考，有改官舉主柒員，與磨勘。諸選人任太社籍田令，在職壹年以上者，不以有無出身，通歷任滿肆考，改合入官。諸州教授考任，並通理應磨勘者，候任滿赴部投狀。

《尚書考功令》諸選人不許將歷過迪功郎壹色陸考，理作應關陞循資考功磨勘，及不得用減年作實歷。諸選人應改官者，不得陳乞就任磨勘。本條指定者非。諸改官考第舉主已足，而因隨府罷任者，與磨勘。諸不因體量負犯罷任人考第舉主足應磨勘者，依得替法。謂循資成貳考罷任在外指射人。諸歷任曾受供饋並和市有剩利，各計贓不滿匹者，如合磨勘，更候兩任無私罪，舉主通及拾員，與磨勘。諸歷任曾失入死罪，謂推勘官。未決者兩該磨勘，已決者叁該磨勘，其舉主逐次别理人數。中都省。即以酬賞應改官者取裁。諸合磨勘人，若已待次而丁憂者，到部限叁日關會所屬。諸舉主應使者，其見任官資責降事故過犯或體量陳首，並會所屬。舉主謂改官及幕職官、縣令，餘條准此。

《尚書左選令》諸承直郎以上，任京局差遣就任改官者，聽罷。館職及有專法别理資任者，非。

《尚書左選考功通用令》諸州教授該磨勘，而别除授差遣者，許磨勘訖赴新任。

《吏部條法·改官門·酬賞改官》

《侍郎左選令》諸酬賞應改官，而歷任有過犯者，具所犯申都省，取旨改官。即特旨與改本等或次等官者，依特旨。諸水土惡弱酬奬該改官者，本路人即於引見劄子内貼出本貫州縣，臨時取旨。廣南東、西路人互注授者亦同本路。諸以捕盗酬賞應改承務郎，無等可降而合换降等使臣者，止降壹等。諸選人初官獲盗應改官者，先次注籍，候任滿無過犯依條施行。

《侍郎左選尚書司勛通用令》諸選人獲盗，合改轉次等官，而無等可降者，謂改承務郎。展貳年磨勘。諸獲賊改官者，隨奏舉改官人班次引見訖，方許依格改轉。贛州龍南、安遠縣令叁年替，無公私過犯，任内舉主未及貳員，許通用前任舉主改官，仍免職司。或止有前任舉主叁員，聽本路提點刑獄同守臣照改官狀式，後犯入己贓甘當同罪連銜保奏，亦與改官。

《淳祐令》諸賞應轉壹官者，承直郎以下，因軍功改合入官，捕盜改次等合入官。非軍功捕盜者，迪功郎不滿伍考，從事郎、修職郎不滿肆考，文林郎、從政郎不滿叁考，並循兩資。諸賞應減磨勘叁年者，因軍功改次等合入官。

《淳祐格》命官親獲強盜柒人，減磨勘叁年。壹拾人，轉壹官。親獲兇惡強盜伍人，減磨勘叁年。柒人，轉壹官。

《吏部條法·改官門·改官通用》《侍郎左選令》諸歷任曾失入死罪，已決貳人，或壹人情重，而應磨勘者，改次等合入官。仍於引見劄子內貼出。其因酬賞該改官者，取裁。諸應改官，而見任與所理官資序不同者，依所理資序改官。諸得循資未收使而應改官者，以所循資序改官。乞致仕人准此。諸改官人應出請受文歷者，限次日關報太府寺，仍以千字文爲號。

《尚書考功令》諸八路選人有改官以上酬獎，及舉主足該磨勘者，並赴部。

《侍郎左選格》景定重定。

改官

承直郎　右陸考，有出身，奉議郎。餘人通直郎。不滿陸考，有出身，通直郎。餘人宣教郎。

儒林郎　右陸考，有出身，通直郎。不滿陸考，及餘人，並宣教郎。

文林郎、從事郎。謂奏舉職官知縣者。

從政郎　右陸考，有出身，及餘人並宣教郎。餘人宣義郎。不滿陸考，有出身，宣教郎。餘人宣義郎。不滿叁考，有出身，宣義郎。餘人承事郎。

從事郎、謂日恩賞循轉者。

修職郎　右陸考，有出身，宣教郎。不滿陸考，有出身，宣義郎。餘人承事郎。不滿叁考，有出身，承事郎。餘人承奉郎。

迪功郎　右柒考有出身，宣教郎。餘人宣義郎。不滿七考，有出身，宣義郎。餘人承事郎。不滿伍考，有出身，承事郎。餘人承奉郎。不滿叁考，有出身，承奉郎。餘人承務郎。

《侍郎左選尚書考功通用申明》乾道元年十二月十九日敕：權吏部尚書魏杞劄子。契勘右從政郎前惠州司理參軍王綰乞磨勘改官。照得本官初補付身，係因伯中奉大夫孝開該遇冬祀大禮奏補登仕郎，當來綰元係孝開之子，過房在叔孝先房下，承伯恩澤作侄奏補登仕郎。後因伯病危，面令綰歸宗侍養，尋將元補付身並歸宗公據會到，尚左稱，宗子歸宗或冐親被蔭自陳者，聽改正。雖經陞改，仍依初補法。本部未敢放行磨勘。後批送部，指定本部契勘。本官當時係本人所生父過房與弟孝先作子，緣所生父將合得恩澤蔭補本人作侄承受。今來雖已歸宗，其已承恩澤即係元所生父應奏補恩澤補授。今指定合取自朝廷指揮。十二月十九日奉聖旨：令吏部放行磨勘。慶元六年三月二十三日敕：吏部看詳，臣僚上言，第一項，淮南兩路及京西路無正提刑處，歲終不除轉運使副，以均舉使副員數理爲職司，其他路自有提刑，如轉運歲終不除使副，並不理作職司。今欲從臣僚奏請。第二項選人改官，職司文字不限員數。今欲從臣僚奏請。奉聖旨：並依。慶元六年十月十四日敕：吏部狀，欲將拾貳考以上，有舉主肆員之人，仍依舊來已行不許減職司外，所有歷拾伍考以上無贓私罪犯人，不拘職司員數，若有該收使舉主肆員，從減舉主條法放行改官。奉聖旨：依吏部所申。嘉泰元年八月十九日敕：吏部狀，新州奏乞將新州選人、簽判、推官、縣丞等，不問破格折資，但考第及格，有改官舉主伍紙常員，入仕以來無公私過犯，與磨勘。送部勘當。照得新州簽判、縣丞，緣係京官窠闕，京官無緣肯就，必是選人破格注授。本部契勘，選人破格簽判、縣丞、司理，欲從本州所乞，止用伍紙常員改官。奉聖旨：依吏部勘當，並本州元申事理施行。嘉泰四年九月二十五日敕：吏部狀，四川選人合該磨勘換給改官人，間有孤寒者，雖考第舉主及格，已經制置司給到照劄實日在前，緣無力遣人隔年方得到部。其有力者雖給到照劄實日在後，則攙先到部在前。攘奪歲額，深慮未便。乞下四川制置司，如遇四路漕司保明申到，考第舉主及格，已經先次放散之人，出給實日照劄付改官人收執。抑制置司將已給實日照劄月日，每月壹次，入月遞申尚書省，並吏部照會施行。奉聖旨：依吏部所申。開禧元年五月十二日敕：侍從臺諫兩省官集議，臣僚奏薦舉之弊，臣等照得淳熙七年孝宗皇帝因改官員數稍多，故變而通之減舉員數，卻令逐紙放散，立定每歲捌拾員爲額。行之累年，所舉員數已是適中。止緣近年額外復放班引，是致員數滋多，殊失當時立額之意。又緣考舉及格，許令不候替人離任，赴部磨勘，愈覺人數積壓。又臣僚昨來奏請，歷拾貳考不用舉主及減舉主，大多許令改官。積此三事，所以每歲班引之外溢額數多。若堅守孝宗皇帝立定捌拾員之額，斷不許額外放班。執定歲額，雖有特放指揮許吏部執奏不行。如待班之人妄有陳乞，許臺諫給舍彈劾繳駁，庶可杜絶倖求，不致冗併。其考第舉主及格之人，須要成資書滿，然後許其解罷赴部，即不許妄引親嫌陳乞離任，如有僞妄保明，官司及保官並令吏部具申朝廷取旨責罰。及曾歷拾貳考無過犯，依舊法止減常員舉主壹員，其諸路合減舉員處，並初任已成叁考赴第貳任，方許受薦，並依見行條法指揮外，所有昨來一時申請，曾歷獄官、縣令、監當，餘官揍拾貳考改官及拘以考數受薦指揮更不施行，一遵孝宗皇帝淳熙七年二月集議指揮。今來既無額外放班等事，則委合臣僚建請救弊之意。臣等所議可行，即乞下吏部，自今降指揮日，並依此施行。奉聖旨：依集議到事理施行。本所看詳上件指揮，內一項，考舉及格人須要成資書滿，然後許其解罷。合遵照嘉定八年、淳祐三年分別改官離任考第指揮，今聲説照用。

《侍郎左選申明》乾道二年三月空日敕：吏部措置，遇選人引見日，令立班移近軒陛，逐一宣名，其間聖意或有所疑之人，即乞指名宣諭吏部侍郎同到都堂審驗，如不中選，取旨別作施行。奉聖旨：依。淳熙七年四月十一日敕：吏部狀，承淳熙七年二月二十三日敕，歲引改官權以柒拾員爲額，即未審職事官及四川換給改官人，係與不係今來柒拾員額之數？奉聖旨：通以捌拾員爲額。內引見改官並職事官共陸拾伍員，四川換給改官壹拾伍員。淳熙七年十二月十一日敕：吏部狀，捕盗改官歲以捌員爲額，續承淳熙七年十二月十一日敕，通以捌拾員爲額，即不曾聲説捕盗改官人通在引見改官人數之內。奉聖旨：每歲捕盗改官捌員，如捕盗員數不足，即以奏舉改官人補揍。淳熙十五年十二月九日敕：今後職事官改官，許在捌拾員歲額之外。淳熙十五年十二月九日敕：吏部狀，在法，進士及第壹任回，第貳第叁人與磨勘，係不用舉主改官，即不在每歲改官捌拾員之數。止隨班引見。今來歸正補授節次循至承直郎，後歷伍考，依條合改宣教郎，亦不用舉主磨勘，係與進士及第第貳第叁人壹任回改官事體一同，不在每歲捌拾員之數放行，隨班引見。緣本部日前失於申明，今申取朝廷指揮。奉聖旨：依吏部所申。淳熙十五年八月十二日敕：吏部狀，四川安撫制置司申，四川選人磨勘關陞，依指揮合赴轉運司公參訖，繳連一宗文字申制置司本司，見得考第舉主及格，理到司先後月日資次，磨勘放散，繳連申省部換給。近來有力之人，更不經本司放散，妄以押綱虛立因事到闕，直赴吏部改官，攙占資次。又有雖從本司磨勘放散，而不問月日先後，內有力者或專人或附遞攙驀到部，先理爲數。無力人雖放散在先，所申文字到部稍緩，反使居後。有此不均，本部今後從本司所申事理，所有前兩府禮部國子監長貳奏舉四川選人，自合赴部投下放散，仍即行下制置司照會。所有合該換給之人，因押綱到行在，雖依得紹興二十六年指揮，許令赴部陳乞，亦要經制置司給劄前來，本部以憑理在制置司壹拾伍員換給改官之數。奉聖旨：依。淳熙十六年二月十日敕：吏部狀，指定內地選人任四川差遣，有該磨勘之人，欲令赴部投下，磨勘理爲內地員數。奉聖旨：依。嘉定八年四月二十五日敕：吏部措置下項：一、選人兩任陸考，舉主考第及格，任滿得（贊）〔替〕，參部放行改官。如未差替人，除沿邊州軍合候替人交割，其餘州郡照已得替或未有替人保明申部，候部符到日，不候替人離任磨勘改官。一、歷兩任陸考，至第叁任如在半年內舉主及格，須再滿壹年，方許赴部磨勘改官。如在任壹年半，或貳年舉主方足，照第叁任到官舉主足日，已是過滿壹年以上，除沿邊州候替人交割離任，其餘州縣並許保明申部，候部符到日，批書離任，赴部磨勘改官。一、兩任止及伍考，舉主未及格，至赴第叁任再成壹考，揍成陸考，而舉主方及格，之後再須過壹年。一、已歷兩任未及伍考，舉主及格，止欠壹考，至第叁任及壹考考第足之後，再須滿壹年。二項除沿邊州軍合候替人交割離任，其餘州縣許保明申部，候部符到日批書離任，赴部磨勘改官。今後如有避親，並考第舉主及格不候替人離任，須經本任州軍監司陳乞，結罪保明申部候符下方許放行，批書離任。若未得行下，州郡等處便與批書離任，申奏取旨，到部官照擅離任條法施行，不許參選。奉聖旨：依。嘉定十年十二月二日，尚書省劄子：今後曾任架閣差遣，見在外任，考舉及格，許令就任改官，仍堂差知縣壹次。嘉定五年十月十三日，都省劄子：大理卿李珏奏，照對司直與太社籍田令，均係朝廷擢用之人，況司直班序在太社籍田令之上，而改官格法如此異同，欲望特降指揮，今後大理司直照二令改官格法一體施行。奉聖旨：依。嘉定十三年七月二十七日敕：臣僚奏，每歲班引酬賞捌員，乞減貳員，以處極邊縣尉。任内曾獲兇惡強盗柒人以上，許其陳乞本部，具已斷獄案，仍述在任勞效，申聞帥憲，覈實保奏，取旨注籍，（此）〔比〕附酬賞班引，西蜀保奏如之，歲放通不過兩員。或保奏未到，令次年補足。奉聖旨：依。

《侍郎左選尚書司勳通用申明》紹定六年十二月空日，都省批下：吏部申，選人捕盗賞，今後如遇司勳關到改官，依式投狀隨班引見，畢證元獲賞日資考，依格循改，不許用獲盗後別賞循轉資序上陳乞改秩，有壞成法外，有剿除叛逆，收捕峒寇及諸州隨軍立到大功，勞績顯著，特與改官之人，似與常格捕盗人不同，却合從本部具申朝廷斟酌施行。後批：送吏部，從所申事理施行。

《侍郎左選申明》嘉熙三年十月二十一日，都省劄子：白劄子，竊照改官人赴班引見，銓曹不易之法。近年任於外者，營求外改，淹滯在部趁班人。乞自今後除四川及沿邊不可闕官處許具申外，餘郡不許妄有陳乞。如或悖戾，舉者受者並坐以違制之罪。又有壹項，舉員已足，考第尚欠，先圖辟以選人爲縣，至考第已及，申乞外改，理爲須入。百里民命爲重，並合約束。十月十九日奉聖旨：令吏部遍牒諸路監司州軍，常切遵守施行。右劄付吏部。嘉熙三年十月空日，都省劄子：應考舉及格人並須趁班改官，不許求辟就任理爲班改員數。淳祐三年九月空日，尚書省劄子：吏部看詳，考功郎官劉漢弼奏請，選人改官，若陸考外舉主方足，更須成考。至於柒考以上，許離任。近日臣僚申請，雖柒考以上亦須更滿壹考，選調改官不勝其難。宜遵舊制，柒考以上，文字足者，即許申部離任赴班。吏部竊詳，柒考人纔得文字圓備，便可飄然，所以再限以壹年，固爲大過，若便許離任，恐於職業有曠。欲限以文字雖足，須通任半年，方許離任。半年以後足者，即與放行。右劄付吏部，從所申事理施行。淳祐四年三月空日，都省劄子：編修敕令所申，竊詳選人舉主伍員，用職司壹員而後改官。若止許受職司壹員，則恐諸司幹官與京局差遣，自本部本司之外不復可以受舉，亦爲未便。欲自淳祐四年爲始，應選人改官，舉主伍員，除合用職司壹員外，更許將職司壹員作常員收使。如遇兩紙，不許投放。二月十六日，奉聖旨：依。

《侍郎左選考功通用申明》淳祐四年三月空日，都省劄子：勘會選人外改，弊倖甚多。有虚作減免舉員，憑空伸縮考任、丁憂匿服、妄稱在任免引者，諸如此類，不止一端。合作關防。奉聖旨：今後監司郡守陳乞部内外叚之人，如係極邊緊切職任，實不可闕官處，每歲限在七月終以前申奏到闕，吏部取索出身以來一宗真本文字，勘驗取會，或所奏申官司繳申者，聽。如無詐冒違礙，本部郎官當行人次第，保明結朝典決配狀，長貳審實限壹月申尚書省，具奏取旨，如有違礙及不圓備事件，即開説因依，申省照會，更不施行。内詐冒人仍議降展，不許自陳。雖奉特旨，許吏部執奏。

《侍郎左選申明》淳祐十年九月三日敕：吏部侍郎兼中書門下省檢正諸房公事提領豐儲倉所倪祖常狀，竊謂今日欲革諸倉致弊之源。各倉設官，曰監臨斛面，機察監門，隨所職掌，干繫俱重（繫），欲人人而盡其責，當自久於其職。蓋緣倉官指諸倉合爲通籍借逕，一遇到任，惟事營求，惟務鑽刺。纔得舉員及格，隨即巧爲去計，或圖改辟，靡待終更。其視倉儲，真成傳舍。欲將省倉中下界、豐儲東西倉、端平倉見任監官斛面機察監門官，不問考舉已未及格，並候叁年滿替，内監官右選人照御前軍器所提轄官例，亦以叁年爲任。所有草料場官左右選人並令一體遵照，永爲定制。九月一日，奉聖旨：依。寶祐四年正月空日，都省劄子：吏部申，應軍功補文資人，須通歷玖考，有舉主陸員，然後改官。正月十六日，奉聖旨：依

《侍郎左選尚書考功通用申明》寶祐五年七月二十日，奉聖旨：令吏部自寶祐六年爲始，應四川制司申到換給赴部注籍班改人，委是川實，實令任四川差遣，考舉及格，方許理爲川班，換給名次。雖係川貫，曾授四川舉員，今流寓東南，任内地差遣，揍足舉員，祇令就東南班次，不許攙占川班員數。

《侍郎左選尚書司勳通用申明》寶祐六年正月九日，都省劄子：檢正左右司狀，勘會臺官奏請舍法徇例等事。本司增修舍例守法條目，立爲定式。開具下項：一、文臣除酬賞及捕盗令甲所載合減剗外，其餘非泛

推賞，秖合循轉官資，不許減員。一、捕盗官或夤緣捏合揍足人數，或爲首人未獲，憲司並當契勘的實，方與保明申上推賞。一、選人伍削方可改秩，不許虛指和羅，妄稱版築，希覬濫賞，減免舉員。正月七日，奉聖旨：依已得指揮，仰兩省諸房及密院部曹等處，自實祐六年正月爲始，各守成法，不許違戾。正月八日三省同奉聖旨：令尚書省一併揭示都門曉諭，仍下六曹並諸宣制帥監司守臣遵照，恪守成法，毋得徇私，舍法用例。常切遵守，一體施行。右劄付吏部。

《侍郎左選申明》景定元年五月七日，都省批下：吏部申准批下，廣東經略安撫司申，從事郎鄭永乞用常員兩紙理作職司。照得磨勘改官，以職司爲重。若以常員兩紙比折職司，不特壞法，自此有勢援之人，多取常員，以爲比折之地，豈不重爲孤寒者之困。雖有已放行體例，亦是弊例。於法决不可行。承後批：送吏部，符下廣東經略司，照應准此。

（元）馬端臨《文獻通考》卷三八《選舉考·舉官》　太祖皇帝建隆三年，詔：常參官並翰林學士內有嘗佐藩郡及歷州縣官者，各保舉堪充幕職、令録一人，不必以親爲避，但條析具實以聞，當於除授制書辨其舉主，它日有所犯不如舉狀，連坐之。

知制誥高錫奏：請許人訐告濫舉，所告不實者罪之，得實者白身授以官，有官者優擢，非仕宦者賞緡錢。從之。

四年，詔：自前藩鎮多奏初官人爲掌書記，頗越資序。自今歷兩任有文學者，方得奏舉。又詔陶穀等於見任前任幕職、州縣官中舉堪爲藩郡通判者一人，如謬舉，量事連坐。又詔：自今諸州吏民不得即詣京師舉留即度、觀察、防禦、團練等使，刺史、知州、通判、幕職、州縣等官。若實以治行尤異著名，吏民固欲借留，或請立碑頌德者，許即於本處陳述，以俟上報。真宗咸平時，復詔禁之。

乾德二年，詔翰林學士等四十二人，各舉才堪通判者各一人。又詔吏部南曹，以人才可副升擢者送中書門下引驗以聞。上慮銓衡止憑資歷，或英才沈於下僚故也。

開寶四年，詔：自今諸州不得以攝官視事，其闕員處，即時以聞，當委有司除注。十一月，又詔：近以諸道攝官，悉令罷去，及慮若更民政，欲著吏能，雷同遐棄，良可惜也。宜委有司按其歷任，經三攝無曠敗，即以名聞。任僞署者不在此限。

五年，先時，令諸州印發春季選人文解，自千里至五千里外，分定日限爲五等，各發離本處，及京百司文解，並以正月十五日前到省，餘季准此。若州府違限及解狀內少欠事件，不依程式，本判官、録事參軍、本曹官罰置殿選。諸州員闕，並仰申闕解除，以木夾重封題號，逐季入遞，合格日四時奏，年滿，俟敕下准格取本司文解赴集。流外銓據狀申奏，以四時取解參選。至是，國家取荊、益、交、廣，辟土既廣，吏員多闕，是以歲常放選。選人南曹投狀，判成送銓，銓司依次注授。其後，選部闕官，即特詔免解，非時赴集，謂之放選，習以爲常，取解季集之制，有名而無實矣。

太宗太平興國元年，先是，選人試判三道，考爲三等：二道全通，一道稍次而文翰俱優，爲上；一道全通，二道稍次而文稍堪，爲中；三道全次而文翰紕繆，爲下。判上者，職事官加一階，州縣官超一資；判中，依資；判下，人同類，惟黄衣人降一資。至是，詔增爲四等：以三道全次，文翰無取者，惟中下；依舊格判下之制，以三道全不通而文翰紕繆者，爲下，殿一選。

六年，令諸路轉運使下所屬州府，令長吏擇見任判司簿尉之清廉明幹者，具以名聞。當驛召引對，授以知縣之任。

八年，詔：自今應臨軒所選官吏，並送中書門下，考其履歷，審取進止。時上選用庶僚，不專委有司，皆引對，觀其敷納，有可采者，悉與超擢；復慮因緣矯飾，徼幸冒進，乃有是詔。

雍熙二年，令翰林學士、兩省、御史臺、尚書省官，各於京官、幕職、州縣中舉可升朝者一人。

四年，詔曰：進賢推士，當務至公；行爵出禄，固無虛授。苟畢得其材實，亦何吝於寵章。近者諸處奏薦，多涉親黨，既非得舉，徒啓倖門，將塞津谿，宜行告諭：自今諸路轉運使及州郡長吏，並不得擅舉人充部內官，其有闕員，即時具奏。

端拱三年，令宰相以下至御史中丞各舉朝官一人爲轉運使。是日，詔曰：國家詳求幹事之吏，外分主計之司，雖曰轉輸，得兼按察，總覽郡國，職任尤重，物情舒慘，靡不由之。尚慮徼功，固當責實，交相繩檢，於理攸宜。自今轉運使凡釐革庶務，平反獄訟，漕運金穀，成績居最，及有建置之事，果利於民者，令諸州歲終件析以聞，非殊異者不得條奏。詔：三司、三館職事官已升擢者，不在論薦；其有懷材外任，未爲朝廷所知者，方得奏舉。

四年，令內外官所保舉人有變節踰濫者，舉主自首，原其罪。

上勵精求治，聽政之暇，因索兩省、兩制清望官名籍，問朝士有德望者，悉令諸官。仍令自今中外官所舉之人，並須析其爵里及歷仕殿最以聞，不得有隱。所舉責實無驗者，罪之；如得狀者，有賞典。

真宗咸平二年，秘書郎陳彭年請復舉官自代之制，詔秘書直學士馮拯、陳堯叟參詳之。拯等上言：竊詳往制，常參官及節度、觀察、防禦使，刺史、少尹，畿、赤令，並七品以上清望官，授訖三日內，於四方館上表讓一人以自代。其表付中書門下，每官闕，則以見舉多者量而授之。今緣官品制度，沿革不同，伏請令兩省、御史臺官、尚書省六品以上，諸司四品以上，授訖，具表讓一人自代，於閤門投下，方得入謝。在外者，授訖三日內，具表附驛以聞。詔可。

景德元年，詔：內外群官所保舉人，亦有中道變遷，但或不令言上，必恐負累滋多。宜令比類並許陳首，當懲責其人，特免連坐。

四年，又令：舉官所舉差遣，本人在所舉任內犯贓，即用連坐之制；其改他任犯贓，元舉主更不連坐。

大中祥符二年，詔：幕職、州縣官初任者，或未熟吏道，群官毋得薦舉。

三年四月，詔：自今每年終，翰林學士以下常參官，並同舉外任京朝官、三班使臣、幕職、州縣官各一人，明言治行堪何任使，或自己諳委，或衆共推稱。至時，令閤門、御史臺計會催促，如年終無舉官狀，即具奏聞，當行責罰。如十二月內差出，亦須舉官後方得入辭。諸司使副、承制、崇班曾任西北邊、川、廣鈐轄親民者，亦同此例。諸路轉運使副、提點刑獄官、知州、通判，結罪奏舉部內官屬，不限名數，明言在任勞績；如無人可舉及顯有踰濫者，亦須指述，不得顧避。以次年二月二十五日以前到京，如有違限，委都進奏院具名以聞，當依不申考帳例科罪。三司使副即結罪舉奏在京掌事京朝官、使臣，仍令中書置籍，先列被舉人名銜，次列歷任功過及舉主姓名、薦舉度數，一本留中書，一本常以五月一日進內。次年籍內，仍計向來功過及薦舉度數，使臣即樞密院置籍。兩省、尚書省、御史臺官，凡出使回，並須採訪所至及經歷鄰近郡官治跡善惡以聞。轉運使副、提點刑獄官、知州、通判到闕，各具前任部內官治跡能否，如鄰近及經由州縣訪聞群官善惡，亦須同奏，先於閤門投進後，方得入見。或朝廷要人任使，及有不治州縣難了公事，並於上件籍內選擇過犯數少，舉任及課績數多，並資歷相當者差委，仍於宣敕內盡列舉主姓名。或能一任幹集，即特與遷轉；苟不集事，本犯雖不去官，亦移閑慢僻遠處。內外群臣並舉及三人幹事者，仰中書、樞密院具名取旨，當議甄獎；如並舉三人不集事，坐罪不至去官，亦仰奏裁，當行責降；或得失相參，亦與折當。

天禧三年，吏部銓言：本司令録稍多，員闕甚少，請權借審官院京朝官知縣闕注擬一任。詔審官院以五千户以下縣借之。

仁宗天聖六年，詔：審刑院舉常參官在京刑法司者爲詳議官；大理寺詳斷、刑部詳覆、法直官，皆舉幕職、州縣曉法令者爲之。自請試律者須五考，有舉者乃聽試律三道、疏二道，又斷中小獄案二道，通者爲中格。

時舉官擢人，不常其制。國子監闕講官，嘗詔諸路轉運使舉經義通明者；或欲不次用人，又嘗詔近臣舉常參官歷通判無贓罪而才任繁劇者，己之親及執政近屬毋得舉；欲官諸邊要，亦嘗詔節度使至閤門使、知州軍、鈐轄、諸司使，舉殿直以上材勇使邊任者，或令三司使下至天章閣待制舉奏之；邊有警，又或詔諸轉運使、提點刑獄、升朝官舉所部官才任將帥者；三路知州、通判、縣令，皆詔近臣舉廉幹吏選任之，毋拘資格。至於文行之士，錢穀之才，刑名之學，各因時所求而薦焉。而守選者更郊赦減與赴調。後立法：所舉未遷而罪贓暴露者，免劾。自天聖後，進者頗多，物議患其冗，始戒近臣，非受詔毋輒舉官。又下詔風厲，毋以爲薦舉阿私。其任用已至部使者，毋得復薦。失舉而已擢用，聽自言不實，弗爲負。

又詔磨勘遷京官者，增四考爲六考，增舉者四人爲五人，犯私罪又加一考。舉者雖多，無本道使者亦爲不應格。議者以身、言、書、判爲無

益，乃罷之，而試判者亦名文具，因循無所去取。【略】

仁宗朝，尤以選人遷京官爲重，雖有司引對法當與，帝亦省察其當否乃可之。【略】

明年，詔：中外臣僚歲得舉京官者，視元數以三分率之，減一分；舉職官有舉者三人，任滿選如法。所以分減舉者數，省京官也。是歲，判吏部流內銓蔡抗言：奏舉京官人尚多，度二年引對乃可畢，計每歲所舉無慮千九百員，被舉者既多，則磨勘者愈衆。且今天下員多闕少，率三人而待一闕，若不稍改，後將除吏愈艱。臣愚以爲可罷知雜御史、觀察使以上歲得舉官法。從之。自是，舉官之數彌省矣。

治平三年，命宰執舉館職各五人。先是，上謂中書曰：水潦爲災，言事者云咎在不能進賢，何也？歐陽修曰：今年進賢路狹，往時入館有三路，今塞其二矣。進士高科，一路也；大臣薦舉，一路也；因差遣例除，一路也。往年，進士五人以上皆得試，第一人及第，有不十年即至輔相者；今第一人兩任方得試，而第二人以下不復試，是高科路塞矣。往時，大臣薦舉即召試，今只令上簿，候缺人乃試，是薦舉路塞矣。惟有因差遣例除者，半是年勞老病之人，此臣所謂薦舉路狹也。上納之，故有是命。韓琦、曾公亮、趙概等舉蔡延慶以下凡二十人，皆令召試。宰臣以人多難之，上曰：既委公等舉之，苟賢，豈患多也？先召試蔡延慶等十人，餘須後時。

石林葉氏曰：國朝以史館、昭文館、集賢院爲三館，皆寓崇文院，其實無別舍，但各以庫藏書列於廊廡間爾。直館、直院謂之館職，以他官兼者謂之貼職。凡狀元、制科一任還，即試詩賦各一而入，否則用大臣薦而試，謂之入館。官制行，廢崇文院爲秘書監，建秘閣於中，自監、少至正字，列爲職事官，罷直閣、直院爲名，而書庫仍在，獨以直秘閣爲貼職之首，皆不試而除，蓋特以爲恩數而已。

治平四年，陳汝羲試學士院，中等，除集賢校理。御史吴中言：比擇十人先試館職，而汝羲亦預，漸至冗濫，兼詩賦非所以經國治民，請用兩制薦舉，仍罷試詩賦，代之以策。詔兩制詳議。其年，試胡宗愈輩，仍用詩賦。熙寧元年，罷試詩賦，而更以策、論。二年，王介等五人，始以策、論試於學士院，皆除館職。後比年有試者，蘇稅、陳睦、李清臣、劉摯、王欽臣等，皆以試除。四年，太常丞許將以所業獻，召試，爲集賢校理。五年，呂公弼薦王安禮材堪大用，召對稱旨，欲峻用之，其兄安石辭，乃以爲崇文院校書。曾布常舉鄧潤甫可備經筵館職，詔取潤應制科進卷視之，擢爲集賢校理。

舊制，凡設試以待命士，而入之銓注者，自蔭補、銓試之外，有進士律義、武臣呈試材武及刑法等官，而銓試所受爲特廣。蔭補初赴選，皆試律暨詩；已任而無勞績、舉薦及無免試恩，皆試判。熙寧更制以後，概試律義、斷案議，後又增試經義。中選者皆得隨銓擬注，是銓試之凡也。

按：是時進士、選人之守選者，亦皆試而後放，然特詳於蔭補云。

四年，詔曰：故事，二府初入，舉所知者三人，將以觀大臣之能。比年多因請謁干譽，薦者不公。其令中書、樞密院，舉人皆明言才業所長，堪任何事，以副朕爲官擇人之意。

熙寧元年，陳升之拜相，循例爲侯叔獻、程顥皆與堂除，又陞一任。帝曰：薦士不考才實，以輔臣故例得進秩升任，此何爲也？於是罷兩府初入舉官之制。

熙寧二年，御史乞罷堂選知州，曾公亮執不可。帝曰：精擇判審官人付之，何爲不可？王安石曰：中書所總已多，通判亦有該堂選者，徒留滯，不能精擇，歸之有司，宜也。

按：課試儒生，有司之事也，今以禮部考校爲未當，而必俟乎親策。進退百官，宰相之事也，今以中書選擇爲留滯，而一付之審官，輕重失倫矣。況司牧之任，千里休戚所係，非他官比，而廟堂一不之問，則所謂中書所總已多者，其事豈有重於進賢退不肖者乎？

三年，置審官西院。舊制：文臣京朝官，審官院主之；武臣內殿崇班至諸司使，樞密院主之；供奉以下，三班院主之。至是，詔曰：樞輔之任重矣，不當親有司之事。其以審官爲東院，別置西院，專領閤門祇候以上諸司使磨勘常程差遣。又詔：川陝、福建、廣南七路之官罷任，迎送勞苦，其令轉運使立格就注，免其赴選。著爲令。後增湖南爲八路。

帝以舊舉官往往緣求請得之，多且濫，欲革去奏舉，而概以公法，仍詔內外舉官法皆罷，令吏部、審官院參議選格。

五年，詔堂選、堂占悉罷。吏部始立定選官格，其法各隨所任職事，以入任功狀立格，以待擬注。

權開封府推官蘇軾上言：大抵名器爵禄，人所奔趨，必使積勞而後遷，以明持久而難得，則人各安其分，不敢躁求。今若多開驟進之門，使有意外之得，公卿、侍從，跬步可圖，其得者既不肯以僥倖自名，則其不得者必皆以沉淪爲歎，使天下常調舉生妄心，恥不若人，何所不至？欲望風俗之厚，豈可得哉。選人之改京官，常須十年以上，涉更險阻，計析毫釐，其間一事聱牙，常至終身淪棄。今乃以一人之薦舉而與之，猶恐未稱，章服隨至，使積勞久次而得者，何以厭服哉？夫常調之人，非守則令，員多闕少，久已患之，不可復調多門，以待巧者。若巧者侵奪已甚，則拙者迫怵無聊，利害相形，不得不察。故近歲樸拙之人愈少，巧進之士益多，惟陛下重之，惜之，哀之，救之。如近日三司獻言，使天下郡選一人，催驅三司文字，許之先次指射，以酬其勞。則數年之後，審官、吏部又有三百餘人得先占闕，常調待次，不其愈難？此外勾當發運均輸，按行農田水利，已振監司之體，各懷進用之心，轉對者望以稱旨而驟遷，奏課者求爲優等而速化，相勝以力，相高以言，而名實亂矣。惟陛下以簡易爲法，以清淨爲心，使奸無所緣，而民德歸厚。臣之所願厚風俗者，此之謂也。

按：罷諸司之薦舉，付銓選於吏部，此熙寧所定之法，蓋所以示至公而絶幸門也。今東坡公所言乃如此，豈此法特所以待守常安分之人，而阿諛時指，附會新法，如所謂六七少年、使者四十餘輩，則初不在此限乎？

哲宗元祐時，司諫蘇轍言：祖宗舊法，凡任子年及二十五，方許出官，自餘進士、諸科，初命及已任而應守選者，非逢恩不得放選。先朝患官吏不習律令，欲誘之讀法，乃減任子出官年數，除去守選之法，概令試法，通者隨得注官。自是天下爭誦律令，於事不爲無補。然人人習法，則試無不中，故蔭補者例減五年，而選人無復選限。吏部員多闕少，聞今已用元祐四年夏秋闕，官冗至此亦極矣。宜追復祖宗守選舊法，而選滿之日，兼行先朝試法之科，此亦今日之便也。

蔭補入學，肄業一年，不犯上三等罰，方許就銓試。詳見《學校門》。

御史上官均言：定差不便有七：諸路赴選，中試乃差，八路隨意即射，不均一也；諸路吏選，有待試，有需次，率及七年，方成一任，略計八路就注，若及七年，已更三任矣，不均二也；八路雖坐徭停罷，隨許射注，而吏選無徭犯人，既須試法，候及一年方有注擬，此不均之弊三也；選人俸給，替則隨罷，又待次大率四年，方再得禄，況八路待次，又許權攝，禄無虛日，不均四也；八路士人得特奏名者，免試就注家便，年高力憊，不復望進，往往營私廢職，其弊五也；仕八路久，知識既多，土人就射本路，不無親故請囑，其弊六也；八路監司，地遠而專，便使蕩滅功過名次，人亦不敢争校，故有力者多得優便，而孤寒滯卻，其弊七也。定差本意，止因省迓送僱費，然事極弊生，八路闕常有餘，吏部闕常不足。今立法互季迭用，而運司定差猶占其半，是半均半不均也。如聞迓送僱直，歲計不堪多，用坊場、河渡錢已可給用，請並八路定差，盡歸吏部，殊爲均便。

左僕射司馬光言：臣竊惟爲政之要，莫若得人。百官稱職，則萬務咸治。然人之才性，各有所能，或優於德而嗇於材，或長於此而短於彼，雖臯、夔、稷、契，止能各守一官，況於中人，安可求備？是故孔門以四科論士，漢室以數路得人。若指瑕掩善，則朝無可用之人；苟隨器授任，則世無可棄之士。臣誤蒙甄擢，備位宰相，謹選百官，乃其職業，而智識淺短，見聞褊狹。知人之難，聖賢所重，寰宇至廣，俊彦如林，或以恬退滯淹，或以孤寒遺逸，被褐懷玉，豈能周知？若專引知識，則嫌於挾私，難服衆心；若止循資序，則官非其人，何以致治？莫若使在位達官，人舉所知，然後克叶至公，野無遺賢矣。臣欲乞朝廷設十科舉士：一曰行義純固可爲師表科有官無官人皆可舉。二曰節操方正可備獻納科舉有官人。三曰智勇過人可備將帥科舉文武有官人。四曰公正聰明可備監司科舉知州以上資序。五曰經術精通可備講讀科有官無官人皆可舉。六曰學問該博可備顧問科同上。七曰文章典麗可備著述科同上。八曰善聽獄訟盡公得實科，舉有官人。九曰善治財賦公私俱便科舉有官人。十曰練習法令能斷請讞科，同上。應職事官自尚書至給舍、諫議，寄禄官自開府儀同三司至大中大夫，職自觀文殿大學士至待制，每歲須得於十科中舉三人。非謂每科舉三人。各隨所知，於十科内一歲共舉三人。具狀云：臣切見某人有何行能。並須指陳實事，不得徒飾虛辭。位在上者得舉下，下不得舉上。臣今保舉甚充某科，如蒙朝廷擢用後，不如所舉，謂舉行義純固而違犯名教之類。及犯入己贓，臣甘伏朝典不辭。候奏狀到日，付中書省置簿抄録舉主及所舉官姓名，别置合舉官臣僚簿，歲終不舉及人數不足，按劾施行。或遇在京及外方有事，須令差官體量、相度、檢點、磨勘、剗刷、催促、推勘、定奪，則委執政親檢逐簿，各隨所舉之科選差，令試管勾上件事務。若能辦集，即别置簿記其勞績，遇本科職任有闕，謂若經筵或學官有闕，即用行義純固、經術精通等科；臺諫有闕，即用節操方正科之類。則委執政親檢逐簿，選名實相稱，或舉主多，有勞績之人補充，仍於本人除官敕告前，盡開坐舉主姓名於後。或不如所舉，其舉主從貢舉非其人律科罪；犯正入己贓，舉主減三等科罪。若因受賄徇私而舉之，罪名重者，自從重法。期在必行，不可寬宥，雖見爲執政官，朝廷所不可輟者，亦須降官示罰。所貴人人重謹，所舉得人。

光又言：朝廷執政只八九人，若非交舊，無以知其行能。不惟涉徇私之嫌，兼所取至狹，豈足以盡天下之賢才。若採訪毁譽，則愛譽憎毁，情僞萬端。與其聽游談之言，曷若使之結罪保舉。故臣奏設十科以舉士，其中一科公正聰明可備監司，誠知請屬挾私所不能無，但有不如所舉者，嚴加譴責，無所寬宥，則今後自然謹擇，不敢妄舉矣。詔皆從之。

詔：大臣奏舉館職，並如制召試除授。其朝廷特除，不用此令。

先是，右正言劉安世言：祖宗之待館職也，儲之英傑之地，以飭其名節，觀以古今之書，而開益其聰明，稍優其稟，不責以吏事，所以滋長德器，養成其名卿賢相也。自近歲以來，其選寖輕。或緣世賞，或以軍功，或酬聚斂之能，或徇權貴之薦，未嘗較試，遂獲貼職。多開倖門，恐非祖宗德意。望明詔執政，詳求文學行誼，審其果可長育，然後召試，非試毋得輒命，庶名器重而賢能進。至是乃降詔命，而言未盡行，安世復奏：祖宗時，入館鮮不由試，惟其望實素著，治狀顯白，或累持使節，或移鎮大藩，欲示優恩，方令貼職。今既過聽臣言，追復舊制，又有所謂朝廷特除不在此限，則是不問人材高下、資歷深淺，但非奏舉，皆可直除。名爲更張，弊源尚在。願倣故事，資序及轉運使，方可以特命除授，庶塞僥倖，重館職之選。

熙寧四年，殿中侍御史吕陶言：郡守提封千里，生聚萬衆，所係休戚，而不察能否，一以資格用之，凡再爲半刺，有薦者三人，則得之矣。不公不明，十郡而居三四，是天下之民半失其養。請令内外從臣歲舉可爲守臣者各三人，略資序而采公言，庶其可以擇才庇民也。詔：内外待制、大中大夫以上，歲舉再歷通判資序、堪任知州者一人，籍於吏部。遇三路及一州而四縣者，其守臣有闕，先差本資序人，次案籍以及所薦者。八月，殿中侍御史韓川言：近委大中大夫以上歲舉守臣，而薦所不及，雖課入優等，皆未預選，此倚薦以爲信也。然大中大夫以上，率在京師，唯馳騖請求、因緣宛轉者，常多得之。跡遠地寒，雖歷郡久，治狀著，課入上考，偶以無薦，則反在通判下，不許入三路及四縣州。且州以縣之多少而分簡劇，亦爲未盡。蓋繁簡在事不在縣，固有縣多事不繁，亦有縣少事不簡者。願參以考績之實，著爲通令，仍不以縣之多少而爲簡劇。詔吏部立法以聞。已而歲舉積多，吏部無闕以授。四年，遂罷大中大夫以上歲舉法，唯奉詔乃舉焉。

紹聖元年，吏部侍郎彭汝礪乞：稍責吏部甄别能否，凡京朝官才能事效苟有可録，尚書暨郎官銓擇而以名聞，三省分三年考察之，高則引對，次即試用，下者還之本選。若資歷、舉薦應入高，而才行不副，許奏而降其等。凡皆略許出法而加陞絀，歲各毋過三人。

徽宗政和六年，臣僚言知縣、縣令凡百七十餘闕，無願注者。命吏部措置。已而吏部取在選應入者，隨其資序，自上而下，不以願否，徑有差注，如硬差法，遂有貫户福建而強注四川者。明年，上知其遠難赴，特許便鄉差注，路雖遠，毋過三十驛；已注者聽改注。

重和元年，臣僚言：八路定差，歲久弊多，嘗究其原，在付非其人，而又舉職不專也。且四選之在吏部，尚書、侍郎專總其事，而八路則委之轉運。既以軍儲、吏禄、供饋、支移爲己責，而差注視爲末務，乃付之主管文字官。其人又以稽考簿書、檢勘行移爲先，而不復究心差注，乃付之士案，率吏胥擬定，而僉廳特視成書判而已，幾何而不廢法哉。比年以來，賄賂公行，隨其厚薄爲注闕之高下。甚者曰：某闕供給厚，遺我一季之得，則可差矣；某地圭租優，歸我一科之資，則以汝往矣。苟賤不廉之士，亦增賕以市，而取償於至官之後。間有剛正而無賂者，則定差之牘，脱漏言詞，隱落節目，暨其上部，必致退卻，待其參會重上，已半歲所矣。士大夫以身在八路，勢須畏忌，若必投訴，是訴所蒞監司也，以是闕多而不調者衆。宜督察典領之官，歲終取吏部退難有無、多寡爲之課而賞罰之，可以公擬注而絶吏賕。從之，仍立爲法。

陞改、薦任之法，選人用以進資改秩，京朝官用以陞任，舊悉有制。自熙寧後，又從而損益之，故舉皆限員，又歲又分舉，制益詳矣。

先時，選人應改官，必對便殿。舊制，五日一引，不過二人，其後待次者多，至有逾二年乃得引。帝憫其留滯，至元豐四年，乃詔每甲引四人以便之。

二年，定十六路提點刑獄歲舉京官、縣令額：京東西、河東、淮南路，京官七人，職官三人，縣令五人，成都府、梓州、江南東西路，京官五人，職官三人，縣令四人；福建、利州、荊湖南北、廣南東西路，京官四人，職官三人，縣令二人；夔州路，京官三人，職官二人，縣令二人。

六年，詔察訪官舉京官、職官、縣令者，河東、兩浙十二人，餘路十人，陞陟不限數。

選人任中都官者，舊未有薦舉法。至是，詔其屬有選人六員者，歲得舉三員。又定提舉市易司歲舉京官五員。

元祐元年，歲舉陞陟始立額，如舉改官及職、令之數。復通判舉法。詔歲舉京官、縣令各一員，仍間迭而舉。用孫覺言，吏部選人改官，歲以百人爲額。

紹聖元年，右司諫朱勃言：選人初受任，雖有能者，法未得舉爲京官；而有挾權善請求者，職官、縣令舉員既足，又並改官舉員求之。詔歷任通及三考，而資序已入幕職、令録，方許舉之改官。又言：選人改官歲限百人，而元祐變法，三人爲甲，月引三見。積累至今，待次者亡慮二百八十餘人，以數而計，歷二年三季始得畢見。請酌元豐令增損之。詔依元豐五日而引一甲，甲以三人，歲毋過一百四十人，俟待次不及百人，別奏定。

大觀四年，裁減國學長貳歲舉改官而立之數，大司成十五員，祭酒、司業各八員。

政和三年，尚書省修立改官格：承直郎至登仕郎六考，將仕郎七考，有改官舉主而職司居其一，即與磨勘；如因坐公私愆犯，各隨輕重加考及舉官有差。從之。

七年，臣僚言：官冗吏員增多，本因入流日衆。熙寧郊禮，文武奏補總六百一十一員；元豐六年，選人磨勘改京朝官總一百三十有五員。近考之吏部，政和六年，郊恩奏補約一千四百六十有奇，選人改官約三百七十有奇。其來既廣，吏員益衆，欲節其來，惟嚴守磨勘舊法，不可苟循妄予而已。且今之磨勘，有局務減考第者，有用遠減舉官者，有用酬賞比類者，有因大人特舉者，有託因事到闕而不用滿任者，有約法違礙許先次而改者，凡皆棄法用例。法不能束，而例日益繁，苟不裁之，將又倍蓰於今而未可計也。請詔三省若吏部：舊有正法，自當如故，餘皆毋得用例。詔：惟川、廣水土惡弱之地，許減舉如制，餘悉用元豐法從事，其崇寧四年之制勿行。

高宗建炎初，詔即駐蹕所置吏部。時四選散亡，名籍莫考，始下諸道、州、府、軍、監，條具屬吏寓官之爵里、年甲、出身、歷任、功過、舉主，到罷月日，編而籍之。

詔：京畿、京東西、河北、河東士夫在部注授，雖銓未中而年及者，皆聽注官。二年，詔：京官赴行在者，令吏部審量，非政和以後進書頌及直赴殿試之人，乃聽參選。在部知州軍、通判、簽判及京朝官知縣、監當，舊以三年爲任者，令權以二年爲任，兵休仍舊。以赴調者萃東南，選法留滯故也。

四年，言者論：近世銓衡之官，守法不立。自京、黼用事，有詣堂及吏部闕者，判一取字，雖已注人，亦奪予之，甚至部有佳闕，密獻以自效。爲寒遠患，逾二十年。望明戒吏部長貳，自今堂中或取部闕，並須執守，毋得供報。從之。

紹興元年，詔館職選人到任及一年，通理四考，並自陳改官。

選人改官，舊無定數。紹興以後，多不過九十人、少或至五十人紹興二十年，八十八人；二十五年，六十八人；三十年，七十四人；三十一年，五十人。捕盜及職事官皆不在數。三十二年，遂至一百十三人。孝宗患之，隆興元年四月，詔以百員爲額。乾道三年七月，又通四川爲百二十員。七年十月，有司請不限員，奏可，時虞丞相當國也。淳熙初，上以官冗，稍嚴升改之令，於是六年引見改官不及七十員，而捕盜在焉。周共道爲吏部尚書，七年二月，因請以七十員爲額。是年四月，又增八十員，職事官並引見改官六十五人，四川換給一十五人，特旨改官不與。十三年三月，又詔職事官改官在八十員歲額之外。自是歲改京官者僅百員，今遂爲永制。奏舉京官，祖宗時無定數，有其人則舉之。太平興國後，諸州通判亦得舉京官。熙寧中，取以爲提舉常官員數。元祐中，嘗暫復之。至紹聖又罷。淳熙六年九月，上以歲舉京官數濫，命給舍、臺諫議之。王仲行、傅希吕時兼給事中，乃請六曹、寺、監户部右曹郎官同歲減舉員三之一。諸路監司減四之一。禮部、國子監長貳減三之二，前執政歲減二員，諸州無縣者歲止一員。歲終不除運副，而判官補發者不理爲職司。奏可。慶元元年十一月，復詔判官補發副狀，理爲職司。又詔職司狀不得用二紙，用姚察院愈奏也。在京選人，舊無外路監司薦舉。渡江後，詔以六部長貳作職司。乾道七年九月，罷之。惟館學官通理四考，不用舉主改官，蓋累聖優賢之意。

二年，吕頤浩言：近世堂除，多侵部注，士人失職。宜倣祖宗故事，外自監司、郡守及舊格堂除通判，内自察官、省郎已上、館職、書局編修官外，餘闕並寺監丞、法寺官、六院等，武臣自準備將領、正副將已上，其部將、巡尉、指使以下，並歸部注。從之。

三年，右僕射朱勝非等上《吏部七司敕令格式》一百八十八卷。自渡江後，文籍散佚，會廣東轉運司以所録元豐、元祐吏部法來上，乃以省記舊法及續降指揮，詳定而成此書。

五年，詔：自今注擬，並選擇非老疾及不曾犯贓與不緣民事被罪之人。時建議者云：州縣親民，莫如縣令。今率限以資格，雖貪懦之人，一或應格，則大官大職得以自擇。請詔監司、郡守條上劇邑，遴選清平廉察之人，如前日預十科之目者爲之。

二十二年，右諫議大夫林大鼐上言曰：中興之初，恩或非泛，人得僥倖，有以從軍而改秩者，有以捕盜而改秩者，有以登對而改秩者。今則朝廷無事，謹惜名器，改秩無他，惟有薦舉一路，而貪躁者速化，廉静者陸沉。臣欲取考第員數增減以便之，增一任者減一員，十考者用四，十二考者用三，十五考者用二。如減舉法行，須實歷縣令，不得仍請嶽祠。其或負犯殿選，自如常坐。士有應此格者，行無玷闕，年亦蹉跎，無非孤寒老練安義分之人。望付有司條上，以弭奔競。議者以進士登科、門蔭子弟，纔沾一命，不復參部，多於堂除，有紊銓法。詔禁之。

二十九年，敕令所删定官聞人滋請：凡在官者歷任及十考已上，無公私過犯，雖舉削不及格，許降等升改。或疑其太濫，則取吏部累年改官酌中人數，立爲限隔，舉狀、年勞，參酌並用。於是天子以其議下近臣，而中書舍人洪遵、給事中王希亮等上議曰：自一命已上仕於州縣之間，雖有真賢實廉，勢不能自達於上，故爲之立薦舉之法。必使之歷任六考，所以遲其歲月而責其赴功，必使之舉官五員，所以多其保任而必其可用。若舉之而非其人，有才而不見舉，是則監司、郡守之罪，而非法之不善也。今如議臣所請，則有力者惟圖見次，無才者苟冀終更，率不過出官十餘年，可以坐待京秩，此不可一也。今欲酌每歲改官之員，減其分數，以待無舉削者，則當被舉之人，必有失職淹滯之歎，此不可二也。京官易得，馴至郎位，任子之恩，愈不可減，非所以救末流之弊，此不可三也。夫祖宗之法，非有大害未易輕議，今一旦取二百年成法而易之，此不可四也。臣以爲如故便。滋議遂寢。

三十一年，詔：初官有出身三考，無出身四考，方聽受監司、郡守京削之薦。

三十二年，吏部侍郎凌景夏言：國家設銓選以聽群吏之治，其掌於七司，著在令甲，則所守者法也。今陞降於胥吏之手，有所謂例焉。長貳有遷改，郎曹有替移，來者不可以復知，去者不能以盡告。索例而不獲，雖有强明健敏之才，不復致議；引例而不當，雖有至公盡理之事，不復可伸。貨賄公行，奸弊滋甚。嘗睹漢之公府則有辭訟比，以類相從，使不良吏不得生因緣；尚書則有決事比，以省請讞之弊。比之爲言，猶今之例。臣謂今吏部七司亦宜許置例册，凡换給之期限，戰功之定處，去失之保任，書填之審實，奏薦之限隔，酬賞之用否，凡經申請，或白堂，或取旨者，每一事已，命郎官以次擬定，而長貳書之於册，永以爲例。每半歲則上於尚書省，仍關御史臺而詳焉。如是，則巧吏無所施，而銓叙平允矣。

先是，劉珙爲吏部員外郎，有才智，善摘檢奸弊。一日，命汎中庭張幕設案，置令式其中，使選集者得出入繙閲，與吏辯，吏愕眙不能對。時議翕然稱之。

孝宗隆興元年，詔：選人歷十二考已上，無贓私罪，與減舉主一員。用聞人滋之言也。舊舉主須員足，乃以其牘上，若舉主物故或罷免則不計。故有得薦牘十餘而不克磨勘者。淳熙中，始有逐旋放散之令，人皆便之。

乾道二年，令科舉前一歲，量留司户、簿、尉、職官、教官窠闕，以待黃甲進士。又詔：見任在京監當、六部架閣等，如係京朝官以上，須實歷知縣一任，始聽關陞。通判資序初改秩者，如之。是時多以堂除理實歷，越次關陞，故有斯詔。

先是，有出身人許注教官，理爲作縣。是歲，詔：自今有出身，曾任縣令，初改官，許注教官，餘並先注知縣。自是改秩者，無不制邑矣。

淳熙元年，參知政事龔茂良言：官人之道，在朝廷則當量人才，在銓部則宜守成法。夫法本無弊，而例實敗之。法者，公天下而爲之者也；例者，因人而立，以壞天下之公者也。昔者之患，在於用例破法；比年之患，在於因例立法，故謂吏部者，例部也。今《七司法》，自晏敦復裁定，不無疏略，然已十得八九，有司守之以從事，可以無弊。而循情廢法，相師成風。蓋用例破法其害小，因例立法其害大。法常靳，例常寬，今至於法令繁多，官曹冗濫，蓋繇此也。望詔有司裒集參附法及乾道續降申明，重行考定，非大有抵捂者弗去，凡涉寬縱者悉刊正之。庶幾國家成法，簡易明白，賕謝之奸絕，冒濫之門塞矣。於是詔從修焉。既而吏部尚書蔡洸以改官、奏薦、磨勘、差注等條法，分門編類，冠以《吏部條法》總類爲名。十一月，參知政事龔茂良進《吏部七司敕令格式申明》三百卷，詔頒行焉。

三年，吏部言：六十不得入選，今文臣武臣皆有隱減年甲之弊。詔禁之。時州郡上闕狀稽違，多畀人私攝，乃詔下諸道轉運司，州委通判，縣委縣丞，監司委屬官，以時申發，稽違隱漏者罪之。

光宗紹熙二年，吏部侍郎羅點言：銓量之法，得以察其人物，覈其功過而進退之，而有司奉行，寖成文具。群趨而進，一揖而退，是非賢否，一不暇問。甚者循習舊例，才注差遣，更不銓量。伏請自今令長貳從容接談，稍問以事，除癃疾已有定法，如絶不通曉及有過尤者，別與注擬。從之。

寧宗慶元中，制：初改官人必作令，謂之須入。中興以來，數申嚴其令。今除殿試上三名、南省元外，並令作邑。自後雖宰相子、甲科人，無不宰邑者矣。

（元）馬端臨《文獻通考》卷五二《職官考·吏部尚書》 宋朝典選之職，自分爲四：文選二，曰審官東院，太平興國六年，命郭贄考京朝官課。淳化二年，置磨勘京朝官院，又以興國中所置差遣院併入，號磨勘差遣院，亦名考課院。淳化四年，以考課京朝官院爲審官院。而《涑水記聞》云太宗患中書權太重，向敏中時爲諫官，請分中書吏房置審官院，刑房置審刑院。熙寧間置審官西院，以主武選，於是改審官院爲審官東院焉。曰流内銓，《實録》：淳化四年，以幕職州縣考課院歸流内銓，命翰林學士蘇易簡領其事。自後命近臣主之。武選二，曰審官西院，《涑水記聞》云：王介甫與韓子華合謀，欲沮文潞公，且奪其權。一日發中旨置審官西院，樞密初不知也。曰三班院，《實録》：淳化三年詔置三班，以崇儀副使蔚進掌之。先是，供奉官等悉隸宣徽院。至是，別置三班院以考殿最，自後多命近臣以主之。元豐定制，以審官東院爲尚書左選，審官西院爲尚書右選，流内銓爲侍郎左選，三班院爲侍郎右選。《道鄉集·蘇丞相行狀》：唐制，文選掌於吏部，武選則兵部主之。掌文武官選授、勳封、考課之政令。文臣寄禄官自朝議大夫、職事官自大理正以下，非中書省敕授者，歸尚書左選；武臣陞朝官自皇城使、職事官自金吾街仗司以下，非樞密院宣授者，歸尚書右選；自初仕至州縣幕職官，歸侍郎左選；自借差、監當至供奉官、軍使，歸侍郎右選。凡分職爲三：封爵、贈官之事則司封主之，賜功定省之事則司勳主之，官資、課最、名謚之事則考功主之。凡應注擬、升移、敘復、蔭補，及酬賞、封贈者，隨所分隸校勘法例，團甲以上尚書省，即法例可否不決應取裁者，亦如之。若中散大夫、閤門使以上，則列遷敘之狀上中書省、樞密院，得盡給告身，則通書尚書侍郎及所隸郎官。《續會要》。尚書左、右選凡十五案，左選：掌闕案，知闕案，六品案，七品案，八品案，九品、知雜上案、下案，甲庫案。右選：流擬案，大使臣案，小使臣案，甲庫案，掌注案，知雜案，告身案。侍郎左、右選凡十五案，左選：注擬、知闕案，補闕案，參軍上案、下案，主簿上案、下案，縣尉上案、下案，入宮案，甲庫案，格式案，過院案。右選：注擬上案、下案，供奉官案，殿直案，甲庫案，掌法案，知一案。而四選密矣。尚書：從二品，掌文武之選事而奉行其制命。凡天下員闕具注諸籍，月取其應選者揭而書之，集官注擬，考其閥閲以定可否。凡選授、封爵、功賞、課最之事，皆所隸郎官驗實而後判成焉。若有疑不能決，則稟議於尚書省，即應論奏，與郎官同上殿。侍郎：從三品，掌文臣未改秩者。凡始命或有殿負，皆試而後選。若應遷格則團甲，同郎官引見於便殿，稟奏改官。右選，掌武臣未陞朝者。凡所任而試不中等，及已入官而未應選者，皆勿注正闕。若選路分都監、將官、閤門祗候、都總管司承受，皆以名上樞密院。視朝入閤，則執文武班簿對立。官制行，尚書、侍郎同治曹事，奏事則同班；惟吏選分領四選，有所論奏，則各以選事同所隸郎官上殿。元豐寄禄，吏部尚書爲金紫光禄大夫，六部侍郎爲正議大夫。南渡初，諸曹尚書、侍郎互置，惟吏部備官。紹興八年，依元祐制，六曹皆置權尚書，以處未應資格之人。建炎四年，六曹置權侍郎，如元祐制，滿二年爲真，補外者除待制，未滿除修撰。舊制，吏部除侍郎二員，分典左、右選，總稱吏部侍郎，間命官兼攝，惟稱左選侍郎或右選而已。紹熙三年，謝深甫、張叔椿兼攝，始有侍左侍郎、侍右侍郎之稱。既而自林大中、沈揆擢貳尚書，則侍左侍右徑入除目，相承不改。郎中：主管尚書左、右選；及侍郎左、右選各一員，參掌選事而分治之。凡郎官，並用知縣資序以上充，未及者爲員外郎。元豐寄禄爲朝請大夫。建炎四年，詔權攝、添差郎官並罷。初進擬，第云吏部郎官；及擬告身細銜，始具言吏部尚書郎中或員外郎，主管尚書某選，主管侍郎某選。紹興間，吕希常以監六部門兼權侍右侍郎。李端民正除尚右郎官，既而何俌、楊倓、費行之除吏部郎官，皆有侍左、侍右、尚左、尚右之稱。自此相承不改。乾道元年，詔：令後非曾任監司、守臣，不除郎官，著爲令。自是館學、寺監丞，拘礙資格，遷除不行。郎曹闕員，但得兼攝，旋即外補；間有不次擢用者，則自二著躐升二史，以至從列。其自外召至爲郎，則資級已高，曾不數月，即序進卿、少，而郎有正員者益少矣。司封：判司事一人，初以無職事朝官充。凡封爵之制，一出於中書，本司但掌定謚先期戒本部赴集而已。元豐官制行，始實行本司事，掌封爵、叙贈、奏蔭、承襲之事。寄禄爲朝請大夫。司勳：掌勳賞事。凡勳十有二級自上柱國至武騎尉。自從七品推而上之至正三品，三歲一遷，必因其除授以加之。凡賞有格，若事應賞，從所隸之司考實以報，審核以上尚書省。寄禄爲朝請大夫。隆興初，詔省並司勳郎中，以司封郎中兼領。考功：判司事一人，以帶職朝官或無職事朝官充。凡考課之法分隸他司，或以他司專領，本司但掌覆太常擬謚及幕府州縣官流外較考之事。元豐官制行，郎中、員外郎始實行本司事。《續會要》。初除蔡峋、蔡京《職略》。掌文武遷叙、磨勘、資任、考課之政令。凡命官，隨所隸選，以其職事且注於歷，給之於其屬州若司，歲書其功過，應升遷選授者，驗歷按法而叙進之；有負殿，則正其罪罰。以七事考監司，以四善、三最考守令。凡改服色者，以年勞計之。應謚者，覆太常所定行狀，報尚書省官集議以聞。凡立碑碣名額之事掌之。舊置考課院，其定殿最皆有考辟，元豐悉罷。分案十有七，五品案、六品案、七品案、八品案、九品案、職官案、參軍案、令丞案、主簿案、縣尉案、使副案、供奉官案、資任案、校定案、法案、知雜案。元祐三年，詔：知州課法，吏部上其事於尚書省，送中書省收旨。縣令以下，本部專行。官告院：主管官二員。舊制，掌吏、兵、勳、封官告，以給妃嬪、王公、文武品官、内外命婦及封贈者。官制行，四選皆用吏部印，惟蕃官用兵部印。凡綾紙幅數標軸名色，皆視其品之高下，應奏鈔劃聞者給之。大觀並歸尚書省，政和仍歸吏部。差主管官。

《宋史》卷一五五《選舉志・科目上》 宋初承唐制，貢舉雖廣，而莫重于進士、制科，其次則三學選補。銓法雖多，而莫重于舉削改官、磨勘轉秩。考課雖密，而莫重于官給曆紙，驗考批書。其他教官、武舉、童子等試，以及遺逸奏薦、貴戚公卿任子親屬與遠州流外諸選，委曲瑣細，咸有品式。其間變更不常，沿革迭見，而三百餘年元臣碩輔，鴻博之儒，清彊之吏，皆自此出，得人爲最盛焉。今輯舊史所録，臚爲六門：一曰科目；二曰學校試；三曰銓法；四曰補廕；五曰保任；六曰考課。煩簡適中，隱括歸類，作《選舉志》。

《宋史》卷一五八《選舉志・銓法上》 太祖設官分職，多襲五代之制，稍損益之。凡入仕，有貢舉、奏廕、攝署、流外、從軍五等。吏部銓惟注擬州縣官、幕職，兩京諸司六品以下官皆無選；文臣少卿、監以上中書主之，京朝官則審官院主之；武臣刺史、副率以上内職，樞密院主之，使臣則三班院主之。其後，典選之職分爲四：文選曰審官東院，曰流内銓，武選曰審官西院，曰三班院。元豐定制而後，銓注之法，悉歸選部：以審官東院爲尚書左選，流内銓爲侍郎左選，審官西院爲尚書右選，三班院爲侍郎右選，於是吏部有四選之法。文臣寄禄官自朝議大夫、職事官自大理正以下，非中書省敕授者，歸尚書左選；武臣升朝官自皇城使、職事官自金吾階衛仗司以下，非樞密院宣授者，歸尚書右選；自初仕至州縣幕職官，歸侍郎左選；自借差、監當至供奉官、軍使，歸侍郎右選。凡應注擬、升移、叙復、廕補、封贈、酬賞，隨所分隸校勘合格，團甲以上尚書省，若中散大夫、閤門使以上，則列選叙之狀上中書省、樞密院，得畫旨，給告身。

凡選人階官爲七等：其一曰三京府判官，留守判官，節度、觀察判官，即後來承直郎。其二曰節度掌書記，觀察支使，防禦、團練判官，即後來儒林郎。其三曰軍事判官，京府、留守、節度、觀察推官，即後來文林郎。其四曰防禦、團練、軍事推官，軍、監判官，即後來從事郎。其五曰縣令、録事參軍，即後來從政郎。其六曰試銜縣令、知録事，即後來修職郎。其七曰三京軍巡判官，司理、户曹、司户、法曹、司法參軍，主簿，縣尉。即後來迪功郎。七階選人須三任六考，用奏薦及功賞，迺得升改。

凡改官，留守、兩府、兩使判官，進士授太常丞，舊亦授正言、監察或太常博士，後多不除。餘人太子中允；舊亦授殿中丞。支使，掌書記，防禦、團練判官，進士授太子中允，或秘書郎。餘人著作佐郎；兩使推官、軍事判官、令、録事參軍，進士授著作佐郎，餘人大理寺丞；初等職官知縣，知録事參軍，防禦、團練、軍事推官，軍、監判官，進士授大理寺丞，餘人衛尉寺丞；惟判、司、主簿、縣尉七考，進士授大理寺丞，餘人衛尉寺丞。自節、察判官至簿、尉，考不及格者遞降等。

凡非登科及特旨者，年二十五方注官。凡三班院，二十以上聽差使，初任皆監當，次任爲監押、巡檢、知縣。凡流外人，三任七考，有舉者六員，移縣令、通判；有班行舉者三員，與磨勘。凡進納人，六考，有職官或縣令舉者四員，移注；四任十考，有改官者五人舉之，與磨勘。

初定四時參選之制：凡本屬發選解，並以四孟月十五日前達省，自千里至五千里外，爲五等日期離本處；若違限及不如式，本判官罰五十直，録事參軍、本曹官各殿一選；諸州四時具員闕報吏部，踰期及漏誤，判官罰七十直，録事參軍以下殿一選；在京百司發選解及送闕，違期亦有罰；諸歸司官奏年滿，俟敕下，準格取本司文解赴集，流外銓則據其人自投狀申奏，亦依四時取解參選；凡州縣老疾不任事者，許判官、録事參軍糾舉以聞，判官、録事參軍則州長吏糾之。藩郡監牧，每遣朝臣攝守，往往專恣。太祖始削外權，命文臣往涖之；由是内外所授官，多非本職，惟以差遣爲資歷。

建隆四年，詔選朝士分治劇邑，以重其事。大理正奚嶼知館陶，監察御史王祐知魏，楊應夢知永濟，屯田員外郎于繼徽知臨清，常參官宰縣自此始。舊制，畿内縣赤、次赤；畿外三千户以上爲望，二千户以上爲緊，一千户以上爲上，五百户以上爲中，不滿五百户爲中下。有司請據諸道所具板圖之數，升降天下縣，以四千户以上爲望，三千户以上爲緊，二千户以上爲上，千户以上爲中，不滿千户爲中下。自是，注擬以爲資叙。又詔：周廣順中應出選門州縣官，於南曹投狀，準格敕考校無礙，與除官；其叙復者，刑部檢勘送銓。

先是，選格未備。乾德二年，命陶穀等議：凡拔萃、制舉及進士、九經判中者，並入初等職官，判下者依常選。初入防禦團練軍事推官、軍事判官者，並授將仕郎，試校書郎。周三年得資，即入留守兩府節度推官、軍事判官，並授承奉郎，試大理評事。又周三年得資，即入掌書記、防禦團練判官，並授宣德郎，試大理評事兼監察御史。周二年得資，即入留守、兩府、節度、觀察判官，並授朝散大夫，試大理司直兼監察御史。周一年，入同類職事，諸府少尹。又周一年，送名中書門下，仍依官階，分爲四等。已至兩使判官以上、次任入同類職事者，加檢校官或轉運憲銜。凡觀察判官以上，緋十五年乃賜紫。每任以周三年爲限，閏月不預，每周一年，校成一考。其常考，依令録例，書中上；公事闕遺、曾經殿罰者，即降考一等；若校成殊考，則南曹具功績，請行酬獎；或考滿未代，更一周年與成第四考，隨有罷者不赴集；其奏授職事，書校考第，並準新格參選。

自是銓法漸有倫矣。帝又慮銓曹惟用資歷，而才傑或湛滯，乃詔吏部取赴集選人歷任課績多而無闕失、其材可副升擢者，送中書引驗以聞。時仕者愈衆，頗委積不可遺。

開寶初，令選人應格者，到京即赴集，不必限四時；及成甲次，又給限：南曹八日，銓司旬有五日，門下省七日，自磨勘、注擬及點檢謝詞，總毋踰一月。若別論課績，或負過名須考驗，行遣如法；及資考未合注擬者，不在此限。

三年，詔曰：吏多難以求其治，禄薄未可責其廉，與其冗員重費，不若省官益奉。州縣官宜以户口爲率，差減其員，舊奉月增給五千。西川管内諸州，凡二萬户，依舊設曹官三員；户不滿二萬，置録事參軍、司法參軍各一員，司法兼司户；不滿萬户，止置司法、司户，司户兼録事參軍；户不滿五千，止置司户，兼司法及録事參軍。縣千户以上，依舊置令、尉、主簿凡三員；户不滿千，置令、尉，縣令兼主簿事；户不滿四百，止置主簿、尉，以主簿兼知縣事；户不滿二百，止置主簿，兼令、尉。諸道減員亦倣此制。西川官考滿得代，更不守選。

嶺表初平，上以其民久困苛政，思惠養之。令吏部銓自襄、荊以南州縣，選見任年未五十者，移爲嶺南諸州通判，得攜族之官。以廣南僞署官送學士院試書判，稍優則授上佐、令、録、簿、尉。初，州縣有闕員，差前資官承攝；帝以其紊常制，令所在即上闕員，有司除注。又謂：諸道攝官或著吏能，悉令罷去，良可惜也。有司按其歷任，三攝無曠敗者以名聞。

六年，從流内銓之請，復四時選，而引對者每季一時引對之。時國家取荊、衡，克梁、益，下交、廣，闢土既遠，吏多闕，是以歲常放選。選人南曹投狀，判成送銓，依次注擬。其後選部闕官，即特詔免解，非時赴集，謂之放選，習以爲常，而取解季集之制漸廢。是冬，迺命參知政事盧多遜等，以見行長定、循資格及泛降制書，乃正違異，削去重複，補其闕漏，參校詳議，取悠久可用者，爲書上之，頒爲永式，而銓綜之職益有叙矣。

先是，選人試判三道，其二全通而文翰俱優爲上，一道全通而文翰稍堪爲中，三道俱不通爲下。判上者職事官加一階，州縣官超一資，判中依資，判下入同類，惟黄衣人降一資。至是，增爲四等，三道全次、文翰無取者爲中下，用舊判下格；全不通而文翰又紕繆爲下，殿一選。

太平興國六年，詔京朝官除兩省、御史臺，自少卿、監以下，奉使從政於外受代而歸者，令中書舍人郭贄、膳部郎中兼侍御史知雜事滕中正、户部郎中雷德驤同考校勞績，論量器材，以中書所下闕員擬定，引對以遣，謂之差遣院。蓋前代朝官，自一品以下皆曰常參官，其未常參者曰未常參官；宋目常參者曰朝官，秘書郎而下未常參者曰京官。舊制，京朝官有員數，除授皆云替某官，或云填見闕。京官皆屬吏部，每任滿三十月，罷任，則歲校其考第，取解赴集。太祖以來，凡權知諸州，若通判，若監臨物務官，無定員。月限既滿，有司住給奉料，而見釐務者牒有司復文，所釐務罷則已。但不常參，注授皆出中書，不復由吏部。至是，與朝官悉差遣院主之。凡吏部黄衣選人，始許改爲白衣選人。

太宗選用庶僚，皆得引對，觀其敷納可采者超擢之。復慮因緣矯飾，徼幸冒進，迺詔：應臨軒所選官吏，並送中書門下，考其履歷，審取進止。舊制，州縣官南曹判成，流内銓注擬，其職事官中書除授。然而歷任功過，須經南曹考驗，遂令幕府官罷任，並歸銓曹，其特除拜者聽朝旨。又詔：獄官關繫尤重，新及第人爲司理參軍，固未精習，令長吏察視，不勝任者，奏判、司、簿、尉對易其官。

淳化四年，選人以南郊赦免選，悉集京師。帝曰：並放選，則負罪者幸矣，無罪者何以勸？乃令經停殿者守常選。又詔：司理、司法參軍在任有犯，遇赦及書下考者，止與免選，更勿超資。工部郎中張知白上言：唐李嶠嘗云：安人之方，須擇郡守。朝廷重内官，輕外任，望於臺閣選賢良分典大州，共康庶績。鳳閣侍郎韋嗣立因而請行，遂以本官出領郡。今江、浙州郡，方切擇人，臣雖不肖，願繼前脩。帝曰：知白請重親民之官，良可嘉也。然不允其請。

淳化以前，資叙未一，及是始定遷秩之制：凡制舉、進士、九經出身者，校書郎、正字、寺監主簿、助教並轉大理評事，評事轉本寺丞，任太祝、奉禮郎者轉諸寺監丞，諸寺監丞轉著作佐郎，或特遷太子中允、秘書郎；由大理寺丞轉殿中丞，由著作佐郎轉秘書監、丞，資淺者或著作郎，優遷者爲太常丞；由太子中允、秘書郎轉太常丞，三丞、著作皆遷太常博士，轉屯田員外郎，優者爲禮部、工部、祠部、主客；由屯田轉都官，優者爲户部、刑部、度支、金部；由都官轉職方，優者爲吏部、兵部、司封、司勳；其轉郎中亦如之。左右司員外郎，太平興國中有之，後罕除者。左右司郎中，惟待制以上當爲少卿者即爲之。由前行郎中轉太常少卿、秘書少監，由此二官轉右諫議大夫或秘書監、光禄卿；諫議轉給事中，資淺者或右轉左；給事中轉工部、禮部侍郎，至兵部、吏部轉左右丞，由左右丞轉尚書。自侍郎以上，或歷曹，或超曹，皆繫特旨。

諸科及無出身者，校書郎、正字、寺監主簿、助教並轉太祝、奉禮郎，太祝、奉禮郎轉大理評事，評事轉諸寺監丞，諸寺監丞轉大理寺丞，大理寺丞轉中舍，優者爲左右贊善，資淺者爲洗馬。由幕職爲著作佐郎者轉太子中允。由中允、贊善、中舍、洗馬皆轉殿中丞，殿中丞轉國子博士，舊除五經者，至春秋博士則轉國子博士，後罕除。由國子博士轉虞部員外郎，優者爲膳部；由虞部轉比部，優者爲倉部；由比部轉駕部，優者爲考功；或由水部轉司門，司門轉庫部；爲郎中亦如之。至前行郎中轉少卿、監，或一轉，或二三轉，即爲諸寺大卿、監，自大卿、監特恩獎擢，或入給諫焉。

其爲臺省官，則正言、監察比太常博士，殿中、司諫比後行員外郎，起居、侍御史比中行員外郎；起居轉兵部、吏部員外郎，侍御史轉職方員外郎，優者爲兵部、司封、知制誥；由正言以上至郎中，皆叙遷兩資，中行郎中爲左右司郎中，若非次醻勞，有遷三資或止一資者；至左右司郎中爲知制誥若翰林學士者，遷中書舍人，舊亦有自前行郎中除者，後兵、吏部止遷諫議。由中書舍人轉禮部以上侍郎，入丞、郎即越一資以上。內職、學士、待制亦如之。御史中丞由諫議轉者遷工部侍郎，由給事轉者遷禮部侍郎，由丞、郎改者約本資焉。

其學官，司業視少卿，祭酒視大卿。其法官，大理正視中允、贊善。凡正言、監察以上，皆特恩或被舉方除。其任館閣、三司、王府職事，開封府判官、推官，江淮發運、諸路轉運使，提點刑獄，皆得優遷，或以勤效特獎者亦如之。兩制、龍圖閣、三館皆不帶御史臺官，樞密直學士、三司副使皆不帶御史臺官及兩省官，待制以上不帶少卿、監。

其內職，自借職以上皆循資而遷，至東頭供奉官者轉閤門祇候，閤門祇候轉內殿崇班，崇班轉承制，承制轉諸司副使，自副使以上，或一資，或五資、七資，或直爲正使者，至正使亦如之。至皇城使者轉昭宣使，昭宣使轉宣慶使，宣慶使轉景福殿使。其閤門祇候，特恩轉通事舍人，通事舍人轉西上閤門副使，亦有加諸司副使兼通事者；西上閤門副使轉東上，東上轉引進，引進轉客省，客省轉西上閤門使；自此以上，亦如副使之遷，惟至東上者又轉四方館使。客省使轉內客省使，內客省使轉宣徽使，或出爲觀察使。自內客省使以上，非特恩不授。

武班副率以上至上將軍，其遷歷軍衛如諸司使副焉。由牧伯內職改授，則觀察使以上爲上將軍，團練使、閤門使以上爲大將軍，刺史、諸司使至崇班爲將軍，閤門祇候、供奉官爲率，殿直以上爲副率。

內侍省、入內內侍省，自小黄門至內供奉官，皆歷級而轉，至內東頭供奉官轉內殿崇班，有轉內侍、常侍者，內常侍亦正轉崇班。

其銓選之制：兩府司録，次赤令，留守、兩府、節度、觀察判官，少尹，一選；兩府判、司，兩畿令，掌書記，支使，防禦、團練判官，二選；諸府司、録，次畿令，四赤簿、尉，軍事判官，留守、兩府、節度、觀察、防禦、團練軍事推官，軍、監判官，進士、制舉，三選；諸府司理、判、司，望縣令，九經，四選；輔州、大都督府司理、判、司，緊上州録事參軍，緊上縣令，次赤兩畿簿、尉，五經、三禮、三傳、三史、通禮、明法，五選；雄望州司理、判、司，中州録事參軍，中縣令，次畿簿、尉，六選；緊上州司理、判、司，下州、中下州録事參軍，中下縣、下縣令，緊望縣簿、尉，學究，七選；中州中下州司理、判、司，上縣簿、尉，八選；下州司理、判、司，中縣簿、尉，九選；中下縣下縣簿、尉，十選。太廟齋郎、室長通理九年，郊社齋郎、掌坐通理十一年。

凡入官，則進士入望州判司，次畿簿尉，九經入緊州判司，望縣簿尉，五經、三禮、通禮、三傳、三史、明法入上州判司、緊縣簿尉，學究有出身人入中州判司、上縣簿尉，太廟齋郎入中下州判司、中縣簿尉，郊社齋郎、試銜無出身人入下州判司、中下縣簿尉，諸司入流人入下州判司、下縣簿尉。

仁宗初，吏員猶簡，吏部奏天下幕職、州縣官期滿無代者八百餘員，而川、廣尤多未代。帝曰：此豈人情之所樂耶？其亟代之。帝御後殿視事，或至旰食。中書請如天禧舊制，審官、三班院、流內銓日引見毋得過兩人，詔弗許。自真宗朝，試身、言、書、判者第推恩，迺特詔曰：國家詳覈吏治，念其或淹常選，而以四事程其能。朕承統緒，循用舊典，爰命從臣，精加詳考。其令翰林學士李諮與吏部流內銓以成資闕爲差擬。於是咸得遷官，率以爲常。後議者以身、言、書、判爲無益，迺罷。

凡磨勘遷京官，始增四考爲六考，舉者四人爲五人，曾犯過又加一考。舉吏各有等數，得被舉者須有本部監司、長吏按察官，乃得磨勘；須到官一考，方許薦任。凡選人年二十五以上，遇郊，限半年赴銓試，命兩制三員鏁試于尚書省，糊名謄録。習辭業者試論、試詩賦，詞理可采、不違程式爲中格；習經業者人專一經，兼試律，十而通五爲中格，聽預選。七選以上經三試至選滿，京朝官保任者三人，補遠地判、司、簿、尉，無舉主者補司士參軍，或不赴試、亦無舉者，永不預選。京官年二十五以上，歲首赴試于國子監，考法如選人，中格者調官。兩任無私罪而有部使、州守倅舉者五人，入親民；舉者三人，惟與下等釐物務官。

初，州郡多闕官，縣令選尤猥下，多爲清流所鄙薄，每不得調。乃詔吏部選幕職官爲知縣，又立舉任法以重令選，敕諸路察縣之不治者。然被舉者日益衆，有司無闕以待之，中書奏罷舉縣令法。未幾，有言親民之任輕，則有害於治，法不宜廢。復令指劇縣奏舉，舉者二人，必一人本部使，既居任，復有舉者，始得遷，否則如常選，毋輒升補。常參官已授外任，勿奏舉。然銓格煩密，府史姦弊尤多，而磨勘者待次外州，或經三二歲乃得改官，往往因緣薄勞，求截甲引見。有詔自是弗許。

神宗欲更制度，建議之臣以爲唐銓與今選殊異，雜用其制，則有留礙煩紊之弊。始刊削舊條，務從簡便，因廢南曹而併歸之于銓。初，審官西院與東院對掌文武，尋改從吏部，而左、右選分焉。祖宗以來，中書有堂選，百司、郡縣有奏舉，雖小大殊科，然皆不隸于有司。暨元豐罷奏舉闕，屬之銓曹，而堂選亦不領於中書，一時更制，必欲公天下而詒永久。於是除免選之恩，重出官之試，定賞罰之則，酌資廕之宜。凡設試以待命士而入之銓注者，自蔭補、銓試之外，有進士律義、武臣呈試及試刑法官等，而銓試所受爲特廣。中書言：選人守選，有及三年方遇恩放選者，或適歸選而遽遇恩，既爲不均，且蔭補免試注官，以不習事多失職，試者又止試詩，豈足甄才？已受任而無勞績，舉薦及免試恩法，須再試書判三道，然亦虛文。

熙寧四年，遂定銓試之制：凡守選者，歲以二月、八月試斷按二，或律令大義五，或議三道，後增試經義。法官同銓曹撰式考試，第爲三等，上等免選注官，優等升資如判超格，無出身者賜之出身。自是不復試判，仍去免選恩格，若歷任有舉者五人，自與免試注官。任子年及二十，聽赴銓試。其試不中或不能試，選人滿三歲許注官，惟不得入縣令、司理、司法。任子年及三十方許參注，若年及二十授官，已及三年，出官亦不用試。若秩入京朝，即展任監當三年，在任有二人薦之，免展。選人應改官，必對便殿。舊制，五日一引，不過二人。至是，待次者多，有踰二年乃得引。帝閔其留滯，詔每甲引四人以便之。

帝因論郡守，謂宰臣曰：朕每思祖宗百戰得天下，今州郡付之庸人，常切痛心。卿輩謂何如而得選任之要？文彦博請擇監司而按察之。陳升之曰：取難治劇郡，擇審官近臣而責以選才，宜可得也。

初置審官西院，磨勘武臣，並如審官院格，而舊審官曰東院。御史中丞呂公著言：英宗時，文臣磨勘，例展一年，至少卿、監止。武臣橫行以上及使臣，猶循舊制，固未嘗如文臣有所節抑也。又仁宗時，嘗著令，正任防禦、團練以上，非邊功不遷。今及十年嘗歷外任，即許轉，亦未如少卿、監之有限止也。詔兩制詳定。王珪等言：文武兩選磨勘，已皆均用四年。請今自正任刺史以上，轉官未滿十年，若有顯效者自許特轉，其非次恩惟許改易州鎮，以示旌寵。有過，則比文臣展年。從之。知審官西院李壽朋言：皇城使占籍者三十餘員，多領遥郡，而尚得從磨勘，遷刺史、團練防禦使，每進一級，增奉錢五萬，廩粟雜給如之，實爲無名。請於皇城使上別置二使名，視前行郎中，量給奉禄。其遥郡刺史、團練防禦使，並從朝廷賞功擢用，更不序遷。詔：遥郡刺史、團練防禦使，並以十年磨勘，至觀察留後止。應官止而有功若特恩遷者，不以法。

諸司使副，每磨勘皆用常制，雖軍功亦無別異，而閤門內侍輩，轉皆七資。帝謂：左右近習，非勳勞而得超躐，至嘗立功者乃無優遷，非制也。使副嘗有軍功應轉，許特超七資，閤門通事舍人、帶御器械、兩省都知押班、管幹御藥院使臣七資超轉法，皆除之。後客省、引進、四方館各置使二員，東、西上閤門共置使六員，客省、引進、閤門副使共八員。副使磨勘如諸司使法。使有闕，改官及五期者，樞密院檢舉。歷閤門職事有犯事理重者，當遷日除他官；閤門、四方館使七年無私過，未有闕可遷者，加遥郡；特旨與正任者，引進四年轉團練使，客省四年轉防禦使：皆著爲定制焉。

先是，御史乞罷堂選，曾公亮執不可。王安石曰：中書總庶務，今通判亦該堂選，徒留滯，不能精擇，宜歸之有司。帝曰：唐陸贄謂：宰相當擇百官之長，而百官之長擇百官。今之審官，苟得其人，安有不能精擇百官者哉？元豐四年，堂選、堂占悉罷。

初，有司屬職卑者不在吏銓，率命長吏舉奏。都水監主簿李士良言：沿河幹集使臣，凡百六十餘員，悉從水監奏舉，往往不諳水事，干請得之。迺詔東、西審官及三班院選差。於是悉罷内外長吏舉官法。明年，令吏部始立定選格，其法：各隨所任職事，以入仕功狀，循格以俟擬注。如選巡檢、捕盗官，則必因武舉、武學，或緣舉薦，或從獻策得出身之人。他皆倣此。

自官制行，以舊少卿、監爲朝議大夫，諸卿、監爲中散大夫，秘書監爲中大夫。故事，兩制不轉卿、監官，每至前行郎中，即超轉諫議大夫。前行郎中，於階官爲朝請大夫；諫議大夫，於階官爲太中大夫。帝謂：磨勘者，古考績之法，所與百執事共之，而禁近獨超轉，非法也。於是詔待制以下，並三年一遷，仍轉朝議、中散、中大夫三官。自是遷叙平允。凡開府儀同三司至通議大夫，無磨勘法；太中大夫至承務郎，皆應磨勘。待制以上六年遷兩官，至太中大夫止；承務郎以上四年遷一官，至朝請大夫止。朝議大夫以七十員爲額，有闕，以次補之。選人磨勘用吏部法，遷京朝官則依新定之制。除授職事官，並以寄禄官品高下爲法：凡高一品以上者爲行，下一品者爲守，二品以下者爲試，品同者不用行、守、試。

哲宗時，御史上官均言：今仕籍，合文武二萬八千餘員，吏部逆用兩任闕次，而仕者七年乃成一任。當清其源，宜加裁抑。朝廷下其章議之。司諫蘇轍議曰：祖宗舊法，凡任子，年及二十五方許出官，進士、諸科，初命及已任而應守選者，非逢恩不得放選。先朝患官吏不習律令，欲誘之讀法，乃減任子出官年數，去守選之格，概令試法，通者隨得注官。自是天下争誦律令，於事不爲無補。然人人習法，則試無不中，故蔭補者例减五年，而選人無復選限。吏部員今年已用後四年夏秋闕，官冗至

此亦極矣。宜追復祖宗守選舊法，而選滿之日，兼行試法之科，此亦今日之便也。事報聞。

三省言：舊經堂除選人，惟嘗歷省府推官、臺諫、寺監長貳、郎官、監司外，悉付吏部銓注，凡格所應入，遞升一等以優之。被邊州軍，其城砦巡檢、都監、監押、砦主、防巡、諸路捕盗官，及三萬緡以上課息場務，凡舊應舉官，員闕，許仍奏舉。時通議大夫以上，有以特恩、磨勘轉官，而比之舊格，或實轉兩官至三四官者。右正言王覿謂非所以愛惜名器，請官至太中大夫以上，毋用磨勘遷轉。詔：待制、太中大夫應磨勘者，止於通議大夫，餘官止中散大夫。中散以上勞績酬獎，合進官者，止許回授子孫。特命特遷，不拘此制。

初，武臣戰功得賞，凡一資，則從所居官遞遷一級。於是以皇城使驟上遥刺，或入横行；且閤門使以上，等級相比而輕重絶遠。因樞密院言乃詔閤門、左藏庫副使得兩資，客省、皇城使得三資，止許一轉，减年者許回授親屬。又小使臣磨勘轉崇班者，歲毋過八十人。内臣昭宣使以上無磨勘法，惟押班以上則取裁，餘理五年磨勘。

紹聖初，改定銓試格，凡攝官初歸選，散官、權官歸司，若新賜第，皆免試。每試者百人，惟取一人入優等，中書奏裁，二人爲上等，五人爲中等。崇寧以後，又復元豐制，而蔭補者須隷國學一年無過罰，乃試銓，若在學試嘗再入等，即免試；其公、私試嘗居第一，得比銓試推恩。政和間著爲令。既而臣僚言：進士中銓格者，每二百人，得優恩不過五七人，又或闕上等不取。而朝廷取隸國子試格，用之銓注，及今五年，而得上等優恩者二百四十人，免試者尚在其外。是蔭補隸學者，優於累試得第之人矣。於是詔在學嘗魁一試者，許如舊恩，餘止令免試注官。吏部侍郎彭汝礪乞稍責吏部甄別能否，凡京朝官才能事效苟有可録，尚書暨郎官銓擇以聞。三省分三年考察之，高則引對，次即試用，下者還之本選；若資歷、舉薦應入高而才行不副，許奏而降其等。凡皆略許出法而加升黜，歲各毋過三人。

初，選人改官，歲以百人爲額。元祐變法，三人爲甲，月三引見，積累至紹聖初，待次者二百八十餘人。詔依元豐五日而引一甲，甲以三人，歲毋過一百四十人，俟待次不及百人，别奏定。又令歷任通及三考，而資

序已入幕職、令録，方許舉之改官。吏部言：元豐選格，經元祐多所紛更，於是選集後先，路分遠近，資歷功過，悉無區別，踰等超資，惟其所欲。詔旨既復元豐舊制，而辟舉一路尚存，請盡復舊法，以息僥倖。乃罷辟舉。

崇寧元年，詔吏部講求元豐本制，酌以時宜，删成彝格，使才能、閥閲兩當其實。吏部言：堂選窠名及舉官員闕，内外共約三千餘目。元祐法，選人得升資以上賞，及參選射闕，不許遣人代注，今皆罷從元豐法。所當損益者，其知邊近蠻夷州如威、茂、黎、瓊等，及開封府曹掾，平準務，諸路屬官，在京重課場務，京城内外廂官，户部幹官，麴院，榷貨務，將作監管幹公事，黄河都大，内外榷茶官，凡干刑獄及筦庫繁劇，皆不可罷舉。若御史臺主簿、檢法官、協律郎，豈可泛以格授？諸如此類，仍舊辟舉。從之。惟諸路毋得直牒差待闕得替官權攝。

初，未改官制，大率以職爲階官。如以吏部尚書爲階官，而同中書門下平章事則其職也。至於選人，則幕職、令録之屬爲階官，而以差遣爲職，名實混淆甚矣。元豐未及革正。崇寧二年，刑部尚書鄧洵武極言之，遂定選人七階：曰承直郎，曰儒林郎，曰文林郎，曰從事郎，曰通仕郎，曰登仕郎，曰將仕郎。政和間，改通仕爲從政，登仕爲修職，將仕爲迪功，而專用通仕、登仕、將仕三階奏補未出官人，承直至修職須六考，迪功七考，有官保任而職司居其一，乃得磨勘。坐愆犯，則隨輕重加考及舉官有差。

時權姦柄國，僥倖並進，官員益濫，銓法留礙。臣僚言：吏員增多，蓋因入流日衆。熙寧郊禮，文武奏補總六百一十一員；元豐六年，選人磨勘改京朝官總一百三十有五員。考之吏部，政和六年，郊恩奏補約一千四百六十有畸，選人改官約三百七十有畸。欲節其濫，惟嚴守磨勘舊法。而今之磨勘，有局務減考第，有川遠減舉官，有用酬賞比類，有因大人特舉，有託事到闕不用滿任，有約法違礙許先次而改。凡皆棄法用例，法不能束而例日益繁，苟不裁之，將又倍蓰而未可計也。請詔三省若吏部，舊有止法，自當如故，餘皆毋得用例。迺詔：惟川、廣水土惡地，許減舉如制，餘悉用元豐法。既而又言：元豐進納官法，多所裁抑。應入令録及因賞得職官，止與監當，該磨勘者换授降等使臣，仍不免科率，法意深矣。邇者用兵東南，民入金穀皆得補文武官，理選如官户，與士大夫涇渭並流，復其户不受科輸。是得數千緡於一日，而失數萬斛於無窮也。況大户得復，則移其科於下户，下户重貧，州縣緩急，責辦何人？此又弊之大者。不聽。

初，宗室無參選法，祖宗時，間選注一二，不爲常制。徽宗欲優宗室，多得出官，一日參選，即在合選名次之上。而膏粱之習，往往貪恣，出任州縣，黷貨虐民，議者頗陳其害。欽宗即位，臣僚復以爲言，始令不注郡守、縣令，仍與在部人通理名次。

高宗建炎初，行都置吏部。時四選散亡，名籍莫攷。始下諸道州、府、軍、監，條具屬吏寓官之爵里、年甲、出身、歷仕功過、舉主、到罷月日，編而籍之。然自兵難以來，典籍散失，吏緣爲私，申明繁苛，承用踳駁，保任滋衆，阻會無期，參選者苦之。迺令凡文字有不應於今，而桉牘參照明白，從郎官審覆，長貳予決，小不完者聽行，有狥私挾情，則令御史糾之。又詔京畿、京東、河北、京西、河東士夫在部注授，雖銓未中而年及者，皆聽注官。二年，命京官赴行在者，令吏部審量，非政和以後進書頌及直赴殿試之人，乃聽參選。在部知州軍、通判、僉判及京朝官知縣、監當以三年爲任者，權改爲二年。以赴調者萃東南，選法留滯故也。又詔州縣久無正官者，聽在選人申部，審度牓闕差注。

紹興元年，起居郎胡寅言：今典章文物，廢墜無幾，百司庶府不可闕者，莫如吏部。姑置侍郎一員，郎官二員，胥吏三十人，則所謂磨勘、封叙、奏薦常程之事，可按而舉矣。

詔曰：六官之長，佐王理邦國者，其惟銓衡乎。亂離以來，士大夫流徙，有徒跣而赴行在者。注授牓闕，姦弊日滋，寒士困苦，甚可憫焉。宜令三省議除其弊，嚴立賞禁，仍選能吏以主之，御史臺常加糾察。於是三省立八事，曰注擬藏闕，申請徼幸，去失問難，刷闕滅裂，闕會淹延，審量疑似，給付邀求，保明退難。令長貳機柅之。又詔館職選人到任及一年，通理四考，並自陳，改京官。

二年，吕頤浩言：近世堂除，多侵部注，士人失職。宜倣祖宗故事，外自監司、郡守及舊格堂除通判，内自察官省郎以上、館職、書局編修官外，餘闕幷寺監丞、法寺官、六院等，武臣自準備將領、正副將以上，其部將、巡尉、指使以下，並歸部注。從之。又復文臣銓試，以經義、詩賦、時議、斷案、律義爲五場，願試一場者聽，牓首循一資。武臣呈試合格者並聽參選。

三年，右僕射朱勝非等上《吏部七司敕令格式》。自渡江後，文籍散佚，會廣東轉運司以所録元豐、元祐吏部法來上，乃以省記舊法及續降指揮，詳定而成此書。先是，侍御史沈與求言：今日矯枉太過，賢愚同滯。帝曰：果有豪傑之士，雖自布衣擢爲輔相可也；苟未能攷其實，不若姑守資格。迺命吏部注授縣令，惟用合格之人。

五年，詔：凡注擬，並選擇非老疾及未嘗犯贓與非緣民事被罪之人。時建議者云：親民莫如縣令，今率限以資格，雖貪懦之人，一或應格，則大官大邑得以自擇。請詔監司、郡守，條上劇邑，遴選清平廉察之人爲之。既而又詔：知縣依舊法，止用兩任關升通判資序。明年，侍御史周祕言：今有無舉員考第，因近臣薦對，即改官升擢，實長奔競。望詔大臣，自今惟賢德才能之人，餘並依格注擬。廷臣或請以前宰執所舉改官，易以司馬光十科之目，歲薦五員，中書難之。詔前宰執所舉京削，不理職司而已。

三十二年，吏部侍郎凌景夏言：國家設銓選以聽羣吏之治，其掌於七司，著在令甲，所守者法也。今升降於胥吏之手，有所謂例焉。長貳有遷改，郎曹有替移，來者不可復知，去者不能盡告。索例而不獲，雖有強明健敏之才，不復致議；引例而不當，雖有至公盡理之事，不復可伸。貨賄公行，姦弊滋甚。嘗覩漢之公府有辭訟比，尚書有決事比，比之爲言，猶今之例。今吏部七司宜置例册，凡换給之期限，戰功之定處，去失之保任，書填之審實，奏薦之限隔，酬賞之用否，凡經申請，或堂白、或取旨者，每一事已，命郎官以次擬定，而長貳書之于册，永以爲例，每半歲上于尚書省，仍關御史臺。如是，則巧吏無所施，而銓敘平允矣。

有議減任子者，孝宗以祖宗法令難於遽改，令吏部嚴選試之法。自是，初官毋以恩例免試，雖宰執亦不許自陳回授。舊制，任子降等補文學及恩科人皆免，至是悉試焉。凡未經銓中及呈試者，勿堂除；雖墨敕，亦許執奏。舊制，宗室文資與外官文臣參注窠闕，武資則不得與武臣參注，但注添差。至是，始聽注釐務闕。七年，始命銓試不中、年四十，呈試不中、年三十者，令寫家狀，讀律注官。陳師正言：請令宗室恩任子弟出官日量行銓試，如士夫子弟之法，多立其額而優爲之制。遂詔：自今宗室曾經應舉得解者，許參選，餘並行銓試，三人取二。其三試終場不中人，聽不拘年限調官。

淳熙元年，參知政事龔茂良言：官人之道，在朝廷則當量人才，在銓部則宜守成法。法本無弊，例實敗之。法者，公天下而爲之者也；例者，因人而立以壞天下之公者也。昔之患在於用例破法，今之患在於因例立法。諺稱吏部爲例部。今七司法自晏敦復裁定，不無疏略，然守之亦可以無弊。而徇情廢法，相師成風，蓋用例破法其害小，因例立法其害大。法常靳，例常寬，今法令繁多，官曹冗濫，蓋繇此也。望令裒集參附法及乾道續降申明，重行攷定，非大有牴牾者弗去，凡涉寬縱者悉刊正之。庶幾國家成法，簡易明白，賕謝之姦絶，冒濫之門塞矣。於是重修焉。既而吏部尚書蔡洸以改官、奏薦、磨勘、差注等條法分門編類，名《吏部條法總類》。十一月，《七司敕令格式申明》成書。

淳熙三年，中書舍人程大昌言：舊制，選人改秩後兩任關升通判，通判兩任關升知州，知州兩任即理提刑資序。除授之際，則又有別以知縣資序隔兩等而作州者，謂之權發遣，以通判資序隔一等而作州者，謂之權知，上而提刑、轉運亦然。隔等而授，是擇材能也；結銜有差，是參用資格也。今得材能、資格俱應選者爲上，其次，則擇第二任知縣以上有課績者許作郡，初任通判以上許作監司，第二任通判以上許作職司，庶幾人法並用。從之。

寧宗慶元中，重定《武臣關升格》。先是，初改官人必作令，謂之須入。至是，復命除殿試上三名、南省元外，並作邑；後又命大理評事已改官未歷縣人，並令親民一次，著爲令。

紹定元年，臣僚上言：銓曹之患，員多闕少，注擬甚難。自乾道、嘉定以來，嘗命選部，職官窠闕，各於元出闕年限之上，與展半年用闕。歷年寖久，入仕者多，即今吏部參注之籍，文臣選人、武臣小使臣校尉以下，不下二萬七千餘員，大率三四人共注一闕，宜其膠滯壅積而不可行。乞命吏部録參、司理、司法、令、丞、監當酒官，於元展限之上更展半年。從之。

七年，監察御史陳垓建言，乞申戒飭銓法十弊：一曰添差數多，破法耗財；謂倅貳、幕職、參議、機宜、總戎、鈐轄、監押之類。二曰押差員衆，州縣廢職；謂監司、帥守幕屬多差見任州縣他官權攝。三曰攝局違法，蠹政害民；謂監司、帥守徇私差權幕屬等職。四曰須入不行，徼幸撓法；謂初改官人必作知縣，今多規免，苟圖京局，躐求倅貳，遂使不曾歷縣之人冒當郡寄。五曰奏辟不應，奔競日甚；謂在法未經任人不許奏辟，今或以初任或以闕次遠而改辟見次者。六曰改任巧捷，紊亂官常；謂在法已授差遣人，不得干求換易。今既授是官，復謀他職，辭卑居尊，棄彼就此。七曰薦舉不公，多歸請託；八曰借補繁多，官資泛濫；九曰瘝曠職守，役心外求；十曰匿過居官，蔑視國法。謂曾經罪犯，必俟赦宥。今則既遭彈劾，初未經赦者，經營差遣。

舊制，軍功補授之人，自合從軍，非老疾當汰，無參部及就辟之法。比年諸路奏功不實，寅緣竄名，許令到部，及諸司紛然奏辟，實礙銓法。建炎兵興，雜流補授者衆，有曰上書獻策，曰勤王，曰守禦，曰捕盜，曰奉使，其名不一，皆閫帥假便宜承制之權以擅除擢。有進士徑補京官者，有素身冒名即爲郎、大夫者。乃詔：從軍應賞者，第補右選，以清流品。又有民間願習射者，籍其姓名。守令月一試，取藝優者，如三路保甲法區用。

紹興初，嘗以兵革經用不足，有司請募民入貲補官，帝難之。參知政事張守曰：祖宗時，授以齋郎，今之將仕郎是也。知樞密院李回曰：此猶愈科率於民。乃許補承節郎、承信郎、諸州文學至進義副尉六等，後又給通直郎、修武郎、秉義郎、承直至迪功郎。其注擬、資考、磨勘、改轉、蔭補、封叙，並依奏補出身法，毋得注令録及親民官。和議之後，立格購求遺書，亦命以官。凡歿於王事，無遺表表致仕格法者，聽奏補本宗異姓親子孫弟姪，文臣將仕郎，武臣承信郎；餘親，上州文學或進武校尉，所以褒恤忠義也。又以兩淮、荊襄，其土廣袤，募民力田。凡白身勸民墾田及七十五頃者與副尉，五伯頃補承信郎。

孝宗即位，命帥臣、監司、郡守、嘗任兩府及朝官等遣親屬進貢，等第補授登仕郎、將仕郎，推恩理爲選限。淳熙三年，詔罷鬻爵，除歉歲民願入粟賑饑，有裕於衆，聽補官，餘皆停。自是，進納軍功，不理選限，登仕郎、諸州助教不許出官，止於贖罪及就轉運司請解而已。

《宋史》卷一五九《選舉志・銓法下》　川峽、閩、廣，阻遠險惡，中州之人，多不願仕其地。初，銓格稍限以法，凡州縣、幕職，每一任近，即一任遠。川峽、廣南及沿邊，不許挈家者爲遠，餘悉爲近。既分川峽爲四路，廣南東、西爲二路，福建一路，後增荊湖南一路，始立八路定差之制，許中州及土著在選者隨意就差，名曰指射，行之不廢。

太平興國初，選人孟巒擬賓州録事參軍，詣匭訴寃，坐流海島。自是，得遠地者不敢辭。既而詔：川峽、嶺南、福建注授，計程外給兩月期，違則本州不得放上，遣送闕下，除籍不齒。或被疾，則所至陳牒，長吏按驗，付以公據；廢痼未損，則條狀以聞。雍熙四年，又詔：選人年六十，勿注遠地；非土人而願者聽。凡任廣、蜀、福建州縣，並給續食。初，嶺南闕官，往往差攝。至是，詔州長吏試可者選用之；罷秩，奏送闕下，與出身。淳化間，又詔：嶺南攝官，各路惟許選二十員以承乏，餘悉罷歸。

始，令嶺南幕職，許攜族行，受代不得寄留。至道初，申詔：劍南州縣官，不得以族行。敢有妄稱妻爲女奴，攜以之官，除名。初，榮州司理判官鄭蛟，冒禁攜妻之任。會蜀賊李順構亂，其黨田子宣攻陷城邑，而蛟捕得之，擢爲推官。至是，知梓州張雍奏其事，上命戮蛟，而有是詔。

咸平間，以新、恩、循、梅四州瘴地，選荊湖、福建人注之。吏部銓擬官，悉標其過犯。自是，凡注惡地，令不須書。又詔：規避遐遠，違期受代，勘鞫責罰，就移遠地。

神宗更制，始詔：川峽、福建、廣南，之官罷任，迎送勞苦，其令轉運司立格就注，免其赴選。於是七路自常選知州而下，轉運司置員闕籍，具書應代時日，下所部郡衆示之。凡見任距受代半年及已終更者，許用本資序指射。有司受而閲之，定其應格當差者，上之審官東院、流内銓，審覆如令，即奏聞降敕。若占籍本路，或游注此州，皆從其便；惟不許官本貫州縣及鄰境，其參擬銓次悉如銓格。無願注者，上其闕審官，而在選者射之。武臣之屬西院、三班院者，令樞密院放此具制。後荊湖南亦許就注。或言：土人知州非便。法應遠近迭居，而川人許連任本路，常獲家便，實太偏濫。王安石曰：分遠近，均勞佚也。中州士不願適遠，四路人樂就家便，用新法即兩得所欲；況可以省吏卒將迎、官府浮費邪？何正臣又言：蜀人之在仕籍者特衆，今自郡守而下皆得就差，一郡之官，土人太半，寮寀吏民皆其鄉里親信，難於徇公，易以合黨。請收守令闕歸之朝廷，而他官兼用土人，量立分限，庶經久無弊。兼聞差注未至盡公，願許提刑司索案牘究察之。奏上，法不爲改，但申嚴提刑司互察之法。

元祐初，御史上官均言：定差不均之弊有七：諸路赴選中試乃差，八路隨意取射，一也。諸路吏部待試，需次率及七年，方成一任；八路就注，若及七年，已更三任，二也。八路雖坐停罷，隨許射注，其待次者又許權攝，禄無虚日；而吏選無愆犯，亦大率四年方再得禄，四也。土人得射奏名者，免試就注家便，年高力憊，不復望進，往往營私廢職，五也。仕久知識既多，土人就射本路，不無親故請託，六也。八路監司地遠而專，設漫滅功過名次，人亦不敢争校；故有力者多得優便，而孤寒滯卻，七也。請併八路差盡歸吏部爲便。既而吏部亦請用常格差除，遂悉歸之銓。

紹聖復行舊制，且許八路人應補出官，即轉運司試中注闕。重和間，臣僚又言其弊：轉運以軍儲、吏禄、供饋、支移爲己責，而視差注爲末務，往往付之主案吏胥定擬，而簽廳視成書判而已。注闕之高下，視賄之厚薄。無賂，則定差之牘，脱漏言詞，隱落節目。及其上部，必致退卻，參會重上，又半歲矣。以是闕多而不調者衆。宜督典領之官，歲終取吏部退難有無、多寡，爲之課而賞罰之，庶可公注擬而絶吏賕。乃命立考課法。

建炎初，詔福建、二廣闕並歸吏部，惟四川仍舊制。初，累朝以廣南地遠，利入不足以資正官，故使舉人兩與薦選者，試刑法於漕司，以合格者注攝兩路，謂之待次。攝官更兩任無過，則錫以真命。至是，雖歸之吏部，踰年無願就者，復歸漕司。自神宗朝，宗室不許調川陜官；至是宗室多避難入蜀，乃聽於四路注擬。六年，詔：川陜轉運司每季孟月上旬集注。爲定法焉。八年，直學士院勾龍如淵上疏謂：行都去蜀萬里，而比歲窠闕歸之朝廷，寒遠之士，困抑者衆。願參酌前制，稍還漕銓之舊，立爲定格，使與堂除不相侵紊。遂命以小郡知州、監以下，仍付漕司差注，其選人改官詣司公參，理爲到部。人稱便焉。【略】

凡流外補選，五省、御史臺、九寺、三監、金吾司、四方館職掌，每歲遣近臣與判銓曹，就尚書同試律三道，中者補正名，理勞考。三館、祕閣楷書，皆本司試書札，中書覆試，補受。後以就試多懷挾傳授，乃鎖院、巡搜、糊名。凡試百司吏人，問律及疏，既考合格，復令口誦所對，以防其弊。其自叙勞績，臣僚爲之陳請，特免口誦，謂之優試。得優試者，率中選。後遂考試百司人，歲以二十人爲額，毋得僥倖求優試。爲職掌者，皆限年，授外州司户、勒留，有至諸衛長吏、兩省主事者。

學士、審官、審刑院，登聞檢鼓院，糾察刑獄司，皆選取諸司吏人，或以年限，或理本司選。然中書制敕及五院員闕，多即遣官特試書劄，驗視材質。制敕院須堂後官以下親屬，五院須父祖有官者，樞密院亦如之，惟本院試驗。宣徽院、三司、各省、閤門、三班院，皆本司召補，至其首者出職。

凡出職者，樞密院、三司，皆補借職以上，餘或補州縣。内廷諸司主吏、三司大將，亦有補三班借職者。中書主事以下，三司勾覆官以上，各帶諸州上佐；樞密院主事以上，皆帶同正將軍；餘多帶遠地司户、簿、尉。

先是，勒留、出官及選限，皆無定制。其隸近司，有裁三二年即堂除外官者。咸平末，命翰林學士承旨宋白，與兩制、御史中丞同詳定之。白等請令中書沿堂五院行首、副行首，依舊制補三班；通引、堂門、直省、發敕驗使臣，遇闕，依名次補正名，三年授勒留官，遇恩則一年，授後，七年出官。宣徽院貼房至都勾押官，軍將至知客、押衙各六等，並以次補；至勾押官、押衙，及五年以上出官，補三班或簿、尉。學士院孔目官，補正三年授勒留官，遇恩一年，授後，五年出官；驅使官，補正四年授勒留官，遇恩二年，授後，八年出官。三館孔目官，書直庫表奏、守當官，四年授勒留官，遇恩二年，授後，守當官八年、書直庫表奏官七年、孔目官六年出職；其職遷補者，許通計年考，有奉錢官者，更留三年。典書、楷書五選集，準格三館入流，歲數已少，無得以諸色優勞減選。閤門客省承受、驅使官轉次第，並依本司舊例補正名，四年授勒留官，遇恩則二年，授後，七年出授簿、尉；其行首並如舊制。審刑院本無職掌名額，於諸司選差正名，令不以有無勒留。審官五年、審刑三年，出官以前，諸司請自今勒留，並比七選集授官例，赴選日不以州縣地望爲資叙。從之。後又定客省承受、行首歲滿補殿直、奉職；御書院、翰林待詔、書藝祇候，十年以上無犯者聽出職。

太祖嘗親閲諸司流外人，勒之歸農者四百人。開寶間，詔：流外選人經十考入令、録者，引對，方得注擬。驅使散從官、伎術人，資考雖多，亦不注擬。堂後官多爲姦贓，欲更用士之在令、録、簿、尉選者充之；或不屑就，而所選不及數，乃如舊制。雍熙時，以堂後官充職事官，入謝外不赴朝參，見宰相禮同胥吏。端拱初，以河南府法曹參軍梁正辭、楚丘縣主簿喬蔚等五人爲將作監丞，充中書堂後官，拔選人授京官爲堂吏，自此始。

《宋史》卷一六三《職官志・吏部》 舊制有三司，尚書主其一，侍郎二員各主其一，分銓注擬事。其後，但存尚書銓，餘東西銓印存而事廢。淳化中，又置考課院，磨勘幕府、州縣功過，引對黜陟。至道二年，以其事歸流内銓。判流内銓事二人，以御史知雜以上充。掌節度判官以下州府判司、諸縣令佐擬注對揚、磨勘功過之事。判部事二人，以帶職京朝官或無職事朝官充。凡文吏班秩品命令一出於中書，而小選院既不復置，本曹但掌京朝官叙服章、申請攝官、訃吊祠祭，及幕府州縣官格式、闕簿、辭謝，拔萃舉人兼南曹甲庫之事。流外銓，掌考試附奏諸司人吏而已。南曹掌考驗選人殿最成狀而送流内銓，關試、勾黄、給曆之事。甲庫掌受制敕黄，關給籤符優牒，選人改名廢置之事。初，淳化三年，置磨勘京朝官院。四年，改。太平興國中，置差遣院，至是併入審官院。置知院二人，以御史知雜以上充。舊以朝官充。掌考校京朝官殿最，叙其爵秩而詔於朝，分擬内外任使而奏之。

《宋史》卷一六九《職官志・叙遷之制》 宋初，臺、省、寺、監官猶多涖本司，亦各有員額資考之制，各以曹署閑劇著爲月限，考滿則遷，慶恩止轉階、勳、爵、邑。建隆二年，始以右監門衛將軍魏仁滌爲右神武將軍，水部員外郎朱洞爲都官員外郎，監察御史李鑄爲殿中侍御史，以仁滌等掌麴蘖、領關征外有羨也。自是，廢歲滿叙遷之典。是後，多掌事于外，諸司互以他官領之，雖有正官，非別受詔亦不領本司之務。又官有其名而不除者甚衆，皆無定員無月限，不計資品，任官者但常食其奉而已。時議以近職爲貴，中外又以差遣別輕重焉。

武臣三班借職至節度使叙遷之制三班借職以下，亦有磨勘轉官法，緣未受真命，今不具録。【略】

右内客省使至閤門使謂之横班，皇城使以下二十名謂之東班，洛苑使以下二十名謂之西班，初猶有正官充者，其後但以檢校官爲之，或領觀察使、防禦使、團練使、刺史。景祐元年詔：副使自今改正使，於本額下五資遷之。舊無定員，慶曆四年詔：客省、引進、四方館使各一人，東、西上閤門使共四人，閤門、引進、客省副使共六人，閤門通事舍人八人。治平二年，樞密院奏：嘉祐三年詔：非軍職當罷、横行歲滿當遷及有戰功殊績，皆不得除正任。當遷，則改州名，或加檢校官、勳、封、食邑。自降詔以來，正任刺史以上絶升進之望。今欲因知藩要州郡，或路分總管，如再經改州名或加檢校官、勳、封、食邑已及十年者，與遷官，至節度觀察留後止。又客省、引進、四方館舊置使三員，東、西上閤門舊置使四員，今並增爲六員。閤門、引進、客省，舊制副使六員，今並增爲八員。閤門舊通事舍人八員，今增爲十員。凡所增置，須見任官當遷及有闕乃補。其皇城使改官及七年，如曾歷邊任、有本路監司總管五人已上共薦者，欲除遥郡刺史至遥郡防禦使止。詔：自今皇城、宮苑副使當磨勘者，各於本班使額自下升五資改諸司使。其自左藏庫副使已上因酬獎及非次改官者，聽如舊。餘皆從樞密院之請。初，英宗謂執政曰：諸司副使改轉使，當從供備庫使始，今對行升五資，太優。於是合議條奏而爲此例。

宗室自率府副率至侍中叙遷之制【略】

右宋初以來，内侍未嘗磨勘轉官，唯有功乃遷。至景祐中，詔：内臣入仕三十年，累有勤勞，經十年未嘗遷者，奏聽旨。猶無磨勘定格也。慶曆以後，其制漸隳。黄門有勞至減十五年，而入仕纔五七年有勞至高品已上者，兩省因著十年磨勘之例，而減年復在其中。嘉祐六年，樞密院始議釐革。乃詔：内臣入仕並三十年磨勘，已磨勘者，其以勞得減年者毋得過五年。

選人選京官之制

有出身：

判、司、簿、尉，七考除大理寺丞。不及七考，光禄寺丞。不及五考，大理評事。不及三考，奉禮郎。

初等職官，知令、録，六考除大理寺丞。不及六考，光禄寺丞。不及三考，大理評事。

兩使職官，知令、録，六考除著作佐郎。不及六考，大理寺丞。不及三考，光禄寺丞。

支、掌、防、團判官，六考除太子中允。不及六考，著作佐郎。

節、察判官，六考除太常丞。不及六考，太子中允。

無出身：

判、司、簿、尉，七考除衛尉寺丞。不及七考，大理評事。不及五考，奉禮郎。不及三考，守將作監主簿。

初守職官，知令、録，六考除衛尉寺丞。不及六考，大理評事。不及三考，奉禮郎。

兩使職官，知令、録，六考除大理寺丞。不及六考，衛尉寺丞。不及三考，大理評事。

支、掌、防、團判官，六考除著作佐郎。不及六考，大理寺丞。

節、察判官，六考除太子中允。不及六考，著作佐郎。

吏部流内銓諸色入流及循資磨勘選格入流

有出身：

進士、明經入望州判、司，次畿簿、尉。

九經入緊州判、司，望縣簿、尉。

諸科，五經、三禮、三史、三傳，今雖無此科，緣見有逐色人。明法入上州判、司，緊縣簿、尉。

學究、武舉得班行人换授，入中州判、司，上縣簿、尉。

無出身：

太廟齋郎舊室長同。入中下州判、司，中縣簿、尉。

郊社齋郎、舊掌坐同。試銜白衣送銓注官，司士、文學、參軍、長史、司馬、助教得正官，并班行試换文資，入下州判、司，中下縣簿、尉。

三色人：

攝官入小縣簿、尉。

進納授試銜，入下州判、司，中下縣簿、尉；授太廟齋郎，入中州判、司，中縣簿、尉。

流外入下縣簿、尉。

已上並許超折地望注授。

循資

常調：

判、司、簿、尉有出身兩任四考，無出身兩任五考，攝官出判、司三任七考，並入録事參軍。但有舉主四人或有合使舉主二人，並許通注縣令。流外出身四任十考，入録事參軍。内係驅使官、沿堂五院人，只注大郡判、司，大縣簿、尉。進納出身三任七考，曾省試下第二任五考，入下州令、録，仍差監當。

酬奬：

判、司、簿、尉初任循一資入知令、録，次任二考已上入正令、録。

知令、録循一資入初等職官，正令録入兩使職官。

初等職官循一資入兩使職官，兩資入支、掌、防、團判官，三資入節、察判官。

恩例：

判、司、簿、尉用祖父五路及廣、桂知州帶安撫，并知成都府、梓州及川、廣轉運提刑等恩例陳乞，循入試銜知縣，仍差監當。

奏薦：

判、司、簿、尉。

舉職官，有出身四考、有舉主三人，移初等職官，仍差知縣。有出身四考、無出身六考注初等職官。有出身六考、無出身七考注兩使職官。

舉縣令，有出身三考、無出身四考、攝官出身六考、有舉主三人，進納出身六考，有舉主四人，流外出身三任七考、有舉主六人，並移縣令。

内流外人入録事參軍。

令、録係舉人入，任内有京官舉主二人，循兩使職官、知縣。

初等職官、知縣係舉人入，任内有京官職舉主二人，循兩使職官，如願知縣者聽。

磨勘：

判、司、簿、尉七考，知令、録、職官六考，有京官舉主五人，内一員轉運使，副或提刑，並磨勘引見，轉合入京朝官。

兩使職官、知縣係舉人入，併因舉循入，任内有京官舉主二人，磨勘引見，轉合入京官。

令、録流外出身，係舉人入，任内有班行舉主三人，磨勘引見，改換班行。

差攝：

長史、文學兩舉進士三舉諸科特恩與攝官

已上，廣南東路長史、文學與舉人，中半差攝；西路長史、文學七分，舉人三分，特恩攝官一分。

試補：

正額及額外攝官並試公案，以合格名次高下差攝。内試不中及不能就試者，並在試中人之下。

解發：

入額人一任實滿四年與解發。如差監當、監税，即以二年爲一任，理兩攝，並解發赴銓。海北攝官差往海南，減一年。犯公罪展攝二年，監當虧少課利罰半月奉者，添攝一任，罰一月奉者添攝兩任。

流外出官法

尚書省書令史、都省二十四司、禮部貢院、吏部流内銓、官誥院七選，都省敕庫、兵部甲庫八選，諸司驅使官、都省散官十九選，貢院散官十八選：並補正名後理，或酬獎，減一等出簿、尉。

門下省白院令史七選，畫頭、書院、甲庫令史贊者八選，並補正名後理；驅使官九選，授勒留官後理：並出簿、尉。

中書省白院令史七選，甲庫令史八選，並補正名後理；驅使官九選，授勒留後理：並出簿、尉。

學士院録事補正名後理，三年出奉職。孔目官遇大禮，從上出一名，不遇大禮七選；驅使官遇大禮，從上三人並出簿、尉，不遇恩十選：並授勒留官後理。

御史臺令史七選補正名，驅使官九選授勒留官，並出簿、尉。引贊官補正名後，遇大禮出録事參軍。試中刑法人充主推，五年出奉職。書史五年，出借職。係諸處取到人充主推，八年出借職。書史出三班差使。

三司三部都孔目官三年出西頭供奉官；前、後行入仕三十年已上，遇大禮，從上各出二人，前行出奉職，後行出借職；子司勾覆、開拆官五年出左、右班殿直，前、後行出二人。同三部衙司都押衙三年出奉職，衙佐三年出借職；通引官行首司五年出奉職：並補正名後理。

開封府孔目官補正名後理，五年出右班殿直。左知客押衙六年、通引官左番行首七年出奉職，並補正名後理。支計官、勾覆官、開拆官、接押官出奉職，諸行首前行出借職，並遇大禮，以入仕及三十年已上者三人出職。

殿前司孔目官五年出右侍禁，通引官行首三年出奉職，並補正名後理。

馬步軍司孔目官五年出右班殿直，通引官行首三年出借職，並補正名後理。

入内、内侍兩省前、後行補正名後理，三年出奉職。

大宗正司勾押官補正名後理，三年出借職。

三班院勾押官補正名後理，五年出奉職。

審官院令史授勒留官後理，七年出簿、尉。

九寺府史，太常、大理寺七選；宗正、光禄、太府、太僕、衛尉、鴻臚、司農寺十選；驅使官十九選；宗正司楷書八選：並補正名後理，出簿、尉。

諸監都水監勾押官補正名後理，三年出奉職。少府、將作監府史十選，國子監八選，司天監禮生、曆生選，少府、將作監驅使官十九選：並補正名後理，出簿、尉。

羣牧司都勾押官補正名後理，三年出奉職。

客省行首補正名後理三年，勾押官五年，並出奉職。承受並驅使官授勒留官後理，七選出簿、尉。

四方館書令史補正名後理，八選；表奏官、驅使官授勒留官後理，九選：並出簿、尉。

閤門行首補正名後理，三年出右侍禁。承受授勒留官後理，七選出簿、尉。

太常禮院禮直官自補副禮直官後，六經大禮，出西頭供奉官。禮生補正名後理，六選出簿、尉。

審刑院充本院書令史後理，六選出簿、尉。

祕書殿中省令史、楷書並補正名後理，八選出簿、尉。

起居院楷書八選，驅使官十九選，並補正名後理，出簿、尉。

崇文院孔目官補正名後理，遇大禮，出奉職。

三館孔目官、四庫書直官八選，楷書七選，書直、書庫、表奏官九選，守當官十選，並授勒留官後理；楷書補正名後理：並出簿、尉。

祕閣典書、楷書並補正名後理，七選出簿、尉。

軍頭引見司勾押官補正名後理，五年出右班殿直。

皇城司勾押官補正名後理，三年出奉職。

内東門司押司官補正名後理，三年出借職。

管勾往來國信所勾押官補正名後理，三年出奉職。

翰林司專知官三年界滿，大將，出奉職。

内藏庫專知官三年界滿，出借職。

御藥院押司官補正名後理，三年出借職。

御書院待詔五年出左班殿直，書藝十年出右班殿直，御書祗候十五年出借職，並補正名後理。

進奏院進奏官補正名後理，十五年遇大禮，無過犯，從上五人出職。有過犯經洗雪，曾經決責，出借職。人數無定限。

御廚勾押官補正名後理，三年出職。

金吾街司、仗司孔目官，表奏，勾押，驅使官，並補正名後理，十九選出簿、尉。

文臣换右職之制

祕書監换防禦使。

大卿、監换團練使。

祕書少監，太常、光禄少卿换刺史。

少卿、監换皇城使、遥郡刺史。

帶職郎中换閤門使。

前行郎中换宫苑使。

中行郎中换内藏庫使。

後行郎中换莊宅使。

帶職前行員外郎

前行員外郎並换洛苑使。

帶職中行員外郎，起居舍人，侍御史，中行員外郎並换西京作坊使。

帶職後行員外郎，左、右司諫，殿中侍御史，後行員外郎並换供備庫使。已上並帶遥郡刺史。

帶職博士，左、右正言，監察御史换閤門副使。

太常博士换内藏庫副使。

國子博士换左藏庫副使。

太常丞换莊宅副使。

祕書丞换六宅副使。

殿中丞，著作郎换文思副使。

太子中允换禮賓副使。

太子左右贊善大夫、中舍、洗馬换供備庫副使。

祕書郎，著作佐郎换内殿承旨。

大理寺丞换内殿崇班。

諸司監丞，節度、觀察判官换東頭供奉官。

大理評事，節度掌書記，觀察支使换西頭供奉官。

太常寺太祝，奉禮郎换左侍禁。

初等職官，知令、録并兩使職官，防禦、團練判官，令、録未及三考换左班殿直。

初等職官，知令、録未及三考换右班殿直。

判、司、簿、尉换三班奉職。

試銜齋郎并判、司、簿、尉未及三考换三班借職。已上京官至太常丞帶職，加一資换。

右文官换右職者，除流外、進納及犯私罪情重并贓罪外，年四十以下並許試换右職。三班使臣補换及三年、差使及五年，方許試换。已上並召京朝官或使臣二人委保。其文臣待制、武臣觀察使已上願换官，取旨。

紹興復修試换之令，淳熙增廣尚左、尚右、侍左、侍右换官之格，列而書之，以見新式。若中大夫而下文臣换官，仍政和舊制，則不書。

諸訓武郎至進武校尉，不曾犯贓私罪及笞刑經決而願换文資者，聽召保官二員，具家狀連保狀二本，詣登聞鼓院投進乞試。外任人候替罷就試，文資换武者聽。準此，即授小使臣後未及三年，授進武校尉後未及五年，三省、樞密院書令史以下授使臣、進武校尉；若保甲及試武藝并進納、流外出身，不用此令。諸武臣試换文資，於《易》、《詩》、《周禮》、《禮記》各專一經，仍兼《論》、《孟》；願試詩賦及依法官條試斷案、《刑統》大義者，聽。

换官：尚右，訓武、修武郎换宣教郎。侍左，承直郎换從義郎。文林、從政郎奏舉職官、知縣同。换忠翊郎，未滿三考成忠郎。從事、修職换成忠郎，未滿三考保義郎。迪功郎换成節郎，未滿三考承信郎。將仕郎换承信郎。侍右，從義郎换宣義郎。秉義郎换承事郎。忠訓郎换承奉郎。忠翊郎换承務郎。成忠郎换從事郎。保義郎换修職郎。承節、承信郎换迪功郎。進武校尉、進義校尉换將仕郎。蔭補换使臣。承奉郎换忠翊郎。承務郎换成忠郎。文林郎换保義郎。從事、從政、迪功、通事郎换成節郎。登仕、將仕郎换承信郎。

（清）徐松《宋會要輯稿·選舉二·進士科》 神宗熙寧二年十二月九日，詔：今後制科入第五等、進士第一人及第者，一任回，更不與升通判差遣及不試充館職，並令審官院依例與差遣，餘如嘉祐詔書。

（清）徐松《宋會要輯稿·選舉二·進士科》 〔熙寧九年三月〕二十六日，詔：新進士於舊法不該守選人，特與免試，注合入官。候回日，依近降指揮施行。

（清）徐松《宋會要輯稿·選舉三·貢舉雜録》 〔開寶〕八年十月十三日，詔曰：周室薦賢，必由鄉里；漢庭取士，或按版圖。當察行以議年，務興廉而舉孝。朕嘗觀舊史，慨慕前王，匪敢荒寧，咸求俊乂。尚慮幽遠難於自進，隱逸泥於所安，宜令郡國下屬邑令佐，令下鄉里耆艾，察民有孝悌力田，奇才異行，或文經武略，堪任用者，年二十已上，五十已下，第加銓擇，具以名聞。仍速遣詣闕，當親視臧否，以進退之。如鄉邑無可塞詔者，亦以實告。或不盡稱薦，壅於上聞者，當寘於理。

（清）徐松《宋會要輯稿·選舉一〇·試判》 太祖建隆三年八月二十三日，詔曰：書判拔萃，歷代設科，頃屬亂離，遂從停罷。將期得士，特舉舊章，宜令尚書吏〔部〕條奏以聞。

九月十六日，有司上言：准《選舉志》及《通典》，選人有格，未至而能試判三條者謂之拔萃。應者各取本州府本司文解，如常選舉人例，十月三十日以前隨解赴集，有出身已授京官、使府賓佐、州縣官新及第進士，並許赴集。如未有官，不得稱試。設撮頭銜取解，准格差官考試，當日對訖，送知録銓尚書侍郎同考覈聞奏。考判之制有五等：上二等超絶輩流，可非次拔擢，前代罕有其人；第三上等取理優文贍者，超資擬授；次等或理優文省，緊慢授擬；第四〔上〕等取文理切當者，依資擬授；次等不甚切當者，量緊慢擬授；第五上等放選授官，次等放選赴冬集，不及格者皆落。從之。

（清）徐松《宋會要輯稿·選舉一〇·舉賢良方正能直言極諫等科三》 國初制舉，有賢良方正能直言極諫、經學優深可爲師法、詳閑吏理達於教化，凡三科。應内外職官、前資見任、黄衣草澤人，並許諸州及本司解送上吏部，對御試策一道，以三千字已上成，取文理俱優者爲入等。

（清）徐松《宋會要輯稿·選舉一〇·舉賢良方正能直言極諫等科三》 景祐元年二月四日，詔：賢良方正能直言極諫等六科，自今後應京朝官、幕職、州縣官不曾犯贓罪及私罪情輕者，並許應。内京朝官須是太常博士已下，不帶省、府推、判官、館閣職事並發運、轉運、提點刑獄差任者，其幕職、州縣官須經三考已上。其見任及合該移入沿邊不般家地分及川、廣、福建等處者，候迴日許應高蹈邱園、沉淪草澤、茂材異等三科及武舉。應進士諸科取解不獲者不得應。

（清）徐松《宋會要輯稿·選舉一一·舉賢良方正能直言極諫等科三》 神宗熙寧二年十二月九日，詔：今後科場，制科入第三等、進士第一人及第者，第一任回更不與陞通判差遣，及不試充館職，並令審官院依例與差遣，餘依嘉祐二年詔書。

（清）徐松《宋會要輯稿·選舉一一·制科》 淳熙元年四月十日，詔曰：朕惟制科之設，所以待非常之才也。昔我仁祖臨御，親選天下士十有五人，崇論谹議，載在方策。慶曆、嘉祐之治，上參唐虞，下轢商周。嗚呼，何其盛也！肆朕纂紹洪業，側席茂異，深詔執事，搜聘來上，冀聞切直，輔朕之不逮。十有三年於今，應書者蓋鮮，豈朕詳延之禮未至歟？抑人材之多寡自有時歟？不然，何望吾仁祖之盛而莫及也。夫士之韜藏器能，考槃巖穴者，固恥於自獻，非吾公卿明揚而歷選之，則奚繇進？詔下，其各以所知對，朕將親策於庭，收得人之效焉。今歲科場，其令尚書侍郎、兩省諫議大夫以上、御史中丞、學士、待制各舉賢良方正能直言極諫一人，守臣、監司亦許解送，仍具詞業繳進以聞。

（清）徐松《宋會要輯稿·選舉一一·經明行修科》 哲宗元祐元年四月二十四日，詔：每遇科舉詔下，令文官陞朝以上無贓罪及無私罪重者，於應進士舉人不拘路分，但不係有服親，各奏舉經明行修一名。候將來發解及南省奏名，合格者内有不係所舉人數，於牓示及奏名内每人名下注經明行修字，至殿試唱名陞一甲姓名。如歷官後犯正入己贓及違犯名斷訖，收坐舉主，並依舉選人轉京官法，減一等。

（清）徐松《宋會要輯稿·選舉一三·試法》 端拱二年九月二十九

日，詔：應朝臣、京官如有明於格法者，即許於閤門上表，當議明試。如或試中，即送刑部大理寺祗應三年，明無遺闕，即與轉官。

（清）徐松《宋會要輯稿・選舉一三・試法》〔景祐〕四年六月十二日，審刑院、御史臺言：今後應試法選人，明法出身即試律義六道，以通疏議兩道者爲合格；別科出身即依舊考試外，仍並試斷大案二道、中小案一道，如中小案通，考大案內得一道粗者，即爲中格。從之。

（清）徐松《宋會要輯稿・選舉一三・試法》神宗熙寧元年十二月十二日，詔：自今被舉試刑部法寺官者，流內銓收闕便（住）〔注〕正官。如就試人不中，別與差遣，並以後來到銓名資序注擬。先是，赴試刑法官往還未有日限，往往因事規避，州縣多闕正官，至是始立法。

三年三月二十五日，詔：京朝官、選人歷官二年以上，無贓罪，許試刑名。委兩制、刑法寺主判官、諸路監司奏舉，歷任有舉主二人，亦聽就試。日試斷獄一道、刑名十事至十五事爲一場，五場止。又問《刑統》大義五道，斷獄通八分已上，不失重罪，合格。分三等，第一等選人改京朝官，進一官，並補審刑、大理、刑部官；第二等選人免循一資京朝官，減二年磨勘；第三等選人免選京朝官，減一年磨勘。法官闕，亦聽補。考試關防，如試諸科法。

同日，詔試用法官條貫，候法官皆是新法試到人，即依此施行。立定試案鋪刑名及考試等第式樣一卷，頒付刑法寺及開封府、諸路州，仍許私印出賣。

（清）徐松《宋會要輯稿・選舉一三・試法》元豐元年閏正月十八日，詔：任緣邊及黄河地分官試刑法者，並須任滿，待闕在一季內者亦如之。

（清）徐松《宋會要輯稿・選舉一三・試法》〔元祐〕三年三月十八日，吏部言：試刑法人久來每年春秋兩試，昨准敕罷秋試，即今每年只是一次春試。依條每年旋立到限闕日限，今欲乞將試刑法人限當年二月十五日以前到闕，遇科場於前一年十二月十五日到闕。從之。

（清）徐松《宋會要輯稿・選舉一三・試法》元符二年十二月十六日，刑部言：選試法未得允當，今重別修立。承務郎已上及幕職、州縣官曆任兩考，非見任外官，投黄河地分見（聞）〔闕〕闕：原作聞，據天頭原批改。於交替月分有妨旨，與見任同。有舉試刑法或監司舉主一員，無即餘官舉主一員。每歲聽於尚書吏部或所在官司投狀，申本部乞試刑法。其舉主未足或歷任未兩考，亦許試。未入官人、將來應注官、特奏名人、應舉人、官人准此。如得減年磨勘占射差遣以上，候舉主考第足推恩，免試以下候到部。即歷任曾犯私罪徒或入已贓及失人死罪並停替未經任者，並不許乞試及推恩。一、願試法官者，不得更赴吏部試。其試法官等第：一等上斷案三場，到刑名不失重罪，到刑名前疑有脱文。通《刑統》大義及八分，以斷案、《刑統》義通考，下文准此也。第一等下六分，第二等上五分半，第二等下五分，第三等上四分半，第（二）〔三〕等下四分，第四等上二分，第四等下一分半。一，承務郎以上推恩：第一等上轉一官，免試斷案及公事，充大理寺評事或司直；未及兩考、無舉主者，先供職，候考第、舉主應條，與轉官。第一等下減磨勘，准此。第一等下減三年磨勘，免試斷公事，差充評事或司直；第二等上減三年磨勘；第二等下減二年磨勘；第三等上減一年磨勘；第三等下陞一季名次，注近地官；第四等上注近地；第四等下陞半年名次。選人推恩：第一等上免試斷案及公事，〔改〕合入官，（羌）〔差〕充大理評事、司直；未及兩考無舉主者，先供職，（俠）〔候〕考第舉主（候）應條，與改官。第一等下准此。第一等下大理寺試斷案三十道，如堪充職官，二正保明聞奏，改合入官，差充評事或試公事三月，依上文保奏改官，差充司直；第二等上循兩資，第二等下循一資；第三等上不依名次路分占射差遣；第三等下免試一季名次；第四等上免試；第四等下陞半年名次。從之。

（清）徐松《宋會要輯稿・選舉一四・新科明法》神宗熙寧四年二月，罷明經諸科。其後有詔許曾於熙寧五年以前應明經及諸科舉人，依法官例試法，爲新科明法。

（清）徐松《宋會要輯稿・選舉一四・新科明法》紹聖元年七月二十五日，詔經律科曾得解人，許改應新科明法，願試進士者聽。仍並通理舉數。

（清）徐松《宋會要輯稿・選舉一四・發解》開寶五年十一月十四日，詔曰：鄉舉里選，先王之制也。朕之取士，率由舊章。宜用申明，俾從遵守。應天下貢舉人自今並於本貫州府取解，不得更渄寄應。如七卜人即述歸依因依，預於開封府投狀，長吏具事取裁。其國子監舉人，須是元在監習業，方許校藝解送，不得妄稱監生。仍並令禮部貢院分明勘會違者具名以聞。餘有條制，委所司詳酌行下。

（清）徐松《宋會要輯稿·選舉一四·發解》 雍熙四年九月一日，詔：河南、西川、兩浙、荊湖、淮南三舉曾御試、四舉曾薦名舉人、年五十已下者，東西京各三十人，節鎮各一十五人，防禦刺史、餘州軍各一十人，委長吏揀選人材心力，召官吏委保別無行止踰濫者，具姓名解送赴闕。如不及數，即據揀到人解送，當議量材録用。如有違犯，官吏保人並當連坐。

（清）徐松《宋會要輯稿·選舉一七·教授》 紹興三十二年孝宗即位，未改元。七月八日，詔宗室及第人今後不許陳乞注授教授。

（清）徐松《宋會要輯稿·選舉一七·教授》 〔乾道二年〕六月四日，詔：今後諸州教授不得理作實歷親民資序，其餘堂除差遣，並依選任法，許理當實歷親民資序。

（清）徐松《宋會要輯稿·選舉一七·武舉》 仁宗天聖七年閏二月二十三日，詔置武舉：應三班使臣、諸色選人及雖未食禄實有行止，不曾犯贓及私罪情輕者，文武官子弟別無負犯者，如實有軍謀武藝，並許於尚書兵部投狀乞應上件科，先録所業軍機策論伍首上本部。其未食禄人，召命官三人委保行止。委主判官看詳所業，閲視人材，審驗行止。試一石力弓平射，或七斗力弓馬射，委實精熟者，在外即本州長史看詳所業，閲視人材、行止、弓馬，如可與試，即附遞文卷上兵部，委主判官看詳。如委實堪召試，即具名聞奏，當降朝旨召赴闕，差官考試武藝並問策一道，合格即從試。其逐處看詳官，不得以詞理平常者一例取旨。如違，必行朝典。仍限至十月終已前，先具姓名申奏到闕。

（清）徐松《宋會要輯稿·選舉一七·武舉》 〔熙寧七年〕十月二十三日，樞密院言：檢會熙寧五年八月曾孝寬詳定大小使臣出官三等試格，內一項，應已歷任及諸色出身不該就試人願試者，候得替亦許投狀，除不許筭錢穀並元係軍班及武藝出職人更不試武藝弓馬外，餘並許乞試。詔今後武舉使臣更不試策，其乞試弓馬人，仍於元試中上添斗力，方許依條收試。

（清）徐松《宋會要輯稿·選舉一八·武舉》 淳熙元年二月二十三日，兵部言：武舉依逐舉例，係八月初二日或初三日先試比弓馬。今舉係奏舉二名，比前舉增添數多，恐舉人皆七月終到闕，不唯於比試弓馬日逼，又恐內有詐冒，稽考違礙不及。乞依條於六月終以前到闕，如限內不到，並不收試。其被舉人，往往於比試前一兩日投下奏狀，使有司倉卒難以辨驗。乞自今須管於六月終前投下，如在七月一日已後，並不許收換。今舉奏舉增倍數多，若依例於八月初二日或初三日比試弓馬，竊恐是日值雨泥濘，於引試程文日分相逼。乞從本部於七月下旬擇日比試弓馬。從之。

（清）徐松《宋會要輯稿·選舉一八·宗室應舉》 紹興三十二年六月十三日，壽皇聖帝登極赦書：宗室曾經鎖試兩次得解人，許赴將來殿試；曾經鎖應人，許赴將來省試一次。

（清）徐松《宋會要輯稿·選舉一八·效士》 紹興二年六月二日，詔：進士陳獻邊事利便，內有可採及有自河北、京東遠赴行在之人，理宜優恤，並收充效士。每月各支錢一十貫、米一石，令樞密院檢詳官置籍總轄，以便差使。

（清）徐松《宋會要輯稿·選舉二四·銓選》 〔咸平〕四年五月，詔：三班院應差使臣知縣，選差有行止者，不得以衙前及富饒商賈授班行者充，仍令樞密院更切揀選。

（清）趙翼《陔餘叢考》卷一八《宋制武選歸吏部》 《文昌雜録》記御史臺言：文德殿視朝儀，兵部侍郎與吏部侍郎東西相向對立，蓋因唐制武選在兵部也。今吏部左選掌文官，右選掌武官，請自今以後視朝，以吏部左右侍郎分立殿廷。詔可。此可見宋制武官亦歸吏部銓選。按《宋史·蘇頌傳》唐制：吏部主文選，兵部主武選。神宗謂三代、兩漢本無文武之別，議者不知所處，頌言：唐制吏部有三銓之法，分品秩而掌選事。今欲文武一歸吏部，則宜分左右曹掌之，每選更以品秩分治。於是吏部始有四選法。

紀事

（宋）包拯《孝肅包公奏議》卷三《擇官·請選河北知州》 臣送伴北使往回，竊見河北當路州軍，各係近邊控扼之地，所有知州等並是朝廷一一精選，蓋欲謹邊防，訓士卒，以爲急務。今則不然，但能增飾廚傳，迎送使人及曲奉過客便爲稱職，則美譽日聞。若稍異於此，則謗議紛然，往往因此降黜者有之。緣每年節次人使往來，動經七八箇月，逐處預爲准備，不敢少懈，況三歲兩度非次人使，乃是一年之内迎送絶無虚日，又何暇諳謀訓練哉？兼訪聞北虜日夕點集兵馬，添創營寨，但以西討爲名。然戎狄之心殊不可測，議者雖云盟誓堅固，萬無負德，且安不忘危，利或生害，又況已然之兆，不可不預爲之備也。臣觀一路武臣，未甚得人，但售進市恩，結挾弭謗爾。一旦急用，必無成功。加以邊備未完，邊廩未實，苟有騷動，將何取濟，此朝廷所宜深慮也。臣欲乞今後應緣邊及當路知州部署鈐轄駐泊等，並武臣中不以官位高下，但選擢有武藝將材可用者任之，專責以守備撫馭之實。如有實效，不可以浮議數有移替，俾軍民安其政令，緩急不至敗事。如允臣所奏，即乞特賜指揮。

（宋）包拯《孝肅包公奏議》卷三《擇官·請選廣南知州》 臣竊見廣南應係知州，例差奏廕京朝官初任知縣及一考者。伏況世禄之冑，鮮惇義教，童孺之歲，便忝仕籍，未嘗學政，即使司民，甫越期年，又移典郡，且一邑之事尚未練悉，六條之重安可責成，地雖遠僻，不可輕授。方國家多務，調率旁午，遠民困重，尤在得人。臣前任端州日，具知其事。或無職官處，只是知州獨員管句。其猥宂恣横之輩，則惟務誅求，庸懦懵昧者，又全不曉事，民罹其害，無所訴苦。提刑、轉運使憚其遠惡，復不能巡歷按劾，但上下相蒙耳。臣欲乞今後奏廕京朝官、合該廣南知州者，並於次任知縣内選有治績及舉主者，方得差移，並乞勘會元無職官處各選置一員，仍令轉運、提刑司非時不行差出，所貴關掌郡事，輯甯異俗。

（宋）包拯《孝肅包公奏議》卷三《擇官·請選利州路轉運使》 臣伏見中書劄字，知巴州楊佐奏，昨體量得巡檢頓士甯爲事過當，非理打罵兵士，州司取勘，及提刑轉運使巡歷到州，問頓士甯有何不協，只一向盤部所劾官，況頓士甯與李熙輔有舊恩作。本司採訪施行，若頓士甯指論臣，詔法何以遵守。又見本路提刑司奏：巴州見禁巡檢頓士甯並兵士等及轉運使李熙輔到彼審問，據頓士甯口稱屈抑，及分析知州不公事，一面行遣差官往彼推勘，及差利州通判史世隆往巴州權交替，知州楊佐赴置院照勘。奉聖旨：令提刑司選清強官依公盡理，取勘施行。竊緣楊佐見爲長吏，部下官屬既有不公，理合體量按問。今李熙輔乃憑信頓士甯分析，一面差官往彼交替，楊佐赴推院詔勘，顯是熙輔與士甯有舊，挾私任性，不遵詔勅。若令舉劾之，妄被誣構，便下所司與人對勘，則今後部下官屬有過，長吏顧避，不敢按問，乃是廢格詔勅而容長姦惡。此尤事體不可之甚也。兼熙輔不才庸謬，衆所共知，臣先曾論列，未賜施行。況利州一路，累經災傷，人民凋敝，全藉按察之官綏撫鎮靖。其熙輔所爲如此，豈宜久居是職？必恐別生事端。欲望朝廷選差廉敏才識之士，充本路轉運使，以安遠民。如楊佐顯有贓私罪犯，即令本路提刑司體量確實事狀聞奏，依條施行。

（宋）包拯《孝肅包公奏議》卷三《擇官·再請選轉運提刑》 臣伏見諸路轉運使並提點刑獄，自來朝廷凡有差除，皆以資序叙遷，或用臣僚薦舉，間容濫進，未甚得人，致一方之民必受其害。如李熙輔、張經等居按察之任，當一路之重，不能遵守詔勅，振舉職業，而挾私逞憾，無所畏憚，妄構刑獄，恣行追攝。雖已衝替，未足懲戒。各乞重行黜降，以警將來。所有宣州廖詢、秀州邊瑀，不公事跡中外傳聞。昨因安撫奏劾，方此彰露。而本路提轉，殊失按舉，居職不稱，合正朝典。臣欲望聖慈，應今後差轉運使、提點刑獄臣僚，並請選素有才能公直廉用之人充職，不以資序深淺爲限，則逐路得人，而官吏有所凜畏矣。

（宋）包拯《孝肅包公奏議》卷三《擇官·請選用提轉長吏官》 臣聞王者之總治天下也，内則宰臣百執事，外則按察之官、刺史縣令而已。若中外各得其人，協心以濟，則陛下垂拱抑成，無爲無事矣。夫轉運使、提點刑獄在乎察官吏之能否，辯獄訟之寃濫，以至生民利病、財賦出入莫不莅焉。事權至重，責任尤劇，設非其人則一路受敝。如州縣之職不舉，按察之吏又不以聞，則朝廷無繇而知，是一方之民有終無告者矣。昔漢宣帝曰：與我共理天下者，其惟良二千石乎？蓋刺史、縣令耳目接於民事，政令所出，慘舒攸繫。今朝廷既已輕授，又數數更易，其才者雖有育民濟治之具，亦烏所施設哉。又況庸庸者乎？今粗舉一二，條陳如左。竊見近日除授轉運使，但理資序，不堪選擇。如江西路劉緯、利州路李熙輔，皆智識庸昧，衆所共知。其提點刑獄亦未甚得人，若廣西潘師旦，江東令狐挺、京西張士安、河平席平，皆素非幹敏之才，又無廉潔之譽，猥當是選，宜乎不任其職。雖近例並委兩制奏舉，然所舉之人或才有合格，以微文不用，故不才者往往進焉。乃是訶其細而忽其大，恐非任才之意也。欲乞今後應除轉運使，先望實而後資考，則所得精矣。凡舉提刑，若保薦之人不協公議，即乞責其謬舉，别委他官。如此則可絶徇私之請矣。刺史、縣令前後條非不丁甯，其中濫進者亦衆，如曹琰自通判便授閬州大郡，果非理决人至死。又聞韓松知鼎州，緣本州控接蠻界，居嘗屯治軍馬。舊係武臣知州，後乞選差文資，況韓松累任以不治聞，豈可當此邊任乎？欲乞今後應差知州，並令有司精覈治狀，審驗人才，以州郡繁簡要僻差而授之，庶幾不致敗事。所有奏舉縣令，即令流内銓選注繁劇不治之邑，是則民瘼少蘇，而和氣可召矣。伏望聖慈申命宰府，舉而行之，則天下幸甚。

（宋）曾鞏《曾鞏集》卷二四《制誥擬詞・主客制》 朕甚重郎吏之選，欲以斂羣材，責功實。典客之任，列於右曹。維時聞人，宜服兹寵。國家之有賞典，所以待汝有爲。

（宋）曾鞏《曾鞏集》卷二四《制誥擬詞・水部制》 川瀆堤防，宣其利而備其害，四方萬里之遠，郎實總領，秩甚寵焉。爾以周材，朕用選授。夫知水之不可障，而導之使行，此成法也。推而見之於事，待爾能稱其官。

（宋）曾鞏《曾鞏集》卷二六《制誥擬詞・新及第授官制》 朕立立學以養天下之材，設科以進其造秀之士。其於教導推擇，欲成美俗於四方，得羣能於庶位者，可謂盡其意矣。爾以經行文學，選自朕躬。命以一官，將觀汝效。往祇厥叙，思稱朕恩。

（宋）王安石《臨川文集》卷四〇《乞免就試狀》 准中書劄子。奉聖旨，依前降指揮發來赴闕就試者。伏念臣祖母年老，先臣未葬，弟妹當嫁，家貧口衆，難住京師。比嘗以此自陳，乞不就試，慢廢朝命，尚宜有臯，幸蒙寬赦，即賜聽許。不圖逐事之臣，更以臣爲恬退。今臣無葬嫁奉養之急而逡巡辭避，不敢當清要之選，雖曰恬退可也。今特以營私家之急，擇利害而行，謂之恬退，非臣本意。兼臣罷縣守闕，及今二年有餘，老幼未嘗寧宇，方欲就任，即令赴闕，實於私計有妨。伏望聖慈察臣本意，止是營私，特寢召試指揮，且令終滿外任，一面發赴本任去訖。

（宋）范祖禹《范太史集》卷一五《論執政闕官劄子》 臣伏見自胡宗愈罷，闕尚書右丞一員，執政繫朝廷重輕，自非人望所屬有益於國，不可以備位，乞陛下精加審擇。若聖意未得其人，寧且虚此一員，亦未至於闕事，取進止。

（宋）范祖禹《范太史集》卷一六《論樞密院闕官劄子》 臣竊見樞密院官闕，陛下選用執政，臣不當預，然臣忝備耳目之任，有所聞見不敢不盡，若但避嫌疑形迹，恐非陛下所以任臣之意，謹具開列如後。一、臣於六月十六日上殿，面論中外未見有可相之人，在外唯有馮京，聞其病損，亦有女嫁蔡確。臣言如此非謂京便，不可用也，但欲陛下知而察之耳。文彦博亦與蔡確爲昬姻，吴充亦與王安石爲親家，趣向各異，何嘗相黨。若趣向皆同，雖不爲親，自是黨也。馮京在神宗朝爲參知政事，與王安石論議常不合，先帝知京中立，亦甚倚之。其後與吕惠卿同執政，又多不協，遂爲惠卿所傾，因鄭俠獄，罷京政事，天下爲之不平。及王安石與吕惠卿爲仇敵，惠卿繳進安石私書，其一紙云勿令齊年，知京與安石同歲，故安石謂之齊年。先帝因此知京不欺，故安石再罷相之日，即召京於成都府知樞密院。其後京疾病廢忘，以此罷去，即無他過。聞京精神不至虧損，陛下如欲知子細，只須遣一使至北京觀之，可用與不可用不難見也。京久在密院，經歷事多，仁宗朝翰林學士存者唯京一人。今人才難得，若復以京知樞密，公論必皆允，愜又得一前輩老成之人與後進者相參，後進者亦必有所畏忌。京年垂七十，必不爲欺，密院止藉其謀慮知職宜得老成之人。臣與京素無恩分，止是京初作執政，臣守官京師隨例旅見，後來臣一向在西京修書，京過西京，臣亦止與賓客一見，此外更不相接。今之所言採之公論，謂宜如此，非獨臣一人以爲然也。一、趙禼守邊，治軍素有威畧，深知兵法，善揣敵情。熙寧之初，先帝一見禼，即知其有將帥才，驟加拔擢，委以西邊之事。今已二十年，中間討伐安南雖無大功，然處置南事多禼之力，故先帝雖貶禼官，使知桂州，久不得還，蓋藉其鎮遏故也。今禼久在延州，於國實有勤勞，陛下若寘在樞密，則所照管者不獨鄜延一路，西北二邊及蠻夷之事皆可訪問，廟堂謀慮動繫天下安危，豈比鄜延一路也。臣竊料朝廷以守延州者難其人，故未用禼，臣愚以爲若使禼自擇一人可代己者，必須得人。禼是臣叔母之兄，叔母已亡，有此親嫌，若果用禼，臣自當引避，今不敢以親之故不言於陛下。

（宋）吕陶《净德集》卷八《内外制・中書舍人遷給事中制》　敕：朝廷之政歸於臺閣，而黄門給事總領論駁。蓋樞機周密，防過舉而從至當也。擇人以任，允屬俊良，具官某操履之修，求合道義，更踐之久推高搢紳，潤辭爲詔命之光，端議乃政事之益，宜自西掖遷之瑣闈。茲用所長，固非虚授。夫代言敷訓之體，既有得於文華，則封制還敕之能，必將見於事業，汝惟懋哉。

（宋）吕陶《净德集》卷八《内外制・著作佐郎時彦可集賢校理兵部郎中制》　敕具官某：古之人學而仕也，其心豈有所苟哉？博聞強識則發之以文章，陳力就列則著之於事業，朝廷所以養材任官之術，亦本於此。是以賢者在位，能者在職，而天下之務巨細畢舉焉。以爾儒林之秀，藴積深厚，試藝於廷，名在第一，登踐祕館，亦顯厥聞，集仙之華，遷汝以職，司馬之屬，付汝以事，郎選清矣。勉而莅之，庶幾於文於政，兼能而兩得，豈不偉歟？

（宋）吕陶《净德集》卷八《内外制・端明殿學士知永興軍鄧温伯可兵部尚書制》　敕：中臺之建，六卿異職，惟大司馬綜五兵之要。蓋申嚴威制，而鎮重國體也。擇人以任，安可易哉？具官某，學該本原，行有坊表，夙敷遠業，久序要途，入則制司命於禁中，極爲儒者之榮遇；出則頒教條於閫外，雅有循吏之休風。其還方伯之符，歸領夏官之秩，蓋推久次，必允公僉。爾其以周之九伐訓戎，有嚴我武，以隋之四曹治事，無曠厥官，行乃夙聞，副予慎選。

（宋）吕陶《净德集》卷八《内外制・秘書省校書郎陳師錫可集賢校理工部郎中制》　敕具官某：朝廷設文館以養天下之賢俊，觀其成材而用之。是故臺郎之選，往往由此而出，則待之之意可謂厚矣。以爾多聞博識，守以端莊，發爲辭章，擢在異等，言路之獻告，册府之紬繹，率有聲聞，推於搢紳，書殿之職。起部之官，考於公僉，肆以命爾，所以待之者固厚矣，則報之安可薄哉？其勉猷爲，以稱褒任。

（宋）吕陶《净德集》卷八《内外制・左朝請郎喻陟可刑部郎中制》　敕具官某：法者公天下之具，有司用之，重輕上下，或出其意，豈欽恤明慎之謂哉？朕憂閔元元之不幸，而慎重聽訟斷獄之職，蓋以此也。以爾疏通之才，善燭厥理，刺察之政，頗宜於民。惟導宣德澤而有惠養之功，惟循守憲度而無弛廢之患。秋官之屬，用旌其能，傳不云乎，刑者，成也，一成而不可變，故君子盡心焉。爾嘗求爲君子矣，惟勉之哉，庶幾刑不濫而民不冤，則汝之職業舉矣。

（宋）吕陶《净德集》卷八《内外制・侍從乞郡制》　敕：左右侍從之臣立朝既久，知朕愛養元元之意，願得郡以自試者，蓋有志於民也，宜示寵數，用光其行。具官某：學知大方，行有素守，以譽望之顯歷高位，以文藻之懿踐禁垣，方資潤色之才，亦佇論思之益，遽形奏牘，懇請州麾，宜陞延閣之華，往涖丹陽之衆。夫古之循吏，蓋有君子之風，儒者在位則能美俗，苟以文雅緣飾，使政平訟理，而斯民安其業，得非朝廷之美歟。

（宋）吕陶《净德集》卷八《内外制・尚書吏部郎中莊公岳可鴻臚少卿制》　敕具官某：朕推至誠以待大臣，安問其小嫌哉？然大臣之事朕，則不敢以不嫌爲説，蓋爲朕守法度而示天下以至公也。夫爲大臣而守法度示至公，則朝廷之事當無不治矣。遠嫌有請，可不從歟？以爾良於治躬，敏於應務，刺察之寄，屢試四方，銓綜之司，亦惟久次，屬命相之始，以避親爲辭，參考故常，重違誠懇，其易臺郎之任，往從卿寺之遊，歆服寵嘉，勉修職業。

（宋）吕陶《净德集》卷八《内外制・龍圖閣待制權户部尚書錢勰可龍圖閣直學士權知開封府制》　敕：夫王畿千里，萬衆之所聚，而豪宗大姓以權利相市，憸民黠吏，以巧詐相高，獄訟繁興，奸宄竊發。政非其人則四方無所法，治得其術則朝廷賴以尊，必任老成，庶諧公議。具官某，富通儒之學，而輔以彊敏，明當世之務，而審於辨裁。文陛之遊，每竭忠而慮國；地官之職，常重本以厚生。尚賴賢猷，慎司民政，是用因河圖之舊職，進以美名，付天邑之要權，績其往效。若夫施廣漢之鉤距，以屏息攘盗，用延篤之寬仁，以綏乂善良，皆汝舊聞，何煩多訓。服我洙命，底于茂庸。

（宋）吕陶《净德集》卷八《内外制·寶文閣待制權知開封府韓宗道可户部侍郎制》 敕：左右侍從之臣，朕待之無間也。外則王畿之政，以綏猷乂萬衆，内則文昌之貳，以總領庶務，寄任皆重，要之得人。具官某：才資博通，志尚中立，忠良之訓，能世其家，愷悌之心，克施有政。滋試猷爲之美，久安禁近之聯，天邑之繁，既踰年而成政，地官之副，宜分任以責能。況此要途，蓋爲舊物，爾其體節用裕民之意，謹量入爲出之規，勉續前功，輔成大計。

（宋）吕陶《净德集》卷八《内外制·資政殿學士通議大夫知成德軍李清臣可户部尚書制》 敕：周之制以九賦九貢，斂財致用，而以九式均節之，入有藝極，出有度數，是以民不告勞，而經費無不足，此王道之資也。今天下大計，歸要地官，凡盈虚登耗之差、高下輕重之勢，必審處而後行其任，可謂難矣。然特有司之事爾，朕擇輔政之舊臣而付之，愛民保國之意，可見於斯。具官某：讀聖賢之書，而學通今古，辨義利之分而行有本末。早蒙先帝之遇，久踐禁近之榮，謀於廟堂，得持綱操轄之體；任以蕃屏，見承流宣化之勞，宜國計之總司，庶賢猷之兼濟。予有量入爲出之法，爾其慎詔於他求，予有損上益下之心，爾其深思於邦本，惟敷餘藴，以底茂功。

（宋）吕陶《净德集》卷八《内外制·除户部侍郎制》 敕：周之制以九賦九貢，斂財致用，而以九式均節之，入有藝極，出有度數，是以民不告勞，而經費無不足。此王道之資也。今天下大計，歸於地官，凡盈虚登耗之差、損益輕重之理，必審處而後行，則建正立貳，可不慎哉。具官某：忠正出於天資，彊明通於世務，多藝故能從政，知義可以理財，故命以小司徒之職。俾任其事，爾其體節用裕民之意，謹量入爲出之法，輔成大計，以稱朕心。

（宋）吕陶《净德集》卷八《内外制·兵部侍郎除禮部尚書制》 敕：小司馬典五兵之政，所以申講國威；大宗伯掌三禮之務，所以翊成邦化。眷惟職任，率賴俊良。某，粹積於中，壯行其學，式敷遠業，久序禁途，以周之九伐治兵，有嚴我武，以隋之四曹授政，無曠厥官，爰取用於賢猷，俾進司於國憲。夫聲明文物之盛，乃風俗教化之原，予欲考三代之情文，爾其崇本而抑末，予欲備一朝之制作，必也引古而驗今。勉厲寅清，以勤職業。

（宋）吕陶《净德集》卷八《内外制·給事中除禮部侍郎制》 敕：東臺之屬，以駁正爲任，所以慎命令而維紀綱；秩宗之貳，以禮樂爲職，所以和邦國而厚風化，皆朝廷之高選。士大夫得志行己之地，爲官擇人，豈虚授乎？以爾具官某，學該本原，行著坊表，在侍從之列，每善於論思。凡政事之行，能檢其違失，更踐寖久，譽望益隆，循名考實，故命爾以小宗伯之事。夫典章度數，因革有不同，述作情文，議論莫能一。惟考古驗今，以求損益之當，惟體常盡變，以備制作之功，庶幾聲明文物之盛，炳然同於三代，則儒者能事，蓋無愧矣。

（宋）吕陶《净德集》卷八《内外制·除殿中侍御史制》 敕：朕嗣位以來，開廣言路，招致端良之士，聽受讜直之規。八年於茲，忠益多矣。慎重其職，敢虚授乎？比者御史員闕，近臣謂爾操履中立，宜任茲選，朕信其言而命焉。其審辦邪正，指陳得失，使朕又信爾言，而濟乎治，豈不美歟？

（宋）吕陶《净德集》卷八《内外制·除節度制》 敕：治兵者天下之至權，故列貔貅之士，以備宿衛；命帥者朝廷之大事，故有斧鉞之賜，以示威靈。眷内外之所毗，惟忠勳之克稱，爰申涣命，昭諭羣工。具官某，推奇正之學以臨戎，持果毅之氣以報國，建靈旗而敵愾，報克捷之勞，提甲士以環宫，畏肅清之令。予欲嚴六師之政，必先申命於勁臣，予欲同四國之藩，莫若正名於方伯，式舉武安之拜，用褒兵要之勳，益以爰田，衍其真賦，允矣寵光之盛，壯哉形勢之彊。於戲軍如羽林，蓋象天之壁壘，國有祈父，實爲王之爪牙。惟威愛適中，則士心服，惟機權應務，則邦體重，益堅壯節，以副茂庸。

（宋）吕陶《净德集》卷八《内外制·禮部郎中除吏部員外郎制》 敕：吏員多而待次者衆，條目混淆，而胥吏得以因緣爲奸。此選部之公患也。故當擇清尚通識之士以助長貳，庶幾銓綜有叙，而物論平允。爾端亮不倚，敏於從政，出將使指，入踐省曹，皆有能名，效於已試，天官之屬，宜以才任。惟公可以循守法式，則吏不能欺，惟明可以甄别流品，則士皆無憾。往惟懋哉，以稱朕命。

（宋）呂陶《净德集》卷八《內外制·吏部侍郎除户部尚書制》

敕：中臺之建，六卿異職，别流品、精選拔，使人材無遺者，天官之事；均財用、審出納，使民力不匱者，司徒之責，皆朝廷之重寄，士大夫行己及物之地也。由彼遷此，莫非能臣。以爾具官某，博識多聞，明於世務，資忠履信，蔚爲吏師，頃從四户之華，總涖三銓之務，嚴整稱職。如韋陟之賢，清慎服人，有孝本之譽，推其餘藴，可畀重權，宜邦計之總司，庶賢猷之兼濟。予有量入爲出之法，爾其慎詔於他求，予有損上益下之心，爾其深思於邦本，勉從明訓，永底茂庸。

（宋）呂陶《净德集》卷八《內外制·除刑部郎中制》 敕：法者公天下之具也，而有司用之輕重，或出其意，豈欽恤明慎之謂哉？以爾忠恕之資，善燭厥理，故命以秋官之屬。傳不云乎，刑者，成也，一成而不可變，是以君子盡心焉爾。能求爲君子，則庶幾當罪，而無冤民矣。

（宋）蘇轍《欒城集》卷二八《西掖告詞六十一首·翰林醫官陳易簡等六人比舊各減三官牽復》 敕：具官某等。醫如函人，皆志於仁。不幸失之，法不可廢，而情則可恕。爾等奪官即久，稍復其舊。體予至恩，益勉毋怠。可。

（宋）蘇轍《欒城集》卷二九《西掖告詞六十一首·吴安持司農少卿崔公度將作少監》 敕：具官某等。朕用人之廣，實惟其材，上自公卿之家，下迨山澤之雋，一有可任，不論其世。以爾安持，賢相之子，所見者大。歷試煩劇，風力有餘。以爾公度，奮自東南，文采自表。用之諸寺，職業不廢。遞加進擢，以慰勤勞。或勉興九農之功，或益修大匠之政。朕將考察其實，以觀成功。可。

（宋）蘇轍《欒城集》卷四二《翰林學士論時事八首·乞罷人從內親從官》 臣等近奉使北朝，竊見每番人從內，各有親從官二人充牽攏官。訪聞自前牽攏官並只是宣武長行，不差親從官，止於近歲給行差充。緣親從官多係市井小人，既差入國，自謂得以伺察上下。入界之後，恣情妄作，都轄以下，望風畏避，不敢誰何。雖於使副，亦多蹇傲。夷狄窺見，於體不便。昨來左番有李寔一名，見作過犯，已送雄州枷勘施行。緣選差使副，責任不輕，謂不須旁令小人更加伺察。況已有譯語殿侍，别具語録，足以關防。欲乞今後遣使，其牽攏官依舊只差宣武長行，更不差親從官。取進止。

（宋）劉安世《盡言集》卷一《論差除多執政親戚》 右臣伏見祖宗以來，執政大臣親戚子弟未嘗敢授內外華要之職。雖有合得，陳乞差遣，亦只是數處閑慢監當局務。原其深意，蓋謂父兄居柄任，而京師之官多是要劇，爲大臣者既不能人人爲朝廷推至公之心，振拔滯淹，提奬寒素，而貪權好利多爲子孫之謀，援引親屬，並據高勢根連蔕固，更相朋比，絶孤寒之進路，增膏粱之驕氣，寖成大弊，有不勝言。是以祖宗立法務裁抑，上下遵奉，莫敢或違。自王安石秉政以後，盡廢累聖之制，專用親黨，務快私意。二十年間，廉恥掃地。陛下踐祚之初，厲精求治，剗革僥倖，一本至公，躬行法度，不欲有毫髪之累，此天下之人所共聞見。而在位之臣化上之德，宜盡忠交儆，務爲正直。而廟堂之上猶習故態，子弟親戚布滿要津，此最當今之大患也。臣條列其弊，屢欲面奏，偶以秋暑尚熾，伏恐久煩聽覽，用此未敢請對。然近來差除，尤多不協物論，是以不避煩瀆聖聰，須至具章疏論列。臣伏見太師文彦博之子及甫爲光禄少卿，保雍將作監丞，孫永世少府監丞，妻族陳安民近遷都水監丞，女壻任元卿堂差監商税院，孫壻李慎由堂差監左藏庫或用恩例陳乞，而此兩處，皆非陳乞之所當得也。司空呂公著之子希勣，今年知潁州，纔及成資，召還爲少府少監。希純，去年自太常博士，又遷宗正寺丞。女壻范祖禹，與其婦翁共事於實録院。前此蓋未嘗有。而次壻邵龢，爲開封推官，公著纔罷僕射，即擢爲都官郎中。外甥楊國寶，自初改官知縣，又堂除太常博士，未幾又擢爲成都路轉運判官。楊瓌寶，亦自常調堂差，知咸平縣。妻弟魯君貺，今年自外任擢爲都水監丞。姻家張次元，堂除知洛州。胡宗炎擢爲將作少監，馬傳慶自冗官得大理寺主簿。其間雖或假近臣論薦之名，皆公著任宰相日拔擢除授也。宫教之職，舊係吏部依法選差，近方收爲堂除，而公著首用其孫壻趙演。宰相呂大防任中書侍郎日，堂除其女壻王讜京東排岸司，妻族李括知洋州，李機知華州。范純仁拜相之初，即用其姻家韓宗道爲户部侍郎，妻族王古右司員外郎，王毅近自常調，堂差知長垣縣，門下侍郎孫固之子朴判登聞檢院。臣聞鼓檢院乃天下訴冤之地，豈可使執政子弟爲之？熙寧初，嘗以宰相子曾孝寬判鼓院，是時言者以此論奏，即今罷免。而公亮陳乞監皮角場，此近例也。孫固及左丞王存，右丞胡宗愈。因家歐陽棐，除館職未及一月，又授職方員外郎。宗愈之弟宗炎，近除開封推官，然王存除歐陽棐外，未聞其人，及中書侍郎劉摯，亦未見所引私親。而二人者，依違其間，不能糾正，雷同循默，豈得無罪。臣之所陳，皆彰明較著，士大夫之所共知，其所不知者又不可以悉數。臣竊謂二聖臨御，於茲四年，未嘗以名器少私於宗族外家，而大臣所爲乃反若此，上下恬然，不以爲怪。此臣之所甚懼也。昔崔貽孫爲相，未踰年而除吏八百員，不避姻故之嫌，後之大臣欲引其私親者多假此以藉口，而欺罔世主。臣常疾之，今考其傳，蓋亦有説。且唐自至德乾元以來，天下兵興，政事紛亂，官賞差繆。永泰之後稍稍平定，而元載用事，賄賂盛行，劉塞公路，綱紀大壞。常袞當國，力懲其弊。凡奏請一切杜絶，而矯枉過正，賢愚同滯。及崔貽孫之相，則薦舉者惟其人，推至公以行之，故除吏八百，莫不諧允。後之大臣能如貽孫之盡公，則縉紳之間自無異論。惟其執心偏黨，所用匪人，排斥孤寒，專引親戚，而乃竊其緒餘，文過飾非，及致人言，又從而尤之，亦已過矣。今上等知州通判、在京寺監宮教、畿内知縣之類，號爲優便者，盡屬堂除。雖資任未至甚高，固若不足賁諸議論，而常調之人一蒙選用，即今後每任，例得朝廷差除，不復更歸吏部。以上較之，僥倖不細，況有司員多闕少，四方寒士羈旅京師，待次選部，往往踰歲未得差遣，及其注授，又守二年遠闕。則世禄權要之家何幸，而疎遠平進之士何獨不幸也？臣伏見自來畿内知縣皆選士使能之地，近聞以宣德郎王毅知長垣縣，士大夫皆謂毅素號闒茸，亡狀特甚，止緣范純仁妻族之故，遂有此命。中外傳播，莫不駭笑。欲望聖慈，特令追寢外，其間人材粗堪，或到官已久，未至曠職，固難追改。臣亦不敢上煩朝廷，必令盡罷。但以執政大臣不避親嫌，不畏公議，衆論喧然，爲之不平者久矣。竊恐陛下九重深遠，不能盡知，故敢略具所聞，上補聰明之萬一。伏惟機務之暇，留神省覽，仍願陛下出臣此章，偏示三省。俾自此以往，厲精更始，庶幾不廢祖宗之法，而示天下以至公之道，豈勝幸甚。

貼黄

臣孤立小官，蒙陛下誤有拔擢，寘在諫垣，苟緘默不言，足以全身保禄，而今日之論遍及柄臣，既犯衆怒，決非自安之計。但臣不敢曠職，上負陛下，亦非敢掊摭大臣私事，以爲捭闔之説。蓋得於衆論所共不平者，須至一一奏知，惟乞聖慈特賜詳察。

又：

臣方欲發奏，又聞除知真州錢峴，爲福建路提點刑獄，亦是吕公著姻家。其勢如此不已，臣故不敢不亟論也。願陛下早以臣言戒飭輔臣。

又：

内歐陽棐除省郎不當，臣已別具狀論奏，亦乞早賜施行。

再奏

右臣近曾論列，朝廷差除多涉嫌疑，頗招物論，及新知長垣縣、宣德郎王毅尤爲闒茸，人皆傳笑。欲乞特行追寢，至今未蒙施行。日近復覩除目内，奉議郎程公孫堂差監在京都商税院，葛蘩軍器監主簿。臣聞二人者與執政皆是姻家，衆論益喧，無不憤歎，以謂孤寒之士待次選部，動踰歲月不行差遣，及有注授，二年遠闕。今公孫輩，本係常調，止緣執政姻戚，而京師優便之職無名輒授。墮紊紀綱，滋長僥倖，甚非所以稱陛下爲官擇人之意。伏望聖慈，罷王毅、程公孫、葛蘩新命，以伸公議。

貼黄

臣聞程公孫乃吕公著男希純之妻兄，葛蘩係范純仁之同門壻，而執政徇私牽意，無所顧憚，如此之甚。竊慮陛下體貌大臣，重傷其意，欲乞去此貼黄，付外施行。

（宋）葉夢得《石林燕語》卷五　元祐初，用治平故事，命大臣薦士試官職，多一時名士，在館率論資考次遷，未有越次進用者，皆有滯留之歎。張文潛、晁無咎俱在其間。一日，二人閲朝報，見蘇子由自中書舍人除户部侍郎，無咎意以爲平，緩曰：子由此除不離核。謂如果之粘核者。文潛遽曰：豈不勝汝枝頭幹乎？聞者皆大笑。東北有果如李，每熟不得摘，輒便槁，土人因取藏之，謂之枝頭幹，故云。

（宋）葉夢得《石林燕語》卷七　故事，在京職事官絶少用選人者。熙寧初，稍欲革去資格之弊，於是始詔選舉到可試用人，並令崇文院校書以備詢訪差使。候二年取旨，或除館職，或升資任，或只與合入差遣，蓋欲以觀人材也。時邢尚書恕，以河南府永安縣主簿，首爲崇文院校書，胡右丞愈知諫院，猶以爲太遽，因請雖選人而未歷外官，雖歷任而不滿者，皆不得選舉。乃特詔恕與堂除近地試銜知縣，近歲不復用此例。自始登第，直爲禁從，無害也。

（宋）佚名《宋大詔令集》卷一五七《政事·學校·考校程文官降官御筆手詔政和三年閏四月三日》 稽若前古聖人法言，旨遠言近，文直事該。故典謨訓誥，微顯闡幽，宏深灝噩，莫可尚矣。肆及後人，文勝於質，華綺支離，去道滋遠，朕甚不取。近覽太學生私試程文，詞煩理寡，體格卑弱，言雖多而意不逮，一幅幾二百言，用心字凡二十有六，文之陋於此爲甚。夫積於中既深，則發於言必厚，學無根本，詞必浮靡。可令太學辟師儒校試考選，日後有犯，辟而黜之。文理縱復合格，亦居下流，使歸典要，以稱茲意。朕有好爵，與爾縻之。

又奉御筆，大司成學官各有攷校，不當將上取旨。

國子監供到狀，契勘今年三月分太學私試策校考上三名程文官職位姓名，下項大司成劉嗣明，司業林震、蘇桓，國子正顧文，國子博士謝湜。閏四月四日奉聖旨：劉嗣明、林震、蘇桓、謝湜可特降一官，顧文降一資，內顧文、謝湜仍放罷，郭從駿放。餘依已得指揮。

（宋）佚名《宋大詔令集》卷一六一《政事·官制·選官充知陵臺令兼永安縣事詔景德四年七月庚申》 朕以列聖在天，因時永感，瞻言陵域，肇建官司。所擇朝闕之臣，仍兼宰邑之務，式嚴充奉，用著典彝，宜以殿中丞黃昭益知陵臺令兼永安縣事，仍令有司就陵令公署增修縣廨。

（宋）佚名《宋大詔令集》卷一六一《政事·官制·令審官院選京朝官曾知縣者充廣南知通詔景德四年十一月戊寅》 眷惟五嶺，僻在一隅，方殄絶於寇攘，宜精擇於官守，式資共治，以惠遠民。應廣南知州通判，宜令審官院選京朝官曾任知縣者充，例引對崇文院。

（宋）李燾《續資治通鑑長編》卷五《太祖乾德二年》 吏部尚書張昭與翰林學士承旨陶穀同掌選，穀誣奏左諫議大夫崔頌以所親屬給事中李昉求東畿令，引昭爲證。上召昭面質其事，昭知其不直，於上前免冠，抗聲言穀罔上。上不悦。三月丁丑朔，昉坐責爲彰武行軍司馬，頌爲保大行軍司馬。昭遂三上章請老，乙酉，以本官致仕。昭爲吏部尚書領選事，凡京官七品以下猶屬銓，及昭致仕，始用它官權判，頗更舊制，京官以上無選，並中書門下特除，使府不許召署，幕職悉由銓授矣。

（宋）李燾《續資治通鑑長編》卷五七《真宗景德元年》 吏部銓司言，諸州幕職官多歲滿者，常選中少正入資叙人注擬，乃令常參官各二人共舉州縣官一人充幕職。上視選人判詞有極紕繆、書字不成者，宰相寇準建議，自今銓司引對日，齎所試書判以備奏御，從之。

（宋）李燾《續資治通鑑長編》卷一〇一《真宗天聖元年》 權判流內銓晏殊等言：按大中祥符三年東封赦文，放選時三千餘人赴集，銓司擬注不足，始擘畫隔年預使季闕，後遂爲例，常隔年奏明季闕。選人有不願注擬之處，因循積留不補，復更預使向前遠季闕次。今來待闕人非多，欲今後且用見闕及昨奏季闕，更不隔季預剗。如或全無本資不願折資者，即許指射季闕，上簿歸鄉。其告身簽符等，銓司至時人遞給付，候大有選人，旋即具奏前季闕發遣。從之。

（宋）李燾《續資治通鑑長編》卷一四一《仁宗慶曆三年》 六月己亥，上謂輔臣曰：自用兵以來，策試授官人猥多，而任事頗無善狀。自今獻策及臣僚論薦，宜先委有司詳其可否以聞，其與試人宜加精覈之。

（宋）李燾《續資治通鑑長編》卷三〇〇《神宗元豐二年》 減下卸司監官一員。時增至二員，以事簡故減。

（宋）李燾《續資治通鑑長編》卷三〇一《神宗元豐二年》 御史舒亶言：流內銓選人舊無籍記，其間妄冒僞濫之弊，官司莫得而知，乞置簿以備檢用。從之。

（宋）李燾《續資治通鑑長編》卷三二八《神宗元豐五年》 吏部言：立到選官格，各隨所任職事，以入仕功狀立格。如選巡檢捕盜之官，則以武舉策義武學生，或因臣僚以武略薦，或自陳兵略得出身之人，他倣此。從之。

（宋）李燾《續資治通鑑長編》卷三三六《神宗元豐六年》 辛巳，吏部言：二廣承務郎以上，任煙瘴處差遣，除知州係朝廷差外，餘過滿一年乞放罷。從之。

（宋）李燾《續資治通鑑長編》卷四四三《哲宗元祐五年》 吏部言：廣南東、西路諸經略司准備差使二人，以大使臣充；准備指使三人，供奉官至借差充，委經略司奏舉。如無官司可舉，申吏部，依常調發定差，申樞密院。西路別差准備指使殿侍三人。其請給，當直人依本資序。並從經略司隨宜差使或權閣官處，各三年爲任，滿任酬獎，比類保明聞奏。內有願就本路合入差遣者，亦聽奏差。廣南東、西路准備差使、指使給支賜遞馬驛券、遞鋪兵士有差。從之。

（宋）洪适《盤洲文集》卷二七《御史中丞除禮部尚書誥》 勑：中執法任，耳目之寄，所以彈糾士大夫，使蹈忠信廉直之域。大宗伯掌邦國之禮，所以辨上下定名分而嚴堂陛之勢。分職雖殊，而尊君肅臣，其揆一也。以爾具官某，踐履公正，節操剛方，久居憲臺，中立不倚，繩擊奸邪，罔不震讐，望實之茂，隱然在人。今春官闕長，疇咨邇服，無以易汝。昔李勉劾悍將而唐室知朝廷之尊，叔孫通制綿蕞而漢祖知皇帝之貴，朕之所以命汝者，蓋將創儀立制以隆主威而勵臣節，豈特鐘鼓玉帛云乎哉。往哉汝諧嗣有褒擢。

（宋）洪适《盤洲文集》卷四六《試驗揀汰人劄子》 臣近准樞密院行下史正志陳請令諸路將揀汰使臣，銓量人材，非老弱者具名申上。本府共有一百五十餘人，臣將揀選到人躬親看驗，亦有年未五十身無疾病可以從軍者，却稱筆吏出身不習弓馬，乃是竄名冒賞分明。臣竊謂近歲軍賞太濫，無以矯革，此等人既已寄名得官，隨踵離軍，便與向隸行伍人一等注授，概與差遣，俸禄相繼更不待闕，終身徼幸，誠爲太甚。臣愚欲乞行下諸路，向後揀汰使臣到任，並令知通共職官逐一子細試驗。其年未五十，非有癈疾之人，若或不習弓馬，即發回吏部，令與在部人衮同理名次差注。庶幾履行陣場矢石之人有以甄別。伏望睿察，更賜揀汰，如臣言可採，乞賜施行。取進止。

（宋）留正《皇宋中興兩朝聖政》卷一三《高宗皇帝・席益言銓法》

紹興三年二月丁亥工部尚書兼權吏部尚書席益言：魏晉而下，甄別人物專任選曹，至唐而銓法密矣。然不拘以微文，激濁揚清時出度外，故杜淹表薦四十餘人，後多知名。韋思謙坐公事負殿，高公輔遽擢爲監察御史。國初猶存舊制，乾德四年詔曰：自今常調集選人，吏部南曹取歷任中多課績而無闕失，其人材可擢者，具名送中書引驗加奬，則是或尚任人而不專任法也。其後官制釐改，典選者一切不得以意從事，振拔幽滯無復聞焉。望稽用乾德詔書，凡常調中材行可取者，許長貳具名以聞。從之。

（宋）留正《皇宋中興兩朝聖政》卷一四《高宗皇帝・定銓試法》

紹興三年十一月庚申，禮部員外郎虞澐請銓試。初出官人以經義詩賦，時義斷案律義爲五場就試，人十分取七，榜首循一資。從之。

（宋）留正《皇宋中興兩朝聖政》卷二〇《高宗皇帝・定銓試法》

紹興六年八月癸亥，左司諫陳公輔請奏蔭無出身人，並令銓試經義或詩賦論策三場，以十分爲率，取五分合格。雖累試不中不許參選，亦不許用恩澤陳乞差遣。詔：吏部措置其後，吏部請試律外止益以經義或詩賦一場，年二十五以上累試不中之人，許注殘零差遣，餘如公輔所奏。從之。

（宋）留正《皇宋中興兩朝聖政》卷二七《高宗皇帝・重定銓試法》

紹興十一年九月癸亥，言者乞令有官人銓試並兼習兩場故事。銓試有官人分五場：曰經義，曰詩賦，曰時義，曰斷案，曰律義。願試一場者，聽。議者謂試之以經義詩賦時義者，欲使之通古今，試之以刑統義斷案者，欲使之明法令。二者各兼一場，庶使人人通古今、明法令，而無一偏之失。事下吏部，乃命任子如所請。

（宋）王明清《揮麈録》後録卷一 神宗更定官制，獨選人官稱未正。崇寧初，吏部侍郎鄧洵武上疏曰：神宗稽古創法，釐正官名，使省臺寺監之官，實典職事，領空名者，一切罷去而易之以階，因而制禄。命出之日，官號法制鼎新於上，而彝倫庶政攸叙於下。今吏部選人，自節、察、判官至簿、尉凡七等，先帝嘗欲以階寄禄而未暇，願造爲新名，因而寄禄，使一代條法粲然大備。徽宗從其言，詔有司討論，於是置選人七階。蔡元道《官制舊典》乃失引之。

（宋）洪邁《容齋四筆》卷一四《郎中用資序》 國朝官制既行，除用職事官，不問資序高下，但隨階品，而加行、守，試以賦禄，郎中、員外郎亦自爲兩等，頗因履歷而授之。後來相承，必欲已關陞知州資序者爲郎中，於是拜員外郎者具改官後實歷歲月申吏部，不以若干任，但通理細滿八考則陞知州，乃正作郎中，別命詞給告。頃嘗有旨，初除郎官者，雖資歷已高，且爲員外，候吏部再申，然後陞作郎中。近歲掌故失之，故李大性自浙東提刑除吏部，時佐自大理正除刑部，徐閎自太府丞除都官，岳震自將作少監除度支，其告內即云郎中，與元旨揮戾矣。

（宋）李心傳《建炎以來朝野雜記甲集》卷五《朝事・經筵轉官裁省》 故事，經筵講讀一書畢，自儒臣修注下至中人吏士，皆遷一官，雖篙工厩卒，無不霑被。淳熙十三年冬，陳大諫賈因史院進書，言酬賞泛濫。上納其説。於是吏輩易轉官爲磨勘者，無慮三數百人，議者猶以爲濫。十四年春，陳又言：比經筵及東宫讀《陸贄奏議》皆終篇，經筵轉官者三十二人，東宫講堂轉官循資者二百九十一人。平陽郡王府授《論語》徹章，轉官者二十二人。至有點授《論語》末篇才一日，而與轉官者，冗濫極矣。請自今並行裁抑。官吏實與者，量予推恩。其餘竄名，一切省汰，或量予犒設。上從之。時人皆以爲當。

（宋）李心傳《建炎以來朝野雜記甲集》卷六《朝事·郡守銓量》　故事，諸道守臣皆臨遣。淳熙末，上以嶺南、蜀道遥遠，始詔川、廣知州軍見居川、廣，合闕到半年前，奏事人及係見闕去處，並令詣本路轉運司稟事。仰漕臣精加銓量，具人才委堪任使，非昏謬老病之人，結狀保明，申尚書省。十年十月庚子。然諸道罕嘗舉行。紹熙末，言者論漕司之權比制司爲輕，而責亦不若制司之重，權輕則不敢多有所廢黜，責輕則不暇詳於顧計。州縣不治，職此之由，請一付之制司。權重則雖廢黜之多而有所不憚，責重則顧計利害之深而不敢苟且，如此則昏老疾病之人不得冒居，而州縣無不治矣。趙子直始爲政，遂白行之。五年十月辛卯。其後行之數年，議者不以爲當。嘉泰元年五月，復有旨並赴闕朝辭。會知合州郭公燮等數人，代者皆過滿。帥臣劉仲洪因請於朝，仍復令制司銓量，免奏事焉。大抵川、陝道遠，守臣奏事者多以爲勞，若帥臣公心一意而無請託喜怒予奪之私，則銓量爲得。

（宋）李心傳《建炎以來朝野雜記甲集》卷一二《官制·外官除次對》　祖宗時，自三司使、御史中丞、翰林學士、知制誥之外，未有侍從職事官，故邊帥積勞者，率以直龍圖閣除天章閣待制。元豐官制後，惟實歷權侍郎以上，乃得之。淳熙中，吴茶馬摠、程舍人叔達皆自外除待制，蓋殊命也。趙子直當國，言者以爲今賢士大夫往往不樂爲外官，蓋外權太輕，雖欲有所施設而不得騁故也。今日之勢，莫若稍重外。重外之術，必使帥、漕、總領，可以馴致於從官而後可久任，可久任而後可以責事功。詔可。紹熙五年十一月戊申。未幾，子直去位，亦不克行。慶元初，楊廷秀始自外祠躐除華文閣待制。

（宋）王栐《燕翼詒謀録》卷二《三班任廣南免短使》　王師初下廣南，北人畏瘴癘，無敢往者，雖武臣亦憚之。後有武臣自廣南替回，陳乞免短使者，銓部以聞。大中祥符八年七月辛亥，始詔三班使臣任廣南差遣替回，並免短使，遂以爲制。

（宋）王栐《燕翼詒謀録》卷四《權侍郎遷除》　紹聖二年三月，監察御史常安民言，乞考祖宗用人之制，修立權侍郎遷進法，詔三省議之。章惇因奏：乞自起居郎、舍人、侍御史帶修撰除者，滿三年取旨；自七寺卿、國子祭酒、太常少卿、秘書少監、直龍圖閣除者，滿二年取旨；除修撰與外任職事修舉者，再留二年取旨；除正與外任、除待制，即才能爲衆所推，績効顯著，朝廷特拔擢者，不拘此令。詔從之。且天子侍從之臣，非有才能績効而可冒居之乎？信如其言，殆如銓部注擬常調計資歷歲月者之爲也。是時雖出此令，卒莫能行。章惇之意蓋欲假此令以扼異己之人，而不次超越者則曰人主特拔擢也，豈不愚哉。

（宋）王栐《燕翼詒謀録》卷五《吏部闕牓》　部吏賣闕之弊，自昔有之。皇祐中，趙及判流内銓，始置闕亭，凡有州郡申到闕，即時榜出，以防賣闕，立法非不善也。然部吏每遇申到，匿而不告。今州郡寄居有丁憂事，故數年不申到者，亦有申部數年，而部中不曾改正榜示者，吏人公然評價，長貳、郎官爲小官時皆嘗由之，亦不暇問。太宗皇帝曰：倖門如鼠穴，不可塞也，豈不信哉？

《宋史》卷一一《仁宗紀》　（慶曆五年春正月）癸未，詔：京朝官因被彈奏，雖不曾責罰，但有改移差遣，並四周年磨勘。

《宋史》卷一七《哲宗紀》　（元祐六年夏四月）辛丑，詔：大臣堂除差遣，非行能卓異者不可輕授；仍搜訪遺材，以備擢任。

《宋史》卷九七《河渠志》　蕭山縣西興鎮通江兩牐，近爲江沙壅塞，舟楫不通。乾道三年，守臣言：募人自西興至大江，疏沙河二十里，并濬牐裏運河十三里，通便綱運，民旅皆利。復恐潮水不定，復有填淤，且通江六堰，綱運至多，宜差注指使一人，專以開撩西興沙河繫銜，及發捍江兵士五十名，專充開撩沙浦，不得雜役，仍從本府起立營屋居之。

《宋史》卷二六六《郭贄傳》　郭贄字仲儀，開封襄邑人。乾德中，舉進士，中首薦。太宗尹京，因事藩邸。太平興國初，擢爲著作佐郎、右贊善大夫。俄兼皇子侍講，賜緋魚。太宗至東宫，出戒子篇命贄注解，且令委曲講説，以喻諸王。三年，與劉兼、張洎、王克正同知貢舉，遷右補闕，與宋白並拜中書舍人，賜金紫。五年，復與程羽、侯陟、宋白同知貢舉。置京朝官差遣院，凡將命出入、受代歸闕官，悉考校勞績，銓量才品，命贊治滕中正、雷德驤領之。

《宋史》卷二九五《葉清臣傳》 上言九事：請遣使循行天下，知民疾苦，察吏能否；興太學，選置博士，許公卿大臣子弟補學生；重縣令；諸科舉人取明大義，責以策問；省流外官，無得入仕；聽武臣終三年之喪；罷度僧；廢讀經一業；訓兵練將，慎出令，簡條約。詞多不載。出知宣州，累遷太常丞，同修起居注，判三司鹽鐵勾院，進直史館。

《宋史》卷三三六《司馬光傳》 元祐元年復得疾，詔朝會再拜，勿舞蹈。時青苗、免役、將官之法猶在，而西戎之議未決。光嘆曰：四患未除，吾死不瞑目矣。折簡與吕公著云：光以身付醫，以家事付愚子，惟國事未有所託，今以屬公。乃論免役五害，乞直降敕罷之。諸將兵皆隸州縣，軍政委守令通決。廢提舉常平司，以其事歸之轉運、提點刑獄。邊計以和戎爲便。謂監司多新進少年，務爲刻急，令近臣於郡守中選舉，而於通判中舉轉運判官。又立十科薦士法。皆從之。

（清）徐松《宋會要輯稿・選舉二・進士科》 太祖開寶五年閏二月三日，禮部奏名合格進士安守亮及諸科二十八人。帝詔對於講武殿，始下詔放榜，新制也。

（清）徐松《宋會要輯稿・選舉二・進士科》 景德二年二月十四日，宴新及第進士李迪等於瓊林苑，召附榜王矩預焉。是晚驟雨，特旨聽宿苑中。詔以迪爲將作監丞，第二人夏侯麟、第三人李諮爲大理評事並通判諸州。第一等並九經第一人試祕書省校書郎、知縣，第二等已下判司簿尉，其河北特放及第第一至第三人與節察推官，餘如第二等注官。

（清）徐松《宋會要輯稿・選舉二・進士科》 嘉祐二年五月四日，以新及第進士第一人章衡爲將作監丞，第二人竇卞、第三人羅愷並爲大理評事，通判諸州，第四人鄭雍、第五人朱初平（並）並爲兩使幕職官，第六人已下及九經及第並爲初等幕職，第二甲爲試銜大縣簿、尉，第三、第四甲試銜判司簿尉，第五甲及諸科同出身，並守選。

（清）徐松《宋會要輯稿・選舉二・進士科》 〔紹聖〕二年十月九日，太常少卿王子韶言：奉禮（部）〔郎〕陳覺民於熙寧七年選中國子監上舍生登科，是時第五甲賜同學究出身。欲望用丁執古等免省試陞甲恩例改賜本官出身。詔陳覺民特依陞甲例，與當年第四甲同進士出身。

（清）徐松《宋會要輯稿・選舉九・賜及第》 至道元年四月十四日，詔布衣潘閬對，賜進士及第，試國子四門助教。閬賣藥京師，好交結貴近。有言其能詩者，因召見而有是命。未幾追還詔書。

（清）徐松《宋會要輯稿・選舉九・賜及第》 神宗熙寧元年八月七日，賜茂材異等科王安國進士及第。先是，上書以安國翰林學士安石之弟，安國素有行義，學術爲士推尚。近閱所著序言，文辭優贍，理道該明，可令舍人院召試策論。以所試中優等，命之。

（清）徐松《宋會要輯稿・選舉九・賜出身》 〔大中祥符三年〕六月九日，賜草澤許申、進士祖高進士及第，洪矩同進士出身。先是東封，邀車駕獻文者數百人，帝閱申等文有可采，召試賜科名。既而以高即監察御史之子，坐姦贓死，高不合齒於科第，命補三班借職。

（清）徐松《宋會要輯稿・選舉九・賜出身》 康定二年正月二十四日，賜太常寺太祝李壽朋、將〔作〕監主簿李復圭同進士出身。壽朋、圭以祖若谷罷政府及納任子恩陳乞，召試學士院，命之。

（清）徐松《宋會要輯稿・選舉九・賜童子出身》 〔大中祥符〕七年正月二十五日，賜童子李淑進士出身。淑即通判亳州若穀之子。乘輿朝謁太清宮，制置使丁謂言淑年十二歲，穎悟勤篤，獻頌以述盛禮。召對行在，面命賦《朝謁太清宮》詩，援筆立成。帝嘉賞之，詔中使引送中書，即有是命。

（清）徐松《宋會要輯稿・選舉一〇・試判》 大中祥符六年二月十三日，流内銓引對前泉州觀察推官公孫簡，帝閱所試判辭荒繆，止命加階。簡不謝，自陳有勞，乞改京秩。帝令示所試判辭，簡堅乞不已，聲甚厲。詔付御史劾之。翊日，責授房州文學。

（清）徐松《宋會要輯稿・選舉一〇・試判》 〔天聖七年〕十月六日，流内銓言：准敕置書判拔萃條例聞奏。竊以國家精求理道，博採俊髦，既設禮闈，搜訪多士，復張科目，拔擢異才，斯誠善建之永圖，守文之長策也。其書判拔萃科，先録所業判詞，於内銓投下，委判銓官看詳，如詞理優長，明言堪應得上件科，具名聞奏。今詳詔旨，蓋欲擢彼沉英，致之異等，不獨取於刀筆，（盡）〔蓋〕將觀彼才能。今較納到判詞，或纔出文場，未更事任，或方登官路，殊昧政經，或潛恐移官，志防遠適，或見隸邊郡，意望早還，各設詭謀，全乖實効。儻不伸於約束，必難副於詳求。今具畫一條，若蒙俞允，非惟塞奔競之塗，抑亦助澄清之化。又詳投納所業，雖於文彩粗有規程，慮假手以自媒，恐責寔而無狀。若令判銓官明言堪應，非敢輒逃於公累，切虞未盡於事宜。欲將判詞編排作三等，具名申奏，乞兩制別差官考定。應初任官考定求試，須任四考以上，方得投狀。其見任沿邊、川、廣、福建及見係銓司起請移官人，並須迴日投狀，庶無濫進，稍合中規。事下兩制，翰林學士章得象等言：伏詳判銓官並是朝廷選任臺閣臣僚，看詳判詞優劣，必盡允當，望止依元勅，令判銓官看詳。如詞理優長，明言堪應上件科目，具名聞奏，更不別差官考定。仍依舊制，不限任數奏第。若見任沿邊、川、廣、福建不搬家地分，及見係銓（係）〔司〕起請移官人，如合係移入沿邊、川、廣、福建不搬家地分，即依銓司起請，未得求試。詔應歷官三考以上，方許投狀，仍令判銓官看詳，分三等聞奏，如兩制之議。

（清）**徐松**《**宋會要輯稿·選舉一二·童子科**》　嘉定五年正月二十三日，臣僚言：竊見進士一科，試以三場，限以三載。間有舉子多而員額窄者，每數百人取一人，爲選如此其艱。童子一科，近年應舉者源源不絕，此皆明作人小子有造之效，然有恩數太濫之弊。照得童子能《九經》者免一解，兼講説書免兩解。今之所講説者，不過父兄以講義與之誦念，實未嘗通曉義理。以背念《九經》方免一解，背念一經講義亦免一解，是以講説免者不其大僥幸乎！乞今後通念《九經》及講説者，只於免一解之外，特賜束帛，以示優異。從之。

（清）**徐松**《**宋會要輯稿·選舉一三·唱名**》　雍熙二年三月十五日，太宗御崇政殿試進士，梁顥首以程試上進。帝嘉其敏速，以首科處焉。十六日，帝按名一一呼之，面賜及第。唱名賜第，蓋自是爲始。

（清）**徐松**《**宋會要輯稿·選舉一三·試法**》　嘉祐四年七月二日，御史臺言：選人乞試斷案，逐時令與審刑院、大理寺同共考試。近據前鄜州司法韓嘉言等八人乞試，尋會問並各鄉待闕，或已赴任。欲乞自今後逐年立定時限，令如期赴試，候考較得中，依（修）〔條〕送逐司上簿，免成限滯。詔今後選人乞試律斷案，如三月後投狀，即八月引試；九月後投狀，即來年二月引試。

（清）**徐松**《**宋會要輯稿·選舉一四·鏁廳**》　天聖元年閏九月十三日，開封府言：准詔衛尉寺丞王舉善等並許應舉，見選差官考試次。所有將作監主簿劉晛，緣是權發遣開封府公事劉燁男，乞別差官考試。詔晛差判國子監官考試。

（清）**徐松**《**宋會要輯稿·選舉一五·發解**》　景祐元年正月十三日，知青州夏竦言：考試舉人內合格係額進士劉槩等二十二人外，更有合格進士王子厚等二十四人，乞充填諸科闕額人數。知永興軍范雍奏本府發解舉人，除額定九人外，有竇璋等八人文理可采，欲乞收試。詔貢院並依例收計。

（清）**徐松**《**宋會要輯稿·選舉一六·發解**》　〔建炎四年〕五月二十一日，權禮部員外郎侯延慶言：行在職事及釐務官隨行有服親若門客之類，欲乞立應舉法，以國子監進士爲名。其解發人數，依舊制以就試終場人爲率，七人取一名，餘分亦聽取一名。詔門客請解取人，合依崇寧貢舉令外，餘依所乞，仍就轉運司附試。

（清）**徐松**《**宋會要輯稿·選舉一六·發解**》　〔建炎十年〕十月十六日，禮部言：轉運司就試舉人，與試官合行迴避者，欲比附國子監發解體例，於試院內別行擗截一位，視就試人多寡，於所差試官內分差一二員，專引考校於外試避親位前，安排避親舉人坐次，別出題目。其試卷令封彌所用避親字印別號關送謄録所，專置歷送避親官考校。候考校申號訖，先次出號狀，委轉運司官專行收掌草卷，實封送彌封官。候差拆號官對號開拆，立項放榜。從之。從太常少卿陳鼎請也。

（清）**徐松**《**宋會要輯稿·選舉一六·發解**》　隆興元年三月二十一日，禮部言：太學生邵南一等引登極赦書，訴乞在籍學生免解恩例。其南一等各請長假，除程限已滿一年之人，依條各除籍，緣降赦日並在籍。詔南一等准條除籍，與免文解一次。

（清）**徐松**《**宋會要輯稿·選舉一七·武舉**》　真宗咸平三年五月十三日，詔兩制館職詳定武舉、武選入官資序故事。五年十月四日，以應武舉進士王淵爲海州懷仁縣主簿。

（清）徐松《宋會要輯稿・選舉一七・武舉》 明道二年十一月十六日，尚書兵部言：准中書批送應武舉進士史詢、張存狀，昨天聖八年六月中御試下第，乞比類貢院舉人免取文解，令收接文狀。未審合投下文字，爲復與免考試，詔與免馬軍司試武藝。

（清）徐松《宋會要輯稿・選舉一七・武舉》 熙寧元年十一月十八日，南郊赦：昨復武科，特新選法。如聞三路頗有遺材，應河北、河東、陝西臣僚，今後當舉奏武舉人者，路分都總管、副都總管各委舉三人，轉運使副、提點刑獄、路分（鈴）〔鈐〕轄、勾管路分軍馬各三人，餘依舊制。仍須是本路土著，不得以遊士寄貫人罔冒充數。

（清）徐松《宋會要輯稿・選舉一七・武舉》 隆興元年正月八日，兵部言：武舉省試，例附禮部貢院別試所。今降旨更不臨軒。其免省還試特奏名武舉人，合試兵機策一道，欲乞就差本院考試官出題考校。從之。

（清）徐松《宋會要輯稿・選舉一八・試官》 太宗太平興國元年十二月一日，命太子中允直舍人院張洎、右補闕石熙載考試諸州所貢進士，户部郎中侯陟、贊善大夫侯陶、太子中舍陳鄂考試諸科舉人。

（清）徐松《宋會要輯稿・選舉二三・銓選》 〔元祐〕六年五月十八日，吏部言：按條，官員不因罪犯體量離任，注謂舉辟及對移、就移、避親、丁憂、罷任之類，别授差遣，各願補滿前任月日者聽，所補不及二年，願再滿一任者亦聽。看詳條元無對移之文，亦無添入意義，所有對移二字，殆爲虚文，今欲於注文内除去。從之。

（清）徐松《宋會要輯稿・選舉二三・銓選》 〔元祐六年〕十二月二十二日，御史中丞鄭雍言：伏見吏部員多闕少，堂除遷徙太數，遲速不齊，非常行之法。乞今後吏部所差知州、通判人，並依舊以二年半爲任；六曹郎官除非次遷進外，並實以三年爲任。如以員多闕少，即乞量減年月，或以差除難定，即令少延歲時，每有闕員，隨材進補，不必遞遷。如任滿，朝廷考察顯有才效，雖不次褒（耀）〔擢〕，亦足以風勸在位。其堂除知州及監司，如非朝廷須合遷召，並不以無名除改。詔應内地知州、通判除堂除人外，並依元祐元年十月四日法差注。

（清）徐松《宋會要輯稿・選舉二三・銓選》 元符元年二月十五日，吏部言：林希乞八路員闕用熙寧元豐舊條，並紹聖新制一處參酌，修完成書。詔令吏部四選同共編修。乞將川、峽、福建、湖南路季闕並去替一年使闕。從之。

（清）徐松《宋會要輯稿・選舉二三・銓選》 徽宗崇寧元年十一月二十八日，臣僚上言：臣欲乞聖斷，嚴立條式，每歲終委省寺監之長考其屬官之成，六曹尚書考其郎官之成，尚書都省視六尚書之成者陟之，不成者黜之，如《周官》大計群吏之治而誅賞之法，庶幾官師相規，亹亹夙夜，率職趨事，以上副陛下董正治官之意。詔令吏部修立每二歲黜陟之法聞奏。

（清）徐松《宋會要輯稿・選舉二四・銓選》 景德元年八月，詔流内銓，凡引選人，齎所試書判，以備親覽。真宗因言選人書到有紕繆者，寇准曰：其中亦有書字不成者，請自今令銓司引對日齎所試，以備奏御。從之。

（清）徐松《宋會要輯稿・選舉二四・銓選》 《神宗正史・職官志》審官西院熙寧三年五月二十八日置。詔曰：國家以西樞内輔，贊翊本兵，任爲重矣，而狃於舊制，自右職陞朝以上，必兼擇而除授之。是以三公府而親有司之爲，非所以遇朕股肱之意也。今使臣增員至衆，非張官置吏以總其事，則不足以一文武之法而礪中外之才。宜以審官院爲東院，别置審官西院，置知院二，領閤門祗候以上至諸司使磨勘及常程差遣事。俾銓叙有常經，黜陟有常守，官修而紀律振，任專而考察精，庶熙治綱，以副朕志。乃以天章閣待制齊恢爲知院，兵部郎中韓縝同知，以舊太常禮院爲治所。始上論大使臣磨勘及常格注授，欲歸有司，樞密使文彦博等不欲，曰：因注差遣，累與使臣相見，尚猶患不知其人。若付之審官，則愈不可知，緩急難爲選擢矣。上曰：欲知之，不在數見使臣，常程差遣何足與？王安石曰：省細務，乃可論大體。韓縝曰：此事於樞密吏人不便。彦博曰：果合如此，亦不論吏便與否。安石曰：密院亦止是五代始置。曾公亮曰：欲分宰相權爾。上曰：前代亂，豈緣不分樞密院乎？安石曰：綱紀修，視聽不蔽，則人主權自然歸一。不然，則樞密亦能專權，如史洪肇之徒是也。五代用武，故政出樞密，宰相備位而已，非治法也。於是降詔卒置之，仍省樞密院六十有二事歸之。官制行，歸吏部尚書右選。

（清）徐松《宋會要輯稿・選舉二四・銓選》 靖康元年七月二十四日，詔：今後河北、河東、陝西路州縣兵官，每處止許差宗室一員，見任人候任滿日罷。

（清）徐松《宋會要輯稿・選舉二五・銓選》 天禧元年三月，詔：三班使臣受任程差遣，須替人年滿，即得赴任，不得預往新任處守闕。見今已辭發者，逐路轉運司曉諭知委。

（清）徐松《宋會要輯稿・選舉三一・召試》 太祖乾德二年正月十日，祕書郎直史館張去華上章訴居官久次，且言祠部郎中、知制誥張澹及祠部員外郎、知制誥盧多遜、殿中侍御史師頏等文學膚淺，願與校其優劣。帝臨軒策試，命翰林院學士承旨陶穀、學士竇儀、吏部尚書張昭、知制誥趙逢、高錫考其程試。以澹所對不應策問，責授左司員外郎，擢去華爲右補闕，賜襲衣、銀帶、鞍馬。

（清）徐松《宋會要輯稿・選舉三一・召試除職》 太宗端拱元年正月八日，中書召試大理評事羅處約、王禹偁。帝自命題，云詔直館吏和所進《賀雪詩稱賞序》一首、《履春水》一首，帝覽其文，詔禹偁爲右拾遺，處約爲著作郎，並直史館，賜緋魚。

（清）徐松《宋會要輯稿・選舉三二・召試雜録》 明道二年正月二十日，光禄寺丞盛申甫、馬直方並自陳館閣讀書積年，乞從帖職。詔特給日食，須三年試充校勘，自今不置館閣讀書員。

（清）徐松《宋會要輯稿・選舉三二・憫恤舊族》 大中祥符三年三月十九日，賜故鄧州觀察使錢若水母漢陽郡太夫人盧繒帛羊酒，弟前孟州河陽令若沖帛三十匹，副以藥餌。若沖以仆人張和酗酒笞之，退有怨誹，又笞之百數。和夜竊長刀，潛室中，伺而害之，斷其臂。若沖叫呼，姪維周洎仆梁遠至，皆爲所害。遠父信及門人賈休復繼至，皆被傷。和將徑入堂室，值門閉，燭至就擒。詔磔和於若沖之門。若水母年八十餘，一子延年方數歲，帝憫之，特遣使存恤焉。

（清）徐松《宋會要輯稿・選舉三三・特恩除職上》 至道三年七月二日，知制誥梁周翰等言，虞部員外郎、前史館檢討董元亨，乞賜還職。詔充史館檢討。

科舉

論說

（宋）司馬光《司馬光奏議》卷四《論舉選狀嘉祐六年八月二十一日上》

右臣竊以取士之道，當以德行爲先，其次經術，其次政事，其次藝能。近世以來，專尚文辭。夫文辭者，迺藝能之一端耳，未足以盡天下之士也。國家雖設賢良、方正等科，其實皆取文辭而已。近以祫享赦節文，應天下士人有素敦節行兼通學術，久爲鄉里所推者，委轉運使、提點刑獄同加搜訪，每路各三兩人，仍與本處長吏連署結罪，保舉聞奏。所舉之人，朝廷命本州敦遣，至則館於太學，待遇甚厚。考試之際，不糊名謄録，既而署等補官，皆過所望。此誠合先王取士之道。臣謂國家將除積久之弊，立太平之基，天下士大夫皆靡然嚮風矣。行之未幾，忽聞朝廷一切罷之，無不悵然失望。臣誠戇愚，不識所謂。若以所舉之人，多非實有材行，則當治舉將之罪，別加搜訪，豈可以一二人謬濫，廢天下之舉賢？是由因溺而廢天下之舟，因噎而廢天下之食也。且人之毀譽，或出愛憎，雖復聖賢，不能自免。孔子曰：衆好之，必察焉；衆惡之，必察焉。恐國家亦未可以此遥斷否臧，遽行黜陟也。就使其人平昔所行誠有虧缺，古之人或舉於漁鹽，或舉於盜賊，豈可不容其改行自新，而終身棄之乎。且人之行能，迭有短長，若不棄瑕録用，而以一節廢之，則失之多矣。臣愚以爲天子撫有四海，海内之士，不可一一身察之也。必資舉者，然後能盡天下之才。既用舉者之言，授之爵禄，苟不嚴爲禁約，以防其私，則請託欺罔，無不至矣。竊以孝者，士之尊行；廉者，吏之首務。故漢世舉士，皆用孝廉，行之最久，得人爲多。臣欲乞應天下知州府軍監任内，聽舉孝廉一人；大藩聽舉二人；轉運使、提點刑獄任内，聽舉三人。並須到任及一年以上，方得奏舉。夫鄉舉里選，雖爲古法，今之爲吏者，不得久於其任，士之素行或不能盡知。若本部無人可舉，即聽舉別部之人素所知者，以充其數。其在京兩制以上，聽歲舉一人，其舉狀逐時送下貢院，置簿收掌。每遇科場詔下，即委貢院選择其日，以前舉主最多者取三十人申奏，降指揮下本貫敦遣赴闕。若舉主數同者，即以發狀先後爲次，謂若俱有三人舉主，則取第三狀日月在前者。仍於進士奏名額内減三十人。候到闕日，或陛下臨軒親試，或委中書門下試經義策一道，時務策一道，但以義理優長爲上，不取文辭華美。若所對經義乖戾聖意，及時務全不通曉，方行黜落。其及第授官，並與進士第一甲同在明經之上，仍於告身前列坐舉主姓名。其所舉之人若犯私罪，情理重及正入己贓，未及第者，舉主減三等；已及第者，減一等坐之，並不以赦原。其公罪及私罪情理輕者，舉主不坐。其未舉以前，若曾犯罪，除公案見在，證驗明白外，舉主亦不坐。即因勢要屬請求舉，及爲人屬請并受屬請而舉之者，並科違制之罪，受贓者並以枉法論。即敦遣不至者，更不就除官。若累經敦遣不至，即乞朝廷臨時裁度，特加聘召，不爲定制。又國家置明經一科，少有應者，及諸科所試大義，有司不以定去留，蓋由始者立格太高，致舉人合格者少。臣欲乞今後明經所試墨義，止問正文，不問注疏。其所試大義，不以明經諸科，但能具注疏本意，説解稍詳者爲通。雖不失本意，而講解疏略者爲粗，餘並爲不通。若能先具注疏本意，次引諸家雜説，更以己意裁定，援據該贍，義理高遠，雖文辭質直，皆爲優等，與折二通。若不能記注疏本意，但以己見穿鑿，不合正道，雖文辭辨給，亦降爲不通。其明經以六通，諸科以四通以上爲合格。若合格人少，即並取粗多者；合格人多，即減去通少者。委試官臨時相度，令合元額。又舊制明經以《周易》、《尚書》爲小經，今欲乞以《周易》、《尚書》、《毛詩》爲一科，《三禮》爲一科，《春秋三傳》爲一科。皆習《孝經》、《論語》爲帖經。又説書一科，議者多以爲不當廢，欲乞與明經並置。但每次科場，止取十人，奏名在諸科額内。試中受官，並與諸科同。若自以本科及第或出身者，更不得就試説書。如此則求賢之路廣，請託之源絶，浮僞之風息，得人之頌興矣。謹具狀奏聞，伏候敕旨。

（宋）司馬光《司馬光奏議》卷六《論諸科試官狀》　右臣伏見朝廷取勘諸處發解考試諸科官，以所解之人到省十有九不中者。臣竊惟國家本設諸科，以求通經之士，有司專以上文下注爲問，已爲弊法。竊聞去歲貢院出義題官，更於弊法之中曲爲奇巧。或離合句讀，故相迷誤；或取卷末經注字數以爲問目。雖有善記誦之人，亦不能對。其於設科本意，不亦遠乎。是則罪在貢院出義題官，不在諸處發解官也。今舉人被黜，已非其理。又并發解之官，亦坐停替，臣恐自此爲吏者益務奇巧，從學者益棄本原，殆非所以省刑罰、隆經術也。伏望朝廷更取本處解發上件諸科試卷，委官覆考。其通粗合格者，特與免罪。不合格者，乃依法坐之。仍敕貢院將來科場選擇通經術、曉大體之人，充諸科出義官。依條出義，毋得更如今來詭僻苛細。至時如有十有九不中之人，然後取勘本處發解考試官，依前後條貫施行。如此則彼皆無辭于罰，論者亦不以爲寃矣。謹具狀奏聞，伏候敕旨。

（宋）司馬光《司馬光奏議》卷一四《貢院奏繫官親人許鏁應狀治平元年上》　先准嘉祐三年八月二日中書札子，供繫官親授班行人云云，右具如前。當院檢會貢舉條制，若奇才異行卓然不羣者，雖工商雜類，亦聽取解，又進納人自來皆得鏁應。看詳上件，繫官親人並是三代食禄之家，有人保任，方得充選。比於工商雜類納財授官之人，流品殊勝，其中豈無奇才異行可以進用？豈可止以連姻帝族，遂同贓私罪犯之人，不得鏁廳應舉？求諸義理，全無意謂。欲乞今後應與宗室女爲親補轉班行者，如別無事節違礙科場條貫，並許依其它武臣例鏁廳應奉，以廣求賢之路。

（宋）司馬光《司馬光奏議》卷一五《貢院乞逐路取人狀治平元年上》　准中書批送下太子中舍知封州軍州事柳材奏：伏見國家間歲一開科場，詔下州郡，使之鄉舉里選，遣詣京師，覆試於禮部，雖幽遠之士，咸與其進。然而天下發解進士到省，常不下兩千餘人，南省取者，纔及二百，而開封、國學鏁廳預奏名者，殆將太半，其諸路州軍所得者，僅百餘人爾。惟陝西、河東、河北、荊湖北、廣南東、西等路州軍舉人，近年中第者或一二。竊以科舉既頻，天下之士誠奔走之不易，而嶺外尤爲遐僻。每隨計動，經五七千里，往來不啻百餘程。跋履道塗，蒙犯風雪，比至京師，扶持困躓之不暇，使與郊圻安燕之士角其藝能，固不可得也。既而不第，孤寒之路，最爲蹭蹬。干進且難，往往廢學。於臣愚見，似有未均。欲乞今後南省考試進士，將開封、國學鏁廳舉人試卷衰同糊名。其諸道、州、府舉人試卷，各以逐路糊名，委封彌官於試卷上題以在京、逐路字，用印送考試官。其南省所放合格進士，乞於在京、逐路以分數裁定取人。所貴國家科第均及中外。如允所請，伏乞下兩制詳定者。右謹具如前。當院今將簿籍勘會，近歲三次科場內，嘉祐三年：國子監得解及免解進士共一百一十八人，及第者二十二人，約五人中取一人。開府封得解及免解進士共二百七十八人，及第者四十四人，約六人中取一人。河北路得解及免解進士共一百五十二人，及第者五人，約三十人中取一人。京東路得解及免解進士共一百五十七人，及第者五人；梓州路得解及免解進士六十三人，及第者二人，並約三十一人中取一人。廣南東路得解及免解進士共九十七人，及第者三人，約三十二人中取一人。荊湖南路得解及免解進士共六十九人，及第者二人，約三十四人中取一人。廣南西路得解及免解進士共三十八人；利州路得解及免解進士共二十六人；夔州路得解及免解進士共二十八人，及第者各只一人。河東路得解及免解進士共四十四人，全無人及第。嘉祐五年：國子監得解及免解進士共一百八人，及第者二十八人；開封府得解及免解進士共二百六十六人，及第者六十九人，並約四人中取一人。京東路得解及免解進士共一百五十人，及第者五人，約三十人中取一人。荊湖南路得解及免解進士共六十九人，及第者二人，約三十四人中取一人，廣南東路得解及免解進士共八十四人，及第者二人，約四十二人中取一人。河東路得解及免解進士共四十一人；陝西路得解及免解進士共一百二十三人，及第者各只一人。荊湖北路得解及免解進士共二十四人；廣南西路得解及免解進士共六十三人；夔州路得解及免解進士三十二人，並全無人及第。嘉祐七年：國子監得解及免解進士共一百一十一人，及第者三十人，約四人中取一人。開封府得解及免解進士共三百七人，及第者六十六人，約五人中取一人。荊湖南路得解及免解進士六十八人，及第者二人，約三十四人中取一人。陝西路得解及免解者進士共一百二十四人，及第者二人，約六十二人中取一人。河北路得解及免解進士共一百五十四人，河東路得解及免解進士共四十五人；荊湖北路得解及免解進士共二十三人，及第者各一人。廣南東路得解及免解進士共七十七人；廣南西路得解及免解進士共六十三人，利州路得解及免解進士共二十八人，並全無人及第。以此比較在京及諸路舉人得失多少之數，顯然大段不均。蓋以朝廷每次科場所差試官，率皆兩制二館之人。其所好尚，即成風俗。在京舉人追趣時好，易知體面，淵源漸染，文采自工。使僻遠孤陋之人與之爲敵，混同封彌，考較長短，勢不侔矣。孔子曰：十室之邑，必有忠信如丘者焉。言雖微陋之處，必有賢才，不可誣也。是以古之取士以郡國户口多少爲率，或以德行，或以材能，隨其所長，各有所取。近自族姻，遠及夷狄，無小無大，不可遺也。今或數路之中全無一人及第，則所遺多矣。國家用人之法，非進士及第者不得美官，非善爲賦詩，論策者不得及第，非遊學京師者不善爲賦詩、論策。以此之故，使四方學者皆棄背鄉里，違去二親，老於京師，不復更歸。其間亦有身負過惡，或隱憂匿服不敢於鄉里取解者，往往私買監牒，妄冒户貫，於京師取解。自間歲開科場以來，遠方舉人憚於往還，只在京師寄應者，比舊尤多。國家雖重爲科禁，至於不用蔭贖，然冒犯之人，歲歲兹甚。所以然者，蓋由每次科場及第進士，大率是國子監、開封府解送之人。則人之常情，誰肯去此而就彼哉。夫設美官厚利進取之塗以誘人於前，而以苛法空文禁之於後，是猶決洪河之尾，而捧土以塞之，其勢必不行矣。《書》曰：無偏無黨，王道蕩蕩。國家設賢能之科，以俟四方之士，豈可使京師詐妄之人獨得取之？今來柳材所起請科場事件，若依而行之，委得中外均平，事理允當，可使孤遠者有望進達，僑寓者各思還本土矣。難者必曰：國家比設封彌謄録，以盡至公，其諸路舉人所以及第少於在京者，自以文藝疏拙，長短相形，理宜黜退。今若於封彌試卷上題在京一逐路字號，必慮試官挾私者因此得以用情。是大不然。國家設官分職以待賢能，大者道德器識，以弼諧教化；其次明察惠和，以拊循州縣；其次方略勇果，以扞禦外侮；小者刑獄錢穀，以供給役使。豈可專取文藝之人，欲以備百官、濟萬事邪？然則四方之人雖於文藝或有所短，而其餘所長有益於公家之用者，蓋亦多矣。安可盡加棄斥，使終身不仕邪？凡試官挾私者，不過徇其親知鄉黨。今雖題逐路字號，若試官欲徇其親知，則一路之人共聚一處，不知何者爲其親知。若欲徇其鄉黨，則一路之中所取自有分數，豈敢偏於本路剩取一人？以此言之，雖題逐路字號，試官亦無所容其私也。今欲乞依柳材起請，今後南省考試云云，裁定取人。若朝廷尚以爲有所嫌疑，即乞令封彌官將國子監、開封府及十八路臨時各以一字爲偏傍立號。假若國子監盡用乾字，開封府盡用坤字，京東路盡用離字，京西路盡用坎字爲偏傍，其餘路分，並依此例。委知貢舉官於逐號之中，考校文理善惡，各隨其長短，每十人中取一人奏名。其不滿十人者，六人以上亦取一人。五人以下更不取人。其親戚舉人別試者，緣人數至少，更不分别立號，只依舊條混同封彌，分數取人。其合該奏名者，更不入南省奏名數内。如允所奏，乞降指揮下貢院遵守施行。

（宋）司馬光《司馬光奏議》卷二〇《選人試經義札子治平二年十二月十七日上》 臣竊見國家舊制，資蔭出身人初授差遣者，並令審官院流内銓試省格詩或賦或論一首，或《五經》墨義十道，各從其便。其賦、論、墨義，徒有其名，無人願試。大率皆乞試詩。其間甚有假手於人，真偽難辨。就使自能作詩，辭采高妙，施於治民，亦無所用。不可以此便爲殿最。臣欲乞今後應資蔭出身人初授差遣者，並委審官院流内銓試《孝經》、《論語》大義共三道。仍令主判臣僚更將所對義面加詢問，使之口説。若義理精通者，特爲一等，並所試大義卷子，保明聞奏。京官與減一任監當，選人並與家便差遣合入家便者，與先次；其義理稍通者，依常調；不通者，且令修學，候一周年外再試，必須試中方得出官。若年四十以上者，即聽依舊制，只寫家狀讀律。如此則公卿大夫子弟，皆嚮學知道，亦近於先王教冑子之術也。取進止。

（宋）司馬光《司馬光奏議》卷三七《起請科場札子元祐元年上》

臣伏覩朝廷改科場制度，第一場試本經義，第二場試詩賦，第三場試論，第四場試策試。新科明法，除斷案外，試《論語》、《孝經》義。奉聖旨，令禮部與兩省、學士、待制、御史臺、國子監司業集議聞奏。臣竊有所見，不敢不以聞。凡取士之道，當以德行爲先，文學爲後。就文學之中，又當以經術爲先，辭采爲後。是故《周禮》大司徒以六德六行賓興萬民，漢以賢良方正孝廉質樸敦厚取士。中興以後，取士尤爲精慎，至於公府掾屬、州從事、郡國計吏、丞史、縣功曹、鄉嗇夫，皆擇賢者爲之。苟非其人，則爲世所譏貶。是以人人思自砥礪，教化興行，風俗純厚。乃至後世陵夷，雖政刑紊於上，而節義立於下。有以奸回巧偽致富貴者，不爲清議所容。此乃德化之本源，王者所先務，不可忽也。熹平中，詔引諸生能文賦者待制鴻都門下，蔡邕力争，以爲辭賦小才，無益於治，不如經術。自魏晋以降，始貴文章而賤經術，以詞人爲英俊，以儒生爲鄙樸。下至隋唐，雖設明經、進士兩科，進士日隆，而明經日替矣。所以然者，有司以帖經墨義試明經，專取記誦，不詢義理，其弊至於離經析注務隱争難多方以誤之。是致舉人自幼至老，以夜繼晝，腐唇爛舌，虚費勤勞，以求應格。詰之以聖人之道，瞢若面牆，或不知句讀，或音字乖訛，乃有司之失，非舉人之罪也。至於以賦、詩、論、策試進士，及其末流，專用律賦格詩取捨過落，摘其落韻、失平側、偏枯不對、蜂腰鶴膝，以進退天下士。不問其賢不肖，雖頑如跖蹻，苟程試合格，不廢高第；行如淵騫，程試不合格，不免黜落，老死衡茅。是致舉人專尚辭華，不根道德，涉獵鈔節，懷挾勦剽，以取科名。詰之以聖人之道，未必皆知。其中或遊處放蕩，容止輕儇，言行醜惡，靡所不至者，不能無之。其爲弊亦極矣。神宗皇帝深鑒其失，於是悉罷賦詩及經學諸科，專以經義、論策試進士。此乃革歷代之積弊，復先王之令典，百世不易之法也。但王安石不當以一家私學欲盡掩先儒，令天下學官講解及科場程試，同己者取，異己者黜，使聖人坦明之言，轉而陷於奇僻；先王中正之道，流而入於異端。若己論果是，先儒果非，何患學者不棄彼而從此？何必以利害誘脅如此其急也。又黜《春秋》而進《孟子》，廢六藝而尊百家。加之但考校文學，不勉勵德行，此其失也。凡謀度國事，當守公論，不可希時，又不可徇俗。宜校是非之小大，利害之多少，使質諸聖人而不謬，酌於人情而皆通，稽於上古而克合，施之當世而可行，然後爲善也。今國家大議科場之法，欲盡善盡美，以臣所見，莫若依先朝成法，合明經、進士爲一科，立《周易》、《尚書》、《詩》、《周禮》、《儀禮》、《禮記》、《春秋》、《孝經》、《論語》爲九經。令天下學官依注疏講説，學士博觀諸家，自擇短長，各從所好。《春秋》止用《左氏傳》，其《公羊》、《穀梁》陸淳等説，並爲諸家。《孟子》止爲諸子，更不試大義。應舉者聽自占習三經，以上多少隨意，皆須習《孝經》、《論語》，於家狀前開坐習某經某經。又每歲委陞朝文官保舉一人，不拘見在任不在任，是本部非本部，各舉所知。若係親戚，亦於舉狀内聲説。其舉狀稱：臣竊見某州某縣人某甲，有何行能，臣今舉堪應經明行修科。於後不如所舉，臣甘當連坐不詞。候奏狀到，朝廷下禮部貢院置簿，各分逐路抄録本人姓名，注舉主官位姓名於其下。仍下本州出給公據，付本人收執，及令本州亦如貢院置簿抄録，准備開科場日考驗公據。其舉狀既上之後，若所舉之人犯贓私罪，至徒以上，情理重及違犯名教，候斷訖，仍收坐舉主，奏乞朝廷取勘施行。其人未及第者，減五等，已及第者，減三等坐之，一如舉選人充京官法。臣竊料此法初行，其奔競屬請固不能免，若朝廷必坐舉主，無有所赦，三五人後，自皆慎擇其人，不敢妄舉。如此則士之居鄉、居家獨處闇室，立身行己不敢不慎，惟懼玷缺有聞於外矣。所請不言之教，不肅而成，不待學官日訓月察、立賞告訐，而士行自美矣。每遇開科場，其有舉主者，自稱應經明行修舉，仍於所投家狀前開坐舉主官位姓名。有司檢會薄上合同，方許收接。其無舉主者，只稱應鄉貢進士舉，如常法。每舉人三人以上，自相結爲一保，止保委是正身，及是本貫，不曾犯真刑，無隱憂匿服，此外皆不保。其本州及貢院考試，並依舊法差封彌謄録，監門巡鋪官程試之日，嚴加檢察相聚傳義傳本懷挾代筆，違者扶出。第一場先試《孝經》《論語》大義五道，内《孝經》一道，《論語》四道。先須備載正文，次述注疏大意，次引諸家異義，次以己見評其是非。以援據精詳、理長文優者爲通，其次爲粗，援據疏略、理短文拙者爲否。三通以上爲合格，不合格者先次駁放，合格者牓引次場就試，如舊試經學諸科法。或合格人數太少，則委試官臨時短中求長，詳酌放過。次場試《尚書》，次場試《周禮》，次場試《儀禮》，次場試《禮記》，次場試《春秋》，次場試《周易》大義，各五道，令舉人各隨所習經書就試，考校過落如《孝經》《論語》法。次場試論二道，一道於儒家諸子書内出題，一道於歷代正史内出題。次場試策三道，皆問時務。考策之日，方依解額及奏名人數定去留，編排高下。以經數多者在上，經數均，以論策理長文優者在上。其經明行修舉人，並於進士前別作一項出牓解發。及奏名至御前，試時務策一道，千字以上。封彌官於號上題所明經數及舉主人數。候考校詳定修畢，編排之時，亦以經數多者在上，經數均，以策理長文優者在上，文理均，以舉主多者在上。其經明行舉人，亦於進士前別作一項編排，先放及第。其推恩注官，比進士特加優異。它時選擇清要官館閣、臺諫等，並須先取經明行修人，其舉主姓名，常於官告前聲説。如此則舉人皆務尊尚經術，窮聖人指趣不敢不精，旁覽子史不敢不博，又不流放入於異端小説，講求時務，亦不敢不知。所得之士既有行義，又能明道，又能博學，又知從政，其爲國家之用，豈不賢於今日之所取乎。所有今來乞復詩賦者，皆嚮日老舉人，止習詩賦，不習經義，應舉不得，故此爲説，欲以動摇科場制度，爲己私便。朝廷若不欲棄捐舊人，候將來科場進士有特奏名者，令試詩賦，隨其優劣，等第推恩，亦無傷也。不可以此輕改成法，復從弊俗，誤惑後生。若以爲文章之士，國家所不可無，即乞試本經合格日，投狀乞試雜文，於試論次場引試。或律詩，或歌行，或古賦，或頌，或銘，或贊，或四六表啓，臨時委試官出題目，試某文，定篇數，字數共須及五百字以上，取辭采高者爲合格。候得解及奏名及第日，編排姓名高下，各在數經同等人之上。如此則文章之士亦不乏矣。至於律令敕式，皆當官者所須，何必置明法一科，使爲士者豫習之？夫禮之所去，刑之所取。爲士者果能知道義，自與法律冥合。若其不知，但日誦徒流絞斬之書，習鍛錬文致之事，爲士已成刻薄，從政豈有循良？非所以長育人材、敦厚風俗也。朝廷若不欲廢棄已習之人，其明法曾得解者，依舊應舉；未曾得解者，不得更應，則收拾無遺矣。臣愚所見如此，伏乞以臣所奏及禮部等官所議，牓國子監門及偏下諸州有州學處牓州學門，令舉人限一月内投狀，指定何法爲善，仰本州附遞以聞。候到京齊足，更委其他執政看詳參酌，從長施行。取進止。

（宋）司馬光《司馬光奏議》卷三七《乞先行經明行修科札子元祐元年上**》**

臣先上言，乞每歲委陞朝文官保舉一人，應經明行修科，與進士並置，程試一如進士。惟於及第後推恩優異，以勸勉天下舉人，使敦修士行。昨已有朝旨，來年科場且依舊法施行。竊聞近有聖旨，其進士經義，並兼用注疏及諸家之説或己見，仍罷律義，先次施行。臣竊詳朝廷之意，蓋爲舉人經義文體專習王氏新學，爲日已久，來年科場，欲兼取舊學，故有此指揮，令舉人豫知而習之。臣所乞置經明行修科者，欲使舉人知向去科場朝廷敦尚行義，不專取文學，所以美教化、厚風俗，比於經義文體，尤爲要切，宜使舉人豫知。欲乞亦降朝旨，先次施行，況與進士舊法，兩不相妨。取進止。

（宋）司馬光《司馬光奏議》卷三八《乞以十科舉士札子元祐元年上，尋依此行**》**

臣竊惟爲政之要，莫如得人，百官稱職，則萬務咸治。然人之才性，各有所能，或優於德而嗇於才，或長於此而短於彼。雖臯夔稷契，止能各守一官，況於中人，安可求備？是故孔門以四科論士，漢室以數路得人。若指瑕掩善，則朝無可用之人；苟隨器授任，則世無可棄之士。臣誤蒙甄擢，備位宰相，慎選百官，乃其職業。而智識淺短，見聞褊狹，知人之難，聖賢所重。寰宇至廣，俊彦如林，或以恬退滯淹，或以孤寒遺逸。被褐懷玉，豈能周知？若專引知識，則嫌於挾私，難服衆心；若止循資序，則官非其人，何以致治？莫若使在位達官人舉所知，然後克協至公，野無遺賢矣。臣不勝狂愚，欲乞朝廷設十科舉士：一曰行義纯固，可爲師表科。有官無官人皆可舉。二曰節操方正，可備獻納科。舉有官人。三曰智勇過人，可備將帥科。舉文武有官人，此科亦許鈐轄已上武臣舉。四曰公正聰明，可備監司科。舉知州以上資序人。五曰經術精通，可備講讀科。有官無官人皆可舉。六曰學問該博，可備顧問科。有官無官人皆可舉。七曰文章典麗，可備著述科。有官無官人皆可舉。八曰善聽獄訟，盡公得實科。舉有官人。九曰善治財賦，公私俱便科。舉有官人。十曰練習法令，能斷請讞科。舉有官人。應職事官，自尚書至給舍諫議寄禄官，自開府儀同三司至太中大夫職，自觀文殿大學士至待制，每歲須得於十科内舉三人。非謂每科各舉三人，謂各随所知某人堪充某科共計三人。其狀云：臣竊見某人有何行能，並須指陳事實，不得徒飾虚辭，位在上者，得舉在下之人；位在下者，不得舉在上之人。臣今保舉堪充某科。如蒙朝廷擢用後不如所舉，謂若舉行義纯固而違犯名教，節操方正而佞邪險躁，智勇過人而愚懦致敗，公正聰明而私曲昏闇，經術精通而不能講讀，學問該博而空疏墻面，文章典麗而鄙拙紕繆，善聽獄訟而寃滯失實，善治財賦而病民耗國，練習法令而屢致出入。及犯正入己贓，臣甘伏朝典不辭。候奏狀到日，付中書省，擇勤謹吏人專切收掌。仍十科各置簿書時抄録年月日，某官姓名，别置合舉官臣僚簿。歲終不舉及人數不足，按劾施行。或遇在京或外方有事，須合差官體量相度，點檢磨勘，剗刷催促，推勘定奪，則委執政親檢逐簿，各随所舉之科選差，令試管勾上件事務。若能辦集，即别置簿記其勞績。遇本科職任有闕，謂若經筵或學官有闕，即用行義纯固、經術精通、學問該博等科人。臺諫有闕，即用節操方正科人之類，則委執政親檢逐簿，選名實相稱或舉主人多或有勞績之人補充，仍於本人除官敕告前盡開坐舉主姓名於後。或不如所舉，其舉主從貢舉非其人律科罪，犯正入己贓，舉主減三等科罪。若因受賄徇私而舉之，罪名重者，自從重法，期在必行，不可寬宥。雖見爲執政官朝廷所不可輟者，亦須降官示罰。即朝廷臨時因事特詔舉官，謂若舉知河渠，馬牧等之類。不在十科之内者，有不如所舉，亦同此法。所貴人人重慎，所舉官皆得人。取進止。

（宋）范祖禹《范太史集》卷二六《論點檢試卷官箚子》 臣竊見禮部貢舉，差點檢試卷官二十人，自來久例點檢官先考校書鑿等第送知舉官，然後知舉官再考定去留高下，點檢官自入試院，未謄録到卷子以前及將卷子送知舉官以後，别無職事，止是中間考校。及知舉官考畢，然後分定合格卷子，點檢雜犯，故前後空閒之日常多，考試點檢之日常少，而知舉官以夜繼晝，力猶不給。臣愚欲乞將點檢官二十人分屬知舉官，每員各得屬官五人，使之相通考校，去留高下可以共議，如此則不獨任一人之見，又得稍均勞逸，必更精審。乞下禮部相度施行，取進止。

（宋）范祖禹《范太史集》卷二六《乞試院差官治雜事箚子》 臣竊見祖宗時知貢舉官，止以出題校藝爲職，專意掄選天下之士。間得奇偉絶異之才，由其用心精一也。承平日久，舉人寖多。比歲以來，法令益密，知舉官，受接詞狀，兼知雜事。日力常若不給，爲之者無不告勞，非復如曩時之優裕也。夫承平之世，政事所宜從容，況選賢取士，朝廷必慎擇其人，付以文柄。今乃疲於吏事，如此恐非設貢舉之意也。臣愚欲乞每遇貢舉，别差禮部郎官一員，專治雜事。凡詞狀之類，委知舉官判送檢法施行，庶使知舉官專意於考校，以副陛下求賢之意，取進止。

（宋）范祖禹《范太史集》卷二六《上殿論試院事箚子》 臣等伏覩省試舉人，尚書禮部貢舉一案文書，吏人並随過貢院，知舉官所治乃是禮部侍郎官之職，事務繁冗，有妨考校。臣等欲乞今後省試差禮部郎官一員，專治雜務，令知舉官得專意考校。又考試刑法舉人凖例差官十四人，員數過多，亦妨本寺治事，臣等詢問可以减半，據今舉就試人數，只合差官七人，欲乞今後减半差官，若就試人增减數多，即所差官，亦随數增减，其專治牒親戚官，止令考試刑法官一員，兼領並乞下禮部施行，取進止。

（宋）蘇轍《欒城集》卷二〇《策問三十五首・私試進士策問二十八首》 問：古者取士於鄉而養之於學，觀其德行道藝而進之以官，故其得人也全。今也雖鄉取而學養之，然其試之也獨取其藝，而德行之舉不復並立。凡今之士，雖有内懷德義而無藝以自將，則不免廢於有司，故其得人也偏。今將略其藝文而取其行義，凡科舉之法所以杜請謁而絶情故者一切盡廢，則奔競朋黨之風必扇於下。豈古之學校遂不可復耶？其具論之于篇。

（宋）蘇轍《欒城集》卷三八《右司諫論時事十四首·言科場事狀》

右臣伏見尚書禮部會議科場，欲復詩賦。議上未決，而左僕射司馬光上言，乞以九經取士，及令朝官以上保任舉人爲經明行修之科。至今多日，二議並未施行。臣竊惟來年秋賦，自今以往，歲月無幾。而議不時決，傳聞四方，學者知朝廷有此異議，無所適從，不免惶惑懣亂。蓋緣詩賦雖號小技，而比次聲律，用功不淺。至於兼治它經，誦讀講解，尤不可輕易，要之來年皆未可施行。臣欲乞先降指揮，明言來年科場一切如舊，但所對經義，兼取注疏及諸家議論，或出己見，不專用王氏之學，仍罷律義。令天下舉人知有定論，一意爲學，以待選試。然後徐議元祐五年以後科舉格式，未爲晚也。謹録奏聞，伏候敕旨。

（宋）李燾《續資治通鑑長編》卷一四三《仁宗慶曆三年》　三曰精貢舉。臣謹按《周禮》鄉大夫之職，其廢已久，今諸道學校如得明師，尚可教人《六經》，傳治國治人之道。而國家專以詞賦取進士，以墨義取諸科，士皆捨大方而趨小道，雖濟濟盈庭，求有才有識者十無一二；況天下危困，乏人如此，固當教以經濟之業，取以經濟之才，庶可救其不逮。或謂救弊之術無乃後時，臣謂四海尚完，朝謀而夕行，庶乎可濟。安得晏然不救，坐俟其亂哉！臣請諸路州郡有學校處，奏舉通經有道之士，專於教授，務在興行。其取士之科，即依賈昌朝等起請，進士先策論而後詩賦，諸科墨義之外，更通經旨。使人不專辭藻，必明理道，則天下講學必興，浮薄知勸，最爲至要。內歐陽修、蔡襄更乞逐場去留，貴文卷少而考較精。臣謂盡令逐場去留，則恐舊人捍格，不能創習策論，亦不能旋通經旨，皆憂棄遺，別無進路。臣請進士舊人三舉已上者，先策論而後詩賦，許將三場文卷通考，互取其長。兩舉、初舉者，皆是少年，足以進學，請逐場去留。諸科中有通經旨者，至終場，別問經旨十道，如不能命辭而對，則於知舉官前，講說七通者爲合格。不會經旨者，三舉已上，即逐場所對墨義，依自來通粗施行。兩舉、初舉者，至于終場日，須八通者爲合格。又外郡解發進士、諸科人，本鄉舉里選之式，必先考其履行，然後取以藝業。今乃不求履行，惟以詞藻、墨義取之，加用彌封，不見姓字，實非鄉里舉選之本意也。又南省考試舉人，一場試詩賦，一場試策，人皆精意，盡其所能。復考較日久，實少舛謬。及御試之日，詩賦文論共爲一場，既聲病所拘，意思不達。或音韻中一字有差，雖生平苦辛，即時擯逐；如音韻不失，雖末學淺近，俯拾科級。既鄉舉之處不考履行，又御試之日更拘聲病，以此士人進退，多言命運而不言行業。明君在上，固當使人以行業而進，乃言命運者，是善惡不辨而歸諸天也，豈國家之美事哉？臣請重定外郡發解條約，須是履行無惡、藝業及等者，方得解薦，更不彌封試卷。其南省考試之人，已經本鄉詢考履行，卻須彌封試卷，精考藝業。定奪等第訖，進入御前，選官覆考，重定等第訖，然後開看。南省所定等第內合同姓名偶有高下者，更不移改。若等第不同者，人數必少，卻加彌封，更宣兩地參較，然後御前放榜，此爲至當。內三人以上，即於高等人中選擇，聖意宣放。其考較進士，以策論高、詞賦次者爲優等，策論平、詞賦優者爲次等；諸科經旨通者爲優等，墨義通者爲次等。已上進士、諸科，並以優等及第者放選注官，次等及第者守本科選限。自唐以來，及第人皆守選限。國家以收復諸國，郡邑乏官，其新及第人，權與放選注官。今來選人壅塞，宜有改革，又足以勸學，使知聖人治身之道，則國家得人，百姓受賜。

（宋）李燾《續資治通鑑長編》卷三六八《哲宗元祐元年》　又禮部言，乞置《春秋》博士及進士專爲一經。

又侍御史劉摯言：

伏見國朝以來，取士設科，循用唐制。進士所試詩、賦、論、策，行之百餘歲，號爲得人。熙寧初，神宗皇帝崇尚儒術，訓發義理。以興人才，謂章句破碎大道，乃罷詩、賦，試以經義，儒士一變，皆至於道。夫取士以經，可謂知本。然古人治經，無慕乎外，故其所自得者，內足以美己，而外足以爲政。今之治經，以應科舉，則與古異矣。以陰陽性命爲之說，以泛濫荒誕爲之辭，專誦熙寧所頒新經、《字說》，而佐以莊、列、佛氏之書，不可究詰之論，爭相夸尚。場屋之間，羣輩百千，渾用一律，主司臨之，珉玉朱紫，困於眩惑。其中雖有深知聖人本旨、該通先儒舊說，苟不合於所謂新經、《字說》之學者，一切在所棄而已。至於蹈襲他人，剽竊舊作，主司猝然亦莫可辨。蓋其無所統紀，無所檃括，非若詩、賦之有聲律、法度，其是非工拙，一披卷而盡得知也。詩、賦命題，雖出於《六經》、諸子、歷代史記，故重複者寡。經義之題，出於所治一經，一經之中可爲題者，舉子皆能類聚，裒括其數，豫爲義説，左右逢之。才十餘年，數牓之間，所在義題，往往相犯。然則文章之體，貢舉之法，於此其弊極矣。

詩賦之與經義，要之，其實皆曰取人以言而已。賢之與不肖，正之與邪，終不在詩賦、經義之異。取於詩賦，不害其爲賢，取於經義，不害其爲邪。自唐以來，至於今日，名臣鉅人致君安民，功業軒天地者，磊落相望，不可一二數，而皆出於詩賦，則詩賦亦何負於天下哉。或取一詩賦，或取一經義，無異道也。但有司考言之法，有難有易。有難易，故有利害，有利害，故去取或失其實，則所繫者大矣。然則法不可以不改也，臣愚欲乞試法復詩賦，與經義兼用之。進士第一場試經義，第二場試詩賦，第三場試論，第四場試策。經義以觀其學，詩賦以觀其文，論以觀其識，策以觀其才。前二場爲去留，後二場爲名次。其解經義，仍許通用先儒傳注或己之説，而禁不得引用字解及釋典，庶可以救文章之弊，而適乎用；革貢舉之弊，而得其人。亦使學者兼通他書，又言：

漢制，因天見災異，或政有闕失，則詔郡國及在位，舉賢良文學之士，天子親策，以求其言。至於國朝，沿襲故事，於是置爲賢良、茂材科目，隨貢舉召試。其於得人，視古爲盛。近時之制，遂罷此科。臣竊以爲國家之道，得士欲廣，故取之非一途，謂常選不足以致異人，故設制科，以收超絶之才，而每舉中等，不過一二人而已。今夫官人之法，入流門户日益增多，未有澄汰，而於三年取一二非常之人，則廢其科不用，此何謂也。臣愚伏乞復置賢良方正及茂材異等科，每遇貢舉，詔近臣依舊制舉試，所以廣言路，求人材，繼祖宗之制也。【略】

又言：

近制明法舉人試以律令、《刑統》大義及斷案，謂之新科。明法登科者，吏部將司法員闕先次差注，在進士及第人之上。臣竊以先王之治天下，以禮義爲本，而刑法所以助之者也。惟君子用法，必傅之以經術，法之所治，理之所在也，故惡有所懲，而常不失忠恕之道。舊制，明法最爲下科，然其所試，必有兼經，雖不知其義而止於誦數，而先王之意猶在也。今新科罷其兼經，專於刑書，則意若止欲得淺陋刻害之人，固滯深險之士而已。又所取之數，比舊猥多，調擬之法，失其次序。臣以謂宜有更張，欲乞新科明法，並加《論語》、《孝經》大義，登科之額，裁減其半，及注官之日，並依科目資次。所貴從事於法者稍不遠義，而士之流品不失其分。伏望聖慈裁酌，如賜開允，即乞今年降詔，並自元祐五年秋試爲始。

（宋）李燾《續資治通鑑長編》卷三七一《哲宗元祐元年》 司馬光言：

伏覩朝廷改科場制度。第一場，試本經義；第二場，試詩賦；第三場，試論；第四場，試策；試新科明法，除斷案外，試《論語》、《孝經》義。奉聖旨，令禮部與兩省學士、待制、御史臺、國子監司業集議聞奏。集議在閏二月二日。臣竊有所見，不敢不以聞。

凡取士之道，當以德行爲先，文學爲後。就文學之中，又當以經術爲先，辭采爲後。是故《周禮·大司徒》以六德六行，賓興萬民，漢以賢良方正、孝廉，質樸敦厚取士。中興以後，取士尤爲精審。至於公府掾屬，州從事，郡國計吏、丞、史，縣功曹，鄉嗇夫，皆擇賢者爲之。苟非其人，則爲世所譏貶。是以人人思自砥礪，教化興行，風俗淳厚。乃至後世陵夷，雖政刑紊於上，而節義立於下。有以奸回巧偽致富貴者，不爲清議所容。此乃德化之本源，王者所先務，不可忽也。

熹平中，詔引諸生能文賦者，待制鴻都門下。蔡邕力争，以爲辭賦小才，無益於治，不如經術。自魏、晋以降，始貴文章而賤經術，以詞人爲英俊，以儒生爲鄙樸。下至隋、唐，雖設明經、進士兩科，進士日隆而明經日替矣。所以然者，有司以帖經墨義試明經，專取記誦，不詢義理。其弊至於離經析注，務隱争難，多方以誤之。是致舉人自幼至老，以夜繼晝，腐唇爛舌，虚費勤勞以求應格。詰之以聖人之道，瞢若面牆，或不知句讀，或音字乖訛，乃有司之失，非舉人之罪也。至於以賦詩、論策試進士，及其末流，專用律賦格詩取捨過落，摘其落韻，失平側，偏枯不對，蜂腰鶴膝，以進退天下士，不問其賢不肖。雖頑如跖、蹻，苟程試合格，不廢高第；行如淵、騫，程試不合格，不免黜落，老死衡茅。是致舉人專尚辭華，不根道德，涉獵鈔節，懷挾剿襲，以取科名。詰之以聖人之道，未必皆知。其中或遊處放蕩，容止輕儇，言行醜惡，靡所不至者，不能無之，其爲弊亦極矣。神宗皇帝深鑒其失，於是悉罷詩賦及經學諸科，專以經義、論策試進士。此乃革歷代之積弊，復先王之令典，百世不易之法也。

但王安石不當以一家私學，欲掩蓋先儒，令天下學官講解及科場程試，同己者取，異己者黜。使聖人坦明之言，轉而陷於奇僻；先王中正之道，流而入於異端。若己論果是，先儒果非，何患學者不棄彼而從此，何必以利害誘脅，如此其急也。又黜《春秋》而進《孟子》，廢六藝而尊百家，加之但考校文學，不勉勵德行，此其失也。凡謀度國事，當守公論，不可希時，又不可徇俗；宜校是非之小大，利害之多少，使質諸聖人而不謬，酌於人情而皆通，稽於上古而克合，施之當世而可行，然後爲善也。

今國家大議科場之法，欲盡善盡美，以臣所見，莫若依先朝成法，合明經、進士爲一科，立《周易》、《尚書》、《詩》、《周禮》、《儀禮》、《禮記》、《春秋》、《孝經》、《論語》爲九經，令天下學官依注疏講説，學者博觀諸家，自擇短長，各從所好。《春秋》止用《左氏傳》，其公羊、穀梁、陸淳等説，並爲諸家，《孟子》止爲諸子，更不試大義，應舉者聽自占習。三經以上多少隨意，皆須習《孝經》、《論語》。於家狀前開坐習某經。

又每歲委陞朝文官保舉一人，不拘見在任不在任，是本部非本部，各舉所知。若係親戚，亦於舉狀内聲説。其舉狀稱：臣竊見某州、某縣人某甲，有何行能，臣今舉堪應經明行修科。於後不如所舉，臣甘當連坐不辭。候奏狀到朝廷，下禮部貢院置簿，各逐路抄録本人姓名，注舉主官位、姓名於其下，仍下本州出給公據，付本人收執。及令本州亦如貢院置簿抄録，準備開科場日考驗公據。其舉狀既上之後，若所舉之人犯贓私罪至徒以上情理重及違犯名教，候斷訖，仍收坐舉主，奏乞朝廷取勘施行。其人未及第者減五等，已及第者減三等坐之，一如舉選人充京官法。臣竊料此法初行，其奔競屬請，固不能免。若朝廷必坐舉主，無有所赦，行三五人後，自皆審擇其人，不敢妄舉。如此則士之居鄉、居家，獨處闇室，立身行己，不敢不審。惟懼玷缺有聞於外矣。所謂不言之教，不肅而成，不待學官日訓月察，立賞告訐，而士行自美矣。

每遇開科場，其有舉主者，自稱應經明行修舉，仍於所投家狀前，開坐舉主官位姓名，有司檢會簿上合同，方許收接。其無舉主者，只稱應鄉貢進士舉，如常法。每舉人三人以上，自相结爲一保。止保委是正身，及是本貫，不曾犯真刑，無隱憂匿服，此外皆不保。其本州及貢院考試，並依舊法，差彌封、謄録、監門、巡捕官。程試之日，嚴加檢察，如舊試經學諸科法。各令求己，毋得移坐位相從，託商量相聚，傳義傳本，懷挾代筆，違者扶出。

第一場先試《孝經》、《論語》大義五道，内《孝經》一道，《論語》四道。先須備載正文，次述注疏大義，次引諸家異義，次以己見評其是非。以援據精詳，理長文優者爲通，其次爲粗，援據疏略，理短文拙者爲否。三通以上爲合格。不合格者先次駁放，合格者榜引。次場就試，如舊試經學諸科法。或合格人數太少，則委試官臨時短中求長，詳酌放過。次場試《尚書》，次場試《詩》，次場試《周禮》，次場試《儀禮》，次場試《禮記》，次場試《春秋》，次場試《周易》大義，各五道。令舉人各隨所習經書就試，考校過落，如《孝經》、《論語》法。次場試論二道：一道於儒家諸子書内出題，一道於歷代正史内出題。次場試策三道，皆問時務。考策之日，方依解額及奏名人數定去留，編排高下，以經數多者在上，經數均以論、策理長文優者在上，其餘經明行修舉人，並於進士前，别作一項出榜解發。及奏名，至御前試時務策一道，千字以上，彌封官於號上題所明經數及舉主人數，候校考詳定畢，編排之時，亦以經數多者在上，經數均以策理長文優者在上。文理均以舉主多者在上。其經明行修舉人，亦於進士前别作一項編排，先放及第。其推恩注官，比進士特加優異。他時選擇清要官、館閣、臺諫等，並須先取經明行修人。其舉主姓名，常於官告前聲説。如此則舉人皆務尊尚經術，窮聖人指趣，不敢不精；旁覽子史，不敢不博。又不流放入於異端小説，講求時務，亦不敢不知。所得之士，既有行義，又能明道，又能博學，又知從政，其爲國家之用，豈不賢於今日之所取乎。

所有今來乞復詩賦者，皆嚮日老舉人。止習詩賦，不習經義，應舉不得，故爲此説，欲以動摇科場制度，爲己私便。朝廷若不欲棄捐舊人，俟將來科場進士有特奏名者，令試詩賦，隨其優劣等第推恩，亦無傷也。下可以此輕改成法，復從弊俗，誤惑後生。若以爲文章之士，國家所不可無，即乞許人於試本經合格日，投狀乞試雜文，於試論次場引試：或律詩，或歌行，或古賦，或頌，或銘，或贊，或四六表啓，臨時委試官出題目，試某文，定篇數、字數，共須五百字以上，取辭采高者爲合格。俟得解及奏名及第日，編排姓名高下，各在經數同等人之上。如此則文章之士，亦不乏矣。至於律令敕式，皆當官者所須，何必置明法一科使爲士者豫習之。夫禮之所去，刑之所取，爲士者果能知道義，自與法律冥合。若其不知，但日誦徒流絞斬之書，習鍛鍊文致之事，爲士已成刻薄，從政豈有循良，非所以長育人材，敦厚風俗也。朝廷若不欲廢棄已習之人，其明法曾得解者依舊應舉，未曾得解者不得更應，則收拾無遺矣。

臣愚所見如此，伏乞以臣所奏及禮部等官所議牓國子監門，及徧下諸州有州學處牓學門，令舉人限一月内投狀，指定何法爲善，仰本州附遞以聞，俟到京齊足，更委其他執政看詳參酌，從長施行。先是，光以奏藁示范純仁，純仁答光曰：舉人難得朝士相知，士族近京猶可，寒遠之人，允不易矣。兼今之朝士，未必能過京官選人，京官選人，未必能如布衣，徒令求舉，未必有益。既欲不廢文章，則雜文四六之科，不若設在衆人場中，不須別設一科也。《孟子》恐不可輕，猶黜《六經》之《春秋》矣。更乞裁度。純仁更有一說，上裨聰明。朝廷欲求衆人之長而元宰先之，似非《明夷》涖衆之義。若已陳此書，而衆人不隨，則虛勞思慮，而失宰相體。若衆人皆隨，則衆人莫如相君矣。然恐爲諂子媚其間，而正人默而退。媚者既多，使人或自信爲莫己若矣，前車可鑒也。不若清心以俟衆論，可者從之，不可，便俟衆賢議之。如此則逸而易成，有害亦可改，而責議者少矣。若先漏此書之意，則諂諛之人能增飾利害，迎於公之前矣。光欣納之。

（宋）李燾《續資治通鑑長編》卷四一〇《哲宗元祐三年》 其二、

凡爲天下國家，當愛惜名器，慎重刑罰。若爱惜名器，則斗升之禄足以鼓舞豪傑；慎重刑罰，則笞杖之法足以震讋頑狡。若不愛惜、慎重，則雖日拜卿相而人不勸，動行誅戮而人不懼。此安危之機，人主之操術也。自祖宗以來，用刑至謹，習以成風，故雖展年磨勘、差替、衝替之類，皆足以懲警在位。獨於名器爵禄，則出之太易，每一次科場，放進士諸科及特奏名約八九百人，一次郊禮，奏補子弟約二三百人，而軍職轉補、雜色人流、皇族外戚之薦不與。自近世以來，取人之多，得官之易，未有如本朝者也。今吏部一官闕，率常五七人守之，争奪紛紜，廉恥道盡。中材小官，闕遠食貧，到官之後，侵漁求取，靡所不爲。自本朝以來，官冗之弊，未有如今日者也。伏見祖宗舊制，過省舉人，御試黜落不少，既以慎重取人，又以見名器威福專在人主。至嘉祐末年，始盡賜出身，雖文理紕謬，亦玷科舉。而近歲流弊之極，至於雜犯亦免黜落，皆非祖宗本意。又進士升甲，本爲南省第一人唱名，近下方有特旨，皆是臨時出於聖斷。今來南省第十人以上、別試第一人、國子開封解元、武舉第一人、經明行修舉人，與凡該特奏名人正及第者，皆著令升一甲。紛然並進，人不復以升甲爲榮，而法在有司，恩不歸於人主，甚無謂也。特奏名人，除近上十餘人文詞稍可觀，其餘皆詞學無取，年迫桑榆，進無所望，退無所歸，使之臨政，其害民必矣。欲望聖慈特詔大臣詳議今後進士諸科御試過落之法，及特奏名出官格式，務在精覈，以藝取人，不行小惠，以收虛譽，其著令升甲指揮，乞今後更不施行。昔諸葛亮與法正論治道，其略曰：刑政不肅，君臣之道漸以陵替，寵之以位，位極則賤，施之以恩，恩竭則慢。吾今威之以法，法行則知恩，限之以爵，爵加則知榮。恩榮並濟，上下有節，爲治之要也。唐德宗蒙塵南山，當時事勢可謂危急，少行姑息，亦理之常。而沿路進瓜果人，欲與一試官，陸贄力言以爲不可。今天下晏然，朝廷清明，何所畏避而行姑息之政？故臣願陛下常以諸葛亮、陸贄之言爲法，則天下幸甚。

（宋）李燾《續資治通鑑長編》卷四一〇《哲宗元祐三年》 御史中丞李常、侍御史盛陶、殿中侍御史翟思、監察御史趙挺之、王彭年言：

臣等近者累次論奏，乞以經義別爲一科，令與詩賦科並行均取者，蓋以見行科場詔條稱，將來一次科場，如有未習詩賦舉人，許依舊法取，應解發合格人，不得過解額三分之一。以此觀之，則是朝廷更無用經術設科取人之理，止以舊人未習詩賦，且於將來一次科場，量以分數收取，而欲陰消之故也。臣等所以區區者，非特爲舊習經義舉人頓然失業爲言，直以上之好惡不可不謹。以義理論之，則以經術勸士爲先，聲律爲下；以教化言之，則通經術者爲利博，事聲律者爲害大。通經術則天下之士知道德之奧，講禮義之要，修身治性，乃能履忠厚，崇廉恥，其磨礲成就，十有八九必爲良士。異日擇取以爲公卿，相與修明政刑，宣揚教化，其爲利顧不博哉。事聲律則涉獵浮靡，講習淺近，所謂道德之奧，禮義之要，弗學可也，而欲望其成忠厚廉恥之風則末矣。凡勸厲士人，而禮義廉恥之風不立，則中上之才，巧佞姦慝無不爲矣，爲害顧不大耶？臣等采之公議，且願以經義與詩賦各設一科，材性自有所長，謂經義蓋非止以一經，而又示之以新意之謂也，其詳今附之於後。臣等承乏言責，固不敢以苛末小故及自執鄙見，屢瀆天聽。重念設科取士，其是非得失，實係時政之盛衰，今朝廷立法，黜抑經術，崇尚聲律，天下皆知其非者，以干治亂之體爲不細也。臣等若緘默不言，雖或言之不能詳盡，是謂失職，倦倦之誠，所以屢獻而未已也。

臣等竊聞今太學舉人與四方之士，覩望朝廷意旨，已皆不復治經旨，凡干義理之書，一皆斥而不談。博士所講，與其父兄之訓，不復更及高遠。羣居切磨，惟是論聲韻，調平仄，事屬對，校比擬，以輕巧靡麗爲務。此臣等所以慮道術日衰，以就廢絶，將復如唐末、五代時學子志識淺陋，此有志之士每多太息而流涕也。熙寧中改科場，乃欲以經術消詩賦，於道則順，言理則直，所不善者以私意教人耳。今也欲以詩賦消經術，於道不順，爲理不直。孟子曰：吾聞用夏變夷，未聞變於夷者也。今施設乖戾，義理舛忒，亦何以異於斯耶？今將忘所以贊教化，成人材之大義而變之，於理安乎？倘以人材性有工於辭華，而或有可用也，莫如并取之爲至當。臣等輒冒斧鉞之誅，博采輿言，妄條具設科取士之所宜，以俟聖鑒而裁擇焉。臣等今采之輿議，欲以經義、詩賦各設爲一科：

一、經義進士科。欲試四場：第一場試經義六道，每經二道：欲於《易》、《書》、《詩》、《春秋》、《禮記》內，第一場各出題二道，人許占對三經，以古今注疏及己見所長，文理通贍者爲合格，不得如舊日止記誦一家之義。第二場試經義三道，每經一道，《論語》、《孟子》各一道，共五道；第三場試論一首，第四場試策三道，並問子史時務。

一、詩賦進士科。四場：第一場試詩賦各一首；第二場試經義四道，出題同第一場，人許占對一經，試本經三道，《論語》、《孟子》一道；第三場試論一首；第四場試策三道，並問子史時務。

右伏望聖慈深惟國家教化之大，陶冶人物之重，四海執經之士七八萬人，仰俟命令之所嚮，詔以臣等愚瞽之言付之有司，如或不謬，特降指揮，不勝幸甚。又言：

伏聞外論紛紛，以科場之議至今未定，舉人惶惑，莫知所向。臣等以謂詩賦既已復用，而經義一科豈可輒廢？蓋以士人操術趣向，皆視朝廷好惡，今於詩賦科內雖曰量留一經，若廢經義本科，則天下學者必謂朝廷好聲律，惡經義，不復更爲根抵義理之學。相師浮薄，靡然成風，則人材自此壞矣。朝廷立法，本欲興治救弊，乃於科場之中立破壞人材之法，此豈爲社稷萬世之利哉？

今之毀經義，崇詩賦者，以謂國朝以來，名卿賢相事業著於世者，皆自詩賦科舉得之。蓋不知學士大夫有聞者，由素講經術義理，決科之後，進學不已，發其聰明，乃能自立，非由辭賦之技所能成也。或者又謂詩賦有章句平側，於有司考校爲易，經義汗漫，於有司考校爲難。此則尤爲偏蔽不尊經術之論。且《六經》之有義理，其簡易如天地，昭明如日月，用以取人，猶權衡規矩誠陳，而方圓輕重不可欺也。議者不能深考，乃謂《六經》之義高遠而難通，淵奧而難明，因欲以私意曲學謀漸廢之，是將聾瞽天下之士，使不知道也。士不知道，則不能誠於身，信於朋友，孝於其親，忠於其君，無施而可也。孟子謂陳相：吾聞出於幽谷遷於喬木，未聞下喬木而入於幽谷者。今科舉之法，貴於誘進，成就人材，乃抑經術，重聲律，是使學者下喬木而入於幽谷，豈不陋乎。

況王者之政，務順人心。朝廷不以聲律取士近二十年，略計天下言之，挾經應舉者凡七八萬人。一旦使之棄其所學而習其所不學，捐其所能而强其所不能，則皆顛沛失業，因有終身不復更望仕進者。事雖有繫天下之大利害，亦不當矯革遽暴如此，況有害而無利乎。恭惟陛下遵迪祖宗之遺訓，務以順人，豈欲拂天下之士心至於此哉？議者又謂詩賦之法一定，豈必更恤士人之不能爲者。是勸朝廷以不仁爲政，推此心也，亦將何所不至？伏望陛下深加省察，必存經義一科，令與詩賦並行均取，以爲萬世之利。

又言：

臣等伏以設科取士，係天下利害爲不細，前後臣僚累有奏請，乞留經義與詩賦各爲一科，而均取其人。臣等近亦別狀奏聞，區區之誠，未能上悟聖心，臣等夙夜不遑安處。臣等竊聞論者以科場之設，爲取士一術，其人材美惡與得人失人，不繫於此，經義詩賦又何擇也？今朝廷遂黜經義，存詩賦，則是必用詩賦乃爲得人矣，不爾，安肯拂天下之士心而力爲之哉？此議論之臣特欲行其私意，而不知壞天下人材始於今日，臣等極爲陛下惜之。

朝廷設法本於忠厚，而其弊猶或至於涼薄，設法於涼薄，而其弊反歸於忠厚者，自古未之有也。今以經義設科，是朝廷率人以知禮義，其有不知禮義者，非經術之罪，而士之罪也。今以詩賦設科，是朝廷率人以浮靡，其相率爲浮靡者，非士之罪，而詩賦之罪也。倡率天下學士大夫趨向操術，不爲禮義而爲浮靡，可以謂之良法哉？浮靡成俗，則士無操行，士無操行，則回邪姦慝無所不爲已。且朝廷公卿百執事皆由此塗而進，今設科育材取士以爲公卿百執事，將不謹其初耶？

夫堯、舜、三代之治迹，《詩》、《書》存焉；賞罰褒貶之大法，《春秋》存焉；《禮》以治其顯，《易》以治其微。道德性命之理，人情事物之變，立身行己，仁民愛物之術，無不備載。先王用之訓迪天下士，猶有學而不知道者，又況絶之以爲無用哉？雖今詩賦舉人，兼治一經，或並設而不均，以分數取之，則名存而實亡，以多而誘其寡。蓋學者曉然知科舉雖存經義，其去取升降皆不在是，尚復留意講習耶？異時不過如昔日帖經，爲一場之數，此與不令治經何以異也？又以多而誘其寡，度不數年，經義之學絶矣。古之爲賦者亦有法度與規諷，其言又多瓌奇美麗，揚雄猶鄙之以爲雕蟲篆刻，而謂文麗用寡者相如也。如王褒、張子僑輩作爲歌頌詞賦，其才固美矣，武帝止以爲賢於倡優博弈。然則文章之不主於義理者，歷世之所不貴，況如今日之賦，文章義理兩皆失之，徒爲殘毁經義，破壞道德之一術爾，校其得失，何啻倍蓰千萬也。

臣等所言，蓋非出於私意，自有詩賦以來，名卿鉅儒深排力詆，不可勝數，伏望聖慈特加省察。如詩賦未即廢罷，伏乞存留經義一科，並行均取。不及十年，當見磨礲成俗，必有通今博古，殊才異行之人間出，以資公卿輔佐之選。書之史策，則以爲美談，行之天下，則以爲美政矣。右正言

（宋）李燾《續資治通鑑長編》卷四四九《哲宗元祐五年》

劉唐老言：臣伏覩《貢舉條制》，考進士試卷，以四場工拙定去留高下竊詳此法，蓋以分經取人，有多寡、幸不幸之異，故使程文均取，更不分經考校。然而主司以其四場通定之文，復於去取議論，所主不一，或以經義，或以詩賦，或以策論，各隨習尚，互爲升黜。緣舉人所繫利害大者，在於得失，而高下又其次焉。須其去留、高下之閒，二者分爲約束。如治平以前詞賦取士，則去留主詞賦，熙寧以後經術取士，則去留主經術，其論策二場，惟以品第高下。今既經術、詞賦別成兩科，須理各有所主，治經者必以義對爲先，作賦者當以章句爲重。臣欲乞將治經者以大義定去留，詩賦而兼經義者，以詩賦主取舍，策論止於定高下，不豫去留之例，依舊更不分經考校。如此則主司議論既各有適從，士子得失，亦不誤所習，伏乞朝廷詳酌施行。從之。

殿中侍御史上官均言：臣竊見朝廷近緣臣僚上言，頒行《貢舉條制》，治經之人以大義定去留，論策定高下，詞賦而兼經義者，以詩賦定取舍，經義、論策定高下。新制一出，士大夫皆以爲朝廷不復更取經義策論，學者相語以專事詩賦，不須考閲經史。蓋以進士應舉，以得失爲重，高下次之。今以詞賦定去留，則學者必盡力於詩賦，以幸有司之選，何暇以高下爲計邪？臣竊觀今次科場，以兩科均取進士，府學試經義者，絶十分之二。以利害計之，將來學者必皆趨習詞賦，天下之士皆應詩賦，而有司又執新制以定去留，臣恐自此學者爲文誦書，惟一意於詩賦，不復治經閲史，探考義理之學、歷代成敗之迹。雖試義問策，僅如昔時帖墨耳。竊以朝廷昨來復添詩賦，蓋緣自改經義以下，學者苟簡，不該他書，不曉聲律，故令兼習詩賦，與經義並行，以四場通定去留高下，非薄經義而尊詩賦。如朝廷之意欲卑抑經義，當時又豈復以經義爲第一場，又以四場通定高下去留耶？言者不知朝廷之意，乃欲潛消經術，專進詩賦，黜理而尚辭，遺實而取華，不亦過歟？臣竊聞太平興國八年，太宗下詔曰：進士舉人，只務雕刻之工，罕通緗素之學，不曉經義，何以官人？宜令禮部貢院，特免貼經，只試墨義二十道，較其能否，以定黜陟。天禧元年，魯宗道言：進士所試詩賦，不近治道，諸科對義，惟以念誦爲工，罔究大義。真宗曰：前已定進士兼取策論，諸科能通經者，別加考校。至和《貢舉條》：詩、賦、論、策四件並上上，爲第一等；三件並上次以上，

一件中上，爲第二等上；二件上次以上，二件中上，爲第二等下。熙寧四年罷詩賦，以經術、時務、義理、文詞通定去留高下。由此觀之，自祖宗以來，固欲兼用詩賦，又以策論通定去留高下，未聞專以詩賦去留也。而言者以爲治平以前詞賦取士，則去留主以詞賦，熙寧以後經術取士，則去留主以經術。又以爲緣不分經考校，故當時定四場通取之制，不亦過歟？言者以爲主司以有四場通定之文，所主不一，各隨習尚，互爲升黜。臣以爲學者所習，各有所長，四場程文，各有優劣，惟所主不一，取其優長，故無遺才。雖各隨習尚，互爲升黜，又何害耶？今就專以詞賦去取，若賦不合格，則經義、策論雖精深閎贍，不可復取。如此則博學能文之士，所失多矣。又詞賦之學，最爲難工，治平以前，學者久習，精者猶鮮。況新復此科，進士尚以聲病爲患，文理疏略，非前日之比。況專以詞賦去留，不免彊取疏繆之文，以應法充數。則是詩賦雖繆，以法而不得不取，經義、策論雖精，以法而不得不黜。黜其所可取，取其所可黜，實非朝廷取士求才之本意。伏望依元祐二年條制，以四場通定去留高下，庶使無失人之弊。

又言：臣昨具奏論科舉條制不當專用詩賦去留，乞依元祐二年指揮，以四場通定去留高下，未蒙施行。臣竊以朝廷之務，莫重於建官，建官之原，莫先乎取士。取之有術，則天下之士知所學而不流於淺陋。取之非其道，則學者日趨於卑近，而以苟得爲意。夫士之所學，以知道燭理爲主，而文辭次之。知道所以立己，燭理所以應務，能文所以達意。此三者，士之所學，不可偏廢也。朝廷以熙寧未改經義以前，祖宗相循，以詩賦、策論取天下之士，詩賦取其雅麗清新，協比聲韻，以文辭爲主；論策取治經習史，曉達世務，以知道燭理爲本。以此四者參定去留高下，故天下之士，泛觀博習以求應選，不敢專一技以希幸得。故歷朝以來，名臣間出，勳德相望，代不乏人者，良由取士有法，未聞以詩賦專定去留也。夫法之所取，士之所向，法之所黜，士之所舍。今以詩賦去留天下之士，則爲師者惟以詩賦爲教，爲友者惟以詩賦爲習，父以詔子，兄以詔弟，無不一出於爲詩賦，是天下之士，惟文辭之爲習，不復治經閲史，研究理致，講求世務，雖有經義、策論，殆爲虛文爾。十年以後，新學後進，漫不知有義理之學，風俗日靡，入於卑陋淺薄，固非细累。國家列聖相繼，升平百有餘年，教化涵養，歲積日靡，士之所學，宜益純正，士之所習，宜益成就。今乃偏尚詩賦，潛消義理之學，非所以奬養而成就之也。仰稽祖宗之制則非順，下原學者之心則非便，又非朝廷近年兼用詩賦之本意。伏望陛下詔執政大臣審計得失，追改新制，以正取士之法，天下幸甚。

（宋）袁説友《東塘集》卷八《論簾試中銓人》

臣竊惟今日之法，其犁然當於人心，不可一日而易者，銓試是已。苟非已銓而中，雖有以恩例而進、特旨而免，然朝廷必不敢除，給舍必不敢書，吏部必不敢擬。行之甚公，持之甚力，無有一幸免者，誠可謂良法矣。而近年以來，法出姦生，弊倖紛起，徒知銓選之法可以律任子，而不知試闈之弊反有甚於不銓。而仕者歲復一歲，姦計百出。臣請得而詳之。今一歲則一銓，銓者不下三百人，自試闈法嚴之初，子弟來試者，其才否雖不同，同于自試其文，無他説也。試闈浸寬，乃始有賄賂預結，同試之能文者約以酬勞之直，定以綴榜之數，復囑巡案之吏，使之場中寬其伺察，然後能者以代不能，小則口傳，大則授草，甚則易卷。此固已可疾矣，今大不然，則又甚于此者。自數年專以厚賂、囑托，異鄉無圖之士則預謀兠攬，如罔市利。諸郡報榜之徒則與之尋囑，有同置局。内則試題甫出密傳于外，急如星馳，外則同謀士人得題共作，尋復傳入。出入之路或由金口門，或自墻穴入，或由水筒進，或雜于食物之内，或隱瓶盎之下，姦計萬狀，未易殫舉。夫能使試題之出于外，與文字之復于内者，此非上下相交，受賂脉絡貫穿，彼此一律，安能往來蒙蔽如風雨鬼神之迅速哉？且場屋所恃者門監官，官有巡案，巡有邏卒，又皆各有兵吏互相察視。惟其一以賄賂悉美衆口，交傳往復，如臂使指，歲歲爲例，各有定價，率一人之銓，而幸中者凡捐金千緡，使朝廷良法美意無復可恃，而子弟之果於修學者不得而自見，其庸謬多貲者不復修習。惟以賄賂而占前列，珉玉弗辨，才否混殽，大非國家程能審官之意。今來已引銓試所有關防禁戢之策，自即已是不及，臣愚欲望睿斷上件情弊。候今來銓試榜出，如試中人應參部日先於吏部尚書廳簾試一次，經義人試小經義一道，詩賦人試省題詩一首，長貳監臨於六部郎官内不測論點有出身人一員，尚書省廳出題簾試，簾試卷與銓試卷辨驗字跡有無異同。其紕繆全不成文，與字畫兩體者，取旨黜落，庶幾今歲先革代筆冒濫之弊。臣所陳上件銓闈情弊，今雖銓試已畢，他日豈宜不行措置？欲望朝廷下吏部長貳，俾之共議闗防禁戢之策。何前日易于約束，而今日乃畧不敗露，須究其所由，得其要領，務貴詳盡，期於大革前弊，開具奏聞施行，庶幾自來歲以往便能剗剔姦弊一新。觀聽亦教化習俗之所繫也，并乞施行，實天下幸甚。

（宋）吴潛《許國公奏議》卷二《奏乞分路取士以收淮襄之人物守淮襄之土地》 臣嘗謂用淮襄之人物，守淮襄之土地，此不易之至計也，然國家之取士，與士之發身，所重者惟文科進士，而淮襄之士，率不利于科，以每舉春榜觀之，淮西尚有三數人，而淮東則不逮矣。淮東間有一二人，而京湖則絶無矣。於是均、光、隨、棗、郢、復、漢、沔之郊，士之預計偕者，往往不願觀光於上國。州郡爲之勸駕，而後就道，何者，不精於時文故也。士之精於時文者，閩爲最，浙次之，江西東、湖南又次之，而每季之中第，亦以是爲差。淮襄之士，其入官者既少，則仕於淮襄者，居多閩、浙、江南之士。嘗試以淺近之事論之，其便弓馬，一不如土人也。諳地里，二不如土人也。耐風霜，三不如土人也。熟虜之情僞、及金鼓兵革之事，四不如土人也。以彼所習，較此所不習，其難易之相去遠矣。然彼不得朝廷之官，無由仕於其土地，不中進士舉，無由得朝廷之官，不能爲時文，無由中進士舉。則所謂用淮襄之人物，守淮襄之土地者，其説終不可行矣。然則如之何則可。曰：分路取士而已，恭惟神宗皇帝慨念西北人才多廢，嘗議改貢舉法，而先正司馬光首建言，乞將諸路舉人，各立字號，考校大略，謂古之取士，以郡國户口多少爲率，或以德行，或以才能，隨其所長，各有所取。近自族姻，遠及夷狄，無小無大，不可遺也。今或數路之中，全無一人及第，則所遺多矣。國家用人之法，非進士及第者，不得美官。非善爲經義詩賦者，不得及第。非遊學京師者，不善爲經義詩賦。然設官分職，以待賢能。大者道德器識，以弼諧教化。其次明察惠和，以綏拊州縣。其次方略勇果，以扞禦外侮。小者刑獄錢穀，以供給役使。豈可專取文藝之人，欲以備百官清萬事耶。然則四方之人，雖於文藝，或有所短，而其餘所長者，有益于公家之用，蓋亦多矣。安可盡加棄斥，使終身不仕耶。其後遂將陝西五路舉人，分項令考，孝宗皇帝加惠三邊，既詔四川類省，專留兩名，以取關外四州之士。又詔四川武舉，省試比試，額通四十二人，以十分爲率，利州路四分取十六人，成都等路六分取二十六人。甯宗皇帝聿遵祖宗　遂詔武舉省試，將京襄兩淮人，另行取放。夫三聖當天下乂安時，其注意遐方之士猶若此，況今日乎。今日之勢，非收京湖兩淮之士，以收京湖兩淮之土豪，收京湖兩淮之土豪，以收京湖兩淮之丁壯。臣恐秋風一高，韃虜旋至，勇夫悍徒，無所係屬，非越江而内鬨，則俯首以從韃，深憂大患，將不在虜，而在蕭牆之内也。臣願陛下亟下明詔，自嘉熙三年省試爲始，將京西、湖北、淮東、淮西舉人，分路考校，並以十七人取一名，零分更與放一名。庶幾得淮襄之人物，以守淮襄之土地，一利也。因士以收其土豪，因土豪以收其丁壯，二利也。稍抑時文之弊，以致有用之才，三利也。伏惟聖明以保封疆復境土爲念，特發睿斷，宣諭中輔，速賜施行，多士幸甚，宗社幸甚。取進止。

貼黄：臣嘗以端平二年四路到省舉人之數攷之，淮東一百四十五人，湖北一百一十五人，京西五十九人，通計四百八十人。若以大例十七人取一名，其過省者僅二十八人而已，初未嘗多侵省試之額，而可以收四路之士心，亦何憚而不爲也。併乞睿照，臣竊見京西七郡、及湖北復州、荊門軍、德安府、歸峽州、已行殘破。今歲科舉，各處士人，未有就試之地。槐黄已迫，合議區處。臣愚欲乞行下京湖制置司，就江陵府踏逐寺觀一所，立貢院，令項差官合十二郡之士，混試一次，卻以十二郡元來解額，衮同取放，其十二郡曾請舉人，不論已免解未免解，特許來檢據，赴嘉熙二年省試一次，庶幾少見朝廷憫恤之意，且足以招徠陷沒郡縣士人之心，其所關係，實爲不小，併乞睿照。又臣觀春秋之世，晉在中原，楚在夷狄，楚雖有材，晉實用之，故晉伯諸侯者百有餘年。其後典午之晉，遷於建鄴，久而習安，常以南士爲高華，以北人爲傖荒，由是中州豪傑，悉歸元氏，而江左所用，悉皆文脈纖巧之才，故晉不能保有中原，而六朝常有弱患。我高宗南渡，孝宗承之，立賢無方，意度恢闊，李世輔、王友直爲將帥，王希吕、辛棄疾爲率守監司，皆北來人也。自故相外招李全之徒，而内實忌之，既使有所激而叛，而世之昧者，習熟見聞，槩以厭薄疑忌爲事，凡出于淮襄者，已幾待以胡粤。況自淮以北乎，積疑成釁，積釁成叛，而范用吉、尚全、常進、郭勝輩，且皆爲敵國於一水之外矣。此由南北太分，既蓄之而反外之故也。此意不改，豪傑不附，棄材以資敵，殆不止如春秋聲子之所歎。蓋商鞅不用於魏，而秦孝取河西，王猛不歸於晉，而苻堅取慕容，此則議者所不慮，而臣以爲他日大可憂者也。如從臣策，分路攻士，不特多得淮襄之人，以守淮襄之土。又可使因淮襄之俗，以招北方之豪傑，是獲才實消姦雄，而朝廷不預知，習俗不駭異，事之善者也。不然，歲年之後，立敵於北，各事其主，其患將有不可勝言者，惟陛下與二三大臣熟圖之，併乞睿照。

（宋）吳潛《許國公奏議》卷三《奏乞遵舊法收士子監漕試》 臣頃在仲春，恭覩明詔，嘉慶曆元祐之詞章，樂乾道淳熙之儒術，思得賢能之士，上追盛時，有曰攸介攸止，烝我髦士，有司之事也。大哉王言，所望於興賢興能者厚矣。竊意廷臣必能上體聖心，開寬裕之路，畢臻衆俊，迺旬日以來，所聞特異，鄉大夫士，咸謂新令具嚴。雖親子孫親弟姪，合牒國子監試者，於保官二員外，更用局長保明，以此各懷疑忌，重費料理，將遂遣其骨肉之親，歸就里選，至如四方士子，或爲監司守倅之客及親者，則謂舊法牒試，既不可復，今又罷寓試而行附試，取人至狹，皆欲棄科舉而不應詔。臣竊惑焉，何前日詔旨之廣，而今日法令之密，豈陽欲求之，而陰實沮之也。臣竊惟國家之事，惟當以祖宗成法爲重，法苟未爲極弊，不必自取多事可也。況取士之要，不過在於得人，得人之方，不專在於用法令也。舍先朝之寬博，用新令之蹇狹，所以待士者，其意已薄，則慶曆、元祐、乾道、淳熙之盛美，尚可得而望哉。臣竊觀紹興十三年指揮，文武職事官，本宗同居五服內，并異居大功以上親，釐務官，文臣京官，武臣朝官，本宗同居小功以上親，并許牒赴國子監取應。乾道、淳熙以來，並遵此令。嘉定十二年，雖會親立武臣只牒武舉之制，至陛下即位，悉仍紹興、乾道、淳熙之舊，法簡意寬，鳶魚飛躍，柰何今日，乃束縛而蹙狹之也。臣又覩乾道重修貢舉令，諸在京職事官，文臣監察御史以上，武臣職事雜壓，在監察御史以上者，並牒門客一人，赴本路運司收試，至於監司之客與親，聽牒隣路，守倅之客與親，聽牒本路，皆由妨嫌，所當避互，初非優異，故爲名色。自端平增貢額，而監司守倅門客之試罷。夫意其非客非親之冒牒，而併廢其實親實客之當牒，亦豈良法，爰至今日，既不盡復，又不盡罷，亦徒爲多事而已。臣典司浩穰，豈皇他衈，然念班忝法從，職與經筵，於朝廷之事，皆所當言，用敢列紹興以來之明令，述寶慶初元之盛心，仰望陛下亟頒睿旨，悉還舊法，內而監牒，凡屬同居異居、小功大功以上親者，只用牒官保官狀收試外，而漕牒凡屬門客姑姨之親者，亦如用牒官保官狀收試，厚以待卿大夫，而不必逆其詐，寬以待天下士，而不必多其防，庶幾聖度開廣，同符祖宗，與近者賓興之詔旨，始不相違。用此取士，所得必多，其有不顧清議，或爲僞冒，事覺之後，並以條制坐之。在上得體，在下無辭，是亦祖宗用法之意。

貼黃：臣竊見嘉熙元年，大臣奏請創行寓試，凡卿監郎官監司倅之門客，及姑姨之親，同宗之子弟，與游士之不便於歸鄉就試者，滾同試于轉運司，以四十人爲額，雖其中式有實係門客姑姨之親者，不能無嫌。猶不失寬大之意，秪緣得廢待補，以致次年分路補試，耳目不及，所取淆雜，遂爲論者所疵，竟罷今舉寓試。以臣鄙見，陛下如采用臣言，盡復紹興、乾道、淳熙之令，且照嘉熙元年新令，放行寓試，卻仍舊法，復取待補，亦自甚便，但於內有府學諸生，月書分數，類申國子監者，三年在學，實爲辛勤，合與比附大學教養之數，另項考校，少增其額，以示優異庶於不均齊之中，乃有至均齊之義，併乞睿照。

綜　述

（宋）李燾《續資治通鑑長編》卷一三五《仁宗慶曆二年》 丁巳，命翰林學士聶冠卿權知貢舉。初，端明殿學士李淑侍經筵，上訪以進士詩、賦、策、論先後。俾以故事對。淑退而上奏曰：唐調露二年，劉思立爲考功員外郎，以進士止試策，滅裂不盡其學，請貼經以觀其學，試雜文以觀其才。自此沿以爲常。至永隆二年，進士試雜文，通文律者始試策。天寶十一年，進士試一大經，能通者試文賦，又通而後試策，五條皆通爲中第。建中二年，趙贊請試以時務策五篇，論、表、贊各一篇以代詩、賦。大和三年，試貼經，略問大義，取精通者，次試論、義各一篇。八年，禮部試以帖經口義，次試策五篇，問經義者三，問時務者二。厥後變易，遂以詩賦第一場，論第二場，策第三場，帖經第四場。今陛下欲求理道，不以彫篆爲貴，得取士之實矣。然考官以所試分考，不能通加評較，而每場輒退落，士之中否，特係於幸不幸爾。願約舊制，先策，次論，次賦，次帖經、墨義，而敕有司并試四場，通較工拙，毋以一場得失爲去留。詔有司議，稍施行焉。

（宋）李燾《續資治通鑑長編》卷一三五《仁宗慶曆二年》〔二月〕舊制，諸州薦貢者，既試禮部，則引試崇政殿。而知制誥富弼言曰：國家沿隋、唐，設進士科。自咸平、景德已來，爲法尤密，踰於前代，而得人之道，或有未至。夫省試有三長，殿試有三短。主文衡者四五人，皆一時詞學之選，又選命館閣才臣數人，以助考校，復有監守、巡察、糊名、謄録，上下相警，不容毫釐之私，一長也。引試三日，詩、賦所以見才藝，策、論所以觀才識，四方之士得以盡其所蘊，二長也。貢院凡兩月餘，研究差次，可以窮功悉力，三長也。殿試考官泛取而不擇，一短也。一日試詩、賦、論三篇，不能盡人之才，二短也。考校不過十日，不暇研究差次，三短也。若曰禮部放牓，則權歸有司，臨軒唱第，則恩出主上，則是忘取士之本，而務收恩之末也。且歷代取士，悉委有司，獨後漢文吏課牋奏，副上端門，亦未聞天子親試也。至唐武后載初之年，始有殿試，此何足法哉。必慮恩歸有司，則宜使禮部次高下以奏，而引諸殿庭，唱名賜第，則與殿試無所異矣。

（元）馬端臨《文獻通考》卷三〇《選舉考・舉士》 世宗顯德二年，敕：國家設貢舉之司，求俊茂之士，務詢文行，以中科名。比聞近年以來，多有濫進，或以年勞而得第，或因媒勢以出身。今歲所貢舉人，試令看詳，果見紕繆，須至去留。其李覃、何曮、楊徽之、趙鄰幾等四人宜放及第，其嚴説、武允成、王汾、閭邱舜卿、任惟吉、周度、張慎微、王翥、馬文、劉選、程浩然、李進等一十二人藝學未精，並宜黜落，且令苦學，以俟再來。禮部侍郎劉温叟失於選士，頗屬因循，據其過尤，合行譴謫，尚示寬恕，特與矜容，劉温叟放罪。將來貢舉公事，仍令所司具條理奏聞。

其年五月，尚書禮部侍郎、知貢舉竇儀奏：其進士請今後省卷限納五卷以上，於中雖有詩、賦、論各一卷，餘外雜文、歌篇，並許同納，只不得有神道碑、志文之類。其帖經對義，並須實考通三已上爲合格，將來御覆試，候考試終場，其不及人以文藝優劣定爲五等：取文字乖舛、詞理紕繆最甚者爲第五等，殿五舉；其次者爲第四等，殿三舉；以次稍優者爲第三等、第二等、第一等，並許次年赴舉。其所殿舉數，並於所試卷子上朱書，封送中書門下，請行指揮及罪發解試官、監官等。其諸科舉人，若合解不解，不合解而解者，監官、試官爲首罪，勒停見任；舉送長官，聞奏取裁。監官、試官如受賂，及今後進士如有倩人述作文字應舉者，許人告言，送本處色役，永不得仕進，同保人知者殿四舉，不知者殿兩舉。受倩者如見在官停任，選人殿三選，舉人殿五舉，諸色人量事科罪。從之。

又奏：諸科舉人所試墨義，第一場十否者殿五舉，第二場、第三場十否者殿三舉，其三場內凡有九否殿一舉。

按：貢舉而以墨義之通、否爲升黜，淺陋殊甚，有同兒戲。然否之多者，殿舉亦如之，猶略有古人簡不率者示罰之遺意云。

（元）馬端臨《文獻通考》卷三〇《選舉考・舉士》 宋朝禮部貢舉，設進士、九經、五經、《開元禮》、《三史》、《三禮》、《三傳》、學究、明經、明法等科，皆秋取解，冬集禮部，春考試。合格及第者，列名放榜於尚書省。凡進士，試詩、賦、雜文各一首，策五道，帖《論語》十帖，對《春秋》或《禮記》墨義十條。九經，帖書一百二十帖，對墨義六十條。五經，帖書八十帖，對墨義五十條。《三禮》，對墨義九十條；《三傳》，一百一十條；《開元禮》、《三史》各三百條。學究，《毛詩》對墨義五十條，《論語》十條，《爾雅》、《孝經》其十條，《周易》、《尚書》各二十五條。明法，對律令四十條，兼經並同《毛詩》之制。各間經引試，通六爲合格，仍抽卷問律，本科則否。皆本貫發解，若有鄉貫阻越及在化外，得於開封府投牒，奏俟朝旨。諸州以本判官試進士，録事參軍試諸科，或不曉經藝，即選以次官充諸科，並本判官監試。試紙，長官印署面給之。帖經對義，監官、試官對考通否，逐場定去取。凡試日，壞挾所業經義及遥口相授者，即時遣出。所試合格，取通多業精者爲上，餘次之。解文，首具元請解及已落見解人數，所試經義，朱書通、否，監官、試官署名於其下。進士文卷、諸科義卷、帖由，並隨解文送貢院。其有殘廢篤疾，並不得預解。或應解而不解，不應解而解，監官、試官爲首罪，停所任，受賂以枉法論，長官聽朝旨。凡見任官應進士舉，謂之鎖廳試。所屬官司先以名聞，得旨而後解。既集貢院，十人或五人同保，不許有大逆人緦麻以上親及諸不孝不悌，隱匿工商異類、僧道歸俗之徒。家狀並試卷之首，署年及舉數、場第、鄉貫，不得增損移易，以仲冬收納，月終而畢。將臨試期，知舉官先引問聯保，與狀僉同而定焉。凡就試，禁挾書爲奸，進士試詞賦，唯《切韻》、《玉篇》不禁。進士文理紕繆者，循舊制殿五舉；諸科初場十否殿五舉，第二、第三場十否殿三舉，第一至第三場九否並殿一舉。殿舉之數，朱書於試卷，送中書門下。諸已發解及進士，雖有挾書之禁，而不搜索。

太祖皇帝建隆三年，詔：及第人不得拜知舉官子弟姪，及目爲師門、恩門，並自稱門生。故事，知舉官將赴貢院，臺閣近臣得薦所知進士之負藝者，號曰：公薦。上慮其因緣挾私，詔禁之。

乾德元年，詔曰：一經皓首，十上千名，前史之明文，昔賢之苦節，懸科取士，固當優容。按舊制，九經一舉不第而止，非所以啓迪仕進之路也。自今一依諸科，舉人許令再應。

按：自唐以來，所謂明經者，不過帖書、墨義而已。愚嘗見東陽麗澤吕氏家塾，有刊本吕許公夷簡應本州鄉舉試卷，因知墨義之式蓋十餘條，有云：作者七人矣。請以七人之名對。則對云：七人，某某也。謹對。有云：見有禮於其君者，如孝子之養父母也。請以下文對。則對云：下文曰：見無禮於其君者，如鷹鸇之逐鳥雀也。謹對。有云：請以注疏對者，則對云：注疏曰云云。謹對。有不能記憶者，則只云：對未審。蓋既禁其挾書，則思索不獲者不容臆説故也。其上則具考官批鑿，如所對善，則批一通字；所對誤及未審者，則批一不字。大概如兒童挑誦之狀，故自唐以來賤其科，所以不通者，殿舉之罰特重，而一舉不第者不可再應。蓋以其區區記問猶不能通悉，則無所取材故也。藝祖許令再應，待士之意亦厚矣。

乾德五年，盧多遜知貢舉，上復詔參知政事薛居正於中書覆試，皆合格，乃賜及第。

先是，陶穀子邴擢上第，上曰：聞穀不能訓子，邴安得登第？乃詔：食禄之家有登第者，禮部具析以聞，當令覆試。

開寶三年，詔禮部貢院閲貢士及諸科十五舉以上終場者，具姓名以聞。至是，籍到司馬浦等一百六人，並賜本科出身。此特奏名恩例之始。

五年，初，歲取進士不過十數人，知貢舉奏合格人姓名而已。至是，禮部試到進士安守亮等十一人及諸科十七人，上召對講武殿，始下制放榜，新制也。

六年，李昉知貢舉，取宋準等十一人，上以進士武濟川、三傳劉睿材質最陋，黜去之。濟川，昉鄉人也，上頗不悦。會有訴昉用情取舍者，上乃令籍終場下第人姓名，得三百六十人，皆召見，擇其一百九十五人，並準以下，乃御講武殿各賜紙札，别試詩賦。命殿中侍御史李瑩等爲考官，得進士二十六人、五經四人、《開元禮》七人、《三禮》三十八人、三傳二十六人、三史三人、學究十八人、明法五人，皆賜及第，又賜錢二十萬以張宴會。昉等尋皆坐責。自茲殿試遂爲常例。是歲，新修《開寶通禮》成，詔：鄉貢《開元禮》宜改稱鄉貢《通禮》，本科並以新書試問。江南進士林松、雷説試不中格，以其間道來歸，並賜三傳出身。是歲，詔貢士之下第者，特免將來請解，許直詣貢部。八年，親試舉人，得王嗣宗等三十六人。

按：殿前試士始於唐武后，然唐制以考功郎中任取士之責，后不過下行其事，以取士譽，非於考功已試之後再試之也。開元以後，始以禮部侍郎知貢舉，送中書門下詳覆，然惟元和間，錢徽爲侍郎知貢舉，宰相段文昌言其取士不公，覆試多不中選，徽坐免官。長慶以後，則禮部所取士，先詳覆而後放榜，則雖有詳覆之名，而實未曾再試矣。五代以來，所謂詳覆者，間有升黜人。宋太祖乾德六年，命中書覆試，則以帝疑陶穀之子不能文而中選，故覆之，亦未嘗别爲之升黜也。至開寶六年，李昉知舉，放進士後，下第人徐士廉等打鼓論榜，上遂於講武殿命題重試。御試自此試始。昉等所取十一人，重試共取二十六人，然於昉等所取十一人內，只黜武濟川一人，餘十人則高下一依元次，而續取到二十六人，不過附名在此十人之後，共爲一榜，然則是年雖别試而共爲一榜，亦未嘗有省試、殿試之分也。至八年，覆試禮部貢院合格舉人王式等於講武殿，內出試題，得進士三十六人，而以王嗣宗爲首；王式者，禮部所定合格第一人，則居其四。蓋自是年御試始别爲升降，始有省試、殿試之分，省元、狀元之别云。

九年，詔翰林學士李昉等閲諸道所解孝弟力田等人，試問所業，毋可採，乃悉退去。詔劾本部官濫舉之罪。見《孝廉門》。

太宗太平興國二年，上初即位，思振淹滯，顧謂侍臣曰：朕欲博求俊彦於科場中，非敢望拔十得五，止得一二，亦可爲致治之具矣。於是禮部上所試合格人姓名，上御講武殿覆試，内出詩賦題，賦韻平仄相間，依次用。命李昉、扈蒙定其優劣爲三等，得吕蒙正以下一百九人。越二日，覆試諸科，得三百餘人，並賜及第。又詔禮部閲貢籍，得十舉以上至十五舉進士、諸科一百八十餘人，並賜出身；九經七人不中格，亦憐其老，特賜同三傳出身。凡五百餘人，皆賜緑袍鞾笏，賜宴開寶寺，上自爲詩二章賜之。第一、第二等進士及九經授將作監丞、大理評事，通判諸州，其餘皆優等注擬，寵章殊異，歷代未有也。薛居正等言取人太多，用人太驟，不聽。

唐朝有敕賜及第，以表特恩，至是，御試中第者皆稱之。其後文學之臣有不由科第者，或獻文別試，亦敕賜進士及第。

按：是年諸道所發貢士，得五千二百餘人，賜第者共五百餘人，爲十取其一。

石林葉氏曰：國初取進士，循唐故事，每歲多不過三十人。太宗初即位，天下已定，有意於修文，嘗語宰相薛文惠公治道長久之術，因曰：莫若參用文武之士。是歲御試題，以訓兵練將爲賦，主聖臣賢爲詩，蓋示以參用之意。特取一百九人，自唐以來未之有也。遂得吕文穆公爲狀頭，李參政至第二人，張僕射齊賢、王參政化基等數人皆在其間。自是連放五榜，通取八百一人，一時名臣悉自兹出矣。

三年九月，上御講武殿試禮部貢士舉人，進士加論一首，自是以三題爲準。故事，禮部惟春放榜，至是秋試，非常例也。是冬，諸州舉人並集，會將親征北漢，罷之。自是每間一年或二年乃貢舉。

按：《選舉志》言是年試進士始加論一首，然考《登科記》所載，建隆以來，逐科試士皆是一賦、一詩、一論，凡三題，非始於是年也。

（元）馬端臨《文獻通考》卷三〇《選舉考・舉士》 雍熙二年，令考官親戚別試。是年，親試舉人，初唱名賜第，賜梁顥以下一百七十餘人，諸科一百餘人。李昉、吕蒙正之子皆入等，上以勢家不宜與孤寒競進，罷之。左右言尚有遺材，復試又得洪湛等七十餘人，諸科三百餘人，並賜及第。

（元）馬端臨《文獻通考》卷三〇《選舉考・舉士》 〔端拱〕二年，親試舉人，有中書吏人及第，上令奪所授敕牒，乃詔禁吏人應舉。

淳化三年，是歲，諸道舉人凡萬七千餘人，蘇易簡知舉，殿試始令糊名考校。内出《巵言日出賦》題，試者不能措辭，相率叩殿檻上請。有錢易者，日未中三題皆就，以其輕俊，特命黜之。得孫何以下三百餘人，諸科八百餘人，就宴，賜御制詩三首、箴一首，又詔刻《禮記・儒行篇》賜近臣及京朝官受任於外者，並以賜何等。初，内殿策士，例賜禦詩以寵之，至陳堯叟始易以箴，至是，詩箴並賜。舊制，三史、《通禮》各試三十場，每場墨義十道。制：自今只試墨義十五場，餘十五場抽卷令面讀，能知義理、分辨其句、識難字者爲合格，不合者落。自端拱元年試士罷，進士擊鼓訴不公後，次年，蘇易簡知貢舉，固請御試。是年，又知貢舉，既受詔，徑赴貢院，以避請求。後遂爲例。

容齋洪氏《隨筆》曰：淳化三年，太宗試進士，出《巵言日出賦》題，孫何不得知所出，相率叩殿檻，乞上指示之，上爲陳大義。景德二年，御試《天道猶張弓賦》後，禮部貢院言：近進士惟鈔略古今文賦，懷挾入試。昨者，御試以正經命題，多懵所出。則知題目不示以出處也。大中祥符元年，試禮部進士，内出《清明象天賦》等題，仍録題解，摹印以示之。至景祐元年，始詔御藥院：御試日，進士題目，具經史所出摹印給之，更不許上請。

按：藝祖、太宗皆留意於科目，然開寶八年，王嗣宗爲狀元，止授秦州司理參軍，嘗以公事忤知州路沖，沖怒，械繫之於獄。然則當時狀元所授之官既卑，且不爲長官所禮，未至如後世榮進素定，要路在前之説也。至太平興國二年，始命第一、第二等進士及九經授將作監丞、大理評事，通判諸州，其次皆優等注擬，凡一百三十人。淳化二年試士，第一甲至三百二人，皆賜及第。太宗時，惟此二年科目恩數最爲優渥。《涑水紀聞》言太平興國之事，以爲太祖幸西都，張齊賢以布衣獻策，帝善之，歸語太宗曰：吾幸西都得一張齊賢，我不欲官之，汝異日可收以自輔。是榜齊賢中選，適在數十人後，及注官，乃詔盡與超除。如此，則是通榜恩數之厚，是太宗欲曲爲張齊賢之地。馬永卿《語録》載淳化二年之事，則以爲武當山道士鄧若拙嘗出神，見二仙官相語曰：來春進士榜，有宰相三人，而一人極低，如何，對曰：高低不可易也，獨甲科可易，不若以第二甲爲第一甲。道士覺以告人。既而唱名，上適有宮中之喜，因謂近臣：第一甲多放幾人，言止則止。遂唱第一甲，上意亦忽忽忘之，至三百人，方悟。是年榜三百五十三人，而第一甲三百二人，第二甲五十一人，丁謂第四人，王欽若第十一人，張士遜第二百六十八人。後丁謂、王、張皆爲宰相。如此，則是黄甲人數之多，是神物欲曲爲張士遜之地。二説頗涉偏私詭異，故李大性所著《典故辨疑》深言其不然。愚以爲太宗寤寐英賢，如恐不及，時出特恩，以示奬勵，故初無一定之例。有如太平興國二年、三年，第一等、第二等並授通判，而五年則前二十三名授通判，八年則第一甲授知縣，雍熙二年第一等爲節察推官，淳化三年則止前四名授通判，則累科授官之崇庳無定例也。分甲取人，始於太平興國八年，然是年第三甲五十四人，第二甲一百五十七人，反三倍於第三甲之數。端拱元年、二年，則又不分甲。淳化三年，第二甲五十一人，第一甲三百二人，反六倍於第二甲之數，則累科分甲人數之多少無定例也。好事者徒見二張致身宰輔，而不擢高科，而二科恩例適爾優厚，故必以爲曲爲二人之地耳。

（元）馬端臨《文獻通考》卷三〇《選舉考・舉士》 〔景德〕四年，令禮部糊名考較。先是，上嘗問輔臣以天下貢舉人數，王旦曰：萬三千有餘，約常例奏名十一而已。上曰：若此，則當黜者不啻萬人矣。典領之官，必須審擇。晁迥兢畏，當以委之。且謂滕元晏少交遊，命迥等知貢舉，元晏等封印卷首。凡封卷首及點檢詳試別命官皆始此，先糊名用之殿試，今復用之禮部也。初，陳彭年舉進士，以輕俊爲宋白所出，於是彭年與迥等更定條制，設關防，不復揀擇文行。雖杜絕請託，然實甲科者多非人望，自彭年始也。

（元）馬端臨《文獻通考》卷三〇《選舉考・舉士》 〔大中祥符〕四年，親試祀汾陰路服勤詞學、經明行修，賜進士張師德以下三十一人。

按：自雍熙、端拱而後，取士之法，省試之後乃有殿試，已爲定例。獨此二年《會要》所載，乃停貢舉年分，禮部未嘗放進士，然則此六十餘人者，迺是封禪特恩所試，如後來進省到殿之類是也。【略】八年，始制膳録院。

（元）馬端臨《文獻通考》卷三一《選舉考・舉士》 慶曆四年，臣僚上言，改更貢舉進士所試詩、賦、策、論先後，詔下兩制詳議。知諫院歐陽脩言：凡貢舉舊法，若二千人就試，常額不過選五百人。每年到省就試及取人之數，大約不過此。是於詩賦、策、論六千卷中每一人三卷。選五百人，而日限又迫，使考試之官殆廢寢食，疲心竭慮，因勞致昏，故雖有公心而所選多濫，此舊法之弊也。今臣所請者，寬其日限，而先試以策而考之，擇其文辭鄙惡者，文意顛倒重雜者，不識題者，不知故實，略而不對所問者，限以事件若干以上。誤引事蹟者，亦限件數。雖能成文而理識乖誕者，雜犯舊格不考式者，凡此七等之人先去之，計於二千人，可去五六百。以其留者次試以論，又如前法而考之，又可去其二三百。其留而試詩賦者，不過千人矣。於千人而選五百，則少而易考，不至勞昏。考而精當則盡善矣，縱使考之不精，亦選者不至大濫，蓋其節鈔剽盜之人，皆以先經策、論去之矣。策、論逐場旋考，則卷子不多，考官不至勞昏，去留必不誤。比及詩賦，皆是已經策、論粗有學問理識不至乖誕之人，縱使詩賦不工，亦可以中選矣。如此可使童年新學全不曉事之人無由而進，此臣所謂變法必須隨場去留，然後可革舊弊者也。其外州解送到，且當博采，祇可盡令試策。要在南省精選。若省榜奏人至精，則殿試易爲考矣。故臣但言南省之法，此其大概也。其高下之等，仍乞細加詳定，大概當以策、論爲先。

按：詩、賦不過工浮詞，論、策可以驗實學，此正理也。今觀歐公所陳，欲先考論、策，後考詩、賦，蓋欲以論、策驗其能否，而以詩、賦定其優劣，是以粗淺視論、策，而以精深視詩、賦矣。蓋場屋之文，論、策則蹈襲套括，故汗漫難憑；詩、賦則拘以聲病對偶，故工拙易見。其有奧學雄文，能以論、策自見者，十無一二，而紛紛鵠袍之士，固有頭場號爲精工，而論、策一無可采者。蓋自慶曆以來，場屋之弊已如此，不特後來爲然也。故歐公之言，欲先試論、策，擇其十分亂道者先澄汰之，不特使之稍務實學，且使司衡鑒者所考少則易精，又既工論、策，則不患其不長於詩、賦，縱詩、賦不工，而所取亦不害爲博古通經之士矣。

又按：祖宗以來，試進士皆以詩、賦、論各一首，除制科外，未嘗試策。天聖間，晏元獻公請依唐明經試策而不從。寶元中，李淑請並詩、賦、策、論四場通考，詔有司施行。不知試策實始於何年。當考。

（元）馬端臨《文獻通考》卷三一《選舉考·舉士》 知制誥富弼言：國家沿隋唐設進士科，自咸平、景德以來，爲法尤密，逾於前代，而得人之道或有未至。夫省試有三長，殿試有三短：主文衡者四五人皆一時詞學之臣，而又選館閣才臣數人，以助考較，復有監守巡察、糊名、謄録，上下相警，不容毫釐之私，一長也。引試凡三日，詩、賦可以見詞藝，論、策可以觀才識，四方之士得以盡其所藴，二長也。貢院凡兩月餘，研究差次，可以窮功悉力，三長也。殿試考官濫取而不擇，一短也。一日試詩、賦、論三篇，不能盡人之才，二短也。考校不過十日，不暇研究差次，三短也。若曰禮部放榜則權歸有司，臨軒唱第則恩出主上，則是忘取士之本，而務收恩之末也。且歷代取士，悉委有司，獨後漢文吏課牋奏，副之端門，亦未聞天子親試也。至唐武后載初之年，始有殿試，此何足法哉。必慮恩歸有司，則宜使禮部次高下以奏，而引諸殿庭，唱名賜第，則與殿試無所異矣。遂詔罷殿試，而議者多言其輕上恩，隳故事，旋復殿試如舊。

（元）馬端臨《文獻通考》卷三一《選舉考·舉士》 嘉祐二年，親試舉人，凡進士與殿試者始皆免黜落。時進士益相習爲奇僻，鉤章棘句，寖失渾淳，歐陽修知貢舉，尤以爲患，痛裁抑之，仍嚴禁挾書者。既而試榜出，時所推譽皆不在選，澆薄之士候修晨朝，群聚詆斥之，街司邏卒不能止，至爲《祭歐陽修文》投其家，卒不能求其主名置於法。然自是文體亦少變。

時上書者言：四年一貢舉，四方士子，客京師以待試者恒六七千人，一有喧噪，其徒衆多，勢莫之禁。且中下之士，往往廢學數年；才學之士，不幸有故，一不應詔，沉淪十數年，或累舉滯留，遂至困窮，老且死者甚衆，以此毁行冒法干進者不可勝數。宜間歲一貢舉，中分舊數而薦之。王洙侍邇英閣講《周禮》，至三年大比，大考州里，以贊鄉大夫廢興，帝曰：古者選士如此，今率四五歲一下詔，故士有抑而不得進者。爲今之計，孰若裁其數而屢舉也？下有司議，而議者乃合奏曰：臣等謂易以間歲之法，無害而有利，不足疑也。使舉子不幸有疾病喪服之故者，不致久沉，且程文偶不中選，旋亦遇貢舉，則無滯才之嘆，而天下所薦舉數既減半，禮部主司易以詳較，得士必精矣。近年挾書代筆傳義者多，因使權貴富豪之子得以濫進。蓋由人衆，有司無繇察，若人少，則諸僞濫勢自不容，使寒苦藝學之人得其塗而進。於是下詔間歲貢舉，進士、諸科悉解舊額之半，增設明經，試法：凡明兩經或三經、五經，各問大義十條，兩經通八、三經通六、五經通五爲合格，兼以《論語》、《孝經》，策時務三條，出身與進士等，而罷説書舉。其不還鄉里而寓户他州以應選者，嚴其法：每秋賦，自縣令佐察行義保任之，上於州，州長貳復審察得實，然後上本道使者類試。已保任而後有缺行，則州縣皆坐罪；若省試而文理紕繆，坐元考官。

時以科舉既數，則高第之人倍衆，其擢任恩典宜損於故，乃詔曰：朕惟國之取士，與士之待舉，不可曠而冗也，故立間歲之期，以勵其勤；約貢舉之數，以精其選。著爲定式，申敕有司。而高第之人，日嘗不次而用，若循舊比，終至濫官，甚無謂也。自今制科入第三等，與進士第一，除大理評事，簽書兩使幕職官；代還，升通判；再任滿，試館職。前此前三名皆爲通判。其餘以次減降。自是驟顯者鮮，而所得人材及其風浸比舊亦浸衰。

（元）馬端臨《文獻通考》卷三一《選舉考·舉士》 英宗治平三年，詔曰：先帝以士久不貢怠於學，而豪傑者不時舉，故下間歲之令。而自更法以來，其弊寖長。里選之牒仍故，而郡國之取減半；計偕之籍屢上，而道塗之勞良苦，朕甚閔焉。其令禮部三歲一貢舉，天下解額，於未行間歲之法已前，四分取三爲率，明經、諸科不得過進士之數。恩典不增而貢舉期緩，士得休息，官以不煩矣。

知諫院司馬光上言，請貢院逐路取人，其略曰：朝廷每次科場所差試官，率皆兩制、三館之人，其所好尚，即成風俗。在京舉人追趨時好，易知體面，淵源漸染，文采自工，使僻遠孤陋之人與之爲敵，混同封彌，考較長短，勢不侔矣。孔子曰：十室之邑，必有忠信如丘者焉。言雖微陋之處，必有賢才，不可誣也。是以古之取士，以郡國户口多少爲率，或以德行，或以才能，隨其所長，各有所取，近自族姻，遠及夷狄，無小無大，不可遺也。今或數路中全無一人及第，則所遺多矣。國家用人之法，非進士及第者不得美官，非善爲詩賦論策者不得及第，非遊學京師者不善爲詩賦論策。以此之故，使四方學士皆棄背鄉里，違去二親，老於京師，不復更歸。其間亦有身負過惡，或隱憂匿服，不敢於鄉里取解者，往往和買監牒，妄冒户貫，於京師取解。自間歲開場以來，遠方舉人憚於往還，只於京師寄應者，比舊尤多。國家雖重爲科禁，至於不用蔭贖，然冒犯之人歲歲滋甚。所以然者，蓋由每次科場及第進士，大率皆是國子監、開封府解送之人，則人之常情，誰肯去此而就彼哉。夫設美官厚利進取之塗以誘人於前，而以苛法空文禁之於後，是猶決洪河之尾而捧土以塞之，其勢必不行矣。

參知政事歐陽修上言：竊以國家取士之制，比於前世，最號至公。蓋累聖留心，講求曲盡，以謂王者無外，天下一家，故不問東西南北之人，盡聚諸路貢士，混合爲一，而惟才是擇；又糊名、謄録而考之，使主司莫知爲何方之人、誰氏之子，不得有所憎愛厚薄於其間。故議者謂國家科場之制，雖未復古法，而便於今世，其無情如造化，至公如權衡，祖宗以來不可易之制也。《傳》曰：無作聰明亂舊章。又曰：利不百者不變法。今言事之臣偶見一端，即議更改，此臣所以區區欲爲陛下守祖宗之法也。臣所謂偶見一端者，蓋言事之人，但見每次科場東南進士得多，而西北進士得少，故欲改法，使多取西北進士爾。殊不知天下至廣，四方風俗異宜，而人性各有利鈍。東南之俗好文，故進士多而經學少；西北之人尚質，故進士少而經學多。所以科場取士，東南多取進士，西北多取經學者，各因其材性所長，而各隨其多少取之。今以進士、經學合而較之，則其數均；若必論進士，則多少不等，此臣所謂偏見之一端，其不可者一也。國家方以官濫爲患，取士數必難增，若欲多取西北之人，則卻須多減東南之數。今東南州軍進士取解者，二三千人處只解二三十人，是百人取一人，蓋已痛裁抑之矣。西北州軍取解至多處不過百人，而所解至十餘人，是十人取一人，比之東南十倍假借之矣。若至南省，又減東南而增西北，則是已裁抑者又裁抑之，已假借者又假借之，此其不可者二也。東南之士於千人中解十人，其初選已精矣，故至南省，所試合格者多；西北之士學業不及東南，當發解時又十倍優假之，蓋其初選已濫矣，故至南省，所試不合格者多；今若一例以十人取一人，則東南之人合格而落者多矣，西北之人不合格而得者多矣。至於他路，理不可齊，偶有一路合格人多，亦限以十一落之，偶有一路合格人少，亦須充足十一之數，使合落者得，合得者落，取捨顛倒，能否混淆，其不可者三也。且朝廷專以較藝取人，而使有藝者屈落，無藝者濫得，不問繆濫，只要諸路數停，此其不可者四也。且言事者本欲多取諸路土著之人，若此法一行，則寄應者爭趨而往，今開封府寄應之弊可驗矣。此所謂法出而奸生，其不可者五也。今廣南東、西路進士例各絶無舉業，諸州但據數解發，其人亦自知無藝，只來一就省試而歸，冀作攝官爾。朝廷以嶺外煙瘴，北人不便，須藉攝官，亦許其如此。今若一例與諸路十人取一人，此爲繆濫又非西北之比，此其不可者六也。凡此六者乃大概爾，若舊法一壞，新議必行，則弊濫隨生，何可勝數。故臣謂且遵舊制，但務擇人，推朝廷至公，待四方如一，惟能是選，人自無言，此乃當今可行之法爾。若謂上習浮華，當先考行，就如新議，亦須只考程試，安能必取行實之人？議者又謂西北近虜，士要牢籠，此甚不然之論也。使不逞之人不能爲患則已，苟可爲患，則何方無之？前世賊亂之臣，起於東南者甚衆，其大者如項羽、蕭銑之徒是已；至如黄巢、王仙芝之輩，又皆起亂中州者爾，不逞之人，豈專西北？矧貢舉所設，本待材賢，牢籠不逞，當別有術，不在科場也。惟事久不能無弊，有當留意者，然不須更改法制，止在振舉綱條爾。近年以來，舉人盛行懷挾，排門大噪，免冠突入，虧損士風，傷敗善類，此由舉人既多，而君子小人雜聚，所司力不能制，雖朝廷素有禁約，條制甚嚴，而上下因循，不復申舉。惟此一事，爲科場大患，而言事者獨不及之。願下有司議革其弊，此當今科場之患也。

按：分路取人之説，司馬、歐陽二公之論不同。司馬公之意，主於均額，以息奔競之風；歐陽公之意，主於覈實，以免繆濫之弊。要之，朝廷既以文藝取人，則歐公之説爲是。蓋士既求以用世，則奔名逐利，所不能免，不必深訾，至於棄親匿服、身負過惡者，皆素無行檢之人，此曹雖使之生長都城，早遊館學，超取名第，亦未必能爲君子。若以爲遠方舉人，文詞不能如遊學京師者之工，易以見遺，則如歐、曾、二蘇公以文章名世，詔令傳後，然亦出自窮鄉下國，未嘗漸染館閣，習爲時尚科舉之文也，而皆占高第。然則必須游京師而後工文藝者，皆剽竊蹈襲之人，非穎異挺特之士也。

（元）馬端臨《文獻通考》卷三一《選舉考·舉士》　神宗熙寧二年，議更貢舉法，罷詩賦、明經、諸科，以經義、論、策試進士。初，王安石以爲古之取士俱本於學，請興建學校以復古，其明經、諸科欲行廢罷，取元解明經人數增進士額。詔兩制、兩省、待制以上，御史、三司、三館議之。韓維請罷詩賦，各習大經，問大義十道，以文解釋，不必全記注疏，通七以上爲合格；諸科以大義爲先，黜其不通者。蘇頌欲先士行而後文藝，去封彌、謄録之法。直史館蘇軾上議，略曰：得人之道在於知人，知人之法在於責實。使君相有知人之明，朝廷有責實之政，則胥吏、皁隸未嘗無人，而況於學校貢舉乎。雖用今之法，臣以爲有餘。使君相無知人之明，朝廷無責實之政，則公卿、侍從常患無人，而況學校貢舉乎。雖復古之制，臣以爲不足矣。夫時有可否，物有興廢，使三代聖人復生於今，其選舉亦必有道，何必由學乎。且慶曆間嘗立學矣，天下以爲太平可待，至於今惟空名僅存。今陛下必欲求德行道藝之士，責九年大成之業，則將變今之禮，易今之俗，又當發民力以治宮室，斂民財以養遊士，置官立師，而又時簡不帥教者，屏之遠方，徒爲紛紛，其與慶曆之際何異？至於貢舉，或曰鄉舉德行而略文章；或曰專取策論而罷詩賦；或欲舉唐故事，兼采譽望而罷封彌；或欲變經生樸學，不用帖墨而考大義。此皆知其一未知其二者也。夫欲興德行，在於君人者修身以格物，審好惡以表俗。若欲設科立名以取之，則是教天下相率而爲僞也。上以孝取人，則勇者割股，怯者廬墓；上以廉取人，則敝車羸馬，惡衣菲食，凡可以中上意者，無所不至。德行之弊，一至於此。自文章言之，則策論爲有用，詩賦爲無益；自政事言之，則詩賦論策均爲無用矣。雖知其無用，然自祖宗以來莫之廢者，以爲設法取士，不過如此也。近世文章華麗無如楊億，使億尚在，則忠清鯁亮之士也；通經學古無如孫復、石介，使復、介尚在，則迂闊誕謾之士也。矧自唐至今，以詩賦爲名臣者不可勝數，何負於天下，而必欲廢之？

上讀軾疏曰：吾固疑此，今得軾議，釋然矣。他日以問王安石，安石曰：不然。今人材乏少，且其學術不一，一人一義，十人十義，朝廷欲有所爲，異論紛然，莫肯承聽，此蓋朝廷不能一道德故也。故一道德則修學校，欲修學校則貢舉法不可不變。趙抃是軾言，安石曰：若謂此科嘗多得人，自緣仕進別無他路，其間不容無賢；若謂科法已善，則未也。今以少壯時正當講求天下正理，乃閉門學作詩賦，及其入官，世事皆所不習，此乃科法敗壞人才，致不如古。於是卒如安石議，罷明經及諸科，進士罷詩賦，各占治《詩》、《書》、《易》、《周禮》、《禮記》一經，兼以《論語》、《孟子》。每試四場，初大經，次兼經，大義凡十道，次論一首，次策三道，禮部試即增二道。中書撰大義式頒行。試義者須通經，有文采乃爲中格，不但如明經墨義粗解章句而已。取諸科解名十分之三增進士額，諸科如許用舊業一試後，非嘗應諸科人毋得創以諸科求試。其京東西、陝西、河北、河東五路之創試進士者，及府、監、他路之舍諸科而爲進士者，乃得用所增之額以試，皆別爲一號考取，蓋欲優其業，使不至外侵，則常向慕改業也。

按：科舉不足以盡取人之法，然自隋唐以來，入官者皆以是爲進身之階，及其人之賢否，則初不緣此。柳子厚《送崔符序》言：今世尚進士，故天下舉歸之，而更其科以爲得異人乎？無也。惟其所尚，又舉而從之。尚之以孝弟，孝弟猶是人也；尚之以經術，經術猶是人也。姚康撰《科第録序》言：以顔、孔爲心者，雖日視淫靡，莫能遷其操；以桀、跖爲行者，雖日聞仁義，莫能治其性。若膺鄉舉裡選，亦此流也；若搜茂材異行，亦此流也。則何必目秀才爲朴，名進士爲薄邪。蓋唐人已有此論，即坡公之意也，但變聲律爲議論，變墨義爲大義，則於學者不爲無補。然介甫之所謂一道德者，乃是欲以其學使天下比而同之，以取科第。夫其書縱盡善無可議，然使學者以干利之故，皓首專門，雷同蹈襲，不得盡其博學詳説之功，而稍求深造自得之趣，則其拘牽淺陋，去墨義無幾矣，況所著未必盡善乎？至所謂學術不一，十人十義，朝廷欲有所爲，異論紛然，莫肯承聽，此則李斯所以建焚書之議也，是何言歟。

既罷明經、諸科，乃用其法立新科明法，以待諸科之不能改試進士者。試以律令、《刑統》大義、斷案，中格即取，惟嘗應明經、諸科試在熙寧五年前者得試，非此類，有司不受。既得官，又得預刑法官試，中者推恩有加。

三年，親試舉人，初用策。舊制，進士一日而兼試詩、賦、論，謂之三題，特奏名人止試論一道。至是，進士就席，有司猶循故事給《禮部韻》及題，出乃策問也。

葉祖洽對策言，祖宗多因循苟簡之政，陛下即位，革而新之。初考爲三等，覆考爲五等。上令宰相陳升之面讀，以祖洽爲第一。考官蘇軾疾其阿諛，因擬進士策一篇以進。

（元）馬端臨《文獻通考》卷三一《選舉考·舉士》　〔熙寧〕五年，詔宗室非袒免親，許應舉補官。

十年，始立宗子試法：凡祖宗袒免親已命者，附鎖廳試；非袒免以外，例許應舉，國子監、禮部皆別試，別取，十人取五，試者雖多，解毋過五十人。廷試策問與進士同，而別考累舉不中，年及四十以聞，而録用之。

（元）馬端臨《文獻通考》卷三一《選舉考·舉士》　哲宗元祐二年，更科場法。進士分四場：第一場試本經義二道，《語》、《孟》義各一道，第二場賦及律詩各一首，第三場論一道，四場子史、時務策二道。經義進士不兼詩賦人許增治一經，詩賦人兼一經。以《詩》、《禮記》、《周禮》、《左氏春秋》爲大經，《書》、《易》、《公羊》、《穀梁》、《儀禮》爲中經，願習二大經者聽，不得偏占兩中經。

（元）馬端臨《文獻通考》卷三一《選舉考·舉士》　徽宗崇寧三年，詔曰：神考議以三舍取士，而罷州郡科舉，其法行於畿甸，而未及郡國。肆朕纂圖，制詔有司，講議其方，成書來上，悉推行之，設辟廱於國郊，以待士之升貢者，又與臨幸加恩博士弟子有差，朕勸勵學者至矣。然州郡猶以科舉取士，不專於學校。其詔天下，將來科場取士悉由學校升貢，其州郡發解，及試禮部法並罷，庶幾復古。自此歲試上舍，悉差知舉如禮部試。

四年，詔：將來大比，更參用科舉取士一次，辟廱、太學其亟以此意諭達遠士，使即聞之。時州縣悉行三舍法，當官者子弟得免試入學，而士之在學者積歲月累試乃得應格，其不能輟身試補者，僅可從狹額應科舉，不得如在籍者三舍、解試兼與而兩得，其貧且老者尤甚病之。時人議其法曰：利貴不利賤，利少不利老，利富不利貧。故詔書及此而加以審訂，未遽廢科舉也。

（元）馬端臨《文獻通考》卷三一《選舉考·舉士》　大觀元年，詔舉八行。

自元祐仿古，創立經明行修科，主德行而略藝文，間取禮部試黜之士附寘恩科，其時御史既已咎其無所甄別矣。及八行科立，專以八行全偏爲三舍高下，不問内外，皆不試而補，則往往設爲形跡，以求入於八行，固已可厭，至於請託徇私，尤難防禁。大抵兩科相望幾數十年，迺無一人卓然能自著見，與名格相應者。而八行又有甚弊，士子跅弛，公私交患苦之，不能誰何，乃借八行名稱，納之學校，使其冀望無罰應貢，則稍且自戢，而長史實恐繆舉從坐，故寧使之占額不貢。以是知略實藝而追古制，其難蓋如此也。

政和二年，親試舉人，始罷賜詩，改賜箴。先時，御史李章言作詩害於經術，自陶潛至李、杜皆遭譏詆。詔送敕局立法，宰臣何執中遂請禁人習詩賦。又詔士毋得習史學。

吴氏《能改齋漫録》曰：先是，崇寧以來，專意王氏之學，士非三經、《字説》不用。至政和之初，公議不以爲是，蔡嶷爲翰林學士，慕容彦逢爲吏部侍郎，宇文粹中爲給事中，張琮爲起居舍人，列奏：欲望今後時務策並隨事參以漢唐歷代事實爲問。奉御筆：經以載道，史以紀事，本末該貫，迺稱通儒。可依所奏。今後時務策問並參以歷代事實，庶得博習之士，不負賓興之選。未幾，監察御史兼權殿中侍御史李彦章言：夫《詩》、《書》、《周禮》，三代之故，而史載秦、漢、隋、唐之事。學乎《詩》、《書》、《禮》者，先王之學也；習秦、漢、隋、唐之史者，流俗之學也。今近臣進思之論，不陳堯舜之道，而建漢唐之陋，不使士專經，而使習流俗之學，可乎？伏望罷前日之詔，使士一意於先王之學，而不流於世俗之習，天下幸甚。奉御筆：經以載道，史以紀事，本末該貫，迺爲通儒。今再思之，紀事之史，士所當學，非上之所以教也。況詩賦之家皆在乎史，今罷黜詩賦而使士兼習，則士不得專心先王之學，流於俗好，恐非先帝以經術造士之志。可依前奏，前降指揮更不施行。時政和元年三月戊戌也。

按：尊經書，抑史學，廢詩賦，此崇、觀以後立科造士之大指，其論似正矣。然經之所以獲尊者，以有荊舒之三經也；史與詩之所以遭斥者，以有涑水之《通鑑》、蘇黄之酬唱也。群憸借正論以成其奸，其意豈真以爲六籍優於遷、固、李、杜也哉？

（元）馬端臨《文獻通考》卷三一《選舉考·舉士》　宣和三年，詔罷天下三舍法，開封府及諸路並以科舉取士，惟太學仍存三舍，以甄序課試，遇科舉仍自發解。

（元）馬端臨《文獻通考》卷三二《選舉考·舉士》〔建炎〕二年，詔：下第進士，六舉曾經御試、八舉曾經省試，並年四十以上，四舉曾經御試、五舉曾經省試，並年五十以上，河北、河東、陝西舉人數內，特各減一舉，元符以前到省兩舉者不限年，一舉者年五十五已上，諸道轉運司、開封府皆以名聞，令直赴廷試。

按：仁宗嘉祐二年，廷試始免黜落，然則自後凡經御試者，無不出官之人。熙、豐年間，亦嘗有曾經御試推恩之令，蓋爲嘉祐二年御試不中者設也。今中興之初，復有此令，則自建炎上距嘉祐以前，蓋七十餘年，豈復有曾經御試之人乎？又恐是特爲科試人下等，不理選限、未出官者而設，蓋此曹亦謂之曾經御試，故令其再試而官之，以示優渥之恩。史志所載不明，當考。

（元）馬端臨《文獻通考》卷三二《選舉考·舉士》〔紹興〕九年，詔：陝西久陷僞境，與四川類試，必不能中程式。其令禮部措置，別號取放。川、陝分類試額自此始。

御史中丞廖剛言：國朝三歲一舉，每以今年大禮，明年科場，又明年省、殿試爲準，故注授人先後到部，不至攙併。今科試、明堂同在嗣歲，省司財計難以應辦，一不便也。近歲初官待闕，率四五年，若使進士、蔭人同時差注，二不便也。更展一年，則舊制合矣。天子是其議，其來年詔曰：三歲賓興之制，肇自治平，爰暨累朝，遵爲彝典。頃緣多故，洊展試期，致取士之年適當宗祀，而入仕之衆並集銓曹，攸司困供億之繁，多士興滯留之嘆。宜從革正，用復故常，庶蔵事惟均，有便於國，調官無壅，亦便爾私。其紹興十年，諸州依條發解，於紹興十二年正月省試，三月殿試。自後科場示此爲準。

（元）馬端臨《文獻通考》卷三二《選舉考·舉士》　開禧二年，詔諸道運司、州、府、軍、監：凡發解舉人合格試卷姓名，類申禮部，候省試中，牒發御史臺，同禮部長貳參對字畫，關御藥院內侍照應。廷試字畫不同者，別榜駁放。舊制，秋貢、春試皆置別頭場，以待舉人之避親者。自緦麻以上親及大功以上婚姻之家，皆牒送，惟臨軒親試，謂之天子門生，雖父兄爲考官，亦不避。是年，始因議臣有請，詔自今在朝官有親屬赴廷對者，免差考校。

（元）馬端臨《文獻通考》卷三三《選舉考·賢良方正》　宋朝之制，國初制舉，有賢良方正能直言極諫、經學優深可爲師法、詳閑吏理達於教化，凡三科。應內外職官前資見任、黄衣、草澤人，並許諸州及本司解送於吏部對御策，試三千言，以文理俱優者中其選。

真宗咸平四年，詔學士、兩省、御史臺五品，尚書省諸司四品以上，於內外京朝、幕府州縣官、草澤中，各舉賢良方正一人，不得以見任轉運使及館閣職事人應詔。

景德二年，詔：復置博通墳典達於教化、才識兼茂明於體用、武足安邊、洞明韜略運籌決勝、軍謀宏遠材任邊寄等科，委中書門下先加程試。如器業可觀，具名聞奏，朕將臨軒親試。

時命兩制考文卷，中等者甚少，又命侍讀、侍制重考。上猶慮遺才，令中書重詳定訖，試論六首合格者以聞。

大中祥符元年，時上封者言：兩漢舉賢良，多因兵荒災變，所以詢訪闕政。今國家受瑞建封，不當復設此科。於是悉罷。

凡特旨試藝者，有於中書、學士舍人院，或特遣官專試，所試詩、賦、論、策、頌、制詔或三篇，或一篇。景德後，唯將命爲知制誥者，方試制誥。東封及祀汾陰時，獻文者多試業得官。

仁宗天聖七年，詔曰：朕開數路以詳延天下之士，而制舉獨久置不設，意吾豪傑或以故見遺也，其復置此科。於是增其名，曰：賢良方正能直言極諫科，博通墳典明於教化科，才識兼茂明於體用科，詳明吏理可使從政科，識洞韜略運籌帷幄科，軍謀宏遠材任邊寄科，凡六，以待京、朝官之被舉及起應選者。又置書判拔萃科，以待選人之應書者。又高蹈邱園科，沉淪草澤科，茂材異等科，以待布衣之被舉及應書者。又武舉以待方略勇力之士。其法，先上藝業於有司，有司較之，然後試秘閣，中格，然後天子親策之。

後數歲，李淑上書言：吏部故事，選人以格限未至者，能試判三節，謂之拔萃。此特有司之事耳，而陛下乃親策之，非其稱矣。又所謂茂材異等，本求出類之雋也，而士之不利鄉薦者，始出而應焉。臣以爲此二者皆非國家求才之本意也，宜有以易之。於是罷書判拔萃科，令幕職州縣官皆得應賢良方正能直言極諫等科；諸常試鄉舉被黜者，毋復應茂才異等科。其後十餘年，又詔：自今制科須近臣論薦，毋得自舉。初，御史唐詢與參知政事吳育有隙。帝數稱近歲制科得人，以育爲賢，而詢奏言：自古災異乃册賢良，今者，六科率不用公卿推引，而特視進士之期。凡應此科者，至自稱曰賢良方正，曰茂才異等，曰博通墳典，臣以爲習扇澆浮，莫甚於此，可悉罷之。而育復奏曰：册賢良自鼂錯始，錯非以災異舉也。帝以育言爲然，由是制科得不廢，而特禁其自薦而已。

（元）馬端臨《文獻通考》卷三三《選舉考·賢良方正》 神宗熙寧七年，呂惠卿以爲制科止於記誦，非義理之學，且進士已試策，與制科無異。乃詔罷之。

先時，秘閣考制科，陳彥古六論不識題語何出，字又不及數，準式不考。蓋自秘閣試制科以來，未有如彥古空疏者。次年，乃罷制科。

哲宗元祐元年，復制科。

紹聖元年，罷制科。自朝廷罷詩賦、廢明經，詞章記誦之學俱絶，至是而制科又罷，無以兼收文學博異之士，乃置宏詞，以繼賢良之科。三省言：唐世取人，隨事設科，其名有詞藻宏麗、文章秀異之屬，究其所試，皆異乎進士、明經。今既復舊科，純用經術，諸如詔、誥、章、表、箴、銘、賦、頌、赦敕、檄書、露布、誡諭，其文皆朝廷官守日用而不可闕，先朝已嘗留意，特科目未及設。二年，詔立宏辭科，歲許進士登科者詣禮部請試，若見守官，須受代乃得試，率以春試上舍日附試，不自立院也。差官鎖引，悉依進士，惟詔、誥、赦敕不以爲題，所試者，章、表、露布、檄書用四六，頌、箴、銘、誡諭、序、記用古今體，亦不拘四六。考官取四題，分二日試，試者雖多，取毋過五人。中程者上之三省，三省覆視，分上中二等，推恩有差；辭格超異者，恩命臨時取旨。

徽宗大觀四年，改爲詞學兼茂科，科舉歲，附貢士院試，取毋過三人，不中率，許闕。仍不試檄書，增制詔，分二日試四題，其二以歷代史事借擬爲之，餘以本朝典故或時事。宰臣執政親屬毋得試。

高宗紹興元年，下詔復賢良方正能直言極諫科。有司講求舊制，每科場年，命中丞、給、舍、諫議大夫、學士、待制三人舉一人，不拘已仕未仕。命官仍以不曾犯贓私罪人充。先具詞業，策、論共五十篇，繳送兩省、侍從參考之，分三等，文理優長爲上，次優爲中，常平爲下。次優已上並召赴閣試。歲九月，命學士、兩省官考試於秘閣，御史監之，試六論，每首五百字以上。於九經、十七史、七書、《國語》、《荀》、《揚》、《管子》、《文中子》正文內出題，差楷書祗應，四通以上爲合格。仍分五等，以試卷繳奏御前拆號，入四等以上者，召赴殿試。其日，上臨軒親策，限三千字以上。宰相撰題，差初覆考、詳定官。赴試人引見賜坐，殿廊兩廂設垂簾、幃幕、青褥、紫案，差楷書祗應，內侍賜茶果。對策先引出處，然後言事。第三等爲上，恩數視廷試第一人；第四等爲中，視廷試第三人，皆賜制科出身；第五等爲下，視廷試第四人，賜進士出身；不入等，與簿、尉差遣。以上並謂白身者，若有官人，則進一官與升擢。

舊制，六論於正文及注疏內出題。至是，有司請除疏義勿用。

七年，詔以太陽有異，氛氣四合，令中外侍從各舉能直言極諫一人。呂祉舉選人胡銓，江藻舉布衣劉度，上即日除銓樞密院編修官，而度不果召。

孝宗乾道元年，詔令尚書、兩省、諫議大夫已上、御史中丞、學士、待制，各舉賢良方正直言極諫一人，仍具詞業繳進。

（元）馬端臨《文獻通考》卷三三《選舉考·賢良方正》 淳熙十一年，詔罷注疏出題。於是郡國舉莊治、滕宬，試六論皆四通，而考官顔師魯以其文理平凡，不應近制，又罷之。自是薦紳重於特舉，山林恥於自耀，褒然而起者鮮矣。

自李垕之後，制科無合格者。又三十餘年，永康何致者，爲郡守陳鑽館客，鑽入朝薦之，有旨召試。會同薦者滕宬、杜富遭憂不赴詔，須服闋並召。致躁急，欲先得試，鑽介蘇師旦言之韓侂冑，得內批如所請，中書繳還，後又爲臺諫論其進論中言伊尹始負堯舜之道，而終爲天下開凌犯之端之語爲詆誣，坐罷歸。辛未歲，致以吳挺薦召，又爲臺臣所論，乃勒歸鄉增修所學焉。

葉適論制科曰：用科舉之常法，不足以得天下之才，其偶然得之者，幸也。自明道、景祐以來，能言之士有是論矣，雖然，原其本以至其末，亦未見有偶然得之者，要以爲壞天下之才而使之至於舉無可用，此科舉之敝法也。至於制科者，朝廷待之尤重，選之尤難。使科舉不足以得才，則制科者亦庶幾乎得之矣。雖然，科舉所以不得才者，謂其以有常之法而律不常之人；則制舉之庶乎得之者，必其無法焉，而制舉之法反密於科舉。今夫求天下豪傑特舉之士，所以恢聖業而共治功，彼區區之題目記誦、明數暗數制度者，胡爲而責之？而又於一篇之策，天文、地理、人事之紀，問之略遍，以爲其説足以酬吾之問，則亦可謂之奇才矣。當制舉之盛時，置學立師，以法相授，浮言虚論，披抉不窮，號爲制科習氣，故科舉既不足以得之，而制舉又或失之。然則朝廷之求爲一事也，必先立爲一法，若夫制科之法，是本無意於得才，而徒立法以困天下之泛然能記誦者耳，此固所謂豪傑特起者輕視而不屑就也。又有甚此者：蓋昔以三題試進士，而爲制舉者以答策爲至難，彼其能之，則猶有以取之。自熙寧以策試進士，其説蔓延，而五尺之童子無不習言利害，以應故事，則制舉之策不足以爲能，故哲宗以爲今進士之策有過此者，而制科由此再廢矣。是以八九十年，其薦而不得試者，其試而不見取者其，幸而取者，其人才凡下，往往不逮於科舉之俊士。然且三年一下詔而追復，不俟科舉之歲皆得舉之，將何所爲乎？設之以至密之法，與之以至美之名，使其得與此者爲急官爵計耳。且天下識治知言之人，不應如是之多，則三歲以策試進士，使肆言而無所用，是誠失之矣。今又使制舉者，自以其所謂五十篇之文，泛指古今，敷陳利害，其言泛雜，見者厭視，聞者厭聽。且士之猥多，無甚於今世，挾無以大相過之實，而冒不可加之名，則朝廷所以汲汲然而求之者，乃爲譏笑之具。今宜暫息天下之多言，進士無親策，制舉無記誦，無論著，稍稍忘其故步，一日，天子慨然自舉之，三代之英才未可驟得，亦不至如近世之冗長無取，非惟無益而反有害也。

（元）馬端臨《文獻通考》卷三三《選舉考・賢良方正》 巽岩李氏《制科題目編序》曰：閣試六論，不出於經史正文，非制科本意也。蓋將傲天下士以其所不知，先博習强記之餘功，後直言極諫之要務，抑亦重惜其事而艱難其選，使賢良方正望而去者歟？然而士終不以此故而少挫其進取之鋒，問之愈深，則對之愈密，歷數世未嘗有敗績失據之過。士豈真多能哉？斯執事者優容之也。逮熙寧中，陳彦古始不識題，有司準式不考，而制科隨罷。君子謂彦古不達時變，宜其黜也。先是，孔文仲以直言極諫忤宰相意，駁高第，斥小官。彼狡焉思縱其淫心，以殘害典則，厭是科之不便於己也，欲亟去之而不果，遂則姑置焉，名存而實亡矣。凡所謂賢良方正，尚肯復遊其間乎？彦古區區，昧於一來，是必不敢高論切議也，殆揣摩當世，求合取容耳。傳注義疏之幺麽纖微且不及知，矧惟國家之大體，渠能有所發明哉。而執事猶惡其名，決壞之然後止。彦古之黜，宜也，而使天下遂無得以賢良方正能直言極諫舉者，獨何心歟？至於元祐，廑復旋廢，其得失之跡，又可見矣。今天子明詔三下，而士莫應，豈非猶懲於彦古故邪？蓋古之所謂賢良方正者，能直言極諫而已；今則惟博習强記也，直言極諫則置而不問，甚至惡聞而諱聽之，逐其末而棄其本乃至此甚乎，此士之所以莫應也。余勇不自制，妄有意於古人直言極諫之益，而性最疏放，勉從事於博習强記，終不近也。恐其幸而得從鼂、董、公孫之後，曾是弗察，而猥承彦古之羞，乘此暇日，取五十餘家之文書，掇其可以發論者，各數十百題，具如別録。間亦顛倒句讀，竄伏首尾，乃類世之覆物謎言，雖若不可知，而要終不可欺，戲與朋友共占射之，賢於博奕云耳，實非制科本意也。因書以自警云。

按：制科所難者六論，然所謂四通、五通者中選，所謂准式不考者聞罷，則皆以能言論題出處爲奇，而初不論其文之工拙，蓋與明經墨義無以異矣。況有博聞强記如巽岩者，聚諸家奇僻之書，掇其可以爲論題者，抄爲一編，揣摩收拾，殆無所遺，然則淺學之士，執此以往，亦可哆然以賢良自名，而有掇巍科之望矣。科目取人之弊，一至於此。然觀《邵氏聞見録》言范文正公以制科薦富鄭公，富公辭以未習，范公曰：已爲君闢一室，皆大科文字，可往就館。以是觀之，所謂大科文字者，往往即巽岩所編之類是也。以富公異時之德業如許，然應制科之初，倘不求其文而習焉，則亦未必能中選。東坡作《張文定公墓銘》言：天下大器，非力兼萬人，孰能舉之？非仁宗之大，孰能容此萬人之英？蓋即位八年，而以制策取士，一舉而得富弼，再舉而得公。蓋所以誇制科得人之盛，然制科之爲制科，不過如此，則二公之所蘊蓄抱負，此豈足以知之乎？

（元）馬端臨《文獻通考》卷三三《選舉考・博學宏辭科》 紹興

三年立此科，凡十二題，制、誥、詔、表、露布、檄、箴、銘、記、贊、頌、序，於內雜出六題，分爲三場，每場一古一今。試人先投所業三卷，朝廷降付學士院，考其能者召試。遇科場年，應命官，除歸明、流外、入貲及嘗犯贓人外，公卿大夫子弟之俊秀者皆得試，每次所取不得過五人，若人才有餘，臨時取旨，具合格字型大小，同真卷繳納中書看詳。推恩則例比舊制更加優異，以三等取人：上等轉一官，選人改秩，無出身人賜進士及第，並免召試，除館職；中等減三年磨勘，與堂除，無出身人賜進士出身；下等減二年磨勘，無出身人賜進士出身，並許召試館職。大觀中，有詞學兼茂科，建炎初猶有應者，至是始更立焉。自復科以來，所得鴻筆麗藻之士，多有至卿相、翰苑者。紹興中，得十有七人；隆興至淳熙，得十有三人；紹熙，一人；開禧至嘉定，三人。初，洪遵入中等，洪适入下等。高宗覽其文，嘆曰：此洪皓子邪？父在遠，能自立，忠義報也。即以遵爲秘書省正字，適爲樞密院編修官。詞科即入館自遵始。後三歲，洪邁繼之。真德秀、留元剛應選，有司書德秀卷曰宏而不博，書元剛卷曰博而不宏。寧宗喜其文，命俱寘異等。其後有司值郡試，必摘其微疵，僅從申省或降旨升擢而已。

（元）馬端臨《文獻通考》卷三四《選舉考・孝廉》　宋太祖皇帝開寶八年，詔諸州察民有孝悌力田、奇才異行，或有文武材幹，年二十以上至五十可任使者，選擇具送闕下。如無人塞詔，亦以實聞。

九年，詔翰林學士李昉等於禮部貢院同閱諸道所解孝悌力田及有人材武學，凡七百四十人。試問所習之業，皆無可采。而濮州以孝悌薦名者二百七十人，上駭其頗多，召問於講武殿，率不如詔；猶稱素能習武，復試以騎射，則隕越顛沛失次。上顧曰：止可隸兵籍。皆號告求免，乃悉令退去，詔劾本部官司濫舉之罪。

按：以孝廉或孝悌名科，蓋取其平日之素履，固難於一閱試之頃而知之也。然自東漢以來，孝廉遂爲取士科目之通稱，不復有循名責實之舉，不過試以文墨小技，而命之官；至倥傯之際，則并不試文，而悉官之矣。隋唐而後，始有進士、明經等科，遂無復有舉孝廉之事。蓋隋唐而後之進士、明經，即東漢以來之孝廉，皆借其名以爲士子進取之塗耳。然上之人慕孝廉之美名，故時有察舉之詔，而貞觀之孝廉，至不能答曾參所説《孝經》；開寶之孝弟，至不能言所習之業，淺陋可笑如此。蓋自以文藝取人，士之精華果鋭者，皆盡瘁於記問詞章聲病帖括之中，其不能以進士、明經自進者，皆椎朴無文之人，遂欲別求進身之塗轍，故夤緣州郡，以應詔舉。詳史所載，二帝所以詢訪之者，固非僻經奧傳，傲以所不知也，而已不能答，則其無所抱負可知。景祐間，李淑言：所謂茂材者，本求出類之雋，而士之不利鄉舉者應焉，非求材之本意也。意貞觀、開寶所解孝悌力田，文武才幹皆不能應鄉舉之輩耳。

（元）馬端臨《文獻通考》卷三四《選舉考・武舉》　宋有武舉、武選。咸平時，令兩制、館閣詳定入官資序故事，而未嘗行。

仁宗天聖八年，親試武舉十二人，先閲其騎射，而後試之。

景祐四年，韓億言：武臣宜知兵書，而禁不得傳，請纂其要以授之。於是出《神武秘略》以授邊臣。

慶曆六年，策武舉。馮維師奏：武舉以策爲去留，弓馬爲高下。

神宗熙寧五年，樞密請建武學於武成王廟，選文武官知兵者爲教授，使臣未參班及門蔭、草澤人，召京官保任，人材弓馬應格，聽入學，給食，習諸家兵法。教授纂次歷代用兵成敗、前世忠義之節足以訓者講釋之。願試陣隊者，量給兵伍。在學三年，具藝業考試等第推恩，未及格者逾年再試。凡試中，三班使臣與三路巡檢、監押、寨主，未有官人與經略司教隊、差使，三年無過，則升親民至大使臣；有兩省、待制或本路鈐轄以上三人保舉堪將領者，並兼諸衛將軍，外任回，歸環衛班。以尚書兵部郎中韓縝判學，內藏庫副使郭固同判，賜食本錢萬緡。生員以百人爲額。科場前一年，武臣路分都監、文官轉運判官以上各奏舉一人，聽免試入學。生員及應舉者不過二百人。春秋各一試，步射以一石三斗，馬射以八斗，矢五發中的；或習武伎，副之策略，雖弓力不及，學業卓然，並爲優等，補上舍，以三十人爲額。

八年，詔武學與文舉同時鎖試，以防進士之被黜而改習者。

高宗建炎二年，兵部言：應武舉得解、免解人，各召保官齎公據赴部引驗，於行在殿前司試弓馬訖，就淮南轉運司別場附試程文。從之。

紹興十六年，始建武學。兵部上《武士弓馬及選試去留格》：凡初補入學，步射弓一石，若公私試步騎射不中，即不許試程文。其射格自一石五斗以下九斗，凡五等。上可其奏，因謂輔臣：國家武選，政欲得人，今諸將子弟皆恥習弓馬，求換文資，數年之後，將無人習武矣。宜勸誘之。

凡武學生習《七書》兵法，步騎射分上、內、外三舍，學生以百人爲額。置博士一員，以文臣有出身或武舉高選人爲之；學諭一員，以武舉補官人爲之。

孝宗隆興元年，御試得正奏名三十七人。殿中侍御史胡沂言：臣觀唐之郭子儀，以武舉異等，初補右衛長史，曆振遠、橫塞、天德軍使。祖宗時，試中武藝人並赴陜西任使。又武舉中選者，或除京東捉賊，或三路沿邊，試其效用；或經略司教押軍隊，準備差使。今率授以榷酤之事，是所取非所用，所用非所學也。臣請取近歲中選人數，量其才品之高下、考任之深淺，授以軍職，使之習練邊事，諳曉軍旅，實選用之初意也。

乾道五年，廷試，始依文舉給黄牒。同正奏名三十三人，榜首賜武舉及第，餘並賜武舉出身。

上垂意武科，以授官與文士不類，詔自今第一人補秉義郎，堂除諸司計議官，序位在機宜之上；第二、第三人保義郎，諸路帥司準備將領，代還，轉忠翊郎；第四、第五人承節郎，諸路兵馬監押，代還，將保義郎，皆仿進士甲科恩例。四年，又以文舉狀元代還，例除館職，亦召武舉榜首爲閤門舍人。五年，御試得正奏名四十四名，始立武學國子額，收補武臣親屬，其文臣親屬願赴武補者亦聽。七年，初立《武舉絶倫並從軍法》：凡願從軍者，殿試第一人與同正將，第二、第三名同副將，第五名已上、省試第六名已下並同準備將。從軍以後，立軍功及人才出衆，特旨擢用。上曰：武舉本求將帥之才，今前名皆從軍，以七年爲限，則久在軍中，諳練軍政，他日可備擢用。

武臣試換文資，祖宗朝，許從官三人薦舉。紹興令敦武郎以下聽召保官二人，以經義、詩賦求試。其後，太學諸生久不第者，多去從武舉，已，乃鎖廳應進士第，凡以秉義或忠翊皆換京秩，恩數與第一人等。後以林穎秀言：武士舍棄弓矢，更習程文，褒衣大袖，專效舉子。夫科以武名，不得雄健喜功之士，徒啓其僥倖名爵之心。於是詔自今毋得鎖換。

寧宗初，復武科鎖換令。

《宋史》卷一五五《選舉志・科目上》：自敷奏以言，明試以功，三載考績，三考黜陟幽明，始于《舜典》。司徒以鄉三物興賢能，太宰以三歲計吏治，詳於周官。兩漢而下，選舉之制不同，歸于得賢而已。考其大要，不過入仕則有貢舉之科，服官則有銓選之格，任事則有考課之法。然歷代之議貢舉者每曰：取士以文藝，不若以德行。就文藝而參酌之，賦論之浮華，不若經義之實學。議銓選者每曰：以年勞取人，可以絶超躐，而不無賢愚同滯之歎；以薦舉取人，可以拔俊傑，而不無巧佞捷進之弊。議考課者每曰：拘吏文，則上下督察，浸成澆風；通譽望，則權貴請託，徒開利路。於是議論紛紛，莫之一也。

宋初承唐制，貢舉雖廣，而莫重于進士、制科，其次則三學選補。銓法雖多，而莫重于舉削改官、磨勘轉秩。考課雖密，而莫重于官給曆紙，驗考批書。其他教官、武舉、童子等試，以及遺逸奏薦、貴戚公卿任子親屬與遠州流外諸選，委曲瑣細，咸有品式。其間變更不常，沿革迭見，而三百餘年元臣碩輔，鴻博之儒，清彊之吏，皆自此出，得人爲最盛焉。今輯舊史所録，臚爲六門：一曰科目，二曰學校試，三曰銓法，四曰補廕，五曰保任，六曰考課。煩簡適中，檃括歸類，作《選舉志》。

宋之科目，有進士，有諸科，有武舉。常選之外，又有制科，有童子舉，而進士得人爲盛。神宗始罷諸科，而分經義、詩賦以取士，其後遵行，未之有改。自仁宗命郡縣建學，而熙寧以來，其法浸備，學校之設遍天下，而海內文治彬彬矣。今以科目、學校之制，各著于篇。

初，禮部貢舉，設進士、九經、五經、開元禮、三史、三禮、三傳、學究、明經、明法等科，皆秋取解，冬集禮部，春考試。合格及第者，列名放榜于尚書省。凡進士，試詩、賦、論各一首，策五道，帖論語十帖，對《春秋》或《禮記》墨義十條。凡九經，帖書一百二十帖，對墨義六十條。凡五經，帖書八十帖，對墨義五十條。凡三禮，對墨義九十條。凡三傳，一百一十條。凡《開元禮》，凡三史，各對三百條。凡學究，《毛詩》對墨義五十條，《論語》十條，《爾雅》、《孝經》共十條，《周易》、《尚書》各二十五條。凡明法，對律令四十條，兼經並同《毛詩》之制。各間經引試，通六爲合格，仍抽卷問律，本科則否。諸州判官試進士，録事參軍試諸科，不通經義，則別選官考校，而判官監之。試紙，長官印署面給之。試中格者，第其甲乙，具所試經義，朱書通、否，監官、試官署名其下。進士文卷、諸科義卷、帖由，並隨解牒上之禮部。有篤廢疾者不得貢。貢不應法及校試不以實者，監官、試官停任。受賂，則論以枉法，長官奏裁。

凡命士應舉，謂之鎖廳試。所屬先以名聞，得旨而後解。既集，什伍相保，不許有大逆人緦麻以上親，及諸不孝、不悌、隱匿工商異類、僧道歸俗之徒。家狀并試卷之首，署年及舉數、場第、鄉貫，不得增損移易，以仲冬收納，月終而畢。將臨試期，知舉官先引問聯保，與狀僉同而定焉。凡就試，唯詞賦者許持《切韻》、《玉篇》，其挾書爲姦，及口相受授者，發覺即黜之。凡諸州長吏舉送，必先稽其版籍，察其行爲；鄉里所推，每十人相保，內有缺行，則連坐不得舉。故事，知舉官將赴貢院，臺閣近臣得薦所知之負藝者，號曰公薦。太祖慮其因緣挾私，禁之。

自唐以來，所謂明經，不過帖書、墨義，觀其記誦而已，故賤其科，而不通者其罰特重。乾德元年，詔曰：舊制，九經一舉不第而止，非所以啓迪仕進之路也；自今依諸科許再試。是年，諸州所薦士數益多，乃約周顯德之制，定諸州貢舉條法及殿罰之式：進士文理紕繆者殿五舉，諸科初場十不殿五舉，第二、第三場十不殿三舉，第一至第三場九不並殿一舉。殿舉之數，朱書于試卷，送中書門下。三年，陶穀子邴擢上第，帝曰：穀不能訓子，安得登第？乃詔：食祿之家，有登第者，禮部具姓名以聞，令覆試之。自是，別命儒臣于中書覆試，合格乃賜第。時川蜀、荊湖內附，試數道所貢士，縣次往還續食。開寶三年，詔禮部閱貢士及十五舉嘗終場者，得一百六人，賜本科出身。特奏名恩例，蓋自此始。

五年，禮部奏合格進士、諸科凡二十八人，上親召對講武殿，而未及引試也。明年，翰林學士李昉知貢舉，取宋準以下十一人，而進士武濟川、三傳劉睿材質最陋，對問失次，上黜之。濟川，昉鄉人也。會有訴昉用情取舍，帝乃籍終場下第人姓名，得三百六十人，皆召見，擇其一百九十五人，并準以下，乃御殿給紙筆，別試詩賦。命殿中侍御史李瑩等爲考官，得進士二十六人，五經四人，開元禮七人，三禮三十八人，三傳二十六人，三史三人，學究十八人，明法五人，皆賜及第，又賜錢二十萬以張宴會。昉等尋皆坐責。殿試遂爲常制。帝嘗語近臣曰：昔者，科名多爲勢家所取，朕親臨試，盡革其弊矣。八年，親試進士王式等，乃定王嗣宗第一，王式第四。自是御試與省試名次，始有升降之別。時江南未平，進士林松、雷說試不中格，以其間道來歸，亦賜三傳出身。

太宗即位，思振淹滯，謂侍臣曰：朕欲博求俊彥於科場中，非敢望拔十得五，止得一二，亦可爲致治之具矣。太平興國二年，御殿覆試，內出賦題，賦韻平側相間，依次而用。命李昉、扈蒙第其優劣爲三等，得呂蒙正以下一百九人。越二日，覆試諸科，得二百人，並賜及第；又閱貢籍，得十舉以上至十五舉進士、諸科一百八十餘人，並賜出身；九經七人不中格，亦憐其老，特賜同三傳出身；凡五百餘人，皆賜袍笏，錫宴開寶寺，帝自爲詩二章賜之。甲、乙第進士及九經，皆授將作監丞、大理評事，通判諸州，其餘亦優等授官。三年九月，廷試舉人。故事，惟春放榜，至是秋試，非常例也。是冬，諸州舉人並集，會將親征北漢，罷之。自是，間一年或二年乃貢舉。

五年，覆試進士。有顏明遠、劉昌言、張觀、樂史四人，以見任官舉進士，特授近藩掌書記。有趙昌國者，求應百篇舉，謂一日作詩百篇。帝出雜題二十，令各賦五篇，篇八句，日旰，僅成數十首，率無可觀。帝以是科久廢，特賜及第，以勸來者。

八年，進士、諸科始試律義十道，進士免帖經。明年，惟諸科試律，進士復帖經。進士始分三甲。自是錫宴就瓊林苑。上因謂近臣曰：朕親選多士，殆忘飢渴，召見臨問，觀其才技而用之，庶使田野無遺逸，而朝廷多君子爾。雍熙二年，廷試初唱名及第，第一等爲節度推官。是年及端拱初，禮部試已，帝慮有遺才，取不中格者再試之，於是由再試得官者數百人。凡廷試，帝親閱卷累日，宰相屢請宜歸有司，始詔歲命官知舉。

舊制，既鎖院，給左藏錢十萬資費用。端拱元年，詔改支尚書祠部，仍倍其數，罷御廚、儀鸞司供帳。知貢舉宋白等定貢院故事：先期三日，進士具都榜引試，借御史臺驅使官一人監門，都堂簾外置案，設銀香罏，唱名給印試紙。及試中格，錄進士之文奏御，諸科惟籍名而上；俟制下，先書姓名散報之，翌日，放榜唱名。既謝恩，詣國學謁先聖先師，進士過堂閤下告名。聞喜宴分爲兩日，宴進士，請丞郎、大兩省；宴諸科，請省郎、小兩省。綴行期集，列敘名氏、鄉貫、三代之類書之，謂之小錄。

醵錢爲游宴之資，謂之酺。皆團司主之。制下，而中書省同貢院關黄覆奏之，俟正敕下，關報南曹、都省、御史臺，然後貢院寫春關散給。籍而入選謂之春關。登科之人，例納朱膠綾紙之直，赴吏部南曹試判三道，謂之關試。

淳化三年，諸道貢士凡萬七千餘人。先是，有擊登聞鼓訴校試不公者。蘇易簡知貢舉，受詔即赴貢院，仍糊名考校，遂爲例。既廷試，帝諭多士曰：爾等各負志業，效官之外，更勵精文采，無墜前功也。詔刻禮記儒行篇賜之。每科進士第一人，天子寵之以詩，後嘗作箴賜陳堯叟，至是，并賜焉。先是，嘗併學究《尚書》、《周易》爲一科，始更定本經日試義十道，《尚書》、《周易》各義五道，仍雜問疏義六道，經註四道。明法舊試六場，更定試七場：第一、第二場試律，第三場試令，第四、第五場試小經，第六場試令，第七場試律，仍於試律日雜問疏義六、經註四。凡三禮、三傳、通禮每十道義分經註六道、疏義四道，以六通爲合格。

自淳化末，停貢舉五年；真宗即位，復試，而高句麗始貢一人。先是，國子監、開封府所貢士，與舉送官爲姻戚，則兩司更互考試，始命遣官別試。

咸平三年，親試陳堯咨等八百四十人，特奏名者九百餘人，有晋天福中嘗預貢者。凡士貢于鄉而屢絀于禮部，或廷試所不録者，積前後舉數，參其年而差等之，遇親策士則別籍其名以奏，徑許附試，故曰特奏名。又賜河北進士、諸科三百五十人及第、同出身。既下第，願試武藝及量才録用者，又五百餘人，悉賜裝錢慰遣之，命禮部叙爲一舉。較藝之詳，推恩之廣，近代所未有也。

舊制，及第即命以官。上初復廷試，賜出身者亦免選，於是策名之士尤衆，雖藝不及格，悉賜同出身。迺詔有司，凡賜同出身者並令守選，循用常調，以示甄別。又定令：凡試卷，封印院糊名送知舉官考定高下，復令封之送覆考所，考畢然後參校得失，不合格者，須至覆場方落。諭館閣、臺省官，有請屬舉人者密以聞，隱匿不告者論罪。仍詔諸王、公主、近臣，毋得以下第親族賓客求賜科名。

景德四年，命有司詳定考校進士程式，送禮部貢院，頒之諸州。士不還鄉里而竊户他州以應選者，嚴其法。每秋賦，自縣令佐察行義保任之上于州，州長貳復審察得實，然後上本道使者類試。已保任而有缺行，則州縣皆坐罪；若省試而文理紕繆，坐元考官；諸州解試額多而中者少，則不必足額。

尋又定親試進士條制。凡策士，即殿兩廡張帟，列几席，標姓名其上。先一日表其次序，揭示闕外，翌旦拜闕下，乃入就席。試卷，内臣收之，付編排官，去其卷首鄉貫狀，別以字號第之；付封彌官謄寫校勘，用御書院印，付考官定等畢，復封彌送覆考官再定等。編排官閲其同異，未同者再考之；如復不同，即以相附近者爲定。始取鄉貫狀字號合之，即第其姓名、差次，并試卷以聞。其考第之制凡五等：學識優長、詞理精絶爲第一；才思該通、文理周率爲第二；文理俱通爲第三；文理中平爲第四；文理疎淺爲第五。然後臨軒唱第，上二等曰及第，三等曰出身，四等、五等曰同出身。餘如貢院舊制。

五年，詔士曾預南省試者，犯公罪聽贖罰。令禮部取前後詔令經久可行者，編爲條制。諸科三場内有十不、進士詞理紕繆者各一人以上，監試、考試官從違制失論，幕職、州縣官得代日殿一選，京朝官降監場務，嘗監當則與遠地；有三人，則監試、考試官亦從違制失論，幕職、州縣官衝替，京朝官遠地監當；有五人，則監試以下皆停見任；舉送守倅，諸科五十人以上有一人十不，即罰銅與免殿選監當，進士詞理紕繆亦如之。後又詔：試鏁廳者，州長吏先校試合格，始聽取解；至禮部不及格，停其官，而考試及舉送者，皆重寘罪。八年，始置謄録院，令封印官封試卷付之，集書吏録本，監以内侍二人。詔：進士第一人，令金吾司給七人導從，聽引兩節。著爲令。

天聖初，宋興六十有二載，天下乂安。時取才唯進士、諸科爲最廣，名卿鉅公，皆繇此選，而仁宗亦嚮用之，登上第者不數年，輒赫然顯貴矣。其貢禮部而數詘者，得特奏名，或因循不學，乃詔曰：學猶殖也，不學將落，遜志務時敏，厥修乃來。朕慮天下之士或有遺也，既已臨軒較得失，而憂其屢不中科，則衰邁而無所成，退不能返其里閭，而進不得預于禄仕。故常數之外，特爲之甄采。而狃于寬恩，遂隳素業，苟簡成風，甚可恥也。自今宜篤進厥學，無習僥倖焉。時晏殊言：唐明經並試策問，參其所習，以取材識短長。今諸科專記誦，非取士之意，請終場試策一篇。詔近臣議之，咸謂諸科非所習，議遂寢。舊制，鎖廳試落輒停官，至是始詔免罪。

景祐初，詔曰：鄉學之士益蕃，而取人路狹，使孤寒棲遲，或老而不得進，朕甚憫之。其令南省就試進士、諸科，十取其二。凡年五十，進士五舉、諸科六舉；嘗經殿試，進士三舉、諸科五舉；及嘗預先朝御試，雖試文不合格，毋輒黜，皆以名聞。自此率以爲常。士有親戚仕本州，或爲發解官，及侍親遠宦，距本州二千里，令轉運司類試，以十率之，取三人。於是諸路始有别頭試。其年，詔開封府、國子監及别頭試封彌、謄録如禮部。

初，貢士踵唐制，猶用公卷，然多假他人文字，或傭人書之。景德中，嘗限舉人於試紙前親書家狀，如公卷及後所試書體不同，並駁放；其假手文字，辨之得實，即斥去，永不得赴舉。賈昌朝言：自唐以來，禮部采名譽，觀素學，故預投公卷；今有封彌、謄録法，一切考諸試篇，則公卷可罷。自是不復有公卷。

寶元中，李淑侍經筵，上訪以進士詩、賦、策、論先後，俾以故事對。淑對曰：唐調露二年，劉思立爲考功員外郎，以進士試策滅裂，請帖經以觀其學，試雜文以觀其才。自此沿以爲常。至永隆二年，進士試雜文二篇，通文律者，始試策。天寶十一年，進士試一經，能通者試文賦，又通而後試策，五條皆通，中第。建中二年，趙贊請試以時務策五篇，箴、論、表贊各一篇，以代詩、賦。大和三年，試帖經，略問大義，取精通者，次試論、議各一篇。八年，禮部試以帖經口義，次試策五篇，問經義者三，問時務者二。厥後變易，遂以詩賦爲第一場，論第二場，策第三場，帖經第四場。今陛下欲求理道而不以雕琢爲貴，得取士之實矣。然考官以所試分考，不能通加評校，而每場輒退落，士之中否，殆繫于幸不幸。願約舊制，先策，次論，次賦及詩，次帖經、墨義，而敕有司併試四場，通較工拙，毋以一場得失爲去留。詔有司議，稍施行焉。

既而知制誥富弼言曰：國家沿隋、唐設進士科，自咸平、景德以來，爲法尤密，而得人之道，或有未至。且歷代取士，悉委有司，未聞天子親試也。至唐武后始有殿試，何足取哉？使禮部次高下以奏，而引諸殿廷，唱名賜第，則與殿試無以異矣。遂詔罷殿試。而議者多言其輕上恩，隳故事，復如舊。

時范仲淹參知政事，意欲復古勸學，數言興學校，本行實。詔近臣議，於是宋祁等奏：教不本于學校，士不察于鄉里，則不能覈名實。有司束以聲病，學者專於記誦，則不足盡人材。參考衆説，擇其便于今者，莫若使士皆土著，而教之于學校，然後州縣察其履行，則學者修飭矣。乃詔州縣立學，士須在學三百日，乃聽預秋賦，舊嘗充賦者百日而止。試于州者，令相保任，有匿服、犯刑、虧行、冒名等禁。三場：先策，次論，次詩賦，通考爲去取，而罷帖經、墨義，士通經術願對大義者，試十道。仲淹既去，而執政意皆異。是冬，詔罷入學日限。言初令不便者甚衆，以爲詩賦聲病易考，而策論汗漫難知；祖宗以來，莫之有改，且得人嘗多矣。天子下其議，有司請如舊法。乃詔曰：科舉舊條，皆先朝所定也，宜一切如故，前所更定令悉罷。

會張方平知貢舉，言：文章之變與政通。今設科選才，專取辭藝，士惟道義積于中，英華發于外，然則以文取士，所以叩諸外而質其中之藴也。言而不度，則何觀焉。邇來文格日失其舊，各出新意，相勝爲奇。朝廷惡其然，屢下詔書戒飭，而學者樂于放逸，罕能自還。今賦或八百字，論或千餘字，策或置所問而妄肆胸臆，漫陳他事，驅扇浮薄，重虧雅俗，豈取賢斂才備治具之意邪？其增習新體，澶漫不合程式，悉已考落，請申前詔，揭而示之。

初，禮部奏名，以四百名爲限，又諸科雜問大義，僥倖之人，悉以爲不便。知制誥王珪奏曰：唐自貞觀訖開元，文章最盛，較藝者歲千餘人，而所收無幾。咸亨、上元增其數，亦不及百人。國初取士，大抵唐制，逮興國中，貢舉之路寖廣，無有定數。比年官吏猥衆，故近詔限四百人，以懲其弊。且進士、明經先經義而後試策，三試皆通爲中第，大略與進士等，而諸科既不問經義，又無策試，止以誦數精粗爲中否，則其專固不達于理，安足以長民治事哉？前詔諸科終場問本經大義十道，九經、五經科止問義而不責記誦，皆以著于令。言者以爲難於遽更，而圖安于弊也。惟陛下申敕有司，固守是法，毋輕易焉。

嘉祐二年，親試舉人，凡與殿試者始免黜落。時進士益相習爲奇僻，鈎章棘句，寖失渾淳。歐陽脩知貢舉，尤以爲患，痛裁抑之，仍嚴禁挾書者。既而試榜出，時所推譽，皆不在選。澆薄之士，候脩晨朝，羣聚詆斥之，街司邏卒不能止，至爲祭文投其家，卒不能求其主名置于法，然自是文體亦少變。待試京師者恒六七千人，一不幸有故不應詔，往往沉淪十數年，以此毀行干進者，不可勝數。

王洙侍邇英閣講《周禮》，至三年大比，大考州里，以贊鄉大夫廢興。上曰：古者選士如此，今率四五歲一下詔，故士有抑而不得進者，孰若裁其數而屢舉也。下有司議，咸請：易以間歲之法，則無滯才之歎。薦舉數既減半，主司易以詳較，得士必精。且人少則有司易於檢察，僞濫自不能容，使寒苦藝學之人得進。於是下詔：間歲貢舉，進士、諸科悉解舊額之半。增設明經，試法：凡明兩經或三經、五經，各問大義十條，兩經通八，三經通六，五經通五爲合格，兼以《論語》、《孝經》，策時務三條，出身與進士等。而罷説書舉。

時以科舉既數，而高第之人驟顯，欲稍裁抑。遂詔曰：朕惟國之取士，與士之待舉，不可曠而冗也。故立間歲之期，以勵其勤；約貢舉之數，以精其選。著爲定式，申敕有司，而高第之人，嘗不次而用。若循舊比，終至濫官，甚無謂也。自今制科人第三等，與進士第一，除大理評事、簽書兩使幕職官；代還，升通判；再任滿，試館職。制科入第四等，與進士第二、第三，除兩使幕職官；代還，改次等京官。制科入第五等，與進士第四、第五，除試銜知縣；代還，遷兩使職官。鏁廳人視此。若夫高才異行，施於有政而功狀較然者，當以異恩擢焉。仁宗之朝十有三舉，進士四千五百七十人；其甲第之三人凡三十有九，其後不至于公卿者，五人而已。英宗即位，議者以間歲貢士法不便。迺詔禮部三歲一貢舉，天下解額，取未行間歲之前四之三爲率，明經、諸科毋過進士之數。

神宗篤意經學，深憫貢舉之弊，且以西北人材多不在選，遂議更法。王安石謂：古之取士俱本于學，請興建學校以復古。其明經、諸科欲行廢罷，取明經人數增進士額。迺詔曰：化民成俗，必自庠序；進賢興能，抑繇貢舉。而四方執經藝者專于誦數，趨鄉舉者狃于文辭，與古所謂三物賓興，九年大成，亦已盭矣。今下郡國招徠儁賢，其教育之方，課試之格，令兩制、兩省、待制以上、御史、三司、三館雜議以聞。議者多謂變法便。直史館蘇軾曰：

得人之道，在於知人，知人之法，在於責實。使君相有知人之明，朝廷有責實之政，則胥史、皂隸，未嘗無人，雖用今之法，臣以爲有餘；使無知人之明，無責實之政，則公卿、侍從，常患無人，况學校貢舉乎？雖復古之制，臣以爲不足矣。

時有可否，物有興廢，使三代聖人復生于今，其選舉亦必有道，何必由學乎？且慶曆間嘗立學矣，天下以爲太平可待，至于今惟空名僅存。今陛下必欲求德行道藝之士，責九年大成之業，則將變今之禮，易今之俗。又當發民力以治宫室，斂民財以養游士，置學立師；以又時簡不帥教者，屏之遠方，徒爲紛紛，其與慶曆之際何異？至於貢舉，或曰鄉舉德行而略文章；或曰專取策論而罷詩賦；或欲舉唐故事，采譽望而罷封彌；或欲變經生帖、墨而考大義，此數者皆非也。

夫欲興德行，在於君人者修身以格物，審好惡以表俗，若欲設科立名以取之，則是教天下相率而爲僞也。上以孝取人，則勇者割股，怯者廬墓。上以廉取人，則弊車、羸馬、惡衣、菲食，凡可以中上意者無所不至。自文章言之，則策論爲有用，詩賦爲無益；自政事言之，則詩賦、論策均爲無用。然自祖宗以來莫之廢者，以爲設法取士，不過如此也。近世文章華麗，無如楊億。使億尚在，則忠清鯁亮之士也。通經學古，無如孫復、石介。使復、介尚在，則迂闊誕謾之士也。矧自唐至今，以詩賦爲名臣者，不可勝數，何負於天下，而必欲廢之。

帝讀軾疏曰：吾固疑此，得軾議，釋然矣。他日問王安石，對曰：今人材乏少，且其學術不一，異論紛然，不能一道德故也。一道德則修學校，欲修學校，則貢舉法不可不變。若謂此科嘗多得人，自緣仕進別無他路，其間不容無賢；若謂科法已善，則未也。今以少壯時，正當講求天下正理，乃閉門學作詩賦，及其入官，世事皆所不習，此科法敗壞人材，致不如古。既而中書門下又言：古之取士，皆本學校，道德一於上，習俗成於下，其人才皆足以有爲於世。今欲追復古制，則患於無漸。宜先除去聲病偶對之文，使學者得專意經術，以俟朝廷興建學校，然後講求三代所以教育選舉之法，施於天下，則庶幾可以復古矣。於是改法，罷詩賦、帖經、墨義，士各占治《易》、《詩》、《書》、《周禮》、《禮記》一經，兼《論語》、《孟子》。每試四場，初大經，次兼經，大義凡十道，後改《論語》、《孟子》義各三道。次論一首，次策三道，禮部試即增二道。中書撰大義式頒行。試義者須通經、有文采乃爲中格，不但如明經墨義粗解章句而已。取諸科解名十之三，增進士額，京東西、陝西、河北、河東五路之創試進士者，及府、監、他路之舍諸科而爲進士者，乃得所增之額以試。皆別爲一號攷取，蓋欲優其業，使不至外侵，則常慕向改業也。

又立新科明法，試律令、刑統、大義、斷桉，所以待諸科之不能業進士者。未幾，選人、任子，亦試律令始出官。又詔進士自第三人以下試法。或言：高科任簽判及職官，於習法豈所宜緩。昔試刑法者，世皆指爲俗吏，今朝廷推恩既厚，而應者尚少，若高科不試，則人不以爲榮。乃詔悉試。帝嘗言：近世士大夫，多不習法。吴充曰：漢陳寵以法律授徒，常數百人。律學在六學之一，後來縉紳，多恥此學。舊明法科徒誦其文，罕通其意，近補官必聚而試之，有以見恤刑之意。

熙寧三年，親試進士，始專以策，定著限以千字。舊特奏名人試論一道，至是亦制策焉。帝謂執政曰：對策亦何足以實盡人材，然愈於以詩賦取人爾。舊制，進士入謝，進謝恩銀百兩，至是罷之。仍賜錢三千，爲期集費。諸州舉送、發解、考試、監試官，凡親戚若門客毋試於其州，類其名上之轉運司，與鎖廳者同試，率七人特立一額。後復令存諸科舊額十之一，以待不能改業者。

元祐初，知貢舉蘇軾、孔文仲言：每一試，進士、諸科及特奏名約八九百人。舊制，禮部已奏名，至御試而黜者甚多。嘉祐始盡賜出身，近雜犯亦免黜落，皆非祖宗本意。進士升甲，本爲南省第一人，唱名近下，方特升之，皆出一時聖斷。今禮部十人以上，別試、國子、開封解試、武舉第一人，經明行修進士及該特奏而預正奏者，定著于令，遞升一甲。則是法在有司，恩不歸於人主，甚無謂也。今特奏者約已及四百五十人，又許例外遞減一舉，則當復增數百人。此曹垂老無他望，布在州縣，惟務黷貨以爲歸計。前後恩科命官，幾千人矣，何有一人能自奮厲，有聞于時？而殘民敗官者，不可勝數。以此知其無益有損。議者不過謂宜廣恩澤，不知吏部以有限之官待無窮之吏，户部以有限之財禄無用之人，而所至州縣，舉罹其害。乃即位之初，有此過舉，謂之恩澤，非臣所識也。願斷自聖意，止用前命，仍詔考官量取一二十人，誠有學問，即許出官。其餘皆補文學、長史之類，不理選限，免使積弊增重不已。遂詔定特奏名攷取數，進士入四等以上、諸科入三等以上，通在試者計之，毋得取過全額之半，是後著爲令。

時方改更先朝之政，禮部請置《春秋》博士，專爲一經。尚書省請復詩賦，與經義兼行，解經通用先儒傳注及己説。又言：新科明法中者，吏部即注司法，叙名在及第進士之上。舊明法最爲下科，然必責之兼經，古者先德後刑之意也。欲加試《論語》大義，仍裁半額，注官依科目次序。詔近臣集議。左僕射司馬光曰：取士之道，當先德行，後文學；就文學言之，經術又當先於詞采。神宗專用經義、論策取士，此乃復先王令典，百王不易之法。但王安石不當以一家私學，令天下學官講解。至於律令，皆當官所須，使爲士者果能知道義，自與法律冥合；何必置明法一科，習爲刻薄，非所以長育人材、敦厚風俗也。

四年，乃立經義、詩賦兩科，罷試律義。凡詩賦進士，於《易》、《詩》、《書》、《周禮》、《禮記》、《春秋左傳》内聽習一經。初試本經義二道，《語》、《孟》義各一道，次試賦及律詩各一首，次論一首，末試子、史、時務策二道。凡專經進士，須習兩經，以《詩》、《禮記》、《周禮》、《左氏春秋》爲大經，《書》、《易》、《公羊》、《穀梁》、《儀禮》爲中經，《左氏春秋》得兼《公羊》、《穀梁》、《書》，《周禮》得兼《儀禮》或《易》，《禮記》、《詩》並兼《書》，願習二大經者聽，不得偏占兩中經。初試本經義三道，《論語》義一道，次試本經義三道，《孟子》義一道，次論策，如詩賦科。並以四場通定高下，而取解額中分之，各占其半。專經者用經義定取舍，兼詩賦者以詩賦爲去留，其名次高下，則於策論參之。自復詩賦，士多鄉習，而專經者十無二三，諸路奏以分額各取非均，其後遂通定去留，經義毋過通額三分之一。光又請：立經明行修科，歲委升朝文臣各舉所知，以勉勵天下，使敦士行，以示不專取文學之意。若所舉人違犯名教及贓私罪，必坐舉主，毋有所赦，則自不敢妄舉。而士之居鄉、居家者，立身行己，不敢不謹，惟懼玷缺外聞。所謂不言之教，不肅而成，不待學官日訓月察，立賞告訐，而士行自美矣。遂立科，許各舉一人。凡試進士者，及中第唱名日，用以升甲。後分路別立額六十一人，州縣保任上之監司，監司考察以聞，無其人則否。預薦者不試于州郡，惟試禮部。不中，許用特奏名格赴廷試，後以爲常。既而詔須特命舉乃舉，毋概以科場年上其名。

六年，詔復通禮科。初，開寶中，改鄉貢開元禮爲通禮，熙寧嘗罷，至是始復。凡禮部試，添知舉官爲四員，罷差參詳官，而置點檢官二十人，分屬四知舉，使協力通攷；諸州點檢官專校襍犯，亦預考試。

八年，中書請御試復用祖宗法，試詩賦、論、策三題。且言：士子多已改習詩賦，太學生員總二千一百餘人，而不兼詩賦者纔八十二人。於是詔：來年御試，習詩賦人復試三題，專經人且令試策。自後概試三題。帝既親政，羣臣多言元祐所更學校、科舉制度非是，帝念宣仁保佑之功，不許改。紹聖初，議者益多，乃詔進士罷詩賦，專習經義，廷對仍試策。初，神宗念字學廢缺，詔儒臣探討，而王安石乃進其説，學者習焉。元祐禁勿用。至是，除其禁。四年，詔禮部，凡內外試題悉集以爲籍，遇試，頒付考官，以防復出。罷《春秋》科，凡試，優取二《禮》，兩經許占全額之半，而以其半及他經。既而復立《春秋》博士，崇寧又罷之。

徽宗設辟雍於國郊，以待士之升貢者。臨幸，加恩博士弟子有差。然州郡猶以科舉取士，不專學校。崇寧三年，遂詔：天下取士，悉由學校升貢，其州郡發解及試禮部法並罷。自此，歲試上舍，悉差知舉，如禮部試。五年，詔：大比歲更參用科舉取士一次，其亟以此意使遠士即聞之。時州縣悉行三舍法，得免試入學者，多當官子弟，而在學積歲月，累試乃得應格，其貧且老者甚病之，故詔及此，而未遽廢科舉也。大觀四年五月，星變，凡事多所更定。侍御史毛注言：養士既有額，而科舉又罷，則不隸學籍者，遂致失職。天之視聽以民，士，其民之秀者，今失職如此，疑天亦譴怒。願以解額之歸升貢者一二分，不絕科舉，亦應天之一也。遂詔更行科舉一次。臣僚言：場屋之文，專尚偶麗，題雖無兩意，必欲釐而爲二，以就對偶；其超詣理趣者，反指以爲澹泊。請擇考官而戒飭之，取其有理致而黜其強爲對偶者，庶幾稍救文弊。

宣和三年，詔罷天下三舍法，開封府及諸路並以科舉取士；惟太學仍存三舍，以甄序課試，遇科舉仍自發解。六年，禮部試進士萬五千人，詔特增百人額，正奏名賜第者八百餘人，因上書獻頌直令赴試者殆百人，有儲宏等隸大閹梁師成爲使臣或小史，皆賜之第。梁師成者，於大觀三年嘗中甲科。自設科以來，南宮試者，無踰此年之盛。然雜流閹宦，俱玷選舉，而祖宗之良法蕩然矣。凡士不繇科舉若三舍而賜進士第及出身者，其所從得不一。凡遺逸、文學、吏能言事或奏對稱旨，或試法而經律入優，或材武、或童子而皆能文，或邊臣之子以功來奏，其得之雖有當否，大較猶可取也。崇寧、大觀之後，達官貴冑既多得賜，以上書獻頌而得者，又不勝紀。

《宋史》卷一五六《選舉志·科目下舉遺逸附**》** 高宗建炎初，駐蹕揚州，時方用武，念士人不能至行在，下詔：諸道提刑司選官即轉運司州、軍引試，使副或判官一人董之。河東路附京西轉運司。國子監、開封府人就試於留守司，命御史一人董之。國之監人願就本路試者聽。二年，定詩賦、經義取士，第一場詩賦各一首，習經義者本經義三道，《語》、《孟》義各一道；第二場並論一道；第三場並策三道。殿試策如之。自紹聖後，舉人不習詩賦，至是始復，遂除政和令命官私相傳習詩賦之禁。又詔：下第進士，年四十以上六舉經御試、八舉經省試，五十以上四舉經御試、五舉經省試者，河北、河東、陝西特各減一舉；元符以前到省，兩舉者不限年，一舉年五十五已上者：諸道轉運司、開封府悉以名聞，許直赴廷試。

是秋，四方士集行在，帝親策于集英殿，第爲五等，賜正奏名李易以下四百五十一人進士及第、進士出身、同學究出身、同出身。第一人爲左宣教郎，第二、第三人左宣義郎，第四、第五人左儒林郎。第一甲第六名以下並左文林郎，第二甲並左從事郎，第三甲以下並左迪功郎。特奏名第一人附第二甲，賜進士及第，第二、第三人賜同進士出身，餘賜同學究出身。登仕郎、京府助教、上下州文學、諸州助教入五等者，亦與調官。川、陝、河北、京東正奏名不赴者一百三人，以龍飛特恩，即家賜第。故事，廷試上十名，內侍先以卷奏定高下。帝曰：取士當務至公，豈容以己意升降，自今勿先進卷。

三年，詔：過省進士赴御試不及者，令漕臣據元舉送狀申省，給敕賜同進士出身。其計舉者，賜下州文學，並釋褐焉。左司諫唐煇言：舊制，省試用六曹尚書、翰林學士知貢舉，侍郎、給事中同知貢舉，卿監、郎官參詳，館職、學官點檢，御史監視，故能至公厭人心。今諸道類試，顓委憲臣，姦弊滋生，才否貿亂，士論囂然，甚不稱更制設科之意，請並還禮部。遂罷諸道類試。四年，復川、陝試如故。

紹興元年，當祀明堂，復詔諸道類試，擇憲、漕或帥守中文學之人總其事，使精選考官。於是四川宣撫處置使張浚始以便宜令川、陝舉人，即置司州試之。會侯延慶言：兵興，太學既罷，諸生解散，行在職事及釐務官隨行有服親及門客，往往鄉貢隔絶，請立應舉法，以國子監進士爲名。令轉運司附試。又詔：京畿、京東西、河北、陝西、淮南士人轉徙東南者，令於寓户州軍附試，別號取放。

時諸道貢籍多燬於兵，乃詔轉運司令舉人具元符以後得解、升貢、户貫、三代、治經，置籍于禮部，以稽考焉。應該恩免解舉人，值兵燬失公據者，召京官二員委保，所在州軍給據，仍申部注籍。侍御史曾統請取士止用詞賦，未須兼經，高宗亦以古今治亂多載于史，經義登科者類不通史，將從其議。左僕射吕頤浩曰：經義、詞賦均以言取人，宜如舊。遂止。

二年，廷試，手詔諭考官，當崇直言，抑諛佞。得張九成以下二百五十九人，凌景夏第二。吕頤浩言景夏詞勝九成，請更寘第一。帝曰：士人初進，便須別其忠佞，九成所對，無所畏避，宜擢首選。九成以類試、廷策俱第一，命特進一官。時進士卷有犯御名者，帝曰：豈以朕名妨人進取邪？令寘本等。又命應及第人各進一秩。舊制，潛藩州郡舉人，必曾請舉兩到省已上乃得試。帝嘗封蜀國公，是年，蜀州舉人以帝登極恩，徑赴類省試，自是爲例。

五年，初試進士于南省，戒飭有司：商搉去取，毋以絺繪章句爲工，當以淵源學問爲尚。事關教化，有益治體者，毋以切直爲嫌。言無根柢、肆爲蔓衍者，不在採録。舉人程文，許通用古今諸儒之説，及出己意，文理優長爲合格。三月，御試奏名，汪應辰第一。初，考官以有官人黄中第一，帝訪諸沈應求，應求以沈遘與馮京故事對，乃更擢應辰爲魁，遂爲定制。舊制，御試初考既分等第，印封送覆考定之，詳定所或從初，或從覆，不許別自立等。嘉祐中廢。至是，知制誥孫近奏：若遵舊制，則高下升黜，盡出詳定官，初、覆考爲虚設。請自今初、覆考皆未當，始許奏稟別置等第。諫議大夫趙霈請用《崇寧令》，凡隔二等、累及五人許行奏稟，從之。是年，川、陝進士止試宣撫司，特奏名則置院差官，試時務策一道，禮部具取放分數，推恩等第頒示之。

舊法，隨侍見任守倅等官，在本貫二千里外，曰滿里子弟。試官内外有服親及婚姻家，曰避親。館于見任門下，曰門客。是三等許牒試，否則不預。間有背本宗而竄他譜，飛賕而移試他道者，議者病之。六年，詔牒試應避者，令本司長官、州守倅、縣令委保，詭冒者連坐。

七年，命行在職事、釐務官并宗子應舉，取應及有官人，並於行在赴國子監試，始命各差詞賦、經義考官。八年，以平江府四經巡幸，其得解舉人援臨安、建康駐蹕例，各免文解一次。時聞徽宗崩，未及大祥，禮部言：故事，因諒闇罷殿試，則省試第一人爲榜首，補兩使職官。帝特命爲左承事郎，自此率以爲常。九年，以陝西舉人久蹈北境，理宜優異，非四川比，令禮部別號取放。川、陝分類試額自此始。是歲，以科試、明堂同在嗣歲，省司財計艱於辦給，又患初仕待闕率四五年，若使進士、廕人同時差注，俱爲不便，增展一年，則合舊制。十年，遂詔諸州依條發解，十二年正月省試，三月御試，後皆準此。

十三年，國子司業高閌言：取士當先經術。請參合三場，以本經、《語》、《孟》義各一道爲首，詩賦各一首次之，子史論一道、時務策一道又次之，庶幾如古試法。又《春秋》義當於正經出題。並從之。初立同文館試，凡居行在去本貫及千里已上者，許附試于國子監。十五年，凡特奏名賜同學究出身者，舊京府助教今改將仕郎。是歲，始定依汴京舊制，正奏及特恩分兩日唱名。十七年，申禁程文全用本朝人文集或歌頌及佛書全句者，皆不考。

十八年，以浙漕舉人有勢家行賂、假手濫名者，諭有司立賞格，聽人捕告。十九年，詔：自今鄉貢，前一歲，州軍屬縣長吏籍定合應舉人，以次年春縣上之州，州下之學，覈實引保，赴鄉飲酒，然後送試院。及期投狀射保者勿受。自神宗朝程顥、程頤以道學倡于洛，四方師之，中興盛于東南，科舉之文稍用頤説。諫官陳公輔上疏詆頤學，乞加禁絶；秦檜入相，甚至指頤爲專門，侍御史汪勃請戒飭攸司，凡專門曲説，必加黜落；中丞曹筠亦請選汰用程說者：並從之。二十一年，御試得正奏名四百人，特奏名五百三十一人，中興以來，得人始盛。

二十二年，以士習《周禮》、《禮記》，較他經十無一二，恐其學寖廢，遂命州郡招延明於二《禮》者，俾立講說以表學校，及令考官優加誘進。舊諸州皆以八月選日試舉人，有趁數州取解者。二十四年，始定試期並用中秋日，四川則用季春，而仲秋類省。初，秦檜專國，其子熺廷試第一，檜陽引降第二名。是歲，檜孫塤舉進士，省試、廷對皆首選，姻黨曹冠等皆居高甲，後降塤第三。二十五年，檜死，帝懲其弊，遂命貢院遵故事，凡合格舉人有權要親族，並令覆試。仍奪塤出身，改冠等七人階官並帶右字，餘悉駁放。程、王之學，數年以來，宰相執論不一，趙鼎主程頤，秦檜主王安石。至是，詔自今毋拘一家之說，務求至當之論。道學之禁稍解矣。

自經、賦分科，聲律日盛，帝嘗曰：向爲士不讀史，遂用詩賦。今則不讀經，不出數年，經學廢矣。二十七年，詔復行兼經，如十三年之制。內第一場大小經義各減一道，如治二《禮》文義優長，許侵用諸經分數。時號爲四科。

舊蜀士赴廷試不及者，皆賜同進士出身。帝念其中有俊秀能取高第者，不宜例置下列，至是，遂諭都省寬展試期以待之。及唱名，閻安中第二，梁介第三，皆蜀士也，帝大悦。二十九年，孫道夫在經筵，極論四川類試請託之弊，請盡令赴禮部。帝曰：後舉但當遣御史監之。道夫持益堅，事下國子監，祭酒楊椿曰：蜀去行在萬里，可使士子涉三峽、冒重湖邪？欲革其弊，一監試得人足矣。遂詔監司，守倅賓客力可行者赴省，餘不在遣中。是歲，四川類省試始從朝廷差官。

初，類試第一人恩數優厚，視殿試第三人，賜進士及第；後以何耕對策忤秦檜，乃改禮部類試蜀士第一等人，並賜進士出身，自是無有不赴御試者。惟遇不親策，則類省試第一人恩數如舊，第二、第三人皆附第一甲，九名以上附第二甲焉。是年詔：四川等處進士，路遠歸鄉試不及者，特就運司附試一次，仍別行考校，取旨立額。

三十一年，禮部侍郎金安節言：熙寧、元豐以來，經義詩賦，廢興離合，隨時更革，初無定制。近合科以來，通經者苦賦體雕刻，習賦者病經旨淵微，心有弗精，智難兼濟。又其甚者，論既併場，策問太寡，議論器識，無以盡人。士守傳注，史學盡廢，此後進往往得志，而老生宿儒多困也。請復立兩科，永爲成憲。從之。於是士始有定嚮，而得專所習矣。既而建議者以爲兩科既分，解額未定，宜以國學及諸州解額三分爲率，二取經義，一取詩賦。若省試，則以累舉過省中數立爲定額而分之。詔下其議，然竟不果行。

孝宗初，詔川、廣進士之在行都者，令附試兩浙轉運司。隆興元年，御試第一人承事郎、簽書諸州節度判官，第二第三人文林郎、兩使職官，第四第五人從事郎、初等職官，第六人至第四甲並迪功郎、諸州司户簿尉，第五甲守選。乾道元年，詔四川特奏名第一等第一名賜同學究出身，第二名至本等末補將仕郎，第二等至第四等賜下州文學，等五等諸州助教。二年，御試，始推登極恩，第一名宣義郎，第二名與第一名恩例，第三名承事郎；第一甲賜進士及第並文林郎，第二甲賜進士及第並從事郎，第三、第四甲進士出身，第五甲同進士出身；特奏名第一名賜進士出身，第二、第三名賜同進士出身。

四年，裁定牒試法：文武臣添差官除親子孫外並罷，其行在職事官除監察御史以上，餘並不許牒試。六年，詔諸道試官皆隔一郡選差，後又令歷三郡合符乃聽入院，防私弊也。

帝欲令文士能射御，武臣知詩書，命討論殿最之法。淳熙二年御試，唱第後二日，御殿，引按文士詹騤以下一百三十九人射藝。翌日，又引文士第五甲及特奏名一百五十二人。其日，進士具襴笏入殿起居，易戎服，各給箭六，弓不限斗力，射者莫不振厲自獻，多命中焉。天子甚悦。凡三箭中帖爲上等，正奏第一人轉一官，與通判，餘循一資；二箭中爲中等，減二年磨勘；一箭中帖及一箭上垛爲下等，一任回不依次注官；上四甲能全中者取旨；第五甲射入上等注黄甲，餘升名次而已。特奏名五等人射藝合格與文學，不中者亦賜帛。

四年，罷同文館試。又命省試簾外官同姓異姓親若門客，亦依簾內官避親法，牒送別院。五年，以階、成、西和、鳳州正奏名比附特奏名五路人例，特升一甲。六年，詔特奏名自今三名取一，寘第四等以前，餘並入第五等，其末等納敕者止許一次，潛藩及五路舊升甲者今但升名。其後又許納敕三次，爲定制焉。

十一年，進士廷試不許見燭，其納卷最後者降黜之。舊制，廷試至暮許賜燭，然殿深易闇，日昃已燭出矣。凡賜燭，正奏名降一甲，第五甲降充本甲末名；特奏名降一等，第五等與攝助教。凡試藝于省闈及國子監、兩浙轉運司者，皆禁燭，其他郡國，率達旦乃出。十月，太常博士倪思言：舉人輕視史學，今之論史者獨取漢、唐混一之事，三國、六朝、五代爲非盛世而恥談之，然其進取之得失，守禦之當否，籌策之疎密，區處兵民之方，形勢成敗之跡，俾加討究，有補國家。請諭春官：凡課試命題，雜出諸史，無所拘忌；考覈之際，稍以論策爲重，毋止以初場定去留。從之。

十四年，御試正奏名王容第一。時帝策士，不盡由有司，是舉容本第三，親擢爲榜首。翰林學士洪邁言：貢舉令：賦限三百六十字，論限五百字。今經義、論、策一道有至三千言，賦一篇幾六百言，寸晷之下，唯務貪多，累牘連篇，何由精妙？宜俾各遵體格，以返渾淳。

時朱熹嘗欲罷詩賦，而分諸經、子、史、時務之年。其《私議》曰：古者大學之教，以格物致知爲先，而其考校之法，又以九年知類通達、強立不反爲大成。今《樂經》亡而《禮經》闕，二戴之《禮》已非正經，而又廢其一。經之爲教已不能備，而治經者類皆捨其所難而就其易，僅窺其一而不及其餘。若諸子之學同出於聖人，諸史則該古今興亡治亂得失之變，皆不可闕者。而學者一旦豈能盡通？若合所當讀之書而分之以年，使之各以三年而共通其三四之一。凡《易》、《詩》、《書》爲一科，而子年、午年試之；《周禮》、《儀禮》及二《戴記》爲一科，而卯年試之；《春秋》及三傳爲一科，而酉年試之。義各二道，諸經皆兼《大學》、《論語》、《中庸》、《孟子》義一道。論則分諸子爲四科，而分年以附焉。諸史則《左傳》、《國語》、《史記》、《兩漢》爲一科，《三國》、《晉書》、《南北史》爲一科，《新舊唐書》、《五代史》爲一科。時務則律曆、地理爲一科，以次分年如經、子之法，試策各二道。又使治經者各守家法，答義者必通貫經文，條舉衆説而斷以己意，有司命題必依章句，如是則士無不通之經、史，而皆可用於世矣。其議雖未上，而天下誦之。

光宗初，以省試春淺，天尚寒，遂展至二月朔卜日，殿試于四月上旬。紹熙元年，仍按射，不合格者罷賜帛。舊命官鎖廳及避親舉人同試。三年，始令分場，以革假人試藝者，於是四蜀皆然。

寧宗慶元二年，韓侂胄襲秦檜餘論，指道學爲僞學，臺臣附和之，上章論列。劉德秀在省闈，奏請毁除語録。既而知貢舉吏部尚書葉翥上言：士狃於僞學，專習語録詭誕之説、《中庸》《大學》之書，以文其非。有葉適《進卷》、陳傅良《待遇集》，士人傳誦其文，每用輒效。請令太學及州軍學，各以月試合格前三名程文，上御史臺考察，太學以月，諸路以季。其有舊習不改，則坐學官、提學司之罪。是舉，語涉道學者，皆不預選。四年，以經義多用套類，父子兄弟相授，致天下士子不務實學。遂命有司：六經出題，各於本經摘出兩段文意相類者，合爲一題，以杜挾册讎僞之計。

嘉泰元年，起居舍人章良能陳主司三弊：一曰沮抑詞賦太甚，既暗削分數，又多置下陳。二曰假借《春秋》太過，諸處解榜，多寘首選。三曰國史、實録等書禁民私藏，惟公卿子弟因父兄得以竊窺，冒禁傳寫，而有司乃取本朝故事，藏匿本末，發爲策問，寒士無繇盡知。命自今詩賦純正者寘之前列，《春秋》唯卓異者寘高等，餘當雜定，策題則必明白指問。四年，詔：自今礙格、不礙格人試于漕司者，分院異題，永爲定制。

開禧元年，詔：禮部考試，以三場俱優爲上，二場優次之，一場優又次之，俱劣爲下。毋以片言隻字取人。編排既定，從知舉審定高下，永爲通考之法。二年，以舉人姦弊滋多，命諸道漕司、州府、軍監，凡發解舉人，合格試卷姓名，類申禮部。候省試中，牒發御史臺，同禮部長貳參對字畫，關御藥院内侍照應，廷試字畫不同者，別榜駁放。

舊制，秋貢春試，皆置別頭場，以待舉人之避親者。自緦麻以上親及大功以上婚姻之家，皆牒送。惟臨軒親試，謂之天子門生，雖父兄爲考官，亦不避。嘉定元年，始因議臣有請，命朝官有親屬赴廷對者，免差充考校。十二年，命國子牒試，禁假託宗枝、遷就服屬，犯者必寘于罰。十五年，祕書郎何淡言：有司出題，強裂句讀，專務斷章，離絶旨意，破碎經文。望令革去舊習，使士子考注疏而辨異同，明綱領而識體要。從之。

至理宗朝，姦弊愈滋。有司命題苟簡，或執偏見臆說，互相背馳，或發策用事訛舛，故士子眩惑，莫知適從，才者或反見遺。所取之士既不精，數年之後，復俾之主文，是非顛倒逾甚，時謂之繆種流傳。復容情任意，不學之流，往往中第。而舉人之弊凡五：曰傳義，曰換卷，曰易號，曰卷子出外，曰謄録滅裂。迨寶慶二年，左諫議大夫朱端常奏防戢之策，謂：試院監大門、中門官，乃一院襟喉切要，乞差有風力者。入試日，一切不許傳遞。門禁既嚴，則數弊自清。士人暮夜納卷，易於散失。宜令封彌官躬親封鐍卷匱，士人親書幕曆投匱中。俟舉人盡出院，然後啓封，分類抄上，即付謄録所。明旦，申逐場名數于御史臺檢核。其撰號法，上一字許同，下二字各異，以杜訛易之弊。謄録人選擇書手充，不許代名，具姓名字樣，申院覆寫檢實。傳義置窠之人，委臨安府嚴捕。其考官容情任意者，許臺諫風聞彈奏，重寘典憲。及出官錢，立賞格，許告捉懷挾、傳題、傳稿、全身代名入試之人。帝悉從之，且命精擇考官，毋仍舊習。舊制，凡即位一降科詔，及大比之歲，二月一日一降詔，許發解，然後禮部偏牒諸路及四川州軍。至是，以四川鎖院改用二月二十一日，與降詔日相逼，遂改用正月十五日奏裁降詔。

紹定元年，有言舉人程文雷同，或一字不差。其弊有二：一則考官受賂，或授暗記，或與全篇，一家分傳謄寫；一則老儒賣文場屋，一人傳十，十人傳百，考官不暇參稽。於是命禮部戒飭，前申號三日，監試會聚考官，將合取卷參驗互考，稍涉雷同，即與黜落。或仍前弊，以致覺察，則考官、監試一例黜退。初，省試奉敕差知貢舉一員，同知二員，內差臺諫官一員；參詳官若干員，內差監察御史一員。俾會聚考校，微寓彈壓糾察之意。韓侂胄用事，將鈐制士人，遂於三知舉外，別差同知一員，以諫官爲之，專董試事，不復干預考校，參詳官亦不差察官。於是約束峻切，氣燄薰灼。嘉泰間，更名監試，其失愈甚，製造簿曆，嚴立程限。至是，復舊制，三知舉內差一臺諫，十參詳內差一御史，仍戒飭試官，精加考校，如日力不給，即展期限。

二年，臣僚言考官之弊：詞賦命題不明，致士子上請煩亂；經義不分房別考，致士子多悖經旨。遂飭考官明示詞賦題意，各房分經考校。凡廷試，唯蜀士到杭最遲，每展日以待。會有言：蜀士嗜利，多引商貨押船，致留滯關津。自是，定以四月上旬廷試，更不移展。三年，臣僚請學校、場屋，並禁斷章截句，破壞義理，及春秋經越年牽合。其程文，本古注、用先儒説者取之，穿鑿撰説者黜落。

四年，臣僚甚言科場之弊，乞戒飭漕臣嚴選考官。地多經學，則博選通經者；地多賦學，則廣致能賦者。主文必兼經賦，乃可充其職。監試或倅貳不勝任，必別擇人。仍令有司量展揭封之期，庶考校詳悉，不致失士。於是命偏諭國子監及諸郡，恪意推行約束，違戾者彈劾治罪。初，四川類試，其事雖隸制司，而監試、考官共十員，唯大院別院監試、主文各一員從朝命，餘聽制司選差。自安丙差四員之外，權委成都帥守臨期從近取具。是歲，始仍舊朝命四員，餘從制司分選。

時場屋士子日盛，卷軸如山。有司不能偏覩，迫於日限，去取不能皆當。蓋士人既以本名納卷，或別爲名，或易以字，一人而納二三卷。不禁挾書，又許見燭，閩、浙諸郡又間日引試，中有一日之暇，甚至次日午方出。於是經義可作二三道，詩賦可成五六篇。舉人文章不精，考官困於披閱。幸皆中選，乃以兄弟承之，或轉售同族，姦詐百端，真僞莫辨。乃命諸郡關防，於投卷之初，責鄉鄰覈實，嚴治虛僞之罪、縱容之罰，其弊稍息。

命官鎖廳及避親舉人，自紹熙分場各試，寒士憚之。緣避親人七人取一，其額太窄，咸以爲窘；而朝士之被差爲大院考官者，恐多妨其親，亦不願差。寒士於鄉舉千百取一之中，得預秋薦，以數千里之遠，辛勤赴省；而省闈差官，乃當相避。遂有隱身匿名不認親戚以求免者，憤懣憂沮狼狽旅邸者，彼此交怨，相視爲讎。至是，言者謂：除大院收試外，以漕舉及待補國子生到省者，與避親人同試於別院，亦將不下數百。人數既多，其額自寬，寒士可不怨其親戚，朝士可不憚於被差。從之。既而以諸路轉運司牒試，多營求僞冒之弊，遂罷之。其實有妨嫌者收試，每百人終場取一人，於各路州軍解額窄者量與均添，庶士子各安鄉里，無復詐競。於是臨安、紹興、温、台、福、婺、慶元、處、池、袁、潮、興化及四川諸州府，共增解額一百七十名。未幾，又命止許牒滿里親子孫及門客，召見任官二員委保，與有官礙格人各處收試，五十人取放一人。合牒親子孫別項隔截收試，不及五十人亦取一人。凡涉詐冒，並坐牒官、保官。

初，唐、鄧二州嘗陷于金，金滅，復得其地，命仍舊類試于襄陽，但別號考校，以優新附士子。舊制，光州解額七名，渡江後爲極邊，士子稀少，權赴試鄰州，淳熙間，本州自置科場，權放三名。至是，已五六十年，舉人十倍于前，遂命復還舊額。

端平元年，以牒試已罷，解額既增，命增額州郡措置關防，每人止納一卷，及開貢院添差考官。時有言：門客及隨侍親子孫五十人取一，臨安府學三年類申人漕試七十取一，又令別試院分項異處收試，已爲煩碎；兼兩項士人習賦習書之外，習他經者差少，難於取放。遂命將兩項混同收試考校，均作六十取一；京學見行食職事生員二百二十四名，別項發號考校，不限經賦，取放一名。

侍御史李鳴復等條列建言，謂：臺諫充知舉、參詳，既留心考校，不能檢柅姦弊，欲乞仍舊差臺諫爲監試。懷挾之禁不嚴，皆爲具文，欲乞懸賞募人告捉，精選強敏巡按官及八廂等人，謹切巡邏，有犯，則鐫黜官員。考校不精，多緣點檢官不時供卷，及開院日迫，試卷沓至，知舉倉卒不及，遂致遺才，欲乞試院隨房置曆程督，點檢官書所供卷數，逐日押曆考校。試卷不遵舊式，務從簡便，點檢、參詳穿聯爲一，欲乞必如舊制，三場試卷分送三點檢、三參詳、三知舉，庶得詳審。試官互考經賦，未必精熟，欲乞前期約度試卷，經、賦凡若干，則各差試官若干，不至偏重。並從之。

嘉熙元年，罷諸牒試，應郎官以上監司、守倅之門客及姑姨同宗之子弟，與游士之不便於歸鄉就試者，並混同試于轉運司，各從所寓縣給據，徑赴司納卷，一如鄉舉之法。家狀各書本貫，不問其所從來，而定其名寓試，以四十名爲額，就試如滿五十人，則臨時取旨增放。又罷諸路轉運司及諸州軍府所取待補國子生，自明年並許赴國子監混試。以士子數多，命於禮部及臨安轉運司兩試院外，紹興、安吉各置一院，從朝廷差官前詣，同日引試，分各路士人就試焉。同在京，不許見燭。是年，已失京西諸州軍，士多徙寓江陵、鄂州，命京湖制置司於江陵別立貢院，取德安府、荊門軍、歸峽復三州及隨、郢、均、房等京西七郡士人，別差官混試，用十二郡元額混取以優之。

牒試既罷，又復冒求國子，士大夫爲子弟計者，輒牒外方他族，利爲場屋相資，或公然受價以鬻。命徧諭百官司知雜司等：如已準朝廷辨驗，批書印紙，批下國子監收試，即報赴試人躬赴監。一姓結爲一保，每保不過十人，責立罪罰，當官書押，遞相委保，各給告示，方許投納試卷。冒牒官降官罷任，或一時失於參照，誤牒他族，許自陳悔牒一次。冒牒中選之人，限主保官、舉人一月自首，舉人駁放，主保官免罪；出限不首者，仍照前條罪之。凡類試卷，封彌作弊不一。至是，命前期於兩浙轉運司、臨安府選見役吏胥共三十人，差近上一名部轄入院，十名專管詩賦，餘分管諸經。各隨所管號，於引試之夕，分尋試卷，各置簿封彌，不許混亂，却別差一吏將號置曆，發過謄録所書寫。其簿、曆，封彌官收掌，不經吏手，不許謄録人干預，以革其弊。

二年，省試下第及遊學人，並就臨安府給據，赴兩浙轉運司混試待補太學生。臣僚言：國子牒試之弊，冒濫滋甚。在朝之士，有強認疏遠之親爲近屬者，有各私親故換易而互牒者，有爲權勢所軋、人情所牽應命而泛及者，有自揆子弟非才、牒同姓之雋茂利其假手者，有文藝素乏、執格法以求牒轉售同姓以謀利者。今後令牒官各從本職長官具朝典狀保明，先期取本官知委狀，仍立賞格，許人指實陳首。冒牒之官，按劾鐫秩；受牒之人，駁放殿舉；保官亦與連坐。專令御史臺覺察，都省勘會。類申門客、滿里子孫仍前漕試，六十人取一，較之他處雖甚優，而取無定額，士有疑心，就試者少。宜令額寬而試者衆，塗一而取之精。遂依前例放行寓試，以四十名爲定額，仍前待補；其類申門客、滿里子孫及附試並罷。

淳祐元年，臣僚言：既復諸路漕試，合國子試、兩項科舉及免舉人，不下千數。宜復撥漕舉、胄舉同避親人並就別院引試，使大院無卷冗之患，小院無額窄之弊。從之。時淮南諸州郡歲有兵禍，士子不得以時赴鄉試，且漕司分差試官，路梗不可徑達。三年，命淮東州郡附鎮江府秋試，淮西州郡附建康試，蘄黄光三州、安慶府附江州試。三試所各增差試官二員，別項考校，照各州元額取放。是歲，兩浙轉運司寓試終場滿五千人，特命增放二名，後雖多不增，如不及五千人，止依元額。別院之試，大率士子與試官實有親嫌者，紹定間，以漕試、胄試無親可避者亦許試，或謂時相徇於勢要子弟故也；端平初，撥歸大院，寒雋更之；淳祐元年，又復赴別院，是使不應避親之人抑而就此，使天下士子無故析而爲二，殊失別試之初意。至是，依端平釐正之，復歸大院。

九年，以臣僚言：士子又有免解僞冒入試者，或父兄沒而竊代其名，或同族物故而填其籍。於是令自本貫保明給據，類其姓名先申禮部，各州揭以示衆，犯者許告捉，依鬻舉法治罪。十二年，廣南西路言：所部二十五郡，科選於春官者僅一二，蓋山林質樸，不能與中土士子同工，請授兩淮、荊襄例別考。朝廷從其請。自是，廣南分東、西兩路。

寶祐二年，監察御史陳大方言：士風日薄，文場多弊。乞將發解士人初請舉者，從所司給帖赴省，別給一曆，如命官印紙之法，批書發解之年及本名年貫、保官姓名，執赴禮部，又批赴省之年，長貳印署。赴監試者同。如將來免解、免省，到殿批書亦如之。如無曆則不收試，候出官日赴吏部繳納，換給印紙。應合免解、免省人，亦從先發解處照此給曆。如省、殿中選，將元曆發下御史臺考察，以憑注闕給告。士子得曆，可爲據證；有司因曆，可加稽驗。日前僞冒之人，可不却而自遁。遂自明年始行之。

鄉貢、監補、省試皆有覆試，然銓擇猶未精，其間濫名充貢者，不可欺同舉之人，冒選橋門者，不逃於本齋之職事。遂命今後本州審察，必責同舉之聯保，監學簾引，必責長諭之證實，並使結罪，方與放行。中書覆試，凡涉再引，非繫雜犯，並先劄報各處漕司，每遇詔舉，必加稽驗。凡覆試，令宰執出題，不許都司干預，仍日輪臺諫一員，簾外監試。四年，命在朝之臣，除宰執、侍從、臺諫外，自卿監、郎官以下至釐務官，各具三代宗支圖三本，結立罪狀，申尚書省、御史臺及禮部，所屬各置簿籍，存留照應。遇屬子孫登科、發解、入學、奏補事故，並具申入鑿。後由外任登朝，亦於供職日後，具圖籍記如上法。遇冑試之年，照朝廷限員，於內牒能應舉人就試，以革冑牒冒濫之弊。

景定二年，冑子牒試員：宰執牒緦麻以上親增作四十人，侍從、臺諫、給事中、舍人小功以上親增作二十七人，卿監、郎官、祕書省官、四總領小功以上親增作二十人，寺監丞簿、學官、二令大功以上親增作十五人，六院、四轄、省部門、史館校勘、檢閱大功以上親增作十人，臨安府通判牒大功以上親增作八人，餘應牒親子孫者，一仍舊制。

度宗初，以雷同假手之弊，多由於州郡試院繼燭達旦，或至次日辰巳猶未出院，其所以間日者，不惟止可以惠不能文之人，適足以害能文之士，遂一遵舊制，連試三日。時諸州郡以鄉貢終場人衆而元額少，自咸淳九年爲始，視終場人多寡，每二百人取放一名。以士子數多，增參詳官二員，點檢試卷官六員。又以臣僚條上科場之弊，以大院別院參詳官、點檢試卷官兼考雷同，又監試兼專一詳定雷同試卷，不預考校。遂罷簾外點檢雷同官，國子監解試雷同官亦罷。

先是，州郡鄉貢未有覆試。會言者謂冒濫之弊，惟在鄉貢，遂命漕臣及帥守於解試揭曉之前，點差有出身倅貳或幕官專充覆試。盡一日命題考校，解名多者，斟酌分日。但能行文不繆、説理優通、覺非假手即取，非才不通就與駁放。如將來省覆不通，罪及元覆試漕守之臣及考校官。十年，省試，命大院、別院監試官於坐圖未定之先，親監分布坐次，嚴禁書鋪等人，不許縱容士子拋離座案，過越廊分，爲傳義假手之地。時成都已歸附我朝，殿試擬五月五日，以蜀士至者絶少，展至末旬。又因覆試特奏名至部猶少，展作六月七日。近臣以隆暑爲請，復命立秋後擇日。七月八日，度宗崩，竟不畢試。嗣君即位，下禮部討論，援引皆未當，既不可謂之亮陰，又不可不赴廷對，乃倣召試館職之制而行之。

新進士舊有期集，渡江後置局於禮部貢院，特旨賜餐錢，唱第之三日赴焉。上三人得自擇同升之彥，分職有差。朝謝後拜黄甲，其儀設褥于堂上，東西相向，皆再拜。拜已，擇榜中年長者一人，狀元拜之，復擇最少者一人拜狀元。所以侈寵靈，重年好，明長少也。

制舉無常科，所以待天下之才傑，天子每親策之。然宋之得才，多由進士，而以是科應詔者少。惟召試館職及後來博學宏詞，而得忠鯁文學之士。或起之山林，或取之朝著，召之州縣，多至大用焉。太祖始置賢良方正能直言極諫、經學優深可爲師法、詳閑吏理達於教化凡三科，不限前資，見任職官，黄衣草澤，悉許應詔，對策三千言，詞理俱優則中選。乾德初，以郡縣亡應令者，慮有司舉賢之道或未至也，迺詔許士子詣闕自薦。四年，有司僅舉直言極諫一人，堪爲師法一人，召陶穀等發策，帝親御殿臨視之，給硯席坐于殿之西隅。及對策，詞理疏闊，不應所問，賜酒饌宴勞而遣之。

開寶八年，詔諸州察民有孝弟力田、奇才異行或文武材幹、年二十至五十可任使者，具送闕下，如無人塞詔，亦以實聞。九年，諸道舉孝弟力田及有才武者凡七百四十人，詔翰林學士李昉等於禮部試其業，一無可采。而濮州以孝悌薦名者三百七十人，帝駭其多，召對講武殿，率不如詔。猶自陳素習武事，復試以騎射，輒顛隕失次。帝給曰：是宜隸兵籍。皆號呼乞免，乃悉罷去。詔劾本部濫舉之罪。

咸平四年，詔學士、兩省御史臺五品、尚書省諸司四品以上，於內外京朝幕府州縣官、草澤中，各舉賢良方正一人，不得以見任轉運使及館閣職事人應詔。是年，策祕書丞查道等七人，皆入第四等。景德二年，增置博通墳典達於教化、才識兼茂明於體用、武足安邊、洞明韜略運籌決勝、軍謀宏遠材任邊寄等科，詔中書門下試察其才，具名聞奏，將臨軒親策之。自是應令者寖廣，而得中高等亦少。

太宗以來，凡特旨召試者，於中書學士舍人院，或特遣官專試，所試詩、賦、論、頌、策、制誥，或三篇，或一篇，中格則授以館職。景德後，惟將命爲知制誥者，乃試制誥三道。每道百五十字。東封及祀汾陰時，獻文者多試業得官，蓋特恩也。時言者以爲：兩漢舉賢良，多因兵荒災變，所以詢訪闕政。今國家受瑞登封，無闕政也，安取此？迺罷其科，惟吏部設宏詞、拔萃、平判等科如舊制。

仁宗初，詔曰：朕開數路以詳延天下之士，而制舉獨久不設，意者吾豪傑或以故見遺也，其復置此科。於是增其名，曰：賢良方正能直言極諫科，博通墳典明於教化科，才識兼茂明於體用科，詳明吏理可使從政科，識洞韜略運籌帷幄科，軍謀宏遠材任邊寄科，凡六，以待京、朝之被舉及起應選者。又置書判拔萃科，以待選人。又置高蹈丘園科，沉淪草澤科，茂材異等科，以待布衣之被舉者。其法先上藝業于有司，有司較之，然後試祕閣，中格，然後天子親策之。

治平三年，命宰執舉館職各五人。先是，英宗謂中書曰：水潦爲災，言事者云咎在不能進賢，何也？歐陽脩曰：近年進賢路狹，往時入館有三路，今塞其二矣。進士高科，一路也；大臣薦舉，一路也；因差遣例除，一路也。往年進士五人以上皆得試，第一人及第不十年有至輔相者，今第一人兩任方得試，而第二人以下不復試，是高科路塞矣。往時大臣薦舉即召試，今只令上簿候缺人乃試，是薦舉路塞矣。惟有因差遣例除者，半是年勞老病之人。此臣所謂薦舉路狹也。帝納之，故有是命。韓琦、曾公亮、趙槩等舉蔡延慶以下凡二十人，皆令召試，宰臣以人多難之。帝曰：既委公等舉之，苟賢，豈患多也？先召試蔡延慶等十人，餘須後時。神宗以進士試策，與制科無異，遂詔罷之。試館職則罷詩、賦，更以策、論。

元祐二年，復制科。凡廷試前一年，舉奏官具所舉者策、論五十首奏上，而次年試論六首，御試策一道，召試、除官、推恩略如舊制。右正言劉安世建言：祖宗之待館職也，儲之英傑之地以飭其名節，觀以古今之書而開益其聰明，稍優其廩，不責以吏事，所以滋長德器，養成名卿賢相也。近歲其選寖輕，或緣世賞，或以軍功，或酬聚斂之能，或徇權貴之薦。未嘗較試，遂獲貼職，多開倖門，恐非祖宗德意。望明詔執政，詳求文學行誼，審其果可長育，然後召試，非試毋得輒命，庶名器重而賢能進。三年，乃詔：大臣奏舉館職，並如舊召試、除授，惟朝廷特除，不用此令。安世復奏曰：祖宗時入館，鮮不由試。惟其望實素著，治狀顯白，或累持使節，或移鎮大藩，欲示優恩，方令貼職。今既過聽臣言，追復舊制，又謂朝廷特除，不在此限。則是人材高下，資歷深淺，但非奏舉，皆可直除，名爲更張，弊源尚在。願倣故事，資序及轉運使，方可以特命除授，庶塞僥倖，以重館職之選。紹聖初，哲宗謂：制科試策，對時政得失，進士策亦可言。因詔罷制科。既而三省言：今進士純用經術。如詔誥、章表、箴銘、賦頌、赦敕、檄書、露布、誡諭，其文皆朝廷官守日用不可闕，且無以兼收文學博異之士。遂改置宏詞科，歲許進士及第者詣禮部請試，如見守官則受代乃請，率以春試上舍生附試，不自立院也。試章表、露布、檄書用駢儷體，頌、箴銘、誡諭、序記用古體或駢儷，惟詔誥、赦敕不以爲題。凡試二日四題，試者雖多，取毋過五人，中程則上之三省覆試之，分上、中二等，推恩有差；詞藝超異者，奏取旨命官。大觀四年詔：宏詞科格法未詳，不足以致文學之士，改立詞學兼茂科，歲附貢士院試，取毋過三人。政和增爲五人。不試檄書，增制誥，以歷代史事借擬爲之，中格則授館職。宰臣執政親屬毋得試。宣和罷試上舍，乃隨進士試于禮部。

紹興元年，初復館職試，凡預召者，學士院試時務策一道，天子親覽焉。然是時校書多不試，而正字或試或否。二年，詔舉賢良方正能直言極諫科，一遵舊制，自尚書兩省諫議大夫以上、御史中丞、學士、待制各舉一人。凡應詔者，先具所著策、論五十篇繳進，兩省侍從參考之，分爲三等，次優以上，召赴祕閣，試論六首，於九經、十七史、《七書》、《國語》、《荀》、《揚》、《管子》、《文中子》内出題，學士兩省官考校，御史監之，四通以上爲合格。仍分五等，入四等以上者，天子親策之。第三等爲上，恩數視廷試第一人，第四等爲中，視廷試第三人。皆賜制科出身；第五等爲下，視廷試第四人，賜進士出身；不入等者與簿尉差遣，已仕者則進官與升擢。七年，以太陽有異，令中外侍從各舉能直言極諫一人。是冬，吕祉舉選人胡銓，汪藻舉布衣劉度，即除銓樞密院編修官，而度不果召。自是詔書數下，未有應者。

孝宗乾道二年，苗昌言奏：國初嘗立三科，真宗增至六科，仁宗時並許布衣應詔，於是名賢出焉。請參稽前制，間歲下詔，權於正文出題，不得用僻書註疏，追復天聖十科，開廣薦揚之路，振起多士積年委靡之氣。遂詔禮部集館職、學官雜議，皆曰：註疏誠可略，科目不必廣。天下之士，屏處山林，滯跡遐遠，侍從之臣，豈能盡知。遂如國初之制，止令監司、守臣解送。

七年，詔舉制科以六論，增至五通爲合格，始命官、糊名、謄録如故事。試院言：文卷多不知題目所出，有僅及二通者。帝命賜束帛罷之，舉官皆放罪。舊試六題，一明一暗。時考官命題多暗僻，失求言之意，臣僚請遵天聖、元祐故事，以經題爲第一篇，然後雜出九經、《語》、《孟》内註疏或子史正文，以見尊經之意。從之。初，制科取士必以三年，十一年，詔：自今有合召試者，舉官即以名聞。明年春，李巘言：賢良之舉，本求讜言以裨闕政，未聞責以記誦之學，使才行學識如晁、董之倫，雖註疏未能盡記，於治道何損？帝以爲然，乃復罷註疏。

高宗立博學宏詞科，凡十二題，制誥、詔表、露布、檄、箴銘、記贊、頌序内雜出六題，分爲三場，每場體制一古一今。遇科場年，應命官除歸明、流外、入貲及犯贓人外，公卿子弟之秀者皆得試。先投所業三卷，學士院考之，拔其尤者召試，定爲三等。上等轉一官，選人改秩，無出身人賜進士及第，並免召試，除館職。中等減三年磨勘，與堂除，無出身人賜進士出身；下等減二年磨勘，無出身人賜同進士出身：並許召試館職。南渡以來所得之士，多至卿相、翰苑者。

理宗嘉熙三年，臣僚奏：詞科實代王言，久不取人，日就廢弛。蓋試之太嚴，故習之者少。今欲除博學宏詞科從舊三歲一試外，更降等立科。止試文辭，不貴記問。命題止分兩場，引試須有出身人就禮部投狀，獻所業，如試教官例。每一歲附銓闈引試，惟取合格，不必拘額，中選者與堂除教授，已係教官資序及京官不願就教授者，京官減磨勘，選人循一資。他時北門、西掖、南宮舍人之任，則擇文墨超卓者用之。其科目，則去宏博二字，止稱詞學科。從之。淳祐初，罷。景定二年，復嘉熙之制。

初，内外學官多朝廷特注，後稍令國子監取其舊試藝等格優者用之。熙寧八年，始立教授試法，即舍人院召試大義五道。元豐七年，令諸州無教官，則長吏選在任官上其名，而監學審其可者使兼之。元祐中，罷試法，已而論薦益衆，乃詔須命舉乃得奏。紹聖初，三省立格，中制科及進士甲第、禮部奏名在上三人、府監廣文館第一人、從太學上舍得第，皆不待試，餘召試兩經大義各一道，合格則授教官。元符中，增試三經。政和二年，臣僚言：元豐召試學官六十人，而所取四人，皆知名之士，故學者厭服。近試率三人取一，今欲十人始取一人，以重其選。從之。自是或如舊法，中書選注。又嘗員外添置八行應格人爲大藩教官，不以涖職，隨廢。或用元豐試法，更革無常。

高宗初年，復教官試。紹興中，議者謂：欲爲人師，而自獻以求進，非禮也。乃罷試而自朝廷選差。已而又復之，凡有出身者許應，先具經義、詩、賦各三首赴禮部，乃下省闈，分兩場試之。初任爲諸州教官，由是爲兩學之選。十五年，從國子監丞文浩所言，於六經中取二經，各出兩題，毋拘義式，以貫穿該贍爲合格。其後，四川制置司遇類省試年，亦倣禮部附試，自嘉泰元年始。

凡童子十五歲以下，能通經作詩賦，州升諸朝，而天子親試之。其命官、免舉無常格。真宗景德二年，撫州晏殊、大名府姜蓋始以童子召試詩賦，賜殊進士出身，蓋同學究出身。尋復召殊試賦、論，帝嘉其敏贍，授祕書正字。後或罷或復。自仁宗即位，至大觀末，賜出身者僅二十人。

建炎二年，用舊制，親試童子，召見朱虎臣，授官賜金帶以寵之。後至者或誦經、史、子、集，或誦御製詩文，或誦兵書、習步射，其命官、免舉，皆臨期取旨，無常格。淳熙中，王克勤始以程文求試。內殿引見，孝宗嘉其警敏，補從事郎，令祕閣讀書。會禮部言：本朝童子以文稱者，楊億、宋綬、晏殊、李淑，後皆爲賢宰相、名侍從。今郡國舉貢，問其所能，不過記誦，宜稍艱其選。八年，始分爲三等：凡全誦六經、《孝經》、《語》、《孟》及能文，如六經義三道、《語》《孟》義各一道、或賦一道、詩一首爲上等，與推恩；誦書外能通一經，爲中等，免文解兩次；止能誦六經、《語》、《孟》爲下等，免文解一次。覆試不合格者，與賜帛。寧宗嘉定十四年，命歲取三人，期以季春集闕下。先試于國子監，而中書覆試之，爲永制焉。理宗後罷此科，須卓絶能文者，許諸郡薦舉。

科目既設，猶慮不能盡致天下之才，或韜晦而不屑就也，往往命州郡搜羅，而公卿得以薦言。若治平之黃君俞，熙寧之王安國，元豐則程頤，元祐則陳師道，元符則徐積，皆卓然較著者也。熙寧三年，諸路搜訪行義爲鄉里推重者，凡二十有九人。至，則館之太學，而劉蒙以下二十二人試舍人院，賜官有差，亦足以見幽隱必達，治世之盛也。其後，應詔者多失實，而朝廷亦厭薄之。

高宗垂意遺逸，首召布衣譙定，而尹焞以處士入講筵。其後束帛之聘，若王忠民之忠節，張志行之高尚，劉勉之、胡憲之力學，則賜出身，俾教授本郡，或賜處士號以寵之。所以振清節，厲頹俗。如徐庭筠之不出，蘇雲卿之晦跡，世尤稱焉。寧宗慶元間，蔡元定以高明之資，講明一代正學，以尤袤、楊萬里之薦召之，固以疾辭，竟以偽學貶死，衆咸惜之。理、度以後，國勢日迫，賢者肥遯，迄無聞焉。

《宋史》卷一五七《選舉志・學校試 律學等試附》 凡學皆隸國子監。國子生，以京朝七品以上子孫爲之，初無定員，後以二百人爲額。太學生，以八品以下子弟若庶人之俊異者爲之。及三舍法行，則太學始定置外舍生二千人，內舍生三百人，上舍生百人。始入學，驗所隸州公據，試補外舍，齋長、諭月書其行藝于籍。行謂率教不戾規矩，藝謂治經程文。季終考于學諭，次學録，次正，次博士，後考于長貳。歲終會其高下，書於籍，以俟覆試，參驗而序進之。凡私試，孟月經義，仲月論，季月策。凡公試，初場經義，次場論策。試上舍，如省試法。凡內舍，行藝與所試之業俱優，爲上舍上等，取旨授官；一優一平爲中等，以俟殿試；俱平若一優一否爲下等，以俟省試。

元祐間，置廣文館生二千四百人，以待四方游士試京師者。律學生無定員，他雜學廢置無常。崇寧建辟雍於郊，以處貢士，而三舍考選法乃遍天下。於是由州郡貢之辟雍，由辟雍升之太學，而學校之制益詳。凡國子以奏蔭恩廣，故學校不預考選，其得入官賜出身者，多由銓試。

初，國子監因周舊制，頗增學舍，以應蔭子孫隸學受業。開寶八年，國子監上言：生徒舊數七十人，奉詔分習五經，然繫籍者或久不至，而在京進士、諸科，常赴講席肄業，請以補監生之闕。詔從之。

景德間，許文武升朝官嫡親附國學取解，而遠鄉久寓京師，其文藝可稱，有本鄉命官保任，監官驗之，亦聽附學充貢。

仁宗時，士之服儒術者不可勝數。即位初，賜兗州學田，已而命藩輔皆得立學。慶曆四年，詔曰：儒者通天、地、人之理，明古今治亂之原，可謂博矣。然學者不得騁其説，而有司務先聲病章句以拘牽之，則吾豪儁奇偉之士，何以奮焉？士有純明朴茂之美，而無敎學養成之法，使與不肖並進，則夫懿德敏行，何以見焉？此取士之甚敝，而學者自以爲患。夫遇人以薄者，不可責其厚也。今朕建學興善，以尊子大夫之行；更制革敝，以盡學者之才。有司其務嚴訓導、精察舉，以稱朕意。學者其進德修業，無失其時。其令州若縣皆立學，本道使者選部屬官爲教授，員不足，取於鄉里宿學有道業者。由是州郡奉詔興學，而士有所勸矣。

天章閣侍講王洙言：國子監每科場詔下，許品官子役然試藝，給牒充廣文、太學、律學三館學生，多致千餘。就試試已，則生徒散歸，講官倚席，但爲游寓之所，殊無肄習之法。居常聽講者，一二十人爾。迺限在學滿五百日，舊已嘗充貢者止百日。本授官會其實，京朝官保任，始預秋試，每十人與解三人。凡入學授業，月旦即親書到曆。如遇私故或疾告、歸寧，皆給假，違程及期月不來參者，去其籍。後諫官余靖極言非便，遂罷聽讀日限。

初立四門學，自八品至庶人子弟充學生，歲一試補。差學官鎖宿、彌封校其藝，疏名上聞而後給牒，不中式者仍聽讀，若三試不中，則出之。未幾，學廢。

時太學之法寬簡，而上之人必求天下賢士，使專教導規矩之事。安定胡瑗設教蘇、湖間二十餘年，世方尚詞賦，湖學獨立經義治事齋，以敦實學。皇祐末，召瑗爲國子監直講，數年，進天章閣侍講，猶兼學正。其初人未信服，謗議蜂起，瑗強力不倦，卒以有立。每公私試罷，掌儀率諸生會于首善，雅樂歌詩，乙夜乃散。士或不遠數千里來就師之，皆中心悦服。有司請下湖學，取其法以教太學。

神宗尤垂意儒學，自京師至郡縣，既皆有學。歲時月各有試，程其藝能，以差次升舍，其最優者爲上舍，免發解及禮部試而特賜之第。遂顯以此取士。

太學生員，慶曆嘗置内舍生二百人。熙寧初，又增百人，尋詔通額爲九百人。四年，盡以錫慶院及朝集院西廡建講書堂四，諸生齋舍、掌事者直廬始僅足用。自主判官外，增置直講爲十員，率二員共講一經，令中書遴選，或主判官奏舉。生員釐爲三等：始入學爲外舍，初不限員，後定額七百人；外舍升内舍，員二百；内舍升上舍，員百。各執一經，從所講官受學，月考試其業，優等上之中書。其正、録、學諭，以上舍生爲之，經各二員；學行卓異者，主判、直講復薦之中書，奏除官。始命諸州置學官。率給田十頃贍士。初置小學教授。帝嘗謂王安石曰：今談經者人人殊，何以一道德？卿所著經，其以頒行，使學者歸一。八年，頒王安石《書》、《詩》、《周禮》義于學官，是名《三經新義》。

元豐二年，頒《學令》：太學置八十齋，齋各五楹，容三十人。外舍生二千人，内舍生三百人，上舍生百人。月一私試，歲一公試，補内舍生；間歲一舍試，補上舍生，彌封、謄録如貢舉法；而上舍試則學官不預考校。公試，外舍生入第一、第二等，升内舍；内舍生試入優、平二等，升上舍：皆參攷所書行藝迺升。上舍分三等。學正增爲五人，學録增爲十人，學録參以學生爲之。歲賜緡錢至二萬五千，又取郡縣田租、屋課、息錢之類，增爲學費。初，以國子名監，而實未嘗教養國子。詔許清要官親戚入監聽讀，額二百人，仍盡以開封府解額歸太學，其國子生解額，以太學分數取之，毋過四十人。

哲宗時，初置在京小學，曰就傅、初筮，凡兩齋。復取太學額百人還開封府。先是，開封解額稍優，四方士子多冒畿縣户，又隸太學不及一年不該解試者，亦往往冒户。禮部按舊制，凡試國子監者，先補中廣文館生，乃投牒求試。元祐七年，遂依倣其法，立廣文館生。惟開封府元解百人許自試，其嘗取諸科二百、國子額四十者，皆以爲本館解額。遇貢舉年試補館生，中者執牒詣國子監驗試，凡試者十人取一，開封考取亦如之。紹聖元年，罷廣文館，其額悉復還之開封府、國子監。

元祐新令，罷推恩之制。紹聖初，監察御史郭知章言：先帝立三舍法，以歲月稽其行實，故入上舍而中上等者，得不經禮部試，特命以官。責備而持久，故其得也難，誘掖激勸，莫善於此。宜復元豐法，以廣樂育之德。又請三學補外舍生，依元豐令一歲四試。於是詔：太學生悉用元豐制推恩，上等即注官者，歲毋過二人；免禮部試者，每舉五人而止；免解試者二十人而止。仍計數對除省試發解額，其元祐法勿用。諸三舍升補等法，悉推行舊制。

三年，三省言：元祐試補太學生不嚴，苟務多取，後試者無闕可撥，宜遵元豐初制，雖在籍生亦重試。乃詔在籍生再試，許取三分，創求補者半之；惟上舍生及是年充貢員内舍、外舍先自元豐補入者免再試，餘非再試而中者皆降舍。蔡京上所修《内外學制》，始頒諸天下。

元符元年，詔許命官補國子生，毋過四十人。凡太學試，令優取二禮，許占全額之半，而以其半及他經。復置《春秋》博士。二年，初令諸州行三舍法，考選、升補，悉如太學。州許補上舍一人，内舍二人，歲貢之。其上舍附太學外舍，試中補内舍生，三試不升舍，遣還其州。其内舍免試，至則補爲外舍生。諸路選監司一員提舉學校，守貳董幹其事。遇補試上、內舍生，選有出身官一人，同教授考選，須彌封、謄錄。三年，太學試補外舍改用四季，學官自考，不謄録，仍添試論一場。

崇寧元年，宰臣請：天下州縣並置學，州置教授二員，縣亦置小學。縣學生選考升諸州學，州學生每三年貢太學。至則附試，別立號。考分三等：入上等補上舍，入中等補下等上舍，入下等補内舍，餘居外舍。諸州軍解額，各以三分之一充貢士。開封府留五十五額，解士人之不入學者，餘盡均給諸州，以爲貢額。外官子弟親戚，許入學一年，給牒至太學，用國子生額解試。州給常平或係省田宅充養士費，縣用地利所出及非係省錢。三年，始定諸路增養縣學弟子員，大縣五十人，中縣四十人，小縣三十人。凡州縣學生曾經公、私試者復其身，內舍免户役，上舍仍免借借如官户法。

命將作少監李誡，即城南門外相地營建外學，是爲辟雍。蔡京又奏：古者國內外皆有學，周成均蓋在邦中，而黨庠、遂序則在國外。臣親承聖詔，天下皆興學貢士，即國南郊建外學以受之，俟其行藝中率，然後升諸太學。凡此聖意，悉與古合。今上其所當行者：太學專處上舍、內舍生，而外學則處外舍生。今貢士盛集，欲增太學上舍至二百人，內舍六百人，外舍三千人。外學爲四講堂，百齋，齋列五楹，一齋可容三十人。士初貢至，皆入外學，經試補入上舍、內舍，始得進處太學。太學外舍，亦令出居外學。其敕、令、格、式，悉用太學見制。國子祭酒總治學事，外學官屬，司業、丞各一人，稍減太學博士、正、録員歸外學，仍增博士爲十員，正、録爲五員，學生充學諭者十人，直學二人。三舍生皆繇升貢，遂罷國子監補試。

又置諸王宮大、小學教授，立考選法，凡奉祠及仕而解官或需次者，悉許入內、外學。任子不係州土，隨所寓入學，仍別齋居處，別號試考。曾升補三舍生，後從獻助得官，其入學視任子法。凡任子，不問文武，須隸學滿一年，始得求試。迺詔取士悉由學校升貢，其州郡發解及試禮部並罷。自是，歲試上舍，悉差知舉，如禮部試。

五年，著令：凡縣學生隸學已及三月，不犯上二等罰，聽次年試補州學外舍，是名歲升。開封祥符生員，即辟雍別爲齋，教養、升進如縣學法。願入鄰縣學者聽。惟赤縣校試，主以博士。每歲正月，州以公試上舍及歲升員，一院鎖宿，分爲三試。其公試，上舍率十取其六爲中格；中格已，以其名第自上而下參考察之籍；既在籍，又中選，即六人之中取其四，以差升舍。其歲升中選者，得補外舍生。開封屬縣附辟雍別試，中者入辟雍充外舍，隸學三年，經兩試不預升貢，即除其籍，法涉太嚴。今令三年內三經公試不預選，兩經補內舍、貢上舍不及格，且曾犯三等以上罰，若外舍，即除籍罷歸縣。內舍降外舍，已嘗降而私試不入等，若曾犯罰，亦除籍，再赴歲升試。

凡州學上舍生升舍，以其秋即貢入辟雍，長吏集閤郡官及提學官，具宴設以禮敦遣，限歲終悉集闕下。自川、廣、福建入貢者，給借職券，過二千里給大將券，續其路食，皆以學錢給之。如有孝弟、睦婣、任恤、忠和，若行能尤異爲鄉里所推，縣上之州，免試入學。州守貳若教授詢審無謬，即保任入貢，具實以聞，不實者坐罪有差。

太學試上舍生，本慮與科舉相并，試以間歲。今既罷科舉，又諸州歲貢士，其改用歲試。每春季，太學、辟雍生悉公試，同院混取，總五百七十四人。以四十七人爲上等，即推恩釋褐；一百四十人爲中等，遇親策士許入試；一百八十七人爲下等，補內舍生。凡上等上舍生暨特舉孝弟行能之士，不待廷試推恩者，許即引見釋褐。上舍仍先以試文卷進入，得可乃引賜。若上舍已該釋褐恩，而貢入在廷試前一年者，須在學又及半年，不犯上二等罰，乃得注官。

凡貢士入辟雍外舍，三經試不與升補，兩經試不入等，仍犯上三等罰者，削籍再赴本州歲升試，是名退送。即內舍已降舍，而又一試不與，或兩犯上四等罰者，亦如外舍法退送。太學外舍生已預考察者，許再經一試，以中否爲留遣，餘升降、退送悉如辟雍法。

凡有官人不入學而願試貢士者，不以文、武、雜出身，悉許之，惟贓私罪廢人則否。應試者，隨內外附貢士公試，皆別考，率以七人取一人。即預貢者，與辟雍春試貢士通考。中選入上等者，升差遣兩等，賜上舍出身；文行優者，奏聞而殊擢之。中等俟殿試，下等補內舍，不隸學，需再試。已仕在官而願試者，悉準此制。

凡在外官同居小功以上親，及其親姊妹女之夫，皆得爲隨行親，免試入所任鄰州郡學。其有官人願學於本州者，亦免試，升補悉如諸生法，混試同考，惟升舍不侵諸生額，自用七人取一。若中者多，即以溢額名次理爲考察。若所親移替，願改籍他州學者聽。

太學上、內舍既由辟雍升入，又已罷科舉，則國子監解額無所用，盡均撥諸府、諸州解額，三分之，以爲三歲貢額，並令有司均定以聞。太學舊制，止分立優、平二等，自今欲令辟雍、太學試上舍中程者，皆參用察考，以差升補。其考察試格，悉分上、中、下三等。貢士則以本州升貢等第，太學內舍則以校定等第。每上舍試考已定，知舉及學官以中試之等參驗于籍，通定升絀高下，兩上爲上，一上一中及兩中爲中，一上一下及一中下、兩下爲下。若兩格名次等第適皆齊同，即以試等壓考察之格，餘率以是爲差，仍推其法達之諸州。凡内外私試，始改用仲月，併試三場，試論日仍添律義。凡考察悉準在學人數，每内舍十人取五，外舍十人取六，自上而下分爲三等籍，以俟上舍考定而參用之。

是歲，貢士至辟雍不如令者，凡三十有八人，皆罷歸，而提學官皆罰金。建州浦城縣學生，隸籍者至千餘人，爲一路最，縣丞徐秉哲特遷一官。

初立八行科，詔曰：學以善風俗，明人倫，而人材所自出也。今法制未立，殆無以厲天下。成周以六行賓興萬民，否則威之以不孝、不弟之刑。近因稽周法，立八行、八刑，頒之學校，兼行懲勸，庶幾於古。士有善父母爲孝，善兄弟爲悌，善内親爲睦，善外親爲婣，信於朋友爲任，仁於州里爲恤，知君臣之義爲忠，達義利之分爲和。凡有八行實狀，鄉上之縣，縣延入學，審考無僞，上其名於州。州第其等，孝、悌、忠、和爲上，睦、婣爲中，任、恤爲下。苟備八行，不俟中歲，即奏貢入太學，免試補爲上舍。司成以下審考不誣，申省釋褐，優命之官；不能全備者，爲州學上等上舍，餘有差。八刑則反八行而麗於罪，各以其罪名之。縣上其名於州，州稽於學，毋得補弟子員。然品目既立，有司必求其迹以應令，遂有牽合瑣細者。自元祐創經明行修科，主德行而略辭藝，間取禮部試黜之士，附寘恩科，當時固已咎其無所甄別。及八行科立，則三舍皆不試而補，往往設爲形迹，求與名格相應。於是兩科相望幾數十年，迺無一人卓然能自著見者，而八行又有甚敝。蓋後世欲追古制，而不知風俗教化之所從出，其難固如此夫。

開封始建府學，立貢士額凡五十，而士子不及三百，盡額而取，則涉太優，欲稍裁之。詔：王畿立學，若不優誘使進，何以首善？其常解五十勿闕。

大觀元年，詔願兼他經者，量立升進之法。大抵用本經決去取，而兼經所中等第特爲升貢。每歲附公試院而別異其號，每十五人取一人，分上、中、下等，别榜示之，唱名日，甄別奏聞，與升甲，皆優於專經者。異時内外學官闕，皆得在選。縣學生三不赴歲升試及三赴歲升試而不能升州學者，皆除其籍。諸路賓興會試辟雍，獨常州中選者多，州守若教授俱遷一官。政和四年，小學生近一千人，分十齋以處之，自八歲至十二歲，率以誦經書字多少差次補内舍。若能文，從博士試本經、小經義各一道，稍通補内舍，優補上舍。又詔：學校教養額少，則野有遺士，應諸路學校及百人以上者，三分增一。七年，試高麗進士權適等四人，皆賜上舍及第，遣歸其國。時宰臣留意學校，因事究敝，有司考閲防閑益密。先是，禮部上雜修御試貢士敕令格式，又取舊制凡關學政者，分敕、令、格、式，成書以上。用給事中毛友言，初試補入縣學生，並簾試以別僞冒。徽宗崇尚老氏之學，知兖州王純乞於《御注道德經》注中出論題，范致虛亦乞用《聖濟經》出題。

宣和元年，帝親取貢士卷考定，能深通内經者，升之以爲第一。三年，詔：罷天下州縣學三舍法，惟太學用之課試。開封府及諸路，並以科舉取士。太學官吏及州縣嘗置學官，凡元豐舊制所有者皆如故，其辟雍官屬及宗學并諸路提舉學事官屬並罷，内外學悉遵元豐成憲。七年，詔：政和中嘗命學校分治黄、老、莊、列之書，實失專經之旨，其内經等書並罷治。

崇寧以來，士子各徇其黨，習經義則詆元祐之非，尚詞賦則誚新經之失，互相排斥，羣論紛紛。欽宗即位，臣僚言：科舉取士，要當質以史學，詢以時政。今之策問，虛無不根，古今治亂，悉所不曉。詩賦設科，所得名臣，不可勝紀，專試經義亦已五紀。救之之術，莫若遵用祖宗成憲。王安石解經，有不背聖人旨意，亦許采用。至於老、莊之書及《字説》，並應禁止。詔禮部詳議。諫議大夫兼祭酒楊時言：王安石著爲邪説，以塗學者耳目，使蔡京之徒，得以輕費妄用，極侈靡以奉上，幾危社稷。乞奪安石配饗，使邪説不能爲學者惑。御史中丞陳過庭言：五經義微，諸家異見，以所是者爲正，所否者爲邪，此一偏之大失也。頃者指蘇軾爲邪學，而加禁甚切；今已弛其禁，許采其長，實爲通論。而祭酒楊時矯枉太過，復詆王氏以爲邪説，此又非也。諸生習用王學，聞時之言，羣起而詆詈之，時引避不出，齋生始散。詔罷時祭酒。而諫議大夫馮澥、崔鷃等復更相辨論，會國事危，而貢舉不及行矣。

建炎初，即行在置國子監，立博士二員，以隨幸之士三十六人爲監生。紹興八年，葉琳上書請建學，而廷臣皆以兵興餽運爲辭。十三年，兵事稍寧，始建太學，置祭酒、司業各一員，博士三員，正、録各一員，養士七百人：上舍生三十員，内舍生百員，外舍生五百七十員。凡諸道住本州學滿一年，三試中選，不犯第三等以上罰，或不住學而曾兩預釋奠及齒于鄉飲酒者，聽充弟子員。每歲春秋兩試之，旋命一歲一補，於是多士雲集，至分場試之。俄又詔三年一試，增至千員，中選者皆給綾紙贊詞以寵之。每科場四取其一。

自外舍有月校，而公試入等曰内舍；自内舍有月校，而舍試入等曰上舍；凡升上舍者，皆直赴廷對。二十七年，立定制：春季放補，遇省試年改用孟夏。

舊，太學遇覃恩無免解法，孝宗始創行之。在朝清要官，許牒期親子弟作待補國子，别號考校。如太學生遇有期親任清要官，更爲國子生，不預校定、升補及差職事，惟得赴公、私試，科舉則混試焉。

淳熙中，命諸生暇日習射，以斗力爲等差，比類公、私試，别理分數。自中興以來，四方之士，有本貫在學公據，皆得就補。帝始加限節，命諸路州軍以解試終場人數爲準，其薦貢不盡者，令百取六人赴太學，謂之待補生；其住本學及游學之類，一切禁止。元豐舊制，内舍生校定，分優、平二等。優等再赴舍試，又入優，則謂之兩優釋褐，中選者即命以京秩，除學官。至是，始令先注職官，代還，注職事官，恩例視進士第二人。舊校定歲額五六分爲優選者，增爲十分矣。

光宗初，公試始令附省場别院。紹熙三年，禮部侍郎倪思請復混補法，命兩省、臺諫雜議可否。於是吏部尚書趙汝愚等合奏曰：國家恢儒右文，京師、郡縣皆有學，慶曆以後，文物彬彬。中興以來，建太學于行都，行貢舉於諸郡，然奔競之風勝，而忠信之俗微。亦惟榮辱升沉，不由學校；德行道藝，取決糊名；工雕篆之文，無進修之志；視庠序如傳舍，目師儒如路人；季考月書，盡成文具。今請重教官之選，假守貳之權；倣舍法以育材，因大比以取士；考終場之數，定所貢之員；期以次年，試于太學。其諸州教養、課試、升貢之法，下有司條上。思議遂寢。四年，詔國子監試中、上等小學生，比類諸州待補中選之額，放補一次。

寧宗慶元、嘉定中，始兩行混補。於是增外舍生爲千四百員，内舍校定，不係上舍試年分，以八分爲優等。又以國子生員多僞濫，命行在職事官期親、釐務官子孫乃得試補。嘉定十四年，詔自今待補百人取三人。舊法，自外舍升内舍，雖有校試，必公試合格，乃許升補。蓋私試皆學官自考，而公試則降敕差官。至是，歲終許取外舍生校最優者一人升内舍。

理宗復百取六人之制。紹定二年，以待補生自外方來參齋者，間有鬻帖僞冒之弊。遂命中選之人，召升朝保官二員批書印紙，仍命州郡倅結罪保明，比照字跡無僞，方許簾引注籍；犯者治罪，罰及保官。五年，以省試下第及待補生之羣試于有司者，有請託賄求之弊，學官考文，有親故交通之私，命今後兩學補試，並從廟堂臨時選差，即令入院；凡用度，則用國子監供給學官事例。未幾，監察御史何處久又言：宜遵舊制，以武學、宗學補試，併就兩學於大院排日引試，有親嫌人依避房法。且士子試卷頗多，考官頗少，期日既迫，費用不敷。乃增給用度，仍添差考官五員。寶祐元年，復命分路取放補試員數，以免遠方士子道路往來之費及都城壅併之患。三年，復試於京師。

度宗咸淳二年正月，幸太學，謁先聖，禮成，推恩三學：前廊與免省試，内舍、上舍及已免省試者與升甲；起居學生與泛免一次，内該曾經兩幸人與補上州文學，如願在學者聽。其在籍諸生，地遠不及趁赴起居者，三學申請乞併行泛免一次，命特從之。凡諸生升舍在幸學之前者，方許陳乞恩例。七年正月，以壽和聖福皇太后兩上尊號，推恩三學，在齋生員並特與免解赴省一次。九年，外舍生晏泰亨以七分三釐乞理爲第三優，朝命不許，遂申嚴學法，今後及八分者方許歲校三名，如八分者止有一人，而援次優、三優之例者，亦須止少三、二釐，方可陳乞特放，庶不盡廢學法，當亦不過一人而止。

律學。國初置博士，掌授法律。熙寧六年，始即國子監設學，置教授四員。凡命官、舉人皆得入學，各處一齋。舉人須得命官二人保任，先入學聽讀而後試補。習斷按，則試按一道，每道叙列刑名五事或七事；習律令，則試大義五道，中格乃得給食。各以所習，月一公試、三私試，略如補試法。凡朝廷有新頒條令，刑部即送學。其犯降舍殿試者，薄罰金以示辱，餘用太學規矩，而命官聽出宿。尋又置學正一員，有明法應格而守選者，特免試注官，使兼之，月奉視所授官。後以教授一員兼管幹本學規矩，仍從太學例給晚食。元豐六年，用國子司業朱服言，命官在學，如公試律義、斷案俱優，準吏部試法授官；太學生能兼習律學，中公試第一，比私試第二等。

政和間，詔博士、學正依大理寺官除授，不許用無出身人及以恩例陳請。生徒犯罰者，依學規；仍犯不改，書其印曆或補牒，參選則理爲闕失。

建炎三年，復明法新科，進士預薦者聽試。紹興元年，復刑法科。凡問題，號爲假案，其合格分數，以五十五通分作十分，以所通定分數，以分數定等級：五分以上入第二等下，四分半以上入第三等上，四分以上入第三等中。以曾經試法人爲考官。五年，以李洪嘗中刑法入第二等，命與改秩，中書駁之。趙鼎謂：古者以刑弼教，所宜崇奬。高宗曰：刑名之學久廢，不有以優之，則其學絶矣。卒如前詔。後議者謂得解人取應，更不兼經，白身得官，反易於有官試法。乃命所試斷案、刑名，全通及粗通以十分爲率，斷及五分、《刑統》義文理全通爲合格，及雖全通而斷案不及分數者勿取。仍自後舉兼經。十五年，罷明法科，以其額歸進士，惟刑法科如舊。二十五年，四川類省始附試刑法。

淳熙七年，祕書郎李巘言：漢世儀、律、令同藏于理官，而決疑獄者必傳以古義。本朝命學究兼習律令，而廢明法科；後復明法，而以三小經附。蓋欲使經生明法，法吏通經。今所試止於斷案、律義，斷案稍通、律義雖不成文，亦得中選，故法官罕能知書。宜令習大法者兼習經義，參攷優劣。帝曰：古之儒者，以儒術決獄，若用俗吏，必流於刻。乃從其奏，詔自今第一、第二、第三場試斷案，每場各三道，第四場大經義一道，小經義二道，第五場刑統律義五道。明年，命斷案三場，每場止試一道，每道刑名十件，與經義通取，四十分以上爲合格，經義定去留，律義定高下。

寧宗慶元三年，以議臣言罷經義，五年又復。嘉定二年，臣僚上言：試法設科，本以六場引試，後始增經義一場，而止試五場，律義又居其一，斷案止三場而已，殊失設科之初意。且考試類多文士，輕視法家，惟以經義定去留，其弊一也。法科欲明憲章，習法令，察舉明比附之精微，識比折出入之錯綜，酌情法於數字之內，決是非於片言之間。比年案題字多，專尚困人，一日之內，僅能謄寫題目，豈暇深究法意，其弊二也。刑法考官不過曾中法科丞、評數人，由是請託之風盛，換易之弊興，其弊三也。今請罷去經義，仍分六場，以五場斷案，一場律義爲定。問題稍減字數，而求精於法律者爲試官，各供五六題，納監試或主文臨時點定。如是，讞議得人矣。從之。六年，以議者言法科止試刑統，是盡廢理義而專事法律，遂命復用經義一場，以尚書、語、孟題各一篇及刑統大義，通爲五場。所出經題，不必拘刑名倫類，以防預備，以斷案定去留，經義爲高下，仍禁雜流入貲人收試。八年，罷四川類試刑法科。

初，凡試法科者，皆取撰成見義挾入試場。理宗淳祐三年，令刑部措置關防，其考試則選差大理丞、正歷任中外有聲望者，不許止用新科評事未經作縣之人。逮其試中，又當倣省試、中書覆試之法，質以疑獄，觀其讞筆明允，始與差除。時所立等第，文法俱通者爲上，徑除評事；文法粗通者爲次，與檢法；不通者駁放。

度宗咸淳元年，申嚴選試之法，凡引試刑法官，命題一如紹興式。八年，以試法科者少，特命考試命題，務在簡嚴，毋用長語。有過而願試者，照見行條法，除私罪應徒、或入己贓、失入死罪并停替外，餘犯輕罪者，與放行收試。或已經三試終場之人，已歷三考，赴部參注，命本部考覈元試，果有所批分數，不須舉狀，與注外郡刑法獄官差使一次，庶可激厲誘掖。格法，試法科者，批及八分，方在取放之數。咸淳末，有僅及二分以上者，亦特取一名，授提刑司檢法官，寬以勸之也。

初，宗學廢置無常。凡諸王屬尊者，立小學于其宮。其子孫，自八歲至十四歲皆入學，日誦二十字。其已授環衛官、有學藝得召試遷轉者每有之，然非有司常試，乃特恩也。熙寧十年，始立《宗子試法》。凡祖宗祖免親已受命者，附鎖廳試；自祖免以外，得試于國子監。禮部別異其卷而校之，十取其五，舉者雖多，解毋過五十人。廷試亦不與進士同考。年及四十、嘗累舉不中，疏其名以聞而録用之。其官于外而不願附各路鎖試，許謁告試國子監。

崇寧初，疏屬年二十五，以經義、律義試禮部合格，分二等附進士牓，與三班奉職，文優者奏裁。其不能試及試而黜者，讀律於禮部，推恩與三班借職，勿著爲令。及兩京皆置敦宗院，院皆置大、小學教授，立考選法，如《熙寧格》出官，所涖長貳或監司有二人任之，乃注授。後又許見在任者，於本任附貢士試。大觀三年，宗子釋褐者十二人。宗學官，須宗子中上舍第且有行者，方始爲之。四年，詔：宗子之升上舍，不經殿試，遽命之官，熙寧法不如是。其依貢士法，俟殿試補入上、中等者，唱名日取裁。後又定上等賜上舍及第，中等賜出身，授官有差。凡隸學，有篤疾若親老無兼侍者，大宗正察其實，罷歸。宣和二年，詔罷量試出官之法。

紹興二年，帝初策士及宗子于集英殿。五年，初復南省試。十四年，始建宗學于臨安，生員額百人：大學生五十人，小學生四十人，職事各五人。置諸王宮大、小學教授一員。在學者皆南宮、北宅子孫，若親賢宅近屬，則別選館職教授。初，行在宗室試國子監者，有官鎖廳，七取其三；無官應舉，七取其四；無官袒免親取應，文理通爲合格，不限其數；而外任主宮觀、嶽廟試于轉運司者，取放之額同進士。十五年，命諸路宗室願赴行在試者，依熙寧舊制，並國子監請解；不願者，依崇寧通用貢舉法，所以優國族也。

孝宗登極，凡宗子不以服屬遠近、人數多寡，其曾獲文解兩次者，並直赴廷試，略通文墨者，量試推恩。習經人本經義二道，習賦人詩賦各一首，試論人論一首，仍限二十五歲以上合格。第一名承節郎，餘並承信郎。曾經下省人，免量試，推恩。四川則附試于安撫制置司。於是入仕者驟踰千人。隆興元年，詔量試不中、年四十以上補承信郎，展三年出官，餘並於後舉再試。四月，御射殿引見取應省試第一人，賜同進士出身，第二、第三人補保義郎，餘四十人承節郎，七人承信郎。凡宗室鎖廳得出身者，京官進一秩，選人比類循資；無官應舉得出身者，補修職郎；濮、秀二王下子孫中進士舉者，更特轉一秩。

乾道五年，命宗室職事隨侍子弟許赴國子監補。六年，臣僚上言：神宗朝，始立教養、選舉宗子之法。保義至秉義，鎖試則與京秩，在末科則升甲，取應不過量試注官，所以寵異同姓，不與寒畯等也。然曩時向學者少，比年儁異者多，或冠多士，或登詞科，幾與寒士齊驅；而入仕寖繁，未知裁抑，非所以示至公也。於是禮部請鎖廳登第者，舊於元官上轉行兩官，自今止依元資改授，餘准舊制。十二年，右正言胡衛請：自今宗室監試，無官應舉，照鎖廳例七取其二；省試則三舉所放人數如取應例，立爲定額。從之。

寧宗嘉定四年，詔鎖廳應舉，省試第一名，殿試唱名授官日，於應得恩例外，更遷一秩。九年，以宮學併歸宗庠，教授改爲博士、宗諭。十四年，命前隸宮學近屬，令附宗學公、私試，中選者與正補宗學生，近屬子孫年十五以下者，許試小學生。復置諸王宮大、小學教授一員。宗學解試依太學例取放，每舉附國子監發解所，異題別考。

理宗寶慶二年，以鎖廳宗子第一名若摺學深《春秋》，秀出譜籍，與補保義郎，特賜同進士出身，仍換修職郎。端平元年，命宗子鎖廳應舉解試，凡在外州軍，或寄居，或見任隨侍，及見寓行在就試者，各召知識官委保正身，國子監取其宗子出身、訓名、生長左驗，以憑保收試，仍於試卷家狀內具保官職位、姓名，以防欺詐。淳祐二年，建內小學，置教授二員，選宗子就學。寶祐元年五月，特、正奏名進士宗子必晄等二人特授保義郎，若瑰等二十九人承節郎，敕略曰：必晄等取應及選，咸補右階，蓋欲誘之進學，而教以入仕也。其毋以是自畫焉。

度宗咸淳元年，以鎖廳應舉宗子兩請，舉人遇即位赦恩，並赴類試。其曾經覆試文理通者，照例升等；文理不通及未經覆試者則否；第五等人特與免銓出官。九年，凡無官宗子應舉，初生則用乳名給據，既長則用訓名。其赴諸路漕司之試，有一人前後用兩據、印二卷者。至是，命漕司並索乳名、訓名各項公據，方許收試，以杜姦弊。

武舉、武選。咸平時，令兩制、館閣詳定入官資序故事，而未及行。仁宗時，嘗置武學，既而中輟。天聖八年，親試武舉十二人，先閱其騎射而試之，以策爲去留，弓馬爲高下。神宗熙寧五年，樞密請建武學於武成王廟，以尚書兵部郎中韓縝判學，內藏庫副使郭固同判，賜食本錢萬緡。生員以百人爲額，選文武官知兵者爲教授。使臣未參班與門蔭、草澤人召京官保任，人材弓馬應格，聽入學，習諸家兵法。教授纂次歷代用兵成敗、前世忠義之節足以訓者，講釋之。願試陣隊者，量給兵伍。在學三年，具藝業考試等第推恩，未及格者，逾年再試。凡試中，三班使臣與三路巡檢、砦主，未有官人與經略司教隊、差使，三年無過，則升至大使臣，有兩省、待制或本路鈐轄以上三人保舉堪將領者，並兼諸衛將軍，外任回，歸環衛班。

科場前一年，武臣路分都監、文官轉運判官以上各奏舉一人，聽免試入學。生員及應舉者不過二百人。春秋各一試，步射以一石三斗，馬射以八斗，矢五發中的；或習武伎，副之策略，雖弓力不及，學業卓然；並爲優等，補上舍生，毋過三十人。試馬射以六斗，步射以九斗，策一道，《孫》、《吴》、《六韜》義十道，五運補內舍生。馬步射、馬戰應格，對策精通、士行可稱者，上樞密院審察試用；雖不應格而曉術數、知陣法、智略可用，或累試策優等，悉取旨補上舍；武藝、策略累居下等，復降外舍。

先是，樞密院修《武舉試法》，不能答策者，答兵書墨義。王安石奏曰：三路義勇藝入三等以上，皆有旨録用，陛下又欲推府界保甲法於三路，則武力之人已多。近以學究一科，從誦書不曉理廢之，而武舉復試墨義，則亦學究之流，無補於事。先王收勇力之士，皆屬於車右者，欲以備禦侮之用，則記誦何所施？於是悉從中書所定。凡武舉，始試義、策於秘閣，武藝則試于殿前司，及殿試，則又試騎射及策于庭。策、武藝俱優爲右班殿直，武藝次優爲三班奉職，又次借職，末等三班差使、減磨勘年。策入平等而武藝優者除奉職，次優借職，又次三班差使、減磨勘年。武藝末等者三班差使。八年，詔武舉與文舉進士，同時鎖試於貢院，以防進士之被黜而改習者，遂罷祕閣試。又以六韜本非全書，止以孫、吴書爲題。

元豐元年，立《大小使臣試弓馬藝業出官法》：第一等，步射一石，矢十發三中，馬射七斗，馬上武藝五種，孫、吴義十通七，時務邊防策五道文理優長，律令義十通七，中五事以上免短使、減一任監當，三事以上免短使、升半年名次，兩事升半年，一事升一季；第二等，步射八斗，矢十發二中，馬射六斗，馬上武藝三種，孫、吴義十通五，策三道成文理，律令義十通五，中五事免短使、升半年，三事升半年，兩事升一季，一事與出官；第三等，步射六斗，矢十發一中，馬射五斗，馬上武藝兩種，《孫》、《吴》義十通三，策三道成文理，律令義十通三，計算錢穀文書五通三，中五事升半年，三事升一季，兩事與出官。其步射並發兩矢，馬射發三矢，皆著爲格。四年，罷試律義。七年，止試《孫》、《吴》書大義一場，第一等取四通、次二等三通、三等二通爲中格。元祐四年，詔解試、省試增策一道。

崇寧間，諸州置武學。立《考選升貢法》，倣儒學制，其武藝絶倫、文又優特者，用文士上舍上等法，歲貢釋褐；中等仍隸學俟殿試。凡試出官使臣，仍赴殿前司呈試。諸州武士試補，不得文士同一場。馬射三上垛，九斗爲五分，八斗爲四分，七斗爲三分。九斗、八斗、七斗再上垛及一上垛，視此爲差，理爲分數。馬射一中帖當兩上垛，一中的當兩中帖。

舊制，武舉三年一試，命官不過三十餘人，後增額，以每貢者三人即取一以升上舍，積迭增展，遂至百人入流，比文額太優。四年，詔自今貢試上舍者，取十人入上等，四十人入中等，五十人入下等，皆補充武學內舍，人材不足聽闕之，餘不入等者，處之外舍。大抵以弓馬程文兩上一上、兩中一中、兩下一下相參以爲第。凡州教諭，須州都監乃得兼，吏部取武舉、武士上舍出身者。

政和三年，以隸學者衆，凡經三歲校試而不得一與者，除其籍。宣和二年，尚書省言：州縣武學既罷，有願隸京城武學者，請用元豐法補試。舊制，不入學而從保舉以試者，附試武學外舍，通取一百人，偕上舍生發解。今既罷科舉，請依元豐法奏舉，歲終集闕下，免試補外舍生，赴次年公試。其春選升補推恩，依大觀法。

靖康元年，詔諸路有習武藝、知兵書者，州長貳以禮遣送詣闕，毋限數，將親策而用之。

建炎三年，詔武舉人先經兵部驗視弓馬于殿前司，仍權就淮南轉運司別場附試七書義五道，兵機策二首。紹興五年，帝御集英殿策武舉進士，翌日閲試騎射，策入優等與保義、承節郎，平等承信郎，其武藝不合格者，與進義校尉。川、陝宣撫司類省試武藝合格人並補官。十二年，御試，正奏名，策入優等承節郎，平等承信郎、進義校尉；特奏名，平等進義校尉，各展磨勘有差。十六年，始建武學。兵部上《武士弓馬及選試去留格》，凡初補入學，步射弓一石，若公、私試步騎射不中，即不許試程文，其射格自一石五斗以下至九斗，凡五等。

二十六年，帝見武學頹弊，因諭輔臣曰：文武一道也，今太學就緒，而武學幾廢，恐有遺才。詔兵部討論典故，參立新制。凡武學生習《七書》兵法、步騎射，分上、內、外三舍，學生額百人。置博士一員，以文臣有出身或武舉高選人爲之；學諭一員，以武舉補官人爲之。凡補外舍，先類聚五人以上附私試，先試步射一石弓，不合格不得試程文，中格者依文士例試《七書》義一道。其內舍生私試，程文三在優等，弓馬兩在次優，公試入等，具名奏補。試上舍者，以就試人三取其一，以十分爲率，上等一分，中等二分，下等七分，仍以三年與發解同試。凡內舍補上舍，以上舍試合格入等與行藝相參，兩上者爲上等，一上一中或兩中及一上一下爲中等，一中一下或兩下、一上一否爲下等，仍不犯第三等罰、士行可稱者，具名奏補。二十七年，御試第一名趙應熊武藝絶倫，又省試第一，特與保義郎、閤門祗候。二十九年，修立武舉人官資格，命武舉人自今依府監年數免解。

孝宗隆興元年御試，得正奏名三十七人。殿中侍御史胡沂言：唐郭子儀以武舉異等，初補右衛長史，歷振遠、横塞、天德軍使。國初，試中武藝人並赴陝西任使。又武舉中選者，或除京東捉賊，或三路沿邊，試其效用，或經略司教押軍隊、準備差使，今率授以榷酤之事，是所取非所用，所用非所學也。請取近歲中選人數，量其材品、考任，授以軍職，使之習練邊事，諳曉軍旅，實選用之初意也。

乾道二年，中書舍人蔣芾亦以爲言，請以武舉登第者悉處之軍中。帝以問洪适，适對曰：武舉人以文墨進，雜於卒伍非便也。帝曰：累經任者，可以將佐處之。是歲，以登極推恩，武舉進士比文科正奏名例，第一名升一秩爲成忠郎，第二、第三名依第一名恩例。

五年，兵部請外舍有校定人，參考榜上等者，候滿一年，私試四入等及不犯三等以上罰，或有校定而參考在中下等，候再試參考入中等，聽升補外舍生，赴公試。舊，除射親許試五等弓外，步射、馬射止許試第三等以下弓，程文雖優而參考弓馬分數難以對入優等；自今許比上舍法，不以馬、步、射親，並通試五等。

吏部言：武舉比試、發解、省試三場，依條以策義考定等第，具字號，會封彌所，以武藝幷策義參考。今比試自依舊法，其解、省兩場，請依文士例，考定字號，先具奏聞，拆號放牓。從之。初命武學生該遇登極覃恩，曾升補內舍或在學及五年曾經公、私試中人，並令赴省。是歲廷試，始依文科給黄牒，榜首賜武舉及第，餘並賜武舉出身。其年，頒武舉之法。令四川帥臣、憲、漕、知州軍監及寄居侍從以上各舉武士一員，興元府、利閬金洋階成西和鳳州各三員，拔其尤者送四川安撫司，解試類省，並如文科。

淳熙元年，議者請：武學外舍生有校定公試合格，令試五等弓馬，與程文五等相參，入中上等者，據闕升補，餘俟再試入等升補。從之。帝御幄殿，引見正奏名，呈試武藝。二年，以武科授官與文士不類，詔自今第一人補秉義郎，堂除諸司計議官，序位在機宜之上；第二、第三人保義郎，諸路帥司準備將領，代還，轉忠翊郎；第四、第五人承節郎，諸路兵馬監押，代還，轉保義郎：皆倣進士甲科恩例。

四年，以文科狀元代還，例除館職，亦召武舉榜首爲閤門舍人。五年，始立武學國子額，收補武臣親屬；其文臣親屬，願附補者亦聽。七年，初立《武舉絶倫幷從軍法》：凡願從軍者，殿試第一人與同正將，第二、第三名同副將，五名以上、省試第一名、六名以下並同準備將；從軍以後，立軍功及人材出衆者，特旨擢用。帝曰：武舉本求將帥之材，今前名皆從軍，以七年爲限，則久在軍中，諳練軍政，他日可備委任。八年，命特奏名補官，展減磨勘有差。九年，議者以爲從軍之人，率多養望，不屑軍旅。詔自今職事勤恪者，從主帥保奏升差，懈惰者按劾。

光宗紹熙元年，武臣試換文資，南渡以前許從官三人薦舉，紹興令敦武郎以下聽召保官二人，以經義、詩賦求試，其後太學諸生久不第者，多去從武舉，已乃鎖廳應進士第。凡以秉義或忠翊皆換京秩，恩數與第一人等。後以林穎秀言：武士舍棄弓矢，更習程文，褒衣大袖，專做舉子。夫科以武名，不得雄健喜功之士，徒啓其僥倖名爵之心。於是詔罷鎖廳換試。

寧宗即位，復其制。慶元五年，命兩淮、京西、湖北諸郡倣兵部及四川法，於本道安撫司試武士，合格者，赴行在解試，别立字號，分項考校，撥十名爲解額，五名省額。

理宗紹定元年，命武舉進士避親及所舉之人止避本廳，令無妨嫌官引試，若合格，則朝廷别遣官覆試。淳祐九年，以北兵屢至，命極邊、次邊一體收試，仍量增解額五名，省額二名。是歲，武舉正奏名王時發已係從軍之人，充殿前司左軍統領，既登第，换授，特命就本職上與帶同字，以示優厚勸奬。

度宗咸淳六年，命禮部貢院於武舉進士平等每百人内，取放待補十人，絶倫每百人内，取待補十三人。

算學。崇寧三年始建學，生員以二百一十人爲額，許命官及庶人爲之。其業以九章、周髀及假設疑數爲算問，仍兼《海島》、《孫子》、《五曹》、張丘建夏侯陽算法并曆算、三式、天文書爲本科。本科外，人占一小經，願占大經者聽。公私試、三舍法略如太學。上舍三等推恩，以通仕、登仕、將仕郎爲次。大觀四年，以算學生歸之太史局，併書學生入翰林書藝局，畫學生入翰林圖畫局，醫學生入太醫局。

紹興初，命太史局試補，併募草澤人。淳熙元年春，聚局生子弟試曆算《崇天》、《宣明》、《大衍曆》三經，取其通習者。五年，以《紀元曆》試。九年，以《統元曆》試。十四年，用《崇天》、《紀元》、《統元曆》三歲一試。紹熙二年，命今歲春銓太史局試，應三全通、一粗通，合格者並特收取，時局生多闕故也。嘉定四年，命局生必俟試中，方許轉補。

理宗淳祐十二年，祕書省言：舊典以太史局隷祕省，今引試局生不經祕書，非也。稽之於令，諸局官應試曆算、天文、三式官，每歲附試，通等則以精熟爲上，精熟等則以習他書多爲上，習書等則以占事有驗爲上。諸局生補及二年以上者，並許就試。一年試曆算一科，一年試天文、三式兩科，每科取一人。諸同知算造官闕有試，翰林天文官闕有試，諸靈臺郎有應試補直長者，諸正名學生有試問《景祐新書》者，諸判局闕而合差，諸秤漏官五年而轉資者，無不屬於祕書；而局官等人各置脚色，遇有差遣、改補、功過之類，並申祕書。今乃一切自行陳請，殊乖初意。自今有違令補差，及不經祕書公試補中者，中書執奏改正，仍從舊制，申嚴試法。從之。

書學生，習篆、隷、草三體，明《説文》、《字説》、《爾雅》、《博雅》、《方言》，兼通《論語》、《孟子》義，願占大經者聽。篆以古文、大小二篆爲法，隷以二王、歐、虞、顔、柳真行爲法，草以章草、張芝九體爲法。考書之等，以方圓肥瘦適中，鋒藏畫勁，氣清韻古，老而不俗爲上；方而有圓筆，圓而有方意，瘦而不枯，肥而不濁，各得一體者爲中；方而不能圓，肥而不能瘦，模倣古人筆畫不得其意，而均齊可觀爲下。其三舍補試升降略同算學法，惟推恩降一等。自初置及併罷年數，悉同算學。

畫學之業，曰佛道，曰人物，曰山水，曰鳥獸，曰花竹，曰屋木，以《説文》、《爾雅》、《方言》、《釋名》教授。説文則令書篆字，著音訓，餘書皆設問答，以所解義觀其能通畫意與否。仍分士流、雜流，别其齋以居之。士流兼習一大經或一小經，雜流則誦小經或讀律。考畫之等，以不倣前人而物之情態形色俱若自然，筆韻高簡爲工。三舍試補、升降以及推恩如前法。惟雜流授官，止自三班借職以下三等。

醫學，初隷太常寺，神宗時始置提舉判局官及教授一人，學生三百人。設三科以教之，曰方脈科、鍼科、瘍科。凡方脈以《素問》、《難經》、《脈經》爲大經，以《巢氏病源》、《龍樹論》、《千金翼方》爲小經，鍼、瘍科則去《脈經》而增《三部鍼灸經》。常以春試，三學生願與者聽。崇寧間，改隷國子監，置博士、正、録各四員，分科教導，糾行規矩。立上舍四十人，内舍六十，外舍二百，齋各置長、諭一人。其考試：第一場問三經大義五道，次場方脈試脈證、運氣大義各二道，鍼、瘍試小經大義三道，運義大義二道；三場假令治病法三道。中格高等，爲尚藥局醫師以下職，餘各以等補官，爲本學博士、正、録及外州醫學教授。

紹興中，復置醫學，以醫師主之。翰林局醫生幷奏試人，並試經義一十二道，取六通爲合格。乾道三年，罷局而存御醫諸科，後更不置局而存留醫學科，令每舉附省闈别試所解發，太常寺掌行其事。淳熙十五年，命内外白身醫士，經禮部先附銓闈，試脈義一場三道，取其二通者赴次年省試，經義三場一十二道，以五通爲合格，五取其一補醫生，俟再赴省試升補，八通翰林醫學，六通祇候，其特補、薦補並停。紹熙二年，復置太醫局，銓試依舊格。其省試三場，以第一場定去留，墨義、大義等題倣此。

補道職，舊無試，元豐三年始差官考試，以《道德經》、《靈寶度人經》、《南華真經》等命題，仍試齋醮科儀祝讀。政和間，即州、縣學别置齋授道徒。蔡攸上《諸州選試道職法》，其業以《黄帝内經》、《道德經》爲大經，《莊子》、《列子》爲小經。提學司訪求精通道經者，不問已命、未仕，皆審驗以聞。其業儒而能慕從道教者聽。每路於見任官內，選有學術者二人爲幹官，分詣諸州檢察教習。《内經》、《道德經》置博士，《聖濟經》兼講。道徒升貢，悉如文士。初入官，補志士道職，賜褐服，藝能高出其徒者，得推恩。道徒術業精退，州守貳有考課殿最罪法。陳州學生慕從道教，踰月而道徒换籍，殆與儒生相半。有宋瑀者，願改道徒内舍，獻《神霄玉清萬壽宫雅》一篇，特换志士，俟殿試。由是長倅以下受賞有差，其誘勸之重如此。宣和二年，學罷。

紀事

（宋）葉夢得《石林燕語》卷二　故事，制科分五等，上二等皆虛，惟以下三等取人。然中選者亦皆第四等，獨吴正肅公嘗入第三等，後未有繼者。至嘉祐中，蘇子瞻、子由乃始皆入第三等。已而子由以言太直，爲考官胡武平所駁，欲黜落，復降爲第四等。設科以來，止吴正肅與子瞻入第三等而已。故子瞻《謝啓》云：誤占久虛之等。

（宋）葉夢得《石林燕語》卷四　熙寧初，改經義取士，興建太學，訖崇寧罷科賦，每榜魁，南省皆迭爲得失。始余中榜，邵剛魁得；次徐鐸榜，餘幹落；時彦榜，黄中魁得；次黄裳榜，侯綬落；惟焦蹈榜，陶直夫落。差一榜，次七榜。李常甯、畢漸、李釜、蔡薿榜，章綡、李朴、蔡靖、陳國林皆得；馬涓、何昌言、霍端友榜，費元量、王瞻、陳賓皆落，不差一人，亦可怪也。時謂之雌雄解元。

（宋）葉夢得《石林燕語》卷四　祖宗時，見任官應進士舉，謂之鎖廳，雖中選，止令遷官，而不賜科第；不中者則停見任，其愛惜科名如此。淳化三年，滁州軍事推官鮑當等應舉合格，始各賜進士及第。自是遂皆賜第。

（宋）葉夢得《石林燕語》卷五　唐末、五代武選，有東西頭供奉、左右班侍禁殿直；本朝又增内殿承制崇班，皆禁廷奉至尊之名。然宰執及戚里，當時得奏乞給使恩澤，皆例受此官，沿習既久，不以爲過。政和中，改武官名，有拱衛、親衛、大夫等職，宰相給使有至此官者，會其將罷，或欲陰中之，因言人臣而用拱衛、親衛，意不可測，不知亦前日承制、侍禁之類也。【略】

國初取進士，循唐故事，每歲多不過三十人。太宗初即位，天下已定，有意于修文，嘗語宰相薛文惠公治道長久之術，因曰：莫若參用文武之士。吾欲於科場中廣求俊彦，但十得一二，亦可以致治。居正曰：善。是歲御試題，以訓練將爲賦，主聖臣賢爲詩，蓋以示參用之意。特取一百九人，自唐以來未有也。遂得吕文穆公爲狀頭，李參政至第二人，張僕射齊賢、王參政化基等數人，皆在其間。自是連放五榜，通取八百一人，一時名臣，悉自此出矣。【略】

國初貢舉法未備，公卿子弟多艱于進取，蓋恐其請托也。范杲，魯公之兄子，見知陶谷、竇儀，皆待以甲科。會有言世禄之家不當與寒畯争科名者，遂不敢就試。李内翰宗諤已過省，以文正爲相，唱名辭疾不敢入，亦被黜。文正罷相，方再登科。天僖後立法，有官人試不中者，皆科私罪，仍限以兩舉。或云，王冀公所請也。慶曆以來，條令日備，有官人仍别立額，於是進取者始自如矣。

（宋）葉夢得《石林燕語》卷八　熙寧以前，以詩賦取士，學者無不先遍讀《五經》。余見前輩，雖無科名人，亦多能雜舉《五經》，蓋自幼習之，故終老不忘。自改經術，人之教子者，往往便以一經授之，他經縱讀，亦不能精。教者亦未必皆讀《五經》，故雖經書正文，亦率多遺誤。嘗有教官出《易》題云：乾爲金，坤亦爲金，何也？舉子不免上請，則是出題時偶檢福建本，坤爲金字，本謬，忘其上兩點也。又嘗有秋試，問井卦何以無象？亦是福建本所遺。【略】

唐禮部試詩賦，題不皆有所出，或自以意爲之，故舉子皆得進問題意，謂之上請。本朝既增殿試，天子親禦殿，進士猶循用禮部故事。景祐中，稍厭其煩瀆，詔御藥院具試題，書經史所出，模印給之，遂罷上請之制。

（宋）葉夢得《石林燕語》卷八　國朝取士，猶用唐故事，禮部放榜。柳開少學古文，有盛名，而不工爲詞賦，累舉不第。開寶六年，李文正昉知舉，被黜下第。徐士廉擊鼓自列，詔盧多遜即講武殿覆試，於是再取宋准而下二十六人，自是遂爲故事。再試自此始。然時開復不預，多遜爲言開英雄之士，不工篆刻，故考較不及。太祖即召對，大悦，遂特賜及第。

（宋）葉夢得《石林燕語》卷八　富公以茂材異等登科，後召試館職，以不習詩賦求免。仁宗特命試以策論，後遂爲故事。制科不試詩賦，自富公始。至蘇子瞻又去策，止試論三篇。熙寧初，罷制舉，其事皆廢。

（宋）葉夢得《石林燕語》卷八　慶曆中，劉原父廷試考第一。會王伯庸以翰林學士爲編排官，原父内兄也，以嫌自列。或言：高下定於考試官，編排第受成而甲乙之，無預與奪，伯庸猶力辭。仁宗不得已，以爲第二，而以賈直儒爲魁。舊制，執政子弟多以嫌不敢舉進士。有過省而不敢就殿試者，蓋時未有糊名之法也。其後法制既備，有司無得容心，故人亦不復自疑。然至和中，沈文通以太廟齋郎廷試考第一，大臣猶疑有官不應爲，遂亦降爲第二，以馮當世爲魁。

（宋）葉夢得《石林燕語》卷九　故事，南省奏名第一，殿試唱過三名不及，則必越衆抗聲自陳，雖考校在下列，必得升等。吴春卿、歐陽文忠皆由是得升第一甲。獨范景仁避不肯言，等輩屢趣之，皆不應，至第十九人方及，徐出拜命而退，時已服其静退。自是廷試當自陳者，多慕效之。近歲科舉當升等人，其目不一，有司皆預編次，唱名即舉行，其風遂絶。

（宋）葉夢得《石林燕語》卷九　熙寧三年，制科過閣，孔文仲第一，吕陶亦在選中。既殿試，文仲陳時病，語最切直，吕陶稍直。宋敏求、蒲宗孟初考文仲，書第三等，王禹玉、陳睦覆考，書第四等。王荊公見之，怒不樂中，批出：黜文仲，令速發赴本任；吕陶升一任，與堂除差遣。自是遂罷科。

（宋）葉夢得《石林燕語》卷九　漢舉賢良，自董仲舒以來，皆對策三道。文帝二年，對策者百人，晁錯爲高第，武帝元光五年，對策者亦百人，公孫宏爲第一。當時未有黜落法，對策者皆被選，但有高下爾。至唐始對策一道而有中否，然取人比今多。建中間，姜公輔等二十五人；太和間，裴休等二十三人；其下如貞元中，韋執誼、崔元翰、裴洎等皆十八人。元和中牛僧孺等，長慶中龐嚴等，至少猶皆十四人。蓋自後周加試策論三道於禮部，每道以三千字爲率；本朝加試六論，或試于秘閣，合格而後禦試，故得人頗艱，然所選既精，士之濫進者無幾矣。

（宋）李攸《宋朝事實》卷一四《科目》　進士之舉惟本朝尤盛，而沿革不一。開寶六年因徐士廉伐鼓訴訟，太祖御講武殿覆試，覆試自此始。賜詩自太平興國二年，吕蒙正榜始分甲，自太平興國八年王世則榜始賜袍笏，自大中祥符中姚曄榜始賜宴，自吕蒙正榜始賜同出身。自王世則榜始賜别科出身，自咸平三年陳堯咨榜始唱名，自雍熙二年梁灝榜始封彌謄録，覆攷編排皆始于景德祥符之間。蔡齊大中祥符八年舉進士第一，真宗臨軒見其舉止端重，顧謂宰相寇準曰得人矣，特詔金吾給騶從使傳呼道，上因以爲例。

（宋）李攸《宋朝事實》卷一四《科目》　開寶六年，翰林學士李昉知貢舉，放進士及諸科及第者凡三十八人，下第進士徐士廉自陳屈抑，即詔貢部以八等進士并終場，經學人竝親覆于殿廷，内出未明求衣賦懸爵待士詩，進士宋準等一百二十七人竝放及第，昉所放退落者十人。責授昉太常寺卿御試舉人，自此始也。

仁宗慶曆二年，詔罷殿試，時臣僚言國家沿隋唐之制設進士科，取采賢俊，雖至公之道過于前代，而得人之實或所未至，蓋自咸平景德後，條約漸密，然省試有三長，殿試有三短，省試主文者四五人，皆兩制辭學之臣，又選館閣官數人，以助攷校。復有監守巡察糊名謄録，上下相警，不能容毫釐之私，一長也。又引試凡三日，詩賦可以見辭藝，策論可以見才識，四方之士得以盡其所藴，二長也。又貢院凡兩月餘日研究差次，必窮功悉力然後奏號，三長也。殿試攷校之官，多不精慎，一短也。一日試詩賦論三題，不能盡人之才，二短也。攷校不過十日，不暇研究差次，三短也。或云省試放榜則恩歸有司，殿試唱第則恩出主上，是忘取士之實而務收恩之名也。歷代取士悉委有司，獨後漢文吏課牋奏而上之端門，亦未聞天子親試也。至唐武后載初之年，始有殿試，此安足法哉。往時未有糊名謄録之制，主文者尚可專取捨，今既無以容其私，則殿試未見所長，請自今南省放榜必恐恩歸有司，則宜如天聖二年貢舉，先令攷定高下，以混榜引于殿廷，然後賜第，則與殿試無異矣，因降是詔。

（宋）程俱《麟臺故事》卷五《恩榮》　故事，三館直館、校理每遇差遣，許赴便殿告謝。天禧二年，祕書監知禮儀院判祕閣楊億請依此例，從之。

故事，進士唱名日，館職皆侍立殿上，所以備顧問也。政和以後，閤門寢紊舊制，遂令祕書省官立殿下，失祖宗之本意也。殿試官不以官高卑，皆得侍立殿上，事訖賜茶。館閣官許稱學士，載於天聖令文。

（宋）王明清《揮麈録》前録卷三　國初每歲放牓，取士極少，如安德裕作魁日，九人而已，蓋天下未混一也。至太宗朝浸多，所得率江南之秀。其後又別立分數，考校五路舉子，以北人拙於詞令，故優取。熙寧三年廷試，罷三題，專以策取士，非雜犯不復黜，然五路舉人尤爲疎略。黄道夫牓傳臚至第四甲党鎛卷子，神宗大笑曰：此人何由過省？知舉舒信道對以五路人用分數取末名過省，上命降作第五甲末。自後人益以廣。宣和七年沈元用牓，正奏名殿試至八百五人。蓋燕、雲免省者既衆，天下赴南宫試者萬人，前後無踰此歲之盛。

（宋）李燾《續資治通鑑長編》卷二四《太宗太平興國八年》（十二月）上謂宰相曰：邇來場屋混淆，頗聞有僧道還俗赴舉者。此輩不能專一科教，可驗操履，他日在官，必非廉潔之士。進士先須通經，遵周、孔之教，或止習浮淺文章，殊非務本之道，當下詔切戒之。甲辰，令諸州禁還俗僧道赴舉。進士免貼經，只試墨義二十道，皆以經中正文大義爲問題。又增進士及諸科各試法書墨義十道。

（宋）李燾《續資治通鑑長編》卷二六《太宗雍熙二年》　夏四月丙子，復置明法科。分《周易》、《尚書》各爲一科，附以《論語》、《孝經》、《爾雅》三小經；《毛詩》專爲一科。明法亦附三小經。進士、《九經》以下，更不習法書。又以鎖廳，求試者率多謬濫，始令諸道州府，自今擇才學優茂而歷官無過者乃舉之，仍先奏俟報。

（宋）李燾《續資治通鑑長編》卷四三《真宗咸平元年》（九月）舊制，國子監、開封府舉人有與發解官親戚者，止兩司更互考試。上慮涉私徇，是秋，特選官別試。

（宋）李燾《續資治通鑑長編》卷六一《真宗景德二年》　禮部貢院言：昨詳進士所納公卷，多假借他人文字，或用舊卷裝飾重行，或爲傭書人易換文本，是致考校無準。請自今並令舉人親自投納，仍於試紙前親書家狀，如將來程試與公卷全異，及所試文字與家狀書體不同，並駁放之。或假用他人文字，辨認彰露，即依例扶出，永不得赴舉。其知舉官亦望先一月差入貢院考校公卷，分爲等第，如事業殊異者，至日更精加試驗。所冀抱藝者不失搜羅，躁進者難施僞濫。

又言：《尚書》、《周易》學究，近年并爲一科，欲請試本經日，每十道義，二經各問二道，仍雜問疏義五道，經注五道，以爲定式。向來明法止試六場，今請依《尚書》例試七場，第一場、第二場試律，第三場試令，第四場、第五場試小經，第六場試令，第七場試律，仍於試律日雜問疏義五道。《三禮》、《三傳》經業稍大，難爲精熟，請每十道義中，問經注六道，疏義四道，以六通及疏通二、經注通三爲合格。詔翰林學士邢昺與國子監官同議可否，昺等言：《尚書周易》學究、明法，經籍不多，望各問疏義六道，經注四道，六通者爲合格。其《三禮》、《三傳》請如貢院所奏。並從之。

（宋）李燾《續資治通鑑長編》卷七六《真宗大中祥符四年》　先是，汾陰赦書，舉服勤詞學、經明行修之士，如東封例，惟不覆考。丙子，上御崇政殿親試，進士扣殿檻請諭詩賦論題所出，上令録示之，始令賦論中不得用小臣儒生字。又以冬晝景短，罷常務不決。即令引試，內出新定條制：舉人納試卷，內臣收之，先付編排官去其卷首鄉貫狀，以字號第之，付彌封官謄寫校勘，用御書院印，始付考官，定等次訖，復彌封送覆考官，再定等。編排官閱其同異，未同者再考之；如復不同，即以相附近者爲定。始取鄉貫狀字號合之，乃第其姓名差次並試卷以聞，遂臨軒唱第。其考第之制，學識優長、詞理精絶爲第一等，才思該通、文理周密爲第二等，文理俱通爲第三等，文理中平爲第四等，文理疎淺爲第五等，自餘率如貢院舊制。賜進士張師德等二十一人及第，十人同出身；諸科及第者四十二人，同出身者八人。師德，去華子也。

（宋）李燾《續資治通鑑長編》卷一八七《仁宗嘉祐三年》　壬申，管勾國子監吳中復言：舊制，每遇科場，即補試廣文館監生。近詔間歲貢舉，須前一年補試。比至科場，多就京師私買監牒，易名就試，及旋冒畿內户貫，以圖進取，非所以待遠方孤寒之意。請自今遇科場，補試監生如故，仍以四百五十人爲額。從之。尋又增一百五十人。又增一百五十人，乃六月丙寅，今并書。

（宋）李燾《續資治通鑑長編》卷一八七《仁宗嘉祐三年》　辛巳，禮部貢院言：奉詔再詳定科舉條制，應天下進士、諸科解額各減半。明經別試而係諸科解名，無諸科處許解一人。開封府進士二百一十人，諸科一百六十人；國子監進士一百人，諸科十五人；明經各一十人，並爲定額。禮部奏名進士二百人，諸科、明經不得過進士之數。別頭試每路百人解一十五人〔六〕，五人以上解一人，不及五人送鄰路試。凡户貫及七年者，若無田舍而有祖、父墳者，並聽。從之。

（宋）李燾《續資治通鑑長編》卷二九六《神宗元豐二年》　御史何正臣言：熙寧元年禮部試上舍生，並於試卷印特免字，恐於考較不合公議，今上舍赴禮部試，乞更不印號。從之。

（宋）李燾《續資治通鑑長編》卷二九七《神宗元豐二年》　御試編排官李承之等言：熙寧九年，御試新科明法，正奏名三十九號，止以粗通資次編排，今一百四十六號，比前數倍，欲以二通爲合格，分兩等。從之。

（宋）李燾《續資治通鑑長編》卷三〇五《神宗元豐二年》　兵部言：武舉，故事，隨制科鎖試。昨兩試武舉，并隨進士。今用新制，進士舉罷，方試武舉。重復差官，於事無補，但有浮費。與進士同時鎖試爲便。從之。

（宋）李燾《續資治通鑑長編》卷三一一《神宗元豐四年》　中書禮房請令進士試本經、《論語》、《孟子》大義，論、策之外，加律義一道，省試二道；武舉止試《孫》、《吴》大義及策。從之。

（宋）李燾《續資治通鑑長編》卷三二〇《神宗元豐四年》　甲寅，知諫院朱服言：伏見在京發解禮部試進士，隨所通經以十分爲率而取之。自今考試，乞以義理、文辭爲高下去留，罷分經均取之法。

（宋）李燾《續資治通鑑長編》卷四〇七《哲宗元祐二年》　是日，三省奏：檢會元祐元年閏二月二十二日指揮，今來科場且依舊法施行；四月十二日指揮，仍罷律義；六月十二日指揮，今後科場程試不得引用《字説》，並許用古今諸儒之説或己見，即不許引用申、韓、釋氏之書，考試官不得於老、列、莊子内出題。舉經明行修人：京東、京西、河北、陝西路各五人，淮南、江南、江東、江西、福建、河東、兩浙、成都府路各四人，荊湖南、廣東西、梓州路各二人，荊湖北、夔州、利州路各一人，委州縣當職官同狀保任申監司，監司再加考察，依上項人數聞奏，仍於發解前牒報本州，與充本州解額赴省試，無其人則闕。上件逐次朝旨並已施行外，今欲依下項：一、考試進士分爲四場，第一場試本經義二道、《論語》或《孟子》義一道，第二場試律賦一首、律詩一首，第三場試論一首，第四場問子、史、時務策三道。以四場通定去留高下。一、新科明法依舊試斷案三道、《刑統》義五道，添《論語》義二道、《孝經》義一道，分爲五場。仍自元祐五年秋試施行。其諸路舉到經明行修人，如省試不合格，即未得黜落，別作一項奏取指揮。從之。

（宋）李燾《續資治通鑑長編》卷四二五《哲宗元祐四年》　禮部言：經義詩賦進士聽習一經，第一場試本經義二道，《論語》、《孟子》義各一道；第二場賦及律詩各一首；第三場論一首；第四場子史、時務策二道。經義進士並習兩經，以《詩》、《禮記》、《周禮》、《左氏春秋》爲大經，《周易》、《書》、《公羊》、《穀梁》、《儀禮》爲中經，願習二大經者聽，即不得偏占兩中經，其治《左氏春秋》者，不得以《公羊》、《穀梁》爲中經。第一場試本經義三道，《論語》義一道；第二場本經義三道，《孟子》義一道；餘如前。並以四場通定高下去留，不以人數多寡，各取五分，即零分及元額解一人者，聽取辭理優長之人。從之。

（宋）李燾《續資治通鑑長編》卷四二九《哲宗元祐四年》　燾又言：臣伏覩科舉之制，以經義、詞賦進士各取五分。竊聞進士多從詞科，十常七人，或舉州無應經義者。如此，則五分之限固不可行。臣愚欲乞聖慈特賜指揮，更不以兩科分取，止以兩科入試人數多寡，用解額均取合格之人。南省奏名依此。所貴事歸乎一，允協至公，上副陛下樂育英材之意焉。貼黄：假令有十人解額，卻有百人入試，七十人經義，三十人詞賦，即以七人解經義，三人解詞賦；如有零分，則通取詞理優長之人。

（宋）李燾《續資治通鑑長編》卷四四六《哲宗元祐五年》　丁未，奉議郎石諤言：參選人依試進士法，三人以上爲一保。承務郎以上及選人願試律賦者聽，其考校試格等第，並依舊法。武臣試《刑統》義者，亦減爲一場五道，其考校麤通等第並依元豐法。若巡捕官，以臨時就試人多寡增損員數。就試《刑統》義，每一百人差點檢官一員。並從之。

（宋）李燾《續資治通鑑長編》卷四七四《哲宗元祐五年》　置廣文館解額。禮部狀：近準都省批狀，勘會開封府，遇科場歲，多有四方舉人冒貫畿縣户名取應，及太學生員依條須在學及一年，方預就試，其間有未及一年之人，亦不免有寄貫取應之弊。檢會舊制，國子監取應舉人，先于廣文館補試給牒取應。今欲復置廣文館生員，送禮部看詳立法，申尚書省。禮部檢會元祐貢舉敕，進士解額，開封府一百人，國子生四十人，其諸科依舊條，開封府二百四十人。本部昨已曾乞將諸科量留四十人解額外，其餘二百人，并開封府進士及國子生共爲三百四十人發解廣文館生員。今再行看詳，開封府進士解額一百人即乞依舊外，將本府諸科二百人并國子生四十人，共爲二百四十人解額，並撥屬廣文館，以補中生員，每十人發解一人。今擬修下諸條：開封府舉人投下取應文字，限試補廣文館生員鎖院前納畢，違者更不在收接之限。如有事故服制節目拘礙，若至八月一日合該投下文字者，許令家人親屬投狀，召命官二員保實，亦聽收接。諸補廣文館生員，以二千四百人爲額；諸進士解額，開封府一百人。如投下文字不及千人以上，即每十人聽取一名，廣文館二百四十人以補中生員，每十人發解一名。諸試補廣文館生員，于科場歲六月五日鎖院，委主司定日引試；諸廣文館生員，于開科場七月終以前。齎元授公據，赴國子監照驗，並投納保狀、試卷請解。其公據至，並行毀抹；如請解不中，即仍去聽別試補。又勘會四方舉人，已置廣文館許令就補別立解額。竊慮尚有詐冒開封府户籍取應，及本府舉人亦有更易名字，于廣文館投下文字兩處就試之弊，若不別立嚴禁，終是未能杜絶。今欲修立下條：諸舉人詐冒開封府户籍取應者，杖一百；許人告，賞錢五十貫。雖已及第，並行駮放。保官及本屬官吏、耆鄰、書鋪，知情并與户籍令詐冒者，並與同罪。同保人並殿二舉，諸開封府舉人，已于本府投下文字更不得就補廣文館生員，違者依貢舉兩處應舉法。並從之。

禮部狀：勘會國子生依條以二百人爲額，其解額以四十人爲定數。自來依條，若滿一百人，依額發解；若不滿一百人，並與國學進士混試發解。昨來就試近二千餘人，太學解額四百七十六人，昨來就試人共一千九百八十五人，解發過三百九十六人，并避親人在內，并國子監狀太學生員，上舍一百人，內舍三百人，外舍二千人。元祐五年發解國學舉人，每五人四釐二毫一忽解一人。詔依禮部所申，今後太學舉人，并國子生發解，並依元祐五年發解取人分數施行。

（宋）李燾《續資治通鑑長編》卷四九二《哲宗紹聖四年》　乙酉，三省言：禮部狀，外任宗室應舉者，欲乞所屬給假赴京取應。從之。如願從本路取應，亦聽。其引試、考校、解額，即依鏁應條制。

（宋）李燾《續資治通鑑長編》卷四九四《哲宗元符元年》　兵部言：呈試武藝人，依敕限十二月以前到部。有疾趁限不及期者，雖蒙朝廷按用舉人條例，許令次年就試，今後準此。緣其間不無違限冒稱偶病之人，無以驗實，若便與收試，即刑部條限卻成空文。其舉人事故，趁限不及不曾就試者，並召保官經所屬自陳，審按出給公據保明，申兵部驗實，次舉就試。今來呈試武藝人，乞亦依舉人條施行。從之。

（宋）李燾《續資治通鑑長編》卷四九五《哲宗元符元年》　兵部言：武舉馬射應法而三箭上垛者，於步射等第中遞陞一等。策義入平等者不陞，至免遞降。即騎步射絶倫而策議不入等者，不得奏裁。從之。

（宋）李燾《續資治通鑑長編》卷四九七《哲宗元符元年》　乙巳，國子監言，乞今後科場及太學公私試，所存留三分解額，均作十分通融，先取二《禮》合格之人，不得過五分，次取他經。從之。

（宋）李燾《續資治通鑑長編》卷五〇一《哲宗元符元年》　戊寅，左司諫陳次升言，舉人就試，將燭入院者，乞依懷挾法。從之。

（宋）留正《皇宋中興兩朝聖政》卷二《高宗皇帝·類路省試》

［建炎元年十二月丙辰］詔諸路轉運司類省試以待親策。先是諸州發解進士，當以今春試禮部，會國難，不果。上以道梗難赴，乃命諸路提刑司選官即轉運司所在州類省試。

（宋）留正《皇宋中興兩朝聖政》卷一〇《高宗皇帝·定賢良科式》

［紹興元年九月］甲辰，禮部言自今應賢良方正科，乞並用從官三人薦舉，不如所舉者坐之，故事閣試六題，以五通爲合格，及是侍郎李正民，員外郎王居正言今復科之初，使士大夫徒能記誦義疏，亦無補於用，欲權罷義疏出題外，餘如舊制，詔兼於義疏出題，仍以四通爲合格。

（宋）留正《皇宋中興兩朝聖政》卷一一《高宗皇帝·設式取直言》

〔紹興二年三月〕甲寅，上策試諸路類試奏名進士于講殿，上謂輔臣曰，朕此舉將以作成人才爲異日之用，若其言鯁亮切直，他日必端方不回之士，自崇寧以來惡人敢言，士氣不作，流弊至今，不可不革，因手詔諭考官，直言者置之高等，尤諂佞者居下列。

（宋）留正《皇宋中興兩朝聖政》卷一八《高宗皇帝·定省試差官例》 〔紹興五年六月〕戊辰，命翰林學士孫近，知貢舉給事中廖剛，中書舍人劉大中，同知貢舉中書門下省檢正諸房公事吕祉，殿中侍御史張絢等六人爲參詳官，祕書省正字李彌正等二十二人爲點檢試卷官，太常少卿陳桷爲別試所考試官，司勳員外郎林季仲等四人爲點檢試卷官，自後率如此例。

（宋）留正《皇宋中興兩朝聖政》卷二六《高宗皇帝·改正科舉年分》 〔紹興十年二月〕癸丑，詔曰永惟三歲，興賢之制肇自治平，爰暨累朝遵用彝典，頃緣多事，洊展試期，致取士之年屬當宗祀，宜從革正，用復故常，可除科場於紹興十年仰諸州依條發解外，將省殿試吏展一年，於紹興十二年正月鎖院省試，三月擇日殿試，其向後科場仍自紹興十二年省試爲準，於紹興十四年令諸州依條發解，用御史中丞廖剛之言也。

（宋）留正《皇宋中興兩朝聖政》卷五九《孝宗皇帝·殿策問圜土》

〔淳熙八年〕三月己巳，上御集英殿策進士，有曰司寇圜土古之刑也，近世殺越人于貨，徒流而已，覆出爲盜，將何以懲，圜土之制，今可議乎。是日，宰執先赴奏事，宣宗御賜題聖諭云，成周圜土之法，乃以處姦惡，今配隸盜賊甚多，欲舉行其法，故以此發問，觀其對如何。

（宋）洪邁《容齋隨筆》卷三《進士試題》 唐穆宗長慶元年，禮部侍郎錢徽知舉，放進士鄭朗等三十三人，後以段文昌言其不公，詔中書舍人王起、知制誥白居易重試，駁放盧公亮等十人，貶徽江州刺史。白公集有奏狀論此事，大略云：伏料自欲重試進士以來論奏者甚衆。蓋以禮部試進士，例許用書策，兼得通宵，得通宵則思慮必周，用書册則文字不錯。昨重試之日，書策不容一字，木燭只許兩條，迫促驚忙，幸皆成就，若比禮部所試事校不同。及駁放公亮等勑文，以爲《孤竹管賦》出於《周禮》正經，閱其程試之文，多是不知本末。乃知唐試進士許挾書及見燭如此。國朝淳化三年，太宗試進士，出《巵言日出賦》題，孫何等不知所出，相率扣殿檻乞上指示之，上爲陳大義。景德二年，御試《天道猶張弓賦》。後禮部貢院言，近年進士，惟鈔略古今文賦，懷挾入試，昨者御試以正經命題，多懵所出，則知題目不示以出處也。大中祥符元年，試禮部進士，内出《清明象天賦》等題，仍録題解，摹印以示之。至景祐元年，始詔御藥院，御試日進士題目，具經史所出，摹印給之，更不許上請。

（宋）洪邁《容齋隨筆》卷九《高科得人》 國朝自太平興國以來，以科舉羅天下士，士之策名前列者，或不十年而至公輔。吕文穆公蒙正、張文定公齊賢之徒是也。及嘉祐以前，亦指日在清顯。東坡《送章子平序》，以謂仁宗一朝十有三牓，數其上之三人，凡三十有九，其不至於公卿者，五人而已。蓋爲士者知其身必達，故自愛重而不肯爲非，天下公望亦以鼎貴期之，故相與愛惜成就，以待其用。至嘉祐四年之制，前三名始不爲通判，第一人才得評事、簽判，代還升通判，又任滿，始除館職。王安石爲政，又殺其法，恩數既削，得人亦衰矣。觀天聖初牓，宋鄭公郊、葉清臣、鄭文肅公戩、高文莊公若訥、曾魯公公亮五人連名，二宰相，二執政，一三司使。第二牓，王文忠公堯臣、韓魏公琦、趙康靖公槩連名。第三牓，王宣徽拱辰、劉相沆、孫文懿公抃連名。楊寘牓，寘不幸即死，王岐公珪、韓康公絳、王荊公安石連名。劉煇牓，煇不顯，胡右丞宗愈、安門下燾、劉忠肅公摯、章申公惇連名。其盛如此。治平以後，第一人作侍從，蓋可數矣。

（宋）洪邁《容齋續筆》卷一三《科舉恩數》 國朝科舉取士，自太平興國以來，恩典始重。然各出一時制旨，未嘗輒同，士子隨所得而受之，初不以官之大小有所祈訴也。太平之二年，進士一百九人，吕蒙正以下四人得將作丞，餘皆大理評事，充諸州通判。三年，七十四人，胡旦以下四人將作丞，餘並爲評事，充通判及監當。五年，一百二十一人，蘇易簡以下二十三人皆將作丞通判。八年，二百三十九人，自王世則以下十八人，以評事知縣，餘授判司簿尉。未幾，世則等移通判，簿尉改知令録。明年，並遷守評事。雍熙二年，二百五十八人，自梁顥以下二十一人，才得節察推官。端拱元年，二十八人，自程宿以下，但權知諸縣簿尉。二年，一百八十六人，陳堯叟、曾會至得光禄丞、直史館，而第三人姚揆，但防禦推官。淳化三年，三百五十三人，孫何以下，二人將作丞，二人評事，第五人以下，皆吏部注擬。咸平元年，孫僅但得防推。二年，孫暨以下，但免選注官。蓋此兩榜，真宗在諒闇，禮部所放，故殺其禮。及三年，陳堯咨登第，然後六人將作丞，四十二人評事；第二甲一百三十四人，節度推官、軍事判官；第三甲八十人，防團軍事推官。

（宋）洪邁《容齋續筆》卷一三《下第再試》 太宗雍熙二年，已放進士百七十九人。或云：下第中甚有可取者。乃令復試，又得洪湛等七十六人，而以湛文采遒麗，特升正牓第三。端拱元年，禮部所放程宿等二十八人，進士葉齊打皷論牓，遂再試，復放三十一人，而諸科因此得官者至於七百。一時待士，可謂至矣。然太平興國末，孟州進士張雨光，以試不合格，縱酒大罵於街衢中，言涉指斥，上怒斬之，同保九輩永不得赴舉。恩威並行，至於如此。

（宋）洪邁《容齋四筆》卷八《省試取人額》 累舉省試，鎖院至開院，限以一月。如未訖事，則申展亦不過十日，所奏名以十四人取一爲定數，不知此制起於何年。黄魯直以元祐三年爲貢院參詳官，有書帖一紙云：正月乙丑鎖太學，試禮部進士四千七百三十二，三月戊申具奏進士五百人。乃是在院四十四日，而九人半取一人，視今日爲不侔也。此帖載於別集。

（宋）洪邁《容齋四筆》卷一三《宰執子弟廷試》 太宗朝，吕文穆公蒙正之弟蒙亨舉進士，禮部高等薦名。既廷試，與李文正公昉之子宗諤，並以父兄在中書罷之。國史《許仲宣傳》云，仲宣子待問，雍熙二年舉進士，與李宗諤、吕蒙亨、王扶並預廷試。宗諤即宰相昉之子，蒙亨參知政事蒙正之弟，扶鹽鐵使明之子。上曰：斯並勢家，與孤寒競進，縱以藝升，人亦謂朕有私也。皆下第，正此事也。仲宣時爲度支使。仁宗朝，韓忠憲公億爲參知政事，子維以進士奏名禮部，不肯試大廷，受蔭入官。唐質肅公介參政，子義問鎖廳試禮部，用舉者召試祕閣，介引嫌罷之。舊制嚴於宰執子弟如此，與夫秦益公柄國，而子熺、孫塤皆於省殿試輒冠多士者異矣。

（宋）洪邁《容齋四筆》卷一三《科舉之弊不可革》 法禁益煩，姦僞滋熾，唯科場最然，其尤者莫如銓試。代筆有禁也，禁之愈急，則代之者獲賂謝愈多。其不幸而敗者百無一二，正使得之，元未嘗致法。吏部長貳簾試之制，非不善也，而文具兒戲，抑又甚焉。議論奉公之臣，朝夕建明，然此風如決流偃草，未嘗少革。或以謂失於任法而不任人之故。殊不思所任之人，渠肯一意向方，見惡輒取，於事無益，而禍謗先集于厥身矣！開寶中，太子賓客邊光範掌選，太廟齋郎李宗訥赴吏部銓，光範見其年少，意未能屬辭，語之曰：苟援筆成六韻，雖不試書判，可入等矣。宗訥曰：非唯學詩，亦嘗留心詞賦。即試詩賦二首，數刻而就，甚嘉賞之。翌日，擬授祕書省正字。今之世寧復有是哉。

（宋）李心傳《建炎以來朝野雜記甲集》卷六《朝事・紹熙許薦士嘉泰罷泛舉》 國朝薦舉之目，自京、職官至令、録，其來遠矣。元祐初，司馬公始奏設文、武十科以舉士。後又有舉將帥、廉吏、所知，合舊升陟，自代等科，凡十有一。紹熙元年冬，又詔監司、帥守，滿秩造朝陛對之際，許薦所部人才一、二人；如無，聽闕。文武高下，皆無所拘。其後三年間，在外被薦者八、九百人，朝廷不能盡用，但令中書省籍記姓名而已。四年冬，言者謂：今被薦者猥衆，朝廷疑其私而不信，病其衆而難從。其間縱有賢才，不免與僥倖者併棄，請約之。乃詔帥守、監司，自今毋得獨員薦士。慶元元年十一月，又詔諸司薦舉，連銜以聞。明年，章德茂帥興元，薦知利州閬中蒲叔獻等三人政績，有旨與監司及升擢差遣。胡纮爲御史，上言：叔獻等不聞有過人之才，而猥以人情之厚薄，獨銜舉薦。詔勿行。嘉泰二年三月，右正言施康年又言：近日士大夫有持廉吏及科目薦章十餘至廟堂而得學官，又有挾三、四薦而得院轄者，執政至無以却之。請除升改、自代十科外，悉行罷去。如朝廷閒有特旨，令內外舉薦者，並具實迹以聞。從之。自此舉薦冒濫少革矣。元年七月，察官鄧友龍請覺察所薦非其人者。從之。

（宋）李心傳《建炎以來朝野雜記甲集》卷一二《官制・奏舉京官》 奏舉京官，祖宗時無定數，有其人則舉之。太平興國後，諸州通判亦得舉京官。熙寧中，取以爲提舉常平官員數。元祐中，嘗暫復之，至紹聖又罷。淳熙六年九月，上以歲舉京官數濫，命給舍、臺諫議之。王仲行希吕時兼給事中，乃請六曹、寺、監戸部右曹郎官同。歲減舉員三之一，諸路監司減四之一，禮部、國子監長貳減三之二，前執政歲減二員。諸州無隷者歲止一員，歲終不除運副，而判官補發者不理爲職司。奏可。慶元元年十一月，復詔判官補發副使狀，理爲職司。又詔職司狀不得用二紙，用姚察院僉奏也。在京選人，舊無外路監司薦舉，渡江後，詔以六部長貳作職司。乾道七年九月，罷之。惟館學官通理四考，不用舉主改官，蓋累聖優賢之意。

（宋）李心傳《建炎以來朝野雜記甲集》卷一三《取士·新進士廷射》 新進士廷射，舊未有。淳熙初，孝宗嘗諭大臣，欲令文士能射御，武臣知《詩》、《書》。二年，詹晋卿榜，上特御射殿，引晋卿以下一百三十九人按射。翌日，引第五甲及特奏名一百五十二人，皆具襴笏入殿起居，易戎服射，射訖乃退。正奏名中的、中帖、上垛者，推恩有差。特奏名五等人射合格者與文學。其他例賜束帛，凡用絹三千匹云。紹熙初，留丞相奏言：射以觀德，既不合格而復賜之帛，則似無謂，此例可削去，亦省費之一端也。上從之。

（宋）李心傳《建炎以來朝野雜記甲集》卷一三《取士·廷試賜燭》 舊例，廷試舉人至暮者，許賜燭。然殿深易黑，日昃則殿上燭出矣。慶元五年，上初策士，江西正奏名進士黄寔、嚴州特奏名進士皇甫鑑納卷最後，廉州特奏名進士劉嘉猷賜燭至一更四點。御藥院言：故事，賜燭，正奏名降一甲，如在五甲，降充本甲末。特奏名降一等，如在第五等，與攝助教。詔如故事。世傳張子韶嘗叩殿陛賜燭，納卷最後。上親取其策觀之，歎其直亮，遂擢爲榜首。其實不然。

（宋）李心傳《建炎以來朝野雜記甲集》卷一三《取士·殿試詳定官别立等》 祖宗舊制，殿試初考官既定等，乃加封印以送覆考，復定等第。而詳定所或從初考，或從覆考，不許别自立等。嘉祐間，王荆公爲詳定官，始乞不用初、覆考兩處等第，别自立，後遂爲例。紹興五年八月，孫叔詣爲學士，上言：如此，則高下升黜盡出於詳定官，而初、覆考殆爲虚設，請復舊制。如初、覆考皆未當，乃許奏禀别置等第。從之。是歲殿試兩考，立等不同，詳定所以聞。詔編排官定奪。趙公時諫議以爲非是，請用崇寧令，隔二等，累及五人，各開具合升降因依以聞。詔可。然自紹興、乾道、淳熙、紹熙之際，殿榜上三名，多人主親擢云。

（宋）李心傳《建炎以來朝野雜記甲集》卷一三《取士·諒闇罷殿試》 自咸平以來，人主有三年之喪則罷殿試，而以省元爲榜首。真宗朝孫僅、仁宗朝宋郊、英宗朝彭汝礪、神宗朝許安世、徽宗朝李釜、高宗朝黄公度、孝宗朝木待問、今上朝莫子純、傅行簡是也。舊制止除職官，惟天聖二年宋元憲獨除京官、通判。紹興八年黄公度復補京官，自是遂爲故事。

（宋）李心傳《建炎以來朝野雜記甲集》卷一三《取士·制科》 制科自紹聖初廢。紹興元年春正月，詔復賢良方正能直言極諫科。有司講求舊制，每科場年，命中丞、給舍、諫議大夫、學士、待制三人舉一人，不拘已仕、未仕。命官仍以不曾犯贓私罪人充。先具詞業繳進，策、論共五十篇。送兩省、侍從參考，分三等，文理優長爲上，次優爲中，平常爲下。次優以上，並召赴閣試。歲九月，命兩省、學士官考試於祕閣，御史監之。試六論，每首五百字以上。於《九經》、《十七史》、《七書》、《國語》、《荀》、《揚》、《管子》、《文中子》正文内出題，差楷書祗應，四通以上爲合格，仍分五等，以試卷繳奏御前拆號，入四等以上，召赴殿試。其日，上臨軒親策，限三千字以上。宰相撰題，差初、覆考詳定官，赴試人引見賜坐，殿廊兩廂設垂簾帷幕，青褥紫案，差楷書祗應，内侍賜茶果。對策先引出處，然後言事。第三等爲上，恩數視廷試第一人，第四等爲中，視廷試第三人，皆賜制科出身；第五等爲下，視廷試第四人，賜進士出身；不入等與簿、尉差遣。已上並謂白身者。若有官人，則進一官與升擢。舊制，六論於正文及注疏内出題，至是，有司請除疏義弗用。乾道二年夏六月，孝宗以久無應詔者，乃詔權於經史諸子正文出題。又以士人身在幽隱，無由自達，仍許監司、守臣解送。四年三月。後數歲，乃得李仲信焉。

（宋）李心傳《建炎以來朝野雜記甲集》卷一三《取士·博學宏詞科》 博學宏詞科，紹興三年七月始置。紹聖間，既廢制科不用，乃創宏詞科。大觀中，改爲詞學兼茂。至是，用工部侍郎李擢奏，别立此科，以制、誥、詔、書、表、露布、檄、箴、銘、記、贊、頌十二件爲題，古今雜出六題，分三場，每場一古一今。遇科場年，應命官除歸明、流外、進納及嘗犯贓人外，許徑赴禮部自陳。先投所業三卷，朝廷降付學士院，考其能者召試。見任官經所屬投所業，應格召試，然後離任。禮部貢院知舉官，分三等考校，以合格真卷納中書省看詳，宰執將上。上等遷一官，選人改京官，無出身人賜進士及第，並免召試，除館職。中等減三年磨勘，與堂除，無出身人仍賜進士出身，並擢其尤者召試館職。下等減二年磨勘，與堂除一次，無出身人同進士出身，遇館職有闕，亦許審察召試。初，詞科惟有出身許應此科，上即位，以用武權停，比擢請復此科，而其子益能贏有文墨，於是有司看詳，兼許任子就試，亦非舊典，蓋爲益能計也。然益能卒不與選。自立科後，入中等者，惟汪叔詹、洪景嚴、湯進之三人，其六十九人皆下等，蓋靳之也。舊例，每舉合格不得過五人，若人材有餘，臨時取旨。紹興後，所取未嘗過三人。淳熙八年以後，又止取一人。慶元五年，應宏詞者三十有一人，無合格者也。

（宋）李心傳《建炎以來朝野雜記甲集》卷一三《取士·制科六題淳熙再試制科本末》 制科六題，舊以四通爲合格。淳熙四年，李仲信之弟季修塾復舉賢良方正，南士頗嫉之，而近習貴璫又恐制策之或攻己也，共搖沮焉。會台守趙子直舉宣教郎姜凱，信守唐與正舉迪功郎鄭建德，吏部侍郎趙粹中舉亳州布衣馬萬頃應詔。上問輔臣：故事，召試賢良嘗有黜落者否？執政對曰：昨來召試，止李垕一人，他日若試數人，須有優劣。既而，潘察院緯又上章言：制科論策，皆鐙窗著述之文，而策限三千字，亦豈無平日待對之語，惟六論一場，所當加意。若罷注疏命題，而復以四通爲合格，則與應進士舉一場試經義五篇者有何異。試之日，有詔以五題通爲合格。是歲始命糊名謄録，如故事。所試六論：一曰因者君之綱，二曰《易》數家之傳孰優？三曰前世曆法多差，四曰十二節備如何？五曰王學本賈氏，六曰動静繁寡如何？後二日，考試院言：試卷内多有不知題目出處，及引用上下文不盡，止有僅及二通者。上命賜束帛，罷之。舉者周益公輩皆放罪。或曰：故事，六題一明一暗。上下文有度數及事數，謂之暗題。是時，舍人錢師魏素與周、李諸人異趣，且承變近旨奏言：制舉甚重，須稍難其題。御筆因差師魏考試，故所命皆暗題云。仁父時爲禮部侍郎、同修國史，仲信爲著作郎。未幾，仲信被旨考上舍試，因策問本朝制科典故，有云：蘇洵輩皆嘗黜落，富弼、張方平纔識題意，亦不免錯誤。坐此爲臺官所攻，皆罷去，仲信亦遄死。明年秋，言者又論注疏命題，蓋以觀其博洽，謂宜復舊。又從之。十一年夏，校書郎虞商衡轉對，論制科取士，不必拘三年之制。上諭大臣曰：賢良得人，國家盛事。遂特以六月五日降詔，然未有應者。十二年春，李巘之以右史直禁中，面奏：賢良之舉，肇自漢文，本求讜言，以裨闕政，未聞責以記誦之學也，使其才行學識如晁、董之倫，雖注疏未能盡記，於治道何損。乃復罷注疏命題。於是陳天與守池，舉郡人莊治，丘宗卿守平江，舉郡人滕宬。十三年六月，召試。六論題：一曰身者治之本，二曰聖人通天地之心，三曰五星爲經緯，四曰曆律本於《易》，五曰六德以民爲紀，六曰岑彭、馮異之功孰大？二人皆四通。顏侍郎師魯爲考試官，言其文理平常，不應近制，遂罷之。自是制科無復得試者矣。

（宋）李心傳《建炎以來朝野雜記甲集》卷一三《取士·覆試權要子弟》 覆試權要子弟者，太祖之法也。紹興十二年，秦申王當國，其子熺始冠多士。二十四年，其孫塤復試南省爲第一。及廷試，有司擬塤爲榜首。上覽之，寘之第三。檜薨，淮東提舉常平朱冠卿應詔上書，極言其弊，於是追奪塤出身敕，而曹冠已下七人有官者並改帶右字，餘悉駁放。二十七年，始詔兩省、臺諫、侍從有服親省試合格者，令禮部具名以聞，命後省覆試，自是遂爲故事。

（宋）李心傳《建炎以來朝野雜記甲集》卷一三《取士·武舉換文》 武舉者，自仁宗以來有之，諸路州軍舊無解額，但就兵部取解，率以七十人赴省試。前期，軍頭引見司於内弓箭庫試驗弓馬，於別所附試程文《七書》義五道、兵機策二道。上又臨軒親策，翌日閱試弓馬焉。榜首補保義郎，與巡檢差遣，並注監當。渡江後，乃試弓馬於殿前司焉。每舉登第者率二十人，淳熙後增至四十人。自淳熙三年，四川類省試始試武士，四路共解四十二人，省額凡六人。乾道六年正月，劉孺文在禮曹，嘗請復武舉、制科而不果。淳熙初，上以武舉授官與文士不類，二年三月乙巳，詔武舉第一人補秉義郎，堂除諸軍計議官，使得預軍中謀議，序位在機宜之上，他並倣進士恩數爲差，令吏部前一年刷闕，依黃甲注授。七年三月丙辰，詔武舉願從軍者，殿試第一名與御前同正將，三名以上同副將，五名以上及省試魁同準備將。舊制，監察御史以上，許保任武舉一員，後增爲二。會閤門舍人林宗臣請寬保任之法，增其人數。是月辛未，又詔通直郎，武翼大夫以上，皆得舉二人。四月己酉，詔小使臣係武舉出身者遭家艱，並解官持服，用吏部侍郎烏程芮國器煇請也。十年十月乙亥，詔邊縣注武舉出身人，凡武人射兩石弓，馬射九斗，謂之絶倫，苟絶倫，雖程文不合格，並賜第。紹興二十七年，趙應熊武藝絶倫，又省、殿試皆第一，即令爲閤職焉。乾道、淳熙間，太學諸生久不第者多去從武舉，已乃鎖其廳應進士第。時王卿月時叙首應二科，後官至修注。近歲江伯虎君用、陳續嗣功亦連中二科。伯虎淳熙八年武舉第一人，十一年進士第四甲，遂换承事郎，恩數與狀元等，朝廷靳之。十六年十月，因知歸州林穎秀建言，遂罷鎖廳之令。江後通判泉州而卒，陳今知永康軍。

（宋）李心傳《建炎以來朝野雜記甲集》卷一三《取士・特奏名試》　特奏名者，自仁宗朝始，其後寖寬，凡監學生二舉皆免解。一請一免同。舉人八舉，年四十，五舉年五十以上者，皆赴殿試，取其半授官。年六十以上，試入四等者，與嶽廟。建炎二年，高宗登極，特詔入五等者，並調官。至今以爲例。故事，恩試第一人賜進士出身，除諸州教授；第二人同出身。渡江後，川、陝特奏名人就試於制置司。三十年，又降敕差監試、考試官。近歲朝廷以其宂濫，患之，乃詔三人而取一，由是恩收之員少減矣。

（宋）李心傳《建炎以來朝野雜記甲集》卷一三《取士・乾道制科恩數李仲信本末》　自復制科七十年，但得李仲信扆一人而已。初，紹興七年冬，吕安老舉選人胡邦衡，而汪彦章舉布衣劉汝一。邦衡遂除樞密院編修官。乾道三年，虞雍公撫蜀，首薦仲信於朝，不報。五年春，汪聖錫爲吏部尚書，復以應制詔，上其詞業，時扆父仁父爲祕書少監也。其年冬，禮部言李扆詞業乞送兩省、侍從參考訖，依紹興元年九月指揮施行。鄭仲一權侍郎。三省勘會李扆詞業已經御覽，陳應求、虞并父爲左、右相。有旨，特令來年三月依格召試。命下，左正言施德初元之方候對，因爲起居郎兼權中書舍人林景度機言故事無獨試者，當繳之。景度即奏：制舉所以待非常之才，渡江以來，從臣亦嘗論薦其人，若劉度、祝鑑是也。然皆寢而不報，蓋事體至重，不可輕也。案胡邦衡亦以吕安老舉賢良詞業，上即日除樞密院編修官，景度蓋未知此也。今復此舉，必依祖宗典故，勿使論者可得而議其失，則國家可以示公，而扆得此名亦無忝矣。謹考舊制，具本人詞業繳進，送兩省、侍從參考，分爲三等，次優以上召赴閤試，糊名考校，無一人獨試者。今扆詞業未經參考，而又獨試一名，恐非典故。今所有録黄未敢書行。德初亦奏：祖宗制科之設，自有典故。今李扆詞業雖降付後省，未有許令參考繳奏指揮，遽有召試中書之命，即是未應前後典故，兼國子監看詳明言合送兩省、侍從參考，況將來閤試六論，本朝典故亦須三、四人以上糊名考校，無一名獨試者。乞重此非常之科。且以扆詞業令有司公共參考來上，俟相繼有一、二人，然後俾之就試，庶幾有得賢之實，無倖進之譏。詔除汪應辰、李燾有妨嫌外，令兩省、侍從官參考聞奏。十二月丙午指揮。仁父時兼權左史。既而，上聞二人握手私語，乃大怒之。左相陳應求奏：元祐中，有獨試故事，機爲人所使，因極論二人之姦。後二日，詔：林機、施元之身居出納言責之地，朋比相通，可並放罷。十二月二十九日庚戌指揮。六年夏，兩省、侍從參考到扆詞業，援證既詳，遣詞亦贍，欲爲次優。户書曾欽道爲首。有旨，八月下旬召試。四月十二日癸巳。後十餘日，利路又繳到吴淇應賢良方正科詞業，詔參考聞奏。二十六日丙午。又月餘，應求坐論祈請事免相，五月十九日己卯。仁父亦出漕湖北。六月二十七日丙子。時虞并父獨相，仁父與應求素善，疑當路沮之，入辭面奏，疏言：制舉獨試一人，雖有穎贇、林陶、李孜、高志寧、錢彦遠、吴奎、趙彦若、謝悰故事，而扆涉學荒淺，恐不足當此異恩，别致人言，乞候將來更有進卷合格當召者，許令同試。上不許。仲信乃乞隨侍。并父爲奏，有旨，别聽指揮。七年春，科詔既下，并父因進呈召試賢良當降詔。上曰：數十年來，未有應此選者。并父曰：昨李扆已得旨召試，或者與其父燾不相樂，聲言欲沮之。扆以此乞隨侍。上曰：今可召試矣，令九月召試中書。四月四日戊申降旨。九月戊戌，召試中書後省。前一日，命學士王日嚴考試，左史李秀叔參詳。比試仲信凡五通，六論題：一曰明主有必治之道，二曰湯法三聖，三曰人者天地之心，四曰曆律更相治，五曰三家言經得失，六曰揚雄、張衡孰優。十月乙巳進呈，上曰：昨覽扆程文亦好，一日之間成數千言，良不易也。并父曰：記試題誠難，扆能記其五。上曰：湯法三聖，出《功臣表》，而扆以爲《諸侯王表》，却是記得全文不差。十一月甲戌，上親策於集英殿，有司考入第四等。戊寅，上特御殿引見，賜制科出身。故事，賢良方正無唱名之例，而禮部言：若倣選舉進士，皇帝御殿推恩，足彰崇儒求言之盛。遂從之。周子充爲禮部侍郎，林謙之兼權郎官。尋授左文林郎、瀘川節度使推官。淳熙初，爲祕書省正字兼國史院編修官，累遷著作郎，被章去。久之，奉祀歸蜀而卒。李文簡《與孫牧齋書》云：垕被旨，八月次旬召試。造物者意乃不然，公出諱以沮遏之。尋因入辭，力告上乞免，上弗許，仍宛轉託渠具奏，始有旨別聽候指揮。其間曲折甚多，垕必具報。而虞直閣公亮《行狀》乃云：李應制科，選日命官且試矣，會有欲摇沮之者，李不復望試，從公圖之，於是虞公亟入奏，用蘇子由以病展日故事，爲更命官改日鎖院。今以史考之，未見改日命官之事，亦不省出諱謂何，雖虞公數論林、施不當罷，復以郡處之，然卒獨試，虞公力也。

（宋）李心傳《建炎以來朝野雜記甲集》卷一三《取士·類省試》

類省試者，始高宗在揚州，以軍興道梗，建炎元年十二月，遂命諸道提刑司選官，即漕司所在州類試，率十四人而取一人。開封以臺官監試，諸道令提刑臨時實封移牒漕司一員，不得預考校。榜既揭，遠方之士多訴其不公。紹興元年六月，始專擇諸路憲、漕或帥守中詞學之人總其事。時張魏公爲宣撫處置使，以便宜令川、陝舉人，即置司州類省試。五年，始試進士於南省，惟四川即試宣撫司，自七年後，又移制置司，迄今不改。始朝廷既命宣司類試，又詔選有出身清强見任職司一員監試，見任京朝官有出身曾任館學或有文學者充考試官。二十七年五月，言者以爲不能無弊，議罷之，悉令赴南省。事下國子監，楊文安椿時以兵部侍郎兼祭酒，言於朝曰：蜀士多貧，而使之經三峽，冒重湖，狼狽萬里，可乎？欲去此弊，一監試得人足矣。遂請令監司、守倅子弟賓客力可行者赴省，他不在遣中。二十九年七月，吏部侍郎周綰復請遣行在清强官充監試，上以道遠難遣，乃以成都漕臣王瞻叔之望充監試，嘉州守臣何希深逢原爲考試官，而別試所亦差官監考試。又詔監試官依監學條法，取摘試卷詳定。類省試降敕差官自此始。是日，禮部侍郎孫太沖道夫侍經筵，猶請罷類試，令徑赴禮部。上曰：早方與執政議，今歲已無及，後舉當遣御史監之。太沖曰：祕語契驗，豈御史所能防。自慶元後，監試、考試官率以南士，餘官選南士及蜀人參之，然去取之柄，專在南人，無復曩時之疑矣。

（宋）李心傳《建炎以來朝野雜記甲集》卷一三《取士·四科》

祖宗以來，但用詞賦取士，神宗重經術，遂廢之。元祐兼用兩科，紹聖初又廢。建炎二年，王唐公爲禮部侍郎，建言復以詞賦取士，自紹興二年，科場始復。曾侍御統請廢經義而專用詞賦，上意嚮之，吕元直不可而止。十三年，國學初建，高司業抑崇言：士以經術爲本，請頭場試經義，次場試詩賦，末場試子史論、時務策各一首。許之。十五年，詔經義、詩賦分爲兩科，於是學者競習詞賦，經學寖微。二十六年冬，上諭沈守約曰：恐數年之後，經學遂廢。明年二月，詔舉人兼習兩科。內大小經義共三道。三十一年，言者以爲老成經術之士，强習辭章，不合聲律，請復分科取士。仍詔經義合格人有餘，許以詩賦不足之數通取，不得過三分。自今年太學公、補試行之，迄今不改。先是，舉人既兼經義、詩賦、策、論，因號四科，然自更制以後，惟紹興十四年、二十九年兩行之而止，蓋舉人所習已分爲二，不可復合矣。

（宋）李心傳《建炎以來朝野雜記甲集》卷一三《取士·三歲取士》

三歲取士，祖宗舊制也。建炎元年，當省試，以圍城故，展用二年。紹興元年，當殿試，以行明堂禮，亦展用二年。十年，當秋試，廖中丞剛建言：自治平以來，三歲舉士，率用大禮，科場省、殿試爲三年，故任子與登第人注闕無妨，而漕司經費亦給。自軍興再展，今秋試與大禮相妨，請展一年，以應古制。上納其言，乃詔諸州以十一年發解，而十二年省、殿試焉。自後科場以十二年爲準。

（宋）李心傳《建炎以來朝野雜記甲集》卷一三《取士·國子監解試》

行在國子監解試，以察官一員監試，郎中二員充考試官，職事、鼇務官六員充點校試卷官試太學生及武舉。而別試所以郎官一員充考試官兼監試，職事、鼇務官三員充點校試卷官。試國子生及朝士同姓有服親。南省以學士或尚書一員權知貢舉，又侍從、臺諫二員權同知貢舉，卿、監、郎官八員、察官二員充參詳官，館學及職事、鼇務官二十員充點校試卷官。兼試宏詞及宗室。別試所以卿、監一員充考試官兼監試，職事、鼇務官四員充點校試卷官。附試武舉。殿試以館學、郎官四員充初覆考官，以餘官一員充點校試卷官，侍從二員充詳定官，兩省二員充編排官。以上並降敕押入院。

（宋）李心傳《建炎以來朝野雜記甲集》卷一三《取士·諸路解試》

諸路解試官，故事，皆自轉運司選差，率以本州通判監試，本路見任或待闕官充考試官。乾道六年四月丙午，始命諸州試官皆隔一郡差，以絶請託之弊。時劉通靖章爲禮部侍郎，用其請也。淳熙十六年春式，王寺丞溉爲潼川漕，始令試官每員皆歷三郡合符，符合乃聽入。後又行之西川，迄今不改。慶元四年，有果州州學教授王萃者，考昌州春試，於《尚書》斷章出問。明年正月，尚書省奏罷萃。時漕臣汪德輸，故相伯彥孫，太府卿召嗣子也。議者謂汪以祖任入官，故擇考官不善。張肖翁爲監察御史，因請自今漕臣不由科第進者，更委他監司一員選官校試，仍擇有文學士望者一人爲點校官，專掌命題去取之事，即有不稱，加以重罰。從之。蓋自嘉泰元年始。

（宋）李心傳《建炎以來朝野雜記甲集》卷一三《取士·避親牒試》　牒試者，舊制，以守、倅及考試官同異姓有服親、大功以上婚姻之家與守，倅門客皆引嫌，赴本路轉運司別試。若帥臣、部使者親屬、門客則赴鄰路，率七人而取一人。紹興後，牒試者猥多。至二十三年，成都一路就試者三千五百人，而發解則五百人。議者以爲濫。於是成都路以八十三人，潼川路以八十人爲定額。時眉倅李彥輔、永康倅郭印，皆坐牒試避親舉人冒濫，雖會赦猶展磨勘年及降官。坐此弊特東、西兩川，夔、利路與東南諸漕司則解不過三數人而已。紹熙五年夏，王巽澤溉自成都轉運判官召還入見，極言兩路冒親詭貫之弊，乞各存十人外，均與本路諸州。從之。仍各以二十人爲定額。丘宗卿時爲制置使，復請每路止存十二人，若就試者少，則以二十人而取一人。奏可。舊制，命官鎖廳赴漕試者，與避親舉人同試。王巽澤爲益漕，始令分場以革假手之弊。於是西蜀皆然，蓋自紹熙三年春始。

（宋）李心傳《建炎以來朝野雜記甲集》卷一三《取士·諸路同日解試》　祖宗舊制，諸路州、軍科場，並以八月五日鎖院，惟福建去京師地遠，先期用七月。川、廣尤遠，又用六月。紹興十三年八月，詔以閩、廣去行在不遠，並令八月五日鎖院。然諸軍、州例選日引試，由是舉人多冒貫而再試於他州，或妄引親賢而再試於別路，至有一身而兩預薦送者。二十四年正月，詔太學及諸路並以中秋日引試，惟四川則悉用三月十五日焉。類省試舊以九月，二十九年，制置司言去行在地遠，恐舉人赴御試不前，請以八月鎖院。許之。迄今不改。

（宋）李心傳《建炎以來朝野雜記甲集》卷一三《取士·鎖廳人不為狀元》　鎖廳人不爲狀元，非故事也。祥符二年，梁固廷試第一。固，翰林學士灝之子，景德初已賜進士出身矣。皇祐初，沈文通以齋郎對策爲第一，宰相陳恭公疑已仕者不當爲第一人，乃降爲第二。其後，王昂榜本嘉王楷，汪洋榜本黄中，陳誠之榜本秦熺，王佐榜本董德元，梁克家榜本許克昌，蕭國梁榜本趙汝愚，鄒應龍榜本莫子純，曾一龍榜本許奕，皆用此例。

（宋）李心傳《建炎以來朝野雜記甲集》卷一三《取士·新科明法》　新科明法者，熙寧間改舊明法科爲之，崇寧初廢，取其解省額歸禮部。建炎二年正月，大理少卿吴瓌言：法官闕人，請復此科，許進士嘗得解貢人就試。從之。紹興十一年，始就諸路秋試，每五人解一名，省試七人取一名，皆不兼經義。明年御試，詔察院分爲二等，第一等本科及第，第二等本科出身。十四年七月，言者以爲濫，請解、省試各遞增二人。解試七人取一，省試九人取一。所試斷案、刑名，麤通以十分爲率，斷案及五分，《刑統》義文理俱通者爲合格，無則闕之。自後舉者人兼經義。十六年二月遂罷之，迄今不復設矣。

（宋）李心傳《建炎以來朝野雜記甲集》卷一三《取士·國子監試法》　國子監生員，皆胄子也。舊制，行在職事官同姓緦麻親，釐務官大功親，聽補試入學。每三年科場，率三人而取一，若二補中則七人而取一焉。然太學生皆得以公、私試積校，定分數升舍，惟國子生以父兄嫌，但寄理而已。須父兄外補，乃移入太學而後得升。慶元二年三月，傅景仁在翰苑，建言：國子生員多僞濫，請自今職事官期親、釐務官子孫，乃得試補。從之。凡監學生皆給綾牒，若謁告在外，遇科舉則試於漕司。舊公、私試，皆學官主之。自淳熙後，公試乃鎖院，降敕差官，學官蓋不得預。

（宋）李心傳《建炎以來朝野雜記乙集》卷一一《故事·任子賜出身》　祖宗以來，兩制、二史，必以進士登科人爲之。其後有以才選者，例賜進士出身。雖徐師川、吕居仁亦然，重科目也。乾道初，王嘉叟秬爲左司員外郎，會右史胡元質長文在告，上命嘉叟權右史，仍攝西掖。執政言：嘉叟無出身。上曰：時暫，無傷也。其後，韓无咎元吉爲左司郎中，而舍人林景度機出迓北客，上復命无咎，无咎以門廕入仕辭，不許。時王能甫之奇爲兵部侍郎，張南軒爲左司員外郎，繼除侍講，亦不賜出身，用呂元明、吴傳正例也。已而，有爲上言南軒議能甫不學，不當在講筵者。上怒。南軒俄以事去。未幾，蘇季真嶠除左史，遂復賜出身。余謂得人如旡咎、欽夫，豈當復以任子、登科爲間，雖不必守祖宗之舊可也。是時有右文林郎王天覺者，知貞符縣代還，以聚斂擊刺之術，因左右以見。其所獻之書有云：人才可用，不必限有無資格出身，如擢王炎。炎誠可用，不必賜出身，賜出身則猶有所拘也。其迎合類此。既而改京秩，除樞密院編修官兼檢詳文字，俄爲副端徐彦才所論，遂逐去，議者快之。

（宋）李心傳《建炎以來朝野雜記乙集》卷一五《取士・特奏名冗濫》　特奏名進士，舊二人而取一。淳熙初，議者以爲冗濫尤甚，請裁節之。詔吏部同給舍詳議。于是尚書程泰之、給事中王仲行、舍人陳叔晋等，奏乞三人取一人。其不入四等人，舊許納敕再試，今止許一試。舊免解人有故不入試者，理爲一舉，今不理。舊潛藩五路舉人及久在學校充職事人，並升甲，今止升名。奏可。六年三月也。其後朝廷每有慶霈，則前後不中選者，盡取而官之，往往千數百人，充塞仕路，遂成熟例，不可復減矣。

（宋）李心傳《建炎以來朝野雜記乙集》卷一五《取士・淳熙議復四川類省試所減額》　省試，舊以十四人取一名。隆興初，建、劍、宣、鼎、洪五州進士，三舉實到場者，皆以覃恩免解，有旨增省額百人，遂皆以十七人取一人。而四川類省試則十六人取一名，後不復改。淳熙十五年，范東叔仲藝爲右司郎中，議以蜀去天日遠，士惟科舉一路，非有學校他歧進也，且隆興省額，蜀人初不預，今乃例減名額，非是，當復故。時留仲至正自成都召還爲參知政事，意亦主之。執政共議曰：上改用十五人取一名，有成説矣。東叔喜，偏爲禮曹、給舍、臺諫諸人言之，亦無異議。會宇文子英价以兵部尚書兼侍講，當夜直，上以其蜀人也，以所議告之。子英不知其由，遽對曰：類省十六人，視南省已優矣，尚何議。翌日，執政奏其事。上曰：朕已爲宇文价言之，毋庸爾！諸公乃退。蓋用東叔之議，則類試每舉當增省額七、八人，子英率意而言，遂不可復。東叔深以爲恨。

（宋）李心傳《建炎以來朝野雜記乙集》卷一五《取士・孝宗議令輔臣考南省上名試卷而中止》　故事，南省開院後，以上十人試卷修寫成冊進入，行之久矣。淳熙辛丑歲，上命王仲行尚書知舉，鄭少嘉侍郎、黄德潤侍御同知，既入院矣，或謂鄭、黄皆閩人，恐有私。上乃議令貢院取三十名前卷子，于揭榜前五日，付輔臣考校，然未出命也。居數日，宰相趙温叔因審其事，且言如必欲行，則早令試院知之。上曰：朕亦有少疑，更欲與卿等議之。温叔覺上意已變，即奏云：臣等亦深疑之，未敢遽奏，恐有避事之嫌。陛下既選任知舉三人，又令臣等考校，則是三知舉不足信矣，況又有不可知者。臣等受恩至重，今日固當盡忠考校，但恐此例一開，後來宰執有挾者，得以容其姦。上曰：朕亦思之，不可開此門，姑已之。後旬日，乃命開院日，將上二十人真卷先次進入。會仲行策題中有太上皇帝匹馬渡江之語，上不樂，以諭輔臣。時臨安已鏤板行之，亟命毁板。仲行不自安，數請外，後數月，出知紹興。

（宋）李心傳《建炎以來朝野雜記乙集》卷一五《取士・四川類試榜首恩數差降事始趙莊叔張安國本末相似》　自渡江後，四川類試榜首若不赴大對，例得兩使職官，蓋優之也。丁卯歲，何秘監道夫爲榜首，其《答蜀人才策》歷論蜀人難進易退之節，有高視天下而竊笑之語。時秦丞相方沮張魏公，見而惡之，遂降旨類試第一人不赴殿試者，賜進士出身，爲道夫故也。庚午歲，張閣學真甫爲榜首，《答君臣策》極其贊美。秦丞相喜，諭主司於三名外處之。由是真甫唱名第四。趙舍人莊叔自七、八名外，上親擢爲第一人。其實莊叔廷策實甚阿時，至引趙普、雷德驤故事，且有欲誅異議之人之語。上第以其首句：君臣父子之間，天下真情之所在。謂有古文氣也。甲戌歲，張舍人安國《答策》遂有一德大臣之言，乃擢第一。一德大臣，乃辛未歲周益公省試策中語也。然莊叔、安國既登第，獨不附秦，安國幾爲所殺，由是見重於當時焉。

（宋）李心傳《建炎以來朝野雜記乙集》卷一五《取士・殿試不避親》　國朝之制，發解進士及省試皆置別頭場，以待舉人之避親者。自緦麻已上親及大功已上婚姻之家，皆牒送。惟殿試則雖父兄爲試官亦不避，蓋以無別試之故也。開禧元年，檢詳毛憲爲考官，其子自知以迎合用兵冠多士。韓侂胄既敗，乃用言者奏，奪憲次對，而降自知爲第五甲末名。

（宋）岳珂《愧郯録》卷八《詞科宗室二制》　紹興壬戌，南宫試宏博科，制題出皇叔夔遠軍承宣使、受詔化軍節度使、封安定郡王、同知大宗正事。是歲，洪文敏邁，沈大戎介，洪文惠適中選。紹熙庚戌，制題又出皇叔太尉、定江軍節度使、提舉萬壽觀，授武昌軍節度使，開府儀同三司，充醴泉觀使。是歲陳紫微晦中選。珂嘗考典故，祖宗袒免親以上，備環衛冠屬籍，謂之南班。中興百年，藝祖下惟秀邸，太宗下惟濮邸得與，蓋自厚阜二陵以來，其屬尚親故也。神宗嘗念開創之烈，以藝祖燕秦二王後，族系既疏，恩數久殺，於是詔推一人裂地王之，從祀郊廟。韓忠獻琦當軸，以爲疑天下心，不可。遂用近屬封郡王之制以應詔書，是爲安定。南渡後，率取諸燕王宮一族老，不問何官，即爲廉車膺茅土，然則燕邸諸孫，豈復有未襲王爵，而先爲承流，稱皇叔者哉。又祖宗朝太尉爲三公官，班維師下而位保傅下，親王不欲兼帝師，故檢校官多至太尉者。政和二年九月癸未，詔改官制，以尉府爲武選一品之名，居節鉞之首，序執政之次，班列既降，又以掌武之嫌，罕復以授宗英。炎興以還，蓋絶無焉。故每自檢校官即拜視儀，甯以三少序進爲小迁，以代此一階，今制猶如此，則太尉爲宗室制題尤非也。武昌爲欽宗潛藩，近制醴泉，多以授前宰臣，而宗盟率領萬壽，又皆有可疑者焉。

（宋）王栐《燕翼詒謀録》卷一《御試不稱門生》 自唐以來，進士皆爲知舉門生，恩出私門，不復知有人主。開寳六年，下第人徐士廉撾登聞鼓，言久困場屋，乃詔入策進士終場經學並試殿庭。三月庚午，御講武殿，覆試新進士宋準以下一百二十七人，是歲禮部所放進士，十一人而已，五經止二十二人。藝祖皇帝以初御試，特優與取放，以示異恩，而御試進士，不許稱門生於私門，一洗故習。大哉宏模，可謂知所先務矣。

（宋）王栐《燕翼詒謀録》卷一《因闕官增進士額》 國初進士尚仍唐舊制，每歲多不過二三十人。太平興國二年，太宗皇帝以郡縣闕官，頗多放進士，幾五百人，比舊二十倍。正月己巳，宴新進士吕蒙正等於開寳寺，賜御製詩二首。故事，唱第之後，醵錢於曲江爲聞喜之飲。近代於名園佛廟，至是官爲供帳，歲以爲常。先是進士參選，方解褐衣緑，是歲賜宴後五日癸酉詔，賜新進士并諸科人緑袍靴笏，自後以唱第日賜之，惟賜袍笏，不復賜靴。

（宋）王栐《燕翼詒謀録》卷一《進士試禮部給公券》 遠方寒士預鄉薦，欲試禮部，假丐不可得，則寧寄舉不試，良爲可念。謹按開寳二年十月丁亥，詔西川、山南，荊湖等道所薦舉人，並給來往公券，令樞密院定例施行。蓋自初起程以至還鄉費，皆給於公家。如是而挾商旅、干關節，繩之以法，彼亦何辭，今不復聞舉此法矣。

（宋）王栐《燕翼詒謀録》卷二《禮闈禁懷挾》 國初進士科場尚寬，禮闈與州郡不異。景德二年七月甲戌，禮部貢院言舉人除書案外，不許將茶廚蠟燭等入，除官韻外，不得懷挾書策，犯者扶出。殿一舉，其申嚴誡是也。而元豐貢院之火，死者甚衆，則是法不行也。又試場所問本經義疏，不過記出處而已。如吕申公試卷、問子謂子産有君子之道四焉。所謂四者何也？答曰：對其行己也恭，其事上也敬，其養民也惠，其使人也義。謹對。試卷不謄録，而考官批于界行之上，能記則曰通，不記則曰不。十問之中，四通則合格矣。其誤記者，亦只書曰不。而全不能記，答曰，對未審，謹對。雖已封彌，而兼采譽望。猶在觀其字畫，可以占其爲人，而士之應舉者知勉於小學，亦所以誘人爲善也自謄録之法行而字畫之謬或假手於人者肆行不忌，人才日益卑下矣。行卷之禮，人自激昂以求當路之知，其無文無行，鄉閭所不齒，亦不敢妄意於科舉。使古意尚存，則如章子厚者，豈容其應進士舉乎。

（宋）王栐《燕翼詒謀録》卷四《殿試更革》 慶曆二年，富弼乞罷殿試，止令尚書禮部奏名，次第唱名。蓋以廷試惟用詩賦，士子多僥幸故也。王堯臣梁適、皆狀元及第，以爲譏己。正月辛巳，方從弼之請。癸未遽從堯臣、適之請，復舊制。

（宋）王栐《燕翼詒謀録》卷四《卑幼期喪免妨試》 舊制，朞喪百日内妨試，尊卑長幼同。士人病之，多入京冒哀，就同文試，洎中選，被人論訴，不免坐罪。天禧四年二月壬申，翰林學士承旨晁迥上言：諸州士人以朞制妨試，奔湊京轂，請自今卑幼朞服，不妨取解。詔從之。自後冒哀求試者寡矣。大凡人家尊長朞喪，多年高者，卑幼朞喪，多年幼者，免避卑幼，則妨試亦鮮。

（宋）王栐《燕翼詒謀録》卷五《武舉更革》 唐設武舉，以選將帥。五代以來，皆以軍卒爲將，此制久廢。天聖七年，以西邊用兵，將帥乏人，復置武舉。至皇祐元年，邊事寖息，遂廢此科。治平元年九月丁卯復置，迄于今不廢。淳熙甲辰，距治平百二十載矣。仲父軒山公知貢舉，武舉林嶸、陶天麟等來拜謝，仲父問之曰：朝廷設此科以擇將帥，而公等不從軍何也。答以不堪笞箠之辱。仲父因奏孝宗皇帝，乞更舊制，申飭三衙沿江軍帥，待以士禮。至淳熙十四年，事始施行，進士皆願從軍。至紹熙庚戌，仲父以知樞密院兼參知政事，唱進士第，復奏光宗皇帝，命武舉進士從軍，不許軍帥笞辱，大罪按奏，小罪罰俸，此令一出，皆願從軍，而軍中無所容之，乃自三衙立同正員之額，以至江上諸軍每舉以二十四員爲額，七年爲任，第一名同正將，第二名第三名同副將，第四名以下同準備將，而第二十五名以下只注巡尉。自後軍帥亦仰承朝廷優卹之意，待遇之禮，與統領官等或令其兼同統領職事，遇出戰多令守寨，必自願親行陣者始聽之。蓋軍中自統制以下，多是假攝，或以準備將而權統制者，每於文移公牘書劄榜子，削其本職，爲寫權職爲正，遇東班便自居通判之上，唯知凶暴，陵駕士大夫，一聞鉦鼓之聲，則惴惴戰栗。士大夫信其僞銜，不復與較，故以守闕進勇副尉爲統制者，往往而是。若於武舉中選願親行陣者，使久於其任而序進之，必能趨事赴功矣。

（宋）王栐《燕翼詒謀録》卷五《殿試士人不黜落》　舊制，殿試皆有黜落，臨時取旨，或三人取一，或二人取一，或三人取二。故有累經省試取中，屢擯棄於殿試者。故張元以積忿降元昊，大爲中國之患，朝廷始因其家屬，未幾復縱之。於是羣臣建議，歸咎於殿試黜落。嘉祐二年三月辛巳，詔進士與殿試者，皆不黜落，迄今不改。是一叛逆之賊子，爲天下後世士子無窮之利也。

（宋）王栐《燕翼詒謀録》卷五《廷試不許上請》　舊制御試詩賦論，士人未免上請於殿陛之下，出題官臨軒答之，往復紛紜，殊失尊嚴之體。景祐元年三月丙子，詔進士題具書史所出，御藥院印給士人，不許上請。自後進士各伏其位，不敢復至殿庭。

（宋）王栐《燕翼詒謀録》卷五《初立別頭試》　真宗時試進士，初用糊名法，以革容私之弊。張士遜以監察御史爲巡鋪官，因白主司，有親戚在進士，明日當引試，願出以避嫌。主司不聽，士遜乃自言引去。真宗是之，遂詔自今舉人與試官有親嫌者，移試別頭，別試所自此始。且以御史爲巡鋪，決無容私矣。易以宦官，不知始於何年也。

（宋）趙昇《朝野類要》卷二《舉業・殿試》　本朝例就崇政殿鎖試，考試策一道，畢日唱名。

（宋）趙昇《朝野類要》卷二《舉業・還殿》　前舉已中省試人，因事故未赴殿者，今舉還試。

（宋）趙昇《朝野類要》卷二《舉業・免殿試》　往年遇主上即位以後第一次，謂之龍飛榜。又嘗因諒陰，皆曾免試，祇詣唱名。

（宋）趙昇《朝野類要》卷二《舉業・類試》　四川州軍解士，只就安撫制置司類省試畢，徑赴殿試。

（宋）趙昇《朝野類要》卷二《舉業・恩科》　年高而到省多次，特奏名，其魁亦賜同出身，而次甲則得文學之名，俟赦文內於銓試或於銓注，即授權尉之類，亦有雖年及而未願就恩科，亦從便，仍舊赴省。

（宋）趙昇《朝野類要》卷二《舉業・宏辭》　自唐以來有之，本朝之制尤嚴，上自祕書，下及俗文，無不博覽，蓋所學他日翰苑並掌雜著也。鎖試隨貢舉之歲，三場議論並以文字合格中選，取人無額也。

（宋）趙昇《朝野類要》卷二《舉業・賢良》　即漢舉賢良之制也，本朝尤嚴。紹興間，嘗令背記九經注疏，而學者遂少。後臣寮請免之，止令記其義。鎖試之日，三時六論如五題，合格即中選。

（宋）趙昇《朝野類要》卷二《舉業・試換》　武臣願換文資者，如銓試之制，若奏蔭人并武舉及第官願再試出身者，從便應解試赴省，惟年勞補授及雜出身人，不許換也。

（宋）趙昇《朝野類要》卷二《舉業・銓試》　奏蔭出身人各占經趁赴春銓試，中選即參部，若是登仕郎以下，即換選人文資也。黄甲年分則第五甲人就附試之。

（宋）佚名《宋季三朝政要》卷四　陳伯大請置士籍，開具鄉貫、姓名、年甲、三代、所習經賦、娶妻姓氏，令士人書之，鄉鄰著押保結，於科舉條制，並無違礙，方許納卷。議者謂，士而有籍與禁何異。又嚴後省覆試法，比校中省舉人元卷字縱異者黜之，覆試之日露索懷挾。辛未榜李鈁孫者，少時戲雕摩喉羅於股間，懼搜者之見，蒙紙其上，搜者視之駭，曰，此文身者。事聞被黜，當此邊事危急之際，束手無策，而以科舉苦舉子，何其繆耶。

（宋）周密《癸辛雜識》別集下《置士籍》　咸淳辛未，正言陳伯大建議，以爲科場之弊極矣，欲自後舉始，行下諸路運司，牒州縣先置士籍。編排保伍，取各家户貫，三代年甲，娶誰氏，兄弟男孫若干之數。其有習舉業者，則各書姓名，所習賦經。子孫若憑所書年甲，如十五以上實能舉業者，自五家至二十五家，而百家，百家而里正，許其自召其鄉之貢士，结罪保明，批書舉歷，然後登士籍。一樣四本，縣、州、漕、部，各解其一，仍從縣給印歷，俾各人親書家狀於歷首，以爲字跡之驗。不許臨期陳狀改易。或有隨侍子弟，合赴曹牒，諸色漕試者，各令賫歷先赴縣批鑿，前去各處狀試。每遇唱名後，重行編排保伍取會。如有新進可應舉者，續照前式保明付籍。或有事故服制者，並畫時申聞批鑿。或毁抹，如虛增人名，妄稱舉子，其犯人與里正保伍，并照貢舉條例施行。大意如此。御筆從行徧牒諸路，昭揭通衢。或撰《沁園春》云：國步多艱，民心靡定，誠吾隱憂。歎浙民轉徙，怨寒嗟暑，荊、襄死守，閲歲經秋。虜未易支，人將相食，識者深爲社稷羞。當今亟出陳大諫，筯借留侯。迂闊爲謀，天下士如何可籍收？況君能堯、舜，臣皆稷、契，世逢湯、武，業比伊、周。政不必新，貫仍宜舊，莫與秀才做盡休。吾元老廣四門賢路，一柱中流。又有詩云：劉整驚天動地來，襄陽城下哭聲哀。廟堂束手渾無計，只把科場惱秀才。察院陳文龍上疏，頗有憤抑之意，遂以理少出臺。自是士之有籍，嚴行天下，或稍有瑕疵，皆不敢有功名之望。士論紛紛，直至賈老潰師之後，臺中首劾置士籍之陳伯大，變七司法之游汝，行公田之劉良貴，沮寬恩之董樸，稱翁應龍爲簡齋先生，寫萬拜申稟之朱浚，欲變類田法之洪起畏焉。

（明）張四維《名公書判清明集》卷三《文事門·科舉·户貫不明不應收試胡石壁》 本府昨於六月十八日據鄧杰等狀，乞行收試，稱是三代居於邵陽之三溪。當職心竊疑之，遂判云：既是三世居於是邦，則就試已非一次，何爲今日始有詞？尋據所供，謂自高祖以來，惟務耕稼，至諸父始讀書應舉，於嘉泰年間，嘗因就試，爲士友所攻，遂經漕臺，蒙判下本府收試，後以疾病、喪服相仍，所以蹉跌至今。當職復判云：豈有四十餘年之久，皆是居喪、養病之日，伯叔兄弟之衆，皆是居喪、養病之人，此説不通，送學保明。未幾，在學諸生與兩邑之士皆羣然入詞，攻其妄冒，而鄧杰又復陳請不已。本府以科舉事重，阻其來，則恐絶其功名之路，情實可憐；容其來，則又真僞特未可知，恐濫場屋之取。遂委曲諭之，令其詣漕臺經陳，行下潭州，勘會累科曾與不曾用湘鄉户貫赴舉，及有烟爨在本縣，如果非湘鄉人，即乞行下收試。如此，則他人不得以拒矣。此六月二十六日所判也。鄧杰若自反而縮，一聞此言，自合戴星而往，即日投詞，自臺而州，自州而縣，不過兼旬，可以畢事。今准漕使所判之狀，乃是八月初六日所陳，不知鄧杰四十日所幹何事。狀中所乞，并不曾言及下潭州及湘鄉縣勘會一節，但乞行下本府，照縣官、保正、鄉司勘會收試。此必於中有慊，所以故作遲緩，意謂迫試期而行下，則本府自不容不遵奉。殊不思户籍既未明，非特本府不敢有違條令，場屋之士亦决不肯相容，犯衆怒而成專欲，尤非自身之利。且觀其兄弟年甲，皆方踰弱冠，少遲一科，亦未爲淹。相拒之詞，是乃相愛之語。門示，仍備士人詞申運司。

（明）張四維《名公書判清明集》卷三《文事門·科舉·士人訟試官有私考校有弊王實齋》 國家三年取士，欲其謀王斷國，所係甚重。士子三年應舉，蓋欲榮身顯親，所係尤重。責惟在太守，爲監試當與太守同一體，日督試官，精加考校，豈應屢申揭牓拆號，且言一日之費，在州府豈得如是之窘乏。膺試官者，方受他人陶鎔，今當陶鎔他人，未審有何國事殷心，急欲出院。自八月至今。詞訟交至，不言試官之有私，則云考校之有弊。試榜未開，而報者紛紛，其所報之人，多與二十七狀内姓名符合。取士如此，何以免鄉遂之疑，何以免士子之疑，何以免朝廷之疑，何以免天下之疑？今將所申八十三號權與封下，仰就所黜卷内，别選二百四十九名，候當職親到院日，自有區處。

（清）趙翼《陔餘叢考》卷二九《科場迴避親族》 《通考》：唐開元二十四年，移貢舉於禮部，以侍郎主試事，其侍郎親故，則移試考功，謂之别頭試。此後世科場迴避親族，及另設迴避卷之始也。然《唐書》，沈絢主春闈，其母曰：近日崔李侍郎皆與宗盟及第，汝於諸葉中放誰耶。曰：莫如沈先、沈擢。其母曰：二子早有聲價，科名不必在汝。沈儋孤寒，鮮有知者。絢不敢違，遂放儋及第，則宗族又似不迴避。按《齊抗傳》，禮部侍郎試貢士，其姻舊悉試考功，謂之别頭試。抗以爲侍郎大臣皆上所任，不必别試，乃奏罷之。沈絢之取沈儋，或齊抗奏罷之後敷。否則先儈等與絢本同姓不同族歟。《宋史·張士遜傳》，科場初用糊名法，士遜爲巡捕官，以進士有姻黨請迴避。自是有親嫌者皆移試，著爲令。而宋制應迴避之人，有并及門客者。《夷堅志》，汪義和預鄉薦，淳熙辛丑，其弟義端爲文院點檢試卷官，牒詣別頭，乃奏名以黄甲榜登第。此親族迴避也。黄若納以禫服不及試大院，乃經營以某公門客避嫌例試別所，遂登科。此門客迴避也。

(清)徐松《宋會要輯稿·選舉一·貢舉》 太宗太平興國二年十月二十一日，詔曰：朕昨以振舉滯淹，詳求俊乂，乃以清閟之宴，親校賢能之書。中我懸科，幾乎數百，所宜暫停貢舉，且使進修。其禮部貢舉，宜權罷一年。今年諸州已得解舉人，將來特免解。仍令有司頒行天下。五年正月八日，以文明殿學士程羽權知貢舉，御史中丞侯陟、中書舍人郭贄、宋白、殿中丞陳鄂、尚書博士邢昺權同知貢舉，合格奏名進士某乙已下若干人。六年三月，詔權停貢舉。八年正月七日，以中書舍人宋白權知貢舉，知制誥賈黄中、呂蒙正、李至、直史館王沔、韓丕、宋准、司封員外郎李穆、監察御史李範、祕書丞楊礪權同知貢舉，合格奏名進士王禹撚已下若幹人。

雍熙二年正月十八日，以翰林學士賈黄中權知貢舉，右散騎常侍徐鉉、知制誥趙昌言、韓丕、蘇易簡、宋准、禮部郎中張洎、直史館范杲、宋湜、戴貽慶權同知貢舉，合格奏名進士陳充已下四百五十八人。三年三月，權停貢舉。

(清)徐松《宋會要輯稿·選舉一·貢舉》 〔雍熙〕六年五月四日，詔曰：貢闈之設，用采時髦。言念遠方，歲偕上計，未遑肆業，遽已飭裝。頗聚學之勤（據下文對句，當脱一字。），有異育材之旨。宜令禮部，權停今年貢舉。

景德二年正月十四日，以翰林學士趙安仁權知貢舉，右諫議大夫晁迥、龍圖閣待制戚綸、直昭文館陳充、直史館朱巽權同知貢舉，合格奏名進士劉滋已下四百九十二人。六月一日，詔曰：今歲薦闈禮闈，並臻時彥。四方之士，充賦斯來。兩河之間，後期可念。既升名於貢部，乃射策於廣庭。則有詞旨優長，經義精富，悉登上第，允叶旁求。復有淹回歲時，潦倒場屋，嗟其晚暮，亦用甄收。重念貢舉之門，因爲循弊，躁競斯甚，謬滋益彰。至有屬詞未識於師資，專經不曉於章句，攘竊古人之作，懷藏所習之書，假手成文，遥口授義。衆已慙於醜行，自猶振於屈聲。匪徒黜落以貽羞，固亦詐欺而有咎。士之幹禄，豈有然乎！其貢舉宜令權住二年。且使各務服勤，更專學術，無失大成之義，將符虚佇之懷。仍委禮部貢院，今後科場，精加考試。比者亦有州郡全無解送，如其實負苦辛，何以使之淹滯？不能貢士，是謂曠官。將來秋賦，有敢顧避全不解人，必行朝典。四年十二月二十二日，以翰林學士晁迥權知貢舉，知制誥朱巽、王曾、龍圖閣待制陳彭年權〔同〕知貢舉，合格奏名進士鄭向已下並諸科八百九十一人。

大中祥符二年五月七日，詔曰：俊造之科，賢能所出。臨軒校藝，既搜采以居多；隨計於名，亦勞費之斯甚。有妨肄業，詎稱求(財)〔材〕？當務敏修，副茲虚佇。宜權罷今年貢舉。三年五月四日，詔權停貢舉。五年正月四日，以翰林學士晁迥權知貢舉，樞密直學士劉綜、知制誥李維、龍圖閣待制孫奭權同知貢舉，合格奏名進士某乙已下一百九十人。六年五月二日，詔權停貢舉。八年正月十三日，以兵部侍郎、修國史趙安仁權知貢舉，翰林學士李維、知制誥盛度、劉筠權同知貢舉，合格奏名進士高餗已下八十九人。〔九年〕五月四日，詔權停貢舉。

天禧元年五月四日，詔權停貢舉。三年正月九日，以翰林學士錢惟演權知貢舉，樞密直學士王曉、工部侍郎楊億、知制誥李諮權同知貢舉，合格奏名進士程戡已下二百六十四人。四年五月四日，詔權停貢舉。五年五月三日，詔權停貢舉。

乾興元年五月九日，（仁宗已即位，未改元。）詔曰：朕以初紹慶基，祇若彝憲。惠綏邦域，誠渴佇於群材；營奉山園，屬將臻於同軌。顧攀號之罔極，實論辨之靡遑。言念時髦，阻從鄉賦。勿軫淹滯之孅，愈思飭勵之方。勉俟詳延，體茲敦諭。宜令禮部貢院，權住貢舉一年。

仁宗天聖二年正月十四日，以御史中丞劉筠權知貢舉，知制誥宋綬、陳堯佐、龍圖閣待制劉燁權同知貢舉，合格奏名進士吴感已下二百人。三年五月二日，禮部貢院言：今年貢舉，乞賜指揮。帝曰：去歲放及第人數不少，然而覽其程試，多未盡善。今宜權罷貢舉，各令勵志修學。宰臣王曾奏曰：前來遠郡下第舉人方到鄉里，今若復許隨計，可設[illegible]事業？即降詔曰：朕祇紹丕基，思皇群士，用廣得人之路，庶資致治之方。前歲肇闢禮闈，洽臻鄉秀，遵先朝之舊制，至考藝於有司。將辨等威，俾崇進取。朕親臨軒陛，面錫科名。其或久困詞場，累從賓薦，軫其淹滯，悉示甄收。在於搜揚，斯亦至矣。聿周歲序，將及計偕，言念學古之流，或切幹名之志，非愈加於修勵，則曷副於詳延。暫罷貢書，更期肄業，勉務日新之益，慰茲虛佇之懷。其貢舉宜令禮部貢院更權住一年。五年正月十二日，以樞密直學士劉筠權知貢舉，龍圖閣直學士馮元、知制誥石中立、龍圖閣待制韓億權同知貢舉，合格奏名進士吳育已下四百九十八人。六年五月十二日，詔權停貢舉。八年正月十二日，以資政殿學士晏殊權知貢舉，御史中丞王隨、知制誥徐奭、張觀權同知貢舉，合格奏名進士歐陽修已下四百一人。九年三月，詔權停貢舉。

明道元年三月，詔權停貢舉。二年三月，詔權停貢舉。

景祐元年正月十六日，以翰林學士章得象權知貢舉，知制誥鄭向、胥偃、李淑、直史館同修起居注宋郊權同知貢舉，合格奏名進士黄庠已下六百六十一人。二年三月，詔權停貢舉。五年正月十三日，以翰林學士丁度權知貢舉，翰林學士胥偃、侍讀學士李仲容、知制誥王堯臣、鄭戩並權同知貢舉，合格奏名進士范鎮已下四百九十九人。

寶元二年三月，詔權停貢舉。

康定元年三月，詔權停貢舉。

慶曆元年三月，詔權停貢舉。二年正月十二日，以翰林學士聶冠卿權知貢舉，翰林學士王拱辰、蘇紳、知制誥吴育、天章閣待制高若訥並權同知貢舉，合格奏名進士楊寘已下五百七十七人。三年三月，詔權停貢舉。四年三月，詔權停貢舉。六年六月十四日，以翰林學士孫抃權知貢舉，御史中丞張方平、龍圖閣直學士高若訥、集賢校理同修起居注楊偉、錢明逸並權同知貢舉，合格奏名進士裴煜已下七百一十五人。七年三月，詔權停貢舉。

皇祐元年正月十二日，以翰林學士趙槩權知貢舉，翰林侍讀學士張錫、天章閣待制王贄、張揆、天章閣侍讀趙師民並權同知貢舉，合格奏名進士馮京已下六百三十七人。五年正月十二日，以翰林學士承旨王拱辰權知貢舉，翰林學士曾公亮、翰林侍讀學士胡宿、知制誥蔡襄、王珪並權同知貢舉，合格奏名進士徐無黨已下六百八十三人。

嘉祐二年正月六日，以翰林學士歐陽修知貢舉，翰林學士王珪、龍圖閣直學士梅摯、知制誥韓絳、集賢殿修撰范鎮並權同知貢舉，合格奏名進士李寔已下三百七十三人。十二月五日，詔禮部貢院，自今間歲一開科場。四年正月十一日，以翰林學士胡宿權知貢舉，翰林侍讀學士吕溱、知制誥劉敞並權同知貢舉，合格奏名進士劉摯已下二百人。六年正月八日，以翰林學士王珪權知貢舉，翰林學士范鎮、御史中丞王疇並權同知貢舉，合格奏名進士江衍已下二百人。八年正月七日，以翰林學士范鎮權知貢舉，知制誥王安石、天章閣待制司馬光並權同知貢舉，合格奏名進士孔武仲已下二百人。

英宗治平二年正月九日，以翰林學士馮京權知貢舉，翰林侍讀學士范鎮、知制誥邵必並權同知貢舉，准詔放合格奏名進士彭汝礪已下二百一十三人。三年十月六日，詔禮部貢院，今後每三年一開科場。以上《國朝會要》。

治平四年正月二十五日，神宗已即位，未改元。以龍圖閣直學士司馬光權知貢舉，知制誥韓維、邵亢並權同知貢舉，准詔放合格進士許安世已下三百六人。

神宗熙寧三年正月九日，以翰林學士承旨王珪權知貢舉，御史中丞吕公著、知制誥蘇頌、直集賢院同修起居注孫覺並權同知貢舉，合格奏名進士陸佃已下三百人。六年正月九日，以翰林學士曾布權知貢舉，知制誥吕惠卿、天章閣待制鄧綰、直舍人院鄧潤甫並權同知貢舉，合格奏名進士邵剛已下四百八人。九年正月八日，以翰林學士鄧綰權知貢舉，知制誥鄧潤甫、集賢校理同修起居注蒲宗孟並權同知貢舉，合格奏名進士張嶬已下四百二十六人。

元豐二年正月九日，以翰林學士許將權知貢舉，知制誥蒲宗孟、天章閣侍講兼直舍人院沈季長並權同知貢舉，合格奏名進士三百四十八人。五年正月九日，以翰林學士李清臣權知貢舉，知制誥舒亶、侍御史知雜事滿中行並權同知貢舉，合格奏名進士四百八十五人。八年三月二十六日，以兵部侍郎許將、給事中陸佃、秘書少監孫覺並權知貢舉，准詔放合格奏名進士焦蹈已下四百八十五人。

（清）徐松《宋會要輯稿·選舉一·貢舉》 孝宗淳熙元年二月二日，詔曰：蓋聞君唯急於求賢，國莫彊於得士。校其行藝，在周嘗謹於賓興；試以文辭，至唐尤備於科舉。永念累朝之制，具存三歲之常。翕受群英，明熙庶績。朕祇承體緒，丕闡大猷。純化懿綱，將踵帝皇之盛；通儒碩學，尚虞巖穴之遺。肆因大比之期，率用有司之典。爰加詔諭，咸俾朋來。業有爾勤，爵無予吝。諒渾涵於素蘊，當淬勵於宏圖。考諸鄉而獻書，黨聞定論；造於庭而親策，敢緩詳延。布告多方，使知朕意。

（清）徐松《宋會要輯稿·選舉一·貢舉》〔淳熙〕四年二月一日，詔曰：朕惟四術以造士，三年而興賢。崇化厲俗，未有或先於此者。粤予涼菲，寤寐髦儁。郡國詔書，凡五下矣，期無愧於前聞，有補於當世，此豈爲虛文也哉？興言大比，今復其時。乃飭攸司，申諭朕志。其各以賢能之書來上，朕將親策於廷，使在吾選中者，皆足以章明治教，振宣事功。豈惟予一人以寧時，爾多士亦與有無窮之聞。【略】七年二月二日，詔曰：蓋聞人材衆而邦國寧，儒術行而治化美。思皇多士，周並命於六卿；間出異人，漢旁開於數路。洪惟聖代，丕闡文風，既通才碩學之攸興，乃德元勳之相望。逮予菲質，率是彝章。屬覽有司之陳，當修貢士之制。爰加詔諭，咸俾言揚。獻賢能之書，儻精求而上達；陳治安之策，庶延進以周詢。豈襲虛文，尚圖實用。布告中外，明識朕懷。【略】十年三月一日，詔曰：國家側席竢賢，闢門籲俊。三年大比，做周制之賓興；百郡群招，集漢科之茂異。咸副明明之選，用隆濟濟之風。歲屬啓於舉闈，求彌先於藝實。俾升名於外府，仍論秀於春官。朕將延對大庭，周詢上務，庶博收於翹彥，期協濟於功榮。咨爾庶邦，體予至意。【略】十三年二月四日，詔曰：周以三年而考藝，禮重賢能之興；漢由數路而得人，制嚴郡國之選。粤我朝之取士，參前代之設科。崇太常講勸之功，廣司馬論升之法。網羅該備，秀茂群臻。自朕初元，再涉周星之紀；若時常憲，八登鄉老之書。菁菁方喜於人材，濟濟蓋生於王國。屬當大比，敢後旁招。飭秋計以偕來，即春官而明試。公卿多文學之士，要皆出於此塗；英俊陳治平之原，將更勤於親策。勉修素業，期副至懷。【略】十六年正月二十六日，詔曰：國家以科目取士，以三歲賓興，得人之盛，視古亡愧。朕謹守成法，靡所變更，故於大比之年，首下詳延之令，非直應故事，爲文具而已。夫奔軼絶塵之才，或窘於聲律；窮經嗜（右）〔古〕之士，或昧於世務。宜令有司考覈，其長吏二千石以時勸駕，俾預計偕。朕將試之春官，親策於庭，拔其尤異，縻以好爵。布告天下，使明知之。

（清）徐松《宋會要輯稿·選舉一·貢舉》 嘉泰元年二月一日，詔曰：周室興賢之典，必攷德以爲光；唐家進士之科，與明經而並列。粤惟我宋，稽合前猷，內闡膠庠之規，外分郡國之學。於平時而教詔，至大比以言揚。繇立制之兼詳，故得人而獨盛。逮於菲質，率厥舊章。念凡科目之求，實乃公卿之選。思得潔修之士，嘗再下於詔書；急聞切直之言，既一加於親策。茲屬予恭默之際，敢忘爾功名之圖。矧天相於邦家，必世多於髦儁。薰陶寖久，藴蓄宜豐。雖於數路以旁招，取以三年而非數。列郡將嚴於勸駕，逌司毋怠於程能。偕計吏而來，當深明於世務；有好爵之與，斯無靳於爾縻。其以至懷，孚於衆聽。【略】四年二月二日，詔曰：蓋聞自昔帝王，勤於求賢而逸於得人，故自即位以來，三下賓興之詔，英材輩出，爲國之光。永惟祖宗之洪業，任大而守重。非賢不乂，聖有格言；得士者昌，古有明訓。旁搜博取，使巖穴幽隱畢爲時用，乃當今之上務。三年大比，彝制具存。其勑有司精擇，拔其尤者，令偕計吏，升於春官。朕將延對大廷，俾陳治安之策而施行之。布告天下，使明知朕意。【略】

三年二月一日，詔曰：朕宵旰庶政，寤寐群英。念治今日者，匪借異代之賢；而習先聖者，宜明當世之務。粤從臨御，屢俾搜揚。矧茲多事之時，莫若得人之急。惟道德之富，庠序之所作成；賢能之書，鄉閭之所推擇。屬當大比，其悉上聞。佇陳治平之元，式赴功名之會。彊學待問，諒樂罄於忠嘉；量材授官，庶協圖於康濟。咨爾多士，體予至懷。【略】三年二月一日，詔曰：朕惟我祖宗張設科目，以網羅天下之彥，庬臣碩輔，多此塗出，庶幾虖三代選舉之意。朕以涼菲，獲承丕緒，所與共天位、治天職者，非一時賢士大夫虖。故自踐阼以來，凡數下賓興之詔，思得英傑，協圖康功。然而士氣堙鬱，未獲盡伸；文體萎薾，未克復古。朕方注懷人物，加意作成。惟淵源醇正之學是崇，惟直亮鯁切之言是用。四海之士，聞風興起，既有日矣。今茲大比，爾多士其各抒所韞，試於有司。賢書來上，朕將親策於廷，以備器使。《詩》不云虖：鳶飛戾天，魚躍於淵。豈弟君子，遐不作人。朕之激昂士類，蓋與周之先王同出一揆。爾多士其可不勉自澡濯，以副朕招徠之意虖。【略】六年二月一日，詔曰：朕寤寐髦雋，協濟治功。即位以來，下賓興之詔凡六矣。濟濟多士，布列中外，因其材而器使之，蓋庶幾古者敷奏明試之意，豈直爲文具、循故事而已哉！夫上以實用求，下必以實材應。今茲大比，群有司其精加考覈，令與計偕。經術惟正論是崇，詞章惟典雅是尚，毋爲曲學，毋事虛文。朕將試之春官，拔其尤者，親策於廷。異時出長入治，皆繇此其選焉。各務搜揚，以稱朕意。【略】九年二月一日，詔曰：周當大比，必登鄉老之書；唐設衆科，尤貴進士之選。非賢不乂，振古如茲。仰惟列聖之詒謀，聿嚴三歲之成法。肆菲涼之嗣服，賴髦雋以圖功。將再紀於周星，七攽於詔旨。思皇多士，爲王國以克生；欽乃攸司，俾文闈之精覈。經術宜通於縕粵，詞章毋尚於浮華。偕秋計以朋來，升春官而論定。大廷親策，樂聽讜言。好爵爾縻，庶收實用。式佇觀光之盛，更資勸駕之勤。告爾多方，體予至意。【略】十二年正月十五日，詔曰：國家迪三歲之彝章，籲四方之衆俊。大比重賓興之舉，踵周家選士之規；名臣由科目而升，邁唐室得人之盛。肆朕纂圖之久，深勤側席之思。已八啓於文闈，悉朋來於時彥。屬當秋賦，俾與計偕。爰申飭於攸司，其益加於精擇。必得賢能之實，一惟程度之公。爾遂觀光，克赴功名之會；朕將親策，樂聞忠讜之言。豈惟好爵之與縻，庶獲群材而並用。叶圖康濟，迄底隆平。咨爾庶邦，體予至意。

（清）徐松《宋會要輯稿·選舉二·貢舉·進士科》 太祖開寶五年閏二月三日，禮部奏名合格進士安守亮及諸科二十八人。帝詔對於講武殿，始下詔放榜，新制也。八年三月十八日，賜及第進士王嗣宗等錢百千，令宴樂。

太宗太平興國二年正月八日，宴新及第進士吕蒙正等於開寶寺，仍賜御詩二首以寵之。故事，吏部放榜後，敕下之日，醵錢於曲江，爲聞喜之飲。近代多於名園佛廟。至是，官爲供帳爲盛集焉。初十日，賜新及第進士、諸科綠袍笏。時未命官，先解褐，非常制也。三月二十三日，詔：新及第進士吕蒙正以下，第一等爲將作監丞，第二等爲大理評（士）〔事〕，並通判諸州，各賜錢二十萬。同出身以下，免選，注初等幕職、判司簿尉。

（清）徐松《宋會要輯稿·選舉二·貢舉·進士科》 真宗咸平元年五月十六日，以禮部及第進士孫瑾、黄宗旦、朱嚴並爲防團推官，餘悉授判司簿尉。二年五月九日，詔禮部新及第進士孫暨等，特免選注官。時帝問宰相選幾何，張齊賢曰：進士五選，集禮、傳、法、經、學究五選，或七選集。特令各免選與官。

（清）徐松《宋會要輯稿·選舉二·貢舉·進士科》 神宗熙寧二年十二月九日，詔：今後制科入第五等、進士第一人及第者，一任回，更不與升通判差遣及不試充館職，並令審官院依例與差遣，餘如嘉祐詔書。三年三月，詔新及第進士葉祖洽已下，授官守選如嘉祐八年之制。四年三月一日，詔應進士第一、第二等賜及第，第三等出身。六年三月，詔新及第進士餘忠以下，授官守選如三年之制。十八日，詔：新及第進士賜錢三千貫，諸科七百貫，各充期集支費。進士、諸科舊以甲次高下率錢期集，貧者或稱貸於人，過爲浮費，至是始廢之。二十三日，詔新及第進士、諸科等舉人聞喜宴，差近上内臣一員押賜。二十四日，詔：新進士、諸科並特奏名賜同出身及授試監簿、長史、文學、助教等，並放謝辭正衙。如便欲歸鄉，不願赴聞喜宴者聽。

（清）徐松《宋會要輯稿·選舉二·貢舉·進士科》 政和二年四月二十四日，禮部言：崇寧貢舉通用令：諸舉人已唱第，賜聞喜宴於瓊林苑。諸貢士已推恩，賜聞喜宴於辟雍。係貢士並宗子上舍，與進士同榜釋褐，所有賜宴，恐合就瓊林苑，並差押賜官。詔用四月二十九日於瓊林苑賜宴，差鄭詳押賜。六月二十二日，中書言：文林郎劉敦詩奏：大觀二年貢士第二名及第，已依進士第二名恩例授文郎訖。伏望比附進士上三名一任回改官條例。勘會故事，進士及第一任替回，自來未有推恩條例。今擬貢士及第一任回，第三至五人，各循一資。從之。

（清）徐松《宋會要輯稿·選舉二·貢舉·進士科》 淳熙二年三月二日，詔禮部貢院：下第舉人，進士貢士八舉、曾經省試、年四十以上；五舉、曾經省試、年五十以上，内河北、河東、陝西舉人，於逐項舉數内特與各減一舉。同日，詔：進士貢士，曾經紹興十八年以前到省，前後實得兩解貢或並免解共及兩舉，更不限年，令禮部勘會，並特與奏名，許就殿試。【略】七日，詔特奏名內願射射者聽，仍依正奏名比擬推恩。國子監將正奏名逐等推恩：比擬應射藝精熟、能全中者聽旨。第五等同射入上等，第一名循一資，餘免銓試，內文學免待郊出官；入中等，一任回不依名次注官，內文學候到部日收使；入下等，一□回陞一年名次。□：據本條上文所述，疑爲任字之誤。內文學候到部日收使。第射入上等，與依下州文學恩例；入中等，與帶階官，注應格嶽廟一次；入下等，與帶階官，注破格嶽廟一次。從之。五月九日，詔：特奏名射不合格人，如係第五等助教，並與換下州文學，不理選限。先是，宣諭執政曰：特奏名第五等若不出官，與助教無異。因射而與之，亦有名。故有是命。十日，賜進士聞喜宴於禮部貢院。是日，賜新及第進士御製詩一首。十二月十七日，慶壽赦：應太上皇帝潛藩州軍進士，赴淳熙二年特奏名，試在第五等，緣陞降（閣）〔格〕該載不盡，未霑恩霈，令禮部保明，特與陞等恩例。應淳熙二年特奏名進士，試在第五等人，如年七十以上，特與差破格嶽廟一次。應淳熙二年特奏名進士，已授諸州文學應出官人，與減陞朝官舉主一員，便與放行參選。淳熙二年赴特奏名進士，如係歸正人，試在第五等，特與陞等恩例。

（清）徐松《宋會要輯稿・選舉二・貢舉・雜録》　淳熙十一年三月二十一日，臣僚言：國家（言）〔間〕歲科舉，集草茅之士，親策於庭，所以求言者爲甚廣。其間豈無一事之可行？然有司一時考試，往往多以文末爲尚，考在前列者，始經御覽。其間有言及州郡軍民利病實跡，偶文詞不稱，寘之下列，文雖不工，而事則可行，往往壅於上聞，陛下亦無自而知之，遂失求言之本意，誠爲可惜。乞自今御試正、特奏名卷子，有（倫）〔論〕及州郡軍民利害事實，令初考、覆考、詳定所各節録緊要處，候唱名日，各類聚以聞。仍自今爲始，庶幾幽枉必達，有以副陛下取士求言之實。從之。【略】四月五日，上諭宰執曰：殿試上三名，舊皆待闕。朕今欲亟試以民事，可並與添差差遣。前此臣僚乞寢罷上三名添差，意亦未盡。卿等可議來。於是王淮等進呈訖，上曰：朕既試以藝文，亟欲觀其政事。今歲殿試上三名，可特與添差差遣，仍釐務。淮等奏：往日指揮，乃唱名後，所以有嫌。今先期降旨，不知何人得之，人亦何言？上曰：瓜田不納履，李下不整冠，事亦須避嫌。若先降指揮，何嫌之有？

（清）徐松《宋會要輯稿・選舉三・貢舉・雜録》　太祖建隆三年九月一日，詔曰：國家懸科取士，爲官擇人，既擢第於公朝，寧謝恩於私室。將懲薄俗，宜舉明文。今後及第舉人，不得輒拜知舉官子孫弟姪，如違，御史臺彈奏。應名姓次第放榜時，並須據才藝高低，從上安排，不得以隻科爲貴。兼不得呼春官爲恩門、師門，亦不得自稱門生。除賜宴外，不得輒有率斂。並依後唐長興元年六月敕處分。四年正月二十八日，詔：禮部貢舉人，今後朝臣不得更發公薦，違者重寘其罪。【略】

至道三年五月十六日，詔：今歲貢舉，宜令有司精較能否。或因循，如覆試有不合格者，當行嚴責。

真宗咸平元年二月三日，詔曰：春官取士，抑惟舊章。舉而復之，所委甚重。冀從精擇，以盡至公。宜令禮部貢院考試畢日，録合格人姓名以聞，當議降敕放榜賜及第。如覆試有謬濫，知舉官重行朝典。九日，詔曰：久停貢舉，頗滯時才。言念士倫，不忘勤恤。宜令禮部貢院，據合格人數內，進士放五十人，諸科共放百五十人，來年不得爲例。二年三月十日，禮部貢院言：考試舉人畢，請御試。帝以諒陰中不許，謂輔臣曰：今歲舉人頗衆，若依去年人數，慮單平者有所遺落。進士可增及七十，經科可增及百八十人。【略】三年二月二十六日，詔：河北經戎虜侵軼州軍舉人，除已赴禮部試外，有實曾請解及經禮部試者，委貢院籍名以聞，當議別試。三月一日，詔貢院所試及格舉人內，有權要親族者，具名以聞。四月，詔新及第進士、諸科舉人等，給假兩月寧親。

景德元年九月十七日，令御史臺諭館閣、台省官，有以簡劄貢舉人姓名囑請者，即密以聞，當加嚴斷。其隱匿不言，因事彰露，亦當重行朝典。二年二月二十三日，禮部貢院言：昨考試諸科舉人，就座搜獲懷挾書册節義者十七人，准例扶出，准條殿兩舉。其三場內九不者計四百九十二人，亦合准條殿一舉。詔特免之，令諸州告諭，精勤習業，將來復犯九不，即通計前數殿之。三月十日，禮部貢院言：新及第舉人，自今欲令狀元用一節呵道，餘止雙控馬首。遇常參官，斂馬側立。詔可。

（清）徐松《宋會要輯稿・選舉三・科舉條制》　仁宗天聖元年七月七日，學士院言：准中書批送汝州並鎮海軍狀，稱天禧四年勑，今後舉人有周（基）〔期〕尊長已上服，依元條不得取應，其緦麻服，並特許應舉者。看詳除周期尊長已上不許取應，即周親卑幼已上，並得應舉。又緣勑文只指定緦麻服，並特令應舉。其有周期卑幼及大功小功等服，即未有明文。詔送兩制定奪。臣等看詳，欲乞依天禧四年晁迥等元定奪，有周期尊長已上服不得取應外，有周（基）〔期〕卑幼並大功已下服，並許應舉。從之。十月十二日，禮部貢院言：舊制，諸州解發舉人試卷並家保狀試紙等，置庫編排封鏁，合差官與主判官同加檢勘。從之。十二月十二日，中書門下言乞定科場條貫，詔兩制與孫奭同共詳定以聞。既而上言：殿舉人舊實殿一舉，後遂以一年理爲一舉。緣數年一開舉場，其間更值恩赦，遂使懲沮之典，虛有其名，負犯之徒，不妨進取。欲今後殿三舉以下，即依舊例。其殿五舉者，須實殿兩舉後，方許更理一年爲一舉。又，曾犯刑責之人，不得收試。大凡無官蔭者，笞以上皆決，不復更踐科場，有官蔭者，流以下皆贖取應，並無妨礙。輕重之間，恐未允當。欲今後有官蔭舉人，身犯徒以上罪，雖贖及雖逢恩宥，並不許應舉。如敢罔冒，以違制罪之。同保人殿五舉，有保官者與同罪。又，下等舉人好撰匿名文字，謗讟主司，或私相期集，搆合詞訟。欲今後委是知舉官等第不公，許令單名實封指論，更不得期集，連名進狀。如輒撰無名文字，私相傳布，令開封府及巡檢人擒捉，重行斷決。如不獲主名，其文字隨處焚毀，勿送官司。從之。

二年正月十二日，帝問：今年新舊舉人甚衆，將來合放人數多少？宰臣王欽若曰：已令禮部貢院具合格等第、字號、人數聞奏。帝曰：久罷科場，慮遺賢俊。令貢院精加考試藝業，候將來特放進士二百人，諸科三百五十人。二十二日，故尚書令南平王高從誨孫進士輔元有兄亡，係周親服制，取應不得。詔以王公之後，禄仕殆絶，特令送貢院試。二十三日，詔：今年貢舉，依咸平二年南省榜體例施行。仍除不合格係駮放等外，先具考試到合格等字號人數以聞，聽旨。

五年正月十六日，詔：貢院將來考試進士，不得只於詩賦進退等第，今後參考策、論，以定優劣。諸科所對經義，亦不得將重復文句及抽拆經注，令數字對答，致有非理黜落。仍榜諭舉人。二月二日，權知貢舉劉筠等言：准詔免解進士五舉已上，諸科七舉已上，雖不合格，未得退落。緣諸科於逐場有九否十否者，未敢去留。詔十否者駮放，仍俟貢舉畢日以名聞。三月二十三日，詔：今年省試下第舉人，進士五舉，年五十以上，及曾應淳化年舉者；諸科七舉，並六舉終場，年六十以上者；並進士、諸科曾經先朝禦試者，令貢院檢會以聞。四月十八日，詔曰：設科取士，有國之令猷；側席待賢，前王之格訓。洪惟三後，勤御萬邦，備存籲俊之方，俱顯得人之盛。朕緬懷先烈，載舉舊章，俾鄉老以薦能，委春官而辨等。洎夫親臨軒陛，精校藝文，既吹一一之竽，盡刈翹翹之楚。尚念綿區至廣，群士畢臻，或累朝積隨計之勞，或十上阻千名之志，是用各分等級，咸被搜揚。雖振發滯淹，已布非常之澤；而考覈名實，必思經久之規。將永革於因循，宜特申於誨諭。應諸（通）〔道〕貢舉人等，今後並須服膺翰墨，勵志典墳，當企慕於雋賢，勿坐希於僥倖。其或靡務激昂而自奮，正期華皓以見收，人將謂何，朕所不敢。苟敦修之未至，諒黜落以無疑。預形告戒之言，庶盡詳延之旨。凡爾多士，宜知朕意。

（清）徐松《宋會要輯稿·選舉三·科舉條制》 慶曆二年正月七日，詔：川、廣合該解發及諸處免解舉人，慮地遠到闕稽遲，令貢院如未引試日前續次到者，並收試。二月五日，知制誥富弼言：國家緣隋唐之制，設進士之科，采天下賢俊，雖至公之道過於隋唐，而得人之實或有未至。自咸平、景德年後，條約漸密，然省試有三長，殿試有三短。南省主文者四五人，皆兩制宗匠。又選館閣有辭學者數人，以助主文考校。復有監守、巡察、糊名、謄録，上下相警，不能容毫釐之私，此一長也；又一日試詩賦，一日試論，一日試策，詩、賦可以見辭藝，策、論可以見才識，四方之士得以盡其所藴，此二長也；又貢院凡兩月餘日，研磨差次，必俟窮功悉力，然後榜出，此三長也。可謂至公至精矣。以此姓名高下，遂放及第，辭藝才識高者得高科，下者得下等。高科者待以好爵，下等者歸於常調，朝廷既不失其實，舉人又各足其志矣。洎至殿試，號爲親臨，然所差考校之官，多不精慎，此一短也。又只試詩、賦與論，併在一日，不能盡人之才，此二短也。又考校不過十日，不暇研磨差次，匆匆而定，此三短也。向之省試至公至精也，乃混淆而不復見！今捨其所長，用其所短者，或云省試放榜則恩歸有司，殿試放榜則恩由主上，是盡棄取士之實，而沽此虛名也。普天率土，豈有恩不出天子者耶！況殿試非古，始於唐武後之初年爾，此安足爲後世法？歷代取士，悉委有司，獨後漢文吏課牋奏而副之端門，亦未聞天子再試也。往時無糊名、謄録之制，主文可以專取捨，遂有殿試以防主文。今無以容其私，殿試復何爲哉？臣欲乞自今歲以後，只令南宮放榜。必恐恩歸有司，則請如天聖二年，令南宮考定高下，以混榜引於殿庭，依次唱名賜第，則與殿試同矣。詔曰：國家申命邇臣，往司貢部。關防之制，已極於至公；優劣之殊，或經於審定。矧責成之素重，固練實以無差。宜服故常，庶臻精要。俟辨等之來上，即延對以賜科。用洽茂恩，著爲彝式。九日詔：近已依富弼上言，更不臨軒親試。今已鎖院，令貢院且依舊例奏名，殿試仍許解二分人數。將來科場，別奏取旨。

四年三月十三日，翰林學士宋祁等言：近准敕詳定貢舉條制者。伏以取士之方，必求其實；用人之術，當盡其材。今教不由於學校，士不察於鄉里，則不能覈名實；有司束以聲病，學者專於記誦，則不足盡人材。此獻議者所共以爲言也。臣等參考衆説，擇其便於今者，莫若使士皆土著而教之於學校，然（其）〔後〕州縣察其履行，則學者修飭矣。故爲立學合保薦送之法。夫上之所好，下之所趨也。今先策、論，則文辭者留心於治亂矣。簡其程式，則閎博者得馳騁矣。問以大義，則執經者不專於記誦矣。其詩賦之未能自肆者，雜用今體，經術之未能亟通者，尚依舊科，則中常之人皆可勉及矣。此所謂盡人之材者也。故爲先策、論過落，簡詩賦考式問諸科文義之法，此數者其大要也。其州郡封彌謄録、進士諸科帖經之類，皆細碎而無益者，一切罷之。凡其爲法者，皆申之以賞罰而勸焉。如此則養士有素，取材不遺，苟可施行，望賜裁擇。諸路州府軍監除舊有學校外，其餘並各令立學。如本處修學人及二百人已上處，許更置縣學。若州縣未能頓備，即且就文宣王廟，或係官屋宇爲學舍。仍委本路轉運司及本屬長吏，於幕職、州縣官内奏選充教授，以三年爲一任，在任有人同罪保舉者，得替日依例施行。若少文學官可差，即令本處舉人衆舉有德行藝業之人，在學教授。候及三年，無私過，本處具教授人數並本人履業事狀，保明聞奏，當議等第特授恩澤。内有由本學應舉及第人多處，亦與等第酬賞。如任滿本處舉留者，亦聽本官從便。其學校規令，宜令國學詳定聞奏，頒下施行。如僻遠小郡，舉人不多，難爲立學處，仰轉運司體量聞奏。初入郡學人，須有到省舉人二人委保是本鄉人事，或寄居已久，無不孝不悌踰濫之行，即不曾犯刑責，或曾經官司罰贖，情理不重者，方得入學。應取解逐處在學本貫人，並以入學聽習，至秋賦投狀日前及三百日以上，舊得解人百日以上，方許取應。秋賦投狀日，並依本州軍舊制。内有親老，別無得力弟兄侍養，致在學日數不足者，除依例合保外，別召命官一員或到省舉人三名委保諳實，亦許取應。其隨親屬之官者，許就近入學，候歸鄉取解，據在學實日及無過犯，給與公憑。進士、諸科舉人，每三人爲一保，所保之事有七：一、隱憂匿服；二、曾犯刑責；三、不孝不悌，跡狀彰明；四、故犯條憲，兩經贖罰，或未經贖罰，爲害鄉里；五、（藉）〔籍〕非本土，假户冒名；六、祖父犯十惡四等以上罪；七、身是工商雜類，及曾爲僧道者，並不得取應。違者本人依條行遣，同保人殿兩舉。其保狀式，具此七事外，餘並令禮部貢院重行删定。國子監、開封府取解舉人，須五人爲一保，仍（遂）〔逐〕保内要曾到省舉人二人。外處取解舉人，仰本處知州、通判、職官、録事參軍、令佐常切採訪，内有犯前項條貫及犯各保狀内違礙者，並不得解送。如不舉察，或顯可保明，妄加抑退者，並科違制分故失定罪。國子監、開封府發解就試人數既多，其進士、諸科卷子並依舊封彌謄録外，諸州發解已令知州、通判、職官、令、録等保明行實，更不封彌謄録，仰試官、監官與長吏通考文藝。其試官委轉運司於本處及鄰州選差清白有文學、通經術之人。進士並試三場：先試策二道，一問經史，二問時務；次試論一首；次試詩、賦各一首。三場皆通考去留。舊試帖經墨義，今並罷。詩、賦、論於九經、諸子、史内出題，其策題即通問歷代書史及時務，並不得於偏僻小處文字中。策每道限五百字以上，論限五百字以上，賦限三百六十字以上，詩限六十字五言六韻。賦每韻不限聯數，每聯不限字數。賦官韻有疑混聲，疑者許上請。詩、賦、論題目，經史有兩説者，許上請。詩韻中字體及聲韻同者，各許依本字下注意使用。三點當一抹，降一等。塗注一字，並須卷後計數，不得揩洗。每場一卷内塗注乙五字已上爲一點，十五字以上爲一抹。策、論、詩、賦不考式十五條：策一道内少五字；論、詩、賦不識題；策、論、詩、賦文理紕繆；不寫官題；用廟諱御名；論少五十字；詩、賦脱官韻；詩賦落韻，用韻處脱字亦是；詩失平側，脱字處亦是；重疊用韻；小賦内不見題意，通而詞優者非；賦少三十字；詩韻數少剩；詩全用古人一聯；詩兩韻以前不見題意，通者非。抹式十二條：誤用事；連脱三字；誤寫官題，須是文理無失，但筆誤者非；詩賦重疊用事；詩賦不對，詩賦初用韻及用鄰韻引而不對者非，及詩賦末兩句亦不須對；小賦四句不見題意，通者非；全用古人一聯賦語，別以一句對者非；賦少二十字；詩用隔句對；策一道内全用古今人文字十句以上；策一道内全用經書子史語五十字以上；對策以他辭裝，或首尾與題意不相類。點式四條：借用字；詩賦脱一字；詩偏枯；詩重疊用字。省試進士、諸科舉人合保，並依發解條。如妄冒過省，及第入官而事發者，本人除名，保人殿兩舉。已及第未得與官，已入官者停見任。已上入學取解到省，保人如不實者，事發日官員坐私罪，舉人殿實舉。應出策、論、詩、賦題並考校式，並依發解條格。進士試三場，並依舊封彌謄録。先試策三道，一問經旨，二問時務。次論一道，次詩、賦各一道。舊試帖經墨義，今並罷。初場引試策，先次考校，内有文辭鄙惡者，對所問不備者謂十事不對五以上，誤引事跡者謂十事誤引五以上，雖能成文而理識乖繆者，雜犯不考式者，凡此五等，並更不考論。次場論内有不識題者，文辭鄙惡者，誤引事者十事誤用三以上，雖成文而理識乖繆者，雜犯不考式者，凡此五事，亦更不考詩、賦。第三場詩、賦畢，將存留策、論卷子上與詩、賦通考定去留，合格薦名者出榜告示。舊制以詞賦聲病偶切之類立爲考試式，舉人程試一字偶犯，便遭降等，至使才學博識之士，臨文拘忌，俯就規檢，美辭善意，鬱而不伸。如唐白居易《性習相近遠》、獨孤綬《放馴象》，皆當時南省所試，其對偶之外，自有意義可觀，非如今時拘檢太甚。今後進士依自來所試賦格外，特許依倣唐人賦體。鏁廳舉人自今更不限舉數，許令取應。如及第、出身後，即不別推恩。諸科舉人，九經五經，並罷填帖，六場皆問墨義。其餘三禮、三傳已下諸科，並依舊法。九經舊是六場十八卷，帖經墨義相半，今作六場十四卷，並對墨義。第一場《春秋》、《禮記》、《周易》、《尚書》各五道爲二卷，第二場《周禮》、《儀禮》、《公羊》、《穀梁》各五道爲四卷，第三場《毛（經）〔詩〕》、《孝經》、《論（論）〔語〕》、《爾雅》各五道爲二卷，第四場《禮記》二十道爲二卷，第五場《春秋》二十道爲二卷，第六場《禮記》、《春秋》各十道爲二卷。五經舊是六場十一卷，帖經墨義相半，（令）〔今〕作六場七卷，並對墨義。第一場《禮記》、《春秋》共十道爲一卷，第二場《毛詩》、《周易》各五道爲二卷，第三場《尚書》、《論語》、《爾雅》、《孝經》各三道爲一卷，第四場、第五場《春秋》、《禮記》逐場各十道爲二卷，第六場《禮記》、《春秋》共十道爲一卷。立《開寶通禮》科，國家本欲使人習學儀典，不至廢墜。卻聞各傳誤本，惟習節義，殊非崇禮之意。委有司抄録正本，差官考校，令禮部貢院勘會，有人應《通禮》州軍賜一本，許本科舉人抄寫習讀。將來舉場只於官本中問義外，諸科舉人依舊制場各對墨義外，有能明旨趣、願對大義者，於取解到省家狀内具言願對大義。除逐場試墨義外，至終場並禦試，各於本科經書内只試大義十道，直取聖賢意義解釋對答，或以諸書引證，不須具注疏。九經、三禮、三傳、《毛（經）〔詩〕》、《尚書》科願對大義者，每道所對與經旨相合，文理可采者爲通，五通爲合格。其中深曉經義，文理俱優者爲上等。三史科願對大義者，每道所對與史意相合，文理可采者爲通，五通爲合格。其中深明史義，文理俱優者，仍爲上等。明法科願對大義者，並立甲乙罪犯，引律令斷罪。每道所斷與律令相合，文理可采者爲通，五通爲合格。其中深明律意，文理俱優者，仍爲上等。舉人講通三經以上，進士非紕繆，諸科無九否者，過落外許自陳牒，具言曾於某處講説某經，召舉人三人保明，即依前項別試大義十道，以五通爲合格。仍令講誦，與所對大義相合者，具奏取旨。御試舉人試卷，並依舊封彌謄録。進士試策一道，限五百字以上，（成）〔試〕賦一道。諸科試墨義十道，對大義者即問大義十道。出題目並考試條格，並依省試。對大義入上等並合格人及試中講説及等者，所授恩（擇）〔澤〕等第，當議在對墨義及第人之上。詔曰：夫儒者通乎天地人之理而兼明古今治亂之源，可謂博矣。然學者不得騁其説，而有司務先聲病章句以牽拘之，則吾豪雋奇偉之士何以奮焉。士有純明朴茂之美，而無教學養成之法，其飭身勵節者，使與不肖之人雜而並進，則夫懿德敏行之賢何以見焉。此取士之甚弊，而學者自以爲患，議者屢以爲言。朕慎於改更，比令詳酌，仍詔宰府加之參定，皆以謂本學校以教之，然後可求其行實。先策論則辨理者得盡其説，簡程式則閎博者可見其材。至於經術之家，稍增新制，兼行舊式，以勉中人。其煩法細文，一皆罷去。明其賞罰，俾各勸焉。如此則待士之意周，取人之道廣。夫遇人以（簿）〔薄〕者，不可責其厚。今朕建學興善，以尊子大夫之行，而更制革弊，以盡學者之材，其於教育之方，勸亦至矣。有司其務嚴訓導，精察舉以稱朕意。學者其思進德修業，而無失其時。凡所科條，可爲永式。宜令禮部貢院頒下。六月二十六日，詔：進士、諸科點檢考試，及經科出義官，不得預先見逐甲所引諸科姓名，如要人數照會，即聽具數關報。經科舉人如有過落不當，具考試覆考官於知舉官下，減等定罪。

五年三月二十三日，詔禮部貢院：進士所試詞賦、諸科所對經義，並如舊制考較之。

（清）徐松《宋會要輯稿·選舉三·科舉條制》 嘉祐二年十二月五日，詔曰：國家致治之原，莫先乎得士。鄉里興賢之法，必歸乎考行。惟選舉之失實，乃古今之共患。爰自比歲，尤異所聞。悼我諸生，頗淪薄俗，或先敦孝悌而敢爲傲逸，或不勤文藝而專務剽襲。及乎應詔而起，覆試有程，負累者姦利相成，寡聞者懷挾交濟，條制雖密，朋比莫懲。且四年設科，時頗淹久，慮興遺滯之孀，殊匪招來之勤。將革弊端，宜更著令。自今間歲一開科場，天下進士、諸科並解舊額之半。開封府、國子監以皇祐四年所解人數五分爲額，鏁廳及試官親戚舉人亦准此。使來者既寡，則察之差易，防檢得盡其公，事業毋以相貿。且人貴土著，俗重鄰成，（益）〔蓋〕出處之與同，於舉措而必審。三代取士，莫或異斯。又業經爲儒，要在傳道，徒能口誦名數，而或心昧指歸，摘句擿文，有乖舊學。矧明經之所舉，曆前世而已效。比緣其故，用廣於求。其鏁廳子弟，宜淬勵風操，毋狃習於輕墮，毋馳騖於躁浮。播告之條，尚體吾意。應天下舉人，並令歸本貫，令本縣令佐察其行實，以上於州。知州、通判審覆，以上於轉運司。既選官考試解發，而不如所保者，其知州、通判、令佐皆坐之。其得解人，令就本處，二人以上爲一保。如止解一人處，許召本州命官一員保之，隨試卷上禮部貢院。其明經科，並試三經，謂大經、中經、小經各一也。以《禮記》、《春秋左氏傳》爲大經，《毛詩》、《周禮》、《儀禮》爲中經，《周易》、《尚書》、《穀梁傳》、《公羊傳》爲小經。其習《禮記》爲大經者，許以《周禮》、《儀禮》爲中小經；習《春秋左氏傳》者，許以《穀梁傳》、《公羊傳》爲小經。每經試墨義大義各十道，仍帖《論語》、《孝經》十道，分八場，以六道爲合格。又試時務策三道，以文詞典雅者爲通，其出身與進士同。罷說書舉人。諸州進士增試策三道，諸科舉人增問大義一場。其高第人恩例，令中書門下裁損以聞。【略】

三年三月十一日，禮部貢院言：奉詔再詳定科場條制，應天下進士、諸科解額各減半，明經別試，而係諸科解名，無諸科處詳解一人。開封府進士二百一十人，諸科一百六十人；國子監進士一百人，諸科一十五人。明經各一十人，並爲定額。禮部奏名進士二百人，明經諸科不得過進士之數。別頭試每路百人解十五人，五人以上解一人，不及五人送鄰路試。明經試大經、中經、小經，試墨義大義各二十道，貼小經十道，試二三道，共爲八場，仍不理場第。御試明經大義十道，大經四，中經、小經各三。凡戶貫及七年者，若無田舍而有祖父墳者，並聽。從之。七月二十九日，詔：應明經舉者，內三禮、三傳科兼習中、小二經。閏十二月十一日，詔曰：朕惟國之取士，士之待舉，皆不可曠久，亦不可以汎冗。汎冗則課校不審，曠久則賢雋或至滯留。是用立間歲之期，以勵其學；約貢舉之數，以精其選。著爲定法，申勑有司。而高第之人，往嘗不次而用，告猶例進，終致溢員。故增其任以養其才，發其進以圖其效，此天下之士所同欲，而朕果於必行也。若夫高才異行，施於有政，忠謀善猷，具諸行事，已試之狀，爲衆所推，必有非常之恩，以示至公之道。咨爾多士，體朕意焉。自今制科入三等，進士第一人及第，並除大理評事簽書兩使幕職官廳公事或知縣，代還陞通判，再任滿，與試館職。制科入四等，進士第二、第三人，並除兩使幕職官，代還改次第京官，送審官院。制科入四等次，進士第四、第五人，並除試銜知縣，任滿送流內銓，與兩使職官鏁廳人比類取旨。

四年二月二十五日，詔禮部貢院：進士曾經御試五舉，諸科六舉，進士經省試六舉，諸科七舉，年五十已上者，具名以聞。

八年三月五日，詔：進士七舉，諸科八舉，曾經御試，年四十以上；進士五舉，諸科六舉，曾經御試，及進士六舉，諸科七舉，曾經省試，年五十以上，河北、河東、陝西舉人，仍遞減一舉，令禮部貢院特以名聞。

英宗治平二年正月二十七日，詔貢院：如南省放榜故事，合格者以名聞。俟勑下仍放榜。二月七日，詔貢院：經殿試進士五舉，諸科六舉，經省試進士六舉，諸科七舉，今不合格而年五十以上者，第其所試爲三等以聞。昨來免解進士趁省試不及者，將來與免解。以進士孫京等七人試將作監主簿，餘三十八人爲諸州長史、司馬、文學。

三年十月六日，詔曰：國家承祖宗之休，功成治定，而貢舉之法，煩而未安。永惟致治之方，蓋本得材之盛。先帝深詔執事，詢求其故，誠以士久不貢則學廢於閑肆，時曠難逢則人嗟於留滯。故易四載之舊，始爲間歲之舉。粤自更制，寖聞非便，乃以爲裹選之牒仍故，而郡國之取減半，計偕之籍屢上，而道途之勞良苦。朕甚閔焉。載圖事制之中，俾從更定之令，今後宜每三年一開科場。應天下所解進士、諸科，並以本處舊額四分三分。內開封府、國子監以皇祐四年所解進士、諸科數各四分中以三分爲額。所有禮部奏名進士，以三百人爲額，明經諸科不得過進士之數。（憑）限年取才，雖爲法之末，力學從仕，乃服儒之常。毋專文辭而忘操履之修，毋矜帖對而昧義理之當，服我明訓，務祇乃心，庶幾得賢，無愧於古。詔示中外，咸體朕懷。恩典不增，其貢舉期緩，士得休息，官以不煩矣。

（清）徐松《宋會要輯稿·選舉三·科舉條制》〔熙寧〕九年正月十三日，編修貢院勑式所言：欲乞京東、陝西、河北、河東、京西五路到省舉人，並府、監、諸路〔諸〕科改應進士人，各作一項考校，將分數均取。從之。二月一日，中書門下言：舉人自來於開封府冒貫户名應舉，計會用賄，或被告奸，則犯刑憲，終身廢棄。今欲乞遇科場，除國子監三舍生外，並令實通鄉貫，十人爲一保，召命官一員委保，納光監錢三貫，給牒應舉。其錢充試院及期集院支用。從之。十六日，詔：天下進士、諸科舉人，慶曆六年已前到省進士兩舉，諸科三舉，不限年歲；進士一舉，諸科兩舉，年六十以上；進士五舉，諸科六舉，曾經禦試下；進士六舉，諸科七舉，省試下，年五十以上；進士七舉，諸科八舉，曾經禦試下；進士九舉，諸科十舉，省試下，年四十已上。內係河北、河東、陝西進士諸科各減一舉外，並委本貫保明，當職官勘會詣實，依得貢舉條制。其開封府、國子監，即令各召京朝官二員委保以聞，當議特與推恩。

十年四月十八日，詔南省進士依舊試策五道。

（清）徐松《宋會要輯稿·選舉三·科舉條制》哲宗元祐元年閏二月二日，尚書省言：禮部以掌貢舉爲職，伏見朝廷用經術設科，蓋欲人知禮義，學探原本。近歲以來，承學之士，聞見淺陋，辭格卑弱。其患在於治經者專守一家，而略去諸儒傳記之説；爲文者唯務解釋，而不知聲律體要之學。深慮人材不繼，而適用之文從此遂熄。兼一經之內，凡可以爲義題者牢籠殆盡，當有同引試之際，不免重復。若不別議更張，寖久必成大弊。欲乞朝廷於取士之法，更加裁定。又，禮部言乞置《春秋》博士及進士專爲一經。又，侍御史劉摯言乞貢舉進士添試賦，復置賢良茂才科，新科明法添兼經大義及減人數。詔禮部與兩省、學士、待制、御史臺、國子監司業集議聞奏，所有將來科場，且依舊法施行。

（清）徐松《宋會要輯稿·選舉四·考試條制》徽宗建中靖國元年二月十二日，禮部言：周杞陳乞男無逸於元符三年秋赴鄆州應進士舉，准試院牓示稱考中優等，於第三道策漏謹對二字駮放，詣本部披陳，乞依脱字例發解。本部看詳，舉人試卷既已立定式目，自合一體。若有不依式書寫，即恐暗作弊倖，最是緊切關防去處，與不幹式樣處脱誤一二字事體不同。雖已引用前項朝旨告示施行外，竊慮向去諸路州軍等處，亦有似此疑惑，今欲乞申明行下。從之。三月十八日，禮部言：（大）〔太〕學博士張大亨稱，近復置《春秋》科，契勘《春秋》正經內可爲題者不多，乞於正經內三傳解經處出題外，有緣經生文，即不係解經旨處，更不出題。禮部國子司業、太學博士同共議定，將中經各隨大經分定，《春秋》兼《書》，《周禮》兼《易》，《禮記》兼《詩》，《春秋》於三傳解經處出題，雖緣經生文，而不係解經旨處，不許一例出題。從之。

崇寧元年二月十日，禮部言：河中府進士常遠猷狀，先三次請到河中府文解，兩次請到河南府文解，於今年六月內，召保官二員，經汝州自陳，乞併叙歸河中府一處，依條設後投納免解文字。看詳舉人曾於他處得解，欲併叙舉數歸一處者，久來别無立定自陳日限。昨紹聖三年創立自陳日限，在於人情，亦容有所不知。乞行下河中府、河南府，保明無妄冒，先次出給公據，許令通理，經所屬投下免解文字。如更有似此之人，在去年終以前陳乞者，令所屬候今來指揮到院，限十日內勘會，保明申部。從之。六月二十九日，奉議郎、太學博士慕容彦逢言：神宗皇帝以經術造士，故科舉校所選之文，醇於義理，非深有得於經術者不能爲也。紹聖纂承，惓惓以取士爲先務，而元符之末，時事紛更，學校官稍非其選，或喜浮靡，或尚怪僻，或進縱横權變之學。其程文與上遊者傳播四方，謂之新格，轉相襲蹈，以投時好。陛下監觀治體，灼見其原，追講先猷，以幸教多士，固鄉風承德矣，然餘習猶未殄也。臣願陛下因秋試進士，特詔有司，懲革其弊。其所取以義理爲先，文采爲後，凡浮辭僻論、踳駁不純者，咸沮黜之。庶幾學者唯義理之從，以副陛下繼述神考造士之意。詔降付國學、開封發解所。七月二十八日，臣寮言：檢會元符三年十一月從請置《春秋》博士，仍著令聽於三傳出題，此殆失神考以經術造士之意也。竊帷《春秋》之經，其文約，其義隱，非與魯史俱傳，則當時事實莫可稽考。今事不書於正經，而出於三傳所記述者多矣，其虚實是非，無自而知，將何以訓迪多士，發明天下義理之蘊？此臣等所謂殆失神考以經術造士之意者也。乞詔進士勿治《春秋》，省博士增置員闕，正建議者罪，以定昭代繼述之休。詔（遇）〔過〕今次科場罷。八月十六日，臣寮言：乞檢會元豐進士試論日兼試律義之文，參酌行之，此誠有助經術作人之道。從之。仍後次科場施行。

二年六月八日，禮部言：添修到《崇寧貢舉通用式》，犯不考條內添入義論策卷輒作歌辭畫卦之類一十二字，別不衝改前後條貫。從之。九月十日，臣寮言：竊謂使士知經，咸欲如元豐之盛，莫若取諸經時文印板，一切焚毁。今後除府、監發解省試並太學補試、公私試第一名經義方許印行，其餘悉不得買售雜亂。仍行下國子監，嚴立科條，開封府常切檢察。從之。

三年正月二十六日，詔：歲攷月書，鄉舉里選之法，以其間有未便事節，近委有司別行講究。慮修立法度忽遽，未易成就，猶須寬假歲月，精加考求，期於協順人情，選拔寒鄉俊秀而後已。所有後來科場，可更令參以科舉取士一次。十一月十七日，詔曰：神考嘗議以三舍取士，而罷州郡科舉之令。其法始於畿甸，而未及行於郡國。肆朕纂圖，悉推行之，設辟雍於國郊，以待士之陞貢者，禮文咸舉，制度大備。然今州郡猶以科舉取士，而學校之法不得以顓行，故士心所嚮未一。其詔天下，將來科場，如故事外，並嚴州郡發解及省試法，其取士並繇學校陞貢。

四年十二月十二日，大司成薛昂言：今倣《周官》每歲考德行道義，三年大比之意，爲歲貢之制，俟滿三歲，則赴殿試。從之。

（清）徐松《宋會要輯稿·選舉四·考試條制》〔政和〕五年二月二日，翰林學士兼侍讀王甫等言：竊以貢院鎖宿前，朝廷專委用開封府官一員充諸司，與所差內侍預（辦）〔辦〕供帳什物等事，而於法未有前期差官點檢之文，排辦類不如法。乞每歲鎖院前十日，令諸司官及管勾貢院什物庫官具排辦足備文狀，申尚書禮部，差郎官一員專行點檢，保明申尚書省。內貢院見管什物與舉人就試書案，歲久數多，應辦不足，所存亦皆弊壞，乞特命有〔司〕措置添修。從之，仍立法。三月十六日，臣僚言：伏見朝廷設法取士，最爲嚴密。陛下昨降睿旨，試院令皇城司差察事親事官二十人。唯貢士舉院別試所未有差親事官察視明文，別試所引試宗學、太學、辟雍、武舉並開封府學三舍生人數不少，與貢舉事體無異，若不預爲關防，深慮他日玩習，復容姦弊。從之，差六人。十八日，尚書省言：今次就試特奏名進士一千五十七人，特奏名諸科二人。檢會崇寧五年、大觀三年、政和二年就試特奏名諸科人並第二、第三等以上所取人數。詔：今次特奏名進士第一、第二等所取通不得過六十人，第三、第四等通不得過四百五十人。特奏名諸科隨所試合入等第推恩，餘人依條施行。

六年十二月十日，祕書省正字孫覿言：頃年科舉之法，三歲詔下，以廟諱御名大書之牓，揭於士人遊集之地，腥穢混雜，途人蹂踐，徒致褻慢。望特詔貢士院及內外學校，如遇試，許令前期出榜告諭諸犯名諱爲不考試，更不得揭示偏傍及板榜之類。詔更不出榜揭示。十四日，詔：比來士失所守，假名代筆，挾書就試，幹託請求，觀望權要，豈朕所望於士哉！已命有司重實於法。其令監司互察，知而不舉，與同罪。提舉、教授仍加二等。

七年二月一日，臣僚言：仰惟陛下緝熙先志，罷黜科舉，以學校歲貢多士，群試於有司。間者（轍）〔輒〕敢懷挾，招致人言，朝廷始以皇城司親從官察視其事。訪聞貢院所差人，不知事以察視爲職，其苛擾殆至詬詈侵辱，並及無辜，而編欄人等又或暗投文字，誣執士人，以幸賞典。欲望聖慈申命有司，禮闈之中，毋以凌蔑士人。訪聞去歲貢院引試，有於學生坐次或得文字一册者，巡鋪官争欲便牒送，賴知舉等定驗，其學生乃是治《書》，其日係試策，文字卻是《易》義，事理辨明，僅逃刑憲。詔從之，仍劄與皇城司。三月二十六日，詔諸科三經應舉以上人，許赴來年學事司試一次。四（年）〔月〕十四日，兵部尚書蔣猷言：比蒙差考試，竊見試所差巡鋪官，例皆年幼不甚諳練。乞自今後貢士貢院巡鋪，並差三十以上者，庶幾皆熟條禁。從之。七月二十八日，禮部尚書許光疑言：三月二十六日詔，許諸科三經應舉以上人赴來年學事司試一次。契勘自來諸科人應舉，並經本縣自陳，勘驗申州收試。其應幹取應文（藉）〔籍〕，並在所屬州縣。既未經解發，本部別無（薄）〔簿〕籍照證。欲乞行下諸路提舉學事司，預報所部州縣，委官取索自來諸科應舉公案勘驗，令三人以上結爲一保。如一州不及三人處，即召命官一員保識引問，別無違礙，本州保明申學事司收試，庶幾杜絶偽濫。從之。

（清）**徐松《宋會要輯稿・選舉四・考試條制》** 宣和二年十二月二十二日，中書省言：勘會自來赦文，進士曾經省試下人，許理年理舉就大比試。昨降重和元年十一月一日並宣和元年十一月十三日赦內，除許理年就大比試外，未有理舉赴試之文。詔諸路進士曾經省試下四舉，就許將來大比試，仍令禮部疾速施行。

三年二月二十日，詔：太學以三舍考選，開封府及諸路以科舉取士，並依元豐法。內舍、國子上舍及未曾赴上舍試貢士並國子生，並與免解，赴將來省試，以合就上舍試次數理免解次數。

（清）**徐松《宋會要輯稿・選舉四・舉士十》** 高宗建炎元年五月一日，赦：應合特奏名人，並與理舉免試。內曾經六舉以上到省人，與登仕郎；五舉，補京府助教；四舉，上州文學；三舉，下州文學；兩舉，諸州助教。內兩舉合補助教人，願赴將來特奏名殿試者，亦聽。雖試在下等，不應出官者，亦取旨陞等。其已赴殿試，繳納敕牒，願次舉再試之人，亦依此推恩。應天府免省舉人、特奏名並就殿試，及再就殿試人，並與同進士出身。免解人與免省試。應宗室昨來預貢得解，未曾就試人，並與推恩。六月十三日，赦：科舉之弊，至此極矣。苟無變通，則忠實異才之士，何由而出？可自後舉，講元祐詩賦、經術兼收之制，庶學者近正。十二月一日，詔：諸道進士赴京省試，今春兵革，已展一年。國家急於取士，已降指揮，來年正月鎖院。緣巡幸非久居，盜賊未息滅，道路梗阻，士人赴試非便，可將省試合取分數下諸路，令提刑司差官〔於〕轉運司所在州類試。三省措置省試合放人額，紐計正解、免解，轉運司正解並袞同，合以一十四人取一名，餘分不及一十四人亦取一名。不終場者不計。內河東路合赴試人，令附京西路轉運司所在試。國子監、開封府合就試人，於開封府。諸路合就試人於轉運司置司州軍類試。內國子監合赴試人，如在外路州軍，願就本路試者聽。其國子監、開封府人，令留守司，諸路令提刑司，依貢舉法選差試官六員，兩路者各差三員。內開封府令留守司差御史臺官一員，諸路令提刑司臨時實封移牒轉運使副或判官一員監試，不得幹預考校。如有合避親之人，專委官依公考校，所避之官不得幹預。合避非本路提刑者，依本路監司法，前期牒鄰路。合避試官者，封彌官暗記送別位。應逐場試卷，不得止送一位考校。仍令監試官專切覺察。【略】

〔建炎二年五月〕十四日，禮部言：欲將應該恩舉人家狀內以前爲病故，不曾赴省試，實有建炎元年五月十四日以前赦恩，依條召保官經所屬給到公憑之人，即與理舉數。其去年五月一日以後旋給到公據，並不許收使。從之。九月，禮部言：《崇寧貢舉法》係以《元豐條令》及後來申明等修立，其《元豐法》與《崇寧法》不同者，自合遵依《元豐法》。若不該載者，即參照《崇寧條令》。從之。二十三日，詔：諸路類試開拆試卷，並委提刑官。如提刑不在本州，委走馬承受。若走馬承受不在本州及不置路分，委類試所在州守臣。十月二十三日，大理少卿吳□言：國家科舉，兼用詩賦，而《政和令》命官不得詩賦私相傳習之禁，尚未删去，望令刑部删削。從之。十一月二十三日，赦：諸路省試到並合格特奏名試人，以道路艱阻，既到行在，已過試期，不願赴將來殿試人，親身經禮部陳狀，勘驗詣實，召京朝官二員結除名罪委保，申尚書省，正奏名賜同進士出身，特奏名與州助教，仍依下州文學恩例。

（清）**徐松《宋會要輯稿・選舉四・舉士十》** 〔紹興二十六年八月〕十六日，宰執奏：科舉引試，有數人傳受者，已依條施行。如宗子善積懷挾，亦令扶出，示天下至公。自此科舉之弊，當盡革去。上曰：朕於此事極留意。異時宰執、侍從皆由此途出，若容冒濫，所謂拔本塞源也。閏十月二十四日，宰執進呈權兵部侍郎兼國子祭酒楊椿言：今時經學者白首一經，如蠹書之魚，詞賦者駢四儷六，如兒女之戲，而皆不讀史。乞下明詔訓導，使學者博約兼通。上曰：士人不習史，何以知古今治亂興亡之跡？沈該等曰：誠如聖諭。今來臣僚所言，當劄下國子監，令長貳曉諭諸生。上曰：又舉人多習詩賦，習經義者絶少。更數年之後，恐經學遂廢。當議處此。沈該等曰：前此固嘗以經義兼習詩賦，若兩科兼習，庶不偏廢。欲乞來春省試畢施行。上曰：甚善。

二十七年正月一日，詔遵依咸平典故，以見任兩省、台諫、侍從以上有服親爲權要，候放榜日，令禮部將過省合格人姓名取索有無上件服屬人，開具聞奏。自後每舉申明舉行。十日，詔：經義、詩賦兩科合格人，如有餘不足，內詩賦不得侵取經義。若經義文理優長，合格人有餘，許將詩賦人材不足之數，聽通融優取。仍以十分爲率，不得過三分。以臣僚言學者競習詞賦，治經甚少。又於六經之中，舍其所難，則經學寖微。乞於二科所取分數，稍損詩賦而優經義。故有是命。二月一日，詔：今後國子、太學公私試及將來科舉取士，並令兼習經義、詩賦。內第一場大小經義各與減一道，餘依紹興十三年二月二十二日指揮施行，永爲定制。五日，詔：今後考校，如《二禮》文理優長，許侵用諸經分數，特與優取。以尚書省言近年習《二禮》之人最少，理宜優異，故有是詔。

二十八年二月三日，宰執進呈太學録陳良祐奏：比詔兼習經義詩賦，然法行之初，學者不復加意聲律，而有司考校，又專以大義定去留。欲望申敕有司，自今考校，通取經義、詩賦之優者。上曰：今兼用兩科，已有定制，若更議改易，恐士無所適從。宰臣沈該等奏曰：良祐請令有司於經義、詩賦各取其優，使不相勝，欲依所奏。從之。四月二十六日，禮部言：就試舉人懷挾，詔（令）〔今〕重別增立法禁。今欲應因懷挾殿舉，並令實殿舉數不以赦恩原免。如再犯，永不得應舉。從之。十一月二十三日，南郊赦：進士被州縣刑責，依條令所屬審定，保明聞奏。慮恐所屬多係元斷官司，嫌避遷延，不爲保奏，仰諸路監司遇有訴理之人，即取索元案看定，如委係枉斷，即令所屬疾速依條保奏施行。

二十九年三月二十八日，宰執進呈監察御史、公試補試類試監察試官沈樞奏，乞少寬傳義之禁，慮有不實。上曰：向來舉場縱弛太甚，此奏若行，又復前日之弊矣。朕所以必欲禁止者，以取士之原，實在於此。異時公卿大臣皆繇此塗出，利害至重。況挾書傳義，類非佳士。儻使有實學知廉恥者，必不肯爲。樞此奏蓋欲沽士人之譽爾。沈該奏曰：乞更不施行。從之。七月四日，四川安撫制置使司言：准詔四川類省試用九月十五日鎖院。緣去行在地理遥遠，若以九月十五日鎖院，依條限考校，至十一月放榜，竊恐舉人趁赴御試不前。欲望於八月內鎖院。從之。八日，四川安撫制置使司言：合赴類省試得解免解人，緣夔路州軍地里遥遠，臨試取會不及。欲內有小節不圓之人，先收試。如後來有違礙，雖試中即行駁放。從之。九月十四日，侍御史朱倬言：近者國學發解，凡六經人數通一千一百七十六人，而治《書》者七百七十有八人。餘合五經之數，不及其半。至於《二禮》，若亡而僅有。欲望委大臣精加訂議，率以十分，痛損《書》之有餘，以補《二禮》之不足。其他三經，併行裁定。仍乞擇精於《二禮》者，俾爲博士。從之。十一月二十二日，禮部言：將來省試依條正月九日鎖院，合於十二月二十五日以前引保納卷，其限外續到舉人，若（鍊）〔鏁〕院後引試前內，有續到之人，欲許赴部引保，納卷收試。從之。

三十年正月二十七日，禮部貢院言：引試有官鎖應宗子三十四人內，一名公高治《春秋》，係孤經。欲乞將公高試卷依公精加考校，如文理優長，即乞前期具合格真卷，繳申尚書省，取朝廷指揮。如不合格，乞從本部一面黜落。如已後更有無官取應孤經之人，亦乞依此。從之。四月二十五日，禮部言：取應宗子趙師古，三經覆試（十）〔不〕中，年四十三歲，乞推恩。依已降赦文，應宗子三經覆試不中，令禮部具申尚書省，取旨推恩。兼依條宗室非袒免親服取應三經，覆試不中，年四十以上者，勘會申尚書省取旨，量材録用。詔與補承信郎。

三十一年二月二十二日，詔：經義、詩賦依舊分爲兩科，取士分數，依紹興二十七年正月十日指揮，詩賦不得侵取經義。若經義文理優長，合格人有餘，許將詩賦人材不足之數聽通融優取。仍以十分爲率，不得過三分。自今年三月太學公補試爲始。【略】

隆興元年正月十四日，右諫議大夫劉度言：竊聞貢院爲赴試人衆，分爲三場，而第三場專引外州覃恩免解人。臣未敢以爲然，何以言之？向年覃恩免赴試人，得者最少，以此懷疑，謂主司特別撰號，陰爲擯黜之計。雖實無此事，而語言籍籍，不可開曉，非清朝至公之體也。欲乞將赴試人不拘中外，得解免解，互相參雜，止據經義、詩賦人數，通融相補，分作三場，混同考校。將來得失多少，自繫程文工拙，初無彼此形跡。下以示主司之無心，唯才是取；上以彰聖恩之廣大，實惠具孚。法意人情，皆爲允愜。從之。十六日，詔禮部貢院：以前舉取過人數，共添取一百人。二十七日，禮部貢院言：去年覃恩免解進士，除鼎、劍州不曾申數外，國學一千三百四人，建寧府一千八十九人，洪州二百三十八人，宣州二百七人，計二千八百三十八人。內八百六十五人未就試，欲乞於近所獲旨增添一百人額內，存留三十人，充未到人合取之數。從之。二月十日，禮部貢院言：承前逐舉省試奏號，多不過三百。所差拆號官率以下晡到院，先即封彌所點號整足，然後入院。往往夜漏既上拆號，抵明方畢，放榜以示天明爲限。今年省試約七百餘號，人數增培，慮拆封逼促擁併，致有差互漏泄。今欲拆號前一日四更奏號，乞自朝廷燈時付拆號官赴院檢拆，次日不限早晚放榜。從之。【略】三月十九日，祕書省正字張宋卿言官冗之弊，欲望立爲定法：進士自紹興甲子以來，必二十年而後免舉，必一舉三十年、五舉年五十而後推恩，其有援近例以爲比者，並不得受其辭。詔吏、禮部看詳，已而逐部看詳，遵依見行條指施行。五月六日，勑賜進士及第袁樞，詔特與第五人恩例。樞省試第五人。是歲上不臨軒策士，有司編排科甲，樞乃在別試所第一人之下，自言而有是命。八日，權知萬州李剛中言：本州每舉往夔州附試，原其始，蓋爲士人數少，官（借）〔惜〕費用。承平既久，士子益盛，昨仲秋釋奠，預其事者五百餘人。乞下本路轉運司，許本州自置試院解發舉人。禮部勘當：若就試士人委及百人以上，令本州依條設置試院；如不及數，且循逐舉例併試。從之。

乾道元年二月七日，禮部言：准詔書，應文學出官進士理年免舉，並依前郊赦例，先次施行。欲將紹興三十一年《明堂赦書》挨排遞趲。從之。十二月十七日，禮部言：來年正月九日，省試鎖院，所有流寓舉人，除有貢籍人已有紹興三十二年四月詔旨免召保官外，其曾經諸西北州軍紹興元年以前文解陳請免解等無貢籍照據之人，即乞依前召保施行。如保官非見任並正解保人，無得解文驗，並不收試外，其餘未圓事節，欲乞並依前舉例，先次收試。有違礙不實，雖已過省，並駁放。如願於行在別召保官之人，若所召保官依得條旨，即從本部取索印紙，批書施行。從之。二十六日，中書門下省言：勘會近年士人公然受賂，冒名入試，致叨取解名，亦有登科者。今省試在近，理宜禁戢。詔：應令人代名及爲人冒名赴省試者，各計所受財依條坐罪外，並真決編配千里外州軍，同保知情人永不得應舉。如士人告獲，與免一次文解，諸色人賞錢三百千。仍令尚書省榜諭。

二年正月二十四日，詔鄭績、曹緯赴將來省試一次。先是，上語輔臣：鄭績、曹緯乞再赴殿試，此宜如何？洪适等曰：太上皇帝更化之初，詔求天下直言。淮東提舉朱冠卿奏秦檜當權，科舉悉由私意，如（漕）〔曹〕冠、秦塤等八人濫竊儒科，合於階官以右易左。既而台章論列，有官赴試人帶右字，無官赴試人並剝放。鄭績者乃剝放之數，至如曹緯，於祖母服制中赴試，兼係曹泳之姪，招致人言，所以一例駁放。上曰：赴殿試難從。特有是命。二月十二日，禮部貢院言：第二場策卷誤犯廟諱嫌名，從口從休。洪适等曰：前舉樓鑰誤犯廟諱舊名，從人從庸，詔特降末等頭名。上以嫌名比舊名爲輕，令依等第取放。

三年八月十五日，詔：周寅、沈興傑、鄭績、曹緯，並令赴乾道五年以後省試，省試下人願就特奏名試者聽。十一月二日，南郊赦書：應舉人因事殿舉及不得入科場之人，除犯徒罪以上及真決未曾改正、編管人未放逐便外，可並許應舉。及枉被刑責，或因罪押赴州軍聽讀，令所屬具元犯審定，保明聞奏，內聽讀人當議此類。命官編羈管人，理年放還。六年十一月六日、九年十一月九日南郊赦書並同此制。

四年三月二十九日，臣僚言：科舉元法，定用八月五日鎖院，十五日引試。緣考官於八月五日以前，雖至所差州軍，其監試官例託以日數未及，不即入院，遷延至初五日方入。考官入院，坐待之久，並無禁約，既涉嫌疑，亦生姦弊。欲乞明降指揮，鎖院不得過八月五日，考試官並限前期至所差州軍，有一先至監試官，登時鎖院。仍乞修入貢舉條勑。從之。

五年正月十一日，臣僚言：比年科場所取試文，遠不及前，論卑而氣弱浮虚，稍稍復出。甚者强掇禪語充入經義，又非止脱形器之累，極淵妙之際，如晋人之談老、莊也。相習相同，泛濫莫之所届，此豈爲士人罪哉！薦紳先生則使然。伏願深詔輔弼，明勑有司，自今試士，必取實學切於世用者，苟涉浮虚及妄作禪語，雖甚華靡，並行黜落。庶幾學者洗滌其心，盡力斯文，以稱陛下總核之政。從之。二十九日，詔貢院並別試所：依前舉例，每十五人四分紐取一名，零數各取一名。三十日，禮部貢院言：契勘隋字元係隋國名，隋文帝初封隋公，後去其辵以爲代號。其隋、隨兩字，如係國名，即音義並同。景祐元年所修《集韻》已曾收入，具注分明。《禮部韻略》合於隨字下注亦作隋，舊失收載。緣未有許行壓用之文，今所試舉人多以隋字壓韻，未敢去取。欲望詳酌，許令壓用。從之。二月十三日，禮部言：在法，諸舉人因子孫授官若進納及攝官應免解，願納補授文書赴省試者聽。蓋謂未有官作舉人時請解，後因逐色補授官資，而欲用元得解年月免舉，願納補授文書，方許赴省。昨有司不詳法意，致赴省冒濫。今欲將未有官作舉人時請解，後因逐色補官，理年舉合該免解，方許納補授文書免解。如因進納逐色補官之後，赴運司試請解之人，不許納補授文書免解。從之。二十八日，禮部言：將來省試，舉人投納試卷，並令更納草卷一幅，依式裝界，以備謄録。從之。

（清）徐松《宋會要輯稿·選舉五·貢舉·雜録》〔淳熙五年二月〕二十五日，知貢舉范成大等言：比年試院多有計囑拆换卷子之弊，謂如甲知乙之程文優長，即拆離乙文，换綴甲家狀之後。其卷首雖有禮部壓縫墨印，緣其印狹長，往往可以裁去重粘。臣等今措置，於卷首背縫添造長條朱印，以淳熙五年省試卷頭皆縫印爲文，仍斜印之，使其印角横亙家狀、程文兩紙，易於覺察。乞自後應幹試院，依此施行。從之。六月十一日，禮部侍郎鄭丙言：恭惟陛下恢崇儒術，深燭文弊，延策多士，率取直言，寘之前列。今歲秋舉，竊慮遠方之士未悉聖意，尚循舊習，或事諛佞。望申敕中外，場屋取士，務求實學純正之文，無取迎合諛佞之説。從之。

八年正月二十六日，詔貢院别試所：引試避親舉人分數，依淳熙五年取放施行，零分更取一名。【略】

慶元元年五月四日，權禮部侍郎許及之言：自鄉舉里選之法不復行於後世，糊名考校，雖未足以盡得天下之英才，其間老師宿儒，窮年皓首，見擯有司而不怨者，服場屋之公也。近年私心勝者，設爲得好文字不若得好士人之語。不知既糊名矣，好士人何從而知之？陰通默授，欺天罔人。臣竊以爲陰通默授者，固無從禁格。至於形格勢禁，可以大爲之防者，乃不能守已行之令，而反開弊倖之門，如試官得差待闕人是也。彼不過謂見任有出身員數不足，勢不免取待闕寄居官。又不過謂見任有出身員數雖多，而習經義詞賦之不同，勢難徧差。審爾則員數之足與不足，皆須取待闕人。不思立法本以防姦，乃至以人廢法。甚者謂見任未必佳士，待闕往往多名流。殊不知見任之員，即前日待闕之數，見任之員不足，惟當展日考校。今歲大比，乞檢照淳熙六年臣僚之請，勿開寄居考校之門。除知縣、縣令不差外，雖總所屬官，許本路運司同州縣見任人差。隨其多寡，量分諸郡，寬其考校之程，續其供給之數。仍將差不足員數，合破供需，亦行均給。如是則有司奉令承命，精擇公選，場屋之士，得者不以爲私，而失者不以爲怨矣。六月十三日，臣僚言：國家三歲大比，經義、詩賦分爲兩科，使各占其藝，以便多士，德之至渥也。惟差試官，有失立法之意。或全差治經而不差習詩賦者，或全差習詩賦而不差治經者，是以考校去取，間有枉被黜落，或濫中科名。今試期已迫，乞下禮部符諸路漕司，凡差試官，必經義、詩賦相半，雖遠方小郡解額少處，亦不可使偏於一。收拾千人一律之腐語，識認同門共習之故文，怙勢憑愚，故黜正論，連交合黨，共取凶徒。甚者秋闈敢舉浮誕之説，發爲策問，誑誘後學，遂使真賢實能見棄有司者大半。乞宣諭大臣，今後試官，須精加選擇，委有文行，該通博洽，可以服衆，方嚴公正，可以厲俗，始許以名聞。否則科目前列，不在茲選。庶幾學校科舉自此少變，而朝廷收得人之實效矣。從之。十月九日，禮部言：依條，省試係用正月九日鎖院。淳熙十六年臣僚奏陳，省試乞用二月一日引試。紹熙元年、四年正月並小盡，用二十四日鎖院。來年正月係大盡，欲乞用二十五日鎖院。從之。【略】

二年正月五日，臣僚言：天下之治亂，由於人材之盛衰，人〔林〕〔材〕之盛衰，由乎科舉之當否。明歲春闈，乞詔有司，所試之士，必經術醇深，文章典麗，問學該博，論議中正者，然後充選。其有尨圣王辟，膚淺蕪陋，狂詘狡訐，阿諛側媚者，並行黜落。如所取不當，有轍聽聞轍：疑誤。，考官降罷，士人駁放。庶幾積弊一空，人才輩出，以副設科取人之意。從之。同日，臣僚言：科舉之弊，無甚於今日。近者臣僚論列，可以槩見。來歲既無廷對，省試尤當關防。大抵試院簾內簾外之弊略等，簾內知舉必差台諫官，可以糾察。若內外則自淳熙八年以來，差卿監郎官一員封彌。雖比向前差局務及在部官事乃稍重，然而職非彈劾，其權尚輕。小人覬利，無所畏憚，姦弊自若。檢照景祐五年貢舉，封彌官則殿中侍御史方偕，慶曆六年貢舉，封彌官則侍御史仲（間）〔簡〕。今欲簾外改差監察御史一員，專一監督封彌等事。如有姦弊，申舉彈劾。庶幾塗抹試卷，漏泄字號，拆換印縫等弊，可以頓革。詔令於卿監郎官內選差。二月十二日，宰執進呈，內出御筆付知貢舉葉翥等：朕既群天下之秀彦試於春官，期得器識偉厚、議論正平之士，副異時公卿大夫選。屬嬰哀疚，不能親策於廷，唯賴卿輩協意悉心，精加衡鑑，網羅實才，毋使浮誇輕躁者冒吾名器。朕則汝嘉。餘端禮奏乞宣付史館，上曰：今年無殿試，省試事體不輕，欲得試官，留意攷校。他日大用人材，皆由此出。三月十一日，吏部尚書葉翥等言：二十年來，士子狃於偽學，沮喪良心，以六經子史爲不足觀，以刑名度數爲不足考，專習語録詭誕之說，以蓋其空疏不學之陋，雜以禪語，遂可欺人。三歲大比，上庠校定，爲其徒者專用怪語暗號，私相識認，輒寘前列。遂使真才實能，反擯不取。臣等孰識其弊，比知貢舉，試取經史之疑以質之，多不能對。觀其文理，亦有可採，而怪誕尤甚，深可憐憫。蓋由溺習之久，不自知其爲非。欲望因今之弊，特詔有司，風諭士子，專以孔孟爲師，以六經子史爲習，毋得復傳語録，以滋其盜名欺世之偽。更乞內自太學，外自州軍學，各以月試取到前三名程文，申御史臺考察。太學以月，諸路以季。太學則學官徑申，諸路則提學司類申。如仍前不改，則坐學官、提學司之罪。如此何憂文風之不變，士習之不革哉？從之。

（清）徐松《宋會要輯稿・選舉六・舉士》 嘉定元年正月九日，臣僚言：仰惟國家數路取士，得人最盛，莫如進士設科。近年姦弊滋甚，據權勢者以請囑而必得，擁高貲者以賄賂而經營，實學寒士，每懷憤鬱。今有管見：一、考校差官，要當精擇。蓋考官精明，去取允當，否則是非易位，遺才必多。乞詔大臣精加選擇，無取昏謬，充數其間。一、省闈差官，有知舉、參詳、點檢之别，蓋欲參稽互考，必求其當。向爲知舉者不此之思，乃謂試卷去取，可得自專，至有參詳、點檢去取一同，知舉獨不以爲然，而得失遂定。往歲宰臣、台諫有子登科，繼行駁放，多是參詳、點檢以爲可黜，而知舉自行取放。凡爲知舉，絶無私意，猶不可專用己見。儻或藉此行私，豈不爲考校大弊？臣謂參詳、點檢可否不同，正須知舉平心參酌，擇其是者從之。若參詳、點檢去取相同，而知舉或有異見，要當更與考訂至當，以定去留。如此不惟參詳、點檢各得與知舉詳議，盡其所見，爲知舉者亦可無自用之嫌。乞令禮部候鎖院日，詳此施行。一、試卷去取，雖賴考官精明，而謄録、對讀，尤當加意。謄録脱誤，對讀鹵莽，文義舛訛，必誤考校。每舉所差，對讀官員數特多，正欲訂正謄録脱誤，以便考校。惟是差官不加選擇，雖昏耄衰病，亦使備數。所以待遇者，又皆簡薄，位次狹隘疎漏，上雨旁風，不能自庇。而幕帟器用，油燭薪炭之屬，亦多不備，何以責其盡心？遂致草卷，雖經對讀，脱誤尚多，簾內考校，倍覺費力。乞加選擇，無以昏耄衰病者充數。凡所供備，如位次、幕帟、器用、油燭、薪炭之屬，無得苟簡。擇之精，待之厚，儻不敬謹其事，罰亦不貸。一、謄録試卷所差謄録人，率是雇代充應，只求雇直稍輕，雖疾病癃老，不慣書寫，俱不暇問。當其謄寫之初，老病與不善書者尚能（疆）〔彊〕勉，數日之後，精力疲苶，多不成字。再三詳訪，方見意義，若多脱誤，又不可讀，實爲深害。乞令禮部下所屬，須管選擇慣熟書寫、精力（疆）〔彊〕健之人充應，仍令長吏保明。長吏謂縣押録、州府之都吏。如更循襲充數，仰謄録所申試院，牒報元差官司，將承行長吏斷勒。一、代筆、傳義、挾書、移坐之禁，貢舉條制甚明。近歲姦弊滋多，甚至應博學宏詞，乃攜文字，公然檢閱，其他可知。至爲代筆、傳義之地者，率以賄賂計囑排坐，否則入試之時，交互改移，尤當禁止。乞令禮部申嚴成法，措置關防，庶使人知警懼，姦弊可絶。從之。十五日，禮部言：已降指揮，將開禧三年發解舉人取中試卷並省試合格試卷，並行牒發御史臺，同本部長貳參考字畫，關御藥院殿試，字畫不同之人，照指揮駁放施行。今來諸路州軍免解進士，合赴今年省試。若有過省，既無解試卷子比對，無由辨驗字畫。今欲告報書鋪，如有免解進士赴省投納試卷，並親身題寫卷首、三代家狀，即不許令人代書。如不遵告報，致本部驗出，定將犯人書鋪送所屬根究施行。如免解人過省，從本部再行告報簾試，親書三代家狀一紙印押，同過省試卷類聚，牒發御史臺，同本部長貳參考，將字畫比對，如有不同之人，遵依前項指揮施行。從之。【略】

四年二月十七日，禮部貢院言：今來省試，諸州軍國學赴試經義、詩賦進士，貢院終場四千三百一十一號內，有國學該赦恩免解及還赴省試等人，其取人分數，乞指揮施行。詔依嘉定元年收放分數，每一十七人取一名，零分更取一名。四月十一日，臣僚言：竊聞考試院謄録所，自來循襲體例，以士人試卷凡有犯科舉條制不考式者，並聽謄録人點對舉覺，與免謄録。由此謄録人怠於書寫，輒爲改易正本，書人諱字，以免書寫，甚則有焚匿遺棄之患。雖有合格之文，無由得達於考試官。士子三年勤苦，千里來試，乃爲謄録者毀棄試卷，暗遭黜落。試卷有第一場、第三場而無第二場者，有裂去一半不可謄録者，雖一時擁併所致，而封彌官亦有不親臨於其間，明知其弊，多不以聞。乞今後士子試卷，應有犯諱及不合考校格者，並令依本謄録，寫發入裏，聽試官考察，不許謄録所暗行黜退。其試卷首尾不全，亦須具數以告簾裏。又須簾裏試官中專差一員，以封彌所日納試卷之數及謄録所日受封彌之數，參考異同，至拆號五日之前，以諸位試官分房所受之數，總而計之，稍有不同，須加究見。如此則官吏知畏，封彌、謄録必無毀棄文卷、改易字畫之患。從之。十二月二十七日，禮部言：國子祭酒兼權刑部侍郎劉爚言：國家以科舉取士，三日之試，雖兼策論，而去留之際，必本經義、詩賦。近年經學不明，命題斷章，學者以巧於遷就爲工，不以推本經意爲正，略傳注之説，侮聖人之言。詞賦抑又甚焉，體字全類歇後，用字不考理致，蓋檢閲於類書，非根原於實學。文義無取，器局何觀？乞令學官選擇中興以來魁選義賦，根本經旨、詞氣渾厚者數十篇刊降，以爲體式。今後命題，不許斷章，長短不拘。《春秋》一經，照嘉定四年省試例，以事實通貫者爲題。令禮部下諸路，於差試官牒内備坐施行。本部看詳，乞下國子監，令監學官精加選擇刊本頒降。所有經義命題，亦下國子監、諸路遵依施行。從之。

六年正月二十三日，臣僚言：試院有平安曆，不過以報平安。今則不然，其出也，所書項目，監門莫得而見；其入也，所傳件數，監門莫得而稽。囊復封識，不知所藏何物。名爲藥褁，安知無簡劄往來？號爲家書，安知無消耗漏泄？其弊有未易言者。嘉泰間，議臣亦嘗推究關防矣，未聞許其發視而後通傳。乞下所屬，自今平安曆早暮出入，監門官逐一點檢，不許帕復纏褁，私自封緘，雖藥貼家書，亦先開拆，方得收傳，監試覆視，則考試者無得容其私，就試者無以售其私。從之。三月十七日，臣僚言：自中興以來，取士幾三十科，積習既久，弊倖滋深。今歲科場，若不申嚴，竊慮愈甚，試舉數事以明之。鄉貢士著，令甲非不嚴也。遊手之士奔走遠郡，或買同姓爲宗族，或指丘壟爲墳墓，百計營求，以覬一試，於是妄冒誕謾之風成矣。假手傳義，罪名非輕也。饑貧之士貪於近利，竭其素藴，人之田，有一人代二三名者，有二三人共爲一名者，億則屢中，竟遂其私，於是銅臭假儒之志得矣。差官考試，逐州對號，此漕司之措置也。好賄之吏，不念燈窗之舊，作廋辭密授親仆，所至求售，滿意而歸，於是富室子弟相倣行賕矣。通判之牒館客，蓋避監試之嫌也。而別廳亦復援例，士倖速化，不遠千里，假作土著，以希漕舉，於是始進，欺君之惡，不暇顧矣。封彌、謄録，就差本州縣吏，此定例也。俗士通同，密取同經卷子，增減字畫，妄謂雜犯，暗行黜落，或拆换卷首，於是實學之士無所赴愬矣。校藝既定，編排申號，此有司之事也。而長官入院，妄作聰明，舍合格之人，取備卷之繆，或私舊識，或示己恩，於是漕司所差之官不得行其志矣。因今之制，革今之弊：嚴冒貫之法，俾各歸鄉土；重代筆之罪，永不得入場屋；試官鬻舉，計贓除名；違法牒試，專坐主者。至於書吏爲姦，長官越職，並合科斷。仍誡諭考官，專取醇正博雅之文，痛掃輕浮剽竊之習。如是則鄉舉里選，真才實學，相繼而出，以副聖朝設科取士之意。從之。【略】

〔十二年〕十二月九日，臣僚言：考校差官，力有所限，居有不安，詎能運我精神，校人優劣。歲當大比，試於春官，知舉主文衡，參詳審當否，至於考校去取之責，實繇點檢試卷官，每舉例選二十員，莫非文藝器識。試越一日，分房考卷，自朝抵夜，一月甫能竣事。脱有病者，又難分考。莫若就點檢官内添一二員，俾我能勝文，文不我窘，所謂力有限者此也。貢院地勢卑下，春陽地氣上騰，非有板居，恐爲濕氣所襲。有司已鋪一半，莫若鋪足，俾四體展布，一意文字，所謂身有不安者焉可誣也。乞下臣此章，詳加討論，亟賜施行。都省照得，近來宗子到省人數倍於常舉，其點檢試卷官，若仍舊止差二十員，竊慮考校不精，合議施行。詔更添置點檢試卷官二員，專一考校宗子試卷。二十二日，臣僚言：場屋弊極，法禁當嚴。請言秋試一二，復以省闈當謹者陳之。近甸今歲貢闈，詞賦過韻，寘之前列，小義錯繆，處之魁選，有以杜預《左氏》之序出爲傳題，鹵莽可知。甚者身不入場，榜出高中，詞訟未已。浙漕類試，其弊尤多，或名貫年代一同而納兩卷，或次場夾賦卷而同納，或二名貫雖異祖，父名諱年甲則同。別試之所，蓋避親嫌，漕闈合避二百六十餘人，類以孤經牒還大院，別院所試僅二十人，安有孤經若是之衆？借曰避考校，寧保其無囑託？別院考畢，仍歸大院同考，別院之設，特具文爾。試卷封彌所用塗注印記，而謄録所爲無後梢發還封彌，不止一二，豈非吏貼，輒毀其卷。近者敗獲塗改，皆此類也。近郡若此，四方可知。精選詳擇，所藉甄別，特省試爾。八廂伺察，以防挾書、代筆。比年玩習，鎖試之前，富室勢家結約入試，包藏所攜，首爲奇留。試題一出，密令檢閲，蠅書滿庭，莫之憚也。（郡）〔群〕聚假手，八廂所合巡視；頂名入試，書鋪所當認識。囑託既行，皆不之問。傳義以線從地引入，飲食公然傳入，彈圓隨水注入，機巧百出。封彌謄録，弊倖尤多。監官貼書，不許相見，正心傳泄正心：疑有脱誤。，公然往來。封彌既畢，撥過謄録，號簿付之吏手，姓名皆得而知，豈容不關防哉。夫群天下之士試之禮闈，彼抱實學正欲自見，而聖時望於得人，姦欺冒濫，材能湮鬱，豈選舉之意。乞諭大臣，嚴爲措置，巡視八廂、書鋪知情故縱，重寘於法。封彌謄録，乞差朝士二員機察。引試之日，令臨安府多差廂官，四圍巡邏，簽廳官提督，如有捕獲，准條推賞，因事敗露，亦議責罰。注水之地，引試之日，廂官監視，卯時注入。入場之後，不許注水。照得貢舉制，舉人懷挾殿四舉，有官人（衡）〔衝〕替，注令人爲人同，非不至嚴，士子類多挾書，堆積盈滿，條制蕩然。今秋宗子解試，有懷文入場，所出之題，一人有十二篇，已用其一，餘以惠人，悉皆預榜，真才黜落，莫不惋憤。多器以計得，固自不可，況清官要職皆由此選。今來省闈，深慮循習，乞以臣此章，嚴行禁止，專委監試措置，搜邏違犯之人，必罰無赦。巡鋪八廂不行覺察，取旨責罰。從之。二十六日，右諫議大夫李椿言　恭聞高宗因輔臣進呈殿試升降格，嘗曰：初召考官，以鯁正居上，諛佞居下，此以示朕好惡。凡士人須自其初進，便當別其忠佞，庶可冀其有爲。大哉聖謨，誠選舉之良法。近世科舉，亦古人明試以言之意，顧以乏才爲歎，何耶？是非人才之罪也。欲正六律音，必委善知樂；欲得千里駿，責之善相馬。今欲得碩大英偉、忠諒鯁正之人以爲世用，則必選擇中正而不頗，識超而詳練，氣剛而肅恭，充以學問該通，付以較藝之責，庶乎其可矣。然更有千慮一得之見，甲戌省闈，臣備數點檢試卷，以撤棘日淺，考官焚膏繼晷，頃刻不暇，得無點檢稍緩乎？乞比常限略展三日，量增日用，使考官精詳，編次去取，不其美歟。從之。

十三年正月二十二日，殿中侍御史胡衛言：照得知貢舉一員，同知貢舉二員，皆擇禁從近臣，儒學時望，又以台諫參之。嘉泰間，謂司諫司考校不無迎合，乞專糾察，而於議題去取高下勿預焉，即增置同知貢舉一員。但更制之後，所差台諫，既無卷子可攷，至於貢闈弊倖，如懷挾、假手之類合措置關防者，玩愒其間，僅與三知舉通簽文書而已。蓋不司考校，不應謂同知舉，既專糾察，不應不正監試之名。今科舉之法，諸州解試，別院省試，皆有監試官，安得省試大院獨無監試？今宣鎖在即，乞將台諫同知貢舉一員改作監試，其校文之官有勤惰不一者察之，執事之吏有內外容姦者糾之，凡貢闈事不屬考校去取者悉聽於監試，然後名正言順，責有所歸。且使知舉免親瑣務，專意文衡，誠非小補。從之。四月二十七日，刑部員外郎徐瑄、監六部門張國均、大理評事郭正己言：竊見貢舉莫重於省試，利害關係莫重於封彌。往歲常聞撥換卷首，深爲切齒，然未若今身履而目見。若以竣事不復條陳，則此弊無可革之時矣。謹條列於後。一、換易（眷）〔卷〕首，皆是部監點吏與書鋪通同封彌所作弊，中間務欲景弊，臨時於百司抽差吏貼，雖是生踈，可免撥換。所謂書鋪與部監吏交通，此兩窠人常在簾裏，弊根無由可除。且如卷縫長條背印之設，正防此弊。而條印不印卷身，多印家狀，亦有不及縫者，亦有全不印至封彌處者，又有封彌後寫奉試及作文處全無正面縫印者，公然撥換。乞下部委郎官一二員監印背，須管印至封彌後第一第二縫背面齊全，仍要鎖院前一日印絶，不得於貢院用印。候引試日，榜示簾前，如無印縫，許即陳乞補印。仍逐卷用主行人印記。如仍前簡漏，重行斷降，有情弊，送獄根治。一、封彌所置號簿納卷，書姓名三代注籍稽考，日前付之吏手，至拆榜全不用及，只將草卷對真卷拆取，號簿遂爲虛設，掇換竄易，皆無所考。乞監封彌卷首院門官銜內，添專拘號簿，封鎖臥內，直候台官拆榜，齎置知舉前，將真卷對簿，見姓名三代同，然後書榜。仍於卷身第二幅紙角添寫字號，以備參對，可革掇換。一、掇換之弊，亦有未試前先將（直）〔真〕本白卷寄封彌謄録吏貼收藏，入試卻請備卷。吏貼受囑，專俟鈞卷全篇謄上，其元納備卷卻行毀匿，遂無稽考。乞合備卷之時，先具姓名報封彌所，於簿內明注第幾場係請備卷，候拆榜如係真卷，不係備卷，即行根究。一、封彌所交到試卷，即時封印送謄録所，間有漏印，打回印押，亦有不印押而謄録作弊私拆，袞同已謄者發還封彌所，臨時兩處相推，無從稽考，或掇換，或漏泄。乞就封彌謄録所官內，各以一員專點印押出入，如漏印押，限刻內發回補足，如遲留一時，已交入謄録所收管，不許以漏印爲詞打回，及已謄畢，發回封彌點檢。如擅拆封限，刻內申試廳追入根究。一、謄録書手動是三百餘人，例係縣科吏貼轉雇，遊手混雜其間，亦有士人流落，袞同抄寫。書鋪等受囑爲地，比至謄録，揀作文合格者掇換卷首，倣傚字跡書寫。奉試某經之後不過一二行止，非精字畫決不能分真僞，掇換卷首，委難關防。乞科差之際，下逐縣結罪，每五人爲一保覺察，不許容流落士人混雜解府，先委通判察視封臂，併委謄録官伺察，如有作弊，併將同甲一例送獄。一、書鋪納卷多不依式，或卷身行數奉試字外只寫第一道字，幅紙盡絕，其作文處已入第二幅，又粘縫占寸許，合掌連粘，亦爲揭起再粘之地。並合榜示士人，如有欺弊，簾前自陳改正，違者封彌出別項架閣。如係取中，辨驗稍涉掇換，取旨駁放。一、書鋪無非熟於姦弊之人，凡富室經營，未有不由書鋪。設有官吏公心，弊亦難絕。乞於未納試卷之前，約束書鋪，三人結保，如一名造弊，併三名決配籍沒。乞嚴賜施行，專爲省試約束，劄付禮部，候將來省試年分，預期撿舉。

（清）徐松《宋會要輯稿・選舉八・舉士・親試》〔慶元五年〕五月七日，上御集英殿，臨軒唱名，賜進士及第。至第一、第二甲畢，進膳。御藥院欲用近例，自三甲已後，只逐甲撥。京鏜等同入劄子，乞遵祖宗故事，逐一宣名。上欣然從之。至再臨軒，鏜等奏曰：臣等適來僭越陳情，此乃祖宗舊制。孝宗皇帝晚年艱於久坐，只一兩舉權宜如此，自後遂以爲例。陛下一旦復舉舊制，多士在廷，皆得一一仰望清光，實爲盛事。臣等與多士不勝榮幸。上曰：既是祖宗舊制。豈可輕廢？同日，詔曾一龍可改名從龍。十三日，宰執進呈次，京鏜奏曰：凡是祖宗法度，皆不可輕改。如臣等前日冒昧奏陳第二甲以後進士逐一宣名，蓋自來舊制。陛下從善如流，即賜施行。上曰：當日雖覺得汗浹體，亦不以爲勞。鏜奏曰：三歲一策士，他日多有爲國家用者。逐一宣名之制，誠不可廢。非特龍飛之初爲然，後舉亦合如此。謝深甫奏曰：唐憲宗與宰相論治道，日旰暑甚，汗透御服，宰相求退，憲宗留之曰：與卿等論治道，殊不知倦。青史書之，以爲美談。上曰：嘗見史册載憲宗此事，深切歎慕。十四日，詔：正奏名射射，將中垜帖箭依格推恩。特奏名免射射。從禮部言照紹熙四年例故也。

嘉泰元年五月二十六日，詔：嘉泰二年禮部奏名進士，可依祖宗故事，更不臨軒策試。

二年五月十八日，閤門言：已降指揮，今次省試舉人，更不臨軒策試。所有正、特奏名進士引見日分，詔用今月二十六日、二十七日引見。二十六日，上御後殿引見禮部奏名進士，正奏名傅行簡已下四百三十九人，第爲五等，賜進士及第、出身、同出身。特奏名何嶧已下四百九十七人，賜同進士出身、同學究出身，登仕郎、將仕郎、上下州文學、諸州助教。同日，引見武舉進士，正奏名葉滍已下四十二人，滍補秉義郎，林貫道、繆震補保義郎，並賜武舉及第。餘悉武舉出身，補承節郎，各減磨勘有差。特奏名補進武校尉、進義校尉，減磨勘有差。

開禧元年四月二十六日，上禦（青）〔集〕英殿引見禮部奏名進士，得正奏名毛自知已下四百三十三人，第爲五等，賜進士及第、出身。特奏名陳思已下六百一十一人，賜同進士出身、同學究出身，登仕郎、將仕郎、上下州文學、諸州助教。同日，試武舉進士，得正奏名鄭公侃已下四十六人。公侃補秉義郎，方震、孫應龍補保義郎，並賜武舉及第。餘悉武舉出身，補承節郎。特奏名補進武校尉、進義校尉，各減磨勘有差。二十七日，上御幄殿，引呈武舉人射射。六月六日，上御射殿，引呈文士王奏名射射。七日，上御射殿，引呈文士特奏名射射。

三年八月七日，詔：大行太皇太后上僊，已降指揮，宮中自服三年之喪，來年係殿試年分，合與不合臨軒，令兩省禮官討論。既而吏部尚書陸峻等討論國朝典故，哲宗皇帝元祐八年九月三日，宣仁聖烈皇后上僊，以嫡孫承重，嘗有詔實行三年之喪於宮中。次年紹聖元年三月十四日，御集英殿策進士。詔從典故施行。

嘉定元年三月四日，詔毛憲落職放罷，毛自知降第五甲，追還第一名恩例。既而以臣僚言：恭聞紹興更化之初，首革大廷策士之弊，高宗皇帝嘗曰：秦塤中甲科，對策皆檜、熺語。朕卻之，置在第三，不使與寒士爭先。既而淮東提舉朱冠卿奏對言：故相當權，前舉曹冠、秦塤等八人濫竊儒科，英斷赫然，並行駁放。比者姦臣盜權，破壞祖宗法度。貢舉公選，亦復徇私。前後臣僚奏陳，止及省闈欺弊，未聞廷對可以計取。往歲陛下親策多士，毛自知唱名第一，公論籍籍，皆謂自知本名自得，冒其弟之解，叨預奏名。其父憲時爲都司，與蘇師旦素厚，經營傳出策題，前期策成全篇，憲之筆居多，差爲編排，文字可認，優批分數，遂膺首選。自知無以報師旦私己之恩，親造其門，拜而謝之。都人至爲歌詞譏誚，喧傳衆口。師旦復與爲地，除憲察官，而懷不平者始不敢言矣。方乙丑之春，邊陲清晏，兩淮、荊襄、全蜀之民熙熙如也。自知獻策，以爲天亡此胡，決在此一二年。今不乘其機以定中原，竊恐必有豪傑之士仗大義，據關中，以令天下者。又慮議不堅決，復於終篇言廟堂之勢未尊，台諫之權未重，意欲鉗天下之口而決用兵之策。不知自知何所見而然耶？自知趨媚時好，以取世資，謀身則善矣，如社稷生靈何！況臨軒策士，今復其時，若不大正紀綱，痛革前弊，則忠言讜論，何自而前？欲望睿斷，先（將）〔特〕毛憲將賜罷出，以爲阿附匪人，欲私其子，忍於欺君之戒。所有自知一名，取自聖裁施行。故有是命。六日，禮部太常寺言：討論御試臨軒皇帝服著等，檢照宣仁聖烈皇后上僊，哲宗皇帝以嫡孫承重，於紹聖元年三月御集英殿策試進士。今來禦試，即應得紹聖已行故事。所有禦服，緣未純吉，欲乞就見服黃袍黑鞓犀帶。詔依討論施行。四月三日，臣僚言：竊觀貢舉條制，應牒赴國子監就試者，有差而所牒止於同姓，至於被差考校，凡就試之士，法所應避者，同姓則不以服屬爲限。若母妻姊妹之緦麻已上親，皆牒赴別頭所，以防閑人情，杜絶私意。迨省試奏名之後，見任兩省、台諫、侍從親族，必具名來上，俾於後省覆試，以開寒畯之塗，以防權要之弊。奏名之士，陛下親策於廷，訪以治道去取之意，雖盡出於陛下，而有初考、覆考、編排、詳定等官。其子弟親屬預試者，元無避親之法，間或名在前列，往往人得而議之，而彼亦安於無法，不自以爲私。乞自今廷對，當倣後省覆試之制，行下禮部，開具應在朝之官有服親族過省，見今趁赴廷對者，並與免差。庶幾杜絶倖門，昭示公道。從之。

（清）徐松《宋會要輯稿·選舉一〇·試判》 太祖建隆三年八月二十三日，詔曰：書判拔萃，歷代設科，頃屬亂離，遂從停罷。將期得士，特舉舊章，宜令尚書吏〔部〕條奏以聞。九月十六日，有司上言：准《選舉志》及《通典》，選人有格，未至而能試判三條者謂之拔萃。應者各取本州府本司文解，如常選舉人例，十月三十日以前隨解赴集，有出身已授京官、使府賓佐、州縣官新及第進士，並許赴集。如未有官，不得稱試。設撮頭銜取解，准格差官考試，當日對訖，送知録銓尚書侍郎同考覈聞奏。考判之制有五等：上二等超絶輩流，可非次拔擢，前代罕有其人；第三上等取理優文贍者，超資擬授，次等或理優文省，緊慢授擬；第四〔上〕等取文理切當者，依資擬授，次等不甚切當者，量緊慢擬授；第五上等放選授官，次等放選赴冬集，不及格者皆落。從之。

（清）徐松《宋會要輯稿·選舉一〇·制科·舉賢良方正能直言極諫等科三》 國初制舉，有賢良方正能直言極諫、經學優深可爲師法、詳閑吏理達於教化，凡三科。應內外職官、前資見任、黃衣草澤人，並許諸州及本司解送上吏部，對御試策一道，以三千字已上成，取文理俱優者爲入等。

太祖乾德二年正月十五日，詔曰：炎劉得人，自賢良之選；有唐稱治，由制策之科。朕聳慕前王，精求理本，焦勞罔怠，寤寐思賢，期得拔俗之才，訪以經國之務。其舊置制舉三科，一曰賢良方正能直言極諫，二曰經學優深可爲師法，三曰詳閑吏理達於教化，並州府解送吏部，試論三道，共三千字已上，當日內成，取文理優長、人物爽秀者中選。自設科以來，無人應制，得非抱倜儻（恥）〔者〕恥局於常調，效峭直者難罄於有司，必欲直對朕躬，以伸至業。士有所鬱，予能發焉。今後不限內外職官、前資見任、黃衣布衣，並許直詣閤門，進奏請應。朕當親試，以進時賢。所在明揚，無隱朕意。

（清）徐松《宋會要輯稿·選舉一一·制科》 淳熙元年四月十日，詔曰：朕惟制科之設，所以待非常之才也。昔我仁祖臨御，親選天下士十有五人，崇論谹議，載在方策。慶曆、嘉祐之治，上參唐虞，下轢商周。嗚呼，何其盛也！肆朕纂紹洪業，側席茂異，深詔執事，搜聘來上，冀聞切直，輔朕之不逮。十有三年於今，應書者蓋鮮，豈朕詳延之禮未至歟？抑人材之多寡自有時歟？不然，何望吾仁祖之盛而莫及也。夫士之韜藏器能，考槃巖穴者，固恥於自獻，非吾公卿明揚而曆選之，則奚繇進？詔下，其各以所知對，朕將親策於庭，收得人之效焉。今歲科場，其令尚書侍郎、兩省諫議大夫以上、御史中丞、學士、待制各舉賢良方正能直言極諫一人，守臣、監司亦許解送，仍具詞業繳進以聞。

（清）徐松《宋會要輯稿·選舉一一·經明行修科》 哲宗元祐元年四月二十四日，詔：每遇科舉詔下，令文官陞朝以上無贓罪及無私罪重者，於應進士舉人不拘路分，但不係有服親，各奏舉經明行修一名。候將來發解及南省奏名，合格者內有不係所舉人數，於牓示及奏名內每人名下注經明行修字，至殿試唱名陞一甲姓名。如曆官後犯正入己贓及違犯名斷訖，收坐舉主，並依舉選人轉京官法，減一等。六月十六日，御史中丞劉摯言經明行修人宜使知州以上舉之爲便。詔京朝官、通判資序以上人許舉。

二年正月十五日，詔舉經明行修，京東西、河北、陝西路各五人，淮南、江南東西、福建、河東、兩浙、成都府路各四人，荆湖南路、廣南東西、梓州路各二人，荊湖北、夔州、利州路各一人。委知縣當職官同保任申監司，監司再加考察以聞，仍充本州解額，無其人則闕之。

三年正月六日，禮部言：河南、福建路轉運司奏考到經明行修進士，並不經提刑司考察同奏舉。今來省試日逼，恐誤取應。今欲乞且依轉運司已奏許，（合）〔令〕逐人先次就試。將來省試，如提刑司考察得內有違礙及與轉運司奏舉不同，即行駮放。從之。三月六日，詔：經明行修人如省試不應格，聽依特奏名進士例就殿試。

四年五月二十五日，詔：今後遇降詔方許奏舉經明行修人，先降每遇科場奏舉指揮不行。

八年二月二十四日，監察御史黃慶基言：向者薦經明行修之士，既與免解赴省試，及省試不合格，又例與特奏（明）〔名〕。是凡被薦舉者，皆可以入官也。臣聞元祐二年諸所薦者，甚有不協士論。乞朝廷申諭諸路監司、郡守，凡薦經明行修之士，必須精加考察，委有術業，行義爲鄉黨所尊，士論所服者，方許奏薦。或不如所舉，則以貢舉非其人之法坐之。從之。

（清）徐松《宋會要輯稿·選舉一二·制科·宏詞科》 哲宗紹聖元年五月四日，中書省言：有唐隨事設科，其名不一，故有詞藻宏麗、文章秀異之屬，皆以衆之所難勸率學者。今來既復舊法，純用經術取士，其應用文詞，如詔誥、章表、箴銘、賦頌、赦勑、檄書、露布、誡諭之類，凡諸文體，施之於時，不可闕者。在先朝亦嘗留意，未及設科，詔別立宏詞一科，每科場後許進士登科人經禮部投狀乞試，依試進士法，差官考校。試詔誥或表章雜文共三篇。應者雖多，所取不過十人。中程者申三省看詳，仍分爲兩等，上等循兩資，中等循一資，承務郎以上比類推恩。詞格超異者臨時取旨。【略】

〔崇寧〕四年五月十六日，詔：紹聖之初，嘗患士之學者不復留意文詞，故設宏詞科，歲一試之。然立格法未至詳盡，不足以致實學有文之士。可改立詞學兼茂科，每歲附貢士院引試，聽有出身人不以京朝官、選人經禮部投狀就試。歲中有取不得過三人，如無合格則闕之。仍於舊試格內除去檄書，增入制詔，臨時取四題，分作兩場。內二篇以歷代史故事借擬爲題，餘以本朝故事或時事。其合格人分兩等考定，申三省看詳，上等循兩資，中等循一資，京朝官比類推恩，仍並隨資任。內外差遣已係堂除人，優與陞（推）〔擢〕。內文理超異者，取旨除館職。所有試格，令禮部比擬立定，申尚書省取旨頒降。仍自大觀五年春試爲首。宰臣執政官親屬不許與試。擬立到程試考校格式，如紹聖二年正月宏詞之制。【略】

〔宣和五年〕七月二十七日，守尚書職方員外郎陳磷奏：紹聖初，哲宗皇帝嘗患學者專經，不復留意文詞，故設宏詞科，來天下異能之士。大觀中，以其所立格法未至詳盡，改爲詞學兼茂科。然設科既久，來者寖少，歲一試之，有司取必以備數，則不無幸中，而朝廷所以待遇亦輕矣。今來既罷每歲春試上舍，欲乞應詞學兼茂科許於省試院附試。從之。【略】

嘉定七年三月十五日，刑部尚書曾從龍、禮部侍郎范之柔、左諫議大夫鄭昭先、刑部侍郎劉爚言：竊見宏博一科，所以爲異日詞臣之儲，其選蓋其遴也。累舉以來，所取僅一二人而止，至或闕焉，人材之難如此。今歲以是科進者二十有四人，而其間詞采精純，記問該貫者一人焉，偶以援引差訛，不中程度。臣等深惜其才，及啓卷而視之，則從事郎、新國子監書庫官徐鳳其人也。歲在辛未，有司嘗以鳳程文可採，擬爲詞科之次。今茲所撰六篇，視前作尤勝，可見其修學之功月異而歲不同也。臣等竊謂取人以格法者有司之事，至於朝廷擢用，則不以常格拘。伏乞特與鳳陞擢差遣，或令中書省籍記姓名，以備他日翰墨之選，是以激勵人才之一端也。又聞鳳登科之日，有祖母在，鳳兩任嶽祠，以便侍養。及祖母服闋之後，方始出仕，鄉評莫不稱其孝。以鳳之詞學優長而行義又足以副之，儻蒙擢用，誠愜士論。從之。先是，禮部貢院言：今來省試內有博宏附試二十四人，已行考校，內有一號制表，文詞温純，體制典雅，頌記贊序尤爲工緻，本末該貫，考究精詳，可謂詞學兼全，傑出衆作。但序中引《周禮》簭人巫咸事，按本處注巫字當爲筮，即非殷之所謂巫咸。然是旁證，即非本處有差，大體純粹，一誤可略，未敢擅行取放。不報，故開院日知舉有此請。

（清）徐松《宋會要輯稿·選舉一二·明經科》 太祖建隆四年八月十三日，詔曰：一經皓首，十上於名，乃前史之明文，見昔賢之苦節。自今禮部貢院所試九經舉人落第者，宜依諸科舉人例，許令再應。【略】

雍熙三年四月二日，詔曰：夫經術者王化之本也，故設科取士，要在得宜。明經入用，期於專業，向者以《毛詩》、《周易》、《尚書》三經各爲一科，顧其大小不相倫等，況復序選之致，豈容學藝之不侔。今後以《周易》、《尚書》各爲一科，而附以《論語》、《爾雅》、《孝經》三小經；《毛詩》卷帙差大，可令專習。法家之書，最切於時，廢之已久，甚無謂也。可復置明法一科，亦附三小經。進士九經已下更不習法書，庶使爲學之精專，用功之均一。

淳化四年十二月十四日，詔曰：國家設取士之科，廣得人之路，各懋專門之業，用爲筮仕之資。至若三史之書，尤爲奥博，括九流而兼備，與六籍以並行。《通禮》諸科，近在删定，酌百王之損益，别五禮之等差，如其執卷之流，罕著絶編之効，宜更條制，以勸精專。舊條三史、《通禮》各試三十場，今特減其半，餘一十五場。每場令知貢舉官抽取三卷，發其端，俾之習讀，能曉大義及識奇字者，並爲合格。

（清）徐松《宋會要輯稿·選舉一二·八行科》 徽宗大觀元年三月十八日，詔曰：學以風俗明人倫，今有教養之法，而未有善俗明倫之制。蓋設學校，置師儒，所以教孝悌。朕考成周之隆，教萬民而賓興以六德六行，否則威之以不孝不悌之刑。比已立法，保任孝悌婣睦、任恤忠和之士。去古綿邈，士非里選，習尚科舉，不孝不悌，有時而容。故仕官臨政，趨利犯義，詆訕貪汙，無不爲者。此官非其人，士不素養故也。近因餘暇，稽《周官》之書，制爲法度，頒之學校，明倫善俗，庶幾於古。諸士有善父母爲孝，善兄弟爲悌，善內親爲睦，善外親爲婣，信於朋友爲任，仁於州里爲恤，知君臣之義爲忠，達義利之分爲和。士有孝悌睦婣任恤忠和八行，見於事狀，著於鄉里，耆鄰保伍以行實申縣，縣令佐審察，延入縣學，考驗不虚，保明申州。孝悌忠和爲上，睦婣爲中，任恤爲下。保明如令，不以時隨奏，貢入太學，免試爲太學上舍。司成以下引問考驗，較定不誣，申尚書省取旨，釋褐命官，優加拔用。士有全備上四行，或不全一行而兼中等二行一者爲州學上舍上等之選；不全上二行而兼中等一行，或不全上三行而兼中二行者，爲上舍中等之選；不全上三行而兼中一行，或兼下一行者，爲上舍下等之選；全有中二行，或中等一行而兼下一行者，爲內舍之選；餘爲外舍之選。中三舍之選者，上舍貢入；內舍在州學半年，不犯第二等罰，陞爲上舍；外舍一年，不犯第三等罰，陞內舍。被貢入太學者，上等在學半年，不犯第三等罰，司成以下考驗行實聞奏，依太學貢士釋褐法，取旨推恩；中等依太學上等法，待殿試推恩；下等依太學中等法。上舍上等，其家依官户法，中下等免户下支移折變借身丁，內舍免支移身丁。

［政和］四年九月二十三日，臣寮上言：陛下制爲八行之法，待豪傑異能之士。自崇、觀迄今，海內蒙化，比雖民庶田野之間，有節義顯

白，如《詩》、《書》之所稱者。朝廷旌賞四方，萬里之民有不獲知，宜令有司裒聚，頒降中外。從之。

五年六月十八日，臣寮言：昨者江南東路提舉學事司言，前（繞）〔饒〕州知、通、教授、縣令佐審察八行貢士萬宗孟，補充上舍，陞入太學。本學考驗別無顯跡，已行退黜。宗孟近因赴試到闕，復肆論訟。朝廷灼見狂妄，謂宗孟全無士行，尋被旨先次駁放，依屏斥法，而本路當職官謬舉之罪，迄今尚稽典憲。詔提舉學事官降一官，教授衝替，係公罪事稍重，知、通、令、佐罰〔銅〕十斤。

六年二月七日，權發遣陝州吴羽奏：乞今後每歲終，令有司類聚八行已推恩人，各著事實雕印，頒之郡縣。庶薄海內外，咸知陛下德意之美。從之。

（清）徐松《宋會要輯稿·選舉一三·試法》 景祐三年六月七日，流內銓言：乞自今應試律斷案選人，律義通外，更須斷案一道通或二道粗通，方與注優便官。如第二度乞試律，除合入法寺，餘只依常注官。詔再試不行，餘並從。四年六月十二日，審刑院、御史臺言：今後應試法選人，明法出身即試律義六道，以通疏議兩道者爲合格；別科出身即依舊考試外，仍並試斷大案二道、中小案一道，如中小案通，考大案內得一道粗者，即爲中格。從之。

康定元年十二月四日，流內銓言：前全州清湘縣令温宗賢先試律斷案合格，銓司依勑免選注近便官或料錢多處録事參軍。其人願注清湘縣令，今來得替，未該參選，復乞就試。看詳選人乞試律斷案，多是苟避限。欲今後只許一次試。從之。

慶曆二年八月二十六日，詔御史臺：考試選人試律斷案並舉選到刑部大理寺法官等，令與審刑院擘畫關防，精加考試，無令徼倖。餘依前後條勑施行。

八年十月二十八日，侍御史李兑言：今後應奏舉乞試刑法之人，不得懷挾文字入試。如敢故違，重行朝典。詔御史臺嚴行禁約。

嘉祐四年七月二日，御史臺言：選人乞試斷案，逐時令與審刑院、大理寺同共考試。近據前鄜州司法韓嘉言等八人乞試，尋會問並各鄉待闕，或已赴任。欲乞自今後逐年立定時限，令如期赴試，候考較得中，依（修）〔條〕送逐司上簿，免成限滯。詔今後選人乞試律斷案，如三月後投狀，即八月引試；九月後投狀，即來年二月引試。

六年三月一日，權御史中丞王疇言：前齊州司户參軍趙宏等乞試律斷案，緣差同知貢舉引試相妨，審刑院詳議及大理寺斷詳官並差（人）〔入〕貢院。乞候過禦試舉人，權於三月內考試。【略】

宣和三年五月二十五日，詔：近年以來，試中刑法人數絶少，選任官多是避免。法寺掌斷天下獄案，刑名稍有差失，所繫非輕。可專委大理卿宋伯友遵依元豐試刑法條制措置。八月二十八日，大理卿宋伯友言：奉詔令遵依元豐試刑法條制措置。撿照前後條格均減六場，內元豐時試刑名及三十九件，至十七件皆爲合格，考試分數稍優，所以就試合格者多。見行試法，每試刑名須四十四件，至二十七件方爲合格。元豐時試及二分半便入第三等下，今試及五分方預第三等下。雖見行賞格差優，而考試之格分數增倍，是至就合格者少。今參酌元豐、崇寧舊制，修成格法，以八分以上爲第一等上，六分爲下，五分半以上爲第二等上，五分以上爲下，五分爲第三等上，四分以上爲中，二分半已上爲下，乞賜頒行。從之。

七年五月十九日，尚書省言：臣僚言比來法官之選寖輕，試法雖存，而試者日益鮮少。不經試入等人，宜毋使預法官之選。奉詔令尚書省措置取旨。勘會堂除大理評事，昨降指揮許比附試斷案第一等已上人例改官，雖續降指揮，（當）〔堂〕除比於試中得恩例人內選差。緣試中等第恩例高下不一，若但霑恩例便得堂除，候及一年改官，顯屬太優。兼試中第三等上人，承務郎以上減一年磨勘，承直郎以下占射差遣。內承務郎已上既得預選法官，則同等試中人承直郎已下理合亦聽預選。從來未經申明，補完法意。今措置欲今後承直郎以下試斷案第三等上人，亦許預選法官上，得用常法改官，其堂除人仍須於試中第〔三〕等上及第三等二人內選差除，係試中第二等上人自依本法改官外，餘許依元豐七年及崇寧三年法改官，仍增一考。所有政和七年二月十六日堂除人改官指揮更不施行。從之。

（清）徐松《宋會要輯稿·選舉一七·武舉》 真宗咸平三年五月十三日，詔兩制館職詳定武舉、武選入官資序故事。

五年十月四日，以應武舉進士王淵爲海州懷仁縣主簿。

仁宗天聖七年閏二月二十三日，詔置武舉：應三班使臣、諸色選人及雖未食禄實有行止，不曾犯贓及私罪情輕者，文武官子弟別無負犯者，如實有軍謀武藝，並許於尚書兵部投狀乞應上件科，先録所業軍機策論伍首上本部。其未食禄人，召命官三人委保行止。委主判官看詳所業，閲視人材，審驗行止。試一石力弓平射，或七鬥力弓馬射，委實精熟者，在外即本州長史看詳所業，閲視人材、行止、弓馬，如可與試，即附遞文卷上兵部，委主判官看詳。如委實堪召試，即具名聞奏，當降朝旨召赴闕，差官考試武藝並問策一道，合格即從試。其逐處看詳官，不得以詞理平常者一例取旨。如違，必行朝典。仍限至十月終已前，先具姓名申奏到闕。十月二十三日，判兵部馮元言：應武舉人除策論外，當部無弓馬試射之處，欲候考定，詞理稍堪，人材有行止者，牌送馬軍司引試。如弓馬精熟，堪與召試，即具聞奏。如詞理平常，人材小弱，曾有贓犯，弓馬不精，先次落下。從之。【略】

〔熙寧〕三年八月二十三日，翰林學士司馬光言：奉敕考試武舉人，而法當先試弓馬，若合格即試策略。緣弓馬者選士卒之法，非所以求將帥者也。不幸而不能挽彊馳突，則雖有策略將帥之材，不得預試，恐非朝廷建試武舉人之意。況試弓之法，挽與杷齊，猶不應格。自今欲乞試優策並挽弓及杷者皆聽就試。中書請如舊制，上批相度，卒如中書所奏。九月一日，詔秘閣考試所：應就試舉人，所取合格不得過五分。十八日，上御崇政殿策武舉進士，以右侍禁康大同爲左侍禁，借職王哀爲右班殿直，殿侍孟永吉爲借職，奉職高興宗減二年磨勘，餘二十二人各隨試等補奉職、借職、茶酒班殿侍、三班差使，仍並與三路沿邊差遣。十二月十二日，三班院言：據殿直雷珣狀，乞試《六韜》、《孫》、《吴》三家兵書義理十道，仍乞射弓。尋試義理十道，內二粗二否六道，及考試到弓馬並條貫腳色以聞。詔免短使，權邊寨監押、巡檢，理監當資序，支驛料一任回，依武舉人例差注。【略】

元豐元年三月九日，詔：文臣在京監察御史裏行，在外路諸提點刑獄、府界提點以上，武臣在京閤門副使，在外路分（鈴）〔鈐〕轄以上，各舉堪應武舉一人。十月四日，詔兵部以貢舉敕式內武舉敕條，再於諸處索文字，删類成武舉敕式以聞。【略】

三年三月十三日，上御集英殿策武舉進士。五月二十八日，詔：引試武舉生，用促張弓、減指箭射兩石以上者減一門。

三年六月九日，尚書兵部言：武舉故事隨制科鏁院試，昨兩試武舉，並隨進士。今用新制，進士舉罷，方試武舉，重復差官，於事無補，但有浮費。與進士同時鏁試爲便。從之。八月八日，詔兩制、台諫至總管、監司各舉堪應武舉進士一人，以名聞奏。

四年正月十二日，中書禮房請令進士試本經《論語》、《孟子》大義論策之外，加律義一道，省試二道；武舉止試《孫》、《吴》大義及策。從之。

五年三月十一日，詔武舉人御試日馬射。十二日，上御集英殿策武舉進士。

六年閏六月十二日，詔尚書兵部：自今後文臣待制、三省郎官、正言、監察御史、提點刑獄以上，武臣橫行及路分都監以上，各舉應武舉一人。

七年十一月十一日，詔：武舉依進士試大義一場，第一等取四通，第二等取三通，第三等取二通，並爲中格。【略】

哲宗元祐三年三月十一日，上御集英殿策武舉進士。十六日，試武舉進士射藝於崇政殿，推恩補官者十有五人。

六年三月十一日，上御集英殿策試武舉進士。十四日，三省言：武舉絶倫人辛育等十六人，弓應法，弩射得，與三班借差，減五年磨勘，邊上指使差遣，依令支賜。弓不應法，弩射不得，欲且令温習事藝。內借職郭彦卿弓應法，欲減二年磨勘，特賜袍帶笏。從之。【略】

元符元年二月二十九日，兵部言：呈試武藝人，依敕限十二月以前到部。有疾故趁限不及期者，許令次年就試。緣其間不無違限冒稱疾病之人，若便與收試，即到部條限徒爲空文。乞召保官經所屬自陳，給據保明，申兵部驗實，許次舉就試。從之。

徽宗大觀元年十月十日，詔：材武之士騎射應格爲上等，然絶倫之藝世不乏人，法未該載，深恐失士。若文人優等而武藝超越，可令隨文士歲貢，依上舍上等法。

二年七月二十七日，詔：諸州武士試補，與文士別場引試，馬射九斗三上垛爲五分，八斗三上垛爲四分，七斗三上垛爲三分，七斗二上垛爲二分，七斗一上垛爲一分。令學制局立法改正，馬射八斗九斗、一上垛二上垛並與理作分數。

（清）徐松《宋會要輯稿·選舉一八·武舉》　淳熙元年二月二十三日，兵部言：武舉依逐舉例，係八月初二日或初三日先試比弓馬。今舉係奏舉二名，比前舉增添數多，恐舉人皆七月終到闕，不唯於比試弓馬日逼，又恐內有詐冒，稽考違礙不及。乞依條於六月終以前到闕，如限內不到，並不收試。其被舉人，往往於比試前一兩日投下奏狀，使有司倉卒難以辨驗。乞自今須管於六月終前投下，如在七月一日已後，並不許收換。今舉奏舉增倍數多，若依例於八月初二日或初三日比試弓馬，竊恐是日值雨泥濘，於引試程文日分相逼。乞從本部於七月下旬擇日比試弓馬。從之。

八月一日，臣僚言：武舉進士試期已近，而無保舉者尚多。乞令兵部關報，應合舉官未曾保奏武舉人者，各令依數保奏。其無保官者，令入狀互保，依前舉例放行比試，試中即赴解試。俟解試中，仍召陞朝保官一員，赴省試。（試依）候試畢，令勅令所別行立法。

（清）徐松《宋會要輯稿·選舉一八·宗室應舉》　紹興三十二年六月十三日，壽皇聖帝登極赦書：宗室曾經鎖試兩次得解人，許赴將來殿試；曾經鎖應人，許赴將來省試一次。同日，登極赦書：宗室實請文解之人，並與推恩。宗室無官人，依建炎元年五月一日赦，與量試推恩。八月十三日，禮部言：宗子無官人該登寶位赦量試推恩，看詳並依國子監公試附試例，別場引試。願試經義，量試本經義二道，試詩賦各一首，試論人論一首，作一場引，餘並依建炎二年二月之制。合格人從本院具姓名申朝廷推恩。從之。二十六日，禮部言：無官宗子依赦量試推恩之人，若不立定年甲，例皆陳乞，竊恐太濫。欲自今降赦文以前，凡無官宗子見年二十五歲以上，方與量試。其行在無官宗子經大宗正司，在外經宗正司，即去宗正司遠，經所在州軍陳乞，各勘會年甲無違礙，給據赴部，下大宗正司勘會取試。從之。十一月十九日，禮部言：宗子量試止一場，難以比附取應條格補官，將合格第之人補承節郎第之人：之字疑衍。餘合格人並補承信郎。如不合格，自不在推恩之限。取應宗子到省試下，若年及二十五歲，欲乞比附宗子實請文解之人，免量試，並補承信郎。其合陳乞，今已立定期日，或以赴不及爲辭，並不在推恩之數，所貴不致冒濫。從之。十二月二十九日，大宗正司言：無官宗子，依赦量試推恩，在外宗子並召見任文武臣宗室委保。緣在外宗子亦有未曾召保，先結文據，已赴行在之人，引試日逼，若候取會，慮使徒費往返。相度如年果及，於引試前齎所居州軍赴量試公據，乞看詳先次引試，以俟審無增年詐冒，即與放行推恩。即有虛偽，自依所獲旨治罪。從之。

（清）徐松《宋會要輯稿·選舉二二·考試》　慶元四年三月二十五日，臣僚言：國家三歲大比，賓興賢能，異時公卿大夫皆繇此塗出。苟不正其始，於有司文衡者泛焉無擇，使得以異端邪說鼓倡於其間，一旦入仕，其患有不可勝言。比年以來，偽學相師，敗亂風俗，所賴聖明力挽狂瀾，一歸於正。學校文詞之體，官吏薦舉之式，關防曲盡，然士風已正，而異端邪說之弗戒，則足以害至治。科場主文之官，寔司進退予奪之柄。倘或不知所擇，使偽學之徒復得肆其險詖之說，則利祿所在，人誰不從，必至疑誤學者。乞頒詔旨，將來科場，諸路運司須管精擇議論正平、委非偽學之人，充諸州軍考試官。仍開名銜，照應舉格式，如涉偽學，甘寘典憲，申尚書省、御史臺照會。此去科場不遠，乞下諸路漕臣，預先體訪所屬合差試官之人，究見是與不是偽學的寔，庶幾臨期差撥，不至牴牾。從之。

五年正月十九日，臣僚言：諸郡與漕闈考官，必差一員爲點檢主文，凡命題與所取程文，皆經點檢，以防謬誤。比年以來，徒爲具文。一時考官，各騁己意，異論紛然，甲可乙否，以致題目多成乖謬。去歲秋舉，諸州所申義題，或失之牽強，文理間斷而不相續；或失之鹵莽，文理齟齬而不相類。賦題論題，或失之破碎，文理扞格而不相貫，以至策問，專肆臆說，援引失當。皆由點檢官不擇才望之士，考官中有矜能挾氣者，不同心商確，故有題目出於一人之見，其他官旁睨，不欲指其疵纇。及有摘發其失，出題之官獨被譴責，而無點檢之名。乞今後漕臣若非由科第，即別委本路提刑、提舉、總領有出身者，每舉從朝廷專委一司選差試官，須擇其素有文聲名望、士論所推者充點檢官，專以文柄責之。諸考官先供上題目，點檢官斟酌審訂，擇其當理而不悖古訓、兼通時務者，然後用之。及考官所取合格試卷，點檢官仍加詳校，公定去留。禮部俟其申到題目及程文，再行點檢。如有乖謬，將點檢官重行黜責。從之。正月二十五日，命權禮部尚書黄由知貢舉，吏部侍郎胡紘、侍御史劉三傑同知貢舉，太府卿楊王休、大理少卿趙介、禮部員外郎陳讜、監察御史程松、太常丞李景和、宗正丞孟必先、大理正奚士遜、秘書郎易祓參詳，太常博士鍾必萬、諸王宫大小學教授許開、秘書省校書郎李一、宗正寺主簿王燀、監登聞鼓院趙夢極、主管官告院徐似道、汪文振、幹辦諸司審計司餘崇龜、太學博士蕭逵、武學博士高似孫、國子監主簿楊濟、軍器監主簿俞亨宗、朝奉大夫林采、國子正王已、太學正陳晦、國子録胡元衡、主管禮兵部架閣文字王克勤、文林郎馬惟和、監文思院朱慶弼、監左藏西庫朱茂良點檢試卷，避親別試樞密院檢詳諸房文字汪義和考試，秘書郎毛憲、國子監丞王聞、幹辦諸司糧料院朱欽則、主管户部架閣文字留駿點檢試卷。六月十日，銓試，命刑部郎官王補之、禮部員外郎陳讜考試，大理寺丞蔣蘭、太府寺丞楊巘、大理評事史彰祖、翁潾、主管吏部架閣文字張嗣古考校。

嘉泰元年二月二十二日，知滁州許巽言：三歲科舉，至重事也。乃者諸路所差考官，或非其人，命題乖張，考文紕繆。或章句之不相屬，或援引之非所宜，經義至失本旨，詩賦至失音韻，朝廷固嘗小懲之矣。今科詔既頒，而差考官一節，其可不申嚴乎？夫經義詩賦各從其習，故習經義者聲律之不知，猶習詩賦者不明經旨也。今而強之使參考，幾何其不失士耶？乞敕諸路漕司，今歲所差考試官，一則審覈其人之真僞，擇端正而不墮浮靡者，以充考校。次則稽考逐官腳色，量逐州合差官之數，其詩賦多而經義少，則以三分爲率，一分治經義官，二分詩賦官，俾專攷之。若經義多而詩賦少，所差亦然。庶幾各效所長，取予精當。從之。三月二十九日，臣僚言：士子程文，不過三場，而其定去留者，多在經義詩賦。然此二者，罕能兼通。今之學官，即向時之生員。今之考官，即向時之舉子。未有以經義登科之後復習詩賦，未有以詩賦進身之後復習經義。昨來太學補試，有取魁賦而重疊用韻及落官韻者，此攷官不習詩賦之病。前舉諸州解試，有出經題而本文不相連屬者，有不應作題目而出爲題者，此試官不習經義之病。且以今日學官言之，監學官十餘員，而習詩賦者終一二人。又諸路鄉舉，多是提舉學事司臨時差官應數，奚暇選擇。乞今後差國子監太學官，宜照各人先來所習，爲之均差。自今歲始，所差上舍試及發解試官，並參照所習，分令均平。並下諸路漕司、制置司，依此參照均差，仍開具試官所習申省部照會。從之。十二月四日，臣僚言：竊惟國家設貢舉之科，重考官之選，以求真才寔能，法至密也。士群試於有司，經義詩賦，各分所長，而考官之通於詩賦者，未必通於經。專於一經者，於他經或不能以通習。今使之兼任考校，而欲其精於去取，不亦難乎！曩者議臣嘗欲均差經義詩賦之人，其説固已施行矣。使登第者衆，固可選擇。若其稍闕，則均差之説，將何所施？大郡考官員多，或可通融。若小郡員少，則均差之説，亦將安取？臣竊謂均差既非通論，兼習又難其人，莫若分遣諸郡教官，或可任責。蓋爲教官者，非殿省試之前列，即學校之上遊，其他或以履曆得之，亦皆當世之名彦。況郡有月試，經義詩賦，考校既熟，鑒裁必精。乞敕諸路漕臣，自來歲大比爲始，郡無大小，必差教官一人專主文衡，而他官則參預考校。令禮部看詳，本部言：國子監集學官聚議，科舉選差攷官，合以經義詩賦兼通之人專主文衡，欲每處必差教授一人，委是允當。但照得諸路漕司選差考官，多以本司場屋爲重。若以教官盡分諸郡，則漕司必致闕人。今欲於諸路幹官及諸州職官内，有前名登第或試中教官之人，與諸州教授通融選擇。仍於差帖内帶兼檢點試卷，則場屋之人，事體歸一。從之。

四年三月二十八日，兩浙轉運司言：向來科舉年分，本司未建試院之時，旋於餘杭門外，擗截香積化度寺權充試院。後來本司慮恐騷擾寺院，科差人匠，借索什物，遂踏逐江漲橋之北空閑地段，建成試院，備辦但幹什物動使等，逐舉引試，委是利便，絶無毫髮科擾。近本司奏請，乞將凝格不凝格人，令主文三場，各自命題，可革假手之弊。又因臣僚奏請，乞將凝格不凝格人倣太學私試分廊之法。國子監勘當，卻將凝格不凝格人，於此近去處，分作兩院，同日引試。竊詳試院之側，皆居民屋宇，別無空閑去處可分兩院。縱分兩院，必須增差監試、簾裏外一行官吏，添置合用什物等，種種非便，所費竹木蘆蓆不止些少。況近日府城居民遺火延燒官舍，本司見行分頭蓋造，尚自闕少，豈有餘力可以隔截試院。今欲將凝格不凝格人且與分廊，各自出題引試。詔令本司將試院措置擗截作〔兩〕處引試，毋致交互。仍各出題目，更不增置試官。

開禧元年正月十九日，臣僚言：進士一科，寔爲至公之選。比年以來，士大夫盡公者鮮，科舉之弊日滋。或先與試題，或私爲暗號。殊不知科第前列與中選之人，異時朝廷往往擢用，乃以計較得此，何理哉！臣頃歲再叨學官，比者充員後省，備見本末，敢以一二弊陳之。其一，如公試、上舍試、銓試之類，皆循舊例，不置別試所。間有合避親試卷，止是避房，往往並在收取之列。其初不顧嫌疑，繼之遂成私曲。臣謂莫若於公試、銓試、上舍試，仍置主管避親官，不置別試所，俾之牒試，以示至公。如是省試年分，即分別試所。有孤經，令改經就試。數內上舍試人數不多，或恐多是孤經，而試官員數亦少，若於百執事內，選其無親戚在内舍者，委以考校，於理勢尤便。其二，則省試近例有諸房旁通考校圖，分與諸試官，每遇卷子入院，分散諸房考校。謂如第一場在某房，第二、第三場在某房，披圖可見。以此試官之挾私者，便於尋索，公然較計，取其私黨。莫若於省試卷子在簾裏之日，委自知舉分俵諸房考校，然後來上。所有旁通考校圖，但置知舉房中，以俟穿卷奏號，更不付之諸房。如此，則試官挾私者不知卷子在是何房分，又不可明言尋索，則姦弊自然銷弭。其三，則太學私試，以每月試中分數理爲校定，將來可以免省，事體非輕。然自長貳、博士、正、録、丞、簿，下暨吏人，皆與諸生相接。曩者以公存心，自得其平。比歲私取之謗，動輒騰沸。臣謂太學内舍校定，當以公試、上舍試爲上，而以私試次之。凡公試、上舍試不中選者，雖是私試中選，亦不得預校定之數，更不拘較到本年分數若幹。自開禧元年爲始，每歲止校定内舍優等一名，但以諸生公試或上舍試已中，而私試又中分數最多者，置在優選。仍以公試或上舍試合理三分者壓私試四分比較，餘照見行條法施行。如此，則歲終校定，皆得公試、上舍試中選之人，寔爲公當，而私試（公）〔分〕數，止可湊數收使，於禮爲順。詔令禮部契勘聞奏。既而本部言：據國子博士趙大全等看詳累舉體例，省試、四川類試、太學諸路解試，並皆置別試院，所以杜絶親故私取之弊，法意已詳。獨銓試、公試、上舍試，凡有親戚，止是避房，不令別試。雜以他卷，謂之裹送，其間豈無私嫌？今令別試避親，寔可以痛革其弊。其省試人多，使就別院。其上舍試，緣赴試少，差無親嫌官考校，委得允當。但公試一節，如遇省試年分，係差試官及簾外等官共四十餘員，避親人數稍多，即令別院收試，臨時照人數多少，申朝廷分等取放。如不係省試年分，公試鎖院，試官止有八人，避親人數必少。竊恐取放不行，難爲分等。乞於無省試年分，公試、上舍試差官體例，取索在朝官與太學在籍生員無親嫌官考校，方充試官。其省試年分，卻令避親人就試別院，庶得公當。宗室省試人數不多，其避親一節，欲照紹熙四年省試及逐舉解試體例，並發過別院收試，庶於別院差考官數少，免避親嫌疑。大全等照對三場取士，正欲士人各盡所長，自當三場分考，以見優劣。知舉按圖穿卷，以定去取。若今諸房各有旁通圖，恐有計會互批之弊。臣僚所請，委是允當。大全等照對臣僚奏請太學内舍校定分數，及内舍生如遇上舍試、公試等，共校十人，以當年公試、私試或上舍試分數同湊。今來既只用上舍試、公試分數，緣從來公試，内舍、外舍生通同混試，往往内舍取人不多。謂如慶元六年公試，止有内舍生六人合格；嘉定元年公試，止有内舍生四人合格。今若依舊混試，竊恐當來校定，必不及十名之數。今乞將内舍生另項考校，以十分爲率，所取不得過二分半。仍定取二名入第二等，取四、五名入第三等，餘合格人並入第四等，衮同參入公試大榜取放外，有當年新陞補人，既無公試分數，難以一年不令就試，趕趁校定。乞令赴私試如有分數，從臣僚所請，内舍公試三分壓私試四分，其新補人有四分，卻在公試三分之下。如遇已十分校定，次年仍舊以公試式校定。從之。二十五日，臣僚言：知舉雖參以諫官，當付之以糾察之任，不必與議論去取於其間，庶幾權尊而勢一，人亦無得而議。詔更差同知貢舉一員。【略】

三年六月二十九日，臣僚言科舉之弊，如漕司差考試官，不可不革。詔令禮部同國子監看詳：照得漕司差考官，懼其泄而容私也，乃不明示以某州，特給付字號，俾於所經由州郡對同其字號，則躬書填以防吏姦，似可革弊。而州郡例於前期差監門官，以漕司所給字號畀之，俟其對同。彼監門率小官下吏，寡以廉恥自將，所給字號，又爲高貲者得之，前途伺候，以行私囑，又不容革矣。臣謂欲革私託之弊，莫若以漕司所給字號付之監試，監試非通，守則漕屬官，其官稍高，則自愛稍切。對同字號之法，庶不至漏泄，而其弊去矣。今看詳委是利便。但所買字號之弊，不獨在逐州監門，其原在於發號之時，關防不密，致吏輩漏泄作弊。乞下諸路轉運司，遇差試官發號之日，漕臣同屬官躬親差排分數，不得令吏人幹預。仍立隔眼，疾速牒本州守臣收管，亦不得入吏輩之手，庶可稍革買解之弊。乞行下遵守施行。從之。

嘉定元年六月十日，銓試，命禮部員外郎陳晦、刑部員外郎薛極考試，秘書省校書郎陸峻、秘書省正字陳模、大理評事李戛卿、趙□夫、留晉考校。

三年四月二十四日，臣僚言：三歲大比，弊端不一。漕司所差考試，多是寄居待闕官。而見任有出身人，或無勢援，返處以簾外職事。以至寄居待闕被差者，本貫相去不遠，率多私囑之弊。每一揭榜，不能免人之議。州縣創添寄居考官一員，則有一員人從批券及應（辨）〔辦〕諸費，而寄居待闕挾勢求差者，諸郡考官員數有限，豈能徧及？乞下諸路轉運司，所差諸郡考試官，刷其見任內有出身官，盡數從公差委。如或久少一二員，許量展揭榜日子，令盡心考校，亦不至闕誤外，有寄居待闕，並不許差充試官，庶可以得寔才。其有違戾者，令台諫覺察，重寘於罰。從之。

四年正月十九日，權禮部尚書章穎言：比年以來，每遇出勑宣差省試官，自早至暮，至者不齊，以致宮殿門閉，不可入殿受勑，乃望拜於皇城門之外，遇雨則拜於漏舍之前，甚非所以重貢舉、尊王命也。蓋由宣押之際，賓客及門，不容排遣，遂至日晚，秉燭入院。人從喧雜，夜半乃定，尤費關防。乞凡當差官，自正月二十一日以後，並不許出謁受謁。至鎖院日，宣喚及門，即時上馬，前赴殿門，以候班齊而入。仍乞內侍省是日早發差官姓名並勑牒，戒諭快行，所至催督，不令稽緩，庶幾不至昏暮紛擾之患。從之。六月十日，銓試，命著作郎兼都官郎官任希夷、大理寺丞鮑澣之考試，太學正宣繒、大理評事趙時適、江模、任永年、幹辦諸軍審計司楊宜中考校。

五年六月二十八日，銓試，命兵部員外郎何郯、大理寺丞費埏考試，秘書省正字孫德輿、主管戶部架閣文字楊宏中、大理評事趙示庸夫、安伯恕、趙立夫考校。

六年十月二十六日，禮部侍郎范之柔言：臣今歲科舉，輔郡試官有昏耄不能視閱卷子，至令書吏讀而臥聽。竊詳銓法，年六十，不許注縣與尉，蓋恐精力不逮。況於校文去取，豈容昏耄備數？自今年六十以上，不許差充試官。如所差不及累舉之數，則以卷子多寡紐算，展日放牓，卻以空員供給均補考官。經義詞賦，不同其習，節次臣僚申嚴分經考校之令，可謂允合人情。今歲科場，考官仍有混考經義詩賦者，則是不遵指揮。乞下諸路轉運司，今後試官須將經義、詩賦人分經考校。或有違背，將監試並本房試官從漕臣聞奏鐫責。如漕臣不覺察，許御史臺彈劾。從之。

九年六月二十四日，右諫議大夫應武言：臣竊聞四川類省試有考官徇私納賄，去取不公，預選之人不協輿論，固當奏罷矣。近年所聞，或謂徇私之弊已久，朝廷不能盡知。蓋監試一員、考試一員，係朝廷勑差外，自餘考試、點檢試卷官，並令制置司自行選差。近有有勢力者，於差官之前，先事請託，或立暗號，或求題目，或私付文字，於考官、點檢官內多所請囑，雖封彌謄録，而寔知其姓名，雖文理疎謬，而曲爲之拔拭。方其未揭牓之前，某人爲某人所厚，某人爲某人所主，士子相與指目。逮至揭牓，悉如所言。又聞勑差考官與制置司所差考官（各）〔名〕稱職事既同，勢不相統。監試官雖許抽摘試卷詳定，然一人之力，不能徧周，既不足以禁考官之私；且考試官或係本路知州，而本路監司乃爲監試，則考官限於職守之相臨，又不足以止監司之私，由是蜀士抑鬱無訴。乞將考試官員數盡從朝廷選差，或將所差考官一員別立名稱，同監試遍閱諸房卷子。或差東南人充監試，或（監）〔差〕不係監試官所部知州充考官。其被差者，不必專取文詞之人，惟以公心取士爲主，嚴行戒飭。從之。

十年六月二十五日，銓試，命秘書丞樓觀、大理寺丞沈繹考試，太學録徐鳳、主管三省樞密院架閣文字何郯、大理評事蔣誼、鄭定、史改之考校。

十一年十月四日，臣僚言：竊見昨來朝廷凡遇差官考校，頗費選擇。乞詔二三大臣，博求科第碩望，學問器識，僉論推重，布列班著，以備考官之選。從之。

十二年十二月九日，臣僚言：歲當大比，試於春官，知舉主文衡，參詳審當否。至於考校之初，去取之責，寔由點檢試卷官，每舉例選二十員，考卷一月，甫能竣事。脫有病者，又難分考。莫若就點檢官內添一二員，俾我能勝文，文不我窘。都省照得近來宗子到省人數倍於常舉，其點檢試卷官若仍舊止差二十員，竊慮考校不精。詔更添置點檢試卷官二員，專一考校宗子試卷。

十三年七月二十五日，銓試，命金部郎官龔蓋卿、大理寺丞趙善璙考試，太常寺主簿黄灝、耤田令鍾震、大理評事史湜、邢近、趙汝捍點檢試卷。

十五年十一月二十九日，臣僚言：證得宗子省試添差點檢試卷官二員，專一考校，務欲精切。竊詳宗子係二月九日引試，十一日方得考校，至二十七日攢號，計得十七日。且以應舉鎖廳取應言之，共計一千二百七十四人，合經賦論策計之，則有三千四百九十四卷，內取應三百二十八人。兩場試官二員，品搭分房，各當一千七百四十七卷。若賦論日考百卷，尚可僅了所分之數。若經義並策，窮日之力，可考五十來卷，十七日內不過八百五十卷，則尚有未考九百餘卷。推原其故，自二十五日入院，半月方引宗子試。前既空閑，自然擁併在後。欲將宗子考官二員添入省試官內，證太武學宮試例，同共考校。既多二員，決不匆卒。又前來宗子就試別院，元差五員。今過太院，似可減省一員。況別院終場，以今年論之，有一百六十四人，若只四員，儘可從容。卻以所減撥過太院，添作三員，數無增損，而考校勞逸卻有通融。乞賜詳酌。

恩蔭

紀事

（宋）佚名《宋大詔令集》卷一六一《政事·官制·任子詔慶曆三年十一月丁亥》

《周禮》大司樂掌學政，以六藝教群國子。漢制光禄勳典仕籍，以四行察三省郎。茲其官才，本於世冑，然當辨論，必屬俊良。今蔭法之所原，古典刑之是憲，維因循之日久，寖滋蔓而倖多，敝生作法之涼，濫起推恩之過，且賞延于世，諒非及於疎宗。官惟其人，顧可取乎稚齒。既陞仕進之路，復無誨育之科。室不茨墉，田不疆畝，處不裕立身之道，出不閑從政之方。歷觀貴塗，良鮮舊族。此則上由朝廷法制之不立，下自父兄訓導之不孚，故俾宰司，詳爲著令，使夫家嗣先禄，以篤爲後之體。枝子限年，以明入官之重。設考藝之格，激之向學。立保任之條，勉令率履。前史不云：爵禄者天下之砥石，人君所以厲世磨鈍，茲實用焉。庶乎位有稱職之才，朝多濟世之美，非惟爲國進士，是乃爲臣立家，咨爾具僚，知朕茲指，宰相使相。舊制除子將作監丞，期親太祝奉禮郎，自今子并期親並如舊，其餘親屬等第除試銜。樞密副使參知政事，除子太祝奉禮郎，期親校書郎，自今子孫并期親尊屬如舊制，其餘親屬等除試銜。僕射尚書，除子校書郎或正字，期親寺監主簿，自今子孫并期親尊屬並如舊，其餘親屬等第除試銜。三司使、翰林學士、龍圖閣樞密直學士、丞郎，除子正字，期親寺監主簿，自今子并期親尊屬、並如舊，其餘親屬等第除試銜或齋郎。龍圖閣直學士、給事中、諫議舍人、知制誥、龍圖天章閣待制、大卿監、三司副使、知雜，除子寺監主簿，期親試銜，自今惟長子聽如舊，其餘親屬等第除試銜或齋郎、正郎、及省府推判官并館閣官。舊制：遇南郊許奏薦者，自今若曾犯贓，至去官後未復官至正郎及員外郎帶職者，只得奏子孫親屬一名。若別有殊績或領重寄者，勿拘此。其降監當者，即不許陳乞。諸路轉運使副、提點刑獄，遇南郊、非正卿及帶館職員外郎、並須於郊禮日前到任一年者方得奏薦。應奏蔭選人，年二十五已上，遇南郊，限半年許赴銓投狀，差兩制已上三員，於尚書省鏁院，置謄録封彌司考試，內習辭業者，試論一首或詩賦各一首，詞理可采，不犯考式者爲及格。習經業者，《春秋》《禮記》《毛詩》《周易》《尚書》人專一經，并兼習律文，試墨議一十道，只問正文五通爲合格，其及格者並放選。其不中者且令守選，七選已上經兩試，九選已上經三試，至選滿日，如有京朝官三人同罪保舉，與注遠小判司簿尉。如無人舉，注司士參軍。或不赴試、又無人舉者，吏不理選限，奏蔭京官。年二十五已上，每年春季赴國子監投狀，差兩制以上三人，於大學鏁院，依選人考試。其合格者方與差遣，後兩任無私罪，有本路轉運提點刑獄知州通判同罪保舉，即入親民。如經三試，有三人朝官同罪保舉者，亦與小處監當，後兩任無私罪，本路轉運提點刑獄知州通判有五人同罪保舉，方得親民。其不赴試，又無人舉，雖曾三就試，而辭業紕繆、對義不合格者，並不得與差遣。如願換班行者，與等第安排。其武臣使相，舊制除子東頭供奉官。期親者左侍禁，自今子并期親並如舊，其餘親屬、自左班殿直以下安排，樞密使副、宣徽使、見任節度使，除子西頭供奉官，期親右侍禁，自今子孫并期親尊屬並如舊，其餘所屬自右班殿直以下安排。六統軍諸衛上將軍、節度觀察留後觀察使、内客省使，除子右侍禁，期親右班殿直，自今子孫及期親尊屬並如舊，其餘親屬、自三班奉職已下安排，客省使、引進使、防禦使、團練使、四方館使、樞密都丞旨、閤門使，除子右班殿直，期親三班奉職，自今子孫并期親尊屬並如故。其餘親屬、自三班借職以下安排，正任刺史、並差使殿侍、諸衛大將軍、内諸司使、樞密院諸房副承旨，除子三班奉職，期親三班借職，自今子孫并期親尊屬並如故。其餘親屬與下班殿侍侍衛諸將軍内諸司副使樞密院逐方副丞旨、只除三班借職，今更不減。若曾犯入己贓後來至諸司副使諸衛將軍，只得奏子孫一人，其降監當者，即不得陳乞，諸路提點刑獄官，未該奏薦而合該奏薦路分者，須郊祀前到任及一周年方得奏陳，其川廣福建七路初授差遣者，恩澤聽如舊。凡奏蔭三班參班日，先於軍頭司試弓七㪷力或弩兩碩五㪷力，施放有條道者爲合格，更不試書算，會書算者，於三班院試寫家狀一本。錯三字已上、並算錢穀五件通三者爲合格，更不試弓弩。不合格者、且令習學，皆能習孫吳六韜三家兵書、内試義五道，三通爲中，更會弓弩爲優等。如願試策，亦試五道，以三通爲中。或善五般武藝，鞍馬精熟，更通書算者，亦爲優等。二項與免短使邊上權外寨監押、或權諸寨巡檢。如武藝不群及答策設備者爲異等，即引見聽旨，陣亡之家子孫，不試武藝書算。如無子孫，其弟姪得録用者亦不試。應降指揮後已及十八歲者亦免之。以上文武官僚合該奏薦者，内長子孫皆不限年，雖非長子孫見居長者同。其諸子孫須年十五以上，弟姪須年二十已上，仍須五服内親，方得奏薦。如妄冒服紀及虚增年，並以上書詐不實論，其合奏異姓，即不問服紀，應子孫曾受恩澤而物故者，若係無子孫食禄，並許再奏之。

（宋）佚名《宋大詔令集》卷一九三《政事·誡飭·誡約兩府兩省不得陳乞子弟親戚館閣職任詔慶曆三年十一月癸未**》**　國家考漢唐之制，盛圖書之府，以待賢俊，而備討論，地望素清，官曹攸峻，比來公卿之族，多以恩澤爲請，浼養資望，坐致顯榮，寖成澆冒之風。殊匪詳延之意，特推嚴禁，以示至公。自今見任前任兩府、及大兩省以上官，不得陳乞子弟親戚於館閣職任。其進士及第三人以上，一任回無過犯者，須進經術十卷，下兩制看詳可否，召試入優等，得除館職。或館職闕人，即以嘗有兩府臣僚二人、或大兩省已上三人嘗保薦者，亦令進文字，然後試補之。

（宋）李燾《續資治通鑑長編》卷四一〇《哲宗元祐三年》　其三、臣於前年十月内曾上言，其略曰：議者欲減任子，以救官冗之弊。此事行之，則人情不悦，不行，則積弊不去。要當求其分義，務適厥中，使國有去弊之實，人無失職之歎。欲乞應奏廕文官人，每遇科場，隨進士考試，武官即隨武舉或試法人考試，並三人中解一人，仍年及二十五以上方得出官。内以曾舉進士得解者，免試。如三試不中，年及三十五以上，亦許出官。雖有三試留滯之艱，而無終身絶望之歎，亦使人人務學，不墜其家，爲益不小。後來不蒙降出施行，竊慮當時聖意，必謂改元之初，不欲首行約損之政。今者即位已四年矣，官冗之病，有增而無損，財用之乏，有損而無增。數年之後，當有不勝其弊者。若朝廷恬不爲怪，當使誰任其憂？及今講求，臣恐其已晚矣。伏乞檢會前奏，早賜施行。

（宋）李燾《續資治通鑑長編》卷四九三《哲宗紹聖四年》　樞密院請立軍人戰殁聽子孫與兄弟之子代充軍及優恤稟假法。從之。

（宋）留正《皇宋中興兩朝聖政》卷五《高宗皇帝·録用死節子孫》〔建炎三年六月〕乙卯，詔軍興以來，忠義死節之家，令中書省樞密院籍記姓名，優加存恤，訪其子孫，量材録用。

（宋）留正《皇宋中興兩朝聖政》卷二九《高宗皇帝·申嚴任子銓試法》〔紹興十三年〕秋七月乙卯，臣僚言出官人銓試，中而後使之從仕，陛下之命也，近覩將仕郎都謙亨差監潭州南嶽廟，本人係隆興元年八月内因父致仕，陳乞恩澤補官，既未曾銓試，又補授未滿三年，陛下法令如此之備，甲令如此之嚴，必欲違戾，臣所未曉也。乞指揮今後初出官人陳乞差遣，先令吏部具本人曾與不曾銓試申尚書省，然後取旨除授，詔都謙亨嶽廟差遣更不施行，餘並依奏，今後執政常遵近制，仍戒諭後省官毋再忽慢。

（宋）謝深甫等《慶元條法事類》卷一二《職制門·蔭補》　勅

職制勅

諸命官陳乞奏薦、致仕，陳乞致仕、遺表及親屬等恩澤同。州不依條式保明，故爲漏落不圓，致行取會者，杖一百，吏人仍勒停。若不取索保官印紙批書，及已批書不於申狀聲説，或申奏狀內不填實日者，當行吏人杖八十，職級減一等，簽書官罰俸一月。

諸犯罪經決，非應蔭補而奏補者，從二年，許人告。將校蔭補保人及召保違法者，各准此。

令

薦舉令

諸蔭補親戚，各隨文武本色，大禮前三十日內連所奏人家狀投所屬，准式點勘入遞，大禮前轉授官職或服除朝參者，限轉授、朝參後三十日內發。不得以曾有官人隱落罪犯再奏。文臣有孤遺願就武職者，具奏聽旨。其在外轉授，雖授告在大禮後而計程應赦前授者，所屬勘驗保奏，依大禮前授告法。

諸曾任宰相、執政官及見任、曾任三少、使相，遇大禮聽蔭補本宗緦麻以上親一名，願補異姓緦麻以上親者，聽。致仕准此，唯不許蔭補異姓。

諸三少、使相，遇大禮聽蔭補異姓緦麻以上親及門客、醫人各一名。即願以異姓恩澤蔭補本宗緦麻以上親，及以門客、醫人恩澤蔭補親屬者，亦聽。門客、醫人恩澤不得换出官。

諸節度使帶開府儀同三司，應蔭補而願奏文資者，聽。

諸通侍至右武大夫，正任防禦使至刺史同。已關陞每遇、未關陞兩遇大禮，並聽蔭補。見從軍曾立戰功人不拘此令。

諸朝議大夫至帶職朝奉郎以上，直秘閣以上爲帶職，正提點刑獄以上同帶職。餘條帶職准此。及諸衛大將軍、武功至武翼大夫，初遇大禮，任諸衛將軍及武功至武翼郎已蔭補者非。即已蔭補一名而又遇大禮後轉授者，聽通理爲兩遇之數。聽蔭補子孫。年六十而無子孫者，聽蔭補期親。即已蔭補而被蔭之人身亡者，次遇大禮，聽別蔭補。又兩遇大禮，初遇，無應奏人，至再遇者同。朝議、奉直大夫，諸衛大將軍，武功至武翼大夫，聽蔭補大功親；朝請大夫以下至帶職朝奉郎以上，聽蔭補期親。又兩遇大禮，並聽蔭補小功親。諸衛大將軍、武功至武翼大夫非。

諸大禮蔭補而須兩遇者，各無違礙，方聽理數。

諸遇大禮應蔭補者，中大夫至帶職朝奉郎入官十五年，承務郎以上入官，自參選日；不曾參選授差遣，以授付身日；選人改官，以選人參選日；見充三省都録事或出職，並以補書令史日理；武臣换授，自武臣入官日理。及諸衛大將軍、武功至武翼大夫，遥郡同。入官二十年，軍班换授及十年，入官依諸衛將軍至武翼郎法。各理親民資序者，並聽蔭補。見從軍曾立戰功，雖非親民資序亦聽。其持服、分司、致仕、尋醫、侍養、隨侍、隨行指教、勒停假滿落籍月日，皆除之。

諸初遇大禮，應蔭補子孫而陳乞蔭補期親者，聽。謂見有子或孫白身者。皆有官者非。

諸中大夫以下降任宫觀，及通判以下職任若衝替輕，〔二七〕未及一年，並曾犯入己贓，或諸衛將軍、正侍至武翼郎見降監當，衝替、差替應入監當者同。遇大禮不許蔭補。即雖監當而因體量疾病及年老昏昧並年七十應入者，不拘此令。

諸兩遇大禮以上聽蔭補而被蔭人身亡，次遇大禮聽蔭補者，召保官二員，連保狀別奏。有止法者，被蔭人身亡並准此。

諸太中大夫、觀察使以上致仕，每遇大禮，聽蔭補小功親；刺史及遥郡防禦使以上，兩遇大禮，聽蔭補子孫。刺史以下聽蔭補者，並一名止。

諸中散大夫以上，遇大禮，聽蔭補大功親，兩遇大禮，聽蔭補緦麻親；太中大夫以上，三遇大禮，聽以本宗恩澤蔭補異姓緦麻以上親。

諸曾任諫議大夫以上及侍御史非責降者，每遇大禮，聽蔭補，中散大夫以上依見任人；朝議、奉直大夫依本官。

諸任提點刑獄以上應蔭補者，須釐務通及一年，若理提點刑獄以上資序而別領職任者，依所理資序蔭補，即雖非理資序而前後任皆應蔭補者，其月日通理。

諸帶職事官致仕者，遇大禮蔭補，聽奏本宗親一名；東宫三師聽奏小功以上；三少至諫議大夫、權六曹侍郎、侍御史聽奏大功以上。其兩遇者，聽奏小功以上親。

諸中大夫至中散大夫身亡，在尋醫、侍養、丁憂中同。聽奏補緦麻以上親，其因罪犯或體量令分司、致仕者，須本房見無曾授身亡人蔭補者，聽奏。

諸朝議大夫至帶職朝奉郎，雖尋醫、侍養、丁憂中身亡，若歷任無人己臟，本房見無曾授身亡人蔭補者，聽奏補緦麻以上親一名，許本家進狀，在外者，經所屬，仍召保官二員。

諸見任節度使至右武大夫，遇大禮，聽蔭補本宗緦麻以上親；刺史不得蔭補緦麻親。團練使以上，三遇大禮，各聽以本宗恩澤蔭補異姓緦麻以上親；其通侍大夫以下至團練使，止許蔭補異姓親一次。

諸衛將軍至武翼郎，謂親民資序者。兩遇大禮，軍班換授，止一遇親民。除持服、分司、致仕、尋醫、侍養、隨侍、隨行指教、勒停月日，滿三十年，軍班換授十五年，自承信郎以上入官，授短使日理；免短使者以參選日；不曾參選而授差遣者，以授付身日理；當短使者，以收入住程日；文臣換授，以元參選日；三省、樞密院人授換，以補書令史日；內侍官以經兩省祗應日理。聽蔭補子。又兩遇大禮，軍班換授又三遇大禮，謂元係一遇親民蔭補者。並聽再蔭補。以上各不得過二人。即已蔭補而被蔭人身亡，遇大禮別蔭補者，又兩遇大禮即再蔭補。

諸非泛出身謂吏部法所載者，餘條稱非泛出身准此。朝請至朝奉郎，正侍至武翼郎，雖非親民資序同。各補授及三年致仕者，聽蔭補本宗緦麻以上親一名。朝奉至朝請郎降等。

諸非泛出身帶職朝奉郎、武翼郎以上，遇大禮合該蔭補者，聽蔭補一名正。其致仕即不在陳乞蔭補之限，若太中大夫、觀察使以上，不拘此令。

諸非泛出身帶職朝奉郎及武翼大夫以上，遇大禮已蔭補子孫而被蔭人身亡，即繳元授付身申尚書吏部毀抹，候致仕日，聽蔭補子孫一名。

諸非泛出身遇大禮或致仕應蔭補者，並於申奏狀及保官狀內聲說未經奏薦因依，本州勘會詣實，方得保奏，若太中大夫、觀察使以上，不拘此令。

諸中大夫至帶職朝奉郎，諸衛大將軍至武翼郎，遇大禮陳乞蔭補者，所屬官司取索印紙，批書已蔭補人年月日及奏薦次數，從軍人無印紙者，以該蔭補告背批鑿。仍於奏狀內聲說批鑿因依，方許保明申奏。

諸衛上將軍至右武大夫於小功、緦麻親，刺史至武翼大夫於大功親，遇大禮各不得連並蔭補。諸衛大將軍至武翼郎，非降黜中身亡，聽依帶職朝奉郎法蔭補，雖見降黜而係從龍人，或有戰功並因獲盜轉官及化外人之子，聽奏。

諸內侍官授武功大夫至武翼郎者，蔭補依所授官法，累奏不得過二人，曾奏殿侍或下班祗應者，亦理爲數。即不許奏補內侍官。親屬見充內侍官乞轉官減年同。其致仕及應得遺表，願以蔭補恩與子孫見爲內侍轉官者，聽。

諸武功至武翼大夫，曾任入內內侍省並內侍省押班以上致仕者，兩遇大禮，聽蔭補子，一名止。諸武臣分司、致仕，若因責降及特旨並歷任曾犯入己臟者，遇大禮不許蔭補。

諸廂都軍都指揮使帶遙郡曾立戰功者，雖以老疾直令致仕，亦聽蔭補。

諸殿前都指揮使至廂都指揮使帶刺史以上職者，蔭補依所帶職正任法。

諸軍都指揮使、都虞候、班直指揮使應蔭補者，召品官或將校二人委保。將校仍非統轄者。同應蔭補人不得互保，餘依命官蔭補法。

諸因奏舉及戰功授閤門祗候，若除授後有勞績曾經邊任，無入己臟及私罪情重而任修武郎以上身亡者，聽蔭補子孫一名。

諸陳乞致仕應蔭補者，但生前乞致仕，雖亡歿在出勅前，須歷任無入己臟及不曾犯私罪徒，聽依致仕蔭補法；若亡歿在出勅後，或已致仕見在者，並歷任無入己臟，聽行蔭補。

諸中大夫、武功大夫以下，歷任有入己臟及見責降，並年七十因不職已被體量及推劾或衝替，方乞致仕，若昏昧疾病及雖已體量、推劾、衝替，而經根究無實狀者非。並未七十因過犯特令致仕者，並不得乞蔭補恩澤。其大使臣雖有以上事故而從龍或曾立戰功，或因獲盜轉官及化外人，除犯入己臟外，聽奏乞。

諸致仕應蔭補緦麻以上親，曾任權六曹侍郎以上及侍御史曾經降黜未復舊官者，依見任官。其陳乞緦麻以上親恩澤，准此。

諸朝奉郎、武翼郎以上，訓武、修武郎係從龍或立戰功，或因獲盜補官並轉官及化外人者同。餘條稱獲盜轉官應得蔭補恩澤而不言因獲盜補官者，准此。丁憂，以疾病危篤陳乞候服闋日守本官致仕者，依見任官法。訓武、修武郎仍於狀內指定係縱龍或立戰功或因獲盜補官並轉官及化外人。

諸遺表蔭補緦麻以上親，非曾任執政官及見任節度使以上，不因過犯、尋醫、侍養、持服者，各依見任人數。即已致仕者，曾任執政官以及東宫三師，武臣節度使至觀察使，各減一名，見任管軍者，依格蔭補。文臣東宫三少至太中大夫，止聽乞一名。

諸通侍大夫管軍、不管軍同。致仕應蔭補緦麻以上親者，加一名。

諸應得遺表恩澤，身亡而有養同宗子孫爲後或繼絶，各曾持服者，限從吉月陳乞。

諸遺表得蔭補者，以長幼；同母所生者，從母請。得二人以上，願分與别母生者聽。

諸臣僚非遇大禮而應蔭補子孫及陳乞恩澤者，謂乞有官人差遣，或占射差遣，或減勘年，或循資，或免試。餘條稱陳乞恩澤准此。限五年，遺表致仕，謂蔭補及因遺表、致仕應陳乞親屬恩澤者。限十年，遺表致仕，應蔭補及乞而身亡後所生子孫在限内者同。並聽於所在官司自陳。致仕，自陳乞致日爲始；遺表，自身亡日爲始。如十年限内曾經吏部或所在州軍陳乞，有干照見得詣實，合蔭補及合乞恩澤，即自陳乞，破限後再限五年，其再限内所生子孫亦同。如元限十年内及破限後又滿五年，各不曾經官司陳乞者，並不在蔭補乞恩澤之限。即被蔭補人未受，雖已出付身，被奏人未合祗授，見在官司寄納者同。或被陳乞人已授職任未上而身亡者，限一年，召保官二員，連保狀别奏。遇大禮，被蔭補人未受而身亡者，准此。

諸臣僚應蔭補異姓親，須畫出本身及被蔭人内外親姓名服圖，别召陞朝官二員委保，繳連聞奏。

諸臣僚陳乞大禮奏薦、致仕、遺表恩澤者，聽於寄居或見任差遣及元乞致仕州投狀，内大禮奏薦仍依式自奏。諸軍經本軍將次第結罪申所轄長官保明，移文所在州。如所轄官自乞奏薦，聽於所在州保明。致仕，遺表恩澤經寄居州陳乞者，本州下廂鄰勘驗，本家在甚坊巷、鄉村居住，委有烟爨年深，仍於保狀内委保上項因依，本州勘會詣實，應奏大功以下親者，保明委係是何服屬。别無諸般詐冒違礙，方許保明申奏。

諸蔭補應充文資若曾經決笞，及應補殿侍下班祗應同。以上曾經決徒，並不在奏乞之限。即應充文資而經法笞願就武職者，聽。

諸臣僚應蔭補若武功大夫以上，因戰功應轉官願乞緦麻以上親轉一官、循一資者，聽，並當一名一官。願依無官人蔭補者聽。即不得轉朝奉、武翼郎非戰功不得轉修武郎，已轉修武、武翼、朝奉郎及大夫者，許轉行，不得隔等。其戰功得減年而願乞緦麻以上親減年者，亦聽。係朝奉、武翼郎以上，不得收使回授減年。及乞承直郎以下改官。

職制令

諸見任前任宰相、執政官因降黜不帶職者，應得恩數謂蔭補陳乞恩澤、舉辟、宣借、接送、遞馬、差船之類。並同庶官帶職，即依前宰相、執政例。

格

賞格

諸色人

告獲蔭補曾犯刑責人及將校蔭補召保不如法，錢一百貫。

薦舉格

臣僚遇大禮：蔭補緦麻以上親，宰相、開府儀同三司以上，十人。執政官、太尉，八人。太中大夫以上及侍御史、節度使至觀察使，六人。中大夫至中散大夫、通侍大夫至右武大夫，四人。朝議大夫至帶職朝奉郎、武功大夫至武翼大夫，三人。

臣僚致仕：蔭補緦麻以上親，曾任宰相及見任三少、使相，三人。曾任三少、使相、執政官見任節度使，二人。太中大夫及曾任尚書侍郎及右武大夫以上，並曾任諫議大夫以上及侍御史，一名。

臣僚遺表：蔭補緦麻以上親，曾任宰相及見任曾任三少、使相，五人。曾任執政官並見任節度使，四人。太中大夫以上，一名。諸衛上將軍子承宣使，四人。觀察使，三人。

式

薦舉式

太中大夫以上遇大禮乞蔭補狀

具官臣姓名，准令云云。

右臣，自某年月日授某官職，謂初得合蔭補官職，如曾經奏薦，開具已蔭補過人姓名。自出身以來不曾犯入已贓。今伏遇冬祀大禮，餘大禮各言其名。臣有子或孫名，餘親，則稱某色服紀。欲望聖慈於文資内安排。其人不曾犯笞刑經決，亦無雕青剪刺，如與有官人轉官、循資，則云乞與某人見今官資上轉官或循資收使。如乞有官人作白身蔭補，則云乞與某人願依無官人蔭補，仍具所乞人官銜。所有臣供具朝典、家狀有出身人不用家狀。乃所乞人家狀，如乞奏蔭補異姓親，仍繳所親姓名、服圖、保狀。並連粘在前，其付身乞降某處給付。謹録奏聞，伏候勑旨。

年月日貼黃：乞降付尚書吏部。具官臣姓名狀奏

中大夫至中散大夫遇大禮乞蔭補狀

具官臣姓名，准令云云。

右臣，係是何出身，見年若干，某年月日節次轉至見今官，即不曾犯入己贓，亦不係見降任宮觀並通判以下差遣及衝替輕未及一年之人。如已經奏薦，亦聲説已蔭補過人姓名。今伏遇冬祀大禮，餘大禮各言其名。臣有子或孫名，餘親則稱某色服紀。欲望聖慈於文資內安排。其人若曾犯笞刑經決，則云於使臣內安排。若乞有官人轉官、循資，則云於見今官資上轉官或循資收使。若乞有官人作白身蔭補，則云與某人願依無官人蔭補，仍具所乞人官銜。其人不曾犯笞刑經決，亦無雕青剪刺。所乞某人家狀連粘在前，其付身乞降某處給付。謹録奏聞，伏候勑旨。

年月日貼黃：乞降付尚書吏部。具官臣姓名狀奏

朝議大夫至帶職朝奉郎初遇大禮乞蔭補狀

具官臣姓名，准令云云。

右臣，係是何出身，見年若干，係某資序，某年月日節次轉至見今官職，謂初得合蔭補官職資序月日。其朝奉郎以上任提點刑獄以上或理資序，即云釐務通及一年。即不曾犯入己贓，亦不係見降任宮觀並通判以下差遣及衝替輕未及一年之人，自某年月日參選，不曾參選授差遣，以授付身日；見充三省都、録事或出職，並以補書令史日理；武臣換授者，自武臣入官日，兩日比折一日，至文資上揍理。至今入官實及十五年，不曾持服、分司、致仕、尋醫、侍養、隨侍、隨行指教及勒停假滿落籍月日，如有即分明開説。未曾蔭補。如已曾蔭補，被蔭人身亡，則云昨該遇某年月日大禮，已奏某人訖，於某年月日因患身亡，合次遇別奏，或該遇前郊不曾奏人，亦須開説。今伏遇冬祀大禮，餘大禮各言其名。臣有子或孫名，若奏補期親，則云年六十以上無子孫，今有期親某人或某，年未六十。及六十以上卻見有子或孫係白身者，亦許蔭補期親。欲望聖慈於文資內安排，其人若曾犯笞刑經決，則云於使臣內安排。若轉乞與有官人轉官、循資，則云於見今官資上轉官或循資收使。若乞將有官人作白身蔭補，則云與某人願依無官人蔭補，仍具所乞人官銜。其人不曾犯笞刑經決，亦無雕青剪刺。所乞某人家狀連粘在前，其付身乞降某處給付。謹録奏聞，伏候勑旨。

年月日貼黃：乞降付尚書吏部。具官臣姓名　狀奏

朝議大夫至帶職朝奉郎隔遇大禮乞蔭補狀

具官臣姓名，准令云云。

右臣，係是何出身，見年若干，係某資序，某年月日節次轉至見今官職，即不曾犯入己贓，亦不係見降任宮觀，並通判以下差遣及衝替輕未及一年之人，昨於某年月日任某官職，謂初該奏薦官職。初遇某年月日大禮，入官實及十五年，已蔭補某人訖，入遇某年月日大禮，係空閑，遇數不曾蔭補，若曾經隔遇奏薦了當，亦聲説已蔭補過人姓名。如已奏人身亡，即聲説昨該遇某年月大禮，已奏某人訖，於某年月日因患身亡，合次遇別奏。今伏遇冬祀大禮，餘大禮各言其名。臣有子或孫名，餘親則稱某色服紀。欲望聖慈於文資內安排，其人若曾犯笞刑經決，則云於使臣內安排。若乞於有官人轉官、循資，則云於見今官資上轉官或循資收使。若乞將有官人作白身蔭補，則云與某人願依無官人蔭補，仍具所乞人官銜。其人不曾犯笞刑經決，亦無雕青剪刺。所乞某人家狀連粘在前，其付身乞降某處給付。謹録奏聞，伏候勑旨。

年月日貼黃：降乞付尚書吏部。具官臣姓名狀奏

右武大夫以上遇大禮乞蔭補狀

具官臣姓名，准令云云。

右臣，元係某名色補授出身，於某年月日因某事補某官，後來節次至某年月日轉授前件官，右武大夫以上至正任防禦使，即云何年月日關陞親民資序。其見從軍人如有戰功，即云於某年月日某處立到戰功轉補某官資。出身以來不曾犯入己贓，如有罪犯，略開説所犯罪狀、年月日、斷遣刑名。曾經某年月日大禮，已蔭補，是何服屬，某人，補某官。曾經奏薦，則逐遇並行聲説。如不曾蔭補，則云遇某年月日大禮緣何事不曾陳乞蔭補。今伏遇冬祀大禮，餘大禮各言其名。臣見年若干，有子或孫名。餘親則稱某色服紀，如乞與有官人轉官或有官人願作白身蔭補，仍具官銜。欲望聖慈於使臣內安排，如乞有官人轉官，則云轉一官。今係第幾次奏薦，其人即不曾犯笞刑經決，如曾犯笞刑經決，即略具犯狀及斷遣刑名。名。委是臣親，是何服屬。別無詐冒諸般違礙，所乞某人家狀如乞奏蔭異姓，仍繳所親姓名、服圖、保狀。連粘在前，其付身乞降某處給付。右武大夫以上至防禦使，仍云今於某處將印紙批上，該遇今次大禮，蔭補某人，奏薦因依訖。謹録奏

聞，伏候敕旨。

年月日貼黃：乞降付尚書吏部。具官臣姓名狀奏

諸衛大將軍武功至武翼大夫遇大禮乞蔭補狀

具官臣姓名，准令云云。

右臣，元係某名色補授出身，於某年月日授承信郎，初授若係承節郎以上，隨所授官具之。文臣換授者，即云某年月日某出身。三省樞密院人換授，云某年月日補書令史。内侍官，即云某年月日入仕供職。至某年月日參選短使，免短使者，即云某年月日參選。不曾參選而授差遣者，即云某年月日授付身。當短使者，即云某年月日收入住程。文臣换授者，即云元於某年月日參選。内侍官，即云經本省祇應日。至今實及二十年，别不曾持服、分司、致仕、尋醫、侍養、隨侍、隨行指教及勒停假滿落籍，如有，即分明開説年月日。軍班换授者，即云係某軍分某職名，於某年月日换授，至今及一十年以上。某年月日轉武翼大夫以上官，某年月日闕陞親民資序，見從軍人如有戰功，即云曾於某年月日某處立功，轉補某官資。即非過犯降監當並衝替、差替應入監當人，即雖監當而因體量疾病及年老昏昧並年七十而應入監當及監廟者，亦具言之。出身以來不曾犯入己贓，如有罪犯，略開説所犯罪狀、年月日、斷遣刑名。已經某年月日大禮，未曾蔭補。如已曾蔭補，則云臣某年月日大禮曾蔭補某人，授某官。某年月日大禮不曾蔭補，如被蔭人身亡而許别補者，則云某年月日曾補某人，於某年月日身亡。内侍官曾奏殿侍或下班祇應者，亦開説。今伏遇冬祀大禮，餘大禮各言其名。臣見年若干，有親子或孫名，餘親則稱某色服紀。如乞與有官人轉官或有官人願作白身蔭補，即具所乞人官銜。或年六十以上無子孫得補期親，則云臣見年若干，無子孫，今有期親某人。若年未六十蔭補期親，則云臣有子或孫，其人見係白身。欲望聖慈於使臣内安排，今係第幾次奏薦，其人不曾犯笞刑經決，如曾犯笞刑經決，即略具犯狀及斷遣刑名。委是臣親，是何服屬。别無詐冒諸般違礙，所有本人家狀連粘在前，其付身乞降某處給付。今於某處將印紙批上，該遇今次大禮，蔭補某人，奏薦因依訖。謹録奏聞，伏候敕旨。

年月日貼黃：乞降付尚書吏部。具官臣姓名狀奏

諸衛將軍正侍至武翼郎遇大禮乞蔭補狀

具官臣姓名，准令云云。

右臣，元係某名色補授出身，於某年月授承信郎，初授若係承節郎以上，隨所授官具之。文臣换授者，即云某年月日某出身。三省、樞密院人换授，云某年月日補書令史。内侍官，即云某年月日入仕供職。至某年月日參選短使，免短使者，即云某年月日參選。不曾參選而授差遣者，即云某年月日授付身。當短使者，即云某年月日收入住程。文臣授换者，即云元於某年月日參選。内侍官，即云經本省祇應日。至今實及三十年，别不曾持服、分司、致仕、尋醫、侍養、隨侍、隨行指教及勒停假滿落籍，如有，即分明開説年月日。軍班换授者，即云係某軍分某職名於某年月日换授，至今及一十五年以上。於某年月日闕陞親民資序，見從軍人如有戰功，即云曾於某年月日某處立功轉補某官資。即非過犯降監當並衝替、差替應入監當人，即雖監當而因體量疾病及年老昏昧並年七十而應入監當及監廟者，亦具言之。某年月日轉武翼郎以上官，出身以來不曾犯入己贓，如有罪犯，略開説所犯罪狀、年月日、斷遣刑名。已經某年月日大禮未曾蔭補。如已曾蔭補，即云已經某年月日大禮曾蔭補某人，得某色恩澤。某年月日大禮不曾蔭補，如已被蔭人身亡而許别補者，即云某年月日曾補某人，某年月日身亡。今伏遇冬祀大禮，餘大禮各言其名。臣見年若干，有子名，欲望聖慈於使臣内安排。其人曾犯笞刑經決，即略具犯狀及斷遣刑名。如乞已有官人轉官，則云轉一官或有名目男願作白身蔭補者，具所乞人官銜，仍云臣前後蔭補過若干。内侍官雖不因大禮已補殿侍或下班祇應，亦爲蔭補之數。今係第幾次奏薦，其人不曾犯笞刑經決，委是臣親子，别無詐冒諸般違礙，所乞某人家狀連粘在前，其付身乞降某處給付。謹録奏聞，伏候敕旨。

年月日貼黃：乞降付尚書吏部。具官姓名狀

中大夫至帶職朝奉郎通侍大夫至武翼郎遇大禮乞蔭補家狀

具官姓名

本貫某州、縣、鄉里，某人爲户。

一三代：曾祖某；有官，則云見任某官；亡，則云故任某官；曾封贈官者，仍云封或贈某官；無官，則云未仕或故不仕。祖父准此。祖某；父某。

一合家口三：若偏侍，則云合家口二；父母俱亡，則云合家口一。父年若干；亡則不開，母准此。母年若干；有封贈亦聲説。某年若干。以上三代並自身不曾改名。如曾改，即云元名某，於某年月日改名某。

一某年月日因某事補授某官出身。

一歷任：某年月日授告敕、宣劄，差某差遣，某年月日到任，某年月日因某事罷任，成若干考。逐任依此開。

一轉官：某年月日因某事准告授某官職。以後依此開。

一勞績：無，即云無。某年月日任某差遣，因某事得某色酬賞，曾與未曾收使。餘依此開。

一出身以來有無過犯：如有，開具所犯刑名、斷遣年月日。

一舉主：無，即云無。某官職位姓名。所舉名色各項開說。

右件如前，所供並是詣實，如後異同，甘伏朝典。謹狀

年月日具官姓名狀

連於《州軍保明狀》前。

蔭補親屬家狀

具官姓名男或孫名餘親，則某色親，異姓，則稱姓、年月。下准此。

本貫某州、縣、鄉、里某人爲户。

一三代：曾祖某；有官，則云見任某官；亡，則云故任某官；曾封贈官者，仍云封或贈某官；無官，則云未仕或故不仕。祖父准此，餘式依此。祖某；父某。

一合家口三：若偏侍，則云合家口二；父母俱亡，則云合家口一。父年若干；亡則不開，母准此。母年若干；有封邑，亦聲説。某年若干。

右件狀如前，所供前項鄉貫、三代、年甲並皆詣實，如後異同，甘俟朝典。謹狀

年月日具官姓名男或孫名狀

連於《蔭補狀》前。

中大夫至帶職朝奉郎遇大禮乞蔭補格目狀

具官姓名

一元係某年月日因某事補授某官出身或换官，某年月日參選，不曾參選者，則云因某事不曾參選。某年月日授某差遣，某年月日到任。三省人，則云某年月日補書令史。

一自歷任以來有無持服、分司、致仕、尋醫、侍養、隨侍、隨行指教、勒停假滿落籍月日。如有，即開具元持服、服闋、分司、致仕、再仕、尋醫、侍養、隨侍、隨行指教、罷任、勒停、叙復假滿落籍朝參年月日。

一出身以來有無贓私罪犯。如有，開具任某差遣、所犯刑名、斷遣年月日。

一某年月日准某處公文，關陞是何資序。若曾責降經牽復人，則云遇某年月日赦恩或是何任數，於某年月日准某處公文牽復上件資序。

一見係某官、職、差遣，即目有無遷改事故，是與不是降任宫觀及通判以下職任若衝替輕未及一年之人。見任監當者，則聲説係與不係降充監當之人，若年七十體量並折資等入監當者，亦行聲説。其見任宫觀者，則聲説因何事差充上件差遣，係與不係自陳，元差有無因依。

一初遇某年月日大禮，係任某官、職、差遣。不曾經奏薦者，止云因某事不曾陳乞。已蔭補者，則云已蔭補過子或孫名。其兩遇大禮奏薦人，仍聲説兩遇大禮日所任官、職、差遣。

右件如前，所供並是詣實，如後異同，甘伏朝典。謹具申聞。謹狀

年月日具官姓名狀

連於《州軍保明狀》前。

通侍大夫至武翼郎遇大禮乞蔭補格目狀

具官姓名

一元係某名色補授出身，樞密院人，則云某年月日補書令史；内侍官，則云某年月日授某付身差在省祗應。某年月日因某事補某官，某年月日授短使，免短使者，則云因某事免短使。某年月日參選，不曾參選者，則云因某事不曾參選。文臣换授武臣者，則云元於某年月日參選。某年月日授住程差遣付身，某年月日到任。

一自歷任以來有無持服、分司、致仕、尋醫、侍養、隨侍、隨行指教、勒停假滿落籍月日。如有，即開具元持服、服闋、分司、致仕、再任、尋醫、侍養、隨侍、隨行指教、罷任、勒停、叙復假滿落籍朝參年月日。

一某年月日准某處公文關陞親民資序。正任防禦使至刺史，通侍至右武大夫，如不曾關陞，則云未曾關陞親民資序。

一是與不是見從軍人，如係見從軍人，有無立到戰功。如有，即云某年月日於某處立功轉補，是何官資名因。

一自出身以來曾與不曾犯入已贓，目今有無未結斷過犯，已經遂遇並今次大禮日有無事故。一初遇某年月日大禮，係任某官、職、差遣。不曾經奏薦者，止云因某事不曾陳乞。已蔭補者，則云已蔭補過子或孫名。其兩遇大禮，

奏薦人仍聲說兩遇大禮日所任官、職、差遣。

右件如前，所供並是詣實，如後異同，甘伏朝典，謹具申聞。謹狀

年月日具官姓名狀

連於《州軍保明狀》前。

中大夫至帶職朝奉郎遇大禮乞蔭補保官狀

保官具官姓名書字

保官具官姓名書字

右某等，各年未七十，與某人非緦麻以上親並相容隱人，歷任無贓罪及私罪徒，亦不是分司、致仕、不理選限、進納、歸明傜人若流外官。今委保某人昨於某年月日出仕，於某年月日初任某差遣，於某年月日因某事轉至見今官，實及十五年以上，經赦日即無諸般事故，並不係降任宫觀及通判以下職任衝替輕未及一年之人，若見任宫觀，即保因何事，某處陳乞，准勅差授，係自陳，即不是責降。亦無去失告勅、付身，如有，即逐一稱説委保。及自出身以來並無贓私罪犯。今伏遇冬祀大禮，餘大體各言其名。合該蔭補。乞奏某親某人於文資內安排，的係是何服屬，委是正身，即無詐冒及不曾犯笞刑經決，亦無雕青剪刺。某與本人委因何處相識，或同任鄉里，某今所保本人，各係今年的實第幾次委保，並是詣實，如後異同，甘伏朝典。

謹狀

年月日保官具官姓名書字等狀。

連於《州軍保明狀》前。

通侍大夫至武翼大夫團練使至開府儀同三司奏異姓親同遇大禮乞蔭補保官狀

保官具官姓名書字

保官具官姓名書字

右某等，各年未七十，與所保人非緦麻以上親並相容隱人，無贓罪及私罪徒，不是分司、致仕、不理選限、進納、歸明傜人若流外官，即不是揀汰離軍之人。今委保某官職、某人，自出身以來並無贓私罪犯，今該遇某年月日冬祀大禮，餘大禮各言其名。蔭補子孫或親侄於使臣內安排，委是親子孫或親侄，餘親准此。團練使以上奏異姓親，則云委的係是何服屬。別無詐冒諸般違礙。本官委的見年若干，即無隱諱年甲，今年係第幾次委保。某等所保並是詣實，如後異同，甘伏朝典。謹狀

年月日保官具官姓名書字等狀

連於《州軍保明狀》前。奏異姓親，則同所親姓名、服圖繳連於奏狀前。

諸衛將軍正侍至武翼郎遇大禮乞蔭補保官狀

保官具官姓名書字

保官具官姓名書字

右某等，各年未七十，與所保人非緦麻以上親並相容隱人，無贓罪及私罪徒，不是分司、致仕、不理選限、進納、歸明傜人若流外官，即不是揀汰離軍之人。今委保某官職、某人，自出身以來並無諸般贓私罪犯及本官不是見降監當、衝替、差替應入監當之人，雖係監當，若因體量疾病及年老昏昧並年未七十應入監當者，亦聲說。今該遇某年月日冬祀大禮，餘大禮各言其名。蔭補男名，於使臣內安排，委是親子，別無詐冒諸般違礙。本官委的見年若干，即無隱諱年甲，今年係第幾次委保，某等所保並是詣實，如後異同，甘伏朝典。謹狀

年月日保官具官姓名書字等狀

連於《州軍保明狀》前。

保明中大夫至帶職朝奉郎以上遇大禮乞蔭補狀

某州

據某官、職、差遣姓名狀，云云。今召到保官具位姓名等二員，委保所有某出身以來告勅、印紙真本，及録白並朝典、家狀及所奏人家狀、保狀，並連粘在前。其付身乞降付某處，申州乞差官點對，勘驗保明，繳申吏部施行。見在本州或屬縣寄住，或見任本州，或屬縣差遣，須至申聞者：

右所據某官、職、差遣、姓名狀在前，尋委當職官某人點對勘驗去後據當職官某官位、姓名狀勘會，今來本官録白到出身以來告勅、印紙、文字與真本點對，並皆一同，別無詐冒不實及漏落差誤。州司除已批書保官逐人印紙訖，及照驗得各係當年第幾次作保，契勘某官係在本州或屬縣寄居，或見任本州或屬縣差遣，並勘驗得所奏人的係是何服屬，委是正身，即無詐冒諸般違礙，保明並是詣實，所有録白、告勅、印紙或繳真本。並供到家狀、保狀等，並連粘在前，謹具申尚書吏部，伏乞依條施行。謹狀

年月日依常式

保明武翼郎以上遇大禮乞蔭補狀

某州

據某官、職、差遣姓名狀，云云。今召到保官具位姓名等二員，委保所有某出身以來告勑、印紙真本，及録白並朝典、家狀及所奏人家狀、保狀、並連粘在前，其付身乞降付某州，申州乞差官點對，保明繳申吏部施行，須至申聞者：

右所據某官、職、差遣、姓名狀在前，尋委某人取索本官真本付身與録白文字等逐一點對，並同，即無差漏詐冒，保明是實，申乞施行。如係見從軍人陳乞奏薦，則云本將保明，所奏某人委係是何服屬，即無詐冒隔驀、諸般違礙，保明是實，如後異同，甘伏朝典。本軍保明是實，如後異同，甘伏朝典。本司主帥保明是實。州司尋行下廂鄰勘會去後據某廂、某官、某職、某人申狀，尋追到某官、某人等供到狀，稱某官職、姓名，今來所乞該遇某年月日冬祀大禮，餘大禮各言其名。蔭補男或孫、親侄。餘親准此。委是本官親子孫等，別無隔驀詐冒、諸般違礙，本廂保明是實，如後異同，甘罪不詞。如係寄居待闕官，即云見在本州某廂界寄居待闕。文狀在案，州司再行勘驗得某官職、姓名，該遇某年月日大禮，所乞蔭補男或孫、親侄，委係本官親子或孫、侄，餘親准此。別無隔驀詐冒，諸般違礙，保明是實。除已將保官某人見任印紙已批書委保因依訖，各係今年第幾次作保，武翼大夫以上陳乞奏薦，仍云除已將某官、某人印紙批書，陳乞今次大禮奏薦某人，發奏訖。所有本官録白出身以來付身等，及供具腳色家狀，及保官二員親書委保文狀，及被蔭人家狀，並連粘在前。武功至武翼郎各係依格法補授出身，並應非泛出身未經奏薦者，即將末後真本告命並印紙繳申吏部批鑿。謹具申尚書吏部，伏乞依條施行。謹狀

（宋）謝深甫等《慶元條法事類》卷一二《職制門・朝奉郎以上乞致仕蔭補奏狀》 某州

據某官姓名狀，有服親陳乞者，准此。備陳乞蔭補文狀全文。檢准令云云，須至奏聞者：

右州司勘會某官、某人昨於某年月日某時經本州或某縣鎮之類。陳乞守本官致仕。其奏狀，本州於某年月日某時入馬遞申發，至某年月日某時降到勑，守本官致仕。如未降到致仕勑已前身亡，即開具本官於某年月日某時身亡令該蔭補。今來所乞致仕蔭補與某人承受，別無僞冒違礙，所有某人家狀一本粘連在前，本州勘驗，保明並是詣實。謹録奏聞，伏候勑旨。

年月日依常式

申明

隨勑申明

職制

淳熙六年八月十九日勑：今後文武臣遇大禮蔭補，許大禮後一年內陳乞，限外更不收使，仍不得將不應奏薦人陳乞破限。

（宋）李心傳《建炎以來朝野雜記甲集》卷一二《官制・中散大夫七樣錦》 中散大夫，舊謂之十樣錦，今不然矣。舊奏子職官，今初品官耳。初奏通仕郎，出官與將仕郎同，但以拜命日，理服緋年月。舊身後許上遺表推一子恩，今減一年磨勘耳。奏薦雖不隔郊，然滿四名有止法，其實與正郎無異。它所存但虛文，謂之七樣錦可也。

（宋）李心傳《建炎以來朝野雜記乙集》卷一四《官制・乾道淳熙裁損任子法沿革附》 乾道初，朝廷欲損任子之數，有請正郎隔三郊乃奏者，有請立限員者，有請正郎惟初郊及致仕各許奏一人者，議久不決。二年春，王伯庠初除殿中侍御史，乃爲畫一狀以奏：一曰正郎遇郊，有出身人奏上州文學，無出身人奏下州文學。應奏下州文學者，將來改官日並改次等合入官。二曰帶職員郎，有出身人莅事十五年，初遇郊及再遇各許奏一人。無出身人莅事及二十年，止許初郊奏一人，俟至正郎即如上法。三曰中散大夫以上，有出身人奏將仕郎，無出身人奏上州文學。四曰侍從官，有出身人子孫奏丞務郎，期親將仕郎，大功以下文學。無出身人遞減一等。致仕恩澤又遞減一等。五曰宰執奏子孫依見行法，期親登仕郎，大功以下文學。六曰右選，依此參酌。其官至使相者，依舊法止奏武階。詔三省集議，再具條式，將上取旨。尋又令臺諫共同集議。其年六月，始有旨：使相蔭補，依祖宗舊法。七色補官人，止令奏一子，餘不盡行也。余謂伯庠此議，亦頗得之，但權倖貴游皆所不便耳。所謂七色補官者，宗室女夫，一也；戚里女夫及捧香，二也；異姓恩澤，三也；陣亡人女夫，四也；上書獻頌文理可采，五也；隨奉使補官，六也；給使減年，

七也。始議以止當禄及其身，不許更冒世賞。若轉至合奏薦官，候將來致仕日，與一名恩澤，已嘗奏薦者，不與。既行之矣。九年七月，又用吏部尚書李秀叔議，應文臣帶職員郎及武翼大夫以上，生前未嘗奏薦者，與致仕恩一名。即已嘗奏薦而被蔭人身亡者，許再乞應。朝奉、武翼郎以上補授及三十年者，亦與一名。淳熙四年二月，韓旡咎爲吏部尚書，又乞非泛補授人，許生前奏薦一名。所謂使相奏補，文武臣各隨本色者。淳熙五年十一月，因曾覿有請，遂援曹佾、向宗良例，降旨不行。四年四月，覿已有此請，龔實之持不行。其六月，實之貶，至是行下。先是，張説在宥府，已詔武臣嘗任執政者，許奏文資。乾道九年十一月朔降旨。已而，恩數視執政者亦得之。蓋戚里、宗王與夫攀附之臣，皆争以文資禄其子，不可復正矣。淳熙十年二月辛丑，又從侍從、臺諫集議，應文武臣致仕、遺表恩澤，並三分減一焉。宰相、使相共八人，前宰相七人，執政六人，前執政五人，見任尚書三人，侍從二人。宰執不帶職者，依本官。

（宋）李心傳《建炎以來朝野雜記乙集》卷一四《官制・慶元蔭補新格》 慶元蔭補新格，使相以上十人，執政官、太尉八人，文官太中大夫以上及侍御史、武臣節度、承宣、觀察使六人，文臣中散大夫以上、武臣防禦、團練使及横行四人，文臣帶職朝郎以上、武臣正使三人。致仕遺表，文臣前宰相、見任三少、使相共八人，曾任三少、使相七人，曾任執政官六人，太中大夫以上二人，武臣使相以上八人，節度使六人，承宣使五人，觀察使四人，文臣中大夫、武臣防禦使以下，並不得推遺表恩。先是，紹興初，中書舍人趙思誠嘗上任子限員之議，詔從官討論申省。淳熙九年八月庚子，始用廷臣集議行之。既而從官有身前已奏六人，而身後推恩爲吏部所格者。開禧末，議者有請，乃詔致仕遺表恩澤在限員之外，若非泛恩澤，則不許云。謂監司、帥臣遇覃恩及泛使出疆之類。

（宋）李心傳《建炎以來朝野雜記乙集》卷一四《官制・雜藝出身不許任子》 紹熙初，有伶人胡永年者，積官至武功大夫，遇郊乞任子。趙子直爲吏部尚書，奏永年樂藝出身，難以任子，望立爲定法，今後似此雜藝補授之人，不許奏補。從之。三年三月己亥也。余謂此等事，非遇子直，則他人必且放行，遂爲弊法矣。但永年本伶倫，而官極正使，前後遷補，乃無論列之人，亦未可曉。

（元）馬端臨《文獻通考》卷三四《選舉考・任子》 宋太祖皇帝乾德元年，詔減每歲奏補千牛、齋郎之額，自今臺省六品、諸司五品登朝第二任，方得蔭補。

止齋陳氏曰：唐制：禮部簡試太廟齋郎、郊社齋郎，文資也；兵部簡試千牛備身及太子千牛，武資也，蓋文武蔭補之制。自後唐天成三年，和凝奏齋郎歲以三十人爲限；同光二年，奏千牛左右仗各六員，歲以十二員爲限。至是減之，歲凡補二十五員。恭惟藝祖初定任子之法，臺省六品、諸司五品必嘗登朝曆兩任，然後得請，不請者則不補矣。太宗淳化，始因改元恩霈，文班中書舍人、武班大將軍以上，並許蔭補，如遇轉品，即許更蔭一子，而奏薦之廣自此始。至道二年，始有壽寧節推恩之令，則聖節奏薦自此爲例。大中祥符元年，始有東封禮畢推恩之令，則郊禋奏薦自此爲例。前朝患之，累嘗裁定。聖節奏薦，自嘉祐元年罷，今惟郊禋如故。至於致仕、遺表之恩，凡與者皆特典也，而後亦爲定制。至熙寧始裁定：諸衛將軍、諸司副使，累奏不得過二人；非任路分都監差遣，即須入仕三十年方聽奏薦，而限年限員之法立。宣和四年，中大夫至帶職朝奉郎入官十五年，諸衛大將軍至武翊大夫入官二十年宣和四年九月二十九日敕，内侍官武功大夫至武翊郎，累奏不得過二人。逮於孝宗，法度益嚴。淳熙九年，更務裁抑，始立遇郊蔭補恩澤正數：宰相十人，開府儀同三司以上同，執政八人，侍從六人，觀察使至節度使、侍御史同，中散大夫至中大夫，右武大夫及至通侍大夫同。帶職朝奉郎、朝儀大夫三人；武翊大夫至武功大夫同。致仕、遺表恩澤，文臣見任宰相八名，舊十二名。曾任宰執七名，舊十名。見任執政六名，舊九名。曾任執政謂帶職者。五名，舊七名。在内侍從、在外待制以上，或不帶職大中大夫以上二名；舊二名。無遺表止得致仕者，侍御史、舊二名。中散中奉至中大夫、舊二名。朝奉郎至朝議大夫一名，武臣見任使相七名，舊九名。曾任使相六名，舊八名。見任執政、太尉謂許依執政官例者。六名，舊七名。曾任執政、節度使五名，舊七名。諸衛上將軍至承宣使四名，舊五名。觀察使三名，舊四名。通侍大夫二名，舊四名。正侍至右武大夫、舊二名。諸衛大將軍、武功至武翊大夫一名。遥郡同。

又詔：齋郎每歲以十五人爲額，取年貌合格、誦書精熟者充。夏試不如所奏，三司坐之。

真宗大中祥符二年，詔：應以門蔭授京官，年二十五以上求差使者，當令於國學聽習經書，以二年爲限，仍令審官院與判監官考試訖，以名聞。既而引對大理評事錢象中、太常寺舉禮郎陳宗紀，並以學業未精，令且習讀，俟次年引對。又詔：已有官而再奏者，至所合授止。又詔：鎖廳就試，至禮部不合格者，停見任。詳見《舉士門》。

石林葉氏曰：祖宗時，見任官應進士舉，謂之鎖廳，雖中選，止令遷官，而不賜科第，不中則停見任，其愛惜科名如此。淳化三年，滁州軍事推官鮑當等應舉合格，始各賜進士及第，自是遂皆賜第。

七年，幸南京，詔文武臣僚逮事太祖者，賜一子恩澤。

初，轉運使辭日，皆得奏一人。天禧後，唯川、廣、福建路始聽，餘路再任者始得奏焉。

仁宗慶曆中，大減恩蔭制入仕之路，罷聖節奏蔭恩例。學士以下，遇郊恩許奏大功以上親，再遇郊許奏小功以下親。蔭長子孫皆不限年，諸子孫須年過十五，若弟侄須過二十，必五服親乃得蔭。已嘗蔭而物故者，無子孫祿仕，聽再蔭。自是任子之恩殺矣。

英宗登極，四方監司、州守賀即位押貢奉人，悉命以官。

知諫院司馬光言：監司、太守遣親屬奉表至京師者，不問官職高下、親屬遠近，一例推恩，乃至班行、幕職、權知州軍，或所遣之人非親屬者，亦除齋郎、差使、殿侍，此蓋國初承五代姑息藩鎮之弊，大臣因循故事，不能革正。國家爵祿，本待賢才及有功效之人，今使此等無故受官，誠爲太濫。今縱不能盡罷，其進表人若五服內親者，或乞等第授以官；其無服及非親屬者，並量賜金帛罷去，庶少救濫官之失。時以詔令已行，不從。

英宗慨然思革天下之弊，時方患官冗，言者皆謂由三歲一磨勘，其進甚亟，稍遷以至高位，故獲蔭者衆。乃令自今待制以上，自遷官後六歲無過遷之，有過益展年，至諫議大夫止。京朝官四歲磨勘，至前行郎中止。少卿、監限七十員，員有闕，以前行郎中久次者補之；少卿、監以上遷官，聽旨。

神宗熙寧四年，中書言：蔭補者免試注官，多不習事，以致失職。試者又須限年二十五，才者既滯，所試又止律、詩，豈足甄才。及已受任而無勞可書，亦無薦者，法當再試書判三道，亦成虛文。今請守選者歲以二月八月試斷案二，或律令大義五，或議三道，法官同銓曹官撰式考試，第爲三等，上之中書。上等免選注官，優等依判超例陞資，無出身者賜之。試不中或不能就試，滿三歲亦許注官，惟不得入縣令、司理、司法。自是更不試判，仍除去免選恩格。若歷任有舉者五人，自與免試注官，其蔭補人亦罷試詩。年及二十許自言，而試斷案、律義及議，應格即許注官，優等亦賜出身。試而不中，或不能試，年及三十，自許參注。若年及二十，授官已及三年，出官亦不用試。若秩入京朝，即展任監當三年，在任有二人薦之，免展。詔悉從之。

舊制：蔭補初赴選，皆試律暨詩；已仕而無勞績、舉薦及無免試恩，皆試判。更制以後，暨試律義、斷案議，後又增試經義。中選者皆得隨銓擬注，其入優等者，往往特旨擢賜進士出身。

熙寧初，裁損奏蔭之法，自宰相、使相而下，並及宮掖、外戚，遞有減損。舊制，諸妃遇聖節奏親屬一人，間一年許奏三人，郊禮許奏一人，今定諸妃每遇聖節並郊，許奏有服親一人。舊制，皇親妻兩遇郊，許奏親屬一人，今罷。舊制，郡、縣主遇郊，許奏親生子及其夫之親，今只許奏親子。舊制，臣僚之妻爲國夫人者，得遺表恩，今除之。舊制，公主每遇聖節、郊禮，許奏夫之親屬一人，並遇公主生日，許奏一人，今罷生日恩，聖節許奏有服親。

按：熙寧所裁損奏蔭之法，先自妃嬪、公主始，此法之所以必行。外如皇親妻及命婦、郡縣主所蔭，其恩尤濫，故並抑之。而聖節奏蔭恩例，則仁宗時已罷之，往往行之於臣僚，而未嘗行之於妃、主。至此方有施行，然亦但裁抑其濫及者，而未嘗盡罷此例云。

五年，曾布等言：中外臣僚陳請恩澤，未有定制。今欲見任二府，許乞差遣一人；宰相、樞密使兼平章事因事罷者，陳乞轉官一人，指射差遣二人；餘以次有差。

徽宗宣和元年，侍御史張汝舟言：奏補之法，有太濫者，有太吝者。今法所該奏補，與先朝同，而所從該奏者異。昔之官至大夫，曆官不下三五十年，而今之出官，有閱三五年間已至大夫者矣。文武官至大夫既易且速，其來日衆，而奏補未嘗限年，此所以爲太濫也。朝請至朝奉郎得致仕恩，雖亡歿在給敕後，皆得蔭補；至若中大夫以下及武功、武翼大夫，已求致仕，而受敕不在生前者，乃格其恩不與，於是有以疾危而致仕，身謝而未受敕者，則其家往往匿哀須限，仍以不及親授，不與霑恩者多矣，此所以爲太吝也。欲乞文武官雖遇郊當蔭，文入官不及十五年、武入官不及二十年，皆未許蔭補，以抑其太濫。至於文武官及大夫以上嘗乞休致，而身謝在出敕前，並許奏蔭，以補其所不及。詔除寺、監長貳至開封少尹，系用職事蔭補，不合限年，餘悉從之。

司諫李會言：比年大臣子弟僅能勝衣，即簉從列，遇大禮亦得奏補。其稚年顯貴，身既濫矣，未有子而移蔭他人，是疊濫也。請待制以上無出身人，須年及三十、通歷任及十年者，遇郊許奏。從之。其後朱勝非追記當時權臣欺君濫恩，其言曰：祖宗舊制，宰執子弟例不堂除，只於銓部注擬，罷政不以罪，則推恩遷擢。蓋二府號表則之地，不阿其親，當以身率故也。趙普子弟皆官右列，普再相，長子遂受莊宅使。元祐中，范純仁再相，子正平博學有文行，未嘗出官，竟死選調。紹聖中，章惇作相九年，子援及持皆高第有學問，士論推許，並爲州縣、幕職、監當官。惟是仁宗朝，夏竦子安期以累任邊帥，授待制、直學士。熙寧間，王安石薦其子雱爲崇政殿説書，除待制，後因《三經義》成，遷直學士，力辭不受。然安期猶有才幹，雱猶有學問，至蔡京拜相不數年，子六人、孫四人同時爲執政、從官。宰相鄭居中子修年、億年，劉正夫子皂民、阜民，余深子日章、兄清，王黼子閎孚，白時中子彦暉，執政蔡卞子仍，鄧洵仁子襄，鄧洵武子雍，並以曲恩幸例，列於從班，而皁民、襄、閎孚尤懦騃，或始十餘歲。宣和末，諫官李會疏論，以爲：尚嬉竹馬，已獲荷囊；未應娶婦，已得任子。時亦覺其太濫，遂免奉朝而列侍從如故。

高宗建炎元年，李綱言：宣、靖以來，宰相子悉以恩澤至待制、雜學士。乃詔宰執子弟任待制已上者，並罷。

紹興四年，太尉、神武右軍都統制張俊乞以明堂恩，任子宗元文資。吏部言有礙條格，詔特許之。武臣非使相而以文資禄子孫者，自是爲例。中書舍人趙思誠言：孤寒之士，名在選部，皆待數年之闕，大率十年而不得一任。今親祠之歲，任子約四千人，是十年之後，增萬二千員，科舉取士不與焉。將見寒士有三十年不得調者矣。祖宗朝秘書監，今之中大夫也；諸寺卿，今之中奉、中散大夫也。仕至此者，皆實以年勞，功績得之，年必六十，身不過得恩澤五六人。政和、宣和之後，私謁行，橫恩廣，有年未三十而官至大夫者，員數比祖宗時不知其幾倍，而恩例未嘗少損，有一人而任子至十餘者。此而不革，實政事之大蠹也。望特旨侍從官共議所以革弊之術，示之以至公，斷之以必行。詔下其議。會思誠去國，議遂格。

二十二年，右諫議大夫林大鼐言：武臣多出軍中，爵秩多而族姓少，凡有奏薦，同姓皆期功，異姓皆中表。閭巷之徒，附會以進，寨帥、柵長利其高貲，有司不能詰其端，他人不能伺其隙。請自今須經統轄長官結罪保明，詭冒者連坐之。

孝宗即位，慨然思革冗官之弊，初詔百官任子者遇郊恩權免奏薦，年七十人遇郊不許奏子。俄又詔，未奏者許一名。

乾道九年，詔武臣嘗任執政官，遇郊聽補文資。於是恩數視執政者亦得之。蓋戚里、宗王與夫攀附之臣，皆爭以文資禄其子，不可復正矣。

寧宗嘉泰初，言者以官冗恩濫，諸宗女夫授官者，依舊法終身只任一子，兩府使相不得以郊恩奏門客，著爲令。

《慶元蔭補新格》：使相以上十人，執政官、太尉八人，文官大中大夫以上及侍御史、武臣節度、承宣、觀察使六人，文臣中散大夫以上、武臣防、團、刺史及橫行四人，文臣帶職朝郎以上、武臣正使三人。致仕、遺表：文臣前宰相、見任三少、使相共八人，曾任三少、使相七人，曾任執政官六人，大中大夫以上二人；武臣使相已上八人，節度使六人，承宣使五人，觀察使四人；文臣中大夫、武臣防禦使已下，並不得推遺表恩。先是，紹興初，中書舍人趙思誠嘗上任子限員之議，詔從官討論申省，淳熙九年八月庚子，始用廷臣集議行之。既而從官有身前已奏六人，而身後推恩爲吏部所格者，開禧末，議者有請，乃詔致仕、遺表恩澤在限員之外，若非泛恩澤，則概不許云。謂監司、帥臣遇有恩，及泛使出疆之類。

銓試者，舊有之，凡任子若同進士出身之人皆赴，建炎兵火後權停，紹興三年始復舊。無出身人許習經義、詩賦、時議或《刑統》義、斷案。十三年九月，詔兼試二場，惟有出身人試律如故。其任子之在蜀者，舊法令益、梓兩路漕司輪年分春秋銓試；乾道二年，從知蜀州楊民望之請，委制置司主之。後有降敕差監試、考試官，惟蜀士同出身之在東南者，則免銓試。故事，春秋再試，十人而取七。乾道二年後，上春試，二人而取一；紹熙末，議者病其寡學，乃請三人而取一；後三年，謝用光爲吏部侍郎，上言今世禄之家已留意學問，請復舊制，詔許焉。今蜀中銓試甚寬，凡假手者率費七百緡，又勢要子孫鮮不與選。或謂宜悉赴吏部，然吏部亦不免此，要當如祖宗時先試而後命可也。舊銓試未合格者許堂除，淳熙中，孝宗始嚴其令。八年八月，趙衛公帥瀘，奏其子昱書寫機宜文字。既受敕矣，木待問蘊之在西掖，緣他事以未銓試爲言，遂寢其命。紹熙元年八月，計司業衡又奏，乞中選人就吏部長貳廳前簾試，試中然後許參選。小經義一首，或小賦或省題詩一首。明年四月，吏部條具如所奏，內同進士出身並恩科人更不簾試，仍下四川制置司一體施行。從之。黄子由時爲考功郎官，建言今已增試律義，自不須更簾試。大臣進呈，光宗曰：簾試以革代筆之弊，正當加嚴，豈可廢也。三年八月，謝子肅侍郎又言：銓試不中，四十以上注殘零闕人，乞令郎官就長貳廳寫律一條，俾之解釋，如或不通，未得參注。從之。始任子降等補文學者，與恩科人皆免銓試。孝宗以爲非是，亦命試焉。惟宗室子銓試，則終場無雜犯者皆出官，蓋朝廷優天屬之意。廣東、西漕司舊亦有銓試，乾道八年罷之。

乾道元年，吏部尚書葉顒上言：選人差注格法、堂除賞典，並在中銓人之上。比年以來，調官者急於請謁，而堂除不勝其多；在官者巧於經營，而賞典不勝其濫。至於銓試，號爲公選，舊來一歲二試，十取其七，今乃從而損之，歲止一試，十取其五。夫其嚴且難如此，而注授之際，乃爲多且濫者所陞壓，非所以爲平也。上從其議，命更法焉。

淳熙十二年，臣僚言：比年銓試，有以國戚而與宮觀，有以勳閥而與差遣，問嘗中銓乎，曰未也。臣聞古之行法，必自貴近始。捨貴近而行於疏遠，則天下不服；法行而天下不服，則法廢矣。請明詔執事，自今一時除授未察其中否者，令吏部條具來上，未中者許給舍繳駁，臺諫彈罷，雖宮觀、嶽祠帶貼職者亦在所不與。蓋貼職者，天子之優恩，非可假此以免試也；岳祠、宮觀，臨民之漸也。不中銓試，不以貼職而出官，不以嶽祠、宮觀而臨民，則倖塞矣。從之。

《宋史》卷一七〇《職官志》　文臣蔭補

太師至開府儀同三司：子，承事郎；孫及期親，承奉郎；大功以下及異姓親，登仕郎；門客，登仕郎。不理選限。

知樞密院事至同知樞密院事：子，承奉郎；孫及期親，承務郎；大功以下及異姓親，登仕郎；門客，登仕郎。不理選限。

太子太師至保和殿大學士：子，承奉郎；孫及期親，承務郎；大功以下，登仕郎；異姓親，將仕郎。

太子少師至通奉大夫：子孫及期親，承務郎；大功親，登仕郎；異姓親，登仕郎；小功以下親，將仕郎。

御史中丞至侍御史：子，承務郎；孫及期親，登仕郎；大功，將仕郎；小功以下及異姓親，將仕郎。

中大夫至中散大夫：子，通仕郎；孫及期親，登仕郎；大功，將仕郎；小功以下，將仕郎。

太常卿至奉直大夫：子，登仕郎；孫及期親，將仕郎；大功小功親，將仕郎。

國子祭酒至開封少尹：子孫及小功以上，將仕郎。

朝請大夫、帶職朝奉郎以上：理職司資序及不帶職致仕者同。子，將仕郎；小功以上親，將仕郎；緦麻，上州文學。注權官一任，回注正官，謂帶職朝奉郎以上亡歿應蔭補者。

廣南東、西路轉運副使：子，登仕郎；孫及期親，將仕郎。提點刑獄：子，將仕郎；孫及期親，將仕郎。

《宋史》卷一七〇《職官志》　武臣蔭補

樞密使、開府儀同三司：子，秉義郎；孫及期親，忠翊郎；大功以下親，承節郎；異姓親，承信郎。

知樞密院事、同知樞密院事、樞密副使、太尉、節度使：子，忠訓郎；孫及期親，成忠郎；大功，承節郎；小功以下及異姓親，承信郎。

諸衛上將軍、承宣使、觀察使、通侍大夫：子，成忠郎；孫及期親，保義郎；大功以下，承信郎；及異姓親，承信郎。

樞密都承旨、正侍大夫至右武大夫、防禦使、團練使、延福宮使至昭宣使任入內內侍省都知以上：子，保義郎；孫及期親，承節郎；大功以下親，内各奏異姓親者同。承信郎。

刺史：子，承節郎；孫及期親，承信郎；大功以下，進武校尉。

諸衛大將軍、武功至武翼大夫、樞密承旨至諸房副承旨：子，承節郎；孫及期親，承信郎；大功以下，進武校尉。

諸衛將軍、正侍至右武郎、武功至武翼郎：子，承信郎；孫，進武校尉；期親，進義校尉。

樞密院逐房副承旨：子，承信郎。

訓武、修武郎及閤門祗候：子，進義校尉。

忠佐帶遥郡者，每兩遇大禮蔭補，子：刺史，進武校尉；團練使、防禦使，承信郎。

《宋史》卷一七〇《職官志》　臣僚大禮蔭補

宰相、執政官：本宗、異姓、門客、醫人各一人。東宫三師、三少至諫議大夫：權六曹侍郎、侍御史同。本宗一人。寺長貳、監長貳、祕書少監、國子司業、起居郎舍人、中書門下省檢正、尚書省左右司郎官、樞密院檢詳、若六曹郎中、殿中侍御史、左右司諫、開封少尹：子或孫一人。

《宋史》卷一七〇《職官志》　致仕蔭補

曾任宰相及見任三少、使相：三人。曾任三少、使相、執政官、見任節度使：二人。太中大夫及曾任尚書侍郎及右武大夫以上，并曾任諫議大夫以上及侍御史：一人。

《宋史》卷一七〇《職官志》　遺表蔭補

曾任宰相及見任三少、使相：五人。曾任執政官、見任節度使：四人。太中大夫以上：一人。諸衛上將軍、承宣使：四人。觀察使：三人。

《宋史》卷一五九《選舉志·銓法下》　補蔭之制。凡奏戚屬，太皇太后、皇太后、皇后本服期親，奉禮郎；大功，守監簿；小功，初等幕職官；元豐前，試大理評事。緦麻，知令、録。元豐前試校書郎。異服親亦如之。有服女之夫，則本服大功以上女夫，知令、録；小功，判、司、主簿或尉；緦麻，試監簿。周功女之子，知令、録；孫及大功女之子，判、司、主簿或尉；曾孫及大功女之孫、小功女之子，并試監簿；其非所生子若孫，各降一等；緦麻女之子，試監簿。

每祀南郊、誕聖節，太皇太后、皇太后並録親屬四人，皇后二人。非遇推恩而特旨賜官，不用此法。凡諸妃期親守監簿，餘判、司、主簿或尉；異姓親試監簿。婉容以上有服親，才人以上小功親，并試監簿。凡大長公主、長公主、公主夫之期親，判、司、主簿或尉，餘試監簿；子，補殿中丞；孫，光禄寺丞；婿，太常寺太祝；外孫，試銜、知縣。凡親王婿，大理評事；外孫，初等職官；女之子婿，試監簿。宗室緦麻以上女之夫，試銜、知縣；袒免，判、司、主簿或尉。其願補右職，依换官法，奉禮郎即右侍禁，幕職官即左班殿直，知令、録即右班殿直，判、司、主簿、尉即奉職，試監簿即借職。

凡文臣：三公、宰相子，爲諸寺丞；期親，校書郎；餘親，本宗大功至緦麻服者。以屬遠近補試銜。使相、參知政事、樞密院使、副使、宣徽使子，爲太祝、奉禮郎；期親，校書、正字；餘親，補試銜。節度使、僕射、尚書、太子三少、御史大夫、文明殿學士、資政殿大學士子，校書郎、正字；期親，寺、監主簿；餘親，試銜。三司使、翰林、資政殿侍講、龍圖閣學士、樞密直學士、太常、宗正卿，中丞，丞、郎，留後，觀察使，内客省使子，正字；期親，寺、監主簿；餘親，試銜及齋郎。兩省五品、龍圖閣直學士、待制、三司副使、知雜御史子，寺、監主簿；期親，試銜；餘親，齋郎。諸司大卿、監子，寺監主簿；期親，試銜。小卿、監兼職者子，試銜；期親，齋郎。

凡武臣：宰相子，爲東頭供奉官，使相、知樞密院子，爲西頭供奉官；期親，皆左侍禁；餘屬，自左班殿直以下第官之。樞密使、副使、宣徽節度使子，西頭供奉官；期親，右侍禁；餘屬，自右班殿直以下第官之。六統軍諸衛上將軍、節度觀察留後、觀察使、内客省使子，右侍禁；期親，右班殿直；餘屬，三班奉職以下第官之。客省使、引進防禦使、團練使、四方館使、樞密都承旨、閤門使子，右班殿直；期親，三班奉職；餘屬，爲差使、殿侍。諸衛大將軍、内諸司使、樞密院諸房副承旨子，三班奉職；期親，借職；餘屬，爲下班殿侍。諸衛將軍、内諸司副使、樞密分房副承旨子，爲三班借職。

凡兼職在館閣校理、檢討，王府記室、翊善、侍講，三司主判官，開封府判官、推官，江淮發運，諸路轉運，始許奏及諸親。提點刑獄，惟許奏男。其嘗以贓抵罪，得復故官。文臣至郎中及員外郎任館閣職，武臣至諸司副使、諸衛將軍者，止許廕子若孫一人，尚在謫籍者弗預。

太祖初定任子之法，臺省六品、諸司五品，登朝嘗歷兩任，然後得請。始減歲補千牛、齋郎員額；齋郎須年貌合格，誦書精熟，乃得奏。太宗踐極，諸州進奏者授以試銜及三班職，初推恩授散試官者，不得赴選。太平興國二年，乃詔授試銜等人特定七選集，遂爲定令。凡誕聖節及三年大祀，皆聽奏一人。而淳化改元恩，文班中書舍人、武班大將軍以上，並許廕補；如遇轉品，許更廕一子，由是奏薦之恩始廣。每誕聖節，朝臣多請奏疏屬，不報。至道二年，始限以翰林學士、兩省五品、尚書省四品以上，賜一子出身，此聖節奏薦例也。先是，任子得攝太祝、奉禮，未幾即補正員。帝謂：膏粱之子，不十年坐致閨籍。是年，悉授同學究出身赴選集。

真宗東封，祀汾陰，進奉人已官者進秩，未官者令翰林試藝，與試銜、齋郎、借職。公主、郡縣主以下諸親，外命婦入內者，亦有恩慶。而東封恩，則提點刑獄、朝臣、使臣，皆得奏一人。奏戚屬，舊無定制。有求補閤門祗候者，真宗以宣贊之職，非可以恩澤授，乃詔：自今求敘遷者，至殿直止。大中祥符二年，以門廕授京官，年二十五以上求差使者，令於國學受業，及二年，審官院與判監官考試其業，乃以名聞。內諸司使、副授邊任官者，陛辭時許奏子。詔樞密院定其制，凡妄名孫及從子爲子求廕者，坐之。七年，帝幸南京，詔臣僚逮事太祖者，賜一子恩澤，令翰林學士李維等定，自給諫、觀察使以上得請。初，轉運使辭日，許奏一人。天禧後，惟川、廣、福建者聽，餘路再任始得奏。又詔：承天節恩例所廕子孫，不許以他親及已食禄者。特許西京分司官，郊禋奏廕一子。自是分務西洛者得以爲例，南京則否。

仁宗慶曆中，裁損奏補入仕之路，凡選人遇郊赴銓試，其不赴試亦無舉者，永不預選。罷聖節奏蔭恩，學士以下，遇郊恩得奏大功以上親，再遇郊得奏小功以下親。郎中、帶職員外郎，初遇郊蔭子若孫，再郊及期親，四遇郊聽蔭大功以下親。初得奏而年過六十無子孫，廕期親。其皇親大將軍以上妻，再遇郊亦許之。武臣蔭例倣此。凡蔭長子孫皆不限年，諸子孫須年過十五；若弟姪須過二十，必五服親乃許。已嘗蔭而物故者，無子孫禄仕，聽再蔭。自是，任子之恩殺矣。

英宗即位，郡縣致貢奉人，悉命以官。知諫院司馬光建言：監司、太守，遣親屬奉表京師，不問官職高下、親屬近遠，推恩至班行、幕職、權知州軍，或所遣非親，亦除齋郎及差使、殿侍，此蓋國初承五代姑息藩鎮之弊，因循不革。爵禄本待賢才，今此等受官，誠爲大濫。縱不能盡罷其人，若五服內親，等第受以一官，其無服屬量賜金帛，庶少救濫官之失。然詔令已行，不從其議。時方患官冗，言者皆謂：由三歲一磨勘，其進甚亟，易至高位，故獲蔭者衆。乃令待制以上，自遷官後六歲，無故則復遷之，有過益展年，至諫議大夫止。京朝官四歲磨勘，至前行郎中止，少卿、監限七十員，員有闕，以前行郎中久次者補之。少卿、監以上遷官，聽旨。

仁宗雖罷聖節恩，而猶行之妃、主。神宗既裁損臣僚奏蔭，以宮掖外戚恩尤濫，故稍抑之。舊，諸妃遇聖節奏親屬一人，間一年許奏二人，郊禮許奏一人。嬪御每遇郊奏一人，兩遇聖節與一奏。後定，諸妃每遇聖節幷郊，許奏有服親一人。淑儀、充儀、婕妤、貴人遇郊，許奏小功以上親一人，位號別而資品同者，許比類奏薦。舊，公主每遇聖節、郊禮，奏夫之親屬一人；公主生日，許奏一人。後罷生日恩，所奏須有服親。皇親妻兩遇郊，許奏期親一人，後罷奏。舊，郡、縣主遇郊，許奏親生子右班殿直，若庶子及其夫之親兩遇郊，許奏借職一人。後親子惟注幕職，孫若庶子兩遇郊，方許奏一人，夫之親屬勿奏。舊，臣僚之妻爲國夫人者，得遺表恩，後除之。妃嬪、公主以下，非有服親之壻不許奏。既而曾布等又言：臣僚陳請恩澤，宜有定制。乃許見任二府歲乞差遣一人。宰臣、樞密使兼平章事因事罷者，陳乞轉官一人，指射差遣二人。餘執政官，並各一人。待制以上乞差遣遷學士者又一人。三路、廣桂安撫使、知成都府、梓州差遣一人，親孫、子循一資。廣南轉運、提點刑獄奏子孫或期親合入官一人。成都、梓、利、夔路差遣一人，子孫循一資。中書檢正官、樞密院檢詳官至員外郎，在職及二年，遇大禮許補親屬。中書堂後官、提點五房官，雖未至員外，聽奏補。邕、宜、欽極邊煙瘴知州，聽奏子孫一人。凡因戰陣物故及歿於王事，許官其子孫。又功臣繪像之家，如無食禄人，則許特奏子孫一人入官。既定銓試法，任子中選者得隨銓擬注，其入優等，往往特旨賜進士出身。

元祐元年詔：諸軍致仕停放人，其遺表恩該及子而過五年自陳者，慮有冒濫，毋推恩。職事官卿、監以下應任子者，須官至朝奉郎，乃許奏。三年，定宰臣、執政初遇郊，許奏本宗異姓親各一人，次遇郊，奏數如初。願用其恩與有官人，則許轉官并循資，或乞差遣，惟不得轉入朝官、循入支掌。應奏承務郎、殿直以上，許换升一任；不得升入通判。餘官三遇郊，許奏有官人。舊制，應奏兩人止者，次郊，止許奏有官人。其後，遇郊更合補蔭者，並準此爲間隔之次；已致仕而遇大禮應奏補者，再奏而止。宣仁太皇太后諭輔臣曰：近已裁減入流，本家恩澤，宜減四分之一。吕公著等曰：陛下臨朝同聽斷，本殿恩澤，自不當限數。先來所定，止與皇太后同等，豈可更損？宣仁曰：裁減恩澤，凡自上而始，則均一矣。乃詔曰：官冗之患，實極于今，苟非裁入流之數，無以清取士之原。吾以眇身率先天下，今後每遇聖節、大禮、生辰，合得親屬恩澤，並四分減一，皇太后、皇太妃同之。

哲宗既親政，詔復舊。凡乞致仕而不願轉官者，中大夫至朝奉郎及諸司使，許奏補本宗有服親一人；自奉議郎、内殿承制以下，許與有服親一人恩例；惟中大夫、中散大夫、諸司使帶遥郡者，蔭補外仍與有服親恩例；若致仕未受敕而身亡者，在外以陳乞至門下省日，在京以得旨日，亦許乞有服親恩例一人。初，任子法以長幼爲序，若應奏者有廢疾，或嘗犯私罪至徒，或不肖難任從仕，許越奏其次。至是，始删去格令長幼爲序四字。

五年，定親王女郡主蔭補法，遇大禮，許奏親屬一人，所生子仍與右班殿直；兩遇，奏子或孫與奉職；即用奏子孫恩迴授外服親之夫，及夫之有服親者，有官人轉一官，毋得升朝，選人循一資，無官者與借職，須期以下親，乃得奏。吏部言：皇太妃遇大禮，以應奏恩與其親屬，而服行不應法。詔用皇后緦麻女之子爲比，補借職。舊法，母后之家，十年一奏門客，而太妃未有法。紹聖初，詔皇太妃用興龍節奏親屬恩，迴授門客。自是，太后每及八年、太妃十年，奏門客一名，與假承務郎，許參選。如年數未及，凡恩皆毋回授。

元符後，命婦生皇子許依大禮奏有服親，三品以上三人。宗室緦麻親，許視異姓蔭孫。凡蔭補異姓，惟執政得奏，如簽書樞密院事雖依執政法，而所蔭即不理選限。後因轉官礙止法者，許回授未仕子孫，而貪冒者又請回授異姓，有司每沮止之，然亦多御筆許特補。

政和間，尚書省定回授格，謂無官可轉，或可轉而官高不欲轉，或事大而功效顯著爲一格，許奏補内外白身有服親；官有止法不可轉，功績次著爲一格，許奏本宗白身袒免親；官不甚高，而功績大爲一格，許奏本宗白身有服親；官不甚高、功不甚大爲一格，而分爲三，一與内外有官有服親，一與有官有服本宗親，一與有官有服者之子孫。凡爲六等。

宣和二年，殿中侍御史張汝舟言：今法所該補奏，與先朝同。昔之官至大夫，歷官不下三五十年，而今閲三五年，有已至大夫者矣；諸翼將軍至武翼郎，須出官三十年，方許奏補；今文武官奏補，未嘗限年，此太濫也。至若中大夫以下及武功、武翼大夫，已求致仕而不及受敕，乃格其恩，於是有身謝而未受敕者，其家或至匿哀須限；然不及親受而不與霑恩者多矣，此太吝也。欲自今中大夫至帶職朝奉郎以上，雖遇郊恩，入官不及二十年，皆未許蔭補；雖已經奏薦，再遇郊恩年仍未及者，亦寢其奏，庶抑其濫。至於文武官及大夫以上嘗求休致，而身謝在出敕前，欲並許奏蔭，以補其不及。尚書省文武官致仕，雖不及受敕，若無曾受蔭人，自有遺表恩。又寺、監長貳至開封少尹，係用職事蔭補，不合限年。餘從之。

崇寧以來，類多泛賞，如曰應奉有勞，獻頌可采，職事修舉特授特轉者，皆無事狀可名，而直以與之。孟昌齡、朱勔父子、童貫、梁師成、李邦彦等，凡所請求皆有定價，故不三五年，選人有至正郎或員外，帶職小使臣至正、副使或入遥郡横行者。而蔡京拔用從官，不論途轍，一言合意，即日持橐。又優堂吏，往往至中奉大夫，或换防禦、觀察使。由此任子百倍。欽宗即位，赦恩覃轉，惟許宗室；其文武臣止令回授有官有服親，且詔：非法應回授及特許者，毋録用。

高宗中興，重定補蔭法，内外臣僚子孫期親大功以下及異姓親，隨文武各有等秩，見《職官志》。建炎元年，詔：宰執子弟以恩澤任待制以上者，並罷。紹興四年詔：文武太中大夫以上及見帶兩制職名，依舊不限年。內無出身自授官後以及十五年，年及三十、不係宮觀責降之人，聽依條補蔭。七年，中書舍人趙思誠言：孤寒之士，名在選部，皆待數年之闕，大率十年不得一任。今親祠之歲，任子約四千人，是十年之後，增萬二千員，科舉取士不與焉。將見寒士有三十年不得調者矣。祖宗時，仕至卿、監者，皆實以年勞、功績得之，年必六十，身不過得恩澤五六人。厥後私謁行，横恩廣，有年未三十而官至大夫者，員數比祖宗時不知其幾倍，而恩例未嘗少損。有一人而任子至十餘者，此而不革，實蠹政事，望議革其弊。會思誠去國，議遂格。舊法，惟贓罪不許任子，新令併及私罪徒，有司以爲拘礙者多，遂罷新令。又詔：宰執、侍從致仕遺表，惟補緦麻以上親，毋及異姓。二十二年，以武臣多出軍中，爵秩高而族姓少，凡有薦奏，同姓皆期功，異姓皆中表，閭巷之徒附會以進。命須經統轄長官結罪保明，詭冒者連坐之。帝於后妃補蔭，每加裁抑，詔后族不得任從官。

孝宗即位，思革冗官。初詔百官任子遇郊恩權免奏薦，年七十人，遇郊不許奏子。俄又詔，未奏者許一名。隆興元年，以張宋卿言蔭補冗濫，立爲定法。凡員外轉正郎，正郎轉侍從，卿監之至中大夫，每初遇郊，則聽任一子；再經，則不許復請。遺表之恩，各減其一。減年之類，亦去其半。至府史之屬，武功之等，亦倣此差降之。

乾道二年詔：非泛補官，如宗室、戚里女夫捧香，異姓上書獻頌，隨奉使補官，陣亡女夫，異姓給使減年之類，轉至合奏薦官，候致仕與奏一名，嘗奏者不再奏。四年，詔：宗室袒免親諸衞將軍、武功大夫至武翼郎以上，遇大禮奏補親屬，並依外官法，著爲令。九年，詔：文臣帶職員外郎及武翼大夫以上，生前未嘗奏薦者，與致仕恩澤一名；即已嘗奏薦而被蔭人身亡，許再請。應朝奉郎、武翼郎以上補授及三十年者，亦與一名。又詔：武臣嘗任執政官，遇郊聽補文資。於是恩數視執政者亦得之。蓋戚里、宗王與夫攀附之臣，皆爭以文資禄其子，不可復正矣。自隆興著酬賞實歷對用轉官之法，遷官稍緩。至是，郊恩之奏視爲減半，然猶未大艾也。淳熙九年，始詔：減任子員數。自宰相、執政、侍從、卿監、正郎、員外郎，分爲五等，每等降殺，以兩酌中定爲止數，武臣如之。宰相十人，執政八人，侍從六人，中散大夫至中大夫四人，帶職朝奉郎至朝議大夫三人，通減三分之一。於是冗濫漸革。

寧宗慶元中，立補蔭新格，自使相以下有差，文臣中大夫、武臣防禦使以下，不許遺表推恩。嘉泰初，以官冗恩濫，凡宗女夫授官者，依舊法終身止任一子，兩府使相不得以郊恩奏門客，著爲令。

《宋史》卷三一〇《李柬之傳》 柬之自少受知於寇準，至是論準保護之功。仁宗惻然，即賜其碑曰旌忠。拜天章閣待制、河北都轉運使，加龍圖閣直學士。建言補蔭之門太廣，遂詔裁定，自二府而下，通三歲減入仕者二千人。

薦舉

論說

（宋）司馬光《司馬光奏議》卷二四《議學校貢舉狀熙寧二年五月上》

臣准御史臺牒，准勑節文：天下學校貢舉之法，宜令兩府兩省待制以上，御史臺、三司、三館臣僚，各限一月，具議狀聞奏者。臣聞《詩》云：無競惟人，四方其訓之。言君欲立强於天下者，無如得人。得人而任之以事，則四方斯順之矣。臣竊惟取士之弊，自古始以來，未有若近世之甚者也。何以言之？自三代以前，其取士無不以德爲本，而未嘗專貴文辭也。漢氏始置茂才、孝廉等科，皆命公卿大夫、州郡舉有經術德行者，策試以治道，然後官之。故其風俗，敦尚名節。降及末世，雖政衰於上，而俗清於下，由取士之術素加奬勵故也。魏晉以降，貴通才而賤守節，習尚浮華，舊俗益敗。然所舉秀、孝，猶以經術取之。當州郡皆置中正，以品其才行，一言一動之失，或終身爲累，士猶競競不敢自放。隋始置進士，唐益以明經等科，而秀、孝遂絶，止有進士、明經二科。皆自投牒求試，不復使人察舉矣。進士初但試策，及長安神龍之際，加試詩賦。於是進士專尚屬辭，不本經術，而明經止於誦書，不識義理。至於德行，則不復誰何矣。自是以來，儒雅之風日益頹壞。爲士者狂躁險薄，無所不爲，積日既久，不勝其弊。於是又設封彌謄録之法，蓋朝廷苦其難制，而有司急於自營也。夫欲搜羅海內之賢俊，而掩其姓名以考之，雖有顔閔之德，苟不能爲賦、詩、論、策，則不免於遭擯棄，爲窮人；雖有跖蹻之行，苟善爲賦、詩、論、策，則不害於取高第，爲美官。臣故曰取士之弊，自古始以來，未有若近世之甚者，非虚言也。今幸遇陛下聖明，心知貢舉之極弊，慨然發憤，深詔羣臣，使得博議利病，更立新規，是千載一時也。議者或曰：古人鄉舉里選，今欲知士之德行，宜委知州、知縣者采察其實，保而薦之。臣獨以爲不然。古者分地建國，自卿大夫士，皆以其國人爲之，猶患處士之德行不可得而詳也。故又擇其鄉之賢者，使爲閭胥、比長，自幼及長，朝夕察其所爲，然後士之德行美惡，莫得而隱也。今夫知州、知縣雜四海九州之人，遠者三歲而更，近者數月而更，或初到官即遇科場，遽責之知所部士人德行，誠亦難矣。又應開封府舉者，常不減數千人。而開封府獄訟之繁，知府者自旦至暮耳不暇聽，目不暇視，又有餘裕可使之察數千人之德行乎？議者又曰：宜去封彌謄録，委有司考其文辭，參以行實而取之。臣獨以爲不然。夫士之德行，知州縣者尚不能知，而有司居京師，一旦集天下之士，獨以何術知之？其術不過以衆人之毁譽决之。孔子曰：衆好之，必察焉。衆惡之，必察焉。夫衆人之毁舉，庸詎足以盡其實乎？必如是行之，臣見其愛憎互起，毁譽交作，請託公行，賄賂上流，謗讟並興，獄訟不息，將紛然殽亂，朝廷必厭苦之而復用封彌謄録矣。夫封彌謄録，固爲此數者而設之也。譬猶築防以鄣洚水也，今不絶其源而徒去其防，則横流之患愈不可救矣。臣雖至愚，平生固嘗竭其思慮，欲以少救其弊，今敢試陳二策，乞陛下俯加裁擇。臣聞上之所爲，下之所歸也。國家從來以詩、賦、論、策取人，不問德行，故士之求仕進者，日夜孜孜，專以習賦、詩、論、策爲事，惟恐不能勝人。父教其子，兄勉其弟，不是過也。今若更以德行取人，則士之力於德行，亦猶是也，誠風化清濁之原，歷代訛繆而不寤，必待聖朝然後正之者也。夫德行修之於心，藏之於身，雖家人有所不知，況於鄉黨，況於州縣，況於朝廷，將何從知之？故必待明哲公正之臣知而舉之，然後四海之士皆可得而官使也。然舉薦之法既行，則干求屬請誠所不能無也。要在所舉非其人者，國家以嚴法繩之，勿加恩貸，則苟且徇私之人皆知懼矣。且國家既以德行取士，則彼貪猾輕躁之人，依附權要枉道求進者，皆爲清議所貶，見棄於時，雖有舉者，必不多矣。臣愚欲乞今後應係舉人，令升朝官以上，歲舉一人，提點刑獄以上差遣者，歲舉二人，諫議大夫或待制以上，歲舉三人。不以所部非所部，鄉里非鄉里，除自己親戚，及曾犯真刑或私罪，情理重曾經罰贖，及不孝不友、盜竊淫亂明有跡狀者不得舉外，其餘皆得舉之。仍於舉狀內明言臣今保舉某州某科某人有學術節行，乞賜召試。若舉狀既上之後，卻有前後諸般違礙事發，其舉主並依律文貢舉非其人分故失，從公私罪定斷。受贓而舉者，以枉法論。其舉狀，逐時送下禮部貢院，置簿記録。若應舉人而不舉者，歲終委貢院勘會姓名聞奏，乞嚴加朝典。每遇三年一開貢舉，委貢院截自詔下之日勘會。選擇舉主最多者從上取之，舉主數同，即以舉狀到省月日先後爲次。其舉主曾有贓罪，及見停閑身亡，或在合參人數外者，並不准。倍於每次科場南省奏名人數，具姓名聞奏，乞下本貫發遣赴闕。其本貫更不考試，即具申狀解送赴貢院，仍出公憑給付逐人，令赴貢院照會。限十一月內取齊，十二月內引見，正月內委貢院考試。其試官或朝廷臨時添差。進士試經義策三道，子史策三道，時務策三道，更不試賦、詩及論。明經及九經等諸科，試本經及《論語》《孝經》大義共四十道，明經加試時務策三道，其帖經、墨義一切皆不試。對策及大義，但取議理優長，不取文辭華巧。唯所對經史乖僻，時務疏闊者，即行黜落。其奏名人數，並依科場舊制。若合格者少，不滿舊數，亦聽。至御試時，進士、明經各試時務策一道，九經等諸科，試本經大義十道，所有名字高下，並只以舉主多者爲上；舉主數同，即以舉狀到省月日先後爲次。其舉人所納家狀，及授官後吏部所給告身，並須開坐元初舉主人數、姓名。若及第後犯私罪，情理重，及贓罪，其舉主並減一等坐之；未及第者減三等。皆不以去官及赦原。如此則羣臣不敢挾私妄舉，士人皆崇尚經術，重惜操履，風俗丕變矣。朝廷若不能行此保舉之法，其次莫若修學校之法以取之。臣伏見自慶曆以來，天下諸州雖皆立學校，大抵多取丁憂及停閑官員以爲師長，藉其供給，以展私惠，聚在事官員及井市豪民子弟十數人，遊戲其間，坐耗糧食，未嘗講習，修謹之士多恥而不入。間有二千石自謂能興學者，不過盛修室屋，增置莊產，廣積糧儲，多聚生徒，以邀虛名。師長之人自謂能立教者，不過謹其出入，節其遊戲，教以鈔節經史，剽竊時文，以夜繼晝，習賦、詩、論、策，以取科名而已。此豈先王立學之意邪。於以修明聖道，長育人材，化民成俗，固已疏矣。臣欲乞自今天下州學，唯許置教授一人，委本州長吏於本處命官中，選擇無過犯、有節行、能講說、爲衆所服者，舉奏補充。若本州無人，則奏乞下銓司選差，委銓司於見在銓選人內，揀選進士、明經諸科出身人，歷任無贓私罪、能講說經書者奏，補充逐州教授。仍令國子監試講說經書。應舉人初入學者，並爲外舍生，唯赴聽講及公試外，不得於學中宿食。其教授每日講書畢，取在學諸生姓名，書於籤上，雜置筩中，抽取三人，問以聽過書中疑議三條，使對衆解說。通者置簿記録，粗者不問，不者有罰。每月中兩次公試，各試所習舉業，委教授考校，定優劣等第，具姓名出榜，示訖亦置簿記録。其有過犯者，小過則罰錢，中過則降，謂自内舍高等降爲中等，中等降爲初等，初等降爲外舍生，外舍生無等可降者，勒出學。大過則斥出學，亦置簿記録。每遇春秋釋奠畢，委教授選擇外舍生到學及半年以上，自前次釋奠以來說書多通，公試多在優等，姓名近上即爲優等。過犯情輕數少，即升入内舍，爲初等生，始聽於學中宿食。又選擇初等生升爲中等生，中等生升爲高等生，皆如外舍生之法。其有二人已上比較難決者，即特令說書及試所業以決。皆須具狀申本州，委知州、通判更加審覆，委得公當，然後給牒補之。如後來有過降等者，其牒即行抽取毁抹。其教授選擇、糾舉、升降等第若有不公，委知州、通判覺察取勘聞奏，乞行衝替。其開封府舉人舊無府學，並令寓教於國子監。其國子監舉人，須實是品官子弟，方得依條入學。其教試選升之法，並與外州同。以直講比教授，判監、同判監比知州、通判。凡國子監、開封府及諸州軍内舍高等生額，並相本處解額之半。解額有奇數者入高等生額，假若解額三人，則以二人爲高等生額。其中等倍高等，初等倍中等。若人數未足，則闕之，不得溢額補人。若遇詔下開貢舉，委本處判監、同判監、知州、通判截自其日，勘會高等生補及半年以上者，具姓名結罪保明聞奏。開封府舉人，只委判監、同判監保明。仍給公憑，許令免解直就省試。其高等生占不盡解額，方許本處其餘舉人取解。其中等、初等生，於取解時仍別立號，常比其餘舉人多取分數。所有高等生至省試時，亦別立號，每七人中取一人奏名。如此則舉人亦稍嚮經術，敦行誼矣。夫經術深淺，非程試所能知；行誼美惡，非朝夕所能察。今使之處於學校，經二三年累經選擇升至高等，又占解額，妨衆人進取之路，若其行誼小有過差，必不爲衆人所容矣。由此觀之，其高等生經術則講誦通，文藝則屢入優等，過犯則全然輕少，行誼則爲衆所服，比之糊名謄録，考其一日所試賦、詩、論、策，偶有所長而取之者，相去遠矣。況近年舉人或一無行能，橫遇恩澤，幸得免解者，不可勝數。今高等生行能如此，裁免一解，豈足惜哉。此學校之法也。若朝廷又不能如此，只於舊條之中毛舉數事，微有更張，則於取士之道並無所益，徒更煩苛，不若悉循舊貫之爲愈也。

（宋）范祖禹《范太史集》卷一四《薦講官劄子》　臣伏聞仁宗天聖初，嘗詔天下，訪求講說之士，今陛下方嚮學問，宜博選正人，置之左右。臣誠愚陋，承乏於此，大懼無以少補，聰明苟有所知，不敢不言。臣伏見前校書郎司馬康，年三十九，篤志好學，行如古人，資性端方，克肖其父。臣昔與司馬光修《資治通鑑》，康爲本局檢閱文字，與之相接，近十五年，備覩其人，操守如一，尤長於講說，使之執經，必能稱職，質於公論，皆以爲宜。臣竊以光之忠直，簡在聖心，如康之賢，陛下必自拔擢。今臣止言其所長，伏望陛下知察而已。取進止。

（宋）范祖禹《范太史集》卷一九《舉學官劄子》　臣伏見朝廷分置學官，以教養天下之才，近歲增廣員數，師儒之任，尤難其選，寒遠之士，無因自進，乃如臣輩所當稱舉，以待上用也。臣竊見左宣德郎劉渙，瀛州防禦推官知峽州夷陵縣事李傳，新授滄州南皮縣令張景仁，皆詞學優長，履行修飭，爲士人所推重，並堪充太學博士，正録及諸州教授，伏望朝廷，更賜考察選用，以助長育人才。取進止。

（宋）范祖禹《范太史集》卷一九《薦士劄子》　臣聞報國之忠，莫如薦賢，負國之罪，莫如蔽賢，昔臧文仲知柳下惠之賢，而不舉孔子，以爲竊位。又以爲不仁。臣蒙陛下累加拔擢，寘之諫省，又遷門下，兼職經筵；於今累年，受恩深厚，無裨毫髮，常思竭盡愚慮，無有所隱，庶幾以此少酬萬一，竊慕古人報國以薦賢爲忠，實懼有臧文仲竊位不仁之罪。臣今有劄子四道，並乞留中，若陛下以臣言薄有可採，乞出自聖意處分。則臣之幸，如以臣言爲不然，臣不敢避妄言之誅，惟陛下裁赦。臣無任震懼之至。取進止。

臣伏見經筵闕官，宜得老成之人以重其選，韓維素有鯁直之稱，先帝以維東宮之臣，眷遇甚厚，維與王安石不合，以此齟齬，不至大用，未嘗少屈於安石之黨，天下皆以爲賢。陛下用爲門下侍郎，中外皆謂得人，維於政事，雖有執滯不通，然其人風節素高，疾惡如讎，奸邪畏之。前年罷免，不聞顯過，今義領宮觀，乃與章惇爲一例，甚非宜也。先帝東宮之臣，唯孫固與維二人見存，陛下所宜加禮。若召維以經筵之職，不唯學識論議足以開益聰明，維有人望，物論必大以爲愜，臣竊恐執政以維觸忤陛下，故不敢言。夫君之於臣，如父之於子，有過則譴而逐之，怒既息則召而使之，豈有終怒而不解也。陛下嗣位以來，言事之臣亦嘗以所言過當，上忤陛下，或罷其職，或出之外任，已而皆復召還擢用，是以天下皆知陛下聖意至公，不以喜怒進退羣臣。昔仁宗平生無怒，唯是唐介彈文彦博，其日仁宗極怒，貶介春州別駕，尋復悔之，改介英州。未久，復召爲御史，因此重介剛直，驟拔擢至，兩制天下皆知，仁宗不徇喜怒，最爲盛德。陛下若出聖意，復召韓維，天下必皆伏陛下之至公，此深爲聖德之美。取進止

二

臣伏聞翰林學士承旨蘇頌，近乞致仕，陛下已降詔不允，臣竊見頌博聞彊識，白首好學，至於詳練國朝典故，尤非諸臣所及，熙寧中王安石用選人李定爲御史，頌知制詔封還詞頭再三不肯草制，坐落職歸班，二年方除一郡。其後又爲姦臣所惡，追攝對獄，卒無一事，恐其進用，排斥在外。然先帝素重其博洽，召令修書，眷遇保全，以至今日，更歷夷險，操守不變，方今朝臣資望履歷未有先於頌者，頌年七十有一，精力不減少壯之人，陛下左右宜得殫見洽聞之士以備顧問，臣竊慮頌别有陳請，伏望聖慈，且留之經筵。取進止。

三

臣伏見知杭州蘇軾文章爲時所宗，名重海內，陛下所自拔擢，不待臣言而可知。臣竊觀軾忠義許國，遇事敢言，一心不回，無所顧望，然其立朝多得謗毀，蓋以剛正疾惡，力排姦邪，尤爲王安石、吕惠卿之黨所憎，騰口於臺諫之門，未必非此輩也。陛下舉直錯枉，别白邪正以致今日之治，如軾者豈宜使之久去朝廷。況軾在經筵進讀最爲有補，臣愚伏望聖慈早賜召還。今尚書闕官，陛下如欲用軾，何所不可，朝廷選授，常患乏才，每一官闕，久之不補，今有一蘇軾而不能用，不知更求何者爲才也，臣竊爲陛下惜之。取進止。

四

臣伏見刑部侍郎趙君錫孝行書於英宗皇帝實録，昔周宣王欲得國子之能導訓諸侯者，樊穆仲稱魯侯孝，宣王乃命之大雅，宣王之詩曰，侯誰在矣，張仲孝友言宣王使文武之臣征伐，與孝友之臣處內。古之選臣，先取其孝，蓋孝者人倫之冠，百行之首也。人君與孝友之人處，則德性粹美而風俗淳厚，是以輔導人君者，宜莫如孝也。君錫之孝，士大夫所共知，爲人温良恭敬，動有規矩，給事中鄭穆館閣耆儒，操守純正，中書舍人鄭雍慎静端潔，言行不妄，穆雍久在王府，清謹無過此三人者，皆宜置左右備講讀之職，如經筵闕官，伏望聖慈於此選擇。取進止。

（宋）范祖禹《范太史集》卷二六《論宣押知舉官劄子》　臣伏見祖宗時差知貢舉官，常以晝日入省，近歲每宣召知舉官，至閤門須等侯。其餘官作一番押人或已昏晚，則受勅於宫城門外，往往夜深方入試院，元豐八年，孫覺同知舉臣爲點檢官，親見覺宿於東華門外衛士榻上，天將曉方隔門受勅而去。臣竊惟朝廷差侍從近臣，兩省以上官知貢舉，及同知舉委以進退天下多士，其體不輕，而近世陵遲至此，恐非所以觀示四方爲國光華也。臣欲乞自今宣知貢舉官到閤門三人已上，令便受勅先次，差內臣一人押入。乞下禮部施行。取進止。

（宋）吕陶《净德集》卷二《奏狀・奏乞降詔舉郡守狀》　臣竊以今日任官之弊，其輕且濫者，惟郡守爲甚也。封疆千里生聚，萬衆休戚所係，而不問能否，一以資格用之，爲半刺兩任，有薦者二人，則得之矣。侮法慢令，戕民害物，十郡之中，常有二三，闒茸不治，又有一二，舉天下億兆之衆十分而言，失其惠養者將半矣。承流宣化，又何望焉。方今朝廷清明，百度講舉，憂勞元元，以固邦本，惟恐一夫不獲，而牧守之弊，紛繁至此，甚可痛也。昔兩漢盛時，政平訟理，民安其業者皆循吏之效。唐之貞觀開元，號爲善治，太宗亦嘗自擇刺史，志其姓名於屏風而用之，當時名臣如馬周張九齡輩，皆極言刺史不可輕任，載在史册，足爲龜鑑。前日朝廷患監司不得其人，乃詔近臣舉用，而監司之選稍稍清矣。至于郡

守，尤爲親民，略而未議，是棄民也。臣伏請詔内外待制太中大夫以上，于通判資序人内，歲舉堪知州者三人，朝廷更加審察，送吏部籍記名氏。凡遇有闕，先差有舉主者，如資任未及，即差權知，其次方差資序合入人，庶幾牧守之職，有以庇民，循良之風，無愧前古。

貼黄

天下民事之重，大則一路付之監司，中則一郡付之太守，下則一邑責之縣令，如臂指之相附，如綱目之相維。國朝之制，既舉監司，以清一路，又舉縣令，以治一邑，則一郡之守，亦宜舉矣。

又

自八路差注以來，此選尤濫，蓋于本道就短求長。自知縣兩任，則得爲通判。自通判兩任，遂爲知州。其猥濫庸謬，不可勝言。今已收闕歸吏部，似此等又皆可指占。州郡之寄，雖人材絶無所取，而資任合入，則不可不與虚授濫除。生民何賴，伏謂特立薦格，以清其流。

又

臣今略舉無狀之尤者數人，望朝廷推其所爲，即知可與不可爲郡，輕濫之極，理當革也。王子文者前知華州，每决打笞罪，須經旬或半月方斷，或有百姓過狀者，子文先問其人年幾生月日時，爲之算命，告云爾星辰未佳，必不得理，且休過狀。又因雜職行杖生疏，子文下廳親决一杖示之，其愚謬如此，今差知懷州。霍唐臣者，知眉州，每公會設食，須留數品，折請估直。有法司姓孫爲吏，其兄在提刑司祗應，每法司有過，唐臣恕之，仍告云我爲爾兄，且放爾罪，其猥下如此。今差知海州趙袞者，通判果州，權榮州事一歲，中爲鹽井，破敗，决一千六百餘人，晝監夜禁，常七八十人，略不存恤，以至爲子决父，爲婦决姑，及就兩州繁處，各請供給，其貪暴如此。今知廣安軍。張堯士者，堯佐同宗之弟，好誇族望，輒敢以温成皇后真容示監司。又嘗差簿尉分往村鎮，販買諸物，圖市易之息，日夕往還及百餘里，而獲一緡之利。又嘗有因病殺牛祭鬼而獲罪者，堯士云，爾雖有病，何如且服藥，休殺牛。《周易》曰：東鄰殺牛，不如西鄰之禴祭。其庸暗如此，今知彰州。

（宋）李燾《續資治通鑑長編》卷三八〇《哲宗元祐元年》 御史中丞劉摯言：臣伏覩近制，陞朝官各舉進士經明行修一人，及陞等推恩，理爲舉主過犯同罪等事。臣竊原朝廷之意，患程試考校徒文詞，故更立此制，以進實行，天下幸甚。臣退而熟計，及考學士、大夫之議，以爲法則善矣，然使陞朝官舉之，不若使州郡以上舉之便。臣謹條上利害。按國朝舊制，臣僚任通判，知州乃得舉官。蓋知人實難，非行己謹、閲事久，誠未可責以保任。今陞朝官無職罪若私罪重，此外不計資任、不察能否，諸科刀筆之吏，一切得薦士，此不可一也。經術深淺，問而可知也，至於行義汙潔，非鄉里、庠序羣居久處，毁譽素著，誰能知之？不拘路分，但非有服親，皆得奏舉，臣恐流離之人虚僞見售，此不可二也。天下陞朝官無慮幾二千人，則所薦士亦如之，積累歲月，不被薦者無幾矣。人人陞等推恩，無以示勸，此不可三也。議者謂朝士固皆選擇可任使之人，然品流不一，員品猥衆，今勢利相市，必有受賕造訟，以撓陛下之法者。臣誠淺薄，不敢臆度朝士大夫以爲必然，亦不敢以爲不然。然而選舉之利未見，而奔競之俗先成，此不可四也。《傳》曰：十室之邑，必有忠信。計今天下之士，一郡一邑，隨其衆寡，必有善士，考鄉里之行，詢庠序之論，其勢親，其事察，無如州郡之吏。至於監司，則朝廷所任以按察，臺諫、侍從，亦朝廷所倚以議論，故臣願每遇科場詔下，委逐州長吏奏舉經明行修進士一名。仍以應舉實數二百人爲率，不滿二百人聽舉一名。每二百人加一名，至三人止。監司轉運判官以上於本路，在京臺諫以上於開封府、國子監，各許奏舉一名。非鄉貫及不經學校，或無可應詔，並聽勿舉。自餘升等推恩、理舉主同罪犯等，並依元降朝旨。

又言：臣愚以謂三代鄉舉之制未易遽復，欲少倣古，則諸侯歲貢之法，莫此爲近。伏望詳酌施行。乃詔朝官通判資序以上人，許舉保。

（宋）王安石《臨川文集》卷四二《論許舉留守令勑劄子》 臣伏奉今月二十九日中書降到勑語，諸州知州、知軍、知縣、縣令内有清白不擾，而政迹尤異，實惠及民，有如係三周年或三十箇月替，到任已及成資，係二周年替，到任已及一年已上，其知州、軍許本路安撫轉運使副判官提點刑獄，知縣縣令即更與本處知州軍通判，並連署同皁保舉再任。仍須於奏狀内將本官到任以來政迹可紀實狀，一一條列，奏委中書門下更加察訪。如不是妄舉，即進呈取旨，當議量所述政迹及合入資序，推恩許令再任，令臣撰勑辭者，臣竊以謂朝廷欲使守令之宜民者，久於其官，誠亦方今政務之先急，然勑意有於方今事變尚未合者。今審官除知州軍皆待一年八月闕，知縣縣令亦大抵待闕一年以上。今若使係三年及三十月替者，須候成資方得舉留再任，比及朝廷報許，即其人係三十月替者，已及替期，係三年替者，亦已去替期不遠。待闕之人亦已赴任，雖未赴任亦多已待闕一年，方復使之還就審官，別求差遣，即於人情有所未安。兼朝廷欲使守令久於其官，爲其自知勢可以久，則果於有爲，則又上下相安，莫有苟且之意，則必候成資，然後許之再任，孰若一年以上即皆許之舉留。如此則已除待闕之人，免往返之勞弊。而被留之守令，又早自知其當久，而於興利除害敢有所爲。所有勑詞，臣雖已具草，如以臣議爲允，只乞於所降勑語內，除去如係三周年或三十箇月替到任已及成資係二周年替二十二字。取進止。

（宋）袁説友《東塘集》卷九《論舉將疏》　臣仰惟陛下屬意武功，寤寢戎事，整肅軍政，細大畢舉。然臣竊觀今日軍旅之事，猶有可以爲陛下言者。曰將是已自鄉者辛巳之擾，今閲十五年，宿將舊人逝者過半，其幸而僅存者，亦皆迫於遲暮，筋力智勇要已不逮於壯歲，而新進後輩足以爲上用者，又皆抑遏於偏裨下位，邈無路以自達。儻日復一日，不思有以因其舊而圖其新，以爲緩急倉猝之備，臣恐未免於遺材也。陛下累歲以來，蓋知舊將浸已淪落，凡近日之所進用者，往往皆重勞聖慮，旁搜曲取而得之。夫以內外諸軍之衆，訓練校尉偏裨行伍數至繁夥，其間豈可便謂無人。今者預爲兼收並蓄之術，得其人於閒暇之時，庶幾一旦有警，不至仰煩睿算，可以漸次而收用矣。故臣謂莫若行薦舉之法。臣謹畫爲四條，以備薦目如後。一曰忠勇。謂氣概軒雄，膽略沉鋭，誓於報國，奮不顧身者。二曰武藝。謂騎射擊刺，行陣出沒，悉皆精熟，莫當其鋒者。三曰謀略。謂智慮深遠，機畫精當，料敵必中，變態百出者。四曰兵法。謂習熟韜略，精於兵法，博古通今，能見於用者。右臣欲望睿斷，合內外諸軍將帥，以臣前所陳四條，不拘偏裨行伍、遠地屯戍，有應得上項條目者，各令薦舉一人，須盡心體國，不得少徇私意，廣行物色，委得其人，然後結罪保明申奏，陛下賜以召對，徐觀其人而熟察能否，如見得委應上項條目，即與留寘三衙，不時宣召詳問曲試，浸以任使。如所舉不應元薦條目，或粗有寸長而本不足薦者，其舉官重與黜責。如所舉得人，或將來因事立功，卻一一復與推賞，庶使軍伍之內，凡抱有用之材者，皆得稍稍呈露，而緩急之際，可以倚仗，其於軍政誠爲要務。

（宋）袁説友《東塘集》卷一二《舉遺逸實材狀》　臣竊惟國家取士之道，條約最密，沿隋唐之舊制，以進士爲首。乞於今日，大抵先辭華而略行實，要未能盡無遺材之歎。臣觀三代兩漢，其取士之法甚要，而得人之效，後世莫及。蓋其專求行實而務於可用。故凡任君之事者，皆純厚而堅正，洪毅而該敏，足以任重致遠，振舉百職，風俗渾厚，治道粹美，較之隋唐，雖法之詳略不同，而所得之才固異矣。今朝廷取士，惟進士之科最大，自進士外，雖有賢良一科，又不可以數致，率皆純用文詞爲去取，而於行實則所不問。方陛下求用實材實行之時，若取士之路，祇專於文詞，而不兼求行實，臣恐未免於遐遺也。今天下巖穴草茅間，固有爲鄉里所推，懷才抱德，行實純樸，或志節慷慨，操履剛正，或學識該洽，智略詳敏，或其材可以治民，或知兵可以制敵。凡此類者，往往場屋一日之程，少年時好蹭蹬，勿偶進士之外，他無可進之路，而賢良之科，又非人人所能應選，遂至老於場屋，有終身泯沒，而少露者因噎廢食，可不爲聖時惜哉。臣愚欲望睿斷，以實材實行爲急務，特頒明詔令，諸郡詳加搜訪，嚴爲取予，各薦如前所陳實材一人，大郡二人，須本州鄉里衆所推信，通知保明，申監司監司盡公體國，不得少徇私意，廣行物色，見得某人實應上項條目，然後以名來上，命宰執臺諫復省視其所以，果見可用，令召試學士院量人材以授官爵，漸次擢用。若所舉不當，並行黜罰。或果得人，優與賞賚。苟一郡得一實材，則終歲之間，可得數百人。或僻遠小郡，無人可薦，及他郡偶未有人，皆毋強以必舉。將見實材輩出，萃於朝廷，緩急之時，足以立事，誠爲國之大務也。惟陛下深切留意，而亟行之，天下幸甚。貼黄：議者或以方此官冗，恐難更立表薦之目，臣竊見進納入流官多是無所知識之人，又皆不曾銓試，祇爲州縣之累，乞降睿旨權罷進納。其進納已未出官人，並要銓試中選訖，方許注授，其已到任者，候滿罷日亦俟銓試中選方許參部。其已注授而未到任者，亦先赴銓試，中選訖方許到任。若闕到一年，而試未中選者，並如違年法。庶幾澄此雜流，以容實材之薦，其得失相去萬萬矣。併乞睿照。

（宋）袁説友《東塘集》卷一二《舉[illegible]狀》　臣仰惟陛下[illegible]人

來，留意人物，急賢選能，惟恐不及，或命侍從之臣，隨才公舉，或命監司郡守，歲舉所知，一有上聞，以次收用。蓋欲多士，濟濟輔成，治功四海之士，皆知砥礪激昂，求以上副公朝，崇奬之寵，惟是未聞詔旨。郡國搜舉逸民，示國家之表儀，新天下之觀聽。如前代故事者，要亦似爲闕文也。臣茲者恭遇陛下，祗遹舊章，肇稱毖祀，對越天地，均釐寰海，旁流愷澤，行慶大賚。其於煥發明詔，訪舉逸民，使天下歸心，野無遺逸，厥今實其時也。而臣恭惟藝祖皇帝之召王昭素，真宗皇帝之召種放二人者，皆是逸民，一登周行，士所歆慕而化，民成俗，興治起功，賢才彙征，悉基於此。蓋已然之明驗也。方今天下，乂安文物，隆盛山林，巖谷之下，殖學藴德，懷才抱智而不求聞達，不事科目者，固豈乏人哉。臣愚欲望聖慈遵祖宗之舊憲，念逸民之見晚，如所謂淹貫經史，學業有用，博通今古，明達世務，節行峻潔，識量高遠，負才宏大，有志經綸。凡是四目，皆推重鄉里，不求聞達，不事科目者，願於大禮慶成之日，明降德音，命帥臣監司同加搜訪，詳爲考察，照所立四目，路共舉一人，仍具所舉人事實連銜結罪保明限一季，具有無奏聞即不得以常才，非隱逸者，備數然後下之三省，再加審究，如所舉不妄，即賜召用，以風厲四方，鼓舞人物，仰副陛下對天交神之初，斂福錫民之意，實天下幸甚。

（宋）李心傳《建炎以來朝野雜記甲集》卷六《朝事·何自然論薦舉》　趙子直秉政，引用所知，多自外徑除館學者。何自然爲中執法，以其廢壞壽皇成法，嘗上疏言之。慶元元年六月己卯。已而有旨，除甲科及經擢用人外，須歷知縣有政績，諸司薦舉，乃得除職事官，用矯其弊。命下，自然復言：若此用人，必有二弊：一則其人政事雖無可述，而有勢力可宛轉，移書偏屬，剡薦鼎來。二則諸司之中，苟有強有力者爲之主張，則它司莫敢違拒，寒畯之士無繇可進。請詔諸司取實有政績者，連銜以聞，仍關御史臺照會，若有不公，許本臺覺察。從之。元年十一月庚戌。自然雖有是言，然終不能革。嘉泰初，鄧友龍察院復奏：自慶元三年至六年，在外被薦者無慮千餘人，其間或乏廉聲而舉充廉吏，或素昧平生而舉充所知，或不能文而舉可備著述。至於廟堂亦無以處之。願詔中外臣寮，自今有人則薦，無人則闕，儻所薦非人，當擇其尤者，覺察以聞。疏奏，從之。元年七月丙戌。然亦未嘗有覺察者。

（宋）李心傳《建炎以來朝野雜記乙集》卷一五《取士·孝宗詔權免奏薦及罷特奏名》　孝宗初受禪，以官宂恩濫，思有以革之。乃議定制，百官已任子者，遇郊恩權免奏薦。開賢良科，令中外普薦，而罷特奏名。手詔左諫議大夫王之望、殿中侍御史尹穡、右正言晁公武參酌來上。隆興二年七月庚寅也。既而瞻叔言：陛下即位未久，恩澤未徧，此二事關于士大夫者甚衆，望少寬之。不已，則宜立奏薦限員，踰數者許回授，罷門客、親戚漕司之試，止移鄰州。如是，則省額可減百十人，此救弊之策也。子止亦乞增損制舉薦員，朝官年七十未致仕，則住蔭子。疏奏，乃詔年七十歲人，遇郊不許奏子。俄又詔，未奏者許奏一名。逮淳熙九年八月，始立奏薦限員。其後特奏名又以三人而取一，皆略如上旨，然恩濫未大減也。必也，盡以手詔之策行之，官曹其少清乎。

綜　述

（宋）陳彭年《貢舉叙略》　三代貢舉之制，始於鄉大夫，其升於司徒曰秀士，升於太學曰俊士，升於司馬曰進士。然而鄉大夫暨於司馬，皆貢舉之官也。秦之制無聞焉，漢高祖始詔御史中執法，下郡守，勸勉賢者，詣相國府，署行義年。文帝詔諸侯王公卿郡守，舉賢良能直言極諫者。元帝又詔丞相御史，舉質樸敦厚，遜讓有行。又詔列侯舉茂才。又舊儀御史二千石，察舉茂才尤異。此則漢之諸侯、王、丞相、御史、九卿、列侯、刺史、郡守，皆有舉士之制，而丞相之府，實司其事。武帝令太常籍博士弟子，有秀才異等，輒以名聞。又光禄勳銓第郎吏，歲舉秀才廉吏，此則太常、光禄勳、別有舉士之制也。至成帝初，置尚書常侍曹，主公卿。又置二千石曹，掌郡國二千石，則尚書主選舉之始也。後漢三公、將軍、光禄勳、廷尉、司農、中二千石、司隸、州牧，歲舉茂才廉吏，郡國歲舉孝廉。三公上尚書，輒勞其後將。又大學試明經弟子，此與西漢之制略同。其後改常侍曹爲吏曹，亦曰選部。又公府西曹，主府吏置用，東曹主二千石長吏遷除，於時選舉之制，於郡國屬功曹，於公府屬東西曹，于尚書屬吏部，而尚書令僕總之。魏司空陳羣，以爲天臺選用，不悉人才，每郡擇有鑑昭者，除爲中正，自狀人才，澄汰九品，又置州都總其事。應璩所謂百郡立中正，九州置都士。又吳亦有大公平，若魏之州都而蜀無聞焉。晉宣帝除九品州，置大中正，大中正之職，掌訪問鄉邑，考績德行，以定上格下格，選平正無禮，立貶清議。晉令大小中正爲內官，聽月二會議上東門外，州及郡國，亦舉孝廉秀才，其在天臺則吏部，州則別駕西曹，郡國則功曹主其事。宋、齊、亦如之。而宋文帝不欲重權在下，故分置二吏部尚書，以散其權。梁無中正，天監中，州置州望，郡置郡宗，鄉置鄉豪，各一人，專典搜薦，無復膏粱寒素之隔。普通七年，又詔州郡歲舉人，敬帝復令諸州各置中正，選舉皆中正、押上，然後量試，不然則否。陳亦如之。後魏州郡皆有中正，掌選舉，每以季月，與吏部銓擇可否，其秀才對策居中上，表叙之。崔浩爲冀州大中正，薦冀、定、相、幽、并，五州士數十人，各起家爲郡守。自太和以前，精選中正、德高鄉國者充之。其邊州小郡，人物單鮮者，則併附佗州。其在僻陋，則闕而不置。當時稱爲簡當，頗曰得人。及宣帝孝明之時，州無大小，必置中正，既不可悉得其人，故有番落庸鄙操銓履之權，而選叙頹紊。正始初，乃罷諸郡中正，而吏部之職，皆如往制。北齊選舉，亦沿後魏。凡州縣皆置中正，中書策秀才，集書策貢士，考功策廉吏，天子常服乘輿，坐朝堂中楹，秀者各以班草對。字有脫誤者，呼起立席後，事有濫劣者，飲墨水一升。文理孟浪者，奪席脫容刀。孝昭帝孝建二年，詔內外執事官，每三年之內，各舉一人，居白屋巾褐未釋，亦舉之。後周初，蘇綽爲六條詔書，其四曰擢賢良，懲魏、齊、之失，罷門資之制，其所察舉，頗加精慎。武帝平齊，詔山東縣舉明經幹理，宣帝亦詔州舉高才博學者爲秀才，郡舉經明行修者爲孝廉，依六官之制，建吏部中大夫，掌選舉，小吏部下大夫一人，以貳之。隋開皇七年，制諸州歲貢士。十八年，又詔京官五品已上總管刺史，以主行修謹清平幹濟二科舉人，皆吏部主之。初漢、魏之郡佐史，皆刺史二千石辟署，北齊多辟中用，故州辟郡士之權，移於朝廷，後周復遵古制，及隋皆歸吏部，故朝廷貢舉之制盛矣。唐循隋制，諸郡貢士，常貢之科，有秀才、有明經、有進士、有明法、有明書、有明筭，自京師崇文館、國子監、郡縣，皆有學焉。每歲仲冬，國子郡縣，課試其成者，長吏會屬僚，設賓主，陳俎豆，備管弦，牲用少牢，行鄉飲酒，歌鹿鳴之時，徵耆艾，叙少長而觀焉。就餞而與計偕，其不在學而舉者，謂之鄉貢。至尚書省，始縣戶部集閱，而關於考功，課試可者爲第。武德舊制，以考功郎中監試貢舉。貞觀以後，則考功員外郎專掌之。武后延載元年，策問貢舉人於雒城殿前，試貢舉人，自此而始。長安二年，又教人習武藝，每歲如明經進士之法，行鄉飲酒之禮，送於兵部。明皇開元二十四年，制令禮部侍郎，專掌貢舉。初因考功員外李昂詆訶進士李權文章，大爲權所凌侮，朝議以郎官地輕，故移於禮部。又詔應試進士第，唱第訖，具所試送中書門下詳覆。是年，始制禮部貢舉印，其後禮部侍郎闕人，亦以佗官主之，謂之權知貢舉，其知貢舉者，皆朝廷美選。二十九年，京師又置宗元館，諸州置道學生有差，道學生謂之道舉，課試與明經同。先是掌貢舉官親族，皆於禮部差郎官考試。有及第者，尚書覆定。及第者，仍別奏，謂之奏移，送吏部，令考功員外試練，侍郎覆定。及第者，仍別奏，謂之別頭舉人。代宗永泰元年，始置兩都貢舉，禮部侍郎官號，皆以兩都爲名，每歲兩地別所及第。至大歷十一年，停東都貢舉。德宗貞元十六年，又罷別頭舉人。文宗太和元年，又權於東都置貢舉。又有制詔，舉人皆標其目，而搜揚知之志烈秋霜，詞殫文律，抱器懷能，茂才異等、才膺管樂。道侔伊召，賢良方正，軍謀宏遠，明於體用，達於吏理之類，始於顯慶，盛於開元、貞元，皆試于殿廷。乘輿親臨觀之，試已，糊其名，於中考之。策高者特授美官，其次與出身。又有吏部科目，曰宏詞拔萃，平判官皆吏部主之。又有三禮、三傳、三史、五經、九經、開元禮等科。有官階出身者，吏部主之。白身者，禮部主之。其吏部科目，禮部貢舉皆各有考官。大抵銓選屬吏部，貢舉屬禮部，崇文館屬門下省，國子學生屬國子監，州府鄉貢屬長官，職司在功曹司功，五代因之。夫以賢爲實，得士者昌，聖賢之談，邦國之制也。貢舉之設，王政攸先，方册所傳，舊章不墜，或有公直以馳譽，精識以知名，不徇乎朋家，咸求乎藝實，故能若水鑑之皦，衡石之平，增臺閣之輝，副文儒之望，亦有昧於遠體，拘乎小節，或鄭雅而靡辨，或涇渭而共流，以公器而徇私恩，採虛聲而損至學，俾白駒以興刺，使嘉魚而絕詠，斯爲蠹政，良足概已。

（宋）曾鞏《曾鞏集》卷二六《制誥擬詞·正長各舉屬官詔》 蓋聞堯之治曰百姓昭明，舜之治曰四門穆穆。然則當是之時，在位皆君子，其是非不惑可知也。故堯欲釐百工，舜次[illegible]哉，求可任者，皆有[illegible]言。

因四岳以命禹，又因禹以命稷、契、皋陶，因羣臣之僉曰以命垂、益、伯夷，因伯夷以命夔、龍，其審官用賢，不自任其聰明，而稽之於衆如此。然存於《書》，二帝所命者，羲和、九官、十二牧，皆官之正長也。至於屬官，則未有二帝嘗命之者。其遺法之可考，則周穆王命伯冏爲太僕正，戒之曰：慎簡乃僚，無以巧言令色，便辟側媚，其惟吉士。則自擇其官之屬者，官之正長之事，此先王之成法也。

漢魏以來，公府郡國亦皆自辟其屬，而唐陸贄請使臺省長官自擇僚屬。蓋上下之體相承如此，此周天下之務，此古今之通理也。

今朕董正治官，始自三省。至於百工，皆正其名。夫使在位皆君子，而是非不惑，此朕素所以厲士大夫也。故凡官之長貳，朕既考擇而任之。尚書政本也，自郎已下用吏甚衆，其令僕射、左右丞、尚書、侍郎，各於其所部員有未備，皆舉二人以聞，朕將擇而用之。其未用者，亦識其名以待用。朕稽於古以正百官，稽於衆以求天下之士，其勤可謂至矣。惟官之長貳之臣，皆朕所屬以共成天下之治。其尚體朕意。所舉惟公，以應朕之求；所陳惟實，以嚴朕之詔。其得材失士，有司其各以等差，具爲賞罰之格，朕將舉而行之。賞吾不恪，罰亦無捨。非獨搜揚幽滯，庶幾爲官得人。亦將以觀吾大臣之能，使朕得與衆士大夫合志同心，以進天下之材。作則垂法，行之於今，以詒後世。追於先王之成憲，無令唐虞有周專美於古，不其美歟。咨爾庶位，其諭朕意。一作懷。

（宋）曾鞏《曾鞏集》卷四九《本朝政要策・貢舉》　貢舉之制，建隆初始禁謝恩於私室。開寶五年，召進士安守亮等三十八人對於講武殿下，詔賜其第。六年，又召宋準等覆試於講武殿。殿試自此始也。自隋大業中，始設進士科，至唐以來尤盛，歲取不過三十人。咸亨、上元中，增至七八十，尋亦復故。開成中，連歲取四十人，又復舊制。進士外以經中科者，亦不過百人。至太宗即位，興國二年，以郡縣闕官，旬浹之間，拔士幾五百，以補闕員而振滯淹。又未命官，而賜之緑袍靴笏，使解褐焉。八年，進士萬二百六十人。淳化二年，萬七千三百人。始命知貢舉蘇易簡等受詔即赴貢院，不更至私第，以防請託。至殿試，又爲糊名之制。

（宋）佚名《宋大詔令集》卷一六五《政事・舉薦・令學士兩省御史臺尚書省保舉可陞朝者一人詔雍熙二年正月甲寅》　國家書軌混同，封域遼遠，將共康於庶務，必廣擇於群材。舉其所知，厥有前典，洎今寀寮之列，俊乂尤多。雖蘊長才，或居下位。守道者以躁進爲恥，懷能者以自衒爲非。式開薦善之門，用廣得人之路。宜令翰林學士、兩省、御史臺、尚書省、保舉京朝幕職州縣可陞朝者各一人。

（宋）佚名《宋大詔令集》卷一六五《政事・舉薦・令翰林學士文班常參官曾任幕職者各舉賓佐令録一人詔建隆三年二月庚寅》　賓佐之任，實贊於宣風，令録之官，蓋資於撫俗，方期共理，咸在精求，雖選士之規，無時不舉，而知人之道，自古攸難。得以才升，必從類取。宜令翰林學士文班常參官曾任幕職州縣者，各舉堪爲賓佐令録一人以聞。如有近親，亦聽内舉，即於狀内具言。除官之日，仍署舉主姓名，或在官貪濁不公，畏懦不理，職務廢闕，處斷乖違，並隨輕重，連坐舉主。

（宋）佚名《宋大詔令集》卷一六五《政事・舉薦・令陶穀以下舉堪藩府通判官詔乾德二年七月辛卯》　得士者昌，既允資於共理，薦賢受賞，宜各舉於所知，將選器能，必求名實。宜令翰林承旨陶穀、學士竇儀、太常卿邊光範、御史中丞劉温叟、刑部侍郎劉熙古、樞密直學士趙逢、給事中劉載、馬士元、沈義倫、諫議大夫王營、馮瓚、知制誥王著、盧多遜、起居郎氏居方、竇偁、起居舍人劉兼、李鑄、左補闕宋温故、王格古、拾遺徐雄、祕書監尹拙、左庶子楊格、鴻臚少卿聶崇義、右司郎中張鸞、吏部郎中鄧守中、兵部郎中賈玭、張湜、司勳郎中率汀、禮部郎中李鉉、工部郎中邊玗、開封令任傲、浚儀令柴自牧、左司外郎張澹、司勳外郎左洞、刑部外郎和峴、司門外郎蔣元吉、工部外郎滕白、河南少尹盧億、侍御史閻丕、高雅、殿中侍御史李穆、雷德驤、馮炳、王祐、師頌等，於見前任幕職京官州縣官中，各舉堪爲藩郡通判官一人以聞，務在公清，仍須通敏，除官之日，仍署舉主姓名。如輒敢徇私，顯彰謬舉，致州政之有濫，在職任以乖方，並量事狀重輕，連坐舉主。

（宋）佚名《宋大詔令集》卷一六五《政事・舉薦・舉有文學詔開寶六年十一月癸丑》　設官分職，貴以才升，選賢任能，必資類舉，庶叶盡公之道，用符責實之求。應文班常參官進士及第者，各舉有文學者一人，具名以聞。

（宋）佚名《宋大詔令集》卷一六五《政事・舉薦・長吏薦判司簿尉

當行對授以知縣詔太平興國六年正月乙巳》 合長之任，所以字民，百里之裁制自專，一邑之慘舒攸繫。朕深惟政理，用洽小康，而所司掄才，未能稱職。況今封疆混一，縣邑繁多，動皆闕員，歷年未補，銓衡則拘常調而不擬，州郡則緣下吏以爲姦。朕思其所長，用立新制，與其限於資級，不若校以行能。俾下位以柬求，令長吏而保舉。俾其用試，以觀其才。儻及報政之期，自有陟明之典，宜令諸路轉運司指揮管内州軍，令逐處長吏，於見任判官簿尉内，有清廉明幹者，仰具奏舉，當傳召赴闕引對授以知縣，秩滿差其殿最，以定黜陟。

（宋）佚名《宋大詔令集》卷一六五《政事·舉薦·令轉運使薦知縣通判及監管事務常參官二人詔太平興國六年正月丁卯》 虞闢四門，聿成稽古之美，漢設三道，爰號得人之盛。朕祗膺大寶，奄宅中區，萬幾靡憚於躬親，十室彌勤於咨訪，取賢之勞斯至，待士之禮甚優，以至發策決科，親選其造秀，餽金合土，大啓乎膠庠。設公庫以待逸才，建善旌而延讜議。九九之伎，么微而必取，翹翹之楚，幽隱而不遺。尚念中外之間，官品並設。罔能徧識其面，何以盡知其材，或恐英俊沉於下僚，貞退恥乎自伐。儻非慰薦，遂至湮淪。在虛己以徒勞，亦覆盆而不及。宜舉進賢之詔，用推振滯之恩，應諸州知州通判及監管事務常參官等。如有履行著聞、政術尤異，及文學優贍者，委逐路轉運使各具二人，以姓名聞，當量材甄獎。

（宋）佚名《宋大詔令集》卷一六五《政事·舉薦·令轉運長吏不得擅舉人爲部下官詔雍熙四年八月乙未》 薦賢舉善，合徇至公，行爵出祿，舉無虛授，苟非得其才實，亦何恡於寵恩。近者諸處奏薦，多是親黨，既傷公道，徒啓倖門，用塞津蹊，宜行條貫。自今諸路轉運使副及州郡長吏並不得擅舉人充部下官，如有闕員處。當以聞。

（宋）佚名《宋大詔令集》卷一六五《政事·舉薦·令薦堪充轉運知通詔淳化元年四月甲寅》 陶唐之建百官，故内外之務治，東漢之命八使，故郡國之政行，國家柬求賢才，分委職任，總漕運者慘舒之攸繫，領牧守者風化之所先。苟非其人，民受其弊，萬機之劇，九重之深，仄陋有所未知，翹楚何由盡得，並命著位。俾之薦能，深體宵旰之勤，無憚親讎之舉，宜令在朝知制誥已上官。每兩人共於常參官内保舉一人堪充轉運使副者，其員外郎已上，每兩人共於京朝官内保舉一人堪充知州通判者，限兩月内以名聞。仍令御史臺催督。

（宋）佚名《宋大詔令集》卷一六五《政事·舉薦·令常參官於京官内舉堪陞朝官一人詔淳化三年正月乙巳》 昔舜禹之有天下也，選於衆而舉善人，則不仁不善者斯遠矣。矧今提封至廣，設官尤衆，舉選既限於常調，英俊多沉於下僚。公車之前，或恥於自薦。中堂之遠，何由而盡知。宜令庶僚，各務公舉。《傳》曰：如有所譽者，其有所試矣。朕當親覽，序而進之。應在朝常參官，並令於京官内保舉堪充陞朝官各一人。

（宋）佚名《宋大詔令集》卷一六五《政事·舉薦·令州府軍監歲終件析轉運使尤異之績詔淳化三年正月戊午》 國家擇幹蠱之才，領轉漕之任，生民繫乎舒慘，國用倚之盈虛。百吏承風，在舉措而宜慎。三年會計，固黜陟以是行。苟無課最之文，曷伸懲勸之道。應諸道轉運使。自今釐革庶務，平反獄訟。及貨材盈羨，飛輓辦集。有利於民等事，並令所在州府軍監。每歲終件析以聞，非尤異之績者，不得申舉。

（宋）佚名《宋大詔令集》卷一六五《政事·舉薦·許首所舉改節詔淳化四年五月戊子》 向者並命有位，各舉所知，其有内寬外深，先貞後黷，修飾邊幅。初刻意以取容，污染脂膏。或中道而改節，既革面之可畏，信知人之亦難，敗政聿彰，從坐斯及。有位之士，在責實以宜然。中唐之材，亦求備而非允。特申明詔，用示至公。今内外官所舉内改節爲非者，並許舉主陳首，免其罪焉。

（宋）佚名《宋大詔令集》卷一六五《政事·舉薦·約束薦官詔淳化四年閏十月丁亥》 爲國之道，不過稱其善人，立身之方，亦在伸於知己，向者並令推薦，思振滯淹，而乃蔑視憲章，公行請託，盤辟雅拜。昔者猶坐於左遷，朋黨比周。今茲不畏於輿頌，宜別置於約束，庶漸致於澄清。自今外官所有論薦，並須列所薦□爵里及履歷殿最，件析以聞，不得有隱。

（宋）佚名《宋大詔令集》卷一六五《政事·舉薦·令丞郎給舍舉可守大郡者詔咸平二年正月甲子》 朕思得良吏，惠綏庶民，宜令尚書丞郎給舍各舉陞朝官一人。詳明吏道可守大郡者。限一月内以名聞。俟更三任有政績，當議獎其善舉，有臧私罪亦連坐。

（宋）佚名《宋大詔令集》卷一六五《政事・舉薦・令舉大藩及邊郡知州詔景德元年九月庚寅》 牧守之官，歷代爲重，共治之嘆。茲焉不誣，方將惠養黎元，撫寧邊鄙。詢于有位，舉爾所知，勉擇周才，以副虛佇。宜令翰林學士宋白而下七十二人，於京朝官及諸司使已下、閤門祗候已上，舉歷任無贓罪、堪充大藩及邊郡知州各一人，具歷任功過以聞。如任内犯贓及不如舉狀，並連坐之。

（宋）佚名《宋大詔令集》卷一六五《政事・舉薦・令晁迥等舉堪大藩知州二人詔景德四年九月乙巳》 乃眷守臣，寔分朝寄，詢求民瘼，宣布詔條，咸冀得人。俾之受任，宜咨著位，各舉所知，務擇廉能，用副憂恤，其令翰林學士晁迥等，各舉常參官堪充大藩知州二人，具歷任功過以聞。如任使後不如舉狀，並當連坐。

（宋）佚名《宋大詔令集》卷一六五《政事・舉薦・轉運發連提刑舉官歷任内犯入己贓同罪詔大中祥符二年四月癸卯》 懋建庶官，勞求多士，俾援能而舉善，期授任以得人，苟爽至公，則虧慎選，爰頒詔旨，用示朝章，且進達賢良，宜膺上賞，稱薦謬濫，亦在深懲。特明黜陟之科，冀盡詳延之意。自今諸路轉運使副，提點刑獄官，保舉京朝幕職州縣官使臣。如改官後五年無過，有勞幹事者，其本官及舉主特酬奬，杖已下公罪者，亦别取進止。若歷任内犯入自己贓，並同其罪。

（宋）佚名《宋大詔令集》卷一六五《政事・舉薦・令翰林學士以下歲舉官詔大中祥符三年四月戊午》 朕以六合之大，萬務之繁，思獲時才，共興邦治，欲庶官之咸允，在慎簡以爲宜，顧惟綱條，未甚振舉，廣薦揚之路，則奔競滋多。絶保任之文，則俊英易失。爰議酌中之制，用成可久之規。冀協僉謀，以防過聽。自今每年終，翰林學士已下舉常參官三班使臣幕職州縣官各一人。明言治行，堪何任使，或自己請委，或衆共推稱，至時令閤門御史臺計會催促，如年終無舉官狀，即具奏聞，當行責罰。如十二月内差出，亦須舉官後方得入辭，諸司使至内殿崇班、曾任河北東陝西及川廣鈐轄親民者，亦同此例。諸路轉運使副、提點刑獄官、知州軍通判結罪奏舉部内官屬，不限人數，明言在任勞績。如無人可舉，及顯有踰濫者，亦須指述，不得顧避，以次年二月二十五日已前到京。如有違限，委都進奏院具名以聞，當以不中考帳例科罪，三司使副即結罪舉奏，在京掌事京朝官使臣，仍各令中書置籍，先列被舉人名銜，次列歷任功過，及舉主姓名，薦舉度數，一本留中書，一本常以五月一日進内，次年籍内，仍計向來功過及薦舉度數，使臣即樞密院置籍，兩省尚書御史臺官凡出使迴，並須採訪所至及經歷鄰近群官治迹能否。如鄰近及經由州縣訪聞群官善惡，亦許同奏。先於閤門投進後方得入見，或朝廷要人任使、及有不治州縣、難了公事、並於上件籍内選擇過犯數少、舉任及課績數多、並資歷相當者差委。仍於宣勑内盡列舉主姓名，或能一任□集、即特與遷轉，苟不集事，本犯雖不去官，亦移閑慢僻遠處，内外群臣併舉及三人幹事者，仰中書樞密院具名取旨。當與酬奬。如併舉三人不集事，坐罪不至去官。亦仰奏裁，當行責降，或得失相參，亦與折當，諸路轉運司諸州軍管内有未中倫理及繁難事務，須朝廷選官臨監者，三司審刑院有累經會問舉駁未了錢穀刑獄公事，委同州縣不能結絶須自朝命遣官者、亦於籍内選差幕職州縣官三任七考以上，使臣在班十年以上歷任無私罪，實有課績無人奏舉者，亦許經所由司自叙，即令主判官驗問材地可否，選人試刑名時務各三道，使臣願試邊事及刑名時務者，亦聽。如實有可取，即送中書樞密院，再加考覈取裁。如流内銓三班院，體量得選人使臣，别無殿累，顯有勞績，書判材識，實堪任使者，亦許先送中書樞密院參詳，别與引見。每年各不過十人，不得將勢家子弟充數。近臣除郊祀承天節及委寄差遣舊有恩例外，更不得非次爲親戚陳乞恩澤。

（宋）佚名《宋大詔令集》卷一六五《政事・舉薦・在京常參官舉幕職官充京官者舉見任在外官詔大中祥符五年六月壬戌》 朕向虞下位，尚有遺材，務廣搜揚，俾從保任，盈庭之士，削牘繼臻。苟或久處外官，未能自達，共形封奏，諒協至公。其有來赴闕庭，方參選調，既經引對，復覽奏章，冀乃陟明，茲爲昧進，况已多於振拔，宜益慎於柬求。自今在京常參官二員、共舉幕職州縣官一員充京官者，聽舉見任在外官，其已赴選者，不在舉限。

（宋）佚名《宋大詔令集》卷一六五《政事・舉薦・令王欽若等薦人詔大中祥符七年十二月丙辰》 朕稽若前訓，茂建衆官，期式序以彝倫，在協宣於公共，眷惟邇列，爰及清班，因多閱於材能，宜交薦於廉茂。其令王欽若、陳堯叟、馮拯、趙安仁、洎林特等，各於見任京朝幕職州縣官内舉兩人，或博知民政，或更練刑章，可以莅繁劇之司，可以守邊防之寄。悉從條析，期用所長，仍並須自來並無贓私罪、幕職州縣官考限合元勅者，限十日內件析以聞。擢用之後，犯入己贓、私罪犯、及不如舉狀，亦連坐。

（宋）佚名《宋大詔令集》卷一六五《政事·舉薦·令王欽若等舉人詔大中祥符八年正月庚戌》 國家提封至廣，撫俗惟勤，式資成務之才，共康庶績，載念設官之重，特示周詢，惟中外之藎臣，荷朝廷之憂寄，當循公舉，式助精求，足觀品藻之能，用副詳延之意。宜令王欽若、陳堯叟、馮拯、趙安仁、及林特等，各於見任供奉官侍禁殿直內舉一人，素謹行藏，兼資武勇，或勵精民政，或練達軍機，勤幹可以剸煩，智能足以馭衆，並加寵擢，分掌事經。所期效用適時，絕滯淹之嘆。無俾貪榮冒進，貽僥倖之譏。所舉並須無贓濫及習識文字，明具所長，堪何任使，限一月內以聞。如擢用後，犯入己贓，悉當同罪，自餘贓私及不如舉狀，亦當連坐。其閤門祗候諸路走馬承受公事者，不在舉限。

（宋）佚名《宋大詔令集》卷一六五《政事·舉薦·令馮拯等舉可充川峽知州通判詔大中祥符八年十月己丑》 漢宣有言，與我共治者惟良二千石爾。朕言念興化，慎乎擇言，矧夫遠民，宜得循吏。而有司止用資序，分命郡條，或政治之乖方，則吾人而曷訴，是用申詔有位，各揚所知，庶寬宵旰之憂，俾洽惠和之化。苟得人而著稱，必行賞以旌能，勉徇至公，協予精選。宜令馮拯已下，各於見任京朝官內，舉無贓濫者一人，充川峽知州軍通判，限十日內以聞，如任用後犯入己贓、或酷刑枉法生事、並同罪，不如舉狀亦連坐。其顯有績效，得替日當議陞陟，兩任無違闕者，奬其所舉。

（宋）佚名《宋大詔令集》卷一七八《政事·舉薦·不許舉官陳首詔大中祥符九年三月壬戌》 頃者屢詔有位，各舉所知，庶獲幹材，用委事任，而殊乖精擇，莫副詳延，雖失實以當辜，慮徇私之未革，爰敷明諭，庶叶至公。自今文武群臣，舉官犯贓，舉主同罪。不至追官及經恩原降者，仰審刑院具情理奏裁，當議量貶官秩，或降差遣，如前所舉官間有貪濁，亦許陳首。自今必擇廉能，乃形公舉，更不在陳首之限。

（宋）佚名《宋大詔令集》卷一七八《政事·舉薦·令馮拯已下五十人各舉供奉侍禁殿直一人詔大中祥符九年十月壬子》 朕纂紹丕圖，寅恭庶政，設官分職，緬務於求才，責實循名，每期於選衆。雖勵精於采擇，尚軫慮於滯淹，是用博訪藎臣，特頒明詔，俾陳公舉，庶叶僉謀。宜令户部尚書知陳州馮拯以下五十人，各於供奉官侍禁殿直內舉一人，素守廉勤，兼資公器，或精達民政，或詳練武經，咸以名聞，必當寵擢。勿自營於親黨，勿濫進於權豪，冀獲良材，用裨至治。

（宋）佚名《宋大詔令集》卷一七八《政事·舉薦·令張知白等各舉堪錢穀刑獄任使二人詔天禧四年九月己酉》 王者懋建庶工，允釐百度，若乃裁制國用，式賴於均通，糾虔天刑，蓋資於明慎言念班朝之士，夙懷應務之能，繄舉善之有方，庶用材而無滯，詢於上列，稱乃所知，必頻使以足觀，俾事經之允濟，勉於推擇，以副詳求，宜令翰林侍讀學士張知白、玉清昭應宫副使林特、三司使李士衡、龍圖閣學士陳堯咨、樞密直學士薛暎、李及、馮元方、張士遜、兵部侍郎馬亮、給事中李應機、王隨、右諫議大夫段煜，於朝官內各舉堪充錢穀刑獄任使二人。

（宋）佚名《宋大詔令集》卷一七八《政事·舉薦·令晁迥等舉文學優長履行清素者各二人詔天禧四年九月己酉》 朕奉若前猷，思皇至治，敦尚儒雅，式合彬彬之風，柬求端良，用流藹藹之詠，惟早司於翰墨，固多識於雋髦。其有修詞博古之可稱，絜矩踐方而無玷。俾從類舉，各以名聞。資該治而復温純，進清修而抑貪競，繄乃薦能之効，副予育材之心。宜令工部尚書晁迥、翰林學士楊億、劉筠、晏殊、龍圖閣直學士吕夷簡、户部侍郎李維、知制誥李諮、宋綬、張師德於朝官內各舉有文學優長履行清素二人。

（宋）佚名《宋大詔令集》卷一七八《政事·舉薦·令樂黄目等舉堪大藩知州各二人詔天禧四年九月己酉》 長人之職，風化攸先，擇吏之方，循良是屬。矧藩閫之建政務寔繁，分寄任以非輕，在柬求而斯慎，爰狥于衆，庶獲其才，俾推類以舉知，佇量能而授任，將使政術之士，得以用其所長，符守之臣，咸能與我共治，聿臻嘉靖，良慰憂勤，宜令給事中樂黄目、孫奭、右諫議大夫趙稹、龍圖閣待制李虚己、李行簡、少府監薛顔、太常卿趙湘於朝官內舉堪充大藩郡知州各二人。

（宋）佚名《宋大詔令集》卷一七八《政事·舉薦·令轉運司各舉堪

京官知縣二人詔天禧四年九月己酉》 朕每念下位，頗多遺才，屢稽保任之文，式廣搜揚之政，矧出分於按察，固職在於澄清，必能擢奬廉平，振拔淹滯，宜升聞於善狀，用甄陟於榮階，庶令抱器之流，免動沉僚之歎，宜令轉運使，於前任見任幕職州縣內，各舉堪充京官知縣二人。

（宋）佚名《宋大詔令集》卷一七八《政事・舉薦・令侍講舉博通經術者詔天聖四年九月乙卯》 講學之廢久，而執卷者不知經義，非上之教道有失邪，其令侍講學士孫奭、侍講馮元舉京朝官博通經術者三五人以名聞。

（宋）佚名《宋大詔令集》卷一七八《政事・舉薦・舉縣令詔天聖七年十月二十一日》 勅：國家懋建列辟，惠養黎元，眷惟宰邑之官，是曰親民之重，苟任非其選，則人受其殃，而銓序擬除，即以資考，懷異材者無由越等，循常調者多至濫居。使愷悌之風，未甚流布。甽畝之俗，或失撫綏。是用更張，俾其率勵。夫列郡牧守之職，外計按察之司，在選委以非輕，期保任之必當。冀獲良宰以紹前脩，且舉爾所知，安能遺善，循名責實，豈曰乏賢，式資共理之規，免起沉湮之歎，宜令諸路轉運使、副使、知府、知州、軍監、朝臣、并武臣、至崇班已上於諸處及部內見任判司簿尉中不以任數，有出身三考已上，無出身四考已上，廉勤幹濟，無贓私罪，堪充縣令者，除轉運使副不拘人數外，其知州軍監各舉一員，仍具同罪保舉。如未有人可舉，亦許審細察訪行止，候有人即聞奏，即不得保舉親屬，其得替常參官，不在奏舉之限，候有兩人奏舉，即送銓司。如有縣令員闕，就近移注。如在任別無贓罪，其公罪情理輕、及能區別刑獄，不至枉濫，催理稅賦，不至追擾，仰本州府軍監具詣實理迹聞奏。得替參選日，與職事官，再令知縣。如依前無贓罪，雖有公罪，情理不至重，及有上件理迹，候得替引見日，特與京官。

（宋）佚名《宋大詔令集》卷一七八《政事・舉薦・求敢勇智謀之士詔康定元年正月乙酉》 鄰敵負恩，邊鬬勤戍，而尚務兇態，未即靈誅。雖中令師徒，致行討撲，寢虞越逸，驚我黎甿。況關隴之要區，有英豪之舊俗，固多奇略，容有滯材。然伏在草茅，罔能聞達，宜示詢求，應陜西州軍，有勇敢智謀之士，或諳山川要害，西賊情僞，及知攻取之方者，詣所在自陳，敦遣赴京師。

（宋）佚名《宋大詔令集》卷一七八《政事・舉薦・誡飭舉薦非其人詔皇祐五年七月己酉》 朕制臨天下，思得賢才而共治之，故開薦舉之路。又於羣臣無有疑間，其所薦舉，多亦陞擢，然比年以來，或所薦者材品庸薄，下人遠甚。及有文武顯要，交章推舉，或宿愆醜濫，曾非捃詿，請行湔復，或復職任疎遠，引援清近，不稱重輕，迹其本原。豈非造次衒鬻者，旁依權門，無廉恥之行。崇結私恩者，苟蔑王爵，無公共之志。不然，何以臻此。不知不賢而言之，茲曰蔽謬，知其不可而言之，茲曰欺罔，左右官師，懷此事上。嗟予何賴，誠心未孚，遂致於法，朕甚愧焉。其令御史臺察訪中外臣僚奏薦，如有所舉非其人者，立須彈奏，必行之罰，宜自近始，重茲申警，尚體予意，其已差保提點刑獄已上差遣者，並不得薦舉。今申明前詔，許臺司每歲首舉行，布告中外，所冀薦舉不濫，進用得人，令頒布中外，各令遵守。

（宋）佚名《宋大詔令集》卷一七八《政事・舉薦・令中外舉選人者務在得人不必滿所限之數詔治平二年四月辛丑》 天下之治，在於得人。人之賢愚，繫乎所舉，舉而失當，猥濫至多。今吏部磨勘選人待次者，二百五十餘人，二年方克引對，留滯之弊，乃至於斯，且歲限定員，本防其濫，而舉者不問能否，一切取足以聞，徒有塞詔之名，且非薦賢之體，以至奔兢得售，而實材者見遺，請託得行，而恬守者被棄，蓋其毁譽之是狥，殊非淑慝之能明，章交公車，充數而已，以是濟治，其可得乎。宜令中外臣僚，合舉選人者，務在得人，不必滿所限之數，所貴材品辨別，仕路澄清，惟爾輔臣，當體朕意。

（宋）佚名《宋大詔令集》卷一七八《政事・舉薦・約束二府舉所知詔治平四年十一月丙戌》 故事，二府進入各舉所知者三人，蓋欲觀大臣之能也。比年以來，請謁干譽之説勝，而薦者或不以公，既任職之後，多以虚名相尚，而實効蔑然，甚非大臣事君以人之道。自今二府舉官，宜各言其才業所長，堪任何事，以副朕爲官擇人之意。

（宋）佚名《宋大詔令集》卷一七八《政事・舉薦・令州郡各上縣令治狀詔治平四年十一月丁亥》 考課之法，所以練群臣而覈名實也。今諸路監司與郡守之政，既已科別其條，具爲令矣。至於縣令之職，與民尤近，而未嘗立法，恐非所以愛養元元之道，宜令天下州郡各上所轄縣令治狀優劣，令考課院具條約詳定以聞。

（宋）佚名《宋大詔令集》卷一七八《政事・舉薦・令內外舉所知詔治平四年十一月乙未》 孔子曰：修廢官，舉逸民，則四方之政行焉。朕以天下之靈，獲守大器，永惟興治之本，必待賢人而後成。方今中外群材，輻湊並進，不爲多矣。尚慮藏器抱道之士，沉於下僚，鬱而未伸，宜令內外兩府兩制文臣、三司副使、武臣正任以上、臺諫官、諸路監司於京朝官使臣幕職州縣官內，各舉所知二人，見任兩府三人，或恥於自媒，久淹下位，或偶因微累，遂廢周行者，咸以名聞，以佐吾顯仄陋振滯淹之意，仍各明言其行能治狀。朕當量才而用之，其懷姦養譽，闊於事情，及權要族屬，無得輒舉，以昭至公之道焉。

（宋）佚名《宋大詔令集》卷一七八《政事・舉薦・令翰林承旨以下舉文官有才行人詔治平四年十□月丁丑》 仲尼有言，舉爾所知，爾所不知，人其舍諸。蓋言各舉其所知，則賢才進矣。且以二帝之隆，有僉舉之議，三代之際，有貢賢之賞。朕端居九重，獨制四海。思得賢俊之士，與之興起治具。然非左右侍從之臣，以推賢進善爲己任，則天下之才，何由而知哉。宜令翰林承旨至知雜御史，各舉文官有才行、歷一任通判以上，堪充刑獄錢穀繁難任使一人，當令別對，毋得舉已帶職、及兩府、或已親戚。

（宋）佚名《宋大詔令集》卷一七八《政事・舉薦・令待制太中大夫以上舉堪監司二人詔元祐元年二月丁卯》 朕紹承聖緒，總覽庶政，永惟四方萬里之遠，其能使吏稱其職而民蒙其澤者，以監司得其人故也。然非左右侍從之臣各舉所知，則安能盡得天下之英才而用之哉。孔子曰：如有所譽者，其有所試矣。朕將考核能否而進退誅賞焉。應內外待制太中大夫以上，限詔至一月，各舉曾歷一任知州已上、總明公正、所至有名、堪充監司者二人，委中書籍記，遇轉運使副、提點刑獄、有闕選差。若到官之後，才識昏愚，職業墮廢，薦才按罪，喜怒任情，即各依本罪大小，并舉者加懲責。

（宋）佚名《宋大詔令集》卷一七八《政事・舉薦・令執政舉文學政事行誼之臣可充館閣之選三人詔元祐元年四月辛丑》 朕惟古之君子，能長育人材，則天下喜樂之矣。《詩》曰：既見君子，樂且有儀。今有蘭臺芸閣，皆圖書秘記之所藏，而校讎論譔，位序多闕。永惟祖宗樂育賢雋，嘗詔二府薦士，置之秘府，養其德器，以待試用。朕甚慕焉，執政大臣，吾之所甚重也。宜各舉文學政事行誼之臣，可以充館閣之選者三人，亟以名聞。朕將考觀其材器而甄升之。

（宋）佚名《宋大詔令集》卷一七八《政事・舉薦・帥臣監司薦人中書記録姓名詔崇寧元年閏六月甲子》 立太平之基，本於樂得賢，圖天下之治，繇乎能任官。故我神考，勵精庶政，日新盛德，每□□賢任能爲急務，常詔諸路帥臣監司，列薦美材，共熙庶績，欽哉嗣服，詒謀敢忘，宜詔諸路，限一月，於本路知州或通判及改官知縣人內，薦舉善最有聞、治狀異等、能惠養烝庶、勸課農桑者，帥臣許薦一人，監司共薦一人，並中書省記録姓名，遇有差除，參考擢用。如所舉得人，當議別加旌賞，若非其人，亦重行黜責。其因薦舉擢用之人，仍於厤子前批所舉官名銜，惟其慎舉，庶有成績，以助朕紹隆烈考之意。

（宋）佚名《宋大詔令集》卷一七八《政事・舉薦・待制以上侍從官各舉莅事明敏官各二人詔崇寧四年五月十七日》 賢者在位，能者在職。則百廢具舉，舉能其官，黜陟公當，則庶績咸熙。故搜擇賢材，爲治世急務，可令待制以上侍從官，各舉莅事敏明、操修平允、公私兼濟、利澤生民者官各二人，具行實事狀聞奏，仍令中書省注籍，每季一次，考校被舉員多者，開具職位姓名、及合入資序、取旨。

（宋）洪适《盤洲文集》卷二五《令宗司舉賢宗子詔》 勑：朕猥以眇躬，嗣承大業，覩軫轄之象，傷同姓之孤睽，誦角弓之詩，鑒前王而親睦。思強王室，廣用宗盟，冀枝胄之繁興，爲本根之庇廕，挺挺有祖風烈，何獨舊聞；顯顯爲世豪英，豈無佳士。爰舉先親之典，每防踰戚之非。或剖竹分麾，出畀朱轓之寄。或垂纓戴縱，進叅紫橐之聯。尚虞或抑於下僚，未克盡躋於顯仕。昔周家致治，毛原迭位於公卿。唐室多材，程石繼登於鼎鉉。曷於今日，有媿前朝。夫踈遠鰥生，尚能謀國。豈神明貴胄不可亢宗。凡我懿親宜遵明詔，雖行有九德，惟知人之固難。其歲貢二人，則進賢而必賞，益思汲引以副招求。

（宋）謝深甫等《慶元條法事類》卷一三《職制門・回授》 薦舉令

諸臣僚轉官礙止法應回授身者，止許回授本宗本色有官、有服親。

諸歿於王事，本宗被録用之親，聽十年内陳乞占射應入差遣一次，年小者，自二十後理。父或子授承信郎或將仕郎以上者，兩次。即願回授身亡人本宗緦麻以上親者，聽。

諸臣僚應蔭補，若武功大夫以上，因戰功應轉官願乞緦麻以上親轉一官、循一資者，聽，並當一名一官。願依無官人蔭補者聽。即不得轉朝奉、武翼郎，非戰功不得轉修武郎，已轉修武、武翼、朝奉郎及大夫者，許轉行，不得隔等。其戰功得減年而願乞緦麻以上親減年者，亦聽。係朝奉、武翼郎以上，不得收使加授減年。及乞承直郎以下改官。

（宋）謝深甫等《慶元條法事類》卷七《保官勅令式申明》 勅詐僞勅

諸命官應召保官而所保不實者，與犯人同罪，罪止徒二年。

名例勅

諸保事不當，不知情者，爲公罪。

令

雜令

諸命官委保去失或陳乞恩澤之類，每歲不得過五次。

諸承務郎以上作保者，不得用選人印紙批書。

諸責保者，官司驗實，保人須年未七十，保初出官者，未六十。非歸明傜人若緦麻以上親及許相容隱之人。保官仍須無贓罪或私罪徒，非分司、致仕、不理選限及進納流外官。謂見居流外品者。保參選、差注、遷改、蔭補、封贈者，仍須文武本色。承務郎以上，亦不得以承直郎以下爲保。即保在禁品官、謂《斷獄令》内品官。命婦責出者，不限過犯流品。其餘非應召命官者，亦不得以廢疾、應贖人爲保。即以抵保借貸官物者，各不用此令。

式

雜式

保官狀

保官具官、姓名書字二人以上具列。

右某等，年未七十，保初出官者，即云年未六十。與某人非緦麻以上親並許相容隱人，無贓罪及私罪徒，不是分司、致仕、不理選限、進納、歸明傜人若流外官。今保某人云云，謂如保初入官人參選者，則云委是正身，年已及格，合該參選。保陞朝官初封妻，則云委是禮婚正室之類。並是詣實，如後異同，甘俟朝典。謹狀

年月日保官具官、姓名書字等狀

申明

隨勅申明

名例

紹興九年七月二十四日勅：應承勘命官公事，其告勅、劄子、批書等應付身文字内有去失者，雖有干照，未曾陳乞保奏出給勅劄之人，仰子細推究來歷、補授之因，仍召保官二員，委保實是某官，別無僞冒。如所保不實，科徒二年之罪。仍限當日據所保事因，批上保官印紙或告劄。

（宋）謝深甫等《慶元條法事類》卷八《職制門·對移》 薦舉令

諸司理、司法參軍不而來往替人者，聽知州、通判於判司簿尉内選無贓罪、曉刑法人奏舉對换。本州無可選者，申發運、轉運、提點刑獄司於所部舉换。即已注替人而未到者，准此，選官權行對移。

（宋）謝深甫等《慶元條法事類》卷一四《選舉門·薦舉總法》 勅

職制勅

諸舉清要官，謂舉充御史、閤門祗候之類。及舉充縣令若從事郎以上，並改官而用所舉已充其任者，若犯入己贓，舉主與同坐，犯贓應除、免若贓輕以除、免比罪而坐奏舉者，聽依私罪法減等。至死者，減一等，私罪徒以上，減二等。舉改官或從事郎以上而止陞資序，若舉其他職任，申差、奏差與奏舉同。餘條奏辟、奏舉職任不言申、奏差者，准此。並泛言陞陟，謂充清要若將領任使及錢穀、刑獄親民之類。已用所舉關陞資序，或轉官及舉恩澤文學已注官者，各又減一等，其用舉主差注入官，又減二等。用泛舉陞陟而得關陞者，自監當入親民，親民陞通判，通判陞知州，各於所陞及雖用所舉差注入官，非陞資序者，於所差若舉其他職任者，於所舉任内有犯乃坐。其因別勅奏舉擢用者，止坐別勅奏舉之官。以上被舉官非故犯私罪，舉主不坐。

諸舉官充職任，於所舉任内以職事曠廢至公罪徒以上，舉主減二等。即不因本職而犯者不坐。

諸舉官而薦充侍從、臺省，若停廢及責降差遣未經叙復而奏舉者，各杖一百。依令應保奏者非。

諸舉官應坐舉主，若被舉人犯罪後會恩雖不該原減，舉主聽減一等，再會恩者，聽從原減法。其被舉人以特旨及於法不以赦降原減者，舉主自依赦降。

諸舉官狀已經用，其舉主首而體量得無所首事者，杖八十。雖無所首事，而別有駐私罪事發者，與免應坐及陳首不當之罪。即體量官稱無所首之事而別致事發者，杖一百，去官莫免。

諸因薦舉而受財者，以受所監臨財物論加一等。

諸薦舉交相貿易舉狀者，杖一百，若因賄賂而與者，自依薦舉受財法。

諸以書爲人干請薦舉改官及受請托者，各以違制論。

令

薦舉令

諸侍從官被特旨舉所知者，不得薦曾經召對及已選擢任使之人。謂尚書六曹郎官及秘書省官、監司之類。

諸被旨特舉官者，奏訖，具所舉官報御史臺。

諸發運、轉運、提點刑獄司應分舉官而有闕員者，至歲終許見任官併舉。

諸薦舉官不得以虚詞溢美，並具治跡實狀以聞。

諸所舉官與被舉之官，謂有員數應陞改者。各須在任。其薦舉日罷任者，亦同在任。

諸奉制書權攝職任者，許舉官。謂無正官者。即他官在所部權攝而非制書所差者，不得薦舉。

諸經略安撫、發運、轉運、提點刑獄、提點坑冶鑄錢、提舉常平茶鹽司屬官，許本路逐司官互相薦舉。

諸命官權教授在任及半年以上，教導有方，聽依正官法薦舉。

諸注權入官人，許依正官薦舉。

諸命官特許理任而所任涉兩路以上者，所至路安撫、監司各聽薦舉。即朝廷遣使按察，謂察訪體量之類，雖一路亦同。所差屬官不用此令。

諸歲舉所部官，二員以上者，分上下半年舉，數若不等，先舉多者。若替移，以未舉官數牒後官通計，仍申尚書吏部及報進奏院。即於本司遷職任者，謂如轉運判官就遷副使之類。亦通計當年已舉之數。

諸監司到所部半年，或因赴闕奏事，許舉部内所知二人。

諸監司每歲同審擇所部，知州不得過二人，縣令三人，縣令須到任二年以上者。列其功狀之實，結罪保明以聞。

諸監司、帥守任滿赴闕奏事，許舉部内廉吏二人，如無，聽闕。

諸監司、帥守知所部官政績顯著，列薦，每章不得過三人，不得獨銜薦舉。

諸職任應舉官而被召赴闕者，候還任乃舉。其離任及還任日，仍申尚書吏部，報進奏院。

諸舉官狀不依式若取會改政，而所舉、破舉官替移，許元舉官報應。

諸舉官有員數而前官舉狀不該用，前官係轉運使副，已依格舉過員數，後官雖係判官，聽依使副已舉員數補舉。或前官前一年未舉員數，前官係轉運使副，有未舉員數，後官係判官者，止依判官合舉員數補舉。聽次年再舉。若被舉之官身亡、致仕或因贓私罪停廢，及舉狀到部收使外有剩數，或未收使而別因恩賞及特旨改官不曾收使者，並聽再舉。若元舉官不曾再舉，亦聽次年補舉。即舉狀已經收附而稱考第、舉主未足，別行舉官者，不得收使。如所舉人有改節事狀，即許申吏部不用，仍理爲舉過員數。

諸舉官有數而被旨增減，或未有數而創許舉者，具得舉數申尚書吏部及報進奏院。

諸舉官限員者，奏訖，録奏檢，聲說入遞年月日，引號連於牒前，牒所舉官照會，限三日内繳元奏檢申尚書吏部。每上下半年具舉過職位、姓名、充是何任使、某年月日入遞、第幾引發奏充填前官舉狀，仍具充填事因。狀二本，申尚書省。

諸舉官狀已經用而被舉之官犯罪，舉主應坐，聽指實狀，經所在官司陳首。本處備坐承受月日，具録元狀或連狀奏。

諸先曾舉官，見降充不應舉官職任，舉官後雖除侍從官，見降宫觀同。或已分司、致仕、尋醫者，並不理爲數。其任侍從官，或落職後舉官降宫觀差遣者，非。

諸命官犯罪已叙正官而有止法，或叙散官監當或止叙散官，其能改過，或才智武藝堪陞擢者，許本轄官或侍御史以上薦舉。使臣兼許正任以上，即散官無本轄者，聽所居本部長吏、監司薦舉。

諸命官不因罪犯致仕及三年以上，年未七十，願再任者，許薦舉或進狀自陳。如已得所乞恩澤，及因致仕得陞朝官，經對贈，或元乞致仕而涉詐冒者，謂有所規避之類。不用此令。

諸臣僚不許舉提點刑獄以上官，知州不得舉本州通判。

諸舉官不得薦充侍從、臺省。謂職未必侍從而薦以侍從，任未比臺省而薦以臺省之類。其停廢或責降差遣，內侍官、散官或曾經朝廷削奪差遣者同。並不得奏舉。

諸特責降官，臣僚不得薦舉，其經赦應牽復者，職事修舉，許監司或長吏保奏。

諸親戚於法應避者，不許薦舉。

諸侍從官授訖，三日內舉官一員自代。都水使者以上並起居郎、舍人並不在薦舉之限。

諸添差不釐務官，不得薦舉作厘務。

職制令

諸應舉官自代者，具表以聞，仍報御史臺。

諸宗室換授外官初任監當者，任滿，職事幹集，操行修飭，監司或長官同罪保奏。

諸監司每歲分上下半年巡按州縣，薦舉循吏，按劾奸贓以聞。

式

職制式

監司歲具巡按奏狀

具位

准令云云，臣某年分遍歷所部州縣巡按，今有下項事件須至奏聞者：

一薦舉循吏若干人，無，即云無。某官任某州某縣某差遣，某人委有是何治狀顯著，臣已具奏聞訖。餘人依此。

一按劾奸贓共若干人，無，即云無。某官任某州某縣某差遣，某人緣犯是何奸贓事，本司於某年月日具事因如何按劾了當。餘人依此開。

右謹狀件如前，謹録奏聞。謹奏

年月日依常式

申明

隨勅申明

職制

紹熙二年七月二十二日勅：監司、郡守薦舉所部官屬，往往與合按發官衮同具奏，今後剌舉並仰各具奏聞。

（宋）謝深甫等《慶元條法事類》卷一四《選舉門·陞陟》

勅

職制勅

諸薦舉承直郎以下充改官，而虛發照牒若重疊奏舉者，各以違制論，即舉充從事郎以上或縣令，各減二等，舉文武官陞陟者，各又減一等。

令

薦舉令

諸前宰相、執政官歲舉陞陟者，不以內外，雖非本轄而在任者，聽舉。若見任又應舉者，數外別舉。

諸路安撫使、監司、路分總管、鈐轄，知州，通判，聽歲舉大小使臣、校尉陞陟任使。

諸舉朝請大夫以下陞陟者，各減承直郎以下改官之半，通判減知州所舉之半，止一員者，間歲舉。有零數或不及一員者，聽舉一員。

諸路察訪，聽舉大小使臣、校尉陞陟。

諸歲舉大小使臣、校尉陞陟者，並通融薦舉。其舉緣邊重難任使，不得過所舉之半。

格

薦舉格

歲舉大小使臣、校尉陞陟：前宰相、執政官，一十人；諸路安撫使、轉運使副，提點刑獄，二十人；路分總管、鈐轄，轉運判官，一十人；提舉常平官，八人；知州、通判，六人。

察訪舉官：大小使臣、校尉陞陟，一十五人。

式

薦舉式

舉朝請大夫以下充陞陟任使狀

具官臣姓名，准令或格云云。略具合舉條制，餘舉官式准此。

右臣，伏睹某官姓名，入辭。今保舉堪充某職任使。如蒙朝廷擢用後犯入己贓，臣甘當同罪。其人在朝，有某親，見任某官，非大功以上親食禄，則不具。餘式准此。如知州、通判，則云本州管幾縣。臣今年通判如間歲舉人，云去年、今年。未曾舉過朝請大夫以下官充陞陟任使。係舉二員以上者，如已曾舉，開坐所舉人職位、姓名，係上半年或下半年數，或當年内到任，通計前官所舉人數。所舉某人，係今年第幾員。謹録奏聞，伏候勅旨。

年月日具官臣姓名狀奏

舉使臣校尉充陞陟任使狀

具官臣姓名，准令格云云。

右臣，伏睹某官姓名，入辭。今保舉堪充陞陟任使，如蒙朝廷擢用後，犯入己贓，臣甘當同罪。其人在朝，有某親，見任某官。臣今年未曾舉過大小使臣、校尉充陞陟任使。係舉二員以上者，如已曾舉，開坐所舉人職位，姓名，係上半年或下半年數，或當年内到任，通計前官所舉人數。所舉某人，係今年第幾員。謹録奏聞，伏候勅旨。

年月日具官臣姓名狀奏

申明

隨勅申明

職制

乾道四年八月六日勅：歸正官，許到部注釐務差遣。如在任有才業可稱者，改官職令狀，許諸路監司、帥守依公薦舉。其薦舉武臣陞陟，准此。

淳熙四年十一月十一日勅：文武官歲舉武臣陞陟員數内分舉二員堪任知縣、縣令親民任使，不以大小使臣，聽行奏舉。

旁照法

名例勅

諸稱察訪者，按察、體量安撫同；稱按察官者，謂諸司通判以上之官，發運、轉運判官同。及知州、通判各於本部職事相統攝者。

（宋）謝深甫等《慶元條法事類》卷一四《選舉門·改官關陞》

勅

職制勅

諸舉改官關陞，若被舉人犯贓，已被論訴，及他司按發、臺諫論列者，不在首舉之例。

諸薦舉承直郎以下，充改官而虛發照牒若重疊奏舉者，各以違制論。即舉充從事郎以上或縣令，各減二等。

諸以書爲人干請薦舉改官及受請托者，各以違制論。

諸薦舉承直郎以下改官，書寫倣狀人故不依格式，或楷改差漏及不填實日致妨放散舉主者，徒一年，失者，減二等。

令

薦舉令

諸前宰相、執政官歲舉改官者，不以内外，雖非本轄而在任者，聽舉。若見任又應舉者，數外别舉。

諸路安撫使及帶安撫並主管本路安撫司公事而兼知州者，歲舉改官，於本路各聽别舉。帶緣邊安撫使並主管緣邊安撫司公事者非。

諸知州，聽歲舉承直郎以下改官，迪功郎充縣令。

諸路察訪，聽舉承直郎以下改官，迪功郎充縣令。

諸迪功郎以上，實歷及一考，聽舉關陞，已滿三考，赴第二任，方許薦舉改官。初任一考以上，不因罪犯罷者，於後任湊成三考，亦聽舉。仍於奏狀内聲說前後任湊成三考因依。即初任不成考，雖後任成三考者非。

諸進納出身人，係承直郎以下，成四考者，許薦舉。

諸舉承直郎以下改官者，以三分之一舉充從事郎以上，若不及三員及有餘數，聽從便。謂如應舉五員者，舉二員改官，一員從事郎以上，餘改官，從事郎以上，聽從便。即舉流外出身人充縣令或换使臣，理改官人數。

諸舉承直郎以下改官，或充從事郎以上及縣令者，於被舉人應用之數謂應用陞改者。已過二人，内用職司者，職司或餘官通計。不許薦舉。

諸轉運司舉承直郎以下者，據人數使副均舉，提點刑獄司置兩員者，准此。判官比使副一員，三分舉一以上，數不等者，長官就多舉；止有使副應舉之數者，若差使副一員，其判官所舉，減使副二員。

諸路轉運置兩員而俱差判官者，其應舉改官人數，各以半充使副舉狀。畸數，聽使副狀從多，若上半年俱差判官，而下半年差到使副，其半充使副舉狀，即不應奏舉。歲終不差使副者，以使副一員應舉之數比判官一員，所餘人數均舉，其有零數者，輪舉。謂如一路使副一員，應舉八人，判官一員，應舉五人；其判官兩員，共舉十人，內六人充使副舉狀，歲終更共舉三人，以二人充使副狀。以上並於狀內聲說。

諸在任迪功郎有材武者，歲許轉運使副、判官、提點刑獄、知州舉充縣令、縣尉。

格

薦舉格

歲舉承直郎以下改官：前宰相、執政官，五人。諸路安撫使及帶安撫並主管本路安撫司公事知州者，三人。知州，一十五縣六人；一十一縣五人；八縣四人；四縣三人；三縣以下二人；無縣處一員。

歲舉迪功郎充縣令：知州，一員。充縣尉：轉運使副、提點刑獄，三人。轉運判官，二人。知州，一員

察訪舉官：承直郎以下改官，七人；河北、河東、陝西、京東、京西、兩浙各加二人。迪功郎充縣令，三人。

式

薦舉式

舉承直郎以下改官及從政郎以下充從事郎以上狀

具官臣姓　名，准令格云云。

右臣，伏睹某官姓名，入辭。今保舉堪改官親民任使，舉從事郎以上，云堪充從事郎以上任使。如蒙朝廷擢用後犯入己贓，臣甘當同罪。其人在朝有某親，見任某官。知州，仍云本州官幾縣。臣今年未曾舉人充改官及充從事郎以上，流外人充縣令、使臣，如已曾舉，開坐所舉人職位、姓名，係上半年或下半年數，及舉充何官，或當年內到任，通計前官所舉人物。所舉某人，係今年第幾員。本官於某年月日到任。歷任幾考亦具言。謹録奏聞，伏候敕旨。

年月　日具官臣姓　名　狀奏

舉迪功郎充縣令狀

具官臣姓　名，准令格云云。

右臣，伏睹某官姓名，入辭。今保舉堪充縣令任使，如蒙朝廷擢用後犯入己贓，臣甘當同罪。其人在朝有某親，見任某官。臣今年未曾舉過迪功郎充縣令。如已曾舉，開坐所舉人職位、姓名，係上半年或下半年數，或當年內到任，通計前官所舉人數。所舉某人，係今年第幾員。本官於某年月日到任。通歷任計一年之類，亦具言。謹録奏聞，伏候敕旨。

年月　日具官臣姓　名　狀奏

申明

隨敕申明

職制

紹興十年九月十四日敕：勘會所舉承直郎以下改官，二員以上者，分上下半年舉官，其上半年多是便舉改官二員，下半年止有從事郎一員，委是未均。今將合舉改官三員處，三分之一舉充從事郎，內改官二員，上下半年各舉一員；從事郎一員，上半年薦，若上半年舉到改官第二員，自不合收使，合作從事郎員數。

乾道四年八月六日敕：歸正官許到部注擬差遣，如在任有才業可稱者，改官職令狀，許諸路監司、帥守依公薦舉。

淳熙四年十一月七日敕：應薦舉陞改奏狀，並限半年內到進奏院，其出限者，不在收使。

淳熙五年五月十五日尚書省劄子：四川制置司奏，乞將四川薦舉陞改奏狀，並限半年內到制置司類聚繳進，奉聖旨依。

淳熙十二年八月十三日敕：二廣改官舉狀，限九個月到進奏院，其出限者不在收使。

淳熙七年二月二十三日敕：給舍、臺諫、詳議歲舉改官，下項奉聖旨，並依自今降指揮日爲始，舉詞並依舊法，候申法到部，仍許即時放散。

一六部寺監長貳及户部右曹郎官、點檢贍軍激賞酒庫、提領户部犒賞酒庫，歲舉改官，並權以三分爲率，與減一分。

一前宰相、執政官歲舉改官，今後各減二員。

一禮部、國子監長貳，歲舉改官員數，除依六部、寺監長貳三分減一外，更與減半。

一諸路轉運、提刑、提舉常平司，總領所，茶馬、榷茶、川馬、秦馬、鑄錢司，歲舉改官員數，並權以四分爲率，與減一分。如不及四分去處，與將兩年員數通理，與減一分。謂如歲舉三員，兩年通係六員，與減一員，

內第一年許舉二員，次年許舉三員。謂如歲舉二員，兩年通係四員，與減一員，內第一年許舉一員，次年許分上下半年奏舉二員之類。其諸司內，見使職狀換作改官，聽從便者，並止許依舊作職狀收使。

一諸路安撫制置司及諸路州軍歲舉改官，並權以四分爲率，與減一分。如不及四分去處，與將兩年員數通理，與減一分。餘依前項注文內通減事理施行。

一諸州軍監內，一州止有一縣或無縣去處，除廣南東、西路外，今後每歲不分上下半年，止許歲舉改官一員。

一諸路總領合舉改官員數，今後止許將總領歲舉員數薦舉，其見帶卿少、郎官等員數更不許薦舉。

一今後縣尉獲賊，如委係親身捕獲，即令提刑司等處結罪保明申朝廷取旨，或與循資，或與改官。如後來見得各處保明不實，即將原經由官司並得賞人一例重作施行外，其餘捕獲盜賊，並依《司勛賞格》推賞。

淳熙十年六月七日勑：勑令所狀，檢照《淳熙令》，諸舉官有員數而前官舉狀不該用，或前官前一年未舉員數聽次年再舉，若被舉之官身亡、致仕，或因贓、私罪停廢，及舉狀到部收使外，有刺數或未收使，而別因恩賞及特旨改官不曾收使者，並聽再舉。續有淳熙七年二月二十三日集議，權減薦舉改官員數，舉詞並依舊法，候申發到部，仍許即時放散。既稱即時理作放散，即是已行收使，難以又行補舉。奉聖旨依。

本所看詳前項指揮，本因權減舉改官員數，候到部即時理作放散，難以又行補舉。取到吏部狀稱舉狀未曾到部，即不合理作放散。若有被舉之官身亡、致仕、停廢，自合照應條法補舉。今聲説照用。

紹熙三年八月十四日勑：諸路提刑歲舉改官一員，二員處，聽從便薦舉。有舉三員以上處，每歲舉獄官一員。若部內獄官留心鞫勘更有可舉之人，即不拘定員數並行薦舉。

慶元元年正月二十四日勑：諸路提刑司，聽舉獄官去處，許先舉獄官外，如無人可舉，聽從便薦舉。

慶元元年十一月六日勑：諸路運判，歲終不除使副，以均舉使副人數理爲職司。

慶元二年二月七日勑：今後被薦舉改官人，止得用職司一紙。諸路轉運、提刑司，如舉改官，取索被舉官朝典、脚色狀一本，申吏部，參照第二員職司之數。

旁照法

名例勑

諸稱察訪者，按察、體量安撫同；稱按察官者，謂諸司通判以上之官，發運、轉運判官同。及知州、通判各於本部職事相統攝者。

（宋）謝深甫等《慶元條法事類》卷一四《選舉門・文學注官》令

職制令

諸文學遇赦，許注官，降赦日，年六十以下堪釐務者，本縣、本州、轉運司次第保明申尚書吏部，有陞朝官三員奏舉者，聽赴部注權入官。

薦舉令

諸陞朝官遇赦，舉文學注權入官者，須知縣資序以上，在京職事官係陞朝官，而資序未至或已至而係承務郎以上，但雜壓在陞朝官之上者同。非責降無贓罪及私罪徒者，聽同罪舉保二人。

式

薦舉式

舉文學注官狀

具官臣姓　名，准某年月日赦書云。

右臣，伏睹某州文學姓名，入辭。於某年月日如何受恩，見年若干，自受恩後來並無過犯，如有，則略具每犯年月、罪狀、斷遣刑名。依得今來赦恩，臣今保舉堪赴尚書吏部注擬差遣，如蒙朝廷擢用後，犯入己贓，臣甘當同罪。其人在朝，有某親，見任某官。臣見係知縣以上資序，雖非知縣資序，依令應舉者，亦隨事聲説。非責降，不曾犯贓罪及私罪徒。自降赦後來，未曾舉過文學赴尚書吏部注擬，謹録奏聞，伏候勑旨。

年月日具官臣姓　名　狀奏

以上舉官狀，每員爲一狀，仍並用印。若已發奏狀而被舉人或元舉官事故應別舉官或再舉者，皆點出事因。

（宋）謝深甫等《慶元條法事類》卷一四《選舉門・十科》令

薦舉令

諸薦舉官不得以虛詞溢美，並具治跡實狀以聞。其文臣待制、太中大夫以上，武臣觀察使以上，依《十科格》法薦舉者，准此。

格

薦舉格

應職事官自尚書至權侍郎，寄禄官自特進至太中大夫，職自觀文殿大學士至待制，每歲許於十科内舉三人，謂各隨所知某人堪充某科，共計三人。

一曰行義純固可爲師表科。

二曰節操方正可備獻納科。

三曰智勇過人可備將帥科。

四曰公正聰明可備監司科。

五曰經術精通可備講讀科。

六曰學問該博可備顧問科。

七曰文章典麗可備著述科。

八曰善聽獄訟盡公得實科。

九曰善治財賦公私俱便科。

十曰練習法令能斷請讞科。

式

薦舉式

應職事官自尚書至權侍郎寄禄官自特進至太中大夫職自觀文殿大學士至待制薦舉十科狀 武臣薦十科依此

具官臣姓　名，准格云云。

右臣，伏睹某官，入辭並須指陳事實，不得徒飾虛詞。位在上者，得舉在下之人；位在下者，不得舉在上之人。臣今保舉堪充某官科，如蒙朝廷擢用後，不如所舉，謂若舉行義純固，而違犯名教；節操方正，而佞邪險躁；智勇過人，而愚懦致敗；公正聰明，而私曲昏暗；經術精通，而不能講讀；學問該博，而空疏墻面；文章典麗，而鄙拙紕繆；善聽獄訟，而冤滯失實；善治財賦，而病民耗國；練習法令，而屢致出入。及犯正入己贓，臣甘伏朝典，伏候勅旨。

年月　日具官臣姓　名　狀奏

（宋）謝深甫等《慶元條法事類》卷一五《選舉門·舉武臣》

勅

職制勅

諸奉特勅舉邊臣有武勇方略，已任用而不如的舉，舉主與同罪，至死者，減一等。犯藏私，其餘公罪並不坐。

令

薦舉令

諸侍從、兩省、臺諫在任半年以上，各奏舉有智略勇力、武藝高強、廉潔堪充將帥者三人；帥臣、監司到任半年以上，聽舉二人。無，即聽闕。

諸侍從、臺諫、帥臣、監司各歲舉大小使臣二員，謂親民資序者。開具材略所長及所立功效聞奏。

諸武舉出身，已關陞親民經任人，有材能堪充將副者，許監司、帥守薦舉。

諸發運、轉運使副，提點刑獄，及朝奉郎若帶職陞朝官，武功至武翼大夫，正侍至右武郎以上充知州或安撫副使、都監、州總管、鈐轄以上者，許歲舉所部廉幹有方略，善弓馬，經兩任親民無遺闕，曾歷邊任小使臣一員，充閤門祇候。

諸緣邊城堡寨主、巡檢、都監、巡防、把截、道路口鋪巡檢，委經略安撫、鈐轄司奏舉。舊係轉運、提點刑獄司、緣邊安撫司及知州輪舉處，依舊。

諸使臣停廢而年六十以下有武藝精力不衰者，聽於所在州自陳，知州、通判、兵官試驗，堪戰陣者，保奏。

格

薦舉格

曾立軍功觀察使以上，不以在任閒居，各隨類指陳實蹟薦舉，每歲許舉三人：謀略沈雄可任大計，寬猛適宜可使御衆，臨陣驍勇可鼓士氣，威信有聞可守邊郡，思智精巧可治器械。

非軍功觀察使以上，不以在任閒居，各隨類指陳實蹟薦舉，每歲許舉三人：通習典章可掌朝儀，練達民事可任郡寄，諳曉財計可裕民力，持身廉潔可律貪鄙，詞辯不屈可備奉使。

式

薦舉式

舉小使臣充閤門祇候狀

具官臣姓名，准令云云。

右臣，伏睹某處、某官姓名，入辭。本人經兩任親民無遺闕及曾歷某處邊任，臣今保舉堪充閤門祗候任使。如蒙朝廷擢用後，犯入己贓，臣甘當同罪。其人在朝，有某親，見任某官。臣今年未曾舉過小使臣充閤門祗候。謹録奏聞，伏候勅旨。

年月　日具官臣姓　名　狀奏

申明

隨勅申明

職制

淳熙四年十一月十一日勅：文武官歲舉武臣陞陟員數内，分舉二員堪任知縣，縣令親民任使，不以大小使臣，聽行奏舉。

紀事

（宋）李覯《直講李先生文集》卷二一《官人第一》　爲人上者，孰不欲進賢，而賢或不進。孰不欲退不肖，而不肖或不退。豈知而縱之邪，人未易知也，知人則哲，帝堯猶以爲難。彼色厲内荏言行不相顧者，滔滔皆是也。非久與居，胡能睹其真僞耶。久與居者，非鄰里鄉黨而誰邪，故閭胥凡春秋之祭祀，役政喪紀之數聚，衆庶既比則讀法書，其恭敏任恤者族師月吉則屬民而讀法書，其孝弟睦婣有學者，春秋祭酺亦如之，黨正正歲屬民讀法而書其德行，道藝州長正月之吉，各屬其州之民而讀法，以攷其德行道藝而勸之，以糾其過惡而戒之，若以歲時祭祀州社，則屬其民而讀法亦如之。鄉大夫三年則大比，攷其德行道藝而興賢者能者，鄉老及鄉大夫帥其吏與其衆寡以禮。禮賓之厥明，鄉老及鄉大夫群吏獻賢能之書于王，王再拜受之，登于天府，内史貳之，退而以鄉射之禮，五物詢衆庶，一曰和，二曰容，三曰主皮，四曰和容，五曰興舞。閭胥二十五家之吏，凡因會聚則書其人材族師，每月朔書，春秋祭酺，又書黨正夏正之月，書州長正月之朔，攷春秋社，又攷是一歲之中，凡幾書，凡幾攷，至于三歲。鄉大夫乃攷而興之，獻其書于王，退而又詢衆庶，寧復有賢能者乎，其詳如此，其慎如此，而官謗不戢，治道不登，未之有也。孔子曰，昔吾於人也，聽其言而信其行。今吾於人也，察其言而觀其行，不見其人之姓名，不知其身之善惡，才不才决於數百言，難乎爲無失矣。

（宋）蘇轍《欒城集》卷二七《西掖告詞六十一首·吴師仁可越州司法充杭州教授尹才虢州司户田述古襄州司法蘇昞邠州司户》　敕：進士某等。古者舉逸民以懷天下。朕以爾等皆以行義聞於鄉黨，故命之一官，試之行事。其勉於從政，以效聲聞之美。可。依前件。

（宋）葉夢得《石林燕語》卷六　天聖前，諸路使者舉薦未有定限，選人止用四考改官。然是時吏部選人磨勘，歲才數十人而已。慶曆以後，增爲六考。知州等薦，吏部皆視屬邑多寡，裁爲定數。於是當薦舉者，常以應格充數爲意，遂數倍於前。治平中，吏部待次引見人至二百五十餘人。賈直儒爲中司，嘗言其冗。時但下詔，申戒中外，務在得人，不必滿所限之數，然竟不能革也。

（宋）葉夢得《石林燕語》卷六　祖宗時，選人初任薦舉，本不限以成考。景祐中，柳三變爲睦州推官，以歌辭爲人所稱，到官才月餘，吕蔚知州事即薦之。郭勸爲侍御史，因言三變釋褐到官始逾月，善狀安在，而遽薦論？因詔州縣官，初任未成考不得舉，後遂爲法。

（宋）李燾《續資治通鑑長編》卷八七《真宗大中祥符九年》　上封者言：近者文武羣官所舉三班使臣，多非素諳才器，但受請屬，到闕之後，章薦交上，頗非國家擇才之旨。望自今見任知州、通判，本路鈐轄、都監，諸司使、副以上，乃得發奏，所舉之人須經兩任監押、巡檢無遺闕者，其舉主見在任即許行用；如内有事故者，不得理爲舉人之數。從之。

（宋）李燾《續資治通鑑長編》卷一〇二《仁宗天聖二年》　戊寅，監察御史李紘言：近年臣僚舉奏幕職、州縣官，例及五人以上及所舉之人四考以上者，並得磨勘引見。其間有在任止一兩人奏舉，替後遷延，告屬外任官論薦，或請託初得外處差遣臣僚發章奏舉。欲望自今轉運、制置發運，提點刑獄勸農使副使，知州軍、通判，鈐轄、都監崇班以上，並令奏舉本部内幕職、州縣官。在京大兩省以上，並許舉官。其常參官及館閣曾任知州、通判陞朝官，許依條奏舉；餘陞朝官未經知州軍、通判已上差遣者，不在舉官之限。所舉官須見在任者，舉主但有轉運、制置發運、提點刑獄勸農使副使兩人，便與依例施行；若一名舉到，別無本處知州軍、通判，即更候常參官二人保舉，並乞與磨勘。仍自今有犯罪至徒者，唯贓私踰濫、挾情故違不得奏舉外，餘因公致私，事理不重，亦許奏舉。

從之。

（宋）李燾《續資治通鑑長編》卷一四三《仁宗慶曆三年》 四曰擇官長。臣聞今之刺史、縣令，即古之諸侯，一方舒慘、百姓休戚實繫其人，故歷代盛明之時，必重此任。今乃不問賢愚，不較能否，累以資考，升爲方面。懦弱者不能檢吏，得以蠹民；强幹者惟是近名，率多害物。邦國之本，由此凋殘。朝廷雖至憂勤，天下何以蘇息。其轉運使并提點刑獄按察列城，當得賢於衆者。臣請特降詔書，委中書、樞密院且各選轉運使、提點刑獄共十人，大藩知州十人；委兩制共舉知州十人；三司副使、判官同舉知州五人；御史臺中丞、知雜、三院共舉知州五人；開封知府、推官共舉知州五人；逐路轉運使、提點刑獄各同舉知州五人，知縣、縣令共十人；逐州知州、通判同舉知縣、縣令共二人。得前件所舉之人，舉主多者先次差補。仍指揮審官院、流内銓今後所差知州、知縣、縣令並具合入人歷任功過，舉主人數聞奏，委中書看詳。委得允當，然後引對。如此舉擇，則諸道官吏庶幾得人，爲陛下愛惜百姓，均其揺役，寬其賦斂，各使安寧，不如禍亂。

（宋）李燾《續資治通鑑長編》卷一四五《仁宗慶曆三年》 先是，諫官歐陽修言：臣伏見御史臺闕官，近制令兩制并中丞輪次舉人，遂致所舉多非其才，不能稱職，如蘇紳昨舉馬端，卻須朝廷別有行遣。臣謂令兩制之中，姦邪者未能盡去，若不更近制，則輪次所及，勢須舉人。近聞梁適舉王礪、燕度充臺官，其人以適在姦邪之目，各懷愧醜，懼其汙染，風聞皆欲不就。以此言之，舉官當先擇舉主。臣欲乞今後只令中丞舉人，或特選舉主。仍見朝班中雖有好人，多以資考未及，遂致所舉非人，今乞不限資考，惟擇才堪者爲之。況臺中自有裏行，以待資淺之人。仍乞重定舉官之法，有不稱職者，連坐舉主，重爲約束，以防僞濫。庶幾稱職，可振綱紀。

又言：臣近曾上言爲臺官闕人，乞不依資考選舉，仍令添置裏行，所貴得材，可以稱職。竊聞近詔宋祁舉人，依前只用舊例，又未有議復裏行。臣竊歎方今大臣，事無大小，知其弊不肯更改。凡臺官舉人，須得三丞以上成資通判，此例蓋自近年。然近年臺官，無一人可稱者，近日臺官，至有彈教坊弟子鄭州來者，朝中傳以爲笑。臺憲非才，近歲尤甚，是此例不可用明矣。然而寧用不才以曠職，不肯變例以求人，今限以資例，則取人之路狹；廣其路猶恐無人，何況專守其狹？若使資例及者入三院，未及者爲裏行，又於差除，都不妨礙。況今四方多事之際，揚威出使，正要得人。臣今欲特降指揮，令舉官自京官以上，不問差遣次第，惟材是舉，使資淺者爲裏行，資深者入三院。臣見前後舉臺官者，多徇親舊，舉既非材，人或問之，則曰：朝廷限以資考，致别無人可舉。今若改此繆例，責其惟材是舉，則不敢不舉有材之人。所冀漸振臺綱，免取非笑。

（宋）李燾《續資治通鑑長編》卷三七九《哲宗元祐元年》 左司諫王巖叟言：新制諸州軍通判，每年許舉選人一名，幕職州縣官改官、判司、簿、尉充縣令間舉。然郡府有小大，不可無等殺。請分州軍爲三等：十邑已上歲舉三人，改官、職官、令各一；五邑已上歲二人，令一、改官、職官互舉一人；五邑已下，如新制無邑者不舉。從之。内兩員通判者分舉。

（宋）李燾《續資治通鑑長編》卷三八〇《哲宗元祐元年》 左司諫王巖叟言：臣竊以人得於表裏不疑則可任，事出於上下相應則易成。此諸府之辟召、羣司之奏舉所以不可廢也。自辟舉之法罷而用選格，可以見功過而不可以見人材，中外患之，於是不得已而有踏逐奏差、申差之格。踏逐者，陰用舉官之實而明削同罪，非善法也。選才薦能而曰踏逐，非雅名也。必當擇人之地而不重用人之道，非深計也。委人以權而不容舉其所知，非通術也。伏望聖慈特賜指揮，復内外官司舉官法，以允公議。

（宋）李燾《續資治通鑑長編》卷三九一《哲宗元祐元年》 中書省言：臣僚上言，元豐薦舉令，被旨特舉官者奏訖，具所舉官報御史臺。比詔大臣薦館職，又設十科舉異材。請並依元豐令關報御史臺，非獨内外之臣各審所舉，庶使言者聞知，得以先事論列，不誤選任。從之。上言者，御史孫升也。

（宋）李燾《續資治通鑑長編》卷三九一《哲宗元祐元年》 吏部言：準敕：尚書、侍郎、内外學士、待制、兩省、臺官、左右司郎官、諸路監司，各限一月，同舉公明廉幹、材堪治劇及係合入知縣或縣令一員，令吏部不依名次，差充重法地分知縣，縣令，次差賊盜多處萬户已上縣。任滿，委監司保明治狀，作三等推賞。有任滿酬奬者，聽從重。仍令吏部詳立考較等第以聞。今詳到考較等第，其舊有任滿酬奬者聽累賞。從之。

（宋）李燾《續資治通鑑長編》卷四七四《哲宗元祐七年》 吏部狀：檢會元祐薦舉令，諸路舉幕職州縣官改官者，以三分之一舉充幕職官，若不及三員，及有餘數，聽從便。即舉流外人充令、録或换使臣者，並理改官人數，勘會所舉不及三員，及有餘之數，爲本條有聽許從便之文。不分所舉改官、幕職員數，以此就優，皆許改官，致今來吏部待次改官人數稍多。欲將上條餘數聽從便員數，並權改作奏舉幕職官，其不及三員者，即通計三年合舉員數，以三分之一舉幕職官。仍自元祐八年正月一日爲始。候改官待次人稀空，令吏部申尚書省。從之。

（宋）李燾《續資治通鑑長編》卷五〇四《哲宗元符元年》 庚戌，吏部言請選人應合用舉主關陞改官者，除依條限定員數并合用職司外，更許奏舉，不得過二員。從之。

（宋）留正《皇宋中興兩朝聖政》卷三《高宗皇帝·詔文武臣舉官》〔建炎二年夏四月〕丙辰，詔文臣從官至牧守，武臣管軍至遥郡，各薦所知二人置爲二籍，一留禁中，一付三省樞密院，遇監司帥守將官鈐轄，有闕於所舉人内擢用之犯贓連坐即罷廢及法不當得之人，皆毋得舉用，議者請也。

（宋）留正《皇宋中興兩朝聖政》卷二一《高宗皇帝·申嚴薦舉之罰》〔紹興七年五月〕乙酉，手詔：自今内外臣僚薦士或不如所舉及罪當并案者，必罰毋赦。上以薦舉法壞甚者，以子弟姻戚互相薦論，至犯吏議則僥倖首免，故條約焉，尚書省言自來立法太重，不能必行，乃詔自今犯贓私罪者，舉主遞降二等，其以子弟親戚互薦者，令臺臣察之。

（宋）留正《皇宋中興兩朝聖政》卷二五《高宗皇帝·詔侍從薦士》〔紹興九年〕冬十月辛亥，詔侍從各薦士二人，時言者請遵祖宗故事，詔中外各舉所知，特加親擢，如此則庶僚無附下之嫌，大臣免招權之謗，上亦以中原隔絶，遺才必多，故有是命。

（宋）留正《皇宋中興兩朝聖政》卷五三《孝宗皇帝·不以薦主去留人才》〔淳熙元年夏四月〕壬午，上諭宰執曰：朕進用人才，初不因其薦引之人而爲之，去留唯其當而已，若薦者偶以罪去，被薦者相與爲奸則當併逐，若初不阿附而有才能，當依舊用之。楊倓奏：陛下聖訓誠爲至當。上又曰：鯀之爲人初不害禹之成功。倓又奏：陛下聖訓及此，誠堯舜之用心矣。

（宋）留正《皇宋中興兩朝聖政》卷五九《孝宗皇帝·詔宰臣擇監司郡守》〔淳熙九年〕夏五月丙子，内出御筆手詔宣示宰臣王淮等曰，朕惟監司郡守民之休戚繫焉，察其人而任之宰相之職也，苟選授之際，惟計履歷之淺深，不問人才之賢否，則政治之闕孰甚於斯，今後二三大臣宜體國愛民，精加考擇，既按以資格，又考其才行，合是二者始可進擬，夫然後事得其宜，用無不當，故傳曰爲政在人，卿等其謹之，毋忽。

（宋）洪邁《容齋三筆》卷三《薦士稱字著年》 漢魏以來諸公上表薦士，必首及本郡名，次著其年，又稱其字。如漢孔融薦禰衡表云：處士平原禰衡，年二十四，字正平。齊任昉爲蕭揚州作薦士表云：祕書丞琅邪王暕，年二十一，字思晦。前侯官令東海王僧孺，年三十五，字僧孺。是也。唐以來乃無此式。

（宋）袁説友《東塘集》卷一二《舉材狀》 臣聞爲治之道，莫先於用人，而用人之難，尤貴乎審擇，世未嘗無材也，然一見於用，則有心術，有好尚，適於平正者，則爲公爲賢，而溺於偏黨者，則爲私爲詖要，其終而成敗可見，此無他中之爲德，民鮮能久矣。夫師也，過商也，不及，非中也，夫子無取焉，蓋智者過之，愚者不及，皆足以害道也。狂者進取，狷者不爲，非中也，孟子無取焉，蓋狂者失已，狷者失人，皆足以害道也，害道則害治矣。惟夫中者，有平正之德，無黨偏之蔽。觀之欹器，中則必正，貴中也。不平不正，則覆矣。考之洪範，會其有極，貴中也。無黨無偏則中矣。自古人材非材之難也，一得其中則有平正無黨，偏中一失則失人。人主用人之際，是豈不難也哉。仰惟陛下以人材爲急務，以中道律人材，盡捐偏黨之私，力扶平正之論，還泰和之盛治，享安靜之美福者，誠非細事也。近者陛下親頒御筆，立爲資格，以嚴明職事，蓋將垂意人材，不輕除受，然欲絶濫進，則當嚴其資格。若夷考其人，則尤貴於預擇爾。臣竊觀孝宗皇帝，淳熙九年令侍從臺諫，各舉所知。淳熙十五年復令侍從臺諫各舉職事官。太上皇帝紹熙二年令侍從臺諫各舉卿郎職事官。此皆預加審擇也。今周行闕員，朝廷或難於選授，緩急時歎於乏才，欲圖得人，預擇閒暇，上法淳熙紹熙故事，以詔論思獻納之臣，實今日所當先者，臣愚欲望聖慈特發宸斷，命六曹、侍從、翰苑、臺諫、兩省、給舍各舉堪充職事官者四五人。或學爲有用而不事於空言，或材有過人而可堪於任劇，皆須心術本於公正，好惡不激於黨偏，除見充職事官外，不拘資格，不問寒遠，平心審舉，具名奏聞，留置御前，以備審擇，仍令録申，朝廷遇闕審用，則王多吉士，國無憸人，進退盡出於聖明，人物悉趨於中道，昭明國是，宏濟治功，天下厚幸。

（宋）李心傳《建炎以來朝野雜記甲集》卷五《朝事·孝宗革冗官》

孝宗初受禪，以官冗恩濫，議革之。欲定制百官已任子者，遇郊恩，權免奏薦。開賢良科，令中外普薦，而權罷特奏名。隆興二年秋，詔右諫議大夫王之望、右正言尹穡、殿中侍御史晁公武參酌來上。之望言：陛下即位未久，恩澤未偏，此二事關於士大夫者甚衆，願少寬之。不已，則宜立奏薦限員，踰數者許回授。罷門客、親戚漕司之試，止移鄰州。如是則省額可百減十人，此救弊之策也。疏奏，亦不果行。至淳熙中，始定奏薦員限云。

（宋）李心傳《建炎以來朝野雜記乙集》卷一四《官制·四川舉削倍改官之額》 四川改官薦牘，以今嘉定四年計之，當得一百六十五紙：帥臣、監司八十紙。制司大使十一紙，總領所六紙，茶馬司共五紙，三路安撫司每司兩年共三紙，成都、潼川提刑各五紙，利路提刑五紙，闕外一紙。夔路提刑三紙，四路常平司每司兩年共三紙，成都、潼川路轉運司各六紙，内歲終不除副使者半，利路運判每兩年又得闕外三紙，夔路運判兩年三紙，又歲終不除副使三紙，四路提舉司每司年年一紙。前執政六紙。費大資、安大資。知州，八縣已上二郡，每年各舉二員，通計四紙。潼川、成都。七縣至四縣二十四郡，每二年各舉三員，通一年計三十六紙。謂金、邛、達、緜、雅、合、巴、蓬、忠、漢、眉、隆、果、資、榮、敘、閬、利州，隆慶、興元、遂寧、嘉定、崇慶府，廣安軍。三縣以下三十一郡，每年各舉一員，通全年計三十一紙。謂瀘、夔、彭、渠、昌、普、洋、成、鳳、涪、沔、簡、龍、階、開、萬、施、黔、珍、威、茂、黎、文、西和州，重慶府、大寧監，石泉、永康、懷安、梁山、南平軍。無縣處三郡，每年亦各舉一員，通全年計三紙。長寧、大安軍、富順監。以五紙爲一員，歲舉改官約計三十一員，而職司稱焉。大使十一，四路提刑共十九。自淳熙七年有詔四川換給止十五員，總而計之，是舉削不收使者大半。紹熙二年九月，制帥京仲遠以京官知縣闕人爲詞，奏乞增放散員數，朝廷難之。然自後或非時覃恩，或制司奏請，則必遞遷一年。開禧三年，吴德夫爲宣諭使，又請侍班人不候改官，一面注擬。從之。後三年，議者以爲不然，乃復舊制。

（宋）李心傳《建炎以來朝野雜記乙集》卷一四《官制·前宰執歲舉京官多非所知》 祖宗之制，前宰執歲得舉選人爲京官者五員，淳熙間減二員。既得偏舉諸路，故有力者競趨之，大抵多非所知。洪景伯罷政，家居二十餘年，所舉殆八十人。有管璆者爲樂平丞，既得舉矣，偶文書至奏邸，稽期數日，書鋪吏爲揩改奏檢實日以就之。景伯即劾璆罔上，且言：惟前宰執有舉無刺，目擊巨蠹，吞聲喑默。其辭極切。疏入，詔璆降兩資，舉狀令吏部退還。或謂璆以他故被此劾，鄱人能誦言之，且誦吞聲喑默之詞，未知果何如也。自慶元、嘉泰後，前宰執舉削，乃專以待政府言路之求，類多不識所舉之人，甚至空名剡牘以遺之，非祖宗之遺意也。

（宋）王栐《燕翼詒謀録》卷三《奏薦以服屬》 國初奏薦之制甚寬，不拘服屬遠近。天聖四年，始詔臣僚奏薦子弟，須言服紀，不許奏無服之親，冒奏者不以赦原，其後又以服屬之親疏，爲奏官之高下，可謂良法。乾興元年，仁宗皇帝登寶位。八月令學士院試諸州進奉賀登位人，曾舉進士，試大理評事，曾舉諸科，試祕書省正字，餘試校書郎，不願試人，太廟齋郎，凡四等。試大理評事，元豐爲假承事郎。今爲通仕郎，出官從事郎，試祕書省正字，元豐爲假承奉郎。今爲登仕郎，出官迪功郎，太廟齋郎，元豐未改，今爲將仕郎，出官亦迪功郎，其後例補將仕郎，惟宰執得登仕郎。

《吏部條法·薦舉門·薦舉撮要》 應歲舉所部官者，二員以上者，分上下半年舉。應所舉之官與被舉之官，各須在任。應稱有舉主者，謂舉改官及職官縣令。稱職司者，謂轉運使、副，提點刑獄，及朝廷專差宣撫、安撫察訪。餘同知州。應舉主責降，或與宮觀，奏狀到部，方許收使，理爲放散。舉主如係奉直大夫以上，或係知州資序，合該收使，係照見奏狀内職銜施行。應舉主致仕尋醫而未降指揮，並銜替事理輕，（非）〔雖〕未及一年，並聽收使。應前政官，已舉官而因事降黜，舉狀不該用。若復應舉官差遣，在後官補發奏狀到部日前者，其元舉狀許收使。若在後官奏狀到部日後者，聽用後官狀。即後官雖發奏月日在前，而於前官牽復之後到部者，不許收使。應先曾舉者，見降充不應舉官職任，或已分司致仕尋醫者，並不理爲數。即舉官後任侍從官，落職降（元）〔充〕宮觀，任滿而已復待制以上，自陳宮觀者，與作常調舉主收使。應親戚於法應避者，不許薦舉。應宰相、執政官、臺諫子孫，任嶽廟所得前宰相改官舉狀，理爲職司。應前宰相、執政官歲舉陞陟者，不以內外，雖非本轄而在任者聽舉。若見任又應舉者，數外別舉。應六部長貳歲舉內外選人改官，理爲職司。應選人舉員，若已及格，續發舉狀，不許放散。應改官舉員，許折資作從事郎薦舉。應命官權教授，在任及半年以上，教導有方，聽依正官法薦舉。如係見任教授攝他州教授，其權教舉狀到部，不許放散。應迪功郎以上，實歷及一考，聽舉關陞。已滿三考，赴第二任，方許薦舉改官。初任一考以上，不因罪罷，後任湊成三考，亦聽舉。其關陞狀，不許以到部日理計。改官狀，不許先次收附。至考第及格日放散。應奏補文學除初任權官三考外，實歷正官三考，許舉改官。如初任八路，除權官二考外，實歷三考，亦舉改官。應特科文學，初任權官三考，於次任正官一考，後須已有關陞三員，方舉改官。初任八路權官三考外，又於次任一考內，須已有關陞三員，方許舉官。應經略、安撫、發運、轉運、提點刑獄、都大坑冶、提舉常平茶鹽司屬官，許本路逐司官互舉。應薦舉，不係所隸官屬不許放散。應非制書兼權他職，受他司薦舉者，不許收受。

應薦舉關陞改官奏狀，限半年到院。限外不許收使。應二廣薦舉關陞改官奏狀，限九個月到院。限外不許收使。應四川薦舉關陞改官奏狀，限半年內到制置司。應薦舉下半年員數，不許上半年發奏。上半年員數，不許先一年上歲里發奏。應補舉身亡員數，當年〔未〕舉，許次年補舉。應出違次年不許收使。如所舉人有改節事狀，即許申部，不用仍理爲舉過員數。應起復之人，服制內選人受過舉主，並不理爲放散。應舉主武臣因事罷黜而已牽復州總管以上差遣者，許收使。應修武郎以上，在任受所部官舉充知縣，並陞陟任使，本部收附告示將來收使。武舉奏補銓試中人，合舉知縣任使二員，初經磨勘合用陞陟一員。其候參部日，作功分收使。應小使臣校尉在任受過所部官舉充縣令，並陞陟收附告示外，武舉出身並奏補出身銓試中人，將來到部，合入縣令差遣合用縣令舉主二員外，其餘官受過陞陟縣令舉狀，於參部日作（分）〔功〕分收使。應內外文武官收使薦舉文字，除前項聲説外，餘依本法。

薦舉（不分目）

《尚書侍郎左右選通用敕》諸舉狀不依條式，本案吏人承受注籍者，杖一百。致於選人有所住滯者，不以赦降自首覺舉原免，諸應用舉官者，奏狀到部，方許收使。若輒用照牒理爲舉官，或奏狀已到而不爲注籍者，人吏各杖八十。

《尚書侍郎左右選通用令》諸應用舉主，非陞改官資者，不以存亡事故，並理爲數。諸應舉官而虛發照牒，若重疊具奏者，並舉劾。

《尚書侍郎左右選考功通用令》諸前政官，已舉官而因事降黜，舉狀不該用，若復應舉官差遣，在後官補發奏狀到部日前者，其元舉狀許收使。若在後官奏狀到部日後者，聽用後官狀。即後官雖發奏月日在前，而於前官牽復之後到部者，不許收使。

《尚書考功令》諸罪犯不理任者，其任內舉狀並聽收使。諸侍從官舉陞陟，謂舉外州在任官。許當監司員數。諸舉官後任宮觀差遣，非降充者，雖年七十以上，並依元資序理爲舉主。諸承務郎以上，任在京倉界及炭場監官，任數舉主應關陞，而至界終舉主有故者，聽收使。謂舉主事故在應關陞一月之後者。

《侍郎左選令》諸舉狀到案，限三日注籍。即舉狀已到，而舉主及被舉之官事故，別舉官者，准此。仍毀抹前狀，即已收附而輒稱考第舉主未足，別行舉官者，更不收使。諸舉主應使者，其見任官資，責降事故過犯，或體量陳首，並會所屬。舉主，謂舉改官及職官縣令，餘條准此。諸舉主有故，不願收使，雖已申奏，而事已結絶，或續有舉狀，各應收使者，並許理爲人數。若已陞改官資，或舉狀有剩數，及被舉人別因恩賞或特旨改官，及死亡罪廢，並下所舉官司，於次年別舉。即所舉人有改節事狀，許申部，將舉狀不用，仍理爲舉過員數。諸舉主未足，願用改官狀通就職官，及移職官知縣，或兼用改官職官狀通就縣令者，聽。仍依奏舉本法，其用過舉狀，將來不許收使。用改官舉主注職官人准此。諸舉狀已到，而舉主及被舉人事故，別舉官充填者，注籍及毀抹前狀入案。充填狀未到，而已收使前官舉狀者，不許充填。諸磨勘及奏舉職官，或職官知縣、縣令有過犯合中都省者，其舉主祇具職位姓名，及見有無責降事故，與舉狀連申。諸應舉改官，職官縣令同。已舉而罷任者，開具年分舉過員數，牒後官照會。仍從所屬具牒，報因依。限三日申尚書吏部。諸六曹寺監長貳，點檢贍軍激賞酒庫，及户部右曹郎官同。歲舉改官者，各分上下半年，前後官通舉。諸磨勘人，曾取旨及引見，已經推恩，或未得改官，及依條祇與循資者，用過舉主，更不收使。若因取旨，及申都省，隔住磨勘，或因事不該引見，即許後來收使。其舉狀已繳申都省者，祇以元磨勘案據，或劄子內舉主照會。諸以舉主改官換使臣，或充職官及職官知縣、縣令，或應陞改官資並免試注官者，會問舉主，見任官資無責降事故，過犯幹礙，體量陳首，於法應使方理爲數。餘所用舉主，但依得本法人數者，皆不會問。

《侍郎右選令》諸奏舉小使臣、監當差遣、歷任無舉主者，與理舉狀爲舉主。

《侍郎左選尚書考功通用令》諸舉主降差遣者，依見降職任理爲舉主。雖降充通判資序而選人知州軍，及雖降監當而任郎官以上職事官者，並准此。即乞致仕尋醫，而未降指揮，並銜替事理輕，雖未及一年，並聽收使。諸先曾舉官，見降充不應舉官職任，若舉官後，雖除侍從官，見降宮觀同。或已分司致仕尋醫者，並不理爲數。其侍從官，或落職後舉官人降宮觀差遣者，非。即舉官後任侍從官，落職降充宮觀，任滿而已復待制以上自陳宮觀者，與作常調舉主收使。諸四川選人，陞改應用舉主，制置司覈實無違礙，放散給據，保明申奏，與免會問，理作舉主收使。諸舉主係武臣，因事罷黜，而已牽復州總管以上差遣者，許收使。諸宰相、執政官、臺諫子孫，任嶽廟所，得前宰相改官舉狀，聽理爲職司。

《尚書考功令》諸稱有舉主者，謂舉改官及職官縣令。稱職司者，謂轉運使、副，提點刑獄，及朝廷專差宣撫、安撫、察訪。餘同知州。諸承直郎以下改官應用舉主者，若轉運判官二員處，均舉使副人數，與理爲職司。諸任職司舉官而因事罷黜者，如見理本等資序，聽作職司收使。運判因事罷係第二任通判資序者，（詐）〔許〕作舉主收使。諸六部長貳，歲舉內外選人改者理爲職司。諸磨勘人，曾取旨及引見，已經推恩，或未得改官，及依條祇與循資者，用過舉主，更不收使。若因取旨，及申都省，住磨勘，或因事不該引見，即許後來收使。陞資人不該陞移者，准此。諸承直郎以下，磨勘已投狀，因辯雪負犯，謂不應坐罪，已除落過名者。而舉主事故，如在元合引見限外聽收使。因官司行遣住滯出限，而舉主事故，准此。諸因舉主降差遣，不該磨勘，已別注官未赴，而舉主牽復者，聽退闕投狀磨勘，拘收新授付身毀抹。用舉主關陞者，准此。諸選人陞改，所用舉主有未結絶過犯，若已申得旨許先次收使者，其餘被舉之人依已得旨更不再申。一路監司守臣過犯一同，內有已申得旨許先次收使者，並准此。以上後有違礙卻行改正。諸選人用舉主關陞，而因官司住滯，致舉主事故者，挨排關會行遣程限，若在合判鈔日限之外，聽收使。程限從緊法三日斷罪依本條。諸舉主約刑名，太中大夫觀察使以上，犯公罪流、私罪杖，及餘人公罪杖，並聽收使。以上該赦及自首去官，無合收坐罪犯者，准此。即約刑名未定，及所犯應取旨者，申都省。若已收使而後有特旨，並追改。諸選人應通理前任月日成三考，以後年月不理爲考，若有舉狀，並聽收使。諸散官注權官者，不理爲考。如有舉主，候理考日收使。

《淳祐令》諸前宰相、執政官，歲舉改官陞陟者，不以內外，雖非本轄而在任者聽舉。若見任又應舉者，數外別舉。諸路安撫使，及帶安撫並主管本路安撫司公事，而兼知州者，歲舉改官於本路各聽別舉。帶緣邊安撫使，並主管緣邊安撫司公事者，非。諸知州，聽歲舉承直郎以下改官，迪功郎充縣令。諸舉承直郎以下改官者，以三分之一舉充從事郎以上。若不及三員，及有餘數，聽從便。謂如應舉五員者，舉二員改官，一員從事郎以上，餘改官從事郎以上，聽從便。即舉流外出身人充縣令，或換使臣，理改官人數。諸進納出身人不許舉辟。謂奏舉、奏辟差遣。餘條稱舉辟准此。其係承直郎以下成四考者，許薦舉。即流外出身人歷任無贓私罪，有舉者二人，聽舉辟，諸舉承直郎以下改官，或充從事郎以上，及縣令者，於被舉人應用之數謂應用陞改者。已過二人，內用職司者，職司或餘官通計。不許薦舉。諸轉運司奉承直郎以下者，據人數使副均舉。提點刑獄司置兩員者准此。判官比使副一員，三分舉一。以上數不等者，長官就多舉。止有使副應舉之數者，若差使副一員，其判官所舉，減使副二員。諸路轉運置兩員，而俱差判官，其應舉改官人數，各以半充使副舉狀。畸數聽使副狀從多。若上半年俱差判官，而下半年差到使副，其半充使副舉狀，即不應奏舉。歲終不差使副者，以使副一員應舉之數，比判官一員。所餘人數均舉。其有零數者輪舉。謂如一路使副一員，應舉八人，判官一員應舉五人，其判官兩員共舉十人，内六人充使副舉狀，歲終更共舉三人，以二人充使副狀。以上並於狀内聲説。諸歲舉所部官二員以上者，分上下半年舉。數若不等先舉多者。若替移，以未舉官數牒後官通計。仍申尚書吏部，及報進奏院，即於本司遷職任者，謂如轉運判官就遷副使之類。亦通計當年已舉之數。諸舉官有員數，而前官舉狀不該用，前官係轉運使副，已依格舉過員數，後官雖係判官，聽依使副已舉員數補舉。或前官前一年未舉員數，前官係轉運使副，有未舉員數，後官係判官者，止依判官合舉員數補舉。聽次年再舉。若被舉之官身亡致仕，或因贓私罪停廢，及舉狀到部，收使外有剩數，或未收使而别因恩賞，及特旨改官不曾收使者，並聽再舉。若元舉官未曾再舉，亦聽次年補舉。即舉狀已經收附，而稱考第舉主未足，别行舉官者，不得收使。如所舉人有改節事狀，即許申吏部，不用仍理爲舉過員數。諸迪功郎以上，實歷及一考，聽舉關陞，已滿三考赴第二任，方許薦舉改官。初任一考以上，不因罪犯罷者，於後任湊成三考，亦聽舉。仍於奏狀内聲説前後任湊成三考因依。即初任不成考，雖後任成三考者，非。諸舉朝請大夫以下陞陟者，合減承直郎以下改官之半，通判減知州所舉之半。止一員者間歲舉。有零數，或不及一員者，聽舉一員。諸路安撫使、監司路分總管、鈐轄、知州、通判，聽歲舉大小使臣校尉陞陟任使。諸歲舉大小使臣校尉陞陟者，並通融薦舉。其舉緣邊重難任使、不得過所舉之半。諸發運、轉運使副、提點刑獄，及朝奉郎，若帶職陞朝官，武功至武翼大夫，正侍至右武郎以上，充知州，或安撫副使、都監州、總管、鈐轄以上者，許歲舉所部廉幹有方略、善弓馬、經兩任親民無遺闕、曾歷邊任小使臣一員，充閤門祗候。諸發運、轉運、提點刑獄司，應分舉官而有闕員者，至歲終許見任官併舉。諸應試刑法官，雖未注官，及不在任，並聽奏舉。諸薦舉官不得以虚詞溢美，並具治迹實狀以聞。其文臣待制、太中大夫以上，武臣觀察使以上，依十科格法薦舉者，准此。諸舉官有數，而被旨增減，或未有數而創許舉者，具得舉數申尚書吏部，及報進奏院。諸命官犯罪，已叙正官而有止法，或叙散官監當，或止叙散官，其能改過，或才智武藝堪陞擢者，許本轄官或侍御史以上薦舉。使臣兼許正任以上，即散官無本轄者，聽所居本部長史監司薦舉。諸奉制書權攝職任者。許舉官。謂無正官者。即他官在所部權攝，而非制書所差者，不得薦舉。諸經略、安撫、發運、轉運、提點刑獄、提點坑冶鑄錢、提舉常平茶鹽司屬官。許本路逐司官互相薦舉。諸命官特許理任，而所任涉兩路以上者，所至路安撫監司各聽薦舉。即朝廷遣使按察，謂察訪體量之類，雖一路亦同。所差屬官，不用此令。諸陞朝官遇赦舉文學注權入官者，須知縣資序以上，在京職事官係陞朝官，而資序未至，或已至而係承務郎以上。但雜壓在陞朝官之上者同。非責降，無贓罪及私罪徒者，聽同罪舉保二人。諸注權入官人，許依正官薦舉。諸命官權教授，在任及半年以上，教導有方，聽依正官法薦舉。諸所舉官，與被舉之官，謂有員數應陞改者。各須在任。其薦舉日罷任者亦同在任。諸添差不釐務官，不得薦舉作釐務。諸親戚於法應避者，不許薦舉。諸舉官限員者。奏訖，録奏檢聲説入遞年月日，引號連於牒前，牒所舉官照會，限三日内繳元奏檢，申尚書吏部。每上下半年，具舉過職位姓名。充是何任使，某年月日入遞，第幾引發奏，充填前官舉狀，仍具充填事因。狀二本申尚書省。諸職任應舉官，而被召赴闕者，候還任乃舉。其離任及還任日，仍申尚書吏部，報進奏院。諸舉官狀已經用，而被舉之官犯罪，舉主應坐聽指實狀，經所在官司陳首，本處備坐承受月日，具録元狀，或連狀奏。諸知州縣令，有治績可再任者。知州須監司連書，縣令須按察官五員，通判以上官皆是。去替前一年，具實狀保奏。年七十者，不在保奏之限。諸特責降官，臣僚不得薦舉。其經赦應牽復者，職事修舉，許監司或長吏保奏。

《在京通用令》諸應舉官臣僚，覩中外文武官材行可稱，並聽奏舉陞陟任使。

《淳祐格》景定重定。

歲舉承直郎以下改官

前宰相執政官　三人。以淳熙七年二月二十三日指揮重定。

六曹長貳郎官

吏部　尚書：　架閣一員。侍左侍郎：　架閣一員。侍右侍郎：　架閣一員。

户部　尚書：　四人，架閣一員。左曹侍郎：　四人，架閣一員。右曹侍郎：　四人，架閣一員。右曹郎官：　二人。金部郎官：　一員。倉部郎官：　一員。

禮部　尚書：三人，架閣一員。侍郎：三人，架閣一員。

兵部　尚書：一員。架閣一員。侍郎：一員，架閣一員。

刑部　尚書：二人，架閣一員。侍郎：二人，架閣一員。

工部　尚書：二人，架閣一員。侍郎：二人，架閣一員。

寺監長貳

宗正寺　少卿：一員。

大理寺　卿：二人。少卿：斷刑二人，治獄二人。

司農寺　卿：二人，增舉一員。少卿：二人。

太府寺　卿：二人。少卿：二人。

國子監　祭酒：三人，書庫官一員。司業：三人，書庫官一員。

將作監　監：二人。少監：二人。

軍器監　監：二人。少監：二人。

宰屬

中書門下省檢正諸房公事：二人，架閣一員。

尚書左右司郎中左司郎中：二人，架閣一員。右司郎中：長廳二人，創增一員，次廳二人。

樞屬

樞密院都承旨：架閣一員。

樞密院檢詳諸房文字：一員。

提領豐儲倉所：二人。

提領市榷所：一員。

提領市舶所：二人。

提領茶鹽所：職司二人，常員一員。

同提領茶鹽所：職司一員，常員一員。

知州：一十五縣，六人；一十二縣以下，三人；七縣以下，二人；無縣處，一員。取到吏部狀。進奏院供稱，壽昌、吉陽、江陰、棗陽、光化、寶應、懷遠、長寧、梁山、云安、大安、天水軍、黎州、文州、劍門關、富順、大寧監，並係一縣歲舉改官一員，今聲説照用。

歲舉改官、從事郎、縣令

諸路制置監司

兩浙路　沿海制置：改官二人，從事郎一員。兩浙運副：改官一十一人，從事郎六人，縣令六人。兩浙運判：改官四人，從事郎二人，縣令四人。提領户部犒賞酒庫所：改官二人，從事郎一員，縣令一員。增舉檢察改官一員。提學司：改官一員。從事郎一員。

浙東安撫：改官二人，從事郎一員。提刑：改官五人，從事郎三人，縣令四人。提舉：常平司改官二人，從事郎一員，縣令一員。茶鹽司改官二人已隸運司權留照用，從事郎二人，縣令二人。

浙西安撫：改官二人，從事郎一員。節制司：改官一員。點檢贍軍激賞酒庫所：改官二人。檢察改官一員。淮浙發運：改官一十一人，從事郎六人，縣令六人。增舉百萬倉官一員，縣令一員。淮東總領：改官五人，從事郎一員，縣令三人。浙西圍田所：改官一員，縣令一員。淮東糴事所：改官一員，從事郎一員。提刑：改官五人，從事郎三人，縣令四人。提舉：常平司改官二人，從事郎一員，縣令一員。茶鹽司改官二人，已隸運司權留照用。從事郎二人，縣令二人。

江東西路　沿江制置：改官三人，從事郎三人。沿江制副：改官三人，從事郎二人。

江東安撫：改官二人，從事郎一員。淮西總領：改官三人，從事郎一員，縣令三人。拘榷馬司錢糧：改官二人。催督綱運：改官一員。提領建康府酒庫所：改官二人。運副：改官五人，從事郎二人，縣令六人。運判：改官三人，從事郎一員，縣令三人。提學司：改官一員，從事郎一員。提刑：改官四人，從事郎二人，縣令六人。坑冶司：改官八人，從事郎三人，縣令六人。提領江淮茶鹽所：改官三人，從事郎一員。提舉：常平司改官三人，從事郎一員，縣令三人。茶鹽司改官二人，從事郎二人，縣令二人。

江西安撫：改官二人，從事郎一員。運副：改官五人，從事郎二人，縣令六人。運判：改官三人，從事郎一員，縣令三人。提學司：改官一員，從事郎一員。提刑：改官四人，從事郎二人，縣令六人。提舉：常平司改官三人，從事郎一員。縣令三人。茶鹽司改官二人，從事郎二人，縣令二人。兵鈐司：兩年舉改官一員。歲舉從事郎一員。

福建路安撫：改官二人，從事郎一員。運副：改官五人，從事郎二人，縣令六人。運判：改官三人，從事郎一員，縣令三人。提學司：改官一員。提刑：改官三人，從事郎二人，縣令六人。提舉：常平司改官三人，從事郎一員。縣令三人。茶鹽司改官二人，從事郎二人，縣令二人。南外宗正司：改官一員。西外宗正司：改官一員。

湖南北路　京湖制置：改官五人，從事郎三人。五郡鎮撫使：改官一員，縣令一員。六郡鎮撫使：改官一員，縣令一員。

湖南安撫：改官二人，從事郎一員。運副：改官五人，從事郎二人，縣令六人。運判：改官三人，從事郎一員，縣令三人。提學司：改官一員。提刑：改官三人，從事郎二人，縣令三人。提舉：常平司改官三人，從事郎一員，縣令三人。茶鹽司改官二人，從事郎二人，縣令二人。

湖北安撫：改官二人，從事郎一員。副使：改官一員，從事郎一員。湖廣總領：改官六人，從事郎三人，縣令五人。運副：改官五人，從事郎二人，縣令六人。運判：改官三人，從事郎一員，縣令三人。提學司：改官一員，從事郎一員。提刑：改官三人，從事郎二人，縣令三人。提舉：常平司改官三人，從事郎一員，縣令三人。茶鹽司改官二人，從事郎二人，縣令二人。

京襄路安撫：改官一員，從事郎一員。副使：改官一員，從事郎一員。運副：改官五人，從事郎二人，縣令六人。運判：改官三人，從事郎一員，縣令三人。提學司：改官一員，從事郎一員。提刑：改官一員，從事郎一員，縣令一員。提舉：改官一員，從事郎一員，縣令一員。

兩淮路　兩淮制置：改官八人，從事郎四人，縣令二人。

淮東路：改官四人，從事郎二人，縣令一員。淮西路：改官四人，從事郎二人，縣令一員。河南招撫：改官二人，從事郎一員。京東招撫：改官二人，從事郎一員。淮西招撫：改官二人，從事郎一員。

淮東安撫：改官二人，從事郎一員。副使：改官一員，從事郎一員。京東安撫：改官二人，從事郎一員。運副：改官六人，從事郎四人，縣令六人。運判：改官三人，從事郎二人，縣令三人。提學司：改官二人。提刑：改官三人，從事郎二人，縣令三人。提舉：常平司改官三人，從事郎二人，縣令五人。茶鹽司改官二人，從事郎二人，縣令二人。

淮西安撫：改官二人，從事郎一員。副使：改官一員，從事郎一員。江淮湖北鐵冶司：改官一員，從事郎一員。運判：改官三人，從事郎二人，縣令三人。提學司：改官二人。提刑：改官三人，從事郎二人，縣令三人。提舉：常平司改官三人，從事郎一員，縣令三人。茶鹽司改官二人，從事郎二人，縣令二人。

二廣　廣東經略安撫：改官二人，從事郎一員。運副：改官五人，從事郎三人，縣令六人。運判：改官三人，從事郎一員，縣令二人。提學司：改官一員，從事郎一員。提刑：改官三人，從事郎二人，縣令四人。提舉：常平司改官二人，縣令一員。鹽事司改官二人，從事郎三人，縣令一員。市舶司：改官一員，從事郎一員。

廣西經略安撫：改官二人，從事郎一員。運副：改官五人，從事郎三人，縣令四人。運判：改官三人，從事郎一員，縣令二人。提學司：改官一員，從事郎一員。提刑：改官六人，從事郎四人，縣令四人。提舉：常平司改官二人，縣令一員。鹽事司改官二人，從事郎一員。三郡鎮撫司：改官一員，從事郎一員。

成都路　四川安撫制置：改官四人，從事郎五人。制副：改官四人，從事郎三人，縣令一員。宣撫：改官一十四人，從事郎六人，總領：改官六人，從事郎三人，縣令五人。關內倉官改官二人。關外倉官改官一員。運副：改官六人，從事郎四人，縣令六人。運判：改官三人，從事郎二人，縣令三人。提學司：改官一員，從事郎一員。提刑：改官五人，從事郎二人，縣令四人。提舉：改官二人，從事郎一員，縣令二人。榷茶司：改官三人，從事郎二人，縣令二人。川馬司：改官一員，從事郎一員。秦馬司：改官一員，從事郎一員。

潼川府路安撫：改官二人，從事郎一員。運副：改官六人，從事郎四人，縣令六人。運判：改官三人，從事郎二人，縣令三人，提學司：改官一員。從事郎一員。提刑：改官五人，從事郎二人，縣令四人。提舉：改官二人，從事郎一員，縣令二人。

夔州路安撫：改官二人，從事郎一員。運副：改官五人，從事郎二人，縣令二人。運判：改官三人。從事郎一員，縣令二人。提學司：改官一員，從事郎一員。提刑：改官五人，從事郎二人，縣令二人。提舉：改官一員，從事郎一員，縣令一員。策應司：改官三人，從事郎二人，縣令二人。

利州路安撫：改官二人，從事郎一員。運副：改官五人，從事郎二人。縣令六人。運判：改官三人，從事郎一員，縣令三人。轉運歲舉同慶府、階西、和、鳳、金州，改官三人，從事郎一員，縣令二人。提學司：改官一員，從事郎一員。提刑：文臣舉改官三人，從事郎二人，縣令三人；武臣舉改官二人，從事郎二人，縣令三人。提舉：改官二人，從事郎二人，縣令二人。歲舉同慶府階、西、和、鳳、金州：改官一員，間歲舉縣令一員。

歲舉迪功郎充縣令：知州一員。充縣尉：轉運使副、提點刑獄三人，轉運判官二人，知州一員。

歲舉大小使臣校尉陞陟

前宰相執政官：一十人；

諸路安撫使轉運使副提點刑獄：二十人；

路分總管鈐轄轉運判官：一十人；

提舉常平官：八人；

知州通判：六人。

《在京通用格》

歲舉内外承務郎以上大小使臣校尉同陞陟

六曹侍郎若待制以上權侍郎同：承務郎以上五人，大使臣四人。小使臣五人。

寺監長貳以上：承務郎以上五人，大使臣二人，小使臣四人。

六曹員外郎以上：承務郎以上二人，大使臣一人，小使臣二人。

觀察使以上：大小使臣各四人。

《尚書侍郎左右選考功通用申明》乾道元年八月二十五日敕：淮東總領，於衘内添浙西、江東財賦陸字，將合舉官員數於三路通舉。

乾道四年八月六日敕：歸正官，許到部注釐務差遣。如在任有才業可稱者，改官職令狀。許監司帥守依公薦舉。其武臣陞陟准此。

《尚書侍郎左右選通用申明》乾道九年六月二十二日聖旨：應薦舉官並指陳事實，不得徒飾虛詞。如違令，吏部不得放行。

《淳祐申明》淳熙七年二月二十三日敕節文：前宰相、執政官歲舉改官五員，今後各減二員。

《尚書侍郎左右選通用申明》慶元六年九月一日，都省劄子：吏部申，除將選人所得改官關陞釐職令舉主奏狀，並與照應淳祐新書立限指揮，以奏狀到進奏院日，理爲放散。並下進奏院，專一置籍。如遇舉狀到院，即時抄轉押官用印，每日開具數目申吏部，照應稽考。或有漏落稽滯，即申朝廷究治。其在京六曹寺監舉狀，如經由通進司投下與理，降付到省日放散。仍乞於奏狀前批付下實日，庶得有憑照應，放散施行。申聞，事劄付吏部，從所乞事理施行。内進奏院所收薦舉陞改，及奏薦等奏如無前批，仰本部不得收受。准此。

《尚書考功申明》政和六年閏正月七日敕：吏部狀，檢准敕，今後臣僚舉内外官自代，並令吏部類聚，至年終具狀申中書省，候到京依條召赴都堂審察。奉聖旨：除監司堂除，知州軍帶職人及職事官，監察御史以上，爲已係朝廷陞擢外，餘不因罪犯得替，或到闕，令吏部逐旋具狀，申中書省，依已降指揮。乾道三年十一月二十八日敕：四川京朝官，初該磨勘與關陞資序人，合用舉主，許據憑申發文字實日照驗施行。如舉主事故在申發之前者，即不許收使。在申發之後者，許理爲舉主。紹興十三年八月十四日敕：吏部狀，奏舉改官人右從事郎沈夔仲已有六考，舉主五員，内有淮西運判兼提刑吳序賓一員。乞作職司收使。昨來韓璡申降指揮，緣淮西路止係判官一員，見兼提刑職事，本部別無職司，遂申降到指揮，許作職司。今來本人乞用吳序賓係淮西運判兼提刑，本部欲引用上件指揮。便行收使。又緣指揮内止爲韓璡舉過官，及後官梁澤民、李仲孺各曾申降到許依韓璡前後已得指揮，即無今後依此之文。其以後本司官竊慮亦合一體收使。奉聖旨：依。本所看詳，前項指揮係申明淮西運判兼提刑舉狀作職司事理。今編節存留，申明照用。

嘉泰元年五月二十八日敕：吏部狀，照得京官大使臣陳乞關陞磨勘内有合用舉主，並須照截日終舉主無責降事故，方許收使。欲將京官大使臣所得舉狀，照選人已得指揮，據憑放散，收附告示，即與理作舉主收使施行。奉聖旨：依。同日准都省批下吏部狀，小使臣校尉陳乞關陞磨勘內有合用舉主。亦合一體照三選已措置事理施行。後批：從所申事理施行。本所看詳，前項逐件指揮，爲京官大小使臣校尉收使舉主事，其選人指揮，已修入《侍郎左選考功申明》。今聲説照用。

《侍郎左選尚書考功通用申明》紹興十四年七月二十五日敕：吏部狀，據左從事郎吴洤乞磨勘收使舉主顯謨閣學士左太中大夫知泉州汪藻會到尚書左選稱，汪藻見任左太中大夫提舉江州太平觀，因言章奉聖旨落職，依舊宮祠永州居住。本部作宮觀人收使了當。續據選人陳乞收使左奉議郎知邵州張九成作舉主，其張九成未知邵州以前，曾任刑部侍郎，今來見降提舉江州太平觀，令南安軍居住。緣條內即無該載，遂行申明，承都省批下，勘會選人收使舉主，既是見降充宮觀，指定與州軍居住人，難以收使。送吏部照會施行。本部契勘吴洤已收使汪藻舉狀，合依今來指揮改正。奉聖旨：吴洤已收使汪藻舉狀，令吏部改正。

慶元二年三月二日敕：吏部尚書葉翥等奏，承敕臣僚奏，內一項，舉狀已發而舉官或有過得祠，有與宮觀者，有便得指揮理作自陳者，有自陳而得請者。夫與宮觀，則是其過猶未洗也。曰自陳，曰理作，則是與無過等也。其所發舉狀，若其人元是與宮觀，則不可照使。若其人自陳並理作，豈可不與收用？不然。則何所分別？今乞自後並如此照應施行。更不拘舉主官資序，並與放行。奉聖旨：依集議到事理施行。淳熙三年八月二十四日敕：吏部措置，欲將四川選人陞改，如會問得所用舉主，若有事故違礙等因，依放散計程，在程限之內，即與理作舉主收使。如在程限之外，即不許作舉主收使。照會行在至四川制置使司，會到進奏院稱。常程合破三十日半到。今來合破行遣日限一日，並承受舉主事故處關牒三日，共三十五日。如在三十五日之內聽收使。如在三十五日之外不許收使。奉聖旨：依。慶元三年十月二日敕：臣僚奏，欲將選人初官所得關陞職令狀，許薦牘到部日即時理作放散收使。候考第足，職令狀及格，方與關陞。奉聖旨：依。

《淳祐申明》淳熙四年十一月七日敕：應薦舉陞改奏狀，並限半年內到進奏院。其出限者不在收使。淳熙五年五月十五日，尚書省劄子：四川置司奏，乞將四川薦舉陞改奏狀，並限半年內到制置司，類聚繳進。奉聖旨：依。淳熙十二年八月十三日敕：二廣改官舉狀，限九個月到進奏院。其出限者，不在收使。

《侍郎左選尚書考功通用申明》淳熙五年七月九日敕：敕令所狀。准批下吏部申，迪功郎前邵武軍、泰寧縣主簿邵景之狀，昨授南劍州尤溪縣主簿，到任一考有零，緣泰寧縣主簿施廣容在任不法。奉聖旨將施廣容對移本路一等差遣。景之對移泰寧縣主簿。在任蒙知邵武軍楊獬、趙師龍舉充縣令任使，蒙告示稱對移，即非制書差權，不得收附。後批：送所看詳。本所契勘，他官在所部權攝，而非制書差者，不得薦舉，係爲見闕正官，一時差權，不許薦舉。今來既係備奉指揮對移一等差遣，係是正任，即非權攝職任，合行收使。奉聖旨：依敕令所看詳到事理施行。本所看詳，上件指揮雖止爲邵景之一時所降，日後恐有似此之人，今編節存留，爲申明照用。淳熙十年八月十二日敕：吏部狀，從政郎前靜江府臨桂縣令李揆整會改官事。本部照得，雖有改官舉主五員，數內舉主廖遷一員。會到大理寺稱，臣僚上言放罷。尚左批稱，係通判資序降充不應舉官職任之人，不作舉主收使，告示了當。今據本官狀，伏覩在法：諸任職司舉官，因事罷黜，如見理本等資序，聽作職司收使。注文：運判因事罷。係第二任通判資序，許作舉主收使。又格：運判與提舉常平茶鹽官並差，合入第二任通判人。今來廖遷係提舉常平官，見係第二任通判資序，雖因事罷黜。依格即與運判一等，止緣條內不曾該載，若行告示，終是詞訴不絶，伏候指揮。奉聖旨：許收使。嘉泰元年六月二十三日敕：吏部狀，從事郎監饒州永平監孫若蒙收使都大提點坑冶鑄錢公事徐輝舉狀事。本部勘會徐輝，大理寺稱，臣僚上言放罷，尋送六品案指定，見係第二任通判資序。緣本部昨來申請，謂運判與提舉資序，具係一等差格。承指揮許收使舉狀了當。今來本官雖係第二任通判資序，緣條格不曾該載都大提點坑冶資序，合比附運判提舉常平官，許作舉主收使之文。奉聖旨：許收使。慶元六年三月二十三日敕：吏部看詳，臣僚上言，第一項，淮南兩路及京西路無正提刑處，歲終不除轉運使副，以均舉使副員數，理爲職司。其他路自有提刑，如轉運歲終不除使副，並不理作職司，今欲從臣僚奏請。第二項，選人改官，職司文字，不限員數。今欲從臣僚奏請。第三項，向者京狀及格，二年成資罷任。後來許到官一年離任。今欲乞依舊法，京狀及格，必候成資解罷。今看詳除親嫌許迴避者，自合遵從見行條法指揮施行。餘從臣僚奏請施行。奉聖旨：並依。慶元六年十月十四日敕：吏部狀，欲將十二考以上，有舉主四員之人，仍依舊來已行，不許減職司外，所有歷十五考以上。無贓私罪犯人，不拘職司員數，若有該收使舉主四員，從減舉主條法放行改官。奉聖旨：依吏部所申。開禧元年五月十二日敕：侍從臺諫兩省官集議，臣僚奏薦舉之弊。臣等照得，淳熙七年，孝宗皇帝因改官員數稍多，故變而通之，減舉員數，却令逐紙放散，立定每歲捌十員爲額，行之累年，所舉員數已是適中。止緣近年額外復放班引，是致員数滋多，殊失當時立額之意。又緣考舉及格，許令不候替人離任，赴部磨勘，愈覺人數積壓。又臣僚昨來奏請，歷十二考不用舉主，及減舉主太多，許令改官。積此三事，所以每歲班引之外，溢額數多。若堅守孝宗皇帝立定八十員之額，斷不許額外放班，執定歲額，雖有特放指揮。許吏部執奏不行。如待班之人妄有陳乞，許臺諫給舍彈劾繳駁。庶可杜絶倖求，不致冗併。其考第舉主及格之人，須要成資書滿，然後許其解罷赴部。即不許妄引親嫌，陳乞離任。如有僞妄保明，官司及保官並令吏部具申朝廷，取旨責罰。及曾歷拾二考無過犯，依舊法止減常員舉主一員，其諸路合減舉員處，並初任已成三考，赴第二任方許受薦。並依見行條法指揮外，所有昨來一時申請，曾歷獄官、縣令、監當，餘官揍十二考改官，及拘以考數受薦指揮更不施行，一遵孝宗皇帝淳熙七年二月集議指揮。今來既無額外放班等事，則委合臣僚建請救弊之意。臣等所議可行，即乞下吏部，自今降指揮日，並依此施行。奉聖旨：依集議到事理施行。本所看詳，上件指揮雖是終至月日之後，緣前後奏請，屢有變更，恐中外疑惑，故編節存留照用。

《侍郎左選申明》紹興五年八月九日，都省批送下，吏部侍郎晏復劄子。准令：前宰相執政官因降黜不帶職者，應得恩澤，謂陳乞恩澤舉辟宣借差船之類，並同庶官。其奏辟二字，即不見得係與不係。奏舉改官無以遵執。後批：勘會前執政官不帶職依法恩數，並同庶官。注文稱舉辟之類，其奏舉改官自包括在内。送吏部照會。淳熙五年閏六月十一日敕：吏部狀，勘會前政官合舉員數，已舉人未收使間，前官因事責降，不該用，被舉人自别用舉狀陞改了當。後政官奏舉補填前官員數，舉狀雖到部，在前官已牽復之後，今相度合與收使。即未有該載明文。奉聖旨：許收使，不得出歲舉員數。淳熙六年十二月十一日敕：臣僚奏，改官陞舉狀，如元舉官申其人改節不願舉者，以上件申狀，令元舉官實封，差人徑赴長貳廳投下。奉聖旨：依。慶元三年十月三日敕：吏部申，諸路監司、諸州軍監奏舉到改官舉狀，其舉主本身到任應舉員数間，有隔年方始薦舉者。謂如元年冬到任，有本年分下半年合舉之數，却於三年春方行舉官之類。在法别無不許隔年薦舉之文，今指定，如有似此本身到任應舉改官員數，隔年舉到官者，與放行收附。奉聖旨：依。開禧二年七月二十三日敕：吏部狀，諸路監司州軍，有合舉改官三員，以二員充改官，一員充從事郎。却有祇舉改官二員，即無合舉從事郎員數，雖有改官二員，在任官不應薦舉，却將改官員數作從事郎薦舉。今措置：如内有願將改官員數折資舉充從事郎，須管奏狀内分明聲説折資因依，不許用從事郎却作改官薦舉。奉聖旨：依。開禧二年十二月七日敕：工部每歲改官奏削，先舉文思院與軍器所官，後舉泉司官屬。開禧三年正月二十七日敕：江東安撫使葉適狀，準三省樞密院劄子，奉聖旨：兼沿江制置使。照得沿江制置與沿海制置使事體一同。欲照沿海制置司已得指揮，依安撫使薦舉。奉聖旨：依。

《侍郎左選申明》嘉定二年十月二十八日敕：吏部狀，國子司業王介奏，蜀之四路選人舉削，必先經制司後到奏院。今則從通進司而下，其月日先後，條限違否。本部皆不得而稽考。侍郎左選勘會，淳熙四年十一月七日、淳熙五年五月十五日、淳熙十二年八月十三日、慶元六年九月一日節次指揮見行遵守外，本部今欲乞除在京六曹寺監、前宰執所發舉狀許赴通進司投下，仍依指揮理降付到省月日放散外，其餘諸路監司州軍，並四川、二廣所發舉狀，依前項指揮日限。並要經進奏院貼説訖投進。如遇有諸路監司州軍，並四川、二廣奏舉改官縣令狀，如未經進奏院貼説，不許收受。奉聖旨：依。

《尚書侍郎左選考功通用申明》嘉定六年二月十七日，尚書省劄子：奉聖旨：令長廳右司，專一提領平江府百萬倉，鎮江府、建康府轉般倉，每歲許舉改官二員，仍與左司見舉行在倉官改官員數，通行薦舉。仍許用户部長貳薦舉爲職司。嘉定六年二月二十四日敕：吏部勘當，監行在都茶場、合同場、照権貨務監官，用提領官通行薦舉。奉聖旨：依。又嘉定六年六月十九日聖旨：監都茶場、合同場官。許以户部長貳薦舉爲職司。

《侍郎左選申明》嘉定六年五月二十四日敕：奉聖旨：今後特奏名初任已成三考訖，第二任須滿一考後，仍已有關陞狀三紙，方許受改官狀。又須自理爲正官資序日實歷六考。方許改官。其有任八路差遣亦須候初任已成三考訖，及已有關陞狀三紙，至第二任一考內，許受改官狀，仍自理正官資序日亦須實歷六考，方許改官。嘉定六年七月十一日敕：户部侍郎李玨劄子，照得户部所轄庫務倉場局所，並内外三務場。及四總領所官屬，比年長貳多不並除。以致舉員太窄。奉聖旨：令户部將長貳合舉改官員數，今後通行薦舉。仍於上下半年。各通舉六員。如上半年或下半年内，有尚書、侍郎各一員，或止有侍郎二員，許將六員之數分舉。如一全年内，上、下半年應發舉狀日，止有尚書，或止有侍郎一員，許於上、下半年各舉改官四員。嘉定六年十一月十三日敕：奉聖旨：今後遇斷刑少卿全年闕官，其合舉改官員數，至歲終許大理卿補舉。嘉定六年十二月六日敕：勘會鎮江府轉般倉監門官，難以令榷貨務監門兼監。奉聖旨：鎮江轉般倉專差監門官一員，作堂除闕，差經任已關陞選人，許用提領官舉狀，及用户部長貳舉狀爲職司。不許受外路監司總領帥守薦舉。任滿酬賞，照鎮江大軍倉門體例施行。嘉定七年三月六日敕：國子祭酒徐應龍奏，胄監長貳許舉諸州教官，通每歲不得過六員，又各舉書庫官一員，且教官衆，而遇長貳獨員，薦削有拘而不得發。書庫官止一人，遇舉官在任則次年薦削有剩而無用。欲將國子監舉員，照户部、大理寺體例，如長貳歲終不並除，許行通發。奉聖旨：依。本所看詳，上件指揮爲國子監長貳舉員，歲終不並除，許行通發。續會到侍左稱，有嘉熙元年七月空日指揮，上半年未除司業，許行補舉。今聲説照用。嘉定七年十月二日敕：臣僚奏，應被旨權攝監司帥守，雖已差下政官，而未曾到任交割，其舉狀聽令見權攝人奏舉。其有見任監司郡守，因疾病，或赴闕，或因公事他出，而得旨差官權攝，其權官不許薦舉。奉聖旨：依。嘉定八年七月二十三日敕：奉聖旨，令檢正左司都承旨，每歲舉改官一員，專舉三省、樞密院架閣文字，内都承旨舉員理爲職司。其改官合用舉主考第，並照六部架閣一體施行。嘉定九年五月十九日敕：吏部勘當，白劄子申，陳銓曹引例破條之弊。乞下吏部四選遵守條法，不得循習再用前例。數内一項，應被薦舉人，並所舉官，各須在任。如奏狀到進奏院，其舉主已致仕，或罷黜，如係知州資序以上，則法當放行。其他罷黜非致仕之人，如降旨之後，其舉狀到院不應收使。今乃有妄引發奏月日，却行放散。本部照得，既所舉官與被舉之官各非在任。又降旨之後到院，自不合收使分明。五月十九日。奉聖旨：依。嘉定九年八月二十三日敕：吏部申，昨左司兼提領豐儲倉所，將合舉行在倉官員數，與長廳右司通行薦舉。平江府百萬倉、鎮江府、建康府轉般倉官，今係檢正提領，所有合舉倉官改官員數，未審合與不合與長廳右司通行薦舉？奉聖旨：仍舊通行薦舉。嘉定十年八月一日敕：奉聖旨，令樞密院檢詳文字，每歲舉改官親民狀一員，專舉三省、樞密院激賞錢酒庫官。嘉定十年八月四日敕：四川總領乞寢二年三員指揮，欲復行每年舉關外三員體例，通舉裏外倉官。奉聖旨：更令本所二年通舉三員，專一舉關裏選人倉官。

《尚書侍郎左右選通用申明》嘉定十二年十一月二十三日敕：中書門下省勘會已降指揮，除沿江、淮東、西制置使，昨來江淮制司，歲舉員數合行分舉。奉聖旨：令沿江、淮東、西三制司，每歲各舉改官二員，從事郎一員，朝請大夫以下陞陟任使二員，大小使臣校尉陞陟任使九員。分上、下半年薦舉，上半年各舉改官一員，從事郎一員，朝請大夫以下陞陟任使一員，大小使臣校尉陞陟任使五員。下半年各舉改官一員，朝請大夫以下陞陟任使一員，大小使臣校尉陞陟任使四員。

《侍郎左選申明》嘉定十三年八月一日敕：淮東提刑司乞照淮西提刑例增舉員數。奉聖旨：令淮東提刑每歲依淮西提刑例，舉改官三員，從事郎二員。分上、下半年薦舉。上半年舉改官二員，從事郎一員。下半年舉改官、從事郎各一員。如向後不除正司，衹依昨來兼司例員數薦舉。嘉定十四年十一月十四日敕：海州知州歲舉改官二員，從事郎一員。分上、下半年舉。上半年改官一員，從事郎一員。下半年改官一員。如遇減員年分，減改官員數。嘉定十五年二月二十五日敕：棗陽軍申，乞依光化軍自今所舉員數薦舉施行。奉聖旨：依。本所看詳前項指揮，係添置棗陽縣，今改巡檢作尉，依光化軍所舉員數薦舉。取到進奏院供，每歲改官一員，迪功郎縣令一員。今聲説照用。

《尚書侍郎左右選通用申明》嘉定十五年四月十三日敕：壽昌軍歲舉員數，欲望檢照諸軍體例行下。奉聖旨：守臣每歲許舉改官一員。縣令一員，朝請大夫以下陞陟一員。大小使臣陞陟六員。内除大小使臣陞陟六員外，分上、下半年舉。

《侍郎左選申明》嘉定十五年五月二十六日敕：昭信軍駐劄京東忠義諸軍都統制司主管機宜文字，合受改官親民文字。奉聖旨：令淮東制置司總領所、安撫、轉運、提刑、提舉司通行薦舉。嘉定十五年六月三日敕：沿江制副司官屬合受江西、湖北兩路監司薦舉。嘉定十五年十一月十三日敕：四川總領乞將倉庫官二年員數，分關内外通舉。奉聖旨：將二年合舉員數，以關外二員、關内四員分舉。

《尚書侍郎左右選通用申明》嘉定十六年四月二日，尚書省劄子：勘會淮西安撫副使司每歲薦舉員數。奉聖旨：上半年舉改官一員，下半年舉從事郎一員，朝請大夫以下陞陟一員，大小使臣校尉陞陟五員。

《侍郎左選申明》嘉定十六年四月十五日聖旨：監行在會子庫造紙局官，每歲許用户部長貳及左右司提領官通行踏舉。嘉定十六年十二月十五日敕：利路運司申。利路運判欲將關外州軍歲舉改官，及令狀通舉運糧官。奉聖旨：令利路轉運司，將每歲合舉同慶府階、西、和、鳳、金州五郡改官職令狀，權宜通舉。本路見任官被差五郡沿邊運糧之人，仍不得過五分。候邊事寧日仍舊。本所看詳，上件指揮利路運司歲舉關外州軍舉狀，通舉運糧官。

《尚書侍郎左右選通用申明》寶慶二年正月一日敕：荊湖北路安撫副使司狀申辟置官屬薦舉員數。奉聖旨：權置幹辦公事一員，通差京官選人。準備差遣一員，通差文武官。準備差使一員，通差大小使臣，並經任無過犯人，本司選辟，不許差權要子弟親知。仍每歲舉改官一員，從事郎一員。分上、下半年舉。上半年舉改官一員，下半年舉從事郎一員，朝請大夫以下陞陟一員，大小使臣校尉陞陟五員。

《侍郎左選申明》寶慶二年四月一日敕：吏部指定臣僚奏，刑部長、貳，大理卿、少，舉削先舉評事，有餘不分節、鎮、州、軍，通諸路檢法官，及在外獄官。同得受舉。奉聖旨：依。

《尚書侍郎左右選通用申明》寶慶三年正月二十二日，尚書省劄子：沿江制置司申，所管八郡，江東：建康、太平、池陽；浙西：鎮江、平江、嘉興、毗陵、江陰。所舉僅及江東，而浙西不預。乞下吏部，每歲合舉改官二員，從事郎一員，陞陟二員，大小使臣共九員。並聽舉沿江所管八郡官屬，不以江、浙爲拘。其寧國府，徽、饒、信州，南康、廣德軍，許帥司舉，劄付吏部。從申施行。

《侍郎左選申明》寶慶三年四月十七日敕：奉聖旨，京西提刑每歲舉改官二員，從事郎一員，分上、下半年舉。上半年舉改官一員，從事郎一員。下半年舉改官一員。寶慶三年八月三十日敕：奉聖旨，令左右司叁廳每歲所舉改官六員。將権貨務、封樁上下庫，激賞庫監官，並與通行薦舉。紹定元年十月十八日敕：淮西提刑江、淮、湖北鐵冶鑄錢公事劉洙狀，證得鐵冶鑄錢一司，統屬江、淮、湖北三路，鄂州、江夏、咸寧、通城縣，興國軍、大冶、永興縣，壽昌軍、武昌縣，安慶府、懷寧、太湖、宿松縣，蘄州、黄梅、廣濟、蘄春縣，並係應辦鐵課。漢陽、蘄春兩監則掌管鼓鑄。但提點司乃無關陞改官舉員以鼓舞官屬趨事赴功之意，欲望詳酌，許令本司創額，自紹定元年爲始，歲舉改官一員，關陞從事郎二員，專舉本司幹官、兩監監官，及前項所具三路、五州、十二縣措置買納官。伏候指揮。十月十八日，奉聖旨：依。每歲舉改官，並從事郎各一員。紹定二年正月二十二日，都省批下白劄子：檢會前例。令左藏庫都中二門證例受左右司三廳薦舉事。勘會昨承寶慶三年八月三十日指揮，令左右司三廳歲舉改官六員，將権貨務封樁上下庫，平江府百萬倉，鎮江府、建康府轉般倉，激賞錢酒庫監官，並與通行薦舉。本部即不曾承准指揮，令左藏庫、都中門通受左右司三廳薦舉。合取自朝廷指揮施行。承後批送吏部，證見行條法指揮施行。紹定二年三月九日敕奉聖旨：令吏部將廣西經略司歲舉改官員數，如係減員年份，特與舉改官一員。其不係減員年份仍舊。

《尚書侍郎左右選考功通用申明》紹定二年七月七日，敕：臣僚上言，自今起復士大夫，須出特旨。如係監司帥守申辟起復之人，服制内歷過月日並不許作實歷收使。選人受過舉狀，並不理爲放散。奉聖旨：依。

《侍郎左選申明》紹定二年十一月 日，尚書省劄子：吏部看詳，兵部申，近降指揮不得重受職司，本部所轄官受本部舉員人有礙薦舉，逐官別無受舉之地。竊詳六曹舉狀，當來止是理爲職司，即與轉運使副、提刑、察訪正稱職司不同，本部舉狀除車輅院別無合舉官。奉聖旨：依兵部所申，除已有職司舉狀人外。許作常員收使。吏、户、禮、刑、工部長貳改官狀一體施行。紹定三年五月二十五日敕：監廟山長許依教授例薦舉。

《尚書侍郎左右選通用申明》紹定三年七月三十日敕：淮安州申，本州經理事繁，全賴官屬協替。乞證寶應州新陞體例舉官。照得在法，諸州歲舉大小使臣六員，乞下吏部證應施行。七月二十八日，奉聖旨：淮安州每歲舉大小使臣陞陟六員。內二員舉充知縣縣令。分上、下半年舉。

《侍郎左選申明》紹定三年八月一日敕：廣東運判李約狀，申稱廣東漕司部吏多，舉員少，乞將今後教官無官可舉京狀者，許依法折舉，或將漕司京狀那融更舉。吏部勘會，提舉學事一任內，祗許以學司一紙通舉餘官，而轉運司一任。亦祗許以京狀一員添舉教授。並不過此限數。庶使兩適其平。七月三十日，奉聖旨：特依吏部勘當到事理施行。諸路不得援例。紹定四年四月二十三日敕：四川制置司申，乞行下利路轉運常平兩司。將關外舉員，止得舉同慶府西、和、鳳、階州、天水軍選人改官，其金州不許衮同關外員數，奉聖旨：依。紹定五年六月十八日，都省劄子：吏部狀，准批下。四川制置副使司狀，契勘本司係創置司分，即無舊來舉員體例。證得沿江制置副使司，每歲舉改官二員，從事郎一員。伏乞指揮，證沿江制副舉員外，更與優增施行。本部勒到進奏院供，沿江制置副使司，每歲舉改官二員，從事郎一員，今來四川安撫制置副使司，即不曾承准指揮，許舉改官、從事郎員數，取自朝廷指揮施行。六月十二日，奉聖旨：證沿江制置副使司已得指揮，每歲舉改官二員，從事郎一員。右劄付吏部。

《尚書侍郎右選通用申明》紹定五年閏九月一日敕：吏部申，准批下江淮制置使申，乞證四川制置使例，三分減一薦舉員數。進奏院稱趙制置紹定三年十一月內，除江淮制置大使，每歲舉大小使臣校尉陞陟任使二十七員。分上、下半年舉。別無增添裁減指揮。奉聖旨：依。

《侍郎左選申明》紹定五年十二月十三日敕：户部侍郎兼知臨安府餘天錫申，本府節制一司，可無舉刺。欲照諸處節制司例，歲舉改官一員。專舉本司書擬文字，並酒庫監官，充親民任使。仍許通受一路監司舉刺。奉聖旨：特權依。本所看詳上件指揮，取到進奏院狀，稱臨安府節制司，歲舉改官一員，撥隸浙西安撫司添舉。今聲說照用。

《尚書侍郎左右選通用申明》紹定六年二月九日敕：成都府路安撫制置副使申，乞證淮西制副並沿江制副體例舉官。奉聖旨：證淮西制置司例，每年舉改官二員，從事郎一員，朝請大夫以下陞陟二員，大小使臣校尉陞陟九員。分上、下半年舉。本所看詳上件指揮，係成都府副使歲舉員數目，今雖無此一司，權留照用。

《侍郎左選申明》紹定六年四月十九日，都省劄子：知贛州姚鏞申，兼提舉南安軍、南雄州、汀州兵甲司公事，欲於每歲元舉兵官員額外，許舉改官親民任使關陞狀各一紙。奉聖旨：權依。本所看詳上件指揮，續有淳祐七年二月二十三日指揮，每歲額外舉改官狀，兩歲共舉一員。今聲說照用。端平元年十二月十七日敕：吏部侍郎兼中書門下省檢正諸房公事餘鑄，尚書吏部郎中兼權左司郎中鄭寅狀，照對檢正左右司郎官通四員，每歲各有奏舉改官兩員外，檢正左司各有改官一員，專舉三省樞密院架閣。近緣架閣多差京官，或文字已及格之人，遂致無官可舉。乞將合舉架閣文字，如遇歲終無官可舉，即許舉所隸倉場庫務官屬。如有架閣受舉，自從本法。伏候指揮。十二月十七日，奉聖旨：特依。端平二年十月四日敕：利路提刑轉運司申，昨在興元府借舉關外舉狀，今在成都府置司，所有借舉關外舉官員數，合令逐司薦舉。照得四川安撫制置副使司，每歲改官三員，從事郎二員。又借舉利路提刑轉運司改官四員，從事郎二員。奉聖旨：令四川制置副使司每歲增舉改官一員，從事郎一員，所有元借利州路提刑轉運司舉員，仍舊還各司奏舉。端平二年十二月二十七日，尚書省劄子：倉部郎官崔端純申，豐儲倉創置幹官機察，合受薦舉文字。奉聖旨：令歲舉改官一員，先舉豐儲倉幹官機察，然後泛舉倉官。端平三年正月十一日，尚書省劄子：權刑部侍郎李性傳申，刑部長貳歲舉本曹架閣一員。如遇歲終無官可舉，照三省並禮部例，舉大理評事、諸路檢法、諸州獄官。如一有架閣合受舉。自從本法。上件申請，即不增添薦舉員數，右劄付吏部，照會准此。本所看詳上件指揮，續有淳祐四年正月　日指揮；歲終無評事可舉，方許通舉諸路檢法獄官。今聲說照用。

《侍郎左選考功通用申明》端平三年四月十一日敕：吏部指定，選人因考第舉主及格，合該陳乞换給磨勘改官，並合到部陳乞關陞循資之人，並照元降指揮，經本路運司公參，理當到部。近却於別路計會保明申發文字，避免遺闕綰繫。下四路運司，如見得各官前任不係當改官屬，即不得放令參司。選人陳乞舉主，揍歷八考不曾關陞，作應理知州資序收使，舉狀係謂選人所得改官關陞職令舉狀。四川合理到司月日，餘路合理到院日，爲放散。其間有舉主責降，或與宮觀，降指揮月日在舉狀到司到院之前，不該收使。契勘得舉狀，已經關陞知州以上資序，或發奏之日官序係奉直大夫以上，並合照應放行收使。緣其間有舉主於發奏之日，官序未至奉直大夫，又不曾經本部陳乞關陞知州資序，及發奏在被罷降指揮之後。本部却與照舉主於改官後，係通揍歷八考，作應理知州資序放行收使舉狀，於條有礙。欲舉主知州資序照見到奏狀内職銜施行。奉聖旨：並依。端平三年四月十一日敕：吏部指定選人陳乞將制置副使員數，理爲職司。緣諸路制置副使，當來即不曾理作職司，難作職司員數收用。乞明降指揮，以憑遵守。四月十一日奉聖旨：依，制置副司舉狀特與作職司收使。

《侍郎左選申明》端平三年十二月二十二日敕：司農少卿王極申，照得本寺京削，卿、少每歲舉四人。乞將闕員未舉員數，通融補舉。十二月十四日奉聖旨：令司農寺將卿、少闕員未舉員數，通融補舉。本所看詳上件指揮，會到吏部侍郎左選供，司農卿續有淳祐元年九月趙與萻申明，每歲增舉改官一員。今聲説照用。嘉熙元年三月二十八日敕：金部郎官鄭逢辰申。左藏庫都中門交引庫官、雜買務雜賣場，及門官所隸金部，乞援例專舉所隸官屬。奉聖旨：照倉部歲舉體例放行。嘉熙元年五月十四日敕：吏部侍郎吴泳申，吏部長貳歲舉本曹架閣一員充改官，理爲職司。如歲終無官可舉，照三省並禮、刑部例，换舉吏部四選内外見任官。若日後有架閣，自從本法。奉聖旨：依。嘉熙元年五月十五日敕：承直郎監行在文思院都門沈昌大狀，在任蒙工部李侍郎以端平二年下半年尚書闕官未舉員數，補舉充改官。奉乞批送吏部，照户部大理司農太府寺已放行體例，通融薦舉。奉聖旨：令吏部將工部侍郎端平二年下半年尚書闕官未舉員數，照户部等處已放行體例，通融補舉。嘉熙元年七月五日敕：白劄子，乞將長廳右司每歲合舉員數外，創添改官舉主一員。專一舉鎮江建康府轉般倉，平江府百萬東西倉，並監司官等，奉聖旨：依。免令左右司三廳通舉。淳祐八年六月十三日聖旨：令長廳右司將續添歲舉改官一員，一併通舉行在倉官。嘉熙元年七月　日，尚書省劄子：國子祭酒范鍾申，本監上半年未除司業，合發舉狀許容補發。奉聖旨：照户部、大理寺已行補舉。嘉熙二年三月八日。都省劄子：從事郎福州左司理參軍諸葛遇狀申，在任蒙大理王少卿奏舉充改官，舉狀係補舉員數。乞賜特降指揮，送吏部，照司農寺通融補舉體例施行。伏候指揮。照得諸葛遇乞將大理王少卿舉充改官狀，照司農寺通融補舉。即係事體一同。三月八日，奉聖旨：照司農太府寺體例施行。右劄付吏部。嘉熙二年六月九日，尚書省劄子：承直郎提領封樁庫幹辦公事趙師窘狀，竊照封樁庫監官監門官，並係户部長貳及左右司通舉。師窘正係封樁所僚屬，與監官監門事體一同。乞賜行下，許照本庫監官監門官體例，並受户部長貳及左右司薦舉。伏候指揮。六月七日奉聖旨：依所乞，照封樁庫所監官監門官例受舉。嘉熙二年七月十七日敕：户部狀，照對本部尚書一員，侍郎二員，每歲分上、下半年，各舉改官二員，一歲通計一十二員。今乞朝廷敷奏特降睿旨，如本部止有尚書、或止有侍郎一員，許於上、下半年，各舉改官六員。奉聖旨：今後户部止有尚書。或止有侍郎一員，許於上、下半年，各舉改官五員。嘉熙三年正月二十三日敕：户部侍郎淮東總領吴潛申，歲舉京削，上下半年僅有五紙。乞特與照淮西總領所歲舉例，許令本所自嘉熙三年爲始，每歲上半年舉改官四員，下半年舉改官三員。奉聖旨：令淮東總領所每歲增舉改官一員。嘉熙三年二月四日敕：廣西運判兼本路鹽事顔顧仲申，乞於本司歲舉常員外，特置提舉鹽事司改官關陞舉狀各一員，專舉倉場官。如稱職者多，許於運司常員數内那融處之。奉聖旨：依。嘉熙三年五月　日，尚書省劄子：五月六日奉聖旨：湖南安撫副使司，特與照湖北安撫副使司例，歲舉改官一員。

《尚書侍郎左右選通用申明》嘉熙三年五月二十日敕：都督史嵩之申，乞依舊例許發部内見任官陞陟改官關陞。奉聖旨：依督府所奏，每歲改官三十一員，從事郎一十六員，朝請大夫以下陞陟二十八員，分上、下半年舉。内改官一十一員，從事郎六員，朝請大夫陞陟一十員。專舉四川路。餘改官二十員，從事郎一十員，朝請大夫陞陟一十八員，舉江淮、京湖路。

《侍郎左選申明》嘉熙三年六月　日，尚書省劄子：權兵部尚書范鍾申，上半年合舉車輅院官改官一員。所有侍郎合舉上半年改官一員，未曾有官。乞照户部、工部、司農寺通行奏舉。奉聖旨：令兵部將本部長貳合舉員數，通行薦舉。嘉熙三年七月一日敕：奉聖旨：令浙西兩淮發運司副使，權與照兩浙轉運副使體例，每歲舉改官十一員，縣令六員，從事郎六員。分上、下半年舉。嘉熙三年七月　日，樞密院劄子：吏部申，照得在外從官，舊來即不曾剗發逐部改官文字。劄付吏部照應，以後在外除授侍從，並不許申發薦舉文字。嘉熙四年七月四日敕：兩浙運判趙崇賀申。照得激賞酒庫，歲舉改官三員，而犒賞酒所止舉二員，無以爲趨事赴功之勸。乞照激賞酒庫所體例，增舉改官一員。奉聖旨：從所乞。淳祐八年二月二十一日敕：運副章大醇狀，竊照元申請增舉改官一員，專舉檢察官。如已受舉，或闕官，許從通融薦舉。今無官可舉。欲改舉運司屬官。奉聖旨：特依所乞，如檢察已受舉，或闕官，許通舉酒所屬官庫官，並運司幕屬。

《尚書侍郎左右選通用申明》嘉熙四年七月二十七日，都省劄子：端明殿學士提舉萬壽觀提領户部財用趙與懽狀，照對提領户部財用職事，合有舉改官並陞陟科目員數。未審合與不合照正尚書體例，奏舉施行。七月二十七日奉聖旨：提領户部財用，特與照尚書體例奏舉施行。右劄付吏部。

《侍郎左選申明》嘉熙四年八月九日敕：淮東制置大使司申，安東州乞照淮安州歲舉員數。奉聖旨：從申，照淮安州每歲薦舉員數體例施行。本所看詳上件指揮，淮安州歲舉員數，會到進奏院稱，指揮内已供知州每歲舉改官二員，從事郎一員。分上、下半年舉。如遇減員年分，減改官一員。知州每歲舉縣令一員。今聲説照用。嘉熙四年閏十二月三十日敕：兵部長貳申，本曹歲舉架閣庫主管官一員，充改官理爲職司。遇歲終無官可舉，欲照例將所舉員數换舉所部官屬。後有架閣受舉，自從本法。奉聖旨：依。淳祐元年九月四日，都省劄子：諸路憲司京狀舉員，須要有獄官霑舉，不許盡行遺落，全舉别官。九月四日，奉聖旨：依。淳祐元年十一月十三日敕：今後選人受舉，已及職司常員共五員，更有薦舉員數，不許放散收使。淳祐元年十二月　日，尚書省劄子：照得江淮湖北冶司文字，元降指揮，許舉三路五州十二縣措置買納官。壽昌軍正係冶司所部，合該受舉。奉聖旨：令吏部，向後壽昌軍買納官許令受舉。淳祐二年正月　日，尚書省劄子：浙西提刑權提舉馬光祖申，乞將提舉司合舉百萬倉官改官並從事郎。通舉鹽場官。劄付吏部。淳祐二年正月二十八日。尚書省劄子：浙西兩淮發運副使提領措置和糴史宅之狀，照對發運一司，專任糴買綱運之責。於是百萬東西倉，亦歸隸屬。所有薦舉乞倉官屬。照得提刑、提舉兩司，元得指揮，每兩歲各增舉改官並從事郎各一紙，專舉百萬倉。近提舉司申請，將合舉員數通舉鹽場官。朝廷既已劄從，所有提刑司合舉員數，宜歸之發運司，專舉百萬倉官。所請甚當。劄本司遵從薦舉外，右劄付吏部。淳祐二年四月十日敕：浙西安撫使趙與篡狀申：辟迪功郎吕彬年，以監兩浙西路安撫司贍軍德清正庫繫銜，承直郎趙汝迈，以監兩浙西路安撫司贍軍德清東庫繫銜，通受本路監司舉刺，理爲資任。四月四日，奉聖旨：依。淳祐二年十二月三日，都省批下户部侍郎趙與篡申：檢照户部每歲元舉官員數一十二人，尚書舉四人，兩侍郎各舉四人。若歲終長貳不並除，祇是獨員，亦俾補發十二員之數。十二月二十九日，奉聖旨：依。淳祐三年二月□日，尚書省劄子：修纂條例所看詳，吏部檢坐到紹定元年八月十九日尚書省劄子：吏部申，竊照在法，廣西提刑上半年在静江府置司，下半年在鬱林州置司。其所發改官等狀，從提刑司所在舉發。近年提刑不離静江府，而舉狀祇發近裏州軍官。本部欲今後令廣西提刑司將合舉員數，不分上、下半年置司處，許均舉近裏近外州軍所部官。但要員數均及。本所竊詳元降指揮，廣西提刑置司上半年在静江府，下半年在鬱林州，提刑憚於遠去，多在静江府。所發舉狀，皆爲近裏州軍有力者所得。今吏部欲不分上、下半年置司去處，許均舉近裏、近外州軍所部官，雖似可行，恐開不分上、下半年之（間）〔例〕，因循沿襲。其勢必至不均。不若遵照已降指揮，簡明易守。奉聖旨：依。

《侍郎左選考功通用申明》淳祐三年九月　日。尚書省劄子：吏部看詳，考功郎官劉漢弼奏請，選人舉關陞限以三員，改官限以五員，自今後舉狀到部，須令申狀述今係第幾紙，本部即與放散附籍，批鑿考覈。關陞過三員，改官過五員，不許收受。其有合增加舉員，如進納人等類，自依本法，亦須及格即止。至第五紙到日，申狀中仍須聲説第幾紙係職司。右劄付吏部。從所申事理施行。

《侍郎左選申明》淳祐四年二月二十四日敕：知臨安府浙西安撫使趙與𥲅篡申，照得節制司元有準備差遣兩員，歲許專舉改官一員。近准省劄，一員省罷，一員改充安撫司准遣。所有上件改官，乞撥隸安撫司通舉。奉聖旨：依。淳祐四年二月十六日，尚書省劄子：編修敕令所申，竊詳選人舉主五員，用職司一員，而後改官。若止許受職司一員，則恐諸司幹官與京局差遣，自本部本司之外，不復可以受舉，亦爲未便。欲自淳祐四年爲始，應選人改官舉主五員，除合用職司一員外，更許將職司一員作常員收使。如遇兩紙，不許投放。二月十六日，奉聖旨：依。淳祐四年十一月五日敕：提領豐儲倉所申，准省劄，復差幹辦公事一員，合受薦舉改官文字，欲依倉官格法奏舉。奉聖旨：提領豐儲倉所幹官，照倉官例，許受本所提領官、户部司農寺長貳，及倉部郎官歲舉員數。仍候任滿日推賞。淳祐五年九月三日敕：淮東總領所申，措置拘催浙西圍田没官米，乞照都大兵船司例。歲舉圍田改官及令狀各一紙。奉聖旨：依。淳祐六年正月五日敕，兩浙運判吴子良申，提領户部犒賞酒所一年，共舉改官三員。如提領所屬官有人可舉，則以三削盡數舉之。或無人可舉，則於三削之内那移一削，舉運司所屬官。奉聖旨：依。淳祐六年九月二日敕：知臨安府浙西安撫使兼點檢行在贍軍激賞酒庫所趙與𥲅申，酒所歲舉改官三員，間有無人可舉之歲，乞照兩浙運司提領所已得指揮體例，於内那移一削舉本府及帥司屬官。如點檢所自有可舉人，三削盡數舉之，不拘那移之説。奉聖旨：依。淳祐七年二月二十三日，尚書省劄子：前江西提刑兼知贛州鄭逢辰申，兵鈐司歲舉兵官，員額外添舉改官關陞狀各一員，以舉文臣之用力者。其改官狀，兩歲共舉一員，係舉兵鈐司屬官，及討捕有功人。奉聖旨：並依。淳祐七年九月　日，都省劄子：兵部尚書兼檢正提領史宅之申，照對本所改官兩員，縣令以上任使一員，止令通舉天賜、錢塘、西興、錢清四場。欲將合舉縣令，改作親民改官，仍乞更添改官二員。通前共作五員。許舉江、浙、淮、廣鹽司幹官，及催煎買納支鹽等官提領歲舉職司兩員，常員一員，同提領歲舉職司一員，常員一員俱蒙從申外，證得淳祐六年未舉縣令一員，乞併改作親民官。右劄付吏部，從所申事理施行。淳祐七年九月二十一日敕：兵部尚書史宅之申，照對本部長貳歲舉改官員數，通舉在外制置司，及提舉兵船司機宜文字、幹辦公事、準備差遣。已奉聖旨：依。所有諸路安撫司、諸郡節制司，即與制置司、提舉兵鈐司事體一同，亦合遵照一體奏舉。欲望詳酌，將本部長貳舉架閣舉削，若無官可舉，通行改舉制置司、提舉兵船司、安撫司、節制司機宜文字、幹辦公事、準備差遣，充改官。九月十七日。奉聖旨：依。淳祐七年十二月　日，都省劄子：端明殿學士提領户部財用趙與𥲅申，審户部每歲合舉改官員數，並陞陟科目，合與不合。照昨來趙與懽奏，請依正尚書體例奏舉。右劄付吏部。照應准此。淳祐八年七月二十二日敕：將作軍器監申，本監長貳合舉員數，如遇闕官，照大理、司農、太府寺一體通融奏舉。奉聖旨：依。淳祐八年九月　日，都省劄子：秘書丞兼司封郎官王撝奏銓選之弊。數内一項，選人必實歷三考而後受京削，今則有得舉於未有考第之前，待年而後放散者，此何法也。此項不得先與收附，候考滿放散，應未足考第。舉狀到日，即依條不該符下。淳祐九年二月　日，都省劄子：淮西運司歲舉改官狀内存留一員。專舉督運官。俟迄事無虞，即與剡上。不以漕臣遷除交替爲拘，如在前任内差出，亦令下政補發。永爲定例。劄付吏部，從所申事理施行。淳祐九年四月　日，都省劄子：淮西總領所元有催綱官一員，催運不周，增置督運、催綱各一員。欲證行在提領激賞犒賞兩酒庫所專舉檢察官體例，每歲添舉改官一員。奉聖旨：特依。淳祐九年十二月　日都省劄子：淮西總領所申，每歲專舉催運官一削，欲酬其勞，而區處運棹責在幹准。如遇減員年分，許通舉幹官准遣。其不減員年份，自照元降指揮，專舉催運官。右劄付吏部。從所申事理施行。淳祐九年四月十一日敕：都大川、秦茶馬兼夔路提刑袁簡之申，乞檢照三路憲司舉員，許於本路叁紙之外。一體增員。奉聖旨：於利路武臣及關裏提刑司，權借改官舉主二員，從事郎一員，增添夔路提刑司歲舉之數。合分上、下半年，並依成都等路體例，俟承平日撥還提舉司。無處可撥，照舊來員數體例施行。淳祐九年五月　日都省劄子：資政殿學士浙西安撫使提領户部財用趙與𥲅申，照得户部犒賞酒庫官六十餘員，僅有改官兩紙，分上下半年剡發，外有一紙，專舉檢察。委是員窄。欲每年放行職令狀各一紙。奉聖旨：依。淳祐九年十二月　日。都省劄子：浙西兩淮發運司公事鄭霖申，去年減省運管幹辦等員，舉狀減三分之二。今舊員已從所辟，舉狀委是狹少，儻得上半年京削四紙，下半年兩紙，倉官一削在外。庶可鼓舞僚佐。奉聖旨：令吏部特與增作五員。並理作常員之數。又降淳祐十年五月　日都省劄子：本司申明，欲將倉官一員，在外正舉五員，並倉官通揍舉六員之數。劄付吏部，從所申事理施行。淳祐十年五月二十八日，都省劄子：淮東制置司據泗州申，乞照招信軍歲舉員數，送吏部契勘有無似此新復州軍體例。進奏院供，安東州係新復州軍。每歲舉改官二員，從事郎一員，如遇減員年分，止合舉改官一員，從事郎一員，縣令一員。四月十六日，奉聖旨：依吏部所申，照安東州一體施行。淳祐十年七月九日，都省劄子：諫院條具百司庶府破法用例蠹國害民等事，畫一於後。一、選人多求舉主僥冒轉官之弊。選人改官，合用舉主五員。近來有得五員，多求三員放散給告示。或水土賞處，祇用二員改秩，亦多求三員放散給告示。或有勢力先求臺閫程賞，得免舉主至二三員者，及改官之日，合用五削者用五削，合用土賞者用土賞，却將舉主告示，及所得減員公據，每一員乞轉一官，如職司乞轉兩官。委爲冒濫。乞下吏部，自今後如遇有選人舉員已足，本部自有放散月日可考。若已及格人續發到舉狀，並不許放散出給告示。若元係程賞減員，聽乞比折收使。一、選人以常員折職司之弊。選人五削用一職司，今有五紙俱是常員，乞以一削常員理爲職司。實爲破法，尤宜禁絶，以重名器。一、選人乞免職司泛濫之弊。乞下諸閫臺省，今後應奏功賞祇合乞與循轉官資，其已循至承直郎，或乞陞擢，此外或有大項勞績，方許申乞減免常員。其職司文字明立禁約，斷自今後，不許妄行申乞減免。都司擬並依令吏部遵守施行。仍不許諸路制總監司郡守妄有申請。七月九日，奉聖旨：並依。淳祐十年九月二十九日，都省劄子：勘會中外文武官，時暫兼攝，其間有合發大小舉狀處，未審合與不合仍舊剡發。二十六日，奉聖旨：暫攝職事人不許剡發舉狀。右劄付吏部施行。淳祐十年十二月二十七日敕：國子監長貳合舉書庫官文字。無官可舉，照三省六曹架閣已得指揮，通融改發諸州教授。若有合受舉書庫官，自依本法。十二月二十日，奉聖旨：依。

《尚書侍郎左右選通用申明》淳祐十一年五月一日，尚書省劄子：勘會淮安州寶應縣昨陞爲州，後復仍舊。四月二十一日，奉聖旨：將寶應縣陞爲寶應軍。續大使司仿效鄂州武昌縣陞軍例，創置簽判兼教授一員，户録一員，司法一員。其寶應縣令、丞、簿、尉、監當，各仍其舊。從省部注，並以寶應軍寶應縣繫銜。吏部勘當，據進奏院申，壽昌軍管下武昌縣一縣，每歲舉改官一員，縣令一員，京官陞陟一員，大小使臣校尉陞陟六員。內二員辟充知縣縣令。分上、下半年舉一員。今取指揮。五月一日奉聖旨：並依，其舉員仍自淳祐十二年爲始。

《侍郎左選申明》淳祐十一年六月七日敕：吏部勘當，招信軍每歲舉改官二員，分上、下半年舉。却無從事郎員數。申乞照淮安州、安東州、泗州、蘄州、安豐軍五郡一體薦舉。敕到進奏院開折司供稱，五郡並係極邊州軍，歲舉改官二員，從事郎一員。其招信軍亦係極邊州郡，申取指揮。奉聖旨：依勘當到事理施行。淳祐十二年四月十日敕：兩淮制置大使司申，淮東、淮西兩制司恭准聖旨，照沿江制司例，特與權增每歲改官舉狀一紙，從事郎舉狀二紙。但本司係東西兩路，各自舉官。今小狀固可均分，惟京削不容偏舉，乞特許淮東、淮西兩制司各舉改官一員。所有已降指揮，令舉從事郎二紙，就與比折。本司更不舉官。四月十日，奉聖旨：特依。淳祐十一年七月　日，都省劄子：權知岳州兼尚書省提督分司財用趙汝歸狀，照對提領分司財用司專差幹官一員，在州拘榷茶事，俾汝歸任責提督。竊見湖廣總所幹官，一在本州分司，知州嘗舉改官，今提領分司幹官，合與不合照例薦舉。以憑遵守。劄下從所申事理施行外，劄付吏部照會，准此。淳祐十二年四月三日敕：新除將作監兼權發遣户部判官公事餘晦申，歲舉改官員數，乞照户部長貳一體奏舉，理爲職司。四月三日，奉聖旨：每歲上、下半年，各舉改官四員。本所看詳前項指揮，取會到吏部侍左狀，勒進奏院供稱。户部長貳元有尚書一員，左右曹侍郎各一員，共三員。每歲共舉改官一十二員。每歲各舉四員，分上、下半年舉。若上半年止有尚書或侍郎各一員，在任各舉改官三員。共六員。若尚書侍郎或有獨員在任，上、下半年各舉改官五員。如歲終獨員在任，合揍舉改官二員。通共不出改官一十二員之數。户部判官每歲舉改官八員。分上、下半年舉。係餘晦獨員在任申請，若有尚書。或侍郎間除判官在任，所有每歲舉改官員數，並不出一十二員之數。係各廳分舉，今聲説照用。淳祐十二年五月二十七日敕：吏部勘當，兩淮制置大使司申，壽春府乞照海、漣、泗三郡歲舉員數。符下進奏院，契勘保明，據申，壽春府係新復州軍，管下兩縣不曾承指揮許薦舉改官、從事郎、縣令陞陟。內泗州係新復州軍，管下三縣，歲舉改官二員。如遇減員年分，減改官一員。每歲舉迪功郎縣令一員。奉聖旨：依。令壽春府特與照泗州歲舉員數。淳祐十二年十二月二十八日敕：提領江淮茶鹽所狀，乞將每歲舉從事郎一員，改官兩員。通舉江東、西、淮東、西官屬。所有本所官屬，亦合許令通受江東、西、淮東、西諸帥閫監司舉狀，實爲司存之幸。奉聖旨：特依。淳祐十二年十二月　日，都省批下：提領市舶所申，差辟諸務監官，有公廉任事者，照茶鹽所例，許從本所剡薦，乞以二紙爲額。仍通受户部舉削。劄下提領市舶所，從申施行。批送吏部，照已劄下事理施行。寶祐元年二月八日敕：提領建康府户部贍軍酒庫所，欲照行在酒所體例，自寶祐元年分爲始，將建康府酒所兩年通舉酒官三員京削，許通行薦舉本路官屬有勞績者。奉聖旨：依。

《尚書侍郎左右選通用申明》寶祐元年八月二十三日敕：吏部狀，准批下京西安撫副使司照湖北安撫副使司歲舉員數，送部照條勘當，申勒到進奏院供，湖北路安撫副使司每歲舉改官一員，從事郎一員。分上、下半年舉。上半年舉改官。下半年舉從事郎。所有歲舉朝請大夫以下陞陟任使：尚左闕每歲合舉充陞陟一員，尚侍右闕檢准格歲舉大小使臣校尉陞陟二十人。今備坐因依在前，取自朝廷指揮。奉聖旨：依吏部契勘，照湖北安撫副使司合舉員數格法施行。

《侍郎左選尚書考功通用申明》寶祐元年九月二十四日，尚書省劄子：敕令所看詳，浙西、兩淮發運司，非使副舉改官狀，不可理爲職司，祇合理常員。奉聖旨：依。

《侍郎左選申明》寶祐元年九月二十七日，尚書省劄子：司農少卿兼左司趙崇嬂狀，照對委崇嬂提督修纂條例，據吏部侍郎左選具到條例，內一項，檢坐嘉定十年三月十七日，都省批送下本部，照得在法，迪功郎以上實歷一考，聽舉關陞。已滿三考，第二任方許薦舉改官，今諸路州軍不照見行條法。選人未及一考，乃發職令狀。初任止及一考，於次任未二考，又初任及二考，至次任未及一考，乃發改官狀。如下半年舉狀，却於上半年發。上半年舉狀，却於先一年歲裏發奏。有礙條法，洎不該收使。却謂發奏日雖未及合舉條限，到部日已及條限。如此陳乞，四川尤甚。非惟破壞薦舉條法，强有力者皆攙先取之，孤寒後至者皆無望焉。本部檢具薦舉條法，及慶元三年十月三日指揮，應舉改官員數，隔年舉到官者，與放行收附。崇嬂竊詳，選人初任一考以上聽舉關陞。通次任及三考以上聽舉親民。此謂發奏受舉之月日，今乃妄以舉狀到部月日理計。監司州軍歲有舉員，如隔年未舉者許通舉，此謂在前一年未舉員數許於次年補發，今乃妄以次年舉員攙先隔歲發奏。委是違戾。欲從申遵守見行條法，不許容令引用弊例。仍先次行下吏部。照應遵守施行。奉聖旨：依。寶祐二年正月　日，尚書省劄子：太府少卿兼左司曾穎茂狀，准指揮提領市権所契勘。本所元撥隸浙西安撫司，則通受安撫司舉削。續取上户部，則受户部舉削。今收回尚書省拘権。則〔尚〕書擬官。監場官若非堂除，即是選辟。欲照茶鹽所例，歲舉改官兩員。如檢正左司兩廳俱提領，則各舉一員。如一廳獨提領，則並舉兩員，仍照舊例，通受户部舉削。奉聖旨：依。且令歲舉一員。祇隸朝省可舉。如在外不可援例。

《侍郎左選司勛考功通用申明》寶祐二年二月八日，尚書省劄子：勘會浙東、西提舉司、浙西安撫司、淮東提舉司、兩淮制置司、天賜場，今後鹽場官幹官，催趁登額，支發及數，方許保明推賞。歲終支發不及三分，展半年磨勘。五分，展一年磨勘。七分以上，降一官。每歲舉員，不許舉他司屬官。下吏部照應。照得浙東、西提舉司鹽場已改隸運司。今聲説權留照用。

《侍郎左選申明》寶祐二年十月二十八日敕：光録大夫同知樞密院事兩淮制置大使賈似道奏，乞照湖南大使陳韡，比照淮、浙發運副使例，歲舉改官一十一員，從事郎六員，縣令六員。分上、下半年舉。上半年舉改官六員，從事郎三員，縣令三員。下半年舉改官五員，從事郎三員，縣令三員。奉聖旨：依。寶祐二年十月七日，都省劄子：提領江淮茶鹽所大（資）〔使〕吴淵申，請乞自寶祐二年爲始，照諸路提舉常平茶鹽司例，歲舉改官。奉聖旨：每歲與添舉改官一員。照得提領江淮茶鹽所元許改官二員，今有指揮添舉一員。計合舉三員。今聲説照用。寶祐三年二月十四日敕：宗正寺狀，照對宗學應幹事務，並隸本寺施行。宗卿少爲本學長貳。欲援國子監長貳歲舉體例，專舉宗諭改官一員。如歲終無官可舉，乞舉西南兩外宗教。奉聖旨：令宗正少卿每歲舉宗學選人學官一員。寶祐三年四月二十日，尚書省劄子：勘會獄訟全在獄官平允。舊來諸路憲司歲發京狀，須要獄官沾舉。合行申嚴。奉聖旨：令刑部長貳及諸路提刑司，每歲於合舉員數内，專留京狀一員，或二員，充舉獄官。其貪污昏耄之人，奏劾以聞。劄付吏部照應。

《尚書侍郎左右選通用申明》寶祐三年十二月二十七日，尚書省劄子：觀文殿學士宣奉大夫知平江府事兼浙西、兩淮發運使趙與𥲅狀，竊惟發運置司，軍餉繁劇。和糴責任不輕，全藉幕屬任責。與之舉削，以示官一員，並理爲職司。從事郎六員，縣令六員，朝請大夫以下陞陟六員，大小使臣陞陟二十員。分上、下半年舉。如將來散官領發運司職事，仍舊減員更不增舉。十二月二十七日，奉聖旨：照發運使例行。

《侍郎左選申明》寶祐四年二月十七日，尚書省劄子：勘會京湖吴大使援諸閫例申，乞歲增舉員。二月十七日，三省同奉聖旨：京湖制置大使司，兼夔路策應大使，特與歲增舉改官三員。職令狀共四員。許通融舉發。他日非以執政恩數兼兩閫者，不用此例。右劄付吏部。寶祐四年九月二十六日敕：湖北安撫使兼常德、澧、辰、沅、靖五郡鎮撫使，知常德府吕文德申，乞照向任淮西安撫使兼領招撫使日，同安撫使例，薦舉改官、親民任使兩員。奉聖旨：令吕文德除湖北安撫司歲舉外，其鎮撫每歲許舉改官常員一員，縣令一員。寶祐四年十月六日，都省批下吏部：條具郎中張鎮奏銓曹左選越法舞文爲姦之弊，下吏部嚴加革絶。開具下項：一、西淮監司而舉東淮之僚屬。照得兩淮監司，各有所部。淮東監司薦舉，合舉淮東路官屬。淮西監司薦舉，合舉淮西路官屬。今兩淮監司，互行薦舉，乞朝廷行下本部，下兩淮監司，自後止許薦本路僚屬。一、横州守臣而舉廉州之教官。照得命官權教授，在任及半年以上，教導有方，聽依正官法薦舉。如本州闕教授，本路提學司牒差本路幕職州縣官權攝，若在任及半年以上，教導有方，本路依正官法薦舉。近有見任廉州教授，却權教於横州，引用前項條法，授横州舉削。若謂横州教導有方，則廉州本職豈無廢闕。委難引用前項條法。却與他官權教不同。今後如係見任教官權攝他州教授，其權教舉狀到部，不許放散。仍明備不該符下。一、有數年已廢之削，乃取之而復補發。照得諸舉官有員數，而前官舉狀不該用，或前官前一年未舉員數。聽次年再舉。若被舉之官身亡致仕，或因罪停廢，及舉狀到部收使外，有剩數或未收使，因别賞特旨改官不曾收使者，並聽再舉。法中所載前一年員數聽次年再舉。續寶祐元年二月内陳尚書塏申請身亡員數不許補舉條法，與指揮牴牾。今看詳，身亡員數明言許次年補舉，近降指揮不許補舉。乞朝廷明降指揮下部，遵照條法，如有補舉身亡員數，當年舉次年補者可用。出違次年，不許放散收使。一、舉主事故已踰數月，尚貪緣而放散。照得在法，所舉官與被舉之官各須在任。近有舉主事故，却作已前月眼發奏。進奏院吏謂到院月日在先，含糊貼説，本部止憑貼説放散，委是泛濫。乞下本部，有舉主已事故，發奏到院後，限一月到部，契勘無逮礙，即行放散。如過限到部，並不該符下，令後官補發。一、受舉之官，猶未及考，乃先期而收附。照得在法，諸迪功郎以上實歷一考。聽舉關陞。已滿三考，赴第二任方聽薦舉改官。近有初官未及一考，便受關陞舉狀。未歷三考，預受改官狀。先次收附告示，至考第及格日放散。今後遇有關陞舉狀到部，契勘被舉人實歷一考，受改官人實歷三考，如見得的實考第，即與放散。如考第實歷未及備，不該符下，别行舉官。不許先次收附，考足日放散。一、有合舉所隸之員。乃舍之而畀他官。照得各路各州，在京官合舉選人、改官職令狀，各有專降指揮舉所隸處。今舍之而畀他官，則所隸官不得薦舉，委於指揮有礙。今後奏狀到部，如薦舉不係所隸官屬，不許放散。進奏院官常切檢舉。如不係舉所隸官屬，奏狀到院，不許收受投進。十二月十七日，奉聖旨：依吏部條具到事理，常切遵守施行。寶祐四年十二月六日，都省劄子：觀文殿大學士宣奉大夫沿海制置大使判慶元府吴潛狀，欲照沿江制置司例，歲舉改官三員，從事郎二員。照得沿海制司，所統止四郡，似難盡援。今以宰臣判藩開閫，特與權增改官及從事郎各一員。分上、下半年舉。若後政縱是執政資格人充制臣，亦不許用此例。奉聖旨：依擬定事理施行。劄付吏部。照得沿海制司歲舉員數，取到進奏院供，沿海制司歲舉改官二員，從事郎一員。今聲説照用。寶祐四年十二月十五日敕：沿江制置副使司申，乞將本司歲舉改官及關陞等員數，照正閫例一體施行。奉聖旨：特令每歲上半年增舉改官一員，下半年增舉從事郎一員，自寶祐五年爲始。寶祐五年四月二十六日，都省批下吏部：契勘京西提刑兼提舉王登申，乞照湖北提刑提舉司歲舉改官職令狀事。據申，湖北倉、憲兩司，每歲舉官各有員數。京西監司久不除人，所以舉員亦無定額。今王提刑兼倉、憲兩司辟置僚屬，所合斟酌施行。五月十三日，奉聖旨：令自寶祐五年爲始，每歲提刑提舉司各舉改官一員，從事郎縣令一員，如將來興復葺理，所部州軍悉還舊觀，官屬備具，却許申請增舉。寶祐五年五月四日，都省劄子：吏部申准批下，京湖宣撫趙少保奏，宣撫大使司申，乞歲舉改官及從事郎員數。批送吏部勘當，本部開具進奏院供到四川宣撫司舉員因依，申取指揮施行。照得宣撫兼領四川，封疆闊遠，官屬亦多，舉員亦寬。今趙宣撫止兼夔路策應一司，與李宣撫事體不同。合議指揮。奉聖旨：令京湖軍撫大使司、夔路策應司照吴參政例外每歲增舉改官二員，從事郎二員，分上、下半年舉。右劄付吏部。本所看詳，取會吏部侍左狀，勒到進奏院供稱，本院契勘吴淵昨任京湖制置大使兼夔路策應使，歲舉改官三員，從事郎二員，縣令二員。分上、下半年舉。其京湖宣撫大使，增舉改官二員，從事郎二員。今聲説照用。寶祐五年六月二十八日，尚書省劄子：湖北安撫副使兼知峽州兼歸、峽、施、珍、南平軍紹慶府鎮撫使向士壁申，乞照淮西招撫司例薦舉。吏部供，湖北安撫使兼常德府、澧、辰、沅、靖鎮撫使吕文德已降指揮，除安撫使司歲舉外，其鎮撫司每歲許舉改官一員，縣令一員。六月二十六日，奉聖旨：令向士壁照吕文德鎮撫使例，每歲許舉改官常員一員。縣令一員。寶祐五年十二月十三日。三省同奉聖旨：令吏部遵守見行條法，此後應諸處申發舉狀，逐一參照。内有不係所屬，不該受舉之人，仰本部退回，不許徇情擅與收使。帶兼他職，欲受他司舉狀者，其受舉官非係制書權攝，止是他司一時差權者，並不得收受。右劄付吏部。寶祐六年正月九日，尚書省劄子：檢正左右司狀，勘會臺臣奏請舍法循例等事。數内一項。諸舉狀未該收使，而受舉人事故及遷改者，許次年補舉。如隔涉年深，不許補發。奉聖旨：依。令尚書省揭示下六曹，並諸宣制帥監司守臣。遵照恪守成法。右劄付吏部。

《尚書侍郎左右選通用申明》寶祐六年七月二十八日敕：吏部狀，准當年正月八日都省批下。知樞密院事兩淮安撫制置大使行府狀。據懷遠軍申，備差總撫諸軍，創築荊山城壁，乞照沿邊諸郡例，每年所舉改官令狀，陞陟員數，批送吏部指定本部下進奏院，契勘得以懷遠名爲軍。仍以荊山爲縣，其差置官屬，依寶應軍施行。今所舉員數，合照寶應軍，歲舉改官一員，縣令一員，朝請大夫以下陞陟一員。並不分上下半年舉。每歲又舉大小使臣校尉陞陟六員。内二員舉充知縣、縣令。分上、下半年舉。奉聖旨：依吏部指定到事理施行。

《侍郎左選申明》開慶元年正月二十七日，尚書省劄子：吏部狀，准批下，廣南制置大使司申，據拱衛大夫濠州團練使依舊帶御器械廣南西路融、宜、欽鎮撫使兼知邕州劉雄飛狀，司存創建，邊事繁夥，凡此宣勞，當加激勸。欲望朝廷矜念極邊，多頒歲舉改官，及關陞縣令舉官員數。申乞指揮。吏部勘會，歸、峽、施、珍、南平軍、紹慶府六郡鎮撫使歲舉改官一員，縣令一員。常德、澧、辰、沅、靖五郡鎮撫使歲舉改官一員，縣令一員。申候指揮。奉聖旨：令三郡鎮撫司，自開慶元年爲始。將上件從事郎以上任使一員。改官一員。分上、下半年舉發。仍下吏部、進奏院、廣南制司、三郡鎮撫司，各照應。右劄付吏部。開慶元年正月八日，尚書省劄子：金紫光禄大夫樞密使兩淮宣撫大使知揚州賈似道狀，乞照京湖近例歲舉員數。三省同奉聖旨：令兩淮宣撫大使司，特與照京湖宣撫司通用安撫司舉削例，歲舉改官一十一員，從事郎七員。仍照夔路策應司例，更與歲舉改官三員。共一十四員。分上、下半年舉。其淮東、西安撫司歲舉員數，仍自照例舉發。開慶元年三月四日敕：京湖制置大使司狀，據沅州知郡李奕宗申，照得鎮遠州運糧涉遠，欲將本州受給官辟以沅州差遣，令沅州椿一紙京削舉之。一年民無怨辭，制司亦以職司一削舉之。一年始終無弊，安撫提刑提舉司共舉之。奉聖旨：依。開慶元年五月十七日敕：觀文殿學士光禄大夫兩淮安撫制置大使兼知揚州臣趙與𥲅奏，竊見前政制臣賈似道嘗請于朝，乞依吴淵任淮、浙發運司、陳韡任湖南安撫司體例，制司歲舉改官以一十一員爲額。已得旨允，合仍舊乞賜明降指揮，以憑遵守施行。奉聖旨：令吏部照知院賈似道爲制置大使日薦舉。開慶元年五月十九日，都省劄子：光禄大夫樞密使京西湖南北四川宣撫大使賈似道狀，檢准京湖趙宣撫申請薦舉員數。吏部申，京湖宣撫大使司歲舉改官一十一員，從事郎七員。京湖通舉策應司歲舉改官三員，從事郎二員，縣令二員。並分上、下半年舉。所有湖南宣撫大使司合舉改官，却以策應司員數理舉，通不出改官一十四員，職狀九員之數。欲望朝廷從申。奉聖旨：特依。開慶元年閏十一月　日，尚書省劄子：兩淮安撫制置使兼知揚州杜庶狀奏，臣蒙恩制閫，兼領兩淮，所部之州二十餘郡。事叢責重，臣切憂慮，必合群力，共濟多艱。其激昂趨事赴功者之心，惟有歲薦員數而已。竊見前制臣賈似道、趙與𥲅，俱以一十一員爲額。一係見執政出使，一係前執政分司，在臣却是卿聯上膺選委。然官職雖有高卑，而官屬則無損少。臣固不敢望兩政員數，未審合與不合於兩淮更與各增添改官一員，而從事郎縣令任使亦照所添員數。庶幾僚佐得藉此可以勸獎，不勝邊陲之幸。欲乞明降聖旨，宣付外廷施行。閏十一月十八日，奉聖旨：依。景定元年正月二十七日，尚書省劄子：吏部申，勘會選人任監司官屬，許本路監司互舉。近有置司屬郡，兼帶本州繫銜，或分司或管幹本州職事，俱受置司州軍舉員，其元付身無本州繫銜，止係給帖差權，自不合受舉。所有省劄付身帶本州繫銜，未審合與不合收使？乞明降指揮下部以憑遵守。申省，後批：省劄付身既帶本州繫銜，自可受本州之舉。送吏部准此。景定元年二月十三日，尚書省劄子：浙西提舉孫子秀狀，竊惟減員年分，常平司上半年袛有令狀一紙，而受舉者衆，僅拔其一。茶鹽司上半年則有職令兩紙，幕僚場官多經任人，無用關陞。乞照舊銓格，許容常平茶鹽司通舉。奉御寶批知，照得鹽司已隸兩浙運司提領。今聲説照用。景定元年二月七日，尚書省劄子：知鎮江府兼都大提舉浙西兵船焦焕炎狀，竊照當來創司，因浙閫省廢後申請歲舉京狀各兩員，朝廷僅從其半。况本司地界過於沿江兩閫，欲照元申，許令每歲通舉京令狀各二員。奉聖旨：令浙西都大兵船司，每歲於已行舉改官員數外，更增京令舉員各一紙。景定二年正月一日，都省劄子：爲知縣於民最親，必五削改官親民舉狀始以命之，重其選也。自勢利之習横流，薦舉之意浸失，挾貴用賄。如取諸寄。貪庸得志，民不堪命。欲窒其源，惟有嚴謬舉之罰，是遵祖宗舊制，其禁戢鬻舉，尤當加嚴。以建隆三年二月指揮，應所舉之官，在任貪濁不公，畏懦不理，職務廢闕，處斷乖違，並量輕重連坐。又當年八月指揮，納賂得薦者，許人告。如得實，則賞告者。列聖相承，皆此爲急。無非爲加念元元計。積久習玩，在今日所當申儆。自景定二年爲始，斷務必行，決非文具，仍於舉狀内備坐。正月一日，三省同奉聖旨：令吏部日下遍牒合薦舉官司。遵守施行。景定二年二月七日敕：吏部狀，承景定元年十二月二十二日，都省批下：兩淮安撫制司申，據知淮安州兼京東招撫使夏貴狀，乞照河南招撫司例，歲舉改官員數。奉聖旨：令京東招撫司歲舉改官二員，從事郎一員，上、下半年舉。其減員年份，袛舉改官一員，從事郎一員。仍通舉淮東路官屬，自景定二年爲始。景定二年七月八日，都省劄子：勘會六曹寺監長貳等處，歲舉改官員數，合照條法指揮，奏舉所隸官屬。内六部長貳各舉架閣改官，歲終無架閣可舉，方許舉所隸官屬。吏部則許通舉吏部四選内外見任官。近年以來，奔競者多，發舉受舉，俱不以法。致使孤寒應受舉者，轉成困滯。所合申嚴。奉聖旨：令吏部截日終，應改官狀至本部，照應條法合奏舉，方許收使。發舉官司去處一體遵守施行。毋或違戾。

景定二年八月十四日，都省劄子：吏部狀，准批下，兩淮安撫制置副使司申，據知懷遠軍河南招撫司申，乞照京東招撫司例，歲舉改官二員，從事郎一員。分上、下半年舉。其減員年份，袛舉改官一員。仍通舉淮西路官屬。奉聖旨：依。景定二年十月十三日敕：京湖安撫制置大使兼四川宣撫使知鄂州吕文德狀申，京湖差官督運乞通融薦舉。十月十五日，奉聖旨：今將宣撫司歲舉改官一十四員，從事郎六員，内將一半員數通融薦舉京湖運糧入蜀官屬，一半薦舉四川宣司官屬。候時事稍定，自依舊法。

（清）徐松《宋會要輯稿·選舉二七·舉官一》　太祖建隆三年二月，詔：翰林學士文班常參官曾任幕職、州縣者，各舉堪爲幕職、令録一人。如有近親，亦聽内舉。即於舉狀内，具言除官之日，仍列舉主姓名。或在官貪濁不公，畏懦不理，職務廢闕，處斷乖違，量輕重連坐。【略】

〔淳化〕五年十一月，詔宰相吕蒙正、參知政事蘇易簡、吕端、寇准、知樞密院事劉昌言、向敏中至兩省給諫、知制誥已上，各舉有器業可

任以事者一人。【略】

〔咸平元年〕十二月，詔見任三司判官、主判官王渭等各舉常參官堪知州者一人，如有贓汙不治，即坐之。二十三日，詔：今後應諸路轉運使副奏舉官，並須坐保明以聞。

二年正月，詔：尚書丞郎、給諫、知制誥各舉升朝官一人，詳明吏道、可守大郡者，限一月內以名聞。俟更三任，有政績，當議獎其善舉；有贓私罪，亦連坐之。六月，詔：如聞州縣闕員甚多，可選朝官有清望者，不限員數，令各舉所知，以補員闕。九月，詔宰相張齊賢已下各舉曉錢穀朝官一員，如不稱職，連坐舉主。【略】

景德元年七月，詔：四川、河東等三路見闕幕職官七十八員，宜令諸路轉運司〔於〕所部州縣內保舉以充，仍具曆任功過、連坐以聞。八月，詔常參官二人共舉州縣官一員充幕職，如犯贓私罪，並連坐。【略】

四年六月，詔：三班使臣中頗有負材能者，朝廷雖切旌擢，恐未周悉。宜令吏部尚書張齊賢已下三十人，各保舉供奉官至殿直謀略武勇、知邊事二人，具名以聞，當議優嘉進用。七月，詔：文武官連坐奏舉京朝官、使臣、幕職、州縣官，自今須顯有邊功及自立規畫、特著勞績者，乃以名聞。如考課改官，與元奏不同，當行朝典。或改官後犯贓，舉主更不連坐。如循常課績曆任奏舉者，改官犯罪，並依條連坐。其止舉差遣，本人在所舉任內犯贓，即用連坐之制。其改他任，縱犯贓罪，亦不須問。十月，詔翰林學士晁迥等各舉常參官堪充大藩知州者二人，具曆任功過以聞。如任使後不如所舉，並當連坐。【略】

天禧元年四月五日，詔三班院：今後臣僚准詔保舉使臣，別無違礙者，依例施行。內曆任曾犯私罪者，奏取進止。二十五日，向敏中等言：近日朝臣舉官，有一歲之中舉十餘人者。又部內監當朝官舉本處幕職官者，或傷於泛濫，或涉於嫌疑。欲釐革其弊。帝曰：可檢詳舊制，別加條約。五月，御史知雜、權同判吏部流內銓呂夷簡言：今後轉運使、副使、提點刑獄、朝臣使臣並知州、通判，只得保舉本部內幕職、州縣官，應監當物務、知縣京朝官並在京常參官，並不得輒有奏舉。詔：因罪降充監當者，不得舉官，並知縣、朝臣不得舉所統攝處幕職曹官，其餘並仍舊。所舉到幕職、州縣官，曆任及四考已上，並與勘會施行。六月，上封者言：邊鄙雖寧，武備難闕，望令群臣各舉將帥之才。如邊上未有員闕，即且於內地州軍差遣，緩急足副推擇。乃詔宰臣王旦等各舉所知三兩人，具名以進。二十八日，樞密院言：（又）請令宰臣以下，各於京朝官、幕職等官及閤門祇候已上，舉堪任將帥者各三兩人。向敏中等曰：執政之地，日奉僉諧，苟有見聞，便可論薦。若更特降詔旨，明述封章，不惟結於私恩，亦恐別興輿議。帝然之。

二年二月二十三日，詔：應准詔舉到京朝官，候得替，令審官院勘會，知縣與通判差遣，通判與知州，並合入知州、通判者，更升藩鎮差遣。所有縣令候得替，令銓司磨勘奏裁。是月，三班院言：保舉使臣，有曆三四任及八九年者，以每任不及二年半為礙。詳觀詔意，蓋欲更事歲久，即為甄叙。望自今但兩任已上，不因公事移替，計五年者，悉許施行。從之。四月，詔：自今命官使臣犯贓，不以輕重，並劾舉主，私罪杖已下不問。閏四月，詔户部尚書馮拯已下，並諸路轉運使、副使、提點刑獄、朝臣，並令於幕職、令録、知縣內同罪保舉一人，充京官監當。十月，樞密直學士王曉言：今後轉運使、副使、提點刑獄、朝臣舉官，望不許預先移牒報知，免立私恩，庶臻公道。詔令別行條約。

三年十月，中書言：群臣舉幕職、州縣官充京朝官者，欲俟舉主及五人，即以名聞，庶懲濫進。從之。【略】

五年五月，同判流內銓劉燁言：自經奏舉，已經磨勘引見，不轉京官選人，雖在假告者，望令銓司依合入遠近資叙，注擬曉告，候公參日，習儀入謝。再有人奏舉，率因請託專務僥求者，乞不與施行。詔：應轉運、制置、發運、提點刑獄、勸農使、副使等，自今在任並得替到闕，並許依常例奏舉本路轄下幕職、州縣官外，若是非次特勑令舉官，須是本任轄下無官可舉，仍於奏狀內開說，方得舉別路官員，並內外升朝親民官等保舉到官員，亦仰勘會在任日曾有人同罪保舉，並不是選人得替後一併奏舉，非涉前項請託者，及應得元條貫人數，即與依例施行。若是曾經磨勘引見，未與改轉，並得指揮候更有人舉者，並逐旋行下銓司，依劉燁所請，速與注官。如再有人舉，更候此任迴日，方得施行。

乾興元年六月，仁宗即位，未改元。詔御史臺遍牒諸路轉運、制置、發運、提點刑獄、勸農使、副使並合該舉官臣僚，自今依應御劄詔勑所舉人充京官者，須是出身曆任勞考，無贓私過犯，方得同罪保舉聞奏，付銓司取索委實，即申中書取旨。十月，詔：近降舉官約束，或慮選人因小私過，致有滯淹。自今選人曆任有私罪杖已下，許轉運或提刑二人同罪保舉，即依舊施行。如轉運或提點刑獄一員，即更候朝臣二人。如無轉運、提點刑獄，即許朝臣七人，方與磨勘。

仁宗天聖元年八月，中書門下言：准詔，升朝官每年准御□舉官不得過三人，如已及三人，餘並不行。從之。十一月十三日，兩浙轉運使任？准御□同罪保舉知秀州崇德縣向昱堪充京官親民任使，以舉主少罷之。仍令今後似此者，更候兩人奏舉，即施行。十四日，樞密院言：臣僚准御劄及劉承渥起請，同罪奏舉使臣堪充閤門祇候，除依條者即送三班院外，不應條者除轉運、提點刑獄，朝臣舉狀內少晝一事件或才術者，付迴本處，令依條舉奏。其少任數並見在任、該舉官臣僚，並令樞密院別置簿拘管。所貴今後舉到使臣，備見履曆次第，以備緩急差遣。從之。

二年六月，監察御史李紘言：近年臣僚奏舉幕職、州縣官，例及五人已上，及所舉之人四考以上者，並得磨勘引見。其間有在任已是一兩人奏舉，替後遷延，告囑外任官員論薦或請託，初得外處差遣臣僚發章奏。欲望自今轉運、制置、發運、提點刑獄、勸農使、副使、知軍州、通判、鈐轄、都監崇班已上，並令奏舉本部內幕職、州縣官。在京大兩省已上，並許舉官。其常參官及館閣曾任知州、通判升朝官，許依條舉奏。餘升朝官未經知州軍、通判已上差遣者，不在舉官之限。所舉之人，須是見在任所，舉主但有轉運、制置、發運、提點刑獄、勸農使、副使兩人，便與依例施行；如是一名舉到，無本處知州軍、通判，即更候常參官二人保舉，並乞與磨勘。仍自今有犯罪至徒者，唯贓私踰濫、挾情固違不得奏舉外，餘因公致私罪至徒，事理不重，亦許奏舉。從之。八月，福建路提點刑獄王耿等言：群臣准詔舉官，保舉之後，雖見本人貪濁，爲不許陳首，坐受追削。兼被舉者，緣此多務因循，罔修廉恥。況同罪舉官，法亦稍重。恐今後臣僚懼罪，難於舉薦，翻致下位多有遺才。望別定條制。詔審刑院、刑部大理寺參詳以聞。既而定議：請自今因保舉轉官後，卻有改節貪濁，並許元舉官具實狀陳首。據所陳體量得實，即依法斷遣，舉主免同罪；所陳虛妄，亦當勘罪。從之。【略】

〔康定〕二年六月二十九日，詔：應內外臣僚所舉幕職、州縣官，每年文臣待制已上三人，知雜御史已上二人，侍御史已下一人，武臣觀察使已上三人，閤門使已上二人，諸司使已下一人，諸路轉運使、副使、提點刑獄臣僚依舊不限數。每人只作一名舉主。今後文臣知州軍、通判升朝官已上武臣知州軍內殿崇班已上，每年並許舉三人。其開封知府、推判官，依知州、通判例，每年各舉本部內官三人。在京文臣除知雜御史已上、武臣觀察使已上，每年許舉二人外，其餘常參官更不許舉官。其舉狀已到中書者，且與施行。是月，又詔：河北、陝西、河東三路，方用兵之際，而知州、通判、縣令，有司銓授，頗拘資格。其令翰林學士承旨丁度已下，各同罪舉廉幹吏。

慶曆三年五月二十二日，詔：臣僚舉幕職、州縣官充京朝官，判司簿尉充縣令，流外出身州縣官（允）〔充〕令録班行，其奏狀式樣，頒令遵用施行。

四年四月二十六日，詔：三司丞郎給諫已上、兩省待制已上、御史中丞、正卿監，歲得舉正郎已下朝官不得過三人；起居郎、舍人、三司副使、知雜御史、少卿監，歲得舉員外郎已下朝官不得過二人；左右司郎中、司諫、正言、三院御史並館職、知諫院、天章閣侍講、三司判官、開封府推判官並員外郎已上及正郎見任知州，有出身無贓罪者，並歲得舉太常博士已下朝官不得過二人。安撫制置發運使、轉運使副、提點刑獄朝臣，於本部內得舉正郎已下朝官；提點刑獄使臣、發運、轉運判官，得舉本部內員外郎已下朝官，並不限人數。仍於狀內開說其人堪充何任使，同罪以聞。七月二十九日，詔：諸路轉運、按察使副、提點刑獄、朝臣、使臣，於常法舉官外，仍於轄下知州軍、知縣令中，選清白勤恪、政在愛民、不專委刑、人自悅服者，具的實治跡以聞，當議特行旌獎。令御史臺遍牒催促，如所舉謬妄，即時彈奏。雖舉未行，亦坐上書不實之罪。

五年二月，詔曰：比者京朝官須因人保任而始得遷官。朕念廉士或不能以自進也，其罷之。【略】

〔皇祐〕四年八月，詔文臣御史知雜已上、武臣觀察使已上，舉諸司副使至閤門祇候堪提點刑獄任使者各一人。是月，詔待制、觀察使已上舉文武官任邊要者各一人，其已在邊及曆路分都監者，勿舉。

五年七月十三日，詔：御史臺察訪中外臣僚奏薦，如有所舉非其人者，立須彈奏，必行之罰，宜自近始。其已係提點刑獄已上差遣者，並不得薦舉。

（清）徐松《宋會要輯稿・選舉二八・舉官二》 英宗治平元年二月，樞密院言：請自今使臣衝替及降監當者，曆任曾經親民，實有武勇，堪捕賊者，元犯情輕，許舉充權巡檢，理監當資序。其入親民差遣，曾犯贓私罪，實武勇者，亦聽舉沿邊任使。從之。九月二十三日，詔：文臣自待制已上及三司副使、御史知雜、三院御史、諫官，外任安撫、鈐轄、轉運使副，提點刑獄，武臣自正任已上及右職橫行使副、諸路路分鈐轄、沿邊安撫，並許奏舉諸司使已下至三班使臣堪充將領及行陣任使。內知雜已上及正任橫行使並權路分總管，並許奏舉二人，餘並一名。除已係將領任使並曾犯入己贓、徒已上及親屬不舉，所舉之人，只是將領及行陣戰。不如所舉，即坐舉主之罪外，有他犯，不坐。十月四日，詔：前任兩府及三司使已下至知雜御史，外任待制以上，保舉文資官二員。諸路經略安撫、轉運使、提點刑獄保舉轄下見任、前任文資官二員，行實素著，官政尤異，可備升擢任使者以聞。

二年三月二十四日，權御史中丞賈黯上言：近日官冗之弊，數倍往時，蓋由舉官者衆，人有定員，以應所舉之格。乞申戒中外舉官臣僚，以革其弊。至四月十二日，乃詔曰：天下之治，在於得人；人之賢愚，繫乎所舉。舉而失當，猥濫至多。今吏部磨勘選人待次者二百五十餘人，須二年方克引對，留滯之弊，乃至於斯。且歲限定員，本防其濫。而舉者不問能否，一切取足以聞。徒有塞詔之名，且非薦賢之體。以至奔競得售，而實才者見遺；請託得行，而恬守者被棄。蓋其毀譽之是徇，殊非淑慝之能明。章交公車，充數而已。以是濟治，其可得乎！宜令中外臣僚合舉選人者，務在得人，不必滿所限之數。所貴材品辨別，仕路澄清。惟爾輔臣，深體朕意。【略】

〔治平四年十一月三日，神宗即位，未改元〕詔御史臺告報翰林承旨以下至知雜御史以上，各於內外文官曆一任通判以上人內，同罪保舉一員，堪充刑獄、錢穀繁難任使，皆須節行素著、才幹有實，仍於舉狀內明言本官才器所長、堪何任使，限一月內聞奏。內在京者當令引對，在外者候替回引對。即不得舉已係帶職及兩府，或自己親戚。十二日，詔曰：故事，二府初入，各舉所知者三人，蓋欲以觀大臣之能也。比年以來，請謁幹譽之説勝，而薦者或不以公。既已任職之後，多以虛名相尚，而實效蔑然，甚非上臣事君以人之道。其令來中書、樞密院准例各舉官三人，各言其人才業所長、堪任何事，以副朕爲官擇人之意，速以名聞。仍候逐奏上，令中書取旨，當議量才試任。二十一日，手詔：孔子曰：修廢官，舉逸民，則四方之政行焉。朕以天之靈，獲守大器，永惟興治之本，必待賢而後成。方今中外群才，輻湊並進，不爲不多矣。尚慮藏器抱道之士，沉於下僚而未伸，宜令內外兩府、兩制、文臣三司副使、武臣正任已上，下至台諫官並逐路提刑、轉運使，於京朝官、使臣、幕職、州縣官、選人內，各舉所知者二人，見任兩府三人。或恥於自媒，久淹下位，或偶因微累，遂廢周行者，咸以名聞，以佐吾顯側陋、振淹滯之意。仍各明言其人臨事已彰實狀，堪何任使，朕將量才而用之。其所舉須實負才業淹廢之人，即不得舉懷姦養譽、闊於事情、陰趣進用者，及權要族屬，可共昭至公之道焉。

神宗熙寧元年二月十一日，詔：翰林承旨以下、知雜御史以上，各於內外文官曆一任通判以上人內，同罪保舉一員，堪充刑獄、錢穀繁難任使。翰林承旨王珪等奏舉虞部員外郎張諷等二十員，詔見在京及得替到闕者，並令上殿。十八日，詔：近復諸路武臣同提點刑獄。勘會舊制，提點刑獄奏舉選人充京朝官，須連狀共舉，頗聞不便。今後奏舉選人充京官、職官，並據逐路元條合舉人數，各舉一半，更不連狀。三月七日，命諸路經略安撫使、轉運使副、提點刑獄、朝臣、使臣、路分副都總管，各同罪保舉本部內大使臣堪充主兵官二員，堪充知州軍二員，疾速具姓名以聞。以選任乏人故也。六月十四日，詔：在京並外任兩制及知雜御史以上，各同罪保舉大使臣堪充主兵官二員。十九日，詔〔請〕〔諸〕道州府軍監所有長吏奏舉選人更不裁減外，通判奏舉選人，並令權罷。是月，詔今後諸路轉運判官奏舉選人充京官數，比提刑朝臣並特減二人。七月七日，詔：諸路安撫、轉運、提刑、總管及內外兩制、知雜御史以上，各保舉有武勇謀略三班使臣二人。十一月一日，樞密院言：河南、河北監牧使，欲令每年各許同罪奏舉有牧地縣分選人知縣、縣令、主簿充京官職官共五人，送流內銓，理爲舉主。從之。

二年七月十七日，詔兩府臣僚初入准例舉官三員，今後更不施行。【略】

〔哲宗元祐元年〕八月一日，御史中丞劉摯言：舊例，舉官皆有定員，唯京朝官、大使臣陞陟，每歲不限其數。請應在京臣僚依外路比類限定員數。詔吏部立法以聞。

六日，太皇太后諭輔臣曰：台諫官言近日除授多有不當。司馬光言：朝廷近詔臣僚舉可任監司者，既令各舉所知，必且試用，待其不職，然後罷黜，亦可並坐舉者。吕公著曰：舉官雖是委人，亦須執政審察人材，擇可用者試之。光曰：自來執政只於舉到人中，取其所善者用之，餘悉棄去，何嘗曾審擇？韓維曰：光所言非是。朝廷極士大夫之選，擇執政七八人，豈可謂掄選無益，而直信舉者之言？且刑罰但可施於已然之後，今不先審察，待其不職而後罰之，甚失義理。李清臣曰：若待其不職，然後罷黜，人必有受其弊者。十一月二日，詔吏部選在部大使臣年五十五以下，曾經親民兩任、內邊任一任成資以上，不曾犯贓私罪情重，有本路帥臣、監司、總管三人以上同罪奏舉者，具曆任申密院審察人材上簿，候有闕，與在院人衮同取旨定差。四日，中書省言：臣僚上言，比詔大臣薦館職，又設十科舉異材，請並依元豐薦舉令，關報御史臺。非獨內外之臣各謹所舉，庶使言者聞知，得以先事論列，不誤選任。從之。【略】

〔元祐二年四月〕二十六日，詔：臣僚所舉十科堪充將帥武臣，令樞密院別置簿録記姓名。內未經擢用人，雖不應路分將官選法，遇有闕，委執政體量精力材實，取旨特差。五月二十六日，詔：闕台官，令學士院舉官二員，兩省諫議大夫以上同舉四員，御史中丞、侍御史同舉二員以聞。八月十六日，殿中侍御史韓川言：朝廷之於人材，常欲推至公以博采，及其立法，則幾於利權勢而抑孤寒；常欲取勤績以赴用，而要其終，則莫不取虛名而廢實效。近委太中大夫以上，歲於知州、通判人內舉充知州，遇三路及諸路四縣以上處闕，先差本等，次通判，皆謂被舉者。餘雖考課上等，亦不得預。朝廷之意，固欲得人，而所薦未必公也。今太中大夫以上率在京師，唯馳騖請求，因緣宛轉者得之爲多，跡遠地寒者固鮮。夫寒士雖久曆爲郡，及治狀已著，考課入上等，偶無近法之薦，則反在通判下，不許入三路，又不許入四縣處。彼獲一章，即陞躐等級，超歷老舊，何其幸耶！又以州四縣以上爲事劇，三縣以下爲事簡，事之繁簡在民户衆寡，不繫邑之少多。臣請以薦舉之意，績效之實，相參修正此條，庶幾無弊。其所差知州軍，更不限縣數。詔吏部立法以聞。

三年九月十六日，詔：諸路帥臣、監司、文臣知州帶一路鈐轄，歲終各察所部諸司使以下大使臣可備選擇之人，不限軍班雜流出身，並明具材行事實，宜充是何任使，不拘員數，實封保明聞奏。委樞密院置簿，參覈其人，以備隨材擢用。若所奏不當，論如貢舉非其人法。從僉書樞密院事趙瞻所請也。十一月十二日，詔自今臣僚有特薦舉，毋得列銜聞奏。閏十二月十二日，詔文臣監司、武臣路分都監以上不許奏舉充十科。二十二日，詔諸路監司勿薦侍從官以上及帥臣。從左司諫韓川請也。

四年二月二日，御史中丞李常等言：朝奉郎何宗元學問通洽，乞隨才録用。翰林學士許將言：太學博士陳祥道尤深於禮，嘗增廣舊圖及考先儒異同之説，著《禮書》一百卷，望試以禮官，取所爲書付之有司。詔以何宗元爲國子監丞，陳祥道爲太常博士。五日，吏部言：元豐中立定薦舉文臣承務郎、武臣崇班以上陞陟員數，自後薦舉官司以所舉數足，又汎爲考察之薦，於法不應收使。詔今後文臣係知州軍資序及武臣路分都監、知州軍以上，方許奏乞考察。五月二十五日，三省言：太中大夫以上每歲奏舉到知州，見在部人數甚多，致差注不行。及經明行修人，係每遇科場奏舉。詔今後並遇降詔，方許奏舉。六月六日，中書省言：尚書侍郎、學士、待制及兩省官、御史臺監察御史以上、左右司郎官、國子司業各限一月舉內外學官二員，今後有〔闕〕〔闕〕日，亦合依此。從之。七月八日，詔亳州司户參軍、充徐州教授陳師道，候太學博士有闕差。從左諫議大夫梁燾薦也。二十三日，吏部言：選人任知縣、縣令，事務繁重，舊法令監司、知州、通判每歲限定人數舉充，已是暗陞一資。若到任有改官舉主二人，又得循資，及比常調復減舉主一人改官。近有不由縣道，仍帶奏舉資序，如諸州教授之類，顯屬僥倖。欲今後教授並特許奏辟差遣，如係奏舉職官、知縣、縣令資序，候得替，合該磨勘，並依常調本資考第。舉主陞改官資，如願罷，只就奏舉知縣、縣令者聽。其吏部選注奏舉職官、知縣、縣令人，所充差遣條更不施行。詔除縣丞及開、祥兩縣尉係縣官外，其帳司官及江寧府等處八十九員録事參軍，非元舉職事，並依格注常調令録。其應差奏舉職官、知縣、縣令條貫並罷。二十四日，詔：監司、帥守今後薦舉官，並於狀内具在任事跡及素來行業，方與上簿記録。或有任用，更加詳察。從太師文彦博請也。

五年二月二日，詔罷諸州軍通判奏舉改官。從殿中侍御史孫升之請也。五月八日，詔：三路帥臣、監司於本轄見任及前任武臣、諸司副使以上，係軍班出身内，精加選擇才略聲跡爲衆所推之人一兩員，堪充路分以上主兵任使者，限一月，密具職位姓名，實封保明以聞。如已係路分以上及將領，亦聽選舉。仍令樞密院籍記姓名，取旨陞擢。

六年二月二十七日，大理寺言：因舉官緣坐已經恩者，如罪人不該原減，聽減一等。若再會恩，從原減法，罪人該特旨及於法不以赦降原減者，舉主自依赦降。從之。閏八月二十六日，詔今後左右廂諸監使臣，並依舊河南北監牧司、勑令提點官奏舉。十月八日，詔軍帥劉昌祚、姚麟與河東、陝西逐路安撫使、總管、秦鳳路鈐轄、蘭岷河環知州、鎮戎德順知軍、河東麟府路鈐轄，各奏舉大使臣有材武謀略或曾立戰功、勇於臨敵、可以統衆出入之人二員至五員以聞。

紹聖元年四月二十三日，右司諫朱勃言：應選人曆任未及三考上，許奏舉職官、縣令，通及三考以上及見係幕職、令録資序，方許奏舉改官，庶稍抑權勢請託之弊，均及寒畯效職之人。從之。【略】

〔元符二年〕八月三日，朝請大夫賈青言：請立法，將合舉官臣僚，每歲分上下半年奏舉。從之。

三年〔徽宗即位，未改元〕，三月一日，詔宰臣、執政、侍從舉台諫官各三五人。尋詔宰臣、執政官勿預。四月十八日，以同進士出身徐積爲楚州教授。以臣僚薦積事親居鄉，以孝廉聞。東南之人，服其道義。素有聵疾，不可以仕，以經術教導三十年。故有是命。九月十六日，臣僚上言：竊見應合舉陞陟員數，減改官之半，所限員數甚狹，往往遺材，不無滯淹之孅。欲乞合舉陞陟並依改官員數施行。諸舉朝請大夫以下陞陟者，並依合舉改官幕職官之數，通判減知州所舉之半，有零數者聽舉一人。從之。十九日，吏部言：准都省批送下開封府界提舉常平司狀，乞開封府界提點司管勾文字並管勾帳司官、提舉司管勾官，許兩司互相薦舉。所有知開封府，亦乞依經略安撫法。本部今相度安撫、發運、轉運、提點刑獄、提舉常平司屬官，許本路逐司互相薦舉外，有開封府府界提點、提舉常平兩司屬官，欲亦許互相薦舉。及府界提舉常平司屬官，亦乞許依府界提點刑獄司檢法官、提點司帳司官，許知開封府歲舉。從之。徽宗崇寧元年三月二十八日，吏部言：檢准薦舉令，諸知州、縣令有治績可再任者，知州須監司，縣令須按察官五員連書，去替前一年，具實狀保奏。年七十者，不在保奏之限。又准吏部尚書左選令，知州到任一季使闕，知縣去替一年半使闕。契勘自來監司按察官依海行令保奏知州、縣令治績再任，緣吏部法知州到任一季、知縣去替一年半使闕，洎奏狀到部，往往已注替人，承例符下不行，即是使闕，與保奏條限相妨，則保奏再任之法，誠爲虚文。今相度乞將保奏到承務郎以上知州、知縣該再任者，以元發奏日，如差下替人，知州未及一年半，知縣未及一年，並許衝罷，令依條别授差遣。如所差下人年月不該衝罷，其保奏再任之人，候到部，與陞一年名次。詔今後知州、縣令委有顯著治績，方許依條具實狀保奏再任。每歲逐路知州不得過一員，縣令不得過兩員。仍令尚書吏部申三省審察，取旨施行。閏六月十一日，詔：其因奏舉擢用之人，仍於曆子前批所舉官名禦。同日，詔：諸路於知州或通判、改官知縣人内薦舉善最有聞、治狀異等、能惠養蒸庶、勸課農桑者，帥臣許薦一人，監司共薦一人，並中書省記録姓名，遇有差除，參考擢用。如所舉得人，當加旌賞。若非其人，重行黜責。三十日，詔曰：朕聞天下雖安而武備不可忽，故謀任將帥，尤在博求而精選之。其令諸路帥臣、監司於本路小使臣以上親民資序人内，選智謀宏遠、紀律嚴明、可備將帥者，或守邊肅静、敵不敢侵、可以委任鎮防者，鷙猛果毅、虓勇罕倫、可以率勵士衆、破堅拔敵者。帥臣許薦一人，監司共薦一人。限一月具實狀以聞。令樞密院籍記姓名，度材擢用。舉能勝任，量事褒陞。稱匪其人，薦者隨坐。惟宜審擇，以副朕意。十一月十一日，尚書右仆射兼中書侍郎蔡京等言：伏奉手詔，以宗室蕃衍而無官者衆，欲乞今後應宗室非袒免以上親，量試出外官者，如有本轄長貳或監司二人保奏堪任釐務，方得供職。未釐務者添支驛券，供給人從並減半支破。從之。

二年二月二十六日，吏部言：詔内外舉官員闕，可令吏部講求元豐所修格。尚書左選今來將内外舉官員闕講求，内有緣近蠻夷知州及諸路諸司屬官，並在京課利浩大場務及係幹刑獄，並事務繁難去處，及協律郎理須奏舉通曉音律之人，難以議罷。內威、茂、黎、瓊州知州、平准務、户部勾當公事、麴院、榷貨務、開封府諸曹官、左右軍巡使、判官、新舊城裏左右廂公事、御史臺主簿、檢法官、太常寺協律郎、諸路諸司勾當公事、管勾文字並機宜、府界常平管勾官、水磨、買賣茶場、雅州名山知縣、將作監勾當公事、左右廂店宅務、黄汴河都大、諸州軍茶税場，欲乞依舊舉官。從之。三月二日，臣僚言：爵位相先，儒生之常也。侍從官初除，三日内舉自代者，恐英俊沉於下僚耳。若名已聞於朝廷，位將逼於侍從，何以薦爲？乞詔薦自代者，勿以左右史、國子祭酒、大卿監已上人。從之。同日，吏部言：准崇寧元年閏六月八日勑，内外舉官員闕，可令吏部講求元豐所修格，酌以時宜，删成經久可行彝格，申三省裁議聞奏。侍郎左選除西安州、會州職官，録參、司理、司法，會州會川城新泉寨、懷戎堡主簿，河州安鄉關來羌城、懷羌城主簿，蘭州金城關、玉關、西關堡主簿，西安州臨羌寨、征逋堡主簿，通峽盪羌寨主簿，定戎寨兼管天都寨主簿，平夏城靈平寨主簿，並係緣邊及新置城寨，並沅州黔陽、麻陽縣令亦係正接蠻界緣邊縣分，並經略、安撫、都總管司掌管機宜文字及河北路轉運司勾當公事官，職事繁難，今相度欲並依舊奏舉外，餘闕並依元豐四年七月二十八日朝旨罷舉施行。内端州節推、資州内江縣令止係一時舉官一次，元非選闕，自合依常法差注。雅州名山縣産茶浩瀚去處，合依舊舉官外，罷舉縣令。茶場監官並諸勾當公事、茶事司催發茶鹽綱運官，全要得人，合依舊舉官。帳司官舊法選差舉職官縣令人，今來罷舉，依奏舉法，卻合選差常調職官，次令録人充。從之。四月三十日，詔令兩制侍從官各舉所知二人。五月八日，臣僚言：詔侍從官舉所知，其所舉之人，或經召對，已被聖知，或蒙選擢，已預任使，則陛下德音遂爲虚設。欲乞明詔有司，其已嘗召對及擢任省郎、館閣、監司之類，更不許薦舉。從之。六月十七日，臣僚言：乞應今後曾經朝廷削奪差遣及見在責降之人，雖係官司踏逐不拘常制，亦不許奏辟。從之。九月二十一日，臣僚言：竊惟諸路監司薦揚，歲有定格，比歲復於常格之外，賡有薦論。或稱宜寘侍從，或稱可任台省，不循分守，無補於實。詔令尚書省立法，諸舉官不得薦充侍從、台省，其停廢或責降差遣，並不得奏舉差遣。停替未滿一任，不拘常制，仍不得舉辟。諸舉官而薦充侍從、台省，即停廢或責降差遣而奏舉差遣者，各杖一百，仍委御史臺糾察。從之。

三年三月十六日，禮部尚書徐鐸言：知縣闕陞通判，通判闕陞知州，合用陞陟舉狀，内各要正監司一員。今來侍從臣薦京師在職官，已許當監司官員數，如薦外州官，即未有許當監司明文。欲乞應侍從臣所薦外州在任官陞陟，並許當正監司員數闕陞收使。從之。八月四日，詔：諸路帥臣、監司限一月於本路大使臣以上或小使臣，擇材武曆邊任有戰功者以名聞，樞密院置籍，以備選任。

四年二月七日，江淮荊浙福建廣南路提點坑冶鑄錢司言：勘會管下諸路銅場，惟韶、潭、信州三大銅場最爲出産浩瀚去處，全籍練事諳曉山坑之人監轄勾當。今來罷舉監官，從吏部差注，見今各是闕官。今相度欲乞韶、潭、信州三大銅場監官並興發去處場冶，許（今）〔令〕提點鑄錢司踏逐文武官，不限資序，大小使臣、京朝官、選人及奏舉縣令、職官並初改官人監轄管勾，如能幹辦敷額，内韶州岑水、潭州瀏陽兩場，並乞依紹聖四年十月十九日孫杞申請賞格，欲望特賜詳酌施行。從之。五月十八日，詔令待制已上侍從官各舉莅事敏明、操修平允、公私兼濟，利澤生民者官各二人，具行實以聞奏。令中書省注籍，每季一次考舉。被舉多者，具職位姓名及合入資序取旨。

（清）徐松《宋會要輯稿·選舉二九·舉官三》　大觀元年二月二十日，詔：比常降詔令從官各薦人材，逮今未聞薦上。可申命之，限一月聞奏。俟到，仰三省具名取旨。

二年三月一日，詔曰：天下無全材，作而新之，不可勝用。因而任之，無所不宜。今求材之路甚廣，而所得未富，殆任非所長也。自今可博訪人材，文學之士，處之於文館；幹敏之士，處之於寺監丞簿。求心計之才於漕計之屬，養智勇之士於將帥之幕。審而用之，庶不失人。

三年正月三十日，詔：比令尚書待制以上各舉所知二員，可申嚴日限。須管於十日内奏舉數足，無致遷延。四月二日，詔：侍從所舉官赴三省審察，在外人乘驛赴闕。六月二十六日，詔：内外官司奏闢員闕差遣並勾當公事等，本以公舉練曆廉謹之官，分委職務，豈爲辟舉權要子弟及易舉親戚？陞養資任，濫授恩賞，雖有違犯條禁，上下覩望隱蔽，因而職事隳惰，即非元乞任能責成之意。如選舉不當，其元奏辟官可令刑部立法施行。在京令御史臺，在外委監司走馬承受按劾。仍自今應奏辟官，於奏狀前用貼黄具所辟官出身、年甲、三代、成任差遣並功過事件，及在朝親屬職位姓名。七月二日，詔侍從官舉所知，孫穆等十七人並與陞等差遣，朱衮等三十六人，令中書省籍記姓名，以備選掄。

政和元年三月一日，吏部侍郎姚祐言：契勘小使臣差使、借差總二萬三千餘員，凡舉辟差遣，皆用年甲、識字與不識字、鄉貫、出身、曆任、三代、名諱、功過、舉主資序照使。其間若有外補授及連任就注，久不到部，未經供通之人，旋行取會。近降朝旨，應奏舉差遣，並於狀前貼黄説年甲、三代、差遣、功過事件，以備照用。其舉辟官多是節略事宜，不免開具違礙因依，銓量令取會具鈔擬差。洎至移文，往往經隔年月，使見任之人不得應期交替，見闕處久無正官，被舉之人亦不能差注。似此窒礙，乞下有司立式頒行，於舉狀前貼黄聲説，所貴有補。從之，令吏部立式。

二年八月二十九日，吏部尚書張克公言：竊見吏部選格，惟才武爲上。檢會元豐材武格内一項，保舉沿邊重難任使，從來未曾立定所舉員數。應内外臣僚薦舉大小使臣，往往作沿邊重難任使，而應材武者不可勝計，遂與曾立戰功、捕獲强惡及武舉出身等人同爲一格，顯屬太濫。乞斷自聖裁，限以員數。謂如合舉大小使臣陞陟幾員，内幾員許舉沿邊重難任使，庶幾增重材武之格，紹隆神考奬勵人材之意。詔於合舉陞陟員數内，聽舉沿邊重難任使，不得過五分。

三年二月五日，詔令吏部將諸路州軍新添曹掾縣丞員數，參照舊額，契勘監司、守臣合增舉官之數，逐一開具，申尚書省，仍限三日。尚書省勘會：自來諸路監司、守臣，其舉官員數不一，若計數一概增添，顯屬多寡不均。今擬下項：京東路轉運司欲添及十人，舉改官一人，及十五人，舉縣令一人；提點刑獄司欲添及二十人，舉改官一人，及三十人，舉縣令一人；提舉司欲添及三十人舉改官一人。京西路轉運司欲添及二十人，舉改官一人，及三十人，舉縣令一人；提點刑獄司欲添及三十人，舉改官一人，及五十人，舉縣令一人；提舉司欲添及五十人，舉改官一人。河北轉運司欲添及二十人，舉改官一人，及三十人，舉縣令一人；提點刑獄司欲添及三十人，舉改官一人，及四十人，舉縣令一人；保甲司欲添及三十人，舉改官一人，及四十人，舉縣令一人；提舉司欲添及四十人，舉改官一人，及五十人，舉縣令一人。河東路轉運司欲添及二十人，舉改官一人，及三十人，舉縣令一人；提點刑獄司欲添及三十人，舉改官一人，及四十人，舉縣令一人；保甲司欲添及三十人，舉改官一人，及四十人，舉縣令一人；提舉司欲添及四十人，舉改官一人，及五十人，舉縣令一人。陝西路轉運司欲添及二十人，舉改官一人，及三十人，舉縣令一人；提點刑獄司欲添及二十人，舉改官一人，及四十人，舉縣令一人；提舉司欲添及三十人，舉改官一人；保甲司欲添及四十人，舉改官一人。淮南路轉運司欲添及十人，舉改官一人，及十五人，舉縣令一人；提點刑獄司欲添及十二人，舉改官一人，及二十人，舉縣令一人；提舉司欲添及二十人，舉改官一人，及三十人，舉縣令一人。兩浙路轉運司欲添及七人，舉改官一人，及十五人，舉縣令一人；提點刑獄司欲添及十二人，舉改官一人，及二十人，舉縣令一人；提舉司欲添及二十人，舉改官一人，及三十人，舉縣令一人。福建路轉運司欲添及六人，舉改官一人，及十人，舉縣令一人；提點刑獄司欲添及六人，舉改官一人，及十二人，舉縣令一人；提舉司欲添及十人，舉改官一人，及十五人，舉縣令一人。江東路轉運司欲添及六人，舉改官一人，及十人，舉縣令一人；提點刑獄司欲添及六人，舉改官一人，及十三人，舉縣令一人；提舉司欲添及十人，舉改官一人，及十四人，舉縣令一人。江西路轉運司欲添及五人，舉改官一人，及十四人，舉縣令一人；提點刑獄司欲添及五人，舉改官一人，及十一人，舉縣令一人；提舉司欲添及十人，舉改官一人，及十四人，舉縣令一人。荆湖南路轉運司欲添及十人，舉改官一人，及十五人，舉縣令一人；提點刑獄司欲添及八人，舉改官一人，及二十人，舉縣令一人；提舉司欲添及十人，舉改官一人，及二十人，舉縣令一人。荆湖北路轉運司欲添及十人，舉改官一人，及二十人，舉縣令一人；提點刑獄司欲添及十二人，舉改官一人，及三十人，舉縣令一人；提舉司欲添及十五人，舉改官一人，及四十人，舉縣令一人。成都府路轉運司欲添及六人，舉改官一人，及十人，舉縣令一人；提點刑獄司欲添及七人，舉改官一人，及十五人，舉縣令一人；提舉司欲添及十五人，舉改官一人，及二十人，舉縣令一人。利州路轉運司欲添及八人，舉改官一人，及十人，舉縣令一人；提點刑獄司欲添及八人，舉改官一人，及十五人，舉縣令一人；提舉司〔欲〕添及十五人，舉改官一人，及二十人，舉縣令一人。梓州路轉運司欲添及八人，舉改官一人，及十人，舉縣令一人；提點刑獄司欲添及八人，舉改官一人，及十五人，舉縣令一人；提舉司欲添及十五人，舉改官一人，及二十人，舉縣令一人。夔州路轉運司欲添及八人，舉改官一人，及十人，舉縣令一人；提點刑獄司欲添及八人，舉改官一人，及十五人，舉縣令一人；提舉司欲添及十五人，舉改官一人，及二十人，舉縣令一人。廣東路轉運司欲添及五人，舉改官一人，及八人，舉縣令一人；提點刑獄司欲添及八人，舉改官一人，及十人，舉縣令一人；提舉司欲添及八人，舉改官一人，及十人，舉縣令一人。廣西路轉運司欲添及十人，舉改官一人，及十五人，舉縣令一人；提點刑獄司欲添及十人，舉改官一人，及二十人，舉縣令一人；提舉司欲添及十五人，舉改官一人，及二十人，舉縣令一人。知州自來以所管縣分依格奏舉，人數多寡不等。欲京東、京西、河北、河東、陝西添及十人，舉改官一人，淮南、兩浙、福建、江南、荊湖、川、廣及五人，舉改官一人。其縣令並不曾增添。發運司自來所管員數，係總領淮南、兩浙、福建、江南東西、荊湖南北、廣南東西九路通行奏舉改官、縣令，今來欲共添改官二人，縣令一人。添舉員數，並依舊舉官條例施行。承務郎以上官舉陞陟狀，合依條減幕職、州縣官改官之半，提舉學事司已有教授及十人處許添舉改官三人指揮，今來更不添舉。提刑、提舉、保甲司內有分兩路者，如本路所添不及今來員數，許每路各舉一人。從之。【略】

六年二月七日，吏部侍郎韓粹彥等言：檢會政和三年五月勑，奏舉窠闕，如見任官過滿三月，其創添並非次見闕，及三季各奏狀不到者，更不候本處申到無官可舉，並從本部使闕差人。本部勘會上件窠闕，當時爲員多闕少，申明到前項指揮，即無今後依此施行明文。竊緣奏舉窠闕內有河防、捕盗及三路沿邊掌兵並鹽事官，係被舉官司依專法奏舉使臣。若今後亦合依上件施行，即乞將前項似此奏舉去後，須候所舉官司申到無官可舉，本部依條使闕差人外，餘奏舉並接續申明到奏舉一次去處，依前項已依得朝旨施行。從之。四月三日，吏部言：御筆特改官人，偶無薦舉，凡選闕校量，在有薦舉官人之下。有司因循，失於建明。伏望明詔立法，許在有舉官之上。詔令詳定一司勑令所立法。五月十九日，臣僚言：近降御前劄子，川峽路通判司録、曹掾、兵官、令佐闕，並差川峽人，仍州不得過三員，縣鎮寨不得過一員。臣訪聞東西兩川並利州路州縣久闕正官甚多，蓋爲內地人入川，遠涉數千里，少有願就。伏望特降睿旨，應選人往成都府、梓州、利州路指射差遣，如任滿不犯贓私罪，候考第足日，與減改官舉狀二紙，磨勘合入通仕郎以上者減舉狀一紙，關陞本任，別有酬獎，自依元法施行。大小使臣乞比附立法。候三二年，事就緒日依舊。（照）〔詔〕依所奏立法。七月十五日，吏部言：承勑諸路應鈔鹽路分巡檢、縣尉，令鹽香司奏舉有膽勇人。內淮南路鹽香茶礬事司承政和五年八月三日朝旨，依產鹽場監官已得旨揮，除贓罪外，不以有無違礙踏逐奏舉。其諸路鹽香茶礬事司奏舉，乞依淮南鹽香茶礬事司已得旨揮。從之。八月六日，吏部言：勘會諸路兼教保甲地分巡檢、縣尉，依條委提舉司踏逐奏差。承政和五年八月八日朝旨，應鈔鹽路分巡檢、縣尉，有地分闊遠，自來私鹽多處，令鹽香司合奏舉巡尉官內，有係教保甲地分，合保甲司舉官去處。今來鹽香司合舉係保甲地分巡檢，雖承朝旨今後依奏舉法差注，亦未審合與不合兼用政和保甲舉法，試驗事藝差注，及係教保甲巡尉差遣，並合申樞密院降宣。其鹽香司舉到官，申樞密院，惟復申取都省指揮。詔巡檢依縣尉已得指揮，鹽香司合舉係保甲地頭巡檢，兼用政和保甲舉法，其鹽香司舉到官，止申尚書省。【略】

元祐元年，歲舉陞陟始立額，如舉改官及職、令之數。復通判舉法，詔歲舉京官、縣令各一員，仍間迭而舉。用孫覺言，吏部選人改官，歲以百人爲額。

紹聖元年，右司諫朱勃言：選人初受任，雖有能者，法未得舉爲京官。而有挾權善請求者，職官、縣令舉員既足，又併改官舉員求之。詔曆任通及三考，而資序已入幕職、令録，方許舉之改官。又言：選人改官，歲限百人。而元祐變法，三人爲甲，月三引見，積累至今，待次者亡慮二百八十餘人。以數而計，曆二年三季，始得畢見。請酌元豐令增損之。詔依元豐五日而引一甲，甲以三人，歲毋過一百四十人。俟待次不及百人，別奏定。

大觀四年，裁減國學長貳歲舉改官而立之數，大司成十五員，祭酒、司業各八員。

政和三年，尚書省修立改官格：承直郎至登仕郎六考，將仕郎七考，有改官舉主而職司居其一，即與磨勘。如因坐公私愆犯，各隨輕重加考或舉官有差。從之。

七年，臣僚言：官冗吏員增多，本因入流日衆。熙寧郊禮，文武奏補總六百一十一員。元豐六年，選人磨勘改京朝官，總一百三十有五員。近考之吏部，政和六年，郊恩奏補約一千四百六十有畸，選人改官約三百七十有畸，其來既廣，吏員益衆。欲節其來，惟嚴守磨勘舊法，不可苟循妄予而已。且今之磨勘，有局務減考第者，有川遠減舉官者，有用酬賞比類者，有因大人特舉者，有託因事到闕而不用滿任者，有約法違礙、許先次而改者，凡皆棄法用例。法不能束，而例日益繁，苟不裁之，將又倍蓰於今而未可計也。請詔三省若吏部，舊有正法，自當如故，餘皆毋得用例。詔惟川、廣水土惡弱之地許減舉如制，餘悉用元豐法從事，其崇寧四年之制勿行。

高宗建炎初，詔即駐蹕所置吏部。時四選散亡，名籍莫考，始下諸道州府軍監，條具屬吏寓官之爵里、年甲、出身、曆任、功過、舉主、到罷月日，編而籍之。詔京畿、京東西、河北、河東士夫在部注授，雖銓未中而年及者，皆聽注官。

二年，詔京官赴行在者，令吏部審量，非政和以後進書頌及直赴殿試之人，乃聽參選。在部知州軍、通判、簽判及京朝官知縣、監當舊以三年爲任者，今權以二年爲任。兵休，仍舊以赴調者萃東南。選法留滯故也。

四年，言者論銓衡之官守法不立，自京、黼用事，有詣堂及吏部闕者，判一取字，雖已注人，亦奪予之。甚至部有佳闕，密獻以自效，爲寒遠患踰二十年。望明戒吏部長貳，自今堂中或取部闕，並須執守，毋得供報。從之。

七年六月二十一日，詔：可令諸路帥臣各舉有材勇智謀、諳練軍政、緩急可以倚仗大使臣二員，仍開具逐人曾於甚處立功，顯著聞奏，樞密院置籍編録，以備選用。如任用後功績優異，其保舉官即行旌賞；若不如所舉，有誤任使，其保舉官亦當量事黜責。

七月二十九日，吏部言：勘會崇寧看詳考功條，修武郎以上初該磨勘並武功大夫磨勘，緣元符政和舉官奏狀式内即無同罪二字。再詳所須同罪保舉，方與施行，緣所舉官只是依式發奏，自來雖已參用元符、政和舉官式磨勘，終是未有明文執守。伏乞詳酌施行。今擬添舉朝請大夫以下充陞陟任使等狀式，添入如蒙朝廷擢用後犯入己贓，臣甘當同罪。從之。

八年五月二十九日，臣僚言：邇來任剌舉者，往往虚發照牒，妄爲美詞，並稱已具奏聞，而寔未嘗發，此其罪豈止自欺而已哉！今士人到部，乞用照牒磨勘了當。暨至會問，元未申發，卻行追改。而虚發照牒之人，殊不加罪。乞下有司，明立條禁，以正虚發照牒、不申歲帳之罪。凡遇舉官，即具奏檢申吏部，仍備坐連照牒，付所舉官收執照用，庶幾息絶弊源，寒素有賴。詔舉官如敢妄發照牒及不申歲帳者，並以違制論。七月七日，臣僚言：伏見任諒奏乞辟置東南通判，内有元被旨差除及堂除人，諒一例奏辟衝罷，臣寔未喻。欲望特降睿旨，除見任及差下人係吏部注授者，權許諒奏辟衝罷一次外，應特旨差除及堂除人，並不許奏辟衝罷者，並依舊，仍不得爲例。詔除已係禦筆差除外，堂除闕具姓名申朝廷選差，餘從之。

宣和元年正月二十六日，尚書省言：奉御筆，今後遵依元豐四年七月二十八日詔旨，内外舉官悉罷，令尚書省依倣元豐舊例措畫聞奏。今恭依御筆，逐旋據吏部具到舉官員闕，體倣元豐舊制措畫，並具到旁通體制下項：一、元豐年不曾罷舉窠闕，今欲並依元豐舊制罷舉；一、依元豐舊制合罷窠闕，今措置内事幹新法，緣新法事務具名申差者同。及帥府屬官欲並歸堂除，其諸路管勾機宜文字並許具名申朝廷差，其罷舉窠闕並歸吏部；一、元豐四年後來創置奏舉窠闕，今係事幹陵寢，欲特存留依舊奏舉外，餘並罷歸吏部，内緣新法差窠闕及具名申差者，並堂除；一、應奏舉係屬樞密院管認窠闕，今欲並令樞密院施行；一、應自來奏舉及踏逐具名申差窠闕，今措置如後奉承御筆及特旨，或供奉應奉御前事務，並應副急切委責才幹窠闕，欲各依元降指揮施行；一、應已得旨揮許令奏舉一次窠闕，内未曾經奏舉者，欲並罷；一、應罷舉等窠闕，欲除合屬樞密院闕外，令吏部一依今來措置及旁通體制施行，内有合參立選格者，即逐旋修立，申尚書省；一、應罷舉歸吏部選差窠闕，欲令本部候入使闕，限每月一日刷具窠名腳鑿選格，先申朝廷，限五日使闕，如過限，朝廷不曾差人，即從吏部，不候報，一面依格差注；一、自今降措置指揮日前已係奏舉在任之人，欲令終滿今任，其已授付身赴任之人，亦許赴上，候入合使闕限，即依今來措置使闕差人；一、應罷舉窠闕，如未立到差格間已入使闕條限，欲令吏部權依倣元舉法差注；一、應該載未盡事件，欲令吏部比倣條具申請施行。並從之。三月六日，京畿轉運使王本言：有旨勑詣所部，察縣令能否以聞。伏見密縣朱定國、鄢陵劉湜豈弟臨民，一境稱治；考城吳亢宗、長垣馬向吏事詳明，庶務畢舉，乞召赴都堂審察。從之。【略】

四年九月十九日，詔：提舉成都府路茶事兼提舉陝西買馬監牧公事張有極奏辟奉議郎王肇知興州、洋州，爲礙資序，並不行。元豐六年四月令茶馬司奏辟知州指揮，係一時旨揮，今後不合奏辟。

五年三月十九日，吏部侍郎盧法源等言：竊見選人到部關陞磨勘，中間嘗許先用照牒奏檢，至有已陞朝改官資後，因會問不寔，復行追奪者，其弊寔大。今復遵依元豐成法，須奏狀到部，方許收使，不復容有僞濫及誤行關陞改官，誠良法也。近年以來，多有奏狀遺滯，如川、廣、福建，道路遼遠，若候取會，往復之間，動經歲月。方當選舉人材之時，未免留滯之患。乞行立法。詔：應薦舉承直郎以下磨勘關陞，於照牒前録白元奏狀檢，仍聲説於某年月日某字號遞發訖。如違及不寔者，並依虛發照牒律科罪。六月二十日，臣僚言邊帥屬官，今皆帥臣辟置，未盡得人。詔應奏辟者許辟員數之半，餘朝廷選差。同日，臣僚言：帥司屬官，正儲養帥才之地。今皆帥臣辟置，不惟牽於請求，未盡得人，又隨府移罷，去來不常，其能究心一路之事哉？欲乞朝廷擇選才術有志之士，分置諸路帥幕，使講求一路邊機之任，高其資序，假以歲月。仍於諸路更試，以職有績効者就加陞擢，或分符邊郡，或將漕本路，異日謀帥，皆可取而用也。伏望特降睿旨施行。（照）〔詔〕依所奏。應奏辟者，據合辟員數，許辟置一半，並依舊制，餘並朝廷選差。應選差者，並與通判資序，三年爲任。

六年十二月四日，詔：內外侍從官以上，各舉所知堪充文武任使者二人，中書省籍記姓名，召赴都堂審察。其才術優異、可備獎擢者，仍取旨引對。不如所舉，當以重罪論之。

七年五月十六日，臣僚言：願詔帥臣保舉將佐，下逮軍校有才略者，監司保舉郡守以至縣令有政績者，每歲逐路以三數人上之，朝廷籍記姓名，歲終類聚，取旨擢用。當則有賞，否則有罰。詔令吏部申明行下，諸路監司遵守施行。其帥臣保舉將佐軍校等，録送樞密院條畫取旨。六月十日，詔陝西、河北、河東並諸路帥司：於本路大使臣內，選曾經邊防戰守、可以倚仗五七人，具名以聞。

欽宗靖康元年四月二十八日，詔令在京監察御史、在外監司郡守及諸路分鈐轄以上，限三日於大小使臣內選擇曾經邊任或有武勇、可以統衆出戰之人，各舉二員。四月二十九日，詔令三衙並諸路帥司各舉諳練邊事、智勇過人並豪俊奇傑、衆所推服、堪充統制將領者各五人。六月三日，詔：宰執、侍從、省台寺監、監司、郡守、將帥之臣，並舉文武官才堪將帥，不限人數以聞。其人有已試之効，即具疏其跡。未經試用，即言其才能所長，密院籍其姓名。從監察御史胡舜陟之請也。八月十六日，詔：昨降旨揮，令中外臣僚舉有武勇可以統衆之人，至今尚未有曾舉到者。令刑部催督，限十日奏舉。其已舉到使臣劉鈞等十七人，令乘遞馬發赴樞密院審察。九月二十四日，臣僚言：竊見臣僚集議，置四道都副總管。內副總管用武臣，緣上件委任所責非輕，惟人才寔可濟今日急難者用之，不必如平時，問其元初薦引及日前瑕疵以爲礙，庶幾可以得人。若使集侍從、台（薦）〔諫〕同一處薦舉，又恐人數不多，難於推擇。欲乞令六曹尚書侍郎、開封尹同集一處，翰林學士、兩省待制同集一處，台官在本台，各薦文臣可充都總管者四人。內有議論不同，許別爲一狀薦舉，以充其數外，武臣副總管四員，乞令三衙都指揮使、樞密承旨同集一處，公共薦舉，必可得人。從之，仍並限一日。

辟舉

綜述

（宋）佚名《宋大詔令集》卷一六四《政事·官制·不得託邊事辟守臣御筆手詔政和五年八月八日》　藝祖深鑒五季藩鎮，得自置吏，而馴致專恣，有末大之患。故郡縣之官，一命已上，自天子出，爲萬世法。況守土之臣，實分符竹，有民社之寄，比來諸路節鎮緣請求，數乞辟置守臣，侵紊國法，漸不可長，□欲致於理。自今敢有託邊事要請辟置守臣者，以違御筆論。

（宋）謝深甫等《慶元條法事類》卷一五《選舉門·舉辟》　勅

職制勅

諸舉辟充緣邊城寨職任幹辦，所舉任内職事曠廢者，與同罪，至死者，減一等。

諸他司輒奏辟大理寺官者，以違制論。

諸他司陳請輒衝改條令，差辟黃河都大及巡河使臣者，以違制論。

諸帥司若監司輒奏辟知州、通判者，以違制論。即知州奏辟通判者，罪亦如之。

諸小使臣、校尉初任或已經任曾預舉辟得替，各未赴部而輒舉辟者，踏逐指差同。杖一百，雖非曾預舉辟得替，但任滿未參部而輒差者，准此。被舉及受差者，罪亦如之。軍期急速不用此制。

諸舉辟命官差遣狀前貼黄聲説違式，若增減不實者，元發奏官吏杖八十。

諸命官雖應舉辟而因尋醫、侍養離任後未滿一年，官司輒辟差及受差者，各徒一年。

諸舉充縣令而用所舉已充其任者，若犯入己贓，舉主與同坐，犯贓應除、免若贓輕以除、免比罪而坐奏舉者，聽依私罪法減等。至死者，減一等，私罪徒以上，減二等，若舉其他職任，申差、奏差與奏舉同。餘條奏辟、奏舉職任不言申、奏差者，準此。又減一等。若舉其他職任者，於所舉任内有犯乃坐。其因别勅奏舉擢用者，立坐别勅奏舉之官。以上被舉官非故犯私罪，舉主不坐。

諸舉官充職任，於所舉任内以職事曠廢至公罪徒以上，舉主減二等。即不應本職而犯者，不坐。

諸奉特勅舉邊臣有武勇方略，已任用而不如所舉，舉主與同罪，至死者減一等。犯贓、私，其餘公罪並不坐。

諸舉官應坐舉主，若被舉人犯罪後會恩雖不該原減，舉主聽減一等，再會恩者，聽從原減法。其被舉人以特旨及於法不以赦降原減者，舉主自依赦降。

諸舉官若停廢及責降差遣未經叙復而奏舉者，各杖一百。依令應保奏者非。

名例勅

諸舉官不當，不知情者爲公罪。

令

薦舉令

諸使相及曾任執政官以上所任應辟官者，數外别辟一員。

諸監司係二員以上處而本司應舉辟官者，並連書，或闕牒就一處奏舉。

諸緣邊城堡寨主、巡檢、都監、巡防、把截、道路口鋪巡檢，委經略安撫、鈐轄司奏舉。舊係轉運、提點刑獄司，緣邊安撫司及知州輪舉處，依舊。

諸提點刑獄司緝捕盜賊，若見闕及過滿，如經一季，别無朝廷並吏部闕報已差人，即許本司舉辟。諸闕員應舉官者，見任人替前一年内，非次闕承報後六十日，創添復置闕，百日。依本色奏舉，内見闕無差下人，方許舉辟。即雖舉而礙法，及因闕報差誤致所舉不應法而退回者，准上法再舉，過滿及見闕，止限三十日。仍除程計之。無官可舉者，申尚書吏部。雖爲吏部差填，至任滿，其舉官仍舊。

諸舉辟者，先取願狀，已供願狀者，不許退免。其已被舉辟而未滿任者，不得别舉辟。即舉繁難清要或緣邊任使者，奏裁。已係繁難及緣邊者非。

諸學官、大理寺官，雖不拘常制，不得舉辟。

諸應奏辟官者，不許辟通判，及權陞職任並銜移已差注替人及半年者，在之官限外不合赴上者非。寄禄官朝議大夫以下，仍替成資闕。

諸知州、縣令有治績可再任者，知州須監司連書，縣令須按察官五員，通判以上官皆是。去替前一年具實狀保奏。年七十者，不在保奏之限。

諸臣僚不得別作名目奏舉准備差使。

諸帥臣遇本路有邊事，聽乞親戚一名主管書寫機宜文字。

諸管軍及路分並州總管、鈐轄若路分都監、將副，歲選所部將校而轄嚴整或幹辦有膽略堪領陣隊者，具名奏。仍具所習武藝。如有戰功，即開說事因、次數。

諸所部官有過及不職，奏罷。其闕非應奏舉者，不許舉填。

諸親戚於法應避者，不許舉辟。

諸命官曾犯贓、私罪，或無人薦舉，或應直注，或已授差遣，或未經一任若承直郎以下歷任未及二考，或前任在京監當，末帳未畢，或見任開封、祥符縣丞，正監課利場務比祖額虧欠，監鑄錢監，河埽使臣，或已授緣邊縣令，在京見闕及見任倉庫小使臣、校尉未曾參部，或未經短使，或得替應入重難綱運草場，承直郎以下到任二年以上，將來得替或已得替各不應免試，或已就免試注殘零闕者，各不在舉辟之限。

諸舉官，其停廢或責降差遣，內侍官、散官或曾經朝廷削奪差遣者同。並不得奏舉。若停替未滿一任，雖不拘常制，仍不得舉辟。

諸承直郎以下，初磨勘改官入知縣人，非緣邊軍興，雖不拘常制，不得舉辟別差遣。其奏舉從事郎以上用改官舉狀入從事郎以上者同。知縣、謂奏舉充從事郎以上而應注知縣者。縣令准此。未移注，願止依本資序就舉辟者聽。

諸命官任有賞處，不得奏舉再任。即緣邊及遠惡或繁難者，不用此令。

諸承直郎以下於法不應磨勘改官者，雖不拘常制，不得舉辟有酬賞改官處。

諸監當資序不許舉辟權親民，今任正監當虧欠曾該責罰，雖已替罷，不許舉課利場務。已授縣令及見在任録事、司理、司法參軍，不許舉充監當。

諸課利場務監官到任及一年半，比祖額一萬貫增三千貫，不及一萬貫准此。其額每加一萬貫者，所增加五百貫至五千貫止，或十年內虧六年而能敷年額者，許轉運司保奏再任。應陞資序者，再任日理。

諸國信所使臣、校尉、下班祗應，臣僚不得奏乞抽差及隨行指教。

諸進納出身人不許舉辟。謂奏舉、奏辟、差遣。餘條稱舉辟准此。其係承直郎以下成四考者，許薦舉。即流外出身人曆任無贓、私罪，有舉者二人，聽舉辟。

諸診御咏醫官及入內醫人，臣僚不得奏辟外任，餘在外任者，許奏就移或再任一次。仍供家狀連奏。即到任未及二年，不許奏乞再任。

諸太中大夫以上任一路經略安撫、鈐轄，聽奏乞隨行醫人一名。罷任，遣歸所屬。新任，又應奏差而願帶行者，聽，仍報所屬。

諸州駐泊醫人應奏辟者，於見任人替前三季，非次闕百日內，具名奏。兩州以上共差一名處，須同狀。無人可辟者，報翰林醫官局。

諸臣僚應差隨行指使，聽指名申在京所屬。

諸官司於法若被旨指名差官而許理資任者，以所差事因、職位、姓名申尚書吏部。

考課令

諸經略安撫、總管司奏辟屬官乞隨府罷任，並申本司施行，候辟新官到日解罷，仍申尚書吏部。

職制令

諸官闕員州，限一日申所屬差選，仍報監司。係奏舉者，即報應舉官司，事急切者，奏轉運司，每月類聚闕官事因，次月一日以聞。

諸縣久不治，或繁難當選差縣令者，聽監司或知州奏差。

諸路監司、帥守奏辟官屬，先次取索真本付身、印紙，委通判對讀審驗，別無僞冒，本處繳連録白付身，保明申奏。陳乞宮觀、岳廟差遣者，准此。黄仍各具一般事狀，申尚書吏部。

諸察訪，聽不拘常制指名奏差非本路見任官一員主管文字。

諸發運、監司屬官定員者，不得陳乞添差。

諸奉使應差官幹辦而無定員，或已有定員而緣路理須添者，並奏差，即不得過元差之數，尚闕者，具奏聽旨。

諸見任、前任宰相執政官，因降黜不帶職者，應得恩數謂蔭補、陳乞恩澤、舉辟、宣借、接送、遞馬、差舡之類。並同庶官；帶職，即依前宰相、執政例。

格

薦舉格

奏辟本州官：使相及曾任執政官以上知州，知州帶一路安撫使，知河南應天府、雄州，太中大夫以上知州帶一路鈐轄，一員。三路知州帶安撫使，二人。

薦舉式

舉文武官差遣狀

某司獨員舉者，具官。

准令云云或某年月日朝旨，某處闕，許某處舉辟。

右勘會某處某官姓名，自某年月日到任，至某年月日任滿，即今係替前一年内。係非次若創添復置闕，各隨事開説係若干日限内。伏睹某官姓名，入辭。堪充上件差遣。内部、隊將，陝西、河東路即保明某人諳練行陣，曾經戰鬥，如無應選人，即於奏狀内聲説本路無應選之人，即云某人應是何材武；河北路保明某人諳知本路邊事，堪充倚仗使喚，並曾經守城，深諳挂搭次第，或精於騎射。若管押蕃兵使官，即云某人諳曉蕃情。或緣邊、次邊城寨及巡、尉官，即云試驗得某人有武勇，曉兵法，明訓練，能同士卒甘苦。若應兼教保甲巡、尉，即云試驗某人弓馬應格，人材堪充教人。如蒙依奏後，任内犯入己臟，臣甘當同罪。及取到本官願就狀，稱不係填替、有服親並相容隱人，亦無應迴避親戚。若見任課利場務監官，即本司保明即今本任課額不虧。舉小使臣，仍云前任或見任不係請大添支二年以上，亦不係請大添支一年以上、改請馹料合省綱運草場之人。今來某處某官闕，合從本司奏舉。如親民闕，仍聲説某官所就闕處有無產業。獨員者，云合從臣奏舉；若輪舉者，仍云某司或別官已奏舉某官。謹録奏聞，伏候敕旨。

年月　日具官臣姓　名　狀奏

舉辟官命差遣狀前貼黄

具官姓名、使臣、校尉，云識與不識字。年甲、鄉貫、出身、元補授因依及逐次改轉年月日。内合呈試出官人，仍聲説某年月日參呈試某事出官，某年月日部。如未，即云未曾參部。

一三代：曾祖某，祖某，父某。

一歷任差遣：使臣云住程差遣。初任，某年月日奉告勅、宣劄，差充某差遣，仍具到罷因依、年月日；若元非本部差充諸般幹辦去處，即具許理資任朝旨全文因依。次任依前開具，已得替，曾未替到部，或見在任。若替罷三年已上，即聲説有是何因依緣故不赴部公參。

一過犯元犯事因，所得刑名，情理輕重，結斷年月日，仍具全文。無，即云無。

一舉主職位姓名。二員以上各具。無，即云無。

一某即今別無勾追取勘諸般官司縉系不了事件。

一勞績：某年月日立功事因，所得酬奬名色。無，即云無。

一舉緣邊差遣者，即聲説不係宗室女夫。

一見理是何資序，應關陞即具投下年月日，後來曾得是何指揮，校尉不用此項。

見任或前任係請大小添支或馹料食錢，今任若前任或本身有無免短使。承務郎以上、承直郎以上、大使臣，不用此項。

一某即不曾別就差遣，如曾，供願就某處差遣後來曾得是何指揮，或未蒙指揮。

一在朝親屬職名、姓名。無，即云無。

一不係權要子弟親戚。謂見任兩省、臺諫、侍從以上有服親。

申明

隨敕申明

職制

淳熙六年七月二十四日勅：應辟官，除元有指揮不拘常制去處外，若係後來一時陳請指揮，不以有無拘礙者，今後並不許引用。

慶元元年正月六日勅：諸路監司州軍等處，今後奏辟官屬，不得引用不以有無拘礙指揮，並遵依見行條法施行。

本所看詳：除軍期急速或緣措置邊防，及元有專制許不拘常制奏辟去處外，其餘陳請指揮，合依前項指揮，並不許引用，今聲説照用。

《吏部條法・奏辟門・奏辟門撮要》 應吏部員闕，不許舉辟，雖降到特旨，本部執奏不行。其應舉辟謂元非吏部闕。而未録到出身文字，雖降特旨，准此。應被奏差未注，而元奏官替移者，不差。即川、廣同銜奏辟而無違礙，合該差注，偶元奏官替移，但有壹員在任者，聽差。應停替未滿壹任，雖不拘常制，不得舉辟。應八路權注見闕，舉辟官同。勘當應差者，所權月日聽理爲任，舉主仍許收使。其不應注辟。雖已成資，並不理任。應初官不曾銓試中。雖不拘常制，不得舉辟差遣。應監司係貳員以上處，而本司應舉辟者，並連書或關牒就壹處奏舉。應舉辟闕，先取願狀。已供願狀者，不許退免。其已被舉辟而未滿任者，不得别舉辟。即舉繁難清要，或緣邊任使者，奏裁。已係繁難及緣邊者非。應堂闕，不許申辟。應進納出身人，不許舉辟。謂奏舉、奏辟、差遣。若曾請舉許辟監當，應親戚於法應避者，不許舉辟。應縣久不治，或繁難，當選差縣令者，聽監司或知州奏差。

應辟闕，須管於見任去替半年前具申，不許預期辟差下次人。應遇辟文字，並須録本人補授、轉官、告劄歷任批書印紙壹宗，並夾細家狀連粘縫印，法官點對繳申。如止連家狀。不行抄録出身以來文字，更不收接。應諸處申辟差遣，不該已經劄報，不許仍前復以前闕再行辟上。應部闕中，除元係辟闕外，其京、襄、四川、兩淮極邊，及二廣惡弱去處，遇闕官許令選辟，餘不許申辟。應監當資序，不許舉辟權親民。今任正監當虧欠，曾該責罰，雖已替罷，不許舉課利場務。已授縣令、見在任録事、司理、司法參軍，不許舉充監當。凡經論列不得差遣人，不許辟鹽司監當。

《辟差格例》：初官未有考任，及歷任未成資而辟差遣。資格未及而輒超辟闕次。奏補未銓中人，亦敢妄行申辟。不問贓私被論，後未經部注差遣，徑作無過人申辟。恩科出身，輒辟獄官年及冒辟縣令。宗室添差闕而辟庶姓。見任人到任未久，預辟下次。進納得官，及不係試中材武人，而辟巡檢、知縣。須入未滿辟通判與帥機。有犯未得放行參注，及不得與親民差遣。進納特科人不許辟縣尉。不係四川、二廣、兩淮、京湖沿江州郡極邊去處，而辟部闕。元指揮止許選辟壹次，而辟次任。不許申辟衝堂差部注已差下人。監司郡守離任而辟官。軍功人不應元指揮，輒求佗辟。不許監司守臣辟親屬爲所部屬官。不許以辟衝填見闕，却令已差下人改替，或别行注授。武臣無令狀三紙不許辟令。納粟人雖有舉主，亦不許辟鹽場官。知縣、獄官，係不許作隨司解任申辟。停廢或責降差遣，若停替未滿壹任人。以上貳拾項並不許辟差。四川、二廣如係無人注授，初任部闕及辟闕，並許以初官申辟。淮北州軍不以資格，許初官申辟。四川已經須入兩考者，亦許正辟爲倅。如係四川、二廣、兩淮、京湖沿江極邊去處，許辟無人注授部闕。亦須見任人去滿替在半年內。前項許辟部闕去處，並要所辟人歷任成資後方許申辟。兩浙、江東、江西、福建除辟闕許辟外，或有曾經盜賊去處，及委無人注授部闕，許監司以應入資格人申辟。軍功補授未參部人，許辟極邊巡尉、監當指使。謂有制司背批離軍公據，及曾經辟差者。已上柒項並許申辟。應諸處奏辟差遣，除前項聲説外，餘依本法。

《吏部條法・奏辟門・奏辟》《尚書侍郎左右選通用敕》諸四川奏辟闕，内有不該差注，而不即附籍押官及申省違限者，杖壹百。

《尚書侍郎左右選通用令》諸奏辟官，並開坐見行許辟差條法指揮，保明指定無衝改，聽申奏。諸吏部員闕不許舉辟，雖降到特旨，許本部執奏不行。其應舉辟，謂元非吏部闕。而未録到出身文字者，雖降特旨准此。仍候入限，聽依本色官奏舉。諸辟差官，須候授朝廷付身訖，方許上任。其緊切職任不可時暫闕官者，聽先主管職事。諸四川申到奏辟闕内有不該差注者，即時附籍押官。限壹日具申都省，候得指揮，聽本部出闕，許本貫四川、或係内地而名籍見在四川，及前任四川差遣，雖已參轉運司本路及他路同。見理名次，而因事到闕無違礙人，參部注授。壹季無人願就者，並還本處奏辟。諸邕、欽、廉州見闕官處，已注授者，雖不拘常制，不得奏差。諸被奏差未注，而元奏官替移者，不差。即川、廣同衡奏辟而無違礙，合該差注，偶元奏官替移，但有壹員在任者，聽差。諸停替未滿壹任，雖不拘常制，不得舉辟。諸邊防河事官屬，並不得奏辟停替未應入本等差遣，及事故違礙人充。諸成都府利州等路茶場監官闕，許都大提舉茶馬司選擇奏辟差注。諸武岡軍綏寧知縣，許荊湖南路安撫司於文武臣内選擇奏辟差注。諸四川奏辟，内不該闕，如有四川因事到闕人參部注授，擬定日，即符本路轉運司，仍追准奏官赴部，當官收領，即時入遞。

《尚書侍郎左右選考功通用令》諸八路權注見闕，舉辟官同。勘當應差者，所權月日聽理爲任。舉主仍許收使。其不應注辟，雖已成資並不理任。

《尚書侍郎左選通用令》諸初官不曾銓試中，雖不拘常制，不得舉辟差遣。

《尚書右選令》諸南平軍播川知城兼本城兵馬都監闕，聽夔州路諸司公共選擇奏差。

《侍郎左選令》諸合同茶場簿尉兼者，許都大提舉茶馬司不拘常制選擇奏辟差注。諸舉辟，或朝廷差注合理任人，謂如博買木植掌機宜之類。如合移注職官、知縣、縣令，願改正官序者，與就注，通理年月滿替。諸司理、司法參軍兼官同。縣尉，不職弛慢怯懦，奏劾對換者。其被奏人已成資即放離任。若舉辟填見闕，須經使未注人方與移注。

《尚書侍郎右選通用令》諸緣邊城寨武臣闕，應奏辟者，舉大小使臣歷任有舉主、無過犯、應材武人充。諸奏差人未經判成者，隨事會問所屬無違礙乃注。不應格者，報元奏官司。諸廣南差遣，應先轉官而到任未成資者，不得別有奏舉。若未滿願奏舉一般差遣，即通任及貳年，方許別理考任。酬獎理任自依本法。諸黎、文州買馬監押闕，許都大提舉茶馬司選擇有才幹諳曉蠻情人奏差。諸郴州南安軍都巡檢使兼宜城、零陵兩鄉煙火盜賊公事闕，榜及壹季無人願就，下荊湖南路帥憲司，於大小使臣內，選經任無過犯、諳曉民事人，銓量奏辟，聽先次赴上。諸見任及前宰相執政官，任使相之類得旨依執政例者同。合破隨行使臣，雖初任人，並許辟差。任滿乞留再任者聽。

《侍郎右選令》諸三路廣南西路指使，並經略安撫司奏差。仍叁分以貳分依名次撥聽候差使。若不足者，許指名奏差。諸欽、廉州沿海巡檢兵馬監押員闕，並聽廣西經略安撫司踏逐奏差。諸被奏差，不以遠近聽注，仍免短使。非□連差遣，不免重難綱運。諸奏舉小使臣監當差遣，歷任無舉主者，與理舉狀爲舉主。諸押隊應保奏再任者，須去替半年前保奏。若近地去替壹季，遠地至任滿日奏狀不到部者，聽本部使闕。其注官後奏到者，不在行使之限。諸親王府下班祇應，轉進武校尉，後願奏留者，聽。不得過叁年。諸小使臣校尉，初任不許舉辟。踏逐指差同。即已經任，每因舉辟得替者，並赴部注授，任滿再聽舉辟。以上雖不拘常制，及官司請到特旨，免執奏占留，並奏知不行。見任及前任宰執並使相，依執政例，合破本府使臣指使之類，不用此令。諸小使臣校尉，未曾參部，不許官司差權職任，並時暫幹辦。雖奉特旨，及不拘常制踏逐抽差，並執奏不行。

《淳祐令》諸監司係貳員以上處，而本司應舉辟官者，並連書或關牒就壹處奏舉。諸闕員應舉官者，見任人替前壹年內，非次闕承報後陸拾日，創添復置闕(伯)〔佰〕日。依本色奏舉內見闕無差下人，方許舉辟。即雖舉而礙法，及因闕報差誤致所舉不應法而退回者，准上法再舉。過滿及見闕，止限叁拾日。仍除程計之。無官可舉者，申尚書吏部。雖爲吏部差填至任滿，其舉官仍舊。諸命官曾犯贓私罪，或無人薦舉，或應直注，或已授差遣，或未經壹任，若承直郎以下，歷任未及貳考，或前任在京監當末帳未畢，或見任開封祥符縣丞，正監課利場務，比祖額虧欠，監鑄錢監河埽使臣，或已授緣邊縣令，在京見闕，及見任倉庫小使臣校尉，未曾參部，或未經短使，或得替應入重難綱運草場。承直郎以下，到任貳年以上，將來得替，或已得替各不應免試，或已就免試注殘零闕者，各不在舉辟之限。諸舉辟者，先取願狀，已供願狀者，不許退免。其已被舉辟而未滿任者，不得別舉辟。即舉繁難清要或緣邊任使者，奏裁。已係繁難及緣邊者，非。諸應奏辟官者，不許辟通判及權陞職任，並衝移已差注替人及半年者。在之官限外不合赴上者，非。寄祿官朝議大夫以下，仍替成資闕。諸命官任有賞處，不得奏舉再任。即緣邊及遠惡或繁難者，不用此令。諸所部官有過及不職奏罷，其闕非應奏舉者，不許舉填。諸監當資序，不許舉辟權親民。今任正監當虧欠，曾該責罰，雖已替罷，不許舉課利場務。諸提點刑獄已授縣令，及見在任録事、司理、司法參軍，不許舉充監當。諸提點刑獄司緝捕盜賊，若見闕及過滿，如經壹季別無朝廷並吏部闕報已差人，即許本司舉辟。諸縣(又)〔之〕不治，或繁難當選差縣令者，聽監司或知州奏差。諸承直郎以下於法不應磨勘改官者，雖不拘常制，不得舉辟有酬賞改官處。諸承直郎以下、初磨勘改官入知縣人，非緣邊軍興，雖不拘常制不得舉辟別差遣，其奏舉從事郎以上，用改官舉狀入從事郎以上者同。知縣、謂奏舉充從事郎以上而應注知縣者。縣令准此。未移注願止依本資序就舉辟者，聽。諸進納出身人不許舉辟。謂奏舉、奏辟、差遣。餘條稱舉辟准此。其係承直郎以下成肆考者，許薦舉。即流外出身人，歷任無贓私罪，有舉者貳人，聽舉辟。諸親戚於法應避者，不許舉辟。

《尚書右選侍郎左右選通用格》隨行使臣：通差大小使臣選人校副尉。見任宰相，三公三少使相同。謂得昔依宰相恩數者。壹拾貳人。前宰相，捌人。見任執政官，兩府同，謂得旨依執政恩數者。壹拾人。前執政官，陸人。

《尚書侍郎右選通用格》管幹葬事使臣：前宰相，肆人。前執政官，叁人。

《尚書侍郎左右選通用申明》紹興十七年十二月六日，樞密院劄子：勘會廣南西路奏舉緣邊寨闕，奉聖旨：除犯入己贓，並付身不圓，本貫州進納出身，元發奏（宮）〔官〕替移，已經本路兩次奏辟人吏，非泛補授出職吏人，不差緣邊城寨官，奏狀前不曾連到家狀脚色録白付身不差外，餘並差注。內合呈試人權令舉辟官司呈試，候到部日，依條呈試施行。慶元元年十月四日敕：吏部狀，廣東經略安撫提刑轉運提舉司奏，契勘本路管下知縣縣令內，有久闕正官去處，緣拘銓法，無本等人指射，畫降指揮，許監司奏辟壹次。上件窠闕，多有水土惡弱去處，所奏辟人到任，近不及數旬、遠未及數月，已有事故，依舊無人注授，即與不曾奏辟一同。欲今後遇有奏辟知縣、縣令，久無正官窠闕，如到任在貳年內事故，不問已未祗授付身，乞再令逐司公共奏辟壹次，更不申明，本部今指定，欲從逐司所乞事理施行。奉聖旨：依。本所看詳上件指揮，爲廣東奏辟知縣、縣令，到任未久事故，依舊無人願就，即與不曾奏辟一同。故降前項指揮，許再辟壹次。今聲説存留照用。嘉泰四年二月二十日敕：吏部勘當二廣諸縣，壹年無正官注授者，令吏部四選通差，或四選中又滿壹季無人注授者，令監司帥守審度文武中廉勤慈惠者，奏辟充填。然後考覈臧否，嚴加黜陟。奉聖旨：依。慶元六年十月十七日，樞密院劄子：樞密院奏，四川安撫制置司中，四路緣邊州軍城寨官窠闕，乞下四路轉運司，今後須審量人材，委實堪任邊面，方許照資格差注。如到任於邊面不職，騒擾透漏，引惹蕃部作過，乞令元差注官司任責，雖已去官，遇赦不與原免。四路緣邊知縣、縣令，有運司定差窠闕，有提刑安撫轉運司辟差去處，今後須管選材差辟，若所差不職，元差注官亦不以去官赦原。奉聖旨：依。嘉泰三年八月十六日，都省劄子：檢會嘉泰三年八月十二日，奉聖旨：四川茶馬司，累年綱馬全不及格，（尺）積弊既深，宜有更革。自今後都大茶馬官文武臣，各差壹員。三省樞密院條具合行事件：一、屬官元有幹辦公事肆員，川司簽廳兩員。秦司、宕昌各壹員。每遇闕官，許照應元降指揮不拘常格奏辟外，更有準備差遣壹員，近來多不差辟。如遇職事繁劇，同行奏辟。奉聖旨：依。嘉泰三年九月十二日，都省劄子：武略郎右武衛中郎將新除都大提舉四川第路買馬監牧公事彭輅劄子，申稟事件數內，一、照得茶馬既分兩司，而馬司所部諸州買馬去處，全藉官屬協力辦集。今來馬司既於興元置司，亦合將幹辦公事貳員，分撥兩處。內壹員從舊於宕昌主管簽廳措置，互市買馬。壹員合於興元府本司簽廳。照得江上諸軍合取川馬，係在成都府団併排發。今合依秦司舊來條例，置簽廳官壹員於成都府，欲將見在秦司壹員權往成都府主管簽廳，其準備差遣壹員許輅專行奏辟，於本司簽廳禆贊職事。今來所乞辟差官屬，許輅於見任寄居待闕文武官內，不以有無拘礙，選擇廉能强幹諳熟馬政之人。奉聖旨：依。嘉泰元年七月二十六日敕：臣僚奏，仰惟國家法令，所宜遵守，或創例破法，豈可不參酌而訂正之？初官不許辟差。具有成法，近有未經任人奏辟而得之，況其間有場務合注曾經課利增羨人，若例皆許辟初官，則未諳練經歷者，皆求辟闕矣。欲望令吏部措置，革絶施行。奉聖旨：依。令三省樞密院吏部常切遵守。

《尚書左選申明》淳熙十六年十一月二十七日敕：臣僚上言，廣西郡守諸司狥私奏辟，欲望特降睿旨，今後廣西州郡下政未曾差人處，令吏部先壹年牓示，如已破格，亦須壹季無人願就，方許行下本處，依公奏辟壹次。奉塑旨：依。

《尚書侍郎右選通用申明》紹興二十九年七月十二日，樞密院奏：馬軍司申，本司舊管準備差遣差使喚使臣，係本司踏逐已未經任有心力人。近因吏部引用辟差條法，須要有舉主經任人，欲從本司踏逐無過犯已未經任人，申朝廷取索付身照驗差撥。奉聖旨：依。淳熙六年四月四日敕：吏部狀，照得四川運司，係代吏部參選注授，今欲乞四川合呈試參司人，赴制置使司差官監試。內呈試第貳第叁等弓力人添試斷案壹場，就銓試院收試。候〔試〕中方許參司注授。所有二廣願就定辟差人。權令赴本路安撫司呈試。其試中止許就本路定辟窠闕。若將來因事到部，或移籍前來之人，即依本部見行條法別行收試。候試中方許參部注授本部窠闕。奉聖旨：依。淳熙七年七月十一日敕：今後蜀中緣邊寨堡，並仰正行奏辟，雖元奏辟官替移，並令終任，不得差官權攝。如違依條將請給計贓施行。淳熙八年九月三日，樞密院劄子：四川安撫制置司奏，奏聖旨，四川制置司辟差闕內，留貳拾闕令本司依格辟差。仍先次開具存留窠闕奏聞。奉聖旨：依。成都府路嘉定府中鎮知寨、威州春祺知城、嘉會知寨、通化軍監押、茂州牛溪鎮把隘、鷄宗關知堡鎮、羌知寨鎮羌寨監押、潼川府路、瀘州納溪知寨、樂共城監押、九支知寨、安溪知寨、安溪寨監押、安遠寨守把、江門知寨、長寧軍石筍堡巡檢、叙州横法寨司守把、利州路階州武平知寨、平定關使龍州乾坡知寨。淳熙十年二月十七日敕：四川茶馬司狀，西和州宕昌知寨、兵馬監押、舊州兵馬監押、床川、閬川、荔川知寨，鐸龍橋巡檢、階州峰鐵峽知寨、兵馬都監，共玖闕，並係西馬來路，委於本司職事利害，若非特降指揮，從本司同轉運司選官辟差，竊慮不得其人，有誤馬政。奉聖旨：特依。嘉泰四年九月二十一日，樞密院劄子：四川安撫制置司奏，龍州漁溪、濁水兩處寨官，今以兩巡檢兼知兩寨，非惟責任不專，緩急雖以倚仗。龍州見管指使兩人別無職事，今權行住罷，却從本司選擇諳曉材武堪任邊寨貳人，專充濁水，漁溪兩寨官，仍申朝廷乞降付身。其巡檢貳人依舊令運司專注。奉聖旨：依。淳熙七年六月十八日，樞密院劄子：奉聖旨，廣西、湖南、北安撫司應舉辟差遣，合申樞密院銓量，内安撫司水軍統領都巡檢使，提舉左、右江兵馬盗賊公事，知縣，安撫司準備將領，委自本路帥臣依公奏辟，隨所辟文狀，今親身賫付身赴樞密院銓量。依條施行。其餘辟差人止繳連録白付身申樞密院，驗實照應已降指揮施行。淳熙九年十二月十二日，樞密院劄子：奉聖旨，宜州管下環州兵馬監押兼巡捉私茶鹽礬兼知思恩縣事、宜州管界緣邊都巡檢，兼照管融州溪洞賊盗公事、宜州都巡檢使提舉諸堡寨賊盗公事，高峰寨駐劄，廣南西路經略安撫司準備將領貳員，壹員鎮寧寨駐劄，壹員思立寨駐劄，伍闕令本路安撫提刑轉運三司，照應见行辟差條法指揮，公共選擇人材，聯銜奏辟，免親身赴樞密院銓量。紹熙元年四月二十九日敕：今後諸州軍兵馬都監獨員處，專注應材武，次曾任主兵官人。合差貳員以上，及都監押共差貳員以上處，並照去替年月通融注授壹員應材武，次曾任主兵官人。遇有射闕人，本部闕會照應差注，其餘員數並依舊法注擬。如同日指射，即先差應材武，次曾任主兵官人。

《尚書考功申明》慶元三年十月九日敕：臨安府奏，輦轂文下，彈壓之政，弭盗爲光。警捕得人。市偷屏迹，居民安堵。紹興三年守臣梁汝嘉乞增緝捕使臣爲拾員，五年指揮理爲合入資任。乾道間少尹沈夏之請增至拾貳員，理爲資任，任滿比較。如本地分内全無盗賊，與減貳年磨勘。如有盗賊，將所獲件數比折所獲數多，與減壹年磨勘。未獲數多，即展壹年磨勘。若事涉重害從本府别行申奏賞罰。欲望今後許令本府不以有無拘礙，於大小使臣校副尉内，踏逐選擇果可倚仗之人，具申朝廷，指差理爲資任，任滿比較賞罰，立爲定制。奉聖旨：依。

《侍郎左選申明》嘉定元年十月三日敕：吏部勘當，成都運判錢文子狀，本司所管成都府錢引務，抄紙場監官職事，繁劇弊倖，實費關防。乞將監官窠闕，注奏舉關陞經任有舉主人，仍不注初官，及恩科並年陸拾以上人破格注授。如見任人去替半年，無人注授，從本司照格法選辟。奉聖旨：依。

《尚書左選申明》嘉定三年正月九日敕：臣僚奏，令諸路帥臣監司，如作邑未滿者不許奏辟。奉聖旨：依。嘉定三年四月二十日，尚書省劄子：臣僚奏，改官人受辟，候任回須管依舊作縣。奉聖旨：依。

《尚書侍郎右選通用申明》嘉定三年十一月空日，尚書省批狀：下四川監司帥臣，應沿邊知縣，有四選通差去處，非武舉出身不許注授及破格奏辟。

《尚書左右選通用申明》嘉定五年八月空日敕：令三衙諸軍帥，今後書寫機宜文字，止許辟子孫弟侄，不得奏辟異姓。制置安撫司有合辟去處，亦一體施行。

《侍郎右選申明》嘉定五年八月二十一日，樞密院劄子：吏部措置，小使臣校尉，有堂除辟差，元係初官，未曾經任諸州軍，不得放令交割。輒敢夤緣請託脱漏放行赴上，將來在任月日，並不理爲住程考任。請過請給計臟追納，坐以違制之罪。其有雖曾經任，元不曾呈試中選。及軍頭司御輦院、御厨儀鸞司、修内司、翰林司、祇候庫、内軍器庫、御酒庫、萬壽觀等處，及諸司差遣，如係初出官，未曾經任，不曾呈試中人，一體施行。奉聖旨：依。

《尚書右選侍郎左右選通用申明》嘉定五年十月六日敕：行在贍軍諸酒庫雙員監當，自今後並以文武對差，内堂除闕，仍舊堂差。部闕令史部差注流内文臣，其潘封庫内壹員，令點檢所奏辟流内文臣。

《尚書侍郎左選通用申明》嘉定八年二月二十五日敕：成都潼川府夔州利州路安撫制置使董居誼奏，四蜀沿邊諸縣闕人，無官願就，欲令逐路運司，遴選待班人内有材幹精力人姓名保明，本司審量委堪任使奏差，就權理作改官須入，而磨勘轉官仍自受告日起理，不許諸司旁緣奏辟。奉聖旨：令四川制司將沿邊縣闕，於見待班人内，選辟壹次。候班次到日，與换給付身。却自改官後起理須入知縣月日。

《尚書侍郎左右選通用申明》嘉定九年十一月二日，尚書省劄子：臣僚上言，極邊要地正藉才能，辟之可也。繁難惡弱久闕正員，避之可也。今也或利見次，或規厚俸，或近地之頗便私計，或當路之適有夤緣，憑藉要塗，例求改辟，有需次數年或瓜期將及而中輟者，有連兩政而不得上者。恩歸於私室，怨及於公朝。欲今後諸路差遣，自非邊面及敗闕水土惡弱久無正官者，並不許奏辟衝改下政待次之人。如違許吏部执奏，壹諫按劾。奏聖旨：依。

《尚書侍郎右選司勳考功通用申明》嘉定十二年十二月二十八日，樞密院劄子：廣西經略安撫司措置廉州管下秋風山永平鄉，係傜人出没之衝，廉、鬱要害之處，欲移本州管界巡檢就永平鄉置司名永平寨，以五州管界巡檢彈壓山傜盜賊。永平寨駐劄繫銜，受鬱州舉刺，任滿從兩州保明方許放行，批書離任授訖轉壹官。已有定格。任滿寧静，本司保奏，與再特轉壹官。又象、貴兩州之間，有古鐵块一路，客旅官軍往來，藏伏逃軍兇徒聚劫，最爲害要。欲於兩界上穿山鋪創置一寨，專置檢壹員，從本司不以大小使臣内選擇材武避差，以象、貴、潯、賓、柳伍州管界巡檢穿山寨駐劄繫銜，叁年爲任，受兩州舉刺，任滿從兩州保明，方許批書離任。任滿酬賞照貴州巡檢賞格施行。奉聖旨：並特依。

《侍郎左選申明》嘉定十四年三月空日，尚書省批下：吏部勘當，成都運判范仲武申，今後縣久不治或繁難，當選差縣令者，聽監司知州奏差。所有曹職丞簿等闕，除宣制兩司特辟外，其餘不許州郡徑自辟差。並令歸部，及川、廣運司注授。下四川、二廣監司州軍遵守施行。嘉定十四年七月十八日，樞密院劄子：奉聖旨：沿江制置副使司申，差幹辦公事壹員，於京官選人内通差。準備差遣壹員，專差選人經任有舉主無過犯人。準備差使貳員，通差大小使臣。今本司從公避辟，不許差權要子弟並親知以充員數。嘉定十四年閏十二月五日敕：静江府廣西經略胡榥狀，本府拾縣官，下吏部照格法盡差京官選人，不許諸司妄辟右選。奉聖旨：依。

《尚書侍郎左右選通用申明》嘉定十五年四月空日，尚書省劄子：臣僚奏，凡經論列不與親民差遣人，不許注鹽司監當，監司郡守亦不許奏辟。奉聖旨：依。嘉定十六年二月十八日敕：淮西安撫副使司差置官屬，奉聖旨：權置幹辦公事壹員，通差京官選人。準備差遣壹員，通差文武官。準備差使壹員，通差大小使臣，並經任無過犯人。令本司從公選辟，不許差權要子弟親知以允員數。嘉定十七年三月十六日敕：吏部看詳，臣僚奏請，已有差遣人不得幹堂，亦不許舉辟，如有似此之人，並以違制論。奉聖旨：依。寶慶二年四月八日敕：臣僚奏，下二廣遵行條制，如守令許辟，亦須見闕，堂部無人注授，方許奏辟。如通判、幕職、教授等官，將滿半年前未有替人，申部。出闕滿三月無人注擬，申省。行下本路，通判以下京官闕，從諸司奏辟。選人闕，從漕司定差。作邑未滿叁考，作倅未滿壹考，不許预辟。奉聖旨：依。

《尚書侍郎右選考功通用申明》寶慶三年五月十五日敕：自今右選須關陞親民，陸考方許辟邑試邑，後歷兩任方許辟州，武舉從軍人依舊例作縣畢，須歷計議等官，然後該差。

《侍郎左右選通用申明》寶慶三年十一月二十七日，尚書省劄子：臣僚上言，自今以後選人先任諸郡教官，武臣先任四川、二廣沿邊、次邊縣令。曾經奏罷者，各不得再注前任差遣。其有已該赦許依無過人例之人，止令别入差遣。諸監司州郡不得巧作名色奏辟。儻或違戾，重加鐫罷。奉聖旨：依。

《尚書侍郎左選通用申明》紹定元年十月二日，湖廣總所申，欲於江陵府將見任倉庫官專監大軍倉，各别置大軍庫壹員，選辟經任有材具敏辦人。奉聖旨：特依。本所看詳，上件指揮，創置江州江陵府大軍庫官各壹員，取到侍左供，係是辟闕，雖不係本部使闕，權留照用。

《侍郎左選申明》紹定三年十月一日，尚書省劄子：臣僚上言，自今縣令須令曾歷叁考，有縣令以上舉主叁員，前後無公私過犯人，方許注授。不許打作破格。輒爲（界）〔畀〕付，或監司帥守有請辟置，亦令吏部契勘合格，方與施行。十月三日，奉聖旨：依。

《尚書侍郎右選通用申明》紹定四年二月八日，尚書省劄子：臣僚上言，自今除極邊制閫申辟官屬，與諸監司屬官，元係辟闕，及創置窠闕，許令辟置。其餘州縣常程差遣，並不許輒行衝辟，如有違戾，令給舍繳駁，臺諫論奏，併奏辟官與議重罰。二月四日，奉聖旨：依。

《尚書侍郎右選考功通用申明》紹定五年十一月十五日，尚書省批下：勘會榮文恭王墳所合差主管香火，奉聖旨：令於大小使臣曾經參部人内選辟壹員。不妨新任差權，並以叁年爲任。

《尚書侍郎左右選通用申明》紹定六年四月空日，都省劄子：四川制司申，在選官，不曾幹堂人方行奏辟。仍於滿替壹季前陳乞。新改官合入知縣人不許求辟。文武官非本司合辟闕次，並各赴運司依條差注。右劄付吏部，證所申事理施行。瑞平二年十一月十七日，尚書省劄子：吏部乞申嚴條令，今後有將本部闕奏辟，及幹堂差，許本部照條執奏。照得方今選辟之權。重於銓部，重於朝省。吏部申明，臣僚奏請，禁絶未久，衝改隨之。如淮、甸、荊、襄當風寒之衝，嶺嶠遐僻入瘴之地，人不願授次，因久闕者，或聽權宜選辟，或與持筆堂差。至有江浙輔郡，又如師儒冷官，亦以辟狀，而壞部法，或以特差，而衝部注。合議行下，劄付吏部，如非緊急權宜，如已降指揮許令選辟，輒以特差辟置衝改部注者，許令執奏。准此。本所看詳前件指揮，吏部詳審報到。續有淳祐十一年十二月十六日聖旨指揮，令諸制司總所帥司監司遵守。除元係辟闕，及襄、蜀、兩淮極邊，並新復郡縣，及二廣惡弱去處，或遇闕官許酌量選外，其餘並不許輒將堂部闕申辟。如違取旨施行。今聲説照用。嘉熙二年三月二十三日，都省劄子：檢會下項嘉熙元年十一月十四日朝旨。行下諸監司州軍，止當以辟差闕來上。其川、廣定差窠闕，或部闕無人注授，方許改替見任人，其兩浙、江東、西、福建、湖南六路，除曾經盗賊蹂踐去處外，其餘内地不得以堂部闕妄行申辟。如委無官願就，須先申部，方許辟上，雖是辟闕，亦不許辟兩政。嘉熙二年二月十七日朝旨，今後衹許照條奏差合辟之闕，其部闕非辟闕，不許巧作名色奏辟，雖合辟闕，不得衝替。已差人仍不得辟差。因任其權宜選辟壹次者，不循例辟下政。如違，辟狀不行，所舉之官、受辟之人，並坐以降官罷任之罪。劄付吏部。牒諸路帥臣監司諸州軍常切遵守施行。嘉熙二年九月十二日，都省劄子：四川、二廣沿邊州縣官。非見闕去處，不許辟下次人待闕。違者，所辟官與受辟人並行取旨鐫降。

《尚書左選申明》嘉熙三年正月二十六日敕：今後二廣知州闕，並不許諸司申奏辟差。嘉熙三年八月十四日敕：吏部尚書左選具到條例内壹項，照得昨申請將郢州、均州、無爲軍、房、池、瑞州、興國、臨江、南安軍、岳州通判拾闕，係沿邊江面去處，專注無過人，仍不作破格，節次據官員乞作破格，及注前任無過人，陳詞不已。條例所看詳，諸理知縣資序人，若在任實歷成貳考，丁憂或避期以上親及陞權改差罷任者，許理爲壹任，聽注破格通判及別差遣。今日作邑者皆憚其難，才及兩考經營求辟。或作避親緣故脱去。今立爲定格，諸作縣及兩考以上，果有才行爲諸司辟舉者，衹得辟知縣資序幹官闕。丁憂以理去官，及避期以上親者，自如本法。其避非期以上親，再注知縣補前任月日，方許注破格通判或別差遣。又看詳，沿邊江面郢、均、池、瑞、岳州，無爲、興國、臨江、南安軍通判，要須擇人，不當論資格，專注無過犯人則可，不作破格則不可，合仍舊照法收入破格，許改官作縣滿，無過犯人通注。若已曾經闕陞通判資序人，並許注授。奉聖旨：依。

《尚書侍郎右選通用申明》嘉熙三年十一月二十九日，奉聖旨：今後二廣縣令，非武舉蔭補出身，及有監司知州薦舉令狀，不得辟充縣令。

《尚書侍郎左選通用申明》嘉熙四年五月十一日，都省批下：今後選人不待班引不得辟縣。檢坐嘉熙四年四月十二日尚左郎官程公許劄子：諸路帥守監司，無得以本部京官、通判、知縣、縣丞、監當窠闕，指稱闕敗妄行辟舉，庶幾銓法一定。下諸路監司帥守常切遵守，送吏部照應施行。

《尚書侍郎左右選通用申明》淳祐元年二月空日，樞密院劄子：諸路監司郡守，今後凡辟差遣，非見闕官去處，不許申辟。如或辟置見闕，繳連所辟官出身、履歷、朝典、家狀、録白、印紙、告劄，委官點對保明，不許妄行申上，破法壞例。

《尚書侍郎左右選考功通用申明》淳祐元年十月十一日敕：勘會令八路見闕應指射者，許先次差權理爲在任月日。端平三年指揮，添入淮、襄、極邊，照得淮、襄雖在邊，非比川、廣。奉聖旨：除川、廣差注及奏辟，許以就權月日，理爲在任。餘路不許引用。其端平三年四月十一日指揮更不施行。

《尚書左選申明》淳祐元年十月空日，都省劄子：臣僚奏，自今州郡差遣，非歷兩任通判終滿，不許注授，亦不許帥臣差辟。年及不作縣之人，不許入郡。十月十八日，奉聖旨：並依。令吏部及諸路制閫監司常切遵守。

《侍郎左選尚書考功通用申明》淳祐二年四月十日敕：浙西安撫使趙與篡狀申，辟迪功郎吕彬年以監兩浙西路安撫司贍軍德清正庫繫銜，承直郎趙汝迈以監兩浙西路安撫司贍軍德清東庫繫銜，通受本路監司舉刺，理爲資任。四月四日，奉聖旨：並特依。

《尚書侍郎右選通用申明》淳祐二年六月十三日敕：中書門下省内批付下白劄子所陳内壹項，竊見雜流補授，官止訓武郎，職止監當及將領副將之類。近年以來，多夤緣外閫剡辟及捏合軍功，有官至大使臣，職至總管者，合從朝廷釐正，向去並照成法施行。都司擬到吏職及減年補授，階（宮）〔官〕止訓武郎，職任止監當，所以重流品也。欲令吏部常切遵守，並下樞密院，若似此補授出身，冒幹正副將軍職差遣及超轉官資者，不許用例放行。

《尚書侍郎左選〔通〕用申明》淳祐三年八月空日，尚書省劄子：勘會軍功右選冒濫，已行條畫關防，所有書填文資合議指揮。八月八日奉聖旨：令諸路制司，今後如遇軍功書填左選告命綾紙，須管具本人立到是何功狀，詳述事因申樞密院，以憑奏審取旨，劄下本處，本人照應，即令本人並書填告命，賫赴吏部參注。若已填告命，不曾申奏取旨，劄下照應之人，並與白身人同，即不許參注奏辟。

《尚書侍郎左右選通用申明》淳祐五年六月十日敕：今後五書局提舉官下供檢文字，並照府第使臣一體施行，不許進士、宗室、任子差充，歷過考第關陞改官。不該收使其右選等人差充，理考自依指揮施行。淳祐五年十一月十五日敕：臣僚奏二廣見任人兩考有半之後，許諸司辟舉下政使授闕，受代者各以其時。奉聖旨：依。淳祐六年正月空日，尚書省劄子：吏部長貳詳議。知縣在任經營圖辟通判，候任滿須再令作邑，補滿前任知縣考第月日，方許注授通判，都司擬到，作縣考任未滿，或補滿考任，未合授通判人，不許諸司選辟。奉聖旨：依。淳祐六年十月十六日敕：將作少監劉竑之奏，四蜀州郡闕守，軍民雜處，差武臣者，兼曉民事人，其近南州郡合辟文臣爲之，或資序未應入郡，而已經須入兩考者，正辟爲倅，而以制書攝郡。一、武臣知州處，擇已改官人辟爲通判，理作須入。一、幕職州縣等官，權宜辟上，朝省亦與從權放行。四川制司申，以上叁項，欲特從所請，下本司遵照。照得制司詳酌。條具申請。幕職州縣官久闕正任，許不拘格法權辟。奉聖旨：令四川制司遵守施行。並下吏部照應。

《尚書左選申明》淳祐十年二月空日，都省劄子：臣僚奏，初改官人須入知縣實歷叁考，方差通判，如不滿叁考，須令補足試邑，罔功別圖改辟，將所辟舉主一例降黜。二月一日，三省同奉聖旨：依。

《尚書侍郎左右選通用申明》淳祐十一年十月空日，都省劄子：吏部申，條畫下項内壹項，照得監司郡守保明奏辟選人，就任改官辟充知縣，理爲須入之人，各先試中，方行出給京告。此項除四川、二廣、京、襄、湖南、北路、兩淮極邊就本路監司引試外，有選人就任改官辟充知縣，未受京官先試之人，未審合不就本選引試，或就都堂引試，劄付吏部，將外改辟充知縣人，除川、廣、京、湖、兩淮極邊外，餘並就都堂引試，候行下給告。本所看詳，前項指揮，取到吏部狀，稱續有淳祐十二年二月二十二日指揮。都省覆試知縣，非所以清中書之務，奉聖旨：令吏部從公覆試，方許注授。今聲説存留照用。淳祐十一年十一月空日，樞密院劄子：十一月二日奉聖旨：行門宮殿打傘（繖）擊鞭諸班直年代上名長入祗候等，年滿出職換授人。特與添差諸路州軍差遣。劄下吏部，除所授州軍。今後不許奏辟衝替。如到任，即令赴上，仍遵守舊制施行。右劄付吏部。淳祐十一年十二月十七日，尚書省劄子：勘會近來諸閫監司，將堂部闕申辟破例，雖屢申嚴，終未悛革。十二月十六日奉聖旨：令諸制司總所帥司監司，常切遵守，除元係辟闕，及襄、蜀、兩淮極邊新復郡縣，二廣惡弱去處闕官，許令斟量選辟。其餘並不許輒將堂部闕申辟，致妨孤寒注授，如違取旨施行。右並付吏部。

《尚書侍郎右選通用申明》淳祐十二年六月十三日敕：内批白劄子，竊見自來總管、路鈐，一路止各壹員，其州鈐路分。一路亦叁肆員而止。今有一州而總管數員，路鈐壹貳拾員者，乞自朝廷根刷諸路總管鈐路名籍，酌爲中制，立定員数施行。都司擬到，契勘諸路州郡總管路鈐。鈐轄路分正副將領員数極多。欲令（極）〔樞〕密院，除臨安府係駐蹕之地，兩淮、荊湖係制閫置司去處，其建康、鎮江、江、池州係屯駐大軍去處，見差員闕並免減，亦不再增，餘州郡各與立定員數，上州通差叁員，中州貳員，下州壹員，置籍差注入鑿。仍下諸制司照應，今後不許創辟内郡無闕兵官，常切遵守施行。三省同奉聖旨：依擬定到事理施行。寶祐元年九月空日，尚書省劄子：敕令所看詳，淮東、浙東、西鹽場，今後武臣不得注，許提舉司選辟清廉之人。九月二十四日，奉聖旨：依。照得兩浙鹽場，今隸運司提領鹽事所，合聲説照用。

《尚書侍郎左右選通用申明》寶祐二年十二月空日，尚書省劄子：檢會淳祐十二年六月十三日敕：内批付下白劄子内壹項，竊見見任宰相許辟使臣拾貳員，出外減爲捌員，見任執政許辟使臣拾員，出外減爲陸員。欲乞朝廷遵照條制施行。都司擬到宰執辟差使臣。各有員數，欲令三省樞密院吏部，各遵守施行。如有增員申辟，許吏部執申，不得額外放行。六月十三日，三省同奉聖旨：依擬定到事理施行。寶祐三年五月空日，都省劄子：權工部尚書兼中書舍人程元鳳劄子，奏陳辟差之弊，自今以始。惟川、廣極邊許辟，惟元係辟闕下政未有人者許辟。内地州縣官不許辟。諸司僚屬監當本非辟闕者，不許辟。雖是辟闕已差下人者，不許辟。既是辟闕又未差人而所辟之官資格未應授者，不許辟。如不許辟而輒辟者，辟主及受辟之官，並與鐫秩。五月十二日奉御筆：並依。右劄付吏部。寶祐四年十月六日，都省批下吏部：條具郎中張鎮奏，銓曹左選，越法舞文，爲奸之弊，下吏部嚴加革絶。内壹項，部闕不應辟乃求辟，攙已注之人。照得選人注授，有待叁貳年近次者，或待捌玖年遠次者。闕期將到，方欲赴上州軍監司申辟，或令改替，或别行注授，使差下人虚待歲月可念。乞下諸路州軍監司，今後遵照指揮。不許將部闕衝辟，或有申上不與施行。十二月十七日奉聖旨：依。寶祐四年十二月空日，尚書省劄子：勘會淳祐八年五月二十六日，臣僚奏請軍功冒濫之弊，數内壹項，應軍功補授人，自今後並不許諸路監司申辟充但幹（？）差遣，庶革攙奪。吏部條格，銓注小使臣之闕，已奉聖旨：依。諸司自合遵守。邇年以來。所辟軍功，紛然〔沓〕至，殊覺泛濫。又且超躐申辟，破壞銓曹成法，積弊固曰未能盡革，豈可略無限制。合行申嚴，須議指揮。三省同奉聖旨：令制總監司諸郡，今後應軍功補授人，不得以内地差遣申辟，其四川、荊、襄、兩淮極邊巡尉監當指使、監押窠闕。無人注授，方許辟軍功有考任人，自餘向上差遣並不許辟。其合辟去處，須於見替半年前具申，進納入亦當遵守條格，不得妄行辟差，不應受辟而輒行求辟，並照昨來指揮鐫降施行。右劄付吏部。

《尚書左選申明》寶祐五年七月七日都省劄子，勘會諸奏補京官，曾歷滿兩任肆考，年叁拾以上，有監司知州薦舉充實歷知縣者，聽注知縣，此祖宗定法也。近年以來舍法援例，方歷貳年，遽乞作邑，或自述先世之勳勞，或經營諸司之申辟，委是破壞格法，須議指揮。奉聖旨：令吏部遵照條法，應奏補京官，曾歷滿兩任肆考、年叁拾以上、有監司知州薦舉充實歷知縣者，方聽注授知縣。如未及肆考陳乞者，不許破法差注。雖有朝廷批狀，諸司申辟，亦仰本部執奏，不許具鈔。

《尚書侍郎右選通用申明》寶祐五年十二月二十日，尚書省劄子：檢會十一月二十三日恭奉内降，臣僚奏請銓曹舍法用例事，所有武臣差遣，合行申嚴下项。一、諸路水軍統領統轄，及邑州、左、右江肆寨兵馬盜賊公事，許各司照已降指揮選辟。一、三衙江上諸戎司，除書寫機宜文字合辟同姓弟侄兒孫，其正任幹辦公事、主管機宜文字計議官，並專差武舉出身，其正任準備差使，醫藥飯食準備差使係堂闕外，如添差準備差使、醫藥飯食準備差遣、幹辦公事主管機宜文字計議官，許行剡辟奏補軍功授人。一、指使、監當、巡檢、諸路監司，並不許奏辟未曾參部注授人。如是極邊無人注者，權與從辟，止理作從軍月日。初官不曾銓試中，不得舉辟差遣。其巡檢滿合授監押，監押滿合授將領。將領滿合授副將，自副將、正將、路分、州鈐路，曾歷兩任，方許辟陞壹級。如有功勞顯著奇才可用之人，帥閫着語保明，申上朝廷，却當斟酌施行。内路鈐雖歷兩任，非軍功顯著材能過人，朝廷得於聞見之素，及制帥見於選擇而辟者，不陞總管。其泛常補授出身，並至路鈐止。已歷路鈐者，許辟諸制司計議官。十一月十七日，奉聖旨：令制帥閫，及遇有申辟，仰遵照今來畫一條目施行，務在確守，不許違戾。劄付尚書吏部關牒施行。

《侍郎左右選通用申明》寶祐五年十二月二十日，都省劄子：檢會臣僚奏請，數内吏職入流，止許辟授監當差遣。進納人不許辟差。有已曾請舉人，許辟監當差遣。奉聖旨：令制帥司遵照施行。不許違戾。劄付尚書吏部。

《尚書侍郎左右選通用申明》寶祐六年正月九日，尚書省劄子：檢正（在）〔左〕右司狀，數内壹項，諸司申辟官屬，如辟主改差，除知縣獄官外，餘官並合隨司解罷，不許存留，有妨新任申辟。正月八日，奉聖旨：令尚書省一併揭示都門曉諭，仍下六曹並諸宣制帥監司守臣遵照。恪守成法。毋徇私舍法用例。常切遵守，一體施行，不許違戾，具遵禀聞奏。並下御史臺諫院，常切覺察。右劄付吏部。

《侍郎左右選通用申明》開慶元年七月二十七日敕：知隆興府趙時詁申，契勘在城有税官文武兩員，自減免諸色税錢之後，所收數少，貳官殆爲虚設。内文臣欲乞省罷，却與照舊例添差察推壹員，從本府選辟。奉聖旨：依。

《尚書侍郎左右選通用申明》開慶元年八月九日敕：沿海制置大使司狀，照對本司，昨來興復、慶元府、象山、鮚䲹、林村伍鄉碶酒務已辟官管幹，當來剡奏作慶元府酒務，恐向去司存混殽。乞將慶元府、象山、鮚䲹、林村伍鄉碶贍軍酒務，改爲監沿海制置使司贍軍酒庫，乞劄下本司，並吏部照應。八月九日，奉聖旨：依。

《侍郎左選申明》景定二年正月十二日，尚書省劉子：勘會淮、浙鹽場催煎買納支鹽官最近亭場，專任收趁支發之責，及其至任，知舉員之不可望，惟事攫拏。辟差之官，挾勢而來，隨司而去，爲補考求舉計，其如國課何？鹽司薦舉須當，及場監鹽司辟闕，必須令終任。正月十二日奉聖旨：令吏部遵守施行。今後諸司鹽場官仰加意銓量，毋注昏耄罷庸之人，仍徧牒浙東、西、淮東提舉司、浙西安撫司各照應，以舉刺旌別淑慝。凡辟闕鹽場官，並令終滿。考其殿最，赴茶鹽所批書，不許作隨司解任。其有貪繆不職者，亦須明正其罰。右劄付吏部。照得兩浙鹽場今隸提領兩浙鹽事所。合聲説照用。

《尚書侍郎左右選通用申明》景定二年七月二十九日敕：勘會州縣官，係部闕者，不許辟差。近年湖南、廣西多有闕官去處，部注之人，昨來擾攘，率是違年不赴。及各司辟至吏部，則又以已差人而格之。因此權攝充斥，殊爲民害。奉聖旨：令湖南、廣西帥漕憲倉諸司，將久闕正官去處選辟壹次。委是違年不赴，方可具申，却不許一例衝辟，有妨部注之人。

《侍郎左選申明》景定二年十二月十四日敕：中書門下省勘會，諸路制總監司州郡申辟官屬。近有初官未歷考任，遽行申辟，有被論未改正，徑作無過人申辟。有見任未久，而預辟下次。又有資格未及，而超躐申辟。破壞成法，合行申嚴。奉聖旨：令吏部行下諸路制總監司州軍，常切遵守條格，不許違戾。如係極邊去處，臨期斟酌施行。

《尚書侍郎左右選通用申明》景定三年四月空日。都省劄子：勘會四川文武官注授東南窠闕，固於條令指揮有礙，念其寄寓，亦當參酌施行。四月十三日，奉聖旨：四川文武官赴部，注授東南郡縣窠闕，謂正闕者。大藩節鎮每州不過貳員。餘州不得過壹員。每縣萬户以上，亦不得過壹員。不及萬户，不許差注。令吏部遵守施行。所有堂差通判以下窠闕，每路不過兩員。辟差窠闕，每路許以伍闕申辟。右劄付吏部。景定三年十二月空日，尚書省劄子，檢會景定三年四月十三日已降指揮，四川文武官赴部，注授東南郡縣窠闕。謂正闕者。大藩（郎）〔節〕鎮每州不得過貳員，餘州不得過壹員。每縣萬户以上，亦不得過壹員。不及萬户，不許差注。令吏部遵守施行。所有堂差通判以下窠闕，每路不許過兩員，辟差窠闕每路許以伍闕申辟。竊恐員多闕少，致使淹困，特與優異，須議指揮。照得昨降指揮，以四川有官人，當於故鄉取闕，故每路止放上項員數。今既在東南尚多，欲得闕養廉，難以拘已行限員。十二月十日，奉聖旨：每路照舊員額倍添員數，其辟差、堂差皆准此。景定三年八月空日，都省劄子：吏部狀，勘會已降指揮，蜀士堂差部注，皆有限員辟闕。每路亦限以伍闕。近有諸司申辟，蜀士多以堂部闕剡上，委是有戾。右劄付吏部，行下沿路制總監司州郡，各遵照已降指揮劄下事理常切遵守施行。

《侍郎左選申明》景定二年八月空日，尚書省劄子：權發遣鎮遠軍州事張謙狀，乞分理錢穀獄訟諸法曹官，選差謹重端雅之人時暫權攝。八月八日，奉聖旨：照壽昌軍例，以録參兼司理，以司法兼司户，令本州選辟壹次。仍下吏部作闕。

《尚書左選申明》景定三年五月空日，都省劄子：知循州劉宗申，乞省罷通判，添置簽判。五月六日，奉聖旨：從申，省罷通判，添置簽判壹員。令廣東安撫司從公選辟壹次。

《吏部條法·奏辟門·定差》

《尚書侍郎左右選通用敕》諸四川定差闕內，有不該差注而不即附籍押官，及申省違限者，杖壹佰。

《尚書侍郎左右選通用令》諸四川申到定差闕，內有不該差注者，雖該定差而別有除授者。即時附籍押官，限壹日具申都省，候得指揮，聽本部出闕。許本貫四川或係內地而名籍見在四川、及前任四川差遣，雖已參轉運司，本路及他路同。見理名次而因事到闕無違礙人，參部注授。定差闕未指射而轉運司定差到者，即先注定差人。或同日指射者准此。壹季無人願就者，並還本處定差。諸四川定差內不該闕，如有四川因事到闕人，參部注授。擬定日即符本路轉運司，仍追進奏官，赴部當官收領，即時入遞。諸川、廣定差窠闕，不許在部及幹堂人指射。諸八路定差不當，及有不圓事節，謂於差注有妨者。本部具申都省。諸八路申到差狀，再任同。限拾日勘當保明，擬奏注畢，限伍日符本路，其不應注者准此。仍追進奏官，當官領符，即時入遞，候到本處，具已收月日申。諸就八路闕，轉運司差注差誤不當者，內四川路行下安撫制置司，餘路符提點刑獄司推斷。仍許被差不當官赴逐司陳訴。諸八路申到差狀。事節雖未圓而於差注無所妨者，聽免會問。即違式及季申狀違限者，符提點刑獄司推斷。

《尚書侍郎左右選考功通用令》諸八路權注見闕，舉辟官同。勘當應差者，所權月日聽理爲任，舉主仍許收使。其不應注辟，雖已成資並不理任。諸八路見闕應指射者，許先次差權如合該差注，其權過月日與理爲在任月日。轉運茶馬司同。奏辟官在任成資者准此。舉主並許收使，係奏辟官亦准此。如不該差注，即候正官到任交割，其舉主更不收使。諸四川定差宫觀嶽廟，及添差不釐務，未受付身，不得先次就權。

《侍郎左選考功通用令》諸四川定差到選人，差遣內有該闕陞階官者，雖已出給照劄，連送考功指定應得格法，方許差注。

《尚書左選令》諸八路差知州狀，勘當訖，申都省。

《侍郎左選令》諸非廣南人在部，願往廣南路就闕者，依條符本路轉運司。令在本路及湖南、福建諸路人之上。

《尚書考功令》諸八路選人，合入令録及循資，並聽依今任滿日合入資序，在任指射差遣。奏舉充職官、縣令及奏舉縣令，合入職官、知縣並奏舉職官、知縣，合循資或願就知縣人同。各具合用舉主、到任年月、所指闕次，從轉運司結罪保明申部，本部不候任滿考課文書，祇據申狀月日，依格法契勘無違礙，與就差。內有改官以上酬獎，及舉主足該磨勘者，並赴部。

《淳祐令》諸命官，非八路替而願就八路差注者，聽。仍具所就路，於所在州（投州）投狀。本州知州、通判即轉運司。保明非昏耄疾病，朝議大夫以下及大使臣奏，餘申尚書吏部，承直郎以下免試。

《尚書侍郎左右選通用申明》政和八年七月十日敕：八路定差須管依式，如違，仰吏部符下官吏杖捌拾。紹興七年十月二十日指揮：四川不依格令定差，依吏部見行差注不當敕條，科罷施行。紹興十三年二月二十四日敕：潼川府路轉運司集注差遣，尚書左選看詳，將本司見榜窠闕，如兩季無人願就，即將停替並累任當硬注人，與赴司參選人衮理名次，集注應格合入窠闕。尚書右選勘會，停替人赴司參選，欲令本司將合榜窠闕兩季無人願就，許依本部破格集注。侍郎左選欲依尚書左選勘當到事理，侍郎右選欲依尚書右選勘當到事理施行。奉聖旨：依。三十一年三月二十六日敕：四川轉運司差注，將停替並累任當硬注人。與在司人衮理名次，注兩季無人願就闕。如叁經集注，無兩季無人願就闕，即於第肆季與免硬注，與在司人衮理名次，注合入窠闕。奉聖旨：依。紹興二十一年八月空日，都省批下：吏部申，夔州路轉運司，乞將已定差人差狀未到部間，先蒙刷闕，差注黃甲並堂除衝下本司定差人，除豁作不礙定差分數推賞。本部勘當，今後轉運司定差到官員差遣，差狀未到部間，差注黃甲及堂除衝下本司，已定差人，即與除豁，更不理爲員數賞罰。共據壹歲已定差到部無衝下窠闕員數，以拾分爲率比較分數，逐路依此。後批：送吏部，具勘當到事理行下本司照會。二十五年十二月十一日敕：吏部狀，乞將四川轉運司官並依舊格，候任滿定差，退難不及貳分，與減貳年磨勘。奉聖旨：依。乾道三年十二月四日敕：川峽四路轉運司使窠闕，更不分川人內地人，祇以名次依格差注。乾道六年閏五月十四日敕：四川定差親民差遣，元定差日年伍拾玖歲，到部日年陸拾，並元定差日年陸拾玖歲，到部日年柒拾止，令吏部照驗詣實，一面具鈔。慶元六年十月十七日，樞密院劄子：樞密院奏，四川安撫制置司申，四路緣邊州軍城寨官窠闕，乞下四路轉運司，今後須審量人材，委實堪任邊面，方許照資格差注。如到任於邊面不職，騷擾透漏引惹蕃部作過，乞令元差注官司任責，雖已去官遇赦不與原免。四路緣邊知縣、縣令，有運司定差窠闕，有提刑安撫轉運司辟差去處，今後須管選材差辟，若所差不職，元差注官亦不以去官赦原。奉聖旨：依。淳熙六年十二月五日敕：臣僚劄子，契勘川、廣官赴本路轉運司參司注授，歲分四季集注定差。逐季具狀保明申部具鈔。給降付身。逐路有理名次差注不公之弊，朝廷何由得察？今欲令逐路應有參司，每月開具所理恩例名次，單狀申部。本部置籍抄轉，月以爲常。仍逐路每歲將參司官脚色置籍申部，歲以爲常。庶定差文字到日，得以稽考當否。至於差注不當者，仍許集注官先經各路本司，次提刑制置經略司陳訴，各司受理而互察。奉聖旨：依。淳熙十二年十一月十一日敕：吏部尚書蕭燧劄子奏：聞銓注之法天下之公道存焉。惟是四川去朝廷萬里，所以分銓注之法委之漕司。從前係四季集注，止令在孟月，不曾立定某日，行之既久，弊所由生。每遇集注，則於一月之內，或遲或速，未免狗私情而虧公道。宜行下四川漕司，今後四季集注，並用孟月十五日，預行榜示，使之通知，庶幾官無狗私之嫌，士無不平之嘆。奉聖旨：依。淳熙六年七月二十七日，都省批下：吏部申准批下閬州聽候使喚高端進狀，竊見川蜀四路轉運司，每季差使臣人員虞候管押定差文狀，前來行在投下，其使臣更不躬親前來，却受所差人員虞候計囑，將定差狀付與逐人自行前來，致使人員虞候作弊，公私受害。候請領付身回程，沿路俵散與被定差官，重行剋斂錢物，將俵散不盡付身回司，本司通行作弊。後批送部勘當。本部今欲將川蜀四路轉運司每季定差文字，各隨選分，當廳打角，嚴密實封，長官親書用印，差本司見任使臣壹員，擔擎兵級壹名，依往回限，借請給付行程批書，其成都府路限玖拾日，利州路限柒拾日，潼川府路限捌拾日，夔州路限柒拾日。其批書行程，須管於瞿塘關、江陵府、鄂州叁處批經過月日爲照，候到行在，徑赴本部長貳廳當官投下呈驗，本司元差文引行程封角，候本部勘會行遣具鈔上省，給降付身，委都司類聚當官打角。實封用印，責付差來使臣，出給文引行程，依前項程限回司，長官辨驗元封印記，將付身即時給發，所有定差過官員，差遣名件文狀，封印訖，本司當官曉示，所差使臣，已用轉運司印記。取交管知委訖結罪狀，先次繳申本部照應開折。如點檢得不係本司實封長官親書印記，並送大理寺根究重行斷罪。乞下逐路轉運司常切遵守施行。申都省，後批：送部，依勘當到事理施行。淳熙十年五月七日敕：吏部奏，臣僚上言，乞戒飭二廣轉運司，令每季類聚定差員數，專人供申吏部，不許責付所定差官。吏部勘當，照得淳熙六年七月二十七日指揮，川峽四路轉運司，四季文武官注擬差遣，每季各差使臣壹員，賫定差文字赴部，今後二廣欲從昨來已得指揮，行下二廣監司，嚴行遵守施行。奉聖旨：依。

《尚書侍郎左選〔通〕用申明》淳熙十五年六月十九日敕：吏部狀，利州路轉運司申，金、洋、蓬州、大安軍簽判，並係見闕。本司累季使闕無官願就，若不申明許行破格差注，必是闕官廢弛職事。本部欲從所乞，將金州、洋州、蓬州、大安軍簽判窠闕，今後先注第貳任知縣資序，次酬獎改官合入知縣應選年未陸拾人，如經使兩季無應格人就，第叁季許破格注初任知縣資序，次選人職官資序、應選有舉主、年未陸拾人。其破格定差官到任，任滿更不推賞。如定差日却有本等人願就。先注本等人。奉聖旨：依。

《尚書侍郎右選通用申明》淳熙六年四月四日敕：吏部狀，照得四川運司係代吏部參選注授。今欲乞四川合呈試參司人，赴制置使司差官監試。内呈試第貳第叁等弓力人，添試斷案壹場，就銓試院收試。候中方許參司注授。所有二廣願就定辟差人，權令赴本路安撫司呈試。其試中止許就本路定辟窠闕。若將來因事到部，或移籍前來之人，即依本部見行條法別行收試。候試中方許參部注授本部窠闕。奉聖旨：依。淳熙九年正月十八日敕：敕令所看詳，二廣土著武臣，權令就經略安撫司呈試。止許就定差。其諸路户貫人不許就二廣呈試。如違從貢舉條制施行。奉聖旨：依。

《侍郎左選申明》乾道九年九月四日敕：四川、二廣定差應用舉主入差遣，或免試之人，以參司判成日爲始。如舉主事故在判成之前，即不許收使。若在判成之後者，與理作舉主員數行差遣。

《侍郎右選申明》嘉定十七年五月二十五日敕：臣僚奏，下吏部，將四川、二廣使臣名籍，嚴督運司攢類，除程立限，刷具見任寄居待闕使臣員數，歲終置籍繳申，有漏落不實，將來定差到姓名不在籍内，即將元申官司重置於憲。其江、浙、福建、京、湖、兩淮使臣名籍，如准敕命因事追降，及事故人，即分明入鑿，案吏奉行不虔，送有司推究，依條施行。奉聖旨：依。

《尚書侍郎右選通用申明》嘉定十二年十一月二十七日敕：　臣僚劄子奏，竊蠹名器之弊。吏部勘當，欲下四川及諸路州軍，今後修武郎以上官，赴部參注，索出身以來真本付身印紙照驗訖，方參下四川、二廣轉運司。今後如有大小使臣赴司參注，長官躬親引上，同真本付身印紙參驗。年貌審實，别無承代僞冒等，方許差注。於定差狀前，仰所委點對付身官，别狀繳連申部。如係隔越本貫，或移路參注之人，亦仰本司參驗年貌，如老少遼絶之人，不得泛濫定差。亦於定差狀内，分明聲説。所乞下四路外銓州縣，遇有事故，照條追索付身，分明批鑿月日，行下所屬州縣。遇有使臣事故，即仰所居鎮縣鄉村耆保。即日申州，取索身亡人出身以來付身印紙，於告面印文上分明批鑿事故月日，押印給還訖，具申運司，仍申本部。奉聖旨：依吏部勘當到事理施行。

《侍郎右選申明》嘉定十二年十二月二十一日敕：　利路運司申，利州止有都監壹員，管幹不前。欲添差兵馬監押壹員，仍釐務。差小使臣親民資序人。運司定差，卻將正任指使叁員廢罷。奉聖旨：依。

《尚書侍郎左右選通用申明》嘉定九年正月十五日，尚書省劄子：四川制司運司定差奏辟窠闕，今後仰監司保明奏辟，不許諸郡保明。嘉定十年四月十七日敕：　四川安撫制置司奏准，嘉定九年十二月八日奉聖旨：天水軍移就天水縣舊治，其知軍令制司選辟文臣，仍置天水知縣兼本軍判官兼司法。如係有出身人，即兼教授。更置録事參軍壹員，天水縣置縣尉、巡檢各壹員。内縣尉兼主簿。令本司選辟壹次。奉聖旨：依。本所看詳，上件指揮爲置天水軍縣官員闕，會到吏部四選，各供不屬本部使（闕）闕，係是定差。今存留照用。寶慶二年四月八日敕：　臣僚奏，下二廣諸司遵行條制。如守令許辟，亦須見闕，堂部無人注授，方許奏辟。如通判、幕職、教授等官，將滿半年前未有下替人，申部出闕，滿叁月無人注擬，申省行下本路。通判以下京官闕，從諸司奏辟。選人闕，從漕司定差。作邑未滿叁考，作倅未滿壹考，不許預辟他闕。諸司屬官不許輒自辟置。久無正官去處，亟與具申行下方許奏辟。奉聖旨：依。

《尚書侍郎左選通用申明》嘉定七年三月九日敕：　龍州申，乞照資普州例，止置簽判，免差通判，將本州推官壹員省併。送利路運司指定，通判實係冗員。仍將推官壹闕併省，委是允當。乞將簽判窠闕，京選通差，所有守臣免差武臣。奉聖旨：依。

（元）馬端臨《文獻通考》卷三九《選舉考・辟舉》　宋太祖皇帝建隆四年，詔：自前藩鎮多奏初官人爲掌書記，頗越資序。自今曆兩任有文學者，方得奏舉。

開寶四年，詔：自今諸州不得以攝官視事；其闕員處，即時以聞，當委有司除注。繼又詔：委有司按其歷任經三攝無曠敗者，具以名聞。詳見《舉官門》。

太宗雍熙四年，詔：今後諸路轉運使及州郡長吏，並不得擅舉人充部内官，其有闕員，即時具奏。

神宗熙寧間，内外小職任，長吏舊得奏舉者悉罷，一歸吏部，以爲選闕。已而銓法所授，才與職多不相當，遂又即選闕取其不可專以法注者，仍許辟置，然亦罕矣。至要司劇任，或創有興建，長吏欲得其所親信者與相協濟，則往往特命許之，於是辟置亦不能全廢也。時開封府許自辟其府曹官，自餘如東西審官、三班、流内銓主簿，陝西湖城鎮等監官，發運、轉運司管幹文字及掌機宜文字，元豐中，三司在京倉庫、御廚、店宅務，提舉熙河等路弓箭手，營田、蕃部司幹當公事，及差使臣，並川路買茶起綱場監官之類，並許自辟，不從吏部注擬。

哲宗元祐元年，監察御史上官均言：廣南攝官凡兩經解發，攝簿尉一任無過，遂得正授。若重加舉數，亦可少節其濫。

徽宗大觀二年，詔：祖宗銷革五代辟置，自一命以上，非王命不除。自今諸路毋得直牒差官及以待闕得替官權。

政和六年，吏部侍郎韓粹彦言：三年，患官久闕則乏事，嘗詔：見官若當終更，已及三月，或創闕及非次闕而經三季無辟牘來上，則不俟長吏奏報，吏部逕自用闕。有明命矣。今奏舉闕，如防河、捕盜、榷鹽、三路沿邊掌兵，欲俟所委舉官自列無人，乃從吏部用闕。從之。

赦文舉其所知，古之道也。比臣僚妄請，盡罷舉辟，意謂遵奉元豐，而不知元豐一時之命，尋已復舊。蓋事有繁簡，人有能否，若不令長吏薦舉，天下之大，人才之衆，朝廷何由盡知？必致滯才廢事。

宣和七年，臣僚言：在部右選員猥多，無闕可受，而法須急綱運差使者，所差不得過一二百人，額差不足，至於借差。至再三，而又不足，遂借及大使臣。每被差訟訴紛拏，爭欲求免。此其弊在於干求辟舉，莫肯參選。固有連三任自初官以至升朝，足未嘗躡吏部門，故在部者多遭役使。今欲須用部闕足一任，乃許就辟。自後部授、外辟，常令相間，苟不如式，受辟與辟之者皆坐罪。詔議立法。

高宗建炎初，兵革方殷，詔河北招撫使、河東經制使及安撫等使，皆得辟置將佐官屬，行在五軍並御營司將領，亦辟大小使臣。於是負才略武勇者，或以彎弓從戎，或以布衣授官，入幕不可勝數。而諸道郡縣，自戎馬侵軼、盜賊殘擾之餘，官吏解散，諸司誘人填闕，皆先領職而後奏給付身。於是江、浙州郡守將，皆假軍興之名，換易官屬，占使窠闕。又有罪籍未該叙復、守選未合參部者競趨焉。朝論患之，乃下吏部盡令改正，使歸部依格注擬。除陝西五路、兩河、兩淮、京東等路經略安撫司屬官聽舉辟，餘路皆罷。諸道巡檢、縣尉、刑獄官闕，許提刑司具名奏辟。

四年，臣僚上言：南渡以來，土宇未復，宦遊之所睥睨者，江、浙、閩、廣數路而已。朝廷既侵用吏部闕員，而提領安撫司又奏辟其親舊。貴遊子弟，稍有黨援，則足不至銓部，輒得便地，占善闕。淩邁超越，無復資格，長奔競之風，塞寒俊之路。臣謂大郡守倅及軍旅之事，或須擇人任使者，自從朝廷除授，其餘員闕，與諸司所辟舉，一皆付之銓曹，使有司以法授之。如郡縣常經兵毀，吏部榜闕無願就者，即許權行辟舉。從之。

起居郎朱震言：方今經營荊楚，控制上流，遠方之民，理宜綏撫。如聞峽州四縣，多用軍功或胥吏補知縣，攝吏補監務，民被其害。願取各州官闕，委安撫奏辟。從之。

紹興二年，呂頤浩以左僕射都督諸軍，請辟參謀官以下文武七十七人，户部尚書李彌大、秘書少監傅崧卿預焉。而李彌大言於上曰：東晋王導、謝安爲都督，未嘗離朝廷。今邊圉幸無他，頤浩不宜輕動。且臣爲天子侍從，非頤浩可辟。請於諸軍悉置軍正，如漢朝故事，察官、郎官爲之。陛下必欲遣臣，請與崧卿别爲一司，專司其過失以聞。彌大遂改命。呂頤浩又言：督府屬官，不限員數，徒以開請謁，糜禄廩。請以準備差遣辟文資，以準備差使辟武資臣，各以十五人爲限。詔可。七月，議者言：比年帥守、監司辟官，攙奪部注，朝廷不能奪，銓曹不能違。又多畀以添差不釐務之闕，上自監司、倅貳以下至掾屬給使，一郡之中兵官八九員，一務之中監當六七員，較祖宗朝殆三四倍。存無事之官，食至重之禄，生民安得不重困乎。請敕有司裁省其闕，不得已則以宫廟之禄畀之。奏可，自今已就辟差理資任者，毋得據舊闕，以妨下次。

三年，敕：不曾經吏部注授參選，及雖有請受曆之類，而别無省部手照文字人，明敕諸路監司、郡守，並不許奏辟差遣。

六年，詔：諸道宣撫司屬官，許本司奏辟，内京官以二年爲任，願留再任者取旨。自兵興，所辟官有更十年不退者，故條約焉。

（清）徐松《宋會要輯稿·選舉三一·辟舉》 高宗建炎元年十一月六日，詔應巡檢、縣尉、刑獄官闕，許令提刑司具名奏辟一次。【略】三年六月一日，詔今後如係吏部窠闕及非奏辟去處，並不許奏辟。【略】〔紹興〕四年三月二日，詔：諸路帥臣、監司、郡守，今後奏辟官屬，並令所舉官録白付身印紙，各委本州通判取真本覆實，結罪保明，繳連申奏。如應參部之人，方行給降付身，以絶偽濫之弊。四月十三日，知澧州孫世顯言：本州累遭殘破，州縣闕官，乞許辟差一次，以二年爲任。任滿無遺闕，與轉一官。選人比類施行。在任官如有應辟，乞與通理權過月日，庶幾有人願就，可以選使。從之。

五年二月十六日，詔：諸帥所辟屬官，如才行顯著，能協力裨贊，仰三省、樞密院具職位姓名取旨陞擢。三月八日，中書門下省言：川、陝諸路監司，守貳以下除授差遣，昨緣道路阻梗，並聽宣撫司差辟。今道路稍通，理合悉循舊制。詔川陝監司知、通去替一年，令轉運司具狀申尚書省，餘並依八路舊法差注。六月十日，起居郎朱震言：方今經營荊楚，控制上流，遠方之民，理宜綏撫。如峽州四縣夷陵、遠安、宜都、長陽，兵火之後，多用軍功或胥吏攝知縣，攔頭補監税，剝膚椎髓，民無告訴。乞取峽州、荊陵府、荊門軍、公安軍州縣官闕，令吏部破格差注，或委安撫司奏辟一次。庶幾荊湖之人，得免塗炭。吏部措置：峽州、江陵府、荊門、公安軍州縣窠闕，除知、通依先降指揮，令帥臣具名奏辟，朝廷審量除授外，其餘窠闕，乞令本路安撫司舉辟一次。其曾充胥吏、攔頭等人，雖已補官，不得舉辟及權攝差遣。如違，各科以違制之罪。從之。

六年六月二十九日，江南西路安撫制置大使李綱言：江西一路，去歲旱暵，及虔、吉州盜賊連年作過，全賴州縣官撫摩討捕。其州縣官有事故闕員去處，乞許差辟一次。其老疾疲懦不職之人，乞許就本路擇能吏兩易其任，各通理前任月日。其虔、吉州知縣，乞依省罷法，許別行奏辟。從之。【略】

九年四月四日，詔：廣南西路提舉買馬司准備差遣一十二員，元係差大小使臣，内特許辟差文臣四員。從本司請也。六月四日，太尉、武勝定國軍節度使、湖北京西路安撫使岳飛言：湖北、京西路先爲累經殘破，其州縣官無人願就，蒙朝廷許臣辟差。今已復河南，其兩路並係內地，自復差官，欲乞從朝廷差注。從之。

十二年五月四日，權工部尚書莫將等言：監六部門，依已降指揮，六部長貳奏辟。切見左朝請大夫程元允委有材幹，可以倚仗，乞充上件差遣。從之。六月一日，成都府路安撫使張燾言：成都僻在一隅，去行在萬里，所辟官屬，少有願就之人。乞依四川都轉運使李迨例，各與轉一官，仍與支賜。從之。

十三年四月五日，詔：應非合舉辟窠闕，而輒行舉辟，或已行舉辟而不即具奏者，以違制論。其被舉之官，不候得報而輒行赴上者，請給回納。從吏部請也。

十八年十二月二日，詔：應四川命官，如未經換給付身，並不許奏辟並令權攝差遣。【略】

乾道元年正月一日，南郊赦：應四川、二廣奏辟定差通判以下差遣，先次就權之人，任内開破過應在官物，及趁辦經總制無額上供酒稅茶息錢，已及賞格，如不該差注，更不推賞。緣已用心趁辦，切慮無以激勸，因而失陷官物，可並與依正減半推賞。

二年三月十三日，詔：今後二廣縣令闕正官一年去處，許本路諸司奏辟，不得差官權攝。九月十三日，四川安撫制置使司言：嘉州峨眉、犍爲兩縣，今後於本路都（銓）〔鈐〕轄司同提刑司選辟諳練邊事、合入資序人充知縣。吏部勘會嘉州峨眉、犍爲知縣，雖是本路運司定差窠闕，緣並係邊縣，欲許令本路諸司選辟。從之。

三年八月八日，詔令四川逐路帥臣、監司審實繁難縣分，保明申尚書省，於本路目今應有見闕知縣，令公共辟差經任無過犯人一次，申朝廷給降付身。從臣僚之請也。

四年六月二十四日，新權發遣容州楊堯弼言：乞將廣西闕正官州縣，特破格差注一任。仍許本路三司公議奏辟，惟不辟贓私罪犯。若三司辟書到吏部已差注，即將奏辟圓備之人代省部已差下人。從之。

六年七月十六日，工、吏部狀：准批下許子中申，勘會舒州同安監鼓鑄鐵錢，所用鐵炭浩瀚，乞置官屬兩員，專一往來尋踏苗脈、興發及點檢起置事件。今勘當欲依所乞，差置一員，從本所踏逐文武官内辟差。從之。

八年正月九日，樞密使、四川宣撫使王炎言：欲將夔、利兩路合注京朝官知縣，兩季無人願注窠闕，依元旨破格差注令（緑）〔録〕資序以上，及經任有舉主，無過犯人。如再經一季以上無人注，即許逐路帥司公選經任無過犯人辟差，庶川遠縣邑得人濟辦。從之。三月三日，詔復置滁州司法、泰州海陵縣主簿、真州楊子六合縣主簿、通州金沙餘慶鹽場巡檢，並令逐州申監司保明辟差一次。九月二日，紹興府言：近申明諸暨縣楓橋鎮改立爲義安縣，乞辟差縣令、丞、主簿兼縣尉，卻將本府監都酒比較務雙員各減一員，並減贍軍酒庫監官一員，主簿兼縣尉許辟差選人一任外，知縣、丞乞於見任待闕京朝官、選人，不以有無資格拘礙，辟差一任，日後從吏部使闕。從之。

九年正月二十八日，知揚州、淮南路安撫使王之奇言：淮西帥司省罷官屬，乞依葉衡知荊南已得指揮，許別行辟差。從之。八月二十六日，權發遣蘄州提領鑄錢韓晚言：奉旨令分舒州同安監，歲鑄鐵錢一十萬貫，申乞差知監官一員。准旨揮就差蘄春知縣兼管。契勘所置監係在蘄口鎮，自州城往來，即須三日，蘄春知縣難以兼領，伏望詳酌，許令選差一員奏辟。從之。十一月十九日，詔：自今諸路官非有著令及有原降指揮者，不得創行辟差。其合辟差者，並須悉應條法，方許放行。間有見闕，須是委無差下替人，方得舉填。即不得將已差下人替所辟人闕。其妄有申請者，委御史臺察舉，重加懲治。

捐納

綜述

（宋）佚名《宋大詔令集》卷一六一《政事・官制・許入穀授官制景德二年二月》 有司言西漢晁錯，以爲爵者上之所擅，出於口而無窮，粟者民之所種，生於地而不乏，使入粟以受爵，塞下之粟必多。文帝從之，令民入粟備邊，六百石爵上造，稍增四千石爲五大夫，萬二千石爲大庶長。事存故典。利及公家，懇冀遵行，以便儲積，苟濟軍國，予何悋焉。自今許人於河北定州廣信安肅軍北平塞，入穀千石授本州助教文學，二千石賜出身，三千石授簿尉借職，四千石授奉職，五千石授寺監主簿，六千石授正字校書郎，七千石授太祝奉禮郎，八千石授大理評事殿直，九千石授諸寺監丞侍禁，萬石授大理寺丞供奉官。洺邢趙貝冀博瀛莫雄霸保鎮等州、乾寧順安信安永定永静保定等軍，千石以上加二百石，授助教文學，二千石已上復遞加二百石，至萬二千石授大理寺丞供奉官。懷衛磁相澶等州、天雄軍通利軍，千石已上加五百石，授助教文學，二千石已上復遞加五百石，至萬五千石授大理寺丞供奉官。

（宋）留正《皇宋中興兩朝聖政》卷一九《高宗皇帝・納粟補官》
〔紹興元年五月〕己酉，詔：以米價貴，諭積粟之家能糴三千斛以上，補官有差。

（宋）留正《皇宋中興兩朝聖政》卷一九《高宗皇帝・納粟官注授》
〔紹興六年春正月〕丁丑，詔：納粟別作名目授官人，毋得注親民刑法官，已授者並罷。

（宋）李心傳《建炎以來繫年要録》紹興三年夏四月 乙未，詔博糴補官人不作進納，仍與免試注官。

（宋）李心傳《建炎以來繫年要録》紹興六年正月 戊戌，都督行府奏乞將大姓已曾買官人於元名目上陞轉，文臣迪功郎陞補承直郎一萬五千緡，特改宣教郎七萬緡，通直郎九萬緡。武臣進義校尉陞補修武郎二萬二千緡，保義郎已上帶閤門祇候三萬緡，武翼郎已上帶閤門宣贊舍人十萬緡。已有官人特賜金帶五萬緡，並作軍功，不作進納，仍與見闕差遣，日下起支請給，其家並作官户，見當差役科敷並免。如將來參部注擬資考磨勘改轉廕補之類，一切並依奏補出身條法施行，仍免銓試，金帶永遠許繫。從之。

（宋）王栐《燕翼詒謀録》卷二《納粟補官》 納粟補官，國初無。天禧元年四月，登州牟平縣學究鄭巽出粟五千六百石振飢，乞補第巽。不從。晁迥、李維上言乞特從之，以勸來者，豐稔即止。詔補三班借職。今承信郎。自後援巽例以請者，皆從之。然州縣嘗不許接坐，止令庭參。熙寧元年八月，詔給將作監主簿、齋郎、助教牒，募民實粟于邊。此古人募民實粟塞下遺意也。因記淳熙間，詔以旱故募出粟拯民，二千石補初品官，而龍舒一郡應格者數人，郡以姓名來上，孝宗皇帝疑而不與，仲父軒山先生力諫，以爲失信於人，恐自後歉歲無應募者，孝宗亟從之，已而應募者衆。

（宋）王栐《燕翼詒謀録》卷五《進納人改官》 納粟補官，始以拯飢，後以募民實粟于邊。自王安石開邊，國用不足，而致粟于邊頗艱，應募者寡。元祐二年八月，詔進納人許其改官，歷四任十考，增舉主二員、職司二、賞員五。自此人樂於應募。此法雖明，未聞有改秩者，或謂中興以後有一人官至太守，忘其姓名。

（宋）趙昇《朝野類要》卷三《入仕・進納》 有因納粟賑糶及助邊者，有只納粟則得不理選限文資者，俗謂之買官，此不可以就試出身也。

（元）馬端臨《文獻通考》卷三五《選舉考・輸財得官》 宋興以來，所重者獨進士，若納粟授官，止贖刑而已，於民政無預也。

神宗熙寧元年，行入粟補官法，出將作監主簿、助教告敕七十道，付河北安撫司募人入粟。尋又賜河東空名敕誥。

徽宗宣和三年，臣僚言：元豐所立進納官法，多所裁抑，應入令、録及因賞得職官，止與監當，該磨勘者即换授降等，使臣仍不免科率，法意深矣。邇者，東南用兵，民入金穀，皆得補文武官，理選依限如官户，此不便也。且富而入納者，皆嘗與不入納者均受科取，今復其户不輸，是得數千緡於一日，而失數千斛於無窮也。況大户得復則移其科於下户，下户重貧，州縣緩急，當責何人辦事？況不注監當，不限磨勘，與士大夫涇渭並流，駑驥同皂，又弊之大者。乞改用進納本法。詔：近東南捕賊，入金粟而補之官，與常平法進納者異。可如已命毋改。該注親民官，而有田業在所蒞，其毋得注。

高宗紹興二十年，用吴逵言，置力田科，命江、浙、福建監司守臣募民往兩淮開墾田地。歲收穀五百石歸官莊者，免本户差役；七百石，補進義副尉；至四千石，補進武校尉，並作力田出身。其被賞後再開墾及元數，許參選如法，理名次在武舉特奏名出身之上，遇科場許赴轉運司應舉。

孝宗淳熙二年，詔進納補官請舉年及合免舉之人，許納補授文書，直赴南省。

七年，中書門下省言：湖南、江西旱傷，立賞格以勸積粟之家，凡出米振濟，係崇尚義風，不與進納同。一千石，補進義校尉，願補不理選將仕郎者聽；二千石，補進武校尉，如係進士，與免文解一次；四千石，補承信郎，如係進士，與補上州文學；五千石，補承節郎，如係進士，補迪功郎。

《宋史》卷七《真宗紀》〔景德二年二月〕甲申，定入粟實邊授官等級。

《宋史》卷二八《高宗紀》〔紹興五年〕丁丑，詔：凡入粟補官者，毋授親民刑法之職。

（清）徐松《宋會要輯稿·職官五五·進納補官》太宗淳化五年正月，詔：諸州軍經水潦處，許有物力户及職員等，情願自將斛充助官中賑貸，當與等第恩澤酬獎。一千石賜爵一級，二千石與本州助教，三千石與本州文學，四千石試大理評事、三班借職，五千石與出身奉職，七千石與别駕、不簽書本州公事，一萬石與殿直、太祝。

（清）徐松《宋會要輯稿·職官五五·進納補官》景德二年正月，河陰都監兼知汴口許玄豹言：沿河州縣和糴，准備漕運軍儲，常患不足，乞逐州軍及時增價收市。如少見錢，即乞許人入進軍儲，等第酬獎。詔三司詳定。權三司使劉師道等言：檢會咸平六年十月河北轉運使劉綜等奏：先准咸平四年閏十二月敕，應河北實有飢民州軍，如有民庶出（來）〔米〕救濟，並令第加恩澤。今河北諸州軍大屯軍馬，除近裏幷通河路之處，本司自來科納轉置，常有准備外，有定州、廣信軍、安肅軍、北平寨四處不通水運，深入邊陲，折中則坐費官財，轉輸則動勞民力。乞詔河北州軍，應有民庶願以軍儲於四處送納者，依下項等第酬獎。或不願離鄉者，亦許别議旌酬。竊以漢時賈生建言，晁錯進説，以爲方今之務莫若務農，欲民務農在乎貴粟。爵者上之所擅，出於口而無窮；粟者民之所種，生於地而不乏。使入粟以受爵，塞下之粟必多。文帝從之，令民入粟備邊，六百石爵上造，第二等爵也。稍增至四千石爲五大夫，夫：原作人，據《漢書》卷一九上《百官公卿表》七上改。第九等爵也。萬二千石爲大庶長，第十八等爵也。各各以多少級數爲差。臣等今詳所奏，欲依劉綜等前議。三司初請及今條件施行劉綜等元奏，定州、廣信軍、安肅軍、北平寨四處，乞許納斛千石與本州助教、文學，二千石與出身，三千石與簿尉、借職，四千石與奉職，五千石與諸寺監主簿，六千石與正字、校書郎，七千石與太祝、奉禮，八千石與大理評事、殿直，九千石與諸寺監丞、侍禁，萬石與大理寺丞、供奉官。洺州、邢州、趙州、貝州、冀州、博州、濱州、德州、□州、滄州、深州、祁州、瀛州、莫州、雄州、霸州、保州、鎮州、乾寧軍、順安軍、信安軍、永定軍、永静軍、保定軍，千二百石與本州助教、文學，二千四百石與出身，三千六百石與簿尉、借職，四千八百石與奉職，六千石與諸寺監主簿，七千二百石與正字、校書郎，八千四百石與大理評事、殿直，萬八百石與諸寺監丞、侍禁，萬二千石與大理寺丞、供奉官。懷州、衛州、磁州、相州、澶州、通利軍、天雄軍，千五百石與本州助教、文學，三千石與出身，四千五百石與簿尉、借職，六千石與奉職，七千五百石與諸寺監主簿，九千石與正字、校書郎，萬五百石與太祝、奉禮，萬二千石與大理評事、殿直，萬三千石與諸寺監丞、侍禁，萬五千石與大理寺丞、供奉官。真宗曰：爵賞之命，尤宜慎重，此事若行，經久便否？宰臣寇準等對：幸有典故，以濟邊備，欲望施行。兼乞陝西亦依此例，别詳酌聞奏。從之。

（清）徐松《宋會要輯稿·職官五五·進納補官》〔景祐元年二月〕二十三日，詔：河東州軍諸色人進納斛，依例與恩澤，公筵許令預坐。其攝助教犯私罪杖以下情理輕者，特與收贖；若三度過犯，奏取指揮。其餘進納路分亦依此施行。

（清）徐松《宋會要輯稿・職官五五・進納補官》康定元年四月十五日，陝府西路安撫使韓琦等言：慶、鄜、涇三州調民修城，有妨農種，復少兵士以代夫役。今請聽富民自雇人夫修築，三萬工與太廟齋郎，五萬工與試監簿或同學究出身，七萬工與簿尉，八萬工與借職，十萬工與奉職。從之。

（清）徐松《宋會要輯稿・職官五五・進納補官》〔慶曆四年〕十二月二十二日，詔：進納授官人舉充縣令者，須歷官及五考，有外朝官三員同罪奏舉，方許施行。

（清）徐松《宋會要輯稿・職官五五・進納補官》〔慶曆〕八年七月四日，三司言：准權發遣三司户部判官燕度言，商胡河決，乞寬進納之法。省司相度，如今後諸色人於澶州進納，於元定下數目内十分中減下一分，與元定恩澤。及乞依陝西、河東納糧草例，齋郎至大理評事與免本家色役，亡殁者不在免限；若已後改轉有蔭，亦依條施行。除耆長不免外，與免理正一次。如知州、通判勸誘得人進納，令本路轉運司批上曆子。如人數多，候得替，委本司保明，與理爲勞績，或與先次差遣。所乞進納竹竿，委澶州當職官員將稈草束數價例比折中奏，乞行酬奬。省司今更與添定殿直已上進納數目，比附錢糧例添定下項等第酬奬。於元進十分數内各減一分。守監簿：雜稈八萬束，減一分外納七萬二千束；稈草一十四萬束，減一分外納一十二萬六千束。侍禁、太祝、奉禮郎：雜稈九萬束，減一分外納八萬一千束；稈草一十六萬束，減一分外納一十四萬四千束。大理評事：雜稈一十萬束，減一分外納九萬束；稈草一十八萬束，減一分外納一十六萬二千束。詔三司遍行指揮，所乞進納太祝、奉禮、大理評事并免色役並不行。

（清）徐松《宋會要輯稿・職官五五・進納補官》熙寧元年九月六日，審刑院、大理寺言：今後本無税貫差役之人，不限丁數，並許進納外，其有税貫等第人户進納人，本身外若更有兩丁，如願不礙色役，亦許進納。仍許雇人充役。詔應兩丁之家如情願不免差役乞進納，仍雇人充役，並聽。

（清）徐松《宋會要輯稿・職官五五・進納補官》〔元祐〕五年十月七日，禮部言：降送到空名假承務郎、州助教敕，齋郎補牒，以千字文爲號印記，發下所屬官司，仍具注給降事因、去處，候申到給訖因依，即行銷注。應敕、牒並置籍拘管，以事因注簿訖，關送吏部，即行銷簿。應敕、牒不得下司，出榜召人進納，當職官躬親書填給付，具姓名、鄉貫、三代、年甲、字號及年月，因依申吏部。應敕、牒如客人販買者，指定所詣州，每道給公據照牒，以字爲合同號印押。其照牒公據批鑿毁抹訖，限兩日具姓名、鄉貫、三代、年甲，敕補牒上字號，報元承受處。從之。

（清）徐松《宋會要輯稿・職官五五・進納補官》元符三年十二月二十一日，尚書省言：訪聞河北、河東、陝西今歲豐熟，有物之家多願入中斛㪷，以官其身。緣逐路斛價不等，欲河北諸州軍令措置糴便司，河東、陝西令逐路安撫司，各依所定價直錢召人入納斛㪷。仍以本處在市實直紐筭價錢，内陝西、河東路以銅錢分數紐計，奉職六千貫，借職四千五百貫，齋郎三千二百貫。候納足，仰本州限一日具狀保明聞奏，出給付身告牒，並與免試注官。如未願參部，亦聽從便，仍不以歲月釐革。其納到斛㪷作朝廷封樁，準備移用。從之。

（清）徐松《宋會要輯稿・職官五五・進納補官》宣和元年九月二十一日，詔非泛補官者輸納差科免役等，並不依官户法減免，進納人依本條。

三年十二月十六日，臣僚言：進納人自元豐迄今，吏部入仕皆有常格，應入令録及因賞得職官者，並准監當應磨勘者换授降等使臣，有止法，仍不免科配。其爲裁抑有自來矣，所以覈名實、别流品也。屬者東南用兵，募民入金穀以省轉輸，補文武官一階，武臣以効用盡心，文臣以上書可採爲出身，並理選，依官户法。若遂行之，臣恐弗便。且常歲科配皆出富室，一旦入粟，遂爲官户，終身獲免，則是每户得數千緡於須臾，而失數萬斛於長久矣。頗聞江浙入粟者衆，其失不知幾萬也。凡今州縣賦役、糴買，百色具存，既失富家則移之下户，富家僥倖而下户重貧。理選限，有出身，自可不注監當，不限磨勘，與士大夫流品混矣。又居鄉不修而齒仕版，或浸漁百姓，取償前日之費，則公私皆被其患。以一時措置而廢經常不刊之典，得失孰多？伏望聖慈特賜改正，並依進納法施行。詔：近東南捕賊、入金粟補官人與常法進納人稍異，可特依已降指揮與理選限，不限止官磨勘，以示獎録。餘從之。

（清）徐松《宋會要輯稿・職官五五・進納補官》 高宗建炎元年九月二十七日，詔：靖康元年六月一日指揮，進納補官立爲三等，七千貫承節郎，五千五百貫承信郎，六千貫迪功郎。今增立諸州文學而下至進武副尉爲六等，庶幾中產之家易於獻納。進義副尉七百貫，進武副尉一千貫，進義校尉一千五百貫，進武校尉二千貫，諸州司士、文學二千五百貫，諸州助教二千貫。十一月十八日，詔應監司、郡守辟官及差權官，不得辟差本土進納人。

（清）徐松《宋會要輯稿・職官五五・進納補官》〔建炎三年〕六月四日，詔給降文臣承直、儒林、文林、從事、迪功郎，武臣修武、從義、秉義郎空名官告，立價召人納錢書填。承直郎二萬五千貫，儒林郎二萬貫，文林郎一萬八千貫，從事郎一萬六千貫，迪功郎一萬貫，修武郎四萬五千貫，從義郎三萬五千貫，秉義郎三萬貫。其告身止稱某鄉某人奉公體國，宜加獎録，特授某官。所有參部、注擬、資考、磨勘、改轉、蔭補、封敘之類，一切並依奏補出身人條法。應今日以前立定出賣文武官告命補牒等第價錢指揮更不施行。其諸路官司先給降過空名官〔告〕、補牒，除已出賣外，其未賣數並不得書填，仰盡數繳申尚書省毀抹。【略】十月十七日，詔獻納補官，自今不許差注令、録。

（清）徐松《宋會要輯稿・職官五五・進納補官》〔紹興六年〕十月二日，詔諸州勸誘豪民進納，及三十萬貫以上，知、通、縣令、當職官各減二年磨勘；及二十萬貫以上，知、通、縣令、當職官各減一年磨勘。仍令都督行府核實，如別無抑配騷擾，依此推賞。

（清）徐松《宋會要輯稿・職官五五・進納補官》〔紹興〕三十一年六月四日，户部言：措置中賣米斛，不願請價錢、願補官資人，其米止許於立定椿管州府入中，仰椿管州軍保明，申本路轉運司審實，先給公據，保明申朝廷，給降付身。一萬貫修職郎，八千貫迪功郎，五千貫承節郎，四千貫承信郎，與理作官户，仍理選限。一千七百貫進武校尉，一千四百貫進義校尉，並不作進納名目，許參部注授，令吏部出給公據，永遠照使。一千五百貫不理選限將仕郎，八百貫諸州助教，依條聽贖。從之。

（清）徐松《宋會要輯稿・職官五五・進納補官》 隆興元年六月十七日，户部狀：准批下吏部侍郎徐林劄子，乞將空名官告承信郎以上，並依紹興三十一年十月八日指揮理作官户。本部契勘，承紹興三十二年閏二月十九日指揮，出賣官告迪功郎八千貫，與免試差遣，理爲官户；承信郎四千貫，進武校尉一千七百貫，進義校尉一千四百貫，並免試弓馬及短使，授差遣。內承信郎即不曾聲說理作官户。今勘當，欲依本官所乞。從之。

（清）徐松《宋會要輯稿・職官五五・進納補官》 乾道二年四月三日，都省批下刑部看詳，進納人身亡，子孫不作官户。本部今擬修下條：諸進納授官人特旨與理爲官户者，依元得旨，若已身亡，子孫並同編户。從之。

紀事

（宋）留正《皇宋中興兩朝聖政》卷二《高宗皇帝・募民入貲授官》 建炎元年八月己酉，詔：諜報金兵欲犯江浙可暫駐蹕淮甸，捍禦稍定即還京闕，不爲久計，應合行事件令三省樞密院措置施行。募民入貲授官，自迪功郎以下凡六等，尋命每路以監司一員董其事。

（宋）留正《皇宋中興兩朝聖政》卷一九《高宗皇帝・定買官陞轉法》〔紹興六年春正月〕戊戌，都督行府奏乞：將大姓已曾買官人於元名目上陞轉，文臣迪功郎陞補承直郎一萬五千緡，特改宣教郎七萬緡，通直郎九萬緡。武臣進義校尉陞補修武郎二萬二千緡，保義郎已上帶閤門祗候三萬緡，武翼郎已上帶閤門宣贊舍人十萬緡，已有官人特賜金帶五萬緡，並作軍功，不作進納。仍與見闕並差遣，日下起支請給，其家並作官户，差役科敷並免。如將來參部注擬之類，一切並依奏補出身條法施行，從之。

（宋）留正《皇宋中興兩朝聖政》卷五三《孝宗皇帝・賑濟人特官補》〔淳熙元年三月〕是月，進呈浙西帥憲司保明進士施浦等各出米五千石賑濟，欲遵格補官。上曰：朕不鬻爵以清入仕之源，今以賑濟補官，卻是爲百姓。初，祖宗因唐舊分別流品，不相混淆，故有出身無出身及進士上三名賢良方正曾任館閣省府之類，遷轉皆不同犯贓及流外，納粟尤不使汙士流，蓋不待分左右也。

（宋）李心傳《建炎以來繫年要録》紹興五年閏二月 庚申，詔進納授官人願貼納金銀錢米轉行至承直從義郎者，許徑赴户部陳乞，下所屬倉庫納，申朝廷給降付身，以尚書章誼言。庶幾快便，人人願納也。

（宋）李心傳《建炎以來繫年要録》紹興五年夏四月〔庚午〕户部奏：博糴授官人，依進納條令，官至陞朝，與免色役。其物力家業等第，與民爭利，雖至陞朝，亦不得免科配，以知興國軍應會有請也。

（宋）李心傳《建炎以來繫年要録》紹興二十年十二月 丁未，大理寺丞莫濛面對，乞進納流外出身人，不許注諸州曹官。詔吏部看詳取旨。

（宋）李心傳《建炎以來繫年要録》紹興三十一年十一月〔壬申〕詔：進納授官人並損其直十分之二，與免銓試，仍作上書獻策名目，理爲官户，永不衝改。自下鬻爵令半年，願就初品文階者纔一人，言者請損其直以招來之，故有是命。

《宋史》卷一九《真宗紀》〔建中靖國元年春正月〕己卯，令河、陝募人入粟，免試注官。

《宋史》卷三八《寧宗紀》〔開禧二年夏四月〕甲子，以薛叔似爲兵部尚書、湖北京西宣撫使，鄧友龍爲御史中丞、兩淮宣撫使。下納粟補官之令。

《宋史》卷四〇《寧宗紀》〔嘉定四年〕十二月戊申，以軍興募民納粟補官。乙卯，詔武舉人毋復應文舉。

《宋史》卷四二九《道學傳・朱熹》〔隆興〕五年，史浩再相，除知南康軍，降旨便道之官，熹再辭，不許。至郡，興利除害，值歲不雨，講求荒政，多所全活。訖事，奏乞依格推賞納粟人。

（明）張四維《名公書判清明集》卷二《官吏門・鬻爵・鬻爵人犯罪不應給還原告》 披詳嶽州原申，鄭河以保正而私買乳香，又且低價收買，知情受贓，本州從杖罪編管，不可謂之曲斷。當時鄭河已立案引斷，決臂杖二十訖，申牘甚分曉。繼於決官處計置作免杖，已萌飜改之心，非有貲力，何以得此。犯私罪杖，仍編置，刑餘之人，不可赴試，取告何用？况刑部初無改正之明判，卻脱過户部，徑欲給還原告，是户部亦被其欺罔也。其本人或自請舉，或自取官與之改正，乃所以保全士類。彼以一萬十七貫得一綾紙，所犯罪配，既以比末減矣，恐不應給還。告繳申户部，乞與毀抹，以絶覬望，庶幾刑罰有章，亦非小補。備此書判申。

（明）張四維《名公書判清明集》卷二《官吏門・鬻爵・進納補官有犯以凡人論方秋崖》 既是曾仕宦，必知上下之分、賓主之禮、朝廷之法也。固如是乎？劉監税雖小官，然而袁州見任也，奉命守職，開鎖放船，也。一監税見州郡，禮固有數，乃敢大庭廣衆極口肆罵。入公門鞫躬如而乃兩人露巾扭拽，以至州衙，殊駭聞聽。據諸僕所供，乃知是妄。一進納、七色補官有犯，以凡人論，而敢猖狂至於此乎。且其自書曰承信郎，而諸僕以爲進武校尉，則是詐稱官呼矣。張指使觀其酒如已醒，請來問。

（明）張四維《名公書判清明集》卷二《官吏門・鬻爵・免繳出身文字斷僕訖申漕司併申部照會》 鬻爵多財，士類所不齒，然既已從仕，便當循規守矩，顧乃猖狂妄行，自同小輩。當職雖不肖，然袁州朝廷之一郡，入公門如不容，而大聲疾呼，略無忌憚，是無州郡也。劉監税奉州郡之命，點放船隻，有司之守也。何物小吏，敢毁其冠，裂其衣，通都大衢，觀瞻甚駭，是無有司也。朝廷爵級，所以勵世磨鈍，豈容妄自增加，校尉也而輒稱承信，是無朝廷也。無州郡可也，無有司可乎？無有司可也，無朝廷可乎？本合繳出身文字，申朝廷取指揮，又念千鈞之弩，不爲鼷鼠發機，案以綾紙責還，令其逐項交領。其點到客貨客船亦一併還之，並取領附案，兩僕僉廳決二十，放。當職所以待之，亦可謂極其寬恕矣，然觀此輩必一小人，道過洪都，安知其不妄有陳溷。備具本末申漕司，併申部照會。

（清）徐松《宋會要輯稿・職官五五・進納補官》 真宗咸平二年三月，兩浙轉運使言：越州民石湛、明州民楊文喜各納粟五千石，王澤、徐仁贊各納粟三千石賑貧民。詔以湛、文喜守本州助敎，澤、仁贊攝助教。又詔江南、兩浙災傷州軍，如有人户情願將米救濟飢民，一千石者與攝本州助教，餘並依舊等第恩澤。内有將稻穀散施者，依鄉土例折充米數。如諸雜斛，亦仰轉運司相度，比類指揮。十月，楚州百姓邵革習、學究張遜出家粟賑貧乏，並授試大理評事。

（清）徐松《宋會要輯稿・職官五五・進納補官》〔景德二年〕四月，閤門祗候郭盛言：洪州、南康軍民李士衡等願輸米賑飢民，請准詔與官。帝曰：若其人曾犯刑憲，不可授以官秩，聽擇本家次第親屬代之。

十月，以淄州學究鄭沔爲鄆州中都縣尉，沔輸粟三千斛於永定軍助邊費故也。

（清）徐松《宋會要輯稿·職官五五·進納補官》〔天禧元年〕五月，高郵軍民苟懷玉補本州助教。懷玉進米麥共三千石以濟飢民，故有是命。時參知政事張知白言曰：自古入粟拜爵，皆歸公廩。今則不然，但以民或阻飢，自相假貸，官爲受領，均給貧窮。陛下深軫皇慈，所以不惜虚名，特加旌賞耳。帝曰：彼多言之人止以譏切爲務，安肯思慮及此。

（清）徐松《宋會要輯稿·職官五五·進納補官》〔天聖〕八年正月二十六日，詔：河北水災州軍，今春斛食踊貴，人民闕食，許諸色人於沿邊進納斛㪷，千石與攝助教，千五百石與本州助教，二千五百石與長史、司馬。近地州軍千二百石與攝助教，二千石與本州助教，三千石與長史、司馬。

（清）徐松《宋會要輯稿·職官五五·進納補官》明道二年正月十八日，中書門下言，願減粟數，且令轉送八州。有詔輸滿千五百石攝助教，二千石爲助教，三千石爲長史、司馬㪷，四千石爲齋郎，四千五百石試銜若同學究科，五千石者除簿尉。時淮南八州飢甚，官募人納粟不至，故有是詔。

（清）徐松《宋會要輯稿·職官五五·進納補官》景祐元年二月五日，河北都轉運司言：准敕，令指揮州軍，許諸色人進納斛㪷，與借職、奉職、殿直等第酬獎，乞依例出給班行空名宣補文字，付臣等收掌。詔令轉運司候有人入狀進納斛㪷，立具姓名并石數聞奏，便與出給文字，降付本處，候納足斛㪷給付。

（清）徐松《宋會要輯稿·職官五五·進納補官》〔慶曆〕七年二月二日，詔流内銓：應納粟授官人不除司理、司法參軍洎上州判司，資考深、無過犯，方注主簿、縣尉。如循資入縣令、録事參軍者，銓司依格注擬，止令監臨物務。從御史知雜李柬之所請也。

（清）徐松《宋會要輯稿·職官五五·進納補官》〔熙寧〕二年七月二十七日，荆湖北路提刑司體量，荆湖十州軍皆獨名進納外，鼎、澧州各分得監簿一道，齋郎二道，擘畫令散户共力進納，尚有辭免者。今本司勘二州官吏不合會散户共力進納，如轉運司通知，亦仰取勘轉運司官吏以聞。其人户已納錢數，即仰給還。

（清）徐松《宋會要輯稿·職官五五·進納補官》徽宗建中靖國元年十月二日，河東經略司言：據晋軍効用高仲适狀，乞入中斛斗，進納借職一官。竊緣仲适曾決杖罪外，別無過犯，本司看詳元降朝旨，許召有物産人情願入中斛斗以官其身外，即不聲説曾有杖罪情輕之人許與不許進納。詔：高仲适詣狀元降朝旨進納出官，陝西、河北、河東路似此進納奉職人准此。

（清）徐松《宋會要輯稿·職官五五·進納補官》徽宗建中靖國元年十月二日，河東經略司言：據晋軍効用高仲适狀，乞入中斛斗，進納借職一官。竊緣仲适曾決杖罪外，別無過犯，本司看詳元降朝旨，許召有物産人情願入中斛斗以官其身外，即不聲説曾有杖罪情輕之人許與不許進納。詔：高仲适詣狀元降朝旨進納出官，陝西、河北、河東路似此進納奉職人准此。

（清）徐松《宋會要輯稿·職官五五·進納補官》〔靖康元年〕六月二日，詔：昨童貫出使東南，請降告牒，召人入粟納金，補授文武官階，文臣作上書可採，武官作効用盡心，並理選限，依官户法。後因臣僚言不爲官户，及近衝改依進納法。緣江浙用兵，所費不貲，因人户納金粟應辦，遂免科擾轉輸，實爲公私之利。事平之後，復行改革，致失信於民，無以誘勸，可並依元指揮施行。

（清）徐松《宋會要輯稿·職官五五·進納補官》〔隆興二年〕十月二十日，户部狀：准批下秀州申，福州助教錢宗俊乞將已補助教并空名將仕郎、進武校尉綾紙换補承信郎，送部勘當。本部檢准隆興元年十一月六日敕節文，處州麗水縣進士柳渭老乞將紹興十八年納錢八百貫買到助教，更貼七千二百貫文，通計八千貫，補授迪功郎。今勘當，欲乞依前項已降指揮换補。（紹）〔詔〕依。

（清）徐松《宋會要輯稿·職官五五·進納補官》乾道五年六月十九日，户部言：建寧府進武副尉游松減價出（糴）〔糶〕米八千餘石賑救細民，合補進義校尉。本人既有前件名目，欲減磨勘五年。從之。

（清）徐松《宋會要輯稿·職官五五·進納補官》〔乾道八年〕四

月十四日，龔茂良又言：去歲大旱，吉州敕補助教詹忠節以其子承信郎詹師言任荊南石首縣稅官過滿，久不得罷，情願獻米一千石充賑濟，乞將詹師言授家便差遣，一面替罷。從之，仍與堂除差遣。

（清）**徐松《宋會要輯稿·職官五五·進納補官》**〔乾道〕九年二月三日，户部狀：准批下湖北安撫司申，乾道七年亢旱，枝江縣韋安世糶稻穀五千石及中糶二萬石，通計二萬五千石，乞推賞。本部欲紐計比折，依賑濟五千石賞格補迪功郎。從之。

陞補

論說

（宋）**包拯《孝肅包公奏議》卷三《擇官·請令審官院以黜陟狀定差遣先後》**　臣竊見審官院差京朝官，並循舊例，以到院先後爲限，未嘗較辨賢否，論次殿最，清濁一溷，流品不分，但以名次補闕而已，甚非委重近臣審擇之意。況國家設提刑、按察之職，察羣吏廉穢之狀。其治績尤著者，則必慰薦稱舉；貪懦不治者，則必體量按劾。別白善惡，悉以上聞，而審官院署名于籍，以爲沮勸之本。今則不然，當除擬之時，但以月日次第差而授之，則向來黜陟之狀委而不顧，乃同虚設，豈不惜哉！且黎元之命繫於長吏，今郡守、縣令鮮或得人，盜賊閒起，生民重困，天下受敝，職此之繇，可不慎哉。臣欲乞今後審官院應京朝官初任，即令勘會在任有舉主五人無私罪者陞爲上，有舉主三人以下或無舉主及私罪者以爲次，其有私罪及體量者降爲下。凡差授以爲定制，如此則進者知勸，退者知懼，旌別淑慝，無先於此。

（宋）**蘇轍《欒城集》卷四四《御史中丞論時事劄子十首·論堂除太寬劄子》**　臣頃權吏部尚書，竊見京朝官以上皆使一年以上闕，大小使臣及選人皆使二年以上闕。雖闕少員多，事不得已，而待闕之人，已不免咨怨。近者復見堂除人亦有待闕及一年以上者，人情驚駭，昔所未見。蓋祖宗朝堂除舊例，皆見闕然後差除，因事然後超擢。所除既有限量，故用闕不至久遠。近歲監司以上員數至多，而猥更擢人，以至衍溢，所擢未必勝舊，徒使監司闕額，不足以應副來者而已。至於知州以下，舊人未減，新人日增，蓋由干謁成風，除授無法，雖稱以才擢用，其實未免緣故。至於待闕久近，所任閑劇，衆口議評，皆爲之説。只如開封司録，舊用歷知州人，頃自郭晙之後，未及三年，而迭用陳該、張淳、陳元直三人，率皆資望輕淺，政績未聞，已見新故相代。輕用堂除，於此可見。及諸寺丞，例亦如此。臣欲乞今後謹守祖宗故事，凡堂除皆竢有闕方差，且將見今堂除人輪環充補，其新擢用者，皆須功譽顯著然後得差。蓋用人之法，要須員闕相當，未聞無闕添人，謂之擢才濟用者也。如此數歲，若見闕稍多，然後量闕選才，理無不可。庶使堂除官吏不復待闕，與四選稍異，亦旌勸之義也。取進止。

綜述

（宋）**宋敏求《春明退朝録》卷上**　太宗時，始置磨勘差遣院，後改爲審官。真宗時，京朝官四年乃得遷。天聖中方有三年之制，而在外任者不得遷，須至京引對，乃得改秩。明道中，始許外任歲滿亦遷。時恭謝天地覃恩，不隔磨勘，有併遷者，於是朝士始多。皇祐明堂覃恩，隔磨勘，人情苦其不均。英宗與上即位，故復用恭謝之例。

（宋）**佚名《宋大詔令集》卷一六二《政事·官制·罷京朝官遷官保任詔慶曆五年二月辛卯》**　比者京朝官須□人保任，始得遷官，朕念廉士或不能以自進也，其罷之。

（宋）**王明清《揮麈録》前録卷二**　舊制，如侍從致仕、轉官、遺表贈四官，皆自其合遷官上加之。今則寄禄官至陞朝轉贈，僅止員郎而已。

（宋）**李燾《續資治通鑑長編》卷三八九《哲宗元祐元年》**　樞密院言：將、副就移別將、副者，通補前任月日，滿三年替，所補不及一年，願再滿一任者，聽。即副將陞正將、使臣初移副者，竝別理三年滿替。從之。

（宋）**李燾《續資治通鑑長編》卷三八九《哲宗元祐元年》**　吏部言：知州、通判昨以三年爲一任，依條係選處去替一年餘到任十月使闕。

今來既竝以三十個月爲任，其使闕月限欲乞應知州、通判到任半年餘竝去替一年使闕。從之。

（宋）李燾《續資治通鑑長編》卷三九五《哲宗元祐二年》 樞密院言：內外坊監使臣，任滿當被賞、無責罰、有舉主二員者，令再任，次任如之，第三任滿，取勞最者與補騏驥院闕。任內職事修舉，亦與再任，次任如之，第三任與理路分都監資序，任滿，取勞最者與補提點左右廂監闕任，陞一等資序，並太僕寺考察以聞。從之。

（宋）李燾《續資治通鑑長編》卷四五八《哲宗元祐五年》 吏部言：按條，官員不因罪犯體量離任，注謂：舉辟不就及對移、就移、避親、丁憂、罷任之類，別授差遣，各願補滿前任月日者聽，所補不及二年，願再滿一任者亦聽。緣自來使臣對移差遣，并合通理前任年月，滿替即不取願與不願，補滿亦不許再滿一任。近有使臣在外對移，陳乞依上條補滿前任月日外，乞再滿一任。而看詳條元無對移之文，亦無添入意義，所有對移二字殆爲虛文，今欲注文除去。從之。

（宋）李燾《續資治通鑑長編》卷五〇三《哲宗元符元年》 吏部言，以職任應舉官而被旨召赴闕者，候還任方許奏舉。從之。

（宋）李心傳《建炎以來朝野雜記甲集》卷六《朝事・近歲堂部用闕》 渡江以來，員多闕少，中外久患之。紹興末，寺監丞簿、學官、大理司直、樞密院編修官，始皆有待次者。乾道五年秋，孝宗遂命皆與添差一次，自今須見闕乃得除。然近歲東南郡守率有待闕至五、六年，蜀中亦三、四年，由是朝士罕肯乞外，而勢要之人多攘闕者。淳熙十三年，詔自今存留州郡十五闕，止差一政，令中書籍記以待職事官外補。慶元元年，又增爲三十闕，非職事官補外，毋得陳乞。然廟堂牽於丐請，率多借用。嘉泰二年夏，言者請以嘉興府、處、台、衢、嚴、信、池、袁、撫、江、潮、漳、泰、温、徽等州十五闕，令中書再行注籍，專待職事官請外補用。如有經營留闕之人，令給舍繳駁，臺諫論奏。從之。四月辛卯。今監司、帥臣亦有待闕者，今年辛煥柄知夔州，待除何侍郎異闕。而侍左選人用六年闕，侍右小使臣用五年半闕云。小使臣初用五年一月□□，吏部請用季闕，慶元六年閏六月半闕。許之。

（宋）李心傳《建炎以來朝野雜記甲集》卷九《故事・百官轉對》 故事，百官五日一轉對。紹興六年十一月，詔百官應轉對而疾病者，許封進文字，更不引對。其後秦相當國久，惡聞人言，於是百官當對者多託疾不上。十七年八月，詔自今當對而在告者，竢疾瘉日上殿，命吏部約束之。然所對者不過大理寺官十餘人，姑應故事而已。自孝宗臨政，垂意人才，乾道、淳熙閒，朝士抱才氣者，皆以得見上爲喜，而碌碌者頗以轉對爲憂。然士大夫不爲大臣所喜者，往往竢其對班將至，預徙它官，至有立朝踰年而不得見上者，蓋輪其官而不輪其人，此立法之弊。

（宋）李心傳《建炎以來朝野雜記甲集》卷一〇《官制・升朝官除簽樞》 簽書樞密，故事，有以員外郎爲之，而無三丞以下爲之者。元祐初，王彥霖以承議郎、龍圖閣待制除授，乃特遷朝奉郎。建炎後，張全真、富季申皆自奉議郎、御史中丞除簽樞，亦用此制。靖康二年曹忠達輔，紹興十四年李資政文會，皆以升朝官爲之。曹，承議郎；李，奉議郎。蓋中書失之，而舍人無正之者。

（宋）李心傳《建炎以來朝野雜記甲集》卷一二《官制・寄禄官分左右》 寄禄官分左、右字，元祐政也。紹興初，復舉行之。淳熙初，宗室善俊者建言，以爲本范純仁偏見。孝宗納其説，又去焉。今任子、雜流，惟紐轉通直郎、奉直、中散大夫如故，若帶貼職，則超資焉。故小京官鎖廳登第者，號爲平遷，兩任徑轉三官，蓋有出身人不爲監當故也。

（宋）李心傳《建炎以來朝野雜記甲集》卷一二《官制・選人改官額》 選人改官，舊無定數。紹興後，多不過九十人，少或至五十人，紹興二十年八十八人，二十五年六十八人，三十年七十四人，三十一年五十人。捕盗及職事官皆不在數。三十二年遂至一百十三人，孝宗患之。隆興元年四月，詔以百員爲額。乾道三年七月，又通四川爲百二十員。七年十月，有司請不限員。奏可。時虞丞相當國也。淳熙初，上以官冗稍嚴升改之令，於是六年引見，改官不及七十員，而捕盗在焉。周洪道爲吏部尚書，七年二月，因請以七十員爲額。是年四月，又增八十員。職事官並引見，改官六十五人，四川换給一十五人，特旨改官不與。十三年三月，又詔職事官改官在八十員歲額之外。自是，歲改京官者僅百員，迄今遂爲永制。

（宋）李心傳《建炎以來朝野雜記甲集》卷一二《官制・改官須入》 初改官人必作令，謂之須入。紹興中，數申嚴之，後亦或廢。孝宗在位，持之甚嚴。慶元初，復詔除殿試上三名、南省元外，並作邑。五年四月，又用程察院松言，詔大理評事已改官未歷縣人，並令親民一次，著爲令。舊捕盜改官人，並試邑。是月，陳正言自强請初任未終之人，先注僉判一任，方許親民。從之。自後雖宰相子、殿試甲科人，無有不宰邑者矣。

（宋）李心傳《建炎以來朝野雜記乙集》卷一四《官制・建隆至元祐選人升改舉主沿革》 選人升改，國初無定制。建隆三年，命翰林學士及文班常參官曾任幕職、州縣官者，各舉堪爲幕職、令録一人。職、令用舉主自此始。開寶三年四月，命翰林學士及文班升朝官等，各於現任、前任藩郡幕職、州縣官中，舉堪爲升朝官一人。選人用舉主改官自此始。乾德二年六月，詔侍從、卿監、郎官各於京官、幕職、州縣官內，舉堪爲通判者一人。又在此前，令專記舉京朝官事始。然自建隆至淳化二十餘年，舉京朝官之敕纔五下，固無冗濫之失也。至道二年閏七月，有司言諸州闕監當、京朝官共五十餘員，乃命左丞李至等八十四人各舉州縣官廉恪有吏幹者一人。景德元年八月，以幕職資序人少，命常參官二人共舉州縣官一人充幕職。大中祥符三年正月，詔内外所舉幕職、州縣官並須經三任六考。限考受薦自此始。五年六月，詔自今在京常參官二員，共舉幕職、州縣官一員充京官者，聽。舉主用兩員自此始。景德元年八月，止是一時指揮。天禧元年五月，敕兩省五品以上歲許舉京朝官五人，升朝官許舉三人。薦舉限員自此始。天聖七年十二月，詔轉運使、發運使副，不限人數。是月，用判流内銓吕夷簡言，升朝官因事降充監當者不得舉官，及知縣、朝官不得舉所統攝處幕職、曹官。蓋前此内外升朝官皆得舉京官故也。三年十月，中書言：群臣舉幕職、州縣官充朝官者，候舉主及五人，即以名聞，庶懲濫進。舉主用五員自此始。天聖二年六月，又用監察御史李紘言，令轉運使至諸州通判並舉本部幕職、州縣官外，餘升朝官未經通判已上差遣者不在舉官之限。所舉之人須是在任。舉主内有轉運、制置、發運、提點刑獄、勸農使二人，便與依例施行。若止一人，即更候常參官二人保舉，並與磨勘。非通判以上不得舉官，非現任屬吏不得受薦，及舉主須用職司，皆自此始。熙寧初，常平使者得薦吏如提、轉，乃罷通判舉官。元祐初，暫復之，俄廢。自是薦舉之法益密，而冗濫日甚矣。

（宋）李心傳《建炎以來朝野雜記乙集》卷一四《官制・職事官改官法》 職事官改官法，樞密院編修官、祕書省正字、太學博士、兩學正録，到任實歷一年，通理前任四考並自陳改京官，即未滿年，就改一等差遣者，湊及一年，聽通理。敕令所删定官，有出身四考，無出身五考，從本所保奏與改合入官。大理司直、評事，供職滿二年，通歷任五考，有改官舉主三員者，亦聽如舊法。評事改官，帶行職任及補外例，得添悴諸州。紹熙初，沈評事槐始與堂除知縣。二年九月十五日。後又不行。慶元末，李持直國柄復以近制出宰金壇。五年五月二十三日。自是皆作邑矣。開禧末，李侍郎訦有請，乃命以二年爲任。訦，鉅野人，漢老之子，用李季章薦，至侍從，今以集英殿修撰知廣州云。

（宋）李心傳《建炎以來朝野雜記乙集》卷一四《官制・吏職補官至從政郎止》 凡吏職年滿，依法補授將仕郎，後有恩賞者，許循修職郎，用考第關升，至從政郎止。其不因年勞，非泛補授者，未得注擬，具元補因依奏裁。

（宋）李心傳《建炎以來朝野雜記乙集》卷一四《官制・七色補官人奏薦法》 凡非泛補官者，舊制，員郎以上官皆得任子。乾道末，始詔員郎、副使以上補授及三十年以上者，聽官本宗緦麻以上親一名，帶職員郎以上入官十五年，正使以上入官二十年，並係親民資序者，遇大禮聽蔭補一名止，其致仕即不在蔭補之限。如已任而被任人身亡者，俟致仕日，聽蔭子孫一名。其太中大夫、觀察使以上，不拘此令。九年七月詔旨也。非泛補官者，謂臣僚奏補異姓緦麻以上親，及嘗得解人娶宗室女補文資之類。

（宋）李心傳《建炎以來朝野雜記乙集》卷一七《兵馬・諸軍升差審擇沿革》 初，葛楚輔在樞院，奏請江上諸軍升差，統制官至准備將者，自主帥解三人赴總領官，選擇一人，申樞密院。事既行，諸將皆不以爲便。慶元初，有旨自今升差，並委主帥選擇，令總領或屯駐守臣審覈保明，申樞密院。紹熙指揮勿行。元旨在於紹熙四年正月乙酉，後旨在於慶元三年二月之戊午也。

（宋）王栐《燕翼詒謀録》卷三《關陞資序》 舊制，京朝官實歷知縣三任，入同判，同判實歷三任，入知州。天聖六年七月己亥，詔自今任內有五人同罪，奏舉減一任，同判後改爲通判。至今因之，各以兩任四考關陞。

（宋）王栐《燕翼詒謀録》卷四《進奏吏補官》　國初，進奏官循五季舊例：假官至御史大夫。諸國既平，天下一統，諸州各置進奏官，專達京師，多至百數，混於皁隸，不復齒於衣冠之列。真宗大中祥符二年三月戊辰，詔諸州進奏官十年以上補三班奉職，每遇郊祀，叙補五人，迄今爲例。

《吏部條法·關陞門·關陞撮要》　文武臣通用　應文臣换授使臣，陳乞關陞，若選人上考第，許將叁考比折壹考。京官考第，許將兩考作壹考通理。使臣之後通及陸考及格，許到部關陞。應奏補出身致仕恩澤，並吏職軍班，及諸色出身人，陳乞關陞者，在法合要兩任實及柒年。叁任陸年者准上法。年叁拾以上，到部内須歷肆考名色差遣，並監當差遣貳考，共及陸考，許關陞親民。若校尉上所歷考第，與使臣考第一同。副尉非。應奏補出身致仕恩澤，並吏職軍班諸色出身，陳乞關陞，若兩任伍年，及曾任川、廣共及肆年，各再入監當候及貳年，就移親民。應見任川、廣差遣人，如考任名色及格，候赴本路運司參司訖，許經本司保明，申訖參司年月日分明，亦許關陞。應稱經歷任謂貳年成資以上。

承務郎以上　應監當人，合要兩任陸考，舉主肆人，關陞知縣資序。應監當人，元是武臣，因换授文資人，依監當人合要兩任陸考，舉主肆人，内監司壹員，關陞知縣資序。應改官知縣人，合要兩任伍考，舉主貳人，關陞通判資序。應宗子，應舉得出身改官後，實歷知縣壹任叁考，合關陞通判資序。應通判人，兩任肆考，有舉主叁人，關陞知州資序。應理知州軍資序，如係職事官，曾任常調差遣，合自改官後肆年，關陞通判資序，捌考關陞知州資序。若是外官，須自改官後實歷知縣壹任，後再要貳考，共成伍考，關陞通判，再歷兩任肆考，通前共理玖考，關陞知州。應監司州郡在任不得陳乞通理。若不因罪犯罷者，許通計前任考任。應侍從舉陞陟，許當監司員數。應郎官任内該關陞者，並通實歷年限，聽理合入資序。應關陞通判資序，若不歷知縣差遣，而曾任監司郡守者，許依實歷知縣關陞。應已曾關陞知州資序人，壹任貳考，陞第貳任知州資序，理入初任提刑。應已曾關陞初任提刑資序人，壹任貳考，陞第貳任提刑資序，理入諸路轉運副使。應已曾關陞諸路轉運副使人，貳考陞第叁任提刑資序，理入諸路轉運使。應已曾關陞諸路轉運使，發運副使，陸考陞第叁任轉運使，理入發運使、叁路轉運使。

選人　應迪功郎，有出身叁考，無出身肆考，有縣令舉主叁員，與關陞縣令，循入從政郎。應迪功郎，有出身叁考，無出身肆考，有職官舉主叁員，謂從事郎。與關陞職官知縣，入從事郎。應迪功郎，有出身肆考，無出身陸考，有職官舉主叁員，候參選與文林郎。應迪功郎，有出身兩任肆考，無出身兩任伍考，與令録。候參選照條關陞，入從政郎。應攝官，授正官後叁任柒考，與令録。候參選照條關陞，入從政郎。應流外人，肆任拾考，與令録。候參選照條關陞，入從事郎。應進納人，叁任柒考，曾省試者兩任伍考，與令録。候參選照條關陞，入從政郎。應修職郎，壹任叁考，不以有無出身，有職官舉主叁員，候參選與文林郎。應修職郎，係知令録資序壹任叁考回，候參選照條關陞，入從政郎。應修職郎，有出身叁考，無出身肆考，有縣令舉主叁員，繳告關陞，入從政郎。應從政郎，壹任叁考，不以有無出身，有職官舉主叁員，候參選與文林郎。應迪功郎，因恩賞循從政郎以上之人，如後有關陞舉主叁員，照指揮合理作奏舉關陞恩例。應諸州教授，應關陞令録資序，照條就任關陞，却不徇參選。應關陞令録，合參選如不曾參選，若考第應關陞外，或官司舉辟就移，照條並理爲參選，就任關陞。應入令録合參選，照指揮川、廣許令參司理爲參選。應選人，因關陞及收使恩賞，循至承直郎止。

武臣　應武舉出身人，武舉特奏名推恩人，同兩任成資，不須用名色差遣，止是用肆考，不拘歲甲，許關陞。如係見從軍武舉人，合於本司批成肆考，召本等保官貳員，經本司保明，申所屬州軍保明，申部，方許關陞。應使臣所歷考任及格，赴部陳乞關陞，如新任係是直差，投到正任該差劄子，免到部，許關陞。應使臣宗室，合用陸考。内須歷釐務貳考，通不釐務肆考者，許年叁拾以上，到部聽關陞。應從軍大小使臣，見任諸軍差遣，自給到呈吏部差帖印紙日實及陸年，内須歷正將以上差遣肆考，共成陸考，召本等保〔官〕貳員，經本司次第保明，申所屬州軍保明，申部，年叁拾以上，聽就任關陞親民，依舊從軍使唤。如授到正將以上差劄，如止係密劄不曾取旨，該差人許兩日折當一日。應使臣曾授外任差遣，考任未及後辟從軍人，許通理外任輳成陸考。許經本司召保官貳員委保，申所在州軍保明，申部施行，仍舊從軍使喚。應使臣，考任雖及應關陞者，若保差替回人，依條與展壹任。更候回部，與關陞親民。應使臣，曾除名，公罪非。及犯枉法監主自盜贓，不許關陞。及徭人不得入親民。應使臣陳乞關陞，許將畸零月日輳用通成陸考，與關陞。皇太子宮主管左右春坊，依在内差遣與關陞。應進納使臣，校尉同。監當滿柒年，無遺闕，内須歷名色伍考，有監司或知通奏舉陞陟者，有叁員，年叁拾以上，許到部關陞親民。如侍從所舉者，謂當監司員數。應文武臣合該關陞，除前項聲説外，餘依本法。

《吏部條法·關陞門·文武臣通用》 《尚書考功敕》諸州軍申發官員關陞文字，不依條保明者，對讀官吏杖壹百。分首從科罪，下本路轉運司勘斷。

《尚書考功令》諸承受關陞文書，合會問者，並限叁日。諸關陞人文書雖未足，及小節不圓，但有照驗者，聽關陞。諸乞關陞者，別具家狀壹本，並印紙納考功。諸關陞若在京者，具家狀，仍將未經磨勘所授告敕宣劄印紙等真本應用文書，繳納考功。諸監當人，滿陸年到部聽關陞。即年限已應格，再任者自依本法。其止少半年以下，再入監當。候成資日願就移親民者，亦聽。諸武臣試換文資者，聽以換授前兩任當壹任。諸武臣鎖應及第，並因試換文資者，歷任資考並許兩考當壹考。零考不使。内試換承務郎以上官關陞親民者，即依元條勘會功過舉主。諸省試下舉人，因進納授官，於元補文書内不坐進納名目者，舉改官職官縣令，即依進納例。

《侍郎右選令》諸宗室關陞親民資序，許射添差監押闕。仍注年叁拾以上非材武人，不注老疾人。老、疾不相須。

《尚書考功申明》紹興十四年十月二十八日敕：四川選人、京朝官、大小使臣關陞，係用任數年月，依條到部陳乞。如已經本路運司公參，理當參部，令本司聲説公參月日，仍繳連録白歷任批書印紙，及出身以來應合用文字，保明申部按法施行。如不曾赴運司公參，自合到部關陞。奉聖旨：依。淳熙十年十月二十日敕：臣僚奏，欲令吏部將二廣申到選人、京朝官、大小使臣，用考任關陞。如已經本路運司公參，照四川已得指揮一體施行。奉聖旨：依奏。乾道元年四月十八日敕：文武官監當人，依法合滿陸年到部關陞。近來陳乞稱，已到堂便理作到部，放行關陞，顯屬弊倖。今後並遵依見行條法，須候親身到部方許關陞。如人吏或有違犯，送所屬根究施行。嘉泰元年五月二十八日敕：吏部狀，照得京官大使臣陳乞關陞，磨勘内有合用舉主，並須照截日終舉主無責降事故，方許收使。欲將京官大使臣所得舉狀，照選人已得指揮，據憑放散收附告示，即與理作舉主收使施行。奉聖旨：依。同日准都省批下吏部狀，小使臣、校尉陳乞關陞，磨勘内有合用舉主，亦合一體照三選已措置事理施行。後批：從所申事理施行。本所看詳，前項逐件指揮，爲京官、大、小使臣、校尉收使舉主事。其選人指揮，已修入《侍郎左選考功申明》。今聲説照用。

《尚書侍郎右選考功通用申明》嘉定八年六月七日敕：吏部指定四川宗室關陞，通用陸考。欲展壹任貳考，通理捌考不釐務，放行關陞。奉聖旨：依。

《吏部條法·關陞門·承務郎以上》 《尚書考功令》諸使臣試換承務郎以上官，應入親民者，關陞並依承務郎以上法。諸監當人，考任舉主雖應格，内須監司壹員，聽關陞。即犯公罪杖以下，加舉主壹員。私罪或公罪徒，若虧課利壹分，課利并通比，若災傷年份依放税分數豁除。展壹任。再犯或舉主未足者，更展壹任。次任亦如之。累展通及拾貳年，有舉主壹員，聽入親民。其自使臣及承直郎以下改授者，許以未改授年月舉主通計關陞。諸知縣，考任舉主雖應格，須壹任實歷知縣差遣，職事官非。舉主須監司壹員，在京内壹員本轄。無本轄者，止用待制權六曹侍郎以上舉主。聽關陞。刑法官不用舉主。即犯私罪徒，情稍輕，加舉主壹員，仍展壹任。私罪杖，情理稍輕，若公罪徒，各加舉主壹員。宮觀嶽廟並不理當任數。諸知縣親民人，兩任與關陞。内須實歷知縣壹任。宮觀嶽廟非。奏補承務郎以上，已關陞知縣，及宗室換授理親民人，准此。即雖歷知縣，及貳考以上，非因罪犯而不滿叁年離任者，候通歷任及陸年滿替，方許關陞。諸通判，考任舉主雖應格，須壹任實歷親民或刑獄差遣，舉主須監司壹員，在京内壹員本轄。無本轄者，止用待制權六曹侍郎以上舉主。餘條用監司准此。聽關陞。刑法官不用舉主。犯私罪徒，情理稍輕，加舉主壹員，仍展壹任。私罪杖，情理稍輕，若公罪徒，各加舉主壹員。其在京倉炭場，左藏東西庫監官同。並壹任，特旨或壹任偶成兩任，舉主足者，不限實歷，亦與關陞。宮觀並不理當任數。諸承務郎以上，任在京倉界及炭場監官，任數舉主應關陞，而至界終舉主有故者，聽收使。謂舉主事故在應關陞壹月之後者。諸侍從官舉陞陟，謂舉外州在任官。許當監司員數。諸蔭補承務郎以上，不因就試出官，候該關陞親民者，更展壹任監當。如有舉主陸員與免展。諸武臣試換文資承務郎以上官，關陞親民，聽以歷過武臣考第，兩考當壹考，零考不使。諸通判、知縣，以負犯不理任而復本等差遣者，無贓罪及公私罪情重，通前後成兩任，元犯贓及被追官勒停者，叁任。通判有舉主肆員，知縣叁員，內監司各貳員，聽關陞。再犯准此。諸承務郎以上，以罪犯不理任，而因訴雪得除落罪名，合陞改資序者，許通計犯時任數。已成資者同。其遇恩，或特旨除落罪名，依無過人例同。亦許通計犯時任數。謂須本任合滿年月罷任者，方許通理。諸曾除名，公罪非。或元犯枉法及監主自盜贓罪者，永不得入親民。諸犯入己贓罪杖，考任舉主雖應格，不入知州。諸郎官任內該關陞者，並通實歷年限，聽理合入資序。諸寺監長貳，並聽就任關陞理合入資序。諸應關陞資序人，如歷任並係無人薦舉去處，聽不用舉主。曾任州郡後除郎官、卿監復爲監司人准此。諸關陞通判資序人，若不歷知縣差遣而曾任監司郡守者，許依實歷知縣關陞。諸秘書省官已成任者，聽別理爲任。就任關陞資序者准此。諸八路應關陞知州資序者並赴部關陞。

《尚書左選令》諸奉直大夫以上，免關陞，注知州。

《尚書考功格》

關陞監當人　右滿陸年，有舉主肆人，入知縣。

知縣人　右兩任，有舉主貳人，入通判。

通判人　右兩任，有舉主叁人，入知州。

《尚書考功申明》政和二年六月一日敕：吏部狀，勘會自來使臣鎖應及第，並因試換文資，雖通理任使臣資考，若已關陞親民，或已歷數任親民差遣，仍須換官後再依承務郎以上法，要滿陸年，舉官肆人，內壹員監司，方許關陞親民。如資考舉官等不應條法，上合理作監當資序。緣使臣所歷差遣，與文資考任輕重不同，今有宗室任使臣與監當壹任滿，有舉官保明陞親民，後理過壹兩任親民，試充文資，從來尚書左選據使臣日，已經關陞換官，後便隨歷過任數理爲知縣資序，更不經由考功依條改官，請重別關陞考功，依尚書左選據使臣任內歷過親民差遣，理當知縣資序關陞通判。緣熙寧、元豐武臣試換關陞條內，並不分別宗室，免再勘會關陞之文，況止因本部相承體例行遣。終是有礙舊制。今相度，除已前用過使臣歷任理當親民關陞之人，乞追改外，今後並遵依熙寧條法施行，更合取自朝廷指揮，伏候指揮。五月二十九日奉聖旨：依吏部所申。淳熙五年閏六月十三日敕：吏部狀，照對郎官依條就理關陞合入資序，多是先曾于知縣或通判資序上用考任舉主關陞，於常格合用任數外有餘剩月日，今若止自曾經關陞後別理前任不與收使，則郎官就理關陞專條遂爲虛設。乞今後郎官許通理關陞以前年月，就理關陞合入資序。奉聖旨：令吏部依郎官見行條法施行。

《吏部條法・關陞門・選人》

《尚書考功令》諸迪功郎有出身叁考，無出身肆考，有縣令舉主叁員，與縣令。有職官舉主叁員，與職官。知縣有出身肆考，無出身陸考。若前任令録、知令録，有職官舉主叁員，非今任停替者，候參選與文林郎。諸丁憂服闋，並歷任曾經省併，及朝廷特差職任，並不因體量過犯移任對換在任及壹考人，通理考第，及自礙親者非。與理爲任數，入令録。諸知令録，非因事降入人，壹任回，內柒考入令録人，候及肆考。拾考人，及陸考。無私罪及公罪徒，不因體量過犯離任者，與令録。諸流外人叁任柒考，有縣令舉主陸員，與就移縣令。就移後通有使臣舉主叁員，與磨勘，換本等使臣。三省祇應人出職叁任柒考，有縣令舉主陸員，與占射迪功郎壹次。經占射後，通有使臣舉主肆員，並從政郎叁任柒考，常調迪功郎肆任拾考，有使臣舉主陸員，有私罪者添職司壹員，或餘官貳員。受供饋並和市有剩利，各計贓不滿匹者，添職司貳員，或餘官肆員。並與磨勘，奏舉移注依流內法。進納攝官准此。諸有出身兩任肆考，無出身兩任伍考，攝官授正官後叁任柒考，流外肆任拾考，與令録。若歷任有贓私罪，及公罪徒，並曾停替者，更候壹任回。流外人及拾叁考不展。無上文過犯，即與令録。因酬獎入令録者，自依酬獎法。流外人有贓濫，及三省祇應人出職者，不得入令録。其進納人叁任柒考，曾省試下者兩任伍考。與令録。有犯准上法。若歷任有舉主，會問應使舉主關本選。

《侍郎左選尚書考功通用令》諸判司簿尉，有出身兩任肆考，無出身兩任伍考，攝官授正官後叁任柒考，流外肆任拾考，歷任無贓私罪，及公罪徒，或曾停替者，與録事參軍。如有上文過犯，即展壹任回。流外人及拾叁考者，不展。以上非流外人，曾有舉主肆員，或合使貳員，仍通注縣令。因酬獎入令録者，自依酬獎法。流外有臟濫，及諸司驅使官、散官、三省祗應人出職者，不得入録事參軍。其進納人叁任柒考，曾省試下者兩任伍考。與令録差監當。因酬獎與職官令録者准此。有過犯准上法。諸奏舉職官人，用改官狀就職官同。判司簿尉合入令録者，有出身陸考，無出身柒考，及前任令録，知令録，與文林郎。餘與從事郎。諸迪功郎，無出身人因應舉賜進士出身者，許將無出身上歷過月日依有出身人法關陞。

《侍郎左選令》諸選人在任關陞移注判成訖，限壹月出關下。本處罷任仍報後官赴上。諸關陞兩使職官者，與免試恩例。

《淳祐令》諸迪功郎以上，實歷及壹考，聽舉關陞。已滿叁考，赴第貳任，方許薦舉改官。初任壹考以上，不因罪犯罷者，於後任揍成叁考，亦聽舉。仍於奏狀内聲説前後任揍成叁考因依。即初任不成考，雖後任成叁考者，非。

《侍郎左選尚書考功通用申明》淳熙三年八月二十四日敕：吏部措置，欲將四川選人陞改，如會問得所用舉主，若有事故違礙等因，依放散計程在程限之内，即與理作舉主收使。如在程限之外，即不許作舉主收使。照會行在至四川制置使司，會到進奏院稱，常程合破叁拾日半，到今來合破行遣日限壹日，並承受舉主事故處關牒叁日，共叁拾伍日。如在叁拾伍日之内，聽收使，如在叁拾伍日之外，不許收使。奉聖旨：依。淳熙十六年八月十九日敕：吏部狀，照對選人知令録，非因事降入人，壹任回，無過犯，與令録。又條，迪功郎有出身叁考，有職官舉主叁員，與職官知縣，若前任令録、知令録，有職官舉主叁員，非今任停替，候參選，與文林郎。又令，選人並以叁年爲任。其間有選人在任成貳考之後，不因罪犯罷任之人，到部陳乞關陞，緣有《尚書侍郎左右選考功通用令》，成資不因罪犯替移，聽理爲任，係爲注授條法。本部輒引上條作壹任回便許關陞。今聚議，自今日改正外，欲將似此已關陞人，候將來改官日，於常格滿陸考之外，更展補壹考。奉聖旨：依。慶元三年十月二日敕：臣僚奏，欲將選人初官所得關陞職令狀，許薦牘到部日即時理作放散收使。候考第足，職令狀及格，方與關陞。奉聖旨：依。

《侍郎左選申明》慶元四年六月十一日敕：吏部狀，照得選人迪功郎歷任及壹考，聽舉關陞縣令，或充從事郎。後來緣該慶典覃恩循入從事郎以上之人，所得職令舉狀到部，遂行申請與作舉主收使注闕，從條免試。有其餘別用恩例循從事郎以上者，吏部拘以非因慶典覃恩循入，不與理作收使免試。今乞將元係從事郎出官，並其他酬賞循入從事郎以上之人，得薦舉職令狀列部，止許作免試注闕等用，即不許繳告關陞。奉聖旨：依。

《尚書侍郎左右選考功通用申明》嘉定十七年八月十九日敕：臣僚奏請，欲下吏部將選人在法該考舉關陞之人，今後任滿所得酬賞，並依格法指揮放行，推賞循轉。不許引用乾道七年指揮作占射收使。其選人該遇實賞循資之人，如在壹年限内考舉及格，合該關陞，許召本等保官兩員，仍批書印紙於關陞官上循轉。本部證得，選人奏舉關陞考第舉主及格，並常調關陞考第應格該關陞之人，所得任滿酬賞，依今來奏請並與放行，推賞循轉。十二月一日，奉聖旨：依。

《侍郎左選申明》寶慶三年九月十八日尚書省劄子：臣僚奏，應元係從事郎出身，及以恩賞循從事郎人，所得職令狀，並與依格作奏舉關陞收使。其合繳告奏舉關陞者，並依舊法。奉聖旨：依。看詳上件指揮，吏部勘會，迪功郎若因恩賞循至從事郎，及出官便是從事郎，有縣令舉主叁員，考任及格，即合關陞從政郎。係是折資。關侍左，將考第舉主合入從政郎人，理爲奏舉令録入關。如合入從事郎人，即當奏舉職官，並在正格關陞人之次。今存留照用。

《尚書考功申明》端平三年四月十一日敕：吏部指定，選人因考第舉主及格，合該陳乞换給磨勘改官，並合到部陳乞。關陞循資之人並照元降指揮，經本路運司公參，理當到部，近却於別路計會保明申發文字，避免遺闕綰繫。下四路運司，如見得各官前任不係當改官屬，即不得放令參司，選人陳乞舉主揍歷捌考，不曾關陞作應理知州資序收使。舉狀係謂選人所得改官關陞職令舉狀，四川合理到司月日，餘路合理到院日，爲放散，其間有舉主責降，或與宮觀，降指揮月日在舉狀到司到院之前，不該收使。契勘得舉狀已經關陞知州以上資序，或發奏之日官序係奉直大夫以上，並合照應放行收使。緣其間有舉主於發奏之日官序未至奉直大夫，又不曾經本部陳乞關陞知州資序，及發奏在被罷降指揮之後，本部却與照舉主於改官後係通揍歷捌考，作應理知州資序，放行收使舉狀，於條有礙。欲舉主知州資序照見到奏狀内職銜施行。奉聖旨：並依。

《侍郎左選申明》淳祐四年正月空日，都省劄子：吏部申，淳祐三年九月空日，省劄，修纂條例所看詳，侍左具到壹項，竊詳選人初任壹考以上，聽舉關陞。通次任及叁考以上，聽舉親民。此謂發奏受舉之月日，今乃妄以舉狀到部月日理計，委是違戾。監司州軍歲有舉員，如隔年未舉者許通舉。此謂前壹年未舉員數，許於次年補發。今乃妄以次年舉員，攙先隔歲發奏。委是違戾。下吏部遵守見行條法，不許引用弊例。本部契勘得，六曹長貳每歲舉本曹架閣改官壹員，如歲終無架閣可舉，換舉所隷官屬。往往不候歲終，預先發奏，若不與收使，則有許換舉之文，若與收使，則礙歲終舉官先後。若不立爲定制，竊慮寖壞成規，如有仍前不候歲終，先發換舉狀到部，併不該收使。劄付吏部照會施行。淳祐七年二月二十三日，尚書省劄子：前江西提刑兼知贛州鄭逢辰申，兵鈐司歲舉兵官員額外，添舉改官、關陞狀各壹員，以舉文臣之用力者。其改官狀兩歲共舉壹員，係舉兵鈐司屬官及討捕有功人。奉聖旨：並依。

《侍郎左選考功通用申明》寶祐元年九月空日，尚書省劄子：司農少卿兼左司趙崇微狀，照對委崇微提督修纂條例，據吏部侍郎左選具到條例，内壹項，檢坐嘉定十年三月十七日，都省批送下本部：照得在法迪功郎以上實歷壹考，聽舉關陞。已滿叁考，第貳任方許薦舉改官。今諸路州軍不照見行條法，選人未及壹考乃發職令狀，初任止及壹考於次任未貳考，又初任及貳考至次任未及壹考，乃發改官狀。如下半年舉狀，却於上半年發。上半年舉狀，却於先壹年歲裹發奏。有礙條法，洎不該收使，却謂發奏日雖未及合舉條限，到部日已及條限。如此陳乞，四川尤甚。非惟破壞薦舉條法，强有力者皆攙先取之，孤寒後至者皆無望焉。本部檢具薦舉條法，及慶元三年十月三日指揮，應舉改官員数隔年舉到官者，與放行收附。竊詳選人初任壹考以上聽舉關陞，通次任及叁考以上聽舉親民。此謂發奏受舉之月，今乃妄以舉狀到部月日理計。監司州軍歲有舉員，如隔年未舉者許通舉，此謂在前壹年未舉員數，許于次年補發。今乃妄以次年舉員攙先隔歲發奏，委是違戾。欲申遵守見行條法，不許容令引用弊例。仍先次行下吏部，照應遵守施行。九月二十七日，三省同奉聖旨：依。

《吏部條法·關陞門·武臣》

《尚書侍郎右選考功通用令》諸使臣雖該關陞親民，若係差替回者，更候壹任回，與關陞。諸使臣補武學上舍生出官者，減壹任監當。

《尚書考功令》諸使臣兩任監當，實及陸年滿替，年叁拾以上者，與關陞親民。若兩任伍年及曾任川、廣共及肆年，各再入監當，候及貳年，許就移親民。諸使臣因奏補及諸色出身考任應關陞親民者，内須兩任肆考，立定名色差遣，宗室止用壹任釐務貳考，通不釐務肆考。聽通理關陞。軍班武藝出身人准此。免從軍人，或曾任軍中差遣考任已及而離軍者，不拘此令。諸武舉出身人，特奏名同。兩任成資替罷者，許關陞親民。諸大小使臣見任諸軍差遣，自給到理任差帖印紙日，實及陸年，無朝廷付身與貳日當壹日。内須歷正將以上差遣肆考，如因陞差改差或改移軍分，並聽通理月日，許具録家狀印紙，召本色保官貳員，委保無過犯，經所在州軍陳乞，差官點對無差漏，保明申尚書吏部，聽與就任關陞親民，依舊從軍使喚。諸使臣曾除名，公罪非。及犯枉法監主自盗典贓，永不入親民。即因勞績應賞者，具元犯取裁。諸閤門宣贊舍人關陞，並依武翼郎至武功大夫法。諸進納人，監當滿柒年無遺闕，有監司知州通判及叁員，同罪奏舉陞陟者，與親民。諸徭人不得陞入親民。

《尚書侍郎右選考功通用申明》乾道八年十二月二十八日，樞密院劄子奏節文：吏部申，勘會諸軍冒名承代官資並已改正。所有曾經關陞及給差帖印紙未敢便行通理接續批書。照得元降指揮内即不該載，今措置，欲乞就已給印紙批書，改正姓名，通理接續考第，其已關陞親民人依舊理親民資序。奉聖旨：依。又九年九月二十一日，樞密院奏節文：吏、兵郎申，並供到狀，勘會冒名承代付身，已鐫成補正，官資未經關陞，已給吏部，理任差帖印紙授鐫減付身日起理關陞。奉聖旨：依吏部勘會並供到狀内事理施行。

《尚書考功申明》淳熙四年三月二十四日敕：吏部狀，據從義郎應材乞將選人上歷過考第，揍理於武臣上收使關陞。竊詳在法，武臣試換文資承務郎以上，關陞親民者，聽以武臣考第兩考當壹考，零考不使。本部聚義，欲將本人昨任選人日所歷考第比附上條，叁考作壹考，零考不使。

於使臣上作考第揍理，闕陞親民。奉聖旨：依。本所看詳前項指揮，雖止爲應材所降，竊恐日後有似此之人，今編節存留，申明照用。淳熙六年二月十三日敕：吏部狀，臣僚奏，武臣考任闕陞，緣不曾立定名色，有司無以遵軌，乞令吏部措置。今指定到合該闕陞名色下項：

在內九項：

監左藏東西南庫封樁庫，監行在建康、鎮江府榷貨務都茶場，監行在省倉上中下界，監行在豐儲倉，監行在贍軍激賞諸酒庫，監都錢庫，監行在草料場，監雜買務，監雜賣場。

在外五十二項：

制置司：沿海統制。

安撫司：水軍統轄，水軍統領。

轉運司：監酒庫。

鑄錢司：措置銅場，措置銀銅場，檢踏官。

總領所：監酒庫，監倉庫，監户部大軍倉，措置糴買官。

諸路州軍：知縣，縣令，縣尉，正將，副將，準備將，準備將領，都巡檢使，都巡檢，巡檢，水陸巡檢，管界巡檢，同巡檢，巡捉私茶，巡捉私鹽，兵馬都監，駐泊兵馬都監，兵馬監押，駐泊兵馬監押，文州宕昌寨駐泊，知寨，左右江鎮寨兵馬賊盜公事，知城，知堡，知城堡，寨官，知關堡，同知關堡，軍使，監倉場庫務税監院鎮，監鹽井，排岸，支監官，主管榷場官，文州南路鎮，主管宕昌寨買馬，寨主，銀銅場監轄使臣，主管堡，主管關堡，同主管堡。

本部令指定，使臣歷任實及陸年內，須歷前項名色肆考，方許闕陞親民。奉聖旨：依吏部措置措定到事理施行。本所看詳前項指揮內，左藏南庫續降指揮改作左藏封樁下庫，今聲說照用。淳熙六年七月六日敕：路分都監、副都監，職任在州都監之上，合放行闕陞。其諸路總管鈐轄、州總管鈐轄、提刑知州軍准此。淳熙八年十二月十四日敕：紹興府攢宫內外巡檢，即係巡檢稱呼，與放行闕陞。淳熙十年七月十九日敕：皇太子宫主管左右春坊，依在內差遣闕陞。淳熙十一年十二月十三日敕：主管永康軍蠶崖關職任，與知關堡事體一同，理當名色放行闕陞。淳熙十二年六月一日敕：知閤門事理當名色闕陞。淳熙十三年四月二十六日敕：監兩軍器所提轄監造受給官，與入闕陞名色。淳熙十六年八月四日敕：監兩浙西路安撫司回易庫，與理作闕陞差遣。紹熙二年九月一日敕：閤門舍人係是召試，與依武舉出身放行闕陞。慶元元年七月二十一日敕：提舉興州仙人原一帶關隘，比之知關堡事體尤重，理爲名色闕陞。慶元三年十月十七日敕：帶御器械理作闕陞名色。慶元五年正月十七日敕：閤門宣贊舍人日在殿陛，應奉事體繁重，可將見供職人入額實及陸考，依內外場務官例與理闕陞。慶元五年二月二十九日敕：江南東路安撫司親兵統領，並幹辦廣南西路綱馬驛程，與理作闕陞差遣。嘉泰四年八月二十四日敕：江南西路安撫司親兵統領理作名色闕陞。淳熙九年十二月二十六日敕：吏部狀，勘會武臣闕陞親民，曾立戰功人依舊法，即是不拘正將以上，差遣肆考，但歷軍中差遣陸考，便許闕陞。緣指揮內不曾該說，離軍後理在軍考任，從軍後通理外任月日。今指定，從軍人曾歷正將以上差遣，及曾立戰功，未經闕陞，離軍後歷外任添差不釐務，非。揍及陸考，方許闕陞。不曾歷正將以上差遣，又不曾立戰功，離軍後須歷立定名色差遣肆考，方許通理在軍考任貳考，揍成陸考闕陞。止歷過正將以上差遣，貳考離軍後再歷立定名色差遣貳考，方許通理在軍考任，揍成陸考闕陞。已歷立定名色差遣貳考，從軍後再歷正將以上差遣貳考，及軍中差遣貳考，揍成陸考，方許闕陞。奉聖旨：依吏部指定到事理施行。本所看詳前項逐件指揮，閤爲理作闕陞名色差遣。今編節存留照用。

《尚書侍郎右選通用申明》寶慶二年四月十七日敕：吏部勘當廣西轉運司申，賓州管界巡檢，欲下本司，不以有無拘礙，許曾經任巡檢，或至兵官已闕陞親民資序，無過犯大使臣，通差年未陸拾、應邊功或材武無贓罪人。奉聖旨：依。

《尚書侍郎右選考功通用申明》寶慶三年五月十五日敕：自今右選須闕陞親民，陸考方許辟邑。試邑後歷兩任方許辟州。武舉從軍人依舊例，作縣畢，須歷計議等官然後該差。

《尚書侍郎左選通用申明》紹定六年四月十九日，都省劄子：知贛州姚鏞申，兼提舉南安軍、南雄州、汀州兵甲司公事，欲於每歲元舉兵官員額外，許舉改官親民任使闕陞狀各壹紙。奉聖旨：權依。本所看詳前項指揮，續有淳祐七年二月二十三日指揮，兩歲共舉改官壹員。今聲說照用。

《尚書侍郎左右選考功通用申明》淳祐三年九月空日，尚書省劄子：編修敕令所申，吏部看詳，考功郎官劉漢弼奏請，閤門宣贊舍人入額陞考與理關陞，閤門關報添入宣贊舍人以下，在外監當關陞猶用陸考，則施之閤職無不可者，契勘委有以下貳字，即與一體施行。竊詳慶元五年指揮，閤門宣贊舍人以下在殿陛應奉事體繁重，爲係特差，昨來吏部有失條具，關陞所合遵照慶元五年已降指揮施行。本所契勘上項指揮，係是閤門取降委有以下貳字，吏部已指定稱合遵照施行。本所今審訂，欲從吏部已指定到事體施行。右劄付吏部，從所申事理施行。

《吏部條法・關陞門・資序服色撮要》應稱職官者，係承直郎至從事郎。應稱令録者，係從政郎。應稱知令録者，係修職郎。應稱判司簿尉者，係迪功郎。應稱判司者，係軍巡判官，司理、司法、司户參軍。應稱簿尉者係主簿、縣尉。應親王府翊善，贊讀、直講、記室同。如係第叁任知州，理提點刑獄司資序。第伍任知州，理轉運使資序。

應正入資序：三路轉運使、發運使合差第叁任轉運使資序人。三路轉運副使、發運副使、諸路轉運使差合入第叁任提刑資序人。諸路轉運副使差合入第貳任提刑資序人。諸路提點刑獄差合入第貳任知州資序入。諸路轉運判官、諸路提舉差合入第貳任通判資序人。應知州軍監、通判並借緋，若通判資序簽判及兼兵知縣或朝廷選擇知縣者准此。應知州已緋，及知節鎮者各借紫，若曾任知州已借紫，雖知軍監亦借紫。應部闕知縣除極邊、次邊外，餘並不許借緋。應品官服紫、緋皆佩魚，品未至而賜服若借者，於衔内帶賜及借。應通仕、登仕、將仕郎若攝官及州職醫助教並服緑。應寄禄官肆品以上。武臣内侍同。服紫。寄禄官陸品以上服緋。玖品以上服緑。應醫愈轉醫痊醫效服緋紫者，並賜魚袋。應職事官堂除知縣許借服色。應關陞資色服色，除前項聲説外，餘依本法。

《吏部條法・關陞門・資序》《尚書侍郎左右選通用令》諸以奏舉，若恩賞，及考任，應陞改資序，已注八路闕而因罪不應得者，報本路改差。公罪聽赴任。止理本資，仍關考功。諸就注八路闕而應陞改資序者，差訖關考功。其奏差者准此。

《尚書侍郎右選考功通用令》諸使臣補武學上舍生出官者，減壹任監當。諸未到部人非次差移而年限應關陞者，雖未納印紙及歷任狀，聽爲親民人。已注而資序未應入者，就任改正。

《尚書侍郎右選通用令》諸使臣注授親民差遣，其資序未正，見帶權若關陞應落權者，擬鈔以聞。諸親民闕巡檢替回，未經比較賊盜而直注，及監當人關陞已應格，而就注，並預擬親民資序，如合降等及未應關陞者，就任改正。

《尚書侍郎左選通用令》諸州學教授應陞改資序者，聽就任改正。

《尚書左選令》諸轉運判官以上，及提舉常平茶鹽官，闕到應改落權及權發遣者，擬奏。

《侍郎左選令》諸奏舉職官知縣、縣令，非體量過犯未成資離任，及因違法差出破考不成資者，理元奏舉資序。如考任合入令録，願依常調者，聽。諸朝廷差任，及因舉辟差注，若考任合入令録者，與循正本資序成資。用恩例陳乞罷任者，准此。諸應循資而不願罷任，及就任得改正資序者，各理本資，通理年月滿替。諸歷任誤有超折資序者，與改正。仍具奏聞。餘錯誤即注案籍，須照會者給公據。諸稱職官者，謂承直郎至從事郎。稱令録者，謂從政郎。稱知令録者，謂修職郎。稱判司簿尉者，謂迪功郎。稱判司者，謂軍巡判官，司理、司法、司户參軍。稱簿尉者，謂主簿、縣尉。諸考功關到選人應陞改資任者，並日下注籍，及版榜曉示，滿拾日方收，仍委郎官常切點檢。

《尚書考功令》諸奏舉職官知縣、縣令，不因體量過犯離任，及緣違法差出破考，雖未成資，並理元奏舉資序，即考第合入令録，而願依常調者，聽。諸親王府翊善，贊讀、直講、記室同。係第叁任知州者，理提點刑獄司資序。第伍任知州，理轉運使資序。諸宗子應舉得出身者，與陞壹等資序。謂如初任人陞入第貳任之内。已理親民者，准此。諸轉運判官以上，及提舉常平茶鹽官，應落權及權發遣者，檢舉關吏部擬奏。諸衝替應降資序者，事理稍重降壹等，重降貳等。若降等而無等可降，並別展年。諸文學注權入官者，在任叁考外，理爲正官資序。入路貳考外准此。諸酬獎或特恩循資者，謂非得替酬獎者。從事郎以上，及帶官別領職任，與就任循正資序。不願罷任者，與理本資，通理年月滿替。

《尚書考功格》轉運判官以上及提舉常平茶鹽官正入資序：

三路轉運使，發運使　右差合入第叁任轉運使資序人。

三路轉運副使，發運副使，諸路轉運使　右差合入第叁任提刑資序人。

諸路轉運副使　右差合入第貳任提刑資序人。

諸路提點刑獄　右差合入第貳任知州資序人。

諸路轉運判官，諸路提舉常平茶鹽官　右差合入第貳任通判資序人。

《尚書右選申明》政和七年十一月空日，奉御筆：應見理路分鈐轄，路分都監州鈐轄資序並改正。今後如敢奏請陳乞理爲資序者，以違御筆論。仍委御史臺覺察彈奏。雖奉特旨，亦許樞密院執奏不行。本所看詳上件指揮，係約束止絶奏請陳乞，官司委御史壹覺察，樞密院執奏，其指揮内違御筆論，依靖康元年五月十八日敕，合作違制論。緣事幹内外，理合通知存留，遵用施行。

《尚書侍郎右選通用申明》乾道八年七月二十四日，都省批下吏部申：訓武郎張立狀，係歸正人，已蒙添差監吉州板木場，不釐務。准考功告示，合關陞親民資序，乞添都監差遣，申省乞給降付身。承後批：張立監吉州板木場，元係具鈔，今來止因關陞，隨資序乞改差遣，却專降指揮兼侍右，似此之人見行具鈔陞改送吏部。今後應似此之人一體具鈔施行。本所看詳上件指揮，内大使臣官稱改作訓武郎。今聲説照用。

《吏部條法·改官門·陞改》《尚書考功令》諸合磨勘改官陞資，有公案在刑部大理寺，不該取旨。候約到刑名，若全入徒流已決已配者，檢法書，斷官雖該赦降去官原免，並候斷訖施行。由推勘失入者，勘官准此。餘申都省。陞資係公罪，杖以下不申。以上後有特旨，即從特旨改正。諸奏舉判司簿尉入職官及縣令，若未經陞改，而因恩賞循令録、知令録，願改作奏舉者，聽。諸歷任有罪犯者，應磨勘關陞，並以見理遺闕，依條陞改。諸睦宗院宗學教授，依諸州教授陞改。諸選人陞改，自身及舉主有過犯，案狀未到者，下大理寺約法，該與不該，取旨。已勘到案狀，有斷定刑名已上刑部者，會問本部合與不合，取旨。各依本法。

《侍郎左選尚書考功通用令》諸承直郎以下，任樞密院編修官、敕令所删定官、秘書省正字，或博士正録，並到任實歷壹年，方許通理前任考第陞改。即未滿年就任改差壹等差遣，其歷過月日揍及壹年者，亦許通理。諸承直郎以下，任館職、樞密院編修官、大理司直、評事、學官、敕令所删定官，應陞改官資者，聽就任陞改。前任考第舉主足，應改者准此。

《淳祐令》諸州學教授，因移授而補滿前任，應陞修職郎以上，或餘官應關陞者，申尚書吏部。諸州教授，考任並通理應磨勘者，候任滿赴部投狀。内南廣教授，仍減舉主壹員。

《〔尚〕〔南〕書考功申明》紹興十年六月二十日敕：四川選人於宣〔撫〕司磨勘陞改，合到部陳乞人，經本路轉運司公參，理當到部，宣撫司繳奏文字赴部，按法施行。本所看詳前項指揮，宣撫司今係制置司，合聲説照用。

《侍郎左選尚書考功通用申明》乾道六年七月二十五日敕：勘會選人改官，除犯私罪徒，及曾犯姦贓，不許投狀外，其曾有公私過犯，計其元得笞杖徒流罪名，各有展考添舉主條法，及有奏裁或申都省之文，及緣在法有歷任罪犯應磨勘關陞外，並以見理遺闕依條陞改。本部自來祇以見理遺闕依條展考添舉主，若已經赦及依無過人例者，更不添展及具申都省。隆興二年後成例申省。契勘選人衝差替，既不理犯時壹考，及已經赦宥無過人例，若後來到部磨勘，又與降等陞改，即是赦恩遂成虚文。今欲除選人犯罪，合加展考第舉主，自合依本條以見理遺闕加展陞改外，内曾犯停替，若已經赦，依無過人例者，即與依條放行陞改。奉聖旨：依舊法施行。又乾道七年六月二十三日，尚書省劄子：照得選人陞改。若有前項罪犯未經除落人，見理遺闕，自有立定舊法，奏裁申都省取旨。比年以來，止是照例具申都省。或與降次等陞改。若有似此之人逐旋申取朝廷指揮，委是紊煩，欲自今後將選人陞改，自合照應六年七月已降指揮。更不具申。右劄付吏部，依劄子内事理施行。乾道八年正月十四日敕：緣邊州軍選人關陞者，雖已移注，候交割始得離任。成資改秩者，録白一宗文字，及舉主告示真本繳連申部。如應格法，則先注籍理爲放散，催後官赴上候交割離任，赴部伺候引見授告。

《宋史》卷三〇《高宗紀》〔紹興十三年〕秋七月甲子，詔求遺書。罷捕賊補官格。

《宋史》卷三三《孝宗紀》〔乾道二年六月〕癸未，詔使相毋奏補文資，七色補官人毋任子，堂吏遷朝議大夫以五員爲額。

《宋史》卷三四《孝宗紀》〔乾道三年冬十月〕癸卯，詔歸正借補官資人充樞密院効士，於指定州軍以官庫酒息贍之者，毋罷其給。

《宋史》卷一六〇《選舉志·保任》　保任之制。銓注有格，概拘以法，法可以制平而不可以擇才，故予奪升黜，品式具在，而又責官以保任之。凡改秩遷資，必視舉任有無，以爲應否；至其職任優殊，則又隨事立目，往往特詔公卿、部刺史、牧守長官，即所部所知，揚其才識而任其能否。上自侍從、臺諫、館學，下暨錢穀、兵武之職，時亦以薦舉命之，蓋不謬於法矣。

國初，保任未立限制。建隆三年始詔：常參官及翰林學士，舉堪充幕職、令、録者各一人，條析其實，毋以親爲避。既而舉者頗因緣爲姦，用知制誥高錫奏：請許人訐告，得實，則有官者優擢，非仕宦者授以官，或賞緡錢；不實，則反坐之。自是，或特命陶穀等舉才堪通判者，或詔翰林學士及常參官舉京官、幕職、州縣正員堪升朝者。藩鎮奏掌書記多越資敘，則詔歷兩任有文學方得奏。又令諸道節度、觀察使，於部內官選才識優茂、德行敦篤者各二人，防禦、團練使各舉一人，遣詣闕庭，觀其器業而進用焉。凡被舉擢官，於誥命署舉主姓名，他日不如舉狀，則連坐之。

太宗尤嚴牧守之任，詔諸道使者察部內履行著聞、政術尤異、文學茂異者，州長吏擇判、司、簿、尉之清廉明幹者，具名以聞，驛召引對，授之知縣。又令閲屬部司理參軍，廉慎而明於推鞫者，舉之。雍熙二年，舉可升朝者，始令翰林學士、兩省、御史臺、尚書省官舉之。

淳化三年，令宰相以下至御史中丞，各舉朝官一人爲轉運使，迺詔曰：國家詳求幹事之吏，外分主計之司，雖曰轉輸，得兼按察，總覽郡國，職任尤重，物情舒慘，靡不由之。尚慮徼功，固當責實。凡轉運使釐革庶務，平反獄訟，漕運金穀，成績居最，及有建置之事，果利於民，令歲終以聞。非殊異者不得條奏。又詔：三司、三館職事官已升擢者，不在論薦；其有懷材外任，未爲朝廷所知者，方得奏舉。始令内外官，凡所舉薦有變節踰矩者，自首則原其聯坐之罪。

太宗聽政之暇，每取兩省、兩制清望官名籍，擇其有德譽者，悉令舉官。所舉之人，須析其爵里及歷任殿最以聞，不得有隱。如舉狀者有賞典，無驗者罪之。又嘗謂宰臣曰：君子小人，趣向不同。君子畏慎，不欺暗室，名節造次靡渝；小人雖善談忠信，而履行頗僻，在官黷貨，罔畏刑罰。如薛智周以侍御史守婺，政以賄成，聚斂無已，其土產富於羅，州民謂之羅端公，則爲治可知矣。卿等職在掄材，今令朝臣舉官，已是逐末，更不擇舉主，何由得人也？供奉官劉文質嘗入奏，察舉兩浙部内官高輔之、李易直、艾仲孺、梅詢、高鼎、高貽慶、姜嶼、戚綸八人有治迹，並降璽書褒諭。帝曰：文質所舉，皆良吏也。特遷文質爲西京作坊副使。

咸平間，祕書丞陳彭年請用唐故事舉官自代。詔祕書直學士馮拯、陳堯叟參詳之。拯等上言：往制，常參官及節度、觀察、防禦、刺史、少尹、畿赤令并七品以上清望官，授訖三日內，於四方館上表讓一人以自代。其表付中書門下，每官闕，以見舉多者量而授之。今官品制度沿革不同，請令兩省、御史臺、尚書省六品以上，諸司四品以上，授訖，具表讓一人自代，於閤門投下，方得入謝。在外者，授訖三月內，具表附驛以聞。遂著爲令。

真宗初，屢詔舉官，未立常制。大中祥符二年詔：幕職、州縣官初任，未閑吏事，須三任六考，方得論薦。三年，始定制：

自翰林學士以下常參官，歲各舉外任京朝官、三班使臣、幕職、州縣官一人，著其治行所宜任，令閤門、御史臺歲終會其數。如無舉狀，即具奏致罰。於冬季以差出，亦須舉官後乃入辭。諸司使副、承制、崇班曾任西北邊、川、廣鈐轄、親民者，亦倣此制。諸路轉運使副、提點刑獄官，知州、通判奏舉部內官屬，則不限人數，具在任勞績，如無可舉及顯有踰濫者，亦須指述，不得顧避。以次年二月二十五日以前到京，違期則都進奏院以名聞，論如不申考帳法。

三司使副舉在京掌事京朝官、使臣。凡被舉者，中書歲置二籍，疏其名銜，下列歷任功過、舉主姓名及薦舉數。一以留中書，一以五月一日進內。明年，籍內仍計向來功過及舉主數，使臣即樞密院置籍。兩省、尚書省、御史臺官凡出使迴，須採訪所至及經歷隣近郡官治迹善惡以聞。轉運使副、提點刑獄官、知州、通判赴闕，各具前任部內官治迹能否，如隣近及所經州縣訪聞善惡，亦許同奏，先於閤門投進，方得入見。

凡朝廷須人才，及欲理州縣弊政劇務，即籍內視舉任及課績數多而資歷相當者差委，於宣敕內盡列舉主姓名。或任內幹集，特與遷秩，苟不集事，本犯雖不去官，亦移閑慢僻遠地。內外羣臣所舉及三人有成績，仰中書、樞密院具姓名取旨甄獎。如併舉三人俱不集事，坐罪不至去官，亦仰奏裁，當行責降。或得失相參，亦與折當。

天聖六年詔：審刑院舉常參官在京刑法司者爲詳議官；大理寺詳斷、刑部詳覆法直官，皆舉幕職、州縣曉法令者爲之。自請試律者須五考，有舉者，乃聽試。試律三道，疏二道，又斷中小獄案二道，通者爲中格。時舉官擢人，不常其制。國子監闕講官，則詔諸路轉運使舉經義通明者；或欲不次用人，嘗詔近臣舉常參官歷通判無贓罪而才任繁劇者；欲官諸邊要，亦嘗詔節度使至閤門使、知州軍、鈐轄、諸司使，舉殿直以上材勇堪邊任者，或令三司使下至天章閣待制舉奏之。邊有警，則詔諸轉運使、提點刑獄舉所部官才堪將帥者；三路知州、通判、縣令，則詔近臣舉廉幹吏選任之，毋拘資格。至于文行之士，錢穀之才，刑名之學，各因時所求而薦焉。

自天聖後，進者頗多，始戒近臣，非受詔毋輒舉官。又下詔風厲，毋以薦舉爲阿私。其任用已至部使者，毋得復薦，失舉而已擢用，聽自言不實，弗爲負。初，選人四考，有舉者四人，得磨勘遷京官；始詔增爲六考，舉者五人，須有本部使者。御史王端以爲：法用舉者兩人，得爲縣令。爲令無過譴，遷職事官、知縣；又無過譴，遂得改京官。乃是用舉者兩人，保其三任也。朝廷初無參伍考察之法，偶幸無過，輒信而遷之。是以碌碌之人，皆得自進，因仍弗革，其弊將深。乃定令：被薦爲令，任內復有舉者始得遷，否則如常選，毋輒升補。

時增設禁限，常參官已授外任，毋得奏舉。京官見任知州、通判，升朝官兵馬都監、諸司副使以上，及在京員外郎嘗任知州、通判，諸司副使嘗任兵馬都監者，乃聽舉。流內銓復裁。內外臣僚歲舉數，文臣待制至侍御史，武臣自觀察至諸司副使，舉吏各有等數，毋得輒過；而被舉者須有本部監司、長吏、按察官，乃得磨勘。又限到官一考，方得薦。知雜御史、觀察使以上，歲舉京官不得過二人，其常參官毋得復舉，自是舉官之數省矣。定監司以所部州多少劇易之差，爲舉令數，非本部勿舉。其後又增舉主三員。蓋官冗之弊浸極，故保薦之法，大抵初略而後詳也。

英宗時，御史中丞賈黯又言：今京朝官至卿、監，凡二千八百餘員，而吏部奏舉磨勘選人，未引見者至二百五十餘人。且以先朝事較之：方天聖中，法尚簡，選人以四考改官，而諸路使者薦部吏，未有限數；而在京臺閣及常參官嘗任知州、通判者，雖非部吏皆得薦。時磨勘改官者，歲才數十人，後資考頗增，而知州薦吏，視屬邑多少裁定其數，常參官不許薦士。其條約漸繁，而改官者固已衆矣，然引對猶未有待次者也。皇祐中，始限監司奏舉之數，其法益密，而磨勘待次者已不減六七十人。皇祐及今纔十年耳，而猥多至于三倍。向也，法疏而其數省；今也，法密而其數增，此何故哉？正在薦吏者歲限定員，務充數而已。如郡守歲許薦五人，而歲終不滿其數，則人人以爲遺己。當舉者避謗畏譏，欲止不敢，此薦者所以多，而真才實廉未免溷於無能也。宜明詔天下，使有人則薦，不必滿所限之數。天子納其言，下詔申敕。中外臣僚歲得舉京官者，視元數以三分率之，減一分；舉職官，有舉者三人，任滿選如法。所以分減舉者數，省京官也。

判吏部流內銓蔡抗又言：奏舉京官人，度二年引對乃可畢，計每歲所舉，無慮千九百員，被舉者既多，則磨勘者愈衆。且今天下員多闕少，率三人而待一闕，若不稍改，除吏愈難。臣以爲可罷知雜御史、觀察使以上歲得舉官法。從之。自是舉官之數彌省矣。故事，初入二府，舉所知者三人，將以觀大臣之能。後來請謁之說勝，而薦者或不以公。四年，詔：中書、樞密院舉人，皆明言才業所長，堪任何事，以副朕爲官擇人之意。

神宗即位，乃罷兩府初入舉官。凡薦任之法，選人用以進資改秩，京朝官用以升任，舊悉有制。熙寧後，又從而損益之，故舉皆限員，而歲又分舉，制益詳矣。定十六路提點刑獄歲舉京官、縣令額。又詔察訪使者得舉官。選人任中都官者，舊無舉薦，始許其屬有選人六員者，歲得舉三員。既而帝以舊舉官往往緣求請得之，乃革去奏舉，而概以定格。詔內外舉官法皆罷，令吏部審官院參議選格。

元祐初，左司諫王巖叟言：自罷辟舉而用選格，可以見功過而不可以見人材，中外病之。於是不得已而別爲之名，以用其平日之所信，故有踏逐申差之目。踏逐實薦舉而不與同罪，且選才薦能而謂之踏逐，非雅名也。況委人以權而不容舉其所知，豈爲通術？遂復内外舉官法。

及司馬光爲相，奏曰：

爲政得人則治。然人之才，或長於此而短於彼，雖皋、夔、稷、契，各守一官，中人安可求備？故孔門以四科論士，漢室以數路得人。若指瑕掩善，則朝無可用之人；苟隨器授任，則世無可棄之士。臣備位宰相，職當選官，而識短見狹，士有恬退滯淹，或孤寒遺逸，豈能周知？若專引知識，則嫌於私；若止循資序，未必皆才。莫若使有位達官，各舉所知，然後克叶至公，野無遺賢矣。

欲乞朝廷設十科舉士：一曰行義純固可爲師表科，有官、無官人，皆可舉。二曰節操方正可備獻納科，舉有官人。三曰智勇過人可備將帥科，舉文武有官人。四曰公正聰明可備監司科，舉知州以上資序。五曰經術精通可備講讀科，有官、無官人，皆可舉。六曰學問該博可備顧問科，同上。七曰文章典麗可備著述科，同上。八曰善聽獄訟盡公得實科，舉有官人。九曰善治財賦公私俱便科，舉有官人。十曰練習法令能斷請讞科。同上。應職事官自尚書至給舍、諫議，寄禄官自開府儀同三司至太中大夫，職自觀文殿大學士至待制，每歲須於十科内舉三人，仍具狀保任，中書置籍記之。異時有事須材，即執政案籍視其所嘗被舉科格，隨事試之，有勞，又著之籍。内外官闕，取嘗試有效者隨科授職。所賜告命，仍備所舉官姓名，其人任官無狀，坐以繆舉之罪。所貴人人重愼，所舉得才。

光又言：朝廷執政惟八九人，若非交舊，無以知其行能。不惟涉徇私之嫌，兼所取至狹，豈足以盡天下之賢才？若採訪毀譽，則情僞萬端。與其聽遊談之言，曷若使之結罪保舉？故臣奏設十科以舉士，其公正聰明可備監司，誠知請屬挾私所不能無，但有不如所舉，譴責無所寬宥，則不敢妄舉矣。詔皆從之。

二年，殿中侍御史吕陶言：郡守提封千里，生聚萬衆，所係休戚，而不察能否，一以資格用之，凡再爲半刺、有薦者三人，則得之矣。不公不明，十郡而居三四，是天下之民，半失其養。請令内外從臣，歲舉可爲守臣者各三人，略資序而採公言，庶其可以擇才芘民也。詔：内外待制、太中大夫以上，歲舉再歷通判資序、堪任知州者一人，籍于吏部。遇三路及一州而四縣者，其守臣有闕，先差本資序人，次案籍以所薦者。

頃之，侍御史韓川言：近太中大夫以上歲舉守臣，而薦所不及，雖課入優等，皆未預選，此倚薦以爲信也。然太中大夫以上，率在京師，唯馳騖請求、因緣宛轉者，常多得之。迹遠地寒，雖歷郡久、治狀著、課入上考，偶以無薦，則反在通判下，不許入三路及四縣州。且州以縣之多少而分簡劇，亦未爲盡。蓋繁簡在事不在縣，固有縣多而事不繁，亦有縣少而事不簡者。願參以考績之實，著爲通令，仍不以縣之多少而爲簡劇。詔吏部立法以聞。已而歲舉積久，吏部無闕以授。四年，遂罷太中大夫以上歲舉法，惟奉詔乃舉焉。

紹聖元年，右司諫朱勃言：選人初受任，雖能，法未得舉爲京官。而有挾權善請求者，職官、縣令舉員既足，又併改官舉員求之。詔：歷任通及三考，而資序已入幕職、令録，方許舉之改官。

初，神宗罷薦舉，惟舉御史法不廢。熙寧二年，王安石言：舉御史法太密，故難於得人。帝曰：豈執政者惡言官得人耶？於是中書悉具舊法以奏。安石曰：舊法，凡執政所薦，即不得爲御史。執政取其平日所畏者薦之，則其人不復得言事矣，蓋法之弊如此。帝乃令悉除舊法，一委中丞舉之，而稍略其資格。趙抃曰：用京官恐非體，又不委知雜，專任中丞，亦非舊制。帝曰：唐以布衣馬周爲之，用京官何爲不可？知雜，屬也，委長爲是。侍御史劉述奏曰：舊制，舉御史必官升京朝，資入通判。衆學士、本臺丞、知雜更互論薦，每一闕上，二人而擇用一人。今專委中丞，則愛憎由己，公道廢於私恩；或受權臣之託，引所親厚，擅竊人主威福，此大不便。弗聽。既改法，著作佐郎程顥、王子韶、謝景福方爲條例司屬官，中丞吕公著薦之，遂以太子中允權監察御史裏行。

宣仁太后聽政，詔范純仁爲諫議大夫，唐叔問、蘇轍爲司諫，朱光庭、范祖禹爲正言。章惇曰：故事，諫官皆薦諸侍從，然後大臣稟奏，今得無有近習援引乎？太后曰：大臣實皆言之，非左右也。惇曰：臺諫所以糾大臣之越法者。故事，執政初除，苟有親戚及嘗被薦引者見爲臺臣，則皆他徙，防壅蔽也。今天子幼沖，太皇太后同聽萬機，故事不可違。於是吕公著以范祖禹，韓縝、司馬光以范純仁，皆避親嫌。光曰：純仁、祖禹實宜在諫列，不可以臣故妨賢，寧臣避位。惇曰：縝、光、公著必不私，他日有懷姦當國者，例此而引其親黨，蔽塞聰明，恐非國之福。純仁、祖禹請除他官，仍令侍從以上，各得奏舉。於是，詔尚書、侍郎、給舍、諫議、中丞、待制各舉諫官二員；純仁改除天章閣待制，祖禹爲著作佐郎。後又命司諫、正言、殿中侍御史、監察御史，並用升朝官通判資序。

元祐六年，御史中丞鄭雍言：舊御史闕，臺官得自薦，所以正名舉職也。自官制行，御史中丞與兩省分舉，而今之兩省官屬，皆與聞門下、中書政事，其自舉非故事，且有嫌。乞專委臺官，若稍涉私，自有黜典。詔御史中丞舉殿中侍御史二員，翰林學士、中書舍人同舉監察御史二員，給事中亦舉二員。雍又言：風憲之地，責任宜專。若臺屬多由他薦，恐非責任之本意。詔中丞更舉監察御史三員。八年，侍御史楊畏言：風憲之任，人主耳目焉。御史進用，宰執不得預，願令兩省屬官舉之，非是。遂寢前命。

武臣薦舉立格，有枚別職任而舉之者，有概名材武而入之銓格者，又其上則謀略膽勇可備統衆、諳練兵事可任邊寄之類。惟邊要任使隸樞密院，餘則審官西院、三班院按格注之。其後，雖時有更易，而薦舉之所重輕，選用之所隸屬，多規此立制。

建炎兵興多事，以中外有文武材略出倫，或淹布衣，或沉下僚，命侍從、監司、郡守搜訪，各舉所知，州縣禮遣赴行在。又詔舉忠信寬博可使絶域與智謀勇毅能將萬衆者，不以有無官資，並詣登聞檢院自陳，才謀勇略可使者，赴御營司量材録用。或命庶僚各舉內外官及布衣隱士才堪大用者，擢爲輔弼，協濟大功；或命侍從舉可爲臺諫者，或舉縣令，或舉宗室；刺史舉忠義之士能恢復土疆保護王室者；帥臣、監司、守令舉所部見任寄居待次文武官有智謀及武藝精熟者；及訪求國初功臣後裔，中興以來忠義死節之家子孫。四年，以朝班多闕，詔：臺諫、左右司郎官已上，各薦士二人，仍令執政同選。在外侍從雖在謫籍，無大過而政事才學實可用者，亦與召擢。

紹興二年，廷臣言：今右武之世，雖二三大將，各立雋功，微賤之中，尚多奇士。願廣加薦舉，延問恢復之計。帝然其言。詔觀察使以上各薦可爲將帥者二人，樞密籍録以備選用。又以中原士大夫隔絶滋久，流徙東南者，媒寡援疎，多致沉滯，令侍從搜訪以聞。三年，復司馬光十科，時遣五使宣諭諸道，令訪廉潔清修可以師表吏民者。尋詔宣諭官所薦，並俟終更，令入對升擢，以勸能吏。復用舊制，侍從官受命三日，舉官一員自代，中書、門下省籍記姓名，每闕官，即以舉狀多者進擬。內外武臣，舉忠勇智略可自代者一人，如文臣法。

五年，命自監察御史至侍從官，舉曾經治縣聲績顯著者爲監司、郡守，不限員數，遇闕選除；才堪大縣者，通舉二十人，不限資序。十年，以南渡後人材萃於兩浙，而屬吏薦員甚狹，增部使者薦舉改官之額，歲五員。十四年，命守臣終更入見，各舉所部縣令一人。

二十二年，右諫議大夫林大鼐言：國初，常參官皆得舉人，不限內外，亦無員數。南渡之初，恩或非泛，人得僥倖，有從軍而改秩者，有捕盜而改秩者，有以登對而改秩者。今朝廷無事，謹惜名器，惟薦舉一路，貪躁者速化，廉靜者陸沉。今欲取考第、員數增減以便之，增一任者減一員，十考者用四，十二考者用三，十五考者用二。如減舉法，須實歷縣令，不得仍請嶽祠。其或負犯殿選，自如常坐。士有應此格者，行無玷缺，年亦蹉跎，無非孤寒老練安義分之士。望付有司條上，以弭奔競。二十五年，命侍從舉知州、通判治跡顯著者，以補監司之闕；仍保任終身，犯贓及不職，與同罪。

二十九年，聞人滋又請：凡在官歷任及十考以上，無公私罪，雖舉削不及格，許降等升改。或疑其太濫，則取吏部累年改官酌中之數，立爲限隔，舉狀、年勞，參酌並用。於是下其議，中書舍人洪遵、給事中王晞亮等上議曰：本朝立薦舉之法，必使歷任六考，所以遲其歲月而責其赴功，必使之舉官五員，所以多其保任而必其可用。今如議臣所請，則有力者惟圖見次，無材者苟冀終更，出官十餘年，可以坐待京秩。此不可一也。今欲減改官分數以待無舉削者，則當被舉之人，必有失職淹滯之歎。此不可二也。京官易得，驟至郎位，任子之恩，愈不可減，非所以救入流之弊。此不可三也。夫祖宗之法非有大害，未易輕議；今一旦取二百年成法而易之。此不可四也。臣以爲如故便。滋議遂寢。

三十年，以武臣被薦者衆，命內外大臣所舉統制、統領官各遷一秩，將官以下，所舉者令兩府籍記。右正言何溥言：比命侍從薦舉縣令，如聞選人不可授大邑，止籍記姓名。夫論人才不拘資格，豈堪爲縣令而有小大之別乎？今所舉者才也，非官也。願無拘劇易，早與選除，歲一行之，十年之後，天下多賢令矣。乃詔：薦舉守令，遇見闕依次除授；如已授差遣者，任滿取旨。帝謂輔臣曰：朕有一人材簿，臣下有所薦揚，退則記其姓名。遇有選用，搜而得之，無不適當。

孝宗嘗命內外選在任閑居待次官舉可任監司、郡守之人，以資序分二等，一見今可任，一將來可任，注籍于三省，仍作圖進呈，以憑除擢。又以武選之衆，拔擢未廣，立謀略沉雄可任大計、寬猛適宜可使御衆、臨陣驍勇可鼓士氣、威信有聞可守邊郡、思智精巧可治器械凡五等科目，令曾歷軍功觀察使以上各舉二人。其通習典章可掌朝儀、練達民事可任郡寄、諳曉財計可裕民力、持身廉潔可律貪鄙、詞辨不屈可備奉使五等，令非軍功觀察使以上舉之。並隨類指陳實跡，毋得別撰褒詞。

隆興二年，廷臣上言，謂：國朝視文武爲一體，故有武臣以文學換授文資，文臣以材略智謀換右職當邊寄者。蓋文武兩塗，情本參商。若文臣總幹戎事，不換武階，則終以氣習相忌，有不樂從者矣。今兵塵未息，方厲恢復之圖，願博采中外有材智權略可以臨邊、可以制閫者，倣舊制改授。從之。乾道以後，又選大將之家能世其武勇者，武舉及第武藝絕倫可爲將佐者。會廷臣言曰：方今國家之兵，東至淮海，西至川蜀，殆百餘萬。其間可爲將帥者，不在其上，則在其下，而朝廷未知振其氣、表其才也。今文臣有三人舉主，則爲之循資再任，五人則爲之改秩，而武臣無有焉。古語曰：三辰不軌，擢士爲相；蠻夷不恭，拔卒爲將。宜令都統制視監司者歲舉武臣二人，視郡守者歲舉一人。以智勇俱全爲上，善撫士卒專有膽勇者次之。不拘將校士卒，優以獎擢。被舉人有臨戰不用命者，與文臣犯入己贓者同，併坐舉主。帝可其奏，仍著爲法。

三年，禮部尚書趙雄請令侍從、臺諫、兩省，於知縣資序以上歲薦堪充郡守，通判資序以上歲薦監司，仍用漢朝雜舉之制，三省詳加考察。詔如所請，仍不以內外，雜舉歲各五人，保舉官及五員以上，列銜共奏。帝曰：薦舉本欲得人，又恐干請，反長奔競。龔茂良言：三代良法，亦不免於弊。今欲精選監司、郡守，非薦舉何由知之。帝曰：若今雜舉，則須衆論僉允，又經中書考察而後除授，亦博采遴選之道也。

吏部請：武舉軍班武藝特奏名出身，并任巡檢、駐泊、監押、知砦，比附《文臣闕升條令》並實歷六考，有舉主四人，內監司一人，聽闕升親民。正副將，兩任、有舉主二人，內一人監司，亦與闕升。凡升副將，視文臣初任通判資序；再闕升正將，視文臣次任通判資序；闕升路分副都監，視文臣初任知州資序；小郡州鈐轄，視文臣次任知州資序。孝宗以歲舉京官數濫，於是內外薦舉改官員數，六部、寺、監長貳，户部右曹郎官等，三分減一；禮部、國子監長貳，如上條外又減半；前宰執，歲各減二員；諸道轉運、提刑、提舉常平茶鹽學事司，總領茶馬、鑄錢司，安撫、制置司，及諸路州軍，並四分減一。通籍之數彌省矣。

光宗時，言者謂：被薦者衆，朝廷疑其私而不信，病其泛而難從，縱有賢才，不免與僥倖者併棄，請條約之。乃命帥守、監司毋獨員薦士。時薦舉固多得人，然有或乏廉聲而舉充廉吏，或素昧平生而舉充所知，或不能文而舉可備著述。遂命臣僚自今有人則薦，無人則闕，其尤繆妄者覺察之。

嘉泰二年，令內外舉薦並具實跡以聞，自是濫舉之弊稍革。嘉定十二年，命監司、守臣舉十科政績所知自代，露章列薦，並籍記審察。任滿，則取其舉數多、有政績行誼者，升擢之。

宋初，內外小職任，長吏得自奏辟。熙寧間，悉罷歸選部。然要處職任，如沿邊兵官、防河捕盜、重課額務場之類，尋又立專法聽舉，於是辟置不能全廢也。既出常格，則憸人往往因之以行其私。元祐以來，屢行屢止。蓋處心公明，則得以用其所知，固爲良法；苟徇私昧理，則才不爲用，請屬賄賂，無所不有矣。又孰若付之銓曹而概以公法者哉？

建炎初，詔河北招撫、河東經制及安撫等使，皆得辟置將佐官屬；行在五軍并御營司將領，亦辟大小使臣。諸道郡縣殘破之餘，官吏解散，諸司誘人填闕，皆先領職而後奏給付身。於是州郡守將，皆假軍興之名，換易官屬，有罪籍未叙復、守選未參部者。朝論患之，乃令釐正，使歸部依格注擬。惟陝西五路、兩河、兩淮、京東等路經略安撫司屬官聽舉辟，餘路並罷。四年，初置諸鎮撫使，管內州縣官並許辟置。言者謂遠方之民，理宜綏撫。如峽州四縣，多用軍功或胥吏補知縣，欄吏補監税，民被其害。遂命取峽州、江陵府、荊門軍、公安軍州縣官闕，委安撫司奏辟。

命御史臺仍舊辟舉承務郎已上官充主簿、檢法官，不限資序。

紹興二年，臣僚又以比年帥守、監司辟官，攙奪部注，朝廷不能奪，銓曹不能違，又多畀以添差不釐務之闕。上自監司、倅貳，下至掾屬、給使，一郡之中，兵官八九員，一務之中，監當六七員，數倍於前日。存無事之官，食至重之禄，所以重困生民。請裁省其闕，否則以宮廟之禄畀之。遂命自今已就辟差理資任者，毋得據舊闕以妨下次。六年，詔諸道宣撫司，僚屬許本司奏辟，內京官以二年爲任，願留再任者，取旨。自兵興，所辟官有經十年不退者，故條約焉。二十六年，詔已注知縣、縣令，不許奏辟。

孝宗初，詔內外有專法，辟闕並仍舊。乾道九年，命監司、帥臣，非有著令，不得創行奏辟；所辟毋得攙已差之闕，違者御史臺察之。淳熙三年，命自今極邊知縣、縣令闕官，專委本州守臣奏辟，毋得仍舊權攝；其見攝官留意民事百姓愛服者，許不以有無拘礙，特行奏辟。七年，詔未中銓、未歷任、初改秩人毋得差辟，著爲令。

理宗寶慶二年，以廣南東、西路通判、幕職、教授等官，法未嘗許辟者，須於各官將滿之前具闕。如未有代者，即聽申部出闕，滿三月無人注擬，申省下本路。通判以下京官闕，從諸司奏辟。選人闕，從漕司定差。作邑未滿三年、作倅未滿二考，不許預期奏辟他闕。諸司屬官不許輒自辟置，或久闕正官，許令次官暫攝，待朝命方許奏辟。淳祐十一年，以御史臺申嚴銓法，禁監司、郡守辟親戚爲屬吏。又選人無考第、舉主不及三員，及納粟人雖有考第、舉主，並不聽辟爲令。寶祐三年，戒諸路監司、帥閫，不應辟而輒辟者，辟主及受辟之官，並與鐫秩。

（清）徐松《宋會要輯稿·職官二八·國子監》〔政和三年〕五月二十四日，詔：太學、辟廱有官學生，如升補上等，依有官人附貢士升二等差遣，賜上舍出身；文行優者，取旨推恩。從大司成劉嗣明請也。

（清）徐松《宋會要輯稿·職官二八·國子監》〔紹聖元年〕閏四月七日，詔：太學合格上舍生，並依元豐二年法。內上舍上等該推恩注官者，每年不得過二人；免省者，每舉不得過五人；免解者，每舉不得過二十人。仍充省試發解額內人數，並依補中年月高下爲次。其元祐法勿用。餘三舍升補等法，令禮部、國子監推行舊制。《職官志》：紹聖元年，又詔：內外學官選進士出身及經明行修人。又詔學官並召試，國子監長貳、臺諫官、外監司皆許薦舉。二月甲午，罷廣文館解額，及將國子生四十人發還本監。從之。

（清）徐松《宋會要輯稿·職官四八·縣令試銜知縣》〔淳熙五年六月〕十二日，臣僚言：諸州知縣不宜注授恩榜補官之人。如係極邊知縣、縣令，雖許通差武臣，仍要銓量其人才術幹略，及能兼通法律，方得注擬，其餘次邊知縣，只令專注文臣。詔吏部措置申尚書省。吏部言：武臣知縣、縣令，除武舉出身及試中七書義，或已試中斷案人，許依已定（法條）〔條法〕差注外，其不曾經試中人，見係親民資序，有舉主二員，依小使臣呈試指揮，添試斷案一場。仍止試一道，問目少立條件，比文臣銓題一半。內有能文願隨文臣銓試者，召保官二員，候銓試收試。其四川亦合依此，令赴制置司附試次邊知縣。謂如淮南路揚、泰、真、舒、和、黄、蘄州、高郵、無爲軍，京西路房州，湖南路全州，湖北路德安，江陵府復州、荊門軍，利州路興、建州，雖是次邊，即與內地州軍事體頗同，欲依臣僚奏請差注文臣。其恩榜補官人若年五十五歲，不許注授知縣窠闕，雖破格亦不許注授縣令。上謂輔臣曰：措置恩科甚當。向來一半文學可以出官，今止三之一耳，若便限以年，則爲縣者絶寡矣。於是詔悉從之。內次邊縣道許通差武臣，仍依極邊武臣知縣格法施行。

（清）徐松《宋會要輯稿·職官五五·御史臺》〔隆興元年〕八月三日，御史臺狀：依指揮條具併省吏額，前司主管班次五（十）〔人〕爲額，見係右從政郎馬彦俊并已年滿合補官人胡世昌二人充，今欲並行減罷，發遣歸部。所有見闕主管班次三名，更欲裁減一名，止以二名爲額。書令史目今見闕四人，並省減罷，自後更不立額。驅使官五人已經裁減，今乞更不省減。六察書吏一十三人，今併省二人，內成忠郎、六察點檢文字盧宗邁，成忠郎、吏察書吏馬希顔，各見依已降指揮本臺專法理爲資任。欲候逐人任滿解罷，其上件窠闕更不差人。貼司六人，已經裁減，今並乞存留。後擢書吏七人，今乞減書吏李汝楫一名。詔依，見在人且令依舊，將來遇闕，更不遷補。

（清）徐松《宋會要輯稿·職官六二·借補官》高宗建炎元年十月二十四日，詔：今年五月一日以後，諸路帥臣、監司等應借補官資之人，令所在官司拘收元借補付身公據，並行毀抹，具姓名申三省、樞密院。其今年五月一日以前借補官資，非專承聖旨及朝廷借補者，令帥守、監司並拘收毀抹。其擅行借補官司，特與免罪，今後不得更輒借補。內有係盜賊招安借補者，具元承指揮及所借補官司，令所在帥臣勘驗，開具申尚書省。

（清）徐松《宋會要輯稿·職官六二·借補官》〔紹興〕九年八月三日，詔：應便宜借補官資人，自今降指揮日，限一年陳乞，換給付身，出限更不施行。

（清）徐松《宋會要輯稿·職官六二·借補官》孝宗乾道八年七月二十五日，樞密院勘會：昨自紹興三十一年以後軍興，一時許諸軍主帥并逐路帥臣、監司、郡守等出給借補付身，已行換給真命補正了當。所有未換給付身，已是出違日限，依指揮更不行使外，今來有不應借補官資去處，擅行出給付身，理宜約束。詔今後輒敢擅行借補，以違制論。如有人材可委使、合行借補之人，先次具姓名申取朝廷指揮，許出給文帖，候勞績顯著，與行補正。

（清）徐松《宋會要輯稿·職官六二·借補官》淳熙元年正月十四日，臣僚言：白身人借補官資，本以爲內地徙邊及良家從軍者之勸。近年兩淮帥司給授太濫，或以親故干請，或以勢位囑託，又夤緣請謁權攝稅場、酒務、學職、公帑，皆收用借補人。乞下兩淮帥臣，不許濫補官資，自指揮到日，應有權攝日下住罷。儻有違戾，所請俸給並依法施行，因而有罪犯者，元差官與被差人均罪。從之。

紀事

（宋）曾鞏《曾鞏集》卷二五《制誥擬詞·開封府獄空轉官制》京師天下之聚，俗雜五方之民。至於智或侵愚，強或淩弱，巧僞滋出，獄訟繁興，統理之難，爲日已久。某明敏開達，曉習吏事。輟自禁近，屬之尹正。以公於奉上之志，絕阿以附下之私。摘發姦欺，動而必中；彈治豪右，勇於敢爲。使縲絏無非罪之嗟，囹圄有空虛之效。求之近歲，罕能及此。聞於朕聽，時惟汝嘉。夫賞所以褒善而勸衆也，進官一等，疇爾之庸。其尚懋哉，以永來譽。

（宋）曾鞏《曾鞏集》卷二五《制誥擬詞·樞密遷官加殿學士知州制》典國樞要之臣，協相帷幄之謀，彌綸疆場之事，夙夜不懈。風力施於省決，精明用於思慮。蓋勤且煩如是，而歷時且久，豈朕優禮耆舊之意歟？某忠嘉惠和，德操惟邵。先帝所遺，以輔朕躬。當國本兵，庶言惟允。而屢辭幾政，每請彌確。志不可易，朕所重違。是用改進文階，延升秘殿，乃眷東夏，處以近藩，衍食真封，併加寵數。朕於隆崇近輔，時其勞逸，使得自擇出入之宜，可以爲有恩矣。爾於乃心王室，罔以內外，無忘益勵始終之節，其可以不勉哉！

（宋）曾鞏《曾鞏集》卷二六《制誥擬詞·磨勘轉官制一》吏之在其位者，積歲月之勤，應有司之格，必有甄進，以明勸獎，此國家之典也。今序爾之勞，遷位一等。往思祗服，以稱朕恩。

（宋）曾鞏《曾鞏集》卷二六《制誥擬詞·磨勘轉官制二》朕謹名分，正官守，以董齊百工。至其有試用之勞，無踐履之玷，則皆稽其歲月，法有甄進，所以使吾勤事之吏知所勸也。今有司比爾之課，應於遷格，宜升階品，以允新書。其服朕恩，往思來效。

（宋）曾鞏《曾鞏集》卷二六《制誥擬詞·堂後官轉官制》吾調兵於外，而號令節制之由中出者，汝以宰屬，與於治文書，赴期會，能辦吾事，進秩一等，以獎爾勞。尚思恪勤，無墜厥守。

（宋）曾鞏《曾鞏集》卷二六《制誥擬詞·罷館職加官制》夫爲官擇人，處其名者必任其事。而儒館之設，有位號而無分職，使學士大夫將何以效其實歟？是用命爾進階一等，而罷其虛稱。其有異能，朕將明試以功，庶爾之材得施於用，以成朕招俊乂、康庶位之意焉。其尚懋哉。

（宋）李燾《續資治通鑑長編》卷九七《真宗天禧五年》庚申，審官院言：前准詔旨，新授京朝官川峽未有見闕者，止令權近地監當。今監當闕少，望差近便知縣，俟川峽有見闕，即依次移補。從之。

（宋）李燾《續資治通鑑長編》卷一五〇《仁宗慶曆四年》辛亥，升陝西制勝指揮於雄武之上。

（宋）李燾《續資治通鑑長編》卷一五二《仁宗慶曆四年》升保州無敵第五指揮爲雲翼指揮。

（宋）李燾《續資治通鑑長編》卷三九九《哲宗元祐二年》樞密院

言：舊例，諸班直長行補諸軍員寮，並取入班及轉班二十年，年四十已上人。至元豐四年，爲闕額數多，乃特詔減五年，係一時指揮。今諸軍員寮溢額數多，乃特各權置下名。儻不定制，即異時遷補不行；若便依限年舊法，又慮未有合該出職之人。請於三次漸次增及舊例年限，今來先取入班及轉班及十七年人；將來再經取揀，即取及十九年人；至第三次，即依舊例取及二十年人。餘依前條令。從之。又言：諸軍轉員内副兵馬使、副都頭闕，並轉員後取揀諸軍軍頭、十將補填。元豐七年，轉員後所闕之數，已依元豐四年例，於逐指揮取一名。請依元豐七年例。從之。

（宋）李燾《續資治通鑑長編》卷四〇一《哲宗元祐二年》　瀘南沿邊安撫使司言：請應瀘州界土人因邊事補授班行，自出備土丁、子弟在本家地分把拓之人，並循久例把拓邊界，更不與請給，亦不理爲資任磨勘改轉。若別有勞績戰功，并被差入遠界，合該推賞，自繫臨時奏請恩旨。其敢邀功生事，根究得實，並不用蔭贖，特行决配廣南遠惡州牢城。從之。

（宋）李燾《續資治通鑑長編》卷四四二《哲宗元祐五年》　癸酉，吏部言：改修到歲舉大使臣及小使臣充升陟者，并通融奏舉。諸路知州，小使臣幕職官不以知州者，非外條保官稱知州者，準此。通判桂陽鹽使六員，黄河都大司官埽岸使臣二十員者準此，不滿二十員者四員。從之。

（宋）李燾《續資治通鑑長編》卷四四四《哲宗元祐五年》　轍又言：

臣頃於門下、中書後省詳定吏額文字，已具進呈，後來都省吏額房別加改定施行。其間二事最爲不便，人情不悦，是致六曹、寺、監吏人，前後經御史臺論訴者不一，本臺亦曾爲申請，終未見果决行下。臣既措手綜其事，今又目覩所訴，理難默已，謹具條例如後：

一、自官制以來，六曹、寺、監吏額，累經增添，人溢於事，實爲深弊。臣既詳定，既依先降指揮，取逐司已行兩月生事，分定七等，因其分釐，以立人數。然是時逐司之吏僅三千人，皆懼見沙汰，不肯供具。臣遂稟白三省執政，言事干衆人，既懷疑懼，文字必難取索，雖或以朝廷威勢，逼令盡供，及吏至裁損，必致紛競，於體不便，不若且據事實，立成定額，竢將來吏人年滿轉出，或死亡事故，更不補填，及額而止。如此施行，不過十年，自當消盡。雖稍似稽緩，然見在吏人知非身患，必自安心，極爲穩便。當時執政率皆許諾，遂於元祐二年十一月内，具狀申尚書省，其略曰：今來參定吏額，本欲稱事立額，量力制禄，惟務人人效實，事務相稱，即非苟要裁損人額及減廪禄。縱人額實有可損，亦俟他日見闕不補，即非便於法行之日徑有減罷。若非朝廷特降指揮，曉諭本意，終恐人情不以爲信，致供報不實，虚陷罪名。尋準當月九日尚書省劄子：奉聖旨依所申。臣等遂備出榜曉示逐司，自此數月之間，文字齊足，方得裁損成書，卻被吏額房違廢上件聖旨指揮，將所減人數便行裁撥，失此信令，人情洶洶。又緣此任永壽等得騁其私意，近下人吏惡爲上名所壓者，即爲撥上名於他司；閑慢司分欲遷入要局者，即自寺、監撥入省曹。任情紛亂，弊倖百出，由此舊人多被排斥，以至失所。凡所訴説，前狀已具開陳。下則衆口怨謗，感傷和氣，上則朝廷失此大信，今後雖有號令，誰復聽從？臣今欲乞只依前件聖旨，將所損人額，直候他日見闕不補，見在人數，且依舊安存。況尚書左選撥到兵部手分，近已準都省指揮，發遣歸原來去處。伏乞檢會此例一體施行。

一、六曹、寺、監吏人多係官制以前諸司名額，其請受多少，及遷轉出職遲速高下各不同。及官制後來，分隸逐司，一司之中，兼有舊日諸司之吏。臣詳定之日，與衆官商量，以謂若將舊日諸司之吏約入今日逐司名額，則其請受、選轉、出職，參差不齊，理難均一。蓋將逐司數種體例，併爲一法，其勢非薄即厚，非下即高，若不虧官，必至虧私。虧官則默而不言，虧私則不免争訴，俱爲不便。況今舊司吏人并權依新額請受，許從多給，遷補、出職，皆依舊司，並有見行條貫，若且依此法，可以不勞而定。及吏額房創意改更，務欲一例從新，以顯勞效，遂除見理舊司遷轉已補最上一等名目，見理年選更無遷轉職名之人，即聽依舊條出職，若就遷試補填闕者，令候降到新法施行，所有舊司遷補出職指揮，更不行用。竊緣舊諸司吏人根源各別，立法不同，不可概以一法。新法雖工，止於一法而已，以待新法吏人則可，以待舊法吏人則不幸者必衆，求其無訟，不可得矣。見今刑部田受賢等經臺理訴，勢必難抑，欲乞止依後省所用舊條，庶幾便可止絶。

臣聞孔子論爲政之本，欲去兵、去食而存信，曰：自古皆有死，民無信不立。今初議吏額，羣吏疑懼，陛下與二三大臣既令臣等明出牓示，告以將來雖有所損，直候見闕不補，聖旨明白，人謂信然，競出所掌文案，輸之有司，臣等賴之以立條例。曾未逾歲，書入他司，凡有所損，即行裁撥，棄置大信，略無顧惜，此正先聖之所禁也。兼先件二事，如後省所定，皆人情所便，極爲易行；如吏額房所定，皆人情所不便，極爲難守。今棄易即難，以招詞訴，又政事之大失也。伏乞聖慈速命有司改從其易，以安羣吏之志。

始，中書、門下後省準詔同詳定六曹條例。元豐所定吏額，主者苟悦羣吏，比舊額幾數倍，朝廷患之，命量事裁減，已再上再卻。吏有白中浮者，告中書舍人蘇轍曰：吏額不難定也。中孚昔嘗與其事，知弊所在。轍曰：其弊安在？中孚曰：昔流内銓，侍郎左選也，事之最煩莫過於此矣。昔銓吏止十數，而今左選吏至數十，事不加舊而用吏數倍者，昔無重法、重禄，吏通賕賂，則不欲人多，以分所入，故竭力辦事，勞而不辭；今行重法，給重禄，賕賂比舊爲少，則不忌人多，而幸於少事，此吏額多少之大情也。舊法：日生事以難易分七等，重者至一分，輕者至一釐以下，積若干分爲一人。今試抽取逐司兩月事，定其分數，若比舊不加多，則吏額多少之限無所逃矣。轍以中孚之言爲然，即與僚屬議曰：此羣吏身計所係也，若以分數爲人數，必大有所損，將大致怨懟，雖朝廷亦將不能守。乃具以白執政，請據實立額，俟吏之年滿轉出，或事故死亡者不補填，及額而止，如此不過十年，自當消盡。雖稍似稽緩，而見在吏知非身患，則各自安心，事乃爲便。執政以爲然，遂申尚書省，乞取諸司兩月生事。而吏人不知朝廷意，皆疑懼莫肯供，遂再申乞牓示諸司，使明知所立吏額，候他日見闕不補，非法行之日徑有減損。時元祐二年十一月也。後數月，諸司所供文字皆足，因裁損成書，以申三省。左僕射吕大防得其書大喜，欲此事必由己出，將別加詳定，而三省諸吏皆不能曉，無可委者。任永壽本非三省吏也，爲人精悍而猾，嘗預元豐吏額事，適以事至三省，獨能言其曲折。大防悦之，即於尚書省創立吏額房，使永壽與堂吏數輩典之。凡奏上、行下，皆大防自專，不復經由兩省。一日，内降畫可二狀付中書：其一裁定宗室冗費，其一吏額也。省吏白中書侍郎劉摯，請封送尚書省，摯曰：常時文書録黄過門，今封送，何也？對曰：尚書省以吏額事，每奏入，必徑下本省已久，今誤至此。摯曰：中書不知其他，當如法令。遂作録黄。永壽見録黄，愕然曰：兩省初不與，乃有此耶？即稟大防，乞兩省各選吏赴局，同領其事。大防具以語摯，摯曰：中書行録黄，法也，豈有意與吏爲道地？今乃使就都省分功，何耶？他日，大防又持奏藁示摯曰：吏額事本欲謹密而速，故請徑下，然未經立法，欲三省同奏，依致仕官文書法。致仕官法者，近制以臣僚疾病請致仕，多緣經歷迂滯，不及被受而亡，故立法：文書雖三省簽入，而直付都省。摯曰：此非其類也，當聚議。明日，大防復出奏藁謂摯曰：勢不可不爾。摯乃從之。吏額事尋畢，永壽等推恩有差，議者皆指爲僥倖。永壽急於功利，不顧後省前已得旨，又嘗牓示諸司，更勸大防即以立額之日裁損吏員，仍以私所好惡，變易諸吏局次，凡近下吏人惡爲上名所壓者，即撥出上名於他司；凡閑慢司分欲入要地者，即自寺、監撥入省曹。吏被排斥者紛然詣御史臺訴不平，臺官因言：吏額事在後省，成就已十八九，永壽等攘去才數月，而都司擅擬優例，冒賞徇私，不可不懲。諫官繼以爲言，章數十上。永壽等既逐，而吏訴禄額事終未能決。蘇轍時爲中丞，具言後省所詳定皆人情所便，行之甚易，而吏額房所改皆人情所不便，極難守，且大信不可失，宜速命有司改從其易，以安羣吏之志。大防知衆不伏，徐使都司再加詳定，大略如轍前議行之。

（宋）李燾《續資治通鑑長編》卷四五三《哲宗元祐五年》 辛亥，吏部言：請黄河地分當職官，係擬季限交割去處，有在假月日，於季限内補。不足，聽於後任補填。從之。

（宋）留正《皇宋中興兩朝聖政》卷五二《孝宗皇帝·統制不可苟任》 〔乾道九年閏正月〕己亥，進呈馬軍司陞差統領官張遇爲統制。梁克家等奏，比張遇赴都堂審察，見其人衰老庸謬。上曰：統制官不可苟任，異時大帥皆於此乎？選使其有謀，老固無害，老且謬則無所用。

（宋）王明清《揮麈録》後録卷二 沈義倫、盧多遜爲相，其子起家即授水部員外郎，後遂以爲常，今之朝奉郎也。吕文穆爲相，當任子，奏曰：臣忝甲科及第，釋褐止授九品京官。況天下才能，老於巖穴，不能霑寸禄者多矣。今臣男始離襁褓，膺此寵命，恐罹譴責。乞以臣釋褐時所授官補之。自是止授九品京秩，因以爲定制，以至今日。

（宋）李心傳《建炎以來朝野雜記甲集》卷一二《官制·庶官除次對》 庶官補外，未嘗有除次對者。紹興初，太常少卿蘇遲、密院檢詳歐陽懋請外，時方録用黨人子弟，大臣以蘇文定公之子，而歐陽文忠公之孫也，皆特除待制與郡。論者以爲言，乃改集英殿修撰焉。其後，少常久次者，始除直龍圖閣。檢詳以下，罕有得職名者云。

（宋）李心傳《建炎以來朝野雜記乙集》卷一三《官制·太常除卿》 太常卿正四品，自元豐改官制後，虛而不除。嘉泰三年十一月，陳正仲自江西提刑赴召，除太常卿，告謝日，賜三品服，非常制也。不數日，改權兵部侍郎。疑大臣失於討論，故亟遷之耳。

《宋史》卷一六《神宗紀》 〔元豐七年〕八月庚午，詔王光祖遣人招諭乞弟，許出降免罪補官，是歲乞弟死。

《宋史》卷一七《哲宗紀》 〔元祐八年〕二月己酉，詔西南蕃龍氏遷秩補官。

《宋史》卷二二《徽宗紀》 〔宣和七年三月〕甲申，知海州錢伯言奏招降山東寇賈進等十萬人，詔補官有差。

《宋史》卷四三《理宗紀》 〔淳祐十二年〕三月丁亥，又戰子陵大脊山。詔：榮兵不滿千，能禦大難，賞官兩轉，進州鈐，帶行閤門祇候，賜金帶。諸將王成、楊進各官兩轉升遷，餘推恩有差。

《宋史》卷一二三《禮志·上陵》 乾道六年八月，詔承信郎劉湛特轉兩官，右迪功郎劉師顏特與右承務郎升擢差遣，秦世輔特轉一官，升充正將，以湛等歸正結義保護陵寢故也。

《宋史》卷一八五《食貨志》 〔紹興〕六年，知泉州連南夫奏請，諸市舶綱首能招誘舶舟，抽解物貨，累價及五萬貫十萬貫者，補官有差。大食蕃客囉辛販乳香直三十萬緡，綱首蔡景芳招誘舶貨，收息錢九十八萬緡，各補承信郎。閩、廣舶務監官抽買乳香每及一百萬兩，轉一官；又招商入蕃興販，舟還在罷任後，亦依此推賞。然海商入蕃，以興販爲招誘，僥倖者甚衆。

《宋史》卷一九四《兵志·揀選之制》 〔皇祐〕三年，韓琦奏：河北就糧諸軍願就上軍者，許因大閱自言。若等試中格，舊無罪惡，即部送闕，量材升補。乃詔四路都總管司：自今春秋閱，委主管選長五尺六寸已上、弓一石五斗、弩三石五斗者，並家屬部送闕。

《宋史》卷一九五《兵志·訓練之制》 明道二年，樞密使王曙言：天下廂軍止給役而未嘗習武技，宜取材勇者訓肄，升補禁軍。上可其奏。

《宋史》卷二四三《后妃傳》 帝嘗宫中浣手，睹宫人手白，悦之。他日，后遣人送食合于帝，啓之，則宫人兩手也。又黄貴妃有寵，因帝親郊，宿齋宫，后殺之，以暴卒聞。是夕風雨大作，黄壇燭盡滅，不能成禮。帝疾由是益增劇，不視朝，政事多决於后矣。后益驕奢，封三代爲王，家廟逾制，衛兵多於太廟。后歸謁家廟，推恩親屬二十六人、使臣一百七十二人，下至李氏門客，亦奏補官。中興以來未有也。

《宋史》卷二六六《王化基傳》 詔字景獻，用蔭補官，通判廣信軍事，知博州。魏俗尚椎剽，姦盗相囊橐，詔請開反告殺并贖罪法，以携其黨。元祐初，朝廷起回河之議，未决，而開河之役遽興。詔言河朔秋潦，水淫爲菑，民人流徙，賴發廪振贍恩，稍蘇其生，謂宜安之，未可以力役傷也。從之。擢開封府推官。富民貸後絶僧牒爲緡錢十三萬，踰期復責倍輸，身死貲籍，又錮其妻子，詔請免之。出爲滑州。州屬縣有退灘百餘頃，歲調民刈草給河隄，民病其役，詔募人佃之，而收其餘。爲度支郎中，使契丹。時方討西夏，迓者耶律誠欲嘗我，言曰：河西無禮，大國能容之乎？詔曰：夏人侮邊，既正其罪矣，何預兩朝和好事？入賀，故事，跪而飲，蓋有誤拜者，乃彊詔。詔曰：南北百年，所守者禮，其可紛更耶？卒跪飲之。

《宋史》卷三六六《吴璘傳》 挺字仲烈，以門功補官。從璘爲中郎將，部西兵詣行在。高宗問西邊形勢、兵力與戰守之宜，挺占對稱旨，超授右武郎、浙西都監兼御前祇候，賜金帶。尋差利路鈐轄，改利州東路前軍同統制，繼改西路。

《宋史》卷三八五《錢端禮傳》 錢端禮字處和，臨安府臨安人。父忱，瀘川軍節度使。端禮以恩補官。紹興間，通判明州，加直秘閣，累遷右文殿脩撰，仕外服有聲。高宗材之，知臨安府。

《宋史》卷三九六《王淮傳》 天長水害七十餘家，或謂不必以聞，淮曰：昔人謂人主不可一日不聞水旱盗賊，《記》曰：四方有敗，必先知之。豈可不以聞？鎮江饑民彊借菽粟，執政請痛懲之，淮曰：令甲，饑民罪不至死。進士八人求以免舉恩爲升等，淮曰：八人得之，則百人援之。龔頤以執政之客補官，求詣銓曹，淮以此門不可啓，絶其請。嘗言跅弛之士，緩急能出死力，乃以周極知安豐軍，辛棄疾與祠。

《宋史》卷三九八《宇文紹節傳》 宇文紹節字挺臣，成都廣都人。祖虚中，簽書樞密院事。父師瑗，顯謨閣待制。父子皆以使北死，無子，孝宗愍之，命其族子紹節爲之後，補官仕州縣。九年，第進士。累遷寶謨閣待制、知廬州。

《宋史》卷四〇〇《汪大猷傳》 汪大猷字仲嘉，慶元府鄞縣人。紹興七年，以父恩補官，授衢州江山縣尉，曉暢吏事。登十五年進士第，授婺州金華縣丞，爭財者諭以長幼之禮，悦服而退。

《宋史》卷四〇二《陳敏傳》 陳敏字元功，贛之石城人。父皓，有才武，建炎末，以破贛賊李仁功，補官至承信郎。敏身長六尺餘，精騎射，積官至忠靖郎。以楊存中薦，擢閤門祗候。時閩地多寇，殿司兵往戍，率不習水土。至是，始募三千兵置左翼軍，以敏爲統制，漳州駐劄。敏按諸郡要害，凡十有三處，悉分兵扼之，盗發輒獲。贛州齊述據城叛，嘯聚數萬，將棄城南寇。敏聞之曰：贛兵精勁，善走嶮，若朝廷發兵未至，萬一奔衝，江、湖、閩、廣騷動矣。不俟命，領所部馳七日，徑抵贛圍其城。踰月，朝廷命李耕以諸路兵至，破之。累功授右武大夫，封武功縣男，領興州刺史。召赴闕，高宗見其狀貌魁岸，除破敵軍統制。尋丁母憂，詔起復，以所部駐太平州。

《宋史》卷四〇五《王居安傳》 以直龍圖閣提點浙西刑獄。葛懌者，用戚屬恩補官，豪於貲，嘗憾父之嬖，既去而誣以盗，株連瘐死者數人，懌乃未嘗一造庭。居安一閲得實，立捕繫論罪，械送他州。人對，帝曰：卿有用之才也。權工部侍郎，以集英殿修撰知隆興府。

《宋史》卷四五三《忠義傳·李政》 李政，爲雲騎第六指揮，在京東立戰功，補官授河北將官，冀州駐劄。靖康二年，知州權邦彦以兵赴元帥府勤王，金兵來攻，政守禦有法，紀律嚴明，軍民皆不敢犯。金屢攻城，政皆卻之。夜擣其砦，所得財物盡散士卒，無纖毫入私家。號令明，賞罰信，由是人皆用命。俄攻城甚急，有登城者，火其門樓，與官兵相隔，政呼曰：事急矣。有能躍火而過者，有重賞。於是有十數人皆以濕氈裹身，持仗躍火而過，大呼力戰，金人驚駭，有失仗者，遂敗走。政大喜，皆厚賞之。未幾政死，城遂陷。權知州事單某者不降，自經死。

（明）張四維《名公書判清明集》卷二《官吏門·借補·郡吏借補權監税受贓范西堂》 李俊明原係郡吏，已經徒勒，豈應入役，輒就倉臺，妄行叙復。已爲不法，又敢恃借補爲承信，攝監税於暴家岐，起居出入，一視官府，蒙以車蓋，翼以徒隸，而趨走其左右，尊嚴若神，人望而畏之。凡有所取，惟意之從，商旅經過，肆爲荼毒，東西行者皆所不免。怨聲載道，而郡不知，内外相倚，勢如駏蛩，有欲陳訴，無異登天。據興販往來之都會，肆溪壑無厭之私慾，含沙待吐，被害良多。雖關譏之設，古所不免，而壟斷之登，此爲獨甚。近因當職經從，熟知利害，羅有司追上勘鞫，且據供認一項，已有贓七貫，通計前後不知其幾，合决脊杖十二，刺配一千里，監贓押發，仍索上文帖毁抹，免行抄籍。譚拱、朱八、唐興宗、郭通皆平日從其所嗾者，亦皆有贓，各杖一百，耳後刺圓環。

（清）徐松《宋會要輯稿·職官六二·借補官》 〔建炎元年〕十二月二十一日，京畿留守宗澤言：昨充兵馬副元帥，見當職官措置應副人馬口食錢糧，委有勞效，已各與借轉一官。詔特於元官上轉一官。

二年二月二十一日，臣僚言：兵興以來，例用便宜指揮借補擬轉官資，如高公純、齊詔、謝晛輩，所與借官人皆是客司、虞候，下至屠沽不逞之徒。雖累降約束，猶未知禁。乞應諸路借官人，委提刑、安撫司依弓馬所格法比試，將合格人兩司擬定合得名目，徑申省部，給進義、進武校尉兩等文帖，拘收借補文字毁抹，繳申省部對名。仍令安撫司先次別項籍定，充準備軍前使唤，不得充州縣監當等差使，仍不限員數。每月依格法支破食錢，候將來立功或因捕盗得賞者，即與保奏，依法比附轉行。試不中者，特許再試一次。或又不中，即追取原借補文字毁抹入官，放令逐便。若試中人内有日前委曾立功或捕盗功賞照據可以憑用者，（令）〔令〕係籍處安撫司取索勘驗，具詣實保明，朝廷依法推恩。如隨身別無照據，或雖有而不可憑用者，如元立功處相去不遠，雖非本路，亦許移文勘驗。仍令轉運、提刑司覺察符同并詐僞不實等弊，庶使不致阻遏功賞，有以激發忠義之士。應因功遷轉入品者，逐旋申解樞密院，以備銓擇。其餘在司人候將來士馬寧息日，具姓名、人數取旨發遣，赴沿邊帥司聽候使唤。不願前去者，即申解都官，別聽差使。今具弓馬所試驗格法下項：步射兩石，硬弓馬射一石一㪷，走馬射各隨身弓并走馬使鎗，以上合格人補承節郎；步射一石八㪷，馬射一石一㪷，走馬射各隨身弓并走馬使鎗，以上合格人補承信郎；步射一石五㪷，馬射一石一㪷，走馬各隨身弓并走馬使鎗，以上合格人補進武校尉，日支破食錢一百文省；步射一石三斗，馬射一石，走馬射各隨身弓〔并〕走馬使鎗，以上合格人補進義校尉，日支食錢七十文省。詔令諸路安撫、提刑司驗實有功已補借官人，依格比試訖，具功狀及別應格法解發赴御營使司審試。餘依所請。

二十八日，臣僚言：張守《論借補狀》云：臣聞傳曰，善爲國者，賞不僭而刑不濫。賞僭則懼及淫人，刑濫則懼及善人。若不幸而過，寧僭無濫，與其失善，寧其利淫。是則聖人立國之意，每過於厚，不使過於薄也。故傳又曰賞疑從予，所以廣恩勸功也。《司馬軍法》曰，賞不踰月，欲民速得爲善之利也。其意皆本於此。伏覩靖康元年十一月詔書，有能應率衆勤王立功人，聽便宜權行補授文武官資，候到闕正授。於是四方之士，各効所長，官司依詔借補以官，上之朝廷，酌其功之大小而正授之，信賞示勸，中外具孚。而二月二十一日指揮，乃有應借官人內，有委實曾習弓馬或武勇之人，委諸路提刑、安撫司依弓馬所格法比試，兩司將合格人擬定合得名目，徑申省部給進武、進義校尉兩等文帖，將元借補文字毀抹繳申之文。茲蓋朝廷愛惜名器，杜絕冒濫之意，然猶有所未盡，請試言之。一則難槩試以弓馬，二則推恩太薄，三則試格太峻，四則得賞太緩。何謂難槩試以弓馬？立功之人，色目不一，或輸家財以助國費，或齎蠟書而冒險阻，或有進士借補文臣，皆未必有過人之武勇也。試之弓馬，必無倖中。（令）〔今〕乞借補文臣則試兵書戰策以爲殿最。若輸私財數多，齎蠟書已達，自無僥倖之理，便可驗實，免試授官。何謂推恩太薄？艱危之際，有累立功節次借補至陞朝官大使臣者，設即試中，乃與借補初官者同得校尉，未爲允愜。今乞凡試中人，於所借官上降三資，以次補授；無資可降人，聽補守闕副尉。何謂試格太峻？弓馬格法，乃白身人州縣解發，中即補官。今借補之人，各已立功，若試不中則前功俱廢，似於常情有所未安。今乞更於弓馬所試格法小加裁降，使可通行。何謂得（實）〔賞〕太緩？借補之人，類在一二年前，及得所屬保明，間關以至行在，更經有司問難，如達朝廷，已是艱滯，今又令歸諸路安撫、提刑司同共比試擬定，解赴御營使司審試而後授官，須更經涉期月。今乞且據逐處保明功狀，就御營使司類聚，差官比試，便與補授。張守狀云：凡此數條，實有利害。又四方得賞歸鄉者亦已甚多，一旦驟革之，則有功同而賞異，不能無幸不幸也。今方敉寧四方，正須激賞以勸後來。張守狀云：又況孔子以兵食可去而必欲存信，而成湯之《誓》亦曰朕不食言。若謂諸處保明不實，則在審擇將帥而已，行賞之際，恐非所當致疑也。張守狀云：所謂不幸而過，寧僭無濫，庶幾合於古之賞疑從予及賞不踰月之義。謹録奏聞，伏候勑旨。詔將今年二月二十一日已降指揮內試格，步射、馬射各遞減二，餘並依奏。

（清）徐松《宋會要輯稿·職官六二·借補官》〔建炎三年〕二十八日，知單州高德仁言：比國家多事，急於用人，許從便宜，借補官資，以激勸有功之士，而諸處知州有非帶職而借人以閤職、委之權將領者，有自白身補名目而令權（處）〔巡〕尉者。乞行下諸路監司、郡守，今後應緣軍事，止許借補保義郎至副尉，充捉殺使臣使喚，不許差權兵官及巡尉。候立功日，具立功等第（第）保奏，依格補授。如違，並科以違制罪。從之。

（清）徐松《宋會要輯稿·職官六二·借補官》紹興元年八月二十五日，大理寺丞劉藻言：諸鎮帥臣以便宜借補官資，間有借補人以文資者，乞令赴行在量試程文，以觀所蘊，等第推賞。從之。

（清）徐松《宋會要輯稿·職官六二·借補官》〔紹興〕三年二月十九日，三省、樞密院賞功房奏：襄陽府幹辦使臣守闕進義副尉，加借進武副尉丘异、侯通，借忠翊郎商玘，借承信郎艾璋，借守闕進義副尉裴進言，近蒙本鎮差委管押蕃賊首領鄭務兒并齎號牌、軍期捷報文字赴行在，經涉水陸，往復萬里，乞依例推恩。詔丘异、侯通各轉兩資，於正名目上收使；商玘正補下班祇應，艾璋正補進義副尉，裴進正補効用甲頭。借補付身，令尚書省毀抹。

（清）徐松《宋會要輯稿·職官六二·借補官》〔紹興〕六年十二月二日，荊南路安撫制置大使司言：安撫制置大使司後軍正將裴鐸屢因戰功借轉，至敦武郎、閤門祇候，緣借官擬轉不行，乞賜換補。詔裴鐸與正補成忠郎、閤門祇候。

（清）徐松《宋會要輯稿・職官六二・借補官》〔紹興〕三十二年正月九日，詔：契丹奉國上將軍、武勝軍節度使、兼鄧州管內觀察使、威略軍都總管蕭中一棄虜歸正，守城有功，遇盜被害，實可憐憫，男借補武翼大夫，穎可與補正。從鄂州駐劄御前諸軍都統制吴拱請也。

（清）徐松《宋會要輯稿・職官六二・借補官》孝宗乾道八年七月二十五日，樞密院勘會：昨自紹興三十一年以後軍興，一時許諸軍主帥并逐路帥臣、監司、郡守等出給借補付身，已行换給真命補正了當。所有未换給付身，已是出違日限，依指揮更不行使外，今來有不應借補官資去處，擅行出給付身，理宜約束。詔今後輒敢擅行借補，以違制論。如有人材可委使、合行借補之人，先次具姓名申取朝廷指揮，許出給文帖，候勞績顯著，與行補正。

（清）徐松《宋會要輯稿・職官六二・特恩補官》高宗建炎二年二月二十三日，詔王貺已遣奉使，特與補朝奉郎。初，貺以進頌特授從事郎，累遷奉直大夫。靖康元年，以言者指陳名器之濫，例行追奪，至是差奉使，故特與補官。

（清）徐松《宋會要輯稿・職官六二・特恩補官》〔紹興二年〕四月十八日，詔樞密院所差探事謝興等四人與補承節郎付身，令樞密院（繳）〔激〕賞庫寄收，候回日給付。初，樞密院止欲借補，詔特令補正，候得北界機密事宜乃付之。

（清）徐松《宋會要輯稿・職官六二・特恩補官》〔紹興〕五年七月五日，年，原缺，據《建炎要録》卷九一補。詔祝世榮特與補下州文學。先是，唐州以世榮獻策保全州境有功，借補迪功郎，續差賫蠟彈赴行在，朝廷補世榮登仕郎，不理選限，世榮乞换文學，故有是命。

（清）徐松《宋會要輯稿・職官六二・特恩補官》〔紹興〕六年二月十一日，詔借補迪功郎李鼐與補下州文學，候兩任權官回日與補正。鼐先以從軍借補，至是自陳係元符末上書邪上人子孫，乞依赦補文學，故有是命。

（清）徐松《宋會要輯稿・職官六二・特恩補官》〔紹興〕三十一年六月九日，詔布衣陳光、國大同、王德並與補右迪功郎，薛志中、朱興、鞠炳並補承信郎。制曰：布衣陳光等忠義自奮，議論可采，各命一官，以示爲爾榮。

（清）徐松《宋會要輯稿・職官六二・特恩補官》乾道五年三月一日，密州歸正過省進士徐濟川進狀：係京東密州人，陷於僞境。因魏勝先復海州，臣同父奸古糾集密州鄉人數户，赤心歸朝。臣陷虜日應進士科，取到文解三次，後來過省殿試下。伏見青州鄭謨係三舉到省，一般過省殿試下歸正人，已補惠州文學，臣累狀陳乞，蒙批下禮部，本部更不照臣先狀，便作一舉到省，至今不蒙改正。詔特補下州文學。

（清）徐松《宋會要輯稿・職官六二・借補官》〔淳熙〕六年六月八日，右諫議大夫謝廓然言：兩淮之間，無非軍興白帖借補官資之人，憑藉名目，冒受權攝。如光州最爲窮陋，而借補名目及一百五十餘人，則他郡可知。乞下兩淮帥臣、監司，應以借補名目權攝之人，並日下住罷，除都督府因軍功出給文帖且免繳納外，其他帥守、監司一時給帖借補之人，並立限責令齎出毁抹。上因諭宰執曰：既非軍功，如何輒敢借補名目，違法輒差權攝。敕可依奏。

（清）徐松《宋會要輯稿・職官六二・借補官》淳熙十六年七月二日，興州駐劄御前諸軍都統制、充利州西路安撫使吴挺言：熟户蕃龍家族都管借補承信郎包千，因蕃賊首領苌揆忽令聚衆入界作過，包千能設謀捉獲。緣上件蕃賊係屬北界洮州鐵城地分極邊蕃部，今來包千若以捉獲苌揆忽令等祗受朝廷推賞官資真命，其包千見今亦在極邊居住，切恐事體稍重。乞下四川制置司，將包千於宣撫司借補名目上量賜加借，出給制置司劄子給付。詔包千特加借一官，令制置司出給付身。

（清）徐松《宋會要輯稿・職官六二・借補官》紹熙元年十一月八日，軍器少監、兼權吏部郎官趙儼之言：往年用兵之初，諸軍主帥并逐路監司、帥守並許將忠義立功人借補付身，其間多有實未嘗立功、但以貲得之者，真僞混爲一區，散在緣邊州縣，輒假虚名，扇惑上下，甚者請求職任。乞行下緣邊州縣，應借補人未經朝廷補正者，不得仍前妄居職任。若倉庫、局務闕官，只許就見任州縣官內差人措置。從之。

（清）徐松《宋會要輯稿・職官六二・借補官》淳熙二年三月三日，詔：承節郎向定特轉忠翊郎，令吏部更與添差差遣一次。白身人王伸特與補承信郎，仍支賞錢五百貫。以樞密院奏，定、伸告首姦細張弼，故有是命。

（清）**徐松《宋會要輯稿・職官六二・借補官》**〔淳熙〕十二年八月五日，詔歸州助教張蒙正補進武校尉。蒙正先詔特補興州文學，與軍中屬官差遣。臣僚言，蒙正初係白身，以趙撙之薦得補助教，至今二十年，梁師雄舉前事以薦之，遂與補正官資，法不當予，人以爲異。乞止處以武階，庶幾不紊成法。

（清）**徐松《宋會要輯稿・職官六二・借補官》** 紹熙四年三月二十八日，詔：白身張祐在潛邸歲久，係是隨龍人數，見今應奉勤勞，特補承信郎。應有違礙，依今降指揮可與放行，餘人不許援例。

（清）**徐松《宋會要輯稿・職官六二・借補官》** 慶元元年七月二十六日，吏部言：故朝散郎虞似昌男安民狀，稱故父係因祖澐生前任祠部員外郎、右司檢正、起居舍人，雖係承議郎、直龍圖閣致仕所得恩澤，即非一時特旨及非泛等補授，乞照先祖曾經除擢因依施行。本部勘會，虞澐生前歷任館職、郎官、都官、起居舍人，正爲避執政親嫌，除職補外任提刑差遣，即非因言章及過犯降黜，兼從來未曾經奏補恩澤，其子盡係白身。有旨：特依常明等例，與一子初品官恩澤。今照得虞澐元係承議郎、直龍圖閣致仕，所與恩澤不係依格蔭補，卻緣虞澐昨任館職、郎官、都官、起居舍人，係是朝廷擢用之人，因避執政親嫌補外，即非降黜。後任承議郎、直龍圖閣致仕，承指揮特與一子初品官恩澤，即與尋常非泛一時特旨補官之人事體不同，取自朝廷指揮施行。詔令吏部特與放行，其餘非特補授人不許援例。

（清）**徐松《宋會要輯稿・職官六二・借補官》**〔嘉定〕二年五月十三日，詔景德常特補轉武節郎，賜錢三千貫、銀五百兩；賈昂特補轉武翼郎，賜錢二千貫、銀三百兩，仍與州路分差遣。以告首羅日願等欲狂妄作過推賞也。

考績分部

論説

（宋）李覯《直講李先生文集》卷一一《官人第三》　大宰歲終則令百官府各正其治，受其會，聽其致事，而詔王廢置，三歲則大計群吏之治而誅賞之。宰夫歲終則令群吏正歲會，月終則令正月要，旬終則令正日成，以攷其治。治不以時舉者，以告而誅之。司會以參互攷日成，以月要攷月成，以歲會攷歲成，以周知四國之治，以詔王及冢宰廢置。歲計曰會，月計曰要，日計曰成，凡百官府旬終月終皆考其治狀，若治不以時舉者，宰夫以告冢宰而責之。至于歲終又考，非直責之而已，其有功無功，司會以詔冢宰，冢宰以詔王而廢置之，置者進其爵，廢者退其爵也。及三歲則冢宰大計其治，大無功不徒廢必罪之，大有功不徒置必賞之也。噫，先王所以課吏考功如是其密也，日入其成，是無一日而可敖盪，歲終廢置，是無一歲而不勸懲。三年有成，則申之以誅賞，有功者驟獲其利，無功者卒伏其辜，雖能言之類，亦如勸勉媿恥矣，況智者乎？《舜典》三載考績，三考黜陟幽明，彼三歲而一考，九歲而後黜陟。蓋帝道寬簡抑時世之然，未若周公之典垂後昆之踺也。董仲舒曰：古所謂功者，以任官稱職爲差，非謂積日絫久也，故小材雖絫，日不離於小官，賢材雖未，久不害爲輔佐必也。不求功實而以日月爲限，三年而遷一官，則人而無死，孰不可公卿者乎。

（宋）李覯《直講李先生文集》卷一一《官人第四》　《冬官·考工》注，其曰某氏者，官有世功，若族有世業，以氏名官者也。官有世功，則以官爲氏，若馮相氏、保章氏、師氏、保氏、韋氏、裘氏、冶氏之類是也。族有世業，則以氏名官，若桃氏爲劍，築氏爲削，鳧氏爲鍾，㮚氏爲量之類是也。甚矣，事之不可以不常也。《易》曰天地之道常久而不已也，日月得天而能久照四時，變化而能久成聖人，久於其道而天下化成。孔子曰：如有王者，必世而後仁。善人爲邦百年，可以勝殘去殺矣。夫以聖人之德履天子之位，尚曰久於其道必三十年、必百年而後仁，政可成，殘殺可去，況於中人以下分職授政而可以不久者乎。是故先王建官有世守之至以爲氏也。漢文景至武帝之初，國家無事，爲吏者長子孫，居官者以爲姓號，倉氏、庾氏是也。然則古之治天下皆如此乎？吏之於民，必相知心，然後治也。吏知民心則明，明則政平矣，民知吏心則信，信則令行矣。欲相知心，豈一朝一夕而可哉？上下未相知，或知之未久，遽委而去之，後來者亦如此，則是吏未嘗知民心，民未嘗知吏心，吏以所治爲傳舍，事或不舉則曰以待後人，民視所屬如過客，理或不勝，亦曰以待後人。官何以脩，衆何以服？謂其有功邪，進其爵可也，重其賞可也。如其職事則久之爲貴，故漢有當遷而增秩留者，矧伊無功之人而可虚受禄食，往來於道路間邪。

（宋）李覯《直講李先生文集》卷二二《精課》　《虞書》三載考績，三考黜陟幽明，此百代常行之制也。有功者升，有過者黜，無功無過者職其舊，如是可以勸功而懲過。世之考績則異於此，無功無過者升，是升不必功也，有過者職其舊，是過不至黜也，功無益而過無損，懲勸安在哉？故妄庸人一出，選部雖梏其手，雖鉗其口，而尊爵自至，此董生所謂累日以取貴，積久以致官，廉恥賢不肖所以無辨也。夫進人不問其功，而問其久，彼草木久則長，大可用人之材不能日夜生息，亦已明矣。三歲而進一官，是三歲而材一變乎？如此則牛馬走，抑可以久而用之矣。

（宋）李燾《續資治通鑑長編》卷一二七《仁宗康定元年》　權三司使公事鄭戩言：國家所置諸道轉運使副，即漢刺史、唐觀察使之職，其權甚重。漢法，刺史許六條問事。唐校内外官，考定二十最，觀察使在焉。是必責功過，明黜陟，吏勤其官，朝乃稱治。今國家承平八十載，不用兵四十年，生齒之衆，山澤之利，當十倍其初。而近歲以來，天下貨泉之數，公上輸入之目，反益減耗，支調微屈，其故何哉？由法不舉，吏不職，沮賞之格未立也。臣近取前一歲所謂銅、鹽、茶、酒之課者以爲比，凡虧祖額實錢數百萬貫。且前之失既已數十百萬，若今又恬然不較，則軍國常須，將何以取辦？臣故曰宜循漢、唐故事，行考課法，欲乞應諸道轉運使副，今後得替到京，別差近上臣僚與審官院同共磨勘，將一任內本道諸處場務所收課利與祖額遞年都大比較，除歲有凶荒別敕權閣不比外，其餘悉取大數爲十分，每虧五釐以下罰兩月俸，一分以下罰三月俸，一分以上降差遣；若增及一分以上，亦別與升陟。從之。

（宋）李燾《續資治通鑑長編》卷一三二《仁宗慶曆元年》　先是，左正言孫沔奏：太宗初置京朝官考課院，即今審官院是也。凡中外官任，咸給印紙歷子，或功績可紀，清白有守，過犯度數，舉主姓名，盡得書之無所遺，俾至闕下赴院磨勘，第其等而升黜之，此朝家激勵賢才、驅策駑蹇之至術也。自後因循，咸以磨勘爲轉官之階梯，不復有尚功之志節，但居官三周，例遷一級，雖數有失，亦不退覆，故士大夫以無過犯爲能。是使庸愚不肖之人，晏然自得，不十年間，坐致員外郎。是以居常則朱紫相隨，應用則玉石難辨，苟不更張弊轍，必恐寖廢政綱。臣欲乞今後應京官、升朝官並依舊許三周年一次磨勘，如明有理迹廉名者即與轉官，有公私罪者等第降黜，無功過者且守舊資。如此，足以旌別賢愚，永著甲令，廉勤公幹之士聞之，必激節顧行者衆矣。更乞差近上臣僚列定格式，亦一時之懿範也。

（宋）李燾《續資治通鑑長編》卷四三〇《哲宗元祐四年》　殿中侍御史孫升言：臣聞法待人而後行，此古今不易之理也。先帝患百司職事不舉，故建三省、六曹，以治庶政。然人樂因循，衆習苟且，弊隨事生，苟無按覈鉤考之術，則必至於頹壞，又置六察，考察六曹行遣稽違，及輪委御史，點檢三省簿書差失，可謂詳且盡矣。蓋六曹、寺、監二百四十餘案，胥吏一千七百餘人，其他官司二百七十餘處，內外之事填疊紛委，而舊以察官六員、書吏十有四人鉤考按覈，雖使人人心力强明，智術精敏，安能周見其故？而六曹百司之事不至於積弊者，賴有六察以爲之警察爾。茲所以見先帝規模宏遠，追跡三代也。朝廷近年察官既不補足，而比因浮費所建言，更不自本臺立法，直行減罷書吏六人，止存八人，分治六察。吏員既少，則所擇尤須精審，且以八人按察二百餘案、千有餘人胥吏、二百餘處官司，而又更不精所擇，若止欲名存實亡則可矣，必欲救六曹之弊，成先帝之志，則臣雖甚愚，知其無益也。近準七月十六日朝旨，改修到本臺令，乃止因一察案貼司陳述，務欲自便，遂爲改法。書吏舊法滿六年，通入仕及十五年出借職，試貼司及四通者方收補。今來改法，貼司試及二通，便補察書吏；吏滿十年，通入仕及二十五年，方得出職。出職既艱，則內外已有名目、曉法令、廉勤謹畏之人，不樂就此，別圖進身。所試貼司既易，則見在鈔寫無能無過之人，例皆應選，適所以爲六曹百司人吏廢弛相容之地，非所以爲朝廷補救積弊之術也。伏望聖慈詳察，深惜六察乃先帝補救六曹積弊之志，特降指揮下中書省重行立法，中外幸甚。所有新舊令文，謹録白連粘在後。貼黄：六察官吏，係點檢三省、六曹文書稽遲差失，衆所嫌怨，惟務廢壞其法，伏望陛下詳察，早賜施行。

（宋）王林《燕翼詒謀録》卷三《州縣官秩滿試法》　雍熙三年九月癸未，詔知州通判幕職州縣官秩滿至京師，於法書內試問。如全不知者，量加殿罰，所以關防檢察癃老昏繆疾病之人也。今知州到闕，必須奏事，通判而下不復舉行，殊失祖宗謹重州縣、勤恤民瘼之意，豈非不才者多惡其害己，而不欲舉行之乎。

（明）丘濬《大學衍義補》卷一一《治國平天下之要・正百官・嚴考課之法》　宋初循舊制，文武常參官，各以曹務閒劇為目限，考滿即遷。太祖謂非循名責實之道，罷歲月敘遷之制，置審官院，考課中外職事，受代京朝官引對磨勘，非有勞績不許進秩。其後立法，文臣五年，武臣七年，無贓私罪始得遷秩。其七階選人，謂從政郎、宣教郎、文林郎、通直郎、承直郎、承議郎、奉議郎。則考第資序，無過犯或有勞績者遞遷，謂之循資。凡考第之法，內外選人周一歲為一考，欠日不得成考，三考未替，更周一歲，書為第四考，已書之績不得重計。其後又立審官院、考課院，凡常調選人，流內銓主之；奏舉及歷任有私累者，考課院主之。

臣按：宋考課之法，其初立法，文臣五年，武臣七年。其後考第之法以一年為一考，皆非有虞考績之法。然既有吏部，又有審官院、考課院，則失之重復，又非成周六典之制。

司馬光告於其君仁宗。曰：自古得賢之盛莫若唐虞之際，然稷降播種，益主山林，垂為共工，龍作納言，契敷五教，皋陶明刑，伯夷典禮，后夔典樂，皆各守一官，終身不易。今以羣臣之才固非八人之比，乃使之遍居八人之官，遠者三年，近者數月，輒以易去。如此而望職事之脩功業之成，不可得也。設有勤恪之臣，悉心致力以治其職，羣情未洽，績效未著，在上者疑之，同列者嫉之，在下者怨之，當是時，朝廷或以衆言而罰之，則勤恪者無不解體矣。姦邪之臣衒奇以譁衆，養交以市譽，居官未久聲聞四達，蓄患積弊，以遺後人，當是時，朝廷或以衆言而賞之，則姦邪者無不争進矣。所以然者，其失在於國家采名不采實，誅文不誅意。夫以名行賞，則天下飾名以求功，以文行賞，則天下巧文以逃罪矣。

臣按：光所謂采名不采實，誅文不誅意二言者，切中後世考課之弊。人君用人誠能專而久，則人人得以盡其才，究其用，而人所毁譽之言久亦自定，於是因其名而責其實，就其文以求其意，則用舍當而賞罰公矣。

司馬光曰：為治之要，莫先用人。而知人，聖人所難也。故求之毁譽則愛憎競進，而善惡混淆；考之功狀則巧詐横生，而真偽相冒。要其本在至公至明而已，人主詢諸人而決諸己，使各長官自考其屬，而宰相總之，天子定其賞罰，則何勞煩之有？又曰：考績之法，唐虞所為當世之官，居位久而受任專，立法寬而責成遠，故鯀之治水九載弗成，然後治其罪，禹之治水九州攸同，然後賞其功。非但效米鹽之課，責旦夕之效也。

綜述

（宋）曾鞏《曾鞏集》卷四九《本朝政要策·考課》　建隆初，始以户口增耗爲州縣吏歲課之升降。興國初，又定三等之法，以核能否。其後遂詔郭贄、滕中正、雷德驤典其事。雍熙間，上嘗閲班簿，欲擇用人，而患不能遍知羣下之材，始詔德驤以羣臣功過之迹引與俱對。淳化中，又分京朝官考課，使王沔主之；幕職州縣官考課，使張宏主之；三班考課，使魏廷式主之。沔既條奏其法，於是御史弋子元、郎吏張紳皆以負黜焉。然沔之法，亦以煩碎無待士君子之體，物議非之。久之，復廢京朝官考課，而置審官院，以錢若水主之；廢州縣官考課，歸之流内銓，以蘇易簡主之；唯三班無所改易。其後，天子又嘗欲自宰相修唐制書考之事，既而但欲責其稱職，遂不行焉。然親書考課最之意二十餘幅，以賜若水等，蓋其丁寧之意如此焉。

（宋）佚名《宋大詔令集》卷一六二《政事·官制·久任詔嘉祐六年閏八月六日》　中書門下牒，近差官分往諸路州軍，計會當職官吏，詢究民間疾苦，務從寬恤。然須所在守令得人，使久其任，則能奉行朝廷之意。牒奉勅：朕觀古者欲治之世，牧民之吏多稱其官，而百姓得安其業。今求才之路非不廣，責善之法非不詳，而吏多失職不治，不稱所以爲民之意，豈今人材獨少而世變之殊哉？殆以不得久於其官故也。蓋智明才力之士，雖有興利除害禁姦勸善之意，非稍假以歲月，則吏民亦且媮而不爲之用，欲終厥功，其路無由。今夫州縣恃以爲命者守令也，察其能者，使得久於其官，而褒厚以勸之，豈非所謂先務者哉？今後諸路知軍州監、知縣縣令，内有清白不撓，而政跡尤異，實惠及民者，如係三周年替，到任已及成資；係三十箇月替，到任已及一年半；係二周年替，到任已及一年已上。其知州軍監、本路安撫轉運使副判官提點刑獄官員所屬知縣縣令，即更與本處知州軍監通判並連署同罪保舉再任，仍須於奏狀内將本官到任以來政跡可舉實狀，一一條列聞奏，委中書站下更加察訪。如不是妄舉，即進呈取旨，當議量所述政跡及今入資序，相度推恩，許令再任。噫，先王置官域民之大法，朕未能逮也。漢宣所以致平之要，其又可以不勉哉。咨爾庶工，當知朕指。

（宋）佚名《宋大詔令集》卷一六二《政事·官制·定磨勘年限詔治平三年九月癸亥》　朕惟制治之本，必始乎官，設官之方，其亦有擇。國家承累聖之祚，躋時丕平，而假省寺之官出釐庶務，許以三祀，俾之一遷，歲月即深，吏員猥積，維海宇至廣，工師實繁，以官率人，倍者數矣。肆我臺閣，數陳其故，兹用博議，審求臧謀，而封章亟來，請從更制。朕嘉與卿士，圖惟厥中，庶幾流弊由此其息。自今待制以上，自轉官後六歲，如無過犯與轉官，有過依舊條展年，至諫議大夫止。京官四歲磨勘至前行郎中止，少卿監以七十員爲定員，内有闕，即檢勘前行郎中轉官及四歲以上月日最深者補，其有過展年，及有勞績減年磨勘者，如舊制。少卿監以上更不檢勘，取旨轉官。以上如别有勞績，或因要重任使，特旨推恩者，不在此例。噫，公誠之心，期共濟于道，澄革之始，無或蔽爾私。況上自於要官，俾一從於新令，凡曰在位，咸體朕懷。

（宋）佚名《宋大詔令集》卷一六二《政事·官制·省臺寺監牧守監司以三年為任詔崇寧元年七月三日》　内外官並以三年爲任，乃元豐舊制。比歲以來，官守屢易，至有歲内再三改移，暫居官次，突不及黔，時序未更，已聞移去。惟是覬望進擢，日俟遷陞，決辭訟則鮮肯究心，視公局則猶同傳舍，簿書案牘首尾罕詳，吏緣爲姦，民受其弊。蓋是除擬之際，愛惡未同，順親愛者務令資任暗陞，因憎惡者欲令遷徙不定，遂致老幼懷道途之畏，吏卒疲將迎之勞，送往迎來，煩擾百出。唐虞考績，幾成虛文，自今後，內自臺省寺監，外及牧守監司，宜一切依元豐舊詔，並以三年爲任。如未及成資以上，不得輒有替移。其在祇率先猷，無或遺戾，惟吏安厥職，民懷其惠，乃稱朕紹休聖緒之志。

（宋）**李燾**《**續資治通鑑長編**》**卷九七**《**真宗天禧五年**》　吏部流內銓請自今試判每道刑名，全者爲通，七分以下爲粗，三分以下爲下。仍於卷首定詞理、書劄俱優爲上，一通二粗或二通一不而詞理、書劄并稍優者爲中，三粗一不、二不一粗而詞理、書劄俱次或低次、紕繆者爲下，全無詞理者雖刑名通、書劄優並入中下。其超資、加階、循資、殿年，並如舊制。其判中下內，以二不一粗及詞理、書劄俱次、紕繆者，並注久闕官處。從之。

（宋）**李燾**《**續資治通鑑長編**》**卷二九八**《**神宗元豐二年**》　知審刑院安燾言：比年詳議官以文案繁多，責重賞輕，除者多不願就。乞以二年爲一任，任滿減磨勘二年。自刑部差者，已及成資，先依刑部任滿法推恩，未成資者，補及成資，推恩後別理一任。從之。

（宋）**李燾**《**續資治通鑑長編**》**卷三三〇**《**神宗元豐五年**》　甲戌，吏部言：待制以上，舊法六年遷官。今準新制，三年一遷。其已滿三年磨勘外，有剩年月者，乞許通理磨勘。從之。

（宋）**李燾**《**續資治通鑑長編**》**卷三九五**《**哲宗元祐二年**》　三省言：知州考課，請令吏部上其事於尚書省，關中書省取旨賞罰。其劣等應罰而已衝降者，仍從衝降法。縣令已下，即本部賞罰。從之。

（宋）**李燾**《**續資治通鑑長編**》**卷四一二**《**哲宗元祐三年**》　吏部言：熙寧敕，知州、通判，川、廣以二年爲滿。元豐敕，川、廣以三十月。元祐敕，知州、通判並以三十月爲任，即不分川、廣。請川、廣知州、通判，除有專法指定及酬獎外，不論見任、新差官，並二年爲任。其使闕滿替，悉依本法。從之。

（宋）**李燾**《**續資治通鑑長編**》**卷四九四**《**哲宗元符元年**》　吏部言：乞應知州、縣令能任考察課績，仰所屬須于限內申奏。有故保明奏未得者，聽展限，雖累展，即不得過元限，仍具因依申吏部點檢催督。如稍涉迂滯，及無故過限者，人吏杖一百，官員具事由聞奏。仍乞將知縣令考課上等人，如到本部經行，便許已後收使，內闕陞入通判資序者，比附去年七月二十九日朝旨，與陞半年名次。從之。

（宋）**李燾**《**續資治通鑑長編**》**卷四九五**《**哲宗元符元年**》　吏部言：四選通用在任成資，不因罪犯移替許理爲任條制，欲人曾被對移替考。雖還本任通及二年者，不在此限。及差使借差雖未及二年，聽通理，若因事對移及衝替之類者，不在磨勘之限。從之。

（宋）**李燾**《**續資治通鑑長編**》**卷四九九**《**哲宗元符元年**》　丙午，吏部言：官員係朝廷差出，除在任人自理在任月日，其非在任之人，緣軍期邊事刑獄，及往水土惡弱處，聽理在任。若朝廷差委勾當餘事，如無稽違，以二日折一日，理爲考任。及三年已上者，申尚書省、樞密院審察。事體重者取旨，或與理爲一任。從之。

（宋）**洪邁**《**容齋四筆**》**卷七**《**考課之法廢**》　唐制，尚書考功掌內外文武官吏之考課，凡應考之官，家具録當年功過行能，本司及本州長官對衆讀議其優劣，定爲九等考第，然後送省。別勑定京官位望高者二人，一校京官考，一校外官考，又定給事中、中書舍人各一人，一監京官考，一監外官考，郎中判京官考，員外郎判外官考，凡考課之法，有四善、二十七最。一最以上有四善，爲上上。有三善，或無最而有四善，爲上中。有二善，或無最而有三善，爲上下。其末至於居官諂詐、貪濁有狀，爲下下。外州則司録、録事參軍主之，各據之以爲黜陟。國朝此法尚存。慶曆、皇祐中，黃亞夫庶佐一府、三州幕，其集所載考詞十四篇。黃司理者曰：治犴獄，歲再周矣，論其罪棄市者五十四，流若徒三百十有四，杖百八十六，皆得其情，無有冤隱不伸，非才也其孰能。其考可書中。舞陽尉者曰：舞陽大約地廣，它盜往往囊橐於其間，居一歲，爲竊與强者凡十一，前件官捕得之，其亡者一而已矣。非才焉固不能。可書中。法曹劉昭遠者曰：法者，禮之防也。其用之以當人情爲得，刻者爲之，則拘而少恩。前件官以通經舉進士，始掾於此，若老於爲法者，每抱具獄，必傳之經義然後處，故無一不當其情。其考可書中。它皆類此。不知其制廢於何時。今但付之士案吏據定式書於印紙，比者又令郡守定縣令臧否高下，人亦不知所從出。若使稍復舊貫，似爲得宜，雖未必人人盡公得實，然思過半矣。

（宋）謝深甫等《慶元條法事類》卷五《職制門·考任》　勅

職制勅

諸承直郎以下，應補滿資考而所屬不爲施行者，徒二年。

諸在任官，被差過百日，不應理考，能自陳而所部有官可差不爲改差者，杖一百。

諸應避親而輒之官者，杖一百，仍不理爲在任月日。

令

考課令

諸監司、郡守在任不得陳乞通理。滿罷，若不因罪犯罷者，許通計前任考任。

諸命官移任，已受告勅、宣劄者，解罷。守臣任滿或被改除，須候替人方許離任。得宫觀及因罪罷者非。若不因罪犯體量而新任非過滿及見闕願候替人，或於百日内候考滿者，聽，並申尚書吏部。新任未滿未闕者，不在却乞解罷之限。

諸命官下班祗應，閏月到任，次年本月謂閏所附之月。成考，若任滿外遇閏者，聽充補填日數。即在考内及前後任補滿成年者，並不在理閏之限。

諸非在任官被旨差緣軍期邊事刑獄及往水土惡弱處，各理爲在任。餘事無稽違者，以二日折一日，内選人被旨差權正闕，如係錢穀及趁辦課利及半年以上，准此。在官差出權攝非。及三年以上者，申尚書省或樞密院。其停替未該參選並尋醫、侍養、丁憂之類者，不在理任之限。

諸命官在任，非被旨選差，及不拘常制若權替不職之人，及充考試官，應副軍期河防危急，推鞫、録問、檢法、驗戶部夫，權繁難縣及捕盜官並課利場務，謂無正官者，創置同。便糴、和糴，煎榷鹽井，檢踏坑冶，權監同。按覆農田水利，定奪兩競要切公事，體量敗闕坊場而緣餘事差出州界，每考通計過百日者，所過月日不理爲考任。自陳通計月門有礙，而不爲改差者非。若事須委官而所部無官可差，雖差出已滿百日亦聽差理。仍具事狀，保明申尚書省。

諸命官被召赴闕，或試刑法若應舉而還任，及第出身不願還任者聽。或在假不滿百日，或乞假離任，並公罪杖、私罪笞被追攝，願補填成考任者，聽。仍申尚書吏部。無罪被追攝者，雖在禁並理爲考任。

諸命官因事被對移者，不理爲考。即已被對移而無實狀者，聽通理。

諸命官違法差出月日，不理爲考任。其不妨本職或不滿十日並自陳。謂被差未行而申者。而不爲行者，聽理。

諸縣令、佐已差出，而承本縣關報有飛蝗及蝻蟲生發應還任而托故不還者，其差出月日不理爲任。

諸命官下班祗應，不因罪犯體量替移，若誤停替、放罷並省員廢併、衝改，或因誤差注而改正別授差遣，願補滿前任者，聽。仍到任半年内申本州，録報在京所屬。別條聽補滿前任者，准此申。若聽通理而却不願者，自承告示日限三十日内申陳。已曾差下替人者非。即所補不及一年者，候滿一年替。其新任應立界比較賞罰者，界滿聽交。

諸綱運，被朝旨借差別運官物者，其押綱人往回裝卸及事故月日，並聽補填。

諸准格令給假，謂應給而非乞假者。其月日理爲在任。

諸奉使若屬官，並謂被旨者。其所差月日聽理爲資任。

諸見任宰相、執政官，用恩澤陳乞緦麻以上親宫觀、嶽廟差遣者，理任依本資序。

諸寄禄官朝議大夫以下，在任及二年以上而因事替移應入一等差遣者，謂因不職、不和之類。但有事因而不曾勘罰者皆是。若折資監當、尋醫、侍養、隨侍、隨行指教罷任，緣致仕罷任，復仕日同。聽補滿前任。雖所補不及一年，並候滿一年罷。即補滿而願外移者，亦聽。仍申尚書吏部。

職制令

諸小使臣、校尉非釐務而得旨，或於法被差若留及借者，歷過月日，所屬給公憑。

（宋）謝深甫等《慶元條法事類》卷五《職制門·考課》　勅

職制勅

諸監司考課，事應互申而不申若增減者，各徒二年。

諸考知州、縣令，課績不實者，優、劣等徒二年，上等減二等，中下者又減一等。有所請求而不實及官司各以違制論。以上若該賞罰者，官吏一等科罪。即保奏違限者，吏人杖一百，當職官減三等。

諸監司每歲審擇保奏知州、縣令功狀不公不實，或附會觀望權勢若干請者，各以違制論加一等。

令

考課令

諸監司考課，事應互申者，謂轉運司事，提點刑獄司甲之類。每歲於次年二月終以前，轉運司事申尚書户部；提舉常平司事申户部右曹；其應干刑獄事申刑部。仍並申尚書左右司。主管未及一年替罷，或他官權攝者准此。

諸帥守、監司，歲終各以所部知州不以去替，初到任人非。總計一分，歲人數分爲三等考察：治效顯著者爲臧，貪刻庸謬者爲否，無功無過者爲平。臧否仍著事實。川、廣限次年五月以前，餘路限三月以前聞奏。如徇情不實，御史臺彈奏。

諸察訪、監司應以知州考課及知州、通判治狀功過奏，而係太中大夫、觀察使以上知州並安撫、鈐轄者，聽免。

諸監司按察知州、通判功過，施行注籍，於替前三十日申尚書省，武臣申樞密院。非次以理罷任者，自罷任狀到本司後限十五日申。

諸縣令罷任，再任同。縣限五日，知州罷任、再任申監司限准此。以任内課績申州，委知州、通判以善最考察，通取分爲三等：有生齒之最及五事爲上，有生齒之最及二事爲中，餘爲下。限次月申監司類聚，每半年一次，同行審覆。若能否尤著者，別爲優、劣等。轉運司所部五十縣以上者，歲具優、劣各一員，五十縣以下，每二年准此。其優、劣多者，不拘此數。其優、劣、上等無或不足，聽闕。上半年，限八月；下半年，次年二月，具實跡保奏。有故未奏者，經當職官隨宜展限。仍具事因及所展限申尚書吏部。雖累展，共不得過元展限。其限除程計之。知州罷任，再任同。即州以任内課績申監司，監司每歲准此考察，優等知州止取一員縣令，仍申尚書户部。其知州、通判到任未滿一月，監司未滿兩月者，並展一月。知州、縣令在任不及半年罷者，勿考。

諸命官家狀，已經供尚書吏部應再供者，上具未供功過。以前功過止開説已經供申。

格

考課格

監司考較事件

轉運、提點刑獄、提舉常平依下項：

一奉行手詔有無違戾。

一興利除害。具措置擘畫便於公私或失當若有害不能去者。

一有無朝省行下本路過失已上簿及責罰不了過犯。

一受理詞訟及指揮州縣與奪公事，有無稽滯不當。應經朝省或他司舉駁，及有人論訴合改正者，皆爲不當。

一有無因受理詞訟改正州郡結斷不當事。如有，即具改正事因件數。

一應干職事有無廢弛，措置施行有無不當。如轉運司移用財賦不當致在有糜費及虧損官錢，或場務不因災傷而課額虧減，或措置無術而歲計不足，及應合撥還諸司及別路所欠錢物而失於計置致大段虧少；提點刑獄司不督察主兵及捕盗官訓練士卒、修整器甲；提舉常平司所管常平户絶田産、場務不以時檢舉出賣，或積欠課利，農田水利應興修而不興修，造簿不以時或不如法，編排保甲不如令之類，皆爲廢弛。

一奏請及報應朝省文字有無鹵莽乖謬，以上應上簿責罰廢弛不當、鹵莽乖謬事件，並逐一名件分明開説。

一按察並失按察所部官犯贓流以上罪及按察不當。

一薦舉所部官有無不當。謂被舉後有罪惡或不職事狀者。

一勸農桑。如增墾田畝，或創修堤防水利，或修整隳廢，勸課栽植桑、柘、棗之類。

一招流亡，增户口。具招集逃户歸業，或招人户請佃田土而非分烟析生，比舊額增數，及本年有無災傷，本官曾如何經畫賑恤安存，或失於賑恤致有逃亡。

一分定巡歷是何州縣，自甚月日起離至某處，至何月日還本司，有無分巡不遍去處，如有，開具緣由。

一逐年合上供錢物有無出限違欠。

一所部刑獄有無平反及駁正冤濫並淹延稽滯。

一機察賊盗已獲、未獲各若干。

提舉常平司依下項：

一本年並前三年收支免役錢若干。具一路都數，逐年如有災傷減額，亦約計聲説。

一場務淨利比舊額有無增虧，限外有若干拖欠。

知州縣令四善四最：

一善德義有聞。

二善清謹明著。

三善公平可稱。

四善恪勤匪懈。

一生齒之最：民籍增益，進丁入老，批註收落，不失其實。

二治事之最：獄訟無冤，催科不擾。

三勸課之最：農桑墾殖，水利興修。

四養葬之最：屏除奸盗，人獲安居，賑恤困窮，不致流移；雖有流移而能招誘復業，城野遺骸無不掩葬。

式

考課式

監司互申考課

某路轉運司提點刑獄、提舉常平司同。准勑云云，並准令云云，本司合申某司官某年分任内考課事件，謹具如後：

一奉行手詔違戾：無，即云無。下項准此。某官職姓名任内。

一興利除害件，某事如何違戾。

一興利除害：具措置擘畫便於公私或失當若有害不能去者。

措置擘畫便於公私，某官職姓名任内。

一件某事，已如何施行訖。

失當，某官職姓名任内，

一件某事，如何施行失當。

有害不能去者，某官職姓名任内，

一件某事，如何有害不能去。

一朝省行下本路過失已上簿及責罰不了過犯：某官職姓名任内，一件某事，如何過失已上簿，或某過犯不了如何責罰。

一受理詞訟及指揮州縣與奪公事稽滯不當：應經朝省或他司舉駁及有人論訴令改正者，皆爲不當。某官職姓名任内，

一件某事，因某處駁或某人論訴稽滯不當，如何改正。

一應干職事廢弛措置施行不當：如轉運司移用財賦不當致在有縻費及虧損官錢，或場務不因災傷而課額虧減，或措置無術而歲計不足，及應合撥還諸司及別路所欠錢物而失於計置致大段虧少；提點刑獄司不督察主兵及捕盗官訓練士卒、修整器甲；提舉常平司所管常平户絶田産、場務不以時檢舉出賣，或積欠課利，農田水利應興修而不興修，造簿不以時或不如法，編排保甲不如令之類，皆爲廢弛。某官職姓名任内，

一件某事，如何廢弛；

一件某事，如何不當。

一奏請及報應朝省文字鹵莽乖謬：某官職姓名任内，

一件某事，如何鹵莽；

一件某事，如何乖謬。

一按察並失按察所部官犯贓流以上罪及按察不當：某官職姓名任内，

一按察某處、某職位、姓名、官、某事犯贓流以上罪；

一失按察某處、某職位、姓名、官、某事犯贓流以上罪；

一按察某處、某職位、姓名、官、某事如何不當。

一薦舉所部官不當：謂被舉後有罪惡或不職事狀者。某官職姓名任内，

一薦舉某處某職位、姓名、官、改官、陞陟、差遣之類，被舉後有何罪惡或不職事狀。

以上轉運、提點刑獄、提舉常平司用此。

一勸農桑：如增墾川畝，或創修堤防水利，或修整隳廢，勸課栽植桑、柘，棗之類。

勸課栽植桑、柘、棗之類，某官職姓名任内，勸誘人户栽植到下項：如本司官兩員以上同行遣或與本路別監司官同行遣勸誘到，各分明聲説。如無同行遣官，即便不具。以後逐項並准此。桑若干，謂本路都數，已後逐項並准此。無，即云無。柘若干，無，即云無。棗若干。無，即云無。

餘官任内依前開。以後逐項並准此。

增墾田畝，某官職姓名任内增墾到田若干頃畝。無，即云無。

創修堤防水利。某官職姓名任内，創修堤防若干，略節去處因依；如無，即云無。某官職姓名任内，創修水利若干頃畝。無，即云無。

修整隳廢，某官職姓名任内，修整興廢若干，略節去處事因。無，即

云無。

一招流亡，增户口：具招集進户歸業，或招人户請佃田土而非分烟析生，比舊額增數，及本年有無災傷，本官曾如何經畫賑濟安存，或失於賑恤致有逃亡。

招集逃亡歸業，某官職姓名任内，招集到逃户歸業共若干户口。無，即云無。

招人户請佃田土，某官職姓名任内，召到請佃田土人户共若干，並不係分烟析生，委是比舊額增數。

本年有災傷，某官職姓名任内，曾如何經畫賑恤安存，或失於賑恤致有逃亡，各具户口都數。無，即云無。

一分定巡歷是何州縣，有無巡不遍去處，如有，開具緣由：某官姓名任内，分定巡歷是何州縣，於某月日起離，某月日到某州縣，餘州縣依此聲説。至某月日還本司，如有分巡不遍去處，即開具緣由。

以上轉運、提點刑獄、提舉常平司用此。

一逐年合上供錢物有無出限違欠：某官職姓名任内，

一某官上供出限違欠，違欠二年以上，逐年依此開。無，即云無。錢若干，物若干。開逐色數。

一所部刑獄有無平反及駁正冤濫並淹延稽滯：某官職姓名任内，

一件某處某公事，如何平反；

一件某處某公事，如何駁正冤濫；

一件某處某公事，如何淹延稽滯。

一機察賊盗已獲、未獲各若干：某官職姓名任内，

一强盗、殺人賊若干火，計若干人，已獲若干人，未獲若干人。

以上轉運、提點刑獄司用此。

一税租管額並本年收逐色各若干：具一路都數，謂應納正、耗及合零就整並畸零實數。如遇災傷，即具減放分數。某官職姓名任内，

管額税，錢物各若干，開逐色都數，下項並准此。穀各若干。租。錢物、穀各依上文開具。

本年税，受納：錢物各若干，穀各若干；開閣減免：謂分併出本路或興造除放若逃絶災傷倚閣、減免、展限拖欠之類。如内有無者，□□即不具。下項租課准此。錢物各若干，穀各若干。租，受納：開；錢物、穀各准税開。下項准此。開閣減免：開。

比管額增或虧若干分釐。

一酒税務坊場、河渡、房園、茶、鹽、坑冶、鑄錢監、市舶等場務並准此，無，即云無。各具祖額並遞年及本年收諸色課利，逐色各若干。並具一路都數。如遇災傷，即具減放分數。某官職姓名任内，

酒務，祖額幾處，收錢若干，如有別色並紐計見錢。餘課利准此。遞年謂前一年。幾處，收錢若干，本年幾處，收錢若干，比祖額增或虧若干分釐，比遞年增或虧若干分釐；務税祖額幾處，收錢若干，遞年幾處，收錢若干，本年幾處，收錢若干，比祖額增或虧若干分釐，比遞年增或虧若干分釐。

一前一年並本年各收糴到穀若干。止具一路都數。如遇災傷，即具減放分數。某官職姓名任内，

前一年，開收糴到穀諸色都數，内借用提點刑獄並常平錢糴到者，仍於逐色脚下分明聲説内若干借用某官司錢糴到。

本年，開。依前開説。

一前一年並本年本路都收錢物各若干，支外見在若干。止計本司所管本路都數，即不得將諸司及朝廷封樁等錢物通計在内。某官職姓名任内，

前一年本路都收錢若干，支外見在若干；謂當時見在。下准此。物若干，各逐色都數隨逐色脚下聲説支外見在若干。

本年本路都收並支外見在。准上開。

以上轉運司用此。

一本年並前三年收支免役錢若干。某官職姓名任内，

本年免役錢具一路都數，逐年如有災傷減閣亦約計聲説。收若干，支若干。

前三年依前式開。

一場務淨利比舊額有無增虧，限外有若干拖欠。某官職姓名任内，

場務出賣過幾處，都計淨利錢若干；如無賣過去處，即説不賣事因及更不具下項。舊額淨利錢若干；今賣比舊額額增或虧若干，限外拖欠若干。謂據本官合催月分錢都數，除納外見拖欠都數。

以上提舉常平司用此。

右件如前，本司今依式樣供攢到前項，委實並無隱漏增減事件，保明

並是詣實。如後異同，甘伏朝典。謹具申尚書左右司。謹狀

年月　日依常式

申曹部准此。

申明

隨勑申明

職制

紹興十五年二月十七日勑：知、通、令、佐每月一詣學點檢功課勤惰，簡其怠慢不率教者黜之。

（宋）謝深甫等《慶元條法事類》卷八《職制門·對移》　考課令

諸命官因事被對移者，不理爲考。即已被對移而無實狀者，聽通理。

（宋）謝深甫等《慶元條法事類》卷九《職制門·省員廢併》　考課令

諸命官、下班祗應，不因罪犯體量替移，若誤停替、放罷並省員廢併、衝改，或因誤差注而改正別授差遣，願補滿前任者，聽。仍到任半年内申本州，録報在京所屬。別條聽補滿前任者，准此申。若聽通理而却不願者，自承告示日，限三十日内申陳。已曾差下替人者非。即所補不及一年者，候滿一年替。其新任應立界比較賞罰者，界滿聽交。

（宋）謝深甫等《慶元條法事類》卷一三《職制門·磨勘陞改》　勑

職制勑

諸被差點對應磨勘及關陞人録白、告勑、宣劄、印紙而漏落不如式者，杖一百。所屬官司不保明繳申尚書吏部者，罪亦如之。

令

考課令

諸應磨勘若關陞，謂因朝廷直差官司舉辟就移並應在外授差遣及再任者。具家狀，仍録白未經磨勘所授告勑、宣劄、印紙應用文書，有未經批書功過別項具。折官陞者，不録告勑、宣劄。經所在州納。州爲差官點對，責依式點對，無漏落狀，磨勘者，本處於該日除程兩月，八路，三月前。保明繳申在京所屬。其承直郎以下應就任關陞者，准此，副尉不用此令。即發運、監司官被取索磨勘者，並互相保明申發。

諸殿侍下班祗應同。下文准此。應磨勘者，通理歷任在職月日實及年限。即因恩賞非次轉校尉者，聽以任殿侍在職月日通理比折磨勘。謂如殿侍十年磨勘、進義校尉五年磨勘者，若任殿侍在職及六年，非次轉進義校尉，即將殿侍在職六年比折三年磨勘之類。進義校尉轉進武，准此。

諸下班祗應已申發磨勘文書而犯罪者，本任官司限當日具事因報尚書兵部。斷訖准此。

諸以恩賞若非次轉官者，不隔磨勘。文臣因恩賞轉者，至中奉大夫止。若年七十以上或因老疾陳乞宫觀、嶽廟留臺並不在磨勘之限。即太中大夫以上不用此令。

諸因招降授使臣、校尉不許磨勘者，經十年無贓及私罪情重，本州保勘，申尚書吏部。其以勞效應轉官者，自依常法。

諸州學教授，因移授而補滿前任應陞修職郎以上，或餘官應關陞者，申尚書吏部。

諸州學教授，考任並通理，應磨勘者，候任滿赴部投狀。内廣南教授仍減舉主一員。

諸文臣監當，少半年以下未應關陞而再入監當者，成資日舉主足，願移親民者，申尚書吏部。

賞令

諸減年磨勘，與文臣通用者，謂如有課額場務監官及獲盜之類。准四年爲法；謂如應減一年，即五年磨勘者，減一年一季之類。與使臣通用者，准五年爲法；謂如走馬承受公事應減三年，而内侍官十年磨勘，即減六年之類。校尉、殿侍若下班祗應、副尉與使臣通用者，准此。非通用者，各依本條。即朝請大夫以上，雖該通用之賞，不在准折之例。

諸朝請大夫以上，因恩賞轉官者，以四年爲法，各計所磨勘收使。

職制令

諸見任朝請大夫，待制權六曹侍郎以上非。有減年公據願收使磨勘轉官者，並預申尚書吏部注籍。

諸轉官者，授訖具月日限三日報州，非在任人報所在官司，殿侍下班祗應同。轉進義校尉以上者，准此。

諸以年勞轉補及酬奬或特恩初授官者，所屬官司勘會鄉貫、三代、年甲家狀，申尚書吏部。

式

考課式

承務郎以上及使臣磨勘家狀

具位姓名，年若干。

一某年月日，准某年月日告身授某官。謂未經磨勘者，其改奏改换仍各具轉授奏换事因。已經磨勘者，更不具陳。下文歷任處已經磨勘者，准此。如在前任内磨勘，其前任到罷亦依未經磨勘例。

一某年月日，授宣或勅告任某處差遣；從義郎以下曾短使亦同。某年月日到任，某年月日因某事罷。兩任以上准此具述。使臣初磨勘，仍具某年月日；參選，在授差遣年月上。

一自轉官後有無事故應除破年月。事故謂侍養、丁憂、假故、尋醫之類。應不理磨勘月日者，有則各具年月日除之。

一有無特旨及酬賞恩澤；謂應減磨勘未經收使者，有則各以年月日略具事因，得某色恩澤或已用減磨勘外，有若干年月日。

一出身以來不曾犯贓罪，承務郎以上仍云及私罪徒並磨勘後别無過犯。其自首去官、罰俸、罰直遇恩全原勿論者，亦依過犯供具，不得漏落。初出官及承直郎以下不經吏部磨勘，或承直郎以下、使臣改换改奏充承務郎以上，未經磨勘者，則云自出身以來並無過犯。以上有過犯者，各略具犯狀、某年月日所斷刑名、事因，已經除落者，仍云於某年月日准某處指揮除落。

一今來至某年月日合磨勘。用酬賞恩澤減磨勘或换減磨勘者，備録元授文書。無文書者，節録條法。若用減磨勘不盡者，則云乞用若干年月日。

一某見在某處，其轉官告身乞降付某處。

右件狀如前，應用舉主磨勘者，仍云所有舉主，伏乞會問施行。所供並是詣實，别無增減，如後異同，甘俟朝典。謹具申尚書吏部。謹狀

年月　日依常式

在外者，於所在州申二本，一留所屬，一連申本部。

保明副尉陳乞磨勘狀

某處

據進義或進武副尉某人陳乞磨勘，改轉某名目，尋牒委某官追取到本人隨身真本補帖或朝旨付身、功過曆並脚色家狀，照磨保明到下項如後：

一某人自某年月日補充某名目，至今年某月日實及若干年。

一某人供到脚色狀，點檢得差遣次數，各有批書保明。如無或不圓，亦開説。

一某人自補充某名目後來功過曆内有某處批書，爲犯某事，從某刑名斷遣，具決杖數，若贖銅或罰直、罰食直錢，亦具所直月數。係公私贓罪。該恩或無亦各開説。

一某人即今見在某處幹辦，投下到乞磨勘脚色家狀，照驗得别無漏落差遣過犯。

一某人曾經某處幹辦，爲某事給到減磨勘公憑，共若干道，繳連在前。無，即稱無減磨勘。

一某人於某處，爲某事准某處指揮展磨勘。得指揮，無，即稱無展磨勘。

一某人自補某名目後來至今，通若干次在假，共若干月日。如隨身即紙曆内不曾批書，即審問本人，取結罪狀圓聲説。無，即稱無在假月日。

一某人自補某名目後來至今，有若干次不在職，共若干月日。如隨行印紙曆内不曾批書，即審問本人，取結罪狀圓備聲説。無，即稱無。

以上逐項有應干未圓事，係在京官司供報，即乞都官取會施行。如未圓事在外路，若計地里去省部遠於保明官司，即保明官司取會圓備申；若供答官司去省部近，即聲説乞都官取會。謂如其人於西京投下磨勘曆、内有鄭州幹辦時批書不圓，合會本州，即於項内開析之，乞都官取會施行。若有在假及無故不在職月日，却據投下到磨勘文字契勘，見得已歷年月據在假不在職月日補填得足，更不取會。謂如十年合轉人歷過一十二年，内有請假或不在職共得一年，尚有一十之類。

右據所委官某人，保明到逐項事理，别無隱漏及不依式事件，本司保明並是詣實，其補帖、補付身功過曆、脚色家狀共若干道，粘連在前。若陳人乞願留真本，即各録白，令所委官對讀，保明繳申。内減磨勘不得録白其家狀。如係進武副尉乞轉承信郎，即供兩本。餘乞改轉人不供。謹具申尚書刑部。謹狀

年月　日依常式

副尉經隨處官司乞磨勘，所屬保明，申尚書刑部，用此式。

命官闕陞家狀

具官姓名，本貫某州、縣、鄉、里，某人爲户。

一三代：曾祖某；祖某；父某。

一合家口三：若偏侍，則云合家口二，母俱亡，則云合家口一，父年若干；亡即不開，母準此。母年若干；有封邑亦聲說。某年若干。

以上三代並自身不曾改名。如曾改，即云元名某，於某年月改名某。

一某年月日因某事授某官，如何出官參選。不曾參選者，云因某事出官。

一見係某資序。

一某年月日授告勑或宣劄，差某差遣，某年月日到任，某年月日因某事罷任，有在假豁除外，合成若干考第，無即云無。逐任依此開。若已經關陞者，止具後來任數。

一自歷任或關陞後來有無差出，如有，即開具元差事因、條法、離任還任年月日，係與不係違法。逐任依此開具。

一自歷任或關陞後來曾與不曾任課利場務，如有，開具祖額，今收不虧一分以上。若武臣任捕盜官應比較賊盜者，即聲説不該降監當。

一自歷任以來有舉主下項，若已經關陞，止具陞改後來員數。

一某官職位姓名，舉充是何任使，發奏年月。兩員以上依此開。

一自出身以來，有無減考任、舉主勞績酬賞未經收使並特旨理，是何資序。

一自出身以來有無過犯，如有，開所犯刑名、斷遣年月日，已曾經關陞，止云自陞改後來，有無過犯。如有，亦具所犯刑名、斷遣年月日。

一某年月日朝見參部訖。非到部者，仍具在外事因。

右件狀如前，所供並是詣實，別無增減，如後異同，甘俟朝典。謹具申尚書吏部。謹狀

年月　日具官姓　名書字　狀

（宋）謝深甫等《慶元條法事類》卷四九《農桑門·勸農桑》　申明

戶婚

隨勑申明

隆興二年十二月六日尚書省批狀：勘會紹興六年正月二十八日、八月十一日指揮，州縣係官空閑田土並無主逃田，並拘籍見數，以十莊爲則，每五頃爲一莊，召客户五家相保爲一甲，布種，甲内推一名充甲頭，仍以甲頭姓名爲莊名，每莊官給耕牛五具並合用種子、農具。若耕種就緒，係謂增置莊分，各有召到客户，置辦牛具、種子，所增田土盡行開耕。每頃各有收到斛斗比元數不虧，令、尉減磨勘二年，令提領營田官勘驗，詣實開具，指定保明，申乞朝廷指揮施行。

格

賞格

命官

有鹼地縣令、佐，能勸誘民户開耕收刈苗稼者：係官荒田有鹼，召人請佃開耕，收刈苗稼者，亦準此。三頃，陞半年名次；七頃，陞一年名次；十頃，減磨勘一年；二十頃，減磨勘二年；三十頃，減磨勘三年。

考課令

諸監司被受勸農手詔，每歲春秋檢舉行下所屬，遇巡歷所至，檢察知州、縣令勸農之勤惰，歲終較其尤著者爲優劣等。如未至歲終替移者，牒後官通計。限次年正月終保奏。知州各一員，所部五十縣以上者，縣令各二員，五十縣以下者各一員，無或不足，聽闕。罷任到闕日，具任内已保奏優劣之人以聞。外移准此。

諸知州被受勸農手詔，每歲春秋檢舉行下屬縣，歲終以所部縣令勸農之勤惰，較其尤著者爲優劣等各一員，無即聽闕。歲終申監司。罷任到闕日，具任内考過優劣之人以聞。外移准此。

諸監司，每歲同具部内令、佐謂任滿者。轉運司管兩路以上，逐路依此供具。添植桑柘最多最少者一員保奏。以逐官所分堪種地畝計分爲率，即每員添植及五百株以上者，免爲少。

（宋）李心傳《建炎以來朝野雜記甲集》卷一四《官制·隆興至嘉泰積考改官沿革》　隆興初，張子公爲同知樞密院事，首論薦舉改官請求貨賄之弊，乞取紹興以來每歲改官酌中之數，立爲定額。凡在選者，量其年勞，以次遷改，歲終考核，不得過所定之數，而關陞者亦如之。所有薦章，權行寢罷，庶幾銓綜均平，而在選者人人有京秩之望，其有以卓然之才被不次陞改者，不在此限。詔侍從、臺諫詳議，申尚書省。隆興元年二月壬申。議者以爲自太祖以來，皆有薦舉之制，今若患其奔競，遂盡除之，何異因噎而廢食。于是學士承旨洪景嚴、給舍金彦行、劉共父、張真甫、周子充共議，乞嚴舉主連坐之法，不許首免，量其罪之輕重而停秩任。辛起季中丞時爲臺諫長，議以爲宜取選人九考、十考者，與減舉主員數。事

下吏部。既而凌尚書景夏奏乞將選人歷十二考以上、無贓私罪者，減舉主一員。三月己酉降旨。繼而遂以八十員爲改官歲額，內十員充十二考減舉主，改官人數如不足，並聽闕。四月乙丑降旨。蓋參用張、辛二老之説也。未數月，中書門下省言：薦舉改官，今方七月，止闕二員，若積累年數，必致拘礙。乃命吏部且依常年放行，仍措置合行裁減員數，申省取旨。七月戊申降旨。尋遂以百員爲額。八月甲申降旨。內吏部引見八十員，四川換給二十員。乾道初，黄仲秉爲起居舍人，爲上言：以郡計之，東南約三郡，而改官者二人，四川約六郡，而改官者二人，多寡不均，灼然可見。乃命通以百二十人爲額焉。三年十月辛亥降旨。及虞丞相當國，始奏不復限定年額。乾道七年十月甲辰。久而覺其太濫，遂有權以七十員爲額之令。淳熙七年二月乙巳降旨。俄又增爲八十員，內引見并職事官共六十五員，換給十五員。七年四月癸巳降旨。而捕盜八員，在六十五員之內。如不足，即以薦舉改官人補湊。七年十二月己亥得旨。後數年，復有旨，職事官改官，許在歲額八十員之外。十三年三月丁酉得旨。進士一任回磨勘及歸正官循改者亦如之。十五年十二月庚午得旨。歸正官循至承直郎後，歷五考，即改宣教郎。自是引見者稍寬，而換給獨狹矣。慶元末，費戒甫爲左選侍郎，又請歷十五考以上、無贓私罪犯者，得免職司舉主一員。六年十月癸巳得旨。嘉泰中，季景和爲右正言，又請選人曾歷監當、獄官、縣令各三考，餘官三考、無贓私罪犯者，不拘有無京削，許就磨勘。三年七月降旨。吏部引見以八員、四川換給以三員爲額，于是東南應格者木昇等四人，川路應格者蹇似之等二人而已。明年，言者論其太濫，謂使其律己奉公、究心職業，則歷官十二考所事監司郡守何啻四五十人，豈無一爲之動心者。姑以今歲之應斯格者觀之，大略可見。詔吏部長貳詳議。時吏部又得應格者俞圭一員。黄子由適兼尚書，乃奏乞歷上件三任通成十二考止用常員舉主三員，若係舉主闕升人，更減一員。四年五月甲申得旨。開禧初，言者又指其僥倖，乞令侍從、兩省、臺諫官集議，議者乃乞堅守孝宗立定八十員之額，其嘉泰以後積考減員等指揮，更不施行。元年五月己巳得旨。識者謂薦舉改官法未嘗不善也，患在乎士大夫以私意汩之耳。開禧末，李仲衍爲益部刑獄使者，有舊舉主之子，以職司狀爲請，仲衍厚待之。將行，語之曰：興宗昔以職事受知先公，今不敢忘。然舉賢，王事也，非報恩之物。有貴人移書以子壻相託者，仲衍報之曰：令壻奉公守法，雖微命戒，亦將舉之。如其不然，有所未可。嘉定初，余弟仲貫甫，自著廷補郡。將行，面白諸公貴人，乞勿薦士。諸公皆從之。真景元繼除江東副漕，朝辭入見，又以劄子面論之。余謂士大夫人人如仲衍、景元，則公道少伸，而奔競之風庶幾乎息矣。若夫通博易，納賄賂，又罪之至大者，故不復論。

（宋）李心傳《建炎以來朝野雜記甲集》卷一二《官制・減年對實歷磨勘》 舊制，以恩例減磨勘年者，率以四年爲一官，故有初改官入部數綱，而徑轉朝奉郎者，朝廷患之。隆興二年春，始著對使實歷之令。及乾道三年郊祀，左選奏補三百人，右選千七百餘人。六年郊祀，左選奏補二百餘人，而右選如故，蓋以文臣對使實歷故也。淳熙中，議者請祠官無實歷者，雖遷至員外郎以上，毋得任子。事下祕書省國史院。時鄭少嘉尚書修國史，建請京朝官以上須實歷一任者，乃許任子孫。八年正月辛未。從之。

（宋）李心傳《建炎以來朝野雜記乙集》卷一四《官制・選人三考外零日不許受京削》 舊法，歷任三考以上者許薦舉改官，即循至修職郎雖未及三考，亦聽薦舉。其後勢要子弟之初官者，率以零日受薦，寒素者患之。淳熙十四年，慶壽覃恩，舉天下將仕、迪功郎，無不循資者。其年八月，蜀帥趙子直建言：舊法聽三考薦舉改官者，皆以三考爲一任，舉其成數而言。今于三考之外，未罷奇零日內，輒敢並緣干請，已非法意。今又該遇覃恩，盡行補轉，若一并許于三考之外，聽舉改官，竊恐干進之徒與夫勢要皆預得爲他日計，而孤寒安分、廉恥自持者，欲脱選調，愈不可得。欲望將選人一例許于第二任方得薦舉改官，庶幾仕進公平，不妨寒畯之路。未幾，光宗即位，乃舉行之。又詔未成考人不以罪去者，於後任湊成三考，聽舉改官，初任未成考者勿聽。著爲令。

（宋）李心傳《建炎以來朝野雜記乙集》卷一四《官制・進納授官人升改名田之制》 凡進納授官人升改名田之制，歷任六考，有舉主四員，與移注。歷任十考，有改官舉主七員，與磨勘。即因獲盜應循從事郎以上者，具奏降等與使臣。其因軍功捕盜得改官酬奬，如不願換使臣，與比類循資至承直郎止。稱軍功者，謂親冒矢石，或獲級，或傷重，及戰退賊衆解圍。其運糧守城進築把隘之類非。郎因軍功捕盜而轉至升朝，非軍功捕盜而轉至大夫者，聽免差科，科配如官户。

（宋）王栐《燕翼詒謀録》卷一《選人給印紙》 先是選人不給印紙，遇任滿給公憑，到選以攷功過，往往於已給之後，時有更易，不足取信。太平興國二年正月壬申詔曰：今後州府録曹、縣令、簿、尉，吏部南曹並經印紙曆子外，給公憑者罷之。自此奔競巧求者不得以公憑營私，更易改給矣。

（宋）王栐《燕翼詒謀録》卷二《定遷秩之例》 國初三歲郊祀，士大夫皆遷秩。真宗即位，孫何力陳其濫，乞罷遷秩之例，仍命有司考其殿最，臨軒黜陟。咸平四年四月方頒行，自後士大夫循轉頗艱。

（宋）王栐《燕翼詒謀録》卷三《京朝官須入知縣》 選人改京朝官，憚於作縣，多歷閑慢比折知縣資序。熙寧十年二月戊子，詔選人磨勘改京朝官，須入知縣，雖不拘常制，不得舉辟。近世此禁寖弛，凡改官人有出身任教授，無出身任簽判，二考滿則赴部注破格通判矣。孝宗皇帝申嚴舊制，仍以三年爲任，考第未足，或有過犯，不得注通判，至今遵行之。

（宋）王栐《燕翼詒謀録》卷三《審視差知州軍》 審官院定差知州軍，並以資歷，不容超越。資歷當得，不容不與。天聖七年九月辛巳，詔審官院定差，並申中書，引上審視。若懦庸老疾不任事者，罷之。今都堂審察其遺意也。

（宋）趙昇《朝野類要》卷三《職任·舉留》 見任官有政績而吏民願得再任者，須本處進士同耆老以下列狀經歷司舉留，次請上司申乞。

《吏部條法·改官門·循改》 《侍郎左選令》諸進士及第第貳第叁人，壹任回磨勘者，改次等合入官。第肆第伍人，與文林郎。諸承直郎以下，因恩賞得旨轉壹官。稱依條施行者，與依條改官或循資。回授轉官者非。稱比類者，比附比折或依條比類同。與循兩資，即已至承直郎候改官了日收使。諸恩賞應循資改官者，以得旨日，若依法酬賞，以司勳審覆關到日，於合入資序考第上循改。獲盜及私茶鹽賞，以獲賞月日前歷過資考循轉。諸流外進納入獲盜，廳循從事郎以上奏聞，降等與使臣。諸獻納補官人，因軍功捕盜得改官酬獎，如不願換使臣，與比類循至承直郎。

《尚書考功令》諸奏舉職官知縣、縣令，得替無贓罪，及雖有公罪稍重，私罪稍輕，任内有改官舉主貳員，已經改正者與循資。其不因體量過犯成資離任者准此。有上文罪犯，及尋醫侍養人，即更補壹考循正。次任如前任者與磨勘。雖不任知縣、縣令，但於條差奏舉職官知縣、縣令人，及依格注教官者，准此。景定重定。

《侍郎左選尚書司勳通用格》 國子太學博士正録，在職壹年以上。國子博士。京官任太學武學博士，國子太學正録同。右減貳年磨勘。太學博士正録就除准此。通歷任，滿叁考，右循壹資。滿肆考，右改合入官。國子太學正録通歷任，滿叁考，右循壹資。滿伍考，右改合入官。武學博士在職壹年以上，通歷任，滿叁考，右循壹資。滿肆考，右改合入官。武學諭在職壹年以上，通歷任，滿三考，右循壹資。滿伍考，右改合入官。

《侍郎左選尚書司勳考功通用申明》嘉定十一年六月三日敕：宗學申，宗學博士，宗學諭，歷過太武學考校月日，將宗學考校月日通理，及壹年推賞。吏部勘當，照得如係前任未滿，不因罪犯罷任，許於次年到任半年限内陳乞通理，成考任。奉聖旨：依。嘉定十一年七月二十三日敕：吏部勘當，宗學博士如係選人除到，依國子博士格法，在職壹年，通歷任滿叁考，循壹資。滿肆考，改合入官。宗學諭以選人除到，依國子正録體例格法，在職壹年，通歷任滿叁考，循壹資。滿伍考，改合入官。奉聖旨：依。

《吏部條法·磨勘門·磨勘撮要》 文武臣通用 應命官陳乞磨勘，年限内曾經編覊管除名勒停，責授散官、追官或居住，後雖改正而無理元斷月日之文，其以前被罪年月並不許收使。若依赦除落過名，理元斷月日者，其隔過月日聽理磨勘。應大臣换授使臣，許將文臣理過年月通理磨勘。應有所得減年，如文臣日曾經磨勘者，與磨勘。未經磨勘，候再經磨勘，方許收使。若因戰鬥勞效得減年，許收使。應得父祖親屬恩例減年之臣，不得揍理磨勘轉朝奉郎、朝奉、中散、中奉大夫。武臣不得揍理磨勘轉武翼郎、武翼大夫。應宗室换授外官，許將在宫理過年月，十日比折作四日磨勘。應因請假出落班簿年月，並不理磨勘。應丁憂服闋，及病假滿百日，落籍未朝見而就差者，自就差日起理磨勘。應起復月日，並理磨勘。應文武官以疾陳乞宫觀嶽廟者，並自痊安日與磨勘。應押綱得減年賞，不許揍理磨勘轉應陰補官。雖得轉官賞，亦候轉過日收使。應文武官陳乞磨勘，該滿日年未七十，而申發文字到部已七十者，與磨勘。應文武官陳乞磨勘，該滿日甫及七十者許磨勘。

京官　應奏補承務郎以上，初該磨勘，合理四年內要釐務二年，有監司知州侍從舉主一員，方許磨勘。無舉主展二年，共理六年。許對用減年。應再該磨勘，並理四年，不用舉主，許對用減年。內承議郎轉朝奉郎，朝請郎轉朝奉大夫，除本任合得酬賞許對用外，不許貼用非泛賞揍理磨勘。應朝請大夫以上磨勘並理柒年。內除中奉轉中大夫，非兩制不許貼用減年外，餘許貼用減年揍理。應從官，自待制權六曹侍郎以上，自通直郎至太中大夫理三年，太中大夫以上進士八年，餘十年。並許貼用減年。應有出身人，承務郎超轉承事郎，承事郎超轉宣教郎，宣教郎超轉奉議郎，奉議郎並逐官轉至朝請大夫，已轉至朝請大夫訖，超轉朝議大夫，已轉至朝議大夫訖，超轉中奉大夫。應無出身人，自承務郎逐官循轉至朝請大夫，若帶閣職，依有出身人超轉朝議及中奉大夫。若無出身曾帶職人，除在京職事官與理作寄職人超轉，若在外任已落職，後却登朝者，即不合超轉朝議中奉大夫。應中奉轉中大夫，非兩制不許貼用減年。中大夫非兩制不許轉太中大夫。

大使臣　應修武郎以上至武德大夫初該磨勘人，依條自參部後理五年，內住程二年，按察官舉主壹員，方許磨勘。如無舉主，添展二年，合候七年，內住程二年，與磨勘。若再該磨勘，自該滿日起理，合理五年。不用住程，亦許磨勘。應南班宗室磨勘，除未換授之前實歷，依申明指揮不與收使，合自南班供職之後，及十年，方許磨勘。應修武郎以上，至武德大夫及南班宗室，再該磨勘許對用減年。應從義郎以下，帶閤門舍人、閤門祗候，再該磨勘，合理四年。仍依大使臣條法，關尚書右選擬官具鈔。應從義郎，帶閤門祗候、閤門舍人，磨勘轉至修武郎以上，共合理五年磨勘。應從軍修武郎以上丁憂者，給式假，候經尚右陳乞起復，從條與理磨勘。應使臣陳乞磨勘，如有應舉，或宗室鎖應人，所用住程，合與住程赴試月日磨勘。如不出州界人，不在除豁之限。應使臣尋醫侍養人，滿壹年聽朝參赴選。與丁憂人除豁。再自放見或參部及就差日起理磨勘。應使臣係宰執、臺諫子孫、女夫，因恩數得旨差嶽廟者，如係呈試中人，即合與收使住程磨勘。若未經試中，止照已得恩數，將該差劄子就差理年施行。其住程，却合將試中後考第，理作住程施行。應奏蔭致仕、軍功、武舉出身，軍功、歸朝、歸正、歸順、歸明、歸附親屬補官，三省人換授，並樞密院隨龍人，並轉至武功大夫止。應宗室並戚里添差，歸順、歸正、歸附、歸明、歸朝人，許用不釐務理作住程。內宗室許用嶽廟理作住程。應吏職及給使減年，主管進奉藩邸補授副尉，並轉至訓武郎止。應修武郎該磨勘，功賞、任賞、雜賞等轉壹官，轉訓武郎。應訓武郎如該磨勘，任賞、功賞、特旨轉官，並轉武翼郎。應武德、武功郎，不許收使回授父祖恩例轉大夫。應武翼郎上該磨勘，任賞、功賞、特旨轉官，合以兩官作壹官超轉。候至武德郎依下法。應武德郎上該磨勘，轉武翼大夫。應武德郎轉武功郎之人，該磨勘，超轉武義大夫。若不係武德郎轉武功郎之人，該磨勘，止轉武翼大夫。應已轉武翼大夫，後來該磨勘，任賞、功賞、雜賞等轉官，並以兩官作壹官，轉至武功大夫止。應已轉武功大夫，後來不理磨勘，及不收使雜賞等轉行，止用武功大夫上所得戰功，叁官轉橫行壹官，伍官轉遙郡壹官。應已轉橫行、遙郡，用橫行遙郡上所得戰功，兩官轉橫行壹官，叁官轉遙郡壹官。若橫行未至中亮大夫，有官可轉，自合於橫行上轉行，如落階官除正使，並係特旨。

小使臣　應進義校尉至從義郎起理年月，奏補致仕恩澤，武舉、正奏名、特奏名，遺表恩澤親屬，宗子、取應宗室宗女夫補官，陣殁恩澤，捕獲僞會吏職出身，內侍官罷省恩澤，三省樞密院換授，並隨龍人，軍功離軍到部人，進納及雜色補官人、后妃親屬。已上並自參部日起理。數內未曾參部，有朝廷直差付身之人，合作就差日起理。軍功捕盗，歸正、歸朝、歸明、歸順、歸附，招軍及格，已上如係不從軍人到部，合自參部日起理。如係從軍人，自給吏部理任差帖印紙，或給到朝廷付身，理爲就差日起理。軍功捕盗出身，曾任副尉，及下班祗應，曾經參部注授沿邊聽候使喚，或見從軍人，任準備將以上差遣，在任因恩賞改轉校尉者，合自綾紙下日，理作改轉日起理。本部緣無正條。係比附使臣承信郎改轉條法。應進義校尉初該磨勘人合理年限住程。奏補致仕恩澤，武舉特奏名，推恩人親屬，宗女夫，補官陣殁恩澤，捕獲僞會吏職出身，三省樞密院換授，並隨龍人，軍功離軍到部人，及雜色補官人，已上出身人，初該磨勘，依條合理五年。住程到任貳年。軍功捕盜，歸正、歸朝、歸明、歸順、歸附，招軍及格，已上出身人，初該磨勘，依條合理伍年，住程到任貳年。進納出身人，初該磨勘，合理陸年。住程到任叁年。舉主貳員。本部緣無正條例，係比附使臣條法。應進武校尉初該磨勘人，即與開具前項進義校尉起理年限一同。元係進義校尉，因該磨勘轉進武校尉，係再該，即自該滿日起理，合理伍年，不用住程。如有減年，許對用收使。進納同。應承信郎合理年限住程。奏補致仕恩澤，武舉、正奏名，遺表恩澤，吏職出身，宗女夫補官，后妃親屬，内侍官罷省恩澤，並雜色補官，三省樞密院換授，並隨龍人，軍功離軍到部人，已上出身初該磨勘，合理叁年，住程貳年。以後並理伍年。軍功捕盜，歸正、歸朝、歸順、歸明、歸附，招軍及格，已上出身人，初該磨勘合理叁年，住程貳年。以後並理伍年。進納出身，初該磨勘，合理肆年。住程叁年。舉主貳員。以後並理伍年。應幹出身人，係承信郎，元因進武校尉上磨勘改轉承信郎。並合再依初補使臣法，自承信郎告下日起理，合理叁年，仍用住程到任及貳年。進納人合理肆年、住程叁年，舉主貳員。進義校尉上轉進武校尉，後理再該磨勘，係應幹出身，並理伍年，不用住程。謂校尉上實及伍年，後因恩賞循轉承信郎以上，從條非次轉官，不隔磨勘。如校尉不及伍年，即自承信郎告下日起理，依初補使臣法，理叁年，住程貳年。進納係理肆年，住程叁年。舉主貳員。進武校尉，初該磨勘，除進納出身人合理陸年，住程叁年，舉主貳員。其餘人合理伍年，住程貳年。雖於校尉上理年已滿，住程未及，或住程已及，年限未滿，自不該磨勘。如因軍功捕盜，改轉承信郎，從條不隔校尉以前年月許通理磨勘。應承節郎至從義郎。初該磨勘合理年限住程。内住程謂有差遣到任至任滿日成貳考，如前任不滿，許將次任到任後月日通理，及貳年與磨勘。奏補致仕恩澤，武舉正奏名，親屬宗子，取應宗女夫補官，及雜色補官，陣殁恩澤，吏職出身，三省樞密院換授，並隨龍人，軍功離任到部人，已上出身人，初該磨勘，依條合理肆年，任程貳年，以後並理伍年。軍功捕盜，歸正、歸明、歸順、歸附、招軍及格，已上出身人，初該磨勘，依條合理肆年，住程貳年，以後並理伍年。閤門舍人，閤門祇候，初該磨勘，合理肆年，住程貳年。以後並理肆年。

進納出身人。初該磨勘，合理伍年，住程叁年，舉主貳員。以後並理伍年。本部緣無正條例，係比附使臣條法。

宗室嶽廟，並添差不釐務差遣，並戚里之家添差不釐務差遣，並理作住程。應承節郎至從義郎，再該磨勘，但幹出身，並理伍年，不用住程。或有減年，許行揍理。内有吏職補官，轉至訓武郎止。若係進納出身，轉至從義郎止。應以恩賞若非次轉官者，不隔磨勘。小使臣追官人，叙官訖陳乞磨勘者，依條展年外，其被罪以前年月日，並不許收使。止理叙復元官日起理，磨勘施行外，仍候住程到任壹年。若經改正理還元斷月日，其隔過月日許理磨勘。雖已改正而不曾理還元斷月日，亦不許收使以前被罪該過月日。小使臣曾降官，叙復訖，陳乞磨勘，即與除豁降官之後至未叙復元官之前作罪籍年月，不與磨勘。若已改正理還月日，却與照條通理磨勘。小使臣之官違限，並非時改移替罷人，依格添展兩季。如遇禋赦即與免展。

小使臣係宰執、臺諫子孫、女夫，得旨差嶽廟者，如係呈試中人，即合與收使住程磨勘。若未經試中，不合理爲住程，合將試中後考第理爲住程。兵部八資十資格内，除守闕進勇副尉、攝進勇副尉、同進勇副尉，守闕進義副尉上所得減年不該比折收使外，止用進義副尉上兵部磨勘，理伍年，轉下班祇應。若將進義副尉上所得減年，於使臣校尉理伍年磨勘上收使，合壹日作壹日施行。兵部及都官四資格内，進義副尉都官吏職兵部陣亡恩澤補充。進武副尉都官吏職兵部陣亡恩澤補充。磨勘，兵部及都官並理拾年。今將上件資級上所得減年，於校尉使臣理伍年磨勘上收使。合兩日作壹日。下班祇應係兵部理拾年。磨勘從指揮。有下班祇應上所得減年，若於使臣校尉上收使，合兩日作壹日施行。吏職同。應文武臣磨勘，除前項聲説外，餘依本法。

《吏部條法·磨勘門·文武臣通用》《尚書考功敕》諸磨勘於令有違者杖壹佰。未奏者減叁等。其較考不當者杖捌拾。不以失減。諸州軍申發官員磨勘文字不依條保明者，對讀官吏杖壹佰。分首從科罪。下本路轉運司勘斷。

《尚書考功令》諸磨勘人文書雖未足，及小節不圓，但有照驗者聽磨勘。諸應磨勘有所犯罪名，無情理輕重者，關刑部定奪。諸命官久不磨勘，承直郎以下應磨勘改官而不下文字同。有臣僚奏舉者，具事因取裁。

諸命官陳乞磨勘，服色年限內曾因罪編羈管勒停責授散官追官或居住，若除名後雖已改正過名，而無理元斷月日之文，其以前被罪年月並不許收使。承直郎以下勒停非追官者，自依本法。諸依敕除落過犯理元斷月日者，其隔過月日聽理磨勘。諸四川申發命官磨勘文字，入遞計程外，在路有留滯月日者，給還。諸應磨勘，而付身文字內雖有去失，謂去失告劄有敕劄之類，或去失非應照用要切文字。若有初補及見任官資付身可照驗無偽冒者，並放行。諸曾去失付身而乞磨勘，有未去失以前磨勘幹照者，以幹照內月日起理。無即以陳乞去失日起理。投狀月日不明者即以給去失幹照日。諸承受磨勘文書，合會問者，限叁日。諸校定資任磨勘考課，並於吏部取家狀及公案。應合該陞改者，會問擬定，限次日關吏部。諸文臣換授使臣者，許將文臣理過年月通理磨勘。諸文臣換授使臣，應有所得減年，如文臣日曾經磨勘者，與磨勘。未經磨勘，候再經磨勘方許收使。若因戰鬥勞效停減年者，許收使。諸應檢舉磨勘者，於合滿季限以前關吏部。先取公案施照無違礙方行檢舉。諸磨勘年限並理授告日爲始。因入遞留滯者，計程到日爲始。若不供實日者，理當月盡日。閏月授告准此。諸承務郎以上，若使臣在京監當雖不滿貳年，應理爲壹任者，其磨勘許依到任貳年法。諸應得父祖及親屬恩例減年，文臣不得揍理磨勘轉朝奉郎、朝奉、中散、中奉大夫。武臣不得揍理轉武翼郎、武翼大夫。諸宗室換授外官者，許將在宮理過年月，拾日與比折作肆日磨勘。諸磨勘在京者，具家狀，仍將未經磨勘所授告敕宣劄印紙等真本應用文書，繳納考功。諸鎖應，若隨侍、侍養、尋醫、持服，自持服日至服闋朝見日。因事未得與差遣者，若理斷不係過犯者非。不理磨勘。諸在京釐務官，因請假出外，除元得假限並除程，及壹季外月日，不理磨勘。使臣替罷壹月不到部者，違滯月日准此。諸因請假出落班簿年月，並不理磨勘。諸丁憂服闋，及病假滿百日落籍，不中舉落籍同。未朝見而就差者，自就差日起理磨勘。諸丁憂服闋在外指射差遣者，侍養年滿，應在外指射同。狀到部日起理磨勘。就差者以授付身日，八路以赴轉運司公參及授狀日。諸磨勘，謂在外以該日除程預先保明者。已申發文字而丁憂致已放行者，若年限內有用過丁憂月日，許將服闋後合理月日補填訖，再行起理。諸起復月日，並理磨勘。諸以疾陳乞宮觀嶽廟者，並自痊安日與理磨勘。諸陳乞致仕後，因臣僚奏舉授官者，許通理致仕以前月日磨勘。諸命官妄冒奏授，謂奏孫作男之類。已陳首改正者，雖已經陞改磨勘，其以前歷過年月並不許收使。仍依初補法。諸被隔展磨勘年月應改正者，謂因官司誤斷，或特旨斷遣，及雖元有公案在刑寺，若斷下不合書罪，或不係幹連，並雖合坐罪而誤斷入重，謂如元展磨勘叁年，因雪訴改正止合展壹年，其餘貳年給還之類，以上並須理元斷月日者。或官司行遣迂枉，隔過年月應改正。並理爲實歷，許通理磨勘。即通理有剩及應減年磨勘，減季減月同。經使外並聽存留收使。諸犯罪經斷，會恩去官自首合原應理遺闕者非。即犯正入已贓，雖不經斷，從所理展。展磨勘凡拾陸等，第壹等肆年，每降壹等遞減壹季，累犯者並累展。其貳罪以上俱發，及合併計，若壹罪而累該展者，各從壹重。貳罪，謂犯私罪徒，贓罪笞，雖斷私罪徒，從贓罪笞展年。壹罪，謂本犯及追官降官各合展者，止從壹重之類。其衝替應降等而無等可降者，並通展。即失入死罪已決，及未經任有犯正入已贓，該磨勘者申取旨。諸陳乞磨勘，所屬保明該滿日年未柒拾，而申發文字到部已及柒拾者，與磨勘。諸應該磨勘者，會問刑部大理寺有無過犯。係過滿者更不截日批會。未該者，於該滿日截會大理寺限當日回報。如無公案及體量事狀，即關本選擬鈔。如有公案在寺，候約法了日，會到所犯，不礙磨勘者准此。若有見追究情弊過犯者，仍候結斷。

《尚書侍郎左右選考功通用令》諸在京職任，並管押綱運官，有本轄發遣公據或印紙，聽照用差注磨勘。事節不圓方許會問。舊不用發遣者非。

《尚書左右選司勳考功通用令》諸押綱得減年賞者，不許揍理磨勘轉應蔭補官。雖得轉官賞，亦候轉過日收使。

《尚書侍郎左右選通用令》諸宗室袒免以上親磨勘轉官者，並報大宗正司。

《尚書左右選通用令》諸伍品以上應磨勘轉官者。具狀擬奏。

《淳祐令》諸以恩賞若非次轉官者，不隔磨勘。文臣因恩賞轉者，至中奉大夫止。若年柒拾以上，或因老疾陳乞宮觀嶽廟留臺，並不在磨勘之限。即太中大夫以上，不用此令。諸減年磨勘，與文臣通用者，謂如有課額場務監官，及獲盜之類。准肆年爲法。謂如應減壹年，即伍年磨勘者，減壹年壹季之類。與使臣通用者准伍年爲法。謂如走馬承受公事，應罰三年，而內侍官拾年磨勘，即減陸年之類。校尉殿侍，若下班祇應副尉，與使臣通用者准此。非通用者，各依本條。即朝請大夫以上，雖該通用之賞，不在准折之例。

《尚書考功格》犯罪經斷等第展年磨勘：贓罪徒稍輕及輕，稍重加第拾伍等，重加第拾叁等。第壹等，肆年。贓罪杖重。第貳等，叁年叁季。贓罪杖稍重，第叁等。叁年兩季。贓罪杖稍輕及輕，第肆等，叁年壹季。贓罪笞，第伍等，叁年。私罪流重，第陸等，貳年叁季。私罪流稍重，第柒等，貳年兩季。私罪流稍輕及輕，第捌等，貳年壹季。私罪徒重，私罪衝替應降等而無等可降，少貳等，理監當人衝替重准此。第玖等，貳年。私罪徒稍重，第拾等，壹年叁季。私罪徒稍輕及輕，追官免勒停，私罪衝替應降等而無等可降，少壹等，公罪少貳等，理監當人衝替私罪稍重，公罪重准此。第拾壹等，壹年兩季。私罪杖重，第拾貳等，壹年壹季。私罪杖稍重，追官勒停，勒停，特勒停，責授散官，落職，降官，公罪衝替應降等無等可降，少壹等，理監當人衝替稍重准此。第拾叁等，壹年。私罪杖稍輕及輕，私罪笞，第拾肆等，叁季。公罪流重、稍重，待制以上但有責罰，非時改移替罷，雖不輕勘罰但有因依，使臣特旨與小處、遠小處、僻遠處，及未得與差遣，並罰短使比較賊盜降監當。第拾伍等，兩季。公罪流稍輕及輕，得旨上簿兩次，會恩免者兩次當壹次。第拾陸等，壹季。

《尚書侍郎左右選考功通用申明》紹興十八年九月九日敕：潼川府路提刑司，募官押綱，拘留付身告勅文字，若赴行在整會差遣磨勘換給，即從本司録白出身告敕文字，點對保明。委是真命，別無偽冒，繳申吏部，依條整會差遣磨勘換給施行。二十六年八月二十日敕：成都潼川府夔州、利州、廣東西路提刑司，今後募官押綱赴行在整會差遣磨勘等給之人，依紹興十八年九月九日指揮施行。仍令本司出給保明公據，付押人收執前來，候所押綱交納了足，給到朱鈔別無欠損，方聽吏部照會施行。

《尚書考功申明》紹興五年四月二十三日敕：命官罷任，並權聽從便赴闕，仍放行請給，與理爲磨勘。隆興二年三月二十三日敕：今後以減年磨勘轉官者，須將實歷過年數對用。謂如壹年實歷。用壹年減年。嘉泰元年五月二十八日敕：吏部狀，照得京官大使臣陳乞闕陞磨勘，內有合用舉主，並須照截日終，舉主無責降事故，方許收使。欲將京官大使臣所得舉狀，照選人已得指揮，據憑放散收附告示，即與理作舉主收使施行。奉聖旨：依。同日准都省批下吏部狀，小使臣校尉陳乞闕陞磨勘，內有合用舉主，亦合一體照三選已措置事理施行。後批：從所申事理施行。本所看詳，前項逐件指揮，爲京官大小使臣校尉收使舉主事，其選人指揮已修入《侍郎左選考功申明》，今聲説照用。嘉泰三年十二月十七日敕：考功郎官主聞禮劄子，竊見文武兩選以年勞磨勘，或叁年，或肆年，或伍年，其法不一。且以肆年者論之，謂如慶元六年正月一日受告，合至嘉泰三年十二月三十日考已足，從條磨勘。今則不然，必欲至四年後正月一日放行。壹日固所不較，其間有年至十二月三十日爲陸拾玖歲，明日則柒拾歲矣。文臣有合轉朝奉郎，武臣有合轉武翼郎，以壹夕之隔遂不獲與致仕恩澤，利害非細。欲乞凡理磨勘者，以正月一日至歲終爲全年。他日准此。奉聖旨：依。

《尚書左右選侍郎右選通用申明》嘉泰四年八月二十三日敕：吏部尚書黄由等集議，應文武官除磨勘轉官外，應以恩賞轉官者，每年不許轉兩官。謂如今年八月二日已轉過兩官者，須候來年八月一日以後，別遇恩賞，方許轉官。如更有合轉官恩賞，並作磨勘收使。謂如今年已轉兩官，不合更轉，卻乃遷延日子於次年陳乞，亦作磨勘收使。凡三省六部等處遇有恩賞，止許正名係籍者推賞。其不係本職兩處互差兼權之人，係不在推賞之數。奉聖旨：依。

《侍郎右選申明》嘉定五年八月二十一日，樞密院劄子：吏部措置，小使臣校尉，有堂除辟差，元係初官。未曾經任諸州軍，不得放令交割。輒敢夤緣請託脱漏放行赴上，將來在任月日並不理爲住程考任。請過請給計贓追納，坐以違制之罪。其有雖曾經任，元不曾呈試中選，及軍頭司、御輦院、御厨、儀鸞司、修內司、翰林司、祗候庫、內軍器庫、御酒庫、萬壽觀等處及諸司差遣，如係初出官，未曾經任，不曾呈試中人，一體施行。奉聖旨：依。

《尚書左右選侍郎右選通用申明》嘉定六年八月三日敕：吏部狀，白劄子，檢准嘉泰四年八月二十三日集議指揮，應文武官除磨勘轉官外，應以恩賞轉官者，每年不許轉兩官，注文委有未便。乞自正月一日至十二月終，除磨勘轉官外，許轉兩官，委是順便。敕令所照得，嘉泰四年指揮係裁抑恩賞，委合人情。但當來不曾明言，自第壹官或第貳官理爲壹年之限，獨以八月二日爲始，至來年八月一日終，方許施行。即是凡遇轉官必須逐年比算，緣無一定之論。今來白劄子所陳，委是事體歸一，亦不失當來裁損之意。所有元降指揮內，如更有合轉官恩賞，並合作磨勘收使之文，並注文謂如今年已轉兩官，不合更轉，却乃遷延日子於次年陳乞、亦作磨勘收使一節，合依舊遵守施行。奉聖旨：依。

《尚書侍郎左右選考功通用申明》嘉定八年五月二十三日，尚書省劄子：吏部申明，到堂參部繳連真本在部已審驗之人，不問已未有新任差遣，並與放行磨勘。即無再令行下寄居待闕州軍，重別保明，乞劄下部照應。右劄付吏部，從申事理施行。嘉定九年五月十九日敕：吏部勘當、白劄子申，陳銓曹引例破條之弊，乞下吏部四選遵守條法，不得循習，再用前例。數内壹項，應被旨差奉使屬官理爲資任，此爲已出官者。有未銓試人。經營差遣，後來銓中，却將未銓中以前月日理作釐務考第，或揍理磨勘，或陳乞服色。委是冒濫。本部指定祇合將銓中已注差遣之後被差月日照用通理。五月十九日，奉聖旨：依。紹定二年七月七日敕：臣僚上言，自今起復士大夫須出特旨，如係監司帥守申辟起復之人，服制内歷過月日並不許作實歷收使。選人受過舉狀，並不理爲放散。奉聖旨：依。

《尚書左右選侍郎右選考功通用申明》端平二年十二月十四日，都省批下吏部申，檢會端平元年三月四日都省批下本部申，承紹定六年十月十四日敕，臣僚奏乞將文武官陳乞磨勘，更不以告下日爲始，祇以日前實歷滿日爲始，許接續日分理爲日後再起磨勘。仍於告上分明批注。謂如元官實歷至某月日滿，即於次日理作新轉官日分，供寫告内。奉聖旨：依。仍令吏部看詳申尚書省。本部緣有因罪未結絶，及降官未叙復，並所約刑名合候住程到任，及展季展年，並合要住程到任及應用舉主之人，又有拾年以上自不到部陳乞磨勘者，亦有校尉理年已及，於使臣理年又及，凡此之類，今檢具看詳下項：一、嘉定十六年十月九日都省劄子：吏部尚左措置，今後應四川承議郎轉朝奉郎，並朝請郎轉朝奉大夫，給告付運司契勘，本州結罪保明。委是正身，無身亡事故，方與給付。或已亡歿，繳申毁抹。嘉定十六年八月九日都省劄子：成都運司申，蜀中命官身死，詐作存在，多是先乞嶽廟，遷延月日，暗行磨勘，直至員郎副使告命已到，該身後奏薦方申致仕。乞今後四路文武官陳乞嶽祠奉議，並修武訓武郎，（今）〔令〕本州結罪保明正身，不是身後僞冒，運司勘當，方與放行。吏部措置，今後定要本州取會勘驗，委保正身結罪保明，如從軍之人委主帥勘驗保明，申總領所保明，委係正身，即非身亡事故之人，方與證應施行。看詳上件指揮，謂四川命官身亡詐作存在，先乞嶽祠暗行磨勘，直至員郎副使，該身後致仕之恩。所以申乞關防，今合照指揮行下，須管要結罪保明，委係正身，即非身亡事故之人，方可施行。如從軍之人，即係見在軍中差遣，已經軍將次第主帥保明，亦與照應磨勘。其告命照已得指揮給付施行。所有無差遣不顯存亡之人，州軍不曾結罪，是致符下，若據本處再行結罪保明正身非身亡事故之人，到部見得別無違礙，即與照應磨勘。所有歷過該滿之後月日，欲從今降指揮，接續日分起理磨勘。一、諸應該磨勘者，會問刑部大理寺有無過犯。係過滿者更不截日批會。未該者於該滿日截會大理寺，限當日回報。如無公案及體量事狀，即關本選擬抄。如有公案在寺，候約法了日會到，所犯不礙磨勘者准此。若有見追究情弊過犯者仍候結斷。看詳上條，謂如該磨勘者，會問刑寺有無過犯。注云如有公案在寺候結斷。照得未結斷以前月日，係因罪犯刑寺結斷未了，其磨勘從條合候結斷約定刑名，方許施行。所是未結斷以前月日，却有在該滿之後者，緣今降指揮以滿日爲始，其該滿之後至未斷以前月日，結斷不該刑名，合與理還。其該刑名者，即難以理用。一、犯罪（輕）〔經〕斷等第展年磨勘格。看詳上件條格，且以展兩季論之、遇赦得免，謂如理伍年磨勘，添展兩季，則合理伍年陸個月。或有在赦前得伍年三個月者，不爲陳乞，則遷延遇赦，即得放免。却有在赦前得伍年陸個月以上者，亦不陳乞，待於赦後並得放免。似此等展免不分，從今降指揮以滿日爲始，各與理至赦前爲法。如得伍年叁個月者，則與放免赦後叁個月，係理伍年叁個月。其在赦前如有伍年陸個月以上者，雖遷延遇赦，則是展過月日，即與理伍年陸個月。一、諸命官久不磨勘，承直郎以下應磨勘改官而不下文字同。有臣僚奏舉者，具事因取裁。看詳上條稱久不磨勘，元無立定年限，如後有許令磨勘之人，亦與照拾年以上磨勘條法指揮一體施行。謂如文臣肆年，武臣伍年，計理磨勘壹官外，餘歷年月，如是無過犯人，候陳乞日申取朝廷指揮。如歷拾伍年者，雖以累轉，更與理轉壹官止。如是因事得罪不肯自陳磨勘者，又臨時斟酌元犯取指揮施行。本部逐一看詳，乞批送今狀下部，貴憑遵守。端平二年十二月十四日，送吏部，從看詳到事理施行。嘉熙三年九月空日，尚書省劄子：提督修纂條例所申，據吏部申，本部照得，官員壹年不許轉過兩官，其間有因任和糴押綱等賞，已轉兩官，又有特旨與轉壹官，或以上及因邊頭調遣守城督戰之類，得旨轉叁官以上之人，本部例與申審。今措置，欲自今後官員如委因守城、督戰、備禦、抗虜有實迹邊功，承指揮特轉叁官以上者，係是朝廷旌賞，不必申審，許從本部徑與申省，命詞給告。若止係泛言邊功，及經理殘破州軍，似此等類所得叁官以上，並從本部照指揮將兩官轉行，餘官比折減年磨勘，出給公據，更不申審。其他和糴押綱撙節浮費應幹非泛特旨酬賞，已轉兩官之人，餘官並照指揮一體出給公據。看詳，特轉叁官以上皆是優異旌賞，明言特轉叁官，則不當以壹年不得過兩官爲限。若是磨勘及和糴押綱應幹非泛特旨酬賞，無非壹項特旨轉叁官者。壹年內如已轉及兩官，餘官並照指揮，一體比換磨勘收使，更不須申審。奉聖旨：依。淳祐三年二月空日，尚書省劄子：吏部申，在法押綱得減年賞，不許揍理磨勘轉應蔭補官。雖得轉官賞，候轉過日收使。其勸諭糴米，提督賑濟，興修水利，趁辦褚皮等，皆是近來新創。申取指揮，右劄付吏部考功，將應近來係新創，舊法所不該載酬賞並照押綱賞條法，不得收使轉應蔭補。淳祐三年九月空日，尚書省劄子：編修敕令所申，吏部看詳考功郎官劉漢弼奏請，命官隨侍侍養因事未得差遣者，不理磨勘。今後在任陳乞隨侍侍養之人，須令本州知通從實契勘，在任不因規避，果是奉親，結罪保明申部，方免除豁。止是貪緣離任之人，自合照應條令施行。本所照得，逐部審定已得允當。右劄付吏部。照見行條法施行。淳祐三年九月空日，尚書省劄子：編修敕令所申，吏部看詳考功郎官劉漢弼奏請，諸年柒拾以上，不在磨勘之限。古者柒拾致仕，未聞以陸拾玖，宜從本條，年甫及柒拾者，許其磨勘。本部看詳，本官所請，分別柒拾以上不許磨勘，年及柒拾者仍與放行。考之柒拾而致仕，恐謝事之年難以又令磨勘。本所竊詳在法，起理磨勘該滿日，年未及柒拾申發文字到部日年及柒拾，尚與磨勘，則是理算年月至該滿日已及柒拾歲，則不許磨勘分明。今奏請年甫及柒拾者，許其磨勘，尤見優老從厚之意。右劄付吏部，從所申事理施行。寶祐元年九月三日，都省批下吏部申：舊法父祖回授所得減年，及押綱賞，又指揮勸糴賑濟、興修水利、趁辦褚皮及應系近來新創法所不載者，並不得轉應蔭補官，今與斟酌，將防托江面賞、剿遏虜哨收捕峒賞，理作正賞。後批：送吏部，從所申事理施行。

《吏部條法・磨勘門・文臣》《尚書考功令》諸前執政官該磨勘者，依待制以上法磨勘。諸應磨勘轉官者，待制權六曹侍郎以上，自通直郎至太中大夫，叁年。太中大夫以上，進士捌年，餘拾年。諸應磨勘轉官者，承務郎以上肆年。即轉奉直、朝議、中散、中奉、中大夫者，柒年。中奉轉中大夫，非兩制不許貼用減年。中大夫非兩制不許轉太中大夫。諸朝議奉直大夫，並特恩人，共以捌拾員爲額。內撥伍員專充堂後官，依次序撥轉。及留伍員，以待未報州軍。諸御史臺牒到奉直大夫、朝議太夫闕，以見任朝請大夫授告先後，待制權六曹侍郎以上，非。先取年勞該滿應磨勘遷補人，無即以乞用減年貼理年勞該滿人。皆係用減年人亦以年勞深者爲上。以上逐色同，先以有出身，次無出身人，理爲資次。仍以名次合轉人取索磨勘。諸應該磨勘者，監司並在京職事官，謂太中大夫以上。及待制以上任知州，宮觀同。依限檢舉取索。若不願磨勘，候再該日准此。諸磨勘應理年者，有出身人自出身日，蔭補人曾釐務者許通理以前月日。蔭捕初出官人自到任日，幕職州縣官奏改，若使臣換授者，自改換日。即未經磨勘無出身者，仍須釐務及貳年。未改換前，曾經任，通理年數。有安撫監司知州侍御史或待制以上舉主壹人，方得磨勘。無舉主者展貳年。諸奏補承務郎以上，初磨勘，不許用曾任嶽廟當釐務年月。諸見任宰相、執政官、臺諫子孫，並差宮觀嶽廟，見在任或未赴上，及銓試中年及人皆是。仍與爲考任。諸蔭補進納，因鎖試並賜出身者，並同有出身，理爲磨勘。內蔭補已曾幹辦職任即許通理以前年月。諸曾降官，候復舊官，許通理磨勘。其追官，若勒停及責授散官者，止理復舊官後年月。諸承直郎以下，不因磨勘改官，及使臣換授京朗官應磨勘者，如有過犯並銜替之類，於改授日展年未足，或考第舉主未應格，及雖應格而係取旨之人，並依本選條展。諸大理寺左斷刑官，任內因出入刑名，書罰叁次以上者，至磨勘日取旨。通簽連累者非。諸承務郎以上，應磨勘而曾經臣僚論列贓污公私不法事，法寺約罪不定者，依所得特旨格法添展。謂停替放罷降官之類。見取勘體量體究者，仍候結絕。諸合磨勘人，若已待次而丁憂者，到部限叁日關會所屬。諸太史局直長，自轉補後未及拾年無過犯，於本部投下合要文字磨勘。局丞，自冬官正以後理捌年壹轉，至春官大夫止。每壹犯公罪展壹年。壹犯私罪展貳年。情理稍重加壹年。重者又加半年。壹犯贓罪展伍年。情理稍重加壹年。重者又加壹年。再犯各累展。若未入仕經真決者，不得轉入朝官。入仕後曾經真決者，不在轉補之限。其降官因責罰替罷之類，並依京朝官條施行。諸太史局直長以上合該磨勘者，關尚書左選，具鈔上都省。諸進士及第壹任回，第貳、第叁人與磨勘。第肆、第伍人與文林郎。諸流外人叁任柒考，有縣令舉主陸員，與就移縣令。就移後通有使臣舉主叁員，與磨勘換本等使臣。三省祗應人出職叁任柒考，有縣令舉主陸員，與占射迪功郎壹次。經占射後通有使臣舉主肆員，並從政郎叁任柒考，常調迪功郎肆任拾考，有使臣舉主陸員，有私罪者添職司壹員，或餘官貳員。受供饋並和市有剩利各計贓不滿匹者，添職司貳員或餘官肆員。並與磨勘，奏舉移注依流內法。進納攝官准此。諸朝請大夫以上，因恩賞轉官者，以肆年爲法。各計所躋勘收使。

《侍郎左選令》諸流外人應磨勘者，比從政郎降壹等，換授使臣。舉令人不降。諸吏職日所得減年磨勘，出官後乞於選人上收使者，並比折兩日作壹日收使。

《尚書左選令》諸承直郎以下，應循資轉官而已改官者，循兩資減叁年磨勘，壹資減貳年磨勘。任承直郎得循資及減貳年磨勘，如不願比類占射者，與換次等減壹年磨勘。若元得旨轉壹官，稱依條施行者，作轉官收使。稱比類者，比折比附或依條比類同。減叁年磨勘。若得減壹年磨勘，已換作占射同。與陞壹年名次家便差遣。作武臣日所得轉官減年占射，若換授文資後收使者，依承直郎法。

《尚書左選考功通用令》諸三省有正官都録事用磨勘，並收使酬獎轉官，每年通共不得轉過兩官。

《淳祐令》諸見任朝請大夫，待制權六曹侍郎以上非。有減年公據，願收使磨勘轉官者，並預申尚書吏部注籍。

《尚書左選考功通用申明》紹興二十六年十一月二十三日敕：吏部看詳，員外郎續觱所請，今後應奉直、朝議大夫遷轉事，欲並限壹日注籍批鑿，委本部尚書郎官通簽書押。欲令尚左置籍批鑿簽押，所有朝請大夫依條合轉行人，欲令考功聲説實歷酬賞先後因依，每季首限叁日榜示，仍下逐路轉運司照會，關所屬取索保明申部外，有見注籍朝請大夫員數，合候御史臺牒到有朝議奉直大夫員闕名次，合轉行人開具員闕因依，申取朝廷指揮，下部日方許依條取索磨勘。令考功於每季首限叁日榜示，並下逐路轉運司照會。奉聖旨：依。

《尚書考功申明》紹興十年八月六日敕：吏部申，照得有朝請大夫員數乞行注籍，據陳乞日年未柒拾，其見籍定名次該取索磨勘人，内有已年柒拾以上員數。竊慮合以當時注籍滿柒年年限名次，作年未柒拾人，許依條磨勘。内有文字未到、未圓之人，行下取索，除程限伍日，申發赴部施行。奉聖旨：令吏部將注籍滿柒年、年未柒拾人，許依條磨勘，取會官司，如限内無故不報，令本部行下所屬，將當行人吏從杖捌拾科斷。餘依所申。淳熙四年十二月十八日敕：吏部敕令所狀，勘會依條，朝議奉直大夫共以捌拾員爲額。内撥伍員專充堂後官撥轉，三省人依法轉至朝請大夫止。若已出官不得轉至中大夫。今欲將三省人已注籍朝請大夫，遇有御史臺牒到員闕，其名次合磨勘人，而未離省日年限該滿，並得闕次，雖並在年未柒拾之前，至出職離省日年已及柒拾者，不許磨勘。奉聖旨：依。淳熙六年五月十六日敕：吏部狀，朝散郎充集英殿修撰知太平州李椿，乞將歷過權吏部侍郎月日以叁日比折肆日磨勘。本部照得本官見依條合理肆年磨勘，先權吏部侍郎玖個月貳拾貳日，當來合理叁年磨勘，今指定欲依本官所乞，以權侍郎上叁日於見今官上比作肆日，與本官依條磨勘。仍乞今後依此施行。奉聖旨：依吏部指定到事理施行。嘉泰二年九月二十九日，都省批下吏部申：中奉大夫知泉州倪思申，作任吏部侍郎日，於慶元元年十二月二十一日，准告磨勘轉中奉大夫，至慶元二年三月十三日承指揮與郡，歷過兩個月貳拾貳日。從條六曹侍郎係三年磨勘。合將吏部侍郎實歷過月日每叁日理柒日，計比折得陸個月零拾日，又起理庶官月日實歷陸年伍個月貳拾日，兩項通計實歷柒年。從條合該磨勘轉中大夫施行。本部勘會，本官今乞將昨任吏部侍郎理叁年上歷過月日，於見今理柒年上，叁日比折作柒日收使，合取自朝廷指揮。後批：送吏部從所申事理施行。本所看詳前項逐件指揮，係是年限不同比折磨勘，今編節存留，申明照用。

《尚書侍郎左右選考功通用申明》開禧二年七月十四日敕：監察御史毛憲奏，乞將極邊州縣官到任，與減貳年磨勘，任滿更轉壹官。次邊州縣並權與推極邊之半例，減叁年磨勘。内選人任滿願先循壹資，即將到任所得壹年磨勘，留改官後收使者聽。未願循資亦許留改官後收使，作實歷月日磨勘。奉聖旨：依。嘉定五年十二月十五日敕：見任辛執臺諫女婿已經銓試中選，未經注授差遣人，已有差遣，或見在任，或未赴上，願就宫觀嶽廟者，聽。仍理爲考任，合用舉狀，並照子孫例一體施行。嘉定九年五月十九日敕：吏部勘當，白劄子申，陳銓曹引例破條之弊，乞下吏部四選遵守條法，不得循習再用前例，今具下項：一、選人用恩澤改補京官，既依無官人蔭補，即係白身，凡向來歷過選人考第不合收使。本部照得，若通理考第，用以注授，或用以磨勘，委是有礙成法。一、應被旨差奉使屬官理爲資任，此爲已出官者，有未銓試人，經營差遣，後來銓中，却將未銓中以前月日，理作釐務考第，或揍理磨勘，或陳乞服色，委是冒濫。本部指定，祇合將銓中已注差遣之後被差月日照用通理。五月十九日，奉聖旨：依。

《尚書左右選侍郎右選考功通用申明》端平二年十二月十四日，都省批下吏部申：檢會端平元年三月四日都省批下本部申，承紹定六年十月十四日敕，臣僚奏，乞將文武官陳乞磨勘更不以告下日爲始，祇以日前實歷滿日爲始，許接續日分理爲日後再起磨勘，仍於告上分明批注。謂如元官實歷至某月日滿，即於次日理作新轉官日分，供寫告内。奉聖旨：依。仍令吏部看詳申尚書省。本部緣有因罪未結絶及降官未叙復，並所約刑名合候住程到任，及展季展年，並分要住程到任及應用舉主之人，又有拾年以上自不到部陳乞磨勘者，亦有校尉理年已及，於使臣理年又及，凡此之類，今檢具看詳下項：一、諸磨勘應理年者，有出身人自出身日。蔭補人曾釐務者，許通理以前月日。蔭補初出官人自到任日。幕職官縣官奏改，若使臣換授者改換日。即未經磨勘無出身者，仍須釐務及貳年。未改換前，曾歷任，通理年數。有安撫、監司、知州、侍御史或待制以上舉主壹人，方得磨勘。無舉主者，展貳年。看詳上條謂奏補京官承務郎以上，初該磨勘從條合理肆年。内要釐務貳考，陞陟舉主壹員，方許磨勘。合自初任釐務到任日起理年限，其間却有初任釐務到任未成考，間承指揮改差别路待闕差遣，直候次任到任，通滿貳考釐務及日合該磨勘。其或已自過滿肆年之後，若徑於該滿在肆年上起理以後年月，即是當來釐務未及，未該磨勘分明。欲乞自釐務足日，理爲該滿起理以後年月施行。實歷雖滿，釐務貳考未足，合候考足。本部又照得，上件條法謂奏補京官承務郎以上，初經磨勘從條合理肆年，内要釐務貳考，陞陟舉主壹員，方許磨勘。其間或有年限釐務並已及格，已該滿肆年，却緣少陞陟舉主壹員，未該磨勘。須候有舉主真本告示到部日，合該磨勘。其舉主告示却在該滿肆年之後，方始出給繳連到部。亦有舉主告示雖在該滿肆年之内，本官自不繳連到部，是致未該放行磨勘。其上件該滿肆年之後，舉主告示不圓，隔過月日實歷釐務雖足，而舉主壹員未足，合候舉主告示足日理轉。其無舉主者依條展貳年。通爲陸年，方得磨勘。本部看詳，乞批送今狀下部貴憑遵守。端平二年十二月十四日送吏部，從看詳到事理施行。嘉熙三年八月十四日敕：吏部尚書左選條具内壹項，在法，承議郎轉朝奉郎，朝請郎轉朝奉大夫，朝議大夫轉中散、中奉大夫，依條不許貼用父祖親屬減年恩例。近有承議郎陳乞磨勘，收使父祖恩例減年，揍轉朝奉郎。考功放行具鈔，出給告命。委是有礙條法。修纂條例所看詳，諸得親屬減年恩例，不許揍轉蔭補官，自有成法。今後不得冒有陳乞，所有考功已行體例，合删去。奉聖旨：依看詳到事理施行。本所看詳，上件指揮雖是尚左條具，所有武臣亦合一體，今聲説照用。

《尚書左選考功通用申明》嘉熙三年八月十四日敕：修纂條例所看詳，尚左具到壹項，朝請大夫恩賞轉官，以肆年爲法，正以朝請大夫以下肆年轉壹官，以上則柒年轉壹官，故立此條，就其本色官。因恩賞轉官如有特旨轉行者，不當限以肆年之法。如特旨内無轉行之文，即合照條比折減肆年磨勘。如係奉直大夫以上，所得恩賞特旨，雖無轉行之文亦合轉行。奉聖旨：依。

《尚書左右選考功通用申明》淳祐叁年六月空日，都省劄子：吏部四選官公共聚議條具關防四蜀革弊事，晝一數内文武官陳乞磨勘文字。文臣承議郎轉朝奉郎，朝請郎轉朝奉大夫，武臣訓武〔郎〕轉武翼郎，武德郎、武功郎轉武翼大夫，並係轉應蔭補官。事體至重。今欲除本州保明，並合再經四川運司重行覈實結罪保明，仍各召知識四川本等保官壹員委保，批書以憑，照見行條法指揮施行。四川文武官流寓内地州軍寄居，陳乞磨勘文字，及轉應蔭補官之人，既在内地難以再令歸川陳乞，欲將似此之人，並令召蜀士知識本等保官壹員委保，批書印紙以憑，照見行條法指揮施行。右劄付吏部，從所申事理施行。

《尚書左選考功通用申明》淳祐三年十一月空日，都省劄子：吏部敕令所申，吏部郎中周文虎劄子，謂紹定四年慶壽赦文内壹項，選人循兩資，已係承直郎，改官日理作貳年磨勘。因趁班人用赦恩循兩資，换減肆年磨勘，給據扳援增多。看詳自後合照趙都承詳議申明换減叁年磨勘。右劄付吏部，從所申事理施行。

景定四年七月空日，尚書省劄子：編修敕令所照得，選人得賞於改官後收使，换減磨勘。嘉定貳年、拾年，嘉熙肆年、淳祐陸年指揮節次申明不一，竊恐吏部互相引用。今參照指揮修類歸一，庶幾不致抵捂。開其下項：

一、承直郎以下，所得有格法，及不係特旨酬賞，得轉壹官，于京官後收使。並與换減貳年磨勘。兩官以上依此比類。如係特旨酬賞，照修纂條例所嘉熙四年正月看詳指揮轉壹官，規減肆年磨勘比折施行。

一、儒林郎以下，所得有格法，酬賞減叁年磨勘，内將貳年收使循壹資外，除壹年磨勘，於京官後换陞名次。如係特旨賞，與换減壹年磨勘。

一、承直郎以下，所得轉壹官賞，因與改官相會，於内已將壹資循至承直郎，餘壹資依磨勘令條注文，换減壹年磨勘。若是得賞未收使間，因用別賞循承直郎改官，照條比類減叁年磨勘。如已係儒林郎，除用覃恩慶典特旨賞循至承直郎，合照令條正文，每壹資换減貳年磨勘。餘依本條注文换減壹年磨勘。

一、選人所得特旨循兩資賞，照嘉熙四年指揮，與换成叁年磨勘。止循壹資與换減貳年磨勘。叁資换減肆年磨勘。肆資换減陸年磨勘。如已收使循資外，有餘賞照嘉熙四年指揮，兩資换減叁年磨勘。壹資换減壹年半磨勘。若係有格法，及不係特旨酬賞，循兩資照條换減貳年磨勘。壹資换減壹年磨勘。

一、選人任淮、襄、四川、湖北差遣，所得極邊、次邊酬賞，並照開禧二年七月十四日指揮，許於改官後作實歷月日收使。

一、選人任學官、大理寺官，所得職任賞，嘉定十年二月詳議指揮，以其職事官即與外官不同，不合比折，並與照元降指揮，貳年得貳年，肆年得肆年，其兩任學官，兩任寺官，該兩次以上，許將壹等零賞照條併賞倒换。若不及貳年，不許收使。所有任京局庫務諸司監當，所得任滿，或計日酬賞，雖有元降指揮，即是立定賞法，却非一時特旨，自合照有格法賞，一體減半比折，貳年得壹年。如止得壹年，合照條换陞名次，不及全年不許收使。

一、選人所得〔押〕綱賞轉壹官，與换減貳年磨勘施行。

一、選人所得覃恩慶典，並合照降指揮，許於改官後换減磨勘收使施行。

一、選人所得奉使回程轉官，照嘉定十年詳議指揮，檢照元指揮，白身人尚許候有名目日，作壹官壹資收使。其有官人難以比折，與照元指揮放行轉官收使。

已上取到吏部尚左供，並係見行遵守。今編節照用。七月十日，三省同奉聖旨：依。淳祐十年七月空日，都省劄子：諫院條具百司庶府破法用例蠹國害民等事。畫一於後：一、選人得賞循轉之弊。近來選人得賞，多不肯循轉，且給據存留爲改官陳乞之地，循兩資者，則必乞轉壹官，少亦乞作肆年賞磨勘。循壹資者則亦乞作貳年，並無一毫折閲，委是破法。所以申明，從政、從事、文林郎爲一色官，改官並得宣教郎。如不肯循轉，並照承直郎改官後減半收使，零月不許作減年收使。今後有叁資一色得循轉不願人，徑與比折貳年作壹年給據。一、選人改官存留磨勘之弊。得賞有轉壹員叁官，莫不陳乞改官後循轉。或有減磨勘叁年，改官後乞作不減年磨勘收使。凡此之類，委是破法。況選人上有資可循，所得磨勘，合於本資上循轉，官資有資可循，更存留磨勘，爲改官後不折閲，委是弊例，合行釐革。都司擬令，吏部遵守施行。七月九日，奉聖旨：依。寳祐二年二月八日，尚書省劄子：勘會浙東、西提舉司、浙西安撫司、兩淮制置司天賜場，今後鹽場官幹官催趁登額支發及數，方許保明推賞，歲終支發不及叁分，展半年磨勘。伍分，展壹年磨勘。柒分以上，降壹官。每歲舉員不許舉他司屬官。下吏部照應。照得浙東、西提舉司、浙西安撫司鹽場，今改隸提領兩浙鹽事司，今聲説照用。

《吏部條法·磨勘門·武臣》　《尚書考功令》

諸使臣合入住程差遣，願出外待闕者，給假限内實有病患，申所屬看驗訖，申吏部仍給公據，與除豁月日。違者所違月日並不理磨勘。諸乞假出外待闕未參選應磨勘者，依外任申奏。若改轉後有出假限月日，於後次磨勘內降豁。諸初補使臣，因戰鬥勞效得減年者，與磨勘。若別因恩賞得者，並候再經磨勘許行收使。諸使臣該賞應減年磨勘，雖與文臣同得推賞，若所降指揮內無比折者，止依元得所減年月收使。課額場務鹽官及獲盜之類應賞者非。諸內侍所得殿閣泛賞轉官，如委係勤勞，與不隔磨勘壹次。若再遇泛賞，雖降到特旨不隔磨勘，許執奏不行。諸使臣展磨勘年限，並以本條所指定之官爲例。如指定肆年磨勘之官該展年，即伍年磨勘人展拾伍月。拾年磨勘人展叁拾月。餘依此計之。諸使臣勒停，或追降官資，叙理已復舊官，合磨勘者，初補並已經磨勘人，各依元條年限。諸使臣公罪徒、公罪衝替、因事替移，或因老疾謬懦差替，或私罪非衝替，臨時特旨與小處、遠小處差遣，或私罪杖斷放，合該磨勘，依條展年外，不候住程到任並與磨勘。以上各係降等差遣者，仍候住程到任。罰短使係降等差遣准此。其私罪徒、私罪衝替降等差遣，並公私罪追停叙用，並依條展年外，仍候住程到任壹年。諸使臣曾降官，候叙復舊官，許通理磨勘。其追官，若勒停、特勒停止、理叙復舊官後年月以上，仍依條展年。如別因酬獎或恩澤特轉至舊官，及轉過舊官者叙復未盡，不在磨勘之限。諸使臣，校尉同。拾年以上不到部陳乞磨勘，許經所在州投狀，及陞朝官貳員，委保正身無承代詐冒違礙，如通追請同保官審實批書印紙，從本州結罪保明連保狀申部。諸使臣，校尉同。初補未參選在外就差者，以授差遣降付身日，理爲參部。應呈試人非。諸使臣，校尉同。應呈試而未經試中，一時特差內外差遣，雖降到特旨理爲資任，許執奏不行。諸使臣校尉同。初磨勘，不許用曾任嶽廟當住程月日。宗室非。諸內外諸軍，歲終比較所養戰馬倒斃，該展磨勘人雖遇大禮赦，不在免展之限。取押綱馬使臣幹辦綱馬驛程官倒斃該展磨勘人准此。諸兇惡徒黨，因招降補授使臣校尉，初補下班祗應副尉改轉同。內不許磨勘者，如經拾年別無贓罪，及私罪情重，所屬保明取旨特與磨勘。即顯著勞效合該轉官者依常法。諸翰林醫候至醫效，並理柒年磨勘。

《尚書侍郎右選考功通用令》諸吏職日所得減年磨勘，於使臣校尉上收使者，並比折兩日作壹日收使。

《尚書侍郎右選通用令》諸使臣不許用減監當任數比換減年。諸漢弓箭手所得轉資，若於使臣上收使，每壹資比折減貳年磨勘。

《尚書考功申明》淳熙元年四月十五日敕：吏部狀，勘會內外諸軍大小使臣乞貼用冒名承代，後來親身立功，所得減年收使磨勘。竊詳冒名承代，後來親身立功，所得轉官資公據，已承指揮許於已鐫減名目上並行收使。今來既親身所得功賞減年，與所得轉官資事體一同。本部欲將親身所得減年，依轉官資已得指揮，依元給減年理年收使磨勘。奉聖旨：依。淳熙元年六月二十四日，樞密院劄子：勘會內外諸軍，冒名承代官兵，已降指揮並行鐫減改正了當。奉聖旨：令所屬並特與通理未改正以前歷過在職年月，放行磨勘。淳熙三年二月二十五日敕：考功郎官王信劄子，編類大小使臣年甲條目，奉聖旨：依。令考功常切遵守。今具合遵守事件如後：一、乞差校定案書令史壹名，專一掌管行移回報，仍差頭名主事專一書勘，遇遷補及出職日交割以次人，以次人保明委無揩改遺失情弊，方許遷補解發。如有情弊斷勒。一、乞遇朝廷取索照使，即令掌管人吏賫簿呈郎官封押訖，親賫赴房，候照應畢，從朝廷用屬司印封押，責還掌管人吏回部呈郎官拆封收管。其餘取索照使，仰掌管人吏賫呈郎官，當面抄寫名姓年甲，全文用印回報，不得賫簿出外，庶免散失。一、姓名末用考功印爲止。印後即無姓名，每卷末空處書云印後並無姓名，主令某人姓名。其卷末無空紙，即於夾界行上書寫。其間有年適滿拾數者，並於拾字下書歲字，以防日後添填。奉聖旨：並依。淳熙三年四月十二日敕：考功郎官王信狀，契勘近承指揮，編類隆興二年二月以前大小使臣年甲。除已編類成冊申尚書省用印外，所有隆興二年二月以後初補並未經磨勘者，依此置簿籍定。緣大小使臣磨勘，係隨官品各案分行。欲就令大小使臣案，遇有投下磨勘，先次照應。如係隆興二年二月以後初補，並未經磨勘之人，逐時籍定官位姓名鄉貫年甲三代，補授年月出身，每名勘同，當行主令押官用印編類，候至每歲終，分類置簿籍定。仍具已置簿籍定姓名，申朝廷照會。奉聖旨：依。淳熙四年六月二十日敕：邕州溪洞招馬官，恐妨馬政。特與免參部，放行磨勘。淳熙十三年八月二十一日，樞密院奏吏部申：欲將使臣校尉所得慶典理當叁年磨勘，除住程應格外，並與對半收使。其他恩賞不得援例。奉聖旨：依。淳熙十六年八月十四日敕：吏部申，乞將校尉使臣拾年以上，不到部陳乞磨勘，許召陞朝官貳員，委保存亡及無承代詐冒不實違礙，如臨安府申發，許本部追請陳乞磨勘人同保官赴部審實施行。奉聖旨：依。本所看詳上件指揮，係爲於臨安府陳乞，許本部追請乞磨勘人同保官赴部審實。今聲説照用。嘉泰元年十月二十九日敕：南班宗室不許將外官月日揍合換官之後南班月日通理磨勘。今後在南班及拾年方與轉官。本所看詳上件指揮，係是申明法意，難以修爲成法，今編節存留，申明照用。

《尚書侍郎右選考功通用申明》嘉定元年二月二十三日，樞密院劄子：殿司申，内外諸軍兵將官，因斃馬該展磨勘，乃是公罪降罰，遇非次赦恩並乞免展。奉聖旨：依。如遇非次赦，許行引用。端平二年十二月十四日，都省批下吏部申：檢會端平元年三月四日都省批下本部申，承紹定六年十月十四日敕，臣僚奏，乞將文武官陳乞磨勘者，更不以告下日爲始，祇以日前實歷滿日爲始，許接續日分理爲日後再起磨勘。仍於告上分明批注。謂如元官實歷至某月日滿，即於次日理作新轉官日分，供寫告内。奉聖旨：依。仍令吏部看詳申尚書省。本部緣有因罪未結絶，及降官未叙復，並所約刑名合候住程到任，及展季展年並合要住程到任，及應用舉主之人，又有拾年以上自不到部陳乞磨勘者，亦有校尉理年已及，於使臣理年又及，凡此之類，今檢具看詳下項：一、諸使臣曾降官，候叙復舊官，許通理磨勘。其追官，若勒停，特勒停，止理叙復舊官後年月，以上仍依條展年。如別因酬獎，或恩賞，特轉至舊官，及轉過舊官者，叙復未盡，不在磨勘之限。看詳上條，稱使臣曾降官，候叙復舊官許通理磨勘。叙復未盡不在磨勘之限。其條雖許通理磨勘，如該滿日未曾叙復，自不許磨勘。所有該滿之後未叙復以前月日，即不在磨勘之限，緣今降指揮以該滿日爲始，却有該滿之後至未叙復以前月日，未叙復以前係在罪籍，難以理用。一、諸使臣公罪徒，公罪衝替，因事替移，或因老疾謬懦差替，或私罪非衝替，臨時特旨與小處、遠小處差遣，或私罪杖斷放，合該磨勘依條展年外，仍候住程到任，並與磨勘。以上各係降等差遣者，仍候住程到任。罰短使係降等差遣准此。其私罪徒、私罪衝替、降等差遣，並公私罪追停叙用，並依條展年外，仍候住程到任壹年。看詳上條，謂約出逐件刑名，止應注降等差遣之人，合候住程到任或住程到任壹年，方許磨勘。如未有住程到任，或住程到任未及壹年，各不許磨勘。如自該滿之後至未住程到任及住程到任壹年以前月日，於住程展年該赦，其有住程已及之後，雖遇赦恩，其歷過月日不許通理。一、諸使臣，校尉同。拾年以上不到部陳乞磨勘，許經所在州投狀，召陞朝官貳員，委保正身無承代詐冒違礙，知通追請同保官審實，批書印紙，從本州結罪保明，連保狀申部。淳熙十六年八月十四日敕：吏部申，如臨安府申發，許本部追請陳乞磨勘人同保官赴部審實施行。看詳上件條法指揮，謂使臣校尉拾年以上，不到部陳乞磨勘，許經所在投狀，召陞朝保官貳員，委保正身存亡無承代冒詐違礙，知通追請同保官審實，批書印紙，從本州結罪保明，連保狀申部。如臨安府申發，許本部追請審實，方許磨勘。今來却有雖及拾年，失於陳乞磨勘，却曾到部參選，或有新任及見任之人，即非不顯存亡，自與磨勘。緣降指揮以滿日爲始，其前伍年本部照理年放行外，餘後伍年無過犯人，候陳乞日申取朝廷指揮。本部逐一看詳，乞批送今狀下部，貴憑遵守。端平二年十二月十四日送吏部，從看詳到事理施行。嘉熙三年八月十四日敕：吏部尚書左選條具内壹項，在法承議郎轉朝奉郎，朝請郎轉朝奉大夫，朝議大夫轉中散大夫，依條不許貼用父祖親屬減年恩例。近有承議郎陳乞磨勘，收使父祖恩例，揍轉朝奉郎，考功放行，具鈔出給告命，委是有礙條法。修纂條例所看詳，諸得親屬減年恩例，不許揍轉蔭補官，自有成法。今後不得冒有陳乞，所有考功已行體例，合删去。奉聖旨：依看詳到事理施行。本所看詳上件指揮，雖是尚左條具，所有武臣亦合一體。今聲説照用。淳祐三年六月空日，都省劄子：吏部四選官公共聚議，條具關防四蜀革弊事，畫一數内文武官陳乞磨勘文字。文臣承議郎轉朝奉郎，朝請郎轉朝奉大夫，武臣訓武郎轉武翼郎，武德郎、武功郎轉武翼大夫，並係轉應蔭補官，事體至重。今欲除本州保明，並合再經四川運司重行覈實，結罪保明，仍各召知識四川本等保官壹員委保，批書以憑，照見行條法指揮施行。四川文武官流寓内地州軍寄居，陳乞磨勘文字，及轉應蔭補官之人，既在内地難以再令歸川陳乞，欲將似此之人，並令召蜀士知識本等保官壹員委保，批書印紙以憑，照見行條法指揮施行。右劄付吏部，從所申事理施行。

（元）馬端臨《文獻通考》卷一一《户口考・歷代户口丁中賦役》

〔政和〕六年，户部言：淮南轉運司申：《政和格》知、通、令、佐任内增收漏户一千至二千户常格，一縣户口多者止及三萬，脱漏難及千户，少得應賞之人，繇此不盡心推括。看詳令、佐任內增收漏户八百户，升半年名次；一千五百户，免試；三千户，減磨勘一年；七千户，減二年；一萬二千户，減三年。知、通隨所管縣通理，比令、佐加倍。從之。

按：以史傳考之，則古今户口之盛，無如崇寧、大觀之間。然觀當時諸人所言，則版籍殊欠核實所紀似難憑，覽者詳之。

（元）馬端臨《文獻通考》卷三九《選舉考·考課》 宋太祖皇帝建隆二年，舊制，文武常參官各以曹務閑劇爲月限，考滿即遷，上謂宰相非循名責實之道。會監門衛將軍魏仁滌等以治市征有羨，詔並增秩，因罷歲月叙遷之制，非有勞者未嘗進秩矣。

止齋陳氏曰：太祖置審官院考課中外職事，受代京朝官引對磨勘，蓋復序進之制。其後稍立法，文臣五年，武臣七年。咸平五年十二月，令審官院考校京朝官，令任及五年以上無贓私罪者以名聞，當遷其秩，諸路轉運使令中書進擬。景德三年六月，令三班院考校使臣，以七年爲限。曾犯贓罪，則文臣七年，武臣十年。天禧三年十一月，郊赦，京朝官犯贓罪經七年者，委中書門下取旨。五行曾犯贓罪經十年者，委樞密院取旨。治平三年九月，詔待制以上六歲至諫議大夫止，今太中大夫。京朝官四歲至前行郎中止，今朝請大夫。少卿、監以七十員爲額。今朝議大夫。於是始有止法。元豐四年，中書擬定磨勘轉官，諫議大夫、待制以上，自通直郎至太中大夫三年；太中大夫以上，進士八年，餘十年；今考功令改諫議大夫爲權六曹侍郎。承務郎以上至朝請大夫，進士八年，餘十年。崇寧四年，改朝請大夫至中散大夫七年，中大夫非兩制不得轉太中大夫。紹興四年，修立承務以上四年即轉奉直、朝議、中散、中奉、中大夫者七年。紹興八年添入中大夫。諸朝議、奉直大夫並特恩人以八十員爲額，餘如舊法。武臣大使臣修武郎至武德大夫五年，武功大夫七年，轉遥郡刺史；以後十年至遥郡防禦使止。而止法尤爲嚴密矣。進納人至從義郎止，吏職非泛補授至訓武郎止，樞密院人亦至訓武止，三省人至朝請大夫止。已出官，不得轉中大夫。內侍至武功郎止，駙馬都尉至承宣使止，而醫官不過和安大夫，太史局官不過春官大夫。横行，非戰功不得除授。【略】

嘉祐二年，詔：文武官舊皆陳乞磨勘，有傷廉節。截自今，歲滿令審官、三班院舉行之。

同知諫院司馬光言：自古得賢之盛，莫若唐虞之際，然稷任播種，益主山林，垂爲共工，龍作納言，契敷五教，皋陶明刑，伯夷典禮，后夔典樂，皆各守一官，終身不易。苟使之更來迭去，易地而居，未必能盡善也。今以群臣之材，固非八人之比，乃使之遍居八人之官，遠者三年，近者數月，輒以易去。如此而望職事之修，功業之成，必不可得也。非特如是而已，設有勤恪之臣，悉心致力，以治其職，群情未洽，績效未著，在上者疑之，同列嫉之，在下者怨之。當是時，朝廷或以衆言而罰之，則勤恪者無不解體矣。奸邪之臣，衒奇以譁衆，養交以市譽，居官未久，聲聞四達，蓄患積弊，以遺後人。當是之時，朝廷或以衆言而賞之，則奸邪者無不争進矣。所以然者，其失在於國家采名不采實，誅文不誅意。夫以名行賞，則天下飾名以求功；以文行罰，則天下巧文以逃罪矣。

英宗治平三年，考課院言，知磁州李田再考在劣等，降監淄州鹽酒稅務。坐考劣降等自田始。

考績之制，舊無審定殿最格法。自發運使率而下之至於知州，皆歸考課院，專以監司所第等級爲據。至考監司，則總其甄別吏部能否，副以採訪不行，合二事爲課，悉書中等，無所高下。神宗即位，凡職皆有課，凡課皆責實。監司所上守臣謂不占等者，展年降資；而治狀優異者，增秩賜金帛，以璽書獎勵之。若監司以上，則命御史中丞、侍御史考校。又詔立考課縣令之法，以斷獄平允、賦入不擾、均役止盜、勸課農桑、賑恤饑窮、導修水利、户籍增衍、整治簿書爲最，而參用德義清謹、公平勤恪爲善，參考縣令治行，分定上、中、下等。至其能否尤殊絶者，别立優、劣二等，歲上其狀，以詔賞罰。其入優、劣者，賞罰尤峻。繼又令：一路長吏無甚臧否，不須别爲優、劣二等，止因上、中、下三等區别以聞。隨內外官職司以考覈。而中書皆置之籍。每歲竟，或有除授，則稽差殿最，取其尤甚者而進絀之。

元豐三年，詔御史臺六察案官，以所糾劾官司稽違失職事多寡爲殿最，中書置簿以時書之，任滿取旨升黜。已而中書上所修法，以朝廷用其言斷罰人方爲糾劾，帝批曰：或上簿亦可。

高宗紹興二年，臣僚言：守令有四善四最考課之法，雖具載條格，欲明詔監司守臣遵行。詔命吏部申明行下。

三年，禮部員外郎舒清國言：諸道郡縣頃罹兵燹，請以户口增否，別立守令考課，分爲上、中、下三等，每等又爲三甲，置籍考校。縣令課績，知、通考之；知州課績，監司考之；考功會其已成，較其優劣而賞罰焉。從其議。【略】

孝宗興隆元年，先是，以恩例減磨勘者，率以四年爲一官，有初官部數綱而徑轉朝郎者。至是，始著對用之令，凡一年減年，對一年實歷乃得。

四年，臣僚言：有其事斯有其勞，有其勞斯謂之考。今有丐祠於私室，受禄於公家，秩終則計考書歷，用以升改，甚不稱陛下勸勤責實之意。乃詔：選人任嶽祠並不理爲考。

乾道三年，廷臣上言：我祖宗盛時，有京朝官考課，有幕職、州縣官考課。其後爲審官院，爲考課院，皆命中書或兩制臣僚校其能否，以施賞罰，百餘年如一日也。獨熙寧中始罷之，自此州縣之吏，苟簡自恣，不復知有殿最，雖有批書，徒爲文具。至若身爲侍從，則并與批書俱亡矣，尚何考焉？今陛下勵精庶政，綜核名實，望遵故事，應監司、郡守朝辭日，別給御前曆子，如薦賢才爲幾人，使各録其正犯，若爲治錢穀，若爲理獄訟，興某利，除某害，各爲條目，使之祗奉新書，黽勉從事。每考，令當職官吏從實批書，代還，使藉手以見陛下，然後詔執事精加考覈。其風績有聞者，優與增秩；所莅無狀者，罰自無赦。薄海内外，風俗丕變，賢者效職，而中下之才亦皆強於爲善。上乃詔經筵官參照祖宗考課之法，講而行之。

廣西提刑張維考察本部守令，以政平訟理爲臧，以政不平訟不理爲否，而臧否之中，復有優劣。凡臧之品有三：臧之最，臧之次，臧之下。否之品有二：否之最，否之次。天子嘉其法，頒之諸道，視以爲式，令監司、帥臣歲終各以其能否之實聞於朝，其有貪墨庸懦，庇而不發，致臺諫論列者，各有罰。其冬，禮部郎官胡元質論其法猶未盡，上問其故，元質曰：治效赫然，職事廢弛，臧否定矣。其有治狀隱而未著，無功過可書，一切名之以否，則何武之平平，陽城之下下皆可也否也？願令監司、帥臣置之臧否之外，無強名之。上曰：善。

八年，詔：臧否爲三等：治效顯著爲臧，貪刻庸謬爲否，無功無過爲平。令詳加考察，明著事實，如不公，令御史臺彈奏。

張拭、胡銓久不理年勞，上嘉其廉静，詔拭特遷兩官，銓磨勘四官。

光宗初，言者謂：臧否之法，多由請託，繆者營救其入否，平者僥倖其爲臧。況觀其初而未安於政者，先在所否；待久而後見其過者，預以爲臧。臧否一定，則臧者雖有疵而終不指，否者雖有美而終不録。願詔各舉所知，而罷其令。

寧宗慶元三年，右正言應武言：祖宗以一郡之官總之太守，諸郡之官總之監司，而又以諸道之監司總之御史。朝廷以殿最三等察監司，監司以三科考郡守而下，皆辨其職而進退之。今郡國按刺之權寖輕，多徇私情而廢公法。臣嘗考承平舊制，於御史臺別立考課職司一司，以刺舉多者爲中，無所刺舉爲下。蓋監司受察，則郡守不得苟安；郡守振職，則僚屬莫敢自肆。願陛下遵而行之，申嚴其令，歲終各以能否之實聞於上，以詔升黜。其貪墨昏懦，致臺諫奏劾者，坐監司、郡守以容庇之罪。詔行焉。

（元）馬端臨《文獻通考》卷五二《職官考・吏部尚書》 考功：判司事一人，以帶職朝官或無職事朝官充。凡考課之法分隸他司，或以他司專領，本司但掌覆太常擬謚及幕府州縣官流外較考之事。元豐官制行，郎中、員外郎始實行本司事。《續會要》。初除蔡峋、蔡京。《職略》。掌文武遷叙、磨勘、資任、考課之政令。凡命官，隨所隸選，以其職事且注於曆，給之於其屬州若司，歲書其功過，應升遷選授者，驗曆按法而叙進之；有負殿，則正其罪罰。以七事考監司。以四善、三最考守令。凡改服色者，以年勞計之。應謚者，覆太常所定行狀，報尚書省官集議以聞。凡立碑碣名額之事掌之。舊置考課院，其定殿最皆有考辟，元豐悉罷。分案十有七。五品案、六品案、七品案、八品案、九品案、職官案、參軍案、令丞案、主簿案、縣尉案、使副案、供奉官案、資任案、校定案、法案、知雜案。元祐三年，詔：知州課法，吏部上其事於尚書省，送中書省收旨。縣令以下，本部專行。官告院：主管官二員。舊制，掌吏、兵、勳、封官告，以給妃嬪、王公、文武品官、内外命婦及封贈者。官制行，四選皆用吏部印，惟蕃官用兵部印。凡綾紙幅數標軸名色，皆視其品之高下，應奏鈔劃聞者給之。大觀並歸尚書省，政和仍歸吏部。差主管官。

《宋史》卷一六〇《選舉志・考課》 考課。宋初循舊制，文武常參官各以曹務閑劇爲月限，考滿即遷。太祖謂非循名責實之道，罷歲月叙遷之制。置審官院，考課中外職事。受代京朝官引對磨勘，非有勞績不進秩。其後立法，文臣五年、武臣七年，無贓私罪始得遷秩。曾犯贓罪，則文臣七年、武臣十年，中書、樞密院取旨。其七階選人，則考第資歷，無過犯或有勞績者遞遷，謂之循資。凡考第之法，內外選人，周一歲爲一考，欠日不得成考。三考未替，更周一歲，書爲第四考，已書之績，不得重計。初著令，州縣户口準見户十分增一，刺史、縣令進考，若耗一分，降考一等。建隆三年，又以科賦有欠踰十之一，及公事曠違嘗有制受罰者，皆如耗户口降考。吏部南曹又舉周制，請州縣官益户增税，受代日並書於籍。凡千户以下能增百户減一選，減及三選以上，令賜章服，主簿升秩進階。能歸復逋亡之民者，亦如之。

是年，縣始置尉，頒《捕盜條》，給以三限，限各二十日，三限內獲者，令、尉等第議賞；三限外不獲，尉罰一月俸，令半之。尉三罰、令四罰，皆殿一選，三殿停官。令、尉與賊鬥而能盡獲者，賜緋升擢。乾德四年，詔諸縣令、佐有能招攜勸課，以致蕃庶民籍，租額出其元數，減一選，仍進一階。

太宗勵精圖治，遣官分行郡縣，廉察官吏。河南府法曹參軍高丕等，皆以不勝任免官。復詔諸道察舉部內官，第其優劣爲三等：政績尤異爲上，職務粗治爲中，臨事弛慢所涖無狀者爲下。歲終以聞。先是，諸州掾曹及縣令、簿、尉，皆户部南曹給印紙、曆子，俾州郡長吏書其績用愆過，秩滿，送有司差其殿最。詔有司申明，其諸州別給公據者罷之。判吏部南曹董淳言：有司批書印曆，多所闕略，令漏書一事殿一選，三事降一資。自是職事官依州縣給南曹曆子，天下知州、通判、京朝官釐務於外者，給以御前印紙，令書課績。時蔣元振知白州，爲政清簡，民甚便之；秩滿，衆輒詣部使乞留，凡十有八年，未受代。姚益恭清白有才幹，知鄆州須城縣，鞭朴不施，境內大治。淳化初，採訪使各言其狀，下詔褒嘉，賜元振絹三十匹、粟五十石，賜益恭對衣、銀帶、絹五十匹。

四年，始分置磨勘之司。審官院掌京朝官，考課院掌幕職、州縣官，廢差遣院，令審官總之。乃詔：郡縣有治行尤異、吏民畏服、居官廉恪、涖事明敏、鬬訟衰息、倉廩盈羨、寇盜剪滅、部內清肅者，本道轉運司各以名聞，當驛置赴闕，親問其狀加旌賞焉。其貪冒無狀、淹延鬬訟、踰越憲度、盜賊競起、部內不治者，亦條其狀以聞，當行貶斥。

以翰林學士錢若水、樞密直學士劉昌言同知審官院，考覆功過，以定升降；又以判流內銓翰林學士蘇易簡、知制誥王旦等知考課院，重其職也。凡流內銓，主常調選人；考課院，主奏舉及歷任有殿最者。明年，帝親選京朝官三十餘人，自書戒諭之言于印紙曰：勤政愛民，奉法除姦，方可書爲勞績。且謂錢若水曰：奉法除姦之言，恐諸臣未喻，因而生事，可語之曰：除姦之要，在乎奉法。至道初，罷考課院，併流內銓。二年，遣使廉察諸道長吏，得八人涖事公正、惠愛及民，皆降璽書奬諭。

真宗即位，命審官院考京朝官殿最，引對遷秩。京朝官引對磨勘，自此始。先是，每恩慶，百僚多得序進。帝始罷之，惟郊祀恩許加勳、階、爵邑。帝察羣臣有聞望者，得刑部郎中邊肅等二十有四人，令閤門再引對，觀其辭氣文藝，並得優升。景德初，令諸道辨察所部官吏能否，爲三等：公勤廉幹惠及民者爲上，幹事而無廉譽、清白而無治聲者爲次，畏懦貪猥爲下。

仁宗尤矜憐下吏，以銓法選人有私罪，皆未聽磨勘，諭近臣：凡門謝弗至與對馺失儀，其毋以爲罪。又曰：州縣秩卑，而長吏多鈎摭細故，文致之法，使不得自進，朕甚閔焉。宰相王曾曰：引對時，陛下酌其輕重而稍擢之，則下無滯才矣。其後選人，有束鹿縣尉王得説，歷官寡過，書考最多而無保任者。帝察其孤貧，特擢爲大理寺丞。天聖時，詔：文武臣僚，非有勳德善狀，不得非時進秩；非次罷免者，毋以轉官帶職爲例。兩省以上，舊法四年一遷官，今具履歷聽旨。京朝官磨勘年限，有私罪及歷任嘗有罪，先以情重輕及勤績與舉者數奏聽旨；若無私犯而著最課及有舉者，皆第遷之。自請釐物務于京師，五年一磨勘，因舉及選差勿拘。凡有善政異績，準事大小遷升，選人視此。又定監物務入親民，次升通判，通判升知州，皆用舉者。舉數不足，毋輒關升。

慶曆三年，從輔臣范仲淹等奏定磨勘保任之法：自朝官至郎中、少卿，須清望官五人保任，始得遷。其後，知諫院劉元瑜以爲適長奔競，非所以養廉恥，乃罷之。

八年，詔近臣論時政。翰林學士張方平言：祖宗之時，文武官不立磨勘年歲，不爲升遷次序。有才實者，從下位立見超擢，無才實者，守一官十餘年不轉。其任監當或知縣，通判、知州，至數任不遷。當時人皆自勉，非有勞効，知不得進。祥符之後，朝廷益循寬大，自監當入知縣，知縣入通判，通判入知州，皆以兩任爲限；守官及三年，例得磨勘。先朝始行，未見有弊。及今年深，習以爲常，皆謂分所宜得，無賢不肖，莫知所勸。願陛下稍革此制，其應磨勘叙遷，必有勞績；或特敕擇官保任者，即與轉遷；如無勞績又不因保任者，更增展年。其保任之法，須選擇清望有才識之人，命之舉官。如此，則是執政之臣舉清望官，委清望官舉親民官。凡官有闕，惟隨員數舉之，庶見急才愛民之意。

嘉祐六年，下詔曰：朕觀古者治世，牧民之吏，多稱其官，而百姓安其業。今求材之路非不廣，責善之法非不詳，而吏多失職，非稱所以爲民之意。豈人材獨少而世變殊哉？殆不得久於其官故也。蓋智能才力之士，雖有興利除害、禁姦勸善之意，非假以歲月，則亦媮不爲用，欲終厥功，其路無由。自今諸州縣守令，有清白不擾、改迹尤異而實惠及民者，本路若州連書同罪保舉，將政迹實狀以聞，中書門下察訪得實，許令再任。

英宗治平三年，考課院言：知磁州李田，再考在劣等。降監淄州鹽酒税務。坐考劣降等，自田始。考績，舊審定殿最格法，自發運使率而下至於知州，皆歸考課院，專以監司所第等級爲據；至考監司，則總其甄别部吏能否，副以採訪才行，合二事爲課，悉書中等，無高下。

神宗即位，凡職皆有課，凡課皆責實。監司所上守臣課不占等者，展年降資；而治狀優異者，增秩賜金帛，以璽書獎励之。若監司以上，則命御史中丞、侍御史考校。凡縣令之課，以斷獄平允、賦入不擾、均役屏盜、勸課農桑、賑恤飢窮、導修水利、户籍增衍、整治簿書爲最，而德義清謹、公平勤恪爲善，參考治行，分定上、中、下等。至其能否尤殊絶者，别立優劣二等，歲上其狀，以詔賞罰。其入優劣者，賞罰尤峻。繼又令：一路長吏，無甚臧否，不須别爲優劣二等，止因上、中、下三等區别以聞。是時，内外官職，各從所隸司以考覈，而中書皆置之籍。每歲竟，或有除授，則稽差殿最，取其尤甚者而進退之。

熙寧五年，遂罷考課院。間遣使察訪，所至州縣，條其吏課。凡知州、通判上中書，縣令上司農，各注籍以相參考。惟侍從出守郡，聽不以考法，朝廷察其治焉。元豐元年，詔因勞效得酬賞，皆分五等，有司受其等而差進之。初一等，京朝官、大小使臣皆轉一官，選人資歷深者改京朝官，資淺者循兩資。次二等，隨其官高下升資，或減磨勘年。惟軍功、捕盜皆得改次等。京朝官自三等以下，賞以差減。若一人而該兩賞，許累計其等以遷。三年，詔：御史臺六察按官，以所糾劾官司稽違失職事多寡爲殿最，中書置簿以時書之，任滿，取旨升黜。

元祐初，御史中丞劉摯言：近者，朝廷主察名實，行綜覈之政，下乃承之以刻；主行教化，擴寬洪之澤，而下乃爲苟簡。先此追罪監司數人，爲其掊斂害民耳；而昧者矯枉過正，乃欲以緩縱委靡爲安静。請申立監司考績之政，以常賦登耗、郡縣勤惰、刑獄當否、民俗休戚爲之殿最，歲終用此以誅賞。文彦博又奏：《唐六典》所載，以德行、才用、勞效三類察在選之士，參辨能否。今之選格特多，舉主、有軍功，斯爲上矣。然舉主可求，軍功或妄，何可盡據？請委吏依倣三類，第其才德功效，送中書門下覆驗，取其應選者，引對而去留之。詔令近臣議，議者請用《元豐考課令》，第爲高下，以行升黜，歲毋過五人。後改立縣令課，有四善、五最之目，及增損監司、轉運課格，守令爲五等減磨勘法。初，元祐嘗立吏、户、刑三部郎官課。崇寧間，言者乞倣周制，歲終委省、寺、監、六曹之長，各攷其屬，稽其官成，而三年遂校其勤惰，行賞罰焉。

大觀元年詔：國家休養生民，垂百五十年。生齒日繁，而户部民籍曾不加益，州縣於進丁、人老，收落失實，以故課役不均，皆守令弛職，可申嚴《考課法》。然其考法，因時所尚，以示誘抑。若勸學、墾田、植桑棗、振貸、葬枯、興發坑治、奉詔無違、誘進道徒、賦税趣辦、能按贓吏，皆因事而增品目，舊法固不易也。但奉行不皆良吏，以請謁移實者亦多。

紹興二年，初詔監司、守臣舉行考課之法。時郡縣數罹兵燹，又命以户口增否别立守令課，分上、中、下三等，每等分三甲置籍。守倅考縣令，監司考知州，考功會其已成，較其優劣而賞罰之。五年，立縣令四課：曰糾正税籍，團結民兵，勸課農桑，勸勉孝悌。三歲，就緒者加旌賞，無善狀者汰之。

臣僚上言：守令之治，其略有七：一曰宣詔令，二曰厚風俗，三曰勸農桑，四曰平獄訟，五曰理財賦，六曰興學校，七曰實户口。得人，則七者皆舉。今之監司，實古刺史。比年守令姦貪，監司未嘗按發，玩弛之弊日甚。而户部侍郎張致遠亦言之。乃下詔戒飭監司，考察守令而舉按焉。頃之，有請令江、淮官久任，而課其功過者。帝曰：朕昔爲元帥時，見州縣官以三年爲任，猶且一年立威信，二年守規矩，三年則務收人情，以爲去計。今止以二年爲任，雖有葺治之心，蓋亦無暇矣，可如所奏。是時，歲以十五事考校監司，四善、四最考校縣令，違限不實者有罪。又詔監司，一歲再具所部知縣有無善政顯著、繆懦不職，上之省。

十三年，詔淮東、京西路州縣，逐考批書，若增添户口、勸課農桑、增修水利，歲終委監司覆實比較。守臣之條有九，通判之條十有四，令佐而下有差。二十五年，以州縣貪吏爲虐，監司、郡守不訶察，遂命監司按郡守之縱容，臺諫劾監司之失察，而每歲校其所按之多寡，以爲殿最之課。二十七年，校書郎陳俊卿言：古人各守一官終身，使易地而居，未必盡其能也。今監司、帥守，小州换大州，東路易西路；朝廷百執事，亦往往計日待遷，視所居之官有如傳舍。望令有政術優異者，或增秩賜金，或待終秩而後遷。使久於其職，察其勤惰而升黜之。庶幾人安其分，而萬事舉矣。詔三省行之。

隆興元年，命湖南、北路應守令增闢田疇，自一千頃以下轉磨勘有差，虧者展磨勘、降名次。二年，詔淮南、川陜、京西邊郡守令，能安輯流亡、勸課農桑首就緒者，本道監司以聞。乾道二年，廷臣上言：國朝盛時，有京朝官考課，有幕職、州縣官考課，其後爲審官院，爲考課院，皆命中書或兩制臣僚校其能否，以施賞罰。望遵故事，應監司郡守朝辭日，別給御前曆子。如薦賢才爲幾人，若爲治錢穀，若爲理獄訟，興某利，除某害，各爲條目，使之黽勉從事。每考，令當職官吏從實批書，代還，使藉手陛見，然後詔執事精加考覈。其風績有聞者，優與增秩；所莅無狀者，罰之無赦。則賢者效職，而中下之才，亦皆强於爲善矣。帝乃命經筵官參照累朝考課之法，講而行之。

淳熙二年，因臣僚言，沿邊七路，每路以文臣一人充安撫使以治民，武臣一人充都總管以治兵。分舉其職，各奏其功，任必加久，歲考優劣。一年視其規畫，二年視其成效，三年視其大成，重議誅賞。臧否分爲三等：治效顯著者爲臧，貪刻庸繆者爲否，無功無過者爲平。時天子留意黜陟，諸道莫敢不奉承。於是得實者皆增秩升擢，而監司、牧伯舉按稽緩者輒降黜。行之十餘年，不免有弊，帝因諭輔臣曰：臧否亦有喜怒之私，如諸司以爲臧，一司以爲否，必從衆爲公，亦在精擇監司，而以臺諫攷察之，庶乎其可也。光宗初，詔罷其令。

寧宗以郡國按刺，多徇私情，遂倣舊制，於御史臺別立攷課一司，歲終各以能否之實聞于上，以詔升黜。其貪墨、昏懦致臺諫奏劾者，坐監司、郡守以容庇之罪。

度宗咸淳三年，命參酌舊制，凡文武官一是以公勤、廉恪爲主，而又職事修舉，斯爲上等；公勤、廉恪各有一長爲中等；既無廉聲又多繆政者考下等。其要則以御史臺總帥閫、監司，監司總守倅，守倅總州縣屬官。餘如戎司及屯軍大壘，則總之制司；或無制司，則併各郡總管、鈐轄並總於帥司。以逐路所部州郡多寡之數，分隸轉運、提舉、提刑三司。守倅月一考州縣屬官，監司會所隸守倅，制司會戎司、軍壘，遵照舊制互用文移，會其兵甲、獄訟、金穀之數，及各司屬官書擬公事、拘榷錢物、招軍備器之數，次月置册，各申御史臺上之課籍。俟至半年，類考較前三年定爲三等，中者無所賞罰，上者或轉官、或減磨勘，下者降官，展磨勘，各有等差。

《宋史》卷四二六《循吏傳》 宋法有可以得循吏者三：太祖之世，牧守令録，躬自召見，問以政事，然後遣行，簡擇之道精矣。監司察郡守，郡守察縣令，各以時上其殿最，又命朝臣專督治之，考課之方密矣。吏犯贓遇赦不原，防閑之令嚴矣。

（清）徐松《宋會要輯稿·職官一〇·考功部》 《神宗正史·職官志》考功郎中、員外郎，參掌考課及名謚、碑碣之事，隨文武選分治。凡命官，皆所隸選，選：《宋史》卷一六三《職官志》三作遷。以其職事具注於曆，給之統屬州若司，歲書其功過。應升遷選授者，驗曆按法而叙進之。有負殿，則正（具）〔其〕罪罰。凡考監司以七事，一曰勸農桑，治荒廢；二曰招荒亡，增户口；三曰興利除害；四曰劾有罪，平獄訟；五曰失案察；六曰屏盜賊；七曰舉廉能。考守令以善最，德義有聞，清慎明著，公平可稱，恪勤匪懈，爲四善。獄訟無冤，催科不擾，爲治事之最；農桑墾殖，水利興修，爲勸課之最；屏除姦盜，人獲安處，賑恤困窮，不致流移，爲撫養之最通算分定三等；五事爲上，三事爲中，餘爲下。而擇其能否功過，著者别爲優劣，以詔黜陟焉。原稿旁批：屏盜賊，寄案《大典》卷一百九十四作平盜賊。又考守令以下至以詔黜陟焉，一百有八字，據《大典》卷一百九十四校補。執政官、節度使、銀青光禄大夫以上若死而應謚，則覆太常所定行狀，考驗名實，報尚書集〔議〕以聞。舊置考課院，其定殿最，皆有考辭。至熙寧中及官制行，悉罷。分案十有七，設吏六十有八。《哲宗・職官志》同。

神宗元豐五年十月二十七日，尚書吏部言：待制以上舊法六年遷官，今准新制三年一遷。其已滿三年磨勘外有剩年月，乞許通理磨勘。從之。

（清）徐松《宋會要輯稿・職官一一・審官東院》　景德四年七月，詔：審官院磨勘京朝官勞績並限在任官三年已上者方得引對，未及者依例差使，如特令考校引對者不在此限。初，審官院在除任不理及非時解替外，不限改官月日考績引對。至是始定年限。

（清）徐松《宋會要輯稿・職官五九・考課》　太祖建隆二年，令右監門衛將軍魏仁滌等以監酒麴市征額外有羨利，羨：原作美，據《長編》卷二改。並令遷轉。故事，文武常參官各以曹官事繁省著爲月限，考滿則遷。滿：原無，據《宋史》卷一六〇《選舉志六》補。太祖循名責實，非有勞者未嘗進秩，自是歲滿序遷之典頗不復舉行。

太祖建隆三年十一月十日，有司上言：准考課令，諸州縣官撫育有方，户口增益者，各準見户爲十分論，每加一分，刺史、縣令進考一等。其州户不滿五千，縣户不滿五百，各準五千、五百户法爲分。若撫養乖方，户口減損者，各準增户法，亦減一等，降考一等者。當司近年例不進考，唯是點檢考帳闕失，不問重輕，便書下考。今請應州縣官撫養乖方，減損户口一分以上者，並降考一等。州比州，縣比縣。如有公事疎遺，曾經敕命殿罰者，降考一等。所有增添户口、租税課績兵戈災沴，並準《長定格》處分。又諸道州府逐年考帳多不坐户口數目，只見催科、刑獄公事有無遺闕比較，升降考第申奏。今請令逐州府考帳，須以逐人到任至成考日月，具係税户口租賦開坐比損多少，及有無功過。如違，並準考帳違限例殿罰。又州縣官每考滿罷任，本州批給解由曆子，若不是校考之時，即不與批書末考。直候合書校日，方先批罷任日月，然後始書末考。況銓曹檢勘，只憑省校，今後欲請罷任如月數合書末考者，便令批書，方批離任月日，免使更勞往復。其考課候至書校時，依舊附帳申省，不得漏落。又應京官月限多少不等，有以三十六月、三十月爲滿者，有以二十月住支料錢者，當司逐年書校考第，並無準繩。今後欲請應無曹局錢〔錢〕京官，並以三十月爲滿。内有合校考第者，以此爲限，其料錢一依舊例月數支給。從之。

（清）徐松《宋會要輯稿・職官五九・考課》　〔太平興國六年〕九月十二日，詔：應京朝官將命出入及秩滿受代歸闕者，宜令中書舍人郭贄、膳部郎中知雜事滕中正、户部郎中雷德驤同考校勞績及銓量材器，候外任有闕，中書下其名，類能以授之。先是，常參官自一品以下皆謂之京官，其未常參者謂之未嘗參官。近代以常參官爲朝官，未常參官爲京官，故有京朝官之目焉。

（清）徐松《宋會要輯稿・職官五九・考課》　〔咸平〕二年二月，詔：知州軍、通判、本判官、録事參軍、諸縣令佐到任日，交管户籍，新舊逃户數目，書於印紙曆子。如在任日招到逃户，即書某年月日招到，元是何年月逃移，夏秋税計若干，合至何年收理。若任内却有人户逃移，亦書。因以户數逃帶税物事件成具奏聞，不得妄有增減。候代訖，令新任官責應干繫主者批書，委是確的，結罪狀繳連印書付本官，自齎赴闕，於審官院或銓曹通下，逐司點勘及會問三司，具以實聞。如顯然招到人户增添税數，及不因災傷致逃移人户，並取勅裁。

（清）徐松《宋會要輯稿・職官五九・考課》　〔大中祥符〕五年六月，知龍州吴濟言：准勅，諸州省錢修至聖文宣王廟及禮器及天慶節醮器，將畢，自今乞當職官吏書上到任曆子，迭相交割。從之。

七年十月，詔：奏舉選人引對與京官者，例入川峽官，或未有闕，權令近地釐務，而雖踰年不理課績。自今理爲考任。

八年八月，詔：應選人已得替，帶本任官别奉宣勅差親民任使，得替離任，出給到合成考第課績單狀，並與依例較成考第。如得替後只係本州轉運司差諸處勾當，不在此限。

天禧三年四月十四日，詔：轉運使副、提點刑獄、館閣臺省官外任，歲滿代還，並依京朝官例，於審官院投狀考課。

（清）**徐松《宋會要輯稿・職官五九・考課》** 慶曆二年正月十八日，御史中丞賈昌朝言：近歲舉諸路提刑多非其人，請廢考課黜陟之法。詔自今提刑到闕，令磨勘院具在任功過分三等聞奏，上等除省府判官或轉運使、副，中等與大藩知州後方升陟差任，下等止知州郡。如未替間別有差委，不拘此限。

（清）**徐松《宋會要輯稿・職官五九・考課》** 皇祐元年二月五日，權三司使葉清臣言：三司揔天下錢穀，贍軍國大計，所切一十七路轉運司公共應副，仍須有材幹臣僚，方能集事。伏以朝廷責辨財賦，出於三司。近年荊湖等路年額上供斛虧欠萬數不少，皆是轉運司無所稟畏，致此弛慢。苟不振舉，久遠上下失職，號令不行，虧損財用，有誤支計。臣伏見提點刑獄，朝廷以庶獄之慎，特置考課一司，專考提刑朝臣進退差遣。欲乞今後轉運使、副得替，亦差兩制臣僚考較，分上中下上下六等。六：原作五，據《長編》卷一六六改。若考入上上，與轉官陞陟差遣；上下者，或改章服，或升差遣；及中上者，依舊與合入差遣；中下者，差知州；下上者，與遠小處知州；下下者，與展磨勘及降差遣。仍每到任成考，並先供考帳申省，關送考課院。今具考課事目如後：一、户口之登耗；二、田土之荒闢；三、茶、酒、鹽税統比不虧遞年祖額；四、上供和糴、和買物不虧年額抛數；五、報應朝省文字及帳案齊足。省：原作臣，據《長編》卷一六六改。户口增，田土闢，茶、鹽等不虧，文案無違慢，爲上上考；户口等五條及三以上爲中上考；若雖及三以上者，爲應報文字、帳案違慢者爲中下考；五條中虧四者，下上考；全虧及文帳報應不時者，爲下下考。詔從之，仍令磨勘、提點刑獄院一處施行。院：原無，據《長編》卷一六六補。

（清）**徐松《宋會要輯稿・職官五九・考課》**〔嘉祐〕六年八月，詔曰：先王考績之次序，雖見於經，而其詳不傳於後世。朕若稽古以修衆功，而諸路刺舉之官，未有以考其賢否。比令有司，詳議厥制，條奏來上，詢謀悉同，其使布宣，以勵能者，而擇左右可信之良，使典治之。古人有言曰：徒善不足以爲政，徒法不能以自行。今朕有念功樂善之志，而又繼之以黜陟幽明之法，以待天下之大吏矣。然非夫任事之臣，躬率以正而考慎其實，與士大夫之宣力于外者，皆安於禮義而不以便文徼倖爲姦，則朕之志豈能獨信於天下，而法亦何恃以行哉。咨爾在位，其各悉力一心，務祇新書，以稱朕至誠惻怛之意。其令考校轉運使副、提點刑獄課績院，以所定條目施行。先是，帝欲責諸路監司舉職事，遂下有司別議考校之法而頒之。其法以歲滿所上功狀定其殿最，爲上中下三等，用唐考功四善之法以稽其行實，其等亦如之。

（清）**徐松《宋會要輯稿・職官五九・考課》** 治平四年神宗已即位未改元。閏三月二十四日，考課院言左藏庫副使李從實前知階州政迹，第一年中等，次年劣等。詔展一年磨勘，與州都監差遣，仍令後知州准此。如兩考俱在劣等，即展二年，與監當差遣。

（清）**徐松《宋會要輯稿・職官五九・考課》** 神宗熙寧二年五月，考課院言：準詔定到考校知縣、縣令課法，下項：在任斷獄平允，民無冤濫，賦税及時了辦，不煩追擾，及差役均平，並無論訴之人，及雖有論訴而人無不當之理；在任能屏除盜賊，里民安居，勸課力田，使野無曠土，及能賑卹困窮，不致流移，雖有流移之人而多方招誘，卻令復業，任之中主客户比舊籍稍有增衍；在任架閣簿書務令整齊，經提刑、轉運點檢，別無散失，及興修水利，疏導積水以利民田，能勸誘人户種植桑棗。天下州軍委知州、通判每歲終取索轄下得替知縣、縣令前項三條課績，兼依唐四善德義、清謹、公平、恪勤，採訪逐人有上項事實，即參詳分爲上中下三等，申本路轉運、提刑司。逐司類聚齊足，同共將一路所供三條課（續）〔績〕四善事實再行審定上中下三等。內有績狀尤異出於上等之外，則更定爲優等；如政事昏繆，出於下等之下者，即定爲劣等。即不得將合在三等政事定優或劣。其奏狀並限次年春季申奏到，送考課院看詳。如所奏委得允當，即從本院保明申奏，其知縣、縣令依下項賞罰。若所奏狥情，功過不實，及虛奬權要，困抑孤寒，其轉運使副、提點刑獄及知州、通判並科違制之罪。京朝官係優等人，到院日與升在院人名次之上，仍令指射家便近地差遣，及令中書記録姓名。其劣等人並降入監當。選人係優等人，如到銓合該磨勘判成，過銓日令銓司與不依名次，先入申引見，改轉合入京朝官近地差遣。其未該磨勘者，如已係職官，並與循資；若係令録，即與兩使職官；如係試銜知縣，即充遠小判司簿尉。定到武臣知縣爲上下等之人，即乞比類上項賞罰施行。詔並從之。

（清）徐松《宋會要輯稿·職官五九·考課》〔元祐〕二年二月十四日，樞密院言：内外坊監使臣任滿當被賞，無責罰，有舉主二員，皆令再任。次任如之。第三任滿，取勞最者與補騏驥院闕。任内職事修舉，亦與再任。次任如之。第三任與理路分都監資序，任滿取勞最者與補提點左右廂諸監闕，仍陞一等資序。並太僕寺考察以聞。從之。

（清）徐松《宋會要輯稿·職官五九·考課》〔元祐〕四年八月五日，吏部言：縣令罷任，委知州、通判考察課績，以德義有聞、清謹明著、公平可稱、恪勤匪懈爲四善，以獄訟無冤、催科不擾、税賦無陷失、宣敕條貫案帳簿書齊整、差役均平爲治事之最，農桑墾殖、殖：原作值，據《長編》卷四七二改。野無曠土、水利興修、民賴其用爲勸課之最，屏除姦盜、人獲安處、賑恤貧困、不致流移、雖有流移而能招誘復業爲撫養之最。仍通取善最分爲三等，及七事爲上，五事爲中，五：原作二，據《長編》卷四七二改。餘爲下。限次月申監司類聚，限：原無，據《長編》卷四七二補。每半年一次同行審覆，若有能否尤著者，别爲優劣等。上半年限八月，下半年限次二年月，保明以聞。知州除太中大夫，觀察使以上及三京留守、安撫使、鈐轄不考察外，其餘並委監司依此考察，吏部開析等第申尚書省。從之。

（清）徐松《宋會要輯稿·職官五九·考課》〔大觀〕四年四月五日，考功員外郎吳時奏：守令考課，諸路雖具實跡保奏，亦有不切指定去處。欲乞今後保明考課，如有開耕荒田，須具所屬鄉分人户姓名、元初荒廢因依，其招集到民户並指定實户數目，不得泛言若干餘户。仍具何年月因水或旱流移。若内有開墾到荒田數目，亦須聲説是與不是拋棄元業，合行給付。即有栽植過桑等，並須開具於是何去處栽植，有無妨礙稼穡，見今有無青活。吏部勘會，守令考課開具實跡保奏，雖有指揮，緣自來諸路監司並不開具以是何事爲實跡考校，未得遂行取會，往往留滯。詔令吏部依此行下諸路。

（清）徐松《宋會要輯稿·職官五九·考課》高宗紹興二年八月十五日，臣僚言：守令有四善、四最考課之法，雖具載條格，欲望明詔監司、守臣遵行考課良法，責以誠實治狀上聞。如得優異之人，乞加奬擢，以爲循吏之勸。詔令吏部申明行下。

（清）徐松《宋會要輯稿·職官五九·考課》〔乾道〕二年四月二十六日，臣僚言：考課之法，自古有天下者，未嘗不盡心焉。祖宗之時，尤所留意。熙寧中，王安石用事，始奏罷之。自此州縣之吏苟簡自恣，雖有所謂批書，大抵牽於常程，徒爲文具。欲望遵用太宗皇帝故事，應監司、郡守朝辭日，别給御前印紙曆子，至興某利，除某害，各爲條目。每考令當職官吏從實批書，任滿精覈，自然風俗丕變，何事不治，何功不成。詔經筵官參照祖宗考課之法與見今所行條制，務要適中，可以久行，取旨。

紀事

（宋）曾鞏《曾鞏集》卷三一《劄子·請改官制前項令諸司次比整齊架閣版籍等事劄子》臣伏以陛下發德音，正官號，法制度數，皆易以新書，太平之原，實在於此。今論次已定，宣布有期，四方顒顒，跂足而望。臣切恐施行之際，新舊代易之初，庶工之間，或吏屬因循，或簿書緣絶，其於督察漏略，檢防散逸彌綸之體，不可不早有飭戒。欲乞明諭，有司架閣有未備者備之，版籍有未正者正之。凡憲令圖牒、簿書案牘，皆當次比整齊，斂藏識别。以至於官寺什器，凡物之屬公上者，亦皆當鈎考，詳於簿録。庶於新舊更易之間，得無漏略散逸之敝，非獨儆當今典領之懈，且以絶異時追究之煩。取進止。

（宋）王安石《臨川文集》卷四七《提轉考課勑詞》先王考績之次序，雖見於經，而其詳不傳於後世。朕若稽古以脩衆功，而諸路刺舉之官未有以考其賢否。比勑有司，詳議厥制，條奏來上，詢謀悉同，其使布宣以勵能者而擇左右可信之良使典治之。古人有言，徒善不足以爲政，徒法不能以自行。今朕有念功樂善之志焉，而又繼之黜陟幽明之法，以待天下之大吏矣。然非夫任事之臣躬率以正而考慎其實，與士大夫宣力於外者皆安於禮義，而不以便文徼幸爲姦，則朕之志豈能獨信於天下，而法亦何恃以行哉？咨爾在位，其各悉力一心，務祇新書，以稱朕至誠惻怛之意。

（宋）龐元英《文昌雜録》卷四　吏部頒給印歷，六曹尚書、侍郎、左右僕射、左右丞批，都司、郎官、左右丞批，二十四司郎中、員外、本曹尚書、侍郎批，以書逐考功過焉。

（宋）蘇轍《欒城集》卷二七《西掖告詞六十一首・陳紘可倉部郎中王古可工部郎中》 敕具官某等。漢郎官出宰百里，今部使者入治諸司，其爲輕重異矣。朕於是考察多士，近而觀其不煩，遠而觀其不惰，庶幾有得，以待任使。以汝等久於吴越，優有善狀，故使紘治予廩，古治予工。其益敬厥事，以底成績。可。

（宋）蘇轍《欒城集》卷二七《西掖告詞六十一首・張輔之入内内侍省磨勘轉内殿承制》 敕：具官某。昔文武之盛，其侍御罔匪正人。今余近習之臣，與縉紳之士，均遇以法，亦無以私恩進者。爾以久勞當遷，往祗厥官，使天下知叙法之公，無内外之異。可。

（宋）蘇轍《欒城集》卷二七《西掖告詞六十一首・皇兄令羽磨勘轉遥團》 敕：具官某。考績之法，一以歲月爲勞，而不以親疏爲異。爾能靖恭於位，積日當遷。以環衛之崇，而加團結之寵。益勉忠孝，無溢無驕，以保禄爵之重。可。

（宋）蘇轍《欒城集》卷二七《西掖告詞六十一首・黄履磨勘改朝請郎》 敕：漢孝宣帝厲精爲政，二千石有治理效，輒增秩賜金。朕追想其風，欲見之於事，而況積勞之久，於法當遷者乎？具官某，頃自禁林，出爲方伯，推其所學，施於有政。表賢獎善，有古人之節。考績應格，吏以叙聞。其益勉於裕民，無使循吏之賞，獨隆於前世。可。

（宋）蘇轍《欒城集》卷二七《西掖告詞六十一首・王存磨勘改朝散郎》 敕：朝廷用人惟其才，而考績必以歲月。用人惟其才，故政無不修；考績必以歲月，故官不失緒。朕兼此二柄，以御羣臣。故雖六事之長，猶寓郎官之秩。

（宋）蘇轍《欒城集》卷二七《西掖告詞六十一首・姚兕磨勘轉東上閤門使》 敕：具官某。爾以勇氣，聞於西垂。奮身稠人，致位通顯。夫論功而賞，雖如丘山，不以爲重；考績而遷，差之毫釐，有不能得。國有常典，朕弗敢私。勉勤厥官，以靖疆埸。可。

（宋）蘇轍《欒城集》卷二八《西掖告詞六十一首・克勍仲詧並磨勘改正任防禦使》 敕：唐始以防團領四方之戎事，中以刺史持節，兼治兵民。國朝參其舊章，因其爵秩，以録親報功，恩禮尤重。以爾具官克勍，力行孝弟，著於閨門。具官仲詧服勤詩禮，信於朋友。皆董司環衛，兼領遥州。積勞之久，歲月應格。俾正使名之重，益隆磐石之宗。夫富而能約者可以保家，貴而知降者可以安職。服是恩命，思予訓言。可。

（宋）蘇轍《欒城集》卷二九《西掖告詞六十一首・梁燾轉朝奉大夫》 敕：因材任人，國之大柄。考績進秩，吏之常法。乃者歷選滯淹，試于侍從。而有司奏課，以時上聞。非朕敢私，法固當爾。具官某，早以好學，召寘石渠。中以嘉猷，入事樞府。恬於榮利，久此盤桓。方議禮於秩宗，旋納忠於西掖。進對一再，議論雍容。歲月之遷，未足爲寵。大言大利，將有竢焉。可。

（宋）蘇轍《欒城集》卷二九《西掖告詞六十一首・王兢湖南提刑》 敕：具官某。朕俾士大夫入治省曹，出按州部，非特以寵禄厚其身也。内則習知朝廷政事之體，外則審察吏民情僞之變。踐歷既久，獎用亦重。爾總督倉庾，才力有聞。惟是湖湘之遐，民習嶮陋之故，犴獄所寄，得人則安。其尚悉乃心，罔以内外之殊，而不盡其力。可。

（宋）葉夢得《石林燕語》卷四 故事：百官磨勘，中書止用定辭。熙寧中，孫巨源爲知制誥，建言：君恩無高下，何獨于磨勘簡之？非所以重王命也。乃詔各爲辭。元豐官制行，惟侍從官而上，吏部檢舉，奏抄命辭；他官自陳於吏部，奏抄擬遷，而不命辭。

（宋）李燾《續資治通鑑長編》卷五四《真宗咸平六年》 綜嘗言：天下州郡長吏，審官皆據資例而授，未爲得人。自今西川、荆湖、兩浙、福建、廣南知州，或地居津要，或户口繁庶之處，望親加選任。其執政舊臣及給、舍以上知州處，亦擇通判。又京朝官當任遠官者，率以父母未葬爲名，妄爲規免。請自今如父母實未經葬者，許請告營辦。審官投狀，並明言父母已葬，即許依例考課。敢詐妄及違者，並罷其官。從之。

（宋）李燾《續資治通鑑長編》卷一三三《仁宗慶曆元年》 知諫院張方平言：臣承乏諫省，今未五十日，凡内臣、外戚、醫官之類，遷轉者且二十人，大則防、團、刺史，小則近職要司。伏以邊陲用兵，將士暴露，狂賊有憑陵之勢，王師無寸尺之功，宜增爵賞，以待勳勤。矢石之下，鋒刃之前，以首争首，以命争命，上功於朝，報賞之際，未嘗有特恩殊命及之者。今帷幄密侍、肺腑近戚，坐受恩寵，動霑厚賜，至於方伎雜類，恩澤過當。伏願審兹威福之柄，深計安危之本，無容親近妄致干請。乞宣諭執政之臣，今後即有傳宣內批，諸非次不正除授，必須詳酌事體覆奏，其或僥求過分，宜爲條約禁止。詔並依前降指揮，常切遵守。

（宋）**李燾《續資治通鑑長編》卷一四二《仁宗慶曆三年》**　癸巳，韓琦、范仲淹並言：陝西、河東緣邊州軍及城寨主兵武臣，例皆五年磨勘，既與內地勞逸不均，故多不願就邊任。以此將佐而下常患乏人，況戰守之地，責其死節，苟循常規，將何以勸？望令陝西、河東緣邊州軍及城寨主兵武臣在任滿三年者，並特轉一資，如經改官而舉留再任者，滿日更與轉一資，並不隔磨勘。從之。

（宋）**李燾《續資治通鑑長編》卷二九三《神宗元豐元年》**　庚申，判司農寺蔡確言：諸路提舉常平司舊兼領於轉運司，極有擅移用司農錢物。自分局以來，河北東路提舉司申轉運司所移用錢二十餘萬緡，江東提舉司申轉運司所移用錢穀十二餘萬貫、碩。蓋轉運司兼領則不能免侵費之弊。今川、廣等路未有提舉官在假，故並轉運司承例兼權。欲乞提舉司闕官處，止令提點刑獄兼權；如廨舍稍遠，即量留吏人照管官物等，委知州或管勾官就便提轄；其提舉官時暫在假，亦委知州或管勾官權本司文字。又言：自今提舉官稱職者，乞令久任，候有成效，與遷提點刑獄及以上差遣。皆從之。

（宋）**李燾《續資治通鑑長編》卷三〇〇《神宗元豐二年》**　癸酉，以國子監直講、著作佐郎滿中行爲館閣校勘。上批：昨監生虞蕃訴學官上下共爲姦贓欺罔，事狀不一，洎朝廷付有司推治，乃蕃言不妄。而中行所履潔廉，不涉吏議，且雜處衆人傾側撓法之中，而能修身檢行如此，求於方今士人寡恥之習，已爲鮮得，又羣汚朋枉日與之分職聯事，卒不能移其操守，尤在可嘉。宜少奬之，以勵風俗。故有是命。中行，金鄉人也。

（宋）**留正《皇宋中興兩朝聖政》卷三《高宗皇帝·定知縣考數》**

建炎二年秋七月壬寅，詔京官知縣兩任已上實及六考，方許關陞諸州通判。舊法不拘考數，至是申明之。

（宋）**留正《皇宋中興兩朝聖政》卷五九《孝宗皇帝·郡守臧否分三等》**　淳熙八年閏三月辛巳，詔諸路監司帥臣，歲終各以所部郡守分三等，治效顯著者爲臧，貪刻庸繆者爲否，無功無過者爲平，詳加考察，具名來上。內臧否各著事實，如考察不公，令御史臺彈劾。

（宋）**李心傳《建炎以來朝野雜記甲集》卷六《朝事·慶元臧否縣令》**　慶元中，張君量帥廣西，請令監司、帥守，各於歲終，以所部縣令分臧、否，上中下三等，合平而爲七，次春上奏，頒之考功。如臧甲於一路者，取旨升擢；而否之最者，亦加黜責。其它次第斟酌施行，以爲懲勸。從之。時二年六月乙丑也。然自後未有舉行者。明年，君量入爲臺諫，以至樞庭，卒不能自行其說云。

（宋）**李心傳《建炎以來朝野雜記甲集》卷一二《官制·減舉吏員館學改官例》**　近制，選人實歷十二考者，減舉主一員。先是，紹興二十九年七月，敕令所删定官嘉興聞人滋，請歲於改官員中差減員數，以待實歷十考舉主不及格之人，庶抑貪冒而養廉潔。上命給、舍議之。洪景嚴、張安國言：此法一開，則選人不出十餘年，坐至京秩。乃止。隆興初，始舉行之。舊舉主須員足乃以其牘上，若舉主物故或罷免，則不計，故有得薦牘十餘而不克磨勘者。淳熙中，始有逐旋放散之令，人皆便之。隆興元年三月己酉，詔選人十二考，無贓私罪者，減舉主。

（元）**馬端臨《文獻通考》卷一一《户口考·歷代户口丁中賦役》**

紹興五年，詔：諸路經殘破州縣，親民官到任，據見存户口實數批上印曆，滿任日亦如之，以考殿最。八年，尚書劉大中奏：自中原陷沒，東南之民死於兵火、疫癘、水旱以至爲兵、爲緇黄及去爲盜賊，餘民之存者十無二三，奸臣虐用其民，誅求過數，丁鹽紬絹最爲疾苦。愚民寧殺子而不願輸，生女者又多不舉，民何以至是哉？乞守令滿日以生齒增減爲殿最。

《宋史》卷一《太祖紀》　〔建隆三年〕十一月癸亥，禁奉使請托。縣令考課以户口增減爲黜陟。

《宋史》卷四《太宗紀》　〔太平興國六年九月〕丙午，置京朝官差遣院，初令中書舍人郭贄等考校課績。

《宋史》卷五《太宗紀》　〔淳化三年〕戊寅，始置京朝、幕職、州縣官考課，並校三班殿最。

《宋史》卷八《真宗紀》　〔大中祥符八年春正月壬午朔〕文武官滿三歲者有司考課以聞。

《宋史》卷二七《高宗紀》　〔紹興三年〕冬十月癸未，朱勝非上

《重修吏部七司敕令格式》。【略】丁酉，殘破州縣視户口增損立守令考課法。

《宋史》卷三九《寧宗紀》〔嘉定五年〕閏月戊辰朔，詔御史臺置考課監司簿。

《宋史》卷四五《理宗紀》〔景定〕二年春正月癸亥朔，詔：監司率半歲具劾去贓吏之數來上，視多寡爲殿最，行賞罰。守臣助監司所不及，以一歲爲殿最，定賞罰。本路、州無所劾，而臺諫論列，則監司守臣皆以殿定罰。有治狀廉聲者，摭實以聞。

《宋史》卷二七七《劉綜傳》〔咸平四年〕又嘗言：【略】又京朝官當任遠官者，率以父母未葬爲辭，意求規免。請自今父母委未葬者，許請告營辦。審官投狀，並明言父母已葬，方許依例考課，違者並罷其官。從之。

《宋史》卷三〇〇《楊畋傳》舊制，内侍十年一遷官。樞密院以爲僥倖，乃更定歲數倍之。畋言：文臣七遷，而内侍始得一磨勘，爲不均。宜如文武官僚例，增其歲考。遂詔南班以上仍舊制，無勞而嘗坐罪徒者，即倍其年。議者謂畋以士人比閹寺爲失。卒，贈右諫議大夫。

《宋史》卷三三七《范鎮傳》兼國史院修撰，爲禮部侍郎。論擇監司守令曰：祖宗分天下爲十八路，置轉運使、提點刑獄，收鄉長、鎮將之權悉歸於縣，收縣之權歸於州，州之權歸於監司，監司之權歸於朝廷。上下相維，輕重相制，建置之道，最爲合宜。監司付以一路，守臣付以一州，令宰付以一縣，皆與天子分土而治，其可不擇乎？祖宗嘗有考課之法，專察諸路監司，置簿於中書，以稽其要。今宜委吏部尚書，取當爲州者，條别功狀以上三省，三省召而察之，苟其人可任，則以次表用之。至官，則令監司考其課績，終歲之後，可以校優劣而施黜陟焉。如此則得人必多，監司、郡守得人，縣令不才，非所患也。

《宋史》卷三四七《韓川傳》遷殿中侍御史。疏言：朝廷於人才，常欲推至公以博采，及其弊也，則幾於利權勢而抑孤寒；常欲收勤績以赴用，要其終也，則莫不收虚名而廢實效。近制太中大夫以上歲舉守臣，遇大州闕，則選諸所表；他雖考課上等，皆莫得預。推原旨意，固欲得人。然所謂太中大夫以上，率在京師，唯馳騖請求者，得之爲多；至於淹歷郡縣治狀應法者，顧出其下，則是謹身修潔之人，不若營求一章之速化也。於是詔吏部更立法。

《宋史》卷四四一《文苑傳·李建中》太平興國八年進士甲科，解褐大理評事，知岳州録事參軍。轉運使李惟清薦其能，再遷著作佐郎，監潭州茶場，改殿中丞，歷通判道、郢二州。柴成務領漕運，再表稱薦，轉太常博士。時言事者多以權利進，建中表陳時政利害，序王霸之略，太宗嘉賞，因引對便殿，賜以緋魚。會考課京朝官，建中舊坐公累罰金，漏其事，坐降授殿中丞，監在京権易院。蘇易簡方被恩顧，多得對，嘗言蜀中文士，因及建中，太宗亦素知之，命直昭文館。

《宋史》卷四四五《文苑傳·程俱》武功大夫蘇易轉横行，俱論：祖宗之法，文臣自將作監主簿至尚書左僕射，武臣自三班奉職至節度使，此以次遷轉之官也。武臣自閤門副使至内客省使爲横行，不係磨勘遷轉之列，其除授皆須特旨。故元豐之制，以承務郎至特進爲寄禄官，易監主簿至僕射之名；武臣獨不以寄禄官易之者，蓋有深意也。政和間，改武臣官稱爲郎、大夫，遂並横行易之爲轉官等級，蓋當時有司不習典故，以開僥倖之門。自改使爲大夫以來，常調之官，下至皂隸，轉爲横行者，不可勝數。且文臣所謂庶官者，轉不得過中大夫，而武臣乃得過皇城使，此何理也。夫官職輕重在朝廷，朝廷愛重官職，不妄與人，則官職重；反是則輕，輕則得者不以爲恩，未得者常懷觖望，此安危治亂所關也。

（清）徐松《宋會要輯稿·職官一〇·考功部》〔紹興二年〕十二月二十二日，吏部侍郎席〔蓋〕〔益〕言：天頭原批：寄案《大典》卷一百九十四作席益。考功昨因遺火，文籍燒毁，内有陳乞磨勘、關陞等案牘，許經所在別行陳乞。其昨來繳到真本告敕劄子、印紙、公據等，在部被火不存者，欲許元陳乞人結罪，具元投下文字、名件及歷任家狀、功過，請假、事故等赴部審驗詣實，關送逐選給據。仍立限半月赴部陳乞，限滿更不受理。從之。其繳到真本文字，如本部有干照，參驗詣實，即具事理保明申尚書省，聽候指揮，方得給據。

（清）徐松《宋會要輯稿·職官一一·審官西院》天禧元年二月十三日，詔：京朝官改秩至今年正月十二日及三歲，不限中外職任，但非曾犯入己贓，令審官院磨勘以聞，當議遷陟。帝以昨經大禮加恩，止於勳、散、爵、邑，故優其歲滿及犯輕者，令考覆之。

三月十三日，審官院言：准詔京朝官秩滿三年歷任無贓者，磨勘以聞。今參詳內有非時衝替及因罪降差遣未滿一任，或曾經考課不轉官者，欲更不勘會。詔應前項人俟更及三年非贓濫者悉許考校以聞。時帝謂宰臣曰：京朝官有曠弛不治，衆所共知。而無顯過者，考課之際，第以久次遷擢，非勸沮之道也，宜志之。八月二十二日，詔：伎術人雖任京朝官，審官院不在磨勘之例。

（清）徐松《宋會要輯稿·職官一一·審官西院》〔天聖三年四月〕二十五日，流內銓磨勘引對翰林侍講學士孫奭所舉滑州觀察判官董儲。詔特與太子中允。儲進士策名，任兩使判官，資序合入太常博士。以歷任有過，曾答決部民致死，特令近下除官。

（清）徐松《宋會要輯稿·職官一一·審官西院》〔天聖三年〕九月六日，中書門下言：應京朝官經登位覃恩轉官後及三年者，並依景德四年七月敕施行。其移任或不因公事非時除替及歲未滿別授差遣或特恩任使者，（侯）〔候〕轉官及四周年以聞。其天禧三年六月詔書更不用。從之。先是，京朝官有任滿三年不候到闕，於所在申發文字，便許磨勘改轉，考績之制頗爲濫易，故申明景德條制焉。

（清）徐松《宋會要輯稿·職官一一·審官西院》〔天聖七年〕十一月六日，詔：京朝官磨勘，令審官院今後京朝官並依景德四年七月四日詔書，申發文字赴審官院磨勘。

（清）徐松《宋會要輯稿·職官一一·審官西院》〔天聖八年〕八月六日，審官院言：准去年十一月六日詔書，磨勘京朝官年限參詳，多有得替後轉官未及三周年，却准諸處公文差官勾當。在路託故拖延，候及三周年方始到闕乞磨勘。欲請自今京朝官並須得替已前及三周年即得磨勘，其西川、廣南得替在任不曾磨勘到闕及三周年者，許與磨勘。如到闕未及三周年，即候次任及三周年日許依例磨勘。又自來所差京朝官內除西川、廣南依例以到任月日爲始差替外，其餘不以遠近，並以授敕年月爲始，近地隔兩月遠地隔一月差人交替。其新授官員多是纔授敕便赴任，是致見任官未滿交割。欲望並令候見任官以受差敕年月，近地及三周年、遠地及三十箇月滿日即得赴任。及乞於差敕明言替某人某年某月滿闕，所貴見在任官至得替轉官未及三周年者免（有）〔其〕叙述陳乞。其遠地三十箇月得替，如在任不曾磨勘者，即候到闕及三周年，許與依例磨勘。又得替後轉官未及三周年，又得替至後轉官未及三周年之間，原有磨勘者，即候到闕及三周年，許與依例磨勘一段文字，與前面所述爲重文，今據文意删。卻准諸處公文差遣勾當公事方及年限者，並不在磨勘之限。又京朝官先因公事並有因依替移及降差遣者，自來不以年限無例外任磨勘，須候得替到闕。其間或有朝廷就移任使三兩任者，本院自來別無條例，欲望自今以移替及降差遣年月爲始。後來及三周年，通計未移降差遣前轉官。及五周年者，不以到闕在任，並與磨勘。其在外京朝官在任未滿，不因公事朝廷非時移替，在任不曾磨勘轉官者，後來通計及三周年，不以到闕在任並與磨勘。如到闕未及三周年，即候次任及三周年與依例磨勘。並從之。

（清）徐松《宋會要輯稿·職官一一·審官西院》〔慶曆三年〕十月，詔曰：唐虞稽古，建官惟百，能哲而惠，克明俊德，然猶三載考績，三考黜陟幽明。周制太宰之職，歲受百官府之會，以詔王廢置，三載則大計群吏之治而誅賞之，故考課之法舊矣。祥符之際，治致昇平。凡下詔條，主於寬大。考最則有限年之制，入官則有循資之格。及比事邊，因緣多故，數披官薄，審閲朝行，思得應務之才，知虧素養之道。然非褒沮善惡則不激礪，非甄別流品則不憤發，特頒程式，以懋官成。自今兩地臣僚非有勳德善狀，即不得非時進秩。或非次罷免者，仍不以轉官帶職爲例。兩省已上自來四年一轉官，今並具履歷取旨。京朝官磨勘年限內私罪人並歷任內曾犯贓，先具元犯入已不入已情理重輕，並今磨勘年限內有無勞績及舉主人數，主判臣僚奏取旨。若磨勘後再及三年，內贓私罪杖以下經一次取旨，徒以上經兩次，如能自新，於年限內別有勞績，及有同罪舉主三人又無私過者更不取旨。其到審官院人於元指射路分內受差遣及未到院以前並受差遣以後待闕及得替赴任公程月日，並許通計磨勘。如於元指射合入路分有闕不就，則將守候差遣半年及得替赴任公程外任滯數日，並不得理入磨勘之限。其京朝官上章陳乞，並於中書審官院求就京差遣者，並五年磨勘。如因省府等處保舉及用條選差在京勾當者勿拘此制，即不得舉選見任兩地並兩省臺諫官有服紀之親。凡有善政異績，或勸農桑獲美利，或差鞫刑獄累雪冤枉，或在京監當庫務能革大弊，因而省費錢物萬數多者，量事跡大小不隔磨勘，或陞差遣。其選人未該磨勘而有上項勞績者，亦與比類陞擢。若朝官轉員外郎，須自歷陞朝官後有安撫轉運使、提點刑獄或清望官伍人同罪保舉，並三周年內無私罪者方得磨勘。員外郎轉郎中，郎中轉少卿亦如之。其舉主不足者增二年。少卿監轉大卿監，並轉諫議大夫，並取聖（選）〔旨〕。慶曆四年正月，詔審官、三班院、流內銓磨勘轉官，如批降指揮後有合奏請事，令主判官別取旨。先是，判銓王質言：伏見先朝審官院、三班院、流內銓引見磨勘差遣人，並臨時取旨。自天聖垂簾之後，皆前一日進入文字，內中批定指揮。其間雖有功過，有司不敢復有所陳。今請如先朝故事，更不預進文字，並於引見日面與處分。故下是詔。

（清）徐松《宋會要輯稿·職官五九·考課》 乾德二年二月二十日，詔曰：周廣順三年五月詔書：應前後出選門州縣官，內有歷六考，叙朝散大夫階，次赤令，並歷任中曾陞朝，及兩使判官、諸府少尹，罷任後及一周年，及：原無，據《長編》卷五補。與除官；曾任兩番營田判官、書記、支使、防禦團練判官，罷任後及二周年，及：原無，據《長編》卷五補。與除官。並許經中書陳狀，點檢不欠年限，當與施行。選限既近，不得依常選人例更理減，仍須批書曆子，請給解由。如是逃走户口，降書考第，及顯有過犯，必行殿降。應諸色選人過三選以上，色：原作免，據《長編》卷五改。及未成資考丁憂，課績官無選可減者，各令自於吏部南曹投狀，准格勅磨勘無違礙，申送中書門下，並與除官。其州縣官自恐虧損年限資序，願歸選門者，亦聽自便。如或曾任推、巡、軍事判官諸色出選門官，並據見任官選數叙理，取解赴集，依格勅磨勘，送名申中書門下，於銓司注擬。前先次除官者，並自前應於中書陳狀乞官，及過三選，未成資考丁憂，及諸色出選門官送名人等，宜令今後一准元勅年限選人例，並須取解赴集，送銓先次注擬。其課績官仍令吏部南曹準格勅移牒三司，會問户口、税錢數同，准例合該減選者，今所司給付公憑。如無選可減者，亦送銓司注礙。所有雪活官依例刑部磨勘，便令送銓，準元敕資叙注擬。其課績及雪活官候銓司注官，異日內有合該改服色、轉檢校、兼試銜者，仍今銓司具名申奏。餘依格式處分。

（清）徐松《宋會要輯稿·職官五九·考課》 〔太平興國〕八年四月一日，詔曰：國家並建庶官，分掌衆務，各司攸局，咸盡其材，不明殿最之文，曷伸懲勸之道？應州縣幕職官等，吏部蓋有舊規。自今京朝官釐事於外者，秩滿歸闕，曾經責罰及臨事簡慢者，並與邊遠州郡；課績高等、治行尤異者，授以近地。式示勸能，著爲定制。

六月三日，刑部郎中楊徽之、庫部郎中孔承恭同考校京朝宮殿最。

八月十日，詔曰：朕選用群材，令司衆職，九品之賤，一命之微，未嘗專委於有司，必須召對於便殿，親與之語，以觀其能。儻敷納而可觀，必越次而命賞，靡容僥倖，庶叶澄清。自今應親臨選擢官吏，並送中書，更審勘履歷，別聽進止。聽：原作德，據《太宗皇帝實録》卷二六改。

雍熙二年十月十七日，右諫議大夫雷德驤同知京朝官考課。初，帝謂宰臣曰：朕前日閲班籍，欲擇一人爲河北轉運使，而臣僚既衆，不能盡識，亦不知其履行。自今令德驤具臣僚歷任功過之跡引對取旨，既以漸識群臣，可以擇才委任。且使有官政者樂於召對，負瑕累者耻於顧問，懲惡勸善，於是在焉。

（清）徐松《宋會要輯稿·職官五九·考課》 淳化三年正月十日，左諫議大夫魏庠、知制誥柴成務同知京朝官考課。

十九日，詔曰：國家擇幹蠱之才，領轉漕之任，生民繫乎舒慘，國用倚之盈虚。百吏承風，在舉措而宜慎；三年會計，固黜陟以是行。苟無課最之文，曷伸懲勸之道。應諸道轉運使，自今釐革庶務，平反獄訟，及貨財盈羨，飛輓辦集，有利於民等事，並令所在州府軍監每歲終件析以聞。非尤異之績者，不得申舉。

十月十六日，詔曰：三考黜陟，有虞之茂典；八使按行，東漢之舊章。苟課最之不明，於賞勸而何在。應諸道知州、通判及釐務京朝官、録事、判官、縣令、簿、尉等，內有治行尤異、吏民畏服、居官廉恪、涖事明敏、獄訟無滯、倉庫盈羨、寇盜剪滅、部內清肅者，本道轉運使各以名聞，當召赴闕，親臨問狀，增秩懋賞，以旌其能。其有貪猥自私、臨涖無取、稽留犴獄、叛離（言）〔官〕次、盜賊群起、賄賂公行者，並須條狀來上，當行貶斥。

（清）徐松《宋會要輯稿·職官五九·考課》 〔淳化〕四年二月十八日，以考校京朝官院爲審官院，幕職州縣官院爲考課院。

（清）徐松《宋會要輯稿・職官五九・考課》〔淳化四年〕五月二十日，詔以京朝官考課院翰林學士錢若水、樞密直學士劉昌言同知審官院。又以幕職州縣官考課院歸流内銓，命翰林學士承旨蘇易簡、知制（諸）〔誥〕王旦同領其事。先是，置京朝官考課院，又别令校其殿最，至是併而爲一，命若水等主之。

五年五月十九日，臨軒親選郭玘等四人爲升朝官，仍給御前印紙，令書今任課績，滿日自齎赴御前，較其課績。帝面諭玘等：爾爲布衣在塵埃時，見一朝官還，羨否？今來未滿歲而卒擢選，宜自厲力以答殊恩。

（清）徐松《宋會要輯稿・職官五九・考課》〔咸平〕三年七月，帝諭宰臣，令録内外庶官歷任功過，編策進内。其該恩復用者别編，以備親覽。

（清）徐松《宋會要輯稿・職官五九・考課》景德元年五月，詔：諸州通判、幕職州縣官、監物務京朝官使臣等，任居民政，職臨物局，儻能招輯流民，增集官利，耗登可較，黜陟必行。近據勘得替人在任事件，未叶公平。自今宜令轉運司遍諭所部批書曆子，明具州縣元管主客户口，在任至替，逐年流移、歸業，件析口數。招添賦税，明言實納色額，不得衰同增加，以在任走失户税次年歸業者，（忘）〔妄〕爲勞績。應監場務，須具租額及前界遞年實收錢數增虧，比類批書。敢有庇覆隱漏，干繫官吏悉論以違制。或官吏爲形勢所抑，狥情批書不實，亦許經新到任官陳首，令具奏聞，當行指揮。應會問之司，宜專行點檢，依理關報，不得輒有增減。仍委三班院、流内銓、審官院精加詳審，方得引見。儻涉鹵莽，所經歷官局並嚴朝典。時帝以考課京朝官使臣，或招輯户口及監臨餘羨多或不實，特約束之。

（清）徐松《宋會要輯稿・職官五九・考課》〔景德〕四年七月天頭原批：四年上脱景德二字，係分卷處，宜補之。詔樞密院：今後諸司使、副使至閤門祇候外任代還，或召赴闕者，先具履歷以聞。時帝以引見或不能盡記其人履歷，或有勤勞及歲久當遷者，故下是詔。

（清）徐松《宋會要輯稿・職官五九・考課》〔慶曆〕五年二月三日，詔京朝官考課之法並如舊制。先是，監察御史劉元瑜上言：近年更張條制，求士之道，盡（申）〔由〕保舉，方得進用，習長奔競，無甚於此。自朝官轉員外郎，員外郎轉郎中，郎中轉少卿監，各須清望官五人同罪保任，方許磨勘。此詔一降，浮薄之人日趍權門，求爲舉主，不復更有廉恥，清介自守則終老無所進身。望指揮中書，别立黜陟之制。故有是詔。

（清）徐松《宋會要輯稿・職官五九・考課》英宗治平三年六月，駕部郎中、知磁州李田監淄州鹽酒税。初，嘉祐六年始置考課法，至是本院言田再考在劣等，故有是命。坐考劣降自田始。以上《國朝會要》。

（清）徐松《宋會要輯稿・職官五九・考課》元豐六年正月二十四日，尚書省乞都司置御史房，都：原作郡，據《宋史》卷一六一《職官志一》改。主行彈糾御史察案失職六察殿最簿。從之。

（清）徐松《宋會要輯稿・職官五九・考課》紹聖元年八月十九日，詔大名府等處通判周誼、韓跂、唐弼，與依元祐編敕内第五等酬獎。以御史郭知章言其賑濟有勞也。

（清）徐松《宋會要輯稿・職官五九・考課》徽宗崇寧元年十一月二十八日，臣僚言：吏習因循，不能樂事赴功；人拘苟簡，不能安職宿業。以因循苟簡之積弊而無以繩之，則官雖備，亦徒充位而已。臣願陛下操責成之柄以馭群吏，限之以歲月，責之以績効，勤者置，怠者廢，然後可使百工允釐，庶績咸熙也。乞嚴立條式，每歲終委省、寺、監之長攷其屬官之成，六曹尚書攷其郎官之成，尚書都省（視）〔考〕六尚書之成。成者陟之，不成者黜之，如《周官》大計群吏之治而誅賞之法。庶幾官師相規，亹亹夙夜，率職趍事，以上副陛下董正治官之意。詔令吏部修立每三歲郎官黜陟之法聞奏。

（清）徐松《宋會要輯稿・職官五九・考課》大觀元年八月二十八日，朝散郎、新差權京西路轉運判官葉大方奏：伏聞張官置吏，莫非爲民，而職任與民最親者莫如守令，其任豈不重哉。陛下臨御以來，爲官擇人，以民爲本，循名責實而不容私焉。故謹擇守令以成郡縣之治，立四善、四最以爲考課之法。每守令替移，令諸監司參考其任内課績，以定優、上、中、下之等。優、上者有賞，其下者有罰。然爲監司者，或昵於親故，或狃於貴勢，而甚者至於以貪爲廉，以暴爲良。既上下之等不實，則賞罰遂至於失當，其爲負陛下耳目之寄，孰甚焉。欲乞每歲將諸路監司所定守令考課等第，令御史臺重行審察，如有不當，重加黜責，不以赦原。庶幾考課得實，人有勸懲，上以稱陛下勵精求治之意。詔：寄耳目之任於諸路監司，以察吏之能否而行賞罰，或背公合私，不以實奏，害黜陟幽明之政，豈可無罪？可依所奏。

（清）徐松《宋會要輯稿・職官五九・考課》〔政和〕三年五月十六日，臣僚上言：伏覩崇寧中，命御史臺修立守令考課上等之法，至爲詳盡。轉官減年，視其功之輕重，故當時在職者莫不黽勉向公。後來異意之臣，遂抗議罷之。欲望詔有司復行崇寧二年指揮，庶使守令知勸。詔吏部，守令考課法依大觀元年十一月指揮。

（清）徐松《宋會要輯稿・職官五九・考課》宣和元年七月十八日，都省言：知平江府應安道等奏，昨辟差從政郎、台州司儀曹事、就充崑山縣令張承自到任以來，推行賑濟如法，別無違戾，及本縣自今春興修水利，開治浦港，協力應辦，並無搔擾。乞許令本官終滿今任，如舉官、考第合格，即乞令就任改官，所貴不致妨闕。從之。

（清）徐松《宋會要輯稿・職官五九・考課》高宗紹興二年八月十五日，臣僚言：守令有四善、四最考課之法，雖具載條格，欲望明詔監司、守臣遵行考課良法，責以誠實治狀上聞。如得優異之人，乞加獎擢，以爲循吏之勸。詔令吏部申明行下。

（清）徐松《宋會要輯稿・職官五九・考課》〔紹興二十六年〕十二月九日，右正言凌哲言：祖宗時，監司考課之法尤所注意，至給御前印紙，批書事件。候其滿歲，用以磨勘。至於保奏、互舉，各有期限，違者論罪如律。比年以來，文存實廢，漫不加省，善否混淆，莫之旌別。欲望申命有司，檢坐見行考課條法，嚴飭諸路監司恪意遵守，以時互舉，聞于朝廷。且使稍久其任，以究行殿最。從之。以上《中舉會要》。

（清）徐松《宋會要輯稿・職官五九・考課》〔乾道〕三年十一月二日南郊赦書：任滿批書印紙，多是胥吏舞文，批書不完，有礙注授陞改。四川、二廣陞改，考第舉主、定差使闕、恩例名次應得格法，緣本路轉運司行遣，或州軍批書小節不完，致取會留滯，並許令就行在，召本色官二員委保，先次放行。案後取會，如有違礙，依條改正施行。六年十一月六日、九年十一月九日南郊赦書，並同此制。

任用權限與迴避分部

綜　述

（宋）謝深甫等《慶元條法事類》卷六《職制門·權攝差委》

勅

職制勅

諸知州、通判、縣令闕及添差，特差官有故或任滿輒差寄居待闕官權攝，並受差者，並以違制論，因而收受供給者，坐贓論。即繁難縣令闕、應差權官而輒差在本貫及有産業並見寄居若舊曾寄居處者，元差並受差官，罪亦如之。首先按舉者非。以上差權而犯入己枉法自盜贓，所差官與同罪。

諸添差官，違令兼權職事者，計所請俸給坐贓論。

諸監司、知州輒將帶使臣之任，校副尉、下班祗應同，謂非朝省注授者。及到任旋行收留差充指使，或權攝場務之類，所差官及受差者，各杖一百。若受差之人請過請給贓重者，坐贓論。

諸差罷任待闕官權攝職任，謂於法許差者。應批書到罷而不批者，杖一百。所差官替罷未經批書而離任者，罪亦如之。

諸因進納及陣亡换給補授，不理選限，將仕郎及助教輒差權攝職任，虚給文帖稱呼者同。及被差者，各以違制論。即不應參選人請托虚出文帖稱呼，及爲出給者，罪亦如之。

諸不釐務宗室，不厘務散官同。而輒差權職任，或幹辦公事，及不應差罷任待闕官而輒差者，徒二年，受差者減三等。皆追請給。

諸倉場庫務已有正官，而巧作名色謂如措置提點、同提點之類。差權攝及被差者，各以違制論，仍令監司按劾，諸司互察，其請給坐贓論，委御史臺覺察。

諸降授監當官，輒差別權職任者，杖一百，不妨本職者非。受差者，減一等。即歸明人任官，輒差出，杖八十。

諸監司緣事輒差置官屬，謂如催促綱運、剗刷錢帛、指教造酒、支收草料之類於屬官外增差非見任官者。徒二年，受差者，罪亦如之。仍追請給。

諸緣公使庫職事輒委縣令、佐主管者，徒一年。

諸監司每歲詣所部點檢、催促結絶見禁罪人，於令不應委官而輒委者，若被委官於所詣處及決獄未畢緣路赴宴會者，各徒二年。

厩庫勅

諸命官兼局，若差權他官，受公使供給於令有違者，杖一百。

諸場務監官，輒差主管公使庫，及公使庫官，輒差充受納糴買官，並受差者，各以違制論。

令

職制令

諸三京或兼一路經略安撫、總管、鈐轄州知州闕，轉運、提點刑獄官兼權，未到，而提舉常平官同州者亦聽權；皆未到，即本州以次官分權。總管、鈐轄司公事，路分主兵官應權者，不得交與歸明人。監司置司州，聽監司兼權。兩員處以官職爲序。如遇巡歷，本州以次官暫權。餘州以次官或轉運司選官權。武臣知州，安、撫、鈐轄司選差。若以次官係選人，即申轉運司選差鄰州通判或見任京朝官權。被差官日下起發，不得推避。

諸發運、轉運、提點刑獄、提舉常平茶鹽司官替移事故，本司無同職官者，各司互權，仍以序位法爲先後之次；逐司皆闕，置司所在知州權；又闕，或係侍從以上任知州者，鄰近知州權。

諸縣令闕，聽以次官暫權，不許輒差他官。若闕丞處，或以次官不勝任，聽本州見任許差官内選差權；闕，即申監司於他州選差。

諸繁難縣令闕，謂吏部籍定者。本路無官可差者，轉運、提點刑獄司於罷任待闕官内選差年未六十，曾歷縣令，無私罪、疾病及見非停替人權，不得差在本貫及有産業並見寄居若舊曾寄居處。

諸添差官，謂不釐務者。不得兼權州縣正官職事。

諸縣尉闕，及三萬貫以上課利場務監官全闕，各無官可差者，雖罷任待闕官，聽差權。

諸路將副闕，帥司選委路分或州鈐轄權，係武臣知州處，令知州兼領，仍當日具闕申樞密院。

諸緣邊知州及主管軍馬司公事官遇軍興已出，其權官雖軍期不得更差。

諸緣邊鎮寨闕官，及管押軍馬並急切軍事，許經略安撫、鈐轄司權差本路罷任待闕使臣、校尉、下班祗應、副尉幹辦，每月具所差人申樞密院。餘事藉才幹集者，具奏聽旨。

諸巡檢闕，雖課利場務監官，謂二員以上課利不虧處。及罷任待闕官，或聽候差使使臣，聽差權。提點刑獄司差官，先差本司緝捕盜賊。時暫在假，除罷任待闕官外，准此。

諸巡轄馬遞鋪使臣，不得差兼他職，遇闕，未差到正官者，許提舉官於場務監官二員以上課利不虧處及無違礙可差官内選差權攝，其賞罰約束並依正官法。

諸鹽酒稅場、河渡本無正官，而轉運司差官權監者，未滿一年，不得差人承旨。

諸差官權攝職任謂依法應差者。及幹辦公事者，先選本州，次鄰州，次本路，仍不得差本處寄居官。

諸州縣闕官，而依法合差罷任待闕官權攝者，並令本州取印紙批書到任月日，替罷，亦批有無不了事件訖，方得離任。如無印紙，即取告敕、宣劄，於背後慎謹批書，當職官具銜書押用印。

諸闕官而差官權者，正官未至，無故不得輒代。

諸闕員應差罷任待闕官權者，先取付身、敕告、宣劄照驗，委無僞冒，聽差權。

諸待闕官應差權職任或幹辦公事者，不得有妨之官。

諸州幕職官，録事參軍，司理、司户、司法參軍，聽兼管諸庫，唯刑獄官不得受納租税、糴買糧草。

諸受納二税官，轉運司委知、通前期於本州縣官内公共選差訖，申本司檢察。被差官事一受納，不得干預他事。本州納者，即於倚郭縣官内選差，不得差外縣官專典，止聽本州差。

諸監司每歲被旨分詣所部點檢、催促結絶見禁罪人者，各隨置司州地里遠近，限五月下旬起發，雖未被旨亦行。遇本司闕官，或專奉指揮躬親幹辦及鞫獄、捕盜、救護河防不可親詣，或屬縣非監司經由路，即委通判、幕職官，仍具事因申尚書省。其被委官經過州縣、月日、慮囚名件申提點刑獄司。至七月十五日以前巡遍，仍具所到去處月日被委官申到者同。申尚書省。

考課令

諸命官權攝職任，有功過應批書而無印紙者，依到、罷法批書付身。

賞令

諸權攝職任應賞者，依正官法。權巡、尉獲盜者，自依本法。

公用令

諸公使命官權攝他官而兩應供給，從一多，若兼局者謂所兼元無正官處，如兼管公使庫之類，通本職給兩處。其差往他處權攝者，到、罷饋送共不得過所權月給一月之數。

申明

隨敕申明

職制

乾道三年三月四日尚書省劄子：諸軍揀汰不釐務使臣，並不得差充權攝並押綱諸般差遣。如違，重作施行。

紹熙元年十一月八日敕：緣邊州縣，應借補人未經朝廷補正者，不得妄居職任。若倉庫局務闕官，只許就見任州縣官内差。

（宋）謝深甫等《慶元條法事類》卷八《職制門・親嫌》 敕

名例敕

諸稱親戚者，謂同居無服同。若緦麻以上，本宗袒免同。母、妻大功以上親，姑、姊妹、侄女、孫女之夫，侄女、孫女之子同。女婿、子婦之父、祖、兄弟，孫女婿及孫婦之父，兄弟妻及姊妹夫之父同。母妻姊妹、外孫及甥之夫。妻之姊妹之子若外祖父及舅同。

諸緣婚姻應避親者，定而未成亦是。

職制敕

諸應避親而輒之官者，杖一百，仍不理爲在任月日。

諸在任避親應移注或罷而不依限申陳，及官司行遣稽程者，各加官文書稽程罪二等。承會問而稽程者同。内不自申陳，通元限滿三十日，杖一百。

諸州推、法司與提點刑獄司吏人有係親戚而不自陳乞迴避者，杖一百。

令

職制令

諸職事相干或統攝有親戚者，並迴避。雖非命官而任使臣差遣者，亦是。其轉運司帳計官於諸州造帳官，提點刑獄司檢法官於知州、通判、簽判、幕職官、司理司法參軍，録事、司户兼鞫獄、檢法者同。亦避。即尚書省及六曹於外任官，知州帶鈐轄、提舉兵甲賊盜於本路官，宗室於本宗祖免親，各不避。

諸在任以親嫌應迴避者，嫌，謂得旨許避者。期親並罷。餘聽指本路鄰近應對移處，諸州造帳官應避轉運司帳計官者，止別差官主管。或應入闕不限數，避親者，唯許射闕一次。限十五日願罷者准此。避嫌各以得報日爲始。申轉運司，事屬經略安撫、總管、鈐轄司者，即申本司。本司限五日勘會，無妨礙，仍須一等職任，約度州縣大小，先近後遠，如所指處妨礙，本司於限内勘會本路未差人非次過滿見闕，會問本官，限五日回報。不願者，依無可對移法。擬申差注所屬勘當，先次注授。其應避本路官者，許於旁近路准上法指陳，關牒所屬轉運司，勘會申。以上各不入川、廣，願入者聽。仍不許入奏舉闕。願罷或無可對移，或係舉官闕者，並依省員法。被對移人願罷者，准此。不依限申陳者，並罷。赴部理再到名次，仍自應避之日不理資任。舉狀其事應會問者，承受官司限三日回報。即未赴任而應避者，經所在陳狀指射，應入闕，仍許與待闕人對换。但資序同，俱係應入闕，不以逐處見任官去替遠近、過滿見闕，雖所授各過六十日及已經换者，亦聽對换。

諸以職事相干或統攝應避親而去替不滿一年者，聽滿任，孫及期親不用此令。仍報差注所屬。其到、罷不相妨及在任人去替不滿百日者，候替日赴任。

諸應避親嫌已對移未到移所，而所避之人替罷者，各歸本任。若未赴任及已罷各未別授差遣，本任又正官未到而願還本任者，亦聽。

諸命官已受差遣而避親嫌者，所避州知、通勘驗詣實，同所避官各具無詐僞，結罪狀保明申尚書吏部。

諸命官與溪洞蠻人是親戚者，不得授接界州差遣。被移授者，經所屬自陳，所屬奏與移別處一般差遣。

諸職任自朝廷除授而應避親者，到任限三十日自陳。雖未到任而自陳者聽。

諸經略安撫、監司屬官與本路逐司官係親嫌者，並迴避。經略安撫司主管機宜文字官非。

諸在職公事有親嫌，謂依推舉官應迴避者。申牒同職官行下，無同職者，聽不避。

諸鞫獄、檢法、定奪、檢覆之類應差官者，差無親嫌干礙之人。

諸州推、法司於提點刑獄司吏人有親戚者，並自陳迴避。

諸公人於本轄應避親者，指移一等差遣。

儀制令

諸命官與舊轄公人或本家親隨人同官守者，雖事局不相干，亦申請對移。即任通判以上，其公人、親隨人係從義郎以下，不避，仍庭參不接坐。

斷獄令

諸被差請鞫獄、録問、檢法而與罪人若干繫人有親嫌應迴避者，親，謂同居，或祖免以上親，或緦麻以上親之夫子、妻，或大功以上婚姻之家，或母、妻大功以上親之夫、子、妻，或女婿、子婦緦麻以上親，或兄弟妻及姊妹夫之期以上親；嫌，謂見任統屬官或經爲授業師，或曾相薦舉，有仇怨者，其緣親者，仍兩相避。自陳改差，所屬勘會，詣實保明，及具改差訖因依申刑部，仍報御史臺。即録問、檢法與鞫獄，若檢法與録問官吏有親嫌者，准此。

諸州公事應檢法者，録事、司法參軍連書。有妨嫌者，免，俱應免者，別委官。

軍防令

諸軍緦麻以上尊長在所轄者，許被轄人自陳移別部。應避副指揮以上者，移一等軍，並理舊名次及充軍月日。其已充曹司而有緦麻以上親，係將校、節級因轉補移降之類到營者，亦許自陳。男女緦麻以上親准此。應移別指揮者，止移見住營州縣。

諸軍避本轄人移送一等軍分者，節級依舊職名，無闕者，舊職次名。

諸出征於本轄人有怨嫌者，聽避。

（宋）謝深甫等《慶元條法事類》卷八《職制門·定奪體量》 諸發運、監司點檢所部理斷不當，事小者改正，或委鄰州官審詳當否，應推究者，送本州，有妨嫌者，送鄰州縣。若所犯事理重或應密者，差官置司。即受理辭訟而有違法顯狀者，准此。

辭訟令【略】

諸訴縣理斷事不當者，州委官定奪。若詣監司訴本州者，送鄰州委官。

（宋）王栐《燕翼詒謀録》卷二《謫官不得薦舉》　舊制，朝臣監司因事謫官，多爲監當，雖在貶所，猶以前任舉官，言者以爲無以示貶抑之意。天禧元年五月壬戌，始制因罪監當不得舉官充知縣，朝臣不得舉本州幕職官。前朝貶謫雖重，叙用亦驟，未聞其黜免而置之閑地也。王安石一時私意，貽害無窮，罪不勝誅，國猶爲其所誤，而況士大夫乎。

（宋）王栐《燕翼詒謀録》卷二《伎術官不得擬常參官》　應伎術官不得與士大夫齒，賤之也。至道二年正月，申嚴其禁。雖見任京朝，遇慶澤只加勳階，不得擬常參官。此與書學、畫學、算學、律學並列於文武兩學者異矣。

《吏部條法·差注門·親嫌》

《尚書侍郎左右選通用令》　諸與統攝官有嫌而乞避者，取裁。諸在任應避親若嫌者，比類注見闕，次近闕，若所指州無闕，及元不指定者，注鄰近處。無闕，即對移。仍問被對之人，有無妨礙。無闕，或本闕應奏差者，依減罷法。即所避人已去任者，雖已奏擬，更不移罷。諸避親若嫌應移注，及被對人事應會問，而除程過叁拾日不報者，即行定差，雖限内報而不圓者，准此。

《淳祐敕》　諸稱親戚者，謂同居，無服同。若緦麻以上，本宗祖免同。母妻大功以上親，姑姊妹侄女孫女之夫。侄女孫女之子同。女婿子婦之父祖兄弟，孫女婿及孫婦之父兄弟妻，及姊妹夫之父同。母妻姊妹外孫及甥之夫，妻之姊妹之子，若外祖父及舅同。諸緣婚姻應避親者，定而未成亦是。

《淳祐令》　諸嫌應避者，謂有讎怨。諸職事相幹或統攝有親戚者，並迴避，雖非命官而任使臣差遣者亦是。其轉運司帳計官於諸州造帳官，提點刑獄司檢法官於知州通判簽判幕職官，司理司法參軍録事司户兼鞫獄檢法者，同。亦避。即尚書省及六曹於外任官，知州帶鈐轄提舉兵甲賊盗於本路官，宗室於本宗祖免親，各不避。諸府號官稱犯父祖嫌名，及貳名偏犯者，皆不避。諸在任以親嫌應迴避者，嫌，謂得旨許避者。期親並罷，餘聽指本路鄰近應對移處，諸州造帳官應避轉運司帳計官者，止別差官主管。或應入闕不限數。避親者，唯許射闕壹次。限拾伍日，願罷者，准此。避嫌各以得報日爲始。中轉運司，事屬經略安撫總管鈐轄司者，即申本司。本司限伍日，勘會無妨礙，仍須壹等職任，約度州縣大小先近後遠，如所指處防礙，本司於限内勘會本路未差人非次過滿見闕，會問本官。限伍日回報。不願者，依無可對移法。擬申差注。所屬勘當，先次注授。其應避本路官者，許於旁近路，准上法指陳，關牒所屬轉運司勘會申。以上各不入川、廣，願入者，聽。仍不許入奏舉闕。願罷，或無可對移，或係舉官闕者，並依省員法。被對移人願罷者，准此。不依限申陳者，並罷，赴部理再到名次，仍自應避之日，不理資任舉狀。其事應會問者，承受官司限叁日回報。即未赴任而應避者，經所在陳狀指射應入闕，仍許與待闕人對換。但資序同，俱係應入闕，不以逐處見任官去替。遠近過滿見闕，雖所授各過陸拾日，及已經換者，亦聽對換。諸以職事相幹或統攝，應避親，而去替不滿壹年者，聽滿任。孫及期親不用此令。仍報差注所屬，其到罷不相妨，及在任人去替不滿百日者，候替日赴任。諸應避親嫌，已對移未到移所而所避之人替罷者，各歸本任。若未赴任已罷各未別授差遣，本任又正官未到而願還本任者，亦聽。諸命官已授差遣而避親嫌者，所避州知通勘驗詣實，同所避官各具無詐僞結罪狀，保明申尚書吏部。諸命官與溪洞蠻人是親戚者，不得授接界州差遣。被移授者經所屬自陳，所屬奏與移別處壹般差遣。

《尚書侍郎左右選通用申明》　宣和四年六月二十一日敕：應緣避親嫌之類對移，各合通理爲在任月日。慶元二年三月二日敕：已授差遣，如委有親戚當避，須將所避應避及願換易之人，並保官印紙，並批書對換因依，仍於批書内明言，非實即甘鐫降作私罪收坐施行。紹熙三年六月七日敕：臣僚奏，吏部今後有兩易差遣人，須親身赴部陳狀。長吏審驗詣實，方許對換。庶使癃老病廢與夫富厚之人，稍革奸欺之弊。奉聖旨：依。

《侍郎左選申明》　嘉定十六年四月十九日敕：吏部措置選人避親退闕，委係湖廣遥地寄居待闕，見隨侍親戚在朝，許於臨安府陳乞，召見任朝官貳員委保申部，批書印紙。若江浙、福建、兩淮寄居待次，並要經寄居及所避州陳乞。見在任者，同所避州知、通結罪保明申待次。（尚遥）

當避官同所避官並親身到部，合狀陳乞，責書鋪結罪，識認正身，取會無詐冒違礙，方退闕判成注授。臨安府不許擅保明申部。奉聖旨：依吏部所申。

《尚書左選申明》嘉定十六年九月十四日敕：吏部申：京官陳乞避親退闕，委實寄居臨安府，從本府保明，批書保官印紙，知通結罪，所避官或在别郡寄居待次，從本府審會取結罪狀申部。如亦在臨安府寄居，同當避官親身到部，識認正身，見得無違礙，方許退闕。參部判成别注。奉聖旨：依所申，餘照侍左已得指揮一體施行。

《尚書侍郎左右選通用申明》嘉定十七年三月十六日敕：吏部看詳，臣僚奏，應官員前任不滿，於今任通理成資者，須在任满壹年替罷，即不許將見任零月考離任。如實有親嫌迴避，本州勘驗，係是何服屬，無僞冒，知通結朝典罪，保明申部，符下方與離任。如涉僞冒，取旨施行。奉聖旨：依。

《侍郎左選申明》寶慶元年六月十一日，尚書省劄子：吏部措置，選人已注授差遣，委的有依條應避之親，證條並嘉定十六年四月十九日指揮，並要經本貫，或寄居州，及所避州知通連銜結罪保明申部。召見任朝官或陞朝官貳員委保，甘坐鐫降之罪，不許用責罷人作保。先申尚書省，點對候批狀回降，方許具鈔退闕。其進納人證恩科吏職法，不許與人對换。右劄付吏部，從所申事理施行，准此。

《尚書侍郎左右選通用申明》嘉熙三年八月十四日敕：尚書左選條具，官員授闕後，尚有數年，妄以將來到任與見任人婚姻妨嫌，經臨安府陳乞申部退闕，節次放行，有礙指揮。修纂條例所看詳，避親退闕，合候闕到，依條就所避州軍陳乞，知通勘驗詣實，同所避官各具無詐僞結罪保明申部。本部批上所避官印紙照應，方許注授本等差遣。今乃以隨侍在京，於未赴任前，就臨安府陳乞避親，皆是扶合詐冒。合照元條令行。奉聖旨：依。本所看詳，上件指揮雖是尚左條具，會到四選各稱見行遵守，衹合一體。又據尚左供稱，如委實寄居今臨安府任别州軍差遣，合候闕到，於本任州陳乞避親，保明申部退闕。聲説照用。

《侍郎左選申明》嘉熙四年十月空日，尚書省劄子：吏部申，如有見在任選人，若委的有應避之親，陳乞離任，依條法指揮，知通連銜結罪，同所避官各具無詐僞結罪狀，召陞朝官保貳員，甘伏鐫降，保明申部。本部符下，方許批書離任。劄付吏部從所申施行。

《尚書侍郎左右通用選申明》淳祐八年九月空日，尚書省劄子：臣僚奏，應中外臣僚，或有親屬仕宦，在同朝、同路、同州者，各仰陳乞，引嫌迴避换授他處差遣。如徇私隱情不肯避親，及私輒差本處職事者，許諸色人指實陳告，當按劾嚴與鐫斥。九月一日，三省同奉聖旨：依。

《宋史》卷一五六《選舉志·科目》 舊法，隨侍見任守倅等官，在本貫二千里外，曰满里子弟。試官内外有服親及婚姻家，曰避親。館于見任門下，曰門客。是三等許牒試，否則不預。間有背本宗而竄他譜，飛賕而移試他道者，議者病之。六年，詔牒試應避者，令本司長官、州守倅、縣令委保，詭冒者連坐。

《宋史》卷一五七《選舉志·律學等試附》 理宗紹定元年，命武舉進士避親及所舉之人止避本廳，令無妨嫌官引試，若合格，則朝廷别遣官覆試。淳祐九年，以北兵屢至，命極邊、次邊一體收試，仍量增解額五名，省額二名。是歲，武舉正奏名王時發已係從軍之人，充殿前司左軍統領，既登第，換授，特命就本職上與帶同字，以示優厚勸奬。

《宋史》卷一五九《選舉志·銓法》 神宗更制，始詔：川峽、福建、廣南，之官罷任，迎送勞苦，其令轉運司立格就注，免其赴選。於是七路自常選知州而下，轉運司置員闕籍，具書應代時日，下所部郡衆示之。凡見任距受代半年及已終更者，許用本資序指射。有司受而閱之，定其應格當差者，上之審官東院、流内銓，審覆如令，即奏聞降敕。若占籍本路，或游注此州，皆從其便；惟不許官本貫州縣及鄰境，其參擬銓次悉如銓格。

《宋史》卷一六〇《選舉志·保任》 宣仁太后聽政，詔范純仁爲諫議大夫，唐叔問、蘇轍爲司諫，朱光庭、范祖禹爲正言。章惇曰：故事，諫官皆薦諸侍從，然後大臣稟奏，今得無有近習援引乎？太后曰：大臣實皆言之，非左右也。惇曰：臺諫所以糾大臣之越法者。故事，執政初除，苟有親戚及嘗被薦引者見爲臺臣，則皆他徙，防壅蔽也。今天子幼沖，太皇太后同聽萬機，故事不可違。於是吕公著以范祖禹，韓縝、司馬光以范純仁，皆避親嫌。光曰：純仁、祖禹實宜在諫列，不可以臣故妨賢，寧臣避位。惇曰：縝、光、公著必不私，他日有懷姦當國者，例此而引其親黨，蔽塞聰明，恐非國之福。純仁、祖禹請除他官，仍令侍從以上，各得奏舉。於是，詔尚書、侍郎、給舍、諫議、中丞、待制各舉諫官二員；純仁改除天章閣待制，祖禹爲著作佐郎。後又命司諫、正言、殿中侍御史、監察御史，並用升朝官通判資序。

《宋史》卷一六七《職官志》 建炎初，詔：「河北、京東西路除帥司外，舊差文臣知州去處，許通差武臣一次。又：要郡文臣一員帶本路兵馬鈐轄，武臣一員充副鈐轄；次要郡文臣一員帶本路兵馬都監，武臣一員充副都監。紹興三年，詔守臣帶路分鈐轄、都監去處並罷。五年，帝以守、令皆帶勸農公事，多不奉職，自今有治效顯著者，可令中書省籍記姓名，特加擢用。凡從官出知郡者，特許不避本貫。

（清）趙翼《陔餘叢考》卷二七《未葬親不許入仕》 古時又有親未葬不得入仕之例。《晉書·載記》常煒言魏晉之制，祖父未葬者不聽服官。按鄭默、華廣二《傳》，其時雖不行三年喪，然未有不葬而仕者。《南史》兖州刺史滕恬，烏程令顧昌皆以不葬親而入仕，爲清議所鄙。《唐書》顏真卿劾奏朔方令鄭延祚，母死不葬三十年。有詔終身不齒。是唐時雖未有定例，而犯者必黜其官。周廣順中，詔親未葬者，不許入仕。《宋史》吴充奏士大夫親殁或藁殯數十年，宜限期使葬。著爲令。又劉綜奏京朝官當任遠官者，率以父母未葬爲辭，意求規免。請自今父母未葬者，許請告營辦，審官投狀，明言父母已葬，方許依例考課，違者並罷其官。從之。是周宋時嘗著爲令甲。按《劉昺傳》昺與弟煥皆侍從，而親喪未葬，坐奪職。《王子韶傳》御史張商英劾子韶不葬父母，而冒轉運使判官之任，乃貶知高郵縣。又《道山清話》，孫莘老入相，不及一年而罷，坐父死不葬故也。後莘老作《家廟記》自辨，劉器之爲其集序，可見宋時此禁甚嚴。

紀事

（宋）葉夢得《石林燕語》卷四 國朝兩制，皆避宰相執政官親。曾魯公修《起居注》，賈文元爲相，其友婿也。當召試，乃除天章閣待制，文元去位，始爲知制誥。劉原甫，王文定之甥。文定之爲參知政事，乃以侍讀學士出知揚州。宋子京、王原叔爲翰林學士，子京避莒公改龍圖閣學士，原叔避文安改侍讀學士。元祐間，蘇子由秉政，子瞻自揚州召爲承旨，引原叔例請補外，不從。近歲惟避本省官，如宰相二丞親則不除尚書侍郎，門下侍郎親則不除給事中，中書侍郎親則不除舍人之類。六曹尚書避親，多除翰林學士，蓋于三省無所隷。異於舊制，自子瞻以來然也。

（宋）葉夢得《石林燕語》卷四 趙中令爲相，李處耘爲樞密使，處耘之女爲中令子婦，並居二府，不避姻家。皇祐中，文潞公爲相，程康肅爲樞密副使；熙甯中王荊公爲相，吴正憲爲樞密副使，皆不避。

（宋）李燾《續資治通鑑長編》卷三八九《哲宗元祐元年》 吏部請：本貫川人聽三班内一任歸川，其因酬奬得家便、優便不及不拘路分者，亦不注川闕。從之。

（宋）李燾《續資治通鑑長編》卷四四九《哲宗元祐元年》 丙申，吏部請《避親法》注文添入或妻之大功以上姊妹之夫及其子十四字。從之。

（宋）李燾《續資治通鑑長編》卷四六七《哲宗元祐六年》 壬申，吏部言：官員在任合避，願對移者，許合避人不限數指定本路鄰近，合對移處或合入闕，申轉運司勘會無妨礙，申尚書吏部，先次差往。如無闕，指定旁近路分合入闕，申本路闕牒所指路轉運司依上法施行，如無，並申吏部依此對移。即願放罷及無可對移者，並放罷，依省員法。在任應避親嫌，已對移未到移所，而所避之人替罷者，各歸本任。若未赴任已放罷者，如未别授差遣，本任又非有正官，願還本任，亦聽。即未赴任者，經所在州陳狀指射合入差遣，仍許與待闕人對換。從之。

（宋）留正《皇宋中興兩朝聖政》卷三《高宗皇帝·后族不任侍從》

〔建炎二年春正月〕壬子，顯謨閣直學士提舉醴泉觀孟忠厚爲常德軍承宣使，用臺諫給舍六章論列也，仍詔后族自合不得任侍從官，著爲令。

（宋）留正《皇宋中興兩朝聖政》卷二一《高宗皇帝·監司不避本貫》 〔紹興七年五月〕丁亥，中書省言諸路監司除授依祖宗法，即不避本貫，詔如故事，仍止避置司州。

**（宋）李心傳《建炎以來朝野雜記甲集》卷一〇《官制·外戚典樞

密》　祖宗盛時，率用外戚典兵馬，而無使樞密者，惟慶曆中王鄧公貽永以主壻爲之，然議者不以爲忝。元祐中，韓文定在樞密，其弟端節既選尚，爲臺諫所攻，旋亦罷去。紹興初，樞密都承旨闕，執政請以保静軍承宣使邢焕爲之。焕，懿節后父也。上曰：朕不欲戚里任朝廷官。乃不許。紹興上受禪，韓平原侂冑自知閤門事除都承旨，亦固辭，因自請奉祠云。紹興中，孟仁仲使樞密，蓋以典山陵，故事已即罷之。

（宋）李心傳《建炎以來朝野雜記甲集》卷一二《官制·外戚節度使》　國初外戚罕有建節者，太祖時，杜審進以元舅之尊，窮老才得節度使。仁宗用張堯佐，一時名臣力争之。其後，除拜浸多。中興後，外戚節度使二十有二人，孟后姪忠厚，鄭后姪孫藻，韋后弟淵、姪謙、讜，邢后父焕、弟孝揚，吴后弟益、蓋，姪琚、璟、璹，郭后弟師禹，夏后弟執中，謝后弟淵，李后姪孝友、孝純，韓后曾季祖侂冑、父同卿、從祖邈，徽宗王貴妃父舜民，高宗劉貴妃父懋。

（宋）李心傳《建炎以來朝野雜記甲集》卷一二《官制·執政為閣學士》　故事，曾任宰相不爲資政殿學士，蓋降職至大資政止。曾任執政不爲閣學士。蓋降職至端明止。淳熙中，魏丞相杞初以端明殿學士起廢，而林樞密安宅亦以龍圖閣學士奉祠。前是，舊相未有爲端明。若閣學士，以前執政爲之，則自張天覺、路公弼後，惟秦會之餘黨李文會、巫伋等八、九人，其執政僅三月餘，故用此例。

（宋）李心傳《建炎以來朝野雜記甲集》卷一二《官制·宗室兩鎮節度使》　故事，同姓秉旄者，非親弟、愛子無得兼兩鎮。熙寧初，惟相孝定王允弼、定榮易王允良以屬近行尊，乃得之。慶元初，嗣秀王伯圭既辭中書令，詔有司别議優崇之禮，始命兼兩鎮焉。國朝二百五十年，宗室秉雙旄者，僅三人爾。

（宋）李心傳《建炎以來朝野雜記乙集》卷一一《故事·學士舍人當兄弟除官制不應避》　紹興初，王剛中爲中書舍人，其弟居修除太常丞，引嫌乞改命官草制，自是爲例。余嘗以故事考之，學士、舍人當兄弟除官制，皆不應避。錢惟演使相麻，其從兄希白所草也。曾子宣右僕射麻，其弟子開所草也。若謂一時宣鎖，亶爲異數，則元豐官制初行，子開除吏部郎中，子固時爲中書舍人，行詞亦不避。考《南豐類藁》而可見也。不知引避起自何時。

（宋）李心傳《建炎以來朝野雜記乙集》卷一一《故事·館職不入局故事》　楊偰子寬，和王存中長子也，其父久掌殿巖，既補以京秩，紹興二十四年，又奏乞令與其弟倓子靖並特赴殿試，高宗勉從之。蓋是年秦塤爲南省舉頭，故效之也。二十七年正月，偰除少蓬，士論甚駭。既供職，館閣之士不入局者三日。時唐立夫爲祕書郎，黄通老、王時亨爲著作佐郎，季元衡、陳文仲爲校書郎，胡周伯、張安國、林少穎、汪明遠、葉伯益爲正字，大抵多名人也。朝廷聞知，亟徙偰宗正少卿，而以劉文孺代之，物論乃息。偰後遷工部侍郎，倓淳熙中執政。

（宋）李心傳《建炎以來朝野雜記乙集》卷一三《官制·祖宗時臺諫不兼經筵》　祖宗時，臺、諫例不兼講、讀，蓋以宰執間侍經席避嫌也。神宗用呂正獻，亦止命時赴講筵，去學士職。中興後，王尚書賓爲御史中丞，建請復開經筵，遂命兼侍講。自後十五年間，繼之者爲王唐公、徐師川二人，皆上意也。紹興十二年春，万俟中丞卨、羅諫議汝楫並兼講、讀，蓋秦楚材梓是時已兼説書，便於傳導。自後伯陽繼之，每除言路，必兼經筵矣。檜死，遂罷兼。自二十五年十月至三十二年，臺丞、諫長兼經筵者，止三人。慶元後，臺丞、諫長洎副端、正言、司諫已上，無不預經筵者。未及兼者，惟張伯子、李景和二人云。

（宋）李心傳《建炎以來朝野雜記乙集》卷一三《官制·非臺丞諫長而兼侍講》　正言兼説書自巫端明伋始，副端兼説書自余端明堯弼始，察官兼説書自陳少卿夔始。紹興二十五年春，董殿院德元、王正言珉並兼侍講。非臺丞、諫長而以侍講爲稱，又自此始。其後，猶或兼説書，臺官自尹穡，隆興二年五月；諫官自詹亢宗，乾道九年十二月。後並以侍講爲稱，不復兼説書矣。

（宋）李心傳《建炎以來朝野雜記乙集》卷一三《官制·宰相兼東宮三少》　東宫三少，在祖宗時爲散秩，前宰相及執政官告老者例得之。仁宗在春宫，李文定公以參知政事兼賓客，及升相位，遂進兼少傅，此宰相兼宫僚之所從始也。天禧末，皇太子同聽政，乃以首相丁謂之兼少師，樞使曹利用兼少保，而參、樞諸人並兼賓客。自後神宗、欽宗、孝宗、光宗在東宫，皆不復置。開禧三年十一月，韓侂冑既誅，史同知自詹事入樞府，乃進兼賓客。明年太子侍立，遂以錢丞相兼太子少傅。已而並置二相，左相改兼少師，右相兼少傅。未幾，右相丁内艱，左相亦去位。又明年，右相起復，遂進兼少師焉。

《宋史》卷二七《高宗紀》〔紹興二年二月〕庚辰，詔監司避本貫。

《宋史》卷三八《寧宗紀》〔嘉泰四年二月〕己未，立試刑法避親格。

《宋史》卷三一〇《李孝稱傳》　陳瓘之子正彙在杭州上書，告京不利社稷。郡守蔡薿執送京師，併逮瓘詣獄。孝稱脅使證其子，瓘不可。暨獄上，竟竄正彙海島。京愈德之，進刑部尚書，而以其兄孝壽代爲尹。孝稱請班兄下，不許。避親嫌，徙工部。卒，贈光禄大夫。

（清）徐松《宋會要輯稿·職官六三·避親嫌》　太宗淳化四年十月二十九日，以虞部員外郎、知制誥王旦爲禮部郎中、集賢殿脩撰，仍同知吏選事。旦以妻父趙昌言參政非便求解職，而有是命。

（清）徐松《宋會要輯稿·職官六三·避親嫌》　真宗天禧二年五月二日，以刑部員外郎兼侍御史知雜事呂夷簡守本官，同勾當通進銀臺司，兼門下封駁事。度支郎中杜夢證兼侍御史知雜事。夷簡與中丞趙安仁近親，避嫌也。

（清）徐松《宋會要輯稿·職官六三·避親嫌》　仁宗明道二年十一月二十八日，詔判審官院、三班院官員親戚京朝官使臣差遣磨勘，更不逐旋申奏，便仰牒同判官員一面依例施行訖以聞。

（清）徐松《宋會要輯稿·職官六三·避親嫌》　景祐二年八月二十八日，知制誥李淑言：奉宣差同勾當三班院，伏緣廷臣選授，事本樞司，繫之官聯，是爲統屬。外舅韓億見領樞密副使，詢于前例，合避親嫌，欲望比類別换一處。詔不須避。五年三月六日，翰林學士李淑言：伏見恩制，臣父若谷蒙授參知政事，臣忝服近列，理合避嫌。蓋以局禁之嚴，號令所出，本於訪（間）〔問〕時政，不止典作詔辭。唐朝獨孤郁爲妻父任宰相，亦罷學士之職，况今父子，顯妨公議。臣遭逢先聖，擢在文館，繼踐兩制，垂二十年，雖無補於論思，敢自廢於典故？欲望許解職内廷，別授以一次無職局學士名目。兼臣見領三班、禮院，皆是總屬，亦乞別换一次差遣。自餘書筵、史局，不敢辭避。如此，則當陛下任人之際，免速譏嫌；在私門驚寵之辰，不憂泰盛。臣之懇請，非涉僥覦，必冀允從之恩，曲全退損之節。詔换翰林侍讀學士。

（清）徐松《宋會要輯稿·職官六三·避親嫌》　康定二年正月二十八日，翰林學士丁度等言：詳定服紀親疏、在官迴避條制，請本族緦麻以上親及有服外親，此下原有無服外親四字，據《長編》卷一三〇删。並令迴避，其餘勿拘。從之。

（清）徐松《宋會要輯稿·職官六三·避親嫌》　慶曆五年二月十一日，以翰林學士、吏部郎中、知制誥宋祁兼龍圖閣學士，依前翰林侍讀學士，以兄庠參預朝政求解禁林之職也。四月二十四日，河北安撫都監、文思副使桑宗望言，女壻供奉官劉淵是知保州劉涣親弟，及緣界河同巡檢王令問是親家，詔與河東安撫都監、禮賓副使靳宗説對易其任。八月二十三日，梓夔路駐泊兵馬鈐轄馬端言知施州陳曉是親家，係轄下，慮有妨礙。詔以荊湖南路駐泊兵馬都監、禮賓副使武永符對易其任。十一月十五日，徙河東路轉運使柳灝與新除陝西路轉運使李昭遘〔對〕易其任，避親嫌也。

（清）徐松《宋會要輯稿·職官六三·避親嫌》　至和二年七月二十五日，同判吏部流内銓劉敞言：伏見審官、三班院、流内銓注擬外官，其間或兄弟、伯叔、子姪自相爲代。所注擬外官，其五服之内於法許相容隱者，皆不得相爲代，有敢妄冒居之者以私罪論，於理爲便。從之。

（清）徐松《宋會要輯稿·職官六三·避親嫌》　嘉祐元年三月，樞密副使、給事中王堯臣爲户部侍郎、參知政事，給事中程戡爲户部侍郎、樞密副使。以戡與宰臣文彦博爲姻家，故易之。

三年三月，以起居舍人、同修起居注范鎮知制誥，太常丞、直集賢院、賢：原作覽，據《長編》卷一八七改。同修起居注馮京爲右正言、龍圖閣待制。鎮與京同試中書，而京宰相富弼婿，故以待制命之。七月，權御史中丞包拯言：右正言吴及立身有守，遇事敢言，緣與樞密副使張昪妻是親，昪：原作昇，據《長編》卷一八七改。奏乞外郡。緣昪妻亡已久，理不當避，乞令依舊供職。許之。

八年十二月十四日，詔審官院：應京朝官有親戚妨礙合迴避者，如到任未及一年，即與對移。本縣官相妨礙，於本州別縣對移；本州官相礙，於鄰州對移；本路職司相妨礙，於鄰路對移。及一年已上者，除祖孫及期已上親依此對移外，其他親戚即候成資放罷。令樞密院、三班院並准此施行。

（清）徐松《宋會要輯稿・職官六三・避親嫌》 治平元年正月九日，南作坊使、閤門通事舍人、勾當左騏驥院李瑊與左藏庫副使、勾當翰林司郭宗古對易其局。以瑊與（郡）〔群〕牧都監張宗道親嫌故也。以上《國朝會要》。

（清）徐松《宋會要輯稿・職官六三・避親嫌》 治平四年正月二十九日，神宗已即位未改元。樞密副使陳升之言：權步軍司公事竇舜卿是臣妻弟，乞別差人。詔不許迴避，候宋守約回日取旨。

（清）徐松《宋會要輯稿・職官六三・避親嫌》 神宗熙寧元年正月二十一日，翰林學士、知通進銀臺司、兼門下封駁事吕公著兼判尚書兵部，以龍圖閣直學士、判尚書兵部張掞知通進銀臺司，兼門下封駁事。公著自陳兄公弼任樞密使，領封駁非便也。二十三日，以糾察在京刑獄郭申錫同判太常寺，知制誥吴充同糾察在京刑獄。以申錫與龍圖閣直學士、給事中、權知開封府吕溱親嫌故也。

二年二月十一日，刑部郎中、知制誥、同知諫院吴充罷知諫院。充言與新除參知政事王安石是親，例合迴避言職故也。十月八日，樞密院言：就差憲州曹偃知石州，其石州自來帶嵐石隰州同都巡檢使，勘會內藏庫副使曹偓見知隰州，當避弟偃。詔偓與知忻州陳永圖對移。

三年十一月二十六日，詔：應內外官事局相干或係統攝，若本族同居無服以上親，異居袒免以上親，親姑姊妹、姪女、孫女之夫，凡言親者，堂從不避。其子婿、子婦之父及其親兄弟、母妻親姊妹之夫、親姨之子、親外孫外生女之夫，母本服大功親，若嫡繼慈母亡即不避，皆令奏請迴避。若審官、三班院、流內銓主判官差注官員及其餘司局事有干礙者，許一面牒同職官管勾當，並免簽書，更不逐旋申奏。若無官可牒，依公施行。

四年二月十三日，新差權同提點夔州路刑獄公事王居卿、權發遣京東路提點刑獄公事段繹兩易，以居卿避親故也。

五年八月四日，樞密院言：權同檢詳兵房文字蘇液言，自來諸路都總管司走馬承受使臣與本路官避親者，不以有無統攝，一皆妨礙，理未允當。乞自今〔承〕受與本路轉運使副、判官、提點刑獄、通判、幕職令録、判司簿尉及監當官吏不迴避，其路分都副總管并路分鈐轄、都監以下應帶兵職，及知州軍城寨、管勾機宜文字臣僚等，並迴避。從之。

七年十月二十一日，詔：今後應管軍臣僚，如未管軍已前係親屬，即須自陳；如管軍已後，並不得共爲婚姻。

九年正月二十五日，判將作監謝景温言：蒙改差同提舉在京諸司庫，與張㽦對換。況張㽦爲避沈括親嫌，緣括亦是臣父之表弟，乞各依舊局。從之。

（清）徐松《宋會要輯稿・職官六三・避親嫌》 元豐元年十月十九日，詔定州路副都總管、兼河北第一將、尉前都虞候、深州防禦使劉永年，太原府路副都總管、兼河東第一將、馬軍副都指揮使、黔州觀察使盧政，對易其任。永年以知州韓絳親嫌故也。

二年六月二十七日，詔改權發遣淮南東路提點刑獄、尚書金部員外郎范百禄權知唐州，以百禄與知揚州鮮于侁避親故也。

四年七月二十四日，同知諫院蔡卞言：武學教授蔡碩近留修葺軍器監，敕於樞密院置局。碩執政之弟，與承旨張山甫聯親，慮交相黨援，得復備員，襲勢營私，漸不可長，乞罷免以協公議。詔樞密院別差官。

六年七月九日，詔朝請大夫試太常少卿孫覺、秘書少監朝散大夫葉均兩易其任，以覺與禮部侍郎李常親嫌也。

（清）徐松《宋會要輯稿・職官六三・避親嫌》 哲宗元祐元年七月二十五日，詔堂除官應避親者，到官後限一月自陳。八月六日，吏部侍郎兼侍講傅堯俞以職煩日病，乞罷侍講，宰臣司馬光請改堯俞爲侍讀，而用范祖禹爲侍講。祖禹，吕公著之壻也，請避嫌。光奏宰相不當以私嫌廢公議。門下侍郎韓維奏：朝廷遴選執政，本以進達賢能爲職，今乃以執政妨用人不可。方今人材難得，幸而可用之人，又以執政故退罷。若七八執政各避私嫌，甚妨賢路，且多存形迹，非大公之道。遂以祖禹兼侍講。

二年四月十四日，同知樞密院事范純仁以户部侍郎韓宗道、門下侍郎孫固以太師文彦博親嫌爲言。劉摯言：故事，執政於同列少有避親者。

太皇太后曰：執政於親戚無迴避之理，如用人合公議，雖親何害？若或狥私，雖非親戚，必致人言。惟盡公滅私則善矣。

五年十月五日，吏部請避親法注文添入或妻之大功以上姊妹之夫及其子一十四字，從之。

八年四月二十三日，臣僚上言：伏見自祖宗以來條制，凡官員親戚於職事有統攝或相干者並迴避。近時朝廷侍從近臣職事，或有親戚相妨，多用特旨，更不迴避。今乃類使叔姪、兄弟更相臨統，則是按察之法名存而實廢矣。望應今後內外官職事有親戚相妨，並令依法迴避，更不降特不迴避指揮。詔依奏，內有服紀遠，職事疏，臨時取旨。

（清）徐松《宋會要輯稿·職官六三·避親嫌》紹聖四年十二月二十三日，詔責授涪州別駕、黔州安置黄庭堅移戎州安置，以避部使者親嫌也。

（清）徐松《宋會要輯稿·職官六三·避親嫌》徽宗建中靖國元年九月九日，元年：原作六年，按建中靖國僅有一年，因改。鄜延路經略安撫使司狀：准敕：諸司屬官與本路經略安撫、監司係親嫌者並迴避，經略安撫司管幹機宜文字官非。今來本司契勘，一路監司於所部官並係統屬，雖於別司屬官，在法亦合互察。除（師）〔帥〕臣子弟充書寫機宜文字自有別條外，其餘辟置機宜官，依條並在敕舉之例。今若不避親嫌，則恐於薦辟、敕舉皆有妨礙。今條內並不該載，慮有未盡，欲乞依上條內除去注文經略安撫司管幹機宜文字官非一十三字外，即別無衝改前後條貫。從之。十二月二十七日，吏部侍郎黄裳奏：臣之女與右僕射曾布之子爲親，法當迴避。詔黄裳除龍圖閣待制知（穎）〔潁〕昌府。

（清）徐松《宋會要輯稿·職官六三·避親嫌》崇寧元年六月八日，吏部狀：準批下簽書保信軍節度判官廳公事蘇象先狀，與本路運判韓宗武、運副畢仲游礙親，運副畢仲游：原作運□運仲游，顯誤。考《永樂大典》卷二〇二〇五所載《畢仲游墓誌銘》，仲游於徽宗初年任淮南轉運副使，又長女嫁蘇氏，皆與本條內容相符，因改。兩浙、淮南轉運司已勘會到簽書杭州觀察判官葛平恕申部對移。本部將葛平恕作係用家便恩例注授，依本部：（令）〔令〕不許對移，又緣平恕與象先係兩情願，欲望依運司所定。本部勘會，有礙條貫。詔依逐人所乞，今後更有似此之人準此。

（清）徐松《宋會要輯稿·職官六三·避親嫌》大觀三年十月十九日，臣僚言：應避親者當移一等職任，不則辭尊居卑。比來省曹、寺監避親，例獲遷擢，如余清、向久中自員外郎除諸寺少卿，閭丘籲自太僕少卿除宗正少卿，單暐自禮部員外郎除衛尉少卿，尤爲僥冒。詔今後六〔曹〕郎官與丞□親更不迴避。

（清）徐松《宋會要輯稿·職官六三·避親嫌》政和元年三月十二日，樞〔密〕院奏：如京使、新差權發遣河北沿邊安撫副使王拱〔之〕親（足）〔兄〕掞見任權發遣安肅軍事，正係轄下，職事相干，合該迴避。詔王拱特不迴避，便令赴任。八月十三日，臣僚言：在京內外局所應親戚職事相干或相統攝、法所當避者，欲乞並令逐處檢舉，依法如敢隱蔽，尚容在任，委御史臺覺察。詔立法聞奏，今看詳修立下條：諸在京內外官司局職相干或統攝係親、法應避而隱蔽容留在京者，委御史臺覺察聞奏。

六年十一月七日，熙河蘭湟路經略司言：武翼大夫、同總領洮州蕃兵將竇調有女，近與本路廉訪使者劉彥遵男爲親，竊慮依條合行迴避。詔劉彥遵罷廉訪使者，今後廉訪使者不得與本路在任官爲婚姻，違者依統屬爲婚姻法。十二月三日，臣僚言：近年見任官以親戚應迴避者，往往得旨特不迴避。伏望申明條令，改正施行。詔除御筆令不許迴避外依奏。十六日，臣僚言：近嘗論列見任官以親戚迴避者，比多得旨特不迴避。竊惟嫌疑之際，古人動加分別。神考熙豐致治之際，持之尤嚴。臣前所奏陳，僅及外路按察之官，至於京師，曾未暇也。法令之行，理宜自近。詔令省、臺、寺、監，其合避之親，申尚書省進入。

（清）徐松《宋會要輯稿·職官六三·避親嫌》宣和二年九月十八日，起復朝議大夫、試吏部侍郎、權開封尹王鼎奏：契勘近除刑部尚書何志同係鼎妻之父，職事相干，依條合該迴避。又緣鼎見任右選劇曹，復兼尹事，深恐力所不及，欲望許引親嫌，罷攝府政。詔依，罷權開封尹。十二月二日，給事中葛次仲奏：太宰王黼實臣親妹之夫，而臣男娶黼女已言定，其於門下省係統屬，在法應避，伏望除臣在外一郡。詔葛次仲除大司成。

三年四月十六日，以朝奉大夫知舒州徐克温、奉議郎知高郵軍曾纁兩易其任，以避親嫌故也。二十五日，臣僚言：東平府通判係朝散郎梁嚴祖，提舉京東西路常平係中散大夫梁揚祖，提舉京東西路香鹽係朝請郎、直秘閣梁端。其常平并香鹽司廨舍并在東平府，其梁揚祖係嚴祖之兄，梁端係嚴祖之子，世爲東平府巨族。以本貫之法言之，則端爲監司而嚴祖不當在其部下；以互察之法言之，則兩司不無按舉之嫌。是三人者，於法無一爲可。今守臣並在一州，所按察總當一路，訪聞日逐判引公事，並在本家。且涖官之所，宛轉寅緣干求請託，尚或不免，矧於鄉曲、親戚、相知常居其衙，若引公事而歸私室，則一州之事從可知矣。又況兩司不無人吏違法不公事件，其於互相覺察之法又如何哉。如陛下以梁揚祖嘗任執政官，特爲優假，不欲使子并弟遠去侍下，則可與一子近便任使，其餘若人才可用，即乞別與一路差遣，無使父子、叔姪併聚一州。詔梁端移河北東路提舉香鹽，梁嚴祖與青州通判李靴對移，仍各通理前任月日。命下未幾而嚴祖更不對移，特與宮觀，端依舊京東西路鹽香，對移指揮更不施行。臣僚復□□□梁端與河北東路鹽香李謨對移。四年二月四日，起復光禄大夫、行開封尹王革奏：今臣（南）〔男〕鼎蒙恩除刑部尚書，臣見任開封尹，自來在京刑獄並係刑部統攝，伏望許依著令，以嫌引避。詔蔡懋除刑部尚書，王鼎移工部尚書。

六年八月十九日，中書省言：新差夔州路計度轉運副使郭倫狀，爲本路轉運判官張深係倫同堂妹夫，申乞迴避。《政和敕》稱親戚條，母妻大功以上親字下，專設姊妹之夫同於同堂姊妹之夫不合迴避。詔令吏部申明，遍牒行下。十一月二十七日，尚書右丞宇文粹中奏：臣弟時中以親嫌乞罷虞部員外郎職任，已許迴避，今衆議尚以職事進擬。臣竊惟天府迺刑獄官司，典治輦轂之下，自來未嘗以執政子弟參佐府事，而寺監長貳皆統屬於六聯，今歲所降詔旨丁寧，所當遵守。乞罷守宮祠。詔宇文時中特除直秘閣、管勾萬壽觀。

（清）徐松《宋會要輯稿·職官六三·避親嫌》 欽宗靖康元年四月二十七日，中書侍郎唐恪言：本宗兄恕除監察御史，男璟除大理丞，臣備數執政，實有嫌疑，乞改除在外閑慢差遣。不允。五月六日，御史中丞陳過庭言：新右正言許景衡乃臣同堂妹夫，臺諫官事相關連，同在言路有嫌，乞罷免中丞職事。詔（從）〔徙〕景衡太常少卿。以上《續國朝會要》。

（清）徐松《宋會要輯稿·職官六三·避親嫌》 高宗建炎元年五月十五日，京兆府路安撫使張深言，男安老見任本司幹辦公事，乞對移鄰路合入差遣。從之。九月二十日，詔黃潛厚除延康殿學士、提舉醴泉觀，同張慤專一措置財用，依舊提舉一行事務。初，上擢潛厚爲户部尚書，中書舍人劉珏奏潛厚乃尚書右僕射潛善之親兄，未有弟爲宰輔、兄爲八座而同居一省者。兼潛善、潛厚皆乞迴避，故有是命。

四年五月十三日，同簽書樞密院事張守言：兩浙制置使韓世忠奏差臣族叔鋭知常州，乃臣鄉里，乞改差鋭別州軍差〔遣〕。從之。七月二日，詔吏部員外郎鄭士彦改祠部員外郎，以士彦與吏部侍郎綦崈禮爲姻家，乞避親故也。

（清）徐松《宋會要輯稿·職官六三·避親嫌》 紹興元年十二月二日，都轉運使張公濟言：舊發運司晝降（降）指揮，諸路州縣官除真、揚、楚、泗州監轉般倉、排岸、船場、堰閘官係職局相干合避親嫌外，餘應知、通、幕職州縣官等，雖係部下，並不迴避。今欲比附施行。從之。

二年九月二日，新除右司諫劉棐言：監察御史李藹係親姑之子，親姑：原作姑舊，據《建炎要録》卷五八改。同處言地，豈無黨與之嫌？乞罷新命。詔職事不相干礙，依條不合迴避。十一月二十三日，中書舍人胡松年與新除左司諫唐煇爲女婿，松年以嫌乞外任，煇亦辭免新除。煇：原作輝，據《建炎要録》卷六〇改。詔不從。

三年三月二十三日，福建路安撫司言，右承奉郎、本司幹辦公事任良臣與本路轉運副使劉寀係姊之夫。詔與主管機宜文字王傳兩易其任，仍各通理前任月日。在法，機宜文字官與諸監司雖親不避。九月十六日，簽書樞密院事徐俯言：洪枏，臣之甥，今召赴都堂審察，實有妨嫌。詔洪枏更不審察，令閤門引見上殿。

四年四月十四日，新起居舍人陳桷言：妻鄧氏與右僕射朱勝非之妻同曾祖小功親，若在後省，實有妨嫌。詔改除太常少卿。五月五日，工部員外郎章傑言，從兄僅任軍器監丞，又工部侍郎□遲爲傑之從母夫。詔與倉部員外郎江公亮兩易其任。八月二十四日，知樞密院事趙鼎言：宗正少卿范冲除起居郎，臣與冲姻家，雖法不當避，而搢紳不知出自聖意，必謂臣援引親黨，乞罷冲新除，依舊任。從之。九月七日，新除起居舍人虞澐除直龍圖閣、江南東路提點刑獄。以澐乃僉書樞密院事胡松年妻之兄，松年自言：臣叨聯政府，雖於二省進擬人材初不干預，在人情則委有妨嫌。澐亦自列請外，故有是命。

五年閏二月十九日，權主管殿前司公事劉錫言：王璞除主管侍衛馬軍司公事，係妻妹之夫，竊慮於軍政有妨嫌。詔不許迴避。

六年九月十五日，詔四川都轉運使可依江淮六路發運使、副例，見任官內有合迴避親，並免迴避。

七年八月二十六日，秦彬言：先蒙江東路安撫司辟差充營繕幹辦官，今弟檜見任樞密使，而臣於行在供職，實有妨嫌。詔特差充兩浙東路安撫制置大使司幹辦公事。是時車駕駐驛建康，而江東安撫司亦在建康故也。

八年十一月五日，參知政事、同提舉詳定一司敕令孫近言，乞罷男大雅見任詳定一司敕令所删定官，詔與外任。

十年十月六日，太常寺主簿蘇籍言：禮部侍郎蘇符係臣堂兄，乞迴避。禮部契勘，主簿職事止是主管簿書，詔免迴避。

十一年四月四日，將作監丞李若谷言：谷：原無，據《建炎要録》卷一四四補。昨除司農寺丞，以本寺卿李若虚係臣親弟，合迴避，詔與將作監丞王言恭兩易。契勘將作監統轄文思院上下界，而幹辦文思院上界李若川亦係臣親弟，又有妨嫌，未敢供職。詔特免迴避。七月八日，知太平州王禔言，江東轉運副使王晚係從兄弟，詔與知處州朱亮功兩易其任。八月五日，提舉江南東路茶鹽公事鄭僑年言：江東轉副使王晚係親姊之夫，有諸司互察之嫌。詔與提舉兩浙市舶王傳兩易其任。九月二十六日，大理卿周三畏言，左斷刑寺正許絳與左斷刑少卿薛仁輔係婚姻之家，合迴避。詔許絳與大理寺丞李景山兩易其任。

十三年九月二十四日，軍器監主簿王曮言：工部侍郎王晚係臣本宗有服兄，乞迴避。詔王曮與太府寺主簿詹棫兩易其任。

十四年五月四日，知宣州秦梓言：新除本路安撫大使張守係臣前妻之親叔，乞迴避。不從。二十一日，權發遣仙井監何伯熊乞避本路提刑何掄親嫌，詔與知懷安軍羅萬兩易其任。二十五年十月三十日，秦熺言：舅王會見知平江府，乞與知建康府宋貺兩易其任，庶得相聚，照顧家屬。從之。

二十八年六月二十七日，詔福建帥沈調、廣東帥蘇簡措置海寇有功，各進職推賞，宰臣沈該以親嫌乞行寢罷。上曰：慶賞刑威之設，所以待功罪，有功而不賞，何以示勸？卿兄自以措置海寇被賞，非恩例所得，何辭免之有？

三十年三月十五日，中書舍人沈介言：準中書門下省送到詞頭貳道，爲莫伯甄除潼川府路轉運判官，莫伯虚降一官。竊緣伯甄係介母之兄，伯虚係介母之堂兄，服紀相妨。詔時暫差楊邦弼撰述。以上《（申）〔中〕興會要》。

（清）徐松《宋會要輯稿·職官六三·避親嫌》 孝宗隆興二年十月十七日，給事中吳芾奏：參知政事王之望係臣姻家，臣備員後省，理合避嫌。詔改除吏部侍郎。十八日，總領淮西江東軍馬錢糧、專一報發御前軍馬文字楊倓劄子：伏爲父存中除同都督江淮軍馬，見在建康府置司，委有妨嫌，乞迴避。詔特免。

十一月二十五日，起居郎、權中書舍人何俌劄子奏：伏覩今月十七日麻制，陳康伯拜左僕射。康伯係臣再從姊之夫，自合迴避。詔特免。

（清）徐松《宋會要輯稿·職官六三·避親嫌》 乾道三年正月十三日，臣僚言：伏見近日臣僚因避親而求換易，或丐罷而別乞差遣者，如臨安府通判沈雲卿迴避本路提刑姚憲，陳乞兩易。據其所申，踏逐到明州通判錢璘，不曾會問，璘既不樂換易，而雲卿徑行之任。秀州通判周極迴避本路漕使周淙，陳乞解罷，以知縣資序遽授盱眙軍而去。公論不平，咸謂雲卿以力取，極以巧得，紊亂格法，超軼資序。若使後人倣此，是因避親而得美官，豈不長奔競之俗而成攘奪之風哉。欲望聖慈並賜罷黜，以爲貪得躁進者之戒。詔沈雲卿依奏與宮觀，理作自陳；周極與見闕通判差遣。

六年二月十五日，福建路提點刑獄公事吳龜年言：伏覩新除本路帥臣薛良朋係龜年妻之叔父，雖於服屬稍疏，緣職事相關，切慮合該迴避。詔吳龜年除江南西路計度轉運副使。

七年六月三十日，詔左翼軍統制趙渥特免迴避王友直指揮更不施行，以臣僚論列故也。臣僚上言：近覩録黄，殿帥王友直奏，男娶左翼軍統制趙渥之女，即目渥雖駐劄泉州，緣是部曲，拘礙親嫌。已降指揮特免迴避，竊恐自後諸軍見有免避之例，漸開不避之端，不可以不論。臣嘗見主帥與將佐姻連者多矣，當其無釁也，上則曲意容庇，下則恃勢妄作，積弊日深，軍政遂壞。及其交惡也，小則紊煩朝廷，大則誤敗國事。如近年劉錡之於劉汜，不避子姪之嫌；吴璘之於姚仲，不避姻家之嫌。敗事失職，天下迄今恨之。欲乞下臣此章，令諸軍不得輒容合避之親充填本軍將佐。有未經改正者，並仰日下自陳。庶幾申嚴國法，振起軍政，非細務也。故有是命。

九年九月二十九日，臣僚言：臣竊見監文思院上界門傅伯高係中書門下省檢正諸房公事傅自修親姪，近緣自修時暫兼權工部侍郎，其文思院正係工部所轄，合行迴避。伯高遂自踏逐省倉上界監門董陝對换，更不取本人願狀，董陝不甘陳訴。再降劄子，候伯高任滿日卻還舊任。臣契勘伯高既係自修期親，在法即合解罷，初無許行對换明文。兼伯高亦合取對易人願狀同共陳乞，乃倚力營求，至乞四降朝旨，抑勒孤寒，幾於攘奪。欲望睿斷，令伯高日下解罷，庶幾不壞成法。從之。

官階與俸禄分部

論　説

（宋）王安石《臨川文集》卷六二《詳定十二事議》　起居舍人司馬光起請舊官九品之外，别分職任差遣爲十二等，以進退羣臣。十二等之制，宰相第一，兩府第二，兩制以上第三，三司副使、知雜御史第四，三司判官、轉運使第五，提點刑獄第六，知州第七，通判第八，知縣第九，幕職第十，令録第十一，判司、簿、尉第十二。其餘文武職任差遣，並以此比類爲十二等。若上等有闕，則於次之中擇才以補之。奉聖旨，兩制詳定聞奏。王珪等詳定，司馬光起請難盡施行外，致治之要，在任官之久。欲乞知州，令滿三年爲一任，通判人緣審官院見。今員多闕少，候將來差遣得行亦别取指揮。知縣人今後初入者，並滿六周年方入通判，仍乞下審官詳定條約聞奏者。臣愚以謂司馬光十二等之説，王珪等既以爲難行，而珪等所議知州三年爲一任，知縣六年方入通判，亦無補於官人失得之數。朝廷必欲大修法度，甄序人材，則以至誠惻怛求治之心，博延天下論議之士，而與之反復，必有至當之論，可施於當世。凡區區變更而終無補於事實者，臣愚竊恐皆不足爲。

（宋）李燾《續資治通鑑長編》卷三六四《哲宗元祐元年》　吏禄之法，天下吏人，舊制諸路及州縣法各不同，有鄉户差充者，有投名雜用者，入仕之後，既以案司之優重，迭相出入爲酬折，又積累歲月，有出職之望，行之久遠，人自以爲便。比時有司見《禮經》有庶人在官之禄，遂假其説，資以掊民。殊不知三代已遠，其事不可行於今日者多矣。夫庶人在官之禄，雖有其文，而其法與數不可見其詳，乃鑿空造端，槩斂民錢，給爲吏禄，不重之則不足以募，不輕之則不足以給。今内外之吏，除重法人外，其他每月所給無幾，於利固未足以有濟，而官給所積，天下蓋已不貲，無故竭民財而爲此，是誠何爲哉，至於所謂重禄以行倉法，尤非義理。夫一錢以上以徒坐之，謂之嚴刑可也，遂以謂吏懼而不受財，則臣不敢知也。今主議者曰：禁既嚴則吏必畏，故令下以來犯者少。臣以謂非犯者少也，敗者少也；非敗者少也，正其罪者少也。網之密，則與者、取者藏聲匿迹，亦將避之工也，故曰敗者少也。一錢坐徒，誰則忍之？誰敢易之？故苟有敗者，若稍涉疑晦，及自非有告人當賞，則官司往往遷就平反，釋重入輕；若外路則雖使者亦或諭意州縣，使之如此，亦人之情也，故曰正其罪者少也。借使犯者皆敗，敗者皆正其罪，固亦先王制刑之所無，而聖人所當矜恤也。吏受賄，於律自有刑名，而曲法者一疋以上至徒，則刑亦爲不輕矣。今變先王之刑而重之，又多賦吏禄以買法之行，無謂也。臣愚欲乞除熙寧以前舊法有禄公人並依舊外，應新法所創及增給吏禄，並行減罷。臣愚誠不知忌諱，今衙前之役，則待之以坊場價錢；弓手等役，則均之以祖宗差法，吏禄非舊法所給，則皆罷去，應役人糜費私役之類，則禁之以熙寧新法。苟如是也，則所謂免役錢者，於是可以一切蠲除矣。或謂免役錢籍於常平，固非獨以待募役也，縣官他費，多有賴乎此，則未可以利害論也。臣以謂役錢領於司農，非有特敕，未嘗以給常費，今罷去無損於國用。況祖宗以來，至於役法未改、役錢未斂此百餘年間，不知何以爲國也，亦曰用之有節，取之有道矣。

今天下百姓，疲筋骨、忍飢寒、冒鞭笞，終歲急急爲公家納錢爾。不幸連年有災荒之變，實恐窮苦之人，流亡轉徙爲溝中瘠，而强梁者賒死忍命，不得爲陛下之良民矣。然則役錢乃生民性命，天下安危之所繫，奈何以爲不刊之令哉！古者藏富於民，誠令百姓賦税之外，有以自養，則其贏餘乃國之外府，緩急取之而已。無事之時，坐困竭之，非計也。臣故以謂役錢宜一切罷之。役錢罷，則提舉常平官司亦可罷去，以見存職事，付之轉運司足矣。天下既減罷監司數十人，則州縣稍得從容，上下省事，非小補也。雖然，此大法也，顧臣之言蓋其略耳，至於法之纖悉，或參差牴牾，宜有畫一之論。欲乞於兩制臣僚，選差明於治體、達於民事者三兩員，置局講議，裁立條格，而三省執政官典領之，以待聖斷施行。

（宋）洪邁《容齋四筆》卷七《小官受俸》　沈存中《筆談》書國初時州縣之小官俸入至薄，故有五貫九百六十俸，省錢且作足錢用之語。黄亞夫皇祐間自序其所爲《伐檀集》云：歷佐一府、三州，皆爲從事，踰十年，郡之政，巨細無不與，大抵止於簿書獄訟而已，其心之所存，可以効於君、補於國、資於民者，曾未有一事可以自見。然月廩於官，粟麥常兩斛，錢常七千，問其所爲，乃一常人皆可不勉而能，玆素餐昭昭矣。遂以伐檀名其集，且識其愧。予謂今之仕宦，雖主簿、尉，蓋或七八倍於此，然常有不足之歎。若兩斛、七千，祇可禄一書吏小校耳。豈非風俗日趨於浮靡，人用日以汰，物價日以滋，致於不能贍足乎。亞夫之立志如此，真可重也。山谷先生乃其子云。

（宋）岳珂《愧郯録》卷一〇《同二品》 國初吴廷祚、慕容延釗以父諱章，當爲使相，不帶平章事，並拜同中書門下二品。珂前於改易職事官名稱中見之，按《唐會要》是名始於李勣，貞觀十七年正月，勣除太子詹事，爲同中書門下三品，則名之緣起必因於唐，而二品之號，則復加一等矣。似非故事也。考之蘇氏駁有曰：同中書門下三品是李勣除太子詹事創有此號，原夫立號之意，以侍中中書令是中書門下正三品官，而令同者，以本官品卑，恐位望及雜壓不等，故立此號與之同等也。勣至二十三年七月遷開府儀同三司，八月又改尚書左僕射，並同中書門下三品，且開府是從一品，僕射是從二品，又令同者，豈不與立號之意乖乎。謹按後漢殤帝以鄧隲爲車騎將軍，儀同三司，觀其創置之意，亦以上企三公也，可以爲證矣。永隆二年閏七月，崔知温、薛元超除中書令，並云同中書門下三品，又大乖也，詳蘇氏之説，則本朝所以進爲二品，當不爲無意，及觀《五代會要》長興四年九月勅，馮贇有經邦之茂業，宜進位於公台，但緣平章事犯其父名，不欲斥其家諱，可改同平章事爲同中書門下二品，則二品之名，肇見於此，國朝蓋襲而用之，爲無疑矣。然宰相稱謂以一人之私而易之，後唐之典章，不幾於輕，明宗長興，迄於是年繼之者，一用此官名，或惟改贇官稱，皆不可攷。歐陽文忠脩《本紀》至十月庚申始書贇爲樞密使，無二品事。《唐書》勣初除在四月己丑，拜儀同在六月癸巳，僕射在九月乙卯，皆與《會要》不同，特以其可與他官稱改易者，互見而叅取，故詳著之。

綜　述

《天聖令》卷二一《田令》 諸職田，三京及大藩鎮四十頃，藩鎮三十五頃，防、團州三十頃，上、中州二十頃，下州、軍、監十五頃，邊遠小（郡）〔州〕户少者一十頃，上、中、下縣十頃至七頃爲三等給之。給外有賸者，均授。州縣兵馬監臨之官及上佐録事、司理參軍、判司等，其給賸田之（數）〔類〕，在州不得過幕職，在縣不得過簿、尉。【略】

諸職分陸田桑（柗）（柘）、縣〔緜〕絹等目。限三月三十日，稻田限四月三十日。以前上者，並入後人；以後上者，入前人。其麥田以九月三十日爲限。若前人自耕未種，後人酧其功直；已自種者，準租分法。其限有月閏者，只以所附月爲限，不得更理閏月。若非次移任，已施功力，交與見官者，見官亦酧功直，同官均分如法。若罪犯不至、去官，雖在禁，其（由）〔田〕並同見任；去官者，同闕官例。或本官暫出即還者，其權署之人不在分給。【略】

諸公廨、職分田等，並於寬閑及還公田内給。

諸内外官應給職田，無地可充，并別勅合給地子者，率一畝給粟二斗。雖有地而不足者，準所欠給之。鎮戍官去任處十里内無地可給，亦準此。王府官，若王不任外官在京者，其職田給粟，減京官之半。應給者，五月給半，九月給半。未給解（伐）〔代〕者，不卻給。劍南、隴右、山南官人不在給限。

（宋）宋敏求《春明退朝録》卷上 凡加食邑，宰相千户，實封四百户。餘降麻官，食邑七百户，實封三百户。直學士以上，食邑五百户，實封二百户。舍人、待制、散尚書至少卿監以上，食邑三百户，實封一百户。

（宋）葉夢得《石林燕語》卷五 唐致仕官，非有特敕，例不給俸。國初循用唐制，至真宗乃始詔致仕官特給一半料錢，蓋以示優賢養老之意。當時詔云：始呈材而盡力，終告老以乞骸。賢哉，雖歎於東門；邈矣，遂辭于北闕。用尊耆德，特示殊恩。故士之得請者頗艱。慶曆中，馬季良在謫籍得致仕，言者論而奪之，蓋以此。其後有司既爲定制，有請無不獲，人寢不以爲貴。乃有過期而不請者，於是御史臺每歲一檢舉；有年將及格者，則移牒諷之，今亦不復舉矣。

（宋）程俱《麟臺故事》卷五《禄廩》　政和禄格：行祕書監職錢四十二貫，守三十八貫，試三十五貫，米、麥各十石；行少監職錢三十五貫，守三十二貫，試三十貫，米、麥各七石五斗；行丞、著作郎職錢二十五貫，守二十二貫，試二十貫，行祕書郎、著作佐郎職錢二十二貫，守二十貫，試十八貫；行校書郎職錢十八貫，守十六貫，試十四貫；行正字職錢十六貫，守十五貫，試十四貫。宣和七年，講議司措置以合破太倉食紐價支錢，監、少爲第二等，廚食錢月十五貫；著作郎、幹辦三館祕閣爲第三等，廚食錢月十二貫；丞、郎、著作佐郎、校書郎、正字爲第四等，廚食錢月九貫。時服：監少羅公服，天寧節、十月朔夾公服，小綾汗衫，小綾勒帛，大綾夾袴；丞以下至正字羅公服，天寧節、十月朔夾公服，絹汗衫，幕職州縣官不賜。

（宋）佚名《宋大詔令集》卷一七八《政事・俸賜・內外文武官俸以實價給詔雍熙四年十一月庚辰》　王者設班爵以馭貴，差禄秩以養賢，所宜各懋厥官，共成庶務。顧其稍食，宜在優豐。應內外文武臣僚等，折支俸錢，舊以八分爲十分支給，自今並以實價給之。

（宋）佚名《宋大詔令集》卷一七八《政事・俸賜・致仕官給半俸詔淳化元年五月甲午》　辭榮知止，仕進之難能。尚德優賢，邦家之達道。周有安車之賜，漢推束帛之恩。用厚貞退之風，聿爲經久之制。因念乞骸告老，納禄歸田。賢哉之歎則深，弋者之慕何及。罷茲廩給，長往邱園。苟奉養之闕如，必邁軸而爲慮。二月賜告，曾何足言。十世宥能，于是乎在。矧皆耆舊，早歷官常。宜給俸緡，以隆朝奬。應曾任文武職事官恩許致仕者，並給半俸，以他物充，于所在州縣支給。

（宋）佚名《宋大詔令集》卷一七八《政事・俸賜・文武官折支並給見錢六分詔景德四年九月壬申》　並建庶官，以釐衆務。宜稍豐於廩給，使各礪于廉隅。自今掌事文武官使臣，各請折支並給見錢六分。外任給四分，其外任願請折支外物者亦聽。

（宋）佚名《宋大詔令集》卷一七八《政事・俸賜・定百官俸詔大中祥符五年十一月甲寅》　上真降格，景貺來同。仰膺顧諟之祥，誕布庬鴻之澤。眷惟多士，共贊昌朝。念盡瘁以在公，宜推恩於賦禄。今定加文武職官月俸，三師、三公百二十貫。東宮三師、左右僕射九十貫。東宮三少、御史大夫、尚書、左右常侍六十貫。兩省侍郎、太常卿、御史中丞、左右丞、侍郎五十五貫。太子賓客、給事中、中書舍人、秘書監、光禄衛尉太僕大理鴻臚司農太府卿、國子監祭酒、殿中監、少府將作監、太子詹事、司天監四十五貫。諫議大夫四十貫。少卿、監、國子司業、左右諭德、諸行郎中三十五貫。太子少詹事二十九貫。起居郎、舍人、侍御史、殿中侍御史、左右司諫、諸行員外郎、四赤縣令三十貫。正言、監察、太常博士、通事舍人、國子五經博士、太常、宗正、秘書殿中丞、著作郎、大理正二十貫。率更令、六尚奉御、太子中允、贊善、中允洗馬十八貫。司天監五官正十三貫。秘書郎、著作佐郎十七貫。大理寺丞十四貫。諸寺監丞十四貫。大理評事、奉禮太祝八貫。諸衛上將軍六十貫。金吾大將軍三十五貫。諸衛大將軍二十貫。率副率中郎將十三貫。內客省使三十七貫、宣慶引進宣政四方館昭宣閤門使二十七貫。皇城已下諸司使二十五貫，副使二十貫。內殿丞制一十七貫。內殿崇班十四貫。供奉官十貫。侍禁七貫。殿直五貫。奉職借職四貫。兼閤門祇候供奉官、殿直增二貫。侍禁三貫。

（宋）佚名《宋大詔令集》卷一七八《政事・俸賜・令文武群臣料錢依舊支見錢詔大中祥符八年十二月戊寅》　昨以群臣列位封奏再三，願以帑府之幣餘，盡充官吏之月入。勉從輿論，誠匪素懷。特示推恩，並仍舊貫。其文武群臣料錢，宜令三司，自來年正月一日，依舊並支見錢。

（宋）佚名《宋大詔令集》卷一七八《政事・俸賜・罷職田詔天聖七年八月丁亥》　洪惟先聖，勤恤庶工。謂廩給之稍豐，則潔廉之易守。爰稽故實，並賜公田。歲月寖深，侵牟滋長。間從起獄，反以害人。重念釐務之臣，固多秉節之士。苟例停於租入，將曷勸於官勤。斂而均之，孰曰不從。其罷天下職田，悉以歲入租課送官。具數上三司，以所在時估定價例而均給之。仍委三司別行約束以聞。

（宋）佚名《宋大詔令集》卷一七八《政事・俸賜・復職田詔天聖九年二月癸巳》　天下吏給職田，所以惠養廉節也。而貪污之人，並緣爲奸，侵漁細民，滋以爲害。比詔有司，皆從停罷。如聞勤事之吏，禄薄不足以自養，朕甚湣焉。□□職田，即無得多占佃户及無田而配出租，違者以枉法論。

（宋）佚名《宋大詔令集》卷一七八《政事・俸賜・致仕官給俸詔景祐三年六月十九日》 國家言念近班，良多舊齒。既從致政，或致食貧。蓋限彝章，惟頒半俸。況知止之所尚，恤老以攸宜，出自朕懷，俾增優給。支因時序，以特示恩霑。誕告簪紳，用旌年德。宜令三司，並依分司例支與請受。每遇各年寒食，賜與節料，羊二口，米一石，麪一石，酒二缾。仰長吏歲時存問，今後並依此例。

（宋）佚名《宋大詔令集》卷一七八《政事・俸賜・不得裁減百官俸賜詔寶元二年六月壬戌》 朕猥奉鴻業，深惟永圖。恭己愛人，勵精求理。欲素樸行於天下，風化始於朝廷。專命近臣，議去浮費。爰自乘輿之所御，以至宮掖之所須，盡屏紛華，一敦簡儉。若夫設官置吏，分總事聯。經武制軍，參處營衛。惟其廪稍之給，具載等差之常。務存定規，無或過議。其文武百官各班行等俸賜，宜令詳定所不得輒行裁減。

（宋）佚名《宋大詔令集》卷一七八《政事・俸賜・定職田詔慶曆三年十一月壬辰》 昔者先帝詔復公田，合王制班禄之差，得聖人養賢之義。載原深旨，本自愛民。比者搢紳之間，屢陳利害之意。以謂郡縣受地，無有不齊。銓審補闕，權吏爲幸。辨競以之傷俗，因沿至於害人。故嘗命有司，斷以定數，誠足蠹於浮弊，然未安於予懷。禮不云乎，厚禄以勸群臣，則下之報禮重。凡厥文武，仕於朝廷，雖廉素者爲士之常行，而富貴者是人之所欲。其全寬大之體，自有公平之制。所宜給其所未給，均其所未均，約爲等差，概令周足。使事父母者得以致其養，蓄妻子者得以致其樂。冠婚喪祭有所奉，慶恤饋問有所資。不牽私室之憂，不專公家之慮。則六計可以弊群吏之治，四方可以期衆職之修。儻自犯於有司，亦何逃於彝憲。上廣先朝之惠，示不敢渝。下俾群臣之言，審茲自定。惟爾中外，體予所存。應天下職田，大藩府長吏二十頃，通判八頃，判官五頃，餘並四頃。節鎮十五頃，通判七頃，判官四頃，餘並三頃五十畝。防團使已下州軍十頃，通判六頃，小軍監七頃，判官三頃五十畝，餘並三頃。縣令萬户已上六頃，五千户已上五頃，不滿五千户並四頃。簿尉萬户以上各三頃，五千户各二頃五十畝，不滿五千户並二頃。發運轉運使及武臣總管比節鎮長吏，鈐轄比防團州長吏，路分都監比節鎮通判，都監比藩府判官，監押比節鎮判官，監當不得過本處職官之數。在縣鎮監當不得過簿尉之數，録事參軍比本判官，判司比倚郭簿尉。宜令三司具所定職田，並于慶曆四年爲始，内無職田處，及有職田而頃畝少處，並元摽得山石積潦之地不可耕種者，限三年内檢括官荒地並絶户田，及五年已上逃田添換其數。若係官莊田見有人户出租者，不得一例支撥。如逐處職田，比今來所定頃畝不足，即據見在頃畝及子利重與上下衆官等第均分。如地内有桑棗果蔬之利者，即以所收利約度折充職田，其田許自差公人勾當，並招置客户，每頃不得過三户，即不得全令州縣差人及招客户。或遇災傷，並依例檢覆減放。以上違者，官員以違制論。如恐減下職田子利，不肯接災傷詞狀者，亦以違制論，其所收子利並納官如將職田隱庇卻合入差徭及抑配虚作佃户令出課者，並以受所監臨財物論。仍專令逐路提點刑獄司覺察，若犯者情重而失於覺察，亦當以罪坐之。

（宋）佚名《宋大詔令集》卷一七八《政事・俸賜・官吏請給詔崇寧五年八月十一日》 朕閲《神宗實録》，見司馬光論節費自貴始，宜聽兩府辭郊賞事。恭聞神考即賜詔曰：惟昔先王之制國用，視民時數之多寡。方今生齒既繁，賦入又爲不少。理財之義，殆有可思。此之不圖，姑務自損。祇傷國體，未協朕心。故在熙寧中，增判司簿尉俸料。在元豐中，自尚書侍郎至胥徒府吏與庶人之在官者，咸制禄增俸。唯武選未成，故未遑暇。近者大臣辭俸，冀以率下。繼頒朕旨，裁及百官。我國家富有四海，多士以寧。位有高卑，禄有差等。高爵重禄，朕當與衆共之。使其足以仰事俯畜，然後可以養廉責功。至若兼職者不得過三，寄資者與其真俸。蓋嗣承先帝之未暇，不爲過也，其可已乎。以太平乂安之中國，祖宗積累之宏休，嘉與黎獻，共樂斯時。而襲蹈衰世，悉務裁損，豈先帝之志哉。應官吏請給，並依崇寧四年十二月以前指揮，所有近降指揮，可更不施行。

（宋）佚名《宋大詔令集》卷一七八《政事・俸賜・允户部尚書詳定一司敕令左膚乞立學士至直閣以上貼職錢御筆大觀二年五月十三日》 設官分職，稱事制禄。輔弼侍從之官，禮當優異。而有職無禄，非禄以□□馭貴之意，可依所奏。

貼職錢不以内外並給

觀文殿大學士

一百貫
觀文殿學士、資政殿大學士
八十貫
資政殿學士、端明殿學士
五十貫內前執政加二十貫
龍圖天章寶文顯謨徽猷閣學士、樞密直學士
四十貫
龍圖天章寶文顯謨閣直學士
三十貫
龍圖天章寶文顯謨閣待制
二十貫
集賢殿修撰
一十五貫
直龍圖閣秘閣
一十貫
公使錢外任，給內曾任執政已上，不限內外並給。
觀文殿大學士
曾任宰相錢一千五百貫
觀文殿學士　資政殿大學士　資政殿學士　端明殿學士
曾任宰相執政官一千貫、餘七百貫
龍圖天章寶文顯謨徽猷閣學士直學士
待制樞密直學士及太中大夫已上
五百貫
已上兼安撫經略使或馬步軍都總管兵馬都鈐轄各加錢一百貫。

（宋）謝深甫等《慶元條法事類》卷四《職制門·官品雜壓》　令

官品令

諸太師，太傅，太保，左、右丞相，少師，少傅，少保，王，爲正一品。

諸樞密使，開府儀同三司，特進，太子太師、太傅、太保，嗣王，郡王，國公，爲從一品。

諸金紫光祿大夫，知樞密院事，參知政事，同知樞密院事，太尉，開國郡公，上柱國，爲正二品。

諸銀青光祿大夫，光祿大夫，簽書樞密院事，觀文殿大學士，太子少師、少傅、少保，御史大夫，吏部、户部、禮部、兵部、刑部、工部尚書，左右金吾衛、左右衛上將軍，冀、兖、青、徐、揚、荊、豫、梁、雍州牧，殿前都指揮使，節度使，開國縣公，柱國，爲從二品。

諸宣奉、正奉大夫，觀文殿學士，資政、保和殿大學士，翰林學士承旨，翰林學士，資政、保和、端明殿學士，龍圖、天章、寶文、顯謨、徽猷、敷文、煥章、華文閣學士，樞密直學士，左、右散騎常侍，權六曹尚書，上護軍，爲正三品。

諸正議、通奉大夫，龍圖、天章、寶文、顯謨、徽猷、敷文、煥章、華文閣直學士，御史中丞，開封尹，尚書列曹侍郎，諸衛上將軍，太子賓客、詹事，開國侯，護軍，爲從三品。

諸通議大夫，給事中，中書舍人，太常卿，宗正卿，秘書監，諸衛大將軍，殿前副都指揮使，承宣使，開國伯，上輕車都尉，爲正四品。

諸太中大夫，保和殿、龍圖、天章、寶文、顯謨、徽猷、敷文、煥章、華文閣待制，左、右諫議大夫，權六曹侍郎，七寺卿，國子祭酒，少府、將作監，諸衛將軍，輕車都尉，爲從四品。

諸中大夫，馬步軍都指揮使，副都指揮使，觀察使，通侍、正侍、宣正、履正、協忠、中侍大夫，開國子，上騎都尉，爲正五品。

諸中奉、中散大夫，太常、宗正少卿，秘書少監，內客省使，延福宮、景福殿使，太子左、右庶子，樞密都承旨，中亮、中衛、翊衛、親衛大夫，殿前馬、步軍都虞候，防禦使，捧日天武、龍神衛四廂都指揮使，團練使，諸州刺史，駙馬都尉，開國男，騎都尉，爲從五品。

諸朝議、奉直大夫，集英殿修撰，七寺少卿，中書門下省檢正諸房公事，尚書左、右司郎中，國子司業，軍器監，都水使者，太子少詹事、左右諭德，入內內侍省、內侍省都知副都知，宣慶、宣政、昭宣使，拱衛、左武、右武大夫，入內內侍省、內侍省押班，樞密承旨，副都承旨，驍騎尉，爲正六品。

諸朝請、朝散、朝奉大夫，起居郎，起居舍人，侍御史，尚書左、右司員外郎，樞密院檢詳諸房文字，右文殿、秘閣修撰，開封少尹，尚書諸司郎中、開封府判官、推官、少府、將作、軍器少監，和安、成和、成安大夫，陵臺令，飛騎尉，爲從六品。

諸朝請、朝散、朝奉郎，殿中侍御史，左、右司諫，尚書諸司員外郎，侍講，直龍圖、天章、寶文閣，開封府司録參軍事，樞密副承旨，樞密院諸房副承旨，武功至武翼大夫，成全、平和、保安大夫，翰林良醫，太子侍讀、侍講，兩赤縣令，雲騎尉，爲正七品。

諸承議郎，左、右正言，符寶郎，監察御史，直顯謨、徽猷、敷文、煥章、華文閣，太常、宗正、秘書丞，大理正，著作郎，崇政殿説書，內符寶郎，正侍至右武郎，武功至武翼郎，和安至保安郎，翰林醫官，閤門宣贊舍人，太子中舍人、舍人，諸率府率，親王府翊善、贊讀、直講，判太醫局令，翰林醫效、醫痊，武騎尉，爲從七品。

諸奉議、通直郎，七寺丞，秘書郎，太常博士，樞密院計議官、編修官，勅令所删定官，直秘閣，著作佐郎，國子監丞，諸王宮大小學教授，國子博士，大理司直、評事，訓武、修武郎，內常侍，開封府諸曹參軍事、軍巡使、判官，京府判官，京畿縣令，兩赤縣丞，三京赤縣、畿縣令，太史局五官正，中書、門下省録事，尚書省都事，爲正八品。

諸宣教、宣義郎，御史臺檢法官、主簿，少府、將作、軍器、都水監丞，寺、監主簿，秘書省校書郎、正字，太常寺奉禮郎、太祝，太學、武學、律學博士，主管太醫局，閤門祗候，樞密院逐房副承旨，供奉官，從義郎，太子諸率府副率，親王府記室，節度、觀察、防禦、團練、軍事、軍、監判官，節度掌書記，觀察支使，京府、節度、觀察、防禦、團練、軍事推官，節鎮、上中下州録事參軍事，京府諸曹參軍事、軍巡判官，承直、儒林、文林、從事、從政、修職郎，京畿縣丞，三京赤縣、畿縣丞，諸州上中下縣令、丞，兩赤縣主簿、尉，諸府諸曹，節鎮、上州諸司參軍事，節度副使，行軍司馬，防禦、團練副使，太史局丞、直長、靈臺郎、保章正，翰林醫愈、醫證、醫診、醫候，三省樞密院主事、守闕主事，令史，書令史，爲從八品。

諸承事、承奉郎，理親民資序者，從八品，承務郎准此。殿頭高品，太社、耤田、太官令，國子太學正、録，武學諭，律學正，太醫局丞，忠訓、忠翊、成忠、保義郎，挈壺正，京畿縣主簿、尉，三京赤縣、畿縣主簿尉，諸州別駕、長史、司馬，樞密院守闕書令史，爲正九品。

諸承務郎，高班，黃門內品，承節、承信、迪功郎，中、下州諸司參軍事，諸州上中下縣主簿、尉，城寨、馬監主簿，諸州司士、文學、助教，翰林醫學，爲從九品。

諸太師、太傅、太保爲三公，左、右丞相爲宰相，少師、少傅、少保爲三少，樞密使、知樞密院事、參知政事、同知樞密院事爲執政官，簽書樞密院事同本條，不同執政官者，依本條。開府儀同三司爲使相，特進至承務郎爲寄禄官，通直、修武郎以上爲陞朝官，有執掌者爲職事官，觀文殿大學士至華文閣待制爲侍從官，集英殿修撰至直秘閣爲貼職，上柱國至武騎尉爲勛官，王、公、侯、伯、子、男爲爵，金吾衛上將軍至左、右郎將爲衛官，太子太師至率府副率爲東宮官，節度、觀察爲兩使，承宣、觀察、防禦、團練使，刺史爲正任，領他官者爲遥郡，通侍大夫至右武郎爲橫行，內客省使至內侍省內品爲內侍官，武功至武翼大夫爲正使，武功至武翼郎爲副使，訓武、修武郎，閤門祗候爲大使臣，從義郎至承信郎爲小使臣，京府判官至軍、監判官爲幕職官，録事參軍至馬監主簿爲州縣官，承直郎至迪功郎爲階官，節度副使、行軍司馬、防禦團練副使、州別駕、長史、司馬、司士、文學、助教爲散官，和安大夫至醫學、春官大夫至挈壺正爲伎術官。

（宋）岳珂《愧郯録》卷四《執政階官封爵》 元豐官制初行，以特進易左右僕射，金紫銀青易六曹尚書。自特進而上，非宰相不除。執政雖久次，階亦止金紫，爵不過開國，蓋祖宗朝參樞例官，惟得至八座。閒如李至之類，亦僅寵以節鉞，無爲僕射者。夏竦徹國非端揆，蓋相制已頒，而格且爲樞密使而後得之。故元豐稽以爲比，所以辨等衰，重名器也。然在昔時侍從官得至吏部尚書，實今金紫。洪文敏邁《容齋三筆》載紹興以來，惟梁揚祖、葛勝仲以致仕得之，自是而後，始以兩階爲重，專待執政、從橐，至光禄者已絶少，不復可以序進。何元樞澹去國及今十五年，不改金紫階。洪文敏邁、沈憲敏樞以官奉上課，皆不行，後以致仕，及子遇郊敘封，而後得之。文敏亦自著其事於《三筆》，此最近日明證，珂嘗攷之，徽宗詔旨，宣和元年二月戊戌，特進知樞密院事鄧洵武爲少保，依前知樞密院詔，以武首議紹述，故録其功也。既又封莘國公，雖其年三月癸丑，御筆恩數並依宰臣例，乃正以已除少保之故而與之，且其爲賜位時，元未有此旨，是執政階官封爵似無限法矣。當時以元豐改制，不置樞密使，故洵武止以知院視宰臣。珂又按察元道《官制舊典》曰：政和後，薛昂帶觀文殿學士任特進，白時中以門下侍郎帶特進，皆失舊制。繼詔並改金紫光禄大夫，今後非宰相不除，則是政宣閒雖時有侵紊，尚能申儆初制。如蔡攸之與京恩倖震天下，乃自殿學士，由節鉞進序儀同，遂班孤棘，它日領宥府，蓋已在爲傅之後。而紹興閒秦檜以舐犢之愛，其子熺自知院引嫌罷，纔降恩數，比宰相之旨，遂歷大觀文少師，封國公。其躐進捷出，有京攸之所不敢爲。蕩滅典法，餘燄至今，尚可想也。葛文康勝仲行狀，謂勝仲以左宣奉謝事，文敏亦誤紀耳。或謂元豐寄禄條目，開府特進爲散執官，金紫至太中爲侍從官，予之以其名，而陰尼其所至，殆不可曉。珂竊謂不然，今著令有曰觀文殿大學士，至諸閣待制爲侍從官，而世未有以舊槖除大觀文者，泥文捐實，固不得輕議聖制也。

（宋）岳珂《愧郯録》卷七《散階勳官寄禄功臣檢校試銜》 恩初授檢校太子賓客兼監察御史，自此累加焉。而注其下曰：朝軍指揮使止於司徒，軍頭指揮使忠佐馬步都軍頭止於司空，軍班都虞候忠佐副都軍頭以上止於左右僕射，諸軍指揮使止於吏部尚書。其官止若遇恩，則或加階爵功臣。又申之曰：幕職初授則試校書郎，再任如至兩使推官，則試大理評事書記。支使防禦團練使判官以上，試大理司直評事，又加則兼監察御史，亦有至檢校員外郎以上者。以行軍使皆檢校員外郎以上朝官階勳高，遇恩亦有加檢校官，郎中則卿監少監，員外則郎中，太常博士以下則員外郎，並無兼官。其解試大理評事、校書郎正字、寺監主簿助教者謂之試銜，有選集同出身例。珂按如舊制者，蓋謂如唐制也。太平之改官名，蓋以熙陵初即位，未改舊名，因避諱而然也。是時正以職事官爲官名，如吏部尚書至于職官令録皆虛名也，而不得實涖其事。以知判官爲職事，如判尚書都省至于權知某州縣，皆實職也。而不闗所帶之官，以階爲恩，以勳爲品，以爵邑功臣爲假寵，以檢校試官爲帶銜，故咸平四年，左司諫知制誥楊億轉對上疏有曰：勳散之設，名品實繁。朝散銀青，猶闕命服；護軍柱國，全是虛名。欲乞自今常參官勳散俱至五品者，許封贈。官階勳俱至三品者，許立戟又五等之爵，施之于今，雖有啓封之稱，曾無胙土之實。苴茅建社，固不可以遂行。翼子貽孫，亦足稽於舊典。欲乞内外官封至伯子男者，許蔭子。至公侯者，蔭孫。國公者，許嫡子嫡孫一人襲封。因又當今功臣之稱，始於德宗幸奉天，扈蹕將士並加奉天定難功臣之號。一時之賞典，爲萬世之通規。近歲以來，將相大臣加至十餘字者，尤非輕據，不可遵行，所宜削除以明憲度，可以見當時士大夫之厭於虛名者矣。然祖宗承隋唐末流，襲爲定例，故不見其用而惟見其宂。若其創始之初，磨鈍之具，不窮於一偏，要亦自有深意，何以言之，自元豐定官制，歸階官於寄禄，還職守於百司，盡削功臣，略餘檢校，試官俱罷，爵邑僅存。惟階職官守而已，祖宗存此名也。雖以例轉，或以赦遷，而猶間繫服色之重輕，資序之深淺，封蔭之厚薄，初未盡捐之也。且階官至員外郎，則可以任子。庶官帶貼職，則不限隔郊。至於郎曹寺監侍從宰執，截截乎有恩數品秩之異，然則所用者皆實賞也。檢校之畧餘者，惟武階有六等，多不盡轉。間又徑自旄鉞陞尉府，亦幾於無爵邑實封。雖不改舊，而惟遇郊霈，有司按格法定封。及宰執初除，循故事謂之加恩耳，亦不以爲賞也。惟其不虛名既偏廢，而吏勞不可不酬，惟其不可不酬，故官賞不得不濫。惟其不得不濫，故貼職不甚貴重。銓選奏補益袢，揆今擥昔，在本朝厭之，猶之可也。其在隋唐，其可以虛名厭之哉。珂又按階散勳官，在前世合於一，至唐則析而爲二。階勳功臣檢校，在唐析於四，而本朝則合於一。其用與不用，實寓見於是。自宋齊梁陳後魏北齊以來，諸九品官皆以將軍爲品秩，謂之加戎號，此正如國初軍制。皆以御史爲品秩，謂之加憲銜也。梁制雖親王起家，未加將軍，不開府，不置佐史官。可以見一時以此號爲重，然其實未嘗將屯，亦虛名耳。隋既受命，高祖採後周之制，置上柱國、柱國、上大將軍、大將軍、上開府儀同三司、開府儀同三司、上儀同三司、儀同三司、大都督、帥都督、都督總十一等，以酬勤勞。又有特進、左右光禄大夫、金紫光禄大夫、銀青光禄大夫、朝議大夫、朝散大夫，並爲散官，以加文武官之德聲者，並不理事。又有翊軍等四十三號將軍，品凡十六等，爲散號將軍，以加檢校。居曹有職務者爲執事官，無職務者爲散官。戎上柱國以下爲散實官，軍無散號官。諸省及左右衛武候餘左右監門府爲内官，自餘爲外官。散官之名，肇見於是。還考漢制，光禄大夫、大中大夫、郎、議郎、中郎、侍郎、郎中皆無定員。多至數十人，特進奉朝請，亦皆無職守，優游禄秩。則官之有散，自漢已有之矣。然當時之仕于朝者，不任以事，則置之散，正如今日宫觀設官之比。未有以職爲實，以散爲號，如後世者也。故成都侯王商以特進領城門兵，置幕府，得舉吏。是正如今日兼官不可以官稱爲比。梁制左右光禄、金紫光禄、太中中散等大夫並無員，以養老疾。遡而考之魏晋宋齊元魏，下而考之陳北齊後周隋，亦莫不有之。參見於九品十八班之間。元魏初，又嘗置散官五等，其品等五至第九，百官有闕，則取於其中以補之。蓋皆以儲才待須，而亦與諸職事官均其勞佚也。逮隋開皇六年，始置六品以下散官，八郎爲正階，八尉爲從階。正六品上爲朝議郎，下爲武騎尉。從六品上爲通議郎，下爲屯騎尉。正七品上爲朝請郎，下爲驍騎尉。從七品上爲朝散郎，下爲游騎尉。正八品上爲給事郎，下爲飛騎尉。從八品上爲承奉郎，下爲旋騎尉。正九品上爲儒林郎，下爲雲騎尉。從九品上爲文林郎，下爲羽騎尉。準前所置散官見於諸品者，上柱國爲從一品，柱國、特進、左右光禄大夫爲正二品，上大將軍、金紫爲從二品，大將軍、銀青爲正三品，上開府朝議爲從三品，開府朝散爲正四品，上儀同爲從四品，儀同爲正五品，大都督爲正六品，帥都督爲從六品，都督爲正七品。通而觀之，則九品之内皆有散官，以酬勞矣。惟正一品虚而不置，所以章其貴也。煬帝嗣位，多所改更。先罷特進，次罷十一等酬勞官八郎八尉四十三號將軍，并省朝議大夫，置九大夫八尉，自一品至九品别有其制。其九大夫，從一品，曰光禄。正二品，曰左光禄。從二品，曰右光禄。正三品，曰金紫。從三品，曰銀青。正四品，曰正議。從四品，曰通議。正五品，曰朝請。從五品，曰朝散。其八尉，正六品，曰建節。從六品，曰奮武。正七品，曰宣惠。從七品，曰綏德。正八品，曰懷仁。從八品，曰守義。正九品，曰奉議。從九品，曰立信。繼雖復儒林郎、文林郎，列之七品八品正，乃隸秘書省。置二十人若三十人，專以明經待問撰録文史爲職。又若職事官，無與於散階也。尋又置散騎郎二十人，爲從五品。承議通直郎各三十人，爲正從六品。宣德、宣義郎各四十人，爲正從七品。徵事將在郎各五十人，爲正從八品。常從奉信郎各五十人，爲正從九品。是爲正員，並得禄當品。又各有散員郎，無禄。隨又改常從爲登仕，奉信爲散從。自散騎而下皆主出使，量事大小，據品以發之。則正如國初，九品京朝官皆在京師，其罷職者歸本班，守本官。其出使者，知某州轉運某路之制耳。尚書省六曹皆置承務郎一人，同員外郎之職。乃正與今尚書郎等，又非散號，如限員以設散官，使其别有所授，决知其必不復，徒帶以爲美觀也。而唐乃析之郎大夫之秩，光禄中散之養疾，儒林文林之待問，一歸之於文散。散號將軍，參取雜置，益以校尉，一歸之於武散。柱國等號，本以酬勞。武騎諸稱，並同郎位，一歸之於勳官，則階散也。勳官也，唐雖因隋，而所用未嘗因隋。有職者改爲虚名，徒名者置在兼秩，是所謂前世合於一，而唐則析爲二。史大奈與高祖興太原飲馬泉之戰，以多授光禄大夫階。李晟以復興元勳立功，時諸子未官宰相以聞，即日詔子愿爲上柱國。故事，柱國門列戟，遂父子皆賜。杜淹貞觀中檢校吏部尚書再加檢校侍中，代宗以射生軍清難，而有實應之稱。德宗以涇軍煽逆。而有定難之號。後隨事而賜，亦無定名。故唐之有功者，或叙階，或賜勳，或加以檢校，或寵以名號，皆上之人有以寓一時之微權，而初無階升必致之道。四者並用。而又申之以封爵，重之以實封，馭貴馭富，又雜取而輔之。在祖宗朝，若功臣之名，猶有官不當賜而特賜者。如開寶之於王明，太平興國之於杜彦鈞、陳信從、郝正，大中祥符之於王承美，天禧之於向漢通。南渡以後，高皇舉久廢之典，以寵二三大將，其他則不多見也。每一遇郊，官至某則加功臣若干字，酬勳若干級，進階若干等，徹國若干户，並舉而予之。故世但以爲煩，而不見其用。是所謂唐析於四，而本朝則合於一。既合矣，而不能分此，所以發神宗皇帝之獨斷，一舉而盡去之也。政和罷勳官，徒以太平之世不欲用，議易之而未暇。孝宗淳熙間，廷策多士，發爲清問，有意復之而未能，誠使無並用之術。祖已成之例，一歸之有司，則雖無復可也。因虚以濟實，即名以輔治，一歸之君上，則雖盡復之。亦可也。世之議者，多以其名之混淆，未易别白，故表而著之，公俟觀者擇焉。又按光禄在晋已分左右，魏舒嘗加右光禄大夫，而西漢之初無印綬，秩止比六百石，東漢已秩二千石，法固應銀章青綬，至晋始有加金紫者。李熹、嵇紹、吳隱之輩是也。熹傳又載泰始全詔，其因光禄之號改假金紫，正當是事始，然未嘗入銜，故南齊任遐有乞一片金之請。還考宋初，用嘗贈臧僬爲金紫光禄，已連稱謂，元魏何時乃亦有之，而又以銀青入銜，遂焕然析爲二官矣。梁制金紫光禄，次左右光禄，次金紫。所謂光禄者，蓋銀青。如舊例，是以不重出耳。元魏亦叙左右光禄於金紫銀青之上，齊承魏制，陳因梁法，後周於金紫銀青又各分左右，皆在左右光禄之下。隋唐而降，迄于本朝，叙階之法亦莫不然。唐去光禄左右字，元豐定官制，乃躋二階之班于光禄之上，不知何所爲也。其他如朝議，置大夫而廢郎，躐朝請於通直，下宣德於朝散。政和改制，又以登仕將仕爲未仕之官，列之文林之下，又以郎大夫爲勇爵，不用將軍校尉等官，皆與唐制不合云。

（宋）岳珂《愧郯録》卷九《官品不分别》 本朝雜壓之制，雜流伎術等官皆入品下，而寺監之吏，凡未出官而先給告者，亦通謂之入品，但以所居官爲品之高下，不復有分别。珂按高峻《小史・劉昶傳》，元魏高祖臨光極堂大選，高祖曰：當今之世仰祖質樸，清濁同流，混齊一等，君子小人，名品無别，此殊爲不可。我今八族以上士人品第有九品，九品之外，小人之官復有七等。若有人可起家三公，恐賢才難得，不可止爲一人，渾我典制。昶對曰：陛下刊正九流，爲不朽之法，豈惟髣髴唐虞，固以有光二代。此雖爲門地而言，然九品之官不混它品，亦一時之制，與今士夫皁隸閹豎伎術混爲一區，爲不同也。

（宋）趙昇《朝野類要》卷三《爵禄・食邑》 官序及格，合封諸縣開國男以上者，隨有食邑户數，蓋比古之小大諸侯得國也。若又及格，則有食實封幾百户。舊制每實封一户，隨月俸給二十五文，其加封則自有格法。

（宋）趙昇《朝野類要》卷三《爵禄・職田》 外任大小官屬合得職田者，月俸之外，本州給還米斛。凡到任一年，分並四月以前理上者該給。

（元）馬端臨《文獻通考》卷六五《職官考・禄秩》 宋興，咸平間，知制誥楊億上疏言：唐制，内外官俸錢之外，有禄米、職田，又給防閤、庶僕、親事、帳内、執衣、白直、門夫，各以官品差定其數，歲收其課，以資於家，本司又有公廨田、食本錢，以給公用。自唐末離亂，國用不充，百官俸錢並減其半，自餘别給一切權罷。官於半俸之中已是除陌，又於半俸三分之内其二分以他物給之，鬻於市廛，十裁得其一二，曾糊口之不及，豈代耕之足云？昔漢宣帝下詔云：吏能勤事而俸禄薄，欲其無侵漁百姓，難矣。遂加吏俸，著於策書。竊見今之結髮登朝，陳力就列，其俸也不能致九人之飽，不及周之上農；其禄也未嘗有百石之入，不及漢之小吏。若乃左、右僕射，百僚之師長，位莫崇焉，月俸所入，不及軍中千夫之師，甚可駭也，豈稽古之意哉？欲乞百官俸禄、雜給，並循舊制，既豐其稍入，可責以廉隅。官且限以常員，理當減於舊費，又唐、虞之制也。乾興已後，俸禄、添給、傔人、餐錢之制，更革爲多。至嘉祐，始著於《禄令》，自宰相而下至嶽瀆廟主簿，凡四十一等。熙寧以來，悉用《嘉祐禄令》，無所損益。元豐一新官制，職事官職錢以寄禄官高下分行、守、試三等，大率官以《禄令》爲准。而在京官司供給之數，皆並爲職錢。如大夫爲郎官，既請大夫俸矣，又給郎官職錢，視嘉祐時賦禄爲優。至崇甯間，蔡京秉政，吴居厚、張康國輩貪鄙爲徒，於寄禄官俸錢、職事官職錢外，復增供給、食料等錢。如京，僕射俸外又請司空俸，其餘傔從錢米並支本色。餘執政皆然。視元豐制禄之法增倍矣。中興俸禄之制，參用嘉祐、元豐、政和之舊，少所增損。惟兵興之始，宰執請受權支三分之一，或支三分之二，或支賜一半。隆興及開禧，自陳損半支給。皆權宜也。其後内外官有添支、料錢，職事官有職食、廚食錢，職纂修者有折食錢，在京釐務官有添支錢、添支米。選人、使臣，職田不及者有茶湯錢。其餘禄粟、傔人，悉還疇昔。今合新舊制而參紀之。元豐定制，以官寄禄，中興重加修定。文臣請俸：開府儀同三司料錢一百貫。特進九十貫。春、冬衣絹各二十五疋，小綾十疋，春羅一疋，冬綿五十兩。金紫光禄大夫，銀青光禄大夫。料錢各六十貫，春、冬絹各二十疋，小綾七疋，春羅一疋，冬綿五十兩。宣奉大夫，正奉大夫，正議大夫，通奉大夫。料錢各五十貫，春、冬絹各十七疋，小綾五疋，春羅一疋，冬綿五十兩。通議大夫，大中大夫，中大夫，中奉大夫，中散大夫。料錢各四十五貫，春、冬絹各十五疋，小綾三疋，春羅一疋，冬綿五十兩。朝議大夫，奉直大夫，朝請大夫，朝散大夫，朝奉大夫。以上料錢各三十五貫，春、冬絹各十三疋，春羅一疋，冬綿三十兩。奉議郎。料錢二十貫，春、冬絹各十疋，春羅一疋，冬綿三十兩。通直郎。料錢十八貫，春、冬絹各七疋，春羅一疋，冬綿三十兩。宣教郎。料錢十五貫，春、冬絹各五疋，冬綿十五兩。宣義郎。料錢十二貫，春、冬絹各五疋，冬綿十五兩。承事郎。料錢十貫，春、冬絹各五疋，冬綿十五兩。承奉郎。料錢八貫。承務郎。料錢七貫。元豐以來，釐務止支驛料，大觀二年定支。以上料錢，一分見錢，二分折支。每貫折錢，在京六百文，在外四百文。到任添給驛料。承直郎。料錢二十五貫，茶湯錢十貫，廚料米六斗，麵一石五斗，藁四十束，柴二十束，馬一匹，春、冬絹六疋，綿十二兩。儒林郎。料錢二十貫，茶湯錢十貫，廚料米六斗，麵一石五斗，槁二十束，柴十五束，春、冬絹各五疋，綿十兩。文林郎。料錢十五貫，茶湯錢十貫，廚料米六斗，麵一石五斗，藁二十束，柴十五束，春、冬絹各五疋，綿十兩。從仕郎、從政郎、修職郎。以上料錢各十五貫，茶湯錢十貫，米、麥各二石。迪功郎。料錢十二貫，茶湯錢十貫，米、麥各一石五斗。以上錢折支中給一半見錢，一半折支。每貫折見錢七百文。釐務日給，滿替日住。

武臣請俸：太尉。料錢一百貫，春服羅一疋，小綾及絹各十疋，冬服小綾一十疋，絹二十疋，綿五十兩。正任節度使。在光禄大夫之下，初除及管軍同，料錢四百貫，禄粟一百五十石。承宣使。在通議大夫之下，料錢三百貫，禄粟一百石。觀察使。在中大夫之下，料錢各二百貫，禄粟一百石，米、麥十五石。防禦使。在中散大夫以下，料錢二百貫，禄粟一百石，米、麥各一十二石五斗。團練使。在中散大夫之下，料錢一百五十貫，禄粟七十石，米、麥各九石。諸州刺史。在中散大夫之下，料錢一百貫，禄粟五十石，米、麥各七石五斗。自承宣使以下，不帶階官者爲正任，帶階官者爲遥郡，遥郡各在正任之下，請俸與次任、正任一同。靖康指揮，遥郡以上俸錢、衣賜、傔人、俸馬，權支三分之二。殿前三衙四廂、捧日、天武左右廂都指揮使遥郡團練使。料錢一百貫文，春、冬服絹各十疋。殿前諸班直都虞候、諸軍都指揮使遥郡刺史。料錢五十貫，衣同前。龍衛、神衛右廂都指揮使、遥郡團練使。同捧日、天武，龍、神衛諸軍都指揮使遥郡刺史。同殿前。左、右金吾衛上將軍。在光禄大夫之下。諸衛上將軍。在通奉大夫之下。以上料錢各六十貫，春、冬綾各五疋，絹各十疋，春羅一疋，冬綿五十兩。左右金吾衛大將軍。在中散大夫之下。料錢三十五貫，春、冬綾三疋，絹七疋，春羅一疋，冬綿三十兩。諸衛大將軍。在中散大夫之下，料錢二十五貫，春、冬綾三疋，絹各七疋，春羅一疋，冬綿二十兩。諸衛將軍。在朝奉郎之下，料錢二十貫，春、冬綾各二疋，絹各七疋，春羅一疋，冬綿十五兩。率府率，在奉議郎之下，率府副率。在通直郎之下。料錢十三貫，春、冬絹各五疋，春羅一疋，冬綿十五兩。通侍大夫。在中散大夫之下。料錢五十貫，禄粟二十五石，春絹七疋，冬絹十疋，綿三十兩，傔二十人，馬三匹。正侍大夫，宣正大夫，履正大夫，協忠大夫，中侍大夫。以上在中散大夫之下。料錢各三十七貫，禄粟二十五石，春絹七疋，冬絹十疋，綿三十兩，傔二十人，馬三匹。中亮大夫。在中散大夫之下。料錢三十七貫，禄粟二十五石，春絹七疋，冬絹十疋，綿三十兩，傔二十人，馬三匹。中衛大夫，翊衛大夫，親衛大夫。在中散大夫之下，防禦使之上。拱衛大夫，左武大夫，右武大夫。並在奉直大夫之下，諸司正使之上。以上料錢並二十七貫，春絹七疋，冬絹十疋，綿三十兩。武功大夫，武德大夫，武顯大夫，武節大夫，武略大夫，武經大夫，武義大夫。並在朝奉大夫之下。以上各料錢二十五貫，廚料米一石，麵二石，春絹七疋，冬絹一十疋，綿三十兩。正侍郎，宣正郎，履正郎，協忠郎，中侍郎，中亮郎，中衛郎，翊衛郎，親衛郎，拱衛郎，左武郎，右武郎。以上並在朝奉郎下。料錢各二十貫，春絹五疋，冬絹七疋，綿二十兩。武功郎，武德郎，武顯郎，武節郎，武略郎，武義郎，武翼郎。並在承議郎之下。以上各料錢二十貫，廚料米、麵各一石，春絹五疋，冬絹七疋，綿二十兩，訓武郎。料錢十七貫，春絹五疋，冬絹七疋，綿二十兩。修武郎。料錢十七貫，春絹五疋，冬絹七疋，綿二十兩。從義郎，秉義郎。並料錢十貫，帶職錢十二貫，春絹四疋，冬絹五疋，綿十兩。忠訓郎，忠翊郎。並料錢七貫，帶職錢十貫，春、冬絹各四疋，冬綿十五兩。成忠郎，保義郎。並料錢五貫，帶職錢七貫，春、冬絹各四疋，綿十五兩。承節郎，承信郎。並料錢四貫，春、冬絹各三疋，錢二貫文。進武校尉。料錢三貫，春、冬絹各三疋，進義校尉。料錢二貫，春、冬絹各三疋。下班祗應。各隨差使理年不等，自三年至十二年，料錢七百文，糧二石五斗，春、冬絹各五疋。進武副尉。料錢三貫。進義副尉。料錢一貫。守闕進義副尉。料錢三貫。料錢、職錢，紹興仍政和之舊：宰相、樞密使，料錢月三百貫。政和左輔、右弼爲宰相，紹興左右僕射同中書門下平章事爲宰相。舊制，春、冬服小綾各二十疋，絹各三十疋，春羅一疋，冬綿一百兩。初，建炎元年指揮，宰執請受並權支三分之二，支賜支一半。知樞密院事，參知政事，樞密副使，同知樞密院事，僉書樞密院事。料錢二百貫，春、冬服小綾各十疋，絹各二十疋，春羅一疋，冬綿五十兩。太師，太傅，太保，少師，少傅，少保。料錢三百貫，春服羅三疋權支一疋，小綾三十疋支二十疋，絹四十疋支三十疋，冬服綾、絹同，綿二百兩支一百兩。以下職事官並支職錢：開封牧，錢一百貫。春服羅一疋，小綾、絹各十疋，冬服小綾十疋，絹二十疋，綿五十兩。太子太師、太保、太傅，職錢二百貫。春服羅一疋，小綾十疋，絹二十五疋，冬服綾、絹同，綿五十兩。少師、少傅、少保，百五十貫。春、冬服小綾各七疋，絹各二十疋，春羅一疋，冬綿五十兩。御史大夫、六部尚書。行，六十貫。守，五十五貫。試，五十貫。春服羅一疋，小綾五疋，絹十七疋，冬服綾、絹同，綿五十兩。翰林學士承旨、翰林學士，五十貫。春服同上。左、右散騎常侍。行，五十五貫。守，五十貫。試，四十五貫。春服小綾三疋，絹十五疋，羅一疋，冬綾、絹同，綿五十兩。太子詹事。錢、衣同賓客，小綾各止三疋，給事中，中書舍人。行，五十貫。守，四十五貫。試，四十貫。服同詹事。左、右諫議大夫。行，四十五貫。守，四十貫。試，三十七貫。餘同舍人。權六曹侍郎。職錢四十貫。餘同上。太常、宗正卿。行，三十八貫。守，三十五貫。試，三十二貫。春、冬衣隨官序。秘書監。行，四十二貫。守，三十八貫。試，三十五貫，七寺卿，國子祭酒。行，三十五貫。守，三十二貫。試，三十貫文。太常、宗正少卿，秘書少監。行，三十二貫。守，三十貫。試，二十八貫。中書門下省檢正諸房公事，左、右司郎中。行，四十貫。守，三十七貫。試，三十五貫。國子司業，少府、將作、軍器監。行，三十二貫。守，三十貫。試，二十八貫。太子少詹事。行，三十五貫。守，三十二貫。試，三十貫。太子左、右諭德。行，三十二貫。守，三十貫。試，二十九貫。起居郎，起居舍人，侍御史。行，三十七貫。守，三十五貫。試，三十二貫。左、右司員外郎，六曹郎中。同上。殿中侍御史，左、右司諫。行，三十五貫。守，三十二貫。試，三十貫。左、右正言。行，三十二貫。守，三十貫。試，二十七貫。諸司員外郎。同司諫。少府、將作、軍器少監。行，三十貫。守，二十八貫。試，二十五貫。太子侍讀、侍講。行，三十五貫。守，二十二貫。試，二十貫。監察御史。同正言。太子中舍人，太子舍人。行，二十貫。守，十九貫。試，十八貫。太常丞，太醫令，宗正丞，知大宗正丞，秘書丞，大理正，著作郎。行，二十五貫。守，二十二貫。試，二十貫。紹興元年指揮，宣教郎任館職，寺監丞、簿、評事，臺法，主簿，寺簿，正，司直，添給職錢一十六貫，指揮每月特支米三石。七寺丞。行，二十二貫。守，二十貫。秘書郎。行，二十二貫。守，二十貫。試，二十八貫。太常博士。同七寺丞。著作佐郎。同秘書郎。國子監丞。同七寺丞。大理司直、評事。同著作郎。少府、將作、都水監丞。行，二十貫。守，十八貫。秘書省校書郎。行，十八貫。守，十六貫。試，十四貫。正字。行，十六貫。守，十五貫。試，十四貫。御史臺檢法、主簿，九寺簿。行，二十貫。守，十八貫。諸王宮大小學教授，太、武學博士。行，二十貫。守，十八貫。試，十六貫。今諸王府翊善、贊讀、直講、記室料錢，並支見錢。律學博士。行，十八貫。守，十七貫。試，十六貫。太常寺奉禮郎。十六貫。太常寺太祝、郊社令。行，十八貫。守，十六貫。太官令。十八貫。五監主簿。行，十八貫。守，十六貫。太學正、録，武學諭。行，十八貫。守，十七貫。試，十六貫。律學正。行，十六貫。守，十五貫。試，十四貫。密院官屬：都承旨、承旨。料錢四十貫，職錢三十貫，承旨二十五貫。春服羅一疋，小綾三疋，絹十五疋，冬服小綾五疋，絹十五疋，綿五十兩。副都承旨。料錢三十貫，職錢二十貫，副承旨、諸房副承旨十五貫，若諸房副承旨同主管承旨司公事，加五貫。春衣羅一疋，絹一十五疋，冬絹同，綿三十兩。檢詳諸房文字。職錢三十五貫，廚食錢每日五百文。計議、編修官。添支錢十貫，第三等折食錢二十五貫，廚食錢每日計五百文。凡諸職事官職錢，不言行、守、試者，准行給。職事官衣，如寄禄官例，及無立定則例者，隨寄禄官給。職料錢、米麥，計實數給，兩應給者。謂職錢、米麥。從多給。諸承直以下充職事官。謂大理司直、評事，秘書省正字，太學博士、正、録，武學博士、諭，律學博士、正。聽支階官請受及添給。諸稱請受者，謂衣、糧、料錢，餘並爲添給。舊制，觀文殿大學士，三十貫。米三石，麪五石。觀文殿學士，資政、保和殿大學士，二十貫。米三石，麪五石。資政、保和殿學士，十五貫。米三石，麪五石，同上。春、冬小綾各五疋，絹各十七疋，春羅一疋，冬綿五十兩。龍圖、天章、寶文、顯謨、徽猷、敷文閣學士、直學士，十五貫。春、冬小綾各三疋，絹各十五疋，春羅一疋，冬綿五十兩。保和殿、龍圖、天章、寶文、顯謨、徽猷、敷文閣待制同。先是，大觀，或言添支厚薄不均。其後，自學士而下改名貼職錢。觀文殿大學士。貼職錢一百貫文，米、麥各二十五石，添支米三石，麪五石，萬字茶二斤。觀文殿學士及資政、保和殿大學士。貼職錢八十貫，米、麥同，添支錢十貫，添支米、麥同。資政、保和殿學士。貼職錢七十貫，米、麥同，添支面同，萬字茶二斤，春、冬綾五疋，絹十七疋，綿五十兩，羅一疋。端明殿學士。貼職錢五十貫，米、麥二十石，添支米三石、麪五石，萬字茶二斤，春、冬綾五疋，絹一十七疋，羅一疋，冬綿五十兩。龍圖、天章、寶文、顯謨、徽猷、敷文閣學士，樞密直學士。正三品，貼職錢四十貫，米、麥各四十石，添支米二石，麪五石，萬字茶二斤，春、冬綾五疋，絹十七疋，春羅一疋，冬綿五十兩。龍圖、天章、寶文、徽猷、敷文閣直學士，保和殿待制。貼職錢三十貫，米、麥各十七石五斗，春、冬綾各三疋，絹十五疋，春羅一疋，冬綿五十兩。龍圖、天章、寶文、顯謨、徽猷、敷文閣待制。貼職錢二十貫，米、麥各十二石五斗，春、冬綾各三疋，絹十五疋，春羅一疋，冬綿五十兩。集英殿修撰，右文殿修撰、秘閣修撰。以上貼職錢各十五貫。直龍圖、天章、寶文閣，直顯謨、徽猷、敷文閣，直秘閣。以上貼職錢各十貫。宣和間，罷支貼職錢，仍舊制添支。紹興因之，令諸觀文殿大學士至保和殿大學士料錢、春冬服隨本官；資政殿大學士至待制料錢隨本官，春、冬服從一多給。又諸學士添支錢，曾任執政官以上者，在京、外任並支；其餘在京支，外任不支。米、麵、茶、炭、俸馬、傔人衣糧，內、外任並給。酒、添支、馬草料，外任勿給。外此，有依祖例添支。如六部尚書而下職事官，分等第支廚食錢，自十五貫至九貫，凡四等，並依宣和指揮。修書官折食錢，監修國史四十貫，史館修撰、直史館、本省長貳三十七貫五百，檢討、著作三十五貫，並依自來體例，有特旨添支，如紹興元年指揮：館職，寺監丞、簿、評事，臺法、主簿、寺正、司直、博士，添職錢十貫文。六年指揮：五寺、三監、秘書、大宗正丞，太常博士，著作、秘書、校書郎，著作佐郎，正字，大理寺正、司直、評事，臺簿，刪定官，檢、鼓、奏告院，特支米三石，計議、編修官二石。各有序次。其在外知、判州府軍監等分曹列屬等第多寡，有以州望者，荊南、永興、江寧，揚、潭州，三十千；鳳翔、洪州，二十千。廣州知州七百千，逐月均給。任成都府，給鐵錢三百千；梓州二百千。餘州約銅錢數給。有以都總管、經略、安撫等使者，河北四路，真定府路知真定府、高陽關路知瀛州、定州路知定州、大名府路知大名府。陝西逐路，永興路知永興軍、緣邊秦鳳路兼知秦州、涇原路知渭州、環慶路知慶州、鄜延路知延州。河東路，知太原府。前任兩府並五十千，大中大夫、待制以上三十千。並特添二十千。知大名府如帶河北路安撫使同。知並州帶學士即五十千，無特給。三路管幹機宜文字，朝官十千，京官七千。知桂州充廣南西路都鈐轄、經略安撫使，自太中大夫以上三十千。朝臣充廣西路兵馬都鈐轄兼本路安撫管幹經略司公事，即二十千。河北沿邊安撫副使、都監，以横行使充，三十千。自横行副使並武功大夫至敦武郎以上充，二十千；秉義郎、閤門祗候充都監，郎十五千。同管幹河東沿邊安撫司公事，以横行副使至敦武郎以上，二十千。秉義、祗候，十五千。通判，大藩京朝官有二十千至十千者。餘州軍，十千至七千者，京官七千。京官通判成都府，給鐵錢八十千，京官六十千。朝官通判成都府、梓利、夔路、州軍府，給鐵錢七十千，京官五十千。簽判，朝官十千，京官七千。朝官簽判成都、梓州，給鐵錢七十千，京官五十千。三路都轉運使，淮南、江浙、荊湖制置茶鹽礬税都大發運使，太中大夫、待制、中散大夫以上，三十千。朝官充發運使、副，二十千。武功大夫至武翼郎充發運使副、都監，同朝官；充判官，十千。三門、白波發運使，朝官二十千。朝官充判官，十千；京官，七千。諸路轉運使、副，朝官二十千。任成都、梓利、夔路，給鐵錢自六十千至四十千，凡三等。府界並諸路州、府、軍、監、縣、鎮監當，朝官七千，京官五千至四千，有二等。武功大夫以下至進義校尉，自十千至三千，凡七等。朝官任川峽州、府、軍、監，給鐵錢五十千，京官三十千至二十五千，凡二等。進義校尉以上，成都、梓利、夔路，自六十千至二十五千，凡五等。朝官充陝西及江浙、荊湖、福建、廣南提舉提點鑄錢等公事，自二十千至十五千，凡二等。朝官充都大提舉河渠司，幹當及提舉宫觀，並催遣輦運、催綱，諸州監物務等，自十五千至七千，凡三等。任四路，給鐵錢七十千。京官充催促輦運、催裝斛斗綱船，並諸州監物務等，自七千至五千，凡二等。任四路，給鐵錢五十千，都大提舉修護黃河堤埽岸，諸處巡檢，並監北京大內軍器庫，並蔡河撥發催綱等，並以兩省供奉官以下至內品充，自十千至三千，凡七等。凡外任，添給羊有二十口至二口，凡六等；米有二十石至二石，凡七等；麵有三十石至二石，凡七等；傔有二十人至二人，凡七等；馬有十四至一匹，凡六等。禄粟及隨身、元隨、傔人之制：宰相禄粟一百石。紹興：三公，侍中，中書、尚書令，左、右僕射同平章事，並爲宰相，隨身七十人。知樞密院事，參知政事，樞密副使，同知樞密院事，禄粟一百石，隨身五十人。太師、太傅、太保，少師、少傅、少保，一百石。舊制百五十石。隨身一百人。太尉，一百石，隨身五十人。節度使，禄粟已具《俸禄》門。元隨五十人。承宣使，具《俸禄》門。元隨五十人。觀察使、防禦使，見《俸禄》門。元隨三十人。團練使，見《俸禄》門。元隨三十人。諸州刺史，同上。元隨二十人。通侍大夫、正侍大夫、宣正大夫，履正、協忠、中侍、中亮大夫，禄粟、傔人並具《俸禄》門。捧日、天武左右廂都指揮遥郡團練使，五十石，傔十人。龍、神衛右廂都指揮使帶遥郡團練使同。殿前都班直都虞候，諸軍都指揮使遥郡刺史，二十五石，傔五人。神、龍衛都軍都指揮使帶遥郡刺史同。諸學士添支米麵，已附於前，今載：觀文殿大學士，傔二十人。觀文殿學士，資政，保和殿大學士，傔十人。資政、保和殿學士，龍圖、天章、寶文、顯謨、徽猷、敷文閣學士，傔七人。樞密都承旨，傔十人；副都承旨、諸房副承旨，七人。其餘京畿守令、幕職曹官，自十石、七石、五石至於二石各有等。中書堂後官、提點五房公事、逐房副承旨，自七人、五人至於一人各有數。因仍前制，舊史已書。凡任宰相、執政有隨身，太尉至刺史有元隨，餘止傔人。紹興折色：凡禄粟每名細色六斗。米麥中支。管軍給米六分，麥四分。隨身、元隨、傔人糧，每斗折錢三十文，衣紬絹每疋一貫，布每疋三百五十文，綿每兩四十文。

（元）馬端臨《文獻通考》卷六五《職官考・職田》 宋天聖間，詔罷天下職田，悉以歲入租課送官，具數上三司，計直而均給之。朝廷方議措置，令未下，天子閲具獄，見吏以賄敗者多，惻然傷之。詔復給職田，即毋得多占佃户及無田而配出所租，違者以枉法論。後十餘年，至慶曆中，詔限職田，有司始申定其數。政和八年，臣僚上言：尚書省措置，縣令自不滿五千户至滿萬户，遞增給職田一頃。夫天下圭租，多寡不均久矣，縣令所得，亦參差不齊，多至九百斛，如淄州之高苑；八百斛，如常州之江陰；六百斛，如常州之宜興。自是而降，或四五百，或二三百。凡在河北、京東西、荆湖之間，少則有至三二十斛者；閩、廣有自來無圭租處；川峽西路，自守倅至簿、尉，又以一路歲入均給，令固不得而獨有。今欲一概增給一頃，豈可得哉？詔令職田頃畝未及條格者，催促摽撥。乾道間，臣僚言：職田所以養廉，亦或啓其不廉。蓋交競於差遣之時，多取於收斂之日，以其所以養廉者爲貪也。紹興間，懼其不均，則詔諸路提刑司依法摽撥，官多田少，即於鄰近州縣通融，須管數足。又詔將空閑之田爲他司官屬所占者，撥以足之，仍先自簿、尉始。其有無職田選人並親民小使臣，每員月支茶湯錢十貫文；内雖有職田，每月不及十貫者，皆與補足，所以厚養廉之利也。懼其病民，則委通判、縣令覈實，除其不可力耕之田，損其已定過多之額。凡職租，不許輒令保正催納，或抑令折納見錢，或無田平白監租，或以虚數勒令代納，或額外過數多取，皆申嚴禁止之。令察以監司，坐以贓罪，所以防其不廉之害也。罷廢未幾而復舊，拘借未久而給還，移充糴本，轉收馬料，旋復免行，皆所以示優恩，厲清操也。若其頃畝多寡，且有成式：知藩府，謂三京、潁昌、京兆、成都、太原、建康、江陵、延安、興仁、隆德、開德、臨安府，秦、揚、潭、廣州。二十頃。發運、轉運使副、總管副總管、知節鎮，十五頃。知餘州及廣濟、淮陽、無爲、臨江、廣德、興國、南康、南安、建昌、邵武、興化、漢陽、永康軍，並路分鈐轄，十頃。發運、轉運判官，提舉淮南、兩浙、江南、荆湖東西、河北路鹽事官，通判藩府，八頃。知餘軍及監，並通判節鎮州，鈐轄，安撫副使，都監，路分都監，將官，發運司幹辦公事，七頃。通判餘州及軍，滿萬户縣令，六頃。藩府判官，録事參軍，州學教授，並謂承務郎以上者。都監，發運、轉運司主管文字，滿五千户縣令，副將官，五頃。節鎮判官，録事參軍，州學教授，並謂承務郎以上者。轉運司主管帳司，不滿五千户縣令，滿萬户縣丞，餘州都監，走馬承受公事，主管機宜文字，同巡檢，都大巡河，提點馬監，四頃。節度掌書記，觀察支使，藩府及節鎮推官，巡檢，縣、鎮、寨都監，寨主，巡捉私茶鹽，駐泊捉賊，在城監當，餘州判官，州學教授，並謂承務郎以上者。軍、監都監，三頃五十畝。軍、監判官，餘州推官，餘州及軍、監録事參軍，巡檢，縣、鎮、寨都監，寨主，巡捉私茶鹽，駐泊捉賊，在城監當，藩府及節鎮曹官，州學教授，謂承直郎以上。滿五千户縣丞，滿萬户縣簿、尉，巡轄馬遞鋪，縣、鎮、寨監當及監堰，三頃。餘州及軍、監曹官，州學教授，謂承直郎以下。不滿五千户縣丞，滿五千户縣尉、簿，巡轄馬遞鋪，縣、鎮、寨監當及監堰，二頃五十畝。不滿五千户縣簿、尉，巡轄馬遞鋪，縣、鎮、寨監當及監堰，二頃。

《宋史》卷一六九《職官志・敘遷之制》 文散官二十九：

開府儀同三司從一　特進正二　光禄大夫從二
金紫光禄大夫正三　銀青光禄大夫從三　正奉大夫正四上階
中奉大夫正四　太中大夫從四上階　中大夫從四
中散大夫正五上　朝奉大夫正五　朝散大夫從五上
朝請大夫從五　朝奉郎正六上　承直郎正六
奉直郎從六上　通直郎從六　朝請郎正七上
宣德郎正七　朝散郎從七上　宣奉郎從七
給事郎正八上　承事郎正八　承奉郎從八上

承務郎從八　儒林郎正九上　登仕郎正九
文林郎從九上　將仕郎從九

右朝官階，勳高，遇恩加八大夫。

《宋史》卷一六九《職官志·叙遷之制》　武散官三十一：

驃騎大將軍從一　輔國大將軍正二　鎮國大將軍從二
冠軍大將軍正三上　懷化大將軍正三　雲麾將軍從三上
歸德將軍從三　忠武將軍正四上　壯武將軍正四
宣威將軍從四上　明威將軍從四　定遠將軍正五上
寧遠將軍正五　游騎將軍從五上　游擊將軍從五
昭武校尉正六上　昭武副尉正六　振威校尉從六上
振威副尉從六　致果校尉正七上　致果副尉正七
翊麾校尉從七上　翊麾副尉從七　宣節校尉正八上
宣節副尉正八　禦武校尉從八上　禦武副尉從八
仁勇校尉正九上　仁勇副尉正九　陪戎校尉從九上
陪戎副尉從九

右文散官階上經恩加一階，郎階上京朝官加五階，選人加一階。武散官冠軍大將軍、使相、節度使起復，改授游擊將軍。雖中書主事、諸司吏人加授，亦無累加法，餘不常授。已上文武三品已上服紫，五品已上服緋，九品已上服綠。

《元豐寄祿格》以階易官，雜取唐及國朝舊制，自開府儀同三司至將仕郎，定爲二十四階。崇寧初，因刑部尚書鄧洵武請，又换選人七階。大觀初又增宣奉、正奉、中奉、奉直等階。政和末，又改從政、修職、迪功，而寄祿之格始備。自開府至迪功凡三十七階。

新官	舊官
開府儀同三司	使相謂節度使兼侍中、中書令、或同平章事。
特進	左、右僕射
金紫光祿大夫	吏部尚書
銀青光祿大夫	五曹尚書
光祿大夫	左、右丞
宣奉大夫大觀新置。	
正奉大夫大觀新置。	
正議大夫	六曹侍郎
通奉大夫大觀新置。	
通議大夫	給事中
太中大夫	左、右諫議大夫
中大夫	祕書監
中奉大夫大觀新置。	
中散大夫	光祿卿至少府監
朝議大夫	太常卿、少卿，左、右司郎中
奉直大夫大觀新置。	
朝請大夫	前行郎中
朝散大夫	中行郎中
朝奉大夫	後行郎中
朝請郎	前行員外郎，侍御史
朝散郎	中行員外郎，起居舍人
朝奉郎	後行員外郎，左、右司諫
承議郎	左、右正言，太常、國子博士
奉議郎	太常、祕書、殿中丞，著作郎
通直郎	太子中允、贊善大夫、洗馬
宣教郎元豐本宣德，政和避宣德門改。	著作佐郎，大理寺丞
宣義郎	光祿衛尉寺、將作監丞
承事郎	大理評事
承奉郎	太祝，奉禮郎
承務郎	校書郎，正字，將作監主簿
承直郎	留守、節察判官
儒林郎	留守、節察掌書記、支使，防、團判官
文林郎	留守、節察推官，軍、監判官
從事郎承直至此四階，並崇寧初换。	防、團推官，監判官
從政郎崇寧通仕，政和再换。	録事參軍，縣令

修職郎崇寧登仕，政和再换。	知録事參軍，知縣令
迪功郎崇寧將仕，政和再换。	軍巡判官，司理，司法，司户，主簿、尉。

國朝武選，自内客省至閤門使、副爲横班，自皇城至供備庫使爲諸司正使，副爲諸司副使，自内殿承制至三班借職爲使臣。元豐未及更，政和二年，乃詔易以新名，正使爲大夫，副使爲郎，横班十二階使、副亦然。六年，及增置宣正、履正、協忠、翊衛、親衛大夫郎，凡十階，通爲横班。自太尉至下班祗應，凡五十二階。

新官	舊官
太尉政和新置，以太尉本秦之主兵官，遂定爲武階之首。	
通侍大夫	内客省使
正侍大夫	延福宫使
宣正大夫	
履正大夫	
協忠大夫並政和新置。	
中侍大夫	景福殿使
中亮大夫	客省使
中衛大夫	引進使
翊衛大夫	
親衛大夫	
拱衛大夫並政和增置。	
左武大夫	東上閤門使
右武大夫	西上閤門使
正侍郎	
宣正郎	
履正郎	
協忠郎	
中侍郎並政和增置。	
中亮郎	客省副使
中衛郎	引進副使
翊衛郎	
拱衛郎並政和增置。	
左武郎	東上閤門副使
右武郎	西上閤門副使
武功大夫	皇城使
武德大夫	宫苑、左右騏驥、内藏庫使
武顯大夫	左藏庫、東西作坊使
武節大夫	莊宅、六宅、文思使
武略大夫	内園、洛苑、如京、崇儀使
武經大夫	西京左藏庫使
武義大夫	西京作坊、東西染院、禮賓使
武翼大夫	供備庫使
武功郎	皇城副使
武德郎	宫苑、左右騏驥、内藏庫副使
武顯郎	左藏庫、東西作坊副使
武節郎	莊宅、六宅、文思副使
武略郎	内園、洛苑、如京、崇儀副使
武經郎	西京左藏庫副使
武義郎	西京作坊、東西染院、禮賓副使
武翼郎	供備庫副使
敦武郎	内殿承制
修武郎	内殿崇班
從義郎	東頭供奉官
秉義郎	西頭供奉官
忠訓郎	左侍禁
忠翊郎	右侍禁
成忠郎	左班殿直
保義郎	右班殿直
承節郎	三班奉職
承信郎	三班借職

下班祗應　殿侍

元豐官制定，有請併易內侍官名者。神宗曰：祖宗爲此名，有深意，豈可輕議？政和二年，始遂改焉。凡十有二階。

新官　舊官
供奉官　內東頭供奉官
左侍禁　內西頭供奉官
右侍禁　殿頭
左班殿直　高品
右班殿直　高班
黃門　黃門
祗候侍禁　祗候殿頭
祗候殿直　祗候高品
祗候黃門　祗候高班內品
內品
祗候內品

貼祗候內品已上三名仍舊不改。

政和初，既易武階，遂改醫官之名，凡十有四階。

新官　舊官
和安、成和、成安、成全大夫　軍器庫使
保和大夫　西綾錦使
保安大夫　權易使
翰林良醫　翰林醫官使
和安、成和、成安、成全郎　軍器庫副使
保和郎　西綾錦副使
保安郎　權易副使
翰林醫正　翰林醫官副使

凡除職事官，以寄祿官品之高下爲準：高一品已上爲行，下一品爲守，下二品已下爲試，品同者否。紹聖三年，戶部侍郎吳居厚言：神宗官制，凡臺、省、寺、監之制，有行、守、試三等之別。元祐中，裁減冗費，而職事官帶行者第存虛名而已。請付有司講復舊制。從之。四年，翰林學士蔣之奇言：所謂試，則非正官也。今尚書、侍郎皆正官，而謂之試，失之矣。如以其階卑，則謂之守可也。臣請凡爲正官者皆改試爲守。崇寧中，吏部授選人差遣，亦用資序高下分行、守、試三等。政和三年，詔選人在京職事官，依品序帶行、守、試，其外任則否。宣和以後，官高而仍舊職者謂之領，官卑而職高者謂之視，故有庶官視從官，從官視執政，執政視宰相。凡道官亦視文階云。

《宋史》卷一六九《職官志・敘遷之制》　爵一十二：

王　嗣王　郡王　國公　郡公　開國公
開國郡公　開國縣公　開國侯　開國伯　開國子　開國男

右封爵，皇子、兄弟封國，謂之親王。親王之子承嫡者爲嗣王。宗室近親承襲，特旨者封郡王。遇恩及宗室祖宗後承襲及特旨者封國公。餘宗室近親並封郡公。其開國公、侯、伯、子、男皆隨食邑：二千户已上封公，一千户已上封侯，七百户已上封伯，五百户已上封子，三百户已上封男。見任、前任宰相食邑、實封共萬户。嗣王、開國郡公、縣公後不封。

勳一十二：

上柱國　柱國　上護軍　護軍　上輕車都尉　輕車都尉　上騎都尉
騎都尉　驍騎尉　飛騎尉　雲騎尉　武騎尉

右騎都尉已上，兩府并武臣正任已上經恩加兩轉，文武朝官加一轉。武騎尉已上，京官加一轉，朝官雖未至驍騎尉，經恩亦便加騎都尉。【略】

紹興以後階官：

元豐新制以階易官，定爲二十四階。崇寧、大觀、政和相繼潤色之。紹興舉行元祐之法，分置左右：文臣爲左，餘人爲右。淳熙初，因宗室善俊建言，階官並去左、右字，今任子、雜流，惟紐轉通直郎、奉直中散二大夫如故，若帶貼職，則超資。自開府至迪功，序次于后。

文階：

開府儀同三司
特進
金紫光祿大夫　銀青光祿大夫
光祿大夫　宣奉大夫大觀新置。
正奉大夫　正議大夫

通奉大夫大觀新置。　通議大夫
太中大夫以上舊爲侍從官。　中大夫
中奉大夫大觀新置。　中散大夫
朝議大夫以上係卿、監。　奉直大夫大觀新置。
朝請大夫　朝散大夫
朝奉大夫以上係正郎。　朝請郎
朝散郎　朝奉郎以上係員外郎。
承議郎　奉議郎
通直郎　宣教郎
宣義郎　承事郎
承奉郎　承務郎以上係京官。

右四年一轉，無出身人逐資轉，有出身人超資轉，至奉議並逐資轉，至朝議大夫有止法，仍七年一轉。内奉直、中散二大夫有出身人不轉。

承直郎　儒林郎
文林郎　從事郎以上崇寧新置。
從政郎　修職郎
迪功郎以上政和更定，並係選人用舉狀及功賞改官。　通仕郎
登仕郎　將仕郎以上係奏補未出身官人。

武階：

武階舊有横行正使、横行副使，有諸司正使、諸司副使，有使臣。政和易以新名，正使爲大夫，副使爲郎，横行正、副亦然，於是有郎居大夫之上。至紹興，始釐正其序。

太尉
通侍大夫　正侍大夫
宣正大夫政和新置。　履正大夫政和新置。
協忠大夫政和新置。　中侍大夫
中亮大夫　中衛大夫
翊衛大夫　親衛大夫
拱衛大夫自翊衛至此，並政和新置。　左武大夫
右武大夫以上爲横行十三階。

右並政和新置。内通侍大夫舊爲内客省使，國朝未嘗除人，自易武階，不遷通侍，沿初意也。轉至中侍，無磨勘，特旨除。

武功大夫　武德大夫
武顯大夫　武節大夫
武略大夫　武經大夫
武義大夫　武翼大夫以上，係舊諸司正使，八階。
正侍郎　宣正郎
履正郎　協忠郎
中侍郎自正侍至此，並政和新置。　中亮郎
中衛郎　翊衛郎
親衛郎　拱衛郎自翊衛至此，並政和新置。
左武郎　右武郎以上，舊爲横行副使，政和更新，增益共十二階。

右自正侍至右武，舊在右武大夫之下，武功大夫之上，今從紹興釐正書。

武功郎　武德郎
武顯郎　武節郎
武略郎　武經郎
武義郎　武翼郎以上舊諸司副使，八階。
訓武郎　修武郎以上爲大使臣。
從義郎　秉節郎
忠訓郎　忠翊郎
成忠郎　保義郎
承節郎　承信郎以上爲小使臣。

右並五年一轉，至武功大夫，有止法。

進武校尉　進義校尉
下班祗應　進武副尉
進義副尉　守闕進義副尉
進勇副尉　守闕進勇副尉以上無品，二校尉參吏部，下班參兵部，以下並參刑部。

《宋史》卷一七一《職官志・奉禄制》 奉禄自宰臣而下至岳瀆廟令，凡四十一等。

宰相，樞密使，月三百千。春、冬服各綾二十匹，絹三十匹，冬綿百兩。樞密使帶使相，侍中樞密使，春、冬衣同宰相。節度使同中書門下平章事已上及帶宣徽使，并前兩府除節度使及節度使移鎮，樞密使、副、知院帶節度使，四百千。

參知政事，樞密副使，知樞密院事，同知樞密院事，及宣徽使不帶節度使，或檢校太保簽書樞密院事，三司使，二百千。春、冬各綾十匹，春絹十匹，冬二十匹，綿五十兩。自宰相而下，春各加羅一匹。檢校太保簽書者，春、冬絹二十匹，綿五十兩。節度觀察留後知樞密院事及充樞密副使、同知樞密院事，并帶宣徽使簽書樞密院事，三百千。綾、絹、羅、綿同參知政事。

觀文殿大學士，料錢、衣賜隨本官。資政殿大學士，料錢、衣賜隨本官。翰林學士承旨、學士，龍圖、天章閣直學士，知制誥，龍圖、天章閣學士，綾各五匹，絹十七匹，自承旨而下加羅一匹，綿五十兩。已上奉隨本官，衣賜如本官例，大即依本官例，小即依逐等。三師，三公，百二十千。綾各十匹，絹三十匹。東宫三師，僕射，九十千。綾各五匹，絹二十匹。東宫三少，御史大夫，尚書，六十千。門下、中書侍郎，太常、宗正卿，左、右丞，諸行侍郎，御史中丞，五十五千。春、冬各綾五匹，絹十七匹，惟中丞綾七匹，絹二十匹。權御史中丞者給本官奉。太子賓客，四十五千。綾、絹同中丞。左、右散騎常侍，六十千。給事中，中書舍人，大卿、監，國子祭酒，太子詹事，四十五千。諫議，四十千。春、冬綾各三匹，絹十五匹。舊志：太常宗正卿、左右丞、侍郎充翰林承旨及侍讀、侍講，各綾七匹，絹二十匹；中書舍人若充翰林學士，綾五匹，絹十七匹；他官充龍圖閣學士、樞密直學士，並準此。龍圖閣學士知制誥，同諫議之數。權三司使，并權發遣使公事，料錢、衣賜並同本官。副使，五十千。春綾三匹，冬綾五匹，春、冬絹各十五匹。自三師以下，春各加羅一匹，冬綿五十兩，權者同。判官并權及發遣，以至子司主判，河渠勾當公事，同管勾河渠公事，料錢、衣賜並同本官數。

左、右諭德，少卿、監，司業，郎中，三十五千。左、右庶子，起居郎、舍人，侍御史，知雜事同。如正郎知雜，即支本官奉料。左、右司諫，殿中侍御史，員外郎，赤令，三十千；丞，十五千。如京朝官願請本官衣奉者，仍支米麥。少詹事，二十九千。春、冬絹各十三匹，惟赤縣令衣賜隨本官。左、右正言，監察御史，太常博士，通事舍人，國子五經博士，太常、宗正、祕書、殿中丞，著作郎，大理正，二十千。太子率更令、中允、贊善、中舍、洗馬，殿中省六尚奉御，十八千。太常博士以上春、冬絹各十匹，諭德以下春加羅一匹，冬綿三十兩，餘各絹七匹。太常博士、著作、洗馬舊各有增減。

司天五官正，十三千。春、冬絹各五匹，冬綿十五兩。祕書郎，著作佐郎，十七千。春、冬絹各六匹，冬綿各二十兩。五官正以下春羅各一匹。祕書郎舊無奉，兼三館職事者給八十千；至道二年，令同著作佐郎給之。大理寺丞，十四千。諸寺、監丞，十二千。春、冬絹各五匹。大理評事，十千。春、冬各絹三匹。自大理寺丞以下冬綿各加十五兩。諸寺、監丞，大理評事，舊有增損不同。太祝，奉禮，八千。司天監丞，五千。春、冬絹各五匹。主簿，五千。春、冬絹各三匹，丞、簿各綿十五兩。靈臺郎，三千。保章正，二千。春、冬絹各三匹，惟靈臺郎冬隨衣錢三千。

節度使，四百千。管軍同。如皇子充節度使兼侍中、帶諸王，皇族節度使同中書門下平章事，并散節度使及帶王爵，奉同節度使。惟春、冬加絹各百匹，大綾各二十匹，小綾各三十匹，羅各十匹，綿各五百兩。節度觀察留後，官制行，改承宣使。三百千。管軍同。兩省都知押班、諸司使遥領者準此。如皇族充留後及帶郡王同，惟春加絹二十匹，冬三十匹，大小綾各十匹，春羅一匹，冬綿百兩。觀察使，二百千。管軍同。兩省都知押班、諸司使并横行遥領者，奉準此。春、冬加絹各十匹，綿五十兩。如皇族充觀察者，即三百千，仍春、冬加絹各十五匹，綾十匹，春羅一匹，冬綿五十兩。防禦使，三百千。管軍、皇族同。其皇族及兩省都知押班、諸司使并横行、諸衛大將軍將軍遥領者，百五十千。皇族春、冬加絹各十五匹，綾十匹，春羅一匹，綿五十兩。兩省都知押班并横行，諸衛大將軍領者，春、冬絹各十匹，綿五十兩。團練使，百五十千。管軍及皇族并軍班除充者同。其皇族及兩省都知押班、諸司使并横行、諸衛大將軍遥領者，百千。皇族春、冬加絹各十五匹，綾十匹，春羅一匹，綿五十兩。兩省都知押班并横行、諸衛大將軍將軍領者，春、冬絹各十匹，冬綿五十兩。

六軍統軍，百千。諸衛上將軍，六十千。春、冬綾各五匹，絹十匹，綿五十兩。如皇子充諸衛上將軍，二百千，春、冬綾各十匹，春絹十匹，羅一匹，冬絹二十匹，綿五十兩。左、右金吾衛大將軍，三十五千。諸衛大將軍，二十五千。春、冬綾各三匹，絹七匹，冬綿三十兩。將軍，二十千；春、冬綾各二匹，絹五匹，綿二十兩。率府率、副，中郎將，十三千。春、冬絹各五匹，冬綿十五兩。自諸衛上將軍以下，春衣羅一匹。

內客省使，六十千。客省使，三十七千。延福宮、景福殿、宣慶、引進、四方館、宣政、昭宣、閤門使，二十七千。皇城以下諸司使，二十五千。春絹各十匹，冬十匹，綿三十兩。惟客省使春、冬絹各一十匹。

客省及皇城以下諸司副使，二十千。內殿承制，十七千。崇班，十四千。春絹各五匹，冬十匹，綿三十兩。帶閤門祇候並同。供奉官，十千。帶閤門祇候者，十二千。春絹四匹，冬五匹，綿二十兩。侍禁，七千。帶閤門祇候者，一十千。殿直，五千。帶閤門祇候者，九千。並春、冬絹各四匹，冬綿十五兩。三班奉職、借職，四千。春、冬絹各三匹，錢二千。下茶酒班殿侍，一千。春、冬絹七匹，冬綿十五兩。下班殿侍，七百。春、冬絹各五匹，二項並蕃官幷土人補充者。

皇親任諸衛大將軍領刺史，八千；將軍刺史，六十千。春、冬綾七匹，春絹十二匹，冬十三匹，綿五十兩。舊志：春、冬綾十匹，絹十五匹，各加羅一匹。將軍，三十千。春、冬綾二匹，絹五匹，羅一匹，冬綿四十兩。率府率，二十千；副率，十五千。春、冬綾各二匹，絹五匹，羅一匹，綿四十兩。

舊志：諸衛將軍有五十千、四十千、三十千三等。一等春、冬各綾五匹，絹十匹；一等綾二匹，絹五匹。春並加羅一匹，冬並綿二十兩。諸司使有四十千、三十千二等。副使以下與異姓同，並給實錢。自諸司使至殿直，春、冬各羅一匹，綾二匹，絹各五匹，冬綿各四十兩。

入內內侍省都知、副都知、押班，不帶遥郡諸司使充者，二十五千。春絹七匹，冬十匹，綿三十兩。副使充者，二十千。春絹五匹，冬七匹，綿二十兩。入內內侍省供奉官，十二千。春絹五匹，冬七匹，綿三十兩。殿頭，七千。高品，高班，五千。春絹各五匹，冬六匹，綿二十兩。黃門，三千。春、冬絹各五匹，綿十五兩。祗候殿頭，祗候高品，祗候高班內品，祗候內品，祗候小內品，貼祗候內品，入內內品，後苑內品，後苑散內品，七百。春、冬絹各五匹，綿十五兩。雲韶部內品，七百。春、冬絹各四匹，綿十五兩。入內內品管勾，二千。奉輦祗應，一千五百。打牧祗應，一千。春、冬絹各五匹，綿各十五兩。

內侍省內常侍，供奉官，十千。春、冬絹各五匹，內常侍春加羅一匹，冬綿十五兩。供奉官冬止加綿二十兩。殿頭，五千。高品，高班，三千。春、冬絹各四匹，冬綿各二十兩。黃門，二千。春、冬絹各四匹，冬綿十五兩。殿頭內侍，入內高品，二千。春、冬絹各三匹，錢二千。高班內品，一千五百。衣糧帶舊。黃門內品在京人事，一千。春、冬各碧羅、碧綾半匹，黃絹、生白絹各一匹，綿八兩。寄班小底，二千。春、冬絹各十匹。入內小黃門，前殿祗候內品，北班內品，外處揀來幷城北班、後苑、把門內品，掃洒院子及西京內品依北班內品，依舊在西京收管，七百。西京內品，五百。春、冬絹各五匹，綿各十五兩。惟入內小黃門、前殿祗候內品，春、冬絹各四匹。郢、唐、復州內品，三百。春、冬絹各二匹，布半匹，錢一千。舊志載內官不詳，奉料皆減少。

樞密都承旨，四十千。副都承旨，副承旨，樞密院諸房副承旨，逐房副承旨，已上如帶南班官同。中書堂後官提點五房公事，三十千。都承旨以下春、冬絹各十五匹，春羅一匹，逐房副承旨絹各十三匹。都承旨、承旨春加綾三匹，冬五匹，綿五十兩。副都承旨以下，綿各三十兩。中書堂後官，二十千；特支五千。已上如帶京朝官同。中書、樞密主事，二十千。録事、令史，十千。春、冬絹各十匹，春羅一匹，主事已上，冬綿五十兩，録事、令史三十兩。主書，七千。守當官，書令史，五千。春、冬絹各二匹。主書、書令史春錢三千，冬綿十二兩，錢一千，守當官春錢一千。

自中書、樞密幷曾任兩府，雖不帶職，曾任兩府而致仕同。宣徽，三司，觀文、資政、翰林、端明、翰林侍讀侍講、龍圖、天章學士，樞密、龍圖、天章直學士，知制誥，中書舍人，待制，御史臺，開封府，節度使至刺史，三館，祕閣，審刑院，刑部，大理寺，諸王府記室、翊善以下至諸王宮教授，知審官院，勾當三班院，糾察刑獄，判吏部銓、南曹，登聞檢院、鼓院，司農寺及國子監直講、丞、簿，河北、河東、陝西轉運使，皇子親王，諸衛大將軍至率府副率，兩省都知、押班，不帶遥郡諸司使、副，兩府供奉官以下至內品，惟內品特給一分見錢。及樞密都承旨以下，並給見錢。餘官幷防禦使以下諸衛將軍、橫行、諸司使遥領者，悉一分見錢，二分他物。其兩省都知、副都知遥領刺史以上者，即給一半見錢。

三司檢法官，十千。春、冬絹各五匹，冬綿十五兩。願請前任請受者聽。若轉京朝官，隨本官料錢、衣賜。權知開封府幷判官、推官，料錢、衣賜並隨本官。舊志云：判官三十千，推官二十千，並給見錢。司録，二十千。如差員外郎已上充，隨本官料錢、衣賜。功曹，法曹，十二千。倉、户、士、兵四曹，十千。差京朝官充，隨本官料錢、衣賜。刑部檢法官、法直官，大理寺法直官、副法直官，十千。春、冬絹各五匹，冬綿十五兩。如轉京朝官，隨本官料錢、衣賜。西京軍巡判官，十五千。內開封府轉至京官，支本官衣奉。

西京、南京、北京留守判官，河南、應天、大名府判官，三十千。春、冬絹各十二匹，冬綿二十兩。節度、觀察判官，二十五千。春、冬絹各六匹，冬綿十二兩半。節度副使，三十千。行軍司馬，二十五千。如簽書本州公事，衣奉依節、察判官。若監當即給一半折支，衣賜、廚料不給。節度掌書記，觀察支使，二十千。綿、絹如推官。留守推官，府推官，節度、觀察推官，十五千。春、冬絹各五匹，冬綿十兩。防禦、團練副使，二十千。如監當即給一半折支。防禦、團練判官，十五千。《兩朝志》云：奉給依本州録事參軍，如無，依倚郭縣令。防禦、團練軍事推官，軍、監判官，七千。軍事判官如本州録事參軍之數。

京府司録參軍，二十千。諸曹參軍，十千。以京官知者奉從多給。景德三年，詔司録、六曹悉給春、冬衣。五萬户已上州三京同。録事參軍，二十千；司理，司法，十二千；司户，十千。三萬户已上州録事，十八千；司理，司法，十二千；司户，九千。一萬户已上州録事，十五千；司理，司法，十千；司户，八千。五千户已上州録事，十二千；司理，司法，十千；司户，七千。不滿五千户州録事，司理，司法，十千；司户，七千。別駕，長史，司馬，司士參軍，如授士曹，依司士。文學參軍，七千。

東京畿縣七千户已上知縣，朝官二十二千，京官二十千；五千户已上知縣，朝官二十千，京官十八千；三千户已上知縣，朝官十八千，京官十五千；三千户已下知縣，止命京官，十二千。已上衣賜並隨本官。主簿，尉，十二千至七千，有四等。並給見錢。

河南府河南、洛陽縣令，三十千。諸路州軍萬户已上縣令，二十千；簿，尉，十二千。七千户已上令，十八千；簿，尉，十千。五千户已上令，十五千；簿，尉，八千。三千户已上令，十二千；簿，尉，七千。不滿三千户令，十千；簿，尉，六千。京朝官及三班知縣者，亦許給縣令奉。本官奉多者，以從多給。兼監兵者，止請本奉添給。嶽瀆廟令，十千。丞，主簿，七千。全折。

幕職、州縣料錢，諸路支一半見錢，一半折支。縣尉全給見錢。廣東、川峽並給見錢。

元豐制行：宰相，三百千。衣賜綾、絹、綿皆如舊制。然以左、右僕射爲宰相。政和中，以三公爲真相。靖康依舊制。樞密使帶使相，侍中，樞密使，節度使同中書門下平章事以上及帶宣徽使，并前兩府除節度使移鎮，樞密使、副知院帶節度使，四百千。自治平末至元豐四年，如文彦博、吕公弼、馮京、吴充先後爲使、副，是年十一月，始詔樞密院置知院、同知院，餘並罷。至是，既罷使、副，只置知院、同知院，直至靖康不改。

知樞密院，門下、中書侍郎，尚書左、右丞，同知樞密院事，二百千。衣賜如舊。元祐中，復置簽書樞密院事，紹聖中罷。

太師，太傅，太保，少師，少傅，少保，四百千。春服羅三匹，小綾三十匹，絹四十匹，冬服小綾三十匹，絹四十匹，綿二百兩。舊制，奉錢百二十千，春服小綾十匹，絹三十匹，羅一匹，冬服小綾十匹，絹三十匹，綿五十兩。大觀間增改。

開府儀同三司，百二十千。春、冬各小綾十匹，絹三十匹，春羅一匹，冬綿五十兩。大觀二年，以無特任者，遂删去。特進，九十千。春、冬各小綾十匹，絹二十五匹，春羅一匹，冬綿五十兩。

金紫光禄大夫，銀青光禄大夫，光禄大夫，六十千。春、冬各小綾七匹，絹二十四匹，春羅一匹，綿五十兩。宣奉、正奉、正議、通奉大夫，五十五千。春、冬各小綾五匹，絹十七匹，春羅一匹，冬綿五十兩。通議、太中大夫，五十千。《元豐令》，太中大夫以上丁憂解官，給舊官料錢。中大夫，中奉、中散大夫，四十五千。春、冬各小綾三匹，絹十五匹，春羅一匹，冬綿五十兩。朝議、奉直、朝請、朝散、朝奉大夫，三十五千。春、冬絹各十三匹，春羅一匹，冬綿三十兩。

朝請、朝散、朝奉郎，三十千。春、冬服同正郎。承議、奉議、通直郎，二十千。承議春、冬絹各十匹，春羅一匹，冬綿三十兩。奉議、通直，春、冬各絹七匹。宣教郎，十七千。春、冬絹各六匹，春羅一匹，冬綿二十兩。《元豐格》有出身十七千，無出身十四千。六年，敕不以資考有無出身，並十五千，衣無羅。宣義郎，十二千。春、冬各絹五匹，冬綿十五兩。承事郎，十千。春、冬絹各三匹，冬綿十五兩。承奉郎，八千。承務郎，七千。元豐以來，釐務止支驛料。大觀二年，定支。

承直郎，二十五千。春、冬絹各六匹，綿十二兩半。元豐，留守判官、府判官，奉錢三十千，春、冬絹各十二匹，綿二十兩；節度、觀察判官，奉錢二十五千，春、冬絹各六匹，綿十二兩半，凡二等。崇寧二年，改從一等。儒林郎，二十千。春、冬絹各五匹，綿十兩。元豐，節度掌書記、觀察支使，奉錢衣賜如上；防、團軍事判官考任合入令録者，奉錢十五千，凡二等。崇寧改從一等。文林郎，十五千。春、冬服同儒林。從事、從政、修職郎，十五千。從事郎，元豐舊制，考第合入令録者，視令録支，未合入令録者，視判、司、簿、尉支。從政郎，元豐，三京、州、府、軍、監司録、録事參軍，五萬户以上二十千，三萬户以上十八千，一萬户以上十五千，五千户以上十二千，不滿五千户十千。縣令，一萬户以上二十千，七千户以上十八千，五千户以上十五千，三千户以上十二千，不滿二千户十千，凡二等。崇寧改從一等。迪功郎，十二千。元豐，四京軍巡判官，十五千。三京、州、府、軍、監司法參軍，五萬、三萬户以上十二千，一萬户及不滿五千户七千。三京、州、府、軍、監司户參軍，及五萬户以上十千，三萬户以上九千，一萬户以上八千，不滿五千户七千，凡三等。崇寧改。初，熙寧四年，中書門下言：天下選人奉薄而多少不均，不足以勸廉吏。今欲月增料錢：縣令、録事參軍三百六十七員，舊請十千、十二千者，增至十五千；司理、司法、司户參軍，主簿、縣尉二千一百五十三員，舊請七千、八千、十千者，增至十二千；防、團軍事推官，軍、監判官一百七十二員，舊請七千者，增至十二千。月通增奉錢一萬二千餘貫，米麥亦有增數。從之。

太尉，一百千。春、冬各小綾十匹，春羅一匹，絹十匹，冬絹二十匹，綿五十兩。帶節度使依本格。

節度使，四百千。曾任執政以上除、及移鎮、初除、及管軍，並同舊制。承宣使，三百千。即節度觀察留後。觀察使，防禦使，二百千。團練使，百五十千。刺史，一百千。自節度使以下至諸衛中郎將，並如舊制。

通侍大夫，三十七千。正侍、宣正、協忠、中侍、中亮、中衛、翊衛、親衛、拱衛、左武、右武大夫，二十七千。武功、武德、武顯、武節、武略、武經、武義、武翼大夫，二十五千。春、冬絹各十匹，綿二十兩。惟通侍大夫，十二匹。

正侍、宣正、履正、協忠、中侍、中亮、中衛、翊衛、親衛、拱衛、左武、右武、武功、武德、武顯、武節、武略、武經、武義、武翼郎，二十千。敦武郎，十七千。修武郎，十四千。春絹五匹，冬七匹，綿二十兩。帶閤門祇候並同。從義、秉義郎，十千。帶閤門祇候十二千。成忠、保義郎，五千。帶閤門祇候者九千，並春、冬絹各四匹，冬綿十五兩。承節、承信郎，四千。春、冬絹各三匹，錢二千。

進武校尉，三千。進義校尉，二千。春、冬絹各三匹。進武副尉，三千。守闕進武副尉、進義副尉、守闕進義副尉，一千。

凡文武官料錢，並支一分見錢，二分折支。曾任兩府雖不帶職，料錢亦支見錢。

職錢

御史大夫，六曹尚書，行，六十千。守，五十五千；試，五十千。翰林學士承旨，翰林學士，五十千。衣賜，本官例。官小，春、冬服小綾各三匹，絹各十五匹，綿五十兩。左、右散騎常侍，御史中丞，開封尹，行，一百千。守，九十千；試，八十千。崇寧四年重定。六曹侍郎，元祐中，置權六曹尚書，奉給依守侍郎，紹聖中，罷。行，五十五千。守，五十千；試，四十五千。太子賓客、詹事，行，五十千。守，四十七千；試，四十五千。給事中，中書舍人，行，五十千。守，四十五千；試，四十千。左、右諫議大夫，元祐中，置權六曹侍郎，奉給依諫議大夫，紹聖中，罷。行，四十五千。守，四十千；試，三十七千。太常、宗正卿，行，三十八千。守，三十五千；試，三十二千。祕書監，行，四十二千。守，三十八千；試，三十五千。七寺卿，國子祭酒，太常、宗正少卿，祕書少監，行，三十五千。守，三十二千；試，三十千。太子左、右庶子，行，四十千。守，三十七千；試，三十五千。七寺少卿，行，三十二千。守，三十千；試，二十八千。中書、門下省檢正諸房公事，尚書左、右司郎中，行，四十千。守，三十七千；試，三十四千。國子司業，少府、將作、軍器監，行，三十二千。守，三十千；試，二十八千。太子少詹事，行，三十五千。守，三十二千；試，三十千。太子左、右諭德，行，三十二千。守，三十千；試，二十九千。起居郎，起居舍人，侍御史，左、右司員外郎，樞密院檢詳諸房文字，尚書六曹郎中，行，三十七千。守，三十五千；試，三十二千。殿中侍御史，左、右司諫，行，三十五千。守，三十二千；試，三十千。左、右正言，行，三十二千。守，三十千；試，二十七千。諸司員外郎，行，三十五千。守，三十二千；試，三十千。少府、將作、軍器少監，行，三十千。守，二十八千；試，二十五千。太子侍讀、侍講，行，二十五千。守，二十二千；試，二十千。監察御史，行，三十二千。守，三十千；試，二十七千。太子中舍，太子舍人，行，二十二千。守，二十千；試，十八千。太常、宗正、知大宗正，祕書丞，大理正，著作郎，太醫令，行，二十五千。守，二十二千；試，二十千。七寺丞，行，二十二千。守，二十千；試，十八千。祕書郎，行，二十二千。守，二十千；試，十八千。太常博士，著作佐郎，行、守，二十千。試，十八千。國子監丞，行，二十二千。守，二十千。大理司直、評事，行，二十二千。守，二十千；試，十八千。少府、將作、軍器、都水監丞，行，二十千。守，十八千。祕書省校書郎，行，十八千。守，十六千；試，十四千。祕書省正字，行，十六千。守，十五千；試，十四千。御史檢法官，主簿，行，二十千。守，十八千。宗學、太學、武學博士，行，二十千。守，十八千；試，十六千。律學博士，行，十八千。守，十七千；試，十六千。太常寺奉禮郎，行，十六千。太常寺太祝、郊社令，行，十八千。守，十六千。太學正、録，武學諭，行，十八千。守，十七千；試，十六千。律學正，行，十六千。守，十五千；試，十四千。

凡職事官職錢，不言行、守、試者，準行給，衣隨寄禄官例支；及無立定例者，並隨寄禄官給料錢，米麥計實數給；應兩給者，謂職錢、米麥。從多給。承直郎以下充職事官，謂大理司直、評事，祕書省正字，太學博士、正、録，武學博士、諭，律學博士、正。聽支階官請給。衣及廚料、米麥不支。

唐貞元四年，定百官月俸。僖、昭亂離，國用窘闕，至天祐中，止給其半。梁開平三年，始令全給。後唐同光初，租庸使以軍儲不充，百官奉錢雖多，而折支非實，請減半數而支實錢。是後所支半奉，復從虛折。周顯德三年，復給實錢。

宋初之制，大凡約後唐所定之數。乾德四年七月，詔曰：州縣官奉皆給他物，頗聞貨鬻不充其直，責以廉隅，斯亦難矣。至有賦於廛肆，重增煩擾，且復抵冒公憲，自罹刑辟，甚無謂也。漢乾祐中，置州縣官奉户，除二税外，蠲其他役；周顯德始革其制。自今宜逐處置回易料錢户，每本官所受物，凡一千，分納兩户，恣其質易，户輸錢五百，蠲役之令，悉如漢詔；所賦官物，令諸州計度充一歲所給之數，與蠶鹽同時併給之。其萬户縣令、五萬户州録事、兩京司録，舊月奉錢二萬者，給四十户，率是爲差；簿、尉及户、法掾，舊月奉六千者，增一千，如其所增之數，給與奉户。是歲，令西川官全給實錢。開寶三年，令西川州縣官常奉外別給鐵錢五千。四年十二月，詔：節、察、防、團副使權知州事，節度掌書記自朝廷除授及判別廳公事者，亦給之；副使非知州、掌書記奏授而不釐務者，悉如故，給以折色。

太平興國元年詔曰：耕織之家，農桑爲本，奉户月輸緡錢，蠶茲細民，不易營置，罷天下奉户。其本官奉錢，並給以官物，令貨鬻及七分，仍依顯德五年十二月詔，增給米麥。二年二月，詔：諸道所給幕職、州縣官奉，頗聞官估價高，不能充七分之數。宜令三分給一分見錢，二分折色，令通判面估定官物，不得虧損其價。四月，令西川諸州幕職官奉外，更增給錢五千。雍熙三年，文武官折支奉錢，舊以二分者，自今並給以實價。端拱元年六月，詔曰：州郡從事之職，皆參贊郡畫，助宣條教；而州縣之任，並飭躬蒞政，以綏吾民。廩禄之制，宜從優異，庶幾豐泰，責之廉隅。除川峽、嶺南已給見錢外，其諸州府幕職、州縣官料錢，舊三分之二給以他物，自今半給緡錢，半給他物。淳化元年五月，詔：致仕官有曾歷外職任者給半奉，以他物充。三年十一月，令京東西、河北、河東、陝西幕職州縣官料錢，當給以他物者，每千給錢七百。初，川峽、廣南、福建幕職州縣，並許預借奉錢。大中祥符間，又詔江、浙、荊湖遠地，麟、府等州，河北、河東緣邊州軍，自今許預借兩月，近地一月奉錢。至道二年詔：先是，京官滿三十月罷給，自今續給之。

真宗即位，以三司估百官奉給折支直，率增數倍，詔有司重定，率優其數。咸平元年六月，詔：文武羣臣有分奉他所而身没，未聞訃已給者，例追索，可憫。自今川峽、廣南、福建一季，餘處兩月，悉蠲之。大中祥符七年詔：三班使臣自今父母亡，勿住奉。三年九月，詔羣臣月奉折支物，無收其算。五年七月，增川峽路朝官使臣等月給添支。景德四年九月，上以承平既久，賦斂至薄，軍國用度之外，未嘗廣費自奉，且以庶官食貧勸事，遂詔：自今掌事文武官月奉給折支，京師每一千給實錢六百，在外四百，願給他物者聽。大中祥符五年，詔文武官並增奉。三師、三公、東宮三師、僕射各增二十千。三司、御史大夫、六尚書中丞、郎、兩省侍郎、太常宗正卿、內客省使、上將軍各增十千。横班諸司各增五千。朝官五品正、中郎將已上、諸司使、副各增三千。京官、內殿承制、崇班、閤門祇候各增二千。供奉官各增一千五百。奉職、借職增一千。餘如舊。自乾興以後，更革爲多。至嘉祐始著《禄令》。

元豐一新官制，職事官職錢以寄禄官高下分行、守、試三等。大率官以《禄令》爲準，而在京官司供給之數，皆併爲職錢。如大夫爲郎官，既請大夫奉，又給郎官職錢，視嘉祐爲優矣。至崇寧間，蔡京秉政，吴居厚、張康國輩，於奉錢、職錢外，復增供給食料等錢。如京，僕射奉外，又請司空奉，其餘傔從錢米並支本色，餘執政皆然，視元豐制禄復倍增矣。

武臣奉給

殿前司，自宣武都指揮使三十千，差降至歸明神武、開封府馬步軍都指揮使十五千，凡二等。殿前左、右班虞候三十千，至天武、剩員都虞候十九千，凡四等。殿前班指揮使二十千，至揀中、剩員僚直、廣德指揮使十千，凡三等。殿前班都知十三千，至招箭班都知四千，凡七等。殿前班副都知十千，至招箭班副都知三千，凡五等。殿前押班七千，至招箭押班二千，凡五等。散指揮都頭復有押班之名者，如押班給焉。兵士内員僚直復有副指揮使、行首、副行首，招箭班亦有行，七千至三千，凡三等。御龍直副指揮使、都頭、副都頭、十將、虞候十千至三千，凡五等。殿前指揮使五千，至殿侍一千，凡五等。捧日、天武指揮使十千，至揀中、廣德指揮使四千，凡四等。捧日、天武副指揮使七千，至擒戎副指揮使三千，凡五等。捧日軍使、天武都頭五千，至擒戎軍使千五百，凡五等。捧日副兵馬使三千，至擒戎副兵馬使一千，凡四等。天武副都頭二千，至廣德副都頭千五百，凡二等。捧日軍將二千，至龍猛、驍騎、帶甲剩員軍頭、十將三百，凡八等。天武將、虞候而下五百，至飛猛、驍雄將、虞候已下三百，凡六等。此奉錢之差也。

其外，月給粟：自殿前班都頭、虞候十五石，至廣建副都頭、吐渾十將二石五斗，凡六等。殿前指揮使五石，鞭箭、清朔二石，凡五等。殿前班都虞候已下至軍士，歲給春、冬服三十匹至油絹六匹，而加綿布錢有差，復月給傔糧自十人以至一人。諸班、諸直至捧日、天武、拱聖、龍猛、驍騎、吐渾、歸明渤海、契丹歸明神武、契丹直、寧朔、飛猛、宣武、虎翼、神騎、驍雄、威虎、衛聖、清朔、擒戎軍士，皆給傔一人以至半分，餘軍不給焉。

侍衛馬軍、步軍司，自員僚直、龍神衛都虞候月給二十千，至有馬勁勇員七千，凡五等。指揮使自員僚直、龍神衛十千，至順化三千，凡五等。副指揮使自員僚直、龍神衛七千，至順化二千，凡七等。軍使、都頭自龍、神衛五千，至看船神衛一千，凡七等。副兵馬使、副都頭自龍、神衛三千，至順化一千，凡五等。軍頭、十將自龍、神衛千三百，至順化三百，凡五等。此外員僚直有行首、副行首、押番軍頭、都知、副都知之名，自行首五千，至副都知一千，凡六等。而高陽關有驍捷左、右廂都指揮使，月給三十千。開封府有馬步軍都虞候，月給二十千。六軍復有都虞候，月給五千。

員僚直、龍神衛而下，皆月給粟，自都虞候五石，至順化、忠勇軍士二石，凡五等。自都虞候以下至軍士，皆歲給春冬服，自絹三十匹至油絹五匹，又加綿布錢有差。復有給傔糧，自十人至一人。其員僚直、龍神衛、雲騎、驍捷、横塞、及神衛上將、虎翼、清衛、振武、忠猛軍士，皆給傔一人至半分，他軍不給焉。宣徽院、軍頭司，自員僚至軍士，咸月給錢粟及春冬服有差。

諸道州府廂軍，自馬步軍都指揮使至牢城副都頭，凡五等，月給奉錢凡十五千至五百，凡十有二等。自河南府等五十州、府，鄧州等三十四州，萊州等一百四十四州、軍，廣濟軍等三十九軍、監，所給之數，差而減焉，咸著有司之籍。外有給司馬芻秣，歲給春、冬服加紬、綿、錢、布，亦各有差。

禄粟自宰相至入内高品十八等。

宰相，參知政事，樞密使同中書門下平章事，樞密使、副使、知院事、同知院事，及宣徽使簽書樞密院事，并帶宣徽使簽書，節度觀察留後知樞密院事及充樞密副使、同知樞密院事，并帶宣徽使簽書，檢校太保簽書，及三司使，中書、門下侍郎，尚書左、右丞，太尉，月各一百石。

樞密使帶使相，節度使同中書門下平章事已上及帶宣徽使，并前兩府除節度使，樞密使、副、知院事帶節度使，月各給二百石。

三公、三少，一百五十石。權三司使公事，七十石。權發遣使，三十五石。内客省使，二十五石。

節度使，一百五十石。管軍同。如皇族節度使同中書門下平章事已上，并散節度使及帶王爵者，並二百石。留後後改承宣使，觀察、防禦使，一百石。管軍并兩省都知押班、諸衛大將軍、横行遥領者同。惟皇族遥領防禦使七十石。團練使，七十石。管軍并皇族及軍班除充者同。其餘正任並五十石。若皇族并兩省都知押班、諸衛大將軍、將軍、横行遥領者同。刺史，五十石。皇族並軍班除充者同。其餘正任并管軍三十石。兩省都知押班、通侍大夫遥領者二十五石。諸衛大將軍、將軍遙領者十石。橫行遙領者全分二十五石，減定十石。捧日、天武左右廂都指揮使，龍衛、神衛右廂都指揮使帶遙郡團練使五十石。殿前諸班直、都虞候、龍衛、神衛及諸軍都指揮使帶遙郡刺史二十五石。凡一石給六斗，米麥各半。管軍支六分米，四分麥。

赤令，七石；丞，四石。京府司録，五石。諸曹參軍，四石至三石，有二等。畿縣知縣六石至三石，有四等。主簿、尉米麥三石至二石，有二等。諸州録事，五石至三石，有三等。司理、司法，四石至三石，有二等。司户，三石、二石，有二等。諸縣令，五石至三石，有三等。惟河南洛陽縣令隨户口支。簿、尉，三石、二石，有二等。四京軍巡、判官，四石。軍、監判官，防、團推官，二石。司天監丞，四石。主簿、靈臺郎、保章正，二石。已上並給米麥。

入内内侍省供奉官，四石。殿頭、高品，三石。高班、黄門，入内内品，管勾奉輦祗應，入輦祗應，二石。打牧祗應，一石五斗。已上並給粳米。祗候殿頭、祗候高品、祗候高班内品、祗候内品、祗候小内品、貼祗候内品，入内内品，後苑内品，後苑散内品，三石。雲韶部内品，一石。已上並給月糧。惟雲韶内品給細色。

内侍省供奉官，三石。殿頭、高品、高班，二石。黄門，一石五斗。已上並給粳米。黄門内品在京人事，二石五斗。北班内品、前殿祗候内品、外處揀來并城北班、後苑、把門内品，掃洒院子及西京内品與北班内品，依舊在西京收管，西京内品，鄆、唐、復州内品，二石。入内小黄門，一石。寄班小底，四石。已上並給月糧。惟入内小黄門給細色。殿頭内侍、入内高班，一石。米麥各半。

熙寧四年，中書門下言：天下選人奉薄，多少不一，不足以勸廉吏。欲月增米麥、料錢：縣令、録事參軍三百七十六員，舊請米麥三石者，並增至四石。司理、司法、司户、主簿、縣尉二千五百一十三員，舊請米麥兩石者，並增至三石。防、團軍事推官，軍、監判官一百七十二員，舊請米麥二石者，並增至三石。每月通增米麥三千七十餘石。從之。

元隨傔人衣糧任宰相執政者有隨身，任使相至正任刺史已上者有隨身，餘止傔人。

宰相，并文臣充樞密使同中書門下平章事，及樞密使，七十人。宰相舊五十人衣糧，二十人日食，後加。

樞密使帶使相，侍中樞密使，節度使同中書門下平章事已上及帶宣徽使，并前兩府除節度使及節度使移鎮，樞密使、副、知院事帶節度使，一百人。

參知政事，文臣充樞密副使、知院事、同知院事，及宣徽使不帶節度使簽書樞密院事，節度觀察留後知樞密院事并充樞密副使、同知樞密院事，并帶宣徽使簽書樞密院事，三司使，門下侍郎，中書侍郎，尚書左、右丞，五十人。檢校太保簽書樞密院事，三十五人。權三司使，三十人。權發遣公事，十五人。副使、判官、判子司，五人。副使、判官權并權發遣同。

觀文殿大學士，二十人。觀文殿學士，資政殿大學士，十人。資政、端明、翰林侍讀侍講，龍圖、天章學士，樞密直學士，保和、宣和、延康殿學士，寶文、顯謨、徽猷閣學士，七人。舊止給日食，政和月糧二石。

玉清昭應宫、景靈宫、會靈觀三副使，十人；判官，五人。

節度使，留後改承宣使，觀察使，五十人。管軍同。如皇族節度使同中書門下平章事已上，并散節度使帶王爵，及節度觀察留後帶郡王，並五十人。觀察使，二十人。兩省都知、押班帶諸司使領節度觀察留後，五十人。兩省都知、押班并橫行領觀察使，十五人。防禦使，三十人。管軍同。皇族并遙領，並二十人。兩省都知、押班帶諸司使，并諸衛大將軍，及橫行遙領，並十五人。團練使，三十人。管軍及軍班除充者同。其餘除授者，二十人。皇族充及帶領，十五人。兩省都知、押班帶諸司使，并橫行遙領者，十人。刺史，二十人。軍班除充者同。其餘除授并管軍，十人。皇族充，十五人。兩省都知、押班帶諸司使，五人。橫行遙領全分者，五人。減定者不給。内客省使，舊有景福殿使。二十人。

樞密都承旨，十人。副都承旨，副承旨，諸房副承旨，中書堂後官提點五房公事，七人。逐房副承旨，五人。中書堂後官至樞密院主事已上，各二人。録事，令史，寄班小底，各一人。

傔人餐錢中書、樞密、宣徽、三司及正刺史已上，皆有衣糧，餘止給餐錢。

自判三館、祕書監、兩制、兩省帶修撰，五千。郎中以下帶修撰者三千。直館閣，校理，史館檢討，校勘，各三千。直龍圖閣，審刑院詳議官，國子監書庫官，五千。自修撰已上又有職錢五千，校勘已上三千。

京畿諸司庫、務、倉、場監官：朝官自二十千至五千，凡七等。京官自十五千至三千，凡八等。諸司使、副，閤門通事舍人，承制，崇班，二十千至五千，凡九等。閤門祇候及三班，十五千至三千，凡十等。內侍，十七千至三千，凡九等。寄班，八千至五千，凡三等。舊志訛舛，今並從《兩朝志》。

茶、酒、廚料之給

學士、權三司使以上兼祕書監，日給酒自五升至一升，有四等，法、糯酒自一升至二升，有二等。又宮觀副使，文明殿學士，即觀文。資政殿大學士，龍圖、樞密直學士，並有給茶。節度使、副以下，各給廚料米六斗，麪一石二斗。

薪、蒿、炭、鹽諸物之給宰相舊無，後加。

宰相，樞密使，月給薪千二百束。參知政事，樞密副使，宣徽使，簽書樞密院事，三司使，三部使，權三司使，四百束。三部副使，樞密都承旨，一百五十束。樞密副都承旨，中書提點五房，一百束。開封判官，節度判官，薪二十束，蒿四十束。開封推官，掌書記，支使，留守、節度推官，防、團軍事判官，薪十五束，蒿三十束。留守判官，薪二十束，蒿三十束。防、團軍事推官，薪十束，蒿二十束。

宰相，樞密使，歲給炭自十月至正月二百秤，餘月一百秤。參知政事，樞密副使，宣徽使，簽書樞密院事，三司使，三部使，三十秤。文明殿學士，資政殿大學士，龍圖閣學士，十五秤。都承旨，二十秤。

給鹽：宰相，樞密使，七石。參知政事，樞密副使，簽書院事，宣徽使，三司使，三部使，權三司使，二石。節度使，七石。掌兵遥領，五石。留後，觀察，防禦，團練，刺史，五石。掌兵、遥領皆不給。

給馬芻粟者，自二十匹至一匹，凡七等。其軍職，內侍，三班，伎術，中書，樞密、宣徽院，侍衛，殿前司，皇城司，內侍省，入內內侍省吏屬借官馬者，其本厩馬芻粟隨給焉。

給紙者，中書，樞密，宣徽，三司，宮觀副使，判官，諫官，皆月給焉。自給茶、酒而下，《兩朝志》無，《三朝志》雖不詳備，亦足以見一代之制云。

《宋史》卷一七二《職官志·奉禄制》

增給

權三司使，知開封府，百千。權發遣三司使，五十千。玉清昭應宮、景靈宮、會靈觀三副使，觀文殿大學士，三十千。觀文殿學士，資政殿大學士，元豐添保和殿大學士。宮觀、三司判官，判子司，權及權發遣同。開封府判官，提舉諸司庫務，管轄三司軍大將，提點內弓箭庫，二十千。宮觀都監、勾當官，十七千。任都知、押班者，二十千。資政、端明、翰林侍讀、元祐復置翰林侍讀、侍講學士，紹聖中，罷。龍圖、天章學士，元豐添保和、延康、寶文、顯謨、徽猷學士。樞密直、後改述古殿。龍圖、天章直學士，元豐添寶文、顯謨、徽猷直學士，保和、龍圖、天章、寶文、顯謨、徽猷待制。十五千。春、冬綾各五匹，絹十七匹，羅一匹，綿五十兩。已上大學士至待制，奉隨本官，衣賜如本官例，大即依本官例，小即依逐等。大觀二年，户部尚書左睿言：見編修《禄格》，學士添支比正任料錢相去遼邈，如觀文殿大學士、節度使從二品，大學士添支三十千而已，節度使料錢乃四百千，傔從、粟帛等稱是。或謂大學士有寄禄官料錢，故添支數少。今以銀青光禄大夫任觀文殿大學士較之，則通料錢不及節度使之半，其厚薄不均明矣。自餘學士視諸正任，率皆不等。欲將職錢改作貼職錢以别之。正任料錢、公使爲率，參酌立定。自學士至直閣以上貼職錢，不以內外，並給。觀文殿大學士，百千。觀文學士，資政大學士，八十千。端明後改延康殿學士，五十千。前執政加二十千。龍圖、天章、寶文、顯謨、徽猷學士，樞密直改述古學士，四十千。龍圖、天章、寶文、顯謨、徽猷直學士，三十千。待制，二十千。集賢改集英殿修撰，十五千。直龍圖閣至直祕閣，十千。詔從之。宣和三年，户部尚書沈積中、侍郎王蕃言：元豐法，帶職人依《嘉祐禄令》，該載觀文殿大學士以下至直學士，添支錢三等，自二十千至十五千。大觀中，因敕令所啓請，改作貼職錢，觀文大學士至直祕閣，自百千至十千，凡九等。兼增添在京供職米麥，觀文殿大學士至待制，自五十石至二十五石四等，比舊法增多數倍。又奏：學士提舉在京官，除本身請給外，更請貼職，并差遣添支，比六曹尚書、翰林學士承旨幾及一倍以上，非稱事制禄之意。詔並依元豐法，御史中丞二十千，察案御史十千，籍田令七千；並依元豐三年詔，司農寺丞十五千，主簿京朝官十二千，選人十千。熙寧三年，詔廣親、睦親宅記室、講書十五千，教授十二千，軍巡使十七千，權使及判官七千。已上並元豐制，已下惟增散官而已。羣牧使、副使，開封推官，三司河渠勾當公事、同管勾河渠案公事，十五千。羣牧都監，十三千。銀臺司，審官院，三班院，吏部銓，登聞檢院、鼓院，太常禮院主判官，糾察在京刑獄，羣牧判官，監祭使，十千。判司農寺，七千。

其知判諸路州、軍、府，有六十千至七千，凡八等。有以官者：三師，三公，六十千。僕射，東宮三師，并曾任中書、樞密，特進，五十千。尚書并左、右丞，東宮三少，金紫光禄大夫至光禄大夫，學士，給事中，諫議，舍人，待制已上，并横班使、副，三十千。横班有二十千者。待制已上充益、梓、利、夔州路知州，給鐵錢二百千。横班副使知夔州，一百五十千，知諸州、軍者，八十千。大卿監，諸司使、副至供奉官，中大夫至中散大夫，武功郎至秉義郎，閤門祗候已上，十五千。十五千已上有從州、府地望給者。不係大卿，充益、梓、利、夔知州，給鐵錢一百五十千。諸司副使至供奉官、閤門祗候已上知四州同。若知諸州、軍，八十千。惟諸司使一百千。朝官忠翊郎，侍禁，閤門祗候，十千。朝官權知軍、州、府者同。若知四路諸州、府，給鐵錢八十千，知軍六十千。侍禁、閤門祗候、知諸軍、州同。保義郎，殿直，閤門祗候，八千。若知四路諸州、軍者，給鐵錢五十千。京官十千至七千，有二等。知四路州、府，給鐵錢六十千；知軍，五十千。試銜及州縣官，職官兼知春州，七千。有以州望者：河南、大名、荊南、永興、江寧，杭、揚、潭、并、代州，三十千。應天、真定、鳳翔、陝府，秦、青、洪州，二十千。河中，鄆、許、襄、孟、滑、鄭、滄、邢、澶、貝、相、華、晉、潞、廬、壽、宿、泗、楚、蘇、越、潤、常州，十五千。廣州知州，歲七百千，逐月均給。舊月給百千，大中祥符六年，令歲取五百千，餘充添給。益州給鐵錢三百千，梓州二百千，夔州百五十千，餘州約銅錢數而給之。

有都總管、經略安撫等使者：河北四路，真定、瀛州、定州、大名。陝西逐路，永興、秦州、渭州、慶州、延州。河東路，太原。前任兩府，並五十千；諫議、舍人、待制、太中大夫已上，三十千。並特添二十千。知大名府帶河北路安撫使同。知并州帶學士即五十千，而無特給。三路管勾機宜文字，朝官十千，京官七千。知桂州充廣南西路都鈐轄、經略安撫使，自諫議、舍人、待制及大卿監、太中大夫、中散大夫已上，三十千。朝臣充廣西路兵馬都鈐轄兼本路安撫管勾經略司公事，即二十千。河北沿邊安撫副使、都監以横行使充者，三十千。自横行副使并諸司使、副至崇班、武功大夫、敦武郎以上充者，二十千。供奉官、秉義郎、閤門祗候充都監，十五千。同管勾河東緣邊安撫司公事，以横行副使至内殿崇班、敦武郎以上，二十千。

通判，大藩有二十千至十五千者，餘州、軍，朝官有十千至七千者，京官七千。朝官通判益州，給鐵錢八十千，京官六十千。朝官通判益、梓、利、夔路州、軍、府，給鐵錢七十千，京官五十千。簽判，朝官十千，京官七千。朝官簽判益、梓州，給鐵錢七十千，京官五十千。

三路轉運使，淮南、江浙、荊湖制置茶鹽等税都大發運使，諫議、待制、大卿監以下，太中、中散以上，三十千。朝官充發運使、副，二十千。武功大夫至武翼郎、諸司使副充發運使副、都監，同朝官；充判官，十千。三門、白波發運使，朝官二十千；朝官充判官，十千，京官七千。諸路轉運使、副，朝官宣德郎以下，二十千，任四路者，給鐵錢一百五十千。判官十千。任福建、廣南東西路，十五千。任益、梓、利、夔四路，給鐵錢八十千。諸路提點刑獄，勸農使、副，開封府界提點諸縣鎮公事，二十千。忠翊郎、侍禁、閤門祗候以下任諸路提點刑獄、勸農使副并府界同提點，敦武郎、内殿崇班已上者，十五千。朝官并秉義郎、供奉官、閤門祗候已上任四路提點刑獄，給鐵錢一百五十千。忠翊郎、侍禁、閤門祗候以下，一百千。

諸路副都總管，權總管，都鈐轄，路分鈐轄，州鈐轄，路分都監，有五十千至八千，凡六等。任四路，給鐵錢有二百千至一百千，凡三等。府界及諸路州、府、軍、監、縣、鎮都監、巡檢、砦主、監押，自諸司使以下至三班借職，武功大夫至承信郎已上，十五千至五千，凡六等。任四路，給鐵錢有二百千至五十千，凡四等。陝西、河東沿邊諸族蕃官巡檢，自十五千至四千，凡六等。諸路走馬承受公事，自從義郎至保義郎，供奉官至殿直，并兩省自供奉官至黄門，自十千至五千，凡四等。任四路，給鐵錢自六十千至四十千，凡三等。府界并諸路州、府、軍、監、縣、鎮監當，朝官七千，京官五千至四千，凡二等。武功大夫以下至進義校尉，諸司使以下至三班使臣，自十千至三千，凡七等。朝官任川峽州、府、軍、監，給鐵錢五十千，京官三十千至二十五千，凡二等。三班使臣任四路者，自六十千至二十五千，凡五等。

朝官充陝西及江、浙、荊湖、福建、廣南提舉、提點鑄錢等公事，自二十千至十五千，凡二等。朝官充都大提舉河渠司，勾當及提舉宮觀，并催遣輦運、催綱，諸州監物務等，自十五千至七千，凡三等。任四路，給鐵錢七十千。京官充催促輦運、催裝斛斗綱船，并諸州監物務等，自七千至五千，凡二等。任四路，給鉄錢五十千。都大提舉修護黄河堤埽岸，諸處巡檢，并監北京大内軍器庫，并蔡河撥發催綱等，並以兩省供奉官以下至内品充，自十千至三千，凡七等。舊志有諸路都部署、鈐轄，有五十千至十五千，凡四等。駐泊都監、兵馬都監，有二十千至十五千，凡六等。諸州監場務，朝官供奉以上七千，京官殿直五千，奉職内品三千，内課頭大者，京朝官與京官同，使臣與兵馬監押同。

大中祥符二年，詔外任官不得挈家屬赴任者，許分添給錢贍本家。添給羊，凡外任給羊有二十口至二口，凡六等。給米，有二十石至二石，凡七等。給麪，有三十石至二石，凡七等。傔從，有二十人至二人，凡七等。馬，有十四至一匹，凡六等。舊志數不同，今從《四朝志》。

建炎南渡以後，奉祿之制，參用嘉祐、元豐、政和之舊，少所增損。惟兵興之始，宰執請受權支三分之一，或支三分之二，或支賜一半，隆興及開禧自陳損半支給，皆權宜也。其後，內外官有添支料錢，職事官有職錢、廚食錢，職纂修者有折食錢，在京釐務官有添支錢、添支米，選人、使臣職田不及者有茶湯錢，其餘祿粟、傔人，悉還疇昔。今合新舊制而參記之。

元豐定制，以官寄祿。南渡重加修定：開府儀同三司，料錢一百貫。特進，九十貫。春、冬衣絹各二十五匹，小綾一十匹，春羅一匹，冬綿五十兩。金紫光祿大夫，銀青光祿大夫。料錢各六十貫，春、冬絹各二十匹，小綾七匹，春羅一匹，冬綿五十兩。宣奉大夫，正奉大夫，正議大夫，通奉大夫。料錢各五十貫，春、冬絹各十七匹，小綾五匹，春羅一匹，冬綿五十兩。通議大夫，太中大夫，中大夫，中奉大夫，中散大夫。料錢各四十五貫，春、冬絹各二十五匹，小綾三匹，春羅一匹，冬綿五十兩。朝議大夫，奉直大夫，朝請大夫，朝散大夫，朝奉大夫。以上料錢各三十五貫，春、冬絹各一十五匹，春羅一匹，冬綿三十兩。朝請郎，朝散郎，朝奉郎。以上料錢各三十貫，春、冬絹各一十三匹，春羅一匹，綿三十兩。承議郎。料錢二十貫，春、冬絹各一十匹，春羅一匹，冬綿三十兩。奉議郎。料錢二十貫，春、冬絹各十匹，春羅一匹，冬綿三十兩。通直郎。料錢十八貫，春、冬絹各七匹，春羅一匹，冬綿三十兩。宣教郎。料錢十五貫，春、冬絹五匹，冬綿十五兩。宣議郎。料錢十二貫，春、冬絹各五匹，冬綿十五兩。承事郎。料錢十貫，春、冬絹各五匹，冬綿十五兩。承奉郎。料錢八貫。承務郎。料錢七貫，元豐以來，釐務止支驛料，大觀二年定支。以上料錢，一分見錢，二分折支。每貫折錢，在京六百文，在外四百文。到任添給驛料。

承直郎。料錢二十五貫，茶湯錢一十貫，廚料米六斗，麪一石五斗，稾四十束，柴二十束，馬一匹，春、冬絹六匹，綿一十二兩。儒林郎。料錢二十貫，茶湯錢一十貫，廚料米六斗，麪一石五斗，稾三十束，柴一十五束，春、冬絹各五匹，冬綿十兩。文林郎。料錢一十五貫，茶湯錢十貫，廚料米六斗，麪一石五斗，稾三十束，柴十五束，春、冬絹各五匹，綿十兩。從事郎，從政郎，修職郎。已上料錢各一十五貫，茶湯錢一十貫，米麥各二石。迪功郎，料錢一十二貫，茶湯錢一十貫，米麥各一石五斗。以上錢折支中給一半見錢，一半折支。每貫折見錢七百文。釐務日給，滿替日住。

武臣請奉：太尉。料錢一百貫，春服羅一匹，小綾及絹各十匹，冬服小綾十匹，絹二十匹，綿五十兩。正任節度使。在光祿大夫之下，初授及帶管軍同，料錢四百貫，祿粟一百五十石。承宣使。在通議大夫之下，料錢三百貫，祿粟一百石。觀察使。在中大夫之下，料錢各二百貫，祿粟一百石，米麥十五石。防禦使。在中散大夫之下，料錢二百貫，祿粟一百石，米麥各十二石五斗。團練使。在中散大夫之下，料錢一百五十貫，祿粟七十石，米麥各九石。諸州刺史。在中散大夫之下，料錢一百貫，祿粟五十石，米麥各七石五斗。自承宣使以下，不帶階官者爲正任，帶階官者爲遙郡，遙郡各在正任之下，請奉與次任、正任一同。靖康指揮：遙郡以上奉錢、衣賜、傔人、奉馬，權支三分之二。

殿前三衙四廂、捧日、天武左右廂都指揮使遙郡團練使。料錢一百貫文，春、冬服絹各十匹。殿前諸班直都虞候，諸軍都指揮使遙郡刺史。料錢五十貫，衣同前。龍衛、神衛右廂都指揮使遙郡團練使。同捧日、天武。龍、神衛諸軍都指揮使遙郡刺史。同殿前。

左、右金吾衛上將軍，左、右衛上將軍，在光祿大夫之下。諸衛上將軍。在通奉大夫之下。以上料錢各六十貫，春、冬綾各五匹，絹各一十匹，春羅一匹，冬綿五十兩。左、右金吾衛大將軍。在中散大夫之下，料錢三十五貫，春、冬綾三匹，絹七匹，春羅一匹，綿三十兩。諸衛大將軍。在中散大夫之下，料錢二十五貫，春、冬綾三匹，絹各七匹，春羅一匹，冬綿二十兩。諸衛將軍。在朝奉郎之下，料錢二十五貫，春、冬綾各二匹，絹各七匹，春羅一匹，冬綿十五兩。率府率，在奉議郎之下。率府副率。在通直郎之下。料錢十三貫，春、冬絹各五匹，春羅一匹，冬綿一十五兩。

通侍大夫。在中散大夫之下。料錢五十貫，祿粟二十五石，春絹七匹，冬絹十匹，綿三十兩，傔二十人，馬三匹。正侍大夫，宣正大夫，履正大夫，協忠大夫，中侍大夫。以上在中散大夫之下，料錢各三十七貫，祿粟二十五石，春絹七匹，冬絹十匹，綿三十兩，傔二十人，馬三匹。中亮大夫。在中散大夫之下。料錢三十七貫，祿粟二十五石，春絹七匹，冬絹十匹，綿三十兩，傔二十人，馬三匹。中衛大夫，翊衛大夫，親衛大夫，在中散大夫之下，防禦使之上。拱衛大夫，左武大夫，右武大夫。並在奉直大夫之下，諸司正使之上。以上料錢並二十七貫，春絹七匹，冬絹十匹，綿三十兩。武功大夫，武德大夫，武顯大夫，武節大夫，武略大夫，武經大夫，武義大夫，武翼大夫。並在朝奉大夫之下。以上各料錢二十五貫，廚料米一石，麪二石，春絹七匹，冬絹十匹，綿三十兩。

正侍郎，宣正郎，履正郎，協忠郎，中侍郎，中亮郎，中衛郎，翊衛郎，親衛郎，拱衛郎，左武郎，右武郎。以上並在朝奉郎之下。錢各二十貫，春絹五匹，冬絹七匹，綿二十兩。武功郎，武德郎，武顯郎，武節郎，武略郎，武翼郎，武義郎。並在承議郎之下。以上各料錢二十貫，廚料米，麪各一石，春絹五匹，冬絹七匹，綿二十兩。訓武郎。料錢一十七貫，春絹五匹，冬絹七匹，綿二十兩。修武郎。料錢一十七貫，春絹五匹，冬絹七匹，綿二十兩。從義郎，秉義郎。並料錢十貫，帶職錢十二貫，春絹四匹，冬絹五匹，綿一十兩。忠訓郎，忠翊郎。並料錢七貫，帶職錢十貫，春、冬絹各四匹，冬綿一十五兩。成忠郎，保義郎。並料錢五貫，帶職錢七貫，春、冬絹各四匹，綿一十五兩。承節郎，承信郎。並料錢四貫，春、冬絹各三匹，錢二貫文。

進武校尉。料錢三貫，春、冬絹各三匹。進義校尉。料錢二貫，春、冬絹各三匹。下班祗應。各隨差使理年不等。自三年至十二月，料錢七百文，糧二石五斗，春、冬絹各五匹。進武副尉。料錢三貫。進義副尉。料錢一貫。守闕進義副尉。料錢二貫。

料錢、職錢，紹興仍政和之舊：宰相，樞密使，料錢月三百貫。政和左輔、右弼爲宰相，紹興左右僕射同中書門下平章事爲宰相。舊制，春、冬服小綾各二十匹，絹各三十匹，春羅一匹，冬綿一百兩。初，建炎元年指揮，宰執請受並權支三分之二，支賜支一半。知樞密院事，參知政事，樞密副使，同知樞密院事，簽書樞密院事。料錢二百貫，春、冬服小綾各十匹，絹各二十匹，春羅一匹，冬綿五十兩。太師，太傅，太保，少師，少傅，少保。料錢三百貫，春服羅三匹，權支一匹；小綾三十匹，支二十匹；絹四十匹，支三十匹，冬服綾、絹同。綿二百兩，支一百兩。

以下職事官並支職錢：開封牧，錢一百貫。春服羅一匹，小綾、絹各十匹，冬服小綾十匹，絹二十匹，綿五十兩。太子太師，太傅，太保，職錢二百貫。春服羅一匹，小綾十匹，絹二十五匹，冬服綾、絹同，綿五十兩。少師，少傅，少保，百五十貫。春、冬服小綾各七匹，絹各二十匹，春羅一匹，冬綿五十兩。御史大夫，六部尚書。行，六十貫；守，五十五貫；試，五十貫。春服羅一匹，小綾五匹，絹十七匹，冬服綾、絹同，綿五十兩。翰林學士承旨，翰林學士，五十貫。春服同上。左、右散騎常侍。行，五十五貫；守，五十貫；試，四十五貫。春服小綾三匹，絹十五匹，羅一匹，冬綾、絹同，綿五十兩。權六曹尚書，御史中丞，六曹侍郎並同常侍，太子賓客。行，五十貫；守，四十七貫；試，四十五貫。春服小綾七匹，絹二十匹，羅一匹，冬綾、絹同，綿三十兩。太子詹事。錢、衣同賓客，小綾各止三匹。給事中，中書舍人。行，五十貫；守，四十五貫；試，四十貫。服同詹事。左、右諫議大夫。行，四十五貫；守，四十貫；試，三十七貫。餘同舍人。權六曹侍郎。職錢四十貫，絹同上。太常、宗正卿。行，三十八貫；守，三十五貫；試，三十二貫。春、冬衣隨官序。

祕書監。行，四十二貫；守，三十八貫，試，三十五貫。七寺卿，國子祭酒。行，三十五貫；守，三十二貫；試，三十貫。太常、宗正少卿，秘書少監。行，三十二貫；守，三十貫；試，二十八貫。中書門下省檢正諸房公事，左、右司郎中。行，四十貫；守，三十七貫；試，三十五貫。國子司業，少府、將作、軍器監。行，三十二貫；守，三十貫；試，二十八貫。太子少詹事。行，三十五貫；守，三十二貫；試，三十貫。太子左、右諭德。行，三十三貫；守，三十貫；試，二十九貫。起居郎，起居舍人，侍御史。行，三十七貫；守，三十五貫；試，三十二貫。左、右司員外郎，六曹郎中。同上。殿中侍御史，左、右司諫。行，三十五貫；守，三十二貫；試，三十貫。

左、右正言。行，三十二貫；守，三十貫；試，二十七貫。諸司員外郎。同司諫。少府、將作、軍器少監。行，三十貫；守，二十八貫；試，二十五貫。太子侍讀、侍講。行，二十五貫；守，二十二貫；試，二十貫。監察御史。同正言。太子中舍人，太子舍人。行，二十貫；守，十九貫；試，十八貫。太常丞，太醫令，宗正丞，知大宗正丞，祕書丞，大理正，著作郎。行，二十五貫；守，二十二貫；試，二十貫。紹興元年指揮，宣教郎任館職，寺監丞、簿、評事，臺法，主簿，寺簿，正，司直，添給職錢一十六貫，指揮每月特支米三石。七寺丞。行，二十二貫；守，二十貫。祕書郎。行，二十二貫；守，二十貫；試，一十八貫。太常博士。同七寺丞。著作佐郎。同祕書郎。國子監丞。同七寺丞。大理司直、評事。同著作郎。少府、將作、都水監丞。行，二十貫；守，十八貫。祕書省校書郎：行，十八貫；守，十六貫；試，十四貫。正字。行，十六貫；守，十五貫；試，十四貫。御史臺檢法、主簿，九寺簿，行，二十貫；守，十八貫。諸王宮大小學教授，太學、武學博士。行，二十貫；守，十八貫；試，十六貫。令諸王府翊善、贊讀、直講、記室料錢，並支見錢。律學博士。行，十八貫；守，十七貫；試，十六貫。太常寺奉禮郎。十六貫。太常寺太祝、郊社令；行，十八貫；守，十六貫。太官令。十六貫。五監主簿。行，十八貫；守，十六貫。太學正、錄，武學諭。行，十八貫；守，十七貫；試，十六貫。律學正。行，十六貫；守，十五貫；試，十四貫。

樞密院官屬：都承旨，承旨。料錢四十貫，職錢三十貫，承旨二十五貫。春服羅一匹，小綾三匹，絹十五匹，冬服小綾五匹，絹十五匹，綿五十兩。副都承旨。料錢三十貫，職錢二十貫，副承旨、諸房副承旨十五貫，若諸房副承旨同主管承旨司公事，加五貫。春衣羅一匹，絹十五匹，冬絹同，綿三十兩。檢詳諸房文字。職錢三十五貫；廚食錢每日五百。計議、編修官。添支錢十貫，第三等折食錢二十五貫，廚食錢每日五百。

凡諸職事官職錢不言行、守、試者，準行給。職事官衣，如寄禄官例，及無立定則例者，隨寄禄官給。職料錢、米麥計實數給，兩應給者，從多給。謂職錢、米麥。諸承直以下充職事官，謂大理司直、評事，祕書省正字，太學博士、正、錄，武學博士、諭，律學博士、正。聽支階官請受、添給。諸稱請受者，謂衣糧、料錢，餘並爲添給。

舊制，觀文殿大學士，三十貫。米三石，麪五石。觀文殿學士，資政、保和殿大學士，二十貫。米三石，麪五石。資政、保和殿學士，十五貫。米三石，麪五石，同上。春、冬小綾各五匹，絹各十七匹，春羅一匹，冬綿五十兩。龍圖、天章、寶文、顯謨、徽猷、敷文閣學士、直學士，十五貫。春、冬小綾各三匹，絹各十五匹，春羅一匹，冬綿五十兩。保和殿，龍圖、天章、寶文、顯謨、徽猷、敷文閣待制同。

先是，大觀，或言添支厚薄不均，其後，自學士而下改名貼職錢：觀文殿大學士；貼職錢一百貫文，米麥各二十五石，添支米三石，麪五石，萬字茶二斤。觀文殿學士，資政、保和殿大學士；貼職錢八十貫，米麥同，添支錢十貫，添支米麪同。資政、保和殿學士；貼職錢七十貫，米麥同，添支米麪同，萬字茶二斤，春、冬綾五匹，絹一十七匹，綿五十兩，羅一匹。端明殿學士；貼職錢五十貫，米麥二十石，添支米三石，麪五石，萬字茶二斤，春、冬綾五匹，絹一十七匹，羅一匹，冬綿五十兩。龍圖、天章、寶文、顯謨、徽猷、敷文閣學士，樞密直學士；正三品，貼職錢四十貫，米麥各一十石，添支米二石，麪五石，萬字茶二斤，春、冬綾五匹，絹一十七匹，春羅一匹，冬綿五十兩。龍圖、天章、寶文、徽猷、敷文閣直學士，保和殿待制；貼職錢三十貫，米麥各一十七石五斗，春、冬綾各三匹，絹一十五匹，春羅一匹，冬綿五十兩。龍圖、天章、寶文、顯謨、徽猷、敷文閣待制；貼職錢二十貫，米麥各一十二石五斗，春、冬綾各三匹，絹一十五匹，春羅一匹，冬綿五十兩。集英殿修撰，右文殿修撰，祕閣修撰；以上貼職錢各一十五貫。直龍圖、天章、寶文閣，直顯謨、徽猷、敷文閣，直祕閣。以上貼職錢各一十貫。

宣和間，罷支貼職錢，仍舊制添支。紹興因之，令諸觀文殿大學士至保和殿大學士料錢，春冬服隨本官；資政殿學士至待制料錢隨本官，春、冬服從一多給。又諸學士添支錢，曾任執政官以上者，在京、外任並支；其餘在京支，外任不支。米、麪、茶、炭、奉馬、傔人衣糧，內外任並給。酒、添支、馬草料，外任勿給。外此，有依祖例添支，如六部尚書而下職事官，分等第支廚食錢，自十五貫至九貫，凡四等，並依宣和指揮。修書官折食錢，監修國史四十千，史館修撰、直史館、本省長貳三十七貫五百，檢討、著作三十五貫，並依自來體例。有特旨添支。如紹興元年指揮：館職，寺監丞、簿，評事，臺法、主簿，寺正，司直，博士，添職錢一十貫。六年指揮：五寺、三監、祕書、大宗正丞，太常博士，著作，祕書，校書郎，著作佐郎，正字，大理寺正，司直，評事，臺簿，刪定官，檢、鼓，奏告院，特支米三石，計議、編修官二石

禄粟及隨身、傔人：宰相，一百石，紹興：三公，侍中，中書、尚書令，左、右僕射同平章事，並爲宰相。隨身七十人。知樞密院事，參知政事，樞密副使，同知樞密院事，一百石，隨身五十人。太師，太傅，太保，少師，少傅，少保，一百石，舊制百五十石。隨身一百人。太尉，一百石，隨身五十人。節度使，禄粟已具奉禄類。元隨五十人。承宣使，元隨五十人。觀察使，防禦使，元隨三十人。團練使，已上並具奉禄類。元隨三十人。諸州刺史，同上。元隨二十人。通侍大夫，正侍大夫，宣正大夫，履正、協忠、中侍、中亮大夫，禄粟、傔人並具奉禄類。捧日、天武左右廂都指揮使遥郡團練使，五十石，傔十人。龍、神衞右廂都指揮使帶遥郡團練使同。殿前諸班

直都虞候，諸軍都指揮使遥郡刺史，二十五石，傔五人。龍、神衛諸軍都指揮使帶遥郡刺史同。

諸學士添支米已附于前，今載：觀文殿大學士，傔二十人。觀文殿學士，資政、保和殿大學士，傔十人。資政、保和殿學士，龍圖、天章、寶文、顯謨、徽猷、敷文閣學士，傔七人。樞密都承旨，傔十人；副都承旨、諸房副承旨，七人。其餘京畿守令、幕職曹官，自十石、七石、五石至于二石各有等。中書堂後官，提點五房公事，逐房副承旨，自七人、五人至于一人各有數。因仍前制，舊史已書。凡任宰相、執政有隨身，太尉至刺史有元隨，餘止傔人。

紹興折色：凡禄粟每石細色六斗。米麥中支。管軍給米六分，麥四分。隨身、元隨、傔人糧，每斗折錢三十文，衣紬絹每匹一貫，布每匹三百五十文，綿每兩四十文。

公用錢

自節度使兼使相，有給二萬貫者。其次，萬貫至七千貫，凡四等。節度使，萬貫至三千貫，凡四等。節度觀察留後，五千貫至二千貫，凡四等。觀察使，三千貫至二千五百貫，凡二等。防禦使，三千貫至千五百貫，凡四等。團練使，二千貫至千貫，凡三等。刺史，千五百貫至五百貫，凡三等。亦有不給者。觀察使以下在禁軍校者，皆不給。京守在邊要或加錢給者，罷者如故，皆隨月給受，如禄奉焉。咸平五年，令河北、河東、陝西諸州，皆逐季給。

京師月給者：玉清昭應宫使，百千。景靈宫使，崇文院，七十千。會靈觀使，六十千。祥源觀都大管勾，五十千。御史臺，三百千。大理寺，二百五十三千。刑部，九十六千。舍人院，二十千。太常寺，二十五千。祕閣，二十千。宗正寺，十五千。太常禮院，起居院，十千。門下省，登聞檢院、鼓院，官誥院，三班院，各五十千。

歲給者：尚書都省，銀臺司，審刑院，提舉諸司庫務司，每給三十千，用盡續給，不限年月；餘文武常參官内職知州者，歲給五千至百千，凡十三等，皆長吏與通判署籍連署以給用；少卿監以上，有增十千至百千者。淳化元年九月，詔諸州、軍、監、縣無公使處，遇誕降節給茶宴錢，節度州百千，防、團、刺史州五十千，監、三泉縣三十千，嶺南州、軍以幕府州縣官權知州十千。

給券

文武羣臣奉使於外，藩郡入朝，皆往來備饔餼，又有賓幕、軍將、隨身、牙官，馬驢、橐駝之差：節、察俱有賓幕以下；中書、樞密、三司使有隨身而無牙官、軍將隨；諸司使以上有軍將、橐駝。餘皆有牙官、馬驢，惟節、察有賓幕。諸州及四夷貢奉使，諸司職掌祗事者，亦有給焉。四夷有譯語、通事、書狀、换醫、十券頭、首領、部署、子弟之名，貢奉使有廳頭、子將、推船、防授之名，職掌有傔。

京朝官、三班外任無添給者，止續給之。京府按事畿内，幕職、州縣出境比較錢穀，覆按刑獄，並給券。其赴任川峽者，給驛券，赴福建、廣南者，所過給倉券，入本路給驛券，皆至任則止。車駕巡幸，羣臣扈從者，中書、樞密、三司使給館券，餘官給倉券。

職田

周自卿以下有圭田不税，晋有芻槀田，後魏宰人之官有公田，北齊一品以下公田有差，唐制内外官各給職田。五代以來遂廢。咸平中，令館閣檢校故事，申定其制，以官莊及遠年逃亡田充，悉免租税，佃户以浮客充，所得課租均分，如鄉原例。州縣長吏給十之五，自餘差給。其兩京、大藩府四十頃，次藩鎮三十五頃，防禦、團練州三十頃，中、上刺史州二十頃，下州及軍，監十五頃，邊遠小州、上縣十頃，中縣八頃，下縣七頃，轉運使、副十頃，兵馬都監押、砦主、釐務官、録事參軍、判司等，比通判、幕職之數而均給之。

景德二年七月，詔諸州職田如有災傷，準例蠲課。大中祥符九年，殿中侍御史王奇上言，請天下納職田以助振貸。帝曰：奇未曉給納之理。然朕每覽法寺奏款，外官占田多踰往制，不能自備牛種，水旱之際又不蠲省，致民無告。遂罷奇奏，因下詔戒飭之。

天聖中，上患職田有無不均，吏或多取以病民；詔罷天下職田，悉以歲入租課送官，具數上三司，計直而均給之。朝廷方議措置未下，仁宗閲具獄，見吏以賄敗者多，惻然傷之；詔復給職田，毋多占佃户，及無田而配出所租，違者以枉法論。

又十餘年，至慶曆中，詔限職田，有司始申定其數。凡大藩長吏二十頃，通判八頃，判官五頃，幕職官四頃。凡節鎮長吏十五頃，通判七頃，判官四頃，幕職官三頃五十畝，幕職官三頃。凡防、團以下州軍長吏十頃，通判六頃，判官三頃五十畝，幕職官三頃。其餘軍、監長吏七頃，判官、幕官，並同防、團以下州軍。凡縣令，萬户以上六頃，五千户以上五頃，不滿五千户並四頃。凡簿、尉，萬户以上三頃，五千户以上二頃五十畝，不滿五千户二頃。録事參軍比本判官。曹官比倚郭簿、尉。發運制置、轉運使副，武臣總管，比節鎮長吏。發運制置判官，比大藩府通判。安撫都監，路分都監，比節鎮通判。大藩府都監，比本府判官。黄汴河、許汝石塘河都大催綱，比節鎮判官。節鎮以下至軍監，諸路走馬承受并砦主，都同巡檢，提舉捉賊，提點馬監，都大巡河，不得過節鎮判官。在州監當及催綱、撥發，巡捉私茶鹽賊盗，駐泊捉賊，不得過簿、尉。自此人有定制，士有定限，吏以職田抵罪者，視昔爲庶幾焉。

至熙寧間，復詔詳定：

凡知大藩府三京、京兆、成都、太原、荊南、江寧府，延、秦、揚、杭、潭、廣州。二十頃，節鎮十五頃，餘州及軍淮陽、無爲、臨江、廣德、興國、南康、南安、建昌、邵武、興化。並十頃，餘小軍、監七頃。通判，藩府八頃，節鎮七頃，餘州六頃。留守、節度、觀察判官，藩府五頃，節鎮四頃。掌書記以下幕職官三頃五十畝。防禦、團練軍事推官，軍監判官三頃。令、丞、簿、尉，萬户以上，縣令六頃，丞四頃；不滿萬户，令五頃，丞三頃；不滿五千户，令四頃，丞二頃五十畝。簿、尉減令之半。藩府、節鎮録參，視本州判官，餘視幕職官。藩府、節鎮曹官，視萬户縣簿、尉，餘視不滿萬户者。

發運、轉運使副，視節鎮知州。開封府界提點，視餘州。發運、轉運判官，常平倉司提舉官，視藩府通判。同提舉，視萬户縣令。發運司幹當公事，視節鎮通判。轉運司管幹文字，提刑司檢法官，提舉常平倉司幹當公事，視不滿萬户縣令。蔡河、許汝石塘河都大催綱，管幹機宜文字，府界提點司幹當公事，視節鎮判官。總管，視節鎮知州。路分鈐轄，視餘州知州。安撫、路分都監，州鈐轄，視節鎮通判。藩府都監，視本州判官。諸路正將，視路分都監；副將，視藩府都監。走馬承受，諸州都監，都同巡，都大巡河，並視節鎮判官。巡檢，堡砦都監，砦主，在州監當及催綱、撥發，巡捉私茶鹽賊盗，駐泊捉賊，並視幕職官。巡轄馬遞鋪，監堰并縣、鎮、砦監當，並視本縣簿、尉。諸路州學教授，京朝視本州判官，選人視本州曹官。

又詔：成都府路提點刑獄司，以本路職田令逐州軍歲以子利稻麥等拘收變錢，從本司以一路所收錢數，又紐而爲斛斗價直，然後等第均給。自熙寧三年始，知成都府，一千石。轉運使，六百石。鈐轄二員，各五百石。轉運判官，視鈐轄。通判二員，各四百五十石。簽判，節推，察推，知録，幹當糧料院，監軍資庫，都監，都巡檢，巡檢，係大使臣。走馬承受，京朝官知縣，各二百石。內職官係兩使支掌以上資序者同。如係初等及權入者，各一百五十石。監商税、市買院、交子務，係京朝官或大使臣充者。視職官。城外巡檢，監排岸，十縣巡檢，係三班使臣者。各一百五十石。司理，司户，司法，府學教授，係敕劄正授者。監甲仗庫，各一百石。知眉、蜀、彭、雅、邛、嘉、簡、陵州，永康軍，視成都通判。其通判減三之一。知威、黎、茂州，視眉、蜀通判。其都監，監押，駐泊，都巡檢，係大使臣者。簽判，推，判官，係兩使職官并支掌以上資序。知録，京朝官并職官知縣，監棚口鎮，係京朝官。視成都職官。監押，巡檢，同巡檢，駐泊，係三班使臣。初等職官或權入職官，録事參軍，縣令，試銜知縣，視成都城外巡檢。司理，司户，司法，諸縣主簿、尉，應監當場務選人監税、監鹽，巡轄馬鋪，係三班使臣。視成都曹官。應諸縣令佐係職員權攝者不給。歲有豐凶，則數有少剩，皆隨時等級爲之增減。初，權御史中丞吕誨，御史知雜劉述奉詔同均定成都、梓、利、夔四路職田。誨等以成都路歲收子利稻麥、桑絲、麻竹等物逐處不同，遂計實直紐作稻穀一色，每斗中價百有二十，自知成都府以下官屬等第均定。及再詔詳定，而三路數少，均分不足，用定到成都路數目以聞，中書再行詳定，而有是詔。

元豐中，詔熙河、涇原、蘭州路州軍官屬職田，每頃歲給錢鈔十千。以其元給田及新造之區，募弓箭手及留其地以爲營田。元符三年，朝散郎杜子民奏：職田之法，每患不均。神宗首變兩川之法，均給上下，一路便之。元祐中，推廣此意，以限月之法，變而均給。士大夫貪冒者，或窮日之力以赴期會，或交書請屬以倖權攝，奔競之風長，廉耻之節喪。乞復元豐均給之法，以養士廉節。從之。

建中靖國元年，知延安府范純粹奏：昨帥河東日，聞晋州守臣所得職田，因李君卿爲州，諭意屬邑增廣租入，比舊數倍。後襄陵縣令周汲力陳其弊，郡守時彦歲減所入十七八，佃户始脱苛斂之苦。而晋、絳、陝三州圭腴，素號優厚，多由違法所致。或改易種色，或遣子弟公阜監穫，貪污猥賤，無所不有。乞下河東、陝西監司，悉令改正。從之。

大觀四年，臣僚言：圭田欲以養廉，無法制以防之，則貪者奮矣。姦吏挾肥瘠之議，以逞其私，給田有限，課入無算，祖宗深慮其弊，以提點刑獄官察之，而未嘗給以圭租，庶不同其利而公其心也。近歲提點刑獄所受圭租，同於他司，故積年利病，壅於上聞。元豐舊制，檢法官，其屬也，當視其長。自元祐初併提舉常平司職事入提刑司，兼領編敕，遂將提舉官合給之數撥與提刑司，參詳修立，而檢法官亦預焉。詔依舊法。

政和八年，臣僚言：尚書省以縣令之選輕，措置自不滿五千户至滿萬户遞增給職田一頃。夫天下圭租，多寡不均久矣，縣令所得，亦復不齊。多至九百斛，如淄州高苑；八百斛，如常之江陰；六百斛，常之宜興。亦六百斛。自是而降，或四五百，或三二百。凡在河北、京東、京西、荊湖之間，少則有至三二十斛者；二廣、福建有自來無圭租處；川峽四路自守倅至簿、尉，又以一路歲入均給，令固不得而獨有。今欲一概增給一頃，豈可得哉？詔應縣令職田頃畝未及條格者，催促摽撥。

宣和元年詔：諸路職官各有職田，所以養廉也。縣召客户、税户，租佃分收，災傷檢覆減放，所以防貪也。諸縣多踰法抑都保正長，及中上户分佃認納。不問所收厚薄，使之必輸，甚至不知田畝所在，虚認租課。聞之惻然。應違法抑勒及詭名委保者，以違詔論；災傷檢放不盡者，計贓以枉法論；入己者以自盗論。

靖康元年，詔諸路職田租存田亡者，並與落租額。紹興間，懼其不均，則詔諸路提刑司依法摽撥，官多田少，即於鄰近州縣通融，須管數足。又詔將空閑之田爲他司官屬所占者，撥以足之，仍先自簿、尉始。其有無職田，選人并親民小使臣，每員月支茶湯錢一十貫文。內雖有職田，每月不及十貫者，皆與補足，所以厚其養廉之利。懼其病民，則委通判、縣令覈實，除其不可力耕之田，損其已定過多之額。凡職租不許輒令保正催納，或抑令折納見錢，或無田平白監租，或以虚數勒民代納，或額外過數多取，皆申嚴禁止之令。察以監司，坐以贓罪，所以防其不廉之害。罷廢未幾而復舊，拘借未久而給還，移充糴本，轉收馬料，旋復免行，皆所以示優恩、厲清操也。

若其頃畝多寡，具有成式：知藩府，謂三京、潁昌、京兆、成都、太原、建康、江陵、延安、興仁、隆德、開德、臨安府，秦、揚、潭、廣州。二十頃。發運、轉運使副，總管，副總管，知節鎮，一十五頃。知餘州及廣濟、淮陽、無爲、臨江、廣德、興國、南康、南安、建昌、邵武、興化、漢陽、永康軍，并路分鈐轄，一十頃。發運、轉運判官，提舉淮南、兩浙、江南、荊湖東西、河北路鹽事官，通判藩府，八頃。知餘軍及監，并通判節鎮州，鈐轄，安撫副使，都監，路分都監，將官，發運司幹辦公事，七頃。通判餘州及軍，滿萬户縣令，六頃。藩府判官，録事參軍，州學教授，並謂承務郎以上者。都監，發運、轉運司主管文字，滿五千户縣令，副將官，五頃。節鎮判官，録事參軍，州學教授，並謂承務郎以上者。轉運司主管帳司，不滿五千户縣令，滿萬户縣丞，餘州都監，走馬承受公事，主管機宜文字，同巡檢，都大巡河，提點馬監，四頃。節度掌書記，觀察支使，藩府及節鎮推官，巡檢，縣、鎮、砦都監，砦主，巡捉私茶鹽，駐泊捉賊，在城監當，餘州判官、學教授，並謂承務郎以上者。軍、監都監，三頃五十畝。軍、監判官，餘州推官，餘州及軍、監録事參軍，巡檢，縣、鎮、砦都監，砦主，巡捉私茶鹽，駐泊捉賊，在城監當，藩府及節鎮曹官，州學教授，謂承直郎以下。滿五千户縣丞，滿萬户縣簿、尉，巡轄馬遞鋪，縣、鎮、砦監當及監堰，三頃。餘州及軍、監曹官，州學教授，謂承直郎以下。不滿五千户縣丞，滿五千户縣簿、尉，巡轄馬遞鋪，縣、鎮、砦監當及監堰，二頃五十畝。不滿五千户縣簿、尉，巡轄馬遞鋪，縣、鎮、砦監當及監堰，二頃。

（清）徐松《宋會要輯稿·職官五七·俸禄》

宋朝俸料：宰相、樞密使，月三百千；樞密使帶使相者四百千。參知政事、樞密副使、宣徽南北院使、知樞密、同知樞密、三司使，各二百千；簽書樞密院事，鹽鐵、度支、户部使，百五十千；檢校太保簽書者同副使。三師、三公，百二十千；東宮三師、僕射，九十千；三少、御史大夫、尚書，六十千；門下、中書侍郎，御史中丞，五十五千；太子賓客，四十五千；太常、宗正卿，左、右丞，侍郎，五十五千；左、右散騎常侍，六十千；給事中、中書舍人、大卿監、國子祭酒、太子詹事，四十五千；諫議，四十千；鹽鐵、度支、户部副使，五十千；左、右庶子，三十千；諭德、少卿監、司業、郎中，三十五千；起居郎、舍人、侍御史、司諫、殿中侍御史、員外郎、赤令，三十千；少詹事，二十九千；正言、監察御史、太常博士、通事舍人、國子五經博士，太常、宗正、秘書、殿中丞，著作郎、大理正，二十千；太子率更令、中允、贊善、中舍、洗馬、六局奉御，十八千；太常博士舊十五千，雍熙三年增二千；著作郎二十千，減三千；洗馬十七千，減二千。司天五官正，十三千；秘書郎、著作佐郎，十七千；秘書郎舊無俸，兼二館職事者給八千，至道二年令同著作佐郎給之。大理寺丞，十四千；諸寺監丞，十三千；大理評事，十千；諸司監丞舊十二千，雍熙初〔增〕二千，大理評事舊六千，增二千。太祝、奉禮，八千；司天監丞，五千；主簿，五千；靈臺郎，三千；保章正，二千；六軍統軍，百千；諸衛上將軍，六十千；左右金吾衛大將軍，三十五千；諸衛大將軍，二十五千；將軍，二十千；率府率、副率、中郎將，十三千；內客省使、延福宮使，六十千；景福殿使，二十七千；舊六十千。客省使，三十七千；宣慶、引進、四方館、宣政、昭宣、閤門使，二十七千；皇城以下諸司使，二十五（年）〔千〕；客省及皇城以下副使，二十千；內殿承制，十七千；崇班，十四千；閤門通事舍人，二十千；供奉官十千，兼閤門祇候者十二千；侍禁七千，〔兼〕閤門祇候者十千；殿直五千，〔兼〕閤門祇候者九千；三班奉職、供職，四千；皇親觀察使，三百千；諸衛大將軍遥領刺史，八十千；諸自節使至遥團並如臣僚舊式，刺史大將軍領者如今數，將軍領者六十千。諸衛大將軍，六十千；諸（位）〔衛〕將軍，三十千；舊式將軍有五十千、四十千、三十千凡三等。諸司使有四十千、三十千二等；副使以下與庶姓同而並給實錢；姓：原作注，據《宋史》卷一七一《職官志》一一改。內臣都知、押班、諸司使，二十五千；副使，二十千；遥郡以上半給實錢，半給他物，諸司使以下全給實錢。入內供奉官，十二千；殿頭，七千；高品、高班，五千；黄門，三千；祇候殿頭至散內品并雲韶內品，並七百；入內內品，二千、一千五百、一千凡三等；內常侍、內供奉官，十千；殿頭，五千；高品、高班，三千；黄門，二千；北班內品，七百；殿頭內侍、入內高品，二千；高班內品，一千五百；黄門內品，一千；寄班小底班：原作品，據《宋史》卷一七一《職官志》一一改。二千，入內小黄門、前殿祇候內品、外處揀來至西京北班內品，並七百；西京內品，五百；郢、唐、復州內品，三百；舊式供奉官七千五百，殿頭四千，高品三千，高班二千五百，黄門一千五百，西京內品三百，寄班小底二千。樞密都承旨，四十千；副都承旨、副承旨、諸房副承旨、逐房副承旨、中書提點五房，三十千；中書堂後官，二十五千；中書、樞密院主事，二十千；録事、令史，十千；主書，七千；守當官、書令史，五千。自副承旨並增七千。中書、樞密、宣徽院、三司、學士、舍人、待制、御史臺、開封府、三館、祕閣、審刑院、刑部、大理寺，諸王府翊善、記室、侍講、教授、侍教，知審官院、勾當三班院、糾察刑獄、判吏部銓、南曹、登聞檢院、司農寺、三司判官、主判及國子監直講，河北、河東、陝西轉運使，直舍人院及權領兩制差遣，並給見錢，餘官悉三分之二給以他物。節度使，四百千；使相及親王爲節度使同。節度觀察留後，三百千；觀察使，二百千；遥領同，或三百。防禦使二百千，遥領百五十千；團練使百五十千，遥領百千；刺史百千，遥領五十千；自防禦使已下諸衛將軍、橫行諸司使，遥領者（領）如百官之制，三分之二給以他物。開封府判官，三十千；推官，二十千，皆給見錢。西、北、南京留守判官，河南、應天、大名判官，節度副使，三十千；行軍司馬、節度觀察判官，二十五千；防禦、團練副使，掌書記、支使、諸府少尹，二十千；行軍司馬、副使不釐務者，悉給以他物。留守京府節察推官，十五千；防、團軍事推官，軍、監判官，七千，新增至十二千；防、團判官，如本州録事參軍及修郭令，舊十五千。軍事判官、如本州録事參軍。司録參軍，二十千；諸曹參軍，十千；以京官知者俸從多給。景德三年，詔司録、六曹官及畿縣官悉給春、冬衣。五萬户以上州録事參軍，二十千；司理、司法，十二千；司户，十千；三萬户以上州録事，十八千；司法、司理十二千；司户，九千；萬户以上州録事，十五千；司法、司理，十千；司户，八千；五千户以上州録事，十二千；司法、司理十千；司户，七千；不滿五千户録事、司法、司理，十千；司户，七千；新增，録事十二千以下並增至十五千，判司十千以下並增至十二千。四京軍巡判官，十五千；東京畿縣七千户以上，朝官二十二千，京官二十千；五千户以上，朝官二十千，京官十八千；三千户以上，朝官十八千，京官十五千；三千户以下止命京官，十二千；縣丞，十五千；河南、洛陽縣令，三十千；萬户以上縣令二十千，簿尉十二千；七千户以上令十八千，簿尉十千；五千户以上令十五千，簿尉八千；三千户以上令十二千，簿尉七千；不滿三千户令十千，簿尉六千。新增令、録十二千者並爲十五千，判、司、簿、尉十千以下並爲十二千。京官及三班知縣者給縣令本（言）〔官〕俸，多者從多給，兼監兵者止謂本俸添給。別駕、長史、司馬、司士、文學，七千；嶽瀆廟令，十千；廟丞、主簿，七千。別駕以下悉他物。

（清）徐松《宋會要輯稿·職官五七·俸禄》 凡春、冬以衣賜：宰相、樞密使，春、冬各綾二十匹、絹三十匹，冬綿百兩；參知政事、樞密副使、宣徽南北院使、三司使、知樞密、同知樞密，俸給並同副使，惟知院餐錢同使。簽書樞密院事，鹽鐵、度支、户部使，春、冬各綾十匹、春絹十匹、冬二十匹；檢校太保簽書者，春、冬各絹十匹；三師、三公，春、冬（冬）〔各〕綾十匹、絹三十匹；舊同僕射。東宮三師、僕射，春、冬各綾十匹、絹二十五匹；三少、御史大夫、尚書，御史大夫尚書：原重此六字，據《宋史》卷一七一《職官志》一一删。御史中丞、太子賓客，春、冬各綾七匹、絹二十匹；門下、中書侍郎，太常、宗正卿，左、右丞，侍郎，舊式兩省侍郎同尚書。觀文殿大學士、學士，依從本官，凡不載者並準此。資政、端明學士，春、冬各綾五匹、絹十七匹；翰林承旨、學士，春、冬各綾三匹、絹十五匹；本官多者自從多給。舊式他官若充翰林承旨及侍讀、侍講，各綾加二匹，絹加三匹。翰林侍讀、侍講，閣學士，樞密直學士，春、冬各綾五匹、絹十七匹；閣直學士，春、冬各綾三匹、絹十五匹；左、右散騎常侍，給事中、諫議、中書舍人、知制誥、待制，大卿監、國子祭酒、太子詹事，春、冬各綾三匹、絹十五匹；充職者自從多給，若中書舍人充翰林學士亦準此。閣直學士、知制誥、待制依同諫議。鹽鐵、度支、户部副使，春、冬各絹十五匹、春綾三匹、冬五匹。自參知政事至此，各冬綿五十兩。左右庶子、諭德、少卿監、司業、起居郎、舍人、侍御史、郎中、司諫、殿中侍御史、員外郎、赤令、少詹事，春、冬各絹十三匹；正言、監察御史、太常博士，春、冬各絹十匹；國子五經博士，太常、宗正、秘書、殿中丞，著作郎、大理正，太子率更令、中允、贊善、中舍、洗馬，六局奉御，春、冬各絹七匹。自左、右庶子至此，各冬綿三十兩。司天五官正，春、冬各絹五匹，冬綿十五兩；秘書郎、著作佐郎，春、冬各絹六匹，冬綿二十兩。自宰相至此，各春加羅一匹。大理寺丞、諸寺監丞，春、冬各絹五匹；大理評事，春、冬各絹三匹；三司、刑部檢法、法直、副法直官，司天監丞，春、冬各絹五匹；主簿，春、冬各絹三匹。自大理寺丞至此，冬各綿十五兩。舊太祝、奉禮同司天監丞。靈臺郎、保章正，春、冬各絹三匹，冬錢三千；六軍統軍、諸衛上將軍，春、冬各綾五匹、絹十匹，冬綿五十兩；左、右金吾衛大將軍，諸衛大將軍，春、冬各綾三匹、絹七匹，冬綿三十兩；將軍，春、冬各綾二匹、絹五匹，冬綿二十兩；率府率、副率、中郎將，春、冬各絹五匹，冬綿十五兩。自統軍至此，春各羅一匹。內客省使、延福宮使、景福殿使、客省使，宣慶、引進、四方館、宣政、昭宣、閤門使、皇城已下諸司使，春各絹七匹，冬十匹，綿三十兩；閤門通事舍人，春、冬各絹七匹，春羅一匹，冬綿三十兩；客省及皇城以下副使、內殿承制、崇班，春各絹五匹，冬七匹，綿二十兩；供奉官，春絹四匹，冬五匹，綿二十兩；侍禁、殿直，春、冬各絹四匹，冬綿十五兩；三班奉職、供職，春、冬各絹三匹，錢二千；皇親任諸衛大將軍及領刺史，衛：原作位，據《宋史》卷一七一《職官志》一一改。春、冬各綾十匹，絹十五匹，冬綿五十兩。諸衛將軍有二等：一等春、冬各綾五匹，絹十匹，冬綿二十兩；一等與庶姓將軍同。諸司使至殿直，春、冬各綾二匹，絹五匹，冬綿四十兩。自大將軍至此，各春加羅一匹。入內供奉官，春絹五匹，冬七匹，綿三十兩；殿頭、高品、高班，春絹五匹，冬六匹，並綿二十兩；黃門祇候殿頭至後苑散內品，并入內內品，春、冬各絹五匹；雲韶內品，春、冬各絹四匹，並綿十五兩；前省內常侍、內供奉官、北班內品、外處揀來至西京北班內品、內品，春、冬各絹五匹；殿頭、高品、高班、黃門、入內小黃門、前殿祇候內品，春、冬各絹四匹；殿頭內侍、入內高品，春、冬各絹三匹，無綿，加錢二千；在京黃門內品，春、冬碧綾羅、黃白絹共六匹，寄班小底，春、冬各絹十匹；鄆、唐、復州內品，春、冬各絹二匹，布半匹，無綿，加錢一千。內班高品衣帶，舊內侍春加羅一匹，供奉官、殿頭、高品、高班冬綿二十兩，在京黃門內品八兩，餘並十五兩。舊式供奉官至高班，並春、冬各絹五匹，供奉官並冬綿二十兩；西京內品，春、冬各絹三匹，冬綿十兩。樞密都承旨，春、冬各絹十五匹，春綾三匹，冬綾五匹，綿五十兩；副都承旨、副承旨、諸房副承旨、中書提點五房，春、冬各絹十五匹；逐房副承旨，春、冬絹十三匹。自副承旨以下，冬綿各三十兩。中書堂後官，中書、樞密院主事、録事、令史，春、冬各絹十匹，主事以上冬綿五十兩，録事、令史三十兩，堂後官加特支錢五千。自都承旨至此，春、冬加羅一匹。主事、守當官，書令史，春、冬絹各二匹，主事、書令史春錢二千，冬綿十二兩，錢一千，守當宮冬錢一千；留守判官、府判官，春、冬各絹十二匹，冬綿二十兩；節察判官，春、冬各絹六匹，冬綿十二兩半；書記、支使，春、冬各絹五匹，冬綿十兩；綿：原作絹，據《宋史》卷一七一《職官志》一一改。留守推官、府推官、節察推官，春、冬各絹五匹，綿各十兩；節度使、親王爲節度使，春、冬各絹百匹，大綾二十匹，小綾三十匹，春羅十匹，各加綿五百兩；節度觀察留後、觀察使，防禦使、團練使、刺史遥領掌兵者，春、冬各絹十匹，冬綿五十兩。

（清）徐松《宋會要輯稿・職官五七・俸禄》 凡禄粟，宰相、舊無，自趙普加。樞密使、參知政事、樞密副使、宣徽使、三司使，月各一百石；簽書樞密院事、三部使、權三司使，七十石；權發遣使公事，三十五石；內客省使、景福殿使，二十五石；節度使，二百石，初除一百五十石，皇親帶者一百石，掌兵及遥領百五十石；留後，觀察、防禦使，一百石，掌兵、遥領同；團練使，七十石，掌兵及遥領五十石，正任亦有五十石者；刺史，五十石或三十石，掌兵、遥領二十五石、十石，有二等，皇親遥領者無米。赤縣令，七石；縣丞，四石；京府司録，五石；諸曹參軍，三石；東京畿縣，六石至三石有四等；諸州録事，五石至三石有三等；司理、司法，四石、三石有二等；司户，三石、二石有二等；河陽、洛陽縣令，視其户口差降；諸縣令，五石至三石有三等；簿尉，三石、二石有二等。新增令、録三石者並爲四石。防、團軍事推官，軍、監判官，判、司、簿、尉，二石者至三石、四石。軍巡判官、司天監丞，並四石；自赤縣至此，米、麥各支半。入內供奉官，四石；殿頭高品，三石；高品至散內品并入內內品，並二石；雲韶內品，一石；內供奉官，三石；殿頭、高品、高班，二石；北班內品、前殿祗候、外處揀來至郢、唐、復州內品，並二石；黃門殿頭內侍、入內高品，米麥各五㪷，在京黃門內品，二石五㪷；入內小黃門，一石；寄班小底，四石。舊式除小底外，供奉官、殿頭並三石，高品已下並二石，仍米、麥各半。

（清）徐松《宋會要輯稿・職官五七・俸禄》 凡添支，權三司使、知開封府、權三司使公事，百千；舊權公事七十千。權發遣三司使公事，五十千；觀文殿大學士、諸宮觀使、三部副使，三十千；觀文殿、資政殿大學士、殿：原無，據《宋史》卷一七二《職官》一二補。宮觀、三司、開封府判官，官：原無，據《宋史》卷一七二《職官》一二補。審刑、刑部提舉帳司，檢正、檢詳官，判子司，提舉諸司庫務、庫：原作主，據《宋史》卷一七二《職官》一二改。管轄三司軍大將、都提舉市易司、提點倉場、提點內弓箭庫、府司録、宗室大宗正，二十千；舊審刑十五千。判諸寺監，二十千，一等十五千；舊司農寺七千。宮觀都監、勾當官，十七千；任都知押班二十千。資政殿、端明殿、翰林侍讀、侍講，樞密直閣學士、直學士，理檢使、知雜，群牧使、副使，判兵部、諫官、開封府推官、宗正諸寺監丞，十五千；提舉宮觀，曾任兩府三十千，餘二十千，提點十千；群牧都監，十三千；御史，十二千；銀臺司，審官、三班院，吏部銓、登聞檢院、鼓院，太常寺、太常禮院、官告院、禮部主判官、糾察在京刑獄、群牧判官、監祭使，祭：原作察，據《宋史》卷一七二《職官》一二改。崇文院（較）〔校〕書、直講、教授，十千；審官、三班、吏部、司農、軍器、將作、太常主簿，十二千。諸在京勾當公事、主簿、法官至太學正、録，以十五千、十二千、十千、八千、七千爲差；諸倉、庫、務、院，諸所管勾，各以公事閑劇差定其數焉。

（清）徐松《宋會要輯稿・職官五七・俸禄》 凡外官知、判州府：三師、三公，錢六十千，米十石，麵十石，羊十口。傔三十人，馬七疋。前任兩府并東京三師、僕射，錢五十千，米七石，麵十石，羊十口，傔十人，馬五疋。舊式：曾任兩府須丞郎以上，米五石，羊七口。餘同。三少、尚書并丞，錢三十千，餘同僕射。侍郎至大卿監、學士至知制誥、待制知州府兼都總管、安撫經略，錢三十千，米七石，麵十石，羊十口，傔十人，馬三匹。除桂州〔外〕並特添二十千，并州帶學士者自給五十千，更無特添例。又有一等。錢二十千，餘同上。朝臣已上知荊南、永興、揚、潭、江寧，並同待制知州府本例。舊式河南、大名、杭、并、代州並同。知廣州，年給錢七百千，分月分支，米十石，麪十石，羊五口，傔七人，馬三疋。舊月給錢百千，大中祥符六年，令歲取五百千爲公用。鳳翔、洪，錢二十千，米五石，麪十石，羊七口，傔十人，馬五疋。舊式：應天、真定、保、定、秦、延、府並同。桂，除大卿已上外，餘只錢二十千，米三石，麪五石，羊五口。傔七人，馬三疋。江淮發運使，學士至大卿監充使，如尚書知州府；朝臣充使、副并諸司使充使，如朝臣知鳳翔；副使充副，傔減三人，馬減二疋；充都監，錢二十千，米三石，麪七石，羊五口，傔七人，馬三疋；朝臣充判官，錢十千，麪五石，餘同都監。舊式：朝臣充發運制置使，麪五石，餘同都監。學士至大卿監充河北、河東、陝西都轉運使，如大卿監充發運使例，諸路都監、運使并京畿轉運使同。朝臣充諸路轉運使、副。如朝臣知桂州，白波發運使同。轉運判官，錢十千，米三石，麪五石，羊五口，傔七人，馬三疋。福建、廣南加錢五千。提點刑獄，如運使，副同提點諸司使。錢二十千，米五石，麪十石，羊七口，傔十人，馬五疋。橫行副使至帶職供奉，錢一十千，米三石，麪七石，羊五口，傔七人，馬三疋。帶職侍禁錢十五千，麪五石，餘同上。帶職殿直羊三口，馬二疋，餘同上。開封府界提點諸縣鎮公事，朝臣充者如提點諸路刑獄，諸司使充同提點。錢十五千，餘如提點諸路刑獄。橫行副使至崇班，錢十五千，餘並如橫行副使、提刑。府界提點、錢帛公事，朝臣充者錢二十千，米三石，麪五石，羊五口，傔七人，馬三疋。武臣同者錢十五千，麪七石，餘同。提舉（銅）〔銀〕銅坑冶鑄錢、提點銀銅鉛場坑冶鑄錢等公事，如福建運判例。提舉常平廣惠倉，朝臣視大郡通判，京官視兼兵知縣。大卿監知州軍府，錢十五千，米五石，麪十石，羊七口，傔十人，馬五疋。朝臣知河陽、河中、許、襄、潭、相、滄、邢、恩、華、潞、晉、壽、廬、宿、楚、越、蘇、潤、泗、常，錢十五千，米三石，麪七石，羊五口，傔七人，馬三疋。舊式：滑、鄭、鄆、滄、福建諸州軍、廣南路州，並同。兗及福建諸州、廣南諸州軍，麪五石，餘同上。諸州，錢十千，餘同上。其權知州府並用此例。一等，傔五人，餘同上。知軍、監并使，錢十千，米二石，麪五石，羊三口。傔五人，馬二疋。京官知州、軍、府，錢七千，米三石，麪五石，羊三口。傔五人，馬二疋。知福建諸州、廣南諸州軍，錢十千，米三石，麪五石，羊五口。傔七人，馬三疋。知軍、監并使，錢七千，米二石，麪三石，羊三口，傔三人，馬二疋。邵武、興化、懷遠等軍，錢十五千，傔五人，餘同上。州縣官知春州，北京官知軍，羊減一口。差知州人通判諸州府，朝臣視防、團知州舊例，大者從多給，京官視京官知州軍。朝臣通判廣州、河南、應天、大名、永興、江寧、荊南、揚、杭、潭、并、代，福建、廣南諸州，錢十千，米三石，麪五石，羊五口，傔七人，馬三匹。內廣州二十千，餘同。京官通判廣州，錢十五千，傔五人；荊南，米二石，麪三石，羊二口，傔三人，馬二疋；福建、廣南州，傔五人，馬二疋、舊式，閩、廣只載朝臣通判泉、宜、邕、同、并、代。諸州府，錢十千，米二石，麪五石，羊三口，傔五人，馬二疋。諸軍，錢七千，米二石，麪三石，羊三口，傔三人，馬二疋。內邵武、興化、懷遠錢十千，傔五人，餘同。京官通判諸州軍，羊二口，餘比朝臣通判諸軍，邵武、興化、懷遠比朝臣錢減三千。舊式：京官通判諸州軍並如諸軍，亦有馬三疋者。通判人簽判，朝臣如通判諸州，京官如通判諸州軍。通判朝臣知開封府界、陳留、雍邱、咸平、襄邑、東明、考城、尉氏、太康、陽武九縣，同簽書兵馬司公事，視朝臣通判諸州府。諸知縣兼都監、監押，朝臣如九縣同簽書，京官如通判諸州軍。舊式：京朝官並錢十千，餘如京官通判諸州軍。京官廣南知縣兼監押，錢十千，米三石，麪五石，羊五口，傔七人，馬三疋。管勾機宜文字，親民朝臣至京官，各如本官通判諸州府。朝臣都大提舉河渠司勾當公事，錢十五千，餘比朝臣通判諸州府。提舉管勾三京留臺、國子監，諸州宮觀、嶽廟，大兩省、卿監職司視本官知小郡例，知州人視本官通判小郡例，武臣比類支給。舊式：朝臣盡比通判諸州府，將軍至崇班比知州、軍、城。朝臣監當物務，錢十五千，米三石，麪五石，羊五口，傔七人，馬三疋。一等，錢十千，米二石，麪五石，羊三口，傔五人，馬二疋。一等，錢七千，餘同上。一等，麪二石，傔三人，餘同上。一等，羊二口，餘同上。內三萬貫已上比通判鳳翔，舊式並（加）〔如〕最低等。京官監當物務，錢七千，米三石，麪五石，羊五口，傔五人，馬二疋。一等，羊三口，餘同上。一等，米二石，麪三石，傔三人，餘同上。一等，羊二口，餘同上。一等錢五千，麪四石，傔三人，餘同上。一等，錢四千，餘同上。內三萬貫已上如通判諸州軍。舊式並錢五千，餘如最低等。橫行諸司使充諸路都總管、權總管、都鈐轄，錢十五千，米五石，麪十石，羊七口，傔七人，馬五疋。舊式：自遥領防禦至諸司使，各視官及地望爲差，兼知州軍者止從本（匄）〔給〕。復又有一等，錢三十千，米七百，麪十石，羊十口，傔十人，馬五匹。一等羊七口，一等如今路分都監。諸路鈐轄，橫行諸司使充高陽關路、知雄州，如都總管例；并代路知代州，錢減二十千，餘同。橫行使、副諸司使充諸路鈐轄，同并代路分。廣西羊減三口。橫行諸司副使權者，同諸路都監。

舊式：諸司使、副充，並如今之路分都監。諸路都監，諸司使（加）〔如〕同提點刑獄。横行諸司副使，錢二十千，餘如横行副使同提點時界諸縣鎮公事。諸司副使、通事舍人權者，十五千；承制至帶職供奉官同上。帶職侍禁錢十千，帶職殿直錢八千，羊三口，馬二匹，餘同。州鈐轄，横行諸司使、六將軍及權輔郡鈐轄，並同諸司使充路分都監、諸司副使權北路分都監。舊式：諸司使、副並如副使充路分都監。州都監，諸司使、大將軍，錢十五千，餘同州鈐轄。横行副使至帶職供奉充州縣鎮寨都監，及充提舉捉賊、巡檢、都巡檢使，錢十五千，餘同權州鈐轄。内常侍錢十二千，餘同上。帶職侍禁錢十千，麵五石，餘同上。帶職殿直錢八千，羊三口，馬二疋，餘同上。率副率錢十千，羊五口，馬三疋，餘同上。内供奉權者比走馬承受。開封府諸縣都監并巡檢，諸司使比知州、軍、城，横行副使至帶職供奉，並比諸司副使知州、軍、城。内常侍錢十二千，餘同上。帶職侍禁、供奉官、率府率，同帶職侍禁知州、軍、城。帶職殿直比本官知州、軍、城。殿直錢七千，傔五人，餘同上，奉職、（供）〔借〕職錢五千，米二石，麵三石，羊二口，傔二人，馬一疋。舊式：府界諸州都監並同今知州、軍、城。河北沿邊安撫副使并都監，横行使充副使，比諸路鈐轄；諸司使充副使，横行副使充副使、都監，比諸司使充路分都監。諸司副使至崇班充都監，比副使路分都監，帶職供奉比本官路分都監、同管勾河東沿邊安撫司公事。横行副使至崇班諸司副使充安撫都監，帶職供奉比本官安撫都監。舊式：帶職承制崇班充兩路都監，並如諸路鈐轄。知諸路州、軍、城，横行副使比諸司使安撫都監，有錢三十千者。諸司使錢十五千，餘同上，有錢三十千或二十千者。副使至帶職供奉並比帶職供奉充安撫都監，帶職侍禁、殿直各比本官州都監。知廣南州軍，諸司副使至帶職殿直，各比本官知諸路州、軍、城，充路分兼知者自依本給。舊式：將軍、諸司使及遥領知諸州，並如今之諸司使知州、軍、城。勾當汴口、都大巡檢汴河堤岸，諸司使及横行副使至帶職供奉，各比本官知諸路州、軍、城，供奉官、帶職侍禁至内供奉官，比帶職侍禁知諸路州、軍、城。侍禁、帶職殿直至殿頭，比帶職殿直知諸路州、軍、城。殿直至高班，錢七千，傔五人，餘同上。都大提舉巡護管勾河堤至提點馬監等，副使至帶職供奉，比知諸路州、軍、城。帶職侍禁及供奉官權者錢十千，帶職殿直錢八千，羊三口，（餘）馬二疋，〔餘〕並同上。走馬承受，供奉官及内供奉官比帶職侍禁知州、軍、城，侍禁至殿頭比帶職殿直知州、軍、城。殿直至高班錢七千，傔五人，餘同上。黄門錢五千，米二石，麵三石，羊二口，馬一疋，傔二人。御前忠佐、提舉巡檢捉賊、都提舉、都巡檢，馬步軍都軍頭比府縣都監，諸副使、副都軍頭比横行副使，馬軍、步軍兩都軍頭比帶職侍禁，兩副都軍頭比侍禁。沿邊諸族蕃官巡檢，諸司使至借職，各比本官充府縣都監、巡檢。殿侍錢四千，麵二石，餘同上。兩内侍省外任，都大提舉管勾修護河隄至監捉賊，供奉官至黄門，各比本官走馬承受。一等供奉官錢七千，米二石，麵三石，羊二口，傔三人，馬二疋，高品錢五千，高班至内品錢四千，餘並同上。黄門並内品錢三千，馬一疋，餘同上。諸事副使都監除館券外，每月添支五千。諸司使、副監當物務，錢十千，米三石，麵五石，羊五口，傔七人，馬三疋。三班使臣一等。監押、權都監、知軍監縣堡寨、駐泊等，供奉官至殿直各比本官走馬承受，殿直亦有羊五口者。奉職、借職比蕃官巡檢、舊或只以官序，自供奉至借職内品，凡分五等爲差。一等，馬監、河隄埽岸，供奉官錢七千，米二石，麵三石，羊二口，傔三人，馬二疋，侍禁錢六千，麵二石，傔二人，餘同上。殿直錢五千，奉職錢四千，借職殿侍錢三千，馬一疋，餘各同上。一等。監院、務、場、監、堰、閘、橋、税等，帶職供奉如同諸司使副監當。供奉官、帶職侍禁錢七千，米二石，麵三石，羊二口，傔三人，馬一疋。侍禁、帶職殿直錢六千，奉職錢四千，餘同上。借職殿侍錢三千，馬一疋，餘同上。諸巡監當萬貫課利已上，諸司使至帶職供奉錢十千，米三石，麵三石，羊五口，傔七人，馬三疋。副率至帶職侍禁錢七千，米一石，麵三石，羊七口，傔三人，馬二疋。内常侍錢八千，餘同上。侍禁、帶職殿直至殿頭，錢六千，麵二石，傔二人，餘同上。殿高品錢五千，奉職、高班内品錢四千，借職、殿侍、黄門内品錢三千，馬一疋，餘各同上。内收及三萬貫，諸司使、率府率已下比都監，三班使臣（北）〔比〕監押，内臣比走馬。舊式：監當收務使臣分五等，錢自七千遞減，餘準此。凡它任使，並臨時約官秩高下廪給，不爲定制。

（清）徐松《宋會要輯稿・職官五七・俸禄》 凡川峽鐵錢界，則別定差給之制。丞郎、給事、諫議以上朝臣帶樞密直學士知益州，鐵錢三百千，米二十石，麵三十石，羊二十口，傔十人，馬十疋。今不以官序，並準此給。待制、少卿以上及朝臣知梓州，鐵錢二百千，米十石，麵二十石，羊十口，傔五人，馬五疋。朝臣權知者（加）〔如〕知諸州。丞郎至給諫、學士至待制知諸州府，鐵錢二百千，餘同内地。大卿監，鐵錢百五十千，餘同内地。朝臣充益梓利夔路轉運使、提點刑獄，鐵錢百五十千，米三石，麵五石，羊五口，傔七人，馬三疋。同提點帶職、供奉已上，鐵錢百五十千，帶職侍禁已下，鐵錢百千，餘同内地。轉運判官，鐵錢八十千，餘同内地。朝臣知川峽諸州府，鐵錢八十千，米三石，麵五石，羊五口，傔七人，馬三疋。知軍監，鐵錢六十千，餘同上。京官知諸州府，同朝臣知軍、監。知軍監，鐵錢五十千，米三石，麵三石，羊三口，傔五人，馬三疋。朝臣通判益州，鐵錢八十〔千〕，米三石，麵五石，羊五口，傔七人，馬三疋。通判諸州府及永康軍，鐵錢五十千，餘同上。京官通判諸州府，鐵錢五十千，米三石，麵五石，羊五口，傔五人，馬二疋。軍、監米二石，麵三石，羊二口，餘同。差通判人僉判益、梓州，朝臣京官各視通判諸州府。朝臣知縣兼兵馬都監，如差通判人僉判益州。京官知縣兼兵馬監押，同京官通判諸州府。四路鈐轄，益利路横行使、副鐵錢二百千，米七石，麵十石，羊七口，傔十人，馬五疋。諸司使鐵錢百五十千，餘同。兼知利州者米十石，麵二十石，羊十口，傔五人，餘同。梓夔路諸司使同益利路。副使鐵錢百千，米三碩，麵七石，羊五口，傔七人，馬三疋。舊式：諸司使并遥郡刺使充益利路鈐轄，並如今之諸司副使。都監，益利路兼知利州，横行副使至崇班同益利路鈐轄。諸司使兼知利州，帶職供奉鐵錢一百五十千，米三石，麵七石，羊五口，傔七人，馬三疋。梓夔路横行副使至帶職供奉官鐵錢百千，餘同上。諸州鈐轄，益州比梓夔路，兼知利州比帶本路分兼知者。知夔州，横行副使至帶職供奉，鐵錢百五十千，餘比本路分都監。帶職侍禁麵五石，餘同。舊式：崇班已上至副使數同。知諸州軍并充都監，諸司使鐵錢百千，米五石，麵十石，羊七口，傔十人，馬五疋。（漢）〔横〕行副使至帶職供奉，鐵錢八十千，米三石，麵七石，羊五口，傔七人，馬三疋。帶職侍禁鐵錢六十千，麵五石，餘同上。帶職殿直鐵錢五十千，羊三口，馬二疋，餘同上。舊式：諸司使至閤門祗候以上知文州、永康軍及充兵馬都監、都巡檢、寨主，並如今横行副使例。州都監，益州，横行副使至崇班比諸司副使充路分鈐轄。帶職供奉鐵錢八十千，餘同。帶職侍禁鐵錢六十千，麵五石，餘同。漢、遂州、劍門，横行副使至帶職供奉，並比益州崇班。餘州府并興化軍使，横行副使至帶職供奉並比益州帶職供奉，帶職侍禁比益州帶職殿直並劍門都監，鐵錢五十千，羊三口，馬二疋，餘同上。益、彭、威、茂州、永康軍都巡檢使，横行副使至帶職供奉，並如崇班充益州都監。帶職侍禁鐵錢八十千，帶職殿直鐵錢六十千，餘同。舊式：諸司使至閤門祗候以上知文州、永康軍及充兵馬都監、都巡檢、寨主，並鐵錢八十千，米三石，麵七石，羊五口，傔七人，馬三疋。監州監，朝臣（北）〔及〕京官，各視本官通判州府，朝官有馬二疋者。京官監益州軍資庫交〔子〕務同。諸知縣兼都監押，京朝官各視本官通判。供奉官充監押、巡檢、寨主、走馬承受公事，鐵錢六十千，米三石，麵五石，羊五口，傔七人，馬三疋。侍禁鐵錢五十千，米三石，麵五石，羊三口，傔七人，馬二疋。殿直鐵錢四十千，傔五人，餘同上。奉職鐵錢三十千，米二石，麵三石，羊二口，傔三人，馬一疋。餘監當差遣各比類定給。朝臣及供奉官鐵錢五十千，米三石，麵五石，羊五口，傔五人，馬三疋。侍禁鐵錢四十千，米三石，麵五石，羊三口，傔七人，馬二疋。殿直京官鐵錢三十千，傔五人，餘同上。比折銀錢三萬貫以上，將作監主簿鐵錢三十千，米二石，麵二石，羊二口，傔二人，馬一疋。奉職及萬貫以上監簿，鐵錢二十五千，米三石，麵三石，羊二口，傔二人，馬二匹。借職馬一疋，餘同上。內供奉官三萬貫以上，並（北）〔比〕監押四等添支，仍分親民、監當視課利兩項凡三等。內供奉官比供奉官，殿頭比侍禁，高品比殿直，高班比奉職，黄門比帶職。折銅錢三萬貫已上，供奉官鐵錢六十千，傔七人，殿頭鐵錢五十千，高品鐵錢四十千，高班鐵錢三十千，馬一疋，餘並依萬貫例。

（清）徐松《宋會要輯稿·職官五七·俸禄》 凡元隨傔人衣糧：宰相、樞密使給七十人，宰相舊五十人衣糧，二十人日食，後加。參知政事、樞密副使、宣徽院使、三司使五十人，簽書樞密院事、三部使、權三司使三十人，檢校太保，簽書樞密院事、權發遣三司使公事十五人，副使、判官、判子司五人，觀文殿大學士二十人，觀文殿學士、資政殿大學士十人，資政殿至樞密直學士各七人，玉清昭應宮、景靈宮會靈觀、三部副使、判官五人，舊三部副使十人。節度使一百人，掌兵遥領及初除五十人，留後觀察使五十人，防禦、團練使三十人，團練或二十人，防禦使以上掌兵遥領十五人，團練十人，刺史二十人或十人，掌兵遥領十人或五人，團練、刺史遥領有不給者。內客省使、景福殿使二十人，樞密都承旨十人，副都承旨、諸房副承旨、中書提點五房七人，逐房副承旨五人，中書、樞密主事已上各二人，録事、令史、寄班小底各一人。中書、樞密、宣徽、三司使及正刺史以上各有元隨，餘止傔人。其龍圖閣學士、樞密直學士七人，止給日食。內景福使今不載。

（清）徐松《宋會要輯稿·職官五七·俸禄》 凡月給餐錢：宰相、樞密使、宣徽使、知樞密院五十千，參知政事三十五千，樞密副使、同知樞密、簽書樞密二十五千，秘書監、判三館及諫、舍以上任三館職者五千，天章閣侍講十千，崇政殿説書七千，修撰、直館閣、校理、直龍圖閣、檢討、校勘官各三千，國子監判監、直講各五千，自修撰以上又有職錢五千，檢討以上三千。知審刑院十五千，如已有餐錢即充添支互名給，如兩有即罷。審刑詳議官十千，三司二百千，學士院百千，中書堂後官共百二十千，樞密院承旨以下二百七十千，宣徽院吏屬三十千，京城諸司庫務、倉場監官，朝官自二十千至五十千凡八等，京官十五千至四千凡五等，諸司使副、承制、崇班二十千至四千凡七等，閤門祗候及三班十五千至二千凡九等，內侍八千至二千凡七等。（文）〔大〕學士、權三司使以上兼秘書監，及曾任二府提舉宫觀，日給酒者法酒自五升至一升有四等，法糯酒自一升至二升有三等。權發遣三司使公事，法酒半升，糯酒半升。又宫觀副使、觀文殿大學士至樞密直學士，並月給茶。又節度副使以下各給國料米六㪷、麵一石二斗。又薪、蒿、炭、鹽之給：宰相、樞密使月給薪千二百束，樞密使有五百束者。參知政事、樞密副使、宣徽使、簽書樞密院事、三司使、三部使、權三司使四百束。權發遣三百束。三部副使、樞密都承旨百三十束。樞密副都承旨、諸房副承旨、中書提舉五房百束。開封府判官、節度判官，薪二十束，舊四十束。開封府推官、掌書記、支使、留守節度推官、防團軍事判官（守）〔官〕薪五十束，蒿三十束。留守判官，薪二十束，蒿三十束。防、團軍事推官，薪十束，蒿二十束。宰相、樞密使歲給炭，自十月至正月，月二百秤，餘月百秤。樞密使有五十秤者。參知政事、樞密副使、宣徽使、簽書樞密院事、三司使、三部使，三十秤。觀文殿大學士至樞密直學士及提舉宫觀，各十五秤。都承旨，二十秤。宰相、樞密使給鹽七石，樞密使有三石者。參知政事、樞密副使、宣徽使、簽書樞密院事、三司使、三部使、權三司使二石。權發遣一石。節度使七石。掌兵遥領五石。留後，觀察、防禦、團練使，刺史，五石。掌兵遥領皆不給。又給馬芻粟者，自二千疋至一疋凡七等。其軍職、内侍、寄班、伎術、中書、樞密、宣徽院、侍衛、殿前司、皇城司、内侍、入内省吏屬借官馬者，其本廄馬芻粟隨給焉。

（清）徐松《宋會要輯稿・職官五七・俸禄・雜録上》〔太祖乾德〕四年五月，詔：應西川諸府幕職、令録、判司簿尉、馬步判官，逐月所支俸禄等。自平僞蜀，每念生靈，無言不務於撫綏，靡事不思於優恤。削除蠹弊，禁止貪婪，頻降勑文，非不嚴切。如聞僞蜀之時，州府長吏、（某）〔幕〕職、令録、判司、簿尉諸色官吏等，多是干民圖運，枉道誅求，頗致傷殘，須議懲革。起今後應西川管界（暮）〔幕〕職州縣官等，所支月俸並與見錢，米麥、衣資仍給本色。如敢復有踰越，當行極斷。仍令所在榜壁曉告。七月，詔曰：州縣之職，民政是親，自來所請料錢，多是折以他物。既將貨易，未免擾人。豈惟傷廉，抑亦犯禁。且民惟邦本，禄以代耕，俸給苟有不充，官吏何以知勸。應天下令、録、簿、尉、判司等，宜準漢乾祐三年敕，復於中等無色役人户内置俸户，據本官所請料錢折支物色，每一千給與兩户貨賣，逐户每月輸錢五百文，除二税外，二：原無，據《宋大詔令集》卷一七八補。與免徭役。其折支物色，每歲委官吏隨蠶、鹽一併給付元數，等第定置迴易料錢人户等：萬户以上縣，令料錢二十千、四十户；主簿、縣尉料錢各十二千，每人二十四户。七千户以上縣，令料錢十八千、三十六户；主簿、縣尉料錢各十千，每人二十户。五千户已上縣，令料錢十五千、三十户；主簿、縣尉各八千，每人十六户。三千户以上縣，令料錢十二千、二十四户；主簿、縣尉料錢各七千，每人十四户。不滿三千户縣，令料錢十千、二十户；主簿、縣尉料錢元各六千，今添及七千，每人十四户。五萬户以上州，司録、録事參軍及兩京司録，每人料錢二十千、四十户；司户、司法每人料錢十千，各二十户。三萬户已上州，司録、録事參軍每人料錢十八千、三十六户；司户、司法每人料錢九千，各十八户。萬户已上州，司録、録事參軍料錢十五千、三十户；司户、司法每人料錢八千，各十六户。五千户已上州，司録、録事參軍每人料錢十二千、二十四户；司户、司法每人料錢元是六千，今增及七千，各十四户。不滿五千户州，録事參軍每人料錢十千、二十户；司户、司法每人料錢元是六千，今增及七千，各十四户。軍巡馬步判官正攝者，各與本州府判司料錢例支給。州縣闕正員差人充攝者亦準此。闕：原作闕，據《宋大詔令集》卷一七八改。即不得增置及令當（置）〔直〕手力别更納課。其請物人户不得假託州縣爲名，更將出放，違者許人告糾。三千已下者，決臂杖十七，杖：原無，據下句文例補。五千（户）已下者，決臂杖二十；五千已上者，決脊杖十七。仍以家産之半給告事人。其州縣官不得更於所管鄉料人户内出放，及元數料錢外影占人户納課。所犯者以枉法贓論，至死刑者並當極斷；如不至死者，不計多少，並除名配流，縱逢恩赦，永不録用。仍令逐處降敕榜曉告。

（清）徐松《宋會要輯稿・職官五七・俸禄・雜録上》開寶三年七月，詔曰：朕自削平巴蜀，恢拓提封，列州縣以彌多，設職官而甚衆。選擇除任，務恤疲民，庶於臨蒞之間，各盡廉勤之効。今於禄俸，更與增添。應西州縣官等料錢，宜令一例於舊俸外每月加給五千，並支見錢。其米麥依舊。

（清）徐松《宋會要輯稿・職官五七・俸禄・雜録上》〔開寶四年〕十一月，詔曰：諸道州府幕職及軍判官等，朝廷擇才授任，以禄待人，苟俸給之稍虚，在公清而何責。向者州縣官已立定規，而藩郡職寮尚從折色，宜頒條制，用表優恩。自今節度、防禦、團練副使，節度、觀察、防、團軍事判官、推官，節度掌書記、判官等，並據逐人所請料錢貫百，依州縣官吏例，差定迴易料錢俸户。副使不知州、掌書記非朝廷除授及不判別廳公事者，並依舊折給。《事類合璧》：開寶四年詔：吏不廉則政治削，禄不充則饑寒迫。自今諸道州幕職官並依州縣官例置俸户。九年十一月，詔曰：西京及諸道州府俸户宜停罷，本官月俸並以官物給之。

（清）徐松《宋會要輯稿・職官五七・俸禄・雜録上》〔太宗太平興國二年二月〕三十日，詔曰：兩京、江南、荊湖諸道州（幕府）〔府幕〕職縣官月俸先已停罷户，自今以度支官錢給其三分之一，其二分以官物給之。當以時價貴賤計其直，無使官吏受禄不充，失其舊貫。其等第添支米麥，並仍舊支給。

（清）徐松《宋會要輯稿・職官五七・俸禄・雜録上》〔雍熙四年〕十二月，詔曰：訪聞諸道州府軍監知州、通判、監當、朝臣、京官使臣并幕職州縣官等，所請俸錢内折支雜物，多是逐處闕絶，動經年月，積滯請人。宜令三司今後常切預先計度，支撥應副，無令闕絶。不如詔旨，並科違勅之罪。

（清）徐松《宋會要輯稿・職官五七・俸禄・雜録上》端拱元年六月，詔曰：王者設官分職，求材任能，俾庶績以允釐，即黎元之受賜。然責其廉則豐其禄，督其理則足其家。朕自臨御已來，十有四載，或親民之吏，或佐幕之僚，觀其考課之間，悉乃廉平之績。苟不均其資俸，何以絶其覬覦？今除西川、廣南外，其餘諸道州府幕職州縣官俸錢，自來皆一分見錢，二分折支，自今令半給他物。

（清）徐松《宋會要輯稿・職官五七・俸禄》〔淳化〕四年十一月十一日，詔曰：朝廷務清庶品，慎擇官材，適當求理之時，尤重親民之任。特加真俸，用示優恩。體予憫惻之仁，勵乃廉勤之節。京東西、河北、河東、陝府西幕職州縣官所受俸，合支一半折支者，自今每貫給見錢七百。

（清）徐松《宋會要輯稿・職官五七・俸禄》至道二年正月，詔曰：先是秘書郎不給月俸，自今宜與著作佐郎同。京官先以三十月爲滿，即罷給俸料，自今宜續給之。並著于甲令。三月，詔曰：自今侍御史春、冬衣及殿中侍御史、左右司諫俸錢、春冬衣，並如員外郎例給之。

（清）徐松《宋會要輯稿・職官五七・俸禄》真宗咸平元年六月，詔：文武群臣有分俸他所而身没遠任，未聞訃前已給者，有司例行追索，深可嗟憫。自今比類，係川陝、廣南、福建路者，與免一季，餘處與免兩月。【略】

二年四月三日，定百官添饒折支則例：在京每貫上茶添二百文，若雜物添三百文；外道州府每貫上添百文。從之，仍令所有諸道折支物色，令三司常切計度，不得闕失。六月，詔漳、泉、福建等州幕職州縣官，並依西川例預借俸錢。

三年五月，應川峽州軍屯泊巡檢諸兵及校帥，凡請受當請銅錢一文，折支鐵錢五文者，並與支鐵錢十文。及川峽州軍諸色職官、使臣料錢并驛料内錢等亦如之。五年七月，詔增川峽路京朝官使臣等月給添支。

（清）徐松《宋會要輯稿・職官五七・俸禄》〔景德〕二年正月，令廣南諸州應試銜知州、通判，除給（禄）〔録〕事俸外，更准試例給添支錢物。【略】

三年五月十二日，詔國子監學官月俸，自今並給見錢。十五日，詔曰：東京赤畿知縣已令擇人，務在精審，其於俸給，宜示優豐。自今兩赤縣月支見錢二十五千，米麥共七斛。畿縣户及七千已上，朝官錢二十六千、米麥六斛；京官錢二十千、米麥五斛。户五千已上，朝官錢二十千、米麥五斛；京官錢十八千，米麥四斛；户三千已上，朝官錢十八千、米麥四斛，京官錢十五千、米麥四斛；户三千已下，止命京官，錢十二千，米麥三斛。春、冬並給本官衣。六月，詔：京、朝官知開封府司録參軍，月給錢二十千，米麥五斛。其六曹官月給錢十千，米麥三斛。以京官知者，如本官俸多，即從多給米麥及衣。初，京朝官知府録、掾曹者，請本官俸則不給衣糧，請本任俸則不給衣。至是，與知赤畿縣京朝官悉優給之。

（清）徐松《宋會要輯稿・職官五七・俸禄》大中祥符元年正月，詔定入内内侍省、内侍省官俸料：供奉官俸錢七千五百，殿頭四千，高品三千，高班二千五百，黄門千五百。供奉官、殿頭米三石，高品、高（小）〔班〕、黄門二石五斗。供奉官至高班，春、冬各絹五疋，黄門四（定）〔疋〕；供奉官冬加綿二十兩，自餘十五兩。【略】

五年十一月，詔曰：上真降格，景貺來同，仰膺顧諟之祥，誕布厖鴻之澤。眷惟多士，共贊昌期，念盡瘁以在公，宜推恩於賦禄。令定加文武職官月俸。俸禄之制，具見前文。自唐貞元四年定百官月俸，至僖、昭亂離，國用窘闕，天祐中止給其半。梁開平三年，始令全給。後唐同光初，租庸使孔謙以軍儲不充，百官俸錢雖多，而折支非實，請減半數而支實錢。是後所支半實俸，復從虛折。周顯德三年，復給實錢。本朝之制，皆約後唐所定數，其非兼職者皆一分實錢，二分折支。由景德罷兵，始詔嘗經掌事、其俸當給他物者，京師每一千給實錢六百，在外四百。帝承二聖恭儉之餘，富有多積，以庶官食貧勤事，非厚其廩則無以責廉隅，故因有慶，特議增給。六年正月，詔文武百官已增給俸錢，其入内内侍省亦等第加。

（清）徐松《宋會要輯稿·職官五七·俸禄》〔天禧元年〕二年正月，詔諫官月俸自今並給實錢。【略】

五年五月，詔流内銓：應入令録人等，自今如是今任内犯贓罪，及因公事非次衝替、注替、勒停，未得與官，并犯私罪徒以上，合該參選、以例注官者，仰據逐人前任所請料錢，自二十貫已下遞降一等與注官，三十貫文止。如是歷任内有所説料錢多處，即説多者降等。候此任迴，若别無上件罪名，依並卻（知）支與前任料錢。或再有前項罪犯者，即更與遞降一等支給。

（清）徐松《宋會要輯稿·職官五七·俸禄》〔仁宗天聖四年〕十二月，流内銓言：詳定開封府兩縣丞料錢請受聞奏。准詔開封府開封、祥符兩縣特置縣丞，在簿尉之上。今本縣簿、尉各請料錢十二千，今縣丞並於幕職令録内揀選注擬，欲定料錢十五千、米麥四〔石〕。詔三司依府界簿尉例並支見錢。

（清）徐松《宋會要輯稿·職官五七·俸禄》慶曆二年四月，詔：近令三司減省諸費，其文武官及諸班諸軍料錢、月糧、衣賜、賞給、特支，並聽如故。六月，三司減省所言：比來醫官多僥求實俸，至有尚藥奉御而其人多於醫官副使者，請自今並依例折支。從之。十月，詔戰沒臣僚子孫若親屬補班行而年幼者，特給俸。

（清）徐松《宋會要輯稿·職官五七·俸禄》〔皇祐〕五年八月，詔知州理轉運使資序者，自今止給知州添支。初，知諫院李兑言：知：原作支，據《長編》卷一七五改。轉運使主一路兵食、户税、經費、財用，故優以俸廩。今或因彈劾罷免，或以年高自求便郡者，多得理轉運使資序而叨厚禄，甚非朝廷勸沮之意。故裁約之。

（清）徐松《宋會要輯稿·職官五七·俸禄》〔嘉祐七年〕九月，詔横行使及内臣昭宣使以上持服者，並全給料錢。節度使給其半，正任刺史以上給三分之一。

（清）徐松《宋會要輯稿·職官五七·俸禄》〔神宗熙寧元年十二月〕二十五日，詔：今後文武升朝官乞致仕，歷任有功績治狀顯著者，與支在外見任官料錢、衣賜。京官班行准此。其雖無功績治狀顯著，但歷任中無公私罪事理重及無贓罪者減半。歷任中有公私罪（重）事理重及有贓罪，并因通犯及老疾體量與致仕，歷任中無顯著功績治狀者，即依舊法。

（清）徐松《宋會要輯稿·職官五七·俸禄》〔元豐七年〕十一月五日，詔承務郎及使臣以上致仕，嘗以戰功遷官者，俸錢、衣並全給。餘歷任無公私罪事理重及贓罪給半，因過犯若老疾體量致仕者不給，非戰功而功狀顯著者奏裁。

（清）徐松《宋會要輯稿·職官五七·俸禄》〔哲宗元祐三年〕閏十二月六日，詔：太中大夫以上知、判州府，添賜公使錢，正任團練使、遥郡防禦使以上至觀察使，並分大郡、次郡。初除次郡，俸錢各減四分之一，移大郡全給。留後、留後：原倒，據《長編》卷四一九改。節度使分大鎮、次鎮、小鎮，遞減五萬。刺史以下、使相以上不減。其刺史至節度使公使錢，依俸錢分數裁減。【略】

六年十二月十四日，户部言：乞今後應致仕有戰功、曾經轉兩官已上者，並許支給全俸。從之。

（清）徐松《宋會要輯稿·職官五七·俸禄》〔紹聖〕二年六月二十一日，詔：元祐裁定除授正任已下俸禄，減損不多，有虧朝廷優異之禮。其見行條令勿用，並依元豐舊制。

（清）徐松《宋會要輯稿·職官五七·俸禄》政和二年六月七日，詔：昔我神考，董正治官，省臺、寺監，增賜禄廩，銓選下吏，加給緡錢，又禄庶人之在官者，費踰百萬，恩至厚矣。而迺者有司持鄙陋吝狹之見，不知生財之道、理材之義，交結近習，託節儉之名，行刻削之令。廢宗室陞等以薄骨肉之恩，弛重禄以開乞取之路。下至食直、俸料、廚錢之類，悉從裁省。歲減無幾，國用靡豐，而官吏遂有貧乏不足之憂，其可乎。應減廢併罷指揮更不施行。九日，尚書省言：勘會官員料錢、衣賜，立法許分割，本以便禄養、給孤遺。昨户部陳請，不究本源，止以逐路撥還未足，分割數多，一切住罷，全失立法之意。況分割（科）〔料〕錢、衣賜，自是久來條制，亦有立定分數，兼逐路自有撥還之法，即非侵損省計。詔今後官員分割料錢、衣賜，並依大觀三年四月以前指揮施行。

（清）徐松《宋會要輯稿・職官五七・俸禄・雜録下》 高宗建炎元年六月十四日，詔宰執俸錢、支賜，見任宫觀及有差遣待闕並未有差遣京朝官以上俸，並權減三分之一。軍興之際財用闕乏故也。

（清）徐松《宋會要輯稿・職官五七・俸禄・雜録下》〔紹興元年〕六月二十六日，臣僚言：契勘請給各有定格，今局、所官吏每月除請添給數項外，更請御廚折食錢。昨以東京物價低賤，逐時減落，每月旋估支折。今來時物踴貴，尚循舊例，其所折錢往往增過數倍，暗侵財計。詔裁定則例，永爲定法：第一等折錢八十四貫六百二十文，減作四十貫文；第二等折錢七十四貫文，減作三十七貫五百文；第三等折錢六十八貫三百八十三文，減作三十五貫文；第四等折錢五十一貫八百文，減作三十二貫五百文；第五等折錢四十七貫四百六十文，減作三十貫文；第六等折錢四十二貫八百三十二文，減作二十七貫五百文；第七等折錢四十一貫八百文，減作二十五貫文；第八等折錢三十八貫二百二十六文，減作二十二貫五百文；第九等折錢三十三貫文，減作二十貫文；第十等折錢三十一貫三百九十五文，減作一十七貫五百文；第十一等折錢三十貫九百文，減作一十五貫文。【略】二十八年五月十一日，詔：內外臣僚請給，今後不得陳乞免行借減。雖已得指揮，許户部執奏。

（清）徐松《宋會要輯稿・職官五七・俸禄・雜録下》〔紹興三十二年〕十月二十日，詔今後武臣不得陳請真俸。以臣僚言武臣真俸甚厚，中興以來立減借之法，而陳請不絶，乞行禁止，故有是詔。

（清）徐松《宋會要輯稿・職官五七・俸禄・雜録下》〔熙寧〕五年五月四日，詔增中書審官、東西三班院、吏部流内銓、南曹、開封府吏禄，其受賕者以倉法論。十二月三日，三司言新法所增吏禄，除舊請外歲支緡錢三十萬。

（清）徐松《宋會要輯稿・職官五七・俸禄・雜録下》〔元豐〕六年正月二十九日，詔户部尚書安燾同本部郎官立省曹寺監新舊吏禄法。八年六月十四日，户部言：自奉行新制後，省曹、寺監吏禄通爲一色，色：原作邑，據《長編》卷三五七改。不分舊請新添，請新添及下句無字，原作不能無加，據《長編》卷三三一改。無以會見新法增添合還之數。兼吏員並次第權入，即比舊不能無加。詔以元豐三年錢數爲額，仍自六年爲始，依元條撥還。八月二十四日，門下中書後省言：詔詳定三省吏禄并增給，請釐爲一法。除今來所定并舊勞績已得添料錢自隨身分，并時服、官馬合依舊外，其應外取撥到并額内人，並從今來新定則例。其兼領因事别給并舊來請受並罷。即應權若領兩房職名同，唯許從一多給。從之。

哲宗元祐元年閏二月十八日，侍御史劉摯言：吏禄之法，除熙寧以前舊法有禄公人並依舊外，應新法所創及增給吏禄，並行減罷。詔（今）〔令〕韓維等相度以聞。四月二十二日，三省言：三省録事以下以勞應添料錢者，累至十貫止。從之。五月一日，尚書省言：舊制以贓抵罪，重輕有等，今又立重法，則是罪均刑異，未稱朝廷矜卹之意。請罷諸路重禄法及復熙寧已前吏禄。從之。【略】三年閏十二月八日，御史中丞李常言：先帝以人吏無禄爲不足以責廉，遂重其罰而禄之。今省臺、寺監人吏無慮二千四百餘人，百司庫務又二千三四百人，歲費錢斛舉數十萬。當時利源指以充吏禄者十無一在，至侵縣官常費以足之。向以命官覈實而汰冗，遲久未上，請督責成書。詔門下中書後省疾速立法。四年六月十七日，户部言：光禄、衛尉寺、少府、軍器監并太常寺人吏，不以新舊請給，内將見錢依太常寺分數支折，仍依舊行倉法。從之。五年十二月二十七日，户部言：司封、禮祠、主膳、兵職、駕庫、司門、屯田、虞部吏禄錢，依在京文武官料錢分數，其職級互相兼領者，從一多給。從之。

（清）徐松《宋會要輯稿・職官五八・職田》 大中祥符六年五月，令三司檢會幕職州縣官元定職田頃畝數付流内銓，仍别且轉運使副、知州、通判及京朝官使臣、幕職州縣官等，應見請職田頃畝數目編録以聞。七月，樞密副使王嗣宗言，請復天下幕職州縣官俸户。帝曰：頃年楊礪、夏侯嶠言，若立俸户，便於官員，於國亦無所妨，俸户亦欲爲之。但慮人或踰制科率，則俸户不任，有受弊者，卻成擾人，此爲不便。中書更檢討典故，從長而行。宰臣王旦奏曰：此事恐未可遽行，候檢詳聞奏。

九年七月，詔曰：職田彝制，品秩定規，蓋優待於庶官，且傍益於稍食。夫厚禄食者，蓋欲聳其廉節；務稼穡者，亦在利於貧民。佇介潔之治聞，必甄揚而明陟。而州縣之職，慈愛靡聞，罔恤人勞，且違田制。闕汙之始，奪農力以多求；斂熟之時，峻公方而奄取。無水旱蠲除之惠，無鄉原賑濟之恩。有一于兹，動興訟訴，沮傷和氣，深敗素風，各宜革心，用叶求治。自今天下羣官職田，並須遵守元制，無得侵擾客户，遇災沴即蠲省之。先是，殿中侍御史王奇請籍納職田以助賑貸，帝曰：奇未曉給田之理。然朕每覽法寺奏款，款：原作疑，據《宋史》卷一七二《職官志》二職田條改。官屬所占職田多踰往制，不能自備牛種，或水旱之際又不蠲省，致民無告。遂罷奇奏而申戒之。

（清）徐松《宋會要輯稿·職官五八·職田》 天禧二年十一月，詔：諸路職田，自今三月、四月、九月或值閏月內，官員、使臣赴任者，並依條；月分已後上官，例給與前人，不得更理閏月。

（清）徐松《宋會要輯稿·職官五八·職田》 宣和元年六月五日，詔：諸路當職官各賜職田，朝廷所以養廉也；縣召客户或（等）〔第〕四等以下税户租佃分收，災傷檢覆減放，所以防貪也。訪聞諸縣例多違法，勒見役保正長及中上等人户分佃，認納租課，不問所收厚薄，必輸所認之數。設有水旱，不問有無苗稼，勒令撮收。其甚有至不知田畝下落，虚認送納，習以成例。農桑之家受弊無告，聞之惻然，可嚴行禁止。諸縣官吏違法以職田令第三等以上人户及見充役人，或用詭名，或令委保租佃，許人户越訴，以違詔論；災傷減放不盡者，計贓以枉法論；已入己者以自盜論。提刑、廉訪常切覺察。

（清）徐松《宋會要輯稿·職官五八·職田》 〔建炎元年六月〕二十七日，詔：應監司州縣職田並罷，令提刑司拘收樁管，具數申尚書省。二年五月三十日，詔：圭田，士大夫資以養廉，國用雖乏，其可取此。自今更不拘借。三年十一月三日，詔：諸州職田，可自來年依元祐法計月均給。

紀事

（宋）李燾《續資治通鑑長編》卷二九《太宗端拱元年》 近制，宰相子起家即授水部員外郎，加朝散階，呂蒙正固讓，止授六品京官，自是爲例。

（宋）李燾《續資治通鑑長編》卷八三《真宗大中祥符七年》 乙亥，樞密院言：諸州本城馬步軍都指揮使已下俸給，等差不一。請自今令三司以三京爲一等，節鎮爲一等，防、團、刺史州爲一等。從之。

（宋）李燾《續資治通鑑長編》卷一二九《仁宗康定元年》 庚辰，知制誥賈昌朝同判流內銓。初，銓法縣令俸錢滿萬二千乃舉令。昌朝以爲如此則小縣終不得善令，請槩舉令而與之俸如大縣，從之。

（宋）李燾《續資治通鑑長編》卷二九四《神宗元豐元年》 丙戌，三司言：寶文閣學士陳薦請給未有例。寶文閣學士在天章閣學士之下，樞密直學士之上，今欲就天章閣學士例載之禄令，其直學士、待制亦增入。從之。

（宋）李燾《續資治通鑑長編》卷三四二《神宗元豐七年》 吏部言：準詔定奪繪像臣僚之家食禄人法。看詳致仕停俸年七十以上、受官事故勒停無叙法、殘疾不堪入仕、不理選限之官，欲并不爲食禄人。從之。

（宋）李燾《續資治通鑑長編》卷四一七《哲宗元祐三年》 十一月丙午，三省言：在京堂除差遣，累有增改，尚書吏部闕少官多。今裁定：門下、中書省正言，尚書省左右司、六曹郎中，御史臺監察御史，祕書省正字，館職校理以上，寺監長、貳、丞，太常博士，太學博士、正、録，侍講，説書，開封推判官、府司録，開封府祥符、咸平、尉氏、陳留、襄邑、雍邱知縣，登聞鼓院、檢院，王府翊善、侍讀、侍講、記室、小學教授，知大宗正丞事，諸王府講書、記室，睦親、廣親宅講書，左藏庫、三京留司御史臺、商税院、進奏院，並中書省差。寺監主簿，太常寺太祝、奉禮，光禄寺太官令，元豐庫、牛羊司，京東排岸司，諸宫院教授，太康、東明、考城、長垣知縣，並吏部差。俸錢依在京分數。

從之。

（宋）李燾《續資治通鑑長編》卷四四二《哲宗元祐五年》 陝西轉運司言：諸路係差他處權官，并不得依正官到、罷例受供饋，只準所權本職月給例，到、罷并不得過一月之數。其只在本處權攝者，不在給限。從之。

（宋）李燾《續資治通鑑長編》卷四四五《哲宗元祐五年》 戊子，户部言：請應非袒免親宗室以蔭補官者，其俸錢在京、外任并各依外官法支給。從之。

（宋）李燾《續資治通鑑長編》卷四五三《哲宗元祐五年》 户部言：司封、禮部、主、膳、兵、職、駕、庫、司門、屯田、虞部，吏禄錢依在京文武官料錢分數，其職級互相兼領者，從一多給。從之。

（宋）留正《皇宋中興兩朝聖政》卷一一《高宗皇帝・給俸養廉》 〔紹興二年春正月乙未〕上語及禁戢贓吏，吕頤浩曰：贓吏侵漁不可不禁，然州縣官依條格合得請給，宜按目支與，使之食足，然後可以養廉隅。上曰：然。輔臣因進呈諸路公使庫支給外縣官供給條格，詔申明行下。

（宋）留正《皇宋中興兩朝聖政》卷一八《高宗皇帝・官吏減俸》 〔紹興五年冬十一月〕甲申，自渡江後，宰輔已減奉三之一，至是趙鼎等復請於内，權減二分，從之。於是行在官吏俸禄皆權減。

（宋）留正《皇宋中興兩朝聖政》卷二〇《高宗皇帝・職事官給米》 〔紹興六年八月〕庚申，詔職事官月給米三斛，自郎官外舊止有職錢添給，至是始增之。

（宋）王林《燕翼詒謀録》卷二《增百官俸》 國初，士大夫俸入甚微，薄、尉月給三貫五百七十而已，縣令不滿十千，而三之二又復折支茶鹽酒等，所入能幾何。所幸物價甚廉，粗給妻孥，未至凍餒，然艱窘甚矣。景德三年五月丙辰，詔：赤畿知縣，已令擇人，俸給宜優。自今兩赤縣月支見錢二十五千，米麥共七斛。畿縣七千户以上，朝官二十千、六斛，京官二十千，五斛。五千户以上，朝官二十千，五斛，京官十八千、四斛。三千户以上，朝官十八千，京官十五千、米麥四斛。三千户以下，京官錢十二千、米麥三斛。是時已爲特異之恩。至四年九月壬申，詔曰：並建庶官，以釐庶務，宜少豐於請給，以各勵於廉隅。自今文武，宜月請折支，並給見錢六分外，任給四分。而惠均覃四海矣。

（宋）王林《燕翼詒謀録》卷五《宗室廩給》 宗室年五歲，則官爲廩給，此祖宗舊法也。皇祐二年，判大宗正事允讓請自三歲廩給，仁宗以太過。三月甲辰，詔宗室三歲以上，官爲給食，今又復以五歲爲限矣。

《宋史》卷二《太祖紀》 〔開寶三年〕秋七月乙巳，立報水旱期式。壬子，詔蜀州縣官以户口差第省員加禄，尋詔諸路亦如之。

《宋史》卷四《太宗紀》 〔開寶九年十一月〕戊辰，罷州縣奉户。

《宋史》卷六《真宗紀》 〔咸平五年秋七月〕癸亥，增川峽官奉錢。

《宋史》卷八《真宗紀》 〔大中祥符五年冬十月〕己未，大赦天下，賜致仕官全奉。

《宋史》卷九《仁宗紀》 〔天聖七年〕八月丁亥朔，日有食之。詔罷天下職田，官收其入，以所直均給之。

《宋史》卷三四《孝宗紀》 〔乾道六年閏五月〕癸巳，增環衛官奉。

《宋史》卷二六五《李昭遘傳》 初，議罷天下職田及公使錢，昭遘以爲不可。三司使姚仲孫惡其異己，請詰所以興利之實，昭遘争不屈，遂罷判官，爲白波發運使。因入奏事，仁宗謂曰：前所論罷職田等事，卿言是也。

（清）徐松《宋會要輯稿・職官五七・俸禄》 〔至道〕三年八月，令有司重定百官俸給折支物。先是，三司估其物，率增市直數倍。真宗聞之，詢於度支使王延德，延德言往例行之已久，帝遽令改估。

（清）徐松《宋會要輯稿・職官五七・俸禄》 景德元年五月，有司言：尚書左丞、集賢院學士陳恕在假百日，合停月俸。詔特給之。十月二十八日，起居舍人、直昭文館种放言：先得假歸，止計其月，不敢受俸。詔特給之。

（清）徐松《宋會要輯稿・職官五七・俸禄》 〔英宗治平元年〕十一月，翰林侍讀學士劉敞以疾滿百日，再給病告，三司言例不當給俸，詔特給之。

〔清〕徐松《宋會要輯稿・職官五七・俸禄》〔英宗治平四年〕十一月二十三日，管勾客省、閤門公事張希一言：文武臣僚每月料錢，在京支六分、外任支四分見錢，並以朝見辭日增減分數。兼先降條貫，臣僚授差遣後五日朝辭。既有上項指揮以分内外職任，緣閤門無由見得所授宣敕日月，切慮透請官錢及時服。欲乞自今後文武臣僚及大使臣、三班使臣降宣敕授差遣者，乞中書、樞密院畫時各以姓名及所授日月降付閤門；逐人投下朝辭牓子，亦〈今〉〔令〕供授宣敕日月。從之。

〔清〕徐松《宋會要輯稿・職官五七・俸禄》神宗熙寧元年三月二日，詔節度使李端愿已除太子少保致仕，可特給節度使月俸之半。五月九日，以龍圖閣直學士、工部郎中、知滑州王獵守工部侍郎致仕，從其請也。詔以王獵係先朝從龍，仍特支半俸見錢，不得爲例。二年七月六日，陳州通判、虞部郎中趙至忠守本官致仕。詔至忠自契丹歸明人，特與支見錢俸。

〔清〕徐松《宋會要輯稿・職官五七・俸禄》〔哲宗元祐元年〕四月二十一日，新除尚書左僕射司馬光言：臣以假滿百日，自四月以後不敢勘請俸給。竊聞近有指揮，特再給臣寬假將治，將：原作得，據《長編》卷三七五改。其俸給等接續支給。伏望許臣依條百日外住支，候參假日依舊。詔不允。

〔清〕徐松《宋會要輯稿・職官五七・俸禄》〔紹聖〕三年七月二十二日，户部言：衛尉寺丞張保微〔言〕：伏見元豐中官制初行，職事官以行、守、試三等定禄秩，至元祐間遂罷，止從一等給禄，復增聚議錢。欲乞申明元豐之制，罷聚議錢。從之。

九月十二日，户部侍郎吳居厚言：神宗皇帝議行官制，使之各正其名，凡臺省、寺監之官，制禄有三等之别，行、守、試是也。元祐中裁減浮費，而職事官帶行者遂令存虚名而已。且職事官帶行字者，凡令亦且無幾，使如官制賦禄，其費又有幾何？望付有司講求，復行舊制。從之。

〔清〕徐松《宋會要輯稿・職官五七・俸禄》〔崇寧元年〕四年三月二十九日，吏部員外郎卓厚等狀：諸司糧料院申：元豐四年十一月初二日指揮，定職事官職錢。數内六曹員外郎：行，三十五貫；守，三十二貫；試，三十貫。列曹員外郎知縣資序人二十貫，監當資序十五貫。本院自來止依條以行、守、試三等支破職錢，今來六曹員外郎内有承務郎、宣義郎、宣德郎，切慮有知縣以下資序人，卻合復依元豐四年十一月二十日以資序支破指揮。厚等自崇寧元年九月已後，並係朝廷不以資序特有除授，所降告内並依寄禄官品帶行、守、試字，當時糧料院已依條用行、守、試法支給職錢。今來經隔年歲，又卻稱慮合用元豐四年知縣已下兩等支給職錢改正施行，切慮所請未得均一。詔依行、守、試法支給。

〔清〕徐松《宋會要輯稿・職官五七・俸禄》大觀三年九月八日，中書省劄子：詳定官制所擬定，開府儀同三司料錢一百貫，新春服小綾一十匹、絹三十匹、羅一匹，冬服小綾一十匹、綿五十兩、絹三十匹。勘會開封儀同三司除授並帶節度使，所有請俸係依《嘉祐禄令》内節度使、同中書門下平章事則例支，緣節度使、同中書門下平章事官制改爲開府儀同三司，合行修正。其則例依舊外，官制創立開府儀同三司請受，自來别無獨除充者，今合删去。從之。

〔清〕徐松《宋會要輯稿・職官五七・俸禄》〔大觀三年九月〕十一日，又奏：伏覩崇寧詔旨，開封府置牧，皇子領之，而尹以文臣充。今府尹分行、守、試三等，其職錢自一百貫至八十貫修立有差，惟府牧未嘗制禄。詔開封牧典治京師，以皇子領之，任責亦重，其禄如執政官，立爲定制。

〔清〕徐松《宋會要輯稿・職官五七・俸禄》〔宣和〕二年六月五日，中書省〔言〕：檢會臣僚上言：神考添支吏禄，以廉養士，惟在百司遵守。臣聞在京官吏有一職兼數局，而添給從而隨之。或元無添給則例，創行增立；或不由有勘給，直行判支。冗費邦財，爲害最大。伏望睿斷，並依元豐舊法，官吏除本職請給外，兼局雖多，止許從一多給，其不理爲一處指揮更不施行。凡在添給，若不經由有司勘給，亦不許直行判支。詔並依元豐舊法，如違，並以違御筆論。御史臺彈奏，尚書省互察。

〔清〕徐松《宋會要輯稿・職官五七・俸禄・雜録下》〔隆興元年〕二月十一日，尚書左僕射陳康伯、尚書右僕射史浩、同知樞密院事黄祖舜、張燾奏：今日之務，節省爲先。臣等備位近臣，所有逐月請給，乞下有司裁損。得旨令户部條具聞奏，今擬定下項：一、左右僕射每月見幫支請給，依建炎元年八月二十八日指揮，請受權支三分之二。料錢三百貫，內三分已減一分，見請二百貫，今欲更減五十貫。粳米、小麥各一百二十二石五斗，內三分各已減一分，見各請八十一石六㪷六升，今欲更各減二十石四㪷一升。同知樞密院事每月見幫支請給，依建炎元年八月二十八日指揮，請受權支三分之一。料錢二百貫，內三分已減一分，見請一百三十三貫三百三十三文，今欲更減三十三貫三百三十三文。粳米、小麥各一百石，內三分各已減一分，見請六十六石六㪷六升，今欲更各減一十六石六㪷六升。並比元請係減半之類，候事定日依舊。（照）〔詔〕依。

（清）徐松《宋會要輯稿・職官五七・俸禄・雜録下》 元豐五年十一月十七日，尚書户部言：自行官制以來，惟是吏禄條目最多。一等吏人職次既同，責任又均，而獨於禄廩頗有厚薄，頗：原作頓，據《長編》卷三三一改。誠若未安。乞三省、六曹、諸司、省臺、寺監見充正額人數，寺：原作等，據《長編》卷三三一改。不問舊請多寡，並依新格支給。其係撥到逐等守闕或帶權字人，並給正額請受十分之七。應前後許帶舊請指揮更不施行。詔除三省外依奏。

（清）徐松《宋會要輯稿・職官五八・職田》 〔咸平〕二年七月，真宗欲興復職田，三司請令依例輸税，詔三館祕閣檢討故事沿革以聞。檢討杜鎬等言：杜鎬：原作杜錫。按杜錫之名不見他書，而杜鎬於《宋史》有傳，且《長編》卷四五有云：虞部郎中杜鎬等言，推尋故事，歷代並無輸税之文，乃止。與本條相符。因改。按《王制》：古者公田籍而不税。籍之言借也，借民力治公田，美惡取於此，不税民之所自治也。又曰：夫圭田無征。夫，猶治也；征，税也。孟子曰：卿以下必有圭田，治圭田者不税，所以厚賢也。《周禮》載師之職，有土田，有官田，有賞田，又以家邑之田任稍地，以小都之田任縣地，以大都之田任畺地。家邑，大夫之采地；小都，卿之采地。漢制，列侯皆衣食租税，而不得臣其吏民。晉制有芻藁之田，大國十五頃，次國十頃，小國七頃。又占田之限，官第一品五十頃，二品已下每品減五頃以爲差，第九品十頃。又得蔭人爲衣食客及佃客。後魏宰人之官各給公田，刺史十五頃，太守十頃，治中、别駕各八頃，縣令、郡丞六頃，更代相付，賣者坐如律。職分田起於此矣。北齊京城四面諸坊之外三十里內爲公田，一品以下逮于羽林、虎賁各有差，多者至百頃，少者三十頃。唐制，永業田各有等差。武德元年十二月，制內外官各給職分田，自一品至九品，以十二頃至五十畝爲差。京司及外縣又各給公廨田，以供公私之費。又准令：諸外司公廨田，大都督府四十頃，中都督府三十五頃，下都督、上州各三十頃，中州二十頃，下州十五頃。又《田令》：諸職分陸田限三月三十日，稻田限四月三十日，以前上者並入後人，以後上者入前人。麥田以九月三十日爲限，若前人自耕未種，後人酬其功直；已前種者，准分租法。此皆歷代故事、令文舊制也。今三司建議，但係官水陸莊田，據州縣近遠並充職田，召人佃蒔，所得課利隨二税輸送，置倉收貯，依公使錢例上曆公用，具帳申省。又令悉輸二税。臣等按隋、唐給田之制有三：一曰永業田，依品而給，聽其子孫相承；二曰職分田，隨官而給，更代相付；三曰公廨田，據省寺州縣地望而給。永業田唯不許私賣，職分、公廨田唯課營種以給公私之費，别無禁止之制。且百官廩賜莫盛於唐，月俸之餘既有食料雜給，禄粟之外又有息利本錢，加以白直、執力、防閤、掌固之類，悉許私用役使，潛有所輸。五代所支，裁得其半。太祖始定添支，太宗增給實俸。職田之制廢於五代，興於本朝，而計臣以出納之吝，遂有兹議。且歷尋故事，並無輸税之文。臣等參詳，請不計係官莊土及遠年逃田充州縣官吏職田者，悉免二税及緣納物色，許長吏已下募人牛墾闢，所得租課均分，如鄉原之例。原：原無，據《宋史》卷一七二《職官志》一二職田條補。不須置倉上曆，造籍申省，唯準令武，三年一造簿，替日遞相交付，不得私以貼賣。給受之制，一如《田令》。其桑果菜茹薪芻及陂池所產，悉以均分。仍俟今秋委轉運使就近差官，盡括係官水陸莊田頃畝，據逐州官員分定頃畝，州縣長吏給什之伍，自餘均其沃瘠，與通判、幕職、簿、尉差降給之。其兩京、大名、京兆、真定、江陵、河中、鳳翔及大藩鎮各四十頃，次等藩鎮三十五頃，防禦、團練使州三十頃，中、上刺史州二十頃，下州及軍、監十五頃，邊遠小州户口少處比上縣給十頃，上、中、下縣以十頃至七頃爲三等。轉運使、副許於管內給十頃。其諸州給外剩者許均給兵馬都監、〔監〕押、寨主、監臨文武職官、録事參軍、判司等，其頃畝多少類通判、幕職之數。其州縣闕官，即以一分職田給權簽判官。所召佃户止得以浮客充，仍免鄉縣差徭，不得占庇税户。如此，則中才之類可革於貪心，上智之人益興於廉節，與夫周之采地、魏之公田，其揆一也。經久之利，無出於兹。從之。

八月，詔：諸州新給職田，其知州、通判自今須及三周年方替。遠地自依元敕，不得輒差。

（清）徐松《宋會要輯稿・職官五八・職田》〔仁宗天聖〕七年七（年）〔月〕上封者言，乞停廢天下職田。詔資政殿學士晏殊與審官、三班院、流內銓、三司使副詳定以聞。殊等上議：伏以朝廷所置職田，蓋欲稍資俸給，其如官吏不務至公，或差遣之間狥於僥競，或横歛之際害及人民，屢致訟言，上煩聽覽。既有虧於廉節，復多犯於憲章。所宜寢停，用絶姦弊。所有職田，並乞納官，依省莊例入帳拘管。詔曰：洪惟先聖，勤卹庶官，謂稟給之稍豐，則潔廉之易守，是稽故實，故：原作政，據《宋大詔令集》卷一七八改。並錫公田。歲月（寢）〔寖〕深，姦蠹滋長，或作威以害單弱，或横歛以急羡贏，屢瀆公朝，甚喧清議，已從廢罷，式警貪殘。重念釐務之臣，務：原作革，據《宋大詔令集》卷一七八改。固多稟節之士，例停租入，曷勸勤勞？斷自朕懷，頒兹永制，俾均歲取，溥被官聯。式推優渥之科，用報夙宵之效。布告中外，咸使聞知。應天下職田宜依奏停罷，其見佃人户逐年分收課利並納入官；諸州、府、軍、監每年各具夏秋納到石㪷時估價例申三司，令三司類聚天下都收數目，紐定價錢，均給與諸道州、府、軍、監見任官員。其均給等第合行條約，令三司以聞。三司奏：應諸道州、府、軍、監職田，今年秋已種未收刈者，據合收分數目，並納入官，紐計價錢，給與本官，尋施行訖。其來年夏色子㪷課利等并向去數目，子，據前文例，似當作石。悉令納官附帳，各具價例申省施行。應職田課利內有細粹非理收充者，及有人户不曾佃地、虛納課利要免州縣差役者，自來曲循官員妄作名目抱虛認定額數目，乞下逐路轉運司委使副、判官體量，具所收物色數目，乞行除放。應承佃人户所納夏秋斛㪷物色，並令送納本色，不得支移折變。仍許就便近州府縣鎮倉驛收受，不得别有加量，妄收出剩。應見佃人户並令依舊，如無力佃事者，許召第四、第五等主户或客户承替，仰州縣常切存恤。應諸雜差徭科配，並與免放；或少糧種，官爲支借；如遇災傷，即依例檢放。應轉運使副、判官、諸州縣官，各須常切管勾，勿令荒廢。仍候逐官得替，各具一州一縣交管頃畝子利，一任內比附增虧，分明批上曆子，令審官院、流內銓候參選磨勘日，依税數户口增虧例施行。應每年夏秋納到石斗，乞下諸州以逐色見糶價申省，類聚天下都數定價錢，限至四月終已前，須管均給與官員。諸州官員有替移及新到任者，各依料錢例，據在任月數分給。其替移已離任者，自本處行移文字所住處支給。如諸般事故，除犯贓私罪至去官者不在此限，其餘去官依例支給。應諸州軍候供到職田價錢，自三司分定等第均給。如遇以到數多即添起支給散，數少量减支給。自來不該支撥職田官員不在此限。應諸道轉運司，令將自來合得職田官員人數供報三司，置簿抄上，專差節級前後行主掌行遣。應天下職田，並令人户依舊住佃，更不依省莊送納税租。應天下職田，自來逐官分收，别無案帳勘會諳實。今乞令逐處長吏掛心檢括每年舊例出納課利，不得漏落。應納官職田地內桑棗竹木園林之屬，並令逐州點檢拘管上簿，不得散失。並從之。

（清）徐松《宋會要輯稿・職官五八・職田》紹聖三年十二月五日，荊湖北路轉運司言，將川峽官員校入便職田錢，並依熙寧舊法。從之。

假寧與致仕分部

論説

（宋）包拯《孝肅包公奏議》卷二《論百官致仕》　伏以人臣之義，七十致仕。著在《禮》經，卓爲明訓，所以優假老成，遂其安逸。既不違達尊之教，且開知足之端。歷代所欽，治宜敬切。本朝典故，尤所重之。凡曰引年，莫非延世。推之半禄，待以優恩。其於惇勸之方，可謂至乎其至也。然而近歲，寖成敝風，搢紳之間，貪冒相尚，但顧子孫之計，殊愆羞惡之心。馳末景於桑榆，負厚顔於鐘漏。不知其過，自以爲得。誠非朝廷所以待士大夫之意，又非士大夫所以遵禮義之常也。臣思及此，悚然汗下。伏望特降指揮御史臺，將文武班簿檢會，應臣僚年及七十，並令臺牒，諷其致仕。如牒舉後，三兩日內，未見抗章祈請，乞自朝廷降令致仕。所貴稍遏趨營之弊，頗惇廉恥之風。

（宋）司馬光《司馬光奏議》卷一〇《乞以假日入問聖體札子嘉祐八年二月二十一日上》　臣等竊以休假之令，蓋愍羣臣職事勞苦，故因節序使得歸家，享祀宴樂，盡其私恩。今陛下聖體雖安，然飲饍起居尚未復舊。將來寒食節假頓經七日，羣臣不奉天顔，曉夕之心，豈能自安。欲乞自入假以後，每隔日許兩府及知雜御史以上，一次問聖體。仍乞召兩府入對便殿，所貴中外之人盡知陛下聖體康寧，各獲安心。取進止。

（宋）吳潛《許國公奏議》卷四《奏乞休致及蠲放官賦攤錢見在錢米增積之數》　〔原缺四十四字〕然亦且及朞而已爾。今者抑憑帝力，稼事大登，上賴皇威，海氛寖息。而臣年冉冉其將暮，行昧昧而未休。疾病縈身，憂畏銷骨。爰瀝忱恂之悃，曲祈蔭庇之仁。恭望皇帝陛下垂念蓋帷，許還印綬，六十三而休謝，儻追范鎮之蹤，生老死於太平，庶遂邵雍之願。臣無任祈天望聖激切屏營之至。取進止。

綜述

（宋）宋敏求《春明退朝録》卷中　凡朝士，父在，經大禮推恩得致仕官，不給奉。父任陞朝官以上致仕，自得奉。舊制，若因其子更加秩，則不給奉。

（宋）呂陶《净德集》卷九《内外制·資政殿大學士太子少傅致仕韓維可太子少師致仕制》　勑。左右輔弼之臣，謝事而歸久矣。間者以相祀起之，則以老不至。朕懷思儀刑，而未嘗忘也。今其世嗣，乃援郊霈之令，有請于朝，而欲加命焉。亦可以致予貴老之意，而成汝報親之心矣。具官某父某，重德偉望，著在累朝，忠言嘉謀，有補大政，知止去位，積年于兹，退静之風，聳聞中外。宜乘禋享之祐，進陟宫師之聯。惟爾克承顯家，繼有高爵，至于休居之後，復享封叙之榮。里閈增光，搢紳所仰。誠在君臣之分，尤見始終。于父子之間，可明義訓，其膺寵渙，以介壽康。

（宋）呂陶《净德集》卷九《内外制·權泉州惠安縣尉王侁父景年可右承務郎致仕制》　敕具官某父某，朕既郊而赦，雖一命之吏，其親高年，則許以名聞而褒寵之，亦先王貴老之義歟。爾生于盛時，享有上壽，禄食之養，已遂佚安。官封之榮，宜示旌勸。非特慰爾子孫之情，抑可以助風化于天下也。

（宋）呂陶《净德集》卷九《内外制·虎翼左第二軍第一指揮軍都指揮使成州刺史賈真可右領軍衛將軍致仕制》　敕具官某，少壯而責以力，老疾則休其身。始終之際，恩禮存焉。爾奮自行伍，遷至戎校，軍中之事，固嘗任責。今其老矣，以疾求去。國有常典，朕不汝遺。其陞雜衛之職，以爲退居之寵。

（宋）呂陶《净德集》卷九《内外制·新授蘇州司户參軍王浩父允恭可假承務郎致仕制》　敕具官某父某，年之貴于天下久矣。三王四代，未嘗遺也。況孝治之世，而敢薄其禮乎。郊赦之令，所以推封叙之恩，及于一命之吏，得以褒其親之耄者，意本于此。惟爾克稱，宜服寵休。

（宋）佚名《宋大詔令集》卷一七八《政事·休假·六月六日賜休假詔大中祥符二年六月己丑》　去歲將封岱岳，薦降元符，當展禮之有期，荷儲祥於是日。況薰風溥暢，朱夏清和，宜推休朝之恩，用慶厖鴻之貺。在京百司及諸路，並賜休假一日，自今六月六日准此。

（宋）佚名《宋大詔令集》卷一七八《政事・休假・冬至恭謝禮畢別給假三日詔大中祥符五年閏十月己丑》

一陽肇新，蓋惟令節，百司休務，著在舊章。屬陳薦獻之儀，用答真靈之貺。眷齊明之匪懈，致歸沐之未遑。宜示鴻私，別頒假令。將來恭謝禮畢，別給假三日。

（宋）謝深甫等《慶元條法事類》卷一〇《職制門・命官般家》 令

假寧令

諸命官在任，般家乞假須離任者，勘會無規避，保明申尚書吏部。其緣邊主兵及虧欠場務官，若河埽向著押綱使臣、校尉，不在給限。

（宋）謝深甫等《慶元條法事類》卷一一《職制門・給假》 敕

職制敕

諸城寨主兵官，輒乞假離任及給者，各以違制論。

令

職制令

諸命官乞假，謂見在任而乞得替後假及已得替未到闕而乞假省親、般家、遷葬、焚黄之類。承直郎以下非。預申尚書吏部。其非時差出，事畢因便乞假者，准此。

假寧令

諸假皆休務，軍期若頒曆赦降、給受官物、禁推罪人、領送囚徒之類，不用此令。人日、中和、七夕、授衣、立春、春分、立秋、秋分、立夏、立冬、單忌日並不休務，天慶、開基、先天、降聖、三元、夏至、臘前後日准此。

諸命官在任應給假，謂有正條。及父母疾病危篤乞假省視應離任者，本屬驗實給之。省視者，除程不得過三十日。離任訖保明以聞。即以急難謂父母疾並期親喪，本房無長立子孫；妻喪，而已無長立子孫之類。或搬家乞假須離任者，勘會無規避，保明申尚書吏部。其緣邊主兵及虧欠場務官，若河埽向著押綱使臣、校尉，不在給限。

諸命官在任，不得以不妨本職在假。監司常切稽考。

諸武臣丁憂不解官者，給假，從軍小使臣免給。在任人不得離任，押綱仍不得交綱事，見短使者，所在速差官交訖給之。

諸丁憂不解官，節假内朝集宿直，聽免。即任緣邊遇軍期者，祥、禫、卒哭、朔、望假不給。

諸應給私忌假者，忌前之夕直宿聽免。

諸假兩應給者，從多給。假未滿而再應給者，以後給日爲始。

諸期以上親遠行久別，或疾病危篤及諸急難，並量給假。

諸婚嫁及葬應給假者，聽於事前給之，不許離任。

諸喪葬除服給假，齊衰三月、五月，依大功親，緦麻以上應降者，依降服。

諸爲嫡、繼、慈、養母改嫁或歸宗，歸宗謂三年以上繼絶者。及爲長子之喪給假，並同齊衰期。

諸緦麻以上親成服，應給假之喪出殯及柩至同。在遭喪、聞喪假限外及其祥除，並別給一日。

諸遭喪給假，以遭喪日爲始，聞喪者，以聞喪日爲始。

諸聞喪給假，減遭喪三分之一，有餘分者，亦給一日。

諸喪葬在他處，其在職官不許離任，而欲奔赴若護喪，或身自婚假内可還者，聽。非在職人仍給程。

諸命官在任乞假遷葬祖父母、父母者，葬期親而本房無長立子孫，葬己妻而已無長立子孫者同。本屬勘會，無規避，保明申轉運司，縣令、佐仍申提點刑獄司。教押、軍隊指使申所屬安撫、總管、鈐轄司，並除程三十日。給訖申尚書吏部，通判、路分都監以上，先申待報。知州以上申尚書省，非吏部差注者，申原差處。餘乞假條稱申尚書吏部者，准此。如涉詐妄，所屬並葬處官司覺察勘罪，非本轄者，奏。緣邊及川、廣主兵官並押綱使臣、校尉，不在陳乞之限。

諸命官在任，因病假滿百日，所屬勘驗，無規避，放離任訖報原差舉官司，寄禄官仍報御史臺。下條申在京所屬者，准此。通判、路分都監以上，具奏聽旨。

諸命官應赴闕及之官，若得假並出京或離任之類，限内有疾故而疾已安、事故已畢者，具月日經所在州自陳，驗實給公憑。小使臣、校尉限一日。仍報本任，無本任者，報差注所屬。病假滿百日，或已痊安而接續乞假累計通二百日者，並申在京所屬。

諸在職遭喪及改葬應給假者，外縣鎮寨獨員所處申所屬，候權差到官交割，計假日。差官不及，非監倉庫者，聽在家治事，仍申所屬。其緣邊主兵官不在給限。

諸配流、編管、羈管、移鄉人，在道聞祖父母、父母喪及隨行家屬有疾或死若產者，申所在官司，量事給住程假。

吏卒令

諸命官在任給假離任，謂以急難及父母疾病危篤或搬家、遷葬之類。聽依取送家屬法差人。即假限内身自婚及武臣奔喪、護喪准此。

考課令

諸准格令給假，謂應給而非乞假者。其月日理爲在任。

格

假寧格

節假：元日、寒食、冬至，五日；前後各二日。聖節、天慶節，開基節、先天節、降聖節、三元、夏至、臘，三日；前後各一日。天祺節、天貺節、二社、上巳、重午、三伏、中秋、重陽、人日、中和、七夕、授衣、立春、春分、立秋、秋分、立夏、立冬、大忌、每旬，一日。

婚嫁：身自婚，九日；期親，五日；大功，三日；小功，二日；緦麻，一日。

武臣丁憂不解官，一百日；緣邊任使、押綱，一十五日。

喪葬除服：

非在職，

遭喪：期親，三十日；大功，二十日；小功，一十五日；緦麻，七日；降而服絶，三日；無服之殤，期親五日，大功三日，小功二日，緦麻一日。

葬：期親，五日；大功，三日；小功，二日；緦麻，一日；除服：期親，三日；大功，二日；小功、緦麻，一日。

在職，

遭喪：期親，七日；大功，五日；小功、緦麻，三日；降而服絶、無服之殤，一日；改葬期以下親，一日。

遭本宗及同居無服親之喪，一日。

丁憂不解官：大祥、小祥，七日；禫，五日；卒哭，謂百日。三日；朔、望，一日。

私忌：祖父母、逮事曾高同。父母，一日。

役丁夫：舊不給者依舊。元日、寒食、冬至、臘，一日。

工作：元日、寒食、冬至，三日；聖節、每旬、請衣、請糧、請大禮賞，一日。

流囚居作：每旬，一日；元日、寒食、冬至，三日。

申明

隨勅申明

職制

紹興五年十一月九日勅：武臣丁憂，歸正歸附人忠順官同。並不解官，止給式假百日，願解官持服者，聽。其緣邊任使丁憂，見任人與給式假一十五日。如待次未曾赴上，候式假滿日，闕到依舊赴任。

本所看詳上件指揮，内緣邊任使如待次未赴上，候式假滿日，闕到依舊赴任一節，專爲《服制令》及前項指揮内不合解官人設，告係各解官人，雖授訖未上，自合解官持服。今聲説照用。

厩庫

紹興六年二月二十日勅節文：命官三年爲任處，請假通過兩月；二年爲任處，通過一月：通計在職月日，過本任及今來立定日限，其出限請假月日請給、職田供給之類並不支破。如違，計贓論，餘依見行條法。

（宋）謝深甫等《慶元條法事類》卷一二《職制門・致仕》　勅

職制勅

諸緣邊知州，乞致仕已發奏，兵將官自發奏同。不於當日申經略安撫、鈐轄司者，以違制論。

令

諸官司受品官乞致仕文書，不即時入馬遞申發者，杖八十。

職制令

諸緣邊知州乞致仕已發奏，兵將官自發奏同。限當日申經略安撫、鈐轄司，合差權官者，即先次差。

諸文臣任簽判以下，大使臣任監當若小使臣、承直郎以下，乞致仕者，所屬勘驗，無規避放離任，小使臣及承直郎以下非在任者，所在州保明正身及有無罪犯。仍問願降告勅所在，奏。餘人具奏自上表若奏同。聽旨。以上應蔭補者，仍申尚書省。

諸承直郎以下在任老病昏懦不堪釐務者，監司或知州、通判體量實狀奏。其廉貧悼獨而無可歸者，保明乞除官致仕。

諸命官、下班祗應係歸明傜人，乞致仕及應離本處者，並指所詣見任或所在州具奏聽旨。

薦舉令

諸朝奉郎、武翼郎以上，訓武、修武郎係從龍或立戰功，或因獲盜補官並轉官及化外人者同。餘條稱獲盜轉官應得蔭補恩澤而不言因獲盜補官者，准此。丁憂，以疾病危篤陳乞候服闋日守本官致仕者，依見任官法。訓武、修武郎，仍於狀內指定係從龍或立戰功或因獲盜補官並轉官及化外人。

諸命官不因罪犯致仕及三年以上，年未七十，願再仕者，許薦舉或進狀自陳。如已得所乞恩澤及因致仕得陞朝官經封贈，或元乞致仕而涉詐冒者，謂有所規避之類。不用此令。

（宋）岳珂《愧郯録》卷七《官年實年》 今世出仕者，年至二十，始許涖官，纔登七旬，即盍致仕。或不得謝，則亦隔去磨勘，弗許遷陟。又有舉人年及該恩，則或得封叙選調，滿六表礙格，則不得注令宰丞掾之屬。利害互出，故世俗多便文自營。年事稍尊者，率損之以遠垂車。襁褓奏官者，又增之以覬速仕。士夫相承，遂有官年實年之别。間有位通顯者，或陳情於奏牘，間亦不以爲非。珂攷之祖宗時，此事亦有明禁。《國朝會要》治平四年五月二十八日，詔劾內殿崇班郭繼勳增加歲數情罪以聞。以其陳乞楚州監，當自言出職日，實嘗增十歲也。祖宗之懲欺僞，亦嚴矣。繼勳雖終以不欺，意其出職之名，或階胥史，而進楚州之監，當必緣其年之高，而不得授，所以復自言而匃損焉。此則增損惟己，尤不可以不懲者。若今陳情，率是告老引年而後及之，大非求進之比，固不可以爲據。要之官年實年，差别爲二，形之表章，其語亦不雅馴也。

（宋）岳珂《愧郯録》卷八《彭輅告詞》 近歲引年掛冠者不常有，或以疾匃致仕，則必轉官從欲。中書給綸告王言：優撫皆如生存時，蓋猶望其有瘳也。暨遺奏徹宸扆，則又降旨贈官，乃始寓追賁泉穸之意。惟嘉定壬申七月，前主管殿前司公事、果州團練使、主管武夷山沖佑觀彭輅授均州觀察使致仕，制詞有曰：臥壺頭之疾，方自解于中權。掛神武之冠，忽遽聞于遺表。可無寵數，憫我藎臣。又曰：顧瞻壁壘，方覺精明。小逸宮祠，如何不淑。又曰：士志死綏，未得捐軀塗肝腦之地。朕方推轂，乃成移疾寘股肱之悲。英爽不亡，識予愴悼。蓋似以致仕合于遺表，以轉官合于贈典。前雖無此比，然於今世致仕者用之，則是得其實也。

（宋）王栐《燕翼詒謀録》卷一《遠官丁憂不解官》 國初士大夫往往久任，亦罕送迎。小官到罷，多芒屨策杖以行。婦女乘驢，已爲過矣。不幸丁憂解官，多流落不能歸。咸平二年三月甲戌，詔川峽廣南福建路官丁憂不得離任。聖主端居九重，而思慮至此。則從官遠方者，不至於畏憚而不敢往。祖宗仁厚之澤，大抵如此。其後以川峽距京師不甚遠，至景德二年三月，復聽川峽官丁憂，惟長吏奏裁。

（宋）王栐《燕翼詒謀録》卷三《外官給告澣濯》 承平時，闕多員少，士大夫注擬，必求須次者以自便。蓋王事鞅掌，久勞于外，乍還鄉里，展掃墳墓，聚會親族，料理生產作業，勢使之然，甚而違年，繩以三尺，不能禁也。淳化二年正月己丑，詔京朝官釐務于外者，受詔後給假一月澣濯，所在州府以赴上日聞，違者有罪。其後進士既多，任子亦衆，故東坡進策，有一官三人共之之説，以爲居者一人，去者一人，而伺之者又一人。莅官之日少，閑居之日長，而士大夫至於冒法。況今一官而五六人共之耶。

（宋）王栐《燕翼詒謀録》卷五《致仕推恩》 國初致仕，以旌表士大夫之恬退者，非如後世已死僞爲之也。真宗時，主客郎中謝泌言：致仕官如清名爲衆所推，粗有勞効，方可聽其納禄。咸平五年五月丙戌，詔年七十退者許致仕，如因疾或歷任有贓犯者，不在此限。大中祥符九年正月，詔乞致仕者審官院具歷任有無贓犯檢勘，吏部申上取旨。仁宗天聖四年，始詔郎中以上致仕，與一子官。明道元年二月甲子，又詔員外郎以上致仕者，録其子爲祕書省校書郎。三丞以上，爲太廟齋郎。二年正月庚寅，又詔三丞以上致仕，無子聽官嫡孫，若弟姪一人降一等。凡此者皆以利誘之也。景祐三年六月甲戌，侍御史司馬池上言：文武官年七十，令自陳致仕，依舊勑與一子官，如分司給全俸，違者御史臺糾察，特令致仕，更不與子官及全俸，詔榜朝堂。皇祐三年二月戊子，又詔文武官年老無子孫，奏朞親一人。至和元年十二月庚子，又詔文武官年七十以上未致仕，更不考課遷官。有功於國，有惠於民，勿拘。嘉祐三年十二月辛未，又詔年七十居官犯事未致仕，更不推恩子孫。凡此者皆以法繩之也。慶曆二年六月壬申朔，御史中丞賈昌朝上言：臣僚年七十筋力衰者，優與改官致仕。詔從之。此以賞勸之也。況法初行，須受命之後陳乞恩澤，病者尚不許，豈容已死僞爲。其後又限以受命後身故者方許陳乞恩澤，後又但以陳乞後身故者放行，而詐僞者公行不忌矣。今士大夫解官持服，批書丁憂月日，或與其父致仕月日自相抵牾，有司未嘗詰也。至徽宗朝，始放行員外致仕恩澤。政和二年，張克公乞依武官副使非降黜中身亡者聽蔭補。從之。詳考前後詔令，肇端於真宗之朝，而詳密於仁宗之朝。待之甚厚，防之甚嚴，責之甚備。然上勞聖訓丁寧，至於六七而不已，亦可見風俗之日趨於薄，而士大夫能守知足之戒者鮮矣。

（宋）趙昇《朝野類要》卷三《入仕·封贈》　生曰封，死曰贈，自有格法典例。外有年及百歲，即加封一資而致仕也。

（宋）趙昇《朝野類要》卷四《雜制·式假》　除父母喪解官及承祖父母重服之外，餘親之喪，只給式假。

（宋）趙昇《朝野類要》卷五《退閒·宫祠》　舊制有三京分司之官，乃退閒之禄也。神廟置宫觀之職以代之，取漢之祠官祝釐之義。雖曰提舉主管某宫觀，實不往供職也。故奏請者多以家貧指衆爲辭，降旨必曰依所乞，差某處宫觀任便居住。惟在京宫觀，不許外居。

（宋）趙昇《朝野類要》卷五《退閒·引年致仕》　古之大夫七十而致仕之例也，古則皆還其官爵于君，今則不然。故謂之守本官致仕，惟不任職也。若雖未及七十，但昏老不勝其任，亦奏請之，故曰引年。

（宋）趙昇《朝野類要》卷五《憂難·丁憂》　父母憂解官持服，承重者亦同，軍官免之，若餘親則有給式假法。

《吏部條法·改官門·致仕改官》　《尚書侍郎左右選通用令》　諸奏到乞致仕人，在部者聽經部投狀。若歷任半年以上，流外進納人不以曾未歷任。會問磨勘奏聞。有過犯即於任下略注事由。如與致仕即關户部。諸乞致仕，歷任未及半年者，以本官致仕。諸以本官致仕者，更不給告，即見折資者擬本官。

《侍郎左選令》　諸曾關陞通滿陸考人，舉主勞績常調並同。無贓罪致仕者，與改轉通直郎。

《尚書考功令》　諸奏到承直郎以下乞致仕人，會問磨勘關本選。有過犯即於任下略注事由。如生前曾陳乞致仕，雖身亡者准此。即曾失入死罪者，自依本法。

《侍郎左選格》

致仕擬官：

從事郎以上　右改合入官，進納循資。

從政郎，修職郎　右改合入官，進納流外循資。

迪功郎　右改合入官，進納陸考，流外肆考，及已任上州判司，並循資。餘守本官致仕。

《宋史》卷一一二《禮志·諸慶節》　諸慶節，古無是也，真宗以後始有之。大中祥符元年，詔以正月三日天書降日爲天慶節，休假五日，兩京諸路州、府、軍、監前七日建道場設醮，斷屠宰；節日，士庶特令宴樂，京師然燈。又以六月六日爲天貺節，京師斷屠宰，百官行香上清宫。又以七月一日聖祖降日爲先天節，十月二十四日降延恩殿日爲降聖節，休假、宴樂並如天慶節。

《宋史》卷一二五《禮志·服紀》　凡奪情之制，文臣諫舍以上，牧伯刺史以上，皆卒哭後恩制起復；其在切要者，不候卒哭。内職遭喪，但給假而已，願終喪者亦聽。惟京朝、幕職、州縣官皆解官行服，亦有特追出者。

《宋史》卷一七〇《職官志·雜制·致仕》　凡文武朝官、内職引年辭疾者，多增秩從其請，或加恩其子孫。乾德元年，太子太師致仕侯益來預郊祀，太祖優待之，因詔曰：羣官列位，自有通規，舊德來朝，所宜加禮，且表優賢之意，用敦尚齒之風。自今一品致仕官曾帶平章事者，每遇朝會，宜綴中書門下班。二年，令藩鎮帶平章事求休致者亦如之。

咸平五年，詔文武官年七十以上求退者，許致仕，因疾及有贓犯者聽從便。牧伯、内職、三班皆换環衛、幕職、州縣外官。景德元年三月，詔三班使臣七十以上視聽未衰者與釐務，其老昧不任及年七十五以上者，借職授支郡上佐，奉職、殿直授節鎮上佐，不願者聽歸鄉里。凡升朝官遇慶恩，父在者授致仕官，其不在者，文官始大理評事，武官始副率，再經恩累加焉。祖在而求回授者亦聽。皆不給奉，亦有子居要近加賜章服者。

天聖、明道間，員外郎已上致仕者，録其子試祕書省校書郎。三丞已上爲太廟齋郎。無子，聽降等官其嫡孫若弟姪一。景祐三年詔曰：致仕官舊皆給半奉，而未嘗爲顯官者或貧不能自給，豈所以遇高年養廉恥也？其大兩省、大卿監、正刺史、閤門使以上致仕者，自今給奉並如分司官例，仍歲時賜羊酒、米麪，令所在長吏常加存問。其後，又許致仕官子孫免選除近官。四年，臣僚有請致仕，未及録其子孫而遽亡者，命既出，輔臣皆謂法當追收，仁宗憫之，竟官其後。侍御史知雜事司馬池言：文武官年七十以上不自請致仕者，許御史臺糾劾以聞。慶曆中，權御史中丞賈昌朝又言：臣僚年七十而筋力衰者，並優與改官致仕；雖七十而未衰及別有功狀，朝廷固留任使者，勿拘此令。在京若尚書工部侍郎俞獻卿、少府監畢世長、太常少卿李孝若、尚書駕部郎中李士良，在外若給事中盛京、光禄卿王盤、太常少卿張傚、尚書兵部郎中張億，皆耄昏不可任事，並請除致仕。詔：在京者令中書體量，在外者下諸處曉諭之。

皇祐中，知諫院包拯、吳奎亦言：願令御史臺檢察年七十已上，移文趣其請老不即自陳者，直除致仕。朝廷未行。奎復言：國家謹禮法以維君子，明威罰以御小人。君子所顧者，禮法也；小人所畏者，威罰也。縣文武二選爲士大夫，是皆君子之地也，儻不以禮法待之，則是廢名器而輕爵禄。七十致仕，學者所知，而臣下引年自陳，分之常也。人君好賢樂善而留之，仁之至也。自三代以來，用此以塞貪墨，聳廉隅，近者句希仲、陸軫等，皆以年高特與分司，初欲風動羣臣，而在位殊未有引去者，是臣言未效也。請詳前奏施行。於是詔：少卿監以下年七十不任釐務者，外任令監司、在京委御史臺及所屬以狀聞。嘗任館閣、臺諫官及提點刑獄者，令中書裁處。待制已上能自引年，則優加恩禮。

然是時言事之人，競欲擊劾大臣，有高年者俱不自安。仁宗手詔曰：老臣，朕之所眷禮也，進退體貌，恩意豈不有異哉。凡嘗預政事之臣，自今毋或遽求引去，臺諫官勿以爲言。其風動勸勵之方又如此。至於因事責降分司，或老病不任官職之事，或居官犯法，或以不治爲所部劾奏，銜替而求致仕者，子孫更不推恩，雖或推恩，其除官例皆降等。若耆老舊臣，體貌優異，賞或延于子孫，奉或全給半給，歲時問勞，皆有禮意。

治平四年，神宗即位，龍圖閣直學士兼侍讀李柬之、李受相繼致仕。舊制，閤門無謝辭例，帝特召柬之對延和殿，命坐賜茶；以受先朝藩府舊僚，升其子一任差遣，并録其孫。皆宴餞資善堂，命講讀官賦詩，御製詩序以寵其行，示異數也。是歲，又以果州團練使何誠用、惠州防禦使馮承用、嘉州團練使劉保吉、昭州刺史鄧保壽皆年七十以上至八十餘，並特令致仕，以樞密院言，致仕雖有著令，臣僚鮮能自陳故也。熙寧元年，以定國軍節度使李端愿爲太子少保致仕。故事，多除上將軍，帝令討閱唐制，優加是命。二年，以觀文殿學士、吏部尚書趙槩爲太子少師致仕。故事，再請則許；槩三乞始從，優耆舊也。三年，編修中書條例所言：

人臣非有罪惡，致仕而去，人君遇之如在位時，禮也。近世致仕並與轉官，蓋以昧利者多，知退者少，欲加優恩，以示勸獎。推行既久，姑從舊例。若兩省正言以上官，三班使臣、大使臣、橫行、正任等，並不除爲致仕官。致仕帶職者，皆落職而後優遷其官。看詳别無義理，但致仕恩例不均。如諫議大夫不可改給事中，並轉工部侍郎，乃是超轉兩資，工部尚書並除太子少保，乃是超轉六資。若知制誥、待制官卑者除卿監，緣知制誥、待制待遇非與卿監比，今他官致仕皆得遷官，此獨因致仕更見退抑。供奉官、侍禁八品，除率府副率，蓋六品。諸司副使、承制、崇班七品，除將軍，乃三品。至於節度使除上將軍，防禦、團練、刺史並除大將軍，緣諸衛名額不一，至有刺史除官高於防禦使者。今若令文武官帶職致仕人許仍舊職，止轉一官，及文臣正言、武臣借職以上皆得除爲致仕官，則無輕重不等之患。

若選人令、録以上並除朝官，經恩皆得封贈，蔭及數世，旁支例得贖罪、免役。又京官致仕亦止遷一官，若光禄寺丞致仕，有出身除祕書省著作佐郎，無出身除大理寺丞，而令、録職官乃除太子中允或中舍，殊未爲當。若進納出身人例除京官，至有經覃恩遷至升朝官者，類多兼并有力之家，皆免州縣色役及封贈父母。如京官七品，除銜前外，亦免餘色役，尤爲僥倖。條例繁雜，無所適從。如録事參軍或除衛尉寺丞，或除大理評事，或除奉禮郎，恩例不同，可以因緣生弊。今定：凡文臣京朝官以上各轉一官，帶職仍舊不轉官，乞親屬恩澤者依舊條，選人依本資序轉合入京朝官，進納及流外人判、司、簿、尉除司馬，令、録除別駕。在京諸司勒留官依簿、尉以上，親賢勞舊合別推恩者取旨。歷任有入己贓，不得乞親戚恩澤，仍不遷官。其致仕官除中書、樞密院外，並在見任官之上。致仕及三年之上，元非因過犯，年未及七十，不曾經叙封及陳乞親戚恩澤，却願仕宦，並許進狀叙述。若有薦舉者，各依元資序授官。其才行爲衆所知，朝廷特任使者，不拘此法。從之。自此宰相以下並帶職致仕。

四年，以端明殿學士、尚書右丞王素爲工部尚書、端明殿學士致仕，觀文殿學士、兵部尚書歐陽脩爲太子少師、觀文殿學士致仕。帶職致仕，自素始也。五年，守司空兼侍中曾公亮遷守太傅致仕，特許入謝。以公亮逮事三朝，既加優禮，仍給見任支賜。十月，詔兩省以上致仕官毋得因大禮用子升朝叙封遷官。先是，王安石言，李端愿、李柬之叙封，中書失檢舊例，法當改正。帝曰：如此，則獨不被恩。安石曰：叙封初無義理，今既未能遽革，庸可承誤爲例？如三師、三公官，因子孫郊恩叙授，尤非宜也。帝從之。

元豐三年，詔：自今致仕官遇誕節及大禮，許綴舊班。以禮部侍郎范鎮居都城外，遇同天節，乞隨散官班上壽，帝令鎮班見任翰林學士上，故有是詔。又詔：致仕官朝失儀，勿劾，並著爲令。又詔：自今致仕官領職事者，許帶致仕，該遷轉者轉寄禄官，若止係寄禄官，即以本官致仕。其見任致仕官，除三師、三公、東宮三師三少外，餘並易之。六年，以守太尉、開府儀同三司、知河南府文彦博爲河東、永興節度使、守太師致仕。彦博辭兩鎮，止以河東舊鎮貼麻行下。彦博又言：前辭闕下之日，嘗奏得致仕後，當親辭天陛，今既得請，欲赴闕廷。降詔從之。七年，詔文臣中大夫、武臣諸司使以下致仕，更不加恩。

元祐元年，樞密院奏：諸軍年七十，若以疾假滿百日不堪醫治差使者，諸廂都指揮使除諸衛大將軍致仕，諸軍都指揮使、諸班直都虞候帶遥郡除諸衛將軍致仕，諸班直上四軍除屯衞，拱聖以下除領軍衞，並有功勞者爲左，無則爲右。從之。四年，詔：應乞致仕而不願轉官者，受敕後，所屬保明以聞，當與推恩。中大夫至朝奉郎及諸司使，本宗有服親一人蔭補恩澤。横行、諸司副使見有身自蔭補人，及内殿承制、崇班、閤門祗候見理親民，并承議、奉議郎，許陳乞有服親一人恩例。中大夫、中散大夫、諸司使帶遥郡者，蔭補外準此。即朝奉郎以上及諸司使，雖未授敕而身亡，在外者以乞致仕狀到門下省日，在京以得旨日，亦許陳乞有服親一人恩例。六年，監察御史徐君平言：文臣致仕以年七十爲斷，而使臣年七十猶與近地監當，至八十乃致仕，願許其致仕之年如文臣法，而給其奉。從之。三省言：張方平元係宣徽南院使、檢校太傅、太子少師致仕，元豐官制行，廢宣徽使，元祐三年復置，儀品恩數如舊制，方平依舊帶宣徽南院使致仕。紹聖三年詔：文武官該轉官致仕，依舊出告外，其餘守本官致仕者，並降敕，更不給告。内因致仕合該乞恩澤人更不具鈔，令尚書省通書三司入熟狀，仍不候印畫。又詔：應臣僚丁憂中不許陳乞致仕。

建中靖國元年，尚書省言：臣僚在憂制中不得陳乞致仕，其間有官序合得致仕恩澤之人，合行立法。詔：臣僚丁憂中遇疾病危篤，其官序合該致仕恩澤者，聽以前官經所屬自陳。大觀二年，詔致仕官年八十以上應給奉者，以緡錢充。政和六年，提舉廣東學事孫璘言：諸州致仕官居鄉者，乞許令赴貢士宴，擇其年彌高者而惇事之，使長幼有序，獻酬有禮，人知里選之法，孝悌之義。從之。宣和四年，詔六曹尚書致仕遺表恩澤，共與四人，其餘侍從官三人，立爲定制。

建炎間，嘗詔：文武官陳乞致仕，朝廷不從，致有身亡之人，許依條陳乞致仕恩澤。及陳乞致仕而道路不通，不曾被受敕命，亦許州、軍保明推恩。時強行父博學清修，不緣事故疾病，慨然請老，葉份言之，許令再仕。王次翁年未六十，浩然休退，吕祉言之，落致仕，特令再仕。凡類此者，蓋因其材而挽留之也。直祕閣致仕鄭南掛冠已久，年德俱高，大臣言之，詔除祕閣修撰，仍舊致仕。優其恩不奪其志也。吕頤浩以少保乞除一寄禄官致仕，詔除少傅，依前鎮南軍節度使、成國公致仕；韓世忠以太傅、鎮南武安寧國軍節度使充醴泉觀使、咸安郡王乞身，詔除太師致仕。因將相之知止而優其歸也。楊惟忠、邢煥皆以節度致仕。臣僚言：祖宗時，節將、臣僚得謝，不以文武，並納節除一官，以今日不復納節换官爲非。詔今後依祖宗典故。蓋不以私恩勝公法也。昭慶軍節度使、開府儀同三司、充萬壽觀使韋淵乞守本官致仕，詔免赴朝參，仍依兩府例，合破請給人從。優親之恩而異之也。

隆興以後，因臣僚言年七十不陳乞致仕者，除合得致仕或遺表恩澤外，並不許遇郊奏薦。已而復詔，郊祀在近，未致仕人更許陳乞奏薦一次。可以不予而予之，示厚恩也。執政在謫籍者陳乞致仕，雖許叙復而寢罷合得恩澤，只據見存階官蔭補。淳熙十六年，寧武軍承宣使、提舉佑神觀王友直復奉國軍節度使致仕，臣僚論列，仍守本官職致仕。可以予而不予，嚴公法也。抑揚輕重間，可以見優老恤賢之意，可以識制情抑倖之術，故備録于篇。

（清）徐松《宋會要輯稿·職官二四·大理寺》〔淳化三年〕十月，詔：大理寺斷官有周親已下服者，依令給假，積滯公案，自今如在家者，攢葬訖公參。聞哀者給假三日，婚姻亦假三日。小可疾病不妨看案者，於所居發遣。

（清）徐松《宋會要輯稿·職官七七·致仕上》國朝凡文武官致仕者，皆轉一官，或加恩其子孫。觀察使、防禦團練使、刺史及內職三班即换環衛，幕職州縣官改京朝官。升朝官父在者，遇慶恩授致仕官，其不仕者，文官始大理評事，武官始副率，再經恩累加焉。祖在而求回授者亦聽。皆不給俸。亦有子居要近，加賜章服者。

（清）徐松《宋會要輯稿·職官七七·致仕上》淳化元年五月，詔：應曾任文武職事官恩許致仕者，並給半俸，以他物充，於所在州縣支給。十一月，以水部員外郎何允昭爲駕部員外郎致仕，從其子殿中丞、直史館士宗之請也。

（清）徐松《宋會要輯稿·職官七七·致仕上》〔真宗咸平〕五年五月，詔文武官七十以上求退者許致仕，因病及歷任有贓犯者聽從便。時主客郎中謝泌言，自今求致仕者，如有清名及粗展勞效，乃可聽許，故因泌奏而有是命。

（清）徐松《宋會要輯稿·職官七七·致仕上》大中祥符二年正月，詔差定賜文武致仕官帛數：大將軍三十匹，將軍、郎中二十匹，員外郎十五匹，率府副率、國子博士而下十匹，大理寺丞而下七匹。以東封赦書恩例也。

（清）徐松《宋會要輯稿·職官七七·致仕上》〔大中祥符六年〕九年正月，詔京朝、幕職州縣官求致仕者，令審官院、吏部銓檢勘歷任，具有無贓犯以聞。

（清）徐松《宋會要輯稿·職官七七·致仕上》寶元二年六月，詔：朝官嘗犯贓而乞致仕者，自今止與轉官，更不推恩子孫。

（清）徐松《宋會要輯稿·職官七七·致仕上》〔慶曆三年〕六月，詔：曾任兩府乞致仕者，自今須再上章，乃聽除之。以資政殿學士韓億爲太子少傅致仕，因有是詔。

（清）徐松《宋會要輯稿·職官七七·致仕上》〔慶曆五年〕九月，詔文武官已致仕而所舉官犯罪，嘗連坐者，除之。**【略】**十二月二十四日，詔：應文武臣僚年七十以上未致仕者，更不許考績。或於國有功，於民有惠，理當旌賞者，不在此限。

（清）徐松《宋會要輯稿·職官七七·致仕上》〔嘉祐〕三年十二月，詔：年七十而居官犯罪，或以不治爲所屬體量，若衝替而求致仕者，更不推恩子孫。

（清）徐松《宋會要輯稿·職官七七·致仕上》〔英宗治平元年〕八月，詔：自今大卿監未嘗任大兩省以上官，因病老疾，乃乞致仕者，恩澤減舊之半。

治平四年五月八日，神宗未改元。樞密院言：年七十致仕，雖有著令，而臣僚少能自陳。近日內外大使臣多致監司體量昏老疾病，到闕尚乞繁難差遣者，近已將老病昏昧及歷任中不曾顯立勞效及有過犯者，並直除致仕，及令尋醫。欲今後有年七十已上大使臣得替並體量、差替、衝替者，並令赴院體（亮）〔量〕。如精神筋力堪任勾當，即與閑慢監當差遣；委是年老，昏昧病患，及有體量事跡，具姓名取旨，直除致仕。其合得子孫恩澤，即依至和中詔約施行。有曾經朝廷選任近上委寄或曾著勞效者，取旨。仍仰閤門曉示。從之。

（清）徐松《宋會要輯稿·職官七七·致仕上》元豐三年閏九月十九日，詔：自今致仕官領職事官，許帶致仕。若有遷轉，止轉寄禄官；若止係寄禄官，即以本官致仕。其見任致仕官，除三師、三公、東宮三師三少外，餘並易之。

（清）徐松《宋會要輯稿・職官七七・致仕上》〔元豐五年〕十一月五日，詔：承務郎及使臣已上致仕，嘗以戰功遷官者，俸錢、衣賜並全給。餘歷任無公私罪事理重及贓罪，給半。因過犯若老疾體量致仕者，不給。非戰功而功狀顯著，奏裁。

（清）徐松《宋會要輯稿・職官七七・致仕上》〔元豐〕七年五月二十九日，詔：文臣中大夫、武臣諸司使以下致仕，更不加恩。

（清）徐松《宋會要輯稿・職官七七・致仕上》崇寧四年閏二月六日，尚書省言：朝請、朝散、朝奉郎因病致仕，須親授敕，方許任子。有不幸地遠不及親授者，乞身亡在合給勑之後，亦聽奏補。從之。

（清）徐松《宋會要輯稿・職官七七・致仕上》大觀二年三月七日，詔致仕官年八十以上應給俸者，悉以緡錢充。三年七月二十八日，吏部言：宣奉大夫致仕韓忠彦言：近陳乞致仕，蒙恩授宣奉大夫致仕，伏覩臣僚致仕蔭補格，太中夫夫以上二人。臣有弟之子極、弟之孫顯冑，欲望於文資內安排。本部契勘，太中大夫以上見責降充宮觀而蔭補，依法並取裁。緣本官係因入籍叙復，差提舉西京崇福宮，合依條取裁。詔韓忠彦許依陳乞致仕恩澤。

（清）徐松《宋會要輯稿・職官七七・致仕上》高宗建炎元年五月一日赦：應文武致仕官並賜粟、帛、羊、酒，曾任太中大夫、觀察使以上官者倍賜。同日赦：應官員因疾病陳乞致仕，今已痊安，不以年限滿與未滿，許召保官二員，委保自陳，特令再仕。十二日，詔吴給特落致仕，給：原作洽，據《建炎要録》卷五改。依舊監察御史。十九日，詔：今後文武官非疾病危篤及篤疾、廢疾不能任職者，不得陳乞致仕。以時方艱難，士大夫多乞致仕以避事，故有此詔。

六月十三日赦：應緣靖康元年邊事，文武官因病陳乞致仕，朝廷不從所乞，內有身亡之人，特許依條陳乞致仕恩澤。及陳乞致仕，緣道路不通不曾被受致仕敕命者，亦許所在州軍保明，特與依條推恩。

（清）徐松《宋會要輯稿・職官七七・致仕上》紹興三十二年六月十三日，孝宗即位，未改元。登極赦：應文武致仕官並賜粟、帛、羊、酒，即曾任太中大夫、觀察使以上官者倍賜，應文臣承務郎、武臣承信郎以上，並內臣及致仕官，並〔興〕〔與〕轉官，合磨勘者仍不隔磨勘。乾道元年正月一日大禮赦、三年一月二日大禮赦、六年十一月六日大禮赦、九年十月九日大禮赦，並同。同日赦：應命官引年致仕之人，令監司、郡守於所部搜訪節行才識、精力未衰者，具名以聞，當議量材任用。其因疾病致仕，如已痊安，不以年限滿與未滿，許召官二員委保自陳，特令再仕。

十月二十七日，詔：趙述係故韓王趙普五世孫，可落致仕，與轉防禦使、在京宮觀，免奉朝請。十一月五日，吏部狀：勘會今年六月十三日赦，文臣承務郎以上並致仕官，並與轉官。近據諸州軍申到文字，其間有元係白身，因年八十以上該遇大禮，或因顯仁皇后昨來慶壽，有子在官，並無官特恩封叙承務郎以上致仕官，乞依今赦轉官。緣似此之人，赦內即不該載，本部未敢具鈔。詔依赦施行。

（清）徐松《宋會要輯稿・職官七七・致仕下》〔孝宗隆興元年〕十月二十四日，詔：文臣太中大夫、武臣正任觀察使以上，今後引年或特乞致仕，於所出劄子內帶説合得恩澤資數，如遇收使，即繳連申朝廷陳乞，候批鑿已收使因依訖給還。餘官並令繳連末後付身，從吏部批鑿因依、押印訖給還。若州軍申發文字在今降指揮月日之前，許先次給降付身，案後委知、通取索末後付身，批鑿已收使因依，具狀保明申吏部。從吏部尚書凌景夏之請也。

二年四月二日，臣僚言：承議郎自來無申乞致仕之限，以其無利害也。身没之後，子孫匿喪以待時，及合該磨勘日，則寅緣保明，轉員外郎下致仕，故其子孫濫霑恩澤。乞今後承議郎已下或遇身亡，必令即時申所在州軍縣鎮照會。如隱匿，許人陳告，重賞。其保明官司及保官，並寘典憲。從之。

七月二十一日，臣僚言：臣聞皇祐中，御史知雜司馬池嘗言：乞應文武臣僚年及七十，並令自乞致仕，依舊與一子官。若不自陳，許御史臺糾察，特令致仕，更不奏子。其已陳乞，有詔特留，不在此限。先是天聖中，御史臺曹修古亦謂：臣僚年近八旬，尚未辭官，心力盡衰，何職能治？自今除元老勳賢詢議軍國自有典章外，其內外官年七十者，乞下御史臺及諸路轉運司，許自陳，特與轉官致仕。不自陳者，勘會歲數以聞，特與致仕。今見行之法，年至七十則不許磨勘轉官，其次雖保亦不許爲。

至於子孫出仕者，皆得陳爲恩澤，指射差遣。其限之以法，待之以恩，可謂兩盡矣，獨未嘗責令致仕，如曹修古、司馬池所請也。此無他，一則貪望蔭補，二則苟竊祠禄。豈有磨勘轉官不許，乃許奏薦者耶？豈有子孫尚得陳爲恩例，自乃貪仕不得已者邪？欲望取其成法，裁以中道。其内外臣僚年七十不陳乞致仕者，除合得致仕或遺表恩澤外，更不許遇郊奏補；所差宫觀於合得次數未滿者，更許陳乞一次。從之。

二十八日，詔資政殿大學士、左通議大夫致仕賀允中可落致仕，除提〔舉〕萬壽觀，兼侍讀。

八月三日，左奉議郎、諸王宫大小學教授詹叔善言，現年七十，於條合該致仕。詔詹叔善引年知止，足勵士風，可依例致仕，特與一子上州文學。五日，詔：文武官七十致仕，緣郊祀在近，自降指揮後，已未致仕人合該奏薦子孫，並聽更陳乞一次。

（清）徐松《宋會要輯稿·職官七七·致仕下》 乾道元年三月指揮，太中大夫以上，其間有生前責降、身後承指揮給還致仕遺表恩澤，止得蔭補，依條自無恩例，吏部自合遵守成法。又乾道四年三月吏部申請，勘會依條中大夫至中散大夫蔭補外，聽陳乞親戚一名恩澤。今欲將落職之人如合該蔭補，即與放行致仕恩例。臣契勘得吏部兩次所請，一則八月十八日，吏部尚書汪應辰言：伏太中大夫以上，身後雖盡復職名，卻無恩例；一則中大夫以下，雖落職或復職不盡，卻得恩例。輕重不倫，前後相戾。詔令吏部將中大夫以下放行致仕恩例指揮更不施行。

（清）徐松《宋會要輯稿·職官七七·致仕下》〔乾道七年〕十二月八日，中書門下省言：在法，陳乞致仕應蔭補者，若歷任無入己贓，及不曾犯私罪徒，但生前曾乞致仕，雖亡歿在出勑前，（在出：原倒，據後文改。）聽依致仕蔭補法。訪聞諸軍將應蔭補官以病乞致仕者，其家匿喪以俟致仕文字，或經旬月，殮殯失時，深可憐憫。詔諸軍因疾病陳乞致仕之人，仰本軍即時保明申所屬，縱亡歿在出勑前，聽依上條蔭補。

（清）徐松《宋會要輯稿·職官七七·致仕下》 淳熙二年十二月十七日慶壽赦：應文武已乞致仕年七十已上人，並特與轉行一官，選人循一資，無資可轉與改初等京官。應命官引年致仕，其間有才識過人而體力精彊者，令監司、郡守於所部搜訪，具名以聞，當議量材任用。

（清）徐松《宋會要輯稿·職官七七·起復》 宋朝之制，文臣諫舍以上，牧伯刺史以上丁父母憂者，皆卒哭後恩制起復，牧伯以上仍加將軍階。内職遭喪者，但給假而已，其願終喪制者亦聽，惟京朝、幕職州縣官皆解官行服，亦有特追出者。慶曆初，始詔三司副使已上非領邊寄，聽解官終制，然經卒哭亦降制起復，須上表乞終喪，乃詔可。嘉祐初，復許閤門祇候使臣内殿崇班、太子率府率正刺史以上解官行服，惟軍職邊任給假百日追出。供奉官以下願行服亦聽。宗室初同此制，熙寧初，自副率以上並解官行服焉。

紀事

（宋）吕陶《净德集》卷五《奏狀·乞别給致仕勑狀》 右臣任受上件差遣，于建中靖國元年正月十七日到任，爲年及七十五歲，齒髮衰暮，竊慮職事曠廢，尋于建中靖國元年二月十二日，據梓州進奏官鄭永通狀，申稱正月二十六日遞到臣陳乞致仕奏狀，于當日投進訖，二十七日計會收取到許本官依前集賢殿修撰致仕勑，于二十七日申時發達字號人馬遞前去。臣契勘上件致仕勑命，馬遞條限，日行三百里，梓州至京三千六百里，計程合在二月初十日遞到梓州。今來已經三十日，尚未見到，緣都進奏院，自正月二十八日以後，至二月二十五日發來馬遞皮角計十七件，並已先次到州，惟是臣致仕勑牒未到。臣屢差人自本州以去至鳳翔府，沿路根究前件，今正月二十七日達字號遞角，委是未見轉送前來，竊慮在路沈失。念臣衰病累年，勉強不行，方具奏聞，陳乞致仕，已蒙聖恩俞允，許臣守本官致仕，出給勑命，兼已蒙差新官朝奉大夫李仲知梓州填現闕。本官現已取索接人非久到任，臣尚未受到致仕勑命，離任未得，伏望聖慈，檢會臣前奏狀，别降致仕勑命，付臣照會，以憑離任。

（宋）龐元英《文昌雜録》卷一 祠部休假，歲凡七十有六日，元日、寒食、冬至各七日，天慶節、上元節同，天聖節、夏至、先天節、中元節、下元節、降聖節、臘各三日，立春、人日、中和節、春分、社、清明、上巳、天祺節，立夏、端午、天貺節、初伏、中伏、立秋、七夕、末伏、社、秋分、授衣、重陽、立冬，各一日，上中下旬各一日，大忌十五，小忌四，而天慶、夏至、先天、中元、下元、降聖、臘皆前後一日。後殿視事，其日不坐。立春、春分、立夏、夏至、立秋、七夕、秋分、授衣、立冬、大忌前一日，亦後殿坐，餘假皆不坐，百司休務焉。

（宋）龐元英《文昌雜録》卷一　凡三省官假日，唯接見賓客，不許出謁，新制也。

（宋）龐元英《文昌雜録》卷三　冬至假七日，前後各三日。宰相宅引百司釐務。初，包拯為三司使，上言：每節假七日，廢事頗多。請令後衹給假五日，自此始也。舊儀：宰相五鼓早朝，朱衣吏不引，午後歸第方引。假日，遲明始赴中書，朱衣吏自私第前導，故謂之宅引云。

（宋）龐元英《文昌雜録》卷五　元豐令：諸私忌給假一日，逮事祖父母者准此。

（宋）龐元英《文昌雜録》卷五　急、告、寧，皆休假名也。《釋名》曰：急，及也，言切之使相逮及也。李斐《漢書》下脱注字。曰：告，請也，言請休謁也。寧，安也。吉曰告，凶曰寧。又曰休沐。漢律：吏五日得一下沐，言休息以洗休也。

（宋）葉夢得《石林燕語》卷四　唐自明皇以誕日爲千秋節，其後肅宗爲地平天成節，至代宗，群臣請建天興節，不報。自是歷德、順、憲、穆、敬五帝，皆不爲節。文宗太和中，復置慶成節，故武宗爲慶陽節。終唐世，宣宗爲壽昌節，僖宗爲嘉會節，昭宗爲乾和節，中間惟懿宗不置。則唐世此禮亦不常，各係其時君耳。千秋節詔天下咸燕樂，有司休務三日；其餘凡建節，皆以爲例。穆宗雖不建節，而紫宸殿受百官稱賀，命婦光順門賀皇太后，及有麟德殿沙門、道士、儒官討論三教之制。文宗時，又嘗禁屠宰，燕會惟蔬食脯醢，後旋仍舊。

（宋）李燾《續資治通鑑長編》卷一八七《仁宗嘉祐三年》　審官院言：勘會見祗候差遣京朝官，員數至多，闕次全少，待次一二年，貧窶者衆。欲望並許請假出外，等候闕次，更不立定假限。候至名次稍高，任自參假赴院釐務。從之。

（宋）李燾《續資治通鑑長編》卷一八八《仁宗嘉祐三年》　己未，御史中丞包拯言：冬年寒食前後節假一日，雖不御殿，即令二府百司入視事如常。若行幸或燕會，次日歇泊，不遇休務者，更不別爲假日，或觀書閲禮物之類，毋得早歸私第。從之。

（宋）李燾《續資治通鑑長編》卷三六五《哲宗元祐元年》　樞密院奏請：諸軍年七十，若病患假滿百日或不堪醫治差使者，諸廂都指揮使除諸衛大將軍致仕；諸軍都指揮使、諸班直都虞候帶遥郡除諸衛將軍致仕；諸班直、上四軍除屯衛，拱聖以下除領軍衛：仍並以有功勞者爲左，無功勞者爲右。從之。

（宋）李燾《續資治通鑑長編》卷三九一《哲宗元祐元年》　太師文彦博言：乞請龍男貽慶陞理運判資序，及明堂大禮以在病假，不獲陪祠宿衛，其錫賜乞依例半給。並從之。

（宋）李燾《續資治通鑑長編》卷四六〇《哲宗元祐元年》　樞密院言：將副丁憂，元是軍班换授并現任沿邊，給假十五日，不得解官及離本任。即欲奔喪，或扶喪前去，假内可以往還者，聽理爲在任月日，仍依取送家屬差人。乞解官者，奏候朝旨。從之。

（宋）李燾《續資治通鑑長編》卷四六六《哲宗元祐元年》　戊戌，吏部言：諸小使臣病假不滿百日，痊安應赴朝參，見釐務者經所屬，餘經吏部投狀，具元在假月日關牒閤門。從之。

（宋）李燾《續資治通鑑長編》卷四六八《哲宗元祐元年》　己亥，吏部言：武臣丁憂者，給假一百日，並不得離任。即合給假一百日，而欲奔喪或護喪前去，於假内可還者，聽，仍理爲在任月日。從之。

（宋）李燾《續資治通鑑長編》卷四九八《哲宗元符元年》　權刑部言：請諸赴朝參宗室，如有疾病請朝假，申閤門，令閤門報入内内侍省，差使臣押醫官看驗。如涉詐妄，所差使臣申大宗正司施行。其請假一日者，正任以上，具牓子於閤門，關宗正司；遥郡以下，申大宗正司施行。若月内請過三日者，亦報所屬，差使臣押醫看驗。每半年一次比較。二十日以上，取誡勵。三十日已上，罰俸半月。四十日已上，罰俸一月。五十日已上，取旨責罰。即痼疾未能痊安者，委大宗正司保明奏裁。諸差使臣押醫官看驗宗室請假而看驗不實者，醫官徒一年，使臣知情與同罪，不知情減二等。從之。

（宋）洪邁《容齋隨筆》卷九《帶職致仕》　熙寧以前，待制學士致仕者，率遷官而解其職。若有疾就閑者，亦换爲集賢院學士。蓋不以近職處散地也。帶職致仕，方自熙寧中王素始。後改集賢學士爲修撰，政和中又改爲右文云。

（宋）洪邁《容齋隨筆》卷一〇《致仕之失》　大夫七十而致事，謂之得謝，美名也。漢韋賢、薛廣德、疏廣、疏受，或縣安車以示子孫，賣黃金以侈君賜，爲榮多矣。至於龔勝、鄭弘輩，亦詔策褒表，郡縣存問，合於三代敬老之義。本朝尤重之，大臣告老，必寵以東宮師傅、侍從。耆艾若晁迥、孫奭、李柬之亦然。宣和以前，蓋未有既死而方乞致仕者，南渡之後，故實散亡，於是朝奉、武翼郎以上，不以內外高卑，率爲此舉。其最甚而無理者，雖宰相輔臣，考終於位，其家發哀即服，降旨聲鍾給賻，既已閱日，方且爲之告廷出命，綸書之中，不免有親醫藥、介壽康之語。如秦太師、万俟丞相、陳魯公、沈必先、王時亨、鄭仲益是已。其在外者，非易簀屬纊，不復有請，間千百人中有一二焉，則知與不知，駭惜其死，子弟游官遠地，往往飲泣不寧，謁急奔命，故及無事日，不敢爲之。紹興二十九年，予爲吏部郎，因輪對，奏言：乞令吏部立法，自今日以往，當得致仕恩澤之人，物故者，即以告所在州，州上省部，然後夷考其平生，非有贓私過惡於式有累者，輒官其後人。若真能陳義引年，或辭榮知止者，乞厚其節禮，以厲風俗，賢於率天下爲僞也。太上覽奏欣納，曰：朕記得此事之廢，方四十年，當如卿語。既下三省，諸公多以爲是，而首相湯岐公獨難之，其議遂寢，今不復可正云。

（宋）洪邁《容齋五筆》卷五《致仕官上壽》　國朝大臣及侍從致仕後，多居京師。熙寧中，范蜀公自翰林學士以本官户部侍郎致仕，同天節乞隨班上壽，許之。遂著爲令。元祐初，韓康公以故相判大名府，還都，拜司空致仕，值太皇太后受册禮畢，乞隨班稱賀，降詔免赴，皆故事也。

《宋史》卷三《太祖紀》〔開寶九年夏四月〕己未，著令旬假爲休沐。

《宋史》卷七《真宗紀》〔大中祥符元年冬十月癸丑〕賜致仕官本品全奉一季，京朝官衣緋緑十五年者改賜服色。

《宋史》卷八《真宗紀》〔大中祥符五年冬十月〕己未，大赦天下，賜致仕官全奉。

《宋史》卷八《真宗紀》〔大中祥符五年閏十月〕壬申，立先天、降聖節，五日休沐，輟刑。

《宋史》卷八《真宗紀》〔天禧四年三月〕庚午，詔：川峽致仕官聽還本貫。

《宋史》卷九《仁宗紀》〔天聖四年冬十月〕壬辰，詔：郎中以上致仕，賜一子官。

《宋史》卷一〇《仁宗紀》〔明道元年春二月〕甲子，詔員外郎以上致仕者，録其子校書郎，三丞以上齋郎。

《宋史》卷一〇《仁宗紀》〔景祐三年三月〕戊戌，詔兩省、卿監、刺史、閤門以上致仕，給奉如分司官，長吏歲時勞賜之。

《宋史》卷一一《仁宗紀》〔慶曆二年秋七月癸亥〕詔：京官告病者，一年方聽朝參。

《宋史》卷一一《仁宗紀》〔慶曆三年九月〕丁丑，詔執政大臣非假休不許私第受謁。

《宋史》卷一一《仁宗紀》〔慶曆五年九月〕九月庚寅，詔：文武官已致仕而舉官犯罪當連坐者，除之。

《宋史》卷一二《仁宗紀》〔皇祐三年〕秋七月癸丑，詔：少卿、監以下，年七十不任釐務者，御史臺、審官院以聞。嘗任館閣、臺諫及提刑者，中書裁處。待制以上能自引年，則優加恩禮。【略】十二月庚辰，新作渾儀。庚子，詔文武官七十以上未致仕者，更不考課遷官。

《宋史》卷一四《神宗紀》〔熙寧元年夏四月〕戊午，外任大使臣年七十以上，令監司體量，直除致仕者，更不與子孫推恩。

《宋史》卷二三《欽宗紀》〔靖康元年夏四月〕乙卯，詔：自今假日特坐，百司毋得休務。

《宋史》卷三一《高宗紀》〔紹興二十三年〕冬十月丁巳，詔郡守年七十者聽自陳，命主宫觀。

《宋史》卷三二《高宗紀》〔紹興三十二年春正月〕庚辰，罷郡守年七十者。

《宋史》卷三三《孝宗紀》〔隆興二年秋七月〕庚子，太白經天。詔內外文武官年七十不請致仕者，遇郊毋得蔭補。

《宋史》卷三三《孝宗紀》〔乾道元年〕秋七月辛亥，詔知州年七十以上者與宮觀。

《宋史》卷一一六《禮志·賓禮》　康定初，詔中書、樞密、三司，大節、大忌給假一日，小節、旬休並後殿奏事，前後毋得過五班，餘聽後殿對，御廚給食。假日，崇政殿辰漏，上入內進食，俟再坐復對。

《宋史》卷一一九《禮志·羣臣朝使宴餞》　大中祥符五年，詔自今兩省五品、尚書省四品、諸司三品以上官，同列出使，並許醵錢餞飲，仍休假一日。餘官有親屬僚友出行，任以休務日餞送。故事，樞密、節度使、使相還朝，咸賜宴於外苑。見辭日，長春殿賜酒五行，仍設食，當直翰林龍圖閣學士以上、皇親、觀察使預坐。八年四月，侍衛步軍副都指揮使王能自鎮定來朝，宴於長春殿。閤門言：舊制，節度使掌兵，無此禮例。既赴坐，則殿前馬軍都校當侍立，於品秩非便。遂令皆預位。

《宋史》卷一二五《禮志·服紀》　慶曆三年，太常禮院議：《禮記》：父母之喪，無貴賤，一也。又曰：三年之喪，人道之至大也。請不以文武品秩高下，並聽終喪。時以武臣入流者雜，難盡解官。詔：自今三司副使已上，非領邊寄，並聽終制，仍續月奉。武臣非在邊而願解官者，聽。

《宋史》卷二五五《王彥超傳》　太平興國六年，封邠國公。七年，彥超語人曰：人臣七十致仕，古之制也。我年六十九，當自知止。明年，表求致仕，加太子太師，給金吾上將軍祿。彥超既得請，盡斥去僕妾之冗食者，居處服用，咸遵儉約。雍熙三年，卒，年七十三。贈尚書令。

《宋史》卷二五六《趙普傳》　舊制，宰相以未時歸第，是歲大熱，特許普夏中至午時歸私第。明年，免朝謁，止日赴中書視事，有大政則召對。冬，被疾請告，車駕屢幸其第省之，賜予加等。普遂稱疾篤，三上表求致仕，上勉從之，以普爲西京留守、河南尹，依前守太保兼中書令。普三表懇讓，賜手詔曰：開國舊勳，惟卿一人，不同他等，無至固讓，俟首塗有日，當就第與卿爲別。普捧詔涕泣，因力疾請對，賜坐移晷，頗言及國家事，上嘉納之。普將發，車駕幸其第。

淳化三年春，以老衰久病，令留守通判劉昌言奉表求致政，中使馳傳撫問，凡三上表乞骸骨。拜太師，封魏國公，給宰相奉料，令養疾，俟損日赴闕，仍遣其弟宗正少卿安易齎詔書賜之。又特遣使賜普詔曰：卿頃屬微痾，懇求致政，朕以居守之重，慮煩耆耋，維師之命，用表尊賢。佇聞有瘳，與朕相見。今賜羊酒如別録，卿宜愛精神，近醫藥，強飲食，以副朕眷遇之意。

《宋史》卷二六九《魚崇諒傳》　崇諒以母老思鄉里，求解官歸養。詔給長告，賜其母衣服、繒帛、茶藥、緡錢，假滿百日，令本州月給錢三萬，米麪十五斛。俄拜禮部侍郎，復爲學士。詔令侍母歸闕，崇諒再表以母老病乞終養，優詔不允。世宗征高平，崇諒尚未至，陶穀乘間言曰：魚崇諒逗留不來，有顧望意。世宗頗疑之。崇諒又表陳母病，詔許歸陝州就養。訖太祖朝不起。

《宋史》卷二七一《吴虔裕傳》　虔裕性簡率，言多輕肆。右金吾上將軍王彥超告老，虔裕語人曰：我縱僵仆殿陛下，斷不學王彥超七十致仕。人傳笑之。每朝會及從遊宴，太宗憐其壽高，常慰撫之。

《宋史》卷二八七《王嗣宗傳》　嗣宗事三朝，最爲宿舊。所至以嚴明御下，尤傲狠，務以醜言凌挫羣類。爲中丞日，嘗忿宋白、郭贄、邢昺七十不請老，屢請真宗敕其休致，又遣親屬諷激之。及嗣宗晚歲疾甚，猶享厚禄，徘徊不去，嘗謂人曰：僕惟此一事，未能免物議。衆皆嗤之。

《宋史》卷二九二《丁度傳》　時西疆未寧，二府三司，雖旬休不廢務。度言：苻堅以百萬師寇晉，謝安命駕出游以安人心。請給假如故，無使外夷窺朝廷淺深。從之。累遷中書舍人，爲承旨。

《宋史》卷二九七《曹修古傳》　曹修古字述之，建州建安人。進士起家，累遷秘書丞、同判饒州。宋綬薦其材，召還，以太常博士爲監察御史。上四事，曰行法令、審故事、惜材力、辨忠邪，辭甚切至。又奏：唐貞觀中，嘗下詔令致仕官班本品見任上，欲其知恥而勇退也。比有年餘八十，尚任班行，心力既衰，官事何補。請下有司，敕文武官年及七十，上書自言，特與遷官致仕，仍從貞觀舊制，即宿德勳賢，自如故事。因著爲令。

《宋史》卷三〇〇《楊偕傳》　時郭皇后廢，偕與孔道輔、范仲淹力爭。道輔、仲淹既出，偕止罰金。乃言願得與道輔等皆貶，不報。富民陳氏女選入宮，將以爲后，偕復上疏諫上。以尚書户部員外郎兼侍御史知雜事。馬季良以罪斥置滁州，自言得致仕。偕以謂致仕用優賢者，不當以寵罪人，又數論陞降之弊，仁宗嘉納之。判吏部流内銓，徙三司度支副使，擢天章閣待制、河北轉運使。按知定州夏守恩贓數萬，守恩流嶺南。

《宋史》卷三〇六《謝泌傳》　咸平二年，徙知同州。代還，知鼓司、登聞院。五年，與陳恕同知貢舉，復知通進、銀臺司，加刑部，出爲兩浙轉運使。近制，文武官告老，皆遷秩，令録授朝官，并給半奉。泌言：請自今七十以上求退者，許致仕；因疾及歷任犯贓者，聽從便。詔可。

《宋史》卷三一一《張士遜傳》　康定初，士遜言禁兵久戍邊，其家在京師，有不能自存者。帝命内侍條指揮使以下爲差等，出内藏緡錢十萬賜之。士遜又請遣使安撫陝西，帝命遣知制誥韓琦以行。於是詔樞密院，自今邊事，並與士遜等參議。及簡輦官爲禁軍，輦官攜妻子遮宰相、樞密院喧訴，士遜方朝，馬驚墮地。時朝廷多事，士遜亡所建明，諫官韓琦論曰：政事府豈養病之地邪。士遜不自安，累上章請老，迺拜太傅，封鄧國公致仕。詔朔望朝見及大朝會，綴中書門下班，與一子五品服。士遜辭朝朔望。間遣中使勞問，御書飛白千歲字賜之，士遜因建千歲堂。嘗請買城南官園，帝以賜士遜。宰相得謝，蓋自士遜始。就第凡十年，卒，年八十六。

《宋史》卷三四七《鄭穆傳》　〔元祐〕六年，請老，提舉洞霄宫。敕過門下，給事中范祖禹言：穆雖年出七十，精力尚強。古者大夫七十而致仕，有不得謝，則賜之几杖。祭酒居師資之地，正宜處老成，願毋輕聽其去。不報。太學之士數千人，以狀詣司業，又詣宰相請留，亦不從。於是公卿大夫各爲詩贈其行。空學出祖汴東門外，都人觀者如堵，歎未嘗見。明年卒，年七十五。

《宋史》卷三七二《徐俯傳》　徐俯字師川，洪州分寧人。以父禧死國事，授通直郎，累官至司門郎。靖康中，張邦昌僭位，俯遂致仕。時工部侍郎何昌言與其弟昌辰避邦昌，皆改名。俯買婢名昌奴，遇客至，即呼前驅使之。建炎初，落致仕，奉祠。

《宋史》卷四〇一《何異傳》　〔嘉定元年〕明年，權工部尚書。告老，抗章言：近臣求去，類成虚文，中外相觀，指爲禮數，無以爲風俗廉恥之勸。以寶章閣直學士知泉州，從所乞予祠，進寶章閣學士，轉一官致仕。卒，年八十有一。

《宋史》卷四二八《道學傳・尹焞》　以徽猷閣待制提舉萬壽觀兼侍講，又辭，且奏言：臣職在勸講，蔑有發明，期月之間，病告相繼，坐竊厚禄，無補聖聰。先聖有言：陳力就列，不能者止。此當去者一也。臣起自草茅，誤膺召用，守道之語，形于訓詞，而臣貪戀寵榮，遂移素守，使朝廷非常不次之舉，獲懷利苟得之人。此當去者二也。比嘗不量分守，言及國事，識見迂陋，已驗于今，跡其庸愚，豈堪時用。此當去者三也。臣自擢春官，未嘗供職，以疾乞去，更獲超遷，有何功勞，得以祗受。此當去者四也。國朝典法，揆之禮經，年至七十，皆當致仕。今臣年齒已及，加以疾病，血氣既衰，戒之在得。此當去者五也。臣聞聖君有從欲之仁，匹夫有莫奪之志，今臣有五當去之義，無一可留之理，乞檢會累奏，放歸田里。疏上，以焞提舉江州太平觀。引年告老，轉一官致仕。

《宋史》卷四三一《儒林傳・邢昺》　昺居近職，常多召對，一日從容與上語及宮邸舊僚，歎其淪喪殆盡，唯昺獨存。翌日賜白金千兩，且詔其妻至宮庭，賜以冠帔。四年，昺以羸老艱於趨步上前，自陳曹州故鄉，願給假一年歸視田里，俟明年郊祀還朝。上命坐慰勞之，因謂曰：便可權本州，何須假耶？

《宋史》卷四三一《儒林傳・孫奭》　三請致仕，召對承明殿，敦諭之，以年踰七十固請，泣下，帝亦惻然，詔與馮元講《老子》三章，各賜帛二百匹。以不得請，求近郡，優拜工部尚書，復知兖州。詔須宴而後行，又留數月，特宴太清樓，近臣皆預，帝作飛白大字以賜二府，而小字賜諸學生，獨奭與晁迥兼賜大小字。詔羣臣即席賦詩，太后又別出禁中珍器勸酒。翌日奭入謝，又命講《老子》，賜襲衣、金帶、銀鞍勒馬。及行，賜宴瑞聖園，又賜詩，詔近臣皆賦。以恭謝恩改禮部尚書，既而累表乞歸，以太子少傅致仕。

《宋史》卷四三九《文苑傳・朱昂》　真宗即位，遷秩司封郎中，俄知制誥，判史館，受詔編次三館秘閣書籍，既畢，加吏部。咸平二年，召入翰林爲學士。踰年，拜章乞骸骨，召對，敦諭，請彌確，乃拜工部侍郎致仕。翌日，遣使就第賜器幣，給全奉，詔本府歲時存問，章奏聽附驛以聞。命其子正辭知公安縣，以便侍養，許歸江陵。舊制，致仕官止謝殿門外，昂特延見命坐，恩禮甚厚。令俟秋涼上道，遣中使賜宴于玉津園，兩制三館皆預，仍詔賦詩餞行，縉紳榮之。

《宋史》卷四五八《隱逸傳·宇文之邵》 疏奏不報。喟然曰：吾不可仕矣。遂致仕，以太子中允歸，時年未四十。自強于學，不易其志，日與交友爲經史琴酒之樂，退居十五年而終。

《宋史》卷四五八《隱逸傳·吴瑛》 吴瑛字德仁，蘄州蘄春人。以父龍圖閣學士遵路任補太廟齋郎，監西京竹木務，簽書淮南判官，通判池州、黄州，知郴州，至虞部員外郎。治平三年，官滿如京師，年四十六，即上書請致仕。公卿大夫知之者相與出力挽留之，不聽，皆嘆服以爲不可及，相率賦詩飲餞于都門，遂歸。

（清）徐松《宋會要輯稿·職官一一·審官東院》 仁宗天聖元年十月，審官院言：乞自今在院祇應候差遣京官以疾患申院者，並據狀牒御史臺依例差醫官看驗。如委實疾患，合與給假，即牒報當院，所貴得見詣實，免有非如妄託緣故規避差遣。從之。

（清）徐松《宋會要輯稿·職官一八·祕書省》 〔政和〕六年二月七日，蔡攸奏：祕書省長貳五日輪一員，正旦、寒食、冬至節假並入伏不輪，丞以下日輪一員直宿。若請假，即輪以次官，參假日補填。置曆抄轉，長貳每旬點檢覺察，月具直宿、請假官員數、職位、姓名報御史臺。人吏、諸色人直宿別置曆，日押當宿官，每旬長貳點檢覺察。如有請假事故，即當宿官驗寔給假，告報以次人，候參假日補填。職掌二人，孔目官、專副至守當官通輪。楷書人二名，正名楷書至守闕通輪。裝界作一名，庫子二人，翰林司一名，廚子一名，親事官四人，剩員五人。從之。

（清）徐松《宋會要輯稿·職官七七·致仕上》 太祖建隆二年四月，〔潁〕〔穎〕州團練使范再遇爲左金吾衛大將軍致仕。再遇本江南僞泗洲刺史，周顯德中，太祖率兵直壓其壘，再遇以城降，累遷至團練使。至是請老，仍別降璽書勞問。三年八月，詔大理卿劇可久爲光禄卿致仕。可久年過七十，無請老之意，故特有是命。

（清）徐松《宋會要輯稿·職官七七·致仕上》 開寶二年三月，以草澤王昭素爲國子博士致仕。昭素通經業，居酸棗縣，年踰八十不仕。帝聞其善講説，召對便殿，命講《易》，以衰老求還鄉里，故有是命。

六年五月，以兵部侍郎、參知政事劉熙古爲户〔尚部〕〔部尚〕書致仕，足疾故也。六月，以太子詹事楊昭儉爲工部尚書致仕。

（清）徐松《宋會要輯稿·職官七七·致仕上》 太宗太平興國元年，天雄軍節度兼侍中李繼勳授太子太師致仕，朝會許綴中書門下班。二年七月，前翰林學士、禮部侍郎魚崇諒授金紫光禄大夫、兵部侍郎致仕。

（清）徐松《宋會要輯稿·職官七七·致仕上》 端拱元年閏五月，以青州録事參軍麻希夢爲工部員外郎致仕。希夢年九十五，齒髮不衰，帝聞而召至闕下，對於便殿，面賜金紫，因有是命。

（清）徐松《宋會要輯稿·職官七七·致仕上》 〔至道元年〕五月，前崇儀副使王得一爲左衛大將軍致仕。七月，鴻臚卿慎知禮爲工部侍郎致仕。

（清）徐松《宋會要輯稿·職官七七·致仕上》 真宗咸平元年正月，審刑院詳議官、監察御史韓見素爲刑部員外郎致仕。見素薄於榮利，時方年四十八，表求休致。真宗以其年尚少，惜之，宰相言：近世朝行之中躁競好進者多，知止求退者少，如允所請，亦是激勸風俗。遂授焉。**【略】**四年五月，以翰林學士、吏部郎中朱昂爲工部侍郎致仕。帝以昂久在左右，特加優禮。舊制，致仕官止門謝，昂特召對於便殿，命坐久之，賜銀器二百兩、帛三百匹。詔行日給以驛券，〔今〕〔令〕本府歲時省問，如有章奏，許附驛以聞。命其子太祝正辭知江陵府公安縣，使得就養。發日，又賜晏於玉津園，翰林學士、侍讀侍講學士、知制誥、三館秘閣官皆預，仍詔賦詩餞行。

（清）徐松《宋會要輯稿·職官七七·致仕上》 慶曆二年六月，權御史中丞賈昌朝言：臣僚年七十而筋力衰者，並優與改官令致仕；年雖七十而未衰及別有功狀、朝廷固留任使者，勿拘此令。

（清）徐松《宋會要輯稿·職官七七·致仕上》 〔英宗治平四年〕六月八日，詔皇城使、果州團練使何誠用，惠州防禦使馮承用，右騏驥使、嘉州團練使劉保言，左藏庫使、昭州刺史鄧保壽，並特致仕。以誠用等皆年七十已上至八十餘歲，猶在仕故也。

（清）徐松《宋會要輯稿·職官七七·致仕上》 熙寧元年二月二十六日，以醴泉觀使、定國軍節度使李端愿爲太子少保致仕。端愿以目疾屢請休退，故事多除大將軍致事，上命討閱唐制，優加是命。十二月，特詔殿中丞致仕張師温與舊官參選。先是，翰林學士王安石等言：師温前任光州定城縣令，因弟死鄉里而母病伏枕，即宜乞休致。今齒髮方壯，累有臣僚奏舉，使之爲吏，足以長民，望令參選注官。故有是命。

二年四月，樞密院言：見在外任、年七十已上大使臣，即令逐路轉運、提刑體量以聞。及今日已後直除致仕者，更不與子孫恩澤。從之。

（清）徐松《宋會要輯稿・職官七七・致仕上》〔熙寧〕四年六月十一日，以觀文殿學士、兵部尚書、知蔡州歐陽修爲太子少師、觀文殿學士致仕。帶職致仕自修起。

（清）徐松《宋會要輯稿・職官七七・致仕上》〔熙寧〕五年六月十八日，詔守太傅、兼侍中致仕曾公亮令入謝。故事，致仕官不入謝，上以公亮舊相，迨事三朝，故令入謝，仍依見任支賜，優老臣也。

（清）徐松《宋會要輯稿・職官七七・致仕上》〔元豐三年〕十一月二十七日，詔：太子少師致仕李端願，故獻穆大長公主之子，自致仕後特給節度俸見錢之半，餘人不得援例。初，端願以太子少保致仕，詔給節度使俸錢之半。至是，驅磨請受官以謂非前任兩〔府〕不當得見錢，增請錢萬餘緡。端願自陳，故有是詔。

五年四月七日，大名府安撫司言：宣德郎致仕常昇依京官致仕例，給以半俸。從之。昇以母李年百有十歲，昇累歷資任，以母老不能之官，遂求致仕。家素貧，遇歲饑無以爲養，故有是命。

八月二十五日，詔江西提舉鑄錢、朝議大夫錢昌武致仕。坐妄奏江東提舉鑄錢李朶處置乖方，當徒二年，會赦，而昌武年七十二，故有是命。

（清）徐松《宋會要輯稿・職官七七・致仕上》徽宗建中靖國元年六月八日，詔朝奉郎、祕閣校理致仕李巘，通直郎致仕，據下文並字，此處當脱一人名。並落致仕，乘驛赴闕引對，皆以曾（筆）〔肇〕、鄒浩薦其學行故也。

（清）徐松《宋會要輯稿・職官七七・致仕上》宣和二年六月八日，詔太師、魯國公蔡京可依所乞，守本官致仕，依舊神霄玉清萬壽宮使，在京賜第居住，其恩禮、俸給之屬及見破官吏、人從等，並依舊。仍朝朔望。詳見優禮（明）〔門〕。

三年二月二十八日，詔：應命官昨緣病患陳乞致仕後來，所患已安，堪任釐務，願再仕之人，緣年限未滿未許陳乞者，許經所在官司自陳，保明申吏部，特與再仕命官。三月二十四日，詔：資政殿學士致仕王襄，帷幄舊弼，緣疾去朝，今已痊安，特落致仕，知淮寧府。七月二十四日，詔湖州進士吳伯彊爲承事郎致仕。以江浙宣撫司奏，伯彊素有行誼，鄉里所推，昨方臘侵擾，率衆保城，卒獲按堵，故旌寵之。

四年三月七日，温州言：檢會奉御筆處分，兩浙江東路知州、通判，應州縣等並不得陳乞尋醫、致仕、侍養並請假離任，已陳乞及離任者，令本路監司疾速勾還本任，託疾致仕者令中書省記録，候賊平日取旨。緣目下討蕩賊寇漸已平息，本州據管下官員陳乞致仕、尋醫、侍養、請假及省罷，未審將來大軍解嚴班師之後，合與不合依常法施行，伏乞明降指揮，以憑遵守施行。詔盗賊並已平静，自合依常法疾速申明行下。

七年正月七日，寶文閣學士、太中大夫、守太子詹事、兼太子侍講李詩等言：宣和六年八月十八日赦書節文：應命官因疾病陳乞致仕，今已痊安，不以年限滿未滿，許召保官三員，委保自陳，特令再任。臣等切見朝請大夫致仕傅裕之昨任知平定軍，因病陳乞，所患久已痊安，筋力尚壯，伏望許令再仕。詔與落致仕。

三月二十六日，臣僚言：川路文武陞朝官以疾陳乞致仕，依條有司勘驗，入遞聞奏，在法須候奏狀計程到闕，方授致仕恩澤。間有暴疾淪歿，其家匿喪不舉，以俟程限，殯殮失時。欲望聖慈出自宸衷，川路臣僚陳乞致仕，以申狀到所屬，就許令授致仕恩澤，庶使遠方存殁受賜。從之。

□月七日，尚書省言：勘會河北東路在任文武官因病患曾乞致仕，緣下（屬所）〔所屬〕審實，偶致身亡，不曾給降致仕敕牒，或已給敕未祗受間身亡之人。詔並與理元陳乞月日，依條推恩，今後依此。

八月二十一日，詔：侍從薦文武官落致仕，自有成法，比來臣僚或以不法而求去官，或因營私而憚煩使，託言疾病，暫求致政，夤緣干請，復爲再任之圖，甚非立法之本意。應今後從臣薦舉致仕官再仕，須究見事實，元非詐冒，方得論列。宜各遵守，毋致違戾。

九月十二日，詔中大夫、右文殿修撰致仕陳知質落致仕，知隆德府。

以宇文虛中言其風力強敏，齒髮未衰也。【略】十二月，中書舍人譚世勣等言：伏見朝請大夫致仕晁説之昨任知成州日，諸司列薦治狀，未召赴審察，以疾陳乞致仕。今來年未七十，精明強健，可使復起，付之事任。欲望與落致仕，再授合入差遣。詔與落致仕。

（清）徐松《宋會要輯稿・職官七七・致仕上》〔高宗建炎〕四年五月一日，詔翟汝文落致仕，召赴行在指揮勿行。先是，有旨汝文落致仕，而言者以爲從官乞身，自有典禮，若不得謝，並宜再三固自懇祈。昨汝文以其家奴狀申越州，騰奏朝廷，謂已危惙，必於見從，黄𪐴善庇護不問，遂令致仕。慢上廢法，實害名教。故寢前命。

（清）徐松《宋會要輯稿・職官七七・致仕上》紹興元年六月五日，詔：趙應之自淮南遠赴行在，備歷艱險，可特落致仕，於遥郡上轉行一官。七月十三日，武功大夫、榮州團練使致仕李正彦特落致仕，與在外宫觀。

（清）徐松《宋會要輯稿・職官七七・致仕下》〔孝宗隆興二年〕十月七日，殿中侍御史晁公武言：臣切見今年董德元復職致仕，臣僚論列德元當時致仕、遺表承務郎六人，委是僥倖，將來執政在謫籍者援例，無杜絶。已降指揮，將德元復職寢罷，合得恩澤只依見存階官蔭補。今未半年，宋樸、汪勃、章夏果相繼陳乞致仕，朝廷並與復龍圖閣學士，將來三人致仕、遺表恩澤，當補承務郎十八人。兼七月中臣僚言章，乞將内外臣僚年七十不陳乞致仕者，不許遇郊奏補。續奉旨：郊祀在近，自降指揮後，已未致仕人合該奏薦者，並更聽奏薦一次。三人依上件指揮，計冒受恩澤二十一人，其汎濫如此。謹按宋樸、汪勃、章夏執政之時，其無善狀與董德元一體，同罪異罰，何以慰公論？欲望睿旨，將（來）宋樸、汪勃、章夏復職指揮，依董德元例寢罷，合得恩澤只依見存階官上蔭補。今年遇郊禮奏薦，係未復職，亦乞依條施行。從之。

（清）徐松《宋會要輯稿・職官七七・致仕下》〔乾道元年〕三月二十二日，〔臣僚言〕：左朝散郎章夏隆興二年九月内陳乞致仕，續准尚書省劄子，復龍圖閣學士致仕。未授告間，臣僚論列，復職指揮更不施行。其致仕告敕至今未授，合與不合獲霈赦恩？送吏、刑部同共看詳，申尚書省。逐部勘會：依條，中大夫至朝奉郎乞致仕不願轉官者，合得致仕蔭補恩澤一名。若曾任侍從官以上，罷任不帶職及落職牽復人，其致仕恩澤依赦從寄禄官蔭補。照得本官係曾任侍從以上落職未牽復人，其寄禄官見任朝散郎，合得致仕蔭補恩澤一名，乞朝廷詳酌指揮。詔章夏許守本官致仕。二十五日，鼎州觀察使、隴右郡王趙懷恩上遺表，詔守本官致仕，依條與致仕、遺表恩澤。

五月二十四日，詔敷文閣直學士、左朝請大夫致仕王大寶落致仕，除禮部尚書。

六月六日，左中大夫、同知樞密院事王剛中以病篤乞致仕，詔守本官致仕。

（清）徐松《宋會要輯稿・職官七七・致仕下》〔乾道元年〕八月二十六日，吏部狀：准付下故右朝請郎富橚致仕恩澤，蔭補男珹；又准付下江州奏，故右朝請郎司馬備致仕恩澤，蔭補男逸，並於文資内安排事。勘會近降集議指揮内一項，契勘非泛補官之人轉至合奏薦官，候將來致仕日與一名恩澤，已曾奏薦人更不奏薦。照得富橚初補，因宣和五年六月御筆：富弼輔佐三朝，年祼未久，家世零替，其曾孫橚與補將仕郎。司馬備元名宗召，改今名，初補建炎三年七月二十八日得旨，係太師司馬光之姪，見今在朝無人食禄，特與補迪功郎。本部契勘，逐官雖係特旨補官，緣並是先朝元老之家所乞致仕恩澤，伏乞朝廷詳酌指揮。契勘富橚、司馬備係富弼、司馬光之後，兼補授非非泛七色之數，有旨依條放行致仕恩澤。

（清）徐松《宋會要輯稿・職官七七・致仕下》〔乾道九年〕九月十二日，吏部狀：嘉州奏，承右宣教郎孫茂狀，爲母親王氏年高，乞致仕侍養。本部照得本官見年六十六，母王氏見年九十六，所乞致仕雖有建炎元年指揮，文武官非疾病危篤不能任職者不得陳乞致仕，今本官乞致仕侍養母親，别無規避，今欲依條放行，轉官致仕。從之。

（清）徐松《宋會要輯稿・職官七七・致仕下》〔淳熙〕四年三月二十五日，詔迪功郎、前添差遂寧府府學教授雍山特改宣教郎，賜緋致仕。以山節操益堅，行義彌著，恬退不仕，故有是命。

五年十二月二十六日，詔迪功郎、監潭州南嶽廟龔明之與改宣教郎致仕，仍賜緋。明之，平江人。是年以慶恩赦，知府事（簞）〔單〕夔保奏，明之鄉里推其年德，宜被褒寵，故有是命。

六年十月二十六日，奉議郎、金部員外郎鹿何年未六十，自乞休致，詔除直秘閣致仕。何年五十四，未覺衰老而止足，遽求休致，上以其志可嘉，故有是命。

八年六月一日，詔潼川府司户參軍王昂特改承務郎致仕。昂以進士出身，年踰六十，始得一第，不願出仕，從其請也。

（清）徐松《宋會要輯稿・職官七七・起復》〔天禧五年〕八月十一日，樞密直學士、給事中、知並州馬元方丁母憂，詔即日起復，仍給假半月往潞州奔喪。以元方任邊郡，故不俟卒哭而奪情焉。

（清）徐松《宋會要輯稿・職官七七・起復》〔仁宗天聖〕八年正月（一）〔二〕十一日，三司言：內殿崇班、勾當南作坊張繼恩，右班殿直、監税場李中孚，並爲母亡，准式請假。據檢法官定到天禧元年敕，於准式假內量給日限，即令赴職。竊詳上件敕文蓋是期以下喪，即未見爲父母喪不解官之文，望付禮官詳定。太常禮院言：按令之諸喪，斬衰三年、齊衰三年者並解官；齊衰杖期及爲人後者爲其父母，如庶子爲後爲其母，亦解官，申其心喪；母出及嫁，爲父後者雖不服，亦申心喪。申：原作由，據《宋史》卷一二五《禮志》二八改。皆爲生己者。其繼並心（養）〔喪〕。母如改嫁或歸宗經三年以上，繼絶及父爲長子、夫爲妻，並不解官，假同齊衰期。又詳後唐應順元年敕，內諸司使副帶西班正官者，及供奉官、殿直、承旨等，宜過卒哭後舉追赴職；帶東班官者只以檢校官充職，服闋日授前官。諸司使副至二班使臣遭父母喪，蓋是例不解官，即無給假日限。今詳父母之喪至重，欲請自今並依舊制，過卒哭後許赴朝參供職。從之。

（清）徐松《宋會要輯稿・職官七七・起復》〔紹興三年〕八月十八日，草土朱勝非言：朱：原作未，據上條改。下同。奉詔起復，已行起發。若到國門，或有被受拜賜詔命及入城朝見，並赴堂治事、聚堂見客、私第接見賓客，未審各合著是何衣服，乞下有司檢照典故，明降指揮，庶有以遵守。閤門□書《閤門令》：□書：似當作檢會。諸臣僚起復或在緦麻以上親喪假應入殿者，權易吉服。朱勝非朝見入殿並日逐趍赴朝殿，合依上件令文竝合依舊章服。太常寺勘會：省記得宣和年間曾降旨，起復臣僚趨朝治事竝服吉服。（常）〔當〕時鄭居中、李邦彦係起復，並服吉服。所有今來朱勝非若到國門拜受詔命，並赴堂治事、聚堂見客、私第接見賓客，並合服吉服。如於私第接見賓客，許服縿公服，縿：原作慘，據本卷第二四頁改。皂帶，不佩魚，（僕）〔襆〕頭不用光漆。從之。又言：竊見紹興令，有丁憂在職日給假條格，大小祥各七日，朔望各一日，禫五日。欲乞依上條給假，內朔望仍乞趨赴遥拜二聖，及朝參訖退作假。遇給假內，除內降及軍期急速機密文字外，常程文字權免書押。詔依，餘朔望日奏事畢退作假。

遼金元部

銓選分部

銓選條例

題解

（元）徐元瑞《吏學指南・除授》　遷除：改任曰遷，拜官曰除。

遥授：不釐公務之官也。俗云虛職。

兼權：併管別職曰兼，時暫攝行曰權。

攝行：權職曰攝，蒞職曰行。

成考：蒞事有成也。虞舜三載考績。

致仕：《白虎通》曰：臣以執事趨走爲職，七十陽道絶，耳目不聰明，故致其事於君也。

品秩：言分等別曰品，職有次序曰秩。

清要：職慢位顯曰清，職緊位顯曰要。

稱職：謂勝其任也。

躐等：謂不循資格驟遷者。

起復：謂喪制未終，勉其任用也。

舉留：謂善政異績，軍民相愛，乞留再任者。

論說

（元）胡祗遹《紫山大全集》卷二一《雜著・論除三冗》　文冗則吏冗，吏冗則事冗。不削冗文則不能減冗吏，不減冗吏則不能除冗事。三冗欲除，大臣之中必得識時務通儒明斷不煩有爲之材，爲之綱領，定立規模，精選六部左右司官吏。事有條不紊，自上及下，自內及外，各有攸司，遵法奉行，無叢脞，無推遞；怠墮違越，必罰不貸。文有典册，有案牘，舉首見尾，問無不知，受授相承，有行無滯。人材精，政要舉，文案明，三冗不除，未之有也。人材不精則政要不舉，政要不舉則文案日煩，紛然沸羹，日甚一日，何以爲治？竊惟爲政之方，綱領節目，固非一端，不敢妄言。至於不稽遲，無違錯，亦非難事。我朝官制，內立省部臺院，外立府州司縣，高下難殊，無氣宜一。如人之身，心思耳目手足莫不相應，乃爲安康之完人；少有凝滯，即疾痛害事。省部臺院省，人之心思也；府州司縣者，手足十指也。一指之不可屈伸，即非完人。心思之不神明，不君主，四體百骸孰從而孰聽之？即今府司之案例當申部，有十年不裁決者；有申至數十次不蒙明降者；有屢申僅得一言，曰不見原行文卷，或曰仰申覆若干部分，或曰如何纔方申覆，或曰仰仔細照勘再行申來，或曰不見前申事理；或已申備申累申而取招問罪不絶；或體覆已完而再行體覆；或倒遞月日三四十日纔方到路者；或今日到路明日便要到大都者。諸如此類，不可悉數。依例之事，尚且若是；少有疑難，莫望一言。此往來申報文案之弊。若夫獄犴填滿不蒙處決，司縣人員無人主事不蒙填補，錢穀不得准除，軍民户籍交參不獲開收，田畝不得推税，州縣官或污濫，或疲軟不勝任，或老病不能治事，不加退罷，似此稽遲違錯，罪當誰歸？伏乞巡按官每次照刷，有此違錯，開款申臺呈省，問罪懲科施行。

（元）胡祗遹《紫山大全集》卷二一《雜著・銓調》　銓之爲義，衡也，量也，次也，度也。調之爲義，因其各人之功過依法準律宜之，以言移徙也，拔擢也，貶降也。知二字之義，則銓調之法思過半矣。後世用人，懼其賢不肖之混淆也，則有移問；慮其曠官棄職，日月詐冒，則有解由；又恐其出身入仕之欺罔姦僞，則有對憑；又恐其老疾不勝任，假人替代，因體貌應對以詳其真僞優劣；又察其才能宜任某職，宜任某官，則有引驗。四者既得真情，然後銓次量度如衡之平而遷注升降之，以歲月之累而待無功無過之庸才，以升擢不次待茂才異等，以左遷遠貶待有罪者，非特止於南移之於北，東徙之於西，治州者復換授以州，尹縣者復對授以縣。如是則百職得人，庶官無曠，此銓調之任也。

今之主銓調者能如是乎？能則當謹守而勿失，不能則當盡其道。外據移調月日雖曰舊例，以今觀之，似爲太速。宜增縣尹一任五十月，州尹六十月，散府七十月，總府八十月。何以言之？一省送舊迎新之勞費；二省銓調之虚文，求仕者道途往返，到部遲滯半年一歲之日月；三則新官舊吏歲久不敢欺蔽，政成訟理，民受其賜；四，職官知其責辦之久，不敢苟且保禄，勵精其職。

（元）胡祗遹《紫山大全集》卷二一《雜著·銓訶》　一、求仕者到部，比得新除，近則三月，遠則半歲，中間胥吏弄法，調辭疏駁，甚則留滯經年，或至再歲。京師薪桂米玉，加以往返二三千里，道途之困敝，往往至於貨馬典衣。一考之俸，糜費無幾，不惟沮仕者之心，使壯歲精力虚度日月，國家用人求治亦非便利。此弊不可不革，宜令到部隨即發放，不中格者即丁寧明白，省諭還家，永不受理。復有妄投詞狀告不以實者，以誣詆抵罪。如是則僥倖覬覦者不妄進，流品任事者咸樂爲用。

一、即今調選，立法似嚴，而實無定法。是以吏因緣而爲姦，僥倖無資給者有時而得遷注，循資歷級以廉恥自律者齟齬而不得進。至於引驗有名無實，中間有廢疾篤疾癃老昏耄，百問而百不知，如此之輩，有司亦不詰問。選人不精，已至於此，不可不革。

一、徇名而不責實，拘法而不求情，有歷仕流内職二三十年，選法未立以前，本路及宣撫宣慰得以注官，而末後偶居流外職者，即今選法一以無例不行遷注。復有素無勳業，中統三年偶掛名仕版者，不詰賢不肖，便行遷注。流内流外之廢立，國家之制也，其名雖殊，而其居官任事，負利害，歷勤苦則一也。法之廢革，在乎國家，其人惡可而廢也？均爲人臣，因革流外之名而併廢其人，豈理也哉？

一、用人與取人相須而行，不可偏廢。前代以數路取人，内外猶有闕員，故與時推移三年，比士多寡而取舍。今取人之法未立，而用人之法太拘，見在職任者日老月病，年衰歲死，有空闕之員，無可用之人，是猶塞源而望其流之長，無是理矣。愚謂取人之法不可不立，未立之間選法宜少寬。凡嘗經本路及宣撫宣慰委任歷職者，當取其籍姓名見數，以備闕員。

一、行充守試之法，古人所以救滯補弊也。員多闕少則守，闕多員少則或行或兼，是以人無廢才而官無曠職。假若縣尹闕員數多，而以縣丞者權行之，給丞俸權尹之任；丞闕則主簿權之，簿闕則尉權之。若州若府，準此之例，國無費材，下無滯賢，職無廢事，官無濫受，一舉而四得之，何苦不爲，而令久闕其員，虚滯其人，而注守官何膠柱鼓瑟之甚也。

（元）胡祗遹《紫山大全集》卷二一《雜著·論沙汰》　沙汰二字，外若刻薄，内實利益。食不厭精，去糠粃也；鏡不厭磨，去塵垢也；金不厭鍊，去賊銅也。當今政治失於疏闊混淆而略不程式揀擇，失於繁冗紊亂而略不整齊裁削。何謂繁冗？繁文、繁政、冗官、冗吏是也。諭如造車，一轂九輻十八輻，減之則闕，增之則贅。闕與贅俱不可行，任人何以異此。又如牧羊，千羊一牧則太寡，十羊九牧則太多，不寡不多則人力得中，羊亦安肥。今日政治文案，設官置吏，選才不精，署員太多。不精則十不如一，臨事又卻不得用。太多則互相倚靠，躭誤政事，文案叢雜，前後不一，議論紛紜，是非無定。用兵亦然，古之人以二三萬之兵而破百萬之衆，精與不精故也，奚在乎多與寡？設官置吏，斟酌人民政事之多寡而增減焉。今之一州一郡不若往昔之一大縣，官吏無不具備，而又加焉。孟子曰：無君子莫治野人。今日府州司縣爲官吏者，果皆威德多材藝可以治民之人乎？不材者十蓋六七，貪污害民者十蓋七八。以賢治愚，尚不能辦；以愚治愚，烏乎治？除達嚕噶齊、縣尉外，牧民者皆嘗試之以身言書判而沙汰之，吏則試之以刑名算數。

（元）胡祗遹《紫山大全集》卷二二《雜著·即今弊政》　一、立功責效，爲官擇人，未聞爲人擇官者也。故《書》曰：任官惟賢才，左右惟其人。官不及私，昵惟其能；爵罔及惡，德惟其賢。又曰：賢者在位，能者在職。又曰：無曠庶官，天工人其代之。即今注官不問其才之可否，一聽求仕者之所欲，有平生不執弓矢而爲縣尉捕捉之職者，有未具如前四字不能解説而爲首領官吏員者，有《孝經》《論語》不知篇目而爲學士者，有衆星不能辨次而主天文者，何乖謬之若是也？推原其弊，人皆知之，而不能革者何也？請託得行而無敗官責成之罰耳。市井細民欲營一室，欲造一器，亦必問其匠之工拙，未有求金工于木工之門，責陶埴于織紝之手者。職官則問其材之能否，吏員則試以案牘，然後委任。

（元）胡祗遹《紫山大全集》卷二三《雜著·精選縣令》　辦事愛民，莫親於縣令。縣令得人則事辦而民安，舉非其人則事不辦而民失業。

即今縣令多非其材，省部不務精選，兼品秩卑下，州、府驅委呼召，殊無禮貌，英俊才氣之人視不屑爲。十分爲率，大半不識文墨，不通案牘，署銜書名題日落筆，一出於文吏之手。事至物來，是非緩急，閉口不能裁斷，袖手不能指畫，顛倒錯繆，莫知其非。雖有縣令，與虚位同。今後擬注縣令，省部試以身言書判，問以治民之方。年六十已上，精神才力昏眊者，不可擬注；身言書判不兼全者不注。省會州府不得差委賤辱。

（元）胡祗遹《紫山大全集》卷二三《雜著・民間疾苦狀》 一、即今銓調之法名存而實亡。近年以來，賄賂公行，所謂緒餘土苴，併自廢壞。錢多者其職切要，其禄厚，其官高，其日月經久而不遷轉。所用之人無行檢，無才能，無門閥，無勳勞，無智識，不責王事之辦集廢墮，而不卹部民之冤苦失職，提刑司恬不彈舉。無錢者雖負德行才能、門閥勳舊，或任滿而再不選叙，或莅任未半歲一歲，無罪而替罷，亦不録用，惟僻遠荒邑職不切要者，或七八年十年無人交代。然則吏部官可不精選公平廉幹者，躬親考校簿書，内外司分計若干，孰賢孰否，孰功孰過，孰年老疲軟不勝任，孰年壯精力才幹，人人見來歷，人人如素知識，某司某分當用幾人，文資武資宜幾人，某人因某功而陞遷，某人因某罪而降黜，使陞遷者知非徼倖，廢罷者不敢怨言。如此則趨事赴功，得賢日廣。

（元）王惲《秋澗集》卷八六《烏臺筆補・論監選事狀》 欽承聖旨條畫内一款節該：應合遷轉官員，如任滿不行遷轉，或遷轉不依格者，委監察糾察，仍令監選。欽奉如此。近委某監選。伏見中書省奏：奉到聖旨，中統三年無脚色官員盡行委用。據告叙、承襲等事，省劄亦有定例。其一切求仕官員，各有自來根脚及本路總府保甲文解。所當問者，升降不等，資品不應，遠近失當。言出事定，皆在擬注之際。今者監選止是引驗臨視解由文字，中間銓注窠闕是否，何由得知？若已除人員倘或不應，有告言者，臨時難以折辨，亦恐臺官怪問。又知得，第一選係監察梁貞監選，將解由人員讀視（外）〔引〕驗，及將擬定窠闕亦令看讀。今某監選，除讀視解由，引驗人員外，據擬定窠闕不令看讀。若不呈覆，緣今日格法日新，某等監選亦不當守常而不知變。至如亡金故事，亦是監視注定名數，其間公事若有違錯，即告監察與之改正。又念今日最害事者，以情破格，以私害公。照得欽奉聖旨節該：仍令監選。思忖選者一選之事，豈有知其前而不知其後？合無依第一選，通知前後事理，似望中間不致違錯。據此合行呈覆。

（元）王惲《秋澗集》卷八七《烏臺筆補・論隨路闕員及未到任官員事狀》 竊惟張官置吏，本以爲民，官得其人，員不曠闕，庶得民安事辦。今體察得：隨路見闕總管八員，正、從七品二百七十餘員。兼州縣省併以來，所轄地面，極有寬闊去處，加以蝗旱大作，民心嗷嗷，似爲未安。況（充）〔京〕兆，平陽、太原、濟南等處，皆係重鎮，尤不可闕員勾當。合無遴選才德兼備，素爲朝廷所知者，擬注總管。及州縣被災重處員闕多者，省、部從長講究，於見守遠闕官内選摘，或令内外五品以上官辟舉廉幹相應人，借注補充勾當。又知得四月中受除官員，已踰兩月，尚有未到任者五十餘員，亦當作急催督，别議究治。不然，竊恐中間規避，致誤一方事務，又於國家法制有所滅裂。合行一就舉呈。

（元）王惲《秋澗集》卷八七《烏臺筆補・請職官依舊三十月遷轉事狀》 竊見即目到部聽除職官，緣員多闕少，填積停滯人數，以致進退兩難，有礙銓調，似失才能樂於從政之望，深有未便者。至如尚書省奏准，令大小職官皆以六十月爲一考，蓋出一時權宜，本爲收拾户計等事，恐考限短促，中間不能盡心勾當而已。近聞隨路户口事理，已是檢括版籍見數别無隱落，若止擬六十月成考，歲月既久，則官府人情不無厭（急）〔怠〕輕易之弊，又於選調有所窒礙。據權時之制，似宜復舊。合無聞奏，復依舊例，以三十月爲滿考選調，（無）〔或〕得通行，庶官免致閑曠，實於官民兩得便當。

（元）王惲《秋澗集》卷八九《烏臺筆補・論待闕官預為照會各處事狀》 竊見省、部將隨路守闕官員不計月日遠近，受除後即行下各路照會曰：某年月日某代某。甚者至於預往任所守待要結。所在風俗凋敝，致一方吏民將舊官輕視滅裂。或督責所行，則曰：汝計日去官耳。見任者既爲齟齬，不苟且保禄爲心，以俟其去者幾何？人斯如此，是官府吏民上下離合。且使無事，猶云不可，況軍、民、宣課、工匠，一切事務今皆取辦州縣，中間脱有失誤，利害所關非輕。今後合無除將守闕人員令祗受還家聽候外，省部驗赴任月日既近，然後照會各路，似爲未晚。能然，庶幾官民去留之際，兩得安便，不致上下苟且，躭誤一切事務，深爲便當。

據此合行舉呈。

（元）王惲《秋澗集》卷八九《烏臺筆補・論求仕官就家聽候宣敕事狀》　體知得吏部先奉中書省劄付該：求仕官員每季遷轉，在後慮恐生受，擬令每月銓注。今竊見隨路求仕官員，有自去年八月間摘勾到部，經今七個月餘，未蒙銓轉。中間百端生受，客寄守待，措借無所，以致典賣鞍馬等物供給盤費，尚然不足，不幸更值病疾，因而身故，尤可矜恤。即目在都聽除等官約二百餘員，少者不下半載。又州縣闕員甚多，似此淹延，兩爲未便。今後合無將求仕人員自到部月日爲始，限内旬月，對憑引驗既畢，省會還家。若有合祗受宣命官員，依舊例差人擎送。外據授敕官員，將合授敕命發付各路總管府收管，令本路祗授，照依定去裝束，省限催督赴任，庶免人難。據此合行呈覆。

（元）王惲《秋澗集》卷九一《事狀・翰林院不當以資例取人》　竊惟人材，不出政事、文章而已。政務但曾諳練，尚可勉爲；至於文章，自非天材有學者，不可強爲。今翰院職掌人等，樂其安簡，占處名位，守以歲月，以次而遷，有從書寫至修撰、待制者。今後合無從本院精選人材勾當，不宜循遷以塞賢路。

（元）王惲《秋澗集》卷九二《事狀・特選行省官事狀》　竊見福建所轄八路，一州、四十八縣，連山負海，民情輕譎無常，困苦者多。其在邊隅，實爲重地，存心撫馭，尚慮失宜，縱暴侵漁，不無生事。緣收附以來，官吏以朝廷遠，貪圖賄賂，習以成風，行省差擬職官又多冗雜，擅科横斂，無所不至，致政壞民殘。草寇竊發，指以爲名，下愚無聊，因之蟻附，其嘯聚去處，附近平民盡爲剽掠。内地軍興，不免蹂踐。中間雖有憲司糾治梢末，尚艱所行，其於根本，有無如之何者，甚非朝廷包荒一視同仁之意。求其治要，無過得人爲先。且府、州、司、縣等官，雖不能一一精擇，據見闕行省官僚，如平章、左丞二府名位，〔宜〕特選素著清望、簡在帝心、文足以撫綏遺黎、武足以折衝外侮、盡忠所事、籌策有方、不以利賄爲心〔者〕，使鏟除積弊，矯正枉濫，肅清邊陲。庶幾民安事靖，日趨治域。以之招諭，則彼心可服；以之進兵，則我直大信。今賊之所以滋蔓爲梗者，正以内闕官僚，乘虛有名故也，可不深計而熟慮哉。設或不爾，雖濟布列，上下相蒙，以私害公，民之困敝，猶焚〔火〕溺水，日益深且熾矣。得失之機，實係於此。卑職叨居風憲，覩其如是，有不敢自惜而緘默者。

（元）張養浩《爲政忠告・廟堂忠告・用賢第二》　天子之職，莫重擇相；宰相之職，莫重用賢。然則何以知其賢？詢諸人則知之，察其行則知之，觀所舉則知之。夫爲室而不衆工之資，梓人雖巧，室不能成矣。爲國家而不衆賢之集，相臣雖才，國不治矣。彼爲相者，誠能開誠布公，廓焉無我，己有不能，舉能者而用之，己有不知，舉知者而用之，己有不敢言，舉敢言者而用之，如是則彼之所能皆我有矣。必欲一身而兼衆人之事，雖大聖大賢有所不能。夫粹白之狐，舉世無所有也，然而有粹白之裘者，善取於衆而已矣。況大臣初不貴乎事無不知，第公正其心，無所媢疾，則智者效謀，勇者效力。呫呫以爲才，捷捷以爲辯，自衒自伐，則賢者必不樂爲之用。大抵人君自伐，則臣職有所不行；相臣自伐，則百執事之職有所不行。爲人上者，操約以馭繁，居静以制動，以無心而應天下之心，則所令者從，所庸者勸。苟知其賢而任之，既任而疑之，而務勝之，顧與不知不用，自任其才也奚異？若然，則體統失，而諂佞之小人至矣。與小人處，則天下之事不論可知吁。

（元）張養浩《爲政忠告・牧民忠告・民職不宜泛授》　今選官者大率重内而輕外，殊不知漢宣帝所以富民，唐太宗所出家給人足，皆由重牧民之長故也。嗚呼，牧民之長，其重若此，乃泛焉而選，慒焉而授，奚爲不是慮也哉。

（元）蘇天爵《滋溪文稿》卷二七《章疏・建言刑獄五事》　蓋聞刑者輔治之具，非恃刑以爲治者也。欽惟國家列聖臨御，其用刑也本之以寬仁，施之以忠厚，内則論議付之刑曹，外則糾察責之風紀。故治功表著，德澤涵濡。然法之所立，或有所未周，吏之奉行，或有所未至。當職猥以謭材，竊食重禄，粗有聞見，略具敷陳。

一、到選官員，年六十五以上者，先行銓注。此國家優恤臣僚，宣力既久，恐其年不逮，恩德至渥也。照得各處推官專掌刑名，夫案牘之冗，全藉乎精神；審讞之詳，悉資乎耳目。案牘不差則吏無所欺，推審既詳則囚無冤抑。今路、府推官往往年老，或視聽不明，或神思昏耄，苟圖禄俸，姑俟引年。欲望刑政肅清，蓋亦難矣。夫先行銓注固明時之厚恩，而刑罰不中亦聖人之明訓。今後各處推官有闕，當選吏通儒術，儒習吏事，材力明敏，別無過舉，方許爲之。其年六十五以上者，銓注別職。如此則庶幾刑罰得中，官無曠職矣。

（元）蘇天爵《滋溪文稿》卷二七《章疏・山東建言三事》 審天下之勢者，當謹其微；論生民之治者，當究其本。夫審勢而不謹于微，至于著則不可爲矣；論治而不究其本，求其末則又何益矣。欽惟國家布列臺憲，蓋以重內外耳目之寄，達遠近聞見之詳。惟茲山東奄奠齊、魯，控制千里，按臨百城。爰自去歲以來，諸處盜賊竊發，始則潛形塗面，猶恐人知，甚則鳴鼓樹旗，不畏官捕。郡縣聞風而避，弓兵望影而逃。生靈遭其荼毒，府庫恣其攘奪。致煩朝廷遣官，中外始獲寧息。比者各州盜竊復有，或二十爲羣，或七八作黨，白晝殺人，劫其財物。昔人有言：盜猶火也。火之爲災，撲之于將然則易爲力，救之於已熾則難爲功。故小盜不滅，則大盜不絕，可不豫防之乎。伏望朝廷恤民以安其生，選官以責其治，録囚以除其惡。且山東禦盜之方，前後言者不一。有曰浚治城池者矣，有曰繕修兵備者矣，有曰分軍鎮守者矣，有曰申明賞罰者矣。夫言之甚者，人則以爲張皇；言之緩者，人或以爲迂闊。是以言者甚難，而聽者不可不審也。今茲略陳當行實事，尚冀采擇焉。【略】

一、選官。夫官不必備惟其人，蓋言三公之選。其餘庶官各有所治之事，不可一日而缺也。況在山東，頻年水旱，盜賊竊發，民多貧窮，可不選官撫治之乎。昔漢宣帝嘗曰：庶民所以安其田里而亡歎息愁恨之聲者，政平訟理也。與我共此者，其惟良二千石乎。今國家守令之選，不爲不嚴，但廟堂銓選有時，而各處闕官無已。即目山東見闕宣慰使二員，濟南、東平、濟寧、東昌、益都見闕總管五員，高唐、海寧、沂州見闕知州三員，其餘佐貳之職闕者尚多有之。且年六十五以上者先行銓注，固爲令典，然多係老耄疾病之人。日暮途遠，但知求公田俸禄肥宗飽妻子而已，其能潔己奉公勤力于政務者幾何人哉。方今山東郡縣達魯花赤俱係投下，守令見闕者十居二三，老病者又居其半，然則欲治化之興行，盜賊之屏息，其可得乎。宜從朝廷將山東按治所屬宣慰司、各路州縣等官，下及鎮店巡檢捕盜之屬，但是見闕守闕，省除、部注共爲一選，作急銓注。仍須選擇年方盛強、歷練政務、無大過犯、附近籍居，見闕者勿候宣勑，即便赴任。如此則郡縣有人，庶可責以政務，政務既修則善民獲安，惡人知懼。仍須今後但有急闕，隨即申達補注，庶不闕官撫治其民矣。

（元）蘇天爵《元文類》卷一四陳祐《三本書至元五年十月上》 嘉議大夫、衛輝路總管臣陳祐，謹齋沐百拜，獻書于皇帝陛下：

臣今越職言事，事曰三本，皆國家大計，非不知獲罪于時也。顧臣起身微賤，臣之先王謂穆哥大王也。拔臣于畎畝之中，進臣于陛下，任臣以方面之重，錫臣以虎符之榮。臣叨居陛下之官，食陛下之禄，將踰十年矣。是以朝夕感愧，每思敷陳國計，効死以報陛下，亦所以報先王也。儻蒙陛下察臣愚忠，以臣言萬一有補于時，貰以不死，俾開言路，臣之幸也。若以臣言狂瞽，冒犯時忌，其罪當死，死于國計，臣之義也。伏望陛下賜以燕閒之暇，熟覽臣言，則臣纖芥之忠，山嶽之罪，舉無逃於聖鑑矣。惟陛下仁聖裁之。【略】

其三曰：人材治本，選舉之方宜審。臣聞君天下者勞于求賢，逸于得人，其來尚矣。蓋天地間有中和至順之氣，生而爲聰明特達之人，以待時君之用。是以聖王遭時定制，不借材于異代，皆取士于當時。臣愚以爲今之天下，猶古之天下也；今之君臣，猶古之君臣也；今之人材，猶古之人材也。賢俊經綸之士，豈皆生于曩代，而獨不生于當今哉。顧惟陛下求之與否爾。伏見取人之法，今之議者互有異同，或以選舉爲盡美而賤科第，或以科第爲至公而輕選舉。是皆一己之偏見，非古今之通論也。夫二帝、三王之下，隋唐以上，數千百年之間，明君睿主所得社稷之臣、王霸之輔，蓋亦多矣。其豐功盛烈，章章然著于天下後世之耳目者，迹其從來，亦可考也。或起于耕耘，或求之于版築，或獵之于屠釣，或遇之獻言而入侍，或由薦進而登朝。至于賢良方正、直言、孝廉，貢舉之著，遭際萬殊，不可勝紀，豈一出于科第乎？自隋唐以降，迄于宋金，數百年間代不乏人，名臣偉器，例皆以科第進，豈皆一出于選舉乎？及乎遇合于君，聚精會神于朝廷之上，皆能尊主庇民，論道佐時，寧復有彼優此劣之間哉。夫士之處世，亦猶魚之處水。今魴之在河，鯉之在洛，人皆知之，其取之之術，固有筌、罾、罟、釣之不同，期于得魴、得鯉則一也。

臣愚謂方今取士，宜設三科以盡天下之材，以公天下之用。亡金之士，以第進士並歷顯官、耆年宿德老成之人，分布臺省，諮詢典故，一也。內則將相、公卿、大夫各舉所知，外則府尹、州牧歲貢有差，進賢良則受賞，進不肖則受罰，二也。頒降詔書，布告天下，限以某年開設科舉，三也。三科之外，繼以門蔭、勞効參之，可謂才德兼收，動賢並進。如此，則人人自勵，安敢苟且？庶幾野無遺材，多士盈朝，將相得人于上，守令稱職于下，時雍丕變，政化日新，陛下端拱無爲，而天下治矣。夫天下猶重器也，器之安危，置之在人。陛下誠欲措天下于泰山之安，基宗社于磐石之固，可不以求材爲急務乎？《詩》曰：濟濟多士，文王以寧。其斯之謂歟。

抑臣又聞，凡人臣進深計之言于上，自古爲難。昔漢賈誼當文帝治平之世，建言諸侯強大，將不利于社稷，譬猶抱火厝之積薪之下，而寢其上，火未及然，因謂之安，甚非安上全下之計，莫若衆建諸侯而少其力，可謂切中時病矣。然當時舉皆以誼言爲過，故帝雖嘉之，而不能用。逮景帝之世，七國連兵，幾危漢室，誼之言始驗于此矣。董仲舒當武帝窮兵黷武之初，重斂苛刑之際，一踵亡秦之餘敝，唯崇尚虛文，而欲求至治，仲舒以爲當更化而不更化，雖有大賢不能善治，譬之琴瑟不調，甚者當更張而不更張，雖有良工不能善鼓耳。又言臨淵羨魚，不如退而結網，臨政願治，不如退而更化，可謂深識治體矣。然當時舉朝皆以其言爲迂，故帝雖納之，而不果行。逮季年之後，海內虛耗，戶口減半，帝于是發仁聖之言，下哀痛之詔，仲舒之言實驗于此矣。向若文帝用賈誼之言，武帝行仲舒之策，其禍亂之極，必不至此，漢之爲漢，又豈止如是而已哉。暨乎有唐馭宇，太宗皇帝清明在躬，以納諫爲心，而魏徵之倫恥其君不及堯舜，是以知無不言，言無不聽，聽無不行，故能身致太平，比功較德，優邁前主矣。

臣誠才識駑鈍，不足以比擬前賢，如霄壤、涇渭，固自有間，然於遭逢聖明，誠誠懇懇，志在納忠，其義一也。臣請以人身之計言之。且冬之祁寒，夏之甚暑，此天時變于上者也，在修人事以應之。故祁寒則衣以裘，甚暑則服之以葛，非人情惡常而好變也，蓋亦理勢當然，不得不爾，期于康寧其身而已矣。或者安于循習，昧于變通，冬之裘且加于流火鑠金之夏，夏之葛苟施乎堅冰坼地之冬，將見嚴酷厲人，危在朝夕矣，又烏能答天地之正算，養喬松之上壽哉。國計安危，理亦如此。臣愚切謂三本之策，若施之于太祖用武之世，有所未遑，行之于陛下文明之時，誠得其宜矣。此是天下之公論，非臣一人之私意也。願陛下不以人廢言，力而行之，則可以塞禍亂之源，可以明太平之化，可以保子孫于萬世，可以福蒼生于無窮矣。臣猥寄外藩，不明大體，加以性識愚戇，干冒宸嚴，不勝戰慄隕越之至。

（明）楊士奇等《歷代名臣奏議》卷六七《治道》 元成宗大德七年鄭介夫上奏曰：**【略】**

一、任官。古者任官之法，由儒而吏，自外而內，循次而進，無有僭踰。今中外百官，悉出於吏。觀其進身之初，不辨賢愚，不問齒德，夤緣勢援，互相梯引。有力者趨前，無力者居後。口方脱乳，已入公門；目不識丁，即親案牘。區區簿書期會之末尚不通習，其視內聖外王之學爲何物，治國平天下之道爲何事？苟圖俸考，爭先品級，以致臨政懵無所知。傳曰：仕而優則學，學而優則仕。不知爲學，豈知爲仕，心術既差，氣節何在？今隨朝吏員通儒明吏者，十無二三。天下好官盡使此輩爲之，甚可爲朝廷名器惜也。夫吏之與儒，可相有而不可相無，儒不通吏，則爲腐儒；吏不通儒，則爲俗吏，必儒吏兼通，而後可以莅政臨民。《漢書》稱儒術飾吏治，正謂此也。今吟一篇詩，習半行字，即名爲儒，何嘗造學業之深奧？檢舉式例，會計出入，即名爲吏，何嘗知經國之大體？吏則指儒爲不識時務之書生，儒則指吏爲不通古今之俗子。儒自儒，吏自吏，本出一途，析爲二事，遂致人物之冗，莫甚於此時也。

今隨朝自部典吏，轉爲省典吏，又轉而部令史，部陞之院，院陞之省，通理俸月，不十年已受六品之官。而各處州縣以吏進者，年二十即從仕，十年得補路吏，又十年得吏目，又十年可得從九，中間往復，給由待闕，四十餘年才登仕版，計其年已逾六十矣。或有病患事故，曠廢月日，七十之翁未可得一官也。以儒進者，自縣教諭陞爲路學録，又陞爲學正，爲山長，非二十年不得到部。既入部選，陷在選坑之中，又非二十餘年不得銓注。往往待選至於老死不獲一命者有之；幸而不死，得除一教授，耄且及之矣。望爲少年相、黑頭公，必不可得也。今內任以三十個月爲一考滿，即陞一等，又多是內任遷轉。外任以三周爲一考，三考得一等，又有給由入選待注守闕之歲月，六年纔歷一任，十八年得陞一等，淹滯莫此爲甚也。且即所見言之。如前德興縣邢主簿，竭職奉公，政聲頗著，去官之日，不辦舡資，亦可謂能吏矣。無力求陞，止淹常調，且累任困於錢穀官。今天下之公勤廉幹過於邢者，甚不爲少，當路薦章未嘗及之。如前禮部高顯卿，乃侯司卿根前提胡床小斷，既無學識，又乏德行，不知稼穡，不習刑名，僅十五六年，已致身於四品。今鵷行間出於役夫賤隸若高之輩者，不堪縷數，雖知之莫有指斥之者。懷能抱德，沉没下僚；駑才妄子，遽登樞要，似此不公，可爲一慨。

昔宣帝以太守爲吏民之本，嘗曰：庶民所以安其田里，而亡嘆息愁恨之聲者，政平訟理也。與我共此者，惟良二千石乎？太宗謂養民惟在都督、刺史，縣令尤爲親民，不可不擇。如路、府、州、縣之官，實百姓安危之所係，若以内爲重，以外爲輕，是不知爲政之根本也。久任於内者，但求速化，不歷田野之艱難；久任於外者，惟務苟禄，不諳中朝之體面。今朝廷既未定取人之科，當思所以救弊之策，在朝宜少加裁抑，在外宜量與優遷可也。今後州縣吏員，當盡取之儒學子弟，每歲令風憲官選其行止無過，廉能可稱者，貢補省、部典吏。縣則補於部，州則補於省，滿考，則部典吏發充外路司吏，省典吏發充宣慰司令史。又每歲擇其上名貢補六部寺監令史，滿考，則發充各省令史，並令依例入流。其臺院令史，從外任八品官選取，其省掾從外任七品官選取，通理内外俸月以定陞黜。縣教諭與路司吏同資，路學正與宣慰司令史同資，各從所長而委用之。百官自三品以下，九品以上，並内外互相注授。歷外一任，則陞之朝；隨朝一任，則補之外。凡任於外者，必由内發；任於内者，必從外取。庶幾使儒通於吏，吏出於儒，儒吏不致扞格，内外無分於重輕，雖不能盡選舉之規，亦足以救一時之弊也。

一、選法。選曹乃治化之原，人材所自出之地，至甚不輕選者，選擇之義也。古之選法，選其能者取之，不能者去之。今之選法，但考俸月之多寡，定品給之高下，如是而已。有虞三載考績，三考黜陟幽明；成周三歲則大計群吏之治而誅賞之，不聞三年必轉一官，三考必陞一級也。選法弊壞，莫甚於此時矣。

夫貪污無行者，皆行險僥倖之小人也，同流合污，而譽每歸之；廉介自守者，多與俗寡諧之烈士也，疾惡過甚，而怨每歸之，惟在上之人有以辨明白之耳。今必待被告經斷方指爲貪污，則人之實貪污而能委曲周旋以幸免於告訐者，比比皆是，如路總管李朵爾濟、劉沃浮之徒，歷任之初，家無儋石之儲，身有斡脱之債，今皆田連阡陌，解庫鋪席，隨處有之，非取於民，何從而得？凡此者皆實貪污而未嘗經告者也。及其滿替，貪廉無别，一體給由求仕。彼貪污者，家計既富，行囊亦充，赴都縱賄，無所不至，每每先得美除。彼廉介者，衣食所窘，日不暇給，至二三年間廢於家，雖已給由，無力投放；及文書到部，復吹毛求疵，百端刁蹬；幸而入選，在都待除，淹困逾年，饑寒不免。則急進者可以速化，恬退者反有體覆保勘之撓，是朝廷誘人以奔競也。今大小官正七以上者省除，從七以下者部注。然解由到省，例從部擬，吏部由此得開賄門。如散官職事，互有高低，有力有援，則擬從其高；力孤援寡，則擬從其低。雖以土木偶人，及考亦得陞階，更不問爲人之賢愚，居官之能否何如也。既以入選，公然賣闕，以闕之美惡爲賄之高下。各官該吏相爲通融，私門投下，分擬名闕。無力之士，甘心於遐遠錢穀之除。遂致勾闌倡優，以有才爲有財，以前資爲錢貲之戲。每於注選時，莫不争求其地之近、闕之美，而邊遠接連鈔庫去處，有十餘年不得代之官。民間有云：使錢不慳，便得好官；無錢可幹，空做好漢。因此各思苟利肥家，以爲榮進之計，誰肯忍苦吞饑，自貽疏遠之斥，未免相胥爲不廉矣，是朝廷導人以貪污也。

選法不公，難以條舉，且即所見言之。如丘恢，丘總管之子，父存日已授崇安縣尹，因奸囚婦斷罷不叙，閒居八年。父殁之後，改名丘魁，自稱白身承蔭，再授寧都州同知，聞者莫不駭笑。如孔文昇，係浙西廉訪司書吏，巡按常州，改作文聲，虚稱歷任學正，滿考自行體覆，捏合入府州選；又以宣聖子孫即陞太平路教授。除命已下，猶在憲司勾當。如此詐僞，而省部更不究問，實爲孔門之玷，風憲之羞。又如牟應復，輕薄無行，傲狠不才，初歷下州學正，厚賂閤承旨，保稱亡宋故官之子，便得攙陞路選。自是援例者，但夤緣翰林集賢院求一保闕，不問人物根脚，即加虚獎過褒，闕節既到，隨准所擬，小有不完，必遭疏駁。非才者陞選，負能者淹屈，欲望選法之清、人材之盛，不可得也。

古者自州縣官以上，皆天子自選，故銓曹每擬一官，必先稟命於天子。天子欲用一人，亦詢其可否於執政。今乃以省部除授之官指爲常選，以天子委用之人指爲必里克選。夫天下之官，孰非天子之臣，安得以一朝省而自分爲兩途耶？緣常選所除，非出天子之意，而伯勒格所用，又非中外推許之人，所以不能歸一。若盡以必里克不得預常選之列，則是天子之言得制於省部之手，太阿之柄幾於倒持矣。漢宣帝拜刺史守相，輒親見問，觀其所由，退而考察所行以質其言。唐太宗嘗列刺史之名於屏風，坐卧觀之，得其在官善惡之迹，注於名下，以備黜陟。古者選官如此其精且嚴，猶不能盡得其人。今之所謂守選法者，常選少一月一日，必不許陞，歷任雖多而根脚淺者，通理必降；必里克盡指爲無體例，難以定奪。殊不知常選中太半非才，俱可沙汰，而必里克選中豈無一二可用之人才耶？不嚴其選而嚴其格，不清其源而澄其流，是不識古人選法之意也。

今宜先擇風憲官，委令常加體察，除贓濫正犯之外，有罷軟不勝任者，行止不廉者，帷簿不修者，依阿取容而無所成立者，並許彈罷。有德行可以廉頑立懦，才幹足以剸繁治劇，但一事可稱、一行可取者，並許摘實薦舉。依古法分爲上中下三考，書上考者陞，中考者平遷，下考者降，不入考者黜，從憲司上下，半年或每季終，造册開呈都省。如各官根脚、年甲、籍貫、三代已載元除，在任實跡已見考書，解由之內，不必贅寫，止稱歷過俸月足矣，並令還家聽除，不許親賫赴都。各省逐月類咨差官，馳驛入選，令選曹自計考書之上中下，以定黜陟誅賞，然後照闕銓注，將合授宣敕，發付各省，於元籍標散。賢能者不待致力而自陞，誰不知勸？愚不肖無所容私而被降，誰不知懼？賞罰既公，衆心自服矣。如民生休戚，官吏賢否，既已責任憲司，又有監察御史不時差出問事，何須重復遣使巡行郡邑？但每歲委清幹官巡按各道，專一體問風憲僚屬，有政事無取，舉劾不公者，比之有司，罪加二等。如此行之一年，選曹不得而賣闕，仕人不得而計置，臺察不得而徇私滅公，此絶弊倖之要道也。

（明）楊士奇等《歷代名臣奏議》卷二四一《任將》 趙天麟又上策曰：臣聞兵者，凶器也，戰者，危事也，既不可不慎動矣；將軍者，國家之爪牙，人命之關係，尤不可不慎選也。上古以來，民無定志，聖人既作，大統由分。自黄帝用弓矢以擒蚩尤之後，周有方叔、召虎、尹吉甫之徒，漢有淮陰、條侯、霍嫖姚之輩，趙之廉頗，燕之樂毅，楚之吴公，齊之孫子，矯矯然樹四方之英氣，昂昂然振百世之風聲。或有搴旗斬將之功，或有轉地回天之技，或有助伐罪弔民之德，或有懷佐君匡世之才，莫不感會風雲，契合魚水，依光日月，垂名竹帛，以至尚父之鷹，孔明之龍，吴漢之敵國，李勣之長城，斯皆將軍之善戰善勝者也。彼有視人如草菅而刈之，御衆如蜂蟻而藐之，行伍不整，疾徐無節，三令五申而其令不行，耀材陳策而其材不中，營壘輕而可掩襲也，甲仗利而徒無益也。故慎子爲魯將軍，一戰勝齊，猶且不可，白起勝趙，長平坑死之人四十餘萬；柏直乳臭，挫魏王之師；棘門兒戲，致孝文之誚。此雖爲將者之曠官，抑亦有司選將者之失也。所謂良將者，剛則法天，可望而不可干也；柔則法淵，可觀而不可入也；去如收電，可見而不可追也；留如丘山，可瞻而不可動也。此之所謂良將，不亦大哉。然後龍韜豹略發於胸中，霧卒雲師領於麾下，赫然一怒，乘風送款者將接踵而來矣，復豈有爭鋒迓刃之敵哉。是以選大將者，固非餘將之比也。驊騮騏驥，奮迅乎千里，鶱驤乎九州，非噉芻數倍於常，不足以盡其能，全其力，而役之以取效也。良將亦然，方其國家無事之時，遴選英雄，高爵以寵之，厚禄以食之，加之以殊禮，處之以閑職。一旦卒然有急，則行專委之遴焉，於是乃有折衝於樽俎之間，制勝於疆場之際，心口相誓而委命自甘，肝腦塗地而赤心無吝者，豈非王者善將將之所致而然邪。先帝之平江南，由此故也。若夫無事之時，偃然不慮，一旦有急，則任夫肉食之流，設或犯皇家之大戒，虧丹闕之威嚴，雖復噬臍，何嗟及矣。伏望陛下深符祖意，爰採宏材，下詔林泉，飛書營壘，凡德足以鎮服人心，能足以超越倫類，計足以坐消變故，勇足以深入敵陣者，縣次續食，令與計偕，至于京師，館於上室，申之以天鑒，接之以優禮，處之以無事之崇班，寄之以不時之大用。昔者唐有郭子儀，而身爲安危者二十餘年。更望陛下凡武臣宿將，功高望重，德顯才清者，宜加殊遇，以厲將來。臣非不知聖朝與天齊福，啓運正隆，但宜柔遠以文，尚奚賴於將軍之力哉。然而審事務、防變故者，聖人戒慎之至，不得不如此也。

（明）朱健《古今治平略·元選舉》 元初太祖始得中原，輒用耶律楚材言科舉選士。世祖既定天下，王鶚獻計，許衡立法，事未果行。至仁宗延祐間，始斟酌舊制而行之。取士以德行爲本，試藝以經術爲先。然當時仕進有多岐，銓衡無定制，吏道雜而多端，是皆文繁吏弊之所致也。順帝至元元年詔罷科舉。初徹里帖木兒平章江浙，會行科舉，驛請試官，供張甚盛，心頗不平，及入中書，首罷之。參政許有壬力争曰：科舉若罷，天下人才觖望。伯顏曰：舉子多以贓敗，又有假蒙古、色目者。有壬曰：科舉未行，臺中贓罰無算，豈盡出于舉子。伯顏又曰：今科舉取人，實妨選法。有壬曰：科舉取士，豈不愈於通事、知印等出身。今通事、知印等天下凡三千餘名，自四月至九月受宣者七十三人，而科舉一歲僅三十餘人，太師試思之，科法于選法果相妨乎不也。伯顏心然其言而議已定，不可中輟，遂罷之。時有壬雖力諫而竟爲伯顏傳命，人有過橋折橋之議。夫古之人君，患不能知賢才而用之以治天下，故設科取士，使懷才抱德敦行者由之進。若漢之鄉舉里選、察廉對策非一途也。然人之德行難知，藝能易見。德行者多自晦，藝能者每自衒。於是乎聽其所言以察其所蘊，即其所習以審其所向，故唐之明經、進士，宋之制策、詞學非一科也。猶以爲有德者必有言，有言者不必有德，則又即其言以考其實，若稽諸古典而本於經，不失乎先聖之旨，則有取焉。非但取其言語之工，文藻之華而已也。元之用人，大抵偏於國族勳舊貴游子弟，故選舉之法久而未行。仁宗決意行之，由此縫掖之士僅得拔十一於千百。若謂科舉遺賢才則可，謂妨選法則非也。彼疾其供張之甚，而請罷科舉者，真悻悻然小丈夫哉。六年，復行科舉法。至二十六年，是科進士優其品秩第一甲授承直郎，正六品。第二甲授承務郎，從六品。第三甲授從仕郎，從七品。兵興以後，科目取士莫盛於斯，而元之設科亦止於是歲云。

（清）孫承澤《元朝典故編年考》卷一《用人宜慎重職位》　中統二年，太常少卿王磐奏疏曰：歷代制度有官品，有爵號，有職位。官爵所以示榮寵，職位所以委事權。臣下有功有勞，隨其大小酬以官爵，有才有能，稱其所堪處以職位，人君御下之術也。臣以爲有功者宜加遷散官，或賜五品爵號，如漢唐封侯之制可也，不宜任以職位。

（清）孫承澤《元朝典故編年考》卷七《任官之法》　至順三年六月，監察御史陳思謙言：内外官非文武全才出處係天下安危，能拯金革之難者，不許奪情起復。從之。時思謙又言：銓衡之弊，入仕之門太多，黜陟之法太簡，州郡之任太淹，朝省之除太逸，欲設三策，以救四弊。一曰，至元三十年以後增設衙門，冗濫不急者，從實減并，其外有選法者，并入中書。二曰，宜參酌古置，設辟舉之科，令三品以下各舉所知，得材則受賞，失實則受罰。三曰，古者刺史入爲三公，郎官出宰百里，蓋使外職識朝廷治體，内官知民間利病。今後歷縣尹有能聲善政者，受郎官御史，歷郡守有奇才異績者，任憲使尚書，其餘各驗資品通遷。在内者不得三考連任京官，在外者須歷兩任乃遷内職。績非出類、守不敗官者，則循以年勞，處以常調。凡朝缺官員須十二月之上，方許遷除。帝可其奏，命中書議行之。

（清）嵇璜等《續通典》卷二二《選舉·雜議論下》　王圻曰：元舊制，銓曹有行止科吏主之日具内外官十名上中書省，中書籍以遷擢。其後吏怠不爲，意仕者淹滯，有待選十餘年者。至正時，危素責吏日具五名，五日一上中書，吏樂易集各思泰職，而久滯者獲伸。胡粹中曰：古之人君患不能知賢才而用之以治天下，故設科取士，使懷才抱德敦行者由之以進。若漢之鄉舉里選、察廉、對策，非一途也，然人之德行難知，藝能易見。德行者多自晦，藝能者多自衒，於是乎聽其所言以察其所蘊，即其所習以審其所尚。故唐之明經進士，宋之制策詞學，非一科也。猶以爲有德者必有言，有言者不必有德，則又即其言以考其實。若稽諸故典而本於經，不失乎先聖之旨，則有取焉，非但取其言語之工文藻之華而已也。元之用人大抵偏於國族、勳舊、貴游、子弟，故選舉之法久而未行。仁宗決意行之，由此中華縫掖之士僅得拔什一於千百。若謂科舉遺賢才，則可謂妨選法，則非也。邵遠平曰：臧晋叔云，元以曲取士，設十有二科，其説甚爲無據。自至元八年設國學，出策題試問，所對精通者爲中選。皇慶二年制科舉，皆用經書、時務爲題，並無詞曲一項，此明證也。汪琬曰：按《輟耕録》元反宋金餘習，初試論賦，其後一以經義爲本。及考《選舉志》，春秋兩試皆未嘗用論，終元之世亦未嘗廢賦不用也，或有司校閲稍重經疑，經義則有之耳。

綜述

（宋）洪皓《松漠紀聞續》　省部有令史，以進士及第者爲之。又有譯史，或以練事，或以闌節。凡遞勑或除州太守，告令史、譯史送之，大州三數百千，帥府千緡。若兀朮諸貴人除授，則令宰執子弟送之，獲數萬緡。

（宋）宇文懋昭《大金國志》卷三五《除授》　選舉之外有奏補法，有世襲法，有封贈法。其奏補法，不論文武，有奏補任子恩。如狀元及第，初授承德郎，迨海陵煬王之世，特加一官，授奉直大夫，係從六品，便可蔭兩子。且如蔭補格法，一品蔭七人，並補閤門祇候；二品蔭六人，三品蔭五人，並補內供奉班祇候；四品蔭四人，五品蔭三人，六品蔭二人，並補供奉班祇候。無致仕遺表恩澤。

其世襲法，世襲千户，金國深重其賞，非宗室勳臣之家不封，勳臣之家亦止本色人及契丹、奚家而已。所襲官職，亦非一等，上自明威將軍，下至千户、三百户。若襲封之人亡，及因他故合去官者，許令長男繼之。如長男已亡，或篤廢疾者，長孫繼之。長子與長孫俱亡，次子繼之。本枝絶，兄弟繼之。兄弟無，近親繼之。

其封贈法皆依宋朝舊制，止無加封。若既封之後，必待及品格則再封，兼止從其官，不從其職。文臣則朝列大夫，武官則宣武將軍以上，惟五品官方聽封贈。

（宋）宇文懋昭《大金國志》卷三六《皂隸》　皂隸出身與蔭人等，甚以爲重。如州郡都吏出職，並補將仕郎，授録事、判官、司候、司判、市丞，至儒林，亦蔭子。部吏缺人，令州縣擇人貢之。十年無公私過，補昭信校尉，授下縣令或録事，漸亦可至〔知〕州、同知。

《金史》卷五二《選舉志・文武選》　金制，文武選皆吏部統之。自從九品至從七品職事官，部擬。正七品以上，呈省以聽制授。凡進士則授文散官，謂之文資官。自餘皆武散官，謂之右職，又謂之右選。文資則進士爲優，右職則軍功爲優，皆循資，有陞降定式而不可越。

凡銓注，必取求仕官解由，撮所陳行績資歷之要爲銓頭，以定其能否。其有犯公私罪贓汚者，謂之犯選格，則雖遇恩而不得與。舊制，犯追一官以至追四官，皆解任周年，而復仕之。承安二年，定制，每追一官則殿一年，凡罷職會赦當叙者，及降殿當除者，皆具罪以聞，而後仕之。凡增課陞至六品者，任回復降。既廉陞而再任覆察不同者，任回亦降。

自進士、舉人、勞效、廕襲、恩例之外，入仕之途尚多，而所定之時不一。若牌印、護衛、令史之出職，則皇統時所定者也。檢法、知法、國史院書寫，則海陵庶人所置者也。若宗室將軍、宮中諸局承應人、宰相書表、太子護衛、妃護衛、王府祗候郎君、內侍、及宰相之子、并譯史、通事、省祗候郎君、親軍驍騎諸格，則定於世宗之時，及章宗所置之太常檢討、內侍寄禄官，皆仕進之門户也。【略】

凡外任循資官謂之常調，選爲朝官謂之隨朝，隨朝則每考陞職事一等，若以廉察而陞者爲廉陞，授東北沿邊州郡而陞者爲邊陞。

凡院務監當差使則皆同從九品。

凡品官任都事、典事、主事、知事、及尚書省令史、覆實、架閣司管勾、直省直院局長副、檢法、知法、院務監當差使、及諸令史、譯史、掌書、書史、書吏、譯書、譯人、通事、并諸局分承應有出身者皆爲流外職。凡此之屬，或以尚書省差遣，或自本司判補，其出職或正班、雜班，則莫不有當歷之名職。既仕則必循陞降之定式，雖或前後略有損益之殊，而定制則莫能渝焉。【略】

凡進士所歷之階，及所循注之職。貞元元年，制南選，初除軍判、丞、簿，從八品。次除防判、録事，正八品。三除下令，從七品。四中令、推官、節察判，正七品。五六皆上令。從六品。北選，初軍判、簿、尉，二下令，三中令，四上令，已後並上令，通注節察判、推官。

正隆元年格，上甲者初上簿軍判、丞、簿、尉，中甲者初中簿軍判、丞、簿、尉，下甲者初下簿軍判、丞、簿、尉。第二任皆中簿軍判、丞、簿、尉。三、四、五、六、七任皆縣令，回呈省。

大定二年，詔文資官不得除縣尉。

八年格，歷五任令即呈省。

十三年，制第二任權注下令。

舊制，狀元授承德郎，以十四年官制，文武官皆從下添兩重，命狀元更授承務郎，次舊授儒林郎，更爲承事郎。第二甲以下舊授從仕郎，更爲將仕郎。

十五年，勅狀元除應奉，兩考依例授六品。十八年，勅狀元行不顧名者與外除。十九年，命本貫察其行止美惡。

二十一年，復命第三任注縣令。

二十二年，勅進士受章服後，再試時務策一道，所謂策試者也。内才識可取者籍其名，歷任後察其政，若言行相副則升擢任使。是年九月，復詔今後及第人，策試中者初任即升之。

二十三年格，進士，上甲，初録事、防判，二下令，三中令。中甲，初中簿，二上簿，三下令。下甲，初下簿，二中簿，三下令。試中策者，上甲，初録事，防判，二中令，三上令。中甲，初上簿，二下令，三中令。下甲，初中簿，二録事、防判，三中令。又詔今後狀元授應奉，一年後所撰文字無過人者與外除。

二十六年格，以相次合爲令者減一資歷。二十六年格，三降兩降免一降，文資右職外官減最後，上令一任通五任回呈省。遂定格，上甲，初録事，防判，二中令，三、四、五上令。中甲，初中簿，二下令，三中令，四、五上令。策試進士，初録事，防判，二、三、四、五上令。其次，初上簿，二中令，三、四、五上令。又次，初中簿，二下令，三中令，四、五上令。下甲，初下簿，二下令，三中令，四、五上令。

二十七年，制進士階至中大夫呈省。

明昌二年，罷勘會狀元行止之制。

七年格，縣令守闕各依舊格注授。

泰和格，諸進士及第合授資任須歷遍乃呈省，雖未盡歷，官已至中大夫亦呈省。又諸詞賦、經義進士及第後，策試中選，合授資任歷遍呈省，仍每任升本等首銓選。

貞祐三年，狀元授奉直大夫，上甲儒林郎，中甲以下授徵事郎。

經義進士。皇統八年，就燕京擬注。六年，與詞賦第一人皆擬縣令，第二人當除察判，以無闕遂擬軍判。第二、第三甲隨各人住貫擬爲軍判、丞、簿。舊制，《五經》及第未及十年與關内差使，已十年者與關外差使，四十年除下令。正隆三年，不授差使，至三十年則除縣令。大定二十八年始復設是科，每舉專主一經。

女直進士。大定十三年，皆除教授。二十二年，上甲第二第三人初除上簿，中甲則除中簿，下甲則除下簿。大定二十五年，上甲甲首遷四重，餘各遷兩重。第二第三甲授隨路教授，三十月爲一任，第二任注九品，第三、第四任注録事、軍防判，第五任下令。尋復令第四任注縣令。二十六年，減一資歷注縣令。二十八年，添試論。後皆依漢人格。

宏詞，上等遷兩官，次等遷一官，臨時取旨授之。【略】

律科、經童。正隆元年格，初授將仕郎，皆任司候，十年以上並一除一差，十年外則初任主簿，第二任司候，第三主簿，四主簿，五警判，六市丞，七諸縣丞，八次赤丞，九赤縣丞，十下縣令，十一中縣令，五任上縣令，呈省。三年制，律科及第及七年者與關内差使，七年外者與關外差。諸經及第人未十年者關内差，已十年關外差。律科四十年除下令。經童及第人視餘人復展十年，然後理算月日。

大定十四年，以從下新增官階，遂定制，律科及第者授將仕佐郎。十六年特旨，以四十年除下令太遠，其以三十二年不犯贓罪者授下令。十七年，勅諸科人仕至下令者免差。二十年，省擬，無贓罪及廉察無惡者減作二十九年注下令，經童亦同此。二十六年，省擬，以相次當爲縣令者減一資歷選注。勅命諸科人累任之餘月日至四十二月，准一除一差。又勅，舊格六任縣令呈省，遂減爲五任。二十八年，減赤縣丞一任。

明昌五年，制仕二十六年之上者，如該廉升則注縣令。六年，減諸縣丞、赤縣丞兩任後吏格，十年内擬注差使，十年外一除一差。若歷八任、或任至三十二年注下令，則免差須遍歷而後呈省。所歷之制，初、二下簿，三、四中簿，五、六、七上簿，犯選格者又歷上簿兩任，八、九則注下令，十中令，十一、十二上令。【略】

凡武舉，泰和三年格，上甲第一名遷忠勇校尉，第二、第三名遷忠翊校尉。中等遷修武校尉，收充親軍，不拘有無廕，視舊格減一百月出職。下等遷敦武校尉，亦收充親軍，減五十月出職。

承安元年格，第一名所歷之職，初都巡、副將，二下令，三中令，四、五上令。第二、第三名，初巡尉、部將，二上簿，三下令，四中令，五、六上令。餘人，初副巡、軍轄，二中簿，三下令，四中令，五、六上令。【略】

省令史選取之門有四，曰文資，曰女直進士，曰右職，曰宰執子。其出仕之制各異。

文資者，舊惟聽左司官舉用，至熙宗皇統八年，省臣謂，若止循舊例舉勾，久則善惡不分而多僥倖。遂奏定制，自天眷二年及第榜次姓名，從上次第勾年至五十已上、官資自承直郎從六品。至奉德大夫、從五品。無公私過者，一闕勾二人試驗，可則收補，若皆可即籍名令還職待補。官至承直郎以上，一考者除正七品以上、從六品以下職事，兩考者除從六品以上、從五品以下。奉直大夫從六品。以上，一考者除從六品以上、從五品以下，兩考者除從五品以上、正五品以下，節運同。

正隆元年，罷是制，止於密院臺及六部吏人令史內選充。

大定元年，世宗以胥吏既貪墨，委之外路幹事又不知大體，徒多擾動，至二年，罷吏人而復皇統選進士之制。承直郎以上者，一考正七品，除運判、節察判、軍刺同知。兩考者從六品，除京運判、總府判、防禦同知。奉直大夫已上，一考者從六品，除同前。兩考從五品，除節運副、京總管府留守司判官。

七年，以散階官至五品亦勾充，不願者聽。

十一年，以進士官至承直者衆，遂不論官資但以榜次勾補。

二十七年，以外多闕官，論者以爲資考所拘，難以升進，乃命不論官資，凡一考者與六品，次任降除正七品，第三任與六品，第四任升爲從五品。兩考者與從五品，次任降除六品，第三、四任皆與從五品，五任升正五品。

承安二年，以習學知除、刑房知案、及兵興時邊關令史，三十月除隨朝闕。

泰和八年以習學知除十五月以上，選充正知除，一考後理算資考。

大安三年，以從榜次則各人所歷月日不齊，遂以吏部等差其所歷歲月多寡爲次，收補知除，考滿則授隨朝職。

貞祐五年，進士未歷任者，亦得充補，一考者除上縣令，再任上縣令升正七品，如已歷一任丞簿者，舊制除六品，乃更爲正七品，一任回降從七品，再任正七品升六品，如歷兩任丞簿者，一考舊除六品，乃更爲正七品，一任回免降，復免正七一任，即升六品。曾歷令一任者，依舊格六品，再任降除七品，還升從五品。

興定二年，勅初任未滿及未歷任者，考滿升二等爲從七品。初任未滿者兩任、未歷任者四任、回升正七品，兩任正七皆免回降。凡不依榜次勾取者同隨朝升除，俟榜次所及日聽再就補。

興定五年，定進士令史與右職令史同格，考滿未應得從七者與正七品，回降從七一任。所勾諸府令史不及三考出職者除從七品，回降除八品。若一任應得從七品者除六品，回降正七品，若一任應得正七品者免降。

女直進士令史，二十七年格，一考注正七品，兩考注正六品。二十八年，勅樞密院等處轉省者，並用進士。明昌元年，勅至三考者與漢人兩考者同除。明昌三年，罷契丹令史，其闕內增女直令史五人。五年，以與進士令史辛苦既同，資考難異，遂定與漢進士一考與從六品，兩考與從五品。

宰執子弟省令史，大定十二年，制凡承廕者，呈省引見，除特恩任用外，並內奉班收，仍於國史院署書寫、太常署檢討、祕書監置校勘、尚書省准備差使，每三十月遷一重，百五十月出職。如承應一考以上，許試補省令譯史，則以百二十月出職，其已歷月日皆不紐折，如係終場舉人，即聽尚書省試補。

十七年，定制，以三品職事官之子，試補樞密院令史。遂命吏部定制，宰執之子、并在省宗室郎君，如願就試令譯史，每年一就試，令譯史考試院試補外，緦麻袒免宗室郎君密院收補。

大定二十八年，制以宗室第二從親并宰相之子，出職與六品外，宗室第三從親并執政之子，出職與正七品。其出職皆以百五十月，若見已轉省之餘人，則至兩考止與正七品。二十九年，四從親亦許試補。

《金史》卷五三《選舉志·右職吏員雜選》 右職。省令史、譯史。皇統八年格，初考遷一重，女直人依本法外，諸人越進義，每三十月各遷兩重，百二十月出職，除正六品以下、正七品以上職官。

正隆二年，更爲五十月遷一重。初考，女直人遷敦武校尉，餘人遷保義校尉，百五十月出職，係正班與從七品。若自樞密院臺六部轉省者，以前已成考月數通算出職。

大定二年，復以三十月遷一官，亦以百二十月出職，與正、從七品。院臺六部及它府司轉省而不及考者，以三月折兩月，一考與從七，兩考正七品，三考與六品。

三年，定格，及七十五月出職者，初上令，二中令，三下令，四、五録事，六下令，七中令，八上令。百五十月出職者，初刺同、運判、推官等，二、三中令，四上令，回呈省。

大定二十七年，制一考及不成考者，除從七品，須歷縣令三任，第五任則升正七品。兩考以上除正七品，再任降除縣令，三、四皆與正七品，第五任則升六品。三考以上者除六品，再任降正七品，三任、四任與六品，第五任則升從五品。

省女直譯史。大定二十八年，制以見任從七、從八人內，勾六十歲以上者相視用之。

明昌三年，取見役契丹譯史內女直、契丹字熟閑者，無則以前省契丹譯史出職官及國史院女直書寫，見任七品、八品、九品官充。

省通事。大定二十年格，三十月遷一重，百二十月出職。一考兩考與八品，三考者從七品，餘與部令譯史一體免差。

御史臺令史、譯史。皇統八年遷考之制，百二十月出職，正隆二年格，百五十月出職，皆九品，係正班。大定二年，百二十月出職，皆以三十月遷一官。其出職，一考、兩考皆與九品，三考與八品。

明昌三年，截罷見役吏人，用三品職事官子弟試中者、及終場舉人本臺試補者，若不足，於密院六部見役品官、及契丹品官子孫兄弟選充。

承安三年，勅凡補一人必詢於衆，雖爲公選，亦恐久漸生弊。況又在書史之上，不試而即用，本臺出身門户似涉太優。遂令除本臺班內祗、令譯史名闕外，於試中樞密院令譯史人內以名次取用，不足，即於隨部班祗令譯史上名轉充。若須用終場舉人之闕，則令三次終場舉人，每科舉後與它試書史人同程試驗，榜次用之。女直十三人，內班內祗六人，終場舉人七人。漢人十五人，內班內祗七人，終場舉人八人。譯史四人，內班內祗二人，終場舉人二人。

樞密院令史、譯史。令史。正隆二年，制遷考與省同，出職除係正班正、從八品。

大定二十一年，定元帥府令譯史三十月遷一官，百二十月出職，一考、兩考與八品除授，三考與從七品。

十四年，遂命內祗、并三品職事官承廕人、與四品五品班祗、及吏員人通試，中選者用之。

十六年，定一考、兩考者，初録事、軍判、防判，再除上簿，三中簿，四同初，五、六下令，七、八中令，九、十上令。二十六年，兩考者免下令一任。三考以上，初上令，二中令，三下令，四録事、軍防判，二十六年，免此除。五下令，二十六年，亦免此除。六、七中令，八上令。

十七年，制試補緦麻袒免以上宗室郎君。又定制，三品職事子弟設四人，吏員二人。

睦親府、宗正府、統軍司令譯史，遷考出職，與臺部同。

部令史、譯史，皇統八年格，初考三十月遷一重，女直人依本格，餘人越進義，第二、第三考各遷一重，第四考並遷兩重，百二十月出職八品已下。

正隆二年，遷考與省右職令史同，出職九品。

大定二十一年，宗正府、六部、臺、統軍司令史，番部譯史，元帥府通事，皆三十月遷一重，百二十月出職係班，一考、兩考與九品，三考已上與八品除授。

十四年，以三品至七品官承廕子孫一混試充，尋以爲不倫，命以四品五品子孫及吏員試中者，依舊例補，六品以下不與。十五年，命免差使。

十六年格，一考兩考者，初除上簿，再除中簿，三下簿，四上簿，五録事、軍防判，六、七下令，八、九中令，十上令。三考以上者，初除録事、軍防判，再除上簿，三中簿，四如初，五下令，後免此除。六、七下令，八中令，九上令。

按察司書吏，以終場舉人內選補，遷加出職同臺部。

凡內外諸吏員之制，自正隆二年，定知事孔目出身俸給，凡都目皆自朝差。海陵初，除尚書省、樞密院、御史臺吏員外，皆爲雜班，乃召諸吏員於昌明殿，諭之曰：爾等勿以班次稍降爲歉，果有人才，當不次擢用也。又定少府監吏員，以內省司舊吏員、及外路試中司吏補。

大定二年，户部郎中曹望之言，隨處胥吏猥多，乞減其半。詔胥吏仍舊，但禁用貼書。又命縣吏闕，則令推舉行止修舉爲鄉里所重者充。三年，以外路司吏久不升轉，往往交通豪右爲姦，命與孔目官每三十月則一轉，移於它處。七年，勅隨朝司屬吏員通事譯史勾當過雜班月日，如到部者並不理算。又詔，吏人但犯贓罪罷者，雖遇赦，而無特旨，不許復叙。又命，京府州縣及轉運司胥吏之數，視其户口與課之多寡，增減之。

十二年，上謂宰臣曰：外路司吏，止論名次上下，恐未得人。若其下有廉慎、熟閑吏事，委所屬保舉。試不中程式者，付隨朝近下局分承應，以待再試。彼既知不得免試，必當盡心以求進也。

章宗大定二十九年，上封事者言：諸州府吏人不宜試補隨朝吏員，乞以五品以上子孫試補。蓋職官之後清勤者多，故爲可任也。尚書省謂：吏人試補之法，行之已久，若止收承廕人，復恐不閑案牘，或致敗事。舊格惟許五品職官子孫投試，今省部試者尚少，以所定格法未寬故也。遂定制，散官五品而任七品，散官未至五品而職事五品，其兄弟子孫已承廕者並許投試，而六部令史内吏人試補者仍舊。

泰和四年，簽河東按察司事張行信言：自罷移轉法後，吏勢浸重，恣爲豪奪，民不敢言。今又無朝差都目，止令上名吏人兼管經歷六案文字，與同類分受賄賂。吏目通歷三十年始得出職，常在本處侵漁，不便。遂定制，依舊三十月移轉，年滿出職，以杜把握州府之弊。

八年，以僉東京按察司事楊雲翼言，書吏書史皆不用本路人，以別路書吏許特薦申部者類試，取中選者補用。

凡右職官，天德制，忠武以下與差使，昭信以上兩除一差。大定十二年，勅鎮國以上即與省除。十三年，制明威注下令，宣威注中令，廣威注上令，信武權注下令，宣武、顯武免差，權注丞簿。又制宣武、顯武，功酬與上簿，無虧與中簿。二十六年，制遷至宣武、顯武始令出職。又以舊制通歷五任令呈省，詔減爲四任。

明昌三年，以諸司除授，守闕近三十月，於選調窒礙。今後依舊兩除一差，候員闕相副，則復舊制。

泰和元年，以縣令見闕，近者十四月，遠者至十六月，蓋以見格，官至明威者並注縣令，或犯選幷虧永人，若帶明威人亦注，是無别也。遂令曾虧永及犯選格，女直人展至廣威，漢人至宣武，方注縣令。又以守闕簿丞，近者十九月，遠者二十一月，依見格官至宣武、顯武、信武者合注丞簿，遂命但曾虧永，直至明威方注丞簿。又吏格，凡諸右職正雜班，謂無資歷者，班内祗同。皆驗官資注授。帶忠武以下者與監當差使，昭信以上擬諸司除授，仍兩除一差。宣武以上與中簿，功酬人與上簿。明威注下令，宣威注中令，廣威注上令，通歷縣令四任，如帶定遠已歷縣令三任者，皆呈省。若但曾虧永及犯選格，諸曾犯公罪追官、私罪解任、及犯贓、廉訪不好、併體察不堪臨民，謂之犯選格。女直人遷至武義，漢人諸色人武略，並注諸司除授，皆兩除一差。若至明威方注丞簿，女直人遷至廣威，漢人、諸色人遷至宣威者，皆兩任下令，一任中令，回呈省。

貞祐三年，制遷至宣武者，皆與諸司除授，亦兩除一差。凡不犯選格者，若懷遠方注丞簿，至安遠則注下令、上令各一任，呈省。四年，復以官至懷遠注下令，定遠注中令，安遠注上令，四任呈省。

檢法、知法。正隆二年，嘗定六部所用人數及差取格法，初考、兩考皆除司候，三考者除上簿。五年，定制，十年内者初考除下簿，兩考除中簿，三考除警判。十年外者初考除第二任司候，兩考除上簿，三考則除市丞。大定二年，制曾三考者，不拘十年内外，皆與八品録事、市令，擬當合得本門户。

除授，舊授劄付，大定三年始命給勑，以律科人爲之。七年，定制，驗榜次勾取，如勾省令史之制。二十六年，命三考除録事，以後則兩除一差。

女直知法、檢法。大定三年格，以臺部統軍司出職令譯史，曾任縣佐市令差使人内奏差，考滿比元出身陞一等，依隨路知事例給勑，以三十月爲任。明昌五年，以省院臺部統軍司令譯史書史内擬，年五十以下、無過犯、慎行止，試一月，以能者充，再勸留者升一等，一考者初上令，二、三中令，四上令，兩考陞二等，呈省。

太常寺檢討二人。正隆二年，五十月遷一重，女直遷敦武，餘人進義，百五十月出職，係雜班。大定二年，制以三十月遷一重，百二十月出職，係正班九品。

省祗候郎君。大定三年，制以袒免以上親願承應已試合格而無闕收補者及一品官子，已引見，止在班祗候，三十月循遷。初任與正、從七品，次任呈省。内祗在班，初、次任注正、從八品，三、四注從七品，而後呈省。班祗在班，初九品，次三正、從八品，四、五從七品，而後呈省。已上三等，並以六十月爲滿，各遷一重。

八年，定制，先役六十月以試驗其才，不能幹者進一官黜之。才幹者再理六十月。每三十月遷加，百二十月爲滿，須用識女直字者。十六年，定制，以制文試之，能解説得制意者爲中選。

十八年，制一品官子，初都軍，二録事、軍防判，三都軍，四下令，五、六上令，回呈省。內祗，初録事、軍防判，二上簿，三同初，四録事，五都軍，六下令，七中令，八上令，回呈省。班祗，初上簿，二中簿，三同初，四録事、軍防判，五録事，六都軍，七下令，八中令，九上令，回呈省。

國史院書寫。正隆元年，定制，女直書寫，試以契丹字書譯成女直字，限三百字以上。契丹書寫，以熟於契丹大小字，以漢字書史譯成契丹字三百字以上，詩一首，或五言七言四韻，以契丹字出題。漢人則試論一道。遷考出職同太常檢討。

宗室將軍。六十月爲任，初刺同，二都軍，三刺同，四從六。副將軍以七品出職人充。明昌元年，以九十月爲滿，中都、上京初從七，二録事、軍防判，三入本門户。餘路，初録事、軍防判，二上簿，三入本門户。承安二年改司屬令作隨朝。

內侍御直。內直六十四人，正隆二年格，長行人五十月遷一重，女直人遷敦武，餘人遷進義，無出身。大定二年格，同上。

大定六年，更定收補內侍格，能誦一大經，以《論語》《孟子》內能誦一書，并善書札者，月給奉八貫石，稍識字能書者七貫石，不識字六貫石。

泰和二年，以參用外官失防微之道，乃創寄禄官名，以專任之，既足以酬其勞，而無侵官之弊。

凡宫中諸局分，大定元年，世宗謂諸局分承應人，班叙俸給涉於太濫，正隆時乃無出身，涉於太刻，又其官品不以勞逸爲制，遂命更定之。大定六年，諭有司曰：宫中諸局分承應人，有年滿數差使者，往往苦於稽留，而卒不得。其差者，復多不解文字而不幹，故公私不便。今後願出局者聽，願留者各增其秩，依舊承應。其十人長，雖老願留者亦增秩，作長行承應，餘依例放還。七年，詔宰臣曰：女直人自來諸局分不經收充祗候。可自今除太醫、司天、內侍外，餘局分並令收充勾當。

護衛，正隆二年格，每三十月遷一重，初考，女直遷敦武，餘遷保義，百五十月出職，與從五品以下、從六品以上除。大定二年格，更爲初遷忠勇，百二十月出職。大定十四年官制，從下添兩重，遂命女直初遷修武，餘人敦武。十八年，制初除五品者次降除六品，第三復除從五品。初任六品者不降，第四任始授從五品，再勒留者各遷一官。明昌元年資格，初任不算資歷，不勒留者，初從六品，二、三皆同上，第四任陞從五。勒留者，初從五，二、三同上，第四正五品。再勒留者，初正五品，二同上，三少尹，四刺史。明昌四年，降作六品、七品除。貞祐制，一考八品，兩考除縣令，三考正七品，四考六品。五年，定一考者注上令。兩考者一任正七品回降從七，兩任正七回陞六品。三考者正七一任回，再任正七陞六品。四考者，三任六品陞從五品。

符寶郎，十二人，正隆二年格，皆同護衛，出職與從七品除授。大定二年格，並同護衛。十四年，初收。餘人遷進義。二十一年，英俊者與六品除，常人止與七品除。

奉御，十六人，以內駙馬充，舊名入寢殿小底。大定十二年，更今名。正隆二年格，同符寶郎。大定二年，出職從七品。

奉職，三十人，舊名不入寢殿小底，又名外帳小底。大定十二年更今名。正隆二年格，女直遷敦武，餘人歷進義，無出身。大定二年格，出職正班九品。大定十四年定新官制，從下添兩重，女直初考進義，餘人進義副尉。十七年格，有廕者初中簿，二下簿，無廕者注縣尉，已後則依格。明昌元年格，有廕者每勒留一考則減一資。二年，以八品出職。六年定格，初録事、軍防判、正從八品丞，二上簿，三中簿，四正從八品，若不犯選格者則免此除，五下令，六、七中令，八上令。勒留一考者陞下令，四、五中令，六上令，回呈省。勒留兩考者陞上令，二中令，三、四上令，回呈省。凡奉御奉職之出職，大定十二年增爲百五十月，二十九年復舊，承安四年復增。

東宫護衛，正隆二年，出職正班從八品。大定二年，正從七品。初收女直遷敦武，餘人保義。

閤門祗候，正隆二年格，女直初遷敦武，餘人保義，出職正班從八品。大定二年格，出職從七品。八年定格，初都軍，二録事，三軍防判，四都軍，五下令，六中令，七上令。已帶明威者即與下令，二録事、軍防判，三都軍，四下令，五中令，六上令。泰和四年格，初都軍，二録事、軍防判，三下令，四中令，五上令。

筆硯承奉，舊名筆硯令史，大定三年，更爲筆硯供奉，後以避顯宗諱，復更今名。正隆二年，女直人遷敦武，餘歷進義，無出身。大定二年格，初考女直遷敦武，餘保義，出職正班從七品。吏格，初都軍，二、三下令，四、五中令，六上令。

妃護衛，正隆二年格，與奉職同。大定二年，出職與八品。

符寶典書，四人，舊名牌印令史，以皇家袒免以上親、有服外戚、功臣子孫爲之。正隆二年格，出職九品。大定二十八年，出職八品，二上簿，回驗官資注授。

尚衣承奉，天德二年格，以班内祗人選充。大定三年，女直人遷敦武，餘人遷進義，出職九品。

知把書畫，十人，正隆二年格，與奉職同。大定二年，出職九品。十四年格，同奉職。二十一年定格，有廕者，初中簿，二軍器庫副，後依本門户差注；無廕者，與差使。

凡已上諸局分承應人，正隆二年格，有出身者皆以五十月爲一考，五考出職，無出身者五十月止遷一官。大定二年、三年格，皆三十月爲考，遷一重，四考出職。十二年，復加爲五考。大定二十九年，又爲四考。承安四年，復爲五考。自大定十二年，凡增考者，惟護衛則否。

隨局内藏四庫本把，二十八人，正隆二年格，同奉職。大定二年格，十人長，每三十月遷一重，四考出職九品。長行，每五十月遷一重，初考女直敦武，餘人進義。轉十人長者其後依親軍例，轉五十人長者以三十月遷加，雖未至十人長而遷加至敦武者，依本門户出職。十二年，加爲五考。二十一年格，與知把書畫同。二十八年，以合數監同人内，從下選差。明昌元年，如八貫石本把闕，六貫石局内選。六年，半於隨局承應人内選。

左右藏庫本把，八人，格同内藏。大定二十九年設，三十月遷一重，百二十月出職。

儀鸞局本把，大定二十七年，三人。明昌元年，設十五人，格比内藏本把。

尚食局本把，四人，大定二十八年設，格同儀鸞。

尚輦局本把，六人，二十八年設，格同儀鸞。

典客署書表，十八人，大定十二年，以班内祗、并終場舉人慎行止者，試三國奉使接送禮儀、并往復書表，格同國史院書寫。十四年，以女直人識漢字班内祗一同試補。大定二十四年，終場舉人出職八品注上簿，次下簿，三任依本門户。明昌五年，復許終場舉人材質端偉、言語辯捷者，與内班祗同試，與正九除。

捧案，八人，大定十九年，以已承三品官廕人，命宣徽院揀試儀觀修整者，格同尚衣承奉。二十一年，格同知把書畫。

擎執傔使，大定四年，以内職及承奉班内選。明昌六年，以皇家袒免以上親、不足則於外戚、并三品已上散官、五品以上職事官應廕子孫弟兄姪，以宣徽院選有德而美形貌者。

奉輦，舊名拽輦兒，大定二十九年更名，格同擎執。

妃奉事，舊名不入寢殿小底，大定十一年又名妃奉職，大定十八年更今名。格同知把書畫。

東宫妃護衛，十人，大定十三年，格同親王府祗候郎君。二十八年，有廕人與副巡檢、譏察，無廕人與司軍、軍轄等除。

東宫入殿小底，三十月遷一重。初考，女直人遷敦武，餘人遷保義。吏格，有廕無廕其出職，初八品，二上簿，三中簿，四八品，五下令，六中令，八上令，回呈首。

東宫筆硯，五十月遷一重，百五十月出職正班九品。無廕人差使。有廕人，大定二十一年格，與二十一年知把書畫格同。

正班局分，尚藥、果子本把，奉膳、奉飲，司裀、儀鸞、武庫本把、掌器、掌輦，習騎、羣子都管、生料庫本把。大定二十一年格，有廕人，知把書畫格同。章宗大定二十九年，諸局分長行並歷三百月、十人長九十月出職。

雜班局分，鷹坊子、尚食局厨子、果子厨子、食庫車本把、儀鸞典幄、武庫槍寨、司獸、錢帛庫官、旗鼓笛角唱曲子人、弩手、傘子。貞元元年，制弩手、傘子、尚厩局小底、尚食局厨子，並授府州作院都監。大定二十九年，長行三百月、十人長九十月出職，弩手、傘子四百月出職。

其他局分，若祕書監楷書及琴、碁、書、阮、象、説話待詔，尚厩局醫獸、駝馬牛羊羣子、酪人，皆無出身。

侍衛親軍長行，初收，遷一重，女直敦武，餘人進義。每五十月遷一重，以次轉五十人長者，則每三十月遷一重。如五十人長内遷至武義者，以五十人長本門户出職。五十人長每三十月遷一重，六十月出職，係正班，與九品除授，有廕者八品除授。如轉百人長者，則三十月遷一重，六十月出職，係正班八品，有廕者七品。大定六年，百户任滿，有廕者注七品都軍、正將，無廕及五十户有廕者，注八品刺郡、都巡檢、副將。五十户無廕者及長行有廕者，注縣尉，無廕注散巡檢。十六年，有廕百户，初中令，二都軍、正將，三、四録事，五下令，六中令，七上令，回呈省。初無廕者，初都軍、正將，二録事，三、四副將、巡檢，五都軍、正將，六下令，七中令，八上令，回呈省。此言識字者也；不識字者，初止縣尉，次主簿。二十一年，有廕者初中簿，二縣尉。無廕者初縣尉，二散巡檢。已後，依本門户，識字、不識字並用差注。二十九年，定女直二百五十月出職，餘三百月出職。吏格，先察可親民、及不可者，驗其資歷，若已任回帶明威、懷遠者，驗資擬注。

拱衛直，正隆名龍翔軍，無出身。大定二年，改龍翔軍爲拱衛司。定格，軍使、什將、長行，每五十月遷一重，女直人敦武，餘人進義。遷至指揮使，則三十月出職，遷一重，係正班，與諸司都監。雖未至指揮使，遷至武義出職，係雜班，與差使。

司天長行，正隆二年，定五十月遷一重，女直敦武，餘人進義，無出身。

太醫，格同。貞元元年，嘗罷去六十餘人。正隆二年格，五十月遷一重，女直人敦武，餘人進義，無出身。

教坊，正隆間有典城牧民者，大定間罷，遂定格同上。

《金史》卷五四《選舉志·部選》 凡吏部選授之制，自太宗天會十二年，始法古立官，至天眷元年，頒新官制。及天德四年，始以河南、北選人並赴中京，吏部各置局銓注。又命吏部尚書蕭賾定河南、北官通注格，以諸司横班大解、并大將軍合注差人，依年例一就銓注，餘求仕人分四季擬授，遂爲定制。貞元二年，命擬注時，依舊令，求仕官明數，謂面授也。不許就本鄉，若衰病年老者毋授繁劇處。

世宗大定元年，勑從八品以下除授，不須奏聞。又制，求仕官毋入權門，違者追一官降除，有所餽獻而受之者，奏之。

二年，詔隨季選人，如無過或有功酬者，依格銓注。有廉能及汚濫者，約量升降，呈省。

七年，命有司，自今每季求仕人到部，令本部體問，政跡出衆者、及贓汚者，申省核實以聞，約量升擢懲斷，年老者勿授縣令。又謂宰臣曰：隨朝官能否，大率可知。若外路轉運司幕官以至縣令，但驗資考，其中縱有忠勤廉潔者，無路而進，是此人終身不敢望三品矣，豈進賢退不肖之道哉。自今通三考視其能否，以定升降爲格。又曰：今用人之法甚弊，其有不求聞達者，入仕雖久，不離小官，至三四十年不離七品者。而新進者結朝貴，致顯達，此豈示激勸之道。卿等當審於用人，以革此弊。

時清州防禦使常德輝上言：吏部格法，止叙年勞，是以雖有才能，拘於法而不得升，以致人材多滯下位。又刺史縣令親民之職，多不得人，乞加體察，然後公行廉問，庶使有懼心。且今酒税使尚選能者，況承流宣化之官，可不擇乎。自今宜以能吏當任酒使者授親民之職。從之。

十年，上謂宰臣曰：守令以下小官，能否不能偏知。比聞百姓或請留者，類皆不聽。凡小官得民悦，上官多惡之，能承事上官者，必不得民悦。自今民願留者，許直赴部，告呈省。遣使覆實，其績果善可超升之，如丞簿升縣令之類，以示激勸。

二十六年，以闕官，勑見行格法合降資歷内，三降兩降各免一降，一降者勿降。省令譯史合得縣令資歷内，免録事及下縣令各一任。密院令史三考以上者，同前免之。臺、部、宗正府、統軍司令譯史，合歷縣令任數，免下令一任。外路右職文資諸科，合歷縣令亦免一任。當過檢法知法，三考得録事者，已後兩除一差。

明昌三年，上曰：舊制，每季到部求仕人，識字者試以書判，不識字者問以疑難三事，體察言行相副者。其令自今隨季部人並令依條試驗。宰執奏曰：既體察知與所舉相同，又試中書判，若不量與升除，無以示勸。遂定制，若隨朝及外路六品以上官則隨長任用，外路正七品官擬升六品縣令一等除授，任滿合降者免降，從七品以下於各等資歷内減兩任擬注，以後體察相同即依已升任使，若體察不同者本等注授，若見任縣令升中上令者，并掌錢穀及丁憂去者，候解由到部。諸局分人亦候將來出職日準上擬注。猛安謀克擬依前提刑司保舉到升任例，施行時嘗令隨門户減一資歷。明昌七年，勅復令如舊。

泰和元年，上以縣令見守闕，近者十四月、遠者十六月，又以縣令丞簿員闕不相副，勅省臣，右選官見格，散官至明威者注縣令，宣武者注丞簿，雖曾犯選格及虧永者亦注，是無別也。遂定制，曾犯選格及虧永者，廣威注令，明威注丞簿。

衛紹王大安元年，以縣令闕少，令初入上中下令者，與其守闕可令再注丞簿一任，俟員闕相副則當復舊。

宣宗貞祐二年，以播越流離，官職多闕，權命河朔諸道宣撫司得擬七品以下，尋以所注吏部不知，季放之闕多至重複，乃奏罷之。時李英言：兵興以來，百務煩冗，政在用人，舊雖有四善、十七最之法，而拔擢蔑聞，幾爲徒設。大定間，以監察御史及審録官分詣諸路，考覈以擬，號爲得人，可依已試之效，庶幾使人自勵。詔從之。

三年，户部郎中奧屯阿虎言：諸色遷官並與女直一體，而有司不奉，妄生分別，以至上下相疑。詔以違制禁之。

初，宣宗之南遷也，詔吏部以秋冬於南京、春夏於中都置選，而赴調者憚於北行，率皆南來，遂併於南京設之。三月，命汰不勝官者，令五品以上官公舉，今季赴部人内，先擇材幹者量緩急易之。

興定元年，詔有司議減冗員。又詔，自今吏部每季銓選，差女直、漢人監察各一員監視，又盡罷前犯罪降除截罷、及承應未滿解去而復爲隨處官司委使者。又定制，權依劇縣例俱作正七品，令隨朝七品、外路六品以上職事官，舉正七品以下職事官年未六十無公私罪堪任使者，歲一人，仍令兼領樞密院彈壓之職，以鎮軍人。凡上司不得差占及凌辱決罰。到任半年，委巡按官體訪具申籍記。又半年覆察，考滿日分等升用。如六事備爲上等，升職一等，四事爲中等，減二資歷，其次下等減一資歷，不稱者截罷。

《金史》卷五四《選舉志·省選》 凡省選之制，自熙宗皇統八年以上京僻遠，始命詣燕京擬注，歲以爲常。貞元遷都，始罷是制。其常調制，正七品兩任陞六品，六品三任陞從五品，從五品兩任陞正五品，正五品三任陞刺史。凡内外官皆以三十月爲考，隨朝官以三十月爲任，陞職一等。自非制授，尚書選在外官，命左司移文勾取。承安三年，始命置簿勾取。

大定十五年，制凡二品官及宰執樞密使不理任，每及三十月則書於貼黄，不及則附於闕滿簿。内外三品官以五十月爲任。

泰和三年，制凡文資右職官應遷三品職事者，五品以上歷五十月，六品以下及門廕雜流職事至四品以上而散官應至三品者，皆歷六十月，方許告遷。

七年，自按察使副依舊三十月理考外，内外四品以四十月理考，通八十月遷三品。

泰和八年，詔以門廕官職事至四品者甚少，自今至刺史而散官應至三品者，即許告遷三品。此省選資考之制也。

世宗大定元年，上謂宰臣曰：朕昔歷外任，不能悉知人之優劣，每除一官必以不稱職爲憂。夫薦賢乃相職，卿等其各盡乃心，勿貽笑天下。又曰：凡擬注之際當爲官擇人，勿徒任親舊，庶無曠官矣。又曰：守令之職當擇材能，比聞近邊殘破多用年老及罪降者，是益害邊民也。若資歷高者不當任邊遠，可取以下之才能者升授，回不復降，庶可以完復邊陲也。邊陞之制，蓋始於此。

三年，詔監當官遷散官至三品尚任縣令者，與省除。

四年，勅隨朝六品以繁劇局分官有闕者，省不得擬注，令具闕及人以聞。

六年，制官至三品除，朝廷約量勞績歲月，特恩遷官。

七年，制内外三品官遇擬注，其歷過成考以上月日，不曾遷加，或經革撥，可於除目内備書以聞。又勅，外路四品以上職事官、并五品合陞除官，皆具闕及人以聞。六品以下官，命尚書省擬定而復奏。上又謂宰臣曰：擬注外官，往往未當。州縣之官良則政舉，否則政隳。卿宜辨論人材，優劣參用，則遞相勉勵，庶幾成治矣。又曰：從來頓舍人例爲節副，今宣徽院同簽銀术可以特收頓舍，然後授以滄州同知，此亦何功，但其人有足任使，故授以同簽也。且如自護衛、符寶、頓舍考滿者與六品五品之職，而與元苦辛特收頓舍者例除，則是不倫也。

十年，謂宰臣曰：凡在官者，若不爲隨朝職任，便不能離常調。若以卿等所知任使恐有滯，如驗入仕名項或廉等第用之亦可。若不稱職，即與外除。

十一年，上謂宰臣曰：隨朝官多自計所歷，一考謂當得某職，兩考又當得某職，故但務因循而已。及被差遣，又多稽違。近除大理司直李寶爲警巡使，而奏謝言臣内歷兩考，意謂合得五品而除六品也。朕以此人幹事，嘗除監察御史，及爲大理司直，未嘗言情見一事，由是除長官，欲視其爲政，故授是職。自今外路與内除者，察其爲政公勤則升用，若但務苟簡者，不必待任滿即當依本等出之。不明賞罰，何以示勸勉也。

十二年，上謂宰臣曰：朕嘗取尚書省百官行止觀之，應任刺史知軍者甚少，近獨深州同知辭不習爲可，故用之。即今居五品者皆再任當例降之人，故不可也。護衛中有考滿者，若令出職，慮其年幼不閑政事，兼宿衛中如今日人材亦難得也。若勒留承應，累其資考，令至正五品可乎？皆曰：善。

十六年，勅宰臣，選調擬注之際，須引外路求仕人，引至尚書省堂量材受職。

二十一年，謂宰臣曰：海陵時，與人本官太濫，今復太隘，令散官小者奏之。

二十四年，以舊資考太滯，命各減一任，臨時量人材、辛苦、資歷、年甲，以次奏稟。

章宗大定二十九年，定制，自正七品而上皆以兩任而後陞。

明昌四年，以前制有職官已帶三品者不許告遷，有司因之不舉，以致無由遷叙。上慮其滯，遂定制，已帶三品散官實歷五十月，從有司照勘，格前進官一階，格後爲始再算。

五年，命宰臣擬注之際，召赴選人與之語，以觀其人。

六年，命隨朝五品之要職、及外路三品官，皆具人闕進呈，以聽制授。

七年，勅隨朝除授必欲至三十月，如有急闕，則具闕及人奏稟。尋復令，不須待考滿後，當通算其所歷而已。

承安四年，勅宰臣曰：凡除授，恐未盡當。今無門下省，雖有給事中而無封駁司，若設之，使於擬奏未受時詳審得當，然後授之可也。乃立審官院，凡所送令詳審者，以五日内奏或申省。

承安五年，以六品、從五品闕少，勅命歷三任正七品而後陞六品。

泰和元年，諭旨宰臣曰：凡遇急闕，與其用資歷未及之人，何如止起復丁憂舊人也。命内外官通算，合得升等而少十五月者，依舊在職補足，而後升除，或有餘月日以後積算。遇闕而無相應人，則以資歷近者奏稟。

二年，命少五月以下者本任補，六月至十四月者本任或别除補之。是制既行之後，至六年，以一例遞升復恐太濫，命量材續稟。

衛紹王大安元年，定文資本職出身内，有至一品職事官應遷一品散官者，實歷五十月方許告遷。二品三品職事官應告本品循遷者，亦歷五十月，不得過本品外。四品以下職事官如遷三品者，亦歷五十月，止許告遷三品一資。六品以下職事官歷六十月告遷，帶至三品更不許告。犯選格者皆不許。如已至三品以上職事者，六十月亦聽。凡遷三品官資及致仕并横遷三品者，則具行止以聞。四品則六十月告遷，雜班則否。

宣宗興定元年，徒單頑僧言：兵興以來，恩命數出，以勞進階者比年尤多。賤職下僚散官或至極品，名器之輕莫此爲甚。自今非親王子及職一品，餘人雖散官至一品乞皆不許封公。若已封者，雖不追奪其儀衛，亦當降從二品之制。從之。

凡選監察御史，尚書省具才能者疏名進呈，以聽制授。任滿，御史臺奏其能否，仍視其所察公事具書於解由，以送尚書省。如所察事皆無謬戾爲稱職，則有陞擢。庸常者臨期取旨，不稱者降除，任未滿者不許改除。大定二十七年前，嘗令六十以上者爲之。後，臺官以年老者多廢事爲言，乃勅尚書省於六品七品内取六十以下廉幹者備選。二十九年，令臺官得自辟舉。

明昌三年，復命尚書省擬注，每一闕則具三人或五人之名，取旨授之。

承安三年，勅監察給由必經部而後呈省。

泰和四年，制以給由具所察事之大小多寡定其優劣。

八年，定制，事有失糾察者以怠慢治罪。

貞祐二年，定制以所察大事至五、小事至十爲稱職，數不及且無切務者爲庸常，數内有二事不實者爲不稱職。

四年，命臺官辟舉，以名申省，定其可否。

（清）嵇璜等《續通典》卷一八《選舉・歷代制中》 凡外任循資官謂之常調，朝官謂之隨朝。吏部選者謂之部選，分按四季，擬授尚書省選者謂之省選，專理資考升遷。凡銓注、取仕官、解由撮行、績資歷之要爲銓頭，以定其能否。其有犯公私罪贓污者，謂之犯選格，雖遇恩不得除叙。太宗會天四年始置三省，法古立官。海陵初，河南、北選人並赴中京，吏部各置局銓法。世宗大定初，除授，從八品以下令勿奏聞。又隨季選人如無過或有功酬者，依格銓注。有廉能及污濫者，約量升降，呈省。十年，令民願留守令以下官者，直赴部告呈省。遣使覆實，可超升之。明昌三年，令隨季部人依舊制，識字者試書判，不識字者問以疑難二事，優者量除示勸。除朝及外路六品以上官則隨長任，外路正七品官升六品縣令一等除授，任滿合降者免降，從七品以下于各等資歷內減兩任擬注，若見任縣令升中上者、並掌錢穀及丁憂去者，候解由到部。諸局分人亦候將來出職日準上擬注，明安穆昆隨門户減一資。泰和初，以縣令、丞簿員闕不相副，令散官犯選格及虧永者，廣威注令，明威注承簿。宣宗南遷時，詔吏部以秋冬于南京、春夏于中都置選，而赴調者憚于北行，遂併于南京設之。至省選資考之制，監察御史、尚書省具才能者疏名以聽制授，任滿，御史臺視其所察公事具書于解由，以送尚書省。稱職者升擢，庸常者臨時取旨，不稱者除任。其常調正七品兩任升六品，六品三任升從五品，從五品兩任升正五品，正五品三任升刺史。內外官俱以三十月爲考，隨朝官以三十月爲任，升職一等。自非制授，尚書選在外官，命左司移文勾取。大定中，內外三品官以五十月爲任。泰和元年，命內外官通算，合得升等而少十五月者，依舊在職補足，而後升除，或有餘月日以後積算三年。

凡文資右職官應遷三品職事者，五品以上歷五十月，六品以下及門廕雜流職事至四品以上，而散官應至三品者，皆歷六十月，方許告遷。後又令內外四品官以四十月理考，通八十月遷三品。復以門廕官職事至四品者絶少，令刺史有散官應至三品者，即許告遷三品。又令資考各減一任，臨時量人材、辛苦、資歷、年甲，以次奏稟。先是上嘗以選舉十事命尚書省定擬，一減資考使可用者不致衰老；二隨朝考滿人果才能免回降；三隨路提刑所訪廉能官就令隨宜遷注；四許宰相與求仕官相見以訪才能；五薦賢毋避親故，如數各舉，所知不舉者罪之；六舉自代；七內外五品以上官長于僚屬內舉才能官一人，數外舉者聽；八監臨諸物料內及草澤隱逸之士皆聽薦舉；九親軍出職內有尤長武藝勇敢過人者，令內外官舉提刑司察之；十定前項各數隨色歲舉一人。又嘗以太拘資歷不足以得人，至宣宗時，以兵興故，恩命數出，賤職下僚或階極品。乃從言者請，非親王子及職一品，餘人雖散官至一品皆不許封公，其已封者，儀衛降從二品之制。初，女直進士上甲除上簿，中甲、下甲除中簿、下簿。大定二十五年，上甲甲首遷四重，餘各遷兩重，第二、三甲授隨路教授，三十月爲一任。第一任注九品，三任、四任注録事軍判，五任下令自添，試論後皆依漢格。經義進士第一擬縣令，第二當除察判，以無闕，遂擬軍判。第二、第三甲隨各人住貫擬軍判丞簿。凡進士注職，上甲者初上簿軍判、丞、簿、尉，中甲下甲者中下簿軍判、丞、簿、尉。大定二年，文資官不除縣尉。二十三年，上甲初録事、防判，二下令，三中令。中甲初中簿，二上簿，三下令。下甲初下令，二中簿，三下令。策試中者，進士授章服後，再試時務策，一謂之策試。上甲初録事、防判，二中令，三上令。中甲初上簿，二下令，三中令。下甲初中簿，二録事、防判，三中令。二十六年，上甲初録事、防判，二中令，三、四、五上令。中甲初中簿，二下令，三中令，四、五上令。策試者初録事、防判，二、三、四、五上令。其次，初上簿，二中令，三、四、五上令。又次，初中簿，二下令，三中令，四、五上令。下甲，初下簿，二下令，三中令，四、五上令。狀元舊授承德郎，後改爲承務郎。貞祐間，至奉直大夫上甲舊授儒林郎，更爲承事郎，貞祐間仍儒林郎，中甲以下舊授從仕郎，更爲將仕郎，貞祐間授徵事郎。其右職遷除，自皇統八年制，凡帶一命昭信校尉以上者，初除主簿及諸司副使，二主簿及諸司使，三下令，四中令，五上令，或通注鎮軍都指揮使及正將。其官不及昭信及無官者，自初至三任通注丞、簿，四下令，五中令，六上令及知城寨。

《廟學典禮》卷一《儒學提舉司行移體例》 浙東道宣慰司，至元十六年十一月初四日劄付該：來呈：見授奉訓大夫浙東道提學，照得卑職係是五品，未知與隨路總管府如何行移，合無與鹽使司一體設立都目司吏，乞照詳定奪事。使司得此相度提學之職，訓導之官，難同有司。除都目司吏別無定奪，外據行移一節，照得元奉行省劄付：照會諸不相統攝應行移者，品同，往復平牒；正、從、同三品於四品、五品，並令，故牒六品以下，皆指揮；回報，四品牒上，五品牒呈上，六品以下，並申。已下各路照會去訖。今據見呈，合下仰照驗，若有必合行移事理，依上施行。劄付浙東道提學趙崇胄。

《廟學典禮》卷二《學官格例》　尚書省，至元二十五年十二月日劄付該：據翰林國史院呈：奉省劄該：御史臺備行御史臺咨准侍御史程嘉議牒，並禮部備主事廳呈江淮並迤北教官格例，至元二十一年翰林國史、集賢院例，甚爲詳備，若准所呈，似爲長便，仰與集賢院一同議擬呈省。承此，本院與集賢院官一同議擬到下項事理，呈乞照詳事。都省：准擬。另行外，合下仰照驗施行。

一、御史臺呈備行臺侍御史程嘉議牒該：吏部定到教官格例，即目員多闕少，泛濫不無，若有茂材異等之人，本路具解，本人赴翰林院引試。得此，照得：江淮教官員多闕少，若止令依上例保舉，特免親身前赴翰苑引試，似爲便當。今擬到江淮迤南選取教官格例，宜准御史臺所據開坐于後：一、前進士人員，從本路學校公衆推舉士行修潔、堪充教授者，具解本人年甲籍貫，於何年某人榜下登科，曾無歷仕，的是正身，保申本路總管府，移牒按察司體覆相應，令本路繳連的本、牒文，申覆合干上司，移咨都省，依例施行。除另設立提舉，外據教授等官員數，並依至元二十一年省部定到格例施行。違上別無定奪。一、不係前進士人員，若有學問該博、年高德劭、爲衆所推、堪充教授者，依上公衆保舉，經各道提學同本道按察司文資正官公坐出題，當面引試所習經賦各一本，全篇考校文理優長，中程式者，繳連的本，並按察司公文，用印封鈐，令總管府保結，申覆合干上司。除所試程文，或本人別有所業文字，並許繳呈。依上移咨都省，依例施行，似爲允中。不如依格者，別無定奪。一、學正、學録已下，照依至元二十一年例選補，至考滿當陞教授者，依上保舉體覆，引試程文，依例施行。違上別〔無〕定奪。

一、禮部備主事廳呈該：吏部定到教官格例：一、該各路、府、州教授有闕，令本路官司於所轄州郡教官內，通行推選才德服衆者充。今來議得：若以此爲例，則是甲處教官不得充乙處教官，丙處教官不得充丁處教官，或本路教官內或有應補而未及滿者，或久任考滿者而例不應補並不堪推選者，則教官名闕，終當曠廢而不補矣。一、該其餘學正人員，依舊守職。今來議得：此等人員中間，豈無才德堪充者，若令依舊守職，即是常川不得遷調，誠恐淹滯才能。前件議得：江淮迤北路分，目今不設提舉，無人考校試驗，宜准禮部呈，所令本路衆公推選士行修潔、文學該博、堪充師範之人，令本人親筆録寫所業經義、詞賦、詩文一十篇爲額，内詩不過五篇，准本道按察司體覆相同，回牒開寫本人才學行實，本路將的本、牒文，並所業文字用印封緘，張縫黏連在前，照依二十一年吏、禮二部同翰林國史院定到教官員數陞轉格例，學正、學録、教諭保結申禮部外，府、州教授、路教授，保結申吏部，挨次保舉。白身保充學録、教諭，一考陞學正，學正一考陞府、州教授，府、州教授一考陞路教授。今後立定教官，非備員而已，並令開設學校，訓誘諸生，作養人材，似爲允當。一切違上格例保舉者，別無定奪。一、該若有茂材異等，本處官司具解，令本人親身赴翰林院試驗。今來議得：既是茂材異等之人，寧肯親赴翰苑試驗？儻有赴試之人，必非茂材異等。如此甚失尊賢禮士之義。參詳：學校之官，若概以選法拘鈐，則僥倖貪進之人固宜遏抑，而恬退碩學之士必不屑就矣。然省部累行雖有黜退非才、罪及舉官之文，終是因循不曾舉行。大抵有司守法既謹，擇人既精，則學校庶可興行矣。今後擬合照依二十一年都省令翰林國史、集賢院、吏、禮二部定到學官格例施行，仍劄付御史臺，遍行各道按察司、監察御史責成其事。如有選舉不應，及陞轉不依例而冒濫申覆者，將本處學官並覆察官必須嚴加責罰。本部參議：學官格例，二十一年翰林國史、集賢院定立甚爲詳備，若准本廳所呈，似爲長便。前件議得：如准禮部所擬，若有年高德劭、學問該博、恬退自處、不求聞達、堪充一路一州教授者，並仰本路詢衆推舉，録寫所業文字、孝廉行實，移准本道按察司體覆相同，再行移牒按察司覆察是實，本路依上連黏所業文字，並二次體覆牒文，保結申部，許補教授，似爲允當。違上格例保舉者，別無定奪。大都路不隸按察司去處，遇有保舉教官，亦仰依上推舉保給，申覆合于部，分呈省，行移御史臺，令監察御史體覆，申臺、呈省施行。違上格例保舉者，別無定奪。一、越次妄舉，及推保不拘士行、不精儒業、令人代作文字之人，從監察御史、本道按察司體究明白，申臺呈省，取問是實，罪及元舉官及體覆官。一、江淮諸行省，今後咨到保舉試驗合格人員，誠恐選部員多闕少，擬從省年挨次月日籍記姓名，遇有闕處，照依次第差注。江淮迤北，亦依此例。劄付御史臺。

《廟學典禮》卷三《學官考較儒人功業府州縣文資正官提調》 江淮等處行尚書省，至元二十八年二月初四日，令史楊仁承行劄付該：據行御史臺呈：備浙東海右道提刑按察司申該，分司巡按官牒該，近知婺州路總管府阿爾善承宣尉司劄付，備奉江淮等處行尚書省劄付該，多有豪富之家，托以儒户爲名，苟避户役，靠損貧民。今後摘委府、州、縣尹提調，每月上下半月考校儒户功業，能通文學者，依例免役，如有怠惰荒廢、不通文字之人，申省定奪，與民一體當差。有阿爾善總管轉委婺州閒人趙亦李前來婺州東陽住留月餘，空被干煩，於事無益。看詳江南儒户數内，豈無托名苟避户役之人，若每月二次委官考課，非徒不能別其真僞，但恐反有所擾，況色目官員不通文學，若令提調儒户功課，似非所長，乞照詳事。得此，照得各處儒户，近經抄數，其籍已定，今後民間雖有僥倖欲避役者，無從可入，若將提調色目人員革去，及上下半月考校之事權行住罷，似免學校搔擾，呈乞照詳施行。得此，照得至元二十三年准中書省咨該，隨路教授、學正、學録，師範後進，作成人材，撰述進賀表章，考試歲貢儒吏，品級雖輕，責任實重。若非公選博學洽聞有德之士，將見倖門一啓，賢不肖混淆，雖欲盡革前弊，不可得已。擬各道提舉學校官，並訓導、提學錢糧等職名，並係革罷，仍令各處文資正官一員專一提調。爲此，至元二十一年閏五月十七日啓過事内一件：興起江南管秀才的，見設教授，又設提舉學校兼管錢糧。和爾郭斯爲頭省官每商量來，將重設提調學校官罷了，錢糧交城子裏官人每管着。這般啓呵，奉令旨：那般者。敬此。都省：除外，咨請照驗施行。准此。已經行下各處照會去訖。又照得先爲所轄去處，多有豪富勢要兼併之家，往往托以儒户爲名，厚賄構結有司官吏，苟避差徭，不當户役，因而靠損貧民未便。以此摘委府、州、縣尹，不妨本職提調每月上下半月一次考校，能通文學者免役，不通文學之人，與民一體科差。行下各處，依上施行。去後，不曾委令色目人員考校。今據見呈，照得抄數户口已定，咨准都省明文該：議得江南儒人，比及選試分揀定奪以來，將歸附之初元籍内儒户，於儒户項下作數，續收儒户，收係爲民。又續准尚書省咨該：歸附之初有籍儒户，已擬作儒。外據無籍儒人，既有葉提舉續置印押文卷，合從行省查照相同，擬作儒户。准此。省府：除外，合下仰照驗。今後止令學官考校，依已行文資正官提調施行。劄付紹興路總管府。

《元典章》卷八《吏部·官制·選格·循行選法條例》 至元十四年八月初六日，中書省奏准：職官文武散官，照勘各官若係漢兒人户及必闍赤吏員出身者，擬授文散官，其承襲軍官、功績、諸色出身，擬授武散官。外，遷轉官員照出身擬授。今條列於後。

職官遷轉

一、隨朝諸衙門，行省、宣慰司官，三十個月爲一考，一考陞一等。

一、外任官員三周年爲一考。除達魯花赤、回回官員另行定奪，從九三考升從八，正九兩考升從八，從八兩考升正八，從八三考升從七，正八兩考升從七，從七三考升正七，正七兩考升從六，從六三考升從五，正六二考升從五，從五三考升正五。正五兩考須歷上州尹一任，方入四品。如無上州尹窠闕，再（立）〔歷〕正五品一任，方入從四品。正從四品内外人員通理八十個月，與三品職事。三品〔以上〕非有司定奪。

諸自九品依例遷至〔正〕三品，止於本等流轉，三品以上職不拘常調。

一、江淮廂福建、兩廣，升一等。

一、陝西廂四川，升一等。

一、四川碉門蠻夷同江淮例。

一、陞年者不理月。

一、理月者不陞年。

一、循行五十五個月同兩考，八十一個月同三考。所少月日，復任貼補，餘有月日，復任通理。別無所帶散官，例同正九。

一、考滿應得從七人注從六，回降正七，方入六品，合得正七人注六品，免回降。

一、考滿未得從七品注正七，回降從七，方入正七。

一、正從六品人不合收補。如已補，合同隨朝升等。

一、職官充省令史，正合驗元來職事上，比附舊例，注下項資品。如更勒留一考，合同隨朝升等。

吏員宣使奏差遷轉

省掾一考從七，兩考正七，三考從六。通事、譯史同。

省宣使、各部令史三考從七品。一考之上，驗實月日定奪；一考之下二十個月以上者正九品，十五個月從九品，十五個月以下充巡檢。

臺院司農司令、譯史一考正八，二考從七，三考正七。一考之上，驗實月日定奪；一考之下二十個月以上從八品，十五個月之上正九品，十五個月以下十個月以上從九品添一資，十個月以下充巡檢。

宣使三考正八品。一考之上，驗實月日定奪；一考之下二十個月以上從九品，十五個月充巡檢。

各部令史、譯史、通事三考從七。一考之上，驗實歷月日定奪；一考之下二十個月以上正九品，十五個月以上從九品，十五個月以下令史充提控案牘，通事、譯史充巡檢。

宣徽院、太府監、宣慰司、行工部令史出身與六部同。

行省令史、宣使，各部請俸內選者同臺院，若踏逐者，與六部同。

都省左右司、照磨所、架閣庫典吏，及管下會總、知除、書寫，實歷請俸六十個月考滿，遇部令史有闕，轉用。

樞密院經歷司典吏、銓寫，札魯花赤左右司典吏，實歷請俸六十個月，轉補監、左右〔中〕三衛令史。

隨朝各衙門典吏，實歷請俸六十個月，轉補省典吏。本衙門役過月日，五折四准算。札魯花赤、樞密院典吏月日折算至兩考滿，許轉補諸監及左右中三衛令史。如本衙門已及考滿，年及四十以上者，擬充提控案牘。

一、外路官吏

路司吏年及四十五以上，按察司補不盡，請俸六十個月吏目內用，九十個月都目內用。已上雖有役過月日，止於都目內用。

各道運司書吏、大都總管府司吏、上都留守司吏九十個月，提控案牘內任用。

下州吏目一考升中州都目，一考升提控案牘。

雜例

一、管匠官止於管匠官內流轉：

一百户之上大使，正九品，兩考升從八。

二百户之上副使，從八品，三考升從七。

三百户之上大使，正七品，兩考升從六。

五百户之上副提舉，從八，三考升從七。

一千户之上副提舉，正八，二考升從七。

五百户之上提舉，正六品，二考升從五。

一千户之上提舉，正五品，三考升從四。

五百户之上同提舉，從七，三考升正七。

一千户之上同提舉，正七，二考升從六。

以上如係自踏逐，根脚淺短，量降一等。

《元典章》卷八《吏部・官制・選格・至元新格》 諸職官隨朝，以三十個月日爲任滿，在外以三周歲爲任滿。錢穀之官，以得代爲滿。吏員須以九十個月方得出職，由職官轉補者同職官例。若未及任滿，本管官司不得輒動公文，越例保陞。果才幹不凡，有事跡可考者，從御史臺察舉。其非常選所拘，若急闕擇人才職相應者，臨時定奪。

諸在流品人員，凡能任繁劇，善理錢穀，明達吏事，深識治體，或器非一用，無施不可者，吏部考其功狀，加之訪察，以類注籍，時備選擇之用。

諸銓注官員，品類不一，用宜相參。惟文資一員任其簿書計數之責，凡於總管官司，不許有闕。

諸官員入選，視其元係是何出身，歷過是何職任，參以才器大小、年齒衰壯，宜於何等闕內銓注。不可強其所短，因廢人之所長。

諸官員功罪，並送吏部標注。到選之日，於應得資品上視其功罪，斟酌議擬。有蔽匿其罪，增飾其功者，從監察御史糾彈。

諸品官若犯贓黜降或廉能陞遷，事迹昭著者，皆下隨處照會，其使在官之人共知勸戒。

諸官員子孫應合承廕之人，比及入仕以來，預使學習政事，不致將來曠廢其職。到選之日，如本路官司保其才能，及問以政事應對可取者，本等人內量與從優。

諸兩廣、福建地面，或有全闕正官去處，比及朝廷選官到任，合須使人權攝其事。今後，先於側近可以摘那見任官内選差，無則許於任滿得代聽除官内選差，又無，聽於本省或宣慰司見役請俸人内選差。白身之人，不許委用。

諸行省管轄官員，若有多歲不經遷，過時不到任，及久曠未注，或緊急闕官，即須照勘明白，咨省定奪。其到任、下任例合標附人員，每月通行類咨。直隸省部路分准此。

《元典章》卷八《吏部・官制・選格・犯贓官員除授》 大德七年十月二十九日，江西行省准中書省咨：御史臺備監察御史呈：照刷吏部大德六年下半年文卷，於内照出一宗：柳州路同知不魯哈禿，爰自什物庫使、柴炭同提舉、會同館使，至元二十五年授奉議大夫、同知徵理司事，該陞正五。奉都省劄付：前徵理司同知不魯哈禿、濟南路治中劉良佐等出首，用體究糧斛取受。議得：即係職官取受錢物，雖該出首，終犯贓染。況到省出首月日，係在按察司取勘之後，合注邊遠一任。至元三十年除充外職，散官如故。當年十一月禮任，至元三十一年三月，歷過七個月，未及滿任，因病作闕，赴北求醫。大德元年七月，欽授宣命饒州路餘干州達魯花赤，大德五年十二月得替。部擬，正五兩任，須歷上州尹一任，如無窠闕，再歷正五一任，方入四品。參詳：不魯哈禿蒙古人氏，已歷正五兩考，合依上例遷用。係省除人員，具呈了當。卑職照得職官犯贓邊除之法，即係通例。如不魯哈禿者，應命之任方歷七月，故生僥倖，不待任滿，稱病離職求醫。雖復改除，散官如故，優於近裏。以此看詳，於例未應。不惟容啓奸門，倣此爲例，何以示畏。據本官所少邊除月日，欽遇詔赦，似難再理。今後似此人員，若復求仕，止令元除地面依例銓注，庶幾選法有守，以杜僥倖，使其犯者亦知有畏。此係爲例事理，具呈照詳。得此，送據禮部呈：照得職官犯贓，依例改除邊遠。如所歷未及，依准御史臺所擬，止注元除地方相應。都省准呈施行。

《元典章》卷八《吏部・官制・選格・親老從近遷除》 大德九年六月初五日，立皇太子詔書條畫内一款節該：親年七十已上，若無以次侍丁，應任遠方者，今後宜從近便遷除。

《元典章》卷八《吏部・官制・選格・内外四品以下普覃散官一等》 至大二年正月，上尊號詔書内一款：至大二年正月以前内外大小職官，四品以下普覃散官一等。服色、班次、封廕，皆憑散官以高低定論。三品者，遞進一階，至正三品上階止。據應入流品有出身吏員、譯史人等，亦自至大二年正月以前入役者，考滿加散官一等。

《元典章》卷八《吏部・官制・選格・遷調官員》 延祐四年十二月十四日，行省：准中書省咨：延祐四年十月十七日奏過事内一件：御史臺官人每備南臺文書裏，俺根底與將文書來，江浙省官人每也與將文書來有：福建、兩廣等田地里委付將管民官去呵，爲田地遠窵、有煙瘴麽道，不肯去有。爲那麽上頭，見闕多有。依着大德五年例，省裏差人去，那地面裏有的管民官内，將有體例相應的人遷調委用的，説將來有。俺交吏部定擬呵，依着那裏説將來的，地面裏有的民官每，於相應人内合遷調。麽道，俺根底與了文書有。俺商量來：在先福建遷調官員有來，近來不曾差人去有。如今，依恁每説將來的，照着在先例，差人去遷調呵，怎生？奏呵，差人去者。麽道，聖旨了也。欽此。都省除已差委刑部員外郎納鄰朝列馳驛前去，咨請照驗，欽依奏奉聖旨事意，本省官與都省差去官、御史臺所委官，照依下項事理，從公定擬各各窠闕。除各行照會者，在先行照會之任，開具各官年甲、籍貫、備細歷仕根脚，攢造帳册，從所委官提調回咨，以憑聞奏，頒降宣敕施行。准此。除已差官馳驛，前去本道催督外，合下，仰照驗，督勒當該首領官吏照勘，若有任滿得代官員，解由到司，付勘完備，依例倒給解由。仍照勘久任、急闕、丁憂、病故、致仕、侍親、改除、見任等官員到任月日，在職給由，依式具解，各另呈省。已除未任急闕事故各各備細緣故窠闕，保勘明白，各具印信文解，并各各元行文卷，合當該令史親賫，與差去官一同赴省施行。

合行事理：

一、本省所轄福建道路府州縣衙門應合遷調官員，照得代已滿，先儘急闕，次及久任滿闕，須憑各官在任無粘帶解由，依驗實（虛）〔歷〕月日，應得資品及解由到行省月日，挨次就便遷調。若有急闕，委無相應人員，或員闕不能相就，於應敘職官内選用，驗合得資品上雖有超越，不過一等。仍具備細脚色，擬注緣由，保結先行開咨。

一、軍官、匠官、站官、醫官、各投下人等，例不轉入流。雖資品相應，不許銓注。

一、都省已除人員，例應到任。若有違限者，即聽別行銓注。

一、今次應合就彼遷叙人員，如在前給由，已咨都省聽除，未經遷注，照會不〔到〕〔曾〕咨到本省者，即聽依例就便銓注，先將注訖員數姓名咨來，以憑查照。

一、無解由人員不許銓注。

一、諸犯贓經斷應叙人員，照例銓注。

一、今譯史、宣使、奏差人等，須驗實歷請俸月日已滿，方許銓注。

一、遷調官員三品、四品，擬定（奪）〔咨〕呈。五品以下，先行照會之任。

《元典章》卷八《吏部·官制·當質·三品官子孫取質子》 至元十四年八月，行中書省〔准中書省咨〕據御史臺呈，伏見江淮新附官員，朝廷優遷甚重。切爲時宜，於三品官以上，例取質子一名，以備隨朝使用，似爲長便。都省聞奏過。奉聖旨：准。欽此。

《元典章》卷九《吏部·官制·流官·勾當官九品職官内選任》 至元七年九月，尚書吏禮部承奉尚書省判送：刑部呈：見設勾當官差占不敷，踏逐到阿馬都充勾當官，遇闕補正。送本部定擬到：除已准待缺員數，並阿馬都待缺外，今後各部勾當官有缺，合於九品職官内選注相應人員補充。省府准呈。

《元典章》卷九《吏部·官制·流官·遷轉閩廣官員》 至元廿八年九月二七日，江西行省：准中書省咨該：奏准遷調福建行省官員，咨請與都省差去官，照依下項事理定奪事。准此。除外，内一項：接連地面已任滿有解由官員，願遷兩廣、福建者，依例陞等擬注。准此。省府合下，仰照驗，若有廣東、福建曾勾當南北官員，已經任滿得替，給到解由，省會各人並赴行省求叙。即近裏曾經仕宦、即目閑居，雖非兩廣、福建人員，願於彼處勾當者，亦聽自揀。南人亡宋時曾仕宦，或歸附亦曾歷仕，通識治體之人，願仕廣東、福建者，親賫文憑，赴省求叙。

《元典章》卷九《吏部·官制·流官·久任官員遷轉》 至元三十年，御史臺咨：承奉中書省劄付：來呈：至元三十年五月十六日聖旨有來：如今聖旨大體例裏，行省裏、宣慰司裏、外頭各衙門裏，官人五年十年家不曾遷轉底有。做官底人月日多了呵，他每根底也不便當，百姓每根底也不便當。上位道是呵，中書省官人每分揀着遷轉呵，怎生？奏呵，那般者。麽道，聖旨了也。欽此。呈奉到中書省劄付該：若有未經遷轉人員，照勘明白，姓名開呈。奉此。

《元典章》卷九《吏部·官制·流官·選官從本管官司保》 至元二十八年十月，行省：照得先准中書省咨：奏准，遷轉福建、兩廣官員，已經劄付本道。據接連地面已任滿、有解由官員願入廣者，連將解由呈省。去後，照得中書省咨，坐到事内一項：照勘應用人員見有窠闕，若果有缺多不敷調用，聽於行省、宣慰司令譯史、宣使、奏差、察司書吏内選擬，皆從本管官司保舉，仍須有不曾有犯贓罪之人。准此。省府除外，仰欽依奏准聖旨事意施行。外據察司書吏，就便行移廉訪司，如有願入廣者，依例令本管官司保勘呈省。

《元典章》卷九《吏部·官制·流官·銓選官從元籍保勘》 至大三年三月，行臺准御史臺咨：來咨：浙西廉訪司申：今後遷除官員，合無除犯罪黜降應任邊遠，及自願注入閩廣等選者依例定奪外，據江南江北道、腹裏地面聽除官員，及父母年老別無侍丁、應任邊方者，依驗前資合得品職，從公鄰近銓注，似望當世仕宦之人各安其分。准此。呈奉尚書省劄付：送吏部議得：常選流官，各有應任地方。其有年近致仕者，省部聽除之際，亦嘗量（依）〔移〕近裏。果有親年七十以上，別無以次侍丁，若便憑准本官自具詞因，一例近便遷除，中間恐有不實，因而壅塞腹裏窠闕，不能遷調，深爲未便。以此參詳：合從元籍官司自下而上保勘明白，至日斟酌銓注。若有詐冒，從監察御史、廉訪司體察，似爲相應。具呈照詳。都省准呈，仰依上施行。

《元典章》卷九《吏部·官制·首領官·上中州添設首領官》 大德四年六月，江西行省准中書省咨該：河南省咨：管下歸德、汝寧、南陽等處散府，比河北衛輝等下路所轄州縣數多，地面寬闊。止設提控案牘一員，或有病故，耽誤公事。若蒙斟酌比附下路，添設知事一員，照略案牘，便益。又據吏部呈：開州申：各處散府正四、上州從四，所轄事務不在一路之下，首領官止設提控案牘一員。凡有科撥差稅、獄訟、户婚應議事理，必須首領官（圜）〔圓〕議。如或差故，止令司吏獨名係歷署押文字，其間不能照略。散府、上州合無添設知事一員，中下州添設提控案牘一員，不致差池。本部除中下州一節近後定奪，今議得：寶鈔提舉司、萬億四庫、儀鳳教坊二司，具係四品，各有知事、提控案牘。散府、上州亦是四品，所掌事務尤爲繁重，然雖裁減，終非冗員。如准府州各添知事一員，作從八品，提控案牘依舊受吏部付身，庶幾官不缺人，事無耽滯。得此。都省議得：散府、上州添知事一員，中州添提控案牘一員。合設知事，除已銓注聞奏外，其隸屬行省提控案牘，咨請更爲照勘無差，就便於相應人内銓注施行。

《元典章》卷一二《吏部・吏制・職官吏員・職官補充吏員》 至大元年五月十八日，皇帝聖旨裏，中書省：近奏准：今後，内外的諸衙門令譯史、通事、知印、宣使有出身人等，於内一半職官内選取。欽此。除欽依照會外，劄付吏部議得：前項補選吏員，除都目自行依例選用外，六部令史，本部置立文册，開寫元設額數，遇闕，職官與籍記部令史相參發補。合用一半職官，從各部自行選用。其各部元呈准選用令史，擬合革撥。通事、知印例從長官選保，遇有二名，亦須職官内選保一名。譯史除職官内選用外，餘者於都省曾經翰林院試驗發補書寫、典史考滿人内挨次上名補用，不敷者從翰林院發補。奏差亦於職官内選用一半，餘者於籍記應例人内發補。相梯衙門，依上選補。歲貢人吏，止依已擬，在役聽候。二品衙門依前置簿，開寫額設員數，遇闕，職官與見役部令史相參發補，職官從本衙門自行選用。宣使亦於職官内選用一半，餘者於本衙門考滿典吏、各部見役奏差上名内挨次發補。知印、怯里馬赤例從長官選保，遇有二名，亦須職官内選用一名。譯史除於職官内選用一半，餘者於六部見役譯史挨次上名發補，不敷數目，從翰林院選發。相梯衙門，亦依上例補用。開呈照詳。都省議得：六部令史如正從九品不敷，正從八品内亦聽選取。餘准部擬。除外，咨請照驗依上施行。

行省：

令史，正從八品得替有解由無過文資流官内選取。考滿，驗元來資歷〔上〕擬陞一等，止注元任地方，雜職不預。先具脚色，咨准都省明文，然後收俸。若所舉不公，罪及當該首領官吏，雖有役過月日，別無定奪。

通事、譯史，正從八品文資流官内選取，識會蒙古、回回文字，通曉譯語。考滿，驗元來資歷上擬陞一等，止注元任地方，雜職不預。

知印，於正從八品職官内選取。考滿，並依上例注授，雜職不預。

宣使，於正從九品得替有解由無過流官内選取，仍須色目、漢人相參。考滿，於元來資歷上擬陞一等，止除元任地方，雜職不預。

宣慰司：

令史，於正從九品得替有解由無過文資流官内選取。考滿，驗元來資歷上擬陞一等，止注元任地方，雜職不預。

譯史、通事，於正從九品文資流官内選取，識會蒙古、回回文字，通曉譯語。考滿，驗元來資歷上擬陞一等，止除元任地方，雜職不預。

知印，於正從九品職官内選補。考滿依例注授，雜職不預。

奏差，於得替有解由無過從九品職官内選補，仍須色目人、漢人相參。考滿，於元來資歷上陞一等，止注元任地方，雜職不預。

《元典章》卷一二《吏部・吏制・職官吏員・選取職官令史》 至大二年六月，行臺准御史臺咨：承奉中書省劄付：吏部呈：奉中書省判送：本部呈：至大元年五月二十六日，奉中書省劄付：近奏准：今後内外諸衙門令史、譯史、通事、知印、宣使有出身人等，於内一半職官内選取。欽此。除欽遵外，本部議得：都省省掾，於正從七品得替有解由無過并見任不滿及已除未任文資流官内選取。考滿，於應得資品上擬陞一等，止除元任地方，雜職不預。臺院并行省二品衙門令史，於正從八品得替有解由無過文資流官内選取。須歷一考，於應得資品上擬陞一等，止注元任地方，雜職不預。又六部、斷事令史，正從九品得替有解由無過文資流官内選取。考滿，於應得資品上止陞一等，止注元任地方，雜職不預。寺監等衙門，並依上例選取。奉此。已經遍行各處照會去訖。今各部選到職官令史文炬等，俱係已除未任，若令依上選取，俱稱別無相應人員。緣本部到選官員，亦無相應人數。以此參詳：今後臺院、行省二品、六部等衙門令史，若依省掾例，於得替、見任已除未任相應流官内選取，庶不耽悞官事。如蒙准呈，本部遵守。呈奉省判：議得：除得替未曾給由、見任未經注代、已除急缺去處外，餘准所擬。送吏部，依上施行。仍行移合屬照會。奉此。本部除已遍行各處，依上施行外，具呈照詳。都省仰照驗施行。

《元典章》卷一二《吏部·吏制·令史·選理問所令史》　大德五年二月，行中書省准中書省咨：江浙行省咨：理問所令史未有選取定例。已後有闕，擬於各路三考司吏給由到省人内，公選儒吏兼通、年四十五歲以下者補充。咨請定奪。准此。都省議得：今後行省理問所令史有闕，從本省於各路考滿司吏内，遴選有解由無過犯年四十五以下者充，歷一考，轉補各道宣慰司令史。及於本省請俸一考之上，典吏内選取，再歷一考，依上一體選轉補。違例收充者，雖有役過月日，别無定奪。除已移咨江浙行省照會外，咨請依上施行。

《元典章》卷一二《吏部·吏制·典史·選擇典史通事》　至元二十年六月，中書吏部：

承奉中書省劄付：隨路州縣契勘隨處司、縣典史，係臨民照管案牘人員。近年不曾選擇見役者，多係無根脚、年小、各官門下濫用之人。各路所設通事，於達魯花赤之前通傳喉舌，自來不曾定立遷轉格例，往往久居職役，攬權生事，公私皆被其擾。此弊若不革去，殆爲未便。仰講究選擇典史及遷轉通事法度，擬定呈省。奉此。本部擬得，各處司、縣親臨百姓，理斷詞訟，辦集一切事務。其照管案牘，設典史一員，名分雖微，所係甚重，宜選擇各衙門吏員勾當年深、通曉刑名、練達公事、廉慎行止、不作過犯者充。所據無根脚、年少、各官門下濫用人數，擬合革罷。及各路通事，亦合與本路司吏一體遷轉。議擬到下項事理，開坐，呈乞照詳。奉都堂鈞旨：送吏部，准呈施行。

一、各處司、縣見設典史，擬令本路分揀，如委係府、州、司、縣司吏轉充典史，勾當年深、通曉刑名、練達官事、廉幹無過之人，准令依舊勾當。仍行移本道提刑按察司體覆相同，取公牒連申。其餘無根脚、年小、各官門下濫用之人，並行革罷。

一、今後典史有闕，擬合於各路總管府、散府、上州司吏貢舉不盡，年四十五以上，所歷請俸月日不及叙仕都吏目者，從本處依例選充典史，體覆相同申部。

一、中下州、司、縣司吏年四十五以上、勾當年深、名排在上者，亦聽依例選充典史，體覆相同申部。

一、照得各路見設通事，在前多係各官自行踏逐勾當。若一例革罷，緣卒難選取相應人員。擬合照勘見役通事年甲、入仕脚色、通曉各各譯語、實歷請俸月日，開坐申部呈省，照勘定奪，依本路司吏一體遷轉。已後有闕，合令各處選擇深通譯語、廉慎行止、不作過犯相應人員勾當，依例遷轉。若遇各部通事有闕，亦擬選用。

《通制條格》卷六《選舉·選格》　至元二十八年六月，中書省奏准《至元新格》：

諸職官隨朝以三十個月日爲任滿，在外以叁周歲爲滿，錢穀之官各以得代爲滿，吏員須以九十個月方得出職。由職官轉補者同職官例。若未及任滿，本管官司不得輒動公文越例保申。果才幹不凡有事跡可考者，從御史臺察舉。其非常選所拘，若急闕，擇人才職相應者，臨時定奪。

諸官員雖已任滿得代，本身若有侵借係官錢糧，見任官司直須追納到官，方許給由，聽其求仕。

諸官員解由已有定式，凡當該給由，官司並須依式勘會，别無不盡不實事理，方得保申。有詐冒不實並勘當未盡者，所由上司隨即究問，察官刷卷日，更須加意檢校。但不應給由而循情濫給，並理應出給而刁蹬留難者，並聽糾彈。

諸在流品人員，凡能任繁劇，善理錢穀，明達吏事，深識治體，或器非一用，無施不可者，吏部考其功狀，加之訪察，以類注籍，時備選擇之用。

諸銓注官員，品類不一，用宜相參。惟文資壹員任其簿書計數之責，凡於總管官司，不許有闕。

諸官員入選，視其元係是何出身，歷過是何職任，參以才器大小，年齒衰壯，宜於何等闕内銓注，不可強其所短，因廢人之所長。

諸官員功罪並送吏部標注，到選之日，於應得資品上，視其功罪，斟酌議擬。有蔽匿其罪、增飾其功者，從監察御史糾彈。

諸品官若犯贓黜降，或廉能陞遷，事跡昭著者，皆下隨處照會，其使在官之人共知勸誡。

諸官員子孫應合承廕之人，比及入仕以來，預使學習政事，不致將來曠廢其職。到選之日，如本路官司保其才能，及問以政事應對可取者，本等人内量與從優。

諸歲貢吏員皆當該官司於見役人内，不限名次，公同選舉。以性行純謹、儒吏兼通者爲上，才識明敏、吏事熟閑者次之。若月日雖多、行能無取者，不許呈貢。到部之日，公座試驗，必説事明白、行遣閑熟者爲中。如或不應，並擬發還元役官司，其當該濫貢人員仍須究問。

諸兩廣、福建地面或有全闕正官去處，比及朝廷選官到任，雖須使人權攝其事，今後先於側近可以摘那見任官內選差，無則許於任滿得代聽除官內選差，又無聽於本省或宣慰司見役請俸人內選差。白身之人不許委用。

諸行省管轄官員若有多歲不經遷，過時不到任，及久曠未注，或緊急闕官，即須照勘明白，咨省定奪。其到任下任，例合標附人員，每月通行類咨。直隸省部路分准此。

至大三年十一月，尚書省吏部呈：議得常選流官各有應任地方，其有年近致仕者，省部聽選之際，亦常量移近里。果有親年七十以上，別無以次侍丁，若便憑准本官自具詞因，一例近便遷除。中間恐有不實，因而壅塞腹裏窠缺，不能遷調。合從元籍官司自下而上保勘明白，至日斟酌銓注。若有詐冒，從監察御史、廉訪司體察。都省准擬。

《通制條格》卷六《選舉·服闋求敘》 元貞二年八月，中書省吏部呈：今後見任已除官員，委因親老，自願棄職侍養者，宜准作缺，親終服闋，方許求敘。若朝廷奪情起復者，不拘此例。都省准擬。

《通制條格》卷六《選舉·病闕》 大德六年六月，中書省吏部呈：即目到部患病作闕官員，所給解由，多不依例保勘，中間有無規避。若便行移勘當，不唯往復逗遛文繁，亦使求仕人員停滯生受。今後似此人員，擬合遍行照會，須要依例保勘完備，咨申定奪。都省准擬。

《通制條格》卷六《選舉·除授身故》 至元八年二月，中書省議得：今後奏准除授官員，宣命勑牒未經祗受，遇有身故者，擬依舊例聽親屬告請，給付其家。奏奉聖旨：准。

《通制條格》卷六《選舉·到選被問》 至元二十四年七月，尚書省御史臺呈：紹興路達魯花赤嚴忠祐取受金少保錢物，卻行奏准僉江浙等處行中書省事，追問得刑部令史傅若弼狀招，押過關吏部，根勾嚴忠祐文字，本官親行囑託，以此相耽玖拾肆日，以致除充。本人斷訖罷役外，本臺看詳，臺察所按不公人員，具呈到省，雖令刑部勾問，仍送吏部照會。比及追問明白，不許銓除。都省准擬。

《通制條格》卷六《選舉·教官不稱》 大德八年九月，中書省兩浙江東道奉使宣撫呈：浙東廉訪副使臧奉政言，學校教化，朝廷急務，而有司視爲緩慢，宜乎教化不行，風俗不美也。今之爲教授者，半非其人。如龍興路教授閔節夫，本以道童善撫琴見知當路，遂得前缺。到任之後，席卷學糧壹萬餘碩，憲司非不追問，因緣計囑，及與隱庇回護，繼而在逃，竟置不問。乞行分揀，如德行、文學可爲模範者存留，不學無術者汰出。選真儒，俾之典教，庶無負聖天子崇儒重道之美意。送禮部，回呈：准集賢院關，看詳各處教官，止憑省部連到所業文字考試中式，回關貴部銓注窠缺。若教官委不稱職，或侵盜學糧，合從廉訪司依例糾問。本部議得：合准集賢院所擬，劄付御史臺依上施行。都省准呈。

《通制條格》卷六《選舉·令譯史通事知印》 至大元年十二月，中書省吏部呈：今後臺院、行省貳品、叁品等衙門職官令史，合於得替見任已除未任相應流官內選取。都省議得：除得替未曾給由見任未經注代急缺去處外，餘准所擬。

延祐二年四月十七日，中書省奏：漢兒吏道從柒品委付，已上休委付者。教授秀才出身並職官內選取來的令史，依舊例委付者。麼道聖旨有呵，俺行了文書也。在前不曾立科舉的上頭，用秀才呵，難選有。麼道，臺家也曾奏來。俺商量來，裏頭省部、臺院等諸衙門，在外行省、宣慰司、廉訪司、路、府、州、縣用的人多有。時下只用秀才呵，選不勾有。如今但是有出身衙門合設的令史，教教授、秀才、根腳是秀才裏做令史來的人內選取；不勾呵，職官並吏員內選取。月日滿呵，依着已了的聖旨，吏員從柒品已上不委付，秀才職官依舊例委付。路、府、州、縣無出身的衙門裏合用的令史，秀才、生員每內肯做的教做呵，怎生？奏呵，那般者。麼道聖旨了也。欽此。

皇慶元年二月初五日，中書省奏：六部漢兒令史，壹考之上，轉補貳品衙門令史，蒙古必闍赤那個衙門裏行呵，只本衙門裏考滿有，這般呵，偏負的一般。今後諸衙門蒙古必闍赤有缺呵，依漢兒令史例除職官；外省裏有缺呵，貳品衙門喫俸人內選取；貳品衙門內有缺呵，六部蒙古必闍赤內發補；部裏有缺呵，教省書寫每行呵，怎生？奏呵，與漢兒令史一體有那般者。麼道聖旨了也。欽此。

延祐二年三月，中書省吏部呈：諸衙門蒙古必闍赤，舊例俱從翰林院試驗發補。皇慶元年十一月初五日，蒙都省奏准，依漢兒令史例轉補。以此參詳，今後蒙古書寫典吏及各路府州合設蒙古必闍赤，照依舊例從翰林院試發外，其餘諸衙門蒙古必闍赤並依漢兒令史例轉補，其轉補不盡者，考滿依例定奪。都省准呈。

大德七年二月，中書省江浙行省咨：怯里馬赤玉連赤不花告假遷葬作缺，理合於相梯衙門內補貼月日，緣怯里馬赤有缺，例從長官選保。吏部議得：今後通事、知印經值衙門，例革告假遷葬或因事作缺人等，擬合於本衙門及相梯衙門宣使、奏差內貼補月日，扣算通理，考滿遷用。都省准呈。

皇慶二年五月，中書省御史臺呈：河東山西道廉訪司申，河東宣慰司令史於本司書吏內取補。緣廉訪司係按治衙門，儻有圖望進取，反加趨附，傷公敗事，深爲未便。吏部議得：已補人數別無定奪，今後有缺，迴避本道選取，其餘去處，亦合一體。都省准擬。

《元史》卷八二《選舉志·銓法上》 凡怯薛出身：元初用左右宿衛爲心膂爪牙，故四怯薛子孫世爲宿衛之長，使得自舉其屬。諸怯薛歲久被遇，常加顯擢，惟長官薦用，則有定制。至元二十年議：久侍禁闥、門地崇高者，初受朝命散官，減職事一等，否則量減二等。至大四年，詔蒙古人降一等，色目人降二等，漢人降三等。

凡臺憲選用：大德元年，省議：臺官舊無選法，俱於民職選取，後互相保選，省、臺各爲一選。宜令臺官，幕官聽自選擇，惟廉訪司官，則省、臺共選。若臺官於省部選人，則與省官共議之；省官於臺憲選人，亦與臺官共議之。至元八年，定監察御史任滿，在職無異政，元係七品以下者例加一等，六品以上者陞擢。其有不顧權勢，彈劾非違，及利國便民者，別議陞除。或有不稱者，斟酌銓注。

凡選舉守令：至元八年，詔以户口增、田野闢、詞訟簡、盜賊息、賦役均五事備者，爲上選。九年，以五事備者爲上選，陞一等。四事備者，減一資。三事有成者爲中選，依常例遷轉。四事不備者，添一資。五事俱不舉者，黜降一等。二十三年，詔：勸課農桑，克勤奉職者，以次陞獎。其怠於事者，笞罷之。二十八年，詔：路府州縣，除達魯花赤外，長官並宜選用漢人素有聲望，及勳臣故家，并儒吏出身，資品相應者，佐貳官遴選色目、漢人參用，庶期於政平訟理，民安盜息，而五事備矣。

凡進用武官：至元十五年，詔：軍官有功而陞職者，舊以其子弟襲職，陣亡者許令承襲，若罷去者，以有功者代之。十七年，詔：渡江總把、百户有功陞遷者，總把依千户降等承襲，百户無遞降職名，則從其本等。十九年，奏擬：萬户、千户、百户物故，視其子孫堪承襲者，依例承襲外，都元帥、招討使、總管、總把，視其子孫堪承襲者，止令管其元軍。元帥、招討子孫爲萬户，總管子孫爲千户，總把子孫爲百户，給元佩金銀符。病故者降等，惟陣亡者本等承襲。二十〔一〕年，詔：萬户、千户、百户分上中下三等，定立條格，通行遷轉。以三年爲滿，理算資考，陞加品級。若年老病故者，令其子弟依例廕叙。是年，以舊制父子相繼，管領元軍，不設蒙古軍官，故定立資考，三年爲滿，通行遷轉。後各翼大小軍官俱設蒙古軍官，又兼調遣征進，俱已離翼，難與民官一體遷轉廕叙，合將萬户、千户、鎮撫自奏准日爲始，以三年爲滿，通行遷轉。百户以下，不拘此例。凡軍官征戰有功過者，驗實跡陞降。又定蒙古奧魯官，大翼萬户下設奧魯總管府，從四品。小翼萬户下設奧魯官，從五品。各千户奧魯，亦設奧魯官，受院劄。各千户奧魯，不及一千户者，或二百户、三百户，以遠就近，以小就大，合併爲千户翼奧魯官，受院劄。若干礙投下，難以合併，宜再議之。又定首領官受敕牒，元帥、招討司經歷、知事，就充萬户府經歷、知事，換降敕牒，如元翼該革，別與遷除。若王令旨、并行省劄付、樞密院劄付經歷，充中、下萬户府知事。行省諸司劄付，充提領案牘，并各翼萬户自設經歷、知事，一例俱作提控案牘，受院劄。又議：隨朝各衛千户鎮撫所提控案牘，已擬受院劄，外任千户鎮撫所提控案牘，合從行省許准，受萬户府付身。二十四年，詔：諸求襲其父兄之職者，宜察其人而用之。凡舊臣勳閥及有戰功者，其子弟當先任以小職，若果有能，則大用之。二十五年，軍官陣亡者，本等承襲。病故者，降二等。雖陣亡，其子弟無能，勿用。雖病故，其子弟果能，不必降等，於本等用之。大德四年，以上都虎賁司并武衛內萬户、千户、百户達魯花赤亡歿，而無奏准承襲定例，似爲偏負。今後各翼達魯花赤亡歿，宜察其子弟有能者用之，無能則止。五年，詔：軍官有不赴任者，有患病因事不行者，有已赴任、被差委而出、公事已辦爲私事稱故不迴者，今後宜限以六月。越限者以他人代之，期年後以他職授之。十一年，詔：色目鎮撫已殁，其子有能，依例用之。子幼，則取其兄弟之子有能者用之，俟其子長，即以其職還之。至大二年，議：各衛翼首領官，至經歷以上，不得陞除，似與官軍一體，其子孫乃不得承襲。今後年踰七十，而散官至正從四品者，宜正從五品軍官內任用。四年，詔：軍官有故，令其嫡長子，亡殁，令嫡長孫爲之。嫡長孫亡殁，則令嫡長孫之嫡長子爲之。若嫡長俱無，則以其兄弟之子相應者爲之。

大禧院。天曆元年，罷會福、殊祥二院而立之，秩正二品。其所轄諸司，則從其擢用。

宣徽院。皇慶二年，省臣奏：其所轄倉庫、屯田官員，半由都省，半由本院用之。奉旨，宜俱從省臣用之。

中政院。至大四年言：諸司錢糧選法，悉令中書省掌之，可更選人任用，移文中書，給降宣敕。延祐七年，院臣啓：皇后位下中政院用人，奉懿旨，依樞密院、御史臺等例行之。

直省舍人，內則侍相臣之興居，外則傳省闥之命令，選宿衛及勳臣子弟爲之。又擇其高等二人，專掌奏事。至元二十五年，省臣奏：其充是職者，俾受宣命。大德八年，擬歷六十月者，始令從政。

凡禮儀諸職：有太常寺檢討，至元十三年，擬歷一百月，除從八品。有御史臺殿中司知班，十五年，擬歷九十月，除正八品。有通事舍人，二十年，議：從本司選已入流品職官爲之，考滿驗應得資品，陞一等遷用。未入流官人員，擬充侍儀舍人，受中書省劄，一考除從九品。三十年，議：於二品、三品官子內選用，不限廕叙，兩考從七品遷叙。有侍儀舍人，三十年，議：於四品、五品官子內選用，不限廕叙，一考從九品。大德三年，議：有闕，宜令侍儀司於到部正從九品流官內選用，仍受省劄，三十月爲滿，依朝官內陞轉，如不敷，於應得府州儒學教授內選用，歷一考，正九品叙。有禮直管勾，大德三年，省選合用到部人員，俱從太常寺舉保，非常選除充者，任迴，止於本衙門叙用。有郊壇庫藏都監二人，至大三年，議：受省劄者歷一考之上，受部劄者歷兩考之上，再歷本院屬官一任，擬於從九品內叙。天曆二年，擬在朝文翰衙門，於國子生員內舉充。

至元九年，部議：巡檢流外職任，擬三十月爲一考，任迴於從九品遷叙。二十年，議：巡檢六十月，陞從九品。大德七年，議：各處所委巡檢，自立格月日爲始，已歷兩考之上者，循舊例九十月出職；不及兩考者，須歷一百二十月，方許出職遷轉。十年，省奏：奉旨腹裏巡檢，任迴及考者，止於巡檢內注授。所歷未及者，於錢穀官內定奪，通理巡檢月日。各處行省所設巡檢，考滿者，咨省定奪；未及考滿者，行省於錢穀官等職內委用，通理月日，依舊陞轉；不及一考，如係告廕并提控案牘例應轉充者，於雜職內委用，考滿各理本等月日，依例陞轉。

腹裏諸路行用鈔庫，至元十九年，部擬：州縣民官內選充，係八品、九品人員，三十月爲滿，任回驗元資品，減一資歷，通理遷叙。庫使，受都省劄付，任滿從優遷叙。庫副，受本路劄付，二十月爲滿，於本處上户內公選交替。陝西、四川、西夏中興等路提舉司鈔庫，俱係行省管領，合就令依上選擬庫官，移文都省，給降敕牒劄付。省議：除鈔庫使副咨各省選擬外，提領省部選注。腹裏官員，二十六年，定選充倉庫等官，擬於應得資品上陞一等，通理月日陞轉。江南官員，若曾腹裏歷仕，前資相應依例陞轉。遷去江淮歷仕人員，所歷月日一考之上者，除一考准爲根脚，餘有月日，後任通理；不及考者，添一資。若選充倉庫等官，擬於應得資品上，例陞一等，任回依上於腹裏陞轉。接連官員選充倉庫等官，應本地面從七品者，准算腹裏從七資品。歷過一考者，爲始理算月日，後任通理；一考之上，餘有月日，後任通理；不及考者，添一資陞轉。福建、兩廣官員選充倉庫等官，應得本地面從七品者，准算江南從七資品。歷過一考者，爲始理算月日；一考之上，餘有月日，後任通理；不及考者，添一資陞轉。元係流官，任回，止於流官內任用。雜職者，雜職內遷叙。萬億庫、寶鈔總庫、八作司，以一年滿代，錢物甚多，未易交割。宜以二年爲滿，少者以一年爲滿。上都税務官，止依上例遷轉。都省所轄去處，二周歲爲滿者：各處都轉運使司官、司屬官、首領官，各處都漕運使司官、首領官，諸路寶鈔都提舉司官，腹裏、江南隨路平準行用庫官，印造寶鈔庫官，鐵冶提舉司官、首領官，採金提舉司官、首領官，銀場提舉司官、首領官，新舊運糧提舉司官、首領官，都提舉萬億庫、八作司、寶鈔總庫首領官。一周歲爲滿者：泉府司所轄富藏庫官，廪給司、四賓庫、薄斂庫官，大都税課提舉司官、首領官，酒課提舉司官、首領官，提舉太倉官、首領官，提舉醴源倉官、首領官，大都省倉官，河倉官，通州等處倉官、應受省部劄付管錢穀院務雜職等官，大都平準行用庫官，燒鈔四庫官，抄紙坊官，弊源庫官。行省所轄去處，二周歲爲滿者：各處都轉運使司官，司屬官、首領官，各處都漕運使司官、首領官，行諸路寶鈔都提舉司官，腹裏、江南隨路平準行用庫官，甘州、寧夏府等處都轉運使司官，市舶提舉司官、首領官，榷茶提舉司官、首領官。一周歲爲滿者：行泉府司所轄阜通庫官，各處行省收支錢帛諸物庫官。三十年，部議：凡内外平準行用庫官，提領從七品，大使從八品，副使從九品。若流官内選充者，任迴減一資陞轉。雜職人員，止理本等月日。元貞二年，部議：凡倉官有闕，於到選相應職官，并諸衙門有出身令譯史、通事、知印、宣使，奏差兩考之上人内選用，依驗難易收糧多寡陞等，任回於應去地方遷叙。通州、河西務、李二寺等倉官，於應得資品上陞一等，任滿，交割別無短少，減一資通理。在都并城外倉分，收糧五萬石之上倉官，於應得資品上陞一等，任滿，交割別無短少，依例遷叙；收糧一萬石之上倉官，止依應得品級除授，任滿，交割別無短少，減一資通理。大德元年，省擬：大都萬億四庫、富寧庫、寶鈔總庫、上都萬億庫官，止依合得資品選注，須二周歲滿日，別無短少，擬同隨朝例陞一等。二年，省議：上都、應昌倉官，比同萬億庫官例，二周歲爲滿，於應得資品上擬陞一等。六年，部議：在都平準行用庫官，擬合與外路一體二周歲爲滿，元係流官内選充者，任回減一資陞轉。萬億四庫知事例陞一等，提控案牘減資遷轉。和林、昔寶赤八剌哈孫、孔古烈倉改立從五品提舉司。提舉一員，從五品，同提舉一員，從六品，副提舉一員，從七品，周歲爲滿，於到選人内選充，應得資品上擬陞二等，任回遷用，所歷月日通理。甘、肅二路，每處設監支納一員，正六品，倉使一員，從六品，倉副一員，正七品，二周歲爲滿，於到選人内銓注，入倉先陞一等，任滿交割，別無短少，又陞一等。受給庫提領，從九品，使、副受省劄，攢典、合干人各設二名。七年，部擬：大都路永豐庫提領從七，大使從八，副使從九，於到選相應人内銓注。江西省英德路、河西務兩處，設立平準行用庫，擬合設官員，

係從七以下人員，依例銓注。英德路平準行用庫，提領一員，從七，大使一員，從八，副使一員，從九品。河西務行用庫，大使一員，從八品，副使一員，吏部劄。甘肅行省豐備庫，提領一員，從七品，大使一員，正八品，於到選迤西資品人内陞等銓注。大同倉官，擬二周歲交代，永盈倉例陞一等，其餘六倉，任回擬減一資陞轉。八年，部議：湖廣行省所轄散府司吏充倉官，依河南行省散府司吏充倉官，比總管府司吏取充者，降等定奪。至大二年，部呈：凡平準行用庫設官二員，常平倉設官三員，於流官内銓注，以二年爲滿，依例減資。四年，部議：上都兩倉，二周歲爲滿，於應得資品上陞一等，歷過月日，今後比例通理。皇慶元年，部議：上都平盈庫，二周歲爲滿，減一資陞轉。延祐四年，部議：江浙行省各路見役司吏，已及兩考，選充倉官，五萬石之上，比同考滿出身充典史，一考陞吏目。五萬石之下者，於典史添一考，依例遷叙。湖廣行省倉官，如係路吏及兩考，選充倉官一界，同考滿出身充典史，一考陞吏目，遷叙庫官，周歲准理本等月日，考滿依例陞轉。

凡税務官陞轉：至元二十一年，省議：應叙辦課官分三等。一百錠之上，設提領一員、使一員。五十錠之上，設務使一員。五十錠之下，設都監一員。十錠以下，從各路差人管辦。都監歷三界，陞務使，一周歲爲滿，月日不及者通理。務使歷三界，陞提領。提領歷三界，受省劄錢穀官，再歷三界，始於資品錢穀官并雜職任用。各處就差相副官，增及兩酬者，聽各處官司再差。增及三酬以上及後界又增者，申部定奪。二十九年，省判所辦諸課增虧分數，陞降人員。增六分陞二等，增三分陞一等。其增不及分數，比全無增者，到選量與從優。虧兑一分，降一等。三十年，省擬：提領二年爲滿，省部於流官内銓注，一萬錠之上擬從六品，五千錠之上擬正七品，二千錠之上擬從七品，一千錠之上正八品，五百錠之上從八品。大使、副使俱周歲交代，大使從行省吏部於解由合叙相應人内遷調，副使從各路於本處係籍近上户内公選。至大三年，詔定立辦課例。一百錠之下院務官分爲三等：五十錠之上爲上等，設提領一員，受省劄，大使一員，受部劄；二十錠之上爲中等，設大使、副使各一員；二十錠之下爲下等，設都監、同監各一員，俱受部劄。並以一年爲滿，齊界交代。都監、同監四界陞副使，又四界陞大使，又三界陞提領，又三界人資品錢穀官并

雜職內遷用。行省差設人員，各添兩界陞轉，仍自立界以後爲始，理算月日，並於有陞轉出身人員內定奪，不許濫用白身。議得例前部劄，提領於大使內銓注，都監、同監本等擬注，止依歷一十二界。至大三年例後，創入錢穀人員，及正從六品七品取廕子孫，亦依先例陞轉，不須添界外，其餘雜進之人，依今次定例遷用，通歷一十四界，依上例陞轉。

至元九年，部議：凡總府續置提控案牘，多係入仕年深，似比巡檢例同考滿轉入從九。緣從九係銓注巡檢闕，提領案牘吏員文資出職，難應捕捉，兼從九員多闕少，本等人員不敷銓注。凡陞轉資考，從九三任陞從八，正九兩任陞從八，巡檢提領案牘等考滿轉入從九，從九再歷三考陞從八，通理一百二十月陞。巡檢依已擬，提領案牘權擬六十月正九，再歷兩任，通理一百二十月陞從九，較之陞轉資考，即比巡檢庶員闕易就。都、吏目，擬吏目一考，轉充都目，一考，轉充提領案牘，考滿依上轉入流品。都、吏目應陞無闕，止注本等職名，驗理陞轉。二十年，部擬：提控案牘九十月陞九品。二十五年，部擬：各路司吏實歷六十月，吏目兩考陞都目，歷一考陞提控案牘，兩考陞正九。若依路司吏九十月，吏目歷一考與都目，餘皆依上陞轉。省議：江南提控案牘，除各路司吏比附腹裏路司吏至元二十五年呈准定例遷除，其餘已行直補，并自行踏逐歷案牘兩考者，再添資遷除。三十年，省准：提控案牘補注巡檢，陞轉資品，不相爭懸，如已歷提控案牘月日者，任回止於提控案牘內遷叙。三十一年，省議：都目、巡檢員闕，雖不相就，若不從宜調用，似涉壅滯，下部先儘到選巡檢，餘闕准告銓注，任回各理本等月日。大德二年，省准：京城內外省倉典吏，例於大都路州司吏、縣典史內勾補，二周歲轉陞吏目。除行省所轄外，腹裏下州并雜職等衙門，計設吏目一百餘處，其籍記未注者，以次銓注，俱擬三十月爲滿，任回本等內不次銓注。三年，部擬：提控案牘、都吏目有三周歲、二周歲、一周歲爲滿者，俱以三十月爲滿。八年，省准：和林兵馬司掌管案牘人等，比依下州，合設吏目一員，於籍記吏目外發補，任回從九品遷用，添一資陞轉。司吏量擬四名，從本司選補通吏業者，六十月，提控案牘內任用。九年，部呈：都、吏目已於典史內銓注，宜將籍記案牘驗歷仕，以遠就近，於吏目闕內參注，各理本等月日。十一年，江浙省臣言：各路提控案牘改受敕牒，不見通例。部照：江北提控案牘，皆自府州司縣轉充路吏，請俸九十月方得吏目，一考陞都目，都目一考，陞提控案牘，兩考正九品，通理二百一十月入流，其行省所委者，九十月與〔從〕九品。今議行省委用例革提控案牘，合於散府諸州案牘、都吏目并雜職錢穀官內，行省依例銓注，通理月日陞轉。之後行省所設提控案牘、都吏目，合依江北由司縣府州轉充路吏，通理月日，考滿方許入流。

凡選取宣使奏差：至元十九年，部擬：六部奏差額設數目，每一十名內，令各部選取四名，九十月與從九品，餘外合設數目，俱於到部巡檢、提領案牘、都吏目內選取，候考滿日，驗下項資品銓注。省准：解由到部，闕會完備人員內選取。應入吏目，選充奏差，三考與從九品。吏目一考應入都目人員，選充奏差，兩考與從九品。都目一考應入提領案牘人員，選充奏差，一考與從九品。巡檢、提領案牘一考，選充奏差，一考與正九品。二十六年，省准：上都留守司兼本路都總管府典吏出身，歷九十月，比通政院例，合轉補本司宣使，考滿依例定奪。二十九年，省議：行省、行院宣使於正從九品有解由職官內選取，如是不敷，於各道宣慰司一考之上奏差、本衙門三考典吏內選取。〔行臺止於正從九品職官內選取〕，不敷，於各道廉訪司三考奏差內并本衙門三考典吏內選取，仍須色目、漢人相參選取。自行踏逐者，亦須相應人員，考滿例降一等，須歷九十月，方許出職。內外諸衙門宣使，以色目、漢人相參，九十月爲滿。自行踏逐者降一等。凡內外諸衙門宣使、通事、知印、奏差，都省宣使有闕，於臺、院等衙門一考之上宣使、并有解由正從八品職官內選補，如係都省直選人員，不拘此例，仍須色目、漢人相參選取。自行踏逐者，考滿例降一等，須歷九十月，方許出職。樞密院宣使，正從九品職官內選取，仍須色目、漢人相參選用。自行踏逐者，亦須相應人員，考滿例降一等，須歷九十月，方許出職。御史臺宣使，正從九品職官內選取。自行踏逐者，考滿例降一等，須歷九十月，方許出職。宣政院宣使，選補同。宣慰司奏差，於本衙門三考典吏內選取。自行踏逐者，考滿降等叙，須色目、漢人參用，歷九十月，方許出職。山東運司奏差，九十月，於近下錢穀官內任用。大都運司，一體定奪。七年，省准：鞏昌等處便宜都總帥府令史人等，已擬依各道宣慰司令史人等一體出身，自行踏逐者降等叙，有闕於本司三考典吏内選取。八年，部呈：各寺監保本處典吏補奏差，若元係請俸典吏、本把人等補充者，考滿同自行踏逐者，降等叙。九年，擬宣徽院典吏九十月補宣使，并所轄寺監令史。十年，省擬：中政院宣使於本衙門三考之上典吏及正從九品職官内選用，以色目、漢人相參，自行踏逐者降等。十一年，省擬：燕南廉訪司奏差，州吏内選補，考滿於都目内遷用。延祐三年，省議：各衙門典吏，須歷九十月，方許轉補奏差。

凡匠官：至元九年，工部驗各管户數，二千户之上至一百户之上，隨路管匠官品級。省議：除在都總提舉司去處，依准所擬。東平雜造提舉司并隨路織染提舉司，二千户之上，提舉正五品，同提舉從六品，副提舉從七品。一千户之上，提舉從五品，同提舉正七品，副提舉正八品。五百户之上至一千户之下，提舉正六品，同提舉從七品，副提舉從八品。三百户之上，大使正七品，副使正八品。一百户之上，大使從七品，副使從八品。一百户之下，院長一員，同院務，例不入流品，量給食錢。凡一百户之下管匠官資品，受上司劄付者，依已擬充院長。已受宣牌充局使者，比附一百户之上局使資品遞降，量作正九資品。二十二年，凡選取陞轉匠官資格，元定品給員數，提舉司二千户之上者，無之。一千户之上，提舉從五品，同提舉正七品，副提舉正八品。五百户之上、一千户之下，提舉正六品，同提舉從七品，副提舉從八品。使副，三百户之上，局使正七品，副使正八品。一百户之上，局使從七品，副使從八品。一百户之下，院長一員，比同務院，例不入流品。工部議：三百户之上局副從八，一百户之上局副正九，遇有闕，於一百户之下院長内選充。院長一百二十月陞正九，正九兩考陞從八，從八三考、正八兩考，俱陞從七。如正八有闕，别無資品相應人員，於已授從八匠官内選注，通歷九十月，陞從七。從七三考陞正七，正七兩考陞從六。從六三考、正六兩考，俱陞從五。（爲）〔如〕所轄司屬無從六，名闕，如已歷正七兩考，擬陞加從六散官，止於正七匠官内遷轉，九十月陞從五。如正六匠官有闕，於已授從六散官人員内選注，通歷九十月陞從五。從五三考擬陞正五，别無正五匠官，名闕，陞加正五散官，止於從五匠官内遷轉。如歷仕年深，至日斟酌定奪。至元十二年以前受宣敕省劄人員，依管民官例，擬准已受資品。十三年以後受宣敕省劄人員，若有超陞越等者，驗實歷俸月定擬，合得資品上例存一等遷用。管匠官遇有闕員去處，如無資品相應之人，擬於雜職資品相應到選人内銓用。凡中原、江淮匠官，正從五品子從九品匠官内廕叙，六品、七品子於院長内叙用。以匠官無從九，名闕，擬正從五品子應廕者，於正九匠官内銓注，任回，理算從九月日。二十三年，詔：管匠官，其造作有好惡虧少，勿令遷轉。二十四年，部言：管匠衙門首領官，宜於本衙門内選委知會造作相應人員區用，勿令遷轉，合依舊例，從本部於常選内選差相應人員掌管案牘，任滿交代遷叙。元貞元年，准湖廣行省所擬：三千户之上提舉司從五品，提舉從五品，同提舉正七品，副提舉正八品。二千户之上提舉司正六品，提舉正六品，同提舉從七品，副提舉從八品。一千户之上局，局使正七品，副使正八品。五百户之上局，局使從七品，副使正九品。五百户之下，院長一員。

凡諸王分地與所受湯沐邑，得自舉其人，以名聞朝廷，而後授其職。至元二年，詔以各投下總管府長官不遷外，其所屬州縣長官，於本投下分到城邑内遷轉。四年，省劄：應給印官員，若受宣命及諸王令旨、或投下官員批劄、省府樞密院制府左右部劄付者，驗户給印。五年，詔：凡投下官，必須用蒙古人員。六年，以隨路見任并各投下創差達魯花赤内，多女直、契丹、漢人，除回回、畏吾兒、乃蠻、唐兀同蒙古例許叙用，其餘擬合革罷，曾歷仕者，於管民官内叙用。十九年，詔：各投下長官，宜依例三年一次遷轉。省臣奏：江南諸王分地長官，已令如例遷轉，其間若有兼管軍鎮守爲達魯花赤者，一體代之，似爲不宜。合令於投下長官之上署字，一同莅事。二十年，議：諸王各投下千户，於江南分地已於長官内委用，其州縣長官，亦令如之，似爲相宜。二十三年，諸王、駙馬并百官保送人員，若曾仕者，驗資歷於州縣内相間用，如無歷仕，從本投下自用。三十年，各投下州縣長官，三年一次給由互相遷轉，如無可遷轉，依例給由申呈省部，仍牒廉訪司體訪。大德元年，諸投下達魯花赤從七以下者，依例顯選。十年，議：各投下官員，非奉省部明文，毋得擅自離職。皇慶二年，詔：各投下分地城邑長官，其常選所用者，居衆人之上，投下所委者爲添設，其常選内路府州及各縣内減一員。三年，以中下縣主簿、録事司録判掌錢糧捕盜等事，不宜減去，并增置副達魯花赤一員。四年，凡投下郡邑，令自置達魯花赤，其爲副者罷之。各投下有闕用人，自於其投下内選用，不許冒用常選内人。

凡壕寨官：至元十九年，省部擬：都水監併入本部，其壕寨官比依各部奏差出身。大德二年，擬考滿除從九品。【略】

凡獲盗賞官：大德五年，詔：獲強盗五人，與一官。捕盗官及應捕人，本境失盗而獲他境盗者，聽功過相補。獲強盗過五人，捕盗官減一資，至十五人陞一等，應捕人與一官，不在論賞之列。

凡控鶴傘子：至元二十二年，擬：控鶴受省劄，保充御前傘子者，除充拱衛（都直）〔直都〕指揮使司鈐轄，官進義副尉。二十八年，控鶴提控受敕進義副尉，管控鶴百户，及一考，擬元除散官從八，職事正九，於從八内遷注。元貞元年，控鶴提控奉旨充速古兒赤一年，受省劄充御前傘子，歷三百三十二月，詔於從六品内遷用。大德六年，控鶴百户，部議於巡檢内任用。其離役百户人等擬從八品，傘子從七品。延祐三年，控鶴百户歷兩考之上，擬於正九品遷用。

凡玉典赤：至元二十七年，定擬歷三十月至九十月者，並與縣達魯花赤、進義副尉。一百月以上者，官敦武校尉。至大二年，令玉典赤權於州判、縣丞内銓注。三年，令依舊例，九十月除從七下縣達魯花赤，任回添一資。

凡蠻夷官：議：播州宣撫司保蠻夷軍民副長官，係遠方蠻夷，不拘常調之職，合准所保。其蠻夷地分，雖不拘常調之處，而所保之人，多有泛濫。今後除襲替土官外，急闕久任者，依例以相應人舉用，不許預保，違者罪及所由官司。

《元史》卷八三《選舉志·銓法中》 凡遷調閩廣、川蜀、雲南官員：每三歲，遣使與行省銓注，而以監察御史往涖之。至元十九年，省議：江淮州郡遠近險易不同，似難一體，今量分爲三等，若腹裏常調官員遷入兩廣、福建溪洞州郡者，於本等資歷上，例陞二等，其餘州郡，例陞一等。福建、兩廣官員五品以上，照勘員闕，移咨都省銓注，六品以下，就便委用，開具咨省。二十年，部擬：遷叙江淮官員，擬定應得資品，若於接連福建、兩廣溪洞州郡任用，陞一等。甘肅、中興行省所轄係西夏邊地，除本處籍貫見任官外，腹裏遷去甘肅者，擬陞二等，中興府擬陞一等。二十一年，詔：管民官腹裏遷去四川陞一等，接連溪洞陞二等。四川見任官遷往接連溪洞陞一等，若遷去溪洞諸蠻夷，別議定奪。達魯花赤就彼處無軍蒙古軍官内選擬，不爲常例。二十二年，江淮官員遷於龍南、安遠縣地分者，擬陞二等，仍以三十月爲滿陞轉。二十八年，詔：腹裏官員遷去雲南近裏城邑，擬陞二等，若極邊重地，更陞一等。行省咨保人員，比依定奪。其蒙古、土人及招附百姓有功之人，不拘此例。省臣奏准：福建、兩廣官員多闕，都省差人與彼處行省、行臺官，一同以本土周迴相應人員委用。部議：雲南六品以下任滿官員，依御史臺所擬，選資品相應人，擬定名闕，具歷仕脚色，咨省奏准，敕牒到日，許令之任。若有急闕，依上選取，權令之任，歷過月日，依上准理。二十九年，詔：福建、兩廣官員歷兩任滿者，遷於接連去處，一任滿日，歷江南一任，許入腹裏通行遷轉，願於兩廣、福建者聽，依例陞等。至治元年，省臣奏：江浙、江西、湖廣、四川、雲南五處行省所轄邊遠地分官員，三年一次差人與行省、行臺官一同遷調。泰定四年，部擬：諸職官子孫承廕，已有元定廕叙地方通例，別難議擬，如願於廣海廕叙者，聽其所請，依例陞等遷叙。其已咨到都省，應合本省地分廕叙而未受除者，依例咨行省，令差去遷調官就便銓注。廣海闕官，於任滿得代，有由應得路府州縣儒學教授、學正、山長内願充者，借注正九品以下名闕，任迴，止理本等月日。廣海應設巡檢，於本省應得常選上等錢穀官選擬，權設，理本等月日。行省自用并不應之人，不許委用，如受敕巡檢到彼，即聽交代。

凡遷調循行：各省所轄路府州縣諸司，應合遷調官員，先儘急闕，次及滿任。急闕須憑各官在任解由，依驗月日、應得資品、及解由到行省月日，依次就便遷調。若有急闕，委無相應之人，或員闕不能相就者，於應叙職官内選用，驗（各）〔合〕得資品上，雖有超越，不過一等。本管地面，若有遐荒煙瘴險惡重地，除土官外，依例公選銓注，其有超用人員，多者不過二等。軍官、匠官、醫官、站官、各投下人等，例不轉入流品者，雖資品相應，不許銓注。都省已除人員，例應到任，若有違限一年者，聽别行補注。應有合就彼遷叙人員，如在前給由已咨都省聽除，未經遷注照會，不曾咨到本省者，即聽就便開咨。無解由人員，不許銓注。諸犯贓經斷應叙人員，照例銓注。令譯史、奏差人等，須驗實歷月日已滿，方許銓注。邊遠重難去處，如委不可闕官，從差去官與本省官公同選注能幹人員，開具歷仕元由，并所注職名，擬咨都省，候回准明文，方許之任。應遷調官員，三品、四品擬定咨呈，五品以下先行照會之任。

凡文武散官：多采用金制，建官之初，散官例降職事二等。至元二十年，始陞官職對品，九品無散官，謂之平頭敕。蒙古、色目，初授散官或降職事，再授職，雖不降，必俟官資合轉，然後陞職。漢人初授官，不及職，再授則降職授官。惟封贈廕叙官職，各從一高，必歷官至二品，則官必從職，不復用理算法矣。至治初，稍改之，尋復其舊。此外月日不及者，惟歷繁劇得優，獲功賞則優，由內地入邊遠則優，憲臺舉廉能政蹟則優，以選出使絶域則優，然亦各有其格也。【略】

凡翰林院、國子學官：大德七年議：文翰師儒難同常調，翰林院宜選通經史、能文辭者，國子學宜選年高德劭、能文辭者，須求資格相應之人，不得預保布衣之士。若果才德素著，必合不次超擢者，別行具聞。

凡遷官之法：從七以下屬吏部，正七以上屬中書，三品以上非有司所與奪，由中書取進止。自六品至九品爲敕授，則中書牒署之。自一品至五品爲宣授，則以制命之。三品以下用金寶，二品以上用玉寶，有特旨者，則有告詞。其理算論月日，遷轉憑散官，內任以三十月爲滿，外任以三歲爲滿，錢穀典守以二歲爲滿。而理考通以三十月爲則。內任官率一考陞一等，十五月進一階。京官率一考，視外任減一資。外任官或一考進一階，或兩考陞一等，或三考陞二等。四品則內外考通理。此秋毫不可越。然前任少，則後任足之，或前任多，則後任累之。一考者及二十七月，兩考者及五十七月，三考者及八十一月以上，遇陞則借陞，而補以後任。此又其權衡也。

凡選用不拘常格：省參議、都司郎中、員外高第者，拜參預政事、六曹尚書、侍郎，及臺幕官、監察御史出爲憲司官。外補官已制授，入朝或用敕除，朝蹟秩視六品，外任或爲長伯。在朝諸院由判官至使，寺監由丞至卿，館閣由屬官至學士，有遞陞之法，用人重於用法如此。又覃官，或准實授，或普減資陞等，或內陞等，或外減資，或外減內不減，斯則恩數之不常有者，惟四品以下者有之。三品則遞進一階，至正議大夫而止。若夫勳臣世冑，侍中貴人，上命超遷，則不可以選格論。亦有傳敕中書，送部覆奏，或致繳奏者，斯則歷代以來封駁之良法也。

凡吏部月選：至元十九年議：到部解由即行照勘，合得七品者呈省，從七以下本部注擬，其餘流外人員，不拘多寡，並以一月一次銓注。

凡官吏遷叙：至元十年，議：舊以三十月遷轉太速，以六十月遷轉太遲。二十八年，定隨朝以三十月爲滿，在外以三周歲爲滿，錢穀官以得代爲滿，吏員以九十月日出職，職官轉補，與職官同。

凡覃官：至大二年，詔：內〔外〕官四品以下，普覃散官一等，服色、班次、封廕皆憑散官。三品者遞進一階，至正三品上階而止。其應入流品者，有出身吏員譯史等，考滿加散官一等。三年，蒙古儒學教授，一體普覃。四年，詔在任官員，普覃散官一等。泰定元年，詔：內外流官已帶覃官，准理實授。所有軍官及其餘未覃人員，四品以下並覃散官一等，三品遞進一階，至三品上階止，服色、班次、封廕，悉從一高。其有出身應入流品人等，如在恩例之前入役支俸者，考滿亦依上例覃授。二年，省議：應覃人員，依例先理月日，後准實授，其正五品任回已歷一百三十五月者，九十月該陞從四，餘有四十五月，既循行舊例，覃官三品，擬合准理實授，月日未及者，依驗散官，止於四品內遷用，所有月日，任回，四品內通行理算。

凡減資陞等：大德九年，詔：外任流官，陞轉甚遲，但歷在外兩任，五品以下並減一資。部議：外任五品以下職官，若歷過隨朝及在京倉庫官鹽鐵等職，曾經陞等減資外，以後至大德九年格前，歷及在外兩任或一任、六十月之上者，並與優減，未及者不拘此格。至治二年，太常禮儀院臣奏：皇帝親祭太廟，恩澤未加。詔四品以下諸職官，不分內外，普減一資，有出身應入流品者，考滿任回，依上優減。天曆元年，詔：以兵興，內外官吏供給繁勞，在京者陞一等，至三品止，在外者減一資。

凡注官守闕：至元八年議：已除官員，無問月日遠近，許准守闕外，未奏未注者，許注六月滿闕，六月以上不得預注。二十二年，詔：員多闕少，守闕一年，年月滿者照闕注授，餘無闕者令候一年。大德元年，以員多闕少，宜注二年。

凡注官避籍：至元五年，議：各路地里闊遠，若更避路，恐員闕有所礙，止宜斟酌避籍銓選。

凡除官照會：至元十年，議：受除民官，若有守闕人員，當前官任滿，預期一月檢舉照會。錢穀官候見界官任滿，至日行下合屬照會。二十四年，議：受除官員省劄到部照勘，急闕任滿者，比之滿期，預先一月照會。

凡赴任程限：大德八年，定赴任官在家裝束假限，二千里內三十日，三千里內四十日，遠不過五十日。馬日行七十里，車日行四十里。乘驛者日兩驛，百里以上止一驛。舟行，上水日八十里，下水百二十里。職當急赴者，不拘此例。違限百日外，依例作闕。

凡赴任公參：至元二年，定散府州縣赴任官，去上司百里之內者公參，百里之外者申到任月日，上司官不得非理勾擾，失誤公事。【略】

凡遠年求敘：元貞元年，部擬：自至元二十八年三月爲限，於本處官司明具實跡保勘，申覆上司遷叙。大德七年，議：求叙人員，具由陳告，州縣體覆相同，明白定奪，依例叙用。

《元史》卷八三《選舉志·銓法下》 凡省部令史、譯史、通事等：至元六年，省議：舊例一百二十月出職，今案牘繁冗，難同舊日，會量作九十月爲滿。其通事、譯史繁劇，合與令史一體。近都省未及兩考省令史譯史授宣，注六品職事，部令史已授省劄，注從七品職事。今擬省令譯史、通事，由六部轉充者，中統四年正月已前，合與直補人員一體，擬九十月考滿，注六品職事，回降正七一任，還入六品。中統四年正月已後，將本司歷過月日，三折二，驗省府月日考滿通理，九十月出職，與正七職事，並免回降。職官充省令譯史，舊例文資右職參注，一考滿，合得從七品，注從六品，未合得從七品，注正七品，如更勒留一考，合同隨朝陞一等。一考滿，未得從七注正七品者，回降從七，還入正七。一考滿，合得從七注從六品，合得正七注六品者，免回降。正從六品人員不合收補省令史、譯史，如有已補人員，合同隨朝一考陞一等注授。中統四年正月已前，收補部令史、譯史、通事，擬九十月爲考滿，照依已除部令史例，注從七品，回降正八一任，還入從七。中統四年正月已後，充部令譯史、通事人員，亦擬九十月爲考滿，依舊例正八品職事，仍免回降。省宣使，舊例無此職名，中統以來，初立中書省，曾受宣命充宣使者，擬出職正七品職，外有非宣授人員，擬九十月爲考滿，與正八品。至元二十年，吏部言：准內外諸衙門令譯史、通事、知印、宣使、奏差等，病故作闕，未及九十月，並令貼補，值例革者，比至元九年例定奪。省准：宣使、各部令史出職同，三考從七。一考之上，驗月日定奪。一考之下，二十月以上者正九，十五月以上者從九，十五月以下擬充巡檢。臺院、大司農司譯史、令史出身同，三考正七。一考之上，驗月日定奪。一考之下，二十月以上從八，十五月以上正九，十五月以下、十月之上從九，添〔一〕資，十月以下巡檢。宣使三考正八品。一考之上，驗月日定奪。一考之下，二十月以上從九，十五月以上巡檢，十五月以下酒税醋使。部令史、譯史、通事三考從七。一考之上，驗月日定奪。一考之下，二十月以上者正九，十五月以上從九，十五月以下令史提控案牘，通事、譯史巡檢。奏差三考從八品。一考之上，驗月日定奪。一考之下，二十月以上巡檢，十五月之上酒税醋使，十五月之下酒税醋都監。大德四年，中書省准：吏部擬腹裏、江南都吏目，提控案牘陞轉通例，凡腹裏提控案牘、都吏目：京畿漕運司令史，元擬六十月考滿，今准九十月考滿，都漕運司令史九十月。諸路寶鈔提舉司吏，元擬六十月考滿，今准九十月考滿。萬億四庫司吏，元擬六十月考滿，今准九十月考滿。大都路令史，元擬六十月考滿，任回減資陞轉，今准六十月考滿，不須減資。大都運司令史，九十月考滿都目。寶鈔總庫司吏，元擬六十月都目，九十月提控案牘，今准九十月都目。富寧庫司吏，元擬六十月提控案牘，今准九十月都目。左右八作司司吏，元擬六十月，今准九十月都目。又議：已經改擬出職人員，各路司吏轉充提控案牘、都目，比同陞用，其餘直補人數，並循至元二十一年之例遷用。江南提控案牘、都〔吏〕目：至元二十五年呈准，各路司吏六十月吏目，兩考陞都目，一考陞提控案牘，兩考正九。路司吏九十月吏目，一考轉都目，餘皆依上陞轉。江南提控案牘除各路司吏，比腹裏路司吏至元二十五年呈准例遷除，其餘已行直補，并自行保舉，自呈准月日立格，實歷案牘兩考者，止依至元二十一年定例，九十月入流。未及兩考者，再添一資遷除。例後違越創補者，雖歷月日不准。大德十一年，省臣奏：凡內外諸司令史、譯史、通事、知印、宣使有出身者，一半於職官內選用，依舊一百二十月爲滿，外任減一資。又議：選補吏員，除都省自行選用外，各部依元設額數，遇闕職官，與籍記內相參發補，合用一半職官，從各部自行選用。通事、知印從長官選用。譯史則從翰林院試發都省書寫典吏考滿人內，挨次上名補用，其有不敷，從翰林發補。奏差亦於職官內選一半，餘於籍記應例人內發補。歲貢人吏，依已擬在役聽候。省議：六部令史如正從九品不敷，從八品內亦聽選取。省掾，正從七品得代有解由幷見任未滿、已除未任文資流官內選取，考滿於應得資品上陞一等，除元任地方，雜職不（用）〔預〕。院臺令史如元係七品之人，亦在選補之例。譯史、通事選識蒙古、回回文字，通譯語正從七品流官，考滿驗元資陞一等，注元任地方，雜職不預。知印於正從七品流官內選取，考滿並依上例注授，雜職不預。宣使於正從八品流官內選取，仍須色目、漢人相參，歷一考，於應得資品上陞一等，除元任地方，雜職不預。

凡歲貢吏員：至元十九年，省議：中書省掾於樞密院、御史臺令史內取，臺、院令史於六部令史內取，六部令史以諸路歲貢人吏補充，內外職官材堪省掾及院、臺、部令史者，亦許擢用。省掾考滿，資品既高，責任亦重，皆自歲貢中出，若不教養銓試，必致人材失真，今擬定例于後：諸州府隸省部者，儒學教授選本管免差儒户子弟入學讀書習業，非儒户而願學者聽。遇按察司、本路總管府歲貢之時，於學生內選行義修明、文學優贍、通經史、達時務者，保申解貢。各路司吏有闕，於所屬衙門人吏內選取。委本路長官參佐，同儒學教授考試，習行移算術，字畫謹嚴，語言辯利，《詩》、《書》、《論》、《孟》內通一經者爲中式，然後補充。按察司書吏有闕，府州司吏內勾補，至歲貢時，本州本路以上，再試貢解。諸歲貢吏，當該官司於見役人內公選，以性行純謹、儒吏兼通者爲上，才識明敏、吏事熟閑者次之，月日雖多、才能無取者不許呈貢。二十二年，省擬：呈試吏員，先有定立貢法，各道按察司上路總管府凡三年一貢，儒、吏各一人，下路二年貢一人，以次籍記，遇各部令史有闕補用。若隨路司吏及歲貢儒人，先補按察書吏，然後貢之於部，按察書吏依先例選取考試，唯以經史吏業不失章指者爲中選。隨路貢舉元額，自至元二十三年爲始，各道按察司每歲於書吏內，以次貢二名，儒人一名必諳吏事，吏人一名必知經史者，遇各部令史有闕，以次勾補。元貞元年，詔：諸路有儒通吏事、吏通經術、性行修謹者，各路薦舉，廉訪司試選。每道歲貢二人，省臺委官立法考試，必中程式，方許録用。大德二年，貢部人吏，擬宣慰司、廉訪司每道歲貢二人儒吏兼通者，自大德三年爲始，依例歲貢，應合轉補各部寺監令史，依《至元新格》發遣，到部之日，公座試驗收補。九年，省判：凡選府州教授，年四十已下，願試吏員程式，許補各部令史。除南人已試者，別無定奪到部，未試之人，依例考試。至治二年，省准：各道廉訪司書吏，先儘儒人，不敷者吏員內充貢，各歷一考，依例試貢。

（清）孫承澤《元朝典故編年考》卷六《官員便養》 至大三年詔：銓選官員，父母衰老氣力單寒者，得就近選除，尤爲便益。果有親年七十以上，別無以次侍丁，合從元籍官司保勘明白，斟酌定奪。

（清）嵇璜等《續通典》卷一八《選舉・歷代制中》 元選法，從七品以下屬吏部，正七品以上屬中書，三品以上非有司所與奪，由中書取進止。自六品至九品爲敕授，中書牒署之。自一品至五品爲宣授，以制命之。三品以下用金寶，二品以上用玉寶，有特旨者有告詞。凡諸王分地與所受湯沐邑，得自舉其人以聞。各投下總管府長官不遷外，其所屬州縣長官于本投下分到城邑遷轉。凡路府州縣，除達嚕噶齊外長官並選用漢人，佐貳官以色目、漢人並用，文武散官降職事官二等。蒙古、色目初授散官或降職事，雖不降，必俟官資合轉，然後升職。漢人初授官不及職，再授則降職授官。又覃官，或準實授，或普減資升等，或內升等，或外減資，或外減內不減，皆謂之恩數。臺官于省部選人，則與省官議，省官于臺憲選人，則與臺官議。凡選人，解由到部即行照勘，合得七品者呈省，從七以下本部注擬，其餘流外人員不拘多寡，並以一月銓注一次。凡遷敘，隨朝以三十月爲滿，在外以三周歲爲滿，錢穀官以得代爲滿，出職職官轉補，與職官同。

成宗元貞元年，命中書振理選法，先是，至元十九年，御史中丞崔彧言：選用臺察官，若由中書，必有偏狥之弊，宜聽本臺選擇。至是省臣言：樞密院、御史臺例應奏舉官屬，其餘諸司不宜奏請，今皆請之，非便。因詔自後諸司無得奏舉官屬，專令中書奏擬。至大德七年，又詔諸司：舉用人員並經中書省，毋得擅奏。又以翰林院、國子學官員文翰師儒難同常調，須求資格相應之人，不得預保。十一年武帝即位，八月中書省臣言：內降旨與官者八百八十餘人，已除三百，未議者猶五百，請自今越奏者勿與。又御史臺臣言：中書省、樞密院、御史臺、宣政院得自選官，具有成憲，今監察御史、廉訪司官非本臺公選，而從諸臣所請，自內降旨，非祖宗成法。帝俱納之。九月，中書省臣言：內外選法向者遵世祖成制，兩宮近侍銓叙惟上所命。比有應入常調者，夤緣驟遷；其已仕廢黜及未嘗入仕者，亦復自內降旨。臣等先經奏禁，而內旨所降復有百餘，整飭實難，自今銓請如前制，非由中書議者，毋得越奏。

仁宗皇慶元年，省臣言：今春以內降旨除官千餘人，其欺僞豈能悉知？且亂選法。乃詔：凡內降旨勿行。

文宗至順二年，監察御史陳思謙言：入仕之門太多，黜陟之法太簡，州縣之任太淹，朝省之除太速，欲設三策以救四弊。一、至元三十年以後增設衙門，冗濫不急者從實減並，其外有選法者并入中書。二、參酌古制，設辟舉之科，令三品以下各舉所知，得才則賞，失實則罰。三、古者刺史入爲三公，郎官出宰百里，蓋使外職識朝廷治體，內官知民間利病。今後歷縣尹有能聲善政者授郎官御史，歷郡守有奇才異績者任憲使尚書，其餘各驗資品通選，在內者不得三考連任京官，在外者須兩任乃遷內職。績非出類，守不敗官者，則循以年勞，處以常調。凡朝缺官員，須二十月之上方許遷除。帝可其奏，命中書議行之。至順帝元統元年，命臺憲部官各舉才堪守令者一人。至正八年，詔京官三品以上歲舉守令一人，守令到任三月，亦舉一人自代。十二年，詔隨朝一品職事及省臺院部諸正官，各舉循良才幹、智勇兼全、堪充守令者二人，知人多者不限員數。各處試用守令可兼管義兵防禦諸軍、鄂囉勸農事，所在上司不許擅差。守令既已優升，其佐貳官員比依入廣例，量升二等。任滿，驗守令全治者與真授，不治者全削二等，依本等叙；半治者減一等叙。雜職人員其有智勇之士，並依上例。凡除常選官于殘破郡縣及迫近賊境之處，升四等；稍近賊境，升二等。十六年，命六部諸監院正官，各舉才堪守令者一人，中書省斟酌用之。或任內害民受贓者，舉官量事輕重降職。

紀事

《遼史》卷七《穆宗紀》〔應曆十八年夏四月〕己巳，詔左右從班有材器幹局者，不次擢用；老耄者，增俸以休于家。

《遼史》卷一三《聖宗紀》〔統和十二年〕六月辛巳朔，詔州縣長吏有才能無過者，減一資考任之。

《遼史》卷二四《道宗紀》〔大安元年〕十一月乙未，詔：比者，外官因譽進秩，久而不調，民被其害。今後皆以資給遷轉。

（元）劉祁《歸潛志》卷七 金朝取士，止以詞賦、經義學，士大夫往往局於此，不能多讀書。其格法最陋者，詞賦狀元即授應奉翰林文字，不問其人才何如，故多有不任其事者。或顧問不稱上意，被笑嗤，出補外官。章宗時，王狀元澤按，後云澤民不識枇杷子，此處疑脱民字。否則，澤字澤民也。在翰林，會宋使進枇杷子，上索詩，澤奏：小臣不識枇杷子。惟王庭筠詩成，上喜之。呂狀元造，父子魁多士，及在翰林，上索重陽詩，造素不學詩，惶遽獻詩云：佳節近重陽，微臣喜欲狂。上大笑，旋令外補。故當時有云：澤民不識枇杷子，呂造能吟喜欲狂。按，明抄本作呂造吟詩喜欲狂。

興定初，朝議縣令最親民，依常調數換多不得人，始詔內外七品以上官保舉，仍升爲正七品。案，《金史・選舉志》，興定元年，令隨朝七品、外路六品以上職事官，舉正七品以下職事官云云，則內七品、外六品始爲奉主，與此《志》內外七品以上官均得保舉異。又，攷《宣宗本紀》，興定三年十一月辛丑，詔朝官七品、外路六品以上二歲舉縣令一人，而興定元年無此事，與《選舉志》亦異。〔官〕據明抄本補。資未及者，借注人。一時能吏如王庸登庸令洛陽、案，《金史・循吏傳》云，偃師王登庸，與此異。程震威卿令陳留，皆有治績。或人爲監察御史臺部官，自是居官者争以能相尚，民亦多受賜。其後，往往自納賂請託得之，故疲懦貪穢者亦多。然士大夫爲之者猶自力，此良法也。

正大初，末帝鋭于政，朝議置益政院官，院居宮中，選一時宿望有學者，如楊學士雲翼、史修撰公燮、呂待制造數人兼之，輪直。每日朝罷按明抄本無日字，似是。侍上講《尚書》、《貞觀政要》數篇，間亦及民間事，頗有補益。楊公又與趙學士秉文（共）〔采〕據明抄本改。集自古治術，分門類，號《君臣政要》，爲一編進之。此亦開講學之漸也，然歲餘亦罷。

（元）劉祁《歸潛志》卷七 省吏，前朝止用胥吏，號堂後官。金朝大定初，張太師浩制皇制，袒免親、皇制一作皇家。宰執子試補外，雜用進士。凡登第歷三任至縣令，以次召補充，一考，三十月出得六品州倅。兩考，六十月得五品節度副使、留守判官，或就選爲知除知案。由之以漸，得都事、左右司員外郎、郎中，案，洪皓《松漠紀聞》，省部有令史，以進士及第者爲之，蓋紀天眷、皇統間事。又，《金史·王蔚傳》，皇統二年進士，由良鄉丞補尚書省令史，洊遷都事、左司員外郎、郎中，大定二年，超授轉運使，則以進士爲尚書省令史不始自大定初。《金史·選舉志》云，省令史，正隆元年止於密院臺及六部吏人令史内選充，大定二年，罷吏人而復皇統選進士之制，蓋即張浩所議復者。此《志》云，前朝止用胥吏，竟似大定之前未有用進士者，失之疎漏，當與《金史》參證。所云登第歷三任至縣令，以次召補充，似由進士歷三任爲縣令，其語意亦欠分明。攷《金史·賀揚庭傳》，由安肅令補尚書省令史。《元德明傳》，子好問，由南陽令擢尚書省掾，皆不詳其歷三任爲縣令。《蕭貢傳》，由涇州觀察判官補尚書省令史，《路伯達傳》，由泗州榷場使補尚書省掾，《馮璧傳》，自東阿丞召補尚書省令史，皆非由縣令召補，則或三任或縣令，未嘗併爲一也。至所云一攷出得六品州倅，兩攷得五品節度副使等官者，亦張浩定議如是，後來不皆循其制。《李獻甫傳》，以尚書省令史充行六部員外郎，元好問以省掾除左司都事，蕭貢以令史擢監察御史。或疑本傳有省文，然果出爲州倅及節度副使等官，傳自不缺載，如賀揚庭以令史授泌南軍節度副使，入爲監察御史，路伯達以省掾除興平軍節度副使，入爲大理司直，傳固備詳之矣。又，《楊伯淵傳》，天會初以名家子補尚書省令史，十四年賜進士第，是天眷皇統以前有先爲令史後第進士者，與《選舉志》散階赴會試之制相合，益徵省令史之專用胥吏惟正隆時耳。故仕進者以此途爲捷徑。如不爲省令史，即循資級，得五品甚遲，故有節察令推何日了，鹽度户勾幾時休之語。按，鹽度户勾，黄丕烈、施國祁校本作户勾鹽度。浩初定制時，語人曰：省庭天下儀表，如用胥吏，定行貨賂混淆，用進士，清源也。且進士受賕，如良家女子犯姦也，胥吏公廉，如娼女守節也。議者皆以爲當，屏山嘗爲余言之。然省令史儀（體）〔禮〕據黄丕烈、施國祁校本改。冠帶，抱書進趨，與掾史不殊，有過，輒决杖，惜乎，以胥吏待天下士也。故士大夫有氣概者往往不就，如雷翰林希顔、魏翰林邦彦、宋翰林飛卿及余先子，或召補不願，或暫爲，遽告出，皆不能終其任也。李丈欽止爲余言，宋制，省曹有檢正，皆士大夫，其堂吏主行移文字也。且問余以宋制與金制孰優？余以爲宋制善，欽止曰：此議與吾合也。

金朝用人，大概由省令史遷左右司郎中、員外郎、首領官遷，一作選。取其簿書精幹也。由左右首領官選宰相執政，取其奏對詳敏也。其經濟大略安在哉？此所以在位者多長于吏事也。

（清）嵇璜等《續通典》卷二一《選舉·雜議論中》　五朝《文獻通考》曰：金進士之制特重，而諸《紀》中于廷試事多闕而不書。孫承澤《春明夢餘録》及學典惟載李世弼一序，而其言與《金史》頗有異同，未知孰是。而特賜人姓氏之可見者，天德前蘇保衡以宗衡薦賜進士出身，天德中曹望之以户部郎中特賜進士及第，世宗朝則有完顔匡以太孫侍讀試進士不中賜及第，章宗朝則有胡光謙、游總、孫端甫、魏汝翼、劉震亨、崔秉仁、翟駉、齊文乙、孫可久、陳信仁、董戣、李天祺、康晋、侯時琦、劉摯升、傅礪、趙摯、田扈方、張介然、李貞固等，並以學行舉，光謙、端甫、汝翼、介然賜進士及第，餘俱賜同進士出身。宣宗興定五年，康琚以林州行元帥府經歷官乞赴廷試，賜進士及第。哀宗天興二年，王輔以下十六人並以終場賜進士出身。海陵時，孫梅以貴妃唐古鼎格家奴賜進士及第，則濫甚矣。

（元）元好問《元好問全集》卷一八《碑銘表誌碣·内相文獻楊公神道碑銘》　妣李氏，宏農郡太夫人。公資穎悟，初學語，輒畫地作字，殆能記他生之習者。八歲知屬對，日誦數千言。弱冠，登明昌五年經義第一甲第一人進士第，詞賦亦中乙科。特授承務郎、應奉翰林文字。考滿，留再任。承安四年，出爲陝西東路兵馬都總管判官，决獄寬平，大爲總管賢宗室長壽所知。泰和元年，召爲太學博士。丁内艱。服除，授太常寺丞、兼翰林脩撰。

（元）元好問《元好問全集》卷二二《碑銘表誌碣·中順大夫鎮南軍節度副使張君墓碑》　釋褐德順州軍事判官。俄，丁外艱。服除，調鳳翔府録事判官、權虢略縣事。縣近邊，歲儲粟數萬斛，農人轉輸，苦于停滯。公區處有方，纔旬月而畢。再調虢州司候，轉萊州觀察判官。泰和八年，召補尚書省令史。留再考，陞安化軍節度副使、兼密州觀察副使。

《元典章》卷八《吏部·官制·月日·遷用通事知印等例》　大德七年十月，江浙行省准中書省咨：據吏部呈：江浙行省怯里馬赤玉速亦不花，元貞元年六月勾當，至大德三年七月告暇遷葬，有沙的將玉速亦不花抵替，實歷俸五十一個月。本部議得：玉速亦不花役過江浙行省怯里馬赤五十一個月日、户部照俸相同，理合於相梯衙門内補貼月日。緣怯〔里〕馬赤有闕，例從長官保選。參詳：除玉速亦不花依驗實歷俸月，議擬應得資品定奪。今後、通事、知印經值衙門例革，告暇遷葬，或因事作闕人等，擬合於本衙門及相梯衙門宣使、奏差内貼補月日，折算通理，考滿方許遷用，庶得允當。係爲例事理，具呈照詳。都省准呈施行。

《元典章》卷八《吏部·官制·月日·吏員月日例》 至大元年五月，江浙行省准中書省咨：大德十一年十二月二十六日奏過事内一件：臺官人每備着監察每的言語，俺根底與了文書來：内外各衙門裏行的令譯史、通事、宣使人等，於在前曾做官來的相應人内合選用有。麼道，俺根底與文書來。又前者詹事院官人每持奉皇太子令旨，俺根底與文書：内外官吏的俸錢不敷，添做至元鈔與者。吏員每依在先體例，九十個月爲滿者。説將來有。俺商量來：内外諸衙門裏有出身的人每多有，選法也壅滯住有。今後内外的諸衙門令譯史、通事、知印、宣使有出身人等，於内一半職官内選取。如今見役的人，依舊一百二十個月爲滿呵，外任減一資歷。添俸錢，近後商量行呵，怎生？奏呵，奉聖旨：那般者。欽此。

《元典章》卷九《吏部·官制·首領官·敕牒提控案牘》 大德十年四月，湖廣行省准中書省咨：吏部呈：切惟各路統領郡縣，生民利病，實所係焉。其幕官經歷，從七品級，所辦差税課程造作一切詞訟，贊協治體，責任非輕，宜從都省於在選正七人員選材銓用。又知事以下，例設提控案牘一員，止受本部劄付，出身甚小，歷任尤淺。即目到任正從九品員多，不能遷調，若准改設提控案牘兼照磨職名，頒降敕牒，遇闕，於在選文資出身、諳知事務流官内銓注，不敷者於任回案牘官注授，通理月日陞遷。職田俸給並依舊例。用不盡人數，錢穀官定奪。理算案牘月日，除遠方路分外，腹裏、江南等處上路並寺監經歷，宜從都省於在選正七品以上人員量材選用。下路止依舊例，本部銓注相應。得此。議得：除腹裏、江南上路並寺監運司經歷、宣慰司都事都省選注，餘准部擬。外據提控案牘，擬改設提控案牘兼照磨承發架閣，給降從九品印信。於大德十年二月十一日奏過事内一件：内外各路分并各衙門裏的提控案牘，腹裏的路分裏的受吏部劄付，迤南各省管轄的路分裏的受行省劄付有。如今九品員多缺少的上頭，難銓注有。這提控案牘教祗受敕牒呵，怎生？麼道，吏部官人每俺根底與文書來。俺商量來：他每的言語是的一般有，依著他每言語行呵，怎生？奏呵，奉聖旨：那般者。欽此。

《元典章》卷一二《吏部·吏制·典史·選取典史司吏》 至元二十三年三月，御史臺咨：奉中書省劄付：

吏部呈：〔奉省判，御史臺呈：〕行臺咨：山南湖北道提刑按察司申：奉行御史臺劄付：今後典史有缺，合於各路總管府、散府、上州司吏貢舉不盡，年四十五以上選充典史。參詳：司縣衙門事務繁劇，全藉典史辦集。止以四十五以上選充，緣各路、府、州司吏俱各年甲不等，以致典史多有缺役去處，耽誤公事。今後若於三十以上司吏選取相應。以此參詳：如准行臺所擬，遇司、縣典史有缺，於各路及散府、上州司吏内，選取通曉刑名、練達公事、廉幹無過及考請俸，移牒本道按察司體覆是實，補充勾當相應。批奉都堂鈞旨，准擬施行。

又 至元三十一年十二月，行臺：

據監察御史呈，今後司、縣典史，比及年滿，許聽各管上司循例選取廉幹無過之人，開目入仕腳色，行移本道廉訪司從公體覆相應，然後出給付身，以待滿日更替。尤宜避籍調轉。其有事故急者，准上取用。若有違例委用人員，即仰革去。

《元典章》卷一二《吏部·吏制·典史·典史》 大德七年四月□日，中書吏部：

承奉中書省判：江西行省咨：近准中書省咨：江浙行省咨：縣邑典史雖微，親臨百姓，應辦錢糧一切事務，至甚繁重。若將考滿路吏，本省出給付身，於各縣典史内委用，任回理都吏目月日，庶望官事易辦，不致淹滯。都省准擬，咨請就便照勘，避貫銓注，三十個月爲滿，各理本等月日。據革閑典史，依例定奪。准此。除另行外，今據各處申到革閑典史，多係路吏差充。本省除將今次革閑典史元係考滿路吏，照依前例於吏目内委用，月日未及路吏，擬於各路司吏貼補。外據白身充典史人等，不見如何區處，咨請照詳。奉都堂鈞旨：送吏部，照擬施行，奉此。照得近承奉中書省判送：本部元呈：司、縣典史，腹裏上縣擬設二名，中、下縣止設一名，於到選都吏目内擬注，通理月日流轉。其各處見設典史，既是革閑，理難不叙。若元係總管府兩考之上司吏，許令給由，申部別行定奪，六十月充典史，九十月充吏目，未及依例貼補。如係司倉、司庫發充之人，遇路、府、州吏有缺收補。具呈照詳。都省議得：腹裏上中下司、縣典史，依舊止設一員，於到選都吏目內避貫銓注，三十月爲滿，各理本等月日陞轉。革閑典史，行省就便依例定奪，腹裏司、縣再行明白議擬呈省。奉此。除外，本部參詳：革閑典史，若元係各路兩考之上司吏，許令給由赴部，再歷典史一任，陞充吏目。三考司吏充吏目。一考之上司吏，依例貼補。直隸省部上州三考司吏充典史者，於吏目內任用，兩考之上司吏，止令於州吏內貼補。如係司倉、司庫發充之人，遇各路上州司吏有缺收補。若依舊例，願充都監者聽。州司吏充典史者，擬令轉補路吏，縣司吏許補州吏。其餘濫用之人，别無定奪。如蒙准擬，本部爲例遵守。呈奉都堂鈞旨：送吏部，依上施行。

《元典章》卷一二《吏部·吏制·典吏·行省寫發人員》 大德元年七月，〔御史臺：〕

據監察御史呈：照刷河南江北等處行省文卷，刷照省掾人等保舉寫發典吏，具呈左右司，備呈行省，發充路府司吏、運司書吏。及省掾徑直各處保呈，本衙門以别無見缺申稟，行省又劄付遇缺收補。各人不見歷仕俸月。其選取路、府司吏，已有定例。各衙門保到人員，亦嘗禁約，行省不應發補。除當該首領官吏違錯别行取問外，乞照詳。呈奉中書省劄付：送吏部照擬得：各路司吏有缺，於所轄請俸州司吏內選補。府、州司吏有缺，於縣司吏內選補。今河南省將寫發人發充運司書吏、路府司吏，依例未應，宜准御史臺所擬，革去相應。都省准呈。

《元典章》卷一二《吏部·吏制·譯史通事·通事譯史出身》 至元二十年九月，御史臺承奉中書省劄付：

來呈：定奪各道按察司奏差、通事、譯史出身。送吏部：照得至元二十年正月初九日呈奉省判：河東山西道按察司譯史八剌脱因，勾當七年告遷。議得：按察司譯史同書吏出身。又書吏除貢不盡外，九十個月，應得提領案牘。其譯史八剌脱因不係吏員，於巡檢內任用。呈奉都堂鈞旨，准擬施行。本部議得：除奏差已有定例外，據通事，九十個月考滿，與譯史一體，擬於巡檢內任用相應。都省准呈施行。

《元典章新集至治條例·吏部·職官·縣尉巡檢於正從九品內選任》

至治元年二月□日，江南行臺准御史臺咨：奉中書省劄付：來呈：備監察御史呈：切以縣尉、巡檢名役雖微，所係實重。近年以來，多係廕授子弟，年皆幼冲，既不閑習弓馬，焉知警捕方略。中間及有年邁之人，精神衰憊，手足癱瘓，被堅乘馬，尚且不能，何以示其矍鑠哉？一旦盗賊生發，無所措手足，致縱賊徒滋蔓。具呈照詳。送據吏部呈：議得：縣尉、巡檢近年以來爲漢人不能閑習弓馬，腹裏添設色目縣尉、巡檢，分輪警捕。若以廕授人員不充其選，上於各衙門通譯史、奏差人內委用其考滿應注者，百無一二，員闕不能相就，有礙銓選。若於到選正從九品內，驗其歷仕根脚，年三十之上、六十之下者，不限地方，遴選注授，就行移各路提調捕盗正官，督責縣尉、巡檢、弓兵人等嚴加巡警，務要不致盗賊生發。若有境內盗息民安，特加陞賞。巡捕不嚴，賊徒滋盛者，依例黜降。如蒙准呈，本部依上遴選注授相應。具呈照詳。都省准呈施行。

《通制條格》卷二八《雜令·分間怯薛》 大德七年二月二十四日，中書省奏：四怯薛裏怯薛歹人數明白有。近年以來內外城子裏的百姓內，回回、畏兀兒、漢兒、蠻子人等投充昔寶赤、阿察赤、怯憐口各枝兒裏並諸王、附馬、公主、妃子位下投入去了的多有。做了怯薛歹也麽道，支請錢糧、馬疋、草料，此上多費耗了係官錢糧有。更似這般壹貳年不敷支持，在先曾有聖旨來，到大都呵，木八剌沙平章根底不商量了，休教入去者，到大都呵，省官每根底不商量了，休交入去者。有聖旨來，那言語不曾行，可憐見上位有嚴切聖旨呵，省、院、臺裏各枝兒裏摘委著不覷面皮的人好生分間呵，多省減錢糧也者。商量來。奏呵，奉聖旨：您説的是。那般行者。街市漢兒人每也投入去行，麽道説有，委好人，嚴切分間者。欽此。

（元）趙承禧《憲臺通紀·省臺共議選用人員》 大德元年四月初四日，奏整治臺綱事內，别帖木兒説：自來御史臺無選法，用着人呵，於管民官內選用來。近年自其間互相保舉選用，爲那上頭，省、臺選各另了也。又立廉訪司六七年間，勾當人每內，也有好的，也有歹的。今後有闕呵，省、臺官一同依在先體例裏商量着委付呵，怎生？説有。阿老瓦丁也説：廉訪司官每都合從新揀擇好人委用。廉訪司官內若有自前不曾管民的，管民官裏委付呵，民間便與不便的勾當知也者。若這般更新呵，臺官於省官人處商量了委付呵，宜的一般。説有。俺衆人商量來：臺官並他每之下行的首領官、監察每，依先的體例裏則他每選用者。廉訪司官若便都從新更換呵，别無緣故動衆的勾當有，不宜也者。如今廉訪司官有闕，並未滿聲迹歹的，省、臺官一同選人替换委用。監察、廉訪司官裏頭，若有合呈省的呈省，依體例委用。不曾管民來的，依着阿老瓦丁所言，管民官裏委用。又廉訪司官每，衆人商量了從新委付了之後，臺官人每，省部諸衙門裏剏索人呵，省裏商量者。大德元年，衆人商量了：委付來的人若自其間遷調呵，則臺官人每就便遷調者。省官人每臺官内選用呵，也依那般臺官每根底説了委付呵，怎生？這般擬定體例行麽道商量來。奏呵，奉聖旨：是您衆人商量來？那聖旨問呵，回奏：是俺衆人一處商量來。奏呵，哏商量的是也，那般行者。麽道聖旨了也。欽此。

（元）劉孟琛《南臺備要・奏事》 至正十二年七月初十日，准御史臺咨：承奉中書省劄付：至正十二年三月二十四日，篤憐帖木兒怯薛第三日，興聖殿東鹿頂裏有時分，速古兒赤朵兒只、云都赤朵兒只、給事中忻都等有來，脱脱答剌罕太傅右丞相特奉聖旨：世祖皇帝時分，不分諸色人等，有才學的選擇着，勾當裏委付有來。近間將南人省、院、臺裏不曾委付上頭，偏付的一般有。天下四海之内，都是咱每百姓有。如今依着世祖皇帝時分用人例，南人内有才學的好人有呵，省、院、臺裏教用者。麽道聖旨了也。欽此。除欽遵外，都省合下仰照驗，就行欽依施行。承此。咨請欽依施行。

（元）蘇天爵《滋溪文稿》卷一〇《碑誌・元故少中大夫江北淮東道提刑按察使董公神道碑銘》 至元四年，遷轉法行，調西京路判官。六年秋，上念郡國囚在獄者或多冤滯，詔中書選官决之。公偕斷事官鐵木爾分行西夏中興諸路，周歷沙漠蓋萬餘里，所决遣者悉稱平允。九年，遷奉訓大夫、知林州。州無屬縣，得親治民。公嚴法以馭吏，布惠以養民，民悦其政，如父母焉。朝廷滋以爲材，遂擢朝列大夫、山北遼東道提刑按察副使。按行郡縣，風采聳然，監察御史表其廉能。十六年，超拜少中大夫、江北淮東道提刑按察使，公以老疾辭。上曰：江淮新附之邦，民尚未洽吾元聲教，非得老成舊臣，孰能撫綏而鎮安之。朕固知卿高年，其乘軺傳以往。公整齊其大體，闊略其細故，一以敦俗興化惠安元元爲務。歲餘，江、淮之民樂其清簡之治，爲吏者恥其貪汙之行，皆仰公若神明焉。

（元）蘇天爵《滋溪文稿》卷一八《碑誌・故承務郎杞縣尹閻侯墓碑》 真定郡城西北三里，有墓林焉。余嘗過而問之，其故老曰：縣尹閻氏之先墓也。及余使憲淮東，而縣尹諸孫師魯適掾憲府，廉慎而文，余獨愛之。間來請曰：師魯之先大夫仕至元間，最後爲杞縣尹，有惠政。終更民愛思之，不忍其去。逮卒，又留葬焉。今三十餘年矣。吾先世皆葬真定，不可使吾祖魂遊他州，將以某年月日載其柩歸。公以鄉曲之故，幸賜之銘，則吾祖行治庶其不泯没矣。余聞其言而感焉。比見中州士夫宦游于南方者，往往樂其風土之美，而無丘隴霜露之思，今閻氏獨知歸葬先墓，宜有銘以示于世。

按，閻侯諱琛，字伯玉。初從真定府辟爲掾曹，歷檢法官及税務使。至元二年，遷轉法行，又陞真定路總管府知事。四年，加將仕郎、開元路宣撫司主事。九年，轉益都路總管府經歷。十三年，遷承事郎、洺磁路鐵治同提舉，佩銀符。十九年，除趙州寧晋縣尹。歷尹稾城及杞。元貞初，以年老不復仕。

（元）蘇天爵《元名臣事略》卷一《丞相東平忠憲王》 二十三年夏四月，中書列上所擬漕司官姓名。上謂公曰：如平章、右丞等職，朕當親選擇之，餘皆卿等責也。公因奏言：臣比聞聖意欲倚近侍諸人爲耳目者，今臣猥承任使，或所行非法，從其舉奏，罪之輕重，惟上裁處。今近臣伺隙，援引非類，曰某居某官，某爲某職，以所署奏自付中書施行。臣謂銓選之法，自有定制，其或無事例者，臣嘗廢格不行。慮有短臣于上者，幸陛下察之。上曰：卿言是也，今後若此者勿行，其妄奏者即入言之。世家。

（元）蘇天爵《元名臣事略》卷一〇《平章宋公》 凱還公上便宜十事，大略謂：官爵，人主之柄，當自朝廷出，一命以上並付吏部，以爲永選。律令，國之紀綱，今民所犯，各由所司輕重其罪，宜卒刋定，明頒天下，使官知所守，民知所避。且監司總統一路之政，所用猥雜，不厭人望，乞選公□有才德者，俾居其職。臨民官皆相傳以世，非法賦斂，困苦無告，亦宜遷轉，以革久弊。又立國學，教胄子，敕州郡提學課試諸生，凡三年一闢貢舉，中第者入仕，則人材輩出矣。詔命中書施行之。至元二年罷世襲官，初行遷轉法。

《元史》卷一四《世祖紀》〔至元二十四年十一月〕己酉，詔議弭盜。桑哥、玉速帖木兒言：江南歸附十年，盜賊迄今未靖者，宜降旨立限招捕，而以安集責州縣之吏，其不能者黜之。葉李言：臣在漳州十年，詳知其事。大抵軍官嗜利與賊通者，尤難弭息。宜令各處鎮守軍官，例以三年轉徙，庶革斯弊。帝皆從其議，詔行之。

《元史》卷二一《成宗紀》〔大德八年冬十月〕乙未，帝諭中書省、樞密院、御史臺臣曰：省中政事，聽右丞相哈剌哈孫答剌罕總裁，自今用人，非與答剌罕共議者，悉罷之。

《元史》卷二一《成宗紀》〔大德十年五月〕丁亥，詔命右丞相哈剌哈孫答剌罕、左丞相阿忽台等整飭庶務，凡銓選錢穀等事一聽中書裁决，百司勤怠者各以名聞。

《元史》卷二二《武宗紀》〔大德十一年秋七月丙戌〕御史大夫月兒魯言：舊制，中書省、樞密院、御史臺、宣政院許得自選其人，他司悉從中書銓擇，近臣不得輒奏。如此則紀綱不紊。帝嘉納之。

《元史》卷二二《武宗紀》〔大德十一年〕八月甲午，中書省臣言：內降旨與官者八百八十餘人，已除三百，未議者猶五百餘。請自今越奏者勿與。帝曰：卿等言是。自今不由中書奏者，勿與官。又言：外任官帶相銜非制也，請勿與。制可。

《元史》卷二二《武宗紀》〔至大元年五月〕辛巳，中書省臣言：舊制，樞密院、御史臺、宣政院得自選官，諸官府必由中書省奏聞遷調，宜申嚴告諭。制可。

《元史》卷二五《仁宗紀》〔延祐二年夏四月〕辛丑，賜會試下第舉人七十以上從七流官致仕，六十以上府、州教授，餘並授山長、學正，後勿援例。敕諸王分地仍以流官爲達魯花赤，各位所辟爲副達魯花赤。命李孟等類集累朝條格，俟成書，聞奏頒行。立規運提點所，秩五品，置官四員；廣貯庫，秩七品，置官三員；並隸壽福院。

《元史》卷二七《英宗紀》〔延祐七年十二月乙巳〕命官家屬流落邊遠者，有司資給遣之；其子女典鬻於人者，聽還其家。監察御史、廉訪司歲舉可任守令者二人。七品以上官，有偉畫長策可以濟世安民者，實封上之。士有隱居行義，明治體，不求聞達者，有司具狀以聞。

《元史》卷二九《泰定帝紀》〔泰定元年二月〕庚午，選守令、推官。舊制，臺憲歲舉守令、推官二人，有罪連坐；至是言其不便，復命中書於常選擇人用之。

《元史》卷四二《順帝紀》〔至正十二年三月〕庚午，詔：隨朝一品職事及省、臺、院、六部、翰林、集賢、司農、太常、宣政、宣徽、中政、資正、國子、祕書、崇文、都水諸正官，各舉循良材幹、智勇兼全、堪充守令者二人。知人多者，不限員數。各處試用守令，並授兼管義兵防禦諸軍奥魯勸農事，所在上司不許擅差。守令既已優陞，其佐貳官員，比依入廣例，量陞二等。任滿，驗守令全治者，與真授；不治者，全削二等，依本等叙；半治者，減一等叙。雜職人員，其有知勇之士，並依上例。凡除常選官於殘破郡縣及迫近賊境之處，陞四等；稍近賊境，陞二等。

《元史》卷四四《順帝紀》〔至正十五年〕夏四月壬戌，中書省臣言：江南因盜賊阻隔，所在闕官，宜遣人與各省及行臺官以廣東、廣西、海北、海南三品以下通行遷調，五品以下先行照會之任，江浙行省三年一次遷調，福建等處闕官亦依前例。從之。命彰德等處分樞密院添設同知、副使、都事各一員。癸亥，以中書平章政事達識帖睦邇知經筵事。命樞密院添設僉院一員、判官二員，直沽分樞密院添設副使一員、都事一員。

《元史》卷一八四《陳思謙傳》明年二月，遷太禧宗禋院都事。九月，拜監察御史，首陳四事，言：上有宗廟社稷之重，下有四海烝民之生，前有祖宗垂創之艱，後有子孫長久之計。中論秦、漢以來，上下三千餘年，天下一統者，六百餘年而已。我朝開國，百有餘年，混一六十餘年，土宇人民，三代、漢、唐所未有也。民有千金之產，猶謹守之，以爲先人所營，況君臨天下，承祖宗艱難之業，而傳祚萬世者乎。臣愚以興亡懇懇言者，誠以皇上有元之聖主，今日乃皇上盛時圖治之機，茲不可失也。【略】又言：銓衡之弊，入仕之門太多，黜陟之法太簡，州郡之任太淹，朝省之除太速，欲設三策，以救四弊。一曰，至元三十年以後增設衙門，冗濫不急者，從實減并，其外有選法者，并入中書。二曰，宜參酌古制，設辟舉之科，令三品以下，各舉所知，得才則受賞，失實則受罰。

三曰，古者刺史入爲三公，郎官出宰百里，蓋使外職識朝廷治體，内官知民間利病。今後歷縣尹有能聲善政者受郎官御史，歷郡守有奇才異績者任憲使尚書，其餘各驗資品通遷，在内者不得三考連任京官，在外者須歷兩任，乃遷内職。績非出類、守不敗官者，則循以年勞，處以常調。凡朝缺官員，須二十月之上，方許遷除。帝可其奏，命中書議行之。

（清）孫承澤《元朝典故編年考》卷一《校士諸路》 太宗九年，校儒士于諸路，耶律楚材奏：制器者必用良工，守成者必用儒臣，儒臣之事業，非積數十年殆未易成也。上曰：果爾可官其人。楚材請校試之，乃命税課使劉中、楊奂隨郡考試，以經義、詞賦、論分爲三科，儒人被俘爲奴者，亦令就試，其主匿弗遣者死。得士凡四千三十人，免爲奴者四之一。

（清）孫承澤《元朝典故編年考》卷一《行選舉法》 中統元年，以王鶚爲翰林學士承旨。鶚，金正大元年進士第一人，歷官尚書左右司郎中，金亡將被殺，張柔聞其名救之，館於保州。蒙古主在藩邸召對，甚禮重之。嘗因見請曰：天兵克蔡，金主自縊，其奉御絳山焚葬汝水之滂，禮爲舊君，有服願往葬祭。蒙古主義而許之。至則爲河水所没，具牲醴爲位而哭。至是爲翰林學士承旨，上疏請行選舉法，遠述周制，次及漢隋唐取士科目，近舉遼金選舉用人與本朝太宗得人之效。以爲貢舉法廢，士無入仕之階，或習刀筆以爲吏胥，或執僕役以事官僚，或作技巧販鬻以爲工匠商賈。以今論之，惟科舉取士最爲切務，矧先朝故典，尤宜追术。奏上，帝曰：此良法也，其行之中書與翰林學士議立程式。又請依前代立國學，選蒙古人諸職官子孫百人，專命師儒教習經書，俟其藝成，然後試用，庶幾勳舊之家人材輩出，以備超擢。鶚因薦李治、李昶、王磐、徐世隆、高鳴爲學士，復奏立十道提舉學校官，上皆從之。

科舉

論説

（元）姚燧《牧庵集》卷一八《領太史院事楊公神道碑》 侍講徒單公履請設取士之科，詔先少師文獻公、司徒竇文正公與公雜議。公上奏曰：三代以德行、六藝賓興賢能，漢舉孝廉兼策經術，魏晉尚文辭而經術猶未之遺。隋煬始專賦詩，唐因之，使自投牒，貢舉之法遂熄。雖有明經，止於記誦。宋神宗始試經義，亦令典矣。哲宗復賦詩，遼金循習。將救斯弊，惟如明詔嘗曰：士不治經學孔孟之道，日爲賦詩空文。斯言足立萬世治安之本。今欲取士，宜勑有司，舉有行檢、通經史之士，使無投牒自薦，試以五經、四書大小義，史論，時務策。夫既從事實學，則士風還淳，民俗趨厚，國家得識治之才矣。奏入，上善之。

（元）胡祗遹《紫山大全集》卷二二《雜著·時政》 吏部所舉取人之法，止有歲貢一科，所舉例皆不公，兼不經程試，縱非無賴小人，即此無學新進，又況即今六部待闕承權者已近百人，一二年後不能補正。歲貢可且停罷。

（元）王惲《秋澗集》卷三五《書·上世祖皇帝論政事書》 七曰設科舉以收人材。方今名儒碩德既老且盡，後生晚進既無進望，例多不學，州府鄉縣雖立教官，講書會課，秖皆虚名，略無實效，以致非常之材未聞一士，州郡政治若無可稱，思得大儒碩德難矣。臣愚以謂，不若開設選舉取驗之速也。夫進士選歷代號取士正科，將相之材皆從此出，前代講之熟矣，理有不可廢者。若限以歲月而考試之，將見士争力學，人材輩出，可計日而待也。論者必曰：今以員多闕少，見行壅滯，若復此舉，是愈壅而滯之也。臣謂不然。蓋科舉之設，本以覈實學而收多士，清仕途而息雜流，庶得將相全材，爲國論治道備大用也，豈不愈於學校徒設，汗漫而無所成乎？

（元）王惲《秋澗集》卷三五《議·貢舉議》 貢舉人材，肇自唐虞，而法備於周。漢興，乃用孝廉、秀才等科，策以經術時務，以州郡小限其歲貢之數，以賞罰責長吏極其人材之精，猶古貢士法也。歷魏至於後周，中間因時更革，固爲不一，要之不出漢制之舊。迨隋始設進士科目，試以程文，時勢好尚，有不得不然者。至唐有明經、進士等科，既明一經，復試程文對策，中者雖鮮，號稱得人，至有龍虎將相之目。其明經立法敷淺，易於取中，當時亦不甚重。又別設制科，以待天下非常之士。故前宋易明經爲經義，其賦義法度嚴備，考較公當，至亡金極矣，後世有不可廢者。然論程文者，謂學出剽竊，不根經史，又士子投牒自售，行誼蔑聞，廉？道喪，甚非三代貢士之法。

伏遇聖天子臨御之初，方繼體守文，以設科取士爲切。若止用先皇帝已定格法，與時適宜，可舉而行。如邁隆前代，創爲新制，可不詳思，揣其本末，酌古今而論之。惟古貢士率從學而出，後世不詢經行，徒采虛譽，因循薦舉，狃爲私恩，不顧公道，此最不可者也。莫若取唐楊綰、宋朱熹等議，參而用之，可行於今。綰之法曰：令州郡察其孝友信義而通經學者，州府試通所習經業，貢於禮部，問經義十條，對時務策三道，皆通爲上第；其經義通八、策通二爲中第；其《論語》、《孝經》、《孟子》兼爲一經。熹之議曰：分諸經史，如《易》、《詩》、《書》、《周禮》、二戴《禮經》、《春秋》三傳，各爲一科，將《大學》、《中庸》、《論》、《孟》分爲四科，並附以上大經，逐年通試，及廷試對策，兼用經史，斷以己意，以明時務得失。

愚謂爲今之計，宜先選教官，定以明經史爲所習科目，以州郡大小，限其生徒，揀俊秀無玷污者充員數，以生徒員數，期以歲月，使盡修習之道，然後州郡官察行考學，極其精當，貢於禮部，經試、經義作一場，史試、議論作一場，題目止於三史內出。廷試策兼用經史，斷以己意，以明時務。如是，則士無不通之經，不習之史，進退用舍，一出於學。既復古道，且革累世虛文妄舉之弊，必收實學適用之效，豈不偉哉。外據詩賦立科既久，習之者？，亦不宜驟停。經史實學既盛，彼自絀矣。翰林學士王惲謹議。

（元）王惲《秋澗集》卷七九《承華事略卷第四·選士》　伏覩先皇帝在潛登極四十年間，招延側陋，尋訪好人，略無虛歲，得士之多，於斯爲盛。以選擇難精，任使乖用，設科取士，嘗有定議。計古今治道，良法美意，行之略遍，獨此未及行耳。比讀詔條節該議貢舉之法，可謂得先帝遺旨矣。況科舉取士，歷代講究，既公且當，無踰於此。若將十一年已定程試格式舉行，甚允當也。但科場停罷日久，欲收實效，行之不可草略。必先整學校，選教官，擇生徒，限以歲月，方可考試。如是則能得實材，以備國家無窮之用。臣愚所以爲言者，選取人材，最爲方今切務，不可緩也。頃年世祖皇帝暨裕宗皇帝所以將行而未遑者，天其意欲以遺陛下，裨爲今日守成致治之本歟。

（元）王惲《烏臺筆補·論明經保舉等科目狀》

今體訪尚書省批送禮部同翰林院官講議科舉事，省擬將詞賦罷黜，止用經義明經等科，其舉子須品官保舉之人，然後許試。夫如是，恐事出非常，中外失望。竊惟科舉之法，上自隋唐，迄于宋金，數百年之間，千萬人之衆，講究亦云詳矣。如餘科或廢，獨賦義、策論取士而不去者，蓋以經史道備，格律精當，至公無私，而又可常故也。故前人目爲將相科，如宋之韓、范、歐、富，金之高、石、侯、胥，皆其選也。其保舉，在宋諸公雖曾建議令官舉歲貢，以三百年尚文之世，尚莫能行，況權輿於今日乎？參詳若依上項所擬，將見公道掃地，關節大行，上下成風，相率詆僞，其弊有不可勝言者矣。且品流之人，若果實人材，雖出一切科目，不害爲通敏特達之士，何獨詞賦無益於學者治道哉？至明經設科，正使天下之人舍精就簡，去難從易。不出手抄義疏，口誦集解，心熟箋注，其規模不出帖經口試，殆童子答默義之法耳。至於兀兀窮年，白首一經，餘不暇及者。必欲絶去箋疏，斷以己意，使微辭奧義超越於道學諸儒之上，亦已難矣。由是而觀，反不若賦義之淹貫經史，扣擊諸子詞理文采兼備之爲愈也。故唐人有進士百一二，明經十二三之謠。宋人亦云，焚香禮進士，撤幕待經生，足見經生爲易，而進士爲貴爲難矣。此王安石之所以創經義而革明經之輕且泛也。外據保舉等事，論者不過士不官舉，雖盜賊倡優皆得舉進士，則賢不肖混淆，無以別矣。曾不念亡金舉法，如十惡、倡優、奸盜、充吏犯贓至徒等人，明有結罪條理，倘舉而行，加其詳密可也。不然，則草野遺賢、閭閻寒士，將終身陸沉，不復進用於明時矣。且以故事攷之，又有甚可慮者：昔唐楊國忠子楊暄舉明經科，學術荒陋，文不中格，禮部侍郎達奚珣畏國忠權勢，遣其子先白國忠云：郎君所試，不中程文，然亦不敢落也。又楊汝士與錢徽掌貢舉，段文昌、李紳各書屬所善進士於徽。及榜出，文昌、紳所屬皆不預焉，及第者裴度之子、李宗閔之壻、楊汝士之弟。或曰：今歲取士不公，皆子弟無藝，以關節得之。上命王起覆試，果黜十餘人，貶錢徽、宗閔、汝士。由是而觀，其明經、保舉亦有未便於時者，茲非明驗歟？以某愚見，其詞賦宜公然集議，不可遽去。其保舉之法，歷行不克，終徒爲紛紜之變耳。當今之務，惟以多得人材以備任用爲急，據科目之先後，人材之速得，已經具呈。

（元）王惲《秋澗集》卷八七《烏臺日事・請舉行科舉事狀》 竊見科舉事理，往年翰林院已經具陳中書省，乞聞奏定擬。頃者尚書省亦下禮部，復有講究條目。至今未聞施行，蓋未有度其事宜而力爲言者。伏惟朝廷凡有大小勾當，聖意每云：尋好人者。且好人者大槩解官事、識廉恥、以公滅私、不作過犯之人。若科舉事行，必須先立學校使人人力學。學校者，國家之化原人材之大本也，但自教育中來人，終是通古今，解公事，知廉恥，識忠義，鮮過犯，如此，豈非好人歟？由是觀之，庠序科舉，以之育材取士，最爲急務，理合舉行。兼自立銓選以來，內外郡官，其品從、散官、俸禄、職田、子孫蔭叙，其爲寵數，亦已不薄。至於功能陞賞之科，過犯降罰之例，又復備具。蓋所以磨鈍厲世，欲官得其人，以之致理故也。然取人之道，未覩其由，應選之人，歲有定數。謂如目今隨路、府、州、司、縣，見設正官一千五百餘員，槩以中材較之，其實良能著稱者少。又中間身故老病、因罪黜罷及闕員去處，每歲極多。據格法之外，雖有適用長材，又不敢枉法紊注一人，是應選常調之者，不數年所存固無幾矣。若科舉取人之法於此不早詳定，是猶工巧者得製錦之方而無錦可製，將何以就裘服之功乎？又如儒人户計，委係深通文學者，依例免差。若此科不立，恐不能鏡別是否，使屢通文藝之人終身不被其澤，而又無路可進得展實用於明時，誠可惜也。以此參詳，科舉爲法，以之取人，實爲公當，故歷代因仍，雖格制異同，終不能少廢，此明驗也。鴻惟太宗哈罕皇帝，聖模宏遠，戊戌年間以程試之法畧爲施行，當時翕然向化，所得人材不少。據設科事理既係先朝已行故事，理宜追述聞奏，定奪施行。如此，則上可以副聖主求賢致理之心，下庶？多得人材，大補銓選內外百官之用。不然，人情急於進用，勢利所在，僥競成俗。若此風一煽，治道無由而隆，風俗因之而靡，尚何選法之有哉？故時政所先，莫此爲重。秉國鈞者，宜深思遠慮，預防其將來之弊，則天下幸甚。

（元）王惲《秋澗集》卷八九《烏臺筆補・論科舉事宜狀》 伏見朝廷發明詔，議科舉，以取進士，蓋欲明公道，廣仕途，以革僥競之風；選人材，收實用，致隆平之化。然聞禮部所擬，止以經義、詞賦兩科取人。伏慮淺狹拘窒，於國於士，兩有未盡。必期登俊良，遠庸鄙，總攬羣材，經理世務，蓋有後其所先，先其所後者矣。鴻惟聖天子渴於文治，聽言如流，凡所制作，取唐爲多。兼國朝科舉之設，自戊戌以後未遑再議，天下之士往往留心時務，講明經史，捉筆著述，一尚古文，顧惟舉業多未素習，一旦舉非其人，不適於用，反爲科舉之累矣。今檢會到李唐之制，其取士科目不常，率相時置科，以待非常之材。其初試、殿試，止以策問取人，如時務，則試方畧，止五道直言極諫等策。秀才則博學宏詞，及道侔伊、吕，才堪郡縣，下筆成章，茂材異等，皆其選之首也。故得士之多，唐最爲盛。以某愚見，審量時勢，必欲急得人材以收實用，莫若以時務對策，直言極諫、切中利病，有經畫之略者爲首選。何則？試以殘宋爲言，自渡江以來，以一隅之地偷生百年者，正以多士濟濟，崇尚議論有用之學故也。其次，以博學宏詞兼試典禮，議一道如禘祫、齋郎之議者爲中選。其經義、詞賦兩科，乞轉經出題，先爲布告中外，使學者明知所嚮，謂如今年書，明年詩，限以幾時，然後赴試。其格律略除苛細，如故實、景象、明水、干羽、金在鎔之類，例皆爲命題。如此，不致隔礙長材，使得展手筆以盡其器能，不數年，則五經可以通治矣。然後使天下之人知大聖人制作出于尋常萬萬，其有用實學爲聖朝英特之選，一洗遼、金衰苶不振之氣，豈不盛歟。如此，當國計者，上可以副朝廷用儒之實，下可以待俊造非常之士，盡遺賢於網羅，收實用於中外，則文治之功，隆平之化，可計日而待矣。某職當言責，事或未便，不敢緘默，輒冒昧敷陳。

（明）楊士奇等《歷代名臣奏議》卷一七〇《選舉》 元世祖時，監察御史魏初上疏曰：舊制，常參官諸州刺史上任三日舉一人自代，況風紀之職，與常員異，請自今監察御史按察司官在任一歲各舉一人自代，所舉不當有罰，不惟砥礪風節，亦可爲國得人。

趙天麟上策曰：臣聞君子達上，則思進賢，小人乘時，焉能汲善。

君子之人，君子朋之；小人之人，小人黨之。同聲相應，同氣相求，德不孤，決有鄰，自然之理也。夫賢者知有國，而不知有其身；嘗喻義，而未嘗喻於利，是以內舉不避親，外舉不避讎，公舉而不恐妨其位。古之君子有行之者，若祁奚舉祁午於晉侯，而以爲中軍之尉；蕭何舉曹參於漢祖，而以嗣相國之位；以至子皮薦子產於鄭，而民謂之母，國賴其賢；鮑叔達管仲於齊，而九合諸侯，一匡天下者，皆是也。小人則不然，懷私挾詐，以濫天官，飾智屈心，以固權寵，親同類如就芝蘭，憎君子如惡蛇蝎。又嘗欲使後進皆出己下，而恐其踰於己也。古之小人有行之者，若驩兜美共工於堯朝，而象共滔天；上官誣靈均於楚王，而人亡國瘁；以至臧文仲不顯展禽，聖人謂之竊位；公孫弘不引董生，劉子謂其妒賢者，皆是也。《易》嘉拔茅，《春秋》述惟善能舉其類，豈輕乎哉？今國家求賢之心極重，取士之路未優。且內外官僚，所食者國家所錫之田也，所衣者國家所給之禄也，脱氓編之賤，而得享尊榮，溢祖宗之光，而獲班鼎祭，女不知織，男不知耕，如此而不思報國家之厚祉，其可乎哉？且食蘋之鹿，尚呦呦以呼群；出谷之鶯，猶嚶嚶而求友，此皆物也，況於人乎。故伊人之將逍遥也，當思縶白駒，而恐有遐心；嘉賓之未至止也，曾念汕嘉魚，而與同宴樂。此人臣之大節，盛德之良心也。伏見方今雖有貢儒貢吏之格，尚未通行，或闔郡而不薦一賢，或終考而不舉一士，因循爲務，苟且爲心，不幾乎杜悰、劉勝之徒乎。臣竊以任職立功，治民興譽，未若舉賢之爲美也。何以言之？舉一賢，則賢者復舉衆賢，而報國之績爲多，不舉賢，則止一身而已故也。伏望陛下載宣天旨，昭諭中外，凡郡縣臨民正官七品以上，及諸衙門官三品以上，每三考之中各薦一人。凡薦之士，須稱其人籍貫、性行，委係何德何才，可充何職。凡薦書達上，委於都省判送吏、禮部，以三德八才之法，照薦書考校其人果爲應否，然後申省，乞隨選奏而用之。凡以後其人稱職，則初薦官至考滿之日，優加爵級；凡其人不稱職，則初薦官至考滿之日，隨輕重以黜其爵級；凡其人臨官有非常之罪，則初薦官亦放歸田里可也。使方方士子咸慕貞淳，在在官僚共求賢者，而賢者知國家之尚賢，莫不出矣。又奚須寧戚悲歌，五羖飯牛而自進之哉。又奚須成湯幣聘，高宗圖形而自求之哉。野無遺賢，此亦一助也。

（明）楊士奇等《歷代名臣奏議》卷二二四《兵制》　元世祖時，趙天麟上策曰：臣聞荀子曰：齊之技擊，不可以遇魏之武卒；魏之武卒，不可以遇秦鋭士；秦之鋭士，不可以當桓、文之節制；桓、文之節制，不可以敵湯武之仁義。於此道以觀之，夫仁人之在上，爲下所仰，猶子弟之衛父兄，手足之捍頭目，此仁義之兵，帝王之事也。夫步伍有法，帥長有要，所屯之處，雷電相濟，所至之方，秋毫不犯，有功決賞，有罪決刑，不攻則已，攻斯取矣，不戰則已，戰斯勝矣，此節制之兵，大將之事也。夫臨敵不懼，視死如歸，驅馳於荊棘之中，橫突於熊羆之陣，如霆之迅，如暈斯飛者，此鋭士之兵也。夫希孟賁之力，習慶忌之捷，望風埃而怒髮衝冠，值變故而英聲載路，行所學之絶藝，壯無敵之皇威者，此武卒之兵也。夫襟懷遞變，機計爲先，挾弓矢以平驅，樹戈矛而互動，因山借水，倏耳猶神，擊後衝前，行藏不測者，此技擊之兵也。且荀子之言雖非一國，而所行之事貴在兼全。故非技擊則武卒何憑，非武卒則鋭士疇助，非鋭士無以副節制之嚴明，非節制無以見仁義之可用。兼之者，若泰山之壓卵，有餘勝矣，不然，則較勝負於一時，猶未可决也。但其要以仁義節制爲之本焉。今國家仁義可謂厚矣，節制略已明矣，臣猶以爲士卒之類素非練習，或嬰孺之流，或老羸之輩，或市井體嬌之子，或農畝力鈍之徒，若言充數，不其然乎？如此取兵，百無一二。謹按隆周之時，群方已服，於是乎中春教振旅，中夏教茇舍，中秋教治兵，中冬教大閲，所以不忘戰也。孔子謂以不教民戰，是謂棄之，其斯之謂歟。至於唐朝，遂置武舉，其制有常垜、馬射、步射、同射、馬搶、翹關、負重、身材之選，以至軍謀將略，絶藝奇技，莫不兼舉。蓋以有其材者處其職，則其職無瘝，非其人而居其任，則其任將負，所以使之知進退疾徐之節，審旌旄金鼓之儀也。眼熟之，心悉之，耳精之，一旦臨陣則無不勝矣。伏望陛下審文武之二柄，固乾坤之一家，先從臣所謂守文化、別儒文之法，以成持盈保大之規；復從臣所謂審兵權、設武舉之法，以盡安不忘危之理。以之治内，則穆穆巍巍之道益隆；以之禦外，則桓桓赫赫之威彌厲矣。所謂設武舉者，採前代之遺事，潤色以當今可行之理而行之。若有非常之傑，不世之彦，可以充大將者，則以臣所謂詮大將之法而體之，俾程其藴焉。國家之長策，於是乎定矣。

綜　述

（宋）葉隆禮《契丹國志》卷二三《試士科制》　太祖龍興朔漠之區，倥傯干戈，未有科目。數世後，承平日久，始有開闢。制限以三歲，有鄉、府、省三試之設。鄉中曰鄉薦，府中曰府解，省中曰及第。時有秀才未願起者，州縣必根刷遣之。程文分兩科，曰詩賦，曰經義，魁各分焉。三歲一試進士，貢院以二寸紙書及第者姓名給之，號「喜帖」。明日舉按而出，樂作，及門，擊鼓十二面，以法雷震。殿試，臨期取旨，又將第一人特贈一官，授奉直大夫、翰林應奉文字。第二人、第三人止授從事郎，餘並授從事郎。聖宗時，止以詞賦、法律取士，詞賦爲正科，法律爲雜科。若夫任子之令，不論文武並奏，廕亦有員數。

（清）嵇璜等《續通典》卷一八《選舉・歷代制中》　遼太祖起自朔漠，干戈倥傯，未置科目。至後設鄉、府、省三試，鄉中曰鄉薦，府中曰府解，省中曰及第。程文分兩科，一詩賦，一經義。其試進士，貢院以二寸紙書及第者姓名，給之號，爲喜帖。明日舉案而出樂作，及門擊鼓十二面以法雷震。殿試臨期取旨，第一人特增一官，授奉直大夫翰林應奉文字。第二、第三人以下，並授從事郎。詞賦爲正科，法律爲雜科。聖宗統和六年，詔開貢舉。九年，放進士及第祇一人。十一年，始放二人。太平五年，幸南京内果園，宴求進士，得七十二人，命賦詩，第其工拙，以張昱等十四人爲祕書郎，餘並崇文館校書郎。九年，皇城進士張人紀等二十三人入朝，試以詩賦，皆賜及第。興宗重熙五年十月，幸南京，御元和殿，以《日射三十六熊賦》、是秋獵黄花山，獲熊三十六，因以命題。金時亦嘗以此題試進士。《幸燕詩》試進士于廷。賜馮立、趙徽等四十九人進士第。以立爲右補闕，徽以下皆太子中舍，賜緋衣銀魚。御試進士自此始。又從宰臣張儉請，幸禮部貢院宴，賚甚渥。將軍庶箴子富魯舉進士，主文以國制無遼人試進士之條聞于上。上以庶箴擅令子就科目，鞭二百，尋命富魯爲牌印郎君，賦詩稱旨，洊被恩禮。而涿州王棠，鄉貢、禮部、廷對皆第一，時醫卜屠販、奴隸及倍父母或犯者、逃亡者不得舉進士。道宗咸雍六年，設賢良科，應舉者先以所業十萬言進。十年，御永安殿，策之。是歲，放進士二百三十八人，以馬希白詩才十吏不能給，召試之。天祚中，禁商賈家應進士舉云。太宗會同初，選約尼氏九帳子弟可任官者。聖宗初，華喇部請今後詳穩止從本部選授，上以諸部官惟在得人，命勿以所部爲限。統和七年，宋進士挈家来歸者十七人，命有司考，其中第者補國子官，餘授縣主簿尉。十二年，詔宋俘中官吏儒生抱器能者、諸道軍勇健者，具以名聞，授衛德升等六人官。其後又以國舅及南北王府乃國之貴族，賤庶不得任本部官。興宗重熙十六年，詔世選之官，擇各部者舊材能者任用。道宗太康九年，定諸令史譯史遷叙等級。凡任子之令，文武並得奏廕，各限員數。聖宗定制，其没于王事，録其子孫。金承遼後，先後設詞賦經義策試律科經童諸科，又有女直進士科。專試女直文字。初但試策，後增試論，亦謂之策論進士。又嘗制舉宏詞科，以待非常之士。其詞賦經義策論中選者，謂之進士。律科經童中選者，謂之舉人。太宗天會改元，急欲得漢士以撫輯新附，始置科舉。至明年二月、八月，凡再行焉。五年令，因南北素所習業以取，號爲南北選，各以經義、詞賦兩科取士。海陵天德二年，併南北選爲一，明年罷策試科諸進士舉人，由鄉至府、由府至省、至殿廷凡四試。章宗明昌初，言者以舉人四試而鄉試爲虚設，乃詔罷免。鄉試以三月二十日，府試若策論進士則以八月二十日試策，間三日試詩。詞賦進士則以二十五日試賦及詩，間三日試策論。經義進士又間詞賦後三日試所治經義，又三日試策，次律科，次經童。每場皆間三日試。會試則策論進士以正月二十日試策，餘以次間如前。御試則以三月二十日策論進士試策，二十三日試詩論，二十五日詞賦進士試賦詩論，而經義進士亦以是日試經義，二十七日乃試策論。若試日雨雪則候晴日。御試唱名後試策則禀奏，宏詞則作二日程試。舊試女直進士在試漢進士後，大定末更定是制。府試策論進士凡四處。大定間，令于中京、上京、咸平、東平試。後增爲七處。明昌初，增北京、西京、益都。兼試女直經童。上京、海蘭、率賓、呼尔哈、扶餘、東北招討司赴會寧府，咸平、隆州、博索、東京、葢州、懿州赴咸平府，中都、河北東西路赴大興府，西京、并西南西北二招討司赴大同府，北京、臨潢、宗州、興州、全州赴大定府，山東西、大名、南京赴東平府，山東東路則就益都試。詞賦、經義進士及律科、經童凡六處。大定間，令于大興、大定、大同、開封、東平、京兆。後增爲十處。

明昌初，增遼陽、平陽、益都。後又增太原。其中都、河北赴大興府，上京、東京、咸平等路赴遼陽府，餘各試于其境。初經義于《易》《書》《詩》《禮》《春秋》專治一經内出題。天德三年，罷。大定二十八年，復。詞賦以經傳子史出題，嗣又逐年改一經。以《詩》《書》《易》《禮》《春秋》爲次，注内亦許出題。海陵正隆元年，用五經三史正文。章宗初，用五經子史，皆于題下注其本傳。士子程文所用事得自注出處。承安後，令考試詞賦官各作程文一道，式示舉子。後以考官離筆硯久，擬作不工，恐起謗議，乃罷此制。當世宗大定時，會試取詞賦進士不得過五百人。章宗令合格則取，承安二年至九百二十五人。泰和二年，始令策論三取一，詞賦經義五取一，又令武舉終場，年四十五以上四舉終場，年五十以上者方授恩例。世宗末，令五次御簾進士，止以文之高下定其次，而不黜落，謂之恩榜。明昌初，令省元直就御試不中者，許綴榜末。府元被黜者，許来舉直赴部，仍一日試三題，五舉者止賦詩，所試文惟犯御名廟諱及不成文理始黜。女直進士亦同此例。承安二年，令四舉該恩。泰和三年，以經義會元與他科進士不同，不得以御試被黜優附榜末，然又與四舉者不同，遂依府試解元免府試之例，會試下第再舉直赴御試。至宣宗時，終場人年五十以上者，即行該恩。河北舉人中選而阻兵者，免後舉府試。策論進士，專選女直人。大定初，擇良家子習女直文字，教以古書，作詩策。十三年，始令每場試策一道，限五百字以上，免鄉府試，止赴會試、御試。二十年，以策詩試三場。册用女直大字，詩用小字。依漢進士例，三年一舉。時又以試策既久，人能預備，宜于五經内出題，加試以論。二十九年，增試論題，俟第三舉後通定去留，以詩策合格爲中選，以論定名次。承安二年，定限丁習學之制。凡内外官員，諸局分承應人武衛軍若明安穆昆女直及諸色人户惟一丁者不許應試，兩丁一人，四丁二人，六丁以上止許三人。明年，令女直進士年四十五以下者府試，十日前委佐貳官善射者試射，其制以六十步立堠，去射者十五步，對立兩竿，相去二十步，去地二丈，以繩横約之，弓不限强弱，不計中否，以張弓巧便，發箭迅正者，爲熟閑。射十箭中兩箭出繩下至堠者，爲中選。餘路委提刑司在都委監察體究。赴會試御試者，大興府佐貳官試驗。三舉終場者，免之。宣宗興定元年，制中都西京等路策論進士，權于南京、東平、博索、上京四處府試。至五年，賜第者僅二十八人。其賢良方正、能直言極諫、博學宏材、達于從政等科試無常期，上意欲行則告天下，聽内外文武六品以下職官無公私過者，從内外五品以上官薦試之。若草澤之士德行爲鄉里所推者，從州府薦之。凡試，先投所業策論三十道于學士院，視其優者委官以羣經子史内出題，一日試論三道，可則廷試。策一道，通貫者優等，遷擢之。宏詞科試詔誥章表露布檄書皆用四六，誡諭頌箴銘序記或依古今體，于每舉賜第後進士及在官六品以下從在外官薦，令試策官出題就考，凡四題，分二等。上等遷兩官，次等遷一官。皆明昌初所置也。四年以後，郡縣所舉德行才能之士往往賜同進士出身，或賜及第焉。凡府會試每四人則一人監檢御試策進士則人各一名。泰和元年，從省臣請，依大定故事，使與試者就沐浴官置衣爲之更之。又嘗以竹林寺、憫忠寺爲場屋，其放第唱名。天眷初，嘗于析津廣陽門西一僧寺，遷都後改從宣陽門。律科以律令出題，府試十五題，每五人取一。大定二十二年，會試每場十五題，三場共通三十六條以上爲中選。二十九年，加《語》《孟》小義一道，府會試别作一日令經義試官出題，與本科通考經童凡士庶子年十三以下，能誦二大經、三小經，又誦《論語》諸子及五千字以上，府試十五題通十三以上，會試每場十五題，三場共通四十一以上爲中選。貴幼而多誦者，若年同則多誦大經者爲勝。大定末，限以三十或四十人，能擢進士第者同進士任用。如中府會試，視其次數，優其等級，幾舉不得薦者，從本出身。泰和元年，定試武舉之制，分上中下三等。能挽一石力弓以重七錢竹箭百五十步立，貼十箭内，府試中一箭，省試中二箭，程試中三箭，又遠射二百二十步堠，三箭内一箭至者。又百五十步内每五十步設高五寸長八寸卧鹿二，能以七斗弓二大鑿頭鐵箭馳射，府試則許射四反，省試三反，程試二反，皆能中二箭者。又百五十步内，每三十步左右錯置高三尺木偶人戴五寸方板者四，以槍馳刺，府試則許馳四反，省試二反，程試一反，左右各刺落一板者。又依廕例，問律一條，又問孫吴書十條，能説五者爲上等。凡程試一有不中者，皆黜之。若射貼弓八斗，遠射二百一十步，射鹿弓六斗，孫吴書通四爲中等。射貼弓七斗，遠射二百五步，射鹿弓五斗，孫吴書通三爲下等。解律刺板皆欲同前。不知書者，上爲中，中爲下，其中下願再試者，聽。三年，定武舉出職遷授格。上甲第一名遷忠勇校尉，第二、三名遷忠翊校尉。中等遷修武校尉，收充親軍，不拘有無廕，視舊格減一百月出職。下等遷敦武校尉，亦收充親軍，減五十月出職。終金之世，科目得人爲盛，諸宫護衛、及省臺部譯史、令史、通事其餘仕進皆得列正班，文武選皆統于吏部。自從九品至從七品職事官，部擬正七品以上，呈尚書省以聽制授。凡文散官謂之文資官。自餘皆武散官，謂之右職，又謂之右選。文資則進士爲優，右職則軍功爲優。自舉人勞効應襲恩例之外，入仕之途尚多。若牌印、護衛、令史之出職，則皇統時所定也。檢法、知法、國史院書寫則海寧所置也。若宗室將軍、宫中諸局承應人、宰相書表、太子護衛、妃護衛、王府祗侯、郎君、内侍、及宰相之子，并譯史、通事，省祗候、郎君、親軍、驍騎諸格，則定于世宗之時。及章宗所置之太常、檢討、内侍、寄禄官，皆仕進之門户也。凡外任循資官謂之常調，朝官謂之随朝。吏部選者謂之部選，分按四季擬授，尚書省選者謂之省選，專理資考升遷。凡銓注取仕官，解由撮行績資歷之要爲銓頭，以定其能否。其有犯公私罪贓汚者謂之犯選格，雖遇恩不得除叙。太宗天會四年，始置三省，法古立官。海陵初，河南北選人，並赴中京，吏部各置局銓法。世宗大定初，除授從八品以下，令勿奏聞。又随季選人如無過或有功酬者，依格銓注。有廉能及汚濫者，約量升降，呈省。十年，令民願留守令以下官者，直赴部告呈，省遣使覆實，可超升之。明昌三年，令随季部人依舊制，識字者試書判，不識字者問以疑難二事，優者量除示勸。除朝及外路六品以上官，則隨長任。外路正七品官升六品縣令一等除授，任滿合降者，免降。從七品以下，于各等資歷內減兩任擬注，若見任縣令升中上者，并掌錢穀及丁憂去者，候解由到部，諸局分人亦候將來出職日準上擬注，明安穆昆隨門户減一資。

（宋）洪皓《松漠紀聞續》 金人科舉，先于諸州分縣赴試。詩賦者兼論策作一日，經義者兼論策作三日，號爲鄉試，悉以本縣令爲試官。預試之士，唯雜犯者黜。榜首曰鄉元，亦曰解元。次年春，分三路類試，自河以北至女真皆就燕，關西及河東就雲中，河以南就汴，謂之府試。試詩賦、論時務策。經義，則試五道、三策、一論、一律義。凡二人取一，榜首曰府元。至秋，盡集諸路舉人于燕，名曰會試。凡六人取一。榜首曰勑頭，亦曰狀元。分三甲，曰上甲、中甲、下甲。勑頭補承德郎，視中朝之承議。上甲皆賜緋，七年即至奉直大夫，謂之正郎。第二、第三人八年或九年。中甲十二年，下甲十三年，不以所居官高卑，皆遷大夫。中、下甲服緑，例賜銀帶。府試差官取旨，尚書省降劄。知舉一人，同知二人，又有彌封、謄録，監門之類。試闈用四柱，揭彩其上，目曰至公樓。主文登之，以觀試。或有私者，停官不叙，仍決沙袋。親戚不回避。尤重書法，凡作字，有點畫偏旁微誤者，皆曰雜犯。先是考校畢，知舉即唱名。近歲，上、中、下甲雜取十名，納之國中，下翰林院重考，實欲私取權貴也。考校時，不合格者曰牓其名，試院欲開，余人方知中選。後又置御試，已會試中選者皆當至其國都，不復試文，只以會試牓殿廷唱第而已。士人頗以爲苦，多不願往，則就燕徑官之，御試之制遂絶。又有明經、明法、童子科，然不擢用，止于簿尉。明經至於爲直省官，事宰執，持筆研。童子科止有趙憲甫位至三品。

《金史》卷五一《選舉志·進士諸科》 自三代鄉舉里選之法廢，秦、漢以來各因一代之宜，以盡一時之才，苟足於用即已，故法度之不一其來遠矣。在漢之世，雖有賢良方正諸科以取士，而推擇爲吏，由是以致公卿，公卿子弟入備宿衛，因被寵遇，以位通顯。魏、晉而下互有因革，至於唐、宋，進士盛焉。當時士君子之進，不由是塗則自以爲慊，此由時君之好尚，故人心之趣向然也。遼起唐季，頗用唐進士法取人，然仕於其國者，考其致身之所自，進士纔十之二三耳。金承遼後，凡事欲軼遼世，故進士科目兼採唐、宋之法而增損之。其及第出身，視前代特重，而法亦密焉。若夫以策論進士取其國人，而用女直文字以爲程文，斯蓋就其所長以收其用，又欲行其國字，使人通習而不廢耳。終金之代，科目得人爲盛。諸宫護衛、及省臺部譯史、令史、通事，仕進皆列於正班，斯則唐、宋以來之所無者，豈非因時制宜，而以漢法爲依據者乎。金治純駁，議者於是每有別焉。

宣宗南渡，吏習日盛，苛刻成風，殆亦多故之秋，急於事功，不免爾歟。自時厥後，仕進之歧既廣，僥倖之俗益熾，軍伍勞效，雜置令録，門廕右職，迭居朝著，科舉取士亦復氾濫，而金治衰矣。

原其立經陳紀之初，所爲升轉之格、考察之方，井井然有條而不紊，百有餘年才具不乏，豈非其效乎。奉詔作《金史》，志其《選舉》，因得而詳論之。司天、太醫、内侍等法歷代所有，附著於斯。鬻爵、進納，金季之弊莫甚焉，蓋由財用之不足而然也，特載《食貨志》。

金設科皆因遼、宋制，有詞賦、經義、策試、律科、經童之制。海陵天德三年，罷策試科。世宗大定十一年，創設女直進士科，初但試策，後增試論，所謂策論進士也。明昌初，又設制舉宏詞科，以待非常之士。故金取士之目有七焉。其試詞賦、經義、策論中選者，謂之進士。律科、經童中選者，曰舉人。

凡養士之地曰國子監，始置於天德三年，後定制，詞賦、經義生百人，小學生百人，以宗室及外戚皇后大功以上親、諸功臣及三品以上官兄弟子孫年十五以上者入學，不及十五者入小學。大定六年始置太學，初養士百六十人，後定五品以上官兄弟子孫百五十人，曾得府薦及終場人二百五十人，凡四百人。府學亦大定十六年置，凡十七處，共千人。初以嘗與廷試及宗室皇家袒免以上親、并得解舉人爲之。後增州學，遂加以五品以上官、曾任隨朝六品官之兄弟子孫，餘官之兄弟子孫經府薦者，同境内舉人試補三之一，闕里廟宅子孫年十三以上不限數，經府薦及終場免試者不得過二十人。

凡試補學生，太學則禮部主之，州府則以提舉學校學官主之，曾得府薦及終場舉人，皆免試。

凡經，《易》則用王弼、韓康伯註，《書》用孔安國註，《詩用》毛萇註、鄭玄箋，《春秋左氏傳》用杜預註，《禮記》用孔穎達疏，《周禮》用鄭玄註、賈公彦疏，《論語》用何晏集註、邢昺疏，《孟子》用趙岐註、孫奭疏，《孝經》用唐玄宗註，《史記》用裴駰註，《前漢書》用顔師古註，《後漢書》用李賢註，《三國志》用裴松之註，及唐太宗《晉書》、沈約《宋書》、蕭子顯《齊書》、姚思廉《梁書》《陳書》、魏收《後魏書》、李百藥《北齊書》、令狐德棻《周書》、魏徵《隋書》、《新、舊唐書》、《新、舊五代史》，《老子》用唐玄宗註疏，《荀子》用楊倞註，《揚子》用李軌、宋咸、柳宗元、吴祕註，皆自國子監印之，授諸學校。

凡學生會課，三日作策論一道，又三日作賦及詩各一篇。三月一私試，以季月初先試賦，間一日試策論，中選者以上五名申部。遇旬休、節辰皆有假，病則給假，省親遠行則給程。犯學規者罰，不率教者黜。遭喪百日後求入學者，不得與釋奠禮。

凡國子學生三年不能充貢，欲就諸局承應者，學官試，能粗通大小各一經者聽。

《金史》卷五一《選舉志·進士諸科》 女直學。自大定四年，以女直大小字譯經書頒行之。後擇猛安謀克內良家子弟爲學生，諸路至三千人。九年，取其尤俊秀者百人至京師，以編修官温迪罕締達教之。十三年，以策、詩取士，始設女直國子學，諸路設女直府學，以新進士爲教授。國子學策論生百人，小學生百人。府州學二十二，中都、上京、胡里改、恤頻、合懶、蒲與、婆速、咸平、泰州、臨潢、北京、冀州、開州、豐州、西京、東京、蓋州、隆州、東平、益都、河南、陝西置之。凡取國子學生、府學生之制，皆與詞賦、經義生同。又定制，每謀克取二人，若宗室每二十户內無願學者，則取有物力家子弟年十三以上、二十以下者充。凡會課，三日作策論一道，季月私試如漢生制。大定二十九年，勅凡京府鎮州諸學，各以女直、漢人進士長貳官提控其事，具入官銜。河南、陝西女直學，承安二年罷之，餘如舊。

《金史》卷五一《選舉志·進士諸科》 凡諸進士舉人，由鄉至府，由府至省，及殿廷，凡四試皆中選，則官之。至廷試五被黜，則賜之第，謂之恩例。又有特命及第者，謂之特恩。恩例者但考文之高下爲第，而不復黜落。

凡詞賦進士，試賦、詩、策論各一道。經義進士，試所治一經義、策論各一道。其設也，始於太宗天會元年十一月，時以急欲得漢士以撫輯新附，初無定數，亦無定期，故二年二月、八月凡再行焉。五年，以河北、河東初降，職員多闕，以遼、宋之制不同，詔南北各因其素所習之業取士，號爲南北選。熙宗天眷元年五月，詔南北選各以經義詞賦兩科取士。海陵庶人天德二年，始增殿試之制，而更定試期。三年，併南北選爲一，罷經義策試兩科，專以詞賦取士。

貞元元年，定貢舉程試條理格法。

正隆元年，命以五經、三史正文內出題，始定爲三年一闢。

大定四年，勅宰臣，進士文優則取，勿限人數。

十八年，謂宰臣文士有偶中魁選，不問操履，而輒授翰苑之職。如趙承元，朕聞其無士行，果敗露。自今榜首，先訪察其鄉行，可取則授以應奉，否則從常調。

十九年，謂宰臣曰：自來御試賦題，皆士人嘗擬作者。前朕自選一題，出人所不料，故中選者多名士，而庸才不及焉。是知題難則名儒亦擅場，題易則庸流易僥倖也。平章政事唐括安禮奏曰：臣前日言，士人不以策論爲意者，正爲此爾。宜各場通考，選文理俱優者。上曰：并答時務策，觀其議論，材自可見，卿等其議之。

二十年，謂宰臣曰：朕嘗諭進士不當限數，則對以所取之外無合格文，故中選者少，豈非題難致然耶。若果多合格，而有司妄黜之，甚非理也。又曰：古者鄉舉有行者，授以官。今其考滿，察鄉曲實行出倫者擢之。又曰：舊不選策，今兼選矣。然自今府會兩試不須試策，已中策後，則試以制策，試學士院官。

二十二年，謂宰臣曰：漢進士魁，例授應奉，若行不副名，不習制誥之文者，即與外除。

二十三年，謂宰臣曰：漢進士，皇統間人材殆不復見，今應奉以授狀元，蓋循資爾。制誥文字，各以職事鋪叙，皆有定式，故易。至撰赦詔，則鮮有能者。參知政事粘哥斡特剌對曰：舊人已登第尚爲學不輟，今人一及第輒廢而不學，故爾。

上於聽政之隙，召參知政事張汝霖、翰林直學士李晏讀新進士所對策，至縣令闕員取之何道？上曰：朕夙夜思此，未知所出。晏對曰：

臣竊念久矣。國朝設科，始分南北兩選，北選詞賦進士擢第一百五十人，經義五十人，南選百五十人，計三百五十人。嗣場，北選詞賦進士七十人，經義三十人，南選百五十人，計二百五十人。以入仕者多，故員不闕。其後南北通選，止設詞賦科，不過取六七十人，以入仕者少，故縣令員闕也。上曰：自今文理可採者取之，毋限以數。二十八年，復經義科。

《金史》卷五一《選舉志·進士諸科》　章宗明昌元年正月，言事者謂舉人四試而鄉試似爲虛設，固當罷去。其府會試乞十人取一人，可以羣經出題，而註示本傳。上是其言，詔免鄉試，府試以五人取一人，仍令有司議外路添考試院，及羣經出題之制。有司言：會試所取之數，舊止五百人，比以世宗勅中格者取，乞依此制行之。府試舊六處，中有地遠者，命特添三處，上京、咸平府路則試於遼陽，河東南北路則試於平陽，山東東路則試於益都。以六經、十七史、《孝經》、《論語》、《孟子》、《及荀》、《揚》、《老子》內出題，皆命於題下註其本傳。又諭有司曰：舉人程文所用故事，恐考試官或遽不能憶，誤失人材，可自注出處。注字之誤，不在塗注乙之數。

明昌二年，勅官或職至五品者，直赴御試。四年，平章政事守貞言：國家官人之路，惟女直、漢人進士得人居多。諸司局承應，舊無出身，自大定後始叙使，至今鮮有可用者。近來放進士第數稍多，此舉更宜增取，若會試止以五百人爲限，則廷試雖欲多取，不可得也。上乃詔有司，會試毋限人數，文合格則取。

六年，言事者謂學者率恃有司全注本傳以示之，故不勉讀書，乞減子史注本傳之制。又經義中選之文多膚淺，乞擇學官，及本科人充試官。省臣謂若不與本傳，恐碩學者有偶忘之失，可令但知題意而已。遂命擇前經義進士爲衆所推者、才識優長者爲學官，遇差考試官之際，則驗所治經參用。詞賦進士，題注本傳，不得過五十字。經義進士，御試第二場，試論日添試策一道。

承安四年，上諭宰臣曰：一場放二狀元，非是。後場廷試，令詞賦、經義通試時務策，止選一狀元。餘雖有明經、法律等科，止同諸科而已。至宋王安石爲相，作新經，始以經義取人。且詞賦、經義，人素所習之本業，策論則兼習者也。今捨本取兼習，恐不副陛下公選之意。遂定御試同日各試本業，詞賦依舊，分立甲次，第一名爲狀元，經義魁次之，恩例與詞賦第二人同，餘分爲兩甲中下人，並在詞賦之下。

五年，詔考試詞賦官各作程文一道，示爲舉人之式，試後赴省藏之。

時宰臣奏：自大定二十五年以前，詞賦進士不過五百人，二十八年以不限人數，取至五百八十六人。先承聖訓合格則取，故承安二年取九百二十五人。兼今有四舉終場恩例，若會試取人數過多，則涉泛濫。遂定策論、詞賦、經義人數，雖多不過六百人，少則聽其闕。

時太常丞郭人傑轉對言，詞賦舉人，不得作別名兼試經義，及入學生精加試選，無至濫補。上勅宰臣曰：近已奏定，後場詞賦經義同日試之。若府會試更不令兼試，恐試經義者少，是虛設此科也。別名之弊，則當禁之。補試入學生員，已有舊條，恐行之滅裂爾，宜嚴防閑。

張行簡轉對言：擬作程文，本欲爲考試之式，今會試考試官、御試讀卷官皆居顯職，擢第後離筆硯久，不復常習，今臨試擬作之文，稍有不工，徒起謗議。詔罷之。

泰和元年，平章政事徒單鎰病時文之弊，言：諸生不窮經史，唯事末學，以致志行浮薄。可令進士試策日，自時務策外，更以疑難經旨相參爲問，使發聖賢之微旨、古今之事變。詔爲永制。

先嘗勅樂人不得舉進士，而奴免爲良者則許之。尚書省奏：舊稱工樂，謂配隸之色及倡優之家。今少府監工匠、太常大樂署樂工，皆民也，而不得與試。前代令諸選人身及祖、父曾經免爲良者，雖在官不得居清貫及臨民，今反許試，誠玷清論。詔遂定制，放良人不得應諸科舉，其子孫則許之。

上又謂，德行才能非進士科所能盡，可通行保舉之制。省臣奏：在《周禮》，大司徒以鄉三物教萬民而賓興之，所謂萬民，農工商賈皆是也。前代立賢無方，如版築之士、鼓刀之叟，垂光簡策者不可勝舉。今草澤隱逸才行兼備者，令謀克及司縣舉，按察司具聞，以旌用之，既有已降令文矣。上命復宣旨以申之。

宣宗貞祐二年，御史臺言，明年省試以中都、遼東、西北京等路道阻，宜於中都、南京兩處試之。

三年，諭宰臣曰：國初設科，素號嚴密，今聞會試至於雜坐諠譁，何以防弊。命治考官及監察罪。

興定二年，御史中丞把胡魯言：國家數路取人，惟進士之選最爲崇重，不求備數，惟務得賢。今場會試，策論進士不及二人取一人，詞賦、經義二人取一。前雖有聖訓，當依大定之制，中選即收，無問多寡。然大定間赴試者或至三千，取不過五百。泰和中，策論進士三人取一，詞賦、經義四人取一。向者貞祐初，詔免府試，赴會試者幾九千人，而取八百有奇，則是十之一而已。時已有依大定之制，亦何嘗二人取一哉。今考官泛濫如此，非所以爲求賢也。宜於會試之前，奏請所取之數，使恩出於上可也。詔集文資官議，卒從泰和之例。

又謂宰臣曰：從來廷試進士，日晡後即遣出宫，恐文思遲者不得盡其才，令待至暮時。

特賜經義進士王彪等十三人及第，上覽其程文，愛其辭藻，咨歎久之。因怪學者益少，謂監試官左丞高汝礪曰：養士學糧，歲稍豐熟即以本色給之，不然此科且廢矣。

五年，省試經義進士，考官於常格外多取十餘人，上命以特恩賜第。又命河北舉人今府試中選而爲兵所阻者，免後舉府試。

《金史》卷五一《選舉志·進士諸科》　策論進士，選女直人之科也。始大定四年，世宗命頒行女直大小字所譯經書，每謀克選二人習之。尋欲興女直字學校，猛安謀克内多擇良家子爲生，諸路至三千人。九年，選異等者得百人，薦於京師，廪給之，命温迪罕締達教以古書，作詩、策，後復試，得徒單鎰以下三十餘人。十一年，始議行策選之制，至十三年始定每場策一道，以五百字以上成，免鄉試府試，止赴會試御試。且詔京師設女直國子學，諸路設女直府學，擬以新進士充教授，以教士民子弟之願學者。俟行之久、學者衆，則同漢進士三年一試之制。乃就憫忠寺試徒單鎰等，其策曰：賢生於世，世資於賢。世未嘗不生賢，賢未嘗不輔世。蓋世非無賢，惟用與否，若伊尹之佐成湯，傅説之輔高宗，吕望之遇文王，皆起耕築漁釣之間，而其功業卓然，後世不能企及者，蓋殷、周之君能用其人，盡其才也。本朝以神武定天下，聖上以文德綏海内，文武並用，言小善而必從，事小便而不棄，蓋取人之道盡矣。而尚憂賢能遺於草澤者，今欲盡得天下之賢而用之，又俾賢者各盡其能，以何道而臻此乎？憫忠寺舊有雙塔，進士入院之夜半，聞東塔上有聲如音樂，西入宫。考試官侍御史完顔蒲涅等曰：文路始開而有此，得賢之祥也。中選者得徒單鎰以下二十七人。

十六年，命皇家兩從以上親及宰相子，直赴御試。皇家袒免以上親及執政官之子，直赴會試。至二十年，以徒單鎰等教授中外，其學大振。遂定制，今後以策、詩試三場，策用女直大字，詩用小字，程試之期皆依漢進士例。省臣奏，漢人進士來年三月二十日鄉試，八月二十日府試，次年正月二十日會試，三月十二日御試。勅以來年八月二十五日於中都、上京、咸平、東平府等路四處府試，餘從前例。

上曰：契丹文字年遠，觀其所撰詩，義理深微，當時何不立契丹進士科舉。今雖立女直字科，慮女直字創製日近，義理未如漢字深奥，恐爲後人議論。丞相守道曰：漢文字恐初亦未必能如此，由歷代聖賢漸加修舉也。聖主天姿明哲，令譯經教天下，行之久亦可同漢人文章矣。上曰：其同漢人進士例，譯作程文，俾漢官覽之。

二十二年三月，策試女直進士。至四月癸丑，上謂宰臣曰：女直進士試已久矣，何尚未考定？參知政事斡特剌對曰：以其譯付看故也。上命速之。

二十三年，上曰：女直進士設科未久，若令積習精通，則能否自見矣。

二十八年，諭宰臣曰：女直進士惟試以策，行之既久，人能預備。今若試以經義可乎？宰臣對曰：五經中《書》、《易》、《春秋》已譯之矣，俟譯《詩》、《禮》畢，試之可也。上曰：大經義理深奥，不加歲月不能貫通。今宜於經内姑試以論題，後當徐試經義也。

章宗大定二十九年，詔許諸人試策論進士舉。七月省奏，如詩、策、論俱作一日程試，恐力有不逮。詩、策作一日，論作一日，以詩、策合格爲中選，而以論定其名次。上曰：論乃新添，至第三舉時當通定去留。

明昌元年，猛安謀克願試進士者擬依餘人例，不可令直赴御試。上曰：是止許女直進士毋令試漢進士也。又定制，餘官第五品散階，令直赴會試，官職俱至五品，令直赴御試。

承安二年，勅策論進士限丁習學。遂定制，内外官員、諸局分承應人、武衛軍、若猛安謀克女直及諸色人，户止一丁者不許應試，兩丁者許一人，四丁二人，六丁以上止許三人。三次終場，不在驗丁之限。

三年，定制，女直人以年四十五以下，試進士舉，於府試十日前，委佐貳官善射者試射。其制，以六十步立垛，去射者十五步對立兩竿，相去二十步，去地二丈，以繩橫約之。弓不限強弱，不計中否，以張弓巧便、發箭迅正者爲熟閑。射十箭中兩箭，出繩下至垛者爲中選。餘路委提刑司，在都委監察體究。如當赴會試御試者，大興府佐貳官試驗，三舉終場者免之。

四年，禮部尚書賈鉉言：策論進士程試弓箭，其兩舉終場及年十六以下未成丁者，若以弓箭退落，有失賢路。乞於及第後試之，中者别加任使，或升遷，否者降之。省臣謂：舊制三舉終場免試，今兩舉亦免之，未可。若以未成丁免試，必有妄匿年者，如果幼，使徐習未晚也。至於及第後試驗升降，則已有定格矣。詔從舊制。

在泰和格，復有以時務策參以故事，及疑難經旨爲問之制。

宣宗南遷，興定元年，制中都、西京等路，策論進士及武舉人權於南京、東平、婆速、上京四處府試。

五年，上賜進士斡勒業德等二十八人及第。上覽程文，怪其數少，以問宰臣，對曰：大定制隨處設學，諸謀克貢三人或二人爲生員，贍以錢米。至泰和中，人例授地六十畝。所給既優，故學者多。今京師雖存府學，而月給通寶五十貫而已。若於諸路總管府、及有軍户處置學養之，庶可加益。京師府學已設六十人，乞更增四十人。中京、亳州、京兆府並置學官於總府，以謀克內不隸軍籍者爲學生，人畀地四十畝。漢學生在京者亦乞同此，餘州府仍舊制。上從之。

《金史》卷五一《選舉志・進士諸科》　凡會試之數，大定二十五年，詞賦進士不得過五百人。二十八年，以不限人數，遂至五百八十六人。章宗令合格則取，故承安二年至九百二十五人。時以復加四舉終場者，數太濫，遂命取不得過六百人。泰和二年，上命定會試諸科取人之數，司空襄言：試詞賦經義者多，可五取一。策論絶少，可四取一。恩榜本以優老於場屋者，四舉受恩則太優，限以年則礙異材，可五舉則受恩。平章徒單鎰等言：大定二十五年至明昌初，率三四人取一。平章張汝霖亦言：五人取一，府試百人中纔得五耳。遂定制，策論三人取一，詞賦經義五人取一，五舉終場年四十五以上、四舉終場年五十以上者受恩。

凡考試官，大定間，府試六處，各差詞賦試官三員，策論試官二員。明昌初，增爲九處，路各差九員，大興府則十一員。承安四年，又增太原爲十處。有司請省之，遂定策論進士女直經童千人以上差四員，五百人以上三員，不及五百二員。各以職官高者一人爲考試官，餘爲同考試官。詞賦進士與律科舉人共及三千以上五員，二千四員，不及二千三員。經義進士及經童舉人千人四員，五百以上三員，百人以上二員，不及百人以詞賦考官兼之。

後又定制，策論試官，上京、咸平、東平各三員，北京、西京、益都各二員。律科，監試官一員，試律官二員，隸詞賦考試院。經童，試官一員，隸經義考試院，與會試同。其彌封、并謄録官、檢搜懷挾官，自餘修治試院，監押門官，並如會試之制。大定二十年，上以往歲多以遠地官考試，不便，遂命差近者。

凡會試，知貢舉官、同知貢舉官，詞賦則舊十員，承安五年爲七員。經義則六員，承安五年省爲四員。詮讀官二員。泰和三年，上以彌封官泄語於舉人，勑自今女直司則用右選漢人封，漢人司則以女直司封。宣宗貞祐三年，以會試賦題已曾出，而有犯格中選者，復以考官多取所親，上怒其不公，命究治之。

凡御試，讀卷官，策論、詞賦進士各七員，經義五員，餘職事官各二員。制舉宏詞共三員。泰和七年，禮部尚書張行簡言：舊例，讀卷官不避親，至有親人，或有不敢定其去留，或力加營護，而爲同列所疑。若讀卷官不用與進士有親者，則讀卷之際得平心商確。上遂命臨期多擬，其有親者汰之。

凡府試策論進士，大定二十年定以中都、上京、咸平、東平四處，至明昌元年，添北京、西京、益都爲七處，兼試女直經童。凡上京、合懶、速頻、胡里改、蒲與、東北招討司等路者，則赴會寧府試。咸平、隆州、婆速、東京、蓋州、懿州者，則赴咸平府試。中都、河北東西路者，則赴大興府試。西京并西南、西北二招討司者，則赴大同府試。北京、臨潢、宗州、興州、全州者，則赴大定府試。山東西、大名、南京者，則赴東平府試。山東東路則試於益都。

凡詞賦、經義進士及律科、經童府試之處，大定間，大興、大定、大同、開封、東平、京兆凡六處。明昌初，增遼陽、平陽、益都爲九處。承安四年復增太原爲十。中都、河北則試於大興府，上京、東京、咸平府等路則試於遼陽府，餘各試於其境。

凡鄉試之期，以三月二十日。

府試之期，若策論進士則以八月二十日試策，間三日試詩。詞賦進士則以二十五日試賦及詩，又間三日試策論。經義進士又間詞賦後三日試經義，又三日試策。次律科，次經童，每場皆間三日試之。

會試，則策論進士以正月二十日試策，皆以次間三日，同前。

御試，則以三月二十日策論進士試策，二十三日試詩論，二十五日詞賦進士試賦詩論，而經義進士亦以是日試經義，二十七日乃試策論。若試日遇雨雪，則候晴日。御試唱名後，試策則稟奏，宏詞則作二日程試。舊制，試女直進士在再試漢進士後，大定二十九年以復設經義科，更定是制。

凡監檢之制，大興府則差武衛軍，餘府則於附近猛安內差摘，平陽府則差順德軍。凡府會試，每四舉人則差一人，復以官一人彈壓。御試策進士則差弩手及隨局承應人，漢進士則差親軍，人各一名，皆用不識字者，以護衛十人，親軍百人長、五十人長各一人巡護。

泰和元年，省臣奏：搜檢之際雖當嚴切，然至於解髮袒衣，索及耳鼻，則過甚矣，豈待士之禮哉。故大定二十九年已嘗依前故事，使就沐浴，官置衣爲之更之，既可防濫，且不虧禮。上從其說，命行之。

《金史》卷五一《選舉志・進士諸科》 恩例。明昌元年，定制，省元直就御試，不中者許綴榜末。解元但免府試，四舉終場依五舉恩例，所試文卷惟犯御名廟諱、不成文理者則黜之，餘並以文之優劣爲次。仍一日試三題，其五舉者止試賦詩，女直進士亦同此例。

承安五年，勅進士四舉該恩，詞賦經義當以各科爲場數，不得通數。又恩榜人應授官者，監試官於試時具數以奏，特恩者授之。

泰和三年，以經義會元與策論詞賦進士不同，若御試被黜則附榜末，爲太優，若同恩例，又與四舉者不同。遂定制，依曾經府試解元免府試之例，會試下第，再舉直赴御試。

《金史》卷五一《選舉志・律科》 律科進士，又稱爲諸科，其法以律令內出題，府試十五題，每五人取一人。大定二十二年定制，會試每場十五題，三場共通三十六條以上，文理優，擬斷當、用字切者，爲中選。臨時約取之，初無定數。其制始見於海陵庶人正隆元年，至章宗大定二十九年，有司言：律科止知讀律，不知教化之源，可使通治《論語》、《孟子》以涵養其氣度。遂令自今舉後，復於《論語》、《孟子》內試小義一道，府會試別作一日引試，命經義試官出題，與本科通考定之。

《金史》卷五一《選舉志・經童科》 經童之制，凡士庶子年十三以下，能誦二大經、三小經，又誦《論語》諸子及五千字以上，府試十五題通十三以上，會試每場十五題，三場共通四十一以上，爲中選。所貴在幼而誦多者，若年同，則以誦大經多者爲最。

初，天會八年時，太宗以東平童子劉天驥，七歲能誦《詩》、《書》、《易》、《禮》、《春秋左氏傳》及《論語》、《孟子》，上命教養之，然未有選舉之制也。熙宗即位之二年，詔闢貢舉，始備其列，取至百二十一人。天德間，廢之。

章宗大定二十九年，上謂宰臣曰：經童豈遽無人，其議復置。明昌元年，益都府申，童子劉住兒年十一歲，能詩賦，誦大小六經，所書行草頗有法，孝行夙成，乞依宋童子李淑賜出身，且加以恩詔。上召至內殿，試《鳳凰來儀賦》、《魚在藻》詩，又令賦《旱》詩，上嘉之，賜本科出身，給錢粟官舍，令肄業太學。

明昌三年，平章政事完顏守貞言：經童之科非古也，自唐諸道表薦，或取五人至十人。近代宋仁宗以爲無補，罷之。本朝皇統間取及五十人，因以爲常，天德時復廢。聖主復置，取以百數，恐久積多，不勝銓擬，乞諭旨約省取之。上曰：若所誦皆及格，何如？守貞曰：視最幼而誦不訛者精選之，則人數亦不至多也。復問參知政事胥持國，對曰：所誦通否易見，豈容有濫。上曰：限以三十或四十人，若百人皆通，亦可覆取其精者。持國曰：是科蓋資教之術耳。夫幼習其文，長玩其義，使之莅政，人材出焉。如中選者，加之修習進士舉業，則所記皆得爲用。臣謂可勿令遽登仕途，必習舉業，而後官使之可也。若能擢進士第，自同進士任用。如中府薦或會試，視其次數，優其等級。幾舉不得薦者，從本出身，又可以激勸而後得人矣。詔議行之。

《金史》卷五一《選舉志·制舉》 制舉有賢良方正、能直言極諫、博學宏材、達於從政等科，試無常期，上意欲行，即告天下。聽內外文武六品以下職官無公私過者，從內外五品以上官薦於所屬，詔試之。若草澤士，德行爲鄉里所服者，則從府州薦之。凡試，則先投所業策論三十道於學士院，視其詞理優者，委官以羣經子史內出題，一日試論三道，如可，則庭試策一道，不拘常務，取其無不通貫者，優等遷擢之。

宏詞科試詔、誥、章、表、露布、檄書，則皆用四六；誡、諭、頌、箴、銘、序、記，則或依古今體，或參用四六。於每舉賜第後進士及在官六品以下無公私罪者，在外官薦之，令試策官出題就考，通試四題，分二等遷擢之。二科皆章宗明昌元年所創者也。

《金史》卷五一《選舉志·武舉》 武舉，嘗設於皇統時，其制則見於《泰和式》，有上中下三等。能挽一石力弓，以重七錢竹箭，百五十步立貼，十箭內，府試欲中一箭，省試中二箭，程試中三箭。又遠射二百二十步垛，三箭內一箭至者。又百五十步內，每五十步設高五寸長八寸臥鹿二，能以七斗弓、二大鑿頭鐵箭馳射，府試則許射四反，省試三反，程試二反，皆能中二箭者。又百五十步內，每三十步，左右錯置高三尺木偶人戴五寸方板者四，以槍馳刺，府試則許馳三反，省試二反，程試三反，左右各刺落一板者。又依廕例問律一條，又問孫、吳書十條，能說五者爲上等。凡程試，若一有不中者，皆黜之。若射貼弓八斗，遠射二百一十步，射鹿弓六斗，孫、吳書十條通四，爲中等。射貼弓七斗，遠射二百伍步，射鹿弓五斗，孫、吳書十條通三，爲下等。解律、刺板，皆欲同前。凡不知書者，雖上等爲中，中則爲下。凡試中中下，願再試者聽。

舊制，就試上等不中，不許再試中下等。泰和元年，定制，不分舊等，但從所願，試中則以三等爲次。

二年，省奏，武舉程式當與進士同時，今年八月府試，欲隨路設考試所，臨期差官，恐以創立未見應試人數，遂權令各處就考之。

宣宗貞祐三年，同進士例，賜勑命章服。時以隨處武舉入試者，自非見居職任及已用於軍前者，令郡縣盡遣詣京師，別爲一軍，以備緩急。其被薦而未授官者，亦量材任之。

元光二年，東京總帥紇石烈牙吾塔言：武舉入仕，皆授巡尉軍轄，此曹雖善騎射，不歷行陣，不知軍旅，一旦臨敵，恐致敗事。乞盡括付軍前爲長校，俟有功則升之。宰臣奏：國家設此科與進士等，而欲盡置軍中，非獎進人材之道。遂籍丁憂、待闕、去職者付之。

《金史》卷五一《選舉志·試學士院官》 試學士院官。大定二十八年，勑設科取士爲學士院官。禮部下太常，按唐典，初入學士院例先試，今若於進士已仕者，以隨朝六品、外路五品職事官薦，試制詔誥等文字三道，取文理優者充應奉。由是翰苑之選爲精。明昌五年，以學士院撰文字人少，命尚書省訪有文采者勾取權試。

《金史》卷五一《選舉志·司天醫學試科》 凡司天臺學生，女直二十六人，漢人五十人，聽官民家年十五以上、三十以下試補。又三年一次，選草澤人試補。其試之制，以《宣明曆》試推步，及《婚書》、《地理新書》試合婚、安葬，并易筮法、六壬課、三命五星之術。

凡醫學十科，大興府學生三十人，餘京府二十人，散府節鎮十六人，防禦州十人，每月試疑難，以所對優劣加懲勸，三年一次試諸太醫，雖不係學生，亦聽試補。

《金史》卷五二《選舉志·文武選》 恩榜，章宗大定二十九年，勑今後凡五次御簾進士，可一試而不黜落，止以文之高下定其次，謂之恩榜。女直人遷將仕，漢人登仕，初任教授，三十月任滿，依本格從九品注授。

明昌元年，勑四舉終場，亦同五舉恩例，直赴御試。

明昌五年，勑神童三次終場，同進士恩榜遷轉。兩次終場，全免差使。第六任與縣令，依本格遷官。如一次終場，初入仕則一除一差。其餘並依本門户，仍使應三舉，然後入仕。每舉放四十人。

《元典章》卷三一《禮部·科舉條制》 皇慶二年十一月，上天眷命，皇帝聖旨：惟我祖宗以神武定天下，世祖皇帝設官分職，徵用儒雅，崇學校爲育材之地，議科舉爲取士之方，規模宏遠矣。朕以眇躬，獲承丕祚，繼志述事，祖訓是式。若稽三代以來，取士各有科目，要其本末，舉人宜以德行爲首，試藝則以經術爲先，詞章次之，浮華過實，朕所不取。爰命中書，參酌古今，定其條制。其以皇慶三年八月，天下郡縣，興其賢者能者，充賦有司。次年二月會試京師，中選者，朕將親策焉。具合行事件于後。

一、科場：每三歲一次開試。舉人從本貫官司，於路府州縣學，及諸色户内，推選年二十五以上、鄉黨稱其孝悌、朋友服其信義、經明行修之士，結罪保舉，以禮敦遣，貢諸路府。其或徇私濫舉，并應舉而不舉者，監察御史、肅政廉訪司體察究治。

一、考試程式：

蒙古、色目人。第一場，經問五條。《大學》、《論語》、《孟子》、《中庸》内設問。義理精明、文辭典雅，爲中選。用朱氏章句集註。第二場，策一道。以時務出題。限五百字以上

漢人、南人。第一場，明經。經疑二問。《大學》、《論語》、《孟子》、《中庸》内出題。並用朱氏章句集註。復以己意結之。限三百字以上。經義一道，各治一經。《詩》以朱氏爲主，《尚書》以蔡氏爲主，《周易》以程氏、朱氏爲主，已上三經，兼用古註疏。《春秋》許用三傳及胡氏傳。《禮記》用古註疏。限五百字以上，不拘格律。

第二場，古賦、詔誥、章表内科一道。古賦、詔誥用古體，章表參用古體四六。

第三場，策一道。經史時務内出題。時務不矜浮藻，惟務直述。限一千字以上。

一、蒙古、色目人願試漢人、南人科目，中選者，加一等注授。

一、蒙古、色目人作一榜，漢人、南人作一榜。第一名賜進士及第，從六品，第二名以下及第二甲，皆正七品，第三甲以下，皆正八品，兩榜並同。

一、所在官司遲悞開試日期，監察御史、肅政廉訪司糾彈治罪。

一、流官子孫廕叙，並依舊制。願試中選者，優陞一等。

一、在官未入流品之人，願試者聽。若中選，已有九品以上資級，比附一高，加一等注授。若無品級，止依試例從優銓注。

一、鄉試處所，并其餘條目，命中書省議行。

於戲，經明行修，庶得真儒之用。風移俗易，益臻至治之隆。咨爾多方，體予至意。故茲詔示，想宜知悉。

《元典章》卷三一《禮部·科舉程式條目》 延祐元年二月三十日，行省准中書省咨，皇慶二年十月二十三日奏，爲科舉的上頭，前日奏呵，開讀詔書，行者。麼道，聖旨有來。俺與翰林院官人每，一同商量，立定檢目來，聽讀過。又奏爲立科舉的俺文卷，照呵，世祖皇帝、裕宗皇帝，幾遍交行的聖旨有來。成宗皇帝、武宗皇帝時分，貢舉的法度也交行來。上位根底，合明白題說，如今不說呵，後頭言語的人有去也。學秀才的，經學、詞賦是兩等，經學是說脩身齊家治國平天下的勾當，詞賦的是吟詩和賦作文字的勾當，自隋唐以來，取人專尚詞賦，人都習學的浮華了。罷去詞賦的言語，前賢也多曾說來。爲這上頭，翰林院、集賢院、禮部先擬，德行明經爲本，不用詞賦來。俺如今，將律賦、省題詩、小義等，都不用，止存留詔誥章表，專立德行明經科，明經内，四書五經以程氏朱晦庵註解爲主。是格物致知、脩己治人之學。這般取人呵，國家後頭得人才去也。奏呵，說的是有。依着恁這定擬來的詔書裏行者。麼道，聖旨了也。欽此，擬議到考試程式，各各條目，已經奏准頒降詔書，差官分道前去各處開讀。外照得欽奉詔書内一款，鄉試處所并其餘條目，命中書省議行。欽此。除外，今將合關防各各條目，開坐前去，咨請依上施行。

一、鄉試中選者，各各解據，録連取中科文，行省所轄去處，移咨都省，送禮部，腹裏宣慰司及各路關申禮部，拘該監察御史、廉訪司，依上録連科文，申臺，轉呈都省，以憑照勘會試。

八月二十日，蒙古、色目人，試經問五條。漢人、南人，明經經疑二問。經義一道。

二十三日，蒙古、色目，試策一道。漢人、南人，古賦、詔誥、章表内科一道。

二十六日，漢人、南人，試策一道。

一、會試。次年，省部依鄉試例，於二月初一日試第一場，初三日第二場，初五日第三場。

一、御試。三月初七日，前期奏委考試官二員、監試御史二員、讀卷官二員，入殿廷考試。每舉子一名，委怯薛歹一人看守。漢人、

南人，試策一道，限一千字以上成。蒙古、色目人，時務策一道，限五百字以上成。

一、選考試官。

行省與宣慰司鄉試。有行臺去處，行省官、行臺官一同商議選差。如不拘廉訪司去處，行省官與監察御史選差。山東、河東宣慰司，真定、東平路，同本道廉訪司選差。上都、大都從省部選差。在内監察御史，在外廉訪司官一員，監試。每處差考試官、同考試官各一員，並於見任并在閑有德望文學常選官内選差。彌封官一員，謄録官一員，選廉幹文資正官充。謄録試卷并行移文字，皆用朱筆書寫。仍須設法關防，毋致容私作弊。

省部會試。都省選委知貢舉、同知貢舉官各一員，考試官四員，監察御史二員，彌封、謄録、對讀官、監門等官各一員。

一、鄉試。

行省一十一處：河南、陝西、遼陽、四川、甘肅、雲南、嶺北、征東、江浙、江西、湖廣。

宣慰司二處：河東冀寧路、山東濟南路。

直隸省部路分四處。

真定路：河間路、保定路、順德路、大名路、廣平路、彰德路、衛輝路、懷孟路。

東平路：濟寧州、曹州、濮州、恩州、冠州、高唐州、泰安州、德州、東昌路。

大都路：大都、永平路。

上都路：上都、興和路。

一、天下選合格者三百人，赴會試。於内取中選者一百人，内，蒙古、色目、漢人、南人分卷考試。各二十五人。

蒙古人取合格者七十五人：大都一十五人，上都六人，河東五人，真定等五人，東平等五人，山東四人，遼陽五人，河南五人，陝西五人，甘肅三人，嶺北三人，江浙五人，江西三人，湖廣三人，四川一人，雲南一人，征東一人。

色目人取合格者七十五人：大都一十人，上都四人，河東四人，東平等四人，山東五人，真定等五人，河南五人，四川三人，甘肅二人，陝西三人，嶺北二人，遼陽二人，雲南二人，征東一人，江浙一十人，湖廣七人，江西六人。

漢人取合格者七十五人：大都一十人，上都四人，真定等一十一人，東平等九人，山東七人，河東七人，河南九人，四川五人，雲南二人，甘肅二人，嶺北一人，陝西五人，遼陽二人，征東一人。

南人取合格者七十五人：湖廣一十八人，江浙二十八人，江西二十二人，河南七人。

一、鄉會等試，許將《禮部韻略》外，餘並不許懷挾文字。差搜檢懷挾官一員，每舉人一名差軍一名看守，無軍人處，差巡軍。

一、提點掛掠試院，廉幹官一員，度地安置蓆舍，務令隔遠，仍自試官入院後，常川妨職，監把外門。

一、鄉試等試，彌封、謄録、對該官下吏人，於各衙門從便差使。

一、試卷不考格：犯御名廟諱，偏犯者非，及文理紕繆，塗注乙五十字以上。

一、謄録所承受試卷，並用朱書謄録正文，實計塗注乙字數標寫，對讀無差，將朱卷逐旋送考試所。如朱卷有途注乙字，亦皆標寫字數，謄録官書押，俟考校合格。中選人數已定，抄録字號，索上元卷，請監試官、知貢舉官、同試官，對號開拆。

一、舉人試卷，各人自備三場文卷并草卷，各一十二幅，於卷首書三代、籍貫、年甲，前期半月於印卷所投納置簿收附，用印鈐縫訖，各還舉人。

一、就試之日，日未出入場，黄昏納卷。受卷官送彌封所，撰字號，封彌訖，送謄録所。

一、科舉既行之後，若有各路歲貢及保舉儒人等文字到部，並令還赴本鄉應試。

一、倡優之家，及患癈疾，若犯十惡奸盜之人，不許應試。

一、舉人於試場内，毋得喧譁。違者治罪，仍殿二舉。

一、舉人與考試官有五服内親者，自須迴避，仍令同試官考卷。若應避而不自陳者，殿一舉。

一、鄉會試，若有懷挾，及令人代作程文，及代之者，漢人、南人有居父母喪服應舉者，並殿二舉。

一、國子監學歲貢生員及伴讀出身，並依舊制。願試者聽。中選者，於監學合得資品上從優銓注。

一、別路附籍蒙古、色目、漢人，大都、上都有恒産、住經年深者，從兩都官司，依上例推舉就試。其餘去處冒貫者，治罪。

《元婚禮貢舉考·御試程式》　三月初一日，於中書禮部印卷。卷背用印鈐縫。

三月初七日，黎明，入試，拜受策題，各就席，至晚進卷而出。

三月十一日，各於國子監闌欄帽。

三月十三日，赴闕，聽候唱名。

《元婚禮貢舉考·會試程式延祐二年二月日》　試院於翰林院東至公堂設席分舍。

正月十五日，於中書禮部印卷。卷面用印鈐縫。

正月二十八日，中書禮部榜示。

二月初一日，黎明，舉人入院，搜檢懷挾訖，班立堂下，各再拜，知貢舉官答跪，試官以下各答拜，畢，受題，各就本席，午後，相次於受卷所投卷而出。

二月初三日，如前。

二月初五日，如前。

《元婚禮貢舉考·中書省部定到鄉試程式》　家狀式：

一、鄉（買）〔貫〕某路某州縣某鄉某里，應鄉貢進士舉某，人年若干。

一、習經：疑、義、古賦、詔誥、章表策。

一、三代，曾祖諱某，有官則云某官，在則云見任，不在則云故仕，無官則云未仕，不在則云故不仕。

祖諱某。

父諱某。並同前。

一、闔家口若干，有祖父、母、父、母則云闔家口五，父母在則云闔家口三，偏侍則云闔家口二，俱亡則云闔家口一。

一、祖年若干。

祖母某氏，年若干。

父年若干。

母某氏，年若干。

一、今舉。

一、見住某處。

右具如前。

試程式：

第一場

奉

試經疑二問。

第一問。云云。

限三百以上。

對云云。謹對。

塗注乙若干字。

第二問。做此。

奉

試某經義一道。

限五百字以上。

對云云。謹對。

塗注乙若干字。

第二場

奉

試古賦一道。詔誥、章表做此。

又云云。謹對。

塗注乙若干字。

第三場

奉

試策一道。

限一千字以上。

對云云。謹對。

塗注乙若干字。

草卷一十二幅，用印鈐縫。

浄卷一十二幅，用印鈐縫，依式浄寫科舉文字，以上並用朱筆界畫。

右家狀並草卷黏作一通。

《元婚禮貢舉考·進士受恩例》 延祐二年四月日，中書禮部呈奉中書省劄付該：來呈策試舉人，今將各二姓名、年甲、籍貫具呈照詳，得此，延祐二年四月初四日奏過事内一件：前者爲這應舉的人每，依禮部擬來的典故裏賜了際授時分，上表謝恩，參見省官，文廟裏燒香行禮，立石題名。的依著禮部擬將來的，省官人每商量了再奏呵，那般者。麽道聖旨有來。俺商量來：賜恩、榮宴於翰林國史院，中書省官押宴，御史臺、翰林、集賢兩院摘官預宴，預宴官及進士簪花，至所居；進士受官：擇日，具公服，侍儀司引赴殿廷，上謝恩表；次便服詣都堂參見；擇日，進士謁先聖，行舍菜禮，第一名具祀文行事，有司於宣聖廟前刻石題名呵，怎生？奏呵，那般者。麽道聖旨了也。欽此。

四月十七日，賜恩、榮宴，押宴、押宴官及進士各簪花。

四月二十七〔日〕於中書省祗受敕牒。

四月二十九日，各具公服，詣殿廷謝恩。

四月三十日，便服詣都堂參謝。

五月初二日，謁先聖廟，行舍菜禮。

《元婚禮貢舉考·中書省續降條畫》 一、鄉試。中選者各給解據，録連取中科文，行省所轄去處移咨都省送禮部，腹裏宣慰司及各路關申禮部，拘該監察御史、廉訪司依上録連科文，申臺轉呈都省，以憑照勘會試。八月二十日，蒙古、色目人試經問五條；漢人、南人明經，經疑二問，經義一道。二十三日，蒙古、色目人試策一道；漢人、南人古賦、詔誥、章表内科一道。二十六日，漢人、南人試策一道。

一、會試。次年，省部依鄉試例，於二月初一日試第一場，初三日試第二場，初五日試第三場。

一、御試。三月初七日，前期奏委考舉官二員、監試御史二員、讀卷官二員入殿庭考試。每試子一名委怯薛歹一人看守。漢人、南人試策一道，限千字以上成；蒙古、色目人時務策一道，限五百字以上成。

一、選考試官。行省與宣慰司鄉試，有行臺去處，行省官、行臺官一同商議選差，如不拘廉訪司去處，行省官與監察御史選差；山東、河南宣慰司，真定、東平路，同本道廉訪司選差。上都、大都，從省部選差。在内監察御史、在外廉訪司官一員監試。每處差考試官、同考試官各一員，並於見任並在閒（有）有德望文學常選官内選差。彌封官一員，謄録官一員，選廉幹文資正官充。謄録試卷（一）〔並〕行移文字，皆用朱筆書寫，仍須設法關防，毋致容私作弊。省部會試，都省選委知貢舉、同知貢舉官各一員，考試這四員，監察御史二員，彌封、謄録、對讀、監門等官各一員。

一、鄉試，行省一十一處：河〔東〕〔南〕，陝西，遼陽，四川，甘肅，雲南，嶺北，征東，江浙，江西，湖廣；宣慰司二處：河東冀寧路，山東濟南路；直隷中書省部路分四處：（直）〔真〕定路，河間路、保定路、順德路、大名路、廣平路、彰德路、衛輝路、懷孟路。東平路，濟寧路、高唐州、曹州、濮州、恩州、泰安州、東昌路、冠州、德州。大都路，大都、永平路。上都路。上都、興和路。

一、天下選合格者三百人赴會試，於内取中選者一百人，内，蒙古、色目人、漢人、南人分卷考試，各二十五人。蒙古人取合格者七十五人：大都一十五人，上都六人，河東五人，真定等五人，東平等五人，山東四人，遼陽五人，河南五人，陝西五人，甘肅三人，嶺北三人，江浙五人，江西三人，湖廣三人，四川一人，雲南一人，征東一人。色目人取合格者七十五人：大都一十人，上都四人，河東四人，東平等四人，河南五人，真定等五人，山東五人，四川三人，甘肅二人，陝西三人，嶺北二人，遼陽二人，雲南二人，征東一人，江浙一十人，湖廣七人，江西六人。漢人取合格者七十五人：大都一十人，上都四人，真定等十一人，東平等九人，山東七人，河東七人，河南九人，四川五人，雲南二人，甘肅二人，嶺北一人，陝西五人，遼陽二人，征東一人。南人取合格者七十五人：湖廣一十八人，江浙二十八人，河南七人，江西二十二人。

一、鄉會等試，許將《禮部韻略》外，餘並無不許懷挾文字，差搜檢懷挾官一員，每舉人一名差軍一名看守，無軍人處差巡軍。

一、提點擗掠試院，差廉幹官一員，度地安置席舍，務令隔遠，仍自試官入院後，常川防職，監押外門。

一、鄉會等試，彌封、謄録、對讀官下吏人，於各衙門從便差設。

一、試卷不考格，犯御名、廟諱，偏犯者非，及文理紕繆，塗注乙五十字以上。

一、謄録所承試卷，並用朱書謄録正文，實（針）〔計〕塗注乙字數，標寫對讀無差，將朱卷逐旋送考試所；如朱卷有塗注乙字，亦皆照寫字數；謄録官書押，俟考校合格，中選人數已定，抄録字號，索上元卷，請監試官、同試官對號開拆。

一、舉人試卷，各人自備三場文卷並草卷一十二幅，於卷首書三代、籍貫、年甲，前期半月於印卷所投納，置簿收附，用印鈐縫訖，各還舉人。

一、就試之日，日未出入場，黄昏納卷，受卷官送封彌所，撰字號封彌訖，送謄録所。

一、科舉既行之後，若有各路歲貢及保舉儒人等文字到部，並令還赴本鄉應試。

一、舉人與考試官有五服内親者，自須迴避，仍令同試官考卷，若應避而不自陳者，殿一舉。

一、倡優之家及患廢疾，若犯十惡奸盜之人，不許應試。

一、舉人於試場内，毋得諠譁，違者治罪，仍殿二舉。

一、鄉試、會試，若有懷挾及令人代作程文及代之者，漢人、南人居父母喪服應舉者，殿二舉。

一、國子監、學歲貢生員及伴讀出身，並依舊制，願試者，聽，中選者，於監、學合得資品上從優銓注。

一、別路附籍蒙古、色目、漢人，大都、上都有恒産住經年深者，從（西）〔兩〕都官（私）〔司〕依上例推舉就試，其餘去處，冒貫者治罪。

《元史》卷八一《選舉志》 選舉之法尚矣。成周庠序學校，以鄉三物教萬民而賓興之，舉於鄉，升於司徒、司馬論定，而後官之。兩漢有賢良方正、孝弟力田等科，或奉對詔策，事猶近古。隋、唐有秀才、明經、進士、明法、明算等科，或兼用詩賦，士始有棄本而逐末者。宋大興文治，專尚科目，雖當時得人爲盛，而其弊遂至文體卑弱，士習委靡，識者病焉。遼、金居北方，俗尚弓馬。遼景宗、道宗亦行貢試，金太宗、世宗屢闢科場，亦粗稱得士。

元初，太宗始得中原，輒用耶律楚材言，以科舉選士。世祖既定天下，王鶚獻計，許衡立法，事未果行。至仁宗延祐間，始斟酌舊制而行之，取士以德行爲本，試藝以經術爲先，士褎然舉首應上所求者，皆彬彬輩出矣。

然當時仕進有多岐，銓衡無定制，其出身於學校者，有國子監學，有蒙古字學、回回國學，有醫學，有陰陽學。其策名於薦舉者，有遺逸，有茂異，有求言，有進書，有童子。其出於宿衞、勳臣之家者，待以不次。其用於宣徽、中政之屬者，重爲内官。又廕叙有循常之格，而超擢有選用之科。由直省、侍儀等入官者，亦名清望。以倉庾、賦税任事者，例視冗職。捕盜者以功叙，入粟者以貲進，至工匠皆入班資，而輿隸亦躋流品。諸王、公主，寵以投下，俾之保任。遠夷、外徼，授以長官，俾之世襲。凡若此類，殆所謂吏道雜而多端者歟。矧夫儒有歲貢之名，吏有補用之法。曰掾史、令史，曰書寫、銓寫，曰書吏、典吏，所設之名，未易枚舉。曰省、臺、院、部，曰路、府、州、縣，所入之途，難以指計。雖名卿大夫，亦往往由是躋要官，受顯爵；而刀筆下吏，遂致竊權勢，舞文法矣。

故其銓選之備，考覈之精，曰隨朝、外任，曰省選、部選，曰文官、武官，曰考數，曰資格，一毫不可越。而或援例，或借資，或優陞，或回降，其縱情破律，以公濟私，非至明者不能察焉。是皆文繁吏弊之所致也。

今採摭舊編，載於簡牘，或詳或略，條分類聚，殆有不勝其紀述者，姑存一代之制，作《選舉志》。

《元史》卷八一《選舉志·科目》 太宗始取中原，中書令耶律楚材請用儒術選士，從之。九年秋八月，下詔命斷事官朮忽䚟與山西東路課税所長官劉中，歷諸路考試。以論及經義、詞賦分爲三科，作三日程，專治一科，能兼者聽，但以不失文義爲中選。其中選者，復其賦役，令與各處長官同署公事。得東平楊奂等凡若干人，皆一時名士，而當世或以爲非便，事復中止。

世祖至元初年，有旨命丞相史天澤條具當行大事，嘗及科舉，而未果行。四年九月，翰林學士承旨王鶚等，請行選舉法，遠述周制，次及漢、隋、唐取士科目，近舉遼、金選舉用人，與本朝太宗得人之效，以爲貢舉法廢，士無入仕之階，或習刀筆以爲吏胥，或執僕役以事官僚，或作技巧販鬻以爲工匠商賈。以今論之，惟科舉取士，最爲切務，矧先朝故典，尤宜追述。奏上，帝曰：此良法也，其行之。中書左三部與翰林學士議立程式，又請依前代立國學，選蒙古人諸職官子孫百人，專命師儒教習經書，俟其藝成，然後試用，庶幾勳舊之家，人材輩出，以備超擢。十一年十一月，裕宗在東宮時，省臣復啓，謂去年奉旨行科舉，今將翰林老臣等所議程式以聞。奉令旨，准蒙古進士科及漢人進士科，參酌時宜，以立制度。事未施行。至二十一年九月，丞相火魯火孫與留夢炎等言，十一月中書省臣奏，皆以爲天下習儒者少，而由刀筆吏得官者多。帝曰：將若之何？對曰：惟貢舉取士爲便。凡蒙古之士及儒吏、陰陽、醫術，皆令試舉，則用心爲學矣。帝可其奏。繼而許衡亦議學校科舉之法，罷詩賦，重經學，定爲新制。事雖未及行，而選舉之制已立。

至仁宗皇慶二年十月，中書省臣奏：科舉事，世祖、裕宗累嘗命行，成宗、武宗尋亦有旨，今不以聞，恐或有沮其事者。夫取士之法，經學實修己治人之道，詞賦乃摘章繪句之學，自隋、唐以來，取人專尚詞賦，故士習浮華。今臣等所擬將律賦省題詩小義皆不用，專立德行明經科，以此取士，庶可得人。帝然之。十一月，乃下詔曰：

惟我祖宗以神武定天下，世祖皇帝設官分職，徵用儒雅，崇學校爲育材之地，議科舉爲取士之方，規模宏遠矣。朕以眇躬，獲承丕祚，繼志述事，祖訓是式。若稽三代以來，取士各有科目，要其本末，舉人宜以德行爲首，試藝則以經術爲先，詞章次之。浮華過實，朕所不取。爰命中書，參酌古今，定其條制。其以皇慶三年八月，天下郡縣，興其賢者能者，充賦有司，次年二月會試京師，中選者朕將親策焉。具合行事宜于後：

科場，每三歲一次開試。舉人從本貫官司於諸色户内推舉，年及二十五以上，鄉黨稱其孝悌，朋友服其信義，經明行修之士，結罪保舉，以禮敦遣，（資）〔貢〕諸路府。其或徇私濫舉，并應舉而不舉者，監察御史、肅政廉訪司體察究治。

考試程式：蒙古、色目人，第一場經問五條，《大學》、《論語》、《孟子》、《中庸》内設問，用朱氏章句集註。其義理精明，文辭典雅者爲中選。第二場策一道，以時務出題，限五百字以上。漢人、南人，第一場明經經疑二問，《大學》、《論語》、《孟子》、《中庸》内出題，並用朱氏章句集註，復以己意結之，限三百字以上；經義一道，各治一經，《詩》以朱氏爲主，《尚書》以蔡氏爲主，《周易》以程氏、朱氏爲主，已上三經，兼用古註疏，《春秋》許用三傳及胡氏傳，《禮記》用古註疏，限五百字以上，不拘格律。第二場古賦詔誥章表内科一道，古賦詔誥用古體，章表四六，參用古體。第三場策一道，經史時務内出題，不矜浮藻，惟務直述，限一千字以上成。蒙古、色目人，願試漢人、南人科目，中選者加一等注授。蒙古、色目人作一榜，漢人、南人作一榜。第一名賜進士及第，從六品，第二名以下及第二甲，皆正七品，第三甲以下，皆正八品，兩榜並同。

所在官司遲慢開試日期，監察御史、肅政廉訪司糾彈治罪。

流官子孫廕叙，並依舊制，願試中選者，優陞一等。

在官未入流品，願試者聽。若中選之人，已有九品以上資級，比附一高，加一等注授。若無品級，止依試例從優銓注。

鄉試處所，并其餘條目，命中書省議行。

於戲，經明行修，庶得真儒之用；風移俗易，益臻至治之隆。咨爾多方，體予至意。

中書省所定條目：

鄉試中選者，各給解據、録連取中科文，行省移咨都省，送禮部，腹裏宣慰司及各路關申禮部，拘該監察御史、廉訪司，依上録連科文申臺，轉呈都省，以憑照勘。

鄉試，八月二十日，蒙古、色目人，試經問五條；漢人、南人，明經經疑二問，經義一道。二十三日，蒙古、色目人，試策一道；漢人、南人，古賦詔誥章表内科一道。二十六日，漢人、南人，試策一道。

會試，省部依鄉試例，於次年二月初一日試第一場，初三日第二場，初五日第三場。

御試，三月初七日，前期奏委考試官二員、監察御史二員、讀卷官二員，入殿廷考試。每舉子一名，怯薛歹一人看守。漢人、南人，試策一道，限一千字以上成。蒙古、色目人，時務策一道，限五百字以上成。

選考試官，行省與宣慰司及腹裏各路，有行臺及廉訪司去處，與臺憲官一同商議選差。上都、大都從省部選差在內監察御史、在外廉訪司官一員監試。每處差考試官、同考試官各一員，並於見任并在閑有德望文學常選官內選差；封彌官一員、謄録官一員，選廉幹文資正官充之。凡謄録試卷并行移文字，皆用朱書，仍須設法關防，毋致容私作弊。省部會試，都省選委知貢舉、同知貢舉官各一員，考試官四員，監察御史二員，彌封、謄録、對讀官、監門等官各一員。

鄉試，行省一十一：河南，陝西，遼陽，四川，甘肅，雲南，嶺北，征東，江浙，江西，湖廣。宣慰司二：河東，山東。直隸省部路分四：真定，東平，大都，上都。

天下選合格者三百人赴會試，於內取中選者一百人，內蒙古、色目、漢人、南人分卷考試，各二十五人。蒙古人取合格者七十五人：大都十五人，上都六人，河東五人，真定等五人，東平等五人，山東四人，遼陽五人，河南五人，陝西五人，甘肅三人，嶺北三人，江浙五人，江西三人，湖廣三人，四川一人，雲南一人，征東一人。色目人取合格者七十五人：大都十人，上都四人，河東四人，東平等四人，山東五人，真定等五人，河南五人，四川三人，甘肅二人，陝西三人，嶺北二人，遼陽二人，雲南二人，征東一人，湖廣七人，江浙一十人，江西六人。漢人取合格者七十五人：大都一十人，上都四人，真定等十一人，東平等九人，山東七人，河東七人，河南九人，四川五人，雲南二人，甘肅二人，嶺北一人，陝西五人，遼陽二人，征東一人。南人取合格者七十五人：湖廣一十八人，江浙二十八人，江西二十二人，河南七人。

鄉試、會試，許將《禮部韻略》外，餘並不許懷挾文字。差搜檢懷挾官一員，每舉人一名差軍一名看守，無軍人處，差巡軍。

提點擗掠試院，差廉幹官一員，度地安置席舍，務令隔遠，仍自試官入院後，常川妨職，監押外門。

鄉試、會試，彌封、謄録、對讀官下吏人，於各衙門從便差設。

試卷不考格，犯御名廟諱及文理紕繆、塗注乙五十字以上者，不考。

謄録所承受試卷，並用朱書謄録正文，實計塗注乙字數，標寫對讀無差，將朱卷逐旋送考試所。如朱卷有塗注乙字，亦皆標寫字數，謄録官書押。候考校合格，中選人數已定，抄録字號，索上元卷，請監試官、知貢舉官、同試官，對號開拆。

舉人試卷，各人自備三場文卷并草卷，各一十二幅，於卷首書三代、籍貫、年甲，前期半月於印卷所投納。置簿收附，用印鈐縫訖，各還舉人。

凡就試之日，日未出入場，黃昏納卷。受卷官送彌封所，撰字號，封彌訖，送謄録所。

科舉既行之後，若有各路歲貢及保舉儒人等文字到官，並令還赴本鄉應試。

倡優之家及患廢疾、若犯十惡奸盜之人，不許應試。

舉人於試場內，毋得喧譁，違者治罪，仍殿二舉。

舉人與考試官有五服內親者，自須迴避，仍令同試官考卷。若應避而不自陳者，殿一舉。

鄉試、會試，若有懷挾及令人代作者，漢人、南人有居父母喪服應舉者，並殿二舉。

國子監學歲貢生員及伴讀出身，並依舊制，願試者聽。中選者，於監學合得資品上從優銓注。

別路附籍蒙古、色目、漢人，大都、上都有恒產、住經年深者，從兩都官司，依上例推舉就試。其餘去處冒貫者，治罪。

知貢舉以下官會集至公堂，議擬合行事目云：

諸輒於彌封所取問舉人試卷封號姓名及漏泄者，治罪。諸試題未出而漏泄者，許人告首。諸對讀試卷官不躬親而輒令人吏對讀，其對讀訖而差誤有礙考校者，有罰。諸謄録人書寫不慎及錯誤有礙考校者，重事責罰。諸官司故縱舉人私將試卷出院，及祗應人知而爲傳送者，許人告首。諸監試官掌試院事，不得干預考校。諸試院官在簾內者，不許與簾外官交語。諸色人無故不得入試廳。諸舉人謗毁主司，率衆喧競，不服止約者，治罪。諸舉人就試，無故不冠及擅移坐次者，或偶與親姻隣坐而不自陳者，懷挾代筆傳義者，並扶出。諸拆毁試卷首家狀者，推治。諸舉人於試卷書他語者，駁放；涉謗訕者，推治。諸試日，爲舉人傳送文書，及因而受財者，並許人告。諸舉人於別紙上起草者，出榜退落。諸科文內不得自叙苦辛門第，委謄録所點檢得，如有違犯，更不謄録，移文考試院出榜退落。諸冒名就試，別立姓名，及受財爲人懷挾代筆傳義者，並許人告。諸被黜而妄訴者，治罪。諸監門官譏察出入，其物應入者，拆封點檢。諸巡鋪官及兵級，不得喧擾，及輒視試文，并容縱舉人無故往來，非因公事，不得與舉人私語。諸試卷彌封用印訖，以三不成字爲號標寫，仍於塗注乙處用印。

每舉人一名，給祗應巡軍一人，隔夜入院，分宿席房。試日，擊鐘爲節。一次，院官以下皆盥漱。二次，監門官啓鑰，舉人入院，搜檢訖，就將解據呈納。禮生贊曰舉人再拜，知貢舉官隔簾受一拜，跪答一拜，試官受一拜，答一拜。鐘三次，頒題，就次。日午，賜膳。其納卷首，赴受卷所揖而退，不得交語。受卷官書舉人姓名于曆，舉人揖而退，取解據出院，巡軍亦出。至晚，鳴鐘一次，鎖院門。第二場，舉人入院，依前搜檢，每十人一甲，序立至公堂下，作揖畢，頒題就次。第三場，如前儀。

其受卷官具受到試卷，逐旋關發彌封官，將家狀草卷，腰封用印，蒙古、色目、漢人、南人分卷，以三不成字撰號。每名累場同用一號，於卷上親書，及於曆內標附訖，牒送謄録官置曆，分給吏人，並用朱書謄録正文，仍具元卷塗注乙及謄録塗注乙字數，卷末書謄録人姓名，謄録官具銜書押，用印鈐縫，牒送對讀所。翰林掾史具謄録訖試卷總數，呈報監察御史。對讀官以元卷與朱卷躬親對讀無差，具銜書押，呈解貢院，元卷發還彌封所。各所行移，並用朱書，試卷照依元號附簿。

試官考卷，知貢舉居中，試官相對向坐，公同考校，分作三等，逐等又分上中下，用墨筆批點。考校既定，收掌試卷官於號簿內標寫分數，知貢舉官、同試官、監察御史、彌封官，公同取上元卷對號開拆，知貢舉於試卷家狀上親書省試第幾名。拆號既畢，應有試卷並付禮部架閣，貢舉諸官出院。中書省以中選舉人分爲二榜，揭于省門之左右。

三月初四日，中書省奏准，以初七日御試舉人於翰林國史院，定委監試官及諸執事。初五日，各官入院。初六日，譔策問進呈，俟上采取。初七日，執事者望闕設案於堂前，置策題於上。舉人入院，搜檢訖，蒙古人作一甲，序立，禮生導引至於堂前，望闕兩拜，賜策題，又兩拜，各就次。色目人作一甲，漢人、南人作一甲，如前儀。每進士一人，差蒙古宿衛士一人監視。日午，賜膳。進士納卷畢，出院。監試官同讀卷官，以所對策第其高下，分爲三甲進奏。作二榜，用敕黄紙書，揭于內前紅門之左右。

前一日，禮部告諭中選進士，以次日詣闕前，所司具香案，侍儀舍人唱名，謝恩，放榜。擇日賜恩榮宴于翰林國史院，押宴以中書省官，凡預試官並與宴。預宴官及進士並簪華至所居。擇日恭詣殿廷，上謝恩表。次日，詣中書省參見。又擇日，諸進士詣先聖廟行舍菜禮，第一人具祝文行事，刻石題名於國子監。

延祐二年春三月，廷試進士，賜護都答兒、張起巖等五十有六人，及第、出身有差。五年春三月，廷試進士護都達兒、霍希賢等五十人。

至治元年春三月，廷試進士達普化、宋本等六十有四人。

泰定元年春三月，廷試進士捌剌、張益等八十有六人。四年春三月，廷試進士阿察赤、李黼等八十有六人。

天曆三年春三月，廷試進士篤列圖、王文燁等九十有七人。

元統癸酉科，廷試進士同同、李齊等，復增名額，以及百人之數。稍異其制，左右榜各三人，皆賜進士及第，餘賜出身有差。科舉取士，莫盛於斯。後三年，其制遂罷。又七年而復興，遂稍變程式，減蒙古、色目人明經二條，增本經義；易漢、南人第一場《四書》疑一道爲本經疑，增第二場古賦外，於詔誥、章表內又科一道。此有元科目取士之制，大略如此。

若夫會試下第者，自延祐創設之初，丞相帖木迭兒、阿散及平章李孟等奏：下第舉人，年七十以上者，與從七品流官致仕；六十以上者，與教授；元有出身者，於應得資品上稍優加之；無出身者，與山長、學正。受省劄，後舉不爲例。今有來遲而不及應試者，未曾區用。取旨。帝曰：依下第例恩之，勿著爲格。

泰定元年三月，中書省臣奏：下第舉人，仁宗延祐間，命中書省各授教官之職，以慰其歸。今當改元之初，恩澤宜溥。蒙古、色目人，年三十以上并兩舉不第者，與教授；以下，與學正、山長。漢人、南人，年五十以上并兩舉不第者，與教授；以下，與學正、山長。先有資品出身者，更優加之。不願仕者，令備國子員。後勿爲格。從之。自餘下第之士，恩例不可常得，間有試補書吏以登仕籍者。惟已廢復興之後，其法始變，下第者悉授以路府學正及書院山長。又增取鄉試備榜，亦授以郡學録及縣教諭。於是科舉取士，得人爲盛焉。

《元史》卷八一《選舉志·學校》　世祖至元八年春正月，始下詔立京師蒙古國子學，教習諸生，於隨朝蒙古、漢人百官及怯薛歹官員，選子弟俊秀者入學，然未有員數。以《通鑑節要》用蒙古語言譯寫教之，俟生員習學成效，出題試問，觀其所對精通者，量授官職。成宗大德十年春二月，增生員廩饍，通前三十員爲六十員。武宗至大二年，定伴讀員四十人，以在籍上名生員學問優長者補之。仁宗延祐二年冬十月，以所設生員百人，蒙古五十人，色目二十人，漢人三十人，而百官子弟之就學者，常不下二三百人，宜增其廩餼，乃減去庶民子弟一百一十四員，聽陪堂學業，於見供生員一百名外，量增五十名。元置蒙古二十人，漢人三十人，其生員紙札筆墨止給三十人，歲凡二次給之。

至元六年秋七月，置諸路蒙古字學。十二月，中書省定學制頒行之，命諸路府官子弟入學，上路二人，下路二人，府一人，州一人。餘民間子弟，上路三十人，下路二十五人。願充生徒者，與免一身雜役。以譯寫《通鑑節要》頒行各路，俾肄習之。至成宗大德五年冬十月，又定生員，散府二十人，上、中州十五人，下州十人。元貞元年，命有司割地，給諸路蒙古學生員餼廩。其學官，至元十九年，定擬路府（路）〔州〕設教授，以國字在諸字之右，府州教授一任，准從八品，再歷路教授一任，准正八品，任回本等遷轉。大德四年，添設學正一員，上自國學，下及州縣，舉生員高等，從翰林考試，凡學官譯史，取以充焉。

世祖至元二十六年夏五月，尚書省臣言：亦思替非文字宜施於用，今翰林院益福的哈魯丁能通其字學，乞授以學士之職，凡公卿大夫與夫富民之子，皆依漢人入學之制，日肄習之。帝可其奏。是歲八月，始置回回國子學。至仁宗延祐元年四月，復置回回國子監，設監官，以其文字便於關防取會數目，令依舊制，篤意領教。泰定二年春閏正月，以近歲公卿大夫子弟與夫凡民之子入學者衆，其學官及生員五十餘人，已給飲膳者二十七人外，助教一人、生員二十四人廩饍，並令給之。學之建置在於國都，凡百司庶府所設譯史，皆從本學取以充焉。

太宗六年癸巳，以馮志常爲國子學總教，命侍臣子弟十八人入學。世祖至元七年，命侍臣子弟十有一人入學，以長者四人從許衡，童子七人從王恂。至二十四年，立國子學，而定其制。設博士，通掌學事，分教三齋生員，講授經旨，是正音訓，上嚴教導之術，下考肄習之業。復設助教，同掌學事，而專守一齋；正、録，申明規矩，督習課業。凡讀書必先《孝經》、《小學》、《論語》、《孟子》、《大學》、《中庸》，次及《詩》、《書》、《禮記》、《周禮》、《春秋》、《易》。博士、助教親授句讀、音訓，正、録、伴讀以次傳習之。講説則依所讀之序，正、録、伴讀亦以次而傳習之。次日，抽籤，令諸生復説其功課。對屬、詩章、經解、史評，則博士出題，生員具藁，先呈助教，俟博士既定，始録附課簿，以憑考校。其生員之數，定二百人，先令一百人及伴讀二十人入學。其百人之內，蒙古半之，色目、漢人半之。許衡又著諸生入學雜儀，及日用節目。七年，命生員八十人入學，俾永爲定式而遵行之。

成宗大德八年冬十二月，始定國子生，蒙古、色目、漢人三歲各貢一人。十年冬閏十月，國子學定蒙古、色目、漢人生員二百人，三年各貢二人。

武宗至大四年秋閏七月，定生員額三百人。冬十二月，復立國子學試貢法，蒙古授官六品，色目正七品，漢人從七品。試蒙古生之法宜從寬，色目生宜稍加密，漢人生則全科場之制。

仁宗延祐二年秋八月，增置生員百人，陪堂生二十人，用集賢學士趙孟頫、禮部尚書元明善等所議國子學貢試之法更定之。一曰陞齋等第。六齋東西相向，下兩齋左曰游藝，右曰依仁，凡誦書講説、小學屬對者隸焉。中兩齋左曰據德，右曰志道，講説《四書》、課肄詩律者隸焉。上兩齋左曰時習，右曰日新，講説《易》、《書》、《詩》、《春秋》科，習明經義等程文者隸焉。每齋員數不等，每季考其所習經書課業，及不違規矩者，以次遞陞。二曰私試規矩。漢人驗日新、時習兩齋，蒙古色目取志道、據德兩齋，本學舉實歷坐齋二周歲以上，未嘗犯過者，許令充試。限實歷坐齋三周歲以上，以充貢舉。漢人私試，孟月試經疑一道，仲月試經義一道，季月試策問、表章、詔誥科一道。蒙古、色目人，孟、仲月各試明經一道，季月試策問一道。辭理俱優者爲上等，準一分；理優辭平者爲中等，準半分。每歲終，通計其年積分，至八分以上者陞充高等生員，以四十名爲額，內蒙古、色目各十名，漢人二十名。歲終試貢，員不必備，惟取實才。有分同闕少者，以坐齋月日先後多少爲定。其未及等，并雖及等無闕未補者，其年積分，並不爲用，下年再行積算。每月初二日蚤旦，圓揖後，本學博士、助教公座，面引應試生員，各給印紙，依式出題考試，不許懷挾代筆，各用印紙，真楷書寫，本學正、録彌封謄録，餘並依科舉式，助教、博士以次考定。次日，監官覆考，於名簿內籍記各得分數，本學收掌，以俟歲終通考。三曰黜罰科條。應私試積分生員，其有不事課業及一切違戾規矩者，初犯罰一分，再犯罰二分，三犯除名，從學正、録糾舉，正、録知見而不糾舉者，從本監議罰之。應已補高等生員，其有違戾規矩者，初犯殿試一年，再犯除名，從學正、録糾舉之，正、録知見而不糾舉者，亦從本監議罰之。應在學生員，歲終實歷坐齋不滿半歲者，並行除名。除月假外，其餘告假，並不準算。學正、録歲終通行考校應在學生員，除蒙古、色目別議外，其餘漢人生員三年不能通一經及不肯勤學者，勒令出學。其餘責罰，並依舊規。

泰定三年夏六月，更積分而爲貢舉，並依世祖舊制。其貢試之法，從監學所擬，大概與前法略同，而防閑稍加嚴密焉。其本學正、録各二員，司樂一員，典籍二員，管勾一員，及侍儀舍人，舊例舉積分生員充之，後以積分既革，於上齋舉年三十以上、學行堪範後學者爲正、録，通曉音律、學業優贍者爲司樂，幹局通敏者爲典籍、管勾。其侍儀舍人，於上、中齋，舉禮儀習熟，音吐洪暢，曾掌春秋釋奠、每月告朔明贊，衆與其能者充之。文宗天曆二年春三月，惟伴讀員數，自初二十人歲貢二人，後於大德七年定四十人歲貢六人，至大四年定四十人歲貢四人，延祐二年歲貢八人爲淹滯，既額設四十名，宜充部令史者四人、路教授者四人。是後，又命所貢生員，每大比選士，與天下士同試於禮部，策於殿廷，又增至備榜而加選擇焉。

國初，燕京始平，宣撫王楫請以金樞密院爲宣聖廟。太宗六年，設國子總教及提舉官，命貴臣子弟入學受業。憲宗四年，世祖在潛邸，特命修理殿廷；及即位，賜以玉斝，俾永爲祭器。至元十三年，授提舉學校官六品印，遂改爲大都路學，署曰提舉學校所。二十四年，既遷都北城，立國子學于國城之東，迺以南城國子學爲大都路學，自提舉以下，設官有差。仁宗延祐四年，大興府尹馬思忽重修殿門堂廡，建東西兩齋。泰定三年，府尹曹偉增建環廊。文宗天曆二年，復增廣之，提舉郝義恭又增建齋舍。自府尹郝朶而別至曹偉，始定生員凡百人，每名月餼，京畿漕運司及本路給之。泰定四年夏四月，諸生始會食于學焉。

太宗始定中原，即議建學，設科取士。世祖中統二年，始命置諸路學校官，凡諸生進修者，嚴加訓誨，務使成材，以備選用。至元十九年夏四月，命雲南諸路皆建學以祀先聖。二十三年二月，帝御德興府行宮，詔江南學校舊有學田，復給之以養士。二十八年，令江南諸路學及各縣學內，設立小學，選老成之士教之，或自願招師，或自受家學于父兄者，亦從其便。其他先儒過化之地，名賢經行之所，與好事之家出錢粟贍學者，並立爲書院。凡師儒之命於朝廷者，曰教授，路府上中州置之。命於禮部及行省及宣慰司者，曰學正、山長、學録、教諭，路州縣及書院置之。路設教授、學正、學録各一員，散府上中州設教授一員，下州設學正一員，縣設教諭一員，書院設山長一員。中原州縣學正、山長、學録、教諭，並受禮部付身。各省所屬州縣學正、山長、學録、教諭，並受行省及宣慰司劄付。凡路府州書院，設直學以掌錢穀，從郡守及憲府官試補。直學考滿，又試所業十篇，陞爲學録、教諭。凡正、長、（論）〔學〕録、教諭，或由集賢院及臺憲等官舉充之。諭、録歷兩考，陞正、長。正、長一考，陞散府上中州教授。上中州教授又歷一考，陞路教授。教授之上，各省設提舉二員，正提舉從五品，副提舉從七品，提舉凡學校之事。後改直學考滿爲州吏，例以下第舉人充正、長，備榜舉人充諭、録，有薦舉者，亦參用之。自京學及州縣學以及書院，凡生徒之肄業於是者，守令舉薦之，臺憲考覈之，或用爲教官，或取爲吏屬，往往人材輩出矣。

世祖中統二年夏五月，太醫院使王猷言：醫學久廢，後進無所師授。竊恐朝廷一時取人，學非其傳，爲害甚大。乃遣副使王安仁授以金牌，往諸路設立醫學。其生員擬免本身檢醫差占等役，俟其學有所成，每月試以疑難，視其所對優劣，量加勸懲。後又定醫學之制，設諸路提舉綱維之。

凡宮壼所需，省臺所用，轉入常調，可任親民，其從太醫院自遷轉者，不得視此例，又以示仕途不可以雜進也。然太醫院官既受宣命，皆同文武正官五品以上遷叙，餘以舊品職遞陞，子孫廕用同正班叙。其掌藥，充都監直長，充御藥院副使，陞至大使，考滿依舊例於流官銓注。諸教授皆從太醫院定擬，而各路主善亦擬同教授皆從九品。凡隨朝太醫，及醫官子弟，及路府州縣學官，並須試驗。其各處名醫所述醫經文字，悉從考校。其諸藥所產性味真僞，悉從辨驗。其隨路學校，每歲出降十三科疑難題目，具呈太醫院，發下諸路醫學，令生員依式習課醫義，年終置簿解納送本司，以定其優劣焉。

世祖至元二十八年夏六月，始置諸路陰陽學。其在腹裏、江南，若有通曉陰陽之人，各路官司詳加取勘，依儒學、醫學之例，每路設教授以訓誨之。其有術數精通者，每歲録呈省府，赴都試驗，果有異能，則於司天臺內許令近侍。延祐初，令陰陽人依儒、醫例，於路府州設教授員，凡陰陽人皆管轄之，而上屬於太史焉。

《元史》卷八一《選舉志·學校》 舉遺逸以求隱跡之士，擢茂異以待非常之人。世祖中統間，徵許衡，授懷孟路教官，詔於懷孟等處選子弟之俊秀者教育之。是年，又詔徵金進士李冶，授翰林學士。徵劉因爲集賢學士，不至。又用平章咸寧王野仙薦，徵蕭𣂏不起，即授陝西儒學提舉。至元十八年，詔求前代聖賢之後，儒醫卜筮，通曉天文曆數，并山林隱逸之士。二十年，復召拜劉因右贊善大夫，辭，不允。未幾以親老，乞終養，俸給一無所受。後遣使授命于家，辭疾不起。二十八年，復詔求隱晦之士，俾有司具以名聞。成宗大德六年，徵臨川布衣吳澄，擢應奉翰林文字，拜命即歸。九年，詔求山林間有德行文學、識治道者，遣使徵蕭𣂏，且曰：或不樂於仕，可試一來，與朕語而遣歸。至大三年，復召吳澄拜國子司業，以病還；延祐三年，召拜集賢直學士，以疾不赴；至治三年，召拜翰林學士。武宗、仁宗累徵蕭𣂏，授集賢學士、國子司業，未赴，改集賢侍講學士。又以太子右諭德徵，始至京師，授集賢學士、國子祭酒，諭德如故。仁宗延祐七年十一月，詔曰：比歲設立科舉，以取人材，尚慮高尚之士，晦跡丘園，無從可致。各處其有隱居行義、才德高邁、深明治道、不求聞達者，所在官司具姓名，牒報本道廉訪司，覆奏察聞，以備録用。又屢詔求言於下，使得進言於上，雖指斥時政，並無譴責，往往采擇其言，任用其人，列諸庶位，以圖治功。其他著書立言、裨益教化、啓迪後人者，亦斟酌録用，著爲常式云。

《元史》卷八一《選舉志·學校》 童子舉，唐、宋始著于科，然亦無常員。成宗大德三年，舉童子楊山童、海童。五年，大都提舉學校所舉安西路張秦山，江浙行省舉張昇甫。武宗至大元年，舉武福安。仁宗延祐三年，江浙行省舉俞傅孫、馮怙哥。六年，河南路舉張答罕，學士完者不花舉丁頑頑。七年，河間縣舉杜山童，大興縣舉陳珊。英宗至治元年，福州路連江縣舉陳元麟。至治三年，河南行省舉張英。泰定四年，福州舉葉留畊。文宗天曆二年，舉杜夙靈。至順二年，制舉答不歹子買來的。皆以其天資穎悟，超出兒輩，或能默誦經文，書寫大字，或能綴緝辭章，講説經史，並令入國子學教育之。惟張秦山尤精篆籀，陳元麟能通性理，葉留畊問以《四書》大義，則對曰：無過事父母能竭其力，事君能致其身。時人以遠大期之。

《元史》卷九二《百官志·選舉附録·科目》 元以科目取士，自延祐至元統凡七科，具見前《志》。既罷復興之後，至正二年三月戊寅，廷試舉人，賜拜住、陳祖仁等進士及第、進士出身、同進士出身有差，凡七十有八人。國子生員十有八人：蒙古人六名，從六品出身；色目人六名，正七品出身；漢人、南人共六名，從七品出身。五年三月辛卯，廷試舉人，賜普顔不花，張士堅等進士及第、進士出身、同進士出身有差，如前科之數。國子生員亦如之。八年三月癸卯，廷試舉人，賜阿魯輝帖穆而、王宗哲等進士及第、進士出身、同進士出身有差，如前科之數。國子生員亦如之。是年四月，中書省奏准，監學生員每歲取及分生員四十人，三年應貢會試者，凡一百二十人。除例取十八人外，今後再取副榜二十人，於內蒙古、色目各四名，前二名充司鑰，下二名充侍儀舍人。漢人取一十二人，前三名充學正、司樂，次四名充學録、典籍管勾，以下五名充舍人。不願者，聽其還齋。十一年三月丙辰，廷試舉人，賜朶列圖、文允中等進士及第、進士出身、同進士出身有差，凡八十有三人。國子生員如舊制。

十二年三月，有旨：省院臺不用南人，似有偏負。天下四海之內，莫非吾民，宜依世祖時用人之法，南人有才學者，皆令用之。自是累科南方之進士，始有爲御史，爲憲司官，爲尚書者矣。十四年三月己巳，廷試舉人，賜薛朝晤、牛繼志等進士及第、進士出身、同進士出身有差，凡六十有二人。國子生員如舊制。十七年三月，廷試舉人，賜倪徵、王宗嗣等進士及第、進士出身、同進士出身有差，凡五十有一人。國子生員如舊制。

十九年，中書左丞成遵建言：宋自景祐以來，百五十年，雖無兵禍，常設寓試名額，以待四方遊士。今淮南、河南、山東、四川、遼陽等處，及江南各省所屬州縣，避兵士民，會集京師。如依前代故事，別設流寓鄉試之科，令避兵士民就試，許在京官員及請俸掾譯史人等，繫其鄉里親戚者，結罪保舉，行移大都路印卷，驗其人數，添差試官，別爲考校，依各處元額，選合格者充之，則國有得人之效，野無遺賢之歎矣。既而監察御史亦建言此事，中書送禮部定擬：曾經殘破處所，其鄉試元額，蒙古、色目、漢人、南人總計一百三十有二人。如今流寓儒人，應試名數，難同全盛之時，其寓試解額，合照依元額減半量擬，取合格蒙古、色目各十五名，漢人二十名，南人十五名，通六十有五名。中書省奏准，如所擬行之。而是歲福建行中書省初設鄉試，定取七人爲額，而江西流寓福建者亦與試焉，通取十有五人，充貢于京師。而陝西行省平章政事察罕帖木兒又請：今歲八月鄉試，河南舉人及避兵儒士，不拘籍貫，依河南省元額數，就陝州置貢院應試。詔亦從之。二十年三月，廷試舉人，賜買住、魏元禮等進士及第、進士出身、同進士出身有差，凡三十有五人。國子生員如舊制。二十三年三月丁未，廷試舉人，賜寶寶、楊輗等進士及第、進士出身、同進士出身有差，凡六十有二人。國子生員如舊制。是年六月，中書省奏：江浙、福建舉人，涉海道以赴京，有六人者，已後會試之期，宜授以教授之職；其下第三人，亦以教授之職授之。非徒慰其跋涉險阻之勞，亦及激勸遠方忠義之士。

二十五年，皇太子撫軍河東，適當大比之歲，擴廓帖木兒以江南、四川等處皆阻于兵，其鄉試不廢者，唯燕南、河南、山東、陝西、河東數道而已，乃啓皇太子倍增鄉貢之額。二十六年三月，廷試舉人，賜赫德溥化、張棟等進士及第、進士出身、同進士出身有差，凡七十有三人，優其品秩。第一甲，授承直郎，正六品。第二甲，授承務郎，從六品。第三甲，授從仕郎，從七品。國子生員：蒙古七名，正六品；色目六名，從六品；漢人七名，正七品；通二十人。兵興已後，科目取士，莫盛于斯；而元之設科，亦止於是歲云。

（清）嵇璜等《續通典》卷一八《選舉・歷代制中》 元太祖初得中原，中書令耶律楚材即請用儒術選士。至九年，命斷事官扎哈岱及山西東路課稅所長官劉中歷諸路考試，以論及經義、詞賦分爲三科，作三日程，專治一科，能兼者聽，但以不失文義爲中選。復其賦役，令與各處長官同署公事，尋復中止。世祖中統二年，命宣撫司官舉文學才職可以從政，及茂材異等。至元四年，翰林學士承旨王鶚等請行貢舉法，命中書左三部與翰林學士議立程式。十八年，詔求山林隱逸名士。元初用人，多由薦授。後雖科舉間行，而以徵授官者未可一二數，其辭不受職、屢召不起者皆見于《隱逸傳》。二十一年，丞相和爾果斯等請以貢舉進士，繼而許衡議罷詩賦重經學定爲新制，事卒未行。至仁宗皇慶二年，中書省臣言經學實修己治人之道，詞賦乃摛章繪句之學。自隋唐以來專尚詞賦，故士習浮華。臣等擬罷律賦省題詩小義，而專立德行明經科以取士。乃命中書參酌古今，定條制，科場每三歲一開，舉人從本貫官司于諸色户内擇年及二十五以上經明行修者，結罪保舉遣上，路府或狗私濫舉并應舉不舉者，監察御史肅政廉訪司察治。凡考試，蒙古、色目人第一場經問五條，《大學》《論語》《孟子》《中庸》内設問，用朱氏章句集註。第二場策一道，以時務出題，限五百字以上。漢人南人第一場明經、經疑二問，《大學》《論語》《孟子》《中庸》内出題，並用朱氏章句集註，復以已意結之，限三百字以上。經義一道，各治一經，《詩》主朱氏，《尚書》主蔡氏，《周易》主程氏、朱氏。已上三經，兼用古注疏。《春秋》主三傳及胡氏傳，《禮記》用古注疏，限五百字以上，不拘格律。第二場古賦詔誥章表内科一道。古賦詔誥用古體，章表四六參用古體。第三場策一道。經史時務内出題，限一千字以上。蒙古、色目人願試漢人、南人科目中選者，加一等注授。蒙古、色目人爲左榜，漢人南人爲右榜。第一甲第一名賜進士及第，從六品。第二名以下及第二甲皆正七品。第三甲皆正八品。流官子孫廕叙並依舊制。願試中選者，優升一等。在官未入流品，願試者，聽。若中選之人，已有九品，上資級加一等注授。若無品級，止依試例從優銓注。其三試各定日期，所在官司遲悞者論罪。鄉試八月二十日第一場。二十三日第二場，蒙古、色目、漢人、南人同二十六日。第三場止漢人、南人。會試省部于次年二月初一日試第一場，初三日第二場，初五日第三場。御試三月初七日，前期奏委考試官二員、監察御史二員、讀卷官二員，入殿廷考試。每舉子一名，集賽台一人看守。漢人、南人試策一道，限一千字以上。蒙古、色目人等試時務，策一道，限五百字以上。選考試、監試等官。行省與宣慰司及腹裏各路，有行臺及廉訪司處與臺選官一同商議選差，上都、大都從省部選差，在内監察御史，在外廉訪司官一員監試，每處差考試官、同考試官各一員，並于見任并在閒有德望文學常選官内選差。封彌官、謄録官各一員，于廉幹文資正官選充。凡謄録試卷并行移文字皆用朱書。省部會試都省選委知貢舉、同知貢舉官各一員。考試官四員，監察御史二員。封彌、謄録、對讀、監門等官各一員。其試選合格人數，視都省大小有差。鄉試行省十一：河南、陝西、遼陽、四川、甘肅、雲南、嶺北、征東、江浙、江西、湖廣，又河東、山東二宣慰司，及直隸省部之真定、東平、大都、上都四路。凡選合格者三百人赴會試，于内取中選者一百人。内蒙古、色目、漢人、南人分卷考試，各二十五人。蒙古取七十五人，大都十五、上都六、河東五、真定等五、東平等五、山東四、遼陽五、河南五、陝西五、甘肅三、嶺北三、江浙五、江西三、湖廣三、四川一、雲南一、征東一。色目人取七十五人，大都十、上都四、河東四、東平等四、山東五、真定等五、河南五、四川三、甘肅二、陝西三、嶺北二、遼陽二、雲南二、征東一、湖廣七、江浙十、江西六。漢人取七十五人，大都十、上都四、真定等十一、東平等九、山東七、河東七、河南九、四川五、雲南二、甘肅二、嶺北一、陝西五、遼陽二、征東一。南人取七十五人，湖廣十八、江浙二十八、江西二十二、河南七。延祐二年三月，始開科，左右榜凡五十六人。文宗天歷間至九十七人。順帝元統初，增名額及百人。至元初，從徹尔特穆尔之議，詔罷科舉。衆政許有壬爭之，不得。至六年，復之，仍稍變程式。

減蒙古、色目人明經二條，增本經義。易漢人、南人第一場四書疑一道爲本經疑，增第二場古賦外于詔誥章表内又科一道。至二十五年，兵興多阻，其鄉試者惟燕南、河南、山東、陝西、河東數路而已，乃倍增鄉貢之額，所放進士復優其品秩焉。第一甲授承直郎，第二甲承務郎，第三甲從仕郎。

紀事

（宋）宇文懋昭《大金國志》卷七《紀年七》 是舉也，粘罕密諴試官，不取中原人，故是歲止試詞賦，不試經義。礪係被擄，以知制誥韓昉燕人也，用昉鄉貫，故誤取之。初開試日，粘罕立馬場中，呼舉人年老者，意謂免試，爭走馬前跪之。粘罕以鞭指揮，令譯者報：爾無力老奴，何來應試？爾等若有文章，何不及第少年？爾等今苟得官，自知年老死近，向去不遠，必取贓以爲身後計，行樂以少酧晚景，安有補于國？又聞爾等之來，往往非爲己計，多有圖財假手後進者，如此，則我所取老者、少者皆非其人也。我欲殺爾等，又以罪未著白，復欲遂爾等，亦念爾等遠來，故權令爾等終場，當小心以報國，不然苟有所犯，必殺無赦。于是諸生伏地叩頭，愧恐而去。是歲，胡礪之餘，中原人一例黜之，故少年有作賦譏者，其略云：草地就試，舉場不公，（北）〔比〕榜既出于外，南人不預其中。由是士子之心失矣。

（宋）宇文懋昭《大金國志》卷三五《天會皇統科舉》 科舉取士有潘州榜、真定榜、平州榜。至太宗天會十年，國内太平，下詔如契丹開闢制，限以三歲有鄉、府、省三試之法。

每科舉時，先於諸州分縣赴試。若詩賦兼論策，作一日；經義兼論策，作三日；號爲鄉試，悉以本縣令爲試官。時秀士有未願赴者，州縣必根刷遣之。願試之士，唯雜犯者黜。榜首曰鄉元，亦曰解元。次年春，分三路類試，自河以北至女直皆就燕，自闕西至河東就雲中，自河以南就汴，謂之府試。試詩賦、論時務、策經義，則試五道，三策、一論、一律義。凡二人取一，榜首曰府元。至秋，盡集諸路舉人於燕，名曰會試，凡六人取一，榜首曰勑頭，亦曰狀元。分三甲，曰上甲、中甲、下甲。勑頭補承德郎，視南朝之承議。上甲賜緋，七年至奉直大夫，謂之正郎。第二、第三人八年或九年。中甲十二年，下甲十五年，不以所居官高卑，皆遷大夫。中、下甲服緑，例賜銀帶。

府試差官取旨，尚書省降劄。知舉一人，同知二人，又有彌封、謄録、監門之類。試闈用四柱，揭綵其上，目曰至公樓。主文登之，以觀試。或有私者，停官不叙，仍决沙袋。親戚不迴避。尤重書法，凡作字，有點畫、偏旁微誤者，皆曰雜犯。

先是考校畢，知舉即唱名。近歲上、中、下甲雜取十名，納之國中，下翰林院重考，實欲私取權貴也。考校時，有不合格者先榜其名，試院一開，餘人方知中選。

熙宗立，又增專經、神童、法律三科爲雜科，然不擢用，止於簿尉。專經至於爲直省官，事宰執，持筆硯。童子科止有趙憲甫位至三品。此太宗、熙宗繼世取士之科也。

（宋）宇文懋昭《大金國志》卷三五《天德科舉》 海陵煬王弑熙宗自立，改皇統曰天德，甚有尊經術，崇儒雅之意，始設殿試。又以鄉試聚於州，限三人取一人。府試分六處：河北東路、西路、中都路於大興府，臨潢、會寧、東京等處於大定府，西京、河東南路、北路於大同府，大名路、山東東路、西路於東平府，南京等路於開封府，京兆、鄜延、慶原、熙秦等路於河中府，並限四人取一。省試以五百人爲定格，殿試亦黜落。中第之人多寡不等，臨期取旨。又將第一人特加一官，授奉直大夫，翰林應奉文字。第二、第三人止授徵仕郎，其餘並授從仕郎。次舉又罷專經、經義、神童，止以詞賦、法律取士。詞賦爲正科，法律爲雜科。至世宗立，省府試各添策論一場。將殿試第一人依舊承德郎，第二、第三人儒林郎，並賜緑，餘皆從仕郎，至今不易。此海陵煬王天德以後科舉之制也。

大金國自太宗開國之後，狀元凡二十餘人。

（元）劉祁《歸潛志》卷七 金朝取士，止以詞賦、經義學，士大夫往往局於此，不能多讀書。其格法最陋者，詞賦狀元即授應奉翰林文字，不問其人才何如，故多有不任其事者。或顧問不稱上意，被笑嗤，出補外官。章宗時，王狀元澤在翰林，會宋使進枇杷子，上索詩，澤奏：小臣不識枇杷子。惟王庭筠詩成，上喜之。呂狀元造，父子魁多士，及在翰林，上索重陽詩，造素不學詩，惶遽獻詩云：佳節近重陽，微臣喜欲狂。上大笑，旋令外補。故當時有云：澤民不識枇杷子，呂造能吟喜欲狂。

（元）劉祁《歸潛志》卷八 金朝取士，止以詞賦爲重，故士人往往不暇讀書爲他文。嘗聞先進故老見子弟輩讀蘇、黃詩，輒怒斥，故學者止工於律、賦，問之他文則懵然不知。閒有登第後始讀書爲文者，諸名士是也。南渡以來，士人多爲古學，以著文作詩相高。然舊日專爲科舉之學者疾之爲仇讎，若分爲兩途，互相詆譏。其作詩文者目舉子爲科舉之學，爲科舉之學者指文士爲任子弟，笑其不工科舉。殊不知國家初設科舉用四篇文字，本取全才，蓋賦以擇制誥之才；詩以取風騷之旨；策以究經濟之業；論以考識鑒之方。四者俱工，其人材爲何如也？而學者不知，狃於習俗，止力爲律、賦，至於詩、策、論俱不留心，其弊基於爲有司者止考賦，而不究詩、策、論也。吾嘗記故老云，泰和間，有司考詩賦已定去取，及讀策論，則止用筆點廟諱、御名，且數字數與塗注之多寡。有司如此，欲舉子輩專精難矣。南渡後，趙、楊諸公爲有司，方於策論中取人，故士風稍變，頗加意策論。又於詩賦中亦辨別讀書人才，以是文風稍振。然亦謗議紛紜。然每貢舉，非數公爲有司，則又如舊矣。

《金史》卷五一《選舉志・進士諸科》 章宗大定二十九年，上封事者乞興學校，推行三舍法，及鄉以八行貢春官，以設制舉宏詞。事下尚書省集百官議，户部尚書鄧儼等謂：三舍之法起於宋熙寧間，王安石罷詩賦，專尚經術。太學生初補外舍，無定員。由外陞内舍，限二百人。由内陞上舍，限百人。各治一經，每月考試，或特免解，或保舉補官。其法雖行，而多席勢力，尚趨走之弊，故蘇軾有三舍既興，貨賂公行之語，是以元祐間罷之，後雖復，而宣和三年竟廢。臣等謂立法貴乎可久，彼三舍之法委之學官選試，啓僥倖之門，不可爲法。唐文皇養士至八千人，亡宋兩學五千人，今策論、詞賦、經義三科取士，而太學所養止百六十人，外京府或至十人，天下僅及千人。今若每州設學，專除教授，月加考試，每舉所取數多者賞其學官。月試定爲三等籍之，一歲中頻在上等者優復之，不率教，行惡者黜之，庶幾得人之道也。又成周鄉舉里選法卒不可復，設科取士各隨其時。八行者乃亡宋取周禮之六行孝、友、睦、婣、任、恤，加之中、和爲八也。凡人之行莫大於孝廉，今已有舉孝廉之法，及民有才能德行者令縣官薦之。今制，犯十惡姦盜者不得應試，亦六德六行之遺意也。夫制舉宏詞，蓋天子待非常之士，若設此科，不限進士，并選人試之，中選擢之臺閣，則人自勉矣。上從其議。遂計州府户口，增養士之數，於大定舊制京府十七處千人之外，置節鎮、防禦州學六十處，增養千人，各設教授一員，選五舉終場或進士年五十以上者爲之。府學二十有四，學生九百五人。大興、開封、平陽、真定、東平府各六十人，太原、益都府各五十人，大定、河間、濟南、大名、京兆府各四十人，遼陽、彰德府各三十人，河中、慶陽、臨洮、河南府各二十五人，鳳翔、平涼、延安、咸平、廣寧、興中府各二十人。節鎮學三十九，共六百一十五人。絳、定、衛、懷、滄州各三十人，萊、密、潞、汾、冀、邢、兗州各二十五人，代、同、邠州各二十人，奉聖州十五人，餘二十三節鎮皆十人。防禦州學二十一，共二百三十五人。博、德、洛、棣、亳各十五人，餘十六州各十人。凡千八百人。

（元）蘇天爵《滋溪文稿》卷三《記·陝西鄉貢進士題名記》 陝西行中書省每三歲當貢士十三人，解額或弗充者，非主司之罪也。承事郎、儒學副提舉張君敏袌集八舉計偕之士勒名于石，以記文爲請。

昔我太宗皇帝平金之四年，干戈甫定，朝廷草創，即遣斷事官术虎乃、宣差山西東路，徵收課税所劉中巡行郡國，程試故金遺士，中選者復其家。蓋興文以爲治，儲材以待用，已造端于斯焉。世祖皇帝建號紀元，制禮作樂，典章文物於是乎備。屢詔臣下，訪求治經術、學孔孟之道者。至元十有一年，乃命儒臣文正竇公默、文獻姚公樞、文正許公衡、文康楊公恭懿集議貢舉，條目之詳，具載于策書。是時賢能衆多，治化熙洽，故弗果行。成宗、武宗屢以是形于詔旨，至于仁宗，念故老之日亡，嘆人材之不足，於是遹遵祖武，損益舊制，闢進士科，網羅賢俊。今三十餘年，而陝西鄉薦登第者共十九人。夫雍州山川高厚而深遠，其人質直而慎重，導之以善，易于興起。始者世祖之居潛藩，賜京兆以爲食邑，首徵許文正公典司教職，所以作新斯文，表帥多士。郡人楊文康公以奥學篤行，模範鄉邦，名聞天聰，徵入禁近，國有大政，謀猷是資。其後集賢蕭公𣂏、賛善同公恕，皆能敦守名檢，崇尚經術，迄今海内慕其風采。方延祐賓興之初，陝西省憲屢延蕭公、同公較其文藝，則是邦文獻源流之盛，師友問學之傳，豈他郡所能及哉。蓋木之生也，非雨露長養不足致其材，士之教養豈異于是。且百工之爲宫室器用，猶必資之規矩準繩，矧治天下者，可獨恃其材智所及，而不師法于古歟？此自昔國家隆庠序以育士，制科目以取材，非特以備觀美而已。

然而興學作人，今朝廷責成于風紀之司，天爵忝貳西臺，恒以弗克奉承明詔爲懼。茲因張君之請，謹述列聖設科取士之本而告之。士之服官政者，當思行其所學，堅其所守，夙夜無懈，力圖報稱，勿負國家求賢圖治之意，庶乎其可也。至正四年秋七月壬寅，中奉大夫、陝西諸道行御史臺侍御史蘇天爵記。

（元）蘇天爵《滋溪文稿》卷三《記·國子生試貢題名記》 至正五年春二月大比進士。知貢舉翰林學士歐陽玄，同知貢舉禮部尚書王沂，考試官崇文太監楊宗端、國子司業王思誠、翰林修撰余闕、太常博士李齊，監試御史實哥、趙時敏。於是國子積分生試者百二十人，中選者十有八人，將登名于石。天爵適長成均，進諸生而告曰：自昔國家崇庠序以育士，嚴選舉以取材，豈直觀美而已，蓋非學校不足致天下之才，非賢能不克成天下之治。故舜命契爲司徒，以敷五教；夔典樂，以教胄子。殆及成周，始有鄉舉里選之法。是則公卿貴胄之教養，凡民俊秀之賓興，豈不秩然而有叙歟。我世祖皇帝定一函夏，興造功業，而禮樂之文，賢良之選，蓋彬彬焉。乃以中統二年，命相臣許文正公爲國子師，而成均之教益隆。列聖承統，有光前烈，既增弟子之員，又進出身之階，而成均之制益備。天爵弱冠忝爲胄子，伏覩祖宗建學育才之美，先賢設教作士之方，潛心有年，始獲充貢。今列官于斯，而又深嘆其規模之宏遠，典型之尊嚴。夫明經所以脩身也，脩身所以致用也。士負才能，遭時見用，豈但庠序之光，朝廷實有賴焉。然則諸生學古入官，佩服國恩，尚思所以報稱之哉。是歲夏五月戊戌，集賢侍講學士、中奉大夫兼國子祭酒蘇天爵記。

（元）蘇天爵《滋溪文稿》卷四《記·燕南鄉貢進士題名記》 官署之有題名，重職守以謹遷次，推名氏以稽美惡，爲後來者勸也。進士始貢于鄉，未有設施而亦載名于石，蓋以觀文運之升降，考人材之崇卑，則於朝廷得賢敷治之盛益有徵焉。古之有國者儲才以爲世用，非事至而後圖之也，故盡攬天下之才，共成天下之務，否則世弗克濟者多矣。

我國家混一之初，取才宋、金之遺，不乏用也。治平既久，耆舊日亡，開設貢舉，網羅賢能，登崇治功，其爲後世慮不亦大歟。昔者皇慶之時，肇定鄉試之所，由兩都、十一行省、河山之東二宣慰司，及真定、東平共十有七。其貢士之制，三年大比，度郡縣之遠近，驗户版之多寡，凡國士、諸國士、漢士、南士各七十五，合三百人。拔其文學之尤者，取百人焉。其試於真定者，河間、保定、順德、廣平、大名、彰德、衛輝、懷慶九路，取合格者二十有一，國士，諸國士各五，漢士十一。其始也，或闔郡不薦一人，今則應書之士幾六百人，是可尚已。然則諸君子盍亦深思國家設科之本歟，非第求其文辭之工，惟願得人以爲治也。故詢于所居之鄉，則欲知其孝弟信義之行；問其所治之經，則欲考其道德性命之學；

試之以應用之文，則可見其才華之敏；策之以當時之務，則可察其治世所長。他日立於朝廷，仕于縣郡，大則謀王體斷國論，次則治民事決獄訟，夫如是何患人才之不足，天下之不治乎。或者竊聞時政之所尚，掇拾貢舉之緒餘，鑿經傳以傅世好，刺邪説以阿主司，豈國家取賢斂才備治具之意耶。且昔之爲文者，命于氣，立于志，成于學者也，覽者獨不可以知其人之所存乎。宋嘉祐中，歐陽文忠公典貢舉，所取之士，文章如蘇、曾，道德如程、張，皆于是舉得之。一時所尚詭異之辭，痛裁抑之。然則士之不可趨時好也明矣。

今燕南諸郡列居中土，皆古聖賢過化之地，禮樂政教所由出也。賢才所由以生，四方以爲則效者也。當漢、唐、宋、金之世，文武將相之儲，經術詞章之粹，皆于斯而取焉。矧今國家治化涵濡之久，山川清明之藴，庠序教養之隆，則賢能之興，又豈近代所可及歟。故自延祐以來，燕南賓興之士廷對賜及第者三人，省試擢置倫魁者三人，亦可謂之盛矣。雖然無所待而興者，豪傑之士也，其餘則亦不能無所勸焉。兹題名記所由立也。真定郡教授郭鵬搏，學正、録趙應辰、李時中，考求累舉鄉貢姓名，載之于石，屬予記之。間嘗伏讀科舉初詔，有曰：經明行脩，庶得真儒之用；風移俗易，益臻至治之隆。夫士不至於真儒，治不本於學術，則先王發政施仁之實何以及于天下乎。嗚呼，士之懷材抱藝出應有司之選，當窮經脩身，施於有政，弗專事於空言，庶不負朝廷求才圖治之美，及郡學官表名樹石之意哉。

（元）蘇天爵《滋溪文稿》卷四《記·金進士蓋公墓記》 故金進士蓋公之墓，在真定路真定縣新市鄉新城鎮之北原，墓前列石翁仲四。按《登科記》：大定二十二年三月二十日集英殿放進士七十六人，第一甲三人，第二甲七人，第三甲六十七人。其第一甲第一人遼陽張甫。第三甲第四人則蓋公也。諱侁，字子威，不知剔歷何官。今里人第呼爲縣令。豈治民有聲，故流傳於後世歟。新城本漢盧奴之南天平城，以其隔滋、派二水，置縣立市交易，故名新市，初隸中山。晋氏南遷，遂廢。唐初、五代，嘗一復之。其後又廢。至宋，始改新城。蓋氏不知其所由徙，兵後子孫流落他邦，墓皆荒廢不治。予先世墳墓在新城南一里。至正八年，天爵奉敕爲先參政郡公樹碑，乃帥里中父老趙某、麗某、劉某、張某亦爲蓋公侯治其墓，仍建石以表之。

夫自三代鄉舉里選之法廢，隋唐皆設科目，以詞賦取士，名卿碩輔往往由是途出。金之制度，大抵多襲遼舊。得人之多寡，致治之汙隆，係乎法制教養，有踈密小大之不同焉。是歲考士之法，以《天地無私覆載》爲賦，《發倉賑乏餒》爲詩，《正心以正朝廷》爲論。中選之士若武簡如趙渢、周昂、趙文昌、武都、蕭貢、孟奎、孫椿年、楊庭秀、路元皆有名，蓋公、昂椿年俱真定人也。昂尤知名，嘗爲監察御史、户部郎官。其父伯禄，大定五年進士，卒刑部郎官，墓在真定縣南仰陵原，事具中都轉運使王寂所述墓銘可考。然在朝者姓名顯而彰，居郡縣者事迹多無所見。方大定之世，中國富康，年穀豐衍，民至以小堯舜誦其君，則一時治效可覩矣。其爲守令者，豈僥倖苟且之徒所能得哉。觀夫世宗初年，守循良者陞之，貪汙者誅之，詢試詳密，賞罰嚴明，其致治之盛，感民之深，豈偶然歟。蓋公之殁，今一百五十餘年，而里人猶以縣令稱之，則當時能官可知矣。又案《泰和令》：諸塋儀，一品官石人四事，石虎石羊石柱各二事。二品、三品減石人二事，四品、五品又減石柱二事。今以蓋公石儀攷之，則暮年遷官不止縣令而已。

嗚呼，秦漢以降，中原兵難相尋，雖以聖賢陵寢、將相王公丘墓，湮没弗治者多矣，可勝嘆乎。然予惓惓于蓋公之墓者，以鄉先生故也。父老相傳，有石某者，與蓋公同試省闈被黜。夫數家之里，一歲被薦者二人，可見承平文教之盛也。予嘗讀金野史，世宗時近侍有請廢科舉者。上召太史張浩問曰：自古人君有不用文士者乎？曰：有。曰：何人也？曰：秦始皇。世宗怫然怒曰：豈可使朕效秦始皇所爲乎。由是科舉得不廢。蓋世宗之明，張浩敷陳之力也。且古者國家建置官儀，施設號令，必得賢才乃能奉行。然人才之生，何世何地無之。是以設爲學校、貢舉，教養選取，使人人讀書脩身，習爲孝弟忠信之行，興起禮義廉恥之俗，其于治化誠非小補，或者必欲廢之，何哉？因記蓋公之墓，感而爲之書。

（元）陶宗儀《南村輟耕録》卷一《科舉》 皇慶癸丑冬十一月，詔曰：其以皇慶三年八月天下郡縣，興其賢者能者，充賦有司。明年二月，會試京師，中選者朕將親策焉。按遺山元公好問所撰廉訪使楊文憲公奂墓碑云：太宗即位之十年戊戌，開舉選，特詔宣德課税使劉公用之，試諸道進士。公試東平兩中賦論第一，奏授河南路徵收課税所長官、兼廉訪使。則國朝科舉之設，已肇於此。寥寥七十餘年，而普顏篤皇帝克不墜祖宗之令典，尊號曰仁，不亦宜乎。初焉試論賦，蓋反宋金餘習，後則一以經學爲本，非復向時比矣。

《元史》卷三四《文宗紀》〔至順元年十二月〕己酉，以董仲舒從祀孔子廟，位列七十子之下。國子生積分及等者，省、臺、集賢院、奎章閣官同考試，中式者以等第試官，不中者復入學肄業。

《元史》卷四一《順帝紀》〔至正三年〕三月壬申，造鹿頂殿。監察御史成遵等言：可用終場下第舉人充學正、山長，國學生會試不中者，與終場舉人同。

《元史》卷四五《順帝紀》〔至正二十年春正月〕乙卯，會試舉人，知貢舉平章政事八都麻失里、同知貢舉翰林學士承旨李好文、禮部尚書許從宗、考試官國子祭酒張翥、同考官太常博士傅亨等奏：舊例，各處鄉試舉人，三年一次，取三百名，會試取一百名。今歲鄉試所取，比前數少，止有八十八名，會試三分内取一分，合取三十名，如於三十名外，添取五名爲宜。從之。

（清）孫承澤《元朝典故編年考》卷七《太學貢試之法》 泰定三年，更積分而爲貢舉，並依世祖舊制。其貢試之法，從監學所擬，大概與前法畧同，而防閑少加嚴密焉。其本學正録各二員，司樂一員，典籍二員，管勾一員，及侍儀舍人舊例舉積分生員充之。後以積分既革，於上齋舉年三十以上學行堪範後學者爲正録，通曉音律學業優贍者爲司樂，幹局通敏者爲典籍、管勾，其侍儀舍人於上中齋舉禮儀習熟、音吐洪暢、曾掌春秋釋奠、每月告朔明、贊衆與其能者充之。

薦舉

論説

（元）王惲《秋澗集》卷九〇《便民三十五事·議保舉》 夫親民之官，守令爲急。竊惟選法自近年大壞後，府、州、司、縣官例多阿權通賄，僥倖而得，其南選尤濫，至目之曰海放，此等賢否，不較可知。庸懦者因循苟且，奔走承奉外，政務盡廢；小材者視時所尚，營治己私，略不以官事爲念。爰自新政以來，外望雖聳，根源舊弊依前，未除易舊而新，今雖汰冗濫，選材能，然一或譽之則爲賢，一或毁之則爲否，是非惑亂，終無所憑。莫若將素有聲迹、資品實至者，令三品官入狀舉保，量短長之材，授小大之任。然後明察臧否，精覈殿最，得人者行進賢之賞，謬舉者坐不當之罰。舉官自然精詳，受保者惟恐有累。如此則官得其人，庶事修舉。昔周世宗令除目，仍署舉者姓名，若貪穢敗官，並當連坐。亡金正大間亦行此法，當時號稱得人。方今教養無素，科舉未行，權宜矯弊，似爲良法。

（元）張養浩《為政忠告·風憲忠告·薦舉第六》 夫士有公天下之心，然後能舉天下之賢。蓋天下之事，非一人所能周知，亦非一人所能獨成，必兼收博采，治理可望焉。故前輩謂報國莫如薦賢，真知要之言哉。今夫富者之於家，有田焉，必求良農使之耕；有貨焉，必求能商使之賈；有牛羊焉，必求善豢者使之牧。何則？蓋彼拳拳於治家，故不得不求其人也。況受天下之寄，任天下之責者，乃不知求天下才共治之，豈其智之不若彼富者哉？由其爲國之心未嘗如其爲家之心之切故也。於此有人焉，廉而且幹，雖有不共戴天之仇，公論之下亦不得而掩焉。苟非其人，雖骨肉之親，公論之下亦不得而私焉。世常謂風憲非親不保，非仇不彈；又有身爲憲佐，風御史薦已就陞者。嗚呼，委以黜陟百官之權，授以儀表百司之職，乃不思報效，惟假之以行己私，人則受其欺矣，天地鬼神其受欺乎？大抵求而後舉，不若不求而舉之；爲公識而後薦，不若采之輿議之爲博。夫己不求賢，必使人之求己者，皆非也。蓋求則不必舉，舉則不必識矣。故古人有聞而舉者，有見而舉者，有舉仇者，有舉親者，有集爲簿者，有拜其剡者，有書之夾袋者，雖其舉不一，要極於公當無私而已。於戲，誠如是，則爲相爲風憲者安有臨事乏才之嘆。

（明）楊士奇等《歷代名臣奏議》卷六七《治道》 一、求賢治天下無他道，得人而已矣。《詩》曰：得賢則能爲邦家立太平之基。《書》曰：野無遺賢，萬邦咸寧。自古及今，國家之興廢，世祚之長短，係乎君子小人之分。用君子必治，用小人必亂，不待縷數詳陳，雖三尺之童，亦知此語也。

欽覩明詔，有德行才能不求聞達者，具以名聞。上意非不勤也，未有一山澤之賢，布韋之士，得進於朝廷者，豈四海之廣盡無其人耶？天之生才，代不乏絶，何嘗借才於異代？不患無才，所患求之之道未至耳。待其自求而後用之，求進者必非佳士。其有異才者，必不肯自鬻其身也。混一以來，中外薦舉，紛奏迭章。而取好人之使，接踵交驛，類皆猥瑣齷齪之輩，次則庸醫繆卜及行符水、售妖術之流耳，未見得一真好人也。古語云：達視其所舉。又云：惟賢知賢。薦引者己非好人，安能識一真好人耶？况賢才之生，散在四方。古今大賢，多產於遐陬僻壤之地，出於閭閻寒素之家，雖明君哲輔不能周知，豈嵓廊之內，跬步之間，所能盡天下之賢？今朝廷選人，省部臺院互相推舉，見任者既罷，前廢者復起。往來除授，不出眼前數輩而已。使皆賢也，尚不足以舉政，况未必皆賢耶。既不取人於寒微，又不歷試其能否，數年之後，舊人已死，來者又皆不經事之少年，無仁賢則國空虛，識者之所甚憂也。

唐太宗征高麗，得薛仁貴。謂曰：諸將皆老，思得新進用之，不喜得遼東，喜得卿也。蓋天下之才猶水焉，浚導其源而疏通其滯，則取之不竭，未見其窮也。三代漢唐以來，有鄉舉、里選，有孝廉科、賢良方正科、進士科、武士科，又有任子軍功之例，進取之途，非一端也。廣以取之，而後精以擇之，則賢否判然矣。故賢者於此時不求而自至，非樂於求進也，乃耻於明時不見用也。當今既無廣取之科，又無精選之法，取人於吏，他無進身之階。海宇之中，山林之下，懷瑾握瑜，韞匱自珍者，甚不少也。如郡縣之吏，或以市井小輩，或以僕御賤夫，皆頑頓亡耻之徒，技止於刀筆，力困於期程。彼磊落之才，必不肯屑就明矣。如朝中小吏，若非達官之瓜葛，即是見役之梯引，争附炎門，自同輿皂，皆游惰無知之子耳。或有生脚而至者，以文學結交，決難投合；非禮物贄見，何足動人？又豈貧者之所能辦？彼有志之士，必不肯苟合亦明矣。

昔田千秋一言寤主，即登侯相；鄭然明一言見知，便獲賞識。古今際遇，往往皆然。若必待肥羊美酒以爲先容，幣帛筐篚以將其厚意，則千秋老死於郎官，然明終役於堂下而已耳。仲弓問政，孔子答以舉賢才。又問：焉知賢才而舉之？曰：舉爾所知。爾所不知，人其舍諸。蓋四方之賢，有得於所見，有得於所聞，有得於人之所見所聞。其所知者有限，所不知者無窮。取在取人之知以爲己知，非爲平生歡半面雅，而後謂之所知也。

今朝廷上下，不問何人爲賢，不知賢爲何物，但以巧令迎合，即爲精細；以勤奔走，善枝梧，即爲了得；以久出門下包苴追往，即爲知識好人。所知者止此，所舉者亦止此。而使此流皆得以居官治民，祇見人才日少，政事日乖，紀綱日壞，不可得而復整矣。使一路一縣一衙門之內，止得一真賢委而用之，何政不舉，何事不辦？不浚其源而澄其流，不端其表而正其影，雖日夜紛更，徒勞無益也。宜令各道廉訪司、隨路文資官採訪遺逸，無問已仕未仕、見仕在閒，但德行可取，才能足稱，卓然爲鄉里所敬及郡邑有聲者，不限員數，具以名聞，待以不次之擢，任以繁要之職；兼內外臺設監察御史五十餘員，各令歲舉一人，重責執結，如大失舉，甘當罷職不叙，必然不肯徇情容私，以自貽身禍也。賢者遭時，喜於自效；朝廷得人，足以分憂。古者明良相逢之盛，復見於今日矣。

綜述

《遼史》卷一三《聖宗紀》〔統和十二年〕十一月戊申朔，行再生禮。鐵驪來貢。詔諸部所俘宋人有官吏儒生抱器能者，諸道軍有勇健者，具以名聞。

《金史》卷五四《選舉志・薦舉》 舉薦。大定二年，詔隨朝六品、外路五品以上官，各舉廉能官一員。三年，定制，若察得所舉相同者，即議旌除。若聲跡穢濫，所舉官約量降罰。

九年，上曰：朕思得忠廉之臣，與之共治，故嘗命五品以上各舉所知，於今數年矣。以天下之大，豈無其人，由在上者知而不舉也。參知政事魏子平奏曰：可令當舉官者，每任須舉一人，視其當否以爲旌賞。上曰：一任舉一人，則人材或難，恐涉於濫。又少有所犯則罪舉者，故人益畏而不敢舉。宋國被舉之官有犯罪者，所舉官雖宰執亦不免降黜，若有能名，則被遷賞。且人情始慕進，故多廉慎，既得任用，或失所守。宰執自掌黜陟之權，豈可因所舉而置罪耶。左丞相紇石列良弼曰：已申前令，命舉之矣。

十年，上曰：舉人之法，若定三品官當舉幾人，是使小官皆諂媚於上也。惟任滿詢察前政，則得人矣。

十一年，上謂宰臣曰：昨觀貼黄，五品以下官多闕，而難於得人。凡三品以上，朕則自知，五品以下，不能盡識，卿等曾無一言見舉者。國家之務，朕豈能獨盡哉。蓋嘗思之，欲畫久安之計，興百姓之利，而無良輔佐，雖有所行皆尋常事耳。

十九年，時朝廷既取民所譽望之官而升遷之，後，上以隨路之民赴都舉請者，往往無廉能之實，多爲所使而來沽名者，不須舉行。

章宗大定二十九年，上以選舉十事，命奉御合魯諭尚書省定擬。

其一曰：舊格，進士、軍功最高，尚且初除丞簿，第五任縣令升正七品，兩任正七品升六品，三任六品升從五品，兩任從五升正五品，正五三任而後升刺史，計四十餘年始得至刺史也，其他資格出職者可知矣。拘於資格之滯，至於如此。其令提刑司採訪可用之才，減資考而用之，庶使可用者不至衰老。省臣遂擬，凡三任升者減爲兩任，於此資歷内，遇各品闕多，則於第二任未滿人内，選人材、苦辛可以超用者，及外路提刑司所採訪者，升擢之。

其二曰：舊格，隨朝苦辛驗資考陞除者，任滿回日而復降之。如正七滿回降除從七品，從五品回降爲六品之類。今若其人果才能，可爲免降。尚書吏部遂擬，今隨朝考滿，遷除外路五品以下職事，并應驗考次職滿有才能者，以本官任滿已前十五月以上、二十月以内，察訪保結呈省。

其三曰：隨路提刑所訪廉能之官，就令定其堪任職事，從宜遷注。

其四曰：從來宰相不得與求仕官相見，如此何由知天下人材優劣。其許相見，以訪才能。尚書刑部謂，在制，求仕官不得於私第謁見達官，違者追一官降等奏除。若有求請餽遺，則以奏聞，仍委御史糾察。上遂命削此制。

其五曰：舊時，臣下雖知親友有可用者，皆欲遠嫌而不引薦。古者舉賢不避親讎，如祁奚舉讎，仁傑舉子，崔祐甫除吏八百皆親故也。其令五品以上官，各舉所知幾人，違者加以蔽賢之罪。吏部議，内外五品以上職事官，每歲保廉能官一人。外路五品、隨朝六品願舉者聽。若不如所舉者，各約量降罰。今擬賢而不舉者，亦當約量降罰。

其六曰：前代官到任之後，即舉可自代者，其令自今五品以上官，舉自代以備交承。吏部按《唐會要》，建中元年赦文，文武常參官外，節度、觀察、防禦、軍使、刺史、赤令、畿令、并七品以上清官、大理司直評事，受命之三日，於四方館上表，讓一人以自代，外官則馳驛奏聞。表付中書門下，每官闕即以所舉多者量授。今擬内外官五品以上到任，須舉所知才行官一員以自代。太傅、丞相、平章謂，自古人材難得，若令舉以自代，恐濫而不得實材。參政謂，自代非謂即令代其人也，止類姓名，取所舉多者約量授之爾，此蓋舜官相讓，《周官》推賢之遺意。上以參政所言與吏部同，從之。

其七曰：隨朝、外路長官，一任之内足知僚屬之能否，每任可令舉幾人。吏部擬，今内外五品以上職事官長，於僚屬内須舉才能官一人，數外舉者聽。

其八曰：人才隨色有之，監臨諸物料及草澤隱逸之士，不無人材，宜薦舉用之。吏部擬，監臨諸物料内，以外路五品、隨朝六品以上，舉廉能者，直言所長，移文轉申省，差官察訪得實，隨材任使。草澤隱逸，當遍下司縣，以提刑司察訪呈省。隨色人材，令内外五品以上職官薦之。

其九曰：親軍出職，内有尤長武藝、勇敢過人者，其令内外官舉、提刑司察，如資考高者，可參注沿邊刺史、同知、縣令。吏部擬，若依本格資歷，恐妨才能，若舉察得實者，依本格減一資歷擬注。尚書省擬，依旨升品擬注。

其十曰：内外官所薦人材，即依所舉試之，委提刑司採訪虚實，若果能稱職，更加遷擢，如或碌碌，即送常調。古者進賢受上賞，進不肖有罰，其立定賞罰條格，庶使人不敢徇私也。省臣議，隨款各欲舉人，則一人内所舉不下五七人。自古知人爲難，人材亦自難得，限數多則猥避責罰，務苟簡，不副聖主求賢之意。擬以前項各款，隨色能舉一人，即充歲舉之數。如此則不濫，而實材得矣。每歲貢人數，尚書省覆察相同，則置簿籍之，如有闕則當隨材奏擬。

明昌元年，勅齊民之中有德行才能者，司縣舉之，特賜同四舉五舉人下。明昌元年，制如所舉碌碌無過人跡者，元舉官依例治罪。

宣宗興定元年，令隨朝七品、外路六品以上職事官，舉正七品以下職事官年未六十、不犯贓、堪任使者一人。

三年，定辟舉縣令制。稱職，則元舉官減一資歷。中平，約量陞除。不稱，罰俸一月。犯免官，免所居官。及官當私罪解任、杖罪、贓汚者，約量降除。汚贓至徒以上及除名者，一任不理資考。三品以上舉縣令，稱職者約量升除，不稱奪俸一月。若被舉者犯免官等罪，奪俸兩月。贓汚至徒以上及除名者，奪俸三月。獄成，而會赦原者，亦原之。

五年，制辟舉縣令考平者，元舉者不得復舉，他人舉之者聽。又舊制，保舉縣令秩滿之後，以六事論升降，三事以下減一資歷，四事減兩資歷，六事皆備則升職一等。既而御史張升卿言：進士中下甲及第人、及監官至明威當入縣丞主簿，而三事以下減一資歷注下令，四事減注中令，令皆七品也，若復八品矣。輕重相戾，宜更定之。遂定制，自今四事以下如前條，六事完者，進士中下甲及第、監官當入縣丞主簿人，減三資歷，注上令。餘出身者亦同此。任二十月以上，雖未秩滿，若以理去官，六事之跡已經覆察，論升如秩滿例。

五年，以舉官或私其親、或徇於請求、或謬於鑒裁而妄舉，數歲之間以濫去者九十餘人，乃罷辟舉縣令之制。

至哀宗正大元年，乃立法，命監察御史、司農司官，先訪察隨朝七品、外路六品以上官，清慎明潔可爲舉主者，然後移文使舉所知，仍以六事課殿最，而升黜舉主。故舉主既爲之盡心，而被舉者亦爲之盡力。是時雖迫危亡，而縣令號爲得人，由作法有足取云。

（清）嵇璜等《續通典》卷二一《選舉・雜議論中》　金世宗大定初，每季選人，至吏部托以檢閱舊籍謂之檢卷，有留滯至後季尚不得去者。高衎三爲吏部，知其弊，及授尚書，歲餘銓事修理，選人便之。十九年九月，命各道提刑按察司舉廉能吏加等遷叙。監察御史魏初曰：舊制常參官諸州刺史上任三月舉一人自代，況風紀之職與常員異，請自今監察御史按察使官在任一歲各舉一人自代，所不當有罰，不惟砥礪風節，亦可爲國得人。章宗明昌初，上封事者乞鄉以八行貢春官，及設制舉宏詞。事下尚書省，集百官議。户部尚書鄧儼等謂：成周鄉舉里選法，卒不可復，設科取士各隨其時。八行者，乃亡宋取周禮之六行孝友睦婣任恤，加之以中和爲八也。凡人之行，莫大於孝廉，今已有舉孝廉之法，及民有才能德行者令縣官薦之，犯十惡姦盜者不得應試，亦六德六行之遺意也。夫制舉宏詞，盖天子待非常之士，若設此科，不限進士并選人試之，中選擢之臺閣，則人自勉矣。從之。於是設賢良方正、能直言極諫、博學宏材、達於學政等科，聽内外文武六品以下職官無公私過者從内外五品以上薦，於所屬詔試之。若草澤士德行爲鄉里所服者，則從府州薦之。三年，平章政事完顔守貞言：經童之科，非古制也。自唐諸道表薦，或取五人或十人，近代宋仁宗以爲無補，罷之。本朝皇統間，取及五十人，因以爲常。天德時，或廢。今復置。取輒以百數，恐久積多，不勝銓，擬乞約取之。帝曰：若所誦皆及格如何？守貞曰：視幼最誦而不訛者精選之，則數亦不多也。復問參知政事胥。持國對曰：所誦通否易見，豈容其濫。帝曰：限以三十或四十人，若百人皆通，亦可復取其精者。持國曰：是科盖資教之術耳，夫幼習其文，長玩其義，使之涖政，人才出焉。如中選者加之修習進士舉業，則所記皆得爲用，臣謂可勿令遽登仕途，必習舉業而後官之，若能擢進士第，自同進士任用。如中府薦，或會試視其次數，優其等級，幾舉不得薦者，從本科出身，似可以激勸而得人矣。時又特賜棣州孝子劉瑜、錦州孝子劉慶祐絹粟，旌其門閭，復其身，因問宰臣從來孝義之人曾官使者幾何。守貞以世宗時劉政對，且言若輩多淳質不及事。帝曰：豈必盡然，孝義之人素行已備，稍可用即當用之，後雖有希覬作偽者，然偽爲孝義猶不失爲善，其檢勘前後所申，有可用者具以聞。八月，有司奏寧海州文登縣王震孝行，以嘗業進士并試其文，特賜同進士出身，仍注教職一等職任。十一月，尚書省奏益都府舉王樞事親至孝，兼博學善書，特賜同進士出身，附王澤榜。宣宗貞祐四年三月，監察御史完顔素蘭言：臣近被命體問外路官廉幹者，擬以差遣，若懦弱不公者，罷之，具中朝廷，別議擬注。臣伏念彼懦弱不公之人，雖令罷去，不過止以待闕者代之，其能否又未可知，或反不及前官，盖徒有選賢之虛名，而無得人之實跡。古語云：縣令非其人，百姓受其殃。今若後官更劣則爲患滋甚，豈朝廷恤民之意哉。夫守令，治之本也。乞命隨朝七品、外路六品以上官，各舉堪充司縣長官者，仍明著舉官姓名，他日察其能否，同定賞罰，庶幾其可。乃詔隨朝七品、外路六品以上官二歲舉縣令一人。時御史中丞李英又言：兵興以来，百務皆弛，其要在於激濁揚清，獎進人才耳。近来改定四善十七最之法，徒爲虚文，大定間數遣使，分道考察廉能，當時號爲得人，願改前日徒設之文，遵大定已試之效，庶幾人人自勵，以爲國家用。從之。興定二年，賜經義進士王彪等十三人及第。時謂宰臣曰：從来廷試進士，日晡後即遣出宫，恐文思遲者不得盡其才，令待至暮時。及覽彪程文，愛其詞藻，咨嗟久之。至五年三月，省試經義進士，考官於常格外多放喬松等十餘人，有司奏請駁放，帝以旱傷和氣不許。按李世弼《金登科記序略》曰：金天會改元，始設科舉，有詞賦、有經義、有同進士、有同三傳、有同學究，凡五等。詞賦初以經傳子史内出題，次又令逐年改一經，亦許注内出題，以《詩》《書》《易》《禮》《春秋》爲次，循遼舊也。天眷三年，於析津府試。天德三年，始親試於兩京。貞元二年，遷都於燕，自後止試於析津府。正隆二年，以五經三史正文内出題。明昌二年，改令五經子史内出題，仍與本傳，此詞賦之大略也。經義初試於真定府，所放號七十二賢榜，後及蔚州、析津，令《易》《書》《詩》《禮》《春秋》專治一經内出題。蓋循宋舊。天德三年，罷。此經義之大略也。天眷三年，令大河以南別開舉場，謂之南選。貞元三年，遷都，遂合南北，通試於燕。正隆二年，令每二年一開科，立定程限日月，更不擇日，府試初分六路，次九路，後十路，此日月路分格也。天德二年，詔舉人鄉、府、省、御四試中第。明昌三年，罷去御試，止三試中第。府試五人取一，依大定例，不過五百人，後以舉人漸多，會試四人取一，得者常不下八九百人，御試取奏旨，此場數人數格也。天眷三年，析津放第於廣陽門西一僧寺唱名，遷都後於宣陽門唱名，後爲定例，此唱名之格也。明昌初，五舉終場人，直赴御試，不中者別作恩榜，賜同進士出身。會元御試不中者，榜末安插。府元被黜者，許来舉直赴部。又貞祐三年，終場人年五十以上者，即行該恩，此該恩之格也。大定三年，孟宗獻四元登第，特授奉直大夫，第二、第三人授儒林郎，餘皆從仕郎，後不爲例。明昌間，以及第者多，第一甲取五六人，狀元授十一官，第二人授九官，餘皆授三官，此授官之格也。進士第一授丞簿軍防判，第二授縣令，此除授之格也。《五朝文獻通考》曰：金進士之制特重，而諸紀中於廷試事多闕而不書，孫承澤《春明夢餘録》《友學典》惟載李世弼一序，而其言與《金史》頗有異同，未知孰是。而特賜人姓氏之可見者，天德前蘇保衡以宗衡薦賜進士出身，天德中曹望之以户部郎中特賜進士及第，世宗朝則有完顔匡以太孫侍讀試進士不中賜及第，章宗朝則有胡光謙、游總、孔端甫、魏汝翼、劉震亨、崔秉仁、翟駒、齊文乙、孫可久、陳信仁、董戣、李天祺、康晉侯、時琦、劉摯升、傅礪、趙摯、田扈方、張介然、李貞固等，並以學行舉光謙、端甫、汝翼、介然賜進士及第，餘俱賜同進士出身。宣宗興定五年，康琚以林州行元帥府經歷官乞赴廷試，賜進士及第。哀宗天興二年，王輔以下十六人並以終場賜進士出身。若海陵時，孫梅以貴妃唐古鼎格家奴賜進士及第，則濫甚矣。

《元典章》卷二《聖政·舉賢才》 至元十三年二月，平定江南詔書内一款：前代聖賢之後，高尚僧、道、儒、醫、卜筮，通曉天文曆數并山林隱逸名士，仰所在官司具實以聞。

至元十三年　月　日，欽奉詔書内一款節該：亡宋歸附有功官員并才德可用之士，窮居無力、不能自達者，所在官司開具實跡，行移按察司體覆相同，申臺呈省，以憑録用。

至元二十八年三月，欽奉詔書内一款節該：廉幹人員，不肯賄賂權臣，隱晦不仕，在近知名者，尚書省就便選用。在外居住者，所在官司以名薦舉。

大德九年六月，寬恩詔書内一款：天下之大，不可亡治，擇人乃先務者也。仰御史臺、翰林（院）國史院、集賢院、六部，於五品以上諸色人内，各舉廉能識治體者三人已上，行省、行臺、宣慰司、肅政廉訪司各舉五人。務要皆得實材，毋但具數而已。

皇慶二年　月，（須）〔頒〕行科舉條制：見儒教類。

延祐七年十一月，欽奉至治改元詔書内一款：比歲設立科舉，以取人材，尚慮高尚之士晦迹丘園，無從可致。各處其有隱居行義、才德高邁、深明治道、不求聞達者，所在長官具姓名行實，牒報本道廉訪司（復）〔覆〕察相同，申臺呈省，聞奏録用。

《元典章》卷九《吏部·官制·軍官依例保舉》 皇慶元年二月，行臺准御史臺咨，樞密院咨，至大四年閏七月二十日奏，皇帝登寶位，開了詔書，凡事從新拯治，依著世祖皇帝聖旨行時分省得的題奏有。做官的人每事故了呵，他每替頭裏，交他每嫡長子行者。嫡長子没了呵，嫡長孫行者。嫡長孫没了呵，交長孫的嫡長子行者。若嫡長孫俱無呵，應做的弟兄内交行者。麽道，世祖皇帝立定體例來。近年以來，軍官每並奥魯官亦將嫡長子，長孫不肯依例保舉，覥面皮，將妻妾兒男並不應的弟兄每根底偏向著，亂行保舉上頭，時急不能完備，相争七八年間，消乏了他每氣力，緣故是這般有。如今，從新整治時分，今後不依著世祖皇帝定制，行省地裏要了肚皮，覥面皮，有體例人不行保舉，却將不應的人亂行保舉的官吏每根底，交監察、廉訪司察知呵，罷了勾當，重要罪過呵，怎生。議定來。奏呵，奉聖旨，那般者。欽此。咨請欽依施行。

《通制條格》卷六《選舉·舉保》 至元十三年閏三月，御史臺欽奉聖旨條畫節該：諸官吏若有廉能公正者，委監察體察得實，具姓名聞奏。隨路州縣若有德行才能可以從政者，保申提刑按察司再行訪察得實，申臺呈省。欽此。憲臺議得：今後保薦人材，皆須直言所長，務要名行相副。如自州縣舉保，從本屬總管上司牒委正官復察相同，移文按察司委官體訪。如有按察司舉明者，舉官訪察得實，移文本司別委正官復察相同，各開著明實跡，前後保察官員職名，保結申臺。若保舉職官，亦仰依上復察在任爲政各各實跡，保結開申。所保不當，罪及保官。

大德玖年六月，欽奉詔書内一款：孝子順孫曾經旌表有才堪從政者，保結申明，量材任用。

大德十一年十一月，御史臺會驗欽奉聖旨條畫節該：諸官吏若有廉能公正者，委監察體察得實，具姓名聞奏。隨路州縣若有德行才能可以從政者，保申提刑按察司再行訪察得實，申臺呈省。欽此。先爲所保人員泛無實跡，議得：風憲之職，責任尤重，苟非其人，不可妄舉。今後但有薦舉人員，須要從公明白開寫五事，廉能異政，各各實跡，及舉察官姓名申呈。

至元二十一年五月，御史臺照得欽奉聖旨條畫内一款：諸官吏若有廉能公正者，委監察體察得實，具姓名聞奏。欽此。即不曾許監察等官擅行公文於諸衙門保人委用。近年以來，内外臺監察御史每有保舉人員，多不呈臺，但移文各道按察司並諸衙門録用。蓋自恃其勢可以必行，名曰公文，實則私意，即與陰相囑託無異。今後凡保舉官吏及草澤之士，並須指陳實跡呈臺定奪，不得擅行公文於各道提刑按察司及諸衙門保舉委用，其諸衙門亦不得承受。所貴公道開明，仕途清肅，無倚公濟私之弊。

至元二十七年十二月，尚書省會驗：外路諸衙門凡有稽違公務，必須差官催問。近年以來所委人員多不奉公，下程便與時望官員和氣相結，營幹私己勾當，臨迴索要保舉文字，不惟事轉遲留，實有傷於大體。今後凡有差官催問，取勘勾當，着緊辨集，無得似前保舉。若差出人員果有勤幹實跡，朝廷自有區處。

至元三十一年正月，中書省吏部呈：近年以來行省宣慰司内外諸衙門將未考滿令譯史人等，並受行省宣慰司劄付根脚淺短州縣諸職管官擬注窠缺，舉保陞用。看詳今後缺官，省部銓選自有季報照勘銓注，各衙門例合保用者亦須保選相應人員，如違嚴加究治。都省准擬。

大德八年五月，中書省御史臺備：監察御史呈，自阿合馬、桑哥、賽梁輩相繼秉政貳拾餘載，輕用官爵，重貪貨財，濫放冗員，沮壞選法，奸邪得位，貪殘牧民，遂爲天下無窮之害。大德七年二月更新之後，聞各處行省宣慰元帥等官，復用白狀公文泛濫保人。此途一啓，倖門捷徑，不可復窒。若不力塞弊源，恐政綱隳紊，濫選横流，其患不可勝言也。吏部議得，銓注官員，所宜遴選，白狀保用，焉得其人，如准所言，誠爲允當。都省准擬。

（元）劉孟琛《南臺備要·保舉官員蒙古色目漢人相參覆察》 至元六年三月，准御史臺咨，據監察御史呈：嘗謂立法任人，乃爲政之本；賞善罰惡，實風憲之綱。蓋任人非難，而知人爲難，立法非難，而守法爲難，故善惡分，則人人知勸；賢才進，則治具畢張。會驗到至元三年十二月十一日，憲臺奏過事内一件，監察御史言，節該路府州縣所任之職，猶且懲勵勤怠，考覈臧否，以憑黜陟，以嚴遴選。況風憲之官，爲郡縣之儀刑，寄朝廷之耳目，彰善癉惡，賞功罰罪，悉皆委之，所用之人，尤當慎選。得其人，則維持風紀，匡輔治化；非其人，則斁壞憲綱，撓亂國政。故凡擇之必精，用之必當，職務因而脩舉，紀綱由是振揚，苟非其才，輕於委用，彼自狼藉，人誰懼服，何以表率諸司，按臨郡邑。使有司之中，雖有善者，亦莫能伸其才志，而爲惡者愈得肆其貪邪，其於治道恐有未便。以此參詳，今後已膺風憲官每，行巡監察御史體覆得聲蹟不佳，闒於大體者，依例黜退。凡保舉所居，風憲有司之官，必須開寫任内行過，著明實跡，元舉覆察官姓名。其在京官員，曾任有司者，一體舉察。如未任有司官，止許從實結罪，舉其始末歷仕行止，廉慎行能可取，衆所推服者，以憑選用。于以廣布賢才，作新風憲，庶不負聖朝委任責成之意，麽道説有，俺商量來，依着監察每説來的爲例，遵守行呵，怎生奏呵，那般者。麽道，聖旨了也。欽此。除欽遵外，竊惟聖朝汲汲於求賢，孜孜而圖治，然而立法雖已盡善，而守法者不能舉行，欲人才進而治道隆也難矣。今後凡遇保舉德行才能可居風憲之人，監察御史，并各道廉訪司官所舉之人，須要開寫出身歷仕行過，著明實蹟，直言所長，結罪薦舉。御史呈臺司，官移牒總司，候承准劄付牒文，依例令蒙古色目漢人相參，覆察相同，然後申呈憲臺，以備區用。如此將見朝廷得有用之才，風憲增紀綱之重，公道幸甚。宜從憲臺明白聞奏，移咨兩臺，劄付各道廉訪司，遵守相應。具呈照詳。得此。至元六年正月二十日，也可怯薛第二日，玉德殿西耳房裏有時分，速古兒赤秃赤、云都赤赤老温、殿中不花察兒等有來，别怯里不花大夫，脱脱大夫，教化中丞、韓治書，王都事，蒙古必闍赤阿魯威等奏：監察御史，俺根底文書裏説，嘗謂立法任人，乃爲政之本。竊惟聖朝汲汲於求賢，孜孜而圖治，然而立法雖已盡善，而守法者不能舉行，欲人才進而治道隆難矣。今後凡遇保舉德行才能可居風憲之人，監察御史并各道廉訪司官所舉之人，須要開寫出身歷仕行過，著明實蹟，直言所長，結罪薦舉。御史呈臺司，官移牒總司，候承准劄付牒文，依例令蒙古色目漢人相參，覆察相同，然後申呈憲臺，以備區用，麽道俺商量來依着監察每説的行呵，怎生？奏呵，奉聖旨：那般者。麽道。當月二十七日，教火者秃滿迭太皇太后前啓呵，那般者。麽道，傳懿旨來。欽此。除外咨請照驗，欽此，施行。准此。

（清）嵇璜等《續通典》卷一八《選舉·歷代制中》　凡諸王分地與所受湯沐邑，得自舉其人以聞。各投下總管府長官不遷外，其所屬州縣長官于本投下分到城邑遷轉。

紀事

《遼史》卷一七《聖宗紀》〔太平六年十二月〕辛巳，詔北南諸部廉察州縣及石烈、彌里之官，不治者罷之。詔大小職官有貪暴殘民者，立罷之，終身不録；其不廉直，雖處重任，即代之；能清勤自持者，在卑位亦當薦拔；其内族受賂，事發，與常人所犯同科。

《遼史》卷八五《蕭柳傳》　蕭柳，字徒門，淳欽皇后弟阿古只五世孫。幼養于伯父排押之家，多知，能文，膂力絶人。統和中，叔父恒德臨終，薦其才，詔入侍衛。

《遼史》卷九一《耶律僕里篤傳》　耶律僕里篤，字燕隱，六院林牙突呂不也四世孫。開泰間，爲本班郎君。有捕盗功，樞密使蕭朴薦之，遷率府率。

（元）劉祁《歸潛志》卷七　興定初，朝議縣令最親民，依常調數換多不得人，始詔内外七品以上官保舉，仍陞爲正七品。資未及者，借注人。一時能吏如王庸登庸令洛陽、程震威卿令陳留，皆有治績。或入爲監察御史臺部官，自是居官者争以能相尚，民亦多受賜。其後，往往自納賂請託得之，故疲懦貪穢者亦多。然士大夫爲之者猶自力，此良法也。

（元）劉祁《歸潛志》卷七　南渡後，疆土狹隘，止河南、陝西，故仕進調官皆不得遽，入仕或守十餘載，號重復累，往往歸耕，或教小學養生。故當時有云：古人謂十年窗下無人問，一舉成名天下知。今日一舉成名天下知，十年窗下無人問也。其後，有辟舉法行，雖未入仕，亦得辟爲令。故新進士多便得一邑治民，其省令史亦以次召補。故士人方免沈滯之歎云。

《金史》卷七《世宗紀》〔大定十七年十月〕辛巳，上謂宰臣曰：今在位不聞薦賢何也。昔狄仁傑起自下僚，力扶唐祚，使既危而安，延數百年之永。仁傑雖賢，非婁師德何以自薦乎。

《金史》卷八《世宗紀》〔大定二十六年三月〕丁亥，以大理卿闕，上問誰可，右丞粘割斡特剌言，前吏部尚書唐括貢可，乃授以是職。己丑，尚書省擬奏除授，上曰：卿等在省未嘗薦士，止限資級，安能得人。古有布衣入相者，聞宋亦多用山東、河南流寓疏遠之人，皆不拘於貴近也。以本朝境土之大，豈無其人，朕難徧知，卿又不舉。自古豈有終身爲相者。外官三品以上，必有可用之人，但無故得進耳。左丞張汝弼曰：下位雖有才能，必試之乃見。參政程輝曰：外官雖有聲，一旦入朝，却不稱任，亦在沙汰而已。

《金史》卷九《章宗紀》〔大定二十九年〕十一月己未，朝于隆慶宫。辛酉，以右宣徽院使裴滿餘慶等爲賀宋正旦使。癸亥，上謂宰臣曰：今之用人，太拘資歷。循資之法，起於唐代，如此何以得人？平章政事汝霖對曰：不拘資格，所以待非常之材。上曰：崔祐甫爲相，未踰年薦八百人，豈皆非常之材歟？

《金史》卷五四《選舉志·薦舉》世宗大定元年，上謂宰臣曰：朕昔歷外任，不能悉知人之優劣，每除一官必以不稱職爲憂。夫薦賢乃相職，卿等其各盡乃心，勿貽笑天下。

《金史》卷五四《選舉志·薦舉》〔貞祐〕四年，命臺官辟舉，以名申省，定其可否。

《金史》卷八三《張汝霖傳》是時，世宗在位久，熟悉天下事，思得賢材與圖致治，而大臣皆依違苟且，無所薦達。一日，世宗召宰臣謂曰：卿等職居輔相，曾無薦舉何也？且卿等老矣，殊無可以自代者乎？惟朕嘗言某人可用，然後從而言之。卿等既無所言，必待朕知而後進用，將復有幾？因顧汝霖曰：若右丞者，亦因右丞相言而知也。汝霖對曰：臣等苟有所知，豈敢不薦，但無人耳。上曰：春秋諸國分裂，土地褊小，皆稱有賢。今天下之大，豈無人才，但卿等不舉而已。今朕自勉，庶幾致治。他日子孫誰與共治乎？汝霖等皆有慚色。【略】一日，帝謂宰臣曰：今之用人，太拘資歷，如此何能得人？汝霖奏曰：不拘資格，所以待非常之材。帝曰：崔祐甫爲相，未踰年薦八百人，豈皆非常材耶。

《金史》卷八四《温敦兀帶傳》是時，初定窩斡，人心未安，兀帶爲治寬簡，多備禦，謹斥候，邊郡以寧。改北京留守。以廉察舉兀帶所在有能名，無私過，由是入拜參知政事。世宗諭之曰：凡在卿上者，行事或不當理，咨稟不從，卿以所見奏聞。下位有可用之才，當推薦之。

《金史》卷八六《李石傳》上曰：朕欲於京府節鎮運司長佐三員内任文臣一員，尚未得人。石奏曰：資考未至，不敢擬。上曰：近觀節度轉運副使中才能者有之。海陵時，省令史不用進士，故少尹節度轉運副使中乏人。大定以來，用進士，亦頗有人矣。節度轉運副使中有廉能者具以名聞，朕將用之。朝官不歷外任，無以見其才，外官不歷隨朝，無以進其才，中外更試，庶可得人。他日，上復問曰：外任五品職事多闕，何也？石對曰：資考少有及者。上曰：苟有賢能，當不次用之。

《金史》卷八八《紇石烈良弼傳》紇石烈良弼，本名婁室，回怕川人也。曾祖忽懶。祖忒不魯。父太宇，世襲蒲輦，徙宣寧。天會中，選諸路女直字學生送京師，良弼與納合椿年皆童丱，俱在選中。是時，希尹爲丞相，以事如外郡，良弼遇之途中，望見之，嘆曰：吾輩學丞相文字，千里來京師，固當一見。乃入傳舍求見，拜於堂下。希尹問曰：此何兒也？良弼自贊曰：有司所薦學丞相文字者也。希尹大喜，問所學，良弼應對無懼色。希尹曰：此子他日必爲國之令器。留之數日。年十四，爲北京教授，學徒常二百人，時人爲之語曰：前有谷神，後有婁室。其從學者，後皆成名。年十七，補尚書省令史。簿書過目，輒得其隱奥。雖大文牒，口占立成，詞理皆到。時學希尹之業者稱爲第一。除吏部主事。

天德初，累官吏部郎中，改右司郎中，借秘書少監爲宋主歲元使。是時，納合椿年爲參知政事，薦良弼才出己右，用是爲刑部尚書，賜今名。

《金史》卷九二《曹望之傳》上書論便宜事：【略】其二，論薦舉之法虛文無實。宰相拔擢及其所識，不及其所不識。内外官所舉亦輒不用，或指以爲朋黨，遂不敢復舉。宜令宰執歲舉三品二人，御史大夫以下内外官終秩舉二人，自此以下以品殺爲差等。終秩不舉者遇轉官勒不遷，三品者削後任俸三月。其舉者已改除，吏部以類品第，季而上之。三品闕則於類第四品中補授，四品五品以下視此爲差。其待以不次者，宰執具才行功實以聞。舉當否罪當如律。廉介之士老於令幕無舉主者、七考無贓私罪者，准朝官三考勞叙。吏部每季圖上外路職官姓名，路爲一圖，大書贓汙者於其名下，使知畏慎。外任五品以上官改除，令代之者具功過以聞。年六十以上者，終更赴調，有司察其視聽精力，老疾不堪釐務，給以半禄罷遣。

《金史》卷九六《黃久約傳》時郡縣多闕官，久約言：世豈乏材，閡於資格故也。明詔每責大臣以守格法而滯人材，乞斷自宸衷而力行之。世宗曰：此事宰相不屬意，而使諫臣言之歟？即日授刺史者數人。久約又言宜令親王以下職官遞相推舉，世宗曰：薦舉人材惟宰相當爲耳，他官品雖高，豈能皆有知人之監。方今縣令最闕，宜令刺史以上舉可爲縣令者，朕將察其實能而用之。又謂久約曰：近日察舉好官皆是諸科監臨，全無進士何也？豈薦舉之法已有姦弊，不可久行乎？久約曰：諸科中豈無廉能人，不因察舉有終身不至縣令者，此法未可廢也。上曰：爾舉孫必福是乎？久約曰：臣頃任磁州時，必福爲武安丞，臣見其廉潔向公，無所顧避，所以保舉。不謂必福既任警巡使，處決凝滯。上曰：必福非獨遲緩，亦全不解事，所以罪不及保官者，幸其無贓汙耳。久約無以對。必福五經出身，蓋諸科人，故上問及之。翌日侍朝，故事，宰相奏事則近臣退避，久約欲趨出，世宗止之，自是諫臣不避以爲常。

《金史》卷九八《完顏匡傳》　章宗立提刑司，專糾察黜陟，當時號爲外臺，匡與司空襄、參政揆奏：息民不如省官，聖朝舊無提刑司，皇統、大定間每數歲一遣使廉察，郡縣稱治。自立此官，冀達下情，今乃是非混淆，徒煩聖聽。自古無提點刑獄專薦舉之權者，若陛下不欲遽更，不宜使兼採訪廉能之任。歲遣監察體究，仍不時選使廉訪。上從其議，於是監察體訪之使出矣。

《金史》卷一〇〇《孟鑄傳》　泰和四年，入爲御史中丞，召見於香閤。上謂鑄曰：朕自知卿，非因人薦舉也。御史責任甚重，往者臺官乃推求細故，彈劾小官，至於巨室重事，則畏徇不言。其勤乃職，無廢朕命。

《金史》卷一〇四《石抹世勣傳》　元光元年，奪一官，解職。初，世勣任華州，有薦其深通錢穀者，覆察不如所舉，未籍行止中。後主者舉覺，平章英王以世勣避都司之繁，私屬治籍吏冀改他職，奏下有司，故有是責。

（元）王惲《秋澗集》卷八六《烏臺筆補・廉平章廉能合復用狀》

蓋聞進賢受上賞，蔽賢蒙顯戮，古之通論也。伏見中書平章政事廉希憲，忠誠衛社，孝友名家，久侍禁闈，常深委使，而又嫉惡如讐，進賢若渴。爰自中統初年，奉將天威，仗鉞陝右，其奮不顧身，弭伏禍亂，致寬西顧之憂，而謀猷忠壯，蓋素所蓄積也。及歸治裝，琴書之外，一無長物，可謂廉矣。既而平章中省，前後七年，益勵忠貞之節，殊深端揆之方，其於贊襄，不爲無補。邇者罷政就列，秪緣新制，不聞過愆。今也未及踰年，臥病數月，生理蕭然，恬焉自若，雖斛律光之忠亮無他，魏尚允之清苦自守，無以過此。誠清白之相，乃有爲之材也。今年方強仕，似未宜置之散地，使後事功。方今川蜀未得其人，襄陽旅拒不下，倘起而用之，使當一面，必能收取實效。不效則治某以冒妄之罪，誠所甘心焉。

（元）王惲《秋澗集》卷九二《事狀・舉楊德柔狀》　竊見南路録事司軍户楊德柔，天姿秀穎，不妄干進，累歷莞庫，繼任本路照磨及奧魯府提控案牘、檢法等官，俱有廉能之稱。其爲書學，尤所精妙，方今少見其比。今名在兵籍，常以家貧執役行間。譬之象、犀、珠玉，要以不宜塵迹泥沙，此士論之所共也。卑職按巡河南，見之廣座，其學問行已，並與所聞相同。據此合行保呈，伏乞樞密院照詳施行。

（元）陶宗儀《南村輟耕録》卷二《御史舉薦》　姚文公先生燧，爲中臺監察御史時，忽御史大夫謂曰：我天子以汝賢，故擢居耳目之官。今且歲餘，至如興利除害之事，未嘗有片言及之，但惟以薦舉爲務，何邪？先生荅曰：某所薦者百有餘人，皆經世之才，其在中外，並能上裨聖治，則某之報効亦勤矣，又何待屑屑於興利除害，然後爲監察御史之職任乎？大夫曰：真宰相器也。歎賞久之。

《元史》卷四《世祖紀》　〔中統二年夏四月〕乙卯，詔十路宣撫使量免民間課程。命宣撫司官勸農桑，抑游惰，禮高年，問民疾苦，舉文學才識可以從政及茂才異等，列名上聞，以聽擢用；其職官汚濫及民不孝悌者，量輕重議罰。

《元史》卷一〇《世祖紀》　〔至元十六年〕九月乙巳朔，范文虎薦可爲守令者三十人。詔：今後所薦，朕自擇之。凡有官守不勤於職者，勿問漢人、回回皆論誅之，且沒其家。

《元史》卷一八《成宗紀》　〔元貞元年三月戊午〕中書省臣言：樞密院、御史臺例應奏舉官屬，其餘諸司不宜奏請，今皆請之，非便。詔自今已後，專令中書擬奏。

《元史》卷一八《成宗紀》　〔元貞元年秋七月己卯〕詔申飭中外：

有儒吏兼通者，各路舉之，廉訪司每道歲貢二人，省臺委官立法考試，中程者用之，所貢不公，罪其舉者。

《元史》卷二五《仁宗紀》〔延祐元年春正月〕庚子，敕各省平章爲首者及漢人省臣一員，專意訪求遺逸，苟得其人，先以名聞，而後致之。

《元史》卷三二《文宗紀》〔致和元年十一月己未〕中書省臣言：侍御史左吉非才，不當任風憲。御史臺臣伯顔等言：左吉，御史所薦，若既用之，又以人言而止，臺綱不能振矣。必如省臣所言，臣等乞辭避。帝曰：汝等其勿爲是言。左吉果不可用，省臣何不先言之。其令左吉仍爲侍御史。

《元史》卷三七《寧宗紀》〔至順三年〕十月庚子，帝即位于大明殿，大赦天下，詔曰：【略】監察御史、肅政廉訪司官并内外三品以上正官，歲舉才堪守令者一人，申達省部，先行録用。如果稱職，舉官優加旌擢。

《元史》卷四一《順帝紀》〔至元五年〕十二月丁巳，詔定薦舉守令法。

《元史》卷四四《順帝紀》〔至元十六年二月〕甲戌，命六部、大司農司、集賢翰林國史兩院、太常禮儀院、祕書、崇文、國子、都水監、侍儀司等正官，各舉才堪守令者一人，不拘蒙古、色目、漢、南人，從中書省斟酌用之，或任内害民受贓者，舉官量事輕重降職。

《元史》卷八一《選舉志・學校》 後改直學考滿爲州吏，例以下第舉人充正、長，備榜舉人充諭、録，有薦舉者，亦參用之。自京學及州縣學以及書院，凡生徒之肄業於是者，守令舉薦之，臺憲考覈之，或用爲教官，或取爲吏屬，往往人材輩出矣。

《元史》卷八二《選舉志・銓法上》 凡諸王分地與所受湯沐邑，得自舉其人，以名聞朝廷，而後授其職。

《元史》卷八三《選舉志・銓法中》 元貞元年，詔：諸路有儒通吏事、吏通經術、性行修謹者，各路薦舉，廉訪司試選。每道歲貢二人，省臺委官立法考試，必中程式，方許録用。

《元史》卷九八《兵志・兵制》 〔至元〕二十六年八月，樞密院議：諸管軍官萬户、千户、百户等，或治軍有法、鎮守無虞、鎧仗精完、差役均平、軍無逃竄者，許所司薦舉以聞，不次擢用。諸軍吏之長，非有上司之命，毋擅離職。諸長軍者，及蒙古、漢軍，毋得妄言邊事。

《元史》卷九九《兵志・宿衛》 凡怯薛長之子孫，或由天子所親信，或由宰相所薦舉，或以其次序所當爲，即襲其職，以掌環衛。雖其官卑勿論也，及年勞既久，則遂擢爲一品官。

《元史》卷一六九《禿堅不花傳》 每論政帝前，言直而氣不懾，帝亦知其直。令察宿衛之士，有才器者以名聞，所論薦數十人，用之皆稱職，時論歸之。

恩　蔭

論　説

（元）胡祗遹《紫山大全集》卷二二《雜著・時政》 任子一科，非取人之良法。前代止以爲監當官，未聞便使臨民爲職官者。如不可罷，亦止可以爲監當官，籌增歲久，廉幹有稱，則方議出職。

（元）王惲《秋澗集》卷八六《烏臺筆補・論舉官自代事狀》 竊見内外大小官吏，務保禄位，鮮有以廉恥自厲者，正似傭工計日取直，縱有强幹，亦爲薄俗所移，欲求其公勤忠義，竭力以報上者，不可得已。其道正須尚廉恥，奬忠勤，抑僥倖，進恬退。如樹私黨、取常格、叙故舊等事，皆宜杜絶。今後合無令内外五品以下至七品官，比及考滿，中間須得保舉所知有才行、聲跡顯明者一人以自代，令按察司覆察才行確實，申臺呈省聞奏。如不相應，彼此俱罪之。其舉官在任内或有故，及任滿闕員即令其人補充，茲蓋帝舜九官相讓之法，唐朝因之，亡金亦嘗行焉。今之天下猶古之天下，行之於今何獨不可，但二三大臣主之當力耳。

（元）王惲《秋澗集》卷八七《烏臺日事・論職官子孫試補省臺院部令史狀》 照得舊例：皇家緦麻於上親及曾任宰執之子，聽試尚書省令譯史：皇家袒免親及宰執孫并弟若三品以上職事官之子弟及終場舉人，聽試臺、院令譯史；其散官五品以上職事子孫兄弟及姪，或散官不及五品曾任五品子孫兄弟，皆聽試部令史、譯史、通事。竊見朝廷近年將大根脚官員子孫分付都省、臺、院習學政務，此正前代宗室、宰執、職官試補之意也。至於宗室子孫，不敢輕議。如宰執、職官弟姪，理宜舉行。蓋宰執、職官子孫弟姪終是有門地大根脚中出來人，其所聞所見，無非宦體時務，有所顧惜，且不急於財賄，此最可取者。今後合無酌準上項格例，限以歲月，試驗克堪相應之人，令於省、臺、院、部與吏員相参勾當，實爲兩有便益。且吏員職掌文字，皆係國家庶務，刑政機密，動關利害，自非守慎公幹者，鮮不害事。若以宰執、職官子孫相参勾當，驗事務輕重，上下分掌，使遞互琢磨，長短相補，持體倚辦，各有所司，豈非兩有便益者哉？爲吏員者，漸磨既久，務知遠大，聲迹漸好，易其鍛煉積習之心；爲子弟者，通曉政事，一適於用，革去驕惰侈靡之氣。不數年，使朝廷之上備任用者，比皆良能公正，閥閲素宦之人，將見私己門下僥倖泛濫之弊不革而自去矣。

綜述

《金史》卷五二《選舉志・文武選》　凡門廕之制，天眷中，一品至八品皆不限所廕之人。貞元二年，定廕叙法，一品至七品皆限以數，而削八品用廕之制。世宗大定四年五月，詔：皇家袒免以上親，就廕者依格引試，中選者勿令當傔使。五年十月，制：亡宋官當廕子孫者，並同亡遼官用廕。又曰：教坊出身人，若任流内職者，與文武同用廕。自餘有勤勞者，賞賜而已。昔正隆時常使教坊輩典城牧民，朕甚不取。又更定冒廕及取廕官罪賞格。

七年五月，命司天臺官四品以上官改授文武資者，並聽如太醫例廕。其制，凡正班廕亦正班，雜班廕雜班。

明昌元年，以上封事者乞六品官添廕，吏部言：天眷中，八品用廕，不限所廕之人。貞元中，七品用廕，方限以數。當是時，文始於將仕，武始於進義，以上至七品儒林、忠顯，各七階，許廕一名。至六品承直、昭信，計九階，許廕二人。自大定十四年，文武官從下各增二階，其七品視舊爲九階，亦廕一名，至五品凡十七階，方廕二人，其五品至三品並無間越，唯六品不用廕。乞依舊格，五品以上增廕一名，六品廕子孫弟兄二人，七品仍舊爲格。時又以舊格雖有己子許廕兄弟姪，蓋所以崇孝悌也，而新格禁之，遂聽讓廕。

舊制，司天、太醫、内侍、長行雖至四品，如非特恩換授文武官資者，不許用廕，以本人見充承應，難使係班故也。泰和二年，定制，以年老六十以上退、與患疾及身故者，雖至止官，擬令係班，除存習本業者聽廕一名，止一子者則不須習即廕。

凡諸色出身文武官一品，廕子孫至曾孫及弟兄姪孫六人，因門廕則五人。二品則子孫至曾孫及弟兄姪五人，因門廕則四人。三品子孫兄弟姪四人，因門廕則三人。四品、五品三人，因門廕則二人。六品二人，七品子孫兄弟一人，因門廕則六品、七品子孫兄弟一人。舊格，門廕惟七品一人，餘皆加一人。明昌格，自五品而上皆增一人。

凡進納官，舊格正班三品廕四人，雜班三人。正班武略子孫兄弟一人，雜班明威一人，懷遠以上二人，鎮國以上三人。

司天、太醫遷至四品詔換文武官者，廕一人。【略】

凡恩例補廕同進士者，謂大禮補致仕、遺表、陣亡等恩澤，補承襲用，并與國王并宗室女爲婚者。正隆二年格，初下簿，二中簿，三上簿，四下令，五中令，六、七上令，回呈省。

凡特賜同進士者，謂進粟、出使回、歿於王事之類，皆同雜班，補廕亦以雜班。正隆元年格，初授下簿，二中簿，三縣丞，四軍判，五、六防判，七、八下令，九中令，十上令。尋復更初注下等軍判、丞、簿、尉，次注中等軍判、丞、簿、尉，第三注上等軍判、丞、簿、尉，四下令，五中令，六上令。【略】

宰執子弟省令史，大定十二年，制凡承廕者，呈省引見，除特恩任用外，並内奉班收，仍於國史院署書寫、太常署檢討、祕書監置校勘、尚書省准備差使，每三十月遷一重，百五十月出職。如承應一考以上，許試補省令譯史，則以百二十月出職，其已歷月日皆不紐折，如係終場舉人，即聽尚書省試補。

十七年，定制，以三品職事官之子，試補樞密院令史。遂命吏部定制，宰執之子、并在省宗室郎君，如願就試令譯史，每年一就試，令譯史考試院試補外，緦麻袒免宗室郎君密院收補。

大定二十八年，制以宗室第二從親并宰相之子，出職與六品外，宗室第三從親并執政之子，出職與正七品。其出職皆以百五十月，若見已轉省之餘人，則至兩考止與正七品。二十九年，四從親亦許試補。

《金史》卷五二《選舉志・文武選》 凡恩例補廕同進士者，謂大禮補致仕、遺表、陣亡等恩澤，補承襲録用，并與國王并宗室女爲婚者。正隆二年格，初下簿，二中簿，三上簿，四下令，五中令，六、七上令，回呈省。

凡特賜同進士者，謂進粟、出使回、歿於王事之類，皆同雜班，補廕亦以雜班。正隆元年格，初授下簿，二中簿，三縣丞，四軍判，五、六防判，七、八下令，九中令，十上令。尋復更初注下等軍判、丞、簿、尉，次注中等軍判、丞、簿、尉，第三注上等軍判、丞、簿、尉，四下令，五中令，六上令。

（清）嵇璜等《續通典》卷一八《選舉・歷代制中》 若門廕之例，自天眷中，凡一品至八品，皆不限所廕之人。至貞元二年，定制一品至七品各限以數。削八品用廕之制。大定五年十月，制亡宋官當廕子孫者，並同亡遼官例。十七年四月，詔世襲明安穆昆出身者，雖年未六十欲令子孫襲者，聽。又以明安穆昆皆國家勤勞有功之人，世襲官不宜以小罪奪。泰和二年，更定廕叙法，年六十以上退與患疾身故者雖非文武官資，擬令係班除存習本業者聽廕一人，止一子者不須習即廕。凡諸色出身文武官一品，廕子孫至曾孫及弟兄姪孫六人，因門蔭則五人。二品子孫至曾孫及弟兄姪五人。四品、五品三人，因門廕則二人。六品二人，七品一人，因門廕則六品、七品皆一人。凡進納官正班三品廕四人，雜班三人，正班武略子孫兄弟一人，雜班明威一人，懷遠以上二人，鎮國以上三人，司天太醫遷至四品换文武官者廕一人。哀宗時，詔有司爲死節士立褒忠廟，又書其子孫于御屏，以備擢用，雖時迫危亡，爲激勵人心之計，要亦勸忠之典也。

（元）徐元瑞《吏學指南・世賞》 承襲　相繼曰承，相因曰襲。

襲封　謂世代受此官也。如孔子之後衍聖公是也。

廕補　謂藉親屬廕補得官者。

《元典章》卷八《吏部・承廕・品官承廕體例》 至元四年十月，欽奉聖旨，據中書省奏，管民官已行遷轉，若是承襲，有礙遷轉體例。今參議到職官自一品至七品承廕叙用條畫，乞頒行事。准奏。仰照依下項條畫施行。

諸官品正從分爲一十八等，職官用廕，各止一名。正從一品、二品子正七品叙，正三品子從七品叙，從三品子正八品叙，正四品子從八品叙，從四品子正九品叙，正從五品子從九品叙。外，據六品、七品子，已後定奪，注流外職事。

諸取廕官，不以居官、去任、致仕、身故，其承廕人年及二十五以上者聽。

諸用廕者，立嫡長子。若嫡長子有篤廢疾，立嫡長子之子孫曾玄同。如無，立嫡長同母弟。如無，立繼室所生。如無，立次室所生。如無，立婢生子。如絶嗣者，廕其親兄弟，各及子孫。如無，廕伯叔及其子孫。

諸用廕者，孫降子一等，曾孫降孫一等，婢生子及旁廕者各降一等，謂於合叙品從上降一等。

諸廕子入品職，循其資考，流轉陞遷。廉慎才幹者，依格超陞。特恩擢用者，不拘此例。其不務守慎及其違反者，依格降罰。

諸自九品依例遷至正三品，止於本等流轉。三品以上職位選同特旨。

諸職官廕子之後，若有餘子，不得於諸官府自求職事，及諸官府亦不許委用。

《元典章》卷八《吏部・承廕・民官子孫承廕》 至元五年十二月初七日，中書吏禮部承奉中書省劄付内一款，諸致仕、身故官員子孫告廕，擬合具父祖前後歷仕根脚、所在官職，及去任、致仕、身故各各年月日緣由，抄白所授宣敕劄付，綵畫宗枝，指定承廕人嫡庶姓名年甲，申牒本處官司，勘當房親，揭照元籍青册，扣算年甲，中間別無詐冒，保結申覆本管上司。當官再行審問，相驗相同。如承廕人別無所患篤廢疾病，經斷十惡奸盗過名，仰抄連所受憑驗，同綵畫到宗枝，依上保結，令承廕人親賫文解，及父祖元受的本宣敕劄付，赴部定奪。

《元典章》卷八《吏部・承廕・民官承襲體例》 至元二十六年二月，福建行省：爲省掾王文質呈，各處叛亂賊人，殺死軍民官，除軍官已有承襲定例外，據陣亡民官，雖有廕例，比之軍官，特是爭懸，實可哀憫。今後，莫若將陣亡民官與軍官一體承襲，唯復降等委付等事。移准尚書省咨，來咨，民官陣亡，合無照依軍官例，降等承襲。咨請定奪。准此。至元廿七年正月十四日奏准。除欽依外，咨請照驗施行。

《元典章》卷八《吏部·承廕·民官子孫給據承襲》 大德三年二月，江西行中書省移准中書省咨，爲廣東道宣慰司呈，本道五品以上官員，朝廷銓注，應副鋪馬赴任。回則應副站船、分例。身故官員妻兒，亦驗品級一體應付站船、分例。卑司看詳，在任身故官員合廕之人，年未及二十五歲，隨即倒給解由，移咨都省，候承廕人年及，依例叙用，請定奪。准此，送吏部照擬得，至元五年十二月初七日，承奉中書省劄付云云。今承見奉，本部參詳，職官子孫，合依通例叙廕。所據倒給承廕解由、應付站船氣力出廣一節，宜從所擬。具呈照詳。得此，議得：今後彼處在任官員身故，依例隨時給據，付子孫收執，聽候求仕，餘准吏部所擬。除外，咨請依上施行。

《元典章》卷八《吏部·承廕·民官陣亡廕叙》 大德七年正月十七日，江西行省准中書省咨：吏部呈，湖廣省咨，武岡路總管府申，撒的迷失承襲父麻合馬，至元二十四年六月，祗受敕牒忠顯校尉、武岡路總管府判官。至元二十六年四月，收捕草賊，相殺中傷陣亡。本路官司并鎮守萬户府保勘相同。及照得，至元二十七年正月十四日，奏過事内一件，福建省官人每與將文書來，這裏賊人每生發呵，軍官、民官每，他每一處相殺有。陣亡了的有呵，軍官每的孩兒每承襲那的勾當有。民官的孩兒每根底承襲底體例哏低有。陣亡了的民官每孩兒每根底，依着軍官每體例裏委付呵，怎生？說將來有。俺商量得，民官每委實是陣亡了的呵，那的每孩兒每根底，比他那的勾當低二等委付，孫男、兄弟每根底委付呵，更比他的孩兒每低一等委付。麼道，奏呵，是也。實是陣亡了的呵，那般者。麼道，聖旨了也。欽此。本部擬，撒的迷失係色目人氏，比伊父麻合馬已受職事低二等，江南叙用。照得，在先別無立定民官陣亡憑准是何官司保勘，然後降等承襲通例。本部議得，江南地面，作耗賊人生發，其牧民官迎賊相殺，中間或有被賊就陣殺傷身死。其子孫承襲，比之廕例，已降父職二等廕叙。若不立法關防，切恐因而作弊。今後，民官與賊相殺陣亡者，總捕盜官隨即出給執照，分付本家親人收執，仍申覆本省，照知本路官司，明白開寫某年某月日、某處地面生發，被賊就陣殺死民官某人，移牒本道廉訪司體察。如有不實，罪及當該官吏。本省更爲保勘明白，移咨都省，依例定奪，相應。具呈照詳。得此。都省議得，今後，民官陣亡，子孫告廕者，行移任所，照勘明白，依例叙用。若有不實，罪及當該官吏。咨請依上施行。

《元典章》卷八《吏部·承廕·臺官廉訪司官子孫告廕》 大德元年七月，行御史臺准御史臺咨：據河西隴北道肅政廉訪司申，前按察使吳恢男老狗告承父廕事。呈奉中書省劄付，送吏部，照得本人年甲未及，又不經元籍官司依式保勘，似難議擬。承此。本臺議得，今後，御史臺、各道廉訪司官子孫應告廕者，先經籍貫官司依例照會，完備保結，行移本道廉訪司，申臺照勘呈省。除外，咨請照驗施行。

《元典章》卷八《吏部·承廕·達魯花赤弟男承廕》 至元七年六月，尚書省：准中書省咨該，先爲係官達魯花赤中山府故博兒男喊赤等告乞承襲。送吏禮部講究去後，回呈該，所故達魯花赤弟男，難依管民官品級取廕，權擬總管府達魯花赤應合承襲之人，於下州達魯花赤内叙用，散府諸州達魯花赤應繼之人，於縣達魯花赤内叙用外，司縣達魯花赤應繼之人，難議定奪。若奉特旨令承襲者，不拘此例。都省擬得，縣達魯花赤應繼之人，亦驗根脚輕重，於縣尉、巡檢内叙用。如勾當向前，却行漸次陞遷。奏奉聖旨，那般行者。說了的言語，教言語的到者。若勾當得呵，遷上去者。欽此。除蒙古、回回、畏吾兒、乃蠻、唐兀等達魯花赤應繼之人，依准前項所擬聞奏，所據契丹、女真、漢兒達魯花赤應繼之人，擬同管民官體例承廕叙用。咨請照驗，遍行合屬。今後，如遇府州諸縣司故蒙古、回回、畏吾兒、乃蠻、唐兀等達魯花赤應繼之人告叙用者，抄連伊父元授宣敕、已行承廕體例、告給文憑，赴吏部求仕，擬定呈省。據見告廕人，除七品以上人員別行銓聞奏外，據合充下縣達魯花赤人員，此間不見窠闕，請行下吏部銓注施行。省府除正七品以上人員別行外，仰照驗施行。

《元典章》卷八《吏部·承廕·職官廕子例》 延祐二年三月，行省准中書省咨該，來咨，照得，腹裏從六品至從七品流品子，廕授院務等官，俱有陞轉定例。看詳，江南歸附之初，民情風土特異，除授官員，難循資格。在後，平定日久，南北通除，别無陞等之例。今江南歷仕官員廕叙定例，正六品官子，巡檢内任用，漸次轉入流品，從六品子，止於近上錢穀官，雖任數十界，别無入流之例。不分元除，係腹裏、江南歷仕人員，但除南方者，一概如此。且如根脚係江南入仕、超仕之人，俱經回降。既將正六品以上官員子孫，依腹裏歷仕人員例，於流官内廕叙，惟有從六品至從七品人員子孫，止令錢穀官内委用，不許陞轉，誠爲偏負。如准與腹裏從六品以下廕叙錢穀官一體，於雜職資品内流轉，其於選例歸一，亦可以砥勵下僚勉於從事。咨請照詳。送據吏部呈，照得，至元十九年十二月，承奉中書省判送，本部議擬到，江淮致仕、身故官員子孫廕叙六品、七品子孫，發去行省，於監當官内任用，並免當儤使。又照得，大德八年八月十八日，奏奉聖旨節該，上位知識、有根脚的蒙古人每子孫承廕父職、兄職呵，皇帝識也者。除那的已外，一品子廕正五品，從一品子廕從五品，正二品子廕正六品，挨次至七品。色目比漢兒人高一等定奪。欽此。一、諸職官子孫廕叙，内從六品子，近上錢穀官，正七品子，酌中錢穀官，從七品子，近下錢穀官。旁廕者，照依舊例降叙。正蒙古人，若上位知識、根脚深重人員，取自聖裁。欽此。本部議得，江西行省咨，平定日久，南北通除。除歷仕官員從六品至從七品人員子孫，止令錢穀官委用，不許陞轉，誠爲偏負。如准與腹裏從六品以下廕叙錢穀官一體，於雜職資品流轉，其於選例歸一。以此參詳，江南歷仕從六品至從七品官員，其致仕、身故之後，而子孫承廕者，若擬不陞，事涉不倫，亦合比例腹裏廕例一體。移咨各處行省，將上項應廕之人依例監當差使，滿日，於從九品雜職陞用，似爲相應。具呈照詳。都省咨請依上施行。

《元典章》卷八《吏部・承廕・正從六七品子孫承廕陞轉》　延祐三年月，行省准中書省咨，湖廣省咨，本省不見承廕勾當差使之人所歷月日陞轉通例。咨請照詳。准此，送據吏部呈，照勘到正六品至從七品子承廕陞轉通例。具呈照詳。都省開咨，請依上施行。

正六品應得巡檢。照得，大德十年正月内，承奉中書省劄付，奏准，内外合設的巡檢，於九品人内委付。腹裏巡檢任回及考者，止於巡檢内注受。所歷未及者，於省劄錢穀官内定奪。通理巡檢月日，實歷六十月，陞從九品，流官内委付。

從六品子，各於近上錢穀官、務提領歷三界，陞省劄錢穀官。再歷三界，通理七十二月，陞從九品雜職。

從七品子，於酌中錢穀官，務副歷三界，陞提領、省劄。各歷三界，通理一百八月，陞從九品雜職。

從七品子，於近下錢穀官、都監内任用。歷三界，陞務使、提領、省劄。各歷三界，通理一百四十四月，陞從九品雜職。

《元典章》卷八《吏部・承廕・整治驟陞品級》　延祐五年月日，江西行省准中書省咨，御史臺呈，准江南諸道御史臺咨，據監察御史乃蠻歹承事等呈，嘗聞爵位尊卑之謂名，車服等差之謂器，國家所以彰有德待有功，馭臣下之大柄也。若授之當，得之難，則重，授之濫，得之易，則輕。近年富豪之家，自定服色以來，往往附麗權貴，濫叨名爵，如虎而翼。且以建康一路言之，如勾容縣豪民王訓，白身人欽受宣命承務郎、大都等處打捕鷹房民匠總管，同居叔王熙，亦受宣命奉訓大夫、中瑞司丞，唐興宗元係江西行省理問所令史，見任建康財賦提舉。似此不可枚舉，宜從都省照勘白身驟陞人等，欽依明詔，悉皆削去。其入流之人，自有定制。據各衙門應奉選者，如委相應給降宣敕，其或不當，從中書省回奏，其餘衙門近侍人等，敢有擅奏啓中書政務，欽依已降聖旨，以違制論罪，庶塞倖門。咨請聞奏。准此，具呈照詳。得此。延祐五年十月十一日拜住怯薛第二日，文明殿裏有時分，博兒赤不花、怯里馬赤闊兒魯、昔博赤買驢、給事中定住等有來。伯答沙丞相、阿散丞相、兀伯都剌、亦列赤平章、土平章、高右丞、換住左丞、晏只哥參政、敬參政、欽察參議、哈剌都事等奏過事内一件，御史臺備着江南行臺衆監察每文書裏呈將來，名爵是國家大勾當。若有功能的人每根底與的，當更循着體例得的難呵，天下人看的名爵重。若與的泛濫，得的容易呵，天下人看的名爵輕了。自古來天下治與不治，只在名爵用人有。皇帝初登寶位，首先爲惜名器，詔書裏行了來。近年間，各衙門自奏選用人的豪霸富户每，往往營幹了受宣敕的名分。這一等豪霸每，在鄉里閑時，猶自欺凌百姓，把持官府，更做了受朝命職官。麽道，恰似虎生兩翼的一般，官府、百姓根底，更是把持欺凌有。且以建康一路略説呵，如勾容縣裏豪民王訓，白身受宣大都等處鷹房民匠總管，他的叔叔王熙亦受宣命中瑞司丞，唐興宗元是江西理問所令史，便受宣建康財賦提舉。似這般濫用的人每，好生多有。合教省家照勘了，依着詔書體例，都罷了。又合奏選的衙門裏，衙門委付的人，也合於資品相應的人裏定奪。體例不應的人每，教省家回奏。其餘衙門近侍的人每，隔越着省家奏啓政務的，依着詔書行來的，以違制論罪。麽道，這般説有。俺衆人商量來，臺家説的，是治天下的大勾當有。如今各投下、各衙門裏應着他每自選人。麽道，腹裏、江南白身的人每，虚揑着怯薛，詐冒着籍貫、姓名作弊，欺誑朝廷，受了宣敕，近上名分委付了的多有。更有賺了名分，嫌遠不去赴任的，做根脚再求仕的也有。常選裏人每循着資格，兩考、三考才得陞轉。這等僥倖人每，白身裏做三品、四品，雖是不入常調，各投下、各衙門委付呵，是一般受了國家宣敕。管着軍民人匠等户，更把持官府，欺凌百姓，影占自己的户門差役，闌着服色名爵，中間好生窒礙多有。因這般上頭，大數目裏富的百姓，詐稱各投下户計，營幹勾當有。俺待依着行呵，别着大體例。不依着行呵，却道俺違了聖旨。麽道，怕有。若不拯治呵，漸漸多了也。如今，先將這王訓等三個，交臺家照勘了，合罷的，合追奪的，即便依體例行。其餘各投下、各衙門似這般，但是虚揑着怯薛的，冒着籍貫的，更改了名姓的，有過犯來的，大數目裏人詐稱投下的白身，便要了宣敕名分，并濫受各投下令旨委付的，更受了遠方蠻夷等地面官職不去赴任的，無體例受了宣敕不赴任，就做根脚再求的，文書到日，限一個月，教他每自賫着宣敕，赴所在官司出首免罪。隱匿不首的，許諸人陳告，是實，賞中統鈔一百定，於犯人名下追給，依例要罪過，追奪所受宣敕。更教監察、廉訪司遍行體察。這般行了後頭，各投下有缺用人呵，只教他自愛馬裏選着委付，大數目裏人每不教冒着入去。各衙門合奏選的，也只教先儘他每勾當裏行來的有體例人每委用。不敷呵，常選裏人每選着委付。除有資品出身人外創用的人，若合委付呵，先教近下勾當裏委付，近上名分不教驟與。隔越着省家奏來的，雖有聖旨，俺只依着體例回與他文書，不交委付。這般呵，選法斷似的一般，久遠做體例行呵，怎生。奏呵，那般者。麽道，聖旨了也。欽此。除外。都省咨請行下合屬，出榜遍諭，欽依施行。准此。省府除外，合行備榜曉諭，欽依施行。須至劄付者。

《元典章》卷八《吏部·承襲·軍官降等承襲》 至元十五年月，樞密院：正月十五日塔魯田地裏有時分，孛羅副樞等奏，軍官每爲他有功上，陞遷做大名分了呵，他每元舊職事，又教他的孩兒弟姪承襲。今後，罷了呵，却交别個有功底軍官每承管。若陣亡了底，教承襲，病死底，降等承襲。總把、百户病死、年老，不教承襲。這般呵，怎生。奏呵，奉聖旨，行底是。那般者。欽此。

《元典章》卷八《吏部·承襲·渡江軍官承襲》 至元十七年十一月，行中書准樞密院咨：七月初二日大安閣有時分，本院官奏，黄蘄宣慰使史塔剌渾呈，渡江總把、百户，爲有功，陞與千户，已上軍官一體承襲。俺商量得，總把、百户一體承襲呵，怎生。奏呵，奉聖旨，承襲者。欽此。

《元典章》卷八《吏部·承襲·軍官承襲例四款》 至元二十年七月二十一日，福建行省准樞密院咨：照得，各處行省、各衛并諸衙門擬到應告定奪陞用，承襲、承替等軍官，遷轉首領官人等，各各所授宣敕文憑，别不見曾無辨驗及有無粘帶過犯，難便定奪。本院議擬行下項事理，合行移咨，請照驗施行。

一、今後應有合求仕軍官、首領官人等，取勘入仕備細根脚、見告定奪陞用等各各緣由、獲攻實績、有無親管軍數，并過犯粘帶、曾無支請、是何名色俸給、多少月日，仍令行省首領官辨對文憑，暨立本官姓名，該寫對憑無僞，抄連擬定咨來。

一、承襲人員開寫伊父歷仕根脚，曾無支請俸給、身故緣由、本人是否嫡親弟男，目今年甲若干，是否熟閑弓馬，堪與不堪承襲，有無親管軍數，辨驗伊父所受文憑，抄連咨院。

一、承替人員開具伊父入仕根脚，曾無請俸、相視老病有無妨礙執役、承替緣由、本人是否嫡親弟男，目今年甲若干，是否熟閑弓馬，堪與不堪承替，有無親管軍數，辨驗伊父所受文憑，抄連擬定咨院。

一、遷轉首領官人員，取勘節次禮任備細緣由，并實歷請俸月日，及在任有無過犯粘帶不了事件，辨對各任所受敕牒文憑，抄連咨來。除革罷衙門外，月日未及考滿人員，勿得擅告陞用。

一、應管軍官員，除承襲、承替、遷轉首領官并革罷衙門人員外，其餘告定奪指例告陞、換授等人員，止令在鎮守勾當，無故不得私自離役，前來求仕。

一、該載不盡遷叙求仕軍官人等，須要依上取勘完備，依例施行。

又 至元二十一年二月初二日，伯顔丞相等官員奏過定奪軍官條畫內節該：根脚裏管蒙古軍的軍官做呵，它的兄弟孩兒每裏頭本等承襲了呵，爲有功上頭，委付來的蒙古、漢兒官人每兄弟孩兒每陣亡了的有呵，本等裏委付。又年老、患病、身死的軍官每底兄弟孩兒呵，降二等委付呵，怎生。麽道，擬定來。奏呵，奉聖旨，您的言語是有。那般者。欽此。

又 至元二十五年，樞密院咨：欽奉聖旨節該，軍官承襲，雖陣亡，了不得呵，休委付者。雖年老病故，本人了得呵，降等則麽，合本等委付。欽此。除欽依遍行，分揀解省，相視定奪外，今後若有身故、年老、患病妨職人員，子孫弟姪告要承襲、承替，須要閑習弓馬，武藝熟會，諳曉事務，開寫本人年甲、是否嫡庶長次、有無抛下軍馬，保勘一切完備，解省分揀定奪施行。

又 至元三十年三月初四日，樞密院奏過事内一件，軍官每的兄弟孩兒每根底委付的，年及七十歲呵，替頭裏委付者。不及七十歲的，我覷。麽道，聖旨有來。不憐吉歹那的每説有，年雖不及呵，眼瞎了、手脚殘疾了的，閑喫着俸錢行有。它每兄弟孩兒每好呵，那的每根底合委付有。那的每根底交上位來呵，地里遠窵，他每的氣力生受也者。説有。俺商量來，他每的言語是的一般。依着他每的言語裏委付了呵，説謊着弟兄孩兒，它每的替頭裏委付了之後，它每又别個道子尋呵，要了罪過，在先的道子裏也休交行者。擬定來。麽道，奏呵，您的言語是有。委實那般説謊呵，不遠有，咱每差人交覷去也者。他每緣故是實呵，委付者。麽道，聖旨了也。欽此。

《元典章》卷八《吏部·承襲·軍官年二十歲承襲》 至大四年閏七月初五日，樞密院奏，軍官弟姪兒男年紀到十八歲呵，委付者。麽道，世祖皇帝立定體例來。在後，完者秃皇帝時分，小孩兒每不到十八歲的，到十八歲也。麽道，説謊交奏了委付的上頭，軍頭勾當有用着呵，小孩兒每耽誤了勾當去也。交他每年紀到二十歲呵，委付者。麽道，再奏過立定體例來。如今，上位根底明白奏過，已後軍官弟姪兒男，移着在先體例裏，交年紀到二十歲委付。於内年紀不到二十歲，説謊到二十也。麽道，别了聖旨，保的官吏人等要罪過呵，怎生。商量來。麽道，奉聖旨，似那般説謊的人每根底，交監察每、廉訪司官人糾察，要罪過者。欽此。咨請欽依施行。

《元典章新集至治條例·吏部·選格·承廕·致仕官一子廕先銓注》 延祐六年五月　日，江西行省准中書省咨，吏部呈，奉省判，御史臺呈，據監察御史呈，職官以禮去任，例應致仕。委有一子承廕，驗其品格，先爲銓注，俾資俸月，養榮其親，庶可激勸於將來。具呈照詳。送吏部議得，告蔭之人，若親年老止有一子，元籍官司保勘明白，宜准監察御史所言，不次銓注，誠爲厚典。都省准呈，咨請依上施行。

《元典章新集至治條例·吏部·選格·承廕·陰陽醫匠休承廕》 延祐七年七月　日，江西行省准中書省咨，延祐七年三月二十五日，速速參議特奉聖旨，醫人、陰陽人、匠人每的孩兒，休交承廕者。他每的本事好呵，斟酌着，勾當裏委付也者。麽道，聖旨了也。欽此。都省咨請欽依施行。

《通制條格》卷六《選舉·廕例》 至元五年二月，中書省吏部呈：廕叙體例，都省准擬：

一、取廕官員，擬合具父祖前後歷仕根脚、所居官職及去任致仕身故各各年月緣由，抄白所受宣命劄付，彩畫宗枝，指定承廕人嫡庶姓名年甲，申牒本處官司，勘會房親，揭照元籍青册，扣算年甲，中間别無詐冒，保結申覆本管上司。當官再行審問，相驗相同，如承廕人别無所患篤廢疾、經斷十惡、奸盗過名，仰抄連所受憑驗相同彩畫到宗枝，依上保結，令承廕人親賫文解及父祖元受的本宣命劄付，赴部定奪。

一、隨路府州司縣見任去任致仕身故官員，擬合照依中統三年元報册上職名，定奪應得品級取廕。外據曾經朝廷差設人員，除見居職任官員照依到部呈省定奪，定合得資品廕叙外，中統元年以後去任致仕身故官員，如取廕人賫到本路保申完備文解到部，照勘本官前後歷仕根脚所受付身，合行叙用，定奪資品，依上廕叙。

至元十九年十二月，中書省吏部呈：江淮致仕身故官員子孫往往赴部告廕，今來比照腹裏達魯花赤、管民官承繼承廕，議擬到下項廕例。都省准擬。

一、檢會到循行格例，至元四年十月欽奉聖旨節該：據中書省奏，管民官已行遷轉，若是承襲，有礙遷轉體例。今參擬到職官自壹品至七品承廕叙用條畫，乞頒行事。准奏。仰照依下項條畫施行。准此。

諸取廕官，不以居官、去任、致仕、身故，其承廕人年及二十五以上者，聽。

諸用廕者，以嫡長子。若嫡長子有篤廢疾，立嫡長子之子孫。曾玄同。如無，立嫡長同母弟；如無，立繼室所生；如無，立次室所生；如無，立婢生子。如絶嗣者，傍廕其親兄弟各及子孫；如無，廕伯叔及其子孫。

諸用廕者，孫降子一等，曾孫降孫一等，婢生子及傍廕者各降一等。謂於各合叙品從上降一等。

諸廕子入品職，循其資考流轉陞遷。廉慎才幹者，依格超陞。特恩擢用者，不拘此例。其不務守慎及有違犯者，依格降罰，重者除名。

諸自玖品依例遷至三品，止於本等流轉。二品以上職位，遷自特旨。

匠官廕例，於循行格例簿內：至元十六年四月二十八日承奉中書省判送，本部呈，約會到工部官一同議得，既管匠官已擬議於管匠官內遷轉，其身故官員弟男，若依管民官品級取廕，卻緣照得已擬匠官品級，至正玖品以下，止有院長名分，同院務例不入流品，似難一體廕用。今來比附承廕體例，量擬正從伍品子於玖品匠官內叙用，六品七品子於院長內叙用。本衙門保明通曉造作依上廕。若在任公勤廉幹，依例漸次陞遷；不務守慎及有過者斷罪，重者除名。其餘捌品以下官員子孫，難便定奪，若欽奉特旨叙用，不拘此例。都省准擬。

一、本部議擬到江淮致仕身故官員廕叙體例，達魯花赤承繼例，議得：江淮達魯花赤官員多有前資不應驟陞等級人員，難同腹裏一體定奪。參詳除投下達魯花赤從本投下差設外，據係官達魯花赤致仕身故子孫，比依腹裏管民官例，其子孫俱擬承廕應當傔使周歲，驗合廕資品，止於江淮任用。若欽奉特旨，不拘此例。管民官承廕例，議得：江淮管民官員，除已受宣敕禮任勾當致仕身故子孫，比依前項欽奉聖旨事理一體廕叙，並於江淮任用，其不曾之任，若前資有品級者，止依前資定奪。外，照得至元九年十一月二十四日承奉中書省判送，陸品柒品子孫銓注監當差使，已後通驗各界增虧定奪。今來參詳合承廕之人，照依省判定例，行省於江淮監當官內任用，並免應當傔使，外據受行省行院諸衙門劄付者，不在廕叙之限。若欽奉特旨，不拘此例。匠官廕例，議得：江淮管匠官員，除已受宣敕禮任勾當致仕身故子孫，比依前例一體於江淮匠官內廕叙，其不曾之任，若前資有品級者，止例前資定奪，依例當傔使周歲，於江淮任用。外據陸品柒品子合於各局院長內廕用，同院務例，不入流品，應廕之人並免傔使，發去行省就便委用。外據受行省宣慰司諸衙門劄付者，不在廕叙之限。若欽奉特旨，不拘此例。歸附官員依上廕叙，若欽奉特旨，不拘此例。

大德四年八月十八日，中書省奏奉聖旨節該：上位知識有根脚的蒙古人每子孫承廕父職兄職呵，皇帝識也者。除那的已外，壹品子廕正伍品，從壹品子廕從伍品，正貳品子廕正陸品，挨次至柒品。色目比漢兒人高壹等定奪。欽此。

一、諸職官子孫廕叙

正壹品子正伍品叙　從壹品子從伍品叙

正貳品子正陸品叙　從貳品子從陸品叙

正叁品子正柒品叙　從叁品子從柒品叙

正肆品子正捌品叙　從肆品子從捌品叙

正伍品子正玖品叙

正陸品子

流官於巡檢內用

雜職於省劄錢穀官內用

從陸品子近上錢穀官

正柒品子酌中錢穀官

從七品子近下錢穀官

一、諸色目人比漢人優壹等受廕，達魯花赤子孫與民官子孫一體廕叙，傍廕照依舊例降叙。

一、正蒙古人若上位知識根脚深重人員，取自聖裁。

大德八年二月，中書省御史臺呈：河東山西道廉訪司申，大德七年八月初六日，平陽、太原等處地震，房屋盡倒，打死人民，上司差官拯救，照得各處亦有被死官員未曾憫恤。略舉平陽路僧人察力威不法等事，蒙都省委禮部李員外郎、宣政院斷事官艾牙赤、本司副使朮温臣歸問，俱經地震壓死，各官靈柩就彼浮丘，實可哀痛，亦宜取勘，令子孫陞等廕用。議得：地震被死省委等官承廕之人，免當儤使，從優銓注見缺。

至大四年四月，中書省吏部呈：照得見欽奉詔書內壹款節該：諸職官子孫承廕，須試一經一史，能通大義者，免當儤使，不通者，發還習學。蒙古色目人願試者聽，仍於應得品級量進壹階。欽此。與禮部官一同議得：諸官員子孫弟姪告廕，自至大四年三月十八日欽遇詔書日爲格文字到省部者，照依舊例應當儤使，滿日廕用。三月十八日已後文字到部者，除蒙古人，及曾受二品衙門劄付請俸有出身，或年過五旬，或止有一子，或曾應當怯薛應廕流外之職，此等之數免當儤使，其餘所廕之人，直隸省部者，約請翰林國史院官一員，與本部官一同欽依試驗，行省所轄去處，本省官同儒學提舉或教授，依上考試。所據色目人員不願試者，擬合依例應當儤使。都省准擬。

延祐元年六月，中書省翰林國史院呈：照得凡有承廕之人願試者，本院正官一員就中書吏部試驗，今後如蒙移委監察御史監試，庶能上副朝廷作成人才實意。都省議得：職官子孫承廕已有定例，內則吏部官與翰林國史院官，在行省儒學提舉司等官，嚴加考試，監察御史、廉訪司依例體察。

《通制條格》卷六《選舉・軍官襲替》 至元二十五年，樞密院欽奉聖旨節該：軍官承襲，雖陣亡，了不得呵，休委付者；雖年老病故，本人了得呵，降等則麽合本等委付。欽此。除欽依外，今後若有身故年老患病妨職人員子孫弟姪告要承襲承替，須要閱習弓馬武藝，熟會諳曉事務，開寫本人年甲，是否嫡庶長次，有無抛下軍馬，保勘一切完備，定奪施行。

大德十一年七月初一日，樞密院奏：軍官每殁了呵，他每的替頭裏委付他每的兄弟孩兒呵，依着民官的體例裏，外頭交來這裏當一年儤使，第二年委付有。那般交行呵，他每的氣力哏費耗了有。麽道，大都裏有的伴當每題説將來有。伴當每的言語是的一般有，交免了呵，怎生？議定來。奏呵，奉聖旨：恁商量的是有。交他每根底行呵，哏生受也者，免了者。

至大四年閏七月二十日，樞密院奏：皇帝登寶位開了詔書，凡事從新拯治，依着世祖皇帝聖旨行時分省得的題奏有。軍官每年紀到七十歲呵，替頭裏交他每的弟姪兒男行者。麽道，世祖皇帝立定體例來。近年以來年壯的人每無病推稱有病麽道，使見識自己替頭裏交他每弟姪兒男行了，他每卻別尋勾當出去了的多有。軍馬勾當不似民間勾當，是緊急大勾當有。年紀小的人每委付了行呵，用着時躭悮了勾當去也。今後各處遍行與文書，交監察廉訪司官用心將那般使見識趓奸的人每根底，並覷面皮不肯子細體覆、亂行保舉的人每根底，察知呵，罷了勾當，永不叙用，斷罪呵，怎生？議定來。奏呵，奉聖旨：那般者。欽此。

至大四年閏七月，樞密院照得：各處咨呈到襲替軍官中間，多有鎮守屯戍年深，就彼再求妻妾，所生庶子，或乞養過房，偏愛妄作嫡長，朦朧襲替。及有抛離本貫，他處住坐，在後因而就彼附籍；本貫却有親戚應繼之人，畏避官司勘當，止稱並無落後人口親戚産業。其軍前官司循情申呈總司，止於見住去處勘會。或有雖經根元籍貫，亦有不曾勾追房親鄰佑人等，到官襲替之人，是否嫡庶長次，兒男應與不應，年甲及與不及，自前至今曾無經犯十惡奸盗過名，有無篤廢疾病，争繼之人，一切違礙，止稱父命，或以扶同回報。又軍官身故，別無所生嫡庶兒男，或有兒男年幼，並不取問身故軍官家屬是否端的，及不取權行襲替之人，候應繼兒男長立，吐退文字，出給執照。又應繼之人患病殘疾，不堪承襲，止憑醫工看驗，亦不問本人如何病證，委的不堪職役詞因，縱有取問保勘明白者，其軍前官司卻將緊關詞因節略不明，以致疑惑。及色目人員多不行移本管奥魯官，止憑本管軍官或見任官司保勘。又有新附人員雖無元籍，亦合取問房親隣佑牌甲。及襲替之人多不稱説曾無降到牌面，幾年月日解到何處官司收訖，有無獲到收管，或某人見今收掌。總司亦不辦，憑公廳明白相視見任軍官所患年老病證，堪與不堪管軍勾當，是否妨職，襲替之人可否管軍，止是備坐咨呈定奪。亦有不用勘合關防，以致例應襲替之人，往往赴院告争對問，照勘人難。除已遍行各處，今後須要依上一一保勘明白。如有似前朦朧咨呈，定將當該首領官吏究治。定到保勘體式，今後並要依式開坐咨呈：

一、年甲，開寫幾年分，申告襲替並退職人員，各各年甲若干。

一、諸色目人，須要開寫是何人氏，漢人、高麗、新附之類並須依上明白稱説。

一、籍貫，開寫幾年分，是何路府州縣附籍。如係色目，明白稱説應當何處萬户千户百户軍身。若有其餘頭目所管户計，亦仰明白稱説見當是何身役。

一、襲替之人，須要經由元籍路府州縣奥魯官司，色目並須本管色目奥魯，勾追房親鄰佑人等，當官審問見告襲替之人是否嫡長次庶，年甲若干，曾無經犯十惡奸盗過名，有無篤廢病證，若令本人襲替，有無違礙争繼人等，各取重甘結罪文狀，仍照元籍相同。若有年甲未及，須要取問已故軍官家屬明白供指詞因，仍取權襲之人，候應襲者長立年及，即便吐退文狀，萬户府出給執照，仍將承權襲替之人已後吐退文狀明白開申。若有病疾不堪職役，必須當官相視，仍取本人明白不能襲替詞因開申，已後若有不應，罪及當該官吏。

一、今後行省並各處總司，須要依例當官相視襲替人員堪與不堪管軍，退職者是否年老或患是何病證妨職，如委不堪醫治，明白保結咨申，已後若有争差，罪及當該官吏。

一、本官元帶是何字號牌面，差某人赴何處納訖，獲到何處令史某人承行收管公文，或未納，見今何人收掌。

一、畫到宗枝圖本，並從元籍房親鄰人保勘，當官彩畫，已若有争差，罪及親鄰當該官吏。

一、委官辨憑是否真僞，抄録咨呈。

一、應襲替告陞人員，總司並用勘合咨呈。應有告陞人員，雖有新功，不經廉訪司體覆，並無功人等，及無見闕，不許違例濫保。

大德七年六月二十一日，樞密院奏：軍官每的兄弟孩兒每，父兄每的替頭裏委付的，薛禪皇帝根底奏了，年紀到十八歲呵，委付有來。去年，俺皇帝根底奏來，軍官每自己要閑推辭着，兄弟孩兒每拾伍拾陸歲，拾捌歲有，麽道謊説着，即漸委付小孩兒每的一般有。軍情緊急勾當有，似那般委付小孩兒每呵，用着的時分大勾當疑悮了去也。如今軍官每的兄弟孩兒到二十歲呵，教當一年傔使，了得的一般，二十一歲上委付呵，怎生？奏呵，那般者。麽道聖旨有來。如今大都裏有的伴當每文書裏説將來，都教那般當傔使呵，多人生受的一般有。如今怯薛裏行的，邊遠出征的，曾請俸錢的，並受宣敕來的，不教當傔使；自來勾當裏不曾行來的，依着在先的聖旨體例裏教當一年傔使，了得的一般的委付呵，怎生？説將來。昨前比及阿忽台承相入省之前，俺衆人商量來，伴當每的言語是的一般有，上位識者，麽道擬定來。奏呵，奉聖旨：是有。依恁商量來的那般者。欽此。

至大四年閏七月二十四日，樞密院奏：皇帝登寶位開了詔書，凡事從新拯治，依着世祖皇帝聖旨行時分省得的題奏有。萬户千户百户内並萬户府千户所鎮撫彈壓因功陞除别勾當裏去了呵，管蒙古軍馬的人每元管來的軍裏，委付他每的弟姪兒男者。管漢軍的人每陞除别勾當裏去了呵，他每替頭裏委付别人者。麽道，世祖皇帝立定體例來。在後使見識的人每揑合着謊文書委付了的也有，官吏覷面皮故違了世祖皇帝定制在先委付了的人每也有來，别了大體例主仗着委付了的也有。如今從新拯治的時來，上位明白奏知，管達達軍馬人每的子孫，於元管軍馬裏依例委付；管漢軍的人每因功陞除别勾當裏去了呵，依着世祖皇帝定制，他每的替頭裏委付别人。今後聽了聖旨，故違元保來的官吏並明知道主仗着委付的人每根底，教監察廉訪司官察知呵，罷了勾當斷罪呵，怎生？議定來。奏呵，奉聖旨：那般者。欽此。

至元二十八年正月二十三日，樞密院奏：探馬赤蒙古百户每在意來呵，與千户的名分，交漢軍、新附軍裏做千户去呵，他每的兄弟孩兒每根底根脚裏百户委付呵，怎生？擬定來。麽道。奏呵，那般者。聖旨了也。欽此。

至元二十七年正月十四日，尚書省奏：福建省官人每與將文書來，這裏賊每生發呵，管軍官、管民官每與他每一處相殺有，陣亡了的有呵，軍官每的孩兒每根底承襲的體例哏底有，陣亡了的民官每孩兒每根底，依着軍官每體例裏委付呵，怎生？説將來有。俺商量得，民官每委實是陣亡了的呵，那的每孩兒每根底比他耶的勾當低貳等委付，孫男兄弟每根底委付呵，更比他的孩兒低壹等委付。麽道。奏呵，是也。實是陣亡了的呵，那般者。麽道聖旨了也。欽此。

大德六年十二月，中書省吏部呈：議得江南地面作耗賊人生發，其牧民官迎賊相殺中間，或有被賊就陣殺傷身死，其子孫承襲，比之廕例，降父職貳等廕叙。若不立法關防，切恐因而作弊。今後民官與賊相殺陣亡者，總捕盗官隨即出給執照，分付本家親人收執。仍申覆本省照知本路官司，明白開寫某年月日某處地面生發，被賊就陣殺死民官某人，移牒本道廉訪司體察，如有不實，罪及當該官吏。本省更爲保勘明白，移咨都省依例定奪。都省准擬。

《通制條格》卷六《選舉·廕叙錢穀》 延祐元年十二月，中書省江西行省咨：照得腹裏從陞至從柒品流官子廕授院務等官，俱有陞轉定例。江南平定日久，南北通除，歷仕官員廕叙，正陸品官子巡檢内任用，漸次轉入流品，從六品子止於近上錢穀官，雖任數十界，别無入流之例，不分允除係腹裏、江南歷仕人員，但除南方者一概如此。且如根脚係江南入仕超陞之人，俱經回降，既將正陸品以上子孫依腹裏歷仕人員例於流官内廕叙，惟有從陸品至從七品人員子孫止令錢穀官内委用，不許陞轉，誠爲偏負。如准與腹裏從陸品以下廕叙錢穀官一體於雜職資品内流轉，其於選例歸一。吏部議得：江南歷仕從陸品至從柒品官員，其致仕身故之後而子孫承廕者，若擬不申事涉不淪，亦合比依腹裏廕例，一體移咨各處行省，將前項應廕之人，依例監當差使，滿日於從玖品雜職陞用。都省准擬。

《元史》卷八三《選舉志·銓法中》 至元四年，詔：諸官品正從分等，職官用廕，各止一名。諸廕官不以居官、去任、致仕、身故，其承廕之人，年及二十五以上者聽。諸用廕者，以嫡長子。若嫡長子有廢疾，立嫡長子之子孫，曾玄同。如無，立嫡長子同母弟，曾玄同。如無，立繼室所生。如無，立次室所生。如無，立婢子。如絶嗣者，傍廕其親兄弟，各及子孫。如無，傍廕伯叔及其子孫。諸用廕者，孫降子、曾孫降孫，婢生子及傍廕者，皆於合叙品從降一等。諸廕子入品職，循其資考，流轉陞遷。廉慎幹濟者，依格超陞。特恩擢用者，不拘此例。其有不務廉慎，違犯禮法者，依格降罰，重者除名。諸自九品依例遷至正三品，止於本等流轉，二品以上選自特旨。諸職官廕子之後，若有餘子，不得於諸官府自求職事，諸官府亦不許任用。五年，詔：諸廕官各具父祖歷仕緣由、去任身故歲月并所受宣敕劄付、彩畫宗支，指實該承廕人姓名年甲，本處官司體勘房親，揭照籍册，别無詐冒，及無廢疾過犯等事，上司審驗相同，保結申覆，令親齎文解赴部。諸廕叙人員，除蒙古及已當禿魯花人數别行定奪外，三品以下、七品以上，年二十五之上者，當儤使一年，並不支俸。滿日，三品至五品子孫量材叙用外，六品七品子准上銓注監當差使，已後通驗各界增虧定奪。十六年，部擬：管匠官止於管匠官内遷用。其身故匠官之子，若依管民官品級承廕，緣匠官至正九品以下，止有院長、同院務，例不入流品，似難一例廕用。比附承廕例，量擬正從五品子於九品匠官内叙，六品、七品子於院長内叙。凡儤直曾當怯薛身役，已經歷仕及止有一子，五十以上者，並免。二十七年，詔：凡軍民官陣亡，軍官襲父職，民官陣亡者，其子比父職降二等叙，其孫若弟復降一等。大德四年，省議：諸職官子孫廕叙，正一品子，正五品叙。從一品子，從五品叙。正二品子，正六品叙。從二品子，從六品叙。正三品子，正七品叙。從三品子，從七品叙。正四品子，正八品叙。從四品子，從八品叙。正五品子，正九品叙。從五品子，從九品叙。正六品子，流官於巡檢内用，雜職於省劄錢穀官内用。從六品子，近上錢穀官。正七品子，酌中錢穀官。從七品子，近下錢穀官。諸色目人比漢人優一等廕叙，達魯花赤子孫與民官子孫一體廕叙，傍廕照例降叙。至大四年，詔：諸職官子孫承廕，須試一經一史，能通大義者免儤使，不通者發還習學，蒙古、色目願試者聽，仍量進一階。延祐六年，部呈：福建、兩廣、海北、海南、左右兩江、雲南、四川、甘肅等處廕叙之人，如父祖始仕本處，止以本地方叙用。據腹裏、江南歷仕陞等遷往者，其子孫弟姪承廕，又注遠方，誠可憐憫。今將承廕人等量擬叙用，福建、兩廣、八番官員擬江南廕叙，海北、海南、左右兩江官員擬接連廕叙，雲南官員擬四川廕叙，四川、甘肅官員擬陝西廕叙。

（清）嵇璜等《續通典》卷一八《選舉·歷代制中》 至元四年，定廕叙之法。凡廕，諸品官止廕一人，以嫡長子同母弟及其子孫曾元，如無則次及旁推皆于合叙品級降一等。諸九品依例遷至正三品者，止于本等流轉。二品以上選自特旨。五年令，三品至七品廕叙人員，年二十五以上者，當儤使一年並不支俸，滿日，三品至五品子孫量材叙用，六品、七品子准上銓注監當差使。其諸路達嚕噶齊子弟廕充散府諸州，達嚕噶齊其散府諸州子弟充諸縣達嚕噶齊，其諸縣子弟充巡檢。凡主兵官有功升擢，其舊職官別援有功者，若陣亡許其子弟承襲。元帥招討司子孫襲爲萬户，摠管子孫爲千户，摠把子孫爲百户，給元佩金銀符，管其元軍。陣亡者仍以本等承襲。二十四年，詔凡舊臣勳伐有戰功者，其子弟當先試以小職，果才能則大用之。大德四年，定制正一品子廕正五品，從一品子從五品，以次而降至從五品子則從九品，正六品子流官于巡檢内用，雜職于省劄錢穀官内用，從六品子近上錢穀官，正七品子酌中錢穀官，從七品子近下錢穀官。諸色目人視漢人優一等。達嚕噶齊子孫與民官同傍廕依例降等。至大四年，令承廕子孫試一經一史，通大義者免儤使，不通者發還習學。蒙古色目願試者聽，仍量進一階。

紀事

《金史》卷九《章宗紀》〔明昌元年十一月〕丁巳，制諸職官讓廕兄弟子姪者，從其所請。

《金史》卷一四《宣宗紀》〔至寧三年〕戊辰，尚書省言：内外軍人入粟補官者多，行伍浸虚。請俟平定，應監差者與三酬，門户有職事者陞一等，其子弟應廕者罷之。

《金史》卷一五《宣宗紀》〔興定二年十一月〕壬辰，定經兵州縣職官子孫非本貫理廕及過期不廕等格。

《金史》卷九〇《賈少冲傳》少冲性夷簡，不喜言利，嘗教諸子曰：廕所以庇身，筦庫不可爲也。聞者尚之。

《金史》卷一二八《循吏傳・牛德昌》牛德昌字彦欽，蔚州定安人。父鐸，遼將作大監。德昌少孤，其母教之學，有勸以就廕者，其母曰：大監遺命不使作承奉也。中皇統二年進士第，調馨山簿。

《元史》卷七《世祖紀》〔至元七年〕夏四月壬午，檀州隕黑霜三夕。設諸路蒙古字學教授。敕：諸路達魯花赤子弟廕叙充散府諸州達魯花赤，其散府諸州子弟充諸縣達魯花赤，諸縣子弟充巡檢。

《元史》卷一〇《世祖紀》〔至元十五年五月乙酉〕敕：主兵官若已擢授，其舊職宜別授有功者，勿復以子孫承襲。

《元史》卷二〇《成宗紀》〔大德四年〕八月癸卯朔，更定廕叙格，正一品子爲正五，從五品子爲從九，中間正從以是爲差，蒙古、色目人特優一級。

《元史》卷二九《泰定帝紀》〔泰定二年十一月〕壬戌，敕軍民官廕襲者，由本貫圖宗支，申請銓授。

《元史》卷一〇二《刑法志・職制》諸職官没於王事者，其應繼之人，降二等廕叙。

捐納

綜述

《金史》卷五〇《食貨志・入粟　鬻度牒》入粟、鬻度牒。熙宗皇統三年三月，陝西旱饑，詔許富民入粟補官。世宗大定元年，以兵興歲歉，下令聽民進納補官。又募能濟饑民者，視其人數爲補官格。

五年，上謂宰臣曰：頃以邊事未定，財用闕乏，自東、南兩京外，命民進納補官，及賣僧、道、尼、女冠度牒，紫、褐衣師號，寺觀名額。今邊鄙已寧，其悉罷之。慶壽寺、天長觀歲給度牒，每道折錢二十萬以賜之。

明昌二年，勅山東、河北闕食之地，納粟補官有差。

承安二年，賣度牒、師號、寺觀額，復令人入粟補官。三年，西京饑，詔賣度牒以濟之。宣宗貞祐二年，從知大興府事胥鼎所請，定權宜鬻恩例格，進官升職、丁憂人許應舉求仕、監户從良之類，入粟草各有數。

三年，制無問官民，有能勸率諸人納物入官者，米百五十石遷官一階，正班任使。七百石兩階，除諸司。千石三階，除丞簿。過此數則請於朝廷議賞。推司縣官有能勸二千石遷一階，三千石兩階，以濟軍儲。又定制，司縣官能勸率進糧至五千石以上者減一資考，萬石以上遷一官、減二等考，二萬石以上遷一官、陞一等，皆注見闕。

四年，河東行省胥鼎言：河東兵多民少，倉空歲饑。竊見潞州元帥府雖設鬻爵恩例，然條目至少，未盡勸率之術。今擬凡補買正班，依格止廕一名，若願輸許增廕一名。僧道已具師號者，許補買本司官。職官願納粟或不願給俸及券糧者，宜量數遷加。三舉終場人年五十以上，四舉年四十五以上，並許入粟，該恩大小官及承應人。令譯史吏員，雖未係班，亦許進納遷官。其有品官應注諸司者，聽獻物借注丞簿。丞簿注縣令，差使免一差。掌軍官能自備芻糧者，依職官例遷官如舊。

四年，耀州僧廣惠言：軍儲不足，凡京府節鎮以上僧道官，乞令納粟百石。防刺郡副綱、威儀等，七十石者乃充，三十月滿替。諸監寺十石，周年一代，願復買者聽。詔從之。

興定元年，潞州行元帥府事粘割貞言：近承奏格，凡去歲覃恩之官，以品從差等聽其入粟，委帥府書空名宣勅授之。則人無陳訴之勞，而官有儲蓄矣。比年屢降覃恩，凡羈縻軍職者多未暇授，若止許遷新覃，則將隔越矣。乞令計前後所該輸粟積遷。詔從之。

（明）王圻《續文獻通考》卷五〇《選舉考·貲選·金》 熙宗皇統三年三月，陝西旱饑，詔許富民入粟補官。世宗大定元年，以兵興歲歉，下令聽民進納補官。又募能濟饑民者，視其人數爲補官格。十月，尚書省奏：正隆軍興之際進錢粟者，亦宜量授以官。詔從之。二年正月行納粟補官法。五年二月，以邊鄙寧息罷納粟補官令。章宗明昌二年，勅：山東、河北闕食之地，納粟補官有差。承安二年，復令人入粟補官。五年正月，尚書省言：內外軍人入粟補官者，多行伍寢虛，請俟平定應監差者與三酬門户有職事者陞一等，其子弟應廕者罷之。泰和六年二月，定納粟補官之家存留弓箭制。宣宗貞祐二年三月，從知大興府事胥鼎所請，定權宜鬻恩例。諸人許進官陞職、丁憂人許應舉求仕、監户許從良入粟草各有差。三年二月，勅：尚書省入粟補官者，毋括其户爲軍。又制：無問官民，有能勸率諸人納物入官者，米百五十石遷官一階，正班任使。七百石兩階，除諸司。千石三階，除丞簿。過此數則請于朝廷定議賞。推司縣官有能勸率進糧二千石遷一階，三千石兩階，以濟軍儲。又定制，司縣官能勸率進糧至五千石以上者減一資考，萬石以上遷一官、減二等考，二萬石以上遷一官、陞一等，皆注見闕。四年，河東行省胥鼎言：河東兵多民少，倉空歲饑。竊見潞州元帥府雖設鬻爵恩例，然條目寡少，未盡勸率之術。今擬凡補買正班，依格止廕一名，若願輸許增廕一名。職官願納粟或不願給俸廩券糧者，宜增數進加。三舉終場人年五十以上，四舉年四十五以上，並許入粟，該恩大小司及承應人。令譯史吏員，雖未係班，亦許進納遷官。其有見官應注諸司者，聽納物借注丞簿。丞簿注縣令，差使免一差。掌軍官能自備芻糧者，依職官例遷官如舊。興定元年，潞州行元帥府事粘割貞言：近承奏格，凡去歲覃恩之官，以品從差第聽其入粟，委帥府書空名授之，則人無陳訴之勞，而官有儲蓄矣。比年屢降覃恩，凡羈縻軍職者多未暇授，若止許遷新覃，則將隔越矣。乞合計前後所該輸積遷。詔從之。二年二月，諭尚書省曰：聞中都納粟官多爲吏部繳駁，殊不思方闕之時利害爲何如。哀宗天興元年八月，賣官及許賣進士第，京城民楊興入貲，授延州刺史，劉仲温入貲，授許州刺史。

《元史》卷八二《選舉志·銓選上》 凡入粟補官：天曆三年，河南、陝西等處民饑。省臣議：江南、陝西、河南等處富實之家願納粟補官者，驗糧數等第，從納粟人運至被災處所，隨即出給勘合朱鈔，實授茶鹽流官，咨申省部除授。凡錢穀官隸行省者行省銓注，腹裏省者吏部注擬，考滿依例陞轉。其願折納價鈔者，並以中統鈔爲則。江南三省每石四十兩，陝西省每石八十兩，河南並腹裏每石六十兩。其實授茶鹽流官，如不願仕而讓封父母者聽。陝西省：一千五百石之上，從七品。一千石之上，正八品。五百石之上，從八品。三百石之上，正九品。二百石之上，從九品。一百石之上，上等錢穀官。八十石之上，中等錢穀官。五十石之上，下等錢穀官。三十石之上，旌表門閭。河南並腹裏：二千石之上，從七品。一千五百石之上，正八品。一千石之上，從八品。五百石之上，正九品。三百石之上，從九品。二百石之上，上等錢穀官。一百五十石之上，中等錢穀官。一百石之上，下等錢穀官。江南三省：一萬石之上，正七品。五千石之上，從七品。三千石之上，正八品。二千石之上，從八品。一千石之上，正九品。五百石之上，從九品。三百石之上，上等錢穀官。二百五十石之上，中等錢穀官。二百石之上，下等錢穀官。凡先嘗入粟遥授虛名者，今再入粟，則依驗糧數，照依資品，今實授茶鹽流官。陝西省：一千石之上，從七品。六百六十石之上，正八品。三百三十石之上，從八品。二百石之上，正九品。一百三十石之上，從九品。河南並腹裏：一千三百〔三十〕石之上，從七品。一千石之上，正八品。六百六十石之上，從八品。三百三十石之上，正九品。二百石之上，從九品。江南三省：六千六百六十石之上，正七品。三千三百三十石之上，從七品。二千石之上，正八品。一千三百三十石之上，從八品。六百六十石之上，正九品。三百三十石之上，從九品。先嘗入粟實授茶鹽流官者，今再入粟，則依驗糧數，加等陞職。陝西省：七百五十石之上，五百石之上，二百五十石之上，一百五十石之上，一百石之上。河南並腹裏：一千石之上，七百五十石之上，五百石之上，二百五十石之上，一百五十石之上。僧道能以自己衣鉢濟饑民者，三百石之上，六字師號，都省出給。二百石之上，四字師號；一百石之上，二字師號：俱禮部出給。四川省所轄地分富實民户，有能入粟赴江陵者，依河南省入粟補官例行之。其糧合用之時，從長處置。江浙、江西、湖廣三省已糴官糧，見在價鈔於此差人赴河南省别與收貯，合用之時，從長處置。

（明）王圻《續文獻通考》卷五〇《選舉考・貲選・元》　世祖至元二十五年，遥授松江民曹夢炎浙東宣慰副使。夢炎願歲輸米萬石，乞免他徭，且求官職。桑哥以爲請，故有是命。武宗至大元年，江浙、湖廣、江西、河南、兩淮屬郡饑，訪富家能以私粟賑貸者，量以授官。泰定帝泰定二年，以郡縣饑，募富民入粟拜官，一千五百石從七品，一千石正八品，五百石從八品，三百石正九品，不願仕者旌其門。文宗天曆三年，河南、陝西等處民饑，省臣議：江南、陝西、河南等處富實之家願納粟補官者，驗糧數等第，從納粟人運至被災處所，隨即出給勘合朱鈔，實授茶鹽流官，咨中省部除授。凡錢穀官隸行省者行省銓注，腹裏省者吏部注擬，考滿依例陞轉。其願折納價鈔者，並以中統鈔爲則。江南三省每石四十兩，陝西省每石八十兩，河南並腹裏每石六十兩。其實授茶鹽流官，如不願仕而襲封父母者聽。陝西省：一千五百石之上，從七品。一千石之上，正八品。五百石之上，從八品。三百石之上，正九品。二百石之上，從九品。一百石之上，上等錢穀官。八十石之上，中等錢穀官。五十石之上，下等錢穀官。三十石之上，旌表門閭。河南並腹裏：三千石之上，從七品。一千五百石之上，正八品。一千石之上，從八品。五百石之上，正九品。三百石之上，從九品。二百石之上，上等錢穀官。一百五十石之上，中等錢穀官。一百石之上，下等錢穀官。江南三省：一萬石之上，正七品。五千石之上，從七品。三千石之上，正八品。二千石之上，從八品。一千石之上，正九品。五百石之上，從九品。三百石之上，上等錢穀官。二百五十石之上，中等錢穀官。二百石之上，下等錢穀官。凡先嘗入粟遥授虚名者，今再入粟，則依驗糧數，照資品，令實授茶鹽流官。陝西省：一千石之上，從七品。六百六十石之上，正八品。三百三十石之上，從八品。二百石之上，正九品。一百三十石之上，從九品。河南並腹裏：一千三百石之上，從七品。一千石之上，正八品。六百六十石之上，從八品。三百三十石之上，正九品。一百石之上，從九品。江南三省：六千六百六十石之上，正七品。三千三百三十石之上，從七品。二千石之上，正八品。一千三百三十石之上，從八品。六百六十石之上，正九品。三百三十石之上，從九品。先嘗入粟實授茶鹽流官，今再入粟，則依驗所入糧數，加等陞職。

順帝至正四年十月，令民入粟補官，以備賑濟。有匿奸事而輸粟得七品雜流者，爲怨家所告，有司議輸粟例，無有過不與之文。中書省司郎中成遵以爲賣官鬻爵已非令典，況又賣與奸淫之人，其何以爲治？必奪其敕，還其粟，著爲令，乃可從之。乙未春，中書省臣進奏：遣兵部員外郎劉謙來江南募民，補路府州司縣官。自五品至九品入粟有差，非舊例之職專茶鹽務場者比，雖功名逼人無有願之者。既而抵松江時，知府崔思誠惟知曲承使命，不問民間有粟與否，乃拘集屬縣臣室，點科十二名衆，皆號泣告訴，曾弗之顧，輒施考掠，抑使承伏，即填空名告身授之。平江路達魯花赤不避譴斥，力争以爲不可，竟無一人應募者。崔聞之，深自悔赧。十二年，中書省臣請行納粟補官之令。凡各處士庶果能爲國宣力自備糧米供給軍儲者，照依定擬地方，即授常選流官，依例陞轉封廕。及已除茶鹽錢穀官者，能再備錢糧供給軍儲者，驗見授品級，改授常流。從之。按《草木子》曰：天下治平之時，臺省要官皆北人爲之，漢人、南人萬中無一二。其得爲者，不過州縣卑秩，蓋亦僅有而絶無者也。後有納粟、獲功二途，富者往往以此求進，令之初行，尚猶與之，及後求之者，衆亦絶不與。又獲功之官，於法非得風憲體覆牒文，不輒命官，憲使招權，非得數千緡不與行遣。故有功無錢者往往事從中輟，皆抱怨望。其後盜塞寰區，空名宣敕，遇微功即填給，人已不榮之矣。方國珍之初亂也，有宣數道、敕十數道，懸以購人立功。及有功，亦竟不與。

紀事

（元）王惲《秋澗集》卷九〇《便民三十五事·〔納〕〔輸〕粟除監當官》竊見上都、北邊，每歲臨幸及屯戍重兵，歲用糧斛甚廣，雖官爲和糴，商旅興販，終是遠窵，不能多廣得濟。昔漢文景時，亦爲艱於轉致，令民輸粟塞下，賜與爵級，謂之賣爵級，遂致邊兵饒足。方今院務官別不見入仕格例，以曩日論之，不過貨賂請託。若以弊革有益於國家，不若令辦課官驗額輕重，使輸粟上都及迤北州郡幾何者，則任某處監當官一年，立爲定制，謂如某處務場周歲課額十錠，設官二員，每員輸米或粟上都者若干，迤北州郡者如（此）〔之〕，不半歲，上都及緣邊州郡便得米數十萬石，豈不大便益哉？又如州府務官經營幹勾，比得差遣，所費不貲，一任之內必百方作計取償於民，羨餘復入於己，是使明損民力，暗將官錢盡入私門。若此法一行，將見私錢盡入公家，則息奔競，官革請託，軍國坐收饒足之利。故令民輸粟充院務官，最爲當今良法。

（元）陶宗儀《南村輟耕録》卷七《鬻爵》至正乙未春，中書省臣進奏，遣兵部員外郎劉謙來江南，募民補路府州司縣官。自五品至九品，入粟有差，非舊例之職專茶鹽務場者比。雖功名逼人，無有願之者。既而抵松江時，知府崔思誠惟知曲承使命，不問民間有粟與否也，乃拘集屬縣巨室，點科十二名。衆皆號泣告訴，曾弗之顧，輒施拷掠，抑使承伏，即填空名告身授之。平江路達魯花赤卒不避讁斥，力争以爲不可，竟無一人應募者。崔聞之，深自悔赧。

《元史》卷二九《泰定帝紀》〔泰定二年九月戊申朔〕募富民入粟拜官，二千石從七品，千石正八品，五百石從八品，三百石正九品，不願仕者旌其門。【略】

〔三月〕癸丑，中書省臣請行納粟補官之令：凡各處士庶，果能爲國宣力，自備糧米供給軍儲者，照依定擬地方實授常選流官，依例陞轉，封廕；及已除茶鹽錢穀官有能再備錢糧供給軍儲者，驗見授品級，改授常流。從之。

《元史》卷一八四《崔敬傳》〔至正〕十有七年，召爲大司農少卿，遂拜中書參知政事。盜據齊魯，敬與平章政事答蘭、參知政事俺普，分省陵州。陵州乃南北要衝，無城郭，而居民散處，敬兼領兵、刑、户、工四部事，供給諸軍，事無不集。丞相以其能上聞，賜之上尊，仍命其便宜行事。敬與俺普密議曰：我軍強且勝，彼將敗而降，如得仗義之士，直抵其巢穴而招安之，亦方面之幸也。有國子生王恪等，願請往，敬以便宜授以官，俾之行，至鄆城，見李秉彝、田豐等，諭以逆順禍福之理，豐與秉彝皆悔過自新。山東郡邑之復，敬之策居多。敬以軍馬供給浩繁，而民力日疲，乃請行納粟補官之令，中書以其言聞，詔從之。

陞補

論説

（元）胡祗遹《紫山大全集》卷二一《雜著·又司吏遷轉之弊》人之所以爲惡，害人以利己者，或賦秉貪饕，或生理門户所逼。二者交攻，寒餒切身，而能晏然安貧，不務苟得，二千年中惟顔子能之。以顔子之行而責庸人，何不恕之甚也。今之縣吏，日俸二百，一身不能養活，況父母妻子奴婢乎？所賴者不離鄉井，特藉田園產業，以身在官門，減薄本户差發，庶能粗遣。今令二年一轉，挈家移徙他邑，賃房糴糧，創置一切什物器用、柴薪芻豆，沿路車脚搬載脚錢，一棄一置，所費不輕。諺語所謂無折匙，良以此也。窮迫如此，欲不取於人，其可得乎？又兼二年光景，三轉案則年限已滿，以致案牘紊亂亡失，前後承繼不能通知，不相接續，雖有明敏剛斷官長，非吏不行，中間情弊百端。且如争田競土一切詞訟公務，姦吏默計轉遷之限，二三務革，則稽遲之罪不在己，一切違錯不在己，接卷承行者日月淺近，罪歸前吏，則罪亦不在己矣。爲官長欲窮詰前吏，則已遷別縣；問目今承行司吏，則日月不該。遷轉吏人之弊以至於此，執政者尚以爲良法，何不思之甚也。不務選擇人才，專恃遷轉，庶不爲惡；不思本欲止惡，反爲助惡。使本人賢良，雖終身不遷，亦不害政害民；使本人貪污頑鈍無恥，一日九遷，所至爲惡。譬如松柏之剛直，藤蘿之委曲，賦性一定，雖移之萬里之外，豈能變易其性哉。舊例省掾部掾百二十月方許出職，蓋爲主典案牘，不可不久於其事，數變易則不能周知。親民之吏周知一縣官政民情、前後文案，轉遷如此之速，實爲不便，反致姦黠因之爲惡，蠹政害民。以此論之，轉遷莫若擇人。擇人主於門第清白、產業富實、不貪污、慎行止之人，日月深久，定以出身。

（元）胡祗遹《紫山大全集》卷二一《雜著・論遷轉太速》 古之用人，論定而官，任官而爵，位定而禄，既不苟進，亦不苟退。才堪某職者或終身不移徙，子孫能世其業者襲爵不絶，故子孫以官爲氏，曰倉氏，曰庫氏、司馬氏、太史氏、羲氏、和氏。其才可大任者，起畎畝版築魚鹽市井屠釣而爲輔弼。故小材雖累歲，不離於小官；大才雖未久，不害爲輔佐。自銓調遷除之法行，止以日月爲功，不考賢能爲上，庸庸碌碌汩泥揚波者反得升遷，廉慎公幹不交權貴者沉滯降落。是區區之日月又不能守，專以銓調爲巧宦僥倖之階梯，貪競奔走，既不守道，又不守官。今日得七品，明日望六品、五品；今日除五品，便望升三品、二品。名器有限，貪欲無厭，躁進易得，故使人位極人臣而不以爲恩。官至三品者連裾接踵，七品，八品者十餘年不得代。天下司縣闕員，掌吏部者非不銓調，白衣者不能遷得品官。在官者陞遷太速，不十年而至三品二品。牧民急闕，無人可注。貴官疊積，中外百人爭填一闕。銓調太速，其弊至此，可不更定其法？

（元）胡祗遹《紫山大全集》卷二二《雜著・即今弊政》 一、立功立事，積以歲月，庶有成效。孔子曰：如有王者，必世而後仁。又曰：善人爲邦，百年亦可以勝殘去殺矣。又曰：如有用我，三年而後有成。況庸人乎。故古人三考，黜陟幽明。即今官吏未期月而遷徙數四矣，安得不爲苟且僥倖哉？歲月未滿，不宜改遷。至于內外掾吏一歲之間五七轉，按合任歲月不三之一已行遷注，是以舉事不知首尾，責以稽遲違錯，則無所詰問，無所歸着。

（元）胡祗遹《紫山大全集》卷二三《雜著・民間疾苦狀》 一、前省官私心本欲貴其子孫，恐人有言，故每職多設冗員，如六部、宣慰司之類是也。或以貨賂，或以請託，不論人材，不遵銓調。昨日一布衣，今日受三品命服，日月不深，資品卑下，而遽陞二品。宰相者，股肱之寄。往往皆帶相銜，遂使僥倖之徒視名器如拾芥，卑小官而恥爲，曰：某人尚得某官，我何爲而居下列？曰：某人尚拜某爵，我何爲而受斯命？輕易名器，以至於此，當議改格。**【略】**

一、府州縣司吏所以遷轉者，本恐年深作弊。自遷轉以來，其弊愈深，其誤事愈甚。何以言之？人之所趨，惟名與利。照得府州縣司俸薄不足以利家，辛苦年深不得入流品，無利無名，復何顧藉？不貪污，不枉曲，何以度日？兼吏人之職專主簿書案牘之首尾，公勤才幹者聽從本官及上司呼召指使之不暇，安能經理上項所當知之事哉？是以問東而不知西，問首而不知尾，一聽於主案、貼書之所可否。而況貪賄賂，殖貨財，奉官民，避強凌弱，庇富虐貧，非主案、貼書則不能也。以此論之，反不若不遷之爲愈也。居父母之邦，粗有田宅產業，賴公門庇廕，足以養廉，人情物理，彼此不能相欺謾，不親即故，人非豺狼，遇事豈不相憫恤，案牘出於其手，不勞苦而嫻熟，知首知尾，其涖於其職，每事不敢苟且，恐後不能離手。豈惟吏人，至於職官，自循末世避貫遷轉之法，亦不免此弊。不務擇人，止務遷轉，甚非良法。使爲官爲吏者性果廉平，雖居鄉黨亦廉平；性果貪曲，雖處異鄉亦貪曲。避貫如以狼守羊，何往而不殘食之也。罷遷轉，務擇人，使鄉里公共推擇，俸足以養廉公平，歲久則得入流品，庶幾簡易而得人，不撓法，不害民，不誤事。**【略】**

一、政令有一言而事舉者，不必費辭費力，當一一舉行。一日不能書字一萬者，不補貼書。不能裝卷試案式者，不補諸吏。不識文字者，不補縣令。但犯贓污者，品官落職，永不敘用。不能騎射者，不補縣尉。

綜述

（宋）洪邁《松漠紀聞補遺》 虜法：文武官不以高下，凡丁家難未滿百日，皆差監關稅、州商税院、鹽鐵場，一年爲任，謂之優饒。其税課倍增者謂之得籌。每一籌轉一官，有歲中八、九遷者。近有止法，不得過三官。富者擇課額少處受之，或以家財貼納，只圖遷轉。其不欲遷者於課利多處，除歲額外，公然分之。

虜中有負犯者，不責降，只差監鹽場。課額雖登，出賣甚遲，雖任滿去官，非賣盡不得仕，至有十年不調者。無磨勘之法，每一任轉一官，以二十五月爲任，將滿即改除，並不待闕。

《廟學典禮》卷二《儒職陞轉保舉後進例》 中書省，至元二十四年二月咨該：吏部呈：近承奉中書省劄付：擬府、州儒學教授淮正九品，任滿，在歷路教一任，准從八品，滿日給由赴部，於本部遷轉；若學正，止歷一考即陞教授。員多闕少，似有窒礙。今擬各路教授三年爲滿，依例遷轉，須歷兩任。所據隨路教授遇有闕員，散府、上、中州教授歷一考之上者陞補；散府、上、中州教授有闕，各處學正歷一考之上者陞補；學録、教諭有闕，直學保選陞補，並依例體覆申呈。如未有闕員，依舊勾當，遇闕，依例陞轉，似易爲銓調。其有年高德劭茂材異等之人，不求聞達，雖白身堪授教授一路一府者，許牒按察司體覆相同，將所業文字連申，擬充教授，不拘前例。若越次妄舉，及選保不拘士行，不精儒業，令人代作之人，從監察御史、本道提刑按察司體究明白，申臺呈省，取問是實，所保人截日黜罷，仍罪及當元舉主，體覆官司，似望教官得人，作成後進，以備他日選用。奉此，除遵依外，近來各路將一考之上學正、録、教諭，往往給由越例求仕，及又行保舉白身之人，抄録文字一二篇申部並翰林院遷用，中間冒濫不無。竊照平陽、益都、太原等路，各轄州、府一十餘處，若將學正、教諭人等依常調人員陞轉，即目教授員多闕少，泛濫保用，不得其人，何以作成後進，深爲未便。本部參詳：學校風化之源，必當慎擇師儒，教育後進。今來議得：各路並府、州教授，別有遷調影下窠闕，擬合令本路官司於所轄州郡教官内，通行推選材德服衆之人，牒委文資正官覆察相應，然後行移本道按察司，公坐出題試驗，將親筆所業文字，並察司的本牒文繳申省部，移文翰林國史院再行考校定奪，其餘學正人等依舊守職，若有茂材異等，本處官司依例體覆具解，令本人親身赴翰林國史院出題試驗，保明關發，赴部定奪。倘有不應，罪及舉官並體覆官司，如此似望革去濫保之弊。乞照詳事。得此，省府：准呈。除外，合行移咨，請照驗依上施行。咨行中書省。

《廟學典禮》卷三《江淮擬設學官員數及陞轉格例》 集賢院，至元二十七年三月日劄付該：據司直司呈，奉尚書吏部符文該來呈，江淮擬設教官員數節該，散府、諸州並各處書院，擬設教授、學正、學録、直學各一員。又照得陞轉格例，〔諸散〕〔諸散〕府、州並各處書院教授擬正九品，依上選注，以三年爲一任，遷充各路教授。無闕，止於本等窠闕内更歷一任，依例於從八品司、縣官内選用。呈乞照詳事。得此，即不見各處書院自幾年分額設教授，已後緣何不曾差設，及各處書院應設去處，難便施行，合下仰照驗，依上行移照勘明白，擬定開坐呈部事。承此，呈乞照詳。得此，使院合下仰照驗，依上照擬開呈。劄付國子監。

《元典章》卷八《吏部・官制・選格・官員遷轉例》 至元十九年十月，中書省：來呈，定到江淮官員格例，乞照驗事。都省逐一定奪，開坐前去。仰照驗遵依施行。

一、已受宣敕、資品相應、例陞二等遷去江淮官員，依舊於江淮間任用。若選於腹裏任用，其已爲考滿者，並免回降，不及考者，例存〔一〕等。前件，依准所擬。

一、〔有〕出身未合入流品人員，已受江淮勾當任回：受宣者，三品擬同六品，四品擬同七品，正、從五擬同正八。歷受敕者，正、從六品擬同〔從〕八品，七品〔、八品〕擬同正、從九品，正從（七）〔九〕品擬同提控案牘，巡檢。

一、無出身及白身人員，若受宣者，三品擬同七品，四品擬同八品，正、從五品擬正九品。受敕者，正、從六品擬同〔從〕九品，七品、八品擬同提領案牘、巡檢内任用，正、從九品擬同税務官、監當官内任用。其上項有資品人員，再於接連福建、兩廣溪洞州郡〔任用〕，擬陞一等，兩廣、福建別議遷轉。

一、受行省、行院劄付有出身日月未滿人員，謂通譯史、宣使、令史之類，至元十四年都省未注江淮官員已前創立官府，招撫百姓，實有勞績者，在後不曾換受宣敕，見受職名，若應受宣者，三品擬同七品，四品〔、五品〕擬同八品，五品擬同九品。應受敕者，正、從六品擬同正、從九品，其七品、八品擬同提領案牘、巡檢，九品擬同監當官。無出身、不應叙用白身人員，其（具）〔見〕受職名。〔應受宣者，三品同八品，四品、五品同九品。〕應受敕者，正、從六品擬同提領案牘、巡檢，七品以下於税務官、監當官任用。其上項人員，再於接連福建、兩廣溪洞州郡任用，擬陞一等，兩廣、福建別議定奪陞轉。至元十四年已後新收附州郡，依上定奪。

前三件議得，若依所呈回降，切緣各人已經受宣敕。任用一考之上，擬於見擬回降資品上更增一等銓注。

一、前資不應，又陞（一）〔二〕等遷去江淮官員，任回，擬定前資合得品級，於上例陞（二）〔一〕等，止於江淮遷轉。若於腹裏任用，依上例定奪。若七品以下，已經三品、四品者，比附上項有出身、未入流品人員例，從高一等斟酌定奪。

一、江淮州郡遠近險易不同，似難一體遷轉。今量分爲三等。若腹裏常調官員遷入接連兩廣、福建溪洞州郡者，於本資歷上例陞二等，其餘州郡例陞一等。福建、兩廣官員五品已上，照勘窠闕合用人員，移咨都省銓注，六品以下就便委用，開具咨省。前件比及聞奏以來，擬准施行。

一、江淮官員，在任曾經行臺咨保，比保五事考較有實跡者，例陞一等任用，若止保才能廉幹者，減一資歷陞轉。前件，依准所擬。

一、元擬江淮官員，若有倡優、店肆、屠沽之家，諸官奴隸及經刺斷之人，或財賂行求得官，并詐冒虛湊月日，別無所受文憑，似此人員，合行罷去，元受追收，再不叙用。前件，依准所擬。若有軍功實跡者，另行定奪。

一、管軍官轉入管民官者，已受宣敕者，依例陞用。外，未經换受人員，若勾當滿考者，及有軍功者，斟酌定奪。如無軍功者、不滿考者，發遣行省，量才區處。前件，依准所擬。

一、行省通事、譯史、令史、宣使人等，或經例革，或經替罷，似此之人，所歷月日不等，如元經省〔掾〕發去勾當，不及一考者，擬合貼補月日，及一考之上，比（量免令於）〔臺院令史〕出身例定奪。若自行踏逐者，降一等叙用。不及一考者，發遣本省，量才區用別换。宣慰司勾當人等，如經省（既）〔掾〕發去勾當，不及一考者，擬合貼補月日，及一考之上者，以比六部令史出身例，降一等定奪。若自行踏逐者，又降一等。不及一考者，別無定奪。

一、見受宣敕者，不見赴任官員，或有事故，若委有明白案驗，別無規避，依驗所歷定奪叙用。如有規避，及無前資人員，別無定奪。

一、江淮儒學教授，合無定奪作八品，合選有科名、才學，爲衆所推者任用。

一、歸附：若率衆歸附之人，依驗元受職名銓用，其餘斟酌定奪。歸附後有功者，驗所立功效大小陞遷。

一、已到選官員内，有軍前獲功，如行省咨文内已經保勘者，斟酌定奪。如本官告狀，自行稱説，行省不曾保勘，難爲信憑，比依常例定奪，仍呈省行移取勘是實後，照依例陞轉。

一、上項官員，除欽奉特旨，及蒙古人員不拘此例外，若有軍前獲功，及從前經涉艱難、多負勞苦者，比照上例，斟酌定奪。

《元典章》卷八《吏部・官制・選格・外任減資陞轉》　大德九年六月初五日，欽奉詔書内一款節該：外任官員，較之内任，陞轉甚遲。但歷在外兩任，五品以下並減一資。經至元三年遷轉者，特與陞加。

《元典章》卷八《吏部・官制・月日・官員陞轉月日》　大德元年三月初七日，中書省奏准下項事理，咨請欽依施行：

一件：寫聖旨的、管奏事、選法、應辦重刑等文字的必闍赤每，勾當裏行了八個月，算十個月有。今後休那般折算，十個月則算十個月呵，怎生？奏呵，奉聖旨：那般者。

一件：職官這裏教做令史，勾當三十個月，升二等出去有。今後行三十個月，則陞一等，依例委付呵，怎生？奏呵，奉聖旨：那般者。

一件：俺省裏的左右司首領官，這的每月日滿了出呵，陞二等委付來。今後月日滿了，則陞一等委付呵，怎生？奏呵，奉聖旨：那般者。

一件：蒙古文字教寬廣者，教人肯學者。麽道，識會蒙古文字的每，月日滿了呵，比漢兒、回回令史一等高委付有。如今蒙古文字學的寬廣也，學的人每多是漢兒、回回、畏吾兒人有。今後不争等委付呵，怎生？於内蒙古人學會文書的有呵，依先體例裏，争一等委付呵，怎生？奏呵，奉聖旨：是也。蒙古文書寬廣也。那般者。

《元典章》卷八《吏部・官制・月日・遷轉奏差巡檢月日》　大德七年三月，江浙行省准中書省咨：吏部呈：奉省劄：來咨，監察御史照刷出本省面前吴思誠充昌國州岑江寨巡檢。似此之人，不見擬充巡檢通例。吴思誠擬合革去。外據委充巡檢一節，議擬通例施行。本部量宜議到下項事理，緣係爲例，誠恐未應。如蒙准呈，擬合遍行照會，以憑遵守。具呈照詳。得此。都省議擬到下項事理，除外，咨請依上施行。

宣慰司奏差：元擬於本衙門三考典吏内選取。自行踏逐者，亦須相應人員考滿降等遷叙，仍須色目、漢人相參，須歷九十個月，方許出職。部擬，除大德元年三月初七日例前補用人數外，已後創補者，如應例補充之人，九十月歷巡檢一任，轉正九品。若自行踏逐者，九十月歷巡檢一任，轉從九品。違例者，雖役過月日，別無定奪。前件，議得：宣慰司奏差除應例補充者，照依已定，出自一百二十個月考滿，依例定奪。自行踏逐者，降等遷叙，任（可）〔回〕添一資歷陞轉。

廉訪司通譯史：元擬廉訪司先役書吏九十月，依已定出身，擬正九品銓注，任回添一資歷陞轉。大德元年三月初七日已後創入廉訪司勾當人吏，九十月考滿，須歷提控案牘一任，於從九品遷用。通譯史比依上例定奪。部擬，大德元年三月初七日已後創補通譯史，照依上例，實役九十月，須歷巡檢一任，轉從九品。如書吏役過九十月，願充巡檢者聽。如違，別無定奪。前件，依准部擬施行。

奏差：廉訪司奏差考滿，元擬於省劄錢穀官并巡檢内任用。部擬，自改立廉訪司爲始，實役九十月，須歷巡檢三考，轉從九。如大德元年三月初七日已後創補者，不拘此例。如違，別無定奪。前件，依准部擬施行。

承廕：循行例，正從五品子於從九品廕叙，孫降子一等，婢生子及旁廕者，各降一等，於巡檢内任用。部擬，於上廕叙。前件，照依奏准廕例施行。

各路譯史：舊例，如係翰林院選發，九十月，先歷務使一界，陞提領一界，於巡檢内遷用。部擬，如係各道提舉學校官選發人員，比依腹裏各路譯史，九十月考滿，先歷務使一界，陞提領，再歷提領一界，方充巡檢，須歷三考，轉從九品遷用。違例者，雖有役過月日，別無定奪。前件，依准部擬施行。

各處已委巡檢：部擬，此等之人，若便盡行革去，終是已歷巡檢。任回如或依舊遷叙，使應得者不倫。自今次立格月日爲始，已歷兩考之上者，循依舊例，九十月出（取）〔職〕。不及兩考者，須歷一百二十月，方許出（取）〔職〕陞轉。違例舉用并例後創補者，雖有役過月日，俱無定奪。前件，依准部擬施行。

《元典章》卷八《吏部·官制·月日·省部臺院典吏月日事理》 大德八年十月，御史臺咨：奉中書省劄付：〔來呈：〕備監察御史呈：省部臺院典吏，刀筆粗淺，文法未諳，疏闊誤事，合於府州司吏内選取。看詳：本臺每令史一名，依例選保貼書二名，挨次名排，充架閣庫子，轉補典吏，請俸三十月，發充各道廉訪司書吏。其餘二品衙門典吏，依例選用，一考轉補省典吏，爲始理算月日。補不盡人數，三考充本衙門宣使。都省寫發人，挨次發補各部典吏，請俸四十五月之上，補省典吏，爲始理算月日。及考，陞補參議府左右司客省使令史、書寫、檢校書吏、省典吏。月日通折四十五月，發充寺監、宣慰司令史。轉補不盡省典吏，三考充省宣使。部典吏，兩考之上發充寺監、宣慰司奏差。六部貼書，發補各庫攢典。送吏部，議擬到下項事理，都省逐一區處于後。除外，仰依上施行。

一、都省寫發人。臺呈：挨次發補各部典吏，請俸四十五月，補省典吏，爲始理算月日。及考，陞補參議府左右司客省使令史、書寫、檢校書吏、省典吏。月日通折四十五月，發充寺監、宣慰司令史。補不盡典吏，三考充省宣使。部擬：都省貼書，合令左右司籍記姓名，擬定准設人數，遇六部典吏有缺收補。若請俸一考之上，許轉省典吏，爲始理算月日。及考者，陞補參議府左右司客省使令史、書寫、檢校書吏。通折四十五月，挨〔次〕名排，遇寺監、宣慰司令史有缺發補。除宣慰司令史已有貢部定例，寺監令史須歷三十月，與籍記部令史通定名排，挨次轉補各部令史。補不盡省典吏，九十月充宣使。前件，議得：除見役人數依舊例陞轉外，今後省掾每名設貼書二名，就用已籍記人數，多者減去，少者選保，具呈左右司，移關吏部，通挨籍記，遇六部典吏有缺收補。請俸及考，從上名轉補省典吏。除一考外，餘上折省典吏月日，及考者，陞補參議府左右司客省使令史、書寫、檢校書吏，通折四十五月，并補不盡省典吏六十月，挨次名排，遇寺監、宣慰司令史有缺發補。除宣慰司令史已有（省）〔貢〕部定例，寺監令史須歷三十月，與籍記部令史通定名排，挨次轉補各部令史。(本)〔寺〕監見役令史，及雖經准設，未曾補缺，不許轉（補）〔部〕。考滿依舊例遷叙。其餘省部典吏、書寫人等，轉入寺監、宣慰司，願守考滿者，聽。

《元典章》卷八《吏部·官制·月日·提控案牘月日通例》　大德十一年正月，湖廣行省准中書省咨：江浙行省咨：各路提控案牘，改設提控案牘〔兼照磨承發架閣〕，頒降敕牒。今後例應陞轉提控案牘人員，不見流轉通例，合於何等窠闕委用。送吏部：照得腹裏提控案牘，皆自府、州、司縣轉充路吏，請俸九十月方得吏目，一考陞都目，都目一考陞提控案牘，二考陞正九品，通理二百一十月，方才入流。其行省差設人員，九十月與從九品。今來議得：行省委用例革提控案牘，合於散府諸州案牘、都吏目并雜職錢穀官内，從行省依例銓注，通理月日陞轉。今後行省所設案牘、都吏目，合依腹裏，由司縣府州轉充路吏，通理月日，考滿者方許入流。違例者别無定奪。如蒙准呈，移咨行省照會相應。都省准擬，咨請施行。

《元典章》卷八《吏部·官制·月日·縣吏准州吏月日》　大德十一年十月，湖廣行省准中書省咨該：來咨：縣吏取充庫子，得替例發州吏。各路多有無州去處，須由州吏轉補府吏，終身不能顯進。參詳：今後縣吏如歷一考之上，取充庫子一界，别無粘帶，再發縣吏，准理州吏月日。路吏有缺，依例挨次名排勾補，庶不淹滯。送吏部議得：州、縣司吏轉補事理，合准湖廣行省所言。都省除外，咨請依上施行。

《元典章》卷八《吏部·官制·月日·司庫准理月日》　至大元年五月，江浙行省：據本省檢校官呈：檢校出大德十一年秋季稽遲事内一件，林大茂等庫役事。大德十一年八月二十八日，杭州路備北關門庫申：批典林大茂、司庫趙琇等告，俱係建德路、紹興路司縣請俸司吏，差充批庫。切見本路平准庫每季於司縣司吏内點差司庫，倒換昏鈔，三個月滿替起界，交燒了畢還役。今差充北關門批庫，周歲爲滿，經涉半年之上，纔得發回本路，聽候歲月，不能還役，實爲偏重。如蒙照依紹興、建德等路見役司庫，一年一替，或半年一替，不致人難。行下浙東道建德路，依例以半年爲滿差替，及下杭州路照驗，先擬周歲，次以半年爲滿，似與前文不同，及其餘路分，即係一體，合從省府議擬通例相應。得此。照得大德七年四月十六日准中書省咨該：准江南、陝西等處行省咨：管下路分，今後批典庫子有闕，於本省到選相應錢穀官内選充，滿日别無侵欺過犯，依例減界陞轉。或於本處富實有抵業富户差取，庶幾司縣不致瘝廢官事。送吏部，議得：今後，腹裏并行省所轄路分庫子，合依已擬，於司縣司吏内差補。周歲滿日，别無粘帶，發充縣司吏依舊勾當，籍記姓名，遇州司吏有闕，挨次勾當。但有攙越，從廉訪司糾彈相應。已後不須咨稟。都省准擬，咨請依上施行。准此。照得大德十一年九月二十二日，准中書省咨該：湖廣省咨：今後縣吏如歷一考之上，取充庫子一界，别無粘帶，再充縣吏，准理州吏月日。路吏有缺，依例挨次排名勾補。送吏部議得：州縣司吏轉補事理，合准湖廣行省所言。都省除外，咨請依上施行。

《元典章》卷九《吏部·官制·首領官·江南提控吏目遷轉》　大德四年八月，江西行省准中書省咨該：

吏部呈：議擬到腹裏、江南都吏目提控案牘陞轉通例。都省准擬。除外，開坐，咨請依上施行。

江南提控案牘、都、吏目出身。照得腹裏至元二十五年呈准，各路司吏實歷請俸六十個月吏目，歷兩考昇都目，歷一考昇提控案牘，兩考陞正九品。若路司吏九十個月吏目，歷一考與都目，餘皆依上陞遷。

前件，議得：江南提控案牘，除各路司吏比依腹裏路（吏）〔分〕至元二十五年呈准定例遷除，其餘已行直補、並自行踏逐根脚淺短之人，自呈准月日立格，實歷案牘兩考者，止依至元二十一年定例，九十個月入流，未及兩考者，又添一（咨）〔資〕遷除。例後違越創補之人，雖有役過月日，别無定奪。

《元典章》卷一二《吏部·吏制·譯史通事·令譯史人等未考滿不得遷調》　至元二十二年八月，行御史臺准御史臺咨：承奉中書省劄付：契勘省部諸衙門應干請俸錢人員，未及考滿，俱各遷調，往往轉入流品，以致員多闕少，不能調選。都省議得：據自今後，省部臺院請俸令譯史、通事、宣使、奏差人等，及諸衙門見勾當有出身人員，未滿九十個月，不許預告遷轉。依上施行。

《元典章》卷一二《吏部·吏制·譯史通事·譯史宣使未滿不替》　元貞元年十二月，行御史臺：

據監察御史呈：切見行省、行院、行司農司、行泉府司、行通政院、各道宣慰司等衙門令譯史、通事、知印、宣使、奏差，俱有出身等第，不可造次。在前雖有定例，其省官人等到任之間，不問月日滿與不滿，更換無常，收補頻併，將不應人數須要安插。吏部每歲創入流品者，近及千員。豈惟選法壅滯，抑且人人以其易得，不肯廉慎，蠹害人民。乞照詳事。得此。移准御史臺咨，呈奉中書省劄付該：照得各衙門令譯史人等，已有選取定例。考滿，吏部勘會無過，照俸相同，辨驗無僞，方許定奪，未滿者不得無故替罷，即係已定事理。今據見呈，仰照驗，若有冒濫作弊、更換補替不應，依例體察施行。

《元典章》卷一二《吏部·吏制·譯史通事·令譯史未考滿不體覆》

大德元年六月，江西行省准中書省咨：

御史臺呈：體覆職官，並德行才能及隱晦不仕等，已有定例。外據令譯史、奏差、宣使人等，例須考滿遷轉，各處未經保舉，似難體覆。具呈照詳。得此。都省准擬，咨請依上施行。

《元典章》卷一二《吏部·吏制·譯史通事·譯史令史等出身》 大德三年四月，御史臺承奉中書省劄付：

照得大德元年三月初七日奏過事內一件：中書省、樞密院、御史臺等諸衙門行的通譯史、令史、知印、宣使人等，先九十個月日爲滿，勾當裏委付來。這般委付呵，陞轉的忒疾有。員多闕少的緣故，因這般有。今後添三十個月，教一百二十個月爲滿，應得的勾當裏委付呵，怎生？奏呵，奉聖旨：那般者。欽此。已經照會去訖。都省議得：內外諸衙門有出身通譯史、令史、知印、宣使人等，如係大德元年三月初七日奏准格例已前請俸勾當，照依舊例，通理九十個月爲滿遷除。已後創補者，欽依聖旨事意，實歷請俸一百二十個月日爲滿。仰照驗施行。

《元典章》卷一二《吏部·吏制·譯史出身·路譯史出身》 大德三年五月，准中書省咨：

吏部呈：照得各路司吏九十個月，於吏目內任用；譯史九十個月，歷務提領一界，於巡檢遷敘。又大德元年三月初七日奏奉聖旨節該：如今蒙古文字，學的多是回回、畏兀兒人有。今後不爭等，依例委付。蒙古人依先體例争一等委付。欽此。今來議得：各路譯史若循上例陞轉，比附司吏，似涉太優。參詳：除蒙古人合依舊例，其餘色目、漢人，實役九十個月，歷務使兩界，陞巡檢，似爲相應。如准所擬，本部爲例遵守。具呈照詳。都省議得：各路譯史如係翰林院選發人員，九十個〔月〕考滿，除蒙古人依准所擬外，其餘色目、漢人，先歷務使一界，陞提領一界，於巡檢內遷用。除外，咨請依上施行。

《元典章》卷一二《吏部·吏制·譯史出身·府州譯史轉補路譯史》

至大元年三月，江西行省准中書省咨：

江浙省咨：松江府譯史江忙兀歹，請俸九十個月考滿。本省參詳：各路譯史於務使內任用，據散府、上州，終無陞轉通例。除將江忙兀歹比附各路譯史，於院務都監內委用外，請照驗。送吏部：議得：腹裏散府、上州司吏，（俟）〔挨〕次上名轉補各路司吏。其請俸譯史，若准比依二例，一體轉補各路譯史，似爲相應。如蒙准呈，本部爲例遵守。都省准呈。

《通制條格》卷六《選舉·令譯史通事知印》 至大元年十二月，中書省吏部呈：今後臺院、行省貳品、叁品等衙門職官令史，合於得替見任已除未任相應流官內選取。都省議得：除得替未曾給由見任未經注代急缺去處外，餘准所擬。

延祐二年四月十七日，中書省奏：漢兒吏道從柒品委付，已上休委付者。教授秀才出身並職官內選取來的令史，依舊例委付者。麼道聖旨有呵，俺行了文書也。在前不曾立科舉的上頭，用秀才呵，難選有。麼道，臺家也曾奏來。俺商量來，裏頭省部、臺院等諸衙門，在外行省、宣慰司、廉訪司、路、府、州、縣用的人多有。時下只用秀才呵，選不勾有。如今但是有出身衙門合設的令史，教教授、秀才、根腳是秀才裏做令史來的人內選取；不勾呵，職官並吏員內選取。月日滿呵，依着已了的聖旨，吏員從柒品已上不委付，秀才職官依舊例委付。路、府、州、縣無出身的衙門裏合用的令史，秀才、生員每內肯做的教做呵，怎生？奏呵，那般者。麼道聖旨了也。欽此。

皇慶元年二月初五日，中書省奏：六部漢兒令史，壹考之上，轉補貳品衙門令史，蒙古必闍赤那個衙門裏行呵，只本衙門裏考滿有，這般呵，偏負的一般。今後諸衙門蒙古必闍赤有缺呵，依漢兒令史例除職官；

外省裏有缺呵，貳品衙門喫俸人內選取；貳品衙門內有缺呵，六部蒙古必闍赤內發補；部裏有缺呵，教省書寫每行呵，怎生？奏呵，與漢兒令史一體有那般者。麽道聖旨了也。欽此。

延祐二年三月，中書省吏部呈：諸衙門蒙古必闍赤，舊例俱從翰林院試驗發補。皇慶元年十一月初五日，蒙都省奏准，依漢兒令史例轉補。以此參詳，今後蒙古書寫典吏及各路府州合設蒙古必闍赤，照依舊例從翰林院試發外，其餘諸衙門蒙古必闍赤並依漢兒令史例轉補，其轉補不盡者，考滿依例定奪。都省准呈。

大德七年二月，中書省江浙行省咨：怯里馬赤玉連赤不花告假遷葬作缺，理合於相梯衙門內補貼月日，緣怯里馬赤有缺，例從長官選保。吏部議得：今後通事、知印經值衙門，例革告假遷葬或因事作缺人等，擬合於本衙門及相梯衙門宣使、奏差內貼補月日，扣算通理，考滿遷用。都省准呈。

皇慶二年五月，中書省御史臺呈：河東山西道廉訪司申，河東宣慰司令史於本司書吏內取補。緣廉訪司係按治衙門，儻有圖望進取，反加趨附，傷公敗事，深爲未便。吏部議得：已補人數別無定奪，今後有缺，迴避本道選取，其餘去處，亦合一體。都省准擬。

《元史》卷八三《選舉志・銓法中》 凡補用吏員：至元十一年，省議：有出身人員，遇省掾有闕，擬合於正從七品文資職官并臺、院、六部令史內，從上名轉補。翰林兩院擬同六部令史，有闕於隨路儒學教授通吏事人內選補。樞密院、御史臺令史、省掾有闕，從上轉補，考滿依例除授，又於正從八品文資官及六部令史內轉補。省斷事官令史與六部令史一體三考出身，於部令史內發補。少府監令史，擬於六部并諸衙門考滿典吏內補用。十三年，省議：行工部令史與六部令史一體，於應補人內挨次填補。十四年，詔：諸站都統領使司令史擬同各部令史，今既改通政院，與臺院令史一體出身，於各部令史內選補。十五年，部擬：翰林兼國史院令史同臺令史一體出身，於各部令史內選取。二十一年，省議：江淮、江西、荊湖等處行省令史，擬捋至元十九年咨發各省貼補人員先行收補，不許自行踏逐，移咨都省，於六部見役令史內補充。或參用職官，則從行省新除正從八品職官內選取，雜職官不預。二十二年，宣徽院令史，考滿正七品遷敘，於六部請俸令史內選取。總制院與御史臺同品，令譯史、通事一體如之。二十四年，省准：大都留守司兼少府監令史，依宣徽院、大司農司例遷。二十八年，省議：陝西行省令史，於各部及考令史并正從八品流官內選補。二十九年，大司農司令史，於各部一考之上令史及正從八品職官內選取。省掾有闕，於正七品文資出身人員內選。吏員於樞密院、御史臺令史元係六部令史內發充，歷二十月以上者選，如無，於上名內選。三十一年，省准：內史府令史，於各部下名令史內選。大德三年，省准：遼陽省令史宜從本省選正從八品文資職官補用。復令各部見役令史內，不限歲月，或願充、或籍貫附近、或選到職官，逐旋選解。國子監令譯史，於籍記寺監令史內發補。上都留守司令史，於籍記各部令史內，或於正八品職官內選用，考滿從七品遷用。宣徽院闌遺監令史，准本院依驗元准月日挨補，考滿同，自行踏逐者降等。遇闕如係籍記令史并常調提控案牘內及本院兩考之上典吏內補充者，考滿依例遷敘，自行選用者，止於本衙門就給付身，不入常調。四年，部擬：上都留守司令史，仍聽本司於正從八品流官內，或於上都見役寺監令史、河東、山北二道廉訪司上名書吏內，就便選用。上都兵馬司吏，發補附近隆興、大同、大寧路司吏相應。部擬：各處行省令史，除雲南、甘肅、征東外，其餘合依至元二十一年定例，於六部見役上名令史、或正從八品流官參補。不敷，聽於各道宣慰司元係廉訪按察司轉補見役兩考之上令史內選充，以宣慰司役過月日，折半准算，通理一百二十月，方許出職。大德五年，擬：檀景等處採金鐵冶都提舉司人吏，於附近州縣司吏內遴選。六年，省擬：太醫院令史，於各部令史并相應職官內選取。長信寺令史，於元保內選補，考滿降等敘用，有闕於籍記令史內發補。七年，擬：刑部人吏，於籍記令史內公選，不許別行差補，考滿離役，依例選取，餘者依次發補。禮部省判，許於籍記部令史內選取儒吏一名，續准一名，於籍記部令史內從上選補。户部令史，於籍記部令史內從上以通曉書算、練達錢穀者發遣，從本部試驗收補。八年，省准：隨路補用吏員，令各路先以州吏入役月日籍爲一簿。府吏有闕，從上勾補；州吏有闕，則於本州籍記司縣人吏內從上勾補。各道宣慰司令史，遇闕以籍記部令史下名發補，新除正從九品流官內選取。九年，省准：都城所係在京五品衙門司史，歷兩考轉補京畿都漕運兩司令史。遇闕以倉庫攢典歷一考者選充，及兩考則京畿都漕運兩司籍名，遇闕依次收補。上都寺監令史有闕，先儘省部籍記常調人員發補，仍於正從九品流官內、并應得提控案牘內選取。不敷，就取元由路吏考滿陞充都吏目典史准吏目月日及大同、大寧、隆興三路司吏歷兩考之上者參用。十年，省准：司縣司吏有闕，於巡尉司吏內依次勾補。巡尉司吏有闕，從本處耆老上户循衆推舉，仍將祗應月日均以歲爲滿。州吏有闕，縣吏內勾補。路吏有闕，州吏內勾補。若無所轄府州，於附近府州吏內勾補，縣吏發補附近府州司吏。户、刑、禮部合選令史有闕，於籍記令史上十名內、并職官到選正從九品文資流官內試選。十一年，省准：縣吏如歷一考，取充庫子一界，再發縣吏，准理州吏月日，路吏有闕，依次勾補。至大元年，省准：典寶監令史，就用前典寶署典書蒙古必闍赤一名，例從翰林院試補，知印、通事各一名，從長官選保。二年，立資國院二品，及司屬衙門令史一十名，半用職官，從本院選，半於上名部令史內發補。譯史二名，內職官一名，從本院選，外一名翰林院發。通事、知印各一名，從本院長官選。宣使八名，半參用職官，餘許本院自用一名，外三名常選相應人內發。典吏六名，從本院選。所轄庫二處，每處司庫六名，本把四名，於常選人內發。泉貨監六處，各設令史八名，於各路上名司吏內選；譯史一名，從翰林院發；通事二名，從本監長官選；奏差六名，各州司吏內選；典吏二名，本監選。以上考滿，同都漕運司例出身，所轄一十九處，兩提舉司設吏目一人，常選內選，司吏五名，縣司吏內選。三年，省准：泉貨監令史，於各處行省應得提控案牘人內選，參用正從九品流官。山東、河東二監，從本部於相應人內發補，考滿依例遷用，見役自用之人，考滿降等叙，有闕以相應人補。四年，省准：江西等處儒學提舉司吏，舊從本司公選，後從國子監發補，宜從本司選補。典瑞監首領官、令譯史等，依典寶監例選用，考滿遷叙。部議：長信寺通事一名，例從所保。譯史、知印、令史、奏差，從本衙門選一半職官，餘相應人內選，考滿同自用遷叙。典吏二名，就便定奪，其自用者降等叙。皇慶元年，省准：羣牧監令譯史、知印、怯里馬赤、奏差人等，據諸色譯史例，從翰林院發補。知印、通事，長官選。令史、奏差、典吏俱有發補定例。其已選人，考滿降等叙，有闕於相應人內選發。大都路令史，歷六十月，依至元二十九年例陞提控案牘，減一資陞轉。有過者，雖貼滿月日，不減資。遇闕於所轄南北兩兵馬司并各州見役上名司吏內勾補，有闕從本路於左右巡院、大興、宛平與其餘縣吏通籍從上挨補，月日雖多，不得無故替罷，違例補用者不准，除已籍記外，有闕依上勾補。覆實司司吏，於諸州見役司吏內選，不敷則以在都倉庫見役上名攢典發充，歷九十月除都目，年四十五之下歷一考之上，亦許轉補京畿都漕運司令史，違例收補，別無定奪。二年，省准：中瑞司譯史，從翰林院發，知印長官選保，令史、奏差參取職官一半所選相應，考滿依例遷叙，奉懿旨委用者，考滿本司區用，有闕以相應人補。征東行省令譯史、宣使人等，舊考滿從本省區用，若經省部擬發，相應之人依例遷用，如不應者，雖省發亦從本省區用。延祐二年，省准：河間等路都轉運鹽使司所轄場，分二十九處，二處改陞從七〔品〕，司吏有闕，依各縣人吏，一體於附近各處巡尉捕盗司吏依次以上名勾補，再歷一考，與各場鄰縣吏互相遷調。和林路總管府司吏，以本處兵馬司吏歷一考者轉補，再歷一考，轉稱海宣慰令史，考滿除正八品。補不盡者，六十月受部劄充提控案牘。沙、瓜二州屯儲總管萬户府邊遠比例，一體出身相應。會福院令譯史、通事、宣使人等，若省部發去者依例遷叙，自用者考滿同二品衙門出身例，降一等添一資陞轉。於常選教授儒人職官并見役各部令史內取補，宣使於常〔選〕職官內參補，通事、知印從長官選用，仍須參用職官，典吏從本衙門補用。五年，省准：詹事院立家令司、府正司，知印、怯里馬赤俱令長官選用。令史六名，內取教授二名，職官二名，廉訪司書吏二名。譯史一名，於蒙古字教授及都省見役蒙古書寫內選補。奏差二名，以相應人補。

凡宣使、奏差、委差、巡鹽官出身：中書省宣使，至元九年，曾受宣命補充者，九十月考滿正七品。省劄宣使，九十月考滿比依部令史例從七品。其臺院宣使、各部奏差，比例定擬。二十三年，省准：省部臺院令譯史、通事、宣使、奏差人等，未滿九十月，不許預告遷轉。都省元定六部奏差遷轉格例，應入吏目選充者，三考從八品。應入提控案牘人員選充者，三考從八品，任回減一資陞轉。巡檢提控案牘選充者，一考正九品。二十四年，省准：大都留守司兼少府監奏差改充宣使，合於各部奏差內選取，改陞宣使月日爲始，考滿比依宣徽院、大司農司一體出身，自行踏逐者降等遷敘。大司農司所轄各道勸農營田內書吏，於各路司吏內選取，考滿提控案牘內任用。奏差就令本司選委。二十九年，省准：各道廉訪司通事、譯史出身，比依書吏一體，考滿正九。奏差考滿，依通事、譯史降二等量擬，於錢穀官幷巡檢內任用。三十年，省准：延慶司奏差，比依家令司奏差一體，考滿正九品，自行踏逐者降一等。大德四年，省准：諸路寶鈔提舉司奏差，改稱委差，九十月爲滿，於酌中錢穀官內任用。五年，部議：山東運司奏差，九十月近下錢穀官內任用。大都運司，一體定奪。六年，部擬：河間運司巡鹽官，依奏差出身，九十月近下錢穀官內任用。七年，部擬：凡奏差自改立廉訪司爲始，九十月歷巡檢三考，轉從九。皇慶元年，各道廉訪司奏差出身，於本道所轄上名州司吏內選取，九十月都目內任用。若有路吏幷典吏內取充者，歷兩考，比依上例，都目內陞轉。

凡庫藏司吏庫子等出身：至元二十六年，省准：上都資乘庫庫子、本把，九十月近上錢穀官內任用。衛尉院利器庫、壽武庫庫子，踏逐者九十月近上錢穀官內任用。二十八年，省擬：泉府司富藏庫本把、庫子，六十月近下錢穀官內任用。太府監行（由）〔內〕藏庫子，三周年爲滿，省劄錢穀官內遷敘。備用庫提控三十月，庫子、本把三周歲，近上錢穀官內任用。三十年，省准：大都留守司兼少府監器備庫庫子、本把，六十月近下錢穀官內任用。三十年，省准：宣徽院生料庫庫子、本把幷太醫院所轄御藥局院本把出身，例六十月，近上錢穀官一體遷敘。大德元年，部擬：中御府奉宸庫庫子，以三周歲爲滿，擬受省劄錢穀官。本把六十月，近上錢穀官內任用。三年，省擬：萬億四庫、左右八作司、富寧、寶源等庫，各設色目司庫二名，俱於樞密院各衛色目軍內選差，考滿巡檢內任用，自行踏逐者一考並同，循行如此。又漢人司庫，於院務提領、大使、都監內發補，二周歲滿日，減一界陞轉；其色目司庫於到選錢穀官內選發，考滿優減兩界。都提舉萬億庫提控案牘，比常選人員，任迴減一資陞用。司吏三十五人，除色目四人外，漢人有闕，於大都總管府、轉運司、漕運司下名司吏內選取，三十月擬充吏目，四十五月之上、六十月之下都目，六十月以上轉提控案牘。省擬六十月以上、四十五月以下，願充寺監令史者聽。司庫五十人，除色目一十四人另行定奪外，漢人於大都路人户內選用，二周歲爲滿，院務提領內任用；都監內充司庫，二年爲滿，於受省劄錢穀官內任用；務使充司庫，二年爲滿，於從九品雜職內任用。秤子五人，於大都人户內選充，二年爲滿，於近下錢穀官內任用。太醫院御藥局本把，六十月近上錢穀官內任用。四年，受給庫依油磨坊設攢典、庫子，從工部選。會同館收支庫攢典，與長秋庫同。上都廣積、萬盈二倉係正六品，永豐係正七品，比之大都平准庫品級尤高，擬各倉攢典轉寺監本把，幷萬億庫司吏相應。提舉廣惠司庫子，考滿近下錢穀官內任用。侍儀司法物庫所設攢典、庫子，依平准行用庫例補用。五年，大都尚食局本把，擬於錢穀官內遷敘，本院自行踏逐者，就給付身，考滿不入常調。都提舉萬億寶源庫色目司庫，擬於巡檢內任用，添一資陞轉。京畿都漕運司司倉，於到選錢穀官內選發。六年，部呈：凡路府諸州提控案牘、都吏目等，諸衙門吏員出身，應得案牘、都吏目，如係路府司吏轉充之人，依舊遷除。其由倉庫攢典雜進者，得提控案牘改省劄錢穀官，都目近上錢穀官，吏目改酌中錢穀官。提控案牘，都吏目月日考滿，於流官內遷用。廣勝庫子，合從武備寺給付身，考滿本衙門定奪。大積等倉典吏，與四庫案牘所掌事同，任回減一資陞用。七年，各路攢典、庫子，部議：江北及行省所轄路分庫子，依已擬於司縣司吏內差補，周歲發充縣司吏，遇州司吏有闕，挨次勾補。諸倉庫攢典有闕，於各部籍記典吏內發補。左右八作司等五品衙門內司吏有闕，却於各倉庫上名攢典內發補。若萬億庫四品衙門司吏有闕，亦於上項司吏內從上轉補，將役過五品衙門月日，五折四准算，通理九十月考滿，提控案牘內遷用。如轉補不盡，五品衙門司吏考滿，止於都目內任用。油磨坊、抄紙坊攢典有闕，並依上例。回回藥物院本把，六十月酌中錢穀內定奪。九年，省准：提舉和林倉、昔寶赤八剌哈孫倉、孔古列倉司吏，六十月酌中錢穀官內委用。資成庫庫子出身，部議比依太府、利用、章佩、中尚等監。武備寺庫有闕，如係本衙門典吏請俸一考轉補者，六十月爲近上錢穀官，其餘補充之人，九十月依上遷用。和林等處宣慰司都元帥府所轄廣濟庫庫子、攢典，自行踏逐者比依三倉例，六十月於近下錢穀官內定奪。至大二年，省准：廣禧庫庫子，依奉宸庫例出身，如係本把一考之上轉充者，四十五月受省劄錢穀官，其餘補充之人，六十月依上例遷用。本把元係本衙門請俸一考典吏轉補者，六十月近上錢穀官，其餘補充者，九十月亦依上例遷用。上都東西萬盈、廣積二倉司倉，與倉官一體，二周歲爲滿。三年，省准：各路庫子於各處錢穀官内發補，擬不減界，考滿從優定奪。江北庫子，止依舊例。和林設立平准行用庫庫子，宜從本省相應人内量選二名，二周歲爲滿，近下錢穀官内定奪。皇慶元年，部議：文成、供須、藏珍三庫本把、庫子，依太府監庫子例，常選内委用，考滿比例遷除，有闕於常調人内發補，自行選用者，考滿從本院定奪，若係常選任用者，考滿依例遷叙。二年，殊祥院所轄萬聖庫庫子、攢典，依崇祥院諸物庫例出身。部議：如比上例，三十月轉補五品衙門司吏，再歷三十月，於四品衙門司吏内補用，其庫子合於常調籍記倉庫攢典人内發補，六十月爲滿，於務都監内任用，自行委用者，考滿本衙門定奪。延祐元年，省議：腹裏路分司倉庫子，於州縣司吏内勾補，滿日同舊例陞轉。

凡書寫、銓寫、書吏、典吏轉補：至元二十五年，省准：通政等二品衙門典吏，九十月補本院宣使。各寺監典吏，比依上例，考滿轉補本衙門奏差。户部填寫勘合典吏，與管勘合令史一體，考滿從優定奪。參議府、左右司、客省使令史、書寫，四十五月轉補，如補不盡，於提控案牘内任用，於各部銓寫及典吏内收補。會總房、承發司、照磨所、架閣庫典吏，各部銓寫，六十月轉補，已上，都目内任用。各部典吏并左右部照磨所、架閣庫典吏，於都省參議府、左右司、客省使令史、書寫内以次轉補，如補不盡，六十月轉補各監令史，已上，吏目内任用。樞密院典吏、銓寫，依御史臺典吏一體，六十月轉部，轉補不盡，六十月已上，於都目内任用。御史臺典吏，遇察院書吏有闕，從上挨次轉補，通理六十月，補各道按察司書吏，部令史有闕，亦行收補。二十六年，省准：上都留守司兼本路都總管府典吏，九十月補本司宣使，考滿依例定奪。二十七年，省准：漕運使司令史，九十月提控案牘内任用，如年四十五以下，願充寺監令史者聽。省院臺部書寫、銓寫、典吏人等出身，與各道宣慰司、按察司、隨路總管府歲貢吏員一體轉部，書寫人等止令轉寺監等衙門令史。二十八年，省准：參議府、左右司、客省使令史，各房書寫有闕，擬於都省典吏内選補，五折四令史，書寫月日，通折四十月轉部。及六部銓寫、典吏一考之上選充，三折二令史，書寫月日，通折四十五月轉補各部令史。如已行選用者，四十五月補寺監令史。參議府、左右司、客省使令史，各房書寫有闕，擬於都省典吏内選補，五折四令史，書寫月日，通折四十五月轉部。及六部銓寫、典吏一考之上選充，三折二令史，書寫月日，通折四十五月轉補各部令史。如自行選用者，四十五月補寺監令史。部議：執總會總房、照磨〔所〕、承發司、架閣庫典吏，一考之上轉補參議府、左右司、客省使令史，補不盡者，四十五月補寺監令史。有闕，於六部銓寫、典吏一考之上選充，三折二省典吏月日，通折六十月轉補各部令史。若轉充參議府、左右司、客省使令史、都省書寫，五折四令史、書寫月日，通折四十五月轉部。如自行選用者，六十月補寺監令史。六部銓寫、典吏并左右部照磨所、架閣庫典吏，一考之上，遇省書寫、典吏月日補不盡者，六十月轉補寺監令史。省議：除見役外，後有闕，擬於都省各房寫發人内公舉發補，除轉充參議府、左右司、客省使令史、都省書寫、典吏者，依前例轉補，不盡者六十月充都目。二十九年，部擬：御史臺典吏三十月，依廉訪司書吏轉補察院，三十月轉部，補不盡者，考滿從八品遷用外，行臺典吏三十月轉補行臺察院書吏，再歷三十月發補各道宣慰司令史。參議府令史，四十五月轉部令史。光禄寺典吏，考滿轉補本衙門奏差。元貞元年，省准：省部見役典吏實歷俸月，名排籍記，遇都省書寫、典吏有闕，從上挨次發補。樞密院銓寫，一考之上補都省書寫，通折月日陞轉外，本院銓寫有闕，補請俸上名典吏。大德元年，省准：兩淮本道書吏，轉補行臺察院書吏、江南宣慰司令史。雲南、四川、河西三道書吏，在邊遠者三十月爲格，依上遷補。江浙行省檢校書吏，於行省請俸典吏内選補，以典吏月日五折四，通折書吏六十月轉各道宣慰司。四年，省准：徽政院掌儀、掌膳、掌醫署書吏宜從本院通定名排，若本院典吏有闕，以次轉補。八年，省議：院臺以下諸司吏員，俱從吏部發補，據曾經省發并省判籍定典史、令史，從吏部依次試補，元籍記典吏，見在寫發者，遇各庫攢典試補。省掾每名，設貼書二名，就用已籍記者，呈左右司闕吏部籍定，遇部典吏闕收補，歷兩考從上名轉省典吏，除一考外，餘者折省典吏月日，兩考陞補參議府、左右司、客省使令史、書寫、檢校、書吏，通折四十五月。補不盡省典吏，六十月，遇寺監令史、宣慰司令史有闕，依次發補。除宣慰司令史，已有貢部定例，寺監令史歷一考，與籍記部令史通籍發補各部令史。寺監見役人等，雖經准設，未曾補闕，不許轉部，考滿依舊例遷叙。其省部典吏、書寫人等轉入寺監、宣慰司，願守考滿者聽。御史臺令史一名，選貼書二名，依次選試相應充架閣庫子，轉補典吏，三十月發充各道廉訪司書吏，再歷一考，依例歲貢。三品衙門典吏，歷三考陞宣使，補不盡，本衙門於相應闕内委用。部典吏一考之上，轉省典吏，補不盡者，三考補本衙門奏差，兩考之上發寺監宣慰司奏差外，據六部係名貼書合與都省寫發人相參轉補各部典吏，補不盡者，發各庫攢典。都省寫發人有闕，於六部係名貼書内參選，不盡者依舊發各庫攢典。九年，省准：獄典歷一考之上，轉各部典吏。翰林國史院書寫考滿，除從七品，有闕從本院於籍記教授試准應補部令史内指名選用。太常寺典吏，歷九十月注吏目。工部符牌局典吏，三十月轉各部典吏。翰林國史院蒙古書寫，四十五月轉補寺監蒙古必闍赤。宣徽院所轄寺監令史有闕，於到部籍記寺監令史與本院考滿典吏挨次發補。十年，省准：陝西諸道行御史臺察院書吏，若係腹裏歲貢廉訪司見役書吏選取人數，須歷一考，以上名貢部，下名轉補察院。總管府獄典轉州司吏，府州者補縣吏，須歷一考，方許轉補。江浙行省運司書吏，九十月陞都目，添一資陞轉，如非各路散府上州司吏補充，役過月日，別無定奪。十一年，省准：左司言照磨所典吏遇闕，宜於左右部照磨所典吏内從上發補。各路府州獄典遇闕，於廉訪司寫發人及各路通曉刑名貼書内參補。至大元年，省准：各部蒙古必闍赤，如係翰林院選發之人，四十五月遇各衙門譯史有闕，依次與職官相參補用，不敷，從翰林院發補。三年，省准：詹事院蒙古書寫，如係翰林院選發之人，四十五月遇典用等監衙門譯史有闕，依次與職官相參補用，不敷，從翰林院選發。和林行省典吏，轉理問所令史，四十五月發補稱海宣慰司令史，轉補不盡典吏，須歷六十月依上發補。中瑞司、掌謁司典書，九十月與寺監令史一體除正八品。行臺察院書吏，俱歷九十月依舊出身叙，任迴添一資陞轉。内臺察院轉部，行臺察院轉江南宣慰司令史，北人貢内臺察院各道廉訪司書吏，先役書吏歷九十月，擬正九品，任迴添一資陞轉。省議：廉訪司書吏，上名貢部，下名轉察院，不盡者通九十月，除正九品。察院書吏三十月轉部，不盡者九十月除從八品，非廉訪司取充則四十五月轉部，不盡者考滿除正九品。二年，議：廉訪司書吏、貢察院書吏，不盡者九十月除正九品，行臺察院書吏轉補不盡者如之。内臺察院書吏轉部，年高不願轉部者，九十月除從八品。皇慶元年，部議：廉訪司職官書吏，合依通例選取，不許遷叙，候書吏考滿，通理叙用。職官先嘗爲廉訪司書吏者，避元役道分，并其餘相應職官，歷三十月，減一資。又教授、學正、學録并府州提控案牘、都吏目内委充職官，各理本等月日，其餘歲貢儒吏，依例選用。又廉訪司奏差、内臺行臺典吏有能者，歷一考之上選充書吏，通儒書者充儒人數，通吏業者充吏員數。參議府、左右司、客省使令史、書寫、檢校書吏，依至元二十八年例，以省典吏選充，五折四令史、書寫、書吏月日，通折五十五月轉部。省典吏係六部銓寫、典吏轉充，三折二省典吏月日，通折六十月轉各部令史。自用之人并轉補不盡省典吏，考滿發補寺監、各道宣慰司令史。二年，省准：河東宣慰司選河東山西道廉訪司書吏充令史，合迴避按治道分選取，其餘亦合一體。延祐三年，部擬：行臺察院書吏、各道廉訪司掌書，元係吏員出身者，並依舊例，以九十月爲滿，依漢人吏員降等於散府諸州案牘内選用，任迴依例陞轉。大宗正府蒙古書寫，四十五月依樞密院轉各衛譯史除正八品例，籍定發補諸寺監譯史。察院書吏與宣慰司令史，皆係八品出身轉部者，宜以五折四理算，宣慰司令史出身正八品，察院從八品，其轉補到部者以五折四准算太優，今三折二。其廉訪司徑發貢部及已除者，難議理算。天曆元年，臺議：各道書吏，額設一十六人，有闕宜用終場下第舉子四人，教授四人，各路司吏四人，通吏職官四人，委文資正官試驗相應，方許入部。

凡衛翼吏員陞轉：皇慶元年，樞密院議：各處都府并總管高麗、女直、漢軍萬户府及臨清萬户府秩三品，本府令史有闕，於一考都目、兩考吏目并各衛三考典吏内，呈院發補，九十月歷提控案牘一任，於各萬户府知事内選用。延祐六年，樞密院議：各衛翼都目得代兩考者，擬受院劄提控案牘内銓注，三考陞千户所知事，月日不及者，各衛翼挨次前後得代日期，於都目内貼補。各衛提控案牘，年過五旬已歷四考者，陞千户所知事。及兩考年四十五以下，發補各衛令史。不及兩考者，止於案牘内銓注，受院劄，通理一百二十月，於千户所知事内選用。各處蒙古都元帥府額設令史有闕，於本府所轄萬户府并奥魯府上名司吏年四十以下者選取，呈院准設，歷一百二十月，再歷提控案牘一任，於萬户府知事内遷用。泰定三年，樞密院議：行省所轄萬户府司吏有闕，於本翼上千户所上名司吏内取補，須行省准設，九十月充吏目，一考轉都目，一考除千户所提領案牘，一考陞萬户府提控案牘，歷兩考，通歷省除一百五十月，行省照勘相同，咨院於萬户府知事内區用。

凡各萬户府司吏：蒙古都萬户府司吏有闕，於千户所司吏内選補，歷一百二十月，陞千户所提領案牘，一考萬户府案牘，通理九十月，轉萬户府知事。漢軍萬户府并所轄萬户府及奥魯府司吏，於千户所司吏内補用，呈院准設，九十月充吏目，一考都目，一考陞千户所或都千户所、奥魯府提控案牘，再歷萬户府或都府、奥魯府提控案牘兩任，於萬户府知事内用。各處都府令史，於一考都目、兩考吏目并各衛請俸三考典吏内，呈院發補，九十月爲滿，再歷提控案牘一任，於各萬户府知事内遷用。各處蒙古軍元帥府令史，大德十年擬於本府所轄萬户府并奥魯府上名司吏内，年四十以下者選補，呈院准設，歷一百二十月，再歷提控案牘一任，於萬户府知事内遷用。各省鎮撫司令史，於各萬户府上名六十月司吏内選取，受行省劄，三十月爲滿，再於各萬户府提控案牘内，歷一百二十月知事内定奪。各衛翼令史，有出身轉補者，九十月正八，無出身者從八内定奪。

凡提控案牘、都目：至元二十一年三月已後受院劄，九十月爲滿，行省、行院劄一百二十月爲滿，於萬户府知事内用。大德四年，案牘年過五旬，已歷四考者，於千户所知事内定奪外，及兩考四十五以下發補各衛令史，若不及考者，止於案牘内銓注，受院劄，通理一百二十月，於千户所知事内用。各衛翼都目，延祐六年，請俸兩考者，院劄提控案牘内銓注，歷三考，陞千户所知事，月日不及者，各衛翼都目内貼補。如各衛典吏轉充者，六十月直隸本院萬户府提控案牘、弩軍屯田千户所、鎮撫司提控案牘内銓注。無俸人轉充者，九十月依上陞轉。鎮撫司、屯田弩軍千户所都目，依中州例，改設案牘，止請都目俸，三十月爲滿，依例注代。

（清）孫承澤《元朝典故編年考》卷五《遷官之法》 大德三年，立遷官之法，從七以下屬吏部，正七品以上屬中書，三品以上非有司所予奪，由中書取進止。自六品至九品爲敕授，則中書牒署之。自一品至五品爲宣授，則以制命之。三品以下用金寶，二品以上用玉寶，有特旨者則有誥詞。其理算論月日，遷轉憑散官，内任以三十月爲滿，錢穀典守以二歲爲滿。而理考通以三十月爲則。内任官率一考陞一等，十五月進一階。京官率一考，視外任減一資。外任官或一考進一階，或兩考陞一等，或三考陞二等。四品則内外考通理。此秋毫不可越。然前任少則後任足之，或前任多則後任累之。一考者及二十七月，兩考者及五十七月，三考者及八十一月以上，遇陞則借陞而補以後任。

紀事

（元）元好問《元好問全集》卷一八《碑銘表誌碣・通奉大夫禮部尚書趙公神道碑》 六月，以淯川課最，陞一階，改開封令。九月，復以左警巡院副使借注之。大概景賢爲人有幹局，而以學術濟之，爲政不務表襮，人久而信，故所去見思。其年積前後勞，遥領鎮南軍節度副使、兼蔡州管内觀察副使。官中順大夫、上騎都尉，清河郡開國伯，食邑七百户。

（元）王惲《秋澗集》卷九一《事狀・司官不勝任者即行奏代事狀》 照得條畫内一款：按察官聲迹不好者，即行奏代。今南北察司廿道，每司正官與首領人員，除新任未滿者，是遷調員數嘗幾於半。材不易知，安得人人而當之？然即其所知，倖初選時稱停搭配，不致偏重可也。其已除而不勝者，若姑息待滿，是知其無能，令徒占位次，月費俸料，養資歷而已，於司事何益？乞請令監察上下半年巡行督察之，歲取其功罪之尤者，明著之以示天下，不次陞黜一二人。所謂臺諫急則監司警，監司警則郡縣肅，誠激勸賢否、振勵衰弊之一法也。

《元典章》卷八《吏部・官制・月日・發補令史事理》 大德四年十二月，御史臺奉中書省劄付：吏部呈：奉省判送：本部元呈：籍記令史李文基等狀告：諸衙門令史人等，大德元年三月初七日已准格例已前，照依舊例，九十個月爲滿遷除，已後創補請俸，一百（七）〔二〕十個月爲滿。照得二品衙門并六部令史四十餘名，自二月告滿，已歷一百餘月，俱各類選了當，已蒙吏部於六部上名令史挨次收補，填告滿名闕，到今三個月餘，不行發補。文基自元貞二年籍記，到今四年，因爲增添月日，不見收補，幸蒙都省擬依舊例遷除。其六部三品衙門令史，已是考滿，貪圖俸月，久占闕名，不行離役，使文基不能收補。具呈照詳。得此。覆過奉都堂鈞旨，送吏部照闕發補施行。奉此。本部除外，據樞密院、御史臺告滿令史，如依一體，合從都省照會。具呈照詳。得此。都省除外，仰照驗依例施行。

（元）唐惟明《憲臺通紀續集・加授散官》 至正四年十一月初四日，中書省劄付：至正四年九月十八日，阿魯圖右丞相根底特奉聖旨節該：臺大夫也先帖木兒根底與開府儀同三司散官，帖睦爾達實根底與銀青榮禄大夫散官者。麽道聖旨了也。欽此。又至正四年九月二十七日中書省官奏：教也先帖木兒大夫、帖睦爾達實大夫兩個知經筵呵，怎生？奏呵，奉聖旨：那般者。欽此。

（元）唐惟明《憲臺通紀續集・御史臺復陞從一品》 延祐七年四月十四日，本臺官奏：俺與廣平王脱禿哈大夫一處商量了奏有：近間爲衙門冗濫，驟陞品職的教減降有。御史臺元是二品有來。曲律皇帝聖旨、普顔篤皇帝潛邸聖旨：御史臺與樞密院一般。教陞做從一品呵，怎生？麽道奏呵，奉普顔篤皇帝聖旨：我和太后一處商量來，索甚麽降有？則依舊者。麽道聖旨有來。俺商量來：御史臺是糾彈別人的職分有，減降的勾當，先從俺合説有，依舊做二品的，上位識者。奏呵，奉聖旨：索甚麽那般説有？集賢院、翰林院也先是從一品有，御史臺在先是從一品有來，只依舊做從一品者。麽道聖旨了也。欽此。

（元）唐惟明《憲臺通紀續集・審囚官不許別除》 至正二年四月，中書省劄付：至正二年四月初九日中書省官奏：京師四方輻輳，詞訟繁多，有司繫囚，時常盈獄。比者五府審囚，官吏託故不聚，久禁囚人，明正其罪者百無一二，死於囹圄者十有八九，致使兇頑惡少之徒不知警讀畏。獄囚淹延，實在於此。俺商量來：今後五府審囚官，除聖節、正旦、拜賀表章、迎接詔書外，自至正二年夏季孟月爲始，審理當年春季罪囚，每日早聚晚散，參考審理。應禁囚徒，若大情已定，贓驗明白，輕者即與疏決，重者就催有司疾早依例結案。不出季分，須要遍歷審理，勿得推稱小節不完，故延其事。仍於季月二十日已裏先行呈省，催差次季官員教替。都省憑此，劄付院、臺、宗正府等衙門隨即差官，依上接審，毋以限逼爲辭，故留合録囚徒。續具審過已未斷罪囚，起數開呈。又已委五府官審理未畢，不許別除，雖有除授，不許之任，亦不得別行差占。違者挨問究治呵，怎生？奏呵，奉聖旨：那般也。欽此。

（元）劉孟琛《南臺備要・掾譯史人等職官相參》 至正二年六月，准御史臺咨：中書省奏：内外諸衙門額設掾譯史、通事、知印、宣使、奏差補用之法，内職官一半相參，具有成憲。比年以來，所司失於奉行，往往違例補用侵塞職官名數，歲積月增，官冗事弊，其於選法不無雍滯。俺商量來：今後内外諸衙門所設掾譯史、通事、知印、宣使、奏差，並依今次立定等第，職官一半相參。掾令史，相應文資流官〔内〕選取；譯史，選識會蒙古、畏吾兒文字語言，通事，〔選〕精通譯語，及知印並於流官内選取；宣使、奏差，於蒙古、色目、漢人無粘帶職官内依例相參取補。上項各色合用人數，須於任回有解由、已除未任、不係急闕並見任有注代職官内選，俱要歷及一考。除宣慰司、廉訪司依例減資，其餘等衙門驗應得資品陞一等。不許就役陞轉，止除元任地方。有過並雜職不預。其初滿類選換授人員，在内衙門不許取用，須要任回依例取補，違者當該首領官吏斷罪。摽附合行事理，俺定擬了也。依着定擬來的行呵，怎生？奏呵，奉聖旨：那般者。欽此。除外，都省合下仰照驗，就行欽依施行。承此。除外，咨請照驗，欽依施行。准此。

一、行省、行臺、廉訪司：行省、行臺，掾令史，正從八品文資職官内選取；回回掾史一體參補，須要識會亦思忒非文字；譯史、通事，於正從八品職官内選取；知印，於正從八品職官内選取；宣使，於正從九品職官内選取。廉訪司，書吏，於正從九品文資出身職官並儒學教授内選補，考滿職官減一資，歷教官，理本等月日；通事、譯史，職官與相參者遞進。

（元）劉孟琛《南臺備要・建言職官》 至正十一年四月初五日，准御史臺咨：承奉中書省劄付：照得近據吏部呈該，爲建言職官一半相參補用事。得此。移准奏事房付：至正十年十二月二十日，阿魯圖怯薛第三日，興聖殿東鹿頂裏有時分，速古兒赤拜住、云都赤金剛寶、殿中那海、給事中塔海帖木兒等有來，脱脱太傅右丞相、太不花平章、玉樞虎兒吐華右丞、脱列參政、韓鏞參政、帖理帖木兒參議、悟良哈台參議、杜秉彝參議、烏古孫良禎參議、脱火赤郎中、李稷郎中、董鑰員外郎、伯帖木兒都事、田復都事、直省舍人遠世普花、完者帖木兒、蒙古必闍赤都兒迷失海牙、也先不花等奏：至正二年奏准内外諸衙門額設掾譯史、通事、知印、宣使、奏差補用之法，於内職官一半相參，具有成憲。在後至正八年奏准上都留守司並在京三品以上衙門，果有應補職官，依例選取，如或不敷，許於相應人内依例取用。俺商量來：若依至正八年奏准事例，三品以下衙門職官不敷，許於相應人内補用，有礙選格。擬合欽依至正二年事例，須要一半相參補用呵，怎生？奏呵，奉聖旨：那般者。欽此。付請欽依施行。准此。除外，都省合下仰照驗，就行欽依施行。承此。除外，咨請照驗，就行欽依施行。

（元）劉孟琛《南臺備要·譯史人等》 至正十二年七月初十日，准御史臺咨：承奉中書省劄付：至正十二年閏三月十六日，咬咬怯薛第三日，明仁殿裏有時分，速古兒赤不答失里、云都赤朵兒只等有來，脱脱答剌罕太傅右丞相、定住平章、月魯不花平章、普化平章、帖理帖穆爾參政、偰哲篤參議、脱火赤參議、汝中柏郎中、伯顔帖木兒員外郎、完者帖木兒都事等奏：各衙門譯史、怯里馬赤、知印、宣使、奏差，職官相參用者。麼道奏著爲例行了來。各衙門職官闕裏用了白身人有，要罪過呵，經革了有。即目行事之際，各處差使用人有，如今至正十二年正月二十一日已前職官闕裏參了的譯史、怯里馬赤、宣使、奏差，勾當差使去辦事的不爲例，自公參月日爲始，與他每准設。今後職官闕内再參補不應人呵，依例要罪過呵，怎生？奏呵，奉聖旨：那般者。欽此。除外，都省合下仰照驗，就行欽依施行。承此。咨請欽依施行。

《元史》卷二五《仁宗紀》 〔延祐元年〕冬十月癸巳，陞潁州萬户府爲中萬户府。乙未，敕：吏人轉官，止從七品，在選者降等注授。申飭内侍及諸司隔越中書奏請之禁。

圖表

《元典章》卷八《吏部·官制》

內官陞轉

隨朝官員一考陞一等。兩考以上，依例通陞二等止。

六部侍郎係正四品，通理八十個月，與正三品。

左右司郎中、員外郎、都事係奏事之官，考滿陞二等。

六部郎中、員外郎、主事，三十個月考滿陞一等。兩考之上，通陞二等。

令譯史、通事、知印、宣使人等陞轉例：

蒙古必闍赤、省掾、通事、知印，三考從六。若正從七品職官，一考陞二等。蒙古必闍赤考滿，比省掾高一等。宣使從七。

臺院令史、通事、譯史、知印，三考正七；宣使正八。同臺院令史、通譯史、知印、宣使：

宣徽院　泉府司　大司農司　詹事院　翰林院　扎魯花赤

總制司　統制院　各處行省　集賢院　通政院　留守司

六部令史、通事、譯史、知印，三考從七；奏差從八。同六部令史、通譯史、知印、奏差：

徽理司　太府監　省斷事官　大史院　翰林院書寫

考滿令史正八，奏差正九：

少府監　秘書監　各衛　武備寺　家令司　府正司

太常寺　太僕寺　尚乘寺　光禄寺　太醫院　宣慰司

考滿令史從八：樞密院斷（罪）〔事〕官

左右司首領官月日滿陞二等，今後月日滿則陞一等。

職官令史（二）〔三〕十個月陞二等，今後（二）〔三〕十個月則陞一等。

外官陞轉

三品	以上非有司定奪	隨朝衙門、行省、宣慰司官，一考例陞一等。外路官員別行定奪。新例，外任官較內任官陞轉甚遲，但歷在外兩任，五品以下並減一資。經至元三年遷轉者，特與陞加。福建、兩廣官員，五品以上照窠闕銓注，六品以下就便委用，開具咨省。管匠官止於管匠官內流用。管軍官轉入民官，受宣敕者依例陞用，未經換受人員有軍功者斟酌定奪，無功者行省量才區處。
正四品	通理八十個月與三品職事	
從	同上	
正五品	兩考歷上州尹一任，方入四品。無上州尹，再歷正五一任，方入四品。	
從	三考正五	
正六品	兩考從五	
從	三考從五	
正七品	兩考從六	
從	三考正七	
正八品	兩考從七	
從	三考從七	
正九品	兩考從八	
從	(兩)〔三〕考從八	

江淮官陞降

四川碉門 蠻夷同江 淮例	有出身未入流品人員受宣者	(給)〔無〕出身及白身人員受宣者	受行省院劄有出身不曾換受宣者：見受職名應受宣	白身人見受職名應受敕者
正三品	擬同六品	擬同〔七品〕	〔擬同〕七品	
正四品	擬同七品	擬同〔八品〕	〔擬同〕八品	
正從五品	擬同正（九）〔八〕	擬同〔正九〕	〔擬同八〕（九）品	
	同上出身受敕者	同上出身受敕者	同上出身受敕者	
正從六品	擬同〔從〕八品	擬同〔從九〕	〔擬同正從〕九品	擬同巡檢、案牘
正從七品	擬同正〔從〕九品	擬同〔提領案牘、巡檢〕	〔擬同〕提領〔案牘、巡檢〕	以下於税務、監當官內任用
正從八品	〔擬同從九品〕	〔擬同提領案牘〕巡檢	〔擬同提領〕案牘〔、巡檢〕	
正從九品	〔擬同提領案牘、巡檢〕	擬同税務、監當	擬同監當	

前三件：已受宣敕、任用一考之上，擬於見擬回降資品上更增一等銓注。江淮官員任回擬定前資，例陞二等，止於江淮遷轉。若於腹裏任用，依上定例。七品以下已經三品、四品者，比附上項有出身、未入流品人員，例從高一等定奪。

考績分部

題解

（元）徐元瑞《吏學指南·考功》 殿最：《漢書音義》：下功曰殿，上功曰最，有二十七等。

褒貶：推美曰褒，遠謫曰貶。

優劣：居上曰優，居下曰劣。

黜陟：退而不任曰黜，登而上進曰陟。《書》曰：黜陟幽明。

論説

（清）嵇璜等《續通典》卷二一《選舉·雜議論中》 宣宗貞祐四年三月，監察御史完顔素蘭言：臣近被命體問外路官，廉幹者擬以差遣，若懦弱不公者罷之，具申朝廷别議擬注。臣伏念彼懦弱不公之人雖令罷去，不過止以待闕者代之，其能與否又未可知，或反不及前官。蓋徒有選賢之名，而無得人之實。古語云：縣令非其人，百姓受其殃。今若後官更劣，則爲患滋甚，豈朝廷恤民之意哉？夫守令治之本也，乞命隨朝七品、外路六品以上官，各舉堪充司縣長官者，仍明著舉官姓名，他日察其能否，同定賞罰，庶幾其可。乃詔隨朝七品、外路六品以上官，二歲舉縣令一人。時御史中丞李英又言：兵興以來，百務皆弛，其要在於激濁揚清獎進人才耳。近來改定四善十七最之法，徒爲虚文，大定間數遣使分道考察廉能，當時號爲得人，願改前日徒設之文，遵大定已試之效，庶幾人人自勵，以爲國家用。從之。

（元）魏初《青崖集》卷四《奏議》 〔二十年〕八月原缺日，竊謂古之用人以考能否爲本，今不過通算月日，抑其資品而已，其於古人考績黜陟之意蓋無有也。直至各官贓污發露，才有停解降等之法，其於所管部分人户果安而無逃移者乎？盗賊果息而無耗亂者乎？詞訟果簡而無冤抑者乎？賦役果平而無偏重者乎？田野果闢而無荒蕪者乎？是之不論，直以受錢得罪，驟升乃降，此治之所以未臻也。今後某官在某任，歷某月日，於五事某事不辦，可中是何等選，縣考之於州，州考之於府，府考之於各道按察司，御史臺歲終奏遣，監察御史分道考按得實呈省。其各道按察司，亦以所屬路分通考五事之殿最而升黜之。夫欲考按如此，而取人之路不可不謹。今司縣吏取之無法，因之以升州、升府，以至部、臺、院、省，莫不由此途出，與夫諸衙門創保人員，皆經營求請而得之，積以月日，以之臨民，以之治軍，以之典財賦，以之任風憲，求之超出倫輩，肯爲國家效力者，幾何人哉？前代有鄉舉里選之法，賢良方正之科，如科舉，如任子，如試吏員，其途不一也。今止於貼書寫發之間取之，豈能盡天下之才？合從吏部與諸名德講究，定一代選舉之典，則人才有望，澆風可戢矣。

（元）王惲《秋澗集》卷三五《書·上世祖皇帝論政事書》 臣近蒙禮部符，承中書省劄該，憲臺欽奉聖旨，召臣惲馳傳赴闕庭者。臣惲伏自欽承明命，夙夜祗懼，不知所爲。意者憲臺過舉，俾備顧問，庶有所發明。因自忖量，國家之事日有萬幾，非愚下所能識，然臣自中元迄於今日，久叨仕進，區區管窺，不無一見，輒敢以時務所宜先者數事昧死上聞。

臣聞自古創業垂統之君，必定制畫法傳之子孫，俾遵而守之，以爲長世不拔之本。欽惟皇帝陛下聖文神武，以有爲之資，膺大一統之運，長策撫馭，區宇民數，遠邁漢、唐，其所守者特治道而已。然三十年間，勵精爲治，因時制宜，良法美意，固已周悉。今也有更張振勵，講明畫一，若懸象而昭布之，使臣民曉然知其法之所以，豈不便哉。故臣以立法定制爲論治之始。【略】

五曰議廉司以勵庶官。臣聞古之善爲國者，不使人有怠惰不振之氣。若作於心而害於政，苟非以德振起，必須度時宜，本人情，齊之以法，故得小大畢力，上不勞而衆事舉。今州郡之官品流殽雜，既無選舉甄别，止循常資，紛紛藉藉，聚散於吏部，例得一官，鮮不因循苟且，以歲月養資考而已，欲望承流宣化，趨事赴功，卓有惟新之政，亦已難矣。嘗觀漢、唐之馭吏也，能者增秩賜金，公卿缺則表之，以觀其賢，否者放田里而不事事。唐則召七品官以上集於闕庭，親於訪問，究得失而進退之。然二者不過爵禄爲勸，爵禄極則意滿足，意滿足則怠心生，亦有無如何者。故持斧、直指、採訪、黜陟等使歲相望於道。而本朝之舉高出前代，比者廉司之設，初氣甚張，中外之官悚然有改過自新之念，大姦巨猾致畏懾而不自安，庸人懦夫將卓爾而有所立。行無幾何，法禁稍寬，使監視者勁挺之氣不息而自斂，聽從者奸弊之萌潛滋而復持，恐徒易其名，而不能革州縣之故習。夫刑罰崇寬，固自國家美政，然分别善惡以示勸懲，豈得專務寬恤。昔亡金大定間，尚書省奏順州軍判崔伯時受贓不枉法，准制當削官停職。世宗曰：受財不至枉法，以習知法律故也。所爲奸狡，習與性成，後復任用，豈能自悛？雖所犯止於追官，非奉特旨無復録用。以致犯禁者鮮，此先事之明驗也。今風俗澆薄，遇有所犯，苟免無恥。臣愚爲法宜稍重，以權一時，其要在人法並任，精擇官僚，優加吏禄。憲綱既立，公道大行，官有作新之氣，吏無餬口之虞，我之氣既伸，彼安得不振，我之政既肅，彼安敢或私。所謂上行下效，源清流長，將見風彩百倍，有登攬澄清之望矣。【略】

八曰試吏員以清政務。前代取吏之法，條目甚嚴，如宰相子辟舉，令取充省雜，終場舉人試補臺掾，品官子孫、吏員、班祗、閤門等人出身者試補六部令史。夫令者，明法令曰令，史者，通經史曰史。今府州司縣應用一切胥吏，多自帖書中來，官無取材，勢須及此，所習既凡，聞見亦寡，欲望明刑政，識大體，務清無革，難矣。臣愚以謂，爲今之計，莫若將合歲貢吏人以吏員法試之，中選者仍許上貢，補充隨朝身役，外州府郡見役者從廉司以校法試驗，庶幾激之積漸肯學。其月請俸給，亦合定奪，能使得餬其口，然後可責以廉。何則？今廉司專抑吏權，察非爲，少有貪鄙，不計養廉，即按而治之，是縱之竊，而責以何盜之爲，豈理也哉。

（元）程文海《雪樓集》卷一〇《奏議存稾・吏治五事・置考功歷》

國朝建御史臺，雖有考課之目，而未得其要，莫可致詰。欲乞照前朝體例，應諸道府、州、司、縣，下至曹掾等，各給出身印紙歷子一卷，書本人姓名出身於其前，俾各處長吏聯御結罪保明，書其歷任月日、在任功過于後。秩滿，有司詳視而差其殿最，則人之賢否一覽而知，考核得實，庶無僥倖。

（明）楊士奇等《歷代名臣奏議》卷一五二《用人》 世祖時，東平布衣趙天麟上《太平金鏡策》曰：臣聞夫龍之爲物也，千變萬化，無適不宜，大則乘風雲，震雷電，奮迅其頭角，翕闢其爪牙，沛霖雨以灑八荒，潤禾苗以濟群下；小則陶侃之梭，張華之劍，釋聞之蛇，壺公之杖，或躍在淵，或蟠于泥。此蓋既能大而又能小者也。夫鵬之爲物也，化質於北溟，運程於南海，背逾千里之大，翼若垂天之雲，擊洋水之三千，摶扶搖而九萬，以之搶榆枋則不及斥鷃，以之捕狐兔則不及鷹鸇，此蓋能大而不能小者也。夫鷄之爲物也，朝遊庭除，夕宿塒□，文備一身之采，武門一時之命，至於凌晨三唱，風雨不移，毫釐不失，若以鵬及希有比之，則霄壤懸矣。此蓋能小而不能大者也。物既如此，人奚不然？故爲委吏而會計當，爲乘田而牛羊壯者，宣父也；範圍天地，有教立焉，爲萬世帝王之師，拯六合生靈之溺者，亦宣父也。非龍而何哉。孟公綽可以爲趙魏老，不可以爲滕薛大夫，黄霸長於治郡，而功名損於相位，即小大之殊也。龍乎龍乎，豈可以常得乎。伯夷聖之清，柳下惠聖之和，猶且失於一偏，孟子謂之隘與不恭。然則人之周於道、備於事者，千載一二人耳，其具體而微乎微者或嘗有之，亦已希矣。由此觀之，舉世英賢多皆一節，爲人上者取一節可也。董子云：量材而授官，其此之謂歟？今國家選法，腹外三年爲一考，腹内二年半爲一考，自非負罪之員皆有進而無退。臣謹按《虞書》云：三載考績。三考，黜陟幽明。言舜之考官如是也。又按漢史云：文帝時，吏居官者，或長子、長孫，其二千石亦安官樂職。言文帝之任人如是也。臣以爲方今選法，宜以賢能爲先，不宜以日月爲上。不革此弊，則是公卿之位咸可累考幸超而希之也。且人才有大有小，例以初仕者職小，則淹滯英才，例以久宦者職遷，則施爲安得皆稱哉。切恐郡縣之官以苟且存心，有更張之事，則計之曰：三年之後，吾將去此，何用勞吾心哉。因循而已矣；見賄賂之物，則思之曰：一旦交代，未獲即除，何以爲家費哉。營資而已矣。又況郡縣之民，迎新送故，甚爲勞費，其弊將至於無如之何矣。或者以郡縣之官久則擅權生事，錢穀之官久則私弊難制，臣謂此言非也。若循三德八才而用之，則皆才德應官之人矣。人情大可見，莫不慕榮貴，但在國家錫之殊寵，用當其才，然亦有不遷之之道焉，言當加爵而不即移其職也。伏望陛下量其短長，察其可否，細木常使爲桷，大木常使爲宗。凡內外官員，三年第一考爲初考，上等加官階二級，中加一級，下則仍舊階，而上、中、下三等皆復守其本職。六年再考，如初考，而復守本職；九年終考，如再考，然後黜陟其職也。凡考法，令廉訪司官重甘保結，考其行實，而牒司路以達於上司，銓定階次，籍記倚閣。凡三考黜陟，其事業循常者，依累次官階而除之，以次第所宜；其才德超異者，雖階次甚卑，而待之以不次之位。如是，則居官守祿者既思階次之超升，而盡其公道，又懼憲職之知覺，而滅其私心，庶幾乎選法有以定矣。

（明）楊士奇等《歷代名臣奏議》卷一五八《知人》 世祖時，布衣趙天麟上《太平金鏡策・論考幽明》曰：臣聞一人在上，握四海之權衡，四海承風，仰一人之造化。功名之要地，榮利之宏機，廉士貪夫，文儒武帥，或欲呈其才德而冀其道之得行，或欲肆其姦回而冀其情之獲恣。故正人指邪人爲邪，而邪人亦指正人爲邪，忠者以佞者爲佞，而佞者亦以忠者爲佞。交攻不一，雖曰難分，立法取中，亦爲極易也。唐朝以體貌豐偉爲貴，所謂市瓜喜大而或失其香；晉室以清談虛曠爲先，所謂畫餅充饑而委無真用。此唐之不能及三代，而晉之不能及漢、唐也。今國家入仕之門太多，考選之方太闕。臣以爲王者之左右攜僕亦貴乎正，不正，則如蝎蠹之內生；天下之大官小吏並須乎賢，不賢，則如蝗螟之外起。臣謹依經考史，斷以愚意，條陳聖人之九徵，及當今所切二十六美之三十九類，與夫三要，惟陛下察之。

所謂九徵者，一曰遠使之而觀其忠，二曰近使之而觀其敬，三曰煩使之而觀其能，四曰卒然問焉而觀其智，五曰急與之期而觀其信，六曰委之以財而觀其仁，七曰告之以危而觀其節，八曰醉之以酒而觀其則，九曰雜之以處而觀其色。所謂二十六美之三十九類者，一曰文史之美三類：草制飾詔，諄悉詞情也；校書正字，可爲定體也；教誨後學，德多成也。二曰禮官之美三類：補袞拾遺，將順其美也；朝會祭祀，儀章丕舉也；宣慰風俗，雍熙聿致也。三曰樂官之美一類：金石宮商，理協聲正也。四曰知人之美一類：善惡周覽，洞曉于心也。五曰敬賢之美一類：推轂進士，常若不及也。六曰考校之美一類：彰善癉惡，照文無失也。七曰糾察之美二類：彈劾所至，不避權豪也。八曰廉訪之美二類：廉察官吏，儆懼肅清也；訪問風俗，化成禮義也。九曰宿衛之美一類：小心周密，京輦增威也。十曰籌計之美二類：帷幄畫計，退衝倒戈也；排壘整陣，臨時合權也。十一曰督領之美三類：器械精完，士卒閑習也；號令嚴明，部伍齊肅也；臨敵耀威，身先仕伍也。十二曰鎮防之美一類：守堅持重，寇盜難窺也。十三曰屯田之美一類：勸勵稼穡，勤事多獲也。十四曰芻養之美二類：孳畜頭足，茁壯蕃滋也。十五曰使臣之美二類：喉舌宣納，成美昭光也；委幹事務，辨濟平允也。十六曰決斷之美三類：勾檢考覈，瑕隙無隱也；要察圓明，囚無間言也；疑獄得情，處置合律也。十七曰農桑之美一類：董督樹藝，水旱有備也。十八曰董役之美一類：監役合宜，丁夫悅事也。十九曰關津之美一類：奸詐不漏，行旅不壅也。二十曰營造之美一類：練事分功，捷於供奉也。二十一曰明利之美一類：出納有常，簿藉易照也。二十二曰筭數之美一類：多寡有方，了然胸臆也。二十三曰僧官之美一類：弘宣釋教，守戒精嚴也。二十四曰道官之美一類：弘宣道教，守德精嚴也。二十五曰醫官之美二類：科品明分，舉無不應也；開發後學，成材者衆也。二十六曰陰陽之美二類：曆法推步，授時無舛也；卜筮循經，不爲詭異也。所謂三要者，一曰公，二曰廉，三曰勤。徑情服事，不邀功利，謂之公。賄賂在前，不以爲念，謂之廉。服勞王室，悉心竭力，謂之勤。九徵之徵盡矣，二十六美之類備矣，三要之要具矣，選法考校之源委終矣。伏望陛下以九徵考左右攜僕，僕臣正，而厥后益以正矣。更望陛下以二十六美之三十九類，與夫三要之說，明諭選曹及內外百官，若三年當考之時，凡一美三要者爲上等，凡一美二要者爲中等，凡一美一要者，有要無美者，有美無要者，皆爲下等。凡美要並無，而雖無大罪者，亦停免之。凡罪犯顯明，則有憲職在焉。始以三德八才用之，終以二十六美三要考之，則自中及外，大小官吏，將若玉壺之冰，秋霄之月，凜乎其清，皎乎其明矣。

（清）嵇璜等《續通典》卷二二《選舉・雜議論下》 東平布衣趙天麟上《太平金鏡策》，略曰：今國家選法，腹外三年爲一考，腹內二年半爲一考，自非負罪之員皆有進而無退。臣以爲選法宜以賢能爲先，不宜以日月爲上。請凡內外官員，三年第一考爲初考，上等加官階二級，中階一級，下則仍舊階，而上、中、下三等皆復守其本職。六年再考，如初考，而覆守本職。九年終考，如再考，然後黜陟其職。凡考法，令廉訪司官重其保結，考其行實，而牒司路以達于上司，銓定階次，籍記倚閣。凡三考黜陟，其事業循常者，依累次官階而除之，以次第所宜；其才德超異者，雖階次甚卑，而待之以不次之位。如是，則居官守禄者既思階次之升超，而盡其公道，又懼憲職之知覺，而滅其邪心，庶幾乎選法有以定矣。

又《論考幽明》曰：國家入仕之門太多，考選之方太闕。臣謹依經考史，斷以愚意，條陳聖人之九徵，及當今所切之二十六美之三十九類，與夫三要，惟陛下察之。所謂九徵者：一曰遠使之而觀其忠，二曰近使之而觀其敬，三曰煩使之而觀其能，四曰卒然問焉而觀其智，五曰急與之期而觀其信，六曰委之以財而觀其仁，七曰告之以危而觀其節，八曰醉之以酒而觀其則，九曰雜之以處而觀其色。所謂二十六美之三十九類者，一曰文史之美三類：草制飾詔，諄悉詞情也；校書正字，可爲定體也；教誨後學，材德多成也。二曰禮官之美三類：補衰拾遺，將順其美也；朝會祭祀，儀章丕舉也；宣慰風俗，雍熙聿致也。三曰樂官之美一類：金石宫商，條理聲正也。四曰知人之美一類：善惡周覽，洞曉於心也。五曰敬賢之美一類：推轂進士，常若不及也。六曰考校之美一類：彰善癉惡，照文無失也。七曰糾察之美一類：彈劾所至，不避權豪也。八曰廉訪之美二類：廉察官吏，儆懼肅清也；訪問風俗，化成禮義也。九曰宿衛之美一類：小心周密，京輦增威也。十曰籌計之美二類：帷幄畫計，折衝倒戈也；排壘整陣，臨時合權也。十一曰督領之美三類：器械精完，士卒閑習也；號令嚴明，部伍齊整也；臨敵耀威，身先士伍也。十二曰鎮防之美一類：守堅持重，寇盗難窺也。十三曰屯田之美一類：勸勵稼穡，勤事多獲也。十四曰芻養之美一類：孳畜頭匹，茁壯繁滋也。十五曰使臣之美二類：喉舌宣納，成美昭光也；委幹事務，辦濟平允也。十六曰決斷之美三類：句檢考覈，瑕隙無隱也；要察圓明，囚無閒言也；疑獄得情，處置合律也。十七曰農桑之美一類：董督樹藝，水旱有備也。十八曰董役之美一類：監役合宜，丁夫悦事也。十九曰關津之美一類：姦詐不漏，行旅不壅也。二十曰營造之美一類：練事分公，捷於供奉也。二十一曰明利之美一類：出納有常，簿籍易照也。二十二曰算數之美一類：多寡有方，了然胸臆也。二十三曰僧官之美一類：宏宣釋教，守戒精嚴也。二十四曰道官之美一類：宏宣道教，守德精嚴也。二十五曰醫官之美二類：科品分明，舉無不應也；開發後學，成材者衆也。二十六曰陰陽之美二類：曆法推步，授時無舛也；卜筮循經，不爲詭異也。所謂三要者，一曰公，二曰廉，三曰勤。徑情服事，不邀功利，謂之公；賄賂在前，不以爲念，謂之廉；服勞王室，悉心竭力，謂之勤。請以九徵考左右攜僕，以二十六美之三十九類與夫三要之説，明諭選曹及内外百官。值三年當考之時，凡一美三要者爲上等，一美二要者爲中等，一美一要及有要無美、有美無要者，皆爲下等。若美要並無，雖無大罪，亦停免之。如此，則自中及外大小官吏，若玉壺之冰、秋霜之月，凜乎其清，皎乎其明矣。

成宗大德元年，副萬户阿喇卜丹、御史中丞崔彧等陳臺憲諸事，省臺集議言：乞依舊例。御史臺不立選，其用人則於常調官選之，惟監察御史首領官，令御史臺自選。廉訪司必擇蒙古人爲使，或闕，則以色目世臣子孫爲之，其次參以色目、漢人。各省文案，行臺差官檢覈。宿衛近侍奉特旨令臺憲擢用者，必須明奏，然後任之。行臺御史任滿而有效績者，或遷内臺，或呈中書省遷調，廉訪司亦如之；其不稱職者，省臺擇人代之。未歷有司者，授以牧民之職；經省、臺同選者，聽御史臺自調。中書省或用臺察之人，亦宜與御史臺同議，各官府憲司官，毋得輒入體察。制可。【略】

武宗至大三年七月，給親民長吏考功印歷，令監治官歲終驗其行蹟，書而上之，廉訪官、御史臺、尚書禮部考校以爲升黜。先是，世祖至元十九年，集賢直學士程鉅夫奏陳五事，朝廷多朱之。其一立考功歷，略曰：國朝建御史臺，雖有考課之目，而未得其要，莫可致詰。乞照前朝體例，應諸道府州司縣下至曹掾等，各給出身印紙歷子一卷，書本人姓名、出身於其前，俾各處長吏聯銜結狀保明，書其歷任日月、在任功過於後。秩滿，有司詳視而差其殿最，則人之賢否一覽而知，考核得實，庶無僥倖。至是始頒行焉。元時入官之途略見於《經世大典》，序録曰：國家初得中原，損益古今之制度而行之，而用人之途不一。親近莫若禁衛之臣，所謂集賽者，然而任使有親疏，職事有繁易，歷時有久近，門第有貴賤，才器有大小。故其得官也，或大而宰輔，或小而冗散，不可齊也。國人之備宿衛者浸長，其屬則以自貴，不以外官爲達。方天下未定，軍旅方興，介胄之士莫先焉。故攻取有功之士，皆世有其軍而官之。事在樞府，不統於吏部。惟簿書期會、金穀營造之事，供給應對，習於刀筆者爲適用於當時，故自宰相、百執事皆由此起，而一時號稱人材者亦出於其閒，而政治繫之矣。擇吏之初，頗由於儒，而所謂儒者，姑貴其名而存之爾，其自學校爲教官，顯達者蓋鮮。獨國學初以貴近就學，而用之無常制，其後歲有貢法而寖失初意。其以文學見用於朝廷，時有尊異者，不皆然也。至元以來，數欲以科舉取進士，議輒中止。延祐始置進士科，一二年一取，不及百人耳。世祖置國字以通語言，其用人略如儒學之制。至於奉上官之任使，奔走服役，歲月既久，亦皆得官。雖細大有殊，要皆爲正流矣。乃宗王之有分地、官府，而保任之者，與夫治酒漿、飲食者，執樂伎者，爲弓矢、衣甲、車廬者，治歷數、陰陽、醫藥者，出納財賦者，遠夷掌其部落者，或身終其官，或世守其業，不得遷他官。而恩幸遭遇，驟至貴近者有之，非有司所得制。而陳言、獻策、納粟、捕盗與勳舊之後裔，權要之引進，皆有其人焉，而不常也。余闕曰：我國初有金宋，天下之人惟才是用之，無所專主，然用儒者爲居多也。自至元以下始浸用吏，雖執政大臣亦以吏爲之，由是中州小民粗識字能治文書者，得入臺閣共筆劄，累日積月，皆可以致通顯，而中州之士見用者遂浸寡；況南方之地遠，士多不能自至於京師，其抱材蘊者又往往不屑爲吏，故其見用者尤寡也。乃其久也，則南北之士亦自町畦，以相訾甚，若晉之與秦不可與同中國，故夫南方之士微矣。延祐中，仁皇初設科目，亦有所不屑，而甘自没溺於山林之閒者，不可勝道，是可惜也。汪克寬曰：國家興，崇文治，取士以德行爲首，較藝則以經史時務兼之，將欲求治道於經術其中，選者俱授州縣之官。夫古者賓興賢能而升之，司徒司馬論定，然後官之，後世舉之於郡國。今選舉之法不必更定也，但核薦舉而革冒濫，厚敦遣而公遴選，棄其小以取其大，因其文以觀其心，數年之後，人才既盛。又增中選之額，則選舉衆而風化行矣。自州縣官以五事考殿最，給由銓注則驗之，所謂稽撫字、稽本末、稽廉冒、稽聽斷、稽禁禦者也。然長吏給由而不述其事，吏部銓注而不考其績，雖風憲糾察而或失其詳，五事之備往往未觀其成效，非州縣之官未盡出於科舉而政治不本於經術之故歟，抑朝廷千里之遠給由，或得以詐偽，考績者猶未盡其實也。陶安曰：有虞世賞，岐周世禄，而不世官者，人賢否殊也。逮至《周官》，以禮樂德行掌國子之教，然猶考藝進退，未嘗悉世其官而必任焉。後世廕補法行，或曰：顯官，必公卿子弟爲之，以幼習其業，熟朝廷臺閣之儀。或曰驕驁不通古今，無益於民，宜明選求賢，除任子之令。是皆偏見耳。及考漢制，二千石以上得任子弟，擇茂廉者補令丞，其法良而未備。今制廕補：五品以上，受命於朝。降自六品，省銓掌金穀，且第其上中下，以歲月爲差，至滿始受朝命，許典民政。蓋治民者爲國之大端，理財者經國之要務。將俾因仕知學，練世故，涉艱難，以培其才，然後移以治民。故不得不自理財始，此則古所無也。葉子奇曰：元世當治平之時，臺省要官皆北人爲之，漢人、南人萬中無一二，其得爲者不過州縣卑秩。後有納粟、獲功二途，富者往往以此求進。令之初行，尚猶與之，及後求之者衆，亦絶不與。又獲功之官，非得風憲體覆牒文，不輒命官；憲使招權，非得數千緡，不得行遣。故有功無錢者往往，事從中輟，皆抱怨望。其後盗塞寰區，空名宣敕，遇微功即填給，人已不榮之矣。方國珍之初亂也，有宣數道、敕十數道，縣以購人立功，及有功亦竟不與云。

綜述

(明)王圻《續文獻通考》卷五三《選舉考·考課上·遼》 太宗會同二年閏七月，以南王府二刺吏貪錢，各杖一百，仍繫虞候帳，備鬼箭，選郡臣爲民所愛者代之。三年六月，東京宰相耶律羽之言渤海大素賢不法，詔僚佐部民舉有才德者代之。聖宗統和九年七月，詔諸道舉行能察貪酷。十二年六月，詔：州縣長吏有才能無過者，減一資考任之。開泰三年十二月，劉晨言殿中高可垣、中京留守李可舉決獄明允，詔超遷之。太平六年十二月，詔：南北諸部廉察州縣及石烈彌里之官不治者，罷之。詔：大小職官有貪殘虐民者，立罷之，終身不録。其不廉直，雖處重任，即代之。能清勤自勵者，在卑位，亦當薦拔，其內族受賂事發，與常人所犯同科。興宗重熙十一年七月。詔：外路官勤瘁正直者，考滿代，不治事者，即易。道宗太康元年六月，知三司事韓操以錢穀增羨，授三司使。

（清）嵇璜等《續通典》卷一九《選舉・歷代制下考績附》 遼聖宗統和九年，詔：諸道察貪酷。十二年，詔：州縣長吏有才能無過者，減一資考。太平六年，詔：南北諸部廉察州縣及錫林美稜之官，不治者罷之。又詔：大小職官有貪殘虐民者，立罷之，終身不録。其不廉直，雖處重任即代之。能清勤自勵者，在卑位，亦聽薦拔。興宗時，詔東京留守察官吏廉幹清強者以聞。又詔：諸職事官以禮受代及以罪去者置籍。

《金史》卷五二《選舉志・文武選》 凡官資以三十月爲考，職事官每任以三十月爲滿，羣牧使及管課官以三周歲爲滿，防禦使以四十月、三品以上官則以五十月、轉運則以六十月爲滿。

《金史》卷五三《選舉志・右職吏員雜選》 省通事。大定二十年格，三十月遷一重，百二十月出職。一考兩考與八品，三考者從七品，餘與部令譯史一體免差。

《金史》卷五四《選舉志・功酬虧永》 功酬虧永之制。凡諸提點院務官，三十月遷一官，周歲爲滿，止取無虧月日用之。大定四年，定制，一任內虧一分以上降五人，二分以上降十人，三分以上降十五人，若有增羨則依此陞遷，其陞降不盡之數，於後任充折。

二十一年，以舊制監當官並責決，而不顧廉耻之人，以謂已決即得赴調，不以刑罰爲畏。擬自今，若虧永及一酬以上，依格追官殿一年外，虧永不及酬者，亦殿一年。

章宗大定二十九年，罷年遷之法，更定制，比永課增及一酬遷一官，兩酬遷兩官，如虧課則削亦如之，各兩官止。又罷使司小都監與使副一體論增虧者，及罷餘前陞降不盡之數後任充折之制。

泰和元年，制犯選及虧永者，右職漢人至宣武將軍從五品、女直至廣威將軍正五品，方注縣令。又吏格，曾犯選及虧永者，女直至武義從六、漢人及諸色人至武略從六，皆注諸司，亦兩除一差，至明威方注丞簿。

貞祐三年，制曾虧永、犯選者，遷至宣武，注諸司，至懷遠從四下，方注丞簿，至安遠從四上，注下令。

正大元年，制曾犯選，曾虧永者，至廣威與諸司，兩除一差，至安遠注丞簿，三任，其至鎮國從三品下，方注下令。羣牧官三周歲爲滿，所牧之畜以十爲率，駝增二頭，馬增二疋，牛亦如之，羊增四口，而大馬百死十五疋者，及能徵前官所虧，三分爲率，能盡徵及徵二分半以上，爲上等，陞一品級。駝增一，馬牛增二，羊增三，大馬百死二十五，徵前官所虧二分以上，爲中等，約量升除。駝不增，馬牛增一，羊增二，大馬百死三十，徵虧一分以上，爲下等，依本等除。餘畜皆依元數，而大馬百死四十，徵虧不及一分者，降一等。此明昌四年制也。

五年，制馬牛羊虧元數十之一，騍馬百死四十，徵虧不及一分者，降一等，決四十。若駝馬牛羊虧元數一分、馬百死四十，徵虧不得者，杖八十，降同前。

《金史》卷五五《百官志・六部》 凡內外官之政績，所歷之資考，更代之期，去就之故，秩滿皆備陳於解由，吏部據以定能否。又撮解由之要，於銓擬時讀之，謂之銓頭。又會歷任銓頭，而書於行止簿。行止簿者，以姓爲類，而書各人平日所歷之資考功過者也。又爲簿，列百司官名，有所更代，則以小黄綾書更代之期，及所以去就之故，而制其銓擬之要領焉。

凡縣令，則省除、部除者通書而各疏之。

泰和四年，定考課法，准唐令，作四善、十七最之制。四善之一曰德義有聞，二曰清慎明著，三曰公平可稱，四曰勤恪匪懈。十七最之一曰禮樂興行，肅清所部，爲政教之最。二曰賦役均平，田野加闢，爲牧民之最。三曰決斷不滯，與奪當理，爲判事之最。四曰鈐束吏卒，姦盗不滋，爲嚴明之最。五曰案簿分明，評擬均當，爲檢校之最。以上皆謂縣令、丞簿、警巡使副、録事、司候、判官也。六曰詳斷合宜，咨執當理，爲幕職之最。七曰盗賊消弭，使人安静，爲巡捕之最。八曰明於出納，物無損失，爲倉庫之最。九曰訓導有方，生徒充業，爲學官之最。十曰檢察有方，行旅無滯，爲關津之最。十一曰隄防堅固，備禦無虞，爲河防之最。十二曰出納明敏，數無濫失，爲監督之最。十三曰謹察禁囚，輕重無怨，爲獄官之最。十四曰物價得實，姦濫不行，爲市司之最，謂市令也。十五曰戎器完肅，扞守有方，爲邊防之最，謂正副部隊將、鎮防官也。十六曰議獄得情，處斷公平，爲法官之最。十七曰差役均平，盗賊止息，爲軍職之最，謂都軍、軍轄也。

凡縣令以下，三最以上有四善或三善者爲上，陞一等；三最以上有二善者爲中，減兩資歷；三最以上有一善爲下，減一資歷。節度判官、防禦判官、軍判以下，一最而有四善或三善爲上，減一資歷；一最而有二善爲中，陞爲榜首；一最而有一善爲下，陞本等首。又以明昌四年所定，軍民俱稱爲廉能者是爲廉能官之制，參於其間而定其甄擢焉。

宣宗興定元年，行辟舉縣令法，以六事考之，一曰田野闢，二曰户口增，三曰賦役平，四曰盗賊息，五曰軍民和，六曰詞訟簡。六事俱備爲上等，升職一等；兼四事者爲中等，減二資歷；其次爲下等，減一資歷；否則爲不稱職，罷而降之，平常者依本格。

（明）王圻《續文獻通考》卷五三《選舉考·考課上·金》 金考課法：凡内外官之政績所歷之資考，更代之期，去就之故，秩滿皆備陳于解由，吏部據以定能否。又撮解由之要，于銓擬時讀之，謂之銓頭。又會歷仕銓頭，而書于行止簿。行止簿者，以姓爲類，而書各人平生所歷之資考功過者也。又爲簿，列百司官名，有所更代，則以小黄綾書更代之期，及其所以去就之故，而制其銓擬之要領焉。

凡縣令，則省除、部除者皆通書而各疏之。

章宗明昌三年九月，諭宰臣：隨路提刑司舊止察老病不任職及不堪親民者，如得其實，即改除他路。提刑司體察得實，勿復注親民之職。上問考課法今可行否，右丞相夾谷清臣曰：行之亦可，但格法煩則有司難承用耳。尚書右丞劉瑋曰：考課之法本于總核名實，今提刑司體察廉能贓濫以行賞罰，亦其意也。若别議設法，恐涉太煩。上問唐代何如，瑋對以四善二十七最。六年十一月，初定縣官增水田升除制。

承安二年十一月，諭尚書省：猛安謀克既不隸提刑司，宜令監察御史察其臧否。十二月，勑：御史臺糾察諂佞趨走有實跡者。

熙宗天眷三年四月，温都思忠檢問諸吏，得廉吏杜遵晦以下百二十四人，各進一階。貪吏張軫以下二十一人，皆罷之。八年四月，遣參知政事等廉察官吏。

世宗大定七年十一月，上謂宰臣曰：聞縣令多非其人，其令吏部察其美惡，明加黜陟。十年十月，上謂大臣曰：比因巡獵，聞固安令高昌裔不職，已罷之。霸州司侯成奉先奉職恪，謹可進一階，除固安令。十一年七月，詔：外路官與内除者察其公勤，則陞用之，但苟簡于事，不須任滿便以本品出之。十二年二月，尚書省奏，廉到同知城陽軍事山和尚等清疆官，上曰：此輩暗察明訪皆著政聲，可第其政績，各進官旌賞。三月，詔尚書省：贓污之官，已經廉問遣使，即日罷之。十八年七月，諭宰臣：以職官再犯贓罪，不以多寡並除名。二十年二月，詔：犯罪被問之官，雖遇赦不許復職。二十三年二月，御史臺進所察州縣罪，命並察善惡以聞。

泰和元年十月，御史臺奏：在制，按察司官比任終遣官考覆，然後尚書省命官覆覈之。今監察御史添設員多，宜分路巡行，每路女直、漢人各一人同往。從之，仍勑分四路。四年二月，諭按察司：近制以鎮静而知大體者爲稱職，苛細而闇于大體爲不稱。由是各路按察以因循爲事，莫思剌舉，郡縣以貪黷相尚，莫能畏戢。自今若糾察得實，民無冤滯，能使一路鎮静者爲稱職。其或煩紊使民不得申訴者爲曠職。四月定考課法，准唐令作四善、十七最之制。四善者：一曰德義有聞，二曰清慎名著，三曰公平可稱，四曰勤恪匪懈。十七最者：一曰禮樂興行，肅清所部，爲政教之最；二曰賦役均平，田野加闢，爲牧民之最；三曰決斷不滯，興廢當理，爲判事之最；四曰鈐束吏卒，姦盗不行，爲督領之最；五曰案部分明，評議均當，爲檢校之最。以上皆課縣令、簿丞、警巡使副，録事、司侯、判官也。六曰詳讞合宜，咨執當理，爲幕職之最；七曰盗賊消弭，使人安静，爲巡捕之最；八曰明于出納，物無損失，爲倉庫之最；九曰訓導有方，生徒充業，爲學官之最；十曰檢察有方，行旅無滯，爲關津之最；十一曰堤防堅固，備禦無虞，爲河防之最；十二曰出納明敏，數無濫失，爲監督之最；十三曰謹察禁囚，輕重無怨，爲獄官之最；十四曰物價得實，姦濫不行，爲市司之最；十五曰戎器完肅，捍守有方，爲邊防之最；十六曰議獄得情，處斷公平，爲法官之最；十七曰差役均平，盗賊止息，爲軍職之最。凡縣令以下，三最以上有四善或三善者爲上，陞一等；三最以上有二善者爲中，減兩資歷；三最以上有一善爲下，減一資歷。節度判官、防禦判官、軍判以下，一最而有四善或三善爲上，減一資歷；一最而有二善爲中，陞爲榜首；一最而有一善爲下，陞本等首。五年十二月，更定考試隨朝檢知法條格。八年十月，以軍民共譽爲廉能官條，附善最法。此條明昌四年所定。

宣宗貞祐三年九月，詔河北、山東等路及平凉、慶陽、臨洮府，涇、汾、秦、鞏、德順諸州經兵，四品以下職事官並以二十月爲滿。又詔司縣官能募民進糧五千石以上，減一資考；萬石以上，遷一官，減二資考；二萬石以上，遷一官，陞一等，注見闕。

宣宗興定元年，行辟舉縣令法，以六事考之。一曰田野闢，二曰户口增，三曰賦役平，四曰盜賊息，五曰軍民和，六曰詞訟簡。六事俱備爲上等，陞職一等；兼四事者爲中等，減二資歷；其次爲下等，減一資歷；否則爲不稱職，罷而降之，平常者依本格。御史張升卿言：進士中下甲及第人、及監官至明威當入縣丞主簿，而三事以下減一資歷注下令，四事減二資歷注中令，令皆七品也，若復八品矣。輕重相戾，宜更定之。遂定制，自今四事以下如前條，六事完者，進士中甲及第、監官當入縣丞主簿人，減三資歷，注上令。餘出身者亦同此。任二十月以上，雖未秩滿，若以理去官，六事之跡已經覆察，論陞如秩滿例。六月，制鄜、邠州四品以下州縣官視環、慶例，以二十月終更。八月，更定監察御史失察法。時李英爲御史中丞，上言：兵興以來，百務皆弛，其要在於激濁揚清，獎進人才耳。近來改定四善二十七最之法，徒爲虛文。大定間數遣使分道考察廉能，當時號爲得人，願改前日徒設之文，遵大定已試之效，庶幾人人自勵，以爲國家用。納之。

（清）嵇璜等《續通典》卷一九《選舉・歷代制下考績附》 又金制：凡内外官所歷資考及吏代之期，去就之故，秩滿備陳於解由，吏部據定能否。又撮解由之要，於銓擬讀之，謂之銓頭。又會歷任銓頭，書於行止簿。其簿以姓爲類，書各人所歷資考功過。其犯公私罪贓汙者謂之犯選格，以廉察升者爲廉升，東北沿邊州郡升者爲邊升。其常調制，正七品兩任升六品，六品三任升從五品，從五品兩任升正五品，正五品三任升刺史。凡内外官皆以三十月爲考，隨朝官以三十月爲任，升職一等。章宗時定制：正七品已上皆兩任而後陞。明昌四年，以前制有職官已帶三品者不許告遷，迺定制：已帶三品散官實歷五十月，從有司照勘，格前進官一階，格後爲始再算。宣宗貞祐三年，詔：河北、山東等路及平凉、慶陽、臨洮府、涇、邠、泰、鞏、德順諸州經兵，四品以下職事官並以二十月爲滿。

興定元年，制：鄜、坊、丹州四品以下州縣官視環、慶例。自熙宗天眷三年，令温都思忠廉問諸路，得廉吏杜遵晦以下百二十四人，各進一階，罷貪吏張軫以下二十一人。皇統以後常遣朝官廉察官吏。章宗泰和元年十月，命監察御史分四路巡行，每路女直、漢人各一人同往。宣宗貞祐二年，臣僚請依大定舊制，以監察御史及審録官分詣諸道考覈，庶幾使人自勵。興定初以縣令或非材，監察御史一過不能備知，遂令每歲遣御史巡察，仍別選官巡訪，以行黜陟之政並定監察御史夫察法。

哀宗至大元年，設司農司，自卿而下迭出巡察吏治。凡職官廉能及汙濫不職，各第三等黜陟。廉能官第一等，進官一接，升一等，其次約量注授。汙濫官第一等，殿三年，降二等，次二年、又次一年皆降一等。明安穆昆廉能者第一等遷兩官，其次遷一官。汙濫者第一等决杖百罷去，擇其兄弟代之。次杖八十，又次杖七十，皆令復職，佛甯决則罷去，永不補差。

凡功酬虧永之制。諸提點院務官，三十月遷一官，周歲爲滿，取無虧月日用之。大定四年，定制：一任内虧一分以上降五人，二分以上降十人，三分以上降十五人，若有增羨則依此升遷，其升降不盡之數，於後任充折。二十一年，以舊例監當官責決並得赴調，而不顧廉恥者，不以刑罰爲畏，迺命虧永及一酬以上，依格追官殿一年外，虧永不及酬者，亦殿一年。二十九年罷年遷之法，更定制，比永課增及一酬遷一官，兩酬遷兩官，如虧課則削亦如之，各兩官止。又罷使司小都監與使副一體論增虧，及餘前升降不盡之數後任充折之制。

泰和元年，制犯選虧永者，右職漢人至宣武將軍從五品、女直至廣威將軍正五品，方注縣令。又女直至武義從六、漢人諸色人至武略從六，皆注諸司，兩除一差，至明威方注丞簿。宣宗貞祐三年，制虧永、犯選者，遷至宣武，注諸司，至懷遠從四下，方注丞簿，至安遠從四上，注下令。初世宗嘗諭宰臣曰：今天下州縣闕員，朕欲不限資歷，何以遍知其能？欲遣使廉問，又慮擾民而未得其真。若辟舉法，久則生弊，不如選人暗察明廉，如其相同，始與升黜。又諭曰：凡在官若不爲隨朝職任，便不能離常調，宜驗入仕名項或廉等第用之。若不稱職，即與外除。又諭：隨朝之官自計歷，一考則得某職，兩考則得某職，第務因循碌碌而已。自今外路官公勤者，始與內除，苟簡者不須滿任即以本品出之。至明昌三年，上以老病不任職及不堪親民者，舊由隨路提刑司實察，即改除他路，他路覆察，若實，勿復注親民之職。

因問考課法可行否，尚書右丞劉瑋曰：考課之法綜覈名實，今提刑司體察廉能贓濫以行賞罰，亦其意也。若別議設法，恐涉太煩。又問唐時何如，瑋對以四善、二十七最。泰和中，遂酌唐制，定爲四善、十七最頒行之。四善：曰德義有聞，曰清慎明著，曰公平可稱，曰勤恪匪懈。十七最：曰禮樂興行，肅清所部，爲政教之最；曰賦役均平，田野加闢，爲牧民之最；曰決斷不滯，予奪當理，爲判事之最；曰鈐束吏卒，姦盜不滋，爲督領之最；曰按簿分明，評擬均當，爲檢校之最；以上謂縣令、丞簿、警巡使副、録事、司候、判官。曰詳讞合宜，咨執當理，爲幕職之最；曰盜賊消弭，使人安靜，爲巡捕之最；曰明於出納，物無損失，爲倉庫之最；曰訓導有方，生徒充業，爲學官之最；曰檢察有方，行旅無滯，爲關津之最；曰提防堅固，備禦無虞，爲河防之最；曰出納明敏，數無濫失，爲監督之最；曰謹察禁囚，慎重無怨，爲獄官之最；曰物價得實，姦濫不行，爲市司之最；謂市令。曰戎器完肅，扞守有方，爲邊防之最；謂正副隊將鎮防官。曰議獄得情，處斷公平，爲法官之最；曰差役均平，盜賊止息，爲軍職之最。謂都軍軍轄。凡縣令以下，三最以上有四善或三善者爲上，升一等；三最以上有二善者爲中，減兩資歷；三最以上有一善爲下，減一資歷。節度判官、防禦判官軍判以下，一最而四善或三善爲上，減一資歷；一最而二善爲中，升爲榜首；一最而一善爲下，升本等首。宣宗興定元年，以六事考舉縣令，一田野闢，二户口增，三賦役平，四盜賊息，五軍民和，六詞訟簡。六事俱備爲上等，升職一等；兼四事者中等，減二資歷；其次爲下等，減一資歷，否則罷降。平常者依本格。

《元典章》卷二《聖政·飭官吏》 中統五年八月初四日，中書省欽奉聖旨內一款節該：

諸縣尹品秩雖下，所任至重，民之休戚繫焉。往往任用非其人，致使恩澤不能下及，民情不能上通，掊克侵凌，爲害不一。今擬於省併到州縣內，選差循良廉幹之人以充縣尹，給俸〔禄〕、公田，專一撫字吾民，布宣新政。仍擬以五事考較而爲升殿：户口增、田野闢、詞訟簡、盜賊息、賦役平，五事備者爲上選，內三事成者爲中選，五事俱不舉者黜。

至元二十二年二月，欽奉聖旨內一款：

在先考課，雖以五事責辦管民官，爲無激勸之方，徒示虛文，竟無實效。自今每歲終考課，管民官五事備具，內外諸司官職任內各有成效者，爲中考。第一考，對官品加妻封號；第二考，令子弟承廕敘仕；第三考，封贈祖父母、父母。品格不及封贈者，量遷官品。其有政績殊異者，不次升擢。仰中書省參酌舊制，出給誥命施行。

至元二十二年□月，欽奉聖旨節該：

建立朝省，分布州縣，設置州吏，本以爲民耳目。今見任京府州縣官吏內，有循良勤幹，亦有贓污不公之人，未嘗升遷黜罰。以致官冗事繁，因循苟且，政無可考，害及民多。擬三十個月一次考功過爲最殿，以憑遷轉施行。庶有爲官廉能者知有賞，貪污者知有罰，爲民絶侵漁之患，享有生之樂。欽此。

大德十年五月十八日，欽奉皇帝聖旨：

朕自即位以來，累降詔旨，圖治雖勤，績效未著。蓋司民政者撫字乖方，居風憲者彈劾失當，不能副朕愛恤元元之意。今命右丞相答剌罕、左丞相阿忽台中書省官從新整治，其布告天下。凡在官司，自今以始，洗心易慮，各盡乃職。貪污敗政者責罰黜降，廉勤公正、治有成效者特加升擢。期於政化流行，黎民安享和平之治。

又一款：

內外官吏公勤奉職，遵守累降詔條，撫安百姓有效者，仰監察御史、廉訪司從公體察，具實跡申臺復察呈省，量加升擢。其奸貪不法、蠹政害民者，糾治。

大德十一年十二月□日，欽奉至大改元詔書內一款：

張官置吏，本以爲民。禄廩既頒，承廕有叙，待遇之禮不爲不優，補報之誠豈可弗盡？自今以始，各修乃職，如或不慎，監察御史、廉訪司嚴加糾察。年終考其殿最者各一人，具實申聞，以憑黜陟。

至大元年七月，欽奉立左丞相詔書內一款：

內外大小官員人等，廉勤材幹，盡心奉職，比中書省舉明旌擢。貪饕慵懶，擾民敗事者，中書省照依累降聖旨條格斷罪黜降，重者奏裁。

至大二年二月欽奉上尊號詔書內一款：

張官置吏，俸禄公田以養其廉，陞轉封蔭以榮其家，期於洗心奉職，安民辦事，以圖報稱。向者世祖皇帝累嘗戒飭貪饕，奬進廉能，守令以下，各有定條。今中外奉公者少，循私者多，其各修迺職，革非嚮善，務在勸農桑，興學校，撫安百姓，嚴戢吏胥。如不修其職，驗罪經重黜降。憲司失於繩糾，不勝職任者，從御史臺奏代。仍仰監察御史、廉訪司遵依前詔，年終每道考其殿最者各一人，具實申聞，以憑黜降。

至大二年九月□日，申立尚書省詔書內一款：

三載考績，三考黜陟幽明，此古者責成悠久之慮。今路州司縣親民正官，從宜以九年爲限，歲考治功，以示黜陟。有撫字盡心，百姓安阜，鈔法流通，政事卓異者，不次旌擢。其不盡職而有私犯者，懲以重罪。

至大四年三月十八日，欽奉登寶位詔書內一款：

內外百司，各有攸職。其清慎公勤，政蹟昭著，五事備具者，從監察御史、肅政廉訪司察舉，優加遷擢，廢公營私，貪污敗事，諸人陳告得實，依條斷罪。枉法贓滿者，應授宣敕並行追奪。吏人犯贓，終身不叙。誣告者，抵罪反坐。

延祐七年十一月，欽奉至治改元詔書內一款：

守令賢否，民之休戚所係，必得其人，乃能宣化。比者舉劾殿最，掌任臺察。今徒知黜貪而不知揚善，殊失懲勸之道。今後從監察御史、肅政廉訪司官，於常選人中每歲貢舉可任守令者二人，並須指陳廉能實跡。色目官初舉，漢官（復）〔覆〕察；漢官初舉，色目官（復）〔覆〕察。限次年三月以裏申臺呈省，籍其姓名，以備擢用。既用之後，考其政績成敗，與元舉官同示賞罰。違期不舉，罪亦及之。

《元典章》卷八《吏部・官制・月日・遠方吏員月日》 大德四年三月，江浙行省准中書省咨，吏部呈：欽奉聖旨節該：諸衙門令史，譯史，宣使人等，今後一百二十月爲滿。欽此。本部議得：遠方令史、譯史人員等月日內，甘肅、福建、四川，此間發去九十月爲滿，土人一百二十月。兩廣、海北海南道，此間發去八十月爲滿，土人一百二十月。雲南行省八十月爲滿。具呈照詳。都省議得：下項去處雖係遠方，平定日久，令史、譯史、通事、知印、宣使、奏差，自大德元年三月初七日已後勾當人員，此間發去者，俱以九十月爲滿，土人依例一百二十（日）〔月〕爲滿。除外，咨請照驗施行。

《元典章》卷一一《吏部・職制・給由・解由體式》 皇帝聖旨裏，某州、府准某官關牒或據厶司、縣申該，准某官公文：除在前歷仕外，於某年月日欽、祗受宣命、敕牒某散官，充前職。自幾年月日禮任署事，至幾年月日有某官到任替訖或因病假等故作闕。通閏實歷請俸勾當過幾個月，中間並無侵欺粘帶一切不了事件。請、乞依例勘會給由事。得此。尋勒六案並該管司屬、倉場、庫務、坊里正人等，照勘得本官自到任至得替日或作闕，中間別無公私過犯，侵欺借貸係官錢糧、粘帶一切不了事件，及無被勘住職曠闕虛閑月日諸般違礙公事，如作闕，須云有無規避。若有功過粘帶，由頭內略説緣故，後項內備細開申。就令本官召到知識保官某人，委保某人前職別無詐冒，委自首領官某人憑籍比照得某官實歷請俸勾當過幾個月日，並無爭差，依例審保相同，及將宣命、敕牒（辧）〔辦〕驗無僞，抄録在前。今用厶字號半印勘合書填前去，並將本官年甲籍貫、歷仕脚色，同應合申事件，逐一開具于後，官吏保結是實，合行申覆。伏乞照驗施行。

一、本官年甲若干，是何色目人氏，有無疾病。某處祖鄉，某處元住，是何名色戶計附籍，見存留厶人厶處應當差役，謂軍、站、儒、醫、僧、道、民、匠之類。目今厶處居住，識會是何文字，謂蒙古、畏吾兒、漢兒文字。通曉是何言語，自來不曾更名改姓，如曾更名，即云元名厶，於厶年，爲何緣故給到何處官司改名公據。

一、本官三代：

曾祖某若曾歷仕，直云歷仕職名，若不曾歷仕，則云不曾歷仕。

祖某。

父某並依曾祖式開寫。

一、本官根脚元係是何出身，謂承襲、承繼、蔭叙、吏員、儒業、軍功等。直云入仕緣由，初任厶處，幾年月日欽、祗受宣命、敕牒。或祗受省部院札，幾年月日到任，至幾年月日得替，實勾當過幾年月日，有無功過，略具事由。給到厶處官司幾年月日解由到部，曾無陞降。次任依上開，仍具所帶散官。三任四任依上開。若不係應叙職名，不須開。

一、照勘某官前任厶職厶人，於厶年月日到任，至厶年月有新任厶官到任替訖，通計勾當過若干月日，尋勒司屬謂倉場、庫務、六房、里正主首頭目人等。照勘得本官自到任至得替日，中間並無公私過犯、侵欺借貸粘帶一切不了事件。

一、照勘得本官在任實勾當過幾個月日，通請到俸鈔若干，中間並無公私過犯，亦無被勘住職曠闕虚閑月日。若有公私過犯，備細開寫所犯根因、招斷罪名。如曾被勘，亦云年月緣故住職、如何的决、在後曾無復任，除被勘月日外實勾當過若干月數，及住〔職〕月日，曾無支給俸錢，逐一開申。如無，不須聲説。若有軍功實跡，立款開申。

一、照勘得本官自到任至得替，其間應曾掌管提調巡禁事務。謂如提調軍，站户内有無科取，及巡禁私鹽、私茶、强切盗賊有無生發過失之類。各各明白另款開寫。如掌管巡禁人員差故，以次兼管官員亦仰依上另款開寫。若有軍、站科取，須寫如何公私過犯，及有私茶、私鹽、盗賊生發失過，須用開寫已、過未捉獲數目。

一、照勘得本官自到任至得替日，其間並無侵欺借貸移易係官一切錢糧。如有侵欺借貸等項，須要追征數足，然後給由，仍具招款開申。

一、本官任内提點過農桑實跡，依已行備細開款申報。如不係提點官員，亦云並不曾提點農事。

一、本官任内提調禁治紕薄窄短匹段鹽絲桑線等物並升斗秤尺，有無違犯起數，保結開申。如不曾提調，亦云不曾提調禁治上項事理。

一、厶官任内提調鹽法，如是提調，照依坐去體式開寫。如不係提點官員，止云不曾提調，不須開寫款内項目。提調官拘守鹽引，自幾年月日到任，至幾年月日得替，計總：

鹽貨若干：

交割到前官厶人界内鹽商未賣若干，本界内販到若干。

簿籍若干：

交割到前官厶人幾扇，本界内置到幾扇。

賣訖鹽貨若干。

解訖上司鹽退引若干。獲到是何官司幾年月日收管爲照。

見在鹽貨、鹽引、簿籍，交割代官厶人收管，取到幾年月日關文爲照。

一、本官在任應合相沿交割之物一一交訖，取到新任厶官厶年月日備細名件收管文牒，照勘得與元交相同，別無少數，立款開申。物謂合交〔解〕〔廨〕宇、倉（教）〔敖〕斛斗、架閣青典、宣聖廟宇、使客鋪陳器物、牢房之類。如無，亦須聲説並無相沿交割物件。

一、本官交割訖行使印信一顆，四角篆文齊全，並職田另款開〔申〕。

一、本官有無懸帶金銀牌面。如已納訖，具寫幾年月日，經是何官司追收，有無獲到文憑。

一、本官到任至得替以來，據各處狀保廉能實跡，逐一開申。

一、本官願厶處住坐聽候。

一、餘有合行開説事件，亦仰依上立款開申。

一、委厶官厶職厶人將本官所受的本文憑與抄白對讀，別無詐冒，官吏保結是實。

右依式

年月日式

《元典章》卷一一《吏部·職制·給由·任滿勘合給由》　至元二十三年十二月，行中書省劄付：准都省咨：今後所轄路、府、州、縣任滿求仕人員，依例召知識保官，委行省左右司官辨驗無僞，重行保結，然後書填年月半印，須要明白開寫保官，於當月終通行類咨報事。准此。已經劄付各處，依上施行。去後，今據各處任滿給由人員止用勘合外，據遠年人仕應告叙定奪人員，各處往往備詞申覆，並不依式勘會，亦不行用勘合關防，事屬不當。省府擬自至元二十四年正月爲始，已後應有任滿給由並應叙定奪人員，須要依式勘會完備，召到知識保官辨憑無僞，重行保結，書填勘合，申呈施行。仍於當月終節略脚色，不過次月初五通類呈省。

《元典章》卷一一《吏部·職制·給由·給由勘俸月日》　至元二十四年二月，行中書省准中書省咨：照得，近爲諸衙門滿考有出身人員、並任滿求仕官員，俱驗實歷請俸月日定奪陞轉。其元來解由文字，多有冒椿不實月日，已有事發之人。詳此，蓋因求仕人員通同捏合，欺誑上司。已經劄付户部，遇有照勘請俸月日，隨即下庫從實照勘申部，委自主事親行比照的本籍册，別無争差，於回關上書寫主事厶人照勘相同，行移吏部，以憑定奪去訖。咨請今後各處申到解由文字，委（的）〔自〕本省首領官一員，依上比照的本籍册内請俸月日，以憑照勘定奪施行。

《元典章》卷一一《吏部・職制・給由・至元新格》　諸官員雖已經任滿得代，本身若有侵借係官錢糧，見任官司直須追納到官，方許給由，聽其求仕。

諸官員解由，已有定式。凡當該給由官司，並須依式勘會，别無不儘不實事理，方得保申。有詐冒不實並勘當未盡者，所由上司隨即究問。察官刷卷日，更須加意檢校，但不應給由而循情濫給，並理應出給而刁蹬留難者，並聽糾彈。

《元典章》卷一一《吏部・職制・給由・有解由不給據》　元貞元年九月，江西行省准中書省咨：吏部呈：奉省判：

御史臺呈：河北道廉訪司申：汴梁路許州張仲謙，詐捏曾充長社縣並許州司吏，次充廣東宣慰司令史，患病還家，許州保申汴梁路求叙，取到本人招伏量斷。外，看詳：今後内外大小官吏，但有得替或罷免求叙者，須要經由任所官司從實照勘本人歷仕根脚、實歷俸月、有無贓濫過犯，保結明白給由，出勘合公據付本人收執，遇選委之際，憑此定奪。其罷免者，於解由内及公據上明白稱説罷免緣由。雖有解由而無公據者，不許叙用。本臺參詳：即係通例，具呈照詳。送吏部，議得：官吏得替、罷免求叙，經由任所官司照勘歷仕根脚、俸月，有無贓濫過名，保結申覆所屬上司。中間但詐冒隱蔽不實，依已行，罪及給由官吏。既有勘合解由，不須重給公據。具呈照詳。得此。都省議得：揑合根脚，詐冒求仕，合行禁約。餘准部擬施行。

《元典章》卷一一《吏部・職制・給由・給由開公罪名》　大德三年三月，江西行省：據左右司呈：官員公錯罰俸輕罪，未審合無於解由内開寫。移准中書省咨該：送刑部照擬得：職官之過，贓染私罪，應有解降者，已有定例。緣公致罪，不致解降而罰贖者，若不於解由内開寫，其於銓選之際，無以可考殿最。擬合移咨行省，依上施行相應。都省准擬，請照驗施行。

《元典章》卷一一《吏部・職制・給由・曾提調鹽官解由開寫》　大德四年十月，湖南道宣慰司奉湖廣行省劄付：連到提調鹽法官得替給由

體式該，任滿官員給由，别不曾開寫任内節次客旅販到鹽貨、賣訖數目、拘到退引、未賣鹽袋、簿籍交割代官，仰遇有提調鹽引官員給由，照依體式開寫。

《元典章》卷一一《吏部・職制・給由・給由開具收捕獲功》　大德七年二月，湖廣行省劄付：准中書省咨：照詳付諸官員解由，多有開陳遠年軍功。都省議得：諸人收捕草寇，除至元三十一年以前經隔年遠，難以體究，别無定奪，已後獲功之人，若總府官隨時保結，（開）〔關〕白廉訪司體覆是實，照勘一切完備，並依舊例擬議。今後應有首告捕獲作耗叛亂首從賊徒者，寧息之日，總兵官隨即考究實績，開具某年月日何人首告某處某賊作耗，某年月日某人於何處與賊如何相殺獲功，將殺死捉獲首從人數各各備細（解）〔緣〕由從實保勘明白，别無争功之人，行移行省，宣慰司再行委官體覆是實，以憑定奪。但有妄冒不實者，監察御史、廉訪司官依例體察，仍將妄冒人員並保勘體覆官吏黜降斷罪。除外，咨請依上施行。

《元典章》卷一一《吏部・職制・給由・官員給由開具過名》　大德七年六月初五日，江西行省准中書省咨：刑部呈：會驗至元三十一年十一月十一日承奉中書省劄付：本部元呈：各處經斷官吏俱送標附，以備照勘。此等人員畏避前過，不行開寫，朦朧求仕。今後各處經斷官吏須要於起給解由内開寫元犯過名，斷罷緣由，申覆合幹上司。如有隱蔽不行開寫者，罪及給由官吏，仍令各道廉訪司更爲檢察，庶望少革濫給之弊。都省准呈，遍行合屬照會，依上施行了當。近年以來，諸求仕官吏人等各將所犯罪名隱蔽，不於解由内開寫。縱有開到過名，即無備細招詞、擬斷緣由。除本部有文簿可考者依上照擬回報，若無文案者，似難追究。略照出進准吏部關到潭州路達魯花赤安馬兒忽思無粘帶解由，本部照出即係經斷降等之人，却不開寫。又有先任犯罪除名，止云後任脚色，因而僥幸求仕。似此多端，不能遍舉。蓋是當該官司滅裂元行，以致如此。及應當怯薛、告蔭無職役白身人等，亦令本部照勘曾無經犯十惡奸盗，但有似此過名，隨處俱得斷決，例不申部，何由得知。止是往復虚文而已。又廉訪司因事取問官吏，事内止寫厶官亦有招涉，俱無所犯、斷決緣由，贓濫册内亦行隱漏，必須駁問，再行照勘，逗留停滯人難。以此參詳：今後諸衙

門應有斷過官吏並應當怯薛同職官子姪人等罪名，隨即具寫所犯事理、斷訖情由，行移本管官司置簿標附，專委文資正官提調，須於解由、保申文解內備細開寫，仍標附提調正官、首領官吏姓名。如解由、保申到部，查照得却有隱漏，定將當該提調官、首領官吏取招斷罪。所據廉訪司斷過有招官吏，須於贓濫册內明白開具呈報，無致似前隱漏，仍令監察御史、廉訪司常加糾察相應。具呈照詳。都省議得：各道廉訪司應有斷過官吏，隨即開具，備細行移各管官司照驗附簿，首領官如法收貯。其餘諸衙門斷過者，一體附簿。凡任滿給由人員，必須子細照勘，備細回報，解由內明白開寫。廉訪司官每遇巡按，與文卷一體照刷。其經監察御史斷者，申臺呈省。餘准部擬。咨請依上施行。

《元典章》卷一一《吏部·職制·給由·殿罷官員即與解由》　大德十一年二月，江浙行省准中書省咨：來咨：腹裏遷轉人員授除福建、川、廣、雲南遠方，或有貪吏奸民搜羅小過，雖不枉法，罪在殿年。既已罷職，必然還家聽候。若不就給解由，再候三年，復去任所給由，往復生受，誠可哀矜。今後但犯合殿官員，經斷之後，即令任處依例給由，殿限滿日注授相應。咨請照驗。准此。送刑部：照得大德三年正月初八日欽奉詔書內一款節該：諸牧民官不先潔己，何以治人。今後因事受財，除依例斷罪，犯枉法贓者即不叙用，不枉法贓須殿三年方聽告叙，再犯，終身不叙。欽此。大德七年三月欽奉聖旨節該：近年所定贓罪條例互有輕重，特敕中書集議，酌古准今，爲十二章。云云，全文見户部贓則類。欽此。本部議得：遠方除授官員任内犯贓，既是依例斷罪，所據殿叙一節，擬合欽依施行。具呈照詳。得此。都省咨請照驗，依上施行。

《元典章》卷一一《吏部·職制·給由·給由置簿首領官提調》　大德十一年五月，福建道廉訪司：檢會到據奏准《至元新格》內一款：諸官員解由已有定式。全文見本卷。又一款：諸官吏所受之事。欽此。全文見公規類《至元新格》。又照得大德八年五月十三日承奉江南行臺劄付，准御史臺咨，承奉中書省劄付：吏部呈：奉省判，御史臺〔係〕〔備〕監察御史吴承務呈，近聞各處任滿官員給由，如職諸州、縣申覆府、路，職府、路者呈宣慰司。比至自下而上轉達行省，得此咨文，方赴都省者，有至半載，遠者不下一年。蓋所申官司不以得代官員往復給由生受爲念，指以勘會爲名，刁蹬留難，勒取錢物。及其月日懸遠，恐致照出稽遲，朦朧作弊，倒題月日。檢勾人吏又不用心檢舉，雖爲照刷，其弊難知。卑職參詳：今後出給官員解由，擬合專委首領官一名，提領所〔由〕〔申〕官司照驗文字，到日爲始，定立程期，並要限内照勘了畢，隨即發遣，另置文簿以備照刷。當該人吏依例每〔日〕一勾銷，檢勾人員每日一檢舉，但有稽遲不應，隨事舉行。如此，不惟少塞遷延之弊，抑亦不致求仕人難。本部參詳：今後如遇得替官員解由呈所〔由〕〔申〕官司，擬合令置文簿，委自首領官一員不妨本職，專一提調，當該人吏常切勾銷檢舉，毋致延遲人難。若中間但有稽遲月日，究治相應。具呈照詳。都省仰照驗依上施行。

《通制條格》卷六《選舉·匠官》　皇慶元年十二月二十六日，中書省奏准減繁事内一件節該：行省所咨考滿匠官，都省判送吏部比對勘合，移關工部定擬，似涉文繁。今後行省别置匠官，勘合文簿發付工部收掌，就行判送比對完備，定擬窠缺，移關吏部依例施行。

《通制條格》卷六《選舉·五事》　中統五年八月，欽奉《聖旨條畫》内一款：諸縣尹品秩雖下，所任至重，民之休戚繫焉，往往用非其人，致使恩澤不能下及，民情不能上通，掊尅侵陵，爲害非一。今擬於省併到州縣内選差循良廉幹之人以充縣尹，給俸禄公田，專以撫字吾民，布宣新政。仍擬五事考校而爲陞殿：户口增，田野闢，詞訟簡，盗賊息，賦役均。五事備者爲上選，三事有成者中選，五事俱不舉者黜。

至元九年正月，中書省吏部呈：講究得外任親民長官，欽依元奉聖旨考校五事，量定陞降。五事備者爲上，於合得品級上陞壹等。四事備者減一資歷。三事有成者爲中選，依常例遷轉。肆事不備者添壹資。五事俱不備者，降壹等叙用。都省准擬。

《通制條格》卷六《選舉·給由》　至元二十二年四月，御史臺：近爲各道按察司並監察御史任滿，往往不行依例給由，雖有具到歷仕根因舉明文解，俱無保結任内有無粘帶過犯，及不見開寫行過事跡，以致無憑考校。本臺議到下項事理：

一、按察司官、行臺監察御史今後如遇任滿得替，咨申文字，開寫某官姓名、年甲、籍貫、入仕根腳、請俸月日，並任内刷過卷宗、追到錢物、彈劾官吏起數、保舉可用人材、所陳利害及應行過事跡，移牒本司照勘完備，從實保結，開申監察御史行移察院，依上施行。

一、經歷、知事任滿得替，開寫某官姓名，具年甲、籍貫、入仕根腳、實歷請俸月日，並任內行過事跡，呈報本司依例照勘完備，保結開申。

一、書吏、通譯吏、奏差人等，今後如遇考滿及書吏歲貢者，依上開寫年甲、腳色、籍貫、實歷請俸月日、勾當其間有無過犯，保結開申。

至元二十一年七月，欽奉《聖旨條畫》內一款：各路、府、州、司、縣任滿官員，如中間實有贓污，不稱職任，當該官司循情濫給解由，或本無粘帶故行刁蹬留難者，並仰提刑按察司體究，申臺呈省。

《通制條格》卷六《選舉・殿最》 大德十一年十二月，欽奉詔書內一款：張官置吏，本以爲民。禄廩既頒，承廕有叙，待遇之禮，不爲不優，補報之誠，其可弗盡。自今以始，各修迺職，如或不慎，監察御史、廉訪司嚴加糾察，年終考其殿最者各一人，具實申聞，以憑黜陟。

《元史》卷八四《選舉志・考課》 凡隨朝職官：至元六年格，一考陞一等，兩考通陞二等止。六部侍郎正四品，依舊例通理八十月，陞〔正〕三品。左右司郎中、員外郎、都事，考滿陞二等。六部郎中、員外郎、主事，三十月考滿陞一等，兩考通陞二等。

凡官員考數：省部定擬：從九品擬歷三任，陞從八。正九品歷兩任，陞從八。正八品歷三任，陞從七。從七歷三任，呈省。正七歷兩任，陞從六。從六品通歷三任，陞從五。正六歷兩任，陞從五。從五轉至正五，緣四品闕少，通歷兩任，須歷上州尹一任，方入四品。內外正從四品，通理八十月，陞三品。

凡取會行止：中統三年，詔置簿立式，取會各官姓名、籍貫、年甲、入仕次第。至元十九年，諸職官解由到省部，考其功過，以憑黜陟。大德元年，外任官解由到吏部，止於刑部照過，將各人所歷，立行止簿，就檢照定擬。

凡職官迴降：至元十九年，定江淮官已受宣敕，資品相應，例陞二等遷去。江淮官員依舊於江淮任用。其已考滿者，並免回降。不及考者，例存一等。有出身未合入流品受宣者，任迴，三品擬同六品，四品擬同七品，正從五品同正八品；受敕者，正從六品同從八品，七品、八品同正從九品，正從九品同提領案牘、巡檢。無出身及白身人受宣者，三品同七品，四品同八品，正從五品同正九品；受敕者，正從六品同從九品，七品、八品同提領案牘、巡檢，正從九品擬院務監當官。其上項有資品人員，再於接連福建、兩廣溪洞州郡任用，擬陞一等。兩廣、福建，別議陞轉。至元十四年，都省未注江淮官已前，創立官府，招撫百姓，實有勞績者，其見受職名，若應受宣者，三品同七品，四品、五品擬同八品；若應受敕者，正從六品同正從九品，其七品、八品擬同提控案牘、巡檢，正從九品擬同院務監當官。無出身不應叙白身人，其見受職名，應受宣者，三品同八品，四品、五品同九品；應受敕者，正從六品同提控案牘、巡檢，七品以下擬院務監當官。其上項人員，若再於接連福建、兩廣溪洞州郡任用，擬陞一等。兩廣、福建，別議陞轉。至元十四年已後，新收撫州郡、准上例定奪。前資不應又陞二等遷去江淮官員，任迴，擬定前資合得品級，於上例陞二等，止於江淮遷轉，若於腹裏任用，並依上例。七品以下，已歷三品、四品者，比附上項有出身未入流品人員例，從一高。前三件於見擬資品上增一等銓注。二十一年，詔：軍官轉入民職，已受宣敕不曾之任者，擬自准定資品換授，從禮任月日爲始，理算資考陞轉。若先受宣敕已經禮任，資品相應者，通理月日陞轉外，據驟陞人員前任所歷月日除一考外，餘月日與後任月日依准定資品通理陞轉，不及考者，擬自准定資品換授，從禮任月日爲始，理算資考陞轉。腹裏常調官，除資品相應者依例陞轉外，有前資未應入流品受宣敕者，六品以下人員，照勘有無出身，依驗職事品秩，自受敕以後歷一考者，同江淮例定擬，不及考者，更陞一等。五品以上人員，斟酌比附議擬，呈省據在前已經除授者，任迴通理定奪。

凡吏屬年勞差等：至元六年，吏部呈：省部譯史、通事，舊以一百二十月出職，今案牘繁冗，合以九十月爲滿。十九年，部擬：行省通事、譯史、令史、宣使或經例革替罷，所歷月日不等，如元經省掾發去，不及一考者，擬令貼補；及一考之上者，比臺院令史出身例定奪。自行踏逐者，降一等叙，不及一考者，發還本省區用。宣慰司人吏，經省院發，不及一考者，擬貼補；及一考之上者，比部令史出身降一等定奪。自行踏逐者，又降一等；不及一考者，别無定奪。二十年，省擬：雲南行省極邊重地令譯史人等，六十月考滿。甘肅行省令譯史人等，六十五月考滿，本土人員，依舊例用。二十五年，省准：緬中行省令史，依雲南行省一體出身。大德元年，省臣奏：以省、臺、院諸衙門令譯史、通事、知印、宣使等，舊以九十月爲滿，陞遷太驟，今以一百二十月爲滿，於應得職事内陞用。又寫聖旨、掌奏事選法、應辦刑名文字必闍赤等，以八月折十月，今後毋令折算。四年，制以諸衙門令譯史、宣使人等一百二十月爲滿。部議：遠方令譯史人等，甘肅、福建、四川於此發去，九十月爲滿。兩廣、海北海南道於此發去，八十月滿。雲南省八十月滿。土人一百二十月滿。都省議：俱以九十月爲考滿，土人依例一百二十月爲滿。至大元年，部議：和林行省即係遠方，其人吏比四川、甘肅行省九十月出職。二年，詔：中外吏員人等，依世祖定制，以九十月滿，參詳，歷一百二十月已受除者，依大德十一年内制，外任減一資。所有詔書已後在選未曾除受，并見告滿之人，歷一百二十月者，合同四考理算，外任一資不須再減。省擬：以九十月爲滿，餘有月日，後任理算。應滿而不離役者，雖有役過月日，不准。三年，省准：河西廉訪司書吏人等月日。部議：合准舊例，雲南六十月，河西、四川六十五月，土人九十月爲滿。皇慶二年，部議：凡内外諸司吏員，舊以九十月爲滿，大德元年改一百二十月爲滿，至大二年復舊制。一紀之間，受除者衆。其元除有以三十月爲一考者，亦有四十月爲一考者，以所除不等，往往援例陳訴，有礙選法。擬合依已降詔條爲格，係大德元年三月七日以後入役，至未復舊制之前，已除未除俱以四十月爲一考，通理一百二十月爲滿，減資陞轉。其未滿受除者，一體理考定擬，餘二十六月已上，准陞一等，十五月之上，減外任一資，十五月之下，後任理算。改格之後應滿而不離役者，役過月日，别無定奪。

凡吏員考滿授從六品：至元九年，省准：省令史出身，中統四年已前，六品陞遷，已後七品除授，至元之後，事繁責重，宜依准中統四年已前考滿一體注授。三十一年，省議：三師僚屬，蒙古必闍赤、掾史、宣使等，依都省設置，若不由臺院轉補者，降等叙。元貞元年，省議：監修國史僚屬，依三師所設，非臺院轉補者，降等叙。大德五年，部呈考滿省掾各各資品。省議：令後院臺并行省令史選充省掾者，雖理考滿，須歷三十月方許出職，仍分省發、自行踏逐者，各部令史毋得直理省掾月日。

凡吏員考滿授正七品：至元九年，部擬：院、臺、大司農司令史出身，三考正七品。一考之上，驗月日定奪。一考之下，二十月以上爲從八品；十五月以上正九品；十五月以下，十月之上爲從九品，添一資，歷十月以下爲巡檢。十一年，部議：扎魯火赤令史、譯史考滿，合依樞密院、御史臺令史、譯史出身，三考出爲正七品，自用者降一等，有闕於部令史内選取。十四年，部擬：前諸站統領使司令史，同部令史出身，今既改通政院從二品，通事、譯史、令史人等，宜同臺、院人吏一體出身。十五年，翰林國史院言：本院令史係省准人員，其出身與御史臺一體，遇闕省掾時，亦合勾補。准吏部牒，本院令史以九十月考滿，同部令史出身，本院與御史臺皆隨朝二品，令史亦合與臺令史一體出身，有闕於部令史内選用。十九年，部擬：泉府司隨朝從二品，令史、譯史人等，由省部發者，考滿依通政院例定奪，自行用者降一等。二十年，定擬安西王王相府首領官令史，與臺、院吏屬一體遷轉。二十二年，部擬：宣徽院陞爲二品，與臺、院品秩相同，令史出身合依正七品遷除貢補，省、院有闕，於部令史内選取。總制院與御史臺俱爲正二品，部擬：令譯史考滿，亦合一體出身。二十三年，省准：詹事院掾史，若六部選充者，考滿出爲正七品，自用者降等。二十四年，集賢院言：本院與翰林國史院品級相同。省議：令史考滿，一體定奪。二十五年，省議：上都留守司兼本路總管府令史出身，三考正八品，其自部令史内選取者，同宣徽院、太醫院令史一體出身。上都留守司陞爲正二品，見設令史，自行踏逐者，考滿不爲例，從七品内選用；部令史内選取，考滿宣徽院、大司農司令史一體出身。部議：都護府人吏依通政院令譯史人等出身，由省部發者，考滿出爲正七品，自用者降一等。二十六年，省准：都功德使司隨朝二品，令譯史人等，比臺、院人吏一體陞轉。二十九年，部呈：大司徒令史，若各部選發者，三考出爲正〔九〕〔七〕，自用者降等。崇福司與都護府、泉府司品秩相同，所設人吏，由省部發者，考滿出爲正七品，自用者降一等。福建省征爪哇所設人吏，出征迴還，俱同考滿。三十年，省准：將作院令史，依通政院等衙門令史，考滿除正七品。部議：如係六部選發，考滿除正七品，自用者本衙門叙。元貞元年，内史府秩正二品，令史亦於部令史内收補，考滿除正七品，自用者降等。大德九年，部擬：闊闊出大司徒令史，若各部選發，考滿正七，自用者降等。至大四年，省准：會福院令史、知印、通事、譯史、宣使、典吏俱自用，前擬不拘常調，考滿本衙門區用。隆禧院令史人等，如常選者，考滿依例遷叙，自用者不入常調，於本衙門區用。皇慶二年，部議：崇祥院人吏，係部令史發補者，依例遷用，不應者降等叙。延祐四年，部議：隆禧院令史、譯史、通事、知印、典吏同五臺殊祥院人吏一體，常選内委付。其出身若有曾歷寺監并籍記各部令史人等，考滿同二品衙門出身，降等叙，白身者降等，添一資陞轉；省部發去者，依例遷叙。後有闕，令史須於常選教授儒人職官并部令史見役上名内取補；宣使於職官并相應内參補；通事、知印從長官保選，仍參用職官，違例補充，別無定奪。殊祥院人吏，先未定擬，亦合一體。

凡吏員考滿授從七品：至元六年，省擬：部令史、譯史、通事人等，中統四年正月以前收補者，擬九十月爲滿，注從七品，回降正八一任，還入從七。以後充者，亦擬九十月爲滿，正八品，仍免回降。九年，吏、禮部擬：凡部令史（二）〔三〕考，注從七品。一考之上，驗月日定奪。一考之下，二十月以上者正九品，十五月以上從九品，十五月以下，令史〔充〕提控案牘，通事、譯史〔充〕巡檢。太府監改擬正三品，與六部同，人吏自行踏逐，將已歷月日准爲資考，似爲不倫，擬自改陞月日爲始，九十月爲滿，同部令史出職，有闕於籍記部令史内挨次收補。十一年，省議：省斷事官令史，與六部令史一體出身，若是實歷俸月九十月，考滿遷除，有闕於應補部令史人内挨次補用。省議：中御府正三品，擬同太府監令史出身，九十月於從七品内除授，自行踏逐者降一等，歇下名闕，於應補部令史人内補填。十三年，省議：行工部令史，與六部令史一體出身。四怯薛令史，九十月同部令史出身，有闕以籍記部令史内補填。（三）〔二〕十年，部呈：行省令、譯史人等，比臺、院一體出身。行臺、行院令譯史、通事人等，九十月考滿，元係都省臺院發去及應補之人，合降臺院一等。二十三年，省判：大都留守司兼少府監令史，如係省部發去相應人員，同部令史出身，九十月考滿，從七品，自行踏逐者降等。二十四年，省判：中尚監令史人等，若係省部發去人員，同太府監令譯史等出身，自行踏逐者降等。太史院令史，部議：如省部發去人員，從七品内遷除，自行踏逐者，降等叙用。部擬：行省臺院令史，九十月考滿，若係都省臺院發去腹裏請俸人員，行省令史同臺院令史出身，行臺、行院降一等，俱於腹裏遷用，自行踏逐遞降一等，於江南任用。二十九年，省判：鞏昌等處便宜都總帥府令史人等出身，擬與各道宣慰司一體，自行踏逐者降等叙用。大德三年，省准：上都留守司令史，舊以見役部令史發補，以籍居懸遠，擬於籍記部令史内選發，與六部見役令史一體轉陞二品衙門令史，轉補不盡者，考滿從七品叙用。八年，部擬：利用監自大德三年八月已前入役者，若充各衙門有俸令史，及本監奏差、典吏轉補，則於應得資品内遷用；由庫子、本把就陞，并白身人，於雜職内通理定奪；自用之人，本監委用。皇慶元年，制：典瑞監人吏俱與七品出身。部議：太府、利用等四監同。省發者考滿與六部一體叙，其餘寺監令譯史正八品，奏差正九品。令典瑞監、前典寶監人吏出身同太府等監，係奉旨事理。省議：已除者，依舊例定奪。三年，省准：章慶使司秩正二品，見役人吏，若同隨朝二品衙門，考滿除正七品，緣係徽政院所轄司屬，量擬考滿除從七品，自用者降等，如係及考部令史轉充，考滿正七品，未及考者止除從七品。有闕須依例補，不許自用。

凡吏員考滿授正八品：至元十一年，省議：祕書監從三品，令史擬九十月出爲正八品，自用者降一等，有闕諸衙門考滿典吏内補填。省議：太常寺正三品，令史以九十月出爲從八品，有闕於應補監令史内取用。省議：少府監正四品，准軍器監令史出身，是省部發去者，三考於正八品任用，自行踏逐人員，考滿降一等。省議：尚牧監正四品，省部發去令史，擬九十月出爲正八品，自用者降一等，有闕於諸衙門典吏内選補。部擬：河南等路宣慰司係外任從二品，與隨朝各部正三品衙門相同，准令史以九十月同部令史遷轉。開元等路宣撫司外任正三品，令譯史比前例降一等，九十月於正八品内遷轉。十四年，部擬：樞密院斷事官令史，擬以九十月出爲從八品，有闕於諸衙門考滿典吏内補用。十六年，部擬：樞密院斷事官令改從三品，所設人吏，若係上司發去人員，歷九十月，比省斷事官令史降等於正八品內遷除，自用者降一等，遇闕於相應人內發遣。二十一年，部擬：廣西、海北海南道宣慰司令史、譯史、奏差人等，與嶺南廣西道等處按察司書吏人等一體，二十月理算一考，擬六十月同考滿。省准：廣東宣慰司其地倚山瀕海，極邊煙瘴，令史議合優陞，依泉州行省令譯史等，以二十月理算一考。二十二年，省准：詹事院府正、家令二司，給侍宮闈，正班三品，令史即非各司自用人員，俸秩與六部同，若遇院掾史有闕，於兩司令史內選補，擬定資品出身，依樞密院所轄各衛令史出身，考滿出爲正八品。尚醞監令史，與六部令史同議，諸監令史考滿，正八品內遷用，及非省部發去者例降一等，尚醞監令史亦合一體。二十三年，省准：太常寺令史，歷九十月，正八品內任用，有闕於呈准籍記人內選取。雲南省羅羅斯宣慰司兼管軍萬户府首領官、令史人等，依雲南行省令史例，六十月考滿，首領官受敕，例以三十月爲一考。武備寺正三品，令譯史等出身，擬先司農寺令譯史人等，依各監例，考滿出爲正八品，武備寺令史亦合依例遷敘。尚舍監令史，擬同諸寺監令史，考滿授正八品，自行用者降一等，尚舍監亦如之。陝西四川行省順元等路軍民宣慰司，依雲南令譯史人等，六十月爲滿遷轉。二十四年，部擬：太史院、武備寺、光禄寺等令史，九十月正八品內遷用，自用者降一等。太醫院係宣徽院所轄，令史人等，若係省部發去，考滿同諸監令史，擬正八品，自用者降等任用。二十六年，省准：給事中兼修起居注人吏，依諸寺監令史出身例，考滿一體定奪。侍儀司令史，依給事中兼起居注人吏遷轉。二十七年，省准：延慶司令史，九十月，依已准家令、府正兩司例，由省部發者出爲正八品，自用者降等敘。二十八年，省准：太僕寺擬比尚乘等寺令史，以九十月出爲正八品，自用者降一等。拱衛直都指揮使司與武備寺同品，令史考滿，出爲從八品，自用者降一等遷用。蒙古等衛令史，即係在先考滿令史，合於正八品內遷敘，各衛令史有闕，由省部籍記選發者，考滿出爲正八品。樞密院所轄都元帥府、萬户府各衛幷屯田等司官吏，俱從本院定奪、遷調，見役令史，自用者考滿，合從本院定奪。宣政院斷事官令史，與樞密院及蒙古必闍赤，由翰林院發者，以九十月爲從七品，通事、令史以九十月爲正八品，奏差以九十月爲正九品，典吏九十月轉本府奏差，自用者降等。二十九年，部擬：左右兩江宣慰司都元帥府令譯史人等，依雲南、兩廣、福建人吏，六十月爲滿。兩廣敘用譯史，除從七品，非翰林院選發，別無定奪。令史省發，考滿正八品，奏差省發，考滿正九品，自用者降等敘。儀鳳司令史，比同侍儀司令史，考滿爲正八品，自用者降一等。哈迷爲頭只哈赤八剌哈孫達魯花赤令史，吏部議，與阿速拔都兒達魯花赤必闍赤考滿正八品任用，雖必闍赤、令史月俸不同，各官隨朝近侍一體，比依例出身相應。三十年，省准：孛可孫係正三品，令譯史人等，比依各寺監令譯史出身相應。都水監從三品，令譯史等寺監令史一體出身，考滿正八品敘，自用者降等。只兒哈忽昔寶赤八剌哈孫達魯花赤本處隨朝正三品，與只哈赤八剌哈孫達魯花赤令史等即係一體，擬合依例，考滿出爲正八品。元貞元年，省准：闌遺監令譯史人等，省部發去者，考滿正八品內任用，自行踏逐者降等。家令司、府正司改內宰、宮正，其人吏依元定爲當。拱衛直都指揮使司陞爲正三品，其令譯史等俸，俱與光禄寺相同，擬係相應人內發補者考滿與正八品，奏差正九，自用者降等敘。大德三年，部擬：鷹坊總管府人吏，依隨朝三品，考滿正八品內遷用。五年，部擬：和林宣慰司都元帥府人吏，合與隨朝二品衙門一體，及量減月日。部議：各道宣慰司令史，一百二十月正八品敘，自用者降等遷用。其和林宣慰司無應取司屬，又係酷寒之地，人吏已蒙都省從優以九十月爲滿，今擬考滿，不分自用，俱於正八品內遷用。八年，部言：行都水監准設人吏，令史八人，奏差六人，壕寨一十人，通事、知印各一人，譯史一人，公使人二十人。都水監令譯史、通事、知印考滿，俱於正八品遷用，奏差考滿，正九品，自用者降等，壕寨出身幷俸給同奏差。行都水監係江南創立衙門，令史比例，合於行省所轄常調提控案牘內選取，奏差、壕寨人等亦須選相應人，考滿比都水監人吏降等江南遷用，典吏公使人，從本監自用。九年，部言：尚乘寺援武備寺、太府、章佩等監例，求陞加其人吏出身俸給。議得，各監人吏皆係奉旨陞加，尚乘寺人吏合依已擬。至大三年，部言：和林係邊遠酷寒之地，兵馬司司吏歷一考餘，轉本路總管府司吏。補不盡者，六十月陞都目。總管府司吏，再歷一考，轉稱海宣慰司令史，考滿除正八品，不係本路司吏轉補者，降等敘，補不盡者，六十月，部劄提控案牘內任用，蒙古必闍赤比上例定奪。部議：晉王位下斷事官正三品，除怯里馬赤、知印例從長官所保，蒙古必闍赤翰林院發，令史以内史府考滿典吏并籍記寺監令史發補，九十月除正八品，與職官相參用。奏差亦須選相應人，九十月依例遷用，自用者，考滿本衙門定奪。皇慶元年，部言：衛率府勾當人員，令都省與常選出身。議得，令史係軍司勾當之人，未有轉受民職定奪，合自奏准日爲格，係皇慶元年二月九日以前者，同典牧監一體遷叙，以後者若係籍記寺監令史，常選提控案牘補充，依上銓除，自用者不入常調。部議：徽政院繕珍司見役令史，若係籍記寺監令史、常調提控案牘，院兩考之上典吏補充，内宰司令史例，考滿除正八，通事、譯史、知印亦依上遷叙，自用者降等。後有闕，須依例發補，違例補充，别無定奪。二年，部議：徽政院延福司見役令史，若係籍記寺監令史、常調提控案牘、本院兩考之上典吏補充者，依内宰司令史例，考滿除正八品，通事、譯史、知印依上遷叙，自用者降等。後有闕，須依例發補，不許自用。延祐三年，省准：徽政院所轄衛候司，奉旨陞正三品，與拱衛直都指揮使司同品，合設令譯史，考滿除正八，自用者降等。衛候司就用前衛候司人吏，擬自呈准月日理算，考滿同自用遷叙，後有闕，以相應人補，考滿依例叙。徽政院掌飲司人吏，部議常選發補令譯史，考滿從八，奏差從九，自用者降等，後有闕須以相應人補，違例補充，考滿本衙門用。四年，省准：屯儲總管萬户府司吏譯史出身，至大三年尚書省劄，和林路司吏未定出身，和林係邊遠酷寒去處，兵馬司司吏如歷一考之上，轉補本路司吏并總管府司吏，再歷一考之上，轉補稱海宣慰司令史，考滿正八品遷除，補不盡人數，從優，擬六十月於部劄提控案牘内任用，蒙古必闍赤比依上例定奪。其沙州、瓜州立屯儲總管萬户府衙門，即係邊遠酷寒地面，依和林路總管府司吏人員一體出身。

凡吏員考滿授正九品：至元二十年，省准：宫籍監係隨朝從五品，令史擬九十月正九品，例革人員，驗月日定奪，自行踏逐，降一等。二十八年，省擬：廉訪司所設人吏，擬選取書吏，止依按察司舊例，上名者依例貢部，下名轉補察院，貢補不盡人數，廉訪司月日爲始理算，考滿者正九品叙，須令迴避本司分治及元籍路分。部議：察院書吏出身，除見役人三十月，轉補不盡者，九十月出爲從八品。察院書吏有闕，止於各道廉訪司書吏内選取，依上三十月轉部，九十月從八品。如非廉訪司書吏取充者，四十五月轉部，補不盡者，九十月考滿，降一等，出爲正九品。三十年，省准：行臺察院書吏歷一考之上者，轉江南宣慰司令史、并内臺察院書吏，於見役人内用之。若有用不盡人數，以九十月出爲正九品。江南有闕，依内臺察院書吏，於各道廉訪司書吏内選取，依例轉補。大德四年，省擬：各道廉訪司書吏，至元二十八年七月元定出身，上名貢部，下名轉補察院書吏。貢補不盡者，廉訪司爲始理算月日，考滿正九品用。今議廉訪司先役書吏，歷九十月依已定出身，正九品注，任迴，添一資陞轉。大德元年三月七日已後充廉訪司人吏，九十月考滿，須歷提控案牘一任，於從九品内用。通事、譯史，比依上例。察院書吏，至元二十八年十二月元定出身，於各道廉訪司書吏内選取，三十月轉部，九十月從八品内用。如非廉訪司書吏取充者，四十五月轉部。補用不盡者，九十月考滿，降一等，正九品用。今議先役書吏，九十月依已定出身遷用，任迴，添一資陞轉。大德元年三月七日爲始創入役者，止依舊例轉部。行臺察院書吏，至元三十年正月元定出身，於廉訪司書吏内選取，歷一考之上，轉補江南宣慰司令史、并内臺察院書吏，用不盡者，九十月正九品，江南用。省議先役書吏，歷俸九十月，依已定出身，任迴，添一資陞轉。大德元年三月七日爲始創入者，止依舊例，轉補江南宣慰司令史，北人貢内臺察院。

凡吏員考滿除錢穀官、案牘、都吏目：至元十三年，吏、禮部言：各路司吏四十五以下，以次轉補按察司書吏。補不盡者，歷九十月，於都目内任用；六十月以上，於吏目内任用。省議：上都、大都路司吏，難同其餘路分出身，依按察司書吏遷用。十四年，省准：覆實司司吏，俱授吏部劄付，如歷九十月，擬於中州都目内遷，若不滿考及六十月，於下州吏目内任用，有闕以相應人發充。二十一年，省准：諸色人匠總管府與少府監不同，又其餘相體管匠衙門人吏，俱未定擬出身，量擬比外路總管府司吏，考滿於都目内任用。二十二年，省准：大都等路都轉運使司令史，與河間等路都轉運鹽使司書吏出身同。外路總管府司吏三名，貢舉儒吏二名，貢不盡，年四十五之上，考滿都目内任用。二十三年，省准：各路司吏、轉運司書吏，年四十五以上，歷俸六十月充吏目，九十月充都目，餘有役過月日不用。奏差宜從行省斟酌月日，量於錢穀官内就便銓用。省准：覆實司係正五品，令史出身比交鈔提舉司吏出身，九十月務使，六十月都監，六十月之下、四十五月之上都監添一界遷用，四十五月之下轉補運司令史。部擬：京畿漕運司司吏轉補察院書吏，不盡，四十五以上，九十月依例於都目內任用。二十四年，部議：各道巡行勸農官書吏，於各路總管府上名司吏內選取，考滿於提控案牘內任用，奏差從大司農司選委。省准：諸司局人匠總管府令史，於都目內任用。二十五年，省准：大護國仁王寺、昭應宮財用規運總管府令譯史人等，比大都路總管府正三品司吏，九十月提控案牘內任用。部議：甘肅、寧夏等處巡行勸農司係邊陲遠地，人吏依甘肅行省幷河西隴北道提刑按察司，以二十二月准一考，六十五月爲滿。省准：供膳司司吏，比覆實司司吏，九十月出身，於務使內任用。二十六年，省准：巡行勸農司書吏，役過路司吏月日，三折二准算，通理九十月，於提控案牘內遷叙。尚書省右司郎中、管領大都等路打捕民匠等户總管令史，比依諸司局人匠總管府令史例，九十月，於都目內任用。省准：諸路寶鈔都提舉司司吏，有闕於諸路轉運司、漕運司上名司吏內選取，三十月充吏目，四十五月之上、六十月之下都目，六十月已上轉提控案牘，充寺監令史者聽。諸路寶鈔提舉司同。奏准：大都路都總管府添設司吏一十名，委差五名。司吏六十月，於提控案牘內任用，委差於近上錢穀官內委用，有闕以有根脚請俸人補充，不及考滿，不許無故替换。二十七年，省准：京畿都漕運司令史，九十月充提控案牘，年四十五之上，比依都提舉萬億庫司吏，願充寺監令史者聽。二十九年，部擬：大都路令史四十五以上，六十月提控案牘內任用，任迴減一資陞轉，四十五以下、六十月之上選舉貢部，每歲二名。奏差六十月，酌中錢穀官內任用。省准：京畿都漕運司令史，比依諸路寶鈔提舉司司吏出身例，三十月吏目，四十五月之上、六十月之下都目，六十月之上提控案牘。三十年，省准：提舉八作司係正六品，司吏四十五月之上吏目，六十月之上都目。元貞元年，省准：大都等路都轉運司令史，九十月提控案牘。大德三年，省准：諸路寶鈔提舉司、都提舉萬億四庫司吏，九十月提控案牘內任用，如六十月之上，自願告叙者，於都目內遷除，有闕於平準行用庫攢典內挨次轉補。省准：寶鈔總庫司、提舉富寧庫司俱係從五品，其司吏九十月，都目內任用。如六十月之上，自願告叙，於吏目內遷除。有闕須於在京五品衙門及左右巡院、大興、宛平二縣，及諸州司吏幷籍記各部典吏內選。省准：提舉左右八作司吏，九十月都目內任用，六十月之上，自願告叙，於吏目內遷除，有闕於在都諸倉攢典內選補。京畿都漕運使司令史，六十月之上，於提控案牘內用，遇闕於路府諸州幷在京五品等衙門上名司吏內選。大都路司吏改爲令史，六十月之上，年及四十五以下，貢部不過二名，四十五以上，六十月提控案牘內遷用，任迴減資陞轉。大都路都總管府令史，依舊六十月，於提控案牘內遷叙，不須減資，有闕於府州兵馬司、左右巡院、大興、宛平二縣上名司吏內選補。大德五年，省准：河東宣慰使司軍儲所司吏、譯史，九十月爲滿，譯史由翰林院發補，司吏由州縣司吏取充，與各路總管府譯史、司吏一體陞轉，自用譯史，别無定奪，司吏除酌中錢穀官，委差近下錢穀官。七年，部擬：濟南、萊蕪等處鐵冶都提舉司及廣平、彰德等處鐵冶都提舉司秩四品，司吏九十月比散府上州例，陞吏目。蒙古必闍赤擬酌中錢穀官，奏差近下錢穀官，典吏三考，轉本司奏差。省准：陝西省叙州等處諸部蠻夷宣撫司正三品，其令譯史考滿，比各路司吏人等一體遷用奏差，行省定奪。九年，宣慰司大同等處屯儲軍民總管萬户府從三品司吏、譯史、委差人等，九十月爲滿，司吏除酌中錢穀官，委差近下錢穀官。大德十年，省准：諸路吏六十月，須歷五萬石之上倉官一界，陞吏目，一考陞都目，一考陞中州案牘或錢穀官，通理九十月入流。五萬石之下倉官一界，陞吏目，兩考都目，一考依上陞轉。補不盡路吏，九十月陞吏目，兩考陞都目，依上流轉，如非州縣司吏轉補者，役過月日，别無定奪。

凡通事、譯史考滿遷叙：至元二年，部擬：雲南行省極邊重地，令譯史等人員，擬二十月爲一考，歷六十月，准考滿叙用。九年，省准：省部臺院所設知印人等，所請俸給，元擬出身，俱在勾當官之上，既將勾當官陞作從八品，其各部知印考滿，亦合陞正八品，據例減知印除有前資人員，驗前資定奪，無前資者，各驗實歷月日，定擬遷叙。二十年，各道按察司奏差、通事、譯史、奏差已有定例，通事九十月考滿，擬同譯史一體遷叙。部議：行省、行臺、行院五品以下官員幷首領官，亦合比依臺院例，一考陞一等任用。據行省人吏比同臺院人吏出身，已有定例，行院、行臺令史、譯史、通事、宣使人等，九十月滿考，元係都省臺院發及應補者，擬降臺院一等定奪。部擬：甘肅行省令譯史、通事、宣使人等，量擬以六十五月遷叙，若係都省發去人員，如部議，自用者仍舊例。二十一年，部擬：四川行省人吏，比甘肅行省所歷月日，一體遷除。二十三年，部擬：福建、兩廣行省令譯史、通事、宣使人等，擬歷六十月同考滿，止於江南遷用，若行省咨保福建、兩廣必用人員，於資品上陞一等。二十四年，部議：行省、行臺、行院令史，九十月考滿，若係都省臺院發去腹裏相應人員，行省令史同臺院令史出身，行臺、行院降臺院一等，俱於腹裏遷用，自用者遞降一等，止於江南任用。二十七年，省議：中書省蒙古必闍赤俱係正從五品遷除，令蒙古字教授擬比儒學教授例高一等，其必闍赤擬高省掾一等，內外諸衙門蒙古譯史，一體陞等遷叙。二十八年，部擬：諸路寶鈔都提舉司蒙古必闍赤，三十月吏目，四十五月都目，六十月提控案牘，役過月日，擬於巡檢內叙用。奏差九十月，近上錢穀官，六十月，酌中錢穀官內任用。翰林院寫聖旨必闍赤，比依都省蒙古必闍赤內管宣敕者，八月算十月遷轉正六品。部議：寫聖旨必闍赤比依管宣敕蒙古必闍赤一體，亦合八折十准算月日外據出身已有定例。崇福司令譯史、知印，省部發補者，考滿出爲正七品，自用者降一等。宣使省部發去者，考滿出爲正八品，自用者降一等。各道廉訪司通事、譯史出身，比依書吏擬合一體考滿正九。奏差考滿，依通事、譯史降二等量擬，於省劄錢穀官并巡檢內任用。三十年，省准：將作院令譯史人等，由省部選發者，考滿正七品遷叙，自用者止從本衙門定奪。大都路蒙古必闍赤若係例後入役人員，擬六十月於巡檢內遷用，任回減一資陞轉。大德三年，省議：各路譯史如係翰林院選發人員，九十月考滿。除蒙古人依准所擬外，其餘色目、漢人先歷務使一界，陞提控一界，於巡檢內遷用。省議：大都運司通事比依本司令史，滿考者於巡檢內任用。四年，省准：雲南諸路廉訪司寸白通事、譯史出身，比依書吏出身，九十月爲滿，歷巡檢一任，轉陞從九品，雲南地面遷用。七年，宣慰司奏差，除應例補者，一百二十月考滿，依例自行保舉者降等，任回，添資定奪任用。廉訪司通事、譯史，大德元年三月七日已後創入補者，九十月歷巡檢一任，轉從九，如書吏役九十月，充巡檢者聽，如違不准。各路譯史，如係各道提舉學校官選發腹裏各路譯史，九十月考滿，先歷務使一界陞提領，再歷一界充巡檢，三考從九，違者雖歷月日，不准。會同館蒙古必闍赤，九十月務提領內遷用。十年，省准：中政院寫懿旨必闍赤，依寫聖旨必闍赤一體出身。八番順元、海北海南宣慰司都元帥府極邊重地令譯史人等，考滿依兩廣、福建例，於江南遷用。

凡官員致仕：至元二十八年，省議：諸職官年及七十，精力衰耗，例應致仕。今到選官員，多有年已七十或七十之上者，合令依例致仕。大德七年，省臣言：內外官員年至七十者，三品以下，於應授品級，加散官一等，令致仕。十年，省臣言：官員年老不堪仕宦者，於應得資品，加散官、遥授職事，令致仕。皇慶二年，省臣言：蒙古、色目官員所授散官，卑於職事，擬三品以下官員，職事、散官俱陞一等，令致仕。

凡封贈之制：至元初，唯一二勳舊之家以特恩見褒，雖略有成法，未悉行之。至元二十年，制：考課雖以五事責辦管民官，爲無激勸之方，徒示虛文，竟無實效。自今每歲終考課，管民官五事備具，內外諸司官職任內各有成效者，爲中考。第一考，對官品加妻封號。第二考，令子弟承廕叙仕。第三考，封贈祖父母、父母。品格不及封贈者，量遷官品，其有政績殊異者，不（須）〔次〕陞擢，仰中書參酌舊制，出給誥命。至大二年，詔：流官五品以上父母、正妻，七品以上正妻，令尚書省議行封贈之制。禮部集吏部、翰林國史院、集賢院、太常等官，議封贈謚號等第，制以封贈非世祖所行，其令罷之。至治三年，省臣言：封贈之制，本以激勸將來，比因泛請者衆，遂致中輟。詔從新設法議擬與行，毋致冗濫。禮部從新分立等第：正從一品封贈三代，爵國公，勳正上柱國，從柱國，母、妻並國夫人。正從二品封贈二代，爵郡公，勳正上護軍，從護軍，母、妻並郡夫人。正從三品封贈二代，爵郡侯，勳正上輕車都尉，從輕車都尉，母、妻並郡夫人。正從四品封贈父母，爵郡伯，勳正上騎都尉，從騎都尉，母、妻並郡君。正五品封贈父母，爵縣子，勳驍騎尉，母、妻並縣君。從五品封贈父母，爵縣男，勳飛騎尉，母、妻並縣君。正從六品封贈父母，父止用散官，〔母、妻並恭人。正從七品封贈父母，父止用散官〕，母、妻並宜人。正從一品至五品宣授，六品至七品敕牒。如應封贈三代者，曾祖父母一道，祖父母一道，父母一道，生者各（號）〔另〕給降。封贈者，一品至五品並用散官勳爵，六品七品止用散官職事，從一高。封贈曾祖，降祖一等，祖降父一等，父母妻並與夫、子同。父母在仕者不封，已致仕并不在仕者封之，雖在仕棄職就封者聽。父母應封，而讓曾祖父母、祖父母者聽。諸子應封父母，嫡母在，所生之母不得封。嫡母亡，得並封。若所生母未封贈者，不得先封其妻。諸職官曾受贓，不許申請，封贈之後，但犯取受之贓，並行追奪。其父祖元有官進一階，不在追奪之例。父祖元有官者，隨其所帶文武官上封贈，若已是封贈之官，止於本等官上許進一階，階滿者更不在封贈之限。如子官至四品，其父祖已帶四品上階之類。或兩子當封者，從一高。文武不同者，從所請。婦人因其〔夫〕、子封贈，而夫、子兩有官者，從一高。封贈曾祖母、祖母并母，生封並加太字，若已亡歿或曾祖、祖父、父在者，不加太字。職官居喪，應封贈曾祖父母、祖父母、〔父母〕者聽。其應受封之人，居曾祖父母、祖父母、父母、舅姑、夫喪者，服闋申請。應封贈者，有使遠死節，有臨陳死事者，驗事特議加封。應封妻者，止封正妻一人，如正妻已歿，繼室亦止封一人，餘不在封贈之例。婦人因夫、子得封者，不許再嫁，如不遵守，將所受宣敕追奪，斷罪離異。父（母）〔祖〕曾任三品以上官，亡歿，生前有勳勞，爲上知遇者，子孫雖不仕，具實跡赴所在官司保結申請，驗事跡可否，量擬封贈。無後者，許有司保結申請。曾祖父母、祖父母、父母曾犯十惡奸盜除名等罪，及例所封妻不是以禮娶到正室，或係再醮倡優婢妾，並不許申請。凡告請封贈者，隨朝并京官行省、行臺、宣慰司、廉訪司見任官，各於任所申請。其餘官員，見任并已除未任，至得替日，隨其解由申請。致仕官於所在官司申請。正從七品至正從六品，止封一次。陞至正從五品，封贈一次。陞至正從四品，封贈一次。陞至正從三品，封贈一次。陞至正從二品，封贈一次。陞至正從一品，封贈一次。凡封贈流官父祖曾任三品以上者，許請謚。如立朝有大節，功勳在王室者，許加功臣之號。至治三年，詔：封贈之典，本以激勸忠孝，今後散官職事勳爵，依例加授，外任官員並許在任申請，其餘合行事理，仰各依舊制。泰定元年，詔：犯贓官員，不得封贈，沉欝既久，宜許自新，有能滌慮改過，再歷兩任無過者，許所管上司正官從公保明，監察御史、廉訪司覆察是實，並聽依例申請。

（明）王圻《續文獻通考》卷五三《選舉考・考課上・元》 凡官員考數：省部定擬：從九品擬歷三任，陞從八品。正九品歷兩任，陞從八。正八品歷三任，陞從七。從七品歷三任，呈省。正七品歷兩任，陞從六。從六品通歷三任，陞從五。正六品歷兩任，陞從五。從五轉至正五，緣四品闕少，通歷兩任，須歷上州尹一任，方入四品。內外從四品，通理八十月，陞三品。世祖中統三年，詔置簿立式，取會各官姓名、籍貫、年甲、入仕次第。至元六年，制凡隨朝職官：一考陞一等，兩考通陞二等止。六部侍郎正四品，依舊例通理八十月，陞三品。左右司郎中、員外郎、都事，考滿陞二等。六部郎中、員外郎、主事，三十月考滿陞一等，兩考通陞二等。七年，尚書省臣言：管民官遷轉以三十月爲一考，數於變易，人心苟且，自今請以六十月遷轉。從之。十年，定內外官復舊制三歲一遷。十一年，獲嘉縣尹常德，課最諸縣，詔優賞之。十七年，立遷轉官員法。凡無過者授見闕，物故及故犯選人補之，滿代者令還家以俟。十九年，定內外官以三年爲考滿，任滿者遷叙，未滿者不許超遷。是年，諸職官解由到省部，考其功過，以憑黜陟。外任官解由到吏部，止於刑部照過，將各人所歷，立行止簿，就檢照定擬。二十二年，詔各道提刑按察司：能遵奉條畫涖事有成者，任滿陞職；贓污不稱任者，罷黜除名。二十八年，詔改提刑按察司爲肅政廉訪司，每道仍設官八員，除二使留司以總制一道，餘六人分臨所部。如民事、錢穀、官吏奸弊，一切委之，俟歲終省臺遣官考其功效。二十九年，燕公楠言：歲終各行省臣赴闕奏事，亦宜令行臺臣赴闕，奏一歲舉刺之數。制可。三十三年，增課守令式，于八年所定五事外，又增以勸課農桑，克勤奉職者陞奬，其怠于事者笞罷之。五事在選舉類。

集賢直學士兼秘書少監程鉅夫奏：國朝建御史臺雖有考課之目而未得其要，莫可致詰，乞照前朝體例，應諸道府州司縣下至曹掾等，各給出身印紙曆子一卷，書本人姓名、出身於其前，俾各處長吏聯銜結狀保明，書其歷任月日，在任功過于後。秩滿，有司詳視而差其殿最。則人之賢否，一覽而知，考核得實，庶無僥倖。東平布衣趙天麟上《太平金鏡策》，略曰：舉世英賢多皆一節，爲人上者取節可也。今國家選法，腹外三年爲一考，腹內二年半爲一考，自非負罪之員皆有進而無退。臣以爲方今選法，宜以賢能爲先，不宜以日月爲上。且人才有大有小，例以初仕者職小，則淹滯英才，例以久宦者職遷，則施爲安得皆稱。切恐郡縣之官以苟且存心，有更張之事，則計之曰：三年之後，吾將去此，何勞吾心哉？因循而已矣。見賄賂之物，則思之曰：一旦交代，未獲即除，何以爲家費哉？營資而已矣。又況郡縣之民迎新送故，甚爲勞費，其弊將至於無如之何者。或以郡縣之官久則擅權生事，錢穀之官久則私弊難制，臣謂此言非也。若循三德八才而用之，則皆才德應官之人矣。伏望陛下量其長短，察其可否，細木常便爲桷，大木常使爲宗。凡內外官員，三年第一考爲初考，上等加官階二級，中加一級，下則仍舊階，而上、中、下三等皆復守其本職。六年再考，如初考，而復守本職。九年終考，如再考，然後黜陟其職也。凡考法，令廉訪司官重其保結，考其行實，而牒司路以達于上司，銓定階次，籍記倚閣。凡三考黜陟，其事業循常者，依累次官階而除之，以次第所宜。其才德超異者，雖階次甚卑，而待之以不次之位。如是則居官守禄者既思階次之超陞，而盡其公道，又懼憲職之知覺，而滅其私心，庶幾乎選法有以定矣。

天麟《論考幽明》曰：唐朝以體貌豐偉爲貴，所謂有市瓜喜大而或失其香；晉室以清談虛曠爲先，所謂畫餅充饑而委無真用。此唐之不能及三代，而晉之不能及漢唐也。今國家入仕之門太多，考選之方太闕。臣以爲王者之左右陪僕亦貴乎正，不正則如蝎蠹之內生；天下之大官小吏並須乎賢，不賢則如蝗螟之外起。臣謹依經考史，斷以愚意，條陳聖人之九徵，及當今所切二十六美之三十九類，與夫三要，惟陛下察之。所謂九徵者：一曰遠使之而觀其忠，二曰近使之而觀其敬，三曰煩使之而觀其能，四曰卒然問焉而觀其智，五曰急與之期而觀其信，六曰委之以財而觀其仁，七曰告之以危而觀其節，八曰醉之以酒而觀其則，九曰雜之以處而觀其色。所謂二十六美之三十九類者，一曰文史之美三類：草制餙詔，諄悉詞情也；校書正字，可爲定體也；教誨後學，才德多成也。二曰禮官之美三類：補袞拾遺，將順其美也；朝會祭祀，儀章不舉也；宣慰風俗，雍熙聿致也。三曰樂官之美一類：金石宮商，條理聲正也。四曰知人之美一類：善惡周覽，洞曉于心也。五曰敬賢之美一類：推轂進士，常若不及也。六曰考校之美一類：彰善癉惡，照文無失也。七曰糾察之美一類：彈劾所至，不避權豪也。八曰廉訪之美二類：廉察官吏，儆懼肅清也；訪聞風俗，化成禮義也。九曰宿衛之美一類：小心周密，京輦增威也。十曰籌計之美二類：帷幄畫計，折衝例戈也；排壘整陣，臨時合權也。十一曰督領之美三類：器械精完，士卒閑習也；號令嚴明，部伍齊肅也；臨敵耀威，身先士伍也。十二曰鎮防之美一類：勸勵稼穡，勤事多獲也。十四曰芻養之美一類：孳蓄頭匹，茁壯蕃滋也。十五曰使臣之美二類：喉舌宣納，成美昭光也；委幹事務，辨濟平允也。十六曰決斷之美三類：勾檢考覈，瑕隙無隱也；要察圓明，囚無間言也；疑獄得情，處置合律也。十七曰農桑之美一類：董督樹藝，水旱有備也。十八曰董役之美一類：監役合宜，丁夫悅事也。十九曰關津之美一類：姦詐不漏，行旅不壅也。二十曰營造之美一類：練事分功，捷于供奉也。二十一曰明利之美一類：出納有常，簿籍易照也。二十二曰算數之美一類：多寡有方，了然胸臆也。二十三曰僧官之美一類：弘宣釋教，守戒精嚴也。二十四曰道官之美一類：弘宣道教，守德精嚴也。二十五曰醫官之美二類：科品分明，舉無不應也；開發後學，成材者衆也。二十六曰陰陽之美二類：曆法推步，授時無舛也；卜筮循經，不爲詭異也。所謂三要者：一曰公，二曰廉，三曰勤。徑情服事，不邀功利，謂之公；賄賂在前，不以爲念，謂之廉；服勞王室，悉心竭力，謂之勤。九徵之徵盡矣，二十六美之類備矣，三要之要具矣，選法考校之源委終矣。伏望陛下以九徵考左右攜僕，僕臣正而厥后益以正矣。更望陛下以二十六美之三十九類，與夫三要三說，明諭選曹及內外百官。若三年當考之時，凡一美三要者爲上等，凡一美二要者爲中等，凡一美一要者，有要無美、有美無要者，皆爲下等。凡美要並無，而雖無大罪者，亦停免之。凡罪犯顯明，則有憲職在焉。始以三德八才用之，終以二十六美三要考之，則自中及外，大小官吏若玉壺之冰、秋霜之月，凜乎其清，皎乎其明矣。

成宗大德八年，中書省臣言：自內降旨除官者，果爲近侍宿衛，踐履年深，依以除叙。嘗宿衛未官者，視散官叙，始歷一考，准爲初階。無資濫進，降官二級，官高者量降。各位下再任者，從所隸用，三任之上聽入常調。蒙古諸人不在此限。從之。

武宗至大二年，令州縣正官以九年爲任。三年，給親民長吏考功印曆，令監治官歲終驗其行蹟，書而上之，廉訪司、御史臺、尚書禮部考校以爲黜陟。

仁宗皇慶元年，御史中丞郝天挺言：國初設官在内須三十月，在外須三周歲，考其殿最以爲黜陟。比者省院臺部之臣，久者一二歲，少者三五月，甚有旬日之間而屢遷數易者，奔走往來之不暇，何暇宣風布化參理機務哉？乞自今惟大臣可急闕選授，其餘内外大小官屬必候任滿考績，方許選調，庶免朝除夕改，啓倖長奸之弊。從之。二年，命監察御史檢察監學官考其殿最。是年，勑守令勸課農桑勤者陞遷，怠者黜降。著爲令。

文宗天曆二年，中書省臣言：舊制朝官以三十月爲一考，外任則三年爲滿，比年朝官卒不久于其職，或數月即改遷，於典制不類，且治績無從考驗，請如舊制爲宜。勑：除風憲官外，其餘朝官不許二十月内遷調。

順帝至元四年，詔：考覈郡縣官功過，命佛家閭爲考功郎中，喬林爲員外郎，魏宗爲主事，考覆郡縣官功過以憑黜陟。至正四年春正月，詔：守令黜陟之法，六事備者陞一等，四事備者減一資，三事備者平遷，六事不備者降一等。六事見前至元二十三年。

（清）孫承澤《元朝典故編年考》卷二《立封贈之制》 至元元年，立封贈之制，惟一二勳舊之家以特恩見褒。雖略有成法，未悉行之。又制：考課雖以五事責辦管民官，爲無激勸之方，徒示虛文，竟無實效。自今每歲終考課，管民官五事備具，内外諸司官職任内各有成效者爲中考。第一考對官品加妻封號，第二考令子弟承廕敘任，第三考封贈祖父母、父母，品格不及封贈者，量遷官職。其有政績殊異者，不次陞擢，仰中書衆酌舊制，出給誥命。

（清）孫承澤《元朝典故編年考》卷三《五事考守令》 詔：舉守令以户口增、田野闢、詞訟簡、盜賊息、賦役均五事備者爲上選，陞一等。四事備者，添一資。三事有成者，爲中選，依常例遷轉。四事不備者，減一資。五事俱不舉者，黜降一等。

（清）孫承澤《元朝典故編年考》卷八《考滿陞等之規》 至元六年制：凡隨朝職官一攷陞一等，兩攷通陞二等止。六部侍郎正四品，依舊例通理八十月，陞三品。左右司郎中、員外郎、主事三十月攷滿，陞一等，兩攷通陞二等。

（清）嵇璜等《續通典》卷一九《選舉・歷代制下考績附》 元初中原略定，事多草創，東平行臺所統五十餘城，州縣官或自將校，或起民伍，多昧從政。甚以掊克聚斂爲能，太祖乃命宋子貞爲右司郎中，仿前代觀察采訪之制，立糾察官吏程式，黜貪惰，奬廉勤。至元元年，令官吏員數計月日以考殿最，凡理算論日月，遷轉憑散官，内任以三十月爲滿，外任以三歲爲滿，錢穀典守以二歲爲滿。而理考通以三十月爲則。内任官率一考升一等，十五月進一階。京官率一考，視外任減一資。外任官或一考進一階，或兩考升一等，或三考升二等。四品則内外考通理。前任少則後任足之，或前任多則後任累之。一考及二十七月，兩考及五十四月，三考及八十一月以上，遇升則借升，而補以後任。十年，以三十月遷轉太速，六十月太遲，乃命三歲一遷。十九年，定職官迴降之制。江淮官已受宣敕，資品例陞二等遷去者，依舊於江淮任用。考滿者，並免迴降。不及考者，例存一等。有出身未入流品受宣者，任迴，三品擬同六品，四品同七品，五品同正八品；受敕者，六品同從八品，七品、八品同九品，九品同提領案牘、巡檢。無出身及白身人受宣者，三品同七品，四品同八品，五品同正九品；受敕者，六品同從九品，七品、八品同提領案牘、巡檢，九品擬院務監當官。已下有資品人員，再於接連福建、兩廣溪洞州郡任用，擬陞一等。兩廣、福建别議陞轉。是歲，又定内外官三年爲考滿，任滿始許遷敘。二十八年，更定隨朝以三十月爲滿，在外以三周歲爲滿，錢穀官以得代爲滿，吏員以九十月日出職。是歲改提刑按察司爲肅政廉訪司，每道仍設官八員，除二使留司以總制一道，餘六人分臨所部。凡民事錢穀官吏姦弊一切委之，俟歲終省臺遣官考其政效。

武宗至大二年，令州縣正官以九年爲任，三年令考功印曆給親民長吏，歲終監治官驗其行蹟，書而上之，廉訪、御史臺、尚書吏部考校以爲升黜。先是至元十九年，集賢直學士程鉅夫奏：國朝建御史臺有考課之目，而未得其要，乞照前朝體例，應諸道府州司縣下至曹掾等，各給出身印紙歷子一卷，書本人姓名、出身於其前，俾各處長吏聯銜狀保，書其歷任月日、功過於後。秩滿，有司詳視而差其殿最，則賢否一覽而知。是秋，始頒行之。仁宗皇慶元年，臺臣言：比年廉訪司多不悉心奉職，宜令監察御史檢覈名實黜升之。制可。時御史中丞赦天挺言：國初論最，在內須三十月，在外須三周歲。比者省院臺部之臣久者一二歲，少者三五月，甚有旬日遷易者，奔走往來之不暇，何暇宣布參理？乞今惟大臣可急闕選授，其餘內外大小官屬必候任滿考績，方許選調，庶免朝除夕改，啓倖長姦之弊。從之。文宗天曆二年，中書省臣言：比年朝官多不久於其職，或數月改遷，於典制不類，且治機無從考驗，請如舊制，刺除風憲官外，其餘朝官不許二十月內遷調。

紀事

《遼史》卷一〇《聖宗紀》〔統和元年十一月〕庚辰，上與皇太后祭乾陵，下詔諭三京左右相、左右平章事、副留守判官、諸道節度使判官、諸軍事判官、録事參軍等，當執公方，毋得阿順。諸縣令佐如遇州官及朝使非理徵求，毋或畏徇。恆加采聽，以爲殿最。民間有父母在，别籍異居者，聽鄰里覺察，坐之。有孝于父母，三世同居者，旌其門閭。

《金史》卷六《世宗紀》〔天興十年十月〕乙丑，上謂大臣曰：比因巡獵，聞固安縣令高昌裔不職，已令罷之。霸州司候成奉先奉職謹恪，可進一階，除固安令。

《金史》卷九《章宗紀》〔明昌三年九月庚午朔〕又諭宰臣曰：隨路提刑司舊止察老病不任職及不堪親民者，如得其實，即改除他路。若他路提刑司覆察得實，勿復注親民之職。卿等其議行之。

《金史》卷一二《章宗紀》〔泰和五年〕二月己丑朔，諭按察司：近制以鎮静而知大體爲稱職，苛細而闇於大體爲不稱。由是各路按察以因循爲事，莫思舉刺，郡縣以貪黷相尚，莫能畏戢。自今若糾察得實，民無冤滯，能使一路鎮静者爲稱職。其或煩紊使民不得伸愬者，是爲曠廢。

《金史》卷一四《宣宗紀》〔貞祐三年九月〕乙亥，詔河北、山東等路及平涼、慶陽、臨洮府，涇、邠、秦、鞏、德順諸州經兵，四品以下職事官並以二十月爲滿。募隨處主帥及官軍、義軍將校，有能率衆復取中都者封王，遷一品階，授二品職。能戰却敵、善誘降人、取附都州縣者，予本處長官、散官，隨職遷授。餘州縣遞減二等。紅襖賊周元兒陷深、祁州、束鹿、安平、無極等縣，真定帥府以計破之，斬元兒及殺其黨五百餘人。丁丑，詔司、縣官能募民進糧五千石以上，減一資考，萬石以上，遷一官，減二資考，二萬石以上遷一官，升一等，注見闕。

《金史》卷九五《劉瑋傳》〔明昌〕三年，入拜尚書右丞。上嘗問考課法今可行否，右丞相夾谷清臣曰：行之亦可，但格法繁則有司難於承用耳。瑋曰：考課之法本於總核名實，今提刑司體察廉能贓濫以行賞罰，亦其意也。若别議設法，恐涉太繁。上問唐代何如，瑋對以四善、二十七最。明年六月，卒。是日，上將擊毬於臨武殿，聞瑋卒而止，謚曰安敏。

《元典章》卷八《吏部·官制·月日·運司官等月日》大德三年三月，行省爲榷茶運司官并提控案牘兼照磨等未審幾年月日爲滿，移准中書省咨：送吏部，照擬回呈：都省奏過事内一件：管鹽茶課程運司官、印鈔提舉司官、〔管〕糧的漕運司官每，在先三年替換（去）〔來〕。後頭桑哥等奏了，錢穀的勾當裏行多時呵，做賊説謊。麽道，教二年替換，奏了來。如今俺商量的，二年替換呵，行勾當卒急一般。依在先體例裏三年替換呵，怎生？奉聖旨：那般者。欽此。照得除運司官并首領官擬合依三周歲爲滿外，據提控案牘不係欽受朝命人員，例皆三十個月交代。具呈照詳。咨請照驗施行。

《元典章》卷一一《吏部·職制·給由·又》至元二十四年閏二月，御史臺承奉中書省劄付，據南京等路宣慰司呈：准本司同知楊少中牒：切見國家張官置吏，本爲百姓。近年以來，貪官汚吏多得美除，廉慎守約之人因循懈怠，〔昧〕於政事。蓋因隨道按察司斷過人員，其所管官司假言不知保給解由。及經斷之人多係貪汚者，銓曹不知私犯，依例注授，實無激勸。莫若遍行照會，今後御史臺、按察司糾察過廉能官吏行過事跡，斷過貪汚之人所招情犯聲説，或犯贓濫，或侵欺官物，或恃權違枉，或侵漁百姓，懦弱不職，或不閑官事，或避罪在逃，或贓犯罷役，及一切不公緣故，開坐行移本路總管府、本道宣慰司，候各官任滿，於解由上明白開寫，以憑殿最，似望激勸爲政。乞遍行照會事。得此。送吏部照擬回呈：參詳：除臺保廉能人員已有陞轉定例，所據職官任内，監察御史、按察司糾察過取受一切不公，開坐已招罪名，行移合屬官司及本道宣慰司照驗，候各官任滿，於解由内明白開寫。外據諸人告論一切公私過犯，亦合依上施行。得此。都省准擬。

《元典章》卷一一《吏部·職制·給由·整治給由事理》 大德元年三月初七日，中書省奏准下項事理：一件：外任官員解由到吏部呵，爲照過名行移刑部，爲照粘帶俸月行移户部，爲辨驗宣敕文憑行移禮部。似這般行移各部，回轉與吏部中間，爲這般行移，求仕人生受有。在先待更改行的，不是不曾尋思來。從前這般細意行來的勾當，如今不細意徑直行有麽道。恐有人説的上，不曾更改來的緣故是這的。如今欽奉聖旨，衆人商量來：正合關防的是吏部，不須行移各部。爲照過名，止行移刑部者。吏部裏置立文簿，將各人歷過月日，但有合關防的事，標附在簿子上，就照了定奪呵，較疾也者。這般商量來。奏呵，奉聖旨：是也，那般者。

一件：管民官解由，爲軍人奥魯行移樞密院，爲站赤勾當行移通政院，爲農桑勾當移司農司，他每當該令史又行會各房，則倒换了那文字，却與俺根底來。爲那般上，好生遲滯。如今那衙門裏行移那文字，不教行移。根脚裏解由，本處照勘完備，與將省部裏來者。俺這裏照勘無粘帶，依體例委用呵，怎生？奏呵，奉聖旨：是也。那般者。欽此。今後各官得替，照勘本官任内有無逃竄軍站户計、擅科差役、騷擾不安，及提調農桑義糧等各各數目，依例於解由内明白保結開申。

（元）蘇天爵《滋溪文稿》卷一一《碑誌·元故贈推誠效節秉義佐理功臣光禄大夫河南行省平章政事高文貞公》 公諱昉，字顯卿，世爲遼東右族，國初始遷大名。少美風儀，神觀高朗，涉獵書史，考求前代治忽、君臣得失，與夫應時合變、先後本末之序，期於有以發爲論議，措諸事業，以表見于當世焉。甫冠，游京師，名聲籍甚。會立集賢院，以學行辟爲掾。國有大政，集諸老議之，公屢侍行，而聞見益博。擢都省掾，故相何公榮祖器其材，以公輔期之。調吏部主事，建言：仕者歷履歲月治行廉貪無由核實，吏得並緣爲姦。宜書于册，置局司之，每遇轉官者驗以爲黜陟。廟堂從其言，迄今行之。遷左司都事，又遷員外郎。承檄調廣海官，人稱其公。還爲禮部郎中，奉詔慮囚燕南，活冤獄若干人。改吏部郎中。時入官多途，選授無法，公請除文墨士爲長吏，雜進者貳之，由是遷法清而衆職舉。遷禮部侍郎。

（元）蘇天爵《滋溪文稿》卷一八《碑誌·故承事郎象山縣尹李侯墓碑》 嶺海初定，朝廷新令未治，有盜竊發。侯從招討使平之，進擢湖廣行省掾。交趾自中統初朝廷遣使諭之，彼遂來貢，其後負嶮不朝。至元二十四年，又詔湖廣省臣將兵征之。侯掌文書從行。是冬，兵會廉州，泛舟于海，次安邦，與交人遇，斬首二千餘級，獲船六十餘艘。追世子至弘縣海口，斬首三百餘級，獲船二十餘艘。明年春，兵次塔山洋，與世子戰，敗之。又戰竹洞，斬首二十餘級，獲船九艘。轉戰連日，數破其衆。三月，次白藤港，交人横戰艦江中，以拒我師。值潮退，舟不能進，兵潰。侯等被執，乃斷其髮，或絶其食，凌辱困苦萬方。侯執守益堅，不少懾屈。久之，防禁少弛，侯脱身拔歸，晝伏夜行，掇草木實食之，數日始達吾境。行省以其事聞，時朝廷初改鈔法，重其職守，以侯提領紹興路平準庫，階將仕郎。凡再考，代者始至。元貞初，調衢州録事。民訟于庭，立決遣之。滿考赴調入京。

（元）蘇天爵《元名臣事略》卷一〇《宣慰張公》 〔中統〕二年春，考績於京師，爲十路最。陛見，上勞之，命疏時所急務。具四事以奏，一曰嚴保舉以取人，所以絶請託而得可用之才；二曰給俸禄以養廉能，所以禁贓濫，不使侵漁於民；三曰易世官而遷都邑，所以考治績，革舊弊，而攄民之冤；四曰止刑罰而勿屢赦，所以絶幸民，息盜賊，而期於無刑。皆深切時事，上嘉納焉。

《元史》卷二三《武宗紀》 〔至大三年七月〕癸巳，給親民長吏考功印曆，令監治官歲終驗其行蹟，書而上之，廉訪司、御史臺、尚書禮部考校以爲陞黜。

《元史》卷三三《文宗紀》 〔天曆二年冬十月甲午〕中書省臣言：舊制，朝官以三十月爲一考，外任則三年爲滿。比年朝官率不久於其職，或數月即改遷，於典制不類，且治蹟無從考驗。請如舊制爲宜。敕：除風憲官外，其餘朝官，不許二十月内遷調。

《元史》卷三七《寧宗紀》 〔至順三年〕十月庚子，帝即位于大明殿，大赦天下，詔曰：【略】監察御史、肅政廉訪司官并内外三品以上正官，歲舉才堪守令者一人，申達省部，先行録用。如果稱職，舉官優加旌擢。一任之内，或犯贓私者，量其輕重黜罰。其不該原免重囚，淹禁三年以上，疑不能决者，申達省部，詳讞釋放。學校農桑、孝義貞節、科舉取士、國學貢試，並依舊制。廣海、雲南梗化之民，詔書到日，限六十日內出官，與免本罪，許以自新。

《元史》卷一二六《廉希憲傳》　希憲在中書，振舉綱維，綜劾名實，汰逐冗濫，裁抑僥倖，興利除害，事無不便，當時翕然稱治，典章文物，粲然可考。又建言：國家自開創已來，凡納土及始命之臣，咸令世守，至今將六十年，子孫皆奴視部下，都邑長吏，皆其皂隸僮使，前古所無，宜更張之，使考課黜陟。始議行遷轉法。

（清）孫承澤《元朝典故編年考》卷八《秩滿考核》　至元六年，集賢直學士兼秘書少監程鉅夫奏：國朝建御史臺，雖有攷課之目，而莫得其要，莫可致詰。乞照前朝體例，應諸道府州司縣，下至曹掾等給出身印紙歷子一卷，書本人姓名，出身于其前，俾各處長吏聮御結狀保明，書其歷任月日、在任功過于後。秩滿，有司詳視而差其殿最，則人之賢否一覽而知，攷核得實，庶無僥倖。命即舉行。

（清）嵇璜等《續通典》卷二二《選舉・雜議論下》　元世祖時，廉希憲在中書，嘗言：國家自開創以來，凡納士及始命之臣，咸令世守。至今將六十年，子孫皆奴視部下，都邑長吏皆其皂隸僮使，前古所無，宜更張之，使考課黜陟。始議行遷轉法。左史侍御鄂爾根薩里嘗勸帝治天下必用儒術，宜招致山林道德之士以備任使。乃遣使求賢，置集賢館待之，即以鄂爾根薩里爲集賢館學士。凡士之應詔者，命館穀之，飲食、供帳、車服皆甚盛。即弗稱旨者，亦請加賚遣。還有官宣徽者欲陰，敗其事，故盛陳所給廩餼於內，前帝過問焉。對曰：此一士之日給也。帝怒曰：汝欲使朕見而損之耶，十倍此以待天下士，猶恐不至，況欲損之，誰肯來耶？

任用權限與迴避分部

綜述

《金史》卷五一《選舉志·進士諸科》 凡御試，讀卷官，策論、詞賦進士各七員，經義五員，餘職事官各二員。制舉宏詞共三員。泰和七年，禮部尚書張行簡言：舊例，讀卷官不避親，至有親人，或有不敢定其去留，或力加營護，而爲同列所疑。若讀卷官不用與進士有親者，則讀卷之際得平心商確。上遂命臨期多擬，其有親者汰之。

《元典章》卷八《吏部·官制·選格·父子兄弟做官回避》 至元二十一年三月，御史臺：據監察御史李昂呈：伏見前省官阿合馬、郝禎等專任之日，恣行己意，隳壞典章，父兄居于省部，子姪列於州郡，牽挽私親，樹立黨錮，莫甚於此。即目朝廷再新制度，已經釐正。愚謂憲臺清選，尤當擇用。切恐亦有父兄居憲臺察院之職，子姪爲按察司官者，或父兄爲按察司官，子姪於別道爲官，有似此類，理宜回避。合行照勘見數，自存一員。餘者別聽求仕。爲此，於至元二十一年正月二十五日，失烈門怯薛第二日，太子香殿裏有時分，啓過事内一件：這臺裏、行臺裏、按察司裏，父子、哥哥兄弟做官的有。那每根前教一個俺根底別個的交着，依體例遷轉呵，怎生？麽道，啓呵，奉令旨：那般者。敬此。本臺除照勘呈省外，咨請照驗。若有一門之間，父子兄弟叔姪有合回避者，照勘完備，開具姓名咨來。

《元典章》卷八《吏部·官制·選格·軍官休做民官》 至元二十五年，湖廣等處行省劄付：准尚書省咨：至元二十五年正月二十一日，火兒赤等奏過事内一件：樞密院官人每與文書：哈剌歹奏：軍官每獲功厮殺來的，受宣敕的多有。管的軍無，管民官裏委付呵，怎生。奏呵，有缺呵，委付者。麽道，聖旨有來。俺商量得，管軍官休管民者，管民官休管軍者，道的聖旨有。如今管民官多闕無有。奏呵，無體例呵，休委付者。麽道，聖旨了也。欽此。

《元典章》卷八《吏部·官制·選格·自己地面休做官》 中書省：至元二十八年五月初八日奏過事内一件：遷轉官員，自己地面裏休做官者道來。桑哥等要肚皮的上頭，別了聖旨，根脚地面裏做官來的有。如今這般體例的分間了，別個田地裏遷轉呵，百姓每也得濟有也者。奏呵，那般者。麽道、聖旨了也。欽此。

《通制條格》卷六《選舉·遷轉避籍》 至元五年九月，中書省吏禮部呈：銓注官員，各路地面寬闊，若更避路，不惟地遠人難，慮恐中間員闕窒礙。都省議得：今後斟酌地里遠近，迴避元籍銓注。

至元二十八年五月初八日，中書省奏：遷轉官員自己地面裏休做官者道來。桑哥等要肚皮的上頭，別了聖旨，根腳地面裏做官來的有。有如今似這般體例的分揀了，別個田地裏遷轉呵，百姓每也得濟有也者。麽道。奏呵，是有。那般者。麽道聖旨了也。欽此。

《元史》卷八一《選舉志·科目》 舉人與考試官有五服内親者，自須迴避，仍令同試官考卷。若應避而不自陳者，殿一舉。

《元史》卷八三《選舉志·銓法中》 凡注官避籍：至元五年，議：各路地里闊遠，若更避路，恐員闕有所礙，止宜斟酌避籍銓選。

《元史》卷八四《選舉志·考課》 至元二十年，省准：宮籍監係隨朝從五品，令史擬九十月正九品，例革人員，驗月日定奪，自行踏逐，降一等。二十八年，省擬：廉訪司所設人吏，擬選取書吏，止依按察司舊例，上名者依例貢部，下名轉補察院，貢補不盡人數，廉訪司月日爲始理算，考滿者正九品敘，須令迴避本司分治及元籍路分。

《元史》卷一〇二《刑法志·職制》 諸職官聽訟者，事關有服之親幷婚姻之家及曾受業之師與所讎嫌之人，應迴避而不迴避者，各以其所犯坐之。有輒以官法臨決尊長者，雖會赦，仍解職降敘。

（清）趙翼《陔餘叢考》卷二七《親族迴避》 親族迴避，起於後漢，已見《蔡邕傳》。按《晉陽秋》：劉宏爲荊州都督諸軍事，詔以宏婿夏侯陟爲襄陽太守，乃荊屬郡也。宏表陟姻親，舊制不得相監臨。乃罷之。可見晉時此例已嚴。《宋書》：劉祗爲中書郎，江夏王義恭領中書監，服親不得相臨，表求解職。孝武詔曰：昔二王兩謝，俱至崇禮，自今三臺五省，並同此〔例〕。《唐書》：賈敦頤爲瀛州刺史，弟敦實爲饒陽令。舊制，大功之嫌不連官。朝廷以其治行相高，故不徙以示寵。此以其治行特破成例，則親族回避之例自嚴也。楊於陵爲户部侍郎，其子嗣復遷禮部員外郎，以父子同省，乞換他官。詔同司親大功以上，非聯判勾檢官長皆勿避。官同職異，雖父子兄弟無嫌，時各部同一尚書省，故云同省。此又于應回避之中稍示區别，職事不相統攝者，不必避也。韋抗爲御史兼按察京畿，弟拯方爲萬年令，兄弟領本部，時以爲榮。此雖職相統攝，然或以按察係暫時差遣，非久任者故爾。《元史》：大德七年，以行省官久任，多與所隸編氓聯姻害政，詔互遷之。然大德八年又詔：父子兄弟有才者，許並居風憲。則元時親族迴避尚疏闊矣。

紀事

《金史》卷七《世宗紀》〔大定十九年三月〕己卯，制糾彈之官知有犯法而不舉者，减犯人罪一等科之，關親者許回避。

《元史》卷二一《成宗紀》〔大德七年冬十月〕癸巳，御史臺臣及諸道奉使言：行省官久任，與所隸編氓聯姻，害政。詔互遷之。

《元史》卷二一《成宗紀》〔大德八年〕甲午，詔父子兄弟有才者，許並居風憲。

《元史》卷三五《文宗紀》〔天曆二年夏四月〕命武備寺諸匠官避元籍。

《元史》卷一七三《崔彧傳》〔至元〕二十一年，彧劾奏盧世榮不可居相職，忤旨，罷。二十三年，加集賢大學士、中奉大夫、同僉樞密院事。尋出爲甘肅行省右丞。召拜中書右丞。與中書平章政事麥朮丁奏曰：近者，桑哥當國四年，中外諸官，鮮有不以賄而得者。其昆弟故舊妻族，皆授要官美地，唯以欺蔽九重、朘削百姓爲事。宜令兩省嚴加考覈，凡入其黨者，皆汰逐之。其出使之臣，及按察司官受賕者，論如律，仍追宣敕，除名爲民。又奏：桑哥所設衙門，其閑冗不急之官，徒費禄食，宜令百司集議汰罷，及自今調官，宜如舊制，避其籍貫，庶不害公。又大都高貲户，多爲桑哥等所容庇，凡百徭役，止令貧民當之。今後徭役，不以何人，宜皆均輸，有敢如前以賄求人容庇者，罪之。又，軍、站諸户，每歲官吏非名取索，賦税倍蓰，民多流移。請自今非奉旨及省部文字，敢私斂民及役軍匠者，論如法。又，忽都忽那顔籍户之後，各投下毋擅招集，太宗既行之，江南民爲籍已定，乞依太宗所行爲是。皆從之。

官階與俸祿分部

論説

（元）胡祗遹《紫山大全集》卷二一《雜著・政事》 爵祿者，人主之權衡，以待賢者能者，使之趨事赴功而樂爲吾用。是故古之明智之君設爲諸科，不惟使人難得而貴慕之，亦使不才無能之人各安其分，而杜絶覬覦。今日之病，失於取人無法，輕以賜與，故得之者不以爲恩，而失之者足以興怨。一人之身，始以勤約武勇而成事，終以移靡安逸而敗功，況嗣守之人乎？自古得天下，莫不以祖考英武勤約而得，莫不由子孫宴安逸樂怠惰而衰，故兵不可不蓄養精練，本不可不大，末不可不小，爲子孫者不可忘祖考得天下之由。必欲息天下之欺，明萬幾之微，駕御百寮，廉公畏罪，如事神明，莫若自家嗣以降，下及諸王之子孫，皆知務學，知爲政，知民事，知吏情。俗儒事實門類不切時務陳言贅語無補於治者，不足以亂視聽。豐本細末，重內輕外，莫若推恩分力於各王之諸子諸孫。諸胄子從冢嗣游學，則久久敬愛畏服；一旦命令，則無不畏從。諸宰職雖無功，亦無大過，語其權無笞人之威，語其貪污無百金之賄，縱有之不及贓吏十百之一。方今無豪傑英偉可負萬鈞之才，莫若養以廉隅，推以赤心，使其親舊，猶勝於無行恃口之小人。用一小人，不惟啓覬覦之心，來讒侮之口，惑清明之視聽，抑使方外輕笑朝廷，有用非其人之誚。

（元）胡祗遹《紫山大全集》卷二二《雜著・寶鈔法》 惟省部隨朝官吏與外路無公田者日費不足，若減去冗文，則冗員可削其半。所謂月俸，貫石相半，春羅秋綾斟酌給降，足以養廉。有公田者，不在此限。

（元）胡祗遹《紫山大全集》卷二三《雜著・民間疾苦狀》 今次貪人所積贓物不啻數萬錠，其實皆出於生民之膏血，惟數宜與民休息，免絲銀或三年或二年。統體受痛，不立法，不選人，無賞罰，貪貨財土地，取兵取民無制度，御臣下法寬而不禮重，易進易退。百官苟且趨利，無貴賤等級。職員太冗，俸給不足，員冗則論議紛紜而事不集，俸薄則生理不給而生貪污。以今觀之，每一司分莫若減員之半而倍其俸。

（元）王惲《秋澗集》卷八四《烏臺筆補・論怯薛歹加散官事狀》 竊惟自古殿庭之間，內而近侍，外而宿衛，凡有職掌，俱帶散階，理無一概白身領官掖之事者。今伏見朝廷一切侍從、宿衛怯薛丹等官員，多係功臣子孫及歷年深遠辛勤勞績人員，據見掌職事，就中固分輕重上下，終是朝家未曾普覃加帶勳散階號使寵異其身名。倘議而行，在國家大爲恩惠，於臣子益勵忠勤。且古人有言：人主之尊譬如堂，群臣如陛，陛增則堂高。是近臣榮顯，則人主愈尊崇矣。今後合無將內外一切近侍、環衛等官，據見掌職事，依驗色目，普加散官，如龍虎、驃騎、金吾、奉輔、〔鎮〕國、昭安、懷定、〔廣宣〕、明武將軍之官，下至丞昭、忠〔顯校〕尉之號，更〔乞一就〕定奪俸秩，爲一代新制，所謂立制自貴近始。昨聞集議宮官服色，是欲辨上下，定民志也。據散階事理，誠宜先有定奪，然後服色可議，蓋服色因官品而定，而官品由服色而顯也。伏乞御史臺照詳。

（元）王惲《秋澗集》卷八五《烏臺筆補・論監司僉事職劇祿薄狀》 伏念官守有常而事分繁簡，時制雖寬，祿隨品給，惟其加優則心專，心專則事理。蓋廉於處己而免喪節之恥，勤於按部而無苟且之虞。竊見按察司僉事，係隨朝正五品官，執掌既繁，部分寬遠，如刷磨案牘、審鞫刑獄、糾正官邪、肅清風化、勸課農桑，體究一切公事，終歲驅馳，不離鞍馬。其在山北，尤爲匪易。今月給俸秩止三十貫文，實爲鮮薄，似難養廉。近體訪得，隨路勸農使、副，定爲從五、從六資品，又所任之事止勸課而已，其品秩高下，事爲繁簡，俱與僉事不同，今者祿秩爭懸，反加一倍。合無比附，約量添支，使勸來者，以勉事功。據此合行舉呈。

（元）王惲《秋澗集》卷九一《事狀・關支俸錢事狀》 竊見遷轉官吏，例攜幼扶老，千里區區而就一官。照得十八年正月內，朝廷令州縣依舊與俸，卻爲各處官無見在，至今有未關支者。是國家露恩如常，而州縣不蒙均惠。方餬口不贍，而責曰：爾無貪，吾有法。豈理也？今後乞請將隨路百姓納到俸錢另行收貯，專以按月支付，庶幾百吏日得養廉，易於責辦。

（元）王惲《秋澗集》卷九二《事狀・論教官俸給事狀》 竊念天下之事，得其人則治，不然，雖有紀綱法制，將衰薾而不振，此必然之理。

學校者，育材出治之本也。見承奉御史臺劄付該：諸州府皆有受敕教授，仰免差儒户內選餘閑子弟入學修習儒業。仍令各路正官朔望省視，及按察司官選試行義修明、文筆優贍，可以從政者，然後解貢。此誠爲國育材，以備文武內外之用，固非細務也。卻〔思各路〕教授，多係老儒宿德，白首一官，不沾寸禄，良可哀也。今欲修習之業，旬省月視，責有成效，亦已難矣。合無照依國子學、醫學教官、一體頒降俸給。不然，據見有學田去處，於每歲收到子粒內官爲明定斗石，月充廩給，以濟貧乏。外無學田者，唯復别議定奪。如此恤勸，庶幾官無虚設之名，學有實興之實，將見文風蔚興，有不期然而然者矣。

（元）程文海《雪樓集》卷一〇《奏議存藁・吏治五事・給江南官吏俸錢》 仕者有禄，古今定法，無禄而欲責之以廉難矣。江南州縣官吏自至元十七年以來並不曾支給俸錢，真是明白放令喫人肚皮，椎剥百姓。欲乞自今並與支給各官合得俸錢，其有貪贓者重罪不恕，人自無詞。

（元）程文海《雪樓集》卷一〇《奏議存藁・民間利病・江南官吏家遠俸薄，又不能皆有職田，不能自贍，故多貪殘，宜於係官田地撥與職田》 江南官吏多是北人，萬里攜家，鈔虚俸薄，若不漁取，何以自贍？中〔省〕前曾令依腹裏郡縣體例，各各給與職田。而行省行下，必令於荒閑田地內摽撥。夫江南州郡，安得處處皆有荒閑田地？只爲此語糊塗浮汎，得職田者遂無幾人，轉見窘迫，恣意貪殘。今欲與一一添俸，則費鈔愈多，虚鈔愈甚，莫惟職田之爲便也。宜令行省偏下諸道諸路郡縣，凡各處係官田土，即撥與各官，充合得職田，比腹裏體例，毋令減少。使潔己守職者既免饑寒之憂，其病民蠹國者自甘懲汰之罰，如此然後治平可冀也。

（明）楊士奇等《歷代名臣奏議》卷六七《治道》 〔元成宗大德七年鄭介夫上奏曰〕一、俸禄。孟子曰：禄足以代其耕也。在官者不耕而食，故制禄以代之。禄有不及，何以養廉？漢宣帝詔曰：吏不廉平，則治道衰。今小臣皆勤事而俸禄薄，欲無侵漁百姓，難矣。近來貪官污吏習以成風，禄之有餘者，則視爲儻來，略無撙節之心；禄之不足者，則借曰無可養廉，恣爲侵漁之地。上下交征，相承爲例，廉耻道喪，不覺其然，宜思所以整救之可也。時務所急，雖未專在此，而禄之不均，自是朝廷一大缺政。今親民之官該俸十兩者，給職田二頃，獨江南半之。南地非肥，北土非瘠也，況江北少嚚訟之風，江南多豪猾之俗，而給田乃有重輕，此禄之不均一也。顧茲中外管軍管民務站各色官，均爲任君事也，均爲食天禄也，而職田獨與路、府、州縣及廉訪司官，而餘弗之及，於此何薄，於彼何厚。此禄之不均二也。今各處職田，原有官田則有之，原無官田則無之，又雖有官田而不給爲職田者。有職田處，除絲、麻、豆、麥外，所收子粒，路之正官不下八百石，微如巡檢，亦收一百餘石。無職田處，浪得職官之名，不沾顆粒之惠。而況外任俸鈔從五品止三十兩，從六品不滿二十兩，如九品止十二兩，以俸鈔買物，能得幾何？十口之家，除歲衣外，日費飲膳非鈔二兩不可。九品一月之俸，僅了六日之食，而合得俸鈔，又多爲公用掯除，若更無職田，老穉何以仰給？又如小吏，俱已添俸添米，舊請俸鈔六兩者，增作八兩，每鈔一兩，月加米一斗。以此比之，則六品以下之無職田者，反不如一小吏也。饑寒相迫，欲律以廉得乎？此禄之不均三也。今內任俸鈔倍於外任，而京城之間，尋常米價亦是半錠一石，飲食衣帛，件件穹貴，以鈔數計之，雖多一倍，以日用計之，實無外任一半所得，況無職田可以供贍。如外任三品官，月得俸鈔八十兩，職田米八百石，一月該米六十餘石。至如九品亦收職田米一百石以上，一月得米近九石之數。隨朝三品官，月請俸鈔三錠一十五兩，既原無職田，又不添俸米，而四品官除俸鈔外，月增米一石九斗五升。由此言之，則隨朝三品四品之官，反不如外任九品簿尉之俸，此禄之不均四也。

制禄不均則人心不一，放辟邪侈，無不爲已，其流弊可勝言哉。且俸禄一事，自歸附以來，言者不知其幾矣，而所言俱不得其要；朝廷舉行亦不知其幾矣，而所行皆未底於平，一番更變，又是一番衰行，終無補於缺政之萬一也。中朝冗職，固難枚舉，如各處巡檢，各路提控案牘，歲收職米尤爲虚費。隨縣置尉司簽弓手，以專巡警，又有分鎮軍官以助之，何須贅設巡檢司？甚而一縣之內，有設三四處者，徒蠹民間，無濟官府。隨路既有經歷、知事，足任案牘，又令行省贅差一員，徒蠹官府，無益民間。茲類頗多，皆合汰去，既可省俸，又可以清選法也。如處州、徽州等路總管，無職田可收，縱令每月增米一石五斗五升，而省劄人員一月反得米八石有零，似此不平，朝廷何嘗知之？當今之弊，不在俸禄之薄，而在俸禄之未均；不患俸禄之不敷，而患設官之太濫。均有餘以周不足，取濫設之米以給合設之官，則國無所損，而官有所利矣。

議事之臣，日夜講求俸米之説，謾爾紛紛，莫窮要領。其有俸鈔，有職田，則過於厚；無俸鈔，又無職田，則過於薄。尸位素餐者，空負糜廩粟之譏；服勤輸力者，乃有飯不足之嘆。若能裒多益寡，截長補短，職田所收，自可敷用。今有額外多費二十八萬餘石糧，徒於國儲大有所損，實於官吏未見其益。且丞相職居人臣之右，每月得俸八錠有零，一日之俸不滿十四兩，若傚晋之何曾日食萬錢無下箸處，雖罄竭私帑，亦不能自給矣。

天子立相，必須厚禄以優崇，大臣律身，自宜戒奢而從儉，豈可先處以約而薄其所養哉？今俸自三錠以上者，不得添米，官益高而俸益薄，甚非尊尊貴貴之道也。又如隨朝大小官及各處行省、宣慰司，皆是樞要重臣，既無所取於民，又無職田可收，縱添些少俸米，何足爲養廉計？君子猶良驥也，欲責之日行千里，又不飽以芻菽，世無是理也。宜盡取原撥職田，合收子粒錢糧，官爲收貯，將中外合設人員，分别差等而普及之。隨朝官吏俸給雖厚，米價則穹，凡俸五兩，月給米一石。外任官吏俸給既薄，米不值錢，凡俸五兩，月給米二石。五兩以上，隨俸加之。不願支米者，則隨時價准之以鈔。内外臺察院、廉訪司，事煩而形神勞，官清而交往絶，比之有司，量加優添，所以重風憲也。和林、上都、山後、河西諸州城，不係出米去處，照依本處時估折價，不當拘以二十五兩，所以重邊鄙也。無分軍民各色官吏，但請俸錢者，隨所給鈔數，按月支米。原無俸錢者，隨所授品從，依例增支。將官收職田錢糧，先盡外任數足，其餘剩者，盡令起運赴都，以給隨朝官吏。計其所得，倍多於前，又可無過費太倉之粟，此所謂利國利官之要道也。其禄既均，其政自平，免致饑寒之憂，自存廉耻之節，然後律之以贓貪之法，彼亦不得而有辭矣。

綜　述

（清）嵇璜等《續通典》卷二三《職官·歷代官制要略·官品》　遼官品無考。按《遼史·百官志》北面官率用本部族人，至有以太子、親王用事者。南面官兼使漢人爲之，銜名采用唐制。北南面皆有長貳，以率其屬，但品秩之崇卑，資格之陞轉失傳久矣。

（清）嵇璜等《續通典》卷四二《職官·秩品》　臣等謹按：遼太祖神册六年，詔正班爵。太宗兼制中國，官分南北，以國制治契丹，以漢制治漢人。其時採用唐制三省六部臺院寺監之官，稍稍增置，别之曰南面朝官。今考《遼史》及《契丹國志》諸書，皆未載其品秩員數，或修《遼史》時已無可考，故祇載某人曾爲某官以實之。茲不録。

（宋）宇文懋昭《大金國志·千官品列》　諸國王府號

趙王府，大府，名二十。豳王府，次府，名三十。諸王府，小府，名三十。

宫師府掌保護東宫，導以德義。

太子太師　太子太傅　太子太保　太子少師　太子少傅　太子少保

詹事院掌總統東宫内外庶務。

太子詹事　太子少詹事　太子左衛率府率　太子右衛率府率掌（周）〔門〕衛導從儀仗之事。　太子左監門　太子右監門掌門闌禁鑰　太子僕正　太子副僕正　太子僕丞掌車馬、廄牧、弓箭、鞍轡。　太子掌飽二員掌奉飽，謹其出入。　太子典儀　太子贊儀掌司贊禮儀。　太子侍正　太子侍丞掌冠帶衣服、左右給使之事。　太子典食令　太子典食丞掌承奉膳羞。　太子侍藥　太子奉藥掌承奉醫藥。　太子掌飲令　太子掌飲丞掌承奉湯茶、酒果之事。　太子家令　太子家丞掌營繕、（裁）〔栽〕植、鋪設、燈燭之事。　太子司經　太子副〔司〕經掌經史圖書、筆硯事。　太子司藏　太子副司藏掌庫藏財貨出入事。　太子司倉　太子副司倉掌倉稟出納及薪炭等事。　太子中侍局都監　太子中侍局同監掌東（閣）〔宫〕閣内禁令，及省察宫人稟給諸物。　太子左諭德　太子右諭德　太子左贊善　太子右贊善掌贊諭、（導）〔道〕德、侍從、文章。

親王府屬官

王傅掌師範輔導，參議可否。　親王外任，兼〔本〕京（府）節鎮同知。

府尉掌警嚴侍從。　司馬掌總統本府之事。　文學掌贊導禮儀、資廣學問。

【略】

文官

正一品開府儀同三司、儀同三司
從一品特進、崇進
正二品金紫光祿大夫、銀青榮祿大夫
從二品光祿大夫、榮祿大夫
正三品資德大夫、資政大夫、資善大夫
從三品正奉大夫、通奉大夫、中奉大夫
正四品正議大夫、通議大夫、嘉議大夫
從四品大中大夫、中大夫、少中大夫
正五品中議大夫、中憲大夫、中順大夫
從五品朝議大夫、朝散大夫、朝列大夫
正六品奉政大夫、奉議大夫
從六品奉直大夫、奉順大夫
正七品承德郎、承直郎
從七品承務郎、儒林郎
正八品文林郎、承事郎
從八品從政郎、從仕郎
正九品登仕郎、將仕郎
從九品登仕佐郎、將仕佐郎

武官

正一品開府儀同三司、儀同三司
從一品特進、崇進
正二品金紫光祿大夫、銀青榮祿大夫
從二品光祿大夫、榮祿大夫
正三品龍虎衛上將軍、金吾衛上將軍、驃（驃）〔騎〕衛上將軍
從三品奉國上將軍、輔國上將軍、鎮國上將軍
正四品昭武大將軍、昭毅大將軍、昭勇大將軍
從四品安遠大將軍、定遠大將軍、懷遠大將軍
正五品廣威（大）將軍、宣威（大）將軍、明威將軍
從五品信（威）〔武〕將軍、顯武將軍、宣武將軍
正六品武德將軍、武節將軍
從六品武義將軍、武略將軍
正七品承信校尉、昭信校尉
從七品忠武校尉、忠顯校尉
正八品忠勇校尉、忠翊校尉
從八品修武校尉、敦武校尉
正九品保義校尉、進義校尉
從九品保義副尉、進義副尉

司天

自司天、太醫、內侍、教坊官各立二十五階，止于從四品，其服色品第與文武官同，惟不佩魚。若遇佩魚過正官者，亦同文武官佩魚。

從四品欽象大夫、正儀大夫、欽授大夫
正五品靈憲大夫、明時大夫、（頒厥）〔頒朔〕大夫
從五品雲紀大夫、協紀大夫、保章大夫
正六品紀和大夫、司玄大夫
從六品探賾郎、授時郎
正七品究微郎、靈臺郎
從七品明緯郎、候儀郎
正八品推策郎、司正郎
從八品校景郎、平秩郎
正九品正（秩）〔紀〕郎、挈壺郎
從九品司曆郎、司辰郎

太醫

從四品保宜大夫、保康大夫、保平大夫
正五品保頤大夫、保安大夫、保和大夫
從五品保善大夫、保嘉大夫、保順大夫
正六品保合大夫、保沖大夫
從六品保愈郎、保全郎
正七品成正郎、成安郎
從七品成順郎、成和郎
正八品成愈郎、成全郎

從八品醫全郎、醫正郎
正九品醫效郎、醫候郎
從九品醫痊郎、醫愈郎
內侍
從四品中散大夫、中尹大夫、中侍大夫
正五品中列大夫、中衛大夫、中儀大夫
從五品中常大夫、中益大夫、中衡大夫
正六品中良大夫、中涓大夫
從六品通禁郎、通侍郎
正七品通掖郎、通御郎
從七品禁直郎、侍直郎
正八品掖直郎、內直郎
從八品司贊郎、司謁郎
正九品司閽郎、司僕郎
從九品司引郎、司奉郎
教坊
從四品雲韶大夫、仙韶大夫、成韶大夫
正五品章德大夫、長寧大夫、德和大夫
從五品景雲大夫、雲和大夫、協律大夫
正六品慶善大夫、嘉成大夫
從六品肅和郎、純和郎
正七品舒和郎、調音郎
從七品比音郎、司樂郎
正八品典樂郎、協樂郎
從八品掌樂郎、和樂郎
正九品司音郎、司律郎
從九品和音郎、和節郎

《金史》卷五五《百官志·六部》 文官九品，階凡四十有二：

從一品上曰開府儀同三司，中曰儀同三司，中次曰特進，下曰崇進。
正二品上曰金紫光禄大夫，下曰銀青榮禄大夫。
從二品上曰光禄大夫，下曰榮禄大夫。
正三品上曰資德大夫，中曰資政大夫，下曰資善大夫。
從三品上曰正奉大夫，中曰通奉大夫，下曰中奉大夫。
正四品上曰正議大夫，中曰通議大夫，下曰嘉議大夫。
從四品上曰大中大夫，中曰中大夫，下曰少中大夫。
正五品上曰中議大夫，中曰中憲大夫，下曰中順大夫。
從五品上曰朝請大夫，中曰朝散大夫，下曰朝列大夫。舊曰奉德大夫，天德二年更。
正六品上曰奉政大夫，下曰奉議大夫。
從六品上曰奉直大夫，下曰奉訓大夫。
正七品上曰承德郎，下曰承直郎。
從七品上曰承務郎，下曰儒林郎。
正八品上曰文林郎，下曰承事郎。
從八品上曰徵事郎，下曰從仕郎。
正九品上曰登仕郎，下曰將仕郎。
從九品上曰登仕佐郎，下曰將仕佐郎。此二階，大定十四年創增。

武散官，凡仕至從二品以上至從一品者，皆用文資。自正三品以下，階與文資同：

正三品上曰龍虎衛上將軍，中曰金吾衛上將軍，下曰驃騎衛上將軍。
從三品上曰奉國上將軍，中曰輔國上將軍，下曰鎮國上將軍。
正四品上曰昭武大將軍，中曰昭毅大將軍，下曰昭勇大將軍。
從四品上曰安遠大將軍，中曰定遠大將軍，下曰懷遠大將軍。
正五品上曰廣威將軍，中曰宣威將軍，下曰明威將軍。
從五品上曰信武將軍，中曰顯武將軍，下曰宣武將軍。
正六品上曰武節將軍，下曰武德將軍。
從六品上曰武義將軍，下曰武略將軍。
正七品上曰承信校尉，下曰昭信校尉。
從七品上曰忠武校尉，下曰忠顯校尉。
正八品上曰忠勇校尉，下曰忠翊校尉。
從八品上曰修武校尉，下曰敦武校尉。

正九品上曰保義校尉，下曰進義校尉。
從九品上曰保義副尉，下曰進義副尉。此二階，大定十四年創增。

封爵：
正從一品曰郡王，曰國公。
正從二品曰郡公。
正從三品曰郡侯。
正從四品曰郡伯。舊曰縣伯，承安二年更。
正五品曰縣子，從五品曰縣男。

凡勳級：
正二品曰上柱國，從二品曰柱國。
正三品曰上護軍，從三品曰護軍。
正四品曰上輕車都尉，從四品曰輕車都尉。
正五品曰上騎都尉，從五品曰騎都尉。
正六品曰驍騎尉，從六品曰飛騎尉。
正七品曰雲騎尉，從七品曰武騎尉。

凡食邑：
封王者萬户，實封一千户。
郡王五千户，實封五百户。
國公三千户，實封三百户。
郡公二千户，實封二百户。
郡侯一千户，實封一百户。
郡伯七百户，縣子五百户，縣男三百户，皆無實封。
自天眷定制，凡食邑，同散官入銜。

司天翰林官，舊制自從七品而下止五階，至天眷定制，司天自從四品而下，立爲十五階：
從四品上曰欽象大夫，中曰正儀大夫，下曰欽授大夫。
正五品上曰靈憲大夫，中曰明時大夫，下曰頒朔大夫。
從五品上曰雲紀大夫，中曰協紀大夫，下曰保章大夫。
正六品上曰紀和大夫，下曰司玄大夫。
從六品上曰探賾郎，下曰授時郎。
正七品上曰究微郎，下曰靈臺郎。
從七品上曰明緯郎，下曰候儀郎。
正八品上曰推策郎，下曰司正郎。
從八品上曰校景郎，下曰平秩郎。
正九品上曰正紀郎，下曰挈壺郎。
從九品上曰司曆郎，下曰司辰郎。

太醫官，舊自從六品而下止七階，天眷制，自從四品而下，立爲十五階：
從四品上曰保宜大夫，中曰保康大夫，下曰保平大夫。
正五品上曰保頤大夫，中曰保安大夫，下曰保和大夫。
從五品上曰保善大夫，中曰保嘉大夫，下曰保順大夫。
正六品上曰保合大夫，下曰保沖大夫。
從六品上曰保愈郎，下曰保全郎。
正七品上曰成正郎，下曰成安郎。
從七品上曰成順郎，下曰成和郎。
正八品上曰成愈郎，下曰成全郎。
從八品上曰醫全郎，下曰醫正郎。
正九品上曰醫效郎，下曰醫候郎。
從九品上曰醫痊郎，下曰醫愈郎。

內侍，天德創制，自從四品以下，十五階：
從四品上曰中散大夫，中曰中尹大夫，下曰中侍大夫。
正五品上曰中列大夫，中曰中御大夫，下曰中儀大夫。
從五品上曰中常大夫，中曰中益大夫，下曰中衛大夫。
正六品上曰中良大夫，天德作中亮。下曰中涓大夫。
從六品上曰通禁郎，下曰通侍郎。
正七品上曰通掖郎，下曰通御郎。
從七品上曰禁直郎，下曰侍直郎。
正八品上曰掖直郎，下曰內直郎。
從八品上曰司贊郎，下曰司謁郎。
正九品上曰司閽郎，下曰司僕郎。

從九品上曰司奉郎，下曰司引郎。

教坊，舊用武散官，大定二十九年以爲不稱，乃創定二十五階。明昌三年，自從四品以下，更立爲十五階：

從四品上曰雲韶大夫，中曰仙韶大夫，下曰成韶大夫。

正五品上曰章德大夫，中曰長寧大夫，下曰德和大夫。

從五品上曰景雲大夫，中曰雲和大夫，下曰協律大夫。

正六品上曰慶喜大夫，下曰嘉成大夫。

從六品上曰肅和郎，下曰純和郎。

正七品上曰舒和郎，下曰調音郎。

從七品上曰比音郎，下曰司樂郎。

正八品上曰典樂郎，下曰協樂郎。

從八品上曰掌樂郎，下曰和樂郎。

正九品上曰司音郎，下曰司律郎。

從九品上曰和聲郎，下曰和節郎。

《金史》卷五八《百官志·百官俸給》 百官俸給。正一品：三師，錢粟三百貫石，麴米麥各五十稱石，春衣羅五十匹，秋衣綾五十匹，春秋絹各二百匹，綿千兩。三公，錢粟二百五十貫石，麴米麥各四十稱石，春衣羅四十匹，秋衣綾四十匹，春秋絹各一百五十匹，綿七百兩。親王、尚書令，錢粟二百二十貫石，麴米麥各三十五稱石，春衣羅三十五匹，秋衣綾三十五匹，春秋絹各一百二十匹，綿六百兩。皇統二年，定制，皇兄弟及子封一字王者爲親王，給二品俸，餘宗室封一字王者以三品俸給之。天德二年，以三師、宰臣以下有以一官而兼數職者，及有親王食其禄而復領他事者，前此並給以俸，今宜從一高，其兼職之俸並不重給。至大定二十六年，詔有一官而兼數職，其兼職得罪亦不能免，而無廩給可乎。遂以職務煩簡定爲分數，給兼職之俸。

從一品：左右丞相、都元帥、樞密使、郡王、開府儀同，錢粟二百貫石，麴米麥各三十稱石，春秋衣羅綾各三十匹，絹各一百匹，綿五百兩。平章政事，錢粟一百九十貫石，麴米麥各二十八稱石，春羅秋綾各二十五匹，絹各九十五匹，綿四百五十兩。大宗正，錢粟一百八十貫石，麴米麥各二十五稱石，羅綾同上，絹各九十匹，綿四百兩。

正二品：東宮三師、副元帥、左右丞，錢粟一百五十貫石，麴米麥各二十二稱石，春羅秋綾各二十二匹，絹各八十匹，綿三百五十兩。

從二品：錢粟一百四十貫石，麴米麥各二十稱石，春羅秋綾各二十匹，絹各七十五匹，綿三百兩。同判大宗正，錢粟一百二十貫石，麴米麥各十八稱石，春羅秋綾各十八匹，絹各七十匹，綿二百五十兩。

正三品：錢粟七十貫石，麴米麥各十六稱石，春羅秋綾各十二匹，絹各五十五匹，綿二百兩。外官，錢粟一百貫石，麴米麥各十五稱石，絹各四十匹，綿二百兩，公田三十頃。統軍使、招討使、副使，錢粟八十貫石，麴米麥十三稱石，絹各三十五匹，綿百六十兩，公田二十五頃。都運、府尹，錢粟七十貫石，麴米麥十二稱石，絹各三十匹，綿百四十兩。天德二年，省奏：職官公田歲入有數，前此百姓各隨公宇就輸，而吏或貪冒，多取以傷民。宜送之官倉，均定其數，與月俸隨給。

從三品：錢粟六十貫石，麴米麥各十四稱石，春秋衣羅綾各十匹，絹各五十匹，綿百八十兩。外官，錢粟六十貫石，麴米麥各十稱石，絹各二十五匹，綿一百二十兩，公田二十一頃。皇統元年二月，詔諸官、職俱至三品而致仕者，俸禄、傔人，各給其半。

正四品：錢粟四十五貫石，麴米麥各十二稱石，春秋衣羅綾各八匹，絹各四十匹，綿一百五十兩。外官，錢粟四十五貫石。副統軍，錢粟五十貫石，絹各二十二匹，綿八十兩，職田十七頃。餘同下：麴米麥各八稱石，絹各二十匹，綿七十兩，公田十五頃，許帶酒三十瓶、鹽三石。

從四品：錢粟四十貫石，麴米麥各十稱石，春秋羅綾各六匹，絹各三十匹，綿一百三十兩。外官，錢粟四十貫石，麴米麥各七稱石，絹各十八匹，綿六十兩，公田十四頃。猛安，錢粟四十八貫石，餘皆無。烏魯古使，同，無職田。大定二十年，詔猛安謀克俸給，令運司折支銀絹。省臣議：若估粟折支，各路運司儲積多寡不均，宜令依舊支請牛頭税粟。如遇凶年盡貸與民，其俸則於錢多路府支放，錢少則支銀絹亦未晚也。從之。

正五品：錢粟三十五貫石，麴米麥各八稱石，春秋衣羅綾各五匹，絹各二十五匹，綿一百兩。外官，刺史、知軍、鹽使，錢粟三十五貫石，麴米麥各六稱石，絹各十七匹，綿五十五兩，公田十三頃。餘官，錢粟三十貫石，麴米麥同上，絹各十六匹，綿五十兩，職田十頃。

從五品：錢粟三十貫石，麴米麥六稱石，春秋羅綾各五匹，絹各二十匹，綿八十兩。外官，錢粟二十五貫石，麴米麥各四稱石，絹各十匹，綿四十兩，公田七頃。謀克，錢粟二十貫石，餘皆無。喬家部族都鈐轄，無職田。

正六品：錢粟二十五貫石，麥五石，絹各十七匹，綿七十兩。外官與從六品，皆錢粟二十貫石，麴米麥三稱石，絹各八匹，綿三十兩，公田六頃。

從六品：錢粟二十二貫石，麥五石，春秋絹各十五匹，綿六十兩。烏魯古副使，同，無職田。

正七品：錢粟二十二貫石，麥四石，衣絹各一十二匹，綿五十五兩。外官，諸同知州軍、都轉運判、諸府推官、諸節度判、諸觀察判、諸京縣令、諸劇縣令、提舉南京京城、規措渠河官、諸都巡檢、諸酒麴鹽稅副、諸正將，錢粟一十八貫石，麴米麥各二稱石，春秋衣絹各七匹，綿二十五兩。諸司屬令、諸府軍都指揮，俸同上，無職田。潼關使，錢粟一十八貫石，麴米麥各一稱石，衣絹各六匹，綿三十兩，無職田。

從七品：錢粟一十七貫石，麥四石，衣絹各一十匹，綿五十兩。外官、統軍司知事，錢粟一十七貫石，麥四石，衣絹各一十匹，綿五十兩。諸鎮軍都指揮使，錢粟一十八貫石，麴米麥各二稱石，衣絹各七匹，綿二十五兩。諸招討司勘事官、諸縣令、諸警巡副、京兆府竹監管勾、五品鹽使司判、諸部禿里、同提舉上京皇城司、同提舉南京京城所、黄河都巡河官、諸酒稅榷場使，錢粟一十七貫石，麴米麥各二稱石，衣絹各七匹，綿二十五兩，職田五頃。會安關使，諸知鎮城堡寨，錢粟一十五貫石，麴米麥各一稱石，衣絹各六匹，綿二十兩，職田四頃。

正八品：朝官，錢粟一十五貫石，麥三石，衣絹各八匹，綿四十五兩。外官，市令、諸録事、諸防禦判、赤縣丞、諸劇縣丞、崇福埽都巡河官、諸酒稅使、醋使、榷場副、諸都巡檢，錢粟一十五貫石，麴米麥各一稱石，衣絹各六匹，綿二十兩，職田四頃。烏魯古判官，俸同上，無職田。按察司知事、大興府知事、招討司知事、諸副都巡檢使，錢粟一十三貫石，麴米麥各一稱石，衣絹各六匹，綿二十兩，職田二頃。諸司屬丞，俸同上，無職田。諸節鎮以上司獄、諸副將，錢粟一十三貫石，衣絹各三匹，綿一十兩，職田二頃。南京京城所管勾、京府諸司使管勾、河橋諸關渡譏察官、同樂園管勾、南京皇城使、通州倉使，錢粟一十二貫石，衣絹各三匹，綿一十兩。節鎮諸司使、中運司柴炭場使，錢粟一十貫石，衣絹各二匹，綿八兩。

從八品：朝官，錢粟一十三貫石，麥三石，衣絹各七匹，綿四十兩。外官，南京交鈔庫使、諸統軍按察司知法，錢粟一十三貫石，麥三石，衣絹各七匹，綿四十兩。諸州軍判官、諸京縣丞、諸次劇縣丞、諸三品鹽司判官、漕運司管勾、永豐廣備庫副使、左右別貯院木場使，錢粟一十三貫石，麴米麥各一稱石，衣絹各六匹，綿二十兩，職田三頃。諸麽忽、諸移里菫，錢粟一十三貫石，麥二石，衣絹各五匹，綿一十五兩，職田三頃。

正九品：朝官，錢粟一十二貫石，麥二石，衣絹各六匹，綿三十五兩。外官，南京交鈔庫副，錢粟一十二貫石，麥二石，衣絹六匹，綿三十五兩。諸警巡判官，錢粟一十三貫石，麴米麥各一稱石，衣絹六匹，綿一十兩，職田三頃。諸縣丞、諸酒稅副使，錢粟一十二貫石，麥一石五斗，衣絹各五匹，綿一十七兩，職田三頃。市丞、諸司候、諸主簿、諸録判、諸縣尉、散巡河官、黄河埽物料場官，錢粟一十二貫石，麥一石，衣絹各三匹，綿一十兩，職田二頃。管勾泗州排岸兼巡檢、副都巡檢、諸巡檢，俸例同上，並無麥及職田。諸鹽場管勾、左右別貯院木場副、永豐廣備庫判，錢粟一十二貫石，衣絹各三匹，綿一十兩，職田二頃。諸部將、隊將，錢粟一十二貫石，麥一石，衣絹各三匹，綿一十兩，職田二頃。店宅務管勾，錢粟一十二貫石，綿絹同上。京府諸司副、南京皇城副、通州倉副、同管勾河橋、諸副譏察，錢粟一十一貫石，衣絹各二匹，綿八兩。諸州軍司獄，錢粟一十一貫石，衣絹各二匹，綿八兩，職田二頃。節鎮諸司副、中運司柴炭場副，錢粟一十貫石，衣絹各二匹，綿八兩。

從九品：朝官，錢粟一十貫石，麥二石，衣絹各五匹，綿三十兩。外官，諸教授，錢粟一十二貫石，麥一石，衣絹各三匹，綿一十兩，職田二頃。三品以上官司知法，錢粟一十貫石，麥一石，衣絹各三匹，綿一十兩。司候判官，錢粟一十貫石，衣絹各二匹，綿八兩，職田二頃。諸防次軍轄，俸同上，無職田。諸榷場同管勾、左右別貯院木場判，錢粟一十貫石，衣絹各三匹，綿六兩。諸京作院都監、通州倉判、五品以上官司知法，錢粟九貫石，衣絹各二匹，綿六兩。諸府作院都監、諸埽物料場都監，錢粟八貫石，衣絹各一匹，綿六兩。諸節鎮作院都監、諸司都監，錢粟八貫石，衣絹各二匹。諸司同監，錢粟七貫石，絹同上。陝西東路德順州世襲蕃巡檢，分例月支錢粟一十貫石，衣絹各二匹，綿一十兩。陝西西路原州世襲蕃巡檢，月支錢二貫三百九十文，米四石五斗，絹三匹。河東北路葭州等處世襲蕃巡檢，月支錢粟一十貫石，絹二匹，綿一十兩。

宮闈歲給。太后、太妃宮，每歲各給錢二千萬，綵二百段，絹千匹，綿五千兩。諸妃，歲給錢千萬，綵百段，絹三百匹，綿三千兩。嬪以下，錢五百萬，綵五十段，絹二百匹，綿二千兩。貞元元年，妃、嬪、婕妤、美人、及供膳女侍、并仙韶、長春院供應人等，歲給錢帛各有差。

凡內職，貞祐之制，正一品，歲錢八千貫，幣百段，絹五百匹，綿五千兩。正二品，歲錢六千貫，幣八十段，絹三百匹，綿四千兩。正三品，歲錢五千貫，幣六十段，絹二百匹，綿三千兩。正四品，歲錢四千貫，幣四十段。絹百五十匹，綿二千兩。正五品，尚宮夫人，歲錢二千貫，幣二十段，絹百匹，綿千兩。尚宮左右夫人至宮正夫人，錢千五百貫，幣十九段，絹九十匹，綿九百兩。寶華夫人以下至資明夫人，錢千貫，幣十八段，絹八十匹，綿八百兩。有大、小令人，大、小承御，大、小近侍，俸各異。正六品，尚儀御侍以下，錢五百貫，幣十六段，絹五十匹，綿二百兩。正七品，司正御侍以下，錢四百貫，幣十四段，絹四十匹，綿百五十兩。正八品，典儀御侍以下，錢三百貫，幣十二段，絹三十匹，綿百兩。正九品，掌儀御侍以下，錢二百五十貫，幣十段，絹二十六匹，綿百兩。

百司承應俸給。省令史、譯史，錢粟一十貫石，絹四匹，綿四十兩。省通事、樞密令史譯史，錢粟十二貫石，絹三匹，綿三十兩。樞密通事、六部御史臺令譯史，錢粟一十貫石，衣絹三匹，綿三十兩。六部等通事、誥院令史、國史院書寫、隨府書表、親王府祗候郎君、典客署引接書表，錢粟八貫石，絹二匹，綿二十兩。走馬郎君、一品子孫十貫石，內祗八貫石，班祗七貫石，並絹二匹，綿二十兩。護衛長，支正六品俸。長行，從六品俸。符寶郎、奉御、東宮護衛長，錢粟十七貫石，絹八匹，綿四十兩。東宮護衛長行，十五貫石，絹四匹，綿四十兩。筆硯承奉、閤門祗候、侍衛親軍百户，十二貫石，絹四匹，綿三十兩。妃護衛、奉職、符寶典書、東宮入殿小底，十貫石，絹三匹，綿三十兩，勤留則添二貫石。尚衣、奉御、捧案、擎執、奉輦、知把書畫、隨庫本把、左右藏庫本把、儀鸞局本把、尚輦局本把、妃奉事，八貫石，絹三匹，綿三十兩。侍衛親軍五十户，九貫石，絹三匹，綿三十兩。未係班，絹三匹，綿二十兩。長行，七貫石，絹二匹，綿二十兩。弩傘什將，八貫石。傘子，五貫石。太醫長行，八貫石。正奉上太醫，十貫石。副奉上，同。隨位承應都監，未及十五歲者六貫石，從八品七貫石，從七品八貫石，從六品九貫石，從五品十貫石，從四品十二貫石，止掌文書者添支三貫石，牌子頭等添支二貫石。司天四科人，九品六貫石，八品七貫石，六品九貫石，五品十貫石，四品十二貫石，止教授管勾十貫石，學生錢三貫、米五斗。典客、書表，八貫石，絹二匹，綿二十兩。東宮筆硯，六貫石。尚厩獸醫、祕書監楷書，六貫石。祕書琴棊等待詔，七貫石。駝馬牛羊羣子、擠酪人，皆三貫石。

諸使司都監食直，二十萬貫以上六十貫，十萬貫已上五十貫，五萬貫已上四十貫，三萬貫已上三十貫，二萬貫已上二十五貫。諸院務監官食直，五千貫已上監官二十貫、同監十五貫，二千貫已上監官十五貫、同監十貫，一千貫已上監官十五貫，一千貫已下監官十貫。

舊制，凡監臨使司、院務之商税，增者有賞，虧者剋俸。大定九年，上以吏非禄無以養廉，於是止增虧分數爲殿最，乃罷剋俸、給賞之制，而監官酬賞仍舊。二十年，詔十萬貫以上鹽酒等使，若虧額五厘，剋俸一分。奏隨處提點院務官賞格，其省除以上提點官、并運司親管院務，若能增者十分爲率以六分入官，二分與提點所官、二分與監官充賞，若虧亦依此例剋俸，若能足數則全給。大定二十二年，定每月先支其半外，如不虧則全支，虧一分則剋其一分，補足貼支。隨路使司、院務并坊場，例多虧課，上曰：若其實可減處，約量裁減，亦公私兩便也。二十三年，以省除提控官、與運司置司處，虧課一分剋俸一分，其罰涉重。亦命先給月俸之半，餘半驗所虧分數剋罰補，公田則不在剋限。二十六年四月，奏定院務監官虧永陪償格。

諸京府運司提刑司節鎮防刺等，漢人、女直、契丹司吏、譯史、通事、孔目官，八貫。押司官，七貫。前後行，六貫。諸防刺已上女直、契丹司吏、譯史、通事，不問千里內外，錢七貫，公田三頃。諸鹽使司都目，十四貫。司吏，六貫。諸巡院司縣司獄等司吏，有譯史、通事者同，錢五貫。凡諸吏人，月支大紙五十張，小紙五百張，筆二管，墨二錠。

諸職官上任，不過初二日，罷任過初五日者，給當月俸。或受差及因公幹未能之官者，計程外聽給到任祿。若文牒未至，前官在任，及後官已到，前官差出，其祿兩支，職田皆給後官。凡職田，畝取粟三斗、草一稱。倉場隨月俸支俸，麴則隨直折價。諸親王授任者，祿從多，職田從職。朝官兼外者同。六十以上及未六十而病致仕者，給其祿半。承應及軍功初出職未歷致仕，雖未六十者亦給半祿。內外吏員及諸局分承應人，病告至百日則停給。除程給假者俸祿職田皆以半給，衣絹則全給。皇家袒免以上親户别給，夫亡，妻亦同。若同居兄弟收充猛安謀克及歷任承應人者，不在給限。大功以上，錢粟一十三貫石，春秋衣絹各四匹。小功，粟一十貫石，春秋衣絹各三匹。緦麻、袒免，錢粟八貫石，春秋衣絹二匹。

諸馳驛及長行馬，職官日給，謂奉宣省院臺部委差，或許差者，下文置所等官同。一品三貫文，二品二貫文，三品一貫五百文，四品一貫二百文，五品一貫文，六品八百文，七品六百文，八品九品四百文。

有職事官日給，外路官往回口券，依上款給，一品二貫五百文，二品一貫六百文，三品一貫二百文，四品一貫文，五品九百文，六品七百文，七品六百文，八品九品四百文。

無職事官並驗前職日給，無前職者以應仕及待闕職事給之。四品一貫三百文，五品一貫二百文，六品九百文，七品七百文，八品九品五百文。

隨朝吏員宣差及省部差委官踏逐者，引者亦同。及統軍司按察司書吏譯人、本局差委及隨逐者，日給錢各一百五十文。

燕賜各部官僚以下，日給米糧分例，無草地處內，親王給馬二十五匹草料，親王米一石，宰執七斗，王府三斗，府尉二斗，員外郎、司馬各一斗六升，監察御史、尚書省都事、大理司直、六部主事各八升，檢、知法七升，省令、譯史六升，院臺令譯史、省通事各五升，院臺通事、六部令譯史通事、省祇候郎君、使庫都監各四升，誥院令史、樞密院移剌各三升，王府直府、王府及省知印直省、御史臺通引、王府教讀、王傅府尉等下司吏、外路通事、省醫工調角匠、招討司移剌各二升，寫誥諸祇候人、本破人同。大程官院子酒匠柴火各一升，萬户一斗六升，猛安八升，謀克四升，蒲輦二升，正軍阿里喜、旗鼓吹笛司吏各一升。諸外方進貢及回賜，并人使長行馬，每匹日給草一稱，粟一斗。

宮中東宮同。承應人因公差出，皆驗見請錢粟貫石、口給食料，若係本職者住程不在給限，其常破馬草料局分，如被差長行馬公幹本支草料，即聽驗日剋除，若特奉宣差勾當者，依本格：十八貫石以上九百文，十七貫石八百六十文，十五貫石以上五百四十文，七貫石以上四百六十文，六貫石四百二十文，五貫石三百八十文，四貫石三百三十文，三貫石二百八十文，二貫石二百三十文。

諸試護衛親軍，聽自起發日爲始，計程至都，比至試補，其間各日給口券，若揀退還家者，亦驗回程給之。未起閑住日數不在支限。其正收之後再揀退者，亦給人三口米糧錢一百文、馬二匹草料。諸簽軍赴鎮防處、及班祇充押遞横差别路勾當千里以上者，沿路各日給米一升、馬一匹草料。無馬有驢者，各支依本格。車駕巡幸，顧工，馬夫三百文，步夫二百三十文，圍鵝夫、隨程幹辦人各二百文，傳遞果子夫一百五十文。車駕巡幸，若於私家內安置行宫者，約量給賜段匹。太廟神厨祠祭度勾當人、少府監隨色工匠、部役官受給官司吏，錢粟二貫石，春秋衣絹各一匹。

諸局作匠人請俸，綉女都管錢粟五貫石，都繡頭錢粟四貫石，副繡頭三貫五百石，中等細繡人三貫石，次等細繡人二貫五百石，習學本把正辦人錢支次等之半，描繡五人錢粟三貫石，司吏二人三貫石。修內司，作頭五貫石，工匠四貫石，春秋衣絹各二匹。軍夫除錢糧外，日支錢五十、米一升半。百姓夫每日支錢一百、米一升半。國子監雕字匠人，作頭六貫石，副作頭四貫石，春秋衣絹各二匹。長行三貫石，射糧軍匠錢粟三貫石，春秋衣絹各二匹，習學給半。初習學匠錢六百，米六斗，春秋絹各一匹，布各一匹。民匠日支錢一百八十文。

諸隨朝五品以下職事官身故，因公差出、及以理去任、未給解由者，身故同。驗品，從去鄉地里支給津遣錢。並受職事給之，下條承應人准此。若外路官員在任依理身故者，各依上官品地里減半給之。若係五百里內不在給限，五百里外，五品一百貫，六品七品八十貫，八品九品六十貫。一千里外，五品一百二十貫，六品七品一百貫，八品九品八十貫。二千里外，五品一百七十貫，六品七品一百五十貫，八品九品一百貫。三千里外，五品二百五十貫，六品七品二百貫，八品九品一百五十貫。

諸隨朝承應人身故應給津遣錢者，護衛、東宮護衛同。奉御、符寶、都省樞密院御史臺令譯史同九品官，通事、宗正府六部令譯史、統軍司書史譯書、按察司書史，同。親軍減九品官五分之二，通事、隨朝書表、吏員、譯人、統軍司通事、守當官、按察司書吏、譯人，分治都水監典吏，同。及諸局分承應人武衛軍同。減五分之三。

天壽節設施老疾貧民錢數，在都七百貫，宮籍監給。諸京二十五貫，此以下並係省錢給。諸府二十貫文，諸節鎮一十五貫文，諸防刺州軍一十貫文，諸外縣五貫文。城寨係保鎮同。

諸孤老幼疾人，各月給米二㪷、錢五百文，春秋衣絹各一匹，五歲以下三分給二。身死者給錢一貫埋殯。

諸因災傷或遭賊驚却饑荒去處，良民典顧、冒賣爲驅，遇恩官贖爲良分例，若元價錢給。男子一十五貫文，婦人同，老幼各減半。六歲已下即聽出離，不在贖換之限。

諸士庶陳言利害，若有可採，行之便於官民者，依驗等第給賞，上等銀絹三十兩匹，中等二十兩匹，下等一十兩匹，其陳數事，止從一支。若用大事應補官者，從吏部格。

宣宗貞祐元年十二月，以糧儲不足，詔隨朝官、承應人俸，計口給之，餘依市直折之。諭旨省臣曰：「聞親軍俸，粟每石以麥六斗折之，所省能幾，而失衆心，今給本色。」二年八月，始給京府州縣及轉運司吏人月俸有差。舊制惟吏案孔目官有俸，餘止給食錢，故更定焉。

三年，詔損宮中諸位歲給有差。監察御史田迥秀言：「國家調度，行纔數月，已後停滯，所患在支太多、收太少，若隨時裁損所支，而增其收，庶可久也。」因條五事，一曰朝官及令譯史、諸司吏員、諸局承應人，太冗濫宜併之。隨處屯軍皆設寄治官，徒費俸給，不若令有司兼總之。且沿河亭障各駐鄉兵，彼皆白徒，皆不可用，不若以此軍代之，以省其出。

四月，以調度不及，罷隨朝六品以下官及承應人從已人力輸傭錢。減修內司所役軍夫之半。經兵處，州、府、司吏減半，司、縣三分減一，其餘除開封府、南京轉運司外，例減三分之一。有祿官吏而不出境者，並罷給券，出境者給其半。

興定二年正月，詔陝州等處司、縣官徵税不足，閣其俸給何以養廉，自今不復閣俸。彰化軍節度使張行信言：「送宣之使，其視五品而上各有定數，後竟停罷。今軍官以上奉待使者有所饋獻，至六品以下亦不免如例，而莫能辨，則斂所部以與之，至有獲罪者。保舉縣尹，特增其俸，然法行至今，而闕以西尚有未到任者，豈所舉少而不敷耶，宜廣選舉，以補其闕。且丞簿亦親民者也，而獨不增，安能禁其侵牟哉。」

（清）嵇璜等《續通典》卷二三《職官·歷代官制要略·祿秩》 金

百官奉給：正一品，錢粟自三百貫石至三百二十貫石有差，麴米麥各五十稱石至三十五稱石有差。從一品，錢粟二百貫石至一百八十貫石有差，麴米麥各三十稱石至二十五稱石有差。正二品，錢粟一百五十貫石，麴米麥各二十二稱石。從二品，錢粟一百四十貫石至一百二十貫石有差，麴米麥各二十稱石至十八稱石有差。正三品，錢粟一百貫石至七十貫石有差，麴米麥各十六稱石至十二稱石有差。從三品，錢粟六十貫石，麴米麥各十四稱石至十稱石有差。正四品，錢粟五十貫石至四十五貫石有差，麴米麥各十二稱石至八稱石有差。從四品，錢粟四十八貫石至四十貫石有差，麴米麥各十稱石至七稱石有差。明安無麴米麥。正五品，錢粟三十五貫石至三十貫石有差，麴米麥各八稱石至六稱石有差。從五品，錢粟三十貫石至二十貫石有差，麴米麥各六稱石至四稱石有差。穆昆無麴米麥。正六品，錢粟二十五貫石至二十貫石有差，或麥五石，或麴米麥，各三稱石。從六品，錢粟二十二貫石，麥五石。正七品，錢粟二十二貫石至一十八貫石有差，或麥四石，或麴米麥各二稱石。從七品，錢粟一十八貫石至一十五貫石有差，麴米麥各二稱石、一稱石有差。正八品，錢粟一十五貫石至一十貫石有差，或麥三石，或麴米麥各一稱石，或無。從八品，錢粟一十三貫石或麥三石、二石有差，或麴米麥各一稱石。正九品，錢粟或同從八品，或一十二貫石至一十貫石有差，或麴米麥各一稱石，或麥二石至一石有差。從九品，錢粟一十二貫石至七貫石有差，麥二石、一石有差。

（清）嵇璜等《續通典》卷三九《職官·祿秩·職田公廨田》 金

制，二品已上無職田，三品而下在京者亦無職田。外官正三品，公田三十頃。統軍使、招討使、副使，公田二十五頃。從三品，公田二十一頃。正四品副統軍，職田十七頃，餘官公田十五頃。從四品，公田十四頃。正五品刺史、知軍、鹽使，公田十三頃，餘官職田十頃。從五品，公田七頃。正六品，公田六頃。從六品同正七品，職田五頃。從七品，統軍司知事、諸鎮軍都指揮使、諸招討使勘事官、諸縣令、諸警巡副、京兆府竹監管勾、鹽使司判、諸部圖埒、同提舉上京皇城司、同提舉南京京城所、黄河都巡河官、諸河税榷場使，職田五頃，會安關使、諸知鎮城堡寨，職田四頃。正八品，市令、諸録事、諸防禦判、赤縣丞、諸劇縣丞、崇福索多巡河官、諸酒税使、醋使、榷場副、諸都巡檢，職田四頃。按察司知事、大興府知事、招討使、知事、諸副都巡檢、諸節鎮以上司獄、諸副將，職田二頃。從八品，諸州軍判官、諸京縣丞、諸次劇縣丞、諸三品鹽使判官、漕運使、管勾、永豐廣備庫副使、左右別貯院木場使、諸默濟格、諸額勒金，職田三頃。正九品，諸警巡院判官、諸縣丞、諸酒税副使，職田三頃。市丞、諸司候、諸主簿、諸録判、諸縣尉、散巡河官、黄河埽物料場官、諸鹽場管勾、左右別貯院木場副使、永豐廣備庫判、諸都將隊將、諸州軍司獄，職田二頃。從九品，諸教授、司候判官，職田二頃。天德二年，省臣奏：職官公田歲入有數，前此百姓各隨公宇就輸，而吏或多取以傷民，宜送之官倉，均定其數，與月奉隨給。然田之多寡不均，有無不一，或亦隨其一時之權宜而定者也。

（清）嵇璜等《續通典》卷四二《職官·秩品》 正一品：

太師　太傅　太保　太尉　司徒　司空　尚書令　郡王爵　國公爵

從一品：

尚書省左右丞相　尚書省平章政事　都元帥　樞密使　大宗正府判大宗正事泰和六年避睿宗諱改大宗正府爲大睦親府，改判大宗正事爲判大睦親事　宣撫司使　開府儀同三司文散　儀同三司　特進　崇進　郡王爵　國公爵

正二品：

尚書左右丞　左右副元帥　司農司大司農　太子太師　太子太傅　太子太保　金紫光禄大夫文散　銀青榮禄大夫　郡公爵　上柱國勳

從二品：

尚書省參知政事　翰林學士承旨　御史大夫　樞密副使　同判大宗正事泰和六年改爲同判大睦親事　三司使　光禄大夫文散　榮禄大夫　郡公爵　柱國勳

正三品：

吏部户部禮部兵部刑部工部尚書　元帥府左右監軍　簽書樞密院事　同簽大宗正事泰和六年改爲同簽大睦親事　宣撫司副使　勸農司使　三司副使　翰林學士　殿前都點檢　宣徽院左右宣徽使　大興府尹　諸京留守司留守　監察採訪使上京東京等路設按察司并安撫司使，職掌同　諸總管府都總管　諸府尹　都轉運司使　統軍司使　招討司使　太子少師　太子少傅　太子少保　資德大夫文散　資政大夫　資善大夫　龍虎衛上將軍武散　金吾衛上將軍　驃騎衛上將軍　郡侯爵　上護軍勳

從三品：

元帥府左右都監　御史中丞　翰林侍讀學士　翰林侍講學士　審官院知院　太常寺卿　殿前左右副都點檢　祕書監　武衛軍都指揮使司都指揮使　衛尉司中衛尉　太子詹事　太后兩宫衛尉　諸節鎮節度使　諸部族節度使　正奉大夫文散　通奉大夫　中奉大夫　奉國上將軍武散　輔國上將軍　鎮國上將軍　郡侯爵　護軍勳

正四品：

吏部户部禮部兵部刑部工部侍郎　同簽樞密院事　司農卿　簽三司事　同知宣徽院事　國子監祭酒　太府監　少府監　都水監　左右諫議大夫　大理寺卿　親王府傅　駙馬都尉　同知留守司事　按察司副使　諸府同知　統軍司副統軍　提控烏爾古使　正議大夫文散　通議大夫　嘉議大夫　昭武大將軍武散　昭毅大將軍　昭勇大將軍　郡伯爵舊曰縣伯，承安二年改　上輕車都尉勳

從四品：

大宗正府丞　翰林直學士　同知審官院事　拱衛司都指揮使　知集賢院　諫院左右司諫　武衛軍都指揮使司副都指揮使　副都　衛尉司副尉　少詹事　親王府府尉　太后兩宫副衛尉　大興府同知　副留守　同知都總管　諸防禦州防禦使　都轉運使同知　招討司副使　諸明安　諸烏爾古使　大中大夫文散　中大夫　少中大夫　安遠大將軍武散　定遠大將軍　懷遠大將軍　郡伯爵　輕車都尉勳

正五品：

尚書省左右司郎中　勸農副使　司農少卿　同簽三司事　翰林待制　太常寺少卿　諸陵署提點山陵　司天臺提點　宫籍監提點　器物局提點　尚廄局提點　鷹坊提點　同簽宣徽院事　客省使　引進使　東西上閤門使　四方館使　尚衣局提點　儀鸞局提點　尚食局提點　尚藥局提點　太醫院提點　教坊提點　祕書少監　國子監司業　太子左右諭德　簽按察使事　諸總管府副都總管　諸同知節度使　諸州刺史　都轉運使副使　諸鹽使司使　漕運司提舉　諸總管府節鎮兵馬司都指揮使　大興府少尹　諸府少尹　提舉譏察使　中議大夫文散　中憲大夫　中順大夫　廣威將軍武散　宣威將軍　明威將軍　縣子爵　上騎都尉勳

從五品：

吏部户部禮部兵部刑部工部郎中　樞密院經歷　侍御史　左右宿直將軍　宫籍監　器物局使　尚廄局使　尚輦局使　鷹坊使　武器署提點　拱衛司副都指揮使　尚衣局使　儀鸞局使　尚食局使　尚藥局使　太醫院使　教坊使　内藏庫使　司天臺監　太府監少監　少府監少監　軍器監　大理寺少卿　都水少監兼漕事　宏文院知院　知登聞鼓院　知登聞檢院　同知集賢院　衛尉司左右常侍　修内司使　祗應司提點　上林署提點　提舉南京権貨司提舉　提舉倉場司使　太子左右衛率府　親王府長史　觀察使副使　大興府總管判官　府判　留守判官　都總管判官　諸節鎮節度副使　諸部族節度副使　南京提控規運柴炭使　提舉譏察副使　提舉秦藍兩關提舉　沿淮譏察使　統軍司判官　諸穆昆　諸乣詳衮　朝請大夫文散　朝散大夫　朝列大夫　信武將軍武散　顯武將軍　縣男爵　騎都尉勳

正六品：

尚書省員外郎　司農丞　太常寺丞　拱衛司鈐轄　閤門副使　祕書監丞　都水監少監　大理寺正　同知登聞鼓院事　同知登聞檢院　武衛軍都指揮使司鈐轄　太子左右監門　僕正　左右贊善　同知防禦使事　諸京警巡院使　鹽使司副使　漕運司同提舉　諸總管府節鎮兵馬副都指揮使　南京提控規運柴炭副使　提舉秦藍兩關同提舉　提舉三門集津南北岸　奉政大夫文散　奉議大夫　武節將軍武散　武德將軍　驍騎尉勳

從六品：

吏部户部禮部兵部刑部工部員外郎　治書侍御史　三司判官　翰林修撰　太廟署令　郊社署令　武成王廟署令　諸陵署令　大樂署令　宫籍監副監　殿前都點檢判官　器物局副使　尚廄局副使　尚輦局副使　鷹坊副使　武庫署令　武器署令　宣徽判官　客省副使　引進副使　閤門簽事　尚衣局副使　儀鸞局副使　尚食局副使　尚藥局副使　太醫院副使　教坊副使　内藏庫副使　宫苑司令　尚醞署令　典客署令　侍儀司令　著作郎　司天臺少監　國子監丞　太府監丞　左右藏庫使　太倉使　典給署令　少府監丞　尚方署令　圖畫署令　文繡署令　裁造署令　織染署令　文思署令　軍器監少監　利器署令　大理寺丞　同知弘文院事　権貨務使　平準務使　惠民司令　四方館副使　法物庫使　萬寧宫提舉司提舉　修内司副使　都城所提舉　祗應司令　甄官署令　上林署令　京東西南三路檢察司使　提舉南京権貨司同提舉　提舉倉場司副使　太子掌寶　典儀　親王府司馬　提舉衛紹王家屬提舉　大興府推官　留守推官　上京提舉皇城司提舉　按察使判官　總管判官　諸府府判　赤縣大興宛平令　都轉運使判官　支度判官　鹽鐵判官　中都都麴司使　諸總管節鎮兵馬指揮使　諸府州兵馬鈐轄　招討司判官　烏爾古副使　奉直大夫文散　奉訓大夫　武義將軍武散　武略將軍　飛騎尉勳

正七品：

尚書省都事　都元帥府經歷都事　知事　樞密院都事　司農司知事　諸宗室將軍　殿中侍御史　監察御史　三司參議規措審計官　太常寺博士　左右振肅　承奉班都知　押班　侍儀司直長　祕書郎　著作佐郎　國子監博士　太學博士　都水監丞　左右補闕　左右拾遺　大理寺司直　慶寧宫提舉司提舉　京東西南三路檢察使副使　太子副僕　侍正　内直郎　南京提舉京城所提舉　諸總管府推官　諸府推官　諸節鎮節度判官　觀察判官　諸州同知　次赤縣劇縣令　鹽使司判官　中都都麴使司副使　規措京兆府耀州三白渠公事規措官　諸總管府節鎮兵馬都指揮使軍使　諸府鎮都軍司都指揮使　諸都巡檢使　潼關使兼譏察官　諸邊將正將　承德郎文散　承直郎　承信校尉武散　昭信校尉　雲騎尉勳

從七品：

尚書省祗候郎君管勾官　吏部户部禮部兵部刑部工部主事　户工二部

覆實司管勾　兵部承發司管勾　御史臺典事　三司知事　翰林應奉文字　大宗正府知事　郊社署丞　武成王廟署丞　諸陵署丞　大樂署丞　殿前都點檢知事　宮籍監丞　武庫署丞　武器署丞　閤門通事舍人　承奉班通事舍人　宮苑司丞　尚醖署丞　典客署丞　祕書監校書郎　左右藏庫副使　太倉副使　典給署丞　尚方署丞　圖畫署丞　裁造署丞　文繡署丞　織染署丞　文思署丞　軍器監丞　利器署丞　武衛軍都指揮使司都鈐轄　榷貨務副使　平準務副使　法物庫副使　萬寧宮提舉司同提舉　祗應司丞　甄官署丞　上林署丞　太子贊儀　親王府文學　提舉衛紹王家屬同提舉　京城十四門尉　都巡河官　諸京警巡院使副　諸縣令　諸知鎮　知城　知堡　知寨　中都廣備庫使　永豐庫鍍鐵院使　京兆府司竹監管勾　居庸等關使　譏察使　統軍司知事　招討司勘事官　諸圖哩　承務郎文散　儒林郎　忠武校尉武散　忠顯校尉　武騎尉勳

正八品：

尚書省架閣庫管勾　吏部户部禮部兵部刑部工部管勾　左右三部檢法司司正　樞密院管勾　三司勾當官　管勾　國史院編修官　大樂署直長　宮籍監直長　器物局直長　鷹坊直長　武庫署直長　武器署直長　頓舍官　尚衣局直長　儀鸞局直長　尚食局直長　筆硯局直長　書畫局直長　國子學助教　教授　太學助教　典給署直長　尚方署直長　圖畫署直長　裁造署直長　文繡署直長　織染署直長　文思署直長　軍器監直長　利器署直長　惠民司直長　法物庫直長　都水監掾　大理寺評事　弘文院校理　集賢院司議官　慶寧宮提舉司同提舉　修內司直長　部役官　受給官　都城所左右廂官　受給官　祗應司直長　甄官署直長　上林署直長　交鈔庫使　南京豐衍東西庫使　監支納　太子侍丞　典食令　侍藥　掌飲令　家令　司經　親王府記室參軍　大興府知事　留守司司獄　南京提舉京城所管勾　皇城使　管勾北太一宮同樂園　按察使知事　諸節鎮司獄諸州判官　諸府節鎮録事司録事　赤縣丞尉　市令司令　軍器庫使　中都都麴使司都監　中都都商税務司使　中都流泉務使　南京交鈔庫使　諸綾錦院使　諸倉使　南京諸倉監支納官草場監支納官　諸州副都巡檢　大慶關管勾河橋官兼譏察事　孟津渡譏察　譏察副使　諸邊副將　招討司知事　烏爾古判官　文林郎文散　承事郎　忠勇校尉武散　忠翊校尉

從八品：

尚書省架閣庫同管勾　堂食公使酒庫使　直省局局長　吏部户部禮部兵部刑部工部同管勾　檢法　都元帥府檢法　樞密使知法　御史臺管勾檢法　三司知法　太常寺太祝　奉禮郎　協律郎　太醫院判官　教坊判官　國子校勘　國子書寫官　酒坊使　市買局使　大理寺知法明法　登聞鼓院知法　交鈔庫副使　印造鈔引庫使　鈔紙坊使　隨處交鈔庫鈔紙坊使　承發司管勾　南京豐衍東西庫副使　太子司藏　司倉　大興府知法　按察使知法　諸州判官　都轉運使都孔目知法　中都廣備庫副使　永豐庫鍍鐵院副使　中都左右廂別貯院使　中都木場使　中都買物司使　漕運司勾當官　統軍司知法　招討司知法　京西規運柴炭場使　諸默濟格　諸額勒金司額勒金　烏爾古知法　徵事郎文散　從仕郎　修武校尉武散　敦武校尉

正九品：

尚書省堂食公使酒庫使副　直省局副局長　酒坊副使　市買局副使　軍器庫副使　集賢院諮議官　交鈔庫判官　南京交鈔庫副使　印造鈔引庫副使　判官　鈔紙坊副使　交鈔庫物料場場官　惠民司都監　提舉南京榷貨司勾當官　太子僕丞　典食丞　奉藥　掌飲丞　家丞　司經副　京城十四門副尉　都水監街道司管勾　皇城副使　諸京警巡院判官　諸府節鎮録事司判官　諸州司候司司候　赤縣主簿　次赤縣劇縣諸縣丞　主簿　尉　諸司獄司司獄　市令司丞　鹽使司管勾　中都都商税務司副使　中都廣備庫判官　永豐庫鍍鐵院判官　中都左右廂別貯院副使　中都木場副使　判官　中都買物司副使　諸綾錦院副使　諸倉副使　京西規運柴炭場副使　散巡檢　潼關關使副譏察　孟津渡副譏察　管勾泗州兼排岸巡檢　諸邊部將　隊將　登仕郎文散　將仕郎　保義校尉武散　進義校尉

從九品：

管勾尚書省樂工　御史臺獄丞　國史院檢閲官　太常寺檢閲官　檢討　大樂正　副正　鷹坊管勾　拱衛司都轄　太醫院管勾　教坊諧音郎　司天管勾　武衛軍鈐轄司都將　鈔紙坊判　太子司藏副　司倉副　諸防刺州知法　教授　司軍　軍轄兼巡捕使　諸防刺州司候司司判　軍器庫副使　中都都商税務司都監　中都左右廂別貯院判官　中都買物司都監　登仕佐郎文散　將仕佐郎　保義副尉武散　進義副尉

右内外官，世宗大定二十八年，一萬九千七百員，章宗明昌四年，奏見在官一萬一千四百九十九員，内女直四千七百五員，漢人六千七百九十四員，至泰和七年，在仕官四萬七千餘員。

（元）徐元瑞《吏學指南・官品》　勳：《周禮》曰：王功曰勳。謂輔成王業者。自上柱國以下，武騎尉以上，凡一十二等謂之勳。《唐・百官志》曰：勳官出於周齊交戰之際，本以酬戰士，其後漸及朝流也。

爵：謂公侯伯子男也。《文字音義》曰：爵，量也；量其職，盡其才也。始自伏羲氏。爵有五等，以法五行，或三等者，法三光也。唐宋自王以下，開國男以上，凡一十二等。

職官：有所職掌者。

散官：謂無執掌者。自一品至九品，凡一十八等。開府以下，榮禄大夫以上，文武並同。資德大夫以下，將仕佐郎以上，爲文散官。龍虎衛上將軍以上，進義副尉以上，爲武散官。

大夫：《白虎通》曰：大夫之爲言大扶，扶進人者也。《事始》云：《虞書》曰：天命有德，五服五章哉。孔安國曰：與卿同也。

郎：良才之稱也。始於秦。

將軍：應劭《漢官儀》云：將軍，周官也。

校尉：《事始》云：周官也。漢武帝依周置司隷校尉，名始此。

（元）徐元瑞《吏學指南・廩給》　俸禄：錢帛曰俸，米粟曰禄。

職田：孟子曰：卿以下必有圭田。隋開皇間始曰職田。

《廟學典禮》卷二《學官職俸》　江浙等處行中書省，至元二十四年正月十七日劄付該：近准中書省咨該：隨路教授、學正、學録，師範後進，作育人材，撰述進賀表章，考試歲貢儒吏，品級雖輕，責任實重。非公選博學洽聞有德之士，將恐倖門一啓，賢不肖混淆，雖欲盡革前弊不得已。今擬各道提舉學校官並訓導、提點錢糧等職名，並擬革去，各處文資正官一員專以提調。爲此，於今年閏六月十七日啓過事内一件：江南管秀才的，見設立着教授，又設立提舉學校兼管錢糧。和爾郭斯爲頭省官每商量來的，重設提舉學校官罷了，錢糧教城子裏官人每管着。這般啓了呵，奉令旨，那般者。敬此。都省：除外，咨請照驗施行。准此。行下各道宣慰司，取勘到各路儒學教授、正、録並書院山長等各各職名數内，多有所歷根脚淺短、不經按察司體覆濫設之人，月請學糧錢數多寡不一。省府議擬到：除教授祗受敕牒外，本學合設正、録、直學，並書院山長、縣學教諭各員數，所受文憑，隨月請學糧錢數，省府除已開坐，移咨都省照驗外，合下仰照驗。據濫設不應之人，截日盡行革去。前項額定人員，以勾當三年爲滿。如是闕員，選保德行才能曾得鄉漕薦舉、堪爲後進師範者，本路行移本道按察司，委便體覆相應，回准公文，然後備申本道宣慰司，轉呈省府照詳定奪，毋得濫行保舉。的委本路文資正官，不妨本職，兼行提調本學見在錢糧一應官物，從實依公銷用，每季開坐見在銷用備細數目呈省，毋致非理侵欺，借貸違錯。路設教授，係祗受敕牒人員，月請學糧五石，鈔五兩。省委相副教官，比及换授以來，權充學正員數，月給學糧三石，鈔三兩。學正，俱受行省劄付，月請糧米三石，鈔三兩，有省委副教官處，設一員，無省委副教官處，二員。學録二員，如直隷行省，祗受省劄，如宣慰司所轄，止受本司劄付，每月請糧米二石，鈔二兩。直學二員，止受本路劄付，月請糧一石，鈔一兩，掌管學庫、田產、屋宇、書籍、祭器、一切文簿，並見在錢糧，凡有收支，並取教官、正、録公同區處，明立案驗，不得擅自動支。諸州、散府教授，係祗受敕牒人員，月請糧米五石，鈔五兩。學正一員，受行省劄付，月請糧米三石，鈔三兩。學録一員，直隷行省去處，受本路付身，如宣慰司所轄，受宣慰司劄付，月請糧米二石，鈔二兩。直學一員，受本路付身，月請糧米一石，鈔一兩。書院山長二員，祗受行省劄付，月請糧米三石，鈔三兩。縣學教諭，許設二員，止受本路劄付，月請糧米一石五斗，鈔一兩五錢。

《元典章》卷七《吏部・官制・職品・内外文武職品》　正一品

太師　太傅　太保

從一品

中書右丞相　中書左丞相　録軍國重事　中書平章政事行省同　平章政事　樞密院使　宣政院使　徽政院使　宣徽院使　大司徒　札魯忽赤

正二品

右丞　左丞行省同　知樞密院事　同知樞密院事　大司農　集賢院使　左右詹事　御史大夫行臺同　總制院使　同知宣政院事行院同　同知徽政院事　同知宣徽院事　守司徒　大都留守司達魯花赤兼少府監事　留守

上都留守司本路總管達魯花赤　留守

從二品

内任

太子詹事晋王内史　中書參知政事行省同　翰林學士承旨　安西王相　崇福使　通政院使　昭文館大學士　御史中丞　大都護　將作院使　樞密院副使　泉府大卿　中（正）〔政〕院使　宣政院副使　徽（正）〔政〕院副使

外任

各道宣（尉）〔慰〕使

山東東西　河北山西　淮東東西　浙東道　荊湖北　湖南　廣東　廣西　四川南　遼東沿邊溪洞

軍民職

各處宣（尉）〔慰〕使司元帥

福建道　八番順元等處　海北海南道　安南國　廣西兩江　大理金齒等處　土番等　烏思藏納憐㨂古里孫等處路

各處宣（尉）〔慰〕兼管軍萬户

廣南西道　烏撒烏蒙等處　羅羅斯　曲靖等路　臨安廣西元江等處

軍職

都元帥

正三品

内任

副詹事　中書省斷事官　宫正　六部尚書　延慶司使　提點太醫院事　王傅　太子賓客　集賢學士　各衛親軍都指揮使　内宰　太史院使　翰林學士知制誥（咸）〔兼〕修國史　隆福宫左右都威衛使

同知

大都留守司事兼少府監事　通政院事　上都留守司兼本路都總管府事　中政院事

僉事

樞密院事　通政院　徽政院　宣政院　行中書省事　宣徽院

卿

大司農卿　太府卿　太常　泉府　利用　太僕　典瑞　光禄　章佩　中尚　武備　尚乘

上都留守副達魯花赤兼本路總管府副達魯花赤

昔保赤八剌哈孫達魯花赤　只哈赤八剌哈孫達魯花赤

外任

各道肅政廉訪使

燕南河北真定　河南河北汴梁　山東東西濟南　河東（東）〔山〕西太原　山北遼東大寧　西蜀四川成都　河西隴右寧夏　陝西漢中安西　江北淮東揚州　淮西江北廬州　（河）〔山〕南江北江陵　浙東海右婺州　江南浙西杭州　江東建康寧國　江西湖東龍興　嶺北湖南潭州　嶺南廣西静江　海北廣東廣州　福建閩海福州　江南湖北武昌　海北海南雷州

民職

上路總（府）〔管〕府達魯花赤　上路總管兼府尹

軍民職

軍民安撫司達魯花赤

盧番静海軍　金石番太平軍　羅番遏蠻軍　臥龍番南寧（軍）〔州〕　程番武静軍　方番河中府　小龍番静（海）〔蠻〕軍　洪番永盛軍　耽羅國　大龍番應天（軍）〔府〕　南丹州等處　新昌葛蠻軍

軍職

李店文州蒙古漢軍元帥府達魯花赤　元帥　副元帥　上萬户府達魯花赤，萬户　招討使　征行先鋒使　管蒙古軍萬户　砲手軍匠萬户　漕運萬户府達魯花赤　萬户　副達魯花赤　海紅達魯花赤

諸職

都轉運使

福建等路鹽　河（潤）〔間〕等路鹽　山東東道鹽　陝西鹽　湖南湖北金場　兩淮鹽　兩浙鹽　江西等處榷茶

户部尚書規措應昌糧儲事

京畿都轉運使司達魯花赤　都漕運使

大護國仁王寺昭應宫規運財賦都總管府達魯花赤　總管

匠職

諸路總府達魯花赤總管　諸路金玉人匠　異樣局　管領諸路怯憐口人匠　織染雜造人匠　管領本位下隨路諸色民匠打捕鷹房　本位下諸色人匠都總管

從三品

内任

晉王中尉　翰林侍讀學士集賢同　國子祭酒　同知都護府事　翰林（待）〔侍〕講學士集賢同　祕書監　都水監　樞密院斷事官　同判武備（司）〔寺〕事　隆福〔宫〕左右副威衛使　宣政院斷事官　同判尚乘寺事　各衛親軍副都指揮使

昔保赤八剌哈孫副達魯花赤　通政院副使

只哈赤八剌哈孫副達魯花赤

太監

太府　中尚　章佩　典瑞　利用

外任

民職

同知宣慰司事　大都路都總管府副達魯花赤　下路總管府達魯花赤總管

軍民職

同知宣慰司事兼副元帥　同知宣慰使司兼管軍萬户

軍職

上副萬户　中下萬户達魯花赤同　管領海船副萬户

諸職

諸總管府達魯花赤　總管

江淮等處財賦　息州等處管民　益都般陽等處淘金　延安屯田打捕

淮東西屯田打捕　德安等路軍民管領諸路打捕鷹房納（錦）〔綿〕等處管領本投下大都路打捕鷹房民匠諸色人匠四川鹽茶運使　軍軍儲使

匠職

諸總管府達魯花赤　總管印各正三品

諸色人匠　大都人匠　大都等路諸色人匠

正四品

内任

參議中書省事　侍御史　六部侍郎　侍儀引進使　給事中同修起居注　王府尉　掌謁司令　儀鳳司大使　左右侍儀奉御同修起居注　太子中允　太子中庶子　太子左右諭德　隆福宫左右使司事　僉通政院使　太醫院使　知登聞鼓院事登聞檢院同　僉中政院事　行省理問所官

同僉院事

同知

樞密院　宣徽院　宣政院

延慶使司　太史院

少卿

大司農　泉府　規運提點

太監

尚食　闌遺

各庫都提舉

萬億四庫：寶源、賦源、廣源、綺源

功德司副使　僉各衛親軍都指揮事

上都留守兼本路總管　府治中

外任

各道肅政廉訪副使

民職

各道宣慰副使　散府達魯花赤　知府

軍民職

各道宣慰副使都元帥　土番等處宣慰副使副都元帥　烏思藏納〔里〕速古魯孫等三路宣慰副使副都元帥

大理金齒等處宣慰副使僉都元帥府事

廣西兩江道宣慰副使僉都元帥府事

各處宣慰司兼管軍萬户府副使

臨安廣西元江　羅羅斯　曲靖　烏撒烏蒙

諸職

兵馬都指揮使司達魯花赤　使
大都路南北兩城　上都路
上路宣課都提舉　宣德雲州等處銀冶等場都提舉
寶鈔都提舉司達魯花赤　提舉　同知京畿都漕運司
淮東淮西屯田打捕總管府達魯花赤
同知
各處轉運鹽使司　四川茶鹽運司　江西榷茶運司
軍職
管軍中副萬户　同知李店文州蒙古漢軍元帥府事
匠職
諸路金玉人匠總管府副達魯花赤　副總管諸司局同
從四品
內任
晉王司馬　翰林院直學士　集賢院直學士　內宰司丞　同僉通政院事
宫正司丞　會同館大使
少卿
太僕　尚乘　武備　光禄　太常
少監
典瑞　章佩　利用　中尚　太府
各行省鎮撫
外任
民職
上州達魯花赤　上州尹　副達魯花赤　同知上路總管府事
軍民職
同知軍民安撫司事
耽羅國　葛蠻
諸職
大都南北兩城兵馬都指揮使司副達魯花赤
同知大護國仁王寺昭應宫規〔運〕財賦都總管府事
營田使　檀州採金都提舉司達魯花赤
寧夏府路營田使司達魯花赤　廣東鹽課都提舉
軍職
管軍下副萬户　上千户所達魯花赤　上千户三衛親軍　諸衛千户所達魯花赤副同　千户同　副招討　蒙古都萬户奥魯官　砲手軍匠副萬户
匠職
同知總管府事
管領本位下隨路諸色人匠打捕鷹房　本位下隨路諸色人匠　諸路金玉人匠　織染雜造人匠　異様局
正五品
內任
中書省左司郎中　右司郎中　治書侍御史　王府司馬　中書省客省使樞密院同　翰林待制　翰林國史集賢院同　國子司業蒙古國子同　隆福宫左右都威衛鎮撫　上都提舉萬億庫達魯花赤　各衛親軍都指揮使司鎮撫　萬億四庫提舉　開河都提舉　僉太史院事　春官正兼領夏官正　秋官正兼領冬官正中官正
參議院事
樞密院　宣政院
院判官
樞密　通政　宣徽
少監
祕書　都水　尚食
太師府參軍
監修國史太傅府　太保府　諮議
司丞
大司農　泉府　掌謁
監丞
利用　中尚　章佩　闌遺　太府
署令
掌謁　掌醫　掌膳　掌儀
副使

太醫院　儀鳳司　拱衛直都指揮司
外任
僉各道肅政廉訪司事
民職
同知下路總管府事　中州達魯花赤　知州中　各路總管府治中
諸職
轉運鹽副使　京畿都漕運副使　都漕運司副使　四川茶鹽轉運司副使
湖南湖北等處都轉運副使
江西榷茶都轉運使司副〔使〕
大都兵馬都指揮副使上都同　廣惠司提舉
四川醫藥提領所　同知軍儲事　四川藥材醫局惠民局
同知總管府事
益都淘金　陝西屯田　管領諸路鷹房納（錦）〔綿〕等户　淮東淮西
屯田打捕　延安路屯田鷹房打捕
軍職
西夏新民安撫副使
千户
管軍上副　管軍中　各衛副　各衛弩軍　砲手軍匠　蒙古軍　管契丹
軍　屯田　通惠河運糧　海道運糧　管領係官海船
鎮撫
蒙古軍萬户府　上萬户府　宣慰使司都元帥府　各衛屯田　元帥府
管領海船萬户府
從五品
内任
中書直省舍人　行省左右司郎中　札魯忽赤郎中　樞密院客省（舍
人）〔使〕　内（府史）〔史府〕　諮議　六部郎中　集賢院司直　宣政院
客省使　徽政院（中）〔司〕議　行省理問所相副官　提點司天臺事　司
天臺監回回司天同　典瑞監丞　工部太倉提舉　教坊大使
經歷
樞密院行院同　宣徽院　大司農司　宣政院　御史臺　行御史臺　大
都留守司兼少府監　上都留守司兼本路都總管府
寺丞
尚乘　武備　光禄　太僕
庫提點
内藏　左藏　右藏　文成　器備　供須　資用　藏珍　資成　利器
異珍　壽武　御帶　生料　資乘
局院
御藥院　管回回藥物局　大都回回藥物局　御藥局
庫達魯花赤、提舉
備用　供膳　寶源總庫　宣徽院資善庫
外任
民職
下州達魯花赤　知州下　同知散府事
軍民職
僉各處安撫司事
諸職
提點
大都惠民局　永備倉　上都惠民局　安西路惠民局　大都留守司器備
庫　景運倉　都提領所
署令　達魯花赤同
豐贍　昌國　廣濟　濟民　豐潤　濟寧等路尚珍
河渠大使　達魯花赤同
成都路　沙州路　興元路　永昌西涼府
諸運司鹽使　同知息州等處管民總管府事
安西路河渠營田司達魯花赤、使
管領諸路打捕鷹房納（錦）〔綿〕等户總管府治中
副總管
陝西等處屯田　淮東淮西屯田打捕　大護國仁王寺規運財賦
諸提舉司達魯花赤　提舉
都城所上都同　富寧軍　覆實司　砂糖局　營田　魚綱湖泊　新運糧

舊運糧　江淮營田　柴炭　各處田財賦　寶德雲陽銀場　分寧等處成造
西番茶貨　鴛鴦泊倉糧酒務　屯田揚州通泰　塔山徐邳等處山場野物　打
捕蘄黃等處、安豐（蘆）〔廬〕州等處、鎮巢等處　淮東西屯田怯憐口　屯田打
捕淮安等處、高郵、安東海州、招泗
諸司提舉
大都酒課　大都税課　大都提舉學校官　隨省儒學　大都河道　杭州
税課　各處蒙古學校官　攤絲户　廣東鹽課　隨省官醫　鄂州水陸事産
紅花户　瑞州蒙山銀場　福建銀場鉛礬　海南博易
榷茶提舉
杭州　寧國　龍興　建寧　廬州　岳州　鄂州　常州　湖州　潭州
静江　臨江　平江　興國　常德府　古田建安等處
鐵冶提舉
棊陽　彰德　濟南　商山　汴梁河南等處　太原　大同　同鎮　徐邳
州　景州灤陽等處　順德等處　檀州等處　泰安州萊蕪等處　廣平等處
衛輝倉谷　遼陽路安平山等處　易州紫荊關
市舶提舉
杭州　慶元　泉州　廣州　上海　温州　澉浦
軍職
管軍中副千户　下千户　屯田副千户　管軍中萬户府鎮撫　李店文州
蒙古漢兒兩番軍民千户　奥魯官各衛 蒙古萬户副同
匠職
大同路廣濟庫達魯花赤
總管府副總管處同正三從三總管
監造諸般寶具達魯花赤　修内司大使　提點
祇應司大使
諸路提舉司達魯花赤　提舉
御衣局　尚衣局　大同路雜造　雜造諸色人匠　凡山採木　蕁麻林人
匠　江西織染田賦　建康織染人匠　管領怯憐口諸色人匠　軍器人匠大同
路、東平等路、大寧路、宣德等路
諸提舉
管領大都諸色人匠　管領高麗大都等路人匠提舉　大都等路諸色人匠
撒答剌期等局人匠提舉　諸色人匠潭州、鄂州、揚州　雜造湖州、東平、東平
染中山、真定、平陽、太原、宣德　人匠大名諸路、杭州
局提舉
怯憐口皮局　貂鼠　碼碯　薊州甲匠　異樣文錦兩局　紗羅　玉　羊
山碼碯局　綾綿織染兩局
局使
儀鸞　器物　金絲子　犀象牙木　大都金銀器皿
正六品
内任
中書左司員外郎　右司員外郎　監修國史長史　中書客省副（事）
〔使〕　衛候　太醫院判官　拱衛直都指揮使司鈐轄　太常寺丞　供膳司
令　祕書、國子、都水、蒙古國子監丞
諸庫大使
内藏左（監）〔藏〕　藏珍　器備　文成　資用　御帶　供須　右
藏　異珍　利器　資成　資乘　生料　壽武
諸局大使
尚食　尚膳　尚飲
外任
民職
上都警巡院達魯花赤、使　各路總管府判官　大都左右警巡院達魯花
赤、使　同知上州事
諸職
運司判官
都漕運　京畿都漕運　山東東路鹽　四川茶鹽　大都等處都轉運　福
建等路鹽　河南等路鹽　兩浙鹽　兩淮鹽
提舉左八作司、右八作司　大都兵馬副都指揮使
大都太倉提舉、使　砂糖局使　上都萬盈倉達魯花赤
廣積倉監支納（達）　廣積倉監支納達魯花赤
永備倉使　上都留守司器備庫使

弘州種田納麵提舉達達同　景運倉使
息州等處管民總管府判官
門尉
麗正　文明　順承　平則　和義　肅清　齊化　崇仁　光熙　健德
安定
軍職
管軍下副千户　各衛副奥魯官　下萬户府鎮撫　屯田萬户府鎮撫　安東州萬户府鎮撫
匠職
提舉司達魯花赤
大名雜造　通州甲匠　大都甲匠　保定軍器人匠　大名織染　軍器人匠平陽、真定、蔚州
提舉
上都諸色人匠　金銀器皿　宣（□□□）〔德隆興〕等處打碼磁　織染局保定、雲南、南宮
從六品
内任
六部員外郎　樞密院客省副使宣政院同　著作郎　行省員外郎　宣政院資善庫同提舉　司天少監回回同　内史府記室　備用院大使　侍儀司法物庫使　徽政院長史詹事院同　會同館副使　翰林修撰集賢同　醴泉倉提舉
署令
興文　太廟　籍田　太樂　廩犧　廣惠
監丞
尚食　闌遺
署丞
掌寶　掌饍　掌飯　掌醫　掌設　掌乘　掌藏　掌器
經歷
泉府　將作院　都護〔府〕　通政院
外任
民職
各道宣慰司經歷　散府判官　赤縣尹達魯花赤同　各路總管府推官　中州同知　上縣尹達魯花赤同
軍民職
宣慰司都元帥府經歷
諸職
大都副提舉學校官　寧夏府營田大使　廣積倉使　泉府司富藏庫提領　提舉宣德雲州等處銀冶等物　懷孟路廣濟河渠大使
管領諸路打捕鷹房納（錦）〔綿〕等户總管府判官
萬億四庫副提舉寶鈔
同提舉除覆實司、攤絲、紅花三處，餘同從五
税務提領萬定之上
真州　杭州在城江漲城南
平盈倉使　豐潤署丞　門尉　萬盈庫使
軍職
右左衛百户　（札）〔禮〕店管漢軍上百户　都元帥府經歷元帥府同
蒙古軍百户　蒙古萬户翼副奥魯官　上百户
匠職
儀鸞局大使　上都金銀器盒局大使
同提舉
薊州甲局　湖州雜造　上都等處諸色人匠　大同軍器　建康織染　宣德等處軍器　江西田賦
正七品
内任
中書省檢校官　户部司計官　太史院保章正　監察御史行臺同　工部司程官　尚飲局大使　侍儀司承奉班都知　殿中侍御史　太倉副使　諸庫副使
局副使
御藥　尚食　尚醞　回回藥物
博士

國子　太常　教習亦思替〔非〕文字國子
都事
中書左右司　樞密院　御史臺　宣政院　也可札魯忽赤
外任
民職
同知下州事　上州判官　中縣尹達魯花赤同
諸職
署丞
廣濟　豐贍　昌國　濟民　濟寧等處尚珍
同提舉
覆實司　攤絲户　弘州納錦　左右八作司
倉副使
萬盈　廣積　永備　景運　平盈
税務提領五千定之上
平江　潭州　太原　晉寧　揚州　武昌　真定　安西
副使
砂糖局　寶鈔總庫　無爲河渠司　大都留守司器備庫　安西路河渠營田司
大使
上都平准　上都柴炭　無爲礬課
上都惠民局司令大都同
五臺山司陽川都巡檢　省倉監支納
軍職
漢軍元帥府計議官
百户
各衛屯田　各衛弩軍　海道運糧　砲手軍匠百户　管領係官海船　大都屯田
匠職
咸平府甲局使達魯花赤同　修内司副使　祗應司副使　太原路軍器人匠使達魯花赤同　益州等處箭局大使
平陽係官雜造局大使　大名軍器局大使
織染局大使
涼州　懷孟　恩州　大同
軍器局大使
彰德路　汴梁　許州　平灤等處　懷孟河南等處
諸局副使
器物　象犀牙　金絲子　大都金銀器皿
諸司同提舉
怯憐口皮局人匠　撒答剌期等局人匠　雜造大都，東平　軍器人匠人匠弘州、〔尋〕〔蕁〕麻林
諸色人匠
管領大都　管領怯憐口　潭州　江陵　福建　武昌　江西　杭州　揚州
諸局同提舉
異様文綉兩局　貂鼠　鈔庫　御衣　羊山碼碯局　綾錦織染兩局　玉局
尚食　碼碯
從七品
内任
都事
行御史臺　行省　宣徽院　集賢院　通政院　將作院　大司農司　泉府司　崇福司　都護府　御史臺　上都留守兼本路總管府　大都留守兼少府監
主事
六部　孛可孫　太史院　光禄寺
典簿
内宰司　延慶司　翰林院　宫正司　太常寺　翰林國史院
經歷
中書省斷事官　各衛　只哈赤八剌哈孫　武備寺　隆福左右都威衛使司　昔寶赤八剌哈孫　太僕寺　都水監　太府監　利用監　中尚監　尚乘寺　章佩監　太醫院

中書省管勾架閣庫　中書省管勾回回架閣庫
中書省管勾承發司　宣政院資善庫副提舉
侍儀司通事舍人　副衛候　徽政院備用庫副使
侍儀司法物庫副使　上林署令　大都醴泉倉大使上都同　拱衛司儀從庫大使　宮前司令　太史院保章副　拱鶴百户
儀鳳司安和署令　中書省照磨　應奉翰林文字

外任

肅政廉訪司經歷　大都（巡警）〔警巡〕院副使上都同　宣慰司都事

民職

各路總管府經歷　中州判官　下縣尹　下縣達魯花赤

軍民職

經歷

各處軍民安撫司　都元帥府　元帥府　安撫司　土番等處宣慰司

諸職

上都八作司達魯花赤　提領　淮東滿浦倉監支納
兩場鹽場管勾　鹽司令　印造寶鈔庫大使
泉府司富藏庫使　省倉大使
税務大使萬定之上　都永盈倉副使
鹽司副使　懷孟路廣濟河渠司副使　諸運司經歷
諸總府經歷屯田、財賦、異樣局
人匠處所同前　金玉

副提舉

各省儒學　蒙古學校　檀州採金　上都萬億庫　各處官醫　縉山栽種海（□）〔南〕博易　大都宣課　各處榷茶　各處場冶　都城所上都同
大都酒課　各處市舶　各處營田　舊運糧新運糧同　大都税課　富寧庫
諸茶園分寧等處成造　屯田　打捕　瑞州蒙山銀場　廣惠司　怯憐口　田賦湖泊　廣東鹽課市舶

庫提領

河南省巨盈　江西廣濟庫　各路平准庫　湖廣大軍　江浙廣濟庫　廩給司

税提領（三）〔二〕千定之上，二十一處

建康　龍興　温州　吉安　泉州　盧州　江陵　淮安　慶元　鎮江
福州　成都　清江鎮　（思）〔恩〕州　保定　大同　衛輝　汴梁　濟寧
東平　益都　大名

軍職

都元帥府都事　唐鄧均三千户所奥魯官　管軍拔都兒　下百户　經歷
招討司、萬户府、李店文州蒙古元帥府

匠職

副提舉

大同人匠　江西織染田賦　大都等處諸色人匠　薊州甲匠　宣德等處人匠　建陽織染人匠　湖州雜造

同提舉一千户下，五百户上

大都甲匠　通州甲匠　大都雜造　宣德隆興等處採打碼磁　金銀器皿
諸色人匠上都　軍器人匠保定、真定、蔚州　織染雲州、大名、保定、南宫
管懷孟等處人匠打捕達魯花赤　諸司局提領
宣德鞴局提領

局大使三百户下，一百户上

綾錦　紋綉　大同織染　弘州錦院碼磁　朔州毛子　鑌鐵　御衣　大都鐵局　雲内州織染　唐像　出蠟　石局　銅局　大都氈局　别失八里人匠　彰德人匠熟皮、甸皮　銀局　塑局　大都染局　奉聖州軍器　雜造中山、真定　蕁麻林納（尖尖）〔失失〕　隆興　提舉諸色人匠總管府雜造
縉山毛子旋匠局　雙搭弓　平灣等處軍器人匠

正八品

内任

翰林國史院編修官　祕書監校書郎詹事院同
太史院掌曆　翰林國史院檢閲官
國子助教蒙古國子同教授同　鑄印局大使
行省管勾承發司　醴泉倉副上都同
大都留守司兼少府監照磨兼覆科官
御史臺照磨管勾承發司兼獄丞行臺同

樞密院照磨兼管勾承發司

管勾架閣庫

樞密院

管勾承發架閣庫

宣政院　宣徽院　徽政院　司農司　六部　行省　上都留守司兼本路總管府

照磨兼管勾承發架閣庫

集賢院　都護府　將作院　通政院　泉府司

直長

尚食局　上林署　祕書監　油磨坊　尚醞局　御藥院　侍儀法物庫

外任

廉訪司知事

民職

下州判官　上縣丞　録事司達魯花赤録事

諸職

燒鈔東西庫達魯花赤大使　大都留守司器物庫直長　五臺山思陽州副巡檢都　抄紙坊提領　諸屯令　符牌局大使　淮安滿浦蒼大使　税大使五千定之上

副提舉

左右八作司　覆實司　攤絲户　紅花户

署直長

廣濟　昌國　豐潤　豐贍　濟民

庫使

河南巨盈　湖廣太軍　江浙廣濟　江南廣濟

副使

省倉　木局　上都永豐倉　無爲礬課所

倉監支納

大有　忙安　廣盈　和糴　新城　豐州廣盈　平地縣平濟　雲内州廣貯

税提領一千定之上，三十七處

中山府　棣州　濟陽縣　濟寧路　豐州　單州　南宮縣　通州　章丘縣　懷孟路　陵州　衡州　高唐州　彰德路　夏津縣　鄆城縣　泰州　和州　河間長蘆　武城縣　高郵府　安東州　婺州　常州　杭州長安　公安縣　嘉興路　華亭縣　江州　湖州　寧國路　紹興路　建德路　建寧路　饒州　無錫　重慶路

軍職

蒙古軍千户彈壓　各衛千户彈壓　蒙古軍千户下副奥魯官

匠職

大都鐵局大使　石局大使　利用監雜造雙線大使

犀象牙局直長

副提舉三十七處　二千户下、一千户上

貂鼠　尚食　碼磁　御衣　玉局　鈔庫　羊山碼磁局　異様紋綉兩局

綾錦織染兩局　軍器人匠太原、平陽　雜造大都、東平　怯憐口皮局人匠

撒答剌期等局人匠　人匠弘州、蕁麻林　八作司　諸色人匠管領大都管領怯憐口、潭州、江陵、杭州、揚州、江西、鄂州、福建

軍器人匠局副使

彰德　平灤　許州　太原　汴梁　懷孟　河南　大名等處

直長

修内司　祗應司　器物局　塑局

從八品

内任

國史院典籍官　太常奉禮兼檢討　太常奉禮郎

太祝社稷二、太常四　鳳司安和署丞

星曆教授學正　上林署令　太史院照磨

司天臺判官　各衛照磨承發架閣庫管勾　宮苑司丞

挈壺正　監（侯）〔候〕　司（晨）〔辰〕郎

太史院架閣庫管勾

照磨兼管勾承發架閣庫

光禄寺　太府監　宮正寺　延慶司　利用監　内宰司　孛可孫

照磨兼提控案牘

尚乘寺　武備寺　太僕寺　章佩監

知事

中書省斷事官　行省理問所　武備寺　各衛　樞密院斷事官　隆福宮　左右都威衛使司　拱衛司　宣政院斷事官　太醫院　太僕寺　拱衛司　教坊司　太府監　蘭遺監　尚食監　利用監　中尚監　都水監　章佩監　昔寶赤八剌哈孫　只哈赤八剌哈孫

協律郎

外任

民職

上都警巡院判官　大都左右警巡院判官　總管府知事　上路司獄　縣主簿

軍民職

諸處軍民安撫司知事　耽羅國軍民安撫司司獄

諸職

各路儒學教授　蒙古字教授　稅大使二千定之上鹽判

知事

軍儲所　碼磂玉局　寧夏路營田司　都提舉萬億四庫　諸運司　寶鈔提舉司

諸總管府知事

平灤屯田　陝西等處屯田　淮東淮西屯田打捕　江淮等處財賦　益都等處淘金　大護國仁王寺昭應宮規運財賦都總管府　息州等處管勾　管領諸路打捕納（錦）〔綿〕等户

稅提領五百定之上

富陽　昆山　嘉定　餘杭　常熟　長洲　吳縣木瀆　金壇　蕪湖　南潯　宜興府　江陰　台州　太平在城　池州　海鹽　淳安　南昌縣　贛州　新喻　浮梁景德　徽州　長沙　袁州　崇德州　萬載　建昌　廬（州）〔陵〕永和　衢州　静（安）〔江〕　湘潭州　宜春縣　醴陵州　岳州　泉州晋安　信州　寶慶　益陽州　瀏陽州　常德（府）〔路〕　巴陵　永興縣劉市　瑞州　安慶　安豐　無爲路　蘄州　黄州　福州閩安　濠州　盱眙縣　巢縣　漢陽　棗陽縣　潞州　長垣縣蒲城　濮州　碭山縣　興化　滑州　南樂　楚丘　彰德輔巖　雲州　滄州　亳州　鄧州　金鄉　定陶　河中府　弘州　冠州　禹城　齊東　鞏昌　興元　河南府　開州　睢州　襄陽　汶上縣　東（河）〔阿〕縣　安陸府（京）〔荊〕山（水陸）〔永隆〕　濟州　許州　襄陵縣　鄒平縣　東明縣　清平縣　虞城縣　汾州　蠡州　陽穀縣　武清縣　東鹿縣　順德（縣）〔路〕　臨水縣　（欒）〔樂〕亭縣　考城縣　汝寧（縣）〔府〕

稅副使萬定之上

大使

抄紙使　白紙坊　上都八作司　大路窑場　燒鈔東西庫　各路平準行用庫

副使一千户下、五百户上，三百户下、一百户上

五部諸物庫　延安打捕鷹房　泉府司富藏庫

軍職

各翼副奥魯官　管軍上千户所彈壓

知事元帥府宣撫司萬户府行院都鎮撫司

匠職

副提舉

宣德隆興等處採打碼磂肵材　金銀器皿局　上都諸色人匠　大都甲匠　通州甲匠　大名雜造　軍器人匠保定、真定、平陽、（蕪）〔蔚〕州　織染保定、雲州、大名、南宮

知事

大都人匠　諸色人匠　諸路雜造　織染雜造　異樣局　諸路金玉局

軍器人匠

局大使

鞓帶斜皮　温犀玳瑁　大小刀木　瓘玉　鐵局

副使

織染局　（汶）〔紋〕綉局　將作院簾　綾錦　雜造　別失八里人匠　平陽係官雜造　蕁麻林納失失　弘州錦院　鐵局上都、中山、大都、真定　織染局懷孟、（天）〔大〕名路、深州、（思）〔恩〕州

正九品

內任

御史臺架閣庫同管勾　太史院司曆　司辰郎副監候　獄丞大都、上都、札魯忽赤　太醫院管勾　御藥院都監

外任

廉司照磨兼管勾承發架閣庫宣司同

民職

主簿

軍民職

元帥府　宣撫司　安撫司照磨　土番等處宣慰司

諸職

散府上中州儒學教授　大都路儒學教授

延安屯田打捕相副官　萬億四庫照磨架閣庫管勾

鹽司丞　鹽場管勾　高梁河巡檢　税大使一千定

諸屯田丞　下路司獄本位下隨路

運糧萬户府照磨兼提控案牘

户部尚書規措應昌糧儲和糴倉監支納

諸色人匠總管府照磨兼管勾承發架閣　諸色人匠總府同

倉使

大有　和糴　忙安　豐州　廣盈　雲内州廣貯　靜州廣貯　新州廣盈

東勝州太盈　平池縣平濟

副使

江浙廣濟　江西廣濟　河南巨盈　淮安滿浦倉　湖廣大軍

行省燒鈔庫大使

匠職

雜造局副提領

局副使

上都氈　出蠟　彰德人匠　大同織染　順德織染　浮梁磁　唐像　奉聖軍器　平灤等處軍器人匠

從九品

內任

太史院印曆局管勾　司天臺提舉　司天臺教授回回〔同〕〔司〕天同管勾司天臺天文科　三式科管勾　算曆科管勾　測驗科　刻漏科

外任

民職

縣尉　散府上中州司獄

諸職

鹽司同管勾　江浙印曆局管勾　江西印曆局管勾　教坊司管勾　廣平甲局院長　各路陰陽教授　路醫學教授　巡防捕盗官大德三年置一十九處　兩淮鹽場副運司副　將作院收支庫　泥河倉糧酒務　龍興酒務大使　豐儲倉大使　臺獄丞　印曆局管勾太醫同　雲和署　税大使五百定之上　祗應司同監　上都八作司　大都燒鈔庫　河南省燒鈔庫各省同　大都窑場　大都平准行用庫　諸人匠總管府局　將作院金絲顔料庫　將作院裝釘局　印造鈔抄紙坊

軍職

管軍下千户所彈壓

《元典章》卷七《吏部・官制・拾存備照品官雜職》　正三品

宣撫司僉事　便宜都總帥　濟州泗汶等河渡運司　儲用司僉事　家令達魯花赤高麗、〔雲〕〔安〕南　使統軍司、經略司、徵理司　卿大理、武備、中御　同知統制院、衛尉院、總制院、都功德使司

從三品

衛尉院僉事　大理少卿　儲〔峙〕〔用〕所使　同知都護府、都功德使司

淘金總管

正四品

副留守上都、大都　詹事院丞　司禋大夫　同僉衛尉院事　玉宸樂長

同知便宜都總帥　鞏昌路拘〔催〕〔榷〕税課所大使　引進司大使　副達魯花赤安南、高麗　同知儲用司、徵理司　監尚牧、尚醫、尚醞、尚用、尚舍、國子、尚饍、少府

從四品

拱衛司達魯花赤　副統軍　中路宣課都提舉　丞家令司、府正司、大

（里）〔理〕司　同知怯憐口、諸色人匠、諸司局

正五品

留守司判官大都、上都　安西王府郎中令　左右贊善大夫　詹事院判行泉府司鎮撫　提舉供帳司、（郡）〔羣〕牧司、尚食局、尚衣局　同提舉上都宣課　詹事署令典寶、典乘、典器、典藏　監章佩、闌遺、尚醞、典瑞　達魯花赤尚食、尚藥、御衣、御帶　副使徽理〔司〕、儲用所、延慶司、玉宸樂院、勸農司、營田司　提點尚食、宮城所、供膳司、少府監諸司、尚藥、太府監、五庫提點、唐梵像兩局　副總管大都人匠、異樣局、諸色人匠、金玉人匠、雜造局　同知大都甲匠總管府、斡脱府事　提舉諸路雜造、諸路箭匠、弓匠、絃匠、下路宣課　統領羅羅斯都元帥宣慰司斷事官

從五品

詹事院司獄　同知登聞　符寶郎　諸城所副統領　宮籍監　拱衛直副都指揮使　留守司判官　統制院經歷　中尚監丞　太常寺丞　少監少府、尚醞、尚醫　使尚衣局、犀（牙象）〔象牙〕局、珍珠、修内局、祗應司、内藏　提點尚藥、尚飲、（沙）〔砂〕糖、大有、奉宸庫、修内司、利用、玉器、器備、尚醞、永盈庫、群牧所　提舉都城所、柴炭局、備用庫、市令司、大都雜造　外處提舉各處鐵局、真定弓匠、諸管匠、散府宣課　各萬户下鎮撫　行省副都鎮撫

正六品

左右侍儀副使　安西王府長史　諸路斡脱副總管　判官玉宸樂、儀鳳司提舉諸管匠千户下五百户上　同提舉少府監諸司局、漕運司、諸局匠鐵冶　監丞尚舍、尚用、尚醞、尚醫、尚牧、典瑞　少府　使修内司、器物庫、珠玉庫、大有庫、利用庫、永盈庫、柴炭庫

從六品

扎魯忽赤員外郎　左右侍儀僉事　修起居注　少府監丞　廣惠司令都功德使司經歷　副提舉御藥局、諸路官醫　副使引進、諸茶場、御衣局　同提舉御藥局、備用庫、甲匠、絃匠、資善庫、營田司、弓匠、箭匠

正七品

著作佐郎　諸屯田署令　大使（沙）〔砂〕糖局、通州甲局、柴炭局、醴源局、管匠局　詹事院庫使承革、段疋、莊嚴、珠翠　豐潤皮裘、坤珍、器皿、玩好萬成金銀等物　副使祗應司、修内司、器物司、内藏庫、左右藏庫、利用庫、資用庫、資成庫、器備庫、尚食二局、大有庫、壽武庫、異樣局、侍儀司、教坊、法物庫、異樣局、永盈庫、柴炭局

從七品

宮籍監丞　御藥院提領　衛尉院典簿　萬億監支納　都事行樞密院、統制院　副使太倉、兵馬指揮　署丞廩犧、太樂、太廟、興文、藉田、靈祝、内教坊經歷大理寺、經略司、統軍司、尚膳監、軍器監、太常寺、徽理司、中御府、秘書監、乞力吉思等處斷事官、樞密院斷事官、宣政院斷事官　總管府經歷大護國仁王寺財用總管府、諸路打捕總管府鷹房

正八品

管勾承發架閣庫扎魯忽赤、衛尉院　腹裏各路教授　廩給司令　行工部照磨覆斷官　知事尚醞監、市令　諸管匠副使詹事院五庫、承革、坤珍、萬成、大都平準行用庫、莊嚴、上都柴炭局

從八品

照磨左右部、尚牧監、司農寺、軍器監　市令司丞　府正照磨承發架閣管勾　判太醫院、教坊　知事乞力吉思等處斷事官、大理寺、儲用監、尚乘寺、三衛都元帥、徽理司、太常寺、祕書監、軍器監、經略司、中御府、統軍司、招討司　尚用監承發架閣管勾

正九品

廩給司丞　祗應司都監　管軍總管府下知事、中千户所彈壓

《元典章》卷九《吏部·官制·軍官·定奪軍官品級》　至元二十一年三月，樞密院：猴兒年二月初二日，伯顔丞相等官員奏：在前軍官每耶的、哥哥的替頭裏委付了呵，只管那舊軍有來。又爲獲功了，麽道，與了名分呵，却無他管的軍有。爲此上，交俺商量者。麽道，聖旨有來。俺與中書省官伯顔、御史臺官每衆人一同商議得：這漢兒軍官每委付了到今多時也，只交他每根底占定做官呵，無體例的一般有。麽道，鎮撫、千户之上三年爲滿交遷轉，百户以下不須遷轉。麽道，擬定來。又將元帥、招討、總管、總把這四等名兒，重的一般有，這其間裏斡端、别十八里，長河西、和林、塔塔兒歹等處，似此邊遠田地裏有底，權且依舊。其餘近裏有底，革去了呵，萬户、千户、百户這名分裏分做上、中、下三等委付呵，怎生。麽道，擬定來。後頭緊用的勾當有呵，臨差的時節對付得，或

元帥，或招討，名分裏交行了呵，無事的其間裏休交行呵，怎生。麽道，擬定來。奏呵，奉聖旨：您的言語是有。那般者。欽此。

至元二十一年二月十六日，樞密院官同中書省官、御史臺官奏准萬户、千户、百户等官員職名品級。

上中下萬户府：

上萬户府，七千軍之上。達魯花赤一員，萬户一員，副萬户一員。前件，達魯花赤、萬户俱作正三品、虎符，副萬户作從三品、虎符。

中萬户府，五千軍之上。達魯花赤一員，萬户一員，副萬户一員。前件，達魯花赤、萬户俱作從三品、虎符，副萬户作正四品、金牌。

下萬户府，三千軍之上。達魯花赤一員，萬户一員，副萬户一員。前件，達魯花赤、萬户俱作從三品、虎符，副萬户作從四品、金牌。

上中下千户所：

上千户所，七百軍之上。達魯花赤一員，千户一員，副千户一員。前件，達魯花赤、千户俱作從四品、金牌，副千户作正五品、金牌。

中千户所，五百軍之上。達魯花赤一員，千户一員，副千户一員。前件，達魯花赤、千户俱作正五品、金牌，副千户作從五品、金牌。

下千户所，三百軍之上。達魯花赤一員，千户一員，副千户一員。前件，達魯花赤、千户俱作從五品、金牌，副千户作正六品、金牌。

上下百户：

上百户，七十名軍之上。百户二員：蒙古人一員，漢兒人一員。前件，百户二員俱作從六品、銀牌。

下百户，五十名軍之上。百户一員。前件，百户一員作從七品、銀牌。

萬户府鎮撫：

上萬户府鎮撫二員：蒙古人一員，漢兒人一員。前件，鎮撫二員俱作正五品、金牌。

中萬户府鎮撫二員：蒙古人一員，漢兒人一員，前件，鎮撫二員俱作從五品、金牌。

下萬户府鎮撫二員：蒙古人一員，漢兒人一員。前件，鎮撫二員俱作正六品、銀牌。

千户所彈壓：

上千户所彈壓二員，俱作從八品。蒙古人一員，漢兒人一員。

中千户所彈壓二員，俱作從九品。蒙古人一員，漢兒人一員。

下千户所彈壓二員，俱作從九品。蒙古人一員，漢兒人一員。

首領官：

上中下萬户府：經歷一員，從七品。知事一員，從八品。提控案牘一員，受院劄。

千户所：上千户，提控案牘一員。中千户，都目一員。下千户，吏目一員。

鎮撫所：上設都目一員。中、下各設吏目一員。

百户〔上〕下，俱設軍司。

《元典章》卷一五《户部·禄廩·俸錢·俸錢按月支付》 至元二年，中書省欽奉聖旨節該：但勾當裏行的請俸的人每，一個月勾當過的公事完備，無罪過呵，後月初頭與勾當過的一月俸錢者。如是那一個月勾當的不完備，有罪過呵，赶了者。麽道，聖旨有來。奏呵，是那般有。如今只依着那體例與呵，礙甚事？麽道，聖旨了也。

又

蘄州路提控案牘劉珪於至元二十四年閏二月初三日禮任勾當，支訖當月俸鈔一十兩。户部照擬得，劉珪既於閏二月初三日禮任，合自三月爲始支俸。都省移咨湖廣行省，於劉珪名下追徵元支訖二月俸錢還官。

《元典章》卷一五《户部·禄廩·俸錢·上任罷任俸例》 至元三年十一月十二日，中書户部奉中書省劄付：諸官員上任不過初二日，罷任已過初五日，並給當月俸錢。外，據經歷、知事、吏目、典史、司吏，一體施行。

《元典章》卷一五《户部·禄廩·俸錢·假告事故俸例》 至元九年正月，中書左三部承奉中書省劄付：據户部呈：奉尚書省劄付：欽奉聖旨節文：今已後支俸呵，月盡其間交與者。應喫俸錢人一日不來，休與一兩者。半日不來，休與半兩者。這般道與了您呵，若是月初頭與了俸錢呵，您上者。您雖得這般言語呵，管軍官、管民官却休動者。欽此。照得先奉中書省劄付該，諸官員上任云云，見前例，依上月盡其間支付。外，據假告事故人員，既是官司説過，定與限次交去來，俸錢都交支與。如違限并推故不來，欽依聖旨處分事意，追罰施行。

《元典章》卷一五《户部・禄廪・俸錢・被問（致）〔改〕除俸例》

大德七年三月二十四日，江西行省准中書省咨：來咨：廣州路達魯花赤瓜禿，大德六年三月二十日得替開除，名俸合無依平章月的迷失例支付，請定奪。准此。送户部議得：官吏俸秩本以養廉，豈有内外之分。以此參詳，内外諸衙門官吏，除上任已過初二日，并但犯公罪有招停職被問者，所歷雖至月終，其俸秩依例不給外，據在任（致）〔改〕除及任滿得代官吏，如已滿初五日者，將當月俸秩，無分内外，欽依元奉聖旨，依數給付相應。都省准擬。

《元典章》卷一五《户部・禄廪・俸錢・官員患病俸例》　大德十一年六月，行臺准御史臺咨：官吏病過百日，例應作闕，支過畸零日數俸秩。若追納還官，恐非優遇臣下之宜，抑亦有傷大體。事干通例，宜令合干部分從長講究。具呈照詳。回奉中書省劄：送户部議得：諸官吏患病百日作闕，支過俸米除全月回納還官外，據支過破月俸鈔，如是已過當月初五日，亦屬今月盡月數，宜從御史臺所呈，免徵相應。都省准擬。

《元典章》卷一五《户部・禄廪・俸錢・官吏離役俸錢不支》　至元三十一年十二月二十日，江西行省：據省掾李元剛告：至元三十一年四月内，承行吉水縣羅濂翁告王仁甫不法等事，有王仁甫經廉訪司誣告取受。六月十一日，有江西廉訪司牒發分司，歸對得妄告，七月十四日，牒發回省。所有六月至十月終五個月俸鈔，未蒙支給。得此。移准中書省元貞元年閏四月二十七日省掾卜元英承行咨該：送户部照擬得，令史李元剛，至元三十一年六月至十月終五個月，即係離役對證，不曾掌管勾當月日，難議支俸。具呈照詳事。都省合行移咨，請照驗施行。

《元典章》卷一五《户部・禄廪・俸錢・枉被賕誣停職俸例》　大德十一年十一月，行臺准御史臺咨：〔來咨：〕浙東道廉訪司申：據温州路瑞安（路）〔州〕民户吴瑞状告，本州王同知下鄉體覆折收木棉，取受鈔定。已取吴瑞等誣告招伏，斷遣了當。外據同知王革亨被問俸錢，移准温州路牒呈，照得省部元擬江西省令史李元綱被誣對問，係離役不曾掌管勾當月日，難議支給。看詳：凡告官吏不公，若追究是實，自有常憲。其間或枉被賕誣，告誣明白，於己別無私罪招涉，及所犯罰贖不至解任等罪，如將曠闕月日，照依至元十年省部元擬通例，俸禄全給相應。係爲例事理，咨請照詳。准此。呈奉中書省劄付：得此。送據刑部呈，議得：凡官吏在任被人告論，辨證私罪，雖有招伏，不至解任，但離本職者，其禄不給。歸結了畢，罪不至停罷，合還職者，依上任例給付。即枉被贓誣，或爲支證，及辨證公罪者，驗曠闕月日，禄秩全給相應。所據瑞安州同知王革亨，即係枉被賕誣，其停職月日俸秩全給相應。具呈照詳。都省仰照驗施行。

《元典章》卷一五《户部・禄廪・俸錢・官吏添支俸給》　至元二十二年二月，欽奉詔條内一款：設官頒俸，本以爲民。近年諸物增價，俸禄不能養廉，以致侵漁百姓，公私俱不便益。自今内外官吏俸給，以十分爲率，添支五分。仰中書省依上施行。

又

大德三年正月，欽奉詔條内一款：張官置吏，本以爲民，小吏禄食不給，掊取爲害。其令中書省添給俸米有差。欽此。中書省議得：廉訪司轉運司書吏、通譯史俸鈔，依舊例支給，每月添米一石。奏差、典吏驗俸依例給米。總管府司吏、通譯史、下州吏目，擬支月俸中統鈔八兩、米（六）〔八〕斗。散府諸州司吏、縣典史，月俸中統鈔七兩、米七斗。諸縣、録事司、巡檢司司吏，月俸中統鈔六兩、米六斗。仰各處官吏自大德三年正月爲始，按月依例支給。

各路司（縣）〔獄〕司獄典俸米，與親民司縣司吏同同年六月都省例。

又

大德七年□月，欽奉詔條内一款：官吏俸薄，不能養廉，增給俸米。欽此云云。議得：無職田官吏俸米，除甘肅行省與和林宣慰司官吏一體擬支口糧外，其餘内外官吏俸一十兩以下人員，依大德三年添支小吏俸米例，每一兩給米一斗，十兩以上至二十五兩，每員支米一石。餘上之數，每俸一兩，與米一升，扣算給付。若官無見在，驗支俸去處時直給價。雖貴，每石不過二十貫。上都、大同、隆興、甘肅等處不係産米去處，每石合支中統鈔二十五兩。價賤者，從實開坐各各分例。移准都省咨，於大德七年五月二十八日奏過事内一件：前者爲内外勾當裏行的官吏俸錢少的上頭，俺省官、臺官并老的每一處商量了，添與俸米者麼道奏了，行（來）〔了〕聖旨有來。答剌罕丞相、大都省官人每與學士每一處商議定，奏將來，但是無職田的，請十兩以下俸錢的，依着先定來的小吏俸米例，每一兩與一斗米。十兩以上至二十五兩，與一石。這的之上，不揀請多少俸錢的，十兩加與一斗俸米呵，內外官吏一年約該二十八萬餘石米有。這般與呵，上都等處山後州城、甘州等處河西州城、并和林州城，不係出米去處，從着各處事宜，與價錢并口糧。更迤南州城，若無見在呵，與價錢的，擬將幾個分例來有。俺與完澤太傅右丞相衆人商量來，請三定以上俸錢的，不與米。三定以下俸錢的，依着大都省官人每一處定將來的與呵，怎生？取自聖裁。奏呵，奉聖旨，依着您商量來的與者。欽此。

又

至大二年□月，欽奉詔書內一款，官吏俸薄，不能養廉，以致侵漁百姓，治效不修，尚書省從長計議頒給。欽此。

又

尚書省送據户部呈，照擬到各項事理：至大二年十二月二十八日，玉德殿西耳房內有時分，昔寶赤大都丞相等奏，天下諸衙門官吏俸鈔不敷的上頭，交俺商量了添與者麽道，行了詔書來。俺衆人商量來：隨朝衙門官員并軍官每，如今見請的俸錢內減了加五，改換與至元鈔，住支俸米。外任有職田的官員，三品的每年與禄米一百石，四品的六十石，五品的五十石，六品的四十五石，七品以下的四十石，俸錢改支至元鈔，將職田拘收入官。又外任宣慰司、軍官、雜職等官俸錢，十分中減去三分，餘上七分改支至元鈔兩。隨朝衙門、行省、宣慰司的吏員俸錢，減去加(二)〔五〕。其餘鈔數與至元鈔。十兩以下，每月與俸米五斗。外任行的小吏每的俸鈔，依數改作至元鈔，俸米依舊呵，怎生？奏呵，奉聖旨：那般者。欽此。議得：在都隨朝官吏俸秩，截自至大三年正月爲始，欽依支付。所據在外行省同隨朝衙門官吏并外任俸給，擬自文字到日爲始支付。都省除外，咨請欽依施行。

《元典章》卷一五《户部·禄廩·俸錢·俸鈔改支至元拘職田支米》

至大三年三月，行省准中書省咨：至大二年十二月二十八日奏：天下諸衙門官吏俸錢不敷的上頭，交俺商量了添與者麽道，行了詔書來。俺衆人商量來：隨朝衙門官員并軍官每，如今見請俸錢內減了加伍，改換與至元鈔，住支俸米。外任有職田的官員，三品的每年與禄米一百石，四品的六十石，五品的五十石，六品的四十五石，七品以下的四十石，俸錢改支至元鈔，將職田拘收入官。又外任宣慰司、軍官、雜職等官俸錢，十分中減去三分，餘上七分改支至元鈔兩。隨朝衙門、行省、宣慰司的吏員俸鈔，減去加五，其餘鈔數與至元鈔。至元鈔一十兩以下，每月與俸米五斗。外任行的小吏每的俸鈔，依數改作至元鈔，俸米依舊與呵，怎生？奏呵，奉聖旨：那般者。欽此。議得：在都隨朝官吏俸秩，截自至大三年正月爲始，欽依支付。所據在外行省同隨朝衙門官吏并外任俸給，擬自文字到日爲始支付。都省咨請欽依施行。

《元典章》卷一五《户部·禄廩·俸錢·俸鈔改支至元》 皇慶二年五月，江西行省准中書省咨該：皇慶二年二月二十七日奏過事內一件：內外勾當裏行的三定俸錢以下官吏人等，無公田的，完者秃皇帝時分與禄米來。在後，尚書省官人每奏了，將外任職官每的公田拘收了，驗着品級與俸米，俸錢改支至元鈔。宣慰司、軍官、雜職等官俸錢減了，改支至元鈔來。皇帝登寶位時分，外任職官公田、俸鈔並復舊制者麽道，行了詔書來。除有職田官員俸錢並依舊制，其餘宣慰司、外任無職田軍官、雜職、司縣小吏人等，合支俸給禄米不均有麽道，各處行省咨禀將來有。俺商量來：外任官員但有公田的，並依舊制支給。合得職田官員，若全無職田的，改支至元鈔。宣慰司、軍官、雜職并諸司吏員人等，自文字到日，依先例改支至元鈔數。小吏合得禄米，只依曰例交支呵，怎生？奏呵，那般者。麽道，聖旨了也。欽此。都省咨請欽依施行。

《元典章》卷一五《户部·禄廩·俸錢·副達魯花赤俸禄》 延祐四年二月，行省准中書省咨：〔來咨：〕據秃見迷先海牙告：係添設副達魯花赤，不見定給俸錢、公田，乞詳狀事。得此。送據户部呈，照得至元三十一年十一月初三日奏准，官員職田依舊例標撥。欽此。欽依外，腹裏官員每中統鈔五兩，公田一頃。江南減半。本部議擬到腹裏、行省路府、州并所轄中下縣、録事司添設副達魯花赤俸鈔公田，開呈照詳。都省開咨，請欽依施行。本部比例議擬到下項添設官員公田、俸鈔。

路、府、州同知并上縣丞減去，設副達魯花赤一員。前件，議得：前項路、府、州并上縣副達魯花赤，既以減去同知、縣丞，各官俸秩、公田，擬合比依減去官員公田、俸例，一體支付相應。

中縣并録事司，添設副達魯花赤一員。前件，議得：上項添設副達魯花赤合得俸禄，擬合比依主簿、録判，一體支付相應。

下縣添設〔副〕達魯花赤一員。前件，議得：上項添設副達魯花赤公田、俸鈔，擬合比依簿尉，一體支付相應。

《元典章》卷一五《户部・禄廪・俸錢・軍官俸米》 大德八年四月，江浙行省劄付該：爲各奕軍官俸米，行據鎮守真定萬户府申，據本府鎮撫張琇等呈，亦爲此事。如已後都省不准，情願將已支過米糧抵數還官。仰行下各處，如准管軍官闕文，驗各官實支俸鈔，自大德八年三月爲始放支俸米，取各官明白收管，年終通行照算。奉此。劄付各路，依上施行去訖。今奉省劄：六月初五日准中書省咨：送户部呈：參詳，江浙行省各奕軍官吏等，不見於内有無就准軍身，又無開到各各奕分花名。合咨本省照勘明白，議擬相應。咨請依上施行。准此。施行間，又准中書省咨：議得：江南諸奕軍官司吏，於内多有就准軍身，即與管民官吏殊別。據例支俸米，除就准軍身官吏別無定奪，其餘見任軍官，照驗所支俸鈔，自呈准月日，依例帮支，年終通行照算。咨請依上施行。准此。省府除外，仰照驗，依上行下合屬，行移本處萬户府照勘就准軍身官吏支過米糧，依數追徵還官。外據見任軍官，自大德八年六月爲始依例帮支，仍將三月至今已支訖俸米，於下月合支數内捎除施行。

《元典章》卷一五《户部・禄廪・俸錢・雜職官俸米》 大德十一年九月，江浙行省：照得近爲住支雜職官禄米，移准中書省咨該：〔來咨：〕本省所轄蒙古教授、醫學教授、平准行用等庫，俱係遷轉人員，合得禄米依例支給。准此。除蒙古學生、醫學教授另行外，據庫官禄米，送户部議得：各處平准行用庫、直隸行省懷致庫、廣濟庫，如無職田，不曾於各枝兒應當怯薛、別名色支請口糧，自承准月日爲始，驗俸支付相應。都省咨請依上施行。

《元典章》卷一五《户部・禄廪・職田・官員標撥職田》 至元四年二月，中書左三部：承奉中書省劄付，近將隨路府州司縣官員斟酌定到俸鈔，外據職田，合依舊例標撥。奏奉聖旨：准。欽此。省府今比附舊例，約量定到各路府州司縣官員職田頃畝，除斷没地、營盤草地外，仰於本處係官并户絶地、及冒占荒閑地内依數標撥，召募培牛院客種佃，依鄉原例分收。於内若有荒地，於近上〔有牛力民〕户内斟酌時暫，借倩牛力，限二年内逐旋耕墾作熟，依上召客種佃。已後各官相沿交割，取明白公文，申部類攢呈省，無致因而多餘開要違錯。奉此。省部仰依所奉中書省劄付内處分事理施行。纔候標撥到各各頃畝條段、卓望四至，備細照依連去體式，造册二本申部。路府州縣官員職田頃畝見前。

《元典章》卷一五《户部・禄廪・職田・犯罪罷職公田不給》 元貞元年八月□日，行御史臺：江南湖北道廉訪司申：湖北湖南等處轉運司運使孛羅，自至元二十九年六月爲始，因事停俸聽候，却令在職辦課勾當，至元三十年六月纔方罷職。種過三十年公田，占谷二百五十三石五斗五石八合二勺，已作闕官子粒還官，合無給付事。得此。照得先據本道申，漢陽府達魯花赤囊家歹因事被問，停職月日似難支俸。據本官三十年職田下種子粒三百石，省府盡數給付了當，未審合無追徵事。參詳，得替并身故官員職田，皆以下種收租，已有定例。外據有罪解任并被問停職，當年不曾還職、不應支俸者，其職田雖拋下種，合無收租。爲係通例，移准御史臺咨，具呈中書省照詳。外據孛羅係犯贓斷罷人數，在先停俸在職辦課，本年職田合無收租，亦係爲例事理。以此移准御史臺咨：呈奉中書省劄付：送户部，議得：諸官員犯罪罷職，元請公田雖已下種，其子粒似難給付，擬合没官。外，停職被問，辨證得或被誣枉，或所犯不該解任，如本年還職，所種子粒合行給付。如經隔年，亦合没官。都省照得，即係元貞元年五月初八日已前事理，除已移咨湖廣行省依例施行外，仰照驗施行。承此。咨請照驗。准此。亦已行下本道照驗。今准御史臺咨，照得先准咨文，漢陽府達魯花赤囊家歹，亦爲被問，停職月日不應支俸，職田下種合無收租。呈奉中書省劄付：送户部，議得：諸官員犯罪罷職，元請公田雖已下種，其子粒似難給付，擬合没官。已咨貴臺依上施行。今准前因，合行回咨，請照驗施行。

又

中書省定到體例：各道提刑按察司、隨路府州司縣官，合得標撥無違礙地土，召募佃客種蒔，驗年歲豐歉依例分收。無得椿配人户，科徵違錯。至元二十一年五月御史臺照行例。

又

都省議得：各處官員職田子粒，合依鄉原例分收，無得椿配。若遇災傷，依例除免。大德六年二月都省例。

又

中書省咨，爲各路添設推官并各州同知等官合得職田，送户部照擬得：擬合先儘係官荒閑無違礙地内摽撥。如是不敷，於鄰近州郡積荒地内貼撥。若無荒地，照勘曾經廉訪司體覆過無違礙户絶地内撥付。大德七年都省例。

《元典章》卷一五《户部・禄廪・職田・職田驗俸月分收》 皇慶二年二月，行省准中書省咨：御史臺呈：皇慶元年四月十七日，本臺官奏過事内一件，外任廉訪司官、路府州縣官的職田，腹裏路分施工布種的要來。江南的，芒種以前下種的分收有來。近年以來，新（田）舊官遇着種田的時月交代了呵，争競職田的多有。更有下種之後禮任的，直到下年十月，前後年半，方得職田有。勾當一年的却得二年職田，勾當二年的只得一年職田，不均匀有。天下官員俸錢，勾當過一月呵，與一月俸。今後遇着新（田）舊官交代的時分，他每應得秋夏職田子粒，隨着各該支俸的月分扣算分收呵，均匀的一般。奏呵，那般者。麽道，聖旨了也。欽此。具呈照詳。得此。送據户部呈，議得：官員職田舊例，腹裏施工布種，江南芒種已前分收。交代之際，災傷事故，番耕改種，争訟者多端。如准御史臺奏奉聖旨事意，各驗俸月分收相應。具呈照詳。都省咨請欽依施行。

《元典章》卷一五《户部・禄廪・職田・職田佃户子粒》 皇慶二年六月，江西廉訪司奉江南行臺劄付該：據監察御史呈：伏謂天下之廣，黎元之衆，居總要者，政不親民。惟風憲之司、牧民之官，職當任重，是以月奉之外，復加之以公田養廉者，務在政重民安也。天禄不可以虚其賜，天民不可以重其擾。切照各處廉訪司、有司官職田雖有定例，地土肥瘠有無不仝，主佃分收多寡不等。或有全缺不敷去處，官挾其勢，民畏其威，無田虚包者有之，逃亡閉納者有之，影避差徭原輸者有之，掊斂加要輕賫者有之。人有貧乏，時有旱澇，官税、私租俱有減免之則例，獨職田子粒，不論豐歉，多是全徵，豈親民之任哉？理合遍行禁止，違者究治黜降。今後各官合得職田，若有不敷全缺去處，驗其遠近，依例於荒閑係官田地内約量標撥，毋致騷擾於民，誠爲兩便。乞照詳。得此。憲臺相度：標撥公田已有定例，非法取要者，理合禁止究問。仰依上施行。

《元典章新集至治條例・户部・禄廪・職田・官員職田依鄉原例分收》 至治二年抄到。江西省延祐二年三月□日准中書省咨：户部呈：奉中書省判送：本部元呈：奉省判：御史臺呈：據葉宗禮告：係江西道袁州路萬載縣人户，告爲職田事。得此。照得中書左三部奉中書省劄付：近將隨路州府司縣官員勘酌定到俸鈔，外據職田，合依舊例標撥。奏奉聖旨：准。欽此。省府今比附舊例，約量定到各路府州司縣官員職田頃畝，除斷没地、營盤草地外，仰於本處係官并户絶地及冒占荒閑地内，依數標撥，召募培牛院客種佃，依鄉原例分收。於内若有荒地，於近上有牛力民户内，勘酌時暫，借倩牛力，限二年内逐旋耕墾作熟，依上召人種佃。已後各官相沿交割，取明白公文申部，仰照驗，行下各路總管府依上施行。才候撥定各各頃畝條段、卓望四至，備細造册申部，類攢呈省，毋致因而多餘開要違錯。奉此。省部合下，仰照驗，速爲照依前項所奉中書省劄付處分事理施行。才候撥定，照依連去體式，備細造册一本申部，毋致因而多餘開要違錯。今據見告，本臺看詳：外任官員職田，元行既許召募佃客，依鄉原例分收。今葉宗禮見告袁州路官却行多勒鈔，事屬不應。宜從都省移咨行省，行下合屬，依例分收，嚴加禁止。今後不許似前椿配，多勒鈔定，庶免百姓生受。具呈照詳。批奉都堂鈞旨：送户部，照擬連呈。奉此。照得葉宗禮所告：袁州路官員職田，至元十四年起（微）〔徵〕税糧之時，亡宋俱有文簿，將屯田、營田、職田一體科徵，及以鄉原斛斗較量，每米一石准官斛四斗，每官田一畝比附鄉原舊額增損，登答科徵。鄉原六斗，准收官斛二斗四升，比之民田每畝三升，尤慮太重。得蒙從優，每畝徵納糙米二斗二升。至元二十三年標撥職田，赴各官私衙送納子粒稱是，佃户每畝勒要白米六斗，比之官收子粒多要訖三斗八升，每斗又加斗面米三升五合、鼠耗米三升五合，仍復堆垛斗面高量，一畝納一石之上。至元三十一年，蒙上司將職田照依官租項下登答作數，每畝二斗，外加耗米，出給田帖付各户，赴官倉送納。元貞元年，各官視爲己業，申覆上司，復回職田，赴各官衙内交納，每畝依前勒要納米六斗，連斗面、鼠耗米，共折鈔三十六兩。本部議得：合依御史臺所擬，

嚴加禁止，不許似前椿配，多勒鈔定，庶免百姓生受。據外任官員職田，
擬合照依鄉原舊例，改正分收。今後毋得似前椿配人户，多餘取要。宜從
都省劄付御史臺，及咨江西行省，依上施行相應。具呈照詳。批奉都堂鈞
旨：送户部再行商擬連呈。奉此，照得葉宗禮告狀内所指羅安定等節次
赴省、臺呈告袁州路官員職田，爲此，行據省架閣庫呈，連到文卷一宗
該：羅安定狀告：江西袁州路萬載縣人氏。於至元二十四年，蒙上司將
民間〔職佃所田〕〔所佃職田〕分撥各官衙，每一畝勒要送納上等白米六
斗。各官令梯己提控、總領人等，將闊面軍斗高量加倍，仍要水脚稻藁等
錢，不容分訴。使民不獲已，而變賣家産了納。其司縣逐年預先差祗候人
等，除要鷄酒外，要勾追鈔兩，多者十兩，少者五兩，以致所佃職田民户
多有逃亡，及親鄰、主首、社長人等，官司勒要閉納，以致下民流散，抛
下田土無人耕種。官司全不體察，下民枉受虐害，俱各不得相安矣。緣民
户所佃職田，係亡宋不堪耕種田土。比及歸附以來，所納米石加增數倍，
爲此生受。有一般佃職田民户楊天祐等，已經累告行省，不蒙明降。乞詳
狀事。都省照得近據御史臺呈：監察御史條陳事内一件，隨路按察司并
管民官員合得公田，常例自行召募佃客，所收子粒，照依體例分張，或自
行種佃。在後各處官司往往不依舊例，却將公田椿配百姓自願每年驗頃
畝，比之常例多行取索租課，虧損下民，搔擾不安。今後莫若革去此弊，
深爲便益。送户部：照得各路官員公田，擬合照依舊例，召募有牛之家
作佃客耕種，依鄉原例分收子粒，毋得椿配百姓。已於至元二十八年五月
二十七日遍行各省，依上施行去訖。今據見告，毋令百姓包納，搔擾違
錯，十二月二十三日移咨江西行省，依已行事理施行去訖。今奉前因，本
部議得：葉宗禮所告袁州路官員職田不依舊例收租，每畝勒要米六斗，
又行加量斗面，及折收鈔兩，事屬不應。以此參詳：合依御史臺所擬，
今後照依鄉原舊例改正分收，不許似前椿配，多餘取要，庶免百姓生受。
宜從都省移咨江西行省，嚴行禁止相應。得此。咨請依上施行。

《元典章新集至治條例·户部·禄廩·俸鈔·官吏罰俸定例》 至治
二年抄到。江南行臺延祐五年九月□日准御史臺咨：奉中書省劄付：江
浙省咨：福建宣慰司呈：近奉江浙行省劄付該：准都省咨：刑部呈：
河間路申：巡檢劉國安關，魏宣道被劫，三限不獲賊徒，當職罰訖兩月
贖罪俸錢中統鈔貳定。照得各處有公田巡尉人員，罰俸一月，止罰中統鈔
十兩。當職全無公田，改支至元鈔數，罰俸一月，該中統鈔五十兩，實爲
偏負。看詳：各處巡尉人員有公田者，月支中統鈔一十兩，據巡檢人員
合罰俸鈔，擬合照依有公田官員罰月俸中統鈔，巡檢一十兩，縣尉一十二
兩。然此未有定例，乞照詳事。得此。參詳：諸衙門官吏有職田者，月
支中統鈔兩。因無職田禄米，改支至元鈔數。較之職米價錢與月俸争多數
倍。其罪輕應罰俸錢中間，有公田人員止罰中統鈔數，無職田官吏却罰至
元鈔兩，事涉偏負。若依巡尉人員一體追罰，事干通例。送刑部議得：
内外有司官吏有公田者依舊支請中統俸鈔，無者關支至元鈔兩。所犯公罪
輕重不同。今後除應的决者依例斷遣，其餘輕罪臨時斟酌，以中統爲則罰
俸相應。具呈照詳。都省准擬，仰依上施行。

《至元雜令·軍官館穀》 皇帝聖旨裏中書户部承奉中書省札付，先
據樞密院呈爲總管四萬户札剌申，有河南府并州縣官司明出文榜，將出軍
萬户千户百户軍馬經過處舊例合得祗應，一體不行應副，委實生受。爲
此，照得先有都元帥阿术爲萬户千户百户軍馬出征，除請訖米糧入界食用
外，比及到邊界迴程至奥魯，合用羊酒飲食等物，傳奉聖旨經過處索唤
者，休多索要。剩下的都與者。若不與時，寫將名字來者。欽此。札付樞
密院擬定申呈去來，回呈斟酌定阿术魯元帥等及萬户千户與下次勾當人，
如是出征往迴聚會宿頓經過去處，每日羊酒等物，還營住支事，省府除依
准擬到阿剌罕萬户、懷都萬户及千户百户人等分例，并牌子頭散行軍人依
例支行糧外，議得也速〔歹〕兒元帥擬合於阿术元帥照依定去分例，一
體支請。除外合下仰照驗省劄内事理，依上施行。

阿术都元帥、也速歹兒都元帥：

宿頓處

羊一口重四十五斤　酒四十升　麪二十五斤

米四斗　酪二百文　鹽柴等鈔三百文

經過處解渴

酒二十升　做粥米二斗　鹽柴等鈔三百文

〔阿〕剌罕萬户、懷都萬户、萬户府每府頭目官員：

宿頓處

羊一口重三十斤　酒三十斤　麪二十斤
米三斗　酪一百文　鹽柴等鈔二百文
經過處解渴
酒一十升　粥米一斗五升　鹽柴等鈔二百文
千户
宿頓處
羊半口重十五斤　酒十五升　麪一十五斤
米一十五升　酪五十文　鹽柴等鈔一百文
經過處解渴
酒十斤　粥米一斗　鹽柴鈔一百文
百户
宿頓處
羊肉五斤　鹽柴鈔一百文
麪五斤　米五升
經過處解渴
酒五升　粥米五升

牌子頭散行軍人依例支給請行糧。

《通制條格》卷六《選舉·俸月》　至元十七年二月，尚書省近爲內外諸衙門保到有出身令史、譯史、通事、知印、宣使、奏差人等，吏部依例關會行移户部照勘請俸月日，爲各處俸册未到，多不完備，阻礙遷除，議得：應有到選此等人員，如各衙門文字保勘實歷請俸月日明白者，再取各人別無詐冒，重甘執結，已後俸册到來，查勘得却有爭差，情願罷職，永不敘用。取訖如此文狀，依例遷用。

《通制條格》卷一三《禄令·俸禄職田》　至元八年八月，中書省户部呈：照得舊例，職官上任不過初二日，罷任已過初五日，並給當月俸。後官已到前官差出者，其禄兩支。都省准呈。

至元十八年七月，中書省御史臺呈：六月二十三日，本臺官玉速帖木兒大夫行宫裏奏，按察司裏勾當的人每，都是别個城子裏遠田地裏遷轉將來的人每有，壹年家與俸錢呵，生受的一般。俺的勾當叁個月家刷卷審囚行有，若是叁個月了呵，與俸錢呵，怎生？奏呵，奉聖旨節該：有探借了一年的俸錢，推病家裏卧地去了那般的人，休與俸錢者，道來。索甚叁個月，則壹個月了呵，便與者。欽此。七月初三日，阿里尚書、張外郎於玉速帖木兒大夫處禀得回説：俺爲按察司俸錢上奏呵，欽奉聖旨裏，傳聖旨去來，但勾當裏行的請俸錢的人每，一個月勾當的公事勾當的完備無罪過呵，後月初頭與勾當過的一個月俸錢者。如是那壹個月勾當的不完備有罪過呵，趕了者。麽道聖旨有來。奏呵，是那般有來。如今只依着那體例與呵，礙甚事。麽道聖旨了也。欽此。

元貞三年三月，中書省照得：各處行省所轄管軍萬户府等衙門首領官，除遷轉經歷、知事已有俸例外，提控案牘、都吏目俱係軍身就充司吏，轉充前職，雖另有人丁應役，終是不離本翼，即與萬户府司吏例同，若依其餘官吏一體定俸，實是虧官。都省議得：提控案牘、都吏目人等，但係軍身不離本翼者，不須支付。如有此等人員見請俸給，截日住支。

大德七年三月，中書省户部呈：議得官吏俸秩，本以養廉。今後內外諸衙門官吏，除上任已過初二日並但犯公罪有招停職被問者，所歷雖至月終，其俸秩依例不給外，據在任改除及任滿得代官吏，如已過初五日者，將當月俸秩，無分內外，依例給付。都省准呈。

至大二年十二月，尚書省奏節該：隨朝衙門官吏並軍官每，如今見請的俸錢內減了加伍，改换與至元鈔，住支俸米。外任宣慰司軍官、雜職等官俸錢，十分中減去三分，餘上柒分改支至元鈔兩。隨朝衙門、行省、宣慰司的吏員俸鈔減去加五，其餘鈔數與至元鈔，一拾兩以下每月與俸米伍斗。外任行的小吏每月俸鈔，依數改作至元鈔，俸米依舊與呵，怎生？奉聖旨：那般者。

至大四年三月，欽奉詔書內一款：外任職官公田俸鈔，並復舊制，毋得樁配貧民，影占富户，違者，從監察御史、肅政廉訪司糾劾。

至大四年十二月，中書省户部呈：刑部尚書謝少中前任本部尚書，至大四年二月初三日在部署事，當日奏准充前職，初四日早刑部禮任，别無虚曠月日，合得二月俸給。擬合照依前刑部侍郎李朝列至大二年五月初四日改遷中書省左司郎中支俸，支給相應。都省准呈。

皇慶二年二月二十七日，中書省奏：內外勾當裏行的叁定俸錢已下官吏人等，無公田的，完澤篤皇帝時分教與禄米來。在後尚書省官人每奏了，將外任職官每的公田拘收了，驗着品級與禄米，俸錢改支至元鈔，宣慰司軍官、雜職等官俸錢減了改支至元鈔來。皇帝登寳位時分，外任職官公田俸鈔並復舊制，其餘宣慰司外任無職田軍官、雜職、司縣小吏人等，合支俸給禄米不均有。麼道，各處行省咨禀將來有。俺商量來，外任官員但有公田底，並依舊制支給。合得職田官員，若全無職田的，改支至元鈔。宣慰司軍官、雜職並諸司吏員人等，自文字到日，依先例放支至元鈔數。小吏合得禄米，只依舊例支呵，怎生？奏呵，那般者。麼道聖旨了也。欽此。

至元二十年六月，中書省奏漢陽田地裏底管城子官人每根底，與了俸錢，又與公田，江南管城子官人每根底，不曾與來。俺商量來，那裏的田地水澆好田地有，斟酌少與呵，怎生？又轉運司官人每根底也依着管民官體例與田地。奉聖旨：那般者。

至元二十一年五月，中書省准各省咨及御史臺呈：官員職田，江淮閩廣地土不同，合依中原遷轉官每俸鈔五貫給公田一頃。都省議得：比及通行定奪以來，比附腹裏官員職田體例，於無違礙係官荒閑地内減半撥付。

各路

上路

官

達魯花赤捌頃　總管捌頃　同知肆頃　治中三頃　府判貳頃半

首領官

經歷貳頃　知事壹頃　提控案牘壹頃

下路

官

達魯花赤柒頃　總管柒頃　同知叁頃半　府判貳頃半

首領官

經歷貳頃　知事壹頃　提控案牘壹頃

散府

官

達魯花赤六頃　知府陸頃　同知叁頃　府判貳頃

首領官

提控案牘壹頃

上州

官

達魯花赤五頃　知州五頃　同知貳頃半　州判貳頃

首領官

提控案牘壹頃

中州

官

達魯花赤肆頃　知州四頃　同知貳頃　州判壹頃半　都目半頃

下州

達魯花赤叁頃　知州叁頃　同知貳頃　州判壹頃半

上縣

達魯花赤貳頃　縣尹貳頃　縣丞壹頃半　主簿壹頃　縣尉壹頃

中縣

達魯花赤貳頃　縣尹貳頃　主簿壹頃　縣尉壹頃

録事司

達魯花赤壹頃半　録事壹頃半　録判壹頃　司獄壹頃　巡檢壹頃

各道按察司

官

按察使捌頃　副使肆頃　簽使叁頃

首領官

經歷貳頃　知事壹頃

各處運司

官

運使捌頃　同知四頃　運副叁頃　運判貳頃半

首領官

經歷貳頃　知事壹頃　提控案牘壹頃

鹽司

鹽使貳頃　鹽副貳頃　鹽判壹頃

各場管勾

正管勾壹頃　同管勾壹頃

至元二十一年五月，御史臺體訪得：各路、府、州、司、縣以至提刑按察司官元撥職田，不依例召客佃種分收，督勒附近百姓認種，無問年歲豐歉，徵收本色粟草，銷用不盡者，折收價鈔，及有不曾標撥者，驗合該頃畝扣算粟草數目，依散所管州縣，敷歛百姓送納，搔擾違錯。擬合照依中書省定到合得職田，標撥無違礙地土，召募佃客種蒔，驗年豐歉，依例分收，無致椿配人户，科徵違錯。

大德七年正月，中書省户部呈：各路添設推官並各州同知等官合收職田，擬合先儘係官荒閑無違礙地内標撥。如是不敷，於鄰近州郡積荒地内帖撥。若無荒地，照勘曾經廉訪司體覆過無違礙户絶地内撥付。都省准呈。

大德六年二月，中書省河南行省咨：前荊門知州馬芮呈，職官公田不問被災，並要人户送納子粒，實是不忍，擬合依税糧例除免。都省議得：各處官員職田子粒，合依鄉原例分收，毋得椿配，若遇災傷，依例免除。

延祐二年七月十八日，中書省奏：江南湖廣道奉使温的罕等俺根底與將文書來有，姓陳的人俺根底告有，在先按察司時分佃種職田呵，每壹拾畝納叁石穀有來，在後改立廉訪司時分，每壹拾畝添作陸石來，如今本道按攤不花監司添做拾分取要有，麽道告有。在先爲官員職田的上頭，教依鄉原例分收者，若遇災傷呵，依例除免者，麽道行了文書來。只依那例交行。又行轉與生利錢本，喂養豬隻等勾當有，其餘道分也有。似此的勾當也者，合遍行禁止有。如遇災傷呵，依例合除免有。麽道與將文書來有。依着他每説將來的交行呵，怎生？奏將來有。奏呵，那般者。麽道聖旨了也。欽此。

至元二十年十月，中書户部照得：外任遷轉官員各有擬定公田頃畝數目，却有曠闕未補官員，歇下所獲子粒，擬合照勘，從實拘收入官，開坐各各頃畝所獲子粒稽程備細數目，官吏保結申部。

皇慶元年四月，御史臺奏：外任廉訪司官、路、府、州、縣官的職田，腹裏路分施工布種的要來，江南的芒種已前下種的時分收有來。近年以來新舊官遇的種田的時月交代了呵，爭競職田的多有。更有下種之後禮任的，直到下年十月前後年半方得職田有。勾當壹年的却得貳年職田，勾當貳年的只得壹年職田，不均勾有。天下官員俸錢，勾當過壹月呵，與壹月俸。今後遇着新舊官交代的時分，他每應得的秋夏職田子粒，隨着各該支俸的月分扣算分收呵，均勾的一般有。奏呵，那般者。麽道聖旨了也。欽此。

至元十年正月，中書省户部呈：與兵刑部一同講議得，被問官吏但離本職，其禄停給，纔候歸對了畢，除枉被贓誣或爲指證於己無招涉私罪及辨證公罪者，驗曠闕月日禄秩全給。若所犯私罪解任勒停者，雖是在任不曾離職，合驗被問月日爲始不給俸禄，其餘所犯罰贖量決不至勒停等罪、不曾離職者，合行放支。都省准呈。

至元八年五月，尚書省、中書省、御史臺一同議得：假告事故官員，既是官司説過教去，俸錢都交支與，元定限次如是違了，依例罰者。

至元二十九年十二月，中書省都護府呈：大都護孛羅歹差往西邊出征，就彼身故，借支過俸鈔，無可折納。都省議得：孛羅歹征進遠方，殁於王事，已支俸給，不須追還。

《通制條格》卷一三《禄令·尅除俸禄》 至元七年九月，尚書省御史臺呈：各路官員，國家頒俸養廉，欲盡革除宿弊，一新政令，期於民安俗清而已。今各路總管府不深惟朝廷求治之意，將官吏俸禄擅自尅減。且遷轉官員客居任所，其百色所費止仰月俸，横遭尅減，必致失所。若不革去此弊，使廉者無以自守，貪者因而爲奸，小民必被侵漁，政治無由而成。以此言之，深爲未便。擬合遍行嚴切禁治。都省准呈。

至元三十一年七月，御史臺奏過事内一件：近年以來，裏頭、外頭不揀那個大小衙門裏做筵席呵，官人令史俸錢裏尅除出麽道。推着他每俸錢，却於官錢裏借要了的也有，祗應裏要了底也有，他每俸錢裏出底也有。爲那上頭，養活不得，無怕懼、無羞恥罪過裏入去的多有。如今中書省、樞密院不揀那個衙門官人每筵席呵，自己裏氣力裏做筵席者，他每管着的已下衙門官吏俸錢根底不交尅除要呵，怎生？麽道，監察每這般説有。俺商量來，監察每言語是有。更但凡尋道子求仕的人每並所屬官吏每與筵席底，交禁治呵，怎生？麽道。奏呵，那般者。省官人每根底説與者。麽道聖旨了也。欽此。

元貞元年三月，御史臺奏：外頭行省官、宣慰司官人每拜見來呵，於他每所管的官吏俸錢齊斂來有。他每來這裏做人情，那路、府、州、縣官吏生受有。從今已後拜見上來的官人每，管着的官吏俸錢，休教科斂，行文書呵，怎生？麽道。奏呵，哏是有。那般者。從今已後似這般科斂底，要罪過者。麽道聖旨了也。欽此。

《通制條格》卷一三《禄令·作闕住俸》 至元八年六月，尚書省户部呈：在任官員患病，經百日外，住俸作闕。自住俸日爲始，限十貳個月聽仕。都省准呈。

（元）唐惟明《憲臺通紀續集·添行臺官禄米》 至正元年正月初一日，欽奉詔書内一款節該：行省、行臺、宣尉司等官，既無職田，何以養贍？除俸錢外，每月量給禄米。一品者拾石，二品者捌石，三品者陸石，四品、五品者肆石，六品以下貳石。於所在官糧内支給。無糧去處，每石折中統鈔貳拾伍貫。

（元）劉孟琛《南臺備要·行御史臺官吏品秩》 御史大夫一員，從二品，月俸中統鈔貳百捌貫叁錢叁分。御史中丞二員，從三品，月俸員中統鈔壹百陸拾陸貫叁分。侍御史二員，正五品，月俸員中統鈔柒拾柒貫陸錢叁分。治書侍御史二員，從六品。月俸員中統鈔伍拾伍貫。都事二員，從七品，月俸員中統鈔肆拾貫。架閣庫管勾一員，月俸中統鈔貳拾伍貫。承發司管勾一員，月俸中統鈔貳拾伍貫。令史十人，月俸人中統鈔叁拾貫。譯史二人，月俸人中統鈔貳拾伍貫。通事二人，月俸人中統鈔叁拾貫。知印二人，月俸人中統鈔叁拾貫。宣使十人，月俸人中統鈔貳拾貫。典吏三人，月俸人中統鈔壹拾貳貫。庫子一人，月俸中統鈔捌貫。察院監察御史十員，秩七品，月俸員中統鈔伍拾貫。察院書吏十人，月俸人中統鈔壹拾貳貫。

（元）劉孟琛《南臺備要·行御史臺官吏禄米》 大德七年六月，准御史臺咨：承奉中書省劄付，大德七年五月二十八日，奏過事内一件，前者，爲内外勾當裏行的官吏俸錢少的上頭，俺省官、臺官并老的每一處商量了，添與俸米者麽道奏了，行了聖旨來，答剌罕丞相、大都省官人每與學士每一處商議定奏將來：但是無職田的，請十兩以下俸錢的，依著先定來的小吏俸米例，每一兩與一斗米，十兩以上至二十五兩與一石，這的之上，不揀請多少俸錢的，十兩加與一斗俸米呵，内外官吏一年約該二十八萬餘石米有。這般與呵，上都等處山後州城、甘州等處河西州城并和林不係出米去處，從着各處事宜與價錢并口糧，更迤南州城，若無見在米呵，與價錢的擬將幾個分例米有。俺與完澤太傅右丞相衆人商量來：請三錠以上俸錢的不與米，三錠以下俸錢的，依着大都省官人每與學士每一處定將來的與呵，怎生？取自聖裁。奏呵，奉聖旨：依着您商量來的與者。欽此。咨請欽依施行。准此。除本臺御史大夫、御史中丞月支俸鈔俱係三錠以上，欽依不支俸米，外據其餘官吏合支禄米，擬自大德七年七月爲始放支者。奉此。侍御史二員，每員月支禄米一石八斗七升六合。治書侍御史二員，每員月支禄米一石五斗。經歷一員，月支禄米一石三斗五升。都事二員，每員月支禄米一石一斗五升。照磨一員，月支禄米一石。管勾二員，每員月支禄米一石。令史一十三名，每名月支禄米一石五升。蒙古必闍赤三名，每名月支禄米一石五升。通事二名，每名月支禄米一石五升。知印二名，每名月支禄米一石五升。宣使十名，每名月支禄米一石。臺醫二名，每名月支禄米一石。典吏五名，每名月支禄米一石。庫子三名，每名月支禄米八斗。察院監察御史二十八員，每員月支禄米一石二斗五升。察院書吏二十八名，每名月支禄米一石。

（元）劉孟琛《南臺備要·行御史臺官吏俸給》 至大三年二月初七日，准御史臺咨該：奉尚書省劄付：欽奉詔書内一款節該：官吏禄薄，不能養廉，以致侵漁百姓，治效不修。尚書省從長計議頒給。欽此。送户部照擬到各項事理，至大二年十二月二十八日奏，天下諸衙門官吏俸錢不敷的上頭，交俺商量了添與者，麽道行了詔書來。俺衆人商量來：隨朝衙門官員并軍官每，如今見請的俸錢内減了加五，改換與至元鈔，住支俸米。外任有職田的官員，三品的每年與禄米一百石，四品的六十石，五品的五十石，六品的四十五石，七品以下的四十石，俸錢改支至元鈔，將職田拘收入官，又外任宣慰司軍官、雜職等官，俸錢十分中減去三分，餘上七分，改支至元鈔兩。隨朝衙門、行省、宣慰司的吏員，俸鈔減去加五，其餘鈔數與至元鈔，至元鈔十兩以下，每月與俸米五斗，外任行的小吏每的俸鈔，依數改作至元鈔，俸米依舊與呵，怎生？奏呵，奉聖旨：那般者。欽此。議得：在都隨朝官吏俸秩，截自至大三年正月爲始，欽依支付。所據在外行省同隨朝衙門官員并外任俸給，擬自文字到日爲始支付。

都省除外，仰照驗欽依施行。承此。咨請欽依施行。除欽遵外，議得：在都隨朝衙門俸給，在前增添加五，今次減去元添之數，改與至元鈔兩，住支俸米。所據在外行省、行臺官吏俸給，在前不增加五，添支未審，合無一體創減加五。及有本臺合設醫人二名，每名月支俸錢中統鈔一十八兩，亦合依例支付至元鈔兩。誠恐差池，移咨御史臺照詳去訖。今照勘到本臺并察院官吏，至大三年二月，分舊有新收，開除實在員數，覆蒙憲臺議得本臺官吏人等俸給。比及咨准御史臺回降以來，擬自文字到日，二月爲始，權且減去加五扣算，其餘鈔數改支至元鈔兩，送照無差，劄付建康路依例放支施行者。奉此。

御史大夫一員，元例月支俸錢中統鈔四錠八兩三錢三分。今俸鈔減去加五，該除中統鈔一錠一十九兩四錢四分四厘，其餘鈔二錠三十八兩八錢八分六厘，改支至元鈔兩。

御史中丞二員，每員元例月支俸錢中統鈔三錠一十六兩三分。今俸鈔減去加五，該除中統鈔一錠五兩三錢四分四厘，其餘鈔二錠一十兩六錢八分六厘，改支至元鈔兩。

侍御史二員，每員元例月支俸錢中統鈔二錠一十二兩六錢，米一石八斗七升六合。今俸鈔減去加五，該除中統鈔三十七兩五錢三分四厘，其餘鈔一錠二十五兩六分六厘，改支至元鈔兩，住支俸米。

治書侍御史二員，每員元例月支俸錢中統鈔一錠二十五兩，米一石五斗。今俸鈔減去加五，該除中統鈔二十五兩，其餘鈔一錠，改支至元鈔兩，住支俸米。

經歷一員，元例月支俸錢中統鈔一錠一十兩，米一石三斗五升。今俸鈔減去加五，該除中統鈔二十兩，其餘鈔四十兩，改支至元鈔兩，住支俸米。

都事二員，每員元例月支俸錢中統鈔四十兩，米一石一斗五升。今俸鈔減去加五，該除中統鈔一十三兩三錢三分四厘，其餘鈔二十六兩六錢六分六厘，改支至元鈔兩，住支俸米。

照磨一員，元例月支俸錢中統鈔二十五兩，米一石。今俸鈔減去加五，該除中統鈔八兩三錢三分四厘，其餘鈔一十六兩六錢六分六厘，改支至元鈔兩，住支俸米。

管勾二員，每員元例月支俸錢中統鈔三十五兩，米一石。今俸鈔減去加五，該除中統鈔八兩三錢三分四厘，其餘鈔一十六兩六錢六分六厘，改支至元鈔兩，住支俸米。

令史一十三名，每名元例月支俸錢中統鈔三十兩，米一石五升。今俸鈔減去加五，該除中統鈔一十兩，其餘鈔二十兩，改支至元鈔兩，住支俸米。

蒙古必闍赤三名，每名元例月支俸錢中統鈔三十兩，米一石五升。今俸鈔減去加五，該除中統鈔一十兩，其餘鈔二十兩，改支至元鈔兩，住支俸米。

通事二名，每名元例月支俸錢中統鈔三十兩，米一石五升。今俸鈔減去加五，該除中統鈔一十兩，其餘鈔二十兩，改支至元鈔兩，住支俸米。

知印二名，每名元例月支俸錢中統鈔三十兩，米一石五升。今俸鈔減去加五，該除中統鈔一十兩，其餘鈔二十兩，改支至元鈔兩，住支俸米。

宣使八名，每名元例月支俸錢中統鈔二十兩，米一石。今俸鈔減去加五，該除中統鈔六兩六錢六分七厘，其餘鈔一十三兩三錢三分三厘，改支至元鈔兩，住支俸米。

臺醫二名，每名元例月支俸錢中統鈔一十八兩。今俸鈔減去加五，該除中統鈔六兩，其餘鈔一十二兩，改支至元鈔兩。

典吏四名，每名元例月支俸錢中統鈔一十二兩，米一石。今俸鈔減去加五，該除中統鈔四兩，其餘鈔八兩，改支至元鈔兩，即係十兩以下，每月俸米五斗。

庫子三名，每名元例月支俸錢中統鈔八兩，米八斗。今俸鈔減去加五，該除中統鈔二兩六錢六分七厘，其餘鈔五兩三錢三分三厘，改支至元鈔兩，即係十兩以下，每月俸米五斗。

察院監察御史二十八員，每員元例月支俸錢中統鈔一錠，米一石二斗五升。今俸鈔減去加五，該除中統鈔一十六兩六錢六分七厘，其餘鈔三十三兩三錢三分三厘，改支至元鈔兩，住支俸米。

察院書吏二十八名，每名元例月支俸錢中統鈔一十二兩，米一石。今俸鈔減去加五，該除中統鈔四兩，其餘鈔八兩，改支至元鈔兩，即係十兩以下，每月俸米五斗。

至大三年五月，准御史臺咨，爲本臺官吏俸給事，除已具呈尚書省照詳外，咨請欽詳元奉聖旨事意施行，准此。

（元）劉孟琛《南臺備要・行御史臺官俸給》 皇慶二年三月初九日，准御史臺咨呈：奉中書省劄付，至大四年十月二十九日李平章特奉聖旨：御史臺俸錢依宣徽院的體例與者。他每推辭呵，恁每也與者。麽道聖旨了也。欽此。本臺官員俸給，已蒙比依宣徽院官俸給，逐月幫支，各處行省官員俸秩，亦與都省官俸例相同，本臺官員既已欽依聖旨比例放支，外據江南、陝西行臺衙門，元係二品，今亦改陞從一，所據月俸，宜與內臺一體添給相應。具呈照詳。得此。送據户部呈，移准吏部關：大德十一年九月初九日，月赤察兒怯薛第二日，別不花平章奏：前者，皇太子御史臺與樞密院一般教從一品呵，怎生？麽道奏呵，明日題者。麽道聖旨有來。他每根底添與名分氣力呵，行勾當裏也行的好，他每也謹慎體察。麽道奏呵，是有，與了從一品，宣他每根底，疾早鑄與印者。麽道，外頭兩個臺裏的印拘收了呵，怎生？麽道奏呵，那般者。麽道聖旨了也。欽此。禮部關：大德十一年九月，鑄造陝西、江南行臺從一品印二顆。今奉前因，本部議得：內臺、行臺品級雖同，却緣元定俸例不一，以此參詳，行臺官見請俸鈔，擬合照依內臺官所添分數添給。自都省許准咨文到日，放支相應。具呈照詳。得此。都省除外，仰照驗依上施行。承此。咨請照驗依上施行。准此。行臺官新舊俸例：舊支俸例：中統鈔，御史大夫，月俸四錠八兩三錢三分。御史中丞，月俸三錠一十六兩三錢。侍御史，月俸二錠一十二兩六錢。治書侍御史，月俸一錠二十五兩。至元鈔，御史大夫，月俸二錠三十八兩八錢八分。御史中丞，月俸二錠一十兩六錢八分。侍御史，月俸一錠二十五兩六錢。治書侍御史，月俸一錠。今次比依內臺添支俸例，擬到行臺官合支俸給：御史大夫，月俸至元鈔三錠五兩。御史中丞，月俸至元鈔二錠四十四兩。侍御史，月俸至元鈔二錠二十五兩。治書侍御史，月俸至元鈔二錠一十八兩。

（元）劉孟琛《南臺備要・出使官員俸給》 至正十一年二月二十四日，准御史臺咨：承奉中書省劄付，户部呈奉省判本部呈：嘗謂臣子有行役之勞，國家有優崇之典。或扈從上京，或出使遠方，此行役之勞，亦臣子當爲之事。然預借以俸，則行李有從容之樂，室家無反顧之憂，其優崇亦可謂至也。竊照本部職司金谷，出納惟謹。緣近年以來在京各衙門被差人員，無問地里遠近，事務輕重，概以出使爲由輒使預借俸鈔。合得禄米，於本衙門通俸內逐月放支，其餘各衙門不許預借。如此，則行役足得以優游，而錢糧不至於泛濫。如蒙准呈，宜從都省照會各衙門，劄付本部就行依上施行。具呈照詳。得此。覆奉都堂鈞旨，連送户部，再行照擬呈省。奉此。本部再行議得：今後各衙門年例預借上都俸禄，依例全擬支付。其或出使邊遠重事并嶺北、甘肅、雲南者，止許預借俸鈔，禄米於本衙門通俸內逐月放支，其餘各衙門不許預借。如此則行役足得以優游，而錢糧不至於泛濫。合依已擬，如蒙准呈，宜從都省移咨各省，照會樞密院，劄付御史臺，本部就行依上施行。具呈照詳。得此。除外，都省合下仰照驗，就行依上施行。承此。咨請依上施行。

（元）劉孟琛《南臺備要・均禄秩》 至正十一年三月十二日，准御史臺咨：承奉中書省劄付，至正十年十一月十八日欽奉詔書內一款節該：肅政廉訪司職專糾劾，責任尤重，歲頒禄秩，理宜從優。今後，各道廉訪使歲給中統鈔陸佰錠，廣東、廣西、雲南、海北，俱係邊遠重地，比與腹裏、江南不同，其廉訪使歲給鈔捌佰錠。上路達魯花赤、總管，每歲各給鈔肆佰捌拾錠。下路達魯花赤、總管，各給鈔肆佰貳拾錠。都水庸田使、江西茶運使，河間、山東、河東、兩淮、兩浙、福建鹽運使，與上路同。四川茶鹽運使，與下路同。其餘四品以下官員，驗其品級，歲給鈔錠，具有等差。欽此。至正十年十一月二十二日，也可怯薛第二日，延春閣後寢殿裏有時分，速古兒赤哈麻、云都赤朵兒赤、殿中那海、給事中塔海帖木兒等有來，脱脱太傅右丞相、定住平章、搠思監平章、韓鏞參政、帖理帖木兒參議、（悮）〔悟〕良哈台參議、杜秉彝參議、烏古孫良禎參議、邊公佐郎中、鎖住員外郎、李稷員外郎、伯帖木兒都事、田復都事、武祺都事、蒙古必闍赤也先不花等奏：雲南省所轄路、府、州、縣等官所，無撥到職田，見請俸錢，已是倍支，再難添給。合（後）〔無〕並依舊例，預爲申索鈔錠，須要按月支付，庶使官獲養廉，上付聖天子一視同仁之意。麽道奏呵，奉聖旨：那般者。欽此。除欽遵外，都省議得上項官員禄秩，擬自至正十一年正月爲始，於各處諸名項錢內按月驗數支給，如是不敷，預爲申索。外據元支俸錢，隨即開除。仍將四品以下官員合得禄秩開坐前去，合下仰〔照〕驗，就行欽依施行。承此。咨請照驗，欽依施行。一、各道廉訪副使歲給鈔肆佰錠，僉事叁佰錠，經歷貳佰錠，知事壹佰伍拾錠，照磨壹佰錠。其廣東、廣西、海北、雲南四道副使歲給鈔伍佰錠，僉事肆佰錠，經歷叁佰錠，知事貳佰錠，照磨壹佰伍拾錠。一、上路，同知歲給鈔貳佰肆拾錠，治中壹佰捌拾錠，府判壹佰伍拾錠，推官壹佰貳拾錠，經歷壹佰貳拾錠，知事玖拾錠，案牘陸拾錠。一、下路，同知歲給鈔貳佰壹拾錠，府判、推官、經歷、知事、案牘與上路同。一、散府，達魯花赤、知府歲給鈔叁佰陸拾錠，同知壹佰捌拾錠，府判壹佰貳拾錠，推官、知事、案牘與下路同。一、上州，達魯花赤、知州歲給鈔叁佰錠，同知壹佰伍拾錠，州判壹佰貳拾錠，知事、案牘與散府同。一、中州，達魯花赤、知州歲給鈔貳佰肆拾錠，同知壹佰貳拾錠，州判玖拾錠，都目叁拾錠。一、下州，達魯花赤、知州歲給鈔壹佰捌拾錠，同知、州判與中州同。一、上中下縣，達魯花赤、縣尹歲給鈔壹佰貳拾錠，縣丞玖拾錠，主簿陸拾錠，縣尉陸拾錠。一、録事司，達魯花赤、録事各給鈔玖拾錠，録判陸拾錠。一、各處巡檢、獄丞、司獄，歲給寶鈔陸拾錠。一、江西茶運司、都水庸田使司，河間、山東、河東、兩淮、兩浙、福建鹽運司，與上路同。四川茶鹽運司，與下路同。

（元）王士點《秘書監志》卷一《職制・陞正三品》 大德九年七月十三日，中書省奏：秘書監官人每俺根底與文書：俺的衙門自至元九年設立，定作從三品來。其餘監分即漸陞了有，麽道指例説有。俺商量來：掌管禁書自前立來的，不比其餘衙門有。他每言語是的一般。依著别個監分體例，陞正三品呵，怎生？奏呵。奉聖旨：那般者。欽此。行使正三品銀印，劄付禮部鑄造。首領官知事改陞典簿。都省欽依照驗。

大德十年二月二十二日中書省奏：秘書監、中尚監、都水監等衙門裏行的人每依例遞陞，并添散官等四十九員，於內受宣命三十九員，受勅牒一十員，委付呵，怎生？奏呵。奉聖旨：委付者。秘書監正三品，少監從四品，監丞從五品，典簿從七品。

《元史》卷九六《食貨志・俸秩》 官必有禄，所以養廉也。元初未置禄秩，世祖即位之初，首命給之。內而朝臣百司，外而路府州縣，微而府史胥徒，莫不有禄。大德中，以外有司有職田，於是無職田者，復益之以俸米。其所以養官吏者，不亦厚乎。

禄秩之制，凡朝廷職官，中統元年定之；六部官，二年定之；隨路州縣官，是年十月定之。至元六年，又分上中下縣，爲三等。提刑按察司官吏，六年定之。自經歷以下，七年復增之。轉運司官及諸匠官，七年定之。其運司依民官例，於差發內支給。至十七年，定奪俸禄，凡內外官吏皆住支。十八年，更命公事畢而無罪者給之，公事未畢而有罪者逐之。二十二年，重定百官俸，始於各品分上中下三例，視職事爲差，事大者依上例，事小者依中例。二十三年，又命內外官吏俸以十分爲率，添支五分。二十九年，定各處儒學教授俸，與蒙古、醫學同。

成宗大德三年，詔益小吏俸米。六年，又定各處行省、宣慰司、致用院、宣撫司、茶鹽運司、鐵冶都提舉司、淘金總管府、銀場提舉司等官循行俸例。七年，始加給內外官吏俸米。凡俸一十兩以下人員，依小吏例，每（十）〔一〕兩給米一斗。十兩以上至二十五兩，每員給米一石。餘上之數，每俸一兩給米一升。無米，則驗其時直給價，雖貴每石不過二十兩。上都、大同、隆興、甘肅等處，素非產米之地，每石權給中統鈔二十五兩，俸三錠以上者不給。至大二年，詔隨朝官員及軍官等俸改給至元鈔，而罷其俸米。延祐七年，又命隨朝官吏俸以十分爲率，給米三分。

凡諸官員上任者不過初二日，罷任者已過初五日，給當月俸。各路官擅割官吏俸者罪之。諸職官病假百日之外，及因病求醫、親老告侍者，不給禄。後官已至，而前官被差者，其俸兩給之。隨朝官吏每月給俸，如告假事故，當官立限者全給，違限託故者追罰。軍官差出者許借俸，歿於王事者借俸免徵。各投下保充路府州縣等官，其俸與王官等。

職田之制，路府州縣官至元三年定之，按察司官十四年定之，江南行省及諸司官二十一年定之，其數減腹裏之半。至武宗至大二年，外官有職田者，三品給禄米一百石，四品給六十石，五品五十石，六品四十五石，七品以下四十石；俸鈔改支至元鈔，其田拘收入官。四年，又詔公田及俸皆復舊制。延祐三年，外官無職田者，量給粟麥。凡交代官芒種已前去任者，其租後官收之，已後去任者前官分收。後又以爭競者多，俾各驗其俸月以爲多寡。

其大略如此。今取其制之可考者，具列于後。

至元二十二年百官俸例，各品分上中下三等：

從一品：六錠，五錠。

正二品：四錠二十五兩，四錠一十五兩。

從二品：四錠，三錠三十五兩，三錠二十五兩。

正三品：三錠二十五兩，三錠一十五兩，三錠。

從三品：三錠，二錠三十五兩，二錠二十五兩。

正四品：二錠二十五兩，二錠一十五兩，二錠。

從四品：二錠，一錠四十五兩，一錠四十兩。

正五品：一錠四十兩，一錠三十兩。

從五品：一錠三十兩，一錠二十兩。

正六品：一錠二十兩，一錠一十五兩。

從六品：一錠一十五兩，一錠一十兩。

正七品：一錠一十兩，一錠五兩。

從七品：一錠五兩，一錠。

正八品：一錠，四十五兩。

從八品：四十五兩，四十兩。

正九品：四十兩，三十五兩。

從九品：三十五兩。

內外官俸數：

太師府：太師，俸一百四十貫，米一十五石。諮議、參軍，俸四十五貫，米四石五斗。長史，俸三十四貫六錢六分，米三石。太傅、太保府同。監修國史、參軍、長史同。

中書省：右丞相，俸一百四十貫，米一十五石；左丞相同。平章政事，俸一百二十八貫六錢六分六釐，米一十二石。右丞，俸一百一十八貫六錢六分六釐，米一十二石；左丞同。參知政事，俸九十五貫三錢三分三釐，米九石五斗。參議，俸五十九貫，米六石。郎中，俸四十二貫，米四石五斗。員外郎，俸三十四貫六錢六分六釐，米三石。都事，俸二十八貫，米三石。承發管勾，俸二十五貫三錢三分三釐，米二石；照磨、省架閣庫管勾、回回架閣庫管勾並同。檢校官，俸二十八貫，米三石五斗。斷事官，內一十八員俸各八十二貫六錢六分六釐，米八石五斗；一十四員俸各五十九貫三錢三分三釐，米六石；一員俸五十四貫六錢六分六釐，米五石五斗；一員俸四十貫六錢六分六釐，米四石。經歷，俸二十三貫六錢六分六釐，米二石五斗。知事，俸二十二貫，米二石。客省使，俸三十九貫三錢三分三釐，米三石五斗；副使，俸二十八貫，米三石。直省舍人，俸三十四貫六錢六分六釐，米三石。六部尚書，俸七十八貫，米八石。侍郎，俸五十三貫三錢三分三釐，米五石。郎中，俸三十四貫六錢六分六釐，米三石。員外郎，俸二十八貫，米三石。主事，俸二十六貫六錢六分六釐，米二石五斗。户部司計，俸二十八貫，米三石。工部司程，俸一十八貫，米二石五斗。刑部獄丞，俸一十一貫，米一石。司籍提領，俸一十二貫六錢六分六釐，米一石。同提領，俸一十一貫三錢〔三分〕三釐，米五斗。

樞密院：知院，俸一百二十九貫三錢三分三釐，米一十三石五斗。同知，俸一百六貫，米一十一石。副樞，俸九十五貫三錢三分三釐，米九石五斗。僉院，俸九十貫一錢八分六釐，米九石五斗。同僉，俸五十九貫三錢三分三釐，米六石。院判，俸四十二貫，米四石五斗。參議，俸三十九貫三錢三分三釐，米三石五斗。經歷，俸三十四貫六錢六分六釐，米三石。都事，俸二十八貫，米二石。照磨，俸二十二貫，米二石；管勾同。斷事官，俸五十九貫三錢三分三釐，米六石。經歷，俸二十五貫三錢三分三釐，米二石。知事，俸二十貫六錢六分六釐，米一石五斗。客省使，俸三十一貫三錢三分三釐，米三石；副使俸二十二貫，米二石。右衛都指揮使，俸七十貫，米七石五斗。副都指揮使，俸五十九貫三錢三分三釐，米六石。僉事，俸四十八貫六錢六分六釐，米四石五斗。經歷，俸二十五貫三錢三分三釐，米二石。知事，俸二十貫六錢六分六釐，米一石五斗。照磨，俸一十八貫六錢六分六釐，米一石五斗。鎮撫，俸二十貫六錢六分六釐，米一石五斗。行軍官：千户，俸二十五貫三錢三分三釐，米二石。副千户，俸二十貫六錢六分六釐，米一石五斗。百户，俸一十七貫三錢三分三釐，米一石五斗。彈壓，俸一十二貫六錢六分六釐，米一石。知事，俸一十一貫三錢三分三釐，米一石。弩軍官：千户，俸二十貫六錢六分六釐，米一石五斗。百户，俸一十二貫六錢六分六釐，米一石。彈壓，俸一十一貫三錢三分三釐，米五斗。都目，俸一十貫，米五斗。屯田千户所同弩軍官例。左衛、前衛、後衛、中衛、武衛、左阿速衛、右阿速衛、左都威衛、右都威衛、左欽察衛、右欽察衛、左衛率府、宗仁衛、西域司、唐兀司、貴赤司並同右衛例。忠翊侍衛都指揮使，俸一百貫。副使，俸八十三貫三錢三分三釐。僉事，俸六十六貫六錢六分六釐。經歷，俸三十三貫三錢三分三釐。知事，俸二十六貫六錢六分六釐。照磨，俸二十四貫六錢六分六釐。行軍官：千户，俸三十三貫三錢三分三釐。副千户，俸二十六貫六錢六分六釐。百户，俸二十三貫三錢三分三釐。彈壓，俸一十六貫六錢六分六釐。知事，俸一十五貫三錢三分三釐。弩軍官：千户，俸二十六貫六錢六分六釐。百户，俸一十六貫六錢六分六釐。彈壓，俸一十三貫三錢三分三釐。右手屯田千户所：千户，俸二十六貫六錢六分六釐。百户，俸一十六貫六錢六分六釐。左手屯田千户所同。隆鎮衛、右翊蒙古侍衛並同忠翊侍衛例。

御史臺：御史大夫，俸一百一十八貫六錢六分，米一十二石。中丞，俸一百六貫，米一十一石。侍御史，俸九十六貫三錢五分，米九石五斗。治書侍御史，俸九十貫一錢八分，米九石五斗。經歷，俸三十四貫六錢六分，米三石。都事，俸二十八貫，米三石。殿中，俸四十八貫六錢六分，米四石五斗。知班，俸一十四貫，米一石五斗。監察御史，俸二十八貫，米三石。

奎章閣學士院：大學士，俸一百一貫三錢三分三釐，米一十石五斗。侍書學士，俸九十五貫三錢三分三釐，米九石五斗。承制學士，俸七十八貫，米八石。供奉學士，俸五十九貫三錢三分三釐，米六石。參書，俸三十四貫三錢三分三釐，米三石。典籤，俸二十八貫，米三石。鑑書博士，俸四十一貫，米四石五斗。授經郎，俸二十八貫，米三石。

太禧宗禋院：院使，俸一百一十八貫六錢六分六釐，米一十二石。同知，俸一百貫，米一十石。副使，俸九十五貫三錢三分三釐，米九石五斗。僉院，俸九十貫一錢八分，米九石。同僉，俸五十九貫三錢三分三釐，米六石。院判，俸四十二貫，米四石五斗。參議，俸三十九貫三錢三分三釐，米三石五斗。經歷，俸三十四貫六錢六分六釐，米三石。都事，俸二十八貫，米三石。照磨，俸二十二貫，米二石；管勾同。斷事官，俸五十九貫三錢三分，米六石。經歷，俸二十五貫三錢三分，米二石。知事，俸二十貫六錢六分，米一石五斗。客省使，俸三十一貫三錢三分，米三石。副使，俸二十二貫，米二石。

宣政院：院使，俸一百一十八貫六錢六分，米一十二石。同知，俸一百六貫，米一十一石。副使，俸九十五貫三錢三分，米九石五斗。僉院，俸九十貫一錢八分，米九石五斗。同僉，俸五十九貫三錢三分，米六石。院判，俸四十二貫，米四石五斗。參議，俸三十九貫三錢三分，米三石五斗。經歷，俸三十四貫六錢六分，米三石五斗。都事，俸二十八貫，米二石。照磨，俸二十二貫，米二石；管勾同。斷事官、客省使並同太禧宗禋院例。宣徽院同。

翰林國史院：承旨，俸一百一十八貫六錢六分，米一十二石。學士，俸一百六貫，米一十一石。侍讀學士，俸九十五貫三錢三分，米九石五斗；侍講學士同。直學士，俸五十九貫三錢三分三釐，米六石。經歷，俸三十四貫六錢六分六釐，米三石。都事，俸二十八貫，米三石。待制，俸三十九貫三錢三分三釐，米三石五斗。修撰，俸二十八貫，米三石。應奉，俸二十五貫三錢三分三釐，米二石。編修，俸二十二貫，米二石；檢閲同。典籍，俸二十貫六錢六分六釐，米一石五斗。翰林院、集賢院大學士同承旨，餘並同上例。

中政院：院使，俸一百一貫三錢三分三釐，米一十石五斗。同知，俸八十二貫六錢六分六釐，米八石五斗。僉院，俸七十貫，米七石五斗。同僉，俸五十九貫三錢三分三釐，米六石。院判，俸四十三貫，米四石五斗。司議，俸三十四貫六錢六分六釐，米三石。長史，俸二十八貫，米三石。照磨，俸二十二貫，米二石；管勾同。太醫院、典瑞院、將作院、太史院、儲政院並同。

太常禮儀院：院使，俸八十二貫六錢六分，米八石五斗。同知，俸七十二貫，米七石五斗。僉院，俸四十八貫六錢六分六釐，米四石五斗。同僉，俸四十二貫，米四石五斗。院判，俸三十七貫三錢三分三釐，米四石。經歷，俸二十八貫，米三石。都事，俸二十五貫三錢三分，米二石。照磨，俸二十二貫，米二石。太祝，俸二十貫六錢六分，米一石五斗；奉禮、協律同。

通政院：院使，俸八十二貫六錢六分六釐，米八石五斗。同知，俸七十貫，米七石五斗。副使，俸五十九貫三錢三分三釐，米六石。僉院，俸四十八貫六錢六分六釐，米四石五斗。同僉，俸四十四貫，米四石五斗。院判，俸三十九貫三錢三分三釐，米三石五斗。經歷，俸三十四貫六錢六分六釐，米三石。都事，俸二十六貫六錢六分六釐，米二石五斗。照磨，俸二十二貫，米二石。

大宗正府：也可扎魯忽赤，內一員俸一百一十八貫六錢六分六釐，米一十二石；二十七員俸八十二貫六錢六分六釐，米八石；五員俸六十七貫三錢三分三釐，米六石五斗。郎中，俸三十六貫，米三石五斗。員外郎，俸三十一貫三錢三分三釐，米三石。都事，俸二十六貫六錢六分六釐，米二石五斗。照磨，俸二十二貫，米二石；管勾同。

大司農司：大司農，俸一百一十八貫六錢六分，米一十二石。大司農卿，俸一百三貫，米一十一石。大司農少卿，俸九十五貫三錢三分，米九石五斗。大司農丞，俸九十貫一錢八分，米九石五斗。經歷，俸三十四貫六錢六分，米三石。都事，俸二十八貫，米三石。照磨，俸二十二貫，米二石；管勾同。

內史府：內史，俸一百四十三貫三錢三分。中尉，俸一百一十六貫六錢六分六釐。司馬，俸八十三貫三錢三分三釐。諮議，俸四十六貫六錢六分六釐。記室，俸四十貫。照磨，俸三十貫。

大都留守司：留守，俸一百一貫三錢三分，米一十石五斗。同知，俸八十二貫六錢六分，米八石五斗。副留守，俸五十九貫三錢三分三釐，米六石。留判，俸四十二貫，米四石五斗。經歷，俸三十四貫六錢六分六釐，米三石。都事，俸二十八貫，米三石。照磨，俸二十二貫，米二石。

都護府：大都護，俸八十二貫六錢六分六釐，米八石五斗。同知，俸七十二貫，米七石五斗。副都護，俸五十九貫三錢三分三釐，米六石。經歷，俸二十八貫，米三石。都事，俸二十六貫六錢六分六釐，米二石五斗。照磨，俸二十二貫，米二石。

崇福司：司使，俸八十二貫六錢六分六釐，米八石。同知，俸七十貫，米七石五斗。副使，俸五十九貫三錢三分，米六石。司丞，俸三十九貫三錢三分，米三石五斗。經歷，俸二十八貫，米三石。都事，俸二十六貫六分六釐，米二石五斗。照磨，俸二十二貫，米二石。

給事中，俸五十三貫三錢三分三釐，米五石。左右侍儀奉御，俸四十八貫六錢六分六釐，米四石五斗。

武備寺：卿，俸七十貫，米七石五斗。同判，俸五十九貫三錢三分三釐，米六石。少卿，俸四十二貫，米四石五斗。寺丞，俸三十九貫三錢三分三釐，米三石五斗。經歷，俸二十五貫三錢三分三釐，米二石。知事，俸二十四貫，米二石。照磨，俸二十二貫，米二石。

太僕寺：卿，俸七十貫，米七石五斗。少卿，俸四十二貫，米四石五斗。寺丞，俸三十九貫三錢三分，米三石五斗。經歷，俸二十五貫三錢三分三釐，米二石。知事，俸二十二貫，米二石。照磨，俸二十貫六錢六分，米一石五斗。光祿、長慶、長新、長秋、承徽、長寧、尚乘、長信等寺並同。

尚舍寺：太監，俸四十八貫六錢六分，米四石。少監，俸三十九貫三錢三分，米三石五斗。監丞，俸三十一貫三錢三分，米二石。知事，俸二十二貫，米二石。

侍儀司：侍儀使，俸七十貫，米七石五斗。引進使，俸四十八貫六錢六分，米四石五斗。典簿，俸二十五貫三錢三分，米二石。承奉班都知，俸二十六貫六錢六分，米二石五斗。通事舍人，俸二十五貫三錢三分，米二石。侍儀舍人，俸一十七貫三錢三分，米一石五斗。

拱衛司：都指揮使，俸七十貫，米七石五斗。副都指揮使，俸五十九貫三錢三分三釐，米六石。僉事，俸四十八貫六錢六分六釐，米四石五斗。經歷，俸二十五貫三錢三分三釐，米二石。知事，俸二十貫六錢六分六釐，米一石五斗。

內宰司：內宰，俸七十貫，米七石五斗。司丞，俸四十五貫，米四石五斗。典簿，俸二十五貫三錢三分，米二石。照磨，俸二十貫六錢六分，米一石五斗。翊正司同。

延慶司：延慶使，俸一百貫。同知，俸六十三貫三錢三分三釐。副使，俸四十六貫六錢六分六釐。司丞，俸三十四貫六錢六分六釐，米三石。典簿，俸二十五貫三錢三分三釐，米二石。照磨，俸二十貫六錢六分六釐，米一石五斗。

內正司：司卿，俸七十貫，米七石五斗。少卿，俸四十七貫，米四石五斗。司丞，俸三十九貫三錢三分三釐，米三石五斗。典簿，俸二十五貫三錢三分三釐，米二石。照磨，俸二十貫六錢六分，米一石五斗。中瑞司同。

京畿運司：運使，俸五十六貫，米六石。同知，俸三十九貫三錢三分，米三石五斗。運副，俸三十四貫六錢六分，米三石。運判，俸二十六貫六錢六分，米二石五斗。經歷，俸二十貫六錢六分，米一石五斗。知事，俸一十四貫，米一石五斗。提控案牘，俸一十四貫六錢六分，米一石。

太府監：卿，俸七十貫，米七石五斗。太監，俸五十九貫三錢三分，米六石。少監，俸四十二貫，米四石五斗。監丞，俸三十九貫三錢三分，米三石五斗。經歷，俸二十五貫三錢三分，米二石。知事，俸二十四貫，米二石。照磨，俸二十二貫，米二石。祕書、章佩、利用、中尚、度支等監並同。

國子監：祭酒，俸五十九貫三錢三分，米六石。司業，俸三十九貫三錢三分，米三石五斗。監丞，俸三十貫三錢三分，米三石。典簿，俸一十五貫三錢三分，米二石。博士，俸二十六貫六錢六分，米二石五斗；太常博士、回回國子博士同。助教，俸二十二貫，米二石；教授同。學錄，俸一十一貫三錢三分，米五斗。蒙古國子監同。

經正監：卿，俸七十貫，米七石五斗。太監，俸五十貫，米五石。少監，俸四十二貫，米四石五斗。監丞，俸三十四貫六錢六分六釐，米三石。經歷，俸二十五貫三錢三分三釐，米二石。知事，俸二十二貫，米二石。

闌遺監：太監，俸四十八貫六錢六分，米四石。少監，俸三十九貫三錢三分三釐，米三石。監丞，俸三十一貫三錢三分，米三石。知事，俸二十二貫，米二石。提控案牘，俸二十貫六錢六分，米一石五斗。

司天監：提點，俸五十九貫三錢三分，米六石。司天監，俸五十三貫三錢三分，米五石。監丞，俸三十一貫三錢三分，米三石。知事，俸二十貫六錢六分六釐，米一石五斗。教授，俸一十貫六錢六分，米一石；管勾同。司辰，俸八貫六錢六分，米五斗；學正、押宿並同。回回司天監：少監，俸四十二貫，米四石五斗；餘同上。

都水監：都水卿，俸五十三貫，米六石。少監，俸三十九貫三錢三分，米三石五斗。監丞，俸三十貫，米三石。經歷，俸二十五貫三錢三分，米二石。知事，俸二十二貫，米二石。

大都路達魯花赤，俸一百三十貫；總管同。副達魯花赤，一百二十貫。同知八十貫；治中同。判官，五十五貫。推官，五十貫。經歷，四十貫。知事，三十貫。提控案牘，二十五貫；照磨同。並中統鈔。

行省：左丞相，俸二百貫。平章政事，一百六十六貫六錢六分六釐；右丞、左丞同。參知政行省：左丞相，俸二百貫。平章政事，一百六十六貫六錢六分六釐；右丞、左丞同。參知政事，一百三十三貫三錢三分三釐。郎中，四十六貫六錢六分六釐。員外郎，三十貫。都事，二十六貫六錢六分六釐；檢校同。管勾，二十三貫三錢三分三釐。理問所：理問，俸四十六貫六錢六分六釐。副理問，俸三十貫。知事，俸一十六貫六錢六分六釐；提控案牘同。

宣慰司：腹裏宣慰使，俸中統鈔五百八十貫三錢三分。同知，五百貫。副使，四百一十六貫六錢六分。經歷，四百貫。都事，一百八十三貫三錢三分。照磨，一百五十貫。行省宣慰使，俸至元鈔八十七貫五錢。同知，四十九貫。副使，四十二貫。經歷，二十八貫。都事，二十四貫。照磨，一十七貫五錢。

廉訪司：廉訪使，俸中統鈔八十貫。副使，四十五貫。僉事，三十貫。經歷，二十貫。知事，一十五貫。照磨，一十二貫。

鹽運司：腹裏運使，俸一百二十貫。同知，五十貫。副使，三十五貫。判官，三十貫。經歷，二十貫。知事，一十五貫。照磨，一十三貫。行省運使，八十貫。同知，五十貫。運副，四十貫。判官，三十貫。經歷，二十五貫。知事，一十七貫。提控案牘，一十五貫。

上路達魯花赤，俸八十貫；總管同。同知，四十貫。治中，三十貫。判官，二十貫。推官，一十九貫。經歷，一十七貫。知事，一十二貫。提控案牘，一十貫。下路達魯花赤，俸七十貫；總管同。同知，三十五貫。判官，二十貫。推官，一十九貫。經歷，一十七貫。知事，一十二貫。提控案牘，一十貫。

散府達魯花赤，俸六十貫；知府同。同知，三十貫。判官，一十八貫；推官同。知事，一十二貫。提控案牘，一十貫。

上州達魯花赤，俸五十貫；州尹同。同知，二十五貫。判官，一十八貫。知事，一十二貫。提控案牘，一十貫。中州達魯花赤，俸四十貫；知州同。同知，二十貫。判官，一十五貫。提控案牘，一十貫。都目，八貫。下州達魯花赤，俸三十貫；知州同。同知，一十八貫。判官，一十三貫。吏目，四十貫。

上縣達魯花赤，俸二十貫；縣尹同。縣丞，一十五貫。主簿，一十三貫。縣尉，一十二貫。典史，三十五貫。巡檢，一十貫。中縣達魯花赤，俸一十八貫；縣尹同。主簿，一十三貫。縣尉，一十二貫。典史，三十五貫。下縣達魯花赤，俸一十七貫；縣尹同。主簿，一十二貫；縣尉同。典史，三十五貫。

諸署、諸局、諸庫等官及掾吏之屬，其目甚多，不可勝書。然其俸數之多寡，亦皆以品級之高下爲則。觀者可以類推，故略而不録。

職田數：

至元三年，定隨路府州縣官員職田：上路達魯花赤一十六頃，總管同。同知八頃。治中六頃。府判五頃。下路達魯花赤一十四頃，總管同。同知七頃。府判五頃。散府達魯花赤一十〔二〕頃，知府同。同知六頃。府判四頃。上州達魯花赤一十頃，州尹同。同知五頃。州判四頃。中州達魯花赤八頃，知州同。同知四頃。州判三頃。下州達魯花赤六頃，知州同。州判三頃。警巡院達魯花赤五頃，警使同。警副四頃。警判三頃。録事司達魯花赤三頃，録事同。録判二頃。縣達魯花赤四頃，縣尹同。縣丞三頃。主簿二頃，縣尉、主簿兼尉並同。經歷四頃。

至元十四年，定按察司職田：各道按察使一十六頃。副使八頃。僉事六頃。

至元二十一年，定江南行省及諸司職田比腹裏減半。上路達魯花赤八頃，總管同。同知四頃。治中三頃。府判二頃五十畝。下路達魯花赤七頃，總管同。同知三頃五十畝。府判二頃五十畝。經歷二頃。知事一頃，提控案牘同。散府達魯花赤六頃，知府同。同知三頃。府判二頃。提控案牘一頃。上州達魯花赤五頃，知州同。同知二頃，州判同。提控案牘一頃。中州達魯花赤四頃，知州同。同知二頃。州判一頃五十畝。都目五十畝。下州達魯花赤三頃，知州同。同知二頃。州判一頃五十畝。上縣達魯花赤二頃，縣尹同。縣丞一頃五十畝。主簿一頃，縣尉同。中縣同上。無縣丞。下縣達魯花赤一頃五十畝，縣尹同。主簿兼尉一頃。録事司達魯花赤一頃五十畝，録事同。録判一頃。司獄一頃，巡檢同。

按察司使八頃。副使四頃。僉事三頃。經歷二頃。知事一頃。運司官：運使八頃。同知四頃。運副三頃，運判同。經歷二頃。知事二頃，提控案牘同。鹽司官：鹽使二頃。鹽副二頃。鹽判一頃。各場正、同、管勾各一頃。

（清）嵇璜等《續通典》卷二三《職官・歷代官制要略・禄秩》 元世祖至元二十三年，定百官奉例，各品又分差等。從一品有六定、五定之差。正二品有四定二十五兩、四定一十五兩之差。從二品分三等，四定及三定三十五兩、三定二十五兩。正三品分三等，三定二十五兩、三定一十五兩及三定。從三品分三等，三定及二定三十五兩、二定二十五兩。正四品分三等，二定二十五兩、二定一十五兩及二定。從四品分三等，二定及一定四十五兩、一定四十兩。正五品已下皆二等。正五品一定四十兩、一定三十兩。從五品一定三十兩、一定二十兩。正六品一定二十兩、一定一十五兩。從六品一定一十五兩、一定一十兩。正七品一定一十兩、一定五兩。從七品一定五兩及一定。正八品一定及四十五兩。從八品四十五兩及四十兩。正九品四十兩及三十五兩。從九品三十五兩。

紀事

《遼史》卷一四《聖宗紀》〔統和四十六年夏四月〕丁未，罷民輸官俸，給自內帑。

《遼史》卷一五《聖宗紀》〔開泰三年〕二月戊午，詔增樞密使以下月俸。

《金史》卷四《熙宗紀》〔皇統元年〕二月戊寅，詔諸致仕官職俱至三品者，俸禄人力各給其半。

《金史》卷六《世宗紀》〔大定二年二月〕癸卯，以上初即位，遣遼陽主簿石抹移迭、東京麴院都監移剌葛補招契丹叛人，爲白彥敬、紇石烈志寧所害，並贈鎮國上將軍，令其家各食五品俸，仍收録其子。

《金史》卷六《世宗紀》〔大定十一年正月〕壬午，詔職官年七十以上致仕者，不拘官品，並給俸禄之半。

《金史》卷七《世宗紀》〔大定十二年〕十一月甲戌，上謂宰臣曰：宗室中有不任官事者，若不加恩澤，於親親之道，有所未弘。朕欲授以散官，量予廩禄，未知前代何如？左丞石琚曰：陶唐之親九族，周家之内睦九族，見於《詩》、《書》，皆帝王美事也。丙子，上以曹國公主家奴犯事，宛平令劉彦弼杖之，主乃折辱令，既深責公主，又以臺臣徇勢偷安，畏忌不敢言，奪俸一月。

《金史》卷八《世宗紀》〔大定二十五年十二月〕甲戌，制增留守、統軍、總管、招討、都轉運、府尹、轉運、節度使月俸。

《金史》卷八《世宗紀》〔大定二十六年〕七月壬午，詔給内外職事官兼職俸錢。

《金史》卷八《世宗紀》〔大定二十八年三月〕戊申，命隨朝六品、外路五品以上職事官，舉進士已在仕、才可居翰苑者，試制詔等文字三道，取文理優贍者補充學士院職任。應赴部求仕人，老病昏昧者，勒令致仕，止給半俸，更不遷官。

《金史》卷九《章宗紀》〔大定二十九年二月〕丁丑，增定百官俸。

《金史》卷九《章宗紀》〔明昌三年六月〕乙丑，以知大名府事劉瑋爲尚書右丞。有司言，河州災傷，民乏食，而租税有未輸。詔免之。諭户部，可預給百官冬季俸，令就倉以時直糴與貧民，秋成各以其貲糴之，其所得必多矣，而上下便之。其承應人不願者，聽。【略】

八月癸卯，勑諸職官老病不肯辭避，有司諭使休閑者，不在給俸之列，格前勿論。

《金史》卷一二《章宗紀》〔泰和四年〕六月壬辰朔，罷兼官俸給。

《金史》卷一二《章宗紀》〔泰和六年十一月〕己丑，尚書省奏，減朝官及承應人月俸折支錢。

《金史》卷一四《宣宗紀》〔貞祐三年夏四月〕丙午，以調度不給，凡隨朝六品以下官及承應人，罷其從己人力輸傭錢。經兵州、府其吏減半，司、縣吏減三之一。其餘除開封府、南京轉運司外，例減三之一。有禄官吏被差不出本境者並罷給券，出境者以其半給之。修内司軍夫亦減其半。

《金史》卷一五《宣宗紀》〔興定二年五月〕丙申，增隨朝官及諸承應人俸。

《元史》卷五《世祖紀》詔新立條格：省併州縣，定官吏員數，分品從官職，給俸禄，頒公田，計月日以考殿最；均賦役，招流移；禁勿擅用官物，勿以官物進獻，勿借易官錢；勿擅科差役；凡軍馬不得停泊村坊，詞訟不得隔越陳訴；恤鰥寡，勸農桑，驗雨澤，平物價；具盜賊、囚徒起數，月申省部。

《元史》卷五《世祖紀》〔至元三年二月〕辛卯，始定中外官俸，命大司農姚樞講定條格。

《元史》卷六《世祖紀》〔至元三年〕十一月辛卯，初給京、府、州、縣、司官吏俸及職田。

《元史》卷六《世祖紀》〔至元四年五月〕壬子，敕諸路官吏俸，令包銀民户，每四兩增納一兩以給之。

《元史》卷七《世祖紀》〔至元七年五月〕尚書省臣言：諸路課程，歲銀五萬錠，恐疲民力，宜減十分之一。運司官吏俸禄，宜與民官同，其院務官量給工食，仍禁所司多取於民，歲終，較其增損而加黜陟。上都地里遥遠，商旅往來不易，特免收税以優之，惟市易莊宅、奴婢、孳畜，例收契本工墨之費。管民官遷轉，以三十月爲一考，數於變易，人心苟且，自今請以六十月遷轉。諸王遣使取索諸物及鋪馬等事，自今並以文移，毋得口傳教令。並從之。

《元史》卷七《世祖紀》〔至元八年三月〕乙酉，許衡以老疾辭中書機務，除集賢大學士、國子祭酒，衡納還舊俸，詔別以新俸給之。

《元史》卷七《世祖紀》〔至元八年〕十二月乙巳，減百官俸。

《元史》卷七《世祖紀》〔至元七年〕秋七月辛丑，設上林署。乙卯，賜諸王拜答寒印及海青、金符二。庚申，初給軍官俸。

《元史》卷一一《世祖紀》〔至元十七年冬十月〕丙申，命在官者，任事一月，後月乃給俸，或〔發〕〔廢〕事者斥之。

《元史》卷一一《世祖紀》〔至元十八年夏四月〕癸酉，復頒中外官吏俸。

《元史》卷一一《世祖紀》〔至元十七年夏四月〕庚子，歲星犯軒轅大星。敕權停百官俸。

《元史》卷一二《世祖紀》〔至元二十年六月〕己丑，增官吏俸給。

《元史》卷一三《世祖紀》〔至元二十一年〕六月壬子，遣使分道尋訪測驗晷景、日月交食、曆法。增官吏俸，以十分爲率，不及一錠者量增五分。

《元史》卷一五《世祖紀》〔至元二十五年九月癸卯〕陞寶鈔總庫、永盈庫並爲從五品。改八作司爲提舉八作司，秩正六品。增元寶、永豐及八作司官吏俸。

《元史》卷一六《世祖紀》〔至元二十八年十一月乙卯〕諭中書議增中外官吏俸。

《元史》卷一七《世祖紀》〔至元三十年二月己丑〕詔：上都管倉庫者無資品俸秩，故爲盜詐，宜於六品、七品内委用，以俸給之。

《元史》卷一八《成宗紀》〔至元三十一年五月〕壬申，御史臺臣言：内外官府增置愈多，在京食禄者萬人，在外尤衆，理宜减併。命與中書議之。用崔彧言，肅政廉訪司案牘，勿令總管府檢劾。詔議增官吏禄。

《元史》卷一九《成宗紀》〔大德元年十一月壬戌〕罷順德、彰德、廣平等路五提舉司，立都提舉司二，陞正四品，設官四員，直隸中書户部。

《元史》卷二〇《成宗紀》〔大德三年春正月〕庚寅，詔遣使問民疾苦。除本年内郡包銀、俸鈔。免江南夏税十分之三。增給小吏俸米。

《元史》卷二一《成宗紀》〔大德七年三月〕甲辰，詔定贓罪爲十二章。京朝官月俸外，增給禄米；外任官無公田者，亦量給之。

《元史》卷二一《成宗紀》〔大德七年五月乙卯〕詔中外官吏無職田者，驗俸給米有差，其上都、甘肅、和林諸處非產米地，惟給其價。

《元史》卷二一《成宗紀》〔大德八年五月〕癸酉，定舘陶等十七倉官品級：諸糧十萬石以上者從七品，五萬石以上者正八品，不及五萬者從八品。

《元史》卷二一《成宗紀》〔大德九年二月辛丑〕致仕官止有一子應承廕者，其傔使並免之，家貧者給半俸終其身。

《元史》卷二一《成宗紀》〔大德九年冬十月辛丑〕御史臺臣請增官吏俸，命與中書省共議以聞。

《元史》卷二二《武宗紀》〔大德十一年九月〕甲戌，改太常寺爲太常禮儀院，秩正二品。陞侍儀司秩正三品。丙子，置皇〔太〕子位典牧監，秩正三品。中書省臣言：内外選法，向者有旨一遵世祖成制。兩宫近侍遷叙，惟上所命。比有應入常調者，夤緣驟遷；其已仕廢黜及未嘗入仕者，亦復請自内降旨。臣等奏請禁止，蒙賜允從。是後所降内旨復有百餘，臣等已嘗銓擇奉行。第中書政務，他人又得輒請，責以整飭，其効實難。自今銓選、錢穀，請如前制，非由中書議者，毋得越奏。制從之。

《元史》卷二二《武宗紀》〔至大元年〕十一月己未，中書省臣言：世祖時，省、院、臺及諸司皆有定員，後略有增者，成宗已嘗有旨併省。邇者諸司遞陞，四品者三品，三品者二品，二品者一品，一司甚至二三十員，事不改舊而官日增。請依大德十年已定員數，冗濫者從各司自與减汰。衙門既陞，諸吏止從舊秩出官，果應例者，自如選格。從之。庚申，太白晝見。以軍五千人供造寺工役。增官吏俸，以至元鈔依中統鈔數給之，止其禄米，歲該四十萬石。吏員以九十月出身，如舊制。

《元史》卷二三《武宗紀》〔至大二年〕冬十月壬申，太陰犯左執法。癸酉，尚書省臣言：比來柬汰冗官之故，百官俸至今未給，乞如大德十年所設員數給之，餘弗給。從之。

《元史》卷二三《武宗紀》〔至大二年十二月〕丁丑，詔：增百官俸，定流官封贈等第。應封贈者，或使遠死節，臨陣死事，於見授散官上加之。若六品七品死節死事者，驗事特贈官。封贈内外百官，三品以上者許請謚。凡請謚者，許其家具本官平日勳勞、政績、德業、藝能，經由所在官司保勘，與本家所供相同，轉申吏部考覆呈都省，都省準擬，令太常禮儀院驗事蹟定謚。若勳戚大臣奉旨賜謚者，不在此例。

《元史》卷二三《武宗紀》〔至大三年九月〕壬寅，敕諸司官濫設者，毋給月俸。

《元史》卷二三《武宗紀》〔至大三年冬十月〕丁巳，尚書省臣言：宣徽院廩給日增，儲偫雖廣，亦不能給，宜加分減。帝曰：比見後宮飲膳，與朕無異，有是理耶。其令伯答沙與宣徽院官覈實分減之。

《元史》卷二七《英宗紀》〔延祐七年十一月〕己亥，計京官俸鈔，給米三分。

《元史》卷一五三《賈居貞傳》世祖即位，中統元年，授中書左右司郎中。從帝北征，每陳説《資治通鑑》，雖在軍中，未嘗廢書。一日，帝問：郎俸幾何？居貞以數對。帝謂其太薄，敕增之，居貞辭曰：品秩宜然，不可以臣而紊制。

《元史》卷一六〇《王磐傳》朝廷録平宋功，遷至宰相執政者二十餘人，因議更定官制，磐奏疏曰：歷代制度，有官品，有爵號，有職位，官爵所以示榮寵，職位所以委事權。臣下有功有勞，隨其大小，酬以官爵，有才有能，稱其所堪，處以職〔位〕，此人君御下之術也。臣以爲有功者，宜加遷散官，或賜五等爵號，如漢、唐封侯之制可也，不宜任以職位。

《元史》卷一八三《王守誠傳》因疏言：仕於蜀者，地僻路遥，俸給之薄，何以自養。請以户絶及屯田之荒者，召人耕種，收其入以增禄秩。

《元史》卷二〇五《盧世榮傳》世榮既以利自任，懼怨之者衆，乃以九事説世祖詔天下：其一，免民間包銀三年；其二，官吏俸免民間帶納；其三，免大都地税；其四，江淮民失業貧困、鬻妻子以自給者，所在官爲收贖，使爲良民；其五，逃移復業者，免其差税；其六，鄉民造醋者，免收課；其七，江南田主收佃客租課，減免一分；其八，添支内外官吏俸五分；其九，定百官考課升擢之法。大抵欲以釋怨要譽而已，世祖悉從之。

（清）孫承澤《元朝典故編年考》卷四《增給官吏俸》二十年，崔彧言今百官月俸不能副贍養之資，雖責以廉勤之操，宜更議增庶官月俸。所增俸鈔，雖賦之於民，官吏不貪，民必受惠。其有以貪抵罪，又復何辭。遂詔内外官吏俸以十分爲差，增給五分。

圖表

《元典章》卷七《吏部·官制·資品》

	文資			武資		
正一品	開府儀同三司	儀同三司		開府儀同三司	儀同三司	
	特進	崇進		特進	崇進	
	金紫光禄大夫	銀青榮禄大夫		金紫光禄大夫	銀青榮禄大夫	
從	光禄大夫	榮禄大夫		光禄大夫	榮禄大夫	
正二品	資德大夫	資政大夫	資善大夫	龍虎衛上將軍	金吾衛上將軍	驃騎衛上將軍
從	正奉大夫	通奉大夫	中奉大夫	奉國上將軍	輔國上將軍	鎮國上將軍
正三品	正議大夫	通議大夫	嘉議大夫	昭（勇）〔武〕大將軍	昭毅大將軍	昭勇大將軍
從	太中大夫	中大夫	亞中大夫	安遠大將軍	定遠大將軍	懷遠大將軍
正四品	中議大夫	中憲大夫	中順大夫	廣威將軍	〔宣威將軍〕	（宣）〔明〕威將軍
從	朝請大夫	朝散大夫	朝列大夫	信武將軍	〔顯武將軍〕	（顯）〔宣〕武將軍

	文資		武資	
正五品	奉政大夫	奉議大夫	武節將軍	武德將軍
從	奉直大夫	奉訓大夫	武略將軍	武毅將軍
正六品	承德郎	承直郎	昭信校尉	承信校尉
從	承務郎	儒林郎	忠顯校尉	忠武校尉
正七品	文林郎	承事郎	忠勇校尉	忠翊校尉
從	徵事郎	從仕郎	敦武校尉	修武校尉
正八品	登仕郎	將仕郎	進義校尉	保義校尉
從	登仕佐郎	將仕佐郎	進義副尉	保義副尉
正從九	注初入仕官員			

雜流				
	司天	太醫	內侍	教坊
從三品	欽象大夫	保宜大夫	中散大夫	雲韶大夫
	正儀大夫	保康大夫	中引大夫	仙韶大夫
正四品	明時大夫	保和大夫	中御大夫	長寧大夫
	頒朔大夫	保安大夫	中儀大夫	德和大夫
從	保章大夫	保順大夫	中衛大夫	協律大夫
正五品	司玄大夫	保沖大夫	中治大夫	嘉成大夫
從	授時郎	保全郎	通侍郎	純和郎
正六品	靈臺郎	成安郎	通衛郎	調音郎
從	候儀郎	成和郎	侍直郎	司樂郎
正七品	司正郎	成全郎	內直郎	協樂郎

	文資		武資	
從	平秩郎	醫正郎	司謁郎	和樂郎
正八品	正紀郎	醫效郎	司閽郎	司音郎
	挈壺郎	醫候郎	司僕郎	司律郎
從	司曆郎	醫痊郎	司奉郎	和聲郎
	司辰郎	醫愈郎	司引郎	和節郎

《元典章》卷八《吏部・官制》

軍官品級	
正三虎符	上花赤、上萬户
從三虎符	上副萬户、中花赤、中萬户、下花赤、下萬户
四品金牌	中副萬户
從四金牌	下副萬户、上千户花赤、上千户
正五金牌	中千户花赤、中千户、上鎮撫
從五金牌	上副千户、中副千户、下花赤、下千户、中鎮撫
正六銀牌	下副千户、下鎮撫
從六銀牌	上百户
從七銀牌	下百户、經歷
從八品	上彈壓、知事
從九品	中彈壓、下彈壓
院劄	提領案牘

行中書省	
平章政事二員，各鈔五定	照磨一員，鈔三十五兩
左、右丞各一員，各鈔五定	管勾一員，鈔三十五兩
參政二員，各鈔四定	令史四十名，各鈔三十五兩、米一石八斗
僉省二員，各鈔二定二十五兩	譯史八名，各鈔三十五兩、米一石八斗
左右司郎中二員，各鈔一定二十兩	通事、知印各二名，各鈔三十五兩、米一石八斗
員外郎二員，各鈔四十五兩	宣使四十名，各鈔一十五兩，米一石
都事二員，各鈔四十兩	左右司典吏一十四名，各鈔一十二兩、米一石
檢校二員，各鈔四十兩	檢校所書吏二名，各鈔一十二兩，米一石

理問所
正官二員，各鈔二定一十兩
相副官一員，鈔三十五兩
知事一員，鈔二十五兩
提控案牘一員，鈔二十三兩
令史一十名，各鈔二十兩、米一石
通事一名，鈔二十兩、米一石
譯史一名，鈔二十兩、米一石

宣慰司
使二員，各鈔二定二十五兩
同知一員，各鈔一定三十兩
副使二員，各鈔一定一十兩
經歷一員，鈔四十二兩
都事二員，各鈔三十五兩
照磨兼管勾一員，鈔二十五兩
令史三十名，各鈔二十五兩、米一石
譯史二名，各鈔二十五兩、米一石
知印、通事各一名，各鈔二十五兩、米一石
奏差二十名，各鈔一十五兩、米一石
典（史）〔吏〕四名，各鈔八兩、米八斗

廉訪司
使二員，各鈔八十兩
副使二員，各鈔四十五兩
簽事四員，各鈔三十兩
經歷一員，鈔二十兩
知事一員，鈔一十五兩
照磨一員，鈔一十三兩
書吏二十名，各鈔一十兩、米一石
譯史、通事各一名，各鈔一十兩、米一石
奏差六名，各鈔八兩、米八斗
典吏二名，各鈔五兩、米五斗
公使人四十名，各鈔五兩

諸路府州	達魯花赤	總管	知府
上路	鈔八十兩、田十六頃	與花赤同	
下路	鈔七十兩、田十四頃	與花赤同	
散府	鈔六十兩、田十二頃		與花赤同
上州	鈔五十兩、田十頃		
中州	鈔四十兩、田八頃		
下州	鈔三十兩、田六頃		

諸路府州							
州尹	知州	同知	治中	判官	推官	經歷	知事
		鈔(八)〔四〕十兩、田八頃	鈔三十兩、田六頃	鈔二十兩、田五頃	鈔十九兩、田四頃	鈔十七兩、田四頃	鈔十二兩、田一頃七十畝
		鈔三十五兩、田七頃		鈔二十兩、田四頃	與上路同	鈔十〔七〕兩、田四頃	鈔十二兩、田一頃
		鈔三十兩、田六頃		鈔十八兩、田四頃			
與花赤同	與花赤同	鈔二十五兩、田五頃		鈔十八兩、田四頃			
	與花赤同	鈔二十兩、田四頃		鈔十五兩、田三頃			
	與花赤同	鈔十八兩、田四頃		鈔十三兩、田三頃			

諸路府州					
提控案牘	都目	吏目	譯史	通事	司吏
鈔十兩、田一頃			鈔八兩、米八斗	鈔八兩、米八斗	鈔八兩、米八斗
鈔十兩、田一頃			與上路同	與上路同	鈔八兩、米八斗
鈔十兩					鈔七兩、米七斗
鈔十兩					鈔七兩、米七斗
鈔十兩	鈔八兩				鈔七兩、米七斗
		鈔八兩、米八斗			鈔七兩、米七斗

諸縣司						
	達魯花赤	縣尹	縣丞	主簿	縣尉	簿尉
上縣	鈔二十兩、田四頃	與花赤同	鈔十五兩、田二頃	鈔十三兩、田二頃	鈔十二兩、田二頃	
中縣	鈔十八兩、田四頃	與花赤同	鈔十三兩、田二頃	鈔十三兩、田二頃	鈔十二兩、田二頃	
下縣	鈔十七兩、田四頃	與花赤同				鈔十二兩、田二頃
録事司	鈔十五兩、田三頃					

諸縣司			
録事	録判	典史	司吏
		鈔七兩、米七斗	鈔六兩、米六斗
		鈔七兩、米七斗	鈔六兩、米六斗
		鈔七兩、米七斗	鈔六兩、米六斗
與花赤同	鈔十二兩、田二頃	鈔七兩、米七斗	鈔六兩、米六斗

管軍府所								
	達魯花赤	萬户	副萬户	千户	副千户	百户	鎮撫	彈壓
上萬户府	鈔八十兩	鈔八十兩	鈔七十兩				鈔四十兩	
中萬户府	鈔七十兩	鈔七十兩	鈔六十兩				鈔三十兩	
下萬户府	鈔六十兩	鈔六十兩	鈔五十兩				鈔二十兩	
上千户所	鈔五十兩			鈔五十兩	鈔四十兩			鈔十三兩
中千户所	鈔四十兩			鈔四十兩	鈔三十兩			鈔十二兩
下千户所								鈔十二兩
百户所						鈔十七兩		
鎮撫所								

管軍府所				
經歷	知事	案牘	都目	吏目
鈔十七兩	鈔十二兩	鈔十兩		
鈔十七兩	鈔十二兩	鈔十兩		
鈔十七兩	鈔十二兩	鈔十兩		
		鈔十兩		
			鈔八兩	
				鈔七兩
			上萬户府八兩	中萬户府七兩

諸色衙門			
各處都轉運使司			
運司六十兩	同知五十兩	運副三十五兩	運判二十五兩
廣南鹽課提舉司			
正提舉六十兩	同提舉三十兩		
平准行用庫			
提領三十五兩	大使二十五兩		
各路院務			
	提領		
二千定以下至五百定	十八兩		
五百定以下至七十定			
七十定以下			

俸鈔自至元二十年夏季爲始於

諸色衙門					
各處都轉運使司					
經歷二千兩	知事十七兩	提控兼照磨十三兩	通譯書吏各鈔十兩、米一石	奏差鈔八兩、米八斗	典吏鈔五兩、米五斗
廣南鹽課提舉司					
副提舉十八兩	知事二十兩				
平准行用庫					
副使十五兩	把壇十五兩	攢典、庫子各五兩	合干人四兩		
各路院務					
都監	大使	副使			
	十五兩	十二兩			
	十三兩	一十兩			
一十兩		一十兩			
本季無增者聽於下季內增通行支付無增者不支					

各處鹽司								
鹽使二十兩	鹽副二十兩	鹽判十二兩	吏目七兩	司吏四兩				
宣撫司								
達魯花赤二定	宣撫使二定	同知六十兩	經歷三十兩					
各場管勾								
正二十兩	同十兩	副八兩	場司四兩					
蒙古提舉司								
提舉一定	同提舉三十五兩							
警巡院								
達魯花赤二十兩	大使二十兩	院副十七兩	警判十三兩	司吏四兩				
蒙古教授								
路二十兩	府十一兩	上中下州十兩						
司獄司								
上下路：司獄十二兩，獄典六兩、米六斗	散府：司獄十兩，獄典四兩、米四斗							
儒學教授								
路十二兩	府十一兩	上州十一兩	中州一十兩	江淮（迤南）有學糧去處不支				
巡檢司								
官：鈔十兩；職田腹裏二頃，江南減半	司吏：鈔六兩，米六斗							
醫學教授								
路十二兩、江南路分十一兩	府一十兩	上中州一十兩						

安撫司			
達魯花赤二定	安撫使二定	簽事一定	經歷二十兩
人匠提舉司			
提舉二十兩	同提舉十八兩		
脱脱禾孫			
正五十兩	副四十兩		

大軍庫					
提領二十兩	大使十二兩	副使七兩	攢典各七兩	庫子各七兩	合干人各七兩
軍器庫					
提領二十兩	大使十二兩	副使各十兩	攢典各六兩	庫子各六兩	

	正一	從一	正二	從二	正三	從三
武			龍虎衛上將軍 金吾衛上將軍 驃騎衛上將軍	奉國上將軍 輔國上將軍 鎮國上將軍	昭武大將軍 昭毅大將軍 昭勇大將軍	安遠大將軍 定遠大將軍 懷遠大將軍
文	開府儀同三司 儀同三司 崇進 特進 金紫大夫 銀青榮禄大夫	光禄大夫 榮禄大夫	資德大夫 資政大夫 資善大夫	正奉大夫 通奉大夫 中奉大夫	正議大夫 通議大夫 嘉議大夫	太中大夫 中大夫 亞中大夫
母妻	國夫人		郡公夫人		郡侯夫人	
勳	上柱國	柱國	上護軍	護軍	上輕車都尉	輕車都尉
爵	國公		郡公		郡侯	
	公服俱右衽幞頭系舒腳紫羅服大獨科花直徑五寸玉帶		紫羅服小獨花直徑三寸花犀帶		紫羅服散答花直徑二寸荔枝金帶	

（元）陶宗儀《南村輟耕録》卷七《官制資品》

廣威將軍 宣威將軍 明威將軍	信武將軍 顯武將軍 宣武將軍	武節將軍 武德將軍	武義將軍 武略將軍	承信校尉 昭信校尉	忠武校尉 忠顯校尉	忠勇校尉 忠翊校尉	修武校尉 敦武校尉	保義校尉 進義校尉	保義副尉 進義副尉
中議大夫 中憲大夫 中順大夫	朝請大夫 朝散大夫 朝列大夫	奉政大夫 奉議大夫	奉直大夫 奉訓大夫	承德郎 承直郎	儒林郎 承務郎	文林郎 承事郎	徵事郎 從事郎	登仕郎 將仕郎	登仕佐郎 將仕佐郎
郡君		縣君		恭人		宜人			
上騎都尉	騎都尉	驍騎尉	飛騎尉						
郡伯		縣子	縣男						
正四	從四	正五	從五	正六	從六	正七	從七	正八	從八
紫羅服小雜花直徑一寸半茘枝金帶		紫羅服小雜花直徑一寸半烏犀帶		六品七品緋羅服小雜花直徑一寸烏犀帶		八品九品明綠無紋羅服烏犀帶		路提控案牘府州都吏目典吏等檀褐羅窄衫烏犀束帶	

正五兩考須歷上州尹一任如無上州尹缺再歷正五一任方入四品正從四品內外不分通八十月與三品正從三品非有司定奪		三考陞正五	兩考陞從五	三考陞從五	兩考陞從六	三考陞正七呈省	兩考陞從七	三考陞從七	兩考陞從八	三考陞從八
文官子蔭	正五	從五	正六	從六	正七	從七	正八	從八	正九	從九
教坊						雲韶大夫 仙韶大夫	長寧大夫 德和大夫	協律大夫	嘉成大夫	純和郎
內侍			中散大夫	中引大夫	中儀大夫	中御大夫	中衛大夫	中涓大夫	通侍郎	通御郎
太醫						保康大夫 保宜大夫	保和大夫 保安大夫	保順大夫	保沖大夫	保全郎
司天						欽象大夫 正議大夫	明時大夫 頒朔大夫	保章大夫	司玄大夫	授時郎

外任官轉陞例	至元六年三月奏准外任若三考不及九十月八十一日之上陞兩考不及六十月五十五月之上陞所少月日後任貼補朝官一考陞一等一十五月之上減外任一資一十五月之上同一等所少月日後任貼補通陞三等止				
省劄六十月陞從九品	務提領七十二月陞從九	使一百八月陞從九	監百四十四月陞從九	大德四年八月奏准色目人比漢人高一等	
調音郎	司樂郎	協樂郎	和樂郎	司律郎 司音郎	弘聲郎 和節郎
侍正郎	侍直郎	司謁郎	司闈郎	司僕郎	司奉郎 司引郎
成安郎	成和郎	成全郎	醫正郎	醫效郎	醫痊郎
靈臺郎	侯儀郎	司正郎	平秩郎	正紀郎 挈壺郎	司曆郎 司辰郎

假寧與致仕分部

論說

（元）魏初《青崖集》卷四《奏議》〔至元九年〕九月十日。竊惟父母三年之喪，從古以來無貴賤一也。今之居官食禄者，爲下民表率，有不幸遇此，則或一月，或十數日，已棄去衰斬，從事官府，起居飲食衣服言笑與無喪同，其毁傷風俗，敗滅天理，莫此之甚。是豈獨非人子而安忍爲此不情之舉，亦風教之道有所未盡而然也。今體察得大都路霸州益津縣尉，於今年六月内以其父喪，奔赴安州高城縣，及還職，往復計住訖二十七日。八月内，承州帖：坐奉總管府劄付該備申省部，奉符文：除往迴馬程外，給假一十五日。承此，總府下本州依上照會。又云：照得不即聽候上司明降，一面令本官前去，事屬不應，今後應申告假官員，須候申復明降，無得似此違錯。今來參詳：應告假官員須候申覆明降方許離職，理固當然，奈人子聞父母之喪，如天摧地陷，五内崩裂，安忍一日寧居？若與常例須候申覆明降，於理未允。合無自今凡有父母之喪，聞命即往，不可以常例拘；更許告丁憂，俟服闋依例轉叙。若其人才力深長，非此人不能辦此事，必須倚用，然後奪哀起復，則又其變也。自餘皆令以禮居喪，亦所以厚風俗存天理也。

（元）張養浩《為政忠告·牧民忠告·閒居·致政》 古人以休官致政爲釋重負而脱羈囚，切嘗思之，誠有是理。方其仕也，嚴出入而慎起居，一顰一笑亦不敢以輕假人。蓋一身而爲衆師表，少踰規矩，謗議四聞，譬之特行於高屋之上，自頂至踵，在下者無不見之也。一朝代至，完身而去，詎止如釋重負脱羈囚而已哉。嘗見仕而休居者往往不喜，或命子姪，或託朋友，市奸搆訟，靡政不及，小有所違，則曰去官同見任，使新上者法格令弛，拒納惟谷，甚而撓沮排觝，爲狀百端。細民無知，亦從而靡。設使己政之初，人以是薦擾，當若何？推心體之，必自知其可惡矣。

（元）張養浩《為政忠告·廟堂忠告·退休》 博施兼善，士君子通願也。然有志而無才則不能，有才而無位則不能，有位而不見知於上則不能；見知矣，而小人間之則不能。嗚呼，此士夫所以出而用世之難也。上焉恥其君不及堯舜，下焉思一夫不被其澤，若己推而納諸溝中。世俗所樂，若聲色，若宫室，若珍異、車服之奉，一皆無有。其所有者，自頂至踵，天下國家之憂而已。爲君上者，誠能亮其如是之懷，凡有所言，優容喜納，猶或庶幾；其或疑其奪權違己，賣直售名，將見舉動皆愆，而身死無所矣。所以自古忠直爲國者〔少〕，阿容佞詐惟己之爲者多，此無他，蓋由爲己則有福而無禍，爲國以下據《貸園叢書》本補。則有禍而無福故也。嗚呼，人君能以是思之，則凡盡忠於我者，萬不至於譴責矣。雖然聖人謂道合則服從，不可則去，爲人臣者亦當燭幾先見，退身於未辱之前，庶幾君臣之間兩無所慊。嘗見前代爲臣不免者，大率皆由知進而不知退，戀慕榮寵以致之，殆不宜獨咎國家也。或謂：不可則去，無乃於君臣之間太薄。竊謂君臣以義合者也，其所以合者，非華其爵也，非利其禄也，不過欲行其道而已矣。道行則從而留，道不行則從而去，不使久而至於厭鄙誅竄之地，乃所以厚君臣之分也，奚薄焉。

（元）許有壬《至正集》卷七五《公移·丁憂》 至大四年三月，欽奉詔書：官吏丁憂，已嘗著令。今後併許終制，以厚風俗。朝廷奪情起復，蒙古、色目管軍官員，不拘此例。竊惟治道必以教化爲大經，人道必以孝忠爲大本。教化不施，雖有刑政不能爲善治；孝忠無取，雖具形體不足爲全人。而況忠出於孝，則是孝又百行之大者焉。欽惟聖朝以孝理天下，稽考典禮，除蒙古、色目各從本俗，其餘居官，著爲丁憂之制，將以美教化厚人倫，爲治之要道也。所謂奪情起復者，蓋有道德行藝可以範世，謀猷材畫可以經邦，天心簡眷，人望素服；或邊臣宿將，久諳軍政，智謀韜略，可任邊寄。似此必用之人，謂之起復，誰曰不然？其或碌碌凡庸如馮翼霄，才無過於常人，行每乖於清議，徒以諂佞憸邪，亦復冒膺起復，實玷風教。宜明白奏聞，除上位知識必用之人，取自聖裁，其餘人員，并遵舊制。其於治道，不爲小補。

綜　述

（金）張暐《大金集禮》卷三二《休假》　天眷二年五月十三日，詳定所定到儀式一款旬休及節序假寧休務日下項，敕旨准奏，元正、冬至、寒食各節前後，其休務三日。上元、立春、秋社、上巳、端午、三伏、立秋、重陽、授衣、九月一日。國忌每月三旬以上，各休務一日。五年四月，奏稟：舊令文內，該諸節辰與見今節辰內有不同，除見今施用節假外，下項未曾施用，奉敕旨：俱各一日。夏至、中元、下元各三日，人日、中和節、七夕、春分、立夏、立冬各一日。大定二年閏二月九日，奏稟：天德二年十月條理，內外官司自來准式休假頗多，不無曠廢官中書務，自今後除旬假外，年節前後，各給假一日，共三日。清明、冬至日各一日，其餘節辰，並不給假。奉敕旨：清明與假三日，尚書省相慶，各給清明前二日，共三日。大定二年十一月，奏定內外官司除旬假外，元日寒食前後各給假一日，寒食係冬至後一百五日。冬至、立春、重五、立秋、重九各給假一日。公務急速不在此限。

《金史》卷四二《儀衛志・百官儀從》　諸致仕官職俱至三品者，從己人力於願往處給半，不得輸庸。身故應送還者又減半給之，若年未六十而致仕及罷去者，則不給。

（元）徐元瑞《吏學指南・署事》　假暇：喪病告報曰假，謂借勾當月日也。節朔旬休曰暇，謂公務空閒日也。

《元典章》卷九《吏部・官制・軍官・軍官七十許替》　皇慶元年正月，行臺准御史臺咨：准樞密院咨：至大四年閏七月二十日奏：皇帝登寶位，開了詔書，凡事從新拯治，依着世祖皇帝聖旨行時分省得的題奏有。軍官每年紀到七十歲呵，替頭裏交他每的弟侄兒男行者。麽道，世祖皇帝立定體例來。近年以來，年（紀）〔壯〕的人每無病推稱有病麽道，使見識，自己替頭裏交他每弟侄兒男行了，他每却別尋勾當出去的多有。軍馬勾當不似民間勾當，是緊急大勾當有。年紀小的人每委付了行呵，用着時，耽誤了勾當去也。今後各處遍行文書，交監察、廉訪司官用心，將那般使見識躲奸的人每根底察知呵，罷了勾當，永不叙用，斷罪呵，怎生？議定來。奏呵，奉聖旨：那般者。欽此。咨請欽依施行。

《元典章》卷九《吏部・職制・假故・放假日頭體例》　中統五年八月，中書省：欽奉聖旨條畫內一款節該：京府州縣官員，每日圓坐，商議詞訟，理會公事。如遇天壽、冬至，各給假二日，元正、寒食各三日，七月十五日、十月（一）〔二〕日、立春、重午、立秋、重九、旬日各給假一日。公務急速不在此限。欽此。

又

至元十五年，樞密院准中書省劄付：據客省使也先忽都（咨呈）〔答兒〕奏過事內一件：在先初十日、二十日、三十日，每月三次放旬假有。如今，初一日、初八日、十五日、二十三日，再乙亥日，這日數有性命底也不着宰殺有，人根底也不打斷。這日數裏放假呵，怎生？奏呵，奉聖旨：那般者。欽此。

《元典章》卷九《吏部・職制・假故・官員患病曹狀》　至元八年五月，中書省：據御史臺呈：殿中司體知得，必闍赤孛都歡自二月二十七日患病，至三月初六日，計九日不見供報到曹狀。呈乞照驗事。又據本臺呈：扎魯火赤納剌忽並必闍赤忽都魯不（見）〔花〕根隨車駕前來上都，擅自落後，亦不見供報曹狀。乞定奪明降事。爲此，都省與尚書省官、御史臺官一同商議得，據假告事故官員不報曹狀罪犯，一次罰俸八兩，再犯依上罰俸。若三犯者，近上官員聞奏，近下人員從各衙門就便的決。外據無故落後官員，驗實日全尅俸祿，再犯已前尅除，三犯依上施行。

《元典章》卷九《吏部・職制・假故・官員違限責罰》　至元八年七月，御史臺准尚書省咨：益都路同知完顏珪、慶都縣達魯花赤外木歹俱爲母亡奔喪，合無減半支俸，或截日住支，還日依例支給，請定奪事。省府照得先爲（給）〔假〕故官員俸給，與中書省、御史臺一同議得：假告事故官員，既是官司說過，教去了來呵，俸錢都合支與，定與限次。如是違了呵，依例罰者。爲此議得：擬合遍行隨路。移准中書省咨，准擬施行。

《元典章》卷九《吏部・職制・假故・病假人員給據》　至元二十四年二月，行中書省准中書省咨：會驗至元五年正月都省議擬到，職官在任，若病假滿百日者，申部作闕。其身病求醫，親老告侍者，本管官司勘當是實，别無規避粘帶，保結申部作闕，仍皆於任所給公據，期年後並聽於見居處官司給保解連申求仕。如自願休閑者，本官不在叙用之例。劄付吏部，依上施行去訖。今來照得吏部呈到叙用官員，並提領案牘都吏目人等，於内因病作闕之人，不依元行取給公據，各處官司止憑本官詞因，略云勘當是實，便行申部。本部亦不照依前項格例，輒便備呈都省，其間規避，難以關防。擬自今後各處官司並作闕官員人等，須要照依前項已行格例，取給公據，求仕日繳申省部照勘。如違，首領官罰俸，司吏的决，正官别議。求仕人再行勘當，别無規避，再聽期年叙用。除外，咨請依上施行。

《元典章》卷九《吏部・職制・假故・奔喪遷葬假限》　至元二十八年正月，福建行尚書省准尚書省咨：四川行省咨：照得四川所轄諸司官吏，俸秩已有定例，所據職官婚姻、喪葬等應給假者俸禄，不見合無全給，唯復别有定奪。伏請照驗施行。又准江西行省咨：興國路通山縣尹裴繼炎，至元二十六年閏十月十八日爲父身故奔喪，二十七年正月十一日還職，合無從奔喪俸給兜支。准此。送吏部照擬得：諸職官並應請俸人等，近年以來，雖有告假准給人員，終無奉到通例，無以執守。今後遇有告暇者，若依舊例議擬，切恐因而妨奪公務，未便。以此參詳，除省親、拜墓、婚姻之事近後定奪外，據祖父母、父母喪亡遷葬者，即係人子大事，合依舊例給假，並除馬程。今將各各日限開具于後。所據〔俸〕給（假），合從户部議擬。爲此，劄付户部議擬得：職官奔喪、遷葬，人子大故。今既以人倫重事許給假限，其限内俸鈔擬合支給，以厚風俗。若違限不到者，勒停。移咨行下合屬，照會施行。祖父母、父母喪，假限三十日。遷葬祖父母、父母，假限二十日。

《元典章》卷九《吏部・職制・假故・奔喪違限勒停》　元貞二年十二月，湖南道宣慰司：爲耒陽知州覃模奔喪事，照得先奉湖廣行省劄付，准尚書省咨：除省親、拜墓、婚姻之事近後定奪外，據祖父母、父母喪亡遷葬者，即係人子大事，合依舊給假，並除馬程。如違限不到，停俸定罪。坐到祖父母、父母喪亡假限三十日，仰照勘本官到任，别無窺避，依例施行。本官不行隨時前去，却托稱痔瘡發作，在任署事，直至閏四月初六日，經隔八十餘日，方至澧州慈利縣茆岡寨。一千六百里馬程。例，一千六百里往回途程該五十四日，合得假限三十日，通該八十四日。准慈利縣牒并覃知州關文，患病四十日，尚違限期七十八日，就問得覃模狀招相同。本司議得：人子喪親，痛切肌體，聞訃就道，斯謂奔喪。今知州覃模係千里風化之任，母亡一年，申奉宣慰司劄付該，令給假，却行推病，安然在州署事八十餘日，纔方起程。到家，又復遷延不行還職。除途程假限病故之外，違限七十餘日。忠孝之道，似爲兩失，何以勸民？將本官依例停俸。申奉省府劄付，依准中書省咨：送吏部照擬得：本州已除知州劉庭守，覃模元貞元年二月滿闕，除已催督本官之任外，本官違限罪犯，合從刑部定擬。都省議得：覃模聞訃不行奔喪違限，取到招伏，合行依例勒停。

《元典章》卷九《吏部・職制・假故・患病侍親格限》　大德六年七月，江西行省准中書省咨該：吏部呈：會驗到至元八年元定：職官之任違限及患病各過百日，並自〔病〕求醫、親老告侍，勘當别無規避，並行作闕，期年後聽任。除遵依外，本部照得即目到部患病作闕官員，所給解由，止以别無粘帶過犯，多不依例保勘中間有無規避。若便行移勘當，不惟往復逗留文繁，亦使求仕人員停滯生受。以此參詳：擬自大德六年三月初三日爲格，以前給由者，驗應得資品遷叙。格後似此人員，擬合遍行照會，須要依例保勘完備，咨申定奪。具呈照詳。得此。都省准擬，除已劄付吏部依上執守外，咨請依上施行。

《元典章》卷九《吏部・職制・假故・官員具報曹狀》　延祐三年十一月十六日，御史臺官奏過事内一件：御史臺之下，立着殿中司衙門有。近日上位可憐見，殿中丞陞做四品也。他每管的勾當，中書省爲頭，不揀那個衙門奏事呵，合一處入去聽的體例有。不合聽的人每根底，交回避有。自省以下，但有俸錢人每有病疾事故呵，三日後不出來的，及出來呵，合報與曹狀有。凡有創立衙門、諸官員禮任、差出還職呵，也報曹狀有。病過百日不作闕的，又病可了出來不報曹狀的，行禮時節失儀落簡、脱了腰帶立地的，不依法度并官人每使見識不出來的，交殿中司糾察呈臺，合責罰的責罰，合奏的俺上位根底明白題奏。這般整治行呵，怎生？奏呵，那般者。麽道，聖旨了也。欽此。

《元典章》卷九《吏部・職制・丁憂・官吏丁憂終制叙任》　大德八

年□月，欽奉詔書內一款節該：三年之喪，古今通制。三年實二十七個月。今後除應當怯薛人員、征戍軍官外，其餘官吏父母喪亡，丁憂終制，方許叙仕。奪情起復，不拘此例。

《元典章》卷九《吏部·職制·丁憂·官吏丁憂聽從》 大德九年五月初九日，湖廣行省准中書省咨：大德九年二月二十四日奏過事內一件：官吏等但是勾當裏行的人每殁了父母呵，勾當裏出去，丁憂三年者。麽道，行了詔書聖旨來。如今但是勾當裏行的人每、裏頭得用人每，丁憂出去了呵，勾當裏有窒礙有。於內匠官、陰陽人、醫人等，各投下勾當裏行的人每也有。似這般人的每不交丁憂，一一奏了交行呵，頻煩聖旨的一般有。丁憂三年，再得勾當呵，人每也生受有。爲那上頭，兩個丞相等俺衆人商量來，如今丁憂的聽從他每呵，怎生？奏呵，那般者。聖旨有呵，去年爲這勾當的上頭，行了詔書聖旨來。如今奏知？俺省家行文書呵，怎生？奏呵，奉聖旨：那般者。欽此。

《元典章》卷九《吏部·職制·丁憂·丁憂並許終制》 至大四年三月十八日，欽奉詔書內一款：官吏丁憂，已嘗著令，今後並許終制，實二十七個月。以厚風俗。朝廷奪情起復，蒙古、色目、管軍官員，不拘此例。

《元典章》卷九《吏部·職制·丁憂·管軍衙門遷轉之人依例丁憂》 皇帝聖旨，江西廉訪司分司准本道廉訪司牒，承奉江南諸道行御史臺劄付該：〔准御史臺咨：〕奉中書省劄付：來呈：據監察御史呈：照刷河南行省文卷一件，延祐四年九月初四日，據高郵寧國萬户府知事孫顯呈，有父於今年四月初七日、繼母二月十九日俱亡。得此。照得高郵寧國萬户府申，本府知事孫顯父母亡殁，却與軍官不同，理合丁憂。本府申該驗（呈）〔程〕限奔喪，明見不應，不行明白區處。（仰）〔輒〕下寧國翼依例施行。爲此，除別行取問外，若不糾呈，切恐其餘管軍衙門首領官吏亦有似此托爲軍職不行丁憂之人，傷敗風俗，深爲未便。擬合遍行照會。如有違犯，依例斷罪降叙相應。得此。送據刑部呈：議得，鎮守高郵寧國萬户府知事孫顯父母俱亡，如係（轉遷）〔遷轉〕之人，合依已擬依例丁憂。具呈照詳。得此。都省合下，仰照驗依上施行。

《元典章》卷九《吏部·職制·作闕·病假百日作闕》 至元八年四月，尚書吏部：照得依准舊例：職官之任違限及病患各過百日，并自病求醫、親老告侍，勘當別無窺避，並作闕，期年聽仕。本部似此官員告叙，若是止照元行作闕、部符到日爲始理算期年，却緣州縣官員病患事故百日之後，始自司、縣申州，州申總管府，府申省部。比至呈省准申作闕，直候符文到日爲始，近則三五月，遠到半年之上，更有近遠州縣，必待十餘月，准申作闕符文纔到。雖稱期年聽仕，實不下一年半、二年之上，方得告叙。爲此，酌古准今，議到下項事理。呈奉到尚書省劄付，准呈，仰照驗施行。

一、在任官員患病，經百日外作闕。擬自離職住俸日爲始，限一十二個月後聽仕。

一、在任因病求醫并告侍州〔縣〕官員，擬自離（聽）〔職〕住俸日爲始，限一十二個月後聽仕。

一、元任官員委是患病、事故，不能赴任，自各官受除當月爲始，限一十二個月聽仕。

《元典章》卷九《吏部·職制·作闕·棄職侍親作闕》 元貞二年八月，御史臺咨：奉中書省劄付：吏部呈：大都路備右巡院申濮州范縣尹王敦武侍親不行之任事。本部參詳：今後見任已除官員，委因親老，自願棄職侍養者，宜准作闕。親終服闋，方許求叙。若朝廷奪情起復者，不拘此例。都省准呈，仰照驗施行。

《元典章》卷九《吏部·職制·致仕·官員老病致仕》 至元二十八年四月二十三日，尚書吏部承奉尚書省判送：本部呈：近奉省劄：諸職官年及七十者，合令依例致仕。本部議得：職官年已七旬，到部求仕，相視得老病不勝職任，擬合致仕。若精力未衰，別無疾病者，依例遷叙。若年雖未及，委有疾病，自願致仕者聽。呈奉都堂鈞旨，准呈施行。

《元典章》卷九《吏部·職制·致仕·七十致仕》 大德七年九月二十九日，江西行省准中書省咨：議得：諸職官七十致仕，禮有明文。比見年及者往往驅馳仕途，倘因疲倦誤事，或被彈劾，不能全其晚節，良可憫惜。今後內外官員有及七十者，擬自三品以下，驗所歷日月，於應得資品上優與散官致仕。其德望素著、爲時所重、翰林集賢侍從老臣備朝廷咨詢者，不拘此例。移准中書省咨：於大德七年七月二十日奏過事內一件，在先體例裏，做官的人每年紀到七十呵，勾當裏不行有來。如今做官的年紀（年）老的人根底，依着他每的言語委付呵，耽誤了勾當去也。今後除側近行的集賢、翰林院裏用着的有知識老的每外，其餘内外做官的人每，年紀到七十呵，三品以下官員，他應得的品級上添與一等散官，教閑呵，怎生？麽道，大都有的伴當每奏將來有。奏呵，奉聖旨：那般者。欽此。

《元典章》卷九《吏部・職制・致仕・年過七十依例致仕》　大德八年十一月，湖廣行省准中書省咨：吏部呈：平陽路〔申〕：絳州申：照得前安西路咸寧縣尹李温恭授絳州判官，代見任郭徵事滿缺，本官已過致仕之年。乞照驗。得此。具呈中書吏部、河東山西道宣慰司照詳，未蒙明降。大德八年六月十四日，承准河東山西道廉訪司牒：承奉御史臺劄付：備奉中書省劄付：吏部呈：南康縣尹張成德年及七十，未曾注代。議得：縣尹張成德既是年已七十，合咨行省候代給由。參詳：其餘年及七十見任官員合無一體施行。得此。議得：見任官員得代給由，依例優陞。仰照驗施行。承此。已經遍行照會去訖。今據前因，府司除已行下絳州照會之任外，乞照驗。得此。照得先准河東山西道宣慰司關：未任絳州知州翟汝弼年七十二歲，判官李温恭年七十一歲，俱過七旬。若蒙依例致仕，別行銓注相應。准此。已經具呈都省別行銓注，及二次回關本司照驗去訖。今據見申，議得：李温恭年已七十之上，例應致仕，即係例前已除未任，本路却於大德八年六月二十日照會之任。以此參詳：除側近集賢、翰林院用着知識老的外，其餘内外人員，合自大德七年七月二十日格限已後禮任并已除未任，年及七十者，合欽依致仕。如蒙准呈，照會相應。得此。除外，請依上施行。

《元典章》卷九《吏部・職制・致仕・致仕家貧給半俸》　大德九年六月，欽奉詔書内一款：致仕官員，自壯至老，宣力多矣。若止有一子應承蔭者，並免傔使，子幼家貧者，給半俸終其身。雖年七十以上，精力未衰，材識可取者，録用之。

《元典章》卷九《吏部・職制・致仕・致仕加授散官職事》　大德十年六月，行臺准御史臺咨：據監察御史馬奉訓、迭里威寔承德呈：付惟仕宦者七十而致仕，乃古今之通制也。欽睹聖朝，凡致仕官員加之一官，子幼家貧者給半俸終其身，又出古制之上也。蓋爲人臣子，竭忠致身，勞於王事，歷年深遠，宣力良多，所以嘉其行，賜之一官。然職事如舊，而鄉閭戚黨稱呼仍前，莫不令人悵惜哉？似恐未見增其榮。雖自古國家名器不可假人，仰賀皇元優憫致仕，褒加一官，榮顯其身，光於宗族，遺之子孫，恩寵至矣。略舉裕州同知何瑄，三任主簿，縣尹兩任，忠翊校尉、同知一任。六十九歲解由到部，該陞從六。至大德八年得除，扣該七十致仕，加授一官昭信校尉，别無職名。以此看詳：既全晚節，老於不任，何惜一職之難，未盡其善。今後加官，若驗應得品級遥授一職，易其舊呼，新其稱號，光華所被，星煥重輝，即家而拜，君子盡遺榮之美，將見國家隆仁待下，殊貴臣子，厚莫重焉。使致仕者養素丘園，白首樂太平之壽域，投閑閭里，丹心報國祚之無疆。上彰洪恩之盛美，下見仕宦之尊崇，誠不負平昔之艱，庶激昂將來之勸。具呈照詳。得此。呈奉中書省劄付：大德十年正月二十一日奏過事内一件，做官的人每年老，勾當裏行不的呵，在前奏過，添與一等散官，教致仕來。添與了散官那人每，若不與遥授的職事呵，不宜的一般。如今激勸勾當裏人每教向前行的上頭，各人應得的品級裏，依舊添散官，與遥授的職事，教致仕呵，怎生？奏呵，奉聖旨：那般者。欽此。

《元典章》卷九《吏部・職制・致仕・致仕陞散官一等》　延祐元年閏三月，行省准中書省咨：皇慶二年十二月二十一日奏過事内一件，做官的人每年至七十呵，三品以下添與一等散官交致仕。奏過行了來。爲是三品以下交致仕的上頭，疑惑着，自四品以下官員與致仕宣有，已到三品的不曾與致仕宣命。俺衆人將根元行來的聖旨裏照呵，三品官員也合與有。如今已到從三品的陞正三品，到正三品的與正議大夫散官呵，怎生？奏呵，那般者。麽道，聖旨有呵，又奏：蒙古、色目官員内，爲散官低如職事麽道，比見授職事之上，若不添與一等職事，止添與散官呵，他每的子孫不得濟，不均的一般有。三品以下官員職事、散官皆陞一等，交致仕呵，怎生？奏呵，那般者。麽道，聖旨了也。欽此。都省咨請欽依施行。

《元典章新集至治條例・吏部・職制・假故・官員遷葬假限》　至治元年五月□日，江浙行省准中書省咨：來咨：監察御史、浙西廉訪司言：杭州路推官劉陶，扶靈前往大名開州遷葬，水程車路，及代官李惟真不待正期，預至任所，争告禮任。除另行取問，緣馬程水路事干通例，宜從都省令合干部分定擬相應。咨請回示。准此，送據兵部呈：照得至元二十七年奔喪遷葬假限例。又檢照得近承奉都省劄付，定到之任官員程限内一款：已除赴任官員在家粧束假限，二千里内三十日，三千里内四十日，已上雖遠不過五十日。其在路行省，大都至本家，自起程至到任，馬日行七十里，車日行四十里，乘驛者日兩站，百里以上止一站。舟行上水八十里，下水日百二十里。職當急赴者，不拘此例。違限百（里）〔日〕外者作缺。奉此。除遵依外，今奉前因，兵部議得：江浙行省咨：監御史、廉訪司言：杭州路推官劉陶告假扶護伊母侯氏靈柩，前往大名路開州本家祔葬，經涉水程車路約三千餘里，自延祐五年正月初五日起程，至五月初一日回還。有守闕推官李惟真預至任所，争告禮任，以馬程計之，過違數日，舟車扣算，往回猶有餘日。緣馬程水路，事干通例。以此參詳：水陸道路遲速不同，今後奔喪遷葬之人果有扶護靈柩，必須經由舟車者，合依赴任水路車程扣算給假。若有違限不到，依例勒停。所據推官劉陶，宜從都省移咨行省照勘，依上施行相應。具呈照詳。都省咨請依上施行。

《元典章新集至治條例·吏部·職制·丁憂·官吏丁憂自聞喪日始》

延祐五年六月□日，江西行省准中書省咨：爲官吏丁憂，雖有期限，終無始亡、聞喪月日理算定例。送刑部，約會禮部官一同議得：三年之喪，古今通制。凡官吏遭值親喪，以十三月爲小祥，二十五月爲大祥皆見月爲理，此則係正喪，大祥後六十日爲禫制。若以始亡月日理散，緣仕宦地方亦有遠在數千里之外者，比及訃音通報，近則不下數月，遠則已及終制。擬合酌古准今，合自聞喪月日爲始丁憂相應。具呈照詳。都省准擬，咨請依上施行。

《元典章新集至治條例·吏部·職制·丁憂·萬户府知事丁憂》

延祐六年正月□日，江南行臺准御史臺咨，奉中書省劄付：來呈：監察御史呈：照刷河南省文卷内一件：寧國萬户府知事孫顯父母俱亡，即與軍官不同，理合丁憂。本府申該驗程限奔喪，不行明白區處，輒下寧國翼依例施行。若不糾呈，切恐其餘管軍衙門首領官吏亦有似此〔托〕爲軍職不行丁憂之人，深爲未便。如有違犯，依例斷罪降叙相應。得此。送刑部議得：鎮守高郵寧國萬户府知事孫顯父母俱亡，如係遷轉之人，合依已擬，依例丁憂相應。具呈照詳。都省仰依上施行。

《元典章新集至治條例·吏部·職制·丁憂·雜造諸局匠官一體丁憂》

延祐七年六月□日，江西行省准中書省咨：御史臺呈：（准）〔准〕西廉訪司申：和州雜造局副夏珪，父喪不行丁憂，指例抄録到將作院匠官不行丁憂照會。事關通例，宜令合干部分定擬。具呈照詳。送刑部議得：三年之喪，古今通制。所據雜造局副夏珪并將作院隔越奏准，所管諸局匠官，俱合一體丁憂。具呈照詳。都省咨請依上施行。

《元典章新集至治條例·吏部·職制·丁憂·官吏侵用官錢不丁憂》

延祐六年四月□日，江西行臺准御史臺咨，奉中書省劄付：來呈：監察御史呈：甲匠提舉司吏周顯，狀指武備寺劉奏差將造甲物料扣要訖輕賫中統鈔五十四定，勾追得本人父喪丁憂。看詳：人子丁憂，倫理一也。然事有輕重，難拘一律，如軍官以軍情緊切，不拘常例。所據武備寺劉奏差，係管領軍器衙門所設之人，不以軍器爲重，侵使成造細甲物料價錢。比之官吏取受，事有不同。擬合隨即追問，事干通例，具呈照詳。送刑部議得：武備寺劉奏差將造甲不該用物料扣要訖中統鈔五十四定，即係官錢。雖是丁憂，難同官吏取受，合依御史臺所擬追問相應。得此，奉都堂鈞旨：送刑部，再行議擬通例連呈。奉此。本部再行議得：官吏等因事取受，事發到官，值父母之喪丁憂，終制歸問，已有定例，别難再議。今甲匠提舉司吏周顯狀指武備寺劉奏差將成造細甲物料扣要訖輕賫中統鈔五十四定入己，即係侵使官錢，難同因事取受。若候丁憂終制取問，誠爲不便。以此參詳：今後若有似此侵欺盗詐係官錢糧官吏人等，既與取受不同，雖遇父母喪制，擬合隨即追問。所據劉奏差扣要細甲輕賫鈔定，合依已擬相應。都省准擬，依上施行。

《元典章新集至治條例·吏部·職制·丁憂·丁憂犯罪依例追問》

延祐五年七月□日，江西行省准中書省咨：御史臺呈：山南廉訪司申：近者各衙門貼書、祗候、弓手、里正、主首、社長、鄉司并無役軍民人等，遭值父母之喪，始則以謂雜役無禄之人，不行依理丁憂，在役勾當，中間起滅詞訟，説事過錢，取受科斂，賭博錢物，不公不法，非止一端。及至告發勾問，則稱丁憂。及有父母喪亡之後，自不丁憂，冒哀犯法者，合無追問等事。本臺看詳，其官吏在任之際，或有取受不公，因事發露，不幸罹父母之喪，許令終制追問。其各衙門貼書、祗候雜役之人，既不依理丁憂，而乃冒哀犯法，事發之後，却稱見有喪制，欲逃其罪。以此論之，凡爲人子，喪制之內有犯非違者，不拘官民，宜其追問。送據刑部呈：云官吏取受不公終制究問例。今承見奏，本部議得：父母之恩，昊天罔極，除官吏在任取受不公因事發露，不幸罹父母之喪，許令終制追問，已有呈准通例，若丁憂之際忘哀犯法，宜准御史臺所言，依例追問。外據各衙門貼書、祗候雜役之人，今後有犯，事發到官，無問犯在喪制已前、服制之內，俱合隨即究問追斷相應。具呈照詳。都省准擬，咨請依上施行。

《至元雜令·周歲節假日》 春節儀萬春節，三月十三日爲始三日。元日假三日。前後各一日。寒食假五日。一百五日前日爲限。冬至、立春、重五、立秋、重九。旬假期餘即日不在此。

《通制條格》卷六《選舉·服闋求敘》 元貞二年八月，中書省吏部呈：今後見任已除官員，委因親老，自願棄職侍養者，宜准作缺，親終服闋，方許求敘。若朝廷奪情起復者，不拘此例。都省准擬。

《通制條格》卷六《選舉·病闋》 大德六年六月，中書省吏部呈：即目到部患病作闕官員，所給解由，多不依例保勘，中間有無規避。若便行移勘當，不唯往復逗遛文繁，亦使求仕人員停滯生受。今後似此人員，擬合遍行照會，須要依例保勘完備，咨申定奪。都省准擬。

《通制條格》卷六《選舉·致仕》 大德七年七月二十日，中書省奏：在先體例裏做官的人每年紀到柒拾呵，勾當裏不行有來。如今做官的年紀老的人根底，依着他每的言語委付呵，耽誤了勾當去也。今後除側近行的集賢翰林院裏用着的有知識老的每外，其餘內外做官的人每年紀到柒拾呵，叁品以下官員，他應得的品級添與壹等散官教閑呵，怎生？麼道，大都有的伴當奏將來有。奏呵，奉聖旨：那般者。欽此。

《通制條格》卷二二《假寧·奔喪遷葬》 至元二十七年十二月，尚書省吏部呈：諸官吏人等，祖父母、父母喪亡並遷葬者，合依舊例給假，並除馬程，日行柒拾里。所據俸給，送户部議得：奔喪遷葬，既以人倫重事，許給假限，其限內俸鈔擬合支給。都省議得：依准所擬，除程給假，違限不到者勒停。今將各日限開具於後：

祖父母、父母喪亡，假限叁拾日。

遷葬祖父母、父母，假限貳拾日。

大德六年正月二十日，樞密院奏：除守把邊遠出征的軍官外，其餘鎮守城池寧息地面裏有的軍官，他每祖父母、父母身故了呵，依着民官每的體例，定與限次，交奔喪去呵，怎生？擬定來。奏呵，奉聖旨：那般者。欽此。

大德元年十二月，中書省御史臺呈：雲南行省咨，諸職官遷葬假限，遠近不同，若不明定格例，恐致差池。都省議得：除遷葬一節，雲南比之中原地理懸遠，難議給假外，如聞祖父母、父母喪者，即聽解任奔赴。所在官司依例給由申覆，行省照勘完備咨省，仍先具職名、籍貫、解任月日，先行咨來，以憑劄付御史臺，行移拘該廉訪司體覆。

《通制條格》卷二二《假寧·曹狀》 至元七年十二月，欽奉聖旨：據御史臺奏：中書省劄付該殿中侍御史掌管隨朝官告假事故，叁日以外各以曹狀報殿中司，還職亦行具報。如有推稱病故者，合行舉罰。及有司奏覆軍情、除授、刑名等事，未及施行，恐有不關利害之人傳布于外，雖欲究問，莫知所自，若不回避，深爲未便。今後凡不可與聞人員，殿中侍御史隨即糾舉回避。乞降聖旨事。准奏。仰御史臺令殿中侍御史掌管依上勾當施行。欽此。

至元八年五月，中書省御史臺呈：殿中司體知必闍赤孛都歡患病玖日，不見報到曹狀。續據本臺呈，扎魯火赤納別忽木並必闍赤忽都魯不花根隨車駕前來上都，擅自落後亦不供報曹狀。都省與尚書省官、御史臺官一同商議得：假告事故，官員不報曹狀，罪犯壹次，罰俸捌兩；再犯，依上罰俸；叁犯，近上官員聞奏，近下人員從各衙門就便的決外。據無故落後，官員驗實日，全尅俸禄；再犯，依前尅除；叁犯，依上的決。

至元八年十月，尚書省御史臺備殿中司呈：體知差去打算陝西行省官員，至今多日，不見報到曹狀。送禮部講究得：今後被差離職官員，擬同事故一體報臺，還職日亦行具報。都省准呈。

至元二十八年八月，中書省御史臺備監察御史呈：隨處諸衙門府州司縣官，或因私隙，或事有畏忌，輒便托疾在家，虛請俸給者有之。或推稱事故，離職延待月日者有之。因無檢舉，冒請俸禄，多致敗事。今後外路官吏合依隨朝百官一體，凡假故曹狀報本屬。仍諸衙門置立假故文簿，明白附寫，令首領官掌管結轉，每日壹次，正官署押用印關防。行省文簿令監察御史照刷，其餘官府文簿按察司照刷，如有推病故官吏，所請俸錢，欽依聖旨事意施行。都省准呈。

《通制條格》卷二二《假寧·給假》 中統五年八月，欽奉《聖旨條畫》內一款：京府州縣官員每日圓座參議詞訟，理會公事。若遇天壽、冬至，各給假貳日；元正、寒食，各叁日；七月十五日、十月一日、立春、重午、立秋、重九、每旬，各給假壹日。公務急速，不在此限。其赴任職官或宣使人員在他所病患者，即告所在有司驗治，病愈給據發還。欽此。

至元十四年十二月二十九日，中書省客省使也速忽都答兒奏：在先初十日、二十日、三十日每月叁次放假有來。如今那裏官人每商量得，這叁個日頭斷人呵，也中。如今初一日、初八日、十五日、二十三日、乙亥日，這日數裏有性命的也不交宰殺有，人根底也不打斷有。這日數裏，放假呵，怎生？奏呵，奉聖旨：那般者。欽此。

《元史》卷八三《選舉志·銓法中》 凡官員給假：中統三年，省議：職官在任病假及緣親病假滿百日，所在官司勘當申部作闕，仍就任所給據，期年後給由求叙，自願休閒者聽。至元八年，省准：在任因病求醫并告假侍親者，擬自離職住俸日爲始，限一十二月後聽仕。其之任官果因病患事故，不能赴任，自受除日爲始，限一十二月後聽仕。部擬：凡外任官日久不行赴任，除行程并裝束假限外，違者計日斷罪。二十七年，議：祖父母、父母喪亡并遷葬者，許給假限，其限內俸鈔，擬合支給，違例不到，停俸定罪。二十八年，部議：官吏遠離鄉土，不幸患病，難議截日住俸，果有患病官吏，百日內給俸，百日外停俸作闕。大德元年，議：雲南官員，如遇祖父母、父母喪葬，其家在中原者，並聽解任奔赴。二年，詔：凡值喪，除蒙古、色目人員各從本俗外，管軍官并朝廷職不可曠者，不拘此例。五年，樞密院臣議：軍官宜限以六月，越限日以他人代之，期年後，授以他職。七年，議：已除官員，若有病故及因事不能赴任者，即牒所在官司，否則親鄰主首，呈報上司，別行銓注。八年，吏部言：赴任官即將署事月日飛申，以憑標附，有犯贓事故，並仰申聞。天曆二年，詔：官吏丁憂，各依本俗，蒙古、色目倣效漢人者，不用。部議：蒙古、色目人願丁父母憂者聽。

凡官員便養：至大三年，詔：銓選官員，父母衰老氣力單寒者，得就近遷除，尤爲便益。果有親年七十以上，别無以次侍丁，合從元籍官司保勘明白，斟酌定奪。

《元史》卷八四《選舉志·考課》 凡官員致仕：至元二十八年，省議：諸職官年及七十，精力衰耗，例應致仕。今到選官員，多有年已七十或七十之上者，合令依例致仕。大德七年，省臣言：內外官員年至七十者，三品以下，於應授品級，加散官一等，令致仕。十年，省臣言：官員年老不堪仕宦者，於應得資品，加散官、遥授職事，令致仕。皇慶二年，省臣言：蒙古、色目官員所授散官，卑於職事，擬三品以下官員，職事、散官俱陞一等，令致仕。

《元史》卷一〇二《刑法志·職制》 諸官吏遷葬祖父母、父母，給假二十日，並除馬程日七十里，限內俸錢仍給之，違限不至者勒停。

紀事

《遼史》卷七《穆宗紀》 〔應曆十八年夏四月〕己巳，詔左右從班有材器幹局者，不次擢用；老耄者，增俸以休于家。

《遼史》卷二二《道宗紀》 〔咸雍八年〕三月戊申朔，楚王蕭革致仕，進封鄭國王。

《遼史》卷二六《道宗紀》 〔壽隆〕六年春正月癸酉，南院大王耶律吾也薨。壬午，以太師致仕禿開起爲奚六部大王。

《遼史》卷七九《室昉傳》 統和元年，告老，不許。進《尚書·無逸篇》以諫，太后聞而嘉獎。二年秋，詔修諸嶺路，昉發民夫二十萬，一日畢功。是時，昉與韓德讓、耶律斜軫相友善，同心輔政，整析蠹弊，知無不言，務在息民薄賦，以故法度修明，朝無異議。

八年，復請致政。詔入朝免拜，賜几杖，太后遣閤門使李從訓持詔勞問，令常居南京，封鄭國公。

《遼史》卷八六《劉景傳》 統和六年致仕，加兼侍中。卒，年六十七。贈太子太師。子慎行，孫一德、二玄、三嘏、四端、五常、六符，皆具《六符傳》。

《遼史》卷八九《楊佶傳》 其居相位，以進賢爲己任，事總大綱，責成百司，人人樂爲之用。三請致政，許之，月給錢粟傔隸，四時遣使存問。

《遼史》卷九四《蕭阿魯帶傳》 乾統三年，坐留宋俘當遣還者爲奴，免官。後被徵，以老疾致仕，卒。

《遼史》卷九六《耶律敵烈傳》 大安中，改塌母城節度使。以疾致仕，加兼侍中，賜一品俸。八年卒。

《遼史》卷九六《姚景行傳》 道宗即位，多被顧問，爲北府宰相。九年秋，告歸，道聞重元亂，收集行旅得三百餘騎勤王。比至，賊已平。帝嘉其忠，賜以逆人財産。咸雍元年，出爲武定軍節度使。明年，驛召拜南院樞密使。上從容問治道，引入内殿，出御書及太子書示之，賜什器車仗。帝有意伐宋，召景行問曰：宋人好生邊事，如何？對曰：自聖宗皇帝以威德懷遠，宋修職貢，迨今幾六十年。若以細故用兵，恐違先帝成約。上然其言而止。

致仕，不踰月復舊職。丁家艱，起復，兼中書令。上問古今儒士優劣，占對稱旨，知興中府，改朔方軍節度使。大康初，徙鎮遼興。以上京多滯獄，命爲留守，不數月，以獄空聞。

《遼史》卷九七《竇景庸傳》 咸雍六年，授樞密直學士，尋知漢人行宫副部署事。大安初，遷南院樞密副使，監修國史，知樞密院事，賜同德功臣，封陳國公。有疾，表請致仕；不從，加太子太保，授武定軍節度使。

《遼史》卷九七《楊績傳》 清寧初，拜參知政事，兼同知樞密院事，爲南府宰相。九年，聞重元亂，與姚景行勤王，上嘉之。十年，知興中府。咸雍初，入知樞密院事。二年，乞致仕，不許，拜南院樞密使。【略】大康中，以例改王遼西。致仕，加守太保，薨。子貴忠，知興中府。

《遼史》卷九八《耶律胡吕傳》 胡吕性謙謹，於人無適莫。重熙末，補寢殿小底。以善職，屢更華要，遷千牛衛大將軍。大安中，北阻卜酋磨魯斯叛，爲招討都監，與耶律那也率精騎二千討平之，以功爲漢人行宫副部署，兼知太和宫事。致仕，加同中書門下平章事，卒。

《金史》卷四《熙宗紀》〔天眷三年秋七月〕乙卯，宗弼遣使奏河南、陜西捷。丁卯，詔文武官五品以上致仕，給俸禄之半，職三品者仍給傔人。

《金史》卷四《熙宗紀》〔皇統元年〕二月戊寅，詔諸致仕官職俱至三品者，俸禄人力各給其半。

《金史》卷五《海陵紀》〔貞元元年〕丙子，命内外官聞大功以上喪，止給當日假，若父母喪，聽給假三日，著爲令。

《金史》卷六《世宗紀》〔大定十一年正月〕壬午，詔職官年七十以上致仕者，不拘官品，並給俸禄之半。

《金史》卷七《世宗紀》〔大定十七年正月〕丁巳，詔朝官嫁娶給假三日，不須申告。

《金史》卷八《世宗紀》〔大定二十八年三月〕戊申，命隨朝六品、外路五品以上職事官，舉進士已在仕、才可居翰苑者，試制詔等文字三道，取文理優贍者補充學士院職任。應赴部求仕人，老病昏昧者，勒令致仕，止給半俸，更不遷官。

《金史》卷九《章宗紀》〔明昌元年二月〕壬寅，諭有司，寒食給假五日，著于令。

《金史》卷九《章宗紀》〔明昌元年三月〕丙寅，有司言：舊制，朝官六品以下從人輸庸者聽，五品以上不許輸庸，恐傷禮體。其有官職俱至三品、年六十以上致仕者，人力給半，乞不分内外，願令輸庸者聽。從之。【略】丁丑，制内外官并諸局承應人，遇祖父母、父母忌日並給假一日。

《金史》卷九《章宗紀》〔明昌三年〕八月癸卯，勑諸職官老病不肯辭避，有司諭使休閑者，不在給俸之列，格前勿論。

《金史》卷一〇《章宗紀》〔承安四年〕冬十月丙寅，至自秋山。壬午，初定百官休假。

《金史》卷一一《章宗紀》〔泰和三年〕二月癸丑，還宫。甲子，定諸職官省親拜墓給假例。

《金史》卷八三《張汝弼傳》 左丞相徒單克寧得解政務，爲樞密使。是日，汝弼亦懷表乞致仕。上使人止之曰：卿年未老，未可退也。進左丞，與族弟參知政事汝霖同日拜，族里以爲榮。有年未六十而乞致仕者，上不許。汝弼曰：聖旨嘗許六十致仕。上責之曰：朕嘗許至六十者致仕，不許未六十者。且朕言六十致仕，是則可行，否則當言。卿等不言，皆此類也。久之，坐擅增諸皇孫食料，與丞相守道、右丞粘割斡特剌、參政張汝霖各削官一階。上曰：准法當解職，但示薄責耳。汝弼在病告，上謂宰相曰：汝弼久居執政，練習制度，頗能斟酌人材，而用心不正。乃罷爲廣寧尹，賜通犀帶。

《金史》卷八八《紇石烈良弼傳》　〔大定〕十七年，以疾辭相位，不許。告滿百日，詔賜告，遣太醫診視，屢使中使問疾。良弼在告既久，省多滯事，上以問宰相，參政，張汝弼對曰：無之。上曰：豈曰無之。自今疑事久不能決者，當具以聞。

十八年，表乞致仕歸田里，上遣使慰諭之曰：卿比以疾在告，朕甚憂之。今聞卿將往西京養疾，彼中風土，非老疾所宜。京師中倦於人事，若就近都佳郡居處，待疾少間，速令朕知之。良弼奏曰：臣遭遇聖明，濫膺大任，夙夜憂懼，以至成疾。比蒙聖恩，數遣使存問，賜以醫藥，臣之苟活至今，皆陛下之賜也。臣豈敢望到鄉里，便可愈疾。臣去鄉歲久，親識多已亡没，惟老臣獨在，鄉土之戀，誠不能忘。臣竊惟自來人臣受知人主，無逾臣者，臣雖粉骨碎身無以圖報。若使一還鄉社，得見親舊，則死無恨矣。上問宰相曰：丞相良弼必欲歸鄉里，朕以世襲猛安封其子符寶曷答，俾之侍行，何如？右丞相完顔守道曰：不若以猛安授良弼，使其子攝事。上從之。於是授胡論宋葛猛安，給丞相俸傔，良弼乃致仕歸。上謂宰相曰：卿等非不盡心，但才力不及良弼，所以惜其去也。

《金史》卷九四《夾谷清臣傳》　尋上表丐閒，不許。固請，乃賜告省親，諭之曰：聞卿母老，欲令歸省，故特給假五十日，馳驛以往，至彼可爲一月留也。

《金史》卷九四《内族襄傳》　時上頗更定制度，初置提刑司，又議設清閑職位，如宋朝宫觀使，以待年高致仕之官。襄言：年老致仕，朝廷養以俸廩，恩禮至渥。老不爲退，復有省會之法，所以抑貪冒，長廉節。若擬别設，恐涉于濫。又言：省事不如省官，今提刑官吏，多無益於治，徒亂有司事。議者以謂斯乃外臺，不宜罷。臣恐混淆之辭，徒煩聖聽。且憲臺所掌者察官吏非違，正下民寃枉，亦無提點刑獄、舉薦之權。若已設難以遽更，其採訪廉能不宜隷本司，宜令監察御史歲終體究，仍不時選官廉訪。上皆聽納。俄乞致仕，不許。

《金史》卷一〇二《完顔弼傳》　弼上書曰：山東、河北、河東數鎮僅能自守，恐長河之險有不足恃者。河南嘗招戰士，率皆游惰市人，不閑訓練。若選簽驅丁監户數千，别爲一軍，立功者全户爲良，必將争先效命以取勝矣。武衛軍家屬嘗苦于兵，人人懷憤，若擇驍悍千餘，加以爵賞，亦可得其死力。又曰：老病之官，例許致仕，居河北者嫌于避難，居河南者苟于尸禄，職事曠廢。乞徧諭覈實，其精力可用者仍舊，年高昏聵不事事者罷之。又曰：賦役頻煩，河南百姓新强舊乏，諸路豪民行販市易，侵土人之利，未有定籍，一無庸調，乞權宜均定。如知而輒避、事過復來者，許諸人捕告，以軍興法治之。詔下尚書省議，惟老病官從所言，餘皆不允。

（元）王惲《秋澗集》卷八五《烏臺筆補·論高明奔母喪事狀》　今體訪得：户部員外郎高明，爲母訃至，已經詣告，未蒙明降，輒即奔赴，致省堂怪責，遂差官馳海青馬前去追鎖，似欲以違錯加罪。爲此參詳得，若以公廢私，純孝之人難以存處；若因孝獲罪，使爲人子者聞父母之喪皆不敢奔赴，是有司教人以不孝，何以法爲？唯其兩者之間未有定例，使澆薄之徒轉無顧忌，孝行之士愈惑所守。照得舊例：斬齊衰三年者，並聽解官；其品官任流外職及吏員、司吏、諸局分承應人遭喪，卒哭百日令復職；願終制者聽，聞喪者並聽奔赴。今凡諸職官遭父母之喪，其有告詣奔赴及願終制者，如抑不從，恐傷孝子之心。伏乞省部比及通行定奪已來，合無量職務繁簡，權宜定制，或以卒哭爲期，或見新月復職。外據自願解官終制之人，一從所請。兼憲臺以肅清風俗爲首務，而古者明王以要道治天下，無重於此。據此合行具呈。

（元）陶宗儀《南村輟耕録》卷一《官不致仕》　大德七年，詔内外官年及七十，並聽致仕。時郭守敬，字若思，順德邢臺人，知太史院事。以舊臣且熟朝廷所施爲，獨不許其請。至今翰林太史司天官不致仕者，咸自公始。

《元史》卷二一《成宗紀》〔大德七年秋七月〕詔除集賢、翰林老臣預議朝政，其餘三品以下，年七十者，各陞散官一等致仕。

《元史》卷二一《成宗紀》〔大德九年二月〕辛丑，詔赦天下。令御史臺、翰林、集賢院、六部，於五品以上，各舉廉能識治體者三人，行省、行臺、宣慰司、廉訪司各舉五人。免大都、上都、隆興差稅，內郡包銀俸鈔一年。江淮以南租稅及佃種官田者，均免十分之二。致仕官止有一子應承廕者，其傔使並免之，家貧者給半俸終其身。

《元史》卷二四《仁宗紀》〔至大四年閏七月〕敕：軍官七十致仕，始聽子弟承襲。其有未老即託疾引年，令幼弱子弟襲職者，除名不敘；其巧計求遷者，以違制論。

《元史》卷二四《仁宗紀》〔皇慶二年十二月〕丙子，定百官致仕資格。

《元史》卷二六《仁宗紀》〔延祐六年春正月〕丁卯，敕：福建、兩廣、雲南、甘肅、四川軍官致仕還家，官給驛傳如民官例。

《元史》卷二七《英宗紀》〔至治元年冬十月〕癸丑，敕翰林、集賢官年七十者毋致仕。

《元史》卷二八《英宗紀》〔至治三年三月〕丙辰，敕：醫、卜、匠官，居喪不得去職，七十不聽致仕，子孫無廕敘、能紹其業者，量材録用。

《元史》卷三三《文宗紀》〔天曆二年夏四月〕壬辰，匠官年七十者，許致仕。

《元史》卷三五《文宗紀》〔至順二年十二月〕河南河北道廉訪副使僧家奴言：自古求忠臣必於孝子之門。今官於朝者，十年不省覲者有之，非無思親之心，實由朝廷無給假省親之制，而有擅離官次之禁。古律，諸職官父母在三百里，於三年聽一給定省假二十日；無父母者，五年聽一給拜墓假十日。以此推之，父母在三百里以至萬里，宜計道里遠近，定立假期。其應省覲匿而不省覲者坐以罪。若詐冒假期，規避以掩其罪，與詐奔喪者同科。御史臺臣以聞，命中書省、禮部、刑部及翰林、集賢、奎章閣議之。

《元史》卷三九《順帝紀》〔至元〕四年春正月丙申〔朔〕，以地震，赦天下。詔：內外廉能官，父母年七十無侍丁者，附近銓注，以便侍養。以宣政院使不蘭奚年七十致仕，授大司徒，給全俸終身。

《元史》卷四一《順帝紀》〔至元八年夏四月乙亥〕定弟子員出身及奔喪、省親等法。

《元史》卷一六〇《王磐傳》磐移疾家居，帝遣使存問，賜以名藥。磐嘗於會集議事之際，數言：前代用人，二十從政，七十致仕，所以資其材力，閔其衰老，養其廉耻之心也。今入仕者不限年，而老病者不能退，彼既不自知耻，朝廷亦不以爲非，甚不可也。至是，以疾，請斷月俸毋給，自秋及春，堅乞致仕。帝遣使慰諭之曰：卿年雖老，非任劇務，何以辭爲。仍詔禄之終身，併還所斷月俸。磐不得已，復起。【略】磐以年老，累乞骸骨。丞相和禮霍孫爲言，詔允其請，進資德大夫，致仕，仍給半俸終身。皇太子聞其去，召入宮，賜食，慰問良久。行之日，公卿百官，皆設宴以餞。明日，皇太子賜宴聖安寺，公卿百官出送麗澤門外，縉紳以爲榮。磐無子，命其壻著作郎李穉賓爲東平判官，以便養。每大臣燕見，帝數問磐起居狀，始終眷顧不衰。

《元史》卷一七四《張孔孫傳》又累疏言：凡七十致仕者，宜加一官；丁憂服闋者，宜待起復；宿衛之冒濫者，必當革；州郡之職，必當遴選，久任達魯花赤，宜量加遷轉；又宜增給官吏俸禄；修建京師廟學，設國子生徒，給賜曲阜孔廟洒掃户；相位宜參用儒臣，不可專任文吏；故相安童、伯顔、和禮霍孫與廉希憲等，各宜贈謚。久之，請老還家，拜翰林學士承旨、資善大夫，致仕，集賢大學士如故。

（清）孫承澤《元朝典故編年考》卷七《給假省親之制》至順三年六月，廉訪使僧家奴言，自古求忠臣於孝子之門，今官於朝十年不省覲者有之，非無思親之心也，由朝廷無給假省親之制，而有擅離官次之禁。古律諸職官父母在三百里外，三年聽一給定省假二十日。親不存者，聽一給拜墓假十日，以此推之，父母在三百以至萬里，宜計道里遠近定立假期，其應省覲匿不行者，坐以罪。若詐冒有所規避者，與詐奔喪者同科，著爲令。

（清）孫承澤《元朝典故編年考》卷四《太史官不致仕》時詔內外官七十者，並聽致仕，獨太史官郭守敬以先朝舊德所司曆法水利，累請謝事不許，自是凡翰林太史官不許致仕，著爲令。